I0043724

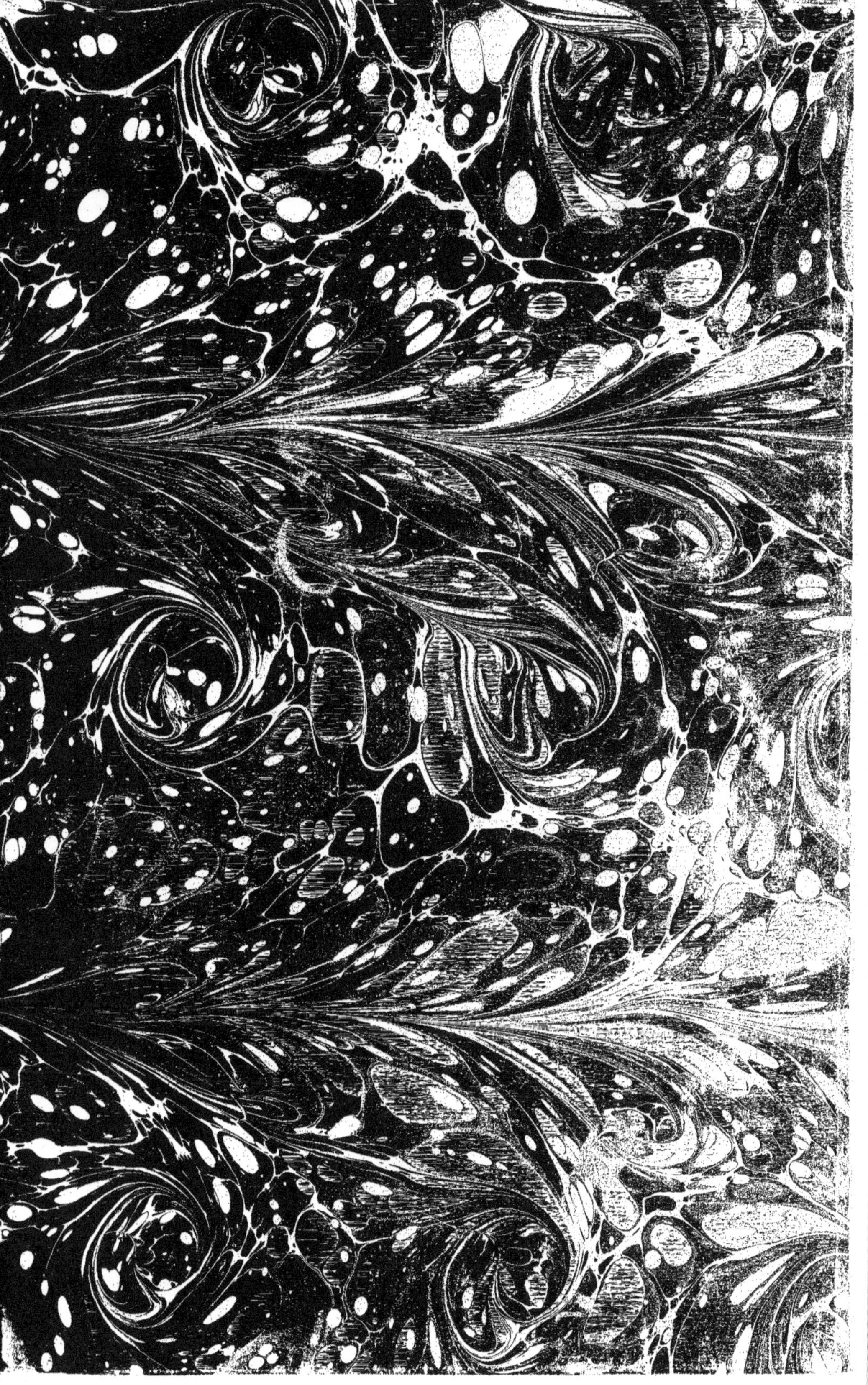

NOUVEAU COUTUMIER GENERAL.

NOUVEAU COUTUMIER GENERAL,

OU

CORPS DES COUTUMES GENERALES ET PARTICULIERES DE FRANCE, ET DES PROVINCES

Connues ſous le nom des *Gaules ;*

Exactement verifiées ſur les Originaux conſervez au Greffe du Parlement de Paris, & des autres Cours du Royaume.

Avec les Notes de MM. Touſſaint Chauvelin, Julien Brodeau, & Jean-Marie Ricard, Avocats au Parlement.

Jointes aux Annotations de MM. Charles DU MOLIN, *François Ragueau, & Gabriel-Michel de la Rochemaillet.*

Mis en ordre, & accompagné de Sommaires en marge des Articles,

D'Interprétation des Dictions obſcures employées dans les Textes,

De Liſtes alphabétiques des Lieux regis par chaque Coutume,

Et enrichi de nouvelles Notes tirées des principales Obſervations des Commentateurs, & des Jugemens qui ont éclairci, interprété, ou corrigé quelques Points & Articles de Coutumes.

Par M. CHARLES A. BOURDOT DE RICHEBOURG, *Avocat au Parlement.*

TOME II. *SECONDE PARTIE.*

A PARIS,
Chez MICHEL BRUNET, Grand'-Salle du Palais, au Mercure Galant.

M. DCC XXIV.

AVEC PRIVILEGE DU ROY.

COUTUMES 1507.

DE LA GOUVERNANCE ET PREVOSTÉ DE PERONNE.

S'ENSUIT la declaration des Coustumes Generales dont l'on a accoustumé user en la Gouvernance & Prevosté de Peronne, & des Coustumes Locales y derogeantes dont l'on use en plusieurs Villes, Baronnies, Chastellenies & Seigneuries situées ès mets de ladite Gouvernance, veues, visitées, corrigées, interpretées, mises & redigées par escrit ès mois d'Aoust, Septembre & Octobre, l'an de grace mil cinq cens sept, par l'Ordonnance du Roy nostre Sire, en vertu de ses Lettres Patentes addressantes à Monsieur le Gouverneur de Peronne ou son Lieutenant, les premieres données à Blois le vingt-deuxiesme Janvier mil cinq cens six, & les secondes à Grenoble, le second Avril l'an mil cinq cens sept, dernier passé; presens & appellez à ce faire, par mondit Seigneur le Gouverneur, le Prevost, Procureur, Receveur & Officiers du Roy nostredit Seigneur; les Notables Conseillers, Advocats & Procureurs, & bons Coustumiers des Sieges & Auditoires Royaux dudit Peronne, & des Jurisdictions subalternes y ressortissant, avec les trois Estats d'icelle Gouvernance & Prevosté, adjournez & comparans en personne au Siege principal dudit Peronne, jusqu'au nombre de douze cens personnes, & plus, lesquels après avoir ouy & entendu la lecture & exposition desdites Lettres Patentes, & les commandemens y pertinens à la matiere à eux faits, en obeïssant à iceux & pour vacquer à moindres frais à la matiere qui estoit pressante & difficile à conclure, auroient commis & deputez aucuns desdits Estats pour & au lieu d'eux; à sçavoir pour l'Estat de l'Eglise, venerables & discrettes personnes, Maistre Jacques Brun, Prestre, Doyen de l'Eglise Collegiale de Monsieur saint Sursy dudit Peronne, & Chanoine de Noyon; Reverend Pere en Dieu, Damp Jean d'Estrées, Abbé de l'Eglise & Abbaye de Monsieur saint Quentin lez-Peronne; Damp Gilles Payen, Religieux de saint Vaast d'Arras, & Prevost du Mesnil & Arrouaiser; Maistre Pierre Guerbillier, Chanoine de l'Eglise Sursy; Pierre le Clercq, Chanoine & Official dudit Peronne, Curé de Mons en Cauche; Maistre Gillet Amelot, aussi Chanoine, Curé de Martin-Puis en Arthois; Sire Pierre Lesquievin, Chanoine dudit Peronne; Sire François le Febvre, aussi Chanoine & Curé de saint Christ; Maistre Pierre Faucher Prestre, Doyen de Chrestiennelle audit Peronne; Maistre Jean Tattepembre, Curé de Soucaucourt, & Sire Nicolas le Roy, Prestre Curé de Montauban. Pour l'Estat des Nobles, Jean de Happlincourt seigneur dudit lieu, de Peuilly & de Bethencourt; Messire Louis d'Humieres, Chevalier, seigneur de Vuillermont, & de Chonviller; Messire Antoine d'Estrées, Chevalier, seigneur de Bouland, Alexandre de Raucourt, seigneur de Barastre & de Grancourt, Gillet de Creton, seigneur des Tournelles & de Cempleux les Fosses, & Gillet d'Argus, Escuyer seigneur de Devise. Et pour le tiers Estat, maistre Jean Hennon, Licencié ès Loix; maistre Maheu de Nobesieurt, Bachelier en Decret; Leon de Hautembre, & Jacques Dupire, Conseillers esdits Sieges, Eschevins & Jurez de ladite ville de Peronne; Pierre de la Porte, pour les Officiers

Anciennes Coutumes.

de la Ville & Chastellenie de Bapaume; Philippe Roger, Officier-Receveur de la Ville & Chastellenie d'Encre; Gautier Pille, Lieutenant de la Ville de Braye; Jean Bar, Escuyer, Receveur de la Chastellenie de Brie, Antoine Coupillon, Escuyer, Bailly de Curlu; Bertrand Francosme, Bailly de Francmerville; Antoine le Febvre, Bailly d'Athie; Jean Corroyer, Bailly de Cappy; Antoine Souillart, Bailly de Heudicourt; Jean le Maire, Laboureur, Lieutenant d'Aveluy; Jean le Cordier, Lieutenant du Bailly de Martuisart, Pierre Grebert, Laboureur & Prevost de Miraumont; Remy de la Haye, demeurant à Flers le Longueval; Jacques l'Escuyer, Marchand, demeurant à Lyhon en Angleterre; Allart Normand, Greffier & Tabellion Royal, demeurant à Salvy, Jean le Boucher, Laboureur & Officier, demeurant à Flechis en Vermandois; Antoine Thierry, Lieutenant du Bailly de Moilains, & pour la Chastellenie de Bapaume, Alleaume de Boslers, Escuyer, Receveur de Beaumont en Arthois; Andrieu Sourdois, Lieutenant du Bailly de Mery, Jean le Longuier, ladite Lieutenante de Villers, Allart de Cambray, ladite Lieutenante de Roizelle; Jean de Marenval, ladite Lieutenante de Greviler, & Jean de Servaques, ladite Lieutenante de Chupigny; Ausquels deputez lesdits trois Estats ont donné pouvoir & autorité, & pour & au lieu d'eux & en leur absence, veoir, visiter, accorder & signer lesdites Coustumes, & faire en la maniere comme s'ils y estoient en personnes; pour ce fait, les envoyer au Roy nostredit Seigneur, & à Messieurs les Commissaires par luy deputez en cette partie, pour les visiter & confirmer au bien de la chose publique de ladite Gouvernance, & en disposer au bon plaisir du Roy nostredit Seigneur, selon ses Lettres Patentes.

En ce temps, Haut, Noble & Puissant Seigneur, Messire Jean de Hallerin, Seigneur de Pienne, Conseiller & Chambellan ordinaire du Roy nostredit Seigneur, & Chevalier de son Ordre, Gouverneur dudit Peronne, Montdidier & Roye, au lieu duquel honorable Homme & sage Alexandre de Tilques, Conseiller du Roy nostredit Seigneur, & Lieutenant de Monsieur le Gouverneur, a tenu Siege en l'Assemblée desdits trois Estats, en la forme & maniere qui s'ensuit:

ET PREMIER,

Desdites Coustumes Generales.

Pour entendre cette matiere, convient présupposer que ladite gouvernance de Peronne est le principal siege dudit gouvernement de Peronne, Montdidier & Roye, qui sont trois prevostez distinctes & separées l'une de l'autre, sujets & ressortissans audit gouvernement, auquel lieu de Peronne sont residens & demeurans les officiers en chef de ladite gouvernance pour le Roy nostredit seigneur.

Item, Laquelle gouvernance de Peronne est Chambre Royale, ressortissante sans moyen en la cour de Parlement, qui consiste & estend pour la pluspart au pays de Vermandois jusqu'à la riviere de Grayeul, & à deux lieues près d'Arras, ainsi que le bailliage & chastellenie de Bapaume, s'estend & comporte; en laquelle gouvernance sont situées & assises plusieurs belles terres, chastellenies, baronnies & seigneuries; c'est à sçavoir, la ville & chastellenie de Bapaume, la chastellenie d'Haurincourt & leur appendances, situées audit pays d'Artois, la ville & chastellenie de Lucheux, la ville & chastellenie d'Encre, la chastellenie de Brie, la baronnie de Mailly, les baronnies d'Athes & de Cappy, & plusieurs autres belles seigneuries, toutes lesquelles avec les pays d'icelles sont immediates sujettes audit gouvernement de Peronne, à se relever la pluspart d'icelles seigneuries du Roy nostredit seigneur à cause de son chastel de Peronne dont elles meuvent & sont tenus en pleins fiefs.

Comment le Gouverneur de Peronne doit juger par les hommes feodaux du Roy.

Item, Que ledit gouverneur de Peronne ou son Lieutenant a accoustumé de juger par l'advis des hommes de fief du Roy nostre sire audit gouvernement, & est en tous cas Juge souverain principal, & reformateur en icelle gouvernance, tant de Prevost dudit Peronne, son Lieutenant & autres Officiers Royaux, que de seigneurs Juges & Officiers subalternes, de toutes lesdites seigneuries, chastellenies, baronnies, situées & assises ès mets d'icelle gouvernance, sans que si lesdits Gouverneur ou Prevost de Peronne ou leur Lieutenant sont commissaires par vertu des lettres Royaux à eux addressantes, en ce cas il n'est requis avoir jugemens d'hommes feodaux, & peuvent choisir tels conseillers que bon leur semble.

Comment le Gouverneur de Peronne connoist des appellations interjettées du Prevost dudit lieu ou son Lieutenant.

Item, Que à cette cause toutes appellations en matieres civiles interjettées dudit Prevost de Peronne ou son Lieutenant, sortissent pardevant ledit Gouverneur ou son Lieutenant, Juge immédiat desdites appellations & semblablement en cas criminels, sinon qu'il soit appellé de la sentence de torture, de mort, ou autre peine corporelle, donnée & jugée, auquel cas les appellations ressortissent en la Cour de Parlement.

Comment ledit Gouverneur connoist des appellations interjettées des Hauts-Justiciers ou leurs Baillis & Officiers.

Item, Que toutes appellations interjettées des seigneurs Hauts-Justiciers, de leur Gouverneur, Baillis & officiers exerçant leur haute-Justice, doivent ressortir de plein droit & se relievent & traitent pardevant ledit Gouvernement ou son Lieutenant, Juge immediat & competent desdites appellations.

Comment les appellations des Basses & moyennes Justices sortissent & doivent estre renvoyées au Bailly & Gouverneur des Hautes-Justices.

Item, Que toutes autres appellations interjettées des Prevosts, Maires, basses & moyennes Justices qui en la seigneurie où ils ont Officiers, ont Gouverneur ou Bailly exerçant la haute-Justice, se peuvent relever & traiter pardevant lesdits Gouverneurs ou Baillis, & supposé qu'on la releve au siege de ladite gouvernance de Peronne, si seront-elles renvoyées obmises *medio*, si on le requiert pardevant lesdits Hauts-Justiciers.

Comment en toute Seigneurie distinguée & separée, doit avoir Baillis & Officiers.

Item, Que tous seigneurs Hauts-Justiciers ayant plusieurs terres & seigneuries situées ès mets de ladite gouvernance & prevosté de Peronne, distinguées & separées l'une de l'autre, en seigneurie & non annexées & jointes ensemble par droit de hauteur de comté, chastellenie, baronnie, admortissement ou par autre maniere tenue en un seul membre fief & hommage, sont tenues & doivent avoir en chacune de leurdite seigneurie & terres, ainsi divisées & separées en seigneurie l'une de l'autre, Bailly, Garde de Justice & Officiers pour administrer Justice à leurs sujets sur le lieu de leur seigneurie, sans se pouvoir distraire ny faire traiter ou sortir jurisdiction en quelque cas que ce soit, & autres de leur seigneurie, que celle dont ils sont sujets, manans & habitans.

Comment gens d'Eglise doivent avoir Prevost ou Maire en leur seigneurie pour connoistre des petites matieres.

Item, Est que seigneurs d'Eglise qui ont plusieurs terres annexées en un seul membre à leur Eglise par admortissement & d'ancienne fondation, peuvent & leur loist avoir Baillis ou Prevost en chef seigneurial de leur Eglise pour connoistre des matieres feodales, a eu de soixante sols par autre plus grand cas de lieu & matiere de grand prix, en ayant sur chacune seigneurie Prevost ou Maire pour connoistre des petites actions & amendes, & recevoir les vests & devests des terres censives tenues d'eux; mais si lesdits seigneurs d'Eglise font d'autres nouvelles acquisitions d'autres seigneuries, ils sont tenus d'avoir Bailly & Officiers sur le lieu, comme il y souloit avoir paravant l'achapt & acquisition.

De non distraire sujets de leur Jurisdiction.

Item, Que par la Coustume de ladite gouvernance, tous seigneurs qui ont les chefs-lieux de leur seigneurie situés & assis hors des metes de ladite gouvernance, dont partie desdites seigneuries s'etend en ladite gouvernance, ou ont à cause d'icelle sujets, vassaux ou tenanciers en icelle gouvernance, lesquels ils desirent traiter pour les rentes ou autres redevances, & d'iceux sujets avoir connoissance & jurisdiction à cause de leurdite seigneurie, ou par appel, ils ont tout sujet de la poursuivre en la cour de ladite gouvernance pardevant Juge competant, sans la distraire, où ils prendroient à delivrance avoir connoissance à cause de leursdits seigneurs, en ce cas avoir Bailly ou Officier au lieu de leur seigneurie en ladite gouvernance au lieu de leur vassal, pour icelle en decider & determiner sans la distraire, & afin que si appellation en ensuivoit & intervenoit de leur procedure à jugement, la connoissance en demeure au siege de ladite gouvernance de Peronne.

Comment le seigneur peut traiter son vassal au lieu de sa seigneurie, pour raison du fief tenu de luy.

Item, Par ladite Coustume le seigneur qui a le chef-lieu seigneurial de la seigneurie hors des metes de ladite gouvernance, peut bien traiter son vassal ayant fief en ladite gouvernance au lieu de & le distraire de ladite gouvernance, pour le fief tenu de luy en faute d'hommage, relief, denombrement, tenu de pleins droits seigneuriaux, & autres devoirs & leurs appendances.

D'acquerir fief par don gratieux.

Item, Par ladite Coustume l'on peut acquerir fief par don gracieux du seigneur qui accorde & donne aucun heritage à luy appartenant à autruy, pour le tenir de luy en fief, & en tel cas le vassal doit chambellage, & n'y eschet autres droits, si par le donataire avec le donateur n'y a autre traité & pacte.

De franc-aleu advouer tenir en fief.

Item, Par ladite Coustume si aucunes personnes tenans en franc-aleu ou en censuel d'aucun grand seigneur, parvient pour avoir port, faveur ou autrement pour le tenir en fief dudit seigneur, & soit à ce receu, ou qu'il doive aucun droit ou redevance sur la terre & advoue le tenir en fief pour avoir port, en ce cas n'y a quelque droit seigneurial pour telle constitution faire fors le chambellage pour le premier hommage ou relief, s'il n'y a autre convention.

De seigneurie directe & utile sur fief.

Item, Par ladite Coustume le seigneur dont un fief est tenu & mouvant a la directe seigneurie dudit fief & le vassal a l'utile seigneurie, parquoy après le trespas du vassal, l'utile seigneurie retourne au seigneur qui a la directe.

De non eclipser fief sans le consentement du seigneur souverain.

Item, Par ladite Coustume, le vassal ne peut vendre, donner ou aliener partie de son fief, ne l'esclipser, ne le distraire sans le consentement de son seigneur souverain, sur peine d'admission, du moins de la partie distraite ou esclipsée.

Droit de relief en ligne directe.

Item, Par ladite Coustume, en succession de fief en ligne directe, n'y a que bouche & mains, le serment de fidelité avec droit de chambellage qui est de cinq sols parisis pour fief, estimé à vingt livres de rentes, & au dessous & au dessus de vingt livres, jusqu'à la somme de deux cens livres de rentes & au dessous & non plus, l'on doit de chambellage douze deniers parisis de la livre, & ne peut le chambellage monter à plus haut prix que de dix livres parisis, de quelque valeur que le fief soit au dessus de ladite somme de deux cens livres de rente.

Droit de relief de bail en ligne directe.

Item, Par ladite Coustume, l'heritier qui a aucun fief par succession de pere ou de mere, ayeul ou ayeule & de ligne directe, ne doit de tel fief à son seigneur dont il tient en fief, que chambellage tel que dessus, si ce n'estoit que ledit heritier fust une fille mariée au temps de relief; car audit cas, posé que ladite fille de soy & pour sa personne ne doive que chambellage, neantmoins le mary qui est le bail d'icelle & qui prend les profits du fief à son profit, pour lequel est estranger au deffunt, doit relief de bail avec droit de chambellage : lequel droit de relief de bail est tel que d'offrir le revenu de trois années l'une du fief, ou somme de deniers, au lieu dudit revenu, ou le dire d'experts & hommes de fief, le tout au choix dudit seigneur ou officiers, & si ledit seigneur eslit le revenu du fief de trois années l'une, si ne jouira-t-il point pourtant du revenu dudit fief une année s'il ne plaist au vassal, mais suffira luy bailler promptement le tiers du revenu desdites trois années accumulées ensemble, selon la commune appreciation du pays, si ladite fille convolle en plusieurs nopces, autant de maris qu'elle aura, payeront semblablement droit de relief, de bail & de chambellage, & nonobstant que ladite fille a dudit fief ne fut mariée & eut relevé ledit fief, elle venue en aage, ou par ses tuteurs, elle estant en minorité.

Commune appreciation de grains.

Item, Si le seigneur accepte le revenu, l'on a accoustumé de faire ladite appreciation selon le prix commun & anciennement accoutumé pour les grains; c'est à sçavoir, de quatre sols tournois le septier de bled mesure de Peronne, & ce qui a d'avoine & telle mesure deux sols tournois.

Droit de relief en ligne collaterale.

Item, Par ladite Coustume, en ligne collaterale, comme de frere à frere, sœur à sœur, cousin, oncle ou autre degré en fief, le vassal doit relief & chambellage au seigneur, lequel celuy se doit offrir & payer comme dessus est declaré en relief de bail; c'est à sçavoir, le revenu de trois années l'une, ou somme de deniers au lieu dudit revenu, ou le dire d'experts & hommes de fief, le tout au choix du seigneur ou ses officiers, avec le droit de chambellage, & si ledit seigneur eslit & prend le revenu du fief de trois années l'une, si ne jouira point du revenu dudit fief une année, s'il ne plaist au vassal, mais suffira luy bailler promptement le tiers du revenu desdites trois années accumulées ensemble selon ladite appreciation commune du pays.

Comment le mary pour sa femme doit relief de bail en ligne collaterale.

Item, Au regard des fiefs qui escheent par succession en ligne collaterale, ceux à qui sont lesdits fiefs doivent plein relief au seigneur dont lesdits fiefs, sont tenus & mouvans qui est tel que dessus : & supposé que ledit fief eschet à sa femme qui fut mariée si ne devroit-elle & son mary qu'un seul relief de bail & chambellage, parce qu'ils sont conjoints à l'heure de l'eschoette; mais si ladite femme se remarie depuis une ou plusieurs fois, chacun mary devra tel relief que dessus, avec droit de chambellage pour nouvel homme.

Comment pour donation de fief en ligne directe n'est deu que chambellage, s'il n'y a retention d'usufruit.

Item, Par ladite Coustume, un vassal peut avoir & acquerir par donation aucun fief en ligne directe, par pere & mere, ayeul ou ayeule, en don de mariage ou en advancement d'hoirie & succession, en ce cas n'est deu au seigneur que chambellage, si le fief est donné entierement sans reservation aucune; mais si le donateur reserve son usage en faisant ledit don; & ainsi estoit passé pardevant le Bailly & hommes de fiefs, ou qu'il se puisse prouver deuement à cause de ladite reservation, il conviendroit payer demy quint denier de la valeur & estimation d'iceluy fief, avec droit de chambellage; & doit le vassal à qui le fief seroit donné, payer les droits seigneuriaux, parce que le don luy seroit fait de grace sans rien payer.

Comment en donation en advancement d'hoirie & succession, n'est deu que chambellage.

Item, Par ladite Coustume le pere & la mere peuvent faire partage & division de leur heritage en leur pleine vie à leurs enfans, soit aisné ou puisné, & quand audit partage aucuns fiefs sont baillez en advancement d'hoirie & succession, ils ne doivent au seigneur que chambellage, car en tel cas il n'est reputé venir par maniere de succession, si ce n'estoit que le partage fust fait à femme qui fut mariée, auquel cas son mary devroit droit de relief de bail & chambellage, tel ainsi & par la maniere que dessus est dit.

Comment droit de quint est deu au seigneur.

Item, Par ladite Coustume peut avoir un vassal aucuns fiefs par don d'entre-vifs, ou par legs de testament, & en ce cas le donataire doit au seigneur droit de quint denier de la valeur & estimation dudit fief & droit de chambellage, si ce n'estoit que le donateur chargeast le donataire d'aucune messe ou service, ou de faire payement d'autre chose, auquel cas le donateur seroit tenu payer le quint denier, & ne payeroit le vassal qui acheteroit ledit don que chambellage; parce que les charges apposées à iceluy don viennent au profit du testateur ou donateur, ou à sa décharge, qui est reputé fait, au lieu du prix de la valeur de la chose ainsi donnée ou laissée.

Semblablement de Quint.

Item, Par la Coustume peut appartenir à un vassal un fief de son acquest, auquel cas il est deub au seigneur dont il est tenu le quint denier avec le chambellage, & doit payer l'acheteur le chambellage, & le vendeur le quint denier, & si le fief est vendu ou acheté francs deniers au vendeur, audit cas l'acheteur payera quint denier du prix qu'il seroit baillé au vendeur; ensemble quint denier de ce que ledit quint monteroit, qu'on nomme requint; parce que ledit quint est payé pour la décharge du vendeur, & ainsi des deniers du vendage qui fait comme les autres deniers qu'en reçoit le vendeur.

Echange de Fiefs.

Item, Par ladite Coustume peut appartenir à un vassal aucuns fiefs ou fief pour échange faits d'autres fiefs : Et si ledit échange est fait de deux fiefs tenus tous d'une seigneurie, sans soulte d'argent ou autre chose, le vassal ne devra que chambellage; parce que le seigneur ne mue point son hommage feodal d'un costé ny d'autre; mais s'il y avoit soulte d'argent ou autre chose, le seigneur devroit avoir le quint denier, d'autant que les soultes monteront & non plus, avec droit de chambellage.

Echange.

Item, Et si lesdits fiefs meus ou échangez estoient tenus de divers seigneurs, doivent avoir le quint denier desdits fiefs chacun, de ce qui seroit tenu de luy, avec droit de chambellage.

Comment le Seigneur ne peut avoir Droits seigneuriaux quand aucun heritage tenu de luy se vend à condition de rachapt, & ledit rachat se fait.

Item, Quand aucun heritage ou droit réel est vendu & aliené, & que par le vendeur & achepteur est accordé, que ledit vendeur ou ses choirs le puisse ravoir & achepter pour les deniers que ledit achepteur en auroit déboursé dedans aucunes années, ou toutefois que bon luy semblera, & que telle condition & devise est devenue à connoissance au seigneur, dont l'heritage & droit réel est tenu & mouvant, soit en fief ou en catel, & faisant la dessaisine & saisine au profit de l'achepteur : en ce cas quand ledit vendeur est heritier leur loist faire ledit remboursement, avoir & reprendre ledit heritage ou droit réel, selon la faculté du rachapt, & dedans le temps accordé entre lesdites parties, sans pour ce payer aucuns nouveaux droits & rentes & autres droits seigneuriaux audit seigneur.

Comment le seigneur doit estre payé par l'heritier d'un fief des droits deubs par son successeur.

Item, Que combien que l'heritier par ladite Coustume soit saisi des fiefs de son prédecesseur, & les puisse vendre, donner & aliener, soit qu'il les ait relevez ou non, toutesfois si tel heritier vend son fief avant qu'il eust relevé dudit seigneur, pour ce que la donation, vente, transport qu'il feroit desdits fiefs à luy écheus de ligne ne seroit valable, si ce n'estoit par dessaisine & saisine fait pardevant le seigneur dont ils seroient mouvans, ou ses officiers; iceluy seigneur, ou sesdits officiers ne recevront ladite dessaisine & saisine que premier ledit heritier n'ait relevé à droiture de la succession de son predecesseur, & qu'il soit payé des droits seigneuriaux, pour le deu avec le quint denier & chambellage, qui luy sont deus à cause de tel don ou vendage.

Comment un seigneur peut tenir en fief de soy-mesme, à cause d'autres fiefs ou seigneuries à luy appartenans.

Item, Si aucun tient d'un seigneur une terre en fief, & qu'icelle sa terre soit tenue en autre seigneurie en fief, & il advient que comme heritier d'aucun, ou par achapt, ou autrement, pourroit avoir un autre fief tout estrange, ledit fief de luy tenu luy eschet, advienne ou appartienne, en ce cas il tiendra ledit fief de luy-mesme à cause dudit fief qu'il tient de son seigneur souverain; & represente en cette qualité deux personnes : c'est à sçavoir qu'il est seigneur à cause de son principal fief tenu de son seigneur souverain, & de l'autre fief tenu de luy; & si est vassal tenant de luy-même, à cause d'iceluy fief tenu dudit fief principal qui ne luy appartient pas, comme seigneur, mais comme achepteur ou heritier, ou autrement comme dit est, & peut estre vendu ou donné ledit fief par ledit homme de fief qui l'achepte, ou luy est escheu, à qui bon luy semblera, sans ce que le seigneur souverain y puisse ou doive avoir aucuns droits de quint denier, chambelage, ny autres droits seigneuriaux, mesme quand il voudra bailler denombrement de son fief principal à son seigneur souverain, il ne sera tenu declarer que ledit fief tenu de luy, par luy achepté ou à luy venu comme heritier de tel, ou autrement, soit membre ne partie de sondit fief principal; mais que de luy mesme à cause de sadite seigneurie principale, est tenu ledit fief par luy achepté, ou à luy venu de succession, comme dit est, aveu privé, ainsi que si ledit fief estoit revenu & reuni à sa table par retrait pour les deniers, par confiscation ou autrement, comme seigneur.

Comment le vassal ne prescript contre le seigneur, ny le seigneur contre le vassal.

Item, Que le seigneur qui tient en sa main aucun fief en censive en deffault d'homme, droits & devoirs non faits, cens & rentes non payez pour quelque longue jouissance qu'il en puisse avoir fait; en ce moyen n'acquiert le droit & proprieté de la chose à l'encontre de son vassal, ou tenant en censive par prescription, si ce n'estoit que telle jouissance fust de quarante ans : mais s'il tenoit ledit fief en censive en sa main, comme biens vaccans, ou en deffault d'hoirie, il pourroit acquerir le droit par prescription. Aussi ne prescript le vassal ou tenancier alencontre de son seigneur, si ce n'est que telle jouissance soit de quarante ans; toutesfois s'il ne tenoit lesdits fiefs en censives à titre de succession de ses predecesseurs, qui eussent en leur temps advouez tenir lesdits heritages d'autres seigneurs, ou qu'ils les eussent par achapt ou don, ou qu'ils leur fussent vendus ou déclarez estre tenus d'autre seigneur, & à ce tiltre en jouissoit ayant fait les devoirs seigneuriaux à autre seigneur, il pourroit prescrire contre l'autre seigneur, qui voudroit dire & maintenir ledit heritage estre tenu de luy d'ancienneté.

Comment un seigneur n'acquiert les fruits d'un fief tenu de luy, sans avoir fait diligence de le tenir en sa main.

Item, Par ladite Coustume, quand après le trespas d'un vassal son heritier jouit & possesse de son fief en un deux, avec dix ans ou plus ou moins, sans avoir relevé ou droituré dudit seigneur, il n'est tenu en restitution des fruits levez dudit fief envers ledit seigneur : & si ne peut ledit acquereur prétendre avoit quelque jouissance du fief, pour en jouir autant sans homme, que le vassal du fief peut avoit jouy sans seigneur; car par ladite Coustume l'heritier peut tousjours jouir dudit fief, jusqu'à ce que ledit seigneur l'ait fait saisir sans ce que ledit seigneur puisse demander aucune restitution ou jouissance après les devoirs faits : si ce n'estoit que depuis la saisine faite dudit fief, de par le seigneur ou ses officiers ledit vassal privé de levat eust pris ou levé aucune chose sous la main du seigneur, y enfraignant icelle; car en ce cas il seroit tenu restablir entierement au profit du seigneur, ce qu'il en auroit pris & perceu depuis ladite saisie, & payer l'amende de soixante sols parisis pour la main enfrainte dudit seigneur.

Comment le vassal à quarante jours pour relever son fief au seigneur dont il est tenu.

Item, Par ladite Coustume l'heritier du vassal à quarante jours après le trespas de son predecesseur pour relever son fief du seigneur dont il est mouvant, ou de ses officiers; & combien que ledit seigneur ou ses officiers ayant fait saisir ledit fief en dedans ledit temps de quarante jours, il ne peut eschoir en aucuns fraiz de ladite saisie, ne perdre les fruits & levées de sondit fief, pour quelque temps qu'il soit empesché en sondit relief par ledit seigneur ou son procureur depuis l'offre suffisamment faite : Mais s'il estoit trouvé en diffinitive, qu'il eust moins que suffisamment offert pour parvenir audit relief & devoir dudit fief, il escheroit ès frais de ladite saisie, & perdroit les fruits à lever d'iceluy fief qui seroient audit seigneur.

Comment le seigneur peut faire regaler le fief tenu de luy.

Item, Par ladite Coustume, quand l'heritier ou vassal ne releve son fief, ou pour ce ne fait offres suffisantes au seigneur directe, dont il est tenu, ou à ses officiers en dedans les quarante jours du trespas de son predecesseur, & que le seigneur ou ses dits officiers en faute d'homme & desdits droits de relief non faits, a fait saisir & mettre en sa main ledit fief de luy mouvant, & telle saisie faite & signifiée audit heritier, & au lieu dudit fief, tel seigneur après ladite saisie & signification, si les quarante jours du trespas sont passez, peut prendre, appliquer & emprunter à son profit par forme de regale, les fruits & levées dudit fief s'ils sont prests à lever & couper; comme bleds, avoines, & autres blaids, prez, bois, jardins, faire pescher rivieres, & estangs & jouir dudit fief, sans que lesdits droits seigneuriaux luy auroient esté faits, & non point seulement comme feroit un viager; mais peut lever & couper comme en regale, ainsi que l'heritier pourroit faire pour sa necessité & volonté, comme un pere de famille peut & doit pour son propre fait, sans rien deregler ny desgater, en rendant au laboureur ou fermier de bonne-foy, fer & semence des terres qu'il auroit mises sus, & le salaire des vignes que le laboureur ou fermier auroit labourées, & mises à point: Et lequel laboureur ou fermier doit avoir recours, & recouvrer de ses autres interests qu'il souffre & pert en deffaut dudit relief, droits & devoirs non faits, alencontre de l'heritier ou de celuy ou ceux qui luy auroient baillé à ferme, censés ou muiage, lesdites terres & autres heritages feodaux.

Pareillement de Regale.

Item, Combien qu'audit cas tel heritier au regard des coheritiers, crediteurs ou autres particuliers, soit tenu & reputé tenant, & fait neantmoins quant audit fief, entant que touche le seigneur dont ils sont mouvans, il en doit faire les reliefs, droits & devoirs seigneuriaux en dedans le temps dessusdit: autrement le seigneur les peut faire saisir, & après les quarante jours du trespas du vassal jouir du fief jusqu'à ce que lesdits droits & devoirs luy seront payez, & par regale si bon luy semble, selon qu'il est declaré en l'article precedent; si ce ce n'estoit que l'heritier luy eust fait offres suffisantes qu'il eust refusé; auquel cas regale n'auroit lieu, & ne seroient les fruits au seigneur depuis lesdites offres suffisantes faites: Mais si aucune chose levoit & regaloit depuis lesdites offres, sera tenu le restablir ausdits heritiers en definitive.

De faire hommage au seigneur.

Item, Par ladite Coustume, quand le vassal aura fait tous les devoirs & payé les droits au seigneur, posé que depuis il y ait mutation de seigneur, le nouvel seigneur ne peut faire saisir ny empescher le fief du vassal qui autrefois a fait ses devoirs par faute d'homme, que premier tel seigneur n'eut fait signifier, adjourner & evoquer sondit vassal pour venir entrer en son hommage; car comme nouvel vassal doit requerir son seigneur, pareillement le nouvel seigneur doit requerir & faire adjourner ses hommes, qui autrefois auroient fait devoir à son predecesseur, & encore s'ils estoient defaillans de venir au jour qu'ils seroient adjournez, & que le seigneur ait fait saisir leursdits fiefs pour leur nom, si ne pourroit tel seigneur regaler ny faire les fruits siens, puis que le vassal auroit esté une fois receu à homme, & fait ses devoirs comme dit est.

Semblablement d'hommage.

Item, Que le vassal qui autrefois aura fait hommage à son seigneur, ou sans faute à son Bailly a payé les droits seigneuriaux, quelque temps qu'il attende à aller devers le nouvel seigneur ne sortoit rien, si premier n'est suffisamment sommé par ledit seigneur nouvel de luy aller faire ledit hommage.

Sommer le vassal faire hommage à son seigneur nouvel.

Item, Et pour suffisamment sommer de par ledit seigneur nouvel un vassal qui a autrefois fait devoirs, convient par ladite Coustume que par l'un des sergens & officiers dudit seigneur, soit signifié audit vassal au jour qu'il luy seroit dit & mandé, il soit au lieu de sa seigneurie dont son fief est mouvant & tenu vers son seigneur qui sera audit jour, pour recevoir luy & autres hommes en hommage; & est de necessité que depuis le jour, signification, adjournement & mandement, jusqu'au jour assigné pour faire cet hommage y ait quarante jours du moins de distance.

Qu'il suffit faire les adjournemens & sommations au lieu seigneurial du fief.

Item, Que si l'on ne trouve point le vassal, ou que le seigneur, son Bailly ou officier ne veulent point prendre la peine d'aller devers les vassaux, il suffit d'aller sur le chef-lieu du fief faire les commandemens d'adjournement, en adjournant le vassal en la personne de son censier, fermier ou autre demeurant audit lieu, en faisant commandement audit demeurant que l'on fera sçavoir ledit adjournement audit vassal, & pour cet adjournement faire, doit avoir deux hommes de fief du seigneur ou autres empruntez à son souverain, avec un sergent.

Item, Et s'il n'y avoit point de maison ou heritage sur ledit fief ou personne demeurant, suffiroit faire lesdits adjournemens en la maniere dite sur l'un des lieux & pieces dudit fief, & le faire signifier & sçavoir audit heritier ou à son fermier, ou censier ou aucuns voisins qui se charge de le faire sçavoir à l'un d'eux.

Comment le vassal qui a autrefois fait hommage ne doit au seigneur nouvel droits seigneuriaux.

Item, Que le vassal qui autrefois aura esté receu en la foy & hommage de son fief & payé les droits seigneuriaux, ne doit au seigneur nouvel relief, chambellage, ny autres droits seigneuriaux, & suffit qu'il fasse hommage à iceluy seigneur nouvel.

Comment le seigneur peut saisir le fief en faute d'hommage.

Item, Que le seigneur nouvel peut saisir le fief de son vassal, qui autrefois aura fait devoirs au seigneur predecesseur, si tel vassal est defaillant d'aller faire hommage au nouvel seigneur, après ce qu'il auroit esté deuement adjourné pour aller faire hommage audit seigneur nouvel, & ne sera comparu au jour assigné pour faire ledit hommage, & ne fera point audit cas les fruits siens, pour ce que le vassal a fait autrefois ses devoirs, jaçoit qu'il soit defaillant d'aller à sa journée; mais après qu'il aura fait hommage audit nouvel seigneur, en payant la saisie & autres frais raisonnables, son fief & les levées escheues après la saisie, luy doivent estre baillées & delivrées.

Comment le vassal est tenu de faire hommage en personne.

Item, Par ladite Coustume le seigneur ne recevra

point le vassal en hommage de son fief par procureur, si le vassal est aagé convient que le vassal en personne voise relever son fief & faire hommage à son seigneur, & faute à son Bailly ou garde de Justice si de grace ne luy est autrement accordé: Et est par ladite Coustume un enfant masle à l'aage de quatorze ans complets, tenu de faire hommage, & audit aage de quatorze ans complets, reputé aage suffisamment pour ce faire, & hors de tutelle & de bail; & une fille à douze ans complets est pareillement hors de tutelle & de bail, habile à relever son fief & tenu de ce faire, autrement le seigneur peut faire saisir leurs fiefs.

Item, Audit cas que le fils après quatorze ans atteint, & la fille après douze ans, n'auroit fait ses devoirs de relever, & le seigneur auroit saisi le fief, ledit seigneur feroit les fruits siens si paravant n'avoit esté fait feauté & hommage par tuteurs & curateurs pour leurs enfans pendant leur minorité, & les droits payez.

Item, Que le vassal qui a relevé & droicturé son fief, & payé les droits seigneuriaux au seigneur ou à ses officiers, & depuis est negligent & en remission & deffault de faire hommage audit seigneur, ou de le faire comme est requis par la maniere dite, pourquoi ledit seigneur par faute d'hommage fait saisir & mettre en sa main ledit fief, & sous iceluy regir & gouverner tant & jusqu'à ce que ledit hommage luy sera fait comme faire luy loist; en ce cas ledit seigneur ne fait pas les fruits siens dudit fief; mais après ledit hommage à luy fait par son vassal, levera la main dudit fief, & restituera les fruits par luy pris & perceus durant ladite saisie en payant les frais d'icelle saisie & autres frais raisonnables.

Cet article n'est accordé, parce qu'aucuns Conseillers des gens dudit Estat, jusqu'au nombre de vingt-huict, ont esté d'advis que ledit article est bien posé, & mesme que les Conseillers ont affirmé en avoir deposé n'a guere en turbe en certaine cause & procez, & les autres Conseillers & gens dudit estat jusqu'au nombre de vingt-neuf, ont soustenu au contraire que le seigneur qui a fait saisir le fief de son vassal en faute d'hommage à luy fait, nonobstant que ledit vassal eust payé les droits seigneuriaux, & fait le serment de fidelité puisqu'il a ledit seigneur, & est refusant faire ledit hommage après sommation & delay de quarante jours pour le faire, doit perdre les fruits de son fief, & doivent estre acquis au seigneur tant qu'il aura fait audit seigneur hommage, pourquoy ledit article a esté remis à en ordonner au bon plaisir du Roy ou de messieurs les deputez sur les Coustumes.

Comment le seigneur peut faire saisir les fiefs de luy tenus en faute d'hommage.

Item, Par ladite Coustume peut le seigneur faire saisir quand le vassal va de vie à trespas sans hoirs, & combien qu'en tel cas quand un homme va de vie à trespas sans hoirs, ses biens soient dits & reputez comme biens vacans; auquel cas le seigneur se peut dire & fonder son heritier, & tout apprehender comme biens vacans; toutesfois au regard du fief ou fiefs mouvans de luy ne soit que le profit du seigneur de le prendre comme biens vacans, mais par faute d'homme seulement; parce que le seigneur en les prenant, par faute d'homme, n'est en rien tenu ny chargé des debtes, legs, ou ordonnance du deffunt; ce qu'il seroit en les prenant comme biens vacans; car le seigneur qui prend les biens vacans d'un trespassé en faute d'hoirs est tenu & sujet de payer les debtes, legs & ordonnances, si avant que lesdits biens y peuvent fournir.

Comment le seigneur peut saisir le fief de son vassal par desobeissance, sans acquerir fruits.

Item, Peut le seigneur faire saisir le fief de son vassal quand il est du tout desobeissant aux commandemens, adjournement & defenses à luy faites par son seigneur touchant la seigneurie dont il tient en toutes choses raisonnables que le vassal doit faire envers son seigneur; & en ce cas le seigneur ne fait les fruits siens; car après la desobeissance purgée & les devoirs faits envers ledit seigneur, le vassal recouvre les fruits escheus pendant la saisie, en payant les fraiz de ladite saisie, & autres fraiz raisonnables avec l'amende, si aucune en avoit pour ce encourue.

Pareillement saisir en faute de denombrement, ne fait toutesfois les fruits siens.

Item, Peut le seigneur saisir en faute de denombrement, quand le vassal n'aura baillé son denombrement en dedans les quarante jours après le relief, feauté & hommage faits: Si par ledit seigneur Bailly & garde de Justice, en faisant lesdits reliefs, feauté & hommage luy a esté enjoint d'avoir baillé son denombrement en dedans les quarante jours ensuivant, & audit cas le seigneur ne fait point les fruits siens; car après le denombrement baillé & receu en payant les fraiz de saisie & autres fraiz raisonnables, le fief & profit escheus pendant la saisie doivent estre delivrez au vassal, & est deu par ladite saisie douze sols.

Pareillement saisir à faute de service de plaids.

Item, Peut le seigneur saisir en faute de service, de cour & plaids, quand il fait faire commandement ou adjournement à son vassal d'estre à certain jour en sa cour aux plaids, en la seigneurie dont son fief meut avec ses pairs & compagnons pardevant son Bailly ou garde de Justice: si tel vassal est defaillant d'estre & comparoir ausdits plaids ou procureur ayant pouvoir special à cette fin pour luy, le seigneur peut faire saisir le fief, & demander dix sols parisis d'amende pour le defaut; & faut que ledit vassal en luy faisant lesdits commandemens & adjournement ait franche quinzaine ou du moins francs plaids entre adjournement & assignation de jour.

Pareillement saisir en faute de service d'armes après sommation.

Item, Peut le seigneur saisir en faute d'armes quand le vassal est tenu de le servir par le debvoir de son fief en armes, si le fief y est sujet, & il est de le faire sommer, & requis par son seigneur mesme pour le servir pour la defence & tuitrice de sa seigneurie dont son fief meut, ou de son seigneur, ou pour la guerre de sa personne, au lieu dont son fief meut, & le vassal est de le faire refusant ou dilayant, le seigneur pourroit faire saisir le fief de son vassal, & le tenir en sa main tant qu'il aura reparé sa faute, l'interest & dommage que le seigneur peut avoir eu à cause de sa faute, pour avoir pris autre serviteur en son lieu.

Que le vassal ne confisque son fief par desobeissance s'il n'a fait hommage.

Item, Que si aucuns avec ses parens & amis ou avec aucun seigneur faisant guerre contre le seigneur dont il tient en fief ou autre de qui il debvroit reprendre son fief; & qu'au temps qu'il feroit ladite guerre n'y eut rien advoué ny relevé dudit seigneur dont il est ou seroit mouvant, & contre lequel il feroit guerre, n'ait fait pour ce quelque serment de fidelité audit cas ne confisque son fief: Mais si tel faisant guerre avoit fait les hommages & feauté pour ledit fief auparavant le temps qu'il feroit ladite guerre, ledit fief devroit estre confisqué si ce n'estoit que par contrainte ou commandement du Roy, il fist la guerre pour le Roy, c'est parce que le Roy à cause de sa Couronne est souverain & directe seigneur à toutes les hautes, basses seigneuries, fiefs & arrierefiefs sont tenus & dependans, il faut obeir devant contre tout autre.

Comment le vassal confisque son fief par felonie ou infidelité.

Item, Que si le vassal a commis felonie ou infidelité à l'encontre de son seigneur dont il tient son fief mesmement depuis qu'il aura relevé; en ce cas ledit seigneur peut promptement, que le cas sera advenu, retenir le fief comme à luy confisqué & appartenant, laquelle confiscation appartiendroit audit seigneur, si sondit vassal est de ce aller convaincu.

Confiscation au seigneur pour crime capital, ou bannissement à tousjours.

Item, Si le vassal a commis crime capital auquel cas le seigneur peut promptement saisir le fief mouvant de luy, & s'il est banni à tousjours ou executé, le fief demeurera au seigneur comme confisqué, parce que par ladite Coustume, qui confisque le corps confisque les biens, si ce n'estoit crime de leze-majesté, auquel cas le Roy devroit avoir la confiscation, & suffiroit que le Roy baillast hommes pour desservir ledit fief, s'il le tenoit en sa main sans payer aucuns droits, mais si le Roy donnoit ou transportoit ledit fief à luy advenu & confisqué, celuy à qui il sera donné & transporté, ne devra qu'un dernier chambellage.

Comment le seigneur qui desavoue son fief confisque son fief.

Item, Peut le seigneur saisir le fief de son vassal, quand sans quelque cause raisonnable il desavone à tenir & à relever son fief d'autre seigneur ou seigneurie, que de celle dont il auroit esté tenu & mouvant, & en ce cas le peut ledit seigneur tenir comme confisqué, si le vassal ne montroit qu'il l'eut fait par ignorance, & par juste cause sans sa coulpe ou pour refus & tort à luy fait de le recevoir à faire devoirs de son fief.

Confiscation du fief, ou partie eclipsée de son seigneur souverain sans le consentement de son seigneur.

Item, Si le vassal aliene partie de son fief sans le consentement de son seigneur en diminuant ledit fief, le seigneur en ce cas peut promptement saisir tout ce qui sera énervé & mis hors dudit fief, à tendre à fin de confiscation, & par ladite Coustume du moins la portion aussi enervée doit demeurer consequemment au seigneur au dommage du vassal.

Que l'Eglise ou Communauté ne peut tenir fief sans consentement du seigneur.

Item, Si une Eglise ou Communauté tient en fief, par achapt, dons, legs ou transports, le seigneur dont il est mouvant peut faire commandement à tel possesseur desdits fiefs, pour en devant an & jour, ils les ayent mis hors de leurs mains, si en dedans ledit jour & terme ils ne sont mis hors de leurs mains le seigneur peut faire ledit fief & en jouir à son profit jusqu'à ce qu'ils leur ayent mis hors de leurs mains, & qu'il y aura tenant à homme qui se relevera pour luy en son nom & à son profit.

Que le seigneur n'a droit de confiscation, s'il n'est Haut-Justicier.

Item, Par ladite Coustume nul n'a droit de confiscation s'il n'est Haut-Justicier, & emporte le haut-Justicier la confiscation des biens & heritage du delinquant qui sont en sa terre, dont les biens sont declarez confisquez, supposé que ledit seigneur n'ait point fait le procès, si ce n'estoit qu'il fust executé pour crime de leze-majesté, si n'est tenu des frais du procès du delinquant, fait & soustenu en autre seigneurie.

Que le Roy n'a prevention sur les sujets des Hauts-Justiciers.

Item, Par ladite Coustume le Roy n'a point de prevention sur les sujets des Hauts-Justiciers & autres seigneurs subalternes, mais doit avoir le seigneur le retour & renvoy de son sujet pris pour delit criminel ou civil s'il le requiert, & luy doit estre rendu par les officiers du Roy, si ce n'est qu'il y ait cas privilegiée ou grande negligence, ou qu'il soit detenu pour cas dont au Roy appartient la connoissance, comme de crime de leze-majesté, faulsoyer sa monnoye, & autres cas dont aux Juges Royaux appartient en connoistre.

Comment fief ne sont point chargez, s'il n'en appert deuement.

Item, Par ladite Coustume tous fiefs sont francs, quittes & exempts de toutes charges, rentes redevances & cens fonciers, s'ils n'appert deuement qu'ils en sont chargez.

Que delit commun n'attribue jurisdiction.

Item, Que si aucune personne fait ou commet aucun delit ou meffait en autre terre & seigneurie que celle dont il est sujet, & son seigneur sous qui il est resident luy fait amender envers son seigneur ou ses officiers; l'autre seigneur en la jurisdiction duquel tel delit aura esté commis ne luy peut plus rien demander à cause dudit malefice, mais en doit demeurer quitte & paisible, mesme si ledit autre seigneur a emprisonné & mis en cause pour ledit mesfait commis en sa seigneurie, & son seigneur sous qui il est resident le requerroit avant qu'il eut gagé & amendé, cognoissant ledit mesfait audit autre seigneur, il luy doit estre rendu pour en avoir la connoissance & punition, en payant par les delinquans qui seront trouvez aggresseurs du debat audit autre seigneur qui les auroit pris & emprisonné, pour la prinse vingt sols parisis & confiscation des bastons dont ils seroient trouvez saisis à ladite prinse & emprisonnement: & si lesdits delinquans estoient trouvez estre aggressez, & en defendant eussent blessé aucuns des aggresseurs, ils fussent requis, ils ne payeroient audit autre seigneur que les frais raisonnables des informations; & supposé que sondit sujet ait gagé & amendé ladite amende en autre seigneurie sans advertir son seigneur sous qui il est demeurant pour le requerir, si ce n'est pas pourtant que sondit seigneur ne le punisse de rechef à prendre son amende; mais s'il avoit adverty son seigneur de le requerir, & il fust de ce faire negligent, parquoy il eut esté contraint amender audit autre seigneur, il ne pourroit estre plus travaillé d'amende envers sondit seigneur pour tel cas.

Et où lesdits futurs aggresseurs & delinquans seroient serviteurs domestiques du seigneur qui les requeroit seroit requis par ses officiers, & ils estoient suffisamment convaincus du cas pour lequel ils sont emprisonné, pour ce que souventesfois par port & faveur

faveur de leur maistre & seigneur en l'appel d'autruy, & autrement il le pourroit ingerer à commmettre les delits sous ombre d'estre rendu à leur seigneur qui la pourroit punir legerement ès prisons & par petite amende; audit cas l'un d'eux & chacun payeront audit seigneur dont ils seroient emprisonnez amende de 60 sols, & leurs bastons qui seroient à luy confisquez.

De non porter bastons aux danses & assemblées, villages & seigneuries.

Item, Que tous seigneurs qui trouveront aux festes, danses & assemblées joyeuses qui se feront en leurs seigneuries aucunes personnes ayant & portant arcs & arbalestes bandées, pourront iceux prendre & emprisonner, & avoir deux amendes de 20 s. parisis, avec confiscation desdits arcs & arbalestes trouvez bandez: Et s'ils portent autres bastons invisibles, & ne le veulent mettre en lieux & maisons d'icelle assemblée, les pourront pareillement emprisonner & avoir deux amendes de dix sols parisis, & confiscation desdits bastons.

Amendes pour delits commis aux hauts-justiciers.

Item, Par ladite Coustume generale de la Gouvernance & Prevosté de Peronne, les droits & amendes des seigneurs & hauts-justiciers ayant seigneurie en icelle Gouvernance pour tous delits & malefices sont tels qu'ils s'ensuivent.

C'est à sçavoir qui dit & profere paroles injurieuses à autre il eschet en amende de soixante sols parisis envers ledit seigneur.

Qui fait eu a vie, s'efforce & frappe autruy de poing sans sang, il eschet en amende de 60 sols parisis.

Qui frappe autruy de poing sans sang, il eschet en amende de quinze sols parisis.

Et s'il y a sang dudit poing & gresure ou égratignure sans playe ouverte, il eschet en amende de 20 s. parisis.

S'il y a poing garni de qui que ce soit sans aucun mort, il y a sang sans playe ouverte, 15 sols parisis.

S'il y a espée dague ou braguemart ou de legui tire sans frapper ni attendre sa partie, amende de 15 sols parisis.

S'il y a armures moluttes, comme cousteaux, ou autres glaives & bastons moulluts, il y ait sang & playe ouverte, amende de 60 sols parisis.

Qui bat autruy de coup, ou bois, de bastons à files, sans sang, amende de trente sols parisis.

Est au moyen de ladite bature il falloit faire incision par chirurgien, en ce cas amende de 60 sols parisis.

Qui s'efforce despins, bastons, javeline, ou autres bastons ferez, frapper, & battre autruy il ne tient à luy qu'il ne frape mais en est empesché au moyen que la partie se tire arriere du coup, ou le retient de son baston, où que l'agresseur est tenu par autruy, amende de trente sols parisis.

Qui decoche ou desserre arcqs ou arbalestres sur autruy par courroux, soit qu'il atteinde ou non, en l'amende de soixante sols parisis.

Qui rue pierres, cailloux, ou boulles, ou autres choses contre autruy sans atteindre, amende de 20 sols parisis.

Et si la partie est atteinte sans playe ouverte, 30 s. par.

Et s'il y a sang & playe ouverte, & sans faire incision par chirurgien, amende de 60 sols parisis.

Amendes pour bestiaux trouvez en dommages.

Si aucuns chevaux, vaches ou pourceaux sont pris ès bleds verds, ou ablaids en dommage, amende de cinq sols parisis.

Et si c'est ablaids parvenus à espy ou meurison, amende de 20 sols parisis.

Si aucunes brebis à garde sont prises en ablaids, amende de 30 sols parisis.

Pour bestes prises en vignes en hyver, amende de 2 sols parisis.

Et si c'est depuis que les vignes commencent à boutonner, à fleurir, amende de 15 sols parisis.

Si le fruit est en grape vert, amende de 20 s. parisis.

Et à meurisson, amende de 30 sols parisis.

Pour bestes prises en bois au dessus de trois ans, ou en prez en dommage, amende de 17 s. 6 den. parisis.

Pour bestes prises en taillis au dessus de trois ans, à sçavoir pour brebis & vaches & à garde, amende de 60 sols parisis.

Pour chevaux, vingt sols parisis.

Et en grand bois pour vache & brebis, 40 sols.

Et pour chevaux, amende de 2 s. 6 den. parisis.

Et pour pourceaux pris en taillis & autres bois amendes de sept sols six deniers parisis.

Et si pourceaux sont trouvez ès bois au temps du gland sans congé du seigneur ou de ses officiers, amende de sept sols six deniers parisis.

Et si par aucune adventure les bestes par une eschapée en passant chemin sans fraude alloient aux vignes, bleds ou bois; mais que la garde fit son devoir de les retirer incontinent, en ce cas, ny auroit amende.

Si aucuns sont trouvez portant serpe ou taillant en bois, s'il n'est bocquillon ou marchand dudit bois, il eschet en amende de deux sols six deniers parisis.

Qui est trouvé coupant en un bois ou faistes de bois qui en procede sans le congé de celuy à qui il appartient, amende de sept sols six deniers parisis.

Qui abbat ou couppe estallons au bois qui peut souffrir la forest d'un arelle à la hauteur du pied de l'homme, amende de soixante sols parisis.

Qui prend fagots, bourées, lattes, bastons, sactelle ou denrées faites de bois, outre le congé du seigneur ou marchand, amende de soixante sols parisis.

Qui arrache chesnes ou arbres portant fruits esdits bois, amende de soixante sols parisis.

Qui coupe ou abat les branches d'un chesne, quinze sols parisis.

Qui est trouvé soyant bois & fauchettes, & taillis, amende de trente sols parisis.

Si les bois abbatus ne sont relevez dedans la margette ensuivant la bauson à coupe, amende de 60 s. parisis.

Si aucun tient beste estrange en sa maison plus d'une nuit, pour les mettre à la prairie commune & pasturage du lieu où il est demeurant, il ne les peut mettre audit pasturage au prejudice du bien public des habitans, sans le congé du seigneur ou ses officiers, sur peine d'amende de 60. sols parisis.

Item, Que tous laboureurs ayant champs & pieces de terres contigues & joignantes l'une l'autre à charges de bleds & autres ablaids, sont tenus en la saison d'aoust de les aller espever & desranger contre leurs voisins avant que de les depouiller, sur peine de 10 s. tournois d'amende sur celuy qui sera refusant de ce faire.

Droits pour saisines d'heritages.

Pour une saisie feodale après les quarante jours en faute d'homme, debvoirs & droits non faits, la somme de vingt-quatre sols; & si c'est seulement en faute de denombrement non baillé, 12. sols tournois.

Pour une saisie de terres, censives a la bangue sans aller sur le lieu, dix-huit deniers.

Et si la basse justice se transporte sur les lieux, la somme de cinq sols tournois.

Pour une sommation faite, justice assemblée & revestu, deux sols six deniers.

Comment Sergens subalternes sont crus de leurs exploits jusqu'à soixante sols parisis.

Item, Que tous sergens bien francs à renommée & sans reproches sont & doivent estre crus à leur relation de prise de gens abellez qu'ils trouvent en dommages ès bois, prez, vignes & ablaids d'autruy, jusqu'à la somme de soixante sols parisis, afin que les gens qui sont par trop entreprenans sur biens d'autruy ne demeurent impunis de leurs meffaits, si ce n'est que la partie qui en ce touche, veuille montrer au contraire de la relation desdits fergents par gens de foy, à quoy il doit estre receu par le juge pour fait, comme de raison, à proceder à la correction & punition rigoureuse dudit sergent qui seroit trouvé avoir fui sans rapport.

Matiere d'heritages censuels, & quel droit & relief au seigneur dont ils sont tenus.

Item, Par ladite Coustume peut le seigneur faire saisir & tenir en sa main les terres, censives tenus de luy, par faute de cens non payez par diverses années, & s'il fait saisir lesdites terres par faute de cens non payez par diverses années, & il y a possesseurs desdites terres qui veuillent eux opposer pour proposer aucune chose au contraire, & si requierent avoir main-levée, la main se tiendra par une année, & non plus, & s'il veut remplir de la derniere année, il aura main-levée pendant procès; mais si le seigneur montre les terres de par luy saisies debvoir les cens & rentes qu'il demande, le possesseur sera tenu luy payer les arrerages, & en la raison pourquoy la main-levée ne se tient que pour un an; pource que tantost qu'il y a faute de payer pour un seigneur peut faire saisir pour les cens & pour ses loix; & pour le faire s'il attend plus, il est en negligence & en coulpe qui luy doit estre imputée.

Comment on peut rentrer en son heritage censuel, en payant trois cens trois loix au seigneur.

Item, Si l'heritage doit cens & rentes au seigneur, & est delaissé comme vague à faire acquitter trois ans entiers & continuels, le seigneur le peut faire prendre & mettre en sa main, le labourer & bailler à ferme, & jouyr des fruits & profits jusqu'à ce qu'il viendra & apperra heritier pour le reprendre, lequel sera tenu, & avant tout remeré payer au seigneur les cens & loix de trois années, avec toutes les mises necessaires faites sur les heritages, pour & au profit d'iceux labourages & des ablaids mis sur les terres, fer à semence, ou de refections necessaires faites sur lesdites maisons.

Comment ne doit que trois cens trois loix au seigneur, quelques arrerages qui soient escheus pour rentrer en son heritage.

Item, Et si au temps que ledit seigneur fera mettre ledit heritage vague en sa main par faute de cens non payez, comme de six, huit, ou dix ans ou plus longtemps, si ne sera l'heritier tenu par ladite Coustume payer au seigneur que les cens & droits de trois ans; car un seigneur incontient que l'on laisse à payer trois années entieres; puis qu'il n'y a aucun possesseur, & que l'heritage est demeuré vague, peut faire saisir & jouyr à son profit, & s'il ne le fait, luy est à negligence.

Comment il n'y a aucuns droits seigneuriaux pour les heritages censuels.

Item, En plusieurs terres & seigneuries l'on a de coustume de saisir telles terres, censives par défaut de tenancier, droits & devoirs seigneuriaux non payez; car en aucunes seigneuries les seigneurs ont accoustumé esdites censives prendre quand on les vend, donne ou transporte à autruy par don d'entre-vifs, ou par testament le treiziesme denier de la valeur desdites censives, & autres lieux, le tiers denier, & les autres lieux pour outrer à issue, soit par succession; autrement un ou deux septiers de vin d'issue, & autant d'entrée, avec les droits des officiers, pour en bailler la tenance par dessaisine & saisine : Toutesfois par ladite Coustume generale de ladite Gouvernance & Prevosté de Perronne, il n'y doit avoir aucuns droits seigneuriaux, & n'est tenu l'heritier prendre quelques tenances dudit heritage, censive à luy venue par succession, si bon ne luy semble, ny pour ce payer aucuns droits au seigneur dont ils sont tenus.

Droit de confiscation sur censives.

Item, Par ladite Coustume generale peut le seigneur saisir l'heritage de luy tenu & mouvant en censive : Si le proprietaire a commis crime capital, ou s'il est banni à tousjours ou executé, ses biens declarez confisquez, ladite censive demeure au seigneur comme confisquée, si ce n'estoit crime de leze majesté, dont la connoissance & confiscation appartiennent au Roy ou ses officiers.

Saisir censives, si telles sont avouées malicieusement, estre tenues d'autre seigneur.

Item, Peut le seigneur saisir la censive de luy tenue, si le proprietaire l'avoue tenir d'autre seigneur sans causes raisonnables; & la tenir comme confisquée, si son homme est de ce allant à ne montrer qu'il l'ait fait par ignorance.

Saisir censives, si le proprietaire machine la mort de son seigneur.

Item, Par ladite Coustume peut le Seigneur saisir l'heritage de luy tenu en censive, si le proprietaire & possesseur d'iceluy censel a machiné la mort de son Seigneur, ou le saura; ou battu sans cause raisonnable, & tenir en sa main ladite censelle comme à luy confisquée, acquis & appartenant, laquelle confiscation appartiendra audit seigneur, si sondit homme tenant en censive, & de ce allant & où il seroit trouvé avoir ce fait par ignorance, sondit heritage luy seroit mis à pleine delivrance & recouvreroit tous les profits d'iceluy arrest
sous la main dudit seigneur aux causes dites.

Saisir la censive si elle est donnée ou transportée à gens d'Eglise ou Communauté.

Item, Peut aussi le seigneur, la censive de luy tenue, saisir, quand elle est donnée de luy ou transportée ès mains de gens d'Eglise ou de communauté, & qu'iceluy seigneur l'aura ordonné mettre hors de leurs mains, & dedans an & jour, & qu'ils soient de ce faire defaillans, pour jouyr de ladite censive tant qu'il aura homme pour la tenir de luy & à son profit.

Item, Peut le seigneur pareillement saisir quand sondit homme fait guerre contre luy sans l'autorité du Roy, & tendre à fin de confiscation, comme il est cotté au chapitre des fiefs.

Saisir la censive en default d'hoirs, & comme biens vacans.

Item, Peut le seigneur saisir l'heritage de luy tenu en censive en faute d'hoirs & comme biens vacans, & en jouyr & faire les fruits siens sans en faire restitution, tant & jusqu'à ce que tel heritier apparust; mais en ce faisant, le seigneur se soumet payer & fournir d'elle le gré de l'ordonnance jusqu'à la valeur des biens & heritages qu'il a pris en sa main par defaut d'hoirs, & comme vacans, comme dit est.

Comment biens trouvez espaves appartiennent aux hauts-Justiciers.

Item, Par ladite Coustume les biens vacans d'un

trespassé en defaut d'hoirs, toutes bestes & autres choses trouvées espaves, appartiennent au seigneur haut-Justicier du lieu où ils sont trouvez, pris & arrestez, à la charge que sur lesdits biens, ledit seigneur doit payer les dettes du trespassé, & accomplir son testament, aussi avant que lesdits biens y pourront fournir, & le surplus luy demeurera.

Comment les seigneurs hauts-Justiciers sont heritiers des bastards natifs demandeurs, & qui vont de vie à trespas dans leurs seigneuries.

Item, Que lesdits hauts-Justiciers sont heritiers des bastards qui decedent sans hoirs nez & procreez de leur chair en un seul mariage, pourveu que lesdits bastards soient natifs de leurs seigneuries, & qu'ils y soient demeurans y voisent de vie à trespas.

Et pour ce que lesdits hauts-Justiciers ont voulu maintenir, & encore maintiennent d'ancienneté avoir les successions de tous autres bastards & gens espaves natifs de dehors le Royaume de France, disant que c'estoient biens vacans estant en leursdites terres & seigneuries, pource que tels defunts n'avoient enfant ny personne qui leur succedoit, aussi n'estoient que biens vacans, par defaut d'hoirs, qui leur devoient appartenir. Toutesfois le Roy notre Sire & ses officiers soustiennent le contraire, enfant de morte-main en la maniere qui ensuit.

Pour bastards natifs hors du Royaume.

C'est à sçavoir, que tous bastards & espaves natifs hors du Royaume ne se peuvent marier à partie de franche condition sans congé du Roy notre Sire ou ses officiers, sur peine d'amende de soixante sols parisis; & soit qu'ils ayent ledit congé ou non, y doivent en faisant ledit mariage le tiers de leur vaillant au Roy, dont ils adjoustent souvent gracieuse & petite somme aux collecteurs desdits morts-mains, & y doivent au Roy au jour de S.Remy 12 den. parisis de douzaine sur peine de 7 sols 6 den. parisis d'amende: Mais s'ils se marient à partie de leur condition, ils ne doivent point de formariage, & ne sont sujets à prendre les congez, mais doivent ladite douzaine par chacun an au jour de saint Remy, sur la peine susdite.

Que bastards & espaves ne peuvent faire testament que de cinq sols.

Item, Que lesdits bastards & espaves ne peuvent faire testament que de cinq sols, s'il ne plaist au Roy notre Sire, au cas qu'ils voisent de vie à trespas, sans delaisser enfans nez & procreez en seul mariage audit Royaume: parce que le Roy en défaut d'enfans nez de leur chair audit Royaume est leur heritier: Toutesfois il a esté admis & couché par lesdits Estats, si c'en est le bon plaisir du Roy & de messieurs les deputez, que lesdits bastards & espaves pourront bien faire testament du tiers de leur vaillant, attendu les peines & travaux qu'ils ont à les acquerir, & qu'ils n'ont communément rien par mort en succession.

Comment enfans de bastards nez en mariage sont heritiers de leur pere & mere.

Item, Que si lesdits bastards & espaves delaissent enfans au jour de leur trespas, nez audit Royaume, ils peuvent faire testament à leur bon plaisir selon la Coustume du pays, & leur succedent lesdits enfans nez audit mariage en tous biens & heritages.

Pour les Albains.

Item, Que les enfans desdits bastards & espaves qui sont dit & nommez albains, se peuvent marier à personne de franche condition sans congé du Roy ou de ses officiers, & sans payer formariage ne douzaine au jour de saint Remy, & faire testament à leur discretion; mais s'ils decedent sans enfans de leur chair en mariage, le Roy sera leur heritier en accomplissant leur testament.

Comment droit d'espaves n'a lieu entre personnes nobles.

Item, Que lesdits enfans desdits bastards & espaves & albains nez & natifs hors du Royaume, supposé qu'ils soient legitimez n'heritent point audit Royaume, si ce n'estoit entre gens nobles, lesquels peuvent heriter l'un à l'autre, nonobstant qu'ils soient natifs hors du Royaume, & est la raison pour ce que lesdits nobles ont souventes-fois plusieurs terres & seigneuries situées, les unes au Royaume, & les autres en Haynaut, en l'Empire & hors du Royaume; & par ce moyen vont souvent de terre en autre; & peut advenir en ce faisant que les enfans conceus au Royaume pourront estre nez en aucune de leurs terres hors du Royaume, qui ne doit porter prejudice ausdits enfans; & à cette cause n'a aucun droit d'espaves entre personnes nobles, si ce n'est en faute d'heritiers.

Pour les moulins banniers.

Item, Par ladite Coustume toutes personnes qui sont banniers, à quelque moulin à bled tournant à eaue ou à vent, sont sujets à faire moudre leurs bleds audit moulin dont ils sont sujets & banniers, en prenant par ledit meunier droit de moulure ancien & accoustumé sans excès; & s'il est trouvé que le meunier prenne droit & exige de bonnes gens plus grand droit de moulure qu'il ne luy appartient d'ancienneté, il doit estre puni & corrigé par Justice grievement à l'exemple des autres: & aussi si les sujets font moudre leur bled ailleurs sans le gré & congé dudit seigneur ou de son fermier, ou que le ban soit abandonné par faute d'eau ou de vent, ou par les ouvrages où refections dudit moulin bannier, il eschet par chacune fois envers ledit seigneur en amende de soixante sols parisis, & perdition de leur farine, si elle peut estre prise ez metes dudit ban, avec le sac où elle seroit, & le cheval ou chevaux, chariots ou charettes qui les porteront ou soustiendront, s'ils estoient pris chargez ez metes & detroit dudit bannage.

Item, Que les seigneurs ou fermiers ne peuvent empescher ceux qui sont banniers audit moulin d'aller moudre ailleurs où bon leur semble; puis que lesdits moulins auroient esté sans moudre trois jours trois nuits par defaut d'eau ou de vent, ou par les ouvrages ou refections d'iceux; mais après les trois jours & trois nuits doit estre ledit ban abandonné, tant & jusqu'à ce que lesdits moulins pourront moudre, & sans ce que pour ledit abandon de ban, ledit seigneur ny son fermier doivent prendre & exiger desdits gens banniers, aucuns droits.

Comment une personne non sujette à ban ne perd son bled ou farine en passant par quelque bannage.

Item, Que toutes personnes qui ne sont banniers à aucun moulin, peuvent passer par les métes & détroit de tous moulins banniers, portant ou menant à cheval ou à voiture, bled ou farine pour leurs vivres & nourritures d'eux & de leurs enfans ou mesnage sans fraude, & sans que le seigneur bannier puisse pretendre aucune amende ni confiscation desdits bled ou farine, pour passer ou avoir passé parmi lesdits detroits de sondit moulin; mais quant ausdits meusniers, ils ne peuvent ny ne doivent chasser par eux ny leurs serviteurs sur bannage d'autruy, sur peine d'amende & confiscation de bled, de farine, cheval ou voiture qui la porteront, comme dit est ci-dessus.

Matiere de succession, tant en ligne directe que collaterale pour fiefs, & autres heritages, meubles, acquests & conquests.

Et premier quint viager sur fief.

Item, Par ladite Coustume generale de cette Gouvernance, en ligne directe, quand aucun va de vie à trespas & delaisse plusieurs enfans, fils ou filles, ou plusieurs fils seulement, l'aîné desdits fiefs succede aux fiefs, & non lesdits puisnez fils & filles ensemble, quoique viager desdits fiefs alencontre de leurs aisnez; lequel quint s'augmente au survivant ou survivante desdits freres & sœurs puisnez, & a lieu entierement ledit quint durant la vie de tous lesdits puisnez, & jusqu'à ce qu'ils soient tous decedez.

Item, Par ladite Coustume, s'il y a plusieurs filles aisnées & un fils mineur, ledit fils succede ès fiefs, & est à preferer aux susdites filles; lesquelles n'auront audit fief que ledit quint à vie contre leur frere; mais s'il n'y avoit que filles, l'aisnée desquelles succederoit au susdit fief à la charge dudit quint aux susdites puisnées filles.

Apprehension du quint est necessaire.

Item, Par ladite Coustume, les puisnez sont tenus prendre & apprehender leur quint à vie par autorité de justice, ou tant faire qu'il leur soit accordé par l'heritier s'ils en veuillent profiter; car jusqu'à ce qu'ils l'auroit apprehendé par justice, ou qu'il leur sera accordé par l'heritier, ils n'auroient aucune jouissance aux fruits, & perdront ce qui sera escheu auparavant ladite mise de fait ou de consentement d'heritier; car par ladite Coustume ledit quint n'est point deu s'il n'est apprehendé par justice, ou accordé par l'heritier, & en cas d'opposition sequestre.

Charges sur quint.

Item, Par ladite Coustume les puisnez à cause de leur quint viager des fiefs venus & escheus de ligne directe, comme dit est, auront le quint de tous profits ordinaires, & les prendront sur chacun fief, s'il leur plaist, & y auront les droits & reliefs, quint denier, & droits seigneuriaux qui escherront des seigneuries mouvantes des fiefs où ils ont leur quint, sans les chambellages qui sont à leurs aisnez: & seront tenus les puisnez contribuer pour leur cotte & portion aux charges anciennes & autres qui estoient au jour du trespas de leur predecesseur, & aux refections & dotennes viageres de vassartir d'appel, & torches & couvertures: les mensures, censes, moulins & heritages; & autres où ils prennent leur quint, & de contribuer aux mises des procès qui se feront pour cela, où ils ont & doivent avoir leur droit de quint, & aussi aux gages des Baillifs, Procureurs & autres Officiers, & au regard des capitaines & gardes de forteresse ne soient lesdits puisnez contribuables.

De deux quints sur fiefs.

Item, Qu'aucunefois sur fief peut avoir deux quints viagers ensemble, comme si le pere ayant plusieurs enfans va de vie à trespas, les puisnez auront aussi semblablement leur quint alencontre de leurs aisnez; & si lesdits aisnez decedent laissant aussi plusieurs enfans, les puisnez auront aussi semblablement leur quint alencontre de leurs aisnez: & en ce cas lesdits premiers aisnez prendront leur plein droit de quint sur la totalité desdits fiefs, & les autres puisnez enfans de leur frere aisné n'auront quint que des quatre parties qui demeurent à leurs aisnez, tant & jusqu'à ce que tous lesdits premiers puisnez seront allez de vie à trespas, que tous les derniers puisnez pourront prendre, avoir & percevoir leur plein droit de quint sur tous lesdits fiefs.

Comment le fils aisné succede aux fiefs de son pere, posé qu'il ne les fut relevé, s'il n'avoit repudié la succession.

Item, Par ladite Coustume, quand le vassal tenant fief ou fiefs, delaisse plusieurs enfans au jour de son trespas, & advient que son aisné fils ou fille, s'il n'y a masle heritiers desdits fief ou fiefs, est saisi d'iceux par la Coustume generale du Royaume de France, par laquelle le mort saisit le vif son plus prochain heritier habile à luy succeder, decede depuis ladite eschette & succession de fief ou fiefs & dedans deux ou trois ans & plus longtemps, sans les avoir relevé & droicturé des seigneur ous seigneur dont ils sont tenus & mouvans, sans qu'il ait jouy desdits fiefs en son vivant, ou non delaissant un ou plusieurs enfans procréez de sa chair en un seul mariage, tel fief ou fiefs escheent à son aisné fils, ou fille aisnée en faute de masle de la succession & eschette de leur feu pere & mere, pour ce que, comme dit est, ils en sont heritiers & saisis par le trespas du predecedé vassal, ses pere & mere, si ce n'estoit que leursdits pere & mere desdits fiefs eussent expressément en son vivant repudié ladite succession de fief, ou renoncé à icelle ou qu'autre à titre de succession du predecedé vassal en eut jouy par laps de temps pour avoir acquis prescription de droits d'iceux fiefs, sans que les freres ou sœurs desdits aisnez oncle ou tante de ses enfans pussent avoir droits esdits fiefs de la succession de leur feu pere & mere premier predecedé sans le quint à vie, de leur droit naturel deu & acquis de ladite succession de leur feu pere ou mere à l'encontre de leur dit frere aisné, ainsi qu'ils pourroient avoir en l'apprehendant par autorité de Justice, ou quand il leur seroit par l'heritier si deja n'avoit esté fait.

Comment le plus prochain succede aux fiefs & heritages dont personne homme ou femme non mariez.

Item, Après le trespas d'un homme ou femme non mariez qui ne delaissent aucuns enfans nez & procréez en leur mariage, le plus prochain du deffunt succederoit aux meubles & acquests, fiefs censels & franc-alleu, & s'ils sont plusieurs heritiers en pareil degré, comme frere & sœur, l'aisné des freres auroit entierement tous lesdits fiefs venus d'acquests, sans que les puisnez fils ou filles qui sont en pareil degré eussent quelque droit de quint à vie ny autre droit, pource qu'ils viennent de ligne collaterale, & quand ausdits meubles, censeux & franc-alleu, fils ou filles partiront également; & s'il n'y avoit que filles, l'aisnée succederoit aux fiefs, puisque ce seroit en pareil degré & qualité.

Les cousins succedent, s'il n'y a plus prochains.

Item, Que pareillement succederont cousins germains & autre de plus loingtain degré, s'il n'y avoit frere ou sœur, ou autres plus prochains qui se portassent heritiers.

Comment le fils mineur est aisné des filles, & succedent aux fiefs.

Item, Par ladite Coustume, s'il n'y avoit qu'un fils

mineur d'ans & plusieurs filles aisnées de luy en pareil degré, le fils succederoit en tous lesdits fiefs, comme dit est dessus, qui seroit d'acquests, en cas que le deffunt n'auroit pere & mere ayent ensemble; car s'il y en avoit, ils precederoient les freres & sœurs en la succession de meubles & acquests, pource qu'ils sont plus prochains du trespassé en ligne directe.

Comment les plus prochains heritiers succederont en ligne à leur predecesseur qui iront de vie à trespas sans enfans.

Item, En tant que touche les heritages venans de ligne au deffunt, celuy qui est le plus prochain au trepassé du costé & ligne dont lesdits heritages luy appartiennent, y doit succeder & est preferé à autre plus prochain de lignage d'autre costé & ligne, comme si le deffunt avoit plusieurs heritages du costé de son pere, & après le trespas de sondit pere sa mere se remarioit & avoit des enfans d'autre mary, lesdits enfans de la mere desdits deux mariages, comme frere, luy succederoient ès meubles & acquests de leur frere dudit perpetuel mariage, & non point en heritages qui luy seroient venus & descendus du costé du pere, à cause duquel audit cas ne pourroit appartenir en rien à sesdits freres, mais seulement de par leur mere.

Les oncles & tantes preferez en succession aux cousins.

Item, Par ladite Coustume, les oncles & tantes d'un trespassé sont preferez en succession au cousin germain.

Comment les hommes sont preferez aux femmes en succession de ligne collaterale, & n'y a quint.

Item, Par ladite Coustume, en succession de ligne collaterale comme de freres & sœurs, oncles & nepveux, cousin & cousine, ou autre degré en fief les femmes ne succedent point, puis qu'il y a masle aussi prochain, & le masle preferé à la femme en semblable degré, supposé qu'icelle femme soit aisnée: & s'ils sont plusieurs masles en semblable degré en ligne collaterale, l'aisné succedera aux fiefs sans ce que les autres coheritiers n'y ayent quint à vie ny autre droit.

Comment freres & sœurs sont preferez aux nepveux.

Item, Par ladite Coustume quand aucun va de vie à trespas, delaissant aucuns nepveux ou niepces issus de ses enfans en ligne directe, qu'il y a un ou plusieurs freres & sœurs, lesdits freres & sœurs sont preferez aux susdits nepveux ou niepces à la succession dudit deffunt.

Comment freres & sœurs d'un mesme ventre succedent l'un à l'autre, & non point freres & sœurs consanguins & uterins.

Item, Par ladite Coustume, quand de deux conjoints par mariage sont issus aucuns enfans, & l'un d'iceux conjoints va de vie à trespas, & que le survivant convolle en secondes nopces, & que dudit mariage il y a un ou plusieurs enfans qui succedent à leur pere ou mere, & après l'un desdits enfans issus du second mariage luy succederont avant ses freres & sœurs issus du premier mariage, parce qu'ils ne luy sont que consanguins ou uterins du costé dudit premier survivant, & les autres dudit second mariage luy sont freres & sœurs d'un ventre, issus & venus tous d'un pere & d'une mere.

Comment fiefs & heritages acquests par deux conjoints decedans sans enfans retournent au prochain heritier de leur costé.

Item, Que les fiefs acquests par deux conjoints durant leur mariage, se divise par le trespas du premier decedé, moitié à son heritier & l'autre moitié au survivant, & si lesdits conjoints ou enfans issus d'eux audit mariage qui leur succedent esdits fiefs, & depuis vont de vie à trespas sans hoirs créez & procréez de leur chair en seul mariage, soit qu'ils ayent ou ait relevé sondit fief de la succession de leurdit pere & mere ou non, ou qu'iceux ils eussent ou entierement relevé de la succession seulement du pere ou de la mere; cependant la succession de sondit pere ou de sadite mere en ce cas par ladite Coutume retourneront & appartiendront à ses plus prochains hoirs & heritiers selon le droit de succession de fief, moitié de celle du pere, & l'autre moitié du costé de la mere acquitteurs desdits fiefs.

Comment l'aisné fils ou filles succede aux fiefs devant les puisnez en ligne collaterale.

Item, Qu'en ligne collaterale l'aisné des masles ou en faute de masle l'aisnée des femelles succede aux fiefs de son predecesseur, nonobstant que lesdits aisnez masles ou femelles soient issus de l'un des puisnez freres, sœurs, oncles ou cousins, parce que représentation n'a lieu en ligne directe ny en ligne collaterale par ladite Coustume, & sont tousjours les masles preferez en succession de fief aux femelles, comme dit est cy-devant.

Comment rentes nanties & infeodées tiennent nature d'heritage.

Item, Que l'heritier ayant rente de la succession de ses predecesseurs, nanties & hypothequées sur les terres & seigneuries du constituant & vendeur d'icelle, & durant la conjonction du mariage d'iceluy heritier & de sa femme, ou devant ledit mariage ou depuis, le debiteur de la rente pour s'en acquitter du principal de ladite rente & arrerages d'icelle baillé par forme de vendition pure & simple audit heritier aucunes d'icelles terres, seigneuries & heritages hypothequées à ladite rente ou autres à luy appartenant, en fournissant & payant ce que lesdites terres vaudront moins que ladite rente & arrerages, en payant aucune somme de deniers outre la valeur du principal de ladite rente & arrerages, parce que ladite terre par luy baillée & vendue seroit de plus grande prisée, vendue à valeur que ledit principal & arrerages, & ce moyen est ledit heritier saisi en vertu de ladite terre & seigneurie & heritages à luy baillé par ladite permutation, ou vendition; soit paravant le mariage d'iceluy ou depuis, & en ce cas ladite terre, seigneurie & heritage baillée & vendue pour rachat de ladite rente qui estoit propre heritage de succession audit heritier, doit par ladite Coustume tenir nature d'heritage propre audit heritier & à ses hoirs, au lieu de ladite rente qu'il avoit de succession comme dit est, jusqu'à la valeur & concurrence du sort principal d'icelle rente, & pour le surplus que montent lesdits heritages & les deniers baillez outre ledit principal & arrerages doit tenir nature d'acquests.

Comment l'heritage achepté des deniers venus de vendition d'heritage tenant costé & ligne, doivent tenir nature de ligne nonobstant ladite acquisition.

Item, Pareillement quand aucun vend quelques terres, seigneuries ou heritages à luy appartenans de la succession de ses predecesseurs, & qu'il employe les deniers venus & procedans de ladite vente en autre terre, seigneurie, rente ou heritage, icelle terre, rente ou heritage par luy achepté des deniers d'icelle rente, doit tenir & sortir nature de propre heritage, comme estoit la terre par luy vendue ou baillée pour parvenir audit achapt, & s'il desbourse plus grande somme que les deniers de la vendue de sondit heritage pour ledit achapt, ce seroit acquest pour autant que lesdits deniers baillez outre ceux de ladite vente pouroient monter.

Qui doit payer les dettes d'un trespassé.

Item, Par ladite Coustume celuy ou ceux qui prennent les meubles & debtes d'un trespassé, sont tenus de payer ses debtes mobiliaires, nonobstant qu'il y ait autre heritier qui ayent pris & apprehendé les heritages demeurez du decès dudit deffunt, lesquels ne sont tenus desdites debtes mobiliaires que *in subsidium*, & en deffaut de ce que celuy qui auroit pris lesdits meubles fut insolvent.

Comment les heritiers d'un trespassé sont tenus des faits, promesses & obligations de leurs predecesseurs in solidum.

Item, Toutefois par ladite Coustume les heritiers d'un trespassé sont tenus des faits, promesses & obligations de leurs predecesseurs, non derogeantes à droit & à la Coustume du pays, & sont poursuivables *in solidum* & pour le tout, & non pas pour leurs parts & portions qu'ils ont pris & apprehendé des biens & heritages de leurs predecesseurs y ayant leur garant & recours, à recouvrer à l'encontre de leurs coheritiers ès parts & portions, tant du principal, que despens, dommages & interests que pourroit avoir soustenu & porté en faute de garantissement.

Comment les heritiers d'heritages sont tenus des debtes d'un trespassé, en ayant leurs recours à l'heritier des meubles.

Item, Et à cette cause s'ensuit que les crediteurs d'un trespassé peuvent poursuivre pour leursdites debtes mobiliaires, les heritiers ou heritieres qui auroient pris les heritages & delaissé celuy ou ceux qui auront pris les meubles, lesquels heritiers ayant pris les heritages sont poursuivables & tenus desdites debtes vers ledit crediteur, & condamnable à les payer, si ce n'est que celuy qui a pris les meubles soit évoqué à garand, & veuille en prendre le fait, charge & garautie desdits heritiers, à quoy il doit estre receu, & l'heritier partir hors de cour, & depuis l'aisné est tenu, sinon comme dit est, *in subsidium*, & que ledit heritier ayant pris les meubles, son garand fust trouvé insolvent.

Comment on doit sommer à garand celuy qui a pris les meubles d'un trespassé.

Item, Et si celuy qui a pris les meubles est appellé à garand par l'heritier, ayant apprehendé les heritages d'un trespassé, & ne veut en prendre le garand l'heritier poursuivy, en faisant protestation de recouvrer despens, dommages & interests qu'il aura & soustiendra, à faute dudit garantissement; pour s'il est evincé de la cause, avoir action de principal, despens, dommages & interests qu'il aura soustenu alencontre dudit ayant pris les meubles par luy appellé audit garantissement.

L'heritier, qui faut de demander garand en temps deu, n'auroit aucun recouvrement.

Item, Et si ledit heritier estoit negligent, & en remission & defaut d'evoquer à sommer son garand en temps deu & competant, qui est avant la contestation en cause; & paravant jour de deffendre, il ne seroit après recevable, & n'auroit aucun recouvrement du principal, despens, dommages & interests alencontre dudit heritier ou de celuy qui auroit pris les meubles, non evoqué ny appellé pour le garantir en temps compétant.

De renoncer à succession.

Item, Par ladite Coustume il n'y a aucun heritier necessaire, & ne se dit point heritier qui ne veut: mais l'heritier a faculté & option de renoncer à la succession de son predecesseur, & doit estre à ce receu toutes & quantes fois que bon luy semble, ou qu'il est poursuivy pour les dettes d'iceluy son predecesseur; & en ce faisant ne sera poursuivable ny tenu desdites dettes de son predecesseur trespassé, pourveu qu'il se trouve qu'il n'ait aucune chose apprehendée de sa succession: Car l'heritier qui apprehende & prend aucun bien de la succession de son predecesseur, en quelque petite valeur que ce soit, n'est après recevable à la denonciation, mais poursuivable pour ses dettes: Et combien qu'il ait renoncé esdits biens après ou devant ladite renonciation, il se trouve avoir pris, tenu, recellé & apprehendé aucuns biens dudit trespassé son predecesseur, il sera poursuivable de ses dettes, nonobstant ladite renonciation.

Comment un heritier est saisi des heritages de son predecesseur & poursuivable pour ses dettes.

Item, Par ladite Coustume un heritier d'aucun trespassé ensuivant la Coustume generale du Royaume de France, par laquelle le mort saisit le vif, son plus prochain heritier habile à luy succeder, est saisi des heritages de son predecesseur par la coheritiou de l'hoirie & desdits heritages, & tellement qu'il est poursuivable de toutes charges, les peut vendre, donner, & aliener ou charger, soit qu'il ait relevé les fiefs ou autres heritages ou non.

Legataire universel tenu des dettes.

Item, Par ladite Coustume, le legataire universel d'un trespassé est tenu payer & fournir les dettes & accomplir son testament, si ce n'est que le legat luy soit fait par exprès sans charges desdites dettes & accomplissement du testament; auquel cas il ne seroit tenu, pourveu qu'il y eust heritier suffisant & solvable pour y satisfaire; autrement les crediteurs auroient action contre ledit legataire pour leur deu, pour ce que les dettes d'un trespassé excedent ses legations.

Apprehension de legat testamentaire.

Item, Par ladite Coustume, un legataire pour avoir pleine & seure jouissance & delivrance de son legat, doit obtenir commission de Juge compétent; & en vertu d'icelle l'y faire maintenir en sondit legat, par autorité de Justice, & le faire signifier à l'heritier: Et si ledit heritier ou autre, & qui le touche, ne baille contredit & opposition à ladite apprehension & mise de fait dudit legat; en ce cas par le don & legat à luy fait & l'apprehension d'iceluy faite en la maniere dessus, dite par autorité de justice, sera saisi & vestu de son don, sans qu'il soit de necessité, puisqu'il n'y a opposition à ladite mise de fait, soit autrement ny plus avant faire decreter & maintenir par le Juge, ne de lever lettres, ou prendre autre saisine actuelle.

Comment la chose contentieuse doit estre sequestrée si elle est demandée dedans l'an du trespas.

Item, Par ladite Coustume, si le legataire obtient commission en se faisant maintenir en son legat par autorité de justice, & dedans l'an & jour du trespas du testateur; en cas d'opposition la chose contentieuse doit estre sequestrée, régie & gouvernée sous la main de Justice pendant procès. Semblablement ainsi est il en matiere de succession de douaire & de quint viager, si l'on vient en dedans l'an du trespas.

De ratifier testament.

Item, Par ladite Coustume, quand l'heritier a ratifié le testament de son predecesseur, ou accordé au legataire son legat, il n'est requis apprehender son legat par autorité de justice.

Quels parens sont heritiers.

Item, Par ladite Coustume, le pere, la mere, l'ayeul, l'ayeule heritent, & sont plus prochains heritiers que les freres & sœurs quant aux meubles & acquests, & les freres & sœurs, quant aux propres du costé & ligne desquels ils appartiennent au trespassé ou autre plus lointain degré du costé dont lesdits heritages luy appartiennent, si lesdits freres & sœurs sont de la ligne, comme dessus est dit.

Item, En matiere de succession les plus prochains en pareil degré, succedent tousjours également, soit en ligne directe ou collaterale hors fiefs qui escheent, comme dessus est dit.

Representation n'a lieu en succession.

Item, En matiere de succession, selon ladite Coustume, representation n'a point de lieu, soit en ligne directe ou collaterale, mais sont tousjours les plus prochains preferez.

Des debtes, obseques & funerailles.

Item, Par ladite Coustume, quand aucun va de vie à trespas, & delaisse plusieurs heritiers, chacun est tenu payer lesdites obseques & funerailles, à portion & quantité qu'il aura pris de la succession, si ce n'estoit que l'on apprehende tous les biens meubles à titre de succession ou donation testamentaire ou comme legataire universel; car par ladite Coustume celuy qui prend les meubles à titre de succession, & qui est legataire universel d'un trespassé, est tenu des dettes, obseques & funerailles, & accomplissement du testament dudit trespassé, si ce n'estoit que lesdits biens meubles fussent leguez & donnez, sans charge d'icelle dette & accomplissement du testament: auquel cas seroit à payer aux heritiers à portion, ou que lesdits meubles nobles le survivant les accepta, qui ne seroit tenu du testament, selon & ainsi que dit sera ci-après.

Comment executeurs de testamens sont saisis des meubles.

Item, Par ladite Coustume, les executeurs du testament d'un trespassé sont saisis des biens meubles delaissez par iceluy trespassé, jusqu'à l'accomplissement d'iceluy testament, & dedans l'an du trespas en les apprehendant par autorité de justice; neantmoins il loist aux heritiers du trespassé requerir contre lesdits executeurs d'avoir le testament & les biens meubles du trespassé, pour iceluy accomplir, en baillant par iceluy heritier, caution suffisante d'accomplir ledit testament.

Comment religieux ne succedent point.

Item, Par ladite Coustume, religieux ne succedent point, supposé qu'ils soient dispensez.

Comment don de mariage, qui n'est fait hors part, se doit rapporter pour venir à succession.

Item, Par ladite Coustume, les enfans d'un trespassé ausquels il aura donné ses biens meubles & heritages en advancement d'hoirie & de succession, ou en faveur de mariage ou autrement, voulant venir à succession, si la donation n'est faite hors part, ils sont tenus de rapporter ledit don en venant à ladite succession.

Rapport de don qui n'est fait hors part à venir à succession future.

Item, Est à entendre, que si la donation est faite d'aucuns heritages venus du pere, ou d'aucune somme d'argent, & d'aucuns heritages venus de par la mere, si le donataire veut venir à partage de la succession du pere, il doit rapporter à partage l'heritage qu'il a de par le pere, à telle portion d'argent ou meubles qu'il a de par sondit pere, & pareillement doit rapporter ce qu'il a de par sa mere, en venant à la succession de sadite mere, si ce n'est que lesdits dons ayent esté faits hors part, comme dessus est dit.

Quelle nature tiennent rentes nampties & infeodées sur heritages.

Item, Que si aucun au jour de son trespas a plusieurs rentes heritables ou viageres, tant de naissant, de ligne, que de son acquest fussent à rachapt ou sans rachapt, constituées ou namptiés sur terres feodales ou censives, & generalement sur l'un & l'autre, toutes telles rentes, par ladite Coustume, sont tenues & reputées censives, & y succedent fils & filles, l'aisné & les puisnez également, si ce n'estoit qu'icelles rentes heritables de defunt, ou autre, dont il auroit le droit & cause les eust infeodées sur les fiefs de l'obligé & payé les droits seigneuriaux de quint au seigneur dont lesdits fiefs sont tenus & mouvans, & que telle rente est soutenue en foy & hommage du seigneur ou ses officiers, ou en souffrance; audit cas, par ladite Coustume, ladite rente seroit tenue en fief, & y succederoit l'aisné; & auroient les puisnez un quint à vie, comme dit est: Mais si c'estoit en ligne collaterale, les puisnez n'y auroient aucun quint, ainsi qu'il est dit cidessus ès fiefs.

Comment les biens feodaux suivent corps & domicile d'un trespassé.

Item, Par ladite Coustume, rentes non namptiés qui sont tenues & reputées mobiliaires & toutes autres dettes mobiliaires, se partissent selon la Coustume du lieu où le defunt avoit son vray domicile au jour de son trespas, & suivent les biens meubles, le corps du trespassé, mais en tant que touche les autres dettes qui ne sont point reputées mobiliaires, elles se partissent selon la forme & maniere dessusdite.

Quelle nature baux à perpetuité, & à temps limité tiennent.

Item, Par ladite Coustume, que baux des terres, heritages & droits reels faits à perpetuité & pour tousjours, soit à cens, rentes, surcens, ou autres rentes & redevances, tiennent & sortissent nature d'heritages; mais ceux qui sont faits à temps de cent ans, sont tenus & reputez mobiliaires, & suivent la nature de meubles.

Item, Par ladite Coustume, masles & femelles succedent aux meubles & rentes non hampries ès baux à temps, reputez mobiliaires.

Comment on ne peut estre hoir & legataire ensemble.

Item, Par ladite Coustume, l'on ne peut estre heritier & legataire ensemble, que le legat soit fait de chose dont le testateur peut disposer, par la maniere dessusdite, & qu'il soit fait hors part, *per modum perlegati*, car autrement l'on ne pourroit estre heritier & legataire ensemble.

Comment l'on ne peut partir à succession de meubles, si on est legataire.

Item, Que si aucun trespassé avoit ordonné par son testament, que moyennant le legs fait à aucuns ses heritiers, ils ne viendroient à sa succession: Toutesfois si lesdits heritiers ne veulent point accepter ledit legs, ils peuvent venir à sa succession, pour telle part que la Coustume leur donne, si ce n'estoit que la disposition du defunt fut de biens meubles & acquests, dont il peut & luy loist disposer à son bon plaisir; auquel cas lesdits heritiers legataires sont tenus de tenir, entretenir & accepter ledit legs: & où ils ne le voudroient, tourneroit au profit desdits heritiers, tenant & entretenant ledit testament.

Payer obseques & funerailles par les heritiers.

Item, Par ladite Coustume, les heritiers d'un trespassé sont tenus de payer ses obseques, funerailles, legs, & accomplissement du testament pour telle portion qu'ils succedent au défunt, si ce n'est qu'il y ait legataire universel ou autre qui apprehende tous les biens meubles; lequel en seroit tenu, par ladite Coustume.

Item, Si ledit défunt depuis son testament fait & passé, délivre en son vivant, aucuns legs delaissez en son testament, l'heritier ne sera derechef tenu après son trespas les délivrer; & puis que les legataires ont eu délivrance de leur legs par le testateur, ils n'auroient plus rien, & en demeureroient ses heritiers quittes, si ce n'estoit de legs *in genere*, & que les legataires par lettres de don, quittance & autrement fissent apparoir, qu'il ne leur avoit pas esté délivré pour accomplissement, ny à cause dudit legs, mais à autre titre, sans vouloir accomplir lesdits legs qui sont faits *in genere*; car legs faits *in specie*, s'ils estoient délivrez par le testateur en son vivant, les heritiers en demeureroient quittes du tout.

Comment le survivant de deux personnes nobles prend les meubles, si bon luy semble.

Item, Par ladite Coustume, entre personnes nobles, le survivant emporte tous les meubles & dettes, si bon luy semble, pour disposer à sa volonté; mais en ce faisant le survivant qui prend & emporte lesdits meubles, est tenu payer toutes les dettes mobiliaires qui estoient communes entre iceux conjoints, au jour & heure du trespas du premier decedant, tant celles qui seroient deues par eux ou l'un d'eux devant leur consommation, en quelque maniere que ce soit, comme celles qui auroient esté faites devant leurdit mariage, & les obseques & funerailles & accomplissement du testament demeurent en la charge des heritiers: Toutesfois ledit survivant peut delaisser la totalité desdits biens, & soy tenir à son droit commun, si bon luy semble.

Venir à partage, s'il n'y a inventaire fait des biens.

Item, Par ladite Coustume, si deux personnes sont conjoints par mariage, & l'un va de vie à trespas, & le survivant jouit & possede des biens sans faire inventaire, partage & division avec les heritiers du trespassé, iceux heritiers peuvent demander & avoir communauté, si bon leur semble, en tout ce que ledit survivant aura & acquerra, excepté de son propre, tant qu'il aura fait partage.

De disposer de ses acquests & conquests.

Item, Par ladite Coustume, un chacun de bon entendement & d'aage competant, estant en sa puissance & franchise, peut licitement donner, laisser, vendre, & transporter les heritages qu'il a de ses acquests, ainsi & à telle personne qu'il luy plaist, soit entre-vifs ou par testament; mesme par testament l'homme peut donner ses acquests à sa femme, & semblablement la femme peut donner ses acquests à son mary, si bon leur semble.

Donner les profits de ses heritages patrimoniaux trois ans.

Item, Qu'une personne par don d'entre vifs ou par testament, par ladite Coustume, peut donner, laisser & legater à telle personne que bon luy semble, le revenu de ses heritages venus de ligne trois ans durant, mesmement l'homme à sa femme, & la femme au mary, & est telle donation ou legation valable.

Donner ou vendre ses acquests & conquests, & n'est saisine ou dessaisine requise.

Item, Par ladite Coustume, il loist à un chacun de bon entendement & d'aage competant, estant en sa faculté & puissance, comme dit est, donner, vendre, aliener & transporter ses acquests & conquests, ainsi & à telle personne que bon luy semble, soit entre-vifs ou par testament, sans ce qu'il soit requis ou de necessité, si bon ne semble aux parties, que telles donations, venditions ou alienations se fassent par dessaisine ou saisine actuelle pardevant le seigneur, ses officiers, ne ailleurs; mais suffit que lesdites donations ou alienations d'acquests ou conquests soient faites entre lesdites parties verballement ou par lettres, sans en faire dessaisine & saisine, si bon ne semble ausdites parties.

Don mutuel n'a lieu entre deux conjoints, fors en disposition testamentaire.

Item, Que par ci-devant, selon la disposition & opinion d'aucuns Conseillers ou Coustumiers, don mutuel a eu lieu entre deux conjoints par mariage quant aux meubles & acquests; pourveu que lesdits conjoints fussent quasi esgaux d'aage & de chevance: Mais par l'advis & opinion d'autres Conseillers & Coustumiers,

Coustumiers, a esté au contraire, pourquoy ouy sur ce la diversité des advis & opinions des Conseillers & Deputez des trois Estats, il a esté dit, que doresenavant don mutuel n'aura point de lieu en ladite Gouvernance & Prevosté de Perone, attendu que l'homme & la femme conjoints par mariage peuvent avantager l'un l'autre par disposition de testament, de leurs meubles & acquests, comme dit est ci-dessus.

Comment la femme a moitié des acquests faits par son mary devant leur conjonction.

Item, Par ladite Coustume, une femme a moitié ès acquests durant la conjonction d'elle & de son mary, jaçoit que la saisine desdits heritages ne soit baillée à ladite femme, & que son mary seul en soit saisi en son absence, & a ladite Coustume lieu, taut en fiefs, censeux, que francs alleux.

Comment les hommes ne peuvent charger les heritages de leur femme.

Item, Par ladite Coustume, les hommes ne peuvent vendre, charger, donner, ny aliener, ny obliger pour rentes, ny pour autres choses quelconques les heritages appartenans à leur femme; & en cas qu'ils le soient, ladite charge n'a lieu, ny demeurent les heritages obligez, chargez, ny vendus, au prejudice de leur femme.

Comment le mary est maistre & seigneur de sa femme pour les meubles, acquests & conquests immeubles.

Item, Par ladite Coustume, le mary est maistre & seigneur durant le temps & constant le mariage de luy & de sa femme, de tous les biens meubles, & tous les acquests & conquests immeubles faits durant leur mariage, desquels n'est intervenue saisine à son profit, en peut disposer à son bon plaisir, iceux vendre, donner ou aliener sans le consentement de sa femme durant leur mariage; mais ne peut aliener, vendre, ny charger lesdits propres heritages, comme dit est, ny semblablement la moitié desdits acquests faits par dessaisine, de laquelle moitié sadite femme est proprieteresse, sans le consentement de sondit mary.

Comment la femme ne peut agir sans l'autorité de son mary.

Item, Par ladite Coustume, femme mariée ne peut agir ny aller en jugement sans l'autorité de son mary, ou que pour le faire, elle soit autorisée de par le Roy ou de Justice.

Disposer de ses heritages patrimoniaux de quint à vie des fiefs, du tiers des censives & heritages par testament ou du total par disposition entre-vifs.

Item, Par ladite Coustume, l'heritier & proprietaire d'aucuns heritages, soit fiefs ou francs-alleux venus ou procedans de ligne, succession, hoirie & patrimoine, peut licitement donner ou laisser iceux heritages en tout ou partie valablement, soit à son fils aîné ou heritier presomptif, en avancement & succession d'hoirie, ou en faveur de mariage, & mesme les donner, vendre, transporter, aliener & les mettre hors de ses mains, à qui que bon luy semble par dessaisine actuellement faite par devant les seigneurs dont lesdits fiefs & heritages sont tenus & mouvans, leurs Baillifs, Gardes de Justice, & officiers ayant pouvoir à le faire par ledit donateur ou vendeur, ou par son procureur suffisamment fondé, sans pour ce avoir le consentement dudit heritier apparent dudit vendeur ou donateur, ny qu'il soit soumis ny sujet, jurer & affirmer, ou prouver qu'il le fasse par pure pauvreté & necessité, ny de remployer les deniers en mieux, & peut iceux deniers disposer à son plaisir & volonté; mais par testament ou disposition de derniere volonté ne peut l'heritier ou proprietaire d'heritage venu de propre & de ligne, valablement disposer que du quint à vie de ses fiefs, & du tiers de ses censives & heritages à tousjours, à qui que bon luy semble.

Apprehender heritage par mise de fait.

Item, Par ladite Coustume, le donataire ou acheteur d'heritages patrimoniaux, propres & naissant à luy donnez ou vendus, peut apprehender ledit don & vendition par mise de fait ou autorité de Justice à le faire signifier au donateur ou vendeur, & en iceux heritages estre maintenu & decreté de droit de par le Juge ou sergent, ayant pouvoir à ce, ou du consentement de ceux à qui l'exploit seroit sequestré; & au cas qu'il n'y eust opposition, il n'y faudroit aucun droit de Juge: Pourveu toutesfois qu'ès lettres faites & passées pour ledit don ou vendition soit expressement declaré, que le donataire ou acheteur, peut iceux heritages apprehender par ladite mise de fait; en ce cas telle mise de fait pourroit attribuer saisine à tel donataire ou acheteur qui en seroit reputé saisi par ladite Coustume.

Comment on ne peut charger les heritages feodaux, sinon de la valeur du quint viager, & les censeux du tiers d'heritage.

Item, Par ladite Coustume, par testament ou disposition de derniere volonté, l'on ne peut valablement charger ses heritages feodaux venus de ligne de quelque rente ou charge qui excede ou surmonte la valeur du quint viager desdits fiefs, ny outre la valeur du tiers desdits censeux & heritages.

Comment don ou alienation faites d'heritages de ligne sans dessaisine, n'est valable.

Item, Par ladite Coustume, en toutes donations d'entre-vifs faites en avancement de succession ou mariage à son heritier presomptif, ou autre de sa ligne, & aussi à autres personnes en pur & simple don, & semblablement en vendition, alienation ou transport d'heritage venu de ligne propre & naissant au donateur ou vendeur, il est de necessité que tel donateur ou vendeur en personne, ou par procureur suffisamment fondé, compare pardevant le seigneur dont lesdits heritages sont tenus & mouvans, ou leursdits Baillifs, Gardes de Justice & officiers & qu'illec en la presence de deux hommes de fiefs d'iceluy seigneur, si c'est en matiere feodale, ou de deux eschevins jurez ou hommes tenans de ladite seigneurie, si c'est en matiere censive, ils reconnoissent lesdits dons, venditions ou alienations en eux demettant & dessaisissant actuellement par verge & baston en la main dudit seigneur ou ses officiers, revestu comme dessus, & qu'il consente que tel donataire ou acheteur en soit saisi & adherité par verge & baston: ou autrement tel don, transport ou alienation qui seroit faite desdits heritages de ligne, sans dessaisine actuelle faite pardevant le seigneur ou ses officiers ayant pouvoir à ce; & desquels les heritages seroient tenus & mouvans, ne seroit valable au donataire ou acheteur, & ne doit sortir aucun effet & valeur.

Semblablement d'heritages de ligne, donation ou vendition, n'est valable sans dessaisine & saisine.

Item, Quelque don, vendition qu'aucun fasse à autruy de son heritage venu de ligne sans dessaisine pardevant le seigneur ou ses officiers, comme dit est, ce nonobstant l'heritier de tel donateur ou vendeur est tenu & reputé proprietaire de tel heritage, posé ores que tel donataire ou acheteur eust esté tenu en la foy & souffrance, ou fait son hommage au seigneur, si c'estoit fief; en telle maniere que tel heritier puisse le confisquer, vendre, donner ou transporter par dessaisine & saisine à telle personne que bon luy semble, & le charger & obliger, & en disposer à son bon plaisir; puisqu'il n'y a eu dessaisine actuelle faite par son predecesseur, comme dit est.

Comment l'on se peut jouer de son heritage, jusqu'à mettre la main au baston par dessaisine.

Item, Que si aucuns ayant heritages de ligne propre ou naissant avoient donné ou vendu lesdits heritages sans dessaisine & saisine, & depuis en faisant vendition ou donation à autre personne par dessaisine ou saisine actuelle, par la maniere dessusdite, le dernier donataire ou acheteur qui auroit ledit heritage par dessaisine & saisine, seroit preferé au premier donataire ou acheteur, qui n'auroit fait solemniser la donation, vendition ou transport par dessaisine & saisine, pardevant le seigneur ou ses officiers : Car par ladite Coustume l'on se peut jouer de son heritage venu de ligne, jusqu'à ce que l'on avoit mis la main au baston, & que l'on est dessaisi actuellement, & par la maniere dite.

Comment dessaisines & saisines, hommages & autres devoirs seigneuriaux faits devant Tabellions Royaux ou Procureurs, ne sont recevables.

Item, Que la dessaisine faite pardevant Notaires ou Tabellions Royaux, ou pardevant le Receveur, Procureurs ou Sergens, en quelque seigneurie, ne seroit & n'est valable, & ne peuvent Tabellions, Procureurs, Receveurs ou Sergens, recevoir dessaisines & bailler saisine d'heritage de ligne propre ou naissant, ny autres heritages; & semblablement n'est valable l'hommage ou relief qui s'en feroit par le donataire ou acheteur, pardevant le seigneur dont lesdits heritages sont tenus & mouvans, & n'attribue point de saisine; mais est de necessité pour la fureté du donataire ou acheteur de tels heritages, & avant que l'achapt, don ou transport desdits heritages soit fait valable, il faut que le donateur ou vendeur se dessaisisse actuellement pardevant le seigneur dont lesdits heritages sont tenus & mouvans, assistez d'hommes feodaux, hommes tenans ou eschevins, ou pardevant ses Officiers, & que l'acheteur ou donataire en soit saisi & vestu.

Droits Corporels.

Item, Par ladite Coustume si aucun vendeur ou donateur d'aucuns heritages corporels à luy appartenant de ligne, a baillé & delivré promptement par lettres ou autrement, & en quelque maniere que ce soit, fait dessaisine à l'acheteur ou donataire, la jouissance & possession desdits heritages, & qu'à ce moyen il en jouisse pleinement; combien que par ce moyen il eust tiltre & possession, si n'auroit-il le droit & proprieté de la chose seurement; car le vendeur le pourroit donner, aliener ou transporter ailleurs, & en saisir le second acheteur ou donataire au prejudice du premier & le confisquer; car donation, vendition ou alienation d'heritage de ligne, n'est valable sans dessaisine & saisine actuelle, comme dit est: touchant acquest, dessaisine est volontaire comme dessus.

Droits Incorporels.

Item, Par ladite Coustume en donation, vendition de rentes ou autres droits incorporels, il ne faut point de dessaisine & saisine actuelle par baston, mais suffit que verbalement ou pardevant Justice ou par lettres les transporter, vendre & bailler la delivrance de la jouissance des profits, toutesfois si telles rentes ou droits incorporels estoient feodaux & constituez fiefs, il conviendroit transporter par dessaisine actuelle pardevant le seigneur ou ses officiers, & payer les droits seigneuriaux.

De Prescription.

Item, Par ladite Coustume on acquiert le droit de proprieté, heritages & droits réels, avec la possession quand l'on a jouy & possedé à titre de bonne foy pleinement, continuellement, paisiblement l'espace de dix ans en presence, vingt ans entre absens, & trente ans sans tiltre contre gens aagez & non privilegiez.

D'estre exempt de charge ou redevance.

Item, Par ladite Coustume une personne peut demeurer exempte, franche & dechargée de servitude & charge sur son heritage, quand il a jouy dudit heritage continuellement & paisiblement, sans payer ladite charge ny servitude, ny estre inquieté à cause d'icelle par l'espace de trente ans.

Acquerir jouissance de meubles.

Item, Par ladite Coustume si aucun a jouy à juste tiltre d'aucuns biens meubles par l'espace de trois ans continuels entre gens aagez & non privilegiez, il a acquis le droit desdits meubles.

Comment la jouissance de trois ans l'on peut estre réintegré en son heritage.

Item, Que si aucun a jouy par trois ans entiers continuels, paisiblement & justement d'aucun heritage ou droit réel, & depuis il est troublé & empesché violemment en sa possession susdite, il peut & doit estre réintegré en icelle possession par lettres Royaux, & nonobstant que depuis réintegration il fust & soit inquieté & évincé au petitoire s'il n'échet en restitution de fruits & levées dudit heritage ou droit réel.

Matieres de retrait par puissance de fief, de par le seigneur.

Item, Par ladite Coustume, quand un vassal vend son fief ou heritage censuel, le seigneur dont il est mouvant ne recevra point l'acheteur & homme, si bon ne luy semble, & ne fera recevoir par ses officiers, & peut prendre son avis & tenir la saisine en sa main l'espace & jusqu'à quarante jours, pour sçavoir s'il retiendra à sa table ou non, & en dedans les quarante jours pourra ravoir & retirer ledit fief ou heritage censel à la table & seigneurie de son fief, pour les deniers de la vendue, & par puissance de fief, pourveu qu'il n'y ait fraude ou deception, & si ledit seigneur est de ce argué, il sera tenu l'affirmer par serment en Justice pardevant Juge competant, afin de sçavoir s'il fait ledit retrait pour luy-mesme à juste cause & non par autruy; en ce cas le seigneur peut bien donner, vendre & aliener tel fief & heritages à homme qui le relevera de luy, pourveu qu'il n'en ait point jouy paisiblement par an & jour, car en ce cas tel fief & heritage seroit reconsolidé, reuni & remis avec le sien, & ne s'en pourroit demettre sans le congé de son seigneur souverain, sur peine de confiscation, & semblablement quand ledit fief & heritage censel luy retournera par confiscation ou autre semblable cas, le pouvoir vendre & donner à autruy, & dedans an & jour comme dit est.

Autre matiere de retrait par proximité de lignage.

Item, Peut appartenir à un vassal en fief par retrait qu'il aura fait desdits fiefs vendus par aucuns prochains de sa ligne ou de la ligne de sa femme, & en ce cas ne devra le retrayant que droit de chambellage pour nouvel homme du seigneur, pour ce que ledit retrayant vient & rentre au lieu du premier acheteur, qui deja a payé les droits seigneuriaux au seigneur, & est reputé tout en même vendage; car il est reputé le propre marché, & se fait acheteur au lieu du premier, pourquoy n'y a aucuns nouveaux droits, fors seulement droit de chambellage pour nouvel homme.

De Retrait.

Item, Si ayant aucun heritage feodal ou non feodal à luy venu de ligne, vend tel heritage à un qui ne soit prochain du vendeur, de la coste & ligne dont ledit heritage appartient audit vendeur, il loist à un de la ligne dudit vendeur du costé dont ledit heritage luy appartenoit, de l'avoir & retraire par proximité de lignage, si retraire le veut, puisque le retrayant sera legitime; & s'ils sont plusieurs retrayans, le plus prochain doit estre preferé; mais si un de ligne du vendeur du costé dont ledit heritage luy appartenoit auroit remboursé ledit acheteur, & est receu audit retrait auparavant qu'un ou plusieurs autres plus prochains qu'il ne seroit du vendeur, eussent fait offres & action de retraire contre ledit acheteur, ledit heritage demeureroit à iceluy qui auroit esté receu à ladite retraite & fait ledit remboursement, pour ce que deslors il seroit remis en ligne, & sera le moins prochain receu à demander le serment du plus prochain & semblablement le plus prochain du moins prochain, & aussi ledit acheteur contre ledit retrayant, sçavoir si ledit retrait se fait sans fraude pour luy & à son profit.

Semblablement de Retrait contre le seigneur.

Item, Que tel retrait a lieu, non point seulement sur l'acheteur estranger & qui n'est de la ligne, mais aussi contre le seigneur dont l'heritage vendu seroit tenu & mouvant, qui auroit acheté ledit heritage ou iceluy repris de l'acheteur; car audit cas contre le seigneur & dedans le temps en tel cas introduit, le prochain du vendeur, tel que dit est, peut valablement retraire, & y doit estre receu comme il seroit contre un estranger.

Comment Retrait n'a lieu sur l'heritage vendu en ligne du costé dont il procede.

Item, Si aucun ayant heritage de ligne vend tel heritage à son fils, à son frere, ou à autre personne son prochain du lignage, du costé dont ledit heritage luy appartient, & tel acheteur en est saisi, audit cas n'a point lieu retrait contre ledit acheteur, parce que tel heritage est mis & demeure en ligne, posé qu'il y eust plus prochain du vendeur du costé dont l'heritage luy appartenoit.

Faire les offres du remboursement de retrait en dedans l'an, du jour & datte de la saisine.

Item, Par ladite Coustume le retrayant peut commencer sa retraite & faire les offres de remboursement en dedans l'an & jour de la saisine de l'heritage, bailler à l'acheteur ou son command, & ne luy pourroit prejudicier, si depuis la vendition faite de l'heritage qu'il veut retraire, l'acheteur avoit delaissé la saisine de l'heritage ès mains de Justice, ou s'il en avoit jouy sans en prendre la saisine par quelque temps que ce fust, car le temps de retrait commence à courir & avoir lieu du jour de la tenance & saisine prise & baillée à l'acheteur ou à son command, de l'heritage qui luy veut retraire, & non devant; & aussi après l'an & jour de ladite saisine baillée à l'acheteur ou à son command, le retrayant ne soit receu à faire lesdites offres, & avoir l'heritage par retraite.

Comment on doit faire offres en matiere de Retrait.

Item, Que le retrait par proximité de lignage se fait aucune fois, à cause du fief vendu, & aucune fois pour terres censives & autres heritages, & se peuvent faire les poursuites pardevant les officiers du Gouverneur, Prevost ou leur Lieutenant, & mesme pardevant lesdits seigneurs dont lesdits heritages sont tenus & mouvans sans moyen, & quand telles poursuites se font par retrait de fief, le retrayant doit obtenir conjonction du Juge en vertu d'icelle avec un sergent, en presence de deux hommes feodaux du Roy, si ce n'est par conjonction de Juge Royal & de deux hommes de fiefs du seigneur, si c'est par son Bailly garde-Justice, soy transporter pardevers & à la personne de l'acheteur ou à son domicile, & luy offrir en dedans l'an & jour de la saisine & tenance, comme dit est, presenter, compter & nombrer par effet les deniers principaux, de ce que l'acheteur en auroit payez, avec les mises & frais raisonnables, en protestant d'amplier & parfaire si aucune chose faudroit outre lesdites offres, & aussi de recouvrer ce qu'il serbit trop offert; & si l'acheteur est refusant & delayant de prendre & accepter lesdites offres, & reconnoistre le retrayant & prenne du vendeur, ledit sergent en la presence des hommes de fiefs doit faire le commandement à cette fin, & en son refus ou delay, assigner jour aux parties pour proceder sur ledit retrait, comme de raison, & si c'est en seigneurie où l'on n'est point accoustumé de besogner par escrit, le Juge revestu & assisté d'hommes, comme dit est, ou son sergent & son commandement, peut faire valablement tous lesdits exploits & en faire rapport verbal en jugement & jour assigné.

Encore desdites offres.

Item, Qu'au jour assigné aux parties pardevant le Juge Royal ou subalterne, à chacune journée que lesdites parties auront à proceder avant la contestation en cause, le retrayant en saisissant sa demande, & conclusion, en procedant pour avoir l'heritage comme proesme, doit offrir en jugement à l'acheteur le rembourser & luy rendre ses deniers comme dessus est dit, les compter en presence de Justice, de l'acheteur ou de son procureur, & en demander acte & instrument à chacune journée.

De sequestrer l'argent du remboursement.

Item, Et si ledit retrayant veut sequestrer son argent de la retraite, après ce qu'en jugement presente partie, il aura offert & nombré ledit argent, faire le peut, sans nombrer à chacune journée, combien qu'il n'est point de necessité de le faire, s'il ne luy plaist, & après icelle sequestration à chacune journée avant la contestation desdites offres, le peuvent faire valablement, en offrant à l'achepteur lesdits deniers à luy autrefois offerts, presentez, nombrez, sequestrez & mis en la main de Justice.

Comment l'on doit faire lesdites offres à l'achepteur & à sa femme conjoints.

Item, Que si aucun achepteur d'aucun heritage est conjoint par mariage à ce temps de son achapt & saisine, pource que sa femme par ladite acquisition, selon ladite Coustume, est saisie de la moitié de ladite acqueste, & ne peut le mary vendre ny aliener ladite moitié sans son consentement & qu'elle s'en dessaisisse actuellement, le retrayant doit faire ses offres & sa poursuite audit cas de retrait, aussibien à la femme dudit acheteur, en tant que toucher, leur peut à chaque journée jusqu'au deffinitif; car s'il ne faisoit les offres seulement qu'au mary, le retrait n'auroit lieu que pour la part & moitié du mary, & si le retrayant deffailloit de la faire à chacune des journées devant litisconteftation en la maniere dite, il descheoiroit de sa poursuite.

De Retrait.

Item, Si plusieurs heritages venus de ligne au vendeur tout d'un costé, sont vendus pour un seul prix, le prochain ne sera point receu à retraire partie & delaisser l'autre partie, mais si lesdits heritages vendé par un seul marché appartenoient au vendeur partie dus par pere & partie de par mere, le proesme de chacun des costez pourroit retraire ce qui seroit vendu du costé dont il appartiendroit au vendeur, & selon le prix total du vendu, seroit appretiée la portion venue du costé qu'il voudroit retraire, & d'iceluy rembourser l'acheteur & faire les offres comme dessus est declaré.

Item, En ce qui seroit donné par donation d'entre-vifs & don de mariage, par legs ou testament, à l'Eglise ou ailleurs, n'a lieu retrait, ny aussi en échange, ny pareillement à ce qui est baillé à tousjours à rente ou à surcens; mais si celuy qui auroit baillé son heritage à surcens vendoit sondit heritage, ensemble le droit de son surcens, le lignager seroit habile à retraire.

Item, Si aucun constant son mariage achepte fiefs ou autres terres, après le trespas dudit acquereur & de sa femme, ledit heritage vient par succession à leurs fils ou filles, & que par ledit fils ou fille il soit vendu à un estranger, le prochain du lignager d'iceluy vendeur fils ou fille le peut retraire, parce que tel heritage a pris ligne en la personne dudit fils ou fille de l'acquereur; mais consideré que la moitié dudit heritage luy est escheu de la succession du pere & l'autre moitié de la succession de la mere, le prochain du costé du pere ne seroit receu à retraire & ravoir fors la portion & moitié qu'il avoit à cause de la succession de sondit pere, & pareillement les proesmes de par la mere, ne peuvent ravoir & retraire, sinon la portion & moitié qu'il avoit de par leur mere.

Item, Si ledit fils ou fille de l'acquereur ne vendoit point tel heritage, & après son trespas eschet à son fils & qu'il le vend, le plus prochain d'iceluy fils vendeur de par son pere pourroit retraire tout ledit heritage, pour ce que tout ledit heritage appartenoit à iceluy second fils du tout de son pere.

Item, Si un retrayant au temps de sa retraite est marié, & il retrait comme poursuivant pour luy & en son nom, ou à cause de sa femme qui seroit proesme, parce que ledit retrait, rachapt & reprise se fait des deniers communs du mary & de la femme, parquoy semble que ledit heritage ainsi repris par retrait doit estre dit & reputé acquest ausdits conjoints retrayans, neantmoins par ladite Coustume si ledit retrait est fait à cause de la personne du mary, & sa femme, va de vie à trespas, il peut tout ledit heritage ainsi retrait retenir à sa ligne en refondant la moitié des deniers que l'on en auroit payé aux heritiers de sa femme, & pareillement le pourroit faire sadite femme & ses hoirs si ledit retrait s'estoit fait à cause d'elle, ou ses heritiers pour elle si elle mouroit devant.

Item, Que l'acheteur d'aucun heritage sujet à retrait, acquiert à luy tous les fiefs escheus & tout ce qu'il a cueilly & coupé devant les offres de retrait à luy faits, mais tout ce qui eschet depuis pendant procès, s'il est évincé d'iceluy, sera au retrayant.

Item, Quand l'acheteur d'aucun heritage sujet à retrait, a jour & terme avec son vendeur de payer les deniers de l'achapt ou de partie d'iceux, il doit suffire au retrayant de luy offrir par effet les deniers qu'il auroit payé & desboursé au temps desdites offres, & de le purger & acquitter envers ledit vendeur du reste audit jour & terme pris entre eux, & luy faire rendre son obligation, si aucun en a pour ce baillé, & luy faire avoir acquis suffisant, & de ce bailler bonne seureté nampric en la main du Juge, devant lequel il voudroit intenter son retrait, fust Juge royal ou subalterne les termes & payement qui escheront, sur peine d'estre privé de son retrait, & de restituer les fruits qu'il en auroit pris, levez & perceus, avec tous dommages, interests & despens.

Comment rentes ou heritages donnez pour tenir costé & ligne, ne peuvent sortir succession ou disposition testamentaire, & doivent tenir ligne.

Item, Par ladite Coustume, une rente viagere ou à rachapt, ou autre rente heritable donnée & constituée en advancement du mariage par don d'entre-vifs, ou autrement à l'heritier presomptif ou autre de la ligne du donateur constituant d'icelle, à condition de tenir costé & ligne dudit donateur, ou constituant, posé ores que telles rentes ne fussent ou ne soient realisées par hypotheque sur les heritages du constituant & donateur; & par ce, selon ladite Coustume, doit estre tenu & reputé mobiliaire: toutesfois au moyen de la condition & restrinction de tenir costé & ligne, faite par ledit donateur & constituant d'icelle, qui fait à observer inviolablement, & fait enfraindre telle rente heritable viagere ou à rachapt, ne peut & doit estre vendue, donner, aliener, transporter ou charger par ledit donateur, ou ses hoirs, ou sortir en succession ou disposition testamentaire nature de meubles; parce que ce seroit contre l'intention du donateur de contrevenir à icelle; mais doit tousjours sortir costé & ligne du donataire du costé d'iceluy donateur, selon la forme & teneur de ladite constitution & donation.

Semblablement pour meubles.

Item, Semblablement par ladite Coustume, une bague, joyaux, pierre précieuse, ceinture, piece de vaisselle, ou autre piece de meubles qui seroient donnée & laissée à autruy, à la charge de retourner à la ligne du donateur, & ensuivy icelle seroit sujette à ladite charge & condition, & ne pourroit estre derogé à icelle.

De realiser rentes.

Item, Par ladite Coustume, peut un heritier ou proprietaire de fiefs, terres, censives, & heritages qu'il possede de ligne & naissant de son acquest, donner, vendre, assigner, & constituer sur lesdits heritages, soit de ligne ou d'acquest, aucunes rentes ou rente heritable, viagere ou autres à rachapt; sans necessité ou consentement d'hoirs, de disposer de l'argent du vendu à son bon plaisir, & à le faire obliger, & en mettre lesdits fiefs, terres, seigneuries & heritages.

Réaliser icelles rentes par trois voyes.

Item, Que l'on peut réaliser icelles rentes par trois voyes, l'une qui est plus en usage en ladite Gouvernance & Prevosté, c'est que si un donateur ou vendeur par lettres de constitution ou vendition d'icelle rente a consenti que le donataire ou acheteur puisse faire namptir & hypothequer lesdites rentes sur sesdits heritages quand bon luy semblera par autorité de Justice, est requis que par commission du Juge Royal ou autre ayant pouvoir à ce, le sergent executeur de ladite commission, en la presence de deux tesmoins, prenne & mette en la main de Justice lesdits heritages par forme de namptissement & hypotheque pour seureté, & à la conservation de sur iceux prendre, avoir & percevoir lesdites rentes selon la teneur des lettres de la constitution d'icelles, & que ledit namptissement & hypotheque soit signifié par le sergent au seigneur dont lesdits heritages sont tenus & mouvans en fief ou en censive, ou à son Bailly ou Garde de Justice pour luy, en la presence de deux hommes de fief de la seigneurie du lieu ou autres feodaux empruntez à son souverain; & si le seigneur n'a hommes feodaux en sa seigneurie, ou qu'il n'y en ait aucuns residens en icelle, en leur absence prenne eschevins & hommes tenans pour matiere de fief, & pour matiere censive, de deux eschevins & hommes cottiers & tenans, en leur faisant inhibition & defenses, que desdits heritages, namptiés & hypothequés à ladite rente, ils ne reçoivent dessaisine d'un transport ou alienation, & ne baillent saisine à autruy que ce ne soit à la charge de ladite rente, & du contenu ès lettres de constitution d'icelle, payant au Bailly ou Lieutenant pour leurs droits de ladite signification & défenses, deux sols à chacun des hommes feodaux douze deniers, au greffier, pour de le faire registrer douze deniers; & si le namptissement est fait sur plusieurs fiefs tenus d'un mesme seigneur par un seul exploit, il n'aura qu'un seul droit; & que semblablement ledit exploit soit signifié à la personne ou domicile de l'obligé, donateur, ou vendeur de ladite rente en la presence de deux tesmoins: & en le faisant, ladite rente sera & demeurera realisé tenant nature d'heritage sur lesdits heritages ainsi namptis & hypothequez au payement d'icelle, les oppositions vuidées, si aucunes y en a, & n'a le seigneur aucun droit à cause de ladite hypotheque faite sur fiefs ou censels de luy tenus & mouvans; & en matiere censive pour la signification dudit namptissement, n'est deu au garde de Justice, eschevins ou hommes tenans, que la moitié du droit deu en matiere feodale.

Item, L'autre voye, pour realiser lesdites rentes est, que l'acheteur ou donataire se peut mettre de fait tenir & decreter de droit, & faire maintenir par autorité de Justice si le vendeur ou donateur l'a ainsi consenti par les lettres de constitution desdites rentes de fiefs, terres, seigneuries, & autres heritages dudit donateur ou vendeur, pour sur iceux prendre & percevoir lesdites rentes en faisant semblables inhibitions, significations & défenses, comme dit est, tant au seigneur ou à ses officiers, qu'à partie obligée; & pour ladite mise de fait ne doit semblablement avoir ledit seigneur aucuns droits seigneuriaux.

Item, La raison en cas dessusdite, pourquoy le seigneur n'a quelques droits de rentes, ou autres droits seigneuriaux, est pour ce que par telle donation ou vendition, & constitution & rente sur le fief, le donateur ou vendeur & ses hoirs, sont obligez & poursuivables; & par vertu dudit namptissement les possesseurs dudit heritage & rachapt, don ou transport soient aussi poursuivables & tenus desdites rentes; neantmoins quelque chose qui en ayent fait ou consenti, fassent ou consentent pour la constitution de ladite rente sur ledit fief, ny quelque consentement, namptissement ou défenses qui ayent pour ce esté faites au seigneur ou à ses officiers, ce ne peut tourner à quelque prejudice au seigneur dont lesdits heritages sont mouvans; car si tel heritier confisque son fief, il retourneroit pleinement au seigneur, & sans charge de ladite rente, & perdroit audit cas le donataire ou achepteur ladite rente ainsi namptie & infeodée: Et si par défaut d'hommes le seigneur tient ledit fief en sa main, il jouiroit & prendroit à son profit tous les fruits & profits du fief, sans rien payer ny deduire pour ladite rente; à pareil, si ledit fief est vendu, le seigneur prend ses droits seigneuriaux du droit de vente & de chambellage, selon la prisée & valeur que ledit fief seroit trouvé estre sans charge de ladite rente ny autre semblable; & à cette cause, posé que le seigneur s'opposast audit namptissement & mise de fait de rente, son opposition ne luy profiteroit pour empescher ledit namptissement, ny avoir aucuns droits seigneuriaux ny autres profits, comme dit est.

Item, Qu'hypotheque, seureté & namptissement desdites rentes se peuvent faire par infeodation qui est plus seure pour l'acheteur ou donateur: C'est à sçavoir, que le vendeur ou donateur pour rentes par luy vendues, données & constituées sur son fief, passera & reconnoistra en personne, ou par procureur irrévocable suffisamment fondé, le don ou vendeur, pardevant le seigneur dont ledit fief est tenu & mouvant, ou son bailly, en la presence de deux hommes de fiefs, se dessaisir de son fief jusqu'à la valeur ou concurrence de ladite rente; & consentira l'acheteur ou donateur en estre saisi & vestu, laquelle saisine sera baillée à l'acheteur ou donataire, ou son pouvoir suffisamment fondé, laquelle rente audit cas est reputé fief tenu du seigneur, distingué & separé du fief du vendeur ou donateur; & en ce cas a le seigneur & doit avoir droit & quint denier, & de chambellage, & de là en avant par confiscation, par défaut d'homme ny autrement, l'heritier du fief ne peut prejudicier au rentier; en telle maniere que si le fief de l'heritier se vendoit ou alienoit par decret de Justice ou autrement, le rentier n'est sujet soy opposer aux criées pour conservation de sa rente, & ne luy peut le decret prejudicier pour ce, comme dit est; car par ladite infeodation ladite rente est distinguée, separée, & érigée en fief, separée de celuy du vendeur ou donateur.

Item, Que ladite rente infeodée & constituée sur le fief du vendeur ou donateur, separé du fief sur lequel est assignée & assise ladite rente, se peut confisquer pour l'achepteur ou donataire, ou par faute d'homme estre mise en la main du seigneur, ou pour autre cause raisonnable, sans ce que ce peut porter prejudice au residu du fief que tient le vassal; surquoy telle rente est infeodée ou constituée.

Item, Qu'en ladite Gouvernance l'on peut pareillement en sa pleine vie vendre, donner & constituer rentes sur tous ses autres heritages, aussibien que sur les fiefs, sans payer quelques droits seigneuriaux de vente, posé que lesdits heritages soient hypothequez, & que défenses soient faites au seigneur ou à ses officiers à qui ils sont justiciables, qu'ils n'entendent à vest & devest sans charge de telle rente, ou que ladite seureté soit prise par dessaisine ou saisine, & n'y a en ce cas que le droit des officiers pour entendre ausdites saisines & dessaisines, & le droit desdites significations & defenses, qui est à sçavoir au Garde de Justice douze deniers, à chacun homme cottier ou tenant six deniers, & au Greffier douze deniers, comme dessus est dit.

Rentes non namptiés reputées mobiliaires.

Item, Par ladite Coustume, rentes heritables viageres, ou à rachapt, qui ne sont namptiés, hypothequées & réalisées sur aucuns heritages par la maniere dite, sont tenus censés & reputez mobiliaires, & tenans nature de meubles, simple convention n'engendre hypotheque.

Item, Par ladite Coustume, ne suffiroit pour réaliser aucunes rentes de l'assigner par fait special ou general sur les terres & heritages de l'obligé ou sur partie d'iceux, ny soy dessaisir pardevant les notaires ou tabellions; mais est de necessité pour acquerir hypotheque de telle rente, & avant qu'elle puisse estre réalisée, & tenir nature d'heritage que l'acheteur ou donataire de ladite rente la fasse namptir & hypothequer par autorité de Justice, par la maniere dessusdite; car jusqu'à ce que les hypotheques & seuretez soient prises & faites par l'une desdites trois voyes, lesdites rentes sont tousjours tenues & reputées mobiliaires.

De retraire rente par proximité.

Item, Par ladite Coustume quand aucun a vendu & constitué rente heritable ou à rachapt, & que l'acheteur d'icelle a fait namptir, hypothequer & réaliser icelle rente sur les heritages opposant de ligne au vendeur & constituant de ladite rente, il loist au prochain lignager du vendeur du costé dont lesdits heritages de propre sur lesquels ladite rente réalisée, namptie & hypothequée luy appartenoit retraire & ravoir ladite rente en dedans l'an & jour d'icelle hypotheque faite, prise actuellement sur lesdits heritages par l'une des voyes dessusdites, en vendant & remboursant à l'acheteur ses deniers principaux & loyaux cousts, & doit ledit lignager à ce estre receu.

Item, Par ladite Coustume, quand l'obligé ou debiteur d'aucune rente heritable ou à rachapt, infeodée sur ses fiefs, terres & seigneuries, ses hoirs ou ayant de luy cause, ont remboursé & rachepté ladite rente à l'acheteur d'icelle, ses hoirs ou ayant cause, telle rente qui estoit infeodée & érigée en fief distingué & separé du fief principal du vassal vendeur d'icelle rente, est sopite, esteinte & réunie & rejointe par ledit remboursement audit fief principal, sans qu'à cette cause le seigneur du fief en prenne ou doive avoir aucuns droits seigneuriaux ny contraindre son vassal le tenir en deux fiefs; mais demeurera en toute telle nature qu'il estoit auparavant l'infeodation & constitution d'icelle rente, & par un seul fief.

Item, Par ladite Coustume, rente perpetuelle infeodée sur fief appartenant à aucun vendeur ou constituant d'icelle, auquel auroit esté accordé par l'acheteur faculté de rachapt en dedans temps prefix & limité, soit de huit, dix, douze, vingt ans ou autre plus long terme, ou plus bref, & auroit esté negligent à faire ledit remboursement, & laissé passer & escouler le temps dudit rachapt; & par ce seroit demeurée ladite rente perpetuelle, & hors de faculté de rachapt expiré & passé, l'acheteur ou son heritier le rembourse d'icelle, le seigneur auroit quint denier des deniers d'iceluy remboursement & droit de chambellage, & demeureroit ladite rente en fief separé du principal corps du fief du vassal; mais si ladite rente estoit remboursée en dedans le temps dudit rachapt, icelle seroit par ledit remboursement sopitte annullée & rejointe au fief principal pour le tenir par le vassal auparavant ladite constitution d'icelle rente, sans par ce payer aucuns droits seigneuriaux au seigneur, comme dessus est dit.

Matiere de droit de douaire.

Item, Par ladite Coustume generale de ladite Gouvernance & Prevosté de Peronne, la femme a droit de douaire sur tous les heritages, terres & seigneuries dont son mary estoit saisi, jouissant & possedant au jour de leurs nopces, & qui depuis luy sont escheus de ligne directe durant leurdit mariage, qui est tel que de jouir & posseder la moitié des fruits, profits & revenus, sa vie durant, à commencer du jour qu'elle l'aura pris, apprehendé par autorité de Justice, ou qu'il luy sera accordé par l'heritier. Comme par ladite Coustume douaire coustumier ne se peut prendre ny avoir par la femme d'un trespassé, s'il n'y est mise par autorité de justice, ou que l'heritier luy ait accordé, & à commencer du jour de ladite mise de fait, ou dudit accord fait par l'heritier, & non devant.

Item, Pour faire apprehension duquel droit de douaire, convient que telle veuve obtienne commission du juge competant; & en vertu d'icelle par un sergent, ayant de ce faire pouvoir, qu'elle se fasse mettre de fait en personne ou par procureur ès heritages qui furent à son feu mary, sur lesquels elle pretend ledit droit de douaire, & le signifier à l'heritier ou autre, & qui le touche: Et si ladite mise de fait se fait en dedans l'an du trespas de son mary, la juste moitié des fruits desdits heritages seroit sequestrée & gouvernée sous la main de Justice pendant procès; mais quand ladite mise de fait est après l'an du trespas, ils ne doivent estre sequestrées.

Item, Que la veuve d'un trespassé n'a droit de douaire sur les rentes à vie de son mary, dont il jouissoit au jour de leurs nopces, ou qui luy seroient escheues de ligne directe durant leur mariage; car par la mort dudit mary, tout ledit viage de rente & autres droits ès heritages qu'il possedoit en sa vie, est du tout soppite, esteinte & annullée pour luy, ses hoirs ou ayans cause: & est à entendre que la veuve doit avoir douaire sur les heritages dont son mary jouissoit, comme dit est, au jour de leurs nopces, & qui luy sont eschoir de ligne directe, & qui à ses heritiers à cause de luy pourroient appartenir, ou aux legataires, acheteurs, donataires, ou autres qui les tiendroient par le moyen de tel défunt, à cause du transport & alienation faite en son vivant ou par testament.

Item, Qu'ès rentes & heritages à plusieurs vies, appartenantes au mary comme sa chose, toutes les vies durans dont il jouissoit au jour des nopces de luy & de sa femme, ou qui depuis luy sont escheus de ligne directe, ladite femme a droit de douaire sa vie durant, tant que lesdits viages dureront; mais si ledit défunt n'y avoit droit que sa vie durant, & après son trespas retournast à un autre viager, & n'y eussent ses heritiers ny autres ayans cause, ou de par luy aucun droit, audit cas n'y auroit ladite douairiere quelque droit.

Item, Si ledit défunt avoit esté auparavant marié & constant son premier mariage eust acquitté aucuns heritages ou rentes, par condition que le survivant de luy & de sa femme en jouiroit sa vie durant; & à cette cause, ou par le moyen d'aucun don mutuel ou disposition testamentaire, & où ledit mary jouit entierement après le trespas de sa premiere femme sa vie durant, & en ce cas sa seconde femme, après son trespas, ne pourroit avoir quelque droit de douaire, fors en la moitié dont son mary seroit proprietaire & heritier; car le viager a droit que son mary prenoit en l'autre moitié, seroit & est esteint par le trespas, & doit retourner franchement & sans charge dudit douaire aux heritiers de sadite premiere femme, si ce n'estoit que ledit achapt ou don eust esté fait pour en jouir proprietaire par le survivant, auquel la seconde femme y prendroit plus droit.

Item, Que la femme n'a point de douaire sur les heritages dont son mary estoit saisi, jouissant & possessant au jour de leurs nopces à titre d'achapt, si endedans l'an & jour dudit achapt ou de la saisine à luy baillée ledit heritage est retrait & mis en ligne par le lignager du vendeur.

Item, Aussi n'a la veuve douaire sur les terres feodales ou censives que son mary tenoit au jour de leurs nopces par défaut d'hommes & de cens non payez, rentes, devoirs non faits, si iceux sont relevez & droiturez de son vivant; mais si au jour de son trespas ils estoient encore en sa main, elle y prendra douaire tant que les heritiers de son mary en jouiront à la cause dite, & jusqu'à ce que les droits & devoirs soient fournis ausdits heritiers, pourveu que son mary les tint, à cause des fiefs, terres & seigneuries à luy appartenantes au jour de son mariage, ou qui depuis luy sont écheus de ligne directe; car si c'estoit à cause des fiefs escheus constant leur mariage en ligne collaterale, elle n'y pourroit avoir douaire.

Item, Par ladite Coustume, la veuve ne recouvrera rien de ce qui sera écheu paravant qu'elle ait apprehendé son droit de douaire par autorité de Justice, ou qu'il luy ait esté accordé par l'heritier quelque temps qu'elle ait attendu à l'apprehender ou avoir ledit consentement.

Item, Si après que la veuve d'un trespassé aura pris & apprehendé son douaire coustumier, par la maniere dite, ou qu'il luy sera accordé par l'heritier, le seigneur feodal tenoit en sa main les heritages sur lesquels elle auroit droit de prendre & percevoir sondit douaire en défaut d'homme, reliefs, droits & devoirs non faits, & à ce moyen jouir comme faire luy loist desdits fiefs sans charge dudit droit de douaire; en ce cas ladite veuve auroit son action contre ledit heritier qui seroit défaillant de relever, par laquelle défaite elle ne peut avoir sondit douaire, afin d'estre recompensée d'iceluy, & des dommages & interests qu'elle a eu, & a par sadite défaite; & est ledit heritier tenu de recompense & de pourvoir qu'elle puisse jouir de sondit douaire.

De deux douaires sur un heritage.

Item, Semblablement par ladite Coustume, peut avoir deux douaires coustumiers sur aucun heritages, tant feodaux que censeux, comme quand un homme va de vie à trespas paravant sa femme, & délaisse un fils, ladite femme aura & prendra son plein droit de douaire sur tous les heritages dont son mary estoit saisi au jour de leurs nopces, & qui depuis luy sont écheus de ligne directe; & si ledit fils est marié ou se marie, & voise de vie à trespas paravant sa femme, icelle sa fille auroit son droit de douaire esdits heritages venus à son mary de sondit pere, mais durant la vie de sa mere douairiere qui jouit en douaire de la juste moitié des profits de tous lesdits heritages, icelle seconde douairiere ne prendra seulement que sa moitié des fruits & profits de l'autre moitié d'iceux heritages, qui est un quart au total; & après le trespas de la premiere douairiere, la seconde douairiere entrera en plein douaire, & jouira sa vie durant de la moitié des profits de tous lesdits heritages, sans ce qu'ils ayent besoin de faire nouvelle apprehension.

Item, Si une femme alliée par mariage à un homme qui ait aucun heritage à luy appartenant au jour dudit mariage d'acquests ou de ligne; & si lesdits heritages estoient lors chargez, liez & hypothequez pour seureté d'aucune rente, ou qu'il eschet à son mary de ligne directe durant leur conjonction aucuns heritages qui auparavant ladite eschoette fussent chargez, liez, & hypothequez aucune rente, telle femme si elle survivoit sondit mary, aura droit de douaire coustumier sur lesdits heritages qui appartenoient à son mary au jour de leurs nopces, & qui luy sont écheus de ligne durant ledit mariage, comme dit est; mais elle payera la moitié desdites rentes, attendu qu'elles sont hypothequées & nampties avant ledit mariage & échoette; & si lesdites rentes estoient namptis & hypothequez depuis ladite conjonction sur les heritages appartenans à son mary à l'heure d'icelle conjonction, ou sur ceux qui luy seroient écheus durant ladite conjonction de ligne directe depuis ladite eschoette, elle ne seroit tenue payer moitié d'icelle rente, ne y contribuer, mais auroit entierement son douaire.

De Douaire convenancé.

Item, Si une femme veuve avoit douaire convenancé qu'elle voulut avoir & demander, & non le coustumier, il ne conviendra point pour ledit douaire avoir, qu'elle s'y fasse maintenir par autorité de Justice, ny rien signifier à l'heritier ou possesseur, ny que l'heritier baille son consentement ou accorde l'avoir à prendre par ladite veuve; car au moyen que tel douaire convenancé est appartenant à ladite veuve, & luy vient par les convenances & pactions de sont traité de mariage, les heritiers du deffunt comme representans la personne du mort, seront tenus & sont obligez fournir, payer & accomplir ledit douaire convenancé, accordé & promis par ledit deffendeur à ladite veuve, & commencera ledit douaire convenancé à avoir lieu incontinent après le trespas du mary, comme seroit une rente par sondit deffunt, vendue, donnée & constituée sur ses heritages après son trespas; & s'il y a jours ou jour disposé quand ledit douaire convenancé se doit payer, faudroit que l'heritier le paye ausdits jours ou jour; & s'il n'y a point de jour ordonné, le pourra ladite veuve demander quand besoin en aura, & quantité qu'il en pourra estre deub & escheu au temps qu'elle demandera; car ledit douaire est accordé & promis pour secourir & aider ladite veuve pour son vivre & necessité journellement à son besoin.

Item, Quand aucun douaire convenancé est accordé à une femme au traité de son mariage, elle peut après le trespas de son mary, prendre & choisir celuy qu'il luy plaist, ou le coustumier en delaissant le convenancé, ou soy arrester au convenancé & delaisser le coustumier, si ce n'estoit qu'en traitant dudit douaire, ait esté expressément promis & accordé au traité dudit mariage, qu'après le trespas dudit mary la veuve ne prendroit & ne pourroit avoir autre ne plus grand douaire que ledit douaire convenancé, auquel cas telles promesses se doivent tenir & entretenir.

Item, Et avec le droit de douaire qu'a & doit avoir la veuve après le trespas de son mary, elle doit avoir du tout entierement tous les heritages venant de son naissant, avec tout ce qui luy a esté donné en mariage, pour tenir nature d'heritage tenant cotte & ligne la moitié de tous les acquests faits constant leur mariage, avec la moitié de tous les biens meubles & debtes qui appartenoient audit mary & à ladite veuve, & qu'on leur devoit au jour du trespas de sondit feu mary, en payant la moitié des debtes mobiliaires que devoit ledit mary & ladite veuve au jour du trépas d'iceluy, & doivent venir tous les biens meubles à partage, tant robes, joyaux, attours & robes de la femme comme ceux de l'homme, si ce n'estoit qu'au traité de mariage eust esté par exprès dit & accordé & promis par le mary qu'après son trespas, si la femme le survivoit, elle emporteroit hors part ses robes, joyaux & atours servant à son corps, auquel par vertu de telle convenance & promesse, elle les auroit hors part & non autrement.

Item, Quand au traité d'un mariage les peres ou prochains parens amis de la femme, donne & delivre au mary aucune somme d'argent, & laquelle est expressément traité & promis par le mary qu'il sera tenu employer la moitié ou autre partie dudit argent en heritage, pour estre l'heritage de la somme tenant de sa cotte & ligne; si le mary qui aura receu ledit argent n'a point employé en heritage en son vivant ce qui a esté devisé, promis & accordé, les heritiers du mary seront tenus de rendre à ladite veuve la somme qui se doit employer comme en nature d'heritage, sans rien deduire ne defalquer à icelle veuve pour sa moitié & part des biens meubles & debtes qu'elle aura pris contre ledit heritier.

Item, Si telle veuve avoit renoncé aux meubles & debtes, ce qui se pourroit par ladite Coustume, si pourra-t-elle valablement poursuivre les heritiers de son feu mary pour ladite somme ainsi baillée à sondit mary pour employer en heritages tenant sa ligne, comme pour estre restitué de son heritage; car ledit argent baillé pour & au lieu d'heritage, lequel ne tient point nature de meubles ny de debtes mobiliaires, aussi ne peut en rien deroger ny prejudicier ladite renonciation qui n'est que des biens meubles & debtes mobiliaires qui estoient communs entre ledit mary & la femme, attendu encore que ledit argent ainsi baillé au mary, pour avoir ledit heritage ne fust commun entre le mary & la femme.

Item, Si ledit deffunt avoit ledit argent par luy receu pour employer en heritage par la maniere dite sequestrée, ou autant d'autre & mis ensemble à part pour faire lesdits acquests, & ce declaré par gens ou qu'il eust mit sa cedule avec ledit argent, contenant en substance, cet argent est pour achepter heritage pour ma femme; & ladite femme en prenant la moitié des meubles & debtes, avoit pris la moitié dudit argent, subrogé & ordonné pour & au lieu de rentes & heritage, elle ne pourroit avoir action valable contre les heritiers de sondit mary, que pour l'autre moitié de ladite somme.

Item, Et si le mary estoit noble, par privilege de noble ladite femme après son trespas prendroit meubles & debtes, & à cette cause en prenant tous lesdits biens meubles, elle trouvoit & prenoit ledit argent ainsi mis & ordonné pour achepter ledit heritage pour ladite somme, elle n'auroit cause de plus en rien demander aux heritiers de sondit mary, & ne luy pourroit aider audit cas contre lesdits heritiers à dire & alleguer qu'elle auroit pris meubles & debtes seulement, car ledit argent ainsi sequestré & deposé pour ledit acquest, est reputé venir au lieu dudit heritage, comme celuy qui fust baillé par ladite femme au mary, pourquoy se doit tenir pour contente & satisfaite.

Item, Par ladite Coustume combien que la veuve du trespassé renonce aux meubles & debtes, si aura-t-elle sa moitié de tous les heritages & rentes realisées, & tenant nature d'heritages acquests par sondit mary, durant le mariage de luy & de ladite femme; & sera telle femme proprietaire d'icelle sa moitié d'acquests contre les heritiers ou ayans cause de son mary, soit que les heritages ou rentes soient feodaux ou non.

Item, Posé que ladite veuve eust pris la moitié des meubles & debtes, & à cette cause soit tenue de payer la moitié des debtes mobiliaires que devoit ledit deffunt & elle au jour de son trespas, & posé encore que par privilege de noblesse ladite veuve eust pris & accepté tous les meubles & debtes, & fust pour ce moyen demeurée chargée de payer toutes les debtes mobiliaires que devoit ledit deffunt son mary, & elle au jour de son trespas; si n'est-elle en rien tenue des obseques & funerailles, legs & accomplissement de testament de sondit mary, ny à quelque dépense de bouche, ny autres que l'on veut faire pour cette cause.

Item, Que la veuve après le trespas de son mary durant sa viduité se peut & doit faire nommer avec son propre nom & surnom de sondit feu mary, & si sondit feu mary estoit seigneur de quelque grande seigneurie, elle se peut nommer & faire appeller dame ou demoiselle de ladite seigneurie, comme elle faisoit & pouvoit faire au vivant de sondit mary, & ne deroge en cela si les heritiers ou la femme de l'heritier se nomme dame ou demoiselle de ladite seigneurie, comme faire luy loist; car ladite veuve en ce cas se nomme dame douairiere, & l'autre dame ou demoiselle heritiere.

Item, Que ladite veuve peut & doit jouir durant sa viduité & non plus, de toutes les franchises, privileges & prerogatives que son feu mary avoit en son vivant pour luy & ses hoirs, & par ce moyen si le mary estoit noble ou seigneur franc & exempt de taille, ladite veuve en doit pareillement durant sa viduité & non plus, en demeurer franche & exempte; & jouir de tous autres privileges qu'ont accoustumez d'avoir les nobles, & comme auroit son mary tant pour faire vendre ses vins, bestiaux & choses venues de son cru, sans payer vingtiesme ou impositions que d'avoir en adjournement francs plaids.

Item, Peut ladite veuve d'un noble par ladite Coutume, choisir pour sa demeure après le trespas de son mary, laquelle maison, chasteau, forteresse ou autre telle qu'il luy plaist choisir de celles que son mary avoit au jour de leurs nopces, & qui luy seroient de ligne directe durant & constant leursdit mariage, & auroit & devroit avoir ladite veuve icelle maison ou forteresse hors part, pour jouir entierement sa vie durant seulement, avec la moitié au surplus des profits & revenus de tous les autres heritages, terres & seigneuries qu'auroit sondit mary au jour de leurs nopces & de ceux qui luy seroient escheus constant sondit mariage de ligne directe; mais elle ne pourroit choisir maison & forteresse escheus à son mary de ligne collaterale constant leurdit mariage, pour ce qu'en ce qui luy eschet durant & constant ledit mariage en ligne collaterale, la femme n'y a point de douaire comme dessus est dit.

Item, Que si ladite veuve d'un noble prend une forte maison, elle doit avoir à son profit tout ce qui est en l'enclos de ladite maison, avec les fossez servant à ladite forteresse.

Item, Et encore si ladite maison est sur eaue, & qu'il n'y ait cave, sellier & jardin, & au dehors de la maison y auroit cave & jardin, ordonne que ladite forteresse & maison seulement, audit cas ladite veuve auroit & devroit avoir ladite cave & jardin avec ladite forteresse, comme servant & ordonné pour la necessité de la dite maison, & autrement ne les auroit point.

Item, Pareillement parce qu'il n'y auroit point dedans l'enclos place pour mettre grains ou chevaux & autres provisions, & qu'au dehors de la forteresse y ait aucun edifice ordonné pour ladite provision & autres besoins de la forteresse & non pour autres causes, audit cas ladite veuve auroit & devroit avoir iceluy edifice; mais si dedans la fortereresse auroit cave, jardin & place pour mettre ladite provision suffisante pour l'estat de ladite dame, en considerant l'estat que raisonnablement devroit maintenir selon l'estat de son feu mary, elle n'auroit point les caves, edifices & jardins qui seroient dehors la forteresse.

Item, La veuve d'un homme noble est privilegiée par ladite Coustume de prendre & accepter s'il luy plaist

plaist tous les biens meubles & autres tenant nature de meubles & debtes mobiliaires demeurées au decès de son mary, à la charge de payer toutes les debtes mobiliaires de sondit mary, & s'il plaist à ladite veuve elle renoncera aux meubles & debtes, & par ce sera & demeurera quitte des debtes que son mary auroit fait constant son mariage, & qui estoient communes entre eux au jour de son trespas, pourveu qu'elle n'y soit obligée; mais le mary n'y peut renoncer, parce qu'il est acteur des debtes, & non point la femme, & si ladite veuve ne veut prendre & accepter tous les biens meubles ou renoncer à iceux, elle peut avoir & prendre son droit commun, qui est tel que d'avoir tous les heritages venant de naissant d'elle, & la moitié des acquests faits durant leur mariage, avec la moitié de tous les biens meubles & debtes qui appartenoient audit mary & à ladite veuve, & qu'on leur devoit au jour du trespas d'iceluy mary, en payant la moitié des debtes mobiliaires que devoient lesdits conjoints au jour du trespas du mary, outre lesquels sont compris les arrerages escheus de quelques rentes qu'elles soient.

Garde Noble.

Item, A privilege & prerogative icelle veuve d'un noble, par ladite Coustume, de prendre & avoir le bail des enfans de son feu mary & d'elle qui seront mineurs, si prendre le veut, ou la garde & gouvernement d'iceux enfans, & de leurs biens, meubles & heritages : ou s'il plaist à icelle, elle se peut deporter dudit bail & garde.

Item, Par ladite Coustume, si au traité du mariage d'un homme & de sa femme, & s'il avoit esté expressement traité, reservé, permis, & accordé que ladite femme, après le trespas de sondit mary ne pourroit prendre, choisir, ny avoir maison de douaire, ou qu'il fust dit, accordé & permis audit traité de mariage, que ladite femme auroit une maison pour sa demeure, declaré & specifié audit traité qu'elle ne pourroit prendre ou choisir d'autre, ou si l'on avoit reservé aucunes desdites maisons de douaire, & traité qu'elle ne pourroit prendre ny sur icelle avoir aucun choix pour maison, ny de douaire; en tous ces cas ladite veuve seroit tenue se regler audit traité de mariage, & iceluy tenir & entretenir selon sa forme & teneur.

Item, Que la femme d'un noble homme se doit conduire en l'apprehension de ladite maison de douaire, toute en la forme & maniere qu'elle est tenue faire pour son droit coustumier : C'est à sçavoir que par commission & autorité de Justice elle se fasse mettre & maintenir en ladite maison qu'elle choisira & voudra choisir pour maison de douaire, ou qu'elle declare à l'heritier la maison qu'elle voudra choisir, & qu'il luy accorde; & de celuy passer lettres; car tant que ladite veuve a apprehendé par autorité de Justice, & signifié à l'heritier ou ayans cause du trespassé qui luy auroit accordé ladite maison de douaire à son choix, comme dit est, elle ne peut avoir aucune jouissance, si ce n'estoit que par le traité de mariage lesdits conjoints y eussent maison assignée & convenancée : auquel cas ne seroit requis apprehender par autorité de Justice, ny avoir le consentement de l'heritier; mais on devra jouir incontinent après le trespas de son mary noble advenu, & si elle y estoit empeschée, pourroit poursuivre son droit qui seroit de chose certaine & limitée, par vertu des promesses, obligations : toutesfois la veuve d'un homme noble peut demander ladite maison de douaire coustumier, & le choisir quand il luy plaist tant qu'elle est vivante, comme les douairieres peuvent demander & apprehender leur droit coustumier; mais elle ne jouira que du jour en avant sa mise de fait, ou consentement de l'heritier, comme dit est.

Item, Par ladite Coustume, l'heritier & ayans cause d'un noble n'est tenu, s'il ne luy plaist, de remettre en estat suffisant la maison de douaire choisie par la veuve de son predecesseur pour plusieurs causes.

La premiere, pource que la veuve a choisi celle des maisons de sondit feu mary, qui mieux luy plaist, ne luy doit estre imputé si elle choisit maison où elle ne puisse faire son habitation & demeure.

Secundò, pour ce qu'elle n'est tenue de faire quelques reparations, ouvrages ou retenue à ladite maison par elle choisie, si premier l'heritier ne luy a livrée, retenue suffisamment de pel, torche & couverture; car si elle alloit du tout à ruine, si ne seroit tenue ladite douairiere d'y mettre rien, ny faire aucun entretien, si premier ne luy a esté livrée, réparée par l'heritier, comme dit est, & aussi le vieux plus au détriment & préjudice de l'heritier, qui pourroit perdre sa maison, que ladite douairiere qui n'y peut ne doit avoir sa demeure que sa vie durant.

La tierce cause pourquoy l'heritier ne doit estre contraint réparer, remettre sus ladite maison est, que ladite douairiere pourroit prendre & choisir vieil chasteau & maison forte & ruinée pour desir & appetit d'avoir nom de haute seigneurie, laquelle maison & chastel ainsi ruiné cousteroit à l'heritier grande & excessive somme à réparer & mettre en estat suffisant. Et si pourroit icelle veuve avoir pris meubles & dettes, & delaisser l'heritier sans avoir meubles ou argent, & chargé de l'accomplissement du testament de son predecesseur, & du relief de ses fiefs, terres, seigneuries & heritages, parquoy ne pourroit fournir à ladite réparation de maison de douaire, sans vendre ou charger grande partie de son heritage, qui ne seroit point chose raisonnable & soustenable, attendu que ladite veuve ne choisit ladite maison fort de sa pure & simple volonté; car elle peut choisir ailleurs, si bon luy semble, soit à la bonne ville ou plat pays.

Item, Si ladite veuve d'un homme noble avoit une maison non point à son choix, mais certaine maison à elle ordonnée par son feu mary au traité de son mariage, sans qu'elle puisse autre maison prendre, avoir, ny choisir hors part pour sa demeure, audit cas l'heritier seroit tenu de luy delivrer bien retenue pour sa demeure; & s'il y faut grande réparation, doit estre imputé au mary qu'icelle maison a ordonné de sa volonté sans contrainte.

Item, Qu'après qu'une femme noble sera mise en son douaire, l'heritier luy peut sommer & requerir, s'il luy plaist, qu'elle fasse partage & division des heritages sur lesquels elle prend & doit avoir la moitié des fruits & profits, à cause de sondit douaire.

Item, Qu'après cette requeste & sommation ladite veuve est tenue de faire deux parts desdits heritages sujets à son douaire, & en dedans quarante jours après ladite sommation, présenter & bailler audit heritier lesdits partages, & si elle est de le faire refusante, l'heritier ne la laissera ny souffrira jouir de son douaire après lesdits quarante jours passez, si elle ne baille lesdits partages, s'il ne luy plaist, si par le Juge ne luy est baillé plus long delay.

Item, Que ledit heritier a privilege par ladite Coustume de prendre & choisir laquelle part qu'il luy plaist desdits heritages sujets à douaire ainsi partis, laquelle part ainsi choisie par l'heritier demeure toute franche & dechargée de tout ledit douaire, & l'autre part demeure du tout & entierement à ladite veuve, pour & au lieu de son douaire.

Item, Si en la part qui demeure à ladite douairiere y a aucune maison de labourage, ou autres, ledit heritier n'est point tenu de les livrer, réparer, avant que la douairiere soit tenue d'y rien retenir & réparer; car ce ne a lieu qu'au regard de la maison que la douairiere femme d'un noble, doit avoir hors part pour sa demeure; car toutes les autres maisons, heritages & usines, dont les profits, par ladite Coustume, sont & doivent estre communs entre l'heritier & la douairiere, à cause de son douaire sa vie durant, se doivent retenir & mettre en estat de pel, torche & couverture aux depens communs desdits heritiers & douairieres, & aussi retiendra la douairiere, de pel, verge & couverture, comme à viager appartient, laquelle aura en sa part hormis la maison qu'elle aura prise & choisie pour maison de douaire hors part; laquelle maison de douaire elle ne sera tenue entretenir en aucune façon, s'il ne luy plaist, tant qu'elle luy aura esté livrée, entretenue & reparée de pel, torche & couverture; mais depuis qu'icelle maison aura esté livrée par l'heritier à la douairiere reparée elle sera tenue l'entretenir & rendre en tel estat à ses depens, & l'heritier retiendra pareillement ce qu'il aura à sa part par lesdits partages.

Item, Et combien que par ladite Coustume la veuve soit tenue de retenir les edifices qui sont en sa part, hormis ladite maison de douaire, de pel, torche & couverture; & s'il n'y avoit nul partage, fust tenue ladite veuve contribuer par moitié aux refections de pel, torche & couverture; & comme à viager appartient pour les heritages à son douaire sujets à quantité qu'elle y a, & doit avoir de profits à cause de son douaire, si est-il constant par ladite Coustume qu'icelle douairiere n'est en rien tenue des gros ouvrages, retenues, & reparations & grosses matieres, & des nouveaux ouvrages, mais seulement des reparations de pel, torche & couvertures, comme à viager appartient; & s'il y a deux douairieres sur lesdits heritages, chacune d'elle durant son vivant, contribuera ausdites reparations, de pel, torche & couverture, & quantité qu'elle aura & prendra par son droit de douaire des profits & revenus d'iceux heritages, & est icelle veuve, par ladite Coustume tenue de contribuer alencontre des heritiers aux reparations, refections & entretenemens des moulins, rayeres, cliers, pressoirs, & de tous engins & charnats mouvants & travaillans, & dont profit vient à l'heritier & à ladite veuve, & sans lesquelles refections faire elle ne pourroit prendre, ny percevoir sondit droit de douaire, sans toucher ausdits gros & nouveaux ouvrages, ny aussi aux gages des capitaines & gardes des forteresses, esquels elle n'est contribuable; mais demeurent en soy à la charge de l'heritier, comme dit est, mais est bien tel veuve avec l'heritier contribuable aux frais des procés qui se feront pour ce dont elle profite, à cause de sondit douaire, avec les reparations des maisons, censes, moulins, & choses dessusdites.

Item, En ce que dessus est dit, que l'heritier du défunt, après que la veuve se sera mise en son douaire, ou qu'il luy aura esté accordé par l'heritier, peut requerir partage des heritages où ladite veuve a & doit avoir ledit douaire coustumier, a lieu principalement entre nobles; car entre non nobles on n'a point accoustumé user de tels partages; & la raison pourquoy a lieu ledit partage plustost entre nobles qu'autres, peut estre que souvent ils ont plustost grandes seigneuries & possessions, & sont de grand estat & generation, parquoy eux & leurs hoirs ont plusieurs serviteurs & officiers, & pareillement leur veuves sont de grande generation, se peuvent remarier à plusieurs grands seigneurs, qui pareillement ont plusieurs officiers & serviteurs, par lesquels officiers & serviteurs si leurs terres se gouvernoient en commun, se pourroit soudre & encourir plusieurs debats & divisions, & pour eux obvier, afin qu'un chacun pust jouir seul & à part, & que leurs sujets n'ayent qu'à repondre à un seigneur a esté ordonné faire lesdits partages, si l'heritier le requiert, ou si la douairiere le veut faire sans requeste à sa plaisance ou pour son profit, faire le peut.

Item, Que la veuve d'un homme noble qui veut prendre & accepter les meubles & dettes demeurées du decès de sondit mary, elle ou son procureur pour elle suffisamment fondé, doit comparoir pardevant le Juge Royal & hommes de fiefs, & illec declarer qu'elle veut prendre & emprent pour elle, & à son profit singulier, & comme son droit, tous les biens meubles & dettes mobiliaires demeurez du decès de son feu mary, & qui au jour du trespas d'iceluy estoient communs & appartenans à sondit feu mary & à elle, & doit faire ladite declaration & acceptation de meubles & dettes en dedans quarante jours après le trespas de son feu mary, du moins dedans les quarante jours après qu'elle aura esté acertenée de la mort de sondit mary.

Item, Combien que la veuve d'un homme noble ait pris & apprehendé, & accepté lesdits biens meubles & dettes: toutesfois si son mary a fait aucuns dons & legs de ses biens, *in specie*, comme l'on diroit, de tel cheval à un tel, & de cette vaisselle à un tel: ces choses ainsi specifiées & declarées particulierement, ladite veuve seroit tenue de la delivrer au legataire ou donataire, puisqu'ils n'excederoient point la valeur de la moitié des meubles & dettes; mais les legs & dons faits *in genere* qui sont d'aucune somme d'argent ou autre chose qui ne seroit pris en espece, ladite veuve ne les payeroit point, mais seroit à payer aux heritiers.

Item, Par ladite Coustume est de necessité que si une femme veuve après le trespas de son mary veut renoncer aux biens meubles & dettes delaissez & demeurez du decès de son mary, & qui estoient communs entr'eux au jour dudit trespas, qu'elle fasse ladite renonciation en dedans les quarante jours, après le trespas de sondit mary.

Comment la veuve est tenue des dettes si elle n'a renoncé aux meubles & dettes dedans quarante jours, posé que depuis elle y ait renoncé.

Item, Que si ladite veuve ne renonce ausdits biens meubles en dedans lesdits quarante jours ensuivans le trespas de sondit mary, elle sera tenue payer la moitié des dettes qu'ils doivent au jour dudit trespas, posé au cas qu'après que lesdits quarante jours elle y eust renoncé; & en cas de renonciation il loist aux heritiers du mary les apprehender en payant les dettes.

Comment prescription par laps de temps n'a lieu sur droit de douaire.

Item, Par ladite Coustume, prescription par laps de temps de trente ans n'a & doit avoir lieu contre la veuve du trespassé, en tant que touche le douaire qu'elle a acquis par la conjonction du mariage d'entre son mary & elle ès heritages dont il estoit saisi & jouissant & possessant au jour de leurs nopces, & qui durant ladite conjonction luy sont escheus de ligne directe; parce que le droit de douaire gist en la faculté de ladite veuve de le prendre & apprehender par autorité de Justice, toutes & quantes fois que bon luy semblera, & en jouir du jour de ladite apprehension, & non devant.

Comment prescription n'a lieu contre les puisnez, pour le quint viager.

Item, Pareillement par ladite Coustume, prescription par laps de temps de trente ans ou plus, n'a lieu contre les enfans puisnez d'aucun trespassé touchant leur quint viager, qu'ils ont droit de prendre & percevoir quand bon leur semble par autorité de Justice alencontre de leurs aisnez ès fiefs de leurs predecesseurs ; parce que, comme dit est, le quint gist en la faculté desdits puisnez, quand bon leur semble, & en jouir du jour de ladite apprehension, & que ce n'est que provision de vivre à iceux puisnez que prend fin par leur trespas comme dit est.

Comment prescription n'a lieu sur faculté de rachapt de rentes.

Item, En ladite Coustume pareillement en toutes rentes qui sont en faculté de rachapt pour le constituant ou vendeur, ses hoirs ou ayans cause pour tousjours, ne peut & doit avoir lieu leur prescription de trente ans ou plus, mais peut bien ledit constituant ou vendeur pour luy ou ses hoirs, rembourser lesdites rentes quand bon leur semble selon les convenances des parties, & ladite faculté qui ne gist en prescription.

Les Baillistres des mineurs.

Item, Par ladite Coustume quand de deux personnes nobles conjoints par mariage, l'un d'iceux va de vie à trespas & delaisse un enfant ou plusieurs, sous aage & en minorité, le pere & la mere, ayeul ou ayeule survivant en peuvent prendre le bail & gouvernement & administration desdits enfans, lequel baillistre doit prendre & avoir à son profit les meubles desdits enfans à eux escheus & qui leur escheront durant le temps dudit bail, & si fait les fruits siens des terres, seigneuries & heritages desdits enfans tenus en fief, & n'est tenu leur en rendre compte, mais est tenu nourrir & entretenir lesdits enfans bien & suffisamment selon leur estat & jusqu'à ce qu'ils soient en aage ; ains à entretenir leurs heritages en bon & suffisant estat, & rendre lesdits enfans quittes, indemnes & dechargez de toutes debtes mobiliaires, & leursdits heritages bien entretenus ; & quand aux censives, droit de bail ne doit avoir lieu, mais doivent lesdites censives estre gouvernez par ledit baillistre ou autre tuteur & curateur ordonné par Justice, lesquels ne font les fruits desdites censives leurs, mais sont tenus en rendre compte ausdits mineurs venus en aage.

Les plus prochains preferez audit bail.

Item, S'il n'y a pere, mere, ayeul ou ayeule, les plus prochains des enfans sont preferez audit bail, & s'ils sont plusieurs en un mesme degré pretendant avoir ledit bail, celuy d'eux qui sera apparent à succeder ausdits mineurs ès fiefs seroit preferé aux autres.

Comment le Baillistre doit au seigneur le revenu d'une année.

Item, Par ladite Coustume le baillistre doit au seigneur feodal pour l'emprise dudit bail droit de relief de bail, tel que dessus est dit en matiere de fief, qui est le revenu d'un an, ou une somme d'argent, ou le dire d'experts au choix du seigneur ou ses officiers.

Item, Que si la mere des mineurs ou aucune femme parente desdits mineurs a empris ledit bail & payé son relief au seigneur, & depuis se remarie & convole en secondes nopces ou plusieurs, le mary selon l'opinion de vingt-quatre desdits deputez desdits Estats, devroit nouveau relief de bail pour autant de fois qu'elle se remariroit, & autres trente desdits deputez, & principalement des Conseillers dudit Peronne, sont d'advis, attendu que ledit bail n'a lieu que durant la minorité desdits enfans, qu'il n'est deu autres nouveaux droits de relief, & doit en avoir baillé advis en aucun cas : pourquoy ledit article ne se peut accorder & est mis en l'ordonnance du Roy & de messieurs les Commissaires sur ce par luy deputez.

Item, Pour deuement emprendre ledit bail, est de necessité comparoir pardevant Juge competant en personne ou par procureur suffisamment fondé pour estre à ce admis & receu, & en prendre lettres.

Item, Que celuy qui veut emprendre ledit bail n'est tenu bailler caution, si ce n'est que le Juge pardevant lequel il voudroit emprendre ledit bail, connust ou fust deuement informé qu'il fust insolvent, auquel cas ne le devroit recevoir sans bailler ladite caution, & aussi si mal usoit des biens depuis ladite emprise en dissipant les biens sans payer les debtes & entretenir les enfans en leurs heritages, & qu'il ne fust suffisant pour y satisfaire, en ce cas y pourroit estre pourveu par Justice à la requeste du Procureur du Roy ou des autres amis desdits enfans par la maniere que l'on verroit estre à faire par raison.

Item, Qu'à cause dudit bail ladite veuve à & doit avoir, & pareillement tous autres qui ont le bail d'enfans mineurs d'ans la caution, garde, gouvernement & administration desdits mineurs & de tous leursdits heritages, prend & acquiert à son profit du tout entierement par le moyen dudit bail, tous les biens meubles & debtes mobiliaires quelconques, qu'auroient & ont lesdits mineurs au jour dudit bail, & qui durant iceluy leur escheront, avec ce à reprendre à son profit singulier tous les revenus, profits & emolumens des heritages desdits mineurs, durant leur minorité ; & pareillement tous autres baillistres, sauf & reservé des censives comme dessus est dit.

Item, Que ledit bail a tousjours lieu comme dit est durant la minorité desdits enfans, lesquels enfans sont tenus & reputez mineurs ; c'est à sçavoir les masles jusqu'à ce qu'ils ayent quatorze ans complets, attendant le quinziesme, & les femelles jusqu'à ce qu'elles ayent douze ans complets, attendant le treiziesme ; & lorsque lesdits enfans ont ledit aage sont reputez aagez, & est le bail finy, sans qu'il soit de necessité les faire emanciper par autorité de Justice ny autrement.

Item, Par ladite Coustume celuy qui a pris ledit bail est tenu de garder, gouverner, vestir, chausser, entretenir & faire apprendre & instruire lesdits mineurs selon leur estat du tout à ses depens durant leur minorité, & avec ce est tenu d'acquitter lesdits mineurs & chacun d'eux de toutes debtes mobiliaires & de ce les rendre quittes, indemnes & dechargez, lorsqu'ils auront leur aage tel que dessus est declaré, & même de retenir bien & suffisamment toutes les maisons usaines & autres édifices appartenans ausdits mineurs de toutes choses, & de ce les leur delivrer bien retenu & en bon & suffisant estat lorsqu'ils seront hors de minorité & en aage tel que dessus est declaré : & ne suffit que celuy qui a ledit bail retienne les heritages comme à viager, appartient de pel, torche & couverture, mais est tenu d'entretenir & rendre tous les édifices desdits mineurs entretenus de toutes reparations & qui sont à faire tant à l'heritier comme à viager, & ainsi d'autres baillistres.

Item, Si la femme qui a pris le bail desdits enfans est mariée ou se marie durant iceluy, son mary jouira à cause d'elle dudit bail par telle maniere que dessus est declarée, & aussi sera tenu de fournir & livrer ausdits mineurs toutes les choses dessusdites.

Item, Quant au bail des enfans mineurs après le trespas de leur pere ou mere, celuy des pere ou mere qui est survivant d'eux doit estre preferé de prendre le bail des enfans, si prendre le veut, & s'ils n'ont pere ou mere pour emprendre le bail, & ayent ayeul ou ayeule ou autre en ligne directe, ils sont preferez aux freres & sœurs qui sont de ligne collaterale, & s'il n'y a aucun de ligne directe & il y a freres & sœurs aagez suffisamment, ils seront receus au bail ; & si tous les freres & sœurs sont mineurs & dessous aage qui ne sont point habiles à emprendre ledit bail & gouvernement des mineurs & de leurs biens,

& qu'il n'y ayt freres ou sœurs, les oncles, cousins germains ou autres plus prochains parens pourront emprendre ledit bail, & devra estre preferé celuy de ligne collaterale qui est le plus apparent heritier desdits mineurs, & qui leur devroit succeeder s'ils alloient de vie à trespas, & s'il y avoit deux oncle ou cousin tout d'un mesme degré de lignage tout d'un costé pretendant ledit bail, y seroit preferé s'il estoit de bon entendement pour ce que ès fiefs il seroit le plus habile à succeder & qu'il fust solvent, car s'il n'étoit solvent, le Juge ne le devroit recevoir audit bail sans bailler caution suffisante.

Item, Si deux oncles ou cousins en pareil degré en ligne collaterale, estoit l'un de par pere, & l'autre de par mere, un chacun d'eux seroit receu audit bail & seroit advisé par les parens ou par le Juge, lequel auroit la garde ou la conduite de ses enfans, & pour quelle portion chacun de ces baillistres devroient contribuer pour leurs entretiennemens & conduite, & auroit chacun d'eux le gouvernement & profits des heritages venans de son costé; & aussi seroient tenus chacun d'acquitter & entretenir tout ce qui seroit deu de par son costé, rendre en bon & suffisant estat ledit bail finy tous les édifices qu'ils auroient dudit costé, arbitrer quelle portion chacun d'eux payeroit pour l'entretenement desdits mineurs & des debtes mobiliaires, & quelle portion chacun devroit avoir des biens que lesdits mineurs auront ou leur escherront de ligne collaterale constant ledit bail, le Juge les parties ouyes sommairement & de plein droit pourroit & devroit appointer.

Item, Si la mere veut emprendre le bail de ses enfans mineurs, elle peut si bon luy semble empreudre la garde selon la forme que dessus pour emprendre le bail, mais elle doit requerir que par Justice les biens meubles desdits mineurs luy soient baillez & delivrez par inventaire & par prisée, & ne seroient point les fruits desdits mineurs siens, mais sera tenue en rendre compte ausdits mineurs eux venus en aage, avec leurs biens meubles & debtes; & si elle se remarie durant icelle minorité, elle perdroit icelle garde, & seroit tenue de rendre compte du temps precedent; mais si bon luy semble elle pourroit lors prendre le bail desdits mineurs, & faire les fruits de leurs heritages siens, & avoir tous les meubles ou charges en la maniere dessusdite.

Item, Que si la veuve d'un noble n'estoit point noble de soy, ny extraite de noble generation, si doit elle jouir & posseder de tous privileges & prerogatives que son mary avoit en son vivant, & que la femme d'un noble peut & doit avoir, car la femme prend à cause & par le moyen de son mary les noblesses, privileges & prerogatives dont il jouissoit en son vivant, comme declaré est plus à plein cy-dessus.

Item, Mais si une femme noble de par pere ou de par mere, espouse un homme qui ne soit point noble, ladite femme veuve du non noble ne jouira point des privileges de noblesse en ce qui regarde le fait de son mary, ny en ce qui depend de luy, & regarde la personne, car elle ne pourra avoir maison hors part pour sa demeure, si par le traicté de mariage ne luy est accordé; & aussi ne pourroit prendre meubles & debtes, ny avoir ledit bail de ses enfans; mais ladite veuve en ce qui ne concerne, touche, ne regarde le fait de son mary, devra durant sa viduité à cause de sa noblesse, & qu'elle est de noble ligne, jouir du privilege de noblesse.

Item, Que les tuteurs des enfans mineurs d'avec ceux qui prennent seulement la garde desdits enfans & de leurs biens, sont tenus de rendre compte & reliqua de leur entremise, & ne peuvent vendre ny aliener les biens desdits mineurs, si ce n'est par autorité de Justice.

Auquel temps enfans sont aagez.

Item, Par ladite Coustume, lesdits tuteurs ou ayans la garde noble desdits enfans ne doivent plein relief ausdits mineurs, appartenant de ligne directe au seigneur dont ils sont tenus & mouvans, mais seulement chambellage; mais si c'estoit fiefs en ligne collaterale, devroient le revenu de l'année, ou tel droit que lesdits mineurs venus en aage pourroient devoir audit seigneur.

Item, Par ladite Coustume, un enfant masle est reputé aagé de quatorze ans complets, en attendant le quinziesme; & la fille à douze ans complets, en attendant le treiziesme semblablement, & par ce habiles à contracter ès choses à eux utiles & profitables, & à leur honneur, & non ès choses qui leur seroient dommageables & prejudiciables, tendant à fin de vendre & dissiper leurs biens, heritages & revenus induement à vil prix & sans necessité, si ce n'estoit par autorité de Juge competant, appellez à ce aucuns leurs parens & amis, & pour subvenir à leur necessité; ou s'ils n'ont atteint l'aage de vingt-cinq ans introduit de droit aux mineurs pour contracter.

Item, Par ladite Coustume enfans mineurs venus en aage, ne sont tenus faire nouveau relief au seigneur de leursdits fiefs, puisque le tuteur d'iceux mineurs ou le baillistre les auroit une fois relevé pour eux, ny semblablement à bailler nouveau denombrement si lesdits tuteurs ou baillistres l'ont baillé, comme dessus est dit, & ne peut ledit seigneur contraindre lesdits enfans venus en aage, sinon à luy faire hommage & service de plaids, ou autre service selon le deu & devoir de son fief.

Matieres de Criées & adjudication par decret d'aucuns heritages.

Item, Par ladite Coustume, les heritages vendus, criez & adjugez par decret, par les lettres de decret & adjudication d'icelle faite par le Juge, s'en fait dessaisine & saisine contre l'obligé & debteur.

Item, Que pour deuement proceder aux executions, criées, subhastations & adjudications de dons d'heritages est de necessité, qu'en vertu de la commission executoire du Juge competant, le sergent executeur d'icelle se transporte pardevant & à la personne de l'obligé ou à son vray domicile, ou à son domicile esleu si aucun en a esleu par les lettres obligatoires, & illec faire commandement audit obligé s'il se trouve, ou à son domicile en parlant aux demourans en iceluy si aucun y a, sinon aux plus prochains voisins de payer ou namptir le deu contenu en sa commission, & en cas de refus ou delay, que ledit sergent fasse son devoir de trouver des biens meubles dudit obligé audit domicile, si aucuns y en a, pour fournir à son execution; & là où il n'en trouveroit suffisans & valables pour luy satisfaire, ou qu'il ne luy en sera administré par ledit obligé ou ceux ausquels il s'adressera, en son absence, peut ledit sergent prendre en la main de Justice par execution en defaut de biens meubles, les heritages & immeubles dudit obligé, & luy signifier parlant à sa personne ou à son domicile ladite execution & prise d'heritage, en luy declarant que s'il ne fait satisfaction du deu, il procedera aux criées & subhastations par decret desdits heritages, & de son exploit faire relation par escrit.

Item, Que ledit crediteur peut & doit incontinent sur ladite commission & execution obtenir du Juge autre commission iterative pour faire lesdites criées, en vertu de laquelle ledit sergent ou autre sur ce requis, pourra mettre en criées & subhastation ledit heritage obtenu; lesquelles criées se doivent faire, si c'est par commission de Juge Royal, par quatre quinzaines continues ensuivant le plaids, c'est-à-dire, le

Jeudy, à la Croix au bled dudit Peronne à l'heure de douze heures & de marché, après en la plus prochaine ville de Brecheque du lieu où lesdits heritages sont assis, si aucun en y a plus prochain dudit Peronne, en jour de marché d'icelle ville de Brecheque à l'heure accoustumée, & faire criées & publications, & au devant de l'Eglise paroissiale de la paroisse où lesdits heritages sont situez, en jour de Dimanche à l'heure de la Messe paroissiale de ladite Eglise y chantée ensuivant ledit Jeudy; & si c'est que lesdites criées se fassent par commission d'autre Juge que Royal, suffit icelles estre faites par quatre quinzaines comme dit est, en jour de marché ou de plaids de la seigneurie, à l'heure de marché & desdits plaids, & en Dimanche au devant de l'Eglise paroissiale, comme dessus est dit.

Item, Que lesdites criées faites & parfaites, le sergent doit signifier son exploit en la presence de deux tesmoings à la personne de l'obligé ou à son domicile esleu, si aucun y en a; car s'il n'y avoit domicile esleu par exprès par lettres obligatoires, il faudroit faire ladite signification à sa personne, & ne suffiroit faite à son vray domicile où il est demeurant, sans parler à la personne, & n'est tenu le creancier poursuivant lesdites criées, ni celuy qui a acheté les heritages criez & subhastez ou à qui ils sont adjugez par decret, faire signifier lesdites criées aux autres creanciers ayant droit d'hypotheque sur lesdits heritages, ny de faire signification à l'obligé de chacune criée ou mise à prix; mais suffit de ladite signification par la maniere dite après lesdites quatre criées faites & parfaites.

Item, Que lesdites criées faites & parfaites en la maniere dessusdite, & la signification d'icelle faite à la personne de l'obligé ou domicile esleu, le Juge peut valablement proceder à l'adjudication de decret desdits heritages, en jugement aux plaids du Juge d'iceluy decret au profit du plus offrant & dernier encherisseur, pourveu que toutes les oppositions, si aucunes y en a, soient prealablement decidées.

Item, Que par les lettres & adjudications du decret desdits heritages, est mandé ou commis par le Juge au sergent de faire commandement au seigneur dont lesdits heritages sont tenus & mouvans, leurs baillistres, gardes de Justice & officiers, qu'ils baillent saisine desdits heritages à celuy auquel ils auroient esté adjugez, en les payant de leurs droits seigneuriaux raisonnables, si ce n'est que plus a donné avant ladite saisine bailler, car par ladite Coustume on est receu à rencherir lesdits heritages jusqu'à ladite saisine au dernier encherisseur ou son command, en faisant payer les droits seigneuriaux.

Item, Par ladite Coustume, qui ne s'oppose ausdites criées après icelles faites & le decret passé & adjugé, il n'est plus recevable ny à demander son droit sur lesdits heritages ny sur l'achepteur d'iceux.

Item, Si lesdites criées des heritages se font à la charge de rentes anciennes ou autres, les rentiers ne sont sujets, si bon leur semble, à eux opposer ausdites criées & decret pour la conservation de leursdites rentes, car le Juge le reglera selon lesdites criées, en faisant l'adjudication dudit decret, & l'adjugera à la charge desdites rentes; mais s'il estoit deu ausdits rentiers, aucuns arrerages escheus auparavant lesdites criées, ils seroient tenus eux opposer à icelles criées pour avoir payement desdits arrerages, ou autrement ils la perdroient.

Item, En vente & criée de bled & ablaids verds pris par execution, ne faut que deux criées par la maniere dite, ny semblablement ès heritages qui sont decretez pour les deniers du Roy, parce qu'ils sont privilegiez.

Item, Qu'en matiere de criées & de decret en vendant, les oppositions sur ce baillées, les rentes anciennes & foncieres precedent & sont preferez, & après les hypotheques, si aucunes y a, l'une après l'autre selon les dattes des exploits desdites hypotheques, & consequemment viennent à contribution les obligations faites, tous fiefs authentiques non nampties ny hypothequez selon les dattes l'une après l'autre, si les deniers peuvent satisfaire, sur lesquels se prendront prealablement les frais & mises dudit decret, & si le decret se fait à la requeste d'un des crediteurs pour somme de deniers pour une fois, il doit preceder les autres obligations personnelles & contribuer après les charges & rentes foncieres & hypotheques.

Matiere de complainte en cas de saisine & de nouvelleté.

Item, Par ladite Coustume, quiconque a jouy & possessé paisiblement *non vi, non clam, non precario*, d'aucun heritage ou droit réel un an entier, & après l'an revolu il est troublé & empesché en sadite possession, il luy loist en dedans l'an & jour du trouble intenter complainte en cas de saisine & nouvelleté à l'encontre de celuy ou ceux qui luy ont fait & donné ledit trouble & empeschement, & en cas d'opposition la chose contentieuse sera prise & mise en la main de Justice pour le debat des parties, & sont icelles regies & gouvernées pendant procès, & jusqu'à ce qu'autrement en soit appointé par Justice, & si le complaignant fait apparoir suffisamment de sa possession paisible d'un an & jour avant le trouble à luy fait, il sera maintenu & gardé de par le Roy en sadite possession & saisine; toutesfois si la partie acquiesce au possessoire & qu'il obtienne en diffinitive, ledit complaignant ayant esté maintenu en sa possession sera tenu rendre & restituer les fruits en ce qu'il aura profité nonobstant ladite maintenue.

Item, Que le complaignant doit en dedans an & jour du trouble à luy fait, commencer & intenter sa complainte, & pour ce faire obtenir commission de Juge competant, & en vertu d'icelle faire adjourner ses parties adverses au devant & assez près des heritages contentieux ou de l'une des pieces, si plusieurs y en a contentieuses, & illec pardevant le sergent executeur de la commission, Juge referendaire en cette partie, a fait en personne ou par procureur les possessions & saisine; & si la partie ne compare, requerir & obtenir defaut à tel profit que par ledit sergent il doit estre & sera maintenu & gardé en sadite possession par autorité de Justice.

Item, Que nonobstant ledit premier defaut sur la relation par escrit du sergent, il est requis pour continuer la complainte obtenir commission sur le profit dudit defaut qui se doit executer en la maniere dessusdite, & consequemment troisiesme commission, & sur le profit de deux defauts si la partie ne compare audit second adjournement lequel troisiesme adjournement se fait par intimation, ou la partie ne comparoistra ou procureur pour elle, par vertu desdits trois deffauts le sergent maintiendra ledit complaignant en ses possessions & contraindra & de fait les ayant fait ledit trouble à tout reparer, amender & mettre au premier estat & deu, sans qu'il soit requis pour le decret du Juge.

Item, Si à l'une desdites assignations faites au devant des lieux contentieux, comme dit est, la partie compare & se veut opposer, le sergent en la presence maintiendra ledit complaignant en sa possession & saisine, prendra & mettra la chose contentieuse en la main de Justice, en commettant au gouvernement gens idoines & suffisans qui en puissent & sçachent rendre bon compte & reliqua en temps deu, & contraindra ceux qui ont fait ledit trouble & empeschement & de fait, à restablir, reparer & mettre en la main de Justice, & du moins sera tenu de restablir par signe, en promettant restablir par effet si avant qu'il sera ordonné par le Juge, & ce fait ledit sergent assignera jour aux parties pour proceder sur ladite opposition, comme dit est.

Item, Semblablement si à l'une des assignations la partie adjournée compare & ne s'oppose à l'exploit, en ce cas la partie complaignante sera maintenue & gardée en sadite possession & saisine par ledit sergent.

Item, Qu'au jour assigné après les exploits de complainte, ramené & fait, & devant que les opposans soient receus à estre guarentis, ni aucune chose proposer ny alleguer, le Juge decernera sa commission pour soy informer desdits troubles & empeschement; & ladite information faite & rapportée, veue & visitée par le Juge, ledit Juge appointera & ordonnera dudit restablissement par la maniere qu'il veut estre à faire par raison; lequel appointement l'opposant sera tenu fournir, nonobstant opposition & appellation, & s'executera avant que proceder en la cause.

De ratification de Lettres & hypotheques.

Item, Que le crediteur ayant seureté par hypotheque de son deu sur les heritages de l'obligé, & depuis si lesdits heritages sont vendus & transportez en autruy main, iceluy crediteur ne peut proceder par voye d'execution pour sondit deu sur les heritages à luy hypothequez, jusqu'à ce que le nouveau proprietaire aura ratifié ledit hypotheque.

Item, Que si un obligé ayant aucun heritage, qui par commission ou main assise ou hypotheque, n'est affecté envers les creanciers pour les debtes en quoy le debteur est obligé, tel debteur peut licitement vendre ceder & transporter en autruy main sondit heritage, si bon luy semble, sans que lesdits creanciers n'en ayant hypotheque sur lesdits heritages, puissent pour leursdits hypotheques poursuivre ny faire execution contre les detempteurs & possesseurs d'iceux heritages, qui les auroit par don, achapt, ou transport, moyennant que des heritages qui seront à l'obligé de ligne & de propre, il s'en fust dessaisi paravant lesdites poursuites & executions pardevant les seigneurs dont ils sont tenus, ou ses officiers.

Comment Exploits de Justice ne sont valables sur heritages dont on s'est dessaisi.

Item, Que si aucuns se sont dessaisis de leurs heritages de ligne pardevant le seigneur dont ils sont tenus & mouvans, ou ses officiers, ou qu'ils ayent fait don, transport, ou alienation de leurs acquests, supposé qu'il n'y ait dessaisine faite; ceux qui se sont dessaisis desdits heritages de ligne, ou qui ont fait lesdites donations, alienations d'acquests, soit qu'il y ait dessaisine & alienations pour les debtes non hypothequées sur lesdits heritages auparavant, icelles dessaisines & donations ne sont de valeur ou effet.

Que le detempteur d'heritages est poursuivable pour les rentes & arrerages in solidum, *& sans discussion.*

Item, Que le proprietaire & possesseur d'aucuns heritages qui est poursuivy & mis en cause pardevant Justice, pour les cens, rentes & redevances dont lesdits heritages sont redevables envers autruy, par hypotheque ou autrement, & est tenu & sujet depuis qu'il est mis en cause, s'il n'estoit guarenti par autruy de répondre à la demande de celuy qui fait ladite poursuite, & continuer & entretenir la cause jusques en definitive d'absolution ou condamnation, nonobstant que ladite poursuite encommencée, ledit proprietaire vend & aliene ledit heritage, ou que le possesseur à titre de louage se deporte de l'occupation dudit heritage, sans que le demandeur soit tenu de recommencer nouvelles poursuites, une ou plusieurs contre lesdits nouveaux acheteurs ou possesseurs.

Usages & Stils.

Item, Que les usages & stiles des Cours & Auditoires desdites Gouvernance & Prevosté de Peronne en matiere de nouvelleté, en cas d'appel, & en cas d'execution par un congé & défaut obtenu devant litisconrestation faite en cause, la partie adjournée en vertu d'un seul defaut perd sa cause, & emporte ledit comparant guain de sa cause s'il le requiert.

Item, Par lesdits usages & stiles en apprehension de nouvelle succession & hoirie, ou delegation, ou donation faite par testament des biens & heritages d'un trespassé, semblablement en matiere de douaire, quand les mises de fait & apprehension sont faites en dedans l'an & jour du trespas du défunt, un seul défaut avant litisconrestation faite en cause, maintenue & guain de cause pour l'impetrant, & pareillement un congé obtenu contre luy avant litisconrestation en cause, emporte main-levée en guain de cause à l'opposant & défendeur.

Item, Si une personne est adjournée, & est mise en trois défauts, dont l'un comprend sa personne, elle est vraye contumace, & deboute de tous declinatoires; mais neantmoins le demandeur n'emporte point guain de cause, mais faut qu'il prenne suffisamment son fait pour venir à son intention, si ce n'estoit qu'il eust conclud par serment, ou que la matiere y fust disposée, auquel cas il seroit par vertu desdits trois défauts receu en l'absence de partie & affirmée sa demande, & selon icelle avoir condamnation du principal & despens.

Item, Que sur despens par deux défauts, l'on obtient contumace contre sa partie à tel profit que les despens se doivent taxer par le Juge.

Item, En cas de garand suffit obtenir deux défauts, le second par intimation contre sa partie appellée audit cas de garand, pour par vertu d'iceux avoir action de recouvrer tel que de raison.

Item, Par lesdits usages & stiles, quand aucun demandeur en faisant sa demande se vente ou articule des lettres ou autres instrumens, il est tenu en faire apparoir avant litisconrestation faite en cause, si profiter en veut, & si requis en est par sa partie défenderesse; & s'il ne le fait, lesdites lettres ne luy peuvent valoir ny profiter là où ledit défendeur proteste qu'ainsi soit.

Item, Que par lesdits usages & stiles, quand question se meut entre partie, & l'opposant requiert avoir main-levée & recreue de la chose contentieuse pendant procès, il convient & est de nécessité à ce valablement receu, & qu'il y puisse parvenir, qu'il soit de ce deuement trouvé possesseur, & en avoir jouy paisiblement, & sans inquiétation an & jour, il n'est & ne doit estre recevable à demander & maintenir ladite main-levée.

Item, Par lesdits usages & stiles, veues, égousts & enclaves n'acquierent point de saisine quelque temps que l'on ait jouy d'iceux droits; car l'on ne peut avoir autre issue, veues, égousts sur autruy sans titres.

Item, Quand un obligé a consenty namptissement estre fait sur ses heritages, & ledit namptissement n'est fait durant la vie dudit obligé, ledit namptissement ne se peut plus faire après son trespas, si les heritiers ne le consentent; car supposé que les heritiers soient contraints par Justice à ratifier lesdites lettres obligatoires, si ne sera qu'entant que touche ladite obligation & promesse faite par l'obligé leur predecesseur, qui n'est que personnelle.

Item, Par ladite Coustume, ceux qui sont obligez & tenus à autruy par cedule signée de leurs mains, & sont adjournez pardevant le Juge pour reconnoistre les seings manuels ou le nier, ils sont tenus le faire au lieu où ils sont adjournez avant qu'aucun renvoy se fasse; mais combien qu'ils reconnoissent leursdits seings, ne sont après ladite reconnoissance tenus par ladite Coustume guarentir la main des sommes contenues esdites cedules.

Item, Pour faire veues d'heritage tenues en censive, il est de necessité montrer chacun champ après dont il est question; mais de fiefs ne faut montrer qu'aucunes parties d'iceux pour tout le residu du fief, si bon ne luy semble.

Item, En une mise de fait pareillement en censel, faut aller sur tous les lieux dont est question, & en fief ne faut aller, si bon ne luy semble, que sur une partie & membre d'iceluy, pour tout ledit fief.

Item, Par ladite Coustume generale desdites Gouvernance & Prevosté de Peronne, une obligation de somme ou chose pour une fois vingt ans après les termes passez & escheus, n'est plus executoire; mais gist seulement en action jusqu'à trente ans complets du dernier terme escheu.

Item, Qu'a un fait de Court ou reconnoissance, il n'est executoire dix ans après les termes passez & escheus.

Item, Par lesdites Coustumes, usages & stiles après litiscontestation en cause, le défaut ou congé obtenu par l'une des parties, n'emporte refusion des despens que pour une journée seulement.

Coustumes non escrites.

L'homme & la femme conjoints par mariage sont communs en tous biens meubles & acquests, & ne peuvent par testament disposer que de leur moitié seulement; il en a esté deposé pour le seigneur de Memencourt, contre le seigneur de Cugny. Tous dons singuliers faits à personnes non habiles à succeder aux donateurs sont reputez acquests. Laurent Cailler, Claude Lassart & autres, contre la veuve Polus.

Toutes saisines de fiefs tiennent tant que les droits & devoirs sont faits.

Pour deuement faire une saisie de terres feodales ou censuelles paravant l'homologation ou coustume estoit necessaire qu'elle fust faite en la presence de deux hommes tenant de la seigneurie dont lesdites terres sont mouvantes, ou en leur défaut de deux hommes tenant du seigneur; ainsi en a esté deposé en turbes le dix-septiesme Juillet mil cinq cens soixante-dix, pour Souplix *Ouarquier*, contre le sieur . . . . . demandeur.

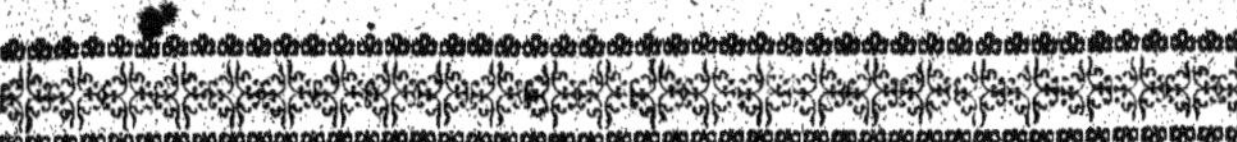

TABLE DES SOMMAIRES
DES ANCIENNES COUTUMES
DE PERONNE.

Pour

COUTUMES 1567.

DU GOUVERNEMENT DE PERONNE, MONTDIDIER, ET ROYE a:

Mises & redigées par escrit, en presence des Gens des trois Estats dudit Gouvernement, par nous Christofle de Thou, Chevalier, premier President en la Cour de Parlement, & Conseiller du Roy en son Privé Conseil, Barthelemy Faye & Jaques Viole, Conseillers dudit Seigneur en ladite Cour de Parlement, & Commissaires par luy ordonnez.

Des Droits appartenans aux Hauts, Moyens & Bas Justiciers.

ARTICLE PREMIER.

Pour droits seigneuriaux peuvent les sujets estre distraits hors du gouvernement, & non autrement.

LES seigneurs hauts-Justiciers, ayans les chefs lieux de leurs seigneuries situez hors ledit gouvernement (b), ne peuvent distraire ne tirer en cause en leursdites seigneuries leurs subjets, vassaux & tenanciers demourans audit gouvernement : Si ce n'est pour les droits & devoits seigneuriaux, feodaux, ou censuels de ladite seigneurie.

Le haut justicier a droit de confiscation. Exception en crime de leze-Majesté.

II. Nul n'a droit de confiscation, s'il n'est haut-justicier : lequel haut-justicier confisque tous les biens du condamné, qui sont en sa terre & justice, encores qu'il n'ait fait faire le procès dudit condamné, sinon que la condamnation fust pour crime de leze majesté humaine.

Charges de haut-justicier, qui prend la confiscation.

III. Et en prenant ladite confiscation, ledit haut justicier est tenu de rembourser les fraiz du procès. Et doivent les debtes du condamné estre premierement payées.

A qui appartiennent les biens des bastards.

IV. Les seigneurs hauts justiciers sont heritiers des bastards demeurans en leursdites seigneuries, decedez intestats & sans enfans legitimes de leurs corps, en tous biens meubles. Et aussi aux immeubles estans en leurdite seigneurie. Et s'il y a autres immeubles, appartiennent au haut justicier, en la seigneurie duquel ils sont situez & assis : à la charge de payer les debtes, obseques & funerailles, & accomplir le testament, chacun pour telle part & portion qu'ils prennent esdits biens.

V. Peuvent lesdits bastards disposer par testament de tous & chacuns leurs biens.

VI. Les enfans des bastards nez en loyal mariage leur succedent.

De la succession des aubains.

VII. Le Roy succede aux aubains, s'ils n'ont obtenu lettres de naturalité : Toutesfois si lesdits aubains ont enfans legitimes, nez au Royaume, & y demeurans, lesdits enfans leur succedent : encores que lesdits enfans n'ayent obtenu lesdites lettres.

VIII. Lesdits aubains ne peuvent, sans lesdites

---

a PERONE, MONTDIDIER & ROYE. *Adhuc hodie* à Peronne, Montdidier & Roye, *ubi non est homologata consuetudo, servatur quod representatio cessat, etiam in directa.* Molin. in antiq consuet. Paris. art. 133. sub. fin. J. M. R.

AUTEURS qui ont donné des Notes ou Comment. sur cette Coutume.

Il y a des notes, additions & observations sur cette Coutume d'un Auteur anonyme, imprimées à Paris l'an 1621.

Commentaires sur les Coutumes du Gouvernement de Peronne, Montdidier & Roye, par Mᵉ Claude le Caron Avocat. C'est un ouvrage posthume publié en 1660. & l'on peut présumer que les notes imprimées en 1621. dont M. Brodeau ne connoissoit point l'Auteur, étoient du même le Caron ; puisque ces notes se trouvent reprises à peu près en mêmes termes dans son Commentaire. C. B. R.

Il est parlé de la Coutume de Peronne au chapitre *Constitutus 8. extra de in integrum restitut.* Vide *not. infra.* art. 138. J. B.

b ART. 1. *Voyez* art. 83. ci-après.

lettres de naturalité, tester de leurs biens, si ce n'est au profit de leursdits enfans nez au Royaume, & y demeurans.

Des biens vacans par desherence.

IX. Les biens vacans d'un trespassé à faute d'apparant heritier legitime, habile à luy succeder, appartiennent au seigneur haut justicier. Assavoir les immeubles au seigneur du lieu où ils sont assis, & les meubles (a) au seigneur du lieu où ledit defunct avoit son domicile : à la charge de payer les debtes, obseques & funerailles, jusques à la concurrence de la valeur desdits biens, qu'il sera tenu prendre par inventaire & prisée.

Amende contre celui qui met bêtes étrangeres en pâturage public.

X. Celuy qui tient en sa maison plus haut d'une nuit bestes estranges, & qui ne luy appartiennent, & les met paistre au pasturage public, sans le congé du seigneur ou de ses officiers, il chet en amende de soixante sols parisis.

Amende contre celui qui dans le mois ne fait reboucher puits à Marne.

XI. Celuy qui fait faire puy à marne, mesmement en lieu de passage, est tenu le remplir & restoupper bien & deuement, dedans un mois après l'ouverture commencée, & faire ensorte qu'il n'en advienne aucun inconvenient, à peine de l'amende de soixante sols parisis, & l'interest de la partie qui a eu dommage.

De la maniere de separer les recoltes des pieces de terres voisines.

XII. Laboureurs ayans champs & pieces de terre contigues l'une de l'autre, chargées de bleds, ou autres grains, sont tenuz en la moyson de les desranger & separer d'avec leurs voisins, & avant la despouille, pour eviter entreprinse & querelle, à peine de l'amende contre les contrevenans, refusans ou delayans, ayans esté interpellez de ce faire.

Jusqu'à quelle somme sont crus les sergens de prise de gens & de bêtes en dommage.

XIII. Tous sergens de hauts justiciers sont creuz à leur relation de prinses de gens & bestes qu'ils trouvent en dommage, ès bois, prez, vignes, jardins & ablays d'autruy, jusques à trente deux sols parisis, ayans avec eux un recordz & sans recordz jusques à huict solz parisis : Si ce n'est que la partie veuille maintenir & faire preuve au contraire de ladite relation.

Du moulin bannal.

XIV. En la prevosté de Peronne si le sujet à moulin bannyer (b), fait moudre son grain en autre moulin, sans le congé du seigneur ou de son fermier, il eschet pour chacune fois en l'amende de soixante solz parisis envers ledit seigneur. Et s'il est surprins sur le fait dedans le ban, les sacz & farines sont confisquez audit seigneur : Sinon que le moulin ait cessé par faute d'eau, ou de vent : ou pour ouvrage & refection d'iceluy, par l'espace de vingt-quatre heures. Esquels cas peuvent lesdits subjets, après les vingt-quatre heures : & aussi au cas qu'il y ait refuz ou retardation non legitime, de la part du musnier, aller moudre ailleurs, sans encourir aucune peine.

XV. Musniers & serviteurs de musniers ne peuvent aller sur le bannage d'autruy charger bled, & y mener farine, sur peine de soixante solz parisis d'amende, & confiscation des grains & farines, bestes, chariots, charettes, & harnoys.

XVI. Semblablement ne peuvent lesdits musniers ou leurs serviteurs, aller ne renvoyer charger grains ès villages des seigneurs Voyers & hauts justiciers, ayans moulins en iceux (c), ne y mener farine, encores que lesdits sieurs n'ayent droict de bannage en leursdits moulins, sur peine de pareille amende, & confiscation comme dessus. Toutesfois peuvent passer & repasser par lesdits villages & seigneuries, sans encourir amende & confiscation, pourveu qu'ils n'ayent chargé grains, ne mené farine.

Des bêtes & autres choses égarées, & comment le haut justicier les doit faire publier.

XVII. Toutes bestes & autres choses esgarées, appartiennent au seigneur haut justicier du lieu où elles sont trouvées & arrestées, si quarante jours après qu'il aura faict publier par trois Dimenches à yssue de grande Messe du lieu de la seigneurie où lesdites choses auront esté trouvées, ne se trouve aucun qui les advoue.

XVIII. Et si dedans lesdits quarante jours le proprietaire desdites choses trouvées apparoist, luy seront rendues, en payant les fraiz de Justices, & autres impenses.

De l'amende contre celui qui a retenu les espaves par 24. heures.

XIX. Et si celuy qui aura trouvé lesdites bestes ou choses espaves, les retient plus de vingt-quatre heures sans le signifier audit haut Justicier ou ses officiers, il eschet en amende de soixante sols parisis, avec restitution desdites espaves.

Des fourches patibulaires tombées, & de les relever.

XX. Le seigneur haut justicier peult faire relever ses fourches patibulaires, estans tombées à terre par antiquité ou autrement : ou en eriger d'autres dedans l'an qu'elles seront tombées. Et après l'an doit avoir congé du Roy, ou de ses officiers.

Des Fiefs.

Ce que le seigneur & le vassal ont au fief, & dans quel cas se fait la saisie feodale.

XXI. Au seigneur feodal appartient la directe seigneurie du fief tenu de luy, & au vassal l'utile. En maniere que quand il y a ouverture de fief par succession, contract ou autrement, il est loysible au seigneur feodal faire saisir le fief & le tenir en sa main, jusques à ce qu'il ait homme & vassal qui ait relevé, & satisfait des droits & devoirs seigneuriaux.

Formalitez de la saisie feodale.

XXII. Se peut ladite saisie faire par commission decernée du Bailly dudit seigneur feodal, ou de son lieutenant, sur le chef lieu. Et en defaut dudit chef lieu, sur partie dudit fief : laquelle doit estre signifiée audit vassal, ou au detenteur dudit fief.

Elle emporte perte de fruits.

XXIII. Et fait ledit seigneur feodal les fruicts siens, depuis & pendant ladite saisie, jusques à ce que ledit vassal ait fait les devoirs, & payé les droits.

Le vassal a quarante jours pour relever.

XXIV. Mais si dedans quarante jours après ladite ouverture, ledit vassal fait offres suffisantes de payer les droits & faire les devoirs, le seigneur feodal ne fait les fruits siens. Et si n'est le vassal tenu de payer les fraiz de la saisie. Et est ledit temps de quarante jours donné au vassal pour droicturer & relever son fief sans aucune perte.

Avant la saisie le vassal ne perd les fruits.

XXV. Et auparavant ladite saisie, encore que les quarante jours soient passez, iceluy seigneur feodal ne peut jouir dudit fief, ne faire les fruicts siens. Ains en jouit le vassal jusques à ce que la saisie ait esté deuement faite & signifiée.

De l'infraction de saisie.

XXVI. Et si après icelle le vassal prend aucuns fruicts, il est tenu les restablir au profit dudit seigneur, & payer l'amende de soixante sols (d) parisis pour l'infraction de main, & jusques à ce n'aura main-levée.

Comment exploite le seigneur qui fait les fruits siens.

XXVII. Ledit seigneur feodal faisant les fruicts siens par vertu de la saisie, & après les quarante jours peut prendre, couper & emporter par justice, les

a Art. 9. *& les meubles. Vide* Vermandois, art. 86. J. B.

b Art. 14. *si le sujet a moulin bannier.* Cet article & le suivant sont expliquez par ce que j'ai traité de la bannalité de moulin à eau & à vent sur la Coutume de Paris, art. 71. & 72. J. B.

c Art. 16. *ayans moulins en iceux.* Il y a un ancien Arrest du Parlement de Toussaints 1270. pour la chastellenie d'Estampes, transcrit par Chopin, liv. 1. *in consuet. Andium cap. 14. num. 2. & cap. 13. num. 5. Dixi ad dictum art. 72. consuet. Paris.* J. B.

d Art. 26. *& payer l'amende de soixante sols. Dixi* Paris, art. 29. J. B.

fruicts prests à coupper, tels & en la maniere que feroit le vassal : En payant aux laboureurs & fermiers des terres les labours & semences, pour lesquels lesdits laboureurs & fermiers ont droit de retention.

XXVIII. Neantmoins, où le bail fait au laboureur se trouveroit loyalement fait, & sans fraude, se doit ledit seigneur contenter de la moison & redevance telle que ledit laboureur est tenu faire par son bail, duquel ledit laboureur doit en ce faisant jouyr.

Saisie des arrieres-fiefs ouverts.

XXIX. Et quand ledit seigneur tient le fief de son vassal saisi par faute d'homme, droits & devoirs non faits, & non payez, il luy est loisible faire saisir les arrierefiefs mouvans dudit fief, s'il y a ouverture d'iceux : ainsi qu'eust peu faire son vassal, si son fief n'eust esté saisi.

Quand il y a ouverture de fief, le vassal doit faire offre de foy, & de payer les droits.

XXX. Quand le fief est, comme dit est, ouvert le vassal est tenu aller vers son seigneur, & luy faire offre de faire les foy & hommage : & le payer & satisfaire de ses droits, si ledit seigneur est demourant au chef lieu dudit fief dominant. Et s'il n'y est, suffit d'aller audit chef lieu, & illec en presence de tesmoings faire lesdits devoirs & offres : Et s'il n'y a chef lieu, suffit d'aller par devers les officiers dudit seigneur.

Vassal après 40. jours de ses offres doit aller prendre la réponse du seigneur.

XXXI. Et après les offres faites, si elles ne sont acceptées, le vassal est tenu aller au chef lieu ou par devers lesdits officiers en leurs sieges quarante jours après, pour avoir response de son seigneur sur lesdites offres : Et à faute de ce faire peut ledit seigneur faire saisir ledit fief.

En directe n'est dû que foy & chambellage.

XXXII. En succession de fief, en ligne directe, n'est deu au seigneur dominant par l'heritier masle ou femelle non mariée, que le serment de fidelité, avec le droit de chambellage.

Le chambellage est dû en toute mutation, & à quoi il est fixé.

XXXIII. Lequel droit de chambellage, qui est deu en toute mutation d'homme, est de dix livres parisis si le fief vaut par an cent livres de revenu & au dessus. Et s'il vaut moins de cent livres, n'est que de vingt sols parisis.

Ce qui est dû pour fief échû à fille mariée, ou qui se marie.

XXXIV. Et si ledit fief eschet à fille, ou fille de fils, ou fille du decedé, estant mariée lors de l'eschoitte (*a*) : ou si depuis icelle elle se marie, outre ledit droit de chambellage, tel comme dessus, est deu droit de relief, qui est le revenu de l'année de l'ouverture, ou la troisieme partie du revenu des trois années precedentes accumulées ensemble, au choix & election dudit seigneur.

Comment se paye le relief, si en nature ou évaluation.

XXXV. Mais en la prevosté de Peronne ledit revenu d'année ne se paye en nature pour le regard des bledz, seigle, orge, avoyne, poix, febves, & autres grains : mais seulement se paye quatre sols tournois pour chacun septier de bled, seigle & orge, mesure de Peronne, & deux sols tournois pour chacun septier d'avoyne & autres marchaines.

XXXVI. Et pour le regard des bois, prez, vignes & autres revenuz en ladite prevosté, se preignent en nature, ou à l'estimation commune, selon le dire des gens du pays, & hommes de fief, si ledit vassal tient le fief en ses mains. Et s'il l'a baillé à ferme raisonnablement, & sans fraude, il prend le revenu tel que ledit vassal le prendroit de son fermier.

Du relief dû en succession collaterale.

XXXVII. En succession de ligne collaterale, est deu au seigneur dominant pour relief de fief ledit droit de chambellage & revenu d'une année, tel que dessus : soit que le fief vienne à masle ou femelle, mariez ou non mariez.

Du mariage de la femelle à laquelle est échû fief en collaterale.

XXXVIII. Neantmoins si ladite femelle à laquelle est escheu ledit fief se marie, sans avoir relevé & payé ledit droit, n'est deu au seigneur qu'un seul droit pour l'eschoitte en ligne collaterale & pour mariage : sinon que ledit seigneur eust saisi depuis ladite eschoitte, & auparavant ledit mariage : auquel cas seroient deux deux droits de chambellage & revenu d'année.

Et quel droit en cas de convol.

XXXIX. Si ledit droit de relief a esté payé une fois par ladite femme mariée, soit pour fief escheu en ligne directe ou collaterale : si icelle femme convole en secondes, tierces, ou autres nopces, ne sera deu audit seigneur feodal pour lesdits mariages aucun droit de revenu (*b*) : mais seulement un droit de chambellage pour chacun d'iceux mariages, pour recognoissance de nouveau homme & vassal.

Ce qui est dû au seigneur en cas de donation en avancement d'hoirie en directe.

XL. Pour donation de fiefs entre vifs, ou disposition testamentaire faite par forme de partage, ou autrement, en avancement d'hoirie par pere, mere, ayeul, ou ayeule à leurs enfans aisnez ou puisnez, ou enfans de leurs enfans, soit qu'il y ait retention d'usufruict ou non, n'est deu au seigneur que droit de chambellage, tel que dessus ; n'estoit que le don fust fait à fille, ou fille de fils, ou fille mariée : auquel cas outre ledit chambellage, est deu le revenu de l'année, comme dessus.

Des droits dûs au seigneur pour donation de fief en collaterale.

XLI. Mais pour donation de fief faite entre vifs ou par testament à parent de ligne collaterale, heritier presumptif en avancement de succession, ou autrement, est deu droit de chambellage, avec le revenu de l'année, tel que dessus. Et n'est deu plus grand droit, supposé qu'il y ait retention d'usufruict.

Des droits pour donation faite à un étranger.

XLII. Et si ladite donation entre vifs, ou par testament est faite à personne estrange, n'estant de la qualité dessusdite, est deu par le donataire le quint denier de la valeur & estimation dudit fief, avec droit de chambellage, n'estoit que la donation fust faite par mary à femme, ou par femme à mary, de fiefs acquis : auquel cas n'est deu que chambellage.

Des droits dûs en vente de fief & par qui, du vendeur ou de l'acquereur.

XLIII. Pour vendition de fief est deu au seigneur dominant, le quint denier du prix de ladite vendition, avec droit de chambellage. Lequel quint denier se doit payer par le vendeur, & le chambellage par l'acheteur (Si ce n'est que ledit fief ait esté vendu francs deniers audit vendeur) auquel cas l'acheteur est tenu de payer ledit quint denier, avec le chambellage, tel que dessus : & outre le requint, qui est le cinquiesme denier dudit quint.

XLIV. Et si ledit vendeur est negligent de payer les droits seigneuriaux, l'acheteur les peut avancer pour se faire recevoir par son seigneur, & les recouvrer sur ledit vendeur.

Quels droits en échange de fiefs.

XLV. Pour eschange de fief à autre fief, ou censive tenuz de mesme seigneur, n'est deu que droit de chambellage, pourveu qu'il n'y ait soulte d'argent, ou autre chose equipollente : auquel cas est deu quint denier de ladite soulte, ou chose equipollente.

Quid ? quand ils sont tenus de differens seigneurs.

XLVI. Et si les fiefs ou censive & roture, eschangez contre iceux sont tenuz de divers seigneurs, est deu à chacun seigneur le quint denier de la valeur desdits fiefs, avec droit de chambellage : lequel quint se doit payer par celuy qui baille le fief.

Pour rachat de fief durant la faculté ou grace ne sont dûs aucuns droits.

XLVII. Pour rachapt de fief qui se fait suivant la faculté accordée, & dedans le temps d'icelle par le vendeur ou son heritier, n'est deu nouveau rachapt, quint denier ne chambellage ; ne aussi par le lignager du vendeur qui l'a eu par faculté de rachapt, si lesdits droits ont esté une fois payez pour le premier achapt. Et est le retrayant tenu seulement faire la foy & hommage.

Après la grace expirée seroient dûs quint & chambellage.

XLVIII. Mais si le rachapt & remboursement se faisoit après le temps de la faculté passé, sont deux pour ledit rachapt nouveaux droits de quint & chambellage.

---

a ART. 34. *lors de l'eschoitte.* C'est-à-dire lors de la succession échue.

b ART. 39. *revenu*, est ici pris pour relief ou rachat.

Du payement des droits pour ouvertures precedentes.

XLIX. Le seigneur feodal n'est tenu recevoir l'acheteur donataire ou successeur, au fief tenu de luy, que premierement les droits pour ouvertures procedentes (*a*) dudit fief, ne soient satisfaits & payez.

Faire apparoir du dernier relief. Exception.

L. Et est le vassal tenu de faire apparoir du dernier relief, sinon qu'il en eust jouy par trente ans.

LI. Toutesfois s'il estoit deu relief de bail par un mary, à cause du fief de sa femme, dont le seigneur auroit esté negligent de se faire payer du vivant dudit mary, ledit seigneur ne peut refuser l'investiture sous couleur dudit droit non payé, mais se pourvoir par action contre le mary, ou ses heritiers.

Du seigneur qui tient sans reunion fiefs mouvans du sien.

LII. Un seigneur peut tenir fief dominant, & les fiefs mouvans d'iceluy, qui ne sont reunis & incorporez à la seigneurie principale, sans que à l'ouverture dudit fief dominant le seigneur dudit fief soit tenu de payer à son superieur aucun droit pour ledit arriere-fief, sinon que iceluy arriere-fief ait esté reuny & fait membre & partie de la seigneurie principale dudit fief dominant.

Le vassal peut relever & faire la foy par procureur, & ensuite tenu de la faire en personne.

LIII. Le seigneur est tenu recevoir son vassal au relief & serment de fidelité par procureur suffisamment fondé; mais après qu'il y a esté receu, il est tenu faire ledit hommage en personne à son seigneur, quand il en est requis, sommé & interpellé, s'il a attainct l'aage de puberté & n'est legitimement empesché.

Dans quel temps peut être appellé pour ce faire.

LIV. Pour faire laquelle sommation & interpellation, est requis que ledit seigneur face appeller son vassal quarante jours auparavant l'assignation dudit hommage. Et à faute de venir par le vassal faire ledit hommage, peut ledit seigneur faire saisir le fief, & le tenir en sa main; & fait les fruicts siens jusques à ce que ledit vassal ait obey.

Où lui doit être faite cette sommation.

LV. Suffit que ledit vassal, aux fins de faire ledit hommage, soit appellé à sa personne, domicile ou au lieu seigneurial de son fief, si aucun il en a; sinon à la personne de ses fermiers, ou detenteurs dudit fief, ou par attache au portail de l'Eglise du lieu où est situé ledit fief servant.

L'ancien vassal doit au nouveau seigneur seulement la bouche & les mains.

LVI. Le vassal qui a une fois fait foy & hommage à son superieur, est tenu de rechef la prester au nouveau seigneur du fief dominant, s'il en est requis & interpellé; toutesfois n'est ledit vassal tenu luy payer aucun droit.

Dans quel temps & sous quelle peine.

LVII. Et si ledit vassal estoit deffaillant de ce faire dedans les quarante jours qu'il aura esté requis & interpellé par ledit nouveau seigneur, peut ledit seigneur faire saisir ledit fief; toutesfois ne fait les fruicts siens, mais doit le vassal les frais de la saisie.

L'âge pour faire foy & hommage.

LVIII. L'aage pour faire la foy & hommage, est au masle de quatorze ans, & à la fille de douze ans, jusques auquel temps doit estre baillé souffrance aux tuteurs & curateurs des mineurs, laquelle vaut foy pendant ledit temps; en payant toutesfois par lesdits tuteurs & curateurs les droits de relief, tels qui sont deuz.

Vassal venu en âge ne fait nouvelle foy, ne donne nouveau denombrement.

LIX. Estans les mineurs venus en aage, & ayans fait ladite foy & hommage, ne sont tenus payer nouveaux reliefs au seigneur, ne bailler nouveaux denombremens si lesdits tuteurs & curateurs y ont satisfait; mais sont seulement tenus advouer les denombremens baillez par leursdits tuteurs & curateurs.

Du denombrement que doit le vassal, & dans quel delay.

LX. Le vassal doit, quarante jours après qu'il a esté receu en foy & hommage, bailler à son seigneur le denombrement de son fief, & à faute de ce faire, peut ledit seigneur faire saisir ledit fief: mais ne fait les fruicts siens, ains sont rendus audit vassal, en payant les frais de la saisie, & autres raisonnables.

Quand doit retourner pour le blâme.

LXI. Ledit adveu & denombrement baillé & presenté, le vassal doit retourner par devers son seigneur ou sa justice, quarante jours après, pour sçavoir s'il entend iceluy blasmer & debattre.

De la saisie faute de denombrement.

LXII. Si dedans lesdits quarante jours ledit seigneur blasme & debat aucuns articles dudit denombrement, le vassal aura main-levée pour les articles non blasmez ne debatus, la saisie tenant pour les debatus pendant le procès: pour lesquels toutesfois ledit seigneur ne fait les fruicts siens, comme dit est.

Augmenter ou diminuer le denombrement jusqu'à quand.

LXIII. Le vassal peut augmenter ou diminuer son denombrement, jusqu'à ce qu'il ait esté receu par le seigneur, & qu'il en ait baillé son recepissé, ou jusques à sentence donnée sur le debat dudit denombrement.

Le vassal n'est tenu bailler denombrement au nouveau seigneur s'il en avoit deja baillé.

LXIV. Où ledit vassal auroit autrefois baillé son denombrement au seigneur predecesseur, n'est tenu de le bailler au nouveau seigneur: mais peut ledit seigneur en demander & avoir un double à ses despens.

Du service de plaids dû par le vassal après assignation, & de l'amende faute d'y comparoir.

LXV. Le seigneur peut contraindre son vassal au service de plaids par devant ses officiers, en luy faisant donner assignation à ceste fin, à la quinzaine ensuivant. Et à faute d'y comparoir en personne, ou par procureur, est ledit vassal condamnable en dix sols parisis d'amende: pour laquelle ledit seigneur peut faire saisir ledit fief, neantmoins ne fait les fruicts siens. Et faut que ladite assignation se baille en parlant à la personne ou domicile dudit vassal, ou du fermier & detenteur dudit fief.

De l'opposition à la saisie feodale, & du desaveu.

LXVI. Le seigneur feodal ayant fait saisir le fief tenu de luy, à faute d'homme, droits & debvoirs non payez, s'il y a opposition, la main-mise dudit seigneur doit tenir pendant le procès, s'il n'y a desaveu: auquel cas de desadveu, main-levée doit estre faite du fief, sans bailler caution (*b*).

Le vassal qui desavoue son seigneur à tort, confisque son fief.

LXVII. Et s'il se trouve que le vassal ait à tort desadvoué son seigneur, il confisque son fief, & est tenu de rendre & restituer les fruicts par luy prins & perceuz depuis la saisie & desadveu.

Des cas de felonie de vassal ou de seigneur, & de leurs effets.

LXVIII. Aussi, si le vassal commet felonnie contre le seigneur feodal, il confisque son fief. Et le seigneur feodal commettant felonnie contre son vassal, perd la teneure feodale, qui doit retourner au seigneur souverain.

Le baillistre par son desaveu, ne confisque que les fruits.

LXIX. Toutesfois le baillistre, lequel à cause du bail auroit presté la foy & hommage ne confisque la proprieté du fief: mais seulement les fruicts à luy appartenans, à cause du bail.

Du combat de fief entre deux seigneurs.

LXX. Le vassal est tenu advouer ou desadvouer son seigneur de fief, sinon quand deux seigneurs contendent la teneure feodale: auquel cas ledit vassal n'est tenu advouer ou desadvouer aucun desdits contendans, s'il ne luy plaist: Et se peut faire recevoir par main souveraine, en consignant les droits par luy deuz. Et ce faisant a main-levée de son fief.

Du demembrement de fief que le vassal peut faire.

LXXI. Le vassal peut esclipser, vendre, donner ou transporter partie de son fief, sans le consentement de son seigneur.

LXXII. Peut aussi ledit vassal créer rente sur sondit fief, le bailler à cens, sur cens, ou revenu à long temps ou à tousjours, sans le consentement de son seigneur: en retenant & reservant toutesfois, par ledit bailleur, la foy & hommage à soy: mais ledit bail fait par ledit vassal ne prejudicie au seigneur superieur: En maniere que quand ledit fief sera ouvert par mutation dudit vassal, qui l'a baillé à cens ou à rente, n'est tenu ledit seigneur superieur entretenir lesdits baux & charges, sans lesquelles il jouira dudit fief, n'estoit que ladite charge fust realisée & infeodée par luy.

---

a ART. 49. *procedentes.* Il faut ici lire, *precedentes.*

b ART. 66. sans bailler caution. *Molin. in consuet. Paris. art.* 31. *n.* 10. Vid. *not. mea* Paris, art. 45. *contrà* Tours, art. 22. *fine.* J. B.

Droit dû au seigneur pour infeoder une rente.

LXXIII. Pour ledit bail à cens ou à rente, fait comme dessus, n'est deu aucun profit au seigneur feodal, sinon que l'acheteur voulsist faire infeoder ledit cens ou rente, du consentement du vendeur, & le seigneur le voulsist recevoir : auquel cas est deu le quint denier du prix de l'estimation de ladite rente, avec droit de chambellage.

De la prescription qui n'a point lieu entre seigneur & vassal.

LXXIV. Le seigneur ne prescrit contre son vassal, ne le vassal contre son seigneur la teneur du fief, par quelque temps que ce soit : mais se peut prescrire la quotité du droit, & les profits deuz & escheuz, à cause de mutation par l'espace de trente ans.

Des gens d'Eglise & de main morte, & dans quel delai doivent vuider leurs mains.

LXXV. Le seigneur peut contraindre les gens d'Eglise, & de main-morte, à vuider leurs mains des fiefs & terres roturieres, par eux acquises, & mettre entre les mains de personnes qui les puissent librement vendre & aliener, tellement que les droits des seigneurs ne soient diminuez, & leur ayant fait commandement d'en vuider leurs mains : mais ils ont un an de terme pour ce faire. Et après l'an passé, le seigneur les peut faire saisir, & fait les fruicts siens, jusques à ce qu'ils ayent vuidé leurs mains.

De l'homme vivant, mourant & confisquant.

LXXVI. Et si lesdits gens d'Eglise ou de main-morte, ont tenu lesdits fiefs, & terres roturieres par quarante ans, sans que ledit commandement leur ait esté fait : ne peut ledit seigneur les contraindre d'en vuider leurs mains, mais bien les peut contraindre par saisie, à luy bailler homme vivant, mourant & confisquant : Lequel sera tenu de payer à chacun renouvellement d'homme, le revenu d'une année pour le fief, tel que dessus.

Saisie faute de nouvel homme vivant.

LXXVII. Et si ledit homme baillé decedoit, & lesdits gens de main-morte fussent negligens de bailler nouvel homme dedans quarante jours après le decès, le seigneur peut faire saisir ledit fief, & faire les fruicts siens, à faute d'homme & payement de droit : qui sont le revenu de l'année & de chambellage : sinon qu'il y ait autre composition faite avec ledit seigneur à la premiere reception d'homme.

Ce qu'il faut observer pour duement faire la saisie feodale.

LXXVIII. Pour deuement faire la saisie de fief à faute d'hommes & devoirs non faits, denombrement non baillé, aussi à faute de service de plaids & autres causes, pour lesquelles il est permis de saisir, suffit aller sur le chef lieu, si aucun y a, sinon sur l'une des pieces, en presence de deux tesmoings & records : & la faire signifier à la personne ou domicile du vassal, ou à ses procureur, receveur, fermiers & detenteurs du lieu.

Taxe des frais de la saisie.

LXXIX. Pour les fraiz de chacune saisie, signification & establissement à faute d'homme, droits & devoirs non faits, est deu vingt-quatre sols tournois : & pour saisie à faute de denombrement & service de plaids douze sols tournois, sinon qu'il y ait telle distance du lieu de la seigneurie & fief saisi, qu'il soit requis faire plus grande taxe, selon laquelle doit estre faite raisonnablement.

Pour partage donné au puiné par l'ainé n'est dû que chambellage.

LXXX. Si après le trespas du vassal en procedant au partage entre ses enfans, l'aisné baille au puisné un fief pour son partage : en ce cas n'est deu au seigneur feodal que le droit de chambellage pour & à cause dudit partage.

On se regle selon le lieu du fief servant.

LXXXI. Quand il y a ouverture de fief se faut regler selon le lieu où le fief servant : & non selon le lieu du fief dominant.

Du temps de faire déclaration, pour qui on acquiert.

LXXXII. Celuy qui acquiert terre feodale ou roturiere, est tenu declarer dedans quarante jours au seigneur feodal, si ladite acquisition est pour luy ou pour autre, qu'il sera tenu de nommer : autrement ledit temps passé ladite acquisition demeurera au nom de l'acquereur.

Vassal où doit plaider pour droits feodaux.

LXXXIII. Le vassal doit subir jurisdiction, & plaider en court & justice de son seigneur souverain, pour les droits feodaux pretendus par ledit seigneur contre le vassal, ou par le vassal contre son seigneur, nonobstant que le fief subjet soit assis en autre jurisdiction.

D'un fief acquis par gens mariez.

LXXXIV. Quand mary & femme ont acquis ensemble un fief, & que l'un d'eux decede, par le partage qui se fait entre le survivant & les heritiers du predecedé, d'un fief en sont faits deux : toutesfois le survivant n'est tenu d'en faire aucun relief ne payer aucuns droits.

Des Censives.

Du douziéme denier dû pour ventes au seigneur censuel.

LXXXV. En vendition d'heritages censuels & roturiers, sont deuz droits seigneuriaux au seigneur duquel ils sont tenus, qui est le douziesme denier du prix de la vendition, qui se paye par le vendeur : sinon qu'il soit dit francs deniers audit vendeur : auquel cas se doit payer par l'acheteur ledit douziesme denier, & non plus.

Exception à l'égard des immeubles situez en la ville & banlieue de Peronne.

LXXXVI. Excepté pour les maisons, jardins, prez, vignes & autres immeubles, situez en la ville & banlieue de Peronne, tenus de l'Eschevinage de ladite ville : pour lesquels ne sont deuz aucuns droits seigneuriaux ne censuels.

Quand sont dûs droits seigneuriaux en échange.

LXXXVII. Es Prevostez de Mondidier & Roye, pour eschange, est deu le douziesme denier de la valeur des choses eschangées, quand elles sont tenues de divers seigneurs.

LXXXVIII. Mais quand les choses eschangées sont en mesme seigneurie, n'est rien deu, sinon qu'il y ait soulte en deniers : pour laquelle soulte est deu le douziesme denier, comme dessus.

LXXXIX. Esdites Prevostez de Montdidier & Roye, pour donation faite entre vifs, ou par testament, est pareillement deu le douziesme denier de la valeur des choses données : si ce n'est que la donation soit faite à heritier presumptif en ligne directe ou collaterale : ou en faveur de mariage.

En donations & échanges ne sont dûs aucuns droits en la prévosté de Peronne.

XC. Et en la Prevosté de Peronne, en donations & eschanges, n'est rien deu, encore que les donations soient faites à personne estrange, & que l'eschange soit d'heritages tenus de divers seigneurs, sinon que esdits eschanges y eust soulte de deniers. Pour laquelle soulte est deu le douziesme denier, les maisons & heritages de l'eschevinage exceptez, en la maniere que dessus.

Des droits aux mutations par vente, don échange ou autre transport d'heritage censuel en la ville & banlieue de Roye. Et par qui s'y donnent les saisines & dessaisines.

XCI. Aussi que pour les heritages censuels qui se vendent, donnent, eschangent & transportent, situez & assis ès fins & limites de la ville & banlieue de Roye, n'appartient au seigneur pour tous droits seigneuriaux que six deniers parisis pour yssue : Qui est la dessaisine ; & pour l'entrée, qui est la saisine six deniers parisis. Lesquelles dessaisines & saisines se peuvent bailler par le Prevost de la ville ou son lieutenant, presens deux eschevins & le greffier, s'il plaist aux parties d'y aller passer lesdites dessaisines & saisines, combien que les heritages soient tenus de divers seigneurs. Lesquels seigneurs peuvent aussi recevoir lesdites dessaisines & saisines, si les parties vont par devers eux ou leurs gardes de justice. Et neantmoins ayant ledit Prevost baillé la saisine, & receu les droits, tels que dessus, il est tenu de rendre lesdits droits audit seigneur, s'il en est requis par luy. Et n'est loisible à quelque seigneur que ce soit de prendre lots ou amende sur heritages assis en ladite ville ou banlieue, à faute de cens non payez.

En succession ne sont dûs

XCII. En tout ledit gouvernement, en succession directe ou collaterale, n'est deu aucun droit sei-

droits, & ne se prend saisine.

gneurial pour heritages censuels. Et n'est tenu l'heritier prendre aucune saisine du seigneur pour raison desdits heritages : ains seulement payer les cens, reservé ceux qui ont droit particulier par tiltre ou possession immemoriale.

De la declaration que doit bailler celui qui tient en censive.

XCIII. Detenteur de terres censuelles, est tenu de les bailler par declaration à son seigneur, autrement & à faute de ce faire ledit seigneur les peut faire saisir, sans toutesfois faire les fruicts siens, si dedans quarante jours après que ledit detenteur en a esté requis : ou que le seigneur a fait dire & publier à ses subjets qu'ils ayent à bailler leurs declarations, il n'y satisfait.

Amende pour censive en deniers non payez & non pour celle en grains ou especes, s'il n'y a titre.

XCIV. La censive en deniers se doit payer au jour qu'elle est deue, à peine de sept sols six deniers tournois d'amende pour chacun tenement. Pourveu toutesfois que audit jour le seigneur ou son receveur ait tenu bureau de recepte dedans sa seigneurie : mais pour cens deux en grains, chapons, ou autres especes que deniers, n'est deu amende, s'il n'y a titre, convention, ou possession immemoriale au contraire.

De la saisie pour cens non payé.

XCV. Peut le seigneur saisir à faute de payement de censives, sans toutesfois faire les fruicts siens.

Comment le proprietaire en obtient main-levée.

XCVI. Mais s'il y a opposition le proprietaire doit avoir main-levée par provision, en consignant par luy les arrerages de trois années dernieres, ou monstrant quittance valable desdites trois années.

De la saisie des rotures faute par le proprietaire de se presenter.

XCVII. Le seigneur peut faire saisir & mettre en sa main terres censuelles & roturieres, delaissées par les proprietaires ou leurs heritiers, & en jouir à son profit jusques à ce que le proprietaire se presente, auquel seront les terres rendues, en payant seulement trois années de cens, si tant en estoit deu au jour de la saisie. Et en rembourser ledit seigneur des impenses utiles & necessaires, faites pour lesdites terres.

Pour desaveu du seigneur censuel échet amende seulement.

XCVIII. Pour desadveu de seigneur censuel, & denegation de droit de censive eschet soixante sols parisis d'amende seulement (*a*) envers le seigneur pour chacun tenement.

De l'exhibition du contrat en acquisition de rotures.

XCIX. Celuy qui a acquis heritage roturier le doit declarer, signifier & exhiber son contract au seigneur duquel est tenu l'heritage, dedans quarante jours après l'acquisition, aussi payer les droits, & prendre saisine de luy. Et à faute de ce faire tombe en amende de soixante sols parisis envers luy. Et peut ledit seigneur faire saisir & tenir en sa main ledit heritage acquis, jusques à ladite exhibition & payement desdits droits & amende : mais ne fait les fruicts siens.

De la saisie par faute d'exhibition de contrat, & de ses formalitez.

C. Pour faire lesdites saisies suffit aller sur l'une des pieces appartenans à mesme personne estant en mesme terroir & tenement, & saisir verbalement, & declarer en l'exploict & procès verbal les autres pieces, par tenans & aboutissans, sans se transporter sur icelles : & ce en presence de deux tesmoings.

Le Haut-Justicier fondé en l'universalité du territoire.

CI. Le seigneur haut justicier est fondé en droit de seigneurie ; en tout ce qui est au dedans de son territoire, enclaves & limites d'icelle seigneurie, s'il n'appert du contraire.

Du franc-alleu.

CII. Nul n'est fondé en franc alleu, s'il n'en fait apparoir (*b*).

CIII. Et en franc alleu n'est deu saisine ne dessaisine.

De ne démolir ni deteriorer par le proprietaire d'heritage roturier.

CIV. Le proprietaire d'heritage roturier ne peut desmolir (*c*) l'edifice assis sur son heritage, sans le consentement de son seigneur, si ce n'est pour le rebastir & mettre en meilleur estat. Et où il le feroit sera tenu rebastir ledit edifice : & neantmoins payer l'amende de soixante sols parisis.

Du droit de champart, & engagemens de celui qui le paye.

CV. Detenteurs de terres subjetes à champart, seront tenus incontinent après le pied couppé, & la lieure faite des ablays, qui sont creuz sur lesdites terres, & avant que rien enlever du champ, aller querir le seigneur à qui est deu ledit champart, son serviteur, fermier, ou commis, pour prendre sondit droit de champart, sur peine de soixante sols parisis d'amende.

Temps de glanner & grapper.

CVI. Trois jours après la vendange & moissons enlevées, le peuple peut aller glaner & graper, & ne peut estre empesché de ce faire par ceux à qui appartiennent les heritages : ausquels ne à autres n'est permis d'y mettre ne faire entrer le bestail, sinon trois jours après la moisson ou vendange.

Des Donations.

Liberté de donner entre-vifs la legitime reservée aux enfans.

CVII. IL est loisible à toute personne capable de donner entre vifs, tous ses biens, tant propres que acquests feodaux, ou roturiers, soit à ses enfans (*d*) ou estrangers : & à l'un de sesdits enfans aisné ou puisné, par avancement de succession, faveur de mariage, forme de partage (*e*) ou autrement, ainsi que bon luy semble : reservé toutesfois aux autres & en tous cas le droit de legitime (*f*).

Donation d'ascendans aux ascendans reputées propres.

CVIII. Biens donnez par pere, mere, ayeul ou ayeule, ou par autre à son heritier apparant & presumptif, sont reputez propres au donataire.

Donner sans tradition ne vaut.

CIX. Donner & retenir ne vaut, de maniere que si le donateur ne baille actuelle delivrance & possession de fait au donataire de la chose à luy donnée, telle donation n'est valable, sinon qu'il y eust retention d'usufruict, constitut, precaire, ou autre clause translative de possession.

Donation mutuelle permise entre mariez.

CX. Mary & femme ne se peuvent donner l'un à l'autre par donation pure & simple entre vifs. Toutesfois se peuvent donner mutuellement l'un à l'autre leurs meubles, acquests & conquests immeubles, quand il n'y a enfans de leur mariage ou d'autre. Et où il y a enfans, se peuvent aussi donner mutuellement lesdits meubles, acquests & conquests immeubles, pourveu qu'ils ayent propre equipollant ou suffisant : de maniere que le droit de legitime puisse

---

a ART. 98. *soixante sols parisis d'amende seulement.* Et non la commise, comme en matiere de fiefs. *Vitry*, *art.* 40. J. B.

b ART. 102. *s'il n'en fait apparoir*, par titre ; la possession immemoriale n'étant point considerable. *Dixi* Paris, art. 68. J. B.

c ART. 104. *ne peut démolir.* Troyes, art. 78. Amiens, art. 198. *ubi dixi.* J. B.

d ART. 107. *soit à ses enfans.* Voyez Amiens, art. 57. *ubi dixi*, & art. 165. & 169. Si cet article qui ne fait mention que de l'enfant ainé ou puiné, comprend la fille ou petite fille puinée ; ensorte que la donation de fief faite à la fille, quand il y a masle soit valable. *Voyez* la consultation que j'ai faite pour le sieur de Bethencourt le 21. Novembre 1634. depuis jugé pour la validité de ladite donation, par Arrest donné en la Grand'-Chambre au rapport de M. Perrot le 7. Juin 1636. au profit de dames Charlotte & Jeanne de Blecourt, contre messire Charles de Blecourt sieur de Bethencourt leur oncle. J. B.

e *forme de partage.* Ergò en cette Coutume le partage est permis entre collateraux comme entre enfans, ainsi qu'en la Coutume d'Amiens, art. 94. J. B.

f *& en tout cas le droit de legitime.* Le droit de legitime en cette Coutume, & autres semblables, à l'égard des puinez est le quint des fiefs, qui ne peut être blessé ni diminué par quelque donation que ce soit : & la legitime sur les meubles & rotures qui se partagent également entre l'ainé & les puinez, est la moitié de la part de chacun des enfans comme à Paris. J. B.

estre sauf ausdicts enfans. Et est tenu le survivant donataire, payer les debtes, accomplir le testament (a) & faire les obseques & funerailles du predecedé.

Par testament mary & femme peuvent donner l'un à l'autre.

CXI. Mais par testament (b), mary & femme se peuvent donner & leguer l'un à l'autre, tout ainsi que estrangers (c) pourroient faire; sçavoir est, tous leurs meubles, acquests & conquests immeubles, & le quint de leurs propres feodaux, & tiers des propres censuels; à la charge toutesfois que le donataire est tenu de payer les debtes mobiliaires, obseques & funerailles du deffunct, la legitime reservée aux enfans.

Des Droicts appartenans à gens mariez.

De la communauté de biens entre mariez.

CXII. MAry & femme conjoincts par mariage, sont de l'instant de leur mariage communs en tous biens meubles, debtes personnelles, actives & passives contractées durant ledit mariage, & auparavant iceluy, & en conquests immeubles par eux faits durant & constant ledit mariage.

Le mary est maistre de la communauté.

CXIII. Toutesfois le mary durant ledit mariage, est maistre desdits meubles & conquests, soient qu'ils ayent esté acquis par luy, & sa femme ensemblement, ou par l'un d'eux constant ledit mariage, en maniere qu'il les peut vendre, engager & autrement en disposer à sa volonté par disposition entre-vifs, sans le consentement de sadite femme, & sans fraude.

Ne peut disposer par testament, que de sa moitié.

CXIV. Mais par testament & ordonnance de derniere volonté, ne peut disposer que de sa moitié.

Du partage de la communauté.

CXV. Après le decès de l'un desdits conjoincts, lesdits meubles & conquests se partissent par moitié, entre le survivant & les heritiers du decedé. Et aussi se payent les debtes personnelles par moitié.

Femme saisie de sa moitié.

CXVI. Et est la femme vestue, saisie & en possession de la moitié à elle appartenant esdits meubles, & conquests immeubles de ladite communauté.

Legs & frais funeraux comment se payent.

CXVII. Legs & fraiz funeraux ne se payent par moitié, mais par l'heritier du predecedé.

Le mary tenu pour les dettes crées par sa femme avant le mariage.

CXVIII. Le mary durant & constant le mariage de luy & de sa femme, peut estre convenu & poursuivy valablement de toutes les debtes que sa femme auroit faites & créées auparavant ledit mariage.

De la renonciation à la communauté par la veuve.

CXIX. Femme peut dedans quarante jours après le decès de son mary, & qu'elle en a eu connoissance, renoncer à la communauté d'entre elle & sondit mary; & en ce faisant est deschargée de toutes debtes provenans de ladite communauté, pour lesquelles elle ne s'est obligée personnellement, & qui ne viennent de son fait & à cause d'elle. Et où elle se seroit obligée personnellement pour le fait de sondit mary, renonçant à ladite communauté en doit estre acquitée (d) par l'heritier dudit mary.

Forme de la renonciation.

CXX. Laquelle renonciation doit estre faite en jugement; & n'est tenue faire lors appeller l'heritier du mary, ne autre parent; mais suffit de leur faire signifier.

Peine du recelé.

CXXI. Mais si ladite femme a caché ou recelé aucuns biens de ladite communauté, elle doit estre privée du benefice de ladite renonciation.

De femme en puissance de mary, comment peut s'obliger.

CXXII. Femme mariée ne se peut obliger sans l'authorité de son mary, soit au prejudice d'elle ou de sondit mary, sinon qu'elle soit marchande publique; auquel cas elle se peut obliger & oblige son mary pour le fait de ladite marchandise.

Et ester en jugement.

CXXIII. Aussi ne peut femme mariée ester en jugement, si elle n'est autorisée de sondit mary, si non qu'elle fust separée de biens d'avec luy, ou qu'il fust refusant, sans cause raisonnable de l'authoriser; auquel cas doit estre authorisée par Justice.

Le mary a le gouvernement des biens de sa femme.

CXXIV. Le mary a le gouvernement & administration des immeubles & heritages de sa femme, & sans procuration d'elle peut agir en son nom comme mary & bail, intenter & deduire toutes actions personnelles & possessoires, & aussi les réelles, pour son interest seulement.

Mais ne peut les aliener.

CXXV. Mais ne peut prendre ledit mary, vendre, charger, obliger ne hypothecquer les propres heritages de sadite femme, faire partage ou licitation d'iceux, ne aucune chose à son prejudice, sans son adveu & consentement.

Privilege du survivant noble pour les meubles, & quelles charges ce privilege emporte.

CXXVI. Entre nobles vivans noblement, il est loisible au survivant des deux conjoincts par mariage, de prendre par privilege de noblesse, tous les meubles (e) qui communs estoient entre eux au jour du trespas du predecedé. Et le survivant ayant fait telle apprehension en sa justice, ou pardevant son Juge ordinaire, est tenu de payer toutes les debtes mobiliaires de la communauté, obseques & funerailles, avec les legs faits par le deffunct en espece; mais n'est tenu de payer les autres legs. Et se doit faire telle apprehension dedans quarante jours après le decès dudit deffunct.

De continuation de communauté faute d'inventaire.

CXXVII. Entre roturiers, & aussi entre nobles, n'usans de leurdit privilege, le survivant des deux conjoincts ayant enfans, est tenu après le trespas du predecedé faire faire inventaire & prisée par auctorité de Justice (f), des biens meubles, lettres, tiltres & enseignemens communs, entre luy & ses enfans, à communs fraiz. Et à faute d'avoir ce faict, lesdits enfans (si bon leur semble, & est leur profit) ont continuation de communauté (g) avec ledit survivant en tous meubles & acquests faits & que fera

---

a ART. 110. *accomplir le testament.* L'article 109. precedent, qui dit, *que donner & retenir ne vaut*, a lieu aux donations mutuelles entre-vifs au cas de cet article, & jugé qu'une donation mutuelle, par laquelle les conjoints s'étoient reservé le pouvoir de disposer par testament de tous leurs meubles & acquests étoit nulle, quoiqu'ils n'eussent point depuis fait testament, la charge d'accomplir le testament ne se pouvant étendre à cette disposition par arrest infirmatif de la sentence du Juge de Montdidier du Lundy 5. Fevrier 1624. M. le Premier President de Verdun seant, plaidans P. de Cornoaille & le Feron, Malet partie. J. B.

Le sieur de Plainville & sa femme se donnent mutuellement en cette Coutume, à la charge d'accomplir entierement le testament du premier mourant, le mary legua sommes considerables à ses domestiques, aux Capucins & Feuillans, & douze mille livres à deux bâtardes. Les legs revenoient à vingt-quatre mille livres; la communauté étoit de valeur de plus de quatre-vingt mille livres. Par Arrest la veuve déchargée des bâtards & des deux tiers des legs faits aux Capucins & Feuillans, qui étoient de sept mille livres. Arrests du 4. Decembre 1620. M. de la Noue rapporteur. T. C.

b ART. 111. *mais par testament. Infra* art. 165. J. B.

c *tout ainsi que estrangers.* Mais s'il y avoit enfans du precedent lit, on ne pourroit donner au survivant plus qu'à l'un de ces enfans, & même à celuy qui prendroit le moins. Arrest du 18. Decembre 1578. Chenu, quest. 66. Autre Arrest du 19. Aoust 1606. M. de Vertamon rapporteur, en la quatriéme. T. C.

d ART. 119. *en doit estre acquittée.* Pour le tout, si la dette n'est tournée à son profit. *Dixi* sur Sens, art. 213. Amiens, art. 99. J. B.

e ART. 126. *de prendre par privilege de noblesse tous les meubles. Quid?* s'il y a enfans du mariage ou d'autre precedent. *Gousset sur Chaumont, art. 6.* T. C.

f ART. 127. *& prisée par autorité de justice. Non dicit* en presence du tuteur subrogé, curateur, ou autre legitime contradicteur. J. B.

g *ont continuation de communauté.* Par Arrest rendu en la troisiéme Chambre des Enquestes, au rapport de M. Tronon le 2. Mars 1658. confirmatif d'une sentence rendue aux Requestes du Palais le 17. Mars 1655. qui contient au long les moyens des parties, entre Denys le Rout d'une part, & Thomas Chapelet d'autre; jugé en cette Coutume qu'un inventaire fait sans legitime contradicteur, ne laissoit point d'avoir operé la dissolution de la communauté. J. M. R.

ledit survivant : jusques au jour dudit inventaire & prisée, ou partage actuel.

Comment se continue en cas de convol

CXXVIII. Si ledit survivant, ayant enfans en communauté, se remarie sans avoir fait ledit inventaire, ou partage avec autre personne, n'ayant communauté avec autres, iceux enfans ont continuation de communauté avec lesdits conjoincts pour un tiers, & chacun desdits conjoincts y a un autre tiers.

CXXIX. Et si celuy qui avoit communauté avec ses enfans se remarie avec personne qui avoit aussi communauté avec les siens, ladite communauté se divise en quatre : de maniere que les deux conjoincts en emportent chacun d'eux un quart ; & les enfans des deux licts, les deux autres quarts.

Des deniers baillez en mariage pour être employez en achat d'heritages, qui doivent estre propres à la femme.

CXXX. Quand au traicté de mariage les parens de la femme luy ont donné & delivré au mary aucune somme de deniers, avec charge expresse de l'employer, ou partie d'icelle, en achat de rente ou heritage pour estre propres à ladite femme, si ledit argent n'a esté employé, & ne se trouve en espece au jour du trespas du mary, pour estre rendu à la femme, ladite femme peut contraindre les heritiers dudit mary à luy rendre & payer lesdits deniers par elle baillez & non employez : ou bien rentes & heritages de semblable valeur : & neantmoins prendre sa part & moitié de tous les autres meubles, sans aucune confusion, & aussi sa part des acquests, sur iceux acquests toutesfois precompté ce qui luy doit estre baillé pour son employ.

S'ils se trouvent encore en espece.

CXXXI. Et si lesdits deniers se trouvent en espece & nature destinez pour estre employez, soit en la possession du defunct ou autre personne, ladite femme les doit avoir entierement, & partir par moitié aux autres biens meubles, deniers, & debtes actives delaissez par son feu mary.

Comment femme les reprend en cas de renonciation.

CXXXII. Et au cas qu'elle renonce à la communauté, peut neantmoins prendre lesdits deniers trouvez en nature. Et s'ils n'y sont, contraindre l'heritier à luy en faire payement, ou luy bailler rentes ou heritages de pareille valeur, nonobstant ladite renonciation.

Cas où elle les confond, & ne les peut repeter.

CXXXIII. Mais si ladite femme succedoit en tous meubles par vertu de coustume, ou disposition du mary, lesdits deniers demeurent confus en elle : & ne le peut recouvrer sur l'heritier de sondit mary.

Le mary par son delit ne confisque ce qui appartient à sa femme en la communauté.

CXXXIV. Le mary pour son delict ne confisque la moitié (a) des meubles & conquests, qui doivent appartenir à la femme, par la dissolution de la communauté : & encores sur les propres heritages dudit mary, le douaire de ladite femme & autres droits & hypotheques à elle appartenans luy doivent estre reservez.

De l'hypotheque qu'a la femme sur les biens de son mary.

CXXXV. Les immeubles & heritages du mary sont obligez & hypothequez au fournissement & entier accomplissement des conventions matrimoniales, & remploys qu'il est tenu faire pour sa femme, du jour & date du contract, sans autre nantissement & mise de fait.

Cas où elle a même privilege sur les meubles pour ses reprises.

CXXXVI. Et si le mary n'avoit aucuns immeubles au jour de son trespas, ains seulement meuble, son heritier ne peut prendre lesdits meubles ne partie d'iceux, que ladite femme n'ait eu en premier lieu & par preciput les meubles, bagues, joyaux, & autres choses qu'elle doit avoir : & qu'elle ne soit satisfaite ou deuement asseurée de ce qui luy auroit esté promis & accordé par le contract de mariage.

De l'heritage vendu auparavant le mariage, & racheté durant icelui.

CXXXVII. Si mary ou femme auparavant leur mariage, avoient vendu quelques immeubles ou heritages, à faculté de rachat, & que ledit rachat se fist pendant ledit mariage, ledit heritage racheté ne tombe en communauté : mais celuy à qui appartient l'heritage ou ses heritiers, s'ils le veulent prendre entier, sont tenus de rembourser au survivant, ou à ses heritiers, la moitié des deniers frayez & deboursez pour ledit rachat.

Des Douaires.

Du douaire prefix & du coustumier.

CXXXVIII. Femme est douée de douaire prefix, ou coustumier.

CXXXIX. Douaire prefix, est celuy qui est convenu entre les parties par contract de mariage.

CXL. Douaire coustumier est celuy qui est donné & deferé à la femme par la coustume, qui est l'usufruict & jouissance (b) la vie durant de la femme de la moitié de tous les immeubles qui appartenoient au mary au jour du mariage : & moitié de ceux qui sont escheuz audit mary constant ledit mariage par succession en ligne directe seulement.

Ce qui n'entre en douaire coutumier.

CXLI. Et ne s'estend ledit douaire coustumier sur les immeubles qui escheent audit mary en ligne collaterale durant ledit mariage.

Prefix fait cesser le coutumier si l'option n'est laissée.

CXLII. Douaire prefix fait cesser le coustumier, sinon que par le contract de mariage le choix en soit baillé à la femme. Et s'il ne luy est baillé ne peut prendre que le prefix, encores qu'il n'y eust renonciation par le contract de mariage au douaire coustumier.

De quel jour acquis à la femme.

CXLIII. Droit de douaire est acquis à la femme dès l'instant que le mariage est fait & solennisé.

Douaire prefix & coutumier saisissent.

CXLIV. Douaire prefix & coustumier saisit dès l'instant qu'il a lieu : & pour iceluy la femme peut incontinent après le decès du mary former complaincte, sans autre apprehension & mise de fait, & encores qu'elle ne l'ait demandé en justice.

Les charges dont est tenue la douairiere.

CXLV. La douairiere est tenue d'entretenir les maisons dont elle jouyt par douaire de pel, verge, couverture, fermeture, & menues reparations, ensemble entretenir les autres biens, en tel estat qu'elle les a euz. Aussi est tenue de la moitié des charges reelles & foncieres, ausquelles lesdits biens estoient subjects, lors & au temps qu'ils ont esté affectez au douaire, & non à autres qui depuis auroient esté faites & constituées. Est aussi tenue de payer le ban & arriere-ban, à cause des fiefs dont elle jouyt en douaire.

CXLVI. Pareillement est tenue de contribuer pour la portion de son douaire, aux reparations des moulins, rayeres, & cliers, pressoirs, engins, & harnois, mouvans, tournans, & travaillans, dont elle, & l'heritier prennent profit commun : & aussi aux fraiz des procès intentez pour raison des heritages subjects audit douaire ; & n'est tenue contribuer aux gros & nouveaux ouvrages, ny aussi aux gaiges des capitaines & gardes des forteresses dont elle jouyt avec l'heritier, lesquelles charges sont portées par ledit heritier seul.

Femme noble doit être logée durant sa viduité.

CXLVII. Femme noble doit avoir outre ledit douaire la maison & lieu seigneurial, qui appartenoit à son mary, avec les jardins & fossez pour sa

a Art. 134. *ne confisque la moitié. Dixi* sur Vermandois, art. 12. J. B.

b Art. 140. *qui est l'usufruit & jouissance.* En cette Coutume & autres de Picardie, qui ne donnent aux puînez que le quint des fiefs, le douaire est viager, & non propre aux enfans ; autrement les puînez renonceroient perpetuellement à la succession des pere & mere, pour avoir le douaire, qui leur seroit bien plus avantageux, la pluspart des biens de la Picardie & principalement entre nobles, ne consistans qu'en fiefs. J. B.

demeure, & pour en jouir sa vie durant, à la charge de les entretenir, comme dessus. Et si ledit mary en avoit plusieurs, peut choisir l'une d'icelles pour sadite demeure, tant qu'elle demeurera en viduité. Et si elle se remarie perd la jouissance de ladite maison : mais s'il y en a un autre, elle l'aura après que l'heritier aura choisi celle qu'il voudra des deux, sinon qu'il y ait convention au contraire.

De laquelle elle se doit contenter.

CXLVIII. Toutesfois si par le contract de mariage est assigné à ladite femme une maison pour sa demeure; elle n'en peut prendre ne choisir d'autre après le mariage dissolu.

Quand l'heritier est ou n'est pas tenu de la lui fournir en bon état.

CXLIX. L'heritier n'est tenu faire reparer la maison choisie par la douairiere, ains seulement luy bailler en tel estat qu'elle est : mais est tenu de bailler en bon & suffisant estat à ladite douairiere celle qui luy auroit esté accordée par son contract de mariage.

Quand il y a deux douairieres, l'une du pere, & l'autre du fils.

CL. Quand il y a deux douairieres, l'une veufve du pere, prenant douaire entier, & l'autre veufve du fils, la seconde douairiere prend pour douaire durant la vie de la premiere, un quart des immeubles qui furent au pere de son mary. Et après le decès de ladite premiere douairiere, jouit de la moitié desdicts biens en plain douaire, & pareille raison est gardée quand il y a plusieurs douairieres.

De la vente ou engagement du douaire ausquels la femme a parlé.

CLI. Si femme mariée constant son mariage (*a*), vend, hypotheque, ou autrement aliene avec son mary, les heritages subjects à son douaire, ou partie d'iceux, & par le contract renonce à son droict de douaire, telle alienation & renonciation n'est valable à son prejudice, sinon qu'elle eust esté deuement recompensée par sondit mary de sondit douaire alienė, sur les autres biens & heritages dudit mary.

S'il y a douaire sur heritages retirez.

CLII. La veufve ne prend douaire sur les rentes ou heritages acquis par le mary auparavant le mariage, si depuis & durant iceluy mariage ils sont retirez par vertu de retraict conventionnel, lignager, ou feodal.

L'heritier est tenu de relever les heritages sujets à douaire.

CLIII. L'heritier du mary est tenu relever à ses despens les heritages subjects à douaire, & payer les droits pour ce deuz. Et si à faute desdits droits, ou de cens non payez y a saisie, ladite veufve le peut contraindre à l'acquitter, & recouvrer les dommages & interests à l'encontre de luy, qu'elle a à cause de ladite saisie.

Si la veuve paye les droits elle aura son recours.

CLIV. Peut neantmoins ladite veufve payer & acquitter lesdits droicts, & en avoir recours contre l'heritier.

Femme qui renonce prend encore son douaire, & autres avantages.

CLV. Encores que la femme ait renoncé à la communauté des meubles & acquests, peut neantmoins prendre son douaire & autres advantages à elle deferez par la coustume, & par son contract de mariage, si aucuns elle en a.

Veuve douairiere se nomme dame de la seigneurie, & comment.

CLVI. La veufve se peut nommer durant sa viduité dame douairiere du lieu & seigneurie qui appartenoit à son mary subject audit douaire, & l'heritier s'en peut nommer seigneur simplement.

Veuve de noble jouit du privilege de son mary.

CLVII. La veufve d'un noble, jouit durant sa viduité, des privileges de noblesse, dont jouissoit son mary.

Du partage des choses sujettes à douaire, entre l'heritier & la douairiere.

CLVIII. L'heritier & la douairiere, peuvent demander partage l'un à l'autre des biens subjects à douaire. Pour lequel partage ladite veufve doit faire deux lots, dedans quarante jours après la sommation, sinon qu'il luy fust donné plus long delay par le Juge, pour ce faire, desquels lots l'heritier a le choix : & se fait le partage à communs despens.

De la vente & couppe des gros bois, lorsqu'il y a douaire.

CLIX. L'heritier peut vendre le gros bois subject à douaire en recompensant la veufve du profit qu'elle y devoit prendre. Et aussi peut coupper du gros bois pour son usage raisonnable : soit pour bastir, ou pour chauffer, sans rien payer à ladite veufve.

De retrait du douaire vendu.

CLX. Si la douairiere vend ou aliene à autruy son douaire : l'heritier du mary, ou autre, subject audit douaire, le peut retirer & avoir pour le prix qu'elle l'aura vendu (*b*).

De Testamens.

Institution n'a lieu.

CLXI. INstitution d'heritier n'a lieu : qui est à dire, qu'elle n'est necessaire, pour la validité du testament.

Du testament solennel, & de ce qui y est requis.

CLXII. Avant qu'un testament soit reputé solennel, est requis qu'il soit escrit & signé de la main du testateur : ou passé pardevant deux notaires : ou pardevant un notaire & deux tesmoings : ou pardevant le curé de l'Eglise parochiale du testateur, ou son vicaire principal, & d'un notaire : ou dudit curé & vicaire, & deux tesmoings : ou pardevant le Bailly, Maire, ou Prevost de la seigneurie & justice ordinaire du lieu ou leurs lieutenans, & l'un d'eux en presence de deux tesmoings : ou que le testateur ait declaré sa volonté en presence de quatre tesmoings, idoines & suffisans, tous les tesmoings susdicts non legataires (*c*), & n'ayant interest audit testament : & que iceluy testament ait esté dicté ou nommé par iceluy testateur ausdits notaire, curé, vicaire, bailly, prevost, maire, ou leurs lieutenans, en presence desdits tesmoings, & sans suggestion de personne : & depuis à luy releu en presence des dessusdits, & qu'il en soit fait mention audit testament (*d*) : mais si ledit testament est escrit & soubscrit de la main dudit testateur, n'est requis autre solennité.

De la declaration de vicaire.

CXLIII. Le curé de chacune paroisse doit declarer à l'effect que dessus, pardevant le greffier de la Justice ordinaire du lieu, qui est son vicaire principal, & faire enregistrer le nom.

De l'âge pour faire testament.

CLXIV. L'aage requis pour faire testament, est aux masles de vingt ans, & aux femelles de dixhuict ans accomplis, pour pouvoir tester de leurs meubles & acquests : & vingt-cinq ans accomplis, tant à masle que femelle, pour pouvoir tester de leurs propres.

Ce qu'il est permis de leguer.

CLXV. Il est loisible à toutes personnes capables de disposer par testament (*e*) de tous ses meubles, acquests & conquests immeubles, & du quint des propres feodaux, & tiers des propres censuels. Et où la disposition excederoit, doit estre reduite audit quint & tiers.

Legs sujet à delivrance.

CLXVI. Le legataire doit demander à l'heritier delivrance de son laiz, & le prendre par les mains dudit heritier. Et où il y auroit refus & procès pour iceluy, le legataire doit avoir provision

a ART. 151. *constant son mariage.* Jeanne du Fresne étant obligée avec son mary, le bien duquel étoit saisi de son vivant, la veuve s'oppose, afin de distraire moitié pour son douaire; deboutée par Arrêt du 24. Janvier 1615. M. Prevost de Malassise rapporteur. T. C.

b ART. 160. Il n'y a point de temps ou delai fixé pour l'exercice de cette espece de retrait. C. B. R.

c ART. 162. *non legataires.* Mais l'un des témoins, même le curé ou le notaire, peut être executeur, qui n'est qu'un titre & qualité d'honneur non lucratif. J. B.

d *& qu'il en soit fait mention audit testament.* Scilicet qu'il a été dicté & nommé, & fait sans suggestion de personne, & depuis releu au testateur, sur peine de nullité. *Vide suprà*, Amiens art. 55. Poitou, art. 268. Vermandois, art. 58. J. B.

e ART. 165. *de disposer par testament.* Etiam au profit des puinez, *suprà* art. 107. *Voy.* Amiens, art. 57. & *infrà*, art. 169. *item*, entre mary & femme, *suprà* art. 111. J. B.

dudit laiz, pendant le procès, en baillant caution.

De l'executeur testamentaire.

CLXVII. L'executeur du testament est saisi par an & jour de tous les meubles delaissez par le decès du testateur : lesquels il doit prendre par inventaire, & avec autorité de justice, sinon que l'heritier luy baillast autant que se montent les charges dudit testament.

Des Successions.

Le mort saisit le vif.

CLXVIII. LE mort saisit le vif, son plus prochain heritier habile à luy succeder.

Du partage des fiefs entre nobles en succession directe.

CLXIX. Entre nobles (*a*) en succession directe, le fils aisné, où il y a fils, & s'il n'y a fils, la fille aisnée succede aux fiefs, & n'ont les autres puisnez fils & filles ensemble, que un quint heredital esdits fiefs sans y comprendre le chastel (*b*) & principal manoir & pourpris d'iceluy, auquel les puisnez ne prennent rien (*c*), ains appartiennent entierement à l'aisné. Le tout si le pere ou mere, ayeule ou ayeule, n'en avoient autrement disposé par donation entre-vifs, ou par testament (*d*).

Liberté aux per s d'en disposer autrement.

Comment l'aîné peut retenir le quint en recompensant les puinez.

CLXX. Et neantmoins ledit aisné fils ou fille, peut retirer de ses puisnez ledit quint, en les recompensant en autres heritages roturiers de la succession, s'il y en a assez en la succession pour ce faire. Et s'il n'y en a assez, ou qu'il n'y en ait point du tout, peut ledict aisné les recompenser en argent, à raison du denier vingt, pour ce qui est situé du costé de Vermandoys & Arthois (*e*). Et du denier vingt-cinq pour ce qui est du costé de France, au-deça de la riviere de Somme.

Dans quel temps l'aîné peut recompenser ses puinez de leur quint.

CLXXI. Laquelle recompense se doit faire trois ans après la succession eschue (*f*), si lesdits fils ou fille aisnez sont majeurs de vingt-cinq ans. Et s'ils sont mineurs, ledit temps de trois ans doit courir du jour de la majorité seulement ; & lequel temps de trois ans passé, ledit aisné ou aisnée n'est plus receu à faire ladite recompense.

Pour telle recompense n'est dû profit.

CLXXII. Pour laquelle recompense ainsi faicte dedans ledit temps, n'est deu aucun profit au seigneur feodal, dont les choses sont tenues & mouvantes.

L'aîné doit relever le quint des puinez, & les puinez de l'aîné.

CLXXIII. Ledit fils ou fille aisnez, doivent relever du seigneur feodal ledit quint des puisnez, & les acquitter de ce qu'ils pourroient devoir à cause de leursdits quints pour la premiere fois. Et lesdits puisnez chacun pour leurdite part & portion, doivent relever de l'aisné pour icelle premiere fois. Et mutation advenant en la personne desdicts puisnez, leurs successeurs & ayant cause d'eux, entrent en foy envers le seigneur du fief, comme devant.

Le quint heredital n'a lieu ès duchez, marquisats & comtez.

CLXXIV. Ledit quint heredital n'a lieu ès Duchez (*g*), Marquisats & Comtez dudit Gouvernement, esquels les puisnez ensemble n'ont qu'un quint viager, franc & quitte de debtes ; tout le surplus appartenant au fils aisné ; ou à la fille aisnée, s'il n'y a que filles.

De l'accroissement du quint.

CLXXV. Ledit quint heredital (*h*) baillé aux puisnez, accroist entre iceux puisnez, freres & sœurs, s'il n'y a enfans du decedé, comme aussi faict le viager : lequel avec ledit heredital, ne revient à l'aisné, que les puisnez ne soient decedez (*i*).

En succession collaterale, l'aîné mâle succede entierement aux fiefs.

CLXXVI. Et si ledit aisné decede sans hoirs de sa chair, l'aisné d'après luy succede (*k*) esdicts fiefs entierement : & en ce cas, la portion qu'il avoit audit quint heredital (*l*), ou viager, avec sesdicts puisnez, ou en la recompense qu'il a eu en ice-

---

a ART. 169. *Entre nobles. Secùs* entre les enfans d'un annobly. *Dixi* sur Troyes, art. 13. J. B.

b *sans y comprendre le chastel.* Cet article parle en singulier, & est expliqué par le 180. & autres suivans : & par le 15. de la Coutume de Paris, qui ne donne qu'un seul château & manoir au choix de l'aîné. J. B.

c *auquel les puisnez ne prennent rien. Non dicit* puisnées comme en la succession des fiefs, en consequence de quoi il semble que le château n'appartient point entierement à l'aînée, quand il n'y a que filles ; sur cette question il y a eu Arrest à informer par turbes en cette Coutume & en celle d'Amiens, donné en la Grand'-Chambre au rapport de M. Pidoux le 20. Aoust 1625. dames Magdeleine & Leonard de Bournonville, comme il le peut faire *suprà* art. 107. & 165. & en ce cas le puiné peut avoir deux quints aux fiefs, l'un heredital, l'autre datif par testament. J. B.

En cette Coutume l'aîné paye les dettes *à rata* de l'émolument. Arrest de 1609. mon Rec. d'Arr. liv. 1. chap. 9. art. 16. Arrest semblable du 7. Septembre 1630. sur un appointé à mettre entre Claude de Belloy escuyer, demandeur en requeste du 6. May lors dernier, & messire Charles de Belloy, chevalier seigneur d'Amy. *Voyez* sur l'art. 198. J. M. R.

d *ou par testament.* Auquel cas dans le quint des fiefs est compris celuy du manoir, sauf la recompense. J. B.

e ART. 170. *du costé de Vermandois & Arthois.* Qui est pays frontiere sujet aux incursions & ravages des ennemis étrangers. J. B.

f ART. 171. *après la succession escheue. Infrà*, art. 184. quoique le partage ne se fasse que longtemps depuis, ou que le survivant des pere & mere jouisse des biens du predecedé, cela n'empêchant pas que l'aîné ne fasse sa declaration dans les trois ans du jour du decès ; puisque la Coutume a préfini ce temps. J. B.

g ART. 174. *Ledit quint heredital n'a lieu ès duchez &c.* Au contraire les grands fiefs partables, du Molin sur Paris, art. 35. num. 2. T. C.

h ART. 175. *Ledit quint heredital. Idem* du datif *de quo suprà*, art 165. & 169. *Vide not.* Amiens, art. 81. en ce qu'il n'excede point le coutumier, encore qu'il soit donné à part & divis, & en fissent corps de nef ; jugé par Arrest du 4. Janvier 1633. *Vide not. mea* Paris, art. 14. J. B.

Le même Arrest est dans le Journal des Audiences tome I. liv. 2. ch. 124. & dans Bardet, tome II. pag. 118. C. B. R.

Arrest du 10. Fevrier 1652. dans mon Recueil d'Arrests, liv. 1. ch. 9. Arrest 16. J. M. R.

i *que les puisnez ne soient decedez. Suprà* Amiens, art. 181. *Quid* ? si le puiné survivant a renoncé à sa part du quint, le doute procede du mot, *accroist*, qui ne convient pas au puiné, lequel n'a jamais eu aucune part au quint. J. B.

Voyez un Arrest du 10. Fevrier 1653. rapporté par maître Lucien Soefve, tome I. Cent. 4. ch. 9. C. B. R.

k ART. 176. *l'aisné d'après luy succede. Ergò* la representation n'a lieu ès fiefs en ligne collaterale, la Coutume considérant l'ordre de la nature & de la generation, & non la fiction de la generation qui n'avoit point lieu en l'ancienne Coutume, soit en la directe ou collaterale ; & n'a esté reçue en la nouvelle qu'ès rotures & non ès fiefs, l'art. 197. étant relatif à cet article & aux autres suivans, *ut in specie l. cohæredi 71. §. qui patri de vulg. & pupil. substit.* ce qui a été ainsi résolu au profit de M. Ollier Conseiller d'Etat, contre un neveu fils de l'aîné le 26. Janvier 1627. *in corona decem advocatorum me præsente.* Voy les Factums & les Traitez qui ont depuis été imprimez sur le sujet de la question dudit procès ; mais par Arrest donné en la premiere Chambre des Enquêtes, au rapport de M. de Villentreys president au procès le 22. Janvier 1630. la Cour en infirmant la sentence des Maîtres des Requestes, a adjugé la terre au neveu, & outre que le neveu succedant par représentation de son pere en ligne collaterale, son oncle prendra pareille part aux fiefs situez en cette Coutume, que feroit son pere s'il étoit vivant lors & au temps de la succession échûe, & exclucra de ladite succession du frere ses oncles & tantes ; & ordonné que ledit Arrest seroit lû & publié aux trois sieges du Gouvernement de Peronne, Montdidier & Roye, les plaids tenant ; l'Arrest & le procès est rapporté au long par Vrevin sur la Coutume de Chaulny, art. 39. J. B.

Jugé en cette Coutume par Arrest du 22. Janvier 1630. que l'aîné des freres étant mort sans enfans, son neveu fils de son second frere predecedé, devoit succeder à l'exclusion du troisiéme frere qui avoit survécu les deux autres. Cet Arrest est rapporté fort au long par Vrevin sur la Coutume de Chauny, art. 39. J. M. R.

l *la portion qu'il avoit audit quint heredital. Idem* du datif *suprà*, art. 175. Jugé par l'Arrest de 1625. cotté en l'art. 169. J. B.

luy, accroist aux autres puisnez par egale portion.

Idem entre sœurs.

CLXXVII. Le pareil se garde entre les sœurs n'ayans aucuns freres (*a*).

CLXXVIII. Et s'il n'y a freres ne sœurs, le plus prochain collateral masle aisné, venant du plus aagé masle, succede entierement ausdicts fiefs (*b*).

Et aussi entre autres collateraux.

CLXXIX. Et si les prochains collateraux ne sont masles, ains seulement femelles, la plus aagée d'icelles, encores qu'elle soit yssue du puisné, succede entierement ausdicts fiefs (*c*).

Du partage des fiefs entre roturiers, ce qui en tombe à l'aîné.

CLXXX. Entre roturiers (*d*) en succession de fiefs appartient à l'aisné pour son droit d'aisnesse, & par preciput de chacune succession de pere & mere, le chef lieu & manoir seigneurial, tel qu'il voudra choisir de plusieurs en tout ledit gouvernement, avec la basse court, fossez, jardins, clostures & pourpris anciens, encore que en tout ledit gouvernement n'y eust que un seul manoir. Et où il y en auroit plusieurs, & en diverses prevostez dudit gouvernement, n'en prendra qu'un en tout ledit gouvernement pour chacune succession; Assavoir un en celle du pere, & l'autre en celle de la mere, & tel qu'il voudra choisir en chacune d'icelles, comme dit est.

Ce qui en vient aux puînez.

CLXXXI. Et le surplus de tous lesdits manoirs & fiefs, se partist, en maniere que s'il n'y a qu'un puisné, fils ou fille, à l'aisné appartiennent les deux tiers par tout, en chacune desdites prevostez : & l'autre tiers audit puisné.

CLXXXII. Et s'il y a plusieurs enfans puisnez, fils ou filles, appartient audit aisné, outre sondit preciput de manoir, la moitié dudit surplus : & aux puisnez l'autre moitié, qui se divise entre eux, soient fils ou filles egalement.

S'il n'y a que filles, que prend l'aînée.

CLXXXIII. Et s'il n'y a que filles, l'aisnée prend en chacune desdites successions contre ses sœurs puisnées : tout ainsi & en la maniere que ledit fils aisné, contre ses freres puisnez.

L'aîné roturier peut retirer de ses puînez la part qu'ils ont ès fiefs.

CLXXXIV. Neantmoins ledit aisné fils ou fille, peut retirer & avoir de ses puisnez ou puisnées, la part à eux appartenant esdits fiefs & manoirs, en les recompensant en autres heritages roturiers de ladite succession, s'il y en a, sinon en argent dedans le temps, au prix, & en la maniere que dit est (*e*), entre les nobles. Et pour laquelle recompense, n'est aussi deu profit au seigneur feodal.

CLXXXV. En faisant lesquels partages, lesdits fiefs se partagent le plus egalement que faire se peut.

L'aîné releve pour les puînez.

CLXXXVI. L'aisné releve pour les puisnez, & les acquitte, & les puisnez relevent de luy pour la premiere fois, en la maniere que dit est entre nobles.

L'aîné mâle plus proche succede entre autres collateraux.

CLXXXVII. Entre lesdits roturiers en ligne collaterale, & en fief, l'aisné masle plus prochain : & s'il n'y a masle l'aisnée femelle plus prochaine du decedé succede en tout le fief (*f*).

Du partage des meubles & immeubles roturiers.

CLXXXVIII. Meubles & immeubles roturiers se partagent egalement, tant entre nobles que roturiers, & tant en succession directe que collaterale.

Double lien a lieu en succession de meubles & acquêts.

CLXXXIX. Freres & sœurs de pere & de mere, succedent à leurs freres & sœurs conjoincts de pere & de mere, en meubles & acquests : & excluent ceux qui ne sont conjoincts que d'un costé. Et s'observe le semblable pour le regard des parens collateraux conjoincts des deux costez, contre ceux qui ne sont conjoincts que d'un costé.

Les propres au plus proche de la ligne, sans double lien.

CXC. Et les propres venans de naissant, retournent à ceux de l'estoc, branche & ligne dont ils sont procedez: encores qu'ils ne fussent conjoints que d'un costé, & qu'ils ne fussent si proches que les autres, tellement que les propres paternels, retournent aux parens paternels, & les propres maternels aux parens maternels.

De la representation en ligne directe.

CXCI. Representation a lieu en ligne directe infiniment, tant en fief qu'en roture, & viennent les enfans en la succession de leur ayeul, ou ayeule, par souches & non par testes : soit avec leurs oncles ou avec leurs cousins germains, iceux oncles predecedez: & ne prennent plusieurs enfans d'un des freres en ladite succession plus que l'enfant seul & unique de l'autre frere : lequel prend entierement tout ce que son pere eust prins en ladite succession, s'il eust survécu.

Fille de l'aîné, ce qu'elle prend au droit d'aînesse entre nobles.

CXCII. Toutesfois entre nobles & en fief, la fille de l'aisné ne represente son pere (*g*) en la succession de l'ayeul, ou ayeule, en droit de primogeniture, où il y aura oncle, frere de son pere : mais ledit oncle, en ladite succession de pere ou ayeul, prend ledit droit d'aisnesse, demourant toutesfois à la fille de l'aisné le tiers de la part qu'eust eu son pere en ladite succession, s'il eust vescu, rachetable au prix & en la maniere que dessus : non comprins le manoir & pourpris principal du fief & seigneurie principale, où ladite fille ne prend rien, & demeure entierement audit oncle.

Quand elle y represente en entier.

CXCIII. Mais où il n'y auroit oncles, ains seulement cousins germains, enfans des oncles, puisnez du pere de la fille, masles ou femelles : ou qu'il n'y eust que tantes, sœurs du pere de ladite fille, icelle fille represente à l'encontre d'elles sondit pere, entierement en tout droit de primogeniture.

Entre roturiers, fille de l'aîné represente pleinement.

CXCIV. Et entre roturiers, la fille de l'aisné represente entierement son pere, avec tout droit de primogeniture aux fiefs, soit qu'elle ait oncles ou non.

De representation en ligne collaterale.

CXCV. En ligne collaterale representation a lieu, jusques aux enfans des freres & sœurs inclusivement (*h*).

CXCVI. Et viennent les enfans de plusieurs freres & sœurs à la succession de leur oncle ou tante, par representation de leur pere ou mere, avec leurs autres oncles & tantes par souches, & non par testes.

CXCVII. Mais si lesdits oncles & tantes estoient predecedez, tous y doivent venir de leur chef, &

---

a ART. 177. *n'ayans aucun frere. Nihil dicit* des neveux qui seroient exclus par les sœurs, la representation n'ayant lieu en fiefs.

b ART. 178. *ausdits fiefs. Vide* sur l'art. 176.

c ART. 179. *succede entierement ausdits fiefs.* Cet article n'a lieu qu'en pareil degré, & non quand l'aînée est plus éloignée en degré, par l'argument de l'article precedent du 168. & du 209. J. B.

d ART. 180. *entre roturiers. Dixi* Poitou, art. 280. J. B.

e ART. 184. *& en la maniere que dit est. Suprà* art. 171. J. B.

f ART. 187. *succede en tout le fief. Secùs* au quint heredital delaissé aux puisnez, même au quint datif, *suprà* art. 175. en consequence de cet article, par Arrest donné en la Grand'-Chambre au rapport de M. Hennequin le 4. Juin 1639. le fief, terre & seigneurie de Marinsalt situé en cette Coutume a été adjugé pour le tout à maître Charles Bruslé, comme plus aîné mâle de tous les fils de défunt maître Philippes de Beauvais son oncle; quoique descendu d'une fille, à l'exclusion de maitre Jacques-Pierre de Beauvais, Nicolas Guinet, Marguerite Foule sa femme, & Catherine Bruslé, tous heritiers chacun pour un cinquiéme dudit défunt leur oncle annobli par office, & n'a lieu cet article que *ab intestat*, & non quand le testateur a ordonné que tous ses heritages, tant feodaux que roturiers d'acquests, seront partagez entre les heritiers collateraux, lui ayant été loisible de leguer tant à l'un d'eux, & qui peut le plus peut le moins, en les rendant tous également legataires; ce qui a ainsi été jugé en cette Coutume par sentence donnée en la seconde Chambre des Requestes du Palais entre les heritiers du sieur de la Folie neveux & niepces, dont l'appel est pendant en 1648. en la troisiéme Chambre des Enquestes, au rapport de M. Grangier. Durand procureur des intimez; Petitpied avocat. *Vide not. suprà* Amiens, art. 57. J. B.

g ART. 192. *la fille de l'aisné ne represente son pere.* Si un pere marie son fils comme son heritier principal, & le fils decede du vivant du pere laissant une fille qui ne le represente point; comme en cette Coutume *An filia nuptiali conventione uti possit. Chop. Anjou, lib. 2. tit. de feudaria nobilium successione, num. 2.* Arrest au contraire. T. C.

h ART. 195. *Vide* sur l'art 176. J. M. R.

partir la succession par testes, & non par souches: reservé toutesfois, quant au present, & deux prochains precedens articles, ce que pour la prerogative des fiefs venans aux aisnez, a esté dit ci-dessus (*a*).

De la contribution aux dettes.

CXCVIII. Les heritiers, successeurs & legataires universels des meubles, payent les debtes mobiliaires, obseques & funerailles du defunct: & les autres debtes & charges reelles se payent par les autres heritiers, sur les terres & immeubles (*b*) qu'ils prennent en ladite succession. Et où il n'y aura heritiers, ou legataires mobiliaires, se payent lesdites debtes mobiliaires (*c*) par lesdits heritiers, pour telle part & portion qu'ils sont heritiers.

De la succession des enfans predecedez sans hoirs de leur chair.

CXIX. Les pere & mere succedent à leurs enfans decedez, sans hoir legitime de leur chair, aux meubles & acquests immeubles, appartenans ausdits enfans. Et s'il n'y a pere ne mere, les ayeul & ayeule y succedent (*d*). Et quand il y a ayeuls & ayeules d'un costé & d'autre, succedent de chacun costé en la moitié: mais quant aux propres lesdits pere, mere, ayeul ou ayeule n'y succedent, & ne remontent lesdits propres, tant qu'il y a parens collateraux pour succeder du costé & ligne dont lesdits propres viennent. Et s'il n'y en a aucuns, lesdits pere, mere, & ascendans, y doivent succeder.

CC. Toutesfois, si pere, mere, ayeul ou ayeule, avoient donné à leursdits enfans aucuns biens, ils leur retournent, si lesdits enfans decedent sans hoirs de leur chair. Et en sont excluds les freres, sœurs, & autres collateraux, encore que tel don fust estimé propre ausdits enfans.

Les meubles suivent la personne.

CCI. Les meubles suivent la personne, & sont reiglez selon la coustume du lieu où le deffunct faisoit sa demourance ordinaire, avec sa famille, au temps de son decès (*e*), encores qu'il fust decedé en autre lieu.

Religieux ne succedent.

CCII. Religieux profès ne succedent à leurs parens en ligne directe ne collaterale, ne les monasteres pour eux.

On succede en mort civile de religieux, comme en mort naturelle.

CCIII. Et si aucun estoit entré en religion, avec profession, sans avoir auparavant disposé de ses biens, ses plus prochains parens succederont esdits biens, ainsi & en la maniere que s'il estoit mort naturellement.

Des rapports entre les enfans en succession directe.

CCIV. Enfans venans à la succession du pere, mere, ayeul ou ayeule, sont tenus rapporter à la masse desdites successions, les dons qui leur ont esté faits par iceux pere, mere, ayeul ou ayeule, soit par mariage ouautrement: sinon qu'ils eussent esté faits sans charge de rapport (*f*), & qu'il fust expressement dit.

Quand on peut être heritier & legataire.

CCV. Nul ne peut estre heritier & legataire ensemble d'une mesme personne, si le laiz n'est fait par forme de prelegat (*g*) & hors part.

Fille mariée & qui a renoncé, est excluse.

CCVI. La fille se doit contenter de ce qui luy a esté donné en mariage par pere, mere, ayeul ou ayeule; & ne doit venir à leur succession, si par le moyen dudit don elle a renoncé à la succession du donnant, encores qu'elle fust mineure.

Il n'est heritier qui ne veut, & du benefice d'inventaire.

CCVII. Il ne se porte heritier qui ne veut; & peut l'apparent heritier, fils, fille & autre, repudier la succession à luy eschue, pourveu qu'il ne s'y soit immiscé; & s'il se veut porter heritier par benefice d'inventaire, faire le peut, en obtenant lettres du Prince, faisant bon & loyal inventaire, & baillant caution.

De l'exclusion de l'heritier beneficiaire par l'heritier simple.

CCVIII. Toutesfois, s'il y en a un autre qui se porte heritier simple, encores qu'il soit en degré plus loingtain, il exclud l'heritier par benefice d'inventaire plus prochain, pourveu qu'il y vienne dedans l'an de la presentation des lettres par benefice d'inventaire, & que tel heritier simple ne soit mineur, ou ayant benefice de restitution; sinon que tel mineur ou ayant benefice de restitution fust en degré plus prochain.

L'oncle succede avant le cousin.

CCIX. L'oncle succede au nepveu avant le cousin germain.

De la prescription de 10. 20. 30. & 40. ans pour acquerir.

CCX. Celuy qui a jouy d'aucun heritage, droit réel ou incorporel, par l'espace de dix ans entre presens, & vingt ans entre absens (*h*), ne peut pour raison d'iceluy estre inquieté, ne pareillement si par l'espace de trente ans il en a jouy sans tiltre, pourveu que ce soit entre gens aagez de vingt-cinq ans, & non privilegiez. Et pour prescrire contre l'Eglise, est requis l'espace de quarante ans.

De la prescription pour se liberer.

CCXI. Et si par ledit temps, il, ou ses predecesseurs & autheurs, dont il a le droit & cause, ont jouy dudit heritage franchement & sans inquietation d'aucune rente, hypotheque, servitute ou autre charge réelle, ne pourra, ledit temps passé, estre poursuivy pour raison desdites charges & hypothecques.

Nulle servitude sans titres.

CCXII. Toutesfois, veues, esgousts, entrées, yssues & enclaveures ne se peuvent prescrire par quelque temps que ce soit, s'il n'y a tiltre.

Quarante ans pour prescrire hypotheque.

CCXIII. Hypothecque ne se prescript que par le temps de quarante ans, par l'obligé ou ses heritiers.

Prescription de meubles.

CCXIV. Meubles s'acquierent & prescrivent

---

a Art. 197. *a esté dit ci-dessus.* Art. 176. & suivans, *ergò* en cette Coutume en succession de fiefs avitins la representation n'a lieu, & l'oncle exclud son neveu fils de l'aîné, *ut ibi dixi.* J. B.

b Art. 198. *sur les terres & immeubles.* Ce qui repend les dettes non mobiliaires sur tous les biens, & qui établit leur proportion eu égard à ce que chacun prend dans lesdits biens. Arrest du 30. Aoust 1625. entre les Bournonvilles; dont j'ai copie; par lequel il a été jugé que les dettes devoient être payées, entre l'aîné & les puisnez à proportion de l'émolument, même des fiefs dans lesquels l'aîné prend les quatre quints. *Voyez* sur l'art. 169. J M R.

Le même jugé par Arrest du 3. Juin 1688. que l'aîné noble doit payer sa part des dettes, à proportion de l'émolument & profit qu'il tire de la succession. *Journal du Palais pag. 139.*

c *se payent lesdites debtes mobiliaires, &c.* J'ai un acte de notorieté des Officiers du Bailliage de Montdidier qui s'écarte de cette jurisprudence, & suivant lequel cette contribution de l'aîné à proportion de l'émolument, n'a lieu que lorsque les meubles & les rotures ont été absorbées, & qu'elles ne se trouvent pas suffisantes. Cet acte de notorieté est du 8. Mars 1695. C. B. R.

Id est pro portionibus hæreditariis non pro modo emolumenti sive pro rata bonorum, en quoi il n'y a point de difference pour les dettes mobiliaires, qui en cette Coutume se prennent sur les meubles, esquels les puinez prennent autant que l'aîné; mais quant aux dettes immobiliaires comme rentes constituées qui sont reputées immeubles, & tiennent lieu d'heritage, quoique non nanties & realisées; *infrà* art. 270. & charges réelles qui se prennent & retrayent, dit cet article, sur les terres & immeubles, l'aîné & les puinez y contribuent à proportion de ce qu'ils amendent, comme dit la Coutume d'Amiens, art. 80. & tel est l'usage constant en cette Coutume; quoiqu'il y ait eu autrefois une turbe au contraire faite par M. J. Delandes, Conseiller en la Cour, sur laquelle il n'y a point eu d'Arrest. J. B.

d Art. 199. *& s'il n'y a pere ne mere, les ayeul & ayeule y succedent.* Quoiqu'il y ait freres & sœurs du decedé, ce qui se pratique en cette Coutume, ainsi qu'en celle de Paris, art. 311. & presque par toute la France Coutumiere. J. B.

e Art. 201. *au temps de son decès. Vide not.* sur les Arrests de M. Louet, *litt. R. num. 31. in principio.* J. B.

f Art. 204. saus charge de rapport. *Auth. ex testamento. cod. de collat. Dixi* sur Amiens, art. 91. J. B.

g Art. 205. *si le legs n'est fait par forme de prelegat. Vide* Molin sur Poitou, art. 216. la Marche, art. 211. Auvergne, ch. 14. des Donations, art. 42. Nivernois tit. 27. des Donations, art. 111. *& suprà* Amiens, art. 41. n. 1. c'est la disposition de droit. *Auth. ex testam. ubi glossa cod. de collat. idem Molin. consil. 59. num. 4 & sequente.* J. B.

h Art. 210 *dix ans entre presens, & vingt ans entre absens.* Par Arrest du 8. Juillet 1634. entre messire Charles de Belloy, sieur d'Amy, & messire Charles de la Viefville chevalier seigneur d'Orville, a été ordonné qu'il seroit informé d'office sur la commune usance & observance dudit article 210. par trois turbes qui seroient faites, l'une à Peronne, l'autre à Montdidier, l'autre à Roye, pour sçavoir si les habitans desdites Prevôtez sont reputez presens entr'eux; à l'effet que la prescription de dix ans ait lieu entre les habitans de Peronne & de Roye, ou de Montdidier; les enquestes ont été faites, & les témoins ont déposé differemment; il y en a pourtant un qui a allegué sentence confirmée par Arrests que j'ai vû, & qui sont formels pour la prescription des dix ans. J. M. R.

par trois ans, par celuy qui jouit d'iceux en son nom, à tiltre de bonne foy, contre gens aagez & non privilegiez.

Reduction de rentes en grains.

CCXV. Rentes constituées en grains, se doivent reduire (*a*) au denier douze, nonobstant quelque laps de temps qu'il y ait.

Faculté de racheter quand est prescriptible.

CCXVI. Faculté de rachapt se prescrit par trente ans (*b*), si ce n'est pour rente constituée à prix d'argent, laquelle se peut racheter à tousjours.

Le cens est imprescriptible.

CCXVII. Le cens ne se peut prescrire par quelque temps que ce soit, mais la quotité d'iceluy & arrerages se peuvent prescrire par trente ans; aussi se peut prescrire le surcens par ledit temps.

De complainte.

CCXVIII. Celuy qui a jouy paisiblement d'aucun heritage ou droit réel, par an & jour entier, il peut former complainćte en cas de saisine & nouvelleté contre celuy qui l'auroit troublé, encores que le troublant eust jouy longtemps auparavant.

Prescription d'action personnelle.

CCXIX. Toute action personnelle se prescript par trente ans.

De Baillistre & Garde-Noble.

Du bail & garde noble de mineurs, à qui deferé.

CCXX. QUand l'un de deux personnes nobles, conjoinćts par mariage decede, delaissant dudit mariage un ou plusieurs enfans en bas aage, est loisible au survivant (encores qu'il soit mineur de vingt-cinq ans) prendre le bail ou garde noble desdits enfans. Et en defaut d'un d'eux, ou à leur refus, l'ayeul ou ayeule, ou autre ascendant en ligne direćte, & selon leur degré, le peuvent prendre.

Entre deux ayeuls, lequel preferé.

CCXXI. S'il y a ayeul ou ayeule des deux costez, celuy ou celle qui est du costé paternel, est preferé à ceux qui sont du costé maternel, pour tous biens tant paternels que maternels.

La garde noble se prend en justice, engagement du gardien.

CCXXII. Si les dessusdits prennent la garde-noble, sont tenus la prendre en Justice, faire faire inventaire des biens meubles & immeubles des mineurs, & en rendre bon compte & reliqua.

Emolument de la garde.

CCXXIII. Et s'ils prennent ledit bail, ils ont les meubles desdits mineurs à leur profit, tant ceux qui leur sont advenus & escheuz, que ceux qui adviennent & escheent, durant le temps d'iceluy bail. Prennent aussi à leur profit les fruićts de toutes les terres feodales.

Charges des baillistres & gardiens.

CCXXIV. Sont lesdits baillistres tenus nourrir & entretenir à leurs despens, les enfans mineurs, selon leur estat, entretenir les maisons & heritages feodaux, & les rendre enfin dudićt bail en bon estat; relever les fiefs (*c*), payer les droićts pour ce deuz, descharger les charges & rentes foncieres, réelles & hypotheques sur lesdićts fiefs; & encores les acquitter & descharger de toutes debtes mobiliaires, obseques, funerailles & accomplissement du testament du deffunćt; ensemble les fraiz des procès concernans lesdićts fiefs. Et aussi sont tenus de faire inventaire de tous les tiltres des heritages & biens immeubles desdits mineurs.

Quels fruits n'entrent en l'émolument de la garde.

CCXXV. Et quant aux heritages censuels & roturiers, lesdićts baillistres n'en prennent les fruićts à leur profit, mais sont tenus de recevoir le revenu d'iceux, pour en rendre compte & reliqua ausdićts enfans mineurs, après le bail finy.

Age auquel finit le bail.

CCXXVI. Ledićt bail a lieu, pour le regard des masles, jusques à quatorze ans complets, & pour les femelles jusques à douze ans aussi complets.

A quoi le gardien n'est tenu, & ce dont il ne profite.

CCXXVII. Le baillistre n'est tenu de racheter & acquitter les rentes constituées. Aussi si pendant ledit bail se rachetoit aucune rente constituée, au profit desdits mineurs, les deniers dudićt rachapt n'appartiennent audit baillistre, ains ausdits mineurs.

Bail se prend en justice, dans quel delai.

CCXXVIII. Le bail se doit prendre en Justice, dedans quarante jours après la mort du pere ou mere du mineur.

Caution par le baillistre.

CCXXIX. Celuy qui prend ledit bail, est tenu de bailler bonne & suffisante caution, d'accomplir toutes les charges, ausquelles ledićt baillistre est tenu, appellez le Procureur du Roy, & les deux plus prochains parens du mineur, residans dedans le gouvernement, si aucuns y a, sinon autres voisins, ou amys dudićt mineur.

La veuve qui se remarie perd le bail.

CCXXX. Si la veufve qui a prins le bail ou garde noble, convole en autres nopces, elle perd ledit bail lequel appartient au plus prochain parent, ascendant du costé du pere en droićte ligne; mais si le pere ou ayeul ayans prins le bail se remarie, ne perd neantmoins ledićt bail.

De relief de bail.

CCXXXI. Le baillistre est tenu de payer au seigneur feodal, le relief de bail (*d*), qui est le revenu d'une année, & droićt de chambellage.

S'il n'y a gardien, sera donné tuteur.

CCXXXII. S'il n'y a pere ou mere, ayeul ou ayeule, ou qu'ils soient reffusans de prendre ledit bail ou garde noble, le Juge pourvoira au mineur d'un tuteur, comme il se faićt entre les roturiers.

Des comptes des tuteurs, curateurs & gardenobles, & émancipation par mariage.

CCXXXIII. Tuteurs, curateurs, & gardes nobles, sont tenus de rendre compte & reliqua en Justice de leur administration aux mineurs; & les laisser jouir de leurs biens si-tost qu'ils sont mariez, encores qu'ils n'eussent attaint l'aage de vingt-cinq ans.

Age pour administrer biens.

CCXXXIV. Aussi lesdits mineurs peuvent jouir de leurs biens ayans attainćt l'aage de vingt ans, encores qu'ils ne soient mariez, s'ils le requierent; toutesfois ne peuvent alicner leurs immeubles, ne contraćter d'iceux, auparavant l'aage de vingt-cinq ans.

De Retraićts.

Du retrait lignager, par qui peut être exercé: ce qui doit être remboursé.

CCXXXV. QUand aucun vend à personne estrange l'heritage à luy advenu par succession ou acquisition de ses parens, le lignagier dudit vendeur, de l'estoc, costé & ligne dont vient l'heritage, le peut retraire dedans l'an & jour (*e*) de la saisie & investiture, en rendant & remboursant

---

a ART. 215. *se doivent reduire.* Suivant l'Ordonnance du Roy Charles IX. du mois de Novembre 1565. & les Arrests. *Vide* M. Loüet, *litt. R. num. 12. ubi dixi.* J. B.

b ART. 216. *se prescrit par trente ans. Idem* de la faculté de racheter à toûjours, ou toutes-fois & quantes, ou pendant la vie du vendeur. M. Loüet, *litt. P. n. 21. ubi dixi.* J. B.

c ART. 224. *relever les fiefs. Infrà* art. 231. J. B.

d ART. 231. *le relief de bail. Suprà* art. 224. *hac consuetudo iniqua est & corrigenda.* Vide *not. mea. Paris. art. 46.* J. B.

e ART. 235. *le peut retraire dans l'an & jour.* Il est fait mention de cette Coutume de Peronne pour l'an & jour, *juxta municipii Peronensis consuetudinem approbatam* en une Decretale du Pape Gregoire IX. vers l'an 1230. *cap. Constitutus 8. extrà de in integ. restit.* Il y a *Peronensis* dans tous les anciens manuscrits, au lieu du mot barbare *Parosinensis*, qui est dans les livres imprimez comme j'ai montré plus amplement en mon Commentaire sur la Coutume de Paris, art. 129. *Vide Odofredum ad l. dudum, cod. de contrah. empt.* J. B.

audit acheteur les deniers de l'achapt, fraiz & loyaux cousts, par ledit acheteur desboursez, & baillant suffisante caution audict acheteur de l'acquitter & desdommager envers ledict vendeur, pour les deniers non desboursez.

Plus diligent preferé.

CCXXXVI. Le parent lignager, qui premier faict adjourner en retraict, est preferé à tous autres parens, venans après luy, encores qu'ils soient plus prochains du vendeur, en affermant par ledict retrayant, que le retraict qu'il faict est pour luy, & sans fraude.

De l'offre que doit faire le demandeur en retrait.

CCXXXVII. Si l'acheteur ne veut reconnoistre le lignager à retraict, ledit lignagier le doit faire adjourner pardevant Juge competent (*a*) & à la premiere assignation (*b*), offrir deniers à descouvert, pour le sort principal dudit achapt, fraiz & loyaux cousts, avec protestation d'augmenter, ou diminuer, après qu'il aura veu les lettres de vendition, & que le vray prix de l'achapt aura esté affermé par l'acheteur.

De la réitération des offres.

CCXXXVIII. Et pareille offre se doit faire & continuer à chacune assignation; jusques à contestation en cause inclusivement. Et à faute de ce faire, deschet ledict retrayant dudit droit de retraict, soit majeur ou mineur; n'estoit que ledit retrayant eust consigné deniers en Justice, partie presente ou appellée.

De la consignation faite par le lignager.

CCXXXIX. Et faisant ladite consignation de deniers au greffe, ou en main bourgeoise, par ordonnance de Justice, ledit lignagier faict les fruits siens, pendant le procès; & où il ne l'aura faicte, n'acquiert lesdits fruicts, ains appartiennent à l'acheteur.

L'an du retrait ne court que du jour de la saisine.

CCXL. Si l'acheteur a differé à se faire ensaisiner ou investir par dix, vingt ou trente ans, l'an de retraict ne court; ains commence à courir après ladite saisine ou investiture seulement.

Du remboursement, lorsque l'acquereur a tendu le giron.

CCXLI. Quand l'acheteur a recogneu le retrayant & tendu le giron (*c*) en la Justice où il est appellé, ou pardevant deux Notaires ou un Notaire & deux tesmoings; & qu'il a faict signifier à la personne dudit retrayant, ou à domicile, ladite recognoissance en retraict; ou quand ledit retrayant a obtenu jugement à son profit, ledit retrayant doit & est tenu dedans vingt-quatre heures après ladite reconnoissance ou jugement, exhibition du contract & affirmation de prix, rembourser ledit acheteur du sort principal & fraiz portez par le contract & affermez: ou bien declarer audit acheteur s'il a consigné lesdits deniers, qu'il consent que ledit acheteur les prenne, à son profit, & doit venir faire faire ladite declaration au greffe, ou l'envoyer faire par procureur, specialement fondé: Et si lesdits deniers qui sont au greffe ne sont suffisans, faut qu'il parface ce qui en deffaut; autrement à faute de ce faire, est ledit retrayant decheu de son retraict, soit majeur ou mineur.

Du remboursement des frais & loyaux coûts.

CCLXII. Et quant aux autres deniers, fraiz & loyaux cousts, qui ne sont portez par le contract, & ne sont liquidez, doit ledict retrayant en faire remboursement dedans vingt-quatre heures, après que la liquidation en aura esté faicte: autrement à faute de ce faire, en est decheu comme dessus.

Le retrayant ne prend saisine, & ne paye point de droits.

CCXLIII. Et après que ledit retrayant est receu audit retraict lignager, il peut jouir de la chose retraicte, sans qu'il soit tenu aller prendre saisine, & payer droicts seigneuriaux, si l'acheteur en avoit une fois esté saisi, & payé lesdicts droicts.

L'acheteur tenu remettre les titres, mais n'est garand.

CCXLIV. L'acheteur est tenu bailler & fournir audit retrayant les lettres d'acquisition, & tout ce qu'il aura, pour l'acquisition par luy faicte. En quoy faisant, n'est tenu d'aucune garandie envers ledict retrayant: lequel entre au droit dudit acheteur à ses perils & fortunes.

Si l'acquereur n'a payé les droits, le retrayant les devra.

CCXLV. Et si l'acheteur n'avoit esté ensaisiné, le retrayant doit prendre la saisine du seigneur, dont la chose est tenue: & payer les droits pour un achat & un marché seulement, sans que pour raison dudict retraict soit payé aucune chose.

De plusieurs heritages vendus par même contrat, & pour même prix, & comment le retrait y a lieu.

CCXLVI. Quand plusieurs heritages, dont les aucuns sont subjects à retraict lignager, & les autres non, sont vendus par un mesme contract, & pour un mesme prix, le retrayant ne peut avoir que ceux qui sont de son estoc & ligne: l'estimation desquels doit estre faicte à l'esgard du prix, dont le tout est vendu, & à la valeur & prisée de chacun desdits heritages. Et neantmoins peut l'acheteur, si bon luy semble, delaisser le tout audit retrayant, lequel en ce cas est tenu prendre le tout, & rembourser le pris total.

De vente d'heritage moitié paternels & moitié maternels, & du retrait qui y a lieu.

CCXLVII. Si le proprietaire d'aucuns immeubles à luy escheuz par succession de pere & mere, & qui avoient esté acquis par lesdicts pere & mere, en faict vendition à personne estrange: le lignagier du costé du pere ne peut retirer que la moitié venant du costé dudit pere. Et celuy du costé de la mere peut retirer l'autre moitié: mais si l'un des deux ne retire, l'autre doit retirer le tout, si bon semble à l'acheteur, & en la maniere cy devant dicte: autrement n'est receu à retraict.

Du retrait de my denier, & dans quel delai.

CCXLVIII. Quand l'un des conjoints par mariage, a retraict par proximité de lignage durant ledit mariage, un heritage vendu par son parent & lignagier, ou l'a acquis dudit parent & lignagier: luy ou son heritier, estant de l'estoc & ligne, après la dissolution du mariage, peut retenir le total dudit heritage, en rendant au survivant, ou à son heritier la moitié des deniers principaux, fraiz & loyaux cousts, dedans quarante jours (*d*) après ladite dissolution. Et à faute de ce faire, se partage ledit heritage par moitié.

CCXLIX. Et neantmoins le parent & lignagier dudit conjoinct par mariage, peut dedans l'an & jour de ladite dissolution, retirer ladite moitié sur le survivant, ou son heritier qui n'est dudit lignage (*e*), en le remboursant de la moitié dudit sort principal, & loyaux cousts.

Voye d'exclure le retrait de my denier.

CCL. Toutesfois, si le lignagier de l'un des conjoincts, qui ont acquis par retraict ou autrement, veut après la dissolution du mariage retirer du survivant non lignagier, la part qui luy est escheue, pourra ledit survivant declarer qu'il entend que ladite portion demeure aux enfans du predecedé lignagier: & ce faisant & delaissant actuellement ledit heritage ausdits enfans, ledit poursuivant en retraict en sera exclud.

---

a Art. 237. *pardevant juge competent.* C'est-à-dire, le Juge ordinaire de l'acquereur, où celui du lieu où la chose est située, ce qui est au choix du retrayant, suivant la décision de l'art. 233. de la Coutume generale de Vermandois, qui a été étendue en cette Coutume par Arrest du Lundy 12. Decembre 1633. M. le Premier President de Jay seant, plaidans Tubeuf & Duchemin. *Vide not. mea* sur M. Louet, *litt. R. num. 51.* J. B.

b *à la premiere assignation.* C'est-à-dire en jugement, lors de la comparition des parties pardevant le Juge; & qu'il n'est pas necessaire que l'exploit du sergent contienne aucunes offres; ainsi jugé par Arrest du 6 May 1653. après acte de notorieté du siege de Montdidier. *Soefve Cent. 4. ch. 85. tome 1* C. B. R.

Jugé par Arrest du 6. May 1651. *Mon Receuil d'Arrest, liv. 2. Arrest 30.* J. M. R.

c Art. 241. *tendu le giron.* Tendre le giron, se dit lorsque l'acquereur acquiesce à la demande en retrait.

d Art. 248. *dedans quarante jours.* On m'a demandé si après les quarante jours le survivant peut exercer le retrait lignager dans l'an comme les autres parens, en vertu de l'art. 249. *deliberandum* J. M. R.

e Art. 249. *ou son heritier qui n'est dudit lignage. Quid?* si quelques-uns des heritiers sont parens, les autres non. J. M. R.

CCLI.

Cas esquels retrait n'a lieu en donation. CCLI. En donation faicte sans fraude, retraict n'a lieu.

Echange, s'il n'y a soulte. CCLII. En eschange d'heritage, retraict n'a lieu, sinon qu'il y ait soulte de deniers excedant la moitié de la chose eschangée; auquel cas y a lieu de retraict, en remboursant les deniers de la soulte, & payant la valeur & estimation de la chose baillée en contre-eschange.

Bail de cens & surcens. CCLIII. En bail de cens & surcens n'y a retrait; mais si ledit cens ou surcens est depuis vendu, le lignagier peut retirer ledit cens & surcens.

En vente d'acquêts, exception. CCLIV. En vendition d'acquests, retraict n'a lieu, sinon que l'acquest ait esté faict de parens lignagiers ausquels la chose appartenoit de propre; auquel cas le lignagier venant de l'estoc & ligne dont procedent lesdits biens, les peut retraire, si celuy qui a faict ledit acquest le revend à estranger.

Du retrait feodal ou de retenue par puissance de fief, & dans quel tems. CCLV. Quand le proprietaire d'aucuns immeubles feodaux ou censuels, à luy appartenans de propre ou acquest, en fait vendition, le seigneur feodal ou censuel les peut retraire & reunir à sa table, dedans quarante jours après que les venditions luy ont esté notifiées & communiquées; en rendant par luy à l'acheteur les deniers de l'achat, qui ont esté par luy desboursez, avec les frais de lettres & loyaux cousts; & l'acquittant, asseurant & desdommageant envers l'acheteur pour ceux qui n'ont esté desboursez, & dont y a terme de payer.

Quand en est déchû. CCLVI. Et si dedans lesdits quarante jours il ne faict ledit retraict & remboursement, il ne le peut plus faire; & est tenu de vestir & saisir l'acheteur en luy payant les droicts seigneuriaux pour ce deuz.

Le lignagier est preferé au seigneur de fief. CCLVII. Mais si la vendition avoit esté faicte d'heritage propre à un parent de l'estoc & ligne du vendeur, le seigneur n'auroit retraict sur luy; ains au contraire, le parent lignagier le peut retraire sur le seigneur, qui l'auroit retenu d'un acquereur estranger, par puissance de fief & seigneurie, & ce dedans l'an & jour de la retention par luy faicte, en luy rendant les deniers, & payant les droicts seigneuriaux.

De Rentes & Hypothecques, Nantissemens, Dessaisines & Saisines.

A Montdidier contrats engendrent hypotheque. CCLVIII. En la Prevosté de Montdidier, hypothecque se constitue par obligation passée pardevant Notaire, sous seel Royal (a).

A Peronne & Roye la réalisation est requise. CCLIX. Mais ès Prevostez de Peronne & Roye, est requis que les contracts soient realisez par nantissemens, pour l'effect & constitution de ladite hypothecque.

Comment se fait le nantissement. CCLX. Lequel nantissement se doit faire par l'exhibition du contract passé sous seel Royal ou autentique, au seigneur du lieu, ou garde de la Justice. Et sera ledit nantissement endossé audit contract par ledit seigneur, ou garde de Justice; & contiendra ledit endossement, les terres que l'on entend hypotequer. Et de tout sera faict registre au greffe dudit seigneur, s'il en a, sinon au greffe du plus prochain Juge Royal du lieu.

Comment se fait en temps de guerre. CCLXI. Neantmoins en temps d'hostilité, se pourront lesdits nantissemens faire pardevant les Juges Royaux & ordinaires; à la charge de iceux faire signifier audit seigneur ou ses officiers, & leur en bailler coppie signée par le Greffier.

Pour nantissement n'est dû droit. CCLXII. Pour lesdits nantissemens, n'est deu aucun droict seigneurial, soit feodal ou censuel.

Hypotheque a lieu du jour du nantissement à Peronne & Roye. CCLXIII. Esdites Prevostez de Peronne & Roye, hypothecque a lieu du jour dudit nantissement seulement.

De saisine ou dessaisine, & où elle est requise. CCLXIV. Par tout ledit gouvernement, en tous contracts d'alienations & transports, est requis dessaisine & saisine, pour acquerir droict de proprieté, qui se faict en ceste maniere; assavoir, que les deux contractans doivent comparoir pardevant le Bailly ou Lieutenant du lieu dont les heritages sont tenus & mouvans; & illec declarer en presence du Greffier & deux tesmoings, le contract qui aura esté faict, dont sera faict acte, qui vaudra dessaisine & saisine, sans autre solennité.

Quelle jouissance équipolle à saisine. CCLXV. Jouissance paisible de dix ans, équipolle à dessaisine & saisine.

Donations esquelles la saisine n'est requise. CCLXVI. Toutesfois ès donations faites d'heritages à heritiers presumptifs, & en faveur de mariage (b); & aussi ès donations mutuelles entre mary & femme, n'est requis dessaisine ne saisine, pour acquerir droict de proprieté des choses données.

En franc aleu n'y a saisine. CCLXVII. En franc alleu n'y a dessaisine ne saisine.

Sentences emportent hypotheque. CCLXVIII. Sentences de Juges, cedules recognues ou verifiées en Jugement, emportent hypoteque du jour desdites sentences & recognoissances, encores qu'il n'y ait nantissement.

Les mineurs & femmes mariées ont hypotheque sans nantissement sur les biens de leurs tuteurs & maris. CCLXIX. Les mineurs ont hypoteque sur les biens de leurs tuteurs & curateurs, pour raison de leur tutelle & administration; pareillement la femme, pour raison de son douaire, & autres conventions matrimoniales, a hypothecque sur les biens de son mary, sans que pour ce soit requis aucun nantissement.

Rentes constituées reputées immeubles, quoique non realisées. CCLXX. Rentes constituées à prix d'argent ou autrement, sont reputées immeubles (c), & tiennent lieu d'heritage, encores qu'elles n'ayent esté réalisées & nanties.

Du delaissement d'heritage par un tiers detenteur. CCLXXI. Tiers detenteur d'heritage, chargé de rente, peut estre poursuivy pour icelle, & pour les arrerages du temps qu'il a esté detenteur, sans discussion du personnellement obligé, ou ses heritiers. Toutesfois en delaissant ledit heritage, & y renonçant auparavant contestation en cause, il n'en est tenu; mais s'il conteste & succombe, il est tenu de payer les arrerages de son temps, encores qu'il delaissast ledit heritage.

Action hypothequaire ne se divise. CCLXXII. Possesseur & detenteur d'heritage chargé de rente, peut estre poursuivy hypothecairement pour toute ladite rente, encore qu'il ne tienne tout ledit heritage, ains seulement partie d'iceluy, & sans division d'icelle rente; & sauf à luy son recours contre les autres detenteurs.

Qui n'est obligé personnellement, peut abandonner l'heritage. CCLXXIII. Toutesfois, peut delaisser & abandonner ledit heritage, en la maniere que dessus, s'il n'est obligé personnellement.

Ainsi signé, DE THOU, B. FAYE & VIOLE.

a Art. 258. *sous seel royal.* Sans qu'il soit besoin de nantissement, lequel n'est point d'usage en la Prevôté de Montdidier, mais seulement en celle de Peronne & Roye, comme il est dit en l'article suivant, du jour duquel seulement hypotheque a lieu, art. 263. mais en tout le Gouvernement, & en tous contrats d'alienation & transports, pour acquerir droit de proprieté, est requis dessaisine & saisine, art. 264. J. B.

C'est-à-dire qu'il faut que le Notaire soit Royal, & non que l'hypotheque n'ait lieu que du jour que l'obligation a été scellée, le scel étant inutile pour l'hypotheque. J. M. R.

b Art. 266. *& en faveur de mariage.* Arrest à la prononciation du 30. Octobre 1556. jugé que la donation faite par une mere en faveur de mariage n'étoit sujette à nantissement. T. C.

c Art. 270. *sont reputées immeubles.* Donc elles se payent sur les terres & immeubles, *pro modo emolumenti*, entre l'aîné & les puînez, *suprà* art. 198. J. B.

PROCÉS VERBAL.

L'AN mil cinq cens soixante sept, le Dimanche quatorziesme jour de Septembre, Nous Christofle de Thou, Chevalier, Conseiller du Roy nostre Sire en son privé Conseil, & premier President en sa Court de Parlement, Barthelemy Faye & Jacques Viole, Conseillers dudit seigneur en sadite Court de Parlement, sommes arrivez en la ville de Peronne, pour en icelle estre par nous procedé à la redaction des Coustumes de Peronne, Montdidier & Roye, suivant les lettres patentes dudit seigneur à nous addressées, & autres de feuz de bonne memoire les Rois Henry & François, ses pere & frere: desquelles, ensemble de nostre Commission la teneur ensuit.

HENRY par la grace de Dieu, Roy de France, à nos amez & feaux maistres Christofle de Thou, President, Barthelemy Faye & Jacques Viole, Conseillers en nostre Court de Parlement à Paris, SALUT ET DILECTION: Comme vous ayez par cy-devant esté par nous commis à rediger & mettre par escrit les Coustumes de nos pays & provinces, ressortissans en nostredite Court de Parlement, qui n'auroient encores esté accordées & redigées, ou si accordées & redigées auroient esté, les procès verbaux d'icelles seroient perdus & adhirez: suivant laquelle commission, auriez redigé & mis par escrit plusieurs Coustumes desdits pays & provinces; & depuis par autres nos lettres de commission, auriez esté commis à rediger les Coustumes de nos pays & Comté du Maine, Duchez d'Anjou & de Touraine. Lesquelles combien que par cy-devant eussent esté redigées, & les procès verbaux faits sur la redaction d'icelles, mis au Greffe de nostredite Court de Parlement; Toutesfois lesdits procès verbaux estoient chargez de plusieurs renvois faits en nostredite Court. Et aussi se seroient meuz plusieurs differends sur l'interpretation de plusieurs articles desdites Coustumes, pour lesquels auroit esté besoing informer par turbes de tesmoings, sur la maniere d'en user aux grands fraiz & foule de nos subjets. Laquelle derniere commission n'auroit encores esté par vous executée. Aussi qu'en plusieurs autres pays & provinces, ressortissans en nostre-dite Court, se seroient trouvées plusieurs Coustumes dures, iniques & desraisonnables, mesmes en nostre Bailliage de Meleun, auquel representation n'a lieu en ligne directe, dont plusieurs plainctes nous auroient esté faites.

SÇAVOIR FAISONS, que nous desirans le bien & soulagement de nosdits subjets, la matiere par nous mise en deliberation, avec aucuns princes de nostre sang, & gens de nostre Conseil privé, estans lez-nous: Avons ordonné, voulons & nous plaist, que vous ayez le plustost que faire se pourra à executer le contenu en nosdites lettres de commission, à vous par cy-devant adressées. Et outre reformer, rediger & arrester de nouvel les Coustumes de nostredit Bailliage de Meleun; & pour cest effect vous transporter tant en nostre ville de Meleun, que ès villes du Mans, Tours, Angers, Poictiers, la Rochelle, Loudun, Auxerre, & autres villes comprinses en nosdites lettres de commission; vous permettant à ceste fin de desemparer nostredite Court, durant le temps de la seance d'icelle, pour par vous trois, ou deux de vous, par defaut ou empeschement du tiers, pourveu que vous de Thou President y puissiez assister, vacquer à la redaction & reformation desdites Coustumes. Et en chacune desdites villes, convocquer & assembler les gens des trois Estats de chacune desdites Provinces: Lesquels à ce faire seront contraincts, à sçavoir les gens d'Eglise, par prinse & saisie de leur temporel; & les gens laiz, par prinse & saisie de leurs biens meubles & immeubles, & ce nonobstant oppositions ou appellations quelsconques, & sans prejudice d'icelles. En presence & du consentement desquels Estats, vous enjoignons de nouvel, rediger & accorder, & si besoin est, muer, corriger & abroger lesdites Coustumes, ou partie d'icelles; & faire vos procès verbaux des debats & oppositions qui seront faits, en procedant par vous à la redaction & accord d'icelles, en la maniere deue & accoustumée; pour lesdites Coustumes ainsi redigées, accordées, moderées ou corrigées comme dit est, estre publiées & enregistrées ès greffes des principaux sieges de chacune desdites provinces; & doresnavant gardées & observées comme loy, & edict perpetuel & irrevocable.

VOULONS aussi & nous plaist, que lesdites Coustumes ainsi par vous redigées, ayez à faire taxe des fraiz qu'il aura convenu faire pour la redaction d'icelles, ensemble des vacations & sallaires d'aucuns de noz officiers, qui pour assister à ladicte redaction, auroient esté distraits de l'exercice ordinaire de leurs offices, & de tous autres fraiz qu'il aura convenu faire, pour raison & en consequence d'icelle redaction, lesquels fraiz voulons estre prins & levez sur les gens des trois Estats de chacune desdites provinces, qui auront esté convoquez & appellez à la redaction de leurs Coustumes; & ce par les contrainctes, forme & maniere qui ont esté par cy-devant observées, en la levée des deniers par vous taxez en semblables affaires & commissions. De ce faire vous donnons pouvoir, autorité, commission & mandement special par ces presentes; en revoquant par nous toutes autres commissions à ce contraires, si aucunes en y a. Mandons & commandons à tous nos Justiciers, Officiers & subjets, à vous en ce faisant obeir: car tel est nostre plaisir. Donné à Paris le douziesme jour du mois de Fevrier, l'an de grace mil cinq cens cinquante-huict, & de nostre regne le douziesme. Ainsi signé par le Roy, FIZES, & seellées du grand seel sur simple queue de cire jaune.

FRANÇOIS par la grace de Dieu Roy de France, à nos amez & feaux, maistres Christofle de Thou President, Barthelemy Faye & Jacques Viole, Conseillers en nostre Cour de Parlement, Salut: Comme par lettres patentes de feu nostre très-honoré seigneur & pere le Roy Henry, que Dieu absolve, données à Paris le douziesme jour de Fevrier dernier, vous ait esté enjoinct, selon vos commissions precedentes, & la nouvelle commission, contenue par lesdites patentes, de proceder tant à la redaction des Coustumes de nos pays & Provinces, ressortissans en nostredite Cour de Parlement, qui n'auroient encores esté accordées & redigées; ou si accordées & redigées auroient esté, les procès verbaux d'icelles seroient perdus & adirez; que aussi des Coustumes de plusieurs de nosdits pays & Provinces, ressortissans en nostredite Cour, lesquelles combien que par cy-devant elles eussent esté redigées, les procès verbaux faits sur la redaction d'icelles, estoient chargez de plusieurs renvois faits en nostredite Cour. Et aussi se seroient meuz plusieurs differends sur l'interpretation de plusieurs articles desdites Coustumes, pour lesquels auroit esté besoing informer par turbes de tesmoings, sur la maniere d'en user, aux grands frais & foule de nos subjets; & pour cest effect vous eust esté enjoint de vous transporter ès villes de Meleun, le Mans, Tours, Angiers, Poictiers, la Rochelle, Loudun, Auxerre & autres, comprinses esdites lettres de commission. Vous permettant à ceste fin de desemparer nostredite Cour, durant le temps de la seance d'icelle, pour par vous trois, ou deux de vous, par le defaut & empeschement du tiers, pourveu que vous de Thou President y puissiez assister, vacquer à la redaction & reformation desdites Coustumes; & en chacune desdites villes, convoquer & assembler les gens des trois Estats, de chacune desdites Provinces par les contrainctes plus à plain contenues esdites lettres, suivant lesquelles auriez du vivant de nostredit feu seigneur & pere, envoyé en aucunes d'icelles villes vos commissions, pour faire convoquer & assembler lesdits Estats.

Pource est-il que nous, voulans pour le bien & utilité de nosdits pays, estre par vous procedé à l'execution desdites lettres : Vous avons de nouvel commis & commettons à la redaction desdites Coustumes, & faire tout ce qui vous est mandé par lesdites lettres, tout ainsi qu'eussiez peu faire du vivant de nostredit feu seigneur & pere. Mandons & commandons à tous nos Justiciers, Officiers & subjets, à vous, en ce faisant estre obey; car tel est nostre plaisir. Donné à Paris le vingt-quatriesme jour du mois de Juillet, l'an de grace mil cinq cens cinquante-neuf; & de nostre regne le premier : Ainsi signé, par le Roy en son Conseil, Huraut, & seellé du grand seau sur simple queue de cire jaune.

François par la grace de Dieu Roy de France, à nos amez & feaux maistres Christofle de Thou, President, Barthelemy Faye & Jacques Viole, Conseillers en nostre Cour de Parlement à Paris, Salut & dilection : Comme feu nostre très-honoré seigneur & pere le Roy dernier decedé, vous eust par cy-devant commis, pour arrester & rediger par escrit les Coustumes de plusieurs Provinces, ressortissans en nostredite Cour de Parlement; mesmement celles qui n'ont esté encores arrestées & redigées par escrit, du nombre desquelles sont les Coustumes du gouvernement de Peronne, Montdidier & Roye. Et suivant ce, eussiez decerné & envoyé vos commissions au Gouverneur desdits Peronne, Mondidier & Roye, & à ses lieutenans esdits sieges desdits Peronne & Montdidier. Lesquels, ensemble les manans & habitans desdites deux villes ne se seroient trouvez d'accord, voulans les uns que l'assemblée des trois Estats se fist audit Peronne, comme ville capitale, & les autres audit Montdidier, comme siege principal, & de plus grande estendue que celuy de Peronne. Et depuis nostre advenement à la couronne, vous eussions de nouvel commis à la redaction desdites Coustumes; à quoy vous auriez procedé, mesmement en nos Duché de Touraine & Comté de Poictou, & differé de vous transporter audit Peronne ou Montdidier, pour occasion dudict differend.

Nous, ce consideré, vous mandons, & très-expressement enjoignons par ces presentes, que sans prejudice aux preéminences & prerogatives de chacune desdites villes de Peronne & Montdidier, & de leurs sieges, vous transportez en nostredite ville de Peronne, & procedez à ladite redaction, tout ainsi que par nosdites lettres, & celles de nostredit feu seigneur & pere, vous est mandé; car tel est nostre plaisir, nonobstant quelconques ordonnances, restrinctions, mandemens, deffences & lettres à ce contraires. Donné à Montfort, le premier jour de Juillet, l'an de grace mil cinq cens soixante, & de nostre regne le premier. Ainsi signé, par le Roy en son Conseil, Huraut; & seellé sur simple queue de cire jaune.

Charles par la grace de Dieu Roy de France, à nos amez & feaux, maistres Christofle de Thou, premier President, Barthelemy Faye & Jacques Viole, Conseillers en nostre Court de Parlement à Paris, Salut : Comme par cy-devant vous ayez esté commis pour rediger les Coustumes de nostre Royaume, non ayans esté redigées par escrit, & celles redigées par escrit dont les procès verbaux des commissaires ne se trouvoient, ains avoient esté perdus. Aussi celles esquelles y avoit encores plusieurs difficultez, perplexitez & ambiguitez, dont remises avoient esté faictes en nostredite Cour, encores qu'elles eussent esté redigées par escrit, & que les procès verbaux se trouvassent. Et ayant esté advertis, que entre autres Coustumes non redigées par escrit, sont celles de Peronne, Montdidier & Roye, au grand interest & dommage de nos subjets. A ces causes, vous mandons & enjoignons, & aux deux de vous, en l'absence, maladie ou empeschement du tiers, que vous ayez à vous transporter en celle de noz villes de Peronne ou Montdidier, que vous trouverez la plus propre & commode; & là procedez à la redaction desdites Coustumes, en la plus prompte expedition qu'il vous sera possible, gardant en ce les solennitez en tel cas requises, & selon qu'il est accoustumé d'estre faict en semblable cas; car tel est nostre plaisir. Mandons & commandons à tous nos Justiciers, Officiers & subjects, que à vous, en ce faisant, soit obey. Donné à Molins, le dixiesme jour de Fevrier, l'an de grace mil cinq cens soixante-six, & de nostre regne le sixiesme. Ainsi signé, par le Roy en son Conseil, Bourdin. Et seellé sur simple queue de cire jaune.

Christofle de Thou, Chevalier, premier president en la Cour de Parlement à Paris, & Conseiller du Roy en son privé conseil; Barthelemy Faye & Jacques Viole, Conseillers dudit seigneur en ladite Cour de Parlement, commissaires en cette partie, au Gouverneur de Peronne, Montdidier & Roye, ou ses lieutenans, Advocats, & Procureurs & autres Officiers dudit seigneur audit gouvernement, en chacun desdits sieges. Comme nous ayons, par lettres patentes des feux Rois Henry & François, que Dieu absolve, & aussi par autres lettres patentes du Roy Charles à present regnant, données à Molins le dixiesme Fevrier dernier, esté commis pour faire arrester les Coustumes de plusieurs sieges & Bailliages, ressortissans en ladite Cour de Parlement; mesmement dudit gouvernement de Peronne, Montdidier & Roye, & nous ait esté enjoinct par ledit seigneur, de nous transporter en ladite ville de Peronne, & illec proceder à la redaction desdites Coustumes, en la plus prompte expedition qui nous sera possible, gardant en ce les solennitez en tel cas requises, & selon qu'il est accoustumé estre fait en semblable; & depuis ledit seigneur nous ait commandé de nous transporter en ladite ville de Peronne.

A ceste cause, vous mandons de l'auctorité & pouvoir à nous donné par ledit seigneur, que vous faciez assembler les subjets de vostredit gouvernement, enclaves & anciens ressorts d'iceluy, & ceux qui par lesdites lettres patentes a esté ordonné estre appellez à certain & competant jour, duquel nous advertirez, auquel jour esperons avec l'aide de Dieu, nous trouver audit lieu de Peronne, pour le lendemain estre procedé à la redaction des Coustumes de vostredit gouvernement, enclaves & anciens ressorts d'iceluy. Pour cette cause ferez faire commandement aux gens des trois Estats, sous les peines & contraintes contenues en icelles lettres patentes, de comparoir audit jour. De ce faire vous donnons pouvoir, en vertu de celuy à nous donné. Mandons & commandons à tous les justiciers, officiers & subjets dudit seigneur & autres qu'il appartiendra, que à vous en ce faisant obeissent. DONNÉ à Paris, sous noz seings & seels, le onziesme jour de janvier l'an mil cinq cens soixante-sept. *Ainsi signé*, DE THOU, FAYE & VIOLE : & seellé en trois placards de cire rouge.

ET le Lundy quinziesme jour dudit mois de Septembre, à heure de sept heures du matin, nous sommes transportez en l'hostel de Jean Desmerliers, lieu esleu & preparé, pour par nous estre procedé à la redaction desdites Coustumes : Auquel lieu, après que de notre ordonnance a esté faicte lecture par le greffier à ce commis, desdites Lettres de Commission, a esté par maistre Robert Aliemard procureur du Roy audit siege de Peronne, dit & remonstré que suivant le vouloir dudit seigneur, & en vertu desdites Lettres de Commission, adjournement auroit esté fait, & assignation donnée aux gens des trois Estats dudit gouvernement de Peronne, Montdidier & Roye, à ce jourd'huy quinziesme Septembre, & autres jours ensuivans, à comparoir en ladite ville de Peronne, pardevant nous, requerant qu'ils fussent appellez. Ce que avons ordonné estre fait par ledit greffier, & se sont presentez ceux qui ensuivent.

ESTAT DE L'EGLISE ou Clergé.

ET PREMIEREMENT POUR L'ESTAT DE L'EGLISE, Reverend pere en Dieu, messire Jean de Hangest, pair de France, Evesque & Comte de Noyon, seigneur de Waly, & autres terres assises en la prevosté de Roye, comparant par maistre Jean Laignier avocat audit Peronne, son advocat & conseil. Les doyen, chanoines & chapitre de Notre-Dame dudit Noyon, par ledit Laignier, à cause de leur terre & seigneurie de Mathegny, & autres terres & seigneuries qu'ils ont assises en la prevosté dudit Peronne. Le reverendissime & illustrissime Cardinal de Bourbon, Abbé & Comte de Corbie & Dourcamp, à cause de ladite Abbaye & comté de Corbie seigneur temporel de Buz, Fescamps, Boullongne, Hanvillier, Foucquecourt, Poupincourt, & Marquevillier en partie ; & à cause de ladite Abbaye de Dourcamp, seigneur de Grony : Toutes les terres dessusdites assises en la prevosté de Roye ; & encores seigneur de Themes, assis en la prevosté de Montdidier : & les religieux, prieurs & convens desdites abbayes, comparant par maistre Loys Chastelain, lieutenant de Noyon, son procureur & conseil. Le reverendissime Cardinal de Chastillon, Evesque & Comte de Beauvais, Vidame de Gerberoy, pair de France, par maistre Nicole le Cat son procureur, assisté de maistre Matthieu Lescouvette, advocat fiscal dudit seigneur.

LE reverendissime Cardinal de Crequy, Evesque d'Amiens, Abbé de Moreul, prevosté de Montdidier, & de son chef seigneur temporel dudit Moreul : & encores comme Evesque d'Amiens, seigneur de Rouvray, prevosté de Roye, comparant par maistre Antoine Vignon son advocat & conseil. Reverend pere en Dieu messire Jacques Amyot, Abbé de sainct Cornille de Compiegne, & les religieux dudit lieu, seigneurs temporels à cause de ladite Abbaye, de Roye sur le Mats, Mareul & Erches, prevosté de Roye, comparant par maistre Pierre l'Escuyer leur bailly esdites terres. Reverend pere en Dieu messire Charles de Humieres, Evesque de Bayeux, Abbé des abbayes de sainct Riquier, saint Quentin lez Beauvais, & de sainct Martin au Bois : & les prieurs, religieux & convens desdites abbayes, comparans par maistre Antoine Vignon advocat audit Montdidier, & Nicolas Remnet bailly de ladite abbaye de sainct Riquier. Reverend pere en Dieu messire Jacques de Haplincourt, Abbé commandataire du mont sainct Quentin, comparant par maistre Antoine de Leaue, & les religieux, prieur & convent dudit lieu, comparans par Domp Antoine le Sage, prieur dudit lieu. L'Abbé, religieux, prieur & convent de sainct Nicolas d'Arrouaise, comparans par ledit Laignier leur bailly. Les Abbé, religieux, prieur & convent de sainct Vaast d'Arras, comparans par maistre Antoine Sohier leur procureur. Les religieux, abbé & convent Notre-Dame de sainct Just, prevosté de Montdidier, par maistre Claude Wyon leur bailly. Maistre Philbert de l'Orme abbé des abbayes de sainct Eloy & sainct Barthelemy de Noyon, & les religieux, prieur & convent desdites abbayes, comparans par maistre Guillaume le Fevre leur procureur, pour leurs terres & seigneuries de Ouvecourt & Canny, prevosté de Peronne : Vocly & Maricourt, prevosté de Montdidier : & Buverigne, prevosté de Roye. Reverend pere en Dieu Jean de la Roze, abbé de Vauxcelles, & les religieux, prieur & convent dudit lieu, comparans par ledit Laignier leur bailly. Les doyen, chanoines & chapitre de sainct Foursy de Peronne, comparans par maistre Claude Chauleu doyen, & Simon l'Apostolle chantre, Antoine Hochette official, Artus de sainct Just & Philippes Roussel prestres, chanoines de ladite Eglise, ledit Roussel curé de l'Eglise parochiale de sainct Jean-Baptiste dudit Peronne, assistez de maistre Antoine de Leaue leur procureur. Les doyen, chanoines & chapitre de l'Eglise Notre-Dame de Rheims, par Baptiste de Haussy leur procureur. Les doyen, chanoines & chapitre de l'Eglise Notre-Dame d'Amiens, par maistres Raoul du Chesne, archidiacre de Ponthieu, & Pierre de Hauruvin, chanoine de ladite Eglise. Les Chapelains de ladite Eglise d'Amiens seigneurs de Chastel, comparans par ledit Hennocque leur procureur. Les doyen, chanoines & chapitre de sainct Pierre de Beauvais, par ledit de Haussi leur procureur. Les doyen, chanoines & chapitre de sainct Quentin en Vermandois, par ledit de Haussi. Les doyen, chanoines & chapitre de Clermont en Beauvoisis, pour leur terre & seigneurie de Fournival, comparans par maistre Claude Wion leur procureur. Les religieux, prieur & convent des Celestins sainct Antoine en Amiens, pour leur terre & seigneurie du Quesnoy & cense de Falars, tenue du Roy, par ledit de Haussi leur procureur. Frere Jehan Rondeau, ministre du Temple le Fossé, par ledit Blancpain. Domp Jehan Capperon prieur de Doing, present frere Antoine des Hayes. Les religieux, prieur & convent de sainct Arnault de Crespy en Vallois, seigneurs du fief Davennes, comparans par ledit Hennocque leur procureur. Les dames religieuses, abbesse, prieure & convent de l'Eglise & monastere de la Franche Abbaye au Bois lez-Beaulieu, pour leur seigneurie de ladite Abbaye au Bois, cense de Gencourt, & autres terres & revenu temporel, assises ausdits gouvernemens de Peronne, Montdidier & Roye, comparantes par ledit Blancpain, pour Philippes Froisseul leur procureur & bailly de leursdites terres. Les dames de Maubeuges, pour leurs terres & seigneurie de Halle, prevosté de Roye, comparantes par Michel Geraut leur fermier & procureur. Maistre Ozias Cadenet, prieur de Vasllonay, & seigneur temporel dudit lieu, prevosté de Roye, comparant par ledit Blancpain son procureur. Les doyen, chanoines & chapitre de l'Eglise de Paris, pour leur terre Dayencourt, prevosté de Montdidier, par Claude Hennocque leur procureur. Les doyen, chanoines & chapitre de l'Eglise de sainct Florent de Roye, pour leurs terres & seigneuries qu'ils ont assises audit gouvernement, comparant par maistre Loys de Beronne escuyer, leur advocat & conseil. Les doyen, chanoines & chapitre de l'Eglise Notre-Dame de Nesle, pour les terres & seigneuries à eux appartenans, situées ès villages de Bouchoire, Cresmery, Fouchette & plusieurs autres lieux assis en la prevosté de Roye, comparans par maistre Jean Dille, Escolatre (a), & chanoine de ladite

a *Escolatre*. C'est le maitre d'école, qui est appellé ordinairement *Scholasticus Ecclesiæ*.

Eglise leur procureur. Les prieur, religieux & convent des Celestins sainct Antoine en Amiens, pour les terres qu'ils ont audit gouvernement, par ledit Haussi. Maistre Paul de Foix, conseiller du Roy en sa Cour de Parlement, prieur de Lihons, & les religieux dudit lieu, comparans par Jean de la Verdure leur procureur. Maistres Hugues Rebourse prestre, curé de Longueval: Simon Caucuel, curé de Guyguemont & Guichy: Antoine du Bois, curé de Chaulnes & de Lihons: François du Plessier, curé de Brevy: Jacques de Pestelle, curé de Ablaincourt: Antoine Maunoury, curé de Pressoir: Gentian Pellerier, curé de Soicourt: Adrien de la Porte, curé de Vermanduiller: Nicole Rabache, curé de Fresnes: Damien Lavallart, curé Destrées: Jean de Vaux, curé du Mesnil lez Brunetel: Adrien Brahier, curé de Carthegny: Bandel Hennocque, curé de Lincourt: Jacques Chastelain, curé de Faluy: Pasquier Trenecon, curé de Dennemaing: Jeremie Roussel, curé de l'une des cures d'Arthies: Pasquier Bauchard, curé de Denise: Robert Hadeugne, curé de Trety: Jean Marie, curé de l'une des cures de Mouchy la Gache: Robert de Bouvieres, vicaire de l'une des cures dudit Mouchy: Denis Fera, curé de Mathegny: Christofle Corner, curé de sainct Christ: Vincent Dolle, curé de Sizencourt: Jean de Brie, curé de Licourt: Jean Berthault, curé de Misery: Jean Cuissette, curé de Villiers Carbonnel: Antoine Maunoury, vicaire de Biache: Pierre Lescrivain, curé de Feullieres: Pasquier François, curé de Frizes: Martin Brunel, curé Descluziers: Guillaume le Clerc, curé de Cappy: Fremin Cope, curé de Suzanne: Matthieu Trippier, curé de Wanviller: Foursy de Vauchelles, curé de Proyart: Thomas Laquemant, curé de Harbonnieres: Raoul le Sot, curé de Sailly & Fregicourt: Gilles Godefroy, curé de Manencourt: Jean Goudaillier, curé de Molains: Salomon Denisart, curé d'Allaignes: Pierre le Bon, curé de Aizecourt: Olivier Tottée, curé d'Espenencourt: Ytalie de Latre, curé de Pargny: Quentin d'Ailly, curé de Morchain & Pottes: Pierre Dille, & Jean Geusse, curez de Pareing: Antoine Manequin, curé de Donnecourt lez Mont-royal: Jean Quentin, curé de Hyencourt le grand: Jacques Seneschal, curé de Hamel: Jean Barbier, curé de Clairy: Jean Boutine, vicaire de saincte Radegonde: Martin d'Oultre-vaux, curé de Han: Charles de saincte Christine, curé de Crevolu: François de Thieu, curé de Maricourt: Philippes Poulain, curé de Maurepas: Matthieu Saulvaise, vicaire de Montauban: Hugues de la Porte, curé de Meauté: Antoine Allart, vicaire de Bray: Andry Mallet, curé de Morlencourt: Andry Mallet le jeune, curé de Villiers le Verd: Jean Blondel, curé de Contalmaison: Jean Hullin, curé de Pozieres: Jean Basserie, curé de Oviller: Baulde Freslier, curé Dyrres: Jaspar Roger, curé de Faucaucourt: Adrien Vadin, curé de Harville: Antoine Doublet, vicaire de Framerville: Simon le Matte, curé de Chingnes: Jean Caudavoine, curé de Chingnolles: Jean Harle, vicaire de Mericourt: André Treppan, curé de Flaucourt: Antoine Desflagnes, curé de Herbecourt: Jean de Hervilly, curé de Becquincourt: Guillaume Coquerel, curé de Dompierre: Florent Quequel, curé Dasseviller & Fay: Laurens Vantare, curé de Belloy: François Caron, curé Dabarleux: Nicole de Vaux, curé de Drieucourt: Pierre Derches, curé de Longueavesnes, & Pierre de Villiers, curé d'Espeschy, & Domp Antoine Bruyant, curé de Millancour: tous les dessusdits de la prevosté de Peronne, presens: maistre Antoine du Firmeul prestre, curé de l'Eglise sainct Pierre de Roye, & de la cure de Balastre: Gilles de Horteville, doyen rural de Nesle, & curé d'Ogivolles: & Sebastien Clevet, curé de Solente, comparans par ledit Blancpain: Nicaise de la Mothe prestre, curé & doyen rural de Curchy present, & Antoine Liegaut, Escolatre de Roye, curé d'Omencourt: Nicole Mouton, curé de Gruny: Mathurin Greger, curé de l'Eglise sainct Gilles, fauxbourg dudit Roye: Pierre Morin, curé de l'Eglise de Chempieng: François de Freury, curé de Bierre: Artus le Fevre, curé de l'Eglise sainct Medard de Toulle, fauxbourgs dudit Roye, par Nicole Magin; curé de Carempuys: François Totel, curé de Marchealewarde: Nicole Oyen, curé de Retouviller: Christofle Robelin curé de l'Eglise de Lyencourt: Hubert Warpaut, curé de l'Eglise de Crapanmesnil: Jean Ricault, curé de l'Eglise sainct Jean d'Amy: François Bacquet, curé de l'Eglise de Fescamps: Noel Damaye, curé de l'Eglise de Couchy: Jean Chocquet, curé de l'Eglise de Camy: Bernard Venaut, vicegerent de l'Eglise de Mareul: Jean Cuveller, vicaire de l'Eglise de Warencourt, par ledit Blancpain: Charles Merlis, curé de l'Eglise du Montel: Jean Wicart, vicaire de l'Eglise de Verpelieres: Jean Gambart prestre, curé de Mancourt, & maistre Germain Tullart, curé de Chilly, comparans par ledit Blancpain: maistres Guillaume Desgranges, curé de Hallu: & Jacques Brebion, curé de Fraussart, comparans en personnes: maistre Antoine aux Enfans prestre, curé de Boullongne, par Morliere son procureur: Christofle du Bar, curé de Ricquebourg, & Hubert Marchant prestre, curé de la Neufville, par ledit de Haussi: maistres Antoine Commere, curé du Quesnoy: Jacques Fontaine, curé de la Berliere, & maistre Adrien Fournier, curé de Rouvroy: Jean Dille, curé de Herries, & Barthelemy le Fevre, curé d'Ostallors, presens en personnes, tous de la prevosté de Roye: maistres Jean Godart prestre, curé de Meriharicourt: Jean de Sachy prestre, curé de Beaufort: Jacques Dolain, curé Dorviller: Antoine Bouthel, curé de Warviller: Artus Bortel, doyen de Foulloy, & curé de Maisieres, & Martin Laignier prestre, curé de Quesnel, presens en personnes; & tous de la prevosté de Montdidier.

L'Estat de Noblesse.

Et pour l'Estat de Noblesse, sont comparus ceux qui s'ensuivent: Assavoir la Royne, mere du Roy tres-chrestien, comparant par maistre Romain Pasquier, juge ordinaire, & garde de la prevosté de Montdidier, bailly de ladite Dame en ses chastellenies, terres & seigneuries de Boneul le Plessier, le Warde, Mauger, le Herille, Mory & Mayere, assise en la prevosté de Montdidier; le Prince de Navare pair de France, comparant par Charles Nepveu son bailly, à cause de sa terre & seigneurie de Faluy, prevosté de Peronne; le Prince de Condé, tant en son nom que comme pere & legitime administrateur de messieurs ses enfans, pour les chastellenies de Bretheul, Francastel, Villiers le Vicomte, la Vicomté de Bretheul, seigneuries des grandes & petites Tournelles de Montdidier, Ally, Sourdon, Broye & Guerblegny, prevosté de Montdidier; & pour le fief de Roye, terres & seigneuries de Crapaumesnil, Cessoy, les fiefs de Clermont, Estangs de Trivot, Clabout & autres terres & seigneuries assises en la prevosté de Roye, comparant par maistre Pierre du Pré, prevost forain dudit Roye son bailly; messire Claude de Lorraine Duc d'Aumalle, à cause de sa terre & seigneurie de Harbonnieres, prevosté de Peronne, & Quez prevosté de Montdidier, comparant par Baptiste de Haussy, & Claude Hennocque ses procureurs; les Duc & Duchesse de Longueville, & d'Estouteville, à cause de leur chastellenie de Luchou, prevosté de Peronne, comparans par Sohier leur procureur; messire Jacques de Humieres seigneur dudit lieu, chevalier de l'ordre du Roy, & son chambellan ordinaire, capitaine de cinquante hommes d'armes, lieutenant general pour le Roy en son gouvernement de Peronne, Montdidier & Roye, seigneur d'Ancre & Bray, Becquincourt, Miraulmont, Beauregard, Pis, Islesherel, Becquerel, Fricourt, Bouzincourt, Aguicourt, & les Barres en partie, & de Meaulte prevosté dudit Peronne present; messire Charles de Halluuin chevalier de l'ordre, capitaine de cinquante hommes d'armes, seigneur de Piennes à cause de son Marquisat de Maignelets, Ferrieres, Rollo, Tricot, Fresloy, Tronquoy, Vaux, Royaumont & Goudanvillier, prevosté de Montdidier & de Ronssoy, Proyart & le Templeu le Guerard, prevosté dudit Peronne, par ledit Laignier, & maistre Pierre Bucquet ses advocat & procureur ; ledit cardinal de Crequy, seigneur de Moreul, Pierrepont, & la Neufville, messire Bernard, prevosté de Montdidier, par maistre Antoine Vignon avocat à Montdidier ; messire Anne de Montmorency, pair & connestable de France, seigneur d'Arvillier, Bouchoire, & le fief de Chasteau-Rouge, prevosté dudit Montdidier, Prenoy & la Mothe Havet, prevosté de Roye, comparant par ledit Vignon ; messire Loys de Saincte Maure, chevalier de l'ordre, Marquis de Nesle, Baron d'Aties & Cappy, prevosté de Peronne, & autres terres & seigneuries annexées audit Marquisat, assises en la prevosté de Roye, comparant par Jean de Meullen son procureur ; messire Loys Dougnyes, chevalier de l'ordre, comte de Chaulnes, baron de Briots, seigneur de Betizy, Foucaucourt & Pressouer, prevosté de Peronne ; & de Fouches & Fouchettes, Champieng, Fenissart & autres terres situées en la prevosté de Roye present ; messire François de Colligny, chevalier de l'ordre, seigneur d'Andelot, à cause des terres de Sailly, Courcelles aux Bois, & Beaussart prevosté de Peronne, comparant par maistre Anthoine Pelot son bailly ; messire René de Mailly, chevalier de l'ordre, seigneur baron dudit Mailly, prevosté de Peronne, de Bouliencourt & de Gratibus, prevosté de Montdidier, par ledit de Leaue son procureur ; messire François Gouffier, chevalier de l'ordre, seigneur de Crevecœur, Conteville, le Menil, les Allaiz, Saulchoy, Amchaut, moitié de Catheu & Flechies, prevosté de Montdidier, comparant par maistre Anthoine Lendormy, & Claude Hennocque ses procureurs ; messire Jean Descars, chevalier de l'ordre, seigneur de la Vauguyon, à cause de sa terre & seigneurie de Combles, prevosté de Peronne, comparant par maistre Jacques Hochede son bailly ; messire François de Hangest, chevalier seigneur de Genlis, pour la terre de Letaulle, prevosté de Montdidier, & Fresnoy prevosté de Roye, comparant par maistre Jean Fourvet son procureur ; dame Françoise de Batarnay, veufve de messire François d'Ailly en son vivant chevalier, vidame d'Amiens, baron de Picquiny, Raine-val, & la Broye, dame usufruictiere de la chastellenie dudit Raine-val, comparant par son bailly audit Raine-val ; messire Jean Destrées, chevalier de l'ordre, seigneur de Walieu, prevosté de Peronne, par Johel Roger son procureur ; messire Antoine de Bouchavennes, chevalier de l'ordre, seigneur dudit lieu, & Esquencourt, prevosté de Peronne, par maistre Foursy de Fremicourt son bailly ; messire Antoine de la Garde, chevalier de l'ordre, seigneur de Trenchelyon, pour la moitié de la chastellenie de Catheu, & Royqueval en partie, prevosté de Montdidier, comparant par maistre Pierre Boucquet son procureur ; messire Antoine de Hallevin, chevalier seigneur de Goyencourt, prevosté de Roye, comparant par Antoine Sohier son procureur ; messire François de Barbanson, chevalier seigneur de Heudicourt, Manencourt, prevosté de Peronne, seigneur de Cany, prevosté de Roye, & seigneur de Hengest Davesnecourt, prevosté de Mondidier, comparant par ledit Baptiste Haussy ; messire Antoine Dauxy, chevalier seigneur de la Tour, gentilhomme ordinaire de la chambre du Roy, seigneur de Bruvetel, & autres terres situées audit Peronne present ; messire Philippes de Longueval seigneur de Haraucourt, à cause de ses terres de Beaumont, & Grande nory à Peronne, comparant par maistre Jean de la Verdure son procureur ; messire François de Soyecourt, chevalier seigneur dudit lieu grand Manoir, prevosté de Peronne, Thillolloy, Lencourt, Buvernies, Carempuis & Couchy, prevosté de Roye, comparant par maistre Mathieu Descressonnieres son procureur ; messire Antoine de Mouchy, chevalier seigneur de Wymes, à cause des terres & seigneuries de Longueval, de Hen & Guignemont en partie, situées en la prevosté dudit Peronne, comparant par ledit de Haussi son procureur ; messire George de Fors, chevalier seigneur de Fours, gentilhomme ordinaire de la chambre du Roy, à cause de ses terres & seigneuries de Clairy, Villiers, Faulcon, Maurepas, Suzenne, Billon, Meraucourt & Falieres, prevosté de Peronne, comparant par maistre Jean Desmerliers son baillly ; messire Jean de Paillard, chevalier seigneur de Chocqueuses, à cause de ses terres & seigneuries de Fay & Quennesy, prevosté de Peronne, Bouvillier & Bacoil, prevosté de Montdidier present ; messire Christofle de Lameth, chevalier vicomte de Trerry, prevosté de Peronne, seigneur du Plessier sur sainct Just, prevosté de Montdidier, & seigneur chastellain de la chastellenie de Ressons sur le Mars, prevosté de Roye, comparant par maistre Claude Hennocque son procureur ; messire Claude de Raveuel, chevalier seigneur de Rentigny, pour sa terre de Chiromont, prevosté de Montdidier, par ledit Hennocque son procureur ; messire Gaspar de Robbes, chevalier de l'ordre du Roy d'Espagne, seigneur de Folliegueraud, prevosté de Montdidier, comparant par ledit Hennocque son procureur ; messire Anne de Courlay, chevalier seigneur de Peude, à cause des terres & seigneuries de Capliz, prevosté de Montdidier & Pucheuvillier, prevosté dudit Peronne, par ledit Hennocque ; messire Gilles des Ursins, chevalier seigneur Darmentieres, de Rubescourt le Ploiron & le Poucher, prevosté de Montdidier, par ledit Hennocque ; messire Jean de Poix, chevalier seigneur de Sechelles, Cuilly & Payelles lez Courcelles, prevosté de Montdidier, & des terres de Griviller le Berliere, & le fief..... prevosté de Roye, par ledit Hennocque ; messire Antoine de Brouilly chevalier, à cause de ses terres & seigneuries de Mesviller en Souvillier, Doffoy, Housson, la Villette lez-Roullot, prevosté de Montdidier, present ; messire Jean de Bethizy chevalier, à cause de ses seigneuries de Campvermont & Mesieres, prevosté de Montdidier present ; messire Michel Destrumel, chevalier seigneur de Guyencourt Templeux, le Fossé, Marcaiz & Hamel, prevosté de Peronne present ; messire Jean de Sailly, chevalier seigneur dudit lieu de Sailly & Rencourt, prevosté de Peronne present ; messire Geoffroy de Lanvin chevalier, pour ses terres de Ceullemelles & Foncquevillier, prevosté de Montdidier, par ledit Hennocque ; messire François Daussonvillier, baron de Coursy, pour sa terre Daussonvillier, prevosté de Montdidier, par ledit Hennocque ; messire Cesar de Margival, chevalier seigneur de Salency & de Pervillier, comparant par ledit Blancpain, pour sa terre de Pervillier, prevosté de Roye ; messire Simon Damerval, chevalier seigneur Dassevilliers, Fins & Villers Carbonnel, prevosté de Peronne ; messire Antoine de Neufville, chevalier & baron de Magnac, à cause de sa terre & seigneurie de Mortemer, prevosté de Montdidier, comparant par Jean Fournel son procureur ; messire Antoine de Gouy chevalier, à cause de ses terres & seigneuries de Campremy & Pinceulle, prevosté de Montdidier, prescheux ; dame Françoise de Hangard, veufve de feu messire Loys de Fay, en son vivant chevalier seigneur de Farcourt, dame de Perames & Harissart, comparant par maistre Guillaume du Quesnel advocat audit Montdidier ; dame Marie de Habatcq, veuve en premieres nopces de feu messire Antoine du Wazier, en son vivant chevalier, seigneur de Hendicourt ; & en secondes nopces de deffunct messire Jean Destrumel, aussi en son vivant chevalier, seigneur de Guyencourt, comme dame usufruictiere & douairiere des terres & seigneuries dudit Hendicourt, Manencourt, Chastelnie de Hengeneft & Davenescourt, comparant par ledit Hennocque ; messire Hugues de la Val chevalier, seigneur Dannebuiz & Tartigny, par ledit Hennocque; messire Jacques de la Val, chevalier seigneur de Bussu & Anclebelinel, par ledit Hennocque; messire Jacques de la Val, chevalier seigneur de la Feyere, Montinet & Ovillier, par ledit Hennocque; messire Joseph de Warluzel, chevalier seigneur de Bethencourt, prevosté de Peronne, present; Claude de Villiers, escuyer seigneur de Roiglise, Chilly & Verpelieres, en partie prevosté de Roye, present; Florent de Belloy, escuyer, gentilhomme ordinaire de la maison du Roy & escuyer de son escuirie, seigneur de Belloy, pour ses terres Damy Rouvillier, Haulsu des potieres, & Verpilieres en partie, present; Charles Dabouval, seigneur de Maucourt & Foucquecourt, prevosté de Roye, present; Jean de Caron, escuyer seigneur de Damery, & du Mesnil sainct George, à cause de sadite terre & seigneurie Damery, fief qu'il a au village de Andechy, Peuchy & Buverignes, assis en la gouvernance de Roye, & ladite seigneurie du Mesnil en la prevosté de Montdidier, present; Florent Collesson, escuyer seigneur de Beronne & sainct Marc lez-Cressonnieres, à cause de sa terre de sainct Marc, prevosté de Roye, comparant par maistre Loys de Beronne son fils; James du Plessier, escuyer seigneur de Sertemont, prevosté de Peronne, & de Hatencourt Fraussart en partie, prevosté de Roye, comparant par Baptiste de Haussi; Jacques de Pas, escuyer seigneur de Feuquieres, prevosté de Peronne, comparant par de Leaue son procureur; Loys de Pas, escuyer seigneur de Rouzieres, prevosté de Montdidier present, Adrien de Humieres, escuyer seigneur de Witermont, Oisonvillier, & Jacques de Haplincourt, escuyer seigneur de Hardecourt, prevosté de Peronne presens; Jacques Dauxy, escuyer seigneur de Beaufort, prevosté de Montdidier, & de la Chavatte, prevosté de Roye; Wallerand de Haplincourt, escuyer seigneur de Transloy, Vilecourt; & Antoine de Basincourt, escuyer seigneur de Cartigny, prevosté de Peronne, presens; Jean de Pas, escuyer seigneur de Martinsart, aussi prevosté de Peronne, par ledit Pelot son procureur; Jean du Plessier, escuyer seigneur Desterpigneul & de Brevy; Antoine de Warluzel, escuyer seigneur Destinchon; François de Beaufort, escuyer seigneur de Maricourt; Jean de Bainast, escuyer seigneur des Masures, Forest & Herleville; Jacques de Bainast, escuyer seigneur de Pommerat & Thiebeval; & Barthelemy de Gonnelieu, escuyer seigneur de sainct Martin, prevosté de Peronne presens; damoiselle Barbe Douguyes, vefve de feu Jean de Haplincourt, en son vivant escuyer, seigneur dudit lieu, ayant la garde noble de damoiselle Sarra de Haplincourt, dame dudit Haplincourt, Peully, Buyre, Mamets, Bovincourt, Sineran, Bethecourt, & autres en ladite prevosté de Peronne, comparant par Baptiste de Haussi son procureur; damoiselle Marie de Neuf-chastel, vefve de feu Charles de Mazencourt, en son vivant escuyer, seigneur dudit lieu, douairiere de Mazencourt, prevosté de Peronne, Billencourt & Chasteaufort, prevosté de Roye, comparant par de Haussi son procureur; Antoine de Gourlay, escuyer seigneur de Jumelles, & damoiselle Adrienne de Maupas sa femme, ayant le bail noble des enfans mineurs de feu Antoine Damerval, en son vivant seigneur de Liencourt, pour ladite terre de Liencourt & Lessart, prevosté de Roye, comparant par des Cressonnieres; Claude de Hacqueville, capitaine de la Ville & Chasteau de Roye, seigneur de Demcourt prevosté de Roye, comparant par de Fricques; Antoine de Paillard, escuyer seigneur de Maricourt, pour sa terre de Balastre, prevosté de Roye, comparant par de Fricques; Jean Roussel, escuyer seigneur de Vazentin le Petit; & Gaulcher de Fontaines, escuyer seigneur de Villiers-Guilain, prevosté de Peronne presens; Guillaume de Bouelles, escuyer seigneur de Berves, prevosté de Peronne, comparant par Jean Flory son curateur; Anthoine de Sore, escuyer seigneur dudit lieu; Jean de Folleville, escuyer seigneur de Beaumartin; & François de sainct Raagond, escuyer seigneur dudit lieu & Halles, prevostez de Peronne presens; Christofle de Mazencourt, escuyer seigneur dudit lieu present, pour ses terres de Mazencourt, Estrées & Fresne, assises au gouvernement dudit Peronne; Billencourt, Hallu & Chasteaufort, assises au gouvernement de Roye; Jean de Rivery, escuyer seigneur dudit lieu, à cause de sa terre de Frametville, prevosté de Peronne, comparant par Antoine Harlu son lieutenant; damoiselle Anne de Blecourt, vefve de feu Charles de Dargies, en son vivant escuyer, seigneur de Tincourt, prevosté de Peronne, comparant par Baptiste de Haussi; Jean de Butin, escuyer seigneur de Boncourt present, à cause de son fief de Hallu & autres terres assises en la prevosté de Roye; ledit maistre Loys de Beronne escuyer, present pour son fief de Dancourt, & autres qu'il a en ladite prevosté de Roye; damoiselle Anne de Landry, vefve de feu Allin de Bazincourt, en son vivant seigneur de Quesviller, prevosté de Peronne, comparant par ledit Laignier son bailly; François de Fransures, escuyer seigneur Doguiolles, prevosté de Roye, par Descressonnieres; damoiselle Catherine de Lasfreue, vefve de feu Jean de Mailly, pour son fief de Carempuy, prevosté de Roye, comparant par Sohier; Adrien Damerval, tuteur de Loys Dargies, pour sa terre de Denise; prevosté de Peronne, & Villiers prevosté de Roye, par Sohier; François Desmaretz, escuyer seigneur du Plessier lez-Ruz, prevosté de Roye present; Anne de Dompierre, escuyer seigneur de Lierramont & Chingues, prevosté de Peronne, comparans par maistre Jean Lescars son procureur; la Vicomtesse du Mont Notre-Dame de Chingnolles, prevosté de Peronne, comparant par Souplix Warivier son procureur: Robert de Templeux & Antoine de la Broye, escuyers seigneurs de Carnoy, par maistre Jean de Haussi leur advocat & procureur; François de Cointe, escuyer seigneur de Bertrancourt, prevosté de Peronne, comparant par maistre Jean Blancpain son procureur; damoiselle Jeanne Flory, vefve de feu Nicolas de Gonnelieu, prevosté de Peronne, comparant par ledit de Haussi; Robert Desmaretz, escuyer seigneur de sainct Aulbin, pour cause de sa terre & seigneurie de Frise, comparant par ledit Laignier son bailly; damoiselle Loise Moulard, ayant la garde noble de ses enfans, comparans par ledit Pelot son bailly à Contal-Maison, prevosté de Peronne; Oudard de Broyes, escuyer seigneur de Hanlreavesnes, prevosté de Peronne present; damoiselle Marie de Thory, dame de Troussencourt, prevosté de Montdidier, comparant par ledit Hennocque; François de Pertenay, escuyer seigneur Dinval, prevosté de Montdidier, comparant par ledit Hennocque; Claude du Hamel, escuyer seigneur de sainct Aurin & Diencourt, prevosté de Montdidier, comparant par ledit Hennocque; Charles de Fouquesolles, escuyer seigneur de Banclincourt lez Barres present; Jacques d'Ally, escuyer seigneur Dygnamont, prevosté de Montdidier, comparant par ledit Fournet son procureur; Claude de Bery, escuyer seigneur des Certeaux, Buires, & de Dervencourt, comparant par ledit de Haussi son procureur; Florimont du Castel, escuyer seigneur de Hailles, prevosté de Montdidier present; Nicolas Daumalle, escuyer seigneur de Courtemanches, prevosté de Montdidier, comparant par ledit Hennocque son procureur; maistre François Cornet prestre, doyen & chanoine de l'Eglise Notre-Dame de Roye, seigneur de Audechy, comparant par ledit de Veronne son advocat & conseil; François Boictel, escuyer seigneur de Vrely, archer en la compagnie du Comte de Chaulnes, pour sadite seigneurie de Vrely, prevosté de Montdidier, present; Hierosme Gueldrop, varlet de chambre de la Royne, seigneur de Honnecour, pour les droits qu'il a à Espechy, prevosté de Peronné, comparans par ledit Laignier; Jean le Gay, escuyer seigneur de Ronquerolles, prevosté de Roye, comparant par ledit de la Verdure son procureur; Jaques de Mont-jan, seigneur de Morlencourt & Ablaincourt; & Jean de Mont-jan seigneur de Montauban & Deniecourt, prevosté de Peronne presens; Simon Berson, archer de la compagnie du Comte de Chaulnes, seigneur des Hautes Loges, present.

Officiers & gens du tiers-Etat.

ET POUR LE TIERS ESTAT, sont comparuz ceux qui ensuivent: Assavoir, maistre Antoine Berthin lieutenant general audit gouvernement; maistre Adrien le Fevre, escuyer seigneur de Morlemont & Lagare, lieutenant civil & criminel à Peronne; maistre Gabriel Cornet, seigneur de Fraussart, lieutenant civil & criminel à Roye, & exerçant par reunion pour le Roy, la jurisdiction de la prevosté de la ville & banlieue de Roye; maistre Romain Pasquier, prevost forain de Montdidier; maistre Pierre du Pré, prevost forain de Roye; maistre Robert Alyemart, procureur du Roy audit Peronne; maistre Jean Coultret, advocat du Roy, & Jean Dehennegrane, procureur du Roy audit Montdidier; maistre Florent Aube, procureur du Roy à Roye; maistre Antoine Vignon, lieutenant dudit prevost forain de Montdidier; maistres Pierre de Marle, Fourcy de Fremicourt, Jean Desmerliers, Antoine Alyemard, esleuz de Peronne, Montdidier & Roye; Guillaume le Fevre, enquesteur dudit Peronne; Loys Fouchette, contrerolleur dudit magazin; les Mayeurs, Eschevins & Jurez de ladite ville de Peronne, tous les dessus nommez en personne; Pierre de Baillon Mayeur de la ville de Montdidier, & Claude Wyon lieutenant de ladicte Mairie de Montdidier presens, & comparans pour les Mayeur & Eschevins, manans & habitans de ladite ville de Montdidier, ledit Cornet lieutenant de Roye; maistres Mathieu Descressonnieres advocat, & Macé de Fricques Eschevins de ladite ville de Roye presens, & comparans pour les Gouverneurs & Eschevins, communauté, manans & habitans de la ville de Roye, à cause du temporel & bien patrimonial d'icelle ville, & administrateurs avec lesdits doyen, chanoines & chapitre de l'Eglise sainct Florent dudit Roye, du bien & revenu temporel des maladerie & hospital Dieu de ladicte ville de Roye; maistres Jean de Haussi, Jean Laignier, Jaques le Breton, Jean de Neufville, Jean Danyau, Antoine de Haussi & Jean Baudouyn, tous advocats audit Peronne; maistres Cosme Berthin, Gilles Darye, seigneur de Hardivillier, advocats audit Montdidier presens; maistres Mathieu Descressonnieres, ledit Louys de Beronne escuyer, Antoine Hennocque, Mathieu Roussel & Pierre du Pré advocats, comparans, assavoir ledit Descressonnieres & de Beronne en personne, & lesdits Hennocque, Roussel & du Pré, par Blancpain leur procureur; maistre Antoine Lendormy, esleu commis pour le Roy audit Montdidier present; maistre François Carron, esleu commis pour le Roy audit Roye, & homme de fief du Roy audit lieu, & seigneur en son fief de Poupincourt, comparant aussi par Blancpain son procureur; maistre Guillaume Portefex commis à la recepte du domaine de Peronne, Montdidier & Roye present; maistres Jean Hochet, Antoine de Leaue, Antoine Sohier, Baptiste de Haussi, Jean Lescart, Jean Blancpain, Pierre Morliere, François de Hen, Jean de la Verdure, Barthelemy de Haussi, Antoine Cousin, tous procureurs à Peronne aussi presens; lesdits maistres Pierre Baillon, Claude Wyon, Jean Fourvet, Pierre Bucquet & Claude Hennocque, tous procureurs audit Montdidier aussi presens; maistres Jean Remy l'aisné, seigneur de Malassize & de Halu, procureur à Roye present; Cornille Comin, Jean Liegaut, Philippes Froissent, Antoine le Doux, Pierre l'Escuyer, & Clement Wanquel procureurs audit Roye, comparans par Blancpain leur procureur; Jean le Blanc & Jacques Mortier, notaires royaux audit Roye, comparans par ledit Blancpain; Mathieu Turtuy, practicien & greffier de la gouvernance dudit Roye present; Jacques Laurens greffier commis du greffe de la prevosté foraine de Roye, comparant par ledit Blancpain; François Chastelier bourgeois de la ville de Roye, & commis à l'administration du revenu de la maison & maladerie de Roye, comparant par de Fricques, Pierre Colle & Claude Gontier notaires royaux à Peronne presens; Antoine Pelot & Philippes le Seneschal notaires royaux à Encre, aussi presens; François Descamps & Adrien de Briencourt, notaires royaux à Bray presens; François Caron & Robert de Parviller, notaires à Lihons presens; Claude Morel, escuyer seigneur de Cresmery, bourgeois de Peronne; Jean Rendu, seigneur de Baignerolles, bourgeois dudit Peronne, Claude du Boullé, bourgeois dudit Peronne, & Antoine le Fevre seigneur de Sormont, aussi bourgeois dudit Peronne, tous presens; Claude Cousin, Foursy Joyault, Nicolas Bernier, Pierre Desele, Courson Villerard, Pierre le Sergent, Nicolas Marotte, Antoine Bertrand, Antoine Bulletel, François Vaillant, Loys Vicongne, Jacques de la Porte, Medard Quentin, Honoré le Fevre, Claude Barbier, Jean Tacquet, Wallerand Carlier, Jean Morliere, Barthelemy Wantaire, Michel Guyot, Jean Riviere & Mathias Franchomme, tous sergens royaux audit Peronne, presens & comparans: Pierre Fraillon & Christofle le Clerc, notaires royaux au bourg de Ressons, comparans par ledit de Haussi; les Mayeurs & Jurez de la ville d'Encre, comparans par Antoine Pelot, Mayeur dudit lieu; les Mayeur & Jurez de la ville de Bray, par Jean Pouchin Mayeur; les Mayeur & Jurez de Luchen par Jean Bosquet; les Mayeur & Jurez de Lihons, par Jean Haussart, tous presens; Jean Chaudrer, lieutenant & garde de la justice de la seigneurie de Braye; Michel de Baril, lieutenant & garde de justice du village du Quesnel; Antoine Bourbier, lieutenant & garde de la justice d'Arviller; Antoine de Bailly, marguillier dudit Arviller; Nicolas de Martinval, lieutenant & garde de justice de Warviller; & Antoine de Barles, marguillier dudit Warviller & François Caron, marguillier de Beaufort presens; Florent Warvier, lieutenant de la ville d'Athies; Charles Nepveu, bailly de Faluy; Jean du Pont, garde de la justice d'Ennemaing; Loys Canouelle, lieutenant de Denise; Antoine Vinchon, lieutenant de Tretry; Valentin Wantier, lieutenant de Cannagny; Pierre du Mont, lieutenant de Mouchy la Gache; Antoine Maressel, lieutenant de Guynieres; Jean Bastel, lieutenant & garde de justice de Mathegny; Huchon Belot, lieutenant de Willecourt; Christofle de Pithon, lieutenant de Croix; Charles de la Motte, & Jean Avechin d'Espenencourt; Simon de Lenchy, lieutenant de Pargny; Antoine Merlet, pour la commune de Morchain, Pierre Aubrelicque, pour la commune du Mesnil sainct Nicaise; Jean Poix, pour la commune des Potes; Pierre Castel, lieutenant de Partaing; Quentin Bourbier, pour la commune de Ouvencourt lez Mont-real: Jean Coquart, lieutenant de Hyencourt; Antoine Marquant, lieutenant de Doing; Adrien Vinchon, lieutenant de Brunetel; Guillaume Machere, lieutenant de Cartigny; Jean Bellement, lieutenant de Buyres; Guillaume Loir, lieutenant de Boucle; Pierre Hocquet, lieutenant de Tincourt; Foursy de Houdebert, lieutenant de Roisel; Gilles de Buyres, lieutenant de Peully; François Pesqueux, lieutenant de Hancourt: Pierre du Pré, lieutenant de Monts en Chauchie; Michel Machere, lieutenant de Bernes; Raoul Bourdon, lieutenant de Foucancourt; Pierre Gruel, lieutenant de Harville; Nicolas de la Montaigne, lieutenant de Masures; Florent François, lieutenant de Framerville; Mathieu François, lieutenant de Royencourt; Nicolas Manouvrier, lieutenant de Chingnes; Jean Doublet, lieutenant de Chingnoles; Charles Bonamour, lieutenant de Mericourt; Jean Caron, lieutenant de Chipelly; Claude Tourbier, lieutenant d'Esterpegny; Gilles Quesnel, lieutenant de Brie; Guyot

Mangouy,

Mangouy, lieutenant de Briotz; Pasquier Prouiller, lieutenant de Sizencourt; Nicolas Franconne, lieutenant de Horny; Vincent de Brie, lieutenant de Lycourt; Pierre Mouvel, lieutenant de Mizery; Simon Gratepavée, lieutenant de Villiers Carbonnel; Jean le Jeune, lieutenant de Chaulnes; Adrien Caron, lieutenant de Brevy; Adrien Bruhier, lieutenant de Ablincourt; Jean de Vaux, lieutenant de Pressouer: Jozel Rogere, bailly de Walieu; Jean Pouchin, lieutenant de Soyecourt; Cristofle Tavernier, lieutenant de Vermandouillier; Jean Porret, lieutenant de Fresnes; Jean Fournet, lieutenant Destrées; Estienne Quequel, lieutenant de Fay; Jean le Fevre, lieutenant de Bray; Jacques Dallon, lieutenant de Morlencourt; Philippe Witasse, lieutenant de Meaulté; Bastien Mache, lieutenant de Darnencourt; Simon Bouhier lieutenant de Denicrecourt; Jean Haussart, lieutenant de Lihons, Jean Maressel, lieutenant de wanvillier; Clement Prestrel, lieutenant de Proyart; Noel le Pot, lieutenant de Harbonniere; Jean Coquerel, lieutenant de Clery; Michel le Leu, lieutenant de Halles; Toussaincts Hochepied, lieutenant de Hem; Pierre Dolle, lieutenant de Cœurleu; Guerard de Horgny, lieutenant de Montanban; Antoine Velin, lieutenant de Bouchavennes; Hubert Fryon, lieutenant de Raucourt; Jean Quequel, lieutenant de Sailly; Robert de Villiers, lieutenant de Saillezel; Christofle de Gramont, lieutenant de Combes; Pierre Dendefer, lieutenant de Forest; Jean Caucuel, lieutenant de Manencourt; Jean Boniface, lieutenant d'Estricourt; Antoine de Driencourt, maire & lieutenant de Molains; Claude de Driencourt, lieutenant de Aizecourt; Eustache Denisart, lieutenant du Mesnil en Arrouaise; Antoine Bellier, lieutenant de Biache; Jacques Ronguet, lieutenant de Frise; Nicolas Grignon, lieutenant d'Eclusier; Simon Maunoury, lieutenant de Cappy; Simon Odelin, lieutenant de Suzannes; Jean de la Mothe, lieutenant de Flancourt; Jean Coquerel, lieutenant de Herbecourt; Hutin Caron, lieutenant de Becquincourt; Gilles Oyon, maire de Dompierre; François Ganjot, lieutenant d'Assevillier; Jean David, lieutenant de Belloy; Jean Hourdel, lieutenant de Barleux; Pierre Caudillon, lieutenant d'Encre; Jean du Bonnay, lieutenant du Mesnil lez-Martinsart; Pierre Gossart, lieutenant d'Ochonvillier; Jean de Soille, lieutenant de Sailly au bois; Jean Lardenois, lieutenant de Thieveval; Nicolas l'Hoste, lieutenant de Grandcourt; Michel Desgardins, lieutenant de Beaucourt; Antoine du Feu, lieutenant de Beaumont; Jean Desgardins, lieutenant de Longueval; Adrien Ringard, lieutenant de Forcheville; Vespasien Hennebert, lieutenant de Pucheviller; Antoine Divion, lieutenant de Bebencourt; Jean Godebert, lieutenant de Malencourt; Antoine le Cat, lieutenant de la ville de Luheu; Jean Rohaut, lieutenant de Humbercourt; François Blondel, lieutenant de Bertrancourt; Jean le Rouge, lieutenant de Mailly; Adrien de Senlis, lieutenant de Vitermont; Jacques le Senechal, lieutenant d'Anglebellemer; Martin du Fromentel, lieutenant de Bouzincourt; Jean de Riencourt, lieutenant Dyrre; Jacques Prevost, lieutenant de Hendicourt; Georges du Coulombier, lieutenant de Fins; Jean Michel, lieutenant d'Esquencourt; Adriens Desmoulins, lieutenant de Sorel; Michel Aubin, lieutenant de Saucourt; Antoine Roussel, lieutenant de Neurleu; Gervais Prevost, lieutenant de Lierramont, & Jerosme Hanon, lieutenant de Bussu: tous les dessuz nommez presens. La commune de Miraulmont, comparans par François Cusset; François de Vaux, marguillier de l'Eglise de Harencourt; Florent Froissart, marguillier de l'Eglise de Fouches presens, assistez dudit Blancpain; Pierre Rigaut, greffier de Fouches present, assisté dudit Blancpain; Pierre Nollet, marguillier de Mareul, par ledit Blancpain; Thibault Foullion, marguillier de l'Eglise de Montel, par ledit Blancpain; Pierre Wyart, lieutenant de Roiglise present; Jean Clever, marguillier dudit Roiglise, par ledit Blancpain; Jean de sainct Martin, lieutenant du village de Chilly; Nicolas Pincepré, procureur d'office dudit Chilly; Adrian de la Motte, marguillier de Curcy; Jacques Tresquesnes, & Fuscien le Sage, marguilliers de l'Eglise de Maucourt; Louis Vilain, marguillier, & Jean de Vaux habitans de Hallu; Antoine le Clerc, habitant de Fouches; Claude Bertault, maire de Parviller; Nicaise du Rozoy, habitant de Cressy; Jean Flameng, habitant de Billencourt, & Jean du Clau, lieutenant de Fouquencourt, tous les dessus-nommez presens; Pierre le Roux, marguillier de Damery; maistre Cornille Comin, procureur à Roye, & homme de fief du Roy; Jean Rouzée, censier & fermier de Retonviller, par Guillaume Savalle, lieutenant du bailly de Viache; Rauland de Lycourt, marguillier dudit Viache; Guillaume du Haudebout, & Antoine du Haudebout, Martin Hadengue, Jean Quentin, & Antoine le Grand, habitans du village de Wally; Medard Rature & Jean Varlet l'aisné, marguilliers de l'Eglise de Retonviller; Martin Floure, maire de Fessours, & Medard Rachine, habitans dudit lieu, Toussaincts Rachine & Antoine Borgnon, marguilliers de Gruny; André Heduin & Jean Gerard, marguilliers de sainct Gilles, ès fauxbourgs dudit Roye; Jean Normant, marguillier de Lyencourt; Nicaise de Ranes, marguillier de Estallons; Blanchet Scaller, marguillier de Herlies; Adrien Hadengue, Antoine le Beuf, Robert Hadengue, & Julien Masse, habitans des Estallons; Antoine Brebant, lieutenant du garde de justice de Carampuys; François Messier, & Matthieu de Villiers, marguilliers dudit Carempuys; & Adrien Oleyet, laboureur fermier des Religieux sainct Barthelemy de Noyon, en leur terre qu'ils ont à Bierre; tous les dessus-nommez comparans par ledit Blancpain: les marguilliers de la ville & paroisse de Neufville, prevosté de Roye; les marguilliers de l'Eglise du bourg de Ressons, ledit Christofle le Clerc, notaire & lieutenant du bailly, & garde de justice de la chastellenie & seigneurie de Ressons, & de la seigneurie de Bayencourt, prevosté de Roye; André Laigner, lieutenant du bailly de Ricquebourg, & Jean du Bar marguillier de la paroisse; tous les dessus nommez, comparans par ledit de Haussi; les marguilliers de Boullongne, & Raoul aux Enfans, lieutenant du garde de la justice dudict lieu, pour monseigneur le Cardinal de Bourbon, presens: Andrieu le Sage, & Pierre Fourment, marguilliers presens, comparans pour les habitans dudit lieu; Nicolas de Martinval, lieutenant de Dorviller, comparant pour les habitans dudit lieu; Antoine Caron, marguiller d'Orviller, comparant pour les habitans dudit lieu; les garde de justice, manans & habitans de la chastellenie & bourg de sainct Just, prevosté de Montdidier, comparans par maistre Claude Wyon, prevost chastelain dudit lieu; Simon le Blanc, lieutenant & garde de justice du Marché; Jean Bredalle & Georges Clever, marguilliers de l'Eglise dudict Marché: Jean Bouffet & Blaise Heuver, habitans dudit Marché, tous presens; Benoist Waller & Jean Gregoire, marguilliers de l'Eglise de la Berliere; Jean Rodes, Medard Tayon, Jean Badelaire, & Robert Bellavoine, habitans dudit la Berliere; Julien Masse lieutenant du bailly d'Estallons, & Nicaise de Ranis, marguillier dudit lieu d'Estallons, prevosté de Roye, presens; Jean Tallon, marguillier de l'Eglise d'Amy; Jean Carpentier & Thomas Laudru, habitans dudit lieu presens; Pierre Velu, marguillier de Fraussart, Prevosté de Roye, comparant par Baptiste de Haussi; Pierre Wallet, lieutenant de Couchy aux Potz; Mahieu Josset, & Anthoine Moret, marguilliers dudit lieu, comparans par ledit de Haussi.

Rolle de défaillans de tous Estats.

ONT esté aussi appellez ceux qui s'ensuivent, contre lesquels (ledit procureur du Roy, ce requerant) avons donné defaut. Assavoir contre messire Philippes d'Autriche, Roy des Espaignes, & Comte d'Arthois à cause de la ville & chastellenie de Bapaulmes & de Combles en partie, prevosté de Peronne : le reverendissime Cardinal de Ferrare, Abbé commendataire de l'Abbaye Notre-Dame de Brethœul, pour ladite abbaye, terres & seigneuries d'icelle, & les religieux, prieur & convent dudit lieu : les religieux prieur & convent de sainct Acheu lez-Beauvais : les chanoines & chapitre de Roollot : les Religieux, prieur & convent Notre-Dame de Montdidier : les religieux, prieur & convent d'Avenescourt : le prieur de Bonnœil : le prieur de Maresmoutiers : le prieur de sainct Aulbin en Herponal : le prieur de sainct Martin de Pas : le prieur de Mouchy : le prieur de Rouvroy lez-Merles : le prieur de sainct Martin lez la Falloize : maistre Antoine Barré, doyen de Mondidier, curé de Pierrepont : maistre Laurens Tourtier, doyen & curé d'Ally : le doyen de Rouvroy en Sangterre : frere Frederic de Alincourt, chevalier de l'ordre de sainct Jean de Jerusalem, pour ses terres & seigneuries de Fontaines, Boisdescu & le Gallet, situez en la prevosté de Mondidier : le commandeur de Sommereux, pour sa terre & seigneurie Desquennoye, & autres en la prevosté de Montdidier : domp Antoine de la Morliere, curé de l'Eglise de sainct Pierre de Montdidier : maistres Jean Bucquet, curé de sainct Sepulchre dudit Montdidier : Michel Boucher, curé du prieuré dudict Montdidier : Jean du Four, curé de sainct Martin aux fauxbourgs dudit Montdidier, & Antoine Burin curé de sainct Medard, esdits fauxbourgs, & du Mesnil sainct Georges, tous du gouvernement de Montdidier : maistre Gervais Feret, curé de Boncly ; Alexandre Sandre, prestre curé de Monts en Cauchye : Nicole Carette, prestre curé de Mailly : Adrien de la Porte, prestre curé de Wytermont, & Anclebellemer : Jean Maussart, prestre curé de Bouzincourt & Rencourt : Regnault Boursin, prestre curé de Humbercourt : Antoine le Duc, vicegerend de Berthramecourt : Robert Vuichon, prestre, vicegerend de Quinieres : Jean Capelle, prestre curé de Willecourt : Antoine de Bussu prestre, vicegerend de Forceville : Jean Guillem prestre, vicegerend de Poucheviller : Jean Tournan prestre, vicegerend de Bethencourt : Pierre le Roux prestre, vicegerend de Bavelincourt, Agnicourt & les Barre : Charles Cardon prestre, curé d'Esterpigny : Pierre Cocquel, curé de Rencourt & de Combles : Thomas Magnyer, curé du Mesnil sainct Nicaise : Jacques Bacquelte, curé de Dernencourt : Enguerrant de Dervencourt, curé de la Neufville lez-Bray : Antoine de Songnys, curé de Hendicourt, & le curé de Esquencourt, tous du gouvernement de Peronne : maistres Jean Warvier & Martin le jeune, curez de Brethœul : maistre Pierre de Ponthieu, curé de Moreul : frere Jean Mangard, curé de sainct Just : maistre Adrien, curé de Crevecœur lez-Lihons : Jacques Daille, curé d'Arviller : maistre Pierre Mengneux, curé de Bonvillier : Antoine Robillard, curé de Plauval : frere Justin Hanisselin, curé du Plessis sur sainct Just : maistre Antoine Laignier, curé de Raucuel : Adrien Mengliers, curé de Vrely : Pierre Daubrïc, curé de Rousieres : Michel Paille, curé Danguillaucourt : Charles Maurroy, curé de Banvillier : Honoré Fetard, curé de Boncourt : Adrien Caucuel, vicaire de la cure de sainct Marc : Jean Watin, curé de Hardivillier : Florimont de Reusse, curé de Royaulcourt : Jean Benoist, curé de Dompierre ; Pierre Chaudret curé de Ferrieres : Jean Rouart, curé de Crevecœur lez Ferrieres : Jean de Moreul, vicaire de la cure de Montheigny : maistre Jean le Paige, curé de Mongerain, Jacques de Bes, vicaire de la cure de Coyvrel : Jean Duchemin, vicaire de la cure de Godainvillier : Nicole Quesle, curé de Plorion : Jean Cadde, curé de Rubescourt : Bonaventure Ballin, vicaire de la cure de Densfronc : maistres Florimond de Rue, curé de Damery : Jean Gerard, curé de Yencourt & le Mouchel : Jean Euram, vicaire de la cure de Roquencourt : Jean l'Hostellier, curé de Villiers Tournelles : Hector de Hardivillier, curé de Saresvillier : Jean Baccouel, doyen & curé de l'Eglise de Paillart : Pierre le Sourd, curé de la warde Mauger : Antoine Godefroid, vicaire de l'Eglise Desquesnoys : Pierre Cayin, curé de Rouveroy lez-Merles : Pierre Godefroid, curé de Tartegny : Antoine Bourlon, curé de Tricot : Jean le Doux, curé de Neufvy : Hugues Carron, curé de Moisneville : Antoine Michel, curé de Gran-villier : Eustache Sentier, curé de Neufville le Roy : Antoine warmaises, curé de Moustiers : Jean le Vieil, curé de Perraines, & welles : Pierre Maillart, vicegerend de Plauvillier : Sacré Dode, curé de Mory : le curé de la Herelle : le curé de Vannes : Jean le Feyre, curé de Quinquempoix : le curé de Soins : le curé de Moranvillier : maistres Maximien de Mes, vicaire de Raineval : Bierre Bassitur, curé de Merville ; Jean Chevalier, curé de Rouverel & Matthieu Macquet, curé de Chastel : les curez de Hailles, de Fouemcamps, & de Dompmartin : maistre Nicole Bourse, curé de Rennencourt : François Ballochart, curé de Boussicourt : Christofle Caboche, curé de Contoire, Augmont & de Haimot : Jean le Tas, curé de Neufville Bernard : Fremin le Dieu, curé de Denmyn & Courchelles : Thomas le Lievre, curé du Plessier Roisonvillier : Thomas de Villers, curé de Noyers : Nicole Gourdin, vicaire de Noiresmont : Antoine Pelle vicaire de Ruelle sur Bresse : Nicole de Dourlens, curé de Thieux : les curez de Thennes, d'Aubercourt de Fresneaux, d'Hangest, de Gancourt, de Cayeux & de Fresnoy : maistres Salomon Morel, curé de Follye : Jean Cavelier, vicaire de Caix : Adrien de Broly, curé d'Erviller : Martin Quesnel, vicaire d'Avenescourt : Innocent Pacquet, curé de Becquegnies : Antoine Lusurier, curé de Estallefay : Adrien Boves, curé de Warsies, & de Garmegny : Antoine Bellette, curé de la Cholle : Ysaac le Fevre, curé de sainct Aurin : Fiacre Mangnier, curé de la Bassiere, & de Bolcteaux : Michel Pollart, curé de Lignieres : Antoine Polly, curé de Courtemanche : Claude Fret, curé de Coullemelles : Matthieu Courtois, curé de Canthegnies : Adrien Bignon, curé d'Esclamvillier : François Castel, curé de Folleville : Guillaume Remel, curé de Quiry le Sec : Richard Picar, curé de Saulchoy, Damehault & Espaigny : Noel Mignot, curé de Froissy : Denis Manssel, curé de la Cauchie, du Bois Descu & de Maulers : Jean Cocu, curé de Puys, Josse Mulot, curé de S. Usore : Noel Boullenger, curé de Tressencourt : Thomas Cappel, curé de Vuanegnies : Jean Hesselin, curé d'Aussonvillier : Pierre Thomas, curé de Wendeul : Laurens Tourtier, curé d'Ally sur Noye : Jean Gerard, curé d'Ainval : Pierre Foller, curé de Sourdon : Jean Gerard, curé de Cepoix : maistres Dominice Patina, curé de Chiremont : Jean Cressonnier, curé de Grivesne : Guillaume du Bois, curé du Plessier Raullene : Jean Bortel, vicaire de Thory : Antoine Aubert, curé de Louvrechy : Estienne Bertrand, vicaire de Tilliers : Ferry Regnier, vicaire de Bonnelles : les curez de Berny, de Auroy, de Fontaines sainct Lucien, de Mydorge, d'Abville sainct Lucien, de Monstreul sur Breche : maistres Antoine Tallon, curé de la Fraye : Laurens Villette, vicegerend d'Ausanviller : Antoine Peraiche, vicegerend de la Taulle : Augustin Mortier, vicaire de Cuvelly & Mortemer : Adrien Watelin, curé de Coutcheles & Espaiolles : Phillebert Garson, curé de Tronquoy & Frestoy : Antoine Touret, vicaire de Rollot : Loys le Fevre, curé de Vaulx : Philippes le Clerc, curé de Remangies : maistres Jacques Berte, curé de Faverolles : Florimoud de Rouveroy, curé d'Arviller : Remy Guender, curé de Biermont : Jean Wallois, curé de Gratibus : Michel Trespegne, curé d'Hargicourt : les curez de Brach, de Bollencourt, de Quvillier, de Mongival, & d'Obviller : maistres Gilles Quesnel, curé de Mallepart : Paul de Villiers, curé de Fontaine : Pierre Fesse, curé de Fleschies & Blanc-Fossé : & frere Pierre Cocquan, curé de Mesvillier : les curez de Lienviller, de Francastel, de d'Ourselmaison, de Luchy, de la Quennoroye, de Maiguelers, de Wacqmollin, de Menesvillier, de sainct Martin au Bois, de Prompleroy & de Beaupuis : maistres Raoul Descousu, curé de Catheu : Philippes le Roy, curé de Coureville le Mesnil : Antoine Cocquet, curé du Galler : Gobert Danglois, curé de Sauschoy sur Dommeliers : Gilles Desmaisons, vicaire de Dommeliers : Jean Grisel, curé de Cormeilles: Jean Bertin, curé de Bonneul : Michel des Mares, vicaires de Villiers Vicomte : & Abraham Martin curé de Cardonnoy : les curez de Broyes, du Mesnil sainct Fremyn, de Bacouel, de Chepoix, de Edencourt, & de Bouviller : maistres Simon Carpentier, vicaire de Champremy, tous du gouvernement de Montdidier : les religieux de saincte Croix souz Offemont, pour leur terre & seigneurie du Quesnoy : les prieur & religieux saincte Croix souz Offemont, pour leur terre & seigneurie qu'ils ont au village de Wecourt : la communauté des chapelains de l'Eglise sainct Florent de Roye : les religieux, prieur & convent de Mont regnault, seigneurs en partie d'Omencourt : maistre Martin de Beaupuis, prieur de Goyencourt, à cause dudit prieuré de Goyencourt : maistre Loys Lochart, pour son prieuré de sainct Marc : maistre Pierre Riolen, curé de l'Eglise de sainct Georges, fauxbourg de Roye : maistres Blanchet Oudaille, curé de Villiers : Louis Ladain, curé d'Audecy : Jacques Benoist, curé Deeches : Adrien de Pas, curé de Bouchoire : Germain Martin, curé de Parviller : Jean de l'Abbaye, curé de Roiglise : Philippes de la Houssoye, prestre curé de Deniecourt : Jean Delle, curé de Herlyes : François le Perre, curé de sainct Lienard & Morlemont : Charles Pichonnet, curé de Laudenosin : Charles Savereulx, curé de Fresnieres : Michel Polart, curé de Roye sur le Matz : Florent Brunel, curé de Ressons : Jacques Fontaines, curé de Gury : Georges Berthin, curé de Fouches : Jean Bourgon, curé de Fouchette : Adrien de Vaulx, curé d'Estallons : Jacques Caura, curé de Thilliloy : Antoine Bouchelle, curé de Hanviller : Jean de Hauffi, curé de Beuverigues : Jean Michel, curé d'Omencourt : Louis Folleviller, curé de Villencourt : Antoine de Heudicourt, curé de Griviller, Nicole Willemin, curé d'Armencourt : Pierre le Roy, curé de Mercaisviller : François du Pont, curé de Buz : Pierre Dreve, curé de Lancourt : Antoine Caillou, curé de Poupaincourt : Jacques Caura, curé de Dancourt : maistres François Joseph, curé du Fresnoy : Jean le Saige, curé de la Chavatte : Pierre Oyon, curé de Fouquecourt : Jean Baugeois, curé de Peuchy : Thomas de Vaulx curé de Halle : tous les dessusdits absens, & non comparans, de la prevosté de Roye. Messire Jacques de Brymeur, Comte de Meghen, pour la seigneurie de Humbercourt : messire Maximilien de Longueval, pour Villiers aux Flos, & la cense de Cappy lez-Arthois : messire Lambert de Warluzel, pour ladite terre de Warluzel : messire Lamoral de Gaures, comte d'Aiguemont, pour sa terre & seigneurie de Vazentin le Petit : Jean de Bayencourt, escuyer seigneur dudit lieu, pour Moricour sur Somme ; Jean de Berlette, escuyer seigneur de Chipelly, pour ledit Chipelly & Muserville : Jean de Noyelle, escuyer seigneur du Rossignol & de la Tour du Pré : Antoine de Hervilly, pour ledit Hervilly, & Bisest en partie : Jean de Franssures, escuyer pour Hiencourt le Grand : Adrien d'Amerval, escuyer, tant pour luy que comme tuteur de Damoiselle Loyse de Dargies, pour la seigneurie de Denise : René de Brunfay, escuyer seigneur dudit Brunfay, pour le lieu de Horgny : Perrine de Piennes, vesfve de feu Olivier de Miraulmont, pour les seigneuries de Saton & Grandcourt : Antoine de Rumes, escuyer seigneur de Warloy en partie : Pierre de Mailly, seigneur de Oviller, pour ledit Oviller, tous les dessusdits du gouvernement de Peronne. Messire Loys de Launoy, chevalier de l'ordre du Roy, seigneur de Morviller, pour ses terres & seigneuries de Folleville, Gannes, Paillarts, & autres : messire Charles de Rasse dit Dognies, pour sa terre & seigneurie de Denmy : messire Anne de Vauldray, chevalier, pour ses terres de Sains, & Moroviller : messire Mery de Chepoix, chevalier seigneur dudit lieu : messire René de Villequier, chevalier, pour ses terres de Faverolles : messire Antoine de Neufville, chevalier & baron de Meniac, pour sa terre & seigneurie de Mortemer : messire Claude Destavayes, chevalier, pour ses terres & seigneuries de Sorel & Viermont : messire Louis de Vauldray, chevalier, pour la terre & seigneurie de Quinquampoix & autres : messire Antoine de Mons, chevalier, pour ses terres du Quesnel & de Beaufort en partie : messire René de Bruges, chevalier, pour sa terre & seigneurie de Brach : messire Christofle de Lamec chevalier, pour sa terre du Plessier sur sainct Just : messire François de Saucourut, chevalier, pour sa terre de la Neufville le Roy : messire Hector de Cannoye, chevalier, pour sa terre & seigneurie de Bue & Villiers : Antoine Destourmel, escuyer, pour sa terre & seigneurie du Mesnil sainct Fremyn : Jean Destourmel escuyer, pour sa terre & seigneurie de Plaville : Jean de Bethisy escuyer, pour sa terre & seigneurie de Campvermont, Masieres & autres : Charles de Milly escuyer, pour sa terre & seigneurie du Plessier Roisiviller : François de Moreul, pour sa terre & seigneurie de Fresnoy en Sanclers : Jean de Sains, escuyer seigneur de Cauthegnyes : la demoiselle du Mesnil sainct George : damoiselle Antoinette de Haugard, veufve de feu Loys de Froy, pour sa terre de Peronnes & Harissart : François de Betvets escuyer, pour sa terre & seigneurie de Cardonnoy : François de Couty escuyer, pour sa terre & seigneurie de Recquencourt & autres : Loys de Franssures escuyer, pour sa terre & seigneurie de Villers Tournelles : dame Marie de Besse, pour ses terres de Tatteigny, Obviller & autres : Jean de Romery, escuyer seigneur de Pethonville, pour ses terres de Hargicourt, Gaicourt, Samviller & Merignal : Jean de Haleucourt escuyer, pour sa terre & seigneurie de Warmonses : François de Fontaines escuyer, pour sa terre & seigneurie de Plaival, Villers, Auxerables, & le fief Deuclin : Claude de Carquisinem escuyer, pour sa terre & seigneurie de Hardiviller : François du Mesnil, pour sa terre & seigneurie de Vaux : Jean Eudodeusfort escuyer, pour sa terre & seigneurie de Granviller : Antoine de Warmaises, pour sa terre & seigneurie de Moustiers : Claude de Lancoy escuyer, pour son fief seant à Promp le Roy : damoiselle Antoinette de Gibert, pour sa terre & seigneurie de Dompierre : maistre Jean le Maistre escuyer, conseiller de la Cour, pour ses terres & seigneuries de Ferrieres, Gratepanches & autres : Adrien Doyval escuyer, pour sa terre d'Orisfroue : Michel de Lignerys escuyer, pour les terres de Becquegnies & Aubercourt : Charles de Lancoy escuyer, pour sa terre & seigneurie de Bains : Charles de Broully escuyer, pour sa terre d'Estaillefoy : Philippes de Noyelles escuyer, pour sa terre & seigneurie qu'il a audict Estaillefoy : Jean de Chambelloy escuyer, pour sa terre & seigneurie de Warsies : Eustache de Corbye escuyer, pour sa terre & seigneurie de le Chelle : Antoine du Hamel escuyer, pour sa terre & seigneurie de sainct Aurin & Dyencourt : Charles Dolhain escuyer, pour sa terre & seigneurie de Lignieres & Saulchoy en partie : Nicolas du Hangest escuyer, pour son fief & terre qu'il a à Couthoitre & autres lieux : Jean de Warvillier escuyer, pour sa terre & seigneurie dudit Warvillier : Louis de Pas escuyer, pour sa terre & seigneurie de Rouzieres : Charles Fetard, escuyer seigneur de Boncourt, pour sa terre dudict lieu : Adrien de Boufflers escuyer, pour ses terres & seigneuries de Rouverel, Septoultre, & autres: Florimond de Castel escuyer, pour sa terre & seigneurie de Houlles: Antoine d'Estrées escuyer, pour sa terre & seigneurie de Fouencamps: François de Partenay escuyer, pour sa terre & seigneurie Doynval: Jacques de Bussi, pour sa terre & seigneurie de Raoullenel: Antoine de la Vernade escuyer, pour sa terre & seigneurie de Cayeux: Adrien Forme escuyer, pour ses terres de Framicourt, Quesnel en Sangters, & Moustiers en partie: Antoine des Fossez escuyer, pour sa terre de Noiresmont: Nicolás Dangles escuyer, pour ses terres & seigneuries de Froissy, Prouvainlieu & autres: François de Romeroy escuyer, pour sa terre & seigneurie de Puys: Simon Linglantier escuyer, pour sa terre & seigneurie de sainct Usoye: Louis de Tesfles escuyer, pour sa terre & seigneurie de Gratibus: Nicolas de Bellegambe, pour sa terre & seigneurie de Lancourt: Aubert Bilain, pour sa terre & seigneurie de Guiry le Secq: Pierre le Clerc, pour son fief des Tournelles, & Menelon le Bochu, tous les dessusdits du gouvernement de Montdidier. Les manans & habitans de Breteul, du bourg de Moreul, de Crevecueur, de Bonneul, du Bourg de la Neufville le Roy, de la Chastellenie de Hangest, & d'Avenescourt, de la Chastellenie de Rayneval, de la chastellenie de Catheu, du Marquisat & village de Maignelers, des villages de Coullemelles & Cantegnies, Desclanviller, de Folleville, de Guiry le Sec, de Baquognies, de Estaillefay, de Guerbegny, de Warsies, de Lechelle, de sainct Aurin, de la Boissiere, de Boicteaulx, de Lignieres, du petit Hengest, de Gratibus, de Boullencourt, de Maresmoutiers, de Hargicourt, de Brach, de Samiller, de Mougival, de Obviller, de Mallepart, de Fontaines souz Montdidier, du Mesnil sainct Georges, de Perraines, de Welles, de Plainville, de Lecherelle, de Games & Belin, de Quinquempoix, de Sains, de Moranvillier, de Cardonnoy, de Broyes, du Mesnil sainct Fiemin, de Bacouel, de Sepoix, de Breviller, de Campremy, de Hedencourt, de Royaulcourt, de Dompierre, de Ferrieres, de Crevecueur lez-Ferrieres, de Montheigny, de Mongerain, de Coyvrel, de Goudamviller, du Ploiron, de Rubescourt, de Douffroue, de Dovivetien, de Ayencourt, de Mouchel de Rocquencourt, de Villets, Tournelles, de Saresviller, de Paillart, de la Warde Mauger, de Esquennois, de Rouveroy lez-Merles, de Tarteigny, de Mervil, de Rouverel, du Castel de Hailles, de Fovencamps, de Dompmartin, de Remiencourt, de Boussicourt, de Conthoire, de Agumont & le Hamel, de la Neufville messire Bernard, de Thennes, de Demnyn, de Aubercourt, de Maisieres, de Plessier, Roisiviller, de Pierre-pont, de Gaucourt, de Cayeulx, de Caix, de Fresnoy, de Quesnel, de Beaufort, de Follies, de Warvillier, de Vrely, de Methaticourt, de Rousieres, d'Enguillecourt, de Baiviller, de Boncourt, de Ailly sur Noye, de sainct Marc, de Sourdet, d'Aynal, de Seproultre, de Chiremont, de Grivesnes, du Pressier Raoullevet, de Thory, de Louvrechy, de Berny, de Fleschies, de Catheu, de Conteville, & le Mesnil, de Gallet, d'Ommeliers, de Corneilles, de Blancfossé, de Villers Vicomte, de Francastel, de Courselmaison de Hardiviller, de Luchy, de la Quennetoye, de Aussainviller, de la Taulle, de Civily, de Mortemer, de Courchées Espacelles, de Troncquoy & Frestoy, de Rollot, de Vaulx, de Mesviller, de Ouviller, de Remangies, de Faverolles, de Orviller, de Sorel, de Vieremont, de Bruviller, de Plainval, du Plessier sur sainct Just, de Ravenel, de Lierviller, de Froissy, de le Cauchie, du Bos d'Escu, de Puys, & de la Vallée, de Troussencourt, de Waneguies, de Aussouviller, de Vendeul, de Fresneaulx, de Noyers, de Noiresmont, de Rueul sur Breche, de Thieulx, de Tilliers, de Bouveliers, de Auroy, de Fontaine sainct Lucien, de Muydorge, de Abbeville, sainct Lucian, de la Fraye, de Monstreul sur Bresche, de Auchy, de sainct Martin au Bois, de Wacquemolin, de Menesviller, de Neufvy, de Vallescourt, de Houssoy, de Genoville, de Ygnancourt, de Morisel, le Plessier Gobert, Gollencourt, de Fournival, Prompteroy, Waulmont, tous dudit gouvernement de Mondidier. Les manans & habitans de Villiers, de Oudechy, d'Erches, de Bouchoire, de Rouvroy, de Parviller, du Quesnoy, de Damery, de Goyencourt, de Roiglise, de Denicourt, de Wecourt, de Valestre, de sainct Leonard & Morlemont de Landevoisin, de Fresmieres, de Canny, de Roye sur le Matz, les habitans de Matz, de la Neufville, de Ressons, de Bayencourt, de Mareul, de Gruny, de Liencourt, de Curcy, de Cresmery, de Thilloloy, de Hanviller, de Buverignes, de Crapaumesnil, de Verpellieres, de Solentes, de d'Omencourt, d'Ongvilles, de Croissy, de Maigny, de Champieng, de Vilencourt, d'Armencourt, de Marcaisnier, de Fescamps, de Buz, de Lancourt, de Poupincourt, de Fresnoy, de la Chavatte, de Peuchy, de Chilly, de Fransfare, & de Fouquencourt. Contre tous lesquels non comparans en personnes, ni par procureurs, avons donné defaut portant tel profit que de raison.

Ce fait avons fait faire le serment aux Gens desdits trois Estats, en tel cas requis & accoustumé. Assavoir que en leurs loyautez & consciences, ils nous rapporteront ce qu'ils ont veu garder & observer des Coustumes anciennes dudit gouvernement de Peronne, Montdidier & Roye, & ce qu'ils en sçavent: Cessant toute affection privée & particuliere, ayans seulement esgard au bien public: Nous disans aussi leurs advis & opinion de ce qu'ils trouveront dur, rigoureux & desraisonnable des Coustumes cy devant par eux observées, pour comme tel estre par nous (selon qu'il nous est mandé par lesdites lettres de commission) temperé, moderé, corrigé, ou du tout abrogé. Ce qu'ils ont promis & juré faire. Et après en la presence desdits Officiers & Gens des trois Estats, avons commencé à faire lecture.

Premierement, du cayer qui nous a esté baillé par le Lieutenant & officiers dudit Peronne.

Secondement, du cayer qui nous a esté presenté par le Lieutenant general, & officiers dudict Montdidier.

Tiercement, du cayer qui nous a esté presenté par les Lieutenant & officiers du siege de la Prevosté de Roye.

Et avons arresté, de l'advis desdits trois Estats, que combien qu'il y ait diversité de Coustumes esdictes trois Prevostez & sieges Royaux, pour le regard de plusieurs articles. Que neantmoins consideré, & attendu que toutes lesdites trois Prevostez estoient regies par un seul gouverneur, & souz le tiltre d'un seul gouvernement, que disposerions par tiltres, & rubriches convenables, toutes lesdites Coustumes, souz un seul livre & cayer Coustumier, en cottant & remarquant souz chacun tiltre, & article d'iceux, la difference des coustumes desdites trois Prevostez: & aussi que ledict livre & cayer coustumier seroit intitulé par ces mots: *Coustumes du gouvernement de Peronne, Montdidier & Roye.*

Des droits appartenans aux hauts, moyens & bas justiciers.

CE fait avons procedé à la lecture desdits cayers, & continué les jours de Mardy, Mercredy, Jeudy, & Vendredy ensuyvans, & sous le tiltre des droits appartenans aux hauts, moyens & bas justiciers, estans ausdits cayer, presenté par ceux de Peronne, a esté fait lecture de deux articles, desquels la teneur ensuit.

Le Roy a prevention sur tout les sujets des hauts justiciers dudit gouvernement, & autres seigneurs subalternes pour toutes matieres personnelles: réelles, mixtes petitoires, possessoires, & criminelles.

Mais si lesdits subjets, & les seigneurs requierent le renvoy, par devant leur bailly ou officiers, pour delict commun, comme batture, injures, & pour matieres personnelles non excedans quatre livres parisis, renvoy s'en fera : si non qu'il fust question de salaire & loyers de serviteurs, & autres causes pieuses & privilegiées. Par le procureur du Roy a esté dit, que aucun renvoy ne se doit faire des causes contenuës esdits articles, & que le Roy est en possession immemoriale, mesme en la ville de Peronne de prevenir sans octroyer aucun renvoy; Parce mesmement que la plus part des villages & seigneuries de ladite prevosté, sont par delà la riviere de Somme, & pays limitrophe, & de non seur accès en ce temps de guerre, qui est frequente audict pays, tellement que la plusgpart des villes & bourgs sont ruinez : Et n'y a Juges sur les lieux pour administrer Justice aux parties plaidantes, tant en civil que criminel.

Par ledit Laignyer pour l'estat de Noblesse a esté soustenu le contraire, disant que les jurisdictions sont patrimoniales aux seigneurs subalternes, qui ont baillifs, & officiers pour administrer la justice à chacun de leurs subjets : Mesmes en matieres personnelles, réelles, mixtes, petitoires, possessoires & criminelles : excepté toutesfois ès cas privilegiez, & dont par les ordonnances, ou autrement la connoissance appartient par prevention aux juges Royaux, privativement à tous autres.

Par ledit Procureur du Roy a esté repliqué, que c'est chose notoire, que par lesdits juges Royaux ne s'est jamais fait aucun renvoy des causes petitoires, possessoires, réelles & mixtes.

Surquoy avons de l'advis desdits Estats, dressé un article dont la teneur ensuit. *Les juges Royaux peuvent prevenir en toutes causes civiles & personnelles, réelles, mixtes & possessoires : toutesfois les seigneurs hauts justiciers, ou leur procureurs, demandans renvoy en estre fait par devans les officiers desdits hauts justiciers, leur sera ledit renvoy fait, hormis de cas Royaux, & desquels par les ordonnances la connoissance appartient ausdits juges Royaux, privativement à tous autres.*

Et pource que lesdits officiers ont grandement insisté audit article, alleguans le grand interest du Roy, diminution de ses fermes & de son dommaine, & leur possession immemoriale, Avons ordonné que ledit article ne seroit tiré pour coustume, ains avons enjoinct audits officiers de garder les ordonnances, concernans ladite prevention & arrests sur ce donnez : & reservé aux seigneurs hauts justiciers leurs droits de justice, tels & en la maniere qu'ils ont & en ont jouy par cy devant.

A la fin du deuxiesme article, commençant par ces mots, *Nul n'a droict*, après que les Estats d'Eglise & Noblesse ont soustenu, que pour cause de crime de leze majesté divine, confiscation leur appartient, & a appartenu de tout temps, & que le procureur du Roy a soustenu au contraire : Ont esté de l'advis desdits trois Estats adjoustez ces mots, *Sinon que la condemnation fust pour crime de leze majesté humaine.* Article 2.

Des Fiefs.

A L'article vingt-sixiesme, commençant par ces mots, *Et si après icelle*, a esté de l'advis desdits Estats, specifiée l'amende de soixante sols parisis, telle, qu'elle estoit par l'ancienne coustume. Article 26.

Sur le trente-troisiesme article, commençant par ces mots, *Lequel droit de chambellage* : a esté dit par maistre Jean de Meullen, procureur dudit Marquis de Neelle, que quand le fief mouvant de son Marquisat de Neelle, & seigneurie d'Athie, & Cappie n'excede la somme de cinquante livres de revenu, est deu pour droit de chambellage vingt sols tournois : & s'il valloit ou excedoit lesdits cinquante livres de rente, est deu pour ledit droit de chambellage cent sols parisis. Et si ledit fief vaut & excede la somme de cent livres tournois de rente, luy est deu dix livres parisis, pour ledit droit : Et ce si ledit fief eschet en ligne directe. Mais s'il eschet en ligne collaterale, luy est deu, outre ledit droit de chambellage, le revenu d'une année dudit fief, à choisir & prendre par ledit sieur Marquis en trois années. Pareil droit de chambellage, & revenu d'année, à choisir comme dessus, luy est deu pour relief de mary & bail. Et en cas de vendition, est deu pour l'acquisition le quint denier, & le requint : soit que ladite vendition soit faite francs deniers ou non. Et pour donation à autre que au fils aisné, ou fille aisnée, ou apparent heritier, & sans couper la ligne pour quelque cause que ce soit, est deu le quint denier de la valeur dudit fief, avec le droit de chambellage, tel que dessus. Et pareil droit luy est deu pour cause d'eschange, n'estoit que ledit eschange fust fait de deux fiefs tenus dudit Marquisat, sans soulte. Et s'il y a soulte, est deu le quint & requint denier d'icelle soulte : Esquels droits il est fondé par tiltres particuliers, & possessions immemoriales. Article 33.

Et par ledit procureur du Roy a esté dict, que les baronnies d'Athie & Cappye sont nuement tenues du Roy à cause de son chasteau de Peronne, regis & gouvernez par la coustume ancienne de ladite prevosté de Peronne ; mesmes que lors de la creation dudit Marquisat, & verification des lettres en la cour de Parlement, faisant droit à l'opposition formée par le procureur du Roy audit Peronne, fut dit que nonobstant l'union & annexe desdites baronnies d'Athie & Cappye, que les habitans d'icelles viendroient respondre nuement au ressort & prevosté de Peronne : & partant sont les habitans desdites baronnies, comme aussi les vassaux subjets à la jurisdiction & coustume de ladite prevosté de Peronne. Et ne se trouvera, souz correction, que ledit sieur Marquis ait tiltres, ou possessions immemoriales au contraire. Et aussi pour le regard de ce qui est dudit Marquisat, assis en la prevosté de Roye, & reuny à iceluy Marquisat, fust par le mesme arrest ordonné le semblable : Et ne se trouvera, comme dit a esté, tiltre ou possession immemoriale au contraire.

Surquoy avons ordonné, de l'advis desdits Estats, que l'article de coustume passera ainsi qu'il est arresté, sans prejudice des tiltres particuliers, & possessions immemoriales, alleguées par ledit sieur Marquis s'aucuns en a.

Sur le trente-quatriesme article, commençant par ces mots, *Et si ledit fief eschet* : a esté remonstré par ledit le Fevre, lieutenant dudit Peronne, que l'article, ainsi qu'il est couché, s'ensuyvroit quelque absurdité, d'autant qu'il y a aucunes terres qui ne portent que de trois années l'une : & pourroit advenir que le seigneur choisiroit l'année que toute ladite terre seroit ensemencée, tellement que pour une année, il auroit le revenu de trois, estant baillée l'option audit seigneur, telle que porte l'article. Article 34.

Surquoy a esté dict, que en ce cas, le seigneur n'y prendra que le tiers, à l'égard du revenu des trois années.

Au trente-cinquiesme article, commençant par ces mots, *Mais en la prevosté* : Ledit seigneur Comte de Chaulne s'est opposé, & empesche que les grains soient avaluez ausdites sommes de quatre sols, & deux sols tournois, portées par ledit article, disant qu'il est en possession immemoriale, à cause des Article 35.

terres mouvans & appartenans dudit Comté, assises en ladite prevosté de Peronne, de prendre & percevoir les grains en nature, & iceux faire avaluer à commun prix. Et par ledit procureur du Roy, ceux de l'Eglise, & du tiers Estat de ladite prevosté, a esté dit & soustenu au contraire, & qu'ils se rapporteroient à tous les gentilshommes, & gens de pratique, si les subjets dudit Comté, & autres de ladite prevosté, ont payé lesdits droits à autre raison que de quatre sols, & deux sols tournois portez par ladite coustume. Mesme y a eu sentence, donnée aux Requestes du palais à Paris, conformément audit article de coustume, à laquelle, ledit Comte de Chaulne a acquiescé. Surquoy avons ordonné que ledit article passera, sans préjudice des droits, tiltres particuliers & possessions immemoriales dudit Comte, si aucuns en a.

Article 39. Le trente-neufiesme article, commençant par ces mots, *Si ledit droit de relief*: a esté de l'advis desdits Estats de nouvel arresté, & l'ancienne coustume, par laquelle esdites trois prevostez, pour chacun mariage, estoit deu droit de relief, reformée & corrigée. Et ce nonobstant les remonstrances d'aucuns de la Noblesse, requerans l'entretenement de l'ancienne coustume, qui a esté de l'advis de la plus part des assistans abrogée comme dure, & inique.

Article 42. Pareillement l'article quarante-deuxiesme, commençant par ces mots, *Et si ladite donation*: a esté par l'advis de la plus part de ladite assistance de nouvel arresté, & l'ancienne coustume reformée en ce que par icelle, pour donation faicte par l'une des personnes mariez à l'autre, estoit deu relief, nonobstant les remonstrances faites par aucuns de la Noblesse, qui auroient requis l'entretenement de l'ancienne coustume.

Article 51. L'article cinquante-uniesme, commençant par ces mots, *Toutesfois s'il estoit*: a esté de l'advis desdits estats, de nouvel arresté: & ce faisant l'ancienne coustume par laquelle le seigneur pouvoit refuser l'investiture dudit fief, jusques à ce qu'il eust esté payé de droits de relief precedens, abrogée.

Des Censives.

Article 85. L'Article quatrevingts-cinquiesme, commençant par ces mots, *En vendition d'heritages*: a esté de l'advis desdits estats arresté comme ancien, combien que plusieurs seigneurs censuels ayent allegué plus grand droit de coustume que de douziesme denier, y mentionné: & que par deffaut de payer ledit droit, leur sont deuz plus grandes amendes, qu'il n'est porté par l'ancienne coustume: & que en leursdits droits ils sont fondez par tiltres & possessions immemoriales. Ausquels avons declaré que par cette redaction, n'entendions deroger à leursdits tiltres & possessions immemoriales.

Article 86. A l'article quatre vingt sixiéme, commençant par ces mots, *Excepté pour les maisons*: S'est opposé ledit maistre Jaques Dapplaincour, comme abbé commandataire du mont de saint Quentin près Peronne, disant qu'en ladite ville de Peronne, banlieue & ès environs d'icelle, y a plusieurs manoirs & heritages tenuz & mouvans en roture de sadite abbaye, chargez, quand le cas s'y offre, de payer droit seigneurial, tel que du douziéme denier, nonobstant ladite pretendue coustume locale dudit Peronne: & que luy & ses predecesseurs sont fondez en tiltres particuliers & possessions immemoriales: Auquel avons declaré que ledit article passera, sans préjudicier à sesdits tiltres & possessions immemoriales, s'aucunes en a.

Article 93. L'article quatre vingt treiziesme, commençant par ces mots, *Detenteur des terres censuelles*: en ce que par iceluy est dit, que le seigneur saisissant, ne fait les fruits siens, est nouvel, pour le regard de la prevosté de Peronne, & ancien pour les prevostez de Montdidier & Roye: mesmement que en ladite prevosté de Roye n'y avoit droit de saisie par faute de bailler declaration.

Article 99. L'article quatre vingts dixneufiéme, commençant par ces mots, *Celui qui a acquis*, est ancien, pour le regard de Montdidier, & de nouvel introduit, pour le regard de Peronne & Roye.

Article 101. L'article cent uniéme, commençant par ces mots, *Le seigneur haut justicier*: a esté de nouvel introduit par l'advis desdits estats, pour avoir lieu pour l'advenir.

De Donations.

Article 108. LE cent-huictiéme article, commençant par ces mots, *Biens donnez*: qui estoit ancien en la Prevosté de Montdidier, a esté par l'advis desdits estats de nouvel introduit: pour le regard des Prevostez de Peronne & Roye.

Article 110. L'article cent dixiéme, commençant par ces mots, *Mary & femme*: a esté de l'advis que dessus, de nouvel introduit pour le regard desdites prevostez de Peronne & Roye, en ce qu'il est permis aux conjoints faire donnation mutuelle.

Article 111. L'article cent unze, commencant par ces mots, *Mais par testament*: estoit ancien audit Montdidier, sauf en ce que le donataire est chargé des debtes, obseques & funerailles, & reservation de legitime: & aussi est nouveau en la prevosté de Roye pour le regard de la disposition du quint des fiefs, & tiers des rotures, charges des obseques & funerailles, & ladite reservation de legitime. Pour laquelle reservation est pareilement nouveau en la prevosté de Peronne, & aura lieu pour l'advenir en toutes les trois prevostez.

De Droicts appartenans à gens mariez.

Article 119. A La fin de l'article cent dixneufiéme, commençant par ces mots, *Femme peut dedans*: Ont esté par l'advis desdits estats adjoustez ces mots, *Et où elle se seroit obligée personnellement pour le fait de sondit mary, renonçant à ladite communauté, en doit estre acquittée par l'heritier dudit mary*: Pour avoir lieu à l'advenir, sans prejudice du passé.

Article 135. A la fin de l'article cent trente cinquiéme, commençant par ces mots, *Les immeubles*: ont esté de l'advis desdits estats, adjoustez ces mots, *Sans autre namptissement & mise de fait*, pour avoir lieu à l'advenir à Peronne & Roye, sans prejudice du passé.

Article 136. L'article cent trente sixiéme, commençant par ces mots, *Et si le mary*: qui estoit ancien en la prevosté de Montdidier, a esté de l'advis desdits estats de nouvel adjousté, pour le regard de Peronne & Roye.

Article 137. Le cent trente septiéme article, commençant par ces mots, *Si mary ou femme*: qui estoit aussi ancien audit Montdidier, a esté de nouvel introduit pour le regard desdites prevostez de Peronne & Roye.

Des Douaires.

L'Article cent quarante deux, commençant par ces mots, *Douaire prefix fait cesser* : a esté de l'advis desdits estats de nouvel introduit, pour avoir lieu à l'advenir, sans prejudice du passé, par toutes lesdites trois prevostez; esquelles la femme après le decés de son mary, pouvoit opter douaire coustumier ou prefix: encore que par son contrat de mariage, luy eust esté donné douaire prefix, & quelle eust expressément renoncé audit douaire coustumier. Article 142.

L'article cent quarante quatriéme, commençant par ces mots, *Douaire prefix & coustumier* : a esté par l'advis desdits estats de nouvel introduit pour avoir lieu à l'advenir. Article 144.

A l'article cent quarante sept, commençant par ces mots, *Femme noble doit avoir* : ont esté de l'advis desdits estats adjoustez ces mots: *Et si elle se remarie pert la jouissance de ladite maison, mais s'il y en a une autre, elle l'aura, après que l'heritier aura choisi celle qu'il voudra avoir des deux; s'il n'y a convention au contraire*, Pour avoir lieu à l'advenir, sans prejudice du passé. Article 147.

L'article cent cinquante neuf, commençant par ces mots, *L'heritier peut vendre* : a esté adjousté de l'advis desdits estats; pour avoir lieu à l'advenir: Et pour oster les difficultez, qui ont esté faites par le passé, & pourroient estre pour l'advenir. Article 159.

Le cent soixantiesme article, commençant par ces mots, *Si la douairiere* : qui estoit ancien à Montdidier, a esté de nouvel introduit, de l'advis desdits estats, pour avoir d'oresnavant lieu audites prevostez de Peronne & Roye. Article 160.

De Testamens.

L'Article cent soixante deux commençant par ces mots, *Avant que un testament* : lequel estoit ancien, pour le regard de Montdidier, a esté de nouvel introduit, pour avoir lieu à l'advenir ès prevostez de Peronne & Roye. Article 162.

L'article cent soixante trois, commençant par ces mots, *Le Curé* : a esté, de l'advis que dessus, de nouvel introduit en consequence du precedent. Article 163.

L'article cent soixante quatre, commençant par ces mots, *L'aage requis* : a esté de l'advis desdits estats, de nouvel introduit pour avoir lieu à l'advenir, sans prejudice du passé, en ce que par l'ancienne coustume desdites prevostez, n'estoit requis que quatorze ans *(a)* pour les masles, & douze ans pour les femelles. Article 164.

L'article cent soixante cinq, commençant par ces mots, *Il est loisible* : estoit ancien, esdites trois prevostez, excepté à Peronne, pour le regard du quint des propres feodaux, lequel estoit viager: & à Montdidier, en ce que ledit quint estoit limité, au cas que le fief neust esté quintoyé de quint hereditai depuis quarante ans: & à Roye, excepté pour le quint des fiefs propres, & le tiers des rotures. Laquelle ancienne coustume a esté par l'advis desdits estats, reformée suivant ledit article. Article 165.

L'article cent soixante six, commençant par ces mots, *Le legataire* : a esté de l'advis desdits estats, de nouvel introduit, pour le regard de la provision y mentionnée, pour avoir lieu à l'advenir, sans prejudice du passé. Article 166.

A la fin de l'article cent soixante sept, commençant par ces mots, *L'executeur du testament* : ont par l'advis desdits estats, esté adjoustez ces mots, *Sinon que l'heritier luy baillast autant que se montent les charges dudit testament* : pour avoir lieu à l'advenir, sans prejudice du passé. Article 167.

De Successions.

L'Article cent soixante neuf, commençant par ces mots, *Entre nobles* : est ancien par toutes lesdites prevostez, excepté en ce que aux puisnez masles & femelles ensemble, est baillé ès fiefs un quint hereditai, ou par l'ancienne coustume ledit quint n'estoit que viager. Laquelle ancienne coustume, comme dure & inique, le procureur du Roy ce requerant, a esté de l'advis desdits estats, abrogée. Article 169.

Les articles cent soixante dix, commençant par ces mots, *Et neantmoins* : cent soixante unze, commençant par ces mots, *Laquelle recompense* : cent soixante douze, commençant par ces mots, *Pour laquelle recompense* : cent soixante treize, commençant par ces mots, *Lesdits fils & filles* : & cent soixante quatorze, commençant par ces mots, *Ledit quint hereditai n'a lieu* : ont esté de l'advis desdits estats, en consequence du precedent article, & pour moderation & interpretation d'iceluy, de nouvel introduits. Art. 170. 171. 172. 173. 174.

L'article cent soixante quinze, commençant par ces mots, *Ledit quint hereditai* : estoit ancien pour le regard du quint viager: & pour ledit quint hereditai, a esté de nouvel introduit en consequence des articles precedens. Article 175.

Les articles cent soixante seize, commençant par ces mots, *Et si ledit aisné* : Et cent soixante dix-sept, commençant par ces mots, *Le pareil* : ont esté pour le regard dudit quint hereditai seulement, & en consequence des precedens articles, par l'advis desdits estats, de nouvel introduits. Art. 176. 177.

A l'article cent soixante dixhuict, commençant par ces mots, *Et s'il n'y a freres* : ont esté de l'advis desdits estats interjectez ces mots, *venant du plus aagé masle*, pour avoir lieu à l'advenir sans prejudice du passé. Article 178.

L'article cent quatre vingts, commençant par ces mots, *Entre roturiers*, a esté par l'advis desdits estats de nouvel introduit. Car par l'ancienne coustume dudit gouvernement, n'y avoit difference en succession de fiefs entre les nobles & les roturiers. Article 180.

Les articles cent quatre vingts un, commençant par ces mots, *Et le surplus*, cent quatre vingts deux, commençant par ces mots, *Et s'il y a plusieurs enfans* : cent quatre vingts trois, commençant par Art. 181. 182. 183. 184. 185. 186.

(a) *n'estoit requis que quatorze ans.* Par la même raison cela doit avoir lieu aux Coutumes qui ne decident rien pour l'âge de tester, & n'y a pas lieu d'y vouloir observer la disposition du Droit Romain, *ut dixi* sur Chaumont, art. 99. J. B.

ces mots, *Et s'il n'y a que filles* : cent quatre vingts quatre, commençant par ces mots, *Neantmoins ledit aisné* : cent quatre vingts cinq, commençant par ces mots, *En faisant lesquels* : & cent quatre vingts, six, commençant par ces mots, *L'aisné releve*, ont esté de l'avis desdits estats, & en consequence du precedent article de nouvel introduits.

Article 189. L'article cent quatre vingts neuf, commençant par ces mots, *Freres & sœurs de pere & de mere* : qui estoit encien, pour le regard de Peronne & Roye, a esté de l'advis desdits estats de nouvel introduit pour estre semblablement observé audit Montdidier.

Art. 191. 192. 193. 194. 195. 197. Les articles cent quatre vingts unze, commençant par ces mots, *Representation a lieu* : cent quatre vingts douze, commençant par ces mots, *Toutesfois entre nobles* : cent quatre vingts treize, commençant par ces mots, *Mais où il n'y auroit* : cent quatre vingts quatorze, commençant par ces mots, *Et entre roturiers* : cent quatre vingts quinze, commençant par ces mots, *En ligne collaterale* : & cent quatre vingts dix sept, commençant par ces mots, *Mais si lesdits oncles* : ont esté par l'avis desdits estats, de nouvel introduits : & l'ancienne coustume, par laquelle representation n'auroit lieu audit gouvernement, tant en ligne directe que collateralle, a esté par l'advis que dessus abrogée, comme dure & inique.

Article 198. L'article cent quatre vingts dix huit, commençant par ces mots, *Les heritiers successeurs* : qui estoit ancien en ladite prevosté de Peronne, a esté par l'advis que dessus, de nouvel introduit, pour le regard des prevostez de Mondidier & Roye.

Article 200. L'article deux cens, commençant par ces mots, *Toutesfois si pere* : a esté par l'advis desdits estats de nouvel introduit, pour avoir lieu à l'advenir.

Article 206. L'article deux cens six, commençant par ces mots, *La fille* : a esté de l'advis desdits estats, aussi de nouvel introduit, pour avoir lieu à l'advenir.

De Baillistre & Garde-Noble.

Article 224. A La fin de l'article deux cens vingt quatre, commençant, *Sont lesdits baillistres tenuz* : ont esté de l'advis que dessus adjoutez ces mots, *Et aussi sont tenuz de faire inventaire de tous les tiltres, des heritages & biens immeubles desdits mineurs* : pour avoir lieu à l'advenir, sans prejudice du passé.

Article 225. L'article deux cens vingt cinq, commençant par ces mots, *Et quant aux heritages censuels & roturiers* : qui estoit ancien audit Peronne, a esté de l'advis que dessus, de nouvel introduit pour les prevostez de Mondidier & Roye, où les baillistres prenoient les fruits des heritages roturiers.

Article 226. L'article deux cens vingt six commençant par ces mots, *Ledit bail a lieu* : qui estoit ancien esdites prevostez de Peronne & Mondidier, a esté de nouvel introduit, pour le regard de la prevosté de Roye, en laquelle tel bail finissoit en l'aage de quinze ans quant aux masles, & treize ans quant aux femelles.

Article 230. L'article deux cens trente, commençant par ces mots, *Si la veufve qui a prins* : a esté de l'advis desdits estats de nouvel introduit.

De Retraicts.

Article 251. L'Article deux cens cinquante un commençant par ces mots, *En donation faite* : qui estoit ancien à Peronne & Montdidier, a esté de nouvel introduit, pour le regard de la Prevosté de Roye, en laquelle retrait avoit lieu en donation.

De Rentes.

Art. 260. 261. LEs articles deux cens soixante, commençant par ces mots, *Lequel namptissement* : & deux cens soixante un, commençant par ces mots, *Neantmoins en temps d'hostilité* : ont esté de l'advis desdits estats restraints & moderez ainsi qu'ils sont couchez : Et les anciennes solennitez par cy devant observées esdites prevostez de Peronne & Roye abrogées, pour obvier aux grands frais, circuits & difficultez qu'il y avoit en ladite observation.

Article 265. L'article deux cens soixante cinq, commençant par ces mots, *Jouissance paisible* : qui estoit ancien esdites prevostez de Montdidier & Roye, a esté de nouvel introduit pour ceux de la prevosté de Peronne.

Article 266. L'article deux cens soixante six, commençant par ces mots, *Toutesfois ès donations* : qui estoit ancien en ladite prevosté de Montdidier, a esté de l'advis desdits estats, de nouvel introduit pour les prevostez de Peronne & Roye.

Art. 268. 269. Les articles deux cens soixante huict, commençant par ces mots, *Sentences de Juge* : & deux cens soixante neuf, commençant par ces mots, *Les mineurs ont hypothecque* : ont esté de l'advis desdits estats de nouvel introduits pour avoir lieu à l'advenir.

Article 270. L'article deux cens soixante dix, commençant par ces mots, *Rentes constituées* : qui estoit ancien ès prevostez de Montdidier & Roye, a esté de l'advis desdits estats de nouvel introduit pour ladite prevosté de Peronne : en laquelle anciennement les rentes demeuroient, comme tous autres contrats, sans namptissement, purs personnels.

Art. 271. 272. 273. Les articles deux cens soixante unze, commençant par ces mots, *Tiers detenteur* : deux cens soixante douze, commençant par ces mots, *Possesseur & detenteur* : & deux cens soixante treize commençant par ces mots, *Toutesfois peut* : ont esté de l'advis desdits estats de nouvel introduits, pour avoir lieu à l'advenir.

Ce faict les Maieur & Eschevins de la ville de Montdidier, nous ont presenté certains articles de coustumes locales, desquels lecture a esté faite en presence que dessus, & dont la teneur s'ensuit.

COUTUMES LOCALES de Montdidier. *A la ville de Montdidier appartient la Mairie dudict lieu, droict de Justice, seigneurie, revenuz, émolumens, & autres droits y appartenans : mesmement droit de police, travers qui s'estend en plusieurs branches, tant en ladite ville que ailleurs, confiscations, aubeines, tonneheux, droits de rouage, forage, cherqueminage, bornage, avec plusieurs autres beaux droits.*

a *cherqueminage*, aliàs cerquemanage, ou cerquemage, vaut autant à dire que bornage, & semble estre un droit deu au seigneur pour faire planter bornes & limites ès heritages de ses subjets, & cerquemaneurs signifient les maistres jurez pour planter bornes. *Voyez l'Indice de Raguiau.*

A

A cause de laquelle Justice & seigneurie, les Maieur & Echevins de ladite ville de Montdidier, qui exercent icelle Justice, ont tous les droits, prerogatives & preeminences qui appartiennent à seigneurs hauts Justiciers. En somme appartient à ladite ville ladite Justice haute moyenne & basse, en laquelle indifferemment sont subjets & responsables tous les habitans de ladite ville, fauxbourgs & banlieue d'icelle, pour quelque cause & matiere que ce soit, tant civille que criminelle: sans que autres, encores qu'ils ayent fiefs en ladite ville & banlieue, ayent ou puissent pretendre aucun droit de Justice.

Pour l'exercice de laquelle Justice, est loisible aux manans & habitans d'icelle ville & banlieue commettre tous officiers, c'est assavoir Maieur, Echevins & Jurez, advocat & procureur de ville, & greffier tant de l'eschevinage que ordinaire, sergens & autres officiers.

De l'amende contre celuy qui n'est venu à dessaisine.

Que par les Coustumes locales, de tout temps gardées & observées en ladite ville & banlieue, quand aucun vend quelque maison, ou autre heritage, situé en icelle ville & banlieue, est necessaire au vendeur faire la dessaisine, & prendre la saisine par l'acheteur, en ladite Justice desdits Maieur & Eschevins, pendant le temps de quarante jours ensuyvans la vendition, en peine de payer à ladite ville soixante sols parisis d'amende, par celuy ou ceux qui ne seroient venus à dessaisine: & si sera tenu en pareille somme l'acheteur, au cas qu'il se soit immiscé en la possession de ce qui luy a esté vendu avant ladite saisine prinse.

Et doit ledit vendeur payer à ladite ville seize deniers parisis pour tous droits seigneuriaux: & si l'heritage est vendu francs deniers, lesdits seize deniers parisis viendroient à payer: & seroient deuz par l'acheteur.

Si aucun vend quelque heritage, assis en icelle ville & banlieue, lequel luy seroit venu, & escheu de son propre: en ce cas, le parent & lignager d'iceluy vendeur, du costé & ligne dont vient ledit heritage, s'il veut retraire iceluy doit intenter instance pendant dix sept jours & dix sept nuits, après que l'acheteur en sera saisi & vestu: & se faisant faire offre de rembourser les deniers principaux, avec les droits seigneuriaux, frais de lettres, & tous loyaux coustemens, lesquels doivent estre comptez & nombrez jusques & comprins le jour de la contestation en cause: autrement & à faute de ce faire pendant lesdits dix sept jours & dix sept nuits, ledit parent du vendeur n'y sera plus receu.

Lesdits offres faites: selon que dessus, & si à icelles l'acheteur veut acquiescer, & le declare ainsi en Justice, celuy qui veut retraire, sera tenu rembourser ledit acheteur des deniers principaux d'icelle acquisition, droits seigneuriaux, frais de lettres, & autres loyaux cousts en dedans les vingt-quatre heures après. Autrement tel qui veut retraire sera debouté dudit retrait.

Quand aucun de ladite ville & banlieue donne quelque heritage, ou autre droit y situé à ses enfans, ou bien à ses nepveux, cousins ou autres personnes, ou à aucuns d'eux en faveur de mariage, & si celuy auquel telle donation auroit esté faite, decede sans enfans yssus dudit mariage, & sans avoir disposé, en ce cas, ce qui a esté ainsi donné, retournera au donateur, ses heritiers ou ayans cause, à la charge toutesfois que la femme du donataire, si elle est vivante, jouyra en douaire, sa dite vie durant, tant seulement de la moitié de l'heritage ainsi donné. Et sera tenue telle vensve entretenir iceux heritages bien & duement, & payera la moitié des charges, & autres redevances foncieres & anciennes dont est chargé tel heritage.

Au deuxiesme desdits articles, commençant par ces mots, *A cause de laquelle Justice*, & quatriesme, commençant par ces mots, *Que par les coustumes locales*, le sieur de Manvillier s'est rendu opposant. Sur laquelle opposition, avons renvoyé lesdites parties en la cour de Parlement, au lendemain de la sainct Martin. Et neantmoins ordonné que tous lesdits articles seront inserez en notre present procès verbal, comme droits pretendus par les Maieur, Eschevins & habitans de Montdidier: esquels droits n'avons entendu, & n'entendons deroger par la redaction de la coustume generale: ains que lesdites parties respectivement jouyront, selon leurs tiltres particuliers, ou possessions immemoriales.

Pareillement maistre Romain Pasquier prevost & juge ordinaire de la ville & prevosté de Montdidier, nous a presenté deux articles dont la teneur ensuit.

En ladite coustume il y a de tout temps & ancienneté prevost & juge ordinaire en ladite ville & prevosté de Montdidier.

Auquel, par ladite coustume, appartient jurisdiction & connoissance, en premier instance, sur tous les hostes, & subjets roturiers de ladite prevosté, soient subjets du Roy ou des hauts justiciers: lesquels suyvant ladite coustume sont justiciables, & ont de tout temps accoutumé d'estre traictez & convenus en toutes leurs causes & actions, tant civiles que criminelles, pardevant ledit prevost, sans prejudicier au renvoy des subjets desdits hauts justiciers.

Lesquels articles avons ordonné estre inserez en ce notre procès verbal, pour servir & valoir audit Romain, & à ses successeurs audit office de prevost & Juge ordinaire de ladite ville & prevosté de Montdidier, ainsi que de raison, & qu'il se trouvera avoir esté jouy au precedent, par tiltre & possession immemoriale, ausquels n'entendons aucunement prejudicier.

Et le semblable avons ordonné sur les remonstrances, que nous ont faites plusieurs Seigneurs, tant hauts justiciers que censuels. Assavoir, que n'entendons par cette redaction de coustumes prejudicier à plusieurs droits de justice, feudalité, censive, ventes & amendes, quand le cas y eschet, travers, pescherie, mesurage, tonnelieu, quevage (a), champart, herbage, dismage, terrage, forage, afforage, pontenage (b), rouage, de confiscations, d'aubeine, forfaiture, fours bannaux & autres qu'ils pretendent avoir, & estre plus grands que ne sont ceux contenuz ès articles de coutume cy dessus par nous redigez par escrit, dont ils se trouveront avoir tiltres particuliers, & possessions immemoriales.

Ce fait, ledit jour de vendredy dix neufiesme de Septembre, en procedant à l'arrest & publication desdites coustumes, avons ledit substitut dudit procureur general du Roy audit Peronne ce requerant, dit & ordonné, disons & ordonnons, que les susdits adjournez, qui ne sont comparuz durant notre seance à la redaction desdites coustumes, soient gens d'Eglise, de noblesse & du tiers estat, seront pour le proffit dudit deffaut par nous contre eux donné, censez & reputez estre subjets aux coustumes dudit gouvernement de Peronne, Montdidier & Roye, ainsi arrestez par lesdits trois estats. Et au surplus avons dit & ordonné que lesdites coustumes seront, tant par lesdits deffaillans que comparans entretenues, gardées & observées pour loy. Et à ce faire

---

a *quevage.* J'estime qu'il faut chevage, qui est un droit de douze deniers parisis qu'on leve sur chacun chef marié, qui est bastard ou aubain, vû que ces deux mots *quevage* ou *chevage* ont pareille prononciation en Picardie. *Quevage* est *chevagium*, qui veut dire chef cens, *capitalis census*, comme j'ai dit en mon Commentaire sur la Coutume de Paris en la Preface du titre des Censives. J. B.

b *pontenage* ou pontanage, c'est un droit qui se prend sur les marchandises *in transitu pontis.*

les avons condamnez, leur faisant inhibitions & deffenses d'articuler & poser d'oresnavant autres coustumes. Et aux lieutenans des trois prevostez dudit gouvernement & autres officiers, de non recevoir les parties à poser & articuler autres coustumes & ne les appointer à informer par turbes. Faisans aussi inhibitions & deffenses aux advocats, procureurs & praticiens ès sieges & prevostez dudit gouvernement de articuler, poser & alleguer en jugement & ailleurs autres coustumes que les susdites accordées. Et tout ce que dessus, nous commissaires susdits certifions estre vray & avoir esté faict, commme est contenu en ce present notre procès verbal, lequel en tesmoing de ce, nous avons signé de nos seings manuels, & seellé du seel de nos armes, les an & jours que dessus.

Ainsi signé, DE THOU, B. FAYE & VIOLE.

Extraict des Registres de la Cour de Parlement.

Apportées & presentées par Maistre Christofle de Thou, Chevalier, premier President, Barthelemy Faye & Jacques Viole, Conseillers en la Cour de ceans, Commissaires à ce deputez par le Roy, & mises au Greffe d'icelle Cour, pour en la presence du Procureur General dudict seigneur. Le Mardy seiziesme jour d'Aoust, l'an mil cinq cens soixante-neuf.

Ainsi signé DUTILLET.

TABLE DES TITRES DES COUTUMES DE PERONNE, MONTDIDIER ET ROYE.

LISTE ALPHABETIQUE DES VILLES,

BOURGS, VILLAGES ET HAMEAUX

Regis par la Coustume & Gouvernement de Peronne, Montdidier & Roye.

PREMIEREMENT,

Ceux du Gouvernement, Bailliage & Prevosté dudit Peronne.

Ablaincourt, & Gomiecourt.
Agincourt, Bavelincourt, & Barres.
Aizecourt.
Allaignes.
Assevillier.
Athyes, ville & baronnie, Fourques & le Val.
Avelluis.
Authuilles.
Ayz, paroisse de Veringnes.

Bapaulme, ville & chastellenie.
Barleux.
Bayancourt & Rossignol.
Bazentin, grand & petit.
Beaucourt, lez Miraumont.
Beaumetz, la cense de Bia.
Beaumont.
Becourdel.
Becourt aux bois.
Behancourt.
Bernes.
Bertrancourt.
Biaches, & Bazincourt.
Bouent.
Boucly.
Boucavennes.
Bouzincourt.
Bray, ville & chastellenie, la Neufville lez Bray, les censes de Brunsay & de Guynes.
Brebieres, Eglise en ruine.
Brechancourt.
Bryot, baronnie.
Brusle, paroisse de Carthigny.
Brye.
Buirres & Coursselles
Bussu.

Canny.
Cappy.
Carnois.
Carthigny.
Canvigny.
Chaunes, comté.
Chipilly, Miservil-le, & ville sur Corbye.
Chuines.
Chuignolles.
Clery, Omicourt, Sormont & la cense Duhamel.
Coigneux.
Collencamps.
Combles, Fasemont & bois.
Contalmaison.
Courchelles au bois.
Courchelettes.
Croy, & le Mesnil sainct Quentin.
Curlu.

Darnancourt, les censes de Buyres & Thopatures.
Daniecourt.
Derlincourt & Curchy.
Devise.
Doing.
Dompiere, & Bussu en Sang ter.
Douvieux.
Driencourt & Boulincourt.

Encre, ville & Marquisat, Boulant.
Ennemain.
Escluzieres.
Englebelmer, & Vuitermont.
Espehy.
Espenencourt.
Esquencourt.
Estimehen, grand & petit, & Heputerne.
Esterpigny & Esterpigneulles.
Estrée en Cauchye.
Estree en Sang-ter.
Estricourt.

Faluy, bourg.
Farniez.
Fay.
Flamicourt.
Flaucourt.
Fleres.
Fleschin & Belloy en Vermandois.
Flez.
Fontaignes Brunetel & Esmes.
Fontaignes lez Cappy.
Forchevilles.
Foueaucourt.
Framerville.
Fregicourt.
Fresnes.
Fricourt.
Frizes.
Fucillecourt.
Fuilleres & Bucourt.
Fynes & le Plouy.

Grancourt & Grancordel.
Guendecourt.
Guyeucourt & Saucourt.
Guygnemont, & Geincy.
Guysencourt.

Haizecourt & Corvilloy.
Halles.
Hamel, près Beaumont.
Hamelle le Quesne.
Hamelet.
Hancourt.
Haplincourt & Soisilet.
Harbecourt.
Harbonniere bourg, Feuquiere & Berizy.
Hardecourt.
Hebescourt.
Herleville & Masure.
Hervilly.
Heudicourt.
Hiencourt le grand & petit.
Horgny.
Humbercourt.

La Viefville.
Le Bœuf.
Le Boissieres.
Le Forest & Hôpital aux bois.
Le Ham.
Le Mont S. Quentin, abbaye, le Vivier en mon plaisir.
Licourt.
Lihons bourg, Lihu Hautelloge & grand Manoir.
Lieramont.
Longueval.
Luchu, bourg & baronnie, la cense du gros tizon.

Mamets.
Manencourt & beau Martin.
Marchelépot.
Maricourt.
Mathigny.
Marquay & Moyenpont.
Martinsart.
Maurepas & le Sart.
Mailly, baronnie, & Baussart.
Mazancourt & Genermont.
Meant.
Mericourt sur Somme.
Mesnil en Arouaize.
Mesnil lez Brunetel.
Mesnil lez-Martinsart.
Mesnil saint Nicaise grand & petit.
Milancourt.
Miraumont, Beauregars, & le Herel.
Miseri.
Moillains.
Molineau.
Monchy la Gache.
Mons en Cauchie & Prusle.
Montauban.
Montescourt & Miraucourt.
Morchain.
Morlancourt.

Neufvillers.
Noarleu.

Ochonvillier.
Omiecourt & Montreal.
Ovilliers & Marceaux.

Pargny.
Peronne.
Pertaing.
Peuilly.
Piz.
Posieres.
Pouliencourt & la cense du Chastelet.
Pressoires.
Proyard.
Puchevilliers & Quesnoy.
Puzeaux.
Puzeaux au Mont.

Quivieres.

Rainecourt.
Rancourt.
Roizet & Sartemont.
Ronssoy.

Sailly & Saillizel.
Sailly au bois.
Saint Cren.
Saint Christ.
Sainte Radegonde & Marcheleu.
Sizencourt.
Soyecourt, Marchelet & Vuarlieu.
Sorel.
Suzenne & Buillon.
Templeu le Fosse.
Templeu le Guerard.
Tiebval, Lambourq & la Tour du Pré, & Vaudricourt & Divion.
Tincourt.

Vauvilliers.
Veraignes & Forest.
Vermandouiller & le Tombe.
Villers aux Flots.
Villers Carbonnel.
Villers Faucon.
Villers-le-Verd.
Voyenne en partie, & le Moulin.
Vuandencourt.
Vuarloy.

Y, paroisse de Mathigny.
Yrles.
Yttres.

LISTE DES VILLES, BOURGS, VILLAGES regis par la Coustume du Gouvernement, Bailliage & Prevosté dudit Montdidier.

Abbemont.
Abbeville saint Lucien.
Agumont.
Ainval.
Auchy.
Angiviller.
Anssinviller.
Anssinviller, en Chauchye.
Arvillier.
Aubercourt.
Aubevillier.
Ayencourt.
Ailly.

Bacouel.
Bains.
Bayonvilliers.
Beaufort.
Beaupuis.
Beauvoir.
Beauvoir lez-Villette.
Becquigny.
Berny.
Biermont.
Blancfossé.
Bonneuille, chastellenie le Vuardemanger & le Plessiers.
Bonneilliers.
Bonvilliers.
Boucourt.
Boulencourt.
Boullongnes.
Bousſicourt.
Boiteaux.
Brunviller.
Brache.
Bretheuil, bourg.
Broyes.

Campremy.
Campuermont.
Cantegnyes.
Caix.
Caply.
Cardonnoy.
Castol.
Catheux, chastellenie.
Cayeux.
Chepoix.
Chirremont.
Coivrel.
Centeville & le Mesnil.
Contoir.
Cormeilliers.
Coullemelles.
Courchelles.
Courtemanche.
Crevecœur.
Crevecœur le petit.
Cuvilly.

Davenescourt & le Hangest, chastell.
Defoy.
Demuy.
Domelien.
Domeliers.
Dompiere.
Dompmartin.
Donfront.

Enguillencourt.
Erusleaux.
Esquesnoy.
Esclinvilliers.
Espayelles.
Estallefay.
Evauchaux.

Faloize.
Farivillier.
Faverolles.
Feignieres.
Ferrieres.
Filescamps.
Folleville.
Follie en Sang-ter.
Follie Guerard.
Fontrine S. Lucien.
Fontaine sous Montdidier.
Fouencamps.
Fournival.
Flesche.
Fleschie.
Framicourt.
Francastel.
Fresneaux.
Fresnoy en Sang-ter.
Frestoy.
Froissy.

Gannes & Blin.
Gauffecourt.

Godeviller.
Goulencourt.
Granviller.
Gratibus.
Grattepanse.
Guerbigny.
Guillencourt.

Hailles.
Hangard.
Hangest.
Hangest le petit.
Hardivillers.
Hargicourt.
Harissart.
Hedencourt, Maury, Maucreux, chastellenie.
Hourges.
Houssoy.

Ignaucourt.

La Boissiere.
La cense de Halles.
La cense de la Fosse Thibault.
La Morliere.
La Quennetoye.
Le Caurel.
Le Bois d'Escu.
Le Buf de Villiere.
Le Chel, & Diencourt.
Le Fraye.
Le Hamel lez Pierrepont.
Le Gallet.
Le Mesnil S. George.
Le Monchel.
Le Plessier S. Nicaise.
Le Ploron.
Le Prieuré de Merles.
Le Taulle.
Lieuvilliers.
Lignieres.
Luchy.

Maignelliers.
Maizieres.
Mallepart.
Maresmontier.
Mauleres.
Maureville.
Maurizel.
Mazieres lez Espayelle.
Meharicourt en Sang-ter.
Menesvillier.
Mervil.
Merye en partie.
Mesvillier.
Mesnil sous Roquencourt.
Mesnil S. Fremin.
Moinevil.
Montdidier.
Mongerin.
Montiers.
Montigny.
Morenvillers.
Mortemer.
Muidorge.

Neufville le Roy.
Neufville Messire Bernard.
Neufvy.
Noyers.
Noyresmont.

Onviller.
Ornillet.
Oursel-Maison.

Paillart.
Perreines.
Pierrepont.
Plainval.
Plainvil.
Plessier sur S. Just.
Plessier Rollevet.
Pommeroy, hameau
Ponceaux.
Promleroy.
Puis de la Vallée.
Puis des Maisons.

Quesnel.
Quinquenpoix.
Quiry le Sec.
Quiry le Ver.

Ravenel.
Regibay.
Remaugies.
Remiencourt.
Rineval, Thory & Leverchy, chastellenie.
Rolot.
Roquencourt.
Rouverel.
Rouvroy lez Merles.
Rouziere.
Royaucourt.
Robecourt.
Rueuil sur Bresche.

S. Aubin.
S. Aurin.
S. Agnam, hameau.
S. Just.
S Marc en Cauchye.
S. Martin de Pas.
S. Martin de Rura-court dit au Bois.
S. Usoye.
Sains.
Sauchoy Davenecourt.
Sauchoy sur Espargny.
Sauchoy sur Dommilliers.
Sechel.
Septoutre.
Seresvillers.
Sorel.
Sourdon.

Vaux.
Vendeville.
Villers aux Erables.
Villers le Vicomte.
Villers Tournelles.
Vrely.
Vuaquemoulin.
Vuarmaize.
Vuarsieres.
Vuarvillers.
Vuavegnies.
Vuelles.

LISTE DES VILLES, BOURGS, VILLAGES & Hameaux regis par la Coustume du Gouvernement, Bailliage & Prevosté de Roye.

AMy.
Amy le petit.
Andecy.
Armencourt

Balatre.
Bier.
Billiencourt.
Bouchoir.
Boullongne.
Bus.
Buveringnes.

Canny.
Carrepuis.
Champieng.
Chessoy.
Chilly.
Conchy.
Crapaumesnil.
Cresmery.
Cressy.
Curchy.

Damery.
Dampcourt.
Devicourt.

Estallons.
Erches.

Feschamps.
Fouchette.
Fouquecourt.
Franssart.
Fresnier.
Fresnoy.

Goyencourt.
Griviller.
Gruny.
Gury.

Hallu.
Hattencourt.
Hinviller.
Herlyes.

Labbaye au Bois.
La chavette.
La Motte Havet, hameau.
Lancourt.
La Neufville.
La Neufville lez Buvraynes.
Le Montel.
Le Quesnoy.
Liencourt.

Mareul.
Margny.
Marches.
Marquesviller.
Maucour.

Omencourt.
Onnyolles.

Parvillers.
Peuchy.
Poupincourt.

Ressons, bourg.
Retonvillers.
Riquebourq.
Roiglise.
Rouvroy.
Roye.
Roye sur le Mast.

Saint Marc.
Septfours, hameau.
Sollente.

Tilloloy.
Tilloy.

Verpillier.
Villiers.
Vualfleury, hameau.
Vually, hameau.
Vuecourt, hameau.

FIN.

LES COUTUMES

1510.

Dont l'on a usé & use lon,

EN LA GOUVERNANCE BAILLIAGE ET PREVOSTÉ DE CHANNY[a],

TITRE PREMIER.

Comment le mary est reputé seigneur des meubles, & quelles choses sont contenues sous ce mot, Meubles.

ARTICLE PREMIER.

Le mary est reputé seigneur des meubles.

PAR la Coustume generale de ladite Gouvernance, Bailliage & Prevosté de Channy, le mary est reputé seigneur des meubles appartenans à deux conjoints ensemble par mariage. Et en peut dispofer par vendition, donation, eschange ou autrement, comme bon luy semble, sans y appeller sa femme, & sans le consentement d'icelle : mais au regard de la femme, elle n'en peut disposer, sinon de l'autorité, permission & licence de son mary. Et s'il advenoit que une femme liée de mary, s'entremeist d'estre marchande publique au veu & sceu de sondit mary, en ce cas elle est reputée auctorisée de sondit mary, & vallent les achats & vendition de meubles par elle faits, s'il n'y a renonciation (*b*) & declaration depuis & incontinent après faite par ledit mary, publiquement & en jugement.

De la femme mariée, marchande publique.

Ce qui est compris sous ce mot, meubles; & ce qui ne l'est pas.

II. *Item*, Et afin que l'on ne puisse ignorer quelles choses sont contenues sous ce mot, *Meubles*, est à sçavoir que par ladite Coustume, *Meuble*, est tout ce qui se peut mouvoir & transporter de lieu en autre, sans fraction dudit meuble & des huis ou fenestres du lieu où ledit meuble est posé ou gist.

ANCIENNES COUTUMES.

III. *Item*, Mais ce qui tient à fer ou à clou à edifice ou heritage, & qui ne se peut transporter sans fraction, est reputé & est tenu estre de l'heritage & lieu auquel il est assis.

IV. *Item*, Et est à sçavoir que sous cedit mot, *Meuble*, sont comprins & contenus, chaires, dressouers, & autres semblables qui se peuvent desmolir & transporter sans grande deterioration des heritages & édifices où ils sont assis.

Des fruits croissans & poissons en estangs.

V. *Item*, Que par ladite Coustume, tous fruicts croissans & non separez de l'aire, & semblablement poissons en estangs & viviers, sont reputez estre de l'heritage où ils sont; mais incontinent qu'ils sont separez, ils sont reputez meubles. Et aussi est reputé meuble, le poisson pesché & mis en fosse, huches & autres petits lieux hors desdits estangs & viviers où l'on le met pour le garder, & faire son profit.

Des rentes constituées.

VI. *Item*, Pareillement sont comprinses & contenues sous ce mot, *Meubles*, & reputées pour debtes mobiliaires toutes rentes constituées (*c*), si ce n'est qu'elles soient realisées, nampties & hypothequées par namptissemement de fait; auquel cas lesdites rentes sortissent nature de heritage, & sont tenus & reputez par heritages, tant pour les vendeurs & constituans, comme pour les acheteurs & leurs ayans cause.

---

a DE CHANNY. Qui est 1564. réputé de l'Isle de France. C. M.

Cette Coutume rédigée en 1510 comme il est porté en l'article dernier, n'avoit point été homologuée, verifiée ni registrée en la Cour. En l'an 1609. elle fut redigée par écrit en vertu des Lettres Patentes du Roy du dernier Avril, par les Officiers des lieux, & registrée en la Cour, par Arrest du 12. Juillet 1614. & commentée en 1641. par Me Louis Vrevin, Lieutenant general audit Chauny. J. B.

b ART. 1. s'il n'y à renonciation. *Alias* révocation.

c ART. 5. rentes constituées. *Dixi in consuet. Parisien. §. 57. Sed hac consuetudo non respicit nisi jus creditorum & diminorum directorum.* C. M.

Secus inter coheredes, dixi sur Senlis, art. 201. J. B.

TITRE II.

Quelle chose est namptissement, & comment & pour quelle cause il se peut faire.

Ce que c'est que nantissement.

VII. NAmptissement dont l'on use en ladite gouvernance, Bailliage & Prevosté, est un hypotheque de fait & expresse, qui se fait par la maniere qui s'ensuit; c'est à sçavoir, que quand aucun a vendu ou constitué rentes sur ses heritages, où qu'il est obligé à payer aucune somme de deniers pour une fois, ou à faire & fournir quelque autre chose, & que de ce sont lettres faites & passées sous seel Royal, par lesquelles il ait consenty hypotheque ou namptissement estre fait, les acheteurs de telles rentes ou crediteurs, au profit desquels lesdites lettres sont passées, pour seureté de payement desdites rentes ou debtes, peuvent & doivent faire namptir lesdites lettres de constitutions de rente ou debte pour une fois.

Ce qu'il faut observer pour faire un nantissement.

VIII. *Item*, Et pour ce faire, convient avoir & obtenir sur lesdites lettres, commission dudit gouverneur & Baillif ou son Lieutenant, ou du Prevost dudit Channy ou son Lieutenant, ou de l'un d'eux, addressant au premier sergent Royal en ladite gouvernance & Prevosté, lequel par vertu desdites lettres de commission, se transporte pardevers les Justices des lieux où les heritages sur lesquels on requiert le namptissement estre fait, sont assis, & dont ils sont tenus & mouvans, & illec, en la presence des Officiers d'icelles Justices; ou d'aucuns d'eux jusques au nombre de deux hommes de fief ou tenans de la seigneurie, expose iceluy sergent & leur lise le contenu esdites lettres de commission, en leur declarant qu'en leur presence il prend, saisist & met actuellement en la main du Roy nostre Sire lesdits heritages, pour valoir namptissement & hypotheque, pour seureté de fournir le contenu esdites lettres obligatoires; en leur faisant en outre deffense de non faire aucun veest, deveest, saisine ou dessaisine, desdits heritages d'illec en avant, que ce ne soit aux charges contenues & declarées esdites lettres obligatoires & commission. Et ce fait, se doit transporter ledit sergent pardevers ledit constituant, debitant ou autre obligé, & luy signifier ledit namptissement & exploit ainsi estre fait; lequel se peut à ce opposer, si bon luy semble; & si ainsi le fait, iceluy sergent luy doit assigner jour pardevant le Juge dont est émanée ladite commission, pour dire ses causes d'opposition. Et est toute la Prevosté dudit Channy, pays de namptissement.

IX. *Item*, Que après ledit namptissement ainsi fait, en y observant les solemnitez dessusdites, sont les heritages sur lesquels iceluy namptissement a esté fait, chargez, affectez & hypotecquez ausdites rentes (*a*), debtes & autres choses.

X. *Item*, Et si plusieurs namptissemens avoient esté faits sur mesmes heritages, ceux qui auroient faict faire premiers lesdits namptissemens, precederoient & seroient premiers asseurez & payez de leursdites rentes, debtes & autres choses, premier & avant que les autres qui auroient fait faire autres namptissemens ensuivans. Et si lesdits heritages n'estoient suffisans pour fournir à toutes lesdites rentes, debtes & autres choses, & qu'ils ne vausissent que pour payer les premiers, les autres n'y prendront aucune chose; mais sera ledit premier nampty, entierement satisfait & payé; & ainsi des autres ensuivans, chacun selon sa priorité.

Les premiers nantissements sont preferez aux suivans.

XI. *Item*, Et est à sçavoir, que lesdits namptissemens se doivent faire sur lesdits heritages du vivant desdits constituans, debiteurs ou obligez; autrement ne se peuvent iceux namptissemens faire, & ne sont valables, ou ne doivent sortir effect (*b*).

Quand se doivent faire nantissemens.

TITRE III.

Comment on peut disposer des Meubles.

Faculté de disposer. Exception.

XII. UN chacun usant de ses droits, peut faire & disposer de ses meubles à sa volonté, soit par don, vendition, testament ou autrement, excepté la femme liée de mary, qui peut disposer par testament tant seulement, & elle estant constituée en maladie de laquelle elle decede, par lequel testament celle femme peut disposer, de sa portion & moitié qu'elle a ès biens meubles qui sont communs entre elle & son mary au temps du trespas d'icelle, sans ce qu'il soit requis le congé & consentement de sondit mary, ne de ses heritiers. Et peut icelle femme, sadite portion de meubles, leguer ou donner par sondit testament, à quelconque personne que bon luy semble; excepté à sondit mary, auquel elle ne peut, ne sondit mary à elle testamentairement ne autrement aucune chose donner.

XIII. *Item*, Et pareillement par ladite Coustume, icelle femme, ne aussi sondit mary, par leur testament, ou par donation pour cause de mort, ne peuvent donner ne leguer leursdits meubles à l'un de leurs heritiers, pour advantager l'un plus que l'autre; pour ce que par icelle Coustume, nul ne peut estre legataire & heritier ensemble.

XIV. *Item*, Et faut noter que en ladite gouvernance, Bailliage & Prevosté de Channy, don mutuel n'a point de lieu, & ne peuvent deux conjoints par mariage donner aucune chose l'un à l'autre, comme dit est dessus.

Don mutuel n'a lieu.

a ART. 9. *affectez & hypothecquez ausdites rentes.* Cessant le nantissement, la rente est tenue & reputée dette mobiliaire, *infrà art. 26.* J. B.

b ART. 11. ou ne doivent sortir effect. *Injustum & iniquum quia heredes sunt debitores, ergo contra eos & futuros creditores fieri potest hac insinuatio, & hac barbara consuetudo corrigenda.* C. M.

Item, Le défaut de nantissement ne peut être allegué par les heritiers de l'obligé. Du Molin, Vermandois, art. 119. & sur celle d'Amiens, art. 137. sur la fin, & 138. & sont les heritiers obligez hypothecairement comme le défunt debteur, nonobstant le défaut de nantissement. *Chopp. libro 3. de morib. Paris. tit. 3. num. 14. fine.* J. B.

TITRE IV.

TITRE IV.

Comment les Nobles peuvent apprehender & avoir les meubles après le trespas du premier mourant.

De l'homme noble qui survit sa femme, ce qu'il emporte en meubles.

XV. UN homme noble survivant sa femme, emporte & fait siens tous les meubles & debtes à luy & sadite femme appartenans, & qui estoient communs entre eux au jour du trespas d'icelle femme; à la charge de payer par iceluy homme noble, toutes debtes mobiliaires deues par eux & chacun d'eux accreues (*a*), tant constant leur mariage, comme paravant; s'il n'y avoit contract passé au contraire.

Et ce qu'emporte la femme survivante.

XVI. *Item*, Mais la veufve d'un homme noble, a le choix & option, d'apprehender & faire siens lesdits meubles & debtes, à la charge dessusdite, ou de y renoncer si bon luy semble, en prenant seulement la moitié desdits meubles, à la charge de la moitié desdites debtes.

De la charge de celui qui prend les meubles.

XVII. *Item*, Et est à sçavoir que ledit homme noble, ou sadite femme survivant, qui apprehende, lesdits meubles & debtes en vertu de ladite coustume, posé que ce soit à ladite charge de payer toutes debtes mobiliaires, ne seroient toutesfois tenus de accomplir, payer & fournir les frais des formées, obseques & funerailles du premier decedant (*b*): mais appartient à l'heritier d'iceluy premier decedant de ce faire parce que telles debtes se font apres le trespas du premier decedant.

XVIII. *Item*, Et faut noter, que posé que ledit homme noble, ou sa femme survivant, tenant & apprehendant lesdits meubles & debtes, par ladite coustume soit tenu de payer toutes debtes mobiliaires, toutesfois se doivent les crediteurs adresser à l'encontre de l'heritier ou heritiers dudit premier decedant, si aucuns en y a; qui peuvent tirer en garant ledit survivant tenant, par ladite coustume; qui est tenu d'en prendre le faiz, charge, garantie & deffense. Et où aucuns heritiers apparans n'y auroit, se pourroient les crediteurs adresser leur action à l'encontre dudit survivant apprehendant & tenant lesdits biens meubles & debtes pour ladite coustume, comme efficacement tenu à icelle payer & acquitter.

TITRE V.

Si chose mobiliaire donnée en mariage, ou autrement, se doit rapporter.

Des rapports, quand ils ont, ou n'ont lieu.

XIX. QUand aucun contract de mariage se fait, & que aucune chose est donnée pour & en advancement de mariage, si c'est chose mobiliaire, le donataire n'est tenu icelle conferer ne rapporter pour venir à succession; s'il n'est dit par le traité au contraire (*c*).

XX. *Item*, Et pareillement quand aucun usant de ses droits, en son plein vivant, & non estant malade, fait quelque don de ses meubles, ou d'aucuns d'iceux, & que après ledit don en est faite actuelle delivrance, soit que ledit don soit au proufit de son heritier apparant, ou d'autre, il n'est tenu de rapporter la chose à luy donnée par ladite donation, soit en donation de mariage ou autrement.

XXI. *Item*, Et s'il advenoit que quelque somme de deniers fust donnée en mariage, pour estre employée en heritage pour celuy à qui elle est donnée, l'heritage de ce acquesté, doit sortir nature de naissant & propre heritage (*d*), à celuy ou celle auquel il a esté donné à ladite charge d'employer: & par ce moyen, se doit ladite somme ou heritage rapporter.

TITRE VI.

Des Acquests, & comment on en peut estre saisi.

Acquest, ce que c'est.

XXII. HEritage acquis, par quelque personne que ce soit, par emption, don, ou autrement aliénation, luy est reputé acquest.

Ce qui n'est compris sous le mot, d'acquêts.

XXIII. *Item*, Et faut entendre que sous ce mot, *Acquests*, ne sont compris heritages donnez en mariage, ou en advancement d'hoirie, par pere, mere, ou autres parens & amys de ceux qui se veulent conjoindre par mariage, & qui doivent succeder aux donateurs.

Ce qui y est compris.

XXIV. *Item*, Et si un homme conjoint par mariage, constant iceluy acqueste quelque heritage, ledit heritage est reputé & tenu pour acquest, moitié à luy & moitié à sa femme; posé qu'elle n'y soit presente ne appellée, & que le mary en soit saisi & vestu seul, sans faire mention de sadite femme.

XXV. *Item*, Que tous heritages prins à surcens perpetuel, rente viagere, tiltre d'emphytheose, & à louage, sont tenus & reputez acquests à celuy qui les prend pour luy seul; s'il n'est marié; & pour luy & sa femme, s'il est marié; en telle maniere que les heritiers du preneur lui succedent en ce, comme en heritage d'acquest, pour moitié, s'il decede premier, & sa relicte (*e*) en l'autre moitié; le tout sous les charges & conditions declareés ès contracts sur ce faits, & sans prejudice au droit des bailleurs & proprietaires.

XXVI. *Item*, Et aussi sont contenues sous ce mot, *Acquests*, & reputez heritages d'acquests, toutes ren-

a ART. 15. & chacun d'eux accrües, *faut créées*.

b ART. 17. du premier decedant. *Et nihilominus tenentur ad legata etiam de rebus mobilibus facta, quæ solvi debent per heredem.* C. M.

c ART. 20. au contraire. *Stulta & iniqua consuetudo respectu lineæ directæ. Et certè indiget recognitione & correctione.* C. M.

Voyez le procès verbal sur la Coutume de Vitry, art. 73.

d ART. 21. & propre heritage. *Scilicet respectivè contra alterum conjugem vel heredes ejus.* C. M.

e ART. 25. *& sa relicte.* Relicte & veuve est une même chose.

ANCIENNES COUTUMES.

tes acquestées, soient à rachat ou sans rachapt, pourveu qu'elles soient realisées, comme dit est dessus (*a*).

Comment les creanciers peuvent poursuivre leur dû.

XXVII. *Item*, Que pour seureté d'avoir payement desdites rentes, debtes & autre chose, peuvent les acheteurs d'icelles rentes, crediteurs, & autres au proufit desquels ont esté passées les lettres obligatoires, poursuyr personnellement ceux qui ont constitué lesdites rentes & passé lesdites lettres obligatoires, ou leurs heritiers afin d'avoir payement des arrrerages, & sans prejudice à leur droit d'hypotheque.

Des rentes, dettes & choses réalisées par nantissement.

XXVIII. *Item*, Mais si lesdites rentes, debtes, & choses sont realisées comme dit est (*b*), l'acheteur, crediteur ou autre, au proufit duquel ont esté passées les lettres obligatoires, & namptissement fait sur icelles, peut diriger, intenter & adresser son action pour le fournissement & payement de telles rentes, debtes ou autres choses; & aussi des arrerages qui en seroient deuz, à l'encontre des detenteurs & possesseurs desdits heritages, sur lesquels auroit esté fait namptissement, & tendre afin que iceux heritages soient declarez hypothequez à telles rentes, debtes & charges, cours & continuation d'icelles, & aussi des arrerages qui en seront deuz.

XXIX. *Item*, Que où les constituans desdites rentes, ou leurs heritiers seroient detenteurs & possesseurs des heritages hypothecquez à icelles rentes, & sur lesquels auroit esté fait namptissement, lesdits acheteurs d'icelles rentes peuvent conclure contre lesdits constituans, ou leursdits heritiers, possesseurs & detenteurs, personnellement & hypothecquairement, par protestation que l'une des actions ne prejudicie à l'autre.

De la vesture & saisine de l'heritage acquesté.

XXX. *Item*, Que pour acquerir la possession & saisine de l'heritage acquesté, est requis que le vendeur, ou procureur pour luy s'en deveste & dessaisse ès mains de la justice sous laquelle ledit heritage est assis, & que l'acheteur en soit vestu & saisi: laquelle vesture & saisine se fait, par aucuns des officiers desdites justices, par tradition de quelque baston (*c*), ou autre chose.

Le second acheteur vestu, est préférable au premier non vestu.

XXXI. *Item*, Que l'acheteur s'en doit faire vestir comme dit est: car si le vendeur le vendoit de rechef à autre, avant que ledit premier acheteur en fust vestu, & que ledit second acheteur s'en soit vestu & saisi, en ce cas appartiendroit la possession de la chose audit second acheteur: en telle maniere qu'il pourroit intenter le cas ou action de nouvelleté, contre le premier acheteur qui n'en auroit jouy par an & jour, s'il le troubloit en ce.

XXXII. *Item*, Et quand le premier acheteur en auroit jouy par neuf ans sans en estre vestu, posé qu'il en soit possesseur, & s'en peut deffendre en matiere possessoire, toutesfois sur le droit & proprieté dudit heritage ou petitoire, ne s'en pourroit ledit premier acheteur non vestu & saisi, contre le second acheteur qui en seroit vestu & saisi, dire seigneur ou proprietaire, au moyen de sadite premiere acquisition, ne par la possession & jouyssance qu'il en auroit eue.

Jouissance de 10 ans équipole à vesture.

XXXIII. *Item*, Et où ledit premier acheteur en auroit jouy paisiblement par dix ans entiers, il en seroit reputé vrai seigneur ou proprietaire, saisi & vestu aux tiltres de sadite acquisition & jouyssance, parce que telle jouyssance equipole à tradition, saisine & vesture, & acquiert le droit & possession.

XXXIV. *Item*, Que en droits incorporels, comme en usufruit, prinse des heritages à quelque titre que ce soit en acquisition de rentes, & autres semblables, n'est requis ou necessaire veest ne desveest, saisine ne dessaisine: mais suffit d'en avoir lettres, ou autre temoignage suffisant.

TITRE VII.

Comment on peut succeder en ligne directe en tous heritages, tant d'acquests que de naissant.

Du partage des biens paternels & maternels.

XXXV. Quand pere ou mere demourans en cette gouvernance, bailliage & prevosté de Channy decedent, leurs enfans naturels & legitimes, soient fils ou filles, leur doivent succeder egalement en tous les meubles & heritages censuels & roturiers, soit d'acquest ou de naissant.

Représentation n'a lieu en cette Coutume.

XXXVI. *Item*, Et où aucuns de leursdits enfans seroient premiers decedez & avant leursdits pere ou mere, delaissez aucuns enfans, lesdits petits enfans ne peuvent representer leursdits pere ou mere predecedé: ne venir à la succession de l'ayeul ou ayeule au lieu de leursdits pere ou mere predecedé: mais vient & appartient la succession aux oncles & tantes d'iceux petits enfans; parce que en ladite gouvernance, bailliage & prevosté de Channy, representation n'a point de lieu (*d*).

XXXVII. *Item*, Quand aucun va de vie à tres-pas sans hoirs ou heritiers de son corps, ayant pere ou mere, frere ou sœur, ou autres parens en ligne collaterale, le pere ou mere de tel descendans doit emporter & avoir, comme heritier plus prochain & habile quant à ce, les meubles & acquests de sondit enfant ainsi decedé sans heritier.

Le propre ne remonte point, & en iceux le pere ne succede à son fils.

XXXVIII. *Item*, Mais au regard des heritages, que l'on dit vulgairement de naissant ou propres, venus de pere ou mere, ou autres parens, iceux heritages doivent retourner au plus prochain parent dudit deffunct en ligne descendant, du costé dont sont procedez lesdite heritages, sans retourner aux ascendans (*e*), posé que lesdits parens ascendans feussent au plus prochain degré que les autres succedans esdits meubles & acquests.

XXXIX. *Item*, Et où lesdits deffuncts decedez sans heritiers, n'auroient pere ou mere, ses freres

---

a ART. 26. comme dit est dessus. *Quia aliàs* sont reputées meubles. C. M.

Suprà, article 6. 7. & 8.

b ART. 28. *comme dit est*, cy-dessus, art. 7. & 8.

c ART. 30. par tradition de quelque baston. *Vide* Vermandois, art. 126. *ubi dixi*. J. B.

d ART. 36. representation n'a point de lieu. *Hoc quoque in linea directa corrigendum conferendo tamen indistinctè ut dixi in annota. ad Alexand. cons. 24. lib. 1.* C. M.

e ART. 38. *sans retourner aux ascendans*. Cet article & le 74. n'excluent point le retour des choses données par pere & mere à leurs enfans, ni quand ils se trouvent de la ligne dont l'heritage propre ancien procede; esquels cas comme plus proches ils excluent les collateraux de la même ligne. Jugé en cette Coutume après enquêtes par turbes, par Arrest rapporté par M. Louet, *litt. P. num. 47. ubi dixi*. Vrevin, sur l'article 41. de la nouvelle Coutume de Chauny, Charondas en ses pandectes, liv. 3. chap. 16. sur la fin; & ensuite dudit Arrest, ledit article 41. de la nouvelle Coutume a été réformé, ce qui est juste & doit être observé dans les Coutumes qui n'en decident rien. *Du Molin, Montargis chap. 15. art. 9.* J. B.

Nonobstant cet article & les 44. & 74. cy-dessous, il a été jugé qu'en cette Coutume le pere succedoit à son fils, par Arrest du 21. Avril 1606. *M. le Prestre, Cent. 2. chap. 14.* J. M. R.

& sœurs, cousins germains, ou autres prochains heritiers dudit deffunct, luy doivent succeder esdits meubles & acquests: mais au regard des heritages de naissant ou propres, ils doivent retourner au plus prochain de la ligne dont ils sont venus, comme dit est dessus.

TITRE VIII.

De Biens vacquans demourez par le trespas d'un deffunct non ayant heritiers.

Des biens vacans par faute d'heritier.

XL. QUand aucun decede sans heritier qui luy puist ou veuille succeder les biens de tel decedant sont reputez vacans & les peut le seigneur haut justicier du lieu où ils sont trouvez ou assis, faire saisir, inventorier, regir & gouverner par gens solvables jusques à an & jour, à compter du jour du trespas d'iceluy decedant; après lequel an, s'il ne luy appert d'heritier qui vienne dedans iceluy temps, ledit seigneur peut prendre & applicquer à soy iceux biens: & s'il y en a en divers lieux, chacun seigneur haut justicier des lieux où ils seroient trouvez, aura ceux qui seront en sa seigneurie, tant meubles que immeubles; parce que, en ce cas, les meubles ne ensuivent point la coustume du lieu où le corps est decedé, ou estoit demourant.

Charges du seigneur qui apprehende les biens vacans.

XLI. *Item*, Que lesdits seigneurs ou seigneur apprehendans lesdits biens comme vacans, sont tenus de l'accomplissement des testamens, debtes, obseques & funerailles: parce qu'ils sont au lieu de l'heritier; & en sont tenus, chacun pour autant qu'ils auront ou prendront desdits biens, & jusques à la valeur d'iceux, & non point plus avant: pourveu qu'ils ayent fait ou fait faire inventaire par justice, avant que iceux apprehender, prendre, ou eux immiscer en iceux.

XLII. *Item*, Mais si dedans ledit terme d'an & jour, venoient aucuns ou aucun qui se declarast heritier d'iceluy decedant, en prouvant qu'il fust parent habile à luy succeder, il doit avoir main-levée & delivrance d'iceux biens & succession, en payant les fraiz raisonnables; & après ledit an & jour passé, n'est tenu & ne peut estre contraint ledit seigneur haut justicier, à rendre iceux biens & succession; si n'estoit que ledit heritier en fust relevé du Roy.

Des biens des bâtards, espaves & aubains.

XLIII. *Item*, Et faut noter que les biens & successions des bastards, espaves & aubains, ne sont en ce comprins, parce qu'ils appartiennent au Roy notredit seigneur, à cause de sa souveraineté, & non à autre.

TITRE IX.

D'Heritages donnez en mariage ou autrement, & comment ils se doivent rapporter.

De rapporter en partage les heritages donnez.

XLIV. QUand aucuns heritages sont donnez pour & en advancement de mariage ou succession, aux enfans ou nepveux où il n'y auroit nuls enfans, ou cousins où il n'y auroit nuls nepveux, heritiers du donataire, tels heritages ainsi donnez sont tenus & reputez naissans ou propres du costé & ligne du donateur. Et à ceste cause sont tenus lesdits donataires, s'ils veulent succeder, & venir à partage, avec leurs coheritiers à la succession du donateur, de conferer & rapporter en partage prealablement lesdits heritages ainsi donnez, en faisant offre de ce faire.

Il suffit de rapporter la valeur de l'heritage donné.

XLV. *Item*, Et où lesdits donataires ne voudroient rapporter à partage iceux heritages: mais la juste valeur & estimation d'iceux, telle qu'elle pouvoit estre au temps desdits dons, ils doivent estre receuz à ce faire & venir à succession avec leursdits coheritiers; sans estre contraints de rapporter iceux heritages: mesmement, pour ce que lesdits donataires pourroient avoir fait esdits heritages, des impenses & meliorations.

XLVI. *Item*, Et si lesdits donataires ne vouloient rapporter lesdits heritages ainsi à eux donnez; mais eux arrester & tenir à leurs dons de mariage, faire le pourroient, & renoncer ou quitter leurs droits de succession desdits donateurs.

XLVII. *Item*, Et pareillement, par ladite coustume, se doivent rapporter tous heritages & biens immeubles donnez par ceux qui voudroient venir à succession avec leurs autres coheritiers: jaçoit ce qu'ils n'ayent esté donnez pour cause, ou en advancement de mariage ou succession.

TITRE X.

Comment il est loisible & permis par ladite Coustume de pourvoir disposer de ses Heritages roturier ou censuels par vendition & donation faite entrevifs.

De la liberté de disposer de ses biens entrevifs.

XLVIII. UN chacun usant de ses droicts, peut vendre ou autrement aliener, tous ses meubles & acquests immeubles, & aussi ses heritages propres ou naissant, sans necessité & sans le consentement de l'heritier, excepté la femme liée de mary, qui n'en peut disposer entrevifs, sans le consentement de sondit mary.

XLIX. *Item*, Et semblablement peut une personne usant de ses droits, par don fait entre vifs, disposer, ou donner, tous ses meubles & acquests immeubles, avec ses autres heritages propres ou naissans, à telle personne que bon luy semble, soient ses enfans ou autres; excepté comme ci-devant est dit, le mary à la femme & la femme au mary.

Le mari peut disposer totalement des acquests.

L. *Item*, Que s'il advient que constant le mariage de deux conjoints, le mary achete quelques heritages, la moitié est acquise à sa femme: mais neantmoins, sans le consentement de sadite femme, le mary, constant iceluy mariage, peut vendre & aliener la totalité de tel heritage: Consideré mesmement qu'il a esté acquesté des meubles, que ledit mary peut aliener si bon luy semble, comme dit est dessus.

LI. *Item*, Que par ladite coustume ne loist au mary

Anciennes Coutumes.

vendre, aliener, ou charger ses heritages au prejudice du douaire de sa femme; si elle n'y a expressement consenty & renoncé.

En acquests & donations faut qu'il y ait saisine & vêture, ou possession de dix ans.

LII. *Item*, Et faut entendre que ceux qui ont fait lesdites acquisitions, ou au proufit desquels ont esté faites les donations dessusdites, en vertu de leurs tiltres seulement n'en peuvent acquerir le droit, ne estre reputez possesseurs; mais est requis que les vendeurs & donateurs en soient devestus & dessaisis, & les acheteurs ou donateurs vestus & saisis, ou qu'ils en ayent jouy par dix ans, comme dit a esté dessus.

LIII. *Item*, Et a ladite reigle ou coustume, lieu en tous contracts de heritages roturiers ou censuels, excepté en donation faite en advancement de mariage, ou d'hoirie & succession, à son heritier apparant; auquel cas n'est requis vesture, saisine, ne dessaisine; mais en sont les donataires, incontinent telles donations faites, reputez vestus & saisis.

Donner & retenir ne vaut.

LIV. *Item*, Convient noter, que donner & retenir n'a lieu en ladite gouvernance, bailliage & prevosté: parce que si aucun donne par don fait entre vifs quelques heritages, & neantmoins il n'en fait tradition actuelle par dessaisine, & saisine au donataire; mais en jouist comme paravant, sans en estre inquieté, en ce cas telle donation est reputé fictive ou de nul effect.

LV. *Item*, Quand l'on donne aucun heritage à enfant mineur non emancipé, mais estant en la puissance de pere ou mere, les fruits de tel heritage appartiennent audit pere & mere, ou à l'un d'eux, qui alimente ledit enfant, & les fait siens, jusques au temps que ledit enfant sera aagé, ou emancipé.

On suit la Coutume où l'heritage est situé.

LVI. *Item*, Et faut noter, que toutes & quantes fois qu'il est question du droit de quelques heritages, l'on se reigle & doit on reigler, selon les coustumes des lieux où tels heritages dont seroit question, sont situez & assis.

TITRE XI.

Comment par Testament est licite ou permis disposer d'heritages censuels venus tant d'acquest que de naissant.

De la liberté de disposer de ses biens par testament.

LVII. Par la coustume de ladite gouvernance, bailliage & prevosté, il loist à l'homme aagé & usant de ses droits, & aussi à la femme liée de mary estant malade de maladie dont elle decede, sans consentement de sondit mary, par testament ou ordonnance de derniere volonté, de disposer au proufit de quelque personne que bon luy semble, de tous ses heritages & acquests: excepté, l'un des deux conjoints par mariage à l'autre, & aussi son heritier auquel lesdits conjoints ne peuvent aucune chose donner, leguer ou laisser au prejudice de son coheritier.

LVIII. *Item*, Peut aussi un chacun, & mesmement la femme estant en tel estat que dessus, disposer par testament des heritages venans de son naissant; c'est assavoir du quint des fiefs, & du tiers du censuel, au proufit de personnes autres que les personnes dessusdites.

Les donataires ou legataires doivent être vestus par l'heritier ou par Justice.

LIX. *Item*, Et faut entendre que ès heritages qui auroient esté ainsi donnez ou laissez par testament ou ordonnance de derniere volonté, les donataires ou legataires ne se peuvent immiscer, bouter ou introduire d'eux-mesmes; mais est requis que tradition leur en soit faite par les heritiers du testateur, ou par la justice par devant laquelle seront convenus lesdits heritiers pour ce faire, quand ils en sont refusans. Et ne suffiroit que les executeurs du testament en eussent fait tradition ou delivrance, s'il y a heritiers; & si ce n'estoit en meubles, où suffiroit tradition & delivrance d'iceux executeurs.

Charges & dettes payables pro rata emolumenti.

LX. *Item*, Et pour ce que aucunes fois advient qu'en une mesme succession y a divers heritiers, dont aucuns prennent les meubles, & les autres les heritages de naissants ou propres, lesdits heritiers sont tenus de payer chacun leur part & portion des debtes, obseques, service & funerailles, pour autant qu'ils prennent desdits biens & heritages.

LXI. *Item*, Et faut noter, que quand l'un de deux conjoints par mariage, donne ou legue par testament ou ordonnance de derniere volonté, quelque piece de meubles en espece & nature, tel laiz ou don doit sortir son effect: mais les heritiers du testateur, sont tenus de recompenser le survivant, de la moitié de la valeur d'iceluy meuble.

TITRE XII.

De Prescription.

De prescription de dix & vingt ans.

LXII. Quand aucun a jouy & possedé à tiltre juste & de bonne-foy, paisiblement par dix ans entiers sans interruption, entre presens, & vingt ans entre absens, (entre gens aagez & non privilegiez) de quelque heritage, cens, rente ou autre droit incorporel, il prescrit & peut dire avoir acquis par prescription le droit de tel heritage.

De prescription sans titre par trente ans, fors contre mineurs & l'Eglise.

LXIII. *Item*, Et semblablement, qui jouist paiblement & sans inquietation d'aucun heritage, rente ou droit incorporel par trente ans entiers, entre gens aagez & non privilegiez, presens ou absens, il prescrit; (posé ores qu'il n'ait tiltre) contre tous ceux qui y voudroient pretendre droit après lesdits trente ans passez; & n'a lieu ladite Coustume alencontre de mineurs & gens privilegiez, pour ce que le temps de minorité n'y est compris, & que l'Eglise est privilegiée, parce qu'il faut quarante ans pour prescrire contre icelle.

LXIV. *Item*, Et est à entendre, que en droit d'hypothecque, comme si aucun fait faire nantissement sur quelque heritage, l'on ne luy peut objicer prescription, qu'il n'y ait trente ans complets.

De l'heritage adjugé par decret.

LXV. *Item*, Et aussi convient noter qu'heritage adjugé par decret à aucun, est tenu & reputé quitte & deschargé de toutes debtes & hypotheques, dont ne seroit faite mention audit decret; excepté les cens & droits seigneuriaux.

De prescription de servitude.

LXVI. *Item*, Et que quand aucun a en son heritage ou edifice des veues, goutieres ou esgouts, regardans ou tombans sur l'heritage de son voisin, sans l'exprès consentement de sondit voisin, ou autre ayant interest il ne acquiert ne prescrit, posé qu'il en ait jouy par quarante ans, le droit de telle servitude, s'il n'y a tiltre ou tiltes sur ce faits & passez.

TITRE XIII.

De Noblesse, & quels gens sont reputez Nobles.

De la femme roturiere mariée à homme noble.

LXVII. TOutes personnes procréez de pere noble en mariage, sont tenus & reputez nobles.

LXVIII. *Item*, Que une femme non noble, qui a esté mariée à homme noble predecedé, laquelle se remarie à homme non noble, après ledit second mariage est reputée non noble; parce qu'elle retourne en son premier estat; mais si elle demeure en viduité elle jouist du privilege de noblesse.

De la femme noble mariée avec un roturier

LXIX. *Item*, Quand femme noble est mariée à homme non noble, elle ne doit jouir du privilege de noblesse, constant iceluy mariage; mais si après le trespas de son mary non noble, icelle femme faisoit declaration devant Juge competant (qui est seigneur, gouverneur & bailly, ou son lieutenant) ou pardevant le prevost dudit Channy ou son lieutenant, qu'elle entend d'illec en avant user de noblesse & vivre noblement, elle doit jouir dudit privilege de noblesse; & doivent & sont tenus lesdites personnes nobles, sortir jurisdiction pardevant lesdits bailly & prevost de Channy, ou l'un d'eux, en premiere instance, sans pouvoir decliner toutesfois qu'ils y seront appellez.

TITRE XIV.

Des Fiefs qui viennent & escheent par succession en ligne directe, & quels droicts en doivent les Heritages au Seigneur feodal.

L'aîné emporte tous les fiefs, hors le quint qui demeure à vie aux puinez.

LXX. QUand pere ou mere va de vie à trespas, ayant fiefs, un ou plusieurs, situez & assis dedans les fins, termes & limites dudit bailliage & prevosté de Channy, delaissez plusieurs enfans, fils & filles, l'aisné fils, si plusieurs en y a, ou s'il n'y en a qu'un, posé qu'il fust puisné des filles, doit avoir & emporter entierement tous lesdits fiefs; à la charge d'un quint à vie ausdits puisnez & filles, lesquelles filles & puisnez doivent partir egalement entre eux ledit quint à vie. Et si doivent faire maintenir & garder lesdits puisnez, avant qu'ils en puissent aucune chose recevoir.

N'y a representation en ligne directe ny collaterale.

LXXI. *Item*, S'il advenoit que l'un desdits enfans decedast auparavant ledit pere ou mere, de la succession duquel procederoient lesdits fiefs, & que ledit enfant predecedé delaisse aucuns ses enfans & heritiers, iceux petits enfans ne viendroient à la succession de leurdit ayeul ou ayeule, parce que, comme dit est dessus, representation n'a lieu, en ligne directe ne collaterale.

LXXII. *Item*, Mais où seroit ainsi qu'il n'y auroit que filles, l'aisnée fille doit semblablement emporter tous lesdits fiefs, à la charge d'un quint à vie aux autres puisnées, qui se doit partir egalement entre elles.

L'aîné doit relever les fiefs.

LXXIII. *Item*, Que ledit fils aisné ou fille est tenu relever & droiturer pour tous lesdits fiefs des seigneurs dont ils sont tenus, à cause dequoy doit, & est tenu tant seulement de main & bouche, & de vingt sols parisis pour droit de chambellage, & au surplus faire le serment en tel cas accoustumé.

Le pere ne succede aux propres naissans de son fils.

LXXIV. *Item*, Que si aucun ayant fiefs de son propre naissant, decede sans heritier de son corps, delaissez aucuns ses parens en ascendant, en ligne directe, d'une part, & autres parens en ligne collaterale, lesdits fiefs de propre naissant, doivent appartenir ausdits parens en ligne collaterale, si aucuns en y a du costé & ligne dont sont venus lesdits fiefs, & non ausdits ascendans (a); mais ès fiefs acquestez, lesdits parens ascendans y doivent succeder comme plus prochains.

TITRE XV.

De Succession de Fiefs en ligne collaterale, & quels droits en appartiennent.

LXXV. ITem, Quand aucun decede sans heritier de son corps, delaissez fiefs par luy acquestez, esdits fiefs luy doivent succeder ses freres ou cousins; & en excluent les plus prochains en icelle ligne, les autres moins prochains, parce que representation n'a lieu, comme dit est dessus.

Droit d'aînesse a lieu en ligne collaterale.

LXXVI. *Item*, Faut noter, qu'en ligne collaterale droit d'ainesse a lieu, comme en ligne directe, excepté que les puisnez n'y ont droit de quint à vie.

Ce que c'est que le droit de relief.

LXXVII. *Item*, Que celuy à qui viennent & appartiennent fiefs par succession en ligne collaterale, est tenu de payer droit de relief aux seigneurs dont lesdits fiefs sont tenus; lesquels droits de reliefs sont de trois choses l'une. La premiere, une somme de deniers pour une fois, à la discretion ou volunté dudit vassal; La seconde, le dict des compagnons ou convassaux tenans fiefs dudit seigneur, & où il n'y auroit fiesvez, par deux hommes ou trois, acceptez par lesdits seigneur & vassal, pour arbitrer & estimer le droit dudit relief; Et la tierce chose, le revenu d'un an, qui ne se prend ou estime, pour l'année qui est à eschoir, ne aussi pour l'année prochaine precedente, mais se doivent estimer les trois années escheues auparavant ladite precedente, & d'icelle estimation ledit seigneur, au cas qu'il accepteroit ladite tierce offre, doit avoir & prendre le tiers pour ledit droit; Et doit tel vassal faire lesdites offres, par la maniere que dessus, dedans quarante jours après le trespas d'iceluy dont luy viennent lesdits fiefs, pour eviter la saisine & perte des fruits desdits fiefs, qui appartiendroient audit seigneur les quarante jours passez, pourveu qu'il l'eust fait saisir ou ses officiers, autrement non.

De la saisie feodale.

Du droit de relief de bail.

LXXVIII. *Item*, Est à sçavoir, que quand une femme à laquelle appartiennent aucuns fiefs, se conjoint en mariage, jaçoit ce quelle ait relevé & droi-

a ART. 74. *& non ausdits ascendans.* Secùs aux choses données, ou quand ils sont de la ligne dont l'heritage propre ancien procede. *Dixi suprà, art.* 38. J. B.

ANCIENNES COUTUMES.

cturé auparavant tel fief du seigneur dont il est mouvant, le mary d'icelle femme, après ledit mariage solemnisé, est tenu neantmoins de payer droit de relief, qui se nomme relief de bail, parce qu'il fait les fruits siens; & si après ledit mary decede, & ladite femme convole en secondes nopces, sondit mary (a) payera de rechef ledit relief, qui se doit prendre par la maniere que dessus.

LXXIX. *Item*, Et où ladite femme n'auroit relevé ledit fief à elle appartenant avant sondit mariage, ledit mary seroit tenu, avec ledit droit de relief, de droicturer pour icelle femme, & payer droict de chambellage, s'il estoit escheu de ligne directe; ou encores un autre droit de relief, s'il estoit venu de ligne collaterale. Et par ce moyen, si ledit mary predecedoit, icelle femme en viduité ne seroit plus tenue de droiturer pour iceluy fief.

LXXX. *Item*, Pareillement en relevant par un vassal aucun fief à luy escheu, en quelque ligne que ce soit, il est tenu de payer les droits qu'en est tenu payer son prédecesseur en son vivant, si payé ne les avoit; mais si ledit seigneur recevoit ledit heritier sans faire mention des droits qu'il pretendroit à luy estre deuz par sondit predecesseur, en ce cas il n'en pourroit après plus faire question.

Bail de mineur noble est tenu de payer les droits de relief.

LXXXI. *Item*, Quand aucun à ce habile, prend le bail de mineur noble, il est tenu de payer droits de reliefs (b), & faire lesdites trois offres telles que dessus, pour ce qu'il fait les fruits siens; & neantmoins sera tenu le mineur venu en aage, de relever & payer droits, si ses tuteurs ne les avoient payez auparavant, & encores luy aagé sera tenu d'en faire les foy & hommage accoustumez; & pareillement des autres qui auroient relevé par leurs tuteurs & curateurs.

TITRE XVI.

De Donation de fief faite entre vifs, & aussi pour cause de mort, ou par testament, ou de vendition d'iceux, & quels droits pour ce en appartiennent.

De la liberté de disposer de ses biens feodaux entre-vifs & par testament.

LXXXII. TOutes personnes usans de leurs droits, ayans fiefs à eux appartenants, peuvent iceux donner par don fait entre-vifs, vendre ou aliener à quelque personne que bon leur semblera; excepté, comme dit est devant, des deux conjoints l'un à l'autre.

LXXXIII. *Item*, Qu'il loist à un chacun ayant fiefs à luy appartenant par acquest, disposer d'iceux par testament, ordonnance de derniere volonté; excepté comme dit est dessus, des deux conjoints l'un à l'autre; mais au regard des fiefs à luy venus & appartenans de son propre ou naissant, il ne peut disposer que du quint tant seulement.

LXXXIV. *Item*, Et faut noter que lesdits dons entre-vifs, testamens, venditions, alienations desdits fiefs, ne se peuvent faire au prejudice des douaires des femmes, si elles n'y ont expressément consenty & renoncé.

En donation & legs de fiefs, faut saisine & dessaisine.

LXXXV. *Item*, Que lesdits donataires, legataires, & acheteurs d'iceux fiefs, ne sont saisis par le moyen de leursdits tiltres; mais est requis que les vendeurs & donateurs entre-vifs, ou procureur pour eux, s'en démettent & dessaisissent entre les mains des seigneurs ou de leurs Justice, & que lesdits donataires & acheteurs en soient receuz à foy & hommage par iceux seigneurs ou Justices, sinon en fiefs donnez pour cause ou advancement de mariage ou succession d'iceux qui leur peuvent succeder; auquel cas, n'y faudroit saisine ne dessaisine.

Des droits de quint & requint dûs au seigneur.

LXXXVI. *Item*, Que après lesdites venditions faictes desdits fiefs, en sont deuz les droits feodaux aux seigneurs dont ils sont tenus, pour estre payez desquels, se prennent lesdits seigneurs sur les heritages feodaux, en procedant par saisine sur iceux heritages, pour avoir main-levée desquels, est le vendeur tenu & doit payer lesdits droits seigneuriaux; ou l'acheteur, sauf à recouvrer sur le vendeur, s'il n'estoit dit par le contract, *Francs deniers au vendeur*, lesquels droits sont de quint & requint denier; lequel quint est la cinquiesme partie du prix & sort principal de la vendition; & le requint est la cinquiesme partie, de ce à quoy monte ledit quint. Et semblablement sont tenus de payer iceux droits de quint & requint, les donataires & legataires, quand iceux fiefs leur sont donnez sans charge.

LXXXVII. *Item*, Et s'il advenoit que lesdictes donations ou laiz testamentaires, feussent faits à charge, comme de payer quelque redevance par le donataire, ou faire par luy autre chose; en ce cas les donateurs doivent payer lesdits quints & requint, & les donataires ou legataires payer chambellage seulement, avec ce faire foy & hommage aux seigneurs dont lesdits fiefs sont tenus & mouvans.

De vendition ou donation de fiefs retenu usufruit.

LXXXVIII. *Item*, Et où en faisant lesdites venditions ou donations entre-vifs d'iceux fiefs, le vendeur ou donateur auroit retenu l'usufruit sa vie durant, desdits fiefs par luy venduz ou donnez, iceluy vendeur ou donateur seroit tenu de payer le requint, & l'acheteur ou donataire le quint avec chambellage; sauf comme devant, en donation en faveur de mariage, d'hoirie & succession.

Legs sujets à délivrance.

LXXXIX. *Item*, Qu'il est requis, avant que les legataires se peuvent dire saisis des fiefs à eux leguez par testament, d'avoir delivrance d'iceux fiefs par les heritiers. Et où ils seroient refusans de faire telles delivrances, doivent estre appellez & contraints par Justice à ce faire.

Donner & retenir ne vaut.

XC. *Item*, Et est à sçavoir, qu'en fiefs, donner & retenir n'a lieu, comme dit est dessus.

---

a ART. 78. *sondit mary*, qui est le second, payera en semblable ledit droit de relief.

b ART. 81. droits de reliefs. *Hac consuetudo injusta est & corrigenda. Vide not. mea. Paris. art. 46.* J. B.

TITRE XVII.

De faire saisir, prendre & lever les fruicts en pure perte par les Seigneurs, & comment ils en doivent user.

De la saisie feodale & pure perte des fruits.

XCI. Toutes & quantesfois que un vassal jouyssant & possedant d'aucuns fiefs, decede, ou autrement aliene ses fiefs, il loist au seigneur dont ils sont tenus de faire saisir & tenir en ses mains iceux fiefs, quarante jours après le trespas, & non devant, au prejudice du vassal. Et en vertu de telle saisine après lesdits quarante jours passez, appartiennent audit seigneur en purpert les fruicts & émolumens desdicts fiefs, jusques à ce que l'heritier ou acheteur, ou donataire, ait relevé & droicturé iceux fiefs, ou faict offres raisonnables. Et si est tenu ledict heritier ou ayant cause, payer les fraiz de la saisine; pourveu (comme dit est) qu'elle n'ait esté faite auparavant lesdicts quarante jours: & que iceluy vassal, ou autre ayant cause, ait faict diligenge dedans iceluy temps.

Prescription n'a lieu entre le seigneur & le vassal.

XCII. *Item*, Et est à noter, que prescription n'a lieu entre le seigneur & le vassal: car par quelque temps que ledict seigneur tienne en ses mains lesdits fiefs saisis pour faute d'homme, droicts & devoirs non faits, ne peut prejudicier au vassal ne à son heritier, ou autre ayant cause, sinon pour le purpert, comme dit est: mais doit iceluy seigneur & est tenu recevoir sondit vassal, son heritier, ou autre ayant cause, à relever ou droicturer: pourveu qu'il face offres raisonnables audit seigneur.

Quand le seigneur dort, le vassal veille.

XCIII. *Item*, Mais où ledit seigneur auroit esté negligent de faire proceder par saisine, comme dit est, & que ledict vassal, son heritier, ou autre ayant cause, n'auroit fait ses diligences & neantmoins jouyroit & posséderoit desdicts fiefs non relevez, ne pourroit prescrire ne prejudicier au droict dudict seigneur, pour quelconque temps que ce soit: ne pareillement le seigneur audict vassal son heritier ou ayant cause, entant que toucheroit les fruicts qu'il en auroit receuz: parce qu'ils ne peuvent prescrire l'un contre l'autre: & est ce qu'on dict, que quand le seigneur dort, le vassal veille.

XCIV. *Item*, Que tous fiefs tenuz par baillistres, comme par ceux qui peuvent prendre & tenir le bail de enfans mineurs nobles. Et aussi par les marys qui ont relevé & tiennent fiefs à cause de leurs femmes, se peuvent saisir ou faire saisir par les seigneurs dont ils sont tenus, après le trespas desdits baillistres. Et sont tenus ceux ausquels escheent les fruicts & profits d'iceux, relever & droicturer, s'ils n'avoient ce fait auparavant.

Droits de relief de bail sont dûs, quand il y a nouveaux baillistres.

XCV. *Item*, Et où ledit bail ne seroit finy, & qu'il y auroit autre parent habile à prendre de rechef iceluy bail, ou que la femme tenant iceluy bail se remarieroit, il seroit loisible au seigneur de proceder à nouvelle saisine; par ce que nouveaux droicts de relief de bail, luy seroient & sont deuz, toutes & quantes-fois qu'il y a nouveaux baillistres.

Du demembrement de fief.

XCVI. *Item*, Et est à sçavoir, que un vassal ne peut demembrer son fief, en vendant ou alienant partie de sondit fief, sans le consentement du seigneur: & s'il le fait, le seigneur peut reprendre & reunir à sa table, la partie demembrée ou alienée d'iceluy fief.

Des rentes nanties sur fiefs non infeodées.

XCVII. *Item*, Et semblablement, que toutes & quantes-fois que rentes sont constituées, realisées & nanties sur fiefs, si elles ne sont infeodées, sont tenues & reputées roturieres ou censives: jaçoit ce que nantissement ait esté fait sur iceux fiefs, par les bailly ou garde de justice, & hommes de fief ou tenans du seigneur dont ils sont tenus: & ne peuvent telles rentes prejudicier audict seigneur, quelque long temps qu'il y ait qu'elles ayent esté constituées: Et en telle maniere, que si tels fiefs cheoient en confiscation par felonnie ou autrement, ou les fruicts d'iceux par faute d'homme, droicts & devoirs non faicts ou payez, ledit seigneur ne seroit tenu desdites rentes non infeodées.

De felonnie ou désobeissance du vassal.

XCVIII. *Item*, Et s'il advient qu'un vassal commette felonnie ou désobeissance contre son vray seigneur, en advouant tenir son fief d'autre que de son vray seigneur, iceluy (après information deue bien & suffisamment faite) pourroit proceder par saisine, & faire saisir le fief que ledit vassal denieroit estre tenu dudit seigneur: ou autrement, peut iceluy seigneur faire adjourner son vassal pardevant son bailly & hommes, ou pardevant les Juges Royaux, en la jurisdiction desquels lesdits fiefs sont situez: & illec peut tendre & conclure ledit seigneur alencontre de sondit vassal, à fin de confiscation, & que ledit fief soit regi & gouverné pendant procès par commis & gens solvables, non suspects ne favorables aux parties.

Du dénombrement que doit bailler le vassal à son seigneur.

XCIX. *Item*, Qu'à chacune fois qu'un vassal faict relief, foy & hommage de son fief, luy doit & peut le seigneur enjoindre de bailler denombrement dedans quarante jours: & au cas que dedans lesdits quarante jours, ledict vassal n'auroit fourny & baillé sondict denombrement: Et semblablement où ledict vassal auroit esté defaillant d'assister & comparoistre, ou procureur pour luy, aux plaids & jours à luy assignez, ainsi qu'il y seroit tenu selon la nature de son fief, en ces cas ledit seigneur peut proceder à saisine, & faire commettre à la recepte, regime & gouvernement des fruicts, levées & revenuz desdicts fiefs d'iceluy vassal: Lesquels doivent demeurer en sequestre ès mains du commis, jusques à ce que ledict vassal ait fourny & baillé sondit dénombrement, & payé les fraiz de ladicte saisine, & autres fraiz raisonnables: ou qu'il ait amendé les contumace & defauts où il seroit encouru, selon la nature & ce à quoy il peut estre tenu à cause de sondit fief. Et en ce faisant, doit avoir iceluy vassal main-levée des fruicts escheuz depuis & pendant ladite saisine.

Des gens de main-morte qui ne peuvent tenir fiefs.

C. *Item*, Qu'il n'est loisible à gens d'Eglise, marguilliers, n'administrateurs d'Eglise, hospitaliers de maladeries, ou autres semblables, d'acheter, prendre & tenir en leurs mains fiefs, ou rentes sur iceux. Et où ils ce feroient, les seigneurs dont ils sont tenus, ne peuvent estre contraints à les recevoir à hommes, ne souffrir nantissement en estre fait sur iceux fiefs: mais leur peuvent enjoindre, de les mettre hors de leurs mains dedans an & jour de l'acquisition ou donation qui en auroit esté faite. Et où ils n'obtempereroient audict commandement ou injonction, peut ledit seigneur proceder par saisine sur iceux heritages, & rentes par eux acquestées, les tenir en sa main, & faire les fruits siens, jusques à ce qu'ils les ayent mis hors de leursdites mains, & qu'il ait homme auquel ils appartiennent & non à gens d'Eglise.

Le seigneur doit jouir du fief de son vassal, comme un bon pere de famille.

CI. *Item*, Et est à noter, que un seigneur qui lieve & prent en purpert les fruicts du fief de son vassal, est tenu en user comme un bon pere de famille doit faire, & en telle maniere, que si ledict revenu se consiste en boys, estangs, viviers, & autres semblables choses dont le revenu n'est ordonné

ANCIENNES COUTUMES.

chacun an, il n'est loisible à iceluy seigneur de couper lesdits boys, s'ils ne sont aagez ou en couppes ordinaires : ne pareillement pescher lesdits viviers ou estangs, sinon en la maniere & selon les termes que l'on a accoustumé les pescher paravant : & en tout autre revenu ne doit faire chose sinon en temps convenable. Et si est tenu iceluy seigneur, de repeupler ou rempoissonner lesdits viviers ou estangs par luy peschez, & en tout & par tout soy gouverner par raison, sans en mal verser ou user, ne prejudicier ausdits fiefs.

TITRE XVIII.

De recevoir plusieurs Hommes ès Droits Feodaux.

Le seigneur peut recevoir à foy & hommage plusieurs vassaux pour un même fief.

CII. QUand au seigneur dont fiefs sont tenus & mouvans, viennent plusieurs personnes, qui luy offrent pour un mesme fief relever & droicturer, & chacun d'eux pour le tout, il loist audit seigneur les recevoir tous si bon luy semble, & chacun pour le tout, sauf tous droicts : Et si procès se meut entre lesdits vassaux, ou pretendans droit en iceux, & que aucuns d'iceux succombent ou leur soient lesdits fiefs evincez, ou autrement ostez, ledit seigneur ne seroit pourtant tenu restituer les droicts qu'il en auroit receu : & si celuy qui auroit remporté sentence, ou obtenu par traicté ou autrement, n'avoit relevé & droicturé, il seroit tenu ce faire : posé que celuy ou ceux qui seroient succombez, en eussent relevé & droicturé paravant.

CIII. *Item*, Et où par raison desdits fiefs & saisine d'iceux ou autrement, y auroit eu oppositions faites ou appellations interjectées, par aucun pretendant droict esdits fiefs, pour empescher que autre ne fust receu à en relever ou droicturer, ou autrement, ledit seigneur n'est tenu differer, si bon ne luy semble : mais peut recevoir iceluy autre pretendant droict à relever & droicturer, en declarant par luy & disant ces mots, *sauf tous droicts*, par ce que en ce disant il ne prejudicie au droict d'autruy.

Force des mots, sauf tous droits dits par le seigneur.

CIV. *Item*, Et aussi quand aucun vassal s'oppose à la saisine de quelque fief, ou appelle d'icelle, ledit vassal ne jouyra par tant d'iceluy fief au moyen de son opposition ou appellation : mais nonobstant iceluy, demeurera & doit demeurer ledit fief saisi, pendant le procès, ou jusques à ce que autrement en soit ordonné.

Vassal peut relever par procureur special.

CV. *Item*, Et est à sçavoir, que le seigneur est tenu recevoir son vassal, à relever & droicturer de luy par procureur (*a*) & faire le serment de fidelité, pourveu que ledit procureur ait procuration expresse, portant clause ou pouvoir especial de ce faire.

TITRE XIX.

De reiterer ou faire de rechef hommage aux Seigneurs par les Vassaux.

De mutation de seigneur, & renouvellement d'hommage.

CVI. TOutesfois que, après ce que les vassaux ont relevé & droicturé à leur seigneur, vient autre nouvel seigneur, soit par succession, achat, mariage, ou autrement, ledit nouvel seigneur peut si bon luy semble, contraindre lesdits vassaux à reiterer ou renouveller, & de rechef luy faire hommage ou serment de fidelité des fiefs tenus de luy, jaçoit ce que iceux vassaux les ayent relevé & droicturé paravant du predecesseur dudit seigneur. Et peut ledit seigneur faire adjourner à certain jour sesdits vassaux, ou partie d'iceux, ou leur faire commandement pour ce faire, dedans & en fin de quarante jours ensuivans, ou autres plus longs jours. Et si bon semble audit seigneur faire publier, qu'il recevra sesdits vassaux à hommage, au lieu de sa seigneurie dont lesdits fiefs sont tenus, faire le peut, & non ailleurs : & sont tenus lesdits vassaux de y comparoir. Et s'ils estoient refusans ou delayans de ce faire, après lesdits quarante jours expirez, ledit seigneur pourroit faire saisir leurs fiefs, & tenir sa main, jusques à ce qu'ils auroient fait & renouvellé leur foy & hommage, en recognoissant leurdit seigneur. En quoy faisant, doivent avoir main-levée des fruicts escheuz depuis ladite saisine : & ne sont tenus de payer aucuns droicts, mais de main & bouche tant seulement, qui est faire le serment de fidelité.

Que c'est relever de main & bouche.

TITRE XX.

Des cas & actions de retraict en matiere d'heritages feodaux & censuels.

Du retrait lignager.

CVII. QUand aucun vend heritage, soit fief ou censuel, à luy appartenant ou venu de son propre ou naissant, à autre personne estrange, & non estant parent du costé & ligne dont est procedé ledit heritage & venu au vendeur, il loist à un autre parent lignager d'iceluy vendeur du costé & ligne dont est venu iceluy heritage, fief ou censuel, d'iceluy retraire & avoir par proximité de lignage sur l'acheteur, pour les deniers principaux & fraiz qu'en auroit baillé iceluy acheteur : Et jaçoit ce que ledit parent retrayant soit bien loingtain, & qu'il y ait autres plus prochains parens dudit costé & ligne, qui le veulent retraire dedans le temps à ce introduit ; toutesfois si ledict parent moins prochain a fait ses offres, consignations & diligences, offrant actuellement en bonne monnoye lesdits deniers principaux fraiz & loyaux coustemens, il doit estre preferé ausdits plus prochains, & doit avoir ledit heritage audit tiltre de retraict, quand ores le le second voulant retraire la seigneurie seroit plus prochain,

(*a*) ART. 105. *à relever & droicturer de luy par procureur.* Cette Coutume est injuste & contraire au droit commun & general de toute la France, comme j'ai montré sur la Coutume de Paris, art. 67. *annot.* 1. J. B.

prochain, ou en pareil degré; parce que le premier retrayant dudit costé & ligne (a), precede de procede, & est à preferer à tous autres.

Terme pour retirer les heritages vendus.

CVIII. *Item*, Qu'en heritages tant feodaux comme censuels, y a le terme & espace d'un an introduit pour iceux retraire, à compter du jour que l'acheteur s'en fait vestir & saisir par Justice. Et n'est compris en ce, le temps où jouïssance qu'en auroit eu l'acheteur paravant; si n'estoit qu'il en eust jouy par dix ans entiers; auquel cas, il en seroit reputé vestu & saisi; neantmoins se pourroit encores faire ladicte retraicte, dedans le terme d'un an aprés lesdits dix ans passez.

Que doit faire le demandeur en retrait lignager.

CIX. *Item*, Que pour parvenir ausdits retraicts, peuvent & doivent les parens faire adjourner les acheteurs dedans l'an de ladite saisine, pardevant Juge competant (b), comme mondit seigneur le Gouverneur & Bailly ou son Lieutenant, ou ledit Prevost de Channy ou son Lieutenant, ou autre competant: Et illec doivent iceux parens voulans retraire, exposer ou faire exposer leur genealogie ou proximité de lignage, du costé & ligne dont sont descenduz les heritages feodaux ou censuels qu'ils entendent retraire, avec ce exposer l'alienation ou vendition qui en a esté faicte à l'acheteur, & luy offrir, en deniers comptans & bonne monnoye, le prix ou sort principal de ladicte vendition; ensemble les fraiz & loyaux coustemens, ou pour iceux quelque somme de deniers, par protestations de parfournir, si plus y avoit; en concluant, que les heritages vendus luy soient adjugez par droict de retraict, comme parent lignager du costé & ligne dont ils sont venuz au vendeur.

CX. *Item*, Et où l'acheteur seroit refusant ou delayant de prendre sesdits deniers & fraiz, & qu'à ceste cause s'en ensuivist procès, ledit parent retrayant doit & est tenu à chacune journée, jusques à contestation, offrir lesdits deniers; si ce n'estoit qu'il les eust laissez & consignez en Justice; & où il defaudroit de faire les offres telles & en la maniere que dit est, il doit decheoir.

L'acheteur peut être contraint d'exhiber son contrat, & affermer le prix d'iceluі.

CXI. *Item*, Et pour ce que souventesfois lesdits parens retrayans, ne peuvent avoir cognoissance ou sçavoir le prix pour lequel auroit esté faite la vendition, & que par ce ils ne puissent faire offre raisonnable, il leur est loisible demander & requerir, que les vendeurs & acheteurs soient contraints à declarer au vray, pour quel prix & somme auroit esté faicte icelle vendition, & d'en exhiber & monstrer les lettres, si aucunes en y a. Et avecques ce que lesdits vendeurs & acheteurs soient contraints par serment à declarer au vray le prix de ladite vendition, & doivent à ce faire estre condamnez & contraints.

CXII. *Item*, Et est à sçavoir, que quand plusieurs heritages se vendent ensemble à un mesme acheteur, dont les aucuns d'iceux sont venus de propre naissant, les autres d'acquest, il loist aux parens du costé dont viennent lesdits heritages de naissant, qui veulent retraire, de faire leurdit retraict pour la partie desdits heritages venant de naissant. Et pour ce faire, doivent iceux parens requerir prealablement lesdits heritages (c) estre estimez, & chacune piece d'iceux; laquelle estimation se doit faire, de chacune piece, en ayant regard au prix de la vendition.

CXIII. *Item*, Et faut noter, que retraict ne s'estend n'y a lieu, en laiz testamentaires, donations, eschanges, en baux d'heritages à rentes & surcens où à vies, dont la proprieté demeure aux bailleurs, pourveu qu'il n'y ait fraude.

Des impenses & réparations faites en la chose achetée, sujete à retrait.

CXIV. *Item*, Et aussi quand l'acheteur auroit fait aucunes impenses, reparations, refections ou ameliorations en l'heritage que l'on veut retraire, avant qu'il soit adjourné pour le rendre par retraict aux parens lignagers; lesdits parens retrayans seroient tenus restituer lesdites impenses, reparations ou meliorations necessaires & utiles, & non les volontaires (d); pour lesquelles impenses & ameliorations, se doivent deduire & tourner en paye les fruicts & profits, si aucuns l'acheteur avoit eu ou prins desdits heritages auparavant ladicte retraicte; mais où il n'auroit faict aucunes impenses & ameliorations, si seroient neantmoins ou appartiendroient les fruicts perceuz par l'acheteur paravant l'adjournement audit acheteur, consideré qu'alors ledit heritage luy appartenoit, & a esté sien jusques au temps dudit adjournement sur retraict.

Pourquoi est introduit le retrait lignager.

CXV. *Item*, Qu'un heritage retraict doit sortir nature de naissant; pour ce que retraict est introduit en faveur des parens lignagers, & afin que les heritages venans de ligne ne voisent hors de la ligne. Et à ceste cause n'y peut demander l'un de deux conjoints, constant le mariage, duquel ladite retraite auroit esté faicte, que la moitié du prix employé à faire icelle retraicte; & où l'heritier seroit refusant rendre lesdits deniers pour moitié, le survivant doit jouir de la moitié dudit heritage, & faire les fruicts siens, jusques au plein remboursement desdits deniers.

TITRE. XXI.

De retraire par puissance de fief les fiefs par le seigneur dont ils sont tenus.

Du retrait par puissance de fief.

CXVI. Toutesfois qu'un vassal vend son fief, soit qu'il vienne de son propre ou naissant ou d'acquest, à personne estrange & non estant de sa ligne, le seigneur dont le fief vendu est tenu, peut iceluy retraire & avoir, pour les deniers & prix de ladite vendition, avec les fraiz & loyaux coustemens.

CXVII. *Item*, Et est requis que ledit seigneur face iceluy retrait, avant que recevoir l'acheteur à relever & droicturer pour ledit fief, parce que s'il avoit receu ledit acheteur, iceluy acheteur ne pourroit estre contraint à rendre ou laisser ledit fief audit seigneur; mais avant que recevoir ledit acheteur, doit iceluy seigneur, quand iceluy acheteur se presente, le refuser, en luy offrant rendre ses deniers principaux, fraiz & ameliorations; & où ledit acheteur n'y voudroit acquiescer, pourroit iceluy seigneur faire saisir & tenir en ses mains ledit fief.

CXVIII. *Item*, Que ledit seigneur est tenu de restituer à l'acheteur, seulement les quatre parties, dont les cinq font le total des deniers principaux d'icelle vendition, parce que le vendeur luy devoit & seroit tenu payer quint & requint à cause d'icelle vendition, mais s'il avoit esté convenu entre les parties, & dit (e), que lesdits deniers principaux seroient & demourroient francs deniers au vendeur, ledit seigneur seroit tenu restituer entierement lesdits deniers principaux, pour ce que l'acheteur seroit

a ART. 107. *dudit costé & ligne*, prest de proceder est à preferer à tous autres.

b ART. 109. pardevant Juge competant. *Vide not. supra*, Montdidier, art. 227. où est déclaré quel est ce Juge competant en matiere de retrait ès Coutumes de Picardie. J.B.

c ART. 112. *prealablement lesdits heritages*, tant de propre & naissant, que d'acquest.

d ART. 114. & non les volontaires, *aliàs*, voluptuaires.

e ART. 118. & dit, *Tacitè vel expressè*, *adde quæ dixi in consuet. Parisi.* C. M.

tenu du quint & requint & non le vendeur, & lesquels quint & requint seroient estaints & confuz en la personne d'iceluy seigneur, parce qu'il est en faisant ledit retrait, au lieu dudit acheteur, qui doit demeurer indemné.

Le lignager est préferé au seigneur en matiere de retrait.

CXIX. *Item*, Et est à sçavoir, que quand un parent lignager veut retraire par proximité de lignage un fief vendu par son parent, & venant de propre ou naissant, ledit parent retrayant du costé & ligne dont est venu ledit fief, est à preferer audit seigneur dont ledit fief est tenu.

TITRE XXII.

De Douaire prefix, & quand il a lieu.

Du douaire préfix ou convenancé.

CXX. QUand en faisant quelque contract de mariage, est expressement dit, convenu & accordé, que la fille ou femme qui se conjoint par mariage, au cas qu'elle survive son mary futur, pour son droict de douaire auroit quelque somme de deniers pour une fois, ou quelque rente à vie ou perpetuité, ou le revenu de quelque heritage chacun an pour une fois, ou autre chose que promette & assigne ledit mary futur à icelle fille ou femme, tel douaire est reputé & appellé douaire prefix ou convenancé. Et en doit icelle femme, au cas qu'elle survive, jouir ainsi & par la maniere qu'il a esté dit & accordé par icelles parties.

Il ne faut demander délivrance du douaire préfix.

CXXI. *Item*, Et n'est requis de demander ledit douaire prefix ou convenancé, ne soy y faire mettre par Justice, parce qu'au moyen de la promesse du mary, iceluy douaire prefix a lieu & court incontinent après le trespas dudit mary. Et tellement que ladite veufve peut poursuir les heritiers ou detempteurs des heritages à elle promis pour sondit droict de douaire pour tout ce qui en seroit escheu depuis le trespas d'iceluy mary.

TITRE XXIII.

Du Douaire Coustumier, & quand il a cours, & comment on s'y doit faire mettre & maintenir par Justice.

Du douaire coustumier.

CXXII. TOutesfois que femme se lie par mariage, elle acquiert droict de douaire coustumier, qui est la moitié des fruicts, profits & revenus de & sur tous les heritages appartenans au mary au jour dudit mariage, de quelque ligne & à quelque titre que ce soit, & aussi de tous autres heritages, qui depuis ledit mariage seroient venuz & escheuz audit mary par succession en ligne directe. Et d'icelle moitié doit ladite femme, après le trespas de sondit mary, jouir sa vie durant tant seulement.

La femme se doit faire maintenir en son douaire coustumier.

CXXIII. *Item*, Et pour ce faire, est necessaire à icelle femme, obtenir & avoir commission de mondit seigneur le Gouverneur & Bailly ou son Lieutenant, du Prevost dudit lieu ou son Lieutenant, ou de l'un d'eux; en vertu de laquelle, se doit icelle veufve faire tenir, garder, maintenir & mettre de fait, par le sergent auquel adressera icelle commission, sur tous les heritages où elle pretend avoir sondit droict de douaire coustumier, ou sur les principaux & chefs-lieux d'iceux heritages, au cas que plusieurs chefs-lieux y auroit; Et icelle maintenue ainsi faite, faire signifier par ledit sergent, aux heritiers, possesseurs & detempteurs desdits heritages, & à tous autres qu'il appartient, ou qui y peuvent avoir ou pretendre interest; qui se peuvent à ce opposer: Et pour dire leurs causes d'opposition, leur doit estre jour assigné, pardevant le Juge duquel est emané ladicte commission; & au moyen de ce, est acquis à ladicte veufve, du jour que ladite maintenue sera faite, sondit droict de douaire coustumier, nonobstant ladite opposition, & non devant.

CXXIV. *Item*, Mais où les heritiers dudit mary avant qu'obtenir ladicte commission, ou autrement depuis le trespas d'iceluy mary; auroient consenty & accordé à ladicte veufve de prendre sondit droict de douaire coustumier sur iceux heritages, ne seroit necessaire à icelle veufve de faire faire ladicte maintenue de fait; mais suffiroit, & doit avoir sondit droict de douaire, depuis le temps dudit consentement d'iceux heritiers.

Des charges ausquelles sont obligées les douairieres.

CXXV. *Item*, Et est à sçavoir, que lesdites femmes veufves prenans & tenans douaire coustumier, sont tenues de tenir & entretenir, tant & si longuement que leurdit douaire aura lieu & cours, la moitié des edifices situez ès heritages sur lesquels elles prennent leurdit droit, de menues refections; c'est à sçavoir de pel, torche & couverture seulement. Et au regard des autres grosses refections, elles appartiennent à faire au proprietaire, comme massonnerie, charpenterie. Et si sont tenues icelles veufves, d'entretenir en bon & suffisant labeur & valeur, durant iceluy douaire, les terres arables, boys, prez, jardins, vignes & autres heritages pour ladite moitié, & les acquitter des cens fonciers & rentes anciennes, durant ledit douaire, & non d'autres charges ou rentes constituées, si elles n'estoient à ce obligées.

L'heritier doit relever le fief, ores que la veuve en jouisse par douaire.

CXXVI. *Item*, Que où ledit droit de douaire coustumier se prendroit sur aucuns fiefs, est l'heritier auquel appartient & est venu ledit fief en droit de proprieté, tenu relever & droicturer entierement iceux fiefs, sans ce que ladite veufve soit tenue pour sondit droit de douaire en relever ou droicturer aucunement. Et si par faute de relever & droicturer par ledit heritier, icelle veufve, qui auroit fait diligence de faire faire sadite maintenue, ne pouvoit jouir de sondit droict de douaire, elle auroit son recours contre ledit heritier, qui seroit tenu des dommages & interests d'icelle veufve.

CXXVII. *Item*, Et s'il advenoit que ladite veufve tenant douaire decedast, avant que despouiller & ameublir les fruits estans croissans sur heritages par elle tenus audit tiltre de douaire; en ce cas lesdicts fruits, attendu qu'ils ne sont ameublis ne separez de l'aire, seroient & appartiendroient à l'heritier ou proprietaire d'iceux heritages, sans pource rendre aucuns fraiz des labeurs paravant faits en iceux heritages.

CXXVIII. *Item*, Et pareillement prendra ou devra prendre, ladite femme tenant douaire, ce qui eschera des fruicts des heritages de sondit mary, & pour moitié, incontinent après ladite maintenue faite comme dessus.

La femme prend son douaire sur les biens vendus par son mari.

CXXIX. *Item*, Et est à noter, que où le mary, constant le mariage de luy & de sadite veufve, auroit vendu sesdits heritages à luy appartenant au jour dudict mariage, ou qui depuis luy seroient escheuz par succession en ligne directe, ou partie d'iceux, sans charge dudict droict de douaire, & sans de ce avoir recompension icelle femme, si n'estoit qu'elle eust expressément consenty ou renoncé à sondit droit de douaire, loist à ladite veufve, après le trespas de sondit mary, maintenue en son droict de douaire, intenter son action pour sondit droict de douaire, alencontre des detempteurs desdits heritages; Et luy doit sondit droict estre adjugé sur iceux heritages, nonobstant lesdites vendues ou autres alienations; sauf à l'acheteur, ou autres, leur recours de garantie contre l'heritier dudit mary.

Choix à la femme du douaire préfix ou coustumier. CXXX. *Item*, Et jaçoit que ladite veufve se puisse tenir, si bon luy semble, au douaire prefix & à elle assigné en contractant son mariage; neantmoins a le choix & option, & se peut tenir à sondit douaire prefix, ou au douaire coustumier; lequel que bon luy semble.

ANCIENNES COUTUMES.

Douaire est privilegié, & non sujet à nantissement. CXXXI. *Item*, Et faut noter que lesdits douaires, tant prefix comme coustumier, sont privilegiez en telle maniere, qu'ils se prennent avant toutes autres debtes. Et n'est requis pour seureté d'iceux douaires, faire faire namptissement, parce que lesdites femmes, dès le jour de leur mariage, acquierent hypothecque tacite, qui suffist pour seureté d'iceux douaires.

TITRE XXIV.

Des privileges & autres droicts appartenans aux veufves, tant nobles qu'autres.

Du privilege de la femme noble de prendre les meubles ou d'y renoncer. CXXXII. QUand homme noble decede, il loist à sa femme survivant, après le trespas de sondit mary, declarer, choisir & tenir les meubles & debtes par la Coustume des nobles, par la maniere comme cy-dessus a esté touché. Et est requis qu'elle face declaration de tenir ou renoncer, dedans quarante jours après ledict trespas; & neantmoins peut tenir, avec ce, icelle veufve & avoir sondit douaire coustumier ou prefix, selon & ainsi que cy-dessus est declaré.

Ce que doit emporter la veuve d'un homme noble après le décès de son mary. CXXXIII. *Item*, Que si la veufve d'homme noble ne veut tenir, mais renonce à ladite Coustume des nobles, elle doit avoir son douaire prefix ou coustumier à son choix, comme dit est; & avec ce doit remporter & avoir la moitié des heritages & acquests constant leur mariage; ensemble la moitié de tous meubles & debtes, qui communs estoient entre eux au jour du trespas. Et si doit icelle veufve avoir & remporter hors part, & sans rendre aucune chose, ses vestures & habillemens, non pas les pires ne les meilleurs. Et au regard de ses autres habillemens, ils doivent venir à partage; toutesfois ladicte veufve les doit avoir s'il luy plaist, en recompensant l'heritier d'autres biens ou deniers, jusques à la valeur & juste estimation de la moitié d'iceux. Et au regard des debtes tant activement que passivement, se doivent diviser également moitié par moitié. Et quant à l'accomplissant & fournissant des testamens, services, obseques & funerailles, appartient à faire & en est l'heritier tenu. Et a cest article lieu entre plebeiens & roturiers, aussi-bien qu'entre gens nobles.

Aliàs, l'accomplissement & fournissement.

De l'habitation de la veuve d'homme noble. CXXXIV. *Item*, Que si un homme noble decedant a plusieurs maisons, il loist à sa veufve survivant, d'eslire & choisir pour sa demeure à vie & droit de douaire, laquelle desdites maisons qu'il luy plaist; mais s'il n'y avoit qu'une maison, ladite veufve n'en doit avoir pour sondit droict de douaire, que portion & moitié.

Du partage des biens entre la douairiere & l'heritier. CXXXV. *Item*, Et est à sçavoir, que des heritages sur lesquels a cours droit de douaire, se peut faire partage & division; mais en ce cas est tenue & appartient à la veufve douairiere, de faire ledit partage; laquelle est tenue ce faire, & en doit faire deux parts, desquelles appartient le choix à l'heritier, qui peut prendre & eslire des deux parts telle que bon luy semble; & où ladite veufve seroit refusant & delayant par l'espace de quarante jours, après ce que l'heritier l'auroit requis de faire iceluy partage, ledit heritier pourroit jouir du total desdits heritages, sans en rien payer ne bailler à ladite veufve pour sondit douaire, jusques à ce que ledit partage seroit fait; si c'estoit chose ou heritage qui se peut partir.

De la renonciation que peut faire la femme veuve à la communauté. CXXXVI. *Item*, Quand une veuve noble ou non noble, voit les succession & biens meubles & acquests qui communs estoient entre son feu mary & elle, estre oneteux & chargez de debtes, il est loisible à icelle femme veufve, de renoncer, si bon luy semble, ausdits meubles & acquests faits constant ledit mariage; & en ce faisant, pourveu qu'elle n'ait prins, recellé ne transporté aucuns d'iceux biens, doit icelle veufve demeurer quitte des debtes; & laquelle veufve doit faire, incontinent après le trespas de sondit mary, declaration expresse de ce pardevant Juge competant; & en ce faisant, n'est tenue ou peut estre poursuivie pour cause desdites debtes, & ne se peut l'on prendre aux heritages de ladite veufve & n'en sont tenus; & neantmoins doit remporter & avoir icelle veufve ses habillemens, non pas les pires ne les meilleurs, mais les moyens, sans charge des debtes.

TITRE XXV

De Bail & garde de Mineurs Nobles.

De l'âge des fils & filles. CXXXVII. TOus enfans, c'est à sçavoir fils au dessous de quatorze ans, & filles au dessous de douze ans, sont tenus & reputez mineurs & en bas aage.

Du bail & garde noble de mineurs. CXXXVIII. *Item*, Et à cette cause, & pour ce que souvent advient que le pere ou mere d'enfans mineurs nobles decedent, delaissez lesdits enfans mineurs leurs heritiers, ausquels appartiennent les biens, meubles & heritages feodaux demeurez par le trespas de leursdits pere ou mere, le survivant d'iceux pere ou mere, peut prendre, choisir & eslire le bail ou garde noble d'iceux enfans mineurs.

CXXXIX. *Item*, Et où ledit pere ou mere survivant, eslit & choisist ladicte garde noble, il est tenu & doit faire inventaire des biens, meubles & immeubles d'iceux enfans, & les alimenter & entretenir de leursdicts biens, & d'en rendre compte & reliqua ausdicts mineurs, iceux venus en aage, ainsi & par la maniere qu'un tuteur de mineurs doit & est tenu de faire entre gens plebeiens & roturiers.

CXL. *Item*, Et est à sçavoir que si ledit pere ou mere survivant, ne vouloit prendre ladite garde noble, soit loisible aux ayeul ou ayeule, fussent

ANCIENNES COUTUMES.

paternels ou maternels, desdits mineurs de ce faire; & en ce faisant, seroit l'ayeul paternel preferé au maternel.

Charges des baillistres.

CXLI. *Item*, Mais où le survivant pere ou mere, ayeul ou ayeule ne voudroit prendre ladite garde noble, mais voudroit prendre le bail desdicts mineurs, il loist audit survivant pere ou mere, ayeul ou ayeule, prenant ledit bail, que l'on appelle baillistre, apprehender, prendre & appliquer à son profit, & faire siens, tous les meubles & fruicts des heritages feodaux desdits mineurs, & d'iceux heritages jouir, jusques à ce que lesdits mineurs fussent aagez & en l'aage que dessus; Et en ce faisant, sont tenus tels baillistres, de payer les debtes dont sont tenus lesdicts mineurs du costé dont sont venuz lesdits biens & heritages; & aussi d'accomplir & fournir les testamens, obseques & funerailles; & avec ce, d'alimenter & entretenir bien & suffisamment lesdits mineurs, & iceux endoctriner & faire apprendre selon leur estat.

CXLII. *Item*, Et outre, de retenir & entretenir de toutes impenses, refections, procès & matieres quelsconques, les heritages feodaux desdits mineurs, & iceux rendre, en fin dudit bail, quittes, acquitez, indempnes, & deschargez de toutes redevances & charges eschues durant le temps d'iceluy bail.

Les parens en ligne collaterale peuvent prêdre le bail de mineurs.

CXLIII. *Item*, Et où il n'y auroit pere ou mere, ayeul ou ayeule, les freres, sœurs, oncle, tante, ou autre parent aagé en ligne collaterale, pourront prendre ledit bail; & y seroit preferé le plus prochain aisné du costé paternel.

CXLIV. *Item*, Que les sages officiers, procureurs, greffiers & autres practiciens de la ville de Channy, ont usé des Coustumes cy-dessus transcrites, & icelles ouy tenir & reputer communément pour vrayes; sans ce qu'en la Gouvernance, Bailliage & Prevosté dudit Channy, ait esté usé autrement, ne d'autres Coustumes que celles qui cy-dessus sont declarées, publiées & accordées en la Cour du Roy nostre Sire, audit Channy, l'an mil cinq cens & dix.

TABLE DES TITRES DES ANCIENNES COUTUMES DE CHANNY.

COUTUMES 1609.

DU BAILLIAGE ET PREVOSTÉ DE CHAULNY,

REDIGÉES PAR ECRIT EN LA PRESENCE des trois Estats dudit Bailliage, pour ce convoquez & assemblez, suivant les Lettres Patentes de Sa Majesté, decernées à ladite fin le dernier jour d'Avril mil six cens neuf.

Par Nous Christofle Brulart, Chevalier de l'Ordre du Roy, Gouverneur, Capitaine & Baillif dudit Chaulny, Seigneur de Genly, Abbecourt, Marizel, Bichencourt, le Bacq, & autres lieux: Joram Vrevin, Seigneur d'Estay, Conseiller du Roy notre Sire, Lieutenant general audit Gouvernement, Bailliage & Prevosté: Et Jacques Werier, Conseiller du Roy audit lieu, Commissaires pour ce deputez par Sa Majesté.

TITRE PREMIER.

Comment le mary est reputé seigneur des meubles, & quelles choses sont contenues sous ce mot de Meubles.

ARTICLE PREMIER.

Le mary est reputé seigneur des meubles.

PAR la Coustume generale dudit Gouvernement, Bailliage & Prevosté de Chaulny, le mary est reputé seigneur des meubles appartenans à deux conjoints ensemble par mariage, & en peut disposer par vendition, donation, eschange ou autrement, comme bon luy semble, sans y appeller sa femme, & sans le consentement d'icelle, pourveu que lesdites venditions, donations, ou autres dispositions soient faites à personnes capables, & sans fraude: mais au regard de ladite femme, elle n'en peut disposer, sinon de l'autorité de sondit mary. Et s'il advenoit que une femme liée de mary, s'entremit d'estre marchande publique au veu & sceu de sondit mary, en ce cas elle est reputée auctorisée d'iceluy, & vallent les achats, vendition & obligations d'icelle pour le fait & dependance de ladite marchandise, s'il n'y a renonciation & declaration faite par ledit mary publiquement & en jugement (*a*).

De la femme mariée, marchande publique.

II. Et afin que l'on ne puisse ignorer quelles choses sont contenues sous ce mot, *Meubles*, est à sçavoir que par ladite Coustume, *Meuble*, est tout ce qui se peut mouvoir & transporter de lieu en autre, sans fraction dudit meuble & des huis ou fenestres du lieu où ledit meuble est posé ou gist (*b*).

Ce qui est compris sous ce mot, meubles, & ce qui ne l'est pas.

III. Mais ce qui tient à fer ou à clou, ou est scellé en plastre à édifice ou heritage, & qui ne se peut transporter sans fraction, est reputé & est tenu estre

a ART. I. *Voyez* art. 1. de l'ancienne Coutume. | *b* ART. 2. *Voyez* art. 2. de l'ancienne Coutume.

de l'heritage & lieu auquel il est assis (*a*).

IV. Et est à sçavoir que sous cedit mot de *Meuble*, sont compris & contenus, chaires, dressoirs, & autres semblables qui se peuvent desmolir & transporter sans grande deterioration des heritages & édifices où ils sont assis (*b*).

Des fruits croissans & poissons en étangs.

V. Sont aussi par ladite Coustume, tous fruicts croissans & non separez de l'aire, poissons en estangs & viviers, tenus & reputez estre de l'heritage où ils sont; mais incontinent qu'ils sont separez, ils sont reputez meubles. Et comme aussi est reputé meuble, le poisson pesché & mis en fosse, huches & autres petits lieux hors desdits estangs & viviers où l'on le met pour le garder, & en faire son profit (*c*).

Des rentes constituées.

VI. Pareillement sont comprinses & contenues sous ce mot de *Meubles*, & reputées pour debtes mobiliaires toutes rentes constituées, si ce n'est qu'elles soient realisées par namptissement de fait; auquel cas lesdites rentes sortissent nature d'heritage, tant pour les vendeurs & constituans, comme pour les acheteurs & leurs ayans cause (*d*).

TITRE II.

Du Namptissement, pour quelle cause il se peut faire, & des formes requises pour la validité d'iceluy.

Ce que c'est que nantissement.

VII. NAmptissement dont l'on use audit gouvernement, Bailliage & Prevosté, est une hypothecque expresse, qui se fait par la maniere qui ensuit; c'est à sçavoir, que quand aucun a vendu ou constitué rente sur ses heritages, ou qu'il est obligé à payer aucune somme de deniers pour une fois, ou à faire & fournir quelque autre chose, & que de ce en sont lettres faites & passées pardevant Notaires Royaux, ores que par icelles il n'ait consenty hypotheque ou namptissement estre fait, les acheteurs neantmoins de telles rentes ou crediteurs, au profit desquels lesdites lettres sont passées, peuvent pour seureté du payement desdites rentes ou debtes, faire namptir icelles lettres de constitution de rentes ou debtes pour une fois (*e*).

Ce qu'il faut observer pour faire un nantissement.

VIII. Et pour ce faire, convient avoir & obtenir sur lesdites lettres, commission de Monsieur le Gouverneur & Baillif ou de son Lieutenant, ou du Prevost dudit Chaulny ou son Lieutenant, ou de l'un d'eux, addressant au premier sergent Royal dudit Bailliage & Prevosté, lequel par vertu desdites lettres de commission, se transporte ès Justices des lieux où les heritages sur lesquels on requiert ledit namptissement estre fait, sont assis, & dont ils sont tenus & mouvans, & en la presence des Officiers d'icelles Justices; ou d'aucuns d'eux jusques au nombre de deux hommes de fief ou tenans de la seigneurie, expose iceluy sergent & leur lise le contenu desdites lettres de commission, leur declarant qu'en leur presence il prend, saisist & met actuellement en la main du Roy nostre Sire lesdits heritages, pour valoir namptissement & hypotheque, pour seureté de fournir & satisfaire au contenu desdites lettres obligatoires; en leur faisant en outre deffense de faire aucun veest, deveest, saisine ou dessaisine desdits heritages de là en avant, que ce ne soit aux charges contenues & declarées esdites lettres obligatoires & commission, dont & de quoy sera fait & dressé acte, iceluy registré au greffe de ladite seigneurie, & delivré audit sergent: lequel ce fait, se doit transporter pardevers ledit constituant debteur ou autre obligé, & luy signifier ledit namptissement & exploit ainsi fait; lequel se peut à ce opposer, si bon luy semble; & si ainsi le fait, luy doit ledit sergent assigner jour pardevant le Juge dont est émanée la commission, pour dire & desduire ses causes d'opposition: & est tout le Bailliage & Prevosté dudit Chaulny, pays de namptissement (*f*).

IX. Après ledit namptissement ainsi fait, & y observant les solemnitez dessusdites, sont les heritages sur lesquels iceluy namptissement a esté fait, chargez, affectez & hypotecquez ausdites rentes, debtes & autres choses (*g*).

Les premiers nantissements sont préferez aux suivans.

X. Que si plusieurs namptissemens avoient esté faits sur mesmes heritages, ceux qui auroient faict faire le premier desdits namptissemens, precederoient & seroient premiers asseurez & payez de leursdites rentes, debtes & autres choses, avant que les autres qui auroient fait faire autres namptissemens posterieurs & suivans. Et si lesdits heritages n'estoient suffisans pour fournir à toutes lesdites rentes, debtes & autres choses, & qu'ils ne vallussent que pour payer le premier, les autres ensuivans n'y prendroient aucune chose; mais sera ledit premier nampty entierement satisfait & payé; & ainsi les autres, chacun selon son ordre & priorité (*h*).

Quand se doivent faire nantissemens.

XI. Et est à sçavoir, que où lesdits namptissemens n'auroient esté faits du vivant des constituans debteurs ou obligez, pourront ce neantmoins estre faits après leurs decès & trespas sur leurs heritages, appellant leurs heritiers, pour voir iceux declarer bons & valables, que cependant les officiers ne pourront refuser, sauf tous droicts (*i*).

TITRE III.

Comment on peut disposer des Meubles.

Faculté de disposer. Exception.

XII. UN chacun usant de ses droits, peut faire & disposer de ses meubles à sa volonté, soit par don, vendition, testament ou autrement, excepté la femme liée de mary, qui en peut disposer par testament seulement, de sa portion & moitié, qu'elle a ès biens meubles qui sont communs entre elle & son mary au temps du trespas d'icelle, sans qu'il soit requis le consentement ou permission de sondit mary, ny de ses heritiers. Et peut icelle femme, sadite portion de meubles, leguer ou donner par sondit

a ART. 3. *Voyez* article 3. de l'ancienne Coutume.
b ART. 4. *Voyez* article 4. de l'ancienne.
c ART. 5. *Voyez* art. 5. de l'ancienne.
d ART. 6. *Voyez* article 6. de l'ancienne.
e ART. 7. *Voyez* art. 7. de l'ancienne.
f ART. 8. *Voyez* art. 8. de l'ancienne Coutume.
g ART. 9. *Voyez* art. 9. de l'ancienne.
h ART. 10. *Voyez* article 10. de l'ancienne.
i ART. 11. *Voyez* art. 11. de l'ancienne.

testament, à telles personnes que bon luy semble; excepté à sondit mary, auquel elle ne peut, ne sondit mary à elle testamentairement aucune chose donner (*a*).

XIII. Et pareillement par ladite Coustume, icelle femme, ne sondit mary, par leur testament, ou donation pour cause de mort, ne peuvent donner ne leguer leursdits meubles à l'un de leurs heritiers, pour advantager l'un plus que l'autre; pour ce que par ladite Coustume, nul ne peut estre heritier & legataire ensemble (*b*).

XIV. Homme & femme conjoincts par mariage, estans en santé, peuvent & leur est loisible faire donation mutuelle l'un à l'autre également de tous biens meubles, & conquests immeubles, dont ils ont communauté ensemble, pour en jouir par le survivant sa vie durant seulement, faisant faire bon & loyal inventaire d'iceux, & baillant caution de les rendre après son trespas francs & quittes de tous arrérages de cens & rentes, pourveu qu'il n'y ait enfans, soit des deux conjoincts, ou de l'un d'eux, lors du decès du premier mourant (*c*).

XV. Sera le donataire mutuel tenu d'advancer les obseques & funerailles du premier decedé, ensemble la part & moitié des debtes communes deues par iceluy, accomplir son testament: & luy sera le tout deduict sur la part & portion dudit premier decedé, si à ce suffire peut, sinon rendu après ledit don finy (*d*).

XVI. Comme encores il sera tenu entretenir les bastimens de reparations viageres, & les immeubles selon leur nature, en bon & suffisant estat.

TITRE IV.

Comment les Nobles peuvent apprehender & avoir les meubles apres le trespas du premier mourant.

De l'homme noble qui survit sa femme, ce qu'il emporte en meubles.

XVII. UN homme noble survivant sa femme, emporte & fait siens tous les meubles & debtes à luy à & sadite femme appartenans, & qui estoient communs entre eux au jour du trespas d'icelle femme; à la charge de payer par ledit homme toutes debtes mobiliaires deues par eux, & chacun d'eux accreues, tant constant leurdit mariage, comme paravant; s'il n'y avoit contract passé au contraire (*e*).

Et ce qu'emporte la femme survivante.

XVIII. Mais la veufve d'un homme noble, a le choix & option, d'apprehender & faire siens lesdits meubles & debtes, à la charge dessusdite, ou d'y renoncer si bon luy semble, en prenant seulement la moitié desdits meubles, à la charge de la moitié desdites debtes (*f*).

De la charge de celui qui prend les meubles.

XIX. Ledit homme, ou sadite femme survivant, qui apprehende lesdits meubles & debtes en vertu de ladite coustume, n'est seulement tenu de payer toutes lesdites debtes mobiliaires, mais encores d'accomplir, payer & fournir les frais des services, obseques & funerailles du premier decedant (*g*).

XX. Et faut noter, qu'encores que ledit homme noble, ou sadite femme survivant, tenant & apprehendant lesdits meubles & debtes, soit tenu seul de toutes les debtes mobiliaires de leur communauté, est neantmoins loisible au crediteur de s'adresser pour le payement d'icelles, si bon luy semble, audit survivant, ou à l'heritier, à son choix & option: pourra neantmoins ledit heritier convenu ou poursuivy à cette fin, iceluy survivant tirer en garand, qui sera tenu de l'indemniser, comme en effect obligé au payement desdites debtes (*h*).

TITRE V.

Si chose mobiliaire donnée en mariage, ou autrement, se doit rapporter.

Des rapports, quand ils ont, ou n'ont lieu.

XXI. QUand par contract de mariage est fait don de meubles, ou somme d'argent, par pere, mere, ayeul ou ayeule, le donataire voulant succeder, est tenu le rapporter en leur succession, ou d'autant moins prendre s'il n'est dit au contraire (*i*).

XXII. Mais si hors ledit contract de mariage, pere, mere, ayeul ou ayeule, estant en santé, fait don de ses meubles, ou d'aucuns d'iceux, & actuelle delivrance, soit que ledit don soit fait au profit de son heritier apparant, ou d'autre, il n'est tenu de rapporter iceluy, s'il n'est dit au contraire (*k*).

XXIII. Tout don fait en advancement d'hoirie, ou pour estre employé en heritage est sujet à rapport, mesme la somme destinée à employ, ou l'heritage acquis d'icelle, fait naissant conventionnel au donataire, & n'entre en la communauté des conjoincts (*l*).

TITRE VI.

Des Acquests, & comment on en peut estre saisi.

Acquest, ce que c'est.

XXIV. HEritage acquis, par quelque personne que ce soit, par emption, don, ou autre forme d'acquisition telle qu'elle soit, luy est reputé acquest (*m*).

XXV. Et faut entendre que sous ce mot, *Acquests*, ne sont compris heritages donnez en mariage, ou advancement d'hoirie, par pere, mere, ou autres parens de ceux qui se veulent conjoindre

a ART. 12. *Voyez* art. 12. de l'ancienne Coutume.
b ART. 13. *Voyez* art. 13. de l'ancienne.
c ART. 14. Cet article est de nouvelle Coutume, & n'étoit en l'ancienne; dans laquelle, art. 14. étoit dit que don mutuel n'avoit lieu. C. B. R.
d ART. 15. Cet article a été ajoûté de nouveau.
e ART. 17. *Voyez* art. 15. de l'ancienne Coutume.

f ART. 18. *Voyez* art. 16. de l'ancienne Coutume.
g ART. 19. *Voyez* art. 17. de l'ancienne.
h ART. 20. *Voyez* art. 18. de l'ancienne.
i ART. 21. *Voyez* art. 19. de l'ancienne.
k ART. 22. *Voyez* art. 20. de l'ancienne.
l ART. 23. *Voyez* art. 21. de l'ancienne.
m ART. 24. *Voyez* art. 22. de l'ancienne.

par mariage, & qui doivent succeder aux donateurs (*a*).

Ce qui y est compris.

XXVI. Si un homme conjoint par mariage, constant iceluy, acqueste quelque heritage, ledit heritage est reputé & tenu pour acquest, moitié à luy & moitié à sa femme; posé qu'elle ne soit presente ne appellée, & que le mary en soit vestu & saisi seul, sans faire mention de sadite femme (*b*).

XXVII. Pareillement tous heritages pris à surcens perpetuel, rente viagere, tiltre d'emphytheose, & à louage, sont tenus & reputez acquests à celuy qui les prend pour luy seul, s'il n'est marié; & pour luy & sa femme, s'il est marié; en telle maniere que les heritiers du preneur lui succederont en ce, comme en heritage d'acquest, pour moitié, s'il decede premier, & sa veuve en l'autre moitié; le tout sous les charges & conditions declarées ès contracts sur ce faits, & sans prejudice au droit des bailleurs & proprietaires (*c*).

XXVIII. Pareillement sont contenues sous ce mot, *Acquests*, & reputez heritages d'acquests, toutes rentes acquestées, soient à rachat ou sans rachapt, pourveu qu'elles soient realisées, comme dit est ci-dessus (*d*).

Comment les creanciers peuvent poursuivre leur dû.

XXIX. Et pour seureté d'avoir payement desdites rentes, debtes & autres choses, peuvent les acheteurs d'icelles rentes, crediteurs, & autres au profit desquels ont esté passées les lettres obligatoires, poursuivre personnellement ceux qui ont constitué lesdites rentes & passé lesdites lettres obligatoires, ou leurs heritiers afin d'avoir payement des arrerages, & sans prejudice à leur droit d'hypotheque (*e*).

Des rentes, dettes & choses réalisées par nantissement.

XXX. Mais si lesdites rentes & debtes sont realisées (comme dit est) l'acheteur, crediteur ou autre, au profit duquel ont esté passées les lettres obligatoires, & namptissement fait sur icelles, peut diriger, & adresser son action pour le fournissement & payement de telles rentes, debtes ou autres choses; & aussi des arrerages qui en seroient deuz, à l'encontre des detenteurs & possesseurs desdits heritages, & tendre afin qu'elles soient declarées, affectées & hypothequées à telles rentes, debtes & charges, cours, & continuation d'icelles, & aussi des arrerages qui en seront deubs (*f*).

XXXI. Que si les constituans desdites rentes, ou leurs heritiers seont detenteurs & possesseurs des heritages hypothecquez à icelles, lesdits acheteurs d'icelles rentes peuvent conclure contre lesdits constituans, ou leursdits heritiers, possesseurs & detenteurs personnellement & hypothecquairement par protestation, que l'une des actions ne prejudicie à l'autre (*g*).

De la vesture & saisie de l'heritage acquesté.

XXXII. Et pour acquerir possession & saisine de l'heritage acquesté, est requis que le vendeur, ou procureur pour luy s'en deveste & dessaisisse ès mains de la justice sous laquelle ledit heritage est assis, & que l'acheteur en soit vestu & saisi: laquelle vestiture & saisine se fait, par aucuns des officiers desdites justices, par tradition de quelque baston, ou autre chose (*h*).

Le second acheteur vestu, est préférable au premier non vestu.

XXXIII. L'acheteur s'en doit faire vestir (comme dit est): car si le vendeur le vendoit de rechef à autre, avant que ledit acheteur en fust vestu, & que ledit second acheteur en soit vestu & saisi, en ce cas appartiendroit la possession de la chose audit second acheteur, en sorte qu'il pourroit intenter le cas ou action de nouvelleté, contre le premier acheteur qui n'en auroit jouy par an & jour, s'il le troubloit en ce (*i*).

XXXIV. Et quand le premier acheteur en auroit jouy par neuf ans sans en estre vestu, posé qu'il en soit possesseur, & s'en peut deffendre en matiere possessoire, toutesfois sur le droit & proprieté dudit heritage au petitoire, ne s'en pourroit ledit acheteur non vestu & saisi, contre le second acheteur qui en seroit vestu & saisi, dire seigneur & proprietaire, au moyen de sadite premiere acquisition, ny par la jouyssance & possession qu'il en auroit eu (*k*).

Jouissance de 10 ans équipole à vesture.

XXXV. Toutesfois où ledit premier acheteur en auroit jouy paisiblement par dix ans entiers, il en seroit reputé vrai seigneur & proprietaire, saisi & vestu aux tiltres de sadite acquisition & jouyssance, parce que telle jouyssance equipole à tradition, saisine & vestiture, & acquiert, droit & possession (*l*).

XXXVI. Es droits incorporels, comme en usufruit, prinses d'heritages à quelque tiltre que ce soit, en acquisitions de rentes, & autres semblables, n'est requis ou necessaire veest, ne deveest, saisine ne dessaisine; mais suffit d'en avoir lettres, ou autre temoignage suffisant (*m*).

TITRE VII.

Comment on peut succeder en ligne directe & collaterale en tous heritages, tant d'acquest que de naissant.

Du partage des biens paternels & maternels.

XXXVII. QUand pere ou mere demeurant en ce Gouvernement, Bailliage & Prevosté de Chaulny decede, leurs enfans legitimes, soient fils ou filles, leur doivent succeder egalement en tous leurs biens, meubles & heritages censuels & roturiers, soit d'acquest ou de naissant (*n*).

Représentation a lieu en cette Coutume.

XXXVIII. En ligne directe representation a lieu infiniment, & prennent les enfans pareille part en la succession de l'ayeul ou ayeule, qu'eust peu faire leur pere, ou mere predecedé (*o*).

XXXIX. En ligne collaterale est admise ladite representation jusques aux enfans des freres & sœurs inclusivement, & viendront les nepveux du defunct par souches, & non par testes avec leurs oncles, & tantes, à la succession d'iceluy (*p*).

XL. Quand quelqu'un va de vie à trespas sans hoirs procréés de son corps, ayant pere ou mere, ayeul ou ayeule, freres ou sœurs, ou autres parens en ligne collaterale, le pere ou mere, ayeul ou ayeule de tel decedé doit emporter, & avoir comme heritier plus prochain & habile quant à ce, les meubles & acquests de sondit enfant ainsi decedé (*q*).

Le propre ne remonte point.

XLI. Mais au regard des heritages vulgairement dits & appellez propres ou de naissant, venus de pere,

a ART. 25. *Voyez* art. 23. de l'ancienne Coutume.
b ART. 26. *Voyez* art. 24. de l'ancienne.
c ART. 27. *Voyez* art. 25. de l'ancienne.
d ART. 28. *Voyez* art. 26. de l'ancienne.
e ART. 29. *Voyez* art. 27. de l'ancienne.
f ART. 30. *Voyez* art. 28. de l'ancienne.
g ART. 31. *Voyez* art. 29. de l'ancienne.
h ART. 32. *Voyez* art. 30. de l'ancienne.
i ART. 33. *Voyez* art. 31. de l'ancienne Coutume.
k ART. 34. *Voyez* art. 32. de l'ancienne.
l ART. 35. *Voyez* art. 33. de l'ancienne.
m ART. 36. *Voyez* art. 34. de l'ancienne.
n ART. 37. *Voyez* art. 35. de l'ancienne.
o ART. 38. *Voyez* art. 36. de l'ancienne.
p ART. 39. Cet article a été ajoûté pour Coutume nouv.
q ART. 40. *Voyez* article 37. de l'ancienne Coutume.

& en iceux le pere ne succede à son fils.

pere ou mere, ou autres parens, iceux heritages doivent retourner au plus prochain parent dudit deffunct en ligne descendante du costé, dont sont procedez lesdits heritages, sans retourner aux ascendans, posé qu'ils fussent en plus prochain degré : toutesfois où ils auroient fait don desdits heritages, à leursdits enfans, en ce cas, ils y succederoient par droict de reversion, selon la raison escrite (*a*).

XLII. Et où lesdits deffuncts decedez sans heritiers, n'auroient pere ou mere, ayeul ou ayeule, ses freres & sœurs, encores qu'ils ne fussent joints que d'un costé, cousin germain, ou autres prochains heritiers d'iceux deffuncts, leur doivent succeder esdits meubles & acquests : mais au regard des heritages propres, ils doivent retourner au plus prochain de la ligne dont ils sont venus, comme dit cy-est dessus (*b*).

TITRE VIII.

De Biens vacquans demeurez par le trespas d'un deffunct non ayant heritier recogneu.

Des biens vacans par faute d'heritier.

XLIII. QUand aucun decede sans heritier qui luy veuille ou puist succeder, les biens de tel decedant sont reputez vacans, & les peut le seigneur haut justicier du lieu où ils sont trouvez ou assis, faire saisir, inventorier, regir & gouverner par gens solvables jusques à an & jour, à compter du jour du trespas d'iceluy decedant ; après lequel an, s'il ne luy appert d'heritier qui vienne dedans iceluy temps, ledit sieur peut prendre & appliquer à soy iceux biens : & s'il y en a en divers lieux, chacun seigneur haut justicier des lieux où ils seront trouvez, aura ceux qui seront en sa seigneurie, tant meubles que immeubles ; parce qu'en ce cas, les meubles n'ensuivent point la coustume du lieu, où le corps est decedé, ou estoit demeurant (*c*).

Charges du seigneur qui apprehende les biens vacans.

XLIV. Et sont les seigneurs apprehendans lesdits biens comme vacans, tenus & chargez de l'accomplissement des testamens, debtes, obseques & funerailles : parce qu'ils sont au lieu de l'heritier, & en sont tenus, chacun pour autant qu'ils auront ou prendront desdits biens, jusques à la valeur d'iceux, & non point plus avant : pourveu qu'ils ayent fait ou fait faire inventaire par justice, avant que les apprehender, prendre, ou eux immiscer en iceux (*d*).

XLV. Mais si dans le terme & espace de dix ans, se presentoit aucun qui se declarast heritier, prouvant par luy qu'il fust parent habile à succeder au deffunct, il doit avoir main-levée & delivrance d'iceux biens & succession, en payant les frais raisonnables, & après les dix ans passez, n'est tenu & ne peut estre contraint ledit seigneur rendre lesdits biens ; n'estoit que ledit heritier fust mineur ou absent (*e*).

Des biens des bâtards, espaves & aubains.

XLVI. Et faut noter que les biens & successions des bastards, espaves & aubains, ne sont en ce compris, parce qu'ils appartiennent au Roy notredit seigneur, à cause de sa souveraineté, & non à autre (*f*).

TITRE IX.

D'Heritages donnez en mariage ou autrement, & comment ils se doivent rapporter.

De rapporter en partage les heritages donnez.

XLVII. QUand aucuns heritages sont donnez pour & en advancement de mariage ou succession, aux enfans, nepveux, ou autres heritiers du donateur, tels heritages ainsi donnez, sont tenus & reputez naissant, ou propres du costé & ligne dudit donateur ; Et à ceste cause sont tenus lesdits donataires, s'ils veulent succeder, & venir à partage, avec leurs coheritiers à la succession du donateur, de conferer & rapporter en partage preallablement lesdits heritages ainsi donnez (*g*).

Il suffit de rapporter la valeur de l'heritage donné.

XLVIII. Et où lesdits donataires ne voudroient rapporter à partage iceux heritages : mais la juste valeur & estimation d'iceux, ils doivent estre à ce receus, & venir avec leursdits coheritiers à la succession & se fera ladite estimation eu esgard au temps du partage, & non de celuy de la donation ; sauf à refonder par lesdits coheritiers audit donataire, rapportant les impenses & meliorations : au cas qu'il veuille faire ledit rapport en essence ou espece, ou de luy desduire sur ladite estimation (*h*).

XLIX. Et si lesdits donataires ne vouloient rapporter lesdits heritages ainsi à eux donnez ; mais se tenir à leurs dons de mariage, faire le pourront, & renoncer ou quitter leurs droits de succession desdits donateurs, pourveu neantmoins que la legitime soit reservée aux autres enfans, laquelle legitime est la moitié de ce qu'eust peu succeder ledit enfant, *ab intestat* (*i*).

L. Et pareillement, par ladite coustume, se doivent rapporter tous heritages & biens immeubles donnez à ceux qui voudroient venir à succession avec leurs autres coheritiers : jaçoit qu'ils n'ayent esté donnez pour cause, ou en advancement de mariage ou de succession (*k*).

a ART. 41. *Voyez* art. 38. de l'ancienne Coutume.
b ART. 42. *Voyez* art. 39. de l'ancienne.
c ART. 43. *Voyez* art. 40. de l'ancienne.
d ART. 44. *Voyez* art. 41. de l'ancienne.
e ART. 45. *Voyez* art. 42. de l'ancienne.
f ART. 46. *Voyez* art. 43. de l'ancienne Coutume.
g ART. 47. *Voyez* art. 44. de l'ancienne.
h ART. 48. *Voyez* art. 45. de l'ancienne.
i ART. 49. *Voyez* art. 46. de l'ancienne.
k ART. 50. *Voyez* art. 47. de l'ancienne.

TITRE X.

Comment il est loisible & permis par ladite Coustume de disposer de ses Heritages roturiers ou censuels par vendition & donation faite entrevifs.

De la liberté de disposer de ses biens entrevifs.

LI. UN chacun usant de ses droicts, peut vendre, ou autrement aliener tous ses meubles & acquests immeubles, & aussi ses heritages propres, ou naissant, sans necessité & sans le consentement de l'heritier, excepté la femme liée de mary, qui n'en peut disposer entrevifs, sans le consentement de sondit mary (*a*).

LII. Et semblablement peut une personne usant de ses droits, par don fait entre vifs, disposer ou donner tous ses meubles & acquests immeubles, avec ses autres heritages propres naissans, à quelpersonne que bon luy semble, soit ses enfans ou autres; excepté le mary à la femme, ou la femme au mary, sinon selon qu'il est cy-devant par don mutuel; & sauf aux enfans leurs debats & querelle d'inofficiosité, selon le droict escrit (*b*).

Le mari peut disposer totalement des acquests.

LIII. Que s'il advient que constant le mariage des deux conjoints, le mary achete quelques heritages, la moitié est acquise à sa femme: mais neantmoins, sans le consentement de sadite femme, le mary, constant iceluy mariage, peut vendre & aliener la totalité de tel heritage: Consideré mesmes qu'il a esté acquesté de meubles, que ledit mary peut aliener si bon luy semble, comme dit est cidessus (*c*).

LIV. N'est aussi par ladite coustume loisible au mary vendre, aliener, ou charger ses heritages au prejudice du douaire de sa femme; si elle n'y a expressement consenty & renoncé (*d*).

En acquests & donations faut qu'il y ait saisine & vesture, ou possession de dix ans.

LV. Et faut entendre que ceux qui ont fait lesdites acquisitions, ou au profit desquels ont esté faites les donations dessusdites, en vertu de leurs tiltres seulement n'en peuvent acquerir le droict, ne estre reputez possesseurs; mais est requis que les vendeurs & donateurs en soient devestus & dessaisis, & les acheteurs & donataires vestus & saisis, ou qu'ils en ayent jouy par dix ans, comme dit a esté cidessus (*e*).

LVI. A ladite regle ou coustume, lieu, en tous contracts d'heritages roturiers ou censuels, excepté en donation faite en advancement de mariage, ou d'hoirie & succession, à son heritier apparant; auquel cas n'est requis vestiture, saisine, ne dessaisine; mais en sont les donataires, incontinent aprés telles donations faites, reputez vestus & saisis (*f*).

LVII. Convient noter, que donner & retenir n'a lieu en ce Gouvernement, Bailliage & Prevosté: parce que si aucun donne par don fait entre vifs quelques heritages, & neantmoins il n'en fait tradition actuelle par dessaisine, & saisine au donataire; mais en jouist comme paravant, sans en estre inquieté, en ce cas telle donation est reputé fictive ou de nul effect (*g*). *Donner & retenir ne vaut.*

LVIII. Quand l'on donne aucun heritage à enfant mineur non emancipé, mais estant en la puissance de pere ou mere, les fruits de tel heritage appartiennent ausdits pere & mere, ou à l'un d'eux, qui alimente ledit enfant, & les fait siens, jusques au temps que ledit enfant sera aagé, ou emancipé, sinon que l'heritage fust donné à la charge, que le pere ne fit les fruicts siens (*h*).

LIX. Et faut noter, que toutes & quantes fois qu'il est question du droict de quelques heritages, l'on se regle & doit on reigler selon les coustumes des lieux où tels heritages, dont seroit question, sont situez & assis (*i*). *On suit la Coustume où l'heritage est situé.*

TITRE XI.

Comment par Testament est licite ou permis disposer d'heritages censuels venus tant d'acquest que de naissant.

De la liberté de disposer de ses biens par testament.

LX. PAr la coustume dudit Gouvernement, Bailliage & Prevosté, l'homme aagé & usant de ses droits, mesme la femme liée de mary, & sans le consentement d'iceluy, peut & luy est loisible de disposer par testament & ordonnance de derniere volonté, au profit de telle personne que bon luy semblera, de tous ses heritages & acquests: excepté, l'un des deux conjoints par mariage à l'autre, & aussi son heritier, auquel lesdits conjoints ne peuvent aucune chose donner, leguer ou laisser au prejudice de son coheritier (*k*).

LXI. Peut aussi & est permis à un chacun, mesmement à la femme liée de mary, & sans sondit consentement disposer par testament des heritages venans de son naissant & propre; c'est assavoir du quint des fiefs, & du tiers du censuel au profit de personnes autres que les dessusdites (*l*).

Les donataires ou legataires doivent être vestus par l'heritier ou par Justice.

LXII. Et faut entendre qu'ès heritages qui auroient esté ainsi donnez, ou laissez par testament, & ordonnance de derniere volonté, les donataires ou legataires ne se peuvent immiscer, ou mettre d'eux mesmes; mais est requis que tradition leur en soit faicte par les heritiers du testateur, ou par la justice, par devant laquelle seront convenus lesdits heritiers pour ce faire, s'ils en sont refusans; & ne suffiroit que les executeurs du testament en eussent fait tradition ou delivrance, s'il y a heritiers; sinon que ce fussent meubles, auquel cas suffiroit la tradition & delivrance d'iceux executeurs (*m*).

LXIII. Et pour ce qu'aucunes fois advient qu'en une mesme succession y a divers heritiers, dont aucuns prennent les meubles, & les autres les heritages de naissant ou propres, lesdits heritiers sont tenus de payer chacun leur part & portion des debtes, obseques, services & funerailles, pour autant qu'ils prennent desdits biens & heritages (*n*). *Charges & dettes payables pro rata emolumenti.*

a ART. 51. *Voyez* art. 48. de l'ancienne Coutume.
b ART. 52. *Voyez* art. 49. de l'ancienne.
c ART. 53. *Voyez* art. 50. de l'ancienne.
d ART. 54. *Voyez* art. 51. de l'ancienne.
e ART. 55. *Voyez* art. 52. de l'ancienne.
f ART. 56. *Voyez* art. 53. de l'ancienne.
g ART. 57. *Voyez* art. 54. de l'ancienne.
h ART. 58. *Voyez* art. 55. de l'ancienne Coutume.
i ART. 59. *Voyez* art. 56. de l'ancienne.
k ART. 60. *Voyez* art. 57. de l'ancienne.
l ART. 61. *Voyez* art. 58. de l'ancienne.
m ART. 62. *Voyez* art. 59. de l'ancienne.
n ART. 63. *Voyez* art. 60. de l'ancienne.

LXIV. Quand l'un de deux conjoints par mariage, donne ou legue par testament ou ordonnance de derniere volonté, quelque piece de meuble en espece & nature, tel legs ou don doit sortir son effect : mais les heritiers du testateur, sont tenus de recompenser le survivant de la moitié de la valeur d'iceluy meuble (*a*).

TITRE XII.

De Prescription.

De prescription de dix & vingt ans.

LXV. Quand aucun a jouy & possedé à tiltre juste & de bonne-foy, paisiblement par dix ans entiers sans interruption, entre presens, & vingt ans entre absens, entre gens aagez & non privilegiez de quelque heritage, cens, rente ou autre droit incorporel, il prescrit & peut dire avoir acquis par prescription le droit de tel heritage (*b*).

De prescription sans titre par trente ans, fors contre mineurs & l'Eglise.

LXVI. Et semblablement, qui jouist paisiblement, & sans inquietation d'aucun heritage, rente, ou droit incorporel par trente ans entiers, entre gens aagez & non privilegiez, presens ou absens, il prescrit; posé ores qu'il n'ait tiltre, contre tous ceux qui y voudroient pretendre droit après lesdits trente ans passez; & n'a lieu ladite Coustume alencontre des mineurs & gens privilegiez, pour ce que le temps de minorité n'y est compris, & que l'Eglise est privilegiée, pource qu'il faut quarante ans pour prescrire contre icelle (*c*).

LXVII. Mais en droit d'hypotheque, ou nantissement sur quelque heritage, le debteur constituant, ou son heritier, ne peut objicer prescription, qu'il n'y ait trente ans complets (*d*).

De l'heritage adjugé par decret.

LXVIII. Heritage adjugé à aucun par decret, est tenu & reputé quitte & deschargé de toutes debtes & hypotheques, dont ne seroit fait mention audit decret; excepté les cens & les droits seigneuriaux dudit decret (*e*).

De prescription de servitude.

LXIX. Quand aucun a en son heritage ou edifice des veues, goutieres & esgouts, regardans ou tombans sur l'heritage de son voisin, ou autre ayant interest, s'il n'a tiltre sur ce fait & passé, il n'acquiert ny prescrit, sinon qu'il en ait jouy par quarante ans (*f*).

TITRE XIII.

De Noblesse, & quels gens sont reputez Nobles.

LXX. Toutes personnes procrées de pere noble en mariage, sont tenus & reputez nobles (*g*).

De la femme roturiere mariée à homme noble.

LXXI. Une femme non noble, qui a esté mariée à homme noble predecedé, laquelle se remarie à homme non noble, après ledit second mariage est reputée non noble; pource qu'elle retourne en son premier estat; mais si elle demeure en viduité, elle jouist du privilege de noblesse (*h*).

De la femme noble mariée avec un roturier.

LXXII. Quand femme noble est mariée à homme non noble, elle ne doit jouir du privilege de noblesse, constant iceluy mariage; mais si après le trespas de son mary non noble, icelle femme faisoit declaration devant Juge competant, qui est monsieur le Bailly, dudit lieu, ou son Lieutenant, qu'elle entend de là en avant user de noblesse, & vivre noblement, elle doit jouir dudit privilege de noblesse; & doivent & sont tenus lesdites personnes nobles, subir jurisdiction pardevant ledit sieur Bailly ou sondit Lieutenant en premiere instance, sans pouvoir decliner toutesfois qu'ils y seront appellez (*i*).

TITRE XIV.

Des Fiefs qui viennent & escheent par succession en ligne directe, & quels droicts en doivent les Heritages au Seigneur feodal.

L'ainé emporte tous les fiefs, hors le quint qui demeure à vie aux puinez.

LXXIII. Quand pere ou mere noble, va de vie à trespas, ayant fiefs, un ou plusieurs, situez & assis dedans les fins, termes & limites dudit Bailliage & Prevosté de Chaulny, delaissant plusieurs enfans, fils & filles, l'aisné fils, si plusieurs en y a, ou s'il n'y en a qu'un, posé qu'il fust puisné des filles, doit avoir & emporter entierement tous lesdits fiefs; à la charge d'un quint hereditat ausdits puisnez & filles, qu'ils doivent partir egalement entre eux, & duquel ils seront saisis du jour du decès desdits pere & mere contre leurdit frere aisné, qui aussi pourra r'avoir & retirer à soy ledit quint dans cinq ans, à compter du jour du decès de celuy duquel lesdits fiefs proviendront & seront eschens, recompensant iceux puisnez, & leur baillant des terres feodales, ou autres de la mesme succession, si faire se peut, sinon le prix & valeur dudit quint en deniers comptans, selon le dire & estimation d'experts & preud'hommes (*k*).

N'y a representation en ligne directe ny collaterale.

LXXIV. Entre roturiers le fils aisné, s'il y a plusieurs enfans, aura & prendra par preciput, & advantage, le principal manoir si aucun en y a, avec l'enclos & pourpris d'iceluy, & outre ce, la moictié de tout ce qui sera tenu en fief; & à l'esgard de l'autre moictié, se partira esgalement entre les puisnez, tant masles que femelles : mais s'il n'y avoit que deux enfans, l'aisné d'iceux outre lesdits principal manoir & enclos, prendra les deux tiers,

a Art. 64. *Voyez* art. 61. de l'ancienne Coutume.
b Art. 65. *Voyez* art. 62. de l'ancienne.
c Art. 66. *Voyez* art. 63. de l'ancienne.
d Art. 67. *Voyez* art. 64. de l'ancienne.
e Art. 68. *Voyez* art. 65. de l'ancienne.
f Art. 69. *Voyez* art. 66. de l'ancienne Coutume.
g Art. 70. *Voyez* art. 67. de l'ancienne.
h Art. 71. *Voyez* art. 68. de l'ancienne.
i Art. 72. *Voyez* art. 69. de l'ancienne.
k Art. 73. *Voyez* art. 70. de l'ancienne.

& le second fils ou fille, l'autre tiers, qui pourra neantmoins estre par luy retiré dans le temps, & selon qu'il est dit en l'article precedent (a).

LXXV. Mais où seroit ainsi qu'il n'y eust que filles, l'aisnée d'icelle doit pareillement emporter tous lesdits fiefs, à la charge dudit quint heredital aux autres puisnez entre nobles subject à rachapt & recompense, comme il est dit ci-devant. Et au regard des roturiers prendra pareillement l'aisnée mesme prerogative d'aisnesse, selon qu'il a esté dit, & aux mesmes conditions declarées en l'article precedent (b).

L'aîné doit relever les fiefs. LXXVI. Et sera ledit fils aisné, ou fille, tenu relever & droicturer pour tous lesdits fiefs des seigneurs dont ils sont tenus, à cause dequoy doit, & est tenu tant seulement de main & bouche, & de vingt sols parisis pour droit de chambellage, & faire le serment en tel cas accoustumé (c).

TITRE XV.

De Succession de Fiefs en ligne collaterale, & quels droits en appartiennent.

LXXVII. Quand aucun decede sans heritiers de son corps, delaisse fiefs par luy acquestez, esdits fiefs luy doivent succeder ses freres oncles ou cousins; & en excluent les plus prochains en icelle ligne les autres moins prochains (d).

Droit d'aînesse a lieu en ligne collaterale. LXXVIII. En ligne collaterale droit d'aînesse a lieu, comme en ligne directe, & y ont les puisnez nobles droict de quint heredital, & les roturiers moictié, & le manoir, selon & aux conditions de recompense, & rachat ci-dessus (e).

Ce que c'est que le droit de relief. LXXIX. Celuy à qui viennent & appartiennent fiefs par succession en ligne collaterale, est tenu de payer droit de relief aux seigneurs, dont lesdits fiefs sont mouvans; lesquels droits de reliefs sont de trois choses l'une. La premiere, une somme de deniers pour une fois, à la discretion ou volonté dudit vassal; La seconde, le dire des pairs, compagnons ou convassaux tenans fiefs dudit seigneur, & où ils n'y auroient fiefvez par deux hommes ou trois, acceptez par lesdits seigneur & vassal, pour arbitrer & estimer le droit dudit relief; La tierce chose, le revenu d'un an, qui ne se prend ou estime, pour l'année qui est à eschoir, ne aussi pour l'année derniere precedente, mais se doivent estimer les trois années escheues auparavant ladite precedente, & d'icelle estimation ledit seigneur, au cas qu'il accepteroit ladite tierce offre, doit avoir & prendre le tiers pour ledit droit; & doit ledit vassal faire lesdites offres par la maniere que dessus, dedans quarante jours après le trespas de celuy dont luy viennent lesdits fiefs, pour eviter la saisie & perte des fruits desdits fiefs, qui *De la saisie feodale.* appartiendroient audit seigneur les quarante jours passez, pourveu qu'il l'eust fait saisir ou ses officiers; autrement non (f).

Du droit de relief de bail. LXXX. Quand une femme, à laquelle appartient aucun fief, se conjoint en mariage, encore qu'elle ait relevé & droicturé auparavant tel fief du seigneur dont il est mouvant, le mary d'icelle femme, après ledit mariage solemnisé, est tenu neantmoins de payer droit de relief, qui se nomme relief de bail, parce qu'il fait les fruits siens; & si après le mary decedé, ladite femme convole en autres nopces, sondit mary payera de rechef ledit relief, qui se doit prendre par la maniere que dessus (g).

LXXXI. Et où ladite femme n'auroit relevé ledit fief à elle appartenant avant sondit mariage, ledit mary seroit tenu, avec ledit droit de relief, de droicturer pour icelle femme, & payer droict de chambellage, s'il estoit escheu de ligne directe; ou encores un autre droit de relief, s'il estoit venu de ligne collaterale; toutesfois où lesdits deux droits escheroient en une seule & mesme année, & recolte de fruicts, ne seroit deu qu'un seul droit tant pour son mary, que pour elle. Et par ce moyen, si ledit mary predecedoit, icelle femme en viduité ne seroit plus tenue de droicturer pour iceluy fief (h).

LXXXII. Pareillement en relevant par un vassal aucun fief à luy escheu, en quelque ligne que ce soit, il est tenu de payer les droits qu'estoit tenu son predecesseur; Mais si le seigneur le recevoit sans faire mention des droits qu'il pretendroit luy estre deuz par sondit predecesseur, en ce cas il n'en pourroit après plus faire question (i).

Bail de mineur noble est tenu de payer les droits de relief. LXXXIII. Quand aucun à ce habile, prend le bail de mineur noble, il est tenu de payer droits de reliefs, & faire lesdites trois offres telles que dessus, pour ce qu'il fait les fruits siens; & neantmoins sera tenu le mineur venu en aage, de relever & payer les droits deus de son chef, si ses tuteurs ne les avoient payez auparavant, & encores luy aagé, sera tenu d'en faire les foy & hommage accoustumez. Sera dit de mesme des autres mineurs roturiers, qui auroient droicturé par leurs tuteurs & curateurs (k).

TITRE XVI.

De Donation de fiefs faite entre vifs, & aussi pour cause de mort, ou par testament, ou de vendition d'iceux, & quels droits pour ce en appartiennent.

De la liberté de disposer de ses biens feodaux entrevifs & par testament. LXXXIV. Toutes personnes usans de leurs droits, ayans fiefs à eux appartenants, peuvent iceux donner par don fait entre-vifs, vendre ou aliener à quelque personne que bon leur semblera; excepté, deux conjoints l'un à l'autre, qui n'en peuvent disposer, sinon par un don mutuel; & sauf la querelle d'inofficiosité aux enfans, selon qu'il a esté dit ci-devant pour les rotures (l).

LXXXV. Et il est loisible à un chacun ayant fiefs à luy appartenans par acquest, disposer d'iceux

---

ART. 74. Cet article 74. a été adjousté de nouveau, pour avoir lieu à l'advenir, sans prejudice du passé: d'autant que l'ancienne Coustume de Chauloy en l'article 70. donnoit tous les fiefs aux aisnez, tant nobles que roturiers, à la charge d'un quint à vie ausdits puisnez, & filles. *Vrevin.*

b ART. 75. *Voyez* art. 72. de l'ancienne Coutume.

c ART. 76. *Voyez* art. 73. de l'ancienne.

d ART. 77. *Voyez* art. 75. de l'ancienne Coutume.

e ART. 78. *Voyez* art. 76. de l'ancienne.

f ART. 79. *Voyez* art. 77. de l'ancienne.

g ART. 80. *Voyez* art. 78. de l'ancienne.

h ART. 81. *Voyez* art. 79. de l'ancienne.

i ART. 82. *Voyez* art. 80. de l'ancienne.

k ART. 83. *Voyez* art. 81. de l'ancienne.

l ART. 84. *Voyez* art. 82. de l'ancienne.

par testament & ordonnance de derniere volonté; mais au regard des fiefs à luy venus & appartenans de son propre ou naissant, il n'en peut disposer que du quint tant seulement (a).

LXXXVI. Et faut noter que lesdits dons entre-vifs, testamens, venditions, alienations desdits fiefs, ne se peuvent faire au prejudice des douaires des femmes, si elles n'y ont expressément consenty & renoncé (b).

En donation & legs de fiefs, faut saisine & dessaisine.

LXXXVII. Lesdits donataires, legataires, & acheteurs d'iceux fiefs, ne sont saisis par le moyen de leursdits tiltres; mais est requis que les vendeurs & donateurs entre-vifs, ou procureur pour eux, s'en demettent & dessaisissent entre les mains des seigneurs ou de leurs Justiciers, & que lesdits donataires & acheteurs en soient receus à foy & hommage par iceux seigneurs ou Justiciers, sinon en fiefs donnez pour cause & advancement de mariage ou succession à ceux qui leur peuvent succeder; auquel cas, n'y faudroit saisine ne dessaisine (c).

Des droits de quint & requint dûs au seigneur.

LXXXVIII. Et en ce cas de venditions de fiefs, & après icelles, en sont deux les droits feodaux au seigneur dont ils sont tenus & mouvans, pour estre payez desquels, se prennent lesdits seigneurs ausdits heritages feodaux, procedans par saisie sur iceux, pour desquels obtenir main-levée, doit & est tenu l'acheteur payer & satisfaire lesdits seigneurs des droicts seigneuriaux, qui sont de quint & requint deniers; & est ledit quint la cinquiesme partie du prix & sort principal de la vendition, & le requint autre cinquiesme partie de ce à quoy monte ledit quint (d).

LXXXIX. En toutes autres mutations de fiefs, où n'y auroit bourse desliée, ny argent deboursé, est seulement deu droict de relief, pour lequel le vassal est tenu faire les offres telles qu'il est declaré ci-dessus; sauf comme devant, pour donation en faveur de mariage, ou advancement d'hoirie & succession: pourquoy il n'est deub que le droict de chambellage, & serment de fidelité.

Legs sujets à délivrance.

XC. Et est requis avant que les legataires se puissent dire saisis des fiefs à eux leguez par testament, d'avoir delivrance d'iceux fiefs par les heritiers, & où ils en seroient refusans, ils y doivent estre contraints par Justice (e).

Donner & retenir ne vaut.

XCI. En fiefs, donner & retenir n'a lieu, comme est ci-dessus dit pour les rotures (f).

TITRE XVII.

De faire saisir, prendre & lever les fruicts en pure perte, par les Seigneurs; & comment ils en doivent user.

De la saisie feodale & pure perte des fruits.

XCII. Quand un vassal jouyssant & possedant aucuns fiefs, decede, ou autrement aliene lesdits fiefs, est loisible au seigneur dont ils sont tenus de faire saisir & tenir en ses mains iceux fiefs, quarante jours après le trespas, & non devant, au prejudice du vassal; & en vertu de telle saisie après lesdits quarante jours passez, appartiennent audit seigneur en pure perte les fruicts, & émolumens d'iceux fiefs, jusques à ce que l'heritier, donataire ou acheteur ait faict offres raisonnables. Et si est tenu ledict heritier ou ayant cause, payer les frais de la saisie; pourveu (comme dit est) qu'elle n'ait esté faite auparavant lesdits quarante jours, & qu'iceluy vassal ou autre ayant cause, n'ait fait diligence dedans iceluy temps (g).

Prescription n'a lieu entre le seigneur & le vassal.

XCIII. Prescription n'a lieu entre le seigneur & le vassal: car par quelque temps que ledit seigneur tienne en ses mains lesdits fiefs saisis par faute d'homme, droicts & devoirs non faits, ne peut prejudicier au vassal ne à son heritier, ou autre ayant cause, sinon pour la pure perte des fruits: mais doit iceluy seigneur & est tenu recevoir sondit vassal, heritier, ou autre ayant cause, à relever & droicturer: pourveu qu'il face offre raisonnable (h).

Quand le seigneur dort, le vassal veille.

XCIV. Mais où ledit seigneur auroit esté negligent de faire proceder par saisie (comme dit est) & que ledict vassal, son heritier, ou autre ayant cause, n'auroit fait ses diligences & neantmoins jouyroit & possederoit desdicts fiefs non relevez, ne pourroit prescrire ny prejudicier au droict dudict seigneur pour l'hommage non faict desdits fiefs, pour quelque temps que ce soit, ny pareillement le seigneur audict vassal, son heritier ou ayant cause, encores qu'il receut les fruicts & exploicta ledit fief parce qu'ils ne peuvent prescrire l'un contre l'autre: & est ce qu'on dict, quand le seigneur dort, le vassal veille (i).

Du démembrement de fief.

XCV. Un vassal ne peut demembrer son fief, en vendant ou alienant partie de sondit fief, sans le consentement du seigneur: & s'il le fait, le seigneur peut reprendre & reunir à sa table la partie demembrée ou alienée d'iceluy fief (k).

Des rentes nanties sur fiefs non infeodées.

XCVI. Semblablement toutes & quantes fois que rentes sont constituées, realisées ou nanties sur fiefs, si elles ne sont infeodées, elles sont tenues & reputées roturieres & censuelles: jaçoit ce que nantissement ait esté fait sur iceux fiefs, par les bailly & gardes de justice, & hommes de fiefs ou tenans du seigneur dont ils sont tenus: & ne peuvent telles rentes prejudicier audict seigneur, quelque long temps qu'il y ait qu'elles ayent esté constituées: en telle maniere, que si tels fiefs cheoient en confiscation par felonnie ou autrement, ou les fruicts d'iceux par faute d'homme, droicts & devoirs non faicts ou payez, ledit seigneur ne seroit tenu desdites rentes non infeodées (l).

De felonnie ou désobeissance du vassal.

XCVII. Que s'il advenoit qu'un vassal commit felonnie ou desobeissance contre son vray seigneur, en advouant tenir son fief d'autre que de luy, ledit seigneur, après information bien & suffisamment faite peut faire, saisir le fief que ledit vassal devoit estre tenu dudit seigneur, ou autrement peut faire adjourner ledit vassal pardevant son bailly & hommes de sa justice, ou pardevant les Juges Royaux, en la jurisdiction desquels lesdits fiefs sont situez: & conclure allencontre d'iceluy vassal, à fin de commis: neanmoins pendant procès, aura le vassal qui a desadvoué, main-levée dudit fief: mais où il se trouveroit par l'issue du procès qu'il ait mal desadvoué, en ce cas ledit fief & les fruicts d'iceluy escheus depuis ledit desadveu tomberont en commis & confiscation (m).

Du dénombrement que doit bailler le vassal à son seigneur.

XCVIII. A chacune fois qu'un vassal faict relief, foy & hommage de son fief, luy doit

---

a Art. 85. *Voyez* art. 83. de l'ancienne Coutume.
b Art. 86. *Voyez* art. 84. de l'ancienne.
c Art. 87. *Voyez* art. 85. de l'ancienne.
d Art. 88. *Voyez* art. 86. 87. & 88. de l'ancienne.
e Art. 90. *Voyez* art. 89. de l'ancienne.
f Art. 91. *Voyez* art. 90. de l'ancienne.
g Art. 92. *Voyez* art. 91. de l'ancienne Coutume.
h Art. 93. *Voyez* art. 92. de l'ancienne.
i Art. 94. *Voyez* art. 93. de l'ancienne.
k Art. 95. *Voyez* art. 96. de l'ancienne.
l Art. 96. *Voyez* art. 97. de l'ancienne.
m Art. 97. *Voyez* art. 98. de l'ancienne.

& peut le seigneur enjoindre de bailler denombrement dedans quarante jours : & au cas que en dedans ce temps ledict vassal n'ait fourny & baillé sondit denombrement ; comme aussi où ledit vassal auroit esté defaillant d'assister & comparoistre, ou procureur pour luy, aux plaids & jours à luy assignez, ainsi qu'il y seroit tenu selon la nature de son fief, en ce cas ledit seigneur peut proceder par saisie, & faire commettre à la recepte, & gouvernement des fruicts, levées & revenuz desdicts fiefs d'iceluy vassal : Lesquels doivent demeurer saisis & en sequestre, jusques à ce qu'iceluy vassal ait fourny & baillé sondit denombrement, & payé les frais de ladite saisie, & autres fraiz raisonnables, ou qu'il ait amendé les contumace & defauts où il seroit encouru, selon la nature de ce à quoy il peut estre tenu à cause de sondit fief ; Et en ce faisant, doit avoir main-levée des fruicts escheus depuis & pendant ladite saisie (*a*).

Des gens de main morte qui ne peuvent tenir fiefs.

XCIX. N'est loisible à gens d'Eglise, marguilliers, administrateurs d'Eglise, hospitaliers de maladeries, ou autres semblables, d'acheter, prendre & tenir en leurs mains fiefs, ou rentes sur iceux. Et où ils le feroient, les seigneurs dont ils sont tenus, ne peuvent estre contraints à les recevoir à hommes, ne souffrir nantissement en estre fait sur iceux fiefs : mais leur peuvent enjoindre, de les mettre hors de leurs mains dedans an & jour de l'acquisition ou donation qui en auroit esté faite. Et où ils n'obtemperoient audict commandement ou injonction, peut ledit seigneur proceder par saisine sur iceux heritages, & rentes par eux acquestées, les tenir en sa main, & faire les fruits siens, jusques à ce qu'ils les ayent mis hors de leursdites mains, & qu'il ait homme auquel ils appartiennent & non à gens d'Eglise (*b*).

Le seigneur doit jouir du fief de son vassal, comme un bon pere de famille.

C. Le seigneur qui leve & prent en pure perte les fruicts du fief de son vassal, il est tenu en user comme un bon pere de famille doit faire, mesme entretenir les baux, si aucuns sont faits par le vassal de bonne foy, & sans fraude, & si ledit revenu se consiste en boys, estangs, viviers, & autres semblables choses dont le revenu n'est ordinaire chacun an, il n'est loisible à iceluy seigneur de coupper lesdits bois, s'ils ne sont aagez, ou en couppe ordinaire : ne pareillement pescher lesdits viviers ou estangs, sinon en la maniere & selon le terme que l'on a accoustumé les pescher : Au regard d'autre revenu, ne doibt rien faire, sinon en temps convenable, & si est tenu iceluy seigneur, de repeupler ou rempoissonner lesdits viviers ou estangs par luy peschez, & en tout & par tout soy gouverner par raison, sans en mal user ne prejudicier ausdits fiefs (*c*).

TITRE XVIII.

De recevoir plusieurs Hommes ès Droits Feodaux.

Le seigneur peut recevoir à foy & hommage plusieurs vassaux pour un mesme fief.

CI. QUand au seigneur, dont fiefs sont mouvans & tenus, viennent plusieurs personnes, qui luy offrent pour un mesme fief relever & droicturer, & chacun d'eux pour le tout, est loisible audit seigneur de les recevoir tous si bon luy semble, & chacun pour le tout, sauf tous droicts : Et si procès se meut entre lesdits vassaux, ou pretendans droicts en iceux, & que aucuns d'iceux succombent & leur soient lesdits fiefs evincez, ou autrement ostez, ledit seigneur ne seroit pourtant tenu restituer les droicts qu'il en auroit receu : & si celuy qui auroit remporté sentence, ou obtenu par traitté ou autrement, n'avoit relevé & droicturé paravant, il seroit tenu ce faire : posé ores que celuy ou ceux qui seroient succombez, en eussent droicturé auparavant (*d*).

CII. Et où pour raison desdits fiefs & saisie d'iceux ou autrement, y auroit eu oppositions faites ou appellations interjectées, par aucun pretendant droict desdits fiefs, pour empescher qu'autre ne fust receu à relever ou droicturer, ledit seigneur n'est tenu differer, si bon ne luy semble : mais peut recevoir autre pretendant droict à relever & droicturer, en declarant par luy & disant ces mots, *sauf tous droicts*, parce que en ce faisant il ne prejudicie au droict d'autruy (*e*).

Force des mots, sauf tous droits dits par le seigneur.

CIII. Aussi quand aucun vassal s'oppose à la saisie de quelque fief, ou appelle d'icelle, ledit vassal ne jouyra pourtant d'iceluy fief, au moyen de son opposition ou appellation : mais nonobstant icelles, doit demeurer ledit fief saisi pendant procès, & jusques à ce que autrement en soit ordonné, sinon en cas de desadveu, (comme dit est) (*f*).

Vassal peut relever par procureur special.

CIV. Le seigneur est tenu recevoir son vassal, à relever & droicturer de luy par procureur, & faire le serment de fidelité, pourveu que ledit procureur ait procuration expresse, portant pouvoir special pour ce faire (*g*).

TITRE XIX.

De reiterer ou faire de rechef hommage aux Seigneurs par les Vassaux.

De mutation de seigneur, & renouvellement d'hommage.

CV. APrès que les vassaux ont relevé & doicturé à leur seigneur, vient autre nouvel seigneur, soit par succession, achat, mariage, ou autrement, ledit nouvel seigneur peut (si bon luy semble) contraindre lesdits vassaux à reiterer ou renouveller, & de rechef luy faire hommage ou serment de fidelité des fiefs tenus de luy, jaçoit qu'iceux vassaux les ayent relevé & droicturé paravant du predecesseur dudit seigneur. Et peut ledit seigneur faire adjourner à certain jour lesdits vassaux, ou partie d'iceux, ou leur faire commandement pour ce faire, dedans & en fin de quarante jours ensuivans, ou autres plus longs jours. Et si bon semble audit seigneur faire publier, qu'il recevra sesdits vassaux à hommage, au lieu de sa seigneurie dont lesdits fiefs sont tenus, faire le peut, & non ailleurs : & sont tenus lesdits vassaux d'y comparoir. Et s'ils estoient refusans ou delayans de ce faire, après lesdits quarante jours expirez, ledit seigneur pourroit faire saisir leurs fiefs, & tenir en sa

a ART. 98. *Voyez* art. 99. de l'ancienne Coutume.
b ART. 99. *Voyez* art. 100. de l'ancienne.
c ART. 100. *Voyez* art. 101. de l'ancienne.
d ART. 101. *Voyez* art. 102. de l'ancienne.
e ART. 102. *Voyez* art. 103. de l'ancienne Coutume.
f ART. 103. *Voyez* art. 104. de l'ancienne.
g ART. 104. *Voyez* art. 105. de l'ancienne.

main, jusques à ce qu'ils ayent fait & renouvellé leur foy & hommage, en recognoissant leurdit seigneur. En quoy faisant, doivent avoir main-levée des fruicts escheuz depuis ladite saisie : & ne sont tenus de payer aucuns droicts, mais de main & bouche seulement, qui est faire le serment de fidelité (a).

Que c'est re. *Lever de main & bouche.*

TITRE XX.

Des cas & actions de retraict en matiere d'heritages feodaux & censuels.

Du retrait lignager.

CVI. QUand aucun vend son heritage, soit fief ou censuel, à luy appartenant ou venu de son propre ou naissant, à autre personne estrange, & non estant parent du costé & ligne dont est procedé iceluy heritage & venu au vendeur, est permis à un autre parent lignager d'iceluy vendeur du costé & ligne dont est venu ledit heritage, iceluy retraire, & avoir par proximité de lignage sur l'acheteur pour les deniers principaux, & fraiz qu'il en auroit baillé & desbourfé; jaçoit que ledit parent retrayant soit bien loingtain, & qu'il y ait autre plus proche parent dudit costé & ligne de celuy qui le veut retraire dedans le temps à ce introduit, si ledit parent moins prochain a fait ses offres, consignations & diligences, offrant actuellement en bonne monnoye, lesdits deniers principaux fraiz & loyaux couts, il doit estre preferé audit plus prochain, & doit avoir ledit heritage audit titre de retrait, quand ores le second voulant retraire ledit heritage, fief ou censuel, seroit plus prochain, ou de pareil degré; parce que le premier retrayant dudit costé & ligne, est à preferer à tous autres (b).

Terme pour retirer les heritages vendus.

CVII. En heritages tant feodaux comme censuels, y a le terme & espace d'un an introduit pour iceux retraire, à compter du jour que l'acheteur s'en fait vestir & saisir par Justice, & n'est compris en ce le temps ou jouissance qu'en auroit eu l'acheteur paravant; si n'estoit qu'il en eust jouy par dix ans entiers: auquel cas, il en seroit reputé vestu & saisi; neantmoins se pourroit encores faire ladite retraicte, dedans le terme d'un an, après lesdits dix ans passez (c).

Que doit faire le demandeur en retrait lignager.

CVIII. Pour parvenir auquel retrait, peuvent & doivent les parens faire adjourner les acheteurs dedans l'an de ladite saisine, pardevant Juge competant, comme mondit sieur le Gouverneur & Bailly, ou son Lieutenant, ou ledit Prevost de Chaulny ou son Lieutenant, ou autre competant, & illec doivent iceux parens voulans retraire, exposer ou faire exposer leur genealogie ou proximité de lignage, du costé & ligne dont sont descenduz les heritages feodaux ou censuels, qu'ils entendent retraire, avec ce exposer l'alienation ou vendition qui en a esté faite à l'acheteur, & luy offrir, en deniers comptans & bonne monnoye, le prix ou sort principal de ladite vendition, ensemble les fraiz & loyaux cousts, ou pour iceux quelque somme de deniers, par protestation d'augmenter ou diminuer, en concluant que les heritages vendus luy soient adjugez par droict de retraict, comme parent lignager du costé & ligne, dont ils sont venus au vendeur (d).

CIX. Et où l'acheteur seroit refusant ou dilayant de reprendre lesdits deniers & qu'à cette cause s'en ensuivit procès, ledit parent retrayant doit & est tenu à chacune journée, jusques à contestation, offrir lesdits deniers, si ce n'estoit qu'il les eust laissé & consigné en Justice; & où il defaudroit de faire les offres telles & en la maniere que dit est, il doit decheoir de son action (e).

L'acheteur peut être contraint d'exhiber son contrat, & affermer le prix d'icelui.

CX. Et pour ce que souventesfois lesdits parens retrayans, ne peuvent avoir cognoissance ou sçavoir le prix pour lequel auroit esté faite ladite vendition, & que pour ce ils ne peuvent faire offre raisonnable, il leur est loisible demander & requerir, que les vendeurs & acheteurs soient contraints declarer au vray, pour quel prix & somme auroit esté faicte icelle vendition, & d'en exhiber & monstrer les lettres, si aucunes en y a, & avec ce, que lesdits vendeurs & acheteurs soient contraints par serment à declarer au vray le prix de ladite vendition; & doivent à ce faire estre condamnez & contraints (f).

CXI. Quand plusieurs heritages se vendent ensemble à un mesme acheteur, aucuns desquels sont venus de propre naissant, les autres d'acquest, il est loisible & permis aux parens du costé dont viennent lesdits heritages de naissant, qui veulent retraire, de faire ledit retrait pour la partie desdits heritages venans de naissant, & pour ce faire, doivent iceux parens requerir prealablement lesdits heritages, tant de propre & naissant, que d'acquest, estre estimez & ventilez par chacune piece d'iceux; laquelle estimation se doit faire en ayans esgard au prix de la vendition; toutesfois, où l'acheteur trouveroit bon de delaisser tout son achapt au lignager, en ce cas, sera tenu iceluy de faire ladite retraite pour tous lesdits heritages, tant de naissant que d'acquest, ou tout laisser (g).

CXII. Retraict ne s'estend & n'a lieu, en legs testamentaires, donations, eschanges, en baux d'heritages à rentes ou surcens ou à vie, dont la proprieté demeure aux bailleurs, pourveu qu'il n'y ait fraude (h).

Des impenses & réparations faites en la chose achetée, sujete à retrait.

CXIII. Aussi quand l'acheteur auroit fait aucunes impenses en l'heritage que l'on veut retraire, avant qu'il soit adjourné pour le rendre par retraict aux parens lignagers; lesdits parens retrayans seront tenus restituer lesdites impenses necessaires & utiles, & non les volontaires, sur lesquelles impenses se doivent desduire & tourner en paye les fruicts & profits, si aucuns l'acheteur avoit eu ou prins desdits heritages auparavant ladite retraite; mais où il n'auroit fait aucunes impenses, si seroient neantmoins & appartiendroient audit acheteur les fruits par luy perceus paravant l'adjournement, consideré qu'alors ledit heritage luy appartenoit, & a esté sien jusques au temps dudit adjournement sur retraict (i).

Pourquoi est introduit le retrait lignager.

CXIV. Un heritage retraict doit sortir nature de naissant; pour ce que retraict est introduit en faveur des parens lignagers, & afin que les heritages venans de ligne ne sortent hors de ladite ligne, & à cette cause n'y peut demander l'un des deux conjoints, constant le mariage, duquel ladite retraite auroit esté faicte, que la moitié du prix employé à faire icelle retraicte; & où les heritiers seront refusans rendre lesdits deniers pour moitié, le survivant doit jouir de la moitié dudit heritage, & faire les fruicts siens, jusques au plein remboursement desdits deniers (k).

a ART. 105. *Voyez* art. 106. de l'ancienne Coutume.
b ART. 106. *Voyez* art. 107. de l'ancienne.
c ART. 107. *Voyez* art. 108. de l'ancienne.
d ART. 108. *Voyez* art. 109. de l'ancienne.
e ART. 109. *Voyez* art. 110. de l'ancienne.
f ART. 110. *Voyez* art. 111. de l'ancienne Coutume.
g ART. 111. *Voyez* art. 112. de l'ancienne.
h ART. 112. *Voyez* art. 113. de l'ancienne.
i ART. 113. *Voyez* art. 114. de l'ancienne.
k ART. 114. *Voyez* art. 115. de l'ancienne.

TITRE XXI.

De retraire par puißance de fief les fiefs par le seigneur dont ils sont tenus.

Du retrait par puissance de fief.

CXV. QUand un vassal vend son fief, soit qu'il vienne de son propre, ou naissant ou d'acquest, à personne estrange & non estant de sa ligne, le seigneur dont le fief vendu est tenu, peut iceluy retraire & avoir, pour les deniers & prix de ladite vendition, avec les fraiz & loyaux cousts (*a*).

CXVI. Mais est requis que ledit seigneur fasse iceluy retrait, avant que recevoir l'acheteur à relever & droicturer pour ledit fief, parce que s'il avoit receu ledit acheteur, il ne pourroit estre contraint à rendre ou laisser ledit fief audit seigneur; mais avant que recevoir ledit acheteur, doit iceluy seigneur, quand ledit acheteur se presente, le refuser, en luy offrant rendre ses deniers principaux, frais & meliorations; & où ledit acheteur n'y voudroit acquiescer, pourroit iceluy seigneur faire saisir & tenir en ses mains ledit fief (*b*).

CXVII. Ledit seigneur sera tenu restituer à l'acheteur, le prix entier de l'acquisition, frais & loyaux cousts par luy desboursez, & ce dans quarante jours après qu'on luy aura certifié la vente, & exhibé le contract d'icelle, sans aucune desduction de quint, ou requint (*c*).

Le lignager est préféré au seigneur en matiere de retrait.

CXVIII. Quand un parent lignager veut retraire par proximité de lignage un fief vendu par son parent, & venant de propre ou naissant, ledit parent retrayant du costé & ligne dont est venu ledit fief, est à preferer audit seigneur dont ledit fief est tenu (*d*).

TITRE XXII.

Du Douaire prefix, & quand il a lieu.

Du douaire préfix ou convenancé.

CXIX. QUand en faisant quelque contract de mariage, est expressement dit, convenu & accordé, que la fille ou femme qui se conjoint par mariage, au cas qu'elle survive son mary futur, pour son droict de douaire aura quelque somme de deniers pour une fois, ou quelque rente à vie ou perpetuelle, ou le revenu de quelque heritage chacun an pour une fois, ou autre chose que promet & assigne ledit mary futur à icelle fille ou femme, tel douaire est reputé & appellé douaire prefix; & en doit icelle femme, au cas qu'elle survive, jouir ainsi & par la maniere qu'il a esté dit & accordé entre icelles parties (*e*).

Il ne faut demander délivrance du douaire préfix.

CXX. N'est requis de demander ledit douaire prefix, ne soy y faire maintenir par Justice, parce qu'au moyen de la promesse du mary, iceluy douaire prefix a lieu & court incontinent après le trespas d'iceluy: tellement que ladite veufve peut poursuivre les heritiers ou detempteurs des heritages à elle promis pour sondit droict de douaire pour tout ce qui en seroit escheu depuis le trespas d'iceluy mary (*f*).

TITRE XXIII.

De Douaire Coustumier, quand il a cours.

Du douaire coustumier.

CXXI. TOutesfois que femme se lie par mariage, elle acquiert droict de douaire coustumier, qui est la moitié des fruicts, profits & revenus de tous les heritages appartenans au mary au jour dudit mariage, de quelque ligne ou estoc, & à quelque titre que ce soit, & aussi de tous autres heritages, qui depuis ledit mariage seront venuz & escheuz audit mary par succession en ligne directe. Et d'icelle moitié doit ladite femme, après le trespas de sondit mary, jouir sa vie durant tant seulement, & est saisie à l'instant mesme dudit decès, & dissolution de leur mariage, sans autre maintenue de fait (*g*).

Des charges ausquelles sont obligées les douairieres.

CXXII. Lesdites femmes veufves prenantes & tenantes douaire coustumier, sont tenues de tenir & entretenir, tant & si longuement que leurdit douaire aura lieu & cours, la moitié des edifices & heritages sur lesquels elles prennent leurdit droit de menues refections; c'est à sçavoir de pelle, torche & couverture seulement, les autres & grosses refections, comme massonnerie & charpenterie appartenantes à faire au proprietaire. Seront aussi tenues icelles veufves, d'entretenir durant iceluy douaire en bon & suffisant labeur & valeur, les terres arables, bois, prez, jardins, vignes & autres heritages pour ladite moitié, & les acquitter des cens foncieres & rentes anciennes, mesmes des autres rentes realizées sur iceux heritages, avant ledit mariage, & non d'autres nampties, constant & durant iceluy, & si à ce elles n'estoient obligées (*h*).

L'heritier doit relever le fief, ores que la veuve en jouisse par douaire.

CXXIII. Que si ledit droit de douaire coustumier se prenoit sur aucuns fiefs, l'heritier auquel appartiennent & sont venus lesdits fiefs en droit de proté, est tenu iceux relever & droicturer entierement sans que ladite veufve soit tenue pour sondit droit de douaire de relever ou droicturer autrement. Et si par faute de ce faire par ledit heritier, icelle veufve ne pouvoit jouir de sondit droict de douaire, elle auroit son recours contre ledit heritier, qui seroit tenu de ses dommages & interests (*i*).

CXXIV. Et s'il advenoit que ladite veufve tenant douaire decedast, avant que despouiller & ameublir

a ART. 115. *Voyez* art. 116. de l'ancienne Coutume.
b ART. 116. *Voyez* art. 117. de l'ancienne.
c ART. 117. *Voyez* art. 118. de l'ancienne.
d ART. 118. *Voyez* art. 119. de l'ancienne.
e ART. 119. *Voyez* art. 120. de l'ancienne.
f ART. 120. *Voyez* art. 121. de l'ancienne Coutume.
g ART. 121. *Voyez* art. 122. de l'ancienne.
h ART. 122. *Voyez* art. 125. de l'ancienne.
i ART. 123. *Voyez* art. 126. de l'ancienne.

ameublir les fruits estans croissans sur heritages par elle tenus audit tiltre de douaire; en ce cas lesdicts fruits, attendu qu'ils ne sont ameublis ne separez de l'aire, seroient & appartiendroient à l'heritier ou proprietaire d'iceux heritages, sans pource rendre aucuns fraiz des labeurs paravant faits en iceux heritages (*a*).

CXXV. Pareillement prendra ou devra prendre, ladite femme tenant douaire, ce qui eschera des fruicts des heritages de sondit mary, & pour moitié, incontinent après le decès d'iceluy (*b*).

La femme prend son douaire sur les biens vendus par son mari.

CXXVI. Et où le mary constant le mariage de luy & de sadite veufve, auroit vendu sesdits heritages à luy appartenans au jour dudict mariage, ou qui depuis luy seroient escheus par succession en ligne directe, ou partie d'iceux, sans charge dudict droict de douaire, & sans de ce avoir recompense, icelle femme, si n'estoit qu'elle eust expressément consenty ou renoncé à sondit droit, luy est loisible, après le trespas d'iceluy son mary, intenter son action alencontre des detempteurs desdits heritages pour sondit droict de douaire, lequel luy doit estre adjugé sur iceux, nonobstant lesdites ventes & alienations; sauf à l'acheteur, ou autres, leur recours de garandie contre l'heritier dudit mary (*c*).

Choix à la femme du douaire préfix ou coustumier.

CXXVII. Et jaçoit que ladite veufve se puisse tenir, si bon luy semble, au douaire prefix & à elle assigné en contractant son mariage; neantmoins a le choix & option, & se peut tenir à sondit douaire prefix, ou au douaire coustumier, comme bon luy semblera, en faisant de ce declaration en jugement & option dans trois mois, si elle est noble, & dans quarante jours si elle est roturiere, après le trespas de son mary (*d*).

Douaire est privilegié, & non sujet à nantissement.

CXXVIII. Lesdits douaires, tant prefix que coustumier, sont privilegiez en telle maniere, qu'ils se prennent avant toutes autres debtes. Et n'est requis pour seureté d'iceux faire faire nampttissement; pource que lesdites femmes, dès le jour de leur mariage, acquierent hypothecque tacite, qui suffist pour seureté d'iceux douaires, comme encores elles acquierent hypotheques pour leurs conventions matrimoniales (*e*).

TITRE XXIV.

Des privileges & autres droicts appartenans aux veufves, tant nobles qu'autres.

Du privilege de la femme noble de prendre les meubles ou d'y renoncer.

CXXIX. Quand homme noble decede, il est loisible à sa femme survivante, après le trepas d'iceluy, d'eslire, choisir & tenir les meubles & debtes par la Coustume des nobles, par la maniere & comme dessus a esté touché. Et est requis qu'elle face ladite declaration de tenir ou renoncer en justice en dedans trois mois après ledict trespas; & neantmoins peut icelle veufve avec ce, avoir sondit douaire coustumier ou prefix, selon & ainsi que cy-dessus est declaré (*f*).

Ce que doit emporter la veuve d'un homme noble après le décès de son mary.

CXXX. Et où la veufve d'homme noble ne voutenir, mais renoncer à ladite Coustume des nobles, elle doit avoir son douaire prefix ou coustumier à son choix, (comme dit est), & avec ce, doit remporter & avoir la moitié des heritages & acquests constant leur mariage; ensemble la moitié de tous meubles & debtes, qui communs estoient entre eux au jour du trespas. Et si doit icelle veufve avoir & remporter hors part, & sans rendre aucune chose, ses vestemens & habillemens, non pas les pires, ny les meilleurs. Et au regard de ses autres habillemens, ils doivent venir à partage; toutesfois ladicte veufve les doit avoir (s'il luy plaist) en recompensant l'heritier d'autres biens ou deniers, jusques à la valeur & juste estimation de la moitié d'iceux. Et au regard des debtes tant actives que passives, se doivent diviser également moitié par moitié. Et quant à l'accomplissement & fournissement des testamens, services, obseques & funerailles, appartient à faire & en est l'heritier tenu. Et a cest article lieu entre plebeiens & roturiers, aussi-bien qu'entre gens nobles (*g*).

De l'habitation de la veuve d'homme noble.

CXXXI. L'heritier du mary noble choisit la maison qu'il luy plaist pour sa demeure, & la veufve l'autre; & seconde: mais s'il n'y en avoit qu'une, chacun d'eux en doit avoir portion & moitié (*h*).

Du partage des biens entre la douairiere & l'heritier.

CXXXII. Si des heritages, sur lesquels droit de douaire a cours se peut faire partage & division; en ce cas appartient à la veufve douairiere, de faire ledit partage; laquelle est tenue ce faire, & en doit faire deux parts desquelles appartient le choix à l'heritier, & où ladite veufve seroit refusante ou dilayante par l'espace de quarante jours, après que l'heritier l'auroit requis de faire iceluy partage, ledit heritier pourroit jouir du total desdits heritages sans en rien payer, ne bailler à icelle veufve pour sondit douaire, jusques à ce que ledit partage seroit fait (*i*).

De la renonciation que peut faire la femme veuve à la communauté.

CXXXIII. Quand une veuve noble ou non noble, voit les biens meubles & acquests qui communs estoient entre son feu mary & elle, estre onereux & chargez de debtes, luy est loisible de renoncer, si bon luy semble, ausdits meubles & acquests faits constant ledit mariage; faisant neanmoins par elle bon & loyal inventaire, & pourveu qu'elle n'ait prins, recellé ne transporté aucuns d'iceux biens, & fait, declaration expresse en Justice, & pardevant Juge competant de sadite renonciation dans le terme & espace de trois mois; si elle est noble, ou quarante jours, si elle est roturiere, n'est tenue & ne peut estre poursuivie pour cause desdites debtes; & au cas que dans ledit temps elle decedast sans avoir faict ladite declaration, son heritier la pourroit faire dans ce qui resteroit dudit delay: Et neantmoins doit remporter & avoir icelle veufve ses habillemens, non pas les pires ny les meilleurs, mais les moyens, sans charge des debtes (*k*).

a ART. 124. *Voyez* art. 127. de l'ancienne Coutume.
b ART. 125. *Voyez* art. 128. de l'ancienne.
c ART. 126. *Voyez* article 129. de l'ancienne.
d ART. 127. *Voyez* art. 130. de l'ancienne.
e ART. 128. *Voyez* art. 131. de l'ancienne.
f ART. 129. *Voyez* art. 132. de l'ancienne Coutume.
g ART. 130. *Voyez* art. 133. de l'ancienne.
h ART. 131. *Voyez* art. 134. de l'ancienne.
i ART. 132. *Voyez* art. 135. de l'ancienne.
k ART. 133. *Voyez* art. 136. de l'ancienne.

TITRE XXV.

De Bail & garde de Mineurs Nobles

De l'âge des fils & filles.

CXXXIV. TOus enfans, c'est à sçavoir fils au dessous de quatorze ans, & filles au dessous de douze ans, sont tenus & reputez mineurs & en bas aage, quant au fait de bail & garde (*a*).

Du bail & garde noble de mineurs.

CXXXV. Et à cette cause, & pour ce que souvent advient que le pere ou mere d'enfans mineurs nobles decedent, delaissez lesdits enfans mineurs leurs heritiers, ausquels appartiennent les biens, meubles & heritages feodaux demeurez par le trespas de leursdits pere ou mere, le survivant d'iceux pere ou mere, peut prendre, choisir & eslire le bail ou garde noble d'iceux enfans mineurs (*b*).

CXXXVI. Et où ledit pere ou mere survivant, eslit & choisist ladicte garde noble, il est tenu & doit faire inventaire des biens, meubles & immeubles d'iceux enfans, & les alimenter & entretenir de leursdicts biens, & d'en rendre compte & reliqua ausdicts mineurs, iceux venus en aage, ainsi & par la maniere qu'un tuteur de mineurs doit & est tenu de faire entre gens plebeiens & roturiers (*c*).

CXXXVII. Que si ledit pere ou mere survivant, ne vouloit prendre ladite garde noble, sera loisible aux ayeul ou ayeule, fussent paternels ou maternels, desdits mineurs de ce faire; & en ce faisant, seroit l'ayeul paternel preferé au maternel (*d*).

Charges des baillistres.

CXXXVIII. Mais où le survivant pere ou mere, ne voudroit prendre ladite garde noble, mais bien le bail desdicts mineurs, leur est permis de prendre ledit bail, que l'on appelle baillistre, apprehender & appliquer à son profit, & faire siens tous les meubles & fruicts des heritages feodaux desdits mineurs, & d'iceux jouir jusques à ce que lesdits mineurs fussent parvenus en l'aage que dessus; Et ce faisant, sont tenus tels baillistres, de payer les debtes dont sont tenus lesdicts mineurs du costé dont viennent & procedent lesdits biens & heritages; pareillement d'accomplir & fournir les testamens, obseques & funerailles du predecedé; & avec ce, d'alimenter & entretenir bien & suffisamment lesdits mineurs, & iceux endoctriner & faire apprendre selon leur estat (*e*).

CXXXIX. Sont en outre lesdits baillistres obligez de relever (*f*) & entretenir de toutes impenses, refections, procès & matieres quelsconques, les heritages feodaux desdits mineurs, & iceux rendre, en fin dudit bail, quittes, indemnez, & deschargez de toutes redevances & charges eschues durant le temps d'iceluy bail, pourveu que lesdits pere ou mere, ne se remarient; auquel cas finit & expire ledit bail, & doit estre pourveu ausdits mineurs de tuteurs & curateurs (*g*).

AUTRES COUTUMES de nouvel accordées.

CXL. MArchandise vendue se doit lever dans vingt jours, s'il n'y a autre convention, & à faute de ce faire dans ledit temps, sont les arres perdues, & peut le vendeur faire son profit ailleurs de sa marchandise, si mieux il n'ayme poursuivre ses dommages, & interests contre son achepteur.

CXLI. Le droict de vente deu au seigneur censuel, est du douziesme denier du sort principal, qui est pour chacune livre vingt deniers reservez; toutesfois aux seigneur, & subjects respectivement pour le plus ou moins leurs convention, ou jouissance immemorialle au contraire.

CXLII. Ne prend saisine, qui ne veut, mais si on la prend, sera payé au Bailly, ou son Lieutenant six sols parisis, autant pour les deux Eschevins, ou hommes tenans ensemblement, & au Greffier pareille somme de six sols parisis, n'estoit que la qualité du contract, & pluralité des heritages requist plus grand salaire.

CXLIII. Tous pretendans interests pour degast, ou dommage fait ès fruicts, & ablaids des près, jardins, vignes, ou terres labourables, soit par bestial, ou autrement, sera tenu faire visiter le dommage dans la huictaine partie presente, ou appellée par un sergent royal, ou de la justice du lieu, & en intenter action dans la quinzaine après iceluy fait, & s'il fait autrement ne seront plus receus à en faire demande.

Signé, BRULART, VREVIN, DE SOREL, JEAN WERIER, PARMENTIER, DUBOIS, ARGNY, PARMENTIER, & DUCHESNE.

a ART. 134. *Voyez* art. 137. de l'ancienne Coutume.
b ART. 135. *Voyez* art. 138. de l'ancienne.
c ART. 136. *Voyez* art. 139. de l'ancienne.
d ART. 137. *Voyez* art. 140. de l'ancienne.

e ART. 138. *Voyez* art. 141. de l'ancienne Coutume.
f ART. 139. *de relever*. L'exemplaire qui est au Greffe du Parlement porte, *de retenir*.
g *Voyez* art. 142. de l'ancienne Coutume.

PROCÉS VERBAL.

L'AN mil six cens neuf, le Lundy cinquiesme jour d'Octobre, huict à neuf heures du matin, nous Gilles Brulart, Chevalier Seigneur de Genly, Gouverneur & Bailly de Chaulny, Joram Vrevin, sieur d'Estay, Lieutenant General, Civil, Criminel, & Enquesteur; Et Jacques Werier Conseiller pour le Roy audit lieu: serions transportez en l'Auditoire Royal dudit Chaulny, pour en icelle proceder à la redaction, & reformation des Coustumes dudit Bailliage, & Prevosté dudit Chaulny, suivant les Lettres Patentes à nous adressées, desquelles la teneur ensuit.

HENRY par la grace de Dieu Roy de France & de Navarre: Au Bailly de Chaulny, ou son Lieutenant, & Conseiller audit lieu, salut: Comme cy devant dès le mois de Fevrier dernier, par nos Lettres en forme de commission, nous ayons mandé à nostre Bailly dudit Chaulny, de publier & tenir les assises audit Bailliage, & que depuis M. Hilaire Dubois notre Procureur audit Chaulny, nous ait remonstré, que procedant à la teneure desdites Assises, il se pouvoit commodément traiter de la reformation de la Coustume dudit Bailliage, qui de tout temps seroit demeuré sans correction au prejudice de nos subjects, se trouvant ladite Coustume rigoureuse, & inique en divers articles, principalement en ce que par icelle, representation n'a point de lieu en ligne directe: A quoy desirans pourvoir au bien, & soulagement des subjects dudit Bailliage, Voulons, & vous mandons, qu'avec les trois Estats dudit Bailliage pour ce convoquez, & assemblez, vous ayez à proceder à la correction, & redaction des articles de la Coustume dudit Bailliage de Chaulny, cy attachée, & faire vos procès verbaux des debats & oppositions, qui seront faites en procedant par vous à la redaction, & accord d'iceux en la maniere deue, & accoustumée, pour ladite Coustume redigée, moderée, & accordée, estre publiée, & registrée au Greffe dudit Bailliage, & doresnavant gardée & observée, comme Loy, & Edict perpetuel, & irrevocable, & de tout en certifier nostre très-cher, & feal Chancelier; de ce faire vous donnons pouvoir, nonobstant oppositions, ou appellations quelconques, & sans prejudice d'icelle. Car tel est nostre plaisir. Donné à Paris le dernier jour d'Avril mil six cens neuf, & de notre regne le vingtiesme, signé par le Roy en son son Conseil J. BERUYER, & seellées du grand seel, & contreseel de cire jaune.

AUQUEL lieu se sont trouvez plusieurs desdites Estats assemblez, cy-après nommez; Et après que de notre Ordonnance a esté faite lecture par Maistre Pierre Parmentier nostre Greffier desdites Lettres de commission, & pouvoir, fut par M. Hilaire Dubois Procureur du Roy, dit, & proposé, Que suivant, & en execution d'icelle, & aux fins de ladite redaction, il auroit par les Sergens dudit Bailliage fait convoquer, & assigner lesdits trois Estats à comparoir audit lieu, jour, & heure, & fait dresser les presentations, requerant chacun estre appellé en son ordre, ce qu'aurions ordonné estre fait, & sont comparus ceux qui ensuivent.

ASÇAVOIR, le Roy notre Sire à cause de ses Seigneuries de Chaulny, Condren, Vouel, Freres, Faillouel, Neufville en Baine Marest, Neuf-lieu, Flavy le Martel Salancy, Berlancourt, & le fief d'Orleans, comparant par ledit Procureur du Roy. Le Reverendissime Archevesque de Reims, Abbé de sainct Denys, & d'Ourscamps, & les Religieux & Convent dudit Ourscamps Seigneurs dudit lieu, de Simpigny, & Peimpré en partie, la Carmoye, Pervilliers, la Pescherie, & Vailly, Messire François de Longpré Abbé de S. Jean de Presmonstré, Chef d'Ordre, & les Religieux, & convent dudit lieu, pour les terres & seigneuries de Bonœil, Collezy en partie, Thurry, & Farole, comparans par Maistre Jean Quierru leur Procureur. L'Abbé de S. Eloy Fontaine, & les Religieux, & convent dudit lieu, à cause de leurdite Abbaye, terres & seigneuries de Jussy, Prieuré de Nostre Dame de Chaulny, & moulins desdits lieux, comparans par M. Valentin de Hagues leur Procureur. Les Abbé, Religieux & convent de l'Abbaye Saincte Elizabeth de Genly, à cause de ladite Abbaye, & Mairerie de Neufville en Baine, Rouez, & Hellot en partie, comparant par M. Pierre Pestel leur Procureur, & Frere Claude Haubidan l'un desdits Religieux. Les Religieux, Abbé, & convent de Nostre Dame de Ham, à cause de leurs seigneuries d'Olezy, Flavy le Martel en partie, & Yaucourt: les Abbé, Religieux, & convent de S. Eloy de Noyon, à cause de leur seigneurie de Crisolles, Rimbercourt, & Annoy en partie: les Abbé, Religieux, & convent de S. Berthin en saint Omer, Seigneurs de Caulmont, & Salency en partie, à cause de leurs terres & seigneuries desdits lieux, comparans par M. Jacques de Bouxin Advocat en ce Bailliage leur Bailly, Les Religieux, Abbé, & convent de l'Abbaye de S. Barthelemy de Noyon, Messire Philippes de Longueval, Abbé de l'Abbaye de Nongeant sous Coucy-le-chasteau, & les Religieux d'icelle Abbaye, à cause de leurs fiefs, & terres situez tant à Coudren, que Jussy, comparans par M. Jean Couvreur leur Procureur. L'Abbé de S. Nicolas au bois, les Religieux, Abbé, & convent dudit lieu, à cause de leurs fiefs, terres, & marchez situez à Vouel, & Remigny. L'Abbesse, & Religieuses du convent de l'Abbaye au Bois, lez Beaulieu-le-Comte, à cause de ladite Abbaye. L'Abbesse & Religieuses du Sauvoy soubs Laon, dames de Voyaux, comparantes par maistre Anthoine Goffart le jeune leur procureur. Les Religieuses, Abbesse & convent de Farvaque, pour les fiefs & dismes de Jussy, comparantes par maistre Orace Treny leur fermier. Les Doyen, Chanoines & Chapitre de l'Eglise cathedrale Notre-Dame de Noyon, à cause de leurs terres & seigneurie de Dive-le-franc, comparans par maistre Anthoine Goffart l'aisné leur bailly & procureur. Les Doyen, Chanoines & Chapitre de l'Eglise Cathedrale Notre-Dame de Laon, à cause de leurs fiefs, terres & seigneurie de Mennessier, comparans par ledit Bouxin, advocat. Des Doyen, Chanoines & Chapitre de l'Eglise Collegiale de sainct Quentin, à cause de leurs terres & seigneuries de Liez, la Haurie, fief Capette, & le grand Essigny, comparans par ledit Couvreur leur procureur. Les Religieux, Prieur & Convent du Mont sainct Louis, dit Mont Regnaut lez-Noyon, à cause de Dive-le-franc, comparans par maistre Anthoine Souillart procureur à Noyon, bailly general dudit Convent. Les Religieux, Prieur & Convent du Monastere d'Offemont, à causes de leurs fiefs & terres sciz à Vouel, comparans par Carlier leur procureur. Le Commandeur d'Estrepigny, seigneur de l'Hospital du Temple. Les

ESTAT DE L'EGLISE OU Clergé.

Religieux, Prieur & convent de saincte Croix de Chaulny, comparans par ledit de Hagues leur procureur. Maistre Charles Delagrange, prieur du prieuré de Quierzy, comparant par maistre Wanem Morel procureur à Noyon. Maistre Nicolas Jacquart, prieur du prieuré de Villeserve, à cause dudit prieuré, comparant par ledit Goffart l'aisné. Maistre Daniel Bouel, à cause du prieuré de sainct Nicolas au bois lez-Esmery. Maistre Nicolas de la Croix prieur du prieuré de Beaulieu-le-Comte, à cause dudit prieuré, comparant par ledit Guibon. Maistre Daniel Jourien prieur de Bretigny, à cause dudit prieuré. Le prieur du prieuré sainct Fiacre, lez-Commenchon, comparant en personne. Daomp Pierre le Clerc prieur du prieuré de Quessy, à cause dudit prieuré, comparant en personne. Le prieur de Choisi, pour le fief d'Arras. La communauté des Chapellains de l'Eglise cathedrale Notre-Dame de Noyon, à cause des fiefs & terres qu'ils tiennent, situez audit Bailliage de Chaulny, comparants par ledit Goffart l'aisné. Maistre Sebastien Boutin Chapelain de la chappelle monsieur sainct Louis, fondée en l'Eglise de sainct Martin de Chaulny, à cause de ladite chapelle, comparant en personne. Maistre Sebastien Leschevin, chapelain de la chapelle de sainct Momble, fondée en l'Eglise Notre-Dame de Chaulny, à cause de ladite chapelle, comparant en personne. Maistre Adrien de Laurans chapelain de la chappelle de la Magdelaine, fondée en l'Eglise Saint Martin de Chaulny. Le chapelain de la chapelle saincte Marguerite, fondée en ladite Eglise sainct Martin. Le chapelain de sainct Nicolas, fondé en l'Eglise de Flavy-le-Martel. Maistre Anthoine Coullart chapelain de la chapelle saincte Ephemie, fondée en la chapelle sainct Lazare lez-Chaulny, à cause de ladite chapelle, comparant en personne. Le chapelain de la chapelle Aubry, fondée en l'Eglise sainct Martin dudit Chaulny, comparant en personne. Maistre Jean Boucher chapelain de la chapelle du Moulin Chevreux, à cause de ladite chapelle, comparant en personne. Le chapelain de la chapelle Notre-Dame en Febves paroisse de sainct Paul, comparant par ledit de Hagues son procureur. Le chapelain de la chappelle de Notre-Dame de Pitié, fondée en l'Eglise de Remigny. Le chapelain de la chapelle de Vendeuil, fondée en ladite Eglise de Remigny. Maistre Jacques Charpentier, prestre curé de l'Eglise sainct Martin de Chaulny, Senicourt, le Pistot, comparant en personne. Maistre Sebastien Leschevin, prestre curé de la paroisse sainct Nicolas en l'Eglise Notre-Dame dudit Chaulny, comparant en personne. Frere Claude Haubidam, Claude Pauquier prestres, & curé de l'Eglise sainct Martin de Genly; Cense de Touvent, Follemprise, Rouez & Hatemont, comparans en personne. Maistre Simon Thoubart, prestre curé de l'Eglise S. Georges d'Ogne, & Moulin Chevreux, comparant en personne. Maistre Jean Patté, prestre curé de l'Eglise d'Abbecourt, & maistre Pierre de la Verdure, prestre curé de l'Eglise sainct Brice de Marest & Dampcourt, comparant en personne. Maistre Anthoine de Thergny, curé de l'Eglise de Neuf-lieu, comparant en personne. Maistre Charles Fallempin, prestre curé de l'Eglise de sainct Pierre de Caumont, comparant en personne. Frere Louis Godebert, prestre curé de l'Eglise Notre-Dame de Commenchon, & l'Abbaye de sainct Eloy-fontaine, comparant en personne. Frere Lucian du Fraye, prestre religieux, & curé de sainct Quentin de Guiancourt, le Plessier Godin & Vauguion, comparant par frere Estienne le Blanc vicegerent. Maistre Anthoine de Hardenne, prestre curé de l'Eglise de Neufville en Baine, & cense de Campagnie, comparant en personne. Frere Pierre Loire, religieux & curé de l'Eglise de sainct Medard de Bethancourt ès Vaux, comparant en personne. Frere Pierre de Maison, religieux & curé de l'Eglise de Caillouel & Crepigny, comparant en personne. Maistre Pierre de Scachy, prestre curé de l'Eglise de Mondescourt, & Waripont, comparant par ledit Guibon son procureur. Maistre Simon Garnier, prestre curé d'Appilly, à cause d'Herouval & la cense d'Estay. Le curé de l'Eglise de Babeuf, à cause des onze masures situées audit Babeuf. Maistre Denys Lambert, prestre curé de l'Eglise de sainct Medard de Salancy, & Dominoy, à cause de ladite terre de Salancy, & fief d'Orleans. Maistre Jean de Portemond, prestre curé de Ville, Oremus, la Folie, & Dive-le-franc. Le curé de Dive & Divette. Maistre Fremin de Bras, prestre curé de Ribbecourt & le Saulsoy. Maistre Jean Mouriere, prestre curé de Pimpré. Maistre Simon Martin, curé de l'Eglise de Beaulieu-le-Conte, comparant par ledit Carlier. Maistre Michel Martine, prestre curé de l'Eglise de Candoire & Gredeville, comparant en personne. Maistre Toussainct Mouton, prestre curé de Beuvrechy. Maistre François Roger, prestre curé de l'Eglise sainct Medard de Hombleux, Bacquencourt, Pin, Quennezy & Robbecourt. Le curé de l'Eglise d'Ercheu, à cause du chasteau & lieu seigneurial de Lannoy & Ramecourt. Maistre François Fournier, prestre curé de l'Eglise d'Esmery, Halon & le Mesnil sainct Wanem, à cause desdits lieux, comparant par ledit Carlier procureur. Maistre Robert Dubois, prestre curé de l'Eglise de Freniche. Maistre Charles Gacquerel, prestre curé de l'Eglise de Libermont, Bessencourt, & l'Hospital du Temple. Le curé de l'Eglise sainct Martin de Ham, à cause des fauxbourgs de ladite ville du costé de Chaulny, & partie de la porte de Noyon, avec la Maladerie sainct Ladre, & Flamicourt paroisse dudit sainct Martin. Maistre Jean Hachonirel, curé de Muille & Villette, comparant en personne. Maistre Martin le Maire, curé de l'Eglise sainct Remy de Gollencourt, & la cense de Bonœil, comparant en personne. Maistre Jacques Charpentier, curé de Brouchy, le Pré, & Aubigny aux Plancques, la cense de Beaumont, & Collezy, comparant en personne. Maistre Jean Baudet, prestre curé d'Yaucourt, comparant en personne. Maistre Jacques Herlam, curé de l'Eglise de Berlancourt, & le Plessier Pattedoye. Maistre Matthieu Duroye, prestre curé de Magny, à cause de la rue de l'Espée, & autres dependans dudit Magny, & de Buchoir. Frere Denis Rousseau, curé de Crizolles, & Rimbercourt. Maistre Guillaume Robillart, curé de l'Eglise de Quesmy, Badicourt, & Maucourt, comparant en personne. Maistre Nicolas Herault, curé de Guivry & Baugie, comparant en personne. Maistre Pierre le Maistre, curé de Beaumont, & cense de Beaulieu, comparant en personne. Maistre Nicole Feuillette curé d'Annoy, comparant par ledit Carlier son procureur. Le curé de Flavy-le-Martel, & du Destroy. Frere Sebastien le Sueur, curé de Frietes, Faillouel & la Haurie, comparant en personne. Frere Hierosme le Roux, religieux & curé de Jussy, & Camas, comparant en personne. Maistre Paul Barrette, curé de Menessier, & Voyaux, comparant en personne. Maistre Jean Quihault, curé de Remigny, comparant en personne. Frere Jacques Pastoureau, religieux & curé de Liez, & la cense d'Aubermont. Maistre Nicolas Bondenis, curé de l'Eglise Notre-Dame de Quessy, comparant en personne. Maistre Jean Dupont, curé de Vouel, & de Tergny, comparant en personne. Maistre Louis de la Rue, curé de Condren, comparant en personne. Maistre Thomas Gervais, curé de Viry, & Noureuil, à cause de la rue Chastelaine, la seigneurie du Sard & ses dependances, Rouez, Helloities, Potaige, & autres dependances, comparant en personne. Frere Anthoine le Clercq, curé de Bichencourt, le Bacq Arblincourt, & Marizel. Le curé de sainct Paul, à cause de Favette, cense Mallotiere, & Chapelle en Febves. Le curé de Bourguignon, Monjay & le Ponceau, comparant en personne. Maistre Jean de Sulfour, curé de Camelin, Besmé, le Fresne & du Voisin, comparant en personne. Le curé de Bretigny, à cause des dépendances dudit prieuré present. Le curé de Quierzy. Le curé de Manicamp, la Joncquiere, & Malvoisine, comparant en personne. L'Administrateur de la Maladrerie de Chaulny, comparant en personne. L'administrateur de la Maladrerie de Waripont. L'administrateur de la Maladrerie de Ham. L'administrateur de l'Hostel-Dieu de Chaulny, comparant en personne. L'administrateur de l'Hostel-Dieu de Noyon, à cause des terres & fiefs situez près Abbecourt. L'administrateur de l'Hostel-Dieu de Ham.

M. le Duc de Vendosme, à cause de sa terre & seigneurie de Remigny. Messire Brulart, Chevalier, Gouverneur & Bailly de Chaulny, à cause de ses terres & seigneuries de Genly, Abbecourt, Bichencourt, Bacq Arblincourt, Marizel, Quierzy, Camelin, la Joncquiere, le Sart, Saurlennois, & Flavy en partie, comparant en personne. Messire Philibert-Emmanuel Dailly, chevalier, Vidame d'Amiens, Baron de Pequigny, mary & bail de dame Louise Dognies, Comtesse de Chaulne, à cause des terres & seigneuries de Magny en partie, de la terre de Buchoir, Guivry, Baugie, Heronval, & Mairerie de Berlancourt, comparant par maistre Jacques Parmentier avocat, & ancien mayeur de ladite ville, bailly general de ladite dame, & par ledit de Hagues son procureur. Messire René de la Val, chevalier Marquis de Nesle, Baron de Beaulieu, & de Freniche, & seigneur de Hallon, à cause desdites seigneuries & baronnies & de Hombleux en partie, comparant par ledit Carlier son procureur. Messire Louis Potier chevalier, Comte de Tresmes, Baron de Gesvres, seigneur de Blerancourt, Bourguignon, Besmé & Dominois, pour la conservation du fief d'Orleans. Messire Anthoine de Blescourt, chevalier seigneur de Bethancourt & Marest en partie, maire dudit Marest, Friere, & Faillouel, à cause desdites terres & mairie, comparant en personne. Messire Louis de Crevant chevalier, Vicomte de Brigueil, mary & bail de dame Jacqueline de Humieres, dame de Ribbecourt, le Saussoy, Peimpré, & du fief des bois des Humieres, à cause desdits fiefs & terres. Messire Louis de Barbençon, chevalier seigneur de Canny & Varesne, à cause du fief du Bois de Louvetain, de Babeuf, des onze Mazures y estans, & de la seigneurie de Mondescourt, comparant par maistre Anthoine Souillart procureur à Noyon. Messire Philippes de Longueval, chevalier seigneur de Manicamp, gouverneur pour le Roy en la ville & chastellenie de la Fere, à cause dudit Manicamp, Malvoisine, comparant en personne. Messire Pierre de Roguée, chevalier & gouverneur pour le Roy en la ville & citadelle de Noyon, seigneur de Ville, Oremus, & la Folie, & maire de Neuf-lieu, à cause desdites terres. Monsieur maistre Guillaume Lottin, Conseiller du Roy, President en sa Cour de Parlement, seigneur chastelain de Chaulny, de Bethancourt ès Vaux, de Caillouel & de Viry en partie, comparant par ledit de Bouxin advocat. Messire François de Brouilly chevalier, Baron de Mesvillé, à cause de ses seigneuries de Lannoy, Hombleux & Ramecourt, comparant par ledit Guibon. Messire Jacques de Belloy, chevalier seigneur d'Amy, lieutenant pour le Roy au gouvernement de Roye, ayant pris la garde noble de ses enfans, & de feue dame Françoise de Margival, seigneur de Salency, à cause de ladite terre de Salency, comparant par leditGuibon son procureur. MessireCharles deBresley chevalier, Baron d'Esriac, d'Esmery, Flavy-le-Merdeux, & fiefs de Hallons, à cause desdites terres & fiefs, comparant par ledit Carlier son procureur. Messire Louis de Macquerel, chevalier seigneur de Quesmy, Badicourt, Collezy & Maucourt en partie, à cause desdites terres, comparant en personne. Messire Michel de Lignier, chevalier seigneur d'Eslincourt, & de son fief situé à Frieres, comparant en personne. Messire Jacques de Sorel, chevalier seigneur dudit lieu, Ugnies le Gay, Vanguion & le Plessis Godin, comparant en personne. Messire Anthoine d'Ardres chevalier, Baron de Cresec, tuteur des enfans du feu sieur de Fricamp, & dame Catherine, Baronne de Malberg, seigneur de Villette, Celaine, & des fiefs du Pissot, Senicourt & le Bourget. Messire Jean de Vielpont, chevalier seigneur de Courtemanche, Flavy-le-Martel en partie, à cause desdits lieux. Messire Philippes de Longueval, chevalier seigneur de Ribauval, Commenchon, & le Marquais lez Noyon, à cause desdits Commenchon & le Marquais, comparant par ledit Goffart l'aisné. Messire Claude de Vapré, chevalier seigneur de Dive, & Divette sous Cuy, à cause desdits lieux. Messire Louis Destourmel, chevalier seigneur de Frestoy, à cause de ses terres de Candeur, & Flavy-le-Martel, comparant en personne. Dame Dompiere, Marquise de Mouy, à cause de son fief situé à Coucy-la-ville lez-Coucy le-Chasteau. Messire Anthoine de la Vieville, chevalier seigneur d'Orvillé, à cause de son fief de Potaige, situé à Viry, comparant par ledit Souillart. Messire Daniel de Bournoville, chevalier seigneur de Goulancourt, comparant par Carlier. Messire Michel de Brouilly, chevalier seigneur de Quennezy, de Mesnil sainct Wanem, à cause desdits lieux. Dame Magdeleine de Blanchefort, dame de Surville, comme ayant la garde noble de ses enfans, & de feu messire Anthoine d'Estourmelle, seigneur d'Ongne lez-Chaulny, à cause de ladite terre, comparante par ledit Carlier son procureur. Gedeon de Langlois, escuyer sieur du Pré, & de Broussy, à cause desdites terres, comparant en personne. Jonas de Villette escuyer, ou nom & comme tuteur des enfans du feu sieur de Hervilly, seigneur de Beaumont, Louvetain & fief de Beaumont, & Baguette, à cause desdits lieux, comparant par ledit Goffart l'aisné. Philippes de Pithon, escuyer sieur de Libermont, de Pithon & Bessancourt, à cause desdites terres, comparant en personne. Claude Parisis, escuyer sieur de Crizolle en partie, comparant en personne. Josias du Passage, escuyer sieur de Sincheny & de Caillouel, à cause de ladite terre de Caillouel comparant en personne. Noble homme maistre Nicolas de la Fons, lieutenant civil à sainct Quentin, sieur d'Appremont, le Fay, à cause desdits lieux. Noble homme maistre Auguste Galand escuyer, Conseiller du Roy en son Conseil d'Estat & Privé de Navarre, Advocat en Parlement, à cause de son fief situé à Frieres, Condran & Faillouel, comparant par ledit Parmentier advocat. Noble homme maistre Charles le Febvre, escuyer sieur de Sepvaux & du fief des Moslins, à cause dudit fief. Ferry de Flavigny, escuyer sieur de Liez, comparant en personne. Charles de Billy, escuyer sieur de Badicourt. Jean de Fousomme, escuyer sieur dudit lieu, & du bois Appart, à cause dudit bois. Jean de Scevola escuyer, tant en son nom que comme tuteur des enfans dudit sieur de Tordeciller, sieur de Crespigny. Le sieur de Milly, à cause des fiefs situez à Abbecourt, Ongnes & Vouel, appartenant ci-devant à l'Abbaye d'Ourscamps, comparant par maistre Denys de Lemarliere son procureur. Le sieur de Montgobert & de Dreslincourt, à cause dudit Dreslincourt. Charles du Clozel, escuyer sieur du Voisin lez-Camelin, comparant en personne. Philippes de Pithon, escuyer sieur de Bacquencourt, ledit Bacquencourt comparant en personne. François de Macquerel, escuyer sieur d'Annoy, comparant en personne. Jean de Blettefort, chevalier seigneur de Buverchy. Maistre Joram Vrevin, seigneur d'Estay, lieutenant general, civil & criminel au Bailliage & Prevosté de Chaulny, tant à cause de son office, qu'à cause de sa terre & seigneurie d'Estay, & fief des Celestins, comparant en personne. Maistre Jacques Vuerier, conseiller audit Bailliage, comparant en personne. Maistre Hilaire Dubois advocat, procureur du Roy audit Bailliage, comparant en personne. Maistre Nicolas Bouzier, maistre

L'Estat de Noblesse.

des Eaues & Forests dudit Chaulny. Maistre Orace Treny, receveur du domaine dudit lieu, comparant en personne. Maistre Claude Lhostellier, garde des Sceaux Royaux audit lieu, comparant en personne. Les Maire & Jurez de la ville de Chaulny, à cause de leur Justice & Mairerie audit lieu, comparant par ledit de Lemarliere mayeur, & ledit Pestel procureur d'office de ladite ville. Maistre Guy Marcotte, & Claude de Montigny, sieur d'Aubigny aux Planques lez-Brouchy. Maistre Charles le Fée, sieur de Douschy & Anchy, à cause desdites terres, comparans en personne. Maistre Charles Martinne, à cause du fief Deschamps. Maistre Jacques de Bouxin advocat, à cause du fief des dixmes de Condren, comparant en personne. Maistre Jacques Tiersonnier, pour le fief de Piat, situé à Senicourt, comparant en personne. Damoiselle Magdeleine Grouchet, veufve de maistre Jean du Jay, à cause du fief des Goyers Marest & Descressonniers, situé à Senicourt. Charles de Theis, marchand demeurant à Chaulny, pour le fief de la Vieville, scis ès Manoirs, comparant en personne. Nicolas de la Mer demeurant à Laon, pour le fief de la Mer, sis en la Prairie de Dampcourt. Jacques Dubois, à cause de son fief sis à Chaulny.

Officiers & gens du tiers Estat.

Maistre Denys de Lemarliere, ancien advocat & mayeur de ladite ville, comparant en personne. Maistres Jacques Parmentier, Simon Duchesne, Catherin de Lemarlier, Jacques de Bouxin, & Jean le Masson advocats. Maistre Charles Dubois, receveur des consignations. Maistres Pierre le Maire, Antoine Gossart l'aisné, Jean Carlier, Valentin de Hagues, Antoine Gossart le jeune, Louis Jourdieu, François Guibon, Jean Couvreur, Pierre Pestel, Ezechiel Fera, Jean Quierru, procureurs; & maistre Jean Boulenger Notaire Royal audit Bailliage. Jean Richart ancien mayeur, Jean Tavernier, Jean de Lemarlier, aussi marchand. Jacques Pioche, Anthoine Conart, Anthoine Delacourt, Renault Cabaret Jurez, en personne. Louis Cottin, Jacques Delie, Anthoine Guillaume, Eschevins. Jean Cachet, Augustin Noulin, Jean Waubert, Jean Demorry, Hierosme Joseph, Adrian Fera, André Segain, Denys Blondel, Robert Savary, Daniel Palmizeuse, Daniel de Quierzy, Jacques Ingrand, Pierre Vrevin, Pierre Mittet, Raoul Mennessier, Jean Piedecerf, manans & habitans dudit Chaulny, en personnes. Jean Courboing, lieutenant du village de Genlis, & les habitans dudit lieu; Hattiemons, cense de Touvent, Follemprise & Rouez, comparans en personnes. Pierre Cotten, lieutenant du village d'Ongne, & Mouslin Chevreux, & les habitans dudit lieu, comparans en personnes. Pierre Laurens, lieutenant du village d'Abbecourt, & les habitans dudit lieu, comparans en personnes. Le lieutenant du village de Marest, & les habitans dudit lieu, comparans en personnes. Valentin Jurelay, lieutenant du village de Neuf-lieu; les manans & habitans dudit lieu, comparans en personnes. Jean Rachine, lieutenant du village de Caumont, & les habitans dudit lieu, comparans en personnes. Jean Billet, lieutenant civil du village de Commenchon, & les habitans dudit lieu, comparans en personnes. Jean Moirin, lieutenant du Plessier Godin, en personne, & les habitans dudit lieu. Adrian Tabary, lieutenant de la Neufville en Beine, & cense de Campagnie en partie, & les habitans dudit lieu. Ozias de Condren, lieutenant de Bethencourt ès Vaux, en personne, & les habitans dudit lieu. Louys de Remigny, lieutenant de Caillouel, en personne, & les habitans dudit lieu. Gerard Herot, lieutenant de Crespigny & les habitans dudit lieu. Jacques de Fresne, lieutenant du village de Mondescourt, en personne, & les habitans dudit lieu, & de Waripont. Eloy Henne, lieutenant de Babeuf, à cause du fief des onzes Mazures. Jean Lambert, lieutenant de Salancy, & Dominois en personne, & les habitans dudit lieu. Thiery Beauvarlet, lieutenant du village de Ville, & la Follie en personne, & les habitans dudit lieu. Florent Gobin, lieutenant du village de Ribescourt, & les habitans dudit lieu, comparans en personnes. François Cotterest, lieutenant du village de Pimpré, en personne, & les habitans dudit lieu. Adrian Rouart, lieutenant du village de Beaulieu-le Comte, & les habitans dudit lieu, en personnes. Denys Censier, lieutenant de Condren, & les habitans dudit lieu, en personnes. Louys Vasseur, lieutenant de Beuvrechy, en personne. Nicolas le Veau, lieutenant de Hombleux, Quennezy, & Robecourt, & les habitans desdits lieux, en personnes. Charles de Sainct Massens, lieutenant de Bacquencourt, & les habitans dudit lieu, en personnes. Abraham Delicourt, lieutenant de la seigneurie de Lannoy, en personne. Noel de Vauchelle, lieutenant d'Esmery, & Hallon, & les habitans desdits lieux en personnes. Matthieu Gacquerel, lieutenant de Freniche, & les habitans dudit lieu, en personnes. Noel le Roy, lieutenant de Libermont & Bessencourt, & les habitans dudit lieu. Le bailly & habitans de Ham, à cause des fauxbourgs des portes de Chaulny & Noyon, avec la Maladrerie de sainct Ladre de Flamicourt paroisse sainct Martin dudit Ham. Pierre de Montfriere, lieutenant de Muille & Villette lez-Ham, & les habitans dudit lieu, en personnes. Jean Goudemant, lieutenant de Gollencourt & Bonœil, & les habitans. Simon Malezieu, lieutenant de Brouchy lez-Prez, Aubigny aux Planques, les censes de Beaumont & Collezy, & les habitans desdits lieux, en personne. Pierre Waubert, lieutenant d'Eaucourt, & les habitans dudit lieu. Nicolas Merlier, lieutenant de Magny, Buchoire, Guivry, Berlancourt, Baugie, & les habitans desdits lieux. Matthieu Pezim, lieutenant de Crizolle & Rimbercourt, & les habitans desdits lieux. Martin Bricquet, lieutenant de Beaumont, & cense de Beaulieu en personne, & les habitans dudit lieu. Jean Tavernier, lieutenant du village d'Annoy, en personne, & les habitans dudit lieu. Guillaume Beauchamps, lieutenant de Flavy-le-Martel, en personne, & les habitans dudit lieu. Anthoine Floury, lieutenant de Friere, & Faillouel, & les habitans desdits lieux, en personne. Walerand Carlier, lieutenant du village de Jussy, & Camas, en personne, & les habitans dudit lieu, Jacques Vieufville, lieutenant de Mennessie, en personne, & les habitans dudit lieu. Jean de Vienne, lieutenant maire hereditable du village de Remigny, en personne, & les habitans dudit lieu. Pierre du Lauroyen, lieutenant du village de Liez, en personne, & les habitans dudit lieu. Simon Dupuis, lieutenant du village de Quessy, en personne, & les habitans dudit lieu. Claude Mervy, lieutenant de Vouel & Targny, en personne, & les habitans dudit lieu. Anthoine Segard, lieutenant de Condren, en personne; & les habitans dudit lieu. Aldophe Domissy, lieutenant du village de Viry, & Noreuil pour la rue Chastelaine, la seigneurie du Sart & ses dependances, Rouez, Hellot, Fief Potage, & autres appendances, comparant en personne. Le lieutenant du village de Bichencourt, Marizel, & le Bacq Arblincourt, en personne, & les habitans desdits lieux. Le lieutenant de sainct Paul, à cause de Favette, cense de Malvoisine, Chappelle en Febve. Hierosme de Clozel, lieutenant de Camelin & du Voysin, en personne, & les habitans dudit lieu. Claude le Franc, lieutenant de Bretigny, en personne, & les habitans à cause du Prieuré dudit lieu, & certaines hostizes. Pierre François, lieutenant de Quierzy, en personne, & les habitans dudit lieu. Denys Berthault, lieutenant du village de Manicamp, en personne, & les habitans dudit lieu. Euro Leleu, lieutenant de Villeserve, en personne, & les habitans dudit lieu.

En procedant auſquelles comparutions, & à l'appel des deſſuſdits, ont eſté par aucuns d'eux faites les remonſtrances, proteſtations, declarations, & formé les oppoſitions qui enſuivent.

Sçavoir eſt par ledit Quierru, comme procureur deſdits Abbé & Religieux de Premonſtré, qu'il n'empeſchoit la reformation deſdites Couſtumes, à proteſtation neantmoins qu'elles ne pourroient prejudicier, ne deſroger à leurs droicts, privileges, & préeminences à eux concedez par les feux Rois, & confirmez par celuy à preſent regnant.

Comme pareillement a fait maiſtre Valentin de Hagues Procureur deſdits Abbé, Religieux & Convent de Sainct Eloy-fontaine, auſſi ledit de Bouxin Advocat, comme Procureur deſdits Abbé, Religieux & Convent de ſainct Berthin en ſainct Omer, a faict pareille proteſtation, declarant les terres de Caulmont & Salancy, leur avoir eſté données par le Roy Charlemagne avec tous droicts d'amortiſſement, entendans en cette franchiſe en jouyr, & des arrieresfiefs, qui en dependent, comme ſainct Simon, & autres.

Si a ledit de Bouxin pour leſdits Doyen, Chanoines & Chapitre de Laon, empeſché que leſdits Doyen, Chanoines & Chapitre de Noyon fuſſent appellez en ordre avant eux; d'autant qu'ils ſont & compoſent la premiere & plus celebre compagnie Eccleſiaſtique de ce Bailliage, fondée & conſtituée par Clovis I. Roy Chreſtien, & par ſainct Remy Archeveſque de Reims, ladite Egliſe de Laon eſtant fondée en droict & prerogative, de preſeance à tous autres après celle de Reims, ſelon qu'il ſe voit en la liſte des Pairs de France, & comme eſtant l'Eveſque dudit lieu, ſecond Duc entre les Eccleſiaſtiques, au lieu que celuy de Noyon n'eſt que Comte: proteſtant que en ce que leſdits Chanoines & Chapitre de Noyon ont eſté premiers appellez en cet ordre, cela ne leur puſt prejudicier, ne aux droicts & preeminences à eux attribuez par les Rois de France, & confirmez par celuy à preſent regnant.

Quierru Procureur de Dame Magdeleine Chevalier, veufve de feu meſſire Pierre Brulard, vivant, Chevalier ſeigneur de Quierzy, Camelin, la Joncquiere & du Sart, aſſiſté de Pierre Paſſart, eſcuyer ſieur de Hauſſeline, a remonſtré qu'à elle appartiennent leſdites terres & ſeigneuries de Quierzy, Camelin, Joncquiere & du Sart, & à ſes enfans dont elle a la garde noble, & proteſte qu'en ce que ledit ſieur de Genly a eſté appellé comme ſeul ſeigneur deſdites terres, ne pouvoir prejudicier à ſes droicts & de ſeſdits enfans.

Ledit Carlier au nom & comme Procureur dudit ſeigneur Marquis de Neſle, a ſemblablement proteſté que le preſentation faite ſous ſon nom après autres ſieurs, ne luy pourra prejudicier, ny à ſa qualité de Marquis, & neantmoins ſouſtenu ſans prejudice à ce, qu'il a deu eſtre appellé à ladite reformation, tant pour leſdites ſeigneuries, que pour Bacquencourt, & autres à luy appartenantes ès fins & limites de ce Bailliage, aux charges toutesfois d'eſtre maintenu aux droicts particuliers qu'il a ſur ſes vaſſaux, & autres fiefs dudit Marquiſat, dont ſera faite mention ci-après.

Ledit de Bleſcourt a fait pareille proteſtation, que l'appel de luy hors de ſon rang, & après autres ſeigneurs qu'il maintenoit debvoir preceder, ne luy pourra prejudicier.

Ledit Ducheſne a fait pareille proteſtation pour iceluy de Longueval, & que ladite preſentation ne luy pourra prejudicier, comme n'eſtant miſe en ſon rang.

Ledit de Bouxin pour iceluy ſieur Lottin, Chaſtellain de Chaulny, a proteſté que tout ce qui ſera reſolu, & accordé par la preſente reformation, ne luy pourra prejudicier, & n'aura lieu ſeulement que pour l'advenir, & non pour le paſſé.

Comme encore eſt comparu ledit Guibon, Procureur de Dame Louyſe d'Alvin, Dame de Pienne, Lannoy, Hombleux & Ramecourt, veufve de feu meſſire François de Brouilly, qui a dit que leſdites terres & ſeigneuries de Lannoy, Hombleux, Ramecourt & autres, ſiz en ce Bailliage, luy eſtre eſcheuz par le decès de meſſire Charles Duc d'Alvin ſon pere, comme fille aiſnée & heritiere feodale en cette Couſtume de Chaulny, en laquelle repreſentation n'a point de lieu, du moins ne l'a eu juſques à preſent, n'empeſchant point qu'il ſoit procedé à la reformation pour l'advenir, ſans toutesfois que cela luy puiſſe prejudicier aux droicts paſſez, & acquis: n'ayant deub ledit ſieur de Brouilly ſon fils eſtre appellé pour cauſe deſdites terres, qui ſont patrimoniales à ladite Dame, & n'appartiennent audit de Brouilly ſon fils.

Et ſi ledit Goſſart l'aiſné au nom, & comme Procureur dudit ſieur de Longueval, ſieur de Commenchon, a proteſté que la preſentation faite audit ſieur en ce cahier, comme n'eſtant en ſon rang, ne luy puiſſe prejudicier, ayant deub eſtre appellé des premiers, tant à cauſe de ſon extraction, que le rang qu'il tient entre ceux de la Nobleſſe.

Sur toutes leſquelles remonſtrances, declarations & proteſtations, avons ordonné que les ſuſdits en auront acte pour leur ſervir & valoir ce que de raiſon.

Seroit auſſi comparu maiſtre Wanam Morel Procureur à Noyon, fondé de procuration ſpeciale de maiſtre Jean Geuffrin, Subſtitut de M. le Procureur General du Roy à Noyon, & encores d'autre procuration paſſée par les principaux Officiers du Roy en ladite ville de Noyon, dattée des preſens mois & an: lequel à l'appel qui s'eſt fait pardevant Nous des villages de Salency, Flavy-le-Martel, Mareſt, Berlancourt, Simpigny, Appilly, la cenſe d'Eſtay, Badicourt, Buchoir, Babeuf, Baugie, Crizolle, Camas, Cuy, Dive, Divette, Dampcourt, Dominois, Dreſlincourt, Flavy-le-Merdeux, Gredeville, Grecourt, Hombleux, Juſſy, Queſmy, la cenſe de Collezy, Libermont, Beſſancourt, la maiſon de Lannoy, la cenſe de l'Hoſpital du Temple, Noureul, Mondeſcourt, Mauſcourt, Magny, Collezy, Pleſſier-Godin, Pleſſier-Patte-d'Oye, Rimbercourt, Robbecourt, Varenne, & Bois-Louvetain, Ugnie-le-Gay, Waripont, Voyenne, Rouez, Hatiemont, Courtemanche, le Marquais, Bethancourt ès Vaux, Creſpigny, Caillouel, Candeur, Viry, Ville, Senicourt, Ramecourt, Bethancourt ès Armentieres, Gollencourt, Buchoire, Boutavant, Beine, Beinette, le fief Deſcreſſonniers, & Heronval; A dit & remonſtré, qu'il y a procès pendant au Parlement entre leſdits Officiers du Roy de Noyon & ceux de cette ville de Chaulny, pour la contention de leur juriſdiction, auquel procès leſdits Officiers de Chaulny auroient obtenu par ſurpriſe un Arreſt pour aucuns villages contentieux: contre lequel Arreſt il y a eu requeſte civile obtenue, receue & jointe au principal: Neantmoins ſont leſdits Officiers de Noyon avertis que les Seigneurs & Communautez deſdits villages contentieux, ſont appellez pour comparoir à ladite reformation des Couſtumes de ce Bailliage de Chaulny, & la comparution d'iceux mandiée, & practiquée par leſdits Officiers de Chaulny en fraude de ladite juriſdiction de Noyon: tous leſquels villages ſont notoirement de ladite juriſdiction, & ont eſté tousjours regis & gouvernez ſuivant les Couſtumes tant du Bailliage de Vermandois, que de la particuliere dudit Noyon, avec tous les autres villages contenus en l'indice, & catalogue porté en fin de ladite reformation des Couſtumes dudit Bailliage de Vermandois; les habitans deſquels lieux ont de tout temps respondu pardevant les Juges & Officiers establis en ladite ville de Noyon, partant declaroit ledit Morel audit nom, qu'il formoit opposition à la reformation desdites Coustumes de Chaulny, afin d'empescher comme il empeschoit formellement, que lesdits villages & fiefs qui en dependent soient compris en la reformation desdites Coustumes de Chaulny; sur laquelle opposition il requeroit les parties estre renvoyées pardevant Nosseigneurs de la Cour de Parlement, pour estre joint à l'instance ja pendante en ladite Cour entre les Officiers de Noyon & de Chaulny; protestant où nous passerions outre au prejudice de son opposition, de faire tout annuller, & se pourvoir par lesdits Officiers de Noyon, comme ils verront estre à faire, dont il nous a requis Acte; faisant à ces fins apparoir des procurations ci-dessus mentionnées.

Par le Procureur du Roy audit Chaulny, a esté dit qu'il se trouve plus de temerité, que de raison, en l'opposition dudit Morel, lequel feignant ignorer l'erection & establissement du siege de Noyon, veut enerver celuy de Chaulny, & rendre l'accessoire, principal, par une entreprise trop manifeste, pource que notoirement la jurisdiction dudit Noyon a esté erigée par forme, & sous titre d'exemption de Chaulny, à cause que Chaulny auroit esté anciennement baillé en appennage à la Maison d'Orleans, & furent distraits de la jurisdiction dudit lieu, les vassaux de l'Evesque, & creez Juges & Officiers pour iceux audit Noyon, de quoy se voyent encores plusieurs titres, & actes portans ladite qualité d'exemption de Chaulny à Noyon, prise par les Officiers dudit Noyon: la cause de laquelle cessante à present, par le retour à la Couronne dudit Chaulny, & fief d'Orleans, ainsi nommé pour avoir esté longtemps tenu en ladite condition d'appennage, & en la Maison d'Orleans, bien que l'on pust dire l'effet devoir cesser; Neantmoins, accordant cette premiere qualité emprainte, & distraction de jurisdiction demeurée audit Noyon, en tout cas ne peuvent les Officiers dudit lieu pretendre que les subjects dudit sieur Evesque, & non ceux du Roy, & signamment de la mouvance dudit fief d'Orleans, qu'il seroit trop absurde de leur attribuer, veu leur premiere institution, & que ladite ville de Noyon, n'est & ne fust onques Royale, ains appartenante audit sieur Evesque, fors quelques maisons qui sont dudit fief d'Orleans, & responsables audit Chaulny: Or, du Roy à cause mesme de son chastel audit Chaulny, & fief d'Orleans, sont mouvans Heronval & la cense d'Estay, qui ne composent qu'un seul fief, Berlancourt, Marest, Neufville en Beine, qui sont Maireries, desquelles le Roy est seigneur, les Maires tenus d'apporter les cens au bureau de sa recepte de Chaulny, Badicourt, Quesmy, les onze Mazures de Babeuf, Baugie, Salancy, Dominois, Flavy-le-Martel, Crespigny, Jussy, Camas, Dive sous Cuy, Dampcourt, Drelincourt, Flavy-le-Merdeux, Gredenville, Hombleux, cense de Collezy, Libermont, Lannoy, l'Hospital du Temple, Maucourt, Ollezy, Bethencourt ès Vaux, Waripont, Plessier Godin, Plessier-Patte-d'Oye, Rimbercourt, Ribescourt, Ramecourt, le Bois-Louvetain, les Abbayes d'Ourscamps, & sainct Eloy de Noyon, & ce qui en depend, Waripont le Marquis, Caillouel, Candor, Viry en partie, Ville, la cense de Boutavant, Beine, Beinette, & autres, tous lesquels villages & censes sont compris & declarez en l'Arrest rendu à l'encontre des Officiers de Noyon le vingt-huictiesme jour d'Aoust mil six cens, & la jurisdiction d'iceux appartenir aux Officiers dudit Chaulny; aucuns desquels villages & censes y sont nommément exprimez: Et pour les autres, est dit, que tout ce qui est du fief d'Orleans, & desdites Abbayes d'Ourscamps, & sainct Eloy de Noyon, Rue de l'Espée de Magny, lesdits Officiers de Noyon n'y avoir que connoistre: ce qui leur est interdict sur peine de nullité des procedures & d'amende: comme de fait, Crizolle ne fut jamais responsable, ny les appellations du Bailly dudit lieu veus ressortir ailleurs qu'audit Chaulny: Et d'autant que par une rebellion, & felonnie, les Religieux de sainct Eloy, sieurs dudit Crizolle, ou aucuns d'eux, ont passé procuration portant desadveu probablement mandié par les Receveurs de ladite Abbaye & Officiers dudit Noyon, requeroit ledit Procureur du Roy commission pour la saisie, afin de commis: estant un abus de demander le renvoy à la Cour sur l'opposition formée par lesdits Officiers pour ce qui a esté ainsi jugé par ledit Arrest, ny d'admettre icelle opposition, de laquelle partant il requerroit qu'ils fussent deboutez, & ordonné que lesdits villages & censes seront regis, comme ils ont tousjours esté, selon les Coustumes dudit Chaulny; & ce avec les sieurs desdits lieux, la pluspart desquels comparent en personnes, ou par Procureur, par un adveu de ce que dit est; faisant ledit Procureur du Roy protestations contraires à celles desdits Officiers de Noyon. Surquoy Nous ausdits Procureur du Roy, & Morel audit nom, avons octroyé Acte de leurs remonstrances & protestations, pour leur pourvoir sur icelles comme ils verront bon; & neantmoins ordonné qu'il seroit passé outre à la redaction & reformation de ladite Coustume de ce Bailliage & Prevosté; pour icelle avoir lieu, & estre gardée & observée en l'estendue dudit ressort, & notamment ès lieux dénommez, & compris par ledit Arrest, & autres de la tenue & mouvance dudit fief d'Orleans, mediatement, ou immédiatement, & commission accordée audit Procureur du Roy pour la saisie afin de commis, & confiscation d'icelle terre, & seigneurie de Crizolle, ou à telles autres fins que de raison.

Ce fait, fut presenté par ledit Procureur du Roy le cahier desdites Coustumes, qu'il auroit dit avoir fait d'icelles en la presence de Nous Lieutenant par plusieurs journées, & vacations, & avoir avec les Advocats, & Procureurs du siege, conferé sur iceluy; qui auroient rapporté leurs advis, & baillé leurs memoires de ce qu'ils avoient veu juger, tant en la Cour de Parlement, sur les appellations y interjettées audit Bailliage, gardé & observé par commun usage, & qu'ils estimoient debvoir estre adjoustez, corrigez & innovez: requerant lecture en estre faite, procedant par nous à la redaction de ladite Coustume, & selon l'ordre des articles, respondans aux anciens: Ce qu'aurions ordonné estre fait, & neantmoins pris prealablement le serment desdits Estats, qu'en leurs loyautez & consciences, eu esgard au bien public, toute affection particuliere deposée, ils declareroient fidellement sur chacun article ce qu'ils en sçauroient, & leurs opinions de ceux qu'ils trouveroient estre subjects à reformation, correction, ou totale abrogation, pour estre par Nous de leurs advis reformez, corrigez & abrogez; & que pour ce faciliter, & porter la parole de ce qu'ils auroient à dire & proposer, ils ont deputé & éleu de chacun Estat: Sçavoir, les Ecclesiastiques, maistre Anthoine Targny Curé de Neuf-lieu, & maistre Jacques Parmentier leur Advocat: les Nobles, ledit Isaac de Sorel, & maistre Simon Duchesne, aussi leur Advocat; & ledit tiers Estat, ledit maistre Denys de Lemarlier ancien Avocat, & Mayeur de la ville: au moyen de quoy, & sur la lecture, ont esté faites les additions, remarques, corrections, & abrogations de l'advis susdits, qui ensuivent.

L'intitulation qui estoit au Coustumier, *dont l'on a usé & use en la Gouvernance, Bailliage & Prevosté de Chaulny*, a esté reformée & mise simplement, *Coustumes du Gouvernement, Bailliage & Prevosté de Chaulny.*

La rubrique ou titre premier delaissé comme il estoit.

Comment

Comment le mary est reputé seigneur des meubles, & quels biens sont meubles, & immeubles.

Au premier article commençant, *Par la Coustume generale dudit Bailliage*, où est deferé la liberté, & puissance au mary de disposer des meubles sans le consentement de sa femme, ont esté adjoustez ces mots pour retrancher tous abus, *A personnes capables, & sans fraude*, & pour la femme qui seroit marchande publique, & les obligations valider d'icelle, encore adjousté par l'interpretation ces mots, *Pour le fait & dependance de ladite marchandise.*

Le deuxiesme article, commençant, *Et afin*, a esté delaissé comme il estoit en l'ancien Coustumier,

A l'article troisiesme, commençant, *Mais ce qui tient à fer & à cloux*, ont esté adjoustez ces mots pour plus grande declaration, *Ou scellé en plastre.*

Le quatriesme commençant, *Et est à sçavoir*, & le cinquiesme commençant, *Sont aussi*, sont demeurez selon qu'ils estoient ci-devant.

L'article sixiesme commençant, *Pareillement sont comprises*, a esté delaissé selon qu'il estoit en l'ancien.

Du Namptissement, pour quelle cause il se peut faire, & des formes requises pour la validité d'iceluy.

A L'article septiesme, commençant, *Namptissement dont l'on use*, qui sembloit requerir à l'effect du namptissement le consentement de l'obligé, a esté innové & changé, & mis *ores qu'il n'ait consenty namptissement*, attendu l'obligation & submission de tous biens apposée ès contracts, qui impliquent & suppléent ledit consentement, de l'advis de l'assemblée.

A l'article huictiesme, commençant, *Et pour ce faire*, de l'advis des trois Estat a esté adjousté, que l'acte dudit namptissement seroit registré au registre du greffe du lieu, au lieu que ci-devant suffisoit le seul exploict, & rapport du sergent.

Les articles neuf, commençant, *Après ledit namptissment*, & dixiesme commençant, *Que si plusieurs namptissemens*, sont demeurez comme en l'ancien Coustumier.

Sur la lecture de l'article onziesme, qui estoit :

Item, & est à sçavoir que lesdits namptissemens se doivent faire sur lesdits heritages du vivant desdits constituans debiteurs, ou obligez, ancienne, ne se peuvent iceux namptissemens faire, & ne sont valables & ne doivent sortir effect, a esté iceluy reformé & corrigé, & en son lieu mis l'article commençant par ces mots, *Et est à sçavoir que où lesdits namptissemens n'auroient esté faits*, pour avoir lieu à l'advenir, & sans prejudice du passé.

Comment on peut disposer des Meubles.

LE douziesme article, commençant, *Un chacun*, qui estoit en l'ancien Coustumier ces mots, *Elle estant constituée en maladie, de laquelle elle est decedée*, ont esté rayez du consentement, tant du Procureur du Roy, que desdits trois Estats ; comme aussi ces mots, en fin, *ou autrement*, pour introduire le don mutel ; qui a esté trouvé bon d'accorder soubs les circonstances ci-après, pour ne restraindre la liberté de tester aux femmes.

Le treiziesme article commençant, *Et pareillement*, demeuré comme en l'ancien.

Le quatorziesme article, qui estoit tel : *Item, & faut noter qu'en ladite Gouvernance, Bailliage & Prevosté de Chaulny, don mutuel n'a point de lieu, & ne peuvent deux conjoincts par mariage donner aucune chose l'un à l'autre* ; a esté tollu & abrogé, & au lieu d'iceluy introduit le don mutuel selon les articles quatorze, quinze & seize, nouveaux, pour avoir lieu à l'advenir, sans prejudice du passé, des droicts acquis, & procès pendans, si aucuns sont.

Hommes & femmes conjoincts par mariage estans en santé, peuvent faire donation mutuelle l'un à l'autre également de tous biens meubles & conquests immeubles, dont ils ont communauté ensemble, pour en jouyr par le survivant sa vie durant seulement, baillant caution suffisante de les rendre après son trespas francs & quittes d'arrerages de cens & rentes, & faisant bon & loyal inventaire, pourveu qu'il n'y ait enfans dudit mariage, ou d'autre.

Est ledit donataire mutuel tenu d'advancer les obseques & funerailles, la part & moitié des debtes, & accomplir le testament du predecedé, qui luy seront deduicts sur l'estimation des meubles, si à ce ils suffisent, sinon rendu après ledit don finy.

Aussi est tenu d'entretenir les bastimens, de reparations viageres, & les immeubles selon leur nature, en bon & suffisant estat.

Comment les Nobles peuvent apprehender & avoir les meubles après le trespas du premier mourant.

L'Article dix-septiesme, qui estoit le quinziesme en l'ancien, commençant, *Un noble survivant sa femme*, est demeuré selon qu'il estoit ci-devant.

Le dix-huitiesme commençant, *Mais la vefve*, pareillement.

L'article dix-neuf, qui estoit le dix-sept en l'ancien Coustumier, reformé, en ce que le survivant n'estoit chargé des obseques & funerailles du predecedé ; & a esté advisé par lesdits Estats, qu'apprehendant les meubles par privilege de noblesse, il fust tenu par mesme moyen payer lesdits fraiz.

Le vingtiesme, qui estoit le dix-huictiesme en l'ancien, a esté semblablement reformé, en ce qu'il reduisoit les creanciers à une action contre les heritiers précisement, & pour éviter circuit : de l'advis desdits Estats, a esté adjousté, que les creanciers auroient le choix de s'adresser contre le survivant ou contre l'heritier.

Si chose mobiliaire donnée en mariage, ou autrement, se doit rapporter.

LE vingt-uniesme commençant, *Quand par contract*, accordé, selon qu'il est, au lieu que l'ancienne Coustume article dix-neufiesme, excluoit le rapport des choses mobiliaires données en mariage aux enfans, s'il n'estoit dit au contraire, & ordonné que ledit rapport se fera, sinon qu'il y fust desrogé par contract, pour avoir lieu à l'advenir, sans prejudice.

Le vingt-deuxiesme article commençant, *Mais si hors ledit contract*, a esté accordé au lieu de l'ancien, qui estoit le vingtiesme, pour avoir lieu comme nouvelle Coustume, en ce qui a esté changé, outre le contenu audit vingtiesme article.

Le vingt troisiesme commençant, *Tout don*, a esté mis au lieu du vingt & un en l'ancien, pour plus ample eclaircissement d'iceluy, tombant presque à mesme sens.

Des Acquests, & comment on en peut estre saisi.

LEs articles de ce titre sont tous anciens, & estoient au precedent Coustumier, les vingt-deux, vingt-trois, vingt-quatre, vingt-cinq, vingt-six, vingt-sept, vingt huict, vingt-neuf, trente, trente & un, trente-deux, trente-trois, & trente-quatre.

Comment on peut succeder en ligne directe & collaterale en tous heritages, tant d'acquest que de naissant.

L'Article trente-sept, commençant, *Quand pere ou mere*, qui estoit le trente-cinquiesme ancien, demeure comme il se voit.

Le trente-huictiesme a esté accordé au lieu du trente-sixiesme ancien, comme desraisonnable, & duquel la teneur estoit telle.

Item, *Et où aucuns de leursdits enfans seroient premiers decedez, & avant leursdits pere ou mere, delaissez aucuns enfans, lesdits petits enfans ne peuvent representer lesdits pere ou mere predecedez, ne venir à la succession de l'ayeul ou ayeule, au lieu de leursdits pere ou mere predecedez, mais vient & appartient la succession aux oncles & tantes d'iceux petits enfans, parce qu'en ladite Gouvernance, Bailliage & Prevosté de Chaulny, representation n'a point de lieu*, pour avoir lieu à l'advenir, sans prejudice aux droicts acquis ci-devant, & des procès pendans, si aucuns y a.

Le trente-neufiesme accordé pareillement, & adjousté pour Coustume nouvelle, & avoir lieu à l'advenir comme dessus.

Au quarante, qui estoit le trente-sept ancien, commençant *Item, quand aucun pareillement*, ont esté adjoustez ces mots, *Ayeul ou ayeule*, à cause qu'il a esté jugé par Arrest confirmatif des sentences rendues en ce siege, l'ayeul succedera ès meubles & acquests des petits fils, à l'exclusion des collateraux.

Au quarante-uniesme, qui estoit le trente-huictiesme ancien, commençant, *Mais au regard*, ont esté adjoustez ces mots de l'advis desdits trois Estats, pour un temperammeht d'équité; *N'estoit qu'ils eussent faict dons desdits heritages à leurs enfans, auquel cas, ils y succederoient par droict de reversion, selon raison escrite:* à cause qu'en pareille occurrence il avoit esté debatu entre le pere, & les collateraux d'un decedé à qui lesdits biens partis & procedez de la liberalité du pere, debvoient escheoir & retourner.

Le quarante-deuxiesme commençant, *Et où*, qui estoit le trente neuf ancien, ont esté pour l'éclaircissement & selon les Arrests de la Cour intervenus pour ce, adjoustez ces mots, *Ayeul ou ayeule, frere, & sœur, encores qu'ils ne soient joincts que d'un costé*, ce qui estoit obmis par l'ancienne Coustume.

Des Biens vacans demeurez par le decès d'un defunct, n'ayant d'Heritier reconnu.

QUarante-troisiesme, qui estoit le quarantiesme ancien, commençant, *Quand aucun*, demeuré comme il est.

Quarante-quatre, qui estoit le quarante-uniesme, commençant, *Et sont les Seigneurs*, demeuré pareillement.

Quarante-cinq, commençant, *Mais si*, qui estoit le quarante-deuxiesme article ancien, a esté le temps limité *d'un an*, prorogé jusques à *dix ans*. L'article pour le pardessus demeuré comme en l'ancien cahier, à exception neantmoins des *mineurs & absens*, adjoustez; au lieu qu'en l'ancien estoit mis, *Si n'estoit que lesdits heritiers en fussent relevez du Roy*.

Quarante-six, qui estoit l'ancien, quarante-trois, commençant, *Et faut noter*, l'article demeuré pour Coustume, selon qu'il estoit ci-devant, sans prejudicier au Procureur du Roy, & aux Seigneurs hauts-Justiciers de leurs droits & pretendues possessions au contraire; Après que ledit de Bouxin pour le Seigneur de Genlis, & ladicte Dame Chevalier, & encores pour ledit sieur Lottin ont formé opposition à l'article, & maintenu lesdits Sieurs & Dame, estre fondez en titre, d'avoir & prendre les biens & succession desdits Aubains & bastards, decedez en leurs terres.

D'Heritages donnez en Mariage, ou autrement, & comme ils se doivent rapporter.

QUarante-septiesme, commençant, *Quand aucuns heritages*, qui estoit le quarante-quatriesme en l'ancien Coustumier, demeuré selon qu'il estoit en l'ancienne Coustume; sauf pour oster l'ambiguité il a esté mis *donateur*, au lieu de ce mot *donataire*, & rayez les mots precedens de *cousins, enfans ou nepveux*, comme compris sous ces mots, *ou autres heritiers*.

Le quarante-huitiesme, qui estoit le quarante-cinq ancien, commençant, *Et où lesdits donataires*, ont esté adjoustez ces mots de l'advis de l'assemblée, *que le rapport de la juste valeur & estimation se feroit, en esgard au temps du partage*, au lieu que ledit rapport par l'ancienne Coutume, se debvoit faire selon l'estimation du temps du don, ce qui a esté rayé, & sauf à refonder au donataire rapportant les impenses & meliorations, s'il fait ledit rapport en essence, ou de luy desduire sur ladite estimation, sans prejudice du passé.

Au quarante-neufiesme, qui estoit le quarante-six ancien, commençant, *Et si lesdits donateurs*, ont esté de l'advis desdits Estats adjoustez ces mots, *Pourveu que la legitime soit reservée aux enfans*, laquelle legitime a esté declarée estre la moitié de ce que pourroit succeder ledit enfant, *ab intestat.*

Le cinquantiesme, qui estoit le quarante-sept, commençant, *Et pareillement*, demeuré comme en l'ancien Coustumier.

Comment il est loisible & permis par ladite Coustume de pouvoir disposer de ses Heritages roturiers ou censuels par vendition & donation faite entrevifs.

LE cinquante-uniesme, qui estoit le quarante huictiesme article, commençant, *Un chacun*, demeuré comme en l'ancien.

Au cinquante deuxiesme, qui estoit le quarante-neuf en l'ancien, commençant, *Et semblablement*, ont esté adjoustez ces mots, *sinon comme il est dit par don mutuel ci devant*, *& sauf aux enfans leur debat & querelle d'inofficiosité*, *selon le droict escrit*, pour trancher & lever la rigueur des donations immenses faites au prejudice desdits enfans.

Le cinquante-troisiesme, qui estoit en l'ancien le cinquantiesme article commençant, *Que s'il advient*, passé comme il estoit en l'ancien Coustumier.

Aux cinquante-quatre, cinquante-cinq, cinquante-six, cinquante-sept, qui estoient les cinquante-un, cinquante-deux, cinquante-trois, & cinquante-quatre anciens, sont demeurez selon qu'ils estoient ci-devant.

Au cinquante-huictiesme, qui estoit le cinquante-cinquiesme article en l'ancien, commençant, *Quand l'on donne*, ont esté adjoustez ces mots, pour lever tout doubte, *sinon que l'heritage fust donné à la charge que le pere ne fist les fruicts siens.*

Cinquante neufiesme, qui estoit le cinquante-sixiesme ancien, commençant, *Et faut noter*, demeure comme il estoit ci-devant.

Comment par Testament est licite & permis disposer d'heritages censuels venus tant d'acquest que de naissant.

AU soixantiesme article, qui estoit en l'ancien le cinquante-septiesme, commençant, *Par la Coustume dudit Gouvernement*, ces mots ont esté rayez, *estant malade de maladie dont elle decede*, pour ne restraindre la liberté de tester, selon qu'il a esté declaré ci devant sur l'article douziesme.

Soixante-uniesme, qui estoit le cinquante-huictiesme article, commençant, *Peut aussi*, les mots *estans en tel estat que dessus*, apposez en l'ancien, rayez.

Soixante-deuxiesme article, qui estoit en l'ancien le cinquante-neufiesme, commençant, *Et faut entendre*, laissé comme il estoit ci devant en l'ancien.

Le soixante-troisiesme article, commençant, *Et pour ce que*, qui estoit le soixantiesme, delaissé comme il estoit en l'ancien.

Soixante-quatriesme, qui estoit en l'ancien le soixante & un, commençant, *Quand l'un des deux conjoincts*, passé pareillement.

De Prescription.

LE soixante-cinquiesme, qui estoit en l'ancien le soixante-deux, commençant, *Quand aucun*, passé en la forme qu'il estoit en l'ancien Coustumier.

Le soixante-six, qui estoit le soixante-trois, commençant, *Et semblablement*, demeure comme en l'ancien, selon qu'il est, sans avoir esgard à la remonstrance des gens d'Eglise, de plus long delay pour la prescription.

Au soixante-septiesme, commençant, *Mais en droict d'hypotheque*, qui estoit le soixante-quatriesme article, ont esté adjoustez ces mots, pour remettre l'article aucunement au droict commun, *que le constituant debteur ne pouvoit alleguer prescription: qu'il n'y eust trente ans complets*, à cause que le tiers detempteur de bonne-foy prescript la liberté par moindre temps, qui vient à favoriser.

Au soixante-huitiesme article, commençant, *Heritage adjugé*, qui estoit le soixante-cinquiesme ancien, ont esté adjoustez ces mots en fin, *dudit decret*, pour interpretation plus ample.

Le soixante-neufiesme, commençant par ces mots, *Quand aucuns*, qui estoit le soixante-sixiesme, a esté de l'advis des Estats changé, le mot estant en l'ancien article, *posé*; & au lieu d'iceluy, mis *sinon*, afin de donner lieu à la prescription de servitude, pour estre le pays & Bailliage de Chaulny frontiere & limitrophe, subjet aux incursions des ennemis, pourquoy le tiltre se peut perdre.

De Noblesse, & quels Gens sont reputez Nobles.

LE soixante-dixiesme, qui estoit le soixante-sept, commençant, *Toutes personnes*, passé selon qu'il estoit ci devant.

Le soixante-onziesme, commençant, *Une femme non noble*, qui estoit le soixante-huictiesme article, demeuré comme il estoit en l'ancien cahier.

Au soixante-douziesme, commençant par ces mots, *Quand femme noble*, qui estoit le soixante-neufiesme article, ont esté adjoustez ces mots, *Pardevant le Bailly de Chaulny ou son Lieutenant*, & a esté ce mot, *Prevost*, rayé comme n'estant ledit Prevost, Juge des Nobles.

Des Fiefs qui viennent & eschéent par succession en ligne directe, & quels droicts en doibvent les Heritages au Seigneur feodal.

LE soixante-treiziesme article commençant, *Quand pere ou mere*, qui estoit le soixante-dixiesme, corrigé, & le quint viager rendu hereditai, duquel quint les puisnez seront saisis du jour du trespas desdits pere ou mere, nonobstant l'empeschement du seigneur de Sincheny, qui en a esté debouté de l'advis des deux Estats Ecclesiastique, & tiers, & la remonstrance du seigneur de Sorel deputé de la Noblesse, tendante afin de n'estre compris audit quint des puisnez, le chasteau ou manoir principal ; ce faisant, les mots qui estoient en l'ancien, *qu'ils s'y debvoient maintenir*, & autres suivants rayez. Neantmoins accordé à l'aisné, qu'il puisse retirer, ou recompenser les puisnez dudit quint, selon que porte l'article ; le tout innové pour avoir lieu à l'advenir, & sans prejudice du passé : & depuis recourant sur l'article, ledit sieur de Sincheny a protesté de se pourvoir contre iceluy comme il trouvera bon estre, de quoy luy a esté octroyé acte.

Le soixante-quatorziesme, commençant, *Entre roturiers*, a esté accordé pour nouvelle Coustume, & avoir lieu à l'advenir, sans prejudice du passé & procès pendans : au lieu qu'en l'ancienne Coustume les roturiers indistinctement succedoient en fiefs, & pour les mesmes parts que les nobles.

En l'ancien cahier y avoit article, qui estoit le soixante-onze, qui estoit tel : *Et s'il advenoit que l'un desdits enfans decedast auparavant ledit pere ou mere, de la succession duquel procederoient lesdits fiefs, & que ledit enfant predecedé delaisse lesdits fiefs, delaissez aucuns ses enfans & heritiers : iceux petits enfans ne viendroient à la succession de leurdit ayeul ou ayeule ; parce que (comme dit est dessus) representation n'a lieu en ligne directe ny collaterale*, a esté rayé & abrogé purement & simplement de l'advis des trois Estats, attendu la representation ci-devant en ligne directe & collaterale, introduite & accordée.

Le soixante-quinziesme, commençant, *Mais où seroit ainsi*, qui estoit le soixante-douziesme de l'ancien Coustumier, a esté corrigé au fait du quint viager, rendu hereditaI au profit des filles puisnées nobles, subject à rachat & recompense, (comme il est dit ci-devant) pour les masles : & au regard des roturieres, l'aisnée fille prendra la mesme prerogative d'aisneesse, selon qu'il a esté declaré ci-devant.

Le soixante-seiziesme, commençant, *Et sera ledit fils aisné*, qui faisoit le soixante-treize en l'ancienne, a esté remonstré par ledit Gossart l'aisné, Procureur desdits venerables Doyen, Chanoines & Chapitre de Noyon, fondé de leur procuration, que le present article ne pourra nuire ne prejudicier à leurs droicts : d'autant qu'ils ont le revenu de l'année du pere au fils, voire à chacune mutation d'homme, avec main & bouche, & droict de chambellage, & en sont en toute bonne possession : Pareillement ledit Carlier assisté dudit Soucanie pour iceluy Marquis de Neesle, maintenu qu'il estoit fondé en ce droict ès fiefs escheuz par succession en ligne directe, que de percevoir ledit droict de chambellage de vingt sols parisis, si ledit fief n'excedoit cinquante livres de rente ; & s'il excedoit de plus grand revenu jusques à cent livres, cent sols parisis, & au pardessus dix livres parisis, & en ligne collaterale le mesme droict de chambellage estoit deub avec le revenu d'une année, & pareil droict pour le relief du mary & bail en toutes nopces : Et si c'estoit par donation, le quint denier de la valeur du fief avec ledit chambellage, tel que dessus : Comme encore pour cause d'eschange estoit deub pareil droict, sinon que l'eschange fut fait de deux fiefs tenus dudit Marquisat, & sans soulte ; auquel cas estoit seulement deub droict de chambellage ; & s'il y avoit soulte, estoit deub le quint denier de la soulte, avec le requint ; mais si la soulte estoit faite francs deniers, estoit deub le quint denier de la valeur du fief eschangé, avec le chambellage susdit : soustenant lesdits droicts estre patrimoniaux audit sieur Marquis, & qu'il en estoit en bonne possession de temps immemorial, fondé en tiltre, qui ne luy pouvoit estre par la Coustume osté & denié : laquelle il protestoit ne luy pouvoir prejudicier : Comme encore ledit de Bouxin pour lesdits Abbé & Religieux de sainct Berthin, a soustenu que quand les fiefs tenus d'eux à cause de leurdite terre & seigneurie de Caulmont, tombent en ouverture en quelque ligne que ce soit, il leur est deub le revenu d'année, & droict de chambellage, & qu'ils en estoient en toute possession, & fait pareille protestation que ci-devant : Surquoy nous avons ausdits Gossart, Carlier & de Bouxin, esdits noms, octroyé acte de leur declaration & protestation, & ordonné que ledit article demeurera comme il estoit, & est redigé, sans prejudice des droicts particuliers des seigneurs ausquels leur avons declaré n'entendre prejudicier.

Il y avoit en l'ancien Coustumier article, qui estoit le soixante-quatorze, dont la teneur estoit telle : *Item, que si aucuns ayant fiefs de son propre naissant, decedé sans heritier de son corps, delaisse aucun ses parens & ascendans en ligne directe d'une part, & autres parens en ligne collaterale, lesdits fiefs de propre naissant doivent appartenir ausdits parens en ligne collaterale, si aucuns en y a du costé & ligne dont sont venus lesdits fiefs, & non ausdits ascendans, mais en fiefs acquestez, lesdits parens ascendans y doivent succeder comme plus prochains :* qui a esté rayé, pource que c'estoit une reprise & repetition de l'article quarante-uniesme ci-devant au fait des fiefs, lequel sert tant pour les rotures, que pour lesdits fiefs.

De Succession de Fiefs en ligne collaterale, & quels droits en appartiennent.

AU soixante-dix-septiesme article, commençant par ces mots, *Quand aucun*, qui estoit le soixante-quinze, ont esté adjoustez ces mots, *Oncles ou Cousins*, & rayez ceux mis en fin, *parce que representation n'a lieu, comme dit est ci-dessus*, en suite de l'article trente neufiesme ci-devant, par lequel ladite representation a esté admise.

Au soixante-dix-huictiesme, commençant, *En ligne collaterale*, qui estoit le soixante-seiziesme, ont esté adjoustez pour nouvelle Coustume ces mots, *Et y ont les puisnez nobles droit de quint hereditaI, & les roturiers moitié, & le manoir, selon & aux conditions de recompense & rachat ci-dessus*, afin de faire repondre & esgaler le preciput de l'aisné ès fiefs en ligne collaterale, selon qu'il est reglé, & attribué ci devant en ligne directe à l'aisné.

Le soixante-neufiesme, commençant, *Celuy à qui viennent & appartiennent*, qui estoit le soixante & dix-septiesme article pareillement passé, & delaissé comme il estoit ci-devant.

A l'article quatre-vingts, commençant par ces mots, *Quand une femme*, qui estoit en l'ancien le soixante-dix huictiesme, a esté pour l'éclaircissement & declaration de l'article mis au lieu de *seconde*, ces mots, *autres nopces*, comme estant les premieres nopces franches dudit droict.

A l'article quatre-vingts-un, commençant, *Et où ladite femme*, qui estoit le soixante-dix-neufiesme, ont esté adjoustez ces mots, *N'estoit que lesdits deux droicts de relief & bail, escheussent en mesme année & recolte de fruicts* ; auquel cas ne sera deub qu'un seul droict de relief, tant pour son mary que pour elle : Et par ce moyen, si le mary predecedoit, icelle femme demeurante en viduité, ne seroit plus tenue de droicturer pour iceluy fief, de l'advis de l'assemblée pour un temperamment d'equité.

L'article quatre-vingts & deux, commençant par ces mots, *Pareillement en relevant*, qui estoit le quatre-vingts, delaissé comme il estoit en l'ancien.

L'article quatre-vingts-trois, commençant, *Quand aucun à ce habile*, qui estoit le quatre-vingts & un, delaissé selon qu'il gist & estoit en l'ancien, fors que pour declaration plus ample, il a esté adjousté ces mots en fin, *des autres mineurs roturiers*, pour distinguer cette partie derniere de l'article de la premiere, qui autrement sembloit oisive & surabondante.

De Donation de fiefs faite entre vifs, & aussi pour cause de mort, ou par testament, ou de vendition d'iceux, & quels droits pour ce en appartiennent.

AU quatre-vingts quatriesme article, commençant, *Toutes personnes*, qui estoit le quatre-vingts-deuxiesme, ont esté adjoustez ces mots, *sinon par don mutuel, selon qu'il a esté ci-devant.*

Quatre-vingts-cinquiesme, commençant, *Et est loisible*, qui estoit l'article quatre-vingts-trois, passé pareillement selon qu'il estoit en l'ancien.

Quatre-vingts-sixiesme, commençant, *Et faut noter*, qui estoit l'article quatre-vingts-quatre, demeuré pareillement pour ancienne Coustume.

Quatre-vingts-septiesme, commençant par ces mots, *Lesdits donataires*, qui estoit le quatre-vingts cinquiesme, demeuré en son entier comme il estoit en l'ancien.

Quatre-vingts-huictiesme, commençant, *Et en cas de vendition*, qui estoit le quatre-vingts sixiesme, a esté reformé en ce que le vendeur estoit chargé des droicts du quint, & ordonné doresnavant qu'ils seront deubs & payez par l'acheteur seulement, encores qu'il ne soit dit par le contract francs deniers : Comme encores reformé pour les droicts de quint & requint, acquis pour les donations & legats : & les articles quatre-vingts-sept & huictiesme, qui estoient tels : *Item, & s'il advenoit que lesdites donations, ou legs testamentaires fussent faits à charge, comme de payer quelque redevance par le donataire, ou faire par luy autre chose : en ce cas les donateurs doivent payer lesdits quint & requint, & les donataires ou legataires, payer le chambellage seulement; avec ce faire foy, & hommage aux sieurs dont lesdits fiefs sont tenus & mouvans.*

Item, *Et où en faisant lesdites venditions, ou donations entre-vifs d'iceux fiefs, le vendeur ou donateur avoit tenu l'usufruict sa vie durant desdits fiefs par luy vendus, ou donnez, iceluy vendeur ou donateur seroit tenu payer le requint, & l'acheteur ou donataire le quint, avec chambellage; sauf comme devant en donation en faveur de mariage, d'hoirie & successions*; rayez & abrogez de l'advis desdits Estats, & au lieu d'iceux subrogé le quatre-vingts-neuf ci-après.

Quatre-vingts & neuf, commençant, *En toute mutation*, a esté accordé pour l'advenir, sans toutesfois prejudicier aux droicts & possessions immemoriales des seigneurs contre les vassaux, selon qu'il a esté dit sur l'article soixante-seize, où y a eu opposition formée, qui se refere pareillement au present.

Les quatre-vingts-dixiesme, commençant, *Et est requis*, & quatre-vingts-onze, commençant, *En fief*, faisant les quatre-vingts-neuf & quatre-vingts-dixiesme, demeurez comme ils estoient ci-devant en l'ancien Coustumier.

De faire saisir, prendre & lever les fruicts en pure perte, par les Seigneurs, & comment ils en doivent user.

QUatre-vingts-douze, commençant, *Toutes & quantesfois*, le quatre-vingts-treize, commençant, *Prescription n'a lieu*, qui estoient les quatre-vingts-onze & quatre-vingts-douze en l'ancien, delaissez comme ils estoient ci-devant.

A l'article quatre-vingts-quatorze, commençant, *Mais où ledit seigneur*, qui estoit le quatre-vingts-treiziesme article, ont esté adjoustez ces mots, *Ne pourra prescrire l'hommage* : attendu que les droicts & fruicts utiles sont prescriptibles par trente ans.

En l'ancien Coustumier y avoit articles tels qui ensuivent : *Item, que tous fiefs tenus par Baillistres, comme par ceux qui peuvent prendre & tenir le bail des enfans mineurs nobles, & aussi par les maris qui ont releve, & tiennent fiefs à cause de leurs femmes, se peuvent saisir ou faire saisir par les seigneurs dont ils sont tenus après le trespas desdits Baillistres : Et sont tenus ceux, ausquels escheent les fruicts & profits d'iceux, relever & droicturer, s'ils n'avoient ce fait auparavant.*

Item, *Et où ledit Bail ne seroit finy, & qu'il y auroit autre parent habile à prendre de rechef iceluy bail, ou que la femme tenant iceluy bail, se remarieroit, il seroit loisible au sieur de proceder à nouvelle saisie : parce que nouveaux droicts de relief de bail luy seroient, & sont deubs, toutes & quantesfois qu'il y a nouveaux Baillistres*; qui estoient les quatre-vingts-quatorze & quatre-vingts-quinze : lesquels ont esté rayez pour estre, sçavoir ledit quatre-vingts-quatorze repris ci-devant par les articles quatre-vingts & un & quatre-vingts-trois, & ledit quatre-vingts-seize en suite que le bail de mineurs nobles, est restraint ci-après, & borné en la personne du pere ou mere survivant.

Quatre-vingts-quinze, commençant, *Un vassal*, & quatre-vingts-seize, commençant, *Semblablement toutes & quantesfois*, qui estoient les quatre-vingts-seize & quatre-vingts-dix-sept, demeurez comme ils estoient en l'ancien cahier.

Quatre-vingts-dix-sept, commençant, *Que s'il advient*, qui estoit le quatre-vingts-dix-huict de l'ancien Coustumier, par lequel estoit auctorisée la saisie pendant procès, & nonobstant le desadveu du vassal, a esté changé & reformé en la façon qu'il est de l'advis desdits Estats.

Quatre-vingts-dix-huict, commençant, *A chacune fois qu'un vassal*, qui estoit le quatre-vingts-dix-neuf ancien, & le quatre-vingts-dix-neuf, commençant, *N'estoit loisible*, delaissez comme il estoit en l'ancien cahier.

Au centiesme article, commençant, *Le seigneur qui leve*, qui estoit le cent uniesme en l'ancien, ont esté adjoustez ces mots, *mesme entretenir les baux faicts par le vassal sans fraude.*

De recevoir plusieurs Hommes ès Droits Feodaux.

LE cent-un, commençant, *Quant au seigneur*, & le suivant commençant, *Et où pour raison*, qui estoient les cent deux & cent-troisiesme de l'ancienne Coustume, sont demeurez selon qu'ils estoient ci-devant.

Cent troisiesme, qui estoit en l'ancien le cent quatriesme, commençant, *Aussi quand aucun vassal*, & le cent quatre, commençant, *Le seigneur est tenu*, ont esté delaissez comme ils estoient, fors que pour accorder ledit cent troisiesme au quatre vingts dix huictiesme article ci-devant, ont esté adjoustez ces mots, *sinon en cas de desadveu*, attendu que ledit desadveu induict consequence à la main-levée.

De reiterer & faire de rechef hommage au Seigneur par les Vassaux.

LE cent cinquiesme, commençant, *Après que*, qui estoit le cent sixiesme de l'ancien, l'article delaissé selon qu'il estoit en l'ancienne Coustume.

Des cas & actions de retraict en matiere d'heritages feodaux & censuels.

LEs cent sixiesme, commençant, *Quand aucun*, cent septiesme, *En heritage*, cent huictiesme, *Pour parvenir*, cent neufiesme, *Et où l'acheteur*, & le cent dixiesme, commençant, *Et pour ce*, qui estoient en l'ancienne Coustume, les cent sept, cent huit, cent neuf, cent dix & cent onze, sont demeurez comme ils estoient en l'ancien Coustumier.

Au cent onziesme, commençant, *Quand plusieurs heritages*, qui estoit l'ancien cent douziesme, par l'advis desdits trois Estats, sur la lecture & pour temperer & accorder les opinions, a esté adjousté à iceluy, *sinon que l'acheteur trouvast bon de delaisser tout son achat au lignager, qui en ce cas sera tenu tout prendre, ou tout laisser*, attendu l'interest & incommodité que ce seroit à l'acheteur de retenir l'un des heritages, & de laisser l'autre, selon l'ancienne Coustume.

Cent douziesme, commençant, *Retraict n'a lieu*, cent treiziesme, commençant, *Aussi quand l'acheteur*, & cent quatorziesme, commençant, *Un heritage*, sont anciens & delaissez comme ils gisoient.

De retraire par puissance de fief les fiefs par le seigneur dont ils sont tenus.

LEs cent quinze, commençant, *Quand un vassal*, & cent seize, commençant, *Mais est requis*, qui estoient en l'ancien les cent seize & cent dix sept, demeurez pareillement.

Cent dix-sept, commençant, *Ledit seigneur sera tenu*, qui estoit le cent dix huictiesme au lieu de l'ancien qui a esté rayé, dont la teneur estoit: *Item, que ledit seigneur est tenu de restituer à l'acheteur seulement les quatre parties dont les cinq font le total des deniers principaux d'icelle vendition, parce que le vendeur luy debvoit, & seroit tenu payer quint & requint d'icelle vendition: Mais s'il avoit esté convenu entre les parties, & dict que lesdits deniers principaux seroient & demeureroient francs deniers au vendeur, ledit seigneur seroit tenu restituer entierement lesdits deniers principaux: pource que l'acheteur seroit tenu du quint & requint, & non le vendeur: lesquels quint & requint seroient esteints & confus en la personne d'iceluy seigneur: parce qu'il est en faisant ledit retrait au lieu dudit acheteur, qui doibt demeurer indemne*, pour avoir lieu à l'advenir, & sans préjudice du passé; & sur ce qu'il a esté requis par la noblesse de retenir les choses censuelles vendues, non moins que les fiefs mouvans de luy, a esté dit & ordonné que ledit droict de retention n'aura lieu pour les rotures, comme desrogeans à la liberté du commerce.

Cent dix huictiesme, commençant par ces mots, *Quand un parent*, qui estoit le cent dix-neuf, demeuré selon qu'il estoit en l'ancien cahier.

De Douaire prefix, & quand il a lieu.

LEs articles cent dix-neuf, commençant, *Quand en faisant*, & six vingts, commençant, *N'est requis*, sont anciens & demeurez comme ils gisoient ci-devant, ès articles six vingts & six vingts un du vieil Coustumier.

De Douaire Coustumier, quand il a cours.

A L'article six vingts-un, commençant, *Toutesfois que femme*, qui estoit le six vingts-deuxiesme, ont esté adjoustez ces mots, *Et en est saisie du jour de la dissolution du mariage, sans autre maintenue de faict*, au lieu que par ci-devant & selon l'ancienne Coutume, la veufve n'acqueroit ledit douaire sans la solennité d'une maintenue, ce qui a esté abrogé.

Les deux autres articles suivans concernans les formes d'icelle maintenue, ou consentement requis de l'heritier, en consequence de ce, rayez, & desquels la teneur estoit telle: *Item, & pour ce faire est necessaire à icelle femme obtenir & avoir commission de mondit seigneur Gouverneur & Bailly, ou son Lieutenant, du Prevost dudit lieu ou son Lieutenant, ou de l'un d'eux: en vertu de laquelle se doibt icelle veufve faire tenir, garder, maintenir, & mettre de fait par le sergent auquel addressera icelle commission sur tous les heritages où elle pretend avoir sondit droict de douaire Coustumier, ou sur les principaux & chefs lieux d'iceux heritages, au cas que plusieurs chefs lieux y auroit; & icelle maintenue ainsi faicte, signifiée par ledit sergent aux heritiers, possesseurs, & detempteurs desdits heritages, & à tous autres qu'il appartient, ou qui y peuvent avoir ou pretendre interest, qui se peuvent à ce opposer: Et pour dire leurs causes d'opposition, leur doit estre jour assigné pardevant le Juge duquel est emanée ladite Commission; & au moyen de ce, est acquis à ladite veufve du jour que ladite maintenue sera faicte, sondit droict de douaire coustumier, nonobstant ladite opposition, & non devant.*

Item, *Mais où les heritiers dudit mary avant qu'obtenir ladite commission, ou autrement depuis le trespas d'iceluy mary auroient consenty & accordé à ladite veufve sondit droict de douaire coustumier sur iceux heritages, ne seroit necessaire à icelle veufve de faire ladicte maintenue de faict, mais suffiroit & doit avoir sondit droict de douaire depuis le temps dudit consentement d'iceux heritiers.*

Au six vingts-deuxiesme article, commençant, *Lesdites femmes veufves*, qui estoit le cent quinziesme, ont esté adjoustez ces mots, *Et de tout autre rente realizée sur iceux heritages avant ledit mariage, & non d'autres nampties, constant & durant iceluy, si à ce elles n'estoient obligées.*

A l'article six vingts-trois, commençant, *Que si ledit droict*, qui estoit l'article six vingts-six, ont esté rayez ces mots, *qui auroit fait diligence de faire faire ladite maintenue*, le surplus demeuré & approuvé selon qu'il estoit.

Les six vingts-quatre, commençant, *Et s'il advient*, & six vingts-cinq, commençant, *Pareillement prendra*, qui estoient les six vingts-sept & six vingts-huict anciens, sont delaissez comme ils estoient, fors que ces mots, *incontinent aprés ladite maintenue faite comme dessus*, ont esté rayez, & au lieu d'iceux adjousté *incontinent aprés le decés d'iceluy*, ensuite des articles precedens, de l'advis desdits Estats, pour l'incertain succès des choses, la vefve gaignant les fruits, & reciproquement les perdant sans aucune recompense, ou restitution de labeurs & semences.

A l'article six vingts-six, commençant, *Et où le mary*, qui estoit le six vingts-neuf ancien, ont esté rayez ces mots, *de maintenue en son droict de douaire*, en consequence des articles ci-devant, le surplus delaissé selon la Coustume.

Six vingts-sept, commençant, *Et jaçoit*, qui estoit le cent trentiesme ancien, demeuré comme il estoit pour l'option deferée à la vefve, du douaire prefix & coustumier: neantmoins luy a esté limité tems de quarante jours pour icelle option, sans prejudice des droits acquis auparavant.

L'article six vingts-huictiesme, commençant, *Lesdits douaires*, qui estoit le cent trente-uniesme ancien, est demeuré, fors que pour l'identité de raison ont esté adjoustez en fin ces mots, *Comme encores elles acquierent hypotheques pour leurs conventions matrimoniales*, qui avoient esté obmis en ladite Coustume ancienne.

Des Privileges & autres droicts appartenans aux vefves, tant nobles, qu'autres.

L'Article six vingts-neufiesme, qui estoit le cent trente-deuxiesme ancien, commençant, *Quand homme noble*, est pareillement demeuré comme il estoit en l'ancien cahier, fors que le temps de *quarante jours* mis en l'ancien, a esté prorogé jusques à *trois mois*, pour respondre & convenir aux articles precedens des declarations à faire par les vefves nobles.

Le six vingts-dix, commençant, *Et où la vefve*, qui estoit en l'ancien le cent trente-trois, est demeuré comme il gisoit ci-devant.

Le six vingts-onze, commençant, *L'heritier du mary*, a esté accordé pour nouvelle Coustume, au lieu que l'ancienne donnoit le choix des maisons à la vefve, qui a esté abrogé, comme ledit heritier ayant plus grand droict, & representant le defunct, pour avoir lieu à l'advenir, & sans prejudice du passé.

L'article six vingts-douze, commençant, *Si des heritages*, qui estoit le cent trente-cinquiesme ancien, a esté delaissé comme il estoit ci-devant.

A l'article six vingts-treize, commençant, *Quand une vefve noble*, qui estoit en l'ancien le cent trente-six, ont esté adjoustez & interposez ces mots, *faisant bon & loyal inventaire, & où elle decederoit dans ledit temps sans avoir faict icelle declaration, son heritier la pourra faire dans le delay qui reste de trois mois pour les nobles, & quarante jours pour les roturiers*: l'ancienne Coustume reformée, en ce qu'elle chargeoit ladite vefve de faire icelle declaration incontinent aprés le trespas de son mary, pour un temperamment d'équité, qui avoit esté receu & observé contre la rigueur d'icelle Coustume prise à la lettre ci-devant.

De Bail, & Garde des Mineurs Nobles.

A L'article six vingts-quatorze, commençant, *Tous enfans*, & qui estoit le six vingts dix-sept, ont esté adjoustez ces mots en fin pour interpretation, *Quant au fait de garde noble.*

Les articles six vingts-quinze, commençant, *Et à cette cause*, Six vingts-seize, *Et où lesdits pere ou mere*, & six vingts dix-sept, *Que si lesdits pere ou mere*, qui estoient les cent trente-huict, cent trente-neuf & cent quarante, sont demeurez comme ils estoient en l'ancienne Coustume.

L'article six vingts dix-huict, commençant, *Mais où le survivant pere ou mere*, qui estoit le cent quarante-uniesme ancien, a esté accordé, & ledit bail restrainct à la personne du pere ou mere, & non à l'ayeul ou ayeule; ce qui estoit de l'ancienne Coutume, laquelle en ce regard a esté abrogée: Et ensuite de ce, autre article, qui estoit le cent quarante-troisiesme & dernier de ladite Coustume, qui deferoit aux collateraux ledit bail, à faute d'ascendans, a esté rayé du present cahier.

Au six vingts-dix-neuf, commençant par ces mots, *Sont en outre*, ont esté adjoustez ces mots en fin, *pourveu que lesdits pere ou mere ne se remarient: auquel cas finit & expire ledit bail, & doibt estre pourveu ausdits mineurs de tuteurs & curateurs*, pour nouvelle Coustume, & avoir lieu à l'advenir, sans prejudice du passé.

Autres Coustumes de nouvel accordées.

MArchandise vendue se doit livrer dans vingt jours, s'il n'y a autre convention; & à faute de ce faire dans ledit temps, sont les arres perdues, & peut le vendeur faire son profit ailleurs de sa marchandise, si mieux il n'aime poursuivre ses dommages & interests contre son acheteur.

Le droict de vente deub au seigneur censier, est du douziesme denier du sort principal, qui est pour chacune livre vingt deniers, reservez toutesfois aux seigneurs & subjets, respectivement pour le plus ou moins, leurs conventions ou jouissances immemoriales au contraire.

Ne prend saisine qui ne veut: mais si on la prend, sera payé au Bailly ou Lieutenant, six sols parisis: autant pour les deux Echevins, ou hommes tenans ensemblement: & au greffier pareille somme de six sols parisis, n'estoit que la qualité du contract & pluralité des heritages requist plus grand salaire.

Tous pretendans interest pour degast, ou dommage faict ès fruicts ou ablaids, ès prez, jardins, vignes, ou terres labourables, par bestial ou autrement, sera tenu de faire visiter le dommage dans la huictaine, partie presente ou appellée par un Sergent Royal, ou de la Justice du lieu, & intenter l'action en dedans la quinzaine après iceluy faict, autrement ne sera plus receu à en faire demande.

Les articles sept vingts, commençant par ces mots, *Marchandise vendue*, sept vingts-un, commençant par ces mots, *Le droit de vente*, sept vingts-deux, commençant, *Ne prend saisine qui ne veut*, & sept vingts-trois, commençant, *Tous pretendans*, ont esté adjoustez par l'advis des Estats, pour avoir lieu à l'advenir, & sans prejudice du passé, nonobstant l'empeschement dudit de Bouxin Advocat pour lesdits Religieux, Abbé & Convent de sainct Berthin en sainct Omer, qui a maintenu les Officiers en leur terre de Caulmont estre fondez en ce droict de prendre & percevoir huict pots de vin pour veest & deveest; à quoy luy a esté declaré n'estre prejudicié, informant de ce, & neantmoins ordonné que ledit article sept vingts deux, comme lesdits sept vingts-un, & sept vingt-trois, tiendront pour Coustume.

Ce faict en la presence desdits Estats, aurions fait repasser & recourir sur lesdits articles : à quoy aurions vacqué par chacun jour sans discontinuation, tant le matin qu'après disner : durant iceluy jour de Lundy cinquiesme, ès jours de Mardy, Mercredy, & Jeudy suivant, six, sept, & huictiesme dudit mois d'Octobre : Neantmoins remis la lecture judiciaire au Lundy seiziesme Novembre suivant : ce faisant enjoint ausdits deputez de se rassembler & trouver ausdits jours, lieu, & heure de nos plaids ordinaires, pour icelle lecture en leurs presences estre faicte, & audit Parmentier greffier, cependant de les mettre au net.

Et advenu ledit jour de Lundy seiziesme Novembre audit an six cens neuf, heure de nos plaids, & issue d'iceux, ès presences desdits Deputez, le Procureur du Roy ce requerant, aurions faict relire lesdicts articles ainsi accordez, mis au net, & en ordre par rubriches, selon l'ancien Coustumier, & ladite lecture faicte, ordonné que les adjournez qui ne sont comparus à ladite redaction durant nos seances pour icelle, soient gens d'Eglise, de la Noblesse ou du tiers Estats, seront pour le profit du defaut par Nous contre eux donné, censez & reputez estre subjects ausdites Coustumes ; lesquelles au surplus seront gardées & observées pour loy du pays, tant par les comparans, que defaillans : qui à ce faire sont, & les avons condamnez, leur faisant & à tous Advocats, Procureurs & Conseils, inhibitions & defenses de poser & articuler doresnavant autres Coustumes que les susdites : Et aux Juges, Magistrats & Officiers dudit Bailliage & Prevosté de les recevoir à ce, & en informer par turbes : Auroit esté protesté par ledit Gosfart l'aisné, que le retard d'icelle lecture & publication ne luy puisse prejudicier pour le droict à luy & à sa femme devolu, & escheu depuis ladite redaction de Coustume, qu'il a maintenu avoir force & vigueur deslors : de quoy acte luy a esté octroyé.

Tout ce que dessus Nous Commissaires susnommez, certifions estre vray & avoir esté faict, comme est contenu au present procès verbal : lequel en tesmoin de ce nous avons signé de nos seings manuels, & fait seeller du seel dudit Bailliage, les an & jour susdits.

Signé, BRULART, VREVIN, DE SOREL, DUBOIS, PARMENTIER, J. WERIER, PARMENTIER, ARGNY, & DUCHESNE.

HENRY par la grace de Dieu, Roy de France & de Navarre : Au Bailly de Chaulny, ou son Lieutenant & Conseiller audit lieu, SALUT. Comme ci devant dès le mois de Fevrier dernier par nos Lettres en forme de Commission, Nous ayons mandé à notre Bailly dudit Chaulny de publier, & tenir les Assises audit Bailliage, & que depuis maistre Hilaire Dubois notre Procureur audit Chaulny, Nous ait remonstré, que procedant à la tenue desdites assises, il se pouvoit commodement traicter de la reformation de la Coustume dudit Bailliage, qui de tout temps seroit demeurée sans correction au prejudice de nos subjects, se trouvant ladite Coustume rigoureuse & inique en divers articles, principalement en ce que par icelle, representation n'a point de lieu en ligne directe : A quoy desirans pourvoir au bien & soulagement des subjects dudit Bailliage, voulons & vous mandons qu'avec les trois Estats dudit Bailliage pour ce convoquez & assemblez, vous ayez à proceder à la correction & redaction des articles de la Coustume dudit Bailliage de Chaulny, ci-attachées, & faire vos procès verbaux des debats & oppositions qui seront faictes en procedant par vous à la redaction & accord d'iceux, en la maniere deue & accoustumée : Pour ladite Coustume redigée, moderée & accordée, estre publiée, registrée au greffe dudit Bailliage, estre doresnavant gardée & observée comme loy, & edict perpetuel, & irrevocable ; & de tout en certifier notre très cher & feal Chancellier : De ce faire vous donnons pouvoir, nonobstant opposition ou appellation quelconque, & sans prejudice d'icelle : CAR tel est notre plaisir. DONNÉ à Paris le dernier jour d'Avril, l'an de grace mil six cens neuf, & de notre regne le vingtiesme. Signé par le Roy en son Conseil, BERUYER, & seellé du grand seel de cire jaune, & contre-seellé.

ARTICLES DE LA COUTUME DU BAILLIAGE & Prevosté de Chaulny, subjects à correction, par ampliation, diminution, ou abrogation.

Du Titre I. de ladicte Coustume, intitulé, Comment le mary est reputé, &c.

L'article 1. commençant, *Par la Coustume.*
L'article 3. commençant : *Item, mais.*
L'article 4. commençant : *Item, est à sçavoir.*

Du Titre II. intitulé, Quelle chose est namptissement, &c.

L'article 7. commencant, *Namptissement dont l'on use.*
L'article 8. commençant : *Item, & pour ce faire.*
L'article 11. commençant : *Item, & est à sçavoir.*

Du Titre III. intitulé, Comment on peut, &c.

L'article 12. commençant : *Un chascun.*
L'article 14. commençant : *Item, & faut noter.*

Du Titre IV. intitulé, Comment les Nobles, &c.

L'article 17. commençant : *Item, est à sçavoir.*
L'article 18. commençant : *Item, & faut noter.*

Du Titre V. intitulé, Si chose mobiliaire, &c.

L'article 19. commençant : *Quand aucun contract.*
L'article 20. commençant : *Item, pareillement.*
L'article 21. commençant : *Item, & s'il advenoit.*

Du Titre VI. intitulé, Des Acquests, & comment, &c.

L'article 26. commençant : *Item, & aussi.*

Du Titre VII. intitulé, Comment on peut succeder, &c.

L'article 36. commençant : *Item, & où aucuns.*
L'article 37. commençant : *Item, quand aucun.*
L'article 38. commençant : *Item, mais au regard.*
L'article 39. commençant : *Item, & où lesdits defuncts.*

Du

Du Titre VIII. intitulé, Des biens vacans, &c.

L'article 42. commençant : *Item, mais si dedans.*

Du Titre IX. intitulé, D'Heritages donnez, &c.

L'article 44. commençant : *Quand aucun.*
L'article 45. commençant : *Item, & où lesdits donataires.*
L'article 46. commençant : *Item, & si lesdits.*

Du Titre X. intitulé, Comment est loisible, &c.

L'article 49. commençant : *Item, & semblablement.*
L'article 55. commençant : *Item, quand l'on donne.*

Du Titre XI. intitulé, Comment par testament, &c.

L'article 57. commençant : *Par la Coustume.*
L'article 58. commençant : *Item, Peut aussi.*
L'article 64. commençant : *Item, & est à entendre.*
L'article 65. commençant : *Item, & aussi convient.*
L'article 66. commençant : *Item, & que quand aucun.*

Du Titre XII. intitulé, De Noblesse, &c.

L'article 69. commençant : *Item, quand femme noble.*

Du Titre XIII. intitulé, Des fiefs qui viennent, &c.

L'article 70. commençant : *Quand pere ou mere.*
L'article 71. commençant : *Item, & s'il advenoit.*
L'article 72. commençant : *Item, mais où seroit.*
L'article 74. commençant : *Item, que si aucun.*

Du Titre XIV. intitulé, De Succession, &c.

L'article 75. commençant : *Item, quand aucun.*
L'article 76. commençant : *Item, faut noter.*
L'article 78. commençant : *Item, est à sçavoir.*
L'article 79. commençant : *Item, & où ladite femme.*

Du Titre XV. intitulé, De Donation en fief, &c.

L'article 82. commençant : *Item, toutes personnes.*
L'article 85. commençant : *Item, que lesdits.*
L'article 86. commençant : *Item, que aprés.*
L'article 87. commençant : *Item, & s'il advenoit.*
L'article 88. commençant : *Item, & où en faisant.*

Du Titre XVI. intitulé, De faire saisir, &c.

L'article 93. commençant : *Item, mais où ledit.*
L'article 95. commençant : *Item, & où ledit bail.*
L'article 98. commençant : *Item, & s'il advient.*
L'article 99. commençant : *Item, qu'à chacune fois.*
L'article 101. commençant : *Item, & est à noter.*

Du Titre XVII. intitulé, De recevoir plusieurs hommes, &c.

L'article 104. commençant : *Item, & aussi quand.*

Du Titre XIX. intitulé, Des cas & actions, &c.

L'article 112. commençant : *Item, est à sçavoir.*
L'article 115. commençant : *Item, qu'un heritage.*

Du Titre XXI. intitulé, De retraire, &c.

L'article 118. commençant : *Item, que ledit sieur.*

Du Titre XXII. intitulé, De Douaire, &c.

L'article 122. commençant : *Toutesfois que femme.*
L'article 123. commençant : *Item, & pour ce faire.*
L'article 124. commençant : *Item, mais où les heritiers.*
L'article 125. commençant : *Item, est à sçavoir.*
L'article 126. commençant : *Item, que où ledit droict.*
L'article 129. commençant : *Item, & est à notir.*
L'article 131. commençant : *Item, & faut noter.*

Du Titre XXIII. intitulé, Des Privileges, &c.

L'article 132. commençant : *Quand homme noble.*
L'article 133. commençant : *Item, que si la vefve.*
L'article 136. commençant : *Item, quand une vefve.*

Du Titre XXIV. intitulé, De Bail & Garde, &c.

L'article 137. commençant : *Tous enfans.*
L'article 141. commençant : *Item, mais où.*
L'article 142. commençant : *Et outre de retenir.*
L'article 143. commençant : *Item, & où il n'y auroit.*

Signe, DUBOIS.

HENRY par la grace de Dieu Roy de France & de Navarre : Au Bailly de Chaulny ou son Lieutenant, SALUT. Nous ayans esté advertis du long-temps qu'il y a que les Assises de votre Bailliage n'ont esté tenues, à cause des guerres & troubles passez : & estant necessaire pour le bien de notre service, & de nos subjets, de les tenir : A CES CAUSES, Nous voulons, vous mandons & commettons, que vous ayez à faire publier lesdites Assises par l'estendue de votre Bailliage, & les tenir à tel jour qu'adviserez le plus commode, gardant par vous les formalitez requises & accoustumées, ainsi qu'ont fait vos devanciers, & comme il se fait ès Assises des autres Bailliages de la province : De ce faire vous avons donné & donnons plein pouvoir, commission & mandement special par cesdites Lettres, nonobstant opposition ou appellation, pour lesquelles, & sans prejudice d'icelles ne voulons la tenue desdites Assises estre differée. Mandons & commandons à tous nos Officiers & subjets, qu'à vous en ce faisant soit obey : CAR tel est notre plaisir. DONNÉ à Paris le dixiesme jour de Fevrier, l'an de grace mil six cens neuf, & de notre regne le vingtiesme. Ainsi signé, Par le Roy en son Conseil, BERRUYER, & scellé du grand seel de cire jaune.

Les originaux des copies ci-dessus, se trouvent conformes à icelles, signées, seellées & contreseellées, régistrées au Greffe du Bailliage dudit Chaulny le cinquiesme jour d'Octobre mil six cens neuf, par moy Greffier audit Bailliage soussigné : les presentes delivrées & attachées soubs le seel dudit Bailliage, au cahier des Coustumes dudit lieu ; & procès verbal faict par Messieurs les Commissaires deputez à ce, le seiziesme jour desdits mois & an. Collation faite, signé, PARMENTIER.

LOUIS par la grace de Dieu, Roy de France & de Navarre : A tous presens & advenir, SALUT. En vertu de nos Lettres Patentes du feu Roy Henry le Grand notre tres-honoré Seigneur & pere, (que Dieu absolve) des dixiesme Fevrier & dernier Avril mil six cens neuf, nos amez & feaux, les Bailly de Chaulny, son Lieutenant audit Bailliage, & autres nos Officiers Commissaires à ce deputez, auroient avec les trois Estats dudit Bailliage, procedé à la correction, accord & redaction des articles des Coutumes dudit Bailliage & Prevosté de Chaulny, lesquels demeureroient inutiles, si elles n'estoient registrées en notre Cour de Parlement, & audit Bailliage & Prevosté, pour doresnavant estre observées & gardées, sans qu'à aucun à l'advenir soit permis faire preuve au contraire par tourbes ny autrement. SÇAVOIR FAISONS qu'après avoir veu en notre Conseil lesdites Coustumes, & le Procès Verbal d'icelles, desirant faire jouir nos subjets & habitans desdits Bailliage & Prevosté, du fruict desdites Coustumes, de nos graces speciale, pleine puissance, & autorité royale, Avons icelles confirmées, louées, approuvées, & autorisées, louons, approuvons & autorisons, par ces presentes signées de notre main : Voulons & nous plaist qu'elles soient, ensemble le Procès Verbal d'icelles, registrés ès registres de notre Cour de Parlement, & audict Bailliage & Prevosté ; pour doresnavant estre gardées & observées, comme Edict perpetuel & irrevocable, sans qu'à aucuns à l'advenir soit permis de faire preuve au contraire par tourbes, ny autrement. SI DONNONS EN MANDEMENT à nos amez & feaux Conseillers les gens tenans notre Cour de Parlement, ces presentes avec lesdites Coustumes, & le Procès Verbal d'icelles, faire registrer ès registres de notredite Cour, & desdits Bailliage & Prevosté de Chaulny, & tout le contenu en iceux garder & observer à l'advenir pleinement & perpetuellement, sans permettre ny souffrir qu'il y soit contrevenu, cessans & faisant cesser tous troubles & empeschemens au contraire : CAR tel est notre plaisir. Et afin que ce soit chose ferme & stable à tousjours, Nous avons fait mettre & apposer notre seel à cesdites presentes. DONNE' à Paris au mois d'Aoust, l'an de grace mil six cens onze, & de notre regne le deuxiesme. *Signé*, LOUIS : *Et sur le reply*, Par le Roy, la Royne Regente sa mere presente, DE LOMENIE : A costé, *Visa Contentor*, BERRUYER, & seellées sur lacs de soye rouge & verte, en cire verte du grand seel.

Extrait des Registres de la Cour de Parlement.

VEu par la Cour les Lettres Patentes du mois d'Aoust mil six cens onze, signées LOUIS, & sur le reply, Par le Roy, la Reine Regente sa mere presente, DE LOMENIE, *& seellées de cire verte, d'auctorisation & confirmation des articles de Coustume du Bailliage de Chaulny, redigez par l'advis des trois Estats assemblez suivant les Lettres Patentes du dernier Avril mil six cens neuf, pardevant les Officiers des lieux, pour estre ladite Coustume gardée & observée : Requeste à cette fin presentée par le Lieutenant General & Substitut: Arrest sur l'opposition des Officiers de Noyon, du douziesme Decembre mil six cens onze avec lesdits articles : Conclusions du Procureur General du Roy : Et tout consideré, LADITE COUR a ordonné & ordonne, que lesdites Lettres & Articles de Coustume seront registrées en icelle, Ouy, & consentant le Procureur General du Roy pour estre gardée & observée, sans prejudice des droicts des Officiers de Noyon, au procès pendant en icelle pour la jurisdiction par eux pretendue ès lieux contentieux entre eux, suivant l'Arrest du douziesme Decembre mil six cens onze : Cependant, l'Arrest de mil six cens entretenu. Fait en Parlement le douziesme Juillet mil six cens quatorze.* Signé, VOYSIN.

TABLE DES TITRES DES COUTUMES DE CHAULNY.

LISTE ALPHABETIQUE DES VILLAGES,

ET LIEUX RESSORTISSANS AU BAILLIAGE & Prevosté de Chaulny.

Abbecourt.
Annoy.
La cense de l'Annoy.
L'Abbaye aux Bois.
Attiemont.
Aubigny aux Planques.

Badicourt.
Bacquencourt.
Le Bacq Arblaincourt.
Baugies.
Berlancourt.
Bichencourt.
Besmé-Bresson.
Bourguignon.
Onze Mazures de Babœuf.
Beaulieu-le-Comte, & le Prieuré dudit lieu.
Les censes de Beaulieu.
La cense de Boutavant.
La cense de Boncœil.
Beine, Beinette.
Censes de Beaulieu en Beine, paroisse de Cugny.
Beuvrechy.
Bethancourt.
Brouchy.
Buchoire.
Beaumont, & les censes dudit lieu.
Le Bois-bruslé.
Bailly, Buzencourt.
Le Prieuré de Bretigny, & certaines hostisses.

Chaulny.
La cense de Camas.
Camelin.
Cugny, & tout ce qui est tenu du sieur du Port.
Candeur, ou Candoire.
Caumont.
Cense de la Cariere.
Caillouel.
Crespigny.
Commenchon.
Crizolles.
Condrem.
Cuy.
Campleleu.
Collezy.
Crosmoy.
La Chappelle en Febve.
La cense de Campagnie.
La Carmoye.

Dampcourt.
Dive.
Dive soubs Cuy.
Divette.
Doucencourt.
Dominois en partie.

Eaucourt.
Esmery.
Cense d'Esponceaux
Estay, cense.
Tout ce qui est tenu de Saint Eloy de Noyon.
Faillouel.
Frieres.
Flavy-le-Martel.
Flavy-le-Merdeux.
Cense de Favette.
La Folie.
Freniche.
Le Fresne.
Le petit Fruicty.
Follemprise.
Les Fosses Terlonval.
Flamicourt.

Genlis.
Gollencourt.
Gredenville.
Les Gravieres.
Guivry & les Haizettes.
Guyencourt.
Granville en partie.

Hallon.
Heronval.
La cense de l'Hospital du Temple.
Hombleux.

La Maladerie de Ham.
Les fauxbourgs dudit lieu, du costé de la porte de Chaulny, & celuy de la porte de Noyon, depuis la rue descendante à Muille.

Jussy.
La Joncquiere.
Jancourt.

Lyéz.
Louvetain, les bois de Louvetain.
La cense de Mallemaison.
Lombray.
L'Abbaye de Saint Eloy-Fontaine.
Saint Lazare lez-Chaulny.
L'Hostellerie du Long-Pont à Noyon.

Manicamp.
Marizel.
Marest.
La cense de Mallevoisine.
Mennessié.
Moulin Chevreux.
Mondescourt.
Magny en partie, qui est la rue de l'Espée.
Mesnil S. Wanem.
Muille.
Monjay.
Le Moulin du Poncel.
La cense de Malotiere.
Les Marlyeres.
L'Abbaye de S. Martin aux Bois.
Le Marcais, cense.
La cense de la Motte.
Maucourt.

Neuf-lieu.
Neufville, en Beyne.
S. Nicolas aux Bois, & le Prieuré dudit lieu.
Les fauxbourgs de Nesle, du costé de Ham.

Ongne.
Oremus.
Ourscamps, & tout ce qui est tenu dudit lieu.
Ollezy.
Ognolles.
Tout ce qui est tenu du fief d'Orleans.

Le Pretoire.
Le Perqueux.
La Potiere pezée.
Pim.
Pimpré.
Le Plessier simple.
Pescherie, & Pecquerie.
Le petit bacq Pimpré.

Quessy, & le Prieuré dudit lieu.
Quesmy.
Quennezy.
Quierzy, & le Prieuré dudit lieu.

Ramecourt.
Remigny.
Ribescourt, le Saulsoy, & Jancourt.
Raimbercourt.
Rouet.
Robecourt.

Salancy.
Sauriennois.
Simpigny.
Cense de Selaine.
Senicourt.
Le Sart.

La cense de Toutvent.
La cense de Thury.
La cense de Thiebauville.
Targny.

Waripond.
Vouel.
Cense de Voyaux.
Ville.
Villette.
Villeserve, & le Prieuré dudit lieu.
Vauguyon.
Villette lez-Ham.
Viry en partie, sçavoir la rue Chastelaine.
Le Voysin.

COUSTUMIER DU BAILLIAGE DE SENLIS [a].

1539.

TITRE PREMIER.

C'est la declaration & division des Duchez, Comtez, Chastellenies Royales du Bailliage de Senlis & anciens ressorts, & des autres Chastellenies particulieres subalternes de chascune desdites Duchez, Comtez & Chastellenies Royales, quels ressorts par appellations autrement ont & doivent avoir lesdites Chastellenies Royales & subalternes sous icelles ; Ensemble des Prevostez Royales dudit Bailliage.

ARTICLE PREMIER.

Du Duché de Vallois.

DE l'ancien ressort dudit Bailliage de Senlis, est le Duché de Vallois (*b*), en ce que consistoit le Comté dudit Vallois, auparavant qu'il fust erigé en Duché ; ensemble les Chastellenies de Pierrefons (*c*), Bethysi & Verberie, distraictes dudit Bailliage de Senlis, pour eriger ledict Comté de Vallois en Duché (*d*).

Des terres exemptes qui sont demeurées au Bailliage de Senlis.

II. Aussi les terres & seigneuries assises audit Duché de Vallois, appartenans à plusieurs Eglises, tant de Senlis, Compiegne, Soissons, qu'autres, sont demourées exemptes de la jurisdiction dudit Duché de Vallois, & du tout sujectes à la jurisdiction du Roy, les aucunes ès sieges des Bailliage & Prevosté dudit Senlis ; & les autres à Compiegne, à cause de la Prevosté qu'on dit l'exemption de Pierrefons, ressortissans audit Compiegne.

---

a DE SENLIS. Les conjectures de ceux qui nous ont laissé des notes ou observations sur cette Coutume, ne s'accordent pas sur son origine.

Celui qui a joint ses observations aux notes de Me Jean Marie Ricard, après avoir rapporté qu'il y avoit anciennement, & dès l'année 1283. une Coutume particuliere du Beauvoisis écrite par Philippes de Beaumanoir, suppose que dans le tems de la Redaction des Coutumes, projettée par Charles VII. & executée par les Rois ses successeurs ; les Commissions pour la Redaction ne s'étant addressées qu'aux Baillifs Royaux, il arriva que comme il n'y en avoit point pour lors à Beauvais, & que le siege du Bailliage étoit à Senlis, dans le ressort duquel étoit Beauvais, l'adresse de la Commission se fit au Bailly de Senlis, & que de ce moment la Coutume cessa de porter le nom de Beauvoisis, & se confondit dans celle de Senlis ; de sorte que Clermont qui suivoit la Coutume de Beauvais conserva seul la Coutume de Beauvoisis sous la désignation de sa ville, pendant que Beauvais qui lui donnoit la loy a été assujetti à la Coutume de Senlis.

Cette origine ne plaît pas au dernier Commentateur M. de Saint Leu ; il prétend que la Coutume de Senlis n'a jamais porté d'autre titre, que Coustumier de Senlis ; que Senlis comme Comté appartenoit à la Couronne, & étoit le siege principal de tout le Bailliage dès le tems de Philippes Auguste. Il ajoûte que Me Antoine Loysel parle du vieil Coustumier de Senlis d'auparavant 1421. au sujet d'un ancien juge des Exemps à Beauvais, dont il est même fait mention dans le procès verbal de cette Coutume, sur l'art. 33. C. B. R.

AUTEURS qui ont commenté cette Coutume.

Cette Coutume a été commentée par maître Laurent Bouchel avocat en Parlement en 1631.

Elle a été corrigée sur l'original qui est au greffe de la Cour, avec des remarques particulieres, par maître Jean Marie Ricard avocat en Parlement en 1652.

Me Paul-Philippes de Cornoaille a fait des notes sur cette Coutume jusques à l'art. 255. dont j'ai vû le manuscrit. J. B.

M de Saint-Leu Avocat du Roy au Presidial de Senlis, a aussi donné un Commentaire sur la même Coutume.

Peut-être doit-on donner place entre les Commentateurs de la Coutume de Senlis, à maistre Pierre Louvet, dont l'ouvrage est une conference des Coutumes observées en Beauvoisis, & qui sont Senlis, Amiens, Clermont, & Montdidier. C. B. R.

b ART. I. *est le Duché de Vallois.* Il n'en faut pas conclure que les Coutumes de Vallois ne soient que locales de celles de Senlis ; car les Coutumes ne suivent pas toûjours les Bailliages.

c. *ensemble les Chastellenies de Pierrefons.* Le siege de Prevôté de l'exemption de Pierrefons est établi à Compiegne, & en ressortissent les appellations devant le Bailly de Senlis, ou son Lieutenant particulier à Compiegne, comme il est declaré en l'article 65. & 66. La raison en est rendue au procès verbal, Que Pierrefons, Betizy & Verberie étoient anciennement de la châtellenie de Compiegne, distraits de Vallois, érigé en Comté Pairie. T. C.

Voyez art. 66. ci-après.

d *Vallois en Duché.* Partie du Bailliage de Vallois est attribué au Presidial de Soissons. T. C.

Du Comté de Clermont en Beauvoisis.

III. De l'ancien ressort dudit Bailliage de Senlis, est le Comté de Clermont, au moins la pluspart d'iceluy, mesmement les Chastellenies de Clermont, Bulles, Milly, Gournay sur Arondes, Sacy & Remy, auquel Comté y a de present Baillif nouvellement erigé.

Des terres exemtes demourées au Bailliage de Senlis.

IV. Souz ledit Comté de Clermont (*a*), y a plusieurs terres exemptes reservées à la jurisdiction du Roy, qui ressortiront respectivement ès lieux où d'ancienneté elles souloient & ont accoustumé ressortir.

Des Châtellenies Royales.

V. Chastellenies Royaux estans dudit Bailliage de Senlis.

Du Siege du Bailliage de Senlis.

VI. Senlis, qui est le siege capital.

Compiegne.

VII. Compiegne.

Creil.

VIII. Creeil.

Pontoise.

IX. Ponthoyse.

Chaumont.

X. Chaumont (*b*).

Beaumont.

XI. Beaumont sur Oize, de present estant Comté, comme il a esté d'ancienneté, appartenant à heritage (*c*) à haut & puissant seigneur, Anne de Montmorancy (*d*), Baron dudit lieu, Connestable & grand Maistre de France, à la charge que les officiers dudict Comté sont demeurez & demeurent Royaux.

Chambly.

XII. Chambly le Haut-Berger.

Du Bailly de Senlis & de sa jurisdiction pour le domaine.

XIII. Esquelles villes & Chastellenies de Senlis, doivent estre residens & demeurans le Baillif dudit Senlis, son Lieutenant general & particulier en son siege dudit Senlis, qui en l'absence dudict Baillif & son Lieutenant general, use de pareille preéminence & auctorité que ledit Lieutenant general; & les Advocat, Procureur & Receveur ordinaire en chef: Auquel lieu de Senlis, qui est le lieu capital dudict Bailliage, de tout temps & ancienneté par ordonnance du Roy nostredit seigneur, & de messieurs les Tresoriers de France, dernierement faite, a esté accoustumé cognoistre, discuter & terminer du fait du domaine du Roy (*e*) de tout ledit Bailliage, sans que les officiers Substituts particuliers esdites Chastellenies en doivent ou puissent cognoistre.

Des Lieutenans du Bailly ès sieges particuliers, des Châtellenies Royales.

XIV. Et pource que lesdites Chastellenies de Chaumont, Compiegne & Ponthoyse sont distants dudit lieu de Senlis, siege capital dudit Bailliage, l'une de huict lieues, l'autre de dix, & l'autre de quatorze lieues ou environ, pour relever les sujets desdits lieux, & leur administrer Justice à moindre fraiz & despens, a esté de tout temps & ancienneté ordonné qu'à chacune desdites Chastellenies, & autres dessus nommées, seroit un Lieutenant particulier de mondit seigneur le Baillif, qui pourroit cognoistre de toutes querelles, causes & matieres, qui pourroient survenir pardevant luy chacun jour, tout ainsi que si ledit Baillif ou son Lieutenant general & autres officiers y estoient residens en personnes; excepté toutesfois des causes & matieres du domaine du Roy, & reformation comme dit est.

TITRE II.

De la Chastellenie de Senlis.

De la premiere Châtellenie du Bailliage.

XV. La Chastellenie de Senlis s'estend ès preéminences & droits cy-après declarez, autres que n'ont les autres Chastellenies dudit Bailliage.

Des Prevosts Royaux forains

XVI. Prevosts Royaux sous la Chastellenie dudit Senlis: Le Prevost forain de Senlis, qui est le Juge ordinaire de toute la Chastellenie.

Des membres de la Prevosté foraine.

XVII. De ladite Prevosté ordinaire, ont esté faites d'ancienneté deux membres, pour supporter le peuple, pource que ladite Chastellenie est grande; c'est à sçavoir, la Prevosté d'Angy, & la Mairie de Brenoulle, qui sont Juges Royaux.

Du Prevost d'Angy.

XVIII. Le siege de ladite Prevosté d'Angy se tient à Angy, qui appartient au Roy, & aux Doyen & Chapitre de l'Eglise Collegiale & Chapelle Royale sainct Frambourst de Senlis, par indivis.

De la Mairie d'Angy.

XIX. Audit lieu d'Angy (*f*) y a Maire de par le Roy & desdits de Chapitre, au moyen d'une association que l'on dit pieça avoir esté faicte au Roy par lesdits de Chapitre. Et par ce ledit Maire est reputé Juge Royal, mais à present ladite Mairie en tout appartient audits de Chapitre, par acquisition n'agueres faicte de la portion qui en appartenoit au Roy, à la charge de faculté de rachat perpetuel.

De la Mairie de Brenoulle.

XX. Le siege de ladite Mairie de Brenoulle se tient audit Brenoulle.

De la connoissance des Nobles, Gens d'Eglise & Communautez.

XXI. Lesdits Prevost d'Angy & Maire de Brenoulle, n'ont point de cognoissance de gens d'Eglise, nobles & communautez, mais sont reservées au Prevost forain de Senlis, qui comme dit est dessus, est juge Chastellain, excepté quant ausdits gens nobles, & autres dessus-nommez estans de la Chastellenie dudit Senlis; desquels le Baillif de Senlis, & ses Lieutenans audit lieu, auront la cognoissance, quant aux cas declarez en l'Edit fait par le Roy, sur la jurisdiction & reiglement des Baillifs, Seneschaux & Juges presidiaux, & selon iceluy Edict.

Des criminels ès Prevosté d'Angy & mairie de Brenoulle.

XXII. Lesdits Prevost d'Angy & Maire de Brenoulle, ne peuvent tenir un prisonnier criminel, plus de vingt-quatre heures en leurs mains, sans le mener ès prisons ordinaires dudit Senlis; si lesdits Prevost & Maire n'avoient cause raisonnable & excusation, qu'ils ne pourroient si tost mener, ou envoyer audit Senlis, leursdits prisonniers.

Comment leur procès se fait.

XXIII. Lesdits Prevost d'Angy & Maire de Brenoulle doivent, & sont tenus, faire & parfaire les procès de leursdicts prisonniers criminels ès prisons dudit Senlis; & font faire les executions criminelles en la justice de Senlis, comme la justice de la Chastellenie; & n'en ont point d'autre.

Des Eglises, Nobles & Com-

XXIV. Ledit Prevost forain de Senlis (*g*), a

---

a ART. 4. *Souz ledit Comté de Clermont.* Partie du Comté de Clermont a été attribué au siege Presidial de Beauvais, lors de l'érection d'icelui T. C.

Ce que l'on a observé sur l'article premier au sujet du Vallois, doit aussi s'appliquer à Clermont, dont la Coutume ne peut être reputée locale de Senlis.

b ART. 10. *Chaumont*, n'est plus châtellenie, mais un Bailliage qui a deux sieges; sçavoir Chaumont & Magny. *Voir* la note sur l'article 80. T. C.

c ART. 11. à heritage. *Verius ad usumfructum improprium ut inf.* §. 42. C. M.

d *Anne de Montmorancy.* C'étoit par engagement que M. le Connestable le tenoit en heritage, à la charge que les Officiers demeureroient royaux, ainsi que le porte le procès verbal. T. C.

e ART. 13. *du fait du domaine du Roy.* Les causes du domaine du Bailliage de Senlis, sont attribuées par Edit à la chambre du Trésor; & faut noter que le Lieutenant particulier du Bailly de Senlis à Senlis use de pareille autorité que le Lieutenant general en tout le Bailliage; pour ce qui est du domaine seulement, duquel les baux sont encore aujourd'hui faits par le Lieutenant en la ville de Compiegne, pour ce qui est de la châtellenie de Compiegne. T. C.

f ART. 19. *Audit lieu d'Angy.* Les Officiers d'Angy sont royaux; mais le Maire est à la nomination du chapitre des Frangboursts, le siege du Prevôt est à Angy & en la ville de Beauvais, laquelle est du ressort de la Prevosté pour les cas royaux; & a été jugé par un Arrest donné entre les Presidiaux de Beauvais, qu'il pourroit tenir sa jurisdiction en la maison sise à Beauvais, achetée des deniers du Roy pour loger le Presidial, plaidans Cornoaille l'aîné pour lui, & le Noir pour les Presidiaux. T. C.

g ART. 24. *Ledit Prevost forain de Senlis.* Il n'a connoissance des Nobles, ni des Communautez, elle appartient au Bailly de Senlis, suivant l'Edit de Cremieu. T. C.

munautez, dont le Prevost forain peut connoitre.

cognoissance des gens d'Eglise, nobles & communautez, aux reservations ci-dessus contenuës.

Du Prevost de la ville de Senlis.

XXV. A Senlis y a un autre Prevost, nommé le Prevost de Ville (*a*), qui n'a que moyenne & basse justice, & cognoissance des matieres personnelles.

De la jurisdiction du Prevost de ville en criminel.

XXVI. Sous le nom de moyenne justice, ledit Prevost a & peut avoir cognoissance de larcin commis en fust, sans autre circonstance aggravant, comme crocheterie, ou autre effort.

Des fourches des Hauts-Justiciers.

XXVII. Les fourches patibulaires des hauts justiciers doivent estre à deux pilliers, & sont les liens par dehors les pilliers en signe que cesdits hauts justiciers ont regard aux champs, & estenduë de haute justice & seigneurie.

Du Comté de Beauvais.

XXVIII. Sous la Chastellenie de Senlis, y a les Chastellenies subalternes ci-après declarées, c'est à sçavoir le Comté de Beauvais tenu en Pairie.

Du Bailly de l'Evêque de Beauvais.

XXIX. L'Evesque & Comte de Beauvais, a son Baillif, duquel les appellations sortissent devant le Baillif de Senlis, à l'assise & siege dudit Senlis, après en descendant de degré en degré après les Prevosts Royaux qui y sortissent, qui ci-après seront nommez.

Des Justices inferieures audit Comté.

XXX. Ledit Evesque & Comte de Beauvais a aussi son Prevost de Beauvais, & si y a Prevosts en plusieurs Chastellenies de ladite Comté, sergens & autres officiers, les appellations desquels sortissent (*b*) pardevant le Baillif de Beauvais à son assise.

Des terres tenues en fief dudit Comté.

XXXI. Pareillement ledit Baillif de Beauvais a cognoissance des appellations de toutes les seigneuries, quelles qu'elles soient, tenans en fief de sadite Comté & de leurs officiers. Et si aucunes appellations sont relevées ailleurs, les causes d'appel doivent estre renvoyées pardevant ledit Baillif.

De l'assise du Bailly dudit Comté.

XXXII. Ledit Baillif de Beauvais juge, en son assise, par le Conseil & ordonnance des hommes de fiefs (*c*) au peril de soixante sols parisis d'amende, que payeroient lesdits hommes de fiefs, s'il estoit dit mal jugé.

De l'amende du mal jugé par le Bailly du Comté de Beauvais.

XXXIII. Iceluy Baillif de Beauvais hors assise en quelque cas soit civil ou criminel, en quelque jugement ou exploit de justice qu'il face, juge au peril de soixante sols parisis d'amende s'il estoit dict mal jugé ou exploicté. Laquelle amende seroit tenu de payer ledict Evesque & Comte de Beauvais, pour ce que ledit Baillif est tenu & reputé pour advoué de soy.

Des Baronnies de Mello & Moncy le Chastel.

XXXIV. Aussi au Bailliage de Senlis y a la Baronnie & Chastellenie de Mello, la Baronnie & Chastellenie de Moncy le Chastel.

Du ressort desdites Baronnies.

XXXV. Le seigneur de Mello (*d*) & le seigneur de Moncy, ont chacun son Baillif tenant assise, en laquelle assise ressortissent les appellations de leurs Prevosts & sergens, & aussi des Prevosts, Maires & sergens des seigneurs tenans en fief, de leurs Chastellenies. Et si les appellans ont relevé ailleurs, lesdites appellations se doivent renvoyer pardevant lesdits Baillifs.

De la Chastellenie & Justice de saint Lucian de Beauvais.

XXXVI. Les Religieux, Abbé & convent de sainct Lucian lez Beauvais, ont privilege, & en jouissent, par lequel ils ont Baillif, assise & ressort de leurs sujets & officiers, comme les autres Baillifs, & sont reputez en ce cas comme Chastellains. Mais il convient entendre, que leur Eglise est assise ès metes du Bailliage d'Amiens, & leurs seigneuries sont assises en trois Bailliages, c'est à sçavoir Amiens, Vermandois & Senlis. Tous leurs sujets desdicts trois Bailliages indifferemment, sont convenus en leur justice ordinaire : & aussi ressortissent à l'assise du Baillif de sainct Lucian, qui tient son siege en ladite Eglise pour tous lesdits Bailliages, & s'il y a appellations, elles ressortissent pardevant le Baillif Royal, souz lequel l'appellation est sujete : c'est à sçavoir les sujets du Bailliage de Senlis, pardevant le Baillif de Senlis, en son assise audit Senlis, les sujets dudit Bailliage de Vermandois, pardevant le gouverneur de Mondidier, qui est la Chastellenie Royalle souz qui ils sont sujets, & les sujets d'Amiens, pardevant le Baillif d'Amiens.

De l'amende du mal jugé par les Baillifs de Mello, Moncy & saint Lucian.

XXXVII. Les Baillifs de Mello, Moncy & sainct Lucian, jugent par le Conseil & ordonnance de leurs hommes de fiefs, aux perils de soixante sols parisis. Et au regard des autres jugemens, & exploits ordinaires, où lesdits hommes de fiefs ne sont point appellez pour juger, lesdits Baillifs jugent aux perils de telle amende que dessus, dont les seigneurs respondront, tout ainsi que dessus a esté declaré du Baillif de Beauvais.

TITRE III.

Prevosts Royaux & Baillifs subalternes ressortissans à l'Assise de Senlis.

Des Prevosts Royaux.

XXXVIII. LE Prevost forain de Senlis le premier, le Prevost d'Angy, le Maire de Brenoulle, le Prevost de Ponts, le Prevost de Pontpoingt, le Maire d'Angy, & le Prevost de la Ville de Senlis.

Des Prevosts de Ponts & de Pontpoingt.

XXXIX. Lesdits Prevosts de Ponts & Pontpoingt, ne sont point de la Chastellenie de Senlis, & si n'ont point d'assise sur le lieu, comme ont Creçil, Chambly & autres Chastellenies : Mais sont simples Prevosts, ressortissans à l'assise dudit Senlis.

Difference de la Prevosté Royale, d'avec celle du seigneur châtelain de Ponts.

XL. Ladicte Prevosté de Ponts, est une Prevosté ordonnée au moyen d'une association, que l'on dit avoir esté faite au Roy par les seigneurs Chastellains de Ponts. Et a ledit Prevost de Ponts, pour le Roy sa cognoissance, & ses droits limitez, sans rien entreprendre sur les droicts du seigneur Chastellain.

Des appellations du Prevost châtelain de Ponts.

XLI. Ledict seigneur Chastellain, a pour luy son Prevost & officiers, qui pareillement ressortissent à ladicte assise de Senlis.

De la Prevosté de Pontpoingt.

XLII. Les Religieuses, Abbesse & convent de Moncel, sont Dames usufructuaires (*e*) de Pontpoingt ; & le Roy est le proprietaire, & par leur fondation, leur Prevost & sergens sont reputez officiers Royaux. Et veut le Roy, que tous leurs droicts se conduisent en son nom & à ses despens, & soient officiers Royaux. Et ainsi en usent lesdites Dames ;

---

a ART. 25. *nommé le Prevost de ville.* Il a connoissance de toutes matieres, civiles, personnelles, reelles, mixtes, dans la ville & banlieue, & exerce pour le Roy, la justice, qui jadis appartenoit à la commune de Senlis. T. C.

b ART. 30. *les appellations desquels sortissent.* Par l'établissement du siege Presidial de Beauvais, les appellations des Juges de M. l'Evêque de Beauvais se devoient relever audit Presidial ; mais par Arrest, jugé qu'elles se releveront directement en la Cour à cause de la Pairie. T. C.

c ART. 32. *hommes de fiefs.* Ce sont seigneurs de fiefs, qui sont tenus servir à la justice, assister & juger avec le Bailly à leurs perils de l'amende, en cas qu'il soit dit mal jugé ; car ils donnent conseil au Bailly tant en son assise, qu'ès plaids ordinaires. *Voyez Ragueau en son Indice.*

d ART. 35. *Le seigneur de Mello.* La baronnie de Mello est demeurée au Bailliage de Senlis ; celle de Moncy est du Bailliage royal de Beauvais, qui a été créé avec le Presidial. T. C.

e ART. 42. sont dames usufructuaires. *Heteroclitus usufructus quia perpetuus est, videtur magis usus quia Rex aliquid retinet.* C. M.

Cet usufruit est perpétuel, le Roy comme proprietaire, n'en tire aucun profit ; sinon qu'il donne les provisions aux Officiers sur la nomination des Abbesse & Religieuses. T. C.

& par ce, ressortissent en ladite assise de Senlis.

De quel ressort est le Prevost de Pontpoingt. XLIII. Lesdicts Prevosts & sergens de Pontpoingt, ressortissent, comme dessus, en ladicte assise de Senlis.

Des Baillis des seigneurs chastelains ressortissans à Senlis. XLIV. Le Baillif de Beauvais, le Baillif de Mello, le Baillif de Moncy, & le Baillif de sainct Lucian, ensemble tous les sergens executeurs de leurs commissions & exploicts, ressortissent à l'assise. dudict Senlis.

Des appellations des Sergens. XLV. Si en ensuivant les ordonnances Royaux, les appellans d'un sergent executeur, comme excedant les termes de sa commission, vouloient relever pardevant le Baillif qui auroit donné ladite commission, faire le pourroient.

Du relief d'appel. XLVI. Les appellans desdits Baillifs, Prevosts, Sergens & Officiers, soient Prevosts ou Sergens Royaux, ou subalternes, sont tenus relever en dedans quarante jours (*a*), à compter le jour de l'appellation pour un jour, & le jour du relief pour un autre, sur peine de desertion.

De la renonciation à l'appel. LXVII. Lesdits appellans peuvent renoncer à leurs appellations, dedans la huictaine du jour de leursdites appellations, sans amende.

De l'appel omisso medio. XLVIII. Si aucuns appellans subalternes, ou subjects des Juges Chastellains dudict Bailliage, ont relevé à l'assise dudit Senlis, *obmisso medio*, ils sont renvoyez de ladite assise pardevant leur juge d'appel immediat, chacun endroit soi; s'il n'y avoit aucuns attentats, ou cause pourquoy on en doive retenir la cognoissance.

Du relief des appellations des Juges châtelains. XLIX. Les appellations desdits Baillifs de Beauvais, Mello, Moncy, & sainct Lucian, se relievent à l'assise de Senlis, pareillement en dedans quarante jours.

De la publication des assises. L. La publication de toutes lesdites assises se doit faire, du moins quarante jours devant, & publier en jugement, & attacher ès lieux publicques.

De l'amende du mal jugé par les Juges Royaux. LI. Tous les Prevosts & Sergens Royaux, jugent & exploictent sans danger d'amende.

Quid? lorsqu'ils sont intimez, & soutiennent leur jugement. LII. Lesdits Prevosts & Sergens, s'ils soustiennent leur jugé & exploits, avec les parties intimées, s'il est dit mal jugé ou exploicté, ils payent despens pour moitié; & aussi il les acquierent pour moitié, s'ils gaignent leur cause; pourveu que lesdits Prevosts & Sergens soient intimez ès matieres d'appel, ou qu'ils ayent aucun interest notable concernant leurs offices, & droits d'iceux.

Quid? lorsqu'ils ne soutiennent point. LIII. Si lesdits Prevosts & Sergens declarent, qu'ils se rapportent aux parties de soustenir, ou ne se presentent point, ils ne doivent nuls despens; si ainsi n'est qu'il n'y ait abus ou excès, pour lesquels ils soient prins à partie; esquels cas, ils seront tenus de soustenir leur jugé & exploit, à leurs perils & fortunes d'amendes & de despens, selon l'exigence des cas.

Des fermiers des amendes pour la poursuite des crimes. LIV. Les fermiers des exploits & amendes, de toutes les jurisdictions Royales dudit Bailliage, pourront faire la poursuitte en justice des cas, delicts & malefices, dont l'amende excede soixante sols parisis: mais ne pourront composer de telles amendes, que pour les cas & delicts ja commis; ne faire ladite composition, sinon par forme de condemnation, qu'ils seront tenus faire enregistrer, au Greffe du juge des amendes & exploicts, duquel ils seront fermiers: & desdites compositions & condemnations, ils seront tenus conferer & communiquer aux gens du Roy; lesquels juges & gens du Roy, seront tenus proceder sommairement & de plain, esdictes matieres, ce qui aura lieu, & en sera usé, aux Chastellenies & jurisdictions particulieres dudict Bailliage de Senlis & Comté de Beaumont.

Du fermier des amendes intimé. LV. Si en telles causes d'office y a appellation, le Prevost fermier est reputé partie intimée pour son interest, parquoy s'il est dit mal jugé, il est condemné ès despens de l'appellant.

De l'amende du fol appel des Juges Royaux. LVI. Si les appellans des Prevosts & Sergens Royaux, ont mal appellé, ils sont condemnez ès despens & en l'amende de soixante sols parisis, que prend le Prevost fermier, chacun en ses termes.

De l'amende du fol appel des Juges subalternes. LVII. Les appellans des Baillifs, Prevosts & Juges subalternes, qui relevent leurs appellations en assise, ou dehors par anticipation, s'il est dit mal appellé, l'appellant de juge subalterne qui n'est juge Royal, est condemné ès amendes de son fol appel, c'est à sçavoir en soixante sols parisis envers le juge duquel il est appellant, & autres soixante sols parisis envers le Roy (*b*), qui sont prins & cueillis par le fermier des amendes pour le Roy, qui est en la Chastellenie de Senlis & le fermier des exploicts de la Prevosté foraine, lequel prend lesdites amendes de soixante sols parisis, tant du juge dudit Baillif, que dudit Prevost forain.

Amende du fol appel du Prevost de ville. LVIII. Les appellans des sentences données par le Prevost de la Ville dudit Senlis, s'il est dict bien jugé par ledict Prevost, & mal appellé par eux, ou que tel appel soit declaré desert, ne payeront qu'une amende de soixante sols parisis, qui sera levée par le fermier des exploicts du Bailliage, & pareillement des appellations qui seront interjectées du Prevost de la Ville de Compiegne, Prevost de la Ville de Chaumont, & du Prevost, Maire de Ponthoise, ce qui aura aussi lieu, ès autres Chastellenies particulieres dudit Bailliage, & par tout iceluy.

Stil en fait d'appellations. LIX. Par le stil notoire qui est gardé, les appellans soit en assise, ou en jour ordinaire, sont tenus de cotter le jour de leur appellation, & de leur relief, pour fonder jugement, sur peine de donner congé de cour, qui emportera declaration de la desertion de ladite appellation, & par consequent mal appellé; s'il n'y avoit aucune cause ou excusation apparente pour laquelle le juge de son office & pour juste cause suppliast par l'opinion des assistans, & n'y sert de rien, de demander absence en ce cas.

Des Prevosts en garde en cas d'appel. LX. Le Prevost forain de Senlis & autres Prevosts en garde (*c*), qui ne sont fermiers des exploicts, ne payent aucunes despens.

De la difference des Prevosts Royaux, pour l'amende du mal jugé. LXI. Les Juges, Sergens & officiers subalternes, s'ils ont mal jugé & exploicté, sont condemnez en soixante sols parisis d'amende pour leur mal jugé, & ès despens des parties (*d*). Idem des Baillifs Chastellains, qui sont condemnez en pareille amende pour leur mal jugé: mais les Juges Royaux, comme le Prevost forain de Senlis, le Prevost de la ville, le Prevost d'Angy, ne payent amende de leur mal jugé.

Du seigneur qui juge ou exploite en personne. LXII. Si le seigneur a donné la sentence (*e*), ou faict l'emprisonnement, ou exploict en personne, dont il est appellé, & il est dit bien appellé & mal jugé ou exploicté, tel seigneur est condemné en telle amende que dessus, comme les Baillifs & Chastellains, pour ce que le seigneur est advoué de soy.

---

a ART. 46. *en dedans quarante jours.* Dans lesquels ne sont compris le jour de l'appel, ni le jour du relief. T. C.

b ART. 57. *& autres soixante sols parisis envers le Roy*, Deux amendes, & neanmoins usitées. T. C

c ART. 60. *& autres Prevosts en garde.* Cet abus reformé par divers Arrests par lesquels les Prevosts ni autres Juges ne peuvent plus être fermiers. *Masuer tit 6. Molin. Niver. art. 26. Idem*, du procureur fiscal; Arrest 2. Septembre 1614. M. Talon plaidant. T. C.

d ART. 61. *& ès depens des parties.* Faut entendre quand les Juges sont intimez & pris à partie. T. C.

e ART. 72. *Si le seigneur a donné la sentence.* Le seigneur ne doit lui-même donner sentence, mais son juge, non plus que l'Evêque ou le Chapitre. Arrest du 16. Decembre 1608. M. de Montholon & Mornac, M. l'Evêque de Noyon partie. T. C.

TITRE IV.

De la Chastellenie de Compiegne.

De l'assise de Compiegne.

LXIII. LE Lieutenant general de Mr le Baillif de Senlis, va tenir l'assise (a) à Compiegne; & s'il a empeschement, le Lieutenant particulier la tient; à laquelle assise ressortissent les Prevosts qui s'ensuivent.

Prevost forain de Compiegne.

LXIV. *Primò*, le Prevost forain de Compiegne, qui est le Juge ordinaire & Prevost Chastellain, comme le Prevost forain de Senlis.

Du Prevost de l'exemption de Pierrefons.

LXV. Le Prevost de l'exemption de Pierrefons (b), qui tient son siege audit lieu de Compiegne, qui est pareillement Juge ordinaire sur ses sujects.

De l'exemption de Pierrefons.

LXVI. Et est à entendre, que c'est de l'exemption de Pierrefons, & dudit Prevost qui tient ainsi son siege audit Compiegne, comme le Prevost ordinaire. Il est vray, que quand le Duché de Valois fut baillé au Duc d'Orleans par empainaige (c), plusieurs Eglises, qui estoient de fondation Royale audit Duché de Valois, s'opposerent que leurs terres & seigneuries demourassent sujectes audit Duché de Valois; parquoy fut faicte cette ordonnance, d'y commettre un Prevost pour le Roy, des terres exemptes & admorties, & mesmement des terres assises en la Chastellenie de Pierrefons, qui estoit, & est la plus part dudict Duché, & où il y a plus de terres d'Eglises Royales; & fut assis & ordonné, le siege du dit Prevost des exempts, à Compiegne, comme plus prochaine ville du Roy. Et au regard d'autres Eglises & terres exemptes du costé de Senlis, elles demeurent nuement de la Prevosté de Senlis, & encores en jouit le Roy paisiblement, aussi faict il de toute l'exemption de Pierrefons.

Du Prevost de ville.

LXVII. Le Prevost de la Ville de Compiegne, a pareille jurisdiction que le Prevost de la Ville de Senlis; & ressortit à ladite assise de Compiegne.

Des Prevosts Royaux de Marigny & Thorotte.

LXVIII. Le Prevost de Marigny, & le Prevost de Thorotte, pareillement ressortissent à ladicte assise: Auquel lieu de Thorotte, le Prevost de Compiegne tient siege & jurisdiction, chacune semaine le Jeudy.

Des appellations des Juges subalternes de la châtellenie de Compiegne.

LXIX. Toutes les appellations de tous Juges, Sergens & Officiers subalternes, ressortissent à ladite assise.

TITRE V.

De la Chastellenie de Ponthoyse.

De l'assise de Pontoise, & de son ressort.

LXX. A Ponthoise y a pareillement Lieutenant particulier. Et y est tenue assise par le Lieutenant general, comme ès autres Chastellenies.

Du Prevost Vicomtal.

LXXI. A ladite assise ressortissent le Prevost Vicomtal de Ponthoise, comme le Juge Chastellain.

Du Prevost Maire.

LXXII. Le Prevost & Maire dudit Ponthoise (d), qui est en moyenne & basse Justice comme les autres.

De la Justice de Villeneuve-le-Roy.

LXXIII. Le Prevost de la Villeneufve le Roy, & tous les Juges, Sergens & Officiers de toutes les justices subalternes, ressortissent ausdites assises, & n'en a point le Prevost de cognoissance.

Du Prevost Vicomtal de Pontoise.

LXXIV. Le Prevost Vicomtal de Ponthoise, est Prevost en garde en office; & n'est tenu payer aucuns despens ès cas, & ainsi que dict est dessus du Prevost forain de Senlis; & a cognoissance des nobles, & autres matieres à luy attribuées par Edict special à luy octroyé par le Roy, & verifié en Cour de Parlement à Paris.

De la châtellenie subalterne de l'Isle-Adam.

LXXV. Sous ladicte Chastellenie de Ponthoise y a la Chastellenie de l'Isle Adam, en laquelle y a assise & ressort, & ont cognoissance de leurs sujets par appellations, comme les autres Baillifs dont cidessus est faicte mention, qui semblablement jugent au peril de telle amende que les autres Baillifs, & ressortissent à ladite assise de Ponthoise.

De la procedure en cas d'appel.

LXXVI. Les appellans & intimez sont tenus relever & poursuivir leurs appellations comme dessus.

De l'amende du mal jugé des Juges subalternes.

LXXVII. Aussi les seigneurs, leurs Juges & Sergens, jugent, souz les perils d'amende & de despens, tout ainsi que ci-dessus est declaré.

Des appellations du Bailliage de Senlis, & des Lieutenans ès châtelnies.

LXXVIII. Toutes les appellations interjectées dudit Baillif de Senlis, ou ses Lieutenans, en tous lesdits sieges, soit en assise ou hors assise, ressortissent en Parlement, aux jours ordinaires du Bailliage de Senlis.

TITRE VI.

De la Chastellenie de Chaumont.

De l'assise de Chaumont, & de ce qui est compris sous icelle.

LXXIX. AUdit Chaumont y a ordinairement Lieutenant particulier, comme ès autres Chastellenies, & y va pareillement le Lieutenant general tenir l'assise, s'il n'a empeschement, sous laquelle Chastellenie, sont les Prevost & Baillifs qui s'ensuivent.

a ART. 63. *va tenir l'assise.* Cet article & les autres suivans usent du mot d'assise au singulier, pour montrer qu'elle ne doit être tenue qu'une seule fois l'an, & non deux, trois ou quatre, pendant laquelle assise qui doit durer huit jours seulement, le Lieutenant general peut recevoir les Officiers de la châtellenie, & non hors le temps d'assise; & ne peut prendre d'epices ni autres émolumens, sur peine de concussion. Arrest du Lundy 5. Fevrier 1635. M. le Premier President le Jay presidant, entre les Officiers du Bailliage de Valois à Crespy, & ceux de la châtellenie de la Ferté Milon, plaidans Rosée & moi pour les appellans, & C. Gaultier pour les intimez, conformément aux conclusions de M. l'Avocat General Bignon. J. B.

b ART. 65. *de Pierrefons.* Voir la note sur l'article premier. T. C.

c ART. 66. *par empainaige.* C'est appanage qui est proprement entendu de ce qui est donné par nos Rois à leurs enfans ou freres, pour leur provision & entretenement, qui revient à la Couronne, defaillant la ligne masculine desdits enfans ou fréres. *Voyez Ragueau en son Indice.*

d ART. 72. *Le Prevost & Maire dudit Ponthoise.* Arrest par lequel il peut exercer toute justice en la ville & banlieue; même il doit connoître des nobles & communautez en son ressort, comme le prevôt & garde, le lieutenant du Bailly de Senlis à Ponthoise connoissant seulement des appellations. T. C.

Du Prevost forain de Chaumont.

LXXX. *Primò*, le Prevost forain de Chaumont (*a*), qui est Juge ordinaire & Prevost Chastellain, & a un siege au village de Maigny, pource qu'une portion de pays, nommé à present l'escroissement de Maigny, est de present & dès long temps, adjoint avec & sous ladite Chastellenie de Chaumont, à cause que c'est loing de Senlis, & qu'on n'en veut faire une Prevosté & siege à part.

Du Prevost de ville de Chaumont.

LXXXI. Le Prevost de la Ville de Chaumont, a moyenne & basse Justice, comme les autres de Senlis, & Compiegne; & ressortist à ladite assise.

De la châtellenie subalterne de la Roche-Guyon.

LXXXII. Le Baillif de la Rocheguyon (*b*), est souz la Chastellenie de Chaumont, & y ressortist en l'assise, & juge souz tel peril de l'amende, comme les autres Baillifs Chastellains dudict Bailliage de Senlis.

De la jurisdiction du Bailly de la Roche-Guyon.

LXXXIII. Ledit Baillif a son assise & ressort & cognoissance de ses Prevosts, Sergens & sujets, en telle condition & ainsi que ci-dessus est declaré, tant en amende que des despens.

TITRE VII.

Comté & Bailliage de Beaumont sur Oyse, maintenus par le Procureur du Roy au Bailliage de Senlis, estre Chastellenie ancienne dudit Bailliage de Senlis.

De l'assise de Beaumont sur Oize.

LXXXIV. AUdit Comté y a Baillif, qui a ses Lieutenans & autres officiers pour le Roy; & a droit d'assise, où ressortissent le Prevost Royal dudit Beaumont (*c*) ensemble les appellations des Sergens, avec les Baillifs Chastellains & Juges subalternes dudit Comté.

Des châtellenies subalternes de Persent & Meru.

LXXXV. Dudict Comté sont les Chastellenies, de Persent & Meru (*d*), ressortissans par appel en l'assise dudit Beaumont; les Baillifs desquelles Chastellenies, jugent à peril d'amende, & sont tenus soustenir leur jugé comme dessus.

TITRE VIII.

De la Chastellenie de Creeil.

De l'assise de Creeil.

LXXXVI. LEdict Baillif de Senlis, ou son Lieutenant, tient pareillement l'assise audict Creeil (*e*), à laquelle ressortist le Prevost de Creeil, qui a toute cognoissance ordinaire, pour ce qu'il est seul Prevost.

Des Maires & Sergens fieffez.

LXXXVII. Aussi y a aucunes Mairies Royalles, comme la Mairie de Montataire, sainct Queulx & autres en maniere de Sergens fieffez (*f*), & n'est pas grande chose, & les seigneurs subalternes ressortissent à ladicte assise, & illec n'y a autres Sergens que ceux que y commet le Sergent fieffé, par privilege qu'il a: mais il n'en peut commettre, que jusques au nombre de trois. C'est à sçavoir deux à cheval, & un à verge, qui sont instituez par le Baillif de Senlis ou son Lieutenant, & sont tenus & reputez Sergens Royaux.

Des amendes en cas d'appel.

LXXXVIII. Les hommes de fiefs de ladite Chastellenie, sont assistans & jugeans pour ledit Baillif, à leurs perils de telle amende que les autres dont dessus est parlé, pour ce que depuis aucun temps, comme de deux cens ans ou environ, ladite Chastellenie a esté renvoyée (*g*) en la main du Roy. Et au temps qu'une partie estoit en la main de feu messire Porrus de la Vercines (qu'on dit qui la confisqua) lesdicts hommes de fiefs y estoient tenus servir, & depuis y a esté ainsi continué.

De la procedure en cas d'appel.

LXXXIX. Les Prevosts, Maires, Sergens, appellans & intimez sont tenus eux conduire, & se reiglent en leurs appellations, condemnations d'amendes & de despens, comme il est declaré ci-dessus, selon la Prevosté de Senlis.

De l'assise de Chambly.

XC. Chambly est un petit siege (*h*), où ledit Lieutenant va tenir l'assise, & y a aussi Lieutenant particulier ordinaire sur le lieu.

Du ressort.

XCI. A l'assise de Chambly, ressortist le Prevost dudit Chambly, ses Sergens, & aucuns sujets de ladite seigneurie, qui est de petite estenduë.

De la seigneurie du lieu.

XCII. Ladite seigneurie de Chambly, appartient en usufruict ausdictes Religieuses du Moncel, & au Roy en proprieté, pour les causes & ainsi qu'il est dit ci-dessus touchant la seigneurie de Pontpoingt, & sont au surplus, les appellations de pareille condition d'amende & despens que dessus.

---

a ART. 80 *le Prevost forain de Chaumont*. Les sieges de Chaumont & Magny sont divisez, encore qu'il n'y ait qu'un seul Bailly royal de Chaumont & Magny: il a un Lieutenant à Chaumont, & un Lieutenant à Magny, & le Prevôt de Chaumont n'a plus d'exercice à Magny, d'autant que le Lieutenant de Magny a la justice royale en premiere instance, & le Bailly pour le seigneur de Magny siege subalterne, a la jurisdiction ordinaire, les appellations duquel ressortissent devant le Bailly ou Lieutenant de Chaumont établi à Magny. T. C.

b ART. 82. *Le Baillif de la Rocheguyon*. Les appellations du Bailly de la Rocheguyon ressortissent devant le Lieutenant de Magny, & de là au Presidial de Beauvais au cas de l'édit, sinon au Parlement. T. C.

c ART. 84. *le Prevost royal dudit Beaumont*. Il n'y a plus de Prevôt, mais un Bailly de robbe-longue, qui exerce la justice pour le Roy, suivant l'art. 50. de l'Ordonnance d'Orleans. T. C.

d ART. 85. *de Persent & Meru*. Les appellations de la châtellenie de Meru ne ressortissent à present au Bailliage de Beaumont, mais au Presidial de Beauvais depuis son établissement; jugé par Arrest contradictoire: Et ainsi il semble que les Officiers ne doivent plus de comparution aux assises de Beaumont. T. C.

e ART. 86. *l'assise audict Creeil*. A Creil n'y a Prevôst, & le Lieutenant du Bailly de Senlis est seul juge en la ville & châtellenie. Ayant voulu établir un des notaires de la châtellenie aux fauxbourgs de Pont, dans le fief des religieux qui relevent de la châtellenie de Creil, par Arrest sur appointement au Conseil debouté, nonobstant l'intervention de Madame la Comtesse de Soissons, qui jouit du domaine de Creil par engagement. T. C.

f ART. 87. *en maniere de sergens fieffez*, Qui ont quelque jurisdiction & peuvent commettre d'autres sergens jusques à trois. *Voyez l'Indice de Ragueau.*

Voyez Bretagne, art. 21. *ubi dixi*. J. B.

g ART. 88. *a esté renvoyée*, lisez *réunie*, conformément à l'original deposé au greffe du Parlement.

h ART. 90. *Chambly est un petit siege*. Il n'y a point de Prevost à Chambly, le Lieutenant pour le Roy exerce toute la justice, & le Bailly de Beaumont a jurisdiction dans Chambly, qu'il doit exercer sur le lieu. T. C.

TITRE IX.

De droits appartenans aux seigneurs Chastellains.

Du droit d'assise, ressort, & tabellion au seigneur châtelain.

XCIII. A Un seigneur Chastellain, outre un haut justicier, appartient assise & ressort de ses Prevosts ou gardes de Justice, les sujects, pardevant son Baillif en cas d'appel, & autrement par reformation ; il a seel authentique, tabellion *(a)*, droit de marché (& aucuns ont droit de travers) *(b)*, prieuré ou Eglise Collegial, Hostel Dieu & maladerie, Tour & Chastel, s'il luy plait fort, & à Pont-levis.

De la prévention sur ses inferieurs.

XCIV. *Item*, Les sujects de toute sa Chastellenie, sont bien convenus pardevant son Prevost, Chastellain ou Baillif, lesquels neantmoins sont tenus les renvoyer *(c)*, quand ils en sont requis suffisamment, par un seigneur son sujet, ayant haute justice souz luy : sinon toutesfois que le demandeur se rapporte de sa demande au serment du deffendeur : Auquel cas, le Juge Chastellain en cognoistra, sans qu'il soit tenu en faire aucun renvoy.

De la jurisdiction d'un châtelain sur ses inferieurs.

XCV. *Item*, Tel Baillif dudit seigneur Chastellain peut reformer en tout temps (aussi bien en assise que dehors) les Juges & officiers, hauts, moyens & bas justiciers sujets à sa Chastellenie, des abus par eux commis, & pareillement ses vassaux, à ce appellez, les autres pairs *(d)* & compagnons, qui sont sujets à assister ès jugemens de la Justice dudit seigneur Chastellain, avec lesdits vassaux qu'on veut reformer. Aussi le Sergent executeur du Baillif, ou Prevost Chastellain, est tenu demander assistance *(e)* au haut justicier ou ses officiers : mais quand ledit Baillif ou Prevost, ou leurs Lieutenans, besongnent en personne ès termes *(f)* de ladite Chastellenie, ils ne sont point tenus demander assistance. Neantmoins un Sergent seul, en l'absence de tel juge, peut sans assistance, prendre un delinquant, & sa prinse faite, avant le transporter, le notifier à tel haut justicier, ou son juge, pour oster les abus qu'ils pourroient commettre, & sont tenus lesdicts pairs & compagnons juger à leurs perils & fortunes & danger de telle amende que dessus envers le Roy, en tous les procez des assises & autres, si à ce faire ils sont appellez par le seigneur Chastellain ou son Baillif. Et où ils ne sont appellez, tel Baillif est advoné de soy-mesme, de juger au danger du seigneur Chastellain souz telle amende.

TITRE X.

Des cas appartenans à haut Justicier.

Des droits de haute-Justice.

XCVI. DE meurtre, rapt, boutefeu, peché contre nature, de toutes batures & mutilures, faites de fait à guet & de propos deliberé sans port d'armes, & *maximè* à la requeste & priere d'autruy, par don, promesse ou autre chose, de tous ports d'armes, de chaude colle *(g)*, la cognoissance en appartient au haut Justicier, si le cas n'est que la cognoissance en doive appartenir au Roy ou à ses officiers, ainsi comme dict est. Il a semblablement en sa seigneurie & haute Justice, regard sur les mesures. Faict mesurer & estallonner *(h)* les poix & mesures, dont l'on use en sadite haute Justice. Il faict faire tous cris publicques, donné congé de pendre pris & joyaux pour jouer à la paulme, aux barres & autres jeux, asseoir borne, & punir les arracheurs d'icelles bornes pour gaigner terre ; a regard & cognoissance sur les voyries *(i)* : il a semblablement cognoissance des aulvens sur rue *(k)*, & ne peut aucun picquer, houer, abbattre ou emonder arbres sur la voyrie sans son congé ou licence, & apposer bornes entre jurisdictions & terrouers de seigneurie. Il peut donner congé de mettre aulvens, enseignes de tavernes, & autres exploits.

Des espaves confiscations & tresors.

XCVII. Le haut justicier a cognoissance des espaves, confiscations, & thresors trouvez en sa justice, & viennent à son profit ; sur le quel droit de confiscation, le moyen justicier doit prendre soixante sols parisis, pour son droit d'amende sur ses justiciables, quand il en fait diligence.

De la Jurisdiction du haut Justicier en criminel.

XCVIII. Le haut justicier a cognoissance de punition corporelle, comme d'abscision de membre, fustigation, bannissement de sa terre & seigneurie, releguer à temps, de deporter, ou bannir à tousjours, & faire declaration de confiscation.

De la connoissance des criées & du seel Royal.

XCIX. Le haut justicier cognoist des cas criminels qui sont de sa jurisdiction, de toutes causes réelles & possessoires dessus declarées & civiles ; passer les decrets *(l)* en sa Cour, pourveu que les criées

---

a ART. 93. *il a seel authentique, tabellion.* Le tabellionage & seel authentique, sont droits de châtellenie en la Coutume de Senlis ; de sorte que les hauts justiciers ne le peuvent prétendre, & bien que ce soit droit de châtellenie, le Roy est neanmoins en possession immemoriale d'avoir notaires royaux qui exercent dans les baronnies & châtellenies, comme à Moncy le châtel qui est baronnie, à Beauvais qui est Comté-Pairie. T. C.

Tabellion est celui qui met les contrats en grosse & en forme probante, & notaire celui qui les passe en brief, *sed plerumque pro eodem accipiuntur.*

b *travers.* C'est un droit qui se prend sur les marchandises qu'on passe & traverse par les chemins.

Il faut titre particulier pour ce droit, sans lequel le seigneur châtelain ne le peut pretendre ; il n'appartient point aux moyens & bas justiciers. T. C.

c ART. 94. *lesquels neantmoins sont tenus les renvoyer.* Le Bailly du seigneur châtelain est obligé de renvoyer devant un juge inferieur, encore qu'il n'ait haute justice, pourvû qu'il ne soit question de chose, dont la connoissance appartient au haut-justicier. T. C.

d ART. 95. *Pairs.* Pairs & compagnons, autrement appellez hommes de fiefs, qui sont sujets d'assister aux jugemens de la justice dudit seigneur châtelain.

Voyez la notion des Pairs, *infrà* art. 158. C. B. R.

e *est tenu demander assistance.* Le sergent doit demander assistance au seigneur haut justicier, dans la justice duquel il exploite ; le juge châtelain n'en a besoin, ni le sergent royal. T. C.

f *ès termes*, lisez *ès metes.*

g ART. 96. *de chaude colle.* Ou autrement de chaude meslée & poursuite qui se fait non de propos deliberé, *sed calore iracundia.*

h *estalonner.* Vient d'estalon qui sert pour regler & ajuster les poids & mesures.

i *sur les voyries.* Voiries s'entendent des voies, chemins, sentiers, travers ou rues publicques & privées.

k *des aulvens sur rues.* Le haut-justicier en cette Coutume est voyer. T. C.

l ART. 99. *passer les decrets.* De cet article & du 284. ci-après, les Juges royaux veulent pretendre, que hauts-justiciers ne peuvent passer les decrets que des heritages assis au dedans de leur jurisdiction, d'autant que par ledit art. 284. il est porté pour la solennité des decrets, que lorsque les heritages criez sont situez ès confins d'une autre jurisdiction que celle où le decret se fait, il est requis que les publications & criées soient faites en la justice de leur situation ; & par l'art. 99. il est dit que le haut-justicier a droit

ayent esté publiées au lieu de sa seigneurie par son adjugé; non pas par obligation de seel Royal (*a*), pour ce que de tel seel il ne peut avoir cognoissance (*b*).

De la saisie & main-mise du seigneur pour exhiber titres.

C. Il loist à un haut Justicier de saisir ou faire saisir, & mettre en sa main, tous les heritages estans ès fins & metes de sa justice, pour contraindre les detempteurs desdits heritages, à monstrer & enseigner à quel titre ils les tiennent & possedent.

De l'opposition des détenteurs.

C I. *Item*, Si les detempteurs & possesseurs desdits heritages s'opposent audit arrest, ledit arrest, servira par adjournement (*c*). Et pendant le procès, lesdits detempteurs & possesseurs jouiront desdits heritages ou heritage saisis, & posé ores qu'il fust & soit notoire, que ledit heritage ou heritages, saisis comme dit est, fussent situez & assis ès fins & limites de la haute-Justice dudict seigneur Haut-Justicier.

S'il y a opposition à la saisie du haut Justicier, la matiere tourne en action.

C II. *Item*, Si au moyen dudit arrest & saisie au regime & gouvernement desdits heritages saisis, y a commissaire ou commissaires ordonnez, & si ledit commissaire est poursuivy, pour rendre compte de l'administration desdits heritages saisis, & le detempteur & possesseur s'oppose audit arrest, & à ce est receu, ladite poursuite cessera à l'encontre dudict commissaire, & aura ledict detempteur & possesseur main-levée, & tournera la matiere en action.

De la réunion des biens vacans.

C III. *Item*, Il loist au Haut-Justicier, mettre en sa main tous heritages & biens vacans, qui ne sont tenus n'occupez par les proprietaires, ne de leur consentement, & jouir d'iceux heritages & biens vacans, jusques à ce qu'aucun proprietaire s'appare (*d*). Mais par ladicte Coustume, sur iceux biens vacans les creanciers seront payez de leur deu, ou ils feront vendre & decreter iceux heritages & biens vacans.

Des contraintes & executions.

C IV. *Item*, Aucun ne peut proceder ou faire proceder par voye d'arrest ou main-mise de faict, sur les corps & biens d'autruy, s'il n'a sur luy, & ses biens, obligation, condemnation, ou chose privilegiée (*e*) qui le vaille.

Du droit de travers.

C V. *Item*, Droict de travers est droict seigneurial de haute justice, & les exploicts qui en sont faicts à la conservation dudict droict, sont tenus & reputez exploicts de haut-Justicier. Auquel appartient la punition & correction des transgresseurs dudict droict de travers, & non pas au moyen & bas justicier.

Des droits de jurisdiction du haut-Justicier.

C VI. *Item*, A Haut-Justicier d'aucun lieu appartient à faire faire le cry le jour de la feste dudit lieu, prendre & faire prendre, punir & corriger les malfaicteurs, les punir criminellement, donner congé de faire pendre pris pour jouer à la paulme, aux barres, & autres jeux & assemblées licites, honnestes & raisonnables, appeller ou faire appeller à ban (*f*) les delinquans quand ils l'ont desservy, saisir biens, faire inventaire, pendre, traisner, fustiger, essoriller, pilloriser, escheller, faire bournages, limites & separations de seigneuries, & autres grands exploits.

Du droit de gruerie & garenne.

C VII. *Item*, Aux seigneurs Hauts-Justiciers ayans droict de gruerie & garenne, appartient la paisson & panage des bois assis en leurs terres & seigneuries, estans dedans les fins & metes de leur haute-Justice & gruerie, avec la chasse au gros (*g*) & non pas aux moyens & bas Justiciers.

TITRE XI.

Des cas appartenans au Moyen Justicier.

De la connoissance de bornage de terres.

C VIII. LE moyen Justicier ès termes de sa Justice, a cognoissance & peut cognoistre de delict, d'arracher bornes & limitation de terres, & aussi mettre bornes en terre de voisins, & non point limitation de Justice ou seigneurie.

Des délits.

C IX. Le moyen Justicier a cognoissance de celuy qui a batu autruy jusques au sang & playe ouverte, *inclusivè* & de poing garny.

Idem.

C X. Le moyen Justicier cognoist aussi de celuy qui a donné coups orbes (*h*) de chaude-colle (*i*), sans toutesfois prendre or, argent ou chose promise, & sans propos deliberé, ne de faict precogité.

Des prisons.

C XI. Le moyen justicier peut avoir prison fermée, ceps, anneaux pour mettre & tenir en seureté les malfaicteurs, & les punir si mestier est.

De la dation de tutelle & inventaire.

C XII. Le moyen justicier peut donner tuteurs, & curateurs, de ses subjets aux mineurs, ses hostes & subjets; contraindre lesdits tuteurs & curateurs, à faire la solennité en tel cas requise,& faire inventaire.

Des droits censuels & seigneuriaux.

C XIII. Le moyen justicier a la cognoissance de sa main brisée; du champart emporté; de ventes recellées, de foy mettre en heritage vendu sans saisine, & les amendes à ce ordinaires jusques à 60 sols parisis.

Des injures.

C XIV. Il a aussi cognoissance d'un laid dict (*k*), ou injure faite en jugement pardevant son Prevost ou garde de justice.

---

de passer les decrets en sa cour, pourvû que les criées ayent été publiées au lieu de sa seigneurie par son adjugé; d'où les Juges Royaux tirent cette consequence, qu'audit cas les criées n'étant faites & publiées en leur jurisdiction, ils n'en peuvent passer les decrets: A quoi les hauts-justiciers répondent entre autres choses que l'art. 284. n'a plus de lieu maintenant, depuis l'édit des criées, par lequel les criées ne sont plus faites aux sieges, mais à l'issue des Messes paroissiales. J. M. R.

a *non pas par obligation du seel royal.* Par Arrest donné en la Grand'-Chambre au rapport de M. Pidoux le 14. Avril 1610. messire René Potier Evêque & Comte de Beauvais, Vidame de Gerberoy, a été reçû opposant à la reformation & homologation de cet article, & du 221. de la Coutume d'Amiens, & ses Officiers maintenus en la jurisdiction & connoissance des procès & differens qui naitront sur obligations passées pardevant notaires royaux, entre les justiciers & justiciables dudit sieur Evêque, demeurans tant au Comté de Beauvais que Vidame de Gerberoy, ordonné que ses sergens mettront à execution les contrats & obligations. J. B.

b *pour ce que de tel seel il ne peut avoir cognoissance.* Jugé sur les appellations & oppositions de M. l'Evêque de Beauvais, à la reformation & homologation de cet article, que ses Officiers pourront connoitre des procès & differends qui naitront pour obligations reçûes par notaires royaux entre ses sujets en son Comté de Beauvais,& en son Vidamé de Gerberoy; ordonné que les sergents les mettront à execution; défenses aux Officiers royaux d'en prendre connoissance. Arrest Grand'-Chambre, M. Pidoux rapporteur, 4. Avril 1620. les Juges royaux établis longtems depuis ceux de l'Evêque; mais nul autre Juge ne peut connoître de leurs questions du seel royal en cette Coutume que le Juge Royal; & dit M. Cornoaille qu'il y a Ordonnance particuliere pour le Bailliage de Senlis. T. C.

c ART. 101. *par adjournement*, lisez, *pour adjournement.*

d ART. 103. *s'appare*, lisez, *apparoisse.*

e ART. 104. *ou chose privilegiée.* Neanmoins l'heritier du creancier & sa veuve, peuvent faire executer. Ainsi se pratique. T. C.

f ART. 106. *appeller à ban*, Ou à cry public, c'est la même chose.

g ART. 107. *avec la chasse au gros.* Il n'y a que le seigneur haut-justicier qui puisse pretendre la chasse au gros; c'est-àdire au sanglier & chevreuil; car celle du cerf n'appartient qu'au Roy. T. C.

h ART. 110. *coups orbes.* Coup orbe s'entend d'un coup qui est sans effusion de sang, & sans plaie ouverte.

i *chaude colle.* Ce terme a été interpreté *suprà*, art. 96.

k ART. 114. *laid dict.* C'est-à-dire, injure proferée, ou convice.

Des officiers du moyen Justicier.

CXV. Le moyen justicier peut avoir Maire (*a*) ou garde de justice, sergens, & promoteur d'office, pour exercer sadite justice.

De la revendication de ses sujets.

CXVI. *Item*, Si le subjet du moyen & bas justicier, est convenu ou adjourné par devant le juge Royal, juge Chastellain, subalterne, ou autre haut justicier, pour raison des cas & matieres, dont la cognoissance est audit seigneur moyen & bas justicier, & tel subjet est requis par son seigneur ou son procureur, ledit juge Royal Chastellain ou haut justicier seront tenus en faire renvoy (*b*) par devant le Maire ou garde de justice dudit moyen & bas justicier; sauf que si la partie demanderesse se submettoit au serment du deffendeur, & que la matiere se puist expedier sur le champ; auquel cas n'en seroit fait aucun renvoy.

Des bornages de seigneurie.

CXVII. *Item*, Un moyen & bas justicier, ne peut faire bournage ne separation de terrouer, justice, & seigneurie, de soy-mesmes; mais ce appartient aux hauts justiciers & non à autres, de faire bournage, limites & feperation de seigneuries, comme dit est dessus.

Des matieres de delits & autres civiles.

CXVIII. *Item*, Le moyen & bas justicier peut prendre bestes en present meffaict, sur les heritages estans en sa seigneurie; pareillement prendre & arrester prisonniers, ceux qui cueillent fruicts en autruy heritage, saisir & mettre en leurs mains heritages estans en leur censive, par faute de cens non payé; prendre ceux qui ont brisé la main de justice; avoir cognoissance de champart emporté.

De bornage de terres particulieres.

CXIX. *Item*, Le moyen justicier peut asseoir ou faire asseoir, en son terrouer (*c*), entre ses subjets, & entre deux voisins, bournes & separations.

TITRE XII.

Des Bas Justiciers, & des cas à eux appartenans, & desquels le Moyen Justicier a la cognoissance.

De la jurisdiction du bas Justicier.

CXX. PAreillement le bas justicier a cognoissance des meubles; de battre autruy, sans sang & sans poing garny; de vilaines paroles & injures entre ses subjets & hostes.

De bornage & partage entre les sujets.

CXXI. *Item*, Peut aussi mettre bornes entre deux sentiers, entre champs & terres arables, & faire division de champs & terres voisines, entre divers heritiers ses subjets.

De la censive.

CXXII. *Item*, Avoir cognoissance de sa censive, condemner ses subjets en amende, par faute de cens non payé (*d*).

De la saisie censuelle.

CXXIII. *Item*, Faire arrester & mettre brandons (*e*) sur les terres, par faute dudit cens non payé, commettre commissaires à icelles terres arrestées, comme dit est.

De champart emporté.

CXXIV. *Item*, Avoir cognoissance de sa main brisée, de champart emporté (*f*), dont l'amende est de soixante sols parisis.

De forage, rouage, vientrage.

CXXV. *Item*, Peut prendre forage (*g*), rouage (*h*), vientrage (*i*), des vins & autres breuvages (*k*) vendus, & les amendes qui en dependent, où en sa terre il a ce droict (*l*).

TITRE XIII.

Des successions des fiefs, & autres heritages roturiers & biens meubles.

Des fiefs en succession directe & du droit d'aimesse.

CXXVI. QUand aucun va de vie à trespas, & il delaisse plusieurs enfans, ou enfans de ses enfans, ses heritiers en ligne directe, masles ou femelles, le masle aisné (*m*), pour son droit d'aisneesse, aura & emportera les deux parts, des fiefs (*n*) demeurez du decès de ses pere ou mere, ayeul ou ayeule ou autre en ligne directe, par tout le Bailliage de Senlis & anciens ressorts d'iceluy, en ce qui est delà la riviere d'Oize (*o*) (non comprins la Chastellenie de Ponthoise, où y a coustume locale ci-après

---

a ART. 115. *peut avoir Maire.* Le haut-justicier a Bailly & Procureur fiscal; le moyen, un Maire & Promoteur d'office. T. C.

b ART. 116. *en faire renvoy.* Le renvoy est fondé sur ce que les justices sont patrimoniales, & que chaque seigneur a interest en la conservation de sa justice.

c ART. 119. *faire asseoir en son terrouer.* Non toutesfois pour separer, terroirs, justices & seigneuries, *ut suprà*, art. 117. Et la permission de cet article est commune aux bas justiciers *ut infrà*, art. 121. T. C.

d ART. 122. *par faute de cens non payé.* Autant d'amendes, que d'années en cette Coutume; Arrest du 19. Janvier 1568. Neanmoins à Paris & autres lieux, jugé le contraire, & que l'on payera seulement une amende. *Louet, litt. P. num.* 8. T. C.

e ART. 125. *& mettre brandons.* Voyez sur Sens, art. 119. & 224. *ubi dixi* J. B.

f ART. 124. *de champart emporté.* Champart droit seigneurial en cette Coutume, qui se doit payer sur peine de soixante sols d'amende. T. C.

g ART. 125. *forage*, Est un droit qui se paye au seigneur pour chaque muid de vin ou autre breuvage qui se perce pour être vendu en detail, & n'y a taxe certaine.

L'Evêque de Beauvais a droit de forage pour tout vin vendu en gros, à raison de vingt deniers, & en detail de seize deniers. *Vide Chop. Anjou lib.* 1. T. C.

h *rouage.* Pour entrée de marchandises avec harnois dans la seigneurie pour y être consommées, pour chacune charette ou harnois, le seigneur prend ce droit. T. C.

i *vientrage.* Est un droit seigneurial dû pour l'entrée du vin ou autres breuvages en la terre du seigneur, Chopin sur Anjou liv. 2. pag. 165. art. 3. Quand la marchandise ne fait que passer, elle doit pour entrer en la voie T. C.

k *des vins & autres breuvages.* Quoique la Coutume ne parle que des vins & autres breuvages, neanmoins si le titre porte autres choses, le droit est dû; Arrest au profit du sieur de Saint Bonnet, seigneur de Châtres sous Montlhery. T. C.

l *où en sa terre il a ce droict.* Ces sortes de droits se doivent verifier par titres. T. C.

m ART. 126. *le masle aisné.* Lequel renonçant, le second prendra le droit d'ainesse. *Molin. sur Paris, art. 8. gloss. 1. num.* 30. T. C.

n *les deux parts des fiefs.* *Non distinguit an feudum nobile vel rurale, ergo idem. Consultus fui de hac. q. sub hac consuetudine. Rusticus habens domum & hortum non contiguum continentem duo jugera, omnia in censum, egit cum domino directo ut hac deinceps, non in censum sed in feudum tenerentur, & fecit ei fidelitatem & homagium & dinumeramentum dedit, receptum. Postea dictam domum ædificando auget ultra 200. aureos, & moritur relictis pluribus filiis? Respon. quòd primogenito spectat tota domus jure præcipui, nec tenetur aliquid refundere de inædificatis. Sed non lucratur hortum in totum quia non est contiguus, quamvis in dinumeramento ponatur ut hortus domus, quia attenditur veritas, & sic habet tantum bessem horti.* C. M.

o *en ce qui est delà la riviere d'Oize.* Tirant en Picardie, pour la conservation des maisons des Gentilshommes, afin de s'opposer aux Bourguignons. *Molin sur Maine, art.* 239.

Ces termes, *delà* & *deçà* employez dans cet article & dans le suivant, se doivent interpréter par la considération de l'assiette de la ville de Senlis, où la Coutume a été redigée. J. B.

contenue (a) & declarée, avec un principal manoir (b) en chacune desdites successions, & le jardin, si jardin y a, jusques à deux arpens, si tant en y a; & s'il n'y a manoir ne jardin, aura le vol d'un chappon, estimé à un arpent de terre en fief; & les autres enfans auront le tiers seulement; sans que l'aisné prenne aucun droict (c) audit tiers.

De fiefs au-deçà de la riviere d'Oize.

CXXVII. *Item*, Es fiefs estans decà la riviere d'Oize (comme venant de Creeil, Beaumont & Compiegne audit Senlis, tirant au pays de France & de Vallois) excepté en ladite Chastellenie de Ponthoise, comme dit est, ledit masle aisné n'aura que la moitié, avec le principal manoir, & un jardin, si jardin y a, jusques à deux arpens, si tant en y a; & si manoir & jardin n'y a, aura le vol d'un chappon, estimé à un arpent de terre le plus prochain dudit manoir (d); & les autres enfans l'autre moitié; & neantmoins ne pourra ledit aisné, en chacune desdites successions, avoir ne pretendre qu'un principal manoir, soit decà ou delà ladite riviere d'Oize.

Du droit d'aînesse quand il n'y a que deux enfans.

CXXVIII. *Item*, S'il n'y a que deux enfans, c'est à sçavoir deux fils, ou un fils & une fille, le fils aisné tant decà ladite riviere que delà, desdits fiefs aura lesdites deux parts, & par preciput; & outre aura le principal manoir, ainsi qu'il s'estend & comporte en closture, avec le jardin, si jardin y a, jusques à deux arpens si tant en y a; & si manoir ne jardin n'y a, aura le vol d'un chappon, estimé à un arpent environ ledit manoir, & l'autre tiers appartiendra à l'autre fils maisné (e), ou fille.

Du partage des fiefs, & droit d'aînesse en la châtellenie de Pontoise.

CXXIX. *Item*, Par la coustume locale de la Chastellenie de Ponthoise, si homme ou femme noble, ou autre tenant & possedant fiefs ou arriere-fiefs nobles va de vie à trespas, delaisse plusieurs enfans masles & femelles, ou tous masles, ses enfans legitimes & naturels, le fils aisné (f), soit qu'il y ait filles plus anciennes que luy ou non, aura & doit avoir pour son droict d'aisneesse, & succession en iceux fiefs & arriere-fiefs, qui appartenoient à sesdits pere & mere, ou aucun d'eux, ou de sesdits ayeul ou ayeule, ou au dessus en ligne directe, les deux parts, dont les trois font le tout desdits fiefs & arriere-fiefs; & outre ce que dit est, iceluy fils aisné aura & doit avoir le principal & maistre manoir entierement, avec le cloz du jardin (g), s'il est au pourpris dudit manoir, & sans que les puisnez ayent quelque chose audit maistre manoir; & aux puisnez tous ensemble, soient fils ou fille, ou plusieurs, appartient chacun pour teste & par egale portion, l'autre tiers desdits fiefs & arriere-fiefs, terres & seigneuries.

Du vol de chapon dans ladite châtellenie.

CXXX. *Item*, Si avec ledit manoir principal, qu'a prins & choisi le fils aisné, & qu'il doit avoir par ladite Coustume, n'y a jardin tenant audit manoir, il a & doit avoir au lieu dudit jardin, le vol d'un chappon, estimé à un arpent de terre.

Des filles en succession de fiefs.

CXXXI. *Item*, Entre filles n'y a point de droict d'aisneesse, & par ce, si dudit trespassé n'y a que filles (h), deux, trois ou plusieurs, & il y a fiefs, la fille aisnée n'aura pas plus de prerogative en ladite succession que les autres maisnées, & n'en emportera plus l'aisnée que les autres.

Du relief par les puisnez de leurs portions du fief, & par les filles mariées.

CXXXII. *Item*, Les puisnez peuvent relever leurs parts & portions de leur aisné, ou du seigneur principal, lequel que bon leur semble, pour la premiere fois; sans payer finance aucune, pour le rachapt des fiefs dont n'est deu aucune finance; & des fiefs dont est deu finance, seront tenus les puisnez de rembourser l'aisné à *pro rata*, pour leur contingente portion, quand ledit aisné aura relevé le tout du principal seigneur feodal; mais si iceluy fief eschet à fille & qu'elle soit mariée, pource que son mary est personne estrange (i), il payera plein relief (k) au seigneur feodal.

Des meubles & rotures en succession directe.

CXXXIII. *Item*, Quand à ladite succession n'y a que terres & heritages roturiers, soient propres acquests ou conquests & meubles, & en icelles y a plusieurs enfans tant masles que femelles, soient deux, trois, cinq ou six, ou autre plus grand nombre, lesdits enfans viennent egalement (l) à ladite succession de pere ou de mere, ayeul ou ayeule, sans y avoir quelque droict de prerogative d'aisneesse.

Des fiefs en succession collaterale.

CXXXIV. En ligne collaterale filles ne succedent point ès fiefs où en pareil degré (m) y a hoir masle, comme de frere & sœur, cousins & cousines, soit entre nobles ou non nobles, le masle emportera tout; & n'y ont rien les femelles, posé ores qu'elles soient aisnées du masle.

Comment des femelles succedent ès fiefs en ligne collaterale.

CXXXV. *Item*, Femmes & filles succedent ès fiefs en ligne collaterale: quand elles sont plus prochaines en degré de consanguinité, & excluent les

---

a Art. 126. *cy-après contenue*, art. 129.

b *avec un principal manoir.* S'il n'y a qu'une maison en fief: elle a été adjugée au petit-fils representant son pere; Arrest en cette Coutume du 7. Decembre 1548. M. Viole rapporteur, au profit de Nicolas Pinet. T. C.

Il a été jugé en cette Coutume, après enquestes par turbes, sur l'usage constant entre nobles & roturiers, touchant la disposition contenue en cet article & au 175. que le droit d'aînesse est preferable à celui du douaire coustumier; de sorte que si de deux enfans l'aîné se porte heritier, & le puîné douairier, il ne peut prétendre pour son douaire dans les fiefs que la troisiéme partie au tiers, sans y comprendre le principal manoir, qui appartient entierement à l'aîné; même au cas du douaire, par Arrest du 7. Septembre 1640. donné en la premiere Chambre des Enquestes, au rapport de M. Gilbert, les Dupuis parties. *Voyez* Bacquet au Traité des Droits de Justice, ch. 15. num. 69. j'ai traité la question sur la Coutume de Paris, art. 17. J. B.

c *sans que l'aisné prenne aucun droict.* Si après les successions de pere & mere un des puisnez vient à mourir, l'aîné succede, & s'il se trouvoit seul mâle, il excluroit ses sœurs. T. C.

d Art. 127. *& un arpent de terre le plus prochain dudit manoir.* Ces mots, *le plus prochain du manoir*, glissez mal-à-propos; car s'il n'y a manoir ou jardin, comment peut-on bailler un arpent de terre le plus prochain du manoir? mais au cas qu'il y ait manoir sans jardin, la Coutume semble donner à l'aîné un arpent le plus proche du manoir. *Pith. Troyes, art. 14.* T. C.

Il semble que ces mots ont été mis par inadvertence; car n'y ayant point de manoir, comment l'arpent se peut-il prendre le plus proche du manoir? Cela depend donc du choix de l'aîné, qui le prendra où bon lui semblera, pour y bâtir un jour quand il voudra, & y faire un jardin, quand il y a manoir sans jardin.

Idem, des roturiers, qui sont compris en l'art. 126. cidessus; mais en cette Coutume locale le fils aîné a les deux tiers. J. B.

e Art. 128. *fils maisné.* C'est-à-dire, puisné.

f Art. 129. *le fils aisné.* Où sa representation qui a lieu en cette Coutume en ligne directe *in infinitum*, soit en matiere de roture ou de fiefs. J. B.

g *avec le clos & jardin.* A Ponthoise l'aîné a tout le jardin & enclos, mais il n'a qu'un principal manoir ès deux successions de pere & de mere. T. C.

h Art. 131. *si dudit trespassé n'y a que filles.* Cette disposition, bien que prohibitive, s'entend entre filles; mais non quand la petite fille represente son pere en la succession de son ayeul avec ses tantes; car en ce cas elle entre en la place du pere au prejudice des tantes. *Molin. Paris, art. 26.* T. C.

i Art. 132. *pource que son mary est personne estrange.* Que si le mary étoit mort, on pourra saisir le fief. *Infrà*, art. 137. T. C.

k *il payera plein relief.* Mais non deux, l'un pour le decès du pere, & l'autre pour le mariage. T. C.

l Art. 133. *lesdits enfans viennent egalement.* Ce mot doit être entendu pour prendre autant que leur defunt pere eût pris. T. C.

m Art. 134. *où en pareil degré.* Sur la question si cet article & le suivant ont lieu entre les enfans du frere & ceux de la sœur rappellez, il a été jugé par Arrest donné en la seconde Chambre des Enquestes, au rapport de M. de Hetre le 22. Mars 1633. en infirmant la sentence du Bailly du Comte de Beauvais, du 24. Avril 1632. que les niéces filles des sœurs rappellées succedent également aux fiefs situez en cette Coutume, & en celle de Clermont, avec les neveux enfans du frere aîné rappellez; Maitres Foy, Philippes le Barbier, Anne Driot parties: prejugé que cet article & le suivant n'ont lieu qu'en cas de succession *ab intestat*, & non quand il y a substitution. J. B.

masles qui ne sont en si prochain degré de consanguinité, comme elles sont. Et quand il n'y aura que filles, elles succederont egalement en ligne directe, comme dit est.

Du partage des fiefs entre mâles en succession collaterale.

CXXXVI. *Item*, S'il y a plusieurs freres ou cousins en un mesme degré de lignage, lesdits fiefs ainsi escheuz en ligne collaterale, se partiront teste à teste entre eux, sans prerogative de droict d'ainesse; lesquels freres & sœurs prefereront d'un degré lesdits cousins.

S'il y a droit d'ainesse.

CXXXVII. *Item*, En ligne collaterale où il y a plusieurs masles en un mesme degré succedans en fiefs, tels fiefs se divisent egalement entre eux teste à teste sans prerogative d'aisnesse.

Des biens & meubles en roture, en succession collaterale.

CXXXVIII. *Item*, En ligne collaterale en autres heritages que fiefs, soient propres acquests, conquests, immeubles ou meubles, lesdits heritages, biens, meubles & successions, se partiront entre eux, (tant masles que femelles) teste à teste, sans quelque droict ne prerogative d'aineesse.

Représentation en ligne directe.

CXXXIX. *Item*, En succession de ligne directe, representation a lieu; c'est à sçavoir, la fille ou fils du frere (*a*), representeront leur pere trespassé à l'encontre de leur oncle ou tante, en la succession de leur ayeul ou ayeule (*b*).

De la représentation en ligne collaterale.

CXL. *Item*, En ligne collaterale, representation n'a point de lieu (*c*).

Des ascendans en succession.

CXLI. *Item*, En ligne directe, si un fils ou fille va de vie à trespas, sans hoirs de son corps, à icelay ou icelle succedera le pere ou mere, ayeul ou ayeule quant aux meubles, acquests & conquests immeubles. Et quant aux propres heritages, les freres, sœurs, ou autres (*d*) qui seroient les plus prochains du trespassé du costé & ligne desquels ils sont advenuz au trespassé, succederont; (pource que les propres ne remontent (*e*) point) à la charge de payer, par celuy qui aura & prendra les meubles, acquests & conquests, les debtes mobiliaires, & les obseques & funerailles du defunct.

De la possession d'un heritier.

CXLII. *Item*, Le mort saisist le vif, son plus prochain heritier habile à luy succeder, lequel par ladite Coustume, est saisi de tous les biens meubles & immeubles, demeurez du decès du trespassé, pour d'iceux en jouir comme vray heritier.

Des avantages d'entre conjoints par testamens.

CXLIII. *Item*, Homme & femme conjoincts ensemble par mariage, ne peuvent par testament ou ordonnance de derniere volonté, leguer, donner ou laisser aucune chose l'un à l'autre; soit qu'il y ait enfans ou non (*f*).

Du don mutuel entre conjoints.

CXLIV. *Item*, Homme & femme conjoincts ensemble par mariage, peuvent faire l'un à l'autre don mutuel de tous leurs biens meubles, acquests, ou conquests immeubles (*g*), pourveu qu'ils n'ayent aucuns enfans, & qu'iceux conjoincts soient égaux en aage (*h*) & chevance (*i*), à la charge que le survivant sera tenu de payer & acquitter les debtes mobiliaires, deues au jour du trespas du defunct, avec les obseques & funerailles (*k*) dudit defunct,

---

a ART. 139. ou fils du frere. *Idem dico de nepotibus vel neptibus in infinitum, quicquid voluerit vetus consuetudo, quæ denegabat representationem, quæ tamen poterat reservari, & reservata uni filiorum videbatur reservata omnibus. Accidit quòd unus filiorum vel filiarum, cui non reservatum in tractatu sui matrimonii, nec alias, præmortuus est relictis nepotibus, deinde uni filiorum reservatur qui moritur, relictis liberis, deinde moritur parens: filii & nepotes mortuorum post reservationem apertam volebant excludere nepotes mortui ante ullam reservationem. Respon. quod simul admittuntur per tex. in authen. de nupt. col. 4. ad fi. & l. posthumus §. ex his. D. de inoffic. testam. Et ita judicatum per arrestum, pronuntiatum vigilia sancti Mathiæ. Ann. 1545.* C. M.

b en la succession de leur ayeul ou ayeule. *In infinitum.* Molin sur cet article au procès verbal. J. B.

c ART. 140. representation n'a point de lieu. *Quidam sine liberis obiit sub hac consuetudine relictis quatuor patruis, & quatuor nepotibus & duabus neptibus ex sorore. Respon. quò ad mobilia ubicumque sint, quia sequuntur domicilium personæ, omnes veniunt æqualiter. Idem de immobilibus acquisitis sub hac vel simili consuetudine: secus in consuetudine Valesii vel simili ubi soli nepotes & neptes viriliter. Quantum verò ad quæsita per patrem defuncti vel ejus matrem, quia sunt facta propria in linea acquirentis, patrui nihil habent qui non sunt de linea, sed soli nepotes qui sunt de linea. Quantum ad propria avi vel aviæ defuncti, omnes in capita & debita solvuntur viriliter etiamsi non sint æquales, l. 1. C. si cert. petd. Sic omnia debita activa habent æqualiter: ad hoc infrà. §. 149.* C. M.

Representation n'a lieu s'il n'y a rappel fait par celui *de cujus successione agitur*, auquel cas le neveu rappellé prend telle part & portion en la succession que celui qu'il represente, par le moyen du rappel contre l'opinion de du Molin, qui tient que tel rappel, *habet solum vim legati ad hoc* que le rappellé ne puisse prendre plus grande part en la succession que celle dont le défunt pouvoit disposer; sçavoir des meubles & acquests, & quint des propres; jugé *in terminis hujus consuetudinis* par Arrest prononcé en robbes rouges par M. le Premier President de Verdun, le Mardy 23. Decembre 1614. infirmatif de la sentence du juge de Beauvais, les Godins parties; lequel Arrest de l'Ordonnance de la Cour, a été lû aux sieges de Senlis & de Beauvais. *Vide not. mea* sur les Arrests de M. Louet, *litt. R. núm. 901.* J. B.

Arrest à la prononciation de Pâques 1559. jugé en cette Coutume où la représentation n'a lieu en ligne collaterale, que la disposition testamentaire faite en faveur de neveux & niéces vaudroit seulement jusqu'à la concurrence des meubles, acquests & quint des propres; & neanmoins par l'Arrest ci-bas, on les admet également.

Jugé par Arrest du 10. Avril 1559. avant Pâques, entre Jean Gaillet & Bria, Bonnet sa femme d'une part, Gilles du Jardin, & Jeanne d'Alaine sa femme d'autre, que representation ordonnée par testament vaut, jusqu'à la concurrence de ce dont il pouvoit disposer. Par autre Arrest du 7. Septembre 1567. le rappel fut declaré bon & valable pour succeder par les neveux en pareille part & portion que leur pere défunt eût pû faire, au rapport de M. Regnard en la troisiéme Chambre des Enquestes; il est vrai que les heritiers avoient souscrit le testament, entre messieurs de Thou demandeurs d'une part, & la demoiselle de Marle.

Jugé neanmoins que le rappel avoit lieu pour succeder également, *& non in vim legati* seulement. Arrest en robbes rouges, 23. Decembre 1614. M. le Premier President de Verdun, & ordonne que l'Arrest seroit lû & publié au siege. Mon frere dit que le même avoit été jugé au profit de feu M. le President de Thou. *Vide* contre, le Vest *Arrest 60. ou 80. tit. 2.*

Il faut entendre ces Arrests, au cas de la representation du droit, ... hors des termes; autrement le rappel, *valeret in vim legati* seulement. *Chop. Paris, lib. 2. tit. 4. num.* 8. T. C.

d ART. 141. *les fréres, sœurs ou autres.* Voyez le Vest Arrest 107. Peut le testateur ordonner que ses neveux & niéces par lui rappellez succederont par souches & non par tête; jugé en cette Coutume, en confirmant la sentence du Bailly de Senlis, par Arrest du Mardy 6. Fevrier 1646. plaidans Gaultier Bataille & Hilaire, conformément aux conclusions de M. l'Avocat General Bignon, pour le testament de Christine Beaucervoise, rapporté par Dufresne en son Journal, chap. dernier, page 475. J. B.

e *pour ce que les propres ne remontent point. Secùs* au cas du droit de succession, qui doit avoir lieu en cette Coutume, *idem*, quand le pere ou la mere est du costé & ligne. *Dixi infrà*; Chaulny art. 38. & sur Louet, *litt. P. num. 47.* J. B.

f ART. 143. *soit qu'il y ait enfans ou non.* Jugé que celui qui avoit enfans, ne pouvoit donner à celui qui n'en avoit point, *etiam* par contrat de mariage. *Arrest du 9. Fevrier 1626.* T. C.

Infrà, art. 217. & 219. *secùs* par donation entre-vifs, art. 210. J. B.

g ART. 144. *peuvent faire l'un à l'autre un don mutuel, &c.* En pleine proprieté; auquel cas n'est besoin de caution, *secùs* si le don mutuel n'est que du simple usufruit, auquel cas le survivant doit bailler caution, quand même elle auroit été remise par le don mutuel, suivant les Arrests: Et le don mutuel, soit de la proprieté ou de l'usufruit doit être insinué dans les quatre mois. *Vide not. mea ad art. 184. consuetudinis Parisiensis.* J. B.

Ergò les propres n'y sont compris, *V.* le procès verbal. J. B.

h *egaux en âge.* Neantmoins s'il n'y a grande inegalité, la donation valable. Arrest au profit de M. Loysel President aux Aydes, dame Marie de Hacqueville sa femme étant plus âgée de dix ans que luy. T. C.

Autre Arrest dans le cas d'une inégalité de douze à treize ans, en cette Coutume, le Mardy 18. Fevrier 1647. plaidans Lambin & Ricard. *Voyez* Dufresne liv. 5. ch. 7. de l'édition de 1652. & Ricard *hic.* J. B.

i *& chevance.* C'est-à-dire en âge & en biens, & moyens, *maxime*, en heritages.

k *avec les obseques & funerailles.* Et non les legs testamentaires, même pieux, si le testament n'est mutuel, ou qu'il n'y ait reserve par le don mutuel. J. B.

en acceptant ledit don mutuel.

Du partage de la communauté entre conjoints.

CXLV. *Item*, Quand l'un de deux conjoincts ensemble par mariage, soient nobles ou non nobles, va de vie à trespas, les biens meubles, acquests (*a*) & conquests immeubles faits durant & constant leur mariage, se divisent & partissent egalement entre le survivant & les heritiers du trespassé, à la charge de payer (*b*) chacun par moitié les debtes personnelles & mobiliaires.

Du privilege des nobles.

CXLVI. *Item*, Entre nobles (*c*) conjoints ensemble par mariage, le survivant peut prendre & apprehender les meubles demeurez du decès du trespassé, en payant les debtes deues (*d*) au jour du trespas, obseques & funerailles du trespassé.

De la renonciation à la communauté.

CXLVII. *Item*, Un noble homme allé de vie à trespas, sa femme survivant peut renoncer aux meubles, & acquests par eux faits durant & constant leur mariage, incontinent: c'est à sçavoir dedans trois mois du jour du trespas: & en ce faisant, elle demourera quitte des debtes personnelles, que devoit son feu mary auparavant le mariage, & que tel trespassé avoit fait durant & constant leur mariage, esquelles elle ne se seroit point obligée (*e*).

De l'execution testamentaire.

CXLVIII. *Item*, L'executeur ou executeurs du testament d'un trespassé, sont saisis des biens meubles dudit testateur, jusques à la concurrence dudit testament, pour iceluy accomplir, dedans l'an & jour.

De l'action personnelle contre les heritiers pour les dettes.

CXLIX. *Item*, Les heritiers d'un trespassé, sont tenus des faits, promesses (*f*) & obligations d'iceluy trespassé; chacun pour telle part & portion (*g*), qu'ils en sont heritiers.

De celui qui fait acte d'heritier.

CL. *Item*, Quand aucun habile à estre heritier d'un trespassé, s'immisce & prend de la succession dudit trespassé, ou prend & applique à son profit, jusques à la valeur de cinq sols parisis (*h*), il est tenu & reputé vray heritier du trespassé; & comme tel, peut estre vallablement poursuivy par les creanciers dudit trespassé.

Du rapport d'avantages entre enfans.

CLI. *Item*, Quand aucuns enfans ont esté mariez des biens communs de leur pere & mere, ayeul ou ayeule, & l'un d'eux, (soit le pere ou la mere, ayeul ou ayeule) va de vie à trespas, si iceluy enfant ou enfans ainsi mariez, veulent venir à la succession de tel trespassé, avec les autres enfans non mariez, faire le pourront, en rapportant la moitié (*i*) de ce qu'il leur a esté donné en mariage, ou autrement advantagez, ou moins prenant des biens desdites successions: & si tous deux (c'est à sçavoir les pere & mere, ayeul ou ayeule) estoyent decedez, tels advantagez rapporteront le tout, ou prendront moins desdites successions, comme dessus.

De la garde noble des enfans, & des charges des gardiens.

CLII. *Item*, Si l'un de deux Nobles conjoincts par mariage, ayans enfans mineurs, va de vie à trespas, le survivant desdits deux conjoincts, pourra avoir & accepter la garde noble desdits enfans; & en acceptant ladite garde, ledit survivant aura, & luy appartiendra (*k*) les meubles de tels mineurs, & si jouira de leurs heritages, & fera les fruicts siens durant ladite garde noble, tant & si longuement qu'il se tiendra en viduité (*l*), sans payer quelque droict de relief, en offrant la foy & hommage au seigneur seulement, avec le chambellage, selon la nature du fief; parce que de pere à fils, ou fille non mariée n'y a que la bouche & les mains, sinon ès lieux esquels reliefs sont deuz; à la charge de garder, nourrir & entretenir lesdits mineurs bien & honnestement; iceux faire instruire, selon leur qualité, estat & vacation; de entretenir leurs maisons & heritages, & les rendre en aussi bon estat qu'elles estoient quand il print ladite garde noble; payer les debtes mobiliaires (*m*) & arrerages de rente, testament, obseques & funerailles, acquitter lesdits mineurs; bien & deuement regir & gouverner leurs justices; & soustenir les procès (*n*) aux despens dudit gardien. Et quant à l'ayeul ou ayeule, n'auront ladite garde noble; mais pourront accepter l'administration desdits mineurs & de leurs biens, comme tuteurs & curateurs, si à ce ils sont esleuz.

De son acceptation.

CLIII. *Item*, Garde noble se doit accepter en jugement (*o*).

De la visitation des maisons des mineurs que doit faire le gardien.

CLIV. *Item*, Tel gardien noble après ladite acceptation, en dedans trois mois, à compter du jour d'icelle acceptation, sera tenu faire voir & visiter bien & deuement, & par gens expers, qui en feront rapport en jugement, tous & chacuns les maisons & edifices desdits mineurs, desquels il aura accepté ladite garde, afin que ladite garde noble finie, on puisse cognoistre, s'il les aura entretenuz & renduz en estat suffisant, & pareil qu'ils estoyent lors de ladite visitation. Et neantmoins sera tenu ledit gardien noble, faire les menues reparations & autres, dont est tenu un usufruictier, durant ladite garde noble; & ce, sur peine de soy rendre comptable des fruicts & levées des heritages desdits mineurs.

De la majorité coutumiere des nobles.

CLV. *Item*, Un enfant noble, masle, est reputé aagé à vingt ans & un jour, & une fille à seize ans & un jour; toutesfois n'est permis l'alienation d'aucun immeuble, jusques à aage de droict, qui est de vingtcinq ans accomplis.

Du droit de relief des fiefs en succession directe.

CLVI. *Item*, En ligne directe (*p*), en matiere de fief, (comme de pere à fils,) n'est deu aucune finance pour droict de relief; mais seulement bouche

---

a ART. 145. *acquests*, faits pendant le mariage; car les precedens n'y entrent point. T. C.

b *à la charge de payer*, jusqu'à concurrence des biens de la communauté. T. C.

c ART. 146. *Entre nobles. Infrà* art. 169. J. B.

d *en payant les dettes*, personnelles, article suivant, mobiliaires *infrà* Clermont, art. 189. J. B.

e ART. 147. *ne se seroit point obligée.* Donc autre chose est des dettes ausquelles elle a parlé. *Dixi* sur Sens, art. 213. J. B.

f ART. 149. *sont tenus des faits, promesses. Secùs* des dettes mobiliaires, legs de sommes de deniers une fois payées, obseques & funerailles, qui se payent en cette Coutume par l'heritier mobilier seul, sans que celui des propres y contribue. *Suprà*, art. 141. & *infrà* art. 152. J. B.

g *chacun pour telle part & portion*, & hypothequairement pour le tout. *Ut art. 163.* note sur Paris, art. 333. ce qui est conforme au droit civil.

h ART. 150. *jusqu'à la valeur de cinq sols parisis.* M. Louet, *litt. H. num. 24. litt. R. num. 1. & 48. ubi dixi.* Valois art. 101. J. B.

i ART. 151. *en rapportant la moitié. Idem*, si donné aux petits enfans, les pere & mere sont tenus rapporter en cette Coutume. Montholon, Arrest 109. sinon que ce fût pour recompenses de services. *Arrest 83. Montholon.* T. C.

k ART. 152. *& luy appartiendra, &c.* En pleine proprieté, & non en simple usufruit & jouissance, comme à Paris. J. B.

l *se tiendra en viduité.* Par mariage la garde se perd. Paris, art. 268. Sens, art. 156. T. C.

m *entretenir leurs maisons & heritages, payer les dettes mobiliaires.* Le remploy dû à la mere n'est pas confus, & se prend sur les biens de la communauté; & au défaut sur les propres du mary; Arrest du 30. Mars 1605. *Fortin sur Paris, 267.* T. C.

Suprà art. 141. & 149. *ubi dixi.* J. B.

n *& soustenir les procès.* Ainsi de disposition de droit, le pere qui a la jouissance des biens maternels de son fils, est tenu de toutes les charges des fruits, entre lesquelles est celle-ci, *Litem inferentibus resistere. l. 1. cod. de bonis maternis.* J. B.

o ART. 153. *accepter en jugement*, pardevant le Bailly ou Seneschal juge des Nobles; Ordonnance de Cremieu: & l'acceptation étant faite en une justice inferieure declarée nulle; Arrest 14. May 1604. après enquestes par turbes au Châtelet, entre dame Marie Herbelot, veuve du sieur Viard, au profit des enfans du sieur de Chasteaupers. *Vide* Pithou, Troyes art. 17. ou 27. T. C.

p ART. 156. *en ligne directe. Idem*, quand le pere ou mere succedent à leurs enfans; car c'est ligne directe. T. C.

& mains

& mains (*a*), avec le chambellage, qui est selon la nature dudit fief (*b*), excepté les fiefs des Chastellenies de Ponthoise & Chaumont, qui se relievent de toutes mains (*c*) & mutations; excepté (*d*) aussi les Chastellenies de Mello & Moncy le Chastel, & les fiefs qui en dependent, qui pareillement se relievent de toutes mains & mutations, tant en ligne directe que collateral.

Du relief en succession collaterale.

CLVII. *Item*, Et en ligne collateral, ceux à qui escheent lesdits fiefs, doivent plein relief au seigneur, dont les fiefs sont tenuz & mouvans, avec les droicts de chambellage.

Du droit de relief en quoi il consiste.

CLVIII. *Item*, droict de relief (*e*), est du revenu d'une année pour une fois; & se doit offrir par le vassal au seigneur feodal, en sa personne, en sa seigneurie, ou au chef lieu dudit fief seigneurial, en ceste maniere: C'est à sçavoir une somme de deniers pour une fois, ou de trois années l'une, laquelle il choisira & declairera, ou le dict des Pairs, (qui sont les vassaux (*f*) du seigneur feodal, tenans de luy fief de pareille nature & condition) au cas que ledit fief ou arriere-fief n'auroit esté estimé, ou apprecié pour le pris du fief, soit esperons dorez ou autre chose. Et si le seigneur prend & choisit le dict des Pairs, & les Pairs par leur appoinctement, disent que l'offre de la somme estoit raisonnable, la sentence, appoinctement, & despens desdits Pairs sera aux despens du seigneur, *si contra*, ce sera aux despens du vassal.

De la saisie feodale pour la mort du vassal.

CLIX. *Item*, En matiere de fiefs, incontinent après le trespas d'un vassal, le seigneur feodal peut faire saisir & mettre en sa main, & en la main du souverain en confortant la sienne, les fiefs, terres & seigneuries nobles, tenus de luy, par faute d'homme, droicts & devoirs non faits. Et les quarante jours passez après ledit trespas, peut regaler (*g*) lesdits fiefs, & faire les fruicts siens depuis le jour de la saisie, au cas que dedans les quarante jours après ledit trespas, le vassal n'aura fait les foy & hommage au seigneur feodal, satisfait des droicts seigneuriaux, ou fait les offres pertinentes.

De l'incompatibilité des qualitez d'heritier & legataire.

CLX. *Item*, Aucun ne peut estre heritier & legataire ensemble (*h*): mais celuy à qui seroit faict aucun laiz, se peut tenir à sondit laiz, & renoncer à la succession dudit deffunct, si bon luy semble.

Des avances faites aux enfans qui renoncent à la succession.

CLXI. *Item*, Quand aucun enfant est advantagé en mariage, ou autrement par donation faicte entre vifs par ses pere ou mere, ou autre en ligne directe, tel advantagé se peut tenir au transport à luy fait, sans ce qu'il puisse estre contraint venir à succession, & rapporter tel advantage. Neantmoins tel advantagé, en soy tenant audit advantage, sera tenu de suppleer (*i*) à ses autres freres & sœurs, jusques à la concurrence de leur legitime (*k*), si le reste desdits biens n'estoit suffisant pour le supplement de ladite legitime lors du decès du donateur (*l*), & quant à ce, seront lesdits biens donnez & advantagez, des lors affectez & hypothequez (*m*), jusques à la concurrence d'icelle legitime.

Des propres de ligne en succession.

CLXII. *Item*, Les propres heritages d'un deffunct, retournent tousjours aux plus prochains parens du costé & ligne dont ils viennent, posé ores qu'ils ne soyent si prochains au trespassé que d'autres, comme les heritages venus au trespassé du costé de son feu pere, iront aux heritiers dudit defunct du costé de sondit pere, & ceux du costé de sa feue mere, aux heritiers du costé de sadite mere.

De l'action personnelle & hypotequaire contre heritiers.

CLXIII. *Item*, Les heritiers d'un trespassé peuvent estre poursuivis personnellement, des faits, promesses & obligations du trespassé, pour telle part & portion qu'ils sont heritiers, & hypothequairement pour le tout (*n*), supposé qu'aucun des heritiers pour le droict d'aisneesse, ait plus grande portion que les autres desdits biens de la succession; & n'en est point tenu l'aisné plus que l'un des autres.

Du droit d'hypotheque.

CLXIV. *Item*, Hypotheque a lieu par tout le Bailliage de Senlis, & ne se divise point (*o*).

De l'institution d'heritier.

CLXV. *Item*, Institution d'heritier audit Bailliage n'a point de lieu, pource que ledit Bailliage & ancien ressort, sont en pays coustumier.

Des reliefs de fiefs par fille en succession directe.

CLXVI. *Item*, En une succession où il y a fils & fille une ou plusieurs, & il y a fief, dont le fils ait fait la foy & hommage au seigneur feodal, la fille, tant qu'elle se tiendra à marier, ne payera aucun relief pour sa part dudit fief. Car par la coustume (comme dit est) (*p*) de pere à fils ou fille, n'y a que bouche & mains, avec le chambellage, excepté les Chastellenies de Ponthoise, de Chaumont, de Mello & de Moncy, & des fiefs qui en dependent, qui se relievent de toutes mains & mutations (*q*).

De celles qui se remarient.

CLXVII. *Item*, Mais incontinent que ladite fille se mariera (*r*), le mary est tenu relever l'heritage

---

a Art. 156. *mais seulement bouche & mains. Infrà* art. 166. & 244. J. B.

b *qui est selon la nature du fief.* Ces mots sont inutiles; car la Coutume le taxe à vingt sols, art. 115. *infrà.* T. C.

c de toutes mains. Ex parte vassalli non patroni. T. C.

d *excepté.* Et ainsi en vente n'est dû que le relief & non quint, comme il se pratique au Vexin. T. C.

Vide Molin. in consuet. Paris. §. 2. gloss. 6. num. 5. où il explique cet article, & tient qu'il n'a lieu, sinon en la mutation qui vient de la part du vassal, & non en celle du seigneur, comme aux fiefs de la Coutume de Paris, regis par les Us du Vexin le François; ce que j'ai traité plus amplement sur l'ar. 3. de ladite Coutume de Paris. J. B.

e Art. 158. *Item droit de relief.* Jugé après enqueste par turbes, M. le Grand commissaire, qu'il n'étoit necessaire de faire offres du droit de chambellage, mais qu'il suffisoit offrir de payer le revenu d'une année ou de trois, au choix du seigneur, ou le dire d'experts. Arrest en l'an 1588. entre Pierre de la Chenaye sieur de la Neuville demandeur, & damoiselle Marie du Fresnel, femme de François Milly. T. C.

f *qui sont les vassaux.* Suprà, art. 88. *ubi dixi*, Valois art. 42. J. B.

g Art. 159. *peut regaler.* Regaler les fiefs, c'est prendre & appliquer à son profit les fruits des heritages feodaux.

h Art. 160. *heritier & legataire ensemble.* Une ayeule donne à son petit-fils laissant son fils donataire; jugé que le petit-fils pouvoit être donataire de son ayeule, & heritier de son pere, sans que tel don fût sujet à rapport, le pere n'étant heritier, mais legataire & donataire universel de sa mere ayeule du petit-fils. Arrest du 16. May 1596. *Louet, page* 194. T. C.

i Art. 161. *sera tenu de suppleer.* Il y a pareil article *infrà*, qui est le 213. jugé en cette Coutume, que ce qui a été donné par l'ayeule qui n'a qu'un fils à l'un de ses petits enfans, n'est point sujet à rapport en la succession du pere commun, qui a recueilly la succession entiere de ladite ayeule sa mere, par Arrest donné en la troisiéme Chambre des Enquestes, au rapport de M. de Refuge le 16. Mars 1596. prononcé en robbes rouges par M. le President Riant, la Viene & Caignart parties, *M. Louet, litt. D. num.* 38. J. B.

k *jusques à la concurrence de leur legitime.* Quelle est la legitime en cette Coutume? Jugé qu'elle se regle comme à Paris, par Arrest sur un appel du Bailly de Beaumont, après enquestes par turbes faites à Senlis. Ricard est d'advis contraire sur cet article. J. B.

La legitime se regle suivant la Coutume de Paris à la moitié de ce dont l'enfant succederoit *ab intestat.* Arrest après enquestes par turbes, confirmatif de la sentence du juge de Beaumont en la cinquiéme, au mois de May 1616. entre Louis Chatelain & Claude Perinne opposans, contre Pierre Ferry. T. C.

l *du donataire.* Il faut lire *donateur*, conformément à l'exemplaire deposé au Greffe du Parlement.

m *affectez & hypothequez.* Hypothequez impropre, d'autant que la legitime se prend en corps hereditaires. T. C.

n Art. 163. *& hypothequairement pour le tout.* C'est-à-dire, qu'ils peuvent être contraints en leurs propres biens, s'ils sont detempteurs d'immeubles hypothequez au payement de la dette; ainsi jugé au Presidial de Senlis, pour Denys Guillot; & ainsi se doit entendre l'art. 333. de la Coutume de Paris. T. C.

o Art. 164. *& ne se divise point. Infrà* art. 72.

p Art. 166. *comme dit est.* Suprà art. 156. J. B.

q *de toutes mains & mutations*, procedans de la part du vassal, & non du seigneur, comme du Molin explique cet article sur Paris, art. 2. *glossa 6. num.* 5. J. B.

r Art. 167. *que ladite fille se mariera.* Même en premieres noces, comme j'ai montré sur l'art. 3. de la Coutume de Paris. *Verbo*, à toutes mutations. J. B.

de sadite femme, pource qu'il est estrange personne (*a*), & toutesfois qu'elle se mariera, sera semblablement tenue, ou sondit mary pour elle (*b*), payer relief tel que dessus est declaré.

De la succession des meubles & acquests en collaterale.

CLXVIII. *Item*, Meubles & acquests sans consideration de ligne, vont au plus prochain, en telle maniere, que s'ils sont trois freres, dont les deux soyent freres de pere & de mere, & l'autre de mere tant seulement; si l'un des deux qui sont de pere & de mere va de vie à trespas, delaissez ses deux freres, l'un de pere & de mere, & l'autre de mere seulement, tous deux viennent egalement (*c*) aux meubles & acquests dudit frere trespassé.

De continuation de communauté.

CLXIX. *Item*, Quand l'un des deux conjoints ensemble par mariage, va de vie à trespas, & delaisse aucuns enfans mineurs dudit mariage, si le survivant desdits conjoints ne fait faire inventaire (*d*), les enfans, ou enfant survivans, peuvent, si bon leur semble, demander communauté en tous les biens meubles, & ès conquests immeubles du survivant, faits depuis la societé contractée par ledit mariage, sans prejudicier aux droicts & privileges des Nobles dessus declarez (*e*): posé qu'iceluy survivant se remarie, & jusques à ce que iceluy inventaire ait esté fait.

De la succession des Prestres seculiers.

CLXX. *Item*, Quand un prestre seculier beneficié ou non, va de vie à trespas, à iceluy succederont ses plus prochains parens & heritiers, habiles à luy succeder, posé ores qu'il n'eust aucuns heritages de propre ne d'acquest.

Des Religieux.

CLXXI. *Item*, Un religieux, ou religieuse profès, ne succede (*f*) point, ny le Monastere, ny le Convent pour eux.

Des bâtards.

CLXXII. *Item*, Un bastard aussi ne succede point, sinon ès meubles & acquests (*g*) de ses enfans legitimes.

Des solemnitez du testament.

CLXXIII. *Item*, Avant qu'un testament soit reputé solennel, il est requis qu'il soit escrit & signé de la main & seing manuel du testateur, ou signé de sa main, & à luy leu, & par luy entendu, en la presence de trois tesmoins; Ou qu'il soit passé pardevant deux Notaires, ou pardevant le Curé de sa parroisse, ou son Vicaire general, & un Notaire; ou dudit Curé, ou Vicaire, & deux tesmoins; ou d'un Notaire & deux tesmoins; ou de quatre tesmoins (*h*); iceux tesmoins idoines, suffisans, & non legataires dudit testateur; fors & excepté, entant que touche les legats pitoyables, obseques & funerailles d'iceluy testateur, esquels toutesfois, & pour le moins sera gardée la solennité du droict canon (*i*).

TITRE XIV.

Des Douaires.

Des deux sortes de douaires.

CLXXIV. IL y a deux manieres de douaire, l'un qu'on appelle douaire coustumier, & l'autre prefix.

Du coutumier.

CLXXV. Le douaire coustumier, dont la femme peut estre douée, est de la moitié de tous les heritages (*k*), que le mary avoit au jour de ses nopces, & de ceux qui luy sont escheuz & escherront en ligne directe (*l*), durant & constant leur mariage.

De l'incompatibilité des qualitez d'heritier & douairier.

CLXXVI. *Item*, Aucun ne peut estre heritier de son pere, & douairier ensemble (*m*).

CLXXVII. *Item*, Le douaire de la femme est reputé propre heritage aux enfans (*n*) issans du ma-

---

a ART. 167. *estrange personne*. Suprà, art. 132. J. B.

b *ou sondit mary pour elle*. Ces termes comprennent les deux cas de communauté & d'exclusion d'icelle par le contrat de mariage, le relief étant dû au premier cas par le mary, & au second par la femme. *Voyez mon commentaire* sur M. Louet, *litt. R. num. 45. fine*, & sur la Coutume de Paris, art. 37. J. B.

c ART. 168. *tous deux viennent egalement*. Ainsi les freres succedent avec l'ayeul & ayeule, comme étans en même degré. T. C.

d ART. 169. *ne fait faire inventaire*. Sur procès par écrit, par Arrest du 13. Aoust 1558. les sentences de Ponthoise & de Senlis furent reformées, & jugé la communauté dissolue dès le jour de l'inventaire, fait le 25. Avril 1547. encore qu'il n'eût été clos que le 12. Avril 1554.

Jugé en cette Coutume, que pour empêcher la continuation de communauté, il suffit de faire inventaire, sans que la clôture soit necessaire. *Le Vest Arrest 63*.

Jugé en cette Coutume, que la continuation de communauté a lieu, faute d'avoir fait signer l'inventaire au tuteur subrogé, & que l'Arrest seroit publié aux sieges de Senlis & Ponthoise du 5. Mars 1622. entre Scipion Marie & Jeanne du Pré, d'une part: & Simon du Pré & consorts, d'autre.

Non seulement pour les mineurs, mais aussi pour les majeurs; Arrest du 10. Juillet 1621. entre Antoinette le Sage & consorts, & maître Nicolas le Sage; quatriéme Chambre M. Patroureau: & par autre Arrest du 27. May 1623. entre les mêmes parties.

Arrest du 17. May 1607. en la Coutume de Paris; jugé que les acquests du mariage entroient dans la continuation de communauté; mais depuis on a jugé le contraire. T. C.

Pour la validité duquel la clôture & affirmation est requise, sur peine de nullité; Arrest du 12. May 1606. donné en la premiere des Enquestes, *consultis classibus*, rapporté par Rouillard au 33. de ses reliefs *forenses*, l'assistance du subrogé tuteur & autres solennitez semblables; jugé en cette même Coutume par Arrest du 18. Janvier 1620. & par autre Arrest du 5. Mars 1622. ordonné être lû & publié au siege de Senlis & Ponthoise, l'audience tenant. *Vide not. mea* sur M. Louet, *litt. C. num. 30*. J. B.

Jugé en conséquence de cet article, qu'un inventaire clos sept ans après le decès de l'un des conjoints interrompoit neanmoins la continuation de communauté, par Arrest du 13. Aoùt 1558. *Le Vest, Arrest 63*. J. M. R.

e *dessus declarez*. Suprà art. 146. J. B.

f ART. 171. *ne succede*. Cette disposition a lieu contre les Chevaliers de Malthe, comme il a été jugé par Arrest en robbes rouges du 23. Decembre 1573. rapporté par M. Louet, *litt. C. num. 8*. T. C.

g ART. 172. *ès meubles & acquests. Idem*, de ce qui leur a été donné pour leur être propre, sinon qu'il eût été dit pour être propre du côté de la mere. C. M.

Voyez Chopin sur Anjou liv. 3. tit. 2. n. 2. *in marg.* J. M. R.

h ART. 173. *ou de quatre tesmoings*, qui aient signé le testament nuncupatif, non écrit & signé des témoins & du testateur n'est valable; Melun, art. 243. Amiens, art. 55. *Vide not. mea* sur M. Louet, *litt. E. num. 8*. où j'ai montré que cela a lieu, même à l'égard des testamens militaires & de ceux qui sont faits en temps de peste. J. B.

i *du droit canon*. Cette Coutume ne prononce rien sur l'âge requis pour tester; un Arrest du 31. Aoùt 1702. l'a reglé, conformément à la Coutume de Paris, & porte qu'il sera lû, publié & enregistré au siege de Senlis. C. B. R.

k ART. 175. *est de la moitié de tous les heritages*. Ce mot *heritages*, en cet article & au 177. n'exclud point les rentes, ni les offices qui tombent dans le douaire coutumier, tant de la femme que des enfans, suivant les Arrests donnez en cette Coutume, que j'ai remarquez sur M. Louet, *litt. D. num. 63*. quand l'aîné se porte heritier, & le puîné douairier, il n'a pour son douaire que la moitié au tiers des heritages feodaux, sans pouvoir rien prétendre au principal manoir, suivant l'Arrest que j'ai cotté *suprà* art. 126. J. B.

Jugé en cette Coutume qu'une veuve ne pouvoit prendre douaire sur état de receveur des decimes du diocese de Senlis. L'Arrest est du Mardy 30. Janvier 1607. rapporté par M. Louet, *litt. D. num. 63*. T. C.

l *& escherront en ligne directe*. *Ergò* des biens acquests immeubles du fils venus au pere par son decès, si ce bien est échû depuis, d'autant que c'est ligne directe. T. C.

m ART. 176. & douairier ensemble. *In editione Lutetiana anni 1535. legitur* donataire, *vice hujus dictionis* douairier. *Fran. Rag.*

n ART. 177. aux enfans. *Et etiam nepotibus ex eis, patre præmortuo*. C. M.

De la proprieté des enfans quant au douaire.

riage, en telle maniere que le pere après le trespas de sa femme, jouïra desdits heritages subjets à douaire quant à l'usufruict seulement, & lesdits enfans en seront vrais seigneurs & proprietaires (a); & sera censé proceder ledit douaire du costé paternel.

Des dettes dont le douairier est quitte.

CLXXVIII. *Item*, Les enfans desdits conjoints, après le trespas de leur pere & mere, peuvent prendre & apprehender le douaire de ladite femme leur mere, franchement, sans payer aucunes debtes; pourveu qu'ils renoncent à la succession de leur pere; pource que par la coustume dessusdite, aucun ne peut estre heritier & douairier (b) ensemble (c).

De la possession du douaire.

CLXXIX. *Item*, Douaire coustumier est deu, incontinent après le trespas du mary, duquel ladite femme se peut vallablement dire estre en possession & saisine, sans le demander aux heritiers de tel defunct.

Du relief de fief dont la veuve jouit en douaire.

CLXXX. *Item*, Si ladite femme estoit douée de douaire coustumier, sur heritages estans en fief tenuz d'aucun seigneur, incontinent après le trespas du mary, les heritiers ou proprietaires seront tenuz d'aller vers le seigneur ou seigneurs feodaux, relever lesdits fiefs ou fief, & pour raison d'iceux en faire les foy & hommage, ou obtenir souffrance desdits seigneur ou seigneurs feodaux; Afin que ladite femme puisse jouir & posseder de sondit douaire, après ce qu'ils en auront esté sommez par ladite vefve.

Du douaire prefix.

CLXXXI. *Item*, Douaire prefix est, quand une femme est accordée en mariage, & par les parens & amis du mary, & par iceluy mary ou l'un d'eux, est baillé & assigné aucun heritage, rente, ou argent à ladite femme, ses parens & amis, tel heritage, rente, ou argent ainsi assigné ou promis, est dit & reputé douaire prefix à ladite femme, incontinent que douaire a lieu.

Qu'il est propre aux enfans.

CLXXXII. *Item*, Ledit douaire prefix, constitué comme dit est, est aussi propre heritage aux enfans venus & procréez dudit mariage, comme est le douaire coustumier, & ladite femme usufructuaire seulement, après le trespas de sondit mary.

Qu'il fait cesser le coutumier.

CLXXXIII. *Item*, femme douée de douaire prefix, ne peut demander douaire coustumier; s'il ne luy est permis par son traitté de mariage (d).

De la possession du douaire.

CLXXXIV. *Item*, Ledit douaire coustumier est incontinent deu, après le trespas du mary, & ladite femme vefve s'en peut licitement dire estre en possession & saisine, comme dit est. Mais au regard dudit douaire prefix, il n'est deu jusques à ce qu'il soit demandé (e) deuement en jugement par ladite vefve ou ses enfans, aux hoirs du trespassé. Duquel douaire prefix, s'il consiste en fief, les heritiers du trespassé ou proprietaires seront tenus, en faire les foy & hommage au seigneur ou seigneurs feodaux, en payer les droits & devoirs pour ce deuz, & en obtenir souffrance, afin que ladite vefve en puisse jouir, comme dessus est dit du douaire coustumier.

Du douaire d'une seconde femme.

CLXXXV. *Item*, Si le mary de ladite femme, après le trespas d'icelle, se remarie la seconde fois, delaissez enfans du premier mariage, la seconde sera douée seulement sur la moitié des heritages, sur lesquels ladite premiere femme avoit esté douée, qui est un quart sur tous lesdits heritages. Et outre sera douée de la moitié de tous les heritages, qu'après ledit premier mariage, & durant sa viduité, tel mary avoit acquis, & luy seroyent escheuz, & desquels il possedoit à l'heure de son second mariage, & de la moitié de tous ceux qui luy escherront en ligne directe, durant & constant tel second mariage; Lequel douaire semblablement, sera tenu & reputé propre heritage des enfans venus dudit second mariage, & l'usufruict à ladite seconde femme, comme du precedent, & *sic consequenter*, des mariages subsequens.

Qu'il n'y a point d'accroissement au douaire par l'addition d'heredité d'aucuns des enfans.

CLXXXVI. *Item*, Si le pere va de vie à trespas, delaissez plusieurs enfans, l'un desquels renonce à sa succession, & accepte le douaire, & les autres se portent heritiers, celuy qui aura renoncé à ladite succession, n'aura audit douaire que telle part & portion, que si les autres se fussent declarez douairiers & non heritiers (f).

De l'extinction du douaire des enfans.

CLXXXVII. *Item*, Si au precedent ou auprès le trespas de la mere, les enfans issus du mariage, alloyent de vie à trespas sans hoirs de leurs corps, leur pere vivant, en ce cas le douaire, soit prefix ou coustumier, sera esteint, & en demourera le pere proprietaire, comme il estoit au precedent, sans toutesfois faire prejudice à l'usufruict de la femme survivant sondit mary.

---

a Art. 177. & proprietaires. *Intellige in casum quo supervivant patri, non autem quòd morientes sine liberis ante patrem possint transmittere ad alios, quam ad alios liberos ejusdem matrimonii vel nepotes ex eis. Pariter dic quod vivo patre non possunt alienare vel hypothecare: & sic in veritate pater interim est magis proprietarius ut de re subjecta institutioni dixi in consuet. Paris. eo. ti. & hac consuetudo in hoc impropriè loquitur, & per auxesim probatur etiam infrà. §. 187.* C. M.

b Art. 178. *&* *douairier.* Donataire, *in Lutetiana editione anni 1585. sed hac magis placet.* Fran. Rag.

c ensemble. *Quia debet douarium conferre, arrestum famosum vigilia natalis Domini 1535.* C. M.

d Art. *s'il luy est permis par son traité de mariage.* Si elle a le choix elle prejudicie à ses enfans; Arrest du 9. Janvier 1576. plaidans Maître Loysel & moy. Autre du 20. Janvier 1614. *Pierre Foy de Beauvais.* T. C.

Secùs erat in veteri consuetudine. Et sic in Parlamento relatore. do. Grassin. malè judicatum contra nepotes Ludovici Disque quia contractus matrimonii factus erat, & suam formam acceperat anno 1508. sub forma & conditionibus veteris consuetudinis, qua debuit attendi, quamvis conjuges supervixerint post annum 1540. & sic post novam consuetudinem, cui non possunt dici consensisse, quia in processu verbali harum consuetudinum super §. 179. apparet de dissensu, & de reservatione expressa veteris consuetudinis pro contractibus præteritis. Tum frustra consensus, quia per hanc consuetudinem conjuges non possunt meliorem alterius facere conditionem. suprà §. 143. C. M.

e Art. 184. *jusqu'à ce qu'il soit demandé. Secùs*, au cas de la détention des heritages du mary par la veuve, qui équipole à demande & interruption, *L. cum notissimi §. immo & illud. cod. de præscript. 30. vel 40. annor.* comme j'ai dit sur la Coutume de Blois, art. 90. J. B.

Jugé en cette Coutume, que la prescription du douaire couroit du jour du decès du pere contre les enfans, & non du jour du decès de la mere survivante; Arrest du 30. Janvier 1616. M. de Berulle rapporteur, entre André & Jean Moreaux & consors, & Jacquette Thiboust, veuve de Pierre des Costes, confirmant une sentence du Bailly de Senlis ou son Lieutenant de Pontoise du 29. Novembre 1613 confirmative de celle du Prevôt Maire, 1. Fevrier 1613. T. C.

f Art. 186. & non heritiers. *Quia non perdunt partes suas, ex eo quòd hæredes: sed via exceptionis coguntur eas cohæredibus conferre, & sic non deficiunt, nec aliis accrescere possunt* C. M.

Nam inter conjunctos conventione legali, non est locus juri accrescendi. T. C.

TITRE XV.

De Prescription.

De la prescription par dix ans & vingt ans pour la proprieté.

CLXXXVIII. QUiconque a jouy & possedé d'aucun heritage à juste tiltre, & de bonne foy, continuellement sans contredit ou empeschement aucun, par le temps & espace de dix ans, entre presens (*a*), & vingt ans entre absens, aagez & non privilegiez, il a acquis & acquiert par prescription, la proprieté & seigneurie de tel heritage.

De la prescription des actions personnelles.

CLXXXIX. *Item*, Toutes actions personnelles sont prescrites & esteintes par le temps & espace de trente ans.

De la prescription par quarante ans de charge réelle contre tout détenteur.

CXC. *Item*, Quiconques a jouy & possedé d'aucun heritage, à tiltre ou sans tiltre, tant par luy que par ses predecesseurs, franchement, sans payer aucune rente, ou autre charge reelle, par le temps & espace de quarante ans continuels & accomplis, il a acquis par prescription la franchise de ladite rente ou charge reelle.

Contre le détenteur & obligé.

CXCI. *Item*, Toutes actions en matieres d'hypotheques pour rentes, & autres droicts reels, sont esteintes & expirées par le temps & espace de quarante ans; excepté le droict seigneurial de censive, & fons de terre (*b*) qui ne se prescrit point; combien que les arrerages de ce, soyent prescrits par trente ans.

De l'indivisibilité de l'hypotheque.

CXCII. *Item*, Par ladite coustume, droict & action d'hypotheque ne se divise point (*c*).

De la prescription des charges & hypotheques par dix & vingt ans.

CXCIII. *Item*, Quand un tiers detenteur a jouy & possedé d'aucun heritage chargé de rente, ou autre charge reelle, à bon & juste tiltre, & de bonne foy, sans payer, n'estre inquieté de telle rente ou charge, par l'espace de dix ans entre presens & vingt ans entre absens, aagez & non privilegiez, il a prescrit & acquis par prescription, la franchise & descharge de tel heritage; excepté du droict censuel ou seigneurial, comme dit est.

De la prescription contre l'Eglise.

CXCIV. *Item*, Prescription n'a point de lieu contre l'Eglise (*d*), sinon par le temps & espace de quarante ans seulement.

De la prescription du seigneur contre le vassal aut è contrà.

CXCV. *Item*, Un seigneur ne prescrit point le fief de son vassal, par quelque laps de temps qu'il l'ait tenu en sa main (*e*), ne le vassal la teneure & fidelité dudit fief.

De la negligence du seigneur ou du vassal.

CXCVI. *Item*, Tant que le vassal dort le seigneur veille, & tant que le seigneur dort le vassal veille.

TITRE XVI.

Des Rentes constituées & assignées sur Heritages.

De la constitution des rentes.

CXCVII. TOute franche personne (*f*), usant de ses droicts, ayant le droict gouvernement & administration de ses biens, peut vendre, aliener, & constituer rente (*g*) sur ses heritages tenuz en fief, en censive, ou autre droit reel d'aucun seigneur; & telle vendition & constitution de rente est bonne & vallable, posé ores qu'elle ne soit ensaisinée ne infeodée.

De leur suite sur les heritages du constituant.

CXCVIII. *Item*, Ladite rente ainsi vendue & constituée, a cours sur les heritages dudit vendeur ou constituant, quand ils sont tenus & possedez par ledit vendeur & constituant, ou ses heritiers; ou par un tiers detenteur, ou par le seigneur feodal à tiltre particulier, autre que comme seigneur feodal; sinon que ledit seigneur feodal, eust retenu l'heritage par puissance de fief de l'acheteur; Auquel cas, sera ledit seigneur tenu de ladite rente.

Du payement des rentes & dettes d'un confiscant.

CXCIX. *Item*, Quand aucuns biens, heritages ou rentes, situez & assis en la haute Justice d'aucun seigneur, sont dits & declarez confisquez: le haut Justicier, qui en vertu de ladite confiscation apprehendera les meubles, sera tenu de payer les debtes personnelles, & pour une fois du confiscant; si lesdits meubles sont suffisans, & jusques à la concurrence d'iceux. Et lesdits meubles discutez, ledit haut justicier, qui apprehendera les heritages ou rentes dudit confiscant, autrement que par felonnie ou à faute d'homme, droicts & devoirs non faicts, sera tenu de payer le surplus; si tant iceux heritages se peuvent monter, & jusques à la concurrence d'iceux. Aussi sera tenu ledit haut justicier qui apprehendera lesdits meubles, payer les rentes constituées par le confiscant, non ensaisinées, ne infeodées, ensemble les arrerages d'icelles, si tant lesdits meubles peuvent monter, & jusques à la concurrence d'iceux; sans que le creancier de telle rente, se puisse adresser sur les heritages confisquez (*h*), pour raison desdites rentes & arrerages; pourveu que ledit creancier de ladite rente non ensaisinée ne infeodée, ait esté negligent de quarante jours, à compter du jour de la constitution d'icelle, de soy faire ensaisiner ou infeoder.

Des frais du procès fait en confiscant.

CC. *Item*, Quand aucun confisquera, les frais de justice faits en la poursuitte de la declaration de ladite

a ART. 188. *entre presens.* Presens sont demeurans en même Bailliage. Paris, art. 116. encore que l'heritage soit en autre Bailliage. *L. fisc. C. de præscr. longi temporis*, & ainsi ceux qui demeurent à Beaumont, Chaumont & Beauvais, doivent être reputez absens depuis que ces châtellenies ont été érigées en Bailliages. T. C.

b ART. 191. *& fons de terre*, qui ne se prescrit point, même par cent ans. Coutume de Paris, art. 124. *ubi dixi.* J. B.

c ART. 192. *ne se divise point.* Suprà, art. 164. J. B.

d ART. 194. *contre l'Eglise*, pour droits appartenans à l'Eglise, & non aux titulaires de l'Eglise. T. C.

e ART. 195. *tenu en sa main*, tant que le seigneur tient le fief saisi, autrement peut le seigneur prescrire contre le vassal. Arrest du 1617. par lequel a été jugé que M. le Connestable avoit prescrit la mouvance de Hardivillier contre la dame de Bavincourt, la terre de laquelle relevoit de M. le Connétable. T. C.

f ART. 197. *Toute franche personne.* Cet article se doit entendre du majeur de 25. ans; le mineur ne peut constituer rente qui emporte hypotheque, laquelle est espece d'alienation. *Vide suprà*, art. 164. T. C.

g *constituer rente.* Jugé en cette Coutume au rolle de Senlis, plaidans MM. Tempe & Germain, que les rentes constituées & ensaisinées au Bailliage de Senlis, seroient reglées selon la Coutume de Senlis, encore que le creancier demeurât à Paris; ce que les consultans improuverent, & justement. T. C.

h ART. 199. *se puisse addresser sur les heritages confisquez.* Cela semble mal inseré, d'autant que les dettes diminuent le bien.

L'article charge le seigneur de payer les dettes mobiliaires, pourquoi non les rentes constituées. T. C.

confiſcation, ſeront prealablement prins (*a*) ſur les biens dudit confiſcant, avant tous les autres creanciers.

Difference des rentes enſaiſinées ou infeodées, & de celles qui ne le ſont.

CCI. *Item*, Quand tels heritages chargez de telles rentes conſtituées non enſaiſinées ne infeodées; ſont criez & ſubhaſtez, tant ſur le conſtituant, ſes heritiers, ou autre detenteur, leſdites rentes non enſaiſinées ou infeodées, ſont reputées & tenus comme debtes mobiliaires (*b*), envers les autres rentes qui ſont enſaiſinées ou infeodées, ou comme autres creanciers pour debtes mobiliaires.

De l'extinction d'une rente par confuſion.

CCII. *Item*, Nul ne peut eſtre rentier & proprietaire de l'heritage, ainſi chargé que dit eſt de ladite rente; car icelle rente eſt confuſe au crediteur, en prenant par luy la proprieté.

Des rentes & hypotheques ſur fief.

CCIII. *Item*, Un vaſſal ne peut charger ſon fief d'aucune rente ou hypotheque, au prejudice de ſon ſeigneur feodal, duquel eſt tenu & mouvant ledit fief, ſinon que telle rente ou hypotheque fuſt enſaiſinée ou infeodée par ledit ſeigneur feodal, au profit de celuy, ou ceux, à qui ſont deues telles rentes ou hypotheques.

Du démembrement de fief.

CCIV. *Item*, Un vaſſal ne peut deſmembrer ſon fief, ſans le conſentement de ſon ſeigneur, par diviſion reelle.

Des rentes dont le ſeigneur ne peut être tenu en jouiſſant du fief du vaſſal.

CCV. *Item*, Si tels fiefs ainſi chargez, que dit eſt, de telles rentes ou hypotheques non enſaiſinées ou infeodées, viennent en la main dudit ſeigneur feodal, par aubeine, confiſcation, ou commiſſion de fief, ledit ſeigneur peut regaler & retenir ledit fief entierement, ſans payer aucune choſe deſdites rentes ou hypotheques non enſaiſinées ou infeodées; & n'en eſt aucunement tenu ledit ſeigneur feodal, ſinon comme il eſt dit ci-deſſus.

Des détempteurs chargez de rentes foncieres.

CCVI. *Item*, Tous detenteurs proprietaires ou poſſeſſeurs d'aucuns heritages, ou de partie & portion d'iceux, ou autre choſe cenſée & reputée immeuble, chargez & redevables d'aucunes rentes, ou autre charge reelle & annuelle, ſont tenus perſonnellement pour le tout, payer & acquiter leſdites charges, enſemble les arrerages deſdites rentes & charges deſdits heritages, ainſi chargez que dit eſt. *De la renonciation ou déguerpiſſement.* Toutesfois leſdits detenteurs proprietaires ou poſſeſſeurs deſdits heritages, incontinent leſdites charges venues à leur cognoiſſance (*c*), peuvent renoncer auſdits heritages; ſans pour ce eſtre tenuz de payer aucunes debtes, charges & rentes; ne les arrerages pour ce deuz.

De l'alienation du propre de la femme & du douaire.

CCVII. *Item*, L'homme ne peut vendre, aliener, n'aucunement hypothequer, le propre heritage de ſa femme, ne ſon douaire couſtumier ou prefix; ſans l'exprès conſentement de ſadite femme, & enfans quant au douaire.

D'hypotheque ſur meubles.

CCVIII. *Item*, Meuble n'a point de ſuitte par hypotheque.

TITRE XVII.

Des Donations.

Des donations.

CCIX. Pluſieurs ſont eſpeces de dons: il y a dons entre vifs, dons par teſtamens & ordonnances de derniere volonté.

De donation faite entre-vifs.

CCX. Donation faicte entre vifs (*d*) vaut & tient, quand elle eſt faicte par perſonne aagée de vingt-cinq ans, uſant de ſes droicts, ayant le gouvernement & adminiſtration de ſes biens, à perſonne autre que ſa femme (*e*), ſi telle donation n'eſtoit faicte à ſa femme par don mutuel, comme deſſus eſt declaré (*f*).

De la ſaiſine ou apprehenſion de fait en donation.

CCXI. *Item*, Donner & retenir ne vaut rien; en telle maniere, que ſi aucun a donné une maiſon, rente, ou autre heritage, à un quidam, ſoit ſon parent ou autre eſtranger, avant que ledit don ſortiſſe ſon effect, il convient que le donateur ſe deſſaiſiſſe de tel heritage ou rente donnée, ès mains du ſeigneur, de qui il eſt tenu & mouvant, & que le donataire en ſoit ſaiſi du vivant du donateur; (autrement, le don ſeroit nul, & recherroit en la ſucceſſion dudit donateur) ou que du vivant & conſentement dudit donateur, il ait apprehenſion de faict de ladite choſe donnée (*g*); qui vaut ſaiſine, au prejudice du donateur & de ſes heritiers.

De la reſerve d'uſufruit qui ne vaut ſaiſine.

CCXII. *Item*, Donner & retenir, comme dit eſt, ne vaut rien, poſé ores que le donateur ait en ſoy retenu l'uſufruict de la choſe donnée, s'il n'y a deſſaiſine baillée par ledit donateur; & que le donataire en ſoit ſaiſi & veſtu, du vivant dudit donateur; ou

---

a ART. 200. *ſeront prealablement prins.* Cela eſt injuſte; parce que les ſeigneurs hauts-juſticiers doivent rendre la juſtice à leurs propres frais, ſans recompenſe, & la leur blâme les ſentences des Juges inferieurs, qui ordonnent que les frais du procès criminel ſe prendront ſur l'amende; ce qui eſt traité amplement par Coquille, expliquant cet article en ſon inſtitution au Droit François, ch. 4. des droits de Juſtice, pag. 40. & ſur la Coutume de Nivernois ch. 2. des confiſcations, art. 5. J. B.

b ART. 201. *& tenues comme debtes mobiliaires. Secùs* dans le partage entre les heritiers; car les rentes quoique non enſaiſinées & infeodées, apartiennent aux heritiers immobiliers, à l'excluſion des mobiliers; cet art. 273. & les autres n'ayant lieu qu'entre creanciers pour l'hypotheque; & à l'égard du ſeigneur confiſquant, autrement le mary qui a conſtitué les rentes étant heritier mobilier de ſon pere profiteroit de ſa negligence par le defaut d'enſaiſinement contre la regle de droit *l. ſive hereditaria 22. de neg. geſt.* Jugé en la Coutume d'Amiens, par Arreſt du 18. Decembre 1604. donné au rapport de M. le Prêtre en la cinquiéme des Enquêtes, la Mire & Gabriel de Senlis parties; & tel eſt l'uſage conſtant & notoire de cette Coutume; ce que j'ai traité plus amplement ſur la Coutume de Paris, art. 14. 94. Du Molin Chaulny, art 6. & 26. J. B.

Vrai à l'égard du ſeigneur & des creanciers, mais à l'égard des coheritiers, elles ſont reputées immobiliaires. Arreſt en la cinquiéme, 18. Decembre 1604. entre de la Mire & Gabriel de Senlis T. C.

c ART. 206. *incontinent leſdites charges venues à leur cognoiſſance* Jugé le 17. Janvier 1564. ou 1563. Martinet plaidant pour maître Pierre de Mouſſy, que cette clauſe de pouvoir déguerpir incontinent, s'entend juſques à conteſtation en cauſe, & fut jugé que la connoiſſance que le detenteur avoit avant conteſtation, ne lui prejudicieroit, encore que l'on eût prouvé par enqueſte qu'il l'avoit longtems avant la pourſuite. T. C.

d ART. 210. *Donation faite entre-vifs Etiam* univerſelle de tous biens preſens & avenir, ſuivant le droit commun, & la legitime reſervée aux enfans. J. B.

e autre que ſa femme. Où le mary à la femme, *infrà* art. 219. J. B.

f comme deſſus eſt declaré. Suprà art. 144. Les 143. & 219. decident le même de la donation teſtamentaire, laquelle comme la donation entre-vifs eſt prohibée en cette Coutume, entre conjoints par mariage, même l'un ne peut donner aux enfans de l'autre d'un precedent mariage. Jugé au rolle de Senlis par Arreſt du Mardy 20. Fevrier 1626. plaidant Germain & Picard, Rollet partie. Pareils Arreſts aux autres Coutumes que j'ai cottez ſur M. Louet, *litt. D. num. 17.* J. B.

Jugé en cette Coutume que le mary qui n'avoit enfans ne pouvoit donner à ceux de ſa femme, *& è contrà*, même en faveur de mariage: Arreſt du 9. Fevrier 1606.

g ART. 211. *il ait apprehenſion de fait de ladite choſe donnée.* M. de Monceau Avocat en Parlement & Preſident de Beauvais m'a dit avoir écrit en un procès, où ont été jugées deux queſtions ſur cet article 211. la premiere qu'il avoit lieu en donations univerſelles, comme en particulieres; la ſeconde, qu'en donation univerſelle faite à deux, la ſaiſine priſe par l'un ne profitoit pas à l'autre. J. M. R.

Voyez un Arreſt du 12. Fevrier 1664. relatif à cet article, & rapporté au ſecond volume du Journal des Audiences, liv. 6. ch. 13. G. B. R.

que ledit donataire en ait prins ou apprehendé de faict la possession, du consentement dudit donateur; qui vaut & equipolle à saisine, au prejudice d'iceluy donateur & de ses hoirs.

Des avancemens d'hoirie à enfans.

CCXIII. *Item*, Quand aucun est advantagé, par donation entre vifs de pere ou mere, tant en mariage qu'autrement, tel advantagé se peut tenir au don & transport à luy fait, sans ce qu'il puisse estre contraint rien rapporter en commun entre ses freres & sœurs, ou autres ses coheritiers: Mais s'il veut venir à la succession d'iceluy donateur, comme son heritier, faut qu'il rapporte (*a*) ce qu'il luy aura esté donné & transporté, ou moins prenne; autrement, il ne pourra rien prendre en ladite succession: neantmoins audit cas, tel advantagé en soy tenant audit advantage, sera tenu de suppléer à ses autres freres & sœurs jusques à la concurrence de leur legitime, si le reste desdits biens n'estoit suffisant pour ladite legitime. Et quant à ce, seront lesdits biens donnez & advantagez, deslors affectez & hypothequez, jusques à la concurrence d'icelle legitime.

De don récompensatif d'heritage.

CCXIV. *Item*, Quand aucun a donné aucun heritage, soit en fief ou roturier, & ledit don est recompensatif, le donataire est tenu, dedans quarante jours advertir, & faire apparoir à sondit seigneur de son don, en payer le quint denier de l'estimation de la chose donnée, & le droict de chambellage, & en faire la foy & hommage; excepté ès Chastellenies de Chaumont & Ponthoise, esquelles est deu droit de relief simplement, avecques le droit de chambellage: & s'il est roturier, il est tenu, dedans quarante jours en payer les droits de ventes; qui est pour seize sols parisis, seize deniers parisis, avec les droits de saisine, sur peine de soixante sols parisis d'amende; lequel droict de saisine, est de cinq sols parisis au plus, & au dessous, selon la coustume des lieux.

Des droits pour simple donation de fief.

CCXV. *Item*, En simple donation d'heritage noble & tenu en fief, n'en est deu quint ne requint, mais seulement relief; c'est à sçavoir, une somme de deniers, ou le revenu d'une année prinse en trois, ou le dict des Pairs, comme dit est; avec le droict de chambellage, qui est de vingt sols parisis; & en heritage roturier, n'en est deu ne vins ne ventes (*b*), mais le donataire doit prendre la saisine du seigneur, dedans les quarante jours de ladite donation, sur peine de soixante sols parisis d'amende.

Du concours des divers donataires & acquereurs d'une même chose.

CCXVI. *Item*, Quand à diverses personnes a esté donné, ou vendu, un heritage en fief, ou roturier; celuy qui premier aura esté saisi dudit heritage, mis & receu en foy & hommage, ou d'iceluy heritage aura eu apprehension de faict (qui en ce équipolle à saisine) au sceu & consentement du donateur ou vendeur, sera preferé audit heritage donné ou vendu, posé ores qu'il soit le second donataire ou acquesteur, & a le plus clair droict (*c*).

De la disposition testamentaire des propres, au profit d'enfans.

CCXVII. *Item*, Aucun ne peut disposer de son propre, par testament & ordonnance de derniere volonté, au prejudice de ses heritiers; fors & excepté du quint (*d*), lequel il peut donner à l'un ou à plusieurs de ses enfans, non venans à sa succession, ensemble ses meubles, acquest & conquests; pourveu toutesfois qu'aux autres enfans leur legitime demeure (*e*).

D'autres personnes quand il n'y a point d'enfans.

CCXVIII. *Item*, Ledit testateur peut donner sondit quint, à quelque personne que ce soit, (autre que le mary à la femme, & la femme au mary.) ensemble ses meubles, acquests & conquests; pourveu qu'il n'y ait aucuns enfans.

Des legs de meubles & acquests.

CCXIX. *Item*, Un testateur peut donner par testament & ordonnance de derniere volonté, à quelque personne que ce soit (autre que le mary à la femme & la femme au mary) (*f*) ses meubles, acquest & conquest, soit qu'il y ait enfans ou non, pour en jouir à tousjours; reservé toutesfois la legitime (*g*) aux enfans, si à ce l'heritage propre ne peut fournir.

Des acquisitions faites par gens de mainmorte.

CCXX. *Item*, Quand aucun a donné, vendu, ou legué aucun heritage à l'Eglise, soit en augmentation du divin service ou autrement, le seigneur de qui est tenu ledit heritage ainsi donné, vendu ou legué, peut contraindre les donataires, acheteurs ou legataires, mettre hors de leurs mains ledit heritage ainsi donné & vendu, que dit est, dedans l'an & jour que tel don ou transport sera venu à sa connoissance. Et seront tels donataires, acheteurs ou legataires, contraints les mettre hors de leurs mains, en dedans l'an & jour de la sommation & commandemens à eux faits par tels seigneurs.

De puissance paternelle.

CCXXI. *Item*, Le droict de puissance paternelle n'a point de lieu audit Bailliage (*h*).

TITRE XVIII.

Retraict d'Heritage Lignager.

De retrait lignager, quand peut être exercé, par qui, & dans quel tems.

CCXXII. QUand aucun a vendu, ou autrement cedé & transporté, par titre onereux, equipollant à vendition, son propre heritage, à personne estrange de son lignage, du costé & ligne dont luy est venu & escheu par succession ledit propre heritage, ainsi vendu que dit est; il est loisible au parent lignager dudit vendeur, du costé & ligne dont est venu & escheu ledit heritage, de requerir & demander par retraict lignager ledit heritage, dedans l'an & jour que ledit acheteur ou acquesteur en sera saisi, (s'il est tenu en censive) ou qu'il y ait esté receu en foy & hommage, (s'il est tenu en fief) en remboursant ledit acheteur du sort principal, & des loyaux coustemens.

---

a ART. 213. *faut qu'il rapporte.* Suprà, art. 161. *ubi dixi.* J. B.

b ART. 215. *vins ne ventes.* Droit de vins & ventes est dû au seigneur, par celui qui a acheté un heritage censuel.

c ART. 216. *Voyez* Chopin sur Anjou, *lib. 3. cap. 2. tit. 1.* J. M. R.

Et M. Louet, *littera P. num. 1. ubi dixi.* J. B.

d ART. 217. *fors & excepté du quint. Non dicit* à quel âge; ce qui s'entend à vingt-cinq ans, qui est l'âge de droit avant lequel l'alienation du propre n'est point permise en cette Coutume, *suprà* art. 155. ni la donation entre-vifs, art. 210. & cela se doit suppléer de la Coutume de Paris art. 293. qui requiert pour tester des meubles & acquests l'âge de vingt ans accomplis, & du quint des propres vingt-cinq ans, & l'art. 294. que qui n'a meubles ne acquests considerables peut disposer du quint des propres. *Idem*, de la donation entre-vifs, *suprà* art. 210. J. B.

e leur legitime demeure. Infrà art. 219. *suprà* art. 213. J. B.

f ART. 219. *& la femme au mary.* Suprà art. 143. J. B.

g reservé toutesfois la legitime. Suprà art. 217. J. B.

Jugé par Arrest du premier Aoust 1610. donné au rapport de M de Verthamon en la premiere Chambre des Enquestes, 1. que la legitime due aux enfans se prend sur la dot promise à la fille non payée. 2. que pour regler la legitime de l'aîné on a égard à son preciput. 3. que la legitime en cette Coutume se regloit suivant la disposition du droit écrit. *M. le Prestre cent. 1. ch. 83. en marge.* J. M. R.

h ART. 221. *le droit de puissance paternelle n'a point de lieu.* C'est-à-dire, que le droit de puissance paternelle n'est tel & si ample qu'il étoit chez les Romains, pour laquelle raison les testamens & substitutions pupillaires n'ont point de lieu en pays coustumier, où le pere ne peut pas faire un testament à son fils impubere, ni substituer ses biens. *Vide not. mea* sur les Arrests de M. Louet, *litt. M. num. 18. fine.* J. B.

Des solemnitez en action de retrait.

CCXXIII. *Item*, Le lignager qui requiert & demande ledit heritage ainsi vendu que dit est, est tenu offrir à l'acheteur bourse & deniers, & à parfaire pour ledit pur sort principal & loyaux coustemens, & continuer à chacune journée & assignation procedant que ladite cause sert, jusques à contestation faicte en cause, ledit jour incluz, ou consigner en main de justice ledit argent; si le defendeur, qui est acheteur, ne consent lesdites offres (*a*) estre faite une fois pour toutes. Autrement ledit retrayant est decheu de sadite action en matiere de retraict: & où l'acheteur acquiesceroit aux offres (*b*), le retrayant est tenu fournir à sesdites offres dedans vingt-quatre heures; *aliàs*, il est aussi decheu dudit retraict.

Des échanges & si le retrait y a lieu.

CCXXIV. *Item*, Retrait lignager n'a point de lieu, quand un heritage venu de propre, est donné ou eschangé but à but, sans soulte, à l'encontre d'autre heritage, & quand ledit eschange est fait sans dol ou fraude.

Le plus diligent lignager l'emporte sur le plus proche.

CCXXV. *Item*, En matiere de retraict n'est pas requis, que le retrayant soit tenu & reputé le plus prochain en degré de ligne au vendeur, mais suffit qu'il montre & enseigne suffisamment, qu'il est parent & lignager dudit vendeur, du costé & ligne dont est venu ledit heritage vendu par succession audit vendeur; & est tel lignager preferé à un autre plus prochain, s'il intente sadite action de retraict le premier.

Le lignager preferé au feodal & censuel.

CCXXVI. *Item*, Si un seigneur feodal a retenu & reuny à sa table, par puissance de seigneurie, aucun fief, terre & seigneurie tenu de luy, ainsi vendu comme dit est par son vassal, ledit seigneur feodal est tenu delaisser par retraict lignager au parent du vendeur venu du costé & ligne dont est venu & escheu par succession ledit heritage, fief, terre & seigneurie ainsi vendu que dit est, en venant dedans an & jour de ladite retenue & reunion faite par ledit seigneur feodal dudit fief, terre & seigneurie ainsi vendu que dit est; en luy offrant par ledit parent bourse & deniers, tant pour le pur sort que loyaux coustemens, & à parfaire, si mestier est.

CCXXVII. *Item*, Et semblablement quand un seigneur censuel tient par puissance de seigneurie, l'heritage vendu par un lignager tenu à cens de luy, le parent lignager qui veut retraire ledit heritage ainsi vendu que dit est, est tenu de venir dedans l'an & jour de la retenue dudit heritage faicte par ledit seigneur censuel, offrir la bourse & deniers pour le pur sort & loyaux coustemens, & à parfaire si mestier est.

Du jour & du tems dans lequel le retrait lignager doit être intenté contre un seigneur.

CCXXVIII. *Item*, Esdits deux cas derniers, l'an de retraict desdits heritages, tant en fief qu'en censive, retenus par les seigneurs par puissance de seigneurie, commence à courir à l'encontre des retrayans lignagers, du temps de la retenue desdits heritages, & reunion faicte par lesdits seigneurs à leur domaine par puissance de seigneurie (quand ladite reunion (*c*) est faicte par ledit seigneur feodal ou censuel, pardevant Juge competant ou personne publique, en appert & non en secret).

Du retrait d'heritage acquis, dont la femme est lignagere ou le mary.

CCXXIX. *Item*, Si le mary durant & constant le mariage de luy & de sa femme, acquiert aucun heritage qui soit propre heritage dudit vendeur, & soit lignager à icelle femme du costé & ligne dont vient ledit heritage vendu, un autre lignager prochain dudit vendeur, ne pourra r'avoir par retraict ledit heritage ainsi vendu que dit est, durant & constant le mariage de ladite femme, pource qu'elle est lignagere dudit vendeur: mais aprés le trespas d'elle, un lignager dudit vendeur du costé & ligne dont est venu ledit heritage, dedans l'an & jour du trespas d'elle, pourra r'avoir par retraict la part & portion dudit heritage ainsi vendu que dit est audit mary, & dont il jouissoit par le moyen de ladite acquisition; en luy remboursant la moictié desdits deniers. Et *e contrà*, où le mary seroit lignager du vendeur, & la femme estrange.

Comment tel propre acquis dont l'un des conjoints est lignager est acquests.

CCXXX. *Item*, Ledit heritage ainsi acquesté que dit est par ledit mary, durant & constant le mariage de luy & de sa femme, sera reputé & tenu pour acquest audit mary pour moictié, si aprés l'an & jour du trespas de sadite femme, aucun lignager d'icelle, du costé & ligne dont est venu & escheu ledit heritage ainsi vendu que dit est, ne vient requerir & demander par retraict ledit heritage vendu audit mary, & luy offrir bourse & deniers, pour le pur sort & loyaux coustemens, en dedans l'an de la saisine; s'il n'estoit saisi devant le trespas de sadite femme, Et *e contrà*, comme dessus.

De subrogation par échange.

CCXXXI. *Item*, Quand aucun heritage est baillé par eschange à autruy à l'encontre d'un autre heritage sauf, but à but, sans soulte & sans fraude, tellement qu'il n'y a aucun retraict comme dit est, les heritages ainsi baillez par eschange, sont tenus & reputez de telle nature, comme ceux qui ont esté baillez; c'est à sçavoir, que s'ils estoient tenus & reputez propres heritages, aussi seroient ceux ainsi baillez par eschange l'un à l'autre.

Comment un heritage donné est acquest.

CCXXXII. *Item*, Quand aucun heritage est donné purement & simplement à personne ou personnes conjoints ensemble par mariage, (& non pas en mariage ou en advancement d'hoirie) tel heritage ainsi donné, est tenu & reputé acquest, quand il est fait sans dol ou fraude, & ne chet point en retraict, comme dit est.

Du propre vendu par le donataire.

CCXXXIII. *Item*, Si un donateur donne son propre heritage à son lignager, du costé & ligne dont ledit heritage est procedé, & le donataire vendoit ledit heritage à personne estrange, iceluy heritage cheroit en retraict.

Des droits dûs au seigneur, évincé par un lignager.

CCXXXIV. *Item*, Quand le seigneur feodal a prins & retenu par puissance de fief (*d*), aucun fief tenu & mouvant de luy, & que ledit fief luy est depuis évincé par retraict, le retrayant est tenu payer audit seigneur les droits de quints & requints, ou droit de relief, selon les coustumes des lieux où ledit heritage est situé & assis, avant que ledit seigneur soit tenu de le recevoir en foy & hommage dudit fief; audit retrayant son recours contre le vendeur, si la vente n'avoit esté faicte francs deniers. *Et idem* des heritages roturiers, pour les ventes & saisines, ès lieux où les seigneurs censuels peuvent user de retenue.

---

a ART. 223. *ne consent lesdits offres.* Expressement ou tacitement; par exemple, le juge l'ayant ordonné contradictoirement, il n'en appelle point, & procede volontairement en la cause, sans insister contre la decharge entiere des offres. J. B.

b *& où l'acheteur acquiesceroit aux offres.* Le même a lieu quand le retrait est adjugé par sentence contradictoire. J. B.

c ART. 228. quand ladite reunion. *Intellige de simplici manifesta retentione pro precio: statim enim currit annus, nec exigitur quòd dominus directus rem manifestè retentam, realiter dominio suo incorporet: satis est quòd manifestè incipit, pro suo realiter possidere.* C. M.

d ART. 234. *& retenu par puissance de fief.* Ce qu'il doit faire dans les 24 heures aprés la sentence ou acquiescement. *Vide infrà* art. 235. T. C.

TITRE XIX.

De Saisine & Dessaisine.

Des droits & devoirs en vendition dans les châtellenies de Senlis & Creil.

CCXXXV. PAr la coustume des Chastellenies de Senlis & de Creeil, & des Prevostez & Chastellenies y enclavées, quand aucun a vendu aucun heritage, terre ou seigneurie tenu en fief ou en censive, tel vendeur est tenu venir vers le seigneur feodal (*a*) ou censuel dedans quarante jours, luy notifier la vendition, bailler & payer les droits de ventes, si c'est heritage tenu en censive: c'est à sçavoir seize deniers parisis pour chacun franc, & sera tenu ledit vendeur soy devestir ès mains dudit seigneur, sur peine de soixante sols parisis d'amende (*b*); & si ne se peut l'acquesteur mettre en tel heritage, sinon par la main du seigneur, sur peine d'autres soixante sols parisis d'amende: & si c'est fief, ledit vendeur sera tenu payer le quint au seigneur feodal, & soy dessaisir d'iceluy heritage dedans le temps de quarante jours; & requerir par ledit acheteur en estre saisi & receu en foy & hommage, en payant le droit de chambellage & lettres d'hommage. Ce que sont tenus faire les seigneurs feodal & censuel, après lesdits quarante jours passez; si lesdits seigneurs ne veulent retenir par puissance de fief & seigneurie, lesdits heritages ainsi vendus que dit est; en rendant ausdits acheteurs, les deniers qu'ils en pourront bailler (*c*) comme dit est, avec les loyaux coustemens; ce que faire pourront, si bon leur semble.

Des droits de quint & requint, & des lots & ventes, & venterolles.

CCXXXVI. *Item*, Par ladite Coustume desdites Chastellenies & Prevostez, si ladite vendition est faite francs deniers, soit en censive ou en fief, lesdits seigneurs auront pour raison de ladite vente (si c'est fief) quint & requint; c'est à sçavoir le cinquiéme denier de ladite vente. Et le cinquiéme denier dudit quint denier; & si c'est heritage tenu en censive, auront desdites ventes de seize sols parisis, seize deniers parisis, & les venterolles, qui est le seiziéme denier desdites ventes.

Des droits & devoirs en vendition à Beaumon & Chambly.

CCXXXVII. Par la Coustume du Comté de Beaumont, & Chastellenie de Chambly, quand aucun a vendu aucun fief, terre & seigneurie, ledit vendeur est tenu dedans quarante jours, à compter du jour de la vendition dudit fief, de soy tirer vers le seigneur feodal, & luy payer le quint denier de la vendition dudit fief, soy en dessaisir au profit de l'acheteur, & requerir qu'il en soit revestu; & lequel acheteur doit requerir au seigneur feodal, en estre receu en foy & hommage, en payant les droits de chambellage, & en luy faisant la foy & hommage dudit fief; ce que sont tenus faire lesdits seigneurs feodaux. Et si c'est heritage tenu en censive, le vendeur & acheteur sont tenus, en dedans lesdits quarante jours de la vendition dudit heritage, eux tirer vers le seigneur censuel dudit heritage, luy notifier ladite vendition; & après la dessaisine faicte par le vendeur au profit dudit acheteur, ès mains du seigneur censuel, lesdits vendeur & acheteur sont tenus chacun par moictié, payer audit seigneur les droits de ventes & saisines; sur peine, de chacun d'iceux, de soixante sols parisis d'amende; & si est tenu ledit acheteur de payer les droits de saisine; pour lesquels droits de ventes, lesdits vendeur & acheteur sont tenus payer de seize sols parisis, seize deniers parisis; & lesquels seigneurs feodaux ou censuels, peuvent, par puissance de fief & seigneurie, si bon leur semble, avant que d'estre payez de leurs droits, prendre & retenir lesdits fiefs & heritages roturiers, pour les mettre & reunir à leur domaine; en rendant par ledit seigneur audit acheteur, les deniers qu'il en auroit baillé; excepté que si lesdits heritages ainsi vendus, fussent propres heritages audit vendeur, & par luy vendus, & que ledit acheteur fust lignager dudit vendeur: car, en ce cas, lesdits seigneurs feodaux & censuels, ne pourront prendre ne retenir lesdits heritages ainsi vendus.

De la clause francs deniers.

CCXXXVIII. *Item*, Par ladite Coustume dudit Comté de Beaumont & Chastellenie de Chambly, si ladite vendition est faite à francs deniers, soit en censive ou fiefs, lesdits seigneurs auront pour raison de ladite vente (si c'est fief) quint & requint; c'est à sçavoir, le cinquiéme denier de ladite vente, & le cinquiéme denier dudit quint: Si c'est heritage tenu en censive, auront desdites ventes, de seize sols parisis seize deniers parisis; & les venterolles, qui est le seiziéme denier desdites ventes.

Droits en vente d'heritages en la châtellenie de Pontoise.

CCXXXIX. Par la Coustume de la Chastellenie de Ponthoise, toutes & quantes-fois qu'aucun proprietaire vend à un acheteur, aucun heritage à luy appartenant, situé en ladite ville, Prevosté & Chastellenie de Ponthoise, tenu & mouvant à droit de chef cens, champart (*d*), ou autre droit seigneurial, d'aucun seigneur foncier, ou qu'il rachete aucune rente fonciere, dont ledit heritage soit chargé & redevable, & dont ledit proprietaire n'ait esté saisi par le seigneur, lesdits vendeur & acheteur d'iceluy heritage, sont tenus, & doivent aller ou envoyer, dedans la quinzaine du jour d'icelle vendition ou rachat, devers iceluy seigneur foncier, ou son procureur & commis, au lieu de sa seigneurie; & illec lesdits vendeur & acheteur, ou celuy qui achete ladite rente, sont tenus de payer audit seigneur foncier, ou à sondit procureur, chacun pour moitié (s'il n'y a promesse ou contract au contraire entre eux) le droit des ventes, deu audit seigneur, à cause d'icelle vendition ou rachat; lequel droit est, de douze deniers un, ou de seize deniers pour franc, eu égard au prix d'icelle vendition; & si est tenu ledit acheteur ou racheteur, de payer audit seigneur foncier, ou à sondit procureur, douze

---

a ART. 235. est tenu venir vers le seigneur feodal &c. *Fallit in venditione quæ fit per judicem, ut in publicis subhastationibus, quia judex non tenetur ire, nec reus, quo invito venditur, sed emptor videtur procurator judicis, ferendo ejus decretum.* C. M.

Par cette note l'adjudicataire tenu payer les ventes; Arrest du 3. Aoust 1617. entre dame Lucrece de saint Nazarre, & le sieur de Vannes gouverneur de Toul. M. Galand m'a assuré de l'Arrest & l'avoir. *Vide* Melun, art. 64. T. C.

Par Arrest de l'an 1588. après enquestes par turbes, M. le Grand commissaire, entre Pierre de la Chenaye, sieur de la Neufville; & damoiselle Marie du Fresnel; jugé que le seigneur auquel est adjugé un heritage par retrait feodal, est tenu rembourser dans 24. heures le prix debourcé pour la vente, à compter du jugement ou acquiescement aux offres, outre les quarante jours portez par la Coutume, autrement debouté. T. C.

Vide Molin. art. 82. gloss. 1. num. 16. & 17. J. M. R.

Vide not. sur Vitry, art. 51. *Plura Pontanus in consuet. Blesens. art. 81. Dixi in consuet. Paris. art. 83.* J. B.

b sur peine de soixante sols parisis d'amende. *Hæc pœna locum non habet in feudo. Molin. in consuet. Paris. art. 55. num. 16. & quia loquitur tantum de venditore, non debet extendi ad donatarium, vel permutatorem. Ibid. num. 17.* J. B.

c en pourront bailler, lisez, *en pourroient avoir baillé.*

d ART. 239. *mouvant à droit de chef cens, champart.* De cet article & des 113. 118. 124. & 263. l'on induit, qu'en cette Coutume, le champart ou terrage est droit seigneurial & foncier, équipollent au chef cens, comme en autres Coutumes. *Vide not. mea* sur M. *Louet, litt. E. num. 19.* J. B.

deniers

deniers parisis à luy deuz pour le droit de la saisine, en payant lesquels droits, iceluy seigneur foncier, ou son procureur, est tenu de mettre ledit acheteur d'iceluy heritage ainsi vendu, ou de ladite rente rachetée de celuy qui auroit droit de la percevoir sur ledit heritage, en saisine du tout, sans que ledit seigneur puisse ledit heritage ou rente vendu retenir, outre le vouloir dudit acheteur.

Des amendes de saisine happée & ventes recelées.

CCXL. *Item*, Par ladite Coustume de ladite Chastellenie de Ponthoise, si iceux vendeur, acheteur, ou racheteur, & celuy dont on rachete ladite rente, ou autre pour eux, estoient defaillans ou en demeure de faire les choses devant-dites, ils sont tenus & encourent (outre les droits de ventes & saisines) envers le seigneur foncier, chacun en amende de soixante sols parisis, pour lesdites ventes recelées: & iceluy acheteur ou racheteur en autres soixante sols parisis d'amende, à cause de la saisine happée (a); sinon qu'icelle vendition eust esté faite francs deniers au vendeur. Et quand ledit acheteur prend de luy la saisine & jouïssance d'icelle rente ou heritage, sans en estre saisi premierement dudit seigneur foncier, ou de son procureur, encourt en l'amende de soixante sols parisis, pour ladite saisine happée.

De la clause francs deniers.

CCXLI. *Item*, Par ladite Coustume de ladite Chastellenie de Ponthoise, si ainsi estoit, qu'en faisant lesdits contracts desdites venditions ou rachats de rentes ou heritages, il ait esté dit & expressément accordé entre lesdits vendeur & acheteur ou racheteur, & celuy dont on rachete ladite rente, que l'un d'eux païera audit seigneur foncier toutes lesdites ventes pour-ce à luy deües; en ce cas, celuy qui est tenu & doit payer toutes lesdites ventes, est encores tenu, outre icelles ventes & saisine, de payer audit seigneur foncier le droit de venterolles pour-ce à luy deu; lequel droit est en effect, les ventes au prix dessus declaré, de telle somme de deniers, que devoit celuy qui est franc de ce que dit est, pour sa part & moitié desdites ventes, si ainsi estoit qu'il n'en fust franc & quitte.

Droits en vente d'heritages en la châtellenie de Chaumont.

CCXLII. *Item*, Par la Coustume de la Chastellenie de Chaumont, quand aucun heritage tenu à cens, champart, ou autre droit seigneurial, est vendu ou autrement aliené, l'acheteur avant qu'il puisse jouir de tel heritage, ou soy mettre dedans, est tenu dedans quarante jours après ladite vendition, ou transaction (b) venir devers le seigneur duquel iceluy heritage est tenu & mouvant en censive, ou autrement comme dessus, ou de ses officiers ayans pouvoir, soy faire ensaisiner, faire & payer les droits & devoirs pour-ce deuz, sur peine de payer soixante sols parisis d'amende, avec les droits de saisine, & soixante sols parisis d'amende pour les ventes recelées.

Ce qui s'y paye pour ventes.

CCXLIII. *Item*, Par ladite Coustume de la Chastellenie de Chaumont, si ledit heritage est tenu en censive, il en eschet, pour les ventes, au seigneur, seize deniers parisis pour franc, avec le droit de saisine, qui est de douze deniers parisis.

Des fiefs.

CCXLIV. *Item*, Par ladite Coustume de ladite Chastellenie de Chaumont, si ledit heritage est tenu en fief, il se relieve de toutes mains & mutations, comme il est dit ci-devant (c).

Des droits en vente d'heritages, en la châtellenie de Compiegne.

CCXLV. *Item*, Par la Coustume des Prevostez foraines de Compiegne, & exemption de Pierrefons, sortissant audit Compiegne, quand aucun vend son fief & il s'en dessaisist, l'acheteur est tenu venir en-dedans les quarante jours, faire les droits vers le seigneur; autrement ledit seigneur pourra asseoir sa main, & regaler ledit fief: & doit l'acheteur le quint denier, avec le chambellage, qui est de vingt sols parisis: mais ès fiefs qui sont delà la riviere d'Oyze, si la vendition est faite francs deniers, ledit acheteur doit quint & requint.

Ce qui s'y paye pour ventes.

CCXLVI. *Item*, Par la Coustume desdites Prevostez en vendition d'heritage roturier, l'acheteur doit au seigneur dont tel heritage est mouvant à cens, champart, ou autre droit seigneurial, pour seize sols parisis, seize deniers parisis pour les gants (d); avec deux sols parisis pour la lettre de saisine, & douze deniers parisis pour le seel de ladite lettre. Et est ledit acheteur tenu venir en-dedans les quarante jours après l'acquisition par luy faite, vers ledit seigneur, pour de luy avoir la saisine, & satisfaire desdits droits; & à faute de ce faire, eschet en amende de soixante sols parisis, pour lesdites ventes forcelées (e).

De l'amende de saisine happée.

CCXLVII. *Item*, Par la Coustume desdites Prevostez, ledit acheteur ne se peut mettre en l'heritage, ou droit, par luy acquis, tenu à cens, champarts, ou autre droit seigneurial d'aucun seigneur, soit haut justicier ou seigneur foncier, sans premier avoir satisfait desdits droits seigneuriaux; & s'il fait le contraire, il eschet en amende de soixante sols parisis.

De la main mise de fief faute de droits & devoirs, & des rotures en vendition, par tout le Bailliage.

CCXLVIII. *Item*, Par la Coustume generale dudit Bailliage de Senlis, lesdits seigneurs feodal ou censuel, après lesdits quarante jours passez depuis l'acquisition, pour estre payez de leurs droits de ventes ou de quints deniers, & pour les droits de saisine, rachats, reliefs, ou autres droits, peuvent proceder ou faire proceder par arrests de leurs justices, sur lesdits heritages ainsi vendus que dit est; lequel arrest & main-mise tiendra, quant aux heritages tenus en fief, jusques à ce que lesdits droits & devoirs ayent esté payez, & les foy & hommage faits (f): & quant aux roturiers, jusques à ce que le detenteur se soit rendu opposant (g): ou si bon semble ausdits seigneurs, peuvent faire adjourner lesdits vendeur & acheteur, pour payer les droits & devoirs, faire les foy & hommage, & estre ensaisinez ou infeodez desdits heritages acquestez.

Des amendes.

CCXLIX. *Item*, Si les redevables desdits droits de ventes, n'ont payé lesdits droits de ventes au seigneur censuel dedans quarante jours, & l'acheteur n'est ensaisiné dudit seigneur, & qu'il se soit mis audit heritage acquesté sans avoir saisine du seigneur, ils escheent chacun en amende de soixante sols parisis envers le seigneur censuel; pour raison desquels droits de ventes & saisines, la main dudit seigneur mise & apposée audit heritage ainsi vendu que dit est, tiendra jusques à plein payement & satisfaction desdits droits seigneuriaux; s'il n'y a opposition donnée comme dit est.

Du droit du mary sur les fiefs ou heritages mouvans de sa femme.

CCL. *Item*, Le mary peut recevoir les foy & hommage des vassaux qui tiennent en fief de la seigneurie de sa femme; & semblablement bailler les saisines des heritages roturiers vendus, estans en la

---

a ART. 240. *saisine happée.* C'est-à-dire saisine usurpée, & quand on y a induement procedé.

b ART. 242. *transaction*, aliàs, *translation*, qui signifie *transport*.

c ART. 244 *comme il est dit ci-devant.* Suprà art. 156. & 166.

d ART. 246. *pour les gands.* Les gauds se donnent ou payent en signe que la main du seigneur est couverte, levée & arrestée par le possesseur qui s'est mis en son devoir, & a satisfait le seigneur.

e ventes forcelées. *Hunc §. 249. declarat ut scripsi in consuet. Paris. §. 54. nu. 19. adde quæ scrips. in §. 52. glo. 1. nu. 145.* C. M.

Dixi in eandem consuet. Paris. art. 77. J. B.

f ART. 248. *& les foy & hommage faits.* En execution de ces mots, jugé le 24. May 1648. en la cinquiéme des Enquestes, que le seigneur pouvoit poursuivre le payement de ses droits contre l'acquereur seul, si bon lui semble, quoique par la Coutume il soit dit, que lorsqu'il n'a été stipulé qui payera les droits; que c'est à faire au vendeur à les payer: *Nota* que M. de la Martelliere Conseiller en ladite Chambre, qui m'a rapporté ledit Arrest le lendemain, me dit qu'il avoit été donné un peu précipitamment, & sembloit n'avoir été de cet avis. J. M. R.

g rendu opposant. *Vide quæ super hoc scripsi in consuetu. Parisi. §. 52. gl. 1. nu. 67. cum seq.* C. M.

censive & seigneurie de sadite femme, & n'est pas requis à ce faire le consentement de sadite femme (*a*).

Du démembrement avec rétention de foy.

CCLI. *Item*, Un vassal se peut jouer de son fief, jusques à demission de foy & homme (*b*); en telle maniere, qu'il peut bailler le tout ou partie d'iceluy, à cens ou à rente, ou autres droits seigneuriaux; & si demeure tousjours vassal, s'il ne se devest & dessaisist de sondit fief ès mains de sondit seigneur feodal; duquel seigneur feodal est requis le consentement, avant que l'alienation sortisse aucun effect au prejudice dudit seigneur.

De dénombrement de fief.

CCLII. *Item*, Aussi à faute de denombrement non baillé (*c*), peut le seigneur feodal faire saisir & commettre commissaire qui jouira sous la main de justice desdits fiefs; & tiendra la saisie, tant & jusqu'à ce que tel vassal ait baillé son denombrement, & qu'il luy soit accordé & ait main levée (*d*); sans que toutesfois ledit seigneur puisse faire les fruicts siens.

De la main-mise d'un nouveau seigneur.

CCLIII. *Item*, Il loist au nouveau seigneur feodal, saisir ou faire saisir (*e*) les fiefs tenus de luy par faute d'homme, droits & devoirs non faits; & ledit arrest signifié suffisamment à la personne, ou au lieu des fiefs desdits vassaux: & après les quarante jours passez de ladite saisie, & que lesdits vassaux ou vassal n'auroient fait leur devoir de faire les foy & hommage, payer les droits & devoirs pour ce deuz, ledit seigneur feodal peut derechef faire saisir lesdits fiefs, & mettre en sa main; & ladite saisie faire signifier suffisamment; & les quarante jours passez, peut regaler & faire les fruits siens; supposé, comme dit est, que lesdits vassaux eussent fait les foy & hommage, & payé les droits & devoirs pour ce deuz au predecesseur seigneur dudit nouveau seigneur.

D'un nouveau seigneur chastelain.

CCLIV. *Item*, Il loist aux Ducs, Comtes & seigneurs Chastellains, de faire publier leurs hommages ès lieux principaux de leurs Duchez, Comtez & Chastellenies, où ils ont accoustumé faire cris & publications en leursdites Chastellenies. Et suffit telle publication, sans autre saisie ou signification faite; & après ladite publication, & les quarante jours d'icelle passez, peuvent faire saisir les fiefs de ceux qui ne seroient venus faire lesdites foy & hommage; & faire les fruits à eux, du jour de ladite saisie.

Devoir de l'ancien vassal au nouveau seigneur.

CCLV. *Item*, L'ancien vassal ne doit que bouche & mains à son nouveau seigneur.

De la saisie censuelle faute de cens non payé, &c.

CCLVI. *Item*, Un haut Justicier, moyen & bas (*f*), peut mettre en sa main, les heritages tenus & mouvans de luy, estans en sa seigneurie haute, moyenne & basse par faute de tiltre non monstré; champart emporté, cens non payé, ventes recelées, droits de saisine & dessaisine, amendes pour ce deues, foy & hommage (*g*), droits & devoirs pour ce deuz, non payez.

Des droits dûs en échange d'heritage.

CCLVII. *Item*, En matiere d'eschange en heritages feodaux, nonobstant qu'il soit fait but à but & sans soulte, est deu relief, avec droit de chambellage; & en heritage roturier, soit eschangé à fief ou autre heritage roturier, est deu seulement le droit de saisine; supposé que les heritages ainsi eschangez, soient en diverses seigneuries; pourveu que lesdites eschanges, soient faites sans fraude; excepté en la Chastellenie de Compiegne, en laquelle, en matiere d'eschange pour heritages roturiers, assis en diverses seigneuries, est deu droit de ventes, selon la valeur & estimation des choses eschangées.

De l'acte de saisine.

CCLVIII. *Item*, Avant qu'une saisine puisse prejudicier à un tiers (*h*), il est requis qu'elle soit faite en la presence de deux tesmoings (*i*), ou par-devant deux notaires (*k*) royaux.

Des droits de relief des arriere fiefs durant la saisie feodale.

CCLIX. *Item*, Quand un fief est mis en la main du seigneur feodal par faute d'homme, droits & devoirs non faits, ledit seigneur feodal doit jouir, & luy appartiennent tous les reliefs qui viennent & eschéent des arrierefiefs, tenus en premiere foy dudit fief ainsi saisi, pendant & durant ladite saisie, & jusques à ce qu'il soit mis en pleine delivrance (*l*).

Du relief des fiefs de la femme après le décès du mary.

CCLX. *Item*, Quand à une femme (elle estant conjointe par mariage) est venu & escheu aucun fief par la succession de son pere, ou autres ses parens, situé & assis audit Bailliage de Senlis; & que son mary, pour & au nom d'elle, ou comme mary & bail (*m*), ait fait les foy & hommage, payé les reliefs, droits & devoirs, pour ce deuz audit seigneur duquel est tenu & mouvant ledit fief, & après ledit mary va de vie à trespas; la femme veufve, au moyen du trespas de sondit mary, ne doit plus de relief n'autres droits & devoirs dudit fief à elle appartenant de son chef, sinon la foy & hommage; & desdits

---

a ART. 250. de sadite femme. *Intellige quando sunt communes in bonis ut crebrius est, secùs si non esset communitas & sic uxor sua administraret ut patet facta bonorum separatione.* C. M.

Dixi in consuet. Paris. art. 37. & 67. J. B.

b ART. 251. *& homme.* C'est-à-dire hommage.

c ART. 252. *à faute de denombrement non baillé.* La Coutume ne préfinit point de temps, dans lequel le vassal doit bailler son aveu & denombrement, & le seigneur ses blâmes. *Molin. in consuet. Paris. §. 44. num. 19.* en citant cette Coutume dit, que cela est laissé à l'arbitrage du juge. Pour moi, je croi que ce delai est de quarante jours, comme aux articles precedens. Ce delai est ordinaire & general en tous les exploits feodaux, tant de la part du vassal, que du seigneur, comme j'ai remarqué sur la Coutume de Paris, art. 7. au commencement, & art. 8. sur la fin, *in verbo* dans quarante jours. J. B.

d main-levée. *Sed interim pro rata*, de ce qui est accordé se doit bailler main-levée, *ut sub hac consuetudine judicatum fuit per arrestum anno 1563. relatore dom. Michaele* Larcher *senatore doctissimo.* C. M.

e ART. 253. ou faire saisir. *Ab hac prima prehensione incipiendo vice interpellationis*, C. M.

f ART. 256. moyen & bas. *Intellige alternativè.* C. M.

Et in consuet. Paris. art. 52. glossa 1. num. 65. & sequenti ubi hunc articulum explicat, & num. 78. J. B.

g foy & hommage. *Ex se omnia includit: ergo per §. 245. sup. erit supplendum*, en cas d'opposition, *dixi in consuetu. Paris. §. 52. gl. 1. num. 66. cum seq.* C. M.

h ART. 258. *puisse prejudicier à un tiers.* Jugé que les témoins n'ayant signé l'acte de la saisine; elle étoit neanmoins valable: Arrest après enqueste par turbes, M. de Grieux, au mois d'Avril ou May 1607. T. C.

Contigit heredium vendi extraneo, proximus post sexdecim annos venit ad retractum: reus ostendit literam investitura, in qua non sunt inscripti testes, sed probat quòd duo aderant non rogati, le Prevôt de Senlis deboute le demandeur qui appelle devant les Presidiaux, lesquels dient mal jugé, & adjugent le retrait par jugement dernier, dont appellent en Parlement, *ubi sententia* des Presidiaux *declaratur nulla*: car ils ne peuvent juger en souveraineté du retrait lignager, qui concerne l'affection qui est inestimable: *Sed in principali videtur hac consuetudo exigere testes rogatos & inscriptos quemadmodum duo notarii sunt rogati & inscripti l. 1. ubi Bar. & Socin. D. de reb. dub.* C. M.

i en la presence de deux tesmoins. L'Ordonnance faite depuis la Coutume veut que les témoins signent, ou qu'interpellez ils declarent ne sçavoir signer. Toutesfois la difficulté s'étant presentée sur l'interpretation de cet article entre les Religieuses de Lonchamp, & du Lys Fouquerel; sçavoir s'il étoit necessaire pour faire valider cette saisine que les témoins signassent, il fut informé par turbes sur l'usage, & suivant le rapport des turbiers, qui tous rapporterent unanimement, que l'usage étoit tel; fut jugé qu'il n'étoit pas necessaire que les témoins presens à l'ensaisinement eussent signé. Au rapport de M. de Grieu, le 6. Juillet 1607. J. M. R.

k ou pardevant deux notaires. Et outre ce on peut notifier à lui ou au domicile du proprietaire. *Molin. in consuet. Paris. §. 52. glossa 1. num. 95. fine. Dixi* sur la Coutume de Paris, art. 30. & art. 74. *verbo* peut poursuivre. Il suffit que les deux témoins aient signé l'acte de la saisine; ce qui fait presumer qu'ils y ont été presens & appellez par le seigneur, bien que l'acte ne le porte pas, & n'exprime point leur nom, qualité & demeure, la Coutume ne le desirant pas, si ce n'est qu'on verifiât qu'ils ont signé après coup; & tel est l'usage notoire de la Province, dont je me suis informé. J. B.

l ART. 259. à pleine délivrance. *Id est* delivrance & main levée, *actu vel habitu.* C. M.

m ART. 260. *ou comme mary & bail.* C'est-à-dire, *comme administrateur.*

droits doit demeurer quitte, par le moyen de sondit mary, qui les a payez audit seigneur constant leurdit mariage.

Du relief des fiefs acquis durant le mariage après le décès du mary.

CCLXI. *Item*, Si deux conjoints ensemble par mariage font acquisition d'heritage, ou rente, tenu en fief; & le mary durant & constant ledit mariage, ait fait la foy & hommage, & payé les droits & devoirs; après le decès dudit mary, la femme survivant n'est tenue pour sa moitié dudit conquest, payer aucuns droits seigneuriaux, tant qu'elle sera en viduité; mais seulement faire la foy & hommage au seigneur feodal, pour sadite part & portion. Et si la part & portion de son mary audit conquest, luy advenoit par donation ou autrement, elle est tenue de payer finance à son dit seigneur feodal pour ladite part & portion, selon la nature du fief.

Du droit de seigneurie sur tous heritages.

CCLXII. *Item*, Aucun ne peut tenir terre sans seigneur (*a*).

Du champart ou vinage.

CCLXIII. *Item*, Droit de champart, & droit de vinage (*b*), se doit payer sur peine de soixante sols parisis d'amende; & le droit de cens, ou autre droit seigneurial equipollant audit cens se doit payer au jour qu'il est deu, sur peine de sept sols six deniers parisis ès Chastellenies de Senlis & Compiegne, & de cinq sols parisis ès Chastellenies de Chaumont, Ponthoise, Chambly, Creeil & Comté de Beaumont.

Du relief des arriere-fiefs, lorsque le fief est en relief.

CCLXIV. *Item*, Par la Coustume locale des Chastellenies de Chaumont & Ponthoise, tous arrierefiefs tenus d'aucun fief, quand iceluy fief chet en relief, se relievent chacun de quatre livres parisis; pourveu qu'ils vallent leur prix (*c*); & s'ils ne le vallent, d'autant qu'ils sont estimez valoir.

De la perte des fruits des arriere-fiefs durant la saisie feodale du fief.

CCLXV. *Item*, Par ladite Coustume locale, quand un vassal laisse en main de son seigneur un arrierefief, ledit seigneur en peut prendre & avoir les profits, sans en rien rendre, ny avoir regard quand le vassal vient pour relever sondit arrierefief.

TITRE XX.

De Saisine & possession acquerir.

De la possession par an & jour.

CCLXVI. Item, Quiconque a tenu, jouy & possedé aucune chose, par le temps & espace d'un an; *non vi*, *non clam*, *non precariò*, il a acquis saisine & possession.

De l'action de complainte ou réintegrande.

CCLXVII. *Item*, Quiconque a jouy par an & jour d'aucun heritage paisiblement, *non vi*, *non clam*, *non precariò*, & il est inquieté en sadite possession & jouissance après l'an & jour passé de ladite possession paisible, iceluy possesseur peut vallablement intenter son cas de nouvelleté, contre celuy qui l'a ainsi troublé, dedans l'an & jour dudit trouble & empeschement.

Des servitudes réelles.

CCLXVIII. *Item*, Venes & esgouts n'acquierent point de possession & saisine (par quelque laps de temps que ce soit) sans tiltre.

Du mur soutenant terre du voisin.

CCLXIX. *Item*, Si entre deux maisons, jardins, ou autres lieux, y a un mur moitoyen & edifié entre deux maisons, heritages ou autres lieux, appartenans à deux personnes & voisins, & le mur soustient d'une part les terres & heritages de l'une des personnes, & il advient que ledit mur ait mestier de refection & reedification de massonnerie; la personne de laquelle lesdites terres sont par ledit mur soustenues, est tenue contribuer à ladite reedification & refection dudit mur, depuis le fons & bas, jusques au rez de terre pour les deux parts; & l'autre voisin est tenu pour le tiers seulement. Et depuis le rez d'icelle terre en amont (*d*), ladite reedification & refection se doit payer egalement par lesdites personnes & voisins, jusques à la hauteur de neuf pieds.

De l'autorisation de la femme pour agir.

CCLXX. *Item*, Femme mariée ne peut ester en jugement sans l'autorité de son mary, ou qu'elle soit auctorisée du Roy, ou de justice.

Du droit du mary dans la communauté avec sa femme.

CCLXXI. *Item*, Le mary est maistre & seigneur de tous les biens meubles, & acquests immeubles faits durant & constant leur mariage; & d'iceux en peut disposer à son bon plaisir, iceux vendre & alienet, sans le consentement de sa femme; & si jouist de l'usufruict des propres heritages de sa femme, constant leur mariage; combien qu'ils soient uns & communs en meubles & conquests.

Des grands chemins.

CCLXXII. *Item*, Grands chemins royaux, passans & allans de ville en ville, comme de Compiegne à Senlis, & de Senlis à Paris, Beauvais ou Meaulx, & autres villes semblables, doivent estre & seront d'espace & distance en largeur par tout le cours d'iceux audit Bailliage de Senlis; c'est à sçavoir en bois & forest de quarante pieds pour le moins (*e*); & en terre labourable, ou autre assiette de terre hors bois & forests, de trente pieds aussi pour le moins.

TITRE XXI.

Decrets d'Heritages.

Des criées & subhastations d'heritages chargez de rentes.

CCLXXIII. Quand aucuns heritages chargez de rentes, non proprietaires (*f*), non ensaisinées, n'infeodées (*g*), mais de rentes constituées, sont mis en criées & subha-

---

a ART. 262. *Aucun ne peut tenir terre sans seigneur.* C'est la loy & la coutume generale de la France, dont il y a Ordonnance aux Registres de la Chambre des Comptes à Paris. *Vide not. mea* sur M. Louet, *litt. L. num. 29.* J. B.

b ART. 263. *droit de vinage.* C'est un droit dû pour & au lieu des censives sur les vignes.

c ART. 264. pourveu qu'ils valent leur prix. *Scilicet in reditu annuo, non enim debet emere suam proprietatem: sed debet valorem fructuum anni, & quatuor libras pro quolibet subfeudo.* C. M.

d ART. 269. *en amont.* C'est à-dire, tirant en haut.

e ART. 272. *de quarante pieds pour le moins.* Cette largeur de chemins sert, tant pour ôter aux voleurs leurs surfaults, que pour l'aisance du charroy.

f ART. 273. *non proprietaires. Infrà* foncieres, ains constituées à prix d'argent. J. B.

g non ensaisinées n'infeodées. L'infeodation n'est que pour acquerir hypotheque, & non pas pour faire que la rente infeodée soit noble & feodale, & se partage comme telle. *Vide Molin. in con. uet. Paris.* §. *18. num. 18.* Ce que j'ai traité sur ladite Coutume art. *53. fine.*

Pour l'explication de ces trois articles, *voyez* la consultation du 12. Avril 1613. & la turbe faite à Senlis par M. maitre René le Roullier Conseiller en la Cour le 25. Juin 1619. à la poursuite de maitre Mathurin Cordier Avocat en ladite Cour, & autres opposans à l'ordre de la terre & seigneurie de Popincourt, sur laquelle turbe il n'y a point eu d'Arrest, les parties s'étant accordées.

Secùs, si la dette particuliere étoit adjugée par sentence contradictoire, ou par Arrest; auquel cas le creancier de ladite dette seroit preferé au creancier de la rente non ensaisinée ni infeodée. *Vide not.* sur M. Louet, *litt. H. num. 25. fine.*

ftations, en defaut de payement pour les arrerages ou autres dettes, lefdites rentes font tenues & reputées pour debtes mobiliaires feulement; en telle façon que les creanciers defdites rentes qui fe feroient à ce oppofez, viendroient tous à contribution, aux deniers qui viendroient de la vendition defdits heritages ainfi criez & fubhaftez comme dit eft; fans avoir regard à la priorité ou pofteriorité de la conftitution defdites rentes; combien que par ladite Couftume, tels creanciers de telles rentes font preferez aux autres creanciers, qui fur la proprieté defdits heritages, ainfi criez que dit eft, auroient aucun droit d'hypotheque pour raifon de quelque debte particuliere, ou fomme de deniers pour une fois, en efpece de chofe, comme debte de bled, vin, & autrement.

Des charges réelles.

CCLXXIV. *Item*, En matiere de criées, les cens, furcens, droits feigneuriaux, rentes proprietaires & charges foncieres, aufquelles feroient baillez les heritages criez & fubhaftez, & les arrerages d'icelles rentes feront preferez devant toutes autres rentes conftituées, infeodées, ou non infeodées, & par ordre.

Des rentes conftituées enfaifinées.

CCLXXV. *Item*, Mais quand lefdits heritages ainfi criez que dit eft, font chargez de rentes conftituées, qui font enfaifinées ou infeodées, les creanciers à qui font deues lefdites rentes enfaifinées ou infeodées, font preferez aux autres à qui feulement font deues les rentes conftituées, non enfaifinées ne infeodées; pofé ores qu'elles foient de datte fubfequente de celles non enfaifinées ou infeodées; & encores precederont les premieres enfaifinées, felon ce qu'elles font premieres enfaifinées; & fe doivent lefdits heritages ainfi criez, eftre adjugez par decret, à la charge defdites rentes enfaifinées ou infeodées, & des arrerages d'icelles, s'il y a aucun qui les mette à prix à la valeur de ce, & non autrement.

De l'oppofition des creanciers à un decret, quand peuvent être reçus.

CCLXXVI. *Item*, Il convient que les creanciers defdites rentes proprietaires & rentes enfaifinées & infeodées, ou de celles qui ne font enfaifinées, s'oppofent (fi bon leur femble) aufdites criées, avant l'adjudication & feellé du decret: ou s'ils ne s'oppofent, ils perdront leur droit de rente & hypothecque, tant pour le principal, que les arrerages fur lefdits heritages criez, & fur celuy à qui ils auront efté adjugez.

De la confufion de rente acquife par le détenteur de l'heritage hypothequé.

CCLXXVII. *Item*, Quand aucun detenteur & proprietaire d'aucun heritage, foit par decret ou autre titre particulier, a acquis & acquiert aucune rente conftituée fur ledit heritage, icelle rente eft confufe & efteinte; & ne fe peut ledit proprietaire ou detenteur, aider contre les autres creanciers, ayans droit de rente ou hypothecque fur iceux heritages; pofé ores qu'ils fuffent fubfecutifs en date defdites rentes ou rente confufe; fi ce n'eftoit toutesfois, que la proprieté defdits heritages fuft evincée par juftice dudit detenteur & proprietaire: Auquel cas, par ladite Couftume, ledit acquefteur de rente ou autre charge de qui feroit évincée la proprieté defdits heritages, pourroit valablement demander fes droicts & actions de rentes & autres charges par luy acqueftées, tant fur lefdits heritages evincez, comme fur les autres non evincez, ainfi que les autres creanciers; & tout ainfi qu'il euft peu faire auparavant l'acquifition de la proprieté defdits heritages evincez.

Du droit de cenfive en decret, & des arrerages.

CCLXXVIII. *Item*, Quand aucun heritage eft crié & fubhafté, le droit de cens ou fons de terre feigneurial, doit preferer tous les autres droits de rentes conftituées ou autre droit, foit proprietaire, enfaifiné ou infeodé; pofé ores qu'aufdites criées ledit feigneur fe foit oppofé ou non: combien que fi le feigneur n'eft oppofant, il perdroit les arrerages de tel droit de cens.

S'il peut être éteint par decret ou prefcription.

CCLXXIX. *Item*, Droit de cens & fons de terre deu à aucun feigneur ne fe perd point par criées, & ne peut eftre prefcript.

Des autres charges.

CCLXXX. *Item*, Quand aucun heritage eft mis en criées, tel heritage crié, fubhafté & adjugé eft franc de toutes autres charges; excepté de celles des oppofans, & aufquelles tel heritage eft adjugé, avec les droits de cenfive & fons de terre.

Des droits réels.

CCLXXXI. *Item*, Quand un heritage eft mis en criées, & adjugé par decret au plus offrant, fans la charge de l'oppofition d'aucun qui pretendoit y avoir droit, qui ne s'y eft oppofé; tel non oppofant par l'adjudication du decret qui en eft fait, perd le droit reel qu'il y prétendoit, & qu'il euft peu demander fur ledit heritage crié, & d'iceluy droit en eft debouté; excepté le feigneur pour fondit droit de cenfive & fons de terre, comme deffus eft dit.

De la fignification des criées, à autres que la partie faifie.

CCLXXXII. *Item*, le creancier qui fait faire lefdites criées d'aucun heritage, n'eft tenu de faire fignifier lefdites criées, & l'adjudication du decret, aux autres creanciers ayans droit d'hypothecque fur lefdits heritages criez, (fi bon ne luy femble) fi lefdits creanciers ne s'eftoient oppofez aufdites criées, en la main du fergent executeur, ou greffier du lieu auquel fe doit faire ledit decret; auquel cas, leur feroit donné jour, pour dire leurs caufes d'oppofition.

Après le decret feellé, on n'eft reçu à encherir n'y à s'oppofer.

CCLXXXIII. *Item*, Quand aucun heritage eft mis en criées, chacun eft habile à foy oppofer aufdites criées, & à iceluy heritage rencherir, jufques à ce que ledit decret foit figné & feellé en jugement du feel du Juge, pardevant lequel eft fait l'adjudication dudit decret de l'heritage ainfi crié que dit eft. Après lequel feel ainfi appofé, aucun n'eft recevable à foy oppofer, ne à y mettre enchere; mais avant qu'iceluy decret foit feellé, fera porté en jugement tout preft & groffoyé; & fera fignifié que la huictaine enfuivant, il fera feellé & expedié.

Des folemnitez des criées & decret.

CCLXXXIV. *Item*, Pour valider & rendre valables les criées faites d'aucuns heritages, pour eftre vendus par decret au plus offrant & dernier encheriffeur, par vertu des lettres obligatoires ou condemnations fur ce faites, convient & eft requis,

---

Quid? du douaire. *Vide not. litt. F. num. 24. & litt. H. num. 26. Item fecùs* de la dette de mineurs, pour reliqua de comptes, à laquelle dette, quoique pour une fois payer, les rentes, ne font point préferables. J. B.

Par Arreft après enqueftes par turbes, M. des Rivaux du mois de Juillet ou Aouft 1619. jugé que procedant à l'ordre de diftribution, on pratique que fur le prix les creanciers des rentes conftituées, enfaifinées ou infeodées, font preferez à tous autres creanciers des rentes conftituées non enfaifinées, ni infeodées, encore qu'elles foient de dattes anterieures, & les creanciers des rentes non enfaifinées ni infeodées, font payées & viennent à contribution, fans s'arrefter à la datte des contrats pour y garder ordre de priorité ou pofteriorité; & après les creanciers des rentes enfaifinées, & non des dettes particulieres, pour fommes de deniers ou autres dettes pour une fois; toutesfois les dettes privilegiées ou autrement favorables, comme celles faites pour conventions matrimoniales, reliqua de comptes de tutelles, penfions de Religieufes, rendages de moifons, loyers, & autres chofes femblables, l'ordre doit être fuivi pour la preference entre les creanciers du jour & datte des contrats, même avant les creanciers des rentes conftituées, enfaifinées ou non enfaifinées, fi elles font pofterieures aufdits contrats. Auffi par autre Arreft du 25. Janvier 1610. entre maitre Antoine Rimbault curateur des enfans de M. Moinneville, contre Jacques le Grand & confors; par lequel il fut ordonné, infirmant la fentence du Bailly de Senlis, que la terre de Moinneville feroit vendue à la charge du douaire de la mere & des enfans, encore que ledit le Grand eût juftifié que fa rente étoit precedente le contrat de mariage, mais la rente n'avoit été enfaifinée qu'après le mariage, pour être le douaire propre aux enfans, fans prejudice des creanciers precedens, dont les rentes étoient enfaifinées. *M. de Saint Leu.* T. C.

que les criées de tels heritages que l'on veut ainsi vendre par decret, soyent faites publiquement, aux sieges où lesdits heritages seroient vendus. Et si les heritages criez sont assis en autre Chastellenie que celle où ils sont vendus, convient qu'ils soyent criez au siege & auditoire ordinaire de la Chastellenie & Prevosté où sont assis tels heritages, par sergent ayant pouvoir de ce faire, soit par obligation ou condamnation, à faute de payement, ou de garnison de meubles pour satisfaire au deu, par quatre quatorzaines sans discontinuation; & si convient qu'elles soient rapportées ou relatées par escrit au Juge, par-devant lequel le decret de tel heritage ainsi crié se doit adjuger; & aussi que le debteur, sur lequel se font lesdites criées, soit adjourné à sa personne, ou à son domicile, pour voir adjuger tels heritages par decret. Et lesdites criées faictes & parfaictes, & huict jours auparavant l'adjudication par decret de tels heritages criez, en seront mises attachés ou affiches par escrit, à la porte de l'Eglise & parroisse en laquelle lesdits heritages criez seront situez & assis, & à la porte de l'auditoire, & autres lieux publicques, où telle adjudication se fera (*a*).

De l'adjudication & ordre.

CCLXXXV. *Item*, Et l'assignation escheant que se doit faire l'adjudication desdites criées, sera procedé à ladite adjudication, sans faire droit preallablement sur la priorité ou posteriorité des creanciers & opposans ausdites criées; & sauf à faire discussion après ladite adjudication faicte, aussi bien qu'au precedant (*b*).

Du preneur à rente qui ne peut déguerpir.

CCLXXXVI. *Item*, Quand aucun a pris un heritage à rente, & à ce s'est obligé à tousjours, ou à temps (*c*); & promis ledit heritage entretenir, tellement que ladite rente y puisse estre perceue (*d*), tel preneur ne se peut departir dudit contract de prinse, ne renoncer à icelle prinse, sans l'exprès consentement du bailleur, ou de celuy qui aura cause de luy.

Du privilege du loyer sur les meubles du locataire.

CCLXXXVII. *Item*, Un locateur de maison, le terme dudit louage escheu, peut faire executer le conducteur, & luy faire garnir la main de biens pour le deu. Et s'il s'en part hors de ladite maison louée, & transporte tous ses biens, ledit locateur le peut contraindre par justice, à remettre les biens meubles en ladite maison louée, pour faire execution sur lesdits biens ainsi remis que dit est, jusques à la concurrence du deu dudit louage (*e*).

De la gagerie sur les meubles du locataire.

CCLXXXVIII. *Item*, Un locateur, de soy, se peut gaiger sur les biens de son conducteur, pour ledit louage, sans autre sergent ou homme de justice, quand il voit ledit conducteur s'en partir de ladite maison ou heritage loué avec ses biens, sans payer ledit louage par luy deu; & ce fait, le denoncer incontinent à justice.

Cedule reconnue emporte hypotheque & garnison de main.

CCLXXXIX. *Item*, Une cedule privée, qui portera promesse de payer, emporte hypothecque du jour de la confession d'icelle cedule faicte en jugement; & sera le debteur tenu garnir suffisamment de biens, jusques à la concurrence du contenu en icelle, ès mains du creancier; en baillant caution suffisante par ledit creancier.

En quelles dettes n'y a lieu de répit.

CCXC. *Item*, Un respit ne peut avoir lieu contre le deu d'aucun à luy adjugé par sentence diffinitive & contradictoire, & pour les despens adjugez & taxez, louage de maison, arrerages de rente (*f*), moison de grain, & debtes des mineurs contractées avec lesdits mineurs, ou leurs tuteurs durant leur minorité.

De la déconfiture en meubles.

CCXCI. *Item*, En matiere de desconfiture, chacun creancier vient à contribution au sol la livre, sur les biens meubles (*g*) du debteur, & n'y a point de prerogative.

---

a ART. 284. *Voyez* la note sur l'art. 99. J. M. R.

b ART. 285. *Voyez* Brodeau, *litt. D. num.* 26. à la fin J. M. R.

c ART. 286. *à tousjours ou à temps.* De cette diction conjonctive *ou*, on induit que pour exclure le preneur du deguerpissement, ce n'est pas assez qu'il ait promis payer la rente à toujours ou à perpetuité, ou à temps; parce que selon la nature du contrat, cela s'entend pendant sa détention; mais outre ce, il faut qu'il ait promis à mettre amendement sur l'heritage ou autre chose qui depende de son fait, suivant l'art. 109. de la Coutume de Paris, *ubi dixi.* Combien que Loyseau, livre 4 du Deguerpissement ch. 11. n. 9. expliquant le present article, tienne qu'au cas d'une promesse expresse de payer & continuer la rente à toujours, ou à perpetuité, le premier ne peut deguerpir. J. B.

d *y puisse estre perceue.* *Secus* quand le preneur promet entretenir l'heritage, tellement que la rente y puisse être perçûe; ce qui a été jugé par Arrest du 17. Juillet 1599. que j'ai cotté sur M. Louet, *litt. D. num.* 41. *fine.* J. B.

e ART. 287. *Voyez* Brodeau, *litt. H & S. n.* 14. J. M. R.

f ART. 290. *arrerages de rente* fonciere, *secus* de rente constituée à prix d'argent. *Vide not. mea* sur l'art. 111. de la Coutume de Paris J. B.

g ART. 291. *sur les biens meubles.* La même contribution a lieu sur les deniers des heritages entre les creanciers des rentes constituées non ensaisinées ni infeodées. *Suprà*, art. 273.

PROCÉS VERBAL.

LE Samedy seiziesme jour du mois d'Aoust l'an mil cinq cens trente-neuf, Nous André Guillard conseiller du Roy nostre sire, & maistre des requestes ordinaires de son hostel; & Nicole Thibault aussi conseiller & procureur general dudit seigneur, commissaires commis par le Roy, pour la reformation & redaction des Coustumes du Bailliage de Senlis & anciens ressorts d'iceluy, partismes de la ville de Paris pour aller en la ville de Senlis, pour faire publier & arrester les Coustumes du Bailliage dudit Senlis & anciens ressorts d'iceluy, en ensuivant le contenu des lettres patentes & commission du Roy nostredit seigneur à nous addressans; desquelles la teneur ensuit.

FRANÇOIS par la grace de Dieu Roy de France, A noz amez & feaux Conseillers M. André Guillard maistre des requestes ordinaires de nostre hostel; & Nicole Thibault nostre Procureur general, Salut & dilection. Comme suivant le vouloir, intention & ordonnance de noz predecesseurs Rois de France, nous ayons par l'advis & deliberation de plusieurs bons, grands & notables personnages de nostre Conseil privé, tant de nostre sang qu'autres, ordonné pour le bien & soulagement de noz subjets, certitude & reiglement d'iceux quant aux Coustumes des pays & provinces où ils sont demourans, & obvier aux fraiz, mises & despens qu'il leur conviendroit faire pour la preuve & verification desdites Coustumes, & oster toute ambiguité & difficulté d'icelles preuves, & aussi toute matiere de procès provenans bien souvent de l'incertitude de la preuve desdites Coustumes, & que toutes & chacunes les Coustumes des Bailliages & Seneschaucées de nostre Royaume, appellez les trois Estats en chacun desdits Bailliages & Seneschaucées, & sur ce leur advis & deliberation, seroient redigées par escrit par certains commissaires qui à ce faire seroient par nous deputez, & reformées où elles se trouveroient en aucun endroit abusives & deraisonnables au profit & utilité de nos subjets, ou contre nos droits, prerogatives & auctoritez, & icelles redigées seroient publiées par nosdits commissaires ès sieges tant principaux que particuliers de nosdits Bailliages & Seneschaucées. En faisant par eux, de par nous, inhibitions & defenses à tous nos subjets de n'alleguer autres Coustumes que celles qui seroient redigées par escrit, & de faire d'oresnavant preuve d'icelles coustumes en aucune maniere que ce soit, si n'est par l'extraict du registre d'icelles, & que lesdites Coustumes ainsi redigées seroient rapportées en nostredite Cour de Parlement, pour en icelle estre emologuées & enregistrées. Et si à la redaction desdites Coustumes ou aucunes d'icelles y avoit opposition formée, que les opposans seroient sommairement ouis par nosdits commissaires, pour puis-après en ordonner, ou en faire par eux leur rapport en nostredite Cour, afin d'en estre par elle ordonné ainsi qu'il appartiendra par raison. Et ce sans la retardation de la redaction & publication desdites Coustumes, à la charge de ladite opposition quant aux articles, pour le regard desquels ladite opposition seroit formée. Et suivant nosdits vouloir, intention & ordonnance, ont esté lesdites Coustumes redigées par escrit en la plus part des Bailliages & Seneschaucées de nostredit Royaume, excepté nostre Bailliage de Senlis & anciens ressorts d'iceluy, & quelques autres. Pource est-il, que nous voulans pourveoir à la tranquillité, repos & seureté de nos subjets en nostredit Bailliage de Senlis & anciens ressorts d'iceluy, & oster le plus que possible sera toute matiere & occasion de procès, deuement advertis de vos bonnes diligences, soing, providence, science & experience; vous mandons, & par ces presentes commettons & enjoignons vous transporter en nostre bonne ville & cité de Senlis, lieu capital dudit Bailliage; & illec faites assembler les trois Estats, ou la plus grande & saine partie d'iceux, en reformant par leursdits advis & accord ce que l'on trouvera estre à reformer ès Coustumes anciennement gardées audit Bailliage; & y adjoustez & diminuez ce que verrez estre à faire, & trouverez estre fait par l'advis & deliberation de ladite assemblée, ou de la plus grande & saine partie, comme dit est. Et s'il y a aucunes oppositions formées à la redaction & reformation desdites Coustumes, oyez sommairement les opposans, & ordonnerez promptement si faire se peur, ou reserverez à en faire vostre rapport en nostredite Cour de Parlement, pour en estre par elle fait droit sur lesdites oppositions en procedant à l'emologation & enregistrement desdites Coustumes, sans pource differer de proceder à la redaction & publication desdites Coustumes, tant au siege dudit Senlis, qu'autres particuliers de notredit Bailliage & anciens ressorts: A la charge toutesfois & sans prejudice des oppositions qui seront formées à ladite redaction & publication quant aux articles, pour le regard desquels lesdites oppositions auront esté formées tant seulement, & sauf à y faire droit preallablement par notredite Cour, avant que proceder à l'emologation & redaction desdits articles, pour le regard desquels ladite opposition auroit esté formée. Et en faisant faire ladite publication, ferez defense à tous noz subjets demourans en notredit Bailliage de Senlis & anciens ressorts d'iceluy, & à tous autres d'alleguer autres Coustumes que celles qui seront redigées par escrit, & d'en faire autre preuve que par l'extrait du registre d'icelles; vous donnant au demourant mandement & pouvoir special de faire tout ce que verrez estre utile & necessaire pour la redaction, reformation & publication desdites Coustumes, combien que la chose requist mandement plus exprès, & de contraindre tous ceux qui pour ce seront à contraindre à y obeir par toutes voyes deues & raisonnables, ainsi que verrez que le cas requerra: CAR tel est notre plaisir. DONNÉ à Paris le dixiesme jour de Juillet, l'an de grace mil cinq cens trente-neuf, & de notre regne le vingt-cinq. Ainsi signé, par le Roy, DE LA CHESNAYE. Et seellé sur simple queue de cire jaune, &c.

L'ESTAT Ecclesiastique de Senlis.

POUR LES GENS D'EGLISE de la Chastellenie de Senlis, reverend pere en Dieu Monsieur l'Evêque & Comte de Beauvais, Pair de France, qui est comparu par maistre Jean le Roy son procureur audit Comté, assisté de maistre François Piochet, Baillif dudit seigneur; lesquels tant pour ledit seigneur Evesque, que pour autres ses officiers & subjets ont dit qu'à cause des droits, privileges & prerogatives de sa Pairie & de sondit Comté qu'il tient en Pairie du Roy notredit Seigneur, il n'est tenu plaider ne comparoir au moyen de quelques assignations à luy baillées ailleurs qu'en la Cour de Parlement, & n'est en rien subjet du Bailliage & Chastellenie de Senlis, ne sesdits Baillifs & officiers, mais sont les appellations de sondit Baillif ressortissans nuement en la Cour de Parlement. Et à cette cause n'est ledit reverend pere ne sesdits Baillifs, officiers, n'autres ses subjets tenus d'obeir à l'adjournement & commandement à luy faits de comparoir audit Senlis, & à sesdits officiers touchant lesdites Coustumes. Mesmement qu'en sadite Comté de Beauvais y a coustumes locales generalement gardées en iceluy Comté & Pairie, lesquelles sont distinctes & differentes des coustumes de la Chastellenie dudit Senlis: mais neantmoins, parce que ledit reverend pere a plusieurs terres & seigneuries assises en divers lieux, doubtant qu'aucune chose ne fust faite audit Senlis au prejudice de ses droits & de ses subjets esdites terres, il avoit envoyé audit Senlis sesdits Baillif & Procureur; lesquels ont protesté & protestent que ladite comparence ne puist nuire ne prejudicier à sesdits droits, prerogatives, ne à sesdits officiers & subjets de sondit Comté. Protestant aussi, que ce qui sera fait audit Senlis ne peut prejudicier aux coustumes locales & particulieres de sesdits Comté & Vidamé de Gerberoy, ne à sesdits droits. Declarant outre qu'il empeschoit & s'oppose à ce qu'aucune chose ne se face au prejudice desdits droits & prerogatives ne desdites Coustumes de sadite Comté, lesquelles il entend bailler en ladite Cour de Parlement. En laquelle Cour il requiert estre renvoyé le debat qui pourroit estre sur ce que l'on voudroit faire audit Senlis contre lesdits droits de Pairie & coutumes locales de sondit Bailliage de Beauvais & Vidamé de Gerberoy, requerant lettres de ce. A laquelle protestation & opposition ledit procureur du Roy a respondu, qu'il ne veut denier que la Comté de Beauvais ne soit en Pairie, & que les droits, prerogatives & preeminences de Pairies ne soient gardez & entretenus à la raison au profit de mondit seigneur de Beauvais, & que pour les droits de sadite Pairie & de ses domaines il les peut poursuivir en la Cour de Parlement sur la proprieté, & en la Cour des requestes sur la possession, ou devant ledit Baillif de Senlis, si bon luy semble. Mais en tant que touche la jurisdiction ordinaire administrée par ses Juges & officiers entre ses subjets, la cognoissance & ressort par appel en a esté notoirement tenue, gardée & observée pardevant ledit Baillif de Senlis ou son lieutenant en les assises dudit Senlis; & ainsi en a esté usé de tout temps; & n'est memoire d'homme au contrarre jusques à certain temps a, que les predecesseurs dudit Evesque ont empesché le ressort ordinaire de ladite jurisdiction, sur lesquels empeschemens se sont meuz plusieurs procès en demandant & en defendant en divers instances, &

pour divers cas entre mondit seigneur & ses officiers, & ledit procureur du Roy & autres parties particulieres pour leur interest, la pluspart desquels & les principaux sont en la Cour de Parlement indecis & sans discussion du different de ladite jurisdiction. Et à ces causes ledit procureur du Roy soustient, que supposé que le ressort de ladite jurisdiction ordinaire dudit Baillif & autres officiers de Beauvais demourast en ladite Cour de Parlement, comme ils le pretendent par le privilege de Pairie; neantmoins la chose est notoire, & ne le sçauroit ignorer mondit seigneur de Beauvais ne ses officiers, que ladite ville & Comté de Beauvais est assise, comprinse & enclose ès fins & metes de ladite Chastellenie de Senlis, & par consequent dudit Bailliage; & qu'il soit ainsi, ledit seigneur à present Evesque de Beauvais à son advenement a requis & eu la main-levée du temporel dudit Evesché saisi & estant en la main du Roy par le trespas de son predecesseur, pardevant ledit Baillif de Senlis ou son lieutenant general audit lieu, avec ledit procureur du Roy, & l'avocat audit seigneur audit Bailliage. En quoy appert ledit Comté & ville de Beauvais estre dudit Bailliage de Senlis & de la jurisdiction & ressort d'iceluy; & est par l'acte & cognoissance que ledit Baillif de Senlis ou sondit lieutenant a eu de ladite main-levée, demonstré que s'il eust esté ou estoit autrement, ledit Evesque n'eust requis ladite main-levée, ne l'enterinement des lettres sur ce par luy obtenues du Roy pardevant ledit Baillif de Senlis ou sondit lieutenant; & ne se voudroit pas advouer d'un autre Bailliage que de Senlis, ou d'une autre Chastellenie particuliere en iceluy Bailliage de Senlis, & est plus condigne & decent estre sous la Chastellenie de Senlis, qui est le chef lieu & la plus noble Chastellenie des autres, sous laquelle Chastellenie à ces tiltres & moyens ledit Comte de Beauvais seroit & est subjet & responsable ès cas royaux, reservez au Roy. Ces choses considerées, il s'ensuit bien & n'y a point de repugnance au privilege de Pairie ne au ressort de ladite jurisdiction, soit en la Cour de Parlement, ou soit au siege de Senlis que ladite ville & Comté de Beauvais ne soit assise & comprinse en ladite Chastellenie de Senlis, & par consequent en termes generaux, estre à regler & conduire selon les coustumes, usages & stils generaux de ladite Chastellenie de Senlis sans prejudice aux coustumes locales desdites ville & Comté de Beauvais, & des droits particuliers que mondit seigneur y a & peut avoir, derogeans à ladite Coustume generale. Sur quoy a esté par nous ordonné, que lesdits Evesque & Procureur du Roy, *hinc inde*, auront lettres de leursdites protestations; & sur l'opposition formée par ledit Evesque nous l'avons renvoyé à la Cour, & neantmoins declaré que nous passerons outre, à tout le moins par maniere de provision entant qu'à luy est. Reverend pere en Dieu Monsieur l'Evesque de Senlis, par Pierre de sainct Gobert son procureur. Les doyen, chanoines & chapitre de l'Eglise sainct Pierre de Beauvais, par maistre Anthoine Pilan chanoine de ladite Eglise, & maistre Martin Thierry leurs procureurs. Les doyen, chanoines & chapitre de l'Eglise notre-Dame de Senlis, par maistre Pierre Foucquet archidiacre, & Nicole Truyart docteur en Theologie, chanoine de ladite Eglise, procureurs & deleguez d'icelle. Les doyen, chanoines & chapitre de l'Eglise collegiale sainct Rieule de Senlis, par Jean Desprez leur procureur en la presence dudit Truyart, doyen & chanoine de ladite Eglise. Les doyen, chanoines & chapitre de l'Eglise de sainct Frambould de Senlis, par ledit Desprez leur procureur. Les Religieux, abbé & convent de Chaalicts, l'Abbé present, & les religieux & convent, par Pierre de Bonviller leur procureur. Les religieux Abbé & convent de sainct Vincent de Senlis, par Jean Desprez leur procureur. Les religieux, Abbé & convent de la Victoire lez ledit Senlis; Arnault de Ligny Abbé present, & les religieux, & convent, par Jacques Methelet leur procureur. Les religieux, Abbé & convent de Royaulmont, par Loys Foucquet leur procureur, en la presence de frere Jean Charpentier l'un desdits religieux. Les religieux, prieur & convent de sainct Maurice de Senlis, par frere Lambert Horman prieur en sa personne. Les religieux, prieur & convent de sainct Nicolas Dacy lez ledit Senlis, par Pierre Lobry leur procureur, en la presence de frere Andry Bouchet sous-prieur. Le prieur de sainct Christofle en Hallate en personne. Les religieuses, Abbesse & convent de Chelles saincte Baultour à cause d'un fief qu'elles ont à Barron, par Jean Desprez leur procureur. Les religieux, Abbé & convent de saincte Genevieve à Paris seigneurs de Borrets absents; contre lesquels audit procureur du Roy ce requerant avons donné & octroyé defaut à faute de comparoit ny autre pour eux, sauf à deux jours prochains. Et neantmoins & nonobstant ledit sauf, nous avons dit tant pour eux que pour les autres absens & defaillans ci-après nommez, qu'il sera procedé au fait de la redaction, reformation & emologation des Coustumes dudit Bailliage selon lesdites Lettres Patentes du Roy, aussibien en leur absence comme en leur presence, comme il appartiendra par raison. Les religieuses, Abbesse & convent de Montmartre dames de Barbery, absentes. Le commandeur de sainct Jean de Senlis & de Laigny le Secq, pour lequel Jean Desprez procureur à Senlis a dit estre procureur en ses causes, offrant comparoir pour luy, duquel il a dit ne sçavoir promptement recouvrer procuration speciale, parce qu'il a dit estre en l'isle de Malte gouverneur des navires des chevaliers de l'ordre de sainct Jean de Hierusalem, à la conservation de la Chrestienté. Sur quoy a esté donné defaut, & par vertu d'iceluy a esté ordonné comme dessus. Les religieux, Abbé & convent de sainct Denis en France, seigneurs de Plailly, Estrées, sainct Denis, Moyniller, Goumeulx & autres terres à eux appartenans assises au Bailliage de Senlis, par ledit Desprez leur procureur, en la presence de frere Mathieu Frezon religieux de ladite Abbaye. Les religieuses, Abbesse & convent du Moncel, dames usufructuaires de Pontpoingt, par Daniel Vizet leur procureur. Les religieux, prieur & convent de sainct Leu Desserens, par Loys Foucquet leur procureur, en la presence de frere Olivier Por, sous prieur & aumosnier dudit prieuré. Le prieur de Fresnoy en Beauvoisis, absent. Le prieur de Pontz sainct Maixence, absent. Le prieur sainct Martin lez-Longueane, absent: contre lesquels a esté donné defaut comme dessus, sauf deux jours. Et le dix-neufiesme jour dudit mois d'Aoust est comparu ledit prieur de sainct Martin lez Longueane en sa personne, qui a esté relevé dudit defaut.

POUR LES NOBLES DE LA CHASTELLENIE, y sont comparus haut & puissant seigneur messire Anne de Montmorancy, chevalier de l'ordre du Roy, premier Baron (a), Connestable & grand maistre de France, Comte de Beaumont, par Yvon Pierres escuyer, seigneur de Bellefontaine son maistre d'hostel, & Jean Desprez ses procureurs. A l'evocation de laquelle comparition, par M. Simon le Grand, Baillif de Beaumont, a esté dit, que combien que mondit seigneur le Connestable, Comte dudit Beaumont soit appellé en ce lieu de Senlis par devant nous pour la reformation & redaction des Coustumes du Bailliage dudit Senlis: ce neantmoins ledit Comté n'est en rien subjet au Bailliage de Senlis, mais est un Bailliage du tout distinct & separé, où il y a tous officiers royaux, non subjets au Bailly de Senlis: mesme L'ESTAT DE NOBLESSE de Senlis.

a *premier Baron*, de l'Isle de France, depuis érigé en Duché de Montmorancy. C. M.

estoit Baillif en chef du Comté dudit Beaumont, & tel receu en la Cour de Parlement, sans aucun contredit. A ceste cause ledit le Grand a protesté & proteste, que la comparence qu'il fait par-devant nous en ce lieu ordonné & esleu par le Roy pour proceder au fait de la redaction desdites Coustumes de Senlis & Beaumont par un mesme moyen (a), au soulagement du peuple, ne luy puist nuire ne prejudicier, ne à ses successeurs Baillifs. Et par M. Henry de Trumegnies procureur du Roy audit Comté, ont esté faites pareilles protestations que dessus, & declaré que sadite comparence estoit sous la commission du Roy à nous donnée, & non autrement. Par le procureur du Roy audit bailliage de Senlis, assisté de l'Advocat dudit seigneur, a esté dit, que par charte dont il a fait apparoir promptement & de tout temps & ancienneté, ledit Comté de Beaumont avoit esté & estoit dudit Bailliage de Senlis, & ancien ressort d'iceluy; & comme estant tel, estoit mandé par lesdites lettres patentes à nous adressans pour le fait & acte de present, appeller les Estats dudit Comté au siege dudit Senlis par-devant nous. Ce qui avoit esté fait à juste cause. Et pareillement la comparence que ledit seigneur Connestable y faisoit, lequel il avoit fait appeller pource qu'il tient ledit comté à faculté de rachat faisant protestation contraire à celle desdits Baillif de Beaumont & procureur du Roy audit lieu. Sur quoy a esté par nous ordonné, que lesdits Baillif, procureur du Roy de Beaumont, & procureur du Roy audit Bailliage de Senlis, auront lettres de leurs declarations, remonstrances & protestations. Noble & puissant seigneur messire François de Montmorancy, seigneur de la Rochepot & de Mello (b), conseiller chambellan ordinaire du Roy, chevalier de son ordre, gouverneur de Paris & Isle de France, à cause de sa Baronnie, chastel & chastellenie de Mello, & des terres de Maisel & autres à luy appartenans en sa personne, assisté de maistre Nicole le Bel licencié ès loix son Baillif, & Loys Foucquet son procureur. Jean de Maricourt escuyer, seigneur Baron & Chastellain de Moncy le Chastel, par maistre Jacques Barthelemy licencié ès loix son Baillif, & Daniel Vizet son procureur. Ledit de Montmorancy seigneur Connestable, à cause de son chastel, terres & seigneuries de Chantily, Mont-espilloer, Chavercy, & autres seigneuries assises en la Chastellenie dudit Senlis, par lesdits Yvon Pierres & Jean Desprez lesdits maistres d'hostel & procureur. Jacques de Vauldray escuyer seigneur de Mouy sur Therain, par Jean Hubert son procureur: Gilles de Fay escuyer seigneur de Chasteau-rouge, par Pierre de Bonviller son procureur; en appellant lequel de Fay Loys Foucquet procureur de Loys de Fay escuyer seigneur de Fercourt a protesté que ladite comparence & qualité de seigneur de Chasteau-rouge que prenoit ledit Gilles de Fay ne luy peust prejudicier, parce qu'il pretendoit ladite seigneurie de Chasteau rouge luy competer & appartenir en partie. Au contraire, ledit de Bonviller pour ledit Gilles de Fay a maintenu ladite seigneurie luy appartenir, & soustenu que ladite qualité devoit demourer, faisant protestation contraire à celle dudit Loys de Fay. Sur quoy nous avons ordonné, que lesdites parties auront acte de leursdites declarations & protestations. Loys de Fay escuyer seigneur de Fercourt, par Loys Foucquet son procureur, à l'appellation & comparence duquel ledit procureur du Roy audit Comté de Beaumont a dit, que le fief & seigneurie de Fercourt est tenu du Roy à cause dudit Comté; & pource ne doit ledit de Fay estre appellé & comparoir sous la Chastellenie de Senlis, mais sous ledit Comté en son ordre & lieu. Le procureur du Roy audit Bailliage de Senlis a dit, qu'audit de Fay appartenoient autres terres, fief & seigneuries que ledit Fercourt, tenues en fief tant de Mello, Moncy le Chastel que Mouy, assis audit Bailliage & Chastellenie; & qu'en tout evenement ladite comparence doit demourer pour le regard desdites seigneuries assises audit Bailliage de Senlis. Sur quoy a esté par nous dit qu'en ce qui touche & regarde les terres, fiefs & seigneuries appartenans audit de Fay seigneur de Fercourt assis audit Bailliage de Senlis, la presentation & comparence faite à present par luy, demourra sans prejudice au surplus des droits & procès des parties. Messire Adrian de Ligny chevalier seigneur de Ratay, par François Desprez son procureur. Loys de sainct Symon escuyer, seigneur de Rasse & du Plessier Choisel, par Robert de Bonviller son procureur. Pierre le Maire escuyer, seigneur de Parisfontaine, par Daniel Vizet son procureur. Denis le Boucher seigneur du Faiet, par ledit Vizet son procureur. Guillaume de Marle escuyer, seigneur de Versaigny en sa personne. Loys de Pontaillier escuyer, seigneur de Ballagny lez Senlis absent, defaut. Jean de la Fontaine escuyer, seigneur Dongnon, par François Desprez son procureur. Nicolas de la Fontaine escuyer, seigneur de Malgenestre, par ledit François Desprez. Nobles hommes Robert Anthoins & maistre Gilles Anthoins seigneurs de Barron, ledit Robert en sa personne; & pour ledit maistre Gilles, Marc de la Fontaine escuyer, seigneur de Bachetz, par François Desprez son procureur. Robert de Moncy escuyer, seigneur de la Montaigne en sa personne. Charles du Croc escuyer, seigneur d'Apremont, present. Loys Romain escuyer, seigneur de Fontaines lez Cornus, par Loys Foucquet son procureur. Pierre Desfriches escuyer, seigneur de Brasseuzes absent, defaut. Noble homme maistre Nicole Thibault conseiller du Roy, & son procureur general seigneur de Montaigny saincte Felice en personne, qui a constitué son procureur Daniel Vizet à ce present. Noble homme & sage maistre René Baillet conseiller du Roy en sa Cour de Parlement à Paris, seigneur de Seilly en Mulcien absent, defaut comme dessus. A l'appellation duquel est comparu Jean Poulain escuyer, pour ladite seigneurie de laquelle il a dit estre seigneur en partie. Sur quoy François Desprez soy disant procureur aux causes dudit René Baillet a dit au contraire iceluy Baillet estre seigneur dudit lieu, & a protesté que la comparence que s'efforceoit faire ledit Poulain en la qualité dessusdite ne peust prejudicier audit Baillet, disant ledit Poulain n'avoir aucun droit de justice audit Seilly. Desquelles protestations a esté ordonné, que lesdits Poulain & Desprez pour ledit Baillet auront lettres. Pierre de Hagues seigneur du Plessier Belleville, par Jacques Liore son procureur. Dame Marie Destouteville veufve de feu messire Gabriel d'Allegre, dame d'Oissery & sainct Patheur absente, defaut, sauf deux jours. Damoiselle Antoinette de Bosqueaux dame de Verderonne, Montigny & la Briere, par Pierre de Bonviller son procureur. Christofle de Paris escuyer, seigneur de Boissy le Chasteau, par Jean Desprez son procureur. Messire Anthoine du Prat chevalier, seigneur de Namproullet à cause de sa seigneurie de Marchemorel absent, defaut sauf deux jours. Les seigneurs d'Armenonville & Pontharmé, par Jacques Metheler leur procureur. Le seigneur de Ver sous Dampmartin absent, defaut. Messire Jean de Rambures seigneur dudit lieu à cause de sa femme, dame usufructuaire de Verneul sur Oize absent, defaut. Les Religieux, Abbé & Convent de sainct Pierre de Laigny sur Marne pour leurs seigneuries de Droizelles, Ducy & Ongnes, par Pierre de sainct Gubert leur procureur. Noble homme & sage, maistre Jean Jacques de

a par un mesme moyen. *Quia una & eadem consuetudo.* C M.

b *& de Mello*, Frere du Connestable.

Mesmes,

Mesmes, pour sa seigneurie de Mallassize, par Jacques Poullet son procureur à l'appel & comparence dudit de Mesmes le procureur du Roy en la Chastellenie de Creeil audit nom, & pour la Royne de Navarre dame usufructuaire dudit Creeil, a empesché que ladite comparence ne fust faicte ne receue sous la Chastellenie dudit Senlis, parce qu'il a dit, ladite seigneurie de Mallassize estre nuement de la Chastellenie dudit Creeil. Sur ce, le procureur au Bailliage de Senlis garny de l'Advocat dudit seigneur a dit au contraire, ladite seigneurie estre de ladite Chastellenie & Bailliage de Senlis, & que ladite comparence devoit demourer en l'estat qu'elle estoit; ce qu'a denié ledit procureur du Roy à Creeil, alleguant que pour le relief de ladite seigneurie y avoit different & procès entre luy pour le Roy & ladite Royne de Navarre, & ledit procureur du Roy audit Bailliage de Senlis. Auquel procès il a dit sentence avoir esté donnée à son profit. Ce que pareillement a denié ledit procureur du Roy à Senlis, & où aucune sentence seroit intervenue, si n'estoit celle telle que la pretendoit ledit procureur du Roy à Creeil, & si y avoit appel interjecté d'icelle par ledit procureur du Roy à Senlis. Sur quoy nous par provision, sans prejudice à leurs droits & procès pour raison du ressort & jurisdiction pour ledit lieu de Mallassize, avons dit & ordonné, que la comparence dudit seigneur de Mallassize à cause de ladite seigneurie, sera enregistrée comme estant assise audit Bailliage de Senlis. Dame Jeanne de Rieux, dame de Seurnillées & Bertherand Fosse, par Jean Desprez son procureur. Gilles de Fay, Yde l'Orfevre sa femme: Jean seigneur de Pippemont, Marie l'Orfevre sa femme, à cause desdites femmes, seignours Chastellains de Pontz saincte Maixence, comparant lesdits de Fay & sa femme, par pierre de Bonviller, & lesdits de Pippemont & sa femme, par Jean Desprez leurs procureurs. A l'evocation desquels seigneurs Chastellains de Pontz, ledit procureur du Roy a empesché que les dessusdits ne soient receuz à comparoir, n'estre appellez esdites qualitez de seigneurs Chastellains de Pontz, mais comme eux disans seigneurs Chastellains dudit lieu, parce qu'il disoit le Roy estre seigneur direct. Lesdits Desprez & de Bonviller pour lesdits de Fay, de Pippemont & leurs femmes, ont soustenu que ladite qualité devoit demourer, parce qu'ils ont maintenu estre seigneurs Chastellains dudit Pontz; joint qu'en l'assemblée faicte pour accorder les Coustumes dudit Bailliage en l'an mil cinq cens & six, le seigneur ou seigneurs Chastellains dudit Pontz qui estoient audit temps, ont esté appellez & receuz en ladite qualité de seigneurs Chastellains: Et sur ce ledit Desprez, comme procureur dudit seigneur Anne de Montmorancy, Connestable de France, seigneur de Chantilly, s'est joint avec les dessusdits pour soustenir avec eux la qualité par eux prinse comme ses vassaux tenans de luy, à cause de ladite seigneurie de Chantilly en foy & hommage ladite Chastellenie de Pontz, employant ce que par eux a esté dit ci-dessus. Et par ledit procureur du Roy a esté comme dessus empesché ladite qualité, tant à l'encontre d'eux que dudit de Montmorancy, alleguant que par sentence donnée au siege du Bailliage de Senlis, il avoit esté dit que lesdits de Pippemont & de Fay seroyent dits & intitulez eux disans seigneurs Chastellains dudit Pontz. Sur quoy veu le cayer & registre au procès verbal de l'assemblée faite en l'an mil cinq cens & six, pour le fait des Coustumes dudit Bailliage, par lequel appert Pierre l'Orfevre soy estre presenté lors & estre comparu en ladite qualité de seigneur Chastellain de Pontz; nous avons dit par provision & sans prejudice aux droits & procès desdites parties sur ladite qualité pretendue par lesdits de Fay & de Pippemont, qu'icelle qualité en laquelle ils ont esté appellez & sont comparus, demourera; dont ledit procureur du Roy a appellé. Dame Adriane de Launoy, dame de Beaurepaire, comparant par Jacques Metheler son procureur. Noble homme maistre Robert Daniel, conseiller du Roy & Président des Comptes, seigneur de la Tour d'Araines. Noble homme & sage maistre René Brinon conseiller du Roy, & President en sa Cour de Parlement à Bourdeaux, seigneur de Cyores lez Mello, par Pierre de sainct Gobert son procureur, Jean de Herlaut escuyer, seigneur de Villers sous sainct Leu, absent, defaut; nonobstant la comparence qu'ayent offert faire pour luy Daniel Vizet son procureur aux causes à Senlis, Jean Bourgeois son prevost, & Jean Godart son procureur audit Villers, non ayans procuration speciale de luy. Les religieux, Abbé & convent de sainct Lucian lez Beauvais, par ledit maistre Jean le Roy leur procureur. Les religieux, Abbé & convent de saint Quentin lez Beauvais, par Loys Foncquet leur procureur. Les religieux, Abbé & convent de sainct Symphorien lez Beauvais, par Daniel Vizet leur procureur. Les chanoines & Chapitre nostre Dame au Chastel de Beauvais, par Loys Colart leur procureur. Les chanoines & chapitre S. Michel de Beauvais, par Loys Foucquet leur procureur. Les chanoines & chapitre sainct Barthelemy dudit Beauvais, comparans par ledit Collart leur procureur. Les chanoines & chapitre sainct Nicolas dudit Beauvais, aussi par ledit Collart leur procureur. Les chanoines & chapitre sainct Vaast dudit Beauvais, par Pierre de Bonviller leur procureur. Les chanoines & chapitre sainct Laurens dudit Beauvais, par Jacques Metheler leur procureur. Les maistre, freres & sœurs de l'hostel Dieu dudit Beauvais, par Loys Foucquet leur procureur. Le maistre & administrateur de l'hostel sainct Ladre dudit Beauvais, par ledit Foucquet son procureur. Frere Jean de Ronquerolles, Abbé du Gar, seigneur de Chastillon, Trocy & Aneul, par Jean Desprez son procureur. Les religieux, Abbé & convent de sainct Germer de Flay, seigneurs de Tardonne, par Germain Clopin leur procureur. Laquelle comparence faite en ceste matiere par lesdits de sainct Germer, ledit maistre Jean le Roy pour ledit Evesque & Comte de Beauvais Pair de France, a protesté qu'elle ne puist prejudicier audit seigneur Evesque; parce qu'il a maintenu lesdits de sainct Germer estre subjets & vassaux d'iceluy Evesque à cause de ladite seigneurie de Tardonne, par eux tenue de luy en foy & hommage à cause dudit Comté de Beauvais, & par-tant desdits de sainct Germer en ladite qualité n'estre en rien tenus, subjets ne responsables au siege dudit Bailliage de Senlis, mais par-devant le Baillif de Beauvais; & d'illec en la Cour de Parlement à Paris, à cause de sadite Pairie. Et par le procureur du Roy audit Bailliage de Senlis, assisté de l'Avocat dudit seigneur, a esté dit, que les demourans audit Comté de Beauvais, estoient responsables par appel au siege dudit Bailliage de Senlis, comme ils avoient esté & estoient de tout temps & ancienneté, faisant protestation contraire à celle dudit le Roy audit nom. Sur quoy nous avons ordonné, que lesdits le Roy au nom dessusdit & procureur du Roy, auront acte de leur dire & protestations; & neantmoins qu'il sera procedé au fait de la redaction & emologation des Coustumes dudit Bailliage quant ausdits de sainct Germer en la qualité en laquelle ils se sont presentez, comme il appartiendra. Frere Matthieu Rondin, Prieur du prieuré d'Aneul absent, defaut. Les Maire & Pairs de la ville de Beauvais comparans par ledit maitre Martin Thierry leur procureur, en laquelle comparence ledit le Roy pour ledit Evesque & Comte de Beauvais a fait pareille protestation pour le regard desdits Maire & Pairs qu'il a dit estre ses subjets ayans leur siege & jurisdiction en la ville de Beauvais, que ci-dessus il a fait en la comparence faite par les religieux, Abbé & convent de sainct Germer de Flay pour leur seigneurie de Tardonne. Et par ledit maistre Martin Thierry, pour lesdits Maire & Pairs, a esté fait protestation contraire à celle dudit le Roy ; protestant que son dire ne puist prejudicier ausdits Maire & Pairs, leurs droits, justices, privileges, usages, franchises, libertez, auctoritez & préeminences, disant que ledit Evesque de Beauvais ne peut faire, n'introduire quelques Coustumes locales en ladite ville de Beauvais ; sauf toutesfois où il voudroit ce faire ausdits Maire & Pairs d'eux opposer, desduire leur causes d'opposition, & faire tout ce qu'il appartiendra en temps & lieu. Maistre François Piochet, Baillif de Beauvais en sa personne, qui pour luy & en ladite qualité a employé ce que ci dessus. En la comparence dudit Evesque de Bauvais a esté dit par le procureur dudit Evesque, tant pour ledit Evesque que pour ses officiers. Et au contraire, le procureur du Roy a employé la responce qu'il y a fait. Et a esté sur ce donné par nous tel appointement que fait a esté pour iceluy Evesque audit endroit. Pour les nobles dudit Comté de Beauvais sont comparus messire Nicolas de Mouy, seigneur Chastellain de Beauvais, par Germain Clopin son procureur. Messire Adrian de Pisseleu chevalier, seigneur de sainct Leger, par Jean Dole son procureur. Messire Jean de Lisle chevalier, seigneur de Marivaux, seigneur d'un fief assis à Senesfontaines, en sa personne. Noble homme Jean de Roncherolles seigneur d'Aneul, par Jean Desprez son procureur. Jean de Brunaulieu, seigneur de la Neufville sur Aneul, par Loys Foucquet son procureur. Entant que touche lesquels de Mouy, de Pisseleu, de Lisle, de Roncherolles & de Brunaulieu, que ledit le Roy procureur dudit Evesque de Beauvais a dit estre les vassaux d'iceluy Evesque a cause de sondit Comté, pour les seigneuries & fiefs dessus declarez à eux appartenans. Ledit le Roy a fait pareille remonstrance & protestation qu'aussi il a fait ci-dessus en la comparence des religieux, Abbé & convent de sainct Germer de Flay, & des Maire & Pairs de la ville de Beauvais. Et a pareillement esté sur ce donné semblable ordonnance ou appointement. Nicolas d'Auvergne, seigneur d'un fief assis à Autheul, par Nicolas Billouet son procureur. Marguerite le Brun, veufve de feu Anthoine de Gandechart à cause des fiefs de Villotren & Mesangny absent, defaut. Pierre le Masson seigneur de la Neufville, messire Guernier en sa personne. Noble homme & sage Jean Danet chevalier, president en la Cour des generaux de la justice à Paris. Pierre le Maire & Jean de Villers seigneurs de Berneu, ledit Dannet par Jean Desprez son procureur, lesdits le Maire & de Villers, absens, defaut. Encores ledit de Villers seigneur de Vaulx, absent, defaut. La vefve de feu messire Anthoine le Visté, en son vivant conseiller du Roy, & President en sa Cour de Parlement de Paris, & le seigneur de la Forest seigneurs d'Autheul, absens, defaut. Claude de Montmorancy seigneur d'Aumont absent, defaut. Jean de Mailly seigneur d'Aumarests, Seilly & Tillart, par Philippes Thureau son procureur. Estienne Morel seigneur de Crecy & Haulteville, par Jean Desprez son procureur. Magdaleine de Marigny, dame de Fraincourt absente, defaut. Jean du Val seigneur de Barthecourt en partie absent, defaut. Ledit du Val seigneur de Villers sur There, en partie absent, defaut. Le seigneur de Monstruel sur Therain absent, defaut. Jean de Micault seigneur de Lespine & de Lavercines en partie, par Pierre de Bonvillier son procureur. Loys Descourtils seigneur de Marlemont en la Chastellenie de Mello absent, defaut. Phaaron de Hannoilles seigneur de Vuaruis en partie, en sa personne. Noble homme & sage maistre Nicole de Hacqueville seigneur de Villers sainct Barthelemy, par Jean Desprez son procureur. Maistre Guy de Cotteblanche seigneur de Bracheu, par Loys Foucquet son procureur. Pierre Parent seigneur de Bourgaignemont, par Loys Foucquet son procureur. Le seigneur de Dampierre & dudit Bourgaignemont en partie, absent, defaut. Messire Vaspazien Carnosin seigneur d'Achy, par Nicolas Laurens son procureur. Noble homme maistre Jean Danet seigneur de Frocourt & Berneul, par Jean Desprez son procureur. Robert Damboug seigneur de Villembry, par Germain Cloppin son procureur. Nicolas le Seellier seigneur de Brizencour absent, defaut. Yvon de seigneur de Lonenzes absent, defaut. François de la Marche seigneur de Blicourt absent, defaut. Balthasar de Chantelou seigneur de Lihus, par Jean Desprez son procureur. Noble seigneur Anthoine de Haluyn seigneur de Piennes & de Lihus en partie, par Jean Desprez son procureur. François de Launoy escuyer seigneur de Morviller absent, defaut. Le seigneur de Granville à cause de la seigneurie de Tilloy, par Jean Desprez son procureur. Messire Jean de Monceaux chevalier seigneur dudit lieu, Gremeviller, Hermentiers & Hanoilles, par Germain Cloppin son procureur. Jean de Baaleu seigneur dudit lieu absent, defaut. Messire Gobert d'Apremont chevalier seigneur de Thalin & de Troissireulx, & dame Anthoinette de Bissipat sa femme, par Jean Desprez leur procureur. Messire François de Serens seigneur de Sonions absent, defaut. Jean le Veneur seigneur dudit Sonions en partie, absent, defaut. Maistre Jacques Brion seigneur de Sanegines absent, defaut. Philippes Rogine seigneur de sainct Germain absent, defaut. Pierre le Bastier seigneur de Bouravant & de Graincourt, par Loys Foucquet son procureur. Maistre Jean Tristan seigneur de Houssoy le Farsy & parroisse de Troissereux, par Jean Desprez son procureur.

Officiers du Roy à Senlis.

Pour les officiers du Roy audit Bailliage sont comparuz messire Jean de Sains, chevalier seigneur de Marigny, eschanson du Roy, baillif & capitaine de Senlis, en sa personne. Noble homme maistre Nicole Morel licencié ès droits son lieutenant general, en sa personne. Noble homme maistre Philippes le Bel escuyer licentié ès loix, lieutenant particulier dudit baillif, en sa personne. Nobles hommes & sages maistres Jacques Barthelemy licentié ès loix, advocat du Roy audit Bailliage, en sa personne : Nicole Coulon procureur du Roy audit Bailliage en sa personne : Jean le Prevost receveur ordinaire dudit seigneur en iceluy Bailliage en sa personne. Maistre Jean Greffin licencié ès loix, prevost forain de Senlis en garde pour le Roy en sa personne, qui a requis ce mot & qualité de prevost forain estre osté & rayé & estre mis & intitulé prevost de Senlis simplement, qu'il a dit estre la qualité & tiltre qu'ont eu & dont ont usé de tout temps & ancienneté jusques à present luy & ses predecesseurs prevosts. Sur ce maistre Claude Thureau prevost de la ville dudit Senlis a dit, que ladite qualité de prevost forain devoit demourer, & ne se devoit ledit Greffin dire n'intituler à present n'en autres actes prevost de Senlis ; parce qu'il a dit estre prevost de la ville dudit Senlis & de la banlieue d'icelle. Ledit Greffin a soustenu au contraire, joinct qu'en l'assemblée faite audit Senlis en l'an mil cinq cens & six des trois estats, pour accorder les coustumes dudit Bailliage, son predecesseur avoit esté presenté & receu à comparoir en ladite assemblée en ladite qualité de Prevost de Senlis. Et à cette fin a requis le cayer ou registre de l'assemblée dudit temps de l'an mil cinq cens & six estant en jugement estre leu au passage & endroit de la comparence de sondit predecesseur. Et par les advocat & procureur du Roy audit Bailliage a esté dit, qu'en la matiere & different d'entre lesdits prevosts pour ladite qualité, le Roy n'avoit interest. Surquoy par notre ordonnance a esté leu ledit cayer sur la presentation & comparence faite par le predecesseur dudit Greffin audit office de Prevost, & par ce est apparu lesdites presentation & comparence avoir esté & estre faits par ledit predecesseur comme prevost de Senlis. Aussi ont esté ouys les baillif dudit Senlis, son lieutenant general & les lieutenans dudit baillif à Chaumont & Compiegne, en chacun desquels lieux & Chastellenies y a deux prevosts comme audit Senlis, sur la maniere d'user ausdites villes & Chastellenies au titre de nomination des prevosts desdits lieux autres que les prevosts de ville, Qui ont dit, c'est à sçavoir lesdits bailliff & son lieutenant general qu'ès assises dudit Senlis, ledit prevost de Senlis avoit esté & estoit aucunes fois nommé & intitulé prevost forain, & aucunes fois prevost de Senlis. Aussi qu'en la plus part des sentences données au siege dudit Bailliage pour les appellations interjettées dudit prevost, aucunes fois il est aussi nommé prevost de Senlis & autrefois prevost forain : & lesdits Lieutenans de Chaumont & de Compiegne qu'en chacun desdits lieux avec un prevost de ville y a un autre prevost qui ordinairement est nommé prevost forain, & l'autre prevost de la ville. En quoy faisant & avant qu'appointer lesdits prevosts ou ordonner de leur different & matiere, Maistres Nicole de Croisettes advocat, Robert de Bonviller procureur, Paul de Cornuailles & Christofle le Bel marchands, gouverneurs & eschevins de ladite ville de Senlis à ce presens, tant pour eux que pour les autres manans & habitans de ladite ville fondez de pouvoir & delegation d'eux, dont ils ont fait apparoir & qu'ils ont mis devers nous; & pareillement ledit Thureau prevost de ville de Senlis avec eux, ont fait dire & remonstrer que les habitans dudit Senlis & de la banlieue avoient interest à la qualité de prevost de Senlis que s'efforçoit prendre & dont vouloit user ledit Greffin, mesmes qu'iceluy Greffin eust la cognoissance & jurisdiction des matieres personnelles & reelles pour raison de rentes & proprieté des heritages assis en ladite ville & banlieue, pour ce que les frais des procès pardevant ledit Greffin prevost, estoient plus grands que pardevant ledit prevost de ville, le greffier duquel n'avoit que deux deniers parisis pour un appointement, ne valloit l'amende d'un deffaut & autre simple amende devant luy que deux sols six deniers parisis : & devant ledit Greffin se prenoit par le greffier six deniers parisis pour un appointement, & si estoit deu sept sols six deniers parisis pour un deffaut & simple amende & autres causes alleguées par lesdits gouverneurs. Nonobstant lesquelles ledit Greffin a persisté à la correction de ladite qualité, soustenant qu'elle devoit estre & demourer comme Prevost de Senlis, dont il avoit usé jusques à present, requerant que sur la possession qu'il a dit ses predecesseurs & luy avoir dudit tiltre de prevost de Senlis, fussent ouys & enquis tous les procureurs & practiciens du siege dudit Senlis à ce presens. Surquoy avons ordonné par provision que la qualité de prevost forain en laquelle ledit Greffin a esté presentement appellé contenue & enregistrée ci-dessus demourera quant à present, sans prejudice toutesfois des droits pretendus par lesdits prevosts, dont ledit Greffin a appellé.

SONT aussi comparuz Jacques Metheler lieutenant general dudit prevost, aussi en sa personne : maistre Pierre Pannart, prevost d'Angy en garde pour le Roy en sa personne : Guillaume Englart son lieutenant general en sa personne : maistre Claude Thureau licencié ès loix, prevost de la ville dudit Senlis en sa personne : maistre Guy de Loris, prevost de Ponts saincte Maixence en sa personne : Nicolas Mannessier, maire de Brenulle, en garde pour le Roy en sa personne : Jean Roussel, prevost de Pontpoing pour le Roy en sa personne. Les gouverneurs, manans & habitans de la ville dudit Senlis, par maistre Jean Chastellain advocat, Daniel Vizet procureur, Jean Gosset & Jacques du Puis, marchands, esleus & deleguez par lesdits habitans pour eux & la communauté d'eux, & par maistre Nicole de Croisettes advocat, Robert de Bonviller procureur, Paul de Cornuailles & Christofle le Bel marchands, gouverneurs & eschevins de ladite ville de Senlis, aussi deleguez par lesdits habitans, fondez de pouvoir & delegation special. Pour les Advocats dudit Senlis, sont comparus ledit maistre Jean Chastellain en sa personne : maistre Nicole le Bel en sa personne : maistre Nicole Gossent, Jean Barthelemy, Claude Martin, Matthieu Barthelemy, Claude Martine, Nicole Guerin, Raoul Coulon enquesteur, Estienne le Bel, Anthoine Harsant, Nicole de Bonviller, Estienne Methelet, Nicole Pordevin, en leurs personnes. Pour les Procureurs, maistres Daniel Vizet, Philippus Thureau, Jean Desprez, Pierre Lobry l'aisné, Guillaume Sanguin, Jean Roussel, Michel Vizet, Louys Colat, Pierre de Bonviller, Robert de Bonviller, Loys Foucquet, François Desprez, Daniel Guillot, Jean Dole, Jacques Poulet, Pierre de sainct Gobert, Raoulant Thureau, Pierre Chaton, Pierre Fortier, Nicolas Laurens, Jacques Vizet, Nicolas Billouet l'aisné, Noel Poullailler, Jean de Briguegny, Jacques du Quesnoy, Nicolas Lourdet, Jean Brouillart, Clement Ancquiert, Pierre Poulet, Nicolas Billouet, Pierre Cornuel, Adam Germain, Claude Leger, Philippes Seguin, Pierre Marescot, Jean l'Amant, Robert Vizet, Pierre Lobry le jeune, Pierre Tempe, Anthoine Penneton, Jean Truyart, Anthoine Trudelle, tous presens : Nicolas Dole, Jean de Beauvais, Noel Poullailler, Guillaume Foucquet, Rieule Metheler, Pierre Rapine, Jean Barthelemy, Simon Debonnaire absens, defaut.

Le tiers Estat de Senlis.

SONT aussi comparus pour les estats de la Chastellenie de Compiegne, & de l'exemption de Pierrefons, sortissant audit Compiegne : c'est à sçavoir pour les gens d'Eglise : les religieux, Abbé & convent de sainct Cornille de Compiegne, par Daniel Vizet leur procureur : le prieur de sainct Pierre dudit lieu absent, defaut : les Doyen & chanoines de sainct Clement dudit Compiegne absens, deffaut : Le prieur & religieux de sainct Nicolas au pont de Compiegne absens, defaut : Le prieur de sainct Nicolas le Petit audit lieu absent, deffaut : Frere Jacques de Harquembourg, commandeur du temple dudit lieu absent, defaut : Maistre Jean Fabre, maistre de sainct Jean le petit absent, defaut : Maistre Nicole Chapusor, chappellain de la chapelle du Roy audit Compiegne absent, defaut : Maistre Bertrand de la Vernade, maistre de la maladerie de Compiegne, absent, defaut : Les religieux, Abbé & convent de sainct Loys le Royallieu, par Arnauld de Ligny, Prieur, en sa personne : Les religieux, prieur & convent de sainct Pierre au mont de Chastres, par Pierre de Bonviller, leur procureur : Les religieux, prieur & convent de la Joye absens, defaut : Le prieur de Rethondes absent, defaut : Le prieur de Chrisi absent, defaut : Le prieur des bons hommes près Choisi absent, defaut : Les religieux, prieur & convent de saincte Croix sous Auffemont, par ledit Robert de Bonviller : Le prieur de sainct Leger au bois absent, defaut : Les religieux, Abbé & convent Dourcamps, à cause de leur seigneurie de Bailly, & autres absens, defaut : Les Doyen & chapitre nostre Dame de Thourotte absens, defaut : Le prieur de sainct Amant près ledit Thurotte absent, defaut : Les religieux, prieur & convent d'Eslincourt saincte Marguerite absent, defaut : Le prieur de Vignemont absent, defaut : Le prieur de Moncy le Perreux absent, defaut : Le prieur nostre Dame de Bouquy absent, defaut : Pour les gens d'Eglise de l'exemption de Pierrefons, monsieur l'Evesque de Soissons, à cause de sa terre de Septmons & autres, par Loys Foucquet son procureur : Le chapitre de Soissons, à cause de la terre & seigneurie d'Amblegny & autres absens, defaut : Les religieux, Abbé & convent de sainct Mard de Soissons, à cause de leur terre & seigneurie de Vix sur Aisne & autres absens, defaut : Les religieux, Abbé & convent de sainct Crespin de Soissons, à cause de leur terre & seigneurie de Pernand & autres absens defaut : Les religieuses de Nostre-Dame aux Nonains de Soissons, à cause de leur seigneurie de Cournilles ressous, le long & autres absens, defaut : Le Thresorier de l'Eglise de Soissons, à cause de la seigneurie qu'il a

Gens d'Eglise de Compiegne & Pierrefons.

ès fauxbourgs S. Christofle ressous, le long & autres lieux absent, defaut : Les Doyen & chanoines de sainct Pierre au parvy, à cause de leur seigneurie qu'ils ont à Crennes absens, defaut : Le prieur de Vix sur Aisne absent, defaut : Le Prevost de la Val absent, defaut.

Nobles de Compiegne.

Pour les Nobles de ladite Chastellenie de Compiegne comparurent ledit messire François de Montmorancy, seigneur de la Rochepot, à cause de ses seigneuries d'Auffemont, sainct Crespin, Tracy, Hollencourt & autres aussi en sa personne, assisté de son Baillif esdites seigneuries : ledit messire Jean de Sains, Baillif de Senlis, pour sa seigneurie de Marigny & autres lieux en sa personne : le seigneur de Coudum absent, defaut : Noble & puissant seigneur messire Jean de Humieres, chevalier de l'ordre du Roy, seigneur de Moncy le Perteux & autres lieux absent, defaut : Guillaume du Hamel, escuyer, seigneur de Belle-Eglise & d'Eslincourt en partie, absent, defaut : Jacques de Francieres, escuyer, seigneur de Jaulx & de Fresnel absent, defaut : Jean de Belques, escuyer, seigneur de Bouchelles & de Molicoq en partie, absent, defaut : Nicolas de Bombers, escuyer, seigneur de Bangenlieu absent, defaut : Le seigneur de Marchateglise absent, defaut : Le seigneur du Lude, à cause de sa terre & seigneurie de Pimprez, absent, defaut : Maistre Jacques de Barthelemy, escuyer, seigneur de Bienville en partie, par Jean Desprez, Jean Barthelemy, escuyer, seigneur d'Annel absent, defaut : Nicolas de Ponnereux, escuyer, seigneur du Plessier brion absent, defaut : Robert de Broulis, escuyer, seigneur de Chevrieres absent, defaut : Damoiselle Françoise de Ferieres, dame de Nieulx le Val & autres lieux, par Jean Desprez son procureur : Raoul le Feron, seigneur de la Bruyere absent, defaut : François der Sermoises, seigneur de Berneul en partie, absent, defaut : Le seigneur de Tracy le val absent, defaut : Anthoine de Bournonville, escuyer absent, defaut : Le seigneur Desmoulins, nommé Gerard de Versin absent, defaut : Maistre Jean Louvet, Advocat à Compiegne, & Damoiselle Jaqueline le Tondeur sa femme, à cause d'elle, seigneur du fief & seigneurie de la Bruyere sur Oize en partie, appellé le fief Robert du Ru, par Regnault Picard leur procureur.

Nobles de Pierrefons.

Pour les nobles de ladite exemption de Pierrefons, Charles Daumalle, escuyer seigneur de Nansel absent, deffaut : Jean Guyeret, escuyer seigneur de Vitry en partie absent, deffaut : Waleran de Lignieres, escuyer seigneur dudit lieu en partie absent, deffaut : Hugues Colot, seigneur du Pont sainct Marc en partie absent, deffaut : Vincent d'Asnieres, escuyer capitaine du chasteau de sainct Aubin absent, deffaut : messire Jean Destrées, chevalier seigneur de Wiercy absent, deffaut : Nicolas de Thumery, escuyer vicomte de Billy absent, deffaut : Jean de Courtignon, escuyer seigneur de Guny en partie absent, defaut.

Officiers du Roy à Compiegne.

Pour les officiers du Roy en ladite Chastellenie de Compiegne, noble homme maistre Laurens Thibault, lieutenant audit Compiegne dudit baillif de Senlis en sa personne : maistre Martin Fillion, Advocat du Roy audit lieu present : maistre Pierre Bauder Procureur du Roy audit lieu present : maistre Jacques le Caron licencié ès loix, prevost forain dudit Compiegne, seigneur de Caulx en partie, & du fief de Becquerel, lez ledit Caulx en sa personne. Jean du Ruissel, prevost de l'exemption de Pierrefons sortissant audit Compiegne en sa personne : Regnault Picard, prevost de la ville de Compiegne en sa personne : Anthoine Meurien, prevost de Marigny lez ledit Compiegne en sa personne : Bernard de Carluis, prevost de Joncqueres, pour le Roy en sa personne.

Le tiers Estat de Compiegne.

Les Attournez (a) & gouverneurs de la ville de Compiegne, par Daniel Vizet leur procureur : maistre Jean Louvet l'aisné, licencié ès loix advocat, par Regnault Picard son procureur : maistre Jean de Henault, licencié ès loix, esleu audit Compiegne absent, deffaut : maistre Anthoine le Caron, licencié ès loix, lieutenant dudit prevost forain absent, defaut : maistre Jacques de Barthelemy advocat, par Jean Desprez son procureur : maistre Jean Carnelle advocat absent, defaut : maistre Jean le Caron advocat absent, defaut : maistre Nicole le Clerc advocat absent, deffaut : maistre Jacques du Clerc present : maistre Nicole Thibaut advocat absent, defaut : maistre Helie Seroulx advocat absent, defaut : Paul d'Aubrine procureur absent, defaut : Jean Neret procureur absent, defaut : Isaac l'Asnier procureur absent, defaut : Florens Neret procureur absent, defaut : Anthoine Coyn procureur absent, defaut : Anthoine Charmolue, Laurens l'Asnier, Florens l'Asnier, Jacques Alard, Jacques Thibault, Crespin Deniset, Jean du Clerc, Jean de l'An procureurs absens, defaut.

Gens d'Eglise de Ponthoise.

Semblablement sont comparus pour les estats de la Chastellenie de Ponthoise ; c'est à sçavoir pour l'Estat de l'Eglise, reverend pere en Dieu Monsieur l'Archevesque de Rouen, par Louys Foucquet son procureur : l'Abbé de sainct Martin sur Bionne lez-Ponthoise, & les religieux dudit lieu, par frere Nicole Musset, l'un desdits religieux, & Jean Desprez leur procureur : l'Abbé de l'Eglise & Abbaye du Val Notre-Dame, & les religieux de ladite Abbaye, par Pierre de sainct Gobert leur procureur : les Religieuses, Abbesse & convent de Maubuisson, dames de Bessencourt, Songnelles & Sepillon en ladite Chastellenie dudit Ponthoise absentes, defaut : Les doyen, chanoines & chapitre de l'Eglise collegiale de sainct Melon dudit Ponthoise absens, defaut : les doyen, chanoines & chapitre de l'Eglise Notre-Dame de Paris, pour leur seigneurie Dandresy & terres qu'ils ont en ladite Chastellenie de Ponthoise, par Philippes Thureau leur procureur, qui a dit & remonstré audit nom que ledit lieu & village Dandresy, appartenances & appendances d'iceluy n'estoient en rien subjets au Bailliage dudit Senlis ; mais estoient de la Prevosté & Vicomté de Paris, & que pour raison de ce estoit meu procès entre les gens du Roy du Chastellet de Paris, & les officiers du Roy audit Bailliage de Senlis, pendant au siege de Ponthoise, & par ce n'entendoient lesdits de chapitre, ledit village Dandresy, ses appartenances & appendances estre subjets & reglez, selon les us & coustumes dudit Bailliage de Senlis, lesquels ne se devoient estendre, n'observer audit village, & sesdits appartenances & dependances. Et à ces causes declaroit ledit Thureau audit nom, que la comparence qu'il faisoit à present n'estoit pour assister au fait desdites coustumes : mais seulement pour faire la declaration & remonstrance dessusdite. Et par le Procureur du Roy audit Bailliage de Senlis, par l'instruction du prevost vicomtal de Ponthoise, a esté dit & maintenu ledit lieu Dandresy estre situé & assis en ladite Chastellenie de Ponthoise audit Bailliage de Senlis, & par ce estre à regler selon les coustumes de ladite Chastellenie & Bailliage ; & par consequent lesdits de chapitre, deuement adjournez & appellez pardevant nous, pour le faict de la redaction & emologation desdites coustumes, & pour ladite seigneurie estoient tenus comparoir, ce que neantmoins ils ne faisoient : Parquoy nonobstant le dire & remonstrance dudit Thureau audit nom, requeroit defaut luy estre donné contre iceux de chapitre : Lequel defaut a esté par nous donné & octroyé, & par vertu d'iceluy, avons ordonné qu'il sera procedé au fait & acte dessusdit comme de raison, nonobstant ladite remonstrance, dont ledit Thureau audit nom, a protesté appeller ce venu à la co-

---

a *Les Attournez.* Sont ceux qui gerent les affaires de la ville.

gnoissance desdits de chapitre : Frere François de Chastillon, prieur de sainct Pierre dudit Ponthoise absent, defaut : les religieuses, prieure & sœur de l'hostel Dieu dudit lieu absentes, defaut : maistre Nicole Chaulvin, prieur de sainct Remy de Marine absent, defaut : maistre Nicole Musset, prieur de Vaulmandois, en sa personne : le prieur de Gouzengrez : le prieur & curé d'Anvers : le prieur de sainct Godegrand de l'Isle Adam : maistre Guillaume Cossart, curé de sainct Maclou de Ponthoise : le curé de l'Eglise Notre Dame dudit lieu : le curé de l'Eglise sainct Pierre : maistre Perraulx Piedefer, curé de Nourard le franc : le curé de Damethy : maistre Pierre Boussart curé de Mery : maistre Jean Foulxdis, curé de sainct Martin de Nogent : messire Nicole Aucher, curé de Fontenelles : maistre Pierre du Val, chappellain de la chappelle de la Magdaleine de l'Isle Adam : messire Anthoine le Fevre curé de Nesle : messire Nicole Guillemin prestre, vicaire de Cabbeville : messire Gillebert de Meslignes : messire Marc Canet, vicaire de Vessencourt : messire Jacques Alain, vicaire de Joy le Monstier : maistre Jean le Heurteur, curé de Rangny : le curé de sainct Ouin lez Ponthoise : maistre Pierre l'Evesqueau, curé Despiez : messire Anthoine Gobelet, curé de Grisy : le curé de Haranviller : maistre Louis le Watier, curé de Mily : le curé du Heaulme : le curé de Breançon : maistre Nicole Lailler, curé de Geincourt : messire Richart Lair, curé d'Ennery : maistre Michel le Veau, curé de Geincourt : maistre Eustace Petit, curé de Cormeilles : le curé de Dosny : maistre Nicole Cailler, curé de Boissy : maistre Simon Gruine, curé de Mongeroult : le curé de Courcelles : messire Jean Panée, curé de Puisieulx : messire André Guillemin, curé de Berville : maistre Thomas Vallier, curé de Messieres : maistre Jean Titrier, vicaire de sainct Maclou : messire Henry Pellerot prestre, administrateur de la maladerie sainct Ladre dudit Ponthoise; tous les dessusnommez absens : contre lesquels a esté donné defaut.

NOBLESSE de Ponthoise.

POUR les Nobles de ladite Chastellenie, sont comparus ledit seigneur de Montmorancy, Connestable de France, à cause de sa seigneurie & chastellenie de l'Isle Adam, par ledit Yvon Pierres, seigneur de Bellefontaine sondit maistre d'hostel, & Jean Desprez son procureur : messire Claude de Montmorancy, chevalier capitaine dudit Ponthoise absent, defaut : messire Adrian Tiercelin, chevalier seigneur de Marines, par noble homme Jean de Dampont son procureur : messire Mery d'Orgemont, chevalier seigneur de Mery, par maistre Nicole de Hallo son procureur : messire Jean de Rouveray, chevalier seigneur de Sandricourt absent, defaut : messire René de Bussy, chevalier seigneur de Berville & Hernouville absent, defaut : messire Anthoine de Cugnac, chevalier seigneur de Nesle absent, defaut : messire Jacques Dampiehan, chevalier seigneur de Rosnel absent, defaut : messire Nicolas de Pilloix, chevalier seigneur d'Ableiges, par noble homme Jean de Dampont son procureur : messire Richard de Vaucelles, chevalier seigneur de Balancour absent, defaut : messire Georges d'Ançoy, chevalier seigneur de Chavençon absent, defaut : damoiselle Marie Leullier, dame chastelleine de Nourard le franc absente, defaut : A l'evocation ou appel de laquelle damoiselle ledit Jean Desprez, comme procureur dudit seigneur de Montmorancy, Connestable de France, seigneur chastelain de l'Isle Adam, a dit qu'audit lieu de l'Isle, ledit seigneur avoit chastellenie & ressort, lequel droit n'avoit & n'appartenoit à aucuns des lieux, terres & seigneuries & fiefs subjets & assis en ladite Chastellenie, ès fins & limites d'icelles, ou qui en estoient tenus, mesmes n'appartenoit tel droict à ladite damoiselle Marie Leullier, laquelle par tant ne pouvoit soy dire & intituler, dame chastelleine dudit Nourard, & ne devoit estre à ce receue, requerant ladite qualité & tiltre de chastellenie estre rayez : autrement pour l'absence & non comparance d'elle, protestoit qu'elle ne puist prejudicier audit seigneur Connestable, seigneur chastelain de l'Isle Adam, n'aux droicts & preeminences de sadite chastelleine : Sur ce Jacques Vizet procureur à Senlis, soy disant procureur aux causes de ladite damoiselle, a requis estre receu à comparoir pour elle, & assignation luy estre donnée à deux jours d'huy, pour venir dire pour elle ce qu'il appartiendra sur le dire & protestation dudit seigneur de l'Isle Adam : Sur quoy a esté ordonné que ledit defaut sera, sauf jusques à deux jours prochains; & neantmoins sera comme dit est, cependant procedé en cette matiere, comme de raison, sans prejudice à la remonstrance & protestation dudit seigneur Connestable, seigneur de l'Isle, dont il aura lettres : Noble homme Barthelemy de l'Isle, seigneur d'Andresy, par ledit Jean de Dampont son procureur : noble homme Pierre d'Espinay, seigneur de Breançon absent, defaut : Jean de Dampont, escuyer seigneur d'Us present : Bertrand de Dampont, Christofle de Dampont, Guillaume de Monblaru escuyer : Charles de Guery escuyer : Raouland le Blanc absent, defaut : Jacques Poulain, escuyer seigneur de Groslay, present : Nicolas de Conteville, par Jean Malfuzou son procureur : Joachim de Villers : Fleurans de quatre Cordon, tous escuyers : maistre Jean du Val, escuyer seigneur d'Estres : Jean Chenu escuyer : maistre Jean du Verger escuyer : noble homme maistre Jean Barjot, seigneur de Moncy : André Marais secretaire du Roy absens, defaut : damoiselle Françoise de Ferieres, dame Damblainville, par maistre Claude Roze son procureur : maistre Jean de Sous-le-four : Gilles de Hangest, escuyer seigneur d'Hargenlieu : Philippes de Houblieres, seigneur de Malvoisine absens, defaut : les seigneurs de Hiacrechy, du fief de Genly, & du fief Coppin, par Loys Foucquet leur procureur : noble homme André de Dampont, seigneur de Cormeilles : Nicolas Crespin, seigneur de Berragny, Philippes de Venisse, escuyer seigneur du Mets absens, defaut.

OFFICIERS du Roy & tiers estat de Ponthoise.

POUR les officiers & gens du tiers estat de ladite Chastellenie : Nobles hommes maistre Jean d'Auvergne licencié ès loix, lieutenant dudit baillif de Senlis, en son siege audit Ponthoise present : maistre Charles Guedon licencié ès loix, prevost vicomtal dudit Ponthoise, en sa personne : maistre Guillaume Crespin prevost, maire dudit lieu absent, defaut : maistre Emond d'Amesmes Advocat du Roy : Pierre Gueriteau Procureur du Roy en ladite Chastellenie, en leurs personnes : maistres Nicole Deslions, Alexandre Chasteau, Jean Mesnet, Jean Habert, Simon Bredoulle, Mathurin Charton licencié ès loix, advocats audit Ponthoise absens, defaut : Toussaints Hierosme aussi licencié ès loix, advocat audit lieu, presens maistres Jean Oger, Regnault prieur, Michel du Val, Pierre Bagin, Laurens Thibault, Philippes Jolivet, Estienne Cheroinse, Thibault du Bois, Jean du Pré, Jean Layer, Regnault Roffet, François le Poivre, Jean Gervais, Pierre Camberonne, Gilles Charton, tous procureurs & practiciens audit Ponthoise absens, defaut : Jean Oger & Jean Fructier, gouverneurs de la ville de Ponthoise, & Guillaume Regnier procureur d'icelle tous absens, defaut.

Les trois estats de Chaumont. Clergé.

POUR les estats de la Chastellenie de Chaumont & escroissement de Maigny, sont comparuz; c'est à sçavoir, maistres Jean Prieur, prestre curé de Nencourt Leage, & Claude Voisin aussi prestre, curé de Hardiviller, en leurs personnes, esleuz & deputez specialement pour l'estat de l'Eglise de ladite Chastellenie de Chaumont : maistre Jean de Villery prestre, curé de Guery, doyen de Maigny, & damp Jacques de Marigny religieux, prieur de Bourris en leurs personnes, esleuz & deputez, specialement pour les gens d'Eglise dudit escroissement de Maigny : Aussi sont comparuz lesdits religieux, Abbé & convent de sainct

Germer de Flay, par Germain Cloppin leur procureur, à cause des terres & seigneuries qu'ils ont en ladite Chastellenie de Chaumont.

NOBLESSE. NOBLE & puissant seigneur Loys de Silly, seigneur Chastellain de la Rocheguyon : Gilles de Chaumont, escuyer, seigneur de Boissy : messire Jean de l'Isle, chevalier, seigneur de Marivaulx, Charles Pellevé, escuyer, seigneur de Jouy, & Guillaume Pillavoine, escuyer, seigneur de Billerceaux en leurs personnes, esleuz aussi & deputez specialement pour l'estat des Nobles, & tenant fiefs desdites Chastellenies de Chaumont & escroissement de Maigny : En quoy faisant, maistre Philippes Fromont a dit qu'il comparoissoit au present acte ou negoce, comme procureur de haut & puissant Prince, monseigneur le Duc Destouteville, à cause de madame la Duchesse sa femme : Et aussi pour dame Jaqueline Destouteville, à cause des terres, Chastellenies, & Seigneuries de la Rocheguyon, Trie & Fresne, le Guillon, & autres terres à eux appartenans, assises en la Chastellenie de Chaumont & escroissement de Maigny, Prevosté & Chastellenie de Ponthoise : Et protestoit pour lesdits seigneur & dames Destouteville, que la qualité de seigneur de la Rocheguyon prinse par ledit seigneur Loys de Silly, ne leur puist aucunement prejudicier : Et que l'advis, deliberation ou consentement, qui par ledit seigneur de Silly, & autres deleguez en cette partie, pour aucuns des nobles de ladite Chastellenie de Chaumont, pourroyent estre faits audit present acte & negoce, ne puist en rien prejudicier ausdits seigneur & dames Destouteville, n'aux droits qu'ils ont ès terres & seigneuries dessus declarées : Par ledit de Silly, seigneur de la Rocheguyon a esté dit, que ledit de Fromont, n'a procuration ne mandement general ne special, pour comparoir en la qualité par luy prise, ne faire les protestations telles que dessus, & qu'à cette fin fussent veues les procurations par luy mises en cour ; & quand il y auroit mandement à cette fin, il n'y auroit propos de la part dudit Fromont, parce que ledit de Silly seigneur de la Rocheguyon est appellé presentement, comme l'un & le principal des deleguez, par les nobles de la Chastellenie de Chaumont, convoquez audit lieu de Chaumont, & en la presence dudit Fromont procureur dessusdit, pour leurs terres & seigneuries de Trie & Fresne, mesmes qu'ès autres assemblées qui se sont faictes audit lieu de Chaumont & ailleurs, tant pour raison des coustumes qu'autrement, messire Berthin de Silly en son vivant chevalier, ayeul dudit Loys de Silly, est comparu ou procureur pour luy, comme seigneur dudit lieu de la Rocheguyon, & feu Charles de Silly son fils, & la vefve dudit de Silly, au nom & comme ayant la garde noble dudit Loys de Silly, & autres enfans comme proprietaires & paisibles possesseurs de ladite terre & seigneurie de la Rocheguyon, le tout sans contredit, debat, ne protestation contraire à ladite qualité de seigneur de la Rocheguyon : Ce neantmoins, entant que mestier seroit fait protestation contraire à la protestation dudit Fromont : Et par ledit Fromont audit nom, a esté dit qu'il a pouvoir suffisant de faire les declarations & protestations ci-devant contenues, & s'en fera advouer quand besoin sera : & quant à ce quil dit qu'il a esté delegué en ce present negoce, en la presence dudit Fromont, dit ledit Fromont que jamais il ne fut present, n'appellé à faire ladite delegation, & ne l'a consenti, & à cette cause iceluy Fromont y compare ordinairement, pour lesdits seigneur & dames Destouteville, & si en autres assemblées lesdits feuz Berthin de Silly, & Charles de Silly son fils, ont prins ladite qualité de seigneur de la Rocheguyon, en la presence de ladite dame Destouteville ou de son procureur, sans l'avoir debatu, n'en sçait rien, & ne le croit pas : mais quand ainsi seroit, que non, toutesfois pour cela ne s'ensuivroit que ledit seigneur & dames le puissent faire de present : Au moyen dequoy ledit Fromont persiste en sesdites protestations : Surquoy avons ordonné que lesdits de Silly & Fromont audit nom auront lettres desdites protestations.

OFFICIERS & tiers Estat. AUSSI sont comparuz honorables hommes, maistres Nicole Delandres, lieutenant dudit Baillif de Senlis, en ladite Chastellenie de Chaumont & escroissement de Maigny, Jean Neesle, prevost forain dudit Chaumont, en garde pour le Roy, Audry Bouer prevost de la ville dudit Chaumont, aussi en garde pour le Roy : Jean le Cousturier procureur du Roy en ladite Chastellenie, en leurs personnes, & si sont comparuz honorables hommes, Simon de Gamaches, Theaulinet Petit, Pierre le Gros seigneur de Harchemont, Jean de l'Espinay, Bastian d'Avesnes, Guillaume de Bourront, Jean Isard, Regnault Flameng & Jean Mennessier l'aisné en leurs personnes, esleus, commis & deputez, specialement pour le tiers Estat, mesme pour l'estat de labour desdites Chastellenies de Chaumont & escroissement de Maigny : Laquelle comparance desdits deleguez ainsi faite, sont comparus en leurs personnes, Nicolas Malard, & Noel Aufouyn, Marguilliers du lieu du Couldray sainct Germer, en ladite Chastellenie de Chaumont, & Loys Foucquet procureurs audit Senlis, comme procureurs des manans & habitans dudit lieu, lesquels ont dit que lesdits habitans n'avoient esté appellez audit Chaumont, & pource n'estoient comparuz en l'assemblée faite audit lieu, faict election, ne donné consentement à la delegation desdits deleguez & comparans pardevant nous, pour les trois Estats de ladite Chastellenie, pour le faict de la redaction & emologation des coustumes d'icelle & dudit Bailliage : Et pource comparoissoient à present pour entant qu'à eux estoit, estre ouys accorder ou discorder lesdites coustumes, & assister à la redaction & emologation d'icelles, requerans y estre receuz : Ce qui a esté ordonné estre fait : Encores ledit Foucquet, comme procureur des habitans de Vaulxroux en ladite Chastellenie, en vertu des lettres de procuration d'eux, a faict pareille declaration, remonstrance & comparance pour lesdits habitans, en la presence de Jean de France l'un d'iceux : A quoy il a esté aussi receu ausdites fins.

ESTATS du Comté de Beaumont. POUR le Comté de Beaumont & les estats d'iceluy, sont comparuz damp Jean Probi, Docteur en Theologie, prieur du prieuré dudit Beaumont, & maistre Anthoine Charlet, curé de Praesles, en leurs personnes, esleuz & deleguez pour l'estat de l'Eglise dudit Comté : Messire Robert de Fresnoy chevalier, seigneur, dudit lieu, & de Nully en Thelles, Loys de Fay, escuyer, seigneur de Fercourt, & Guillaume de Belloy, escuyer, seigneur dudit lieu de Belloy en France, & de Morengles, en leurs personnes, esleuz & deleguez specialement pour l'estat des nobles dudit Comté. Pour les officiers, noble homme maistre Simon le Grand, Baillif de Beaumont, qui en cet endroit a employé la remonstrance & protestation par luy & le procureur du Roy audit Comté, faits ci-dessus au lieu & endroit de la comparence faite par monseigneur le Connestable de France, comme Comte dudit Beaumont, & le procureur du Roy au Bailliage de Senlis, la responce par luy faite au contraire, maistre Jean de sainct Leu son Lieutenant particulier, Jean le Bel, prevost dudit lieu en garde pour le Roy, Henry de Trumegines procureur du Roy audit Comté, Eustace Mosnier, procureur & Eschevin de la ville de Beaumont, Noel Vaultier, Marguillier de l'Eglise & parroisse dudit lieu, tous en leurs personnes : Et si sont comparuz Anthoine Deaubonne, receveur dudit Beaumont, Nicolas de Therines practicien audit lieu, & Jacques Thibault marchand ; esleuz & deleguez specialement pour le tiers Estat dudit Comté aussi en leurs personnes : Après la comparence desquels deleguez officiers & autres estats dudit Beaumont, maistre Claude Roze Advocat, & Pierre de Trumegines, procureur de damoiselle Françoise de Ferieres, dame Chastellaine de Meru, & maistre Charles Paillard, comme procureur de damoiselle Catherine Olivier, dame Chastellaine de Persant, ont dit & remonstré que lesdites damoiselles respectivement entant qu'à elles estoit n'avoyent donné consentement, esleu ne delegué aucun des estats dudit Comté, pour comparoir & assister pardevant nous à la redaction & omologation desdites coustumes : Pource protestoient pour elles chacun en son regard, que l'election & delegation de ceux qui à present comparoissoient pour lesdits estats, & ce qui pourroit estre fait par eux au fait & acte dessusdit, ne leur puist prejudicier : Requerans estre receuz à comparoir pour elles pardevant nous, pour accorder ou discorder lesdites coustumes, & à la redaction & emologation d'icelles estre ouis, & dire ce qu'il appartiendroit : Laquelle requeste ouye par le procureur du Roy audit Comté de Beaumont à ce present, il a dit que ladite qualité de Chastelleine, que lesdits procureurs s'efforçoient prendre pour lesdites damoiselles ne devoit estre receue, mais rayée, parce qu'elles n'avoient droict de Chastellenie ausdits lieux de Meru & Persant, & ne leur appartenoit ledit tiltre : Et par lesdits procureurs a esté soustenu le contraire : Sur quoy a esté ordonné que lesdits procureurs seront reçeuz à comparoir & assister pour lesdites damoiselles à la redaction & emologation desdites coustumes, & dire en la matiere ce qu'ils verront estre à faire : Et quant au different d'entre elles & ledit procureur du Roy, aussi respectivement pour ledit droict, tiltre & qualité de Chastellenie, les avons renvoyez à la Cour pour estre ouys & en ordonner.

Pour les estats de la Chastellenie de Creeil, sont comparus, noble & discrette personne, maistre Jean de Moncy, Bachelier ès droicts, chanoine & curé dudit Creeil, & M. Gilles Sarrazin prestre, curé du Plessier lez Longueane en leurs personnes, esleuz, ordonnez & deputez pour l'estat de l'Eglise de ladite Chastellenie : Noble homme maistre Simon de Moussi, escuyer, Lieutenant dudit Baillif de Senlis audit Creeil & Jean de Margny, escuyer, seigneur de Moncy sainct Eloy en leurs personnes, esleuz & deputez pour l'estat des Nobles de ladite Chastellenie : Pour les officiers, ledit maistre Simon de Moussi, Lieutenant en sa personne : Maistre Noel Poidevin, prevost dudit Creeil en garde pour le Roy, Jean de la Haye procureur dudit seigneur audit lieu, & Jean Preud'homme, receveur en leurs personnes : Et si y sont comparus, ledit Preud'homme receveur, & Blanchet Macaire marchand en leurs personnes, esleuz, ordonnez & deputez pour le tiers estat de ladite Chastellenie. Estats de Creeil.

Pour la Chastellenie de Chambly sont comparuz, maistre Pierre Voyer, prestre, esleu & delegué pour l'estat de l'Eglise, maistre Loys Foucquet, procureur & conseiller audit Senlis, esleu & delegué pour l'estat des Nobles : pour les officiers honorables hommes, maistre Pierre Hacherte Lieutenant dudit Baillif de Senlis audit Chambly, Robert Hurel, prevost dudit lieu en garde pour le Roy, Charles Paillart, procureur du Roy audit lieu : Et si y sont comparus, Abraham Hure l'un des Gouverneurs de ladite ville, & maistre Guillaume Vaterie procureur d'icelle, esleuz & deleguez pour le tiers estat, tous en leurs personnes. Ce fait après que les esleuz & deleguez des Estats de ladite ville de Senlis, & desdites Chastellenies de Chaumont & escroissement de Maigny, de Creeil, Chambly, & du Comté de Beaumont, & pareillement les procureurs des personnes dessus nommées, appellées pour le faict de la redaction & emologation desdites coustumes non comparans en personnes, ont chacun en son regard exhibé les actes des election, deputations & procurations speciales qu'ils avoient requises au cas & matiere, & iceux mis par devers le greffe, ledit procureur du Roy audit Bailliage de Senlis garny de l'Advocat dudit seigneur, a dit qu'en ensuivant lesdites lettres patentes du Roy, & noz lettres de commission, & aussi par vertu des lettres de commission decernées sur icelles par ledit Baillif de Senlis, ou son lieutenant general, il avoit fait signifier lesdites lettres patentes & de commission, d'icelles baillé copie & deuement & competamment fait adjourner pardevant nous à huy à la fin contenue en icelles lettres les estats de la ville de Crespy & Duché de Valois, & de la ville & Comté de Clermont en Beauvoisis comme chacun desdits lieux, Duché & Comté ayans esté de tous temps & ancienneté, & estans de l'ancien ressort dudit Bailliage de Senlis, ainsi que ledit procureur du Roy disoit estre contenu & apparoir par certaines lettres de chartres qu'il a exhibées, avec les rapport & exploicts desdits signification & adjournemens faits ausdits estats : Lesquels ce neantmoins n'estoient comparus ne comparoissoient, n'autres pour eux deleguez dont il apparoist : Au moyen dequoy requeroit defaut luy estre donné à l'encontre d'eux, & chacun d'eux respectivement : Et pour y parvenir, a requis lecture estre faicte, tant desdites lettres de chartres que desdits rapports & exploicts : Lequel defaut entant que touche les estats de ladite ville de Crespy, & Duché de Valois, à faute de comparoir par eux n'autres pour eux, dont apparu nous soit, après que par notre ordonnance lecture a esté faicte des rapports & exploicts de signification desdites lettres patentes du Roy, & de nos lettres de commission, & de l'adjournement contre eux fait en cette matiere : Et iceux veuz, avons donné & octroyé defaut à l'encontre desdicts Estats d'iceluy Duché de Valois & ville de Crespy audict procureur du Roy : Et pour luy en adjuger le profit, luy avons ordonné produire devers nous lesdictes lettres de chartres, lettres patentes du Roy, & ce que bon luy semblera : Et quant ausdicts Estats des ville & comté de Clermont, luy avons declaré, & audict advocat du Roy, que le jourd'huy avions receu lettres patentes du Roy de pareille forme, pouvoir & effect que lesdictes lettres patentes à nous addressans, pour la redaction & emologation des Coustumes dudit Bailliage de Senlis : Par lesquelles lettres dudit jourd'huy, estoit mandé estre par nous procedé à la redaction & emologation des Coustumes dudit Comté de Clermont, particulierement sur les lieux d'iceluy : Et que pour ces causes le defaut requis par ledict procureur du Roy, ne luy seroit par nous donné, sans prejudice toutes-fois au droit du ressort ancien dudit Bailliage de Senlis, auquel il maintenoit & pretendoit ledit Comté de Clermont estre assis, suject & responsable : Et au surplus que ferions mention desdictes lettres de chartre en nostre procès verbal pour luy servir ce que de raison. Après lesquelles choses lesdicts Lieutenans particuliers dudict Baillif de Senlis ausdictes Chastellenies, & ledit prevost d'Angy, ont esté par nous enquis, si deuement & suffisamment chacun en son regard, pouvoir & jurisdiction, ils avoient fait publier par attaches mises ès lieux publiques d'iceux, & à son de trompe ou cri public les coppie & contenu desdites lettres patentes du Roy, & de nos lettres de commission à eux envoyées par ledict Baillif de Senlis ou son Lieutenant general, pour le faict de la redaction & emologation desdites Coustumes, lesdites copies deuement fait signifier aux personnes des trois Estats & lieux requis de leursdicts pouvoirs & jurisdictions, avec l'assignation du jourd'huy pour ledit fait : Tous lesquels & Estats de Chambly.

chacun d'iceux particulierement sur le deu & serment de leurs offices ont dit, affermé & certifié l'avoir ainsi fait chacun en son regard : Ce qu'a aussi affermé & certifié ledit Baillif de Beaumont, pour le regard dudit Comté & des Estats d'iceluy, souz les protestations par luy faites ci dessus : Et ce que dit est ainsi fait, avons à tous les dessus-nommez comparans de chacun desdicts Estats, ès noms & qualitez qu'ils sont comparuz, fait faire serment solennel en tel cas accoustumé, de bien justement & loyaument en leurs consciences & sans faveur conseiller le Roy, la chose publicque desdicts Estats, & nous en cest affaire, & pour l'execution desdictes lettres : Ce qu'ils ont juré & promis faire, mesmes ledict maistre Jean le Roy, procureur dudit Evesque de Beauvais, après ce que par luy en ladite qualité, en continuant & suivant les remonstrances & protestations par luy faictes pour iceluy Evesque, ci dessus, a esté de rechef protesté que le serment & jurement fait par luy & autres sujets & vassaux dudit Evesque comparans, ne luy peust aussi prejudicier, n'au droit d'exemption du ressort & jurisdiction dudit Bailliage de Senlis par luy pretendu, tant pour luy que pour sesdicts sujets du Comté de Beauvais, à cause de sa Pairie : Et qu'à ladite protestation, le procureur du Roy audit Bailliage de Senlis, a employé la response par luy faicte aux autres empeschemens & protestations dudit Evesque.

ET le dix-neufiéme jour dudict mois d'Aoust, avons commencé à faire faire lecture par ledict Roussel, greffier du cayer des Coustumes generales dudit Bailliage, à nous exhibé, par noble homme & sage maistre Nicole Morel, Lieutenant general d'iceluy Bailliage, & à ce faire continué les autres jours ensuivans.

Et sur le premier article de la rubriche des divisions des Duchez & Comtez, & dont la teneur s'ensuit. *Audit Bailliage de Senlis, est le Duché de Valois, avec les Chastellenies & Prevostez qui en dependent, ressortissans en jurisdiction ordinaire par appel, pardevant le gouverneur de Valois, les appellations duquel & de ses Lieutenans ressortissent par appel en Parlement, quant à ladite jurisdiction ordinaire. Et quant aux cas Royaux ledit Duché demeure audit Bailliage de Senlis : Et lequel Duché souloit tenir en appanage de la couronne de France, à son nouvel advenement le Roy Loys douziesme apresent regnant, par lequel nouvel advenement iceluy Duché & ses appartenances, ont esté remis à icelle : Et aucun temps après, a esté semblablement baillé iceluy Duché en appanage, à monseigneur le Comte d'Angoulesme, qui encores de present le tient & en jouist & possede :* Ouy les officiers du Roy dudit Bailliage, & autres des trois Estats, a esté ordonné, qu'attendu que ledict Duché de Valois est en la main du Roy, & de present erigé en Bailliage, au lieu de l'article dessusdit, sera mis l'article contenu au cayer des Coustumes dudit Bailliage cotté un.

Sur le deuxiéme article de ladicte rubriche, le procureur du Roy en la Chastellenie de Compiegne, a protesté qu'au cas que les lieux & Chastellenies de Pierrefons, Bethisy & Verberie, estant de present souz ledit Duché de Valois en la main du Roy, auquel ils avoient esté adjoinctes pour l'erection dudit Duché, & pour ce faire, estre distraictes de ladite Chastellenie de Compiegne, estoient ci après par aucun moyen distraictes dudit Duché de Valois, & baillées en appanage, ou mises en autre main que du Roy, d'avoir par ledit Baillif de Senlis, ou son Lieutenant audict Compiegne, le ressort & jurisdiction desdits lieux quant aux cas Royaux, comme d'ancienneté ayant esté de ladite Chastellenie de Compiegne, situé & assis le plus près d'icelles : Et ledit Baillif de Senlis, ou son Lieutenant audit Compiegne, en estant le plus prochain juge superieur : Laquelle protestation, avons ordonné estre inserée en nostre procès verbal.

Sur le troisiéme article de ladite rubriche, contenant : *En iceluy Bailliage de Senlis est encores le Comté de Clermont en Beauvoisis, avec les Chastellenies & Prevostez qui en dependent, que tient en appanage de la couronne de France, monseigneur le Duc de Bourbon, Comte dudit Clermont, ressortissant quant à la jurisdiction ordinaire en la Cour de Parlement : Et quant aux cas Royaux pardevant le dit Baillif de Senlis.* Aussi ouys lesdicts officiers du Roy, & autres des trois Estats, a esté ordonné qu'au lieu dudit article, sera mis le troisiéme article contenu audit cayer.

Sur le quatriéme article de ladite rubriche, contenant : *Souz ledict Comté de Clermont y a plusieurs terres exemptes, reservées à la jurisdiction du Roy, devant ledit Baillif de Senlis, en son siege audit Senlis :* Ledit procureur du Roy en ladite Chastellenie de Compiegne, s'est opposé, à ce que ledit article ne demeure en l'Estat qu'il est : Parce qu'il a dit & maintenu, partie desdites terres reservées à la jurisdiction du Roy, estre ressortissans audict Compiegne d'ancienneté : Surquoy ouy le Baillif de Senlis & son Lieutenant general, dit a esté du consentement d'iceux, & dudit procureur du Roy à Compiegne, que l'article dessusdit demeurera & sera mis par escrit, tel qu'il est contenu au quatriéme article dudit cayer. Aussi ledit procureur du Roy à Compiegne sur ledit article a dit, que d'ancienneté le lieu de Remy en Beauvoisis, estoit de la Chastellenie dudit Compiegne, & ressortissant en jurisdiction audit lieu : Lequel, comme depuis acquis par les Comtes dudit Clermont, avoit par eux esté reuny & joint audit Comté, qui à present estoit appartenant au Roy, & tenu en ses mains, & consequemment ledit lieu de Remy ; Parquoy a protesté qu'au cas que ci-après le lieu dessusdit fust distrait dudit Comté, mis en autre main que le Roy & la couronne, ou baillé en appanage, d'avoir la jurisdiction & ressort des sujets dudit lieu, quant aux cas Royaux, par ledit Baillif de Senlis ou son Lieutenant audit Compiegne, comme ils avoient eu au temps dessusdit : Ouye laquelle protestation, nous avons ordonné qu'elle sera inserée en nostre procez verbal.

Sur l'unziéme article de ladite rubriche ; estant de la forme qui s'ensuit ; *Beaumont sur Oyze, que souloit par ci-devant tenir le Roy Loys, à present regnant, en appanage de la couronne de France, à son nouvel advenement à icelle, par lequel ledit Comté luy a esté reuny, & est demeuré Chastellenie sujecte audit Bailliage, ainsi qu'elle estoit auparavant ledit appanage.* Jehan Desprez, procureur audit Senlis, dudit seigneur Anne de Montmorancy, Connestable de France, Comte dudit Beaumont, a requis ledit article estre intitulé, & sur iceluy estre mis ces mots, *Comté de Beaumont*, pour en faire separation d'avec les Chastellenies dudit Bailliage, & du chapitre ou rubriche d'iceluy, & ledit tiltre monstrer de ladite separation & distinction : Par ce que c'estoit un Comté ancien, que comme tel, devoit avoir & porter intitulation telle que dit est : Et au surplus qu'audit article, doit estre adjousté & mis, que ledit Comté appartient à heritage audit seigneur Connestable : Les advocat & procureur du Roy audit Bailliage de Senlis, ont empesché ledit tiltre particulier, & la separation dudit Comté d'avec lesdites Chastellenies : Parce qu'iceluy Comté avoit esté d'ancienneté, l'une des Chastellenies dudit Bailliage de Senlis, mis & enregistré souz le tiltre des Chastellenies d'iceluy : Declarans qu'ils ne vouloient empescher qu'audit article

article fust mis, *Que ledit Comté appartenoit à heritage audit de Montmorancy, seigneur Connestable*, à la charge que les officiers d'iceluy Comté, seront & demeureront Royaux. Pareillement maistre Simon le Grand, Baillif dudit Beaumont, en employant les protestations par luy faictes ci-dessus, a requis que ces mots de Chastellenie de Beaumonr fussent ostez & rayez du chapitre des Chastellenies dudit Bailliage de Senlis; requerant aussi, que ledit Comté de Beaumont fust mis en ordre au chapitre des Comtez, & après le Comté de Valois; parce que le Comté de Valois & le Comté dudit Beaumont, ont esté reunis & remis à la couronne par le feu Roy Loys à son advenement à la couronne, en un mesme temps. Ce qui auroit aussi esté empesché par ledit procureur du Roy audit Bailliage de Senlis, pour les causes dessusdites: Surquoy a esté dit, suivant les declarations desdictes parties, que ledit article demeurera & sera mis par escrit, en la forme contenue en l'unziéme article dudit Coustumier.

En faisant lecture des treiziéme & quatorziéme articles de ladite rubriche, maistre Jean d'Auvergne, lieutenant particulier du Baillif de Senlis à Ponthoise, & maistre Charles Guedon, prevost vicomtal dudit Ponthoise en ce que lesdits articles contiennent, qu'audit Baillif de Senlis ou son Lieutenant en son siege capital dudit Senlis, appartient la cognoissance du fait de tout le domaine du Roy, & de tout ledict Bailliage, ont dict, que lesdicts articles estoient trop generaux, en ce regard eux opposans, tant pour eux que pour les autres officiers de la Chastellenie dudit Ponthoise, à ce qu'ils ne demeurent en l'estat qu'ils sont, en ce qui concerne la cognoissance du domaine: aumoins qu'à iceluy ne soient adjoustez & mis ces mots, *Excepté en la Chastellenie de Ponthoise*: Parce qu'ils ont maintenu, eux & lesdits officiers audit lieu, avoir eu d'ancienneté cognoissance du domaine de ladicte Chastellenie, chacun en son regard, quand le cas s'y estoit offert: mesmes ledit Guedon, qui, comme Prevost-vicomtal, avoit à cause dudit office, charge & entremise de recepte dudit domaine, en aucunes parties d'iceluy en ladicte Chastellenie; & de ce avoir jouy, comme il disoit faire encores à present: Lesquels correction dudit article & reservation, requis par lesdicts lieutenant & prevost de Ponthoise, lesdits Baillif de Senlis & son lieutenant general, advocat & procureur du Roy audit Bailliage, ont empesché; deniant ausdits officiers de Ponthoise, qu'ils ayent cogneu & leur appartienne la cognoissance dudit domaine audit lieu: mais au contraire, la cognoissance leur en appartenir; en avoir cogneu & jouy audict Senlis, ensemble leurs predecesseurs de tout temps & ancienneté, mesmement quant aux fiefs estans de ladicte Chastellenie, & subjects à icelle saisie, reliefs, main-levée & expedition d'iceux, & autres droicts concernans ledict domaine, & dependans d'iceluy: Sur lequel droit de jurisdiction, preeminence & possession d'iceluy, ils avoient n'agueres obtenu arrest de la Cour à leur proffict, contre lesdicts officiers de Ponthoise, & officiers des autres Chastellenies particulieres dudict Bailliage: Outre lequel y avoit Edict du Roy, par lequel la cognoissance de tel domaine, estoit attribuée aux juges presidiaux ou leurs lieutenans en leurs sieges principaux: Lesdits lieutenant & prevost de Ponthoise, ont dit, que supposé qu'en la matiere fust intervenu aucun arrest, si en estoient les parties en procés sur l'execution d'iceluy: Et par ce mesme, nonobstant le dire desdits officiers de Senlis sur ledit Edit, ont persisté en leur requeste, remonstrance & opposition dessus contenus: Surquoy, après lecture faite de l'Edit, a esté dit par provision, que lesdits articles demeureront selon leur forme & teneur, sans prejudice toutesfois aux droits & preeminences desdicts lieutenant & prevost de Ponthoise, à cause de leursdicts Estats & offices. Et au principal de la matiere, sur le different d'entre lesdites parties sur le ressort, cognoissance & jurisdiction dudict domaine du Roy, les avons renvoyez & renvoyons en ladicte Cour, où ils ont dit avoir procez pendant entre eux, sur l'execution de l'arrest, allegué par lesdits officiers de Senlis.

Sur le seiziéme article de ladite rubriche, contenant: Le prevost de Senlis, qui est le juge ordinaire de toute la Chastellenie. Après qu'il a esté dit (en ensuivant la requeste faicte à cette fin, par maistre Claude Thureau, prevost de la ville dudit Senlis, & l'ordonnance ou appointement donné de nous ci-dessus entre lesdits Prevosts) que ledit Prevost de Senlis sera mis & intitulé prevost forain. Le Baillif dudit Senlis & son lieutenant general ont requis, qu'en la fin dudit article fussent adjoustez & mis ces mots, *sans prejudice à l'Edict fait par le Roy, faisant mention des cas & matieres, dont la cognoissance par iceluy est attribuée aux Baillifs, Seneschaux & juges Presidiaux.* Aussi Pierre Paumart, prevost d'Angy en garde pour le Roy, & ledit Thureau, prevost de la ville de Senlis, respectivement pour leurs droicts & jurisdictions, se sont opposez à ce que ledict article demeure en l'estat qu'il est, en ce qu'il contient ledit prevost forain de Senlis, estre juge ordinaire de toute la Chastellenie dudit Senlis; Aumoins qu'audit article fussent mis ces mots, *excepté, c'est à sçavoir, quant audit Prevost d'Angy, ladicte Prevosté d'Angy, sujets & estendue d'icelle. Et quant audit Prevost de ville, la ville & banlieue de Senlis*, parce qu'ils ont maintenu estre juges ordinaires, sçavoir est, ledit Paumart de ladite Prevosté d'Angy, sujets & estendue, & ledit Thureau, de ladite ville & banlieue; & avoir tout droict de justice, sur les habitans & sujets d'iceux, avec jurisdiction & cognoissance de tous cas & matieres, d'entre lesdits habitans & sujets, pour le regard des heritages situez & assis, en dedans lesdits prevostez d'Angy & banlieue de Senlis, aussi respectivement; pareillement pour raison des choses immeubles, & droicts reelz percevables & pretenduz sur iceux: fors quant au regard des gens d'Eglise, Nobles & communautez, quant audict prevost d'Angy: Et sur ce, maistre Jean Chastellain, advocat: Daniel Vizet, procureur: Jean Gosset & Jacques du Puys, marchands, avec les Gouverneurs & Eschevins de ladite ville de Senlis, deleguez pour les autres habitans d'icelle & de la banlieue, ont fait pareille opposition & requeste, afin d'estre convenus & traictez ès cas dessusdits & chacun d'iceux, pardevant ledit prevost de la ville de Senlis, duquel ils ont advoué & dit estre sujects esdicts cas, & estre juge à eux deputé & delegué, par lettres de chartre des Roys de France, presentement exhibées par eux, de laquelle ils ont requis lecture estre faicte par maistre Jean Greffin, prevost forain dudit Senlis. Quant à la requeste faicte par ledit Baillif de Senlis, ou son lieutenant, ladite requeste a esté par luy consentie & accordée: Et au faict & opposition desdits Paumart, prevost d'Angy, Thureau, prevost de la ville de Senlis, & des deleguez, manans & habitans d'icelle ville, il les a empeschez; & maintenu au contraire, estre juge ordinaire de toute ladite Chastellenie de Senlis, à la reservation & modification dudit Edict, quant audit Baillif de Senlis ou son Lieutenant, & consequemment estre juge ordinaire desdicts prevosté d'Angy, ville & banlieue de Senlis, qui estoient assis & comprins en ladite Chastellenie de Senlis, dont la ville de Senlis estoit le lieu principal & chef d'icelle Chastellenie: Mesmement quant au droicts de haute justice, cognoissance & jurisdiction des matieres pour raison d'heritages & droicts reelz entre autres droicts & toutes personnes, ainsi que le contenoit mesmes ledit seiziéme article, qu'à present lesdits prevosts requeroient estre corrigé, le contenu auquel ledit prevost forain employoit, pour la preuve & verification du droict & preeminence du juge Chastellain à luy appartenans, entre autre preuve. Alleguant par luy, que sur le different estant pour raison de ce, entre ledit prevost de ville & luy, ou leurs predecesseurs, y avoit procez pendant & indecis en la Cour de Parlement: Surquoy, quant au different d'entre lesdits Prevosts & habitans de la ville de Senlis, les avons renvoyez & renvoyons à la Cour. En laquelle ils ont dit ledit procez estre pendant, entre iceux prevost forain & de ville, ou leurs predecesseurs, pour raison des droits & preeminences de leurs offices, pour chacun desdits Prevost & parties dessus nommées, estre ouyes en ladite Cour, & ordonner par elle desdits differens, comme elle verra estre à faire. Et quant audit Baillif de Senlis & son lieutenant & ledit prevost forain, dit a esté par provision, suivant leurs declarations & consentemens, que sans prejudice de l'Edict fait par le Roy, pour le reiglement des Baillifs & Prevosts de ce royaume, ledit seiziéme article demeurera en la forme qu'il est contenu audit cayer, souz semblable cotte.

Sur le vingtiéme article de ladite rubriche, estant de la forme qu'il s'ensuit: *Le siege de la Mairie de Brenoulle, se tient à Rieux, qui est un village, joignant du village de Brenoulle.* Le procureur du seigneur dudit lieu de Rieux, a dit, que puis certain temps en ça, il avoit acquis tel droit de justice & autre, que souloit avoir le Roy audit Rieux: Parquoy empeschoit que d'oresnavant le siege dudit Maire de Brenoulle y fust plus tenu. Les advocat & procureur du Roy au Bailliage dudit Senlis, ont confessé ladite acquisition: Mais disent icelle estre faicte, à la charge de faculté de rachat perpetuel, consentant que le siege dudit Maire en fust osté & distraict, & tenu d'oresnavant à Brenoulle: Surquoy, en ensuivant les declarations desdites parties, & dudit Maire de Brenoulle, qui a esté ouy, dit a esté, que ledit seigneur de Rieux aura acte de la declaration & remonstrance faicte par sondit procureur: Et au surplus, que le siege dudit Maire de Brenoulle, d'oresnavant se tiendra audit Brenoulle.

Sur le vingt-uniéme article de ladite rubriche, contenant telle forme: *Lesdicts Prevost d'Angy & Maire de Brenoulle, n'ont point de cognoissance des gens d'Eglise, Nobles & communautez: mais sont reservez au Prevost forain de Senlis, qui comme dit est dessus, est juge Chastellain.*

Lesdits Baillif de Senlis & son lieutenant general, consideré l'Edict du Roy, par lequel la cognoissance & jurisdiction sur les gens d'Eglise, Nobles & communautez, leur est attribuée, & aux autres Baillifs, Seneschaux, & juges presidiaux, ont requis ledit article estre rayé: Surquoy ont esté ouyz lesdits prevosts d'Angy, Maire de Brenoulle, & prevost forain de Senlis, lesquels, c'est à sçavoir lesdits prevost d'Angy & Maire de Brenoulle l'ont ainsi consenty; & quant au prevost forain de Senlis, il a declaré qu'il ne veut empescher qu'en la fin dudit article soit mis & adjousté, *fors & excepté les gens nobles de la Chastellenie de Senlis, desquels ledit Baillif de Senlis & ses lieutenans, auront la cognoissance, pour le regard des cas concernans lesdits Nobles declarez audit Edict & selon iceluy:* laquelle addition lesdits Baillif & sondit lieutenant ont aussi accordé en la forme dessusdite, quant aux Nobles & autres dessus nommez ès cas dudit Edict: Sur ce maistre Anthoine Pilan, chanoine & procureur de chapitre de Beauvais, assisté de maistre Martin Thierry, a protesté pour lesdicts de chapitre, que ce ne leur puist prejudicier, specialement quant à leur garde gardienne, & autres droits, privileges, auctoritez, preeminences & prerogatives d'iceux: Surquoy dit a esté, que lesdits de chapitre auront lettres de leurdite protestation, & au surplus, suivant les declarations desdits Baillif, lieutenant, prevost forain, prevost d'Angy & Maire de Brenoulle, dit a esté, que ledit article demeurera & sera mis par escrit en la forme qu'il est contenu au vingt-uniéme article dudit cayer.

En faisant lecture du vingt-quatriéme article, qui estoit tel qu'il s'ensuit: *Ledit prevost de Senlis, par grand' preeminence à luy appartient, & est juge ordinaire de toutes les appellations interjectées des seigneurs hauts justiciers, moyens & bas, & de leurs officiers estans en toute ladite Chastellenie, entant que touche haute justice & au dessouz seulement: & quant aux seigneurs Chastellains, subalternes, ils ressortissent & sont sujets pardevant ledit Baillif de Senlis en toute ladite Chastellenie de Senlis: Et si a, comme dit est, ledit Prevost forain de Senlis, cognoissance des gens d'Eglise, Nobles & communautez.* Après que maistre Claude Thureau, prevost de la ville de Senlis, a employé le plaidoyé par luy fait cy-dessus contre maistre Jean Greffin, prevost forain dudit Senlis, pour ledit tiltre de prevost forain, & au contraire ledit Greffin aussi son plaidoyé, & que sur leur different a esté par nous dit, que ledit Greffin sera mis & intitulé prevost forain: messire Jean de Sains, chevalier, baillif de Senlis, & maistre Nicole Morel son lieutenant general, ont requis qu'avec ledit maistre Jean Greffin, prevost forain dudit Senlis, il fust dit qu'audit article, en ce qu'il faisoit mention de la cognoissance qu'il contient ledit prevost forain, avoir sur les gens d'Eglise, Nobles, & de communautez, seroient mis & adjoustez ces mots, *sans prejudice à l'Edict du Roy, fait pour les Baillifs & Seneschaux, sur la cognoissance & jurisdiction desdicts gens d'Eglise, Nobles & communautez:* Et si ont lesdits de Sains, Baillif de Senlis, & Morel son lieutenant general, dit & remonstré, qu'au reste & surplus dudit article, il estoit notoirement abusif, desraisonnable, & contre toute disposition de droit: Car le prevost de Senlis, ayant en premier lieu la cognoissance des appellations interjectées des seigneurs hauts justiciers de la Chastellenie dudit Senlis ou leurs officiers, & du prevost de ville audit lieu, l'on peut encores appeller pardevant ledit Baillif ou son lieutenant, & d'eux en la Cour de Parlement; qui sont trois appellations diverses, pour raison d'une mesme matiere: D'avantage, que c'est un circuict de jurisdiction, qui vient totallement au detriment de la chose publicque, & au grand interest, vexation, perte & dommage des sujects de ladite Chastellenie: Par ce que si aucun en premiere instance est poursuivi & mis en cause pardevant le prevost ou garde de justice du seigneur haut justicier, moyen & bas, & il veut fuyr & delayer (comme souvent il s'en trouve de tels) il appelle à toutes heurtes, ne luy chault à quelle occasion, soy confiant ausdictes trois appellations, & sçachant, que de long temps partie ne peut avoir expedition de sa matiere; l'appel relevé pardevant ledit prevost forain, la cause principalle est retardée de six ou huict mois, aucunesfois d'un an & plus: dise ledit prevost ce qu'il voudra par sa sentence, il est de rechef appellé de luy, devant ledit baillif de Senlis ou son lieutenant: où le procès d'appel peut prendre encores long traict; car l'appellant, pour tousjours delayer, veut bailler griefs hors le procès, l'inthimé respondre à iceux, & faire quelques productions nouvelles, en vertu de lettres Royaux qu'ils obtiennent ou autrement: Par ce moyen, les droits des pauvres parties, sont longuement retardez, les procès rendus immortels, & n'y a point de fin: Plus, lesdites appellations relevées en prevosté, sont procez par escrit, ou appellations verballes. Des appellations verballes, tout volontiers il s'en fait des procès par escrit, & sont les parties appointées à estre deliberé de leur faire droit sur leur cause d'appel, & à escrire par advertissemens, additions, & responsifs; qui est nouvelle pasture pour les advocats & procureurs du siege: Quant au Prevost, il prend espices pour la visitation desdits procez, salaires & vacations de luy, & ceux qui sont appellez au jugement : S'il est appellé de la sentence dudit prevost, soit bien ou mal, en Bailliage, pareillement ledit lieutenant general prend espices, pour la visitation de luy & ceux du conseil : Ainsi occulairement, les pauvres parties sont vexées & affligées de doubles espices, & de fraiz & mises superflues, qu'il leur convient faire à la conduitte & poursuite de ces appellations pecuniaires ; tellement qu'aucunesfois, attediées de la longue demeure & despens, ils delaissent lesdites poursuites, & perdent leurs droits : Brief, tout consideré, au cas qui s'offre, il n'est question que du profit particulier des juges, advocats & procureurs, & non du bien public ; à quoy toutesfois principallement on doit avoir esgard. D'abondant, il advient souvent que si ledit prevost forain dit bien jugé, ledit lieutenant general par conseil dit au contraire mal jugé par ledit prevost, en maniere que les parties sont en perplexité telle, qu'elles ne sçavent auquel jugement des deux soy arrester : A ceste cause lesdits baillif & lieutenant se sont opposez & opposent, empeschans que ledit article & autres dependans d'iceluy, ou corroborans iceluy, escrits audit livre coustumier de Senlis, ayent lieu ; soustenans qu'ils doivent estre rayez, à ce que ledit prevost n'ait la cognoissance desdites appellations, & où promptement ne pourrions discuter dudit different, que ce soit sans prejudice à l'Edict du Roy, fait sur la jurisdiction des Baillifs & Prevosts, publié & enregistré ès registres de Parlement, & de la Cour de ceans, & à la jurisdiction desdits Baillif de Senlis & sondit lieutenant general. Pareillement Jean Desprez au nom & comme procureur dudit seigneur Anne de Montmorancy, Connestable de France, pour les terres, seigneuries & justices, que ledit seigneur a assises en la chastellenie dudit Senlis : messire François de Montmorancy, chevalier de l'ordre du Roy, gouverneur & lieutenant pour le Roy à Paris, & isle de France, pour ses terres & seigneuries de Mesel, & le fief de la grand'chaussée de Cires lez-Mello, en sa personne : Pierre de sainct Gobert, procureur de l'Evesque de Senlis : maistre Martin Thierry, comme procureur des doyen, chanoines & chapitre de l'Eglise de Beauvais, pour les terres, seigneuries & justices, qu'ils ont assises en ladite Chastellenie de Senlis, aussi comme procureur des Maire & Pairs de la ville de Beauvais : François Desprez, au nom & comme procureur des religieux, Abbé & convent de la Victoire, aussi comme procureur des seigneurs de Raray, Dongnon, Malegeuestre & lieu de Bachetz, pour lesdictes seigneuries : Robert de Bonviller, comme procureur de Loys de sainct Simon escuyer, seigneur du Plessier, Choisel & Yviller : Philippe Thureau, comme procureur du seigneur de Runnescul, pour les terres, seigneuries & justices qu'il a en ladite Chastellenie : Charles du Crocq, escuyer seigneur d'Appremont, en sa personne : ledit Jean Desprez, comme procureur des doyen, chanoines & chapitre de l'Eglise de Senlis, aussi pour les terres, seigneuries & justices qu'ils ont en ladite Chastellenie ; Encores luy, comme procureur de dame Jehanne de Rieux, dame de Bertherausosse : Loys Foucquet, au nom & comme procureur des religieux, Abbé & convent de Royaulmont, aussi pour les terres qu'ils ont en ladicte Chastellenie, & aussi des religieux de sainct Leu : Et Pierre de Bonviller, au nom & comme procureur de Jehan de Micault, seigneur de l'Espine : lesdits procureurs fondez de lettres de procuration, aussi par eux mises au greffe, se sont chacun d'eux respectivement & en leur regard opposez, & ont soustenu que lesdicts articles doivent estre rayez, & que ledict prevost forain ne devoit cognoistre desdictes appellations, pour les raisons ci-devant alleguées par lesdits baillif de Senlis & lieutenant general, qu'ils ont employées, & autres par eux respectivement desduites, chascun en son esgard, pour le ressort des appellations qui seront interjectées de leurs juges & gardes des justices de leursdictes terres, seigneuries & justices, pour l'abbreviation desdictes appellations, soulagement d'eux, leurs sujets & de la chose publique. Et par ledict prevost forain de Senlis a esté dict, que la cognoissance desdictes appellations est de sa jurisdiction ordinaire, à luy & ses predecesseurs prevosts, attribuée par les Princes, & privilege especial, de temps immemorial, & de quatre cens ans & plus, à l'institution & erection d'office de prevost, & par autres plusieurs moyens justes & raisonnables, à alleguer ci-après pardevant juge competant, & où il appartiendra, & dont luy & ses predecesseurs prevosts ont tousjours jouy, en la presence & cognoissance des baillifs dudit Senlis & de leurs lieutenans generaux & particuliers & tous autres. Et que les lettres patentes à nous addressans, tendent effectuellement afin de veoir corriger, reformer, redacter & esmologuer les Coustumes dudit Senlis, les trois Estats pour ce faire appellez ; & que la cognoissance du droict desdites appellations n'est de notre commission ne dependance d'icelle. Par ce mesmement que les articles faisans mention desdites appellations & autres droits appartenans audict prevost, ne sont couchez sous la rubriche des Coustumes dudict Senlis ; mais souz le tiltre d'une declaration faicte, comme notoire & indubitable, par les gens desdits trois Estats appellez par ci-devant, pour redacter lesdites Coustumes. Aussi que quand autres cas regardans le fait de la jurisdiction dudict prevost de Senlis, ont esté debattuz en nos presences en procedant à la reformation desdictes Coustumes, avons declaré que n'en prendrons aucune cognoissance, & ont esté par nous renvoyez les differends pardevant messeigneurs de la Cour de Parlement, suivant ladicte commission. A ceste cause soustient ledit prevost que ne devons, en vertu de ladite commission, cognoistre ne decider du droit desdites appellations, & qu'en ce regard sommes juges incompetans. Et par ledit procureur du Roy au Bailliage de Senlis a esté dict, que de tout temps & ancienneté, y a eu audit Senlis un prevost chastelain, lequel par grande preeminence & prerogative, & pour la conservation de la souveraineté & droict de Chastellenie appartenant au Roy au siege & lieu capital du Bailliage de Senlis, qui est la ville de Senlis, a cogneu & cognoist indifferemment, & par preeminence des gens d'Eglise, nobles & communautez de ladite Chastellenie, desquels les hauts-justiciers & juges subalternes, ne peuvent avoir la cognoissance, & par preeminence de toutes matieres d'entre les sujects de ladicte Chastellenie : & semblablement de toutes les appellations interjectées de tous les juges subalternes d'icelle Chastellenie, tant des juges, maires & Pairs de la ville de Beauvais, sainct Pierre dudit Beauvais, que generalement de tous les autres juges subalternes de ladite Chastellenie, en signe & demonstrance de souveraineté pour le Roy, par dessus les autres Chastellenies dudit Bailliage ; tellement que ladite ville de Beauvais, le pays de Beauvoisis & autres justices subalternes, sont de ladite Chastellenie & prevosté de Senlis, & sont responsables par appel, ressort & jurisdiction, pardevant ledit prevost : lesquels neantmoins, par tous les moyens à eux possibles, pretendent à eux exempter de ladicte Chastellenie de Senlis, au grand interest & dommage du Roy, & au prejudice de sa justice, Chastellenie & jurisdiction ordinaire, dont il a jouy par temps immemorial, en ayant tousjours Prevost Chastellain audit Senlis, qui a cogneu & cognoist entre autres choses desdictes appellations, par souveraineté & preeminence, comme dit est, & ainsi qu'a accoustumé faire le prevost de Paris & le prevost de Melun. Laquelle cognoissance desdites appellations & droit de Chastellenie appartient au Roy : & n'est ledit article compris souz le tiltre des Coustumes du Bailliage de Senlis, lesquelles est question de reformer ou accorder ; mais est une preeminence & droit appartenant au Roy, qui est un degré de jurisdiction, lequel ne doit souz correction, estre osté audit seigneur ou son prevost, attendu que en ce faisant le domaine, auctorité, preeminence & prerogative du Roy seroient grandement diminuez, tant pour les causes dessusdites, comme à cause des amendes adjugées au Roy, à cause desdites appellations, que de son greffe & autres droits à luy appartenans par le moyen de l'exercice de ladite prevosté. Et si seroit du tout osté ledit degré de jurisdiction ainsi que ledit procureur entend plus amplement declarer en temps & lieu, empeschant à ceste fin, que ledict article soit rayé. Surquoy attendu que du droit pretendu par ledit prevost forain, au ressort & cognoissance des appellations dont est question, est faicte mention en l'article de present, qui est contenu & enregistré au cayer & livre des Coustumes dudit Bailliage, duquel a esté faicte lecture, après que ledit prevost a esté par nous requis & sommé de declarer, s'il n'avoit autre tiltre ou privilege dudit droit & preeminence par luy pretendu, qui a faict response qu'ouy, estant comme il disoit, en la Chambre des Comptes à Paris, qu'il avoit intention recouvrer, & en faire apparoir pardevant juge competant, en temps & lieu. Nous avons dit & disons, que les officiers, gens des Estats, & autres comparans & assistans seroient par nous enquis & ouys, sur l'utilité ou inutilité du contenu audict article, quant au ressort & cognoissance des appellations dont est question, pour les advis d'iceux ouys, ordonner du differend, cas & matieres desdites appellations, comme il appartiendra par raison. De laquelle ordonnance ou appointement, ledict prevost forain a appellé. Auquel avons declaré, que nonobstant ledit appel & sans prejudice à iceluy, suivant lesdictes Lettres Patentes & le pouvoir à nous donné par icelles, sera par nous passé outre & procedé en la matiere: dont il a de rechef appellé, comme de juge incompétant, protestant d'actemptatz. En ensuivant lequel appointement, sans prejudice audit appel, ont esté par nous prins & enquis, les advis & opinions de chacun des lieutenans particuliers dudit baillif de Senlis ès Chastellenies particulieres dudit Bailliage, advocats, procureurs du Roy, prevosts & autres officiers desdites Chastellenies, baillif, procureur du Roy au Comté de Beaumont, baillif & procureur de l'Evesque de Beauvais, nobles desdites Chastellenies assistans, des deleguez comparans pour les trois Estats en ladite assemblée, & de plusieurs autres comparans; Lesquels & chacun d'eux ont esté d'advis & d'opinion, que c'estoit involution de procès & circuit trop long, & consequemment l'interest de la chose publique, que les appellans des juges des seigneurs subalternes de ladite Chastellenie de Senlis fussent ressortissans pardevant ledit prevost, ne qu'il en eust la cognoissance immediatement: mais estoit l'abbreviation desdictes appellations, diminution de fraiz & despens, & chose utile & raisonnable, que lesdites appellations fussent d'oresnavant relevées, poursuivies & terminées, directement, immediatement pardevant ledit baillif de Senlis ou son lieutenant. Duquel advis ont esté mesmement les lieutenant & procureur du Roy à Compiegne, avec le prevost de l'exemption de Pierrefons, qui neantmoins ont dit leur sembler, que la discussion & termination du different & matiere dessusdite, devoit estre par nous reservée jusques à la fin de l'assemblée; ou estre arbitré ou prefixé audit prevost forain de Senlis, aucun temps ou delay raisonnable, s'il le requeroit, pour pendant iceluy recouvrer par luy & faire apparoir d'aucun tiltre & privilege, si aucun en avoit, faisant mention du droict & preeminence par luy pretendu, & estre ouy plus amplement. Et après lesdicts advis & opinions prins, & que par nous a esté requis & demandé à tous lesdicts assistans, s'il y avoit aucun qui voulsist dire ou alleguer aucune chose contraire à iceux, & qu'aucun n'a voulu ce faire, ledict prevost forain a esté de rechef par nous sommé de dire & declarer s'il pretendoit avoir aucun tiltre ou privilege dudit droict & preeminence, en vouloir faire apparoir, & requerir delay pour ce faire. Lequel a dict & respondu qu'ouy, sans prejudice à la fin à laquelle par son dire & plaidoyé ci-dessus il a tendu, & par protestation de ne soy en departir. Sur quoy nous avons ordonné, que le jugement, decision & termination du cas & matiere dont est question, seront & les avons reservez & reservons jusques à Lundy prochain; en dedans lequel pour tout le jour ledit prevost pourra recouvrer & faire apparoir du tiltre ou privilege par luy pretendu, si aucun il en a, & aussi dire en la matiere ce que bon luy semblera; pour ce faict ordonner de ladite matiere comme de raison. Lequel jour de Lundy, luy avons donné & assigné pour toutes prefixions & delaiz, & sans autre forclusion: *alias*, l'avons de ce faire dès maintenant comme pour lors, declaré & declarons decheu. Et le Mardy vingt-sixiesme jour du mois d'Aoust ledit prevost forain en sa personne, s'est declaré & porté pour appellant, en adherant aux appellations par luy dessus interjectées des ordonnance, appointement ou appointemens dessus contenu, donnez de nous. Aussi maistre Nicole Gosset, advocat pour la communauté des sergens à cheval dudit Bailliage & Prevosté foraine de Senlis, pour le greffier du siege de ladite Prevosté, & pour le fermier des exploits d'icelle, a dit que lesdits sergens, greffier & fermier des exploits, ont esté n'agueres advertis, que ledit baillif de Senlis & son lieutenant general, avoient requis pardevant nous qu'il fust inhibé audit prevost forain, de plus cognoistre des appellations interjectées des juges inferieurs & subalternes de la Chastellenie dudit Senlis, & pour ce que c'estoit à la diminution des droits & profits des offices desdits sergens, des deniers du Roy; quant audit fermier des exploits, & greffier, c'est à sçavoir audit greffier, pour les commissions, actes, appointemens & sentences en cas d'appel, qui en pouvoient advenir pardevant ledit prevost, & audit greffe & le profit d'iceux; & audit fermier des exploits pour les amendes desdites appellations, qui pouvoient estre adjugées & luy advenir, se sont opposez à ce que lesdites inhibitions soient faites, ne que la requeste faite par lesdits baillif de Senlis & son lieutenant (par laquelle ils requeroient, que l'article faisant mention de la preeminence dudit prevost forain de cognoistre desdites appellations) leur fust adjugée; & ont lesdits fermier & greffier, pour leur interest, sommé audit procureur du Roy, qu'il eust à conserver les droicts desdicts fermiers, & leur garantir: Qui a fait response qu'il se garderoit de mesprendre. De laquelle opposition & sommation desdits sergens, fermier & greffier ordonné a esté, qu'ils auront lettre: laquelle opposition desdits sergens, fermier & greffier, ouye par lesdits de Sains baillif de Senlis, & Morel son lieutenant, procureur dudit seigneur Connestable de France, & consorts dessus nommez, ils ont dit en la presence de Jacques Methelet, lieutenant & procureur dudit prevost forain, que par l'appointement donné de nous ci-dessus, il a esté ordonné audit Greffin, prevost forain, sur la requeste par luy faite à ceste fin, & s'est iceluy Greffin lié & astraint de faire apparoir en dedans le jour de Lundy dernier, du privilege par luy pretendu, qu'il disoit estre enregistré en la Chambre des Comptes à Paris; *aliàs*, deslors l'en aurions debouté; parquoy à faute d'avoir ce fait, requierent les dessusdits, que ledict appointement sortisse son effet; N'y fait riens de dire, que par temps immemorial il a eu la cognoissance desdites appellations; car il n'y a que quarante ou cinquante ans, qu'audit Senlis n'y avoit prevost en garde, ains se bailloit ladite prevosté à ferme pour deux ans, comme les autres fermes muables du Roy, & prevosts fermiers, qui n'avoient cognoissance desdites appellations. Aussi, comme dessus a esté desduict, c'est un abus au prejudice de la chose publique, en disant par luy que ledit article n'est de notre pouvoir & jurisdiction, par ce qu'il n'est comprins, comme il dit souz la rubriche des Coustumes de Senlis, il n'y a propos: Car ledit article est escrit au livre Coustumier dudit Bailliage, avec autres droits baillez à plusieurs personnes par Coustume, & ont esté leuz par notre ordonnance, à la requeste desdits trois Estats, pour Coustumes. Parquoy devions passer outre, à le faire rayer avec autres concernans iceluy, selon l'advis & deliberation par nous prins desdits trois Estats, lesquels tous concordablement, *nemine discrepante*, ont esté d'advis qu'il se devoit ainsi faire. De dire que sur ledit different, avons renvoyé les parties en la Cour de Parlement, il appert du contraire, par le plaidoyé mesme qu'il a fait Mardy dernier pardevant nous. Et quant au procureur du Roy, qui s'efforce seul sans conseil de l'advocat dudit seigneur, monstrer qu'en rayant ledit article le Roy seroit interessé pour aucunes amendes de soixante sols parisis, & la diminution du greffe de ladite prevosté, disent les dessusdits, qu'au contraire le Roy y aura grand profit. Car les appellations premierement deduictes au siege du Bailliage, il s'en vuidera beaucoup plus qu'en prevosté, où souvent elles demeurent sans poursuitte, au moyen de la longue demeure, vexations, fraiz & mises superflues des pauvres parties. Et s'il est dict mal jugé, le Roy aura son amende sur le garde de justice; si au contraire, il aura amende sur l'appellant, & ne peut faillir. D'avantage, le greffe de la prevosté est erigé en tiltre d'office, & le tient un nommé Ginot, qui en prend seul les profits, mais le greffe de Bailliage, est baillé à ferme de deux ans en deux ans, souz le Roy; lequel en augmentera grandement au profit du Roy. Aussi, il est vrai-semblable que le Roy desirant l'abbreviation des matieres, de relever ses sujets desdites vexations, pertes & dommages, entend preferer le bien public, à tel petit interest que de soixante sols parisis d'amende; & ne se doit tolerer tel circuit de jurisdiction. De dire par ledit procureur du Roy, que ledit prevost est juge Chastellain, qui a cognoissance des nobles sur les seigneurs hauts-justiciers, *nichil est*: Bien peut estre juge ordinaire ès matieres non concernans ledit Edict: mais que souz ombre de ce, il doive avoir cognoissance desdites appellations, il n'y a propos, & est une repugnance, qu'il soit ordinaire & juge d'appel. Aussi, par ledit livre Coustumier, le prevost de la Chastellenie de Chaulmont dependant dudit Bailliage, est bien intitulé juge Chastellain, & les autres prevosts pareillement, lesquels toutes-fois ne cognoissent d'appel. De vouloir faire comparaison dudit prevost au prevost de Paris, il y a difference trop grande; car ledit prevost de Paris, est plus que baillif, & sortissent directement, les appellations interjectées de luy en la Cour de Parlement. Et si le prevost de Melun a cogneu de telles & semblables matieres, que non, c'est alleguer inconvenient, & a esté par usurpation ou privilege special du Roy. Quant à l'adjonction des sergens & fermiers des exploits dudit Bailliage, *nichil impertinentius*, & ne vient l'interest par eux pretendu en consideration: mais faict ladite adjonction formellement pour ledit baillif de Senlis & consors, pour monstrer de la vexation, fraiz & impenses superflues, dont les pauvres parties sont affligées par ledit circuit de jurisdiction: car tout deduit, il n'est qu'estion que du profit particulier dudit prevost, advocats, & procureurs: avec lesquels lesdits sergens veulent pasturer à leur endroit, qui est un abuz. A cette cause, nonobstant le dire dudit procureur du Roy (lequel, *præter omnem opinionem*, sans consideration s'efforce faire ledict empeschement, non ayant regard au bien public) & dudit greffier, prevost & sergens, soustiennent lesdits baillif & consors, que lesdits articles doivent estre rayez, & que par provision, sans prejudice aux appellations interjectées par ledit Greffin (qui ne cherche que moyens obliques & subterfuges) où ne voudrions discuter dudit different principal, ils doivent estre rayez: & deffenses estre faictes audit prevost de ne cognoistre desdictes appellations, employans ce que dessus a esté par eux dict, requerans que l'assignation qui escheoit à huy en ceste matiere entre les parties, fust continuée jusques à demain. Ce qui a esté par nous faict, avec ledit Metheler, lieutenant & procureur dudict prevost forain. Et ledict jour de lendemain, Mercredy vingt-septiesme jour dudict mois d'Aoust, comparans ledict lieutenant general en sa personne, & pour ledit baillif & ledit prevost forain, par ledit Methelet son procureur, a esté sommé ledit Methelet audit nom, de faire apparoir du tiltre ou privilege pretendu par ledit prevost forain, de cognoistre des appellations interjectées des juges subalternes de ladite Chastellenie de Senlis. A quoy ledit Methelet, audit nom a respondu, que ledit prevost forain estoit appellant, & ne vouloit dire ne produire autre chose pour le present. Partant avons de rechef faict faire lecture dudit article en la presence de tous les assistans; & icelle lecture ouye, avons ordonné du consentement desdits Estats, que par maniere de provision, attendu que l'article dessusdict estoit fondé seulement en coustume, qu'il seroit rayé en ce qu'il fait mention du droict & preeminence de cognoistre par ledit prevost forain, des appellations interjectées des juges subalternes, sans prejudice toutes-fois des droicts pretenduz par ledit prevost forain au principal, pour desquels cognoistre & decider, nous l'avons renvoyé ensemble les parties, aux jours ordinaires du Bailliage dudit Senlis du Parlement advenir. Et quant au surplus du contenu audit article, faisant mention de la cognoissance des gens d'Eglise, nobles & communautez, que sans prejudice de l'Edict fait par le Roy sur la limitation, declaration, & reigle de la jurisdiction & cognoissance des baillifs, seneschaux & juges presidiaux, ledit article demeurera de la forme contenue au vingt-quatriesme article dudit cayer, dont ledit Methelet, audit nom a appellé, entant que ladite ordonance, appointement ou sentence fait contre ledit Prevost.

En faisant lecture du vingt-cinquiesme article de ladite rubriche, commençant en ces mots. *A Senlis y a un autre prevost, nommé le prevost de ville, qui n'a que moyenne & basse justice, & cognoissance des matieres personnelles, les appellations duquel ressortissent pardevant ledit prevost forain de Senlis, comme les appellations des seigneurs subalternes dont dessus est parlé.* Maistre Claude Thureau, prevost de la ville dudit Senlis, a dit & maintenu avoir en ladite ville & banlieue d'icelle, tout droit de justice, haute, moyenne & basse, avec cognoissance de tous cas, crimes & delits, & de toutes matieres personnelles & reelles, sur les heritages & sujets desdites ville & banlieue, pour raison des heritages & choses immeubles, situez & assis en iceux. Requerant à cette cause ledit article estre corrigé, en ce qu'il fait mention du droit de moyenne justice seulement. Ce qu'ont aussi requis les deleguez, pour les manans & habitans de la ville de Senlis, & les gouverneurs d'icelle, employant par ledit prevost & eux, ce que ci-devant a esté dit en autre article faisant mention des prevosts forain & de ville dudit Senlis, empeschant aussi par eux, & pareillement par ledit baillif dudit Senlis & son lieutenant general, & autres seigneurs subalternes de la Chastellenie dudit Senlis dessus nommez, que le prevost forain dudit Senlis, ait la cognoissance des appellations interjectées d'eux respectivement chacun en son regard, pour les causes dessus alleguées. Ledit prevost forain a maintenu le contraire, employant le contenu audit article à l'encontre dudit prevost de ville & autres dessus nommez, pour la preuve & verification de son fait. Surquoy, quant au different d'entre ledit prevost forain de Senlis, & ledit prevost de ville, pour les droits de leurs offices & jurisdictions en la ville dudit Senlis, les avons suivant l'appointement donné ci-dessus, renvoyez à la Cour. Et quant ausdites appellations, le jugement & decision de la matiere a esté mis en surseance, jusques à ce qu'il fust discuté de l'article precedent, ce qui a esté fait & depuis ordonné par maniere de provision, que ledit article seroit rayé depuis ces mots, *Les appellations duquel ressortissent:* Sans prejudice audit prevost forain de soy pourveoir à la Cour.

Après lecture du vingt & sixiesme article de ladite rubriche, estant de ceste forme; *Souz le nom de moyenne justice ledit prevost a & peut avoir cognoissance de larcin commis en furt sans autre circonstance aggravant, comme crocheterie ou autre effort. Et pareillement a cognoissance de l'homicide de chaude colle, & peut juger à mort les criminels, & les faire executer à la justice de Senlis. Neantmoins telle condamnation à mort, n'est reputée par la Coustume que moyenne justice.* Ledit prevost forain de Senlis d'une part, & ledit prevost de la ville dudit Senlis & habitans d'icelle d'autre, ont employé, l'un à l'encontre de l'autre, sur ledit vingt-sixiesme article, en ce qu'en la fin d'iceluy il contient, que la condemnation à mort y declarée n'est reputée par la Coustume que moyenne justice, les empeschemens & dire par eux faits, sur leur differend dont fait mention le vingt-cinquiesme article, qui est l'article precedent. Surquoy avons ordonné, qu'entant que ledit vingt-sixiesme article donne puissance au moyen & bas justicier, de condemner à mort naturelle & avoir fourches patibulaires, il sera mis en surseance, jusques à ce qu'à la rubriche des droicts des moyens & bas justiciers en soit discuté. Et depuis a esté ordonné par maniere de provision du consentement desdits Estats (excepté aucuns de la noblesse) que ledit article seroit corrigé, en ce qu'il donne auctorité au moyen & bas justicier, de condemner à mort naturelle, & avoir fourches patibulaires; sauf aux opposans d'eux pourveoir à la Cour, si bon leur semble, & sans prejudice aux droits dudit prevost de ville, au principal, dont est procès en ladite Cour; & demeurera l'article ainsi qu'il est couché au vingt-sixiesme article dudit cayer.

Sur le vingt-septiesme article, dont la teneur s'ensuit. *Les fourches des hauts-justiciers ne sont aussi qu'à deux pilliers: mais il y a difference à asseoir lesdites fourches; c'est à sçavoir que les liens desdites fourches des hauts justiciers sont par dehors les pilliers, en signe que lesdits hauts justiciers ont regard aux champs & estendue de haute justice & seigneurie. Et au contraire les liens des fourches des moyens justiciers sont par dedans les pilliers, en signifiant qu'ils ont par dessus eux, & sont liez & clos souz autruy.* Ledit article a esté mis en surseance, comme l'article precedent, & depuis corrigé par provision, sans prejudice aux moyens & bas justiciers d'eux pourveoir devers la Cour ou ailleurs, ainsi que bon leur semblera, & a esté mis en la forme contenue au vingt-septiesme article dudit cayer.

Sur les vingt-huit, vingt-neuf, trente, trente-un, trente-deux & trente-troisiesme articles, les baillif & procureur de l'Evesque & Comte de Beauvais, ont fait protestation & opposition, telle qu'elle est contenue ci-dessus en leur comparence. Et le procureur du Roy a protesté au contraire, aussi comme dessus. Surquoy avons ordonné par maniere de provision, que les articles demeureront en l'estat qu'ils sont, & au principal se pourvoiront les parties en la Cour.

Suivant le trente-troisiesme article y avoit un article dont la teneur s'ensuit. *Ledit Comte de Beauvais a un autre juge des exemps par appel de la Comté de Beauvais, & est juge Royal.* Et pour ce qu'en l'assistence n'y a eu aucun qui ait sceu dire avoir veu le pretendu juge des exempts par appel au Comté de Beauvais, exercer ladite jurisdiction, n'en parler, avons ordonné qu'il sera rayé.

A la lecture du trente-quatriesme article de ladite rubriche, le seigneur & Baron de Mello en sa personne, assisté de son baillif, & le procureur du seigneur & Baron de Moncy-le-Chastel, ont dit que lesdites Baronnies & Chastellenies n'estoient de la Chastellenie de Senlis. Parquoy ne devoient estre mises, nommées & enregistrées souz la Chastellenie dudit Senlis, n'estre dites d'icelle: mais devoient estre nommées & mises par escript, estre assises au Bailliage de Senlis. Surquoy maistre Jean Greffin prevost forain dudit Senlis a dit, qu'il ne vouloit contester sur le dire ou remonstrance desdits Barons & seigneurs Chastellains: mais veu ledit article, consideré le contenu en iceluy, & que souz le tiltre ou rubriche d'iceluy article, lesdites seigneuries, Baronnies & Chastellenies estoient enregistrées & contenues a dit, que ledit article devoit demeurer comme il gist. Ce qu'ont empesché lesdits seigneurs, au moins ont requis que ce mot, *aussi*, estant le premier mot dudit article soit osté. Surquoy a esté ordonné du consentement desdits seigneurs & prevost, qu'audit article sera mis, qu'au Bailliage de Senlis sont lesdites Baronnies de Chastellenies de Mello & Moncy.

Sur le trente-huictiéme article, dont la teneur ensuit. *Le prevost forain de Senlis le premier, le Prevost d'Angy, le Maire de Brenouille, le prevost de Ponts, le juge des exempts de Beauvais, le prevost de Pontpoing, le Maire d'Angy, pour le Roy & sainct Frambould.* Ouys les officiers du Roy, & autres des trois Estats, a esté ordonné que ledit article seroit corrigé entant qu'il fait mention du juge des exempts de Beauvais, pour les causes que dessus, & que par provision seroit adjousté audit article, *le Prevost de la ville dudit Senlis*, & ledit article mis ainsi qu'il est contenu au trente-huictiéme dudit cayer.

Sur le quarantiéme, de cette forme. *Ladite prevosté de Ponts est une prevosté ordonnée au moyen d'une association que l'on dit avoir esté faite au Roy par les seigneurs Chastellains de Ponts, & a ledit prevost de Ponts pour le Roy, sa cognoissance & ses droits limités sans riens entreprendre sur les droits du seigneur Chastellain.* Le procureur du Roy audit bailliage de Senlis, a fait, quant à iceluy, pareil empeschement qu'il a fait, en l'acte de la comparence faite en cette assemblée par les seigneurs Chastellains de Ponts, & a dit qu'il n'y a eu aucune association faite du Roy, par lesdits seigneurs de Ponts, par ci-devant ou d'ancienneté en la seigneurie & justice dudit Ponts: mais qu'au Roy seul avoit appartenu & appartenoit la seigneurie & prevosté dudit Ponts. Parquoy protestoit que le contenu audit article faisant mention de ladite association, & limitation des droits & jurisdiction du Roy & desdits seigneurs, ne peut prejudicier au Roy, n'aux droits qu'il a en ladite seigneurie & prevosté. Et par les procureurs desdits seigneurs a esté fait protestation contraire. Surquoy a esté ordonné, que lesdites parties auront lettres de leursdites protestations.

Sur le quarante-quatriéme, les Baillif & procureur dudit Evesque & Comte de Beauvais, ont protesté comme dit est, & au contraire ledit procureur du Roy, & ont esté renvoyez à la Cour, comme dessus.

Le quarante-huictiéme article, a esté mis en surseance, pour le different d'entre ledit Baillif de Senlis, & son lieutenant, & ledit prevost forain, & depuis corrigé par maniere de provision, entant que touche ledit prevost forain: parce qu'il ne doit avoir la cognoissance des causes d'appel. Et entant que touche l'Evesque de Beauvais, il aura acte de sa protestation, & le procureur du Roy au contraire. Et neantmoins a esté ordonné que l'article demeureroit en la forme qu'il est contenu audit cayer.

Suivant ledit article y avoit autre article dont la teneur ensuit. *Les appellations ressortissans pardevant ledit prevost se relievent à jour ordinaire parce qu'il n'a point d'assise en dedans quarante jours comme dessus est dit.* Lequel a esté ordonné estre rayé comme dessus.

Sur le quarante-neufiéme article, les officiers de l'Evesque de Beauvais, ont repeté les protestations & oppositions ci-dessus faites, & le procureur du Roy au contraire : Sur quoy ils ont esté renvoyez à la Cour.

Le cinquante-septiéme article, a esté mis en delay & surseance, entant qu'il fait mention des appellations ressortissans, pardevant le prevost forain. Et depuis a esté corrigé par maniere de provision, comme dessus, & mis en la forme qu'il est contenu audit cayer & souz pareille cotte.

Sur le cinquante-huictiéme article, contenant. *Pource que le Prevost de la ville de Senlis, n'est pas reputé haut justicier pour les causes & ainsi que dessus est dit, les appellans sont condemnez en deux amendes chacun de soixante sols parisis, comme les Baillifs & juges subalternes dont dessus est parlé.* Le prevost forain de Senlis, a requis ledit article, entant qu'à luy est, demeurer selon sa forme & teneur, en ce qu'il fait mention que le prévost de ville dudit Senlis, n'est pas reputé haut justicier. Surquoy a esté fait l'empeschement dudit prevost de la ville, & autres oppo'ans, contenu ès articles ci-dessus, faisans mention des prevosts royaux, sur le different des jurisdictions desdits prevosts. Et en ce regard ont esté renvoyées les parties à la Cour. Et quant au surplus dudit article, sur ce qu'il contient que les appellans sont condemnez en deux amendes quand ils succumbent, & que ledit prevost de la ville de Senlis, & prevosts des villes de Chaumont, Ponthoise & Compiegne, ont dit que lesdites amendes, quand il n'y en auroit qu'une, doivent appartenir aux fermiers de leurs exploits, & non aux fermiers des exploits des juges superieurs & d'appel ; que ledit procureur du Roy audit Bailliage de Senlis, a dit au contraire, que lesdites amendes doivent appartenir au fermier des exploits desdits juges superieurs. Dit a esté, prins les advis des Estats & de leur consentement, que ledit cinquante-huictiéme article sera corrigé & mis selon qu'il est contenu au cayer souz pareille cotte.

Sur les soixante-cinq & soixante-sixiéme articles, le prevost de l'exemption de Pierrefons, & le procureur du Roy en la Chastellenie de Compiegne, ont dit que non seulement ladite prevosté a esté ordonnée audit Compiegne, pour les Eglises & exempts de la jurisdiction & duché de Valois, (pource que seulement au temps de la creation de ladite prevosté, ledit duché estoit baillé par appanage, & hors la main du Roy) mais a esté ladite prevosté ordonnée avec le siege d'icelle audit Compiegne par le Roy, comme perpetuelle, par donation dudit seigneur & privilege special. Et pource ont protesté, que le contenu esdicts articles, en ce qu'ils pourroient contenir chose prejudiciable audit office & privilege, qu'il ne puist prejudicier ausdits prevosts n'aux droits, ordonnance, siege de ladite prevosté & situation d'icelle: Surquoy a esté dit que de ladite protestation ils auront acte.

Sur le soixante septiéme article, le prevost de la ville de Compiegne, a dit avoir autre jurisdiction, droicts & preeminences en ladite ville de Compiegne, que le prevost de la ville de Senlis n'a audit Senlis, parce qu'il a maintenu avoir en ladite ville de Compiegne droit de haute justice, avec la cognoissance de toutes matieres indifferemment entre les habitans d'icelle, & en estre en possession immemoriale jusques à present. Ce qu'a denyé le prevost forain dudit Compiegne, qui au contraire a maintenu le droit de haute justice en ladite ville, luy appartenir, avec la cognoissance de toutes matieres : mesmes des matieres réelles entre les habitans d'icelle. Sur lequel different desdits prevosts, leur avons declaré que n'en voulions prendre cognoissance, n'en terminer ; & qu'ils eussent à eux pourveoir pardevant le baillif de Senlis ou son lieutenant, ou en la Cour, comme ils verroient estre à faire.

Sur le soixante-treiziéme article, a esté remonstré par les officiers du Roy en la ville de Ponthoise, que le lieu de la Ville-neufve le Roy, qui par ci-devant estoit au Roy, a esté vendu par ledict seigneur à faculté de rachat perpetuel, à Thomas Turquan ; & pource de present, estoit justice subalterne.

Sur le quatre-vingt-uniéme article. Maistre Andry Bouer, prevost de la ville de Chaumont, a dit, qu'à cause dudit office, il a droit de haute justice en ladite ville de Chaumont, & sur les sujets & habitans d'icelle. Surquoy par Jean Neelle, prevost forain dudit Chaumont, à ce present, a esté declaré, qu'il consentoit, consent & accorde audit Bouer, prevost de ville, droict de haute justice en icelle ville de Chaumont, & sur les habitans qui y sont demeurans & sujects. Le procureur du Roy audit Chaulmont, pour ledit seigneur, & les deleguez ou comparans pardevant nous pour les Estats de ladite ville, ont esté ouys, & ont declaré qu'ils n'ont aucun interest au consentement dudit prevost forain, & se rapportent aux parties, de convenir entre elles pour raison dudit droict, comme elles verront estre à faire. Et sur-ce, noble homme Charles de Pellevé, dit Malherbe, seigneur de Joy & de la Tour au Besgue, s'est opposé à ce que ledit prevost de ville de Chaumont, ait droict de haute justice en ladite ville, par ce qu'anciennement ladite prevosté n'estoit que Mairie, ayant ledit prevost de ville, seulement moyenne & basse justice en icelle, ainsi que le prevost de la ville de Senlis, & non plus. Protestant que le consentement ci-dessus fait par ledit prevost forain de Chaumont, au prevost de la ville dudit lieu, dudit droit de haute justice, ne luy puist prejudicier, parce qu'il a maintenu qu'à cause de sa seigneurie de ladite Tour au Besgue, il a tout droict de justice, haute, moyenne & basse, audit Chaumont & en plusieurs autres lieux, tant sur les voyries à luy appartenans, que sur les hostes & sujects, & dependances de ladite seigneurie: mesmes sur les vendans & achetans marchandises audit Chaumont, pour le droict de Coustume dudit lieu à luy appartenant. Aussi maistre Anthoine Pilan, chanoine de l'Eglise de Beauvais, & maistre Martin Thierry, procureur des doyen, chanoines & chapitre de ladite Eglise, ont fait pareille protestation que ledit Pellevé, pour plusieurs terres, fiefs, seigneuries, droits, privileges, franchises & libertez, qu'ils ont dit avoir & leur appartenir. Pareillement le prevost forain dudit Senlis, a protesté, que ledit consentement fait par ledit prevost forain de Chaumont, au prevost de la ville dudict lieu, quant au droict de haute justice, ne puist prejudicier aux droicts à luy appartenans à cause de sondit office, & au different qu'il en a à l'encontre du prevost de la ville de Senlis : Lequel prevost de la ville de Senlis, a protesté au contraire, que le consentement dessusdit puist valoir, & servir aux droits de sondit office, & sur lesdits differens. Surquoy, a esté par nous ordonné, que tant du consentement & declarations faites par ledit prevost forain de Chaumont, au profit du prevost de la ville dudit lieu, que des protestations ci-dessus contenues, les parties dessus-nommées auront acte.

Sur le quatre-vingt-treiziéme article, les procureurs des seigneurs Chastellains de Mello, Moncy, l'Isle Adam, de la Rocheguyon, de Meru & Persant, on dit, qu'outre les droicts contenus audit article, leur appartiennent plusieurs droits particuliers, qu'ils ont par leurs denombremens anciens, tiltres, & autrement : Requerans iceux estre adjoustez audit article. Ce que le procureur du Roy audit Bailliage de Senlis, assisté de l'advocat dudit seigneur, a empesché, pour les causes par luy alleguées. Surquoy nous avons ordonné, que les parties en auront lettres. Aussi le procureur du Roy en la Chastellenie de Compiegne, a dit, qu'ès prevostez dudit Compiegne, & exemption de Pierrefons, sortissant audit Compiegne, au Roy seul appartient tenir & faire tenir assises par son Baillif de Senlis ou son lieutenant general, d'avoir seel authentique, & tabellions; & de ce est en possession immemoriale, negative & exclusive à tous autres, & n'ont les seigneurs qui se disent Chastellains, comme le seigneur ou seigneurs de Thorotte : les religieux, Abbé & convent de sainct Marc lez Soissons, à cause de leur terre de Vix sur Aisne, & autres (si aucuns se disent Chastellains) assises, ressort, seel authentique, ne tabellions. Requerant à ce moyen, qu'entant que touche lesdites prevostez & ressorts de Compiegne, ledit article soit restraint & limité, & protesté que la lecture faite presentement, ne puist prejudicier aux droits & possessions du Roy. Et au contraire a esté soutenu, par messire Jean de Sains, chevalier seigneur dudit Thorotte. Surquoy les parties ont esté renvoyées à la Cour, pour en ordonner, & neantmoins, ce pendant & par provision, demeurera l'article en sa forme & teneur.

Sur le quatre-vingt-quinziéme article, le procureur du Roy en la Chastellenie de Compiegne, a employé la declaration & protestation par luy faite sur le quatre vingt-treiziéme article, en ce qu'il touche la seigneurie de Thorotte, à l'encontre de messire Jean de Sains, chevalier, seigneur dudit Thorotte, auquel de Sains, ledit procureur du Roy a confessé le droit de Chastellenie & haute justice audit Thorotte, dont ledict de Sains a requis lettres, qui luy ont esté octroyées, & ordonné que mention en sera faicte en notre procez verbal. Et par le procureur du Roy au Bailliage de Senlis, a esté dit, que les droits contenus esdits quatre-vingt-treize, quatre-vingt-quatorze & quatre-vingt-quinziéme articles, appartiennent aux seigneurs Chastellains, qui ont quelque similitude aux Barons, & sont seuls seigneurs en leurs terres, & non aux autres Chastellains qui ne sont seuls seigneurs esdites terres, qui du commencement de leur erection, ne sont que gardes de Chasteaux, & depuis se sont nommez Chastellains, ou seigneurs Chastellains; à aucuns desquels pourroit appartenir droit de haute justice : mais ils n'ont assise ny ressort, ny les autres droits esdits articles designez. Parquoy protestoit, que lesdits Chastellains simples, souz couleur desdites Coustumes, ne puissent pretendre plus grand droit qu'il leur appartient en leurs fiefs, dont aussi il a requis lettres, qui luy ont esté accordées.

Sur le quatre-vingt-seiziéme article, après lecture d'iceluy faicte; le procureur du Roy au Bailliage de Senlis, a requis la correction dudit article, entant qu'il attribue aux hauts justiciers cognoissance des ports d'armes de chaude colle, disant qu'au Roy seul & à ses officiers appartenoit la cognoissance du port d'armes. Ce qui a esté empesché par ceux des trois Estats, gens d'Eglise, Nobles & autres : mesmement par les officiers de monseigneur de Beauvais, qui ont dit qu'audit seigneur Evesque, à cause de sa Pairie, appartient la cognoissance de tous ports d'armes indifferemment, & que par arrest de la Cour de Parlement, la cognoissance desdits ports d'armes luy avoit esté adjugée. Ce qui a esté denié par ledit procureur du Roy au Bailliage de Senlis. Surquoy prins les opinions des assistans, quant au differend dudit Evesque, consideré l'arrest de la Cour allegué par son procureur, avons renvoyé les parties en ladite Cour; & neantmoins & cependant & par provision, quant audit Evesque, avons ordonné que ledit article demeurera; & quant aux autres, simplement, que pareillement il demeurera. Aussi sur ledit article, maistre Martin Thierry procureur des Maire & Pairs de la ville de Beauvais, a dit, que lesdits Maire & Pairs ont plusieurs beaux privileges à eux conferez par les Très-chrestiens Rois de France, confermez par le Roy à present regnant, & qu'en l'Hostel de ladite ville de Beauvais, de tout temps & ancienneté, sont aulnes & mesures à estallonner, dont usent les habitans d'icelle ville & banlieue, & n'est loisible à autres d'avoir lesdites aulnes & mesures pour estallonner, sinon en ladite ville. Parquoy a protesté, que les mots apposez audit dit article touchant lesdites mesures ne puissent prejudicier ausdits Maire & Pairs, ny à leurs droits, privileges & auctoritez; & qu'ils se puissent pourveoir contre qui il appartiendra, selon & ainsi qu'ils verront estre à faire. Requerant de ce lettres par ledit Thierry, qui luy ont esté octroyées.

Sur le quatre-vingt-dix-septiesme article, le procureur de l'Evesque de Beauvais, & les seigneurs Chastellains & hauts justiciers assistans en ladite assemblée, ont dit, qu'outre les droits contenus audit article leur appartiennent & ont droict d'aubeine & des successions des bastards. Ce qui a esté debatu par le procureur du Roy, disant que lesdits droits appartenoient au Roy nuement. Aussi a dit, que tous thresors trouvez en son Royaume (a), specialement quand ils sont en or, ils luy appartiennent privativement contre tous autres, requerant l'article estre corrigé entant que touchent lesdits thresors. Ce qui a esté empesché par les dessusdits. Surquoy avons ordonné par provision, que ledit article demeurera sans y faire aucune addition ou correction; sauf aux parties d'eux pourveoir en la Cour si bon leur semble.

Sur le quatre-vingts-dix-neufiesme article, le procureur de l'Evesque de Beauvais : le procureur de l'Eglise dudit Beauvais : le seigneur de la Rochepot, seigneur Chastellain de Mello : le Baron & seigneur de Moncy le Chastel, & plusieurs autres hauts justiciers, ont dit, qu'ils ont cognoissance du seellé Royal, mesmement entre leurs sujets (lesquels ne peuvent protoguer jurisdiction en leur prejudice) & peuvent faire & adjuger decrets sur obligation faite souz seel Royal : Soustenu au contraire par le procureur du Roy audit Bailliage. Surquoy prins l'opinion des assistans, & ouys les estats de l'Eglise & autres du tiers Estat, la pluspart desquels ont dit, que l'article doit demeurer, nous avons ordonné par provision, que ledit article demeurera en l'estat qu'il est, & sur les oppositions des dessus nommez les avons renvoyez à la Cour.

Sur le cent quatriesme article, les advocat, procureur du Roy, & deleguez des Estats de la ville de Compiegne, ont dit qu'en ladite ville y a Coustume locale, communement observée, qu'ils ont dit estre telle, c'est à sçavoir : Qu'on peut proceder par voye d'arrest sur les forains, ou faire arrester leurs biens ou leurs corps pour chose cogneue & à cognoistre en action pure personnelle, sur toutes personnes non privilegées de clergie ou de noblesse, mesme sur les biens des nobles. De laquelle Coustume ils ont dit avoir usé par ci-devant, & en user communément, comme telle avoit esté accordée en l'assemblée faite audit Compiegne des estats de la Chastellenie dudit lieu, pour le fait des Coustumes de ladite Chastellenie, &

a *que tous thresors trouvez en son royaume.* Tresors en or trouvez, appartiennent au Roy.

mise

mise par escrit au cayer par eux fait desdictes Coustumes, suivant les Lettres Patentes du Roy : de laquelle Coustume a esté faite lecture, protestant que le contenu audit cent quarantiesme article ne puist prejudicier à ladite Coustume locale, l'article de laquelle ils ont requis demeurer comme il gist. Sur ce, les deleguez des Estats de la ville de Senlis, gouverneurs d'icelle, le procureur de la ville de Beauvais, le procureur de chapitre dudit lieu, & autres Estats, comparans & assistans chacun d'eux en leur regard & pour leur interest, & causes respectivement par chacun d'eux desduites se sont opposez, & empesché que ladite Coustume locale de Compiegne ait lieu, ne fust receue. Surquoy a esté dit par provision, que ledit cent quatriesme article demeurera en sa forme & teneur, sans prejudice à ladite Coustume locale de Compiegne. Et sur les oppositions des dessusdits, les avons renvoyez à la Cour.

Sur le cent cinquiesme article, les nobles de la Chastellenie de Chaumont comparans, ont dit, qu'en ladicte Chastellenie y avoit plusieurs d'entr'eux, ayans seulement droit de moyenne & basse justice en leurs seigneuries & fiefs assis en ladite Chastellenie ; à cause desquelles leur appartenoit droit de travers, avec la cognoissance, punition & correction des infracteurs & transgresseurs dudit droict ; eux opposans à ce que ledit article ne demeure en l'estat qu'il est : mais requeroient qu'à iceluy fust adjousté que ledit droit de travers appartient aux moyens & bas justiciers, avec la cognoissance & punition de l'infraction d'iceluy : Et où ainsi ne seroit fait, que ce qui seroit ordonné sur ledit article, fust sans prejudice à leursdits droits & jurisdictions. Surquoy a esté ordonné que le contenu audit article demeurera comme il gist, sans prejudice ausdits moyens & bas justiciers dudit droit de travers, justice & punition des infracteurs d'iceluy en leursdites seigneuries, si aucuns droits ils en ont.

Sur le cent sixiesme article, aucuns moyens & bas Justiciers de la Chastellenie de Chaumont, ont dit, qu'à cause de leurs moyennes & basses justices, ils ont droit de donner congé de pendre pris pour jouer à la paulme, aux barres, & autres jeux & assemblées licites & honnestes, comme les hauts justiciers : requerans ce que dit est, estre adjousté audit article. Aussi le procureur des Maire & Pairs de la ville de Beauvais, a dit que l'Evesque & Comte dudit Beauvais ne pouvoit faire saisir en la ville dudit lieu, les biens de ses sujets & habitans, n'en faire faire inventaire, sans en estre requis ou ses officiers ; & ainsi en avoit esté & estoit usé en ladite ville ; Et que par traité & accord (appellé la grand'composition (*a*) faite entre l'Evesque de Beauvais & ladite ville, en l'an mil deux cens soixante & seize au mois d'Aoust) il est prohibé & deffendu aux officiers dudit Evesque, de proceder à confection d'inventaire sans requeste, comme dit est. Parquoy protestoit, que le contenu audit article ne puist prejudicier aux droits, privileges & prerogatives de ladite ville. Et par maistre Jehan le Roy, procureur dudit Evesque, a esté fait protestation contraire à celle desdits Maire & Pairs, pour les droits dudit Evesque, en continuant & persistant ès autres protestations par luy faites dessus. Surquoy a esté dit, que ledit article demeurera selon sa forme : & au surplus, que lesdits moyens & bas justiciers, Maire & Pairs, & Evesque de Beauvais auront acte de leurs declarations & protestations.

Sur l'article ancien suivant le cent dix-huitiesme, contenant ce qui s'ensuit. *Selon ladite Coustume le moyen justicier a la cognoissance, punition & correction totale jusques à la mort naturelle* inclusive *de l'homicide fait, commis & perpetré de chaude colle & de simple larcin, & peut avoir fourches patibulaires à deux pilliers seulement pour faire l'execution desdits delinquans. Mais quant à mort civile comme de bannir à temps ou à tousjours, abscision de membre ou autre punition publicque n'en a ledit moyen justicier aucune cognoissance, correction & punition, ains appartient aux hauts justiciers.* Le procureur de l'Evesque & Comte de Beauvais a dit, que les moyens justiciers de son Comté, tenans de luy en fief ou arrierefief, n'ont point de fourches patibulaires, & ne peuvent donner condemnation de mort, par la Coustume gardée audit Comté & Vidamé de Gerberoy ; & à ceste cause, empesche & s'oppose à ce que ledit article ne soit receu. Le procureur de chapitre de Beauvais a dit, qu'ès terres & seigneuries où lesdits de chapitre ont moyenne & basse justice, ils ont les droits declarez audit ancien article, mesmes fourches patibulaires à trois pilliers, dont ils ont jouy, & en ont arrest contre le seigneur d'Ausac : requerant l'article demeurer comme il gist. Jacques Metheler, lieutenant du prevost forain de Senlis, les prevost de Compiegne, procureur du Roy audit lieu, prevost de Chaumont, Ponthoise, de Creeil, & procureur du Roy à Beaumont : les procureurs des dames de Persant & de Meru, & chacun d'eux, & pareillement les advocat & procureur du Roy au Bailliage de Senlis, ont empesché ledit article, & le contenu en iceluy en la clause contenant, que le moyen & bas justicier a cognoissance, punition & correction totale jusques à la mort, d'homicide commis de chaude colle, & droict d'avoir fourches patibulaires ; parce qu'ils ont dit, ledit droict n'appartenir ausdits moyens & bas justiciers ; requerans la correction dudict article en ce regard. Les nobles de la Chastellenie de Chaumont, & deleguez comparans pour lesdicts nobles, estat & la communauté d'iceux, ont dit, qu'en ladite Chastellenie de Chaumont, qui est de grande estendue, y a peu de hautes justices & à ceste cause, & que les delicts ne demourassent impunis, a esté delaissé aux seigneurs moyens justiciers, la cognoissance, correction & punition totale, entre autres droits, de l'homicide commis de chaude colle, & de simple larcin ; à la difference du haut justicier, auquel appartient la cognoissance & punition corporelle de tous autres cas, comme le contient le chapitre precedent : & estoit bien raison que le moyen justicier, qui approche dudit haut justicier selon le degré de comparaison, participast d'aucune chose de sa puissance ; & que pour le moins, luy fust delaissée la punition dudit homicide commis de chaude colle & simple larcin, qui sont delits privez & simples, non qualifiez, & dont lesdits moyens justiciers ont tousjours cogneu par tout ladicte Chastellenie de Chaumont ; & de ce droit ont jouy eux & leurs predecesseurs, de si long temps qu'il n'est memoire du contraire, comme de droits à eux appartenans à cause de leurs justices, qui sont reputées hereditales & patrimoniales. Et en signe de ce ; ont tousjours eu fourches patibulaires erigées en leursdites terres, esquelles ils ont fait pendre & executer plusieurs delinquans pour lesdits cas, au veu & sceu des officiers du Roy & hauts justiciers, sans ce que jamais en ce leur ait esté donné contredit n'empeschement. Et si ont davantage, lesdits moyens justiciers de ladite Chastellenie de Chaumont, droict de voirie par toutes lesdites terres, ce que n'ont les moyens justiciers de la Chastellenie de Senlis ; qui par tout l'argument qu'on veut fonder sur eux, de dire qu'ils n'ayent droit de releguer ne deporter, n'aussi d'abscision de membres, & que consequemment ils ne doivent avoir cognoissance ne pouvoir de pu-

a *La grand'composition* d'entre l'Evesque & les habitans de la ville de Beauvais est inserée par Loysel en ses mémoires de Beauvoisis, ch. 8. pag. 290. *Voyez* ce que j'ai noté sur M. Louet, *litt. R. num.* 5. J. B.

punir à mort, ne mutiler, ce ne peut estre prins au prejudice desdits moyens justiciers de ladicte Chastellenie de Chaumont, parce que la cause qui pourroit estre que lesdits moyens justiciers de ladite Chastellenie de Senlis, ne peuvent releguer ne deporter, est à raison de ce qu'ils n'ont voirie ne territoire, ce qui cesse ausdits seigneurs moyens justiciers dudit Chaumont, qui comme dit est, sont seigneurs voyers, & ont territoire par toutes leursdictes terres, limité de tout temps, pour pouvoir releguer & deporter: & dudit droit de voirie & relegation, bannissement & deportation, ont semblablement tousjours jouy de si long temps qu'il n'est memoire du contraire: Comme de toutes ces choses ils offrent faire apparoir, tant par tiltres & sentences, que par tesmoings: requerans à ce estre receuz. Et pour ces causes empeschent que lesdits droits leur soient ostez, ne l'article faisant mention d'iceux corrigé, entant qu'à eux touche: mais plustost requierent qu'ils y soient adjoustez quant à eux la cognoissance & pouvoir de releguer & deporter hors de leursdites terres, avec abscision de membre, mesmes de pouvoir faire coupper oreilles: & autres choses faire, que desja on leur veut oster par ledit article: Autrement qui du tout leur voudroit tollir la cognoissance & punition desdits cas, se seroit les reduire & remettre à pareille condition que pourroit estre un simple bas justicier, ce qui ne se doit faire. Le procureur des religieux, Abbé & convent sainct Germer de Flay, pour les terres, seigneuries & justices moyennes & basses qu'ils ont assises en ladite Chastellenie de Chaumont & & Bailliage de Senlis, a employé ce que par lesdits nobles a esté dit ci-dessus, & fait pareil empeschement & requeste qu'eux. Les advocat & procureur du Roy en la Chastellenie de Compiegne ont dit, que les moyens & bas justiciers de ladite Chastellenie n'ont aucunes fourches patibulaires. Sur le cas & matiere duquel article ont esté prins les advis & opinions des officiers du Roy, gens d'Eglise & gens des Estats comparans (autres que lesdits nobles de la Chastellenie de Chaumont) & selon lesdits advis & opinions, nous avons dit que ledit article sera rayé, sans prejudice aux droits desdits nobles, de chapitre de Beauvais, & religieux de sainct Germer, qu'ils voudroient pretendre ou leur pourroient appartenir ès cas contenuz audit article, & dont est question, en quoy ils seroient fondez autrement que par la coustume. De laquelle ordonnance ou appoinctement, lesdits nobles de la Chastellenie de Chaumont, c'est à sçavoir Loys de Silly seigneur de la Rocheguyon, messire Jean de l'Isle, chevalier seigneur de Marivaux; Gilles de Chaumont, escuyer seigneur de Boissy; Charles Pellevé, dit Malherbe, seigneur de Joy; & Guillaume Pillavoine, escuyer seigneur de Villerceaux, tant pour eux que comme deleguez & procureurs de l'estat des nobles de ladite Chastellenie ont appellé. Et pareillement en a apellé maistre Anthoine Pilan chanoine de Beauvais; & maistre Martin Thierry procureur desdits de chapitre.

Sur les cent vingt-quatre & cent vingt-cinquieme articles, le procureur du Roy en la Chastellenie de Compiegne, a remonstré qu'en la prevosté de l'exemption de Pierrefons, sortissant audit Compiegne, en aucuns lieux, l'amende dont sont mention lesdits articles, est de soixante sols nerets (a) qui valent trente-six sols parisis. Surquoy a esté ordonné que lesdits articles demoureront comme ils gisent, & que de la declaration & remonstrance faite par ledit procureur du Roy, sera faicte mention en notre procès verbal.

Sur le cent vingt-six & autres subsequens jusques à cent trente-un, le procureur du chapitre de Beauvais a dit, que de ladite Eglise sont tenus aucuns fiefs appellez Mairies, qui ne sont que sergeantises, qui ne se divisent point, qui ne doivent estre compris souz les termes desdits articles; & a protesté, que le contenu en iceux, ne puist prejudicier ausdits de chapitre, n'aux droits desdites Mairies.

Sur le cent trente-deuxiesme article, le seigneur & Baron de Mello en sa personne, assisté de son baillif; le procureur du seigneur & Baron de Moncy le Chastel; & pareillement les procureurs de monseigneur le Connestable de France, Baron de l'Isle Adam; des seigneurs de Marines; de Us, & de Andresy, ont dit, que les fiefs tenus d'eux, à cause desdites Baronnies & de leurs Chastellenies & seigneuries, relievent d'eux de toutes mains & mutations; & ont requis, qu'où la coustume contenue audit article seroit receue, accordée & auroit lieu, que ce soit sans prejudice à leursdits droits. Aussi le procureur de chapitre de Beauvais a fait sur ledit article pareille protestation qu'il a fait ci-dessus au cent vingt-septiesme article pour les mairies & sergeantises d'iceux de chapitre. Et si a dit, qu'ils ont, plusieurs fiefs, terres & seigneuries, à cause desquels sont tenus & mouvans d'eux en foy & hommage, plusieurs fiefs, estans de telle nature & condition envers eux, que les puisnez, pour leurs parts & portions des fiefs à eux appartenans ainsi tenus d'eux, ne peuvent relever leursdites parts & portions de leur aisné, mais sont tenus les relever & en faire la foy & hommage à eux, comme leurs seigneurs feodaux. Protestans pour ces causes, que ce qui seroit fait & arresté sur ledit article, ne puist prejudicier au droit particulier dessus declaré appartenant ausdits de chapitre. Surquoy a esté ordonné, que ledit article demourera selon sa forme, par provision; sans prejudice aux droits pretenduz par les seigneurs dessus nommez. Et si auront acte lesdits de chapitre de Beauvais, de leur declaration & protestation.

Sur le cent trente-neufiesme article, contenant. *En succession de ligne directe & collaterale representation n'a point de lieu* (a): *c'est à sçavoir le fils ou fille du frere ne representeront point leur pere trespassé à l'encontre de leur oncle ou tante en la succession de leur ayeul ou ayeule, mais emporteront la succession lesdits oncle ou tante desdits enfans, pource qu'il est plus prochain en degré de ligne audit ayeul son pere, excepté toutesfois en la ville & banlieue de Beauvais qui est en la Chastellenie de Senlis. Auquel lieu representation a lieu en ligne directe.* A esté remonstré, que ledit article estoit desraisonnable & contre tout droit naturel, pour le regard de la ligne directe, où representation doit avoir lieu; & ne doivent les petits enfans perdre la succession de leur ayeul, par la mort de leur pere ou mere. Aussi a esté remonstré, que sur ledit article y a eu plusieurs differends; à sçavoir, si par contract de mariage les pere ou mere pouvoient accorder droit de representation aux enfans de leurs enfans; & si en accordant representation à l'un, on accordoit representation aux autres; ce qui seroit convenable esclarcir en ladite assemblée. Et ce fait, en a esté demandé aux trois estats & officiers du Roy assistans en ladite assemblée; qui ont esté tous d'advis, que pour l'advenir ledit article devoit estre corrigé, & qu'on devoit accorder representation en ligne directe; Et neantmoins pour elucider la difficulté dessusdite pour le passé, ils ont esté d'advis, que par contract de mariage, on a peu accorder ladite representation, & en l'accordant à l'un des enfans, on l'accordroit à l'autre, & l'on veut ainsi practiquer, &

---

a *sold neret*, valant huit deniers obole parisis, peu moins.

b representation n'a point de lieu. *Et sic negativa negabat in infinitum: & consequenter ex judicio ordinum collecta, affirmativa sunt in infinitum, secundum jus commune. Et sic jussi acquiescere.* Pierre Chaluppin *& consortes appellantes* du Bailly de Beaumont, *qui ad successionem directam admiserat pronepotes cum nepotibus, & bene.* C. M.

aucuns d'eux en ont veu donner jugement contradictoire. Parquoy nous avons ordonné, que ledit article sera corrigé, pour le regard de ladite representation en ligne directe ; & neantmoins que de ce que dit est ferions mention en notre procès verbal. Et dudit article ont esté faits deux articles, contenuz sous la cotte du cent trente-neuf & cent quarantiesme article dudit cayer.

Sur le cent quarante-troisiesme article, dont la teneur ensuit. *Homme & femme conjoints ensemble par mariage, par testament & ordonnance de derniere volonté peuvent laisser l'un à l'autre tous les meubles, acquests & conquests immeubles, avec le quint de leurs propres heritages à tousjours & l'usufruit du surplus desdits heritages propres sa vie durant, au prejudice de leurs propres heritiers, soit qu'il y ait enfans ou non de leurdit mariage.* A esté remonstré, que ledit article contenoit manifeste iniquité, en ce qu'il estoit permis au pere ou mere, donner au survivant d'eux tous leurs biens, au prejudice de leurs enfans, sans distraire la legitime, & ne leur laisser qu'une nue proprieté des heritages propres s'aucuns en y avoit, sans l'usufruit. Aussi on voit plusieurs inconveniens advenir de ladite coustume, par les suggestions qui se font aux malades, quand il est question de faire leurs testamens : & tellement, que plus par contraincte qu'autrement, sont faictes telles donations, & aucunes fois le mary spolie la femme, & la femme le mary, par trop grande amitié qu'ils ont l'un à l'autre, sans avoir regard à leurs enfans ; & après les enfans delaissez, le survivant se remarie & peut avoir autres enfans ; Tellement qu'on a veu souvent les enfans de tels testateurs, desnuez de tous biens, combien que leur pere ou mere eussent bien de quoy lors de leurs trespas. Et a esté prins l'opinion des assistans sur ce ; qui sont du commencement tombez en diversité d'opinions ; & depuis la pluspart d'iceux condescendus à rayer ledict article, & à faire coustume contraire, telle & semblable qu'en la Prevosté & Vicomté de Paris. Ce qui a esté ordonné estre fait en la forme & maniere contenue en l'article inseré audit cayer, sous pareille cotte de cent quarante & trois. Ce fait, Loys de Silly seigneur de la Rocheguyon, a protesté que la mutation qui a esté faite de ladite coustume ne luy puist prejudicier, n'au procès pendant en la Cour entre luy & la dame d'Estouteville & ses consorts audit procès ; où il dit avoir posé en fait ladite coustume, telle qu'elle estoit contenue audit article avant ladite mutation, dont par ci-devant l'on usoit audit Bailliage de Senlis, & qu'il entendoit avoir deuement prouvée & verifiée par tourbe audit procès, faisant les autres protestations à ce pertinentes. Et par maistre Philippes Fromont procureur des seigneurs duc & dame d'Estouteville, a esté fait protestation contraire ; disant, que par la coustume de la chastellenie de Chaumont audit Bailliage de Senlis, l'homme & la femme ne pouvoient, ne peuvent donner l'un à l'autre que les meubles, acquests & conquests immeubles, & encores pourveu qu'il n'y ait enfans du mariage ; & qu'ainsi en avoit l'on usé en ladite Chastellenie de Chaumont, & escroissement de Maigny. Parquoy empeschoit que ledit article eust lieu en la Chastellenie de Chaumont. Surquoy avons ordonné, qu'ils auront lettres de leurs protestations.

Sur le cent quarante-quatriesme, contenant cette forme, *Homme & femme conjoints ensemble par mariage, peuvent faire l'un à l'autre don mutel de tous leurs biens meubles, acquests & conquests immeubles, ensemble du quint de leurs propres heritages seulement, à tousjours ; & de l'usufruit du surplus desdits propres heritages, au survivant, pourveu qu'ils n'ayent aucuns enfans, & qu'iceux conjoints soient esgaux en aage & chevance.*

Ouy la lecture duquel article, les officiers du Roy en la Chastellenie de Ponthoise, ensemble ceux des trois Estats d'icelle Chastellenie, ont dit que ladite Coustume n'a eu lieu audit Ponthoise, mais qu'en la modifiant & restraignant, ils sont contens eux submettre en ce qui sera advisé en ladite assemblée. Surquoy nous avons prins l'opinion des assistans, qui ont esté d'advis qu'on devoit distraire de ladite Coustume le quint & usufruit des propres heritages, & que le donataire devoit acquitter les heritiers du donateur, des debtes mobiliaires, obseques & funerailles du donateur. Ce qu'avons ordonné estre fait, en la maniere contenue audit cent quarante-quatriesme article. Après ce ledit Loys de Silly, seigneur de la Rocheguyon, a dit que l'ancienne Coustume de la Chastellenie de Chaumont, permettoit lesdites donations mutuelles, supposé qu'il y eust enfans du mariage des donateurs, & pour ce protestoit que la correction qui en a esté faicte, ne luy puist prejudicier. Et au contraire le procureur du seigneur Duc & dame d'Estouteville, a dit que par la Coustume de Vexin le François, homme & femme ne peuvent faire donation l'un à l'autre, que des meubles, acquests & conquests immeubles, & pourveu qu'il n'y ait point d'enfans nez en mariage d'eux deux, & que les conjoints soient esgaux en biens, & que par tel don l'un d'eux ne soit plus advantagé que l'autre, & ainsi en avoir tousjours esté usé en ladite Chastellenie ; Parquoy proteste que la mutation qui a esté faite de ladite Coustume ne puist nuire ne prejudicier ausdits seigneurs Duc & dame, & aux droits ja à eux acquis ; Et par ledit seigneur de la Rocheguyon, a esté fait protestation contraire. Surquoy nous avons ordonné qu'ils auront lettres de leurs protestations.

Sur le cent quarante-sixieme, les deleguez des Estats de la Chastellenie de Compiegne, ont dit que par cy-devant par la Coustume ancienne, particuliere & locale de ladite Chastellenie, au cas contenu audit article, avec ce que le survivant noble peut prendre & apprehender les meubles demeurez du decès du trespassé, & outre lesdits biens meubles doivent appartenir audit survivant les acquests & conquests dudit trespassé : Et que en l'assemblée faite audit Compiegne desdits Estats, pour le present faict des Coustumes du Bailliage de Senlis, a esté conclud que ledit survivant ne prendroit, n'auroit & ne luy appartiendroient lesdits acquests & conquests : Et neantmoins consentoient, de ladite Coustume particuliere estre ordonné, & en user en ladite Chastellenie de Compiegne, selon ce que par nous en seroit diffiny sur la Coustume generale dudit Bailliage ; Et sur ce messire Jean de Sains, chevalier, seigneur de Marigny, s'est opposé à ce que lesdits acquests & conquests fussent ou soient distraits ; au moins a protesté que ce qui seroit fait & diffiny au contraire sur ledit article, ne luy puist prejudicier, n'à la maniere d'user par le temps passé de ladite Coustume en ladite Chastellenie de Compiegne. Surquoy, nous avons dit que ledit article demourera selon sa forme & teneur ; & que neantmoins sera faict mention en nostre procès verbal, de la declaration desdits Estats de Compiegne : Et si aura ledit de Sains lettres de sadite protestation.

Et suivant l'article cent quarante-huitieme, estoit mis l'article qui s'ensuit : *Il loist aux heritiers d'un trespassé requerir & demander aux executeurs du testament d'iceluy defunct, ledit testament pour iceluy accomplir, en baillant par lesdits executeurs pleige & caution suffisante d'accomplir ledit testament :* Lequel article, selon l'opinion de tous les Estats & du consentement d'iceux, nous avons ordonné estre rayé ; & que d'oresenavant ne sera plus usé de la Coustume y contenue.

Sur le cent cinquante-uniesme article, qui estoit de telle forme : *Quand aucuns enfans ont esté mariez des biens communs de leurs pere & mere, & l'un d'eux, soit le pere ou la mere, va de vie à trespas ; Si celuy enfant ou enfans ainsi mariez, veulent venir à la succession de tel trespassé, avec les autres enfans non mariez, faire le pourront, en rapportant la moitié de ce qui leur a esté donné en mariage, ou autrement advantagez, & si tous deux, c'est à sçavoir les pere & mere estoient decedez, tels advantagez rapporteront le tout :* Ledit article, prins les opinions de tous les Estats, & de leur consentement, a esté corrigé & mis en la forme contenue audit cayer sous pareille cotte. Sur ledit article, par maistre Philippe Fromont, procureur des seigneurs Duc & dame d'Estouteville, a esté dit, que par la Coustume de la Chastellenie de Chaumont, il ne loist à quelque personne que ce soit qui a enfans, advantager l'un plus que l'autre, ne donner aucune chose, sinon au traité de son mariage; laquelle Coustume a de tout temps & ancienneté esté gardée & observée, & en a l'on usé en ladite Chastellenie de Chaumont & escroissement de Magny : Parquoy il s'opposoit, & empeschoit que ledit article, ainsi qu'il est posé au cayer ancien des Coustumes anciennes dudit Bailliage, ait lieu en ladite Chastellenie de Chaumont : Et où il en seroit par nous fait aucune correction, immutation, correction ou modification, a protesté qu'elle ne puist prejudicier ne nuire ausdits seigneur Duc & dame d'Estouteville, & aux droits ja à eux acquis, & requiert estre expressément dit, que l'usance que d'oresenavant l'on en pourroit avoir, si aucune correction en estoit faite, fera comme nouvelle Coustume; parce que de toute ancienneté, elle estoit autre en ladite Chastellenie de Chaumont & escroissement de Magny. Et par ledit de Silly, seigneur de la Rocheguyon, en sa personne, garny de ses conseillers, a esté faite protestation contraire à celle desdits seigneurs Duc & dame d'Estouteville. Surquoy avons ordonné, que desdites protestations lesdites parties auront lettres; & que par nous en sera fait mention en nostre procès verbal.

Sur les cent cinquante-deux, cent cinquante-trois, & cent cinquante-quatrieme articles, desquels la teneur ensuit : *Si l'un de deux nobles conjoints ensemble par mariage, ayans enfans mineurs, va de vie à trespas, le survivant desdits deux conjoints, ou eux decedez, l'ayeul ou ayeule pourra avoir & accepter la garde noble desdits enfans, & en acceptant ladite garde, aura les meubles de tels mineurs, & si jouira de leurs heritages, sans payer quelque droit de relief, en offrant les foy & hommage au seigneur seulement, avec le chambellage, selon la nature du fief, pource que de pere à filz ou fille non mariée, n'y a que la bouche & les mains.*

Item, *Celuy qui a la garde d'aucuns mineurs nobles, iceux gardiens font les fruits des heritages desdits mineurs à eux, sans en rendre compte à iceux mineur ou mineurs quand ils viendront en aage. Et en ce faisant, seront tenuz de garder, nourrir & entretenir lesdits mineurs bien & honnestement selon leur estat, & entretenir les heritages desdits mineur ou mineurs, & les rendre en fin en aussi bon estat qu'ils estoient, quand ils prindrent ladicte garde noble, payer les debtes, testamens, obseques & funerailles, acquitter les mineurs, bien regir & gouverner les justices desdits mineurs, & à la fin icelles justices rendre quittes & deschargées de tous troubles & empeschemens mis & donnez esdites justices.*

Item, *Si la mere qui aura ainsi prins, que dit est la garde de ses enfans se remarie, à cause dudit mariage, sondit mary sera tenu relever & payer relief au seigneur feodal, pour raison de sesdits enfans mineurs.*

Le Procureur du Roy a requis la correction desdits articles, en ce que ladite garde noble est deferée à l'ayeul ou ayeule desdits mineurs. Semblablement le procureur dudit seigneur de Montmorancy, Connestable de France, messire François de Montmorancy gouverneur de Paris & Isle de France, en personne, & plusieurs autres gentils-hommes, ont requis ladite correction. Surquoy a esté la matiere mise en deliberation; & prins l'advis des assistans, officiers du Roy, & autres des trois Estats, a esté accordé que lesdits trois articles seront corrigez en la maniere qu'ils sont contenus audit cayer sous pareilles cottes.

Sur le cent cinquante-cinquiesme article, contenant en cette forme. Item, *Un enfant noble masle, est reputé aagé à vingt ans & un jour, & une fille à seize ans & un jour.* A esté accordé par les assistans, que pour la plus ample declaration dudit article, seront adjoustez ces mots, *toutesfois n'est permis l'alienation d'aucun immeuble, jusque à aage de droict, qui est de vingt-cinq ans accomplis.*

Aussi a esté accordé par tous les assistans, que l'article qui s'ensuit seroit rayé, & neantmoins en seroit faite mention au procès verbal, comme de Coustume ancienne. *Si plusieurs mineurs n'ont parent en ligne directe, ou que tel parent en ligne directe ne veuille prendre la garde noble desdits mineurs, les parens en ligne collaterale pourront prendre le bail de tels enfans, entre lesquels parens sera preferé l'aisné, qui atteindra tels mineurs au plus prochain degré. Lequel baillistre sera tenu relever les fiefs desdits mineurs, entrer en foy & hommage pour iceux mineurs, & payer finance; & fera tel baillistre les fruicts de tels heritages desdits mineurs siens : desquels heritages il sera tenu user comme bon pere de famille doit faire, sans ce qu'il soit tenu ne subject au compte. A la charge qu'il sera tenu payer les debtes, testamens, obseques & funerailles du trespassé, nourrir & entretenir lesdits mineurs, bien & suffisamment selon leur estat, & rendre en la fin les heritages d'iceux en bon estat, & leurs justices depeschées de tous troubles & empeschemens. Et si seront tenus inventorier, garder & rendre compte des meubles desdits mineurs qu'ils avoient à l'heure que le bail a esté prins :* Sur ce Raouland Thureau, procureur à Senlis du seigneur de Ravetost, garny de maistre Anthoine Harsent son advocat audit Senlis, a protesté pour ledit seigneur, que l'abrogation de ladite Coustume, & le contenu en l'article dessusdit qui en fait mention, ne puist nuire ne prejudicier audit seigneur, au procès que luy & sa femme ont en demandant à l'encontre du seigneur de Rasse, pour raison du bail noble de Mery, de sainct Simon mineur, frere de la femme dudit seigneur de Ravetost, qui est encores indecis en la Cour de Parlement à Paris; Et par Robert de Bonviller, procureur dudit seigneur de Rasse, a esté fait protestation contraire, dont lesdites parties auront lettres.

Sur le sept-vingts-seizieme article, dont la teneur ensuit : *En ligne directe en matiere de fief, comme de pere à fils, n'est deu aucune finance pour le droict de relief; mais seulement bouche & mains avec le chambellage, qui est selon la nature dudit fief; excepté les chastellenies de Mello & Moncy le chastel, & les fiefs qui en dependent, qui se relievent de toutes mains & mutations, tant en ligne directe que collaterale.* Ont esté faites plusieurs remonstrances & protestations, tant par monseigneur l'Evesque de Beauvais, le seigneur de Joy, le seigneur de Frenoy en Thelles, la dame d'Estouteville, qu'autres; dont leur a esté accordé lettres hors ce procès verbal, parce qu'il n'est question que de droicts particuliers, qui ne sont introduits par la Coustume : Et neantmoins, pour accorder la Coustume cy-dessus escrite, avec la Coustume locale du Vexin le François, les assistans sont condescenduz à la Coustume, telle qu'elle est contenue audit article cent cinquante-six dudit cayer.

Sur le cent soixante-unieme article, dont la teneur s'ensuit : *Quand aucun enfant est advantagé en mariage ou autrement par donation faicte entre-vifs de ses pere ou mere en ligne directe, tel advantage se peut tenir au transport à luy fait, sans ce qu'il puisse estre contraint à venir à succession, & rapporter tel advantage.* Les officiers du Roy en la Chastellenie de Ponthoise, adherans avec eux les deleguez des trois Estats d'icelle chastellenie, ont dit que par la Coustume ancienne de ladite chastellenie de Ponthoise, il n'estoit loisible à aucun advantager ses enfans, fors & excepté en mariage tant seulement; & neantmoins se sont condescenduz estre reiglez selon la Coustume dudit Bailliage contenue audit cent soixante-uniesme article, pour l'advenir. Aussi le seigneur de la Rocheguyon, & le procureur de la dame d'Estouteville, ont repeté les protestations cy-dessus par eux faictes. Surquoy prins les opinions des assistans, qui ont esté d'advis qu'on devoit adjouster audit article, la reservation de la legitime aux autres enfans du donateur, a esté ordonné ainsi estre faict, en la maniere qu'il est contenu audit livre coustumier en l'article sous pareille cotte; & neantmoins, que mention seroit faite en ce present procès verbal, de la declaration faite par les officiers & Estats de ladite chastellenie de Ponthoise cy-dessus, sur l'ancienne Coustume locale de ladite Chastellenie de Ponthoise, & des protestations faites par les dessusdits.

Après lecture faicte des anciennes Coustumes dudit Bailliage, estans souz le tiltre & rubriche, *Des successions des fiefs, & autres heritages roturiers & biens meubles*, & les corrections & additions cy-dessus faites, lesdits Estats ont accordé les Coustumes contenues ès articles cent soixante-neuf, cent soixante-dix, cent soixante-onze, cent soixante-douze, & cent soixante-treize, estre insereés & adjoustées audit Coustumier, sous ledit tiltre & rubriche, pour estre doresenavant gardées & observées audit Bailliage comme Coustumes generales, & sans prejudice du passé: excepté les procureurs des religieux, Abbé & convent de Chaaliicts & de Royaulmont, qui pour le regard du cent soixante-onze, ont dit avoir privilege de succeder. Surquoy avons ordonné par provision, pour le regard dudit cent soixante-onzieme article, & pour les autres simplement, que tous lesdits articles seront inserez audit Coustumier, selon les advis & consentement desdits Estats, sans prejudice au privilege pretendu par lesdits de Chaaliicts & de Royaulmont.

Sur le cent soixante-quinziesme article, l'Estat de noblesse a dit & remonstré, que le douaire ne devoit estre acquis à la femme, sinon qu'elle eut couché avec le mary. Ce qui a esté mis en deliberation; & pour la diversité des opinions, a esté ordonné que par maniere de provision, ledit article & autres subsequens, faisans mention de l'acquisition du douaire, demoureroient; sauf ausdits nobles à eux pourvoir à la Cour sur ladicte requeste.

Sur le cent soixante-seizieme article, les trois Estats de la chastellenie de Compiegne ont dit, que par l'ancienne Coustume de ladite Chastellenie, il n'estoit defendu d'estre heritier & douairier ensemble: mais se condescendoient estre reiglez selon la Coustume generale dudit Bailliage, pour l'advenir. Ce qui a esté ordonné estre faict.

Sur le cent soixante-dix-neuvieme article, les Estats de la chastellenie de Ponthoise, ont dit que par l'ancienne Coustume locale de ladite Chastellenie, la femme n'estoit saisie du douaire coustumier, mais le prenoit par les mains des heritiers; neantmoins consentoient pour l'advenir estre reiglez selon la Coustume generale dudit Bailliage. Ce qui a esté aussi ordonné estre faict.

A esté fait lecture d'un article dudit ancien Coustumier, contenant ce qui s'ensuit: *Combien que ladite femme ait esté douée de douaire prefix, comme dit est, neantmoins incontinent après le trespas de son mary ou que douaire aura lieu, peut ladite femme delaisser le douaire prefix, & prendre le douaire Coustumier.* Lequel article du consentement de tous les Estats & assistans à ladite assemblée, a esté rayé & abrogé; & a esté dit qu'il seroit fait Coustume contraire, telle qu'elle est contenue au cent quatre-vingt-troisiéme article dudit cayer. Et neantmoins a esté ordonné, qu'en ce present procès verbal seroit fait mention de ladite Coustme ancienne dessus declarée, pour le passé.

Après lecture faite des articles anciens, estans souz la rubriche *Des Douaires*, & des corrections & additions faites sur lesdits articles, lesdits trois Estats & assistans ont accordé les cent quatre-vingt-six & cent quatre-vingt-septieme articles estre adjoustez audit Coustumier, pour estre observez cy-après, sans prejudice du passé. Ce qui a esté ordonné estre fait.

Sur les articles cent quatre-vingt-dix-neuf & deux cens, contenans cette forme: *Quand aucuns biens, heritages ou rentes, situez & assis en la haute Justice d'aucun seigneur, sont dits & declarez confisquez, ledit haut-Justicier ne sera tenu payer aucune debte ne rente, n'arrerages d'icelle, si telle rente n'est proprietaire, ensaisinee ou infeodée, si c'est rente constituée.*

Item, *Si lesdits heritages ainsi chargez que dict est de ladite rente constituée, non ensaisinée ou infeodée, sont remis au domaine dudit seigneur feodal ou censuel par faute d'homme, droicts & devoirs non faits, confiscation par aubeine, ou commission de fiefs, en ce cas ledit seigneur feodal ou censuel ne seront tenu de ladicte charge ou rente non ensaisinée ou infeodée, & en demourera quitte.* Par le procureur du Roy a esté requis, qu'audit article fust adjousté que le seigneur haut justicier soit tenu des debtes du confiscant, & les payer & acquicter, ainsi qu'il disoit avoir esté advisé en l'assemblée faite des Estats audit Senlis, pour le fait des coustumes dudit Bailliage en l'an mil cinq cens & six. Et si a esté dit par luy, que le droict d'aubeine n'appartient à autre qu'au Roy, requerant en ce la correction desdicts articles: surquoy la matiere a esté mise en deliberation, & prins l'opinion des assistans, officiers du Roy, & autres des trois Estats, a esté accordé, que lesdits articles seront rayez & ostez dudit livre coustumier; & en lieu d'iceux seront mis les deux articles cottez comme les precedens, ainsi qu'ils sont escrits audit livre coustumier.

Sur le deux cens dixiesme article, le procureur du seigneur de la Rocheguyon a protesté, que le contenu audit article ne puist prejudicier au procès d'entre luy & la dame d'Estouteville; parce qu'il a maintenu que donation faite du mary à la femme, ou de la femme au mary par don mutuel, estoit bonne & valable, & entendoit l'avoir ainsi verifié audit procès. Le procureur de ladicte dame d'Estouteville a dit, que par la coustume de la Chastellenie de Chaumont, de tout temps & ancienneté gardée & observée, l'homme & la femme ne peuvent donner l'un à l'autre, que leurs meubles, acquests & conquests immeubles; pourveu qu'ils n'eussent point d'enfans d'eux deux, & qu'ils fussent esgaux en biens, & que par tel don, l'un ne fust plus advantagé que l'autre, dont il disoit avoir esté usé jusques à present; & a fait protestation contraire à celle dudit seigneur de la Rocheguyon; desquelles protestations ils auront lettres.

Sur le deux cens treiziesme article, le procureur de la dame d'Estouteville & le seigneur de la Rocheguyon, ont repeté les protestations ci-dessus escrites, dont ils auront lettres.

Sur le deux cens quatorziesme article, Germain Clopin, au nom & comme procureur des religieux, Abbé & convent de sainct Germer de Flay, seigneur des Couldray sous Marquest, Pusieux, Railly & Tardonne; nobles personnes, messire Jean de la Marche, chevalier de l'ordre & chambellan du Roy; Nicolas de Mouy, seigneur Chastelain de Beauvais; Jean de Monceaux, seigneur dudit lieu; Houdenc, Honouailles, Hermentieres, Germinviller & Martincourt; Robert Auboug, seigneur de Neufvillette, Villembray & Lame; & de Jean le Veneur, seigneur de Sonions, a remonstré, qu'ausdits seigneurs respectivement appartenoit droict de relief sur les terres roturieres tenues d'eux à censive; lequel droict est de douze deniers parisis pour chacune mine de terre labourable, cinq sols parisis pour chacun arpent de vigne, & autant pour arpent de pré, & cinq sols parisis pour mesure; lequel droict de relief estoit deu, sur peine de soixante sols parisis d'amende. A ces causes ont protesté, que les coustumes generales posées au cayer dudit Senlis, qui pourroient concerner & faire mention des droits de ventes, de relief & autres deuz ausdits seigneurs ne leur soient prejudiciables; & que doresenavant ils puissent, comme ils ont faict de tout temps, prendre & percevoir ledit droict. Surquoy a esté ordonné, que de ladite protestation lesdits seigneurs auront lettres.

Sur l'article qui s'ensuit. *Un chacun soit homme ou femme peut laisser par testament ou ordonnance de derniere volonté à un estranger ses meubles, acquests & conquests immeubles, avec le quint de son propre heritage ou à vie.* A esté advisé par les assistans, que ledit article seroit rayé, & au lieu d'iceluy seroient faits trois articles, lesquels lesdits assistans ont accordé; c'est à sçavoir les deux cens dix-sept, deux cens dix-huict, & deux cens dix-neuf, tels qu'ils sont couchez audit livre coustumier.

Après la lecture des articles de coustumes couchez au tiltre des donations, les assistans & deputez des trois Estats ont requis, l'article deux cens vingt-uniesme estre adjousté audit coustumier, pour y servir d'article de coustume. Ce qu'avons ordonné estre faict, du consentemene desdits assistans.

Sur le deux cens vingt-troisiesme, contenant ce qui s'ensuit. *Item, le lignager qui requiert & demande ledit heritage, ainsi vendu que dit est, est tenu offrir à l'acheteur bourse & deniers, & à parfaire pour ledit pur sort principal & loyaux coustemens, & continuer chacune journée & assignation procedant que ladite cause sert, ou consigner en main de justice ledit argent. Si le defendeur qui est l'acheteur ne consent lesdites offres estre faites une fois pour toutes, autrement ledit retrayant decherra de sadite action en matiere de retraict, & où l'acheteur acquiesceroit aux offres, le retrayant est tenu fournir à sesdites offres, dedans vingt-quatre heures: aliàs, il decherra dudit retraict.* Les assistans ont esté d'advis, que ledit article devoit estre corrigé, & qu'il suffisoit faire & continuer lesdites offres jusques au jour de la contestation, iceluy includ, & se sont condescenduz en l'article cotté de pareille cotte, escrit audit livre coustumier.

Sur le deux cens vingt-quatriesme article, contenant ce qui s'ensuit: *Item, retraict lignager n'a point de lieu, quand un heritage venu de propre est donné ou eschangé but à but, sans soulte à l'encontre d'autres heritages. Et quand ledit eschange est fait d'heritages d'une mesme nature & sans dol ou fraude, comme d'un heritage feodal à l'encontre d'un heritage tenu en fief, ou d'un heritage tenu en censive à l'encontre d'un autre heritage tenu en censive.* Les assistans ont esté d'advis de reformer ledict article en la maniere qu'il est couché au livre coustumier, souz pareille cotte.

Sur les deux cens vingt-six & deux cens vingt-septiesme articles dudit coustumier, les gens d'Eglise & du tiers Estat des Chastellenies de Ponthoise, ont dit, que le seigneur censuel ne pouvoit user de retenue des choses roturieres vendues: Parquoy empeschoient que ledit deux cens vingt-septiesme article eust lieu esdites Chastellenies. Soustenu au contraire par les nobles desdites Chastellenies, disans qu'esdites Chastellenies les seigneurs censuels avoient usé dudit droict de retenue des choses tenues d'eux à censives vendues, & qu'ils en avoient eu plusieurs sentences, mesmement le procureur du seigneur de Mery, a dit en avoir eu sentence aux requestes du Palais, contre un nommé Deusmes, habitant de Ponthoise: Pareillement Charles Pellevé, seigneur de Joy en Thelles, a exhibé deux sentences par luy obtenues, contre deux particuliers en ladite matiere de retenue censuelle: Lesquelles nous avons fait lire, & a esté trouvé que lesdites sentences avoient esté données du consentement des parties; quoy que ce soit, icelles non contredisans; & sur ce avons interrogé par serment, le doyen de Magny l'un des commis & deputez pour l'Estat de l'Eglise de la Chastellenie de Chaumont, sçavoir s'il avoit veu donner sentence ou jugement contradictoire en ceste matiere; qui a dit, que non; parce que jamais il n'avoit veu qu'aucun seigneur censuel desdites Chastellenies s'efforçast ou pretendist retenir aucuns heritages roturiers tenuz de luy en censive, par puissance de seigneurie, quand ils ont esté venduz: Et ce faict, avons prins les opinions des assistans, qui ont esté de diverses opinions, & depuis avons fait lire les cayers apportez par les officiers de ladite Chastellenie de Chaumont & Ponthoise, en ce qu'ils faisoient mention du droict de retenue, attribué aux seigneurs par puissance de seigneurie; & avons trouvé par la lecture d'iceux, qu'ès venditions des choses feodales les seigneurs feodaux avoient ledit droict de retenue: mais quant aux choses censuelles & roturieres n'en estoit faicte aucune mention. A cette cause avons ordonné que quant au deux cens vingt-sixiesme article, qui faict mention du droict de retenue desdites choses feodales, il demoureroit comme coustume generale, & non revoquée en doubte par tout le Bailliage de Senlis & Comté de Beaumont; Et quant à la coustume posée au deux cens vingt-septiesme article, avons aussi ordonné qu'elle demoureroit pour le regard des Chastellenies dudit Bailliage & Comté de Beaumont, autres que les Chastellenies de Ponthoise & Chaumont: Et neantmoins avons renvoyé les Estats d'icelles Chastellenies de Ponthoise & Chaumont à la Cour, pour leur estre pourveu sur ledit pretendu droict de retenue en matiere de roture, comme de raison.

Après lecture faicte des articles estans sous la rubriche de retraict lignager, les assistans ont esté concordablement d'advis d'y ajouster les deux cens trente-trois & deux cens trente-quatriesme articles; ce qui a esté ordonné estre fait.

Sur les deux cens trente-cinq & deux cens trente-sixiesme articles desdites coustumes, les Estats de la Chastellenie de Ponthoise & Chaumont ont fait pareille remonstrance, que contenu est ci-dessus sur les deux cens vingt-sixiesme & deux cens vingt-septiesme articles. Et si ont dit avoir coustumes locales pour saisine & dessaisine, & pour les amendes que les seigneurs peuvent pretendre. Semblablement les estats du Comté de Beaumont, Chastellenie de Chambly, & Chastellenie de Compiegne, ont dit avoir diverses coustumes esdites matieres de saisine & dessaisine. Et à cette fin ont exhibé leurs cayers respectivement; lesquels veuz & leuz, avons ordonné que les coustumes posées esdits deux cens trente-cinq & deux cens trente-sixiesme articles demoureront comme coustumes locales des Chastellenies de Senlis & de Creeil, & des Prevostez & Chastellenies enclavées en icelles. Et que pour le regard du Comté de Beaumont & Chastellenie de Chambly, seroient leurs coustumes locales articulées. Semblablement, pour le regard tant des Chastellenies de Chaumont & Ponthoise, que pour la Chastellenie de Compiegne, ainsi qu'il est contenu ès articles deux cens trente-sept, deux cens trente-huict, deux cens trente neuf, deux cens quarante, deux cens quarante & un, deux cens quarante-deux, deux cens quarante-trois, deux cens quarante-quatre, deux cens quarante-cinq, deux cens quarante-six, & deux cens quarante septieme dudit cayer.

Sur les deux cens quarante-huict, & deux cens quarante-neufiesme articles, le procureur de l'Evesque & Comte de Beauvais, ensemble le procureur du chapitre de Beauvais, & les nobles du Comté de Beaumont se sont opposez, & ont dit, que quand il est question de saisir heritages censuels, ils ne sont tenus de bailler main-levée aux opposans, sinon en baillant caution : Surquoy prins l'opinion des assistans qui ont accordé lesdits articles, a esté dit, que lesdits articles demoureront pour coustume generale, quant ausdits de chapitre & nobles du Comté de Beaumont : Et quant audit Evesque, aussi demoureront lesdites coustumes par provision, sauf à luy de soy pourvoir sur son opposition à la Cour, si bon luy semble.

Sur le deux cens cinquante-cinquiesme article, les procureurs dudit Evesque de Beauvais, de chapitre de Beauvais & de sainct Cornille de Compiegne ont dit, qu'outre la bouche & les mains que doit l'ancien vassal, il est tenu payer le droict de chambellage ; & ainsi en ont usé és fiefs tenus & mouvans desdits Evesque, chapitre, & Abbé de sainct Cornille : Surquoy prins l'opinion des assistans, a esté dit, que ledit article demourera pour coustume generale ; nonobstant l'opposition desdits de chapitre & de sainct Cornille. Et quant audit Evesque, a esté dit, sans prejudice de son opposition, sur laquelle il a esté renvoyé à la Cour, que par maniere de provision ladite coustume demoureroit.

Après la lecture faicte des articles estans en l'ancien cayer dudit coustumier, sous le titre & rubriche de saisine & dessaisine ; Les practiciens du siege de Senlis ont remonstré, que par lesdites anciennes coustumes n'estoit determiné, quels droicts seigneuriaux estoient deuz pour heritages eschangez ; Et si ont remonstré que les seigneurs censuels ou leurs receveurs, bailloient lettres de saisine sans estre tesmoignées ou souscrites d'autres que d'eux ; dont il advenoit plusieurs querelles & procès ; requerans que sur ce leur fust pourveu ; Surquoy avons requis les assistans, sur la maniere d'user esdits heritages eschangez ; qui ont tous esté d'accord, qu'en heritages feodaux eschangez il estoit deu droict de relief, avec droict de chambellage ; Et quant aux heritages roturiers, n'estoit deu que le droict de saisine, sans ce qu'on fust tenu payer aucunes ventes ; excepté les estats de la Chastellenie de Compiegne, qui ont dit, qu'en eschange d'heritages roturiers assis en diverses seigneuries, estoit deu droict de ventes & de saisine ; & qu'ainsi en avoient usé de tout temps ; avec lesquels ont adheré aucuns des Nobles de la Chastellenie de Chaumont, disans qu'ils en avoient usé comme en ladite Chastellenie de Compiegne, aussi les procureurs de l'Evesque de Beauvais, & de chapitre dudit Beauvais, qui ont dit, que tant en heritages feodaux que roturiers, estoient deuz ausdits Evesque & chapitre droicts de relief, de chambellage, & de ventes, & autres droicts particuliers ; protestans, qu'où, pour raison desdits droicts, seroit fait article de coustume, qu'il ne leur puist prejudicier : Surquoy, prins les opinions des assistans, la pluspart desquels ont dit, que desdits droicts devoit estre fait article comme de coustume ancienne : Avons ordonné que sans prejudice à l'opposition faite par ledit Evesque de Beauvais seroit fait article de coustume desdits droicts seigneuriaux deuz pour raison d'heritages eschangez, selon qu'il est contenu en l'article deux-cens cinquante-sept. Et quant à la remonstrance faite pour raison des lettres de saisine qui ne sont tesmoignées, les assistans ont esté d'advis, qu'on en devoit faire article de coustume pour l'advenir. Ce qui a esté fait selon ce qu'il est contenu au deux cens cinquante-huictiéme article.

Sur le deux cens soixante-huictiéme article, les officiers du Roy à Compiegne, ont dit, que par cidevant en la coustume ancienne, observée & gardée en la ville & Chastellenie dudit Compiegne, dont fait mention ledit article, avec veues & esgout, y avoit enclaves, qui pareillement n'acqueroient point de prescription ; Aussi Regnault Picard, prevost de ladite ville de Compiegne, à cause de ce que lesdites enclaves n'estoient contenus & compris audit article, a protesté que ce ne luy puist prejudicier, n'a certain procès & matiere, que pour raison de ce il a dit avoir audit Compiegne : Surquoy a esté ordonné, que lesdits officiers de Compiegne & Picard, auront lettres de leurs declarations & protestations, & que d'icelles sera faite mention en notre procès verbal : Et que neantmoins, ledit article demourera comme il gist.

L'article cotté deux cens soixante-neufiéme, a esté trouvé au cayer apporté par les estats de la Chastellenie de Ponthoise ; lequel a esté leu, & ont accordé tous les assistans, ledit article estre enregistré comme coustume generalle dudit Bailliage, ce qui a esté ordonné.

Après la lecture faite du deux cens quatre-vingt-quatriesme article qui contenoit cette forme. *Pour valider & rendre vallables les criées faites d'aucuns heritages, pour estre vendus par decret au plus offrant & dernier encherisseur, par vertu des lettres obligatoires ou condemnations sur ce faites, convient & est requis que les criées de tels heritages que l'on veut ainsi vendre par decret, soient faites publiquement aux sieges où lesdits heritages seroient vendus, & si les heritages criez sont assis en autre Chastellenie que celle où ils sont vendus, convient qu'ils soient criez au siege & auditoire ordinaire de la chastellenie ou prevosté, où sont assis tels heritages par sergent, ayant pouvoir de ce faire, soit par obligation ou condemnation à faute de payement & biens meubles, trouvez pour satisfaire au deu par quatre quatorzaines, sans discontinuation : Et si convient qu'elles soient rapportées ou relatées par escrit au juge, par devant lequel decret de tel heritage ainsi crié se doit adjuger : Et aussi que le debteur, sur lequel se font lesdites criées, soit adjourné à sa personne, pour voir adjuger tels heritages par decret : Et au cas que le debteur ne pourroit estre adjourné à sa personne, il convient que sur l'adjournement qui seroit fait à son domicile, y ait procedure en cause par devant ledit juge du decret, avec procureur fondé de procuration expresse pour consentir ou empescher telle adjudication de decret, & là où telle solennité n'y auroit esté faite, y conviendroit avoir authorisation du Roy ou de sa chancellerie pour valider tel adjournement, les autres solennitez en tels cas requises & observées:* Les praticiens ont remonstré, qu'au moyen des difficultez qui advenoient esdites criées pour les discussions des biens meubles & autres solennitez introduites par ledit article, les decrets d'heritages & matieres de criées estoient immortels, & ne pouvoient les creanciers estre payez de leur deu, requerans que sur ce leur fust pourveu, & ledit article estre corrigé : Surquoy prins les opinions des assistans, se sont tous condescendus que ledit article seroit corrigé, & au lieu d'iceluy seroient faits deux articles ainsi qu'ils sont couchez, ès deux cens quatre-vingts-quatre & deux cens quatre-vingts-cinquieme articles dudit coustumier : ce qui a esté ordonné.

Après la lecture faite du cayer & livre coustumier ancien dudit Bailliage & es additions, corrections & diminutions ci-dessus mentionnées faites & arrestées, les praticiens dudit Bailliage, & aucuns desdits estats nous ont remonstré qu'encores y avoit eu des obmissions, & que plusieurs coustumes avoient esté gardées & observées par tout ledit Bailliage, qui n'estoient escrites n'y adjoustées audit coustumier, c'est à sçavoir les articles parlans de prescription, cottez audit cayer cent quatre-vingt-quinze & cent quatre-vingt-seize.

Avoit esté aussi obmis à mettre sous le tiltre & rubriche de retrait lignager, l'article cotté audit cayer deux cens trente-quatre.

Avoit aussi esté obmis au tiltre de saisine & dessaisine les coustumes generales contenues audit cayer, & cottées deux cens cinquante neuf, deux cens soixante, deux cens soixante-un, deux cens soixante-deux, & deux cens soixante-trois.

Avoit aussi esté obmis sous ledit tiltre de saisine & dessaisine, les coustumes locales des chastellenies de Chaumont & Ponthoise, declarées audit cayer, cottées deux cens soixante-quatre, & deux cens soixante-cinq.

Pareillement a esté obmis sous le tiltre de donations, l'article contenu audit cayer, cotté deux cens vingt-un.

Aussi a esté obmis sous le tiltre de saisine & possession acquerir, la coustume contenue audit cayer en l'article deux cens soixante-douze.

Plus a esté obmis sous le tiltre de decret d'heritages, les coustumes declarées audit cayer, ès articles cottez deux cens quatre-vingts-neuf, deux cens quatre-vingts dix, & deux cens quatre-vingts-unze.

A esté ordonné du consentement des assistans, que lesdites coustumes seroient adjoustées audit coustumier sous les tiltres, & ainsi que contenu est ci-dessus pour estre gardées comme les autres coustumes dudit Bailliage. Sauf que le procureur de monsieur de Beauvais a dit que ledit Evesque de Beauvais estoit seigneur voyer, & protestoit que la coustume, posée en l'article cotté deux cens soixante-douze, parlant des chemins Royaux, ne luy puist nuire ne prejudicier.

Ce fait, nous Commissaires dessus-nommez, avons inhibé & defendu à tous juges, aux personnes desdits estats ainsi comparans, aux deleguez d'iceux, & à tous autres, tant en general que particulier, de n'alleguer ou souffrir estre allegué pour l'advenir autres coustumes que celles dont dessus est faite mention, contenues audit coustumier, & de faire d'oresenavant preuve d'icelles en aucune maniere que ce soit, si n'est par l'extraict du cayer ou registre d'icelles, selon & ainsi qu'il nous est mandé faire par lesdites lettres patentes dessus transcrites. A la charge toutes-fois des oppositions formées par les personnes & parties dessus-nommées, dont aussi ci-dessus est faite mention & sans prejudice d'icelles. En tesmoin de ce nous avons signé ces presentes : lesquelles nous avons aussi fait signer par ledit maistre Nicole Morel, lieutenant general dudit Bailliage. Et par ledit Jean Roussel greffier.

A. GUILLART. N. THIBAULT. N. MOREL. J. ROUSSEL.

Trad. Curiæ per Magistrum Nicolaum Thibault *procuratorem generalem Regis* XIII. Novemb. M. V. XXXIX.

TABLE DES TITRES DES COUTUMES DE SENLIS.

COUTUMES GENERALES DU BAILLIAGE ET COMTÉ DE CLERMONT EN BEAUVOISIS[a],

Et de tout le ressort d'iceluy.

Rubriche des Adjournemens.

ARTICLE PREMIER.

Pour quels exploits est requis commission

PREMIEREMENT, par la Coustume du Bailliage & Comté de Clermont, pour faire adjournemens, arrests sur fruicts & despouilles d'heritages, & executions en la ville & fauxbourgs dudit Clermont, & par toute la banlieue, n'est requis avoir & prendre commission, excepté pour adjournemens personnels, & prinses de corps decretées pour delict.

Delais sur les assignations données aux gens d'Eglise.

II. *Item*, Toutes personnes nobles, colleges, gens d'Eglise, de religion & communautez, doivent pour le premier adjournement seulement, estre adjournez hors huictaine (*b*); excepté en cas de peril, delicts, provisions & arrests.

De l'assistance que doit demander le sergent qui exploite, & à qui.

III. *Item*, Aucun sergent ne pourra exploicter en la terre d'un haut-Justicier, sans luy demander assistance ou à ses officiers, sur peine de soixante sols parisis d'amende; fors & excepté en la ville & fauxbourgs dudit Clermont; à laquelle pour la diversité des jurisdictions, suffira de demander assistance au Juge Royal, ou à son lieutenant : toutesfois, s'il est question d'une prinse de corps, la pourra le sergent executer, avant que demander ladite assistance; sans toutesfois qu'il puisse transporter le prisonnier qu'il ne l'ait notifié audit haut justicier, ou ses officiers. Et est enjoint audit haut justicier, sous couleur de ladite assistance, ne permettre aucun abus estre faict.

De l'amende du défaut.

IV. *Item*, Quand une personne noble adjournée pardevant le Baillif, gouverneur de Clermont, ou autre Juge, se laisse mettre en un ou plusieurs defaux, tel defaillant est tenu payer dix sols parisis pour chacun defaut, ès lieux & jurisdictions où le roturier paye cinq sols parisis; & quinze sols parisis, ès lieux où le roturier payo sept sols six deniers parisis; & autant pour chacune erramme (*c*), & pour chacun reclain, quand le cas y eschet.

---

a DE CLERMONT EN BEAUVOISIS. Ces Coutumes ont été commentées par M. Laurent Bouchel, Avocat en Parlement, en l'an 1631. J. B.

Claromontani sibi adscripserunt peculiares leges jam ex quo Robertus eo dominatu potitus est, ab paterna Divi Ludovici donatione quod auctoritate Philippi de Biamanoir, judicis Claromontani in libro Claromont. consuetud. Probat Choppinus de communi Gallic. consuetud. præcept. part. 32. cap. 4. num. 1. ubi addit, quod anno 1539. duumviri instaurarunt has consuetudines & ex Bouchel hic. J. B.

b ART. 2. *estre adjournez hors huictaine.* C'est-à-dire, qu'il doit y avoir huitaine franche entre le jour de l'exploic & de l'assignation.

c ART. 4. *erramme*, semble signifier procedure, expedition ou errement, comme reclain signifie demande & poursuite qui se fait en Justice. *Voy. l'Indice de Ragueau.*

Rubriche de Retraict Lignager.

Retrait lignager, quand a lieu, & au profit de qui.

V. ITEM, En matiere de retraict, toutes & quantes fois qu'aucune personne a propre heritage à luy venu & escheu par la succession d'aucun son parent, & telle personne vend à tousjours iceluy heritage, à aucun estranger du costé & ligne dont iceluy heritage est venu & escheu, il loist au lignager du vendeur dudit costé & ligne, en dedans l'an & jour de ladite vente, ou de la saisine sur ce baillée (*a*), r'avoir & demander iceluy heritage audit acheteur par retraict, en luy rendant le prix du principal achapt, ses loyaux fraiz, mises & coustemens, tels que de raison.

Le retrait se doit faire sans fraude, & le retrayant tenu affirmer.

VI. *Item*, Un retraict lignager se doit faire par le retrayant, sans fraude, de ses deniers, & à son profit, sans prester son nom à autre estranger; autrement tel retrayant n'est recevable à poursuivir ledit retraict; & outre, pour en averer la verité, peut estre contraint à en dire par serment: car la cause de retraict est, afin que l'heritage vendu demeure en la ligne dont il est issu.

En cas de revente, contre qui doit s'addresser le retrayant.

VII. *Item*, Si le vendeur de son propre heritage s'est d'iceluy dessaisi au profit d'un acheteur, & tel acheteur le revend, donne, ou transporte à quelque autre personne, le retrayant lignager sera recevable à soy addresser contre ledit premier acheteur, si bon luy semble (comme reputé possesseur dudit heritage) ou contre le second & dernier acheteur, en dedans l'an & jour de la premiere vendition, ou de la saisine sur ce faicte; en rendant comme dessus, le prix du principal achapt, & loyaux coustemens de la premiere acquisition tels que de raison.

Du retrait de l'heritage vendu d'abord à un parent, & aliené ensuite hors de la ligne.

VIII. *Item*, Si aucun vend son propre heritage à un sien parent lignager, du costé & ligne dont iceluy heritage est venu & escheu à iceluy vendeur, & il advient que le dessusdit lignager, après ce qu'il aura jouy d'iceluy heritage ainsi à luy vendu, le revend à une autre personne estranger de ladite ligne; en ce cas, un parent dudit premier ou second vendeur, dudit costé & ligne en dedans l'an & jour d'icelle seconde vendition, ou de la saisine, est recevable de r'avoir & demander ledit heritage par retraict, en remboursant le pur sort, & loyaux coustemens.

Pour le retrait ne sont dûes ventes.

IX. *Item*, Le retrayant de tels heritages à luy rendus ou adjugez par retraict, n'est tenu envers le seigneur dont ce meut, payer aucuns droits de ventes, au cas que paravant il en auroit esté payé par l'acheteur, duquel s'est fait ledit retraict.

Du retrait lignager sur le seigneur qui a retenu l'heritage par puissance de seigneurie.

X. *Item*, Si le seigneur retient à soy & par puissance de seigneurie, quelque heritage tenu de luy, auparavant vendu par une personne auquel appartenoit de son propre, à un autre tout estrange; en ce cas un lignager dudit vendeur du costé & ligne dont ledit heritage est venu, peut & luy loist en dedans l'an & jour de ladite retenue, r'avoir dudit seigneur par retraict iceluy heritage, en le remboursant du pur sort qu'il en a payé; droits seigneuriaux si payez n'ont esté, ensemble les loyaux coustemens, fraiz & mises, tels que de raison.

Du retrait mi-denier.

XI. *Item*, Quand aucun heritage propre du vendeur est acquis durant & constant le mariage de deux conjoints, dont l'un d'iceux est parent & lignager dudit vendeur, du costé & ligne dont ledit heritage appartenoit audit vendeur, tel heritage ainsi vendu ne gist en retraict durant & constant ledit mariage: mais après le trespas de l'un des conjoints, la moictié dudit heritage gist en retraict, à l'encontre de celuy qui n'est lignager, ou de ses hoirs (s'ils ne sont lignagers dudit vendeur, du costé & ligne dont ledit heritage appartenoit à iceluy vendeur) dedans l'an & jour du trespas du premier mourant desdits conjoints; supposé qu'il eust eu saisine ou infeodation prinse durant iceluy mariage; en rendant & payant par le retrayant la moictié du sort principal, fraiz & loyaux coustemens.

En donation n'y a retrait.

XII. *Item*, En dons purs & simples faits à tousjours, du propre heritage, sans charge onereuse, soit entre vifs ou par laiz testamentaires, n'y chet aucun retraict.

N'y a retrait en échange d'heritages sans soulte & sans fraude.

XIII. *Item*, En eschange d'heritage à autre d'une mesme nature (comme de fief à fief, ou d'heritage roturier à heritage roturier) sans soulte, n'y chet retraict; ainçois les heritages ainsi eschangez, sortissent aux parties qui les baillent par eschange, la nature de celuy ou ceux qu'ils ont ainsi eschangez.

XIII. *Item*, En permutation d'heritages, soit qu'elle soit faicte d'heritage feodal à heritage roturier, ou autre droict reel, comme de rente proprietaire, n'y chet aucun retraict, pourveu qu'il soit fait but à but, sans soulte & sans fraude.

Des réparations faites pendant l'an de retrait.

XV. *Item*, Si aucun a acquis d'un autre son propre heritage, comme maisons & autres edifices, & il advient que pendant l'an du retraict, l'acheteur à son plaisir & sans aucune necessité, y faict aucunes reparations, autres que pour l'entretenir en son estre; en ce cas, le retrayant desdites maisons comme lignager, n'est tenu rendre lesdites reparations, & ne sont reputées pour loyaux coustemens.

XVI. *Item*, Et quant à terres ou vignes, si lesdites terres ont esté pendant l'an du retraict labourées ou semencées, & lesdites vignes labourées, le retrayant sera tenu rendre lesdits labeurs, semences & amendemens necessaires; & aussi il aura les fruicts & despouilles venus par le moyen desdits labeurs, estans lors dudit retraict sur lesdits heritages.

Des fruits perçûs & recueillis par l'acquereur.

XVII. *Item*, Si un acquesteur de terres, vignes, ou autres heritages chargez d'aucuns fruicts, pendant l'an du retraict, lieve ou emporte, en temps deu, lesdits fruicts dont ils sont chargez, avant qu'il soit poursuivi audit cas de retraict; en ce cas, iceluy acquesteur n'est tenu rendre aucune chose desdits fruicts: & neantmoins sera remboursé de son pur sort, & loyaux coustemens; autres que les labeurs, au moyen desquels sont venus les fruicts, ainsi comme dit est par luy levez & emportez.

Pendant l'an du retrait, il faut user des choses comme un pere de famille.

XVIII. *Item*, Et au cas que tels acquesteurs de propres heritages y feroient aucuns excès, pendant ledit an & jour de retraict, (comme d'y couper arbres portans fruicts, demolir edifices, pescher viviers, couper bois, autrement qu'en temps deu) tels acquesteurs, là où la chose est rendue par retraict, sont tenus de restitution de la valeur des choses ainsi induement faictes & prises; & outre, des dommages & interests, qui seront estimez par gens à ce cognoissans.

En échange avec soulte y a retrait.

XIX. *Item*, En matiere d'eschange où il y a soulte, s'il y a soulte excedant, ou venant à equalité de valeur de l'heritage baillé en contre-eschange, tellement que le contract participe, autant ou plus de vendition que d'eschange; en ce cas, si l'heritage estoit propre à cestuy qui auroit prins ladite soulte, tel heritage sera subjet à retraict pour ladite soulte, & pour la valeur dudit heritage baillé en contre-

a ART. 5. *ou de la saisine sur ce baillée.* Laquelle est valable pour exclure l'action de retrait après l'an & jour, nonobstant que le seigneur n'y ait mis & inseré aucuns témoins aux termes de l'article 94. de cette Coutume. J. B.

eschange, selon la commune estimation d'iceluy : & où ledit contract participeroit plus d'eschange & de permutation, que de vendition; en ce cas, tel heritage propre ne cherra en retraict lignager.

Quand l'heritage est propre a l'effet du retrait. XX. *Item*, Si le pere ou la mere donnent à leur enfant aucun heritage en mariage, ou autrement, iceluy heritage, de quelque costé qu'il soit venu ausdits pere & mere, soit par acquest ou autrement, est fait propre heritage audit enfant; & chet en retraict, si depuis il est par ledit enfant vendu.

En échange d'heritage avec meubles, y a lieu au retrait. XXI. *Item*, Heritage qui est eschangé à l'encontre d'un cheval ou autre marchandise, chet en retraict; pource qu'avant qu'eschange empesche retraict, il est requis que les choses eschangées soient d'une mesme qualité, & que l'une des choses soit aussi bien immeuble que l'autre.

Formalitez des offres. XXII. *Item*, Quand aucun procès se meut entre parties audit cas de retraict, le demandeur (en ce cas) est tenu faire & persister en ses offres, monstrer bourse & deniers, & offrir à parfaire, à chacune journée & assignation, pour les prendre & recevoir par sa partie adverse, si faire le veut, jusques à contestation faite en cause, ou que les deniers ayent esté consignez (a) : autrement, & si ainsi ne le fait & il est objicé au contraire, le defendeur doit obtenir congé de Cour, portant gain de cause.

En quel tems il faut executer le retrait. XXIII. *Item*, Si par jugement contradictoire, ou du consentement des parties, la chose demandée par retraict est adjugée à la partie retrayant, iceluy retrayant a vingt-quatre heures pour compter, delivrer & rendre les deniers du pur sort & loyaux coustemens; qui sommairement se pourront liquider, à compter de l'heure que l'acquesteur aura mis au greffe les lettres d'acquisition, & fait signifier à sa partie ou son procureur, & affermé lesdites lettres contenir verité; & où il seroit defaillant de ce faire, tel retrayant dechet de l'effect de sadite sentence, & de son intention.

XXIV. *Item*, Et pour le regard de ce qui n'auroit esté liquidé, le retrayant sera par semblable tenu de compter, fournir, & delivrer audit acquesteur, les deniers à quoy se montera ladite liquidation, en dedans ledit temps de vingt-quatre heures, après qu'elle aura esté faite, ou signifiée audit acquesteur ou à son procureur; autrement decherra dudit retraict, comme dit est.

Dans quel tems doivent venir les parens lorsque le premier demandeur est débouté. XXV. *Item*, Si ledit retrayant estoit ès cas dessusdits, debouté dudit retraict, les parens lignanagers, autres que ledit demandeur, sont & peuvent estre recevables, à demander & avoir par retraict la chose dont est question en iceluy; pourveu qu'ils y viennent en dedans l'an & jour de ladite vendition ou saisine.

Le plus diligent lignager est preferé. XXVI. *Item*, Quand il y a plusieurs parens, venans & concurrens au retraict lignager d'aucun heritage vendu subjet à retraict, celuy qui est le premier & plus diligent en poursuite, est & doit estre preferé (audit retraict) à tous autres subsequens & diligens; supposé qu'ils fussent plus prochains parens & lignagers dudit vendeur.

N'a lieu retrait en acquests. XXVII. *Item*, En acquest, retraict lignager n'a point de lieu; sinon comme il est dit ci-dessus.

De l'heritage retenu par puissance de seigneurie, & dans quel tems peut être retiré par retrait lignager. XXVIII. *Item*, Quand aucun heritage, ou autre chose reputée immeuble, est vendu de partie à autre, & le seigneur de qui la chose vendue est mouvant, le retient pour ses deniers, par puissance de seigneurie, tel seigneur est reputé saisi & vestu d'iceluy heritage, ou autre chose reputée immeuble, incontinent & dès le temps de ladite retention, au prejudice des lignagers du vendeur; en telle maniere, que celuy ou ceux qui voudroient avoir & demander ledit heritage, ou chose immeuble, par retraict lignager, sont tenus de demander & requerir ledit retraict, en dedans l'an & jour de ladite retention; & est requis, qu'icelle retention soit faite par-devant Juge, ou personnes publiques.

En transaction sans fraude, n'y a retrait. XXIX. *Item*, En transaction faite sans fraude, d'aucuns heritages litigieux entre parties, n'y chet aucun retraict; quand en telles transactions, n'y a chose qui puisse estre dicte equipolente à vendition.

Du quint des propres vendu par les executeurs testamentaires. XXX. *Item*, Si un testateur ordonne par son testament, le quint de ses propres heritages estre vendus par ses executeurs, pour certaines causes contenues audit testament, & lesdits executeurs ont fait ladite vendition; les parens lignagers d'iceluy testateur du costé dont iceluy heritage luy estoit escheu, peuvent & leur loist, en dedans l'an & jour d'icelle vendition, ou de la saisine sur ce baillée, demander & r'avoir par retraict ledit quint de propre heritage, en rendant le prix qu'il aura esté vendu, avec les loyaux coustemens.

Celui qui est débouté ne peut revenir au retrait. XXXI. *Item*, Si aucune personne poursuit un autre audit cas de retraict, & au jour suivant un autre continuel, & dependant d'iceluy, la partie demanderesse est defaillant, & ne compare point, tel defaillant perd sa cause de retraict, & n'y peut jamais recouvrer, supposé, qu'il soit encores dedans le temps du retraict.

Du retrait de rente vendue sur les propres. XXXII. *Item*, Quand aucun a vendu rentes sur ses propres heritages, à personne estrange, non estant du lignage dont procedent lesdits heritages, il est loisible au parent lignager du costé dont procedent lesdits heritages propres, de demander & requerir en jugement, avoir ladite rente par retraict, dedans l'an & jour de la vendition d'icelle rente, ou en dedans l'an & jour de la saisine ou infeodation prinse par l'acheteur d'icelle rente; en remboursant comme dit est.

Fruits, de quand dûs en matiere de retrait. XXXIII. *Item*, En matiere de retraict lignager, les fruicts sont deuz au retrayant qui obtiendra, du jour de la consignation par luy faite, auparavant litiscontestation; & si consignation n'y a, du jour de ladite contestation.

Rubriche des Actions Personnelles & Hypotheques.

Heritiers, comment tenus des fruits & promesses du défunt. XXXIV. ITEM, Les heritiers d'un trespassé sont tenus personnellement des faits, promesses, & obligations du defunct, pour telle part & portion qu'ils sont heritiers, & hypothequairement pour le tout, quand hypotheque y a.

De l'hypoteque, comment se crée, & que l'action hypotequaire ne se divise. XXXV. *Item*, Hypotheque a lieu audit Comté de Clermont, & s'engendre, à cause d'obligation passée sous seel Royal, ou authentique, & ne se divise point ladite action; ains se peut intenter pour le tout, à l'encontre de tous ceux qui seront trouvez detenteurs d'heritages, ou biens immeubles, obligez audit hypotheque; en declarant du costé du creancier, que de son deu il n'entend estre qu'une fois payé; le tout sans prejudice à l'action, ou execution qu'il peut faire contre son obligé, s'il est vivant; ou à l'encontre de ses heritiers.

(a) ART. 22. *ou que les deniers ayent esté consignez*; après laquelle consignation faite par autorité de Justice & dûement signifiée, il n'est plus besoin de faire ni réiterer les offres; *Quia consignatum semper loquitur*, M. Louet, *litt. R. num.* 35. *ubi dixi.* J. B.

De la priorité ou posteriorité en matiere de rentes.

XXXVI. *Item*, En toutes rentes proprietaires & rentes constituées (*a*), ensaisinées ou infeodées, y a priorité & posteriorité; en sorte, que lesdites rentes qui sont premieres creées, sont les premieres payées, tant du pur sort que des arrerages.

Du concours de plusieurs acquereurs ou donataires.

XXXVII. *Item*, Quand aucuns heritages & possessions, nobles ou roturiers, sont vendues, données, ou transportées plusieurs fois, & à diverses personnes, l'acheteur, donataire, ou acquesteur, qui est le premier saisi ou infeodé, ou qui a prins possession, par apprehension de fait, d'iceux heritages, doit preferer tous les acheteurs, acquesteurs, ou donataires, non ensaisinez, ou non ayans prins possession par apprehension de faict; & est tel acheteur, acquesteur, ou donataire, privilegié au prejudice des acquesteurs, acheteurs ou donataires, non ensaisinez ou infeodez, ou non ayans prins possession par apprehension de fait; pourveu que telles acquisitions, donations, ou transports, soient faits sans fraude.

De l'action hypothequaire entre les tiers détenteurs.

XXXVIII. *Item*, Si un homme oblige luy & tous ses biens, à payer quelque charge réelle, ou autre somme de deniers pour une fois, & depuis tel obligé vend & aliene ses heritages à autres personnes, & il advient que ledit obligé est après trouvé insolvable de payer ledit deu; le creancier, en ce cas, peut & luy loist poursuivir en action d'hypotheque, les detenteurs desdits heritages; à ce qu'ils soient tenus les delaisser, pour estre vendus & adjugez par decret à l'acheteur plus offrant & dernier encherisseur; pour les deniers qui en viendront, estre convertis au fournissement dudit deu; pourveu que la poursuite soit intentée avant que prescription ait lieu.

Du déguerpissement par un tiers détenteur.

XXXIX. *Item*, Quand un tiers detenteur d'aucun heritage est poursuivi, pour raison d'aucune rente, dont est chargé ledit heritage qui luy a esté vendu sans la charge de ladite rente, & dont il n'avoit eu cognoissance paravant ladite poursuite, après qu'il a sommé son garant ou celuy qui luy a vendu & promis garantir ledit heritage, lequel luy defaut de garantie, ledit tiers detenteur ainsi poursuivy, avant que de contester en cause, peut renoncer audit heritage; & en ce faisant il n'est tenu de ladite rente & arrerages d'icelle; supposé mesmes que les arrerages fussent & soient escheuz de son temps, & paravant ladite renonciation.

Comment peut être poursuivy le tiers détenteur d'heritage chargé de rente ou autre charge réelle.

XL. *Item*, Un detenteur ou proprietaire d'aucuns heritages, ou autre chose reputée immeuble, ou de partie & portion, chargez d'aucune rente ou charge reelle, est tenu personnellement & hypothequairement, payer chacun an la rente ou charge reelle, tant & si longuement qu'il en sera detenteur & possesseur, mesmement les arrerages qui en seront deuz; & tel detenteur ou proprietaire en peut estre poursuivi sans division ne discussion.

De la confusion de la rente réelle par l'acquisition de l'heritage chargé d'icelle.

XLI. *Item*, quand aucun a acquesté aucun heritage, ou autre chose reputée immeuble, & tel heritage ou chose immeuble est chargé envers l'acquesteur d'aucune rente ou charge reelle, telle rente ou charge reelle, par le moyen de ladite acquisition, est en soy confuse; en telle maniere, que deslors iceluy acquesteur, pour la raison de sadite rente ou charge reelle, n'est plus recevable d'en faire demande, action ou poursuite; pourveu toutesfois qu'il n'y ait autres heritages obligez & hypothequez à ladite rente; auquel cas sera confuse ladite rente ou charge reelle, *pro rata*.

De l'ordre d'hypotheque entre deux rentes.

XLII. *Item*, Si un homme a rente sur une maison ou autre heritage, & il vend partie de ladite rente, icelle rente vendue est & demeure premiere; & celle que le vendeur retient à soy, est derniere & soumise à la premiere, quand il y a sur ce obligation.

De cedule reconnue, & quelle emporte hypotheque.

XLIII. *Item*, Une cedule privée, deuement causée (*b*), qui porte promesse de payer, emporte hypotheque du jour de la confession d'icelle faicte en jugement; & emporte garnison de main, ès mains du creancier, au profit duquel elle est recogneue, en baillant caution.

Rubriche de Complainte, en cas de Saisine & de Nouvelleté.

Quand se peut intenter complainte.

XLIV. ITEM, Quand aucun possesseur d'aucun heritage, ou droict reel, reputé immeuble, est troublé & empesché en sa possession & jouissance, il peut & luy loist soy complaindre & intenter poursuite en cas de saisine & de nouvelleté dedans l'an & jour du trouble à luy fait, & donné audit heritage & droict reel, contre celuy qui l'a troublé; autrement l'on n'est recevable.

a ART. 36. & rentes constituées, *Infrà*, *art. 65*. Il y a Arrest donné en la des Enquestes, au rapport de M. le 17. Septembre 1643. sur l'ordre de la principauté de Conty, après enquestes par turbes faites des villes de Clermont & de Beauvais, en execution de l'Arrest dû 21. Mars 1643 sur l'usance & commune observance des articles 35. 36. & 65. de cette Coutume, par lequel il est dit que le Beau, la veuve Jacquart & les heritiers de M. René Feydeau, seroient mis en ordre du 27. Octobre 1610. pour le sort principal & arrerages des rentes y mentionnées, comme étant les contrats de constitution desdites rentes infeodées sur ladite terre de Conty, ledit jour 27. Octobre 1610. J. B.

b ART. 43. *Une cedule privée deuement causée.* Idem, Valois, art. 167. *Si enim cautio indeterminate loquatur nulla est, & præsumitur illicita & usuraria, & potius error quam donatio, l. cum de indebito 25. §. ult. de probat. l. 2. §. circa primam de doli mali & metus excep. l. 1. §. 1. de pollicit. l. 1. ibi incertis nominibus de Scto. Maced. l. juris gentium 7. §. sed cum nulla de pactis, l. non solum 49. §. ult. de pecul. nuda ratio non facit aliquem debitorem nec donatio intelligitur, l. nuda 26. de donat. cap. si cautio 14. extra de fide instrum. & ibi Molin. & ad Alexand lib. 1. consil 4. Accursius §. 1. verbo debere instit. de verb. oblig. Joan. Faber. § 8. actiones num. 8. & 9. instit. de actionib. Joan. Galli. quæst. 52. Hyppolith. de Marsiliis sing. 240. 282. & ad l. 1. §. preterea de quæst.* Ce qui a ainsi été jugé par plusieurs Arrests, qui ont declaré nulles les cedules non causées, sinon entre financiers & negocians, ou quand on justifie d'ailleurs la cause de la dette. *Mornac, add. l. cum de indeb. de probat.* Coquille, sur la Coutume de Nivernois, chap. 32. des executions, art. 3. *verbo* cedules, pures & simples. Bouchel sur cet article, Tronçon sur la Coutume de Paris, art. 164. Et ce que dessus a lieu non-seulement aux simples cedules & promesses sous seing privé non causées, mais aussi aux obligations passées pardevant Notaires, nonobstant l'avis contraire de Decius, *consilio 682. num. 3. & 5.* qui est réfuté par du Molin en sa note sur ces mots, *sine causa & ad eundem, Decium l. si creditori in fine, cod. de pactis.* Il y a eu Arrest de reglement donné en la Grande Chambre, au rapport de M. le 16. May 1650. par lequel la Cour ayant égard à la requeste & conclusions de M. le Procureur General, vû le procès verbal & enqueste contenant l'audition des Consuls & anciens Marchands & Bourgeois de la ville de Paris, faite en execution de l'Arrest interlocutoire du 5. Juillet 1649. a fait inhibitions & défenses à tous Marchands, Négocians & autres personnes de quelque qualité & condition qu'ils soient, de se servir à l'avenir au fait de leur commerce, ni en quelqu'autre traité ou affaires que ce soit, de promesses ou billets qui ne soient remplis du nom du creancier, & des causes pour lesquelles lesdites promesses ou billets auront été faits & passez, si c'est pour argent prêté ou pour lettres de change ou marchandises fournies ou à fournir, à peine de nullité desdits billets ou promesses, & ordonne que l'Arrest seroit lû & publié en l'Audience du Chastelet de Paris, & des Juge & Consuls, & affiché aux carefours de la ville de Paris & fauxbourgs; ce qui a été fait & executé les dernier May & premier Juin 1650. *Vide not. mea in consuetud. Paris. art. 107.* L'Arrest est transcrit par Dufresne en son Journal des Audiences, n. 6. ch. 7. 1652. J. B.

Trois manieres de possessions.

XLV. *Item*, Par ladite Coustume, ladite nouvelleté depend & naist de saisine, & saisine de possession, & sont trois manieres de possessions ; c'est à sçavoir, possession acquise par occupation & detention ; possession acquise par succession ; & possession acquise par tradition de faict.

De la possession par occupation ou detention.

XLVI. *Item*, Pour acquerir possession par occupation ou detention, sont requises trois choses ; c'est à sçavoir, que la chose ne soit occupée par force, clandestinement ne par priere : mais paisiblement, publiquement, & non à tiltre de louage, ne de prest : & quiconque a une chose ainsi occupée & tenue par an & jour, il acquiert saisine d'icelle : tellement, que si depuis il appert de trouble ou empeschement fait au contraire, iceluy ainsi possedant, peut en dedans l'an & jour après ledit trouble & empeschement, intenter complainte audit cas de nouvelleté.

De la possession acquise par succession.

XLVII. *Item*, Empeschement & trouble de saisine est, pour raison des biens & succession du trespassé, en quoy l'heritier, de raison, se peut dire saisi ; en telle maniere que là où trouble ou empeschement luy seroit donné ès biens d'icelle succession, tel heritier en dedans l'an & jour du trouble, peut intenter libelle de nouvelleté, & soy aider de la possession de son predecesseur devancier.

De la possession acquise par tradition de fait.

XLVIII. *Item*, Possession acquise par tradition de faict, est engendrée quand le seigneur foncier a baillé la saisine d'aucun heritage, à cause de vendition, eschange, don, alienation, ou autre tiltre ; auquel y a apprehension de faict de la possession de la chose alienée à cestuy au profit duquel est faite ladite alienation ; le tout du vouloir & consentement de cestuy qui a fait ladite alienation ; lequel (lors d'icelle) estoit possesseur de ladite chose ainsi alienée : & en ce cas, se peut aider l'acheteur ou celuy qui à juste tiltre, de la jouissance paravant faicte par son predecesseur, contre tous ceux qui luy feront trouble ou empeschement, en soy fondant audit cas de saisine & nouvelleté.

Saisine d'usufruitier ne profite à son heritier.

XLIX. *Item*, La saisine qu'un usufructuaire a en la chose, ne profite en aucune maniere à son heritier, contre le proprietaire.

Vassal quand peut intenter complainte, & contre qui.

L. *Item*, Un vassal est recevable à soy complaindre en cas de saisine & de nouvelleté, pour raison de son fief & droits d'iceluy, à l'encontre de toutes personnes, pourveu qu'il n'y ait saisie sur ledit fief ; & nonobstant qu'il n'ait esté receu en foy & hommage de son seigneur feodal ; excepté toutesfois contre sondit seigneur feodal : contre lequel il est aussi recevable à intenter ledit cas de saisine & de nouvelleté, après qu'il aura esté receu en foy & hommage.

Complainte n'est intentée pour meubles.

LI. *Item*, Pour biens meubles l'on ne peut intenter nouvelleté, si ce n'est en succession universelle ; pour laquelle il se peut faire, supposé qu'il n'y ait que biens meubles en icelle succession ; & aussi en la prinse de quelques meubles (*a*) prins en la justice d'autruy en donnant trouble au faict d'icelle justice.

Rubriche de simple Saisine.

Quand s'intente simple saisine.

LII. ITEM, Le cas de simple saisine, qui est pour recouvrer saisine & droict possessoire pour droict reel ou incorporel, se peut intenter après l'an passé du droict possessoire perdu, & jusques à dix ans, & faut alleguer & monstrer tiltre.

Rubriche d'Arrest, Executions, & de Criées.

Ce qui est requis pour proceder par voye d'arrest.

LIII. ITEM, Aucun n'est recevable à proceder ou faire proceder par voye d'arrest, ou execution sur les biens d'autruy, ne par emprisonnement en la personne d'autruy, sans obligation, condemnation, delict, ou quasi delict, chose privilegiée, ou qu'il le vaille.

Du privilege du proprietaire de maison pour les loyers d'icelle.

LIV. *Item*, Il est loisible à un proprietaire d'aucune maison, par luy baillée à tiltre de loyer, de faire proceder par voye de gagerie en ladite maison, pour les termes à luy deuz pour ledit louage, sur les biens du crediteur (*b*) estant en icelle maison, pour les quatre derniers termes de l'an.

Simple transport ne saisit.

LV. *Item*, Un simple transport ne saisist point.

LVI. *Item*, Meuble n'a point de suite par hypothecque, si ce n'est en matiere de desconfiture ; auquel cas n'y a priorité ne posteriorité.

Obligation & sentence ne sont executoires contre heritiers.

LVII. *Item*, L'obligation passée par le mary, & la sentence contre luy donnée, après le trespas dudit mary ne sont executoires sur les biens de la femme, ne des heritiers dudit defunct.

En déconfiture n'y a priorité ni posteriorité.

LVIII. *Item*, En biens meubles prins pour debtes en matiere de desconfiture, n'y a priorité ou posteriorité, s'il n'y a debte privilegiée ; tellement, que si aucun est obligé envers plusieurs creanciers, & l'un desdits creanciers par voye d'execution fair prendre generalement tous les biens dudit debteur, les autres creanciers, après la perfection d'icelle execution se peuvent opposer, & peuvent fonder leur matiere en cas de desconfiture, & dire que ledit debteur n'a autres biens que ceux prins pour satisfaire à sesdits creanciers ; auquel cas ils doivent venir à contribution avec celuy qui a requis ladite execution, & n'a advantage ne prerogative, non plus que les autres ; fors que premier il doit estre remboursé des despens & mises de ladite execution sur le prix des biens prins (*c*) : toutesfois par la Coustume : quand le cas n'est fondé en matiere de desconfiture, celuy qui se fait premier payer, a cet advantage contre les autres negligens.

Cas de déconfiture, & cas de simple execution, & de leur difference.

LIX. *Item*, Y a difference entre matiere de desconfiture & cas de simple execution ; car le cas de desconfiture est quand aucun n'a autres biens, fors ceux qui sont prins par execution ; mais cas de simple execution est dit, quand aucuns biens restent à executer, autres que ceux desja prins : & pour ce audit cas de desconfiture, on est recevable à donner opposition, jusques à ce que l'execution soit du tout parfaicte, & l'argent baillé en la main du creancier.

Formalitez des criées.

LX. *Item*, En matiere de criées d'heritages, est requis qu'elles soient faictes par le sergent executeur, & le crieur juré dudit Clermont, à ce presens deux personnes, du moins par quatorzaines ensuivans une l'autre, sans interruption, en deux divers

a ART. 51. *de quelques meubles*. Ceci semble pris de l'Auteur du Grand-Coutumier, livre 2. chap. 21. des cas de nouvelleté, n. 26. *Vide not. mea* sur la Coutume de Paris, art. 97. J. B.

b ART. 54. sur les biens du crediteur, *lisez*, conducteur. *Vide not. mea* sur la Coutume de Paris, art. 161. J. B.

c ART. 58. *sur le prix des biens prins*, &c. L'Auteur du Grand-Coutumier, liv. 2. chap. 17. de l'execution des lettres art. 54. sur la fin, Bacquet au traité des droits de Justice, ch. 21. n. 272. & sur M. Louet, *litt*, C. *num*. 44. *ubi dixi*. J. B.

lieux en jour de plaids ordinaire, & iceux tenans pour l'un en l'auditoire dudit Clermont; & l'autre à la croix du bourg d'icelle ville. Depuis, le creancier doit faire adjourner les opposans ausdites criées, pour dire leurs causes d'opposition, à certain jour; auquel jour il doit pareillement faire adjourner & appeller le debteur, sur lequel se font lesdites criées, pour voir discuter desdites oppositions; & aussi pour voir proceder à l'adjudication par decret desdits heritages.

LXI. *Item*, S'il advenoit qu'aucunes criées se fissent en vertu de la condemnation ou commission d'un prevost royal, ou haut justicier, par son sergent, lesdites criées se feront de quatorzaines en quatorzaines, aux jours des plaids ordinaires dudit prevost royal, ou des plaids ordinaires dudit haut justicier, & iceux tenans; ensemble à l'issue de la Messe parochiale, & devant l'Eglise d'icelle paroisse; pour ce faict, estre procedé à la discussion des opposans, ainsi qu'il est dit ci-dessus: & neantmoins avant que tel prevost ou justicier, peust (*a*) proceder à l'adjudication desdits heritages criez, le rapport du sergent qui aura fait lesdites criées sera rapporté, leu & publié en l'auditoire dudit Clermont, en jour de plaids ordinaires, & iceux tenans. Et seront lesdites criées certifiées, tant par le Juge que par les practiciens assistans, avoir esté bien & deuement faites, selon les us & coustumes dudit Comté.

Le decret doit être fait publiquement en jugement.

LXII. *Item*, Telles adjudications de decret se font publiquement en jugement audit Clermont, & se fera le semblable des criées des prevosts & haut justicier, & est contraint l'acheteur à fournir les deniers de la vente, en dedans la huictaine, par emprisonnement de sa personne, si mestier est.

LXIII. *Item*, Avant que proceder à l'adjudication des choses criées, lesdites criées se publieront aux lieux où seront icelles choses criées assises, à l'issue de la grand'Messe parochiale; & se mettront affiches à l'encontre de l'Eglise parochiale; le tout, quinze jours auparavant ladite adjudication.

LXIV. *Item*, Et si en faisant lesdites criées, il advenoit qu'en un jour que l'une desdites criées se doit faire, il fust feste, ou que l'on ne plaidast point, se continueront au prochain jour plaidoyable du Juge, pardevant lequel se font lesdites criées.

LXV. *Item*, Toutes rentes constituées (*b*), non ensaisinées ou infeodées, en matiere de criées, ou de desconfiture, sont reputées debtes pour une fois: & n'y a priorité ne posteriorité, ains viennent à contribution avec les autres de semblable nature, au marc la livre (*c*), ainsi que de raison; ensemble les arrerages qui en seront deuz, selon l'ordonnance.

Rubriche de Prescription.

LXVI. ITEM, Toutes actions sont prescriptes & estaintes par trente ans; en telle maniere, qu'après lesdits trente ans passez, nul n'y est plus recevable.

De la prescription de dix & vingt ans.

LXVII. *Item*, Quiconque a jouy & possedé aucun heritage à juste tiltre & de bonne-foy, continuellement, sans contredit ny empeschement aucun par le temps & espace de dix ans entiers entre presens, & vingt ans entre absens, aagez & non privilegiez, a acquis ou acquiert, par prescription, la proprieté & seigneurie de tel heritage.

LXVIII. *Item*, Droict d'hypothecque se prescript par un tiers detenteur d'aucun heritage, ou autre chose reputée immeuble, chargé de telle hypothecque, en ayant jouy dudit heritage ou autre chose immeuble, par dix ans entiers & continuels entre presens, & vingt ans entre absens, à juste tiltre, & de bonne-foy.

LXIX. *Item*, Quand un tiers detenteur a jouy & possedé aucun heritage chargé de rente ou autre charge reelle, à bon & juste tiltre, & de bonne foy, sans payer ou estre inquieté de telle rente ou charge, par l'espace de dix ans entre presens, & vingt ans entre absens, aagez & non privilegiez, il a prescript & acquis la franchise & descharge dudit heritage; fors & excepté du droict censuel & seigneurial, qui ne se prescript point.

De la prescription de 30 & 40 ans.

LXX. *Item*, Si aucun a jouy, usé & possedé aucun heritage par l'espace de trente ans continuellement, tant par luy que par ses predecesseurs, franchement, publiquement, & sans aucune inquietation, supposé qu'il ne face apparoir de tiltre, il a acquis prescription contre aagez & non privilegiez.

LXXI. *Item*, Prescription n'a lieu contre l'Eglise, sinon par l'espace de quarante ans.

LXXII. *Item*, Le seigneur n'acquiert point de prescription contre son vassal, en tenant en sa main, & jouissant du fief de sondit vassal à defaut d'homme & devoirs non faits; aussi n'acquiert point de prescription le vassal contre son seigneur, en possedant de sondit fief, sans en avoir fait & payé les droits de reliefs, ou autres, telz que deuz sont.

Rubriche de Matiere Feodale.

Ce que c'est que droit de chambellage.

LXXIII. ITEM, Les fiefs tenus sans moyen du chastel de Clermont, quand ils escheent en succession en ligne directe, (que l'on dit de pere à fils) tels successeurs ne doivent aucun rachapt, mais seulement bouche & mains; sauf que les non nobles, avecques bouche & mains, doivent droict de chambellage, qui est de vingt sols parisis pour chacun fief: toutesfois en ce ne sont compris les seigneuries de Bulles & de Conty.

LXXIV. *Item*, Les seigneuries de Bulles & de Conty, ensemble tous les fiefs & arriere-fiefs qui en sont mouvans (sauf & reservé la terre & chastellenie de Milly, mouvant dudit Bulles) par ladite Coustume, se relievent de toutes mains & de toutes mutations (*d*), soit en ligne directe ou collaterale, & autrement; & est le droict de relief tel, que de la valeur d'une année choisie entre trois, le tiers de chacune d'icelles, ou le dict des Pairs.

LXXV. *Item*, La terre & chastellenie de Milly, & les fiefs qui en dependent, arriere-fief de Bulles, se relievent à la nature de ceux mouvans dudit chastel de Clermont en ligne directe, ainsi que dessus est dit; excepté trois fiefs seulement; c'est à sçavoir, le fief de la Cour d'Auneul, divisé en deux, & le fief d'Arames, lesquels se relievent selon la nature des fiefs mouvans dudit Bulles; c'est à sçavoir, de toutes mains & mutations.

La valeur du rachat.

LXXVI. *Item*, En ligne collaterale, tous fiefs &

a ART. 61. *peust*, faut puisse.

b ART. 65. *Toutes rentes constituées*, & proprietaires, *suprà*, *art.* 36. J. B.

c au marc la livre. *Idem* que, au sol la livre.

d ART. 74. & de toutes mutations. *Idem*, pour les fiefs régis par la Coutume du Vexin. Paris, art. 3. *ubi dixi*, verbo, *Vexin le François*. J. B.

arrierefiefs mouvans du chastel de Clermont, doivent respectivement chacun à son seigneur rachapt, de la valeur d'une année choisie en trois, le tiers de chacune desdites trois années, ou le dict des Pairs, au choix du seigneur feodal.

De la saisie feodale & profits de fiefs. LXXVII. *Item*, Un vassal a quarante jours après le trespas, ou alienation faite par son devancier, pour entrer en foy & hommage, & payer les droits qui seroient deuz du fief ou fiefs, qui luy seroient escheuz ou appartiennent, soit par succession, acquisition, ou autrement; le tout, sans perte & dommage: mais après lesdits quarante jours passez, le seigneur feodal peut saisir ledit fief ou fiefs, & y faire mettre sa main, à default d'homme, droits & devoirs non faits & non payez, & faire les fruicts siens, tant & jusques à ce que lesdits devoirs luy ayent esté faits (*a*).

Saisie faute de dénombrement. LXXVIII. *Item*, Pareillement, ledit seigneur peut faire saisir lesdits fiefs qui ont esté relevez de luy, quarante jours après ledit relief, à defaut de denombrement non baillé; & audit cas, & jusques à ce que ledit denombrement luy ait esté presenté, peut tousjours tenir ledit fief saisi; mais il ne peut faire les fruicts siens.

Ce qui est requis pour que le seigneur puisse saisir. LXXIX. *Item*, Par ladite Coustume, le seigneur feodal ne peut ou doit contraindre ses vassaux, à lui venir faire hommage & payer ses droicts d'aucuns fiefs, tant & jusques à ce que luy mesmes ait fait ses droits & devoirs envers son seigneur feodal, de la seigneurie dont lesdits fiefs sont mouvans.

Du quint denier dû au seigneur feodal. LXXX. *Item*, Quand aucuns fiefs ou arrierefiefs mouvans dudit Clermont, ou de quelque autre seigneurie, sont vendus & transportez, le vendeur doit & est tenu, envers le seigneur dont tels fiefs & arrierefiefs sont mouvans, pour droict seigneurial, payer le quint denier de la vente ou transport sur ce fait. Et outre, au cas que la vente seroit faicte francs deniers au vendeur, l'acheteur desdits fiefs ou arrierefiefs, seroit tenu, outre ledit quint denier, payer le quint dudit cinquiesme denier; & n'est tenu tel seigneur saisir l'acheteur, que premier dudit droict il ne soit payé & contenté.

Du partage des fiefs en ligne directe. LXXXI. *Item*, Par ladite Coustume, en matiere de fiefs escheuz en ligne directe entre enfans, le fils aisné emporte, à son choix & hors part, le chef-lieu d'un des fiefs à eux escheuz, avec les deux parts de tous iceux fiefs, à l'encontre des autres enfans; lesquels tous ensemble, n'ont que la tierce partie; qui se partist entre eux également.

LXXXII. *Item*, L'aisné fils peut relever & r'entrer en l'hommage de son seigneur, si bon luy semble, du total desdits fiefs, pour la premiere fois seulement, ou des deux parts: & s'il advenoit qu'il eust relevé pour le tout, les maisnez, pour la premiere fois aussi seulement, peuvent relever leurdite tierce partie, & en faire hommage à leurdit frere aisné, ou envers ledit seigneur feodal; auquel que bon leur semblera.

LXXXIII. *Item*, Si en ligne directe aucune succession de fiefs est escheue à plusieurs enfans toutes filles, elles partissent egalement lesdits fiefs; sauf que l'aisnée emporte, hors part, un chef lieu (*b*) desdits fiefs, à son choix, & l'hommage de ses sœurs pour la premiere fois; & parce, peut icelle aisnée fille relever du seigneur feodal le total desdits fiefs, pour ladite premiere fois: neantmoins, pourront lesdites sœurs puisnées, relever leursdites portions de leurdite sœur aisnée pour la premiere fois, ou de leur seigneur du fief, à leur choix.

LXXXIV. *Item*, Entre enfans n'y a qu'un droict d'ainesse; en telle maniere, que si à l'aisné fils, ou fille aisnée, est donnée aucune chose en mariage, ou autrement; & que la chose soit de si grand' estime & valeur; qu'après le trespas de son pere ou mere, ledit fils aisné, ou fille aisnée, declarent qu'ils se tiennent audit don, & se deportent de venir à ladite succession d'iceux ses pere ou mere; en ce cas, ladite declaration vaut pour droict d'ainesse (*c*), & pource, quant aux autres, ils partiront entre eux egalement, autant à l'un comme à l'autre (*d*).

LXXXV. *Item*, Quand en ligne collaterale vient & eschet aucune succession de fiefs, à plusieurs, tant fils que filles, freres & sœurs, aux fils masles (*e*) appartient le total desdits fiefs, partissans entre eux egalement; & viennent iceux freres chacun pour sa portion à l'hommage du seigneur feodal; & quant aux sœurs, elles n'ont rien esdits fiefs, & n'y peuvent clamer (*f*) droict. *Du partage de fiefs en ligne collaterale.*

LXXXVI. *Item*, Le chef lieu d'un fief, s'éxtend en la maison & hostel seigneurial, & en un jardin à l'entour dudit hostel, grand d'un vol de chapon, ledit jardin estimé à un arpent de terre; s'il n'y a murailles, ou autres indices, qui demonstrent le plus ou le moins: & si plus y a, sera ledit jardin limité de deux arpens, à prendre chacun arpent à soixante & douze verges, vingt & deux pieds pour verge, unze poulces pour pied: & est à entendre, que souz le chef lieu, est compris la basse cour; pourveu qu'elle soit du fief, & qu'elle ne soit separée autrement, que par separation de fossez ou de muraille. *Ce que c'est que chef-lieu d'un fief.*

LXXXVII. *Item*, Par ladite Coustume, quand un fief vient à une fille à marier, par succession directe ou collaterale, ou par donation; & qu'icelle fille a fait, ou non, les droits dudit fief, & depuis elle se marie; en ce cas, son mary doit relief de bail, qui vaut la valeur d'une année dudit fief; & d'iceluy doit faire hommage au seigneur feodal. *Ce que c'est que relief de bail, & en quels cas il est dû.*

LXXXVIII. *Item*, Si après ledit relief, ledit mary va de vie à trespas, la femme de luy ne doit rien, au cas que paravant elle l'auroit relevé; autrement, seroit tenue, après le trespas de sondit mary, de relever, & droicturer (*g*) selon la nature d'iceluy.

LXXXIX. *Item*, Et au cas que ladite femme, pour secondes ou tierces nopces, ou plus, se remarioit, autant de fois que ce adviendroit, le mary devroit tousjours relief de bail, tel que dit est dessus.

XC. *Item*, Si le mary de ladite femme noble ou autre, meurt avant que d'estre entré en foy du fief appartenant à icelle femme, & depuis elle se remarioit ailleurs; le second, ou tiers mary ne sera tenu payer droict de rachat pour ledit premier, ou second mary; ains seulement le droict de rachat, deu pour raison du bail de sondit mariage.

XCI. *Item*, Que tous enfans mineurs nobles ayans fiefs, sont tenus & reputez aagez pour entrer en la foy & hommage desdits fiefs, & faire les fruits leurs; c'est à sçavoir, le fils à dix-huict ans & un jour accomplis, & la fille à quatorze ans & un jour, aussi accomplis. *Age des nobles pour entrer en foy.*

XCII. *Item*, En fiefs nobles, si deux gens mariez ont ensemble filles, après la femme meurt, depuis le mary prend autre femme, & en a fils & *Partage de fiefs entre enfans de plusieurs lits.*

---

a ART. 77. *& jusqu'à ce que lesdits devoirs luy ayent esté faits.* Par Arrest du 16. Novembre 1588. entre le sieur Dormoy & de Cernay d'une part, & la veuve Jean le Fevre d'autre, jugé qu'après les trois ans de la saisie, les fruits ne tombent plus en perte, si elle n'est renouvellée. T. C.

b ART. 83. *un chef-lieu.* Chef-lieu vaut autant que principal manoir ou hôtel seigneurial. *Infrà, art. 86.*

c ART. 84. *vaut pour droit d'aisnesse.* Mante, art. 31. & 163. *ubi dixi.* J. B.

d autant à l'un comme à l'autre. *Dixi in consuet. Parisi. §. 8. gl. 1. quæst. 4. adde Andr. Tiraquel. in tract. primigeniorum, quæst. 3.* C. M.

e ART. 85. aux fils masles. *Vide not.* sur Senlis, art. 134.

f & n'y peuvent clamer. Clamer vaut autant que prétendre.

g ART. 88. *& droicturer.* Droiturer, c'est-à-dire, payer les droits au seigneur.

filles, le fils du second mariage aura les deux parts, & le chef lieu de l'un desdits fiefs (comme dit est) appartenant au mary, à l'encontre des filles du premier mariage, & de ses autres freres & sœurs, qui n'auront que la tierce partie desdits fiefs.

De retenue par puissance de fief.

XCIII. *Item*, Il loist au seigneur, après la dessaisine, & avant la saisine ou infeodation du fief ou heritage vendu, retenir ledit fief ou heritage, & le reunir à son domaine, en restituant les deniers & loyaux coustemens sur ce faits; si ce n'estoit, que tel fief ou heritage fust propre au vendeur, & que l'acquisition fust faicte par un sien parent du costé & ligne dont ledit heritage est venu; nonobstant quelconques jouissances ou laps de temps.

De tenir registres des saisines & dessaisines.

XCIV. *Item*, Le seigneur censuel sera tenu faire, ou faire-faire registre des dessaisines & saisines par luy ou ses officiers baillées, & inserer tesmoins en chacune desdites saisines, aux despens de l'ensaisiné.

De l'acquisition du fief faite par le seigneur de son vassal.

XCV. *Item*, Quand aucun seigneur feodal achete de son vassal aucun fief ou fiefs mouvans de luy, telle acquisition ne se peut dire reunion, ne chose remise à sa table, mais est reputée audit seigneur son acquest; & en ce cas, est tenu en prendre investiture de son seigneur superieur, luy en payer les droits de quint denier, & faire hommage; & par ainsi, iceluy acheteur pert dudit fief par luy acheté son hommage; & ce que paravant estoit arrierefief audit seigneur superieur, luy devient plein fief, pendant que ledit acheteur tiendra lesdits deux fiefs en ses mains.

Du démembrement de fief.

XCVI. *Item*, Un vassal ne peut, ou doit, esbrancher son fief, en vendant partie & retenant l'autre; toutesfois ledit vassal peut & luy loist engager son fief, à son bon plaisir; le bailler, en tout ou en partie, à rente ou gros cens, à qui bon luy semblera; & autrement contracter, sans soy demettre de la foy, & sans pour ce devoir aucuns droits.

XCVII. *Item*, Quand aucun vend aucune rente à tousjours, à la prendre sur un ou plusieurs fiefs, ou sur autre heritage roturier, le seigneur de qui ce est tenu, ne saisira point l'acheteur de ladite rente, si bon ne luy semble, & ne peut à ce estre contraint; & par semblable, l'acheteur de ladite rente ne s'en fera saisir, s'il ne veut.

XCVIII. *Item*, Si aucun vend à un autre son fief, terre, & seigneurie, depuis s'en dessaisist ou profit de l'acheteur ès mains du seigneur dont ce est mouvant, tel seigneur peut tenir ledit fief en sa main par vertu de ladite dessaisine, & en lever & prendre les profits en saison deue & convenable, tant & jusques à ce qu'il soit payé & agréé (*a*) de son droit de quint denier; mais ainsi n'est pas de droits de ventes; pource qu'en ce cas, le seigneur ne peut faire les fruicts siens.

De la réunion des fiefs.

XCIX. *Item*, Si un vassal tient & possede plusieurs fiefs, tenus à divers hommages d'un seigneur, tel vassal ne peut unir ne mettre à une foy & hommage iceux fiefs, sans le consentement du seigneur dont meuvent lesdits fiefs.

Comment doit jouir le seigneur qui opte pour son droit de relief, la valeur de l'année.

C. *Item*, Si le seigneur feodal choisist, des trois offres à luy faites par le vassal pour son droit de relief, la valeur de l'année du fief tenu de luy, & lors les terres estoient labourées & semencées par le predecesseur dudit vassal, soit en bleds verds, ou autres grains, le seigneur prendra (s'il luy plaist) toutes les terres semencées, au point où elles sont; mais il sera tenu payer où il appartiendra, les labours, fers (*b*) & semences.

Et celuy qui tient le fief de son vassal par saisie feodale.

CI. *Item*, Ledit seigneur feodal qui met en sa main, par faute d'homme, droits & devoirs non faits, le fief tenu de luy, auquel y a des terres emblavées par aucuns fermiers, ou laboureurs, ou qu'elles sont baillées à ferme, iceluy seigneur feodal (s'il veut avoir les gaignages d'icelles terres) est tenu de restituer au fermier, ou laboureur, ses fers & semences; & si peut ledit fermier, ou laboureur agir, pour ses dommages & interests, contre son bailleur.

CII. *Item*, Es cas dessusdits, le seigneur feodal (si bon luy semble) peut prendre & avoir la moison deue par le fermier, ou laboureur, qui tient lesdites terres, ou autres heritages, à moison.

De la mutation du seigneur de fief.

CIII. *Item*, Quand le fief ou seigneurie feodal vient de nouvel par succession, acquisition ou autrement, à aucune personne, le nouveau seigneur ne peut empescher, ne mettre en sa main, les fiefs qui sont tenus de luy, jusques à ce qu'il ait fait faire les proclamations & significations, que ses vassaux luy viennent faire la foy & hommage dedans quarante jours; & ce fait, lesdits quarante jours passez, si lesdits vassaux ne se presentent, il peut saisir & exploiter les fiefs tenus & mouvans de luy, & faire les fruicts siens; pourveu toutesfois, que ladite proclamation & signification ait esté faite; c'est à sçavoir, quant aux fiefs estans ès Comtez, Baronnies & Chastellenies dont ils sont mouvans, par proclamation à son de trompe & cri public, par trois jours de Dimenche, ou de marché; si marché y a: & quant aux autres fiefs estans hors desdites Comtez, Baronnies & Chastellenies dont ils sont mouvans, par signification faite au vassal à sa personne, ou au lieu du fief, s'il y a manoir, ou au procureur dudit vassal, s'aucun en y a; sinon a prosne de ladite Eglise parochiale dudit lieu, en jour de Dimenche, ou autre jour plus solennel.

Ce que doit l'ancien vassal.

CIV. *Item*, L'ancien vassal ne doit que la bouche & les mains à son nouveau seigneur.

Le vassal doit la foy en personne.

CV. *Item*, Le seigneur feodal n'est tenu (si bon ne luy semble) de recevoir la foy & hommage de son vassal, s'il n'est en personne; si ledit vassal n'a exoine, ou excusation suffisante.

De la jouissance du seigneur mettant le fief en sa main par saisie feodale.

CVI. *Item*, Le seigneur feodal qui met en sa main, par faute d'homme, droits & devoirs non faits, le fief tenu & mouvant de luy, baillé à rente par son vassal, & sans demission de foy, auquel y a des terres emblavées par aucun fermier, ou laboureur; iceluy seigneur feodal peut (si bon luy semble) prendre les gaignages d'icelles terres (*c*), en rendant & restituant au fermier & laboureur ses fers, labeurs & semences; & n'est tenu ledit seigneur feodal, de soy contenter de prendre ladite rente, pourveu qu'elle ne soit infeodée.

Quint & rachat ne concourent.

CVII. *Item*, Qui paye quint, en matiere d'emption ou vendition de fief, il ne doit point droit de rachat, n'autre relief, pour cette mutation.

Du seigneur direct du seigneur utile.

CVIII. *Item*, En matiere de fiefs, un seigneur se peut dire seigneur direct, & l'autre seigneur profitable. Le seigneur profitable, est celuy qui jouist du fief & des fruicts qui en dependent; & le seigneur direct, est celuy à qui on doit la foy & hommage, pour raison dudit fief & des dependances d'iceluy.

CIX. *Item*, La seigneurie profitable se peut conjoindre à la directe par defaut d'homme, par confiscation (*d*) & admission de fief.

Du seigneur sans moyen & par moyen.

CX. *Item*, Celuy est dit seigneur sans moyen, quand, sans moyen, il tient fief ou seigneurie de prince ou seigneur superieur; & le seigneur par moyen est celuy qui tient arriere-fief, mouvant par moyen de fief, de quelque superieur.

De l'acquis-

CXI. *Item*, Si un religieux ou autre de main-

---

a ART. 98. *payé & agreé.* Agreé vaut autant à dire, que satisfait à son gré & volonté.

b ART. 100. *fers*, pour *feurres*.

c ART. 106. *prendre les gaignages d'icelles terres.* Dixi Paris, art. 59.

d ART. 109. *par confiscation*, commission ou commise.

morte,

tion par gens de main morte. morte, achepte aucuns heritages en la terre d'un haut-Justicier, bas ou moyen, tels seigneurs le peuvent contraindre à les mettre hors de sa main en dedans an & jour du commandement qui luy aura esté fait de vuider ses mains, sur peine de l'appliquer à son domaine.

Rubriche de Censive & Champars.

Saisie faute de payement de cens. CXII. ITem, Il loist à un seigneur de fief, faire saisir & mettre en sa main, tous les heritages tenus & mouvans de luy, à faute de cens non payez; & ladite saisie soustenir pour les trois dernieres années; mais en cas de debat, l'arrest ne tient que pour la derniere année, & sera baillé main-levée en baillant caution de deux années, & en consignant la derniere.

Saisie faute de déclaration. CXIII. *Item*, Aussi peut faire saisir (*a*) ledit seigneur de fief, les heritages tenus & mouvans de luy, afin d'en avoir la declaration par les detenteurs proprietaires, & sçavoir à quel tiltre ils les tiennent & possedent; & tout ce, à la conservation des droits seigneuriaux desdits seigneurs, si aucuns leur en sont deuz.

Saisine necessaire sous peine d'amende. CXIV. *Item*, Quand aucun a acquis quelque heritage roturier (*b*), il ne se peut mettre audit heritage, sans saisine du seigneur, sur peine de soixante sols parisis d'amende.

Des droits de ventes & reventes, aliàs, venteroles, par qui dûs, & en quelles mutations. CXV. *Item*, Le vendeur de tel heritage roturier, doit les droits de ventes de la chose par luy venduë; c'est à sçavoir, de douze deniers parisis un denier parisis; & lesquelles ventes il doit venir denoncer au seigneur, & les luy payer en dedans quarante jours de ladite vendition, sur peine d'amende de soixante sols parisis, pour lesdites ventes recelées; toutesfois où ladite vente seroit faite francs deniers, en ce cas ne tombe en cette necessité, ainçois l'acheteur est tenu de denoncer & payer lesdites ventes; & outre, les reventes, nommées venterolles, sur ladite peine de soixante sols parisis d'amende; & en tous cas, se peut adresser ledit seigneur à l'heritage vendu, pour lesdits droits & amende.

Amende faute de payement de cens. CXVI. *Item*, A Clermont & ès environs, à defaute de cens non payez, il chet amende de cinq sols parisis; & à Milly, & en autres plusieurs lieux, l'on a accoustumé prendre sept sols six deniers parisis d'amende, au lieu desdits cinq sols parisis; & neantmoins où il y auroit diversité de censive, ne sera deu qu'une amende (*c*) pour une année non payée, supposé qu'ils fussent deuz à divers jours, s'il n'y a tiltre ou convention au contraire; & sera l'amende acquise par le premier defaut dudit cens non payé.

CXVII. *Item*, Pareillement, un seigneur ne saisira point l'acheteur d'un heritage tenu de luy, s'il ne luy fait apparoir des lettres de vendition à luy faire; pource qu'il loist audit seigneur, retenir l'heritage par la bourse, si bon luy semble; & sera tenu l'achepteur d'affermer le contenu en ses lettres d'acquisition estre veritable. *Exhibition de contrats requise.*

CXVIII. *Item*, Quand aucun prend un heritage à tousjours à rente non rachetable, il est tenu de soy faire ensaisiner dudit heritage, avant que puisse apprehender ne soi mettre en la jouissance dudit heritage, sur peine de soixante sols parisis d'amende; & ne sera tenu payer lots & ventes, pource qu'il n'y a bourse desliée. *Saisine requise en bail d'heritage à rente.*

CXIX. *Item*, Quiconque tient terres & champarts d'aucun seigneur feodal, si-tost qu'il a fait sayer, faucher & mis à point, le grain qui a creu esdites terres, & avant qu'il puisse rien transporter desdits grains, il doit faire sçavoir audit seigneur feodal, ou à ses gens & officiers, à ce qu'il vienne ou envoye compter & choisir en dizeaux son champart; & lorsque ledit seigneur a choisi & prins sondit champart selon la nature d'iceluy, tel laboureur est tenu, à ses despens, charier & mener ledit champart en la grange dudit seigneur, sur peine de soixante sols parisis d'amende, au cas qu'il seroit trouvé faisant le contraire. *Du droit de champart.*

CXX. *Item*, Quand aucun a terre à champart, & il les delaisse en friez & savart (*d*), & luy sur ce suffisamment sommé par son seigneur, est refusant ou delayant de les mettre en labeur, & les delaisse sans labourer durant trois années ensuivant l'une l'autre; en ce cas le seigneur à qui est deu le champart, les peut prendre, en jouir & appliquer à son domaine, comme à luy acquises.

* CXXI. *Item*, Les droits de vinages deuz pour & au lieu de censives sur vignes, se doivent payer à bord de cuves; & ne peut tirer le detenteur son vin, sans premierement avoir payé ledit vinage, ou suffisamment sommé le seigneur, son receveur ou fermier, sur peine de soixante sols parisis d'amende. *Des droits de vinages.*

Rubriche des Dons & Dispositions entre vifs.

Faculté de disposer entre-vifs, de quoi, & par qui. CXXII. ITem, Il est loisible à toutes personnes, franches, aagées & jouissans de leurs droits, de donner & disposer par donation & disposition faite entre-vifs, de leurs heritages propres & conquests, à personne capable.

De la donation entre conjoints par mariage. CXXIII. *Item*, L'homme & la femme conjoints ensemble par mariage, estans en santé, peuvent & leur loist, faire donation mutuelle l'un à l'autre egalement, de tous leurs biens meubles & conquests immeubles faits durant & constant leur mariage, & qui sont trouvez à eux appartenir, & estre communs entre eux, à l'heure du trespas du premier mourant desdits conjoints, pour en joüir par le survivant d'iceux conjoints, sa vie durant seulement; en baillant par luy caution suffisante, de restituer lesdits biens après son trespas, pourveu qu'il n'y ait enfans; & où il n'y aura enfans, ledit don mutuel n'aura lieu.

CXXIV. *Item*, Le mary & la femme ne peuvent donner l'un à l'autre entre-vifs, sinon par donation mutuelle, comme dit est dessus. *Donation mutuelle entre conjoints.*

CXXV. *Item*, Un don mutuel de soy, ne saisist point. *Ne saisit.*

CXXVI. *Item*, Le survivant de deux conjoints par mariage, qui ont fait don mutuel l'un à l'autre; si au moyen dudit don mutuel il veut jouir sa vie *Des charges du donataire mutuel.*

---

a ART. 113. Aussi peut faire saisir. *Intellige præmissa denunciatione & dato termino competenti, alioquin injustum est incipere à prehensione, & debentur damna & interesse, nisi verbali & innocua.* C. M.

b ART. 114. quelque heritage roturier. *Hæc pœna, locum non habet in feudo, sed quia generaliter loquitur intelligitur quocumque titulo quis acquisierit aliter quam per successionem legitimam sive directam sive collateralem. Molin. in consuet. Paris. §. 56. num. 16. 17. 18. & 19. & §. 55. glossa num. 2. Dixi in consuetud. Paris. art. 82. in principio.* J. B.

c ART. 116. ne sera dû qu'une amende. *Voyez* M. Louet, *litt. A. n. 8. ubi dixi, & ad articulum 85. consuet. Paris.* J. B.

d ART. 120. *en friez & savart.* C'est-à-dire, en friche & dégat.

durant des meubles & conquests immeubles subjets à retour aux heritiers du premier decedé, qui est la moitié des biens meubles & conquests immeubles faits constant ledit mariage, est tenu de payer les obseques & funerailles du premier decedé, avec la moitié, dont on pourroit faire demande ausdits heritiers, des debtes qui estoient deues par lesdits conjoints, au jour du trespas du premier decedé, sur la part & portion des biens dudit premier decedé.

Donner & retenir ne vaut. CXXVII. *Item*, Par ladite Coustume donner & retenir n'a lieu en cette Comté; en maniere que si aucun donne son heritage à autruy, & il ne s'en dessaisist, ains retient à soy la jouissance d'iceluy son heritage, ou chose donnée, telle donation est de nulle valeur, & ne vaut rien.

CXXVIII. *Item*, Ladite chose ainsi donnée que dit est, chet en la succession du donateur, s'il en est mort saisi & vestu, & que le donataire n'en soit saisi & vestu du seigneur dont la chose est mouvant, ou qu'il n'ait prins apprehension de fait, du vivant & du consentement du donateur.

CXXIX. *Item*, Quand aucun enfant est advantagé en mariage ou autrement, par donation faite entre-vifs de ses pere ou mere, ou autrement en ligne directe, tel advantagé se peut tenir au don & transport à luy fait, sans ce qu'il puist estre contraint à venir à succession, & rapporter tel advantage. Neantmoins tel advantagé, en soy tenant au don & transport, sera tenu de suppleer à ses autres freres & sœurs, jusques à la concurrence de la legitime, si le reste desdits biens n'estoit suffisant pour le supplement de ladite legitime lors du decez du donateur : & quant à ce, seront lesdits biens ainsi donnez & advantagez, deslors affectez & hypothequez jusques à la concurrence d'icelle legitime. *De l'avantage fait en ligne directe.*

Rubriche de Testamens.

Dequoi n'est permis de disposer par testament. CXXX. PAr la Coustume dudit Comté, il n'est loisible à aucun de disposer par testament de ses propres heritages, au prejudice de ses heritiers, outre le quint d'iceux.

Et dequoi on le peut. CXXXI. *Item*, Toutes franches personnes, saines d'entendement, aagez & usant de leurs droits, peuvent disposer par testament & derniere volonté de tous leurs biens meubles, acquests & conquests immeubles, & de la quinte partie de tous leurs propres heritages, au profit de personnes capables; pourveu qu'il n'y ait point d'enfans; & là où il y aura enfans, ne pourront disposer que de leurs meubles, acquests & conquests.

Ce que mary & femme se peuvent donner par testament. CXXXII. *Item*, Par testament & ordonnance de derniere volonté, le mary & la femme ne peuvent donner l'un à l'autre aucune chose de leur propre, soit qu'il y ait enfans ou non : mais pourront disposer de leurs meubles, acquests & conquests en usufruict tant seulement; lesquels biens le survivant sera tenu prendre par inventaire, & d'iceux bailler caution suffisante; à la charge, s'il y a enfans, le survivant sera tenu de les nourrir & entretenir suffisamment, les envoyer à l'escole, faire apprendre mestier selon leur estat; & lesdits enfans venus en aage, leur bailler leur juste part & portion desdits meubles, acquests & conquests immeubles, ainsi laissez audit survivant.

CXXXIII. *Item*, Le mary & la femme par leurs testamens & ordonnance de derniere volonté, ne peuvent disposer des biens meubles & conquests immeubles communs entre eux, au prejudice l'un de l'autre; c'est à sçavoir de la moitié qui peut appartenir en iceux au survivant.

Des executeurs testamentaires. CXXXIV. *Item*, Les executeurs du testament d'aucun defunct, sont saisis dedans l'an & jour du trespas dudit defunct, des biens meubles demeurez de son decès, pour l'accomplissement de son testament; si le testateur n'avoit ordonné que ses executeurs fussent saisis jusques à somme certaine seulement.

CXXXV. *Item*, Lesdits executeurs peuvent & leur loist, faire la delivrance des legs contenus en iceluy, au profit d'iceluy ou ceux à qui ils sont faits, pour le regard des biens meubles, & sans les heritiers dudit defunct; & quant aux biens immeubles est requis que lesdits heritiers soient appellez.

CXXXVI. *Item*, Quand aucun testateur par testament fait legs du residu de ses biens meubles & acquests, au profit d'aucun autre, tel acceptant ledit legs, est tenu payer toutes debtes personnelles, & aussi d'acquitter ledit testament. *Charges du legs universel.*

CXXXVII. *Item*, Par ladite Coustume, aucun ne peut estre heritier & legataire ensemble. *Nul heritier & legataire.*

CXXXVIII. *Item*, Si un testateur laisse le quint de son propre à quelque personne, & ledit propre s'estend en plusieurs pieces; tel testateur peut assigner ledit quint sur une piece seulement dudit propre jusques à la valeur dudit quint. *Comment se peut délivrer le legs du quint des propres.*

CXXXIX. *Item*, Monseigneur le Comte de Clermont, par prevention a la cognoissance des executions testamentaires par toute la Comté de Clermont; & n'y a en ce cas la cour d'Eglise ny autres, que voir ne que cognoistre. *Qui connoist des executions testamentaires.*

CXL. *Item*, Avant qu'un testament soit reputé solennel; il est requis qu'il soit escrit & signé de la main & seing manuel du testateur, ou signé de sa main, & à luy leu & par luy entendu, & fait en sa presence, & en la presence de trois tesmoings, ou qu'il soit passé pardevant deux notaires, ou pardevant le curé de sa paroisse ou son vicaire general, & un notaire; ou dudit curé ou vicaire, & deux tesmoings, ou d'un notaire & deux tesmoings, ou de quatre tesmoings (a); iceux tesmoings idoines & suffisans, & non legataires dudit testateur; fors & excepté, autant que touche les legats pitoyables, obseques & funerailles d'iceluy testateur; esquels toutesfois & pour le moins sera gardé la solennité du droit canon. *D'un testament solennel, & de qui y est requis.*

Rubriche des Successions.

Le mort saisit le vif, & quand est requise investiture. CXLI. PAr la Coustume dudit Comté, qui se conforme à la Coustume generale du royaume de France, le mort saisist le vif son heritier plus prochain habile à luy succeder; combien qu'en matiere feodale, soit requis investiture, pour estre saisi contre le seigneur (b); & pareillement par Coustume

a ART. 140. *ou de quatre tesmoings.* Le testament fait en présence de quatre témoins, non signé du testateur, est nul parce que les témoins qui ne sont point personnes publiques, ne peuvent pas être crûs de la déclaration dudit testateur qu'il ne sçait signer, comme il est requis par l'Ordonnance, auquel cas il faut necessairement que le testament soit reçû par le Curé de la Paroisse ou deux Notaires, & depuis l'Ordonnance de Moulins, les testamens nuncupatifs n'ont plus de lieu en France. J. B.

b ART. 141. contre le seigneur. *Scilicet si & quando vult uti prahensione feudali ex defectu hominis, secus si ingreditur aliter, ut privatus vel latro.* C. M.

locale en aucuns lieux est requis, relever heritages roturiers, ès lieux où d'ancienneté on a accoustumé d'en user.

N'est heritier qui ne veut.

CXLII. *Item*, Nul ne se porte heritier qui ne veut.

Heritiers succedent par tête.

CXLIII. *Item*, Quand aucun après son trespas delaisse plusieurs enfans, ou autres ses heritiers, tels heritiers, soit en ligne directe ou collaterale, viennent à la succession du defunct (quant aux meubles, heritages & possessions immeubles roturiers & en censive) teste à teste (*a*).

CXLIV. *Item*, Pere & mere ne peuvent, par donation faite entre vifs, par testament, ordonnance de derniere volonté, ou autrement en maniere quelconque, advantager leurs enfans venans à leur succession, l'un plus que l'autre.

Des rapports entre copartageans.

CLXV. *Item*, Si par le pere ou mere, ou l'un d'eux, a esté donné aucune chose à aucun, ou aucuns de leurs enfans; & après leur trespas ils se veulent d'eux porter pour heritiers, avec les autres enfans qui n'ont rien eu, & ausquels n'a esté aucune chose donnée, ils sont tenus de rapporter & remettre esdites successions, ou moins prendre comme il sera dit ci-après, ce qu'ainsi leur a esté donné, pour party, avec les autres biens desdites successions, entre eux & les autres enfans leurs coheritiers; autrement ne doivent estre receuz à eux porter heritiers de leursdit pere ou mere.

CXLVI. C'est à sçavoir, si aucune chose meuble a esté donnée par lesdits pere & mere, ou aucun d'eux, à un, ou plusieurs de leurs enfans, en mariage ou autrement; tel enfant, ou enfans, venans à la succession de leurdit pere ou mere, sont tenus de raporter ledit meuble, ou moins prendre.

CXLVII. *Item*, Quand aucun heritage leur a esté donné comme dessus, & ils veulent venir à la succession de leurdit pere ou mere, ils sont tenus, audit cas, de rapporter ledit heritage.

CXLVIII. *Item*, Si lesdits enfans, ou enfant, sont mariez des biens communs de leursdits pere & mere, après le pere meurt, & non la mere, l'enfant marié, avant que venir à la succession de sondit pere, est tenu rapporter seulement la moitié de ce que luy a esté baillé : mais si en sondit mariage faisant, luy avoient esté donnez heritages qui estoient propres à sondit feu pere, il sera tenu rapporter tout ce qui estoit propre; pource que n'eust esté ledit don, tels heritages fussent tumbez en succession.

CXLIX. *Item*, Et par semblable, s'il avoit esté marié du propre heritage de la mere, & non du pere, il ne sera tenu rien rapporter dudit don, jusques après la mort de la mere, quand il sera question de sa succession.

Les pere & mere succedent à leurs enfans, en quels biens.

CL. *Item*, Le pere ou la mere sont heritiers de leurs enfans decedez sans hoirs de leurs corps, naiz ou à naistre, quant aux meubles, acquests & conquests immeubles (*b*).

Du retour des heritages à la ligne, d'où ils proviennent.

CLI. *Item*, Quand aucun va de vie à trespas sans hoir de son corps, & tel trespassé meurt saisi & vestu de plusieurs heritages, à luy venus & escheuz de divers costez & lignes, tels heritages retournent aux heritiers dudit trespassé du costé dont lesdits heritages luy estoient venus & escheuz; posé que lesdits heritiers d'iceluy costé, ne fussent aussi prochains, comme les autres de l'autre costé & ligne.

La veuve d'un noble jouit du privilege de noblesse.

CLII. *Item*, Si une femme non noble se marie à un homme noble, qui après voise de vie à trespas; elle, qui n'estoit point noble, jouira du privilege de noblesse durant son veufvage.

Du bâtard & de sa succession.

CLIII. *Item*, Un bastard ne succede point, & ne peut par testament ordonner de ses meubles & conquests : aussi puis qu'il ne succede, il ne peut avoir heritiers, autres que ses enfans naiz en loyal mariage : mais si iceux enfans vont de vie à trespas sans hoirs procréez de leurs corps, le seigneur peut prendre les heritages à eux venus de par le pere.

Religieux profez ne succede.

CLIV. *Item*, Religieux ne succedent point, pourtant qu'ils ayent fait profession (*c*).

Représentation en quelle ligne a lieu.

CLV. *Item*, Representation aura lieu en ligne directe, & non en ligne collaterale (*d*).

De la représentation de l'aîné.

CLVI. *Item*, Quand il y a enfant masle du fils aisné survivant son pere, en venant à la succession de ses ayeul ou ayeule, il represente sondit pere au droit d'ainesse; & s'il n'y a que filles, elles representent leurdit pere, toutes ensemble pour une teste; & partissent avec leurs oncles, sans droit d'ainesse quant ausdites filles; fors & excepté, que la fille aisnée aura le chef lieu, comme il est dit ci-dessus.

Rubriche de Douaire.

Du douaire coutumier.

CLVII. PAr ladite Coustume, une femme est douée de la moitié, de tous les biens immeubles, appartenans à son mary au jour des nopces (*e*); & de la moitié de tous ceux qui durant le mariage d'eux, viennent & chéent audit mary en ligne directe; & ce, quant au douaire coustumier.

De quand est acquis.

CLVIII. *Item*, Douaire est acquis, si tost que ledit mariage est fait & accomply (*f*), & que les mariez ont couché ensemble; & non autrement.

Sur quoi ne se prend douaire.

CLIX. *Item*, La femme n'a aucun douaire sur les heritages, qui depuis les nopces viennent & escheent à son mary de ligne collateral.

Douaire, quel propre aux enfans, & quel ne l'est pas.

CLX. *Item*, Le douaire est fait propre heritage aux enfans d'iceluy mariage, quant aux heritages roturiers; tellement qu'il ne se peut vendre, aliener, ne forfaire pour quelque cause ou crime que ce soit, au prejudice desdits enfans; & quant aux fiefs, la femme y acquiert douaire sa vie durant seulement, quand douaire a lieu; & n'est ledit douaire propre heritage aux enfans.

Veuve saisie du douaire coutumier, & non du préfix.

CLXI. *Item*, Le mary mort, la femme est reputée dame usufructuaire, & doit avoir la possession & saisine du douaire coustumier sa vie durant; sans ce qu'il soit requis, estre baillé par les heritiers de son feu mary; autrement est de douaire prefix.

---

a ART. 143. *teste à teste*; c'est-à-dire, également.

b ART. 150. acquests & conquests immeubles. *Nihil dicit* des ayeul & ayeule qui sont exclus par les freres & sœurs conjoints des deux côtez, suivant la disposition de droit, ce qui s'est toujours ainsi pratiqué tant en l'ancienne que nouvelle Coutume de Clermont. *Voyez* Philippe de Beaumanoir, ch. 14. Cette question a esté appointée au Conseil, le Lundy 15. Fevrier 1638, sur les conclusions de M. l'Avocat general Talon, qui conclud que l'ayeul suivant qu'il avoit été jugé par le Bailly de Clermont, dont étoit appel, plaidans Moreau & Bataille. *Vide not.* Ribemont, art. 67. Le Commentateur anonyme de la plus ancienne Coutume de Bretagne, chap. 219. J. B.

c ART. 154. *qu'ils ayent fait profession.* Car l'habit ne fait pas le moine; & il faut que l'acte de profession soit par écrit suivant l'Ordonnance. J. B.

d ART. 155. *& non en ligne collaterale. Fallit* s'il y a appel fait par celui, *de cujus successione agitur*, comme j'ai noté sur l'article 140. de Senlis. J. B.

e ART. 157. *au jour des nopces.* S'il y a contract de mariage, l'hypotheque a effet retroactif au jour du contrat, *Chop. Paris. lib. 2. tit. 2. num. 12.* T. C.

f ART. 158. *si-tost que ledit mariage est fait & accomply.* C'est-àdire, solemnisé & celebré en face de sainte Eglise, la Coutume de Paris dit, article 248. Benediction nuptiale & épousailles. J. B.

Du douaire préfix.

CLXII. *Item*, Femme douée de douaire prefix, ne peut demander douaire coustumier, s'il ne luy est permis par son traité de mariage.

Quand n'est que viager à la femme.

CLXIII. *Item*, Le douaire d'une somme de deniers pour une fois promis à une femme au traité de son mariage, n'est qu'à la vie de la femme tant seulement, s'il n'y a enfans naiz & procréez du mariage; & doit tel douaire, après le trespas de la femme, revenir aux heritiers du mary; s'il n'y a contrat au contraire.

La douairiere doit être logée, & à quoi elle est tenue.

CLXIV. *Item*, Quand la femme a acquis droit de douaire coustumier, sur les biens & heritages de son feu mary; & il advient qu'en la succession dudit mary (subjette audit douaire) il y a quelque seigneurie, chef manoir, forteresse, & maison, une ou plusieurs; en ce cas, la douairiere avec son droit de douaire, a & prend l'une desdites maisons ou forteresse (*a*); qu'elle doit entretenir de closture & couverture; & n'en peut couper bois, qui n'ait sept ans accomplis; ne pescher estangs, devant temps convenable & accoustumé; qui est, pour le moins, de trois ans en trois ans.

Comment revient aux heritiers l'heritage tenu en douaire.

CLXV. *Item*, Quand la femme tient en douaire aucune chose noble; après le trespas de ladite femme, il retourne aux heritiers de son mary en tel estat que trouvé est tel douaire, soit qu'il y ait bois aagez à couper, estangs à pescher, vignes prestes à vendanger, bleds, mars, ou herbes, prests à faucher ou soyer; fors, s'il y a rentes ou deniers escheuz de termes passez devant son trespas: car ce qui estoit & est escheu, demeure au profit des heritiers de ladite douairiere.

Douaire ne se peut stipuler pendant le mariage.

CLXVI. *Item*, Un homme ne peult douer sa femme, n'à elle soy obliger à cause dudit douaire, durant le mariage d'eux; & s'ils font le contraire, l'obligation sera de nulle valeur.

D'un homme qui a épousé plusieurs femmes, & de leurs douaires.

CLXVII. *Item*, Quand aucun a espousé une ou deux, trois, ou plusieurs femmes, & qu'il a enfans de chacun mariage, la premiere femme, en-tant que touche les heritages roturiers, a acquis droit de douaire pour la moitié de tels heritages roturiers, qui est propre aux enfans venus dudit premier mariage: & les enfans du second mariage, esdits heritages roturiers ont la quarte partie, & les enfans du tiers mariage, ont la huictiesme partie esdits heritages roturiers, pour leur douaire coustumier de leur feue mere: mais quant ès fiefs nobles, la femme ne prend douaire après le trespas de son mary: sinon sa vie durant seulement, selon les portions que dessus: en maniere, qu'après le trespas de la femme, tel douaire assis sur heritages feodaux, est mort & estaint.

Du rapport par l'enfant marié, qui veut se tenir au douaire.

CLXVIII. *Item*, Si un enfant marié de biens communs de pere ou mere, ou des biens du pere, renonce à la succession du pere, pour soy tenir au douaire de sa mere: en ce cas, il sera tenu de rapporter, ce qu'il eust rapporté s'il eust esté heritier de sondit pere.

Demander le douaire préfix en jugement.

CLXIX. *Item*, Par ladite Coustume, douaire prefix a lieu; & courent les arrerages d'iceluy, depuis qu'il a esté demandé en jugement par celuy ou ceux à qui il est deu, aux heritiers du mary dont procede & qui a constitué ledit douaire.

Rubriche des Gardes-Nobles.

Charges dont sont tenus les gardiens nobles.

CLXX. ITEM, Il est loisible au pere ou mere noble (*b*) survivant, accepter la garde noble de leurs enfans mineurs; & font, tels gardiens, les meubles leurs; ensemble les fruicts des fiefs, rentes & revenus nobles appartenans ausdits mineurs, à la charge d'acquiter iceux mineurs, les nourrir, alimenter, & entretenir, instruire ou faire instruire, selon leur qualité & estat, soustenir leurs procès, poursuivir leurs droits, payer les charges que doivent lesdits heritages nobles; & à la fin de ladite garde noble rendre lesdits heritages nobles en bon estat & reparation, & en tel estat qu'ils estoient lors de l'acceptation de ladite garde.

Se doit la garde accepter en jugement.

CLXXI. *Item*, Garde noble se doit accepter en jugement, & trois mois après icelle acceptée, les gardiens sont tenus faire visiter par justice les maisons, lieux & bastimens desdits mineurs pour sçavoir en quel estat, nature & valeur estoient lesdits lieux & heritages nobles, au temps de ladite acceptation; afin de pouvoir à la fin de ladite garde noble rendre lesdits lieux & maison, en l'estat, nature & valeur qu'ils estoient lors de ladite acceptation. Et outre seront tenus lesdits gardiens faire les menues reparations, qui seront trouvées estre à faire au temps de ladite acceptation, & icelles entretenir.

Jusques à quel âge dure la garde noble.

CLXXII. *Item*, La garde noble dure, quant aux enfans masles, jusques à dix-huict ans & un jour accomplis; & quant aux filles jusques à quatorze ans & un jour aussi accomplis; & à la charge que là où l'acceptant de ladite garde noble se remarie, icelle garde noble sera finie; & seront esleuz tuteurs ausdits mineurs, qui seront tenus rendre compte de leurs biens.

Les ayeuls n'ont point la garde.

CLXXIII. *Item*, Les ayeuls ou ayeules desdits mineurs n'autres, ne seront desormais receuz (*c*) à prendre & accepter ladite garde noble; mais pourront estre tuteurs & curateurs desdits mineurs, si à ce ils sont esleuz; à la charge d'en rendre compte comme dit est.

Le gardien noble tenu faire faire inventaire.

CLXXIV. *Item*, Sont tenus lesdits gardiens faire faire inventaire solennel de tous & chacuns les lettres, tiltres & autres enseignemens des heritages, cens & rentes, tant feodaux que roturiers appartenans ausdits mineurs.

Où il est dû relief pour la garde.

CLXXV. *Item*, Lesdits gardiens nobles seront tenus de payer relief au seigneur feodal des fiefs appartenans ausdits mineurs tenus & mouvans des Chastellenies de Bulles, Conty & Milly, pour le regard quant audit Milly, des fiefs de la Cour d'Anneul divisé en deux, & du fief d'Arames. Et quant aux autres fiefs assis audit Comté de Clermont n'en seront tenus payer aucun relief; parce que par ladite Coustume, en ligne directe n'en est deu que bouche & mains.

Il n'échet point de garde aux enfans roturiers, sinon pour les fiefs.

CLXXVI. *Item*, Il ne chet point de garde à enfans non nobles; sinon qu'ils ayent fiefs nobles, & pour autant que valent lesdits fiefs nobles; auquel cas, le pere ou mere survivant pourront prendre la garde desdits mineurs pour le regard desdits

---

a ART. 164. *une desdites maisons ou forteresse*, toute entiere en l'état qu'elle est, sans que l'heritier y puisse demeurer avec elle; jugé en cette Coutume par Arrest confirmatif de la Sentence des Maistres des Requestes du Palais, donné en la premiere Chambre des Enquestes, au rapport de M. du Tillet, le 26. Mars 1639. par lequel le château entier de Condé est adjugé à Damoiselle Claude de Mailly, veuve de Pierre Aubert, écuyer sieur dudit Condé, contre M. Philippe Aubert son heritier. J. B.

b ART. 170. *au pere ou mere noble*, & non *aux ayeuls ou ayeules*. Infrà, art. 173. J. B.

c ART. 173. *ne seront desormais receuz*, en quoi l'on a corrigé & réformé l'ancienne Coutume, qui admettoit nommément à la garde noble, les ayeuls & ayeules, comme il est porté par le procès verbal sur la rubrique de ce titre. J. B.

fiefs tant seulement : & en ce faisant seront tenus entretenir lesdits fiefs & edifices qui en dependent, soustenir & poursuivir les procès, & payer les reliefs d'iceux fiefs, (s'aucuns en sont deuz) & acquitter lesdits fiefs de toutes charges, accepter ladite garde en jugement, & faire visitation & inventaire (comme dit est) nourrir, alimenter, entretenir, instruire & faire instruire (comme dessus) & acquitter lesdits mineurs de toutes debtes : & durera ladite garde, tant que le survivant demourera en viduité, si lesdits mineurs ne venoient à l'aage cidessus cottée; c'est à sçavoir de dix-huict ans & un jour aux masles, & quatorze ans & un jour aux filles. Et ne pourront les autres parens, soit en ligne directe ou collaterale, accepter ladite garde.

Rentes & censives n'entrent point dans la garde.

CLXXVII. *Item*, Heritages, rentes & possessions roturieres & en censive, ne cheent ou peuvent cheoir en garde, mais est le gardien de tels enfans mineurs tenu rendre compte & reliqua aux mineurs, quand ils seront devenus en aage, ou à ceux qui auront cause d'eux desdits heritages roturiers & censuels, & du revenu d'iceux.

Quelles actions le gardien ne peut intenter ni soutenir.

CLXXVIII. *Item*, Par ladite Coustume, un gardien ayant la garde de ses enfans, ne peut intenter, desduire ne soustenir les actions & droits reels desdits mineurs en jugement durant ladite garde : mais appartient ce faire aux tuteurs (*a*) & curateurs desdits mineurs, aux despens raisonnables desdits gardiens, durant le temps de ladite garde.

Rubriche de Communauté de Biens.

Communauté de droit entre mariez.

CLXXIX. PAr ladite Coustume dudit Comté, homme & femme conjoints ensemble par mariage, sont communs en biens meubles, & conquests immeubles faits pendant & constant ledit mariage.

Du partage des meubles & conquêts de la communauté.

CLXXX. *Item*, Quand l'un d'iceux deux conjoincts ensemble par mariage va de vie à trespas, les meubles & conquests immeubles faits durant & constant ledit mariage, & qui communs estoient à l'heure du trespas du premier mourant, se divisent en telle maniere, que la moitié en appartient au survivant, & l'autre moitié aux heritiers du trespassé.

Moitié advenue aux heritiers leur est propre.

CLXXXI. *Item*, Laquelle moitié des conquests ainsi appartenant & advenue aux heritiers du trespassé, est le propre heritage desdits heritiers; tellement que si tels heritiers vont de vie à trespas sans hoirs de leurs corps, icelle moitié retourne à leur plus prochain heritier, du costé & ligne de celuy desdits mariez, par le trespas duquel leur est advenue telle moitié.

Ce que ne peut la femme mariée sans le consentement de son mary.

CLXXXII. *Item*, Une femme estant en lien de mariage, ne peut vendre, aliener, n'hypotequer ses heritages sans l'autorité & consentement exprès de son mary (*b*).

CLXXXIII. *Item*, Une femme ne peut ester en jugement sans le consentement de son mary, sinon qu'elle soit separée, ou qu'elle soit auctorisée par Justice.

Ce que peut le mary sans le consentement de sa femme.

CLXXXIV. *Item*, Le mary est seigneur des meubles & conquests immeubles par luy faits durant & constant le mariage de luy & de sa femme; en telle maniere qu'il les peut vendre, aliener & hypothequer, & en faire disposer par disposition faite entre-vifs, à son plaisir & volonté, sans le consentement de sadite femme, à personne capable & sans fraude.

Ce qu'il ne peut sans ce consentement.

CLXXXV. *Item*, Le mary ne peut vendre, faire partage ou licitation, charger, obliger n'hypotequer le propre heritage de sa femme, sans le consentement de sadite femme, & icelle de par luy autorisée à ceste fin.

Suite contre le mary de la communauté contractée par le mariage.

CLXXXVI. *Item*, Entre homme & femme conjoints ensemble par mariage, y a communauté ensemble; en telle maniere, qu'à cause d'icelle communauté, le mary est tenu personnellement, de payer les debtes mobiliaires deues à cause de sa femme, & en peut estre valablement poursuivy durant leur mariage; & aussi la femme est tenue après le trespas de son mary, payer la moitié des debtes mobiliaires faites & accrues (*c*) par ledit mary, tant durant ledit mariage, que paravant iceluy.

Mary maître des actions mobiliaires.

CLXXXVII. *Item*, Le mary est seigneur des actions mobiliaires & possessoires, posé qu'elles procedassent du costé de la femme; & peut le mary agir seul, & deduire lesdits droits & actions en jugement, sans sadite femme.

De la renonciation à la communauté par la femme noble.

CLXXXVIII. *Item*, Il est loisible à une noble femme attraicte (*d*) de noble lignée & vivant noblement, de renoncer, si bon luy semble, après le trespas de son mary, à la communauté des biens d'entre elle & sondit feu mary, la chose estant entiere; & en ce faisant, demourer quitte des debtes mobiliaires, deues par sondit feu mary au jour de son trespas.

Faculté au survivant noble d'accepter les meubles, sous quelle charge.

CLXXXIX. *Item*, Quand l'un des deux conjoints ensemble par mariage, nobles & vivans noblement, va de vie à trespas, il est en la faculté du survivant, d'accepter les meubles (*e*), auquel cas, il est tenu de payer les debtes mobiliaires que devoit le trespassé, & les obseques & funerailles d'iceluy trespassé.

CXC. *Item*, Par ladite Coustume, homme & femme conjoints par mariage ensemble, sont reputez usans de leurs droits.

De la femme separée ou marchande publique.

CXCI. *Item*, Une femme estant en lien de mariage, ne se peut obliger sans le consentement de son mary, si elle n'est separée ou marchande publique; auquel cas, elle se peut obliger pour le fait & dependance de ladite marchandise publique.

Continuation de communauté, par faute d'inventaire.

CXCII. *Item*, Quand l'un de deux conjoints ensemble par mariage va de vie à trespas, & delaisse aucuns enfans mineurs dudit mariage, si le survivant desdits conjoints, ne fait faire inventaire solennel, des biens qui estoient communs durant ledit mariage & au temps du trespas, soient meubles ou conquests immeubles, les enfans ou enfant du survivant, peuvent, si bon leur semble, demander communauté de biens en tous les biens meubles & conquests immeubles du survivant, posé qu'iceluy survivant se remarie, & jusques à ce que ledit inventaire ait esté fait.

a ART. 178. *mais appartient ce faire aux tuteurs.* Mante, art. 182. *ubi dixi*, & Melun, art. 289. J. B.

b ART. 182. exprès de son mary. *Infrà*, §. 191. C. M.

c ART. 186. *faites & accrues*, faut, *creées*.

d ART. 188. *femme attraicte*, extraite & issue.

e ART. 189. d'accepter les meubles. *Quid?* s'il y a enfans du mariage ou d'autres precedens. Gousset, sur Chaumont, art. 6. T. G.

Rubriche de Tuteurs & Curateurs.

De l'assemblée de parens pour la nomination de tuteurs & curateurs, & à quoi tenus.

CXCIII. ITEM, Quand aucun va de vie à trespas, & il delaisse un ou plusieurs mineurs ses heritiers, il loist aux parens d'iceux mineurs, & semblablement au procureur du Roy, ou d'autre haut justicier, faire appeller & adjourner les prochains parens des dessusdits mineurs, tant du costé paternel que du costé maternel, jusques au nombre de six ou huict (si tant en y a) &, en defaut desdits parens, les voisins & amis des mineurs, pourront eslire d'entre eux jusques au nombre de deux ou trois, pour en avoir le gouvernement, lesquels ce fait, après ce qu'ils auront fait le serment d'eux bien gouverner sur le fait de ladite tuition & curation y seront créez & ordonnez par justice, & authorisez suffisamment, d'y faire tout ce generalement, qu'au cas appartient, en prenant par eux les biens desdits mineurs par inventaire, à la charge d'en rendre compte & reliqua, quand & où il appartiendra.

De leur pouvoir.

CXCIV. *Item*, Tels tuteurs & curateurs ne peuvent, ou doivent vendre, aliener ou autrement charger, l'heritage desdits mineurs, durant le temps de leur tuition : si ce n'est par le consentement des amis charnels d'eux, & par l'authorité de justice, pour leur proufit & utilité.

De la faute & negligence des tuteurs.

CXCV. *Item*, Si par la coupe & negligence desdits tuteurs & curateurs, lesdits mineurs tomboient en inconvenient ou dommage en aucune maniere que ce soit, en ce cas lesdits tuteurs en sont tenuz, & le doivent rendre & restituer, en leurs propres purs & privez noms.

Du bail à ferme des heritages de mineurs.

CXCVI. *Item*, Seront tenus les tuteurs, bailler à ferme les heritages des mineurs, pour les années que ladite tutelle durera, au plus offrant & dernier encherisseur, à l'yssue de la grand' messe, après l'avoir fait publier par deux ou trois dimenches auparavant, à mesme heure, & yssue de la grand' messe, en la parroisse où les heritages seront scituez & assis. Et ne se pourra faire ledit bail que pour six ans, pour le plus (si tant ladite tutelle dure) & à la charge que le preneur sera tenu bailler bonne & suffisante caution, comme acheteur des biens de justice.

De la publication qui doit être faite avant de bailler à ferme les baux des mineurs, valans deux cens livres & au dessus de revenu.

CXCVII. *Item*, Si lesdits heritages valent deux cens livres tournois de revenu par an, ou plus, sera tenu le tuteur faire crier & publier, que ladite delivrance de bail à ferme, se fera à pris d'argent, en l'auditoire dudit Clermont, ès jours de plaids ordinaires, par le juge dudit Clermont, en la presence du Procureur du Roy; & huict jours auparavant la delivrance, seront tenus les tuteurs faire mettre affixes, tant audit Clermont, qu'en l'Eglise, ou Eglises du lieu, ou lieux, où lesdits heritages seront scituez & assis (à ce que nul ne pretende cause d'ignorance) outre les criées & proclamations contenues au precedent article : & seront tenus lesdits preneurs, d'eux obliger & bailler caution comme dessus : & rendre les deniers, à leurs despens, ès maisons desdits tuteurs, à ce qu'aucuns fraiz n'en soient comptez, au prejudice desdits mineurs. Et ne pourront lesdits tuteurs, prendre ne proufiter, directement ou indirectement, desdits heritages appartenans ausdits mineurs: & se feront lesdits baux à ferme, en la forme & maniere des baux du Roy.

Rubriche des Justices, & preeminences d'icelles.

Du seel authentique du Comté de Clermont.

CXCVIII. ITEM, Aucun autre que le Comte dudit Clermont, n'a par tout icelle Comté seel authentique, ne pouvoir de commettre auditeurs ou notaires, pour recevoir contracts par foy & serment, pour quelque cause que ce soit.

De l'assise du Comté de Clermont.

CXIX. *Item*, Nul seigneur dudit Comté n'a aucune assise ne ressort, sinon le Comte de Clermont, qui a accoustumé les faire tenir par son baillif d'un an à autre; & à ladite assise sont tenus comparoir quand ils y sont suffisamment adjournez, tous les vassaux tenans en plain fief du Chasteau dudit Clermont.

CC. *Item*, Lesquels vassaux doivent à leurs perils & fortunes, faire les jugemens esdites assises, ensemble en tous autres cas, tant criminels que civils, dont les procès sont faits par ledit baillif, gouverneur ou son lieutenant.

Du Haut-Justicier & de son pouvoir.

CCI. *Item*, Un haut justicier peut & luy loist en sa terre & seigneurie après le trespas de l'un de ses subjets faire inventaire de ses biens; faire seeller les chambres de sa maison, coffres, & autres choses où seroient les biens dudit defunct; les faire inventairier (*a*) & mettre en sa main, à la conservation du droict à qui il appartiendra; & ce, quand les heriters sont mineurs; ou qu'il en est requis par l'un desdits heritiers ou executeur, ou par le procureur de la seigneurie, pour aucunes bonnes causes raisonnables; le tout à la conservation du droict de qui il appartiendra. Et par ce, que quant aux droits de haute justice, moyenne & basse, ils gisent plus en disposition de droit qu'en coustume, n'en est fait plus ample mention par les coustumes dudit Comté.

Rubriche des Delicts.

Prévention du Comte sur ses vassaux en délits & excès.

CCII. ITEM, En matiere de delicts & excès, prevention a lieu; en telle maniere que les officiers dudit Comte de Clermont peuvent prevenir sur les vassaux; & en ce cas ils ne sont tenus de faire renvoy de ladite matiere, pardevant lesdits vassaux ou leurs officiers, ausquels la cognoissance en pouvoit appartenir; excepté ès cas & delicts privilegiez au Roy & à ses officiers, ausquels il n'y a aucune prevention contre le Roy; mais en appartient la cognoissance aux officiers dudit Clermont privative à tous autres.

CCIII. *Item*, Avant que les juges dudit Comte de Clermont soient estimez avoir prevenu ledit vassal en ladite matiere de delicts & excès, il est requis qu'ils ayent information ou fait informer desdits excès ou delicts, & decreté ladite information de prinse

a ART. 201. *les faire inventairier*, lisez, *inventorier*.

de corps, ou d'adjournement personnel, ou fait apprehender le delinquant en present malfait.

CCIV. *Item*, De tous delicts civils, commis par aucuns en la terre d'un haut justicier, la cognoissance & l'amende en appartient audit haut justicier; jaçoit ce que le delinquant ne soit pas subject, pourveu toutesfois que tel delinquant soit prins par ledit haut justicier, en cas de present meffait.

Rubriche de Matiere d'Appel.

Où ressortissent les appellations. CCV. PAr la Coustume dudit Comté de Clermont, les appellations faites des Prevosts & tous autres Juges subalternes dudit Comté, ressortissent de plein droict à l'assise dudit Clermont, qui se tient & a accoustumé de tenir audit Clermont par monsieur le Baillif, Gouverneur, ou par son Lieutenant.

Publication de l'assise. CCVI. *Item*, Ladite assise se doit publier audit Clermont, & pareillement ès chefs-lieux des Chastellenies d'icelle Comté, six sepmaines devant qu'elle se tienne, à ce que nul en pretende cause d'ignorance.

Qui est tenu d'y comparoir. CCVII. *Item*, Tous les hommes & vassaux dudit Comte de Clermont, sont tenuz de comparoir en personne en icelle assise, ou procureurs suffisamment fondez pour eux, sur peine de defaut, qui est de dix sols parisis d'amende pour chacun jour, qui a accoustumé s'appliquer aux fraiz de ladite assise.

Du pouvoir du Bailly en l'assise. CCVIII. *Item*, A ladite assise mondit seigneur le Baillif, Gouverneur, peut reformer lesdits vassaux leurs Juges ou officiers, de tous abus & malefices, qu'ils auroient ou pourroient avoir fait du fait de leur Justice, ou autrement au prejudice d'autruy, & sur ce les corriger selon l'exigence des cas.

CCIX. *Item*, Peut aussi reformer Chastelains, Greffiers ou Sergens, des abus qu'ils pourroient avoir fait en leursdits offices ou autrement, & les corriger à la raison, en maniere que les autres y prennent exemple.

CCX. *Item*, Peuvent en ladite assise, faire reformer & corriger tous stils, usages & abus, tant sur le fait de la Justice, que sur les mestiers, marchandises & autrement, pour le bien & entretenement de la chose publique.

Du tems de relever l'appel. CCXI. *Item*, Quand aucun appelle d'aucun Juge dudit Comté, il est requis deuement relever l'appellation en dedans quarante jours; & sur ce, faire adjourner en cas d'appel, le Juge duquel on se porte pour appellant à ladite assise, & intimer la partie qui a obtenu, à ce qu'elle compare à ladite assise, si bon luy semble.

De l'amende d'appel. CCXII. *Item*, Quant aucun appellant dechet de sa cause d'appel, par congé de cour, interruption, desertion ou autrement, tel appellant est tenu d'amende de soixante sols parisis, envers la justice dont il a appellé; & si le Juge a mal jugé, il encourt en pareille amende envers le Roy; toutesfois ne sont en ce comprins les juges Royaux de cette Comté.

De l'effet des défauts & congez. CCXIII. *Item*, La matiere d'appel est de soy si hayneuse, que pour un seul defaut ou congé, donné en assises, tel defaut ou congé, emportent gain de cause contre le defaillant: excepté les juges Royaux, qui ne sont prins à partie.

De l'amende dûe par le vassal assigné en assise. CCXIV. *Item*, Quand un vassal noble est adjourné en cas d'appel à ladite assise, pour acte de justice ou exploict par luy fait ou fait faire contre un appellant, pour raison de quelque tort par luy allegué, ledit vassal dechet de sa cause, en maniere qu'il est dit contre luy, bien appellé & mal jugé, ledit vassal noble est pour ce tenu en amende envers le Roy, qui est de soixante sols parisis d'amende.

CCXV. *Item*, Et en pareille amende seroit tenu en pareil cas ledit vassal noble, là où en matiere d'appel il advoueroit son garde de justice, duquel il seroit appellé, & il estoit dit contre luy, bien appellé & mal jugé: Mais si ledit garde de justice n'estoit advoué, audit cas, ledit garde sera tenu, pour raison dudit mal jugé, en soixante sols parisis d'amende envers le Comte de Clermont.

Rubriche sur le faict des Esgousts, Veues & autres servitutes.

Prescription n'a lieu en matiere de servitudes. CCXVI. PAr la coustume dudit Comté, en veues, esgouts & autres servitutes, prescription n'a point de lieu: tellement que par le long usage qu'aucune en ait sur la maison & heritage d'autruy, & au prejudice de luy autrement que l'on ne doit, aucun droit ne peut estre acquis, si de ce faire il n'a tiltre special, qui face expresse mention de telle servitude.

Differentes sortes de murailles. CCXVII. *Item*, En matiere d'edifices de murailles, il est de deux sortes de murailles, l'une moitoyenne personniere, & l'autre non.

Des vües sur autrui. CCXVIII. *Item*, Quand aucun a, & luy appartient, un mur joignant sans moyen à une maison, ou heritage d'autruy, celuy à qui appartient ledit mur, ne peut en iceluy avoir fenestres, lumieres ou veues, sur iceluy heritage ou maison, s'ils ne sont du rez de terre à neuf pieds de haut, quant au premier estage; & quant aux autres estages, du rez du plancher de sept pieds de haut, le tout à voirre dormant: & si de faict ils estoient plus bas, ou en autre maniere, celuy qui les auroit fait faire seroit contraint de les estoupper, s'il estoit suffisamment sommé & requis ou poursuivi par justice, ou de les mettre en hauteur & maniere que dessus: nonobstant quelque laps de temps, s'il n'avoit comme dit est, tiltre suffisant & special.

De cheminée contre mur mitoyen. CCXIX. *Item*, Si aucun veut faire cheminée contre mur moitoien, il doit faire contremur de tuilleaux, ou de plastre de demy pied d'espesseur & hauteur suffisante, afin que par chaleur de feu, le mur ne soit empiré.

D'étables contre mur mitoyen. CCXX. *Item*, Quiconque fait estables contre mur moitoyen, il doit faire contremur de demy pied d'espesseur, qui se doit bailler au rez de la mangouerre, pour garder que les fiens ne pourrissent ou dommagent ledit mur moitoyen.

De dalles & aisances contre un mur mitoyen. CCXXI. *Item*, Qui fait dalles (a) à recevoir les eaues, ou aisance, contre mur moitoyen, il doit faire contremur d'un pied d'espesseur, pource que les eaues de telles dalles, & aussi l'ordure des immundices de telles aisances, pourroient pourrir (b) ledit mur moitoyen.

De planter contre le mur de son voisin. CCXXII. *Item*, Si aucun a place, jardin, ou autre lieu, qui vient joindre sans moyen au mur de

---

a ART. 221. *Qui fait dalles*, ou fosses.

b pourroient pourrir. *L. si quando 17. §. 2. si servitus vind. secundum cujus parietem vicinus; sterculinium fecerat ex quo paries madescebat & Hermenop. lib. 2. tit. 40. §. 90. 91. 92.* ... λάκκα, &c. *id est, de lacu latrine, cacatoriis seu lavacris. Idem* Bourbonnois, art. 516. Berry, tit. 11. de servitude, art. 11. *Dixi* Paris, art. 191. J. B.

son voisin (soit moitoyen ou autre) & celuy à qui appartient ladite place & jardin, veut faire labourer la terre, cultiver & remuer, il faut qu'il face contremur d'espesseur suffisante, afin que le fondement dudict mur ne s'evase ou empire, par faute de fermeté & terre joignant.

Du contremur pour terres jettisses.

CCXXIII. *Item*, Quiconque veut jetter terre sur ou contre mur moitoyen, ou autre personnier, sans moyen, il doit faire contremur d'espesseur suffisante, pour soustenir ladite terre: & à ce que le mur de son voisin, ne tumbe à cette cause.

En mur commun on ne fait fenestres sans consentement.

CCXXIV. *Item*, En mur moitoyen ne peut l'un des personniers, sans le consentement de l'autre, faire fenestres, ou troux pour veue, ou lumiere, en quelque maniere ou hauteur que ce soit, à voirre dormant, ou autrement.

Espace ou contremur en four de boulanger.

CCXXV. *Item*, Entre le four d'un boulenger & le mur moitoyen, doit avoir demy pied de ruelle d'espace, ou contremur qui le vaille, pour eschever (*a*) la chaleur, & le peril du feu d'iceluy four.

Rubriche des Diversitez, des Chemins & Mesures.

De cinq manieres de chemins communs.

CCXXVI. ITEM, Par ladite coustume, y a cinq manieres de chemins communs; le premier nommé Sentier, qui porte quatre pieds de largeur, & n'y doit l'on point mener de charrette.

CCXXVII. *Item*, Le second s'appelle Carriere, & a huict pieds de largeur: & y peut l'on bien mener charrettes, l'une apres l'autre, & bestail en cordelle, & non autrement.

CCXXVIII. *Item*, Le tiers s'appelle Voye, & contient seize pieds de largeur: & y peut l'on bien mener & chasser, sans arrester, bestail de ville à autre.

CCXXIX. *Item*, Le quart se nomme chemin, qui contient trente deux pieds de largeur, par lequel toutes marchandises & bestiaux y peuvent estre menez, & eux y reposer: & en iceluy & autres chemins, se doivent recueillir les Travers accoustumez.

CCXXX. *Item*, Le quint, se nomme le grand chemin Royal, qui contient soixante quatre pieds de largeur, & porte chacun pied, par ladite coustume, unze poulces.

Des mesures de grains & vins.

CCXXXI. *Item*, Par ladite coustume, y a diverses mesures en plusieurs lieux en ladite Comté de Clermont, les unes plus grandes & les autres plus petites, & ne pourroient estre ici bonnement exprimées: toutesfois, quant au grain l'on vend & mesure par mines, par demies mines, & par quarts de mines; & faut douze mines pour le muid.

CCXXXII. *Item*, Par ladite coustume, le vin se vend par pintes & chopines, & en aucuns lieux par pots & par lots, & sont de diverses grandeurs: plus, huict pintes font un septier, & de vingt-six à vingt-sept septiers un muid de vin, & faut trois muids de vin pour un tonneau, qui se nomme communément deux queues.

De jauger les vaisseaux à vin, & ce qu'ils doivent contenir.

CCXXXIII. *Item*, Il est loisible à toutes personnes qui achetent vin, de faire gaulger (*b*) la fustaille en laquelle sera le vin par luy acheté; & s'il se trouve qu'il y ait plus ou moins de vingt-six à vingt-sept septiers en ce, sera augmenté ou diminué de pris *pro rata*, & sera prins pour le droit du gaulgeur (*c*) un denier tournois sur le vendeur, & un denier tournois sur l'acheteur; & neantmoins pourra estre poursuivi le tonnelier & vendeur qui aura fait & vendu la fustaille, pour avoir amende de cinq sols parisis sur chacun d'eux, & pour chacune piece, si on trouve qu'il y ait faute notable: & est desormais pour l'advenir defendu à tous tonneliers & autres, de ne faire fustaille neufves de muids & demy muids, & autres vaisseaux respectivement, qui ne soient de gaulge (*d*) de vingt-six à vingt-sept septiers pour muid: & enjoint à chacun tonnelier de marquer lesdites fustailles, sur peine d'amende arbitraire.

De la mesure des terres.

CCXXXIV. *Item*, La mesure des terres est de diverse grandeur en ladite Comté: toutesfois l'on compte douze mines de terre pour muid, & quant à Clermont & à l'environ, chacune mine de terre porte soixante verges, & chacune verge vingt-deux pieds.

CCXXXV. *Item*, Par ladite Coustume, en toute la Comté chacun pied a unze poulces de longueur.

CCXXXVI. *Item*, La mine de terre en la Chastellenie de Bulles, se mesure à cinquante verges pour mines, vingt-quatre pieds pour verge, au pied dessusdit.

CCXXXVII. *Item*, En la seigneurie de Conty l'on parle par journeux au lieu de mine, & se mesure chacun journeux, cent verges, & vingt-quatre pieds pour chacune verge.

CCXXXVIII. *Item*, La mine de terre en la seigneurie de Sacy, le grand Gournay, & pareillement à la Neufville en Hez & à Milly, se mesure tout ainsi & pareillement comme l'on fait audit Clermont.

CCXXXIX. *Item*, La mine de terre en la terre & seigneurie de Remy, porte quatre-vingts verges à vingt-deux pieds, tiers de pied pour verge: & aussi la mesure au grain, est pareille à celle de Compiegne.

CCXL. *Item*, Par ladite coustume, les aires où se font les lins, en la ville & paroisse de Bulles se mesurent par mine, & ne porte chacune mine desdites aires que douze verges, à vingt-quatre pieds pour verge.

De la mesure par arpens.

CCXLI. *Item*, Par ladite coustume, bois, vignes, jardins & prez, communément se mesurent par arpens, & vaut chacun arpent en aucuns lieux, cent verges, & y a six vingts pieds pour verge, & encores y a lieux où l'on ne mesure qu'à soixante-douze verges pour arpent.

De celui qui vend à faux poids ou mesures.

CCXLII. *Item*, Par ladite coustume, quiconque vend à faux poids & fausses mesures non signées, n'estallonnées, il encourt en l'amende de soixante sols parisis pour la premiere fois, & si doit estre bruslée telle mesure.

CCXLIII. *Item*, Tous draps de laine se mesurent audit Clermont à l'aulne, mesure de Paris.

De l'aune & mesure des estoffes.

CCXLIV. *Item*, Tiretaines (*e*) & toiles se mesurent à l'aulne dudit Clermont, qui est beaucoup plus petite, selon l'estalon de fer sur ce mis dans la halle haute dudit Clermont.

Du poids au Comté de Clermont.

CCXLV. *Item*, Le poids dudit Comté de Clermont est tel, comme de quatorze onces pour livre.

a ART. 225. *pour eschever*, faut, *éviter*.
b ART. 233. *de faire gaulger*, faut *jauger*.
c *du gaulgeur*, faut *jaugeur*.
d *de gaulge*, faut *jauge*.
e ART. 245. *Tiretaines*. Tiretaines & bureaux sont mesmes choses.

AUTRES

AUTRES COUSTUMES.

Formalitez pour renoncer à un heritage.

CCXLVI. QUiconques veut deuement renoncer à la proprieté d'aucuns heritages, il faut que ce soit en jugement, appellez à ce faire ceux qui y peuvent avoir interest, autrement telle renonciation est de nulle valeur.

De la vente de l'heritage baillé à loyer.

CCXLVII. *Item*, Si aucun proprietaire d'aucune chose immeuble, baille aucuns heritages à ferme ou loyer à certaines années, & depuis ledit bail vend ladite proprieté, sans parler dudit loüage, tel achepteur, s'il ne luy plaist, ne tiendra rien dudit loüage; & neantmoins iceluy louager pourra poursuivir son bailleur à luy payer le dommage & interest qu'il ne peut avoir, à cause qu'il ne peut accomplir la joüissance dudit louage.

En quel cas respit n'a lieu.

CCXLVIII. *Item*, Un respit ne peut avoir lieu contre le deu d'aucun adjugé par sentence diffinitive & contradictoire de louage de maison, d'arrerages de rente (a), moison de grain & debtes de mineurs contractez avec les mineurs ou leurs tuteurs durant leur minorité, service de varlets & chambrieres, peine de corps, & pour labeurs d'aucuns heritages.

A quoi sont tenus les gros decimateurs vers les Eglises parochiales.

CCLXIX. *Item*, Tous gros dismeurs sont tenus bailler & livrer aux Eglises parochiales, ès fins desquelles paroisses ils prennent & lievent les grosses dismes, les livres necessaires (b) à faire dire & celebrer esdites Eglises parochiales le sainct service divin selon la necessité; c'est à sçavoir, le grec, le messel, le manuel, l'epistolier, l'antiphonier, le legendier & le psaultier, toutesfois & quantes que besoin en est, en prenant par lesdits gros dismeurs, les vieils livres desdites Eglises, s'y aucun en y a, & dont plus l'on ne se peut aider.

CCL. *Item*, Pour ce que souventesfois à defaut de tels livres non livrez, ledit sainct service divin cesse & se delaisse à celebrer, & que telles matieres sont privilegiées, & sont bien souvent à favoriser, à cette cause, les marguilliers de telles Eglises parochiales, après sommation par eux deuement faite, peuvent par provision de Justice, faire proceder par voye d'arrest (c) sur tels gros dismages, pour seureté de la fourniture d'iceux livres; & à ce que les gros dismeurs ne les transportent hors de la jurisdiction ailleurs, que premier ils n'ayent fourny à la necessité desdits livres, selon ladite Coustume.

PUBLICATION.

LES COUSTUMES & articles cy-dessus escrits, ont esté leues & publiées en l'auditoire du Bailliage & Gouvernement du Comté de Clermont, par Pierre Duval, Greffier ordinaire dudit Bailliage, par l'ordonnance, & ès presences de nous André Guillart, Conseiller du Roy nostre sire, & Maistre des Requestes ordinaire de son hostel, & Nicole Thibault, aussi Conseiller dudit seigneur, & son Procureur general, commis & deputez par ledit seigneur, pour faire l'acte de ladite publication, & ès presences de maistre François d'Argiliere, licencié ès loix, seigneur de Valescour, Lieutenant general dudit Baillif, gouverneur dudit Clermont, Jean Gayant Advocat, & Pierre Gayant, Procureur du Roy audit lieu, & de plusieurs autres, tant Prelats, gens d'Eglise, nobles, officiers du Roy, advocats, practiciens, bourgeois, & autres du tiers Estat, escrits & nommez en nostre procès verbal sur ce fait. Après laquelle publication, avons enjoint aux dessusdits & à tous autres subjects & coustumiers audit Comté de Clermont, de doresenavant garder & observer comme Loy, lesdites Coustumes publiées & arrestées, & fait defenses de n'alleguer autres Coustumes. Et outre avons fait defenses ausdits Lieutenans, Juges & officiers du Roy & autres, advocats, practiciens & coustumiers dudit Bailliage, que doresenavant pour la preuve desdites Coustumes publiées, ils ne facent aucunes preuves par turbes ou tesmoins particuliers, que par l'extraict d'icelles signé du Greffier dudit Bailliage deuement expedié, ainsi que plus amplement il est contenu au procès verbal sur ce fait. En tesmoin desquelles choses, nous avons cy mis nos seings manuels, & fait signer par lesdits Lieutenant general, Advocat & Procureur du Roy, & ledit Greffier, le sixiesme jour de Septembre, l'an mil cinq cens trente-neuf.

A. GUILLART, N. THIBAULT, F. D'ARGILLIER,
J. GAYANT, P. GAYANT, P. DU-VAL.

a ART. 248. d'arrerages de rentes. *Intellige*, foncieres & de bail d'heritages, non volantes & constituées à prix d'argent. J. B.

b ART. 249. les livres necessaires. *Vide not. mea* sur M. Louet, *litt. R. num. 50. ubi dixi. Item*, des ornemens & grosses réparations. J. B.

c ART. 250. *faire proceder par voye d'arrest*, de l'autorité du Juge Royal, & non du subalterne, soit pour les livres ou les réparations. *Dixi ad litt. R. num. 60.* J. B.

PROCÉS VERBAL.

L'AN de grace mil cinq cens trente-neuf, le dix-neufiesme jour du mois d'Aoust, Nous André Guillart, Conseiller du Roy nostre sire, Maistre des Requettes ordinaire de son hostel; Nicole Thibault, aussi Conseiller dudit seigneur, & son Procureur general, estans en la ville de Senlis, pour la reformation & redaction des Coustumes du Bailliage dudit lieu. Avons receu les lettres patentes du Roy nostredit seigneur, &c. Nous sommes transportez le dernier jour dudit Aoust en ladite ville de Clermont, siege capital de ladite Comté, & le lendemain premier Septembre, &c.

L'ESTAT DE L'EGLISE.

SONT COMPARUS le reverendissime Cardinal de Chastillon, Evesque & Comte de Beauvais, Abbé de sainct Lucian lez ledit Beauvais, par Honoré de Vuaillicourt son procureur, assisté de maistre Jean Picquet, son doyen rural audit Clermont. Le reverendissime Cardinal de Boulongne, Abbé de Corbie, &

convent dudit lieu, par ledit Vuaillicourt. Reverend pere en Dieu, messire François de Sarcus, Evesque du Puis, & seigneur dudit Sarcus, Rocq de Exouille, par ledit Vuaillicourt. Les religieux, Abbé & convent de sainct Germer de Flay, par maistre Jacques Petit leur procureur. Reverend pere en Dieu, domp Anthoine Loffroy, Abbé de Nostre-Dame Dorcamps, en personne, & les religieux & convent dudit lieu, par ledit Petit. Les religieux, Abbé & convent de Nostre-Dame de Froismont, par ledit de Vuaillicourt, & domp Bernard de Chastillon, religieux & procureur de ladite Abbaye. Les religieux, Abbé & convent de Nostre-Dame de Laulnoy, par Pierre Gayant leur procureur. Maistre Jean de Rocherolles, Abbé commendataire de l'Abbaye du Gard, par maistre Pierre Cousturier son procureur. Les religieux, Abbé & convent de sainct Quentin lez-Beauvais, par ledit Petit, assisté de frere Florent de Picquegny, l'un desdits religieux, & Prieur de Gournay. Les religieux, Abbé & convent de sainct Just, par Pierre d'Argiliere leur procureur. Les religieuses, Abbesse & convent de Chelles saincte Vaultour, par Valentin de la Croix leur procureur. Les religieuses, Abbesse & convent de Penthemont, par ledit de Vuaillicourt. Les doyen, chanoines & chapitre sainct Pierre de Beauvais, par ledit Cousturier. Maistre Nicole d'Argiliere, chanoine & souz-chantre dudict lieu, & seigneur de Breuil le Verd, par ledit Gayant & Jean Touffault ses procureur & receveur. Maistre Jean Maubert, chantre & chanoine dudit lieu, & curé de Notre-Dame de Nully, par ledit Cousturier. Maistre Pierre Bochart, chanoine & official dudit Beauvais, & curé & seigneurs en partie d'Ons en Bray, par ledit Gayant. Maistre Charles Martin, chanoine dudit lieu, chapelain de Vuarty & seigneur en partie de Sulleville, par ledit Cousturier. Les prevost, chanoines & chapitre de Notre-Dame du Chastel dudit Clermont, par maistre Jean Picquet prevost dudit lieu, & curé de Buy sainct George. Loys de Hedoinville, thresorier dudit lieu. Simon Billouet & Jean Pilleu chanoines de ladite Eglise. Les chanoines & chapitre de sainct Barthelemy dudit Beauvais, par ledit Vuaillicourt. Les religieux & ministre de sainct André dudit Clermont, par Nicolas l'Abbé, & frere Jean Petit religieux dudit lieu leurs procureurs. Les religieuses, prieure & convent de saincte Croix sous Offemont, par Nicolas Pilleu leur procureur. Les religieuses, prieure & convent Notre-Dame de Vuariville, par ledit Petit. Maistre Guillaume Thibault, Abbé commandataire de sainct Vincent de Senlis, & prieur de Breuil le Secq, par ledit Jean Petit. Domp Aubert du Crocquet, prieur de Breuil le Verd. Maistre Baptiste des Ursins, prieur de sainct Remy l'Abbaye, par maistre Thomas Fliche son vicaire general. Domp Estienne de Crevecueur, prieur de Moyenville. Domp Pierre Gayant prieur de Nully souz ledit Clermont. Domp Jean de Bresche, prieur de Villiers sainct Sepulchre. Domp Jean le Cocq, prieur de Nully. Maistre Berthin de Mennay prieur de Conty, par ledit Vuaillicourt. Maistre Pierre Judas prieur du Bosquet. Maistre Jacques de Moyencourt prieur de Fresnemontier. Frere Robert Dache chevalier de l'ordre de sainct Jean de Hierusalem, commandeur de Sommereux & de Nully souz Clermont, par ledit Vuaillicourt, assisté de Henry Hanicques son baillif. Maistre Philippe de la Mare, archidiacre de Pontieu & chanoine d'Amiens, seigneur de la Mothe d'Essuille, par ledit Vuaillicourt. Le curé de sainct Sanson dudit Clermont, par Jean Voisin & Jean Cornuel, commissaires ordonnez par justice au sequestre de ladite cure. Maistre Jean le Clerc, curé de Breuil le Verd. Maistre Jean Hanon, curé de la Neufville en Hez, par Vuaillicourt. Maistre Guillaume de Villers, curé de Bailleul sur Therain, par ledit de Vuaillicourt. Sire Pierre curé d'Ablecourt. Sire Nicole Basineure, curé de Lyencourt. Sire Jean Boullenger, curé d'Angivillier. Sire Vuallery de Lecosse, curé de Thory, par sire Anthoine de Ruelle son procureur. Maistre Mathieu Berthault, curé de Manbeville. Maistre curé de Cernoy & de Nonroy. Sire Simon du Boz, curé de trois Estocs. Sire Guillaume Canet, curé de Remy. Sire curé de Harmencourt, par ledit Petit. Sire Gilles Paris, curé de Blancourt. Sire Jean Anthoine, curé d'Auvegny. Sire Nicole de Villaigne, curé du Plessier sur Bulles. Sire Jean Lermynier, curé de Balloy. Sire Maurice Moyen, curé de Mery. Maistre Jean le Brasseur, curé de Lyenviller & d'Aussi en Bray. Maistre Loys Derquinviller, curé de Cuigners & Lamecourt. Maistre Florimont Lerminier, commissaire à la cure de Vuarty sequestrée. Maistre Nicole Cuvelier, curé de Bernier. Sire Jean Desquesnes, curé de Cempuys, par ledit Vuallicourt. Maistre Huges de Ligars, curé de Hamel, par ledit Vuaillicourt. Maistre Thomas Fliche, curé de Rueil. Sire Jean de la Mare, curé d'Estraye. Maistre Jean Vuibert, curé du Quesnel Aubry, par ledit de Vuaillicourt. Maistre Antoine Grasset, curé de Moussures, par ledit l'Abbé. Domp Nicole Parin, curé de Caulx, par ledit l'Abbé. Domp Guillaume de la Cousture, curé de Thilloy, par ledit l'Abbé. Maistre Jean de Riencourt, curé de Bargicourt, par ledit Vuaillicourt. Maistre Jean Gambart, curé de Saulsoy, par Pierre le Roy. Sire Guillaume d'Estrée, curé de Courcelles souz Moyencourt, par ledit Vuaillicourt. Maistre Gilles Vivant, curé d'Argneuses. Maistre Jean Coppin, curé de Haurechy. Maistre Galien de la Cuisine, curé d'Arion. Sire Gilles de la Mare, curé de Fournivat. Maistre Jean le Maire, curé de Castillon. Maistre Antoine le Besgue, curé de Notre-Dame dudit Milly, par ledit Cousturier. Maistre Nicole le Clerc, curé de Havaches, par ledit Vuaillicourr. Maistre Jean Tousfreville, curé de Hambles, par ledit Vuaillicourt. Maistre Pierre Crochet, curé de Brancourt, par maistre Toussaints Frere son vicaire & procureur. Sire Charles Caullier, curé de Rochy. Maistre Nicole Lalué, commissaire à la cure de Sacy le Grand. Maistre Arthus Boullet, curé de sainct Felix, par ledit Cousturier. Sire Jean le Moyne, curé de Frenemontier, par Pierre Sturbe. Maistre Blanchet Boudelles, curé d'Arcy en le Compagne, par sire Pierre le Caron son vicaire. Sire Antoine de Sains, curé du Mesnil sur Bulle, par sire Estienne Reti son procureur. Maistre Antoine Pillan, curé de Remy & de Pondinviller, par ledit Cousturier.

L'ETAT DE NOBLESSE

COMPARURENT aussi messire Jean de Humieres, chevalier seigneur dudit lieu, Reocquerolles & Nointel, par maistre Pierre Ferbourcq son procureur : messire Charles de Roye, chevalier comte de Roussy seigneur dudit Roye, Bertheul, Meuret & de Conty, par maistre Nicole Grosset advocat à Senlis. Ledit de Vuaillicourt & Jacques de la Chaussée baillif dudit Conty, ses procureurs : messire Antoine de Halleuin, chevalier seigneur de Pienne, de sainct Omer, Bonnieres & de Crevecueur, par ledit Antoine Petit : messire François de Bocqueaux, chevalier seigneur de Reglise, & de Cauffery, par ledit de Vuaillicourt. Antoine de Ravenel, seigneur de Rantegny, Foulleuzes & de Bury. Guy de Belloy, seigneur dudit lieu, & de Romiller. Guillaume du Plessis, seigneur dudict Liencourt. Adrian de Bousflers, seigneur dudit lieu, Milly & de Caigny, par ledit Jean Petit. Loys Douguyes, seigneur de Chaulnes, Estry, & de Mery. Jean de Bourges, seigneur de Bethencourtel. Garlache de Berthencourt, seigneur de Maimbeville & de Sacy en partie, par ledit de Vuaillicourt. Messire Vaspasien de Calvoisin, escuyer ordinaire de l'escuyrie du Roy notredit seigneur, seignenr d'Achy, du Fresne & de la Rue du Bon, par ledit de Vuaillicourt. Messire Loys de Halleuin, seigneur de Harquebu & de Vually, par ledit Vuaillicourt. Dame Françoise de Bourgoigne, dame de Buqueurt, de Villers lez-Castenay, & de Sacy le grand en partie, par ledit de Vuaillicourt. Marie de Hedonville, dame de Cauffery, par Martin de Cernoy, son fils & procureur. Dame Pernelle Perdrier, tant en son nom que comme ayant la garde noble des enfans mineurs d'ans, d'elle & de feu messire Jean Brynon, en son vivant chevalier conseiller du Roy, premier President en sa Cour de Parlement à Rouen, & garde des seaux du Duché d'Alençon, seigneur & dame de Remy, Gournay, & de Moyenneville, par maistre Jean Filleau advocat leur procureur. Dame comme ayant la garde noble des enfans mineurs d'ans de feu messire Adrian de Pisseleu & d'elle, seigneur de Marcelles, par ledit Roy son procureur. Damoiselle Loyse de la Bretonniere, comme ayant la garde noble des enfans mineurs d'ans de feux Martin de Hangestz & Françoise d'Argilliere, en leurs vivans seigneur & dame de Hargenlieu, Haurechy le Joucq & Lamecourt, par ledit de Vuaillicourt. Damoiselle Genevíesve du Boys, dame de Pisseleu, Rozay & de la Mairie, Sacy le grand, par ledit le Plat. Maistre Pierre de Hacqueville, conseiller du Roy notre Sire en sa Cour de Parlement à Paris, seigneur d'Ons en Bray. Maistre Nicole de Hacqueville, advocat en ladite Cour, seigneur de Villiers sainct Barthelemy, par ledit le Plat. Maistre Jean Courtin conseiller du Roy, & correcteur de ses comptes à Paris, seigneur de Gournay, par ledit le Plat. Maistre Nicole Pupillon, auditeur desdits comptes, seigneur d'Ansac, par ledit l'Abbé. Maistre Florent Collesson, lieutenant à Roye, seigneur de Beronne. Maistre Jean Bouchard advocat en ladite Cour de Parlement, seigneur de Nonroy. Jean de Francieres, seigneur dudit lieu, par ledit de Vuaillicourt. Maistre Olivier d'Arquinvillier, seigneur de sainct Rymauld. Jean de Goy, seigneur de Ponceaux & Monstreul sus Bresche. Pierre de Malingres, seigneur de Hez, par ledit Vuaillicourt. Charles de Paillart, seigneur de Soqueuses & de Cempuis, par ledit Vuaillicourt. Gilles de Hangestz, seigneur de Hargenlieu, Haurechy le Joucq & de Lamecourt en partie. Jacques de Vauldray, seigneur de Mouy sus Therain du Chastel, de Houdainville, & de la Ville en partie, par Jean Hubert. Nicolas du Clement pour son fief dudit Cempuis, par ledit Couturier. Damoiselle Bonne Fournier, dame dudit Cempuis, par ledit Antoine Petit. François du Breuil, seigneur de Gicourt & Brullancourt. Pierre Parent, seigneur de Thieulx, par ledit le Plat. Loys de Lyonin, seigneur dudit Thieulx. François Parent, seigneur de Castillon, par ledit Vuaillicourt. Charles de Baulgis, seigneur du Bosquet. Aubert Fauvel, seigneur de Lusiers & d'Estrées, par ledit de Vuaillicourt. Jean de Soycourt, seigneur d'Espaulx, Contres & Bellenze, par ledit l'Abbé. Jacques de la Chaussée, seigneur du Buysson & de Crouze. Nicolas Caignet, seigneur de Brassy & Fresnemontier, par ledit Antoine Petit. Loys Perrin, seigneur de Vuallon, par ledit Vuaillicourt. Gilles du Fay, seigneur de Chasteau-Rouge & de Cressonsacq, par ledict l'Abbé. Jean de Moncheaulx, chevalier seigneur de Houdene, Blacourt, Glatigny, Hauvoille, & de Martincourt, par ledit Antoine Petit. Robert d'Aubourg, seigneur de Neufvillette, Villembray & l'Allu, par ledit de Vuaillicourt. Jean de Milly, seigneur de Monceaulx, par ledit le Roy. Hervé de Milly, seigneur de saint Arnoult. Pierre du Clement, seigneur du Vuault. Huttin de l'Espinay, seigneur de la Neufville sur le Vuault, par ledit Couturier. Jean de l'Espinay, seigneur de la Neufville Boulay, & du Bos Robert seant à Senantes, par ledit maistre Jacques Petit. Pierre de Baulgis, seigneur d'Aussy en Bray, par ledit Petit. Damoiselle Agnetz le Sieur, dame d'Andiville, par ledit Vuaillicourt. Damoiselle Jean de Hangests, dame de Mery, tant en son nom que comme baillistre de Claude & Françoise de Hangests, enfans mineurs de defunct Jean de Hangests, & damoiselle Loyse le Sieur sa femme, seigneur de Louviancourt, par ledit maistre Jacques Pilin. Vuast de Hedouville, seigneur d'Ars, par ledit Gayant. Loys de Piennes, seigneur de Russeloy & de Camberonne, par ledit Vuaillicourt. Jean de Breuil, seigneur de Constances. Nicolas d'Aigondessent, seigneur de la Tacque & de Canettecourt, par ledit de Vuaillicourt. Maistre Gabriel du Vergier, seigneur de Rotheleu. Jean de Bourges, seigneur de Bethencortel. Jean de Poulx, seigneur de Haudainville. Thibault de Cernoy, seigneur de Semeviller. Antoine d'Abonnal, seigneur de Mancourt. Robert Boullart, seigneur de Sarmencourt, par ledit Adrian Petit. Adrian de Moyencourt, seigneur de Moymont. Roger Raynel, seigneur du bois Liebault, par ledit Fileau. Arthus Dagombert, seigneur en partie de Balleul sur Therain. Raollant Danisy, seigneur de Hemencourt le Secq, par ledit de Ravenel, seigneur de Rantigny. Dame Loyse de Villiers, dame de Baillet en France & Franconville au bois, par ledit Vuaillicourt. Jean de Mailly, seigneur de Rumestiel, Maretz, Silly & Thiart, par ledit Vuaillicourt. Pierre le Maire, seigneur de Parisifontaine, Quievremont & de Longuert, par ledit l'Abbé. Charles de Gomer, seigneur de Cuignieres, par ledit le Plat. Jean le Clerc, seigneur en partie de Herquery. Regnault de saint Blemon, seigneur de Supplicourt & de la Verriere, par ledit de Vuaillicourt. Loys de Gouy, seigneur de Campremy & du Quesnel Aubry, par ledit Cousturier. Gilles du Chemin, seigneur du Mesnil sur Bulles, par ledit le Plat. François du Mesnil & Antoine de Coclerel, seigneur en partie de Sarchy, Vuarty & Petail, par ledit Gayant. Loys de Sericourt, seigneur en partie desdits lieux. Jacques d'Estrés & Jaspart d'Estrées, seigneur du Quesnoy à Coutres. Maistre Nicole Charles, seigneur du Plessis Parcquet & de Bethencourt sainct Nicolas, par ledit de la Croix. Charles de Moyencourt, seigneur de l'Esglantier, par ledit Cousturier. Jean du Micault, seigneur de l'Espine. Henry Frenoy & Courcelles, par ledit de Vuaillicourt. Jean de Vuignacourt, seigneur en partie d'Elix, & du fief de Myte, par Nicolas Pulleu. Guillaume Alexandre, seigneur du fief de la Mothe à Hanaches, par ledit Jean Petit. Guy du Bois, seigneur de sainct Remy & du Quesnel, par ledit Jean Petit. Jacques de Fouleuzes, seigneur de Flancourt & de sainct Aulbain en Bray, par Jean Petit son procureur.

Officiers du Roy, & Tiers-Etat.

PAREILLEMENT comparurent maistre François d'Argillieres, seigneur de Valescourt & de Monceaux, lieutenant general dudit Bailliage & Comté: Jean Gayant, advocat: Pierre Gayant, procureur du Roy: Claude Billouet, receveur ordinaire de son domaine: maistre François Vigneron, seigneur de Monceaux, & lieutenant particulier: Pierre Sturbe, prevost: Jean Filleau, advocat & esleu: Pierre de Ravenel, grenetier, & Jacques Petit, procureur en ladite eslection, tous officiers du Roy, audit Clermont: maistre Estienne Pastour, advocat & prevost en garde pour le Roy à la Neufville en Hez: Claude Selier, seigneur de Fay, lieutenant particulier des eaues & forests dudit Comté: maistre Anthoine Sturbe, advocat: Loys d'Arthois: Pierre Gayant: Honoré de Vuallicourt: François de Bloys, seigneur de Fay, de Guehan & du fief des Patelles: Pierre le Cousturier: Jean le Plat, Adrian Petit, Nicolas Brahier, Robert Thureau, Loys de Bloys, seigneur dudit Fay: Pierre d'Argilliere & Jean Voisin, Valentin de la Croix, Pierre le Roy, Nicolas l'Abbé, Nicolas Billouet, sergent dudit Fay: Nicolas Pulleu, seigneur de Mictry & d'Elix en partie: Laurens Regnard, Nicolas Faluel, Nicolas Esleve, greffier du domaine: Anthoine le Selier, greffier de la Prevosté foraine: Jean Pulleu, greffier de la ville dudit Clermont: Laurens Allou: Loys Allou, Jean Evrard & Pierre de Romescamps, tous practiciens ès sieges dudit Comté: Denis de Bille, prevost en garde pour le Roy à Milly : Guillaume Desguynegatte, lieutenant commis à l'exercice de la prevosté de Bulles : Pierre du Val, Jean Chrestien, Jean Pinel & Raoulin de Gronchy, bourgeois, pairs & eschevins de ladicte ville de Clermont, & encores lesdits Sileau d'Arthois & Vuallicourt, Matthieu le Fevre, Simon du Fresne & Pierre de Mamlireux, procureurs des manans & habitans dudit lieu : maistre Philippes le Thoillier, seigneur d'Augmeller : maistre Guillaume le Selier, seigneur de Buisancourt, par ledit A. Petit : Charles Richard, seigneur de Troussures, par ledit A. Petit : maistre Pierre Aubert, seigneur de Condé, par ledit Vuallicourt, Henry Hanicques, seigneur de Cempuys en partie : Jean Varlet, seigneur de Fricamp : Jean de Neulx, seigneur de Silly & Thillart en partie, par ledit Vuallicourt, Pierre le Bastier, seigneur de Goncourt, par ledit Vuallicourt : Jacques Boullet, seigneur en partie de Pisseleu : Jean Caignart, seigneur de Bincourt & d'Archies, par ledit Gayant : Renconnet des Coulombiers, seigneur de Grandvillier : Jacques aux Cousteaux, seigneur de la Trompedor à Oudeul le Chastel, par ledit Vuallicourt : Jean de Bethencourt, seigneur de Houdainville en partie : Jean Poileu, seigneur de Vaulx en partie, par ledit Gayant : Estienne Tourtel, seigneur de Remy en partie, par ledit Fileau : Jean Boucheau dit le Prince, seigneur de Caumont, par ledit A. Petit : Pierre de Milly & Nicolas Boyleau, seigneurs d'Essulle & d'un fief assis à sainct Rymart, par ledit Pierre d'Argilliere : Robert Griallart, seigneur de Vuaneguyes en partie, par ledict l'Abbé : Jacques de Mouchy, Nicolas Roger & Guillaume Marcel, seigneurs de Troussures en partie, par ledit Vuallicourt : Jean Coquery, Pierre le Caron & Jean Hemart, seigneurs d'Assy en Bray en partie : Jean le Fevre, seigneur de Coulombes près Laydon, aussi par ledit Vuallicourt : Simon Bouteroye, seigneur de Trouville près ledit aussi par ledit Vuallicourt : Alix de Lignieres, dame en partie de Bonnieres, par ledit Gayant : Jean d'Avervelle l'aisné, Hanrier Durant, Claude Villain & Jeanne de Dam, seigneurs & dame de Montoilles à Rochy, par ledit de Vuallicourt : Christofle Cochet, seigneur de Sulleville en partie : Anthoine Loppart, commissaire au fief de Fourchaulx seant à Villiers lez Castenay & Rotheleu : Guillaume Bracquet, commissaire au fief de maistre Hugues Boyleau seant audit Villiers & à Suy le grand, & encores ledit Bracquet commissaire au fief appartenant à Gilles du Mesnage seant audit Suy : Nicolas du Change, seigneur en partie du fief de Gilles du Mesnage, Jean Fosselin, commissaire au fief de Lespinette appartenant au seigneur de Genly, par ledit Cousturier : Jean Allard, commissaire au fief seant audit Suy appartenant à Loys de Gruy, seigneur d'Arcy en la Compaigne : les maire, pairs & eschevins de la ville de Bulles, par Georges le Maignan, Maire dudit lieu, & Jacques Petit, Nicolas Fouée & Jean Subert, marguilliers de la parroisse de Brueil le Secq : Nicolas Menocenne & Honoré le Fevre, marguilliers de Suy le grand : Colin Cretel & Loys Houber, marguilliers de Lyencourt : Pierre Goullart & Robert Hermant, marguilliers de Vuaneguyes : Robert de Moucy & Jean Thierry, marguilliers de Fouleuzes : Colin du Chastel & Marin Castille dit Lamy, marguilliers de Belloy : Michel Leron & marguilliers de Gournay : Jean Tourtel & Mathieu Payen, marguilliers de Francieres : Martin Aniel, & Anthoine Tourtel, marguilliers de la parroisse de Remy : Guillaume Poulouzy & Nicolas Plouyn, marguilliers d'Argy en la Campaigne : Jean de Rone & Philippot le Mire, marguilliers de Blancourt : Jean le Thoillier & Jean Danyn, marguilliers d'Auregny : Pierre Vualet & Honoré le Coas, marguilliers de Brueil le Verd : Pierre Piedemer & Nicolas le Long, marguilliers de Rantegny : Jean Goulehan, marguilliers de Cauffery : Gilles Guillaume & Charlot de la Court, marguilliers de Camberonne : Colinet Blicot & Regnald Vuatilin, marguilliers de Mylly : Anthoine de Nougent, marguillier d'Anvilier : Drouet Blicot & Michel Courtillart, marguilliers de Houdainville : Regnauld du Chemin & Pierre Cullot, marguilliers de Thory : Jean d'André & Jean Faine, marguilliers de sainct Remy en Leauë : Freminot Verite & Jean Cabois, marguilliers d'Arion : Jean Bontemps & Prothin Sorez, marguilliers de Fournival : Jean de Blacoussins & Freminot Flichon, marguilliers de Farivillier : Pierre Deguillon & Anthoine Queste, marguilliers de Thieux : Fedrix Tristan & Charlot le Cler, marguilliers de Castillon : Vualeran Closier, marguillier du Mesnil sur Bulles : Jean de la Lande dit Thibauld, & Jean de la Lande dit Robin, marguilliers de Theroussises par ledit l'Abbé : Antoine Rousset & Pierre Petit, marguilliers d'Ons en Bray, par ledit Vuallicourt : François Olivier & Nicolas Hanicques, marguilliers de l'Eglise de Notre Dame de Mylly, par ledit Vuallicourt : Raonlequin Roche & Noel Laurens, marguilliers d'Auchy, par ledit le Plat : Jacques Richard & Georges Baudouyn, marguilliers de Hanaches, par ledit Vuallicourt : Robert Guillebault, Nicolas Farcheville & Claude Aumont, marguilliers de Hammurilles, par ledit l'Abbé : Mahiot Porquier, & Jean Foullon, marguilliers de Martincourt, par ledit Petit : Raoullet Marin, marguillier de Harchies, par ledit Vuallicourt : Nicolas le Natier & Nicolas Guyngart, marguilliers de Rochy : Jacques Huymes : Adrian de Haluynes & Jean Desmarquetz, marguilliers de Caigny, par ledit Jacques Petit : Marin & Noel de la Porte, marguilliers du Bosquet, par ledit Vuallicourt : Collinet Gillon & Oudin Boquet, marguilliers de Mousures, par ledit l'Abbé : Pierre de Rymery & Augustin Lebbasseur, marguilliers de sainct Martin de Conty, par ledit Vuallicourt : François de la Cousture : Jean Lecut & Guyot Harger, marguilliers de sainct Anthoine dudit Conty : Nicolas Potier & François le Caron, marguilliers de Contres, par ledit Vuallicourt : Pierre de Rebec le jeune : Jean Aubert & Jean le Berquier, marguilliers de Bellenzes, par ledit l'Abbé : Colin Niolin & Pierre Moreau : marguilliers de Fresnemontier, par ledit Vuallicourt : Gabriel le Normand & Loys Merle, marguillier de Famecon : Jean de Pichi & Hypolite Petit, marguilliers de Beigicourt, par ledit Vuallicourt : Mahiot Lyesse & Jean le Fevre, marguilliers Decanliers, par ledit Jacques Petit : Pierre de Paris & Nicole Poulain, marguilliers de Soulsoy, par ledit le Roy : Pasquier de Hoteville & Guillaume Robert, marguilliers d'Argneuses : Michel Houzet & Regnault Rousset, marguilliers Dessuylle : Tasinot Boulangier & Jean le Tourneur, marguilliers de Monstreul sur Bresche : Hutin du Plessier, marguillier du Plessis sur Bulles : Pierre Vuallet & Pierre de Foucquerolles, marguilliers d'Agnectz : Jean Petit, Jean Chanterel, Pierre Dourdier & Nicolas Beller, marguilliers de la Neufville en Hez, Benoist le Mercier & Estienne Flavel, marguilliers de Bailleul sur Therain : Pierre Guide, marguillier de Marthencourt, parroisse d'Abecourt : Noel de Canlier & Huttin de Ballagny, marguillier de la Neufville le Roy : Vallantin du Pont & Noel Deray, marguilliers de Cressonsacq : Pierre de Villiers, marguilliers de Nouroy : Marquet Boures, marguillier de Mery : Robinet de Crespy, marguillier de Cernoy : Anthoine Boytel & Jean d'Aregny, marguilliers de Trois-Estoctz : Jean de Ray & Nicolas Leguillon, marguilliers de l'Esglentier : Laurens Coqu & Pierre du Gardin, marguilliers d'Angiviller : Guerard Fournival & Anthoine de Fournival, marguilliers de Lyeuviller, par ledit Gayant : Jean Goullain & Anthoine de Fournival, marguilliers d'Aarquinvillier : Jourdain le Theollier & Jean de Boye, marguilliers de Cuignieres : Martin Cannel & Pierre Benoist, marguilliers d'Erquery : Jean Robillart, Jean de Rogy & Pierre Prevost, marguilliers de Vuarty : Psalmon Guerin,

Jean Rentier, Nicolas Gervais & Guerard Manant, marguilliers de Marcelles : Guillaume de Bailly & Mahiet Hen, marguilliers de Halloy, par ledit le Plat : Jean de la Marche, Pierre L'aisné & Collin Durant, marguilliers de Sommereulx, par ledit de Vuallicourt : Jean Dellin le jeune, Jean Coustel & Pierre Benoist, marguilliers de la Verriere, par ledit Vuallicourt : Jean Plebault, François Petit & Robinet Beaupigné, marguilliers de Cempuys, par ledit de Vuallicourt : Pierre Trasseur, Jean Maille & Anthoine le Doulx dit Sallezart, marguilliers du Hamel, par ledit Vuallicourt : Jean Tesecq dit Mymont, & Pierre Nanquier, marguilliers d'Estoy : Robinet Begaye & Florent Nonroy, marguilliers de Lix : Anthoine de la Porte, Jean Peancillier & Jean le Roy, marguilliers de Remerangles : Pierre de Lihus & Nicolas Russet, marguilliers du Fay sainct Quentin : Michel Tallon & Jean Fournier, marguilliers de Bucamps : Pierre Villon, Maire de Houdainville : Malin Synet, Charles Payen & Ferry le Charron, habitans du Bosquet : Bernard le Guillebert, Pierre de Bergues, & Pierre Ruelle, marguilliers de Nointel : Jean le Tailleur, marguillier de Moyneville : Jean Vigneron & Jean le Maire, marguilliers de sainct Albin : Loys le Vasseur Vincent Vuarroquier, marguilliers de Havercy : Laurens Regent & Florent Foriment, marguilliers de Buy sainct Georges : Pierre Parmentier, marguillier de Rueil sur Arée, par ledit Gayant : Jean Brilledier, marguillier : Servet Desmoutiers & Colinet Fourquerel, habitans de Boissy & Fresnemontier.

Et en faisant ladite evocation, les gens d'iceux trois Estats, sur ce que ledit reverendissime Cardinal de Chastillon (a) estoit appellé le premier, ledit maistre Nicole Gosset, pour ledit messire Charles de Roye, a dit & remonstré qu'à cause de la terre & seigneurie de Conty, appartenant audit de Roye, & des droits & preeminences d'icelle, il devoit estre appellé le premier, & preferer tous autres en icelle evocation : partant s'opposoit que ledit reverendissime Cardinal fust appellé devant luy, & requeroit estre appellé le premier ; ce qui a esté contredit par les gens du Roy, disans que ledit reverendissime Cardinal estoit audit Bailliage & Comté, le chef de l'Estat de l'Eglise, à cause de son Evesché de Beauvais ; & que ledit Estat se devoit appeller le premier, & devant celuy de Noblesse, & partant ledit de Roye faisoit à debouter de son opposition : Surquoy ordonnasmes que ledit reverendissime Cardinal demeurera en l'ordre auquel il a esté appellé, comme chef audit Clermont de l'Estat de l'Eglise. Pareillement sur ce que messire François de Montmorancy, seigneur de la Rochepot, Gouverneur de l'Isle de France, & Lieutenant general pour le Roy, au pays de Picardie, a esté appellé le second de l'Estat de Noblesse, ledit Gosset, pour ledit de Roye, a fait, contre ledit de Montmorancy, semblable requeste, remonstrance & opposition, comme dessus. Et pource qu'iceluy de Montmorancy estoit defaillant, & n'avoit aucun procureur qui se presentast pour y respondre, avons ordonné que quant à present, ledict de Roye auroit seulement lettres de son opposition, pour luy valoir & servir ce que de raison ; & après sur l'evocation faicte dudit de Roye en qualité de seigneur de Conty, ledit Gosset a dit que ladite terre de Conty, est des anciennes Chastellenies dudit Comté, en laquelle il dit avoir tous droicts & prerogatives, qui appartiennent à seigneur Chastellain ; & telle estoit, & est denommée ès anciens livres Coustumiers dudit Clermont, ainsi qu'il offroit presentement verifier par les practiciens assistans, & encores ci-après plus amplement, tant par lettres que par tesmoings : Ce neantmoins il estoit appellé en qualité de seigneur de Conty seulement, en luy prejudiciant en sesdits droicts & preeminences. A cette cause a requis ladicte evocation estre corrigée & augmentée de ces mots, *seigneur Chastellain de Conty*. Au contraire les gens du Roy, ont soustenu que ledit de Roye, n'autres vassaux dudict Comté, eux disans seigneurs Chastellains, n'ont dedans les fins & mettes d'iceluy, aucun droict & preeminence de Chastellenie, soit assise, ressort de jurisdiction, seel, Tabellionnage, & autres choses qui en dependent : & n'en ont eu aucune jouissance, parquoy empeschoient ladite correction. Et par ledit procureur dudit Adrian de Boufflers, a esté dit que ledit de Boufflers est seigneur Chastellain, pour un tiers de la seigneurie de Milly, partissant contre le Roy pour les deux autres tiers, & que ledit lieu de Milly est la principalle, & plus ancienne Chastellenie dudit Comté ; à cause de laquelle il devoit preferer ledict de Roye, quand ores il seroit trouvé qu'il fust seigneur Chastellain, & a requis estre par nous ordonné que ledit de Boufflers, comme seigneur Chastellain dudit Milly, sera appellé le premier & devant ledit de Roye, tant en celle evocation, qu'en tous autres actes publicques, qui seront faits audit Clermont, avec les autres vassaux dudit Comté : Ce qui a esté contredit par ledit Gosset : Surquoy icelles parties ouyes, & après que lesdicts Gosset & Petit, sommez de monstrer leurs anciens reliefs, tiltres & adveuz, si aucuns en ont, faisant mention desdicts droicts par eux pretenduz, n'en ont fait apparoir, avons ordonné que par provision, sans prejudice de leurs droicts & differens, & sauf à en ordonner ci-après, ladite évocation demeurera comme elle a esté faite. Aussi ledit Gayant, procureur dudit messire Pierre Panche, curé d'Abbecour, a dit que la cure & presbytaire dudit lieu, sont du Bailliage de Senlis : & ledit de Vuallicourt, procureur du curé & marguilliers de Bazincourt, a par semblable declaré que ladicte cure & habitans dudit lieu, estoient du Bailliage d'Amyens, & partant n'estoient les dessusdits curez & habitans, sujects de comparoir à la publication desdites Coustumes, protestans par lesdits Gayant & Vuallicourt, que ce qui seroit fait, ne leur puisse prejudicier : & encores ledit de Vuallicourt, pour ledit maistre Gilles Mesnault, curé d'Argneuses comparant en sa personne, a remonstré que ledit lieu d'Argneuses, & tous les habitans d'iceluy, sont entierement du ressort & jurisdiction dudit Bailliage de Clermont, ce nonobstant les officiers d'Amyens, & de la Prevosté de Beauquesne, font par chacun jour entreprise sur lesdits habitans, les voulant assujectir à leurs jurisdictions, dont ils sont grandement troublez, & a sommé les gens du Roy d'y vouloir entendre & empescher lesdites entreprinses, & de ce a requis lettres qui luy ont esté par nous accordées, & sur l'evocation de dame Pernelle Perdriel, veufve de feu messire Jean Brinon, dame de Remy, Gournay, & Moyenville, ledit maistre Jean Filleau, a dit que lesdites terres sont saisies à la requeste des gens du Roy, & a esté establi commissaire, & comme tel se presentoit : & pource qu'icelles terres ont esté denommées, en faisant ladite evocation, simples seigneuries, a protesté pour ladite dame & ses enfans, seigneurs desdits lieux, que ce ne leur puisse prejudicier aucunement : par ce que ce sont trois Chastellenies, tenues du Chastel dudit Clermont.

Et ledit jour de relevée, en continuant l'evocation desdits Estats, ledit Vuaillicourt, procureur de dame Loyse de Villiers, (soy disant dame de Baillet en France & de Franconville au Bois) a dit que les terres & seigneuries de Baillet & Franconville au bois, sont enclavées dedans la Prevosté & Vicomté de Paris, & y respondent les subjets : parquoy protestoit que la reformation & redaction desdites Coustumes ne leur puisse prejudicier, & de ce a requis lettres. Au contraire, les gens du Roy ont dit, que lesdites ter-

a *Cardinal de Chastillon*, on devoit dire l'Evêque de Beauvais, & cy, & après où il en est fait mention.

res sont tenues du chastel dudit Clermont, & du ressort de ce Bailliage, & de tout temps y ont respondu & procedé en Justice, les seigneurs & sujets desdits lieux, ainsi qu'il sera deuement verifié, tant par lettres que par tesmoings; mesmes que lesdites terres sont de l'ancien domaine dudit Comté, qui ont esté données par les predecesseurs Comtes dudit Clermont, à la charge du retour certains cas advenant; & pour se couvrir & en oster la cognoissance, ladite de Villiers, soy disant dame desdits lieux, pretend exempter lesdits lieux & subjets de la jurisdiction dudit Clermont; Surquoy avons dit que ledit de Vuaillicourt bailleroit son fait plus amplement par escrit dedans huy, aux gens du Roy, auquel ils feront responsе, pour en ordonner comme de raison. Pareillement ledit de Vuallicourt, procureur dudit Jean de Mailly (qui estoit appellé en qualité de seigneur de Silly & de Thillart) a dit qu'à cause desdits lieux n'estoit sujet ne responsable dudit Bailliage, ains seulement à cause d'un fief nommé Bazantam, assis esdits lieux de Silly & Thillart: pour lequel fief il se presentoit, & non pour le regard du surplus desdits lieux: requerant correction estre faite de ladite evocation, ou autrement protestoit qu'elle ne luy pouvoit prejudicier, & de ce a requis lettres que luy avons accordé.

Et sur l'evocation faite de Denis de Villes, en qualité de Prevost en garde pour le Roy, en la terre de Milly, ledit Petit, pour ledit de Boufflers, a protesté qu'icelle evocation ne luy peust prejudicier: soy disant seigneur pour un tiers dudit lieu: & aussi par ledit Pierre d'Argilliere, procureur desdits Pierre de Milly, N. Boilleau & Martin Dausse, a esté dit qu'il se presentoit seulement pour un fief assis à Essuille, tenu de seigneur Rymault, appartenant aux dessusdits, & non pour le reste dudit Essuille, qu'il a maintenu estre du Bailliage de Beauvais.

Ce fait, avons fait faire le serment à tous les gens d'iceux trois Estats illec presens, de bien & loyaument conseiller le Roy, & nous, & dire verité, sur le faict des Coustumes dudict Bailliage & Comté de Clermont, remonstrer & advertir, ce que des choses contenues esdictes Coustumes, en seroit utile & profitable, ou prejudiciable au bien commun & utilité du pays: Ce qu'ils ont promis faire: Et après les gens du Roy nous ont dit & remonstré que lesdictes Coustumes n'ont esté par ci-devant redigées par escrit en cayer arresté, signé, n'aucunement approuvé des anciens officiers & practiciens dudit Clermont, autrement qu'ainsi qu'ils en usoient: Aucuns d'eux en ont fait un registre, chacun à part soy, qu'ils ont appellé leur livre Coustumier, & en iceluy ont comprins leur style & maniere de proceder ès jurisdictions dudit Comté, & mis pour Coustume: pour laquelle cause, & aussi que lesdits livres Coustumiers se sont trouvez differens en plusieurs endroits de consequence, & la plus grand part des articles en mauvais langage, trop prolixe & confus, & aucuns d'iceux mis souz les rubriches d'aucune matiere dont ils ne faisoient aucune mention; pareillement, plusieurs bonnes Coustumes estoient observées audict Bailliage, qui n'estoient contenues esdicts livres Coustumiers; & si en a aucunes, qui ne sont gardées selon qu'elles y sont escrites, & en est usé tout autrement, mesmes qu'aucunes d'icelles sont contraires & desrogantes à la raison commune & au bien & utilité du pays: iceux gens du Roy auroient devant notre venue, fait adjourner à comparoir audit auditoire, lesdits gens des trois Estats, officiers & practiciens pardevant ledit maistre François d'Argillieres, lieutenant general, pour voir & entendre le contenu desdits livres Coustumiers, les corriger & accorder avant que proceder à la publication & reformation desdites Coustumes: ce qui a esté fait ès jours des assignations sur ce baillées, par l'advis des officiers, advocats, practiciens & gens des trois Estats, illec assistans & comparans pardevant ledit lieutenant general, & a esté osté desdites Coustumes ainsi escrites, ce qui a semblé estre mauvais & superflu, & adjousté aucunes bonnes Coustumes, qui de tout temps estoient observées, & quelques autres que l'on a trouvé expedient à les introduire de nouveau, dont a esté fait & dressé un cayer pour nous le presenter; le tout suivant le mandement & Lettres Patentes du Roy, envoyées pour ce faire audit lieutenant general, &c. Et nous ont requis lesdits gens du Roy, proceder à la publication, redaction & reformation des Coustumes contenues audit cayer, à ceste fin mis pardevers ledit du Val greffier: ce que par nous a esté accordé, & enjoint audit greffier d'en faire lecture.

En procedant à la lecture du deuxieme article dudit Coustumier, les gens d'Eglise ont requis estre desnommez audit article, comme sont les nobles (a), disans que tousjours ils ont eu pareille preeminence qu'iceux nobles, pour le regard de ce, en quoy ils sont sujets à la jurisdiction seculiere, & ont semblable privilege, par la Coustume de tout temps observée audit Clermont, tant pour le ressort de ladite jurisdiction, qu'en tout ce qui en depend, ce qui a esté confessé & accordé par les deux autres Estats; partant avons ordonné que ledit article seroit augmenté, & que les gens d'Eglise y seroient desnommez, par la maniere qu'il est contenu audit deuxiesme article.

Et sur l'article troisieme, contenant. Item, *Aucuns Juges, Commissaires, Sergens ny autres, s'ils ne sont de ce Bailliage & Comté de Clermont, ne peuvent ou doivent faire aucuns exploits de Justice en iceluy Comté, soit en matiere d'emprisonnemens, executions, arrests, adjournemens, ny autres exploicts de Justice pour quelque matiere que ce soit, sans avoir assistance preallablement du Baillif, Gouverneur dudit Comté ou de son Lieutenant, de bouche ou par escrit, ou pour le moins des Prevosts pour le Roy, ès Prevostez & Chastellenies où ils voudroient exploicter & besongner, sur peine de soixante sols parisis d'amende*: trouvé audict cayer à nous presenté, nous avons remonstré que ledit article estoit trop general, & que par la teneur d'iceluy, un Conseiller ou autre commissaire deputé par le Roy ou par la Cour, ne pourroit executer sa commission dedans les fins & mettes dudit Comté, sans envoyer devers lesdits officiers, & avoir ladite assistance, qui seroit chose fort estrange & hors de termes de raison, & encores pourroit advenir, que pour obtenir ladite assistance, il conviendroit faire long sejour sans besongner, en envoyant devers lesdits officiers pour la longueur & grandeur dudit Bailliage, qui seroient grands frais & retardement pour les parties, mesmement pour le

---

a *comme sont les Nobles.* Suivant le contenu en cet article, le Lieutenant general de Clermont prétendoit être le Juge de tous les differens concernans les Eglises & personnes Ecclesiastiques, comme il l'est des Nobles, & en étoit en possession; & neantmoins suivant l'article 3. de l'Edit de Cremieu, & la Declaration sur iceluy, & les Arrests donnez pour les autres sieges, même celui de Montdidier, du 18. Decembre 1617. Jugé que le Prevost de Clermont connoitroit en premieres instances de toutes causes concernans les Fabriques & Eglises qui ne sont point de fondation Royale, & n'ont lettres de garde gardienne, par Arrest du Lundy 4. Fevrier 1630. M. le premier Président Bochard de Champigny seant, moy Brodeau plaidant pour M. Nicolas Gayant Prevost de Clermont, appellant, & Bataille pour M. Pierre de Laistre, Lieutenant general au Bailliage dudit Clermont, conformément aux conclusions de M. l'Avocat General Talon; lequel Arrest est remarqué par Dufresne, en son Journal des Audiences du Parlement, pag. 208. premiere édition, & de la troisiéme, 1652. liv. 2. ch. 54. J. B.

regard des huissiers ou sergens à cheval du Chastelet de Paris, qui journellement y sont exploictans. Et avons demandé aux assistans, s'ils ont accoustumé d'observer tel article. A quoy par plusieurs des gens desdits trois Estats, ayans Justice audit Comté, a esté dit que ledict article n'est en usance, & que tous huissiers, sergens & autres officiers, exploictans en leurs seigneuries & Justice, sont tenus de leur demander assistance qu'à leurs officiers, sur peine de soixante sols parisis d'amende, & non ausdicts officiers du Roy; mesmement les sergens dudit Bailliage, & de ce sont en possession de tout temps & ancienneté; parquoy ont requis correction estre faite dudit article, & qu'il y soit mis que l'assistance des exploicts qu'il conviendra faire en leur Justice, leur seroit demandée ou à leurs officiers, sur peine de ladite amende. Au contraire, a esté dit par les gens du Roy, que le Comte dudit Clermont a ceste preéminence & auctorité, que tous commissaires, huissiers & sergens estranges voulans exploicter dedans les fins & mettes dudict Comté, doivent demander assistance à ses officiers, & non à ses vassaux, & ce pour obvier aux abus qui se pourroient commettre, & sçavoir s'il y a quelque transport de jurisdiction ou non; & aussi que les sergens dudit Comté ne sont tenus demander aucune assistance ausdits vassaux & leurs officiers, pour faire tous adjournemens; & desdits droicts & preéminences, le Roy & ses officiers & sergens audict Comté, en ont tousjours usé paisiblement, & sans aucun contredict: Surquoy avons demandé l'opinion des assistans, & par l'advis & deliberation de la plus grande & saine partie, avons ordonné que ledit article sera rayé, & qu'au lieu d'iceluy, seroit mis la Coustume ainsi qu'elle est contenue au troisieme article dudit Coustumier.

Le dixieme article dudit Coustumier, a esté trouvé audit ancien cayer, & recogneu pour ancienne Coustume, excepté en ces mots: *droicts seigneuriaux, si payez n'ont esté*, adjoustez de nouveau, du consentement desdits Estats.

L'onzieme article dudit Coustumier trouvé, commençant. Item, *Quand aucun heritage propre, &c.* a esté introduit pour nouvelle Coustume, du consentement desdits trois Estats. Et semblablement le quatorzieme article, commençant. Item, *Permutation d'heritage, &c.*

Et le mardy second jour dudit mois de Septembre, en continuant la lecture dudit cayer, le dix huictieme article a esté accordé pour ancienne Coustume, excepté la clause faisant mention des dommages & interests qui y a esté adjoustée du consentement desdits Estats.

Sur l'article qui s'ensuit que lesdits des trois Estats ont dit avoir esté observé pour ancienne Coustume. Item, *En matiere d'eschange fait d'heritage à autre où il y a soulte, il y a retraict pour autant que monte la soulte, par laquelle soulte le retrayant pourra prendre portion de l'heritage, voire au cas que le pardessus ne demeurast inutile & de nulle valeur, & où ce adviendroit, luy seroit baillé rente, vallessant la prisée de la soulte, à l'avoir & prendre sur ledit heritage.* Aucuns desdits trois Estats ont remonstré, que ladite Coustume est pernicieuse, & que par l'effect d'icelle, plusieurs personnes pourroient differer à contracter par la forme y declarée, craignant avoir rente sur eux, pour le regard & jusques à la concurrence de la soulte qui seroit baillée par ledit contract d'eschange, pour laquelle le retrayant lignager doit avoir rente, le cas de ladite Coustume escheant, qui seroit le grand detriment des autres, lesquels n'ont le plus souvent heritage de semblable valeur, que celuy qui leur est eschangé, & sans bailler ou recevoir soulte, ne sçauroient faire profiter ou accommoder leur bien: au moyen dequoy, avons sur ce demandé l'opinion des assistans, & par l'advis & deliberation de la plus grande & saine partie d'iceux, avons ordonné que ledit article sera rayé, & neantmoins que d'iceluy seroit faict mention en notre procès verbal, comme d'ancienne Coustume, approuvée par lesdits trois Estats, & au lieu dudit article, seroit introduite la Coustume couchée au dix neufviesme article dudit Coustumier, commençant: Item, *En matiere d'eschange.*

Le vingtieme article dudit Coustumier a esté accordé pour ancienne Coustume, excepté les premiers mots, *ou autrement*, contenuz en la premiere clause dudit article, lesquels y ont esté adjoustez d'un commun accord & consentement desdits Estats.

Sur les articles qui s'ensuivent, trouvez au cayer à nous presenté. Item, *Quand aucun procès se meut entre parties audit cas de retraict, le demandeur est tenu de faire & persister en ses offres, les monstrer par effect, pour les prendre & recevoir par sa partie adverse, se faire le veut, jusques à contestation faite en cause, ou que les deniers ayent esté consignez, autrement & si ainsi ne le fait, & il est objicé au contraire, le defendeur doit obtenir congé de court, portant gain de cause, & là où ledit defendeur acquiesceroit à l'offre, la partie retrayante aura vingt-quatre heures pour compter, delivrer, rendre les deniers de pur sort & loyaux coustemens, qui sommairement se pourront liquider.*

Item, *Et si par jugement contradictoire, ou du consentement des parties, un heritage est adjugé par retraict à la partie retrayante, en ce cas le retrayant a ledit temps de vingt-quatre heures de bailler & compter ses deniers, & où il seroit defaillant, tel retrayant dechet de l'effect de sadite sentence & de son intention; & neantmoins autres parens lignagers que le dessusdict, du costé dudit heritage, peuvent & sont recevables à le ravoir par retraict, pourveu qu'ils viennent en dedans l'an de ladite vendition ou saisine.* Les advocats & practiciens illec assistans, ont dit concordablement que par l'ancienne Coustume qu'ils ont tousjours par cy-devant observée, le retrayant estoit tenu faire le rembours du pur sort & loyaux coustemens, en dedans le jour qu'il obtenoit à son intention, fut par jugement contradictoire ou par acquiescement. Et pour ce que ladicte Coustume peut encores servir pour le passé, ont requis en faire mention en notre procès verbal; ce qui a esté par nous accordé après qu'aucun ne l'a contredit. Plus, ont remonstré que sur l'intelligence desdites Coustumes cy-dessus escrites, se pourroient mouvoir plusieurs difficultez, tant sur le fait des offres (à sçavoir si le demandeur est tenu monstrer par effect la somme dudit sort & loyaux coustemens, & continuer lesdites offres par chacune assignation, jusques à la diffinitive) qu'aussi sur le remboursement dudict pur sort & loyaux coustemens, qui se doit faire en dedans lesdictes vingt-quatre heures, lequel demandeur ne peut estre adverty, à laquelle somme de deniers se monte le pur sort de ladite vendition & loyaux coustemens, sans voir les lettres d'acquisition, & la declaration d'iceux loyaux coustemens, parquoy ne sçauroit faire ses offres au certain & apprester son argent, pour faire ledict remboursement en dedans lesdicts vingt-quatre heures, & en ce pourroit estre circonvenu par la surprinse du defendeur, joint que lesdits loyaux coustemens gisent aucune fois en cognoissance de cause. Surquoy prins les opinions des assistans, qui conformément se sont trouvez tous d'un advis, avons par leur deliberation fait rayer lesdicts deux articles, & au lieu d'iceux, mis & introduit les quatre Coustumes couchées ès vingt-deux, vingt-trois, vingt-quatre & vingt-cinquiesme articles dudit Coustumier.

Sur l'article contenu audit cayer à nous presenté, contenant cette forme. *Item, par ladite Coustume en conquests, retraict lignager n'a point de lieu.* Lesdits advocats & practiciens ont dit d'un commun accord, que ledit article est ancien, neantmoins, pource qu'il sembleroit estre contraire à aucunes Coustumes precedentes nouvellement introduictes, ont requis qu'il fust corrigé pour estre conforme ausdites Coustumes, ce qu'a esté fait par l'advis & consentement desdicts trois Estats, ainsi qu'il est contenu au vingt-septiesme article dudit Coustumier.

Le trente-deuxiesme article dudit Coustumier, commençant. *Quand aucun a vendu, &c.* & le trente-troisiesme commençant. *Item, en matiere de retraict lignager, &c.* ont esté introduicts & couchez audict Coustumier pour nouvelles Coustumes, du consentement desdits Estats.

Et ledit jour de relevée, sur l'article trouvé audit cayer à nous presenté, contenant ceste forme. *Item quand aucuns heritages, possessions nobles ou roturiers sont vendus, donnez ou transportez plusieurs fois & à diverses personnes, l'acheteur, donataire ou acquesteur, qui est le premier saisi ou infeodé, & qui a prins possession par apprehension de fait d'iceux heritages, doit preferer tous les autres acheteurs, acquesteurs ou donataires non ensaisinez, & non ayans prins possession par apprehension de fait, & est tel acheteur, acquesteur ou donataire privilegié au prejudice des acquesteurs, acheteurs ou donataires non saisis ou infeodez, pourveu que telles acquisitions, donations ou transports soient faits sans fraude.* Plusieurs des advocats, procureurs, & des autres desdits Estats, ont dit, que ladicte Coustume est trop rigoureuse ès termes qu'elle est couchée, & que pour acquerir droict en la chose vendue ou donnée, il doit suffire qu'il y ait saisine pour l'heritage roturier, & infeodation pour le fief, ou possession par apprehension de faict : & par aucuns des nobles, & des autres advocats & practiciens, a esté dit que ladite Coustume est ancienne, & est requis que l'acquesteur ou donataire, ait la saisine ou infeodation, avec possession par apprehension de fait copulativement, pour luy attribuer droict à la chose donnée, vendue ou transportée au prejudice d'un autre acquisiteur ou donataire, & ainsi en a esté tousjours usé. Surquoy & après avoir entendu les raisons deduictes d'une part & d'autre, & sur ce prins les opinions des assistans, par l'advis & deliberation de la plus grand & saine partie, ledit article a esté corrigé en la forme qu'il est contenu au trente-septiesme article dudit Coustumier.

Sur le trente-huictiesme article, contenant; *Item, si un homme oblige luy & tous ses biens à payer quelque charge reelle ou autre somme de deniers pour une fois, & depuis tel obligé vend & aliene ses heritages à autres personnes, & il advient que ledict obligé est après trouvé insolvable de payer ledit deu, le creancier en ce cas peut & luy loist poursuivir en action d'hypotheque les detempteurs desdits heritages, à ce qu'ils soient tenus les delaisser pour estre vendus & adjugez par decret à l'acheteur plus offrant & dernier encherisseur pour les deniers qui en viendront estre convertis au fournissement dudit deu, pourveu que la poursuitte soit intentée avant que prescription ait lieu, c'est à sçavoir en dedans dix ans.* Ledit article a esté accordé pour ancienne Coustume par lesdicts Estats; de laquelle toutesfois ont esté ostez ces mots, estans en la fin dudit article, c'est à sçavoir *en dedans dix ans*, parce que ledit droit d'hypothecque autrement se prescrit, ainsi qu'il sera dit cy-après.

Le trente-neufiesme article dudit Coustumier, commençant. *Item, quand un tiers detempteur d'aucun heritage est poursuivy pour raison d'aucune rente dont est chargé ledit heritage qui luy a esté vendu sans la charge de ladite rente, & dont il n'avoit eu cognoissance paravant ladite poursuite, après ce qu'il a sommé son garand ou celuy qui luy a vendu & promis garantir ledit heritage, lequel luy defaut de garantie, ledit tiers detempteur ainsi poursuivy avant que de contester en cause, peut renoncer audict heritage, & en ce faisant il n'est tenu de ladicte rente & arrerages d'icelle, supposé mesmes que les arrerages fussent & soient escheuz de son temps, & paravant ladicte renonciation.* A esté introduict pour nouvelle Coustume du consentement desdits trois Estats.

L'article qui s'ensuit, contenu audict cayer à nous presenté. *Item, un detempteur & proprietaire d'aucun heritage ou autre chose reputée immeuble, chargé d'aucune rente ou charge reelle infeodée ou ensaisinée, est tenu personnellement & hypothecquairement payer par chacun an la rente ou charge reelle, tant & si longuement qu'il sera detempteur & possesseur d'iceluy heritage, mesmement les arrerages qui en seroient deuz auparavant dix ans.* A esté corrigé desdicts trois Estats, & accordé en la forme qu'il est contenu audit quarantiesme article dudit Coustumier.

Le quarante-deuxiesme article dudit Coustumier, commençant. *Item, quand quelqu'un, &c.* A esté accordé pour ancienne Coustume, excepté cette clause, *pourveu toutes-fois qu'il n'y ait autres heritages obligez & hypothecquez à ladite rente, auquel cas sera confuse ladite rente, pro rata*, laquelle a esté adjoustée à ladite ancienne Coustume, par l'advis & accord desdits trois Estats.

Le quarante-troisiesme article dudit Coustumier, commençant. Item, *une cedule privée, deuement cassée, qui porte promesse de payer, emporte hypothecque du jour de la confession d'icelle faite en jugement, & emporte garnison de main ès mains du creancier (au profit duquel elle est recogneue en baillant caution).* A esté introduit pour nouvelle Coustume du consentement & accord desdits trois Estats.

Sur l'article cinquantiesme qui s'ensuit, trouvé audit cayer à nous présenté. Item, *un vassal n'est à recevoir à soy complaindre audit cas de nouvelleté pour raison de quelque fief & seigneurie, si premier n'en est homme, & que premier il ne soit en la foy & hommage de son seigneur feodal.* Les nobles & plusieurs gens de l'estat de l'Eglise, ont remonstré, que ladite Coustume ne fut oncques en usance; qu'elle est contraire à la disposition du droict commun, & à plusieurs Coustumes ci-dessus accordées, & autres ci-après escrites qui sont notoires à tous; par lesquelles un heritier est saisi dès l'instant du trespas de son predecesseur, & par semblable le donataire ou autres acquisiteurs, par la donation & tradition qui se faict de la chose par luy acquise. Parquoy ont soustenu, que ledit article devoit estre rayé, comme du tout inutile & hors des termes de raison. Ce qui a esté empesché par le procureur du Roy; disant que ledit article est Coustume ancienne, introduicte en la faveur des seigneurs feodaux; au prejudice desquels leurs vassaux ne peuvent estre dits possesseurs ne jouissans de leurs fiefs, que premierement ils ne leur ayent fait hommage, & payé les droits en quoy ils sont tenus par la nature desdits fiefs. Surquoy & après que d'une part & d'autre a esté desduict plusieurs autres faits, raisons & moyens, nous les avons renvoyez en la Cour, pour sur ce leur faire droict, ou autrement les appointer sur ledit differend, ainsi qu'elle verra estre à faire par raison: & neantmoins, par l'advis & deliberation des gens d'Eglise, nobles, advocats, practiciens & autres du tiers Estat, qui tous uniformement ont esté d'une opinion (excepté les advocat & procureur du Roy) avons dit, que par provision & sans prejudice dudit differend, ledit article sera corrigé, & mis en la forme que le contient le cinquantiesme article dudict Coustumier.

Et

Et sur l'article trouvé audit cayer, sous la rubriche de simple saisine, qui est tel que s'ensuit. Item, *le cas de simple saisine qui est pour recouvrer saisine & droict possessoire, se peut intenter après l'an passé du droict possessoire perdu jusques à dix ans : & n'est besoin alleguer ne monstrer tiltre.* Aucuns desdits advocats & practiciens, & autres desdits Estats, ont dit que ladicte action de simple saisine ne se doit intenter que pour recouvrer saisine & possession du payement d'aucunes rentes, droict de servitute, & autres choses incorporelles, dont aucun a jouy & possedé par dix ans ; & que ledict cas n'a lieu, pour recouvrer possession d'heritage, & se doit intenter en dedans les dix ans du reffus de payer ladite rente, ou que l'on a esté troublé audit droict incorporel, & non après. Et est requis, que le demandeur allegue & monstre tiltre ; & ainsi en ont veu user. Mesmes que l'article de ce faisant mention ès livres Coustumiers, contient par exprès qu'il faut monstrer & alleguer tiltre. Et par aucuns autres practiciens, & gens desdits Estats a esté dit, qu'ils ont veu user dudit cas de simple saisine, pour recouvrer possession d'heritage, & chose corporelle, après la possession perdue d'an & jour ; n'est requis monstrer tiltre ; & ne font mention les anciens livres Coustumiers, si ledit cas se doit intenter pour chose corporelle ou incorporelle ; & qu'en aucuns d'iceux livres est escrit, qu'il ne faut monstrer tiltre. Surquoy, & après avoir ouy la lecture des articles escrits esdits cayers & livres Coustumiers, faisans mention de ladite Coustume, lesquels ne disposent si ledit cas de simple saisine, se doit intenter pour droit corporel ou incorporel, & quant à l'exhibition du tiltre, se trouvent contraires & differens les uns aux autres, par l'advis & deliberation de la plus grande & saine partie desdits Estats, qui ont esté d'opinion que ledit cas de simple saisine se doit intenter pour droict incorporel, & est requis monstrer tiltre, avons ordonné que l'article dessusdit sera rayé, & qu'en son lieu sera mis l'article cinquante-deuxiesme dudit Coustumier.

Sur le cinquante-troisiesme article, commençant. Item, *aucun n'est recevable, &c.* Ledit maistre Nicole Goslet a dit, pour messire Charles de Roye, à cause de sa seigneurie & chastellenie de Conty, qu'il a droit de faire proceder par voye d'arrest, sur toutes personnes trouvées en sadite terre de Conty, à la requeste d'une partie, par le premier sergent du lieu, & par simple ordonnance verbale de son prevost ou baillif dudit Conty ; excepté contre ceux estans des sujets dudit Comté de Clermont ; parquoy s'oppose à la publication de ladite Coustume, que premierement elle ne soit chargée dudit droict qu'il dit & maintient luy appartenir, & en estre en bonne & suffisante possession & saisine. Par semblable, maistre Jacques Petit, pour lesdits Maire, Pairs & Eschevins de Bulles, a formé pareille opposition ; disant que lesdits de Bulles ont droict & leur appartient faire proceder par voye d'arrest audit lieu de Bulles, sur toutes personnes indifferemment, (excepté sur les habitans dudit lieu) pour debtes recogneues, & que de ce ils sont en bonne possession. Au contraire, les gens du Roy ont dit, que lesdits seigneurs de Conty & communauté de Bulles, n'ont aucun droit ne privilege de pouvoir faire les arrests par eux pretenduz, & n'en feront aucunement apparoir : Et que s'ils en ont jouy, ç'a esté par une usurpation pour exiger des estrangers ce que bon leur a semblé, dont ils n'ont eu aucune cognoissance. Ouyes lesdictes parties en leurs raisons, les avons renvoyées à la Cour, pour ordonner sur lesdites oppositions ainsi qu'il appartiendra. Et neantmoins, avons dit par provision, que ledit article recogneu par les assistans pour ancienne Coustume, demeurera comme il est ci-dessus escrit.

Le cinquante-quatriesme article, commençant. Item, *il est loisible, &c.* Et le cinquante-cinquiesme article, commençant. Item, *un simple transport, &c.* ont esté introduicts pour nouvelles Coustumes, du consentement & accord desdits Estats.

Et le Mercredy tiers jour dudit mois de Septembre du matin, sur le soixantiesme article trouvé en l'ancien cayer, contenant ce qui s'ensuit. Item, *en matiere de criées d'heritage, est requis qu'elles soient faictes par le sergent executeur & crieur juré dudit Clermont, à ce present deux personnes du moins par quatre quatorzaines entresuivans l'un l'autre sans interruption, en deux divers lieux pour l'un en l'auditoire dudit Clermont, à jour de jeudy, & l'autre à la croix du bourg d'icelle ville : après le creancier doit faire adjourner les opposans ausdites criées pour dire leurs causes d'opposition à certain jour, auquel jour il doit pareillement faire adjourner & appeller le debteur, sur lequel se font lesdites criées, pour voir discuter desdites oppositions. Et aussi pour voir proceder à la discussion du decret desdits heritages.* Aucuns des gens d'Eglise & nobles, ont remonstré, qu'en leurs terres & seigneuries où ils disent avoir toute justice & seigneurie haute, moyenne & basse, ils peuvent faire faire criées & subhastations en leurs plaids des heritages assis en leursdictes seigneuries, & faire proceder au decret & adjudication par leurs gardes des justices & officiers : Et de ce sont en bonne & suffisante possession ; par quoy ont requis ledict article estre corrigé & augmenté pour leur regard, en declarant qu'à eux appartient de faire faire les criées & decrets en leurs jurisdictions, des heritages situez en leurs justices. Autrement s'opposent à la publication de ladicte Coustume, entant que par icelle l'on les en voudroit expulser & priver. Pareillement ont dit, que ladicte Coustume ainsi qu'elle est posée, n'est de justice, & selon la forme qu'il est accoustumé de garder en toutes autres jurisdictions ; entant que lesdictes criées se doivent faire en jour de plaids, & iceux tenans, afin que les gens qui ordinairement y affluent en abondance, puissent advertir les crediteurs desdites criées, pour eux venir opposer ; & neantmoins le contraire se pratique par ladite Coustume, entant qu'elle porte par exprès, que lesdites criées se font en l'auditoire dudit Clermont, par quatre quatorzaines ensuivans l'un l'autre sans interruption, & en jour de Jeudy. Or il advient le plus souvent que ledit jour est jour de feste, & ne se tient aucune jurisdiction, & par tant n'y assistent aucunes personnes pour ouyr lesdictes criées, consequemment l'intention pour laquelle a esté ordonné ladite solennité frustrée : Et par les gens du Roy a esté dit au contraire, que les vassaux dudit Comté de Clermont, n'ont aucun pouvoir de faire faire criées, & adjuger decret en leurs justices ; ains le Roy & ses officiers audit Comté, ont ceste auctorité & preeminence sur ses vassaux. Et si aucuns d'eux se sont efforcez d'en cognoistre, ç'a esté par usurpation & entreprise sur les droits dudit Comté, & sont telles criées faites en leurs justices nulles, comme faictes expressément contre ladite Coustume, qui est ancienne, & qui de tout temps a esté gardée ; accordant neantmoins qu'elle fust corrigée seulement en ce qu'elle contient, que lesdites criées se doivent faire sans interruption en jour de Jeudy, en l'auditoire dudit Clermont : Et par aucuns des advocats & practiciens illec assistans a esté dit, que plusieurs criées ont esté faictes audit Clermont en jour de Jeudy, soit qu'il fust feste ou non, jouxte ladite coustume, qui tousjours a esté observée, sans estre revoquée en doubte, sur lesquelles criées n'est intervenu aucune adjudication : Et pour la conservation d'icelles, ont requis estre fait mention en nostredit procès verbal de ladite Coustume & usance d'icelle. Surquoy & après avoir ouy les opinions des gens desdits trois Estats, par l'advis & deliberation de la plus grande & saine partie d'iceux, avons ordonné qu'il sera fait mention en nostredit procès verbal de ladite Coustume, accordée par les assistans ancienne; & que ce neantmoins elle sera corrigée ainsi que contient le soixantiesme article dudit Coustumier. Et outre ladite correction, que les quatre articles prochains ensuivans, cottez audit Coustumier soixante & un, soixante-deux, soixante-trois, & soixante-quatriesme, seront introduits pour nouvelles Coustumes.

L'article de Coustume, cotté audit livre Coustumier soixante-sixiesme, commençant. Item, *toutes actions, &c.* a esté accordée pour ancienne Coustume, & a esté rayée la clause qui s'ensuit. *Après lesdits trente ans passez, l'on pourra poursuivre l'obligé en action d'hypothecque qu'en dedans les dix ans ensuivans* (laquelle clause estoit contenue en l'ancien cayer à nous presenté), & ce du consentement desdits Estats.

Sur le soixante-huictiesme article, contenant. Item, *Droict d'hypothecque se prescript par un tiers detempteur d'aucun heritage, ou autre chose reputée immeuble, par dix ans entiers & continuels entre presens, & vingt ans entre absens, à juste tiltre, & de bonne foy.* Aucuns des advocats & practiciens assistans à ladicte assemblée ont remonstré que par la Coustume escrite ès anciens livres Coustumiers, n'y avoir que dix ans pour prescrire ledict droict d'hypothecque. Ce neantmoins ils l'ont veu autrement practiquer selon la forme & par le temps contenu en l'article dessusdit, qui est de dix ans entre presens, & vingt ans entre absens: & pource que l'on pourroit faire quelque doubte sur l'interpretation de ladicte Coustume, à sçavoir s'il est entendu de l'hypothecque procedant à cause de la charge personnelle, ou de l'hypothecque pour la charge reelle, à cause d'une rente, cens, surcens, ou autre charge qui seroit deu sur le fons de quelque chose corporelle, & que usant de ladite Coustume ancienne, avoit lieu en toutes hypothecques. Ont requis ledit article estre plus amplement declaré, & par autres practiciens & autres desdits Estats, a esté dit & soustenu au contraire, que ladicte Coustume ancienne, donnant temps de dix ans seulement, pour acquerir la prescription dudit droict d'hypothecque, a eu tousjours lieu, l'ont veu ainsi observer & alleguer en plusieurs procès pendans ès sieges dudit Clermont; & que ledit temps de dix ans est suffisant, pour acquerir prescription dudit hypothecque, soit entre presens ou absens, autrement n'y auroit asseurance des choses acquises; & ne se doit amplier ladicte Coustume plus avant qu'elle est escrite. Surquoy prins les opinions des gens desdicts trois Estats, & après que la plus grande & saine partie, tant desdits advocats & practiciens, que autres des assistans, ont recogneu l'usance de ladicte Coustume avoir esté telle, comme est contenu en l'article dessusdict, & avoir lieu contre toutes hypothecques; avons ordonné, du consentement desdicts Estats, que ladicte Coustume ci-dessus escrite, demeurera comme ancienne, & que pour oster la doubte que l'on pourroit faire sur la difference desdicts hypothecques, sera mis audict Coustumier, aussi pour ancienne Coustume, l'article prochain ensuivant cotté soixante-neuf. Et après avoir faict lecture d'un article estant en la rubriche des fiefs, contenant. Item, *Si un vassal presume tant de soy, que de soy bouter & prendre la jouissance par une ou plusieurs années, d'un ou plusieurs fiefs sans les avoir relevé de droitture, n'en faire les droicts & devoirs deuz à son seigneur, & depuis telle jouissance il s'offre & demande estre receu à l'hommage desdits fiefs, & en faire tous devoirs, tel seigneur peut differer à faire & donner audit vassal sur-ce responce, tant & jusques à ce qu'il aura jouy & prins les levées desdicts fiefs ou fief autant sans le vassal, comme iceluy vassal les a tenues sans seigneur, & ainsi se peut faire, sauf & reservé contre son vassal mineur, quand telle faute seroit commise par son gardien ou baillistre, où en ce cas la chose ne seroit de prejudice audit mineur.* La plus grand part des gens d'Eglise, les Nobles, & autres du tiers Estat, ont remonstré que le contenu dudit article ne fut oncques practiqué audit Comté, & qu'il est du tout inique, desraisonnable, & contraire à plusieurs articles des Coustumes ci-dessus accordées par les trois Estats, pour plusieurs raisons par eux desduites: pour lesquelles ont requis que ledit article fust rayé, & mis hors desdictes Coustumes; ce qui a esté empesché par les gens du Roy, disans que ledit article de Coustume, estoit escrit & trouvé en tous les anciens livres Coustumiers, faisant grandement au profit du Roy, & Comté de Clermont, & autres seigneurs feodaux, pour contraindre leurs vassaux, à faire leurs hommages, & devoirs qu'ils sont tenus faire par la nature de leurs fiefs: Et autrement à faute de ce faire, ne se peuvent dire seigneurs possesseurs de leurs fiefs: & que faisant lesdits devoirs, ils n'ont aucun interest en ladicte Coustume. Partant avons sur-ce demandé les opinions aux assistans: lesquels ont concordablement dict, mesmement les advocats & practiciens certifient, jamais n'avoir veu alleguer ne practiquer ladite Coustume, en aucune maniere: pourquoy avons ordonné que ledit article sera rayé & mis hors dudit Coustumier.

Sur l'article estant en l'ancien cayer, contenant ce qui s'ensuit. Item, *l'aisné fils peut relever & entrer en hommage de son seigneur, si bon luy semble, du total desdicts fiefs, ou seulement des deux pars, & il advient qu'il ait relevé pour le total, les maisnez peuvent relever leurdite tierce partie, & en faire hommage à leurdit frere aisné, ou envers ledit seigneur feodal, auquel que bon leur semblera.* Les gens du Roy ont remonstré, que par ci-devant, après que plusieurs vassaux dudit Comté, ont eu relevé de leur frere aisné la tierce partie des fiefs à eux succedez, leurs enfans & successeurs ont esté en après contraints, de relever lesdictes pars dudit aisné, ou de son heritier, en faisant entreprinse sur les droicts dudit Comté, & des autres seigneurs feodaux ayans fiefs tenus d'eux. Par ce que ladicte Coustume, parlant des reliefs que les puisnez peuvent faire aux aisnez, ne s'entend que pour la premiere fois seulement: Et ainsi l'ont tousjours fait observer, quand tels reliefs sont venus à cognoissance: & autrement, si le contraire se practiquoit, ledit Comte de Clermont, & autres seigneurs de fiefs perdroient par succession de temps, leurs teneures feodalles, & les droits & profits qui en dependent. A cette cause, ont requis ledit article estre corrigé, & pour y donner plus claire intelligence, estre augmenté de ces mots, *pour la premiere fois seulement.* Ce qui a esté contredit par aucuns des gens d'Eglises, Nobles, & autres du tiers Estat, disans que ladite Coustume ne se doit entendre, n'autrement interpreter, que par l'usance sur ce faicte; par laquelle se trouvera que les enfans des puisnez, ayans relevé de leur aisné, ont tousjours relevé dudit aisné & de ses heritiers ou successeurs. Surquoy, & après avoir remonstré aux assistans, la consequence de ladicte Coustume, si elle estoit observée, comme la maintiennent aucuns desdicts Estats, la perte qui en adviendroit, non seulement audit Comte de Clermont, seigneur dominant: mais à chacun des vassaux ayans fief audit Comté: & sur ce prins l'opinion des assistans, avons dit suivant l'advis, accord & consentement de la plus grande & saine partie, que ledit article seroit corrigé en la forme qu'il est contenu au quatre-vingt-deuxiesme article.

Et sur autre article quatre-vingt-troisiesme estant audit ancien cayer, contenant. Item, *Si en ligne directe aucune succession de fief est escheute à plusieurs enfans toutes filles, elles partissent esgallement esdits fiefs, sauf que l'aisnée emporte hors part le chef lieu desdits fiefs, & l'hommage de ses sœurs, & par ce peut icelle aysnée relever du seigneur feodal le total desdits fiefs.* Par l'advis & deliberation des dessusdits gens des trois Estats, & après que tous, uniformement, ont dit l'aisnée fille n'avoir plus grand droit, quant au chef lieu, que le fils aisné, & que ladite Coustume portant qu'elle aura le chef lieu, de tous les fiefs assis audit Comté, si plusieurs en avoit à son chois & élection, & ne l'ont veu autrement practiquer, avons ordonné que ledit article sera corrigé & augmenté, comme il est contenu au quatre-vingt-troisiesme article.

Et sur l'article quatre-vingt-sixiesme dudit ancien cayer, contenant ce qui s'ensuit. Item, *Le chef-lieu d'un fief s'estend en la maison & hostel seigneurial, & en un jardin à l'entour dudict hostel grand d'un vol de chappon, ledit jardin estimé à un arpent de terre s'il n'y a murailles & autres indices qui demonstrent le plus ou le moins.* Plusieurs des Nobles, & autres assistans, ont remonstré, qu'en plusieurs maisons seigneurialles, tant anciennes, que nouvelles basties, les basses cours sont distinctes & separées des maisons manables; au moyen de laquelle separation, aucuns enfans puisnez voudroient dire que lesdites basses cours ne seroient du chef lieu. Et pource que le tout ensemble, ne doit estre reputé que la maison seigneurialle, ont requis ledit article estre en ce regard augmenté. Ce qui a esté contredit par aucuns autres gens Nobles, & des autres Estats, disans que ladicte basse cour distincte & separée du lieu, ne doit estre comprinse audit chef-lieu, autrement l'aisné auroit deux maisons pour une, contre l'intention de la Coustume. Plus ont dit, que plusieurs personnes, tant pour leur profit, que pour leur plaisir, ont fait faire, & font faire par chacun jour, clostures de grand nombre d'arpens de bois, terres, jardins & prairies, contigus & tenans à la maison seigneurialle, que les aisnez veulent dire leur appartenir, souz ces mots, *s'il n'y a murailles ou indices qui demonstrent le plus ou le moins*, qui seroit le grand detriment des puisnez: par ce qu'en aucuns lieux, lesdictes clostures contiennent la plus grande partie du fief. A cette cause, & pour obvier aux procès qui sur ce pourroient estre intentez, ont requis ledit article estre corrigé, en interpretant de quelle quantité doit estre estimé le vol d'un chappon, où il y auroit murailles & clostures, ou autres indices: & par Denis d'Arquinvillier, seigneur d'Anvillier, a esté dit que tout ce qui est enclos de murailles tenans au lieu seigneurial, doit appartenir à l'aisné pour le vol de chappon, de quelque estendue qu'il soit, & n'y peuvent rien pretendre les puisnez; & s'opposoit à ce qu'aucune interpretation ou limitation, fust pour ce regard faite à ladicte Coustume. Surquoy, & après prins les opinions de tous les assistans, avons par l'advis, deliberation & consentement de la plus grande & saine partie, ordonné que la Coustume ci-dessus escrite, sera mise en notre procès verbal, comme estant Coustume ancienne, pour valoir & servir pour le passé ce que de raison: & que neantmoins elle sera corrigée & augmentée pour l'advenir, en la forme que contient le quatre-vingt-sixiesme article.

Et sur l'article quatre-vingt-unziesme de l'ancien cayer, contenant. Item, *Que tout homme Noble tenant fief est tenu & reputé aagé de vingt ans, & la fille à quinze ans accomplis quant à la foy & hommage & administration de fief.* Aucuns des Nobes, advocats & practiciens illec assistans, ont remonstré que le temps limité par ladite Coustume, est trop long & prejudiciable aux mineurs estans en la garde, ou bail, d'aucuns de leurs parens: parce que pendant ledit temps, tels gardiens ou baillistres, prennent les fruicts des seigneuries appartenans ausdits mineurs; disans plus, que les livres Coustumiers dudit Clermont, se trouvent en ce regard, differens les uns des autres, & qu'en aucuns le temps limité par ledit article y est contenu, & les autres ne font mention que de quinze ans quant aux masles, & douze ans pour les filles; & ne s'en trouve rien arresté au certain, tant par lesdits livres Coustumiers, que par l'usage. Surquoy, après avoir ouy les opinions des trois Estats, & que tous d'un commun accord & consentement, ont reputé le fils estre en aage suffisant à dix-huit ans & un jour, & la fille à quatorze ans & un jour, pour faire hommage de leurs fiefs, & en faire les fruicts leurs, avons ordonné que ledit article sera corrigé en la forme qu'il est contenu au quatre-vingt-unziesme article.

Et sur l'article quatre-vingt-treiziesme dudit ancien cayer, contenant ce qui s'ensuit. *Il loist au seigneur après la dessaisine & avant la saisine & infeodation du fief ou heritage vendu, retenir ledit fief ou heritage, & le réunir à son domaine, en restituant les deniers & loyaux coustemens sur ce, si ce n'estoit que tel fief ou heritage fust propre au vendeur, & que l'acquisition fust faicte par un sien parent du costé & ligne dont l'heritage est venu.* Aucuns desdits gens Nobles, ont remonstré que plusieurs ayans acheté heritages redevables de censives, ou autres charges seigneurialles, dont ils ne sont saisis, après en avoir jouy par quelques années, & payé ce dont ils sont redevables, veulent maintenir que les seigneurs dont lesdits heritages sont tenus, ne les peuvent plus réunir à leur domaine, & que par la recepte qu'ils ont fait desdits cens, & autres redevances, ils sont exclus de ladite retention, combien qu'il n'y eust encores aucunes saisines, que ne seroit chose raisonnable, attendu que telle jouyssance & payement, sont le plus souvent incogneuz aux seigneurs, qui sont contraints de faire recueillir & recevoir leur bien & revenu, par officiers & main estrange, & aussi que ladite reunion est un droit seigneurial, qui ne se peut prescrire. A cette cause, ont requis ledit article estre augmenté; & qu'en donnant intelligence à ladite Coustume, telle comme elle se doit entendre, & qu'elle a esté observée, il soit dit que ledit seigneur de fief pourra faire ladite réunion, nonobstant quelconque jouyssance & laps de temps. Surquoy, & après que lesdits Estats ont recogneu la Coustume contenue au dessusdit article estre ancienne, & qu'ils n'ont voulu contredire l'augmentation requise par aucuns desdits Nobles, avons ordonné qu'en la fin de ladite Coustume seront adjoustez ces mots, *Nonobstant quelconque jouyssance & laps de temps*, ainsi qu'il est contenu au quatre-vingt-treiziesme article; & que pour obvier à l'interest qui a esté remonstré par aucuns du tiers Estat, le cas advenant que la saisine fust perdue, a esté introduit de nouveau la Coustume, cottée quatre-vingt-quatorziesme.

Sur le quatre-vingt-quinziesme article contenant. Item, *Quand aucun seigneur feodal achete de son vassal aucun fief ou fiefs mouvans de luy, telle acquisition ne se peut dire reunion, ne chose remise à sa table, mais est reputée audit seigneur son acquest, & en ce cas est tenu de prendre investiture de son seigneur superieur, luy en payer les droits & quints deniers & faire hommage & par ce iceluy acheteur, perd dudit fief par luy acheté son hommage, & ce qui auparavant estoit arrierefief audit seigneur superieur, lui devient plein fief pendant que ledit acheteur tiendra lesdits deux fiefs en ses mains.* Les advocats & practiciens illec assistans, & plusieurs autres desdits Estats, ont concordablement dit ladite Coustume estre ancienne, fors & excepté la derniere clause, contenant ces mots, *Pendant que ledit acheteur tiendra lesdits deux fiefs en ses mains*, laquelle pour plusieurs raisons par eux desduictes, y a esté augmentée d'un commun accord & consentement desdits Estats, pour limiter & restraindre ladite Coustume.

Les cent un, cent deux, cent trois, cent quatre, cent cinq & cent sixiesme articles dudit Coustumier, ont esté introduicts pour nouvelles Coustumes, du consentement desdits Estats.

Et le Jeudy ensuivant quatriesme jour dudit mois de Septembre, en continuant la publication desdites Coustumes, maistre Jean Filleau advocat, parlant pour les bourgeois, manans & habitans de ladite ville & fauxbourgs de Clermont, a remonstré que la Coustume ci-dessus enregistrée au quatre-vingts-treiziesme article (contenant qu'un seigneur de fief peut réunir à son domaine l'heritage ou fief tenu de luy sur l'acquesteur, auparavant la saisine ou infeodation, nonobstant quelque jouissance ou laps de temps) est très prejudiciable & contre le bien & utilité du pays: parce qu'il n'y avoit personne qui fust asseuré en son acquisition, n'en l'heritage venant de ses predecesseurs: parce qu'après qu'un acquesteur d'un fief ou autre heritage, aura eu son infeodation ou saisine de la chose par luy acquise du seigneur dont elle est mouvant, & par son labeur, industrie ou autrement, l'aura amendée & faict valloir trop plus que la chose ne luy aura cousté, ira de vie à trespas (comme l'on voit souvent advenir) delaissant aucuns enfans ou autres heritiers, lesquels si par inconvenient de feu, & autrement par succession de temps, perdoient ladite saisine & infeodation, & laquelle peut estre leur seroit substraire par la menée & practique du seigneur du fief, qui aura vouloir de recouvrer la chose ainsi ameliorée, ledit seigneur voudroit avoir ladite chose vendue, pour le pris de la premiere acquisition, nonobstant la jouissance qu'en auroit fait, à son veu & sceu, ledit acquesteur & ses successeurs par long temps, & à ce moyen seroit perdu l'amandement & melioration qui auroient esté faits, soit en bastiment ou autrement, qui seroit le detriment d'un chacun, tant nobles qu'autres Estats. A ceste cause, & aussi que lesdits mots, *nonobstant quelconque jouissance ou laps de temps*, mis à la fin de ladite Coustume, n'ont esté entendus, a requis estre receu à opposition à la publication de ladite Coustume, pour lesdicts bourgeois, manans & habitans dudit Clermont. A quoy luy avons fait responce, que du jour d'hier, par l'advis & deliberation des Estats, ladicte Coustume fust accordée sans contredit n'opposition : parquoy l'avons renvoyé en la Cour, pour se pourveoir sur son opposition ou autrement, ainsi qu'il verra estre à faire.

Et sur le cent onziesme article dudict Coustumier, l'Estat de l'Eglise s'est opposé à la publication de ladicte Coustume : disant qu'il y a ordonnance du Roy, par laquelle quand ils ont acheté aucuns heritages, & ils en ont jouy six mois en la presence du seigneur dont lesdits heritages sont mouvans, ils ne sont en après les six mois passez, tenus d'en vuider leurs mains; & de ladicte ordonnance se submettent plus amplement en faire apparoir. Au contraire les gens du Roy, ont soustenu que ladite Coustume est ancienne, & a esté de tout temps observée comme elle est ci-dessus escrite, faisant au profit du Roy & de ses sujets, parquoy devoit demeurer en son entier: Surquoy, & pour faire droit sur ladite opposition, avons renvoyé lesdites parties en la Cour : & neantmoins par l'advis & deliberation des deux autres Estats, avons ordonné que par provision ledit article demeurera, & sera escrit pour Coustume, ainsi qu'il gist.

Sur l'ancienne Coustume, article cent douziesme, contenant ce qui s'ensuit. Item, *il loist au seigneur feodale faire saisir & mettre en sa main tous les heritages tenus & mouvans de luy à faute de cens non payé, & ladite saisie soustenir pour la derniere année, & pour la seureté de celle advenir : mais en cas de debat le detempteur aura main-levée pendant procès en baillant caution, & là où il y auroit desadveu ne seroit sujet à caution, & ne tient ladite saisie que pour la derniere année.* D'un commun accord & consentement de tous lesdits trois Estats, ledit article a esté corrigé en la forme & maniere qu'il est contenu au cent douziesme article dudit Coustumier.

Au cent quinziesme article, qui estoit contenu en l'ancien cayer, excepté ceste clause, *& en tout cas se peut addresser ledit seigneur à heritage vendu pour sesdits droits & amendes*, & laquelle clause a esté adjoustée à l'ancienne Coustume, du consentement & accord desdits Estats.

Et sur l'article cent seiziesme trouvé audit ancien cayer, contenant, *à Clermont & ès environs à faute de cens d'argent non payé, il eschet en amende de cinq sols parisis; toutesfois à Nully & en autres plusieurs lieux, l'on a accoustumé prendre sept sols six deniers parisis d'amende au lieu desdits cinq sols parisis.* Plusieurs seigneurs fiefez illec assistans, ont remonstré que ledit article devoit estre corrigé en ces mots, *de cens d'argent*, & que l'on le devoit augmenter, *en cens d'argent, grain & autres redevances à cause de censive*, parce que l'amende est deue par le sujet, aussi bien d'un que d'autre; ce qui a esté contredit par la plus grande partie des gens du tiers Estat; disans qu'il n'y avoit amende deue, que par faute de payer les cens d'argent, & non des autres redevances. Surquoy prins les opinions desdits gens des trois Estats, avons ordonné par l'advis & deliberation de la plus grande & saine partie, que ledit article sera corrigé & augmenté en la forme qu'il est couché au cent seiziesme article dudit Coustumier.

Le cent dix-septiesme article a esté accordé pour ancienne Coustume, fors la derniere clause, commençant : *Et sera tenu l'acheteur*; laquelle a esté induite par les trois Estats, & adjoustée pour nouvelle Coustume.

Le cent dix-huictiesme article a esté introduict pour nouvelle Coustume, du consentement & accord desdits Estats.

Après que les articles faisant la fin de la rubriche de censive & champars ont esté leuz & accordez, ledit maistre Pierre de Hacqueville, conseiller du Roy, seigneur d'Ons en Bray : Vuaillicourt procureur du seigneur de Baulu : Jacques petit, procureur du seigneur de Caigny : Adrian Petit, procureur du seigneur de Houdene, du seigneur de Troussures, & du seigneur de sainct Aubin en Bray : Pierre de Clement seigneur de Vuault & de Houssoy : Pierre Gayant, procureur de François du Mesnil : & Aubert de Creteret, seigneur de Harchyes : ledit Cousturier procureur de Nicolas du Clement, seigneur en partie de Cempuys, de Jacques & Jaspart d'Estrées, seigneurs en partie de Couttes : Pierre le Roy, procureur de Damoiselle de Candeville, ont respectivement dit & remonstré, qu'à cause desdites terres & seigneuries, ils ont tel droit qu'en mutation & descente de succession, pour heritages roturiers leur est deu droit de relief, de cinq sols parisis pour chacune masure, & pour chacune mine de terre, douze deniers parisis; dont les Coustumes desdites censives ne font aucune mention : à cette cause ont requis qu'il y fust mis & adjousté en ladite rubriche, un article faisant mention dudit droict : autrement & où ladite augmentation ne seroit faicte, ont protesté que les autres Coustumes ci-dessus escrites, ne leur puissent prejudicier audit droict. Ce qui a esté contredit & empesché par Nicolas l'Abbé, procureur des marguilliers de Torsures, des marguilliers de Harchyes, des marguilliers de Grincourt & de sainct Aubin près de Beauvais, faisans iceux marguilliers pour tous les habitans desdits lieux, & par Jean Coppin demeurant audit Nully, disant que lesdits droicts pretenduz ne leur sont deuz, & n'a esté accoustumé de les payer : faisans toutes autres protestations au contraire.

Le cent vingt-troisieme article, commençant : Item, *L'homme & femme*, *&c.* a esté du commun accord desdits Estats, introduit pour nouvelle Coustume; & l'ancienne Coustume, par laquelle don mutuel n'avoit lieu audit Comté, a esté corrigée.

A l'article cent vingt-quatre, qui est ancienne Coustume, a esté adjoustée cette clause, *sinon par donation mutuelle*, comme dit est dessus, au moyen de la Coustume precedente, nouvellement introduicte.

Les cent vingt-cinq & cent vingt-sixiesme article dudit Coustumier, ont esté semblablement introduits pour nouvelles Coustumes.

Sur les cent vingt-sept, cent vingt-huictieme articles qui s'ensuivent, trouvez en l'ancien cayer : Item, *Par ladite Coustume, donner & retenir n'a lieu en cette Comté, en maniere que si aucun donne son heritage à autruy, & qu'il ne s'en dessaisist, telle donation est de nulle valeur.*

Item, *Donner la proprieté d'aucun heritage, l'usufruict à vie ou à temps à soy retenu, n'est reputé donner & retenir, & vaut telle donation.* Ledit M. Pierre de Hacqueville, Conseiller du Roy, a dit que lesdicts deux articles sont deux Coustumes nouvellement mises, au lieu de deux autres Coustumes escrites ès anciens livres Coustumiers, dont la teneur ensuit.

Item, *Par ladite Coustume, donner & retenir n'a lieu en icelle Comté, en maniere que si aucun donne son heritage à autruy, & il ne s'en dessaisist, ainsi ains retient à soy la jouissance d'iceluy son heritage ou chose donnée, telle donation est de nulle valeur & ne vaut rien.*

Item, *Ladicte chose ainsi donnée que dit est, chet en succession du donateur, si il en est mort saisy & vestu, & que le donataire n'en soit saisy & vestu du seigneur dont la chose est mouvant*, & s'est opposé à ce que les dessusdits deux premiers articles, soient mis pour Coustumes anciennes, declarant toutesfois qu'il ne veut empescher qu'ils soient mis pour Coustumes nouvellement introduictes; en faisant mention desdites deux Coustumes anciennes : Et par aucuns practiciens & autres desdits Estats, a esté dit que lesdictes deux Coustumes anciennes & usance d'icelles bien entendues, ne s'y trouvera aucune desrogeance, & que lesdits premiers & nouveaux articles, y ont esté mis en faisant ledit cayer, pour donner plus claire intelligence ausdictes Coustumes anciennes; lesquelles demeurans par les termes qu'elles sont escrites esdits livres anciens, sont contraires à plusieurs autres Coustumes cy-dessus accordées; par lesquelles un donataire ayant apprehendé de fait la chose à luy donnée, en est reputé saisi & possesseur, nonobstant qu'il ne soit ensaisiné ou infeodé du seigneur : ce que ne seroit pas, lesdites Coustumes anciennes demeurans en leur entier. Surquoy par l'opinion & consentement des assistans, avons dict que lesdicts deux premiers articles seront receuz, & au lieu d'iceux seront mis les deux articles desdictes deux Coustumes anciennes, cottées cent vingt-sept & cent vingt-huictiesme. Et en la fin de la derniere & après ces mots, *& que le donataire n'en soit saisi & vestu du seigneur dont la chose est mouvant*, sera adjoustée cette clause, *ou qu'il n'ait prins apprehension de fait du vivant & du consentement du donateur.*

Et après la lecture faicte du cent vingt-neufiesme article, de la rubriche *Des dons & dispositions entre-vifs*, aucuns desdits advocats, practiciens & autres desdits Estats, ont remonstré qu'ès anciens livres Coustumiers estoit couchée une Coustume non comprinse icy dessus, contenant ce qui s'ensuit. Item, *Quand le pere qui a plusieurs enfans donne à l'un d'eux en faveur de mariage ou autrement, par trop excessivement de ses heritages, en maniere que les autres enfans après le trespas de leur pere & mere se treuvent par trop excessivement desheritez, & ne vient leurdit frere à rapporter, ains se tient à ce que donné luy a esté par sondit pere; en ce cas tels dons excessifs n'ont lieu, ains se doivent rescinder & reformer par Justice, ainsi que l'on verra estre à faire par raison*, laquelle Coustume ils ont veu de tout temps observer, alleguer ou practiquer. A cette cause ont requis qu'elle soit mise en ladicte rubriche, comme ancienne; & pource qu'aucuns procès sont advenus, entre aucuns des sujects dudit Comté, sur l'intelligence de ladicte Coustume, parce qu'elle ne determine jusques à quelle portion ou quantité, le pere ou mere peuvent donner à leurs enfans des biens de leurs successions, pour estre ledit don valable & non excessif, ont demandé ladite Coustume estre en ce regard augmentée pour obvier ausdicts procès; laquelle requeste mise en deliberation, & après que tous les assistans ont concordablement certifié ladite Coustume estre ancienne, avons ordonné par l'opinion de la plus grande & saine partie, qu'en interpretant & donnant plus claire intelligence à ladite Coustume ancienne, sera mis & de nouvel introduit l'article cotté cent vingt-neuf.

Sur l'article cent trente-deuxieme de l'ancien cayer, contenant : Item, *Toutes franches personnes saines d'entendement, aagées & usans de leurs droicts, peuvent disposer par testament & derniere volonté de tous leurs biens meubles, acquests & conquests immeubles, & de la quinte partie de tous leurs propres heritages, au profit de personnes capables.* Aucuns des assistans ont remonstré, que ledit article estoit trop general, & se doit restraindre pour le regard des gens mariez ayans enfans; parce qu'une personne longuement agitée de maladie, est grandement diminuée de sens & entendement; & que lors faisant son testament, elle dispose plustost par la volonté du curé ou chappelain, que par la sienne, & souvent l'on voit advenir que par tels testamens, les enfans sont desheredez par leurs pere & mere, qui n'ont autres biens que meubles & conquests immeubles; & par les advocats & practiciens & autres desdits Estats, a esté dit qu'en l'ancienne Coustume de ce faisant mention, y a quelque limitation, & n'est si generale que la precedente contenue audit article; & pource qu'elle pourroit servir à plusieurs personnes pour le passé, ont requis qu'il en soit faicte mention en nostre procès verbal, au cas qu'elle fust corrigée, laquelle contient ce qui s'ensuit. *Plus, par icelle Coustume un chacun par son testament & ordonnance de derniere volonté, peut disposer & donner à qui bon luy semble ses biens meubles & acquests, excepté à ses enfans ou à autres qui soient habiles à estre ses heritiers, lesquels on ne peut plus advantager l'un que l'autre :* surquoy, & après que lesdits assistans, mesmement lesdits advocats & practiciens, ont recogneu ladite Coustume estre ancienne & en usage, avons ordonné qu'ils auront lettres de ladite recognoissance, pour leur servir pour le passé; & que suivant l'advis & deliberation desdits Estats, ledit article commençant : Item, *Toutes franches personnes*, cy-dessus recité, sera augmenté de cette clause, *pourveu qu'il n'y ait point d'enfans, & là où il y aura enfans, ne pourront disposer que de leurs meubles, acquests & conquests* : laquelle augmentation est introduite pour nouvelle Coustume, du consentement desdits Estats; & est ledit article cotté au nouveau Coustumier cent trente-un.

Ce fait, plusieurs desdits advocats, practiciens & autres du tiers Estat, ont dit & remonstré que de tout temps l'on a par cy-devant tousjours observé une Coustume introduite en la faveur des gens mariez, qui est escrite ès anciens Coustumiers, faisant le premier article de la rubriche desdits testamens, contenant ce qui s'ensuit : *Par la Coustume gardée au Diocese de Beauvais, auquel Diocese la pluspart dudit Comté est assise, par testament & ordonnance de derniere volonté, l'homme à sa femme & la femme à son mary peut donner &*

laisser à tousjours, tous les meubles & conquests immeubles, avec le quint de son propre heritage : & pource que cy-après l'on pourroit dire, que la Coustume precedente & derniere accordée, est en partie destructive de l'ancienne Coustume, ont requis qu'elle fust mise audit Coustumier, pour en user selon sa forme & teneur, comme il a esté fait de toute ancienneté. Et au contraire, plusieurs des gens d'Eglises & nobles ont dit, que ladite Coustume est inique & prejudiciable au bien commun & utilité du pays, pour plusieurs inconveniens, qui à raison d'icelle se sont ensuivis; & que l'on voit encores par chacun jour, plusieurs enfans qui en sont destruits & mis à pauvreté. Mesmement plusieurs bons mesnages perdus & gastez, pour les inimitiez qui ont esté entre plusieurs conjoints par mariage, quand l'un d'eux a esté refusant de tester au profit de l'autre, des choses à eux permises par ladite Coustume; & pour ces causes, & autres plus amplement desduites en ladite assemblée, ladite Coustume doit estre du tout abollie, & l'article rayé, à ce qu'il n'en soit aucunement usé pour l'advenir. Et sur ce avons demandé l'opinion des assistans, & par l'advis & deliberation des gens d'Eglise, nobles, faisans la plus grande & saine partie desdits trois Estats, & nonobstant le contredict de la pluspart du tiers Estat, avons ordonné, que ladite ancienne Coustume sera pour l'advenir abollie, & que d'icelle en seroit faicte mention en notre procès verbal, pour servir ès choses passées, & au lieu de ladicte Coustume, seroit mis & introduit pour nouvelle Coustume, l'article cent trente-deux.

Le cent trente-troisieme article a esté accordé pour ancienne Coustume, par la certification desdits Estats, qui ont dit que le contenu audit article a esté tousjours gardé & observé, supposé qu'il ne soit contenu audit ancien cayer.

Le cent trente-quatriesme article a esté accordée pour ancienne Coustume, excepté cette clause, *si le testateur n'avoit ordonné que ses executeurs fussent saisis jusques à somme certaine seulement*, qui a esté adjoustée pour nouvelle Coustume, du consentement desdits Estats.

Pareillement sur le cent trente-cinquiesme article, contenant : Item, *Lesdits executeurs peuvent & leur loist faire la delivrance des legs contenus en iceluy testament au profit d'iceluy ou ceux à qui ils sont faits pour le regard des biens meubles & sans les heritiers dudit desunct, & quant aux biens immeubles, & est requis que les heritiers soient appellez.* Aucuns desdits advocats & practiciens ont dit, que par l'ancienne Coustume de ce faisant mention, lesdits executeurs souloient faire delivrance des immeubles, aussi bien que des meubles sans pour ce faire appeller les heritiers du trespassé; & ainsi en a esté usé anciennement : toutesfois depuis quelque temps elle a esté contredite en plusieurs procès intentez ès sieges dudit Comté, où il a esté soustenu qu'il estoit requis appeller les heritiers à la delivrance desdits legs, pour le regard des immeubles, & pour ce qu'aucuns desdits procès sont encores indecis, ont requis en estre faite mention en notredit procès verbal, comme d'ancienne Coustume, corrigée pour l'advenir; ce qu'avons accordé de l'accord & consentement cy-dessus. Aussi Guy du Belloy, escuyer seigneur dudit lieu & de Roivillier, nous a requis charger notre procès verbal, d'une autre ancienne Coustume, contenant, *Que les heritiers d'un testateur peuvent prendre & avoir l'execution de son testament, si bon leur semble, en baillant bonne & seure caution;* sur laquelle requeste, & que ladite Coustume a esté recognue & attestée veritable, par tous les advocats & practiciens illec assistans, y comprins une clause y estant escrite, portant ces mots : *Pourveu que lesdits heritiers ayent ledit testament pour aggreable.* Avons ordonné que ledit du Belloy en aura lettres, ensemble de ladite recognoissance; & neantmoins sur ce que plusieurs desdits Estats ont remonstré que ladite ancienne Coustume estoit injuste & damnable, au moyen que les legs & dispositions mentionnées esdicts testamens, sont au prejudice desdits heritiers, qui, sans contrainte de Justice, ne seront par eux accomplis, (& en ce regard sont lesdicts heritiers communément réputez, les ennemis des ames des testateurs,) & par ladite Coustume lesdits testamens demeurent souvent inexecutez, & que si elle estoit escrite en notredit procès verbal, comme recognue ancienne, aucuns en voudroient cy-après user, si notredit procès verbal n'estoit par semblable chargé de quelque autre article desrogeant à ladicte Coustume. Laquelle pour ces causes, ont requis estre du tout abollie; Et sur ce prins l'opinion des assistans, qui d'un accord ont esté de cet advis, avons ordonné que ladite Coustume sera abollie, & n'aura aucunement lieu pour l'advenir.

Le cent quarantiesme article a esté introduit pour nouvelle Coustume, d'un commun accord & consentement de tous lesdits Estats; & sur la remonstrance faite par aucuns d'eux, avons ordonné que notre procès verbal sera chargé de l'ancienne Coustume de ce faisant mention, qui par cy-devant estoit gardé audit Comté, pour rendre lesdits testamens solennels, pour valoir & servir pour le passé, laquelle a esté recognue par lesdits Estats, & signamment par lesdits advocats & practiciens, de la forme qui ensuit : Item, *Et peuvent recevoir tels testamens, le Curé du testateur, Notaires apostoliques ou de Cour d'Eglise, presens à ce deux tesmoings dignes de foy pour le moins. Aussi se peut passer pardevant deux Notaires de Cour laye, auquel cas n'est besoing d'avoir tesmoings.*

Après la lecture du cent cinquante-quatriesme article, ledit Vuaillicourt, pour lesdits religieux, Abbé & convent de Froismont, s'est opposé à la publication de ladite Coustume, disant que lesdits religieux, Abbé & convent ont privilege au contraire du sainct Siege Apostolique, par lequel est contenu par exprès, que ledit Abbé & un chacun des religieux peuvent succeder à leur pere & mere, & autres parens, tant en ligne directe que collaterale. Ce qui a esté denié par lesdits gens du Roy, disans que quand ores ils en feroient apparoir, si seroit tel privilege nul, pour les causes & raisons qu'ils entendoient desduire. Parquoy pour ordonner sur ladite opposition, avons renvoyé lesdites parties en ladite Cour; & neantmoins ordonné que ledit article demeurera par provision ainsi qu'il gist.

Et sur le cent cinquante-cinquiesme article, contenant : Item, *Representation a lieu en ligne directe & non en ligne collaterale*, lesdits Guy du Belloy & Anthoine de Ravenel seigneur de Rantegny, se sont opposez à la publication de ladite Coustume, disans que par l'effect d'icelle, les anciennes maisons dudit Comté, riches & opulentes en biens, iront par succession de temps en pauvreté & ruine; tellement que les enfans puisnez, qui par le trespas de leur aisné decedé, n'ayant que filles, doivent porter les noms & armes de leur maison, seront pauvres & n'auront dequoy la soustenir, & viendront les biens de ladicte maison aux filles de leur frere aisné; & aussi que ladite nouvelle Coustume sera cause que les aisnez seront du tout desobeissans à leur pere ou mere, & s'en iront où bon leur semblera prendre alliance par amourettes, ou autrement par seduction, n'ayans regard à la maison dont ils sont venus & issus, n'a l'honneur de leurs predecesseurs parens, bien cognoissans que soit qu'ils meurent ou non devant leursdits pere ou mere, eux ou leurs enfans ne pourront faillir audit droict d'aisneesse, dont pourroient venir plusieurs autres inconveniens, presentement recitez par lesdits du Belloy & de Ravenel. Et par les gens d'Eglise, aucuns desdits nobles, & par tous ceux du tiers Estat a esté dit au contraire, que la Coustume ancienne contenant que representation n'a lieu, est injuste, desraisonnable, contre le bien commun & utilité des enfans, lesquels par le moyen d'icelle sont pauvres, & aucunefois contraints de mandier leurs vies, desduisant plusieurs bonnes raisons, contre celles mises en avant par lesdits du Belloy & de Ravenel. Surquoy, par l'advis & deliberation de tous les assistans, qui se sont trouvez d'une mesme opinion, excepté lesdits deux opposans, avons ordonné que ledit article cotté cent trente-sixiesme demourera comme il gist, introduit par nouvelle Coustume, en ce qu'il est repugnant à l'ancienne, laquelle pour le regard demourera abolie pour l'advenir. Et après qu'iceux assistans ont tous concordablement certifié, que par ladicte ancienne coustume, representation n'avoit aucunement lieu en cette Comté en ligne directe, avons dit qu'en ferions mention en nostredit procès verbal, pour servir pour le passé, ce que de raison ; & ce, nonobstant les oppositions formées par lesdicts du Belloy & de Ravenel, dont les avons deboutez ; & ce faict, iceux du Belloy & de Ravenel ont declaré qu'ils se desistoient de leur opposition.

Le cent cinquante-sixiesme article commençant. Item, *quand il y a enfant masle du fils aisné survivant son pere, en venant à la succession de ses ayeul ou ayeule, il represente sondit pere au droit d'aisneesse, & s'il n'y a que filles, elles representent leurdit pere toutes ensemble pour une teste, & partissent avec leurs oncles sans droit d'aisneesse quant ausdites filles, fors & excepté que la fille aisnée aura le chef lieu : comme il est dit cy-dessus*, a esté introduit pour nouvelle Coustume, du commun accord desdits Estats.

Le cent soixante-huitiesme article dudit Coustumier, a esté introduit pour nouvelle Coustume, du consentement desdits Estats.

Et sur le cent soixante-neufiesme article, faisant la fin de la rubriche des douaires, contenant. Item, *par ladite Coustume douaire prefix a lieu, & courent les arrerages d'iceluy depuis le jour & datte qu'il a esté demandé en jugement par celuy ou ceux à qui il est deu aux heritiers du mary, dont procede & qui a constitué ledit douaire.* Les advocats & practiciens illec assistans, ont concordablement dit & certifié que par la coustume ancienne il convenoit appleiger ledit douaire prefix, premier & avant qu'il eust lieu ; & n'estoit requis de le demander en jugement ; & pource que plusieurs des assistans ont trouvé, que l'applegement dudit douaire estoit rigoureux, il a esté dit par la deliberation desdits Estats, que pour l'advenir ledict douaire prefix auroit lieu, combien qu'il ne soit applegé ; & que ladicte Coustume sera introduicte pour nouvelle, en ce qu'elle est corrective de l'ancienne.

En l'ancien cahier, rubriche de garde noble, a esté trouvé l'article qui s'ensuit. Item, *par ladite Coustume entre gens nobles, le pere ou mere, ayeul ou ayeule, ont & peuvent prendre la garde noble de leurs enfans mineurs, relever en ce nom les fiefs : auquel cas ne doivent aucune finance, sinon des dependans de Bulles, de Conty & de Nully. Quant au regard de la Cour d'Auneul divisé en deux fiefs, & du fief d'Arames, desquels ils doivent finance de relief, tel & ainsi que dessus est dict, font & peuvent faire lesdits gardiens les fruits leurs, prendre & applicquer à leur profit, jusques à ce que lesdits mineurs seront en aage. Aussi tous les meubles escheuz & appartenans ausdits mineurs, & par ce sont tenus iceux gardiens payer toutes debtes, entretenir lesdicts mineurs selon leur estat en toutes choses, aussi entretenir les maisons & heritages en aussi bonne valeur que trouvez les ont, & en la fin les mettre entre les mains desdicts mineurs bien entretenus, & rendre quittes de toutes debtes qui pourroient estre deues au jour de ladite restitution. Sont aussi tenus à leurs despens poursuir & soustenir les procès meuz ou qui se pourroient mouvoir pour raison des biens d'iceux mineurs.* Après que plusieurs desdits Estats ont remonstré, que ladicte coustume estoit pernicieuse pour les mineurs, en ce qu'elle permet à l'ayeul ou ayeule, de prendre ladite garde noble, & faire son profit des biens meubles, fruicts & levées des seigneuries appartenans à iceux mineurs ; & que souvent advient que lesdits mineurs ne sont heritiers desdits ayeul ou ayeule, qui ce neantmoins ont à leur profit le principal bien desdits mineurs. Et aussi, que par ladite Coustume, tels gardiens ne sont astraints, faire aucune visitation de l'essence & estat en quoy sont les maisons & lieux appartenans ausdits mineurs, lorsqu'ils en prennent la garde ; & à faute de ce faire les laissent tomber en ruine, sans y faire ce qu'ils sont tenus, pour les entretenir en l'estat qu'ils les trouvent ; & ont requis pour ces causes, ladite Coustume estre corrigée, en ce qu'elle fait contre & au prejudice desdits mineurs, & augmentée de ce que se trouvera pour leur profit. Surquoy, ladite matiere mise en deliberation, & que les assistans, mesmement lesdits advocats & practiciens ont concordablement dit & certifié ladite Coustume ci-dessus escrite estre ancienne, & avoir esté observée jusques à present, & que neantmoins ils ont accordé estre corrigée pour l'utilité desdits mineurs, avons ordonné, que de ladite Coustume ancienne seroit faicte mention en notre procès verbal, pour servir pour le passé ; & que suivant l'advis & deliberation desdits Estats, ledit article seroit rayé ; & au lieu d'iceluy seroient mis les cinq articles cottez audit coustumier cent soixante-dix, cent soixante-onze, cent soixante-douze, cent soixante-treize & cent soixante-quatorze. Lesquels par leur advis & deliberation, avons introduits pour nouvelles Coustumes, en ce qu'ils sont augmentez à ladite ancienne Coustume.

Le cent soixante-quinziesme article a esté uniformement accordé par lesdits Estats pour ancienne coustume, fors & excepté par Pierre du Clement, seigneur du Vuaut & du Houlsoy, & par Pierre le Roy, comme procureur de Bethesy, dame de Candeville : lesquels se sont opposez à la publication dudit article : disans, qu'ils ont droit, c'est à sçavoir ledit du Clement à cause de sa terre du Houlsoy, & ladite de Bethesy à cause de Candeville, de prendre & avoir sur leurs vassaux, à toutes mutations & en ligne directe, soixante sols parisis pour chacun relief ; & de ce sont en possession & saisine de temps immemorial ; à tout le moins ont protesté, que ledit article ne leur puisse prejudicier audit droit ; & de ce ont demandé lettres, que leur avons octroyé, pour leur servir ce que de raison ; & neantmoins ordonné, que ledit article demoureroit, sans prejudice au droit par eux pretendu.

Audit ancien cayer, rubriche de garde noble, a esté trouvé l'article qui s'ensuit. Item, *Par ladicte coustume entre gens nobles, frere, sœur, oncle, tante, ou autres prochains parens & lignagers de tels mineurs, le plus prochain peut prendre les baux d'iceux mineurs, & en ce nom applicquer à eux & jouyr de leurs fiefs venans du costé dudit baillistre, en prendre le revenu jusques à ce qu'ils seront en aage, & partant tel baillistre en relevant lesdits fiefs doit le relief & revenu d'une année. Doit aussi nourrir & entretenir lesdits mineurs selon leur estat, payer toutes debtes, entretenir les maisons, edifices, & soustenir à leurs despens tous procès ainsi que dessus est dit, & le tout rendre en estat deu ausdits mineurs, ou au premier d'eux qui viendra en aage competant :* Lesdits assistans ont dit, que ladite Coustume doit estre rayée, & mise au neant, pour les mesmes causes & raisons que la precedente parlant des ayeul & ayeule ; ce qui a esté contredict & empesché par les gens du Roy : disans, que lesdits baillistres sont tenus, de payer au seigneur feodal, le revenu d'une année, des fiefs appartenans ausdits mineurs ; dont peut venir par chacun an grand profit au

Roy, au moyen du grand nombre des fiefs qui sont tenus de luy en cette Comté: lesquels par le moyen de ladicte Coustume, peuvent tomber ès mains desdits baillistres, & partant le Roy a grand interest à la radiation & abolition d'icelle Coustume: Surquoy avons ordonné, par la deliberation desdicts assistans, qui tous se sont trouvez d'une opinion, que ledict article seroit rayé, & n'auroit lieu pour l'advenir, nonobstant l'empeschement d'iceux gens du Roy, dont les avons deboutez: & que neantmoins en ferions mention, pour le passé, en nostre procès verbal, comme de Coustume ancienne recogneue par lesdits assistans, & qui ont certifié l'avoir veu par ci-devant observer. Pareillement par la deliberation des dessusdicts, avons ordonné aussi, qu'il seroit fait mention en notredict procès verbal, d'une autre coustume abolie & & mise au neant d'un commun accord desdicts Estats, & par eux recogneue ancienne, & contenant ce qui s'ensuit. Item, *En cas de fiefs, un parastre peut prendre la garde des enfans de sa femme: mais il le rachetera & payera droict de relief*, laquelle n'aura lieu pour l'advenir, par le moyen des coustumes ci-dessus accordées.

Sur le cent soixante-seiziesme article de l'ancien cayer, contenant ce qui s'ensuit. Item, *Il ne chet point de baillistre à enfans non nobles, sinon qu'ils ayent fiefs nobles, & pour autant que vallent lesdits fiefs nobles, auquel cas ils ne peuvent appliquer à eux sinon les fruits des fiefs, & non pas les meubles, & neantmoins est tenu ledit baillistre des debtes & autres charges que doivent lesdits mineurs, qu'il est tenu acquiter; & d'autre part ne chet aucun baillistre à enfans mineurs qui sont nobles, si tels enfans n'ont aucun fief noble; & là où il chet baillistre, il doit estre des plus prochains parens des mineurs du costé dont lesdits fiefs nobles leur appartiennent.* Par la deliberation & d'un commun consentement desdicts Estats, ledit article a esté corrigé, & introduit la Coustume cottée cent soixante-seiziesme.

Le cent soixante-dixhuictiesme article dudit coustumier, a esté introduit pour nouvelle Coustume, du consentement desdicts Estats. Et sur la remonstrance faicte par les nobles, que par la Coustume ancienne dudit Comté, dont l'usance est notoire à tous, les gardiens souloient par ci-devant conduire & demener, les procès concernans le bien & affaires desdits mineurs, esdits noms de gardes nobles, sans leur faire pourvoir de tuteurs & curateurs, tant en demandant qu'en defendant & en toutes matieres, soyent personnelles, mixtes, ou reelles, & les procedures qui se faisoient par eux en ladite qualité, ont esté tousjours tenues & reputées suffisantes, & comme telles ont esté approuvées par plusieurs sentences & jugemens, & par aucuns arrests qui se sont ensuivis sur lesdits jugemens, requerans estre faict mention de ladite Coustume, pour valoir & servir aux procedures par ci-devant faictes, qui ne sont encores mises à fin. Et après que la plus grand partie desdits assistans, mesmement les advocats & praticiens, ont tous concordablement certifié & recogneu, l'usance de ladicte Coustume estre telle, comme elle est ci-dessus recitée, avons ordonné qu'il en seroit faict mention en notre procès verbal de ladite usance, pour servir pour le passé, comme Coustume ancienne.

Sur le cent quatre-vingt-unziesme article, contenant. Item, *Une femme, estant en lien de mariage, ne se peut obliger, sans le consentement de son mary, si elle n'est separée ou marchande publique, auquel cas elle se peut obliger touchant le fait & dependance de ladite marchandise publique.* Les gens desdits Estats, ont accordé ladite Coustume ancienne, jusques à ces mots, *si elle n'est separée*, & le surplus, depuis lesdits mots jusques à la fin, y a esté adjousté d'un commun accord, & introduit pour nouvelle coustume; Aussi a esté introduit pour nouvelle coustume du consentement desdits Estats, l'article cotté cent quatre-vingt-douziesme. Et neantmoins avons ordonné sur la requeste faite par aucuns desdits Estats, qu'il sera fait mention, pour le passé, de l'article ancien, faisant mention de ladite coustume, lequel a esté recogneu & certifié veritable, par les advocats & practiciens, en la forme qui ensuit. *Si après la mort de pere ou mere, un enfant mineur d'ans, ayant biens, demeure par an & jour avec le survivant d'eux, sans faire inventaire ou partage desdits biens, & sans ce qu'audit mineur soit pourveu de tuteur ou curateur, tel enfant peut requerir droit de communauté, tellement que si iceluy survivant s'est marié, en ce cas lesdits mariez & enfans, seront comptez pour trois testes*

Sur les cent quatre-vingt-seize & cent quatre-vingt-dix-septiesme articles, maistre Nicole Gosset, pour ledit Charles de Roye, seigneur de Conty; maistre Jean Filleau, pour les seigneurs & dame de Remy, Gournay & Moyenneville; maistre Jacques Petit, pour ledit de Boufflers, seigneur pour un tiers de Nully, ont respectivement dit, qu'à cause desdictes seigneuries, ils ont haute justice, moyenne & basse, avec tous droits qui appartiennent à seigneurs Chastellains; & à ce moyen, eux & leurs officiers esdits lieux, doivent avoir la cognoissance des baux & fermes de terres, fiefs, & heritages, situez dedans les fins & metes de leurs Chastellenies, qui se doivent bailler au plus offrant, & dernier encherisseur, selon qu'il est accoustumé faire par ladite Coustume. A ces causes, se sont opposez à la publication desdits deux articles, en ce qu'il est dit, que les baux des terres & heritages, excedans deux cens livres de revenu, se feront audit Clermont; soustenans que lesdits baux se doivent faire en leur siege respectivement, & non ailleurs; & autrement ont protesté, que ce ne leur puisse prejudicier en leurs droits: Et par les gens du Roy a esté dit, que les dessusdits opposans, n'ont aucuns droits de Chastellenies esdicts lieux; & quand ores ils auroient tous tel droit de haute justice moyenne & basse qu'ils maintiennent ne doivent pourtant avoir la cognoissance desdits baux & fermes; par ce qu'il est question des biens appartenans aux mineurs, desquels le Roy est protecteur & conservateur, & est requis que ses officiers, en son principal siege dudit Clermont, en ayent la cognoissance, à ce qu'aucun abus & malversation ne soit commise, & que le droit des mineurs y soit gardé par lesdits gens du Roy. Surquoy, par la deliberation desdits Estats, avons ordonné, que nonobstant l'opposition des dessusdits, lesdits deux articles seront introduits pour nouvelles coustumes, en la forme & maniere qui sont contenus audit livre coustumier.

Sur les cent quatre-vingt-dixhuict & cent quatre-vingt-dixneufiesme articles, lesdits maistre Nicole Gosset, pour ledit Charles de Roye, seigneur de Conty: Jacques Petit, pour ledit de Boufflers, à cause de son tiers de Nully: & maistre Jean Filleau, pour la dame & seigneurs de Remy, Gournay & Moyenneville, ont dit que chacun d'eux respectivement, ont droit & autorité d'avoir seel authentique, & commettre auditeurs, & tenir assises esdites terres & seigneuries, comme seigneurs Chastellains, chacun pour son regard; à ces causes se sont opposez à la publication desdites deux coustumes. Au contraire les gens du Roy ont soustenu que lesdits opposans n'ont aucun droit de Chastellenies, ni aucun pouvoir de faire exercer les autres dessusdits, & n'en ont aucunement joui; ains appartiennent lesdits droits au Comte dudit Clermont seul, par toute ladite Comté. Surquoy lesdites parties ouyes, avons ordonné, que les dessusdits opposans bailleront aux gens du Roy leurs causes d'opposition par escrit, pour y faire response; & pour decider & determiner

determiner de leurs differends, les avons renvoyez à la Cour; & neantmoins par l'advis & deliberation des gens desdits trois Estats, avons ordonné que lesdits deux articles demoureront par provision, comme recogneus par tous les assistans, pour coustumes anciennes.

Sur le deux centiesme article, ledit Gosset, pour ledit seigneur de Roye: Petit pour ledit seigneur de Boufflers, & encores pour les religieux, Abbé & convent d'Orcamps, pour Guy du Bois, seigneur de S. Remy, & Charles de Vuignacourt, seigneur d'Auvergny, & pour maistre Florent Colleffon seigneur de Beronnel; ledit Filleau, pour lesdits seigneur & dame de Remy, Gournay & Moyenneville, & pour damoiselle Genevieve du Bois, dame dudit Gournay en partie: maistre Pierre de Hacqueville, conseiller du Roy en sa Cour de Parlement, & seigneur d'Ons en Bray: Anthoine de Ravenel, seigneur de Rantegny & de Foullezences; Louys Donguyes, seigneur d'Estoy & de Mery, Guy de Belloy, seigneur de Romilier: François du Brueil, seigneur de Gicourt, Lix & Boullancourt: maistre Jean Boscart, seigneur de Nomroy: maistre Gabriel du Vergier, seigneur de Rotheleu, ledit de Vuaillicourt, procureur audit siege de Clermont, pour messire Jean de Humieres chevalier, seigneur de Roncquerolles & de Nointel, & pour les religieux, Abbé & convent de Froismont: l'Abbé pour Nicolas Popillon, seigneur d'Ansac: Gayant, pour maistre Pierre Bochart, seigneur d'Ons en Bray en partie: & pour Wasts de Hedonville, seigneur d'Ars: & le Plat, pour maistre Olivier d'Arquinviller, seigneur d'Anviller, se sont tous aussi opposez, à la publication dudit article; disans, qu'ils sont tenus assister esdites assises, pour juger à leurs perils & fortunes, ny autrement, les matieres & procès d'entre les parties, soient civils ou criminels; & ne fut oncques ladite coustume pratiquée. Aussi que le Roy doit faire faire justice à ses despens, par ses officiers; lesquels ne jugent à present à peril d'amende; empeschans, pour ces causes, ledit article estre mis au cayer desdites coustumes, comme n'ayant esté en aucun ancien livre coustumier, qui fust authentique: & par les gens du Roy a esté dit, que ledit article est l'ancienne coustume de tout temps observée audit Clermont, toutes & quantesfois que par le Baillif, Gouverneur du lieu, ou son Lieutenant, ont esté tenues les assises; & comme ancienne est escrite en tous les livres coustumiers audit Comté; sont lesdits hommes & vassaux tenans du Chasteau dudit Clermont, tenus faire les jugemens à leurs perils & fortunes, des procès civils & criminels; & doivent cette servitude, au Comte dudit Clermont leur seigneur superieur & dominant, à cause de leurs fiefs. Surquoy prins les opinions de tous les assistans, par l'advis & deliberation de la plus grande & saine partie, avons ordonné que ledict article demourera audict coustumier, couché comme il gist, par provision; & que pour faire droict ausdictes parties sur leurs causes d'opposition & responses, les avons renvoyez à la Cour; & neantmoins pendant leur differend, chacune desdictes parties jouyront de tels droicts, pour le regard dudict article, comme ils ont accoustumé faire par ci-devant.

Et faisans la lecture de la rubriche des delicts, ont esté trouvez les quatre articles des coustumes qui ensuivent.

Item, *Par la coustume du Comté de Clermont, monsieur le Comte dudit Clermont en matiere de delicts, a droict de prevention sur tous ses vassaux & par toute ladite Comté, soyent gens d'Eglise ou autres, en maniere que là où il previent, la cognoissance de tels delicts luy appartient & en prend les amendes: mais en delicts criminels, là où les delinquans seroient requis par le seigneur dont ils seroient subjects, le renvoy luy en doit estre fait, & la cognoissance baillée, en payant les fraiz de justice.*

Item, *Par ladite coustume aucuns delicts sont civils, & les autres sont criminels. Au regard des civils, les uns sont nommez delicts communs, qui n'excedent soixante sols parisis d'amende, ou qui n'excedent que cinq sols parisis en aucuns lieux dudict Comté, & en autres lieux sept sols six deniers parisis d'amende; dont un chacun vassal peut user, & les prendre en sa terre, si par negligence le Comte ne previent, auquel cas il prend l'amende dicte; & n'y a rien son vassal. Les autres delicts civils se disent privilegiez, pour ce que lesdits delicts sont faits, de fait precogité & appensé, parquoy les amendes sont arbitraires à la discretion du juge, & selon la puissance & chevance du delinquant: de tels droicts privilegiez nul audit Comté de Clermont n'en a la cognoissance, sinon ledit Comte; & n'y prennent rien les vassaux, posé que tels delinquans soyent demourans en leurs jurisdictions, sauf que s'ils ont fait diligence de mettre la main au delinquant, si faire s'est peu, ou autrement de le faire appeller, & soy informer de tel delict audit cas monsieur le Comte, son Baillif, Gouverneur ou Lieutenant qui cognoist desdits cas privilegiez doit garder le droit d'iceluy vassal, quant au droit commun.*

Item, *Par ladite coustume, quant un noble dudit Comté, commet delict, contre l'homme roturier qui doit payer cinq sols parisis d'amende, tel noble au lieu desdits cinq sols parisis, doit payer soixante sols parisis d'amende.*

Item, *Quand ledit homme noble commet delict, dont le roturier paye soixante sols parisis d'amende, tel homme noble au lieu desdits soixante sols parisis, doit & est tenu de soixante sols parisis d'amende.* Et après la lecture desdits articles, plusieurs d'Eglise nobles, & autres du tiers Estat, ayans fiefs audit Comté, ont dit, que tous vassaux audit Comté, ont respectivement sur leurs subjects par toutes leurs terres & seigneuries, haute justice, moyenne & basse, en tous droits qui en dependent, sans en rien excepter, à cause de laquelle justice, doivent avoir la cognoissance, des delicts commis par leurs sujets, en faire la justice & punition, & prendre à leur profit toutes les amendes esquelles ils sont condamnez, soit de soixante sols parisis, ou autre plus grande somme; & de ce sont en bonne & suffisante possession & saisine, & n'a le Comte de Clermont aucun droit de prevention sur eux; parquoy se sont opposez, à la publication desdits premier & second articles de ladite rubriche. Et quant aux deux articles ensuivant, les nobles ont remonstré, que les coustumes y declarées, n'ont esté par ci-devant observées; & que s'il advient qu'aucun d'eux commette delict, la taxe de l'amende doit proceder par l'arbitrage du juge, selon que le delict se trouvera pernicieux; parquoy s'opposoient aussi à la publication desdites coustumes. Et par les gens du Roy a esté dit, que lesdites coustumes sont anciennes, & de tout temps pratiquées & observées audit Comté; denyans, que tous les vassaux dudit Comté, ayent en leurs fiefs & seigneuries, haute justice, moyenne & basse; & que si aucuns ont le droict de justice, le Comte de Clermont, par privilege special, a la cognoissance de tous delicts par toute ladicte Comté, excedans soixante sols parisis d'amende, & pour les autres delicts à droict de prevention sur lesdits vassaux, comme est plus à plain declaré esdits articles. Surquoy, par l'opinion d'un commun accord & consentement de tous les assistans, avons ordonné que lesdits quatre articles seront rayez; & qu'au lieu d'iceux, seront mis & couchez audit coustumier, les deux articles cottez deux cens deux, & deux cens trois.

Sur le deux cens cinquiesme article, lesdits Gosset, pour ledit de Roye: Filleau, pour lesdits seigneur & dame de Remy, Gournay & Moyenneville; Petit, pour ledit de Boufflers, se sont opposez à la publication dudit article, pour les causes ci-dessus par eux desduites sur le cent quatre-vingt-dixneufiesme article, & par les gens du Roy a esté soustenu comme devant, par les moyens ci-dessus par eux desduits, en y donnant responce; lesquelles parties avons renvoyé à la Cour, pour leur faire droit sur leurs differends: & neantmoins ordonné, que par provision ledit article demourera, comme il gist, par l'advis & deliberation desdits Estats, après ce que par eux a esté recogneu pour ancienne coustume.

Sur les deux cens quatorze & deux cens quinziesme articles, a esté dit par les assistans, que par l'ancienne coustume il y avoit soixante livres parisis d'amende, laquelle a semblé estre excessive; partant du commun accord desdits Estats, a esté ladite amende reduite & moderée à soixante sols parisis.

Le deux cens trente-troisiesme article, d'un commun accord & consentement desdits Estats, a esté mis & introduit pour nouvelle coustume.

Le deux cens quarante-neufiesme article dudit coustumier, a esté recogneu pour ancienne coustume, excepté en ce qui fait mention des livres appellez le Manuel & l'Epistolier. Lesquels Manuel & Epistolier, ont esté adjoustez de nouveau, outre l'ancienne coustume, du consentement de tous lesdits Estats

Et quant aux articles non mentionnez en ce present procès verbal, qui sont escrits, couchez & cotez audit livre coustumier, ont esté recogneus par ceux desdits Estats: mesmement les officiers du Roy, advocats & procureurs, assistans à la lecture & publication d'iceux, pour anciennes coustumes, notoirement gardées & observées audit Comté. Et après la lecture & publication desdites coustumes, arrestées & accordées par les gens d'Eglise, nobles, officiers, advocats, praticiens & autres du tiers Estat, en la forme & maniere qu'il est ci-dessus contenu, ledit Honoré de Vuaillicourt, pour ledit reverendissime Cardinal de Chastillon, Evesque de Beauvais & Abbé de sainct Lucian, lez ledit Beauvais, & pour lesdits seigneurs de Humieres, de Sarcus, & Vespasien de Calvoisin, seigneur d'Archy & la rue au Boz, & encores luy, pour le chapitre de sainct Barthelemy de Beauvais, pour le prieur de Conty, & pour Pierre le Bastier, seigneur de Grincourt, & aussi ledit Pierre du Clement, seigneur de Vuault en personne, ont protesté, que lesdites coustumes ne peuvent aucunement prejudicier à leurs droicts patrimoniaux & seigneuriaux, qu'ils ont & leur appartiennent particulierement, à cause de leurs terres situées dedans les fins & metes dudit Comté, en ce que lesdites coustumes se trouveroient desrogantes ausdits droicts feodaux & particuliers; & pareillement maistre Jean Picquet, doyen rural dudit Clermont, a dit, pour le reverendissime Cardinal, Evesque de Beauvais, qu'il n'avoit esté appellé à ladite assemblée en qualité d'Evesque dudit Beauvais, combien que la ville dudit Clermont, & la plus grande partie dudit Comté, soit en son Evesché & Diocese; parquoy protestoit pour ledit reverendissime, que lesdites coustumes ne leur puissent prejudicier, en ce qu'elles se trouveront desrogantes, aux droicts & preeminences qui luy appartiennent à cause dudit Evesché. Ce fait avons ordonné & enjoint aux gens desdits Estats, & generalement à tous les subjects dudit Comté, & de l'ancien ressort d'iceluy, tenir, garder & observer lesdites coustumes, sans en alleguer aucunes autres, & si leur avons fait defenses, de ne faire doresenavant sur icelles aucunes preuves ou enquestes par turbes ou tesmoins; & aux Baillif & Gouverneur dudit Clermont, Prevost & autres justiciers dudit Comté, de ne recevoir les parties à faire lesdites preuves ou enquestes, autrement que par extraict dudit livre Coustumier, signé du greffier dudit Bailliage & deuement expedié; le tout sans prejudice des oppositions ci-dessus redigées par escrit, dont n'a esté par nous discuté; pour ausquelles proceder ainsi qu'il appartiendra par raison, avons renvoyé les parties en ladite Cour de Parlement, au lendemain de la sainct Martin d'hyver prochainement venant. Faict en l'auditoire dudit Clermont les jour & an ci-dessus contenus.

Ainsi Signé, A. GUILLART. N. THIBAULT. F. D'ARGILLIER.

J. GAYANT. P. GAYANT. P. DU VAL.

TABLE DES RUBRICHES DES COUTUMES DE CLERMONT EN BEAUVOISIS.

CE SONT

LES USAGES ET COUTUMES DU BAILLIAGE ET DUCHÉ DE VALLOIS[a];

C'EST A SÇAVOIR,

Des Chastellenies de CRESPY, la FERTE'-MILON, PIERRE-FONS[b], BETHISY & VERBERIE.

ET PREMIER,

De Justice.

ARTICLE PREMIER.

JUSTICE est divisée en trois manieres; c'est à sçavoir, en haute, moyenne & basse.

Des hauts Justiciers. II. Les hauts-Justiciers, sujets de ce Duché de Vallois, ont connoissance de tous cas & actions civiles & criminelles, s'ils ne sont privilegiez; auquel cas la connoissance en appartient au Roy. Et peuvent lesdits hauts-Justiciers avoir Justice patibulaire.

III. *Item*, Ausdits hauts-Justiciers, competent & appartiennent tous & chacun les heritages & biens vacquans & confiscations, dedans leurs hautes-Justices, excepté les biens vacquans par aubenage, par mort & trespas des bastards, des personnes sujets à morte-main, & aussi des cas privilegiez au Roy, comme crime de leze-majesté divine & humaine, fausse monnoye & autres. Lesquels biens appartiennent au Roy, à cause de sa prerogative.

IV. *Item*, Moyens-Justiciers ont connoissance d'actions personnelles & de delicts, jusques à 60 sols. *Des moyens justiciers.*

V. *Item*, Les bas Justiciers ont connoissance d'actions personnelles & de delicts jusques à 7 sols 6 deniers. *Des bas justiciers.*

VI. *Item*, Les seigneurs fonciers non ayans Justice, n'ont point de connoissance de cause, n'officiers: mais poursuivent leurs droits seigneuriaux pardevant le Juges des parties, ausquels la cognoissance en appartient; & ausdits seigneurs fonciers appartiennent les amendes des cens non payez, & des droits seigneuriaux recelez. *Des seigneurs fonciers.*

VII. *Item*, Es Chastellenies & Prevostez de Crespy & la Ferté Milon, les amendes ordinaires sont de soixante sols nerets (*c*), qui valent trente-six sols parisis; & de sept sols six deniers nerets, valans quatre sols six deniers parisis, pour la petite amende des reclains, defauts & attrammes (*d*), & du cens nón *Des amendes.*

a DU DUCHE' DE VALLOIS. Chopin, lib. 1. Anjou p. 76. remarque que ce pays étoit du Bailliage de Senlis; lequel neanmoins a ses Coutumes particulieres. T. C.

Ces Coutumes ont été commentées par maistre Laurent Bouchel, avocat en Parlement en l'an 1631. J. B.

b. *la Ferté Milon, Pierre-fons.* Dans le thresor des chartres sixiesme layette cottée 109. est la composition faite en l'an 1185. entre le Roy Philippe Auguste, & Nevelon de Cherisy ou de Pierre-fons, cinquante-neufviesme Evesque de Soissons, par laquelle il quitte au Roy & à ses successeurs, le fief de Pierre-fons, aux conditions y declarées: moyennant quoi le Roy lui quitte, & à ses successeurs Evesques, la procuration que lui devoit ledit Evesque. *Olim Valesium municipiolum Sylvanectensi contributum provinciæ, à qua tamen sejunctum est patrii juris diversitate, jam inde ex quo Reges Valesiam ditionem Ducatus titulis decorarunt nuper Carolus VI. in Ludovici fratris gratiam reguli Valesiorum fiduciarii. Exstat priscum Valesiæ consuetudinis volumen Regio jussu collecta à J. Plameo Ludovici ducis consiliario, & Valesii prætoris vicario juridico Caroli VI. temporibus. Anno deinde 1539. restituti sunt Valesiorum ritus patrii authore Principe, hac Ren. Choppinus lib. de commun. Gallicæ consuetudinis præcept. part. 3. quæst. 24. num. 1.* Il y a traité de maistre Nicolas Bergeron, advocat en Parlement, intitulé, *Le Vallois Royal*, imprimé en l'an 1583. & un autre de *Stephanus Forcatulus de origine Valesiorum 1579.* J. B.

c ART. 7. *sols nerets.* Le sold neret vault neuf deniers tournois, & le parisis quinze deniers: tellement que le neret vault un quart moins que le tournois, & le parisis un quart plus que le tournois, qui n'est que de douze deniers.

d *& arammes.* Aramme, eramme, ou errame, *videtur significare Eremodicium, quod contrahitur actore vel reo absente.* Voyez l'indice de Ragueau.

payé : En la Prevosté de Bonneul, de soixante sols parisis, & de sept sols six deniers parisis : En la Prevosté d'Arcy, de soixante sols tournois, & de sept sols six deniers tournois; qui sont deux Prevostez comprinses & estans dedans ladite Chastellenie de Crespy : & en la Chastellenie de Pierre-fons, de soixante sols parisis, & de sept sols six deniers parisis : En la Chastellenie de Bethisy & de Verberie, pareillement de soixante sols parisis, & de sept sols six deniers parisis.

VIII. *Item*, Le prevost forain de Crespy a deux sieges, à sçavoir Villiers-coteraiz & Viviers, esquels lieux il va tenir siege pour cognoistre des matieres personnelles seulement; & des matieres réelles, le Prevost en cognoist en son siege de Crespy.

De Prevention.

IX. PAr la Coustume de Vallois, le Roy a prevention de toutes matieres dependantes de son seel.

Cas privilegiez appartienent au juge royal.

X. *Item*, Par ladite Coustume, le Roy & ses officiers ont cognoissance par prevention de toutes matieres de delicts sur les sujets & vassaux dudit Duché; excepté les cas privilegiez, lesquels appartiennent au Roy neuement & primativement à tous autres.

XI. *Item*, Par ladite Coustume toutes & quantesfois qu'une partie se rapporte au serment de l'autre, & il est question du faict de cestuy à qui le serment est deferé, il est tenu d'affermer ou referer (*a*), sans ce que le Juge royal, pardevant lequel la matiere est pendant, soit tenu d'en faire renvoy pardevant autre Juge non royal.

Tous juges competans pour la reconnoissance de cedule.

XII. *Item*, Toutes & quantesfois qu'une partie est adjournée sur recognoissance de cedule, pardevant Juge royal competant, sera tenu la confesser ou nier; sans ce que ledit Juge royal soit tenu en faire aucun renvoy, jusques après la recognoissance ou denegation de ladite cedulle.

De Saisines & Droits fonciers & censuels.

De l'ensaisinement & payement des ventes.

XIII. QUand aucun a acheté quelque heritage ou surcens (*b*), tenu d'aucun seigneur en censive, l'acheteur est tenu d'aller vers le seigneur dont l'heritage vendu est tenu & mouvant, pour estre par luy ensaisiné, & luy payer les ventes & droits qui luy en sont deuz, en dedans quarante jours, à compter du jour de l'achat, sur peine de soixante sols d'amende pour les ventes recelées. Et doit l'acheteur audit seigneur pour lesdites ventes, seize deniers parisis pour chacun franc, & douze deniers tournois pour les vins, pour chacun franc aussi. Et si doit, avec ce audit seigneur, une paire de gants pour la saisine, estimez lesdits gants deux sols parisis. Et en ce faisant, luy doit ledit seigneur bailler lettres de la saisine, s'il le requiert, en les payant; & s'il ne requiert lettres, sera ledit seigneur tenu mettre ledit ensaisinement au dos desdites lettres d'acquisition, sans pour ce en prendre aucun salaire; & n'en doit rien le vendeur desdits heritages: & de toutes lesdites saisines, fera le seigneur tenu en faire registre.

XIV. *Item*, Quand l'acheteur va devers le seigneur requerir ladite saisine, ledit seigneur peut prendre & retenir les lettres de l'acheteur, par l'espace de huict jours; & a son lot (*c*) & choix, de prendre & retenir, par puissance de fief, pour luy, ledit heritage ainsi acquesté, pour le prix qu'il auroit esté vendu (*d*) : au cas toutesfois, que ledit heritage seroit vendu à aucun estranger; & non à aucun lignager qui eust peu ou pourroit r'avoir iceluy heritage par retraict.

XV. *Item*, Toutes & quantes fois qu'aucunes personnes eschangent aucuns de leurs heritages but à but sans soultes, les parties ne sont tenus d'aucunes ventes. Et où il y auroit soultes, les parties sont tenues payer ventes d'icelles, à la valeur des soultes.

De l'exhibition des contrats.

XVI. *Item*, Pour eviter aux fraudes qui journellement se font en contracts de permutation, les contrahans seront tenus, dedans quarante jours après lesdits contracts passez, comparoir par eux, ou procureur specialement fondé, par-devant le seigneur ou seigneurs, dont meuvent les heritages permutez ou eschangez; l'un desdits contrahans pour se dessaisir, l'autre pour prendre saisine. Et seront tenus exhiber tous les contracts, faits pour raison desdites permutations, affermer par serment iceux contenir verité, & n'avoir entre eux autre paction ne convention, sur peine de soixante sols d'amende sur le defaillant. Et neantmoins, pourront lesdits seigneur ou seigneurs, saisir ou faire saisir lesdits heritages ainsi eschangez, estans tenus d'eux & en leur seigneurie, establir commissaires; & tiendra la saisie, jusques à avoir fourni à ce que dit est.

En surcens ne se prend saisine.

XVII. *Item*, Quand aucuns heritages sont baillez à surcens, les preneurs ne sont tenus d'eux en faire saisir, ne en payer aucun profit aux seigneurs dont ils sont tenus & mouvans, parce que la proprieté & seigneurie directe en demeure aux bailleurs. Et neantmoins, pourra le seigneur faire purger par serment lesdits contrahans, qu'il n'y a aucune convention de rachat, pour raison dudit surcens.

XVIII. *Item*, Et au regard des rentes qui sont constituées & vendues sur aucuns heritages, moyennant certaine somme de deniers, ou autre payement qui en est fait au vendeur, les acheteurs ne sont tenus eux en faire saisir ne vestir, si bon ne leur semble, n'en payer aucun profit au seigneur dont l'heritage, sur lequel est assignée ladite rente, est tenu & mouvant : Mais si ledit acheteur s'en vouloit faire saisir & vestir, faire le pourroit en payant les vins & ventes (*e*), & ainsi qu'il est dit ci-dessus.

---

a ART. 11. *ou referer.* C'est ce qu'on appelle en droict *Juramentum decisorium.*

b ART. 13. *ou surcens.* Surcens, sourcens ou soucens, c'est le second ou dernier cens ou rente, qui est dûe après le chef ou premier cens ou rente, & est tenu en censive d'aucun seigneur.

ART. 14. *& à son lot.* Legendum *Los* : C'est-à-dire, à son gré & consentement. *Vide not. mea* sur Paris, art. 76. J. B.

d auroit esté vendu. *Clarius infrà.* §. 20. 21. 25.

e ART. 18. *en payant les vins & ventes.* Cet article est encore en vigueur; l'on m'a dit que l'usage est, que le creancier paye les droits en pure perte, & ne passent pas en loyaux cousts; parce qu'il ne prend pas saisine s'il ne veut : mais on demande si prenant en payement de sa rente des heritages sur lesquels il a obtenu saisine & payé les droits, il en doit de nouveaux à cause d'un M. Langlois a esté d'advis de nouveaux droits, *ego contrà*, & en effet, nous voyons qu'en ces Coutumes de Senlis, de Clermont & Valois, on vendoit autrefois à la charge des rentes ensaisinées, dont il y a article exprès en la Coutume de Senlis, & de plus pour mon advis, fait la note de maistre Charles du Molin sur les articles 43. & 44. de la premiere publication des Coutumes d'Artois. Du Molin en son traité des Usures num. 131. tient que le debiteur ne doit point rembourser les droits seigneuriaux, J. M. R.

La priorité ou posteriorité d'hypotheque est considerée du jour de l'ensaisinement.

XIX. *Item*, Si plusieurs avoient acquis diverses rentes sur aucuns heritages en la maniere devant dicte (*a*), & lesdits heritages se vendoient par execution, à la requeste de l'un d'eux ou autre; le premier ensaisiné de la rente qui auroit esté constituée sur ledit heritage, precederoit les autres qui ne seroient ensaisinez, tant pour son principal, comme pour ses arrerages; posé ores qu'il fust le dernier acquesteur; & le second ensaisiné l'ensuivroit après; & ainsi par ordre: & les autres non ensaisinez, viendroient à contribution du par-dessus, *pro rata* de leur droict, comme privilegiez autant l'un comme l'autre.

XX. *Item*, Quand aucun seigneur a baillé la saisine d'aucun heritage mouvant de luy en censive, à l'acheteur d'iceluy, il ne luy est plus loisible de le prendre & retenir par puissance de fief ou seigneurie.

XXI. *Item*, Si le seigneur retient en sa main, par puissance de fief, aucun heritage vendu, tenu & mouvant de luy en censive, il n'est besoin qu'il s'en face saisir ne vestir par autre seigneur; mais en peut prendre de soy-mesme la saisine & possession.

Le vendeur n'est tenu des lots & ventes, mais l'acheteur.

XXII. *Item*, Toutes & quantes-fois qu'aucun heritage est vendu, & le marché fait entre les parties, le droict de ventes, & autres droicts seigneuriaux dessus declarez, sont deuz au seigneur, duquel il est tenu en censive; sinon, que dedans vingt-quatre heures (*b*) après ledit marché faict, les parties se quittassent liberalement l'un l'autre, & sans aucun profit. Et en pourroit le seigneur poursuivre l'acheteur, & non le vendeur; parce qu'il n'est tenu desdits droits seigneuriaux, comme dit est devant.

XXIII. *Item*, Toutes censives deues au jour sainct Remy, ou autre jour, se doivent payer aux seigneurs dont les heritages sont tenus & mouvans, ou à leurs commis, ou à leurs commis, au jour qu'ils sont deuz, & au lieu accoustumé, sur peine de la petite amende ordinaire des lieux.

Des acquisitions faites par gens de main-morte.

XXIV. *Item*, Si aucuns gens d'Eglise, Chapitres ou Convents, acquestent pour & au nom de leurs Eglises & benefices, aucuns heritages tenus en fief, ou censive, d'aucun seigneur haut justicier, moyen, bas, ou foncier, & ils sont sommez & denoncez suffisamment par lesdits seigneurs ou l'un d'eux, de mettre iceux heritages hors de leurs mains; lesdits gens d'Eglise, après lesdites sommations & denonciations à eux faictes, sont tenus ainsi le faire en dedans l'an & jour ensuivant, ou faire amortir iceux heritages, si faire se peut. Autrement, seroient lesdits heritages acquis aux seigneurs, qui auroient fait lesdits commandemens; parce que, sans amortissement, lesdits gens d'Eglise ne peuvent tenir aucuns heritages, au prejudice de leur seigneur, plus d'an & jour.

XXV. *Item*, De tous heritages baillez perpetuellement à rente, rachetable à tousjours ou à temps, les preneurs seront tenus prendre saisine du seigneur, dedans quarante jours, sur peine de soixante sols. Et seront tenus payer les lots, vins, & ventes, au feur & raison du prix du rachat de ladite rente. Et seront tels heritages subjets à retraict lignager, s'ils estoient du propre des bailleurs, & que le preneur fust personne estrange. Aussi sera en la puissance du seigneur, retenir lesdits heritages par puissance de seigneurie, en payant au bailleur le prix du rachat de ladite rente, avec fraiz & loyaux cousts, en dedans le temps introduit par la Coustume.

Coustume de Fiefs.

Des droits de quint & requint deus au seigneur de fief.

XXVI. QUand aucun fief, ou rente constituée dessus ledit fief qui est infeodée, sont vendus, le quint & requint deniers sont deuz au seigneur, dont l'heritage est tenu & mouvant, par l'acheteur, dudit fief, heritage, ou rente infeodée. Et neantmoins, si celuy qui a constitué ladite rente, son heritier, ou ayant cause, rachete ladite rente ainsi infeodée que dit est, pour ledit rachat n'en devra aucun droict au seigneur feodal.

XXVII. *Item*, Tel acheteur est tenu dedans quarante jours de son contract passé, venir par-devers le seigneur à sa personne, s'il est en la Chastellenie ou Bailliage du lieu où ledit fief est assis, ou au lieu seigneurial dont meut le fief acheté, pour requerir estre receu en foy & hommage, & luy offrir payer les droits de quints & requints. En quoy faisant, est tenu exhiber ses lettres, & affermer les contracts contenir verité.

XXVIII. *Item*, Et où audit lieu seigneurial ne comparoistroient aucuns officiers pour ledit seigneur, sera tenu ledit acquereur, mettre par écrit lesdits offres signez de luy, ou de notaire, & les afficher à la porte du lieu seigneurial, si porte y a; sinon, à la porte de l'Eglise parrochiale dudit lieu.

De retenue par puissance de fief.

XXIX. *Item*, Et si le seigneur veut recevoir ledit acquereur en foy & hommage, & lesdits droits & devoirs, faire le peut. Et où il ne voudroit promptement le recevoir, sera tenu, quarante jours après lesdites lettres exhibées, affirmation & offres faictes, le recevoir, ou declarer qu'il veut retenir ledit fief, par puissance de seigneurie. En quoy faisant, sera tenu le rembourser du sort principal, fraiz & loyaux cousts, dedans lesdits quarante jours, s'ils sont liquides: & s'ils ne sont liquides sera tenu les payer, vingt-quatre heures après la liquidation d'iceux; *aliàs*, decherra de sadite retenue. Et neantmoins, après le sort principal payé & loyaux cousts, (si liquides sont) sera tenu tel acquereur, le delaisser audit seigneur.

Le lignager preferé au seigneur feodal.

XXX. *Item*, Si ledit fief ainsi vendu estoit propre au vendeur, & l'acheteur estoit lignager dudit vendeur du costé & ligne dont venoit ledit heritage; en ce cas, le seigneur feodal ne pourra par puissance de fief, retenir iceluy heritage.

XXXI. *Item*, Le seigneur ne pourra faire saisir le fief ainsi vendu, pendant les quarante jours donnez à l'acheteur, pour faire ses offres, foy & hommage. N'aussi pendant les autres quarante jours, que ledit seigneur a pour deliberer, s'il veut retenir ledit fief par puissance de seigneurie.

XXXII. *Item*, Et où ledit seigneur n'aura declaré son vouloir en dedans lesdits quarante jours, iceux escheuz, sera tenu ledit acquereur, retourner en personne vers ledit seigneur à sa personne, s'il est en la Chastellenie ou Bailliage du lieu où ledit fief est assis, ou audit lieu seigneurial, pour estre receu en foy & hommage; ou recevoir ses deniers, si ledit seigneur veut retenir ledit heritage par puissance de fief.

Du rachat deu au seigneur en succession de fiefs en ligne collaterale.

XXXIII. *Item*, En succession de fiefs qui vont en ligne directe, comme du pere au fils, ou à la fille non mariée (*c*), & du fils au pere ou à l'ayeul, n'a point de rachat ou profit: Mais quand lesdits fiefs

a ART. 19. *en la maniere devant dite. Et infrà* art. 189. & 157. J. B.

b ART. 22. sinon que dedans vingt-quatre heures. *Intellige de distractu mere voluntario, nec extendi debet ad casum resolutionis venditionis ob fallaciam venditoris intra modicum tempus, puta duorum mensium.* Molin. in consuet. Paris. art. 55. gloss. 1. num. 39. in fin. J. B.

c ART. 33. *ou à la fille non mariée.* Donc en cette Coutume rachat ou profit est deu en directe pour les fiefs qui eschéent à la fille mariée, qui est sous la puissance & autorité d'un mary, maistre de ses biens, & qui en a la jouissance par le titre du mariage; ce qui s'induit necessairement des art. 42. & 46. en ces mots: *Et en paye les droits & devoirs.* J. B.

vont en ligne collaterale, a rachat & profit au seigneur dont tel fief est tenu & mouvant; pour lequel rachat est deu audit seigneur, le revenu & profit d'une année, ou la valeur. Celuy a qui est escheu ledit fief en ligne collaterale, doit faire trois offres; c'est à sçavoir, une somme de deniers, le revenu d'une année, ou le dict des hommes de fief, Pairs & vassaux dudit seigneur. Et peut ledit seigneur, choisir lequel qu'il veut. Et avec ce, doivent lesdits vassaux droit de chambellage, qui est de vingt sols parisis.

XXXIV. *Item*, Tel heritier est tenu, en dedans les soixante jours (*a*), du jour du trespas du defunct, aller en personne devers le seigneur feodal à sa personne, ou à son chef-lieu, comme dit est, & luy faire lesdites offres, & le requerir estre receu en foy & hommage dudit fief. Et à defaut de ce faire, lesdits quarante jours passez, pourra ledit seigneur feodal saisir, ou faire saisir ledit fief, par faute d'homme, droits & devoirs non faits; & fera les fruicts siens, jusques à ce que ledit heritier ait fait lesdites offres, comme dit est.

XXXV. *Item*, Le seigneur feodal, qui a choisi pour son droict de relief, le revenu d'une année du fief mouvant de luy, peut (si bon luy semble) prendre iceluy revenu; & est le vassal tenu de luy communiquer les papiers de ses receptes, ou luy en extraire, ou faire extraire, la declaration sur iceux papiers aux despens du seigneur (*b*).

XXXVI. *Item*, Le vassal, qui denie le fief estre tenu du seigneur feodal dont il est tenu & mouvant, confisque ledit fief (*c*).

XXXVII. *Item*, Si le seigneur a mis le fief, qu'il dit estre mouvant de luy, en sa main par faute d'homme, & le vassal le desavoue ou denie à seigneur, iceluy vassal doit avoir provision, & jouir dudit fief, pendant le procès.

XXXVIII. *Item*, Tous seigneurs sont tenus de bailler souffrance aux tuteurs de mineurs, prodigues & furieux (*d*), & autres personnes legitimement empeschées par maladie, ou autrement; en leur payant les droicts & devoirs, si aucuns en sont deuz.

XXXIX. *Item*, En toute mutation de vassaux, est deu droict de chambellage, qui est de vingt sols parisis, comme dit est.

De la saisie feodale après le decès du vassal.

XL. *Item*, Le seigneur feodal, incontinent après le trespas du vassal, peut faire saisir le fief tenu de luy; & quarante jours passez du jour de la saisie, ledit seigneur feodal prendra & fera siens les fruicts dudit fief, jusques à ce qu'il ait homme, & que les droits & devoirs luy soient faits & payez, ou fait les offres contenues en l'article precedent, audit seigneur feodal ou à ses officiers s'ils sont en la Chastellenie ou Bailliage du lieu où ledit fief est assis. Et s'ils estoient absens desdites Chastellenie & Bailliage, suffiroit d'aller sur le fief, duquel lesdits fiefs ou fiefs seroient tenus & mouvans; & illec faire lesdites offres, comme dit est dessus. Et où ledit seigneur feodal seroit refusant (sans cause) recevoir ledit vassal à homme; en ce cas, iceluy vassal se peut retirer devers le seigneur souverain, pour se faire recevoir.

XLI. *Item*, Si ledit seigneur fait sai sir dedans lesdits quarante jours, & le vassal dedans ledit temps fait son devoir, en ce cas ne sera tenu ledit vassal payer aucuns fraiz ne salaire pour ladite saisie.

Femme ayant fief qui se remarie doit rachat.

XLII. *Item*, Toutes & quantes-fois (*e*) que la femme ayant fief se marie, son mary doit rachapt & profit des fiefs qu'elle tient; en la maniere que ci-devant est escrit; sçavoir est, le revenu d'une année, le dict des Pairs (*f*), ou une somme de deniers pour une fois, qui se doit offrir par ledit mary; comme dit est ci-dessus.

XLIII. *Item*, A faute d'homme, droits & devoirs non faits, le seigneur feodal peut prendre & mettre en sa main le fief tenu de luy, & faire les fruicts siens, en l'estat qu'il le trouve; tellement que si ledit fief est baillé à surcens, rente, ou moison, le seigneur feodal ne prendra que le surcens, rente ou moison, pour la premiere année (*g*): car supposé que le fermier tint ledit fief à plus longues années, neantmoins le seigneur le peut bailler à autres à son profit (*h*).

XLIV. *Item*, Tant que le vassal dort le seigneur veille, & tant que le seigneur dort le vassal veille.

XLV. *Item*, Si aucun tenant fief est en foy & hommage d'aucun heritage tenu en fief qui soit de par sa femme, & duquel elle soit pareillement en foy & hommage de sondit mary, voise de vie à trespas, ladite femme après le trespas de sondit mary, peut jouir de son heritage, comme de son propre, sans ce qu'elle soit tenue aller de nouvel devers ledit seigneur, ne que ledit seigneur puisse faire saisir ledit heritage, consideré qu'elle ne succede pas en droict d'autruy, mais est son propre heritage; & pourveu qu'elle ait autrefois fait les foy & hommage.

De la femme veuve, se contenant en viduité.

XLVI. *Item*, Quand aucun fief eschet à une femme mariée, durant & constant son mariage, ou auparavant iceluy mariage, duquel toutesfois elle n'auroit fait les foy & hommage, & le mary en est receu en foy & hommage, & en paye les droits & devoirs (*i*), ladite femme survivant sondit mary, pendant qu'elle se tiendra en viduité, ne sera tenue payer aucun droict au seigneur de fief; mais seulement faire la foy & hommage, & payer droict de chambellage.

XLVII. *Item*, Si deux conjoints ensemble par mariage, acquierent aucun fief ou heritage noble; & le mary durant ledit mariage, entre en foy & hommage dudit fief, & en paye les droits & devoirs, ladite femme survivant sondit mary, & pendant qu'elle se tiendra en viduité ne payera aucun droict pour sa moictié dudit fief, ains sera tenue seulement de faire les foy & hommage, & payer le droict de chambellage, comme dit est.

De l'adveu ou denombrement que doit le vassal.

XLVIII. *Item*, Après que le seigneur feodal a receu à homme son vassal qui tient de luy aucun fief, il luy peut enjoindre de bailler le denombrement de son fief en dedans quarante jours, & ainsi est tenu le faire ledit vassal; *alias*, ledit seigneur peut mettre en sa main le fief tenu de luy, jusques à ce que ledit denombrement soit baillé, sans faire les fruicts siens; mais sera tenu ledit vassal payer les fraiz de la saisie, lors qu'on luy baillera main-levée de sondit fief.

XLIX. *Item*, Et où il adviendroit que ledit

---

a ART. 34. *soixante jours.* L'exemplaire du greffe porte, *quarante jours.*

b ART. 35. aux despens du seigneur. *Ergo dominus hoc petere debet, & interim semper præterit annus per eum electus.* C. M.

c ART. 36. *confisque ledit fief.* Ce mot en cette signification est mis largement & improprement au lieu de *commet.* Vid. *Molin. in consuet. Paris. art. 30. n. 169. & 170. Dixi ad eandem consuet. art. 43. verbo* confisque icelui fief. J. B.

d ART. 38. prodigues & furieux. *Dixi in consuet. Paris. art. 41.* J. B.

e ART. 42. *Toutes & quantesfois, &c.* Mesme en premieres nopces, & les rachapts se prennent sur le prix de la terre, comme il a été jugé par l'arrest d'ordre de la terre de Nery, située en cette Coutume; donné en la Chambre de l'Edit, au rapport de M. Maynardeau le 7. Septembre 1644. J. B.

f *le dict des Pairs.* Senlis, art. 88. & 159. *ubi dixi.* J. B.

g ART. 43. pour la premiere année. *Non etiam solvet reditus desuper constitutos, nisi colonus teneretur eos solvere.* C. M.

h à son profit. *Scilicet*, après la premiere année. C. M.

i ART. 46. en paye les droits & devoirs. *Vide supra, art. 33. ubi dixi.* J. B.

denombrement fust debatu, le vassal aura main-levée du contenu ès articles accordez & non debatus, & tiendra la saisie (*a*) pour le surplus.

L. *Item*, Le vassal ne peut charger son fief de rente ne autrement, ne iceluy desmembrer aucunement, au prejudice du seigneur (*b*) duquel il est tenu & mouvant, combien que le vassal le peut bien faire en son prejudice tant seulement.

Du tems pour blâmer l'adveu.

LI. *Item*, Après que le vassal a baillé son denombrement au seigneur feodal, ledit seigneur feodal est tenu de blasmer le denombrement dedans quarante jours après iceluy denombrement baillé, autrement ledit denombrement est tenu pour receu : toutesfois, ledit vassal est tenu d'aller ou envoyer querir ledit blasme, au lieu du principal manoir dont est mouvant ledit fief.

LII. *Item*, Quand aucun fief est eschangé, donné ou autrement aliené, (si ce n'estoit par vendition dont est parlé ci-dessus, où il y a quint & requint au seigneur dont le fief est mouvant) en ce cas le vassal nouveau doit simple relief, qui est le revenu d'une année, au dit des Pairs, ou une somme de deniers pour une fois, au choix & election dudit seigneur, foy & hommage & droict de chambellage : si telle donation n'estoit faicte par les pere & mere, ayeul ou ayeule, à fils ou filles, nepveux ou niepces, en ligne directe & habiles à estre heritiers. Auquel cas n'est deu aucun profit, ains seulement bouche & main, & droict de chambellage.

LIII. *Item*, L'ancien vassal ne doit que la bouche & les mains à son nouveau seigneur.

Du nouveau seigneur de fief.

LIV. *Item*, Quand le fief ou seigneurie feodale, vient de nouvel, par succession, acquisition ou autrement à aucune personne, le nouveau ne peut empescher ne mettre en sa main les fiefs qui sont tenus de luy, jusqu'à ce qu'il ait fait faire les proclamations & significations, que ses vassaux luy viennent faire la foy & hommage dedans quarante jours. Et ce faict, lesdits quarante jours passez, si lesdits vassaux ne se presentent, il peut saisir & exploicter les fiefs tenus & mouvans de luy, & faire les fruicts siens ; pourveu toutesfois que ladite proclamation & signification ait esté faicte ; c'est à sçavoir, quant aux fiefs (*c*) estans tenus & mouvans de Chastellenies, par proclamation à son de trompe & cry public faict en ladite Chastellenie, par trois jours de Dimenche ou de marché, si marché y a : & quant aux autres fiefs estans hors des Chastellenies dont ils sont mouvans, par signification faicte au vassal à sa personne, ou au lieu du fief, s'il y a manoir ou au procureur dudit vassal, si aucun en a ; sinon au prosne de l'Eglise parochiale dudit lieu, en jour de Dimanche, ou autre jour solennel.

LV. *Item*, Si deux conjoints ensemble par mariage, acquierent quelque heritage, tenu & mouvant de l'un d'entr'eux, soit en fief ou en censive, tels acquereurs sont reputez ensaisinez ou infeodez, incontinent ledit contract passé ; & ne peut le lignager retirer tel heritage après l'an & jour de ladite acquisition.

De la saisie & arrest du seigneur censuel.

LVI. *Item*, Quand aucun seigneur censuel fait proceder par voye d'arrest sur les heritages & fruicts pendans, estans ès termes de sa haute justice, pour monstrer & enseigner à quels titres lesdits heritages sont possedez, ou pour estre payé des droits seigneuriaux censuels, & pour une année d'arrerages ; en ce cas l'arrest tient & vaut, & n'aura point l'opposant main-levée desdits heritages, jusques à ce qu'il aura monstré à quel tiltre il possede iceux ; sinon en baillant caution de la censive de la derniere année.

De Succession en Fiefs.

Du partage des fiefs en ligne directe.

LVII. QUand aucun va de vie à trespas, & delaisse trois enfans ou plus, ses heritiers, le fils aisné a & prend pour sa part & portion & droict d'aisnesse, la moictié de tous les fiefs venus par succession de ses pere ou mere, ou autres estans en ligne directe, avec un principal manoir & lieu seigneurial en chacune succession, (au choix & election dudit aisné) ensemble tous les pourpris, jardins entretenans ensemble & contigus dudit hostel : & où il n'y auroit point de jardins, aura le vol d'un chapon à l'entour, estimé à un arpent de terre, si ainsi estoit qu'il y eust lieu pour ce faire ; & l'autre moictié desdits fiefs, se partist entre les autres enfans, ses coheritiers, par égales portions, soient fils ou filles.

LVIII. *Item*, Et là où il n'y auroit que deux enfans, le fils aisné a & prend pour son droict d'aisnesse, les deux parts de tous les fiefs, avec un principal manoir & lieu seigneurial comme dit est, ou le vol d'un chapon, estimé à un arpent de terre ; & l'autre enfant prend l'autre tiers.

LIX. *Item*, Selon la Coustume de Vallois, droict d'ainesse n'a point de lieu entre filles ; mais succedent egalement.

De succession collaterale ès fiefs.

LX. *Item*, En ligne collaterale où il y a heritier masle, les filles estans en un mesme degré ne succedent point ès heritages tenus en fief ; & là où il n'y auroit point de masle, les filles succederont également.

Quand il y a plusieurs fiefs que peut faire l'aisné.

LXI. *Item*, Quand il y a plusieurs fiefs, terres & seigneuries (*d*) en une succession, il sera loisible au fils aisné de pouvoir retenir l'une desdites terres entiere (*e*), en recompensant (*f*) ses coheritiers d'autres heritages de ladite succession, de pareille nature & valeur (*g*).

Du survivant

LXII. *Item*, Le survivant de deux nobles

a ART. 49. *tiendra la saisie.* Vermandois art. 205. & Châlons art. 206. *ubi dixi.* J. B.

b ART. 60. au prejudice du seigneur. *Nisi quantum ad primum annum per ea quæ dixi suprà.* §. 43. C. M.

c ART. 54. *quant aux fiefs* C'est à entendre, & estans dans l'enclave d'icelles chastellenies.

d ART. 61. *plusieurs terres & seigneuries.* Le sieur vicomte Pivard voulant retenir la terre de Gissenville sise en Vallois. . . . de la part de la dame Danneval, sur ce qu'elle a remonstré qu'il n'y avoit point d'autre terre en Vallois, & que la Coutume se devoit ainsi entendre, Arrest 27. May 1617. le sieur Vicomte debouté. T. C.

e *de pouvoir retenir l'une desdites terres entiere.* Sic pour le douaire *præstari debet in unâ re, l. 8.* au dig. *de alim. legate.* Anjou, 307. Nivernois, titre des Douaires, art. 14. *idem* du legs & de la legitime. T. C.

f en recompensant. *Non dicit*, dans quel temps la recompense doit estre offerte ; donc la faculté a lieu au moins jusques au partage après la majorité de l'aisné, comme j'ai traitté sur la Coutume de Paris, art. 13. verbo *en baillant recompense* : Et si pendant ce temps de l'indivision le puisné decede, il n'est deu aucun rachapt par l'aisné, qui estoit dans le temps de retenir le fief entier ; *maximè* si dans la succession il y a des heritages en roture suffisans pour recompenser la part du puisné decedé, que l'on peut dire n'avoir rien eu au fief : & par consequent il n'y a point de mutation par sa mort ; le fief entier ayant appartenu à l'aisné ; si ce n'est pas actuellement, du moins c'est par aptitude, faculté & puissance prochaine.

Cet article estant au cas de plusieurs fiefs, il n'a point lieu quand il n'y a qu'un seul fief dans l'estendue de la Coutume, comme il a esté jugé sur l'interpretation de ce mesme article ; par Arrest du 27. May 1617. pour la dame Danneval, remarqué par Tronçon sur l'article 13. de la Coutume de Paris, *verbo* recompense, *fine.* J. B.

g de pareille nature & valeur. *Hoc non solum habet locum sub hac consuetudine : sed etiam sub aliis officio judicum de quo in l. ad officium. C. communi dividun. in §. quod commodo. insti. de offic. judic.* C. M.

conjoints

de deux conjoints nobles. conjoints ensemble par mariage, prendra de son chef la moictié des conquests en proprieté, & jouira de l'autre moictié par usufruict sa vie durant; pourveu qu'il n'y ait enfans: & s'il y a enfans, jouira de ladite moictié par usufruict, tant & si longuement qu'il demourera en viduité seulement. Et quant aux meubles, se partiront egalement entre ledit survivant, & les heritiers du trespassé.

LXIII. *Item*, Quand aucun va de vie à trespas, delaissez plusieurs enfans ses heritiers, l'aisné peut relever tous les fiefs venus de sa succession, pour tous les autres freres & sœurs, (si iceux enfans le vouloient consentir) & ce pour la premiere fois tant seulement.

LXIV. *Item*, Là où ils ne le voudroient consentir, & voudroient tenir & relever, chacun pour telle part & portion qu'il seroit heritier desdits fiefs faire le peuvent, & ne les peut raisonnablement refuser le seigneur.

LXV. *Item*, Une femme non noble qui auroit esté conjoincte par mariage à un homme noble, après le trespas d'iceluy, jouira du privilege de noblesse durant le temps de sa viduité. *La veuve jouit de la noblesse de son feu mary.*

LXVI. *Item*, Aussi une femme noble qui auroit esté conjoincte par mariage avec un homme non noble, iceluy son mary allé de vie à trespas, elle jouist du privilege de noblesse tout autant & aussi avant, comme si elle n'avoit point esté conjoincte par mariage avec un homme non noble; mais neantmoins elle ne jouira pas de tous les conquests, comme elle eust peu faire, si sondit mary eust esté noble; ainçois en appartient la moictié aux heritiers de sondit mary plainement: & l'autre moictié à elle en pleine proprieté & de son chef.

De Gardiens & Baillistres.

Des gens nobles, & des charges dont ils sont tenus. LXVII. ITEM, Doresenavant, quand l'un de deux nobles conjoincts en mariage, va de vie à trespas, delaissé un ou plusieurs enfans mineurs, il est loisible au survivant, de prendre & accepter la garde noble desdits mineur ou mineurs; & en ce faisant, sera tenu faire inventaire de tous & chacuns les biens, tant meubles qu'immeubles, appartenans ausdits mineurs; desquels biens meubles & heritages feodaux ledit gardien jouira. Sçavoir est, desdits meubles, en usufruit simplement, pendant le temps qu'il se tiendra en viduité; lesquels meubles il sera tenu rendre, si-tost qu'il convolera en secondes nopces, desduits sur iceux les debtes deues par le defunct predecedé, ensemble les obseques & funerailles; & ce qu'il auroit frayé pour l'accomplissement du testament: Et quant aux heritages feodaux, en jouira pareillement par usufruict, durant ladite garde noble tant seulement, & tant qu'il se tiendra en viduité. Et en convolant en secondes nopces, sera tenu faire pourvoir de tuteurs & curateurs ausdits mineurs, ausquels tuteurs il rendra compte des fruicts desdits heritages feodaux, depuis le jour dudict second mariage contracté.

LXVIII. *Item*, Tel gardien noble sera tenu de nourrir, alimenter & faire instruire lesdits mineurs selon leur estat, qualité & condition; soustenir les procès, relever & droicturer les fiefs, entretenir les maisons en bon & suffisant estat; le tout sur les fruits desdicts heritages feodaux, si tant lesdicts fruicts se peuvent monter. Et là où lesdits fruicts ne pourroient suffire, se prendra sur lesdits meubles. Et aussi, si lesdits meubles ne peuvent suffire pour acquitter les debtes du premourant, obseques, obseques, funerailles, & accomplissement du testament, tel gardien noble sera tenu payer lesdites debtes, obseques & funerailles sur les fruicts & levées desdits heritages feodaux; sans ce que pour raison de ce, il puisse aucune chose demander, outre lesdits meubles, ausdits mineurs.

LXIX. *Item*, Et pour sçavoir en quel estat & reparations, seront les maisons & heritages appartenans ausdits mineurs, sera tenu ledit gardien, trois mois après qu'il aura accepté ladite garde, faire visiter par auctorité de Justice & gens à ce cognoissans, lesdites maisons & heritages; mesmement les bois de haute-fustaye, si aucuns en y a, & icelle visitation faire rapporter en jugement, pour estre signée & autenthiquée, afin de plus aisément cognoistre en quel estat il doit rendre lesdits heritages, ladicte garde finie.

LXX. *Item*, Tous gardiens nobles sont tenus accepter la garde de leurs mineurs en jugement.

LXXI. *Item*, Seront tenus lesdits gardiens dedans huictaine après ladicte acceptation faicte, commencer ledict inventaire: & ledict inventaire parfaict, commenceront à jouir des droits dessusdits appartenans à un gardien.

LXXII. *Item*, Doresnavant ayeul ou ayeule, ne pourront prendre la garde noble de leurs nepveux en ligne directe; ains pourront estre esleuz tuteurs (a) & curateurs, à la charge de rendre compte. *Ayeuls n'ont la garde, mais tutelle.*

LXXIII. *Item*, Aussi ne pourront frere ou sœur, n'autres parens collateraux, doresnavant prendre bail desdits mineurs, n'en vertu dudit bail faire aucuns fruicts leurs; ains pourront lesdits freres, & autres capables, estre esleuz tuteurs & curateurs desdits mineurs; à la charge de rendre compte & reliqua. *Collateraux n'ont le bail des mineurs.*

LXXIV. *Item*, Pere ou mere acceptans la garde noble de leurs enfans, ne sont tenus payer aucun rachat, des fiefs escheuz ausdits mineurs en ligne directe. *Gardien ne paye rachat.*

LXXV. *Item*, Et sont les enfans nobles reputez aagez, c'est à sçavoir les enfans masles à vingt ans & un jour, & les filles à quinze ans & un jour. Auquel aage ils sont mis hors de garde, & peuvent jouir comme majeurs de leurs droits; non pourtant aliener leurs biens immeubles. *Jusques à quel âge dure la garde noble.*

LXXVI. *Item*, Et quand aucunes personnes nobles mineurs, ont & leur appartiennent, à quelque tiltre que ce soit, heritages en censive, & qui ne sont pas nobles; en ce cas les gardiens sont tenus, en fin de la minorité desdits enfans nobles, rendre compte des fruicts & levées d'iceux heritages non nobles.

De Succession.

Le mort saisit le vif. LXXVII. LE mort saisist le vif son plus prochain heritier, habile à luy succeder. Et est notoire au Duché de Vallois, en telle maniere, que si aucun troubloit ou empeschoit l'heritier, en la succession qui luy seroit advenue, il se pourroit complaindre en matiere de nouvelleté, à l'encontre

(a) ART. 72. ains pourront estre esleuz tuteurs, *Hæc custodia, quasi tutela est*, T. C.

de celuy qui l'auroit troublé ; pourveu que la complainte soit intentée dedans l'an & jour du trouble.

De la succession des enfans decedez sans hoirs de leur corps.

LXXVIII. *Item*, Et si aucun a un ou plusieurs enfans, & l'un mouroit sans hoirs de son corps, les meubles & acquests dudit enfant mourant, appartiennent à ses pere & mere, ayeul ou ayeule, ou au survivant ; & les propres heritages dudit enfant, au plus prochain heritier dont sont venus lesdits heritages (*a*).

Charges de l'heritier des meubles.

LXXIX. *Item*, L'heritier des meubles & acquests, est tenu de payer les debtes personnelles, obseques, funerailles, & les laiz mobiliaires pour une fois. Et quant aux charges reelles, elles seront payées par l'heritier qui prendra les heritages chargez desdites rentes.

On ne peut être heritier & legataire.

LXXX. *Item*, Aucun ne peut estre heritier & legataire d'une mesme personne. Et au cas où il seroit heritier, & aucun laiz luy seroit fait par le testateur, il peut choisir & prendre le laiz, si bon luy semble, ou accepter sa part de la succession comme heritier, en renonçant audit laiz.

Le legataire n'est tenu de contribuer aux dettes du defunt.

LXXXI. *Item*, Et au cas qu'il se tiendroit au don ou laiz qui luy auroit esté fait, & ne se voudroit porter heritier, il ne seroit tenu de payer ou contribuer aux debtes, obseques & funerailles du trespassé.

Heritier ne peut être avantagé, soit en directe, soit en collaterale.

LXXXII. *Item*, Aucun, par la coustume de Vallois, ne peut advantager l'un de ses heritiers plus l'un que l'autre, tant en ligne directe que collaterale, qu'il ne soit tenu rapporter (*b*), ou moins prendre, s'il se veut porter pour heritier.

LXXXIII. *Item*, Et si aucun desdits heritiers estoit advantagé en heritage, ou autre chose immeuble, il ne sera tenu, en venant à la succession, rapporter les fruicts dudit heritage.

Ce qu'on peut leguer de ses propres.

LXXXIV. *Item*, Aucun ne peut par son testament disposer de son propre heritage (*c*), au prejudice de ses heritiers, sinon de la quinte partie ; de laquelle il peut disposer comme bon luy semble.

LXXXV. *Item*, Si un testateur laisse le quint de son propre à quelque personne, & ledit propre s'estend en plusieurs pieces, tel testateur peut assigner ledit quint sur une piece seulement dudit propre, jusques à la valeur dudit quint : & peut faire l'heritier le semblable (*d*).

Ce qu'on peut leguer de ses acquests.

LXXXVI. *Item*, Et des conquests qui auroient esté faits par deux personnes conjoints par mariage, l'un d'iceux peut donner, ou autrement disposer par son testament, à toutes personnes capables de la moitié de tous lesdits conquests & biens meubles ; & si peut faire semblable donation de ses acquests.

Representation.

LXXXVII. *Item*, Desormais representation aura lieu en ligne directe, *in infinitum*. Et quant à la ligne collaterale (*e*), jusques aux enfans des freres & sœurs inclusivement ; lesquels representeront leur pere ou mere, pour venir à la succession de leurs oncles ou tantes, & de leurs cousins ou cousines germains (*f*). Et se feront lesdites representations en telle prerogative, que feroient leur pere ou mere s'ils estoient vivans (*g*).

Du partage lors qu'il y a enfans de differens mariages.

LXXXVIII. *Item*, Si aucun a plusieurs enfans de plusieurs & diverses mariages, lesdits enfans partiront également à la succession de leurdit pere, tant en biens meubles, comme propres heritages ; sauf le droit d'ainesse, tel que dessus est dit ; & pareillement quand la mere a plusieurs enfans de divers mariages, ils luy succedent également en biens meubles & propres heritages, sauf aussi ledit droit d'ainesse.

Du partage tant en propres qu'acquests.

LXXXIX. *Item*, Freres & sœurs, supposé qu'ils ne soient que de pere ou de mere, succedent également avec les autres freres & sœurs de pere & de mere, en la succession de leur frere ou sœur, quant aux meubles & conquests immeubles ; excepté quant aux fiefs, esquels ne succederont les sœurs, s'il y a masle en mesme degré ; si ce n'est par representation. Et quant aux propres heritages, ils suivront le costé & ligne dont ils sont venus.

XC. *Item*, Et au regard des acquests, les enfans issus du mariage durant lequel iceux acquests auroient esté faits, prendront après la mort de leur pere ou mere : la moitié d'iceux acquests, à l'encontre du survivant de leur pere ou mere : Après le trespas duquel ils succederont à l'autre moitié desdits acquests, également avec les autres enfans descendans d'autre mariage.

Religieux en-

XCI. *Item*, Et selon ladite Coustume, tous reli-

---

a Art. 78. dont sont venus lesdits heritages. *Ergo etiam ad patrem vel avum*, s'ils en sont venus. C. M.

b Art. 82. *qu'il ne soit tenu de rapporter. Idem*, à l'égard du fils de l'heritier, *etiam*, en ligne collaterale, Arrest du 7. Septembre 1626. donné au rapport de M. en la Chambre des Enquestes, confirmatif de la sentence du Bailly de Vallois du 15. Decembre 1625. qui condamne Marguerite de Havenelles, femme de Pierre Thibault, rapporter à la succession de Christine de Havenelles sa sœur, ce qui avoit esté donné à Charles Thibault son fils, tant par donation entre-vifs, que par testament, ou moins prendre, Claude le Fevre & consorts, & ladite de Havenelles parties. *Vide not. mea*, Louet, *litt. D. num. 17. in principio.* J. B.

c Art. 84. de son propre heritage. *Vide infrà*, art. 173. J. B.

d Art. 85. & peut faire l'heritier le semblable. *Hac ultima clausula multum operatur : quia per eam hares habet electionem ipso jure, sed Parisiis vel alibi hares non habet hanc electionem jure prarogato, ut hic. Tamen hoc fieri potest arbitrio judicis, vel boni viri, ut in dicta l. ad officium. C. Commu. dividun.* C. M.

e Art. 87. *Et quant à la ligne collaterale.* Le Vest, Arrest 72. juge que des cousins germains succederoient par souches & non par testes ; Arrest du 18. Avril 1616. M. Arragon & Joly ; l'Arrest publié. Cet Arrest est donné suivant l'opinion de du Molin sur la Coutume de Mons, ch. 3. Mais mal, & l'opinion de du Molin, rejettée. *Chopin Paris lib. 2. tit. 5. num. 4.* T. C.

Voyez mon recueil d'Arrests liv. 1. ch. 9. Arrest 19. J. M. R.

f & de leurs cousins & cousines germains. *Hic extendit repræsentationem ad quartum gradum collateralium.* C. M.

En cette Coutume la succession d'un oncle commun entre cousins germains en pareil degré se partage par souches, & non par testes. *Molin. hic.* Arrest du 7. Avril 1562. autre du Lundy 18. Avril 1616. plaidans Arragon Jolly, entre du Chastel, & entre les Pavoisiens, & ordonné estre publié au siege de Vallois avec le precedent. La nouvelle Coutume de Paris y est contraire, art. 321. Ledit Arrest de 1562. est le 72. des Arrests de le Vest. Du Molin, Auvergne ch. 12. art. 9. *ubi dixi* ; ce qui a lieu tant en fiefs que roture. *Vide* Bouchel sur cet article & le 89. Au surplus on a soustenu que cet article se doit entendre *distributive & gradatim* ; en sorte que l'oncle, comme plus proche exclud le cousin germain du defunt, comme à Paris, suivant la disposition de droit, & les Arrests donnez aux autres Coutumes semblables. *Dixi* Chaalons, art. 82. Montfort, 103. Bourbonnois, art. 305. & en mon Commentaire sur la Coutume de Paris, art. 338. & que tel est l'usage du Bailliage de Vallois. Ces mots, *pour venir*, ne sont pas pour estendre la capacité de succeder par representation en collaterale au-delà des enfans des freres, jusques aux cousins germains du defunt, quand il y a des oncles ou tantes du defunt ; mais seulement pour regler la forme de succeder par souches, mesme entre les cousins germains du defunt qui viennent tous à la succession *jure suo*, & de leur chef. Et neantmoins le contraire a esté jugé en cette Coutume, & que les cousins germains succedent concurremment aux oncles ; par Arrest du Lundy 17. Fevrier 1653. M. le Premier President Molé seant, plaidans Lambin & Habert, conformément aux conclusions de M. l'Advocat general Bignon, Choc & du Mont parties plaidantes. J. B.

g leur pere ou mere s'ils estoient vivans. *Sed an in capita vel in stirpes, communis error post errorem Zasii invalescit quod in capita, & ultra ratiunculas Zasii in suis novis intellect. Pragmatici addunt aliam rationem, quia per antiquam consuetudinem nulla erat repræsentatio, Etiam in linea directa. Et sic contendunt non esse arguendum à communi opinione Accursii, quæ nunquam habuit locum sub his veteribus consuetudinibus. Sed nova consuetudo non dat repræsentationem, nisi in gradu inæquali, non autem in gradu æquali quam relinquit in jure vetusta consuetudinis ut dicunt. Sed valde errant, quia consuetudo est facta intuitu juris communis, cujus pars est communis opinio prudentum. Dixi in consuetud. Parisien. & in annotat. ad Alexand. cons. 55. lib. 4.* C. M.

clus de successions. gieux & religieuses profez, ne succedent à aucuns leurs parens, en quelque degré que ce soit, ne le monastere pour eux; ne pareillement leurs bastards.

Succession des ecclesiastiques. XCII. *Item*, Les parens & lignagers des Evesques & autres gens d'Eglise seculiers, leur succedent.

XCIII. *Item*, Un testateur ne pourra disposer de ses biens, à quelque personne que ce soit, au prejudice des legitimes deues à ses enfans.

De communauté entre mary & femme, & de tous ses effets. XCIV. *Item*, Mary & femme conjoints ensemble par mariage, sont communs en biens, du jour du mariage contracté en face de saincte Eglise (*a*); en telle maniere, qu'après le decez du premier mourant le survivant prend la moitié des biens meubles, & conquests immeubles, contre les heritiers du premier mourant, ausquels appartient l'autre moitié (*b*).

XCV. *Item*, Le mary, durant & constant le mariage, est seigneur des meubles & conquests immeubles par luy faits durant & constant le mariage de luy & de sa femme; en telle maniere, qu'il les peut vendre, aliener & hypothequer, en faire & disposer par disposition faite entre vifs, à son plaisir & volonté, sans le consentement de sadite femme, à personne capable & sans fraude.

XCVI. *Item*, Le mary est seigneur des actions mobiliaires & possessoires, posé qu'elles procedassent du costé de la femme; & peut le mary agir seul, & desduire lesdits droits & actions en jugement, sans sadite femme.

XCVII. *Item*, Entre gens nobles, la femme survivant peut renoncer aux meubles & conquests immeubles à elle appartenans par le trespas de son mary, la chose entiere & avant que se immiscer; en quoy faisant, ne sera tenue des debtes, & aussi ne pourra accepter par usufruit, n'autrement, aucun droit sur l'autre moitié desdits meubles & conquests.

XCVIII. *Item*, Une femme estant en lien de mariage, ne se peut obliger sans le consentement de son mary; si elle n'est separée, ou marchande publicque; auquel cas, elle se peut obliger touchant le fait & dependances de ladite marchandise publicque. *De la femme étant en puissance de mary.*

XCIX. *Item*, Quand l'un des deux conjoints par mariage est obligé en quelque somme de deniers, soit devant le mariage ou durant iceluy, le creancier se pourra adresser à son obligé, ou aux heritiers de son obligé, pour la totalité de son deu, sans ce qu'il soit tenu poursuivre le mary ou la femme qui ne seroient obligez en telles debtes, soit par cedulle obligation ou autrement en quelque maniere que ce soit; & pourra celuy qui sera ainsi poursuivi, sommer celuy qui ne seroit obligé, & neantmoins devroit, par le moyen de la communauté contractée entre le mary & la femme, portion de ladite debte, & le contraindre à en faire payement, ou le desdommager.

C. *Item*, Homme & femme conjoints par mariage ensemble du consentement de leurs parens, sont reputez usans de leurs droits; mais toutesfois ne pourront vendre ou aliener leurs immeubles, sans decret ou auctorité de justice, jusques à aage parfaict, qui est de vingt-cinq ans complets. *L'âge parfait est de 25 ans complets.*

CI. *Item*, Si aucun habile à estre heritier d'un defunct, s'immisce en la succession d'iceluy defunct, & prend jusques à la valeur de cinq sols parisis des biens d'icelle succession, il est reputé heritier simple (*c*).

De Douaires.

De quand douaire est acquis. CII. ITEM, Toutes & quantesfois qu'un homme & femme sont conjoints par mariage, & ils ont couché ensemble, la femme a acquis droit de douaire, soit coustumier ou prefix.

Du douaire coutumier. CIII. *Item*, La femme pour son droit de douaire coustumier, après le trespas de son mary, prend & doit jouir sa vie durant de la moitié de tous les heritages, rentes (*d*) & revenues que son mary avoit au jour qu'il l'espousa, & pareillement de la moitié des heritages qui seroient venus & escheuz à sondit mary, par succession en ligne directe, durant & constant leur mariage.

Il saisit. CIV. *Item*, Le mary mort, la femme qui n'a esté douée que de douaire coustumier, se peut dire saisie, & à elle appartient la possession & saisine du douaire coustumier (sans ce qu'il luy soit baillé ne delivré par les heritiers de sondit mary) pour en jouir par elle tant que douaire aura lieu.

Du douaire prefix. CV. *Item*, Le mary peut douer sa femme de douaire prefix, lequel doit estre assigné, & n'a point de lieu, jusques à ce qu'il soit requis & demandé en jugement par la douagere (*e*), aux heritiers dudict mary.

Des charges dont est tenue la douairiere. CVI. *Item*, Toutes femmes douageres sont tenues de tenir & entretenir de closture, couverture & autres menues reparations, les edifices & autres heritages en bon & suffisant estat, lesquels luy sont baillez pour douaire coustumier ou prefix.

CVII. *Item*, Doresenavant, femme douée de douaire prefix, ne pourra demander douaire coustumier, s'il ne luy est permis par son traité de mariage.

CVIII. *Item*, Douaires coustumiers & prefix, sont propres heritages aux enfans venus du mariage de leur pere & mere.

Douaire propre aux enfans. CIX. *Item*, Le douaire d'une somme de deniers pour une fois, promis à une femme au traité de son mariage, n'est qu'à la vie de la femme tant seulement, s'il n'y a enfans nez & procréez du mariage; & doit tel douaire, après le trespas de la femme revenir aux heritiers du mary, s'il n'y a contract au contraire. *Viager à la femme, s'il n'y a stipulation contraire.*

CX. *Item*, Aucun ne peut estre heritier du pere & douager de la mere; mais en acceptant la succession du pere, la part & portion dudit douaire contingente audict acceptant, est confuse en ladicte succession à sa personne.

CXI. *Item*, Si un enfant advantagé par donation entre-vifs faite par son pere, renonce à la succession *On ne peut estre heritier & douairier ensemble.*

---

a ART. 94. en face de saincte Eglise. *Non ergo à die contractus clandestini, nisi in vim clausulæ expressæ contractus & non in vim consuetudinis.* C. M.

b *ausquels appartient l'autre moitié.* Bien que cette Coutume ne parle point de la continuation de communauté entre le survivant des conjoints par mariage, & les enfans mineurs, elle y a lieu suivant le droit commun de toute la France coustumiere; & l'usage de la province est comme en celle de Senlis, voisine, qu'un inventaire defectueux fait sans legitime contradicteur ou tuteur subrogé, affirmation & closture ne suffit pas pour la dissolution de la communauté, qui demeure continuée nonobstant iceluy, par les raisons, authoritez, & Arrests que j'ai remarquez sur M. Louet, *litt. C. num.* 30. où est cotté l'Arrest du 15. Mars 1653. donné en cette Coutume au rapport de M. Anjorrant, en la premiere des Enquestes, les autres consultées qui l'a ainsi jugé, Foucquet & Foucault parties. J. B.

c ART. 101. *il est reputé heritier simple.* Senlis, art. 150. *ubi dixi.* J. B.

d ART. 103. *de la moitié de tous les heritages, &c.* Ce qui ne comprend point l'office, sinon subsidiairement en defaut d'heritages & rentes. *Dixi ad Loetium, litt. D. num.* 63. J. B.

e ART. 105. *douagere.* Vaut autant que *douairiere.*

de sondit pere, pour prendre le douaire de sa mere, en ce cas il sera tenu de rapporter (a) entre ses freres & sœurs, l'advantage à luy fait par sondit pere.

Comment se partage le douaire entre les enfans.

CXII. *Item*, Le douaire en heritage noble, se partira entre les enfans renonçans à la succession du pere, en telle prerogative d'aisnesse (b) que seroit la succession du pere, si lesdits enfans se portoient heritiers dudit pere.

CXIII. *Item*, Si la femme estoit douée de douaire coustumier, sur heritages estans en fief tenus d'aucun seigneur, incontinent après le trespas du mary, les heritiers ou proprietaires seront tenus d'aller vers ledit seigneur ou seigneurs feodaux, relever (c) lesdits fief ou fiefs, & pour raison d'iceux en faire les foy & hommage, ou obtenir souffrance desdits seigneur ou seigneurs feodaux, afin que ladite femme puisse jouir & posseder de sondit douaire, après ce qu'ils en auront esté sommez par ladite veufve.

CXIV. *Item*, Si le pere va de vie à trespas delaissez plusieurs enfans, l'un desquels renonce à sa succession & accepte le douaire, & les autres se portent heritiers, celuy qui aura renoncé à ladite succession, n'aura audit douaire que telle part & portion, que si les autres (d) se fussent declarez douairiers & non heritiers.

CXV. *Item*, Si au precedent ou après le trespas de la mere, les enfans issus du mariage alloient de vie à trespas sans hoirs de leurs corps, leur pere vivant, en ce cas le douaire, soit prefix ou coustumier, sera estaint (e), & en demourera le pere proprietaire, comme il estoit au precedent la constitution dudict douaire; sans toutesfois faire prejudice à l'usufruict de la femme survivant sondit mary.

De Prescription & Possession.

De matiere de complainte.

CXVI. Quand aucun a jouy & possedé paisiblement, *non vi, non clam, nec precariò*, d'aucun heritage par an & jour, il a acquis la possession privilegiée; en telle maniere que s'il est troublé par aucun en sa possession, il luy loist & se peut complaindre en matiere de saisine & nouvelleté, à l'encontre de celuy qui ainsi l'a troublé, en dedans l'an & jour dudit trouble.

CXVII. *Item*, Un vassal est recevable à soy complaindre en cas de saisine & nouvelleté, pour raison de son fief & droits d'iceluy, à l'encontre de toutes personnes, pourveu qu'il n'y ait saisie, excepté contre son seigneur feodal, par lequel il n'auroit esté receu en foy & hommage, & où il auroit esté receu, seroit aussi recevable contre son seigneur feodal.

CXVIII. *Item*, Quand aucun a jouy & possedé aucune rente, ou autre droit incorporel, & iceux prins & perceuz sur aucun ou aucuns heritages, detenteurs & proprietaires d'iceux, paravant dix ans & depuis dix ans, & par la plus grande partie d'iceluy temps de dix ans, s'il est troublé ou empesché en la perception & joüissance de sesdits droits, il peut prendre & intenter le cas & poursuite de simple saisine, contre celuy ou ceux qui ainsi l'ont troublé, & requerir à l'encontre d'eux, estre remis en la joüissance & perception desdits droits, esquels il estoit auparavant ladite cessation (f).

De la prescription de 10 & 20. ans.

CXIX. *Item*, Quand aucun a jouy & possedé, par luy ou ses predecesseurs, par dix ans entre presens & vingt ans entre absens, aagez & non privilegiez, d'aucun heritage ou chose immeuble, à juste tiltre & de bonne-foy, il a acquis & gaigné le droit de la chose par prescription; excepté pour droit seigneurial, qui ne se prescrit point par le sujet contre son seigneur.

De la prescription de 30. ans.

CXX. *Item*, Quand aucun a jouy, usé & possedé d'aucun heritage par l'espace de trente ans continuellement, tant par luy que ses predecesseurs, franchement, publiquement & sans aucune inquietation, supposé qu'il ne face apparoir de tiltre, il a acquis prescription entre aagez & non privilegiez.

CXXI. *Item*, Toutes actions personnelles, sont prescrites par le cours & espace de trente ans, entre aagez & non privilegiez.

De prescription contre l'Eglise.

CXXII. *Item*, Prescription n'a point de lieu contre l'Eglise, sinon par l'espace de quarante ans.

CXXIII. *Item*, Si aucun a jouy & possedé aucun heritage à juste tiltre & de bonne-foy, tant par luy que ses predecesseurs, dont il a le droit & cause, franchement & sans inquietation d'aucune rente, par dix ans entre presens, & vingt ans entre absens, aagez & non privilegiez, il acquiert prescription d'icelle rente.

In urbanis servitutibus præscriptioni locus non est.

CXXIV. *Item*, En matiere de veues & esgouts, esviers & glassouers, prescription n'a point de lieu; tellement que par le long usage ou possession, qu'aucun en ait sur l'heritage d'autruy, il puisse acquerir prescription contre ne au prejudice d'iceluy, & ne luy en peut aucun droit estre acquis, si ce n'est par tiltre special, qui en feroit expresse mention.

CXXV. *Item*, Toute personne ayant mur joignant, sans moyen, à autruy heritage, ne peut en iceluy mur, faire, n'avoir fenestres ou veues sur iceluy heritage, au prejudice de son voisin: mais est tenu les faire du rez de terre, à la hauteur de neuf pieds, quant au premier estage; & quant aux autres estages, de sept pieds de haut; & garnir lesdites fenestres & veues suffisamment, de fer & voirre dormant.

CXXVI. *Item*, Et si aucun faisoit lesdites veues plus bas, & en autre maniere, il seroit contraint par justice, s'il en estoit poursuivy suffisamment, de les estouper & tenir en la hauteur dessusdite, nonobstant quelque espace de temps qu'il en eust usé autrement, s'il n'en avoit titre special.

CXXVII. *Item*, En mur moitoyen, on ne peut sans le consentement de celuy qui a part audit mur, faire fenestres, huisseries, ou autres choses semblables, au prejudice de celuy qui a part audit mur.

---

a Art. 111. *il sera tenu de rapporter.* Du Molin en son Commentaire manuscript, sur la Coutume de Paris, art. 137. n. 5. cite cet article, nonobstant lequel il tient, qu'aux autres Coutumes, le fils donataire renonçant à la succession de son pere, peut prendre sa part au douaire, *quia jure diverso, & à lege habet*; mais son opinion n'a point esté suivie, comme j'ai montré sur l'art. 252. de la nouvelle Coutume de Paris. J. B.

b Art. 112. prerogative d'aisnesse. *Hoc speciale hic. Sed in terminis consuetudinis Parisiensis habes antiquum arrestum* de Montmorancy, *quod in capita dividitur inter non heredes patris, quia capiunt jure contractus & non jure successionis.* C. M.

c Art. 113. relever. *Et consequenter relevium solvere, sed extra terminos hujus consuetudinis vide quæ scripsi in consuetud. Parisi.* §. 22. q. 47. C. M.

d Art. 114. *que si les autres*; c'est-à-dire, *qu'il auroit si les autres, &c.*

e Art. 115. sera estaint. *Et sic vivo patre non possunt de hoc disponere, ut dixi super consuet. Silvanectensi, art.* 177. C. M.

f Art. 118. cessation. *Alias*, vexation.

De Donations.

De donation mutuelle entre conjoints par mariage.

CXXVIII. ITEM, Homme & femme conjoints ensemble par mariage, estans en santé, peuvent & leur loist faire donation mutuelle l'un à l'autre egalement, de tous leurs biens meubles & conquests immeubles, faits durant & constant leur mariage, communs entr'eux, & qui seront trouvez à eux appartenir & estre communs entre eux, à l'heure du trespas du premier mourant desdits conjoints, pour en jouir par le survivivant d'iceux conjoints sa vie durant seulement, en baillant par luy caution suffisante de restituer lesdits biens après son trespas, pourveu qu'il n'y ait enfans.

CXXIX. *Item*, Un don mutuel de soy, ne saisist point.

CXXX. *Item*, Donner & retenir ne vaut; en telle maniere, que si aucun a donné son heritage simplement, ou pour cause, & le donataire n'en a esté saisi par le seigneur feodal ou censuel, ou n'en a pris apprehension de fait du vivant, vouloir & consentement de sondit donateur; en ce cas telle donation ne vaut, & ne suffiroit retention d'usufruict (*a*), constitution de precaire, ou autre ficte tradition.

De donation entre mariez, par forme de recompense de biens alienez.

CXXXI. *Item*, Homme & femme conjoints ensemble par mariage, constant & durant leurdit mariage, ne peuvent advantager l'un l'autre par donation faite entre-vifs, par testament ou ordonnance de derniere volonté, n'autrement, directement, n'obliquement (*b*), en quelque maniere que ce soit; sinon par don mutuel, comme dit est, fors & excepté qu'ils pourront donner l'un à l'autre par recompense (*c*), comme d'heritages vendus, grandes meliorations d'heritages par bastiment ou autrement, & au feur & raison du dommage & diminution de biens qu'auroit eu celuy à qui sera fait ledit don par recompense.

CXXXII. *Item*, Les heritages ou rentes qui sont donnez pour cause de nopces, sont propres heritages de ceux à qui ils sont donnez.

De la reduction des donations immenses.

CXXXIII. *Item*, Une personne usant de ses droits, peut donner entre-vifs à toute personne estrange, ou à un de ses enfans non venant à sa succession, telle part & portion qu'il luy plaira de ses biens, soient propres, acquests, conquests, ou meubles; & où au jour de son trespas, se trouveroit la donation immense, en sorte que la legitime ne fust entierement reservée à ses autres enfans, sera ladite donation desduit & deffalqué ce qui s'en faudra de ladite legitime, (eu regard aux biens donnez, & ceux dont mourra saisi le donateur) venant au profit des heritiers; & sera tel donataire, tenu restituer pour lesdites legitimes, ce qu'il se trouveroit deffaillir de ladite legitime; & à ce sont les choses données, du jour de la donation, hypothecquées.

CXXXIV. *Item*, Une femme se remariant en secondes nopces, ayant un ou plusieurs enfans naturels & legitimes, ne peut donner en faveur de mariage, n'autrement auparavant ledit mariage, à son futur espoux, n'aux enfans qu'a ledit futur espoux, plus que la tierce partie de ses immeubles (*d*).

De Retraict Lignager.

CXXXV. ITEM, Quand aucun vend aucun heritage à luy venu par succession, à personne estrange, iceluy heritage chet en retraict; & le peut retraire le lignager du vendeur du costé dont est venu ledit heritage, en faisant adjourner l'acheteur ou detenteur, en cas de retraict, en dedans l'an & jour, à compter du jour de l'ensaisinement ou infeodation de l'heritage vendu; les solennitez gardées, en tel cas requises.

Des formalitez qu'il faut garder en matiere de retrait lignager.

CXXXVI. *Item*, Par la Coustume du Duché de Vallois, en faisant le premier adjournement en matiere de retraict, est requis par la partie, à requeste de qui se fait ledit adjournement, ou procureur pour elle, faire les offres: c'est à sçavoir, bourse & deniers à descouvert, & à parfaire du pur sort & loyaux coustemens: & semblablement à chacune evocation de la cause qui se fait en jugement, jusques à contestation de cause inclusivement, sur peine de perdition de cause. Et si la partie defenderesse acquiesce à l'offre à luy faite, la partie demanderesse est tenue le rembourser dedans vingt-quatre heures après que le defendeur en matiere de retraict lignager aura accepté l'offre, & mis au greffe de la jurisdiction en laquelle il sera adjourné où sera la cause, ses lettres d'acquisition, affermé le contenu d'icelles estre veritable, partie presente où appellée.

CXXXVII. *Item*, Quand celuy qui est convenu & attrait (*e*) en matiere de retraict, obtient congé contre le retrayant, à faute de comparoir ou autrement, en quelque estat que la cause soit, en ce cas iceluy retrayant perd sa cause, & n'est plus recevable à intenter action de retraict; posé ores qu'il soit encores en dedans l'an & jour; toutesfois un autre lignager pourra intenter ledit retraict, s'il est dedans l'an & jour.

Le lignager peut retirer sur le seigneur de fief.

CXXXVIII. *Item*, Si aucun avoit vendu aucuns de ses propres heritages, à un qui ne seroit parent lignager du vendeur du costé & ligne dont seroient venus lesdits heritages, & le seigneur dont lesdits heritages seroient tenus & mouvans, avoit prins & retenu iceux heritages par puissance de fief, l'un des parens lignager du costé & ligne du vendeur, pourroit avoir iceux heritages par retraict, dedans l'an & jour de la retenue faite par ledit seigneur, comme s'il estoit encores ès mains de l'acheteur; en rendant les deniers que ledit seigneur en auroit payé, avec les ventes, vins, & droits seigneuriaux, en la maniere ci-dessus declarée.

CXXXIX. *Item*, Si aucuns lignagers du costé dont lesdits heritages ainsi vendus viennent, veulent

---

a ART. 130. *retention d'usufruict*. Particulier en cette Coutume; car ailleurs retention d'usufruict vaut tradition.

b ART. 131. *directement n'obliquement*. C'est-à-dire aux enfans du precedent mariage, par le conjoint qui n'en a point, suivant les Arrests que j'ai remarquez sur M. Louet, *litt. D. num.* 17. J. B.

Et ainsi le mary n'ayant enfans, ne peut donner aux enfans de sa femme; *aut è contra*. Divers Arrests ès Coutumes d'Orleans, Perche, Chartres, Chasteau-neuf en Thimerais, que j'ai remarquez. *Vide* Robert, liv. 2. ch. 13. & Paris, art. 276. & 283. T. C.

c *par recompense*. C'est pour.

d ART. 134. *plus que la tierce partie de ses immeubles*. Cela est corrigé par l'edit des secondes nopces. *Pontanus, Blois art.* 9. T. C.

e ART. 137. *& attrait*. C'est-à-dire, adjourné & defendeur.

recouvrer iceux, ils sont habiles & recevables à faire le retraict desdits heritages vendus, sans y garder priorité ne posteriorité de lignage. Et suffit que le retrayant soit de la ligne dont viennent lesdits heritages, en quelque maniere & degré de consanguinité que ce soit.

CXL. *Item*, Si aucun avoit baillé son propre heritage à rente, & à rachat, à tousjours ou à temps, à personne estrange, tel heritage pourra estre retraict par le lignager du costé & ligne dont ledit heritage est advenu audit bailleur, en rendent le sort principal du rachat de ladite rente, & loyaux cousts, par la maniere que dit est.

En quelles choses n'y a retrait.

CXLI. *Item*, En tous heritages qui sont baillez à cens, surcens, ou rentes non rachetables, n'y chet point de retraict : mais si lesdits cens, surcens, ou rentes, se vendent, ils cheent en retrait.

CXLII. *Item*, En eschange fait but à but sans soultes; & donations d'heritages, n'y chet point de retrait.

CXLIII. *Item*, En matiere d'eschange où il y a soulte; s'il n'y a soulte excedant, ou venant à equalité de valeur, de l'heritage baillé en contre-eschange, tellement que le contract participe autant, ou plus, de vendition que d'eschange; en ce cas, si ledit heritage estoit propre à cestuy qui auroit prins ladite soulte, tel heritage sera sujet à retraict pour ladite soulte, & pour la valeur dudit heritage baillé en contre eschange, selon la commune estimation d'icelui. Et où ledit contract participeroit plus d'eschange & de permutation, que de vendition, en ce cas, tel heritage propre ne cherra en retraict lignager.

Le retrait a lieu en choses vendues par decret.

CXLIV. *Item*, Quand aucuns heritages, cens & rentes, sont vendus par decret, qui cheent en retraict, celuy ou ceux qui sont du lignage dont viennent lesdits heritages, cens, ou rentes, les peuvent avoir par retraict, en payant le pur sort & loyaux coustemens.

Des fruits de l'heritage levez devant la demande en retrait.

CXLV. *Item*, Par ladite Coustume, quand aucun a acheté aucun heritage qui chet en retraict, les fruicts d'iceluy heritage par luy levez & perceuz auparavant l'adjournement, luy appartiennent, & jusques à l'offre faite de rembourser en temps deu, & n'est tenu d'en payer aucune chose. Neantmoins le retrayant payera le pur sort & loyaux coustemens, sans diminuer, pour raison desdits fruicts, aucune chose.

CXLVI. *Item*, En matiere de retraict lignager, les fruicts sont deuz au retrayant qui obtiendra, du jour de la consignation par luy faite auparavant litiscontestation; & si consignation n'y a, du jour de ladite contestation.

CXLVII. *Item*, Si celuy qui retraict, ou veut retraire, aucun heritage vendu, vouloit ledit heritage retraire en intention de le bailler à autres personnes estranges, en ce cas, il ne seroit recevable à faire ledit retraict; & est tenu de donner & prester le serment sur ce, si la partie, contre qui se fait la poursuite dudit retraict, le requiert.

CXLVIII. *Item*, Par ladite coustume, celuy qui achete aucun heritage qui chet en retraict, quand il est poursuivy audit cas de retraict par aucun lignager, il est tenu de montrer & exhiber les lettres de l'acquisition, & avec ce affermer du prix qu'il en auroit baillé, par-devant le Juge, partie presente ou appellée, comme dit est.

Le defendeur en retrait doit affirmer le prix de la vente.

CXLIX. *Item*, Quand aucun retraict aucun heritage, il n'est tenu de payer au seigneur dont ledit heritage est tenu & mouvant en fief ou en censive, aucuns droits seigneuriaux, pour raison dudit retraict par luy fait; pourveu qu'ils ayent esté payez par l'acquereur, sur lequel il fait ledit retraict. Et si ledit heritage estoit tenu en fief, sera tenu faire la foy & hommage, & payer le droit de chambellage.

CL. *Item*, Si le vendeur de son heritage, s'est d'iceluy dessaisi au profit d'un acheteur, & tel acheteur le revend, donne ou transporte à quelque autre personne, le retrayant lignager sera recevable, à soy adresser contre le premier acheteur, si bon luy semble, comme reputé pour possesseur dudit heritage; ou contre le second acheteur, en dedans l'an & jour de la premiere vendition, ou de la saisine sur ce faite; en rendant, comme dessus, le prix du principal achat, & tous loyaux coustemens de ladite premiere acquisition, tels que de raison.

De l'herita[ge] vendu à un li-gnager, & depuis revendu.

CLI. *Item*, Si aucun vend son propre heritage, à un sien parent lignager du costé & ligne dont iceluy heritage est venu & escheu à iceluy vendeur, & il advient que le dessusdit lignager, après qu'il aura jouy d'iceluy heritage ainsi à luy vendu, le revend à une autre personne estrange de ladite ligne; en ce cas, un parent du premier, ou second vendeur dudit costé & ligne, en dedans l'an d'icelle seconde vendition ou de la saisine, est recevable de l'avoir & demander ledit heritage par retraict: en remboursant le pur sort, & loyaux coustemens.

Du retrait mi-denier.

CLII. *Item*, Quand aucun heritage propre au vendeur, est acquis durant & constant le mariage de deux conjoints, dont l'un d'iceux est parent & lignager dudit vendeur du costé & ligne dont ledit heritage appartenoit audit vendeur, tel heritage ne gist en retraict durant & constant le mariage. Mais après le trespas de l'un desdits conjoints, la moitié dudit heritage gist en retraict, à l'encontre de celuy qui n'est lignager, ou de ses hoirs, s'ils ne sont lignagers dudit vendeur du costé & ligne dont l'heritage appartenoit à iceluy vendeur, dedans l'an & jour du trespas du premier mourant desdits conjoints (supposé qu'il y eust saisine ou infeodation prinse durant iceluy mariage) en rendant & payant par le retrayant, la moitié du sort principal, fraiz & loyaux coustemens.

Des repara[-]tions faites [en] chose sujette [à] retrait.

CLIII. *Item*, Si aucun a acquis d'un autre son propre heritage, comme maisons & autres edifices, & il advient, pendant l'an du retraict, que l'acheteur à son plaisir, & sans aucune necessité, y fait aucunes reparations, autres que pour l'entretenir en son estat; en ce cas, le retrayant desdites maisons comme lignager, n'est tenu rendre lesdites reparations, & ne sont reputées pour loyaux coustemens.

CLIV. *Item*, Et quant à terres ou vignes, si lesdits heritages ont esté, pendant l'an du retraict, labourez & ensemencez, & aussi lesdites vignes labourées, le retrayant sera tenu de rendre lesdits labours, semences, & amendemens necessaires: Et aussi il aura les fruicts & despouilles estans lors, & venus desdits labours sur lesdits heritages.

Des excès fai[ts] pendant le [re]trait.

CLV. *Item*, Et par ce est entendu, que là où tels acheteurs de propres heritages, feroient aucuns excez pendant ledit temps de retraict, comme de couper arbres portans fruicts, desmolir edifices, pescher viviers, couper bois autrement, qu'en temps deu, tels acheteurs, là où la chose est rendue par retraict, sont tenus de restitution, de la valeur des choses ainsi induement faites & prinses; & outre des dommages & interests, de la valeur qu'ils sont estimez par gens à ce cognoissans.

CLVI. *Item*, Heritage qui est eschangé à l'encontre d'un cheval, ou autre marchandise, chet en retraict; parce qu'avant que l'eschange empesche retraict, il est requis que les choses eschangées soient d'une mesme qualité, & que l'une des choses soit aussi bien immeuble que l'autre.

D'Hypothecque.

Hypotheque ne se divise point.

CLVII. ITEM, Selon la Coustume de Vallois, hypothecque a lieu ès Chastellenies dudit Vallois, laquelle hypothecque ne se divise point (*a*).

CLVIII. *Item*, Biens meubles n'ont point de suite par hypothecque (*b*).

CLIX. *Item*, Quand aucun prend heritage à rente, ou surcens, ou constitue aucune rente sur ses heritages, & à payer icelle rente ou surcens s'oblige avec tous ses biens, il loist au crediteur poursuir son droit d'hypothecque sur lequel heritage qu'il voudra; posé ores qu'il eust specialement obligé aucuns de ses heritages, sans ce qu'il soit tenu faire discussion de la speciale hypothecque.

CLX. *Item*, Et après le trespas de celuy qui auroit ainsi prins à surcens, ou rente, aucuns heritages, ou constitué rentes sur ses heritages & biens immeubles, le crediteur ou ses heritiers peuvent poursuir les heritiers du debteur, personnellement, pour telle part & portion qu'ils sont heritiers du trespassé. Et s'ils sont detenteurs des heritages chargez de ladite rente, il les peut poursuivre pour le tout, tant personnellement qu'hypothequairement, & ainsi les faire condamner; & faire declarer lesdits heritages, & chacune piece d'iceux pour le tout, affectez, hypothequez, & obligez à ladite rente.

CLXI. *Item*, Et pareillement si celuy qui auroit prins à rente ou surcens aucuns heritages, ou constitué rentes sur ses heritages, vend ou transporte aucune piece d'iceux, le crediteur peut poursuir le detenteur de l'heritage, & le faire condamner personnellement & hypothequairement pour tous les arrerages escheuz, depuis qu'il est detenteur dudit heritage; & pour les precedens hypothequairement tant seulement; & à payer ladite rente pour l'advenir, personnellement & hypothequairement pour le tout, tant & si longuement qu'il sera detenteur des heritages obligez & hypothequez: & loist audit crediteur de pouvoir faire vendre, si bon luy semble, l'une des pieces que mieux luy plaist, obligée en ladite rente, pour avoir payement des arrerages qui luy en seroient deuz, soit par hypothecque generale ou speciale; & sans ce qu'il soit tenu faire discussion de l'hypothecque speciale, si bon ne luy semble.

Qui a hypotheque speciale & generale, n'est tenu de discuter la speciale.

CLXII. *Item*, Et quand aucuns debteurs sont condamnez personnellement & hypothequairement à aucun crediteur, les heritiers dudit crediteur peuvent faire contraindre & executer lesdits debteurs, par vertu de ladite condamnation, aussi bien comme eust peu faire ledit crediteur. Et autant en pourra faire l'heritier du crediteur, en vertu d'un obligé passé sous seel royal ou authentique, au lieu là où il est authentiqué.

CLXIII. *Item*, Quand aucun achete rente sur des heritages, & depuis acqueste lesdits heritages sur lesquels la constitution de rente est faite; en ce cas ladite rente est confuse. Et semblablement si lesdits heritages demouroient vacquans, & le rentier se boutoit en iceux sans provision de justice, en les voulant dire siens à cause de sadite rente, en ce cas ladite rente est pareillement confuse; & ainsi en use l'on.

De la confusion de la rente.

CLXIV. *Item*, Et où tel acquesteur voudra renoncer à tel heritage ainsi chargé que dit est, & voudra retourner à son action qu'il avoit pour ladite rente, faire le pourra (nonobstant ladite confusion) en telle prerogative, droit & ordre qu'il estoit auparavant ladite confusion.

CLXV. *Item*, Quand un tiers detenteur d'aucun heritage, est poursuivy pour raison d'aucunes rentes, dont est chargé ledit heritage qui luy a esté vendu sans la charge de ladite rente, & dont il n'avoit eu cognoissance paravant ladite poursuite, après qu'il a sommé son garant, ou celuy qui luy a vendu & promis garantir ledit heritage, lequel luy defaut de garantie, ledit tiers detenteur ainsi poursuivy, paravant litiscontester, peut renoncer audit heritage; & en ce faisant, il n'est tenu de ladite rente & arrerages d'icelle; supposé mesme que les arrerages fussent & soient escheuz de son temps, & paravant ladite renonciation.

Du deguerpissement de l'heritag. par un tiers detenteur.

CLXVI. *Item*, Par ladite Coustume, les heritiers du trespassé sont tenus personnellement des faits, promesses, & obligations du defunct, pour telle part & portion qu'ils sont heritiers, & hypothequairement pour le tout, quand hypotheque y a.

CLXVII. *Item*, Une cedule privée deuement causée (*c*), qui porte promesse de payer, emporte hypothecque du jour de la confession d'icelle faite en jugement; & emporte garnison de main, ès mains du creancier, au profit duquel elle est recogneue, en baillant caution.

Cedule reconnue emporte hypotheque & garnison de main.

CLXVIII. *Item*, Si aucun proprietaire d'aucune chose immeuble, baille aucun heritage à ferme ou loyer, à aucunes années, & depuis ledit bail vend la proprieté sans parler dudit louage, tel acheteur, s'il ne luy plaist, ne tiendra rien dudit louage. Et neantmoins iceluy louager pourra poursuivir son bailleur à luy payer le dommage & interest qu'il peut avoir, à cause qu'il ne peut accomplir la jouissance dudit louage.

---

a ART. 157. *laquelle hypotheque ne se divise point.* Par l'Arrest d'ordre de la terre de Sapornay, donné en la grand' Chambre au rapport de M. C. le Clerc, sieur de Courcelles le 1. Mars 1631. sur ce que messire René de Vieux-Maisons poursuivant ledit ordre, avoit articulé par lettres, que en cette Coutume l'usage est, qu'après les rentes constituées, ensaisinées, viennent en ordre celles qui ne sont point ensaisinées, selon le privilege & ordre des hypotheques, & ensuite les obligations & autres debtes personnelles, encore qu'elles soient de datte anterieure ausdites rentes non ensaisinées: La Cour a ordonné qu'il seroit fait deux turbes dans les sieges de Crespy & Pierre-fons, du Bailliage de Vallois, sur l'usage des articles 10. 157. 159. 160. 161. & fait extrait du procès pour ce fait rapporté & communiqué à M. le Procureur general, estre ordonné ce qu'il appartiendroit, ce qui n'a point esté executé. Par l'Arrest d'ordre de la terre de Nery, située en cette Coutume, vendue & adjugée sur damoiselle Margueritte de Brachet, donnée en la Chambre de l'Edit, au rapport de M. Menardeau le 7. Septembre 1634. jugé que la sentence ou arrest de condamnation vaut ensaisinement pour l'hypotheque, non seulement à l'égard des rentes constituées, mais aussi des simples obligations; ce qui est ainsi rapporté en un acte de notorieté fait au siege de Crespy le 2. Janvier 1649. à la requeste des creanciers de messire François de Bethune, Comte d'Orval. *Voyez* M. Louet, *litt. H num. 25. ubi dixi.* J. B.

b ART. 158. *n'ont point de suite par hypotheque.* Vide suprà, art. 18. 19. & 26. *& infrà*, art. 188. & 189. J. M. R.

c ART. 167. *deuement causée. Idem* sur Clermont, art. 43. *ubi dixi.* J. B.

De Testamens.

CLXIX. ITEM, Institution d'heritier n'a point de lieu.

Du testament solennel.

CLXX. *Item*, Avant qu'un testament soit reputé solennel, il est requis qu'il soit escrit & signé de la main & seing manuel du testateur; ou signé de sa main, & à luy leu, & par luy entendu, en la presence de trois tesmoings; ou qu'il soit passé par-devant deux notaires; ou par-devant le Curé de sa parroisse, ou son vicaire general & en chef, & un notaire; ou dudit Curé, ou vicaire, & deux tesmoings, ou d'un notaire & deux tesmoings; ou de quatre tesmoings; iceux tesmoings idoines, suffisans, & non legataires dudit testateur; fors & excepté, entant que touche les legats pitoyables (*a*), obseques & funerailles dudit testateur; esquels toutesfois, & pour le moins, sera gardée la solennité de droit Canon (*b*).

Des executeurs testamentaires.

CLXXI. *Item*, Les executeurs du testament d'aucun defunct, sont saisis, dedans l'an & jour du trespas dudit defunct, des biens meubles demourez de son decez, pour l'accomplissement de son testament. Et où l'heritier voudroit requerir, que les meubles excedans l'execution du testament, outre ce qui seroit liquide, ou qui auroit prompte preuve, luy fussent delivrez, sera tenu iceluy heritier de bailler caution, de la valeur desdits biens meubles excedans: desquels biens il sera tenu satisfaire & payer les debtes du defunct, qui ne seroient liquides par ledit testament, & dont l'executeur ne seroit adverty; si le testateur n'avoit ordonné, que ses executeurs fussent saisis jusques à somme certaine seulement.

CLXXII. *Item*, Lesdits executeurs peuvent, & leur loist, faire la delivrance des laiz, contenus au testament duquel ils sont executeurs, au profit de celuy ou de ceux à qui ils sont faits; pour le regard des biens meubles, & sans les heritiers dudit defunct. Et quant aux biens immeubles, est requis que lesdits heritiers soyent appellez.

Du legataire des meubles, acquests & conquests.

CLXXIII. *Item*, Quand aucun testateur, par testament, fait laiz du residu de ses biens meubles (*c*), acquests & conquests, au profit d'aucun, tel acceptant ledit laiz, est tenu payer toutes debtes personnelles, & aussi d'acquitter ledit testament: Et si ledit testateur donne ou legue portion de ses biens par forme de quote, comme moitié, tiers, ou quart, tel acceptant ledit laiz sera tenu payer desdites debtes, obseques & funerailles, pour portion de ladite quote.

L'executeur doit faire faire inventaire.

CLXXIV. *Item*, L'executeur sera tenu faire inventaire, avant que s'immiscer ès biens meubles du defunct, sinon ès choses qui concernent l'enterrement, obseques & funerailles du defunct, & laiz pitoyables de prompte execution.

CLXXV. *Item*, L'an de l'execution du testament est utile, & ne doit courir contre celuy qui est empesché en l'execution dudit testament.

A qui appartient la connoissance de l'execution testamentaire.

CLXXVI. *Item*, Par ladite Coustume, le Roy par prevention (*d*), a la cognoissance des executions testamentaires par tout ledit Bailliage; & n'y a en ce cas, la Cour d'Eglise, ny autres, que voir ne que cognoistre.

De Rentes constituées & assignées sur Heritages.

Faculté de vendre & aliener.

CLXXVII. TOute franche personne, usant de ses droits, ayant le droit gouvernement & administration de ses biens, peut vendre, aliener, & constituer rentes sur ses heritages, tenus en fief, en censive, ou autre droit réel, d'aucun seigneur. Et telle vendition & constitution de rente, est bonne & vallable; posé ores qu'elle ne soit ensaisinée n'infeodée.

CLXXVIII. *Item*, Ladite rente ainsi vendue & constituée, à cours sur les heritages dudit vendeur ou constituant, quand ils sont tenus & possedez par ledit vendeur & constituant, ou ses heritiers, ou par un tiers detenteur; ou par le seigneur feodal, à tiltre particulier, autre que comme seigneur feodal; sinon que le seigneur feodal eust retenu l'heritage, par puissance de fief, de l'acheteur; auquel cas, sera ledit seigneur tenu de ladite rente.

Des charges du seigneur haut-justicier quand il apprehende les biens confisquez.

CLXXIX. *Item*, Quand aucuns biens, heritages, ou rentes, situez & assis en la haute justice d'aucun seigneur, sont dits & declarez confisquez; le haut justicier qui en vertu de ladite confiscation apprehendera les meubles, sera tenu de payer les debtes personnelles & pour une fois, du confisquant, si lesdits meubles sont suffisans, & jusques à la concurrence d'iceux: & lesdits meubles discutez, ledit haut justicier qui apprehendera les heritages ou rentes dudit confisquant, autrement que par felonnie, ou à faute d'homme, droits & devoirs non faits, sera tenu de payer le surplus, si tant iceux heritages se peuvent monter, & jusques à la concurrence d'iceux. Aussi sera tenu ledit haut justicier qui apprehendera lesdits meubles, payer les rentes constituées par le confisquant, non ensaisinées n'infeodées, ensemble les arrerages d'icelles, si tant lesdits meubles peuvent monter, & jusques à la concurrence d'iceux; sans ce que le creancier de telle rente se puist adresser sur les heritages confisquez, pour raison desdites rentes & arrerages; pourveu que ledit creancier de ladite rente non ensaisinée, n'infeodée, ait esté negligent, dedans quarante jours, à compter du jour de la constitution d'icelle, de soy faire ensaisiner ou infeoder.

a ART. 170. les legats pitoyables. *Et in quibus cessat suspicio suggestionis.* C. M.

b *de droit canon.* Par Arrest du 5. Avril 1672. il a esté jugé, que cette Coutume n'ayant pas reglé l'âge auquel on peut tester, il falloit avoir recours à la Coutume de Paris, & non à la disposition du Droit Romain. Et en consequence une disposition faite par le sieur de Mansun, âgé de vingt-deux ans seulement, de tout ce qu'il pouvoit leguer par la Coutume de Vallois, a esté reduite aux meubles & acquests. L'Arrest est rapporté au Journal du Palais, tome 1. C. B. R.

c ART. 173. *fait laiz du residu de ses biens meubles.* Quoique cet article ne fasse mention que des meubles & acquests, il ne s'ensuit pas qu'en cette Coutume on ne puisse pas disposer par testament du quint des propres, comme il est decidé *suprà*, art. 84. J. B.

Par l'article 84. ci-dessus, le testateur ne peut disposer que du quint de ses propres. T. C.

d ART. 176. le Roy, par prevention. *Vide not. mea* sur M. Louet, *litt. N. num.* 5. J. B.

Du

Du privilege de louage de Maisons.

Des termes de payer le louage de maison.

CLXXX. ITEM, Par la Coustume generale dudit Bailliage, les termes de payer les louages (a) des maisons, sont Pasques, sainct Jean, sainct Remy & Noël, ou de trois mois en trois mois, à commencer du jour du louage. Et peuvent estre contraints les conducteurs, de payer à chacun terme ledit louage, supposé qu'il n'en ait point esté parlé au contract.

Louage de maison est dette privilegiée.

CLXXXI. *Item*, Le louage de maison est privilegié, en telle maniere que le seigneur locateur peut proceder par voye d'execution, sur les biens du conducteur estans en ladite maison, & les faire vendre pour le louage de ladite maison; posé ores qu'il ne soit lié, obligé ou condamné expressement.

CLXXXII. *Item*, Le louage de maison est tellement privilegié, que le locateur est preferé à tous autres creanciers non privilegiez sur les bien trouvez en la maison louée.

Des Criées & Decret d'Heritages.

Ce que doit faire celui qui veut proceder par execution ou criées contre son debteur.

CLXXXIII. ITEM, Par ladite Coustume, auparavant qu'un crediteur puisse faire proceder par voye d'execution, criée ou subhastation des biens immeubles de son debteur, il est requis que tel crediteur ait condamnation de Juge comperant, à l'encontre de celuy contre lequel il veut proceder par execution & criées, ou lettres obligatoires sous le seel royal ou authentique, ès lieux où il sera authentiqué; cedule ou lettre privée du debteur, deuement recogneuz en Justice, & declarez executoires contre ledit debteur de son consentement ou par sentence de Juge competant par jugement contradictoire ou de contumace. Et si on vouloit faire criés & subhastations, à l'encontre de l'heritier de l'obligé ou condamné, il faut tousjours, & auparavant que ce pouvoir faire, que lesdites condemnations, obligations, cedules ou escriture privée, fussent declarées executoires, à l'encontre de l'heritier ou heritiers de l'obligé ou condamné, ses biens & heritages, ou de son consentement, ou par sentence contradictoire ou de contumace, & par Juge competant. Et en chacun desdits cas, paravant que venir ausdites criées, faut avoir fait commandement à l'obligé ou condamné, ou à leurs heritiers de payer le deu, ou fournir de biens meubles, sur lesquels se puisse faire l'execution pour ledit deu, & que le debteur ait esté de ce faire refusant ou delayant. Et lors, sans faire autre discussion de biens meubles, l'on peut proceder par criée & subhastation desdits immeubles dudit obligé ou condamné.

Le commandement doit preceder la saisie.

CLXXXIV. *Item*, Par ladite Coustume generale, en matiere de criées d'heritages situez audit Bailliage, quand un sergent veut commencer à proceder par execution sur le debteur ou condamné, il convient que tel sergent ait commission de Juge competant, en vertu de laquelle il face commandement à l'obligé ou condamné, parlant à sa personne ou à son domicile, qu'il paye au crediteur la somme par luy deue, ou qu'il baille biens meubles, valans la somme contenue audit commandement. Et à faute de ce obeir, peut ledit sergent sans autre discussion de biens meubles, saisir les heritages dont il veut faire criées, & icelles signifier au debteur, à sadite personne ou domicile. Ce fait, ledit sergent peut & doit faire quatre criées desdits heritages, continues & entretenues par quatre quinzaines; l'une & la premiere, au lieu où sont situez les heritages saisis, & la repeter au siege de la chastellenie, en laquelle lesdits heritages sont situez & assis, à jours de plaids ordinaires & iceux tenans; & les trois autres, audit lieu de la chastellenie, continues & entretenues par quatre quinzaines, mettre & affiger au portail de l'Eglise parochiale, en laquelle lesdits heritages sont situez & assis, & audit auditoire, un brevet de papier contenant ladite criée. Et sera tel sergent creu de l'affixion desdits brevets, par sa simple relation par escrit qu'il fera desdites criées & affiges, pourveu qu'il y ait deux records pour le moins.

CLXXXV. *Item*, Et où il adviendroit, que ladite quinzaine en laquelle se doivent continuer lesdites criées, escherroit en jour de feste, ou que pour aucune cause on ne plaidast ledit jour, telle quinzaine se continuera aux premiers plaids ordinaires suivans.

Des oppositions, & discussion d'icelles.

CLXXXVI. *Item*, Et lesdites criées ainsi faites, seront les opposans adjournez pardevant le Juge qui a decerné ladite commission, pour dire leurs causes d'opposition, ensemble ledit debteur, pour veoir proceder à la discussion desdites oppositions & adjudication desdites criées. Et où promptement se pourra faire la discussion des opposans, on y pourra proceder avant ladite adjudication. Autrement, ladite adjudication se fera, sauf à discuter desdites oppositions après ladite adjudication faite; sinon qu'il y eust opposition pour distraire, laquelle se decidera avant ladite adjudication; Au cas toutesfois, que le crediteur requist adjudication des heritages, contre lesquels n'est baillée opposition pour distraire, sera procedé à l'adjudication d'iceux, sauf à discuter comme dessus. Et neantmoins, pourra poursuivre l'adjudication des heritages pour lesquels y auroit opposition, afin de distraire, s'il n'est payé entierement de son deu.

Le seigneur feodal ou censuel se doit opposer aux criées pour les arrerages du cens & droits seigneuriaux.

CLXXXVII. *Item*, Audit cas de criées, il n'est requis que le seigneur ou seigneurs feodaux ou censuels, dont les heritages criez sont tenus & mouvans, s'opposent ou facent opposer, pour conservation de leurs cens, droits seigneuriaux, & redevances foncieres & anciennes pour l'adveuir; pour ce que sans opposition, leur droit est & sera conservé: mais s'il pretendoit, à cause d'iceux droits, aucuns arrerages, sera tenu pour iceux former opposition. Et quant aux autres ayans rentes ou autre droit sur iceux heritages, criez, il faut que les y pretendans droit s'opposent ausdites criées, auparavant l'adjudication du decret d'iceux heritages criez. Autrement, le decret d'iceux se pourroit adjuger, au plus offrant & dernier encherisseur: Lequel, après le decret adjugé, en jouiroit sans charge des redevances pretendues, & pour lesquelles opposition n'auroit esté formée paravant ladite adjudication de decret. Et suffist faire telles oppositions en parlant à la personne du sergent faisant lesdites criées, ou au Juge d'icelles ès mains du Greffier; auquel cas, seront tenus le signifier au poursuivant criées. Et après lesdites oppositions faites & formées, suffist faire les adjournemens en cette partie necessaires, parlant aux personnes des procureurs qui auroient fait lesdites oppositions. Et aupa-

a ART. 180. *les termes de payer les louages*, Melun, art. 185. *ubi dixi*. J. B.

ravant que proceder à l'adjudication du decret desdits heritages, il convient faire publier quinze jours paravant ladite adjudication, en jour de plaids, au siege où ledit decret se doit adjuger, que ledit decret se doit adjuger à ladite quinzaine.

L'ordre qui doit être gardé en la distribution des deniers procedans du decret.

CLXXXVIII. *Item*, Par ladite Coustume, la contribution ou distribution des deniers procedans des venditions & adjudications de decret desdits heritages criez & subhastez, se doit faire en la maniere qui s'ensuit. Premierement, les droits seigneuriaux, tels qui sont deuz par la Coustume, eu regard à la nature de la chose vendue. Et après iceux, les despens, frais, mises, faits pour icelles criées & subhastations par le poursuivant criées. Et après se doit faire la distribution desdits deniers aux opposans, selon la datte & priorité des charges réelles & hypothecques, dont tels heritages seront chargez. Et lesdites charges & hypotheques payées, les opposans pour debtes personnelles, viendront à la contribution au sold la livre, sans prerogative de priorité ou posteriorité (a).

CLXXXIX. *Item*, Et où ausdites criées y auroit plusieurs opposans pour rentes constituées (b), les creanciers de telles rentes constituées qui seroient les premiers infeodez ou ensaisinez, precederont à ladite distribution les autres non ensaisinez; combien que pour le regard de ladite constitution, ils fussent de posterieure datte; tellement qu'esdites rentes constituées entre les infeodez, on aura regard à la datte de l'infeodation ou saisine, & non pas de la constitution.

De l'apposition du seel au decret.

CXC. *Item*, Tous opposans sont recevables à s'opposer, jusques à ce que le decret soit seellé, & se doit faire l'apposition du seel à jour ordinaire, les plaids tenans, par le Juge qui fera l'adjudication desdits heritages, avant que se departir du siege, & incontinent après ladite adjudication.

CXCI. *Item*, Et celuy auquel tels heritages seront adjugez par decret, sera tenu fournir dedans huictaine, les deniers à quoy se monteront les encheres. Et à ce pourra estre contraint par emprisonnement & detention de sa personne, comme acheteur de biens de Justice.

CXCII. *Item*, Toute personne obligée par le corps souz le seel royal ou authentique au lieu où il est authentiqué, peut estre contraint par emprisonnement de sa personne, à payer la debte en laquelle il est ainsi obligé; pourveu que preallablement commandement luy ait esté fait de payer le contenu en ladite obligation, ou bailler biens meubles suffisans pour satisfaire de la debte. Et où il sera refusant ou delayant de ce faire, ne sera requis faire aucune discution de ses meubles, avant que l'emprisonner. Et idem des condamnez par corps.

De Respits.

En quelles lettres respit n'a lieu.

CXCIII. ITem, Un respit ne peut avoir lieu contre le deu d'aucun adjugé par sentence diffinitive ou contradictoire, louage de maison, arrerages de rentes (c), moison de grain, & debtes de mineurs contractez avec les mineurs ou leurs tuteurs durant leur minorité, service de varlets & chambrieres, peines de corps, & pour labours d'aucuns heritages.

Rubriche des diversitez des Chemins.

Quatre sortes de chemins communs.

CXCIV. PAr la Coustume dudit Bailliage, y a quatre manieres de chemins communs. Le premier nommé sentier, qui porte quatre pieds de largeur, & n'y doit l'on point mener de charrette.

CXCV. *Item*, Le second s'appelle carriere, & a huict pieds de largeur; & y peut l'on bien mener charrette l'une après l'autre, & bestiail en cordelle; & non autrement.

CXCVI. *Item*, Le tiers s'appelle voye, & contient seize pieds de large; & y peut l'on bien mener & chasser, sans arrester bestiail de ville à autre.

CXCVII. *Item*, Le quart se nomme chemin Royal, qui conduit de cité en cité, & doit contenir trente-six pieds de largeur en terre labourable; & en bois, quarante pieds, de douze poulces pour pied. Par lequel toutes marchandises & bestiaux peuvent estre menez, & eux y reposer. Et en iceluy, & autres chemins, se doivent recueillir les Travers accoustumez. Et sont lesdits chemins desdites mesures, sinon qu'ils fussent bournez d'ancienneté.

Ainsi signé, A. GUILLART, N. THIBAULT, L. RANGUEUL, G. JUVIN.

---

a ART. 188. *Vide suprà*, art. 157. & 158.

b ART. 189. *opposans pour rentes constituées*. Suprà, art. 89. J. B.

c ART. 193. *louage de maison*, *arrerages de rentes*, foncieres & de bail d'heritages, dont les arrerages tiennent lieu de fruits, & non des rentes constituées à prix d'argent. J. B.

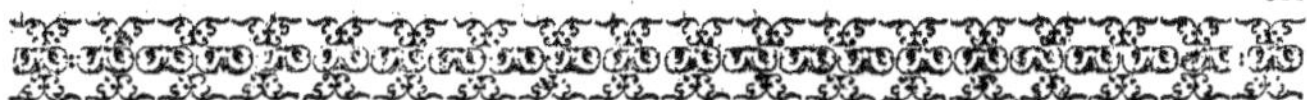

PROCÉS VERBAL.

LE Dimenche quatorziesme jour de Septembre l'an mil cinq cens trente-neuf, Nous André Guillart Conseiller du Roy notre Sire, Maistre des Requestes ordinaire de son hostel ; & Nicole Thibault aussi Conseiller & Procureur general dudit Seigneur, arrivasmes en la ville de Crespy en Vallois, pour faire publier & arrester les coustumes du Bailliage & Duché dudit Vallois. Et le lendemain seiziesme jour dudit mois, jour assigné pour commencer la reformation & publication desdites coustumes. Nous transportasmes en l'auditoire dudit Crespy, lieu preparé & ordonné pour faire ladite publication. Et pour proceder à icelle, feismes faire lecture par Gilles Juvin, greffier dudit bailliage, des Lettres Patentes du Roy notredit Seigneur, &c.

COMPARURENT pour reverend pere en Dieu Monseigneur l'Evesque de Senlis, Pierre de Sainct Gobert son procureur, fondé de lettres de procuration passées sous les seaux de Senlis, le neufiesme jour de Septembre audit an mil cinq cens trente-neuf, signées *Lourdel*. Lequel sainct Gobert, audit nom a declaré & soustenu, qu'iceluy reverend qui estoit seigneur, à cause de sondit Evesché, des terres, justices & seigneuries de Besmont, Boullant, Geresme, sainct Vuast, de Lauversine & saincte Luce, n'est, ne semblablement ses sujets & demourans esdits lieux, sujets ne responsables audit Duché de Vallois en quelque sorte & maniere que ce soit : mais sont lesdites terres, justices & seigneuries du bailliage & chastellenie de Senlis ; auquel lieu les coustumes ont esté & sont reformées. Et y est comparu ledit reverend, par ce non tenu de comparoir & assister à la reformation des coustumes dudit Duché de Vallois, protestant que lesdites presentation & comparoissance ne peust prejudicier audit reverend. Et par maistre Antoine Bataille Procureur du Roy audit bailliage, a esté dit au contraire, que les terres & seigneuries dessusdites sont enclavées dedans les fins & metes dudit bailliage de Vallois, sujettes ausdites coustumes, à raison de quoy ledit reverend est tenu comparoir en ladite reformation, faisant toutes protestations pertinentes au cas : parquoy ouy leur debat & differend, avons aux dessusdits, ce requerans octroyé acte de ce que dit est, & ordonné qu'il soit inseré en notre procès verbal. Furent aussi appellez & comparurent les religieux, Abbé & convent sainct Jean des Vignes lez-Soissons, par frere Simon le Vasseur, religieux & prevost de ladite Abbaye. Frere Philippe le Bel, Abbé de l'Eglise & Abbaye saincte Genevjefve au mont de Paris, pour la terre seigneurie de Marisy, saincte Genevjefve, & autres terres qu'il a audit Duché, par Jourdain Monard son procureur. Maistre Gilles de Conflans, Abbé de sainct Crespin en Chaye, seigneur de sainct Remy à Yvry, & de Brecy, pour ses terres de Lyonnal & autres, par Estienne de Bucy son procureur. Frere Athiot Bonnat, Abbé de l'Eglise & monastere Notre-Dame de Vallery, de l'ordre de Prémontré, diocése de Soissons, & le convent dudit lieu, par Nicolas de Bethisy leur procureur. Frere Antoine Claret, Abbé de l'Eglise & monastere Notre-Dame de Lieurestaure en personne. Frere Michel de Coupson, Abbé de l'Eglise & Abbaye sainct Yverd de Braine, par maistre Jean Greffin son procureur. Maistre Geoffroy le Noir, prestre vicaire general de maistre Pierre de Fouille, Abbé commandataire de Notre Dame de Vaulchrestien, par Hubert Trudelle son procureur. Maistre Guillaume Petit, prestre, Abbé commandataire de l'Eglise & Abbaye Notre-Dame de Chartreniere, de l'ordre de Premontré, par Jacques de la Bretesche son procureur. Les religieux, prieur claustral & convent de l'Abbaye sainct Pharon lez-Meaux, pour leurs seigneuries de Sennevieres en partie, la Granche, sainct Pharon & autres. Les religieux, Abbé & convent Notre-Dame de la Victoire, lez-Senlis. Les religieux, prieur & convent de Royallieu pour les fiefs qu'ils ont à Taillefontaine, la Croix sainct Oyen, Mercieres & autres lieux qu'ils ont audit Duché. Les religieuses, Abbesse & convent Notre-Dame d'Iverre à cause du fief qu'elles ont à Mailgen Meulcien, saincte Agathe lez-Crespy, & autres lieux situez audit Duché, par Ponce Juvin leur procureur. Les religieuses, Abbesse & convent de Morgueval de l'ordre de sainct Benoist. Les religieuses, Abbesse & convent de l'Eglise & monastere de Chelles saincte Baultour, pour leur terre & seigneurie de Rozieres, Coulomps & autres, par Marin Soupplet procureur desdits Morgueval & Chelles. Les religieuses, Abbesse & convent Notre-Dame du Parc aux dames, par domp Claude Verard, prestre, religieux & procureur de ladite Abbaye. Les religieux, prieur & convent de l'Eglise Notre-Dame de la Fontaine en Rest, de l'ordre Chartreuse, par ledit Juvin leur procureur. Les religieux, prieur & convent sainct Pierre au mont de Chartres, de l'ordre des Celestins, par Pierre Durant leur procureur. Frere Jean Coctier, prestre, prieur de Pierrefons. Domp Denis Rapouel, prestre religieux, bachelier en Theologie, prieur de la Croix S. Oyen. Frere Medard le Dieu, prestre prieur de Nadon & de Rivecourt en personne. Maistre Nicole Charpentier, prestre, bachelier en decret, prieur de sainct Remy au mont de Nully, par Jean Gaulthier son procureur. Frere François de Sericourt, prestre religieux, prieur de Rouvres. Frere Jacques Mathieu, prestre religieux, prieur de la Magdalene de la Ferté-Milon, par Ponce Juvin leur procureur. Maistre Adrian Trudelle, prestre, prieur de Betz, par Hubert Trudelle son procureur. Messire Jean Tempeste, prestre religieux, prieur de sainct Voulgis de ladite Ferté. Frere Nicole Truchet, prestre religieux, prieur de Marisy saincte Genevjefve, par frere Nicole Judas, prestre, leur procureur. Frere Thibault, Pelisse prestre, prieur de sainct Vuast de la Ferté-Milon, par ledit Judas. Maistre Vital Flocquer, prestre, prieur & seigneur de Notre-Dame de Vernelles, par Loys Soupplet son procureur. Messire Simon Jehannotin, prestre religieux, prieur d'Oulchie le Chastel, par Estienne de Bussy son procureur. Messire Gilles de Hangest, prestre, prieur de sainct Adrian de Bethisy, par Macé Boucher son procureur. Frere Claude Channeau, prestre religieux, ministre de l'Eglise sainct Nicolas de Verberie, par Jean Gontier son procureur. Les doyen, chanoines & chapitre Notre-Dame de Senlis, pour leur fief & terres de Fresnoy lez-Luat, Verrines, Bazauches & autres, par Nicolas Harsent leur procureur. Les doyen, chanoines & chapitre de sainct Frambould de Senlis, par Pierre de sainct Gobert leur procureur fondé de lettres de procuration passées sous les seaux dudit chapitre, signées Hennequin, en datte du vendredy douziesme jour dudit mois de Septembre audit an, lequel sainct Gobert, audit nom, a dit & declaré que lesdits de chapitre estoient comparus devant nous au siege dudit bailliage de Senlis, tant à cause de leur haute, moyenne & basse justice de Bonville, que d'autres à eux & leurdite Eglise appartenans, estoient du ressort du bailliage de

L'ETAT DE L'EGLISE ou Clergé.

Senlis, mesmes ledit lieu de Bonville où ils avoient toute justice haute, moyenne & basse, ainsi qu'il seroit prouvé tant par lettres, tesmoings qu'autrement deuement. Pour lesquelles sont comparuz & ont consenty l'emologation des coustumes faites audit Senlis, protestans que si l'on fait aucune chose au contraire de l'emologation faite des coustumes du bailliage de Senlis & ancien ressort d'iceluy, que ce ne puist prejudicier ausdits de chapitre, & d'en appeller, si mestier est. Par ledit Bataille Procureur du Roy a esté faite protestation contraire, disant ledit lieu de Bonville estre assis & situé audit bailliage de Vallois & prevosté foraine de Crespy, que lesdits de chapitre n'ont aucun droit de justice audict Bonville, ains appartient la haute, moyenne & basse justice dudit lieu au Roy notredit Seigneur, à cause de son Duché de Vallois, sont les habitans dudit Bonville tenus payer la taille rentiere de la voirie de Crespy, en laquelle par arrest de la Cour de Parlement ils ont esté condamnez. De ce que dit est, a ledit seigneur jouy de temps immemorial comme il sera verifié. Partant ledit Procureur à juste cause auroit fait appeller lesdits de chapitre, comme estans sujets dudit bailliage, à cause de ladite seigneurie, requerans par lesdites parties avoir acte de leursdites protestations, & que de ce en fust faicte mention en notre procès verbal. Ce qui leur a esté par nous accordé. Furent aussi appellez les doyen, chanoines & chapitre sainct Rieule de Senlis, qui comparurent par Hubert Trudelle leur procureur, à cause des terres qu'ils ont à Fresnoy la Riviere & autres lieux. Les doyen, chanoines & chapitre de l'Eglise collegial sainct Thomas de Crespy, par maistre Jean Bataille doyen de ladite Eglise. Les doyen, chanoines & chapitre sainct Gervais de Soissons pour leurs terres d'Ambligny, Chelles, Pontermy, Chony & autres, par Pierre Durant leur procureur. Les doyen, chanoines & chapitre sainct Estienne de Meaux, seigneurs de Boullerre, par Ponce Juvin leur procureur. Les prevost & chanoines de sainct Albin de Crespy, par maistre Thomas Harsent chanoine de ladite Eglise. Les doyen, chanoines & chapitre du Mont Notre-Dame, par Bauldry Dentart leur procureur. Les religieuses, prieure & convent de Coulmances, par messire Denys Constart prestre, leur procureur & receveur. Frere Paris du Gast, chevalier de l'ordre de sainct Jean de Hierusalem, commandeur de Mampas & du Mont de Soissons, seigneur d'Ambriez en partie, par Supplice Champion son procureur. Messire Denys Constart, prestre, doyen d'Acy. Messire Jean Molin, prestre, doyen de Viviers, curé de Mortefontaine. Messire Pierre Hochelde, prestre, curé & chanoine de sainct Thomas de Crespy. Frere Julian Lucas, curé de sainct Yves. Messire Albin de Villers, prestre, curé d'Uny. Messire Jean Brion, curé de Trumelly. Messire Hubert de l'Aulnoy, prestre, curé de Luat. Frere Nicole du Mont, prestre religieux, curé de Montigny. Frere Jean Haulterreur, prestre religieux, curé de Macquelines. Messire Antoine de Freschim, curé de Cuvergnon. Maistre Pierre Aubry, prestre, curé Deschaucuns. Messire Nicole Giller, curé de Fulames. Messire Jean Scellier, prestre religieux, curé d'Ancienville. Messire Renault Pelletier, prestre, curé de sainct Estienne. Maistre Antoine Maucroy prestre, curé de Pernant. Messire Robert Caron, prestre, curé d'Evreulx. Messire Jean Cheny, prestre, curé de Rozoy : & messire Guillaume Hodierne, prestre, curé de Noyant près Sesmont, en personnes. Maistre Martin Jehot, prestre, curé de Vassegny, par maistre Jean Greffin son procureur. Maistre Vital Flocquet, prestre, curé de Verberie, par Jean Gontier son procureur. Maistre Guillaume Rangueul, curé de saincte Agathe lez-Crespy, & sainct Supplice de Bethencourt, par messire Albin Billoeré son vicaire & procureur. Maistre Jean Moullart prestre, curé de Clengnes, par messire Denys Cheron son vicaire & procureur. Maistre Quiriace Sallebruche, curé de sainct Pierre de Bethisy, par Macé Boucher son procureur. Maistre Philippe Bienvenu, curé de Neufvechelles, par messire Jean Geron son procureur. Messire Thomas le Champion prestre, curé de Crennes. Messire Nicole Rousseau prestre, curé de Montgobert. Messire Jean Plateau prestre, curé de Tau. Maistre Pierre Marc, curé de Sapponnay. Messire Sebastien Hocquet prestre, curé de Soulcy. Maistre Pierre Hircambault, prestre, curé de Rouvres en Meulcien. Maistre Nicole, de Bluyn prestre, curé de l'Eglise de Mastz. Messire Nicole Comtesse prestre, curé de Croutoy. Maistre Simon Vuarnier, prestre, religieux, curé de Chauldun. Messire Charles Barbier, prestre religieux, curé de Nussy au Bois. Messire Pierre Remy, curé de l'Oistre. Maistre Secondin de Vainctures prestre, curé de Vix sur Aisne, par Pierre Durant leur procureur. Messire Thomas Pennesier, curé de Hattennes, par Philippe Chauderon son procureur. Messire Hugues Garet prestre, curé de Cramailles. Messire Robert Gaye, vicegerent de la cure de Roziers. Maistre Gilles Bivrette prestre, curé de Semont. Maistre Jean Payen prestre, curé d'Acy, par Ponce Juvin leur procureur. Maistre Eloy Gilbert, vicaire de la cure d'Ermentiers, par Bauldry Dentart son procureur. Frere Pasquier Balosse prestre, curé d'Oigny. Maistre Nicole Daverdon, curé de l'Eglise sainct Pierre de Charsy, & Chapelle sainct Nicolas de la Ferté-Milon, par Nicolas de Bethisy leur procureur. Messire Jean Evrard prestre, vicaire de la cure de Rozoy sainct Albin, par Estienne de Bussy son procureur. Messire Guillaume le Tellier prestre, curé de Parcy. Maistre Bertrand du Frere prestre, curé de Vauserre, par Estienne Boivin leur procureur. Maistre François Vatable prestre curé de Brumets, par Lyonnet Alexandre son procureur. Maistre Pierre Gouverauld prestre, curé de Nully sainct Fronc. Et messire Charles Herpont prestre, curé d'une des portions de Nully sainct Fronc, par messire Estienne de Serens leur vicaire. Maistre Pierre Cheviller prestre, curé de Drangny, par Jean de Maissonnacle son procureur. Messire Jean Cheron prestre, curé de Rouille : & maistre Adrien le Roy prestre, curé de Villers & Ormoy emmy les champs, par Marin Soupplet leur procureur. Maistre Fremin Fournier prestre, curé de Feigneux. Et frere Barthelemy du Vacle, prestre religieux, curé de Vaumoise en personnes.

L'ETAT DE NOBLESSE

COMPARURENT aussi nobles personnes, messire Henry de Lenoncourt, chevalier seigneur chastellain de Namptheul le Haudouyn, seigneur de Pacy, baillif de Victry, gentilhomme ordinaire de la chambre du Roy, son gouverneur & baillif de Vallois. Nobles hommes & sages maistres Angilbert Clausse, Conseiller du Roy en sa Cour de Parlement, seigneur de Nery en partie, Vaucelles, des francs fiefs de Namptheul, chastellain heredital de Bethisy ; & René Baillet, aussi Conseiller en ladite Cour, seigneur d'Eschaucuns & Boissy en Gombrie, en personnes. Charles de Roye, vicomte de Busancy, seigneur de Villers le Hellon en partie, de Laulnoy & des Crouttes, gentilhomme ordinaire de la chambre du Roy. Madame Guillemette de Sarrebruche, comtesse de Brayne, dame de Pontarcy, Neufchastel, Montagu, & la Ferté Gaucher, par messire Jean Greffin son procureur. Messire Antoine de Conflans, chevalier vicomte d'Oulchie le Chastel, seigneur du grand Mesnil & Rozoy, sainct Albin, par Estienne de Bussy son procureur. Messire Loys Juvenal des Ursins, vicomte de la Tournelle, seigneur d'Armentieres du Pas sainct Georges, Lengny la Granche Oyson, les Crouttes, Reocourt, la Jolie & Wale, par Baudry Dentart son procureur. Messire Edmar Nicolay, chevalier president en la chambre des Comptes à Paris, seigneur de Bournonville, Seilly la Poterie & Mareul, la Ferté, par Pierre Durant son procureur. Charles de Capendu, vicomte de Bursonnes : messire Adrian de Ligny, chevalier seigneur de Rary & Peroy : Jean de Sailly, seigneur de Hartennes : François de Gronsches, seigneur de Morcourt & du Luat, Jacques de Gronsches seigneur dudit lieu : Nicolas d'Ysambourg, seigneur en partie d'Ormoy emmy les champs : Charles Drouyn, seigneur de Damplieu : Nicolas de Rosny, & Jean de Hecques, seigneur par indivis de Vaumoise : Jean Berterand, seigneur de Montigny : Robert Caloix, seigneur de Demesville : Philippe du Thizac, seigneur de Pisseleu & Largny : Jean de Gonelieu, seigneur de Pernant : Pierre de Rosny, seigneur de la Villeneufve lez-Thoicy : Antoine de Chambon, Jean de Beauvais & Pierre de Grimonnal, seigneurs de Faverolles : René de Harlus, seigneur en partie du Plessier, chastellain : messire Jean Greffin, licencié ès loix, seigneur de Duny : François de la Granche, seigneur de Villemont : maistre Nicole Chappuiot, chappellain de la chappelle du Roy, fondée sur la porte de Pierresfons à Compiegne, seigneur de la haute justice de Roquemont : Hubert Trudelle, seigneur en partie de Rouille : Simon de Dargic, seigneur en partie de Villers le Hellon : Gerard Dathie, seigneur d'Orony : Hugues de Minthy, seigneur de Villers emmy les champs, & Sery en partie : Simon Poirée, aussi seigneur en partie dudit Sery : Vualeraud de Vaulx, seigneur de Puysieux : Jean de la Porte, seigneur de Ruys : Philippe de Villy, seigneur d'Anthilly : George de Villers, seigneur de Grunancourt : Adrian Costerel & Donne Caquerelle, seigneur de Bonneul en partie : Arthus le Pere, seigneur du fief de la Mothe, assis à Marolles : Jean Gorgeas, seigneur de Levignan : Gerard Gorgeas, seigneur de Camberonne : Pierre de sainct Gobert, seigneur de Fossemont : messire Thomas de Port, licencié en loix, seigneur de Roquemont : Claude de Meaux, seigneur de Douy la Ramée : François de Brisse, seigneur de Pierresfincte : Antoine le Riche, seigneur de Riviere : Robert de Moncy, seigneur de la Montagne : Antoine des Fossez, seigneur dudict lieu & de Haramonts : Nicolas le Jay, seigneur de Billy en partie : Jean de la Bouveraude, seigneur du fief appellé de Bussy, seant à Neufvecholles : Jean de Menehar, seigneur en partie de Fresnoy la Gonbrie : Guillaume de Bray escuyer, seigneur des Fossez près de Nully : Jean Citart, capitaine du Chastel de Nully : Jean de la Breresche, seigneur de Salsongne en partie : Nicolas de Trumelet, seigneur de Villeblan, & Brumets en partie : Antoine de Saintion, seigneur de Russy : & Robert de Ville, seigneur de l'Oistre en partie, tous presens en personnes. Georges du Serf, seigneur de Thoiry la Tournelle & Grand champ, par Pierre Joly son procureur : messire Pierre de Ligny, chevalier seigneur du Plessier lez-Oulchie, & Billy sur Outq en partie, par Estienne Boivin son procureur : Loys Romain, seigneur de Bets & du Chesnoy, près Anthilly : messire Antoine du Prat, chevalier seigneur du fief Lige, assis à Ary en partie : messire Guillaume de Caramin, chevalier seigneur de Drangny : damoiselle Loyse des Essarts, veufve de feu Jean d'Arbitre, dame en partie de Brumets, par Ponce Juvin leur procureur : messire Robert de Noue, chevalier seigneur du Plessier au Bois, & Villers en prairies : maistre Jean d'Arame, seigneur de Drucy & Trumelly, par Marin Soupplet leur procureur. Antoine de Vauldré, seigneur de Courtieux, Montigny, Langrin & la Vallée : Jacques Drouart, seigneur de Glengnes : maistre Jaques de Bryon, advocat en Parlement, à cause d'un fief seant audit Glengnes : Adrian de Mazencourt, seigneur en partie du Plessier chastellain : Charles d'Aumalle, seigneur du petit Autreval & Branches, tant en son nom que comme tuteur de Loys & François d'Aumalle ses nepveux, seigneurs & vicomtes du mont Notre-Dame : dame Jeanne de Sesseval, veufve de feu messire Jaques de Bossebecq, chevalier, dame d'Autreche, Chevillecourt & Poulandod : Lancelot Alnequin, seigneur du Chesnoy Marig : François Pinon, seigneur de Mortefontaine : Claude de Villers, seigneur de Chauldun : Robert de Hanlton, seigneur en partie de l'Oistre, par Pierre Durand leur procureur : François de Montigny, seigneur de Cramoiselles en partie : Antoine de Conflans, seigneur de Vieilsmaisons, Samponnay & Lengny, par Estienne de Bussy leur procureur : maistre Robert Antholne, seigneur de Varron & la Douye Gruyer, hereditál de Bethisy en la forest de Cuise : Hugues de Vaux, seigneur de sainct Yves, par Guillaume du Matz leur procureur : Pierre de Condé, seigneur de Linyer, par George de Condé son procureur : Loys de Voisdin, seigneur de la Tour d'Arcy en la campagne en personne : Simon de Vaulx, seigneur du fief de Montger, assis à Nonroy : dame Marguerite des Fossez, dame d'Oigny : frere Nicole Musnier, docteur en la faculté de decret, general des Mathurins à Paris, seigneur en partie de Brumetz, par Jourdain Monnart leur procureur : les Escolliers des Chollets de Paris, à cause de Ruys & autres terres qu'ils ont audit Duché, par Pierre Bonnart leur procureur : messire Nicolas l'Empereur, chevalier seigneur de Quincy, Villeneufve & Fresne, par Jean Vague son procureur : Claude d'Auquoy, seigneur de Salsongne en partie, & de Couverelle, par Antoine Bocquet son procureur : damoiselle Loyse de la Fontaine, veuve de feu Loys de Bruncamp, dame d'Ercuys, des fiefs de Tresson & sainct George, assis à Yvort, par Pharon Vereux son procureur : Nicolas de Bouffac, chevalier seigneur de Longueval & Vausserrée : Claude de Bouffac, escuyer seigneur de Caneron & Viclarcy : & Jean Drouart, seigneur de Vaulx lez-Nully, par Bauldry Dentart leur procureur.

COMPARURENT en outre, honorables personnes, ledit maistre Loys Rangueul, Lieutenant general audit bailliage de Vallois, Antoine Bataille, & Jaques Bataille, Procureur du Roy, maistre Jaques Rangueul, lieutenant particulier dudit baillif de Vallois, ès sieges de Crespy, Pierresfons & Bethisy, Claude de Sanevelles, grenetier & receveur des grains de Crespy, maistre Severin Heurtenier, lieutenant particulier dudit baillif au siege de Nully sainct Fronc : Jean Ozanne, lieutenant particulier au siege d'Oulchie le chastel, presens en personnes : maistre Simon Drouart, lieutenant particulier dudit baillif au siege de la Ferté-milon, par Ponce Juvin son procureur, Hugues Rigaudeau, prevost forain de Crespy : Robert Caignart, prevost de la ville de Crespy, maistre Nicole Crespin, licencié en loix, prevost de Pierresfons, Macé Boucher, prevost de Bethisy & Verberie : Pierre le Long, prevost de Nully sainct Fronc : Maistres Thomas de Port, Pierre du Vacle, Jean Marescheau licencié en loix, advocats audit bailliage : Athiot Hennequin, Esleu de Crespy : Marin Soupplet, Pierre Durant, Ponce Juvin, Jean Habert, Nicolas Harsent, Albin de sainct Omer, Hubert Trudelle, Antoine Chalippe, Nicolas de Bethisy, François Carrier & Gregoire Pelocque, procureurs audit bailliage de Vallois : Pierre Eurat, Soupplis Champion, praticiens au siege de Pierresfons, Gilles Marciller, Cesar de Varenflos, Guillaume du Mats, Jean Gontier, Jourdain Monnart, Pierre Joly, Miles Poignant, Estienne de Bussy, Jean Gaultier, & Baudry Dentart, procureurs & praticiens ès sieges particuliers dudit bailliage : Robert Caignart & Georges Bontemps, Gruyers de Vallois : Pierre Durant, Pierre Baudry, & Guillaume Boulenger, Eschevins & Gouverneurs de la ville de Crespy : Pierre Deschamps, argentier d'icelle, Albin le Myre, Jean Casteler, Pierre le Vieux, Albin de Bethisy, Jean Monnart, Nicolas Trecart, & Geoffroy Aubry, sergents à cheval audit Bailliage : Hierosme Chaisner, procureur & gouverneur de Nully sainct Fronc : Adrian Bourgeois & Guillaume

OFFICIERS DU ROY, Practiciens, & gens du tiers Estat.

Lombart, gouverneurs & eschevins de la ville de la Ferté-milon: Nicolas Remy, Argentier d'icelle: Denys Cramoisy, Antoine le Fevre, marchans, bourgeois de Crespy en personnes; Les manans & habitans de Cury, par Estienne de Bussy leur procureur: Les habitans de Saponnay & Trugny, par Pierre Durant leur procureur, & plusieurs autres habitans des villages dudit Duché, & autres personnes en grand nombre: A tous lesquels procureurs dessusnommez ordonnasmes mettre devers le greffe leurs lettres de procuration, en commandant au greffier les prendre & garder devers luy: Après lesquelles comparitions, le Procureur du Roy requist defaut contre ceux qui avoient esté adjournez, n'estoient comparuz, & ne s'estoient fait exonier; que luy avons octroyé, portant tel profit que de raison: En faisant laquelle protestation, s'est comparu pardevant nous ledit maistre Severin Heurtevin, lieutenant particulier à Nully sainct Fronc, dudit gouverneur & baillif de Valloys, par lequel fut remonstré pour les gens des trois Estats, & officiers du Roy, ès ressorts & chastellenies dudit Nully & Oulchie le chastel, que combien que lesdits ressorts & chastellenies, qui anciennement estoient sieges particuliers du bailliage de Victry, gouvernement de Champaigne & Brye, ayent de long temps esté adjoints avec les autres chastellenies de Vallois, en erigeant ledit Vallois en Duché: neantmoins sont tousjours lesdits ressorts & chastellenies d'Oulchie & Nully, avec les appartenances & appendances, demourez audit gouvernement de Champagne, & sous la coustume dudit bailliage de Victry. Et de faict, en procedant à la reformation & redaction des coustumes dudit bailliage de Victry, en l'an mil cinq cens & neuf, les gens des trois Estats, pareillement les officiers du Roy esdits ressorts & chastellenies, furent appellez, & comparurent pardevant feuz maistres Thibauld Baillet & Roger Barme, commis & deputez de par le Roy à ladite reformation & redaction. Et fut avec eux faite ladite reformation & redaction; ont tousjours depuis gardé & observé lesdites coustumes comme loy; & fait preuve d'icelles; quand les cas s'y sont offerts, par l'extraict des coustumes dudit bailliage de Victry, rapportées par lesdits commissaires, & publiées en la Cour de Parlement, & en ensuivant l'ordonnance d'icelle Cour; sans ce qu'ils se soient jamais reglez par les coustumes du bailliage de Vallois: lesquelles, pour la pluspart, sont contraires à celles dudit bailliage de Victry: Tendoit pour ces causes & autres par luy alleguées; à ce qu'il fust par nous dit, que lesdits ressorts & chastellenies d'Oulchie & Nully, demeureront esdites coustumes du bailliage de Victry, comme estans en l'ancien ressort d'iceluy, & comme comprinses en ladite reformation & redaction faite par lesdits Baillet & Barme commissaires; & qu'ils ne seront tenus eux regler & gouverner, par les coustumes dudit bailliage de Vallois. Par le Procureur du Roy audit bailliage fut dit au contraire, que les gens des trois Estats, officiers & habitans desdites chastellenies, sont du ressort dudit bailliage & duché de Vallois; par ce doivent tenir pareilles & semblables coustumes, que celles dudit bailliage; du moins doit estre dit, que lesdites coustumes des chastellenies d'Oulchie & Nully, seront joinctes avec les coustumes dudit Duché de Vallois, pour servir à l'advenir ce que de raison: Ledit Heurtevin, audit nom, a declaré, que lesdites Chastellenies d'Oulchie & Nully, sont comprinses sous le duché de Vallois, consentant observer le seel dudit bailliage; Et quant aux coustumes, dit pour les gens des trois Estats desdites chastellenies, qu'ils n'entendent & ne veulent tenir autres coustumes que celles dudit bailliage de Victry ja reformées, comme il a dict ci-dessus: Sur ce avons requis & demandé audit Procureur du Roy, si depuis vingt ans en çà, il a veu rapporter en turbe les coustumes desdites chastellenies d'Oulchie & Nully: Lequel sur ce a faict response, que depuis que lesdites coustumes avoient esté reduites & reformées avec celles de Victry en Parthois, il n'avoit veu rapporter aucune coustume en turbe, tant audit Oulchie que Nully, ains seulement lever du greffier, l'extraict des coustumes posées, & escritures des parties, & sur iceluy extraict se regler; attendu la reformation susdite. Auquel procureur avons remonstré, qu'attendu que jugement estoit assis sur la redaction desdites coustumes de Victry, du ressort duquel estoient anciennement lesdites chastellenies, que ne asserrions deux jugemens sur une mesme chose. Au par-dessus, avons ordonné que ledit Procureur du Roy aura acte de la declaration faicte par ledit Heurtevin, & que de ce ferions mention en notre procès verbal. Ce faict, aux dessusdits Abbez, Doyens, Prieurs, & autres de l'Estat Ecclesiastique, fismes mettre la main au pis, & aux autres, Nobles, du tiers Estat, fismes lever la main; lesquels firent serment de bien & loyaument conseiller, & dire verité, sur le faict des coustumes dudit Bailliage de Vallois, remonstrer & advertir ce qui seroit le plus utile, profitable, ou dommageable, au bien commun & utilité de la chose publique; Ce qu'ils promirent faire. Lors par ledit Gilles Juvin, greffier dudict bailliage de Vallois, en procedant à ladite publication, fismes faire lecture du cayer ancien desdites coustumes.

ET après lecture faicte du premier article du chapitre intitulé, *de justice*, contenant ce qui s'ensuit: *Justice est divisée en quatre manieres: c'est à sçavoir en haute, moyenne, basse & fonciere:* Avons remonstré aux gens desdits trois Estats, que justice ne se divisoit qu'en trois parties: A sçavoir en haute, moyenne & basse; que le seigneur foncier n'avoit aucuns officiers, estoit tenu de poursuivre son droict censuel, pardevant le juge ordinaire, & que frustratoirement ladite justice fonciere estoit couchée audit article; Et sur ce prins l'advis & opinion desdits Estats, avons corrigé ledit article, selon qu'il est contenu au premier article dudit cayer coustumier.

Sur le tiers article dudit chapitre de justice, après lecture faicte d'iceluy, noble homme & sage maistre Angilbert Clausse, conseiller dudit seigneur en la Cour de Parlement, seigneur en partie de Nery, en personne, a dit, qu'à cause de son fief de Nery, il est Chastelain heredital de Bethisy; à luy & autres seigneurs de Nery, seuls & pour le tout, appartiennent les espaves par toute la chastellenie de Bethisy, & sur les hauts justiciers d'icelle, en sont en bonne possession, mesmes en ont jouy, tant luy que ses predecesseurs, de tout temps & ancienneté. Protestant, qu'où on ne voudroit comprendre lesdits espaves, dedans ledit article, que ce ne luy peust prejudicier, n'à autres seigneurs dudit Nery. Semblablement messire Henry de Lenoncourt, chevalier, seigneur chaestllain de Nampteuil le Hauldouyn, a dit que lesdites espaves luy appartiennent audit lieu de Nampteuil; faisant pareilles protestations que dessus; requerans par les dessusdits, chacun en son regard, actes desdites protestations; ce qui leur a esté octroyé, & ordonné qu'icelles seroient inserées en notre procès verbal; & neantmoins, que ledit article demoureroit en l'estat qu'il est.

Et sur le quatriesme article dudit chapitre de justice, contenant. Item, *moyens justiciers ont cognoissance d'actions personnelles, & de delicts, jusqu'à soixante sols.* Après lecture faite dudit article, accordé pour ancienne coustume, comparut Ponce Juvin, au nom & comme procureur des venerables religieux, Prieur & convent de Notre-Dame de la Fontaine en Rests, dits de Bourfontaines, de l'ordre Chartreuze, lequel a declaré, que nonobstant ladite coustume, & que lesdits religieux n'ayent que moyenne justice en la riviere d'Ourq, neantmoins ils sont en possession immemorial, d'avoir toutes amendes criminelles & civiles, au dessus de soixante sols nerets (*a*), quelques grosses qu'elles soient, parce que le Roy Philippe, que Dieu absolve, leur donna toutes les amendes, ainsi que ledit seigneur les souloit prendre, auparavant qu'il leur donnast ladite riviere. A cette cause proteste ledit Juvin, que ladite coustume ne peust prejudicier ausdits religieux; requerant de ce lettres, & vouloir coucher en notre procès verbal ladite protestation. Par ledit Procureur du Roy fut dit au contraire, que lesdits religieux n'ont cognoissance sur ladite riviere d'Ourq, n'ès limites d'icelle, que des amendes de soixante sols nerets, à cause de leur moyenne justice, & que le Roy, en leur amortissant icelle, a retenu à soy la haute justice; & que la cognoissance des delicts commis sur ladite riviere, dont la punition excede lesdits soixante sols nerets appartient au Roy notre sire & ses officiers. Et ne participent en ce lesdits religieux, & n'ont aucun droict, ès amendes excedans lesdits soixante sols nerets, ains appartiennent au Roy notre dit seigneur; Et sur-ce avons ordonné que le dire desdites parties, seroit inseré en notre procès verbal, pour leur servir ce que de raison.

Et sur le cinquiesme article dudit chapitre, contenant. Item, *les bas justiciers ont cognoissance d'actions personnelles, & de delicts jusqu'à sept sols six deniers.* Ledit Ponce Juvin pour lesdits religieux de Bourg-Fontaine, a protesté, que ladite coustume ne peust prejudicier à iceux religieux; parce qu'au village de Sennevieres, où l'on dit lesdits religieux n'avoir que basse justice, ils ont accoustumé prendre amende jusqu'à soixante sols, & sept sols six deniers pour la petite amende; en sont en possession immemorial. Le Procureur du Roy disant au contraire, que lesdits religieux n'ont que basse justice audit lieu de Sennevieres; & ne peuvent prendre plus grande amende que de sept sols six deniers attendu que les habitans dudit lieu de Sennevieres, sont nuement de la prevosté foraine de Crespy: tenus respondre pardevant le Prevost forain dudit Crespy en toutes actions réelles, personnelles & de delict; & de ce en est le Roy notre sire en possession, mesmes de prendre les amendes sur lesdits habitans, excedans la somme de sept sols six deniers nerets, qui vallent quatre sols six deniers parisis; ausquelles parties avons octroyé acte de ce que dit est.

Sur le septiesme article dudit chapitre, contenant ce qui s'ensuit. Item, *ès Chastellenies & Prevostez de Crespy & la Ferté-milon, les amendes ordinaires sont de soixante sols nerets, & sept sols six deniers nerets, en la Prevosté de Bonneul, de soixante sols parisis, & sept sols six deniers parisis. En la Prevosté d'Acy, de soixante sols tournois, & de sept sols six deniers tournois qui sont deux Prevostez comprinses & estans dedans ladite Chastellenie de Crespy, & en la Chastellenie de Pierresfons, de soixante sols parisis, & de sept sols six deniers parisis, en la Chastellenie de Bethisy & Verberie, pareillement de soixante sols parisis, & de sept sols six deniers parisis. Et outre audit Verberie y a une petite amende de deux sols six deniers parisis, qui est deue par celuy qui prend delay de jour de conseil, & pour une prinse de bestes en dommage.* Sur-ce qu'il nous a esté remonstré par les Estats, que lesdits deux sols six deniers parisis d'amende, prins pour delay de conseil, estoit chose inique & usurpée, veu l'interest d'une partie qui ne se peut recorder, sans avoir quelque delay pour y penser, voir son papier journal, & autrement s'instruire de la verité du faict; requerant que ladite amende fust abolie, veu qu'en ce cas n'y a delict, ne quasi delict. Soustenu par le Procureur du Roy, que ladite amende devoit demourer, & que ledit seigneur en estoit en possession, après avoir eu deliberation de tous les trois Estats, qui concordablement ont esté d'advis d'oster & abolir ladite amende; nous avons dit & ordonné, que ladite amende sera abolie, & rayée dudit article, lequel article a esté corrigé, selon qu'il est contenu au cayer desdites coustumes.

Et quant au treiziesme article dudit cayer, premier article du chapitre de saisine & droicts fonciers & censuels, contenant; *Quand aucun a acheté quelque heritage, ou surcens, tenu d'aucun seigneur en censive, l'acheteur est tenu d'aller vers le seigneur dont l'heritage vendu est tenu & mouvant, pour estre par luy ensaisiné, & luy payer les ventes & droits qui luy en sont deuz, en dedans quarante jours, à compter du jour de l'achat, sur peine de soixante sols d'amende, pour les ventes recelées. Et doit l'acheteur audit seigneur pour lesdites ventes, seize deniers parisis pour chacun franc, & douze deniers tournois pour les vins, pour chacun franc aussi, & si doit avec ce audit seigneur, une paire de gants, pour la saisine. Et en ce faisant, luy doit ledit seigneur bailler lettres de la saisine, s'il les requiert en les payant, & n'en doit rien le vendeur desdites heritages.* Après la lecture dudit article, maistre Pierre du Barle, advocat audit bailliage, pour les gens du tiers Estat; auroit requis ledit article estre corrigé, disant qu'aucuns vins n'estoient deuz aux seigneurs, ains seulement seize deniers parisis pour chacun franc, pour les ventes: Maistre Jacques Rangueul, lieutenant particulier dudit Crespy, pour les nobles dudit Duché, insistant au contraire, disant que de tout temps & ancienneté, lesdits nobles ont jouy & possedé, des droicts de vins & ventes contenuz audit article, à sçavoir pour les ventes, seize deniers parisis; & douze deniers parisis, pour les vins, pour chacun franc: empeschant l'article estre corrigé: & qu'il doit estre mis douze deniers parisis, au lieu de douze deniers tournois, pour les vins. Et sur-ce prins l'opinion des assistans, veu la contrarieté d'iceux, avons par provision dit, que la Coustume qui est signée par les anciens practiciens, telle qu'elle est couchée ci-dessus, tiendra: & prendra le seigneur, pour les ventes, pour chacun franc, seize deniers parisis: pour les vins, douze deniers tournois: & pour sa paire de gants, estimez à deux sols parisis: & seront tenus les seigneurs de faire registre des saisines par eux faites: & neantmoins a esté adjousté audit article, selon qu'il est contenu en fin d'iceluy article.

Et quant au quinziesme article dudit chapitre, contenant. Item, *toutes & quantes-fois qu'aucunes personnes eschangent aucuns de leurs heritages, but à but sans soulte, les parties ne sont tenues d'aucunes ventes, & où il y auroit soultes, les parties sont tenues de payer ventes d'icelles, à la valeur des soultes.* Après lecture faite d'iceluy article, le procureur du Roy, audict Bailliage, a dit que les permutans & faisans eschange d'aucuns heritages, sont tenus payer ventes, sinon au cas que les heritages eschangez, fussent situez & assis en mesme bailliage. A cette cause requeroit qu'il fust adjousté audit article, *soubz un mesme bailliage*, pour eviter aux fraudes qui se peuvent commettre, par le moyen desdits eschanges. Les gens du tiers Estat soustenoient au contraire, que ledit article devoit demeurer en l'estat qu'il est posé, sans y adjouster aucune chose. Et pour eviter ausdites fraudes, sur ce prins l'advis & opinion des assistans, avons dit que ledit article demeurera comme ancienne Coustume, & adjousté l'article subsequent seiziesme article dudit cayer.

Au dixseptiesme article estant audit chapitre, contenant ce qui s'ensuit. Item, *quand aucuns heritages*

---

a *au dessus de soixante sols nerets.* Soixante sols nerets reviennent à quarante-cinq sols tournois.

sont baillez à surcens, les preneurs ne sont tenus d'eux en faire saisir, n'en payer aucun profit aux seigneurs dont ils sont tenus & mouvans. La raison si est, par ce que la proprieté & seigneurie directe, en demeure aux bailleurs. Par l'advis & deliberarion de tous ceux de l'assistance, a esté adjousté ce qui est escrit en fin dudit article, audit cayer accordé.

Au vingt-quatriesme article dudit cayer, contenant. Item, *si aucuns gens d'Eglise, Chapitres ou Convens, acquierent pour & au nom de leurs Eglises & Benefices, aucuns heritages tenus en fief ou censive, d'aucun seigneur haut justicier, moyen, bas, ou foncier, & ils sont sommez & denoncez suffisamment par lesdits seigneurs, ou l'un d'eux, de mettre iceux heritages hors de leurs mains: Lesdits gens d'Eglise, après lesdites sommations & denonciations à eux faites, sont tenus ainsi le faire, en dedans l'an & jour ensuivant, ou faire amortir iceux heritages, si faire se peut: autrement seroient lesdicts heritages acquis, aux seigneurs qui auroient fait lesdits commandements: parce que sans amortissement, les gens d'Eglise ne peuvent tenir lesdites heritages au prejudice du seigneur, plus d'an & jour.* Après la lecture dudit article, les gens d'Eglise assistans, ont dit que ledit article doit estre corrigé, entant qu'il dit qu'à faute de faire amortir les heritages par eux acquis, dedans l'an & jour après les sommations à eux faites, iceux heritages sont acquis aux seigneurs qui auroient faits lesdits commandemens: & devoit estre ladite clause rayée dudit article. Les Nobles & autres du tiers Estat disans au contraire, que ledit article devoit demeurer en l'estat qu'il estoit couché, comme ancienne coustume: Veu par nous la contrarieté des opinions sur ledit article, ordonnons que ladite coustume, ainsi qu'elle est couchée au cahier ancien, tiendra par provision: & neantmoins sur le differend des parties, avons icelles renvoyées à la Cour, pour en decider.

Quant au vingtiesme article dudit cayer ancien, contenant: Item, *Un qui achete aucuns heritages tenus & mouvans en censive d'aucun seigneur justicier, haut, moyen, bas, ou foncier, ayant sa seigneurie au ressort & souveraineté d'aucun prince, est tenu & doit prendre la saisine d'iceux heritages, du seigneur duquel ils sont d'ancienneté tenus & mouvans. Et ne suffiroit de la prendre du seigneur souverain, n'estoit que ledit seigneur direct, eust refusé sans cause, bailler ladite saisine audit acheteur, & ne seroit telle saisine valable.* Du consentement desdits trois Estats, avons ordonné que ledit article seroit rayé, & par l'advis & opinion d'iceux, adjousté le vingt-cinquiesme article escrit audit cayer coustumier, comme nouvelle coustume.

Au vingt-sixiesme article dudit cayer accordé, premier article des coustumes des fiefs, contenant ce qui s'ensuit: Item, *Quand aucun fief ou rente constituée qui est infeodée, sont vendus, le quint & requint denier sont deuz au seigneur dont l'heritage est tenu & mouvant, par l'acheteur dudit fief, ou heritage tenus en fief, ou rente infeodée.* Est ledit article demeuré, comme ancienne coustume: & par l'advis & opinion que dessus, a esté adjousté de nouvel, depuis ces mots, *& neantmoins*, jusques en fin dudit article, selon qu'il est contenu audit cayer.

Quant au trente-cinquiesme article selon la cotte ancienne, contenant: Item, *Quand l'acheteur dudit fief, ou d'aucun heritage tenu en fief, ou de rente infeodée, va devers le seigneur dont il est tenu & mouvant, pour en avoir infeodation: Ledit seigneur peut, si bon luy semble, prendre & retenir par puissance de fief, ledit fief & heritage, ou rente, ainsi vendus, pour le pris qu'ils auroient esté vendus.* Du consentement desdits trois Estats, avons ordonné que ledict article seroit rayé: & adjousté de nouvel, les vingt-sept, vingt-huit, vingt-neuf, trente, trente un, trente deux, trente-quatre, trente-cinq, trente-six, trente-sept, trente-huict, trente-neuf, quarante-un, quarante-quatre, quarante-six, quarante-sept, quarante-neuf, cinquante, cinquante-un, cinquante-trois, cinquante-quatre, cinquante-cinq & cinquante-sixiesme articles dudit cayer.

Quant au trente-huit & quarante-uniesme articles estans audit ancien cayer, contenant ce qui s'ensuit: Item, *Toutes & quantes fois qu'il y a mutation d'homme, reservé par mort de celuy qui dernierement a esté receu en foy. Ledict seigneur feodal peut faire saisir le fief tenu de luy, & faire les fruicts siens, incontinent après ledit saisissement, & jusques à ce qu'il ait homme, & qu'il ait payé ses droits & devoirs. Item, le seigneur feodal peut quarante jours après le trespas de son vassal, regaller le fief tenu de luy, & faire les fruicts siens, sans qu'il soit tenu faire saisir iceluy fief, si bon ne luy semble. Et pareillement quand le fief est ouvert, & qu'il y a mutation d'homme, par autre voye que par mort, le seigneur peut incontinent regaller ledit fief.* Du consentement des trois Estats, avons ordonné que lesdits articles seront rayez.

Quant au soixante-uniesme article au chapitre intitulé, *de succession en fief.* Avons ledit article, du consentement desdits Estats, adjousté audit cayer, comme nouvelle coustume.

Sur le cinquantiesme article selon la cotte ancienne, contenant: Item, *Par la coustume ancienne du bailliage de Vallois (excepté des chastellenies d'Oulchie & Nully sainct Fronc, qui sont regies selon la coustume du bailliage de Victry.) Entre gens nobles, le survivant de deux conjoints par mariage, emporte meubles, & acquests, posé qu'il y ait enfans.* Avons dit & remonstré à ceux desdits Estats, que ladite coustume estoit grandement prejudiciable à plusieurs enfans & mineurs; & estoit contraire à bonne raison & equité, favorisant en succession les enfans & descendans. A cette cause, fut par nous demandé aux gens d'Eglise, nobles, advocats, practiciens, & autres du tiers Estat, leur advis sur ce: Qui tous concordablement furent d'opinion, que ledit article devoit estre rayé, & mis hors dudit cayer, comme ancienne coustume; ce qui a esté fait. Et au lieu d'iceluy mis le soixante-deuxiesme article, accordé par lesdits Estats pour nouvelle Coustume.

Sur le cinquante-troisiesme article selon la cotte ancienne, estant audit chapitre de succession en fief, contenant. Item, *si lesdits enfans ensemble veulent tenir de leur frere, qui auroit relevé lesdits fief ou fiefs, du seigneur ou seigneurs, dont ils sont mouvans, faire le pourroient. Et est en leur option, de le tenir de leurdit frere, ou desdits seigneurs.* Par l'advis & deliberation desdits gens d'Eglise, nobles, & autres du tiers Estat, a esté ledit article rayé, & mis hors dudit cayer.

Quant au cinquante-sixiesme article dudit cayer, a esté accordé comme ancienne coustume: excepté depuis ces mots: *mais neantmoins*, & jusques en fin dudit article; qui a esté par l'advis & opinion des dessusdits, de nouvel adjousté.

Quant aux soixante six, cinquante-sept, & cinquante-huitiesme articles de l'ancien cayer, du chapitre intitulé, *de gardiens & baillistres*, contenant ce qui s'ensuit. Item, *quand l'un de deux conjoints nobles, va de vie à trespas, & delaisse un ou plusieurs enfans moindres d'ans, le survivant doit avoir la garde d'iceux enfans mineurs. Et à cette cause luy competent & appartiennent tous les biens meubles demeurez par le decez, & si fera tous les fruicts siens de tous les fiefs, durant la minorité d'iceux enfans; & par ce moyen est tenu de nourrir*

nourrir lesdits mineurs, entretenir leurs maisons, & payer les charges si aucunes en y a, ensemble les debtes, obseques & funerailles, & les rendre quittes de ce, ensemble du testament. Item, *Là ou le pere & mere desdits mineurs seroient allez de vie à trespas, l'ayeul ou ayeule, ou autre plus prochain en ligne directe, peut prendre la garde d'iceux mineurs par justice, par pareille condition que dit est en l'article precedent.* Item, *Et quand il n'y a aucun en ligne directe, qui puisse ou veuille avoir la garde desdits mineurs, le frere ou la sœur, ou autre plus prochain parent d'iceux mineurs en ligne collateral, peut avoir le bail & soy dire baillistre d'iceux mineurs. Au moyen duquel bail, il se doit mettre par inventaire ès biens meubles, & en doit rendre compte à iceux mineurs venuz en aage: mais il fait les fruicts de l'heritage siens, & n'est tenu d'en faire aucun compte. Aussi il doit nourrir & entretenir iceux mineurs, & leurs heritages, maisons & autres heritages, soustenir les procès à ses despens, durant le temps de ladite minorité, & les rendre quittes de toutes debtes, excepté des charges réelles:* Avons remonstré à ceux desdits Estats plusieurs raisons, par lesquelles sembloient, lesdits droicts donnez aux gardiens & baillistres, estre fort prejudiciables aux enfans mineurs. Et ce fait, avons demandé aux gens d'Eglise, Nobles, advocats, practiciens, & autres du tiers Estat, leur advis sur-ce. Qui tous concordablement furent d'opinion que lesdits articles devoient estre rayez, & mis hors dudit cayer. Ce qu'a esté fait. Et mis les soixante-sept, soixante-huict, soixante-neuf, soixante-onze, soixante-douze, soixante-treize, & soixante-quatorziesme articles contenuz audit cayer Coustumier, accordez par lesdits trois Estats pour nouvelles coustumes.

Quant au cinquante-neufiesme article dudit cayer ancien, contenant. Item, *Ceux qui sont en ligne directe, ayans garde de leurs enfans, ne sont tenus payer rachat des fiefs escheuz ausdits mineurs: mais ceux qui ont le bail desdits mineurs, doivent rachat des fiefs d'iceux mineurs.* A esté ledit article, par l'advis & deliberation des gens d'Eglise, Nobles, practiciens, & autres estans en ladite assistance, rayé, & mis hors dudit cayer, comme ancienne coustume; corrigée par le moyen dudit soixante-quatorziesme article de nouvel accordé.

Sur le soixante-quinzieme article dudit cayer, a esté par lesdits trois Estats, accordé comme ancienne coustume, excepté depuis ces mots. *Non pourtant*, jusques en fin dudit article, mis & adjousté de nouvel, du consentement desdits Estats. Après lecture faite dudit article, par Authoine de Sainction, escuyer, seigneur de Russy à ce present, a esté protesté que l'addition faite à la coustume dessusdite, ne luy peust nuire ne prejudicier, n'à damoiselle Loyse de Hecques sa femme: Par ce qu'il maintient, qu'au precedent ladite addition, luy & sa femme ayans atteint l'aage contenu en ladite Coustume, avoient peu vendre & aliener leurs heritages. Fut faite pareille protestation par Hugues de Mynthy, escuyer, seigneur de Villiers emmy les champs, tant pour luy que pour les enfans de defuncte Susanne de la Fontaine jadis sa femme, requerans respectivement, lettres desdites protestations; ce que leur avons octroyé.

Au soixante-dixhuictiesme article selon la cotte ancienne, contenant. Item, *Par la coustume generale qui a lieu en Vallois, representation n'a point de lieu, soit en ligne directe ou collateral.* Après plusieurs raisons & remonstrances faites sur le contenu audit article, par l'advis & opinion desdits Estats, a esté rayé, & accordé, que representation auroit lieu en ligne directe & collateral, comme il est couché au quatre-vingt-septiesme article desdites coustumes, accordez par lesdits estats comme nouvelle coustume.

Quant aux soixante-dix-neuf, quatre vingt-trois, quatre-vingt-cinq, quatre-vingt-neuf, quatre-vingt-douze, quatre-vingt-treize, quatre-vingt-quatorze, quatre-vingt-quinze, quatre-vingt-seize, quatre-vingt-dixsept, quatre-vingt-dix-huict, quatre-vingt-dix-neuf, cent, & cent uniesme articles dudit cayer au chapitre de succession, du consentement desdits trois estats, ont esté accordez pour nouvelles coustumes.

Sur le soixante-dix-septiesme article selon la cotte ancienne du chapitre intitulé *De Donaire*, contenant: Item, *Toutes femmes qui sont douées par leurs maris de donaire prefix, peuvent delaisser iceux, & prendre le donaire coustumier, si bon leur semble.* Par l'advis & opinion desdits estats, a esté cedit article rayé comme ancienne coustume, & mis le cent septiesme article, estant audit cayer coustumier pour nouvelle coustume. Oultre ont esté adjoustez les cent neuf, cent dix, cent onze, cent douze, cent treize, cent quatorze, & cent quinziesme articles dudit cayer accordé par lesdits estats pour nouvelles coustumes.

Quant aux cent dixsept, & cent vingtroisiesme articles dudit cayer, au titre *de prescription & possession*, ont esté adjoustez du consentement desdits gens d'Eglise, nobles, & autres du tiers estat comme nouvelles coustumes.

Et en lisant le chapitre, *De donations*, comparut en personne, maistre Pierre du Barle, advocat audit bailliage, lequel a protesté que ce qui seroit par nous fait sur la correction, addition ou diminution des coustumes contenues audit chapitre de donations, ne luy puist prejudicier n'aux droits à luy ja acquis par Antoinette Hannequin sa femme, pour raison desquels droits est procès pendant & indecis en la Cour de Parlement. Semblablement noble homme, Charles Drouyn, seigneur de Dampleu en personne, a fait pareille protestation que ce qui par nous seroit fait, adjousté ou diminué audit chapitre, ne luy peust prejudicier, & aux droicts par luy ja acquis, dont il y a procès au chastelet de Paris. Pareillement Marin Soupplet au nom & comme procureur de Pierre de Grimonnal, escuyer, seigneur en partie de Faverolles, a protesté que ladite reformation & correction desdites coustumes, mesmes dudit chapitre de donations, ne puist prejudicier audit escuyer pour l'advenir & droit ja par luy acquis, & dont procès est pendant & indecis pardevant le gouverneur & baillif de Vallois en son siege de Crespy, en demandant par luy *(a)*, alencontre de nobles personnes, maistre Jean Greffin, Robert de Nully, Gabriel du Sable, leurs femmes & autres leurs consors, defendeurs pour raison de certain lais testamentaire, ja pieçà fait audit de Grimmonnal, par defuncte damoiselle Alix de Fresne sa femme & ordonnance de derniere volonté d'icelle, pour lequel lais & donation est ledit procès intenté. Par ledit Greffin en personne & Jean Habert, procureur desdits defendeurs, fut protesté au contraire de faire invalider & annuller ladite donation, requerans par les dessusdits chacun en son regard leur vouloir bailler acte de ce que dit est, & inserer en nostre procès verbal; ce qui leur a esté accordé.

Au soixante-dix-neufiesme article, selon la cotte ancienne du chapitre *De Donations*, contenant: Item, *Don mutuel, fait entre le mary & la femme conjoincte, a lieu en Vallois, equalité gardée d'age, de faculté, chevance & santé corporelle, pourveu qu'il n'y ait enfans procreez de leur mariage, auquel cas ledit don mutuel ne tiendroit.* Après remonstrance par nous sur-ce faite, avons du consentement desdits trois Estats ordonné que ledit article seroit rayé comme ancienne coustume. Et par leur advis & deliberation adjoustez les cent vingt-huict, cent vingt-neuf, cent trente-un, cent trente-trois, & cent trente-quatriesme articles dudit cayer, comme nouvelles coustumes.

a *en demandant par luy.* C'est *entre luy demandeur d'une part.*

Quant au quatre-vingtiesme article, selon la cotte ancienne, contenant ce qui s'ensuit : Item, *Quand aucune personne donne aucun heritage ou autre chose, il est necessairement requis que le donateur se dessaisisse de la chose donnée, & la mette ès mains de celuy à qui il l'a ainsi donnée, autrement telle donation est nulle, parce que donner & retenir ne vaut.* A esté ledit article rayé du consentement desdits estats.

Sur le cent trentiesme article, a esté par lesdits estats accordé comme ancienne coustume, jusques à ces mots: *Et ne suffiroit retention*, de nouvel adjoustez du consentement desdits Estat.

Quant aux cent quarante, cent quarante-trois, cent quarante-six, cent cinquante, cent cinquante-un, cent cinquante-deux, cent cinquante trois, cent cinquante-quatre, cent cinquante-cinq, & cent cinquante-sixiesme articles dudit cayer, au chapitre intitulé, *De retraict lignager*, Avons par l'advis & deliberation desdits gens d'Eglise, nobles, & autres du tiers Estat adjoustez iceux comme nouvelles coustumes.

Quant au cent cinquante-huict, cent soixante-quatre, cent soixante-cinq, cent soixante-six, cent soixante-sept, & cent soixante-huictiesme articles dudit cayer au chapitre, *D'hypotheque*, Avons iceux adjoustez du consentement & advis desdits estats, comme nouvelles coustumes.

Sur le trente, & trente-troisiesme articles du cayer ancien, au chapitre intitulé, *Du privilege de louage de maisons*, contenant ce qui s'ensuit : Item, *Si aucun estoit tenu à un autre pour louage de maison qui est debte privilegiée, & le crediteur en prend obligation & donne terme de payer, il se depart du privilege, & fait sa debte commune, & telle qu'elle ne seroit pas payée avant autres debtes.* Item, *Les biens meubles trouvez en la maison louée, posé ores qu'ils ne soient ou appartiennent au conducteur, respondent pour le louage de ladite maison, à defaute d'autres biens appartenans au conducteur.* Et ont lieu lesdites coustumes contenuës en ce present article, & ès trois articles precedens, ès chastellenies & prevostez de Crespy, la Ferté milon, Pierres-fons, Bethisy & Verberie. Avons ausdits gens des trois Estats, remonstré que lesdites coustumes n'estoient raisonnables pour plusieurs causes & raisons par nous alleguées. Et sur-ce ouys lesdits estats & de leur consentement, Avons ordonné qu'iceux articles seront rayez.

Aussi par l'opinion de tous ceux de ladite assemblée, ont esté adjoustez audit cayer le chapitre, *De prevention*, accordé par les dessusdits comme ancienne coustume. Et si ont esté adjoustez les chapitres intitulez : *De testamens, de rentes constituées, de criées, respits, & de diversité de chemins*, selon les articles contenus esdits chapitres.

Lesquelles corrections, modifications ou additions du vouloir & consentement desdits Abbez, gens d'Eglise, nobles, conseillers, advocats, praticiens & autres du tiers Estat, ont esté faites comme dessus, pour servir & valoir ès questions & procès qui surviendront pour le temps advenir. Et après ladite publication, avons prins lesdites coustumes, pour les apporter en la Cour de Parlement, & en avons laissé un double, signé de nous commissaires dessusdits, & desdits lieutenant & greffier dudit bailliage. En faisant defenses ausdits lieutenant, officiers du Roy & autres advocats, praticiens & coustumiers dudit bailliage, que doresenavant pour la preuve desdites coustumes publiées comme dessus, ils ne facent aucune preuve par turbe ne tesmoins particuliers, mais seulement par l'extrait d'icelles, signé & deuement expedié. Et aussi de non alleguer ne poser autres coustumes, contraires ou desrogantes ausdites coustumes ainsi publiées & arrestées. Lesquels coustumes leur avons enjoint observer & garder, le tout suivant le contenu ès lettres de nostre commission & pouvoir à nous donné.

Ainsi signé, A. GUILLART. N. THIBAULT. L. RANGUEUL. G. JUVIN.

TABLE DES TITRES DES COUTUMES DE VALLOIS.

COUSTUMES GENERALES DES TERRES ET SEIGNEURIES DE SEDAN, JAMECTS, RAULCOURT, FLORENGES,

1568.

Et autres Terres Souveraines de Monsieur le Duc de Buillon.

HENRY-ROBERT DE LA MARCK (*a*), Duc de Buillon, Seigneur Souverain de Sedan, Jamects, Raulcourt, Florenges, Floranville, Messancourt, Longnes & le Saulcy, Chevalier de l'Ordre du Roy, Capitaine de Cinquante hommes-d'armes de ses Ordonnances, & des Suisses de sa garde, son Lieutenant general & Gouverneur en ses Pays & Duché de Normandie, à tous presens & advenir, Salut. COMME feu de bonne & louable memoire, nostre très-honoré Seigneur & Pere, voulant oster la confusion qui avoit esté au temps passé au faict de la Justice de ceste nostre ville de Sedan, villages, terres & Seigneuries qui en dependent, & y mettre quelque bon ordre & reiglement, eust en l'an mil cinq cens trente-neuf, par l'advis des Gens de son Conseil, faict recueillir & mettre par escript, plusieurs decisions & poincts de droict & pratique Judiciaire : Lesquelles à fin d'estre mieulx, & plus estroictement gardées, il eust fait rediger en forme d'Edicts & Ordonnances, qu'il auroit faict publier : Et lesquelles aussi nous avons depuis ensuyvies & approuvées comme bonnes, utiles & necessaires au bien public selon le temps. Toutesfois, (comme jamais il n'y a eu rien si ferme ny bien ordonné, que la malice des hommes n'ait osé renverser & corrompre, & sur tout la malignité des plaideurs, lesquels par subtilitez & cautelles exquises s'efforcent de destourner toutes choses de leur droict usage & vray sens, pour les tirer & faire servir à leurs mauvaises intentions : d'autre part, comme chacun aage ou saison de temps amene tousjours avec soy quelque changement de mœurs & nouvelle maniere de vivre, le plus souvent pire que la premiere :) Il est advenu par ce moyen, que lesdictes Constitutions en partie alterées, en partie mesprisées de nos subjects par la negligence de nos Officiers, ou autrement n'ont rapporté le fruict que nous en esperions : à sçavoir, une abolition entiere de procès & differends, ou pour le moins un retranchement & abbreviation d'iceulx : ains ont esté les procès autant ou plus frequents entre nosdicts subjects, & entretenus en tel train & longueur comme auparavant.

A QUOY voulans pourvoir, & desirans sur tout, après l'honneur & service de Dieu, que la Justice soit sincerement & saintement administrée à nosdicts subjects, & au plus grand soulagement d'iceulx : Il nous a semblé bon de faire revoir lesdites

a HENRY-ROBERT DE LA MARCK. Dans les précedentes éditions du Coutumier general la fin de ce Placard s'y trouve, mais le commencement n'y avoit pas été inseré. On l'a tiré de l'édition de Robert Estienne, de 1568. C. B. R.

Ordonnances avec les *Coustumes generales* de nosdites terres & seigneuries souveraines, par Maistres Claude Berziau, sieur de la Marsilliere, Conseiller du Roy en son grand Conseil, François de Lalouette, Bailly du Comté de Vertus, Advocat en la Cour de Parlement à Paris; Pierre Bergier; Pierre Pithou, sieur du fief de Chantaloe & de Savoye, aussi Advocats en ladite Cour; Gilles du Han, Bailly dudit Sedan; Claude de Marolles, Bailly de Jameċts; Pierre Raulet, sieur de Vittry-la-Ville, Procureur du Roy en l'Election de Chaalons; Nicole Beschefer Licencié ès loix, Advocat au siege & ressort de saincte Menehoust; Jehan Pailla, Lieutenant particulier au siege de Rethel; Michel Camart, Licencié ès droicts, Esleu pour le Roy en l'Election dudict Rhetel, & Procureur general au Comté de Rhetelois; Jehan du Cloux, Licencié ès loix, Bailly des terres souveraines de Chasteau-Regnauld; François Roussel, aussi Licencié ès loix, advocat au siege de Chaalons; Nicole Blondel, Procureur au siege Presidial de Rheims; & Pierre Margaine, aussi Procureur & Practicien au siege dudict Chaalons: à ceste fin assemblez de par nous, avec nos Officiers en ceste nostre ville de Sedan, pour nous donner advis sur ce qu'ils trouveroyent devoir estre corrigé, retranché, ou adjousté ausdictes *Ordonnances* & *Coustumes*, ou avoir besoing de plus ample declaration & interpretation. Ce qu'ils ont fait soigneusement suyvant la charge qu'ils en ont prinse, & le tout mis & reduict en un brief cayer & recueil par bon ordre, selon la suyte des matieres y contenues: tellement qu'à ceste fois nous estimons, avec l'aide de Dieu, avoir attainct le but de nostre intention, & esperons par ce moyen redresser & restablir entre nos subjects un estat politique, & reiglement de Justice, tel qu'il est à desirer ès Republiques & Seigneuries bien conduictes & gouvernées.

POURQUOY, ne voulans rien obmettre de ce qui peut advancer le bien public, & le repos & soulagement de nos subjects, l'affaire mis en deliberation, & le tout consideré diligemment en nostre Conseil, Avons par l'advis des Gens d'iceluy, des dessusnommez, & de plusieurs notables personnages des trois Estats de nosdictes terres & seigneuries, pour ce venus & assemblez de nostre ordonnance pardevant nous, en ceste nostre maison & Chastel de Sedan, Dict, statué, & ordonné, disons, statuons & ordonnons, par Edict perpetuel & irrevocable ce qui ensuit:

Ordonnances de Monsieur le Duc de Buillon pour le reiglement de la Justice de ses terres & seigneuries souveraines de Sedan, &c.

NOSQUELLES Constitutions & Ordonnances, voulons & entendons estre gardées & observées, non seulement en nosdictes Villes, villages, terres & seigneuries de Sedan: mais aussi en nos aultres terres souveraines de Buillon, Jameċts, Raulcourt, Florenges, & aultres. Et si emologons & auctorisons les *Coustumes generales* de nostredicte terre de Sedan, reveues, corrigées & augmentées, en la forme & maniere qu'il sera dict cy-après au cayer des Coustumes.

De la difference & qualité des Personnes.

ARTICLE PREMIER.

PAR la Coustume generale de Sedan, toutes personnes sont franches, & n'y en a aucunes de servile condition.

II. Enfans issus en loyal mariage de pere & mere nobles, ou de pere noble seulement, encores que la mere soit de roturiere condition, sont reputez nobles, & jouissent du privilege de noblesse: Au contraire s'ils sont issus de pere non noble, ores que leur mere soit noble, sont reputez non nobles.

III. Femme roturiere mariée à homme noble, jouist du privilege de noblesse, constant ledit mariage, & tant qu'elle demeure après en viduité; mais se remariant à homme roturier, elle retourne à sa premiere condition & y demeure, ores que puis après elle retourne par le decez dudit roturier en viduité.

IV. Si femme noble se marie à homme roturier, elle perd & ne jouist du privilege de noblesse, pendant ledit mariage; mais après le trespas de sondit mary, en faisant declaration pardevant le Juge; que de-là en avant elle veut & entend vivre noblement, elle jouit dudit privilege, pourveu que de rechef elle ne se remarie à homme roturier.

V. Fils & filles de famille sont en la puissance de leur pere, & n'en sortent qu'ils ne soient aagez de vingt ans, ou qu'ils ne soient mariez ou emancipez.

VI. Enfans de famille sont censez & reputez emancipez quand au veu & sceu de leurs pere & mere ils font & exercent à part negociation, estat ou charges publiques.

VII. Si quelque heritage est donné à fils ou fille de famille, les fruicts & profits dudit heritage appartiennent au pere, tant & si longuement qu'il a son enfant en sa puissance, & jusques à ce qu'il soit emancipé par luy, ou tenu pour emancipé, comme dit est, marié ou aagé de vingt ans: demeurant toutesfois la proprieté dudit heritage au donataire enfant de famille; Sinon que l'heritage fust donné à la charge & condition expresse, que lesdits fruicts & profits n'appartinssent au pere: auquel cas ledit heritage appartiendra audit donataire en proprieté & usufruit, sans ce que le pere y puisse pretendre aucune chose.

De la qualité & difference de Biens Meubles & Immeubles, Propres & Acquests.

VIII. Les fruits pendans par les racines sont reputez immeubles, & de pareille nature que le fonds.

IX. Toutesfois en successions & partages, les bleds & autres grains semez à fraiz communs, par le mary & la femme, sont reputez meubles; & se partiront comme meubles entre le survivant & les heritiers du predecedé.

X. Semblablement les grains procedans de moissons des censes & amodiations, seront partis comme meubles *pro rata* du temps, eu esgard au commencement du louage & bail à ferme, & au jour du trespas du predecedé, encores que le payement ne soit escheu, ny les grains recueillis.

XI. Les fruicts des terres, & de tous autres heritages baillez à ferme à louage à pris d'argent, seront reputez de pareille nature que dessus.

XII. Les fruicts des vignes, prez, arbres, & autres fruicts naturels en partages & successions, comme dessus, sont reputez meubles après le premier jour de May.

XIII. Le poisson mis en estang, vivier & fossez, après trois ans, est reputé meuble: autrement avant lesdits trois ans, de mesme nature que le fonds.

XIV. La glandée & paisson de bois de haute fustaye, après la my-Aoust, est reputée meuble.

XV. Et les bois taillis après quinze ans, à compter depuis la derniere coupe.

XVI. N'estoit que lesdits bois taillis eussent accoustumé d'estre couppez à moins de temps & années: auquel cas lesdits taillis sont reputez meubles après le temps escheu qu'ils ont accoustumé d'estre coupez.

XVII. Les deniers procedans de ventes de bois de haute fustaye, venduz pour estre coupez à plusieurs coupes & années, encores que les payemens ne soient escheuz à l'heure du trespas, de l'un ou de l'autre des conjoints, sont reputez meubles; pour estre partagez entre le survivant & les heritiers du premourant également.

XVIII. Toutes rentes constituées à pris d'argent, sont aussi reputées meubles, tant pour le regard du vendeur constituant, que de l'acheteur ou crediteur, & rachetables à tousjours, combien que par le contract de constitution elles soient dites & accordées perpetuelles.

XIX. Les constitutions de rentes de grains seront reduittes à deniers, si le vendeur le requiert, à la raison du denier douze du sort principal, tant pour les arrerages deuz, que pour l'advenir, sans aucune deduction ou repetition de ce qui auparavant aura esté payé.

XX. N'estoit que le contract se trouvast manifestement usuraire, auquel cas lesdits arrerages payez, seront imputez & precomptez sur le sort principal.

XXI. Et ne pourront les creanciers demander des arrerages de rentes constituées à prix d'argent, que des cinq dernieres années: n'estoit qu'il y eust sommation precedente, cedule, compte, obligation, ou autre recognoissance desdits arrerages.

XXII. Pour arrerages de rente, on ne pourra constituer nouvelle rente, & sera le contract de telle constitution declaré usuraire.

XXIII. Les pensions ou redevances de baux d'heritages faits à tousjours, ou autre plus long temps que de dix ans, ne seront reputez meubles avant les termes de payer escheuz.

XXIV. Toutes debtes personnelles deues par cedules, obligations ou autrement, sont reputées meubles, encores que le temps de payer ne soit escheu.

XXV. Tous utensiles de maisons, comme licts, chalicts, couches, tables, bancs, coffres, buffets & autres choses qui se peuvent mouvoir, & ne sont de leur nature ou usage, destinez pour demeurer perpetuellement en la maison où ils sont, & qui se peuvent transporter sans les corrompre, & endommager la maison, sont reputez meubles; ores que pour les tirer d'icelle maison, il convie les desassembler & rassembler pour les remettre en leur premiere forme.

XXVI. Et au regard des huys, portes, porches, fenestres, verrieres, plaquarts, taques de fer, & autres choses appropriées, attachées ou clouées, & qui ne se peuvent oster sans endommager la maison; ou que vray-semblablement y ont esté mises & apposées pour y demeurer à tousjours, sont reputez immeubles, & faire partie de ladite maison.

XXVII. Les artilleries, pouldres, souffre, salpestres, dagues, tarques, plombs, picqs, hoyaux, hacquebutes, boulets, hallebardes, picques, lances, arbalestes, & autres bastons & harnois de guerre, sacs, cordages, licts, laines & paillasses appropriez pour coucher les soldats, & autres munitions de guerre, estans ès maisons, places, chasteaux & forteresses destinez & servans à la defense & fortifications d'icelles, sont reputez immeubles, & de la nature du chasteau & maison forte où lesdites armes & munitions de guerre sont trouvez & appropriez.

XXVIII. Semblablement les lards, chairs sallées, bled, farine, vin, verjus, vinaigre, legumes, sel, suif, graisses, huiles, unguents, medicaments & autres vivres & provisions destinez, deposez & reservez pour la provision & fourniture desdits chasteaux & maison fortes, & pour la defense d'icelle, sont reputez immeubles, comme dessus; Sans toutesfois en ce comprendre les vivres pour la provision & train ordinaires desdites maisons qui demeureront meubles.

XXIX. Comme aussi lesdits harnois de guerre, hacquebutes, hallebardes, picqs, pouldres, salpestres & autres semblables especes trouvées en autres lieux que esdites maisons, chasteaux & ville pour la garde d'iceux, demeureront en leur nature de meubles: Sinon que lesdites especes fussent destinées & preparées pour mettre & servir ausdits chasteaux & forteresses, & pour leur garde.

XXX. Tous heritages & droicts immeubles advenuz par succession, donation faite en advancement d'hoirie, faveur de mariage, leg testamentaire, ou autre disposition, tant entre vifs que pour cause de mort, par ayeulx, ayeules, peres, meres ou autres ascendans à leurs fils, ou petits fils ou fille, ou autre descendant en ligne directe, seront reputez propres & naissans à celuy auquel telles choses sont ainsi advenues, données ou delaissées.

XXXI. Mesmement si les pere & mere, ayeul ou ayeule, donnent en mariage aucuns leurs heritages aux futurs conjoincts, ils seront reputez propres à l'enfant & heritier presumptif desdits donateurs; s'ils n'est expressement dict que ce soit pour sortir nature de conquests ausdits futurs conjoincts.

XXXII. Semblablement seront reputez propres & naissants les heritages ou droicts immeubles donnez par disposition entre-vifs, ou pour cause de mort, par autres parens collateraux, ausquels lesdits donataires ou legataires pouvoient succeder *ab intestat*, lors du contract, quant aux contracts faits entre vifs : ou à l'heure de la mort, quant aux testamens, ou donations à cause de mort.

XXXIII. L'heritage prins par eschange fait purement & sans soulte, sortit pareille nature à l'acquesteur que celuy qu'il a baillé en contre-eschange.

XXXIV. Et s'il y a soulte, l'heritage sera reputé acquest à celuy qui aura fait la soulte jusques à la concurrence d'icelle : & neantmoins pourra celuy auquel appartenoit l'heritage baillé en contre-eschange retenir pour le tout ce qui luy aura esté baillé, en remboursant l'autre des conjoincts, ou ses heritiers, pour la part à eux afferente des deniers de ladite soulte.

XXXV. Mais quant aux donations ou legs testamentaires faits aux heritiers presomptifs des donateurs, qui leur pourroient succeder *ab intestat*, à tiltre onereux : Comme de nourrir les donateurs, payer leurs debtes, ou autres charges : seront les choses ainsi données, reputées, acquests, jusques à la valeur & estimation desdites charges, & le pardessus, reputé propres ausdits donataires.

XXXVI. Tous heritages achetez de quelques personnes que ce soit, seront reputez acquests à l'acheteur.

XXXVII. Comme aussi les heritages donnez ou delaissez, tant par donation entre vifs, que les testamentaires, & autres dispositions faictes par personnes estranges, ou par collateraux ou autres, desquels les donataires ne sont heritiers presomptifs, ainsi qu'il a esté dict ci-dessus, sortiront nature d'acquest ou donataire, sinon qu'il fust dict par exprès que lesdits heritages luy sortiront nature de propre.

XXXVIII. Pecune donnée pour estre employée en heritages, est propre & naissant au donataire du costé & ligne de celuy qui la donne, comme aussi est l'heritage acquis d'icelle pecune.

XXXIX. Et si elle a esté donnée par le pere ou mere, pour faire ledit employ mariant leur enfant, ou autrement au profit d'iceluy, ladite pecune, ou l'heritage acquis d'icelle remontera, comme estant le naissant conventionnel, & non naturel dudit enfant : Tellement que luy estant decedé sans hoirs de son corps, lesdits pere ou mere luy succederont en ladite pecune ou heritages acquis d'icelle, & non les freres, sœurs, & autres proches collateraux dudit decedé.

XL. Le pareil, si aucuns heritages avoient esté donnez en especes ausdits enfans, tels heritages, par le decès dudit defunct, retournent au pere & mere qui les ont donnez.

XLI. Et si lesdits deniers ont esté baillez au mary, à la charge de les employer en heritage au profit de sa femme, ou pour luy estre propre, & il ne l'a fait durant & constant le mariage : après la dissolution d'iceluy, ladite femme, ou ses hoirs, prendront sur la masse du bien commun, lesdits deniers baillez pour faire ledit employ. Et où les biens de ladite communauté ne suffiroient, seront prins sur les propres du mary sans aucune confusion pour ce regard, & seront lesdits biens dudit mary hypothequez du jour des deniers à luy baillez pour faire ledit employ.

Des Fiefs.

XLII. Quand le vassal vend son fief, il est deu au seigneur feodal le quint denier du prix de la vendition que le vendeur est tenu payer, s'il n'est dit, *francs deniers au vendeur* ; Auquel cas l'acheteur sera tenu payer le quint denier, & le requint : qui est la cinquiesme partie du quint.

XLIII. Le seigneur feodal pourra faire saisir & mettre en sa main par commission de son juge, le fief mouvant de luy, ainsi vendu que dessus, pour raison des droicts de quint & requint non payez, encores que le vendeur en soit tenu : Sauf à l'acheteur son recours contre ledit vendeur.

XLIV. Des terres feodales advenues par droict successif en ligne directe n'est deu aucun quint, requint, ne autre droict feodal, sinon les foy & hommage, & un escu pour le droict de chambellage.

XLV. De terres feodales données par liberalité, ou par testament à personne estrange, ou à parens collateraux en advancement d'hoirie & succession, ou sans charges, est deu au seigneur feodal, droict de relief, qui est le revenu d'une année.

XLVI. Et si la donation est faite en recompense, ou remuneration, est deu par le donataire le quint denier de la valeur ou estimation du fief donné.

XLVII. Pour donation faite de pere, mere, ou autre ascendant, à fils, filles, ou autres descendans en ligne directe, liberalement, ou en advancement de succession : ou de fils, fille, ou autre descendant à pere, mere, ou autre ascendant, liberalement, comme dessus, & sans charge ou recompense, n'est deu aucun droict de quint, requint ou relief.

XLVIII. De rente constituée specialement sur terre feodale, non rachetée dedans trois ans, à compter du jour de la constitution, est deu quint denier au seigneur feodal : & si elle est rachetée dedans lesdits trois ans, n'est deu aucun quint denier.

XLIX. De terre feodale escheue en succession collaterale, est deu droict de relief, qui est le revenu d'une année.

L. Pour terre feodale escheue par confiscation à aucun vassal d'autre seigneur, n'en est deu quint, requint, ne relief, mais en est deu foy & hommage & chambellage, comme dessus, seulement au seigneur superieur.

LI. En eschange pur & simple, & sans soulte de terres feodales, n'est deu quint ne requint, mais seulement droict de relief : & s'il y a soulte, il est deu quint de ladite soulte, ou droict de relief pour le tout, au choix du seigneur feodal.

LII. Le seigneur feodal peut reprendre par puissance de fief, pour le prix de la vendition, le fief mouvant de luy, vendu par son vassal, à personne estrange, dedans quarante jours après qu'on luy aura signifié ladite vendition, & fait apparoir des lettres d'icelle.

LIII. Toutesfois le lignager du vendeur sera preferé, s'il veut retraire ledit fief, au seigneur feodal.

LIV. Du fief donné par aucun à un sien amy, pour estre nourry & gouverné sa vie durant, est deu quint denier de la valeur & estimation dudit fief pour une fois.

LV. Et n'est le fief ainsi donné comme dessus, sujet à retraict lignager, ou reprinse par puissance de fief : pource que le donateur en ce cas a esleu l'industrie & preudhommie du donataire, & ne voudroit estre nourry & gouverné par un autre.

LVI. Si le vassal baille, vend ou transporte son fief à autre personne, à la charge de luy payer rente ou redevance sa vie durant, ou à tousjours, il est deu quint denier au seigneur feodal, de l'estimation du fief.

LVII. Le vassal peut vendre son fief, ou le revenu d'iceluy, pour le tout, ou en partie, jusques à trois ans & non plus, sans en payer pour ce quint denier, ne relief : pourveu que le rachat soit fait dedans lesdits trois ans : sinon après lesdits trois ans, sera deu quint denier.

LVIII. Quad une femme se marie pour la premiere, seconde, ou autre fois, elle ne doit quint, requint, ne relief des terres feodales à elles escheues de succession directe, devant ou après qu'elle est mariée, en premiere ou autres nopces.

LIX. Mais la femme veufve tenant en douaire terre feodale, doit relief, si elle se remarie, qui est le revenu d'une année dudit douaire.

LX. La femme après le trespas de son mary, ne doit aucun quint denier ne relief, des terres nobles acquises avec son mary, & qu'elle a eues en partage contre les heritiers de son mary.

LXI. Douairiere qui tient en douaire aucunes terres nobles, si elle vend le revenu d'icelle pour plus de trois ans, en doit quint denier au seigneur feodal.

LXII. Le vassal ne peut faire de son fief arriere-fief, sans le consentement du seigneur feodal; si ce n'est pour le mariage ou partage de ses enfans.

LXIII. Ne peut aussi desmembrer son fief, sans le consentement de son seigneur feodal, sinon esdits cas; mais bien peut bailler à cens ou rente les heritages particuliers de sondit fief, pourveu que ledit cens ou rente soit suffisant, & que pour faire ledit bail à cens, ledit vassal ne prenne argent ou chose equipolente, ou promesse d'en avoir pour faire ledit bail à plus petit cens; car en ce cas le seigneur feodal pourroit faire reunir au fief les choses alienées & desmembrées d'iceluy, ou se faire payer du quint denier de ce qui auroit esté prins par le vassal pour faire ledit bail à cens.

LXIV. Toutes & quantesfois qu'il y a mutation de vassal, par mort, donation, vendition, eschange ou autrement, le nouveau vassal est tenu faire au seigneur feodal, dont le fief est mouvant, les foy & hommage & serment de fidelité, dedans quarante jours après que ledit fief luy est advenu.

LXV. Et après les quarante jours passez, le seigneur feodal, par faute desdits foy & hommage non faits, sans autre publication ou sommation, pourra faire saisir & mettre souz sa main ledit fief, & en prendre les fruicts & profits qui luy seront acquis en pure perte, pour autant qu'il en sera escheu, si le vassal ne se presente pour faire lesdits foy & hommage, dedans lesdits quarante jours.

LXVI. Le seigneur feodal ne sera tenu recevoir son vassal ausdits foy & hommage, ne luy donner main-levée de son fief, sinon en payant les droicts pour ce deuz, ainsi qu'il a esté dict cy-dessus.

LXVII. Si le vassal desavoue ou denie son fief estre mouvant de son seigneur feodal, & il est prouvé, il perd son fief, & iceluy est acquis au seigneur feodal.

LXVIII. Le seigneur feodal qui aura receu son vassal en foy & hommage, à la charge de bailler son adveu & dénombrement dedans quarante jours après: à faute de fournir ledit dénombrement dedans lesdits quarante jours, pourra faire saisir le fief mouvant de luy: mais ne fera les fruicts siens, sinon qu'après six mois passez ledit vassal ne baille sondit dénombrement: auquel cas de là en avant le seigneur feodal fera les fruicts siens.

LXIX. Et si le vassal fournit son dénombrement dedans lesdits six mois, il aura main levée de son fief & des fruicts, en payant les fraiz raisonnables de la saisie, & de ce qui s'en est ensuivi.

LXX. Si après que le vassal aura baillé son denombrement, le seigneur feodal le veut debattre ou blasmer, sera tenu le faire dedans quarante jours après que ledit denombrement luy aura esté presenté; & pendant ledit debat & procès, le vassal jouyra & aura main levée de son fief par provision, sans prejudice du droict des parties.

LXXI. Quand un fief est saisi, le seigneur feodal peut faire saisir les arriere-fiefs: & si le premier vassal sur ce sommé sur les arrieres vassaux, est refusant ou dilayant de faire lever la saisie desdits arriere-fiefs, lesdits arriere-vassaux pourront sans danger entrer en foy & hommage, envers ledit premier seigneur feodal, & luy payer les droits, si aucuns en sont deuz.

LXXII. Si le vassal qui se presente à son seigneur feodal pour faire les foy & hommage, ne luy monstre & exhibe ses lettres d'acquisition, donation, eschange ou autre tiltre, si par tels moyens & non de succession ledit fief luy est advenu, ne sera receu si bon ne semble audit seigneur feodal, & tomberont en pure perte les fruits dudit fief, s'il est saisi.

LXXIII. Quand un vassal acqueste un arriere-fief tenu & mouvant de luy, n'en sera pour ce deu à son seigneur feodal aucun quint, requint, relief, ne autre profit: mais de là en avant sera tenu d'en faire les foy & hommage à son seigneur feodal, & payer les droits feodaux, s'il y eschet mutation, tout ainsi que de son plein & principal fief.

LXXIV. Le vassal ne prescrit point les foy, hommage & mouvance de son fief contre son seigneur feodal, pour quelque temps que ce soit, ne le seigneur le fief de son vassal, pour quelque temps qu'il le tienne en sa main, par faute d'homme, droits & devoirs: mais les droits de quint, requint & relief pour une fois sont prescrits par trente ans.

LXXV. Tant que le vassal dort, le seigneur veille: & tant que le seigneur dort, le vassal veille.

De Communauté de Biens.

LXXVI. L'Homme & la femme conjoincts par mariage, dès incontinent après la benediction nuptiale, sont communs en biens meubles & conquests immeubles, qu'ils feront durant & constant leur mariage: comme aussi en toutes debtes & obligations personnelles creées tant auparavant que constant ledit mariage.

LXXVII. Tellement que après le trespas desdits conjoints ou l'un d'iceux, lesdits meubles, conquests immeubles & debtes se partiront & payeront par le survivant, & les heritiers du premier mort par moitié: sans que ledit survivant soit tenu aucune chose payer des legs testamentaires & funerailles du defunct, ains en seront tenus les heritiers d'iceluy defunct pour le tout.

LXXVIII. N'estoit que lesdits conjoincts fussent nobles, ou le mary noble, & qu'il n'y eust enfans d'eux deux, ou de l'un d'iceux: Auquel cas le survivant, si bon luy semble, emportera tous les biens meubles à tousjours, & lesdits conquests, moitié en propre aussi à tousjours, & l'autre moitié en usufruict sa vie durant seulement: A la charge de payer par ledit survivant les debtes personnelles & legs testamentaires mobiliaires, obseques & funerailles du premier decedé, & d'entretenir lesdits conquests immeubles en bon & suffisant estat, à tout le moins en tel estat que lesdits conquests seroient lors du decès du premier decedé.

LXXIX. Et sera tel survivant tenu de declarer s'il veut jouir dudit privilege, ou partir comme roturier: & ce dedans un mois après le trespas dudit defunct, pardevant le Bailly dudit Sedan, ou son Lieutenant, les heritiers dudit defunct presens ou appellez, s'ils sont demeurans ès terres & seigneuries dudit Bailliage: Et à faute de faire ladite declaration, sera presumé avoir choisi le privilege des nobles, sans qu'il soit plus receu à choisir ou retourner au droict des roturiers.

LXXX. Et declaration faite par ledit survivant qu'il accepte le privilegé des nobles, sera saisi desdits biens meubles & conquests immeubles, sans qu'il soit besoing d'en demander la delivrance aux heritiers dudit defunct, & neantmoins en cas de debat ou contredit de la part desdits heritiers, sera fait inventaire & prisée des biens meubles, & des lettres, tiltres & enseignemens aux despens de la succession, lesdits heritiers presens ou appellez, nonobstant oppositions & appellations quelsconques, avant que le survivant en puisse aucunement disposer; & par l'issue du procès, celuy qui succombera sera tenu des fraiz dudit inventaire & prisée, & despens du debat.

LXXXI. Tout ce que dessus a lieu, sinon qu'il y ait convention au contraire dérogant à ladite Coustume.

LXXXII. Quand aucun par son trespas delaisse enfans mineurs, & que le pere ou la mere survivant (a) prend & retient les biens de luy & de ses enfans, sans en faire inventaire ou partage (b) dedans un mois, à compter du jour du trespas du premier mort, si ledit survivant est present: sinon dedans deux mois après ledit trespas, ou dedans un mois après le retour de l'absent: la communauté qui estoit entre le pere & la mere dudit mineur sera continuée ausdits enfans, si bon leur semble: en telle maniere que de tous biens meubles & acquests immeubles faits par le survivant depuis le decès dudit premier mort & en viduité, lesdits enfans auront & pourront demander moitié.

LXXXIII. Et si ledit survivant se remarioit sans avoir fait inventaire ou partage, les enfans dudit premier mariage se pourront aider de ladicte communauté, comme dict est: en maniere que les biens meubles tant dudit survivant que du premier decedé, comme aussi du subsequent mary ou femme, & les acquests faits par ledit survivant depuis le decès dudit premier mort se partiront par tiers: Dont les enfans auront un tiers à cause de leursdits pere ou mere predecedée: le survivant pere ou mere, un tiers: & le subsequent mary ou femme, un autre tiers.

LXXXIV. Et où il y auroit enfans mineurs de plusieurs licts, les pere ou mere desquels n'auroient fait inventaire ou partage ausdits enfans, lesdits meubles & acquests se partiront par quart, à sçavoir, un quart aux enfans du mary: un quart aux enfans de la femme: & ausdits mary & femme à chacun un quart: & ainsi consequemment où il y auroit enfans de plusieurs autres licts, ceux de chacun lict feront chef ou tronc en la communauté.

LXXXV. Ou si mieux semble ausdits enfants, pourront avoir & demander les biens escheuz à la succession de leurs pere ou mere, ou l'estimation & valeur: Desquels à faute d'en avoir fait inventaire ou partage, comme dit est, lesdits mineurs parvenuz en aage de vingt-cinq ans, ou jouissans de leurs droicts, seront creus par serment: joinct la commune renommée, dont ils pourront faire informer par quatre tesmoings gens de bien, du lieu où ledit defunct estoit demourant lors de son decès.

LXXXVI. En cas d'absence du survivant de deux conjoincts, le Procureur fiscal pourra incontinent après le trespas & enterrement, faire faire inventaire par la Justice, à la conservation du droict des parties: & cependant faire seeller les coffres, buffets & lieux où seront lesdits biens, & à la garde d'iceux commettre personnes idoines & gens de bien jusques à ce que l'on besongne à la confection dudit inventaire.

LXXXVII. Femme vefve, soit noble ou roturiere, dedans huict jours après le trespas de son mary pourra renoncer aux biens meubles de sondit mary & d'elle, en le declarant en jugement, & faisant icelle renonciation enregistrer au greffe: En quoy faisant ladite vefve demourera quicte des debtes de sondit mary, & de celles qui auroient esté contractées par eux, ou l'un d'eux constant leur mariage. Sera neantmoins tenue payer les debtes par elle deües auparavant ledit mariage. Et si pour les debtes ausquelles elle seroit obligée avec sondit mary (a), elle estoit contraincte, elle aura recours contre les heritiers de sondit mary.

LXXXVIII. Pour laquelle renonciation ladite vefve ne perdra son droict de douaire, ny sa part des conquests immeubles: Toutesfois si aucune chose estoit encores deue du pris desdits conquests, ladite vefve sera tenue payer moitié de ce qui en seroit deu, si elle veut participer ausdits conquests.

LXXXIX. Mais en renonçant à sa part desdits conquests, elle ne payera rien de ce qui en seroit deu, n'estoit qu'elle y fust expressement obligée de son chef: Auquel cas elle ne sera quicte par le moyen de ladite renonciation: sauf son recours contre les heritiers de son mary.

XC. Le survivant de deux conjoincts prendra par preciput & hors part, les vestemens & habitz qu'il porte ordinairement les jours des Dimanches: Et le surplus des meubles se partira par moitié, comme dit est; n'estoit qu'il fust autrement convenu par contract de mariage derogeant à ladite Coustume.

XCI. Le mary ne peut vendre ne autrement aliener, obliger ny hypothequer les heritages propres de sa femme, ni ceux qu'elle a acquis auparavant leur mariage sans l'exprès consentement d'icelle.

XCII. Le mary est seigneur & legitime administrateur des meubles & des conquests immeubles, actions mobiliaires, tant de sa femme comme de lui, pour lesquelles il peut agir & faire poursuite, & les defendre en jugement, & autrement en disposer sans le consentement de sadite femme.

XCIII. Et si peut agir & defendre pour les droits & actions possessoires de sa femme, sans procuration d'elle: Ce qu'il ne pourra faire au cas qu'il soit question de la proprieté de l'heritage propre à sadite femme.

XCIV. Femme mariée ne peut par disposition entre-vifs, vendre, donner, ne autrement aliener ou

a ART. 82. *où la mere survivant prend.* C'est principalement le meslange & la confusion des biens qui establit & continue la communauté; ce que les Grecs appellent *μίγνυ καὶ σύγχυσιν. l. adeo 7. §. 8. voluntas ff. de acqui. rerum domi. l. idem 5. in principio de rei vendicat. §. si duorum 27. instit. de rerum divisione.* J. B.

b. *sans en faire inventaire ou partage.* Ces mesmes mots sont au trois articles suivans, & induisent qu'en cette Coutume un inventaire, quoique non defectueux, & non solemnel, pour n'estre clos, signé des parties, ny faict avec legitime contradicteur, suffit pour dissoudre la communauté, pourveu que la datte soit certaine, par la commission que le juge auroit donné par escrit au juré-priseur, la signature ou attestation du greffier, ou autre personne publique, suivant les autoritez & Arrests remarquez au recueil de M. Louet, *litt. C. num. 30.* Ce qui a esté ainsi jugé en cette Coutume par sentence arbitrale du dernier Decembre 1649. rendue par maistre Edme Didier; Nicolas Doublet, Jacques Bataille, Barthelemy Auzanet, Jacques Defita, Jacques Lambin & moy, en un procès évoqué du Conseil souverain de Sedan, à eux renvoyé par Arrest du Conseil privé du Roy, entre Nicolas Jacquart, Jeanne Galopin sa femme, auparavant veufve de Jean Gilmer, Henry Grosil & Nicole Gilmer sa femme, respectivement appellans. C'est ce qui est dit en la loy derniere, *cod. arbit. tut. inventario publicè facto &c.* J. B.

b ART. 87. *avec sondit mary.* Dixi sur Sens, art. 213. J. B.

hypothequer

hypothequer ses heritages, sans l'exprès consentement & authorité de son mary, ou sans authorité de Justice; autrement lesdicts contracts sont nuls & de nul effect.

XCV. Semblablement la femme mariée ne se peut obliger sans le consentement de son mary, si elle n'est separée quant aux biens, par authorité de Justice, ou marchande publique accoustumée de marchander au veu & sceu de son mary : Auquel cas elle peut contracter & soy obliger pour le fait de ladite marchandise, & ce qui en depend.

XCVI. Femme mariée ne peut aussi ester à droit, & comparoir en jugement, soit en demandant ou defendant en matiere civile, sans le consentement & authorité de son mary; n'estoit que pour son profit & cause raisonnable, au refus de son mary, est fust authorisée par Justice, ou separée de sondit mary.

XCVII. Femme separée de son mary quant aux biens par sentence de Juge, peut contracter & disposer de ses biens meubles & immeubles, tout ainsi que faire pourroit si elle n'estoit mariée; Mais telle separation ne se peut faire, ains est nulle, si elle n'est faite par le Juge avec cognoissance de cause.

De Donations & Conventions entre l'Homme & la Femme.

XCVIII. L'Homme & la femme en faveur de mariage, & en traictant iceluy, peuvent faire entre eux tels dons, donations & advantages que bon leur semblera, tant de biens meubles, que de propres, acquests & conquests immeubles.

XCIX. Toutesfois la veufve qui se remariera en secondes, tierces ou autres nopces, si elle a enfans, ou enfans de ses enfans, ne pourra faire advantage à son mary, pere, mere, ou enfans de sondict mary, ou autre personne qu'on puisse presumer estre par dol ou fraude interessée de ses biens meubles ou immeubles; sinon d'autant qu'il appartiendroit à sa succession à l'un de ses enfans du premier lict, ou enfans de ses enfans. Et s'il se trouvoit division inegale de biens entre sesdits enfans, ou enfans de ses enfans, la donation faicte audict nouvel mary, sera reduicte & mesurée à la raison de celuy desdits enfans qui en aura le moins.

C. Et au regard des biens à icelles veufves acquis par don & liberalité de leurs defuncts maris, elles n'en peuvent & n'en pourront faire aucune part à leurs nouveaux maris; ains elles seront tenues les reserver aux enfans communs d'entre elles & leurs maris, de la liberalité desquels iceux biens leur seront advenuz.

CI. Le semblable sera gardé pour le regard des maris, tant ès meubles, immeubles, propres & conquests, qu'ès biens qui leur sont venuz par dons & liberalitez de leurs femmes defunctes.

CII. L'homme & la femme conjoincts par mariage ne peuvent donner l'un à l'autre, advantager l'un l'autre, ne contracter entre eux en quelque maniere que ce soit, sinon par donation mutuelle, par laquelle ils se pourront donner l'un à l'autre, tous leurs biens meubles & conquests immeubles, pour en jouir par le survivant; à sçavoir, desdits biens meubles à tousjours, & de sa part & moitié desdits conquests. Et pour le regard du droit & portion du premier mort, esdits acquests, sa vie durant seulement; à la charge de payer par ledit survivant les debtes, funerailles & legs testamentaires mobiliaires d'entretenir aussi lesdits conquests immeubles de menues reparations, comme de clostures & couvertures, en tel & si bon estat qu'il les trouvera; pourveu aussi que lesdits conjoincts faisans tels dons mutuels, n'ayent aucuns enfans d'eux deux, ou de l'un d'eux, & qu'ils soient sains & non malades, quand ils contractent : à quoy les notaires prendront garde, en passant lesdits contracts & dons mutuels, & en feront expresse mention esdits contracts.

CIII. Toutesfois si l'un desdits conjoincts au temps dudit contract estoit malade, & il guerissoit d'icelle maladie, & ayant cognoissance, ratifioit ladite donation faite pendant sa maladie, telle donation seroit valable, supposé que le donateur mourust le premier; mais s'il alloit de vie à trespas de ladite maladie, la donation faite pendant icelle ne vaudra.

CIV. Le don mutuel deuement & solennellement fait comme dessus, ne se peut revoquer par l'une des parties, sans le consentement de l'autre.

CV. Ledit don mutuel solennellement fait & passé pardevant deux notaires, ou un notaire en presence de deux tesmoigs, saisist le survivant, sans estre tenu d'en demander la delivrance ou possession aux heritiers du premier mort; pourveu toutesfois que le survivant, s'il est present, dedans quinze jours après le trespas du premier mort; ou s'il est absent, dedans quarante jours après ledit trespas, ou quinze jours après son retour, declare judiciairement qu'il accepte ledit don aux charges susdites, & que ladite declaration soit enregistrée au greffe, les heritiers du premier decedé à ce faire presens ou appellez : A faute de faire laquelle declaration & acceptation en Justice dedans le temps susdit, ledit survivant ne sera saisi; pourra neantmoins par action demander la jouissance du don & possession des choses données à l'encontre des heritiers du premier mort, qui ne seront tenuz rendre les fruicts, sinon depuis ladite acceptation faite en jugement, comme dit est.

CVI. Si deux conjoincts par mariage vendoient les heritages de propre & naissant de l'un ou de l'autre, à la charge que les deniers d'icelle vendition seront remployez en acquisition d'autres heritages de pareille nature, ledit remploy vaudra; pourveu que ainsi soit dit & escrit par le contract de vendition, ou que mention & protestation en soit faite par l'acquisition.

CVII. Et si le remploy n'estoit fait constant le mariage desdits conjoincts, celuy duquel l'heritage aura esté vendu à la charge dudit remploy, ou ses heritiers prendront avant part, si bon leur semble, sur la masse commune, & plus clairs deniers de la succession du defunct, les deniers dudit remploy, ou auront action pour la moitié contre les heritiers d'iceluy: & où ladite masse commune ne suffiroit audit remploy, ce qui en defaudra sera reprins sur les propres dudit mary.

De Donations faites entre-vifs.

CVIII. TOutes personnes aagées de vingtcinq ans complets, & le vingt-sixiesme commencé, peuvent donner à qui bon leur semble, personne habile & capable par donation entre-vifs tous leurs biens meubles, & acquests immeubles : & quant aux propres, n'en pourront disposer par donation, au prejudice de leurs heritiers legitimes.

CIX. Donner & retenir ne vaut.

CX. Et neantmoins l'on peut donner la proprieté avec retention d'usufruict: ou au contraire donner l'usufruict & reserver la proprieté: pourveu que le donateur soit dessaisi, & le donataire saisi de la chose donnée, pour autant qu'il se peut faire, & que les vests, devests, registre, & autres solennitez requises en donations soient gardées & observées.

CXI. Tellement que si c'estoit terre noble, il faudroit que le donataire feist les foy & hommage au seigneur feodal, & que les officiers y fussent mis & instituez par ledit donataire.

CXII. Semblablement on peut faire donation entre vifs de tous biens presens & advenir, & retenir certaine somme de deniers, ou partie desdits biens, pour en disposer à plaisir & volonté: & vaudra telle donation quant aux biens, dont le donataire aura esté ensaisiné, & eu la tradition & possession du vivant du donateur: pourveu que ladite donation ait esté insinuée du vivant dudit donateur: mais quant à ladite somme de deniers, ou parties desdits biens retenuz, ils appartiendront aux heritiers du donateur, s'il n'en a disposé de son vivant, & non au donataire.

CXIII. Au regard des donations des biens meubles, elles ne seront valables sans la tradition & delivrance réelle & actuelle des choses données.

CXIV. Et quant aux donations des debtes & droicts, suffira la cession ou transport par escrit, accepté par le donataire, avec l'insinuation pour le regard desdits droicts reels.

CXV. Les heritiers presomptifs en ligne directe, ausquels aura esté faite donation pour recompense & remuneration de services ou biens faits, seront tenuz de la preuve desdits services, & cause de la donation, s'ils en sont requis par leurs coheritiers: & quant aux collateraux ou estrangers, ne seront tenuz de la preuve desdits services.

CXVI. Le pere peut donner à son bastard & fils naturel, la sixiesme partie de ses meubles & conquests immeubles seulement: à la charge que lesdits conquests immeubles retourneront au donateur, ou ses heritiers, au cas que ledit bastard decede sans hoirs de son corps en legitime mariage, sans qu'il soit loisible audit bastard d'iceux alienet: toutefois où ledit pere n'auroit meubles & conquests suffisans, luy pourra assigner en l'usufruict de partie de ses propres pour ses alimens jusques à la sixiesme partie d'iceux.

CXVII. Le bastard peut disposer par donation entre vifs testamentaire, ou autre disposition, de tous ses biens meubles & acquests, comme les autres personnes.

CXVIII. Toutes donations faites pour cause de mort, ou prenant effet par la mort du disposant, sont reputées de telle nature que les dispositions testamentaires & revocables à volonté: posé ores qu'elles soient faites par parolles de donation entre vifs, avec promesse de garentir, ou que par icelle soit dit, qu'elles ne puissent estre revoquées: & si ne saisissent le donataire, mais les faut avoir par la main de l'heritier.

CXIX. Toutes donations & autres pactions & convenances de succeder, faites entre vifs, ou à cause de mort, en traicté de mariage, ou faveur d'iceluy, soient mutuelles & egales, ou non égales, nonobstant qu'elles soient faites avant ou après les fiançailles, & sans ferment, moyennant qu'elles soient passées par escrit avant les espousailles, sont bonnes & valables: pourveu que ceux qui font lesdites pactions & donations soient aagez de vingt-cinq ans complets, ou que ce soit du consentement exprès de leurs pere & mere, s'ils sont vivans, ou de leurs tuteurs & curateurs: ou bien à faute de pere, mere, tuteurs & curateurs, de trois leurs prochains parens du costé paternel, & de trois prochains parens du costé maternel: & à faute de parens, de l'authorité de justice, eu l'advis de cinq ou six bourgeois honnestes de bonne reputation.

CXX. Depuis que deux personnes sont fiancées, ils ne pourront aliener leurs heritages & biens immeubles, sans le consentement & au prejudice l'un de l'autre, pour eviter à ce que depuis les fiançailles se face aucune alienation en fraude de l'un ou de l'autre des futurs conjoints.

CXXI. Donation generale ou particuliere entre vifs, ou à cause de mort, faite en traité de mariage, en faveur des mariez, ou de leurs descendans, sont irrevocables: tellement que le donateur ne peut aliener les choses par lui données, ne disposer d'icelles.

Des Testamens, & executions d'iceux.

CXXII. Institution d'heritier n'a lieu, & n'est requise ne necessaire pour la validité d'un testament, mais vaut par forme de leg testamentaire jusques à la concurrence de ce, dont le testateur peut vallablement disposer.

CXXIII. A ce qu'un testament soit reputé solennel & vallable, il est requis & suffit qu'il soit escrit & signé de la main du testateur seul, ou passé en la presence de deux notaires, ou d'un notaire & deux tesmoins, ou du ministre (*a*), ou curé, & de deux tesmoins, ou bien de quatre tesmoins: pourveu que lesdits tesmoins soient idoines & suffisans, & non legataires, & que le testament soit escrit en la presence du testateur, à luy releu: dont en sera faite mention en iceluy, sans qu'il soit besoing observer autre solennité de droict civil ou canonique.

CXXIV. Toutes personnes aagées, suffisamment, à sçavoir le masle de vingt ans, & la femelle de dix huict ans accomplis, peuvent faire testament, & par iceluy disposer de tous leurs biens meubles, & conquests immeubles, à personnes habiles & capables: mais pour pouvoir disposer de leur naissant, faut que tant les masles, que femelles, ayent attainct l'aage de vingt ans: auquel cas ils peuvent disposer d'un quart de leur naissant, à personnes habiles & capables comme dessus.

CXXV. Toutesfois si telles personnes ayans attainct l'aage de vingt ans, delaissoient par testament plus que le quart de leursdits heritages propres, ou naissant, le leg testamentaire ne sera pourtant nul, mais sera reduict au quart: tellement que les trois quarts desdits heritages propres & naissant demeureront aux heritiers dudit testateur franchement, & deschargez de toutes debtes, funerailles, & legs testamentaires.

CXXVI. Le mary & la femme ne se peuvent advantager l'un l'autre par testament, ne leguer aucune chose aux enfans l'un de l'autre, d'autre mariage.

a ART. 123. *ou du ministre.* Aux autres Coutumes qui ne le decident pas, le Ministre ne peut pas recevoir les testamens, même à l'égard de ceux qui font profession de la Religion Prétendue Reformée, comme j'ai montré sur la Coutume de Paris, art. 30. *verbo* au Prosne & art. 289 *verbo* le Curé; jugé par Arrest du Jeudy 18. Fevrier 1604. remarqué par M. J. M. Ricard au traité des donations, part. 1. ch. 3. sect. 4. difinition 6. num. 766. J. B.

CXXVII. Le testateur ne peut par testament donner ou leguer aucune chose à son tuteur, curateur, baillistre, ou autre ayant le gouvernement de luy & de ses biens.

CXXVIII. Le testateur semblablement ne peut par testament, ne autrement, advantager ses heritiers, ou les enfans de ses heritiers l'un plus que l'autre: n'estoit que les enfans de ses heritiers fussent emancipez & hors de la puissance de leur pere: & à la charge que le leg testamentaire ne retourne au pere dudit legataire.

CXXIX. Nul ne peut estre heritier & legataire: toutesfois où le legataire habile à estre heritier se voudroit contenter de son leg testamentaire, faire le peut, pourveu qu'il ne soit inofficieux & excessif: auquel cas ledit leg sera reduict à la portion contingente & hereditaire qui eust peu appartenir audit legataire en la succession du testateur.

CXXX. Institution d'heritier n'a lieu au prejudice de l'heritier prochain habile à succeder, ne semblablement substitution, soit par testament (a) ou autre disposition de derniere volonté.

CXXXI. Le mary par testament & ordonnance de derniere volonté ne peut, au prejudice de sa femme, ny semblablement la femme au prejudice de son mary, disposer des biens meubles & conquests immeubles communs entre eux.

CXXXII. En maniere que si celuy qui decede, a donné ou laissé par son testament aucune chose desdits meubles & conquests, il faut que l'heritier dudit testateur le rachete pour moitié, ou le paye au legataire, au choix du survivant, à l'estimation de ce qu'il vaudra: & que la moitié desdits meubles & conquests immeubles communs entre le mary & la femme, demeure au survivant d'eux deux: n'estoit que ledit leg eust esté fait du consentement dudit survivant, lequel survivant est chargé de moitié des debtes, & fraiz de sepulture seulement, & les heritiers des legs testamentaires, & accomplissement du testament dudit defunct pour le tout.

CXXXIII. Le leg testamentaire ne saisist point, & faut que le legataire en demande la possession & delivrance aux heritiers du testateur, ou aux executeurs du testament, pour le regard des legs mobiliaires tant seulement.

CXXXIV. Les executeurs de testament après inventaire deuement fait par le Bailly, son lieutenant, ou commis avec le greffier, les heritiers du testateur presens ou appellez, s'ils sont demeurans esdites terres & seigneuries, sinon le procureur fiscal present, seront saisis de tous les biens meubles de la succession dudit defunct, & ne pourront estre contraincts d'en vuyder leurs mains dedans l'an & jour.

CXXXV. Toutesfois où les heritiers du defunct voudroient fournir argent promptement pour l'execution dudit testament, en ce faisant lesdits biens meubles leur seront delivrez.

CXXXVI. Et où lesdits biens meubles ne suffiroient pour l'execution & accomplissement du testament du defunct, & que les heritiers ne voudroient fournir promptement argent ausdits executeurs pour l'execution du testament, lesdits executeurs pourront avec permission & authorité de justice, les heritiers oys, engager par constitution de rente, hypothequer ou vendre, des heritages de la succession à faculté de remeré, s'ils trouvent acheteurs: Sinon vendre simplement au plus offrant & dernier encherisseur, à jour de marché audit Sedan, publications & proclamations de la vente desdits heritages preallablement faites par deux jours de Dimenches suivans, au lieu où les heritages sont assis, & un jour de marché en la halle dudit Sedan.

CXXXVII. Si les executeurs nommez au testament ne veulent accepter la charge, la justice y pourra subroger ou commettre autres idoines & capables en leur lieu.

CXXXVIII. Les executeurs peuvent recevoir les debtes du defunct (dont les briefs, obligations, ou cedules leur seront baillées par inventaire, & non autrement) sans le sçeu ou consentement de l'heritier.

CXXXIX. Après l'an & jour du decez passé, les executeurs seront tenuz & contraincts rendre compte de l'execution du testament à l'heritier du testateur: & ne se pourront les creanciers addresser ausdits executeurs, s'ils ne sont encores saisis.

De Tuteurs, Curateurs, Gardiens & Baillistres de Mineurs.

CXL. INcontinent après le decez de pere ou mere, ou de tous deux, s'il y a enfans mineurs de vingt-cinq ans, tuteurs & curateurs seront créez ausdits mineurs, les plus prochains parens d'iceux: ou à faute de parens, voisins & amis appellez jusques au nombre de six pour le moins, par lesquels lesdits tuteurs seront nommez & esleuz: Et s'il y a tuteurs testamentaires, ils seront preferez à tous autres, sans qu'il soit besoing faire autre nomination.

CXLI. Toutesfois les parens seront appellez, pour veoir confirmer, si faire se doit, lesdits tuteurs, ou proposer causes raisonnables d'empeschement: lesquelles cessants, si lesdits tuteurs n'alleguoyent cause d'excuse vallable, ils seront confirmez par le juge.

CXLII. Les tuteurs & curateurs de mineurs incontinent après qu'ils auront esté créez, ou plustost que faire se pourra, seront tenuz faire faire inventaire des biens meubles, lettres, tiltres, & enseignemens appartenans ausdits mineurs, & iceluy faire affermer & clorre dedans un mois suivant pour le plus, sur peine d'amende arbitraire.

CXLIII. Neantmoins pendant ce temps, à la requeste du procureur fiscal, incontinent après le decez du defunct, seront seellez par le juge avec son greffier, les coffres, chambres, & autres lieux, où sont lesdits biens, & baillez en garde sans desplacer à un ou deux personnages idoines & solvables, jusques à ce que l'inventaire soit fait, à ce qu'aucune chose n'en deperisse.

CXLIV. Les tuteurs seront tenuz incontinent après l'inventaire faict, clos & affermé, faire vendre par authorité de justice au plus offrant & dernier encherisseur, en la maniere accoustumée, tous les meubles desdits mineurs: n'estoit qu'il y eust juste cause d'en reserver aucuns, pour ceux desdits mineurs qui seroient prests à marier: Et les deniers procedans de la vente desdits meubles, employez en achat d'heritages, ou constitutions de rente, comme lesdits tuteurs verront estre à faire pour le meilleur profit desdits mineurs, par l'advis de deux ou trois leurs prochains parens ou voisins.

CXLV. Les biens des tuteurs & curateurs sont obligez & hypothequez dès le jour de la dation de tutelle, pour la reddition & reliqua du compte des

a ART. 130. *soit par testament.* Secùs par contract, & notamment un contrat de mariage auquel on peut valablement faire substitution comme aux autres Coutumes par moy remarquées sur M. Louet, *litt. S. num. 9. fine.* J. B.

biens desdits mineurs, qui seront preferez à tous autres creanciers.

CXLVI. La tutelle & curatelle faut deslors que le mineur est marié; tellement que deslors ledit mineur marié, soit fils ou fille, pourra disposer de ses meubles & revenu de ses immeubles, & poursuivre ses actions, tant contre son tuteur, que autres personnes: sans toutesfois pouvoir aliener ses immeubles, sinon par decret & authorité de justice, avec inquisition & cognoissance de cause.

CXLVII. Ne pourra le tuteur vendre, aliener, engager, ou autrement disposer des heritages de son pupil, sans authorité de justice.

CXLVIII. Celuy de plusieurs tuteurs & curateurs qui voudra bailler caution suffisante de rendre compte aux mineurs venuz en aage, & en acquitter & indemniser leurs cotuteurs, administrera seul au refuz de bailler caution par sesdits cotuteurs, lesquels à ce moyen demeureront deschargez: & si tous baillent caution, ils administreront également.

CXLIX. Entre nobles personnes, ou le mary noble vivant noblement, le survivant a la garde noble de ses enfans mineurs, & ne fait les fruicts siens, mais est tenu en rendre compte ausdits mineurs eux venuz en aage, en deduisant les fraiz & despens.

CL. Excepté toutefois, que le pere ayant la garde noble de ses enfans, n'est tenu rendre compte des fruicts des heritages donnez à sesdits enfans, estans en sa puissance pour le temps qu'ils ont esté en la puissance de leurdit pere: n'estoient que lesdits heritages eussent esté donnez à la charge & condition expresse que lesdits fruicts & profits n'appartinssent au pere.

CLI. La femme qui a la garde noble de ses enfans, perd ladite garde si elle se remarie, & le mary non.

CLII. Semblablement l'ayeul ou ayeul desdicts mineurs qui n'ont pere ne mere, aura la garde d'iceux.

CLIII. Et pourra tel baillistre ou gardien reprendre le terres nobles desdits mineurs, en faire les foy & hommage & service aux seigneurs feodaux, aux despens desdits mineurs.

CLIV. Le fils est en aage de faire les foy & hommage de son fief à dix-huict ans, & la fille à quatorze ans: jusques auquel temps les seigneurs feodaux ne pourront tenir saisis les fiefs appartenans ausdits mineurs, par faute d'homme: ains seront tenuz bailler souffrance de faire les foy & hommage desdits fiefs, s'ils en sont requis.

CLV. Ne peuvent les pere, mere, tuteurs & parens des mineurs, composer ou transiger des biens d'iceux, soit pour leur nourriture, entretenement, ou autre chose, sans authorité de Justice, le procureur fiscal sur ce preallablement oy, & inventaire fait desdits biens.

Des Successions & Partages.

CLVI. Le mort saisit le vif, son plus prochain heritier habile à luy succeder, de droict ou de coustume; & peut de faict apprehender la succession & biens d'icelle sans aucune solennité garder.

CLVII. Les enfans ou heritiers du defunt, soient fils ou filles, viennent egalement à la succession d'iceluy, sans aucun advantage ou droict d'aineesse, en biens meubles & heritages roturiers.

CLVIII. Mais en seigneuries & terres feodales, le fils aisné aura & prendra par preciput & hors part, le principal chastel & maison forte ou seigneuriale pour son droict d'aineesse, & en partage moitié des terres & seigneuries nobles.

CLIX. Le second fils semblablement aura le second chasteau, place ou maison forte, par preciput; & ainsi des autres fils successivement, si tant y a de places, chasteaux ou maisons fortes en la succession.

CLX. Et quant à l'autre moitié des terres feodales & seigneuries, revenuz & dependances d'icelles, qui seront de fief, elle se partira egalement entre les puisnez; & s'il y a filles, un fils prendra autant que deux filles.

CLXI. Les terres & seigneuries demeureront entieres, s'il y a heritages estans de la succession, suffisans pour bailler & faire les recompenses ailleurs aux coheritiers, sans demembrer lesdites pieces.

CLXII. Droict d'aineesse a lieu, tant en la succession de pere que de mere, ès terres feodales.

CLXIII. Representation en ligne directe a lieu infiniement: toutesfois en droit d'aineesse, la fille du fils aisné ne representera son pere, mais prendra seulement autant qu'un fils puisné en terres nobles & feodales; & si ne succederont par representation les femelles avec les masles, ès chasteaux & maisons fortes.

CLXIV. Le fils du fils ainé represente son pere au droict d'aineesse, ès successions de ses ayeulx ou ayeules.

CLXV. En successions feodales n'y a droict d'aisneesse entre filles, quand il n'y a que filles venantes à la succession de pere, mere ou autres ascendans; ains lesdites filles partiront egalement ladite succession, tant en meubles que immeubles, soit feodaux ou roturiers; Sinon que les chasteaux & places fortes ne se partiront entre lesdites filles, ains en auront chacune d'icelle une: à sçavoir, l'ainée, la principale à son choix; & ainsi chacune des autres filles une autre maison, si tant en y a. Et s'il n'y a qu'une maison forte, la fille aisnée l'emportera, & ainsi consecutivement; & s'il y a deux ou plusieurs maisons, elles appartiendront ausdictes filles, selon leur prerogative d'aage; & en ce cas le fils ou la fille representera la personne de sa mere.

CLXVI. Peres & meres, ayeulx ou ayeules, ou autres ascendans plus prochains, succedent à leurs enfans ou petits enfans, decedez sans hoirs descendans d'eux, tant ès meubles que acquests immeubles, & ès heritages qu'ils leur auroient donnez en mariage ou advancement de succession; & au regard des autres heritages propres, ils appartiennent aux plus prochains parens collateraux, du costé dont ils sont procedez, & ne remontent en ligne directe.

CLXVII. Et si le defunct ne delaissoit pere ne mere, ains ayeul ou ayeule d'un costé, & ayeul ou ayeule d'autre costé; les biens meubles & acquests immeubles dudit defunct se partiront par moitié egalement entre l'ayeul & ayeule paternels & maternels, sans avoir esgard au nombre des personnes.

CLXVIII. Si aucun va de vie à trespas sans hoirs procreez de son corps en loyal mariage, delaisse aucuns heritages de divers naissant, ses parens d'un costé & ligne seulement, en defaut qu'il n'y ait parent d'autre costé & ligne, succederont totalement ès heritages de divers naissant, ensemble à tous les meubles, acquests & conquests immeubles dudict defunct, exclud le fisque & tous autres hauts-Justiciers des lieux où sont assis lesdits biens, lesquels ils ne pourront pretendre comme vacans leur appartenir.

CLXIX. En ligne collaterale, representation a lieu, jusques aux enfans des freres inclusivement; en maniere que les enfans du frere ou de la sœur decedé, succedent avec leurs oncles ou tantes, freres ou sœurs dudit defunct, quand il y en a par souches; & s'il y avoit seulement des nepveux du defunt ils y succederont par testes.

CLXX. En succession de terres nobles & feodales en ligne collaterale, le masle exclud la femelle en pareil degré, mesmes le frere la sœur, & l'oncle la niepce; mais si la femelle estoit plus proche que le masle, dedans les degrez de representation, elle ne seroit excluse, ains succederoit avec le masle par souche comme dessus.

CLXXI. Hors les degrez de representation, les plus prochains succedent en la succession immobiliaire du defunct par testes & non par souches.

CLXXII. Quand le defunct delaisse freres ou sœurs germains & non germains, lesdits freres & sœurs succedent egalement audit defunct ès meubles & acquests immeubles d'iceluy; & quant aux heritages de naissant dudit defunct, les paternels succederont en ce qui vient du costé paternel, & les maternels en ce qui vient du costé maternel.

CLXXIII. Ce que dessus aura lieu ès autres successions collaterales en degrez inferieurs; tellement que les heritages de naissant du defunct retourneront aux parens du costé dont ils sont procedez, & les meubles & acquests se partiront egalement.

CLXXIV. En succession collaterale, droict d'aisneesse n'a point de lieu.

CLXXV. Il ne se porte heritier qui ne veut; ce neantmoins le presomptif estant interpellé, est tenu de declarer dedans le temps de deliberer s'il est heritier, ou renoncer après le temps de deliberer, qui est de quarante jours.

CLXXVI. Celuy qui est habile à succeder, se peut declarer heritier simple, ou se porter heritier par benefice d'inventaire; & à cette fin presenter requeste au Bailly ou son Lieutenant, sans pour ce obtenir autres lettres du souverain.

CLXXVII. L'heritier par benefice d'inventaire sera tenu faire faire inventaire des biens de la succession dedans vingt jours après qu'il se sera declaré heritier, & bailler caution du contenu en iceluy (*a*).

CLXXVIII. L'heritier simple exclud celuy qui se porte heritier par benefice d'inventaire.

CLXXIX. Toutesfois si ledit heritier simple, & celuy qui se porte heritier par benefice d'inventaire, sont en mesme degré prochain au defunct en ligne directe, ils seront receuz ensemble, & par concurrence; & sera en ce cas l'heritier par benefice, tenu bailler caution pour sa part du contenu en l'inventaire.

CLXXX. Quand de plusieurs heritiers habiles à succeder, aucuns s'abstiennent & renoncent à la succession; le droict qui leur est appartenu ès biens d'icelle succession, s'ils n'y eussent renoncé, accroist aux autres qui se portent heritiers.

CLXXXI. Tant qu'il y a hoirs en ligne directe descendans, les ascendans & collateraux ne succedent ès biens du defunct; mais en defaut des descendans, les ascendans succedent ès biens meubles & conquests immeubles, comme a esté dit cy-dessus; & en defaut de descendans & ascendans, les collateraux succederont esdits biens meubles & acquests immeubles.

CLXXXII. Les heritages seront reputez paternels qui sont escheuz de la succession du pere de defunct, ou de l'un des parens lignagers dudit defunct, ou de l'un des parens lignagers dudit defunct, du costé de sondit pere: & ceux seront reputez maternels, qui sont escheuz de la succession de la mere, ou des parens maternels dudit defunct: & pour les juger paternels ou maternels, ne faut enquerir plus ancienne ligne ou souche, que de celuy auquel l'heritage a fait souche, & luy est escheu de succession; ou en advancement d'hoirie, ou faveur de mariage.

CLXXXIII. Les enfans qui auront esté advantagez par leur pere ou mere, ou autres leurs ascendans à quelque titre que ce soit, directement ou indirectement, seront tenuz de rapporter lesdits advantages ou moins prendre, venans à la succession desdits pere & mere, ou autres ascendans.

CLXXXIV. Et si tels advantages ont esté faits en heritages ou choses immeuble, seront tenuz les rapporter esdites especes, s'ils sont en leur possession, en les remboursant de leurs impenses utiles ou necessaires. Pourront neantmoins en partage faisant; retenir lesdits heritages, & iceux imputer en leur part & portion pour leur juste prix, valeur & estimation, s'il y a d'autres heritages en la succession, dont les autres coheritiers puissent estre raisonnablement & pour la plus grand' part recompensez & accommodez.

CLXXXV. Et s'il n'y avoit d'autres heritages, seront tenuz lesdits donataires, rapporter lesdits advantages pour estre partagez entre leurs coheritiers, si faire se peut commodément.

CLXXXVI. Et où lesdits heritages & advantages auroient esté venduz par lesdits donataires, sera rapporté le prix qu'iceux heritages valoient lors de ladite donation & advancement: n'estoit qu'ils eussent esté venduz à plus haut prix pour l'augmentation de la chose provenant par le temps, & sans leur industrie: auquel cas lesdits donataires seront tenus rapporter le prix de ladite vendition.

CLXXXVII. Deniers desboursez par pere, mere, ayeul, ou ayeule, pour la nourriture de leurs enfans, ou pour le fait des armes, au service du souverain, ou autres Princes, jusques à ce qu'ils soient mariez, ou pour l'entretenement ou instruction d'iceux, tant ès arts liberaux que mecaniques, ou pour acquerir degré esdits arts liberaux; jusques au degré de licence inclusivement, ne viennent à rapport.

CLXXXVIII. Mais si tels deniers estoient employez pour acquerir aucun degré esdits arts liberaux, après ledit degré de licence, ou pour acquerir maistrise de quelque mestier mechanique, ou pour achat de quelque office, ou payement de rançon, en ce cas viennent à rapport.

CLXXXIX. Semblablement les petits enfans venans par representation à la succession de leur ayeul ou ayeule, seront tenuz rapporter ce que leur pere ou mere auront eu par mariage, & ce que à eux-mesmes aura esté donné en advancement d'hoirie, ou autrement, par leursdits ayeul ou ayeule: & ainsi des autres descendans en ligne directe: mesmes les robbes nuptiales, bagues, joyaux, & autres biens meubles & immeubles.

CXC. Et si lesdits petits enfans y viennent de

---

a ART. 177. *du contenu en iceluy. Infrà*, art. 179. Donc celui qui est caution n'est obligé que jusques à la concurrence des meubles, cedules, obligations & autres choses mobiliaires contenues en l'inventaire, & non de la gestion & administration de l'heritier, estant simplement caution de la chose dont l'heritier est dépositaire, & non de la personne; & partant il n'est point tenu des interests des sommes principales, ni des rapports de mariage ou autre, ni des deniers procedans des ventes des immeubles, ni de l'insuffisance des debiteurs survenue depuis l'inventaire, non plus que de la negligence de l'heritier; ce qui a ainsi esté jugé sur l'explication de ces deux articles, par jugement donné au Conseil souverain de Sedan le 12 May 1638. suivant l'advis de maistres Pierre Board, Jean Arragon, Nicolas Doublet, Jean Jobert & moi, en vertu de la commission de Madame la Duchesse de Bouillon, entre Samuel Gallois & consorts, creanciers de défunt Jean Lhomedieu, appellans d'une sentence du Bailly de Sedan du 2. Octobre 1636. & Jean de Laval caution des heritiers par benefice d'inventaire dudit Lhomedieu, intimé. J. B.

leur chef, ne seront tenuz rapporter ce dont leurs peres ou meres auroient esté advantagez, sinon qu'ils soient heritiers de leursdits peres ou meres.

CXCI. Et quant aux fraiz des nopces ou espousailles & banquets, ne s'en fera aucun rapport, soit que tous les enfans ayent esté mariez du vivant des pere, mere, ayeul & ayeule, ou qu'aucuns soient demeurez à marier.

CXCII. Toutesfois si par traicté de mariage des enfans, petits enfans, ou autres descendans en ligne directe, il estoit dit par exprès que les heritages donnez en faveur de mariage sortiront nature de conquests aux futurs conjoincts : en ce cas l'enfant, ou petit enfant, auquel aura esté fait ledit advantagement, sera tenu en faire rapport de moitié seulement, d'autant que l'autre moitié appartient à l'autre desdits conjoincts.

CXCIII. Fruicts d'heritages & choses immeubles, donnez en faveur de mariage, perceus ou escheus du vivant du donateur, ne se rapportent en partage.

CXCIV. Semblablement les dons, donations & advantagemens faits entre vifs sans fraude à collateraux, ne sont subjects à rapport, *s'il n'est dit*.

CXCV. Les parens & lignagers des Evesques, Abbez, Prieurs, & autres Ecclesiastiques leur succederont.

CXCVI. Par ingression, vœu & profession monachale, ne se fait aucune dedication de biens de celuy qui entre audit monastere, ou fait telle profession, au profit dudit monastere.

CXCVII. Les bastards & fils naturels ne succedent à leurs peres, meres, & parens lignagers de leursdits peres & meres, de quelque costé & ligne que ce soit : mais les enfans & autres descendans en droicte ligne desdits bastards en loyal mariage, succederont à leurs pere, mere, ayeul, ou ayeule.

CXCVIII. Et quant aux autres parens & lignagers des bastards decedez sans hoirs legitimes procréez de leurs corps, ils ne succedent ausdits bastards : ains les successions & biens desdits bastards appartiennent au Seigneur souverain, s'ils n'ont de luy lettres & privileges au contraire.

CXCIX. Celuy qui prend les meubles & acquests immeubles, soit par contract, succession, coustume ou privilege, sera tenu de payer toutes les debtes personnelles mobiliaires : & s'il n'y a meubles & acquests immeubles, ou bien que ceux qui ont droit de les avoir par droict de succession, contract, privilege de noblesse, ou autrement, y renoncent, les heritiers tant desdicts meubles & acquests, que des heritages propres & de naissant, payeront les debtes, funerailles & accomplissement du testament, au sold la livre, à la raison de ce qu'ils prennent en ladite succession.

CC. Quand aucun declare en jugement qu'il est heritier d'un deffunct, la declaration vaut, non seulement au profict de celuy à la requeste duquel ladite declaration a esté faicte, mais aussi de tous autres.

CCI. Mais quand il declare seulement qu'il n'est heritier du defunct, telle declaration seule sans expresse renonciation ne vaut : & s'il y a renonciation expresse, telle renonciation vaudra contre tous, & pour tous.

CCII. Et s'il est reputé heritier par contumace en une cause ou instance, cela vaudra seulement au profit de ceux avec lesquels il aura esté declaré heritier en ladite cause ou instance.

CCIII. Bannis à perpetuité ne succedent à leurs parens lignages, mais à iceux lignagers succedent les enfans desdits bannis, s'ils en ont, & sont habiles à succeder avec les autres prochains parens du defunct.

De Douaire.

CCIV. Femme vefve noble ou roturiere incontinent après le trespas de son mary, est saisie de son douaire coustumier, qui est la moitié de tous les heritages que son mary avoit lors qu'il l'espousa, & de ceux qui luy sont escheus & advenus en ligne directe, soit descendant ou ascendant, constant leur mariage, pour en jouyr sa vie durant seulement.

CCV. Si par traitté de mariage il y avoit douaire prefix accordé, la vefve douée toutesfois aura son choix & option de prendre le douaire prefix, & laisser le coustumier, ou prendre le coustumier & laisser le prefix, si elle n'avoit expressément renoncé audit douaire coustumier par son traité de mariage : auquel cas, elle n'aura le choix du coustumier, ains sera tenue s'arrester au prefix.

CCVI. Et au cas que ladite douaire aura le choix, comme dit est ci-dessus, elle sera tenue d'opter & le declarer pardevant la justice du lieu où son mary estoit demourant, lors de son trespas, dedans un mois après le decès de son mary, s'il est decedé au pays, sinon, un mois après que ledit decès sera venu à sa cognoissance : & faire registrer au Greffe ladite declaration : & ne sera ladite vefve saisie dudit douaire prefix : & si ne commenceront les arrerages d'iceluy, sinon depuis ladite declaration & option faite comme dessus.

CCVII. La douairiere est tenue d'entretenir les heritages de son douaire, de closture, couverture, & autres menues reparations, en tel estat qu'elle les trouve lors que le douaire a commencé, lesquels à cette fin seront visitez : & à ce faire sera contraincte par les heritiers ou les proprietaires des heritages tenus en douaire : ensemble d'acquitter les charges réelles & foncieres deuës à cause des heritages tenus en douaire, & pour le temps d'iceluy.

CCVIII. Femme noble ou roturiere, renonçant aux meubles & conquests immeubles delaissez par le decès de son mary, ne perd pas par le moyen d'icelle renonciation son douaire, soit prefix ou coustumier, comme a esté dit ci-dessus.

CCIX. Le douaire de la femme soit prefix ou coustumier, ne peut estre vendu, quitté & aliené par le mary, constant le mariage, ores que la femme le consentist : & où elle consentiroit, le mary sera tenu la recompenser sur heritages de pareille valeur appartenans à sondit mary, soit de naissant, acquests, ou conquests, pour en jouyr à pareille condition que de sondit douaire, quand douaire aura lieu : & ou lesdits heritages defaudroyent en tout ou en partie, la fortune en tombera sur ladite vefve au moyen de son consentement.

CCX. Mais les heritages chargez dudit douaire, peuvent particulierement estre vendus, alienez, obligez & hypothequez par le mary avec le consentement de sa femme : auquel cas ladite femme n'en doit estre aucunement recompensée, sinon qu'elle renonçast à la communauté après le decès de sondit mary : En quoy faisant elle sera recompensée desdits heritages vendus, chargez de sondit douaire comme dessus.

CCXI. La femme après le trespas de son mary, si elle prend le douaire coustumier, a les heritages en l'estat qu'elle les trouve : à sçavoir s'il y a bleds à sciller, vignes à vendanger, prez à faucher, ou autres fruicts pendans, soyent naturels ou industriaux : aussi quand elle decede, les heritiers du defunct ou proprietaire reprennent les heritages en tel estat qu'ils les trouvent lors du decès de ladite douairiere, sans estre tenus rendre aucuns frais, labourages ou semences.

CCXII. Toutesfois au cas que la douairiere auroit de son vivant baillé à louage, moissons de grains, ou pension d'argent, aucunes terres, vignes, prez, jardins, ou autres heritages chargez de son douaire, à payer au jour sainct Martin d'hiver, comme il est accoustumé, ou autres termes, si telle douairiere decedoit avant les fruicts recueillis, les heritiers de son mary, ou autres proprietaires prendront les louages, pensions, ou moissons desdits heritages : Mais si ladite douairiere decedoit après lesdits fruits recueillis, ores que le terme de payement de la pension ne fust escheu, ils appartiendront aux heritiers d'icelle douairiere.

CCXIII. Femme vefve noble ou roturiere, outre son douaire prend & emporte contre les heritiers de son mary, une des maisons d'iceluy, telle que bon luy semble : Toutesfois où il n'y en auroit qu'une, si elle estoit suffisante pour lesdits heritiers & elle, selon la qualité de leurs personnes, en prendra ladite vefve la moitié seulement en usufruict, & lesdits heritiers l'autre moitié : & si elle n'estoit suffisante, ladite douairiere pour ce regard sera preferée ausdits heritiers. Toutefois quant aux maisons fortes & chasteaux appartenants au Seigneur souverain, le contenu au present article n'a lieu.

CCXIV. Et si ladite vefve douairiere se remarie, & y a enfans de son premier mary & d'elle, iceux parvenus à l'aage de dix-sept ans & au dessus, si lesdits enfans par l'advis de leurs tuteurs & parens requierent & veulent avoir ladite maison pour leur demourance, icelle douairiere leur mere sera tenue la leur laisser, & n'y aura son habitation : en la recompensant par eux d'autant que le loyer de ladite maison vaudra par chacun an.

CCXV. Femme qui tient en douaire aucuns bois ou forests, ne les pourra vendre ne couper, si de memoire d'homme ils n'avoyent esté vendus ou coupez : mais en pourra couper ou vendre de ceux desquels le sur-poix auroit esté vendu ou coupé par autres fois, pourveu qu'ils soyent lors en coupe, ainsi que l'on a accoustumé. Et si fondit mary en avoit vendu aucuns de son vivant, à couper à années, le marché tiendra, & en emportera la vefve douairiere, les payemens *pro rata* du temps de son douaire & pour sa portion.

CCXVI. Si la douairiere vend son douaire, le proprietaire le pourra reprendre dedans l'an & jour, en remboursant dedans vingt-quatre heures l'achepteur du pris, ensemble des loyaux frais & coustements.

De Retraict Lignager.

CCXVII. QUand aucun vend son heritage à luy escheu de succession en ligne directe, ou collaterale, ou qui luy aura esté baillé en mariage ou advancement d'hoirie, par donation simple, ou par leg testamentaire de son parent, duquel il est heritier presomptif, à personne estrange, qui n'est parent ou lignager du costé dont l'heritage luy est escheu & advenu : Il est loisible au lignager dudit costé de demander, avoir & evincer ledit heritage de l'achepteur ou detenteur d'iceluy, par droict de retraict lignager dedans l'an & jour : à compter à sçavoir ès choses censuelles & roturieres, du jour que l'achepteur aura esté ensaisiné par la justice, & le vest ou dévest registré au registre d'icelle, & du jour de la possession de faict ès choses allodiales : Et quant aux choses feodales, du jour de la reception en foy & hommage, ou du devoir ; en rendant par ledit demandeur le sort principal de ladicte vendition, avec les loyaux cousts & frais. Et faut que l'adjournement & offres soient faicts dedans ledict an & jour, & qu'entre le jour de l'adjournement & l'assignation n'y ait plus de trente jours : autrement le retrayant sera debouté.

CCXVIII. Et si aucun a possedé par dix ans, aucun heritage censuel ou roturier, d'autant que telle possession equipolle à vesture, le lignager ne pourra avoir par retraict tel heritage après l'an & jour suivant lesdits dix ans expirez.

CCXIX. Le parent lignager qui premier fait faire l'adjournement en retraict, est preferé à tous autres : encores qu'ils soient plus prochains en degré du vendeur.

CCXX. Et en concurrence de proximité, de jour & d'heure, sera preferé celuy auquel l'achepteur voudra gratifier sans fraude, argent desboursé, ou autre chose promise, dont l'achepteur & le gratifié se purgeront par serment : & si la fraude est descouverte, le retraict sera adjugé à l'autre retrayant.

CCXXI. Le demandeur en retraict lignager, est tenu de presenter (a) & offrir actuellement en jugement les deniers, frais & loyaux cousts, & à parfaire chacune journée, avant contestation en cause, sinon les consigner dès le commencement : autrement & à faute de ce faire sera debouté.

CCXXII. Afin que les parens qui voudront faire ledit retraict, puissent avoir cognoissance du pris desdites venditions, faire offres raisonnables, & entendre le temps & date d'icelles, ensaisinemens & receptions en foy & hommage : le greffier sera tenu monstrer son registre desdits ensaisinemens aux parens lignagers ce requerans : sur peine de soixante sols tournois d'amende, & dommages & interests des parties : & d'en bailler copie & extraict, s'il en est requis, en le payant raisonnablement de ses peine & salaire.

CCXXIII. Ce que pareillement seront tenus faire les Notaires, pour le regard des venditions qui seront passées pardevant eux, sur les peines dessusdites.

CCXXIV. En eschange d'heritage, retraict lignager n'a lieu, n'estoit qu'il y eust soulte de deniers excedant la juste valeur & estimation de l'heritage eschangé : auquel cas y aura retraict, comme si c'estoit vendition, en rendant les deniers de la soulte & la juste valeur & estimation de l'heritage baillé avec ladite soulte.

CCXXV. Semblablement en eschange d'heritages contre meubles y aura retraict, en rendant le pris que lesdits meubles seront estimez par gens à ce cognoissans.

CCXXVI. Tous heritages baillez à rente racheptable, sont retrayables, en payant & remboursant dedans l'an & jour le pris pour lequel ladite rente a esté accordée racheptable, avec les loyaux cousts & frais.

CCXXVII. Sont aussi retrayables les heritages baillez à rente perpetuelle, si ladite rente est racheptée

(a) ART. 221. *est tenu de presenter.* Voy. M. Louet, *litt. R. num. 35. ubi dixi*, j'ai appris que l'usage constant de cet article est de consigner au commencement de l'instance non le prix entier du contract & des loyaux cousts, mais seulement une piece d'or ou d'argent ; auquel cas il n'est plus besoin de presenter & offrir actuellement en jugement chacune journée de la cause. J. B.

dedans l'an & jour : pource qu'en ce cas tels heritages sont reputez estre baillez à rente racheptable, encores qu'il ne soit porté par le contract : & courra le temps de retraict, du jour du rachapt de ladite rente perpetuelle.

CCXXVIII. Et si après l'an & jour de ladite vendition ladite rente estoit vendue, elle cherroit en retraict lignager, à compter du jour de la vendition d'icelle rente.

CCXXIX. Le retrayant a pareil terme de payement que l'achepteur, quand la vendition est faicte à terme : en faisant toutesfois descharger l'achepteur envers le vendeur de la promesse & obligation que ledit vendeur auroit sur luy, & luy rendre son obligation cassée & nulle : autrement & à faute de ce faire, ledit retrayant sera tenu rembourser comptant, ou dedans vingt-quatre heures le pris de la vendition, loyaux cousts & frais, comme dessus.

CCXXX. Heritages propres vendus par decret, & par executeurs de testament sont subjets à retraict.

CCXXXI. Quand aucun vend plusieurs heritages par un seul contract, & pour un seul pris, le parent lignager ne pourra demander ny avoir par retraict lignager partie desdits heritages, sans prendre le tout, s'il ne plaist à l'achepteur, soit qu'entre lesdits heritages y en ait partie d'acquest, ou naissant d'autre costé ou ligne : & si l'achepteur veut retenir les heritages de l'acquest de son vendeur, ou d'autre naissant, faire le pourra : & en ce cas sera faicte estimation par gens à ce cognoissans, eu esgard au total, qui sera deduicte & rabatue sur le pris de ladite vendition.

CCXXXII. Et s'il y a concurrence de divers lignagers, en ce qui est de divers naissans, chacun emportera ce qui est de son costé & naissant, estimation faicte des heritages, comme dit est. Toutesfois ès choses qui ne se peuvent diviser commodément, le premier retrayant emportera le tout, ores qu'il ne soit parent que d'un costé : & ne pourra en ce cas l'achepteur retenir ce qui est de divers naissants.

CCXXXIII. Et si avec les heritages de divers naissants, y a des acquests comprins en la vendition, lesdits lignagers seront tenus de reprendre lesdits acquests, chacun pour moitié, avec ledit naissant, si bon ne semble à l'achepteur de retenir lesdits acquests pour l'estimation, eu esgard au pris du contract.

CCXXXIV. Si aucun heritage propre est vendu à deux conjoincts par mariage, ou à l'un d'eux, dont l'un est parent lignager du vendeur : pendant ledit mariage, retraict lignager n'a lieu, pource que ledit heritage demeure en sa ligne : mais la part de celuy qui n'est lignager sera retrayable dedans l'an & jour de la dissolution du mariage, & que sa part est hors de ligne.

CCXXXV. L'heritage acquis de parent lignager de l'acquesteur, ou que le parent lignager a retraict de personne estrange, s'il est revendu à un non lignager, tombera en retraict : encores qu'il soit acquest audit retrayant ou acquesteur.

CCXXXVI. Le parent lignager en retraict est preferé au seigneur feodal, ou seigneur foncier & censuel qui veut retirer lesdits heritages, par puissance de fiefs, droict de lots & retenue, ou autrement.

CCXXXVII. Heritage vendu à faculté de rachapt, chet en retraict, à la charge dudit rachapt : & en ce cas dure le retraict jusques après l'an & jour du rachapt expiré.

CCXXXVIII. L'achepteur se peut dessaisir, vendre, donner ou transporter l'heritage à luy vendu, pendant le temps du retraict lignager, & auparavant l'adjournement, & non depuis, au prejudice du lignager : en maniere que s'il le fait depuis l'adjournement, il pourra tousjours estre poursuivy, nonobstant les alienations depuis par luy faictes : & neantmoins les jugement & sentences contre luy données seront executées quant au principal contre ceux ausquels auroyent esté faites lesdites alienations.

CCXXXIX. L'achepteur dedans l'an & jour du retraict, ne peut aucune chose demolir, ne reparer en l'heritage vendu après l'adjournement, si les reparations ne sont necessaires, & par auctorité de justice, partie appellée, sur peine de les perdre : mais si avant l'adjournement il avoit fait aucunes reparations necessaires, les repetera sur le retrayant. Et au regard des reparations utiles, les pourra reprendre, si faire se peut, sans deterioration de l'heritage : sinon les pourra repeter contre le lignager, comme dessus

CCXL. Le retrayant lignager qui veut retraire aucun heritage sur le second, tiers, ou autre achepteur, dedans le temps du retraict, rendra seulement le pris de la premiere acquisition : sauf à l'acquesteur sur qui sera faict ledict retraict, son recours contre son vendeur, pour le pardessus du pris.

CCXLI. En vendition d'usufruict, ou de meubles n'y a retraict.

CCXLII. Toutesfois si aucun avoit vendu la proprieté de son heritage, retenu l'usufruict, & puis après vend ledit usufruict, l'acheteur de la proprieté, s'il est parent lignager du vendeur, ou le retrayeur de ladite proprieté aura l'usufruict pour le pris de la vendition, loyaux cousts & frais dedans l'an & jour que l'acquisition dudit usufruict aura esté enregistrée au greffe de la justice, comme a esté dit.

CCXLIII. Semblablement si aucun vend generalement une succession ou partie d'icelle, posé qu'il n'y ait que meubles (*a*), y aura retraict.

CCXLIV. Le fils est recevable à retraire l'heritage vendu par son pere, encores qu'il ne soit emancipé, ou que depuis il soit heritier de son pere estant decedé, dedans l'an de la vendition.

CCXLV. Tout lignager est recevable au retraict, encores qu'il soit conceu & nay depuis la vendition, pourveu qu'il vienne dedans le temps de la coustume.

CCXLVI. Le lignager sera receu au retraict, supposé qu'il ne soit de l'estoc & branchage, mais seulement du costé & ligne du vendeur : en telle maniere que si le fils vend l'heritage à luy venu de par son pere, & qui estoit acquest à sondit pere, ledit heritage pourra estre retraict par son oncle paternel, ou autre parent du costé de son pere, encore qu'il ne soit descendu dudit pere.

CCXLVII. En retraict lignager n'y a recours de garendie, pour le regard de celuy sur lequel est fait le retraict, sinon de ses faicts & promesses.

CCVIII. Congé de Cour avant contestation, en retraict lignager, emporte gain de cause avec despens.

CCXLIX. Le defendeur en retraict, s'il succombe, sera tenu de restitution de fruicts, depuis que le demandeur en jugement aura formé sa demande, & offert ses deniers.

CCL. Le retrayant est tenu de se purger par serment, où requis en seroit, que le retraict qu'il fait est pour luy, & de ses deniers, pour son profit & sans fraude.

CCLI. Est aussi l'acheteur tenu se purger par serment du vray pris de la vendition, & de toutes fraudes & simulations des contracts, si le retrayant le requiert.

CCLII. L'an & jour du retraict lignager, court contre toutes personnes privilegiées & non privilegiées, mineurs, absens & furieux.

---

a Art. 243 *posé qu'il n'y ait que meubles*, cette Coustume est injuste. *Vide not. mea*, sur Paris, art. 144. J. B.

CCLIII.

CCLIII. Après que l'heritage aura esté adjugé à un parent lignager, ou que sans adjudication ledit lignager auroit esté recogneu au retraict : iceluy lignager sera tenu payer & rembourser l'acheteur ou detenteur ayant droict de luy, contre lequel aura esté faicte l'adjudication, ou qui aura faict ladicte recognoissance du pris de la vendition, avec les loyaux cousts & frais : ou les consigner, au refus de les recevoir dedans vingt-quatre heures après ladite adjudication ou recognoissance, & que l'acheteur aura mis au greffe les lettres de l'acquisition, & affermé le pris, ensemble lesdits loyaux coust & frais : à faute de quoy faire, ledit retrayant sera debouté du retraict.

CCLIV. Et s'il intervient debat sur la liquidation desdits loyaux cousts & frais, le demandeur ou poursuyvant ledit retraict sera tenu payer ou consigner, comme dit est, le liquide, & du non liquide soy constituer acheteur de biens de justice, & bailler caution fidejussoire de payer dedans vingt-quatre heures après la liquidation : & à faute de faire ce que dessus, sera le retrayant debouté dudit retraict, si bon semble à l'acheteur : ou bien pourra s'il veut, contraindre ledit retrayant ou sa caution à le payer.

CCLV. Le mary seul sans sa femme, en qualité toutesfois de mary, peut retraire l'heritage vendu par le parent de ladite femme, estant de la ligne d'icelle.

CCLVI. Est au choix du retrayant de faire adjourner l'achepteur pardevant son Juge ordinaire, ou du lieu où la chose est assise.

CCLVII. Si l'acquesteur est absent, & n'a domicile ès pays & terres du Seigneur souverain, suffit au lignager de le faire adjourner au lieu où est située la chose acquise, en parlant à ses receveurs, fermiers, ou detenteurs, si aucuns en y a : sinon, à deux personnes des plus proches voisins du lieu, en faisant attacher l'exploict & rapport du sergent à la porte dudit lieu, s'il y a maison : Sinon à la porte du Temple de la parroisse, où est assis ledit lieu, pour interrompre la prescription de l'an & jour.

De Saisine & Possession.

CCLVIII. L'Achepteur, ou autre nouvel acquesteur d'un heritage, soit fief, ou roture, se peut mettre en saisine & possession d'iceluy, sans le consentement du Seigneur censuel ou foncier.

CCLIX. Et neantmoins toutes personnes qui auront achepté des heritages en la seigneurie d'aucun Seigneur, sont tenus eux faire vestir & ensaisiner à la justice fonciere dudit Seigneur, & faire registrer leurs acquisitions au greffe d'icelle justice, dedans la quinzaine du jour de la vendition, sur peine de soixante sols tournois d'amende.

CCLX Et au cas qu'un heritage soit vendu, ou autrement aliené à plusieurs, par divers contracts, celuy sera preferé en la proprieté qui sera le premier vestu & ensaisiné, comme dessus.

CCLXI. Possession de dix ans, equipolle à vesture.

CCLXII. Vest & dévest n'est requis en succession d'heritages, soit directe ou collateralle, ny en legs d'heritages delivrez par les heritiers d'un testateur, ou par justice au refus des heritiers, ny en donations faictes en advencement d'hoirie, ou faveur de mariage, ny en acquisition faite par retraict lignager, pourveu que l'achepteur ait esté vestu & ensaisiné.

CCLXIII. Celuy qui par defaut d'avoir la derniere année possedé & jouy paisiblement d'aucuns heritages, cens, rentes, ou autres droicts incorporels, n'est recevable pour raison d'iceux à intenter cas de nouvelleté : si toutesfois dès & depuis dix ans, & par la plus grande partie dudit temps de dix ans, il a jouy paisiblement, soit continuellement, ou par intervalle, desdites choses, encor qu'il ne soit fondé en tiltre : neantmoins est bien recevable à intenter le cas de simple saisine (a) ; à fin d'estre remis en la possession qu'il avoit perdue, & icelle recouvrer.

D'hypotheque.

CCLXIV. LE tiers detenteur d'un heritage obligé & hypothequé au payement de rente, redevance ou de debte, ne peut empescher que l'heritage ne soit declaré obligé & hypothecqué au payement de telle rente, redevance ou debte ; s'il n'allegue defenses ou exceptions peremptoires, pour estre ledit heritage vendu & subhasté, & adjugé au plus offrant & dernier encherisseur ; discussion preallablement faicte des biens du debteur principal, & personnellement obligé, & de ses pleiges, si aucuns en y a ; pourveu que tels pleiges n'ayent renoncé à l'ordre de discussion.

CCLXV. Et où lesdits pleiges auroient renoncé à l'ordre de discussion, le crediteur a le choix & option de les contraindre, ou bien de se prendre au detenteur de l'heritage obligé, ou contre tous deux ensemble.

CCLXVI. Les heritiers d'un defunct sont tenus personnellement des faits promesses, obligations & rentes constituées par le defunct, pour telle part & portion qu'ils sont heritiers, & chacun d'iceux hypothecquairement pour le tout ; & si aucun d'iceux est detenteur de l'heritage hypothequé, il est tenu pour le tout tant personnellement que hypothequairement.

CCLXVII. Le detenteur d'un heritage obligé & hypothequé au payement d'aucune rente ou redevance, soit pour bail d'heritage, constitution de rente ou autrement, est tenu personnellement & hypothequairement des arrerages depuis qu'il est detenteur, & pour les precedans hypothequairement seulement ; mais pour l'advenir est tenu tant hypotequairement que personnellement pour le tout, tant & si longuement qu'il sera detenteur des heritages hypothequez : Tellement qu'il est loisible au creancier de faire vendre, si bon luy semble, l'une des pieces que mieux luy plaira de l'heritage obligé à ladite rente, pour le payement des arrerages qui luy en seront deuz, soit par hypotheque generale ou speciale ; à la charge toutesfois de preallablement discuter l'hypotheque special.

CCLXXVIII. L'acquesteur d'heritage chargé

(a) ART. 263. à intenter le cas de simple saisine, *Chopp lib. 3. de Morib Paris. tit. 1. num. ult. fine. Vide not mea. ad art. 98. consuet. Paris. ubi plura de simplici saisina, quæ est propriæ condictio possessionis* J. B.

de rente envers luy, pourra, si bon luy semble, renoncer à son heritage, & retourner à son droict qu'il avoit pour ladite rente; combien que par telle acquisition ladite rente eust esté confuse en tel ordre, droict & prerogative qu'il estoit auparavant ladite confusion, & nonobstant icelle.

CCLXIX. Mais quand telle confusion advient par le moyen que deux conjoincts par mariage acquierent rente immobiliaire sur l'heritage de l'un d'eux, ou qu'ils achetent l'heritage redevable de rente immobiliaire envers l'un d'eux : ladite rente est seulement confuse, tant que le mariage dure & non plus : tellement qu'après le trespas de l'un desdits conjoincts, le survivant d'iceux, ou les heritiers du predecedé peut demander moitié de la rente, ou de l'heritage acheté, ou l'argent de la moitié de la rente; & neantmoins demeure au choix de celuy auquel appartient ou advient l'heritage chargé de rente, de continuer ladite rente, ou en descharger son heritage en remboursant.

CCLXX. Celuy qui achete heritage sans charge de rente, s'il est poursuivy pour raison d'icelle, pourveu qu'il n'en ait eu cognoissance paravant ladite poursuite, peut sans sommer son garend, ou au defaut & refus d'iceluy, après l'avoir sommé, renoncer audit heritage avant contestation en cause; & en ce faisant ne sera tenu de ladite rente, ne arrierages d'icelle, encores que lesdits arrierages fussent escheus de son temps, auparavant ladite renonciation, & qu'il fust adverty de ladite rente : autrement, & nonobstant telle renonciation, sera tenu personnellement des arrierages escheus de son temps, & après avoir esté adverty de ladite rente.

CCLXXI. L'achetteur ou successeur singulier n'est tenu d'entretenir les baux à fermes ou louages des heritages par luy achetez faits par le vendeur, ou autre duquel il a cause, auparavant ledit achapt, ou autre contract faict entre les parties : n'estoit que le contract de ladite alienation fust faict à la charge d'entretenir lesdits louages, ou bien que par lesdits baux & louages, lesdits heritages fussent specialement hypothequez à l'entretenement d'iceux; esquels cas ledit acquesteur est tenu d'entretenir lesdits baux en prenant les loyers.

CCLXXII. Et aura le locataire, au cas qu'il fust evincé pour les raisons que dessus, son recours pour ses dommages & interests contre son bailleur & locateur.

CCLXXIII. Les biens meubles n'ont point de suitte par hypotheque n'en execution, quand ils sont mis hors de la puissance & disposition du debteur sans fraude.

CCLXXIV. Toutesfois les meubles du locataire qui ont esté une fois mis & portez en maison, ou autre heritage tenu de louage, comme tacitement hypothequez au payement des loyers, peuvent estre poursuivis par hypotheque pour le payement desdits loyers, sinon qu'ils ayent esté vendus à un autre.

CCLXXV. Et où ils se vendroient par auctorité de Justice publiquement, sera le locateur preferé à tous autres pour son louage sur les deniers qui en procederont.

CCLXXVI. Semblablement les grains procedans des terres baillées à ferme, sont tacitement hypothequez au payement des moissons & loyers, & les peut ledit locateur poursuivre comme dessus.

De Servitudes réelles.

CCLXXVII. EN la ville de Sedan, villages, terres & seigneuries en dependans, à qui appartient le rez de chaussée, appartient le dessus & le dessous du sol; & peut par dessus & par dessous de son sol edifier, faire puits, aisements & autres choses licites, s'il n'y a lettres ou tiltres au contraire.

CCLXXVIII. Le voisin ne peut acquerir sur son droict de servitude sans tiltre, par quelque laps de temps qu'il en ait jouy; & ne peut par prescription & longue jouissance quelle qu'elle soit, acquerir prescription sans tiltre ou chose equipollent à tiltre.

CCLXXIX. Disposition & destination de pere de famille vaut tiltre, comme a esté dit cy-dessus.

CCLXXX. Il est loisible à un voisin pour se loger, edifier en mur metoyen si haut que bon luy semblera, en payant moitié dudit mur, s'il n'y a tiltre au contraire, en gardant toutesfois la hauteur accoustumée.

CCLXXXI. Quand aucun edifie ou fait dresser un mur, qui soit metoyen & commun à luy & à son voisin, ledit voisin qui a moitié audit mur, encores qu'il n'edifie, doit contribuer aux frais qui se feront à la reédification d'iceluy, tant ès fondemens, qu'à huict pieds hors de terre, à rez de chaussée; & s'il ne veut au pardessus contribuer, & que l'autre neantmoins reédifie ledit mur, celuy qui aura refusé contribuer, ne pourra puis après edifier ne soy aider dudit mur au dessus desdits huict pieds, sinon en payant moitié des frais & despens, qui auront esté faits pour iceluy edifier au dessus desdicts huict pieds, jusques à telle hauteur & largeur qu'il estendra son edifice.

CCLXXXII. Celuy qui edifie peut faire veues & fenestres du costé de celuy qui ne veut edifier au dessus de sept pieds de hauteur au bas estage, & aux chambres au dessus de six pieds; pourveu que lesdictes veues & fenestres soient à verre dormant; & quand l'autre voudra edifier, celuy qui aura premier edifié sera tenu estoupper à ses despens lesdites veues & fenestres.

CCLXXXIII. Le voisin peut percer & faire percer & desmolir le mur commun metoyen entre luy & son voisin, pour se loger & edifier, en le retablissant deuement, & faisant refaire à ses despens, s'il n'y a tiltre au contraire.

CCLXXXIV. Il est loisible à un voisin contraindre ou faire contraindre par Justice son autre voisin, à refaire ou faire refaire le mur ou edifice commun corrompu, & pendant entre luy & sondict voisin, & d'en payer sa part, chacun selon que son edifice ou logis se comporte en longueur & largeur, & pour telle part & portion que lesdites parties ont & peuvent avoir audit mur metoyen; sinon que ledit vice fust advenu par ce qui auroit esté suredifié au dessus de huict pieds, par l'un desdits voisins; auquel cas celuy qui aura suredifié sera tenu restablir ledit mur à ses despens.

CCLXXXV. Il n'est loisible à aucun de mettre ou faire mettre les poultres & solives de sa maison dedans le mur d'entre luy & son voisin, si ledit mur n'est metoyen.

CCLXXXVI. Semblablement n'est loisible à aucun de mettre ou faire mettre les poultres & trabes de sa maison dedans le mur metoyen d'entre luy & son voisin, que jusques à l'espesseur de la moitié dudit mur, & au point du milieu, en y faisant & mettant jambes, parpaignes, pilliers, chevets & corbeaux de pierres dures, suffisans pour porter lesdites poultres, & restablissant ledit mur.

CCLXXXVII. Nul ne pourra faire puits, privez ou four, en quelque mur d'entre deux voisins sinon que celuy qui fera lesdits puits, ou four, ne face faire à ses despens un contre-mur de pied &

demy d'espesseur pour le moins, entre lesdits puits, privez ou four, & mur metoyen.

CCLXXXVIII. Quand aucun mur est metoyen entre deux voisins, & l'un desdits voisins a terre plus haute que l'autre voisin : celuy qui a les terres plus hautes, est tenu de faire à ses despens, contre-mur contre ledit mur metoyen de son costé de la hauteur desdites terres; ou du moins ravaler la terre de son costé, pour eviter à ce qu'elles ne pourrissent & corrompent ledit mur metoyen.

CCLXXXIX. Quand un esgout chet sur l'heritage d'autruy en terre vaine & place vuide, celuy à qui est ledit esgout ne peut estre contraint de l'oster, s'il ne porte notable dommage; mais si celuy à qui est ledit heritage veut edifier en la place où chet ledit esgout, son voisin du costé duquel il chet, sera tenu porter ou faire porter son eau hors de l'edifice de celuy qui edifie.

CCXC. Celuy qui a droict de veue sur l'heritage d'autruy par fenestre, ou autre ouverture, doit tenir ses ouvertures & fenestres barrées à barreaux de fer & verre dormant, en maniere qu'on n'y puisse passer ny jetter aucune chose; sinon qu'il y ait convention expresse au contraire.

CCXCI. Nul ne peut faire bastir & edifier maison ou autre edifice sur front de rue, sans prendre alignement de la Justice, sur peine de soixante sols tournois d'amende, & de reparer & remettre la chose en son premier estat; & pour tous frais & salaires des officiers qui vacqueront à ce que dessus, quelque vacation qu'il y ait, ne sera payé plus de cinq sols tournois, à partir esgalement entre tous les officiers.

CCXCII. Tous murs sont reputez communs entre voisins, jusques à dix pieds de haut; à sçavoir, deux pieds en terre, & huict pieds au dessus de terre; sinon qu'il y ait tiltre ou convention contraire.

CCXCIII. En mur metoyen celuy qui assied premier ses cheminées, ne peut estre contraint par l'autre de les oster ne reculer, pourveu qu'il laisse moitié de l'espesseur dudit mur.

CCXCIV. Fouillement en terre, gratement & desmolition de murailles, & autres œuvres clandestinement faictes par l'un des voisins, au dessus de l'autre, n'attribue par quelque laps de temps aucun droict ne possession à celuy qui aura fait lesdites entreprinses.

CCXCV. Quand aucun fait edifier & reparer son heritage, son voisin est tenu donner & prester patience à ce faire, en reparant & amendant en diligence par celuy qui edifie, ce qu'il aura rompu, desmoly & gasté à sondit voisin.

CCXCVI. Si entre deux heritages y a des fossez, celuy qui a le ject de son costé de la terre issue desdits fossez, est & demeure Seigneur desdits fossez : & si le ject est de chacun costé, le fossé sera reputé commun.

CCXCVII. Quand aucune maison ou autre edifice menasse ruyne, si celuy à qui appartient ladite maison, sommé d'oster le danger, ne le fait, il sera permis à son voisin ou poursuyvant, soit le Procureur fiscal, ou autre partie privée, après visitation deuement faicte de l'auctorité de justice, par massons, charpentiers, ou autres gens à ce cognoissans, de le faire, pour eviter l'eminent peril par demolition de l'edifice caduque, ou autrement, aux despens de celuy auquel appartiendra ledit edifice : Et si celuy qui aura fait faire lesdites demolitions a fait aucuns frais, il en sera rembourcé par le maistre de ladite maison caduque.

CCXCVIII. Quand aucun voudra edifier de nouvel, si son voisin ou autre y a interest, & se veut complaindre, & denoncer nouvel œuvre, faire le pourra, en sommant celuy qui voudra edifier, de se deporter : ce qu'il sera tenu faire incontinent après l'adjournement libellé, ou sommation faicte en jugement, jusques à ce que visitation faite des heritages, ouvrages & lieux par gens à ce cognoissans, les parties ouyes en jugement, il en soit autrement ordonné par justice : Autrement si après l'adjournement libellé suffisamment, ou sommation faite comme dessus, il estoit passé outre à l'œuvre ou edifice avant l'ordonnance de justice, les choses seront desmolies, reparées & remises en l'estat qu'elles estoyent lors de ladite denonciation, aux despens de celuy qui auroit attenté ou passé outre audit nouvel œuvre.

CCXCIX. Et si celuy qui aura denoncé nouvel œuvre à tort, sera tenu de tous despens, dommages & interests advenus à cause du deport, retardation de l'ouvrage, & deterioration des materiaux & edifices.

CCC. Quand aux murailles estans entre deux heritages sont mis & assis aucuns corbeaux, ou pierres en veue & lieux apparens, ou ayans saillie, si tels corbeaux & pierres sont accamusez par dessous en faisant l'œuvre sans fraude, ils demonstrent que tout le mur est commun ausdits deux heritages, mais si lesdits corbeaux & pierres sont accamusez par dessus, ils demonstrent que lesdites murailles sont communes jusques ausdits corbeaux & pierres seulement; & faut que lesdites pierres & corbeaux ayent saillie.

De Pasquis, pasturages, aisances & usages.

CCCI. Toutes personnes peuvent mener & faire mener en pasture leur bestail, en toutes terres & prez après la despouille, mesmes aux prez jusques au vingt-cinquiesme de Mars; Fors & excepté ès prez du Seigneur souverain où l'on a acoustumé de faire deux herbes, ausquels prez à deux herbes, aucun ne pourra mener bestail pasturer jusques après le regain levé, sur peine de quarante sols tournois d'amende pour la premiere fois, de soixante sols tournois pour la seconde fois, & pour la troisiesme fois, de cent sols tournois, & de confiscation des bestes.

CCCII. Les habitans de deux villages voisins, tant en general que particulierement, peuvent mener ou faire mener leur bestail en vaine pasture, les uns sur les autres.

CCCIII. Et sont reputées vaines pastures les terres & prez non clos, après la despouille, comme aussi les terres vacantes non labourées, terres en savart, & en friche, hayes & buissons; excepté ce que les laboureurs reservent à labourer de leurs terres pour le pasturage de leurs chevaux, que l'on appelle espargne, dont les paistres & autres s'abstiendront, ainsi qu'il est accoustumé d'ancienneté; Excepté aussi les terres, prez, & autres heritages prochains des villes & villages que l'on voudroit appliquer & approprier en jardinages, logis & maisons, qui ne sont reputez vaines pastures, dès incontinent qu'ils seront clos de fossez, palis, hayes, murailles, ou autre apparence de closture & defense.

CCCIV. Toutesfois les habitans d'aucunes villes ou villages, en general ou en particulier, qui ont droit d'aisance, usage & pasturage des bois & forests d'autruy, pourront jouyr & user selon leurs tiltres & privileges de leursdites aisances & usages, nonobstant ce que dessus.

CCCV. Nulles personnes, mesmement les marchands bouchers, ne peuvent faire troupeaux particuliers de vaches, veaux, poulains, moutons, ou autre bestail, pour nourrir sur le ban & terroir de

Sedan, & autres adjacens : Sur peine de soixante sols tournois d'amende contre les contrevenants.

CCCVI. Les bourgeois & subjects de Sedan, & autres terres & seigneuries du Seigneur souverain, usagers prenants bois & aisances és forests dudit Seigneur, ne peuvent prendre bois chesne esdites forests & aisances, ny faire abbatre pour bastir aucuns bois, s'il n'est marqué du marteau du Gruyer : les escouppiers desquels bois seulement ainsi marquez ils peuvent pour leur commodité convertir en nature d'eschames aussi, & autres menus bois pour lesdits bastiments.

CCCVII. Mais s'ils veulent avoir chesnes esdites forests, pour faire paillis, clappes, & eschallats, sont tenus les acheter du Gruyer dudit Seigneur, presens ses Officiers, & reviennent les deniers à sa recepte.

De Prescription.

CCCVIII. Toute personne qui a jouy & possedé d'aucun heritage, ou autre immeuble paisiblement à juste tiltre & bonne foy, par luy, par ses predecesseurs, ou ceux dont il a droict & cause par dix ans continuels, entre presens, & vingt ans entre absens, aagez & non privilegiez : a par prescription acquis ledit heritage, & n'en peut estre inquieté.

CCCIX. Semblablement si aucun a jouy & possedé d'aucun heritage à juste tiltre & bonne foy, par luy, ses predecesseurs, & ceux desquels il a droict & cause, franchement, & sans inquietation d'aucune rente ou hypothecque, par dix ans continuels entre presens, & vingt ans entre absens aagez & non privilegez, il a acquis prescription d'icelle rente ou hypotheque.

CCCX. Et sans tiltre telle prescription que dessus aura lieu, par la possession & jouissance de trente ans continuels contre aagez & non privilegez.

CCCXI. Et quant aux droicts du seigneur souverain, il n'y a moindre prescription que de quarante ans.

CCCXII. Sont reputez presens ceux qui sont demourans dedans dix lieues (*a*) à l'environ de la scituation de l'heritage : & ceux qui sont demourans plus loing que de dix lieues, sont reputez absens.

CCCXIII. Toutes actions personnelles, réelles & mixtes, sont prescriptes & esteinctes par trente ans, & les hypothequaires par quarante ans, contre le creancier, & les heritiers d'iceluy.

CCCXIV. Des prescriptions de dix ans, de vingt & de trente ans, sera desduict le temps de minorité, s'il y a mineur : & le temps d'absence necessaire, comme de prison entre les mains des ennemis, & autre legitime.

CCCXV. Pour denrées & marchandises vendües & delivrées en detail, & pour ouvrages d'artisans, salaires & loyers de serviteurs & mercenaires, parties d'apothicquaires, taverniers & hosteliers, boulengers, & autres, sera desniée toute action aux demandeurs & poursuivans le payement desdites denrées, marchandises & salaires, après six mois passez, du jour de la delivrance : Sinon que le demandeur se vueille rapporter au serment du pretendu debteur adjourné : Auquel cas ledict adjourné sera tenu d'en dire, & sera creu par son simple serment, sans passer plus oultre.

CCCXVI. Toutesfois ce que dessus n'aura lieu pour le regard des denrées & marchandises vendues & delivrées en detail, & autres choses dessusdites, s'il y a obligation, cedule, compte ou recognoissance judiciaire : ausquels cas l'action demeurera au creancier.

CCCXVII. Comme aussi pour le regard desdites denrées & marchandises vendues & delivrées, soit en gros ou en destail, de marchant à marchant, pour l'entretenement de leur estat & marchandise.

CCCXVIII. Toute action d'injure verbale non contestée sera prescripte par trois mois, à compter du jour qu'elle sera venue à la cognoissance de celuy qui se pretend injurié : & où il en auroit fait instance, qui fust demourée sans poursuitte par pareil temps de trois mois, sera ladite action perie.

CCCXIX. Toutes instances interruptes, aprés contestation en cause par trois ans entiers, sont peries, & ne pourront estre reprinses ne poursuivies s'il n'y a minorité, ou autre empeschement necessaire, comme de prison, dont le temps sera desduit comme des autres prescriptions : Et si la declaration de la peremption d'instance est demandée & requise en jugement, elle sera adjugée avec despens, tant de l'instance perie, que de l'instance de peremption.

CCCXX. Et quant aux instances non contestées, elles sont peries par an & jour, & les demandeurs qui les auront intentées, si ladite peremption est poursuivie, seront condamnez ès despens, tant de ladite instance principale que de la peremption.

CCCXXI. Si une cause est discontinuée par trois mois sans estre appellée, ou y prendre appoinctement, elle ne pourra plus estre poursuyvie, ny exploict donné contre partie, sans la faire readjourner, n'estoit qu'elle vueille volontairement proceder en ladite cause.

CCCXXII. Et se fera l'adjournement aux despens du poursuyvant, sans esperance de les recouvrer en diffinitive ou autrement.

CCCXXIII. Veues, esgouts & esviers ne peuvent estre acquis par longue possession ou prescription quelconque, sans tiltre ou destination de pere de famille, ou autre chose equipollente à tiltre.

CCCXXIV. Usucapion a lieu en meuble publiquement possedé par l'espace de trois ans continuels sans fraude, & sans interruption, alienation ou inquietation d'autruy.

CCCXXV. Toutesfois au regard des meubles vendus publiquement en foires ou marchez, ne sera requis plus d'un an avec bonne foy, pour l'usucapion : & aprés ledit an passé, ne pourront estre vendiquez encor que l'on pretendist estre furtifs.

CCCXXVI. Et si c'est par authorité de justice que lesdits meubles ayent esté vendus au plus offrant & dernier encherisseur ; dès incontinent aprés la delivrance seront acquis irrevocablement à l'acheteur d'iceux, ores que puis aprés ils fussent pretendus furtifs : auquel cas le proprietaire, auquel auroient esté lesdits meubles furtivement prins, les pourra r'avoir dedans huictaine du jour de la vente, en rendant le prix : & sauf son action contre qui il appartiendra.

Si donnons en mandement aux Capitaines de nos chasteaux & ville, Baillifs leurs Lieutenans, Gruyer, & autres nos Officiers & Justiciers qu'il appartiendra, que ces presentes Ordonnances & Coustumes ils facent lire, publier & registrer ès Greffes

a Art. 312. *dedans dix lieues*, *Imò* en mesme Bailliage & seneschaussée de quelque estendue qu'il soit. *Coustume de Paris art. 116. ubi dixi.* J. B.

de leurs Bailliages & Jurisdictions, & icelles garder & faire garder & observer inviolablement de poinct en poinct selon leur forme & teneur, & ne souffrir y estre contrevenu en aucune maniere.

DONNÉ en nostre Chastel & Maison forte de Sedan, au mois de Mars, l'an mil cinq cens soixante & huict.

Signé, H. ROBERT DE LA MARCK.

Et au dessous,

Par mondict Seigneur le Duc, & Souverain, &c.

DE SAILLY.

ET avons ces presentes nos Ordonnances & Coustumes signées de nostre main, faict signer par les dessusnommez & appellez en nostre Conseil.

C. BERZIAU. N. BESCHEFER.
F. DE LALOUETTE. J. PAILLA.
P. BERGIER. M. CAMART.
P. PITHOU. J. DU CLOUX.
G. DU HAN. F. ROUSSEL.
C. DE MAROLLES. N. BLONDEL.
P. RAULET. P. MARGAINE.

PROCÉS VERBAL[a].

HENRY-ROBERT DE LA MARCK, Duc de Bouillon, seigneur souverain de Sedan, Jamets, Raucourt, Florenges, Floranville, Messancourt, Lognes, & le Sancy.

SÇAVOIR FAISONS: A tous presens & à venir, que comme par ci-devant, & dès le cinquiéme jour de Janvier mil cinq cens soixante neuf, Nous eussions decerné nos Lettres de commission à tous nos sujets & bourgeois, par lesquelles & pour le bon vouloir que nous aurions au bien, paix & repos public, nous les eussions assignez au vingtiéme, que nous aurions depuis continué au vingt-deuxiéme dudit mois, pour comparoir pardevant nous en notre ville de Sedan, & illec assister à la verification de nos Edits, Ordonnances & reductions de nos coustumes, ce qui nous auroit esté certifié avoir esté fait par exploits qui nous auroient esté rapportez par Jean Carré notre sergent audit Sedan; Robert le Barbier sergent audit Jamets, & Michel Sampson sergent audit Raucourt: Nous estans au lieu destiné pour faire ladite publication, & seans en notre siege de justice, assistez de Jean Destrez, chevalier de l'ordre du Roy, capitaine de son artillerie, premier baron & senechal de Boulonnois, & gentilhomme de notre maison, & plusieurs autres; maistre Claude Berziau, seigneur de la Merseliere, conseiller du Roy en son Grand-Conseil; Jacques Daniel, grand rapporteur en la Chancellerie de France; François de la Louette, bailly du Comté de Vertu, avocat en la Cour de Parlement à Paris; Pierre Berger, aussi avocat en ladite Cour; Thierry de Marolles, avocat à sainte Menehoul, tous de notre Conseil; Messieurs Simon Forest sieur Dunoche, bailly de Roussy; Pierre Taverny, aussi avocat en ladite Cour, & lieutenant en la Maréchaussée, & plusieurs autres notables personnages, tant marchands, laboureurs, artisans qu'autres, en grand nombre.

COMPARURENT nos vassaux & tenans fiefs, terres & seigneuries mouvans de nous: Sçavoir, est Nicolas des Ayvelles, seigneur des petites & grandes Ayvelles, Deslayre, Chalandry, Vivier, Acourt, Tumecourt & Cous, capitaine de notre maison & chasteau dudit Sedan, pour la seigneurie d'Angecourt; Jean de Schelander, seigneur dudit lieu, & de Soumazane, capitaine de notre chasteau dudit Jamets, pour ses fiefs de la Cour & de la Tour, scis audit Jamets; Jean de Vaudrevart, seigneur de Villers, pour son village, terre & seigneurie de la Moncelle; damoiselle Jeanne de la Metcourt, pour son fief & seigneurie de la Metcourt, Jean de Val notre procureur general, pour les deux fiefs qu'il a à Pouru-sainct-Remy; Pierre Collard, pour son fief du Moulin de Pouru; Jean Maulgray, Guillaume Stasquin, Guillaume Rolland, Jean de Serignon, pour les fiefs qu'ils ont esdits lieux de Pouru-sainct-Remy, & Bouru; Nicolas Deslaire, Jean Alexandre, Jean Guillaume, Jean Jannes, pour les fiefs qu'ils ont audit Pouru; Gabriel de Belleglies, pour son fief de Cautonoy; Jean Guery, pour le fief qu'il a à Villers-Cer-

a Ce Procès Verbal qui appartient aux Ordonnances & aux Coutumes de Sedan, n'avoit été donné au public dans aucunes des éditions de la Coutume de Sedan, non pas même dans l'édition de Robert Estienne de 1568, je l'ai fait tirer du greffe sur les lieux. C. B. R.

nay, Raveclot-Robert; Pierre Honart, au nom & comme tuteur de Gillette & Agnès de Meranges, filles mineures d'ans de feu Jean de Meranges, & soy faisant fort pour Antoine de Roquefort, mary d'Anne de Meranges leur sœur, pour le fief que ledit Raveclot & les heritiers dudit Jean de Meranges, ont en ladite terre & seigneurie d'Angecourt; Pierre de Hamal, curé de Torcy en son nom, & pour Hugues de Hamal son frere, heritier de feu damoiselle Marie de Hamal leur tante, pour le fief & seigneurie de Balan; Pierre Collet & Jeanne Freschet, veuve de feu Poncelet Mozer, pour le fief qu'ils ont à Telonne; escuyer sieur de saint Marceau, pour le fief qu'il a à Illy, comparant par maistre Gilles Duhan; Jean & Guillaume de Tiges, pour les fiefs qu'ils ont audit Pouru-sainct-Remy, comparant par Guillaume Stasquin; les Abbé & convent de la Val Dieu, pour leur fief de bon Mesnil en notredite terre de Raucourt, par Jean Ducloux, assisté de frere Jacques Jannot, l'un des religieux de ladite Abbaye; damoiselle Gilles Rechard, veuve de Jean de Frahan, luy vivant capitaine de notredit chasteau de Sedan, en son nom & comme ayant la garde noble des enfans mineurs dudit défunt & d'elle, comparant par Gregoire de Frahan, oncle desdits mineurs; & quant à sieur de Harzar, pour le fief qu'il a audit Pouru-sainct-Remy; Jean de Nevain sieur de Sapogne, pour son fief de Longbu, non comparans, avons donné deffaut à tel profit qu'il seroit passé outre pour leur regard, à la verification & émologation desdites coustumes; Jean Dallendhuy & sieur Dallend'huy, pour leur fief de Telonne & Noyers; Baltazard de Mirbrif, pour son fief de la Malmaison en notredite terre de Raucourt, excusez estans absent auparavant la publication de nosdites Patentes, ainsi qu'il a esté remonstré de leur part. S'y comparurent aussi maistre Gilles Duhan, bailly de notredite terre de Sedan; Pierre de Warigny escuyer seigneur dudit lieu, bailly de notredite terre de Raucourt; Claude de Marolles, seigneur de Desalmaiges, bailly de notredite terre de Jamets; ledit Jean de la Val notre procureur general; Guillaume de la Bruiere, capitaine de notre chasteau dudit Raucourt, & procureur general en la terre & seigneurie dudit Raucourt, pour notre très-honorée dame & mere usufruitiere d'icelle; maistre Thiery Triquot notre prevost en justice dudit Sedan, Pierre Collard son lieutenant; Therion Aubry, prevost en notre terre & seigneurie dudit Jamets; Jean-Estienne Jannot secretaire; Jacquemin Bertrand, Jean Decouy, eschevins en la justice audit Sedan; Jean Jean de Hedein, substitut de notredit procureur audit Sedan; Jean de la Court, Guillaume Stasquin; Jean Bellart, greffiers & tabellions dudit Sedan; Jean de la Rolle & Jean Carré francs sergents; Roger le Maistre, Gruyer, Nicolas la Marquette, Jean Dasle, Jean Mouzaire, Thiery Gehot, Michel Richard, Mathelin Cavé, sergens, gardes & forestiers de nos forests dudit Buillon & Sedan, & Robert Barbier sergent en la justice dudit Jamets, & l'un des forestiers & gardes de nos forests dudit Jamets, aussi tous en personnes.

Pareillement Pierre Collard, Jacquemin Jadot, Jean-Paul Estienne, Estienne, Jean de la Court, Guillaume Stasquin, establis avec nos capitaines des chasteau & ville de Sedan, & notre procureur general pour conseil aux affaires & police concernant l'estat de notredite ville de Sedan; Jean Mareschal mayeur; Jean Segaute, Jean Maulgray, Gillesson, Choler, sergens en la justice de Ballan; Jean Compas l'aîné, Guyot Pethon, Hector Bauldy eschevins; Richard Gentil sergent en la justice de Bazeilles; Jean Chanteraine mayeur; Jean Barthelemy, Poncelet Heritequet, Jean Gentilhomme, eschevins, & Louis Husson sergent en la justice de de Douzy; Husson Alexandre mayeur; Willesmet Collesson, Jean Pousart & Husson Berthun, sergents en la justice de Pouru-sainct-Remy; Jacques de Noucy mayeur; Michaut Adam lieutenant; Jean Gans & Michel Marchant, eschevins en la justice de Francheval; Jacquemin Begireau mayeur; Gilles François eschevin; Isaye de la Pierre greffier en la justice de Villers-Cernay, & Jean Marechal, sergent en icelle; Henry Michel mayeur; Jean de la Marre, eschevin en la justice de la Chappelle; Colson Henry mayeur; Toussaints de Serignon, Robert Vallard, eschevins, & Henry Thiebaut, sergent en la justice de Givonne; Jean Poncelet mayeur; Jean Chancu Paentre, Guillaume Lesprestier, eschevins; & Jean Lardenois, sergent en la justice de Daigny; Nicolas de la Pierre mayeur; Henry Jacquemin; Jean la Campe, eschevins en la justice de Rubecourt; Jean Gilles dit l'Ardenois; Henry Fagot lieutenant; Martin Paillardel; Jean de Nau dit Raulin, eschevins; & Poncelet Monchol, sergent en la justice d'Illy; Ambroize le Roux mayeur; Pasquier Brigaud lieutenant; Pierson Jacquemin, Pierre Ichor, eschevins; & Jean Larcher, sergent en la justice de Fleigneux; Jean Godefroy mayeur; Jean Barrois, Colson Mangesfeves, François Herblet, eschevins en la justice de Wadelincourt; François Beaudon mayeur; Jesson Jaminet, Colson Gulo, & Jean Lameneau, eschevin en la justice de Bulson; Jacques Alexandre mayeur; Colson Barilly, Jacques Mozet & Jeannot Bloqueau, eschevins en la justice de Noyers & Telonne; Claude Cosson mayeur; Henry Berthelot, Claude Mathieu & André Poreau, eschevins en la justice d'Angecourt, aussi tous en personnes; & nos bourgeois, manans, habitans & communautez de nonotredite ville de Sedan, Jamets, Raucourt, Ballan, Bazeilles, Douzy, Pouru-sainct-Remy, Francheval, Villers-Cernay, la Chappelle, Givonne, Daigny, Rubicourt, Illy, Fleigneux, Wadelincourt, Dulson, Noyers, Telonne & Angecourt, tant par lesdits mayeurs, eschevins & gens de justice sus-nommez, que pour leurs consorts habitans desdits lieux ci-après nommez, respectivement, & chacun en droit soy deputez & élus d'entre eux, tous fondez de pouvoirs & procurations speciales: Sçavoir ceux de notre ville de Sedan, par maistre Jean Ducloux licencié ès loix, assisté de Jacques Philippes, maistre de ville, procureur & syndic d'icelle, & de la plus grande & saine partie d'iceux habitans, y estant en personne: lesdits de Jamets, par Toussaints Aubry, Thomas Renaud, deux d'iceux, & par eux élus & deputez, fondez de pouvoirs & procurations speciales, faits & passez pardevant la justice dudit Jamets le quinze du present mois de Janvier, signez en parchemin, Aubry, Jean Gennesson, Jean Marier & G. Robert. De Raubourt & Haraucourt, par Robert Moreau & Henry Collouet deux desdits habitans, fondez de leurs procurations, signées Husson, en datte du dix-sept dudit mois. De Ballan, par Jean Marechal, Jean Sigault l'un desdits eschevins, fondez de procuration mise au greffe le vingt-deux dudit mois de Janvier. De Bazeille, par Jean Guerin & Rolland Warin dudit lieu, fondez de procuration mise au greffe ledit jour vingt-deux. De Douzy, par Jean Chretien & Berteaud Marcy dudit lieu, ayant pouvoir special mis au greffe du mesme jour. De Pouru-sainct-Remy, par Jean Vuillesme le jeune & Jean Rozoy dudit lieu, fondez de procuration speciale mise au greffe dudit jour. De Francheval, par Collignon Mahaul, Jean Godet & Julien Gognereau dudit lieu, fondez de procuration, signé Petizon, du dix-neuf Janvier. De Villers-Cernay, par Jacquemin Beguireau mayeur, & Gilles François lieutenant, fondez de pouvoir dudit jour vingt-deux Janvier. De la Chappelle, par Henry Meillart, l'un desdits habitans, fondé de procuration dudit jour. De Givonne, par Colson Henry & Toussaints Sorignon dudit lieu, fondez de procuration du mesme jour. De Daigny, par Jean Poncelet & Jean Chemin deux d'entre eux, fondez de procuration. De Rubecourt, par Nicolas de la Pierre dudit lieu, avec pouvoir mis au greffe du mesme jour. Ceux d'Illy, par Jean Perin l'aisné, Nicolas Thenaut dudit lieu, fondez de pouvoir mis au greffe ledit jour. De Fleigneux, par Jean Poteau & Gerard de Gedine dudit lieu, avec pouvoir dudit jour. De Vuadelincourt, par Poncelet Richard & Claude Grenaut deux desdits habitans, avec procuration du vingt-trois dudit mois, signé N. Gippon. De Boisson, par Renaut & Jacquemin Ladveneau dudit lieu, avec pouvoir du dix-sept dudit mois. Ceux des villages de Noyers & Telonne, par Colson Marechal & Jean Sautelier deux d'entre eux, fondez de pouvoir dudit jour dix-sept Janvier. Et lesdits habitans d'Angecourt, par Thomas Lalouette & Colson Gerardin dudit lieu, fondez de pouvoir dudit jour dix-sept Janvier, signé N. Cosson.

Lesdites presentations & comparutions ainsi faites pardevant nous audit lieu, après avoir imploré l'aide de Dieu, & la priere faite par Louis Cappel, ministre de sa sainte parole; Nous disme & declarasmes à toute l'assemblée, singulierement à nos vassaux, gens de justice, bourgeois & sujets, que depuis notre recevement esdites terres & seigneuries nous n'avions trouvé plus prompt & meilleur moyen pour le bien public en icelle, repos & soulagement de nosdits sujets, & les rendre paisible, relevez de toutes contentions, debats & differends, que leur donner bonnes & salutaires ordonnances & constitutions, pour les conduire & ranger, tant au fait de la justice & police, qu'establissement & redaction de la coustume, premierement redigée par feu de louable memoire notre tres-honoré seigneur & pere, connoissant qu'en ces deux points de Religion & Justice, gist tout le bien & repos de nos vassaux, bourgeois & sujets, comme plus à plein aurions donné charge audit sieur de la Marcilliere leur faire entendre, lequel prenant & continuant de propos leur auroit fait plus longue remonstrance aux fins que dessus, & pour leur faire entendre notre intention, tant sur la publication desdites ordonnances, qu'émologation desdites coustumes, laquelle depuis nous aurions fait mettre par escrit, & l'aurions fait inserer en la fin de ces presentes. Et ledit maistre Jean Ducloux pour & au nom des bourgeois, manans, habitans & sujets de notre ville, terre & seigneurie de Sedan, nous auroit fait plusieurs autres remonstrances tendantes entre autres choses à ratification & approbation de nosdites ordonnances & redaction desdites coustumes, dont il a supplié & requis que lecture en fust faite; lesquelles remonstrances nous aurions pareillement fait escrire & inserer en fin de cesdites presentes.

Et ce fait suivant la publication de nosdites Lettres & requestes dudit Ducloux, au nom de nosdits bourgeois, avons fait lire nosdites ordonnances & coustumes ledit jour matin & de relevée, & ordonné que trois livres desdites ordonnances & coustumes seroient mis, l'une entre les mains de maistre Jean Ducloux, pour nos bourgeois, manans & habitans de notredite ville, terre & seigneurie de Sedan, & l'autre ès mains de Godefroy Robert, greffier dudit Jamets, afin de les voir & communiquer ensemble; & iceux veus, s'ils trouveront quelque chose qui leur portast préjudice, & y écher remonstrance, ils le nous fissent entendre dedans la huictaine pour leur y estre pourveu; avertissant en outre un chacun, que suivant notre commandement exprès porté par nosdites Lettres, tous nos baillifs, prevosts & autres nos officiers s'estoient presentez & comparus en personnes, pour rendre chacun en droit soy raison de sa charge, & répondre des abus & malversations que l'on pourroit prétendre; partant s'il y avoit aucuns qui eussent à dire ou proposer quelque chose d'iceux, ils nous en fissent entendre pour y parvenir, comme de raison.

Declarant au surplus notre intention estre, que nosdites ordonnances & lesdites coustumes seroient & soient de tel effet, force & vertu en notredite terre & seigneurie de Sedan; sans toutesfois que la presentation & comparition faite par ledit sieur de Schelander, capitaine de notredit chasteau & seigneurie de Jamets. Claude de Marolles baillif; Thierion Aubry prevost; Geoffroy Robert greffier; & Robert Barbier sergent; Toussaint Aubry & Thomas Regnault, procureurs deputez par nos bourgeois & sujets dudit lieu de Jamets, pour assister à la publication desdites ordonnances, redaction, émologation desdites coustumes, puisse aucunement prejudicier à notre souveraineté desdits Jamets, distincte & separée de notredite souveraineté de Sedan, ny estre tiré à consequence pour l'avenir, leur ayant commandé de venir en ce lieu pour notre commodité, & comme souverain de l'un & de l'autre desdites terres; comme semblablement nous n'entendons que la comparition faite par lesdits officiers, vassaux, bourgeois & habitans de notredite terre de Raucourt, puisse aucunement prejudicier à la souveraineté d'icelle, au droit & usufruit de notre tres-honorée dame & mere, ny autre droit, estant des appartenances de ladite terre, ou que prétendent nosdits vassaux & bourgeois, par chartres, privileges ou coustumes, & usances, particulieres & locales.

Et d'autant qu'à l'avenir se pourroient presenter quelques procès pour choses écheues & advenues en notredite terre & seigneurie de Sedan, pour fait de successions, partages, donations, ou autres dispositions par ci-devant & auparavant la redaction des precedentes coustumes; & qu'en celles receues audit Sedan du temps de notre tres-cher feu pere, on y a diminué, adjousté & corrigé, dont a esté fait un registre ou cahier par article ou chapitre signé de Nous; Nous voulons iceluy cahier demeurer au greffe pour y avoir recours quand il sera besoin, & en prendre copie collationnée audit original, pour relever les parties des frais qu'ils auroient pour la preuve de ce qui a esté abrogé & corrigé esdites coustumes anciennes, & adjousté à celles ci-dessus.

Et les vingt-quatre & vingt-cinquiéme jour dudit mois de Janvier, pendant ladite huitaine, ledit de Vaudrehart, seigneur de la Moncelle, & avec luy ses bourgeois, manans & habitans dudit lieu, & damoiselle de la Mescourt nous auroient presenté requeste, par laquelle ils protestoient que leur presentation & comparition par eux faite ci-dessus à la publication & redaction desdites coustumes ne leur puisse prejudicier; disans que lesdites terres de la Moncelle & la Mescourt n'estoient de notre mouvance de Sedan, ains dudit Duché de Buillon, où y avoit coustume, selon laquelle ils entendoient se regler & conformer ainsi qu'eux & leurs predecesseurs avoient accoustumé; offrant suivant ce & la nature de leursdits fiefs, terres & seigneuries, nous en faire les foy & hommage & service, comme Duc de Buillon; comme aussi leurs bourgeois, de nous rendre toute obéissance, satisfaire & payer les charges que les sujets dudit Buillon nous doivent, à cause dudit Duché, nous reconnoissant tel, acceptant le reglement & ordre de justice ci-dessus publié, comme de leur seigneur & Duc dudit Buillon, offrant ressortir par appel audit Sedan, comme lieu de justice emprecerlée, & leurs appellations estre vuidées suivant la coustume dudit Buillon, sans autrement approuver celle dont a esté faite ladite publication pour nos autres terres & seigneuries.

Pareillement ledit de Schelander, capitaine de notredit chasteau de Jamets, pour ses fiefs de la Court & de la Tour qui en sont mouvans, nous a remonstré iceux fiefs estre de toute ancienneté francs & quittes de toutes charges & droits de quints & requints, reliefs, rachats & autres, & ne doivent que la bouche & les mains, avec le serment de fidelité, comme, s'il nous plaisoit, il en feroit apparoir, nous requerant luy continuer, & à ses successeurs pareilles franchises & liberté, & que la comparition par luy faite cidessus pour sesdits fiefs ne luy puisse prejudicier, ny estre tiré en consequence, n'avoir acte par le present notre procès verbal.

Et si nous auroit esté de la part de nosdits bourgeois & sujets de notredite terre & seigneurie de Sedan, fait certaines requestes & remonstrances sur aucuns articles desdites ordonnances & coustumes, par un cahier de papier contenant six feuillets, le premier jour du mois de Fevrier audit an, à ce qu'il nous plust y avoir égard & y pourvoir.

Surquoy nous, par l'advis de notre Conseil, auquel en aurions communiqué, entant que touche ledit sieur de Vaudrehart, & damoiselle de la Mescourt & leurs bourgeois esdits lieux; avons ordonné qu'ils feront apparoir des coustumes dudit Buillon, dont ils se vantent par leur requeste, pour icelle veue en ordonner ce que de raison; sans que la comparition par eux faite ci-dessus puisse estre tirée en consequence au préjudice desdites pretendues coustumes, & que mention sera faite au present procès verbal de leurs declarations, offres & protestations, dont leur avons octroyé acte. En pareil pour le regard du sieur de Schelander, pour lesdits fiefs de la Court & de la Tour scis audit Jamets, avons ordonné qu'il fera apparoir suivant ces offres du contenu en sadite requeste, touchant la franchise desdits fiefs, où ne voulons rien innover, & cependant aura acte de sa declaration & protestation.

Et quant aux requestes & remonstrances de nosdits bourgeois & sujets de notredite ville, terre & seigneurie de Sedan; disons en faisant droit sur icelle, & premierement sur ce qui nous a esté remonstré sur les quatre & trente-huitiéme article de nosdites ordonnances au chapitre de jurisdiction, & au chapitre des Mayeurs & Eschevins de notredite terre de Sedan, que ledit baillif n'aura prevention contre lesdits Mayeurs ès causes dont la connoissance & jurisdiction leur est attribuée en premiere instance; & neantmoins n'entendons que iceux Mayeurs & Eschevins ne autres nos juges puissent prendre aucune chose pour séances & siege de justice qui seront hors les jours ordinaires, non plus qu'esdits jours ordinaires, les deboutans de leur requeste pour ce regard: comme ensemble les deboutons de la requeste par eux faite, tendante à ce qu'il leur fust loisible de pouvoir appeller des sentences & appointemens interlocutoires qui se pourroient rendre ès causes qui sont attribuées à la jurisdiction de notredit baillif en dernier ressort, & dont il est parlé aux cinquiéme & sixiéme articles dudit chapitre de la jurisdiction de notredit baillif, ains sera suivie notre ordonnance, selon qu'il est porté par lesdits articles. Et sur le quarante-uniesme article, portant défenses ausdits Mayeurs & Eschevins de recevoir contrats, obligations & autres dispositions, ceux de Francheval remontroient que nous leur avons permis par nos Lettres du troisiéme Octobre mil cinq cens soixante-trois, que les Maire & Eschevins dudit lieu puissent recevoir & passer les contrats des parties; requerant partant n'estre compris esdites deffenses pour l'incommodité & perte; que ce seroit pour leur commerce & trafic de marchandise qui se presente journellement audit Francheval, principalement ès jours de foires & marchez; & semblablement en notre terre de Douzy, ains permettre ausdits Mayeurs & gens de justice esdits lieux, recevoir lesdits contrats, ou bien y establir deux notaires; l'un audit Francheval, & l'autre audit Douzy; disons qu'il leur sera par nous pourveu d'un notaire, pour besogner ausdits Francheval & Douzy seulement, avec le greffier du lieu seulement, ou deux témoins; & que celuy qui sera pourveu audit office sera tenu se trouver aux jours de foires & marchez esdits lieux, nonobstant que par l'article cent vingt-huictiéme au chapitre des Notaires, le nombre d'iceux en nosdites terres soit reduit à deux, à la charge que ledit notaire sera tenu faire signer avec luy & les parties, si elles sçavent escrire, les contrats qu'il recevra par lesdits greffiers, ou témoins presens, suivant l'article cent trente-quatriéme de nosdites ordonnances.

Au cinq cens trentiéme article de la jurisdiction des eaues & forests, portant, *que la paison de nosdites forests sera vendue chacun an le quinziéme Aoust par nos officiers*, sur ce que nos bourgeois de Villers-Cernay requeroient que ce fust sans prejudice du droit qu'ils disent avoir d'y mettre leurs porcs en paison, & estre en iceluy continué, ordonnons que ledit article demeurera ainsi qu'il est couché, sans prejudice de leurs droits, dont ils feront apparoir.

Sur le cent trente-uniéme article contenant, que *les ventes de bois morts, chablez ou tombez par impetuosité de vent, tant en nosdites forests, que ès usages, seront semblablement faites par nosdits officiers*, remontroient que telle vente ainsi faite en leurs usages seroient totalement contre leurs droits & franchises; requerant que tel bois de leur usage leur demeurent; & qu'il leur soit loisible d'en prendre autant qu'ils en auront besoin, & en jouir comme du passé & sans en abuser. Avons ordonné que ledit article demeurera ainsi qu'il est couché; & neantmoins qu'il leur sera baillé chartres pour avoir leurs usages en nos forests pour bastir, & aussi pour leur chauffage, en cas qu'ils ne pourront avoir & prétendre leursdits chaufage, & bois & usages.

Pareillement au cinq cens quarante-neuviéme article ayant égard au contenu dudit article, & qu'il y a équivoque, ordonnons que ces mots, *Usages & autres*, seront rayez; comme de fait les avons fait rayer & tracer dudit article, le surplus dudit article demeurera à son entier.

Comme nous voulons & entendons le cinq cens cinquante-deuxiéme article, mesme titre avoir lieu; portant deffenses à nos Juges ou sergens de marquer ou de livrer aux usagers aucuns chesneaux pour faire chevrons entiers & solives sur les peines y contenues, nonobstant la remonstrance sur ce faite, & enjoignons ledit article estre etroitement executé.

Au titre de droits, tributs, gabelles, peages, sur le cinq cens soixante-douziéme article, ayant égard à leur requeste & remonstrance faite sur iceluy, voulons & ordonnons qu'audit article soient adjoustez ces mots, obmis par l'Imprimeur: *pour transporter hors nosdites terres*, & au lieu de douze, *six*; & qu'aussi nous avons fait adjouster & corriger audit article.

Au six cens quarante-deuxiéme, au mesme chapitre, en ce qu'ils requierent l'amende de dix sols tournois porté par iceluy, estre moderé à deux sols six deniers tournois, les deboutons de leur requeste, & ordonnons qu'il n'y aura aucune moderation, & que ledit article demeurera ainsi qu'il est couché; & neantmoins leur accordons d'avoir un barrotier à leurs dépens.

Sur le six cens quarante-septiesme article au chapitre du fait de la police, portant *injonction aux hostelliers*,

liers, taverniers, & autres personnes de quelque estat & qualité qu'ils soient, logeant & retirant les estrangers, passant & repassant par notredite ville & fauxbourgs de Sedan, de s'enquerir diligemment le mesme jour de leur arrivée de quel estat & lieu ils sont, & de ce qui est porté par ledit article. Nous voulons & entendons ledit article estre gardé; & à cette fin le contenu en iceluy estre attaché à la porte de chacune hostellerie.

Au sept cens septiéme article, au mesme titre, touchant la nourriture & contribution des pauvres, ordonnons & enjoignons très expressement ledit article estre gardé & promptement executé contre les refusans, nonobstant les remonstrances par eux faites.

Et quant aux trois cens un, trois cens deux, trois cens trois, & trois cens cinquiéme articles desdites coustumes au chapitre des pasquis, pasturages, aisances & usages, nous voulons ledit article trois cens un, au premier membre d'iceluy, touchant la conduite du bestail en toutes terres & prez, après la depouille mesme aux prez, hors ceux à deux herbes, avoir lieu jusqu'au vingt-cinquiéme mars, excepté pour le regard des bestes blanches; lesquelles n'y pourront estre menées que jusqu'au premier jour de Mars, ayant égard à la requeste, à nous faite pour ce regard par nosdits bourgeois; & sans avoir égard à autre requeste par eux, par mesme moyen faite afin de moderation de l'amende portée par ledit article pour les bestes trouvées aux prez à deux herbes avant le regain levé, dont les avons deboutez & deboutons, attendu que lesdits prez sont clos de fossez; sauf toutesfois à faire telle moderation desdites amendes par nos juges qu'il sera trouvé raisonnable, selon l'exigence des cas; & quant au surplus de leursdites remonstrances concernans les espargnes mentionnez au trois cens troisiéme article, nous leur accordons qu'ils en puissent user comme ils prétendent avoir accoustumé.

Le trois cens cinquiéme article, contenant, *Que nulles personnes, mesmement les marchands, bourgeois, bouchers, ne pourront faire troupeaux à part de bestail pour nourrir sur le ban & terroir de Sedan, & autres adjacens*; avons ordonné & ordonnons, sans avoir égard à la requeste faite par lesdits bouchers, afin d'avoir permission d'avoir troupeaux à part, de laquelle les avons debouté & deboutons; que ledit article sera gardé, sur peine de l'amende portée par iceluy contre les contrevenans.

Et pour le regard des trois cens six & trois cens septiéme articles, portant, *Que nos bourgeois & sujets de Sedan, & autres terres & seigneuries souveraines ne pourront prendre bois chesne esdites forests, ny en abattre pour bastir, s'il n'est marqué du Gruyer*; & ce qui ensuit esdits articles, sur ce que requeroient lesdits articles estre reformez, avons en les deboutant de leur requeste, ordonné que le contenu esdits articles sera gardé; & lesdits articles neantmoins seront entendus, suivant le reglement que nous avons donné à notredit Gruyer, tant de bois à bastir que de chausage, pour la conservation desdites forests.

Et sur la remonstrance à nous faite par notre procureur general sur le trois cens troisiéme article des procès criminels, Nous en declarant ledit article, & pour obvier aux doubtes & difficultez qui pourroient survenir sur l'interprétation dudit article, & à ce qu'il ne se commette doresnavant aucun abus à l'instruction des procès criminels, avons ordonné, que où l'accusé ne confesseroit pertinemment & particulierement le crime dont il se trouve chargé par les informations; encores qu'estant interrogé par le Juge, il declarast se vouloir rapporter au dire & deposition des témoins ouys esdites informations; en ce cas ne sera differé de passer outre au recollement & confrontations, ains seront recollez & confrontez avant que passer outre au jugement du procès.

Toutes lesquelles choses par nous ainsi ordonnées, avisées & deliberées; ensemble nosdits statuts, ordonnances & coustumes, après avoir esté le tout connu à nosdits sujets ils auroient loué, gréé & ratifié, selon les restrinctions & modifications contenues en cesdites presentes par procurations à ces fins par eux specialement passées, & pouvoir de ce faire donné audit maistre Jean Ducloux, comme plus à plein est porté par la copie desdites procurations mises pardevant nous & passées particulierement: C'est à sçavoir par les bourgeois de Sedan, manans & habitans en datte du troisiéme jour du mois de Mars mil cinq cens soixante-neuf, passée pardevant la justice dudit lieu. Par les manans & habitans de Douzy en datte du neufiéme jour de janvier audit an mil cinq cens soixante-neuf, passée pardevant la justice dudit lieu. Par les manans & habitans d'Illy le deuxiesme jour de Fevrier audit an, passée pardevant la justice dudit lieu. Par les manans & habitans de la Chappelle ledit jour passée pardevant la justice dudit lieu. Par les manans & habitans de Givonne le douziéme jour dudit mois. Par les manans & habitans de Ballan le vingt-deuxiéme jour desdits mois & an, passée pardevant la justice dudit lieu. Par les manans & habitans de Rubicourt le quatre dudit mois, pardevant la justice dudit lieu. Par les manans & habitans dudit Pouru-sainct Remy le quatre dudit mois, passée pardevant la justice dudit lieu. Par les manans & habitans de Villers-Cernay le troisiéme dudit mois; & par les habitans de Daigny le septiéme dudit mois & an.

Ensuit la remonstrance faite ausdits Estats par ledit sieur de la Marsilliere.

MESSIEURS, depuis qu'il a plu à Dieu ordonner, Monseigneur, vostre souverain & naturel seigneur au gouvernement des terres, pays & seigneurie desquelles vous avez esté ici tous convoquez, il n'a rien estimé tant digne de soy & du lieu & estat auquel Dieu l'a appellé, que de pourveoir à deux choses desquelles dépend non seulement le salut & felicité des hommes, mais aussi la conservation de cette vie & societé humaine: C'est à sçavoir à la religion & pur service de Dieu, & au fait & administration de la justice, qui sont deux colonnes sur lesquelles reposent & sont fondées toutes les seigneuries, monarchies & reste de ce monde, & sans lesquelles non seulement elles ne peuvent subsister un bien peu de temps; mais incontinent viennent à une prompte & évidente ruine: l'une appartient à l'honneur & service de Dieu, & l'autre à cette mutuelle charité & fraternelle dilection, de laquelle procede la paix & tranquillité public, & toutes deux sont tellement crucathevées ensemble, que l'une procede & est comme l'effet & le fruit de l'autre: or, quant au premier point touchant le fait de la religion, chacun de vous a pu connoistre combien, Monseigneur, s'est par ci-devant soigneusement employé à faire que la pure & expresse parole de Dieu fust preschée & enseignée en tous ses pays, terres & seigneuries, & le vrai service de Dieu estably selon la réformation & pureté de l'Eglise primitive; usant toutesfois en ce faisant de telle moderation & douceur, qu'il n'y a aucuns de ses sujets qui se puissent plaindre, ny d'avoir esté troublez d'aucun changement, ny d'avoir esté forcez ny violentez en sa conscience, ny moins prisé & estimé de son seigneur qu'il l'estoit auparavant, ayant contenu un chacun sous une esgale justice, en telle paix, concorde & union qu'il peut aujourd'huy bien servir d'exemple à ceux qui ont voulu preferer leur passion à un si bon & sage conseil; partant donc quant à ce point il me semble qu'il n'y a personne qui pust à bon droit taxer, Monseigneur, ny d'avoir failly à son devoir, ny d'avoir donné matiere & occasion à aucuns de se plaindre, & le devons grandement remercier & louer d'avoir en ce faisant plustost mis la paix & union en ses pays, que faisant autrement, les troubles, divisions, partialitez & factions que nous verrions ailleurs au très grand regret & dommage de tous les bons. Quant au second point concernant le fait de la justice, pour lequel vous estes ici principalement assemblez, qui est celuy qui ignore de quel poids & importance elle est, non-seulement pour la vie & societé humaine, mais aussi pour la conservation de tous estats & legitimes administrations, principautez & seigneuries, après l'honneur & reverence que nous devons à Dieu; qu'est-ce autre chose l'amour & charité de notre prochain ? & se nous est commandé de l'aimer comme nous-mesme, ny faire à autruy que ce que nous voudrions nous estre fait; rendre à chacun ce qui luy appartient, qui sont les vrais & principaux preceptes de cette justice, à quoy appartiennent les preceptes de la seconde table, sinon à cette mesme justice ? c'est donc chose totalement d'aimer & non humaine que le point de la justice, & qui est tellement lié & crucatheyé avec le premier de la religion, que l'un n'est que dependant de l'autre; & voilà pourquoy entre beaucoup de peuples & nations ceux qui ont esté ministres de l'un l'ont aussi esté souvent de l'autre; car entre le peuple Hebreu les sacrificateurs ont tousjours jugé & assisté aux jugemens de leurs peuples, avec ce que l'intelligence & interprétation de la loy leur appartenoit; & entre les Egyptiens, Grecs & Romains, les Prestres & Pontifes ont longuement administré au peuple les formes & formules de toutes actions pour ester en jugement selon l'occurrence de leurs differends & negociations: Et entre les François ceux qui s'appelloient anciennement Druydes ont eu la mesme office, & avoient charge de l'un & de l'autre. Ces exemples monstrent assez comme de tous temps & ancienneté ç'a esté chose sainte & sacrée, enjointe & unie à la religion, & que ce n'a esté sans cause qu'en beaucoup de lieux les Rois & les Princes à qui appartenoit le maniement & conduite d'icelle ont esté oints comme prestres & consacrez au Seigneur, afin de leur faire voir la grandeur & importance de leur charge, & que par là aussi les peuples & sujets entendissent l'honneur, reverence & obéissance qu'ils leur doivent, comme ceux qui manient le glaive du seigneur, son jugement & sa justice; lesquels mesme il a bien voulu appeller Dieu, non pas pour donner ces honneurs à leurs simples personnes, mais à leurs dignitez & fonctions, & charges qu'ils tiennent de luy comme son lieutenant. On sçait bien qu'entre les loix qui appartiennent au fait de la justice, outre les morales, il y en a aussi plusieurs qui ne sont que civiles & politiques, establies & ordonnées par les hommes, & muables à leurs volontez; mais telles loix sont dependantes des premieres, & faites pour la conservation & autorisation d'icelles; ensemble de la paix & tranquillité publique; en toutes lesquelles nous avons le commandement de Dieu d'obéir aux Magistrats; & quiconque y resiste, résiste à l'ordonnance de Dieu: or, qui voudroit réciter en ce lieu tout ce qui appartient à la source & dignité de cette justice, il y auroit non pas pour en discourir une heure ou deux, mais plusieurs journées, & s'en pourroit faire un ample traité & discours; car puisque la loy & les Prophetes ne contiennent autre chose que ce qui est compris en ces deux points de foy ou religion & charité; c'est chose à quoi la bouche & la langue des hommes ne pourroit suffire & satisfaire, & partant qui se peut mieux penser que dire; mais d'autant que le temps, & ce qui reste à faire à cette assemblée ne nous permet de nous arrester plus avant sur ce point, je viendrai maintenant à vous faire entendre plus particulierement la cause de cette assemblée, combien que jà en puissiez penser quelque chose par la teneur des commissions qui vous ont esté envoyées, & sur lesquelles vous avez esté assignez en ce lieu.

Je crois, Messieurs, que vous sçavez assez comme l'importunité & incommodité des guerres passées n'a pas donné grand loisir, ny a Monseigneur, ny à ses progeniteurs & predecesseurs de bonne mémoire, de mettre telle police & forme au fait de leur justice, comme il eust bien besoin, & ils l'eussent bien desiré, étant ès pays frontiere & limitrophe, infecté des guerres, comme l'on dit communément qu'entre les armes, les loix, c'est-à-dire, la raison & justice n'ont pas grand cours & grand loisir d'estre bien au long entendues & debattues; non pas que les armes mesmes puissent estre exemptes de justice, pour la deffence & extention de laquelle elles sont principalement ordonnées de Dieu, ou que vous ayez par ci-devant eu faute de justice; car ce qui s'est peu faire en temps de guerre & d'affaire, je m'assure qu'ils l'ont fait: Mais comme en toute chose l'ordre, la forme & méthode soit bien requise, & specialement au fait de la justice, & a esté bien mal aisé en temps si turbulent & plein d'affaires d'y pourveoir exactement & à loisir; & neantmoins il est bien certain qu'en la vrai conduite & administration de la justice, voire & de toutes autres professions & sciences, la principale partie gist en l'usage & en la pratique de ce que la theorie nous enseigne. Car que sera-ce d'un medecin, qui discourant doctement de la medecine quand ce viendra à mettre la main à l'œuvre & pourvoir au remede d'une maladie, ne sçaura par quel bout commencer ? Que sera-ce d'un Juge & Magistrat, qui ayant tous les droits & loix du monde en sa teste, ne sçaura comment il faudra agir ou instituer une demande, ny comme il faudra prononcer sa sentence ? La louange consiste en l'action, & l'œuvre montre l'ouvrier; & en toute chose l'exercice & experience passe comme l'on dit la science. Brief, si en quelque estat & profession de ce monde, la méthode, forme & voye de proceder selon la diversité des choses, actions, personnes & circonstances est requise, elle l'est aussi au fait & administration de la justice; autrement il n'y auroit que confusion, précipitation & surprise; & voilà pourquoy ceste profession, sur tout gist en jugement, qui est tres-difficile, la science bien longue, & la vie briefe: Et pour cette raison, non sans cause, estoit dit anciennement que le Magistrat montroit l'homme, c'est-à-dire sa vertu, prudence & industrie, comme chose où toute sa force & excellence est bien requise & employée non-seulement à se rendre irreprehensible en tant qu'il est possible, mais aussi à combattre contre les vices & malices, & en hommes. Ce sont donc choses rares & claires semées, que bons & vertueux Magistrats dignes d'une si grande charge, qui puissent avoir l'œil & le jugement bon & droit en tout, où l'adversité des actions humaines extravague en la vaine curiosité, negociation ou malice des hommes, selon la variété des circonstances: & comme nous disons tel en a le bonnet qui n'en a pas la teste. Pour ces raisons & pour le grand soin que Monseigneur a eu de s'acquitter fidellement de toute sa charge, mesurant touchant le point & administration de la justice, de laquelle il est responsable à Dieu, & debiteur à son peuple, il a bien voulu pourveoir & rechercher tout ce qui appartient à l'entiere, brieve & fidele exercice d'icelle, selon le plus succinct & droiturier usage & stile qui se soit pu trouver; & comme il continua à ce saint propos & deliberation, & chercha tous les expediens à luy possibles pour y pourvoir, voicy comment Dieu luy en a ouvert & donné les moyens, & tel qu'il eust esté mal aisé de les souhaiter ou trouver plus propres; car estant les troubles survenus en France, & entre iceux ayant mondit Seigneur trouvé moyen de maintenir ses sujets en paix, & les rendre seulement spectateurs de cette tragedie. Vous sçavez comme Dieu a preparé & ordonné ce lieu au refuge & à la retraite de plusieurs pauvres affligez, & de quelle hospitalité & humanité mondit Seigneur a usé envers tous, leur faisant non-seulement ouverture de ses portes, mais aussi de sa benignité, grace, faveur & protection; en quoy faisant il a acquis une louange immortelle, & de nous tous une obligation perpetuelle entre ceux qui s'estoient retirez en cette ville, se trouvant plusieurs personnages experimentez & versez au fait & maniment de la justice, voire & des plus grands sieges & Parlemens du Royaume, ils ont esté requis de Monseigneur mettre la main à cet ouvrage, & dresser cette réformation & abreviation de justice que vous verrez : ce qu'ils ont fait avec telle industrie dexterité & fidelité, qu'à mon avis ayant esté cet ouvrage bien consideré par gens qui peuvent avoir jugement en telle chose, il y aura plus d'occasion de s'en contenter & prendre en bonne part ce qu'ils en ont fait, qu'il ne sera aisé avec raison de la calomnier ou reprendre, au bastiment & contexture duquel, d'autant qu'il n'y a aujourd'huy nation si bien approprement reglée & policée de bonnes loix, statuts & ordonnances en toutes ses parties que le Royaume de France, si les mœurs & l'observance répondoient aux loix; on s'est specialement servy d'icelles, mais avec telle discretion & jugement, que d'un immense volume d'ordonnances confuses & indigestes, & pour la plufpart non observées, on a extrait ce que plus appartient; on s'est peu accommoder aux mœurs & coustumes de ce pays, & singulierement à ce que nous avons principalement recherché l'abreviation de justice; en telle sorte toutesfois que telle abreviation ne tournast point en précipitation & surprise, & contre les formes ordinaires de droit. Je sçai bien que la longueur en justice a esté tousjours odieuse, mesme en la France qui en est plus travaillée que nul autre; mais donnant la plus grande faute & coulpe de cela à la malice & calomnie des hommes, je vous puis assurer qu'en tout ce qu'on a pensé en estre cause on y a pourveu & remedié au present traité le mieux qu'il a esté possible, accommodant la jurisdiction au pays & brief ressort d'iceluy, il n'y a forme d'action des plus ordinaires & coustumieres qui n'y ait son instruction & maniere d'appointement, il n'y a Officiers qui n'ait son reglement & salaire, & office prefix; de sorte que pour la vraie instruction ordinaire de la justice, il n'y a si petit juge, voire de ceux qui ont la charge des plus basses jurisdictions, qui ne puisse se garder de meprendre & faillir, ayant le formulaire par leçon & guide. Et quant aux difficultez de droit plus importantes, & d'autres qui surviennent, c'est chose qui est infinie & qui ne se peut comprendre entierement en quelque grand immense volume que ce soit; toutesfois vous en trouverez en ce petit abregé beaucoup de celles qui surviennent ordinairement, tellement decises & vuidées, que les parties & officiers en seront grandement soulagez, & ne commettront tant de fautes qui souloient mesmement à la texture & instruction des procès, où nous avons remarqué les plus grandes fautes & ignorance des juges inferieurs, & dont bien souvent procedent les longueurs desquelles on se plaint ordinairement en justice, quand au lieu d'advancer il faut recommencer, & remettre les parties au chemin duquel elles se sont sourdement fourvoyées: & comme il n'y a rien de parfait dans ce monde, ni si bien ordonné que la malice des hommes ne pervertisse, si du labeur de ceux qui ont travaillé en cet ouvrage le fruit n'en est tel qu'ils ont esperé, si ont ils bon témoignage devant Dieu qu'ils n'y ont rien épargné, ny de leur devoir, ny de diligence, ny de bonne volonté, pour faire par ce moyen fidele service à Dieu, à Monseigneur & au public; voilà quant au traité qui appartient au reglement & reformation de la justice, pour lequel d'autant que telle chose est en pure disposition & ordonnance de Monseigneur, lequel ayant la justice en sa main peut aussi disposer de la maniere de proceder à formalité d'icelle. Vous n'estes pas principalement convoquez & assemblez pour cela, sinon pour entendre la lecture & publication, & vous regler & conduire selon icelle desormais, suivant sa volonté & intention; mais vous estes ici specialement & principalement assemblez & convoquez pour le fait de nos coustumes, suivant lesquelles vous avez ci-après à vous conformer & vivre & vous comporter les uns avec les autres; & d'autant que la publication & ratification qui s'en va faire à present est une espece de contract & une obligation que vous faites respectivement les uns avec les autres, de vous assujettir à icelles; sçavoir luy avec vous, & vous avec luy; les peres avec les enfans; marys avec femmes; freres avec sœurs, & tous generalement les uns avec les autres; c'est à vous à adviser & regarder si par la lecture qui s'en fera il n'y aura rien surquoi vous voulez faire remonstrance à mondit Seigneur qui est ici present avec son Conseil, pour y faire raison; & afin que vous n'estimiez que ceux qui par le commandement de mondit Seigneur ont prins la peine de revoir & rediger lesdites coustumes, ayent usé de la liberté dont ils ont usé ci-devant au traité de la Justice, vous serez avertis que lesdites coustumes sont celles mesmes, lesquelles de tout temps & ancienneté ont esté gardées & observées en ce pays, reservé quelques peu d'articles qui y ont esté adjoustez, ou pour declarer ce qui estoit obscur, ou pour suppléer à ce qui defailloit; & telles additions ont esté prises des lieux & provinces circonvoisins; desquelles selon la disposition de droit doit estre tousjours pris, ce qui deffaut en un autre lieu prochain; voilà en somme tout ce que j'ai à vous dire pour le present.

Ensuit aussi la Remonstrance faite ausdits Estats par ledit Me Jean Ducloux.

MONSEIGNEUR, Prince & tres-illustre, je compare ici devant vous, séant en votre lit de justice, au nom & pour tout votre peuple & sujets de vos terres & seigneuries souveraines de Sédan, pour lesquels je parle, aussi assisté d'un bon nombre des plus notables d'iceux, mesmement des Prevost, Mayeurs & Eschevins, tant de cette ville que des autres lieux, bourgs & villages en dependans appellez & venus pour recevoir en humilité les commandemens, remonstrances, & avertissemens qu'il vous auroit plu presentement leur estre faits pour proceder à la redaction des coustumes de vos pays; en premier lieu ils louent Dieu & luy rendent grace d'une si sainte & solemnelle assemblée & convocation faite pour l'avancement, leur grand bien, repos & soulagement, mais aussi, Monseigneur, ils vous remercient tres-humblement du soin que vous daignez prendre d'eux, vos pauvres & tres-obeissants sujets de leur establir une paisible & florissante republique, de leur en escrire & donner les moyens de se contenir droitement & honnestement en la société civile, si qu'ils ne doutent point que la memoire de votre nom en soit à jamais remarquée, de gloire, louange de toute leur posterité: Car aussi, Monseigneur, après la pieté, la vertu plus recommandable & louable à un Prince & grand Seigneur, c'est justice qui est le fondement, appuy & entretien de toutes principautez, & la mere nourrice de paix & union, qui conserve longuement à leur entier les Princes, leurs peuples & sujets, & de fait les communautez & republiques se peuvent maintenir en paix, repos & union sans nulles murailles, ramparts, ou fossez; mais sans la justice

& ordre des loix il est impossible ; car où la loi commande, deffend, permet & punit (qui est son office & vertu) là aussi toutes choses sont retenues à leur entier : c'est pourquoy les anciens ont tant chery & honoré leurs legislateurs, & beaucoup plus loué & celebré les Princes & Potentats, qui par le moyen des saintes loix conservoient leurs sujets en paix & tranquillité, que ceux qui ne se contentant pas du sien, s'estudioient par armes & effusion de sang d'estendre plus loing les bornes de leurs provinces. Or, Monseigneur, combien que vos sujets soient tous asseurez & resolus, veu l'équité qui reluit clairement en vous, que tout ce qui a esté fait en l'establissement des loix, coustumes & ordonnances qu'il vous plaist leur donner, soit pour leur grand bien & soulagement (car qui est le pere qu'au lieu de pain donneroit des pierres à ses enfants), & que d'autre part ils soient bien certains que vous les auriez fait meurement revoir par plusieurs notables & honorables personnages, neantmoins ils vous requierent tres-humblement, Monseigneur, vouloir commander d'en estre fait lecture afin d'y applaudir plus franchement, & seurement interposer leur consentement, comme il est requis en fait de coustume, qui n'est autre chose que ce qui est approuvé & receu pour un bon usage du fait civil, est tenu pour loix entre un peuple, afin aussi de remonstrer ce qu'ils verront estre à faire par raison ; vous suppliant au surplus tous vos pauvres sujets tres-humblement & principalement, Monseigneur, comme il vous a plu prendre le soin qu'en toute sincerité, pureté, bon zele & rondeur de conscience, ce nouveau & saint reglement leur fut estably ; que de mesme integrité & sainteté, la justice leur en soit administrée & distribuée par messieurs vos Officiers ; veu que peu en vaudroit l'establissement si l'administration n'en estoit sainte, equitable, droituriere, & esloignée de toute avarice, extention, vengeance & mauvaise pratique ; car en cette sorte les loix & edits ne serviroient que comme de toilles d'araignées ; ainsi que disoit un certain Anacharsis. Or, Monseigneur, ils vous en supplient de rechef tres humblement ; & comme ils vous ont tousjours connu & trouvé Prince équitable & tres-debonnaire, & qui par la grace de Dieu les conservez en paix & union au milieu de tant de troubles & divisions des Royaumes voisins presque ruinez, aussi ils protestent devant Dieu & devant vous, Monseigneur, de vous estre tousjours bons, loyaux & tres-obéissants sujets, qui tous d'un mesme cœur & zele ardent, supplient notre grand Dieu vous accroistre ses graces & benedictions, & qu'il vous donne longuement, heureusement & saintement regner sur eux, comme leur Prince naturel & souverain Seigneur, qu'ils vous reconnoissent.

Signé, H. ROBERT DE LA MARCK.

TABLE DES TITRES DES COUTUMES DE SEDAN.

REFORMATIONS, 1628.

STATUTS ET COUTUMES DU DUCHÉ DE BOUILLON.

FERDINAND par la grace de Dieu, Esleu & confirmé Archevesque de Cologne, du sainct Empire Romain par l'Italie, Archicancellier, & Prince Electeur-Evesque de Liege, Paterborne & Munster, Administrateur de Hildeshem, Berchtesgade, Corvey & Stavelot, Comte Palatin du Rhin, Duc des deux Bavieres, Westphale, Engeren & Bouillon, Marquis de Franchimont, Comte de Looz, Loigne, Horne, &c. A tous ceux qui ces presentes verront, ou lire ouiront, Salut: Comme nostre très-cher & feal Denys de Pottiers, Seigneur de Fenffe, Gouverneur de nostre Duché de Bouillon, & nos chers & aimez les Justiciers & Jugeurs nous eussent remonstré, que par laps & succession de temps, il y auroit plusieurs abus qui seroient peu à peu & insensiblement coulez en ce qu'est de la pratique & administration de Justice, aussi que dedans les Coustumes de nostredit Duché, il y auroit plusieurs poincts mal entendus, & sinistrement interpretez, autres aussi obmis, ausquels, pour le bien, repos & soulagement des subjets de nostredit Duché, il seroit requis d'y apporter reglement, ordre & interpretation convenable; Surquoy nosdits Gouverneur & Justiciers nous auroient presentez quelques articles & cayers, lesquels aurions renvoyé aux Chancelier & Gens de nostre Conseil de Liege, & iceux auroient commis & deputé pour conferer, traicter, & debattre lesdits articles avec nosdits Gouverneur & Justiciers, nos chers & feaux Françoy de Diffus, & Lambert de Lapide, Conseilliers de nostre Conseil privé, & Eschevins de nostre Haulte-Justice de Liege, lesquels auroient faict rapport, tant à nostredit Conseil, comme à Nous, de ce qu'auroit esté illec negocié & traicté, & de tout ce que pourroit servir à une reformation des abus : Dont trouvans que lesdits Reglements, poincts, articles & reformations tendent au bien public, soulagement de noz subjects, & retranchement de beaucoup d'abus, les avons de nostre authorité Principale & Ducale, avec l'advis & conseil des Venerables noz très-chers & feaux les Doyen & Chapitre de nostre Eglise de Liege, approuvez, louez & confirmez, comme par ces les approuvons, louons & confirmons, ordonnans & commandans à noz Gouverneur, Officiers, Justiciers, Prevost, Majeurs, & tous noz subjects particulierement, & generalement de les observer, se regler & conformer à iceux : Car telle est nostre expresse & serieuse volonté. Donné soubs nostre nom & & seel secret, en nostre ville de Bonne, ce quinziesme Juillet mil six cens vingt-huict. Et estoit signé Ferdinand, & puis Blocqueryе vidit, & embas Jo. Bex Secretaire, & y estoit mis le cachet de Son Alteze Serenissime en cire rouge.

CHAPITRE PREMIER.

De la Cour Souveraine de Bouillon.

ARTICLE PREMIER.

LA Cour souveraine de Bouillon sera composée d'un Prevost, six Jugeurs & un Greffier, choisis entre plusieurs autres personnages idoines & de sçavoir, sans note ou reprehension d'aucun crime ou infamie publicque, & afin qu'il y soit autant mieux pourveu, la collation & provision desdits Estats est reservée & se fera par son alteze serenissime, comme Duc de Bouillon.

II. Et doivent les Jugeurs estre fiefvez, ayant presté l'hommage de fidelité au Prince Duc & souverain de Bouillon, & à l'illustre Chapitre de sainct Lambert de Liege, estant procreez de mariage legitime, & de Religion Catholique, Apostolique & Romaine, tenant leur residence soubs le Duché de Bouillon, & nez & nationnez dudit Duché, ou du pays de Liege, ou du moins de l'Empire, & ne pourront au futur estre admis à la Judicature pere & fils, freres & beaufreres, oncles & nepveux.

III. A leur reception en telle charge, & office, passeront le serment selon le formulaire de la Cour, & sera telle reception & serment, fidelement, & de mot à mot inseré au registre de la Cour, avec les dates des jours, mois & années qu'ils auront esté passez.

IIII. Ils ne permettront que la Justice soit aucunement retardée, sinon qu'il y eust quelque raison dont ils en pourroient, & devroient estre meus, & ce avec cognoissance de cause, les parties sur ce appellées & ouies.

V. L'audience se tiendra le Mercredy de huictaine à autre, reservé en temps de vacances.

VI. Et devront les Prevost, Jugeurs, Greffier & Sergeant y comparoistre pour estre Justice administrée aux parties, depuis les neuf heures du matin, jusques à midy, ne fust que pour legitime empeschement ils en fussent excusez.

VII. Les vacances seront depuis le Dimanche de la Magdeleine, jusques à la Nativité de la Vierge Mere, en Septembre. Et depuis le Mercredy avant Pasques, jusques au Mercredy après Quasimodo. Et du Mercredy avant Noël, jusques au Mercredy après les Rois inclusivement.

VIII. Durant lesquelles ne pourra aucune partie estre constrainte, outre son consentement, d'ester en jugement, soit pour cause des ja auparavant lesdites vacances intentée, ou bien que son advers de nouveau voudroit intenter, ains luy sera à la premiere journée accordé dilay après lesdites vacances, aux despens de sondit advers.

IX. Saulve, & reservé pour fait de crime, dont le retardement se trouveroit par trop prejudiciable, soit au publicque, soit aux parties particulieres interessées, comme ès cas qui provisionnellement se doivent vuyder en matiere de nouvelleté, & ou se devra ordonner sequestre. *Item*, pour bestes prinses de l'authorité de Justice, qui se consomment par longue garde, & pasture, comme aussi pour tous fruicts prests à cueillir & couper, & en matiere d'alimens & autres qui ne permettent aucun dilay.

X. Les Juges ne prendront ou permettront estre prins en leurs noms des parties plaidantes pardevant eux directement ou indirectement aucun don, present ou bien-faict, à peine d'estre suspensez de leurs estats, tel temps que suivant le cas la Cour trouvera convenir, & de ce la Cour devra passer serment.

XI. Ils ne pourront donner conseil & advis, sinon collegialement & à la requeste des ambedeux parties, & sur cas posez conjoinctement par icelles.

XII. La Cour souveraine ne devra avoquer les causes pendantes indecises & commencées pardevant les Justices inferieures, sinon par voye d'appel, ou en cas de dilation, ou denegation de justice, ou autres raisons legitimes & en droit fondées, lesquelles se proposeront devant la Cour basse, avec demande de renvoy avant s'addresser à la Cour souveraine.

XIII. Le Prevost, ou en son absence le plus ancien des Jugeurs, devra mulcter sur le champ, & condamner en amende de sept patars ceux qui par leurs insolences ou irreverends parler, troubleront l'audience des causes.

XIV. Pour faire veue des lieux seront deputez deux Jugeurs ou Eschevins, ès Cours inferieures, avec le Greffier; & pour ouir tesmoins suffira un Jugeur ou Eschevin avec le Greffier, qui seront deputez par la Cour à la semonce du Prevost ou Mayeur.

XV. Et lorsque quelque partie aura requis d'avoir Commissaires pour faire enqueste, veue de lieu, ou autre information dans, ou hors la Duché, telles commissions se devront donner alternativement aux Jugeurs à tour de roolle.

XVI. Ne devront lesdits commis se transporter à aucun lieu pour commission, sans estre munis d'acte pertinent & authentique de leur commission, en pertinente forme escript, à peine de nullité de leurs besoignes, & d'endurer les despens du voyage.

XVII. Tous actes de jurisdiction volontaire, comme transports, œuvres de loix, se pourront expedier pardevant le Prevost ou Mayeur, un Eschevin ou Jugeur, & le Greffier, comme semblablement les plaidoyers des parties, mais pour resouldre sur procès conclu, la Cour devra estre entiere, ne soit que la requisition des parties fust au contraire.

XVIII. Seront les parties admonestées de declarer amplement toutes leurs intentions, pacts, accords, arrieres-promesses faictes, pour estre inserées esdicts contracts, autrement ne seront receus, sinon trois jours par après à proposer & verifier avoir esté convenu & contracté, autrement & plus dit qu'il ne se trouvera inseré dans l'acte d'operation desdites œuvres. Lesquelles operations le Greffier devra expedier & despescher dedans trois jours, à peine d'estre tenu à tous dommages & interests qui pourroient estre causez pour ledit retardement.

XIX. Les Prevost, Jugeurs, Mayeurs, Eschevins, Greffiers, Sergeants & autres Officiers ayant le serment à Justice, ne revelleront les secrets d'icelle, sçavoir tesmoignages, sentences non horsportées, & autres, à peine d'estre suspensez de leur estat pour un an, & d'en estre privé en cas de rescheute.

XX. Si quelqu'un du siege, Prevost ou Jugeur, Mayeur, Eschevin ou Greffier est allegué suspect par une des parties plaidantes, & qu'il y ait cause legitime de soubsçon, si que de parenté, consanguinité, affinité, familiarité grande, domesticité, inimitié, ou autre qui pourroit mouvoir le recusé à opiner pour l'adverse du recusant, tel devra se deporter de prendre cognoissance de telle cause en laquelle il est recusé, sans perte toutesfois, ou diminution de ses droicts ordinaires; Et sera par la Cour assumé en son lieu à la consultation & resolution de la cause un homme fiesvé du Duché, non suspect aux parties, & ce aux despens du tort.

XXI. La Cour n'emprendra sur la jurisdiction Ecclesiastique, n'y empeschera l'execution des provisions, collations & institutions de l'ordinaire.

CHAPITRE II.

Des Greffiers.

I. NUl devra estre admis en l'estat de Greffier si premier par deu examen il ne soit trouvé capable & versé en praticque, d'extraction honneste & de bonnes mœurs.

II. Sera tenu d'exercer la Greffe en personne, assisté, si bon luy semble, de quelque Clerc capable, lequel sera approuvé par la Cour, & sermenté de ne reveler à aucuns les secrets de Justice, & pour les faits duquel ledit Greffier sera responsable.

III. Sera tenu s'acquitter ledit Greffier de sa charge en toute fidelité & assiduité, & expedier ou faire despescher toutes copies aux parties le mesme jour que par icelles requis en sera, ou si pour urgente affaire, ou cause pregnante il en estoit empesché, il les depeschera ens trois jours ensuivants, & devra leur faire delivrance de leursdites copies, à peine de leurs renforcer despens.

IV. Que si par la faulte du Greffier ou Clerc d'iceluy, parties estoient interessées, pour n'avoir en temps recouvrées leurs copies, ledit Greffier en sera recherchable.

V. Le Greffier qui exigera des parties davantage que ne portent ses droits taxez & declarez par les presentes, ou qui se fera payer aucunes copies qu'il n'auroit delivrées soubs pretexte de plus briesve expedition, outre la restitution, sera amendable pour la premiere fois de deux florins monnoye coursable, laquelle peine doublera en cas de rescheute, & pour la troisiesme sera privé de son estat.

VI. Et le Clerc qui sera trouvé en telle faulte puny arbitrairement, & debouté du service.

VII. Le Greffier de la Cour souveraine tiendra quatre registres divers, l'un pour les plaidoyers, l'autre pour les sentences & advis rendus collegialement par la Cour; l'autre, pour tous transports & œuvres de loix, & autres actes volontaires; & le quart pour tout ce qui concerne les Seigneuries & fiefs du Duché, les reliefs, droits de denombrement & franchises qui pourroient à iceux appartenir.

VIII. Lesquels Registres avec tous autres papiers concernans les faits de la Cour & secrets d'icelle, seront renserrez en un coffre particulierement bien serré & asseuré, duquel il y aura deux clefs diverses, l'une gardée par le plus vieil des Jugeurs, & l'autre par le Greffier, & ne pourront aller sinon leurs deux ensemble, & le Prevost sus-appellé.

IX. Avant passer par la Cour aucun transport ou œuvres de loix, ou au autres actes volontaires, le Greffier en fera minute comme luy sera declaré par les parties, & les ayant à l'instant enregistré, les fera soubsigner par icelles, y joingnant sa signature & nom, lequel acte sera releu à Messieurs, presente les parties, & les œuvres & transport se passeront selon l'ancienne Coustume.

X. Le Greffier pourra pendant procès rendre aux parties requerantes leurs tiltres & documens, en retenant copies authenticques à leurs despens, ne fust que la foy desdits tiltres fut par contre-partie ramenée en doubte, & prendra ledit Greffier recepissé d'icelles, qui contiendra obligation de les relivrer en cas qu'ils soient semonds d'en faire reproduction à la Cour.

XI. Sera aussi ledit Greffier tenu representer au Juge les procès, pour estre decidez huict jours après la conclusion en cause de part & d'aultre prinse, ou plustost si faire se peut, & annotera le jour qu'il les aura presenté.

XII. Se gardera toutesfois de faire representation d'iceux, qu'au preallable ils ne soient entierement mis en ordre, selon le contenu de l'inventaire exhibé par les facteurs & procureurs des parties, qui seront tenus les fournir aux greffes dans tiers jours après la conclusion prinse, à peine de dix patars d'amende, lesquels ils soubsigneront, & ne seront lesdits procès receus au bureau sans lesdits inventaires.

XIII. Ne permettra aucune piece de nouveau estre adjoustée au desceu de Justice & partie, laquelle n'eust auparavant esté exhibée, à peine d'un florin d'or d'amende, tant au Greffier le permettant, qu'au Procureur luy fourant.

XIV. Ne s'entremesleront aussi les Greffiers d'informer ou addresser en aucune maniere les parties, ou leurs facteurs, à peine pour la premiere fois d'estre suspensez de l'exercice de leurs estats pour l'espace de trois mois, la seconde de demy an, & la tierce d'en estre privez.

XV. Le Greffier attaint & convaincu de fausseté, sera privé de son estat sans espoir d'aucune grace.

CHAPITRE III.

Des Sergeants.

I. NE sera aucun receu en l'estat de Sergeanterie estant chargé de cas important, infamie ou famé d'estre coustumier d'user de mensonge & faux rapport.

II. Sergeants en leur establissement feront serment de fidellement & diligemment exercer leurs offices, de n'escrire, rapporter ou attester aucun exploit autrement qu'ils ne l'auroient fait & exploicté, & de ne receler ou differer iceux par aucune faveur ou dissimulation, à peine de privation d'office.

III. Ne feront aucune exaction, en prenant des parties davantage que leurs salaires ordinaires, à peine pour la premiere fois d'estre suspensez de l'exercice de leurs estats pour l'espace de trois mois, pour la seconde d'un an, & pour la troisiesme d'en estre privez & punis arbitrairement, outre la restitution qu'ils seront tenus de faire.

IV. Est deffendu aux Sergeants de faire le premier exploict pour intenter action, sans ordonnance signée du Prevost ou du Mayeur, & en absence d'iceux, d'un membre de Justice, à peine de nullité, & feront relation de leurs exploicts.

V. A laquelle relation sera adjoustée foy, en ce qui concerne son exploict.

VI. Les Sergeants faisans leurs exploicts tiendront en main une verge, & n'exploicteront sinon en presence d'un tesmoin, s'ils sont en lieu, où commodément ils en puissent recouvrer, & ce à peine de nullité ès matieres esquelles partie pourroit obtenir sur un seul deffaut ses fins & conclusions.

VII. Pour arrester personnes, chevaux, saisir marchandise ou autres meubles, devra le Sergeant exploictant les toucher de sa verge, declarant que de l'authorité du Prince, & à la requeste de N. N. il les arreste & saisit, faisant commandement aux personnes arrestées de le suivre, & feront sçavoir la saisie desdits biens aux maistres ou possesseurs d'iceux, en cas qu'ils ne soient presens, le tout à peine de nullité.

VIII. Sera le debvoir des Sergeants d'assembler la Cour, lorsqu'ils en seront requis, ou leur sera enjoint par le Prevost ou quelque homme de Justice.

IX. Ne departiront de l'assemblée sinon de la licence de la Cour, à peine pour chacune fois d'une amende de cinq patars.

X. Devront aussi recepvoir les sportulles & droits de Cour, avec toutes namptes qui se feront, ne soit que pour certaines raisons il en fust autrement ordonné, sans toutesfois qu'ils en soient chargez que comme simples depositaires, pour en rendre comptes & reliqua.

XI. Le franc Sergeant aura certains substituez fermentez par la Cour, sçachans lire & escrire, lesquels pourront exploicter en son absence, & lorsqu'il n'y pourra vaquer seulement.

CHAPITRE IV.

Des Procureurs.

I. LE nombre des Procureurs de la Cour souveraine sera de quatre, & devra estre enregistrée pertinemment au registre de ladite Cour la reception d'iceuxdits Procureurs, avec apposition d'an & jour.

II. Devront iceux estre admis par Messieurs de ladite Cour, avec deu examen de leur experience & capacité en praticque, & inquisition faicte de leur vie, & extraction, & qu'ils auront presté le serment.

III. Devant & en laquelle admission devront jurer ès mains du Prevost, presente la Cour, d'estre fideles & leaux à leur Prince, de ne deroger jamais ou conseiller aux parties plaidantes estre derogé en aucune façon, directement ou indirectement à sa jurisdiction & de sa Cour souveraine, & que des sentences données par icelle, ils n'en rechercheront reformation, sinon par recours à leur Prince, & voye ordinaire & prescripte par les presentes.

IV. Est deffendu à un chacun, & à tous, de ne se presenter pour postuler pardevant Messieurs de ladite Cour souveraine, qu'il ne soit (comme est predit) deuement receu & authorisé, ne fust la partie mesme en sa propre cause, à peine de sept patars pour chacune fois, outre la nullité du proposé.

V. Aucun Procureur ne devra temerairement intenter action sur leger subjet, pour molester ou bien faire venir en composition les parties, à peine d'estre mulcté extraordinairement, selon la gravité du faict, à l'arbitrage de la Cour.

VI. Devront lesdits Procureurs estans requis des parties, passer le serment de calomnie, tant devant la litiscontestation, qu'après icelle.

VII. Se pourra aussi demander par les parties respectivement, le serment de malice en toutes les parties du procès, specialement s'icelles doubtent que contre-partie n'allegue malicieusement quelque chose.

VIII. Procureurs ne seront receus à plaider la cause d'aucun, en agissant ou deffendant sans estre preallablement fondez de procuration legitimement passée, sinon soubs promesse *de rato*, faisant au premier terme suivant s'advouer par la partie pour laquelle ils auront plaidé, A peine d'estre tenu aux fraix de la journée, & de tous autres interests de partie.

IX. Un seigneur qui a terre & jurisdiction, peut vaillablement constituer Procureur soubs son seel ou cachet, comme semblablement les Convents, Colleges & Communautez, qui ont seels propres & particuliers.

X. Les Procureurs devront estre presens à l'auditoire tous les jours des plaids ordinaires, depuis les neuf heures du matin jusques aux douze, ou à tout le moins aussi longtemps que toutes les causes qu'ils deduisent soient esté par le Greffier appellées; lequel selon l'ordre de son registre les devra à haulte voix appeller, à peine que s'ils ne comparent de ne pouvoir estre pour ce jour ouis qu'ils ne payent pour amende cinq patars & demy, qu'ils seront tenus prestement consigner entre les mains du Greffier: à faulte dequoy demeurent les fraix de Justice, & interests de partie à la charge desdits Procureurs.

XI. Si au jour assigné par adjournement ou autrement servant, lesdits Procureurs ne comparent, ou bien manquent d'exhiber leurs demandes ou autres actes retenus de servir; ils seront à l'instant par le Prevost condamnez aux despens & interests envers partie, & ne pourront obtenir autre adjournement de l'officier, s'ils n'y ont premier réellement satisfait, & qu'il en apparoist, ne fust que sur le champ ils alleguassent & fissent paroistre d'excuse legitime & recevable.

XII. Le Procureur qui sera trouvé par sa coulpe ou negligence, avoir dilayé & retardé le procès, ou bien laissé tomber sa partie en quelques fraix & dommages, sera tenu les restituer du sien propre.

XIII. S'il a temerairement esmeu quelque incident accessoire, ou autre question impertinente, sera condamné en son pur & privé nom aux despens soutenus par tel incident.

XIV. Le Procureur sans charge speciale, ne pourra recevoir aucune chose pour & au nom de son client.

XV. Autrement sera tenu le restituer promptement, ou luy interdit de postuler jusques à pleine & entiere satisfaction, tant du receu que des interests, & despens ensuivis à ceste occasion, & seront ses biens, tant meubles qu'immeubles à cest effect saisis, & sans autre forme de procès annotez, & de l'authorité de Justice vendus & subhastez, après un seul terme de huictaine, jusques à satisfaction complette.

XVI. En fait criminel, criminellement intenté, un Procureur n'est receu pour les accusez, sinon pour une Communauté ou bien après publication d'enqueste, pour la descharge & justification de l'accusé.

XVII. Procureur qui aura en jugement par paroles ou escrits injurié sa contre-partie, en cas qu'il soit desadvoué de son client, devra estre sur le champ condamné à une amende de trois florins, & à reparation condigne.

XVIII. Les Procureurs se presenteront devant Justice sobres & en modeste contenance, que si aucun d'iceux s'ingere d'entrer en l'auditoire, & illec haranguer, presente la Cour, estant beu ou troublé, & qu'on puisse recognoistre tel n'estre de sens rassis & entier, il sera par la Cour suspensé pour la premiere fois de son estat, pour l'espace de demy an, pour la seconde d'un an entier, & pour la tierce en sera privé & declaré inhabile.

XIX. Finalement est deffendu serieusement à tous Justiciers & Procureurs du Duché, de ne se transporter aux tavernes avec les parties plaidantes, & y boire ou banqueter, surchargeant les subjects de fraix & despens, à peines telles, qu'elles sont comminées par l'article precedent.

CHAP. V.

CHAPITRE V.

Du Procureur General.

I. LE Procureur General de son alteze serenissime Duc de Bouillon, ne pourra intenter procès contre aucun, soit civilement, soit criminellement, sans bon advis, ou information precedente, ne fust-ce pour faits & excès de soy-mesmes notoires, afin que les subjects ne soient calomnieusement pour chose legere inquietez. Autrement pourra estre ledit General prins à partie comme privé & tenu ès dommages & interests, en son pur & privé nom.

II. Pour adjonction par laquelle ledit General ne se portera que pour conforter du requerant (en cas que le conforté succombe) ledit Procureur ne sera tenu à aucuns despens. Autre chose seroit-ce s'il se portoit comme, & pour partie principale.

III. Il ne devra aussi estre present ès recollemens & confrontations des tesmoins ouys contre les chargez & accusez, bien ès examen & questions rigoureuses.

IV. Le Procureur General aura bon & soigneux regard, que les droits, authorité & jurisdiction de son alteze, Duc de Bouillon, soient maintenues & conservées; aussi que tous Officiers, Justiciers, & ministres de Justice facent leur devoir, & ce manquant, qu'il ait d'intervenir, prendre les parsuites des causes à soy, tant pour le chastoy des méchans, que protection des subjects qui seroient injustement grevez & oppressez; & affin qu'il s'acquitte autant mieux de son devoir, il sera en la particuliere protection de son alteze.

CHAPITRE VI.

Des Jurisdictions.

I. LEs Bourgeois & Surceans du Duché de Bouillon, devront estre convenus en premiere instance pardevant les Justices de leurs domiciles, sauf pour cas reservez, ou bien en lieu, & cas esquels prevention auroit lieu.

II. Les cas desquels la cognoissance immediate appartient à la Cour souveraine, sont les crimes de lezemajesté humaine, comme de fausse monnoye, assemblée contre l'estat, la patrie, infraction de sauvegarde, imposition de tailles soubs l'authorité du Prince, s'il s'en meut quelque different & semblables, comme aussi des causes qui se meuvent pour le droit du Prince ou ses regaulx.

III. *Item*, Les causes des Pairs du Duché, des seigneurs vassaux & fiefvez, touchant les terres tenues en pairies, seigneuries & fiefs, & aussi pour les droits, franchises & dependances d'icelles.

IV. *Item*, Les causes esquelles les Communautez seroient partie, ou que les Justices subalternes & inferieures, ou le plus grand nombre des personnes du corps d'icelles, pourroient legitimement estre debatues.

V. Toutes lesquelles pourroient en premiere instance estre introduites pardevant la Cour souveraine, sauf toutesfois les droits des Vassaux & Sieurs qui ont jurisdiction & droit de coercition sur leurs subjets & delinquans soubs le destrict de leurs seigneuries.

VI. Les surceans d'un lieu commettant quelques excès ou crimes soubs autre jurisdiction, seront chastiez par leurs Seigneurs propres, ou officiers prevenans.

VII. Pourveu que ledit Seigneur ou Officier en attende le jugement de la Justice, soubs le district de laquelle l'excès ou crime a esté perpetré.

VIII. Celuy qui aura esté chastié par Justice pour quelque sien mesus, n'en pourra estre de rechef recherché; mais luy pourra estre objetté pour aggraver un second crime auquel il seroit rescheu.

IX. Et payera le Seigneur ou Officier, faisant telle vaine poursuite, les despens & interests du recherché, pourveu toutesfois qu'iceux ne fussent ignorans de tel premier & judiciel chastoy.

X. Les contrevenans aux Ordonnances du Prince, seront chastiez des peines comminées en icelles par leurs Seigneurs Hauts-Justiciers, ou par ceux qui d'ancienneté ont droit de recevoir les amendes.

XI. Reservé lorsque les surceans du Duché seront assemblez en armes, & soubs le drapeau de leurs capitaines, & que le mesus depende du service d'armes seulement, esquels cas seront chastiez par leursdits capitaines, conformément aux ordonnances militaires.

XII. Les Justices constituées en fief, qui n'ont que basse jurisdiction, pourront seulement cognoistre des fonds & limittes d'entre grands chemins, & de chacun heritage.

XIII. Les Justices recevront la pleine & entiere instruction des causes personnelles, tant criminelles que civiles, réelles & mixtes, jusques à conclusion en cause inclusivement, après laquelle devront incontinent envoyer lesdits procès pleinement instruits à la Cour souveraine, pour d'icelle obtenir rencharge, sans laquelle elles ne s'ingereront d'en juger, soit diffinitivement ou incidemment, exceptées celles qui ont droit de ce faire sans rencharge.

XIV. Quant est des Justices des quatre Mairies du Duché, elles pourront semblablement recevoir l'instruction des causes personnelles, réelles & mixtes des personnes & choses mouvantes de leurs jurisdictions, jusques à conclusion en cause inclusivement, & exhition des motifs de droit.

XV. Quoy advenu devront envoyer lesdits procès clos & fermez audit Juge souverain, pour en obtenir rencharge, qui ne pourra recevoir audit procès aucun escrit, ains devra rencharger hors des pacquets à luy apportez, lesquels pacquets devront estre renvoyez à ladite Cour basse, si la rencharge n'est que pour incident.

XVI. Laquelle rencharge devront hors-porter avant trois jours après la reception d'icelle, à peine de trois florins d'amende.

XVII. Sauf que ladite Cour recognoissant quelque erreur en la description ou examen des tesmoins ouys esdites causes, elle pourra ordonner recollement des tesmoins pardevant icelle; afin que le faict estant pertinemment discuté, le jugement ensuive plus asseuré.

XVIII. Et quant aux causes desquelles le principal n'excedera trois florins lesdites hautes Justices, & les quatre Mairies en pourront & devront cognoistre & decider sommairement à un seul jour, si faire se peut, ou pour le plus à deux, sans admettre ny recevoir en icelles aucun Procureur.

CHAPITRE VII.

Des Arbitres & Amiables Compositeurs.

I. LEs causes intentées & litis-contestées pardevant la Justice ordinaire, pourront estre remises en arbitrage, ou au dire des amiables compositeurs, selon le compromis & soubmission que les parties en passeront.

II. Sentences rendues par arbitres, n'emporteront aucune infamie aux condamnez par icelles.

III. La partie appellante de ladite sentence arbitraire, ne pourra relever son appel, si premierement il n'a nampty & consigné la peine porté par ladite sentence, ou *laudum* arbitraire, sans aucune espoir de la pouvoir repeter, bien que la sentence fust du tout, ou en partie reformée.

IV. Les arbitres qui ont accepté l'arbitrage peuvent estre contraints par le Juge à proceder au jugement de la cause, en cas qu'ils en fussent dilayans.

V. Où il y aura plusieurs arbitres ils ne pourront les uns à l'absence des autres rien exploicter, sinon du consentement des parties.

VI. Les sentences des arbitres, desquelles ne sera appellé, seront mises promptement en deue execution soubs l'authorité de Justice, à la requeste de partie, après qu'icelles seront esté emologuées par la Cour souveraine.

VII. Et en cas d'appel, en baillant caution suffisante par l'appellé, sera ladite sentence pour le principal mise en execution, sans prejudice dudit appel.

CHAPITRE VIII.

Maniere de proceder, tant pardevant la Cour Souveraine, qu'autres Subalternes.

I. CEluy qui pretend tirer aucun en jugement pour cause excedante trois florins, faut que preallablement il obtienne à ceste fin congé du Prevost, qui pourra quand la cause n'excedera trois florins, avant l'octroy d'iceluy faire appeller la contrepartie, & les ouir sommairement en l'absence des Procureurs, & appointer, sinon accorder ledict congé.

II. Sera telle ordonnance ou decret donné par apostille, sur requeste à ceste fin presentée audit Prevost, & signée d'iceluy.

III. Contiendra telle requeste les causes de l'adjournement requis, qui sera declaré au Sergeant ou huissier de la Cour, pour selon icelles faire son exploict, & assigner jour & heure competente.

IV. Adjournement se fera par affichement de billet, aux extremitez des jurisdictions, contre les coustumiers à faire outrage aux Sergeants, contre fugitifs ou latitans, après deue information du faict.

V. Le mesme se fera par ceux qui se voudront porter heritiers de quelque defunct par benefice d'inventaire, qu'ils auront obtenu du Souverain, afin que tous crediteurs, & pretendans interests en soient certiorez.

VI. Adjournement se fera à verge contre ceux qui auront perpetré quelque leger mesus ou abus, pour en poursuivre l'amende lorsqu'iceux seront demeurans soubs autre ban & Seigneurie.

VII. Duquel adjournement pourront estre advertis par lettres ou autres simples messages, qui suffira pour estre contre eux procedé.

VIII. Adjournement avec intimation se fera pour veoir proceder sur complainte en cas de nouvelleté veoir conclurre & garnir la main de la somme portée en l'obligation authenthique & judicielle.

IX. *Item*, Pour veoir proceder à adjudication de provision d'alimens & medicamens pour un blessé, pour recognoistre sa signature sur scedulle, comme pour veoir créer tuteur, & jurer tesmoins.

X. Le profit du défaut sera qu'en contumace de la partie, le Juge procedera à la requisition de partie comparante, au decret de la provision sur les faicts prespecifiez.

XI. Parties non domiciliées, seront tenues d'eslire & de nommer domicile ès lieux où les procès seront meus & pendans, & les estrangers n'ayans biens réels en ce Duché livreront caution solvable, *judicio sisti, & judicatum solvi*, ou pour le moins juratoire, ayant au preallable faict diligence d'en recouvrer d'autre, dequoy ils s'expurgeront par serment.

XII. Si l'adjourné en action personnelle ne compare, le demandeur estranger se pourra deporter de l'instance, s'il le treuve bon, & le faire de nouveau convenir pardevant autre Juge : Ce qu'il ne pourroit faire si l'adjourné avoit comparu & litis-contesté.

XIII. L'adjournement se devra faire à la personne, ou à son domicile, avec injonction aux domestiques ou voisins de le faire sçavoir à l'adjourné.

XIV. Le Sergeant laissera copie de son adjournement authentiquée de son nom & signe à la partie, ses domestiques ou voisins, ou bien l'affichera à la porte de l'adjourné, & sans que ledit Sergeant en doive ou puisse exiger autre salaire que de son voyage ordinaire.

XV. La partie adjournée devra comparoistre au jour assigné par l'exploict d'adjournement en personne ou par procureur, & respondre au mesme jour à la demande de l'acteur, reprinse audit libel d'adjournement, s'il n'a raison qui legitimement l'en excuse.

XVI. Si l'adjourné ne compare, du moins par procureur constitué, sera pour profit du premier defaut descheu des exceptions declinatoires, pour le second des dilatoires, & pour le troisiesme des peremptoires, & sera contre luy decreté le quart adjournement, avec intimation, que s'il compare ou non, sera procedé selon droit & raison.

XVII. Iceluy ne comparant au terme quatriesme & de grace luy prefigé, l'acteur sera admis à verifier le faict posé en sa demande.

XVIII. Pour voir jurer tesmoins, produire tiltres, exhiber conclusions, y servir de reproche & contredit, l'impetrant defaillant sera adjourné.

XIX. Si tel adjourné ne compare, & qu'il soit par partie adverse accusé de contumace, sera (ladite partie requerante) donné decret de forclusion, & sera faict droit à l'acteur, sur ses demandes, fins & conclusions.

XX. Si iceluy donne parition au quatriesme adjournement, il sera ouy, renfonçant les loyaux frais des trois defauts contre luy decretez.

XXI. Si l'acteur n'a legitimement verifié le contenu de sa demande, le defendeur, ores que contumax, doit estre absoult des fins & conclusions contre luy prinses.

XXII. La partie qui aura comparu personnellement, ou par procureur, ne sera receue à exciper de nullité d'adjournement, estant l'adjournement suffisamment validé par sa comparition.

XXIII. Les causes provisionnelles, comme d'alimens, medicamens, douaire, taxe de despens, execution de sentence, d'obligation, contract authentique, scedulle, emologation des sentences d'arbitres, reintegration, appreciation de meubles ou immeubles, & autres semblables, seront promptement vuidées, & decidées en vertu d'un seul defaut sans radjournement.

XXIV. Pour recognoissance de scedulles, desquelles ostension & lecture en sera par le Sergeant exploicteur de l'adjournement, faite à l'adjourné personnellement, icelles seront tenues pour confessées en vertu d'un seul defaut.

XXV. Sera decreté provisionnellement au demandeur namptissement réel des sommes y contenues, moyennant caution, sauf au debteur de pouvoir alleguer & verifier le payement.

XXVI. Celuy qui sera spolié de la possession de laquelle il auroit jouy an & jour paisiblement, sera avant tout restitué.

XXVII. Ne sera procedé au petitoire, que premierement le turbateur n'ait entierement, & réellement fourny au decret & sentence contre luy donnée, tant pour le principal, que pour les dommages & interests adjugez au possessoire.

XXVIII. Si l'acteur ne compare au jour de l'assignation premiere, du moins par procureur, sera decreté au defendeur congé de Cour, & sera absoult de l'instance commencée avec despens que l'impetrant sera tenu expurger, avant que d'estre ouy en Justice.

XXIX. Ne seront donnez dilays avant contestation en cause, sinon pour sommer garand, s'il est de l'adjournement requis : Comme aussi pour faire monstre, & veue de lieu, à quel effect se donnera un seul dilay.

XXX. L'acteur qui sera admis à verifier le contenu de sa demande, aura deux termes de quinzaine consecutifs seulement, pour produire tiltres & tesmoins, lesquels escoulez il fera renonciation à preuve, afin estre l'intimé admis à alliger.

XXXI. Ne fust que pour la qualité du faict & d'instance des lieux & autres bonnes considerations, soit trouvé par la Justice raisonnable d'advancer telle quinzaine ou la prolonger, lesquels termes expirez l'acteur negligent en sera forclos.

XXXII. Le mesme sera du defendeur, en cas que negation luy soit faicte sur les defenses & exceptions soubs les mesmes peines.

XXXIII. Et à chacun d'iceux un autre & seul dilay sera consecutivement limité pour repliquer, & dupliquer, servir de reproches & contredits, ou solution respectivement & non plus.

XXXIV. Lesquels expirez, sera ordonné un seul & dernier dilay de huictaine aux parties, pour conclurre, estant chacune d'icelles forclose d'ulterieure production, si à ce ne sont admises par speciale ordonnance de Justice, avec cognoissance de cause, l'autre partie sur ce ouye, & ce aux frais du requerant.

XXXV. Les parties se pourront faire interroger l'une l'autre sur articles pertinens, tirez de leurs escrits, & pourra le Juge d'office leur faire telle interrogation qu'il jugera expedier pour l'esclaircissement de la cause.

XXXVI. Aussi pourront lesdites parties respectivement en leur production exhiber interrogatoire, pour sur iceux faire interroger les tesmoins produits.

XXXVII. Ceux qui auront posez & articulez calomnieusement aucuns faicts faux aux escrits & pieces du procès, seront mulctez envers les sieurs d'une amende de trois florins.

XXXVIII. De mesme ceux qui auront denié aucuns faicts malicieusement, qu'ils auront sceu veritables posez & articulez au procez.

XXXIX. Lesquels ils payeront promptement après en estre convaincus, à peine de réelle execution.

XL. En matiere pure personnelle, & pour chose legere, les parties comparoistront en personne à la premiere assignation, pour estre ouyes d'office par le Juge, s'elles n'ont excuses legitime de leurs absences.

XLI. Et en cause intentée par le Procureur General, pour amendes n'excedantes trois florins, afin soulever les subjects de fraix excessifs qui se pourroient engendrer, ledit Procureur devra faire adjourner promptement l'amendable pardevant la Cour souveraine, pour en un seul jour faire estimer & juger ladite amende, ne luy estant permis trainer pour tel leger sujet longue procedure.

XLII. Si le faict requiert preuve par tesmoins ou autrement, leur sera assigné un seul dilay de huictaine, pour produire tesmoins, y servir de reproches, & au mesme jour, si possible est, ouir sentence.

XLIII. Sur enqueste pour faicts civils, les parties seront adjournées & intimées, pour veoir produire & jurer tesmoins, à peine de nullité, & sera sur un seul defaut passé outre en la production & examen des tesmoins.

XLIV. Si les parties, ou l'une d'icelle estoit de lointain pays, & qu'il soit question de faict de petite importance, leur seront octroyez commissaires en leurs lieux de demeurances, pour pardevant iceux faire leursdites enquestes à moindre fraix.

XLV. Ce qui sera signifié à la partie pour convenir & accorder des personnes à commettre, sinon y sera pourveu par la Cour.

XLVI. Les Commissaires & adjoints seront tenus prester le serment de ne reveler aucune chose des secrets desdites enquestes, n'est qu'ils fussent hommes constituez en dignité ou estat de judicature.

XLVII. Le pere & le fils, les freres & nepveux, avec l'oncle, ne pourront estre constituez ensemble commissaires, & adjoints pour faire enqueste, bien que les parties y consentissent.

XLVIII. Les commis à l'examen des tesmoins les devront exactement interroger chacun à part, sur la cause de leur science, & circonstances qui pourroient toucher le fait dont seroit question, & icelles exactement & fidelement rediger par escrit, en termes les plus clairs, & expressifs que possible sera.

XLIX. Ils ne devront abreger les depositions de tesmoins en semblables formes ou termes (accorde à l'article) (accordo avec le precedent tesmoin) ains les coucheront tout au long, selon qu'en auront deposé lesdits tesmoins, tant à charge qu'à descharge : autrement telle enqueste sera declarée nulle, & les despens d'icelle restituez à partie; outre l'interest qu'elle en auroit souffert.

L. Et seront les tesmoins derechef examinez aux fraix, & despens, tant desdits examinateurs, que du Greffier qui aura si impertinement escrit.

LI. Les noms des commis, adjoints, & greffier, qui auront vacqué à l'examen, seront annotez, & mis en teste de l'enqueste, & la soubsigneront au pied d'icelle.

LII. Semblablement chacun tesmoin soubsignera sa deposition après qu'elle luy sera esté releue.

LIII. Pour faciliter tel examen, les Procureurs donneront à chacun tesmoin eticquet designatoire des articles sur lesquels ils devront estre examinez, lesquels eticquets devront estre attachez par le Greffier, à la piece, contenant les articles interrogatoriaux.

LIV. Pour chacune reproche calomnieuse, & injurieuse, le reprochant sera condamné à une amende de trois florins vers le seigneur.

LV. Le tesmoin manquant de comparoistre pour deposer au jour, & à heure luy assignez par son adjournement, ou du moins à la seconde assignation (n'est qu'il fust empesché par maladie, ou autre cause legitime) sera tenu restituer à la partie produisante les fraix & interests qu'elle en aura receus.

LVI. Les tesmoignages seront doresnavant publiez aux parties ce requerantes, pour servir de debats & exceptions telles qu'elles trouveront convenir; & les tesmoins, comme aussi la partie sont en la Sauvegarde de S. A. Duc de Bouillon, & si la partie contre laquelle ils seroient produicts, ou autre par elle suscité venoit à les outrager, elle l'amendera arbitrairement en toute rigueur de Justice, tant honnorablement, que profitablement envers le Seigneur & offensé.

LVII. Les actes, & documens exhibez par l'une, ou l'autre partie ayant forme probante, seront tenus pour authentiques, n'est qu'avant conclusion en cause ils soient impugnez.

LVIII. Sera annoté à quelle fin, & probation de quel article, tels actes seront exhibez par l'inventaire, afin soulager en ce le labeur du Juge.

LIX. Les parties seront signifiées pour ouyr droit, en cas que par decret, ou autrement le terme ne serviroit à ce, autrement sera la sentence subjecte à nullité.

CHAPITRE IX.

Des Fins & Exceptions de non recevoir.

I. LEs exceptions declinatoires, dilatoires, & autres peremptoires, tendantes à empescher cognoissance de cause, & poursuite du faict entamé, se devront proposer avant litis-contestation.

II. Seront lesdites exceptions advisées par la Justice, pour decreter sur icelles, afin qui si elles sont trouvées irrelevantes, le Juge, *ex officio*, les rejette, & si admissibles, il les vuide avant discussion du principal, appointans si faire se peut les parties.

III. Recusations se devront proposer avant litis-contestation, comme dessus, autrement la partie en sera deboutée, sinon en affermant par serment que les moyens, & causes d'icelles seroient de nouveau venues en la cognoissance du recusant, & qu'il ne les propose calomnieusement.

IV. Si lesdits moyens & causes sont trouvées legitimes, sera baillé un seul dilay de huictaisne, pour les verifier, lequel expiré en sera le proposant debouté.

V. Nul devra estre contraint respondre en jugement à pupils, mineurs, femmes mariées, ou religieux intervenans en cause, s'ils ne sont authorisez de leurs tuteurs, mambours, marits, ou superieurs.

VI. Si quelqu'un excipe de litis-pendence entre luy & sa partie, pour mesme faict, & pardevant mesme Juge, ou autre, & qu'il le verifie, il sera renvoyé absolut de l'instance, & luy seront adjugez despens, & interests.

VII. Les droits & salaires des Procureurs, & autres, servant à l'administration de Justice, ne se pourront demander six mois après l'horsport de la sentence, ne soit que les parties s'en ayent constituées debteurs par scedule.

VIII. Les heritages chargez de rente, ne pourront estre saisis par faulte de payement que pour le canon de la derniere année seulement. Et ne pourront les rentiers poursuivre personnellement ceux qu'ont possedé leurs hipotecques, que pour arrierages de trois precedentes années, outre celle pour laquelle saisie seroit esté faicte, ou instituée.

IX. Compensation ne sera receue sinon, *liquidi ad liquidum*, c'est-à-dire des deux debtes prouvées, ou confessées, ou qui facillement & sommairement se peuvent prouver.

X. Les hostellains peuvent retenir les chevaux, & autres meubles pour despens, comme locateur, les meublés de celuy auquel il auroit louée sa maison, & la chose à l'endroit de laquelle il auroit emplié son industrie, & labeur si on ne le paye.

XI. Peut aussi le Seigneur direct retenir les meubles de son Colon, s'il ne satisfait pour sa ferme, se voulant departir de la Cense, ou metairie.

XII. Il est permis à celuy qui est debteur, pour plusieurs causes, d'approprier le payement qu'il aura fait à la descharge, & acquit de telle qu'il trouvera pour soy plus profitable, pourveu que le crediteur ne preuve ledit payement avoir esté fait nommément & specifiquement, à l'acquit d'autre charge, & qu'il n'est par le debteur approprié.

CHAPITRE X.

De ceux qui peuvent estre arrestez au corps.

I. LEs Surceans du pays ne sont arrestables, n'est que notoirement ils soient rendus suspects de fuite, mais trompeurs & abuseurs de marchands, ou famez tels, n'ayant biens immeubles au pays, seront executables en leurs meubles, par saisie d'iceux, & de leur marchandise, à raison de laquelle la debte auroit esté créée, & non payée au terme prins, & assigné.

II. Nul pourra, ou devra estre arresté au corps, ou en ses biens ès lieux des foires marchandes de cestuy Duché, & durant le temps d'icelles, ne fust pour marchandise, & contract faits en icelles, mais chacun y sera franc, & libre, hormis les criminels, & infracteurs des franchises d'icelles, ne fust que les parties eussent specifiquement par leurs contracts renoncé à tel benefice de franchise.

III. Les foires du Duché de Bouillon commencent la premiere en la ville de Bouillon, le Mardy après la Purification, la seconde le Mardy après la Pentecoste, & la troisiesme le Mardy après la S. Remy.

IV. Au bourg & franchise de Palizeux, la premiere les Vendredy & Samedy après les festes de Pasques, la seconde la veille & le jour de la Division des Apostres, le quatorziesme & quinziesme de Juiller, la troisiesme la veille & le jour de sainct Laurent, neufiesme & dixiesme d'Aoust, la quatriesme la veille & le jour de S. Lambert, la cinquiesme la veille & le jour de la feste de saincte Catherine, vingt-quatre & vingt-cinquiesme de Novembre, la sixiesme, le premier Vendredy, & Samedy de Caresme.

V. Et en cas que lesdites festes eschoient ès jours de Dimanches, & Lundy, icelles se tiendront les Mardy & Mercredy immediatement les suivans.

VI. *Item*, Au bourg de Jèdine y a trois foires, la premiere la veille de notre Dame au Mars, la seconde le Samedy après la feste du S. Sacrement, la derniere le second Samedy devant le S. Luc.

VII. Les franchises des predites foires commenceront la veille d'icelles à midy, & fineront le lendemain, ou derniere jour d'icelles à Soleil ombrant.

VIII. Nulle femme pourra estre arrestée au corps, ny faire arrester aucun, s'elle n'est marchande, ou s'elle n'avoit elle mesme fait la debte, ou la creance respectivement.

IX. Celuy entre les mains duquel est interposée saisie sur aucuns biens, ou argent qu'il doit, ou a en sa puissance appartenans à un tiers debteur, sera tenu declarer pardevant Justice par expurgation de serment, s'il en est requis, quels biens il a en sa puissance, & la somme qu'il peut devoir.

X. Et n'en pourra vuider ses mains jusques à ce qu'en soit ordonné par la Justice, à peine d'amende envers le Seigneur de soixante florins, & de restablir au saisissant tous dommages, & interests. Si toutesfois à l'exploict de l'arrest & saisie, deffence luy en a esté faicte.

XI. Et advenant que le poursuivant ait deuement verifié son credit, luy seront adjugez tels biens, & levée d'argent, jusques à la concurrence de sondit credit.

XII. Qui aura fait arrester l'estranger, devra promptement verifier ses causes d'arrests, ou pour le moins à un seul terme competent, qui luy sera prefigé, eu esgard à la distance de leurs demeures, & qualité du faict, faute de quoy sera l'arresté eslargi; & l'arrestant condamné à tous ses dommages, interests & despens, à la taxe moderée de la Justice.

XIII. Sentences des Juges forains passées en force de chose jugée, sur requisitoriales envoyées par iceux au Juge souverain du Duché seront executées, par le franc Sergeant dudit Juge souverain, à l'ordonnance de la Cour.

CHAPITRE XI.

Des Contracts.

I. Tous contracts devront estre faits du libre vouloir des contrahans, lesquels passez en leurs formalitez sortiront effect, n'estant licite à l'un y resilier sans le vouloir & consentement de l'autre, bien s'il y eust intervenu force, juste crainte, circonvention, ou lesion outre la moitié du juste prix, tels contracts seront declarez nuls, comme toutes peines y apposées.

II. Simples parolles ou promesses inconsiderement faictes, ne seront obligatoires, ne soit qu'elles soient confirmées par stipulation que se devra faire, ou pardevant la Cour, ou deux tesmoins à ce specialement appellez.

III. En alienation, & obligation d'immeubles, les contracts ne seront parfaicts pour y obliger les parties contrahantes, sinon par operation des œuvres pardevant la Justice d'où le bien est mouvant, voire que si quelqu'un fust en possession du bien alienė par l'espace de dix ans, telle possession aura force de vesture & operation, & pourra le lignager les dix ans escoulez, avoir l'an de retraict.

IV. Mineurs ne pourront aliener leurs immeubles, sans decret du Juge, authorité des Tuteurs, & cognoissance de cause, lesquels (en cas d'alienation durant leurs minoritez) leur seront readjugez, & restituez sans en rendre le prix, n'est qu'il soit esté converti à leur profit, ou delivré à leur mambour qui en sera recherchable, voire que le mineur estant marié, sera tenu qualifié, & majeur d'ans.

V. Si toutesfois parvenu à majorité, usant de ses droits il declare judiciellement aggréer telle alienation, elle aura lieu comme ratiffiée en majorité.

VI. La femme mariée ne pourra vaillablement sans le gré de son mary aliener son immeuble, sans estre expressément authorisée d'iceluy, comme aussi ne pourra contracter, n'est qu'elle fust marchande publique, & pour le faict de la marchandise, en quel cas sera tenu & obligé le mary par le contract d'icelle.

VII. Fils, & filles de famille sont soubs la puissance du pere, jusques à ce qu'ils soient mariez, ou émancipez.

VIII. Le mary ne pourra vendre, ny autrement aliener le bien propre de sa femme, sans son libre & exprès consentement, declaré devant Justice en l'operation des œuvres.

IX. Pactions d'Advocats, & Procureurs, *pro quota* avec leurs cliens, ne seront vaillables, ains seront pour la premiere fois mulctez d'un escu d'or d'amende; & pour la seconde oultre duplication d'amende, seront suspensez pour un an de leurs fonctions; & pour la tierce fois, en seront privez & declarez incapables, & à trois escus d'amende.

CHAPITRE XII.

Des Donations.

I. Donations indiscrettes universelles pour en frauder ses crediteurs, seront declarées nulles.

II. Donations faites par le pere ou mere à leurs enfans seront subjectes à raport, afin d'observer esgalité entre iceux, sinon pour cause remuneratoire, laquelle se devra verifier par l'enfant donataire.

III. Sont aussi prohibées, & deffendues donations mutuelles entre gens mariez, sinon que n'ayant enfans legitimes, il leur sera permis disposer au profit l'un de l'autre, de leurs meubles, & acquestes immeubles, & de l'usufruict de leurs biens patrimoniaux seulement, pourveu que telle disposition se face parties estantes en bonne & pleine cognoissance, & d'entier jugement.

IV. Sera le survivant chargé de faire inventaire pertinent des tiltres, & heritages luy delaissez par le defunct en usufruict, & les mettre en garde de loy, pour estre iceux restituez aux proprietaires, ledit usufruict terminé, & finy.

V. Donations ou alienations de biens, par ceux qui se trouveront non solvables vers leurs crediteurs, s'elles sont de tous, ou de la meilleure parte de leurs biens seront nulles, comme presumées faites, *in fraudem creditorum*.

VI. Comme aussi seront toutes largitions, & promesses faictes à personnes infames, & pour cause reprouvées par le droit commun.

VII. Sont aussi deffendues donations d'anciens

biens par le pere à ses enfans naturels & bastards.

VIII. Bien sera permis à tel pere, donner, ou legater à sesdits enfans naturels ses acquestes, meubles, ou somme de deniers hypotecquez sur immeubles, pourveu que telle donation ou legat ne soit excessive, ains à proportion de l'heredité.

IX. Donations à cause de mort, ne sortiront effect qu'après le trespas du donateur, & seront revocables jusques à la mort d'iceluy.

CHAPITRE XIII.

Des Testamens & traitez de Mariage.

I. EST permis aux peres, & meres, soit conjoinctement, soit divisement, de repartir leurs biens à leurs enfans par forme de Testament, ou autrement, pourveu que notablement ils n'advancent l'un au prejudice de l'autre, & que la mieux-vaille de l'advancé n'excede la valeur du quart de la portion de celuy qui se trouvera avoir la part moindre.

II. Est aussi libre à un chascun n'ayant enfant disposer de son bien, par derniere volonté pourveu que le disposant soit aagé de quatorze ans.

III. Pour la validité d'un testament suffira que le Testateur, estans de sain, & bon jugement, ayt declaré sa volonté derniere devant son Curé, ou Vicaire, ou quelque homme de Justice, presens deux tesmoins pour le moins, avec la signature du Testateur, ou du Curé, ou du Vicaire, ou de l'homme de Justice.

IV. Tous testamens devront estre approuvez devant les Justices des lieux, où les biens testatez sont situez, dans cinq ans après la mort du Testateur comme aussi tous contracts de mariage, autrement n'auront force d'investiture des biens y testatez, & contractez, pour y estre acquis droit, & en telle approbation, ou emologation devront estre appellez ceux qu'y y pourroient pretendre interest.

V. Il n'est permis au Mary d'aliener, ou obliger ses heritages chargez de douaire coustumier, ou conventionnel au prejudice dudit douaire, sans l'expres consentement de sa femme.

VI. Tous contracts de mariage, & testamens faits au prejudice des enfans du premier lict, seront subjects à nullité.

VII. Biens laissez par defuncts ne se repartiront par ou entre les heritiers & successeurs quels ils soient, avant la celebration des exeques, & funerailles.

VIII. L'aisné des heritiers, *ab intestat*, sera tenu faire repartition du bien delaissé par le defunct selon les lots, & sorts y jettez, autrement s'en fera partage selon le nombre des successeurs par personnes cognoissantes.

CHAPITRE XIV.

Des Venditions & Achapts.

I. LA clause d'eviction, ou garandie non inserée aux contracts de vendition, permutation, ou autres de bonne foy, y sera neantmoins de droit entendue, pour y obliger le vendeur, pourveu que par le fait, fraude, ou negligence de l'achapteur ladite eviction n'arrive.

II. Si le vendeur est refusant d'enprendre garandie, l'achapteur pourra après avoir intimé le vendeur pendante l'instance ceder & recognoistre la proprieté au poursuivant, pourveu qu'il soit notoire, qu'elle luy appartient, & agir d'eviction pour le prix & interest contre le vendeur.

III. Le vendeur deschargé de garandie par convention ou autrement, devra commettre à l'achapteur les tiltres & documens, par lesquels il puisse prouver que la chose vendue luy appartient, s'il n'y veult estre contraint par le Juge, les reproduire, pour en estre delivrée copie à l'achapteur.

IV. Vendition faite d'une chose appartenante à un tiers sera validée, si le vendeur par après en devient Seigneur.

V. Le vendeur sera presumé (après les œuvres de loix operées) avoir receu le prix de la chose vendue, & en estre satisfait par l'achapteur, ne fust que par scedulle, ou recognoissance de l'achapteur il apparust du contraire.

VI. Oeuvres de loix se feront selon l'ancien usage, donnant le vendeur en signe de werpissement une buchette entre les mains de la Justice, ou de quelque membre d'icelle, laquelle sera rendue pour investiture, & tradition de possession & domaine à l'achapteur la requerant, lesquels œuvres se pourront expedier par Procureurs respectivement & deuement constituez.

VII. Les œuvres de loix se devront expedier par les Mayeurs & Justiciers, soubs la jurisdiction desquels les biens contractez seront scituez.

VIII. La chose sera presumée estre vendue libre, s'il n'estoit notoire à l'achapteur qu'elle seroit chargée de cens, ou autres charges, ne fust que le contract fist mention desdites charges.

IX. Le vendeur d'une succession ne sera tenu de l'eviction des choses singulieres, ne soit que specificquement il l'ait promis.

X. Biens immeubles acquis par conjoincts des deniers d'autres leurs immeubles par eux vendus, seront tenus estre de mesme nature que les alienez, pour retourner après leur decès aux parens de celuy à qui appartenoient lesdits biens alienez.

XI. Et en cas que lors du trespas du premier decedé tel argent ne se trouve avoir esté emplié, retournera comme est predit.

XII. Afin oster les abus qui sont glissez par la creation de quelques rentes consistantes en espece de seigle, froment & autres semblables, & dont sur pretexte d'icelles les achapteurs se font payer telles rentes en nature : Icelles se payeront en espece, ou à la raete du denier quinze du prix debourse au choix des debteurs, & s'il se fait au contraire, les canons seront imputez en diminution du sort capital.

CHAPITRE XV.

Des Locations & Conductions.

I. SI le locataire abandonne la chose louée avant l'an expiré, il sera tenu à payer l'entiere pension, n'est qu'il y arrive faulte de la part du locateur.

II. Les meubles apportez par les locataires ès maisons prinses à louage, sont tacitement obligez pour le payement de la pension, ou deterioration de la chose louée.

III. Le fermier, ou censuaire qui verifie avoir payé au Seigneur direct les cens ou rentes des trois dernieres années, est presumé avoir payé les precedentes, ne fust que ledit Seigneur recevant icelles eust protesté au contraire.

IV. Advenant que les heritages donnez à cens fussent occupez par les ennemis, ou abandonnez par l'infection de l'air, ou pestilence demourez en friche, le Censuaire pour le temps que durera telle calamité, n'en payera aucune chose.

V. L'achapteur n'est tenu agréer la location faite par son vendeur, si autrement n'est devisé par le contract de vendition, ou bien si la chose achaptée n'est par hypothecque obligée envers le locataire judiciellement, pour l'asseurance de faire jouyr le terme convenu, au defaut de quoy aura ledit locataire ses regrès pour tous dommages & interests vers son locateur.

VI. Le locataire peut estre contraint sortir de la maison louée avant le terme de location escheu, si le vendeur par necessité inopinée est contraint y venir habiter, comme s'il se marioit, ou si la maison en laquelle il demeuroit estoit tombée en ruine, ou inhabitable, par la calamité du temps, du feu, ou autrement, moyennant indemnité comme dessus, ou bien si le locataire est trouvé mal verser à l'endroit de la chose louée.

VII. Le locataire est tenu de tous dommages survenus à la chose louée, à son occasion, ou par sa faulte & negligence, comme semblablement l'artisant, le paistre, ou garde, pour la chose qui lui est commise.

CHAPITRE XVI.

Des Retraicts Lignagers.

I. RETRAICT se fera de l'immeuble qui aura escheu au vendeur par droit de succession de ses pere ou mere, ou collateralement, d'autres siens parens, & y sera preferé le plus proche au plus esloigné en degré de la coste, soit paternelle, soit maternelle, d'où sera escheu tel immeuble, & en devra l'action estre instituée dans l'an & jour, que la chose vendue aura esté transportée par œuvres judicielles, moyennant offres & consignation juridicques, tant du sort principal que loyaux cousts y signifié, & intimé l'achapteur.

II. Si un plus esloigné s'advance dans l'an & retire recepvant la buchette de l'achapteur, arrivant le plus proche avant l'an & jour expirez il luy devra receder & rendre la buchette en recevant avec le principal tous loyaux cousts & interests.

III. Si pour fournir à la somme convenue & portée au contract, l'achapteur donne bestiaux ou autre chose qu'argent monnoyé, iceux seront estimez par justice, selon la commune estime, & suivant qu'ils pouvoient valoir, lors que le contract auroit esté faict & passé.

IV. Heritage acquis par pere & mere, & devolu aux enfans, sera tenu & censé pour patrimoine subject au retraict comme ci-dessus.

V. Le lignager ne pourra ceder son droit de retraict à un estranger.

VI. Plusieurs heritages vendus par un seul contract & pour un seul prix, ne pourront estre divisez par le retrayant pour en retirer l'un, & laisser l'autre, au contraire seroit-ce si chacune piece avoit esté appretiée.

VII. Lors que par un seul contract, & soubs un seul prix, plusieurs pieces sont vendues venantes de costé divers, les parens de chacun costé seront admis au retraict, chacun pour les pieces venants de son costé, lesquelles seront estimées par Justice, & gens cognoissans, *pro rata*, du prix entier de l'achapt.

VIII. S'il ne se presente lignager que d'un costé, il sera admis, & receu pour retirer le tout.

IX. Plusieurs vendeurs d'un fond & heritage commun, ne seront recevables à retirer les parts de leurs Consors.

X. Si le retrayant craint fraude, & collusion pour le prix entre le vendeur & achapteur, il pourra requerir, que tant le vendeur que l'achapteur s'en expurgent par serment.

XI. L'achapteur ne devra dans l'année de retrait faire aucunes meliorations, sinon necessaires, à peine de les perdre.

XII. L'achapteur sommé à l'instance du retrayant, pour venir recevoir judiciellement le prix par luy deboursé, & pour rapporter la buchette de son achapt devra comparoistre. Sinon & à son default le lignager retrayant, ayant la somme capitalle, namptira en Justice, avec promesse, & caution de fournir le surplus toutes les fois qu'il en sera semond, & jouyra des fruicts de la chose retraicte.

XIII. Le retrayant est surrogé entierement en la place de l'achapteur, aussi devra-il jouyr des mesmes conditions, & termes de payement.

XIV. Le lignager qu'a expressement consenti à la vendition d'un immeuble, ne peut estre reçeu au retraict d'iceluy. Autre chose seroit-ce si le vendeur luy avoit seulement offert, & qu'il l'eust refusé, pour ne pouvoir lors l'achapter sans s'incommoder.

XV. Si l'achapteur revend la chose par luy acquise, avant l'an expiré, le lignager pourra intenter son action de retraict contre le second achapteur, en remboursant les deniers du premier achapt.

XVI. En permutation d'un immeuble contre autre immeuble, purement faict, n'eschet retraict. Autre chose seroit-ce si immeuble estoit eschangé contre meuble non estimé; auquel cas seront iceux prisez par gens cognoissans, & l'estimation remboursée au permuteur par le retrayant.

XVII. Ès venditions qui se font necessairement, comme par decret, executions, proclamations ou autrement de l'authorité du Juge, le desaisi sera admis, ou à son defaut ses heritiers.

XVIII. Depuis l'adjournement en retraict n'est

permis à l'achapteur faire aucune demolition à la chose achaptée, n'y aussi reparation ores que necessaire, sans l'authorité de Justice, partie pretendante retraict y appellée.

XIX. Le lignager retrayant devra s'e[illegible]rger par serment s'il en est requis, qu'il n'attempte le retraict que pour soy, & non en intention de transferer la chose retraicte à autres qu'à soy, ses hoirs & successeurs.

XX. L'achapteur n'est obligé à rendre les fruicts de l'heritage acquis, parceus avant l'adjournement à retraict.

XXI. Et si auparavant l'adjournement de retraict, l'achapteur a faict labourer & ensemencer les terres, ses impenses, & loyaux coustz luy seront restituez.

XXII. Si l'achapteur est absent, n'ayant aucun domicile au lieu où la chose acquise est située, suffira au lignager le faire adjourner à verge, faisant attacher l'exploit du sergeant, à la porte de l'Eglise paroichialle, pour interrompre la possession d'an & jour.

XXIII. Le mary en telle qualité peut retirer l'heritage vendu par les parens de sa femme.

XXIV. Les peres & meres peuvent retirer les heritages, par eux donnez en mariage, ou en advancement d'hoirie, à leurs enfans qui les auroient vendus, ausquels biens ils pourroient succeder, si leursdits enfans decedoient sans hoirs.

CHAPITRE XVII.

Des Successions ab intestat.

I. Le premier decedé des deux conjoincts par mariage laissant hoirs legitimes, ou autres heritiers, iceux succederont par moitié part aux meubles & immeubles, acquis constant tel mariage, ensemble à la proprieté entiere des immeubles qui estoient au patrimoine propre du decedé.

II. Le mary survivant pourra retenir hors part ses armes, habits, comme la femme pareillement survivante, ses habits, joyaux & ornemens, & le mesme feront les heritiers du premier mort respectivement.

III. Freres & sœurs, ou leurs enfans en ligne directe succederont à leurs pere & mere, & ayeulx, sçavoir les enfans des representez par branches avec leurs oncles, & tantes qu'y viennent par teste.

IV. Heritiers collateraux en pareil degré succedent par teste, comme y venant de leurs chefs, & n'y aura representation, voire toutesfois, que le nepveux & niepces en succession de leurs oncles, & tantes, jouyront de la representation.

V. Pere, mere, & ayeulx survivans leurs enfans & nepveux decedez sans hoirs procréez de leurs corps, succederont seuls aux meubles de leursdits enfans, & aux immeubles par eux acquis.

VI. Es successions sera observée la difference des biens paternels & maternels, pour suivre iceux les proismes de chacun costé respectivement.

VII. Advenant que le pere en mariant ses enfans leur assigne quelque bien immeuble, pour en jouyr les conjoincts jusques au grand partage, mourant l'un d'iceux sans hoirs, le survivant tiendra douaire coustumier sur lesdits biens, en cas qu'il n'y ait point de conventionnel ou prefix, autrement retournera ledit heritage au pere.

VIII. Le douaire coustumier du mary après le decès de sa femme, est qu'il jouist de l'entier usufruict de la totalité des biens immeubles, apportez en mariage, fussent patrimoniaux, ou qui seroient succedez, & escheus à sa femme durant leur conjonction: Et la femme jouist seulement de l'usufruict, sur la moitié des heritages apportez, & succedez à son mary.

IX. Le douager qui neglige entretenir de minues reparations & necessaires le bien immeuble qu'il tient en usufruict y pourra estre contraint par la saisie des fruicts, qui seront employez à telles reparations.

X. Douaire prefix, ou conventionnel, est une donation faite en faveur de mariage de certaine somme de deniers, rentes, ou heritages, pour en jouir par le survivant en usufruict, ou en proprieté, selon qu'en sera convenu.

XI. Tel douaire fait cesser le coustumier, ne soit que le choix en fust esté laissé au survivant, ce qui se devra declarer dans les quarante jours après la consommation du mariage, & en faire l'option. Autrement seront contraintes les parties s'arrester à la convention.

XII. Quiconque se portera heritier d'un decedé, sans benefice d'inventaire, sera tenu acquitter les debtes du defunct, & fournir aux fraix funeraulx.

XIII. Le Prince comme Souverain succedera aux bastards, decedé sans hoirs procréez en mariage legitime, & si sa femme luy est survivante, elle emportera la moitié des meubles, & acquests immeubles faits constant leur mariage.

XIV. Celuy qui aura conspiré la mort du decedé, sera rejetté de la succession, & sera icelle acquise aux autres plus proismes, ou proches.

XV. Si le decedé n'a heritier ou successeur legitime direct, collateral, la succession d'iceluy sera acquise au Prince.

XVI. Si quelqu'un se presente, soy disant proisme du defunct, & habile à succeder, ayant verifié sa qualité, la main tout aussi tost luy sera levée, sans qu'il y ait aucun interest.

XVII. Celuy qui voudra se porter heritier par benefice d'inventaire, devra dans un mois après la mort du defunct, impetrer du Souverain ledit benefice, & confecter iceluy pertinement dans un mois de l'impetration.

XVIII. A laquelle confection sera employée la Justice, ou pour le moins un membre d'icelle, avec le Greffier deputé par la Justice, auquel seront annotez tous biens, tant meubles qu'immeubles, la qualité d'iceux, leur situation, estendue, & autres semblables remarques, sans y obmettre les debtes, tant actives, que passives du decedé.

XIX. S'il se trouve que frauduleusement l'heritier ait recelé aucune chose de l'heredité, ledit benefice luy sera infructueux, & sera reputé l'heritier absolut, & tenu à toutes les charges de l'heredité.

XX. A la confection duquel devront estre sommez tous creanciers, & autres qu'y pourroient pretendre droit, par proclamation, ou billets d'affiches pour declarer ce qu'ils pretendoient, avec intimation, que s'ils ne comparent sera donnée provision aux presens, & le reste, si reste y a, de l'heredité delivrée, à l'heritier.

XXI. Lequel ne sera tenu envers les crediteurs après comparans, sinon que pour la somme à laquelle seroient esté appretiées les choses qui luy auroient esté delivrées.

XXII. Et devra l'heritier avant tout prendre sur les biens de l'heredité pour payer les fraix funeraulx, avec despens faits en la confection dudit inventaire, eu esgard aux biens laissez.

XXIII. Et ne pourront les Creanciers contraindre l'heritier par inventaire à se declarer heritier, ou de de renoncer à l'heredité avant un mois après la confection dudit inventaire, qui sera en tout trois mois après le trespas de celuy de l'heritage duquel il sera question.

XXIV. Les freres consanguins, ou uterins seulement succederont avec leurs freres germains des mesmes pere & mere, esgalement aux meubles, & aux acquests delaissez par le frere decedé, observant quant à l'immeuble patrimoniel du defunct la difference des paternels, & maternels, pour suivre chacun la coste d'où ils proviennent.

XXV. Deniers debourfez par pere, mere, ayeul pour la nouriture de leurs enfans, ou nepveux, pour l'entretenement d'iceux aux arts liberaux, ou mechanicques, en fraix de nopces ou banquets ne viennent en rapport.

XXVI. Si le survivant de deux mariez tient par indivis les biens possedez conjoinctement constant le mariage après le trespas du predecedé par an & jour, sans en avoir fait inventaire pertinent pour rendre compte fidel aux enfans communs, & heritiers dudit predecedent, tant des meubles que des immeubles, advenant que ledit survivant augmente ledit bien, par acqueste ou autre melioration, tel augmente sera communiqué auxdicts enfans, ainsi que les acquests faicts constant tel mariage.

XXVII. Et outre ce sera tenu ledit survivant de r'enseigner auxdits enfans parvenus en majorité, ou durant leur minorité à leurs tuteurs, & mambours par expurgations de serment, tous les biens, tant meubles qu'immeubles possedez en commun, durant la societé conjugale dudit survivant avec le predecedé pere, ou mere desdits enfans heritiers, & outre ledit serment, en sera particulierement informé des voisins, parens, & autres qu'en pourroient avoir cognoissance.

XXVIII. Quant aux fraix funeraux iceux seront à la charge des biens communs, & se deduiront devant proceder à aucun partage.

XXIX. Le pere ou la mere survivant, est tenu par droit de nature, donner aliment & entretenir des choses necessaires ses enfans, jusques à l'aage de quinze ans, s'il en a les moyens.

XXX. Le survivant convolant aux secondes nopces n'ayant fait partage ou inventaire, sera (comme dessus) tenu communiquer tous acquests qu'il fera aux enfans du premier lict. Et se repartiront les biens acquestez en trois partes egales, l'une au survivant, l'autre auxdits enfans, & la tierce à la partie alliée audit survivant, soubs consideration qu'icelle pourroit avoir apporté plus ou moins à la communauté.

XXXI. En cas que par le rapport des parens, & voisins, les meubles du predecedé se trouvent avoir esté de plus grand valeur que ne porte le r'enseignement faict, ou que ne se retrouve celuy du survivant au temps du departement, la moitié du vray prix ou valeur estimée par lesdits parens & voisins, se devra emplir par ledit survivant, ou par ses heritiers aux enfans du defunct, & du lict precedent.

XXXII. Pour l'asseurance desquels, les biens tant dudit survivant, que de celle qui luy sera realliée en secondes nopces seront tacitement obligez envers lesdits enfans, estant à imputer à la partie realliée de l'avoir mis en la communauté des biens avec ledit survivant, sans avoir preallablement fait faire tel partage ou inventaire pertinent.

CHAPITRE XVIII.

Des Fiefs.

I. LE fils aisné, par droit d'aisnesse, ou primogeniture emportera seul le droit prerogatif, à l'exclusion de ses freres puisnez.

II. L'heritier succedant à quelque fief, ne pourra jouyr des privileges feodaux, sans avoir prins l'investiture du Prince souverain, Seigneur direct, luy en ayant fait reliefs, presté foy & hommage.

III. Les reliefs se feront solemnellement devant le Prevost, presente la Cour, ou du moins presens deux Jugeurs vassaux du Prince, Duc souverain de Bouillon.

IV. Sera le nouveau vassal desceinct de son espée, teste nue, en genoux pliez, requerant son Seigneur, Prince & Duc souverain, le reçevoir pour son vassal, confessant tenir de luy en fief, à cause de son Duché de Bouillon les terres, desquelles, il releve, en faisant le serment de fidelité accoustumé.

V. Ce qu'estant fait l'officier le prendra par la main, & le baisera en la joue, le reçevant en vassal, & en la sauve-garde & protection du Prince souverain Duc de Bouillon.

VI. Tel relief se fera au plustard quarante jours après que la semonce en aura esté faite de la parte du Prince, s'il n'y a excuse de maladie, ou autre legitime.

VII. Au deffaut duquel ledit terme expiré l'officier pourra faire saisir le fief, & le mettre entre les mains du Seigneur direct, tant que relief en soit fait, laquelle saisie se fera aux despens du defaillant.

VIII. Sera tenu le vassal relevant apporter denombrement de l'extendue, emolumens, & droits de son fief dans quarante jours après sondit relief, à peine de trois florins d'amende, & saisie du revenu.

IX. Et viennent au Seigneur direct pour droit de relief les revenus ordinaires d'une année, & pour le Chambellain une piece d'or.

X. Pour relief de main, à bouche, n'est deue aucune chose, sinon les droits de relief à la Cour.

XI. L'hoir masle en mesme degré, ors que moindre d'aage, exclura les filles plus aagées au droit de primogeniture, prerogatif, ou jurisdictionel, & au deffault d'hoir masle, la fille aisnée exclura aussi les autres, mais quant est des fruicts, & revenus ordinaires, & annuels, ils se partageront egalement entre les freres & sœurs, jusques & l'entiere reunion dudit fief; & au reste la succession aux fiefs se fera comme est porté au chapitre de succession *ab intestat*.

XII. Le droit prerogatif, & de preciput, consiste en chasteau & maison Seigneurialle, avec le vol d'un chapon, constitution du Mayeur, reglement & obeissance des subjets, confiscations, amendes, espavité, treuves de mines, mouches & semblables, pesches ès eaux seigneuriales, bois d'aisances communs à la bourgeoisie (sauf des francs bois s'il y en a qui se devront partager avec les comparsonniers) la chasse, biens vacans, & delaissez de leurs anciens possesseurs, droits de corvées, stapelages, stelages, avec toutes autres adventures Seigneurialles.

XIII. Les parsonniers prendront seulement parte aux terrages, cens, rentes annuelles, & ordinaires, aux estangs, & francs bois sans estre tenus de contribuer aux fraix des poursuites, & executions des malfaicteurs.

XIV. Le service deu au Prince Seigneur direct, se prendra sur tous les revenus, & emolumens du fief, quels ils soient, avec le droit de denombrement, lors qu'il s'en faict plein relief, & les fraix desdits reliefs, hors mis en cas de vendition du fief par le consentement du Prince Souverain.

XV. Le vassal fera la reunion de son fief lors que bon luy semblera, laquelle se devra faire de la totalité, & non d'une partie seule, laquelle reunion se fera aux fraix du reunissant, voire qu'en cas d'opposition, la Cour aura esgard aux fraix de la procedure, suivant la justice ou injustice de l'opposition.

XVI. Pour venir à la reunion du fief, le reunissant rendra heritage, pour heritage, & rente pour rente de mesme espece & bonté, ou à faulte de rente, ou heritage donnera la vraye valeur en argent, telle qu'elle sera estimée par les parens communs des parties à ce cognoissans, après le serment d'en faire juste & fidelle estimation, ou bien par la Justice.

XVII. Et advenant que le vassal n'eust argent pour payer le prix des heritages évaluez, il en payera rente en argent au denier vingt, jusqu'à l'entiere satisfaction.

XVIII. Seront obligez tous & chacuns les biens du reunissant, & specialement le fief, soubs prompte & parée execution, par un seul adjour de quinzaine.

XIX. Tous transports de fief vendus ne seront faicts ailleurs que pardevant la Cour souveraine feodalle, à peine de nullité, lesquels transports ne se feront sinon par ceux qui seront en plain relief.

XX. Le vassal ne pourra aliener son fief, ny disposer par testament, ou autrement au prejudice de son aisné, ou heritier *ab intestat*, sans l'adveu, & greation expresse du Prince Seigneur direct.

CHAPITRE XIX.

Des Injures, Crimes, & Delicts.

I. NUl sera constraint d'accuser ou tirer en cause celuy duquel il auroit, ou pretendroit avoir reçeu quelque injure, réelle ou verballe, & estante action instituée les parties se pourront accorder, & transiger librement sans pour ce payer aucune amende. Reservées aux Procureur General, Seigneurs, & Officiers des lieux, leurs actions contre l'injuriant où qu'il y aura de l'interest publique que pour parsuivre l'amende qu'ils pretendent à leurs fraix & perils.

II. Du mesme, personne ne sera tenu faire apport s'il ne veut, mais estant faict pourra estre parsuivi par le Procureur General, Seigneurs, Officiers des lieux à leurs perils & fraix, voeir que s'il fust clairement trouvé le rapporteur estre calomniateur, iceluy devra estre tenu aux fraix & amende arbitraire.

III. Pour petites & legeres injures n'importantes infamie, les Procureur General, Seigneur, ou son officier, ne seront reçeus partie, soit par adjonction, ou autrement.

IV. Le Seigneur ou son officier en matiere de crimes publiques, pourra tirer en action le delinquant, afin le faire punir selon l'exigence, & gravité de l'abus, ou mesus, soit que la partie offencée s'en de plaigne ou non.

V. Aussi pourra la partie offencée agir, & conclurre à amende, tant profitable, qu'honorable, qui lui devront estre adjugées selon la gravité de l'offence, & circonstances du mesus.

VI. En action d'injure, l'acteur sera tenu d'inserer dans son intendit, ou libel, les lieux, mois & jour auxquels il pretend l'injure luy avoir esté inferée.

VII. Injures proferées par chaleur, impetuosité de cholere, glissement de langue, plustost que par une premeditée deliberation, si l'injuriant declare judiciellement ne les vouloir maintenir, & qu'il en tient l'injurié exempt, & homme de bien, il ne sera tenu à plus pertinente reparation, & ne sera l'acteur recevable à plus avant parsuivre, ains en vertu de ladite declaration, sera l'injuriant seulement condamné ès despens de l'instance avec deffence d'y plus retourner sur peine arbitraire tant envers le Seigneur, que partie.

VIII. Que si l'injuriant avoit prevenu, & prié l'injurié luy vouloir pardonner avant qu'instance en fust faicte, luy sera remise sans amende, ny despens, pourveu que l'injure ne fust atroce.

IX. Reparation d'injure non maintenue judiciellement n'apportera infamie au reparant, sinon qu'il en fust coustumier, & qu'il l'ait amendé par trois fois, y ayant esté condamné.

X. Quiconque assaillira autruy avec armes sans blessures, sera condamné à l'amende d'un florin d'or au Seigneur; s'il y a blessure de trois, & où ladite blessure seroit grande ou proditoire, ou avec armes desleales, elle sera en l'arbitre du Juge, & tel assaillant sera condamné envers partie complaignante à tous despens & interests.

XI. Et celuy qui aura assailly aucun avec effort en la maison, l'amendera tant envers le Seigneur, qu'envers l'assailly, d'une amende de soixante florins.

XII. Les Complices assistans à tels, & semblables excès, par voye de faict, seront comme dessus chastiez, eu toutes-fois exact regard, à toutes circonstances des personnes, lieux, temps, & autres qui pourroient aggraver, ou allenier le faict.

XIII. Toutes invasions par armes pour piller, ou desrober. Si l'effect n'ensuit seront pour la premiere fois punies d'une amende de six florins d'or. Si l'effect suit il y aura condamnation de bannissement, ou autre amende arbitraire, outre la restitution, reparation & despens.

XIV. Les volleurs, destrousseurs sur chemin, incendiaires, empoisonneurs, forgeurs de fausse monnoye, & leurs complices, ravisseurs de femmes ou filles leur faisans notable effort, comme tous convaincus de crime de leze-Majesté par conspiration sur la vie, ou personne du Prince, ou contre sa republique, seront punis de mort, & de telle espece & qualité que le Juge pour la diversité des crimes, & circonstances trouvera convenir.

XV. L'homme qui se trouvera chargé, & encoulpé d'avoir engrossée une jeune fille bien nommée, s'icelle par serment solemnel ès douleurs de l'enfantement atteste d'estre engrossée du faict d'iceluy, il sera tenu aux alimens provisoires de l'enfant, jusques à autre ordonnance de Justice.

XVI. Ceux qui sciemment se serviront en jugement d'instrumens faux, seront punis arbitrairement.

XVII. Marchands & hostellains qu'useront de faux poids & mesures sciemment, seront chastiez pour la premiere fois d'amende de dix florins, & lesdits poids & mesures par la Justice en leur presence rompus, outre la restitution des dommages & interests qu'en auront reçeu ceux qu'auroient esté livrez, à tels faux poids, & de punition exemplaire, & corporelle en cas de rescheute, à la discretion de Justice, outre la duplication, & triplication de la susdite amende.

XVIII. Coupeurs de bourses, & larrons domestiques, seront pour la premiere fois fustigez, pour la seconde fustigez, marquez au dos & bannis, & pour la troisiesme pendus & estranglez.

XIX. Tous receleurs, & receptateurs de larrons, seront chastiez comme les mesmes larrons.

XX. Larrons non domestiques, outre la restitution de la chose robée, à qui elle sera trouvée appartenir, ou bien au Seigneur par confiscation, s'il n'appaoit du Maistre, seront pour la premiere fois punis d'une amende pecunielle, selon leurs moyens, à l'arbitrage du Juge. En cas de recheute seront fustigez, marquez, & bannis.

XXI. Bannis pour crimes, qu'auront enfraints, ou rompus leurs bannissemens, s'il n'y a peine comminée en la sentence de leur bannissement, le temps d'iceluy sera redoublé avec amende, pour la seconde fois punis capitallement outre tous despens de l'instance, & ceux qui les auront reçeus & sciemment retenus, & recelez, seront amendables, selon la qualité des personnes à moindre, ou plus griefve peine, à la discretion de Justice.

XXII. Tous duels, combats, & assemblées avec ports-d'armes, sont estroitement deffendus, & se devront reprimer, & chastier en toute severité de Justice, selon la qualité des lieux, du temps, des personnes, & autres bonnes considerations du Juge.

XXIII. Qui arrachera par malice, & sciemment bornes contre la volonté, & au desceu de ceux qui ont heritages contigus, & auxquels seroient lesdites bornes, payeront amende de trois florins d'or, outre la reparation du lieu.

XXIV. Celuy qui sera deprehendé, ou prouvé d'avoir gardé en escient, ou laissé pasturer ses bestes dans les grains, ou prairies d'aucun, durant le ban, ou de nuict, l'amendera de trois florins au Seigneur, outre la restitution du dommage à l'arbitrage du Juge & de jour de sept patars & demy.

XXV. Si l'heritage dans lequel le dommage auroit esté faict, devoit fermeture, & qu'icelle ne se retrouvast suffisante, pour avoir empesché l'entrée aux bestiaux, iceux devront estre restituez à leurs Maistres, sans qu'ils soient amendables, ny leurs possesseurs subjets à aucune reparation, ou restitution du dommage.

XXVI. Ceux qui fourrageront les jardins d'autruy en prennant & asportant les fruicts, outre le vouloir, & sans consentement de ceux ausquels ils appartiennent, seront amendables de vingt patars, si c'est de jour, mais de nuict, ou durant la Messe ès jours solemnels, de Dimanches & Festes, de trois florins pour chasque fois. A quelle amende seront aussi condamnez les rupteurs de soys, & palisades des jardins d'autruy, pour les brusler, ou s'y faire chemin & passage, estans pour tels faicts les parens recherchables pour le faict de leurs enfans, lors qu'il y apparoistra de quelque consent, ou connivence, & au cas de frequence, ou continuation, seront punis corporellement par fustigation, bannissement, ou autre arbitraire.

XXVII. Qui prendra instrumens ruraux delaissez aux champs, ou ailleurs, pour les retenir ou desrober, qui esbranchera malicieusement arbres fruictiers, les coupera, ou fera feu aux pieds d'iceux, ou les fera par autre moyen mourir, eschoira en amende de trois florins, outre la reparation du dommage aux maistres d'iceux.

XXVIII. Et devront toutes forfaictures, & amendes non taxées, estre mesurées, & proportionées à la gravité des abus & demerites, attendues toutes circonstances & considerations, sans s'arrester à la distinction d'aport, ou plainte, & sans esgard à l'abus & mauvais usage sur ce fait praticqué.

XXIX. Ceux qui, manquement de moyens, ne pourront furnir aux amendes par eux encourues, l'amenderont par prison au pain & à l'eau certains jours à leurs despens, ou (le cas le meritant) par fustigation, bannissement, ou autre peine, comme la Justice trouvera mieux au faict appartenir, attendue la grandeur du mesus.

CHAPITRE XX.

Comme il convient proceder en matiere de crime, & excès.

I. LA Justice à laquelle compete d'ancienneté cognoissance des crimes, estante certiorée que quelque crime, delict ou abus seroit esté perpetré soubs le districk de sa jurisdiction, & ce par bruict commun, fame, ou par requeste soubsignée par partie, ou par le Procureur d'office, en devra promptement, & le plustost, & le plus secretement que faire se pourra dresser enqueste, & information, par un Jugeur ou Eschevin avec le Greffier.

II. Et sera l'enqueste, & information incontinent rapportée à la Justice, qui en donnera communication au Procureur d'office, lequel sans autre dilay devra sur icelle requerir ordonnance & decret, soit-il de capture, adjournement personnel ou autre selon l'exigence des faicts.

III. Les vagabonds & estrangers accusez, ou les bourgeois du pays prins en flagrant delict (qu'on dit en la freiche coulpe) meritant chastoy corporel, pourront estre arrestez & saisis au corps, pour (leurs procès faicts) estre corrigez selon leurs demerites.

IV. Autrement ne peut aucun estre prins au corps, sans decret de Justice sur enqueste preallablement faicte, ne fust que quelqu'un se formast partie, & accusateur, avec offre d'entrer en prison avec l'arresté, ou l'accusé & devra dans vingt-quatre heures faire informer des cas denoncez & chargez, autrement & tel terme paisiblement escoulé, sera l'arresté eslargy, & l'accusateur ou arrestant condamné ès dommages & interests d'iceluy, & ne sera eslargy que premierement il n'ait fourny à iceux.

V. Toutesfois, si la charge, ou crime denoncé meritoit peine capitale, & que la verification n'en puisse estre faicte en si brief terme, sera à l'accusateur prefigé terme competent, & peremptoire de trois jours au plus, pour faire sadite preuve, à peine, iceluy escoulé, comme au precedent article.

VI. Si l'accusé par l'information est convaincu des crimes deferez, sera procedé contre iceluy selon l'exigence du cas, & sera l'accusateur eslargy de prison.

VII. Si l'accusateur ne veut entrer en prison, estant bourgeois de Bouillon, ou surceant du Duché, ne sera tenu d'y entrer, & en cest evenement l'accusateur devra donner caution prisable par loix de ster en droit, & fournir au juge, ou consignera telle somme de deniers que le Juge trouverá expedient.

VIII. L'accusateur succombant sera promptement executé en ses biens, au deffaut desquels, seront saisis les biens de la caution, & vendus au premier jour des plaids, pour du prix d'iceux estre entierement satisfait aux dommages, & interests. Et iceux ne se retrouvans suffisans, sera l'accusateur saisi au corps, & tiendra prison jusques à l'entier payement, ou bien en sera ordonné ainsi que la Cour trouvera le faict meriter.

IX. Le decret de capture sera incontinent executé, nonobstant opposition, ou appellation quelconque, & sans prejudice d'icelle, auquel neantmoins ne sera procedé sinon avec grand maturité, & pour crimes capitaux, ou meritans chastoy corporel.

X. Si le delinquant ne peut estre saisi, & apprehendé, pourra estre adjourné à trois briefs jours, pour faire ses descharges, & seront dès le decret de capture ses biens tacitement obligez, pour les fraix de Justice faicts & à faire.

XI. Et seront telles assignations à trois briefs jours données par un seul exploict, faict au domicile de l'adjourné, dont copie sera delivrée à ceux qui seront trouvez audit domicile, ou bien attaché à la porte d'iceluy, avec notification aux deux voisins plus proches, ou s'il n'a domicile, au portail de l'Eglise.

XII. En tels adjournemens y aura distance de trois jours francs, entre le premier, second, & tiers.

XIII. Après les trois deffauts obtenus, sera donné autre adjournement d'huictaine pour le quart de grace, soubs peine d'estre declaré contumax, avec intimation qu'il sera procedé au recollement des tesmoins ouys en l'enqueste, pour valoir autant que s'ils avoient esté confrontez à l'accusé & chargé.

XIV. L'adjourné se pourra descharger, & respondre par Procureur, voire qu'il sera tenu de respondre personnellement à tous articles d'impositions, pardevant quelque Justice, ou personne authorisée, & deux tesmoins, & devra specialement constituer Procureur acceptant la charge, pour renouveller judiciellement sa responce, ulterieurement parsuivre, & deffendre sa cause, comme seroit en personne, & ne comparant personnellement, ou par Procureur à ladite huictaine, sera par sentence declaré contumax, à l'instance du Procureur, ou partie, sauf à iceluy la preuve d'excuse, soit de maladie, detension de sa personne, & semblables desquelles il sera paroistre dans tiers jour, & seront les tesmoins recollez par le Juge.

XV. Si par les depositions des tesmoins apert clairement que le crime seroit esté perpetré, & que le contumax, & absent seroit chargé de l'avoir commis par deux tesmoins dignes de foy, deposans mesme chose, & rendans bonnes & pertinentes raisons de leur deposé, comme de presence, veue & autres urgens & concluans indices dont n'en resteroit aucun doubte, sera faict droit sur les conclusions du Procureur & partie, & le contumax condamné à telle peine & chastoy exemplaire, ou autrement que le cas meritera.

XVI. Si l'accusé & chargé veut par après estre ouy en ses descharges, il y sera receu en namptissant les despens, & amendes des deffaults avec ceux de la partie, n'estant ladite amende des deffaults que de sept patars & demy.

XVII. Parties civiles se deplaignantes en matiere criminelle d'excès ou delicts seront tenues d'eslire domicile au lieu où le prisonnier sera detenu, dans vingt-quatre heures après l'arrest, ou prinse de l'accusé, à peine des despens, & interests qui s'en ensuiveroient.

XVIII. Les prisonniers, ou adjournez personnellement comparans, seront exactement interrogez, & en secret, & s'il fait besoing leur examen iteré, afin mieux tirer la verité du fait par leurs propres confessions, sans qu'ils puissent estre ouys par Procureur, Conseiller, ou autres personnes. Et devra tel examen estre communiqué au Procureur d'office, qui ne devra estre present à tel examen.

XIX. Et sera enjoint audit Procureur, & partie, de fournir leurs conclusions dans tiers jours pour tout dilay, sur lesquelles l'accusé pourra respondre à huictaine avec conseil, autrement sera fait droit sur les pieces, & production du procès.

XX. Si lesdits Procureur ou partie refusoient conclure sur la confession de l'accusé pour n'y trouver fondement, devra estre ordonné que les tesmoins (par les depositions desquels l'accusé se trouve chargé plus que ne porte sa confession) seront recollez, & si besoing est à luy confrontez, laquelle confrontation devra estre aussi faicte, si les tesmoins persistent à leurs premiers deposez.

XXI. Et pour tel recollement, & confrontement sera prefigé un seul, & brief dilay aux Procureur & partie, sinon que pour la distance des lieux ou autres urgentes causes, en soit ordonné un second.

XXII. Pendant que les tesmoins seront à recoller, & confronter, ne sera donné eslargissement à l'accusé, & se fera ledit recollement en l'absence d'iceluy, après avoir receu le serment des tesmoins de dire verité, & au mesme instant seront confrontez audit accusé separement, & l'un après l'autre, ayant au preallable l'un devant l'autre presté le serment.

XXIII. Leur sera demandé s'ils s'entre-cognoissent, les moyens de leur cognoissance, depuis quel temps, & specialement aux tesmoins, & si le prisonnier est celuy duquel ils pretendent avoir deposé.

XXIV. Sera enjoint au prisonnier, s'il a aucune reproche à proposer contre iceluy tesmoin, qu'il l'ait à prestement declarer, & alleguer.

XXV. Lors sera faicte lecture à l'accusé de la deposition d'un tesmoin, sur laquelle, & toutes circonstances en resultantes, sera avec toute discretion, & prudence exactement examiné, & faudra diligemment adviser la contenance, tant de l'accusé, que l'asseurance ou variation du tesmoin, & le maintient des ambedeux, les responces, & reproches estantes exactement redigées par escrit.

XXVI. Telle confrontation achevée sera le tout derechef communiqué au Procureur d'office pour sur le merite du faict prendre conclusion à un seul & brief terme à luy assigner, & à partie civile pour donner par escrit ses interests, & y conclure.

XXVII. Si le Juge recognoit que l'accusé par ses reproches, & responces ait allegué faits justificatifs, & faisans pour ses descharges il luy sera ordonné avant proceder à sentence d'informer lesdits faicts, & reproches, qu'à cette fin seront extraictes du procès, & desnommer les tesmoins par lesquels il entend les verifier, ce qu'il fera dedans un, ou deux termes qui luy seront prefigez, selon la distance des lieux, & demeure de ses tesmoins, à peine d'en estre forclos.

XXVIII. Seront lesdits tesmoins ouys d'office aux despens de partie civile, s'il en y a aucune, autrement aux despens du Seigneur, & ce dans certain temps, au deffault dequoy sera ordonné sur l'eslargissement du prisonnier, s'il le requiert, avec promesse de se relivrer sur certaine grosse peine s'il luy est ordonné.

XXIX. Si la matiere se trouve disposée pour appliquer l'accusé à la torture, & question extraordinaire, la sentence en sera incontinent decretée sur les conclusions du Procureur, & promptement executée, sinon le jour suivant.

XXX. La torture ne sera decretée que premier il n'apparoist le faict dont l'accusé est chargé avoir esté indubitablement perpetré, & qui meriteroit estant verifié peine capitale, item qu'il y ait indices, & presomptions violentes verifiées chacune par deux tesmoins dignes de foy contre l'accusé, iceluy la dessus ouy.

XXXI. A l'execution de la torture, assistera la Justice entiere, & seront escrits par le Greffier les noms des presens & adsistans avec la maniere & forme qui sera esté observée. Combien de fois le torturé sera esté estendu. Ensemble l'examen & responces faictes, la perseverance & constance, ou variation d'iceluy.

XXXII. Le Juge prudent & discret advisera de quelle moderation il luy conviendra user en la torture selon la qualité du crime, complexion, condition de l'accusé, s'il est jeune, fort, & robuste, ou bien s'il est vieil, craintif, debile, & delicat. S'il est simple ou rusé, ensemble la grandeur, & affluence des indices contre luy verifiez, & prendra esgard qu'il ne s'en ensuive lesion du corps, ou extropiement de quelque membre.

XXXIII. S'il entre en confession faudra que la specification des crimes vienne de luy, & non point qu'il y soit induit par menaces ou importunes persuasions, & le lendemain vingt quatre heures après sera le patient derechef examiné entre autres lieux auxquels n'aura, ou ne luy sera donné aucun subject d'apprehension, crainte ou frayeur d'une iterée torture sur les faicts par luy confessez, pour veoir s'il y perseverera, ce que le Greffier redigera pertinement par escrit, & joindra au procès.

XXXIV. La torture ne sera reiterée au prisonnier s'il ne survient nouveau indice plus urgent, ou qu'il eust revoqué le confessé par luy en la torture, auquel cas luy pourra estre reiterée.

XXXV. Si l'accusé ne confesse rien, ou bien si par deux diverses fois il revoque en Jugement ce qu'il auroit autant de fois confessé en la question, tellement que les charges dont il estoit attaint ne seroient legitimement verifiées, sera donnée sentence, soit absolutoire, soit condemnatoire à quelque peine extraordinaire, ou bien sera renvoyé jusqu'à rappel, selon que le Juge trouvera le faict estre disposé.

XXXVI. Si l'accusé se trouve convaincu des crimes & delicts qui luy sont imposez, seront adjugez à partie civile, tels despens, dommages, & interests qu'il sera trouvé de raison, outre la peine, soit pecunielle, soit corporelle.

XXXVII. Si sentence porte condamnation à la mort, soit naturelle, soit civile, par bannissement perpetuel, seront sur les biens du condamné prins les fraix de Justice, despens de partie civile, avec restitution de ses dommages.

XXXVIII. Ne seront neantmoins comprins la moitié des meubles & acquests, appartenans à la femme ou enfans du condamné, en vertu de la societé conjugalle.

XXXIX. Compositions en delicts, meritant peine corporelle faicte par le fisque, sera declarée injuste, & illicite, & pourra le composé estre recherché & chastié, tant & si long temps que le delict ne soit prescript, sçavoir le simple adulter en cinq ans, & tous autres en vingt ans, ains en doit estre faicte la poursuite jusqu'à sentence inclusivement.

XL. Pourra toutesfois la partie civile composer pour ses despens, interests, & reparation, ou s'en soubmettre à arbitres. La sentence ou dictum desquels n'infamera le condamné, & sera telle partie civile interessée, preferée au fisque, pour recuperer ses pertes & despens, avant que l'amende adjugée soit satisfaicte.

CHAPITRE XXI.

Des Sentences & executions d'icelles.

I. NUl devra estre executé en personne, ou en ses biens avant y estre par justice condamné, sinon pour droits Seigneuriaux ordinaires, & bien cogneus.

II. Les sentences devront estre données en termes clers, & selon & sur les faicts alleguez, & prouvez seulement.

III. Les crimes desquels les condamnez se trouveront legitimement convaincus, y seront particulierement specifiez & declarez.

IV. Sentences portantes condamnation à la mort, mutilation de membres, bannissement, ou autre peine corporelle, seront pour le moins le jour suivant, si possible est, executées.

V. Le debteur recognoissant la debte avant conviction aura terme de payement s'il le requiert, eu esgard à la debte, & qualité des personnes.

VI. Sentences passées en force de chose jugée, en faict réel, personnel, ou mixte seront executées par le sergeant, n'est qu'en execution d'icelles fust requise plus ample cognoissance. Auquel cas seront executées par enseignement du Juge; partie sur ce ouye.

VII. Pour refections, ou autres meliorations, pretendues par le condamné, si telle cognoissance estoit requise, iceluy sera tenu les verifier, & liquider dans quinzaine pour tout dilay.

VIII. Au deffault & manquement de quoy, & ledit terme expiré sera ledit condamné contraint de se desister ou departir de la chose adjugée, moyennant caution de celuy qui aura triomphé en cause de payer ce qui sera verifié & liquidé par le condamné, dans autre quinzaine, que luy sera à ces fins accordée peremptoirement, à peine de forclusion, ne fust qu'il y eust cause de proroguer le terme, ce que ne sera qu'à ses fraix.

IX. En matiere de nouvelleté, attemptat, spoliation de possession par voye de faict, seront adjugez avec la reintegrande tous dommages & interests contre celuy qui aura faict le trouble, avec les fruicts perçeus & à percevoir durant la spoliation.

X. Semblablement ès causes intentées pour le petitoire ès immeubles, les fruicts seront adjugez non seulement depuis contestation, mais depuis le temps que le condamné sera trouvé avoir esté en mauvaise foy, & selon l'estimation commune des années lesquelles seront escheues.

XI. En adjudication des dommages & interests, sera arbitrée certaine somme de deniers, eu esgard à la qualité de la cause & des parties, à ce qu'icelles ne soient vexées d'ulterieures procedures en la liquidation d'iceux, n'est que facillement & sommairement ils ne puissent estre liquidez.

XII. Avant execution sera fait commandement au condamné de fournir, & satisfaire au contenu d'iceluy dans certains briefs jours, qui seront limitez, à peine d'ulterieure execution, & ce à la personne, s'il se treuve, ou en cas d'absence à ses amis, commis, ou domestiques, ou deffault d'iceux attachant copie dudit mandement, & de la sentence à la porte d'iceluy, presens tesmoins, le nom desquels devra estre au rapport du sergeant.

XIII. Sentences provisionnelles à cause d'alimens, medicamens, notoire spoliation de possession, & semblables seront executées parmy caution, nonobstant opposition ou appel.

XIV. Dilayant le condamné de payer après le command, ou sommation luy faicte, le petit gage sera premierement levé, pour trois jours après expirez estre vendu par la Justice, & adjugé & delivré au dernier encherisseur.

XV. Après la vente duquel sera incontinent ordonné que les autres biens de l'executé seront saisis, soient ils meubles, ou immeubles, entre les mains de Justice pour estre subhasté & vendus jusqu'à la concurrence de la somme portée par la sentence, & des despens, en la poursuite engendrez nonobstant opposition, ou appellation quelconque, & sans prejudice d'icelle.

XVI. Reservée la robbe, & livres des gens lettrez, la charue du laboureur, ses chevaux, ou bœufs, &

autres meubles & instrumens ruraux, desquels il se sert ordinairement en son labeur, *item*, les armes & chevaux des Gentils-hommes, ou Soldats, ne soit qu'il n'y eust autres meubles, ou immeubles pour executer.

XVII. Executions se feront premierement contre le debteur principal, pourveu qu'il soit resident au pays, ou y ait quelques biens resseans, & devra estre discuté & declaré non solvable avant pouvoir s'addresser à la caution, ou respondant, ne soit que ledit respondant se fust constitué, pour seul & principal debteur, & accepté pour tel par le crediteur, en tel cas ne sera besoing d'aucune discussion.

XVIII. La vente & subhastation des biens saisis par execution, se fera le premier jour de marché, s'il s'en tient au lieu de l'execution, ayant icelle esté auparavant annoncée par proclamation, & cris publiques, & l'executé, sur icelle deuement signifié.

XIX. En la subhastation d'aucuns immeubles, iceux seront particulierement, & notoirement desnommez par chacune piece avec les charges desquelles se trouveront affectez, leurs situations avec leurs royans & aboutissans.

XX. Et seront chacunes pieces desdits immeubles vendues à part, l'une après l'autre, les proclamations preallablement faites par attaches, ou affiches des billets sur les portes des bastimens proclamez, comme ès lieux publiques, devant l'Eglise, & publiées par trois quinzaines consecutifves, avec le quart de grace.

XXI. Auxquelles proclamations seront desnommez les crediteurs, à l'instance desquels telle subhastation se faict, & le debteur auquel tels biens appartiennent.

CHAPITRE XXII.

Des Appellations & Revisions.

I. LEs appellations des Courts, & Justices inferieures & subalternes, se feront à la Cour Souveraine dans dix jours, & se releveront dans quarante jours, à peine de desertion.

II. Et les sentences avec procès originaux, seront portez à ladite Cour, par un membre, ou Eschevin, ainsi qu'il leur sera ordonné par mandement en forme.

III. L'amende du fol appel s'exigera comme du passé, laquelle est taxée & moderée à quatre florins d'or, de laquelle neantmoins la partie appellante ne sera attainte pour le simple appel, ne soit qu'il y ait persistence par relief & introduction de cause, ce que s'observera aussi au fait des revisions, & où il y aura plusieurs Consors appellans, ou implorans revision en cas de non griefs ne seront tenus qu'à une amende de quatre florins d'or, comme dessus.

IV. Des sentences rendues par la Cour Souveraine de Bouillon n'y aura appel ny restitution, ains seulement revision, & pour ce regard la Cour devra proceder avec toute maturité & circonspection, en donnant aux parties termes competans, recevant les cas posez par icelles, & admettant les escripts où il y aura tant soit peu d'apparence qu'ils feroient à la cause. D'abondant avant conclure en cause donnera & prefigera deux termes peremptoires avec dilay competant de huict jours pour le moins, pour deduire & alleguer tout ce que les parties trouveront convenir pour la justification de leur intendit.

V. Et non seulement les sentences de la Cour Souveraine ne seront appellables, mais seront aussi executoires, nonobstant la revision, soubs caution neantmoins suffisante & preallable, voire toutesfois lors qu'elles seront données par ladite Cour en premiere instance, ou donc confirmatoires sur appel interposé d'une sentence precedente.

VI. Mais quand il y auroit sentence contre sentence, l'execution demeurera en estat & surceance, jusques à ce que la revision soit vuidée & determinée.

VII. La revision se pourra impetrer en tout cas, où l'appel est permis, & s'y observera la forme suivante.

VIII. Sçavoir que la partie pretendante estre grevée, devra dedans quarante jours impetrer icelle, par supplique qu'elle presentera à son Alteze & Duc de Bouillon, & ce par la partie mesme, ou Procureur de la cause, ou dont autre suffisamment constitué, le mandate duquel devra estre joint & annexé à la supplique, laquelle contiendra un brief & succint narratif du faict & griefs, sans que par après on y puisse adjouster ou diminuer.

IX. L'octroy de ladite revision se donnera sur la simple supplique, sans aucune contestation, n'y contradiction, & cognoistront les reviseurs s'il y eschoit revision ou point, & pour l'expedition de l'octroy, la partie impetrante payera un florin & non plus.

X. L'insinuation d'iceluy estant faite à la partie & Gouverneur, qui sera quinze jours après au plus tard, les parties se pourront accorder des reviseurs, pardevant ledit Gouverneur, qui les pourra sommer dedans autres quinze jours de ce faire, & s'accordans la commission se despeschera par le Gouverneur, soubs le nom de son Alteze & où les parties ne s'accorderoient pendant lesdits deux quinzaines, son Alteze ou son Conseil les denommera & deputera.

XI. Le nombre desdits reviseurs sera de trois, lesquels en presence de la Cour, & du Gouverneur, s'il y veut estre, feront examen & lecture du procès, & pourra ladite Cour donner les causes, raisons, & motifs de sa sentence pour y avoir tel regard qu'il conviendra.

XII. Les reviseurs soit qu'ils soient denommez par consentement des parties, soit par son Alteze devront passer le serment qu'ils n'ont esté preinformez & qu'il feront justice sans aucun port, faveur, ny dissimulation, & qu'ils jugeront suivant les loix & coustumes du Duché, si tel cas y repose.

XIII. Par ce present reglement, & reformation S. A. n'entend deroguer à la coustume ancienne, touchant les pairs ou les parties s'accorderont d'iceux, ny à la taxe & namptissement de cent escus & un patisis, autrement il suffira à l'impetrant de la revision de namptir entre les mains du Prevost vingt-cinq escus sols avec obligation & promesses de furnir le surplus.

XIV. Si les Pairs comparent la taxe sera de quatre escus sols pour chacun, sinon pour tous autres commis deux escus semblables.

XV. Et ne pourront les Pairs ou Commis, partir ou se retirer de Bouillon, avant la fin, hosport, & determination de la revision, comme aussi avant ce ils ne pourront recevoir aucun honoraire ou vacation.

XVI. En ladite revision, seront seulement representées les pieces du procès, sur lesquelles la Cour a jugé & apointé, & adjoustée seulement une instruction de droit de part & d'autre.

CHAPITRE XXIII.

Des Prescriptions.

I. PRescription fondée sur bonne foy avec tiltre, possession continue, ou paisible de dix ans, a lieu.

II. Prescription de chose sacrée ne vaut contre l'Eglise, ny contre mineurs, ny contre freres, & sœurs respectivement, estant en commun, & n'ayant fait partage de la succession leur escheue, ny contre ceux qui sont privez de leurs bons sens, & entendemens.

III. L'usufructuaire ne pourra prescrire la proprieté du bien par luy tenu en usufruict, ny celuy qui en tiendra à tiltre gager, precaire, ou location.

IV. N'aura lieu prescription en temps de guerre, ou arrivant contagion pour laquelle on seroit contraint quiter le lieu.

V. Possession de si long-temps qu'il n'y a memoire au contraire a force de tiltre, pour legitimement avoir prescript.

VI. En prescription de meuble, est requis que la chose ne soit vitieuse, comme furtifve, ou violemment ravie, voire nuit le vice reel ors qu'à l'acquesteur.

VII. Le Maistre de la chose violemment, ou furtifvement ravie, la peut reclamer, & en poursuivre la restitution dans trois mois après qu'il sera venu en la cognoissance d'iceluy, en quel lieu elle est, ou par qui elle est possedée, & detenue, & ce nonobstant la bonne foy de celuy qui en seroit trouvée possesseur, lequel pour repeter le prix par luy deboursé, aura son recours vers & contre son vendeur, ou autre sien autheur.

VIII. Toutes actions personnelles seront prescriptes par le laps de trente ans, mais pour prescrire contre l'Eglise, ou fisque, seront requis quarante ans : pourveu que la chose soit prescriptible, & la possession fondée en tiltre & bonne foy.

IX. Partie d'un fief ne peut estre acquise par prescription, ains demeure tousjours subjecte à la reunion de son corps, sinon qu'autrement en soit esté disposé, ou ordonné, fust-ce par testament, & derniere volonté, transaction, ou autres moyens legitimes, expressement ratifiez par le Prince, si que Seigneur direct & Souverain.

X. Ou bien que par reliefs anciens, & depuis continuez, de telles parties divisées, & possedées hors memoire d'hommes, soit presumé l'adveu exprès dudit Seigneur direct, & consentement des parties avoir approuvé tel desmembrement, & division des fiefs.

XI. Mesus qui ne meriteront peines corporelles seront prescripts après l'an passé, & pour injures legeres & proferées par cholere ; la poursuite s'en devra faire dans trois jours après qu'il sera venu en la cognoissance de l'injurié, lesquels paisiblement escoulez n'en sera reçeue la poursuite, comme presumée estre remise par charité Chrestienne.

CHAPITRE XXIV.

Certains Reglemens pour les Seigneurs & Officiers.

I. LEs Seigneurs hauts Justiciers, ne pourront saisir ny s'approprier par droict d'espaves aucune espece de marchandise, soit de bois, soit d'autre chose que la violence de l'eau auroit emmenée, & faict aborder sur le terroir de leurs Seigneuries, n'est que les marchands proprietairs d'icelles en ayent negligé la poursuite, recognoissance, & vendication par quarante jours de leurs abords.

II. La recognoissance de telles marchandises se fera present l'officier, ou aucun de la Justice du lieu, ou pour le moins elle leur sera noncée, & de ce sera creu le marchand par son serment sur la recognoissance de sa marque, ou par tesmoins, s'il en peut recouvrer, ou par ses ouvriers, ou facteurs.

III. En suite de ladite recognoissance, preuve, ou affirmation sera licite, & permis aux marchands renouveller sa marque, en payant les dommages & interests si aucuns estoient causez aux preits, ou champs sur lesquels ladite marchandise seroit esté jettée par le flux de l'eau, ou retirée par quelqu'un & les salaires honnestes, & raisonnables de celuy qui l'auroit retirée.

IV. Avant que lesdits Seigneurs, ou leurs fermiers se puissent approprier aucunes bestes esgarées, ou autres meubles, soit or, soit argent, & semblables trouvez sur leurs Seigneuries, ils les devront faire annoncer ès lieux circomvoisins, à la sortie de la Messe paroichialle par quatre Dimanches suivans, afin s'il est possible les restituer à celuy auquel elles appartiennent, qui devra payer tous fraix ensuivis avec la garde & nourriture des bestiaux trouvez.

V. Si par cheute fortuite de quelque chariot, ou autrement quelqu'un se trouvoit occis, le Seigneur ne pourra pretendre aucun droict de confiscation, audit chariot, chevaux, ou bœufs y attellez.

VI. Et sera tenu celuy qui en avoit la conduite, de verifier le bon debvoir qu'il y auroit apporté, & que telle infortune ne seroit survenue par sa coulpe ou negligence.

VII. Si la preuve est difficile pour n'y avoir au lieu de tel accident tesmoins, iceluy estant interrogé du fait & s'excusant par serment solemnel, en sera plus legerement puni, soit en amende pecunielle envers le Seigneur, soit en reparation envers les parens, & heritiers de l'occis, le tout eu esgard à toutes circonstances du lieu, du temps & des personnes, en payant les fraix de la Justice en la visitation du corps, enquestes & autres exploits suivis.

VIII. Ne pourront aussi lesdits Seigneurs pretendre autres droits pour enfans tombez, ou autrement par cas fortuits tuez, ou occis sans la faulte, ou negligence notable de leurs parens, ou de ceux qui en ont la charge. Dequoy aussi ils se devront justifier, & descharger sommairement, & demander congé de l'Officier, d'enlever le corps, le visiter, & inhumer, payant trois florins d'amende, & les fraix de Justice suivis.

IX. Pour homicide non volontaire, casuel, ou par necessaire deffence de son corps, ou de ses biens, ne se feront aucunes obeissances ou reparations honnoraires, ains en sera ordonné par la Justice après deue information selon le faict, & circonstances d'iceluy.

X. Les presens reglemens s'observeront au futur uniformement parmy le Duché, & cesseront les confiscations pratiquées en aucuns endroits ou la coustume de Beaumont avoit lieu, hormis en cas de crime de leze-Majesté divine & humaine, parricide, bout-feux, meurdre, faulse monnoye, esquels cas la confiscation aura lieu comme de coustume. Et ne pourront aucuns Officiers ou Justiciers exercer aucuns offices, ou judicature soubs deux Seigneurs, & diverses jurisdictions, & feront residence au lieu de leur office.

CHAPITRE XXV.

Reiglemens & Police entre les Bourgeois & Surceans du Pays.

I. IL n'est permis à aucun faire assemblée generale des Officiers du Pays, sinon de l'authorité de son Alteze Prince souverain, & ce par son Gouverneur, ou en son absence par le Lieutenant avec advis de la Cour, pour affaires concernans le service du Prince, bien, repos & maintien du peuple & de ses privileges, comme aussi ne se fera assemblée des bourgeois & surceans de chacun village, sinon de l'authorité des Seigneurs ou de leurs Officiers.

II. En telles convocations & assemblées generalles de tous les officiers, ou habitans de chacun village, les absens & defaillans seront tenus suivre & se conformer à la resolution prinse par ceux qui auront comparu, comme si eux mesmes en personne y eussent donné leurs voix, en cas que leur consentement y fust esté necessaire. Autre chose seroit-ce si ladite convocation n'avoit esté generalle, mais d'une partie seulement.

III. Ne fust que par le commun advis du pays, ou de chacune communaulté, fussent choisies certaines personnes pour Sindicques, & Procureurs de la generalité & qu'iceux (requerans les affaires acceleration) en eussent deliberé & resoud, en vertu de la charge & commission qu'ils avoient du pays & de leurs communaultez.

IV. Aucun estranger ne pourra estre reçeu pour tenir domicile & residence en ce Duché, si premier il n'apporte bonne & suffisante attestation de la Justice des lieux esquelles il auroit fait sa demeure, de sa vie, & comportement, & la notifiée à l'officier, ou Seigneur des lieux, pour en obtenir la licence & permission, car où il se retrouveroit chargé de crimes enormes, celuy ou ceux qui les auroient reçeu & accommodé de logis plus que huict jours, sans avoir signifié aux Officiers respectivement, en seront responsables, tant envers le Prince Souverain, qu'envers les Seigneurs, & subjets, ou autres qui reçevroient dommages.

V. Afin que par aucune pratique, ou mutuelle collusion les terrages des Seigneurs ne soient amoindris, & aussi que par quelque chaleur en la licitation qui s'en fera on n'endure perte notable, le dernier encherisseur, & adjudicataire pourra dans tiers jours y renoncer, payant au Seigneur le remont dont il auroit haussé & encheri, avec les vins, & que dans tiers jours il le face sçavoir par le Sergeant à celuy sur lequel il auroit rehaussé, qui sera tenu l'accepter & s'en charger, si semblablement il n'y renonce, soubs les mesmes peines & conditions

VI. Duquel benefice chacun pourra jouyr jusques au premier encherisseur, en asseurant sur bonne & suffisante caution, les Seigneurs, chacun de son remont, & vins ordinaires.

VII. Auxquelles fins la Justice fera diligemment annoter les noms de tous ceux qui feront remont, chacun selon son ordre, & seront tenus pour ce regard les renonçans faire charger les registres des subhastations de leur renoncement, le tout pour l'asseurance des Seigneurs, qui selon l'ordre desdits registres s'addresseront à leurs liciteurs, & encherisseurs pour leurs interests.

VIII. L'Officier aura soigneux regard que les rues, chemins, & autres lieux hantez ne soient infectez d'aucunes puanteurs, ou empeschez des fumiers, comme aussi que les fontaines publiques, & du commun soient tenues nettes, sans qu'il soit permis y laver à quatre pieds près de leur sources, aucuns linges, despouilles de bestes, & autres choses qui pourroient les corrompre ou infecter.

IX. *Item*, Qu'en chacune maison les cheminées soient bien entretenues, & qu'aucun n'ait à seicher chanvre dans aucune maison pour broyer, craignant la conflagration qui en pourroit suivre au notable interest des voisins, & du publique, à peine de trois florins d'amende, & reparation de tous dommages & interests.

X. Les voyes, & chemins servans au charoy des grains, foins, & autres fruicts, qui se trouveront rompus, ou empeschez, soit par innondation d'eau, soit autrement, seront par chacun an avant le dernier de Mars reparez, comme semblablement les ponts & passages necessaires pour les travers des ruisseaux, lieux marescageux, & semblables : sinon en sera recherché l'officier qui en sera negligent.

XI. Les bourgeois qui à la semonce & ordonnance de l'officier concernante telles reparations, ou quelque autre reiglement, ou utilité publique se monstreront desobeissans & rebelles, bien qu'en leur particulier ils n'en deussent pour lors reçevoir advantage, ou commodité, encourront amende de trois florins.

XII. Ayant quelque bourgeois abbatus dans les bois arbres, qui seront tombez au travers du chemin empeschant le libre passage, devra dedans trois jours le delivrer & rendre le chemin libre, à peine de trois florins d'amende. Comme aussi celuy qui s'en appropriera quelqu'un desraciné & abbatu par l'orage au travers dudit chemin, soubs mesme peine.

XIII. Pour eviter tant que possible sera tous dangers & perils de la contagion ès bestiaux, desquels se tirent les principaux moyens, & nourriture du pays, ne sera permis, à aucun Bourgeois, & surceans du pays de chasser ou mesler bestes venants dehors du lieu, ou nouvellement acquises avec le commun troupeau & herdaige, ou sur le commun pasturage, sans en avoir premierement advertis les Mayeurs, ou Winaux, ausquels il sera tenu declarer d'où il les auroit amenées, afin recognoistre s'elles pourroient estre infectées de malages, ou s'elles auroyent pasturé ou gisté avec autres qu'en seroient soubsçonnées.

XIV. Autrement si telles bestes se trouvoient dans six sepmaines après infectées, & corrompues, le Maistre sera tenu oultre la restitution de tous dommages & interests qui en surviendroient, à une amende de trois florins pour la premiere fois, du double pour la seconde, & pour la troisiesme arbitrairement.

XV. Ne devra aucun estranger charger de bestiaux directement, ou indirectement le commun pasturage d'aucun lieu, sans l'advis & consentement de la Communauté, qui y pretendroit avoir interest.

XVI. Les porcs au dessus de trois mois, seront chassez soubs la garde du paistre, ou seront tenus renclos en leurs estables, n'estant permis les laisser vaguer par les rues, sinon au fort de l'hyver, à peine de de sept patars & demy d'amende, & de satisfaire aux dommages & interests qu'en pourroient survenir, tant à l'endroit des jeunes enfans, que jardins ou autrement.

XVII. Et d'autant que telles especes d'animaux fouillans la terre pour y chercher nourriture, ne font petits desgasts ès prairies, y contretournans, & renversans le gazon, est deffendu à ceux qu'en auront la garde, de les y conduire, & laisser pasturer, à peine d'amende de sept patars & demy, & de reparer les desgast faits.

XVIII. Toute personne d'entiere fame, & renommée sera creue par serment de la prinse qu'il auroit faict d'aucuns bestiaux, faisans dommages en ses heritages, ou autres, si le maistre d'iceux ne veut verifier le contraire, & qu'ils estoient ailleurs.

XIX. Et sera tenu dans vingt-quatre heures faire visiter par un membre de Justice pour le moins son pretendu dommage, partie à ce appellée, autrement tel terme escoulé n'y sera reçeu.

XX. Si celuy auquel appartient le bestail prins en dommage ne le requiert, ou reclame, le Seigneur ou son Officier luy fera sçavoir qu'il le fera vendre dans tiers jours, pour sur iceluy recuperer le dommage & amende, avec tous autres fraix de Justice.

XXI. Personne allant pescher aux ruisseaux, ne pourra desrompre les prairies en houant, par où icelles se trouveroient deschirées, à peine d'amende de trois florins pour la premiere fois, pour la seconde le double, & pour la troisiesme d'estre chastié à l'arbitrage du Juge.

CHAPITRE XXVI.

Des Despens & Taxe d'iceux.

I. DEspens doivent estre adjugez à la partie qui obtient sentence favorable, sinon que pour certaines considerations mouvantes, le Juge les auroit compensez.

II. L'adjourné pourra comparoistre en personne pour ouyr la premiere proposition, & demande de sa partie, comme l'impetrant d'adjournement pour le faire, & en cas de gaing de cause leur sera telle comparition respectivement taxée, selon la qualité des personnes, distances des lieux, & qualité de la saison. Neantmoins afin retrancher les comparitions & abus, on ne pourra taxer à l'acteur, ou deffendeur en chasque cause, outre trois comparitions soubs quel pretexte que ce soit.

III. Pour dresser declaration des despens, sera taxé pour chacun fueillet trois patars, & si la partie la retient sans y servir de diminution dans le terme, & qu'il convienne exhiber autre copie à la Cour elle viendra aussi taxable.

IV. Pour solliciter taxe des despens, ne devra estre taxée plus qu'une comparition de partie, ou de Procureur, voire, pourveu qu'ils affirment avoir esté expresse, pour ce sujet, & qu'autrement ils croyent qu'ils n'en eussent eu lors expedition. Le mesme pour obtenir execution des sentences, & s'il y a retardement par la coulpe du Juge il l'amendera vers partie, qu'en sera interessée.

V. Seront taxées les journées des tesmoins, eu esgard, à la qualité, estat, & autres circonstances à considerer, soit de la difficulté, soit du danger des chemins.

VI. Gens de mestier plaidans au lieu de leur residence auront par taxe la moitié de ce que plus ordinairement ils gaignent par journée, & ainsi que dessus.

VII. Les tesmoins seront promptement payez selon la taxe que le Juge, ou examinateur d'iceux en feront à l'instant qu'ils auront deposé.

VIII. Ce qui sera annoté au pied de la deposition de chacun tesmoin, à quelle fin sera ordonné à la partie produisante de namptir certaine somme de deniers à la discretion du Juge.

IX. Les copies des escripts fournis par la partie adverse condamnée, viendront seulement en taxe, ensemble des verbaux qui se feront durant la procedure.

X. Pour eviter les fraix qui ont glissé parmy le style ancien, est ordonné que doresenavant l'on rendra aux parties la declaration des despens qu'elles auront fournie, & taxe d'icelle, & la copie à la contrepartie s'elle la requiert, en mettant au registre de Justice seulement la somme de la taxe.

XI. Et afin que les surceans du pays ne soient si portez à plaidoyer, les droicts de la Cour seront à chasque siege promptement payez, sans qu'on les puisse differer en fin de cause, dont les parties se trouvent lors accablées, autrement icelles seront absouldes des droits de la Cour, & en cas qu'elles soyent pauvres, estant ce cognu à la Cour, elles seront servies gratis.

CHAPITRE XXVII.

Des droicts, sportulles, ou salaires tant des Prevost, Jugeurs, Greffiers, & Sergeans de la Cour Souveraine que des Justices inferieures, avec les droicts qu'appartiennent aux Procureurs.

POur presentation de chacune cause à la Cour Souveraine de Bouillon, trente-trois patars & demy.

Aux Justices de jurisdictions haultaines, subalternes, & foncieres, treize patars & demy.

Aux Procureurs postulans pardevant les Justices subalternes pour presenter la cause, ou exhiber escrit au lieu de leur residence, six patars.

Et hors leurs demeurances pour chacune journée qu'ils vaqueront aux presentations des causes, pour & à l'advenant de deux lieues de distance, douze patars.

On ne taxera qu'une information de droit & ce à la discretion de la Cour, & lors qu'elle la jugera necessaire.

Pour chasque interlocutoire à la Cour Souveraine, trente patars.

Pour Sentence diffinitifve sur conclusions des deux parties à ladite Cour souveraine, six florins, y comprinse l'amende du Prevost de sept patars & demy.

Pour Sentence sur contumace, & conclusion d'une seule partie à ladite Cour, trois florins sans amende.

Pour chacun transport & œuvres de loix faictes pardevant la Cour Souveraine, quarante patars.

Aux inferieures, un florin.

Pour l'examen de chacun tesmoin aux Jugeurs & Greffier, huict patars.

Aux Justices inferieures, quatre patars.

Pour le relief de chacun simple fief, pour droits de la Cour, quarante patars.

A chacun homme de fief y present & tenant siege, quatre patars.

Pour relief de chacun fief ayant jurisdiction, quatre florins.

A chacun homme de fief y present & tenant siege, huict patars.

Pour relief d'une Seigneurie ayant dignité comme les quatre Sires, huict florins.

A chacun homme de fief y assistant, seize patars.

Pour le relief d'une Seigneurie ayant la preéminence de Pairie annexée, seize florins.

Pour adjouster & marquer chacune mesure, aulnes, ou poids, sept patars & demy.

Pour chacune visitation en la ville de Bouillon, sera taxé à chacun deputé de la Cour, huict patars.

Aux commis & deputez de ladite Cour pour dresser enquestes, ou faire œuvres de loix hors la ville de Bouillon, seront taxez pour chacune journée & vacation à chacun, trois florins.

Et viendront en taxe les journées necessaires employées aux voyages tant en allant qu'au retour.

Au Sergeant sera taxé, quarante patars.

Au Greffier pour chacune copie, cinq patars & en cas qu'elle excede la fueille, dix patars.

Pour le grand seel de la Cour seul, dix-sept patars & demy.

Pour le seel du Prevost, dix patars.

Pour le seel de chacun Jugeur, cinq patars.

Pour simple ordonnance ou reiglement apostillé sur requeste, neuf patars & demy, sans comprendre la copie du Greffier.

Pour mandement de relief sur appel interjetté de quelque sentence du Juge inferieur à la Cour Souveraine, quarante patars.

Pour l'amende de chacune saisie, ou arrest de personnes, soit pour debte, soit pour en tirer quelque reparation au Prevost, sept patars & demy.

Pour arrester aucune personne à raison de tesmoignage n'y gist amende.

Pour chacun deffaut, sept patars & demy.

Pour avoir permission d'adjourner tesmoins pour aller deposer pardevant autre Justice, au Prevost ou autre Officier dudit tesmoin, cinq patars.

Le mesme pour la permission de tous autres adjournemens.

Aux Seigneurs hauts Justiciers appellez pour renfort de Cour, pour chacune journée, trois florins.

Au vassal ayant seulement moyenne & basse jurisdiction, trente patars.

Au vassal n'ayant que basse jurisdiction soubs un Mayeur & Eschevins, vingt patars.

A un simple fiefvé qui n'auroit autre qualité, vingt patars.

Finalement est ordonné que les presens statuts & reformations, devront estre en tous leurs points inviolablement gardées & observées, & les coustumes y inserées ès cas qui se representeront aussi estre tenues, tant en jugement qu'au dehors, sans qu'il soit besoing de les alleguer, informer, ou verifier, sinon par l'extraict d'icelles; deffendant à tous Officiers, Justiciers, Subjects & vassaux d'en user autrement, ny de recevoir allegations d'autres coustumes, & quant touche ce qui n'y feroit inserré, de se reigler selon le droit escrit & commun, sauve à nous, & noz Successeurs la moderation, & interpretation de noz ordonnances.

Publiées & mises en garde de loy au lieu de Bouillon, en la Salle ordinaire de Justice, le Mercredy treiziesme de Septembre, l'an mil six cents & vingt-huict, environ le midy. en presence d'Honnorez Seigneurs François de Diffus & Lambert de Lapide, Conseilliers du Conseil Privé de Son Alteze de Liege, Commis & Deputez d'icelle; les Prevost & Jugeurs de la Cour Souveraine dudit Bouillon, la plus part des Officiers, grand nombre de peuples & subjects du Duché.

J. de Loen.

TABLE DES CHAPITRES DES COUTUMES DE BOUILLON.

N°5 COUSTUMES 1571.

DU BAILLIAGE DE CLERMONT.

CLAUDE ROBERT, Escuyer, Licencié ès Loix, Lieutenant general au Bailliage de Clermont, Salut. Sçavoir faisons à tous, que comme certaines lettres patentes emanées de notre souverain seigneur, en datte du troisiesme jour du mois d'Aoust an present mil cinq cens soixante-onze, fussent esté envoyées & addressées à honoré seigneur Gaspart de Marcossey, seigneur dudit lieu, sieur de Boing, grand Escuyer & Conseiller de notredit souverain seigneur, Bailly & Capitaine de Clermont, ou à nous en son absence, & à chacun de nous, pour faire signifier aux gens d'Eglise, Vassaux & gens de la Noblesse, & à ceux du tiers Estat, qu'ils advisassent entre eux de commettre & deputer jusqu'à deux ou trois personnages des plus notables d'entre eux de chacun des Estats, pour se trouver en celuy de Clermont suffisamment fondez de procurations dedans le vingt-troisiesme jour du mois d'Octobre suivant, & adviser par ensemble : Oys sur ce les gens du Conseil de notredit seigneur, Procureurs & Advocats, sur le cayer & articles des Coustumes qui leur seront par nous proposez & mis en avant, & à icelle adjouster, diminuer, declairer & interpreter ce qu'ils verroient estre à faire pour le bien & repos public, & le tout fidellement rediger par escript, avec leurs advis signez desdits deputez, pour après le renvoyer à notredit souverain seigneur feablement clos & scellé selon que plus amplement est porté par nosdites lettres patentes à nous rendues le huictiesme jour de Septembre audit an, & desquelles la teneur s'ensuit.

CHARLES par la grace de Dieu, Duc de Loraine, &c.

A l'effet & execution desquelles lettres patentes nous susdit Lieutenant audit Bailliage, en l'absence dudit sieur Bailly, avions dès le vingt-quatriesme jour du present mois de Septembre, decerné nos lettres & commissions pour faire les significations ausdits des trois Estats de l'Eglise, vassaux & gens de la Noblesse, & ceux dudit tiers Estat, & icelles delivrées & mis ès mains de Adrien Hubier, Gerard Roussel, Jean Minotin & Jean Hubier Sergens audit Bailliage, pour icelles exploicter à requeste du Procureur general audit Bailliage, & lesquelles lettres & commissions ils auroient exploictez & donnez assignation aux gens desdits Estats, pour comparoir audit jour vingt-quatriesme d'Octobre, à l'auditoire dudit lieu que nous aurions choisi & advisé pour l'assemblée desdits Estats, comme plus amplement est porté esdites lettres & commissions, & exploicts sur icelles, & desquelles lettres de commission la teneur pareillement s'ensuit.

GASPART DE MARCOSSEY, Seigneur dudit lieu, & de Gomy, grand Escuyer & Conseiller de notre souverain Seigneur, Bailly & Capitaine de Clermont, & Commissaire en cette partie de notredit souverain Seigneur, au premier Sergent du Bailliage de Clermont, sur ce requis, Salut, veues les lettres patentes de notre souverain Seigneur en datte du trente-uniesme jour du present mois d'Aoust, mil cinq cens soixante-onze, par lesquelles nous est mandé entre autre chose, faire appeller les gens d'Eglise & du Clergé, les vassaux & gens de la Noblesse, ensemble le tiers Estat, & à iceux signifier qu'ils ayent à eslire & deputer deux ou trois des plus notables d'entre eux, d'un chacun Estat, pour comparoir en cette ville de Clermont, afin de par iceux les deputez fondez de procuration specialle & suffisante au cas, adviser par ensemble, oys sur ce les gens du Conseil de notre Seigneur, Procureurs & Advocats sur le cahier & articles, qui leur sera par nous proposé & mis en avant, & à icelles adjouter, diminuer, declairer, & interpeller ce qu'ils veront estre à faire pour le bien & repos publique : & le tout fidellement redigé par escript, avec leurs advis signez des deputez, pour puis après les renvoyer à notredit Seigneur feablement clos & scellez, & estre sur ce procedé à la verification & approbation des Coustumes, ainsi qu'il trouvera à faire par raison pour plus grandes autoritez & efficaces desdites Coustumes. Pour ce est-il que nous vous mandons, & ordonnons que suivant lesdites lettres de commission à la requeste du Procureur general de ce Bailliage, adjournez tous & un chacun, les Prelats, Abbez, Chapitres, Colleges, Curez, & personnes Ecclesiastiques, Barons, Seigneurs, Justiciers, hauts, bas & moyens, Nobles & afiefvez dudit Bailliage, Officiers de notredit Seigneur, en icelles Advocats,

Procureur & Bourgeois des villes, les manans & habitans des villages d'icelles, parlant aux gens de Justice des lieux, par lesquels lesdits Bourgeois & habitans seront tenus apporter procuration de leurs Communautez speciales, au cas à comparoir au siege & auditoire dudit Bailliage au vingt-troisiesme du mois d'Octobre prochain, afin d'accorder & presenter leurs deputez pour avec eux & en leurs presences estre procedé à l'examen du cahier des Coustumes, qui leur sera par nous proposé & mis en avant, & satisfaisant entierement aux lettres patentes de notredit Seigneur, ci-dessus mentionnées, & ce sur grosses & grandes peines & amendes arbitraires, aplicables à notredit Seigneur, & neantmoins ô intimation qu'ils y comparent ou non sera procedé à l'execution desdites lettres patentes selon leur forme & teneur, & outre signifiez aux gens desdits trois Estats pourvoir avant ledit jour de leurs deputez, pour en venir jour prest avec charge & procuration suffisante de besogner à l'effet desdites lettres patentes, incontinent & sans delay ledit jour venu, & à l'effet que dessus est permis à chacune Communauté desdits villages s'assembler, afin de passer procuration advenante & propre aux affaires cy-dessus, & de ce faire avons donné pouvoir & permission, & à vous d'exploicter ces presentes, & ordonné de delaisser coppie de vos exploicts à chascun des susdits, s'ils en veulent avoir, sans pouvoir prendre aucune chose pour salaire, qui vous sera cy-après taxé. Mandons à tous qu'il appartiendra à vous en ce faisant estre obey & diligemment entendus : Donné soubs le seel de nous Lieutenant general audit Bailliage, le vingt-quatriesme jour de Septembre mil cinq cens soixante-douze; signé, Brissaut, & scellé du seel sur placart de cire rouge.

Et ledit jour vingt-troisiesme Octobre, nous serions transportez audit auditoire de Clermont, où estant seroit comparu M. Jacques Bournon, Licencié ès Loix, Procureur general audit Bailliage, par M. Denys Simonin, aussi Licencié ès Loix son Substitut, qui nous auroit remonstré la teneur desdites lettres patentes, & comme il avoit fait donner assignation à sa requeste aux gens des Estats dudit Bailliage pour estre procedé à l'execution desdites lettres, selon l'intention & bon vouloir de notredit seigneur, & en vertu des lettres de commission par luy obtenues de nous & requis lecture desdites lettres patentes, & que les Gens desdits Estats fussent appellez suivant lesdits exploicts; ce que luy avons octroyé & fait lire lesdites lettres par Jacques Reffaut, Greffier ordinaire audit Bailliage, ensemble & faire appeller les assignez desdits Estats, lesquels sont comparus, sçavoir pour l'Estat de l'Eglise.

Monseigneur le reverendissime & illustrissime Cardinal de Lorraine, Abbé de saint Vannes de Verdun, & les les Religieux & Convent de ladite Abbaye, pour leurs terres & seigneuries du Ban saint Vanne au lieu de Parois, ledit seigneur Cardinal est comparu par venerable personne, M. Domange Colot, prestre chanoine de Notre-Dame de Verdun, & receveur de ladite Abbaye saint Vannes, lequel a dit n'avoir peu recouvrer de procuration speciale dudit sieur Cardinal, offroit neantmoins dans Dimanche prochain en fournir une speciale, & de se faire advouer de tout ce qui se passera en son nom en cette Congregation, mesme de ce qu'il offroit proceder à l'eslection des deputez de l'Estat Ecclesiastique, sous lesquelles charges il a esté receu.

Et suivent trente-six autres venerables personnes denommées dans le procès verbal.

Et pour l'Estat de Noblesse, sont comparus honorée Dame Jeanne de Hangest, Dame Douairiere de la baronnie & prevosté de Vienne-le-Chastel, tant en cette qualité, que comme gardienne noble de damoiselle Crestienne d'Aguere proprieteresse de ladite baronnie & prevosté, & pour le fief des Alleranges, par noble homme Antoine Prieur, Gruier dudit Vienne, en vertu d'une procuration speciale au cas.

Honoré seigneur Bernard, Baron de Malberq pour la terre & seigneurie de Moncel & de Fraincourt, est comparu par Henry Barois, en vertu d'une procuration speciale passée à Varennes, pardevant J. Hennequin & P. Villermert Notaires, en datte du vingt-deux du present mois.

S'ensuivent soixante-douze Nobles denommez dans ledit procès verbal.

Et pour le tiers Estat, sont comparus prudent homme M. Jean Thomas, Lieutenant particulier audit Bailliage de Clermont, en personne.

Honorable homme Jean Bourgner, Receveur Gruyer dudit Clermont, en personne.

Pour le tiers Estat s'ensuivent soixante-une personnes aussi denommées dans ledit procès verbal.

S'ensuivent les Remonstrances.

Dans les remontrances qui suivent ensuite dans ledit procès verbal par les convoquez, & il ne s'y trouve pas que ladite Dame de Hangest douairiere de Vienne, y en ait fait aucune qui y soit inserée, suivant qu'il est porté par le titre de la baronnie inseré en ladite Coustume, qui porte : *Il y a une seule baronnie en ce Bailliage, qui est la baronnie de Vienne-le-Chastel, pour les droits de laquelle Jeanne de Hangest Dame douairiere de ladite baronnie a envoyé les articles ausdits Estats, qu'ils ont joints en leurs remonstrances pour estre presentés à nostredit souverain seigneur.*

Les Estats du Bailliage de Clermont desirans obeir & satisfaire autant qu'il est possible au mandement & lettres patentes de notre souverain seigneur, données en la ville de Bar, le treiziesme jour du mois d'Aoust dernier passé, signées Charles, & scellées de cire rouge du grand seel de notre souverain seigneur, par lesquelles il declare son vouloir & intention estre, que pour le bien & soulagement de ses sujets, les Coustumes dudit Bailliage soient accordées par les Gens des trois Estats dudit Bailliage, & luy en donner advis en corrigeant & amendant par luy ce qui seroit à corriger ou amender, adjouster ou diminuer ce qui seroit à adjouster ou diminuer pour rendre lesdites Coustumes certaines, & icelles stables pour Loix inviolables; satisfait à ce, & y adjoustant ou diminuant, declarant & interpellant ce que lesdits Estats ont veus estre à faire pour le bien & repos public, aux articles du cayer des Coustumes du Bailliage de Bar, qui leur a esté presenté à l'assemblée desdits Estats faite de l'ordonnance de notredit souverain seigneur, & tenue en son chastel de Clermont, le vingt-troisiesme du mois d'Octobre mil cinq cens soixante-onze, par le sieur Lieutenant du Bailliage dudit lieu, en l'absence dudit sieur Bailly, lesdits Estats pour ce specialement convoquez & appellez, & lesquels des Estats ont suivant lesdites lettres patentes choisis & esleus les neuf personnes cy-après declarées; assavoir, de chacun desdits Estats trois personnes pour adviser aux faits desdites Coustumes & en faire rapport par ensemble, lesquels Estats ayans veus les articles dudit cayer, sont esté d'accord & ont d'un mesme consentement, fait rediger par escript les articles des Coustumes dudit Bailliage de Clermont, selon ce qu'ils en ont veu user en leurs temps & appris de leurs predecesseurs, & qu'ils ont veu estre à faire pour le bien public, par l'advis desdits Estats, le present cayer portant leur advis & reponses, suppliant très-humblement notredit seigneur vouloir autoriser & emologuer lesdits articles d'iceluy, pour servir de Loix inviolables à l'advenir par tout ledit Bailliage de Clermont, & en abrogeant toutes autres Coustumes particulieres qui pourroient avoir eu lieu du passé par les Bailliages.

CHAPITRE PREMIER.

Des Droits des Seigneuries & Justices.

ARTICLE PREMIER.

A Notre Souverain Seigneur seul appartient donner sauvegarde generale, & à son bailly de sauvegarde de particulier, avec la connoissance de l'enfrainte deue, n'estoit qu'incidiairement ne fust requise pardevant autre Juge subjections entres parties pardevant luy plaidantes, & la requerante pour le fait de leur procès; auquel cas sera par luy octroyé, & connu de l'enfrainte.

II. Bailler foires & marchez appartient au souverain seul.

III. Les lettres de debits qui sont mandemens generaux, se donnent par ledit sieur bailly ou son lieutenant.

IV. Sergent & notaire se creent & instituent par ledit sieur bailly.

V. Forfuyans sont ceux qui ayans la fin & demeurance, & contracté seigneurie dans les pays de mondit Seigneur, s'en vont en demeurance en autre souveraineté, & contractent seigneurie aux lieux où mondit Seigneur n'a retenue, excepté au bailliage de Vermandois, dont lesdits demeurans succedent audit bailliage de Clermont, comme font ceux dudit bailliage de Clermont audit bailliage de Vermandois, tant en ligne directe que collaterale, & autres qui de toute ancienneté ont succedé & herité audit bailliage de Clermont.

VI. Le forfuyant a an & jour après qu'il a contracté seigneurie, pour faire profiter & vuider ses mains des biens qu'il aura au dedans dudit bailliage de Clermont.

VII. Mineurs estudians, & autres absens n'ayans contracté seigneurie ou domicile en seigneurie foraine, ne seront reputez forfuyans ni absens.

VIII. De l'absence des pays de mondit Seigneur qui decedent laissans des biens & heritages au dedans dudit bailliage, l'heritier demeurant ès pays de mondit Seigneur en est saisi pour son chef, & ne peut le fisque y pretendre aucune chose.

IX. Les biens des bastards decedez sans heritiers legitimes, appartiennent aux seigneurs hauts-justiciers des lieux où ils sont assis, chacun à son esgard; & lesquels bastards peuvent disposer de leurs biens, tant par testament que tout autrement.

X. Les veuves des bastards & aubains ne peuvent prendre leurs douaires, ne autres biens provenans de la communauté des biens de leur mariage.

XI. Sont reputez aubains ceux qui sont natifs hors des pays de notre souverain Seigneur, & y viennent contracter domicile & y faire demeurance.

XII. Les enfans nez des bastards en loyal mariage, mourans & n'ayans heritiers, sont les biens par eux delaissez reputez vacans.

XIII. En noblesse & estat ecclesiastique, n'y a espavité, qu'est à dire gens nobles & gens de l'estat ecclesiastique succedent en ce bailliage, quel part ils soient demeurans.

XIV. Qui confisque le corps, confisque les biens, & appartient la confiscation au seigneur haut-justicier des biens, sous lesquels les biens confisquez se trouvent situez & assis, chascun en droit soy, excepté que notredit seigneur & les vassaux prennent réciproquement les biens meubles de leurs sujets confisquans, d'autant que les meubles suivent les personnes; toutefois en crime de leze-Majesté divine & humaine, confiscation appartient.

XV. Bannissement a tousjours emporte confiscation de biens.

XVI. Les debtes & hypotheques de ceux qui ont confisqué leurs biens, se payent par les prenans desdits biens *pro rata*, & jusques à la concurrence de ce qu'ils auront d'iceux, demeurant neanmoins le douaire à son entier.

XVII. Les creanciers du confisquant peuvent avant la discussion des biens du confisqué, empescher par arrest lesdits biens de la confiscation & déplacement d'iceux, jusques à ce qu'ils soient satisfaits, ou qu'il leur soit pourveu de leur deu, escheu & à escheoir.

XVIII. Que si les creanciers ne viennent avant ladite division, pourront faire arrester les rentes seigneuriales ou heritages de la seigneurie en laquelle le jugement seroit esté rendu, jusques à ce que lesdits creanciers soient satisfaits au *pro rata* de leur deu, & au *pro rata* de ce que lesdits sieurs auroient apprehendé, & jusques à la concurrence de ce.

XIX. Que s'il y a hypotheque, lesdits creanciers s'addresseront aux heritages hypothequez, si bon leur semble.

XX. Le mary confisquant ne confisque les meubles & immeubles, qui doivent appartenir à sa femme après son trespas.

XXI. La femme ne confisque son propre heritage, & de ligne escheant les meubles & acquests, si elle est roturiere, aux heritiers d'icelle.

XXII. Signe patibulaire a deux, trois ou quatre pilliers, est signe de haute-justice, comme carquans, ceps, piloris erigez ès lieux publics; lequel signe patibulaire se peut relever par les seigneurs dedans l'an & jour de la cheute d'iceux, après lequel an & jour, est besoin d'avoir permission de mondit Seigneur.

XXIII. Toutes battures, contusions, ou playes ouvertes, sont de la connoissance de la haute-justice.

XXIV. Autres battures plus basses, sont de la connoissance du Mayeur.

XXV. Haults-Justiciers ont droit de bailler tuteurs, & émancipation à leurs sujets.

XXVI. D'oresnavant les Prevosts pourront bailler & creer tuteurs aux sujets de leurs prevostez, pour émanciper mineurs.

XXVII. Bestes espaves, & choses trouvées appartiennent aux hauts-Justiciers des lieux où elles sont trouvées, qui les doivent garder par deux huictaines, & faire proclamer en chacune d'icelles, ès jours de Festes & Dimanches, à issues de Vespres & Messes Parochiales desdits lieux, ou ès lieux des marchez prochains, s'il n'est plus de deux lieues arriere, avant que les pouvoir expliquer; lesquelles deux huitaines passées, elles seront par justice declarées acquises ausdits seigneurs hauts-Justiciers, n'est qu'avant ladite declaration, le maistre de telles espaves, ou choses trouvées, les redemande; auquel en ce cas, elles luy seront rendues en payant les frais, & montrant qu'elles soient siennes.

XXVIII. Recelant espaves, ou choses trouvées plus de vingt-quatre heures, sans advertissement ausdits seigneurs, est tenu de l'amende de soixante sols envers lesdits seigneurs.

XXIX. Que si ledit recelant en avoit vuidé ses mains, seroit tenu d'amende arbitraire, avec restitution des choses, ou le prix d'icelles, ne se pouvant recouvrer.

XXX. Messiers, forestiers, & autres repreneurs, seront tenus faire rapport de leur reprise dedans vingt-quatre heures après qu'il les auront fait, les faire enregistrer par les greffiers ordinaires des lieux, & en leur rapport seront tenus specifier les lieux & jours desdites reprises, avec ce cotter la partie du jour; outre notifier lesdites reprises à ceux sur lesquels lesdites reprises seront esté faites, au cas que sur eux n'y aura gage pris, & qu'il y auroit recousse, & ce dedans l'octave, à peine de soixante sols d'amende sur lesdits messiers & forestiers; toutesfois s'ils avoient pris & ramené gage, ne seroit besoin de telle notification; & ce faisant seront creus de leurs rapports & reprises de recousses, & non des excès à eux faits, si doncques n'estoient approuvez & assistez par un bon record.

XXXI. Qui tient heritages sous cense ou rente fonciere, peut quitter la chose chargée dudit cens ou rente, en payant les arrerages des années qu'il l'a tenu, & du terme prochain à escheoir, en delaissant les choses en bon estat pour porter ledit cens ou rente.

XXXII. Toutes personnes nobles en actions, tant civiles, personnelles, que criminelles, sont justiciables pardevant le sieur bailly; en noblesse ne git espavité.

XXXIII. Tous officiers ayant jurisdiction audit bailliage, comme lieutenant general, particuliers, prevosts & leurs lieutenans, procureurs & leurs substituts, ou advocats receus au siege dudit bailliage, sont justiciables pardevant ledit sieur bailly.

XXXIV. Les roturiers pour toutes actions civiles, reelles, personnelles, sont justiciables en premiere instance pardevant les Mayeurs, & ès actions extraordinaires, pardevant les prevosts de leurs prevostez.

CHAPITRE II.

De l'Estat des Personnes, tant Nobles que Roturieres.

I. ENfans issus de peres & meres nobles, ou pere noble, & mere roturiere en loyal mariage, sont nobles.

II. Et s'ils sont issus de pere roturier & de mere noble, & veulent choisir costé maternel, en renonçant (avant apprehension de succession) aux biens & succession de leur pere roturier, dedans quarante jours, à compter du jour de l'advertissement qu'ils ont de la mort de leur pere, tels enfans après telle renonciation faite au greffe dudit bailliage, sont tenus & reputez nobles.

III. Tels enfans estans mineurs pourront faire telle declaration & renonciation dans quarante jours après leur majorité, ou après qu'ils auront pris estat.

IV. Si aucuns desdits nobles ou annoblis usent d'arts mechaniques, & contreviennent à l'estat de noblesse par pauvreté, ils seront privez de la franchise de leur noblesse, pour le temps qu'ils auront mechanisé; mais en quittant ledit estat mechanique, ils pourront rentrer en leur pristine noblesse.

V. Femme roturiere mariée à homme noble est reputée noble, & jouit du privilege de noblesse, tant qu'elle demeure en viduité: mais si elle se remarie à homme roturier, elle perd le privilege de noblesse, mesme si elle retombe en viduité, & continue en icelle.

VI. Femme noble se remariant à homme roturier, durant ledit mariage retient au dedans dudit bailliage les terres de fief, si aucun elle en avoit en y entrant, & y succede, prend & emporte ce qu'il luy en advient en quelque sorte que ce soit, & quelque lieu où elle soit demeurante; toutesfois soustient toutes charges roturieres avec sondit mary.

VII. Après la mort de sondit mary, elle jouit dudit privilege de noblesse, moyennant qu'elle vive noblement, incontinent après le decès de sondit mary.

VIII. Enfans en puissance de leur pere ou ayeul, ou sous tutelle, ne peuvent entrer en jugement sans authorité de leur pere ou ayeul, tuteur, ou de justice. Aussi ne peut la femme y entrer sans authorité de son mary, ou de justice.

IX. Le pere peut faire emanciper son fils en toute aage après sept ans, pardevant son Juge; & au cas d'émancipation luy doit estre pourveu de curateur, encore qu'il ne le veuille de la personne de son pere, ou autre en cas d'empeschement, ou cause legitime du refus de sondit pere.

X. Ceux qui ont tenu estat de mayeurs ou lieutenans de mayeurs, par ledit bailliage, ne peuvent estre contraints d'estre doyens ou messiers ès mesmes justices où ils ont esté mayeurs ou lieutenans, n'estoit qu'ils ne s'en trouvast d'autres demeurans ausdits lieux.

CHAPITRE III.

Des Fiefs, Foy & Hommages.

I. TOus fiefs dudit bailliage sont liges & tenus par les vassaux ligement de mondit Seigneur, à cause de son chastel & chastellenie dudit Clermont.

II. Les fiefs sont de danger seulement, & sujets à commise en cas de crime de leze Majesté divine & humaine; felonnie perpetrée contre la personne de mondit Seigneur, feodaux à tout, rebellion, trahison, & autres crimes emportans confiscation de biens.

III. Les vassaux sont tenus, quand ils sont requis, servir en armes mondit Seigneur, à cause de leursdits fiefs, en guerre qu'il pourroit avoir contre les ennemis de son pays, pour la défense de sa personne & de sondit pays, aux despens dudit sieur, ou de restitution de prise de corps, chevaux, armes & interests.

IV. Sont tenus lesdits vassaux rendre entrée à mondit Seigneur en leurs maisons fortes & feodales, pour la seureté de sa personne, défense d'icelle & de sesdits pays, manutention, main forte, & execution de sa justice.

V. Tous fiefs & vassaux sont tenus reprendre de mondit Seigneur, luy faire les foy & hommages une fois à la vie seulement, quand ils sont requis; pareillement toutes & quantesfois qu'il y aura ouverture ou mutation de fiefs.

VI. Toutes & quantesfois que la foy faut du costé du vassal, l'heritier est tenu reprendre du seigneur feodal

feodal dans quarante jours : si l'heritier est en ligne directe, il n'est tenu de reprendre s'il n'est appellé & dedans quarante jours de la sommation, est tenu se presenter, à peine de saisie.

VII. Si la mutation vient du costé du seigneur feodal, le seigneur successeur est tenu d'appeller ses vassaux avant qu'ils soient tenus de reprendre, & dedans le temps prefigé, le vassal est tenu reprendre, à peine de saisie.

VIII. En succession de ligne collaterale, le vassal est tenu de reprise dedans quarante jours sans semonce, sous pareille peine de saisie, pendant laquelle ledit seigneur feodal fait les fruits siens, jusques à ce que ledit vassal se presente deuement pour faire son devoir.

IX. Semblablement en acquest tire des fiefs, l'acquesteur est tenu d'obtenir lettres d'investiture, en confirmation de son acquest dans ledit temps de quarante jours, sur peine de saisie & perte des fruits, jusques à ce que ledit vassal se soit presenté à faire son devoir.

X. Mais lesdits vassaux se peuvent presenter au lieu du fief dominant, pour faire les reprises, presentation de leurs lettres d'acquest, & tous autres devoirs qu'ils sont tenus faire : Et n'y trouvant le seigneur feodal, se doivent presenter au sieur bailly, officiers ou commis, leur declarant estre venus exprès pour faire leurs reprises, foy & hommage, offrant les faire s'ils ont charge de les recevoir, sinon prendre acte desdites offres ; lequel acte ne peut leur estre refusé, à ce que de là en outre ledit sieur ne puisse faire saisir leursdits fiefs, ny faire que lesdits fruits d'iceux puissent tomber en perte.

XI. Les vassaux doivent fournir de denombrement des choses par eux tenues en fief, en tel temps qu'il leur est commandé par le seigneur feodal.

XII. Le seigneur n'est tenu recevoir son vassal à reprise par procureur, si bon ne luy semble, s'il n'y a cause ou excuse legitime.

XIII. Si les enfans ausquels appartient un fief sont mineurs, leurs tuteurs sont tenus demander souffrance au seigneur feodal, qui est tenu la bailler, & durera ladite souffrance jusques à l'aage de majorité desdits mineurs, ausquels elle vaut pour foy tant qu'elle dure.

XIV. Les enfans sont reputez majeurs & en aage, quant à droit de fief, pour faire les foy & hommage, & devoirs de leurs fiefs ; sçavoir, les masles à vingt ans un jour, & les filles à quinze ans un jour.

XV. Le seigneur doit donner recepissé du denombrement, & l'impugner dedans quarante jours, autrement il est tenu pour receu.

XVI. Le vassal peut vendre à personne capable, son fief ou partie d'iceluy, ou autrement l'aliener, sans permission du seigneur feodal, mais l'acquesteur est sujet d'obtenir lettres d'investiture ou confirmation, comme cy-devant est dit, avant laquelle octroyer, le seigneur feodal peut, si bon luy semble, les retenir pour rejoindre & reunir à son domaine, seulement en payant & rendant à l'acquesteur les deniers & loyaux cousts par luy desbourssez, en acquitant ledit fief, pourveu que l'acquest ne soit en ligne.

XVII. Peut le vassal vendre ou constituer rente à qui bon luy semblera, sur son fief, sans le consentement du seigneur feodal, mais ledit seigneur feodal n'est tenu de recevoir l'acquesteur en foy & hommage, si bon ne luy semble, aussi ne peut-il contraindre l'acquesteur de luy faire les foy & hommage d'icelle rente ; & advenant que ledit seigneur exploicte son fief sur lequel a esté vendue & constituée rente par son vassal, l'exploictera entierement sans payer aucune chose de ladite rente, n'estoit qu'elle eust esté infeodée.

XVIII. Le vassal peut donner à cens, ferme ou pension, son fief à qui bon luy semble à vie, temps, ou à tousjours, en retenant en luy les foy & hommage ; toutesfois advenant que le fief cheoit en profit, le seigneur qui n'aura consenty ny infeodé ledit bail exploitera sondit fief entierement, sans estre tenu d'aucuns cens, rentes ou pensions.

XIX. Quand en succession de fief y a plusieurs heritiers en ligne directe qui n'ayent entre eux partagé ledit fief, ils le peuvent vendre ou eschanger l'un à l'autre, sans estre tenu de recourir audit seigneur du fief, pour avoir confirmation de tel acquest ; est toutesfois l'acquereur tenu de foy & hommage, ainsi qu'en changement de vassal en ligne directe.

XX. Les fiefs dudit bailliage peuvent estre eschangez par les vassaux dudit bailliage entre eux, sans qu'ils soient tenus d'en obtenir confirmation, ny que en ce cas ils soient tenus de reprises avant semonce faite.

XXI. Par partage de fief se peuvent iceux fiefs demembrer entre les comparsonniers, sans le consentement du seigneur, sont toutesfois tous lesdits comparsonniers ayans droit & part, tenus de reprendre dudit seigneur dans le temps pris, comme cidessus dit.

XXII. Fief & ressort n'ont aucune chose de commun, & n'attribue la reprise de fief aucune jurisdiction.

XXIII. Tant que le seigneur dort, le vassal veille, qui est à dire que jaçoit que le vassal ne soit en foy ; neantmoins il pourra jouyr de son fief, & faire les fruits siens, jusques à ce qu'il soit sommé ou empesché par le seigneur du fief.

XXIV. *Et contrà*, quand le vassal dort, le seigneur veille, qu'est à dire que le seigneur faisant saisir le fief de son vassal par faute de devoir non fait, le tient en ses mains jusques à ce que ledit vassal se soit presenté à faire son devoir & les fruits siens.

XXV. La saisie de fief faite, le seigneur est privilegié sur toutes autres saisies.

XXVI. Le seigneur feodal ne doit plaider dessaisi, sinon qu'il fust formellement desadvoué pour le seigneur du fief.

XXVII. Le vassal desavouant son seigneur à tort, perd son fief, qui à cause de tel desadveu tombe en commise.

XXVIII. Quand un seigneur de fief a receu son vassal, il ne luy peut donner empeschement pour les profits qui luy en pouvoient estre deus auparavant la reception de foy, ne les demander, sinon qu'il fasse reservation expresse desdits profits ; auquel cas ils gisent en action.

XXIX. Le seigneur tenant le fief de son vassal saisi en doit user comme bon pere de famille, sans aucune chose dessaisonner, couper bois de haute futaye, ou pescher en estang qui ne viennent à pescher, & les doit rendre en mesme estat qu'il les a pris.

XXX. Roturiers sont du tout incapables à tenir fief en ce bailliage ; si donc n'est qu'ils les tiennent en gages, ascensement, ou autre contrat, le vassal retenant la proprieté, & faisant les devoirs, hommages & services.

Les Baronnies.

IL y a une seule baronnie en ce bailliage, qui est la baronnie de Vienne-le-Chastel, pour les droits de laquelle Jeanne de Hangueste, dame douairiere de la baronnie dudit Vienne, a envoyé articles presentez aux Seigneurs des Estats, qu'ils ont joint à leur remonstrance, pour estre presentée à notredit souverain Seigneur.

Les gens ecclesiastiques ne peuvent à cause de leurs

Eglises, tenir aucuns heritages de fief ou roture, sans advertissement qu'ils sont tenus faire & requerir dedans l'an de leur acquisition; & à faute de ce faire, & ledit an passé, sont tenus en vuider leurs mains, & les mettre entre mains d'hommes vivans, mourans & confisquants, & tels qu'ils puissent tenir heritage en tel estat qu'il estoit auparavant leur acquest, s'ils n'ont titre ou privilege au contraire.

Le vassal ne peut prescrire la foy & hommage contre son seigneur, ny le seigneur contre son vassal, la chose tenue en fief.

CHAPITRE IV.

Des Successions en terres de Fiefs.

I. PAr la Coustume generale dudit bailliage de Clermont le mort saisit le vif son plus prochain parent & heritier, habile à luy succeder, tant en ligne directe que collaterale, & en fief que roture.

II. Le vassal decedé delaissant plusieurs enfans masles & femelles, le fils aisné par precipur doit choisir avant partage laquelle maison ou place qu'il luy plaira estant en fief, tant en succession paternelle que maternelle, pour son droit d'ainesse, avec le fossé ou premiere closture, & n'en peut prendre qu'une esdites successions.

III. Peut encore ledit aisné, si bon luy semble, prendre la basse-cour, jardinage & aisance de ladite maison, en recompensant ses freres & sœurs en heritages de pareille nature & valeur s'il y en a esdites successions; & en defaut d'heritages, en argent, sinon l'estimation du bien des choses, qu'à cet effet seront évaluées par gens à ce connoissans.

IV. Et au reste desdites successions, le fils aisné n'a non plus ausdits fief que l'un de ses autres freres, & prend un fils en ligne directe autant que deux filles: & toutesfois se payent les debtes & frais funeraux des defunts par egalement par lesdits heritiers, chacun pour son chef, & autant l'un comme l'autre.

V. Le fils dudit fils aisné represente par son pere au droit d'aisnesse & prerogative d'iceluy après le decès de ses ayeuls, tout ainsi que son pere eust eu sur ses oncles & tantes.

VI. La fille du fils aisné venant par representation de son pere en succession de ses ayeuls ou ayeules, ne represente son pere audit droit d'aisnesse.

VII. Ladite fille represente son pere en tous autres droits & successions de fiefs.

VIII. Entre filles n'y a droit d'aisnesse ny prerogative, ains partagent également entr'elles, tant en fief que roture.

IX. En ligne directe representation a lieu, *in infinitum*, tant de fief que de roture, & viennent lesdits representans à succeder par estocages; encore que tous les heritiers du defunt vinssent par representation.

X. Si un vassal decedant laisse de son premier mariage un enfant ou plusieurs masles ou femelles, & de son second mariage un ou plusieurs, ceux du mariage dont y en aura le moins prendront pour cause du lit brisé, la moitié de tous les fiefs contre tous les autres du mariage, dont y en aura le plus d'enfans; encore qu'ils fussent toutes filles de l'un des mariages, & tous fils de l'autre, & tout en paire en la succession maternelle en heritages de fiefs.

XI. Que si ledit vassal avoit enfans de plusieurs lits, de trois, quatre ou plus, & que de l'un des lits fussent tous masles, & de l'autre lit toutes femelles, les enfans de chacun lit feroient un estocage en ladite succession de fief: toutesfois le masle d'un mesme lit emporte deux fois autant en la portion qui leur seroit escheue, comme une de ses sœurs germaines.

XII. Le lit brisé ne prejudicie au droit d'ainesse, tellement que le fils aisné, de quelque mariage que ce soit, emporte par precipur la maison & droit d'aisnesse, avec tous prerogatives, comme tous ses freres & sœurs.

XIII. Si le fils aisné dudit mariage avoit choisi aisnesse en la succession paternelle, cela n'empesche que le fils du second, ou autre mariage, ne puisse choisir droit d'aisnesse en la succession maternelle.

XIV. Franc-alleu noble, & celuy où il y a droit de justice, ne reconnoissant aucun superieur, sinon en ressort de justice, se partage comme les autres fiefs.

XV. Franc alleu roturier, est heritage tellement franc, qu'il ne doit point de recognoissance de fond de terre, ny d'iceluy n'est aucun seigneur foncier, & ne doit aucune dessaisine, ou saisine, devest ou vest, ny autre servitude qu'elle elle soit trop bien quant à la justice ordinaire du lieu où il est assis, & se doit partir comme les autres terres de roture.

XVI. En ligne collaterale, n'y a droit d'aisnesse.

XVII. En ligne collaterale esdits fiefs, le masle en pareil degré exclud la femelle; mais où le masle viendroit par representation avec les femelles qui le precedoient en degré, lesdites femelles succedent avec luy par estocage également.

XVIII. Quand en default de freres & sœurs les nepveux viennent en succession collaterale de terres de fiefs, ils succedent par teste également, voire que les uns soient issus de masles, & les autres de femelles, & excluent lesdits nepveux, leurs sœurs & cousins: & où il y auroit aucun nepveu, les nieces succedent par teste également.

XIX. L'heritage feodal baillé à cens, ou sur lequel est constitué rente à tousjours à vie, ou longtemps est indivisible entre les heritiers du preneur; lesquels sont tenus le faire tenir par l'un d'eux, sans le pouvoir demembrer, vendre ou alieuer.

CHAPITRE V.

Des Droits & Appartenances de Gens Mariez, & des Contrats licites ou illicites à faire entre eux.

I. HOmmes & femmes conjoints par mariage, sont du jour de la benediction nuptiale de leur mariage communs en tous meubles & debtes actives & passives, contractées durant ledit mariage, & auparavant iceluy, & ès acquests & conquests immeubles faits par eux ou l'un d'eux, constant ledit mariage, soit sur ligne ou hors ligne, duquel la femme y soit denommée ou non, qui se divisent après le decès de l'un desdits conjoints, par moitié entre le survivant & les heritiers du decedé; comme aussi se payent lesdites debtes passives deues lors de la resolution dudit mariage, par moitié & égale portion ; ensemble & les rentes qui seroient esté constituées sur l'heritage de l'un ou de l'autre, constant ledit mariage.

II. Si constant ledit mariage de deux conjoints roturiers, ou d'un roturier avec une femme noble, se fait aucun bastiment sur le sol & place propre, à l'un ou à l'autre desdits conjoints, le bastiment appartiendra à celuy auquel appartient le sol & place, & pour le tout en remboursant son conjoint ou ses heritiers de la moitié des deniers exposez audit bastiment.

III. Le mary est seigneur desdits meubles & acquests immeubles, faits durant & constant ledit mariage, soit sur ligne ou hors ligne, tant qu'il en peut disposer, par vendition, alienation, ou autre disposition, comme bon luy semblera sans le consentement de sa femme, voire qu'elle soit denommée audit acquest, à personne capable, & sans fraude, tant en fiefs que par testament.

IV. Si l'homme ou femme conjoints par mariage, acheptent de leurs parens heritages mouvans du propre de l'autre, après le trespas desdits conjoints, dont pour ledit heritage le survivant est saisi de la moitié d'un achapt, mais est tenu rendre ses parts & portions aux heritiers du decedé, ou autres ses parens dont meut ledit heritage, en luy payant le sort principal, loyaux cousts & mises, pour ladite portion dedans l'an & jour du decès, si lesdits heritiers ou parens le veulent avoir par retrait : ausquels toutesfois ne sera rendu aucune chose des fruits & revenus perceus desdits heritages, sinon depuis consignation dudit sort & loyaux cousts, ou constitution en cause.

V. Que si celuy desdits conjoints, sur la ligne duquel est fait ledit acquest survist les heritiers du decedé, sont neantmoins saisis de moitié dudit acquest : mais ils seront contraints la delaisser au survivant, en les remboursant comme dessus est dit dans l'an & jour.

VI. Femme mariée est en la jouissance de son mary, & ne peut ester en jugement, donner ne s'obliger sans l'authorité de sondit mary, soit au prejudice de sondit mary ou d'elle, n'estoit qu'elle soit marchande publique, au veu & sceu de sondit mary, pour l'esgard de laquelle marchandise elle se peut obliger ; & de ladite obligation le jugement se prendra sur le mary, voire qu'elle ne le voulust advouer.

VII. Femme peut poursuivre toutes ses actions & droits sans l'authorité de son mary : & au refus d'iceluy de l'autoriser, peut requerir d'estre authorisée par justice ; & en ladite qualité agit.

VIII. Le survivant des conjoints nobles emporte les meubles & acquests ; sçavoir lesdits meubles & la moitié desdits acquests en propres, & l'autre moitié en usufruit sa vie durant, s'il n'y a disposition testamentaire au contraire, ou contrat de mariage, en payant les frais funeraux, debtes passives, & tous arrerages de rentes constituées sur l'heritage de l'un & de l'autre, constant ledit mariage.

IX. La femme, soit noble ou roturiere, après le decès de son mary, pour estre estrangée & quitte des debtes deues lors de la dissolution du mariage, peut dans quarante jours après le decès, renoncer à la communauté desdits meubles & acquests : laquelle renonciation elle sera tenue faire au greffe du lieu où sondit mary avoit son domicile, dedans lesdits quarante jours : Toutesfois si elle se trouve avoir apprehendé aucune chose desdits meubles ou acquests auparavant renoncer, excepté ses habillemens ordinaires, telle renonciation ne servira d'aucune chose ; ains demeurera obligée desdites debtes pour telle part qu'elle en fust esté tenue sans ladite renonciation.

X. Toutesfois si ladite femme avoit fait aucune debte avant ledit mariage, elle en seroit tenue nonobstant ladite renonciation.

XI. Le mary ne peut vendre ny obliger le bien de sa femme sans son consentement, & l'ayant hypothequé, ladite femme renonçant à ladite communauté de biens, rentre franchement en son heritage.

XII. *Item*, Que telle renonciaaion faite comme dessus par la femme, ne luy nuit en aucune chose en son douaire.

XIII. L'homme ne peut renoncer à la communauté desdits meubles & acquests, après le trespas de sa femme, & s'exempter par ce moyen des debtes de la communauté.

XIV. Si en traité de mariage y a clause, que l'un des maris n'est tenu des debtes faites avant ledit mariage, ou qui se contracteront pendant iceluy, cette action ne peut nuire aux creanciers.

XV. Femme ayant enfant de son premier mary ne peut disposer par quelques contracts que ce soit au profit d'un second mary, ny mary ayant enfans d'une premiere femme, au profit d'une seconde ou d'autre personne des avantages, & profits nuptiaux qu'elle a de son premier mary, ou qu'il a eu de sa premiere femme, & les doivent entierement garder aux enfans du premier mariage. Et à cet effet est tenu faire inventaire, & donner caution pour les rendre deslors de la dissolution du premier mariage ; mais s'il n'y avoit enfans dudit premier mariage, on peut en disposer à son plaisir.

XVI. Le mary est administrateur des heritages de sa femme, constant leur mariage, dispose des fruits d'iceux à son plaisir, exerce toute justice & jurisdiction sous le nom dudit mary ; fait iceluy desdits biens bail & loix à qui bon luy semble ; intente toutes actions personnelles & possessoires pour raison d'iceux, mesme peut intenter toutes actions reelles sans le consentement de sadite femme : Mais il ne peut poursuivre la proprieté des heritages, sans le consentement d'icelle.

XVII. Les baux du bien propre de la femme faits par son mary sans le consentement d'icelle, ne peuvent après la mort de l'un ou de l'autre desdits conjoints, durer, sinon par trois ans après ledit decès.

XVIII. Quand aucun heritage a esté ensemencé & labouré des deniers communs, le survivant des deux conjoints auquel appartient ledit heritage, est tenu de rendre aux heritiers du decedé la moitié des labours & impenses, ou à son choix leur delaisser moitié des fruits provenans dudit heritage, & pareillement où l'heritage appartiendroit au predecedé, ses heritiers sont tenus de rendre audit survivant moitié desdits labours & impenses, ou luy delaisser moitié des fruits, comme ci-dessus est dit, & obtiendront sequestre des fruits jusques au remboursement.

XIX. Quand l'un des conjoints par mariage a aucun heritage propre chargé de rente dès auparavant ledit mariage, laquelle iceux conjoints racheptent, elle est confuse tant que ledit mariage dure ; mais après la mort d'iceluy auquel ledit heritage estoit propre, le survivant reprendra la moitié de ladite rente acquise & acheptée pendant ledit mariage, si bon lui semble : toutesfois ceux ausquels appartiendra ledit heritage, pourront acquitter & rachepter ladite rente, en rendant la moitié de l'argent du rachapt d'icelle, avec les arrerages escheus depuis le trespas.

XX. Legs & frais funeraux ne sont reputez debtes, neantmoins le survivant de deux nobles conjoints qui gaigne les meubles, est tenu ensevelir & accomplir le testament du premourant à ses despens, pourveu que tels legs soient en meubles ou en deniers, qui s'acquittent à payer pour une fois.

XXI. Si aucuns deniers sont donnez en mariage à une fille ou femme, à la charge d'estre employez en heritages au profit d'elle sur son mary, pour luy sortir nature de propre, si le mary n'a employé lesdits deniers après la dissolution dudit mariage, elle ou ses heritiers doivent avant partage faire prendre sur les biens de la communauté lesdits deniers entierement, si ladite communauté le peut porter; sinon se doit prendre le surplus desdits deniers sur le propre dudit mary ou de ses heritiers, qui a deu faire ledit employ: & sans en faire aucune confusion pour cet égard, n'estoit que ladite femme renonçast à ladite communauté; auquel cas les heritiers du mary sont tenus luy rendre lesdits deniers entierement.

XXII. Si le mary durant le mariage a vendu ou aliené aucuns heritages appartenans à ladite femme avec elle, & de son consentement, il est tenu rendre aux heritiers de sadite femme, s'il la survist, le prix que lesdits heritages auroient esté vendus, ou les heritiers d'iceluy à sadite femme, si elle survist; pourveu qu'il apparoisse de la promesse faire par ledit mary, avant ou faisant ladite alienation de l'heritage de ladite femme, de luy restablir les deniers au cas de ladite alienation, autrement non.

XXIII. Les creanciers du mary pour les debtes faites par luy, constant le mariage, ou auparavant iceluy, se peuvent addresser contre les heritiers d'iceluy mary pour le tout, si iceluy defunt est obligé seulement, ou agir contre la femme pour moitié de la debte, si bon leur semble: & auront lesdits heritiers, au cas qu'ils soient poursuivis pour le tout, leur recours pour leurs interests & pour la moitié de la debte contre ladite femme ou ses heritiers: mais pour les debtes faites par la femme avant ledit mariage, ou par elle faites constant iceluy, esquelles elle est intervenue, & s'y est obligée avec son mary, le creancier ne se peut addresser contre ledit mary ou ses heritiers, que pour moitié.

XXIV. Hommes & femmes conjoints par mariage estans egaux en aage, ou prochain de quinze ans, & en biens, ou à peu après, sans apparence de mort, plus à l'un qu'à l'autre, peuvent par donation mutuelle & réciproque se donner l'un à l'autre leurs meubles en proprieté, qu'ils ont communs lors du décès du premourant, & les acquests & conquests immeubles par eux faits constant leur mariage, & l'heritage de ligne en usufruit, pour en jouyr par le survivant d'eux desdits meubles en proprieté, & desdits acquests & conquests & heritages de ligne en usufruit tant seulement, en faisant inventaire & baillant avant apprehension par le survivant, caution de rendre moitié desdits acquests ausdits heritiers du premourant, & les entretenir en bon & suffisant estat; & mesme lesdits heritages de ligne comme usufruitiers, sont tenus faire, pourveu toutesfois que lors du decès du premourant lesdits conjoints n'ayent enfans de leur mariage ou autres precedens; car en ce cas tel don mutuel ne vaut, ny pour lesdits meubles, ny pour lesdits acquests, conquests & usufruit de la ligne.

XXV. Si le survivant qui jouit du don mutuel se remarie, il perd du jour de la benediction nuptiale l'usufruit desdits heritages & ligne, & moitié desdits acquests & conquests; & de ce seul fait, l'usufruit est consolidé avec la proprieté.

XXVI. Le survivant qui jouit du don mutuel est tenu de payer les debtes personnelles du defunt, faire les frais funeraux, accomplir son testament pour le regard des legs en meubles, & en deniers, qui s'acquittent en payant pour une fois.

CHAPITRE VI.

Donation entre-vifs.

I. Toute personne aagée, & en bon sens & entendement usant de ses droits, peut donner tous ses biens meubles & acquests & conquests immeubles, & tous ses heritages procedans de son naissant, roturier ou feodal, à qui bon luy semble, habile toutesfois à prendre & percevoir tel don; pourveu que le donateur n'ait enfans: Et où y auroit enfans peut donner sesdits meubles & acquests, & non lesdits heritages de sa ligne & naissant.

II. Don simple ne saisit point sans tradition réelle & actuelle, ou par clause translative de possession, comme de constitut, retention d'usufruit, precaire ou autre.

III. En cas de translation; de possession non réelle ou actuelle de la chose donnée, ains par retention d'usufruit, clause de constitution, de possession, de precaire, ou semblable, le donateur est tenu d'entrer en foy du seigneur feodal, si l'heritage donné est tenu en fief, & payer les cens au seigneur censier, s'il est tenu en censive.

IV. La personne malade de la maladie dont elle va de vie à trespas, ne peut faire donation entre-vifs: Que si elle en fait, telle donation est reputée pour cause de mort, n'estoit que le donateur vescust quarante jours après ladite donation; auquel cas elle seroit reputée entre-vifs.

V. Donner & retenir ne vaut, & est requis à ce que la donation soit valable, que le donateur se dessaisisse de la chose donnée, par tradition réelle ou acte équipolent; & soit la donation sans clause de reserve, de pouvoir par le donateur, nonobstant telle donation, disposer en tous ses bons points des choses données.

VI. Le donataire peut agir contre le donateur à la delivrance des choses données pendant son vivant; mais il ne peut agir contre l'heritier après la mort du donateur.

VII. Si aucun heritage est donné à aucun enfant mineur & non émancipé, estant en puissance de pere, les fruits dudit heritage appartiennent audit pere qui en jouit, jusques à ce que l'enfant soit en aage de vingt ans, marié ou émancipé; demeurant toutesfois la proprieté audit enfant, n'estoit qu'il fust donné à la charge que le pere ne feroit les fruits siens.

VIII. Que si l'enfant donataire, mineur & pupil est orphelin de pere ou de mere, & n'est en garde noble de la chose donnée, les fruits d'icelle luy appartiendront, & seront regis par ses tuteurs & administrateurs de ses biens, & en seront comptables.

IX. En donation, succession & autres moyens d'acquisition de choses immeubles, lesdits immeubles se gouvernent selon la Coustume des lieux, où ils sont assis, & non des lieux où les parties sont demeurantes.

X. Toutes personnes n'ayans enfans ou autres descendans d'eux en ligne directe, se peuvent donner & amortir à tels qu'il leur plaira, en luy donnant entre-vifs tous ses biens meubles & immeubles, tant d'acquest que naissans: lequel don toutesfois à l'esgard des immeubles est revocable, au cas que le donateur auroit enfans.

X I. Toutes personnes ayans enfans peuvent donner l'usufruit de leurs biens acquests & naissans, & leurs meubles en proprieté, à tous l'un ou plusieurs de ses enfans, à la charge d'estre nourry & subvenu à toutes ses necessitez, & autres choses que voudra apposer le donateur du contrat de l'amortissement.

XII. Toutes personnes ayans enfans peut disposer entre-vifs, & sans espoir de rappel, de tous ses biens meubles & immeubles au profit de tous, universellement, collectivement de sesdits enfans, à telles charges qu'il y voudra apposer; lesquels biens seront partageables entre lesdits enfans également.

XIII. Que si tel amortissement se fait entre les mains de l'un ou de plusieurs de ses enfans, les autres seront participans de tels dons, en contribuant aux frais & charges de l'amortissement ès mains du donataire, & luy avançant ladite contribution tousjours pour deux ans, & fournissant caution d'y satisfaire.

XIV. Heritage baillé par admortissement, à quelque personne que ce soit, ne se peut vendre, hypothequer ny aliener par l'acceptant de tel don & admortissement durant la vie de l'amortissant. Si celuy au profit duquel l'admortissement est fait decede, l'admortissant aura le choix de continuer ledit admortissement, ou de le revoquer pour les immeubles.

XV. Donation faite & pendante de pure liberalité entres-vifs, est pour les immeubles seulement, revocable pour les causes d'ingratitude, portées par la raison escrite: Mais il faut que telle revocation soit signifiée au donataire de son vivant.

XVI. Donations faites, l'effet desquelles prend estre de son evenement douteux de la condition y apposée, sont revocables avant l'evenement de ladite condition, & iceluy pendant.

XVII. Si pere ou mere, ayeul ou ayeule donne aucune chose à un de ses enfans, ou autres personnes qui leur sont heritiers presomptifs, en advancement de succession, ou en don de mariage; & ledit donataire decede sans hoirs de son corps avant le donateur, les choses données si elles se trouvent en la puissance du donataire alors de son decès, retournent au donateur.

XVIII. Donation faite par homme ou femme, du total de son bien, ou partie d'iceluy, n'ayant lors de la donation aucuns enfans, sont revocables toutes les fois que le donateur aura enfans, un ou plusieurs.

XIX. L'on ne peut donner en aucune sorte que ce soit à une concubine; mais à un bastard l'on peut donner moderement, & jusques à sa nourriture.

XX. Donner la proprieté d'aucuns heritages, l'usufruit à vie ou à temps reservé à soy, n'est reputé donner & retenir, & vaut telle donation.

XXI. Qui ne peut donner au pere, ne peut donner aucuns heritages au fils; mais peut bien donner meubles audit fils.

XXII. Enfans bastards & personnes aubaines, peuvent disposer de tous leurs biens, tant entre-vifs que par testament.

XXIII. Insinuation de donations & dispositions faites tant entre-vifs, que par testament ou donations faites pour cause de mort, lettres d'hypotheque ou d'alienation, à quelle somme ou value qu'elles se montent ou puissent monter, n'est par la coustume dudit bailliage, requise ny necessaire.

CHAPITRE VII.

Des Testamens, Codiciles, & dernieres volontez.

I. AVant qu'un testament puisse estre reputé solemnel, est requis qu'il soit escrit & signé de la main du testateur, ou passé pardevant deux notaires, soit d'Eglise ou de Cour laye, ou pardevant un notaire & deux tesmoins, ou pardevant le curé de la paroisse du testateur ou son vicaire, & un notaire, ou d'un curé ou son vicaire & deux tesmoins, ou du prevost & maire, ou du greffier de la justice ou l'un d'eux, en presence de deux tesmoins, ou que le testateur ait declaré sa volonté en presence de quatre tesmoins idoines & suffisans, non legataires, & n'ayans interest audit testament, & que l'intention du testateur soit exprimée par la parole d'iceluy, & de son plein mouvement ausdits notaires tabellions, curé, prevost, vicaire, maire, greffier, &c. & depuis à luy releu en presence desdits tesmoins, & qu'il en soit fait mention au testament, comme il l'a ainsi exprimé de son plein mouvement, & à luy a esté releu le tout au cas que ledit testament fust par escript.

II. Toutes personnes libres, franches & saines d'entendement, usans de leurs droits, peuvent faire testament tant pour le salut de leurs ames, que pour choses pieuses, comme pour disposer de leurs meubles estans en aage; sçavoir la femelle à quatorze ans, le masle à dix huit: mais ne peuvent disposer de leurs immeubles qu'ils n'ayent atteint l'aage de vingt-cinq ans, si ce n'est pour legs pieux, pour lesquels ne pourront disposer de leurs acquests, & du tiers de leur naissant.

III. Le testateur, par son testament, peut disposer librement, & à telles personnes que bon luy semblera, capable toutesfois de tous ses meubles & acquests, au profit des personnes estrangeres, & non au profit de l'un de ses enfans, lesquels il ne peut avantager par testament, donation ou autrement, l'un plus que l'autre, reservé aux enfans la querelle du testament inofficieux: Mais quant aux heritages de ligne n'en peut disposer à personne estrangere, ains les doibt delaisser à ses enfans; desquels toutesfois il peut disposer jusques au tiers, pour cas pieux.

IV. Un mesme enfant ou heritier en ligne directe ne peut estre heritier & legataire parsonnier & aumosnier tout ensemble en une mesme succession & testament, mais le legataire ou donataire se peut contenter de son legs ou donation, & renoncer à la succession, n'estoit que le legs ou donation fust immense & inofficieuse au grief de ses freres & sœurs, & autres heritiers en ligne directe; auquel cas tels legs & donations seront ramenez à la juste part & portion que le legataire ou donataire eust pris comme heritier en ladite succession; or à quelque titre qu'il prenne ladite part, il sera tenu de contribuer à toutes debtes pour son advenant.

V. La personne n'ayant enfans peut par testament ou autrement, avantager l'un de ses heritiers plus que l'autre, de tous ses meubles & acquests ou partie d'iceux, laissant sa ligne à ses heritiers, avec lesquels le legataire ne laisse à partager selon sa quotte. Toutesfois s'il avoit legué tous ses meubles & acquests, le legataire seroit tenu des debtes & frais funeraux, à charge d'y pouvoir renoncer, si bon luy semble, avant que d'avoir accepté ledit legs.

VI. Le testateur peut par son testament ou codicile desheriter ses heritiers, ou l'un d'eux, pour les causes d'exheredation portées par la loy & raison escrite.

VII. Femme mariée, sans l'autorité de son mary ne peut faire testament valable, sinon pour causes pieuses & salut de son ame, moderement.

VIII. Toutesfois peuvent les conjoints par mariage se donner par testament l'un à l'autre, sçavoir le mary tous ses meubles & acquests en propre par son naissant en usufruit à sa femme, à charge de tous entretenemens, de payer toutes debtes, legs & frais funeraux, & descharger les heritages de toutes redevances, hypotheques & obligations, & de donner caution d'y satisfaire; & la femme par son testament peut donner à son mary tous ses meubles en propre, & moitié de ses acquests & de son naissant en usufruit, aux mesmes charges de tout payer, de s'obliger entretenir & donner caution; le tout au cas qu'il n'y auroit enfans lors du decès.

IX. Executeurs testamentaires ayans accepté la charge, sont par le decès du testateur saisis des meubles & heritages du deffunt, jusques à la concurrence de l'accomplissement du testament, de tant que lesdits executeurs peuvent dedans an & jour dudit decès intenter & poursuivre complaintes possessoires & autres procès, pour raison de ladite execution, desquels biens ils sont tenus faire inventaire incontinent après ledit deceds, & rendre compte à l'heritier après l'an & jour dudit decès.

X. Ne pourront lesdits executeurs tant que les meubles demeureront engager ou hypothequer aucun heritage dudit testateur, que prealablement ils n'ayent sommé l'heritier deuement de fournir deniers pour l'accomplissement dudit testament; lequel heritier aura option de fournir lesdits deniers, & à son refus ou delay, pourront faire vente à loy publique.

XI. L'executeur testamentaire, peut & doit dans l'an & jour faire delivrance des legs testamentaires aux legataires, par laquelle delivrance lesdits legataires en sont & demeureront saisis; & à ce faire peuvent estre contraints, comme aussi pour toutes autres choses mentionnées au testament.

CHAPITRE VIII.

Des Successions.

I. PAr la coustume generale dud. bailliage, le mort saisit le vif son plus prochain parent & heritier habile à luy succeder, tant en ligne directe que collaterale, en fief comme en roture.

II. L'heritier simple exclud celuy par benefice d'inventaire, en venant dedans l'an que ledit heritier par benefice d'inventaire aura fait sa declaration de se porter heritier par ledit benefice d'inventaire.

III. Les enfans, soient fils ou filles, succedent également à leur pere & mere en biens, meubles, heritages roturiers & censuels, soit d'acquest ou de ligne, ou naissant, sans qu'ils puissent estre advancez ou fait meilleure part par leur pere ou mere, soit en meubles, acquests, ligne ou naissant roturier.

IV. Representation a lieu en ligne directe infiniment, tant en fief que roture, & viennent les enfants a la succession de leurs ayeuls, par souche & estocage, & non par teste; soit avec leurs oncles ou avec leurs cousins germains: iceux oncles predecedez, & ne prennent plusieurs enfans de l'un des freres en ladite succession, plus que fait l'enfant seul de l'un des autres freres, lequel prend entierement tout ce que son pere eust pris en icelle succession, si il eust vescu.

V. En ligne & succession collaterale, representation a lieu, jusques aux enfans des freres & sœurs inclusivement, quant à la ligne & naissant; mais quant aux meubles & acquests & conquests, a esté tenu pour coustume, que representation n'avoit lieu, & que le plus prochain en excluoit le plus remot.

VI. Enfans de plusieurs lits, & sœurs, viennent à la succession de leurs oncles & tantes, par representation de leurs peres & meres avec leurs autres oncles & tantes, par souche & non par teste; mais si lesdits oncles ou tantes estoient predecedez, tous y viennent de leur chef, & partissent ladite succession par teste & non par souche.

VII. Si aucun va de vie à trespas, sans hoirs procreez de son corps, ses pere & mere, ayeul ou ayeule & autres ascendans luy succedent en meubles, acquests & conquests immeubles.

VIII. Si le defunt decedé sans heritiers legitimes, ne delaisse pere & mere, ayeul ou ayeule, ou autres ascendans, ses freres & sœurs germains luy succedent en meubles & acquests, comme font au defaut desdits freres & sœurs, les cousins germains & autres plus proches collateraux successivement, selon leur ordre de proximité: & quant aux heritages venans de naissant, le plus prochain du costé & ligne dont ils viennent; encore qu'ils ne soient les plus proches de parenté luy succedent: à sçavoir les lignagers paternels aux biens paternels, & les maternels aux maternels. Toutesfois les cousins germains viennent par representation à la succession de leurs cousins germains avec leurs oncles & tantes, outre lesquels germains n'y a representation.

IX. Les biens sont estimez paternels ou maternels pour appartenir aux lignagers paternels ou maternels, quand ils viennent du costé & ligne des pere & mere, encore qu'ils ne viennent de la souche commune, qui est à dire des pere & mere, ayeuls & ayeules dont sont descendus lesdits lignagers, en maniere que les biens acquis par le pere qui sont propres à son fils, retournent par le decès du fils à l'oncle paternel, ou autre parent paternel, & non à la sœur ou frere uterin; & est le semblable des biens acquis par la mere, qui doivent retourner à l'oncle ou tante ou parens maternels, & non aux freres & sœurs paternels tant seulement.

X. Le germain exclud le non germain en meubles & acquests, & la ligne retourne d'où elle vient.

XI. Heritage de naissant ne remonte au pere, mere, ayeul, ayeule, sinon au cas qu'il n'y eust parens pour succeder du costé & ligne d'où ils viennent; auquel cas appartiendroit audit pere & mere, ayeul ou ayeule, sans que lesdits biens vacans puissent estre declarez vacans à faute d'heritiers.

XII. Si le defunt n'a laissé aucuns parens collateraux du costé & ligne d'où procedent lesdits heritages du naissant du pere ou de la mere, ausquels ils puissent remonter, ains autres parens qui ne sont du costé & ligne d'où viennent lesdits heritages; en ce cas lesdits heritages ne sont reputez vacans, & appartiennent ausdits parens, qui en excluent le fisque.

XIII. L'heritier des meubles & acquests emporte toutes debtes actives, & est tenu de toutes debtes passives, fraix funeraux, & legs testamentaires qui seroient en meubles ou en deniers, & à payer pour une fois.

XIV. Si aucun va de vie à trespas sans hoirs, ou aucuns parens, les biens d'iceluy sont reputez vacans, & les peut le seigneur justicier du lieu où ils font assis, faire saisir & regir par commissaire, qui est tenu en faire inventaire.

XV. Si dedans dix ans que ledit seigneur haut-justicier aura mis en ses mains lesdits biens comme vacans, apparoist aucun heritier, ledit seigneur est tenu luy faire delivrance desdits biens, tant meubles ou valeur d'iceux, que fruits desdits meubles, verifiant ou prouvant qu'il est hoir ou parent au defunt, en payant les frais raisonnables faits pour la conservation desdits biens; mais après dix ans passez, ledit seigneur n'est tenu rendre aucune chose desdits meubles ou fruits d'iceux; ains seulement luy delaisser lesdits immeubles: & après vingt ans n'est ledit heritier recevable à demander lesdits biens immeubles, n'estoit qu'il fust secouru par minorité.

XVI. A succession venante à un banny succedent les plus proches parens, & non le fisque.

XVII. Les seigneurs prenans biens au defaut d'heritier, sont tenus d'accomplir le testament, & payer les debtes du defunt, chacun au *pro rata*, & jusques à concurrence desdits biens.

XVIII. Religieux & religieuses ayans fait profession, ne succedent à leurs parens, ny leur monastere pour eux, s'il n'y a titre ou privilege au contraire.

XIX. Quand une personne entre en religion, elle peut avant sa profession & jusques à l'heure d'icelle excluse, disposer de ses biens; que si elle n'en a disposé avant sa profession, ses prochains parens y succedent dès incontinent ladite profession faite, comme par mort naturelle.

XX. La part de l'heritier renonçant accroist à ses coheritiers.

XXI. Tant que les germains durent, les non germains n'heritent, sinon ès biens du costé duquel ils sont freres & sœurs.

XXII. Tous appellez pour faire declaration d'heritiers, ont quarante jours pour deliberer, à compter du jour qu'ils ont esté requis & interpellez devant le Juge.

XXIII. Fille qui se marie au dessous de vingt-cinq ans, outre le gré de ses pere & mere, ou plus prochains parens, à personne indigne de sa qualité, se peut desheriter.

XXIV. Les parens prochains lignagers des Archevesques, Evesques ou autres gens d'Eglise seculiers, leur succedent en biens meubles & immeubles, soit qu'ils soient nobles ou roturiers.

XXV. Si de l'un des conjoints en mariage l'immeuble propre & de naissant, ou partie d'iceluy a esté vendu constant le mariage, & que lors du decès de l'un d'iceux, le terme du payement du prix ou partie d'iceluy ne soit escheu, les deniers deus appartiennent pour le tout à celuy auquel l'heritage vendu estoit propre, ou à ses hoirs, n'estoit que l'heritage vendu fust du propre de la femme, & y eust promesse de restablissement; car en ce cas ledit prix seroit partageable, demeurant ledit restablissement ou promesse d'iceluy en sa vigueur.

XXVI. En succession les meubles suivent le lieu du domicile du defunt, & coustume d'iceluy, voire que lesdits meubles ou partie d'iceux fussent trouvez ailleurs.

CHAPITRE IX.

Des Rapports qui se doivent faire en Partage.

I. Pere & mere, ayeul ou ayeule, ne peuvent avantager leurs enfans, & ne peuvent defendre qu'ils ne rapportent les uns aux autres ce qui leur seroit esté donné, s'ils se veulent porter pour heritiers: toutesfois ne sont tenus de rapporter les fruits des heritages ny profit des deniers donnez, ny la nourriture, ny frais ou habillemens des nopces.

II. Neantmoins si alors du decès y avoit aucuns enfans non mariez & impourveus, tous & chacuns d'eux prendroient avant partage, & par preciput, la valeur d'autant que les habillemens que l'un de ses freres ou sœurs auroient eu en mariage vaudroient.

Bagues & joyaux sont sujets à rapport.

III. L'enfant qui par advancement de succession ou de mariage, a de donation de ses pere & mere, ayeul ou ayeule, peut après le decès se contenter dudit avancement, sans venir en partage de succession, & sans estre tenu de rapport, n'est qu'icelle donation soit immense ou inofficieuse.

IV. Si le dot est fait par les pere & mere conjointement & des biens communs, rapport en doit estre fait en entrant en chacune succession desdits pere & mere par moitié quand ledit dot est en denrées; mais si l'heritage donné pour avancement de mariage est du propre du pere ou de la mere, il doit estre rapporté en entrant en la succession duquel de celuy auquel il estoit propre.

V. Heritages donnez doivent estre rapportez en especes, s'ils sont en la puissance du donataire, ou si par dol ou fraude ils ont delaissé à les posseder, en leur payant les meliorations, impenses utiles & necessaires; sinon doit estre rapporté la juste estimation d'iceux, eu égard au temps de l'escheute de la succession à laquelle il convient faire ledit rapport, en mesurant ladite value de l'estat de la chose au temps de la donation: si donc ledit donataire n'aime mieux retenir la chose & precompter ladite value de ladite donation, sur la quotte hereditaire.

VI. Deniers desboursez, par pere, mere, ayeul ou ayeule pour leurs enfans en nourriture, pour le fait des armes ou service de son Prince moderement, & selon leur qualité, & jusques à ce que lesdits enfans soient mariez, pour institution & estudes ès arts liberaux, ou aux mestiers d'artisans, ne sont sujets à rapport.

VII. Pere & mere, ayeul ou ayeule, qui ont desboursé pour un ou plusieurs de leurs enfans deniers pour nourritures ou entretenement d'escole, ou pour autre cause, pour laquelle ledit enfant n'est tenu de rapporter, peuvent en gardant égalité leur donner entre-vifs, ou par testament, ordonner que les autres enfans prendront pareille somme en leur succession qu'ils auront employé pour ledit enfant, outre sa nourriture.

VIII. Rapport n'a lieu en ligne collaterale, s'il n'est dit.

CHAPITRE X.

De ce qui est Meuble, Acquest, Ligne & Naissant.

I. TOut ce qui se peut transporter de lieu à autre, est reputé meuble.

II. Tout ce qui tient à fer ou cloux, & ne se peut transporter du lieu où il est assis sans fraction, est reputé immeuble.

III. Moulins tournans à vent ou à eau, pressoirs à vin, tourdoirs, tuileries, sont reputez immeubles; pareillement artillerie & instrumens servans à icelle estant en chasteau ou place forte, pour garde des lieux, sont reputez immeubles.

IV. Meubles n'ont point de suite en hypotheque, quand ils sont deplacez & mis hors de la puissance du debteur, sinon en ce qu'ils vaudroient mieux que la debte pour laquelle ils seroient pris.

V. Raisins, bleds & autres fruits pendans par les racines, sont reputez immeubles; mais s'ils estoient couppez & cueillis, encore qu'ils ne fussent mis en grange, ne sont reputez meubles.

VI. Poissons mis en viviers, fossez & estangs, sont reputez heritages jusques au jour de la pesche d'iceux, qui se fait communement de trois ans à trois ans; mais les trois ans expirez, ils sont reputez meubles, comme sont ceux gardez en huches & autres lieux fermez.

VI. Si aucun a fait bail de ses terres labourables, prez, vignes, & chenevieres, la pension & trescens dudit bail, soit en grains, vins, denrées ou autres choses, est reputée pour meubles, dès que les fruits sont coupez ou cueillis.

VIII. Toutes hypotheques, engagemens de cens, ou rentes constituées, tant de grains, vins, argent, que autres choses sur heritages, sortissent nature de meubles tant que le rachat dure, & iceluy expiré, sortissent nature d'heritages.

IX. Heritages vendus sous faculté de rachapt, sont reputez heritages, & sortissent nature d'heritage; mais si le rachapt s'en fait, les deniers venans d'iceluy sortissent nature de meuble.

X. Tous heritages donnez à quelque personne que ce soit, sont reputez acquests, sinon que lesdits heritages fussent donnez par pere, mere, ayeul ou ayeule, ou autres ascendans en avancement d'hoirie, en faveur de mariage, ou qu'ils fussent donnez par celuy auquel le donataire devoit succeder, ou donnez à charge d'estre propres audit donataire, en ce cas luy sont propres.

XI. Heritages pris à cens, perpetuel, titre d'emphiteose, bail à longues années; comme à trente, quarante ans ou plus, sont reputez individus entre les heritiers du preneur, & non partageables entre eux; lesquels sont tenus les tenir unis sans les demembrer; peuvent toutefois les vefve & heritiers du preneur jouir & diviser les fruits entre eux, à la charge de faire le payement par la main de l'un d'eux, & tout en une fois.

XII. Heritage acquis par eschange, est de pareille nature & qualité que l'eschange, soit d'acquest ou de naissant, si l'eschange estoit tel; mais entre deux conjoints par mariage où il y auroit soulte, par l'heritage acquis par contre-eschange, appartient du tout à celuy auquel appartient l'heritage eschangé, en remboursant l'autre conjoint ou son heritier de la moitié des deniers de la soulte.

CHAPITRE XI.

Des Enfans de plusieurs Lits.

I. SI le survivant roturier de deux conjoints par mariage n'avoit fait partage des meubles & acquests de leur communauté aux hoirs du predecedé, ou iceux pris par benefice d'inventaire, & il convoloit en secondes nopces, les heritiers du prémort partiront à la masse commune de tous les meubles & acquests qui se trouveront pendant ledit second mariage, pour un tiers, demeurans les deux autres tiers ausdits conjoints chacun par égale portion.

II. *Item*, Si au jour des nopces des remariez il y avoit des enfans d'un costé & d'autre, partage se fera de leurs biens en quatre parts, au cas dessus dit, dont l'homme & la femme auront les deux parts, & les enfans de deux lits les deux autres.

III. Que s'il y avoit des enfans du second lit, & que le pere ou la mere d'iceux fust decedé, lesdits enfans prendroient un tiers, le survivant un tiers, & les heritiers du premier lit l'autre tiers.

IV. Et si ledit survivant premier convoloit en plusieurs mariages, & que de chacun n'y eust enfans, & qu'il n'y eust eu aucun partage, les enfans de chacun lit prendront une part des meubles & acquests faits pendant l'un & l'autre mariage, & le dernier survivant des conjoints une autre part, telle que celle des enfans d'un desdits mariages.

V. Les enfans desdits mariages precedens ont, au cas des articles susdits, le choix de prendre les acquests qui leur estoient obvenus du mariage, dont ils sont venus & faits constant iceluy mariage, ou bien partager aux teneurs desdits articles.

CHAPITRE XII.

Des Tuteurs, Curateurs, Garde-Nobles d'Enfans Mineurs.

I. TUtelle des mineurs, se doibt donner du Juge, par l'eslection de cinq de ses parens ou affins des pere & mere desdits mineurs, au moindre nombre; & au deffaut d'iceux se prennent les amis ou voisins desdits pere & mere.

II. Le pere ou mere survivant parent ou affin des mineurs, pourra d'oresnavant requerir au Juge, tuteurs estre creez ausdits mineurs: & y sera procedé à sa requeste, avec lequel le procureur general dudit bailliage ou son substitut se pourra joindre, ou si bon luy semble seul, requerir & poursuivre ladite tutelle.

III. Tuteurs esleus par les appellez & assermentez pour faire ladite eslection, sont tenus accepter ladite

dite tutelle, & prester le serment de la bien administrer; de faire bon & loyal inventaire; porter & fournir au greffe du Juge duquel est ladite tutelle dedans quarante jours, & de la datte d'icelle, à peine de soixante sols d'amende, & de rendre ladite tutelle finie bon compte & relicat des biens d'icelle à qui il appartiendra.

IV. Le pere roturier est preferé à la tutelle de ses enfans, s'il la veut prendre, s'il n'a excuse ou cause raisonnable au contraire.

V. Le tuteur esleu, peut avant accepter la charge de la tutelle, s'en excuser s'il à trois tutelles reellement & de fait, ou six à sept enfans vivans, au nombre desquels est compté celuy duquel la mere est enceinte, ou s'il est en ordre presbyteral, ou s'il est en charge & estat public non annuel, ou s'il est aagé de soixante ans, ou s'il est valetudinaire, ou s'il ne peut vacquer à ses propres affaires, depuis laquelle tutelle acceptée, lesdites excuses ne sont receues.

VI. Mineurs & mandians, voire qu'ils voulussent accepter la charge de tutelle, ne le peuvent faire; & s'ils sont receus à la tutelle sans avertissement de ladite minorité ou mendicité, peuvent depuis ladite eslection & durant ladite minorité & mendicité, estre deschargez.

VII. Tuteurs, curateurs, syndics, receveurs, executeurs testamentaires, & autres sujets à rendre compte, sont creus à leur serment, de leurs mises, jusques à cinq sols en chacun article, sans quittance des choses concernantes leur administration; moyennant qu'il soit vrai-semblable qu'ils les ayent baillé sans fraude, pour le fait de ladite administration.

VIII. Entre gens nobles le pere ou la mere survivant, & au deffaut ou reffus d'iceux, l'ayeul ou l'ayeule du costé decedé, se peut, si bon luy semble, dire gardien noble de ses enfans.

IX. Le pere & non l'ayeul, estant saisi de la garde noble desdits enfans mineurs, fait les fruits siens des heritages desdits enfans jusques à ce qu'ils soient en aage, le fils de seize ans, & la fille de quatorze ans, ou mariez ou émancipez: Mais si le pere convole en second mariage, dès le jour dudit second mariage, il sera comptable envers lesdits enfans de tous les fruits & levées de leurs biens; & si sera tenu pendant ladite garde & jusques à ce qu'il entre à estre comptable, vestir & entretenir lesdits enfans selon leur estat & vacation; maintenir leur heritage en bon & suffisant estat, & les rendre quittes & deschargez de toutes debtes, charges & frais funeraux à sesdits enfans, le temps expiré.

X. Pareille garde a la femme noble desdits enfans, & soubs mesmes charges & conditions; mais si elle se remarie elle perd ladite garde, & leur est pourveu de tuteur.

XI. Le pere ou mere ayant la garde noble ne fait les fruits siens, sinon des biens escheus à ses enfans du costé du predecedé, d'où procede ladite garde.

XII. Au cas que le gardien noble ne voudroit accepter ladite garde, il est tenu de declarer au greffe dudit bailliage dedans quarante jours de l'avertissement du decès du predecedé, à faute de quoy faire il en demeurera de chargé.

CHAPITRE XIII.

Des Douaires.

I. FEmmes mariées sont & demeurent douées du douaire coustumier, posé que par exprès au traité de leur mariage ne leur eust esté constitué aucun douaire.

II. Le douaire coustumier est l'usufruit de moitié de tous universellement les heritages delaissez par le mary alors de son trespas, en la proprieté desquels la douairiere ne prend part.

III. Douaire prefix est limité par le contrat de mariage; toutesfois la douairiere a option de choisir lequel il luy plaira du prefix ou coustumier dedans quarante jours après le decès de son mary, ou advertissement d'iceluy: si donc n'estoit que par le contrat la douairiere eust expressement renoncé au coustumier, & se contente du prefix, auquel cas elle seroit contrainte se tenir; & n'y a relief de minorité contre tel douaire, contrat de mariage ou option.

IV. Douairiere est saisie de son douaire, soit qu'elle ait choisi le prefix ou coustumier, dès le jour du decès de son mary, tellement qu'elle peut agir possessoirement qu'elle en aura fait declaration deuement.

V. La douairiere est tenue de maintenir & entretenir les heritages de son douaire, selon leur qualité, en bon & suffisant estat d'iceux; defendre, soustenir & payer les cens & rentes, tant à & de ce qu'elle tient, que d'hypotheque pour moitié, & à l'advenant de son douaire, & les rendre en bon estat au proprietaire, le douaire finy, & de ce faire en doit bailler caution suffisante à l'heritier, & s'y doit faire le service de leurs charges.

VI. La douairiere noble emporte une maison de son feu mary en douaire pour sa demeurance; mais s'il n'y en avoit qu'une, & elle fust suffisante pour deux demeurances, elle n'en auroit que la moitié comme l'heritier, à charge d'entretenement comme ci-devant.

VII. Soit que le douaire soit payé par les mains de l'heritier, ou par censive par chacun an & par chacun terme, ou que la douairiere jouisse par ses mains; & le douaire cesse avant le jour du payement venu ou moisson levée, ses heritiers percevront les fruits *pro rata* du temps encouru, jusques au jour du douaire finy.

VIII. Douairiere ne peut couper les bois de haute fustaye en aucune maniere, ny les bois en taillis, sinon à l'ordinaire, & ne peut denaturer aucune chose de son douaire, ny pescher les estangs avant le temps; & si elle est tenue les realviner & entretenir.

IX. Si un homme avoit vendu les heritages specialement hypothequez par douaire prefix pendant le mariage, & la femme n'y avoit consenty, douaire escheant, lesdits heritages en sont chargez.

X. Les heritages sujets à douaire se partissent & divisent entre la femme & les heritiers du decedé, si bon leur semble, ou qu'ils se puissent commodement partir, ou en les baillant conjointement à ferme, & s'en departent les fruits.

XI. Si la douairiere vend ou aliene son douaire, les proprietaires, ou l'un d'eux, se peuvent retirer pour les deniers dedans l'an & jour de la rente, chacun pour icelle part qu'il a à la proprieté: Mais si l'un seul retiroit, sera tenu d'en faire part à ses coheritiers, chacun pour telle portion qu'il auroit à la proprieté de l'heritage, en le remboursant au *pro rata* de leurs parts desdits deniers & loyaux cousts.

XII. La douairiere est tenue fournir dedans an & jour du choix qu'elle a fait du coustumier ou prefix d'inventaire, d'heritages par elle tenus en douaire, & de caution, pardevant le sieur bailly, son lieutenant ou l'un des prevosts dudit bailliage, en la prevosté duquel le defunt estoit domicilié, d'entretenir les heritages & les delaisser au proprietaire le douaire finy, en estat deu, suffisant & à son entier; faute de quoy dans ledit temps perdra les fruits de là en avant, jusques à ce qu'elle y eust satisfait.

XIII. La douairiere convolant en secondes nopces, & y ayant lors desdites secondes nopces enfans du mary duquel elle tient ledit douaire, soit de leur mariage ou autre precedent, perd dès le jour desdites secondes nopces la moitié dudit douaire: & si elle est noble, outre ladite moitié, elle perd la demeurance entiere de la maison qui luy estoit delaissée ci-dessus; & de ce seul fait est ladite moitié & demeurance entiere consolidée en la proprieté.

XIV. La douairiere pendant sa viduité ayant abusé de son corps, soit qu'il y ait enfans ou non, perd son douaire, qui de ce seul fait est reuny à la proprieté.

CHAPITRE XIV.

Des Prescriptions.

I. Celuy qui a jouy par trente ans paisiblement & sans inquietation d'aucuns heritages, cens ou rentes entre aagez, & non privilegiez, il a prescrit contre tous ceux qui pourroient pretendre avoir droit ausdits heritages, encore qu'ils n'ayent titres; mais contre l'Eglise, est requis le temps de quarante ans pour prescrire.

II. Celuy qui a possedé avec tiltre & de bonne foy par dix ans heritages, paisiblement & sans estre inquieté entre aagez & non privilegiez, present & demeurant audit bailliage, les prescrit contre lesdits presens y pretendant droit; & contre les absens aagez & non privilegiez, il le prescrit au titre de bonne-foy par vingt ans.

III. Prescription ne vaut contre la femme mariée, voire qu'elle soit prescrite, si elle n'est de trente ans, encore qu'il y ait titre auquel elle n'ait consenti.

IV. Hypotheques, cens ou rentes sur aucuns heritages ne se prescrivent que par quarante ans, par celuy qui est obligé & a constitué ladite hypotheque, ou par les heritiers.

V. Toutes servitudes se prescrivent par trente ans; toutesfois veues & esgouts en edifices ne portent saisine à celuy qui les a contre autruy, s'il n'a titre; & sans titre ne peuvent estre prescrits, par quelque temps que ce soit.

VI. A qui appartient le fond appartient le dessus & le dessous, s'il n'a titre au contraire, & ne peut estre le dessus ou dessous prescrit par quelque temps que ce soit, fust-ce par cent ans.

VII. Le premier cens que le seigneur constitue sur son heritage est imprescriptible à jamais; mais la qualité dudit cens & arrerages d'iceluy, se peuvent prescrire par trente ans, comme aussi tous autres cens & sur-cens depuis le premier cens.

VIII. Meubles se prescrivent & s'acquierent par trois ans, à titre & sans titre.

IX. Loyers, salaires, gages de serviteurs, ne se pourront d'oresnavant demander après l'an & jour, à compter du jour que le serviteur est sorty de son maistre; & n'en pourra estre demandé de plus que des trois années dernieres que ledit serviteur aura servy.

X. Oeuvres manuels, journées à bras ne peuvent d'oresnavant estre demandées après quarante jours depuis lesdites journées & œuvres faites.

XI. Deniers & choses deues pour façon ou ventes d'ouvrages, labourages, façon des vignes, charrois, louage de chevaux, bœufs, & autres bestes, & autres se prescrivent par six mois; de maniere que tous apothiquaires, boulangers, taverniers, bouchers, patissiers, cousturiers, serruriers, selliers, & autres gens de mestiers & marchands vendans en detail ne pourront en demander les deniers après six mois, à compter du jour qu'ils auront livré la derniere denrée, ou ouvrage, n'estoit qu'il y eust arrest de compte, ou cedule ou obligation, ou action intentée judiciairement, en sommation faite du moins en presence de deux tesmoins.

XII. Toutes graces de rachapt données à tous bons points, & toutes & quantesfois qu'il plaira au vendeur de racheter, ou ses heritiers & ayans causes, sont imprescriptibles, & durent à tousjours.

CHAPITRE XV.

Des Criées & Encheres.

I. Heritages pris par execution en vertu des ordonnances du sieur bailly de Clermont, ou de l'un des prevosts, s'adjugent au plus offrant & dernier encherisseur, après les trois criées, & le quart d'habondant, qui se font par quatre octaves suivant l'une l'autre, sans intermission, au lieu où est assis l'heritage, à issue de Vespres ou Messes Parochiales, & au marché de la ville plus prochaine, & faut signifier chacune fois les criées au debiteur executé, ou à son domicile, & à faute de domicile certain, ou detenteur dudit heritage.

II. Et si telles criées se font de l'ordonnance des mayeurs, les criées se font seulement ès jours de plaids de leur mairie, & à issue de Vespres ou Messe Parochiale des lieux où sont les heritages assis, par chacune octave desdites criées.

III. Tous creanciers ou pretendans droits sur lesdits heritages, sont forclos d'iceux s'ils ne forment opposition dedans ledit terme desdites criées, du moins avant le decret, & l'adjudication dudit heritage fait: mais les encherisseurs sont receus jusques à ce que les lettres dudit decret soient scellées; jusques auquel temps dudit decret scellé, l'executé peut payer les deniers de l'execution, despens, dommages & interests d'icelle; & ce faisant il demeure quitte, & ledit heritage deschargé.

IV. Pendant le debat de l'opposition, les choses demeurent en l'estat dudit temps de l'opposition formée, n'est qu'il intervienne ordonnance du Juge.

V. L'heritage vendu par decret ne peut estre deschargé de cens foncier & droit seigneurial deu sur iceluy, encore que le seigneur justicier ou foncier ne soit opposé pour son devoir dominical & chefcens, & doibt l'acheteur acquitter lesdits droits, tant en arrerages pour cinq ans derniers, que pour l'advenir.

VI. Celuy qui fait faire les criées d'aucuns heritages, est premier payé des frais qu'il a fait ausdites criées, supposé qu'il soit dernier creancier.

VII. Les frais, despens, dommages & interests d'execution & criées, poursuite de l'adjudication & du decret se prennent sur ce qui reste du deu principal desduit les deniers de la vente des choses vendues ou decretées, & lequel reste demeurera consigné en justice par l'acheteur; jusques à ce que lesdits despens, dommages & interests soient taxez & liquidez; laquelle taxe & liquidation sera tenu poursuivre celuy qui les aura obtenu dans le mois de l'adjudication, passé lequel & à faute de ce avoir fait, sera ledit reste delivré à l'executé sans diminution.

CHAPITRE XVI.

De Retrait Lignager.

I. QUand aucun a vendu son heritage de ligne propre & naissant à personne estrange, du costé & ligne dont est venu ledit heritage, le parent & lignager du costé du vendeur, du costé & ligne d'où procede ledit heritage, le peut retraire par proximité de lignage dedans l'an & jour, en remboursant l'acheteur du sort principal & loyaux cousts.

II. Ledit an & jour doit estre compté du jour que l'acheteur est receu, en foy & hommage du seigneur feodal, si l'heritage est en fief; & si l'heritage est en roture, du jour de la possession prise par l'acheteur réellement, & apprehension corporelle.

III. Si le seigneur feodal refusant ou delayant infeoder l'an & jour du retrait commencé, à courir du jour du refus, le lignager qui premier a fait adjourner l'acquesteur, exclud le plus prochain du vendeur, qui depuis auroit fait adjourner ledit acquesteur.

IV. Le lignager, pour faire executer ledit retrait, doit faire appeller l'acquereur en jugement pardevant le Juge du domicile du vendeur, ou bien pardevant le Juge ordinaire du lieu où l'heritage est assis, & doit faire offre du sort principal actuellement & à descouvert, s'il est certioré d'iceluy.

V. Que s'il est incertain dudit prix, il suffira consigner or & argent, & offrir de parfaire après l'affirmation de l'acheteur & du vendeur sur ledit prix; sauf à informer de la verité d'iceluy, & si doit offrir caution achepteresse des biens de justice, de payer les frais & loyaux cousts après la liquidation d'iceux; ce qu'il sera tenu de faire dans la premiere assignation.

VI. Tellement que si le retrayant est incertain ou en doute du prix de la vendition, peut dès la premiere journée de la cause contraindre l'achepteur d'affirmer en justice le vrai prix de son acquisition, & exhiber ses lettres, si aucunes en a, & s'en purger par serment de toutes fraudes ou simulation; & où ledit retrayant en contestant voudra pretendre le prix convenu & accordé entre les parties estre autre que celuy porté par lesdites lettres, ou affirmé par ledit acquereur, sera receu à le verifier, & pourra faire ouyr en tesmoignage sur ce ledit vendeur ou autre que bon luy semblera, ayant premierement consigné le prix porté par les lettres, ou affirmé qu'il sera delivré à l'achepteur, en baillant caution de rendre le surplus qui se prouveroit par le jugement.

VII. Suffit au retrayant d'avoir fait faire l'adjournement, & faire les offres par le sergent, & consignation au greffe dedans ledit an & jour, encore que l'assignation soit donnée après l'an, pourveu qu'elle n'excede quarante jours après ledit an & jour: & neantmoins pourra l'adjourné faire anticiper ledit retrayant à plus brief jour, si bon luy semble.

VIII. Le lignager doit estre receu au retrait, supposé que l'heritage vendu ne soit de son estoc & branchage; mais seulement du costé & ligne du vendeur, en telle maniere que si le fils vend l'heritage à luy venu par son pere, & qu'estoit acquest à sondit pere, ledit heritage pourra estre retrait par son oncle, ou autre du costé de son pere.

IX. Un demandeur en action de retrait ne peut retraire portion de l'heritage vendu par un mesme contrat: si donc l'appellé en retrait ne luy consent, ains est contraint retraire entierement tout ce qu'est contenu en ladite vente, ou tout delaisser; toutesfois si les heritages vendus procedoient de plusieurs naissans lignagers de chacun desdits naissans, pourra venir au retrait de ceux qui procedent de son costé, dedans le temps introduit.

X. Le demandeur en retrait ayant consigné au greffe le prix principal de la vendition, ou cas qu'il en fust certain, ou bien ce que l'achepteur jurera en avoir desboursé, gaigne les fruits dès & depuis ladite consignation, au cas qu'il obtient au retrait.

XI. En retrait lignager, si l'achepteur a terme de payer la chose acheptée, soit à long termes ou plusieurs, le retrayant doit avoir pareil terme & payement que l'achepteur, & doit rendre indemne, & deschargé l'achepteur envers le vendeur pour ledit heritage, & est tenu le retrayant en bailler bonne & seure caution, s'il est requis.

XII. Le fils peut retraire l'heritage vendu par son pere, pourveu qu'il n'y ait fraude ny collusion, & que ledit fils soit émancipé.

XIII. Le fils ou autre ligner peut retraire l'heritage venant de son naissant, costé & ligne, encore que l'heritage fust esté vendu auparavant qu'il fust né.

XIV. Si l'heritage vendu & sujet à retrait a esté vendu par le premier acheteur dedans l'an & jour de la premiere vendition, & par le moyen de divers contrats il ait esté en plusieurs mains, si est tousjours le lignager bien recevable de le retraire du detempteur dedans l'an & jour, en payant les deniers de la premiere vendition avec les loyaux cousts; sans considerer à quels titres, charges & conditions le detempteur l'ait eu du premier acheteur, ou d'autre.

XV. Si l'achepteur d'aucun heritage s'absente du pays, & qu'il n'y ait domicile, ou tellement fait, que le lignager ne le puisse trouver, suffit en ce cas de l'adjourner sur l'heritage acheptè, en parlant à ses fermiers & censiers; sinon à deux prochains voisins, en leur delaissant copie de l'exploit, & pareille copie audit lieu, s'il n'y a maison ou edifice; sinon à la porte de la paroisse dudit lieu pour interrompre prescription d'an & jour que l'on pourra alleguer contre luy.

XVI. En donation simple, legs testamentaire, eschange pure & simple, sans soulte d'argent, ne gist retrait: mais s'il y a soulte qui soit plus de la valeur de la moitié de la chose baillée avec icelle en contre-eschange, y a retrait pour le regard de ladite soulte.

XVII. Heritages baillez à cens perpetuel, s'ils tombent en hoirie & succession, se peuvent retirer quand ils sont alienez à personnes estranges par ceux qui les ont eu en succession.

XVIII. Le retrayant est tenu de rendre à l'achepteur les impenses necessaires faites en la chose acheptée auparavant l'adjournement en retrait; mais des voluptuaires & utiles, n'en est tenu, ny pareillement des necessaires depuis l'adjournement, sinon qu'elles ayent esté faites par authorité de justice ; & neantmoins est permis à l'achepteur emporter lesdites utiles & voluptuaires, si faire se peut, sans deterioration de la chose.

XIX. L'achepteur des heritages sujets à retrait, ne peut avant l'an & jour demolir, gaster, deteriorer, ny changer la forme de l'heritage achepté, encore qu'il n'ait esté appellé au retrait, il est tenu envers le retrayant remettre les choses en l'estat qu'il les a trouvé.

XX. L'achepteur fait les fruits siens de la chose acheptée, & n'est tenu les rendre au retrayant, s'il les a loué auparavant la consignation en retrait, encore qu'il n'ait fait les labeurs & meliorations d'où sont procedez les fruits.

XXI. L'heritage retiré est ligne de celuy qui comme parent retrait, toutesfois entre gens mariez celuy de l'estoc duquel ne sera fait le retrait, pourra demander ou ses heritiers moitié des deniers employez dudit retrait, comme en autre acquest fait sur ligne; de maniere que si le retrayant revend l'heritage par luy retrait à personne estrangere, le parent issu de la souche ou fourchage d'où vient l'heritage le pourra retraire dedans l'an & jour de telle vendition seconde.

XXII. L'heritage vendu par decret de justice, soit qu'il soit feodal ou roturier, est sujet à retrait lignager dedans l'an & jour de l'interposition du decret.

XXIII. L'an & jour du retrait lignager court contre toutes personnes privilegiées & non privilegiées mineurs, absens ou furieux sans espoir de restitution.

XXIV. Propres heritages vendus à faculté de rachapt doivent estre retraits dedans l'an & jour susdits, sans avoir esgard au temps de la faculté de rachapt.

XXV. Le retrayant lignager est preferé au seigneur voulant faire retrait par puissance de fief.

XXVI. Le parent ne peut vendre ny aliener à autruy le droit de retrait de l'heritage, s'il n'est de lignage.

XXVII. Si l'heritage acquis par pere ou par mere est baillé par eux, ou l'un d'eux par avancement de mariage ou d'hoirie, à un de leurs enfans, si le donataire les vend, le frere ou sœur d'iceluy, ou leurs enfans les pourront retraire dedans l'an & jour de la vente.

XXVIII. L'heritage escheu au nepveu ou autres plus loingtains par les successions de leurs oncles ou autres cousins ou cousines qui avoient acquis ledit heritage par tels nepveux ou cousins, escherra en retrait.

XXIX. L'heritage baillé à rente n'est sujet à retrait, mais si la rente est vendue, elle tombe en retrait.

XXX. L'heritage de ligne vendu à estranger est reputé estre denaturé & hors de ligne, si l'estranger achepteur l'a tenu par an & jour; de maniere que si ledit estranger le vend après ledit an & jour à quelque personne que ce soit, il n'est sujet à retrait.

XXXI. Une rente constituée à tousjours sans rachapt, & vendue sur les biens & heritages du vendeur generalement sans aucune specialité eschoit en retrait.

XXXII. Si l'appellé en retrait lignager a disposé de l'heritage, & qu'ainsi il le declare & affirme en jugement, il est tenu d'annoncer au retrayant ceux au profit desquels il en a disposé, & est contre iceux action de retrait perpetuée, & la peut poursuivre contre iceux achepteurs ou cessionnaires après l'an & jour, ayant fait ses diligences dans ledit an & jour.

XXXIII. Si l'heritage propre est eschangé à autres heritages; & après, l'heritage baillé par contre-eschange audit heritage propre, est dedans l'an & jour dudit eschange retiré, par quelque contrat que ce soit, par iceluy qui l'auroit baillé, ou par autre pour luy, ou à son profit; en ce cas ledit heritage propre est retrayable, s'il est revendu hors ligne.

CHAPITRE XXVII.

De Possession.

I. CEluy est dit avoir possession acquise d'un heritage qui d'iceluy a jouy par an & jour & exploits derniers, *non vi, non clam, non precariò, ab adversario.* Item, celuy auquel l'heritage est transporté par vente, donation ou autre contract, avec cause de constitution, de possession, de retention, d'usufruit ou de precaire, est possesseur, & peut intenter toutes actions au possessoire, & y obtiendra.

II. Celuy qui par bail fait à toujours, mais à vie & longues années, comme de trente ans, tient aucuns heritages est censé possesseur, & peut pour iceux former complaintes & intendits possessoirs contre toutes sortes de personnes.

III. Toutesfois si les années finies, le seigneur direct ou autre ayant de luy droit se remet en l'heritage, le preneur ne pourra former complaintes.

IV. Complaintes ne s'intentent pour meubles simples; & si en alienation d'iceux faite sans fraude & dol, n'a lieu benefice de restitution, ny action rescisoire.

V. Opposition à la jouissance de possession vaut trouble de fait.

CHAPITRE XVIII.

D'executions de Rentes & autres Poursuites.

I. LEs fruits d'une metairie peuvent pour les trescens, fermes ou rentes foncieres d'une ou plusieurs années estre arrestez & empeschez par le seigneur de ladite metairie, & tient ledit arrest & empeschement, jusques à plein payement desdits trescens, fermes & rentes.

II. Les fourages & pailles de la metairie peuvent par le seigneur d'icelle, estre arrestez & empeschez pour la nourriture du bestail de ladite metairie, & pour faire les fumiers, afin d'estre employez & convertis audit amandement & fumages des terres de ladite metairie; voire que ledit seigneur n'eust lettres, obligatoires expresses quant à ce; & si lesdits fruits pailles, fumiers & fourages estoient enlevez & transportez, ledit seigneur les pourra poursuivre & faire arrester, & sera preferé à tous autres.

III. Le fermier de la metairie est tenu engranger les moissons de ladite metairie en la grange d'icelle.

IV. Le conducteur du gagnage & metairie qui n'a de quoi, & louagier qui ne garnit l'hostel de biens meubles suffisans pour le payement de loyer de deux années, en peut estre expulsé & mis hors par le seigneur de l'hostel, par autorité de justice; ce qui a lieu contre le second conducteur ou louager.

V. On peut pour les droits seigneuriaux arrester les rentes, loyers, pensions des heritages redevables desdits droits.

VI. Tous achepteurs des biens de justice ou des biens vendus par authorité de justice, ou par tuteurs, esdits noms pour leurs mineurs aux plus offrans & derniers encherisseurs, sont tenus au payement par emprisonnement de leurs personnes & vente de leurs biens, sans solemnité pareillement, sans attendre le temps de dix-sept jours & nuits pour leurs deus propres, & pour lesquels ils se seroient faits & constituez achepteurs des biens de justice, sans ce qu'ils se puissent aider de cession; le mesme a lieu contre debteurs de deniers principaux.

VII. Le mort execute le vif, *non contrà*; c'est-à-dire, que les heritiers du creancier peuvent de plein vol faire executer le debteur du deffunt obligé par obligation en forme authentique ou sentence; ce que aussi peut faire l'executeur testamentaire, pour & jusques à la concurrence de ce à quoy monte l'accomplissement dudit testament: mais le creancier, ses heritiers ou executeurs du testament d'iceluy ne peuvent de plein sault faire executer les heritiers dudit debteur, & faut que les heritiers dudit debteur soient appellez, & contre eux, les obligations & sentences declarées executoires, comme elles eussent esté contre ledit defunt, & l'execution contre iceluy commencée declarée contre eux parachevable.

VIII. Que si la succession du debteur estoit jacente, & n'y avoit heritier apparent, il pourroit estre procedé par voye d'execution, ou arrest sur les biens meubles & fruits pendans par les racines delaissez par l'obligé.

IX. Quand le debteur par contrat, par escrit ou verbal, se trouve avoir biens suffisans pour payer le deub, le creancier pour ce qui est à payer discussion faite de son debteur, peut s'addresser au tiers detempteur des heritages que le debteur avoit lors du contrat, qui en sont tenus chacun à l'advenant de ce qu'ils ont desdits heritages.

X. Tous tenans prisons pour deniers, ont provision & delaissement de leurs personnes, en consignant le deub en deniers.

XI. Les biens pris par execution en vertu d'une cession & abandon de biens sur le debteur qui a fait ladite cession & abandon, doivent estre vendus à l'instant & incontinent au lieu accoustumé, sans garder aucune solennité de justice.

XII. Si celuy qui est debteur par contrat, soit par escrit, soit verbal, decede dedans ledit bailliage, le creancier peut faire proceder par voye d'arrest, empeschemens sur les quottes & advenances desdits absens ès biens du debteur trouvez audit bailliage; lequel arrest tient jusques au payement du deub pour la quotte desdits absens.

XIII. Le creancier qui a obligation par escrit est preferé à celuy qui a obligation verbale seulement; voire qu'il soit le premier en datte.

XIV. Des executions faites pour debtes par deux creanciers non privilegiez, celle qui est enlevée est preferée à celle qui n'est enlevée, & mesme aux arrests faits sur les biens du debteur qui n'auroient esté enlevez ou deplacez, ny regis sous les commissaires.

XV. Quand arrest sur arrest, saisie sur saisie, & execution sur execution sont faits, les derniers ne valent, n'estoit que les premiers eussent esté vuidez & terminez.

XVI. Une sentence donnée contre aucun ayant pris fait & cause en garandie d'un autre, est executée tant pour le principal que pour les despens, dommages & interests, tant contre celuy qui est condamné que contre celuy pour lequel il a pris la cause, diligence & discussion toutesfois faite contre le condamné, en ce qui touche lesdits despens, dommages & interests; car pour le principal l'on peut s'addresser de plein vol contre celuy duquel la cause a esté prise en garandie.

XVII. Un tavernier vendant & detaillant pain & vin, peut poursuivre un ou plusieurs personnes qui ont beu & mangé en sa maison, & de la despense qu'ils y auront faite, le tavernier ou sa femme est creu jusques à cinq sols, pourveu qu'il soit connu qu'ils y aient beu & mangé depuis six mois; & peut ledit tavernir gager en sa maison celuy ou ceux qui auront beu ou mangé, s'ils refusent.

XVIII. Ceux qui logent autruy en leurs maisons, sont tenus des redevances de tailles, frais & debtes de villes jettez sur lesdits logez, s'ils n'ont de quoy payer, & se prend-on à la demeurance, mesme pour les amendes non procedans du delit personnel.

CHAPITRE XIX.

Des Servitudes.

I. Si en terre commune, l'un des voisins edifie un mur ou parois, & l'autre voisin se veut aider dudit mur & parois, faire le peut, en payant la moitié *pro rata* de ce dont il se voudroit aider, & peut à ce estre empesché par celuy qui a edifié, jusques à ce qu'il ait payé.

II. En mur mitoyen ne loist à l'un ny à l'autre des voisins, mettre aucuns bois dans les cheminées.

III. Closture de meix & jardins se font à frais communs, & peuvent à ce faire se contraindre les voisins l'un l'autre; & si l'un d'iceux a seul fait faire lesdites clostures pour le refus ou delay dudit voisin de ce interpellé, en presence de deux tesmoins, il a action au payement de moitié de ladite closture, contre ledit voisin.

IV. Entre un four & un mur ou parois mitoyen, doit y avoir un pas d'espace pour obvier au danger du feu.

V. Murailles ou parois qui ne sont droits & pendent, se doivent redresser & faire aux despens de ceux à qui elles appartiennent, ou sont communes.

VI. Murailles & parois mitoyens, & faisant separation au bastiment, se doivent faire & entretenir aux frais communs.

VII. Celuy qui a droit & lumiere sur l'heritage d'autruy par fenestres ou ouvertures, doit tenir ses fenestres ou ouvertures barrées à barreaux de fer; de sorte qu'on ne puisse passer ny jetter aucunes choses, & y tenir verres dormans.

VIII. Quand aucun fait edifier & reparer en son heritage, & ne peut aucunement le faire commodement, le voisin est tenu luy porter patience à ce faire, en reparant & amendant hastivement par celuy qui edifie, ce qu'il a rompu, demoly, ou gasté audit voisin.

IX. Lors qu'entre deux heritages ou entre heritages & chemin y a fossé, celuy qui a de son costé le jet de la terre issue desdits fossez, est & demeure seigneur d'iceux fossez ; & si la terre est de part & d'autre, le fossé est commun.

X. Quand un heritage commun ne peut commodement estre divisé on est contraint de vendre ou chepter.

XI. Quand de l'arbre fruitier en jardin les branches s'estendent sur le jardin voisin, il loist au seigneur dudit jardin voisin les escuisser de quatorze pieds de hauteur, sans entrer toutesfois au jardin de son voisin pour le faire.

XII. Des fruits des branches estendues audit jardin, celuy qui nourrit l'arbre en prend les deux tiers, & le seigneur dudit jardin voisin l'autre, qui est tenu souffrir entrer en son jardin pour recueillir les fruits.

XIII. Pommiers & poiriers sauvages, non tenus en cloison, sont communs, & ne peut le seigneur du fonds ausquels ils ont pris racines & sont nourris, les dire ny les fruits y percreus, estre siens.

XIV. Il loist à un chacun esbrancher lesdits arbres percreus sur son fond, jusques à douze pieds de hauteur, & non plus.

XV. Il ne loist à aucun demembrer lesdits arbres sous pretexte de les anter, & ne peut aucun par tel avantage se les approprier ny les fruits en provenans ; & sont lesdits fruits, aussi les arbres communs.

XVI. Lors qu'il y a bled ou autres ahans ès lieux où sont lesdits arbres, il ne loist à aucun y aller hoscher, prendre, cueillir ou ramasser fruits que la depouille n'en soit enlevée, sous peine d'amende arbitraire, & des despens, dommages & interests de la partie interessée.

XVII. Le cas advenant qu'aucun desdits arbres soit abbatu, arraché, mutilé, ou esbranché autrement que dessus est dit, ou qu'ils fussent ouverts à l'escorce, ou autrement interessez ou deteriorez, le seigneur proprietaire du fond, sa femme ou gens de sa famille, & autres personnes qui seront soupçonnez de ce avoir fait directement ou indirectement, seront tenus s'en purger par serment, s'il est requis.

XVIII. Tous voisins en heritages peuvent estre contraints, en estant requis, planter bornes pour separation à frais communs, n'estoit qu'il y eust separation, contredisant ou empeschant, lequel paye les despens, si son empeschement n'est receu.

XIX. Il ne loist à aucun ayant estang ou cours d'eau pour moulin, forges ou autres choses semblables, endommager ou deteriorer le fond d'autruy, ny d'entreprendre sur iceluy sans permission du sieur dudit fond.

XX. Nul peut construire colombier sans permission de notre souverain seigneur, sinon le haut-justicier au lieu de sa haute justice.

XXI. Il est permis à un chacun faire voller sur le sien jusques à deux cens manottes.

CHAPITRE XX.

Des Pasturages & reprises d'iceux.

I. Tous prez sont en deffenses de pasturages, depuis le premier jour de Mars, jusques après les fumaisons, & ne loist à aucun faire pendant ledit temps pasturer, voire sur son propre pré, n'est qu'il soit clos de toutes parts, à peine d'amende.

II. Il ne loist mener aucuns pourceaux pasturer ès prez en quelque temps que ce soit, ny aucunes bestes es vignes, à peine de soixante sols d'amende & despens, dommages & interests.

III. Les habitans & communauté des lieux dudit bailliage ont droit de vaine pasture chacune à leur esgard, & respectivement sur les bancs joignans aux leurs jusques aux escarts des clochers, si clochers y a, sinon jusques au milieu du village ou cense, n'est qu'il y ait paction ou titre au contraire ; lequel droit n'a lieu ès pasturages des forests, vains ou gras, s'il n'y a titre, privilege, ou droit particulier au contraire.

IV. Communauté ayant usages en aucuns bois ou forests, ne peuvent mener leurs bestes ès mois deffendus, ny ès nouveaux taillis que cinq ans après la couppe d'iceux, jusques à ce qu'ils soient en recrueue deffensable, & qu'il en soit connu.

V. On ne peut avoir usage de bois de haute fustaye ou taillis, s'il n'est montré par titre ou possession immemoriale, ou que les usagers en payent redevance au seigneur.

VI. Les communautez doivent user de leurs bois pasquis & aisances communes en droit d'usage entre eux seulement, comme bons peres de famille, à peine de reglement & privation.

VII. Les communautez ne peuvent faire abbannis, mettre ban ny reglement à leurs bois & usages, sans l'autorité des seigneurs ou leurs mayeurs.

VIII. Ban mis par lesdites communautez sous l'autorité, ne peuvent estre enfraintes par les seigneurs hauts-justiciers ou l'un d'eux, à peine d'amende.

IX. Celuy qui est atteint d'avoir labouré les grands chemins, voyes, pasquis ou aisances de ville en leur longueur, & passé les bornes, l'amende est de soixante sols, comme aussi elle est arbitraire sur celuy qui arrache les bornes ; que s'il degaste les chemins en bouchant iceux, il sera tenu incontinent son labeur fait les reprendre & remarquer, à peine de l'amende.

X. Pour passer bornes d'entre son voisin & son champ en labourant, pourveu que ce ne soit malicieusement, l'amende n'est que de cinq sols.

XI. Le temps de gruir ès bois commence à la my Septembre, & dure jusques au my May, pendant lequel temps on ne peut mener porcs ny autres bestes esdits bois sans le congé du seigneur, à peine de confiscation desdits porcs, & le reste de l'année est tenu herbage.

XII. Accrues des bois joignans à bois ou forests ensuivent la nature & condition desdits bois pendant qu'ils sont en accrues.

XIII. Bestes trouvées pasturantes en lieu deffendu, peuvent estre reprises par toutes personnes ; voire par ceux ausquels il y a interest, & menées à la justice ou chez le poustarier accoustumé, au lieu de la reprise, & seront creus de la reprise par le serment ; ensemble du dommage n'excedant cinq sols, & s'ils ont recors non domestiques ny reprochez, ils seront creus de tout l'interest.

XIV. Quand oyes ou autres voltures sont trouvées en dommages, il est permis au seigneur auquel appartient l'heritage en tuer jusques à deux, & les laisser sur le lieu ou les jetter devant ledit heritage, ou s'il ne les veut tuer, les ramener en justice ; toutesfois les poulles, & chapons & poulets ne peuvent estre dits en dommage, pour estre permis en tuer, s'ils ne sont trouvez en mennage.

XV. Si une herde de bestes armelines, soure de porcs, ou troupeaux de bestes est repris sous un mesme paistre, il n'y a qu'une amende ; mais elle est arbitraire.

XVI. Depuis le premier jour du mois d'Avril, &

la saison que les fruits & les bleds sont en terre & non cueillis, il ne loist à aucun de mener aucunes bestes pasturer aux champs avant le point du jour levé, ou de les tenir après le jour couché, sur peine d'amende.

XVII. Le seigneur haut-justicier, moyen, bas ou foncier seul en la seigneurie qui commet le degast par son bestail en sadite seigneurie, & contrevient & enfreint les abbannis apposez par la communauté, le rapport s'en fera au mayeur de la justice dudit lieu; & neantmoins le gage pris, sera mené au lieu de Clermont au poustarier du lieu, sans prejudice de son droit de justice.

XVIII. Que s'ils sont plusieurs coseigneurs en une seigneurie, haute, moyenne & basse, ou fonciere, & l'un d'eux tombe en pareil degast, ledit rapport se fera à la justice ordinaire du lieu pour la conservation du droit de ses coseigneurs ausquels appartiendra l'amende; & neantmoins sera ledit gage mené comme dessus, sans prejudice de la jurisdiction desdits seigneurs, en cas que lesdits comparsonniers seroient negligens à luy faire payer l'amende, dommages & interests de la partie.

XIX. Que s'il n'y a gage pris pour le refus fait ou force de ceux qui font lesdits degasts, rapport s'en peut faire ès justices des lieux pour la conservation des droits & jurisdictions des justiciers, & neantmoins se fera pareil rapport audit Clermont, pour estre ledit seigneur poursuivy comme de delit personnel.

XX. Les nobles ou gentilshommes demeurans au lieu où il n'y a haute, moyenne & basse justice ou fonciere, appartenant ès vassaux, seront poursuivis pour les pareilles reprises faites sur eux ou leurs domestiques, pardevant le sieur bailly, & les gages sur eux repris menez audit poustarier dudit lieu: & sera tenu le repreneur bailler les assignations des reprises que dessus, qui seront valables.

XXI. Chacune communauté a droit d'en bannir & faire encherir pour l'aliment de leurs bestes trayans sans fraude, & sans empescher l'entrée de leurs bans & jouissance dudit droit de parcours à leurs voisins sur le reste dudit ban.

XXII. Amendes de reprises de ban, sont executoires sur les rapports, sauf à s'opposer.

XXIII. Tous maistres sont tenus de leurs serviteurs, servantes & domestiques pour faits communaux, comme reprises de bois, jardins, vignes, pois, febves, reprises & pasturages ès lieux deffendus, du bestail tué, meurtry ou mutilé, & autres semblables, portans dommages à ses voisins, mesme du crime perpetré par lesdits serviteurs ou domestiques si ledit maistre luy a donné occasion ou support, ou advertissement à ce faire, ou s'il le retient à son service, depuis qu'il en est deuement adverty pour luy donner faveur.

XXIV. Les vassaux, gentilshommes, ou personnes nobles, ne peuvent & ne leur loist achepter pour vendre ou prendre aucunes fermes, censes, laix, ou admodiation d'autruy, ny trafiquer, ny marchander directement ny indirectement; autrement, & où ils le feroient, ils sont de ce seul fait cotisables à toutes tailles, aydes, & subsides & sujets à toutes prestations de corvées avec les roturiers; toutesfois pourront tenir dixmes au village du lieu où ils sont demeurans, pour le destrait de leurs maisons.

CHAPITRE XXI.

Des Dixmes & Piedtoyeurs.

I. De jardinages & menages, clos & fermes, & de tous fruits & grains y concreus, n'est deu dixme, si donc ils n'estoient labourez avec la charrue.

II. Le seigneur dixmier ou son heritier est tenu presenter un ou plusieurs piedtoyeurs à la justice du lieu, & le fera recevoir avec la communauté; & icelle ouye, & en presence d'icelle en faire prendre le serment.

III. Le piedtoyeur receu & juré, comme dessus, peut se transporter sur les lieux des moissons, les gerbes liées, il peut prendre & emporter la dixme s'il ne trouve le laboureur present; que s'il trouve le laboureur present, il en fait de mesme en presence d'iceluy.

IV. Aussi si le laboureur a par soy ou autre lié sa moisson en gerbes, il peut voir que le piedtoyeur ne soit trouvé separer la dixme d'entre ses gerbes, & avant ce faire est tenu d'appeller par trois fois à haulte & intelligible voix le piedtoyeur ou dixmier; & dont il prendra attestation de ses filleurs ou voisins, s'il y en a, sinon pourra transporter ses gerbes sans attendre ledit dixmier ou piedtoyeur, & delaissant le droit de dixme sur le lieu, il fera du delaissement creu avec son serviteur seul, s'il n'y a que luy.

V. Les curez des lieux, ou à leur absence leurs vicaires, ont pour leurs deffruits, usages & bois, pasturer & recueillir des fruits sauvages avec les autres bourgeois, & sans que pour ce ils soient tenus contribuer aux frais & debits de ville.

VI. Les curez & leurs vicaires ne sont tenus en bannalité de four ny de moulin.

VII. Les eschevins & syndic d'Eglise parochiale, sont tenus par chacun an rendre compte de leur administration pardevant les gens de justice du lieu où les Eglises sont, en presence du curé ou son vicaire, où iceux deuement appellez.

Tous lesquels articles ont esté redigez par escrit par nous Bailly des estats du bailliage de Clermont, choisi & esleu à la redaction des Coustumes dudit bailliage, suivant les Lettres Patentes de notre souverain Seigneur, nous estant en la ville de Varennes le vingt-septiesme jour du mois de Decembre, & jusques au sixiesme jour du mois de Janvier dernier suivant; auquel jour aurions arresté nous trouver au chastel dudit Clermont le vingt-septiesme jour du mois de Janvier pour le vingt-huitiesme jour suivant en communiquer & avoir advis de M. le Procureur general audit bailliage, suivant l'edit de notre souverain Seigneur. Et estant audit lieu de Clermont, aurions audit sieur Procureur fait entendre notre desir estre d'avoir son advis sur chaque article dudit present cahier; & pour ce faire offert de luy communiquer, qui nous auroit fait response qu'il n'estoit besoin qu'il en communiquast avec nous, que nous pouvions escrire, clore & arrester notredite besongne iceluy signer, & mettre ès mains de M. le Lieutenant general, des mains duquel il en prendroit communication, & sur ce il en donneroit advis à notredit souverain Seigneur: & à cette occasion avons procedé à la closture & cloison desdits articles, & pour ce que dès que nous estions audit Varennes, nous avions par deux & diverses fois envoyé au greffier dudit bailliage, pour avoir copie du procès verbal portant l'eslection de notre charge & puissance de besongner audit cahier & articles, & que depuis notre arrivée à Clermont eussions envoyé par plusieurs & diverses fois, fait mesme requeste audit greffier qui seroit excusé, sur ce qu'il disoit ledit procès verbal n'estre au net; avons supplié le sieur Lieutenant general nous faire donner copie dudit procès verbal, pour nous en servir & avoir l'authorité de notre charge; lequel par son ordonnance nous auroit esté delivré ce jourd'huy vingt-huitiesme jour du mois de Janvier par sondit greffier en forme d'extrait de registre, contenant seulement notre eslection, charge & pouvoir, & par lequel ayant esté nommé & esleu: sçavoir pour l'estat ecclesiastique, venerable personne maistre Richard Chollet prestre, archidiacre de l'Eglise cathedrale de Notre-Dame de Verdun, curé Dispecourt & Gilvescourt: maistre Nicolas Menu prestre, doyen du doyenné dudit Clermont, curé dudit lieu, & religieuse personne frere Nicole Quentin prestre, prieur de Beauchamp. De l'estat de la Noblesse, honoré seigneur François du Hautay, chevalier seigneur de Mibescourt & Bulainville: François de Sainctignon, seigneur de Murcas & de Fromerville, & pair en l'Evesché du Comté de Verdun: & Simon de Rurecourt, seigneur de Ville sur Commune, & dudit Gilvescourt. Et dudit tiers estat, François le Moteur, lieutenant en la prevosté des Montignons: Jean Menu laboureur, demeurant à Brabant: Jean François praticien, demeurant à Montblainville: & Jean le Vaisson, greffier en la mairie & justice de Servon: Lesquels, suivant leur permission, ont choisi & esleu pour conseil les personnes, de maistre Jean Thomas, lieutenant audit bailliage: Jean de Landis, prevost de Varennes: & Girard Godier, avocat audit bailliage: lesquels desdits estats ayant volontairement accepté ladite charge, & par le pouvoir à eux donné desdits estats, ont conclud & arresté entre eux, que tous lesdits articles contenus audit present cahier sont ceux qu'ils ont tenus, & appris avoir esté coustumiers & pratiquez audit bailliage, & selon l'équité, profit & commodité publique, y ont suivant lesdites Patentes adjousté sous la correction & bon plaisir de notredit souverain Seigneur & excellence duquel ils supplient tres-humblement le vouloir recevoir & homologuer. Pour tesmoignage de quoy & chacun d'eux ont signé ces Presentes pour verification & approbation desdits articles, qui furent faits & passez, & concluds audit Clermont ledit jour vingt-huitiesme jour du mois de Janvier mil cinq cens soixante-onze, & le lendemain mis ès mains dudit sieur Lieutenant general, pour suivant lesdites Patentes de notredit Souverain, & ce y porté, feablement clos, & scellé à son Excellence, signé à l'original DU HAUTAY, DE SAINT IGNON, BARESCOURT, F. MOSTOUR, LESCUILLON, J. FRANÇOIS, & J. MENU: Et plus hault en marge aussi signé, R. CHOLLET, N. MENU, & F. M. QUENTIN.

TABLE
DES CHAPITRES DES COUTUMES
DE CLERMONT.

LISTE ALPHABETIQUE
DES LIEUX REGIS
PAR LA COUTUME DU BAILLIAGE de Clermont en Argonne.

AVERTISSEMENT.

L'Ancien Bailliage du Comté de Clermont en Argonne, tel qu'il subsistoit lors de sa suppression, par Edit du Roy Louis XIV. du mois de Janvier 1677. estoit composé des Prevostez de Clermont, Varennes & des Montignons, & encore de celle de Vienne-le-Chasteau, qui est une Baronnie.

Pour pouvoir distinguer ces lieux dans cette liste, on a mis la lettre C. à costé de ceux qui sont de la Prevosté de Clermont; la lettre V. à costé de ceux qui composent celle de Varennes; la lettre M. à costé de ceux qui dependent de celle dite des Montignons, dont le chef-lieu est Monzéville; & une étoile * à costé de ceux de la Baronnie de Vienne-le-Chasteau.

C. Aubréville, village.
C. Autrécourt, village & haute-justice.
C. Auzéville, village.

C. Beauchamp, Prieuré.
M. Berincourt, village.
C. Blercourt, village.
C. Brabant-sur-Cousance, village.
C. Braucourt, village.
C. Bulainville, haute-justice & village.
M. Butelainville, village.

V. Charpentry, village.
V. Cheppy sous Varennes, haute-justice & village.
M. Choiseul.
C. Clermont en Argonne, ville, Prevosté & chef-lieu du Comté Pairie.
M. Cumieres, haute-justice & village.

M. Favery, haute justice.
M. Fomereville, village.
M. Forges, village.
C. Froideau, village.
C. Futeau.

M. Germonville, village.
C. Gilvécourt, justice fonciere.

M. Haraucourt, haute-justice & village.
C. Herbelotte, hameau.
M. Hongneville.

C. Ippécourt, haute-justice & village.

C. Jubécourt, haute justice & village.

C. La Challade, Abbaye.
* La Noue de Beaumont, village ruiné.
C. La Noue S. Vanne, hameau près Parois.
C. Le bois Baschin, hameau.
C. Le Neuf Four, hameau.
V. Les Aillieux.
C. Les Islottes, grandes &

& petites, hameaux.

V. Montblaiville, village.
C. Montcels, haute-justice & hameau.
M. Monzéville.

V. Nantillois, village.
C. Neuvilliers, haute-justice & village,
C. Nixéville, village.
C. Nubécourt, haute-justice & village.

C. Parois, haute-justice & village.
C. Pimodan, haute-justice.

C. Recicourt, haute-justice & village.
V. Romagne, village près Montfaucon.

* Saint Thomas village, & le Prieuré dudit lieu qui a mairie fonciere.
* Servon, village.

V. Varennes, ville, chef-lieu de la Prevosté, & où est le siege du Bailliage de Clermont.
V. Vauquois, village.
V. Verry, village.
* Viesne-le-Chasteau, baronnie & bourg, chef-lieu de la Prevosté, avec les hameaux de la Placardelle, la Renade & le Rondchamp.
C. Ville-sur-Cousame, village.
C. Vraincourt, village justice fonciere.
C. Waly, haute-justice & village.

COUSTUMES ET USAGES GENERAUX DE LA SALLE, BAILLIAGE ET CHASTELLENIE DE LILLE.

1565. publiées en 1567.

HILIPPE par la grace de Dieu, Roy de Castille, de Leon, d'Arragon, de Navarre, de Naples, de Sicille, de Maillorques, de Sardine, des Isles, Indes & terre ferme de la Mer Occeane, Archiduc d'Austriche, Duc de Bourgongne, de Lothier, de Brabant, de Lembourg, de Luxembourg, de Gheldres & de Milan; Comte de Hasbourg, de Flandres, d'Hartois, de Bourgongne, Palatin de Haynault, de Hollande, de Zeelande, de Namur & de Zutphen, Prince de Zuawe, Marquis du S. Empire; Seigneur de Frise, de Salins, de Malines, des Cité, Villes & Pays d'Utrecht, d'Overissel & Groeninghe, & Dominateur en Asie & Afrique. A tous ceux qui ces presentes Lettres verront, Salut. Comme en l'an mil cinq cens trente-trois, à la requeste de nostre Procureur Fiscal en nostre Gouvernance & Chastellenie de Lille, & ensuivant les Edicts de feu l'Empereur mon Sieur & Pere, que Dieu absolve, publiez en l'an mil cinq cens trente-un, touchant les Coustumes de nos Pays de par deçà, Sa Majesté Imperiale eust commis & ordonné nostre Gouverneur de Lille ou son Lieutenant, & feu maistre Guillaume de Landas, en son vivant President de nos Comptes à Lille, pour pardevant eux, ou celuy d'eux qui pourroit mieux vacquer, appeller les Legistes & Practiciens de nostredite Gouvernance, ensemble les quatre Hauts-Justiciers, ceux des Loix des Villes privilegiées & ressortissans, & les Prelats & Colleges y estans, afin de par ensemble visiter & examiner toutes les Coustumes & Usances generales & particulieres de nostredite Chastellenie, & après qu'elles seroient accordées, arrestées & redigées par escrit; les renvoyer closes & seellées à feu la Royne douaygiere d'Hongrie & de Boheme nostre tante, lors Regente & Gouvernante de nos Pays de par deçà, ou à nos très-chers & feaux les Chef, President & Gens de nostre Privé Conseil, pour icelles Coustumes estre approuvées & confirmées ainsi que en raison seroit trouvé convenir. Et il soit, que lesdits Commis ensuivant ce, ayent fait convocquer pardevant eux par noms & surnoms la pluspart des Legistes & Practiciens, & les plus notables & estimez de nostredite Gouvernance de Lille, avec les Deputez des quatre Hauts-Justiciers, ceux des Loix & Villes privilegiées sortissans en ladite Gouvernance, & les Commis des Chapitres, Colleges, Cloistres & Abbayes, ensemble de divers Seigneurs de ladite Chastellenie. En la presence desquels, lesdits Commis ont fait visiter & examiner lesdites Coustumes & Usages generaux & particuliers de ladite Chastellenie: Et après information prinse sur aucunes difficultez & obscuritez trouvées ès Coustumes particulieres; icelles Coustumes & Usages ont esté accordez & arrestez, & le tout reduict en un volume à nous renvoyé. Sçavoir faisons que veu & visité en nostredit Privé Conseil le cayer contenant lesdites Coustumes & Usances, & tous & chacuns les points

& articles y contenus meurement pesez : Par l'advis & deliberation de nostre très-chere & très-amée sœur la Duchesse de Parme & de Plaisance, pour nous Regente & Gouvernante de tous nos Pays de par deçà, & desdits Chef, President & Gens de nostredit Privé Conseil : Avons de nostre certaine science, auctorité & pleine puissance, declaré, ordonné, statué & decreté, declarons, ordonnons, statuons & decretons par ces presentes ; Que d'oresenavant l'on gardera, observera & entretiendra en nostre Salle, Bailliage & Chastellenie de Lille pour Coustumes & Usages generaux & particuliers d'icelles, les poincts & articles qui s'ensuivent.

CHAPITRE PREMIER.

De la Jurisdiction, Droicts & Auctoritez des Hauts-Justiciers, Seigneurs Vicomtiers & Fonciers.

ARTICLE PREMIER.

AUx hauts-Justiciers par prevention compete & appartient, pardevant hommes feodaux, la cognoissance des abus de loy, faicts & commis par leurs eschevins ou juges, & les gens de Justice de leurs vassaux.

II. Ausdits hauts-Justiciers compete & appartient de par leur Justice, faire visiter & lever corps morts noyez, desesperez ou occis sur le camp, & à nuls autres, à peril de commettre abus, & pour iceluy fourfaire l'amende de soixante livres, au profit desdits hauts-Justiciers.

III. Lesdits hauts-Justiciers peuvent avoir Justice patibulaire à trois pilliers, & par leur Justice imposer aux malfaicteurs peines du dernier supplice, par l'espée, feu, corde, fustigation, pilorisation, bannissement & autrement, selon l'exigence des cas & mesus.

IV. Lesdits hauts-Justiciers peuvent faire par leurs Baillifs, Lieutenans & hommes feodaux pour cas d'homicides advenus en leurs terres & seigneurie, après information tenue, ou verité especiale, proceder à appeaux contre les delinquans, & par contumace les bannir de leursdites terres & seigneuries, appartenances & appendances. Et si les delinquans obtiennent lettres de remission, lesdits seigneurs, leurs Baillifs ou Lieutenans, se peuvent opposer, afin d'estre payez des droicts & salaires deuz & encouruz à cause desdits appeaux, defaux & bannissemens ensuivis, qui leur font (en cas d'interinement) à adjuger ; & payer auparavant que tels impetrans soient delivrez de prison.

V. Par l'usage, afin de deuement proceder ausdits appeaux & bannissemens, est requis que lesdits seigneurs, leurs Bailifs ou Lieutenans se fondent en plainte, & doivent semondre lesdits hommes de fief, afin d'avoir ladite verité especiale adjugée sur l'advenue dudit homicide, qui se faict par lesdits hommes feodaux, en ordonnant de faire adjourner les tesmoings pardevant eux, pour estre oys sur la verité d'iceluy cas. Laquelle verité tenue, lesdits hommes de fiefs, sur la requeste & semonces desdits seigneurs, Baillifs, Lieutenans, ordonnent ausdits seigneurs, Baillifs, Lieutenans ou sergens, soy transporter par jour solennel au lieu dudit homicide commis, & après en l'Eglise parochialle ou cimetiere dudit lieu, & illec rappeller publiquement le delinquant à comparoir le tiers jour ensuivant, au lieu plaidoyable desdites seigneuries, auquel tiers jour après que lesdits seigneurs, Baillifs ou Lieutenans, se sont presentez contre ledit delinquant & le calengé afin de bannissement, s'il ne compare, lesdits hommes de fiefs à la somme que dessus accordent default, ordonnant ausdits seigneurs, Baillifs, Lieutenans ou sergent, soy transporter de rechef, & appeller le delinquant ès lieux dessusdits par jour solennel, en le r'adjournant au tiers jour ensuivant. Auquel jour si iceluy delinquant ne compare, lesdits hommes à ladite semonce accordent second deffault, ordonnant iterativement faire tels appeaux & devoirs que dessus. Que lors si ledit delinquant ne compare, iceux hommes baillent default troisiesme le deboutant de defenses, en ordonnant lesdits seigneurs, Baillifs ou Lieutenans à preuve, & ladite verité pour preuve employée, si iceluy delinquant est attainct, & que la matiere y soit disposée, lesdits hommes de fiefs bannissent iceluy delinquant desdites seigneuries, appartenances & appendances, lequel bannissement se publie au lieu accoustumé.

VI. Par la Coustume, à un seigneur vicomtier appartient par sa Justice, la correction & punition des larrons, & iceux faire executer par la corde à une fourche à deux pilliers, ou autrement punir selon raison.

VII. Aux seigneurs hauts-Justiciers ou vicomtiers appartient l'amende de soixante sols, pour le sang & autres amendes, & en dessouz pour sombres cops, lesquelles amendes ils poursuivent par prinse de corps des delinquans en present mesfaict ou information precedente, & provision sur icelle baillée par leur Justice.

VIII. Aux hauts-Justiciers & vicomtiers, compete & appartient de faire publier les bans de Mars & Aoust, après que lesdits bans à leur requeste, ou de leur bailly ou lieutenant, ont esté adjugez par leur Justice, & prendre & avoir après lesdits bans publiez ès lieux ordinaires & accoustumez les amendes de soixante sols, & en dessouz indictes par lesdits bans.

IX. Quiconque pesche ès eauves, viviers, estangs & fossez desdits seigneurs hauts-Justiciers, vicomtiers ou d'autruy, en leur seigneurie, fourfaict vers lesdits seigneurs de jour, l'amende de soixante sols, & de nuict faict à punir comme larron.

X. L'on ne peut jouer aux dez & autres jeux defendus, ne tenir brelencq, sur peril d'encourir vers lesdits seigneurs, ayans haute-Justice ou vicomtiere, l'amende de soixante sols, tant par chacun jouant que ceux qui tiennent & souffrent ledit jeu en leurs maisons ; aussi que lesdits hauts-Justiciers & vicomtiers ou leurs officiers, ne pourront consentir que l'on puisse jouer ausdits jeux defendus, en prenant argent pour ledit consentement.

XI. L'on ne peut rouyt lin en l'eauve d'autruy sans son gré, à peril de soixante sols d'amende vers lesdicts hauts Justiciers ou vicomtiers, & de reparer le dommage.

XII. Si aucun s'advance de son auctorité privée de fouyr à trois pieds près d'une bonne, il fourfaict vers lesdits seigneurs hauts-Justiciers ou vicomtiers l'amende de soixante sols, & s'il le faict de nuict est reputé larron.

XIII. Lesdits seigneurs hauts-Justiciers & vicomtiers sortissans au Bailliage de Lille, ne peuvent faire adjuger & publier en leurs terres & seigneuries les bans de Mars & d'Aoust, que preallablement ils n'ayent esté adjugez en la salle dudit Lille.

XIV. Ausdits seigneurs appartient l'amende de soixante sols pour infraction de la main de Justice, en laquelle amende encourrent les infracteurs, & en reparation du lieu.

XV. Semblablement compete ausdits hauts-Justiciers ou vicomtiers l'amende de soixante sols de folles appellations interjectées de leur Justice, & aussi des fols jugez faicts par les Justices de leurs vassaux par eux reformez.

XVI. Un cabartier, hoste ou autre vendant boire à debit, ne peut avoir pots en sa maison & cabaret, qu'ils ne soient de gauge & grandeur suffisante, à peril d'encourir au profit desdits seigneurs ayant haute-Justice ou vicomtiere, l'amende de soixante sols pour chacun pot, & avoir lesdits pots cassez & rompus. Et s'il y avoit plusieurs pots prins pour une fois, y chet seulement salaire d'une prinse, & droict d'un renvoy si requis est.

XVII. Ausdits seigneurs hauts-Justiciers ou vicomtiers, competent & appartiennent (s'il n'appert du contraire) tous les chemins, frons, flegards, flots & rejects, & les arbres ou plantins croissans sur iceux, estans & abondans contre & à l'endroit de leurs fiefs & seigneuries, ou des heritages tenus de leursdites seigneuries. Et s'ils marchissent & abordent à deux & diverses seigneuries, ils competent à tels seigneurs chacun par moitié, aussi avant qu'ils sont abordans à leursdites seigneuries ou heritages tenus d'icelles. Et ne peut l'on fouir sur iceux, ny sur le gros des fiefs desdits seigneurs, copper, abbatre, ou espinchier lesdits arbres & plantins sans congé & licence de tels seigneurs, leurs Baillifs ou Lieutenans, sur peine de fourfaire l'amende de soixante sols, & de reparer le lieu & dommage. En ce non compris les chemins Royaux qui appartiennent au Comte de Flandres.

XVIII. Lesdits hauts-Justiciers où seigneurs vicomtiers, leurs Baillifs, Lieutenans & sergens, ne peuvent proceder à la prinse des delinquans, n'est par l'une des trois voyes. A sçavoir, present mesfait, information precedente & provision sur icelle, ou par partie formée.

XIX. Iceux hauts-Justiciers & seigneurs vicomtiers, leurs Baillifs ou Lieutenans, peuvent par leur Justice faire adjuger veritez generales une fois l'an en leurs terres & seigneuries, & de trois ans en trois ans, ès terres & seigneuries de leurs vassaux & inferieurs, pour les delicts & cas criminels ou civils y advenus, après icelles veritez publiez en l'Eglise ou Eglises parochiales où leursdites seigneuries sont scituées & s'extendent, par jour de Dimanche, ou autres festes solennelles, à heure de grand messe, faire tenir par leurdicte justice lesdites veritez aux jours assignez, & lieux accoustumez. Ausquelles veritez les manans & habitans esdites seigneuries de franche & libre condition, sont tenus comparoir: & s'ils defaillent, sauf leale ensongne ou congé, chacun defaillant fourfaict vers lesdits seigneurs l'amende de soixante sols: Et neantmoins sont tenus les comparans dire la verité par serment, des cas & amendes qu'ils sçavent estre advenus esdites seigneuries, depuis la verité precedente. Et leurs depositions redigées par escript par ladite justice closes & seellées, rapporter au prochain jour des plais, ou autre jour assigné, & icelle ouverture par ladite justice ceux qui sont trouvez deuement attains d'avoir forfaict aucunes amendes sont à condamner en icelles, & lesdits deffaillans chacun en soixante sols, lesquels condamnez sont neantmoins receuz à opposition en baillant caution, auquel cas lesdits Seigneur, Baillifs ou Lieutenans sont tenuz calenger lesdits opposans. Et au regard de ceux attains de crime, provision faict à bailler de les prendre & apprehender au corps. Et quant aux homicides de les prendre ou appeller.

XX. Par l'usage, si pour aucunes amendes forfaictes, les Seigneurs superieurs ou officiers du Bailliage dudit Lille, previennent en prinse ou attrayent aucuns delinquans attains par veritez d'eux tenues, lesdits hauts Justiciers & Vicomtiers sous la seigneurie desquels telles amendes sont forfaictes, peuvent requerir le renvoy en dedans l'heure de tiers jour, en payant droict de prinse & information: lequel renvoy faict à accorder, toutesfois pour amendes de sang, ou sombres cops, les Seigneurs superieurs ne sont tenus faire ledit renvoy, ains ont lesdits Seigneurs droict de pareilles amendes, tant ceux en la seigneurie desquels lesdites amendes ont esté forfaictes, que leurs superieurs, & faire proceder par leur justice, pour avoir chacun pareille amende. N'est que lesdites amendes ayent esté engagées au Seigneur, son Bailly ou Lieutenant, sous qui elles seroient forfaictes, & lesdits engagemens signifiez ausdits superieurs avant prinse, en payant droict d'information si avant qu'elles seroient tenues au jour de ladicte signification, auquel cas lesdits superieurs sont tenus cesser.

XXI. Et pour autres delicts & crimes desquels lesdits hauts Justiciers, ou Vicomtiers, sont fondez de jurisdiction, le renvoy leur est deu s'ils le requierent, quand les Seigneurs superieurs ont prevenu les delinquans: ne fust que lesdits delinquans eussent deffendu peremptoirement pardevant eux.

XXII. Lesdits hauts Justiciers & Vicomtiers ont pardevant leurs hommes feodaux la cognoissance en cas d'appel des sentences diffinitives, ou appoinctemens interlocutoires rendus & prononcez par leurs Eschevins ou Juges cottiers: si avant que les interlocutoires ne soient reparables en diffinitive, & autrement non. Et si les appellans relievent leurdict appel pardevant la justice superieure, & que lesdits Seigneurs demandent le renvoy, les appellez (eux à ce r'advouans) tel renvoy leur est deu.

XXIII. Ausdits hauts Justiciers & Vicomtiers est deu le renvoy en action personnelle de leurs hostes & tenans adjournez ou attraicts en siege superieur, s'ils y r'advouent. N'est que lesdits adjournez soient convenuz par cognoistre ou nier lettres, instrumens, ou cedules: ou que le demandeur se soit rapporté de ses faits au serment desdits adjournez, esquels cas renvoy n'est deu si lesdits Seigneurs ne sont à ces fins privilegez ou en possession immemoriale, au contraire.

XXIV. Des causes & matieres reelles & de mises de faict, renvoy est aussi deu, les deffendeurs r'advouans pour les biens fiefs & heritages situez en la jurisdiction desdits Seigneurs. Pourveu que toutes les parties apprehendées ou contenues en ladite demande, soient tenues d'un mesme Seigneur, requerant ledit renvoy mediatement ou immediatement. Et où il y a tenement de divers Seigneurs, ou que lesdites mises de faict, se font pour seureté de rentes, heritieres ou viageres, ledict renvoy n'est deu.

XXV. Par la coustume, ausdits hauts Justiciers, & Vicomtiers compete & appartient l'avoir de bastard, biens espaves, ou estrayers, estans & trouvez ès termes de leurs seigneuries, tant meubles que fiefs & heritages.

XXVI. Par l'usage, lesdits hauts Justiciers & Vicomtiers, pour avoir & apprehender lesdits biens delaissez de bastard, peuvent & doivent par leur justice faire saisir iceux biens, par plainte à loy, en y observant les debvoirs en tel cas requis & accoustumez.

XXVII. Et quant ausdits biens espaves ou estrayers, après qu'ils sont saisis, convient faire publication ès trois Eglises parrochiales prochaines du lieu où ils sont trouvez à heure de grand' Messe, par un jour de Dimanche, à fin que si aucun les veut dire siens, il compare à certain jour assigné, & obtenir les heures du premier, second, tiers & quart jour de quinzaine en quinzaine. Pendant lequel temps s'aucun compare en faisant apparoir que lesdits biens espaves ou estrayers luy appartiennent, sont à rendre en payant la nourriture, droits & despens de Justice. Et se personne ne compare, lesdits biens sont à adjuger ausdits justiciers & Viscontiers respectivement.

XXVIII. Par la coustume, si aucuns éeps ou mouches à miel s'envollent hors de leurs vaisseaux, & se asseent sous la jurisdiction d'un haut Justicier ou Vicomtier, sans estre poursuivis par iceluy à qui ils appartenoient, la moitié d'iceux éeps appartient à celuy qui les trouve, en le signifiant (avant les lever) audit Seigneur ou ses officiers, auquel l'autre moitié appartient. Mais s'ils sont levez avant ladite signification, iceux appartiennent entierement à iceluy Seigneur.

XXIX. Un Seigneur haut Justicier ou Vicomtier, ayant tous les heritages, ou la pluspart d'iceux abordans au cimetiere de l'Eglise parrochiale estans de son gros de fief, ou tenus d'iceluy, est reputé Seigneur temporel & fondateur de ladite Eglise, s'il n'appert du contraire. Auquel Seigneur son Bailly ou Lieutenant, appartient de par l'advis du Curé ou vicegerent & parrochiens, creer & instituer Clerc parrochial, Ministres, marglifeurs & charitables des pauvres, les deporter & instituer autres, ouyr les comptes qu'ils rendent de leur administration, les signer, aller à la procession, portant blanche verge par sondict Bailly ou Lieutenant, en signe de seigneurie, de faire maintenir la dedicasse d'icelle Eglise & paroisse, y faire danser & menestrauder, donner espinette, rose ou joyaux. Et à toutes autres auctoritez, & preeminences temporelles en icelle Eglise. Mesmes d'estre present, son Bailly ou Lieutenant à l'assiette & recollement des aides que nous sont accordés.

XXX. Lesdites hauts Justiciers, ou Vicomtiers, par leurs loix & justices, peuvent faire vendre, crier & subhaster par decret & execution de justice, les profits & revenus de cent ans & un jour des fiefs & heritages tenus d'eux ou dependans, en y gardant & observant les devoirs en tel cas requis. Et ne peuvent vendre le fonds & proprieté d'iceux fiefs, & heritages, n'est qu'à cette fin ils soyent par exprès rapportez & hostigiez.

XXXI. Es seigneuries des hauts justiciers & vicomtiers, l'on ne peut proceder par arrest de corps pour debtes particulieres, s'ils ne sont à ces fins privilegez.

XXXII. A un seigneur foncier appartiennent les amendes de cinq sols fourfaictes sur son fief & heritages tenus d'iceluy. Et pour l'infraction de la main de sa justice l'amende de soixante sols.

XXXIII. Pour deuement tenir plaids, & faire autres œuvres de loy, est requis d'avec le seigneur, Bailly ou Lieutenant avoir trois de ses hommes feodaux, quatre eschevins ou trois juges respectivement, ou en default de les avoir, les emprunter de son superieur. A peril que lesdits œuvres de loy sont abusives, & les plaids chéent vagues & interrupts. Et pour remettre lesdits plaids en loy, convient obtenir de notre gouverneur de Lille ou son lieutenant, commission en forme deue.

XXXIV. Un seigneur ayant justice de vicomte, & commencement d'hommes, en peut créer heritablement ou viagerement autres en tel nombre que bon luy semble, souz son sceau, & donner en accroissement d'hommes ou de rente, & à tenir de luy, jusqu'au tiers de son chef, tant en gros, rentes seigneurialles, que les rejects, flegars & chemins ou plantins y croissans estans de sondit fief, & eriger terres renteuses en fief, & s'il n'a commencement d'hommes, peut donner jusques au tiers à tenir de luy en rente seulement.

XXXV. Tous fiefs sont chargez à la mort de l'heritier vers les seigneurs, dont ils sont immediatement tenus, de dix livres de relief, ou de trois années, l'une au choix du relevant, s'il n'appert du contraire. Et convient après le trespas de l'heritier payer ledit relief endedans quarante jours ensuivans ledit trespas, à peine d'encourir l'amende de soixante sols.

XXXVI. Par usage tel seigneur, Bailly ou Lieutenant, après lesdits quarante jours, & endedans l'an dudit trespas, se peut fonder en plaincte pardevant ses hommes feodaux, & faire saisir lesdits fiefs. Afin d'avoir sur iceux proficts & revenus en procedans ledit droict de relief, & ladite amende de soixante sols. Et en cas de non comparition après avoir obtenu l'heure de quart jour, luy faict sa demande à adjuger, & ses loix, en faisant apparoir dudit trespas. Et ledit an passé, iceluy seigneur n'est recevable pretendre ladite amende. Et ne peut l'heritier avoir main-levée durant le litige. N'est en payant ou namptissant ledit relief, & baillant caution pour ladite amende.

XXXVII. Par la coustume, après qu'un fief a esté un an sans estre relevé, le seigneur, son Bailly ou Lieutenant dont ledit fief est tenu peut faire plaincte & saisir iceluy fief pour avoir la jouyssance d'iceluy jusqu'à tant qu'il sera relevé, & après ledit relief faict, autant de temps que paravant ladite saisine il auroit esté sans estre relevé. Laquelle jouyssance en observant les devoirs judiciaires, luy faict à adjuger, sans estre tenu de rendre aucun compte, au profit de l'heritier : lequel seigneur ne peut prescrire le fond & proprieté d'iceluy fief, & demeure l'heritier entier, de le relever pour en jouyr après le terme expiré de la jouyssance acquise par ledit seigneur.

XXXVIII. Tous heritages cottiers, & renteux sont chargez de double rente de relief à la mort de l'heritier, s'il n'appert du contraire, vers les seigneurs dont ils sont tenus : & ainsi le convient payer endedans sept jours & sept nuicts ensuyvans ledit trespas, à peril de soixante sols d'amende. Et après iceluy seigneur son Bailly ou Lieutenant se peut endedans l'an dudit trespas fonder en plaincte, & faire saisir tels heritages, profits & revenus, pour avoir lesdits relief, & amende. Ce que luy faict à adjuger, avec les loix, les devoirs judiciaires gardez, en faisant apparoir dudit trespas. Et ledit an revolu iceluy seigneur n'est recevable pour ladite amende, & n'a l'heritier main-levée, durant le litige, s'il ne paye ou namptit ledit relief, & baille caution pour ladite amende.

XXXIX. Les Eglises, Monasteres, Hospitaux, Communautez, & autres Colleges, sont tenus bailler & livrer pour les fiefs & heritages cottiers à eux appartenans, aux seigneurs de qui lesdits fiefs & heritages sont tenus, homme vivant & mourant, par le trespas duquel ledit relief est deu, & poursuivable comme dessus, & de bailler responsible pour servir en Court. Le tout s'il n'appert d'exemption contraire.

XL. Le seigneur feodal avant avoir receu les rapports de ses vassaux & hommages feodaux, peut par son Bailly ou Lieutenant à l'enseignement de sa loy, sommer & signifier à sesdits hommes, que endedans quarante jours ensuyvans ils luy facent hommage & serment de fidelité au chef lieu de sa seigneurie. N'est que paravant il eust esté faict à son predecesseur. Et après lesdits quarante jours, ledit seigneur, Bailly ou son Lieutenant peut par plainte & enseignement de loy, saisir les fiefs des defaillans pour avoir l'amende de soixante sols, ou autre accoustumée en tel cas : & qu'ils soient regiz & gouvernez soubs sa main, jusques à ce que lesdits feodaux, ou procureurs pour eux specialement fondez, ayent faict lesdits hommage, & serment de fidelité, & après les devoirs judiciaires gardez, luy faict sa demande à adjuger. Neantmoins en payant ladite amende, faisant hommage & serment de fidelité, ils ont main-levée de leursdits fiefs, & est ledit seigneur, son Bailly ou Lieutenant, tenu leur rendre compte & reliqua des fruicts & revenus receuz, en deduisant seulement les mises de justice, & despens raisonnables.

XLI. Tous hommes feodaux sont tenus de faire rapport & denombrement de leurs fiefs, grandeur & extendue d'iceux aux seigneurs de qui ils tiennent lesdits fiefs, endedans quarante jours ensuivans l'adjudication desdits rapports & publication faicte par jour de Dimanche ou autre jour solennel en l'Eglise ou Eglises parochiales, la où les gros desdits fiefs sont gisans, à peril de soixante sols d'amende. N'est qu'à tels seigneurs ils eussent paravant baillé rapport & denombrement, comme aussi sont tenus ce faire les nouveaux heritiers de fiefs quand ils en sont sommez judiciairement endedans le temps & à tels perils que dessus. Et lesdits quarante jours passez, lesdits seigneurs, Baillifs ou Lieutenans peuvent par plainte & enseignement de loy, saisir les fiefs des deffaillans pour avoir ladite amende, & qu'ils soient regiz & gouvernez souz leurs mains jusqu'à ce qu'ils ayent faict lesdits rapports & denombremens, & après les devoirs judiciaires gardez, font leurs demandes à adjuger. Et en baillant lesdits rapports, & payant icelle amende ont main levée desdits fiefs, & sont lesdits seigneurs, Baillis, ou Lieutenans tenus leur rendre compte & reliqua des fruicts par eux perceuz, en defalquant les mises de Justice, & despens raisonnables.

XLII. Lesdits seigneurs, Baillifs ou Lieutenans, ayans receu tels rapports & denombremens, sont tenus endedans quarante jours ensuivans les debattre & contredire, ou bailler lettres de recepissé, si requis en sont. Et après lesdits quarante jours passez, sans avoir baillé contredict, tels rapports sont tenus pour acceptez, & suivant ce le Seigneur est tenu de bailler son recepissé.

XLIII. Les heritiers de terres cottiers ne sont tenus faire aucun rapport & denombrement aux seigneurs, dont elles sont tenues, n'est en vertu de nos lettres patentes à ces fins de nous obtenues comme Comte de Flandres.

XLIV. Tous heritiers feodaux, ou rentiers sont tenus de servir en cour de leurs seigneurs, avec leurs pers & compagnons, quand judiciairement ils en sont sommez & requis, à peril d'encourir l'amende de soixante sols, s'ils n'ont commis responsibles. Lesquels responsibles sommez & requis judiciairement, en cas de deffaut enchéent en pareille amende. Laquelle le seigneur, son Bailly ou Lieutenant peut poursuivre par plaincte à loy & saisine desdits fiefs, & heritages cottiers, proffits & revenus en procedans, y observant lesdits devoirs judiciaires.

XLV. Pour avoir payement par un seigneur ayant haute Justice, Vicomtiere, fonciere de ses rentes seigneurialles, est requis faire publier par jour de Dimanche, ou autre jour solennel à heure de grand Messe. Et en après tenir par luy ou son receveur, son siege au jour limité, & lieu accoustumé. Et si aucuns sont en faute de payement, iceluy seigneur, Bailly, Lieutenant ou receveur, se peut fonder en plaincte pardevant ses Eschevins, ou Juges cottiers, en remonstrant ladite deffaute, requerant les heritages chargez desdites rentes, estre saisis pour avoir ledit payement, ou en faute de ce, retraicts & reincorporés à la table & domaine dudit seigneur. Et après les saisines, deffences, adjournemens, & sceultes fais en la maniere accoustumée, au jour assigné, relation faite des devoirs susdits, conclusions pertinentes prinses, en cas de non comparition, se adjugent de quinzaine en quinzaine les heures de premier, second, tiers jour, après heure d'estoilles gardée, & quart jour : Que lors après avoir remonstré par ledit seigneur, son Bailly, ou Lieutenant, ausdits Eschevins, ou Juges, lesdits devoirs, est tenu derechef soy fonder en plaincte, sur lesdits heritages, aux fins que dessus, & les saisine, deffences, adjournemens, & sceute fais, de ce jour en quarante jours, audit seigneur, son Bailly, ou Lieutenant font à adjuger de quarante jours en quarante jours les heures de premier, second, tiers après heure d'estoilles gardée, & quarte quarantaine, & lors rafraischir lesdites procedures, surquoy lesdits Eschevins ou Juges declarent n'en pouvoir plus cognoistre, remettant le surplus pardevant les hommes de fiefs dudit seigneur, ou de son seigneur immediat. Pardevant lesquels relation faicte desdits devoirs de Justice, il se doit fonder en plaincte, & & après les saisine, deffences, adjournemens & sceute, jour est assigné de ce jour en un an pour voir lever la palée, & vuason, & reincorporer lesdits heritages au gros du fief dudit seigneur. Auquel jour relation faicte desdits devoirs, faict à adjuger advancement de l'heure, en declarant lesdits heritages, estre reincorporez, reunis & retraicts à la table & domaine dudit seigneur foncierement à tousjours. Et ce faict, ledit seigneur, Bailly, ou Lieutenant, est tenu soy transporter sur lesdits heritages, presens lesdits hommes de fiefs, & lever la palée & vuason en reincorporant iceux au gros dudit fief. Et lesdits devoirs fais, gardez & entretenus, sans quelque interruption, les heritiers en sont à tousjours privez & deboutez. Et ne peuvent lesdits heritiers constant lesdites procedures, après l'heure de tiers jour adjugée, avoir main-levée, & estre receus à opposition. N'est en namptissant les arrerages desdites rentes seigneurialles pretendues & les loix encourues, mais paravant ladite heure de tiers jour, sont receus à opposition en baillant caution.

XLVI. Le seigneur peut, si bon luy semble, en delaissant ladite forme de retraicte, proceder ou faire proceder, pour rentes seigneuriales non payées, sur les heritages chargez desdites rentes pour en avoir la jouyssance selon la teneur des lettres-patentes sur ce despeschées, & pour à ce parvenir ledit seigneur, son Bailly ou Lieutenant, après ledit siege publié & tenu, se peut fonder en plaincte & faire saisir par sa justice iceulx heritages, & les proffits & revenus en procedans, pour avoir la jouissance desdits proffits & revenus, tant & jusques à ce que les heritiers desdits heritages, leur censier, ou commis, au nom d'eux, ayent fourny aux arrerages desdites rentes : laquelle jouissance au bout desdites quatre-quinzaines sur ce entretenues à heure de plais, sans garder à la troisiesme-quinzaine heure d'estoilles, faict à adjuger audit seigneur, son Bailly ou Lieutenant. Sauf que l'effect de ladite adjudication est tenu en surceance jusques à autre quinzaine ensuivant, pour faire payement desdites rentes : & doivent lesdits heritiers estre receuz à opposition, & avoir main-levée, en namptissant. Et si est ledit seigneur tenu, soy departir de la jouissance, quand lesdits heritiers veulent faire payement desdits arrerages, & rendre compte & reliqua de tout ce qu'il a receu. En rabbattant seulement lesdits arrerages de rentes escheus au jour de ladite poursuitte, & depuis, ensemble ses loix, & despens judiciaires. Et peuvent les censiers desdits heritages saisis avoir main-levée des adveſtures & les deſpouiller en baillant caution ſuffiſante, de fournir le deu de leurs cenſes & rendages, à faict qu'ils eſcherront ès mains dudict ſeigneur, ſi avant que l'adjudication de ladicte jouiſſance luy eſt accordée & les cenſes finies, ledit ſeigneur ayant ladite jouiſſance peut bailler leſdits heritages à nouvelle cenſe pour un terme competent, & ſans fraude. Laquelle cenſe iceux heritiers, après qu'ils ſeront rentrez en la jouiſſance deſdits heritages, ſont tenus entretenir ſans pouvoir par tel ſeigneur ou ſes officiers, durant ladite jouiſſance, toucher aux bois montans, meubles, & catheux eſtans ſur iceux heritages. Sauf ès eſpinchures & coppes ordinaires ſi avant que happe, & ferment, ont accouſtumé y avoir cours.

XLVII. Quand un Seigneur, ſon Bailly, Lieutenant, ou receveur, procede par plainĉte à loy & ſaiſines des heritages tenus de tel Seigneur pour avoir payement de pluſieurs années de rentes ſeigneuriales excedans trois années, l'heritier (s'il conclud à ces fins) fait à declarer quicte (*a*), en payant ſeulement leſdits trois années deues au jour de ladite plainte, & les loix encourues.

XLVIII. Ledit ſeigneur, ſon Bailly, Lieutenant ou recepveur, n'eſt recevable de pourſuivir le payement deſdites rentes par action perſonnelle ou poſſeſſoire, contre ſes rentiers & tenans, n'eſt qu'ils les ayent promis payer.

XLIX. Tous ſeigneurs ont à la vente, don ou tranſport des fiefs & heritages cottiers, qui ſont tenus d'eux, droict ſeigneurial tel que du dixieſme denier, du pris des ventes, à la charge du vendeur. N'eſt que leſdites ventes ſoient faites franc argent. Auquel cas ledit droict ſe prend à la charge de l'achepteur, enſemble droict d'affranchiſſement, qui eſt le dixieſme dudit droict ſeigneurial. Et en dons, ou tranſports, le dixieſme de la valeur & eſtimation, après qu'ils ſont realiſez. N'eſt qu'il appere particulierement du contraire.

L. Quand fiefs ou heritages cottiers ſont vendus ou donnez ſous faculté de rachat accordée en faiſant ladite vente ou donation, eſt deu ledit droict ſeigneurial, en cas de realization. Mais ſi le vendeur rachate iceux fiefs ou heritages en dedans le temps de ladite faculté, n'eſt deu droict ſeigneurial pour ledit rachapt.

LI. Si fiefs ou heritages ſont donnez en mariage, par pere ou mere à leurs enfans, ou par autres à leurs heritiers apparens en ligne directe, tels donataires ne ſont tenus en faire apprehenſion réelle, ne payer droict ſeigneurial. Ains les peuvent relever à tiltre univerſel.

LII. Pour ventes faites par decret & execution de Juſtice au Bailliage de Lille, & cours y reſſortiſſans des profits & revenus de cent ans & un jour de fiefz & heritages cottiers, n'eſt deu droict ſeigneurial.

LIII. Pour donations de fiefs, maiſons & heritages, faites en ligne directe à tiltre de mortgaige, & ſans deſcompt, droict ſeigneurial n'eſt deu (*b*).

LIV. Se ypothecque eſt creée ſur fiefs, maiſons ou heritages cottiers, pour rentes heritieres ou viageres, à rachapt, droict ſeigneurial eſt deu, au ſeigneur duquel ils ſont tenus. Et ſi telle ypotheque eſt faicte par main aſſiſe decretée au ſiege de noſtredite Gouvernance de Lille, iceluy ſeigneur peut pourſuivre ledit droit ſeigneurial en vertu de l'adjudication & commiſſion donnée dudit Gouverneur ou ſon Lieutenant, ſur leſdits fiefs & heritages, profits & revenus d'iceux. Et ſi paravant le rachat deſdites rentes, iceux fiefs, maiſons ou heritages eſtoient vendus, après le payement dudit droict, il fait à deſalquer & rabatre ſur le principal des droits ſeigneuriaux de ladite vente. Et où paravant la ſaiſine faite pour avoir ledit droit ſeigneurial, telles rentes ſont rachetées ou ſopies, ledit droit ſeigneurial eſt ſoppy & eſtainct.

LV. Toutes rentes ſans rachapt infeodées ſur fiefs, ſont reputées fiefs & ſortiſſent la nature d'iceux.

LVI. Pour rentes conſtituées par rapport de fiefs ou heritages cottiers, & que par faute de payement y a rentrée en iceux, eſt deu à la vente don ou tranſport, droict ſeigneurial au ſeigneur, duquel leſdits fiefs & heritages ſont tenus, après que les acheteurs ou donataires ſont adheritez ou realiſez ès rentes.

LVII. Pour ypothecque creée ſur fiefs ou heritages à la ſeureté d'une ſomme de deniers, non courante en rente, n'eſt deu droict ſeigneurial.

LVIII. Pour apprehenſion de droict de douaire couſtumier ſur fief, & droict de vivenote, ſur heritages patrimoniaux, n'eſt deu droict ſeigneurial.

LIX. Pour partage fait par pere ou mere, ou autres à leurs heritiers apparens, droict ſeigneurial n'eſt deu, quand les parties aſſignées par ledit partage ſe apprehendent à tiltre ſucceſſif.

LX. Pour partage & diviſion faits entre coheritiers de biens, fiefs, & heritages à eux eſcheuz, n'eſt auſſi deu droict ſeigneurial au Seigneur duquel leſdits biens, fiefs & heritages ſont tenus: neantmoins ſi par tel partage y a aucuns deniers delivrez en recompenſe non procedans de l'hoirie pour leſdits deniers, droict Seigneurial eſt deu.

LXI. Pour permutation & eſchange de fiefs & heritages cottiers tenus d'une Seigneurie, n'eſt deu droit ſeigneurial s'il n'y a faute de deniers, auquel cas ledit droit ſeigneurial eſt deu, de ladite faute ſeulement. Et ſi leſdits fiefs ou heritages ſont tenus de diverſes Seigneuries, iceluy droit eſt deu, de la valeur & eſtimation d'iceux.

LXII. Que les heritiers & poſſeſſeurs d'aucuns fiefs, maiſon ou heritages cottiers, tenus & mouvans de ladite Sale, Bailliage & Chaſtellenie de Lille, ou de ſes vaſſaux & fiefvez, ne peuvent vendre, ceder, & tranſporter leſdits fiefs, maiſons & heritages, fruicts, profićts & revenus d'iceux en tout, ou en partie, ne auſſi les bailler en arrentement perpetuellement, ou pour quelque temps & terme excedant douze ans, ne les charger d'aucunes ſoubsrentes, ſans rachapt, ſans payer le droit ſeigneurial, tel que deu eſt à la vente, tranſport, don, & alienation d'iceux. Meſmes de les charger deſdites ſoubsrentes ſans rachapt; N'eſt de notre gré & conſentement exprès, ou de nos vaſſaux fiefvez. Et que ceux pretendans droict à cauſe deſdits contracts, ou autres ſemblables ſont tenus amener à cognoiſſance leſdicts contracts, & droicts par eux pretendus, en dedans un an du jour de tels contracts pardevant la juſtice dudit Seigneur, & de ſeſdits vaſſaux, & illec faire les recognoiſſances, desheritemens, & inveſtitures pertinentes, & payer leſdits droits ſeigneuriaux. Ou en faute de ce, ils encourent & doivent payer doubles droicts ſeigneuriaux, & faire pardevant ladite juſtice, leſdites recognoiſſances, desheritemens & inveſtitures, pour ce requis. Pour le recouvrement duquel double droict, nos Baillifs & officiers, & les Baillifs & officiers de noſdits

a ART. 47. *fait à declarer quicte.* La diſpoſition de cet article n'a pas lieu pour les arrerages d'une rente fonciere, l'article ne faiſant mention que des rentes ſeigneuriales: ainſi jugé par Arreſt du Parlement de Flandres du 27. Mars 1692. rapporté dans le recueil des Arreſts de Pollet, partie ſeconde titre 10. C. B. R.

b ART. 53. *droict ſeigneurial n'eſt deu.* La raiſon de cette diſpoſition eſt puiſée dans la nature de la donation à mortgage, en faveur des enfans; elle a été inventée pour conſerver les fiefs & les autres heritages entiers dans les familles: & la ſomme qui doit eſtre payée pour le rachat du mortgage, tient lieu de portion hereditaire, ou partage au donataire: or les partages des pere & mere à leurs enfans ſont, par l'art. 59. de ce même titre, exempts de droit ſeigneurial. C. B. R.

vaſſaux

vassaux & fiefvez, peuvent saisir lesdits fiefs, maisons & heritages, en la maniere accoustumée, pour d'iceux jouir & posseder, & recevoir les fruicts, profits & revenus, tant & jusques à ce qu'ils soient payez dudit droict & des despens de la saisine, main-mise & autres qu'il convient à cette cause supporter.

LXIII. Quand l'on apprehende à tiltre d'achapt, fiefs ou heritages par mises de faict, le seigneur duquel ils sont tenus, son Bailly ou Lieutenant se peut opposer. Afin que ledit acheteur prenne l'adheritement par sa Justice, & que ladite mise de faict soit revoquée: Ce que fait à accorder. Mais en donations, mise de fait doit sortir moyennant le payement desdits droits seigneuriaux seulement.

LXIV. Les seigneurs superieurs & leurs Justices, ne peuvent recevoir les desheritemens, & bailler les adheritemens des fiefs & heritages tenus de leurs inferieurs, n'est en cas de refus.

LXV. Un seigneur ne peut retenir les fiefs (a) ou heritages cottiers vendus, tenus de sadite seigneurie.

LXVI. Un fief ne se peut esclicer ou desmembrer, n'est par le consentement exprès du seigneur duquel il est tenu.

LXVII. Un fief ne se peut incorporer, & revenir au gros du fief duquel il est tenu, sans le consentement du seigneur duquel le principal fief est tenu.

LXVIII. Se aucuns a fiefs, & paravant ou après luy appartiennent aucuns heritages cottiers tenus dudit fief, tels heritages sont censez reincorporez & reunis au gros d'iceluy fief, sans autre solemnité de loy garder & observer.

LXIX. Quand un fief est enclos de fossez alencontre des heritages renteux tenus dudit fief, tels fossez à eauve de Mars, sont censez & reputez competer & estre membre dudit fief.

LXX. Les hauts-Justiciers, vicomtiers ou fonciers, n'ont droit de indire loyaux aides n'autres impos sur leurs tenans feodaux & rentiers.

LXXI. Et quant à la confiscation des biens gisans en ladite chastellenie, soient fiefz, meubles ou heritages, ils demeurent en telles Coustumes, Usances, loix & franchises qu'ils en ont esté jusques à present.

LXXII. En ladite chastellenie, n'y a nulles franches garennes, fours, ne moulins banneretz.

LXXIII. Un seigneur, son Bailly ou Lieutenant, n'a recouvrer de despens par luy faictz & soustenus en sa court à cause d'office, ne la partie contre luy.

LXXIV. La totalité d'une rente seigneuriale ne se peut prescrire en moindre temps que de soixante ans; mais bien la portion d'icelle ou forme de payement, à laquelle prescription ne faudra que trente ans.

LXXV. Un seigneur à cause de sa seigneurie ne peut prescrire contre son homme feodal ou rentier. Mais au contraire, un vassal ou rentier peut prescrire contre tel seigneur.

CHAPITRE II.

Des Successions.

I. PAr la Coustume, le mort saisit le vif, son plus prochain heritier habile à luy succeder.

II. En succession de fief ou heritages cottiers (b), les descendans en ligne directe excluent les collateraux. Et les collateraux les ascendans. Et en biens meubles & reputez pour meubles, les descendans excluent les ascendans & collateraux.

III. Il n'est nuls hoirs necessaires, & peut un heritier apprehender portion de hoirie, & repudier l'autre.

IV. Tous fiefs & heritages cottiers tiennent la coste & ligne dont ils sont issus & procedez.

V. Fiefs & heritages cottiers sont reputez patrimoniaux, s'il n'appert du contraire.

VI. Biens meubles & reputez pour meubles, ne tiennent coste ne ligne.

VII. Heritages cottiers ne prennent coste & ligne en l'acquesteur, ains à celuy ou ceux à qui ils succedent.

VIII. Fiefs & heritages cottiers sont partables, & succedent selon la Coustume du lieu où ils sont scituez & gisans, nonobstant Coustumes d'autre pays à ce contraires.

IX. Biens meubles & reputez pour meubles, suivent le corps, & se partissent selon la Coustume du lieu de la maison mortuaire.

X. Representation n'a lieu en succession, sauf en ligne directe, pour biens meubles & reputez pour meubles seulement.

XI. Duplicité de lien n'a lieu en succession pour exclurre le parent d'un costé en pareil degré.

XII. On ne peut prendre portion d'hoirie & don de testament, codicille, ou autre derniere volonté, & en apprehendant l'un, on se prive de l'autre. N'est que le testateur ou donateur ait fait expresse declaration au contraire, laquelle luy est loisible de faire.

XIII. Quand le parent d'un trespassé se declare & porte hoir d'iceluy, ou qu'il prend & apprehende aucuns biens de luy delaissez, ou releve heritages demourez de tel trespassé, il est censé & reputé hoir d'iceluy.

XIV. Relief n'attribue droict à celuy qui n'est capable de succeder en la partie par luy relevée.

XV. Les hoirs mobiliaires d'un trespassé, sont tenus & poursuivables chascun pour le tout au payement & fournissement des dons & legats testamentaires vaillablement faictz par tel trespassé, & non les heritiers hereditaires d'iceluy.

XVI. Les heritiers d'un trepassé sont tenus & poursuivables chascun pour le tout (c), au payement & furnissement des debtes, charges & obligations vaillablement faictes & contractées par ledit trespassé. Neantmoins les hoirs mobiliaires (d), & chascun pour le tout sont tenus en acquitter les heritier ou

a ART. 65. ne peut retenir les fiefs. *Iniqua consuetudo, & prorsus abolenda, ut dixi* sur Paris, art. 20. J. B.

b ART. 2. *de fiefs, ou heritages cottiers.* La coutume ne distingue point s'ils sont propres ou acquests, & elle prefere les collateraux aux ascendans, aussi-bien dans les acquests du défunt, que dans les propres: c'est que dans cette coutume les ascendans ne succedent qu'au mobilier, suivant l'art. 54. du même titre. C. B. R.

c ART. 16. *sont tenus & poursuivables chacun pour le tout* Mais si la succession est ouverte dans une coutume où les dettes se divisent entre les heritiers, & que dans cette succession se trouvent des heritages situez dans l'étendue du bailliage de l'Isle, les heritiers qui prendront part dans ces biens, ne pourront estre poursuivis solidairement pour les dettes de la succession: ainsi jugé entre la Comtesse d'Annapes, & Pierre Albert de Rosendal, au Parlement de Flandres, par un Arrest dont M. Pollet n'a point donné la datte. Il fait aussi mention de huit Arrests du Conseil de Malines, qui ont jugé la même chose.

La raison de cette Jurisprudence est, que les coutumes étant réelles, leur pouvoir est borné dans leur territoire, & elles n'en ont aucun sur les personnes domiciliées sous d'autres coutumes, ni par consequent sur leurs successions pour ce qui touche les droits personnels, qui passent à leurs heritiers. *Pollet, part. 2. ch. 17.* C. B. R.

d *Neantmoins les hoirs mobiliaires* Cette difference entre les heritiers mobiliaires & les immobiliaires, en consequence de laquelle les premiers sont tenus solidairement d'acquiter

heritiers hereditaires d'iceluy trespassé. Sauf leur recouvrier sur leurs coheritiers à compte de restes.

XVII. Une personne n'est privée de soy pouvoir fonder en l'hoirie mobiliaire ou hereditaire, à elle escheue; n'est qu'elle y ait judiciairement renoncé, esté debouté par sentence, ou forclose par prescription.

XVIII. Pour vaillablement debouter par contumace un hoir apparent d'aucune hoirie, est requis qu'il soit adjourné par quatre fois, pardevant Juge competant, & contumacé par quatre deffaux sur ce ensuivis.

Successions en Fiefs.

XIX. QUand pere ou mere finit vie par trespas, delaissant enfans vivans de leal mariage, & un seul fief tenu ou dependant de la Salle de Lille, patrimonial ou acquesté, tel fief succede & appartient au fils aisné, & en faute de fils, à la fille aisnée; & s'il y a plusieurs fiefs tenus ou dependans, comme dessus, & plusieurs fils, à l'aisné fils succede & appartient le meilleur à son choix; & aux autres puisnez aussi par choix à degré d'aage les autres fiefs tant qu'ils durent. Et se plus y a de fiefs que de fils, l'aisné recommence à choisir, & les autres consequemment: en excluant les femelles. Et en faute de filz, lesdits fiefz succedent aux filles en la maniere dicte, & en fief ou en fiefz delaissez de grand pere ou grand mere, en deffaute d'enfans leurs nepveux & niepces y succedent comme dessus.

XX. Fiefz acquestez durant la conjonction de mariage, tiennent la coste & ligne du mary; sans ce que la femme ou les heritiers d'icelle y ayent droict (*a*), sauf à ladite femme droit de douaire; & se fiefz estoient donnez à icelle femme, ilz tiennent la coste & ligne d'elle.

XXI. Un ou plusieurs fils ou filles, peuvent repudier les fiefs ou fief à eux escheuz par choix, & eux tenir au droict de quint.

XXII. Tous fiefz patrimoniaux delaissez d'un trespassé, en faute d'heritier descendant de luy, succedent par son trespas à son plus prochain aisné hoir masle, venant de la coste & ligne, dont lesdits fiefz procedent (*b*). Et en faute de masle, en pareil degré, lesdits fiefz succedent à l'aisnée femelle comme dessus.

XXIII. Fiefz acquestez en deffaute d'heritier descendant d'un trespassé, succedent & appartiennent à l'aisné & plus prochain parent masle (*c*) de tel trespassé, de quelque costé que ce soit. Et en faute de masle en pareil degré, la femelle aisnée y succede comme dessus.

XXIV. Fiefz retraictz à tiltre de proximité, tiennent la coste & ligne des rattrayans du lez & costé dont lesdits fiefz procedent, tant en ligne directe que collaterale.

Successions en Heritages Cottiers.

XXV. HEritages cottiers patrimoniaux, succedent par le trespas de pere ou mere à leurs enfans masles, chascun par esgale portion, qui excluent les femelles en pareil degré (*d*). Et en faute de masles ausdites femelles esgalement. Comme aussi ils succedent par le trespas de grand pere ou grandmere, en faute d'enfant, à leurs nepveux ou niepces.

XXVI. Heritages cottiers patrimoniaux succedent en faute de descendans, aux prochains parens en ligne collaterale du trespassé, du lez & costé dont ilz procedent (*e*), les masles excluant les femelles en pareil degré (*f*). Et en faute de masles en pareil degré succedent aux femelles esgalement.

XXVII. Heritages cottiers acquis avant mariage qu'on dist en demisellaige (*g*), succedent en ligne directe (*h*) comme patrimoine. Et en ligne collate-

---

les immobiliaires, & qu'entre eux ils n'en sont tenus qu'à compte de reste, vient de ce que les heritiers immobiliaires ne sont point coheritiers des heritiers mobiliaires; que ceux-ci sont chargez de toutes les dettes, & qu'entre eux ils sont considerez comme caution l'un de l'autre, à proportion de la cotte hereditaire de chacun. Et c'est par une suite de cette même qualité de caution l'un de l'autre, que si l'un des heritiers mobiliaires, en payant la dette entiere, a pris cession des droits du creancier, il pourra poursuivre solidairement chacun de ses coheritiers pour toute la dette, sa part deduite. C. B. R.

a ART. 20. *sans ce que la femme ou les heritiers d'icelle y ayent droit.* Cela ne signifie autre chose, sinon que la femme ny ses heritiers ne peuvent prétendre aucune part dans le corps du fief, mais ses heritiers ne sont point exclus de repeter la moitié des deniers qui ont esté employez à l'acquisition, & comme ce n'est qu'un emprunt qui est pris du fond de la communauté pour acquerir au mary un fief qui luy devient propre, l'équité veut qu'il soit acquitté par le mary. Car encore que la Coutume ne mette point de bornes à la puissance qu'elle donne au mari sur les biens de la communauté, il ne lui doit point estre permis de les employer à s'enrichir au prejudice de sa femme & de ses heritiers. Ainsi jugé au Parlement de Flandres, le 21. Juin 1671. & au Conseil Privé de Bruxelles, le 2. Aoust 1606. *Pollet, part. 2. tit. 17.*

On y peut deroger & on y deroge tous les jours par les conventions matrimoniales, en convenant par le contrat de mariage que les fiefs acquis durant le mariage seront communs entre les conjoints. Jugé au Parlement de Flandres, par Arrest du 14. Janvier 1706: & par plusieurs Arrests du Conseil de Malines. *Pollet, part. 2. chap. 17.*

Et alors la femme & ses heritiers ont la proprieté de la moitié du corps du fief, quoique le mary seul en ait esté adherité, parce que le mary prenant en ce cas l'adheritance, est reputé le faire tant pour luy que pour sa femme, de la même maniere qu'il arriveroit en acquisition de terres tenues en roture. Jugé par Arrest du Parlement de Flandres, du 14. Janvier 1706. *Pollet, chap. 18.* C. B. R.

b ART. 22. *venant de la coste & ligne dont lesdits fiefs procedent.* Mais s'il ne reste aucun parent de la ligne dont les fiefs procedent, ils passent aux plus proches parens du défunt selon l'ordre marqué en l'article 2. de ce même titre, appellant en general tous les collateraux; ainsi jugé par Arrest du Grand-Conseil de Malines, du 16. Avril 1622. dont M. Pollet fait mention, *part. 2. tit. 19.*

Cela est fondé sur ce que la disposition des Coutumes qui appellent une ligne au defaut de l'autre est reputée estre le droit commun de la France, & devoir s'observer dans les Coutumes qui ne contiennent point de dispositions contraires. C. B. R.

c ART. 23. *& plus prochain parent masle.* Cela s'entend plus prochain collateral, car les ascendans dans cette Coutume, sont exclus de la succession des fonds, soit fiefs ou rotures, tant qu'il y a des collateraux, & les ascendans n'ont pour partage au defaut de descendans, que le mobilier. *Voir les art. 2. 27. & 54. de ce même titre.* C. B. R.

d ART. 25. *qui excluent les femelles en pareil degré.* Disposition singuliere qui donne même en directe l'exclusion aux femelles en succession de fiefs. Aussi est elle temperée par la meilleure partie des Coutumes locales & particulieres de cette Chastellenie, qui admettent les femelles avec les masles. Comme Ostricourt, art. 6. Chitoing, art. 3. Lannoy, art. premier. Saint Quentin de Lille, art. premier. Bouvines, art. premier, &c. *Pollet, part. 2. chap. 20.* C. B. R.

e ART. 26. *du lez & costé dont ilz procedent.* Que s'il ne se trouve aucun parent du lez & costé d'où procedent les heritages cottiers patrimoniaux, ils passeront aux plus proches parent du défunt de l'autre ligne. Arrests du Parlement de Flandres, des 11. Octobre 1700. & 29. Janvier 1701. *Voir* ma note sur l'article 22. de ce même titre. *Pollet, part. 2. tit. 19.* C. B. R.

f *les masles excluant les femelles en pareil degré.* Quelques Coutumes particulieres de cette Chastellenie admettent les femelles avec les masles; ainsi *Ostricourt*, art. 6. *la Boutillerie*, art. 1. & plusieurs autres. C. B. R.

g ART. 27. *en demisellaige* ou *demisellage*, comme portent d'autres Exemplaires.

h *succedent en ligne directe*; il faut entendre en ligne directe descendante, car par la disposition des articles 2. & 54. de ce même titre, les ascendans sont restraints au seul mobilier. C. B. R.

tale aux prochains parens de quelque costé que ce soit, les masles excluant les femelles en pareil degré. Et en faute de masles aux prochaines femelles esgalement.

XXVIII. Heritages cottiers acquis par deux conjoinctz par mariage, ou par le mary seul, succedent après le trespas du premier morant pour la moictié, à tous leurs enfans esgalement, tant filles que filz; & l'autre moictié appartient au survivant, qui en est saisi. Et par le trespas dudit survivant sadite moictié succede aussi esgalement à ses enfans tant femelles que masles.

XXIX. Quand le survivant de deux conjoinctz se remarie & delaisse à son trespas enfans de mariage subsequent, les filles ne succedent esdicts heritages cottiers acquis constant le mariage precedent ou en viduité quand il y a filz. Et se partissent aux masles & femelles dudit premier mariage, & masles seulement dudit mariage subsequent.

XXX. Es heritages cottiers acquestez en faute de fils & filles, les nepveux & niepces en ligne directe, succedent esgalement à compte de testes.

XXXI. Heritages cottiers acquis par deux conjoinctz par mariage, ou par le mary seul, par le trespas du premier morant terminé sans hoir en ligne directe, succedent pour la moitié aux prochains parens en ligne collaterale dudit trespassé, excluant par les masles en pareil degré les femelles, & en faute desdits masles, en pareil degré les femelles y succedent esgalement, & l'autre moictié appartient au survivant qui en est saisi.

XXXII. Quand le survivant de deux conjoincts a acquis en viduité aucuns heritages cottiers, sans avoir fait partage, aux hoirs du premier terminé, & que partage luy est demandé, il est tenu de faire partage ausdits hoirs de la moitié desdits heritages, comme acquis de deniers communs sujets à partage.

XXXIII. Heritages cottiers acquestez, succedent en ligne collaterale esgalement aux plus prochains hoirs masles, excluant les femelles en pareil degré. Et en faute desdits masles, aux plus prochaines femelles comme dessus.

XXXIV. Heritages cottiers donnez en mariage, sont tenus & reputez patrimoniaux, & se partissent & succedent comme patrimoine tant en ligne directe que collaterale, tenans la coste & ligne dont ils sont procedez. Et s'ils sont autrement donnez, succedent & se partissent comme acquestez par les donataires ayant regard au jour de la donation.

XXXV. Heritages cottiers rattraicts à tiltre de proximité avant le mariage, sont reputez patrimoniaux au rattrayant, & succedent par son trespas comme heritages patrimoniaux suivant la coste & ligne dudit rattrayant, du lez & costé dont ils procedent.

XXXVI. Heritages cottiers rattraictz par le mary constant le mariage, sont reputez acquestez (a).

XXXVII. Quand la femme du gré & autorité de son mary rattraict audit tiltre de proximité aucuns heritages cottiers, ils sont reputez patrimoniaux (b), & succedent par son trespas comme patrimoine tenant sa coste & ligne du lez dont lesdits heritages procedent : sans ce que sondit mary ne ses hoirs y ayent droict. Neantmoins les masles en ligne directe seulement sont tenus mettre en mont commun les deniers pour ce desboursez. Esquels les femelles en pareil degré partissent esgalement avec lesdits masles. Et en faute de par lesdits masles mettre lesdits deniers en partage, icelles femelles succedent esdits heritages esgalement avec lesdits masles.

XXXVIII. Tous heritages cottiers baillez à mort-gaige ou faculté de reachat, reachetez par le vray heritier, sont à luy reputez patrimoniaux, & tiennent en succession la coste & ligne du lez dont ils procedent.

Successions en Meubles.

XXXIX. A Une femme vesve demourée ès biens & debtes de son feu mary, ayant enfant vivant d'iceluy, competent & appartiennent tous les biens meubles cateux & reputez pour meubles. A la charge de payer les debtes, charges & obligations vaillablement faictes & contractées, par sondit feu mary. Desquels biens elle peut user & disposer à son plaisir & volonté, sans estre tenue faire partage à ses enfans, n'est qu'elle se remarie. Auquel cas quand il est demandé elle est tenue le faire & bailler la juste moictié de tous ses biens meubles cateux & reputez pour meubles, en tel estat qu'ils sont lors trouvez : en prendant par ladite vesve son droict de vesve coustumier hors part, à la chage de par elle & sesdits enfans, payer chascun par moictié, les debtes, charges & obligations esquelles ladite vesve est tenue au jour dudit partage.

XL. Se le mary delaisse à son trespas enfans ou enfant d'autre mariage precedent, ladite vesve est tenue, se requise en est, de faire incontinent ledit trespas advenu, tel partage que dessus à tous les enfans de sondit feu mary, sauf sondit droict de vesve coustumier hors part, & peut retenir à son proufit (tant qu'elle se remarie) tout ce qui est escheu en la part de ses enfans. Et sont les enfans dudit mariage precedent chargez à contingent avec ceux du dernier mariage, de la moictié des debtes & obligations deues au jour dudit partage. Et ladite vesve de l'autre moictié. Et avec ce, se elle tient la part de sesdits enfans, de la part & contingent d'iceux en l'autre moictié, qu'elle peut prendre & diminuer sur leur part & portion des biens à eux assignez par ledit partage. Toutesfois se ladite vesve ne se remarie, elle peut de la part de sesdits enfans, user & disposer à son plaisir & volonté. Et par tel partage les enfans de ladite vesve ne sont censez & reputez hoirs de leur defunct pere, n'est que eux venus en aage ils veulent profiter dudit partage.

XLI. Quand de deux conjoincts par mariage la femme termine vie par mort delaissant enfant ou enfans procreez dudit mariage, le mary est tenu, quand requis en est, de faire partage ausdits enfans ou enfant, tel que de la moictié des biens meubles cateux & heritages reputez pour meubles, desquels ils possesse au jour dudit partage requis, à la charge de payer par lesdits enfans la moitié des debtes & obligations lors deues par ledit mary survivant. Et peut ledict mary user & disposer desdits biens à son plaisir & volonté, tant qu'il soit requis faire ledit partage.

XLII. Et se partage n'est demandé au survivant desdits deux conjoinctz avant qu'il soit remarié, & après estre remarié ; ou vesve du second mariage ayant enfant ou enfans dudit second mariage, ledit partage est demandé, les enfans ou autres hoirs dudit premier trespassé ont seulement le tiers des biens meubles cateux & reputez pour meubles lors en nature : dont ledit survivant avec son mary ou femme, ou enfans dudit second mariage, seroit jouissant & possessant, en payant le tiers des debtes lors deues : Sauf à la femme, se elle est survivante, son droict

a ART. 36. *Heritages cottiers rattraictz par le mary, &c. sont reputez acquestez.* Voyez l'article suivant.

Il n'est pas aisé de donner une bonne raison de la difference que la Coutume met entre l'heritage retiré par le mary, & celuy retiré par la femme, & pourquoi elle est repute l'un acquest, & l'autre patrimonial. *Pollet, part. 2. ch. 22.* C. B. R.

b ART. 37. sont reputez patrimoniaux. *Voyez* ma notte sur l'article precedent.

de vefve couftumier hors part comme deffus. Et le refidu appartient audit furvivant, fesdits mary, femme ou enfans dudit fecond mariage pour chafcun un tiers. Et la femme furvivante peut retenir à fon profit le tiers de fes enfans dudit fecond mariage, tant qu'elle fe remarie, felon que cy-deffus eft declaré.

XLIII. Se deux conjoinctz ont enfans de precedens mariages, fans avoir par eux faict partage aufdits enfans, & qu'iceluy foit demandé, les enfans du mary ont un quart, ceux de la femme un autre quart defdits biens meubles cateux & reputez pour meubles, en payant de chafcun cofté un quart de debtes, & les deux autres quarts demeurent aufdits remariez.

XLIV. Se partage n'eft demandé au furvivant de deux conjoinctz, & après le trefpas d'iceluy fes enfans ou nepveux en ligne directe fe fondent hoirs de luy, ils ne font recevables demander partage.

XLV. Quand l'un de deux conjoincts par mariage fine fes jours fans hoirs defcendans en ligne directe, le furvivant eft tenu (fe requis en eft) faire partage mobiliaire aux afcendans, & en faute d'iceux aux prochains parens collateraux du trefpaffé, de quelque cofté que ce foit, tant mafles que femelles, chacun par efgale portion, tel que de la moictié des biens meubles cateux & heritages reputez pour meubles, en tel eftat qu'ils font au jour dudit partage requis, à la charge de par lefdits hoirs payer la moictié des debtes & obligations lors deues par ledit furvivant. Sauf à la femme, fe elle eft furvivante, fon droict de vefve couftumier hors part.

XLVI. Les legats, dons teftamentaires, exeques & funerailles du premier mourant de deux conjoints, fe prendent fur les biens meubles & reputez pour meubles efcheuz à fes hoirs, ou fur fefdits hoirs mobiliaires, & non fur la part du furvivant.

XLVII. Une vefve demourée ou tenue immifcuée ès biens & debtes de fon feu mary, eft pourfuivable pour le tout au payement & fourniffement des debtes, contracts & obligations vaillablement faicts & contractez par fondit feu mary. Sauf fon recouvrier fur les hoirs mobiliaires d'iceluy pour telle portion qu'il appartiendra.

XLVIII. Quand une femme vefve apprehende de fon auctorité privée aucuns biens delaiffez de fon feu mary, elle fe immifcue ès biens & debtes d'iceluy. Et eft tenue & fubmife aux debtes, charges & obligations de fondit feu mary. Et avec ce, eft privée de fon droict conventionnel de mariage : nonobftant quelque renonciation qu'elle ait faict, ou voudroit faire au contraire. N'eft que par convention antenuptiale fuft autrement difpofé.

XLIX. Une vefve après le trefpas de fon mary, a option & faculté de renoncer aux biens & debtes d'iceluy & foy tenir à fon droict conventionnel, ou de demourer ès biens & debtes, n'eft que par pact elle en foit privée. Et en prendant l'un elle fe prive de l'autre.

L. Pour par une femme vefve eftre reputée avoir renoncé aux biens & debtes de fon mary, eft requis qu'elle abandonne & delaiffe les biens d'iceluy, & vuide avant ou avec le corps porté hors de la maifon mortuaire, fans y pouvoir rentrer, & n'a telle vefve droict ès heritages cottiers, acquis conftant leur mariage, n'eft que par convention antenuptiale fuft autrement difpofé.

LI. A une vefve foit qu'elle renonce aux biens & debtes de fon feu mary, ou qu'elle demeure efdits biens & debtes, compete & appartient droit de vefve couftumier fur les biens meubles delaiffez par fondit feu mari hors part : telle que d'eftre habillée honneftement pour une fois, & de chafcune piece de mefnage une à fon choix. N'eft que par fon traicté de mariage y ait devife ou pact exprès au contraire.

LII. Une vefve ayant renoncé aux biens & debtes de fon feu mary, n'eft tenue ny pourfuivable des debtes & obligations faites & contractées par iceluy. Sauf de celles procedans de fon chef pour biens à elle venus & fuccedez, ou efquelles elle feroit obligée : refervé à ladite vefve fon recouvrier fur les heritiers de fondit mary.

LIII. Biens meubles & reputez pour meubles fuccedent par le trefpas de pere ou de mere à tous leurs enfans efgalement : en faute d'iceux à leurs nepveus & niepces à compte de teftes.

LIV. Le pere eft hoir mobiliaire de fon enfant finé fans hoirs defcendant en ligne directe. Et en faute de pere la mere. Et en faute de pere & mere, le grand pere. Et en faute d'iceluy la grand-mere. Et s'il y avoit grand pere d'un cofté, & grand-mere de l'autre, ils fuccedent chafcun par moictié.

LV. Tous les biens meubles cateulx & heritages reputez pour meubles en faute de ligne directe, fuccedent aux plus prochains parens en ligne collaterale, tant mafles que femelles, en pareil degré par efgale portion de quelque cofté que ce foit, fans avoir regard à demy freres ne demyes fœurs ou duplicité de lien.

LVI. Heritiers ou proprietaires de fiefs & heritages peuvent retenir les edifices, arbres, bois montans, cateulx & autres biens reputez pour meubles adherens au fonds appartenans à autruy, pour tel pris qu'ils feront prifez à porter envoye fans le pouvoir defmolir, abatre ne emporter, que preallablement lon ait fait fignier aufdits heritiers s'ils les veulent retenir ou non.

LVII. Reparation d'homicide compete & appartient en cas que l'homicide fuft marié la moictié à fa vefve, foit qu'elle demeure ès biens & debtes d'iceluy ou y renonce. Et l'autre moictié aux enfans s'aucuns en delaiffe. Et en faute defdits enfans ladite moictié appartiendra aux prochains parens en ligne directe, habilles à fucceder ès meubles d'iceluy. Et fe ledit homicide n'eftoit marié, ladite reparation appartient à fefdits plus prochains parens en ligne directe. Et en faute de ligne directe, icelle appartient, fi comme la moictié, contre ladite vefve, ou la totalité fe vefve n'y avoit, au plus prochain mafle. Et en faute de mafle, en pareil degré à l'aifnée femelle, habille à fucceder fans charge de debtes : en ayant regard aux parens vivans au jour dudit homicide commis.

LVIII. Pere & mere ou l'un d'eux, peuvent de leurs biens, fiefs & heritages faire partage & divifion à leurs enfans, ainfi que bon leur femble : & en ce faifant avancer l'un plus que l'autre. Lequel partage lefdits enfans font tenus entretenir, fans y pouvoir vaillablement contrevenir. Et fi peuvent grand pere & grand mere, faire pareil partage à leurs nepveus & niepces : Et par les trefpas d'iceux lefdits enfans ou nepveus font faifis des parties à eux affignées, fans autre œuvre de loy, ou realifation.

LIX. Partage & divifion fe peut faire entre coheritiers des biens à eux efcheuz & devolus par fucceffion, & entrechanger le droict de meubles à immeubles, & de immeuble à meuble. Lequel partage fait à entretenir, & eft chafcun faifi des biens & heritages a luy affignez ou efcheuz, fans qu'il foit requis entrevenir œuvre de loy de desheritement, & adheritement, ou autre realifation.

LX. Baftards & baftardes ne peuvent fucceder, pofé qu'ils foient legitimez (*a*).

---

a ART. 60. *Baftards & baftardes ne peuvent fucceder, pofé qu'ils foient legitimez.* Cela s'entend de la fucceffion *ab inteftat*, & il réfulte ainfi du titre fous lequel cette difpofition eft placée, qui eft des fucceffions. *Aliud* des difpofitions qui pourroient eftre faites à leur profit par leurs pere & mere, n'ayans aucuns enfans legitimes. Arreft du Parlement de Flandres, du 16. Juillet 1693. *Pollet, part. 2. chap. 21.* C. B. R.

LXI. Enfans legitimez de bastards ou bastarde succedent à leurs pere & mere.

LXII. Les parens collateraux ne peuvent succeder ès fiefs & heritages venans d'un bastard ou bastarde non legitimé, qu'après la tierce lignée.

LXIII. Religieux & religieuses profés sont reputez morts civilement : & ne peuvent succeder ès biens de leurs parens ny le monastere pour eux. Et en cas qu'ils euissent aucuns biens meubles ou heritages au jour de leur profession, lesdits biens & heritages par ladite profession, succedent à leurs prochains parens, habiles à succeder.

LXIV. Pour venir à succession de pere ou mere, les enfans mariez sont tenus de rapporter en mont commun les dons & advancemens de mariage à eux faicts, par celuy auquel l'on veut succeder (a). Et se lesdits enfans ou aucuns d'iceux, estoient finez, leurs enfans (pour venir en ladite succession) sont tenuz faire ledit rapport. N'est qu'il y ait derogation au contraire.

LXV. Donations de mariage ne se rapportent contre pere ou mere, quand ils font partage à leurs enfans.

LXVI. Donation d'entrevifz ne se rapportent en succession, ains les ont les donataires hors part.

LXVII. Dons de mariage faictz par parens collateraux, ne se rapportent en la succession des donateurs.

CHAPITRE III.

Du Droict de Quind.

I. PAr la coustume, quand pere ou mere fine ses jours heritier d'un ou plusieurs fiefs dependans de notredite sale de Lille, aux filz & filles non ayans succedé en aucun desdits fiefs compete & appartient droict de quind, qui est le cinquiesme du fonds, & proprieté, prouficts, revenus & escheances desdits fiefs ou fief, chascun egalement : & appartient seulement ledit droict de quind aux enfans, par le trespas de pere ou de mere.

II. Droict de quind n'est deu, s'il n'est apprehendé judiciairement ou consenty par l'heritier. Et se prend en tel estat que lors sont lesdits fiefs ou fief.

III. Droict de quind se doit esclicer quand bon semble au principal heritier dudit fief, aux despens de celuy qui l'apprehende, ou a luy consenty, au moindre dommage dudit fief que faire se peut, sans prendre ne du pire ny du meilleur. Et se ledit heritier ne fait faire ledit esclissement, l'ayant droict de quind, le peut faire faire, à tels despens, & comme dessus.

IV. Un fief ne se doit quintier, que de quarante ans en quarante ans, ou cas qu'en dedans ledit temps iceluy droict de quind ait esté esclissé reallement, ou soit courrant par apprehension ou consentement. Et n'empesche se ledit quind a esté baillé par estimation, ou recompense pecunielle.

V. Quand celuy a qui ledit quind, ou portion d'iceluy est escheu, fine ses jours sans l'avoir judiciairement apprehendé, ou luy esté consenty par l'heritier, iceluy droict est estainct & consolidé, dès l'instant dudit trespas au gros du fief, au profit de l'heritier d'iceluy.

VI. L'heritier d'un quind de fief esclissé, à telle justice que l'heritier du principal fief.

VII. L'heritier de quind, ou portion de quind separé d'un fief non ayant justice de Vicomte, le doit tenir du Seigneur, duquel le principal fief est tenu, & a semblable relief. Et se audit fief principal a justice de Vicomte ou en dessus, il a option tenir ledit quind ou portion à tel relief que dessus, ou autre (pour lequel il peut convenir) dudit fief ou du Seigneur dont ledit fief est tenu.

VIII. Pour apprehension de quind, ou portion de quind, l'on n'est tenu, ou reputé hoir du trespassé, heritier du fief principal, ne submis aux debtes, charges, & obligations d'iceluy. Neantmoins poursuivable pour lesdictes debtes, charges, & obligations par les crediteurs. Et tel poursieuvy a son recouvrier sur les heritiers du trespassé.

IX. Une personne pour quelque generale renonciation qu'elle face de succession & hoirtie, n'est pourtant privée de son droict de quind : se par exprès elle n'y a renoncé, ou qu'elle en soit vaillablement deboutée.

X. Quind n'est deu sur fiefs possessez & apprehendez à tiltre particulier, ains seulement sur fiefs apprehendez & possessez à tiltre universel.

CHAPITRE IV.

Du Droict de Maisneté.

I. PAr la coustume, quand pere ou mere termine vie par mort, delaissant plusieurs enfans, & un lieu manoir & heritage cottier venant de son patrimoine, au fils maisné appartient droict de maisneté, audit lieu & heritage. Pour lequel il peut prendre jusques à un quartier d'heritage seulement, ou moins, se tant ne contient ledit lieu : avec la maistresse chambre, deux couples en la maison, la porte sur quatre esteux, les porchil, carin, fournil & colombier, s'ils sont separez, le burg du puich, & tous arbres portans fruicts & renforcez : & autres choses reputées pour heritages, Avec le surplus desdits edifices, & bois estans sur ledit quartier de terre, reputez pour meubles se bon lui semble, pour tel pris qu'ils seront prisez à porter envoye mectant en mont commun pour recompense un autre quartier de terre, ou autant qu'il en auroit prins, & en a front de chemin de pareille tenue, & semblable rente ou moindre. En laquelle recompense iceluy maisné a sa portion à compte de teste, & s'il n'a tel heritage pour faire ladite recompense le peut acheter.

II. S'il y a plusieurs lieux & heritages patrimoniaux delaissez par pere & mere, ou l'un d'eux, ledict fils maisné ne peut avoir ledit droict de maisneté, qu'en l'un desdits lieux & heritages à son choix.

a ART. 64. *par celuy auquel on veut succeder.* Si celui qui est donataire en faveur de mariage ne veut pas prendre part à la succession, il ne sera pas obligé au rapport, à moins que la donation ne soit expressement faite en anticipation de succession. Car alors le donataire ne peut après la mort du donateur, continuer d'en jouir, qu'il ne devienne heritier de celuy des pere ou mere qui luy a donné par anticipation de succession, & qu'il ne soit sujet aux dettes. Arrest du Parlement de Flandres, du 14. Decembre 1672. *Pollet, part. 2. chap. 24.* C. B. R.

III. Droict de maisneté n'est deu & ne peut succeder à filles, s'il y a fils. Mais en deffaut de fils, la fille maisnée a pareil droict en faisant recompense telle que dessus.

IV. Ledit droict de maisneté n'est deu s'il n'est judiciairement apprehendé, ou consenty par les heritiers ou les tuteurs d'iceux s'ils sont en minorité d'aage. Et se ledit maisné ou maisnée, fine ses jours sans avoir fait ladite apprehension, ou luy esté consenty ledit droict dès l'instant du trespas, est soppy & estainct.

V. Ledit droict de maisneté & ce que pour iceluy est baillé en recompense, est reputé patrimoine.

CHAPITRE V.

Du Droict de Douaire.

I. PAr la coustume, a une femme vefve demourée ès biens & debtes de son feu mary, compete & appartient droict de douaire: tel que de la moictié de tous les fruicts, profits, revenus & escheances des fiefs & seigneuries dont son mary a esté heritier, constant son mariage. Pour en jouyr par ladite vefve sa vie durant seulement. Et se elle renonce ausdits biens & debtes, luy appartient pour sondit douaire, seulement le tiers desdits fruicts, profits, revenus, & escheances d'iceux fiefs, sa vie durant. N'est qu'elle ayt apprehendé son droict conventionnel, entant qu'en apprehendant l'un, elle se prive de l'autre: & au regard du mary survivant, il n'aura droict de douaire ès fiefs ou heritages délaissez par sa femme.

II. S'il y a plusieurs vefves ayans acquis droict de douaire, sur un fief, à la premiere appartient plain douaire. A la seconde demy douaire. Sauf qu'elle vient a son plain douaire, par le trespas de la premiere. A la troisiesme quart de douaire, du vivant des deux precedentes vefves. Et en cas que la premiere termine vie par mort, & que la seconde parvienne à son plain droict de douaire, ladite troisiesme vefve a demy douaire. Semblablement se la seconde vefve termine vie par mort avant les premiere & troisiesme vefve, ladite troisiesme a lors demy douaire. Et quand les deux premieres vefves sont terminées, la troisiesme a plain droict de douaire. Et ainsi consequemment. Mais par le trespas de la sequente, droict de douaire ne s'augmente à la precedente.

III. Droict de douaire n'est deu jusques à ce qu'il soit judiciairement apprehendé ou consenti par les heritiers, ou heritier d'iceux fiefs, ou leurs tuteurs & curateurs.

IV. Une femme, durant la conjonction de son mariage, ne peut vaillablement renoncer à son droict de douaire coustumier. Et est telle renonciation nulle. Nonobstant laquelle elle peut en sa viduité avoir ledit douaire, qu'est tenu & reputé hypothequaire (a) dès la consommation dudict mariage: & precede toutes hypotheques subsequentes au regard des fiefs & seigneuries, dont ledit mary estoit lors saisi. Et quant à ceux qui depuis ladite consommation de mariage sont acquis ou succedez audict mary, ledict douaire precede les hypotheques créez depuis qu'iceux fiefs sont acquis ou advenus audit mary.

V. A une femme, à chacune fois qu'elle eschet vefve, appartient ledit droict de douaire coustumier sur les fiefs & seigneuries desquels ses feuz marys ont esté heritiers constant les mariages d'elle. Sauf sur les fiefs & seigneuries qui succedent par le trespas d'iceux maris à leurs enfans ou enfant d'autre & precedent mariage. Contre lesquels ladite vefve n'a ledit droict de douaire.

VI. Quand une vefve, après avoir apprehendé ledit douaire, ou luy esté consenty par l'heritier, veut prendre & recevoir par sa main ou ses commis, les fruits, prouffits & revenus de sondit douaire, elle peut audict cas faire faire partage (b) judiciaire à ses despens, des fiefs & seigneuries sur lesquels elle a ledit douaire, & commettre Bailly, Receveur, & Sergens pour sondict douaire.

VII. Si le mary, constant son mariage, a esté heritier d'aucuns fiefs ou fief, desquels ou partie l'usufruit appartenoit à autruy, sa vefve a seulement douaire sur la partie dont sondit mary a eu la jouyssance, constant iceluy mariage. Et si ledict usufruit après se consolide avec la propriété, icelle vefve peut prendre deslors en avant la jouyssance du plain douaire. Reservé des fiefs donnez à mortgaige, ou autrement chargez par exprez par les predecesseurs de sondit mary, que les heritiers d'iceluy mary après son trespas reachapteroyent. Esquels fiefs ainsi baillez à mortgaige, ladite vefve n'a ledict droict de douaire, comme se ne s'augmente ledict douaire, pour les autres charges comme dessus reacheptées.

CHAPITRE VI.

Du Droict de Vivenotte.

I. PAr la coustume, à une vefve demeurée ès biens & debtes de son mary ayant enfans ou enfant vivant dudit mariage, compete & appartient à tiltre de vivenotte la jouyssance, & dont elle est saisie de tous les proffits & revenus des heritages cottiers patrimonieux delaissez de sondit feu mary sa vie durant. A la charge de payer les rentes & soubsrentes desdits heritages cottiers: & de maintenir & entretenir les edifices estans sur lesdits heritages, comme à viage appartient. Mais si elle se remarie, des l'in-

a CHAP. V. ART. 4. *qu'est tenu & reputé hypothequaire.* Il ne s'agit icy que du douaire coutumier, l'article le désigne, car à l'égard du douaire conventionnel, bien loin qu'il soit hypothequaire, & qu'il precede les hypotheques subsequentes & posterieures au contrat de mariage, il n'est pas même préferé dans cette Coutume aux simples creanciers personnels. Jugé par Arrest du Grand-Conseil de Malines, du 15. Juillet 1600. entre la Duchesse d'Arschot, & le sieur de Sempy. *Christ. dans ses Decisions, vol. I. Decision 273. n. 4.* C. B. R.

b ART. 6. *audit cas faire partage.* Et dans ce partage entreront les arbres, édifices & autres reputez meubles, qui se trouveront sur les fiefs, car quoique le douaire ne s'étende pas sur les meubles, il comprend les reputez meubles, quoiqu'en matiere de la succession ces reputez meubles düssent passer à l'heritier mobiliaire: Et cela fondé sur ce que l'usufruitier, aux termes de la Loy 9. *au dig. de usuf. & quemad,* a droit de jouir non-seulement de tous les fruits du fonds, mais encore de toutes les commoditez qui en proviennent. Arrest du Parlement de Flandres, du 12. Avril 1704. *Pollet, part. 2. chap. 26.* C. B. R.

Voyez ma note sur l'article premier du titre *Des Biens Meubles, &c.*

stant dudit mariage elle en perd la moitié. Et n'est requis faire apprehension judiciaire dudit droict, n'avoir à ces fins le consentement des heritiers, tuteurs, ou curateurs d'iceux.

II. Lequel droict de vivenotte ladite vesve prend seulement contre ses enfans, nepveux ou niepces, en ligne directe : & par le trespas d'iceux enfans, nepveux ou niepces elle perd ledit droict.

CHAPITRE VII.

Des Biens meubles & Immeubles.

I. PAr la coustume, la maistresse chambre, deux couples en la maison manable, & la porte sur quatre esteux estans sur un heritage, sortissent telle nature que l'heritage. Comme sont aussi les colombier, porchil, carin & fournil, s'ils sont separez des autres edifices, le burg du puich, estalons de blanches espines, pierres de gres. Tous arbres renforchez & portans fruicts, Vignes, Hallots à testes, Chesnes de soixante ans & endessus, bois à taille ordinaire, Hayes à pied, & un Gauquier, en la court : & le surplus des edifices, bois montans & croissans, sont reputez pour meubles (a).

II. Les advestures & fruicts croissans & pendans, sortissent pareille nature que l'heritage, tant qu'ils soyent couppez ou cueilliz, que lors ils sont ameublis.

III. L'usufruit & jouyssance des revenus de fiefs & heritages cottiers, droit de cense d'iceux, & proffits & revenus de cent ans & un jour, vendus par decret, & execution de justice, sont reputez mobiliaires.

IV. Donations de fiefs & heritages cottiers, à tiltre de mortgaige, & sommes de deniers à prendre sur fiefs & heritages cottiers, sont reputez pour meubles.

V. Censes deues pour la despouille de l'année en laquelle le possesseur meurt, si le pied est couppé au jour de son trespas, sont reputez meubles. Jaçoit que les termes des payemens ne fussent escheuz.

VI. Arrierages des rentes seigneurialles, & soubsrentes, escheuz au jour du trespas de l'heritier, sont reputez pour meubles. Sauf en cas de Retraicte judiciairement encommenchée, & depuis parfaicte.

VII. Toutes rentes heritieres & viageres à rachat constituées par numeration de deniers, sont reputées pour meubles, & les rentes sans rachat sortissent la nature du fond du fief & heritages sur lesquels elles sont assignées, & hypothequées.

VIII. Rentes constituées par arrentement & rapports de fiefs ou heritages, s'en faute de payement y a rentrée esdits fiefs & heritages, sortissent la nature de tels fiefs & heritages arrentez ou rapportez, posé qu'elles soyent a rachat.

IX. Ce qui tourne d'un moulin est reputé pour meuble, & le surplus sortit nature de fond.

X. Tous edifices estans sur la motte d'un fief enclos d'eauves, arbres, & bois croissans sur icelle, avec poissons en l'eauve, & le pont d'icelle motte, sont de la nature dudit fief.

XI. Heritages tenus en frans alloeux dependans de ladite Salle de Lille, sont reputez pour meubles.

CHAPITRE VIII.

De Benefice d'Inventaire.

I. PAr la coustume, quand un heritier apparant d'un trespassé doubte, l'hoirrie & succession d'iceluy estre onereuse, il se peut fonder & porter heritier par benefice d'inventaire, en vertu de lettres patentes deuement interinées, & à ce tiltre apprehender les biens par ledit deffunct delaissez.

II. Par l'usage est requis, après que le sergent executeur desdites lettres de benefice a faict l'inventaire des biens, fiefs, & heritages, & faict faire la priserie d'iceux, signifier lesdites impetrations & besoingné aux seigneurs desquels lesdits maisons, fiefs, & heritages sont tenus, leurs Baillifs, ou Lieutenans, & la où lesdits biens sont gisans, ensemble aux autres hoirs apparans dudit deffunct & ses creanciers, si avant qu'il en a la cognoissance, & sont residens en notre Ville & Chastellenie dudit Lille, & les adjourner à certain & competent jour, mesmes tous autres crediteurs en general par jour de Dimanche, ou autre jour solemnel, en l'Eglise parochialle, là où gist ladite maison mortuaire, à heure de grand Messe, & par jour de mercredy à la bretesque de notredite ville de Lille à heure de marché; pour par lesdits adjournez respectivement veoir proceder à l'interinement dudit benefice d'inventaire, ou y contredire. Mesmes par lesdits creanciers faire l'exibition de leurs lettres, exploits, & hypotecques, si aucuns en ont.

III. Et après ledict interinement, l'impettrant est tenu de bailler caution endedans sept jours & sept nuicts, à peril d'estre privé de l'effect de sondit benefice. Et à la quinzaine ensuivant ou à l'aisement de la court, se faict ordonnance pour les hypotequaires eux ayans opposé. Et quant à tous autres, l'on leur assigne jour à comparoir dudit jour d'interinement en demy an : pour, pendant ce temps, par lesdits creanciers non hypotecquaires, liquider leurs deuz, se bon leur semble : & lors faire par tous lesdits creanciers, chacun en son regard, exhibition de leurs lettres, & hypotecques, cedulles, tiltres, sentences & autres enseignemens, & eux opposer pour estre payez & remplis de leurs deuz. Sur laquelle opposition, ordonnance se faict à l'aisement de notredit Gouverneur ou son Lieutenant : preferant lesdits hypothequaires selon l'ordre de leursdites hypotecques, & tous autres, au marcq la livre de leurs deus liquidez, pour par chacun respectivement recevoir iceux deuz après les despens raisonnables ensuivis pour l'impetration & execution

a CHAP. VII. ART. 1. *sont reputez pour meubles.* Cette fiction de la Coutume touchant les arbres, édifices & autres choses adherentes au fond, est bornée à la matière des successions; de sorte que dans les differens cas où il ne s'agit plus de succession, comme dans celuy du douaire, dans celuy du seigneur qui jouit du fief tenu de luy faute de relief, les reputez meubles suivent le fond relativement à cette jouissance, de sorte que la veuve & le seigneur, doivent avoir nonseulement les fruits du fond naturels ou civils, mais encore toutes les commoditez qui en proviennent. Ainsi jugé dans le cas du douaire, par Arrest du Parlement de Flandres, du 12. Avril 1704. *Pollet, part. 2. chap. 28.* C. B. R.

Voyez ma note sur l'art. 6. du titre *Du Douaire.*

d'iceluy benefice preallablement payez sur les deniers consignez, ou caution baillée pour ladite priserie. Laquelle caution si execute reallement, & de faict. Duquel receu lesdits hypothequaires, & autres creanciers baillent caution subjecte à refusion. Le coust desquelles cautions se prend esdits deniers.

IV. Par la coustume, un heritier, par benefice d'inventaire, n'est tenu payer les debtes du deffunct, plus avant que ladite priserie porte, & peut retenir les biens, maisons, fiefs, & heritages à luy adjugez, en furnissant ladite priserie, dont il est tenu bailler caution. Lesquels succedent comme s'ils estoyent apprehendez à tiltre universel.

V. Tel heritier, ne peut audit tiltre avoir & apprehender autres biens, que ceux compris audict inventaire, & priserie : & s'il en apprehende d'autres, il est reputé hoir simple, & tenu aux debtes du deffunct.

VI. Un parent de tel trespassé, qui ne seroit si prochain & habille à succeder que l'impetrant dudict benefice se peut avant l'interinement dudit benefice porter heritier simple d'iceluy. A quoy il fait à recevoir, en payant les debtes. Et en ce cas ledit impetrant se peut deporter de ladite impetration & porter hoir simple, endedans le temps qui luy sera judiciairement ordonné à deliberer.

VII. Le prochain parent est recevable à soy fonder hoir par benefice d'inventaire : nonobstant qu'autre plus loingtain y soit fondé, en luy refondant ses despens raisonnables : n'est qu'audict premier impetrant, ses lettres soyent interinées, à ce adjourné en especial ledict plus prochain parent.

CHAPITRE IX.

Des Testamens, Codicilles, & Ordonnances de derniere volonté.

I. PAr la coustume, institution d'heritier n'est necessaire pour valider testament.

II. Toutes personnes de franche condition peuvent faire leurs testamens & codicilles soubs leurs seings manuels, ou pardevant justice, ayant pouvoir de recepvoir contracts, leur Curé, ou Vicecuré en la presence de deux tesmoings, ou Notaire & deux tesmoings.

III. Telles personnes de franche condition peuvent par testament, ou codicille, disposer de leurs biens meubles cateux & heritages, reputez pour meubles, ou portion d'iceux, à qui que bon leur semble. Et y apposer telles devises & conditions qu'il leur plaist. Tiennent & vaillent telles dispositions & conditions sans y pouvoir par leurs hoirs vaillablement contrevenir.

IV. Fiefs & heritages ne se peuvent donner, charger, ou autrement disposer, par testament & ordonnance de derniere volonté : fors seulement les proffitz & revenuz d'iceux de trois ans, en usant par exprès de ces motz ; proffitz & revenuz de trois ans. Car autrement lesdites charges, dons & dispositions sont nulles, sauf que pere & mere, grand pere & grand mere, ou l'un d'iceux, pourront faire partage & division, tant de leurs fiefz, comme d'autres heritages par testament, ou autrement comme bon leur semblera.

V. Une personne peut donner à ses enfans, nepveux ou niepces, en ligne directe, par testament & ordonnance de deniere volonté, ses fiefz & heritages. Pour en jouyr par les donataires, & leurs hoirs à tiltre de mortgaige (*a*), & sans descompt : tant & jusques à ce que les heritiers du donateur les auront reachetez pour la somme de deniers opposée à ladite donation.

VI. Un legataire universel, est submis & tenu aux charges, debtes, & obligations du trespassé.

VII. Un bastard non legitimé, ne peut tester.

VIII. Les debtes d'un trespassé doivent estre payées avant les legats par luy faicts.

IX. Executeurs de testamens peuvent avoir les biens delaissez par les testateurs soubz leurs mains le terme d'un an, à compter depuis les jours des trespas desdits testateurs, pour pendant ledit an, furnir à ladite execution, si avant que possible leur est. A la charge de rendre compte enfin dudit an, si requis en sont ; & ne sont lesdits executeurs poursuivables plus avant que lesdits biens meubles du testateur se peuvent estendre.

X. Lesdits executeurs peuvent vendre & adenierer pour furnir à leur execution, les biens meubles & reputez pour meubles, delaissez du testateur.

CHAPITRE X.

Des Donations & Venditions.

I. PAr la Coustume, toutes personnes de franche condition peuvent vendre, donner, charger, aliener & autrement disposer de leurs biens, fiefz, maisons & heritages à qui bon leur semble ; soit pour en jouyr prestement, ou les prendre & apprehender judiciairement après leurs trespas, ensemble des biens qu'ils delaisseront à leursdits trespas. Et apposer ausdites donations telles devises, conditions & modifications, qu'il leur plait (*b*) ; tiennent & vaillent telles ventes, donations, alienations, dispositions, devises, modifications & conditions. Sans ce que les heritiers de tels donateurs ou vendeurs y puissent vaillablement contrevenir.

II. Tous donataires, peuvent à leurs despens, quand bon leur semble, soit du vivant des donateurs, ou après, apprehender par auctorité de Justice, les donations à eux faictes.

III. Une personne ayant donné ou vendu verbal-

a CHAP. IX. ART 5. *à tiltre de mortgaige.* Les Coutumes de la ville de Lille, de la ville de Tournay, du Bailliage de Tournesis, & de la Gouvernance de Douay, parlent aussi du mortgage dans la même signification que celles du Bailliage de Lille, & elles le restraignent de même aux dispositions des pere & mere en faveur de leurs enfans. C. B. R.

a CHAP. X. ART. I. *Et apposer ausdites donations telles devises, conditions & modifications qu'il leur plait.* Cela ne doit s'entendre que des clauses & conditions qui n'alterent point la substance de la donation, car dès-lors que le donateur se seroit, par exemple, reservé la faculté de disposer autrement, il ne faut point douter que cette réserve ne produisist la nullité de la donation entre-vifs. Ainsi jugé par Arrest du Parlement de Flandres, du 18. Mars 1702. *Pollet, partie 2, chap. 29.* C. B. R.

lement

lement (a) ses maisons, fiefs ou heritages, en est & demeure vraye heritiere & proprietaire, jusques à ce qu'elle en soit desheritée, ou que les donataires ou acheteurs y sont tenus & decretez par mise de faict ou autre apprehension judiciaire.

IV. Une vente ou donation realisée, faict à preferer à autre vendition ou donation precedente, verballement faicte seulement.

V. Pour quelque vente verballe que l'heritier face de maisons, fiefs & heritages, n'est tenu soy en desheritier (b), si bon ne luy semble; ains est quicte, en rendant les deniers à Dieu, carité & ce qu'il en a receu, sans estre submis à interest. Mais l'acheteur en est tenu prendre l'adheritement s'il plait au vendeur; ou cas que endedans quarante jours ensuivans ladite vente, ledit vendeur en soit desherité, & le ait fait signifier audit acheteur, ou à son domicile : & lesdits quarante jours passez, sans avoir faict par iceluy vendeur les devoirs que dessus, l'acheteur n'est tenu prendre ledit marché si bon ne luy semble.

VI. L'on ne peut donner ses biens, maisons, fiefs, & heritages, au prejudice de ses creanciers. Et sont telles donations à revocquer jusques au furnissement de leur deu.

VII. Une personne peut donner par entre-vifs à tiltre de mort-gaige, ses fiefs, & heritages ou portion d'iceux aux descendans de tel donateur, en ligne directe seulement, en y apposant tel rachat que bon semble audit donateur.

VIII. Par l'usage, qui veut profiter d'aucun marché, à aghais, est requis, assçavoir de par le vendeur, consigner soubz la main de Justice la denrée & marchandise par luy vendue, & par l'acheteur les deniers du marché, avant le temps desdits aghais expiré, & ce faire signifier par Justice à sa partie, affin qu'elle livre ou reçoive la chose vendue, ou les deniers consignez : & en cas d'opposition est requis par le consignant au jour assigné par le sergent, en ramenant à faict conclurre au pertinent, & si lors le temps desdits aghais est expiré, ledit consignant peut contendre à interest seulement, en delaissant la livraison ou la reception de la denrée & marchandise : Neantmoins si durant le temps desdits aghais ledit vendeur avoit commencé à livrer, ou l'acheteur à payer, n'est requis pour le surplus faire les consignation & signification susdictes.

IX. Par la Coustume, toutes personnes de franche condition peuvent vendre rentes heritieres au rachat du denier seize, & en dessus. Et rentes viageres à deux ou trois vies au denier dix, & en dessus; & à une vie seule, au denier six, sept ou huict & endessus; & non autrement pardevant auditeurs soubz le séel de nostre souverain Bailliage de Lille, Justice competente, ou autre ayant pouvoir à ce.

X. L'on ne peut constituer rentes heritieres sans rachat par numeration de deniers.

CHAPITRE XI.

Des Retraictes Lignagieres.

I. PAr la Coustume, quand une personne a vendu fiefs, maisons & heritages patrimoniaux, ou qu'ils sont vendus par decret, son parent du lez & costé dont lesdits fiefs, maisons & heritages procedent, les peut reprendre & retraire à tiltre de proximité lignagiere, endedans l'an du desheritement pardevant la Justice où il a esté faict, ou dudit decret adjugé, de la mise de faict decretée, ou de l'adheritement faict & baillé; & n'a ladite retraicte lieu pour fiefs, maisons & heritages acquestez, ne pour biens meubles & catheux; n'est que ils adherent & soient vendus avec le fond desdits fiefz, maisons & heritages patrimoniaux.

II. Quand un mary ayant reprins à tiltre de proximité, aucuns fiefs ou heritages cottiers, les vend, reprinse & retraicte lignagiere a lieu.

III. Par l'usage, pour parvenir à ladite retraicte, est requis que le retrayant, ou procureur pour luy, se fonde en plaincte pardevant Justice competente; Et qu'il declare estre parent du vendeur, du lez & costé dont tels fiefs, maisons & heritages procedent. Offrant rembourser l'acheteur des deniers principaux & leaux coustemens, en presentant à ces fins or & argent. Et qu'au surplus les autres devoirs de Justice soient faicts en la maniere accoustumée.

IV. Par la Coustume, après telle proximité adjugée ou recongnue, le retrayant est tenu rembourser l'acheteur des deniers principaux & leaux coustemens, ou consigner ès mains de ladite Justice, deniers suffisans pour faire ledict remboursement. Et si par la vente y a chose non liquidée, est receu en baillant caution pour le furnir à l'ordonnance d'icelle Justice; ladite liquidation faicte, & ladite consignation & caution (s'elle est baillée) faire signifier audit acheteur ou à son domicile, endedans sept jours & sept nuicts ensuivans ladite adjudication ou recognoissance, à peril d'estre privé de l'effect de sadicte poursuite. N'estoit que l'acheteur fust resident en lieu si loingtain, qu'endedans lesdits sept jours & sept nuicts ne fust possible faire lesdits devoirs. Auquel cas les Juges peuvent accorder de faire ladite signification endedans tel jour, qu'ils verront estre expedient.

V. Fiefs, maisons & heritages demandez audit tiltre de proximité, sont à adjuger au retrayant en tel estat qu'ils sont à l'heure de la saisine réelle. Ensemble les fruicts & proffits escheuz durant le litige, en cas qu'il ait nampty les clers deniers du marché, & pour le surplus baillé ladite caution au jour de ladite saisine ou durant le temps dudit litige, à compter depuis le jour dudit namptissement en avant, & non autrement.

VI. Pour obtenir telle retraicte audit tiltre de proximité, n'est requis que la poursuite se face par le plus prochain parent dudit vendeur, ains suffit que le retrayant soit parent du vendeur du lez & costé dont l'heritage procede. Neantmoins s'il y a plusieurs faisans ladite retraicte de divers degrez, le plus prochain faict à preferer, combien qu'adjudication eust esté faicte au plus loingtain parent. Et s'il en y a plusieurs en pareil degré, le plus diligent, ayant faict faire la saisine, soit masle ou femelle, faict à preferer en ladite proximité.

VII. Un proisme ayant acheté fiefs, maisons ou heritages patrimoniaux de son parent, & esté d'iceux adherité, pert son droict de proximité, & peut autre

a CHAP. X. ART. 3. & 5. *verballement*. Quand on examine de près la disposition de l'article, on trouve que ce terme n'y a aucune fonction, & qu'il ne signifie rien; car il est certain que ces deux articles comprennent les contrats de donation ou de vente redigez par écrit, & qu'il semble que l'on n'ait eu d'autre intention que de désigner la difference des contrats réalisez d'avec ceux qui ne le sont pas, & de dénoter ceux-cy; sous le terme de vente ou donation verbalement faite. C.B.R.

b ART. 5. *n'est tenu soy en desheritier*; c'est-à-dire, exproprier & quitter la possession & proprieté, *infrà, cap. 21. art. 2. Sic exhaeredatus, id est, privatus rebus suis. Capit. Car. Magni, lib. 1. cap. 121. Synod. Mogunt. can. 6. Synod. Turon. 41. can. 51. Synod. Cabil. 2. can. 7. Vide not. mea ad articulum 167. consuetudinis Parisiensis.* J. B.

parent plus prochain que l'acheteur faire la reprinse, en faisant les devoirs tels que dessus.

VIII. Quand l'on vend fiefs, maisons & heritages tenus de divers seigneurs, un proisme peut reprendre audit tiltre, le tenement d'une seigneurie seulement de plusieurs, & delaisser le tenement d'autre seigneurie, pourveu qu'il reprende entierement ce qui est d'un tenement, & furnisse le prix des parties ainsi retraictes selon & ainsi que dessus. Neantmoins l'acheteur en prendant l'adheritement, peut apprecier les tenemens, ainsi que bon luy semble.

IX. Le retrayant après l'heritage à luy adjugé ou recogneu, & remboursement faict, est comme subrogué au lieu de l'achepteur, tenu & obligé au contenu du marché, & iceluy acheteur du tout en est deschargé.

CHAPITRE XII.

Des droicts & actions concernans gens mariez.

I. PAr la Coustume, la femme est en la puissance de son mary, jaçoit qu'elle ait pere vivant, & ne peut sans licence & auctorité de sondit mary, faire testament & ordonnance de derniere volonté, donner, quicter ou contracter, n'ester en jugement, excepté en cas de delict ou d'injures.

II. Le mary est seigneur & maistre, & peut donner, charger, aliener & disposer de tous les biens meubles & reputez pour meubles, droit & actions mobiliaires, estans communs & venans tant de son costé que du costé de sa femme, & des heritages acquis constant leur mariage, sans le gré & consentement de sadite femme.

III. Tel mary ne peut donner, vendre ou aliener les fiefs & heritages de sa femme, ains en a seulement le gouvernement & administration.

IV. Le mary seul, & sans procuration de sa femme, peut comme bail & mary d'icelle, poursuivir, conduire & deffendre les actions mobiliaires personnelles & possessoires, procedans à cause de sadicte femme, & les réelles ou foncieres, en deffendant seulement.

V. Le mary est tenu & poursuivable pour les debtes & obligations deues, & vaillablement contractées par sa femme, paravant leur mariage.

VI. Deux conjoincts par mariage ne peuvent directement ou indirectement, par disposition d'entre vifs ou de derniere volonté, advancer l'un l'autre.

CHAPITRE XIII.

De la puissance du pere, & comment icelle se peut dissoudre, & de la minorité d'aage.

I. PAr la Coustume, enfans procreez en leal mariage, sont & demeurent en la puissance de leur pere tant qu'ils soient emancipez pardevant Justice competente, qu'ils soient mariez ou ayent prins estat honorable.

II. Toutes donations faites à enfans, estans en la puissance de pere, & non emancipez, appartiennent au pere, si avoir le veut. N'est qu'elles soient faictes par ledit pere à ses enfans.

III. Fils ou filles de famille ne peuvent contracter n'ester en jugement, sans le consentement de son pere, excepté en cas de delict ou injures.

IV. Adoption n'a lieu.

V. Enfans non ayans pere, n'esté constituez en tutelle, sont reputez eagez, & de franche condition. Assçavoir, les enfans masles à l'eage de dixhuict ans, & les femelles à quinze ans, jusques ausquels eages ils sont reputez en minorité, & sont inhabiles de contracter ou autrement disposer de leurs biens.

CHAPITRE XIV.

Du Bail & gouvernement des Biens des Enfans.

I. PAr la Coustume, à un pere ou mere compete & appartient s'avoir & apprehender le veut par voye judiciaire, par forme de bail & gouvernement, la jouyssance des fiefs & seigneuries appartenans à ses enfans ou enfant, & ce jusques à l'age de quinze ans pour enfans masles, & unze pour les femelles, à la charge de nourrir, alimenter, vestir & entretenir aux escolles, ou autrement iceux enfans ou enfant selon leur estat, les rendre indempnes ausdits eages de toutes debtes, & sans lien de mariage, & de entretenir les edifices estans sur lesdits fiefs & seigneuries, ainsi que à usufructuaire appartient. Et de ce bailler caution suffisante, en faisant ladite apprehension. Et à laquelle apprehension faite, est requis evocquer les autres prochains parens desdits enfans ou enfant, ou leurs tuteurs s'aucuns en ont.

CHAPITRE XV.

De la Tutelle & Curatelle.

I. PAr la coustume, enfans mineurs d'ans après le decès de leur pere ou mere demeurent, & sont en la tutelle legitime de leur pere ou mere survivant, tant qu'ils soyent eagez ou pourveuz judiciairement de tuteurs.

II. Ladite tutelle legitime n'empesche que les juges ne puissent commettre autres tuteurs ausdits enfans, & pour ce faire deuement, est requis prendre pour tuteurs les plus prochains parens capables & idoines desdits mineurs d'ans des costez paternels & materhels, en nombre de quatre, si tant en y a. Lesquels ne sont tenus de bailler caution fidejussoire, ains sont submis seulement de faire serment ès mains des juges, d'administrer les biens d'iceux enfans mineurs d'ans à leurs sens & pouvoir, & d'en rendre compte & reliqua, là où, & quand il appartiendra; & sera ledit tuteur tenu faire inventoire appellez aucuns des autres plus prochains parens, lequel inventoire sera faict sommierement sans grans frais & au moindre dommage que l'on pourra.

III. Pour agir & ester en jugement par tuteurs, ou nom de leurs pupilles, est requis qu'il en y ait un de chacun costé pour le moins, n'est que un seul desdits tuteurs soit par justice competente à ces fins auctorisé.

IV. Enfans mineurs, estans en tutelle, ou personnes en curatelle, ne peuvent contracter n'ester en jugement, sans l'auctorité de leurs tuteurs ou curateurs.

V. Par l'usage, quand aucuns parens sont adjournez affin de accepter la tutelle d'aucuns mineurs, ils peuvent estre oys sommierement en cas de contredict en leurs excuses. Et s'il leur est ordonné de l'emprendre, & faire serment pertinent, en cas de reffus ou delay, ils y sont constraints par emprisonnement de leurs personnes. Et si aucuns à ces fins adjournez sont deffaillans, ils sont readjournez par main mise, ou autrement constraincts par voye de justice, & le tout à leurs despens, nonobstant appellation, & sans prejudice d'icelle.

VI. Par la coustume, tuteurs de mineurs d'ans ou curateurs, ne peuvent vendre, charger, ou aliener les maisons, fiefs, & heritages d'iceux mineurs, ou de ceux estans en curatelle. N'est en vertu de lettres patentes en forme d'auctorisation deuement interinées pour leur evidente utilité, proffit & cause raisonnable.

VII. Enfans judiciairement constituez en tutelle, y demeurent tant que judiciairement ils en soyent deschargez, qu'ils soyent mariez, ou parvenus à estat honorable, ou qu'ils ayent vingt-cinq ans.

VIII. Et combien que tels enfans eussent attainct leurs eages, & qu'ils, ou leurs tuteurs requissent estre deschargez de tutelle, neantmoins la justice n'est tenue ce faire, s'elle treuve cause raisonnable au contraire.

IX. Un tuteur ou curateur, est tenu & poursuivable seul & pour le tout de l'administration entremise & charge de ladite tutelle, ou curatelle. Jaçoit que les autres soyent solvens, ou ayent eu la maniance des biens de leurs pupilles, ou ceux mis en curatelle. Sauf son recouvrier sur ses contuteurs ou concurateurs, comme il appartiendra par raison.

X. Pour deuement mettre en curatelle une personne estant en sa franchise & liberté, pour prodigalité, debilitation de sens, ou autre cause suffisante, est requis obtenir lettres patentes en forme deue & icelles faire interiner par notre Gouverneur de Lille, ou son Lieutenant, en y appellant la personne s'elle n'est debilitée de sens. Et pourvoyant pendant le litige, sur l'interdiction de non aliener ses biens, par ladite personne selon qu'il est sommierement trouvé la matiere y estre disposée. Et si par telle personne est appellé, ladite interdiction sortira effect tant que parties oyes en soit autrement ordonné. Comme aussi l'on ne differe faire ladite interdiction pour appellation interjectée de la concession desdites lettres patentes ou autre appellation faicte ou à faire & sans prejudice d'icelles. Et ne sont les curateurs commis, tenus bailler caution ne faire inventaire des biens, mais suffist faire le serment en tel cas pertinent.

XI. Si tel pourveu de curateurs se porte pour appellant de l'interinement desdites lettres, ladite curatelle tient & a lieu jusques à ce qu'autrement en soit ordonné.

XII. Telle personne, constituée en curatelle ne peut estre deschargée d'icelle par mariage ou autrement, n'est par lettres patentes en forme de realisation deuement interinées, par notredict Gouverneur de Lille ou son Lieutenant, à ce evocquez lesdits curateurs ou autres si mestier est.

CHAPITRE XVI.

Des Censes & Louages.

I. PAr la coustume, quand un censier à labouré & assemencé aucuns heritages apres sa cense expirée, il doit joyr de tels heritages & des autres conjoinctement baillez à semblable tiltre de cense, trois ans ensuivans & continuels, aux pris, devises & conditions du bail precedent. N'est que l'heritier luy ait signifié ou faict signifier de soy en departir avant qu'il ait labouré & assemencé: ou après les avoir assemencé, endedans le jour & feste de la chandeler precedent la despouille, luy faict ou faict faire semblable signification en offrant audit censier, labeurs, fers & semences tels que de raison.

II. Usufructuaire & viager de maisons, fiefs, & heritages, les peut bailler en louage & cense, si à telles maisons appendent prez, pastures ou terres à labeur, le terme de neuf ans ou endessouz: moyennant que ledict louage ne se face que deux ans auparavant le vieil bail expiré. Et si à telles maisons n'appendent aucuns prez, pastures, où terres à labeur, l'espace de trois ans ou endessoubs, moyennant qu'il ne se face qu'un an auparavant le precedent bail expiré.

III. Heritiers de maisons, fiefs, & heritages baillez à cense ou louage les peuvent reprendre pour leur demeure & occupation seulement & sans fraude, toutes les fois que bon leur semble. En payant interests tels que de raison. Et si les censiers ou louagers ont hypotequé pour la seureté de leur louage ou censse ne sont tenus en departir que prealablement lesdits interests soyent liquidez & payez.

IV. Quand un louager ou censier a faict faire aucuns edifices sur le lieu ou heritage qu'il tient en cense ou louage, l'heritier peut retenir lesdits edifices en payant les deniers à quoy ils seront prisez à porter envoye au dict de gens, eux en ce congnoissans. Et si l'heritier ne les veut retenir ledit censier ou louager les peut emporter.

V. Un censier, constant sa censse de neuf ans, a & doit avoir en chacune royée de terre à labeur trois despouilles de bled; trois despouilles d'avaine, & trois ghesquieres.

VI. Un censier peut copper hayes d'espines ou autres bois faisant cloture à bouche d'homme & espincher bois montans à six ans, hallots à teste à trois ans, & copper bois à pied à six ans: le tout en temps convenable.

VII. L'on ne peut froisser ne destroyer terres à labeur, sans le consentement de l'heritier, à peril de payer demy censse, de tel froissis & destroyement par dessus le rendage.

VIII. Un censsier par poureté & insolvence peut faire fin de cense (*a*) & soy en departir en le signifiant à l'heritier & payant les arrierages par luy deuz des fers, labeurs, semences, sceues, & advestures à luy appartenans estans sur les heritages, & le reste en argent.

IX. Si quelque heritage est enclavé de tous costez entre heritage d'autruy sans passage ou yssue en chemin, l'heritier ou censier de tel heritage enclavé, pour le labourer, charier fiens & amendemens, semer & despouiller les fruits & advestures en procedans, peut prendre passage sur tels heritages au lieu moins dommageable, en le signifiant aux heritiers trois jours paravant, & payant interest tels qu'il sera dict par gens en ce cognoissans prins à ses despens ou en namptissant s'il veut estre oy.

X. Si un louager à faict aucuns ouvrages necessaires en la maison par luy occupée après avoir sur ce sommé l'heritier ou usufructuaire, & qu'il en a esté en faute, il peut deffalquer lesdits ouvrages sur le rendage de sondict louage.

XI. Celuy qui a anterieur droict de censse ou louage faict à preferer au subsequent, encores que le subsequent ait bail realizé.

CHAPITRE XVII.

Des Prescriptions.

I. PAr la coustume, quiconque joyst & possesse paisiblement d'aucune chose ou droict, corporel ou incorporel, à tiltre ou sans tiltre le terme & espace de trente ans, & non moindre temps, continuels entre presens & habilles, il acquiert droict de la chose par luy possessée, & en est tenu vray seigneur & heritier en telle maniere que lesdits trente ans revolus l'on ne le peut en ce vaillablement empescher ou inquieter.

II. Quiconque est tenu paisible d'aucune debte, cherge ou redevance par semblable terme & espace de trente ans, & non moindre temps, entre presens & habilles, il est & demeure quicte de telle debte, charge ou redevance.

III. Pour acquerir droict par prescription contre Eglises, il convient que la possession soit de quarante ans continuels.

IV. L'on ne peut prescrire contre absens du pays (*b*), mineurs d'ans, ne ceux constituez en tutelle, ou curatelle, durant leur absence, minorité ou le temps qu'ils sont en tutelle ou curatelle : ains dort ladite prescription pendant ce temps. Mais cessant lesdits absence, minorité, tutelle, ou curatelle, ladite prescription, si paravant elle estoit commencée se continue & peut parfaire.

V. Prescription n'a lieu entre freres & sœurs pour biens, fiefs, maisons, & heritages venans de pere ou de mere, n'est qu'il y ait partage ou autre tiltre valable.

VI. La faculté de racheter droict de mortgaige, rentes constituées à rachat ou de pouvoir apprehender droict de quind & autres facultez ne se peuvent prescrire.

VII. Pour emprinses d'heritages circonvoisins & joindans l'un l'autre, prescription n'a lieu pour quelque longue joyssance que l'on en ait eu; n'est qu'entre lesdits heritages y ait bornes, assens ou separations notables.

VIII. Vice ou erreur de compte ne se peut prescrire, ains se purge en tout temps.

CHAPITRE XVIII.

Des Matieres possessoires, Complainctes maintenues.

I. PAr la Coustume, pour intenter vaillablement complaincte en cas de saisine & de nouvelleté, est requis que le complaignant soit en possession d'an & jour de la chose dont il se complaint, qu'il soit tourblé actuellement, & le face executer contre les turbateurs endedans l'an dudit tourble. Et en appartient la cognoissance à nostredit Gouverneur de Lille ou son Lieutenant mesmement par prevention.

II. Par l'usage, une tierce personne n'est recevable d'emprendre le garand des turbateurs auparavant les restablissement & sequestre vuidez; & si ne doit appellation empescher ledit restablissement & sequestre.

III. En matiere de complainte les parties doivent proceder & conclure à toutes fins. Si comme sur le restablissement sequestre, & recredence qui sont instances provisionnelles à brief jour, & sur le principal possessoire à jour ordinaire, & leur doit estre fait droit par ordre, mesmes sur lesdites instances provisionnelles sans preuve, si possible est.

IV. L'impetrant de complaincte peut obtenir ès interestz par luy pretendus, combien qu'ils soient endessoubz la somme de soixante sols.

V. Les seigneurs hauts Justiciers ou Vicomtiers ne doivent avoir le renvoy des complainctes intemptées au siege de notre Gouvernance de Lille.

VI. Quiconques est trouvé possessent d'an & jour de aucune chose litigieuse, il est recevable d'en demander & avoir la joyssance durant le litige.

VII. A notre Gouverneur de Lille ou son Lieutenant, compete & appartient la cognoissance en matiere possessoire des benefices estans en notre ville & chastellenie dudit Lille.

---

a CHAP. XVI. ART. 8. *peut faire fin de cense*, mais le proprietaire ne l'y peut obliger, parce que c'est au fermier seulement que la grace est accordée par la Coutume. Arrest du Parlement de Flandres, du 20. Juillet 1699. qui l'a ainsi jugé. Bien entendu cependant qu'en cas d'insolvabilité du fermier, le proprietaire est fondé à employer les recours que le droit luy présente, & qui sont d'obliger son fermier de donner caution, ou de l'obliger d'abandonner la ferme faute de payement. *Pollet, part. 2. chap. 37.* C. B. R.

a CHAP. XVII. ART. 4. *contre absens du pays.* Par ces termes la Coutume n'entend que ceux qui ayant leur demeure au pays, en sont actuellement éloignez, soit pour voyage ou pour commerce, & qui conservent cependant l'esprit de retour. De sorte que sous le mot, *Absent*, elle ne prétend point comprendre ceux qui n'ont jamais demeuré au pays. C'est un privilege qu'elle a voulu introduire en faveur de ceux qui vivent sous son ressort, & l'on ne peut pas croire qu'elle ait voulu favoriser les étrangers. Cette autre expression de l'article, *Ains dort ladite prescription pendant ce temps*, aide encore beaucoup l'interpretation que nous donnons icy, car elle suppose une absence *ad tempus*, ce qui ne convient nullement aux étrangers de la Coutume. Arrest du 21. Mars 1696. *Pollet, part. 2. chap. 38.* C. B. R.

CHAPITRE XIX.

Des Mises de faict.

I. PAr l'usage, pour en vertu de commission de mise de faict, qui se decerne seulement par notre Gouverneur de Lille ou son Lieutenant, apprehender à tiltre particulier ou faire créer hypotecque de, & sur biens, meubles, fiefs, maisons, & heritages, est requis preparativement faire apparoir dudict tiltre, par lettres, instrumens, ou tesmoings. Ce qu'il n'est requis pour faire apprehension à tiltre universel. Laquelle mise de faict se decrete sur un simple deffaut ad ce adjournez en especial le seigneur, son Bailly ou Lieutenant de qui lesdits biens sont tenus ou gisans : & s'il n'y a l'un d'eux residens en ladite ville & chastellenie de Lille, le seigneur superieur, son Bailly ou Lieutenant.

II. Par la coustume, mise de faict decretée est equipollée à desheritement & adheritement & emporte vigueur de sentence au regard des signifiez & adjournez en especial & ne peut prejudicier à celuy non ayant esté especiallement signifié & adjourné.

III. Telle mise de faict ne despossesse personne (*a*) ny attribue droict à l'impetrant jusques qu'elle soit decretée, & après ledict decretement elle se retrotraict au jour de la main-mise, & se peut icelle mise de faict aussi bien faire après le trespas du contractant que de son vivant sans estre requis recongnoissance estre prealablement faite par l'heritier de tel trespassé.

CHAPITRE XX.

De Main-Assise.

I. PAr l'usage, pour en vertu de commission de main-assise qui se decerne seulement par notre Gouverneur de Lille ou son Lieutenant créer seureté & hypotecque, sur fiefs, maisons & heritages, & biens adherans au fonds, est requis que telle main-assise soit accordée par lettres obligatoires passées ou recognues pardevant iceluy Gouverneur ou son Lieutenant ou auditeurs audit Lille soubz le séel du souverain Bailliage, & ne se peut faire sur autres biens, meubles & reputez pour meubles. Et se decrete sur un deffaut à ce adjourné le seigneur, son Bailly ou Lieutenant, duquel lesditz fiefz, maisons, & heritages sont tenus, en luy adjugeant droix seigneuriaux tels que pour ce deubz sont. Et s'il n'y a l'un d'eux residens en ladite ville & chastellenie dudit Lille, le seigneur superieur, son Bailly ou Lieutenant ensemble les obligez ou recognoissans.

II. Par la coustume, main-assise decretée se retrotraict & crée seureté & hypoteque dès l'instant de la main-mise & ne peuvent les obligez ou recognoissans deteriorer, ne faire chose au prejudice dudit hypotecque.

CHAPITRE XXI.

De Plaincte à Loy [b].

I. PAr la coustume, l'on peut pour actions personnelles & réelles intempter poursuites pardevant les Bailly ou leurs Lieutenans, hommes de fiefs de la Salle dudit Lille, & hommes de fiefs, Eschevins ou Juges des cours en deppendans par plaincte à loy & saisine de biens, meubles, & immeubles.

II. Par saisine faicte (en vertu desdites plainctes) d'iceux biens, meubles, ou heritages, hypotecque est créé à la conservation & seureté du pretendu & contenu esdites plainctes dès l'instant de ladite saisine, pourveu que sentence s'en ensuive au proffit du plainctissant.

III. Si quelqu'un apprehende fiefs, maisons, ou heritages, par plainte à loy & saisine, si le deffendeur est possesseur d'an & jour, doit avoir la joyssance durant le litige s'il le requiert, en temps deu, la main de Justice tenant au fond. Mais si lesdites plainctes & saisine sont faictes pour quelque deu, est requis avant avoir main-levée, bailler caution suffisante au furnissement du jugé.

IV. Par l'usage, pour deuement soy fonder en plainte, est requis qu'icelle soit faite pardevant le seigneur, Bailly ou Lieutenant, trois hommes de fiefz, trois Juges ou quatre Eschevins du moings, sur laquelle plainte, ledit seigneur, son Bailly ou Lieutenant doit à l'enseignement desdits hommes de fiefs, Eschevins ou Juges, iceux sur ce semons, prendre & mettre en la main de justice verballement tous les biens meubles & immeubles, sur lesquels ledit plainctissant fait plainte. En faisant deffences à tous de non emporter ne transporter lesdits biens jus du lieu, à peril d'encourir en l'amende de soixante sols, & de reparer le lieu, & assigner jour aux parties, en especial, & à tous autres en general, au jour de plais ordinaires de ladite court & seigneurie, ou s'il n'y a plais ordinaires du jour de ladite plaincte en quinze jours, & sur ce semonre & conjurer de loy, lesdits hommes de fiefs, Eschevins ou Juges, lesquels à ladite semonce doivent respondre que ledit Bailly à prins & mis si suffisamment en ladite main de justice, lesdits biens, qu'il peut & doit suffir à loy, pourveu que le surplus se parface en temps & en lieu.

V. Après laquelle plainte faicte, est requis faire saisir les biens en faisant par ledit plainctissant ou Procureur pour luy veue & ostention d'iceux endedans sept jours & sept nuicts du jour de ladite plaincte par ledict seigneur, Bailly ou Lieutenant, ou sergent en la presence & pour ayde de loy ou de deux desdits hommes de fiefs, Juges ou Eschevins du moins, en prendant & mettant en la main de

a CHAP. XIX. ART. 3. *Telle mise de faict ne depossesse personne*, non pas même le simple détempteur ni l'administrateur. Jugé par Arrest du Parlement de Flandre, du 16. Novembre 1699. *Pollet, part. 2. chap. 40.* C. B. R.

b CHAP. XXI. *Rubriche.* De plaincte à Loy. *Legis Salicæ tit. 37. §. 8. & tit. 38. ubi legem intelligere, & secundum legem se deffendere, Pithœus interpretatur*, se traict & recourt à loy. J. B.

justice effectuellement iceux biens, en faisant semblables deffences & adjournemens que dessus, & sceute desditz saisines, deffences & adjournemens à la personne contre laquelle l'on fait la plaincte à loy si l'on l'a peut recouvrer, & sinon, au lieu de son domicile à ses familiers & domestiques, si aucuns en y a, & en faute de ce par cry publique en l'Eglise paroichialle par un jour de feste au lieu des heritages & biens saisis. Et au jour assigné ledict plaintissant ou Procureur pour luy est tenu soy presenter alencontre desdits adjournez en especial & general. Et après relation faicte desdits saisine, deffences, adjournemens & sceutes, mesmes du jour d'icelle saisine, ramener à faict lesdites plainte & saisine.

VI. Si tel plaintissant offre verifier ses fais, & que nuls desdits adjournez ou aucun d'eux ne compare, il doit obtenir contre les deffaillans par divers plais deuement entretenus des heures de premier, second, tiers, & quatriesme jour, & en faisant audit tiers jour debouter de deffences lesdits adjournez, & lesdites heures obtenues fait audit plainctissant sa demande à adjuger, si avant qu'il en fera apparoir, en l'ordonnant à ces fins à preuve, sur intendit endedans temps deu. Et en cas qu'aucun des adjournez en especial ou general se vœulle presenter & opposer, il est à ce receu endedans l'heure de tiers jour obtenue. Et si ledit plainctissant par sa plaincte & ramene-à-faict si rapporte au serment desdits adjournez ou adjourné en especial qui ne comparent, luy faict à adjuger, s'il le requiert deffaut premier à tel proffit que lesdits deffaillans ou deffaillant sont à readjourner par intimation en parlant à leur domicille. Et en cas que sur ledit readjournement ils ne comparent deffaut second doit estre contre eux donné, & ledict serment referé audict demandeur & plainctissant.

VII. Par la coustume, l'on se peut par plaincte à loy faire asseurer pour rendages de censse non escheuz aux despens du plainctissant, & non pour sommes de deniers n'autres choses non escheues.

VIII. S'aucuns biens meubles, mouvables estoyent judiciairement saisis par plaincte à loy ou autrement en la maison & pour pris du debiteur, & fussent après trouvez sans garde ayant pouvoir à ces fins : tels biens sont reputez descalengez & deschargez de ladite saisine: de sorte que s'autres faisoient judiciairement par après saisir lesdits biens & à iceux mettre garde, ayant pouvoir seroient à preferer.

IX. Pour appellation faicte sur plaincte à loy l'on ne doit differer la saisine & exploit tant & jusques à ce que la main de justice soit garnie ou caution baillée, si avant que le plainctissant auroit fait preparativement apparoir de son pretendu.

CHAPITRE XXII.

Des Hostigemens & autres Hypotheques.

I. PAr la coustume, tous rapportz & hostigemens de fiefs maisons, heritages, & biens meubles faits pardevant les seigneurs Baillifs ou Lieutenans, hommes de fiefs, Eschevins ou Juges des seigneurs dont ils sont tenus & mouvans, ou en la jurisdiction desquels ils sont assis pour seureté de aucun deu, acquit, ou autre action personnelle, créent hypothecque en y observant les œuvres de loy, comme aussi sont rapports desdits fiefs, maisons, heritages, & meubles adherans au fonds à la conservation de rentes heritieres ou viageres, si avant qu'esditz rapports & hostigemens y sont specialement declarez, & s'ils estoyent tenus de divers seigneurs ou gisans en diverses seigneuries, telz rapportz & hostigemens se peuvent faire par la justice du seigneur mediat ou souverain, pourveu que droict seigneurial ne fust pour ce deu.

II. Quand aucun est judiciairement realisé en fiefs, maisons & heritages, à la charge de rentes & sommes de deniers ou autres choses, lesdits fiefs, maisons & heritages sont affectez pour telles charges.

III. Par la coustume generale ne sont aucunes hypotheques tacites, sauf le privilege du Prince.

IV. Appellation emise de sentences diffinitives ou interlocutoires, commissions executoires, ou autres exploix de justice, crée hypotecque sur les biens & heritages de l'appellant pour les sommes & parties mentionnées esdites sentences, commission & exploix, ores que lesdites commissions soyent suspendues par appellations.

V. Les exeques & funerailles d'un trespassé au tax de justice, sont à preferer avant toutes debtes & hypotecques de quelque nature qu'elles soient.

VI. Labeurs & semences sont à preferer en payement sur les advestures en procedans avant droit de cense & autre debte ou hypotecque quelle que ce soit.

VII. Les advestures & despouilles procedans de fiefs & heritages baillez à cense, sont hypotecquez pour le rendage de l'année courant desdictes despouilles, & sont à preferer à toutes hypotecques, sauf lesdits labeurs & semences.

VIII. L'année courant de louage d'une maison faict à preferer à toutes autres hypoteques, sur les biens trouvez en ladite maison ou portion d'icelle, ayans occupé ledict louage à qui qu'ils soyent appartenans.

IX. Loyers de serviteurs & servantes pour l'année courant, sont privilegiez, & sont à preferer avant toutes hypotecques après l'année courant de censses & louages.

X. Une personne ayant quelque gaige pour prest ou deu a hypotecque sur ledit gaige paravant autres, & en faisant signifier judiciairement à son debteur de redimer ledit gaige, si le debteur ne fait le payement endedans sept jours & sept nuicts ensuivans, peut faire vendre par justice ledit gaige pour estre payé dudit prest ou deu.

XI. Despens d'hostellerie fais par passans ou leurs bestiaux sont privilegiez & sont à preferer avant toutes autres debtes sur les biens ou bestiaux estans en ladite hostellerie, & les peuvent retenir lesditz hostes jusques au payement de leur deu.

XII. Biens meubles ne ont suite d'hypotecque.

CHAPITRE XXIII.

Des Matieres d'executions, Decrets, Criées & Subhastations par nostre Gouvernance, Bailliage de Lille, & Cours y ressortissans.

I. PAr la Coustume, l'on ne peut vaillablement faire executer une personne, s'elle n'est condamnée par Juge competent, ou obligée par obligation portant vigueur d'execution.

II. Par l'usage, quiconques fait executer autruy pour plus que deu n'est, telle execution faict à revocquer, & le faisant executer doit estre condamné ès despens.

III. Une personne executée ne peut estre receue à opposition sans namptir ce pourquoy l'execution se faict en deniers, vaissellle ou autres biens non perissables. Et si telle execution se fait pour deniers du demaine ou aydes à nous accordez, le faisant executer aura les deniers à caution s'il le requiert sans figure de procès, & pour autre cas les Juges les peuvent pourveoir, parties sommierement oyes, comme ils verront au cas appartenir, sans neantmoins retarder le principal de la matiere.

IV. Pour vaillablement proceder par voye d'execution au siege de nostre Gouvernance de Lille, est requis obtenir commission executoire d'iceluy Gouverneur ou son Lieutenant, & que le sergent saisisse & execute premiers les biens meubles de l'obligé ou condamné, gisans en ladite Chastellenie. Et en faute de y recouvrer biens meubles suffisans pour fournir à ladite execution, il peut, après commandemens par luy faicts audit obligé ou condamné, ou à son domicile s'il est demourant en ladite Chastellenie, de luy delivrer deniers pour furnir à ladite execution ou luy administrer biens meubles suffisans pour ce faire, en cas de deffaulte, saisir les heritages d'iceluy obligé ou condamné. Et si ledit sergent executeur ne trouve aucuns biens, meubles, fiefs, maisons ou heritages appartenans audit obligé ou condamné en icelle Chastellenie, il en rescript au Juge; surquoy commission luy est accordée de prinse de corps contre ledit obligé ou condamné.

V. Quand une personne condamnée ou obligée par lettres portans vigueur d'execution, fine ses jours; avant que l'on puist proceder par execution sur les heritiers du trespassé, & leurs biens, est requis que lesdites lettres soient recognues ou prononcées executoires pardevant nostredit Gouverneur de Lille, ou son Lieutenant, ou par Juge competent allencontre desdits heritiers & leurs biens, selon leur teneur.

VI. Par la Coustume, une sentence passée & vallée en force de chose jugée, n'a vigueur d'execution entre parties privées, qu'un an.

VII. Par l'usage, quand aucun ayant faict proceder par execution, s'en depporte ou dechet, il peut après, pour la mesme chose seulement proceder par evocation.

VIII. Pour deuement proceder à la vendition & subhastation de maisons, fiefs ou heritages par voye d'execution, le sergent saisit & met en nostre main souveraine, comme Comte de Flandres, lesdits maisons, fiefs & heritages. Laquelle saisine il est tenu signifier aux seigneurs desquelz ils sont tenus, leurs Baillifs ou Lieutenans, & au condamné ou obligé. Et endedans quinze jours ensuivans exposer en vente par jour de Dimanche, ou autre jour solemnel à heure de grand' Messe, à l'Eglise paroichiale où lesdits fiefs, maisons & heritages sont assis, & par un jour de Mercredy à heure de marché, à la bretesque de nostredite ville de Lille. Et en dedans un mois ensuivant, vendre iceux au plus offrant, en y asseant palmées & hauces, & attacher un billet contre ladite vente à un tableau, au lieu de ladite salle, & ladite vente signifier ausditz seigneurs, Baillifs ou Lieutenans, audit obligé ou condammné. Neantmoins si le marché excede la somme de trois cens livres, le sergent ne peut faire ladite vente sans la presence ou auctorité du Juge.

IX. Ladite vente & signification faicte, iceluy sergent est tenu faire quatre criées & subhastations ès Eglises paroichialles où lesdits fiefs, maisons & heritages sont gisans, par jour de Dimanche, ou autre jour solemnel à heure de grand' Messe. Et autres quatres criées à la bretesque audit Lille, à heure de marché, assavoir pour lesditz fiefs, de quinzaine en quinzaine, & pour heritages cottiers de huit jours en huit jours, & assigner le jour pour garder le pouce de chandeille, au prochain Jeudy après la derniere criée audit lieu de la Salle, à heure de la cloche du vespre sonnant, & que le tout se face sans interruption, & nonobstant appellation que l'on pourroit interjecter au contraire. A peril de recommencer.

X. Ledit sergent peut recevoir autant de haulces & renchieres que on luy presente, jusques audit pouce de la chandeille gardé, & en après est à faire au Juge. Et le premier mettant à prix à la premiere palmée, & non ceux ayans renchery avant la premiere criée faite en ladite Eglise. Mais les rencherisseurs après ladite premiere criée faite, ont à leur profit le droit de leurs encheres & palmées.

XI. En faisant ladite vente par le sergent, l'on assiet un franc d'heritage, portant trente-trois gros quatre deniers du cent de livres parisis de carité, ou autre somme à la discretion du Juge, en cas que ledict marché excede la somme de trois cens livres, & autant que la carité porte, doivent estre les rencheres assises, les deux tiers desquelles sont au proffit du marché, & l'autre tiers au proffit de celuy ou ceux sur qui ledit marché est renchery; & ne se desboursent les caritez jusques au decret adjugé.

XII. Pour deuement proceder à l'adjudication du decret, il est requis d'apporter lesdits exploix à court, & sur iceux obtenir commission iterative, en vertu de laquelle ledit sergent executeur doit adjourner les seigneurs, Baillifs ou Lieutenans, l'acheteur ou dernier rencherisseur, l'obligé ou condamné & autres, contre lesquels ont veut acquerir deffaut par contumace au fonds, pour ledit decret voir adjuger ou y contredire. Et par ledit acheteur ou dernier rencherisseur, soy voir condamner à vuider ses mains des deniers de son marché, en prendant lettres dudict decret, possession & saisine d'iceluy marché, si bon luy semble; & au jour assigné ramener à faict ledit decret en prendant conclusions pertinentes; & si les adjournez ne compairent, faict contre eux à donner deffaut ô intimation, en vertu duquel & commission sur iceluy sont radjournez lesdits deffaillans. Et s'il n'y a opposition extendue au fonds, ledit decret s'adjuge en condamnant l'acheteur ou dernier rencherisseur de vuider ses mains des deniers dudit marché. Et jusques à l'adjudication dudit decret, se peut ledit marché rencherir ès mains de nostredit Gouverneur ou son Lieutenant.

XIII. Par la Coustume, un decret passé & vallé est equipollé à sentence & desheritement, au regard des adjournez en especial, & ne peut prejudicier au fonds à ceux non y ayant esté specialement adjournez; & n'est requis adjourner en especial ceux qui pretendent droit ès deniers de ladite vente & decret.

XIV. Par ladite adjudication de decret, l'acheteur ou dernier rencherisseur n'est reputé saisi n'heritier des fiefs, maisons & heritages; tant & jusques à ce que la possession luy a esté baillée, par la loy & Justice du seigneur dont ils sont tenus.

XV. Les droits seigneuriaux, rentes, loix & autres appartenans aux seigneurs desquels lesdits fiefs, maisons & heritages, vendus par decret sont tenus, leur font à adjuger, si avant que deubs sont, supposé qu'à ces fins ils ne s'opposent, ou personne pour eux, & doivent estre preallablement payez avec les despens dudit decret.

XVI. Par l'usage, avant que l'on puist vendre par execution de Justice, aucuns fiefs, maisons & heritages apparens estre succedez à enfans mineurs-d'ans, est requis faire convenir & adjourner leurs prochains parens & amis, pour estre commis tuteurs d'iceux, se paravant tels enfans n'en sont pourveuz. Et par lesdits tuteurs adjournez, eux fonder en l'hoirie de celuy ou ceux ayans delaissez lesdits fiefs, maisons & heritages, si bon leur semble y renoncer, ou eux en voir debouter. Et en cas de renonciation ou deboutement, commettre curateurs ausdits fiefs, maisons & heritages comme vacans. Et au regard des heritiers apparens eagez, est aussi requis les faire adjourner pour eux fonder en l'hoirie du trespassé, si fondez n'y sont, y renoncer ou eux en veoir debouter & commettre curateurs comme dessus. Contre lesquels curateurs l'on procede par execution & decret sur lesdits biens vacans, après que les lettres en vertu desquelles l'on veut faire ladite execution, ont esté par eux recognues ou prononcées executoires.

XVII. L'on peut faire vendre par decrets verbaux la joyssance à temps, des fiefs, maisons & heritages cateux, lettres de rente, mortgages, ou autres biens de semblable nature, en y observant les devoirs dessusdits, sauf que l'on ne faict que deux criées ès Eglises parochiales, & deux à ladite bretesque, & que ès lettres de tels decrets, les lettres, tiltres, exploix ne s'incorporent.

XVIII. Par la Coustume, l'on peut en vertu de lettres obligatoires passées pardevant Bailly ou Lieutenant, & hommes de fiefs de la Salle dudit Lille, & loix des cours subalternes, & commission executoire sur icelles, faire vendre par la Justice où ladite obligation a esté passée, les proffitz & revenuz de cent ans & un jour des fiefs, maisons & heritages dudit obligé, en les faisant saisir, & signifier ladite saisine au prochain lieu en especial audit obligé. Et s'il a biens meubles soubz ladite Justice, convient premiers executer lesdits meubles.

XIX. L'on peut aussi en vertu de sentence donnée dudit Bailliage & Cours subalternes, & commission sur icelle, vendre tels profitz & revenuz de cent ans & un jour, des fiefs, maisons & heritages, sur lesquels le contenu en ladite sentence, a esté adjugé sans estre requis faire nouvelle saisine. Et ne peut l'on addresser telle execution sur autres biens, & si icelle adjudication est faicte sur biens meubles mouvables, convient prealablement vendre lesdits meubles.

XX. Par l'usage, pour deuement faire ladite vente, est requis d'exposer en vente par le Bailly, son Lieutenant ou sergent de ladite Salle de Lille, ou des Cours en deppendans, dont lesdits fiefs, maisons & heritages sont tenus, lesdits profitz & revenuz par jour de Dimenche à heure de grand' Messe en l'Eglise parochialle où lesdits fiefs, maisons & heritages sont gisans, & par jour de Mercredy à la bretesque de nostredite ville de Lille à heure de marché, quand telle vente se faict au siege de nostredict Bailliage. Et pour les Cours en dependans; assavoir, ès lieux où il y a bretesque & marché, à ladite bretesque à heure dudit marché. Et s'il n'y a bretesque ny marché, aux bancs plaidoyables de la seigneurie & Justice, par laquelle telle vente se faict à heure de plais, le tout en la presence de deux hommes de fiefs, eschevins ou Juges.

XXI. Laquelle exposition faicte, ledit Bailly, Lieutenant ou sergent est tenu en la presence de deux hommes de fiefs, Eschevins ou Juges, vendre à renchere lesditz profitz & revenuz.

XXII. Après le prix du marché faict, la carité s'assiet à l'advenant d'un franc d'heritage, portant trente-trois groz quatre deniers du cent de livres, si avant que ledit marché ne excede la somme de trois cens livres. Et s'il excede ladite somme, à la discretion desdits hommes de fiefs, eschevins ou Juges. Et les rencheres s'asseent à l'advenant de ladite carité, desquelles les deux tiers sont au proffit du marché, & l'autre tiers au proffit de celuy ou ceux sur lequel il est renchery. Et ne se desboursent lesdits caritez, jusques à l'adjudication du decret.

XXIII. Le seigneur, Bailly, Lieutenant ou sergent, peut recevoir autant de hauches & rencheres qu'on luy offre, jusques au pouce de la chandeille gardé, & a le premier mettant à prix droit de la premiere palmée, & non ceux ayans renchery avant la premiere criée faicte en l'Eglise. & les rencherisseurs ensuivans ladite premiere criée, ont à leur profit le droit de leurs rencheres & palmées.

XXIV. Tel seigneur, Bailly, Lieutenant ou sergent, est tenu attacher un billet, contenant ladicte vente, si comme s'elle se faict par ledit Bailliage, en un tableau au lieu de ladite Salle, & par les autres Cours, au portail de l'Eglise parochiale. Et après faire deux criées & subhastations de quinze jours en quinze jours ensuivans ladite vente, en ladite Eglise ou Eglises du lieu, ou lieux où lesdits fiefs, maisons & heritages sont gisans, par jours de Dimenche, à heures de la grand' Messe, & deux autres criées à ladite bretesque en nostredite ville de Lille, par jour & heure de marché, au regard des ventes qui se font par iceluy Bailliage. Et pour les autres s'il y a bretesque & marché, à ladite bretesque, par jour & heure dudit marché: Et où il n'y a bretesque ne marché, aux bancs de la Justice, à heure de plais, le tout en la presence de deux hommes de fiefs, eschevins ou Juges, sans interruption, en assignant aux prochains plais, ensuivant la derniere criée faicte, à peril de recommencer.

XXV. Pour deuement proceder au parfait dudit decret, est requis signifier telle vente au seigneur dont lesditz fiefz, maisons & heritages sont tenuz, son Bailly ou Lieutenant: ensemble à l'heritier, ou detenteur d'iceux, en les adjournant & l'acheteur ou dernier rencherisseur, en faisant lesdites criées, à comparoir audict jour assigné, pour veoir adjuger ledict decret, mesmes par ledit acheteur, ou dernier rencherisseur soy veoir condamner à vuyder ses mains des deniers dudit marché en prendant lettres de decret. Auquel jour le faisant vendre ou procureur pour luy après relation faicte desdits devoirs, ramener à faict & conclure ad ce que ledict poulce de chandeille soit allumé & au surplus pertinamment. Et si personne ne s'oppose audict decret, l'on donne deffaut allencontre des adjournez, à tel proffict, que ledit poulce de chandeille est allumé. Et iceluy ardant, ledit marché se peut rencherir, & après estre estainct, ledit decret faict à adjuger, en condamnant ledit acheteur ou dernier rencherisseur de vuider ses mains des deniers dudit marché, en prendant lettres dudit decret.

XXVI. Par la coustume, après ledit decret passé & vallé, il n'est loisible à personne inquieter l'acheteur, ou dernier rencherisseur en la possession de sondit marché. Et si n'est requis soy faire realiser par adheritement, ou autrement esdits fiefs, maisons & heritages.

XXVII.

XXVII. Par l'usage, pour proceder à la saisine & vendition des profits & revenus de cent ans & un jour, des fiefs, maisons, & heritages delaissez par une personne trespassée, pour avoir payement d'aucune chose, il n'est requis faire prealablement commettre tuteurs aux enfans de telle personne trespassée.

XXVIII. Par l'usage, n'est requis adjourner en especial ceux pretendans droict ès deniers procedans de la vente desdits proffits & revenus d'aucuns fiefs, maisons, & heritages, & demeurent en leur entier, de poursuivre le fonds & proprieté d'iceux.

XXIX. Quand par rapport & hostigement aucun à consenty par exprès en faute de payement, la vente & execution reélle, & seigneurieuse des fiefs, maisons, & heritages, rapportez, le crediteur, pour avoir ledit payement, peut par la justice, ayant receu ledit rapport & hostigement, faire vendre le fonds & proprieté desdits fiefs, maisons, & heritages rapportez, sans faire quelque saisine, en y observant semblables devoirs que l'on faict en vente des proffits & revenus de cent ans & un jour. Sauf qu'après les deux criées faictes, il est requis auparavant l'adjudication du decret obtenir deux deffaux allencontre des seigneurs, dont lesdits fiefs, maisons, & heritages sont tenus, leurs Baillifs ou Lieutenans de l'obligé, ensemble de l'acheteur dernier rencherisseur, & tous autres, contre lesquels l'on veut acquerir advancement & contumace. Et que le premier deffaut soit donné à tel proffit que les deffaillans soyent r'adjournez par intimation.

CHAPITRE XXIV.

De Purges & Ordonnances de deniers.

I. PAr la coustume, les acheteurs de fiefs, maisons, & heritages gisans en notredite Chastellenie de Lille, peuvent quand bon leur semble, faire purger au siege de notre Gouvernance, & non ailleurs, lesdits fiefs, maisons, & heritages par eux achetez en fons & proprieté, avec les deniers de leur marchez après estre heritiers & avoir baillé les vrays habouts d'iceux, en namptissant lesdits deniers ès mains du depositaire dudit siege. N'est que par tels marchez leur soit consenty & accordé en retenir portion à leur charge des premieres hypotecques, & qu'ils namptissent le surplus: & s'accordent telles commissions sur le donné à entendre des impetrans, en faisant apparoir dudit namptissement.

II. Par l'usage, pour proceder ausdites purges, est requis que les sergents, executeurs desdites commissions, facent attacher un billet contenant ladite purge en un tableau au lieu de ladite Salle, & après signifier & publier lesdits marchez & purges par deux jours de Dimenches, ou autres jours solemnels, en l'Eglise parochialle du lieu, où lesdits fiefs, maisons ou heritages sont gisans à heure de grand Messe, & par deux jours de mercredy à la bretesque de notredite ville de Lille à heure de marché. Assavoir pour lesdits fiefs de quinze jours en quinze jours. Et pour lesdites maisons & heritages cottiers de huict jours en huict jours: & en chacun desdits lieux adjourner en general tous ceux & celles qui ausdits fiefs, maisons, & heritages vendus, ou aux deniers en procedans voudront demander droict à comparoir en ladite Salle à certain & competent jour ensuivant. Et icelles purges signifier en especial aux seigneurs de qui lesdits fiefs, maisons & heritages sont tenus, leurs Baillifs ou Lieutenans, aux vendeurs & autres, contre lesquels l'on veut par lesdites purges acquerir droict au fonds en les adjournant comme dessus par intimation. Et si lesdits adjournez ne comparent audit jour, est procedé au decretement d'icelle purge.

III. Par la coustume, telles purges decretées emportent vigueur de sentence passée & vallée en force de chose jugée. Mais ne peuvent prejudicier à ceux ayans droict au fonds, non signifiez, n'adjournez en especial. Et sont lesdits fiefs, maisons, & heritages purgez, deschargez de toutes hypothecques non retenues par les acheteurs.

IV. Par l'usage, ceux qui pretendent droict ès deniers des purges amiablement faictes, ou decrets judiciaires tant en notredite Gouvernance de Lille, que Bailliage & cours y sortissans, sont tenus de eux opposer, après lesdites purges decretées, quant au fonds où lesdits decrets sont adjugez, en baillant leurs lettres d'hypothecques ou enseignemens, ou du moins endedans huict jours ensuivans pour estre procedé aux ordonnances desdits deniers, à l'aisement de la Court, par laquelle leur est baillé ordre selon les dattes de leurs hypotecques, & sont payez de leurs rentes, jusques au jour desdites ordonnances à rat de temps.

V. Tels hypotecquaires sont tenus de bailler caution de reffondre ce qu'ils reçoivent, au cas que aucuns par après y demandent & obtiennent plus grand droict. Et à ces fins laisser leurs lettres & enseignemens à Court qui se y gardent saines & entieres pour les rendre en cas de ladite refusion. Et si telles rentes ou debtes ne sont du tout remplies ou acquittées, l'on escript sur le dos desdites lettres, pour combien elles demeurent en vigueur soubs le seing des Greffiers des lieux. Et ce faict se rendent lesdites lettres aux ayans droict d'icelles.

VI. Par lesdites ordonnances de deniers, les Juges retiennent pouvoir & auctorité, s'il y a en icelles erreur ou obscurité, de les interpreter, changer & corriger parties oyes, ainsi que faire se devra par raison. Et sont receuz les ayans ordre à opposition s'ils entendent par icelles estre interessez, ou mis en ordre posterieure que riens ne soit delivré qu'ils ne soyent oys.

CHAPITRE XXV.

Des Actions & Exceptions en matieres personnelles.

I. PAr l'usage, pour avoir renvoy en action personnelle, est requis qu'il soit demandé par le seigneur son Bailly ou Lieutenant, ou autre ayant pouvoir à ce, duquel pouvoir, s'il est blasmé, est tenu faire exhibition sur le champ, & qu'audict renvoy l'adjourné se y radvoue, & sans ledict radveu iceluy renvoy ne se faict: comme aussi ne se faict se tel adjourné a litisconteslé en cause ou pris delay peremptoire.

II. Pour assigner jour competent à gens nobles, est requis qu'il y ait huict jours francs entre le jour de l'adjournement & le jour assigné, & cinq jours pour non nobles: à peril de congé de Court & despens, s'il est requis, n'est que pour juste cause on leur ait faict assigner plus brief jour, lesquels adjournemens se doivent faire au domicille de l'adjourné, ou en la paroiche de sa residence, ou à sa personne.

III. Qui deffaut de qualité, ou narre sa demande de faute cause, il dechet de l'instance, & faict à condamner ès despens.

IV. Un demandeur est tenu faire sa demande si declarative que sa partie y puist respondre, à peril que celuy sur ce sommé il en est en faute, il faict à debouter de l'instance, & à condamner ès despens.

V. Il convient que le demandeur au siege de ladite Gouvernance obtienne en soixante sols, à peril de decheoir de l'instance s'il en est redargué, & estre condamné ès despens. N'est que l'adjourné soit traicté en vertu de lettres de debitis.

VI. Un demandeur traictant du droict d'autruy ou à tiltre particulier, prendant qualité autre que la sienne est tenu en faire apparoir par lettres ou enseignement sur le champ, s'il est sommé de faire ou endedans tel jour que la justice luy accorde, & à ses despens, à peril de congé de Court & despens: & si ledict demandeur declare n'avoir lettres ou enseignemens par escrit, luy est ordonné de endedans certain jour limité, le verifier à ses despens à peril tel que dessus.

VII. Par la coustume, un creancier pour son deu peut poursuivir le pleige de son principal debiteur, sans paravant avoir rendu ledict debiteur insolvent, ou les poursuivir tous deux ensemble.

VIII. Par l'usage, qui veut avoir recouvrier sur autruy de quelque debte ou autre chose, est tenu soy laisser judiciairement poursuivir & requerir, & faire convenir en garand celuy ou ceux sur qui il pretend avoir recouvrier, à peril que s'il furnissoit sans avoir faict lesdits devoirs, il n'est recevable les poursuivir pour iceluy recouvrier.

IX. Les adjournez en garand, s'il en appert par lettres congnues ou autres lettres ou instrumens en cas de denegation sommierement verifiez, sont tenus emprendre ledit garand. Et en faute de ce sont à condamner s'ils resident en nostredite Chastellenie: & s'il n'en appert par lettres ou instrumens, ne sont tenus si bon ne leur semble, d'emprendre ledict garand: & en ce cas ledit pretendant garand, peut faire toutes sommations & protestations pertinentes, sans estre tenu plusavant soustenir en la principalle poursuite, & où lesdits adjournez se joindent avec luy & alleguent moyens peremptoires, il est tenu demourer en cause aux despens desdits adjournez si avant que de raison.

X. Les adjournez sur recongnoissance de lettres, instrumens ou cedulles, ne peuvent estre receuz à dire contre la teneur d'iceux, sans prealablement namptir le pretendu si avant qu'il seroit escheu, n'est qu'ils se rapportent au serment des demandeurs de faict emportant decision de cause. Et ledit namptissement faict, telle poursuite est equipollée à execution, & doit le demandeur à ces fins prendre conclusion.

XI. Sur execution de lettres, instrumens ou cedulles recognues ou prononcées executoires, l'on est receu à opposition en namptissant, & demeurent en vigueur d'execution combien que elles soyent surannées.

XII. Qui achate ou apprehende aucuns fiefs, maisons, ou heritages à la charge d'aucunes rentes, ou autres charges, est tenu recongnoistre à ses despens les lettres de ce faisans mention executoires contre luy, ses biens & heritages.

XIII. Les detenteurs & occupeurs de fiefs, maisons, & heritages hypothecquez & affectez à la seureté d'aucunes rentes & charges sans les avoir retenu à leur charge, sont tenus de recongnoistre les lettres de ce faisans mention executoire contre eux & lesdits fiefs, maisons & heritages, & lesdites lettres recongnues ou prononcées executoires, l'on peut seulement proceder par execution sur iceux fiefs, maisons, & heritages affectez.

XIV. L'on peut par partie formée intenter action pour delict actuel & interest procedant du fonds, tant contre les manans de ladite Chastellenie que forains.

XV. Un demandeur après conclusions par luy prinses & la cause contestée, ne peut amplier ou changer icelles, mais les peut restraindre.

XVI. Quand un deffendeur a conclud peremptoirement ou requis garand, il est privé d'exceptions declinatoires & dilatoires.

XVII. Un debteur peut employer en payement à son creancier le payement par luy faict ou autruy en son nom, sur telles sommes & parties que bon luy semble, s'il n'y a devises au contraire.

XVIII. Reconvention ne compensation n'a lieu, n'est en matiere d'injures, refections de maisons, ou interests pour departement de cense ou louage.

XIX. Es sieges desdits Gouvernance & Bailliage dudit Lille, les causes ni chéent vagues ou interruptes.

XX. Sy comparuit est prins en cause, celuy qui veut proceder avant, est tenu endedans l'an dudit comparuit prins, faire adjourner ceux contre lesquels il veut proceder outre, pour reprendre ou delaisser les arremens, & proceder en la cause selon les retroactes, & ledit an revolu telle cause chet en interruption.

XXI. Pour faire veue de lieu de quelque maison, fonds ou heritage, est requis que le demandeur en la principale poursuite ou son procureur estant sur ledit lieu, monstre à sa partie adverse ou son procureur, icelle maison, fonds & heritages en declarant trois ou deux habouts du moins veritables, & conformes à sa venue en Court: en declarant aussi la paroiche & le tenement, à peril s'il est en faute de ce faire, tel demandeur dechet de l'instance pour la partie en laquelle seroit ladite deffaute: & ne peut ladite veue de lieu faite, estre par après blasmée, n'est que sur le champ la partie adverse proteste ce faire & le face au jour du ramené à faict.

CHAPITRE XXVI.

Des Appellations.

I. PAr l'usage, qui entend estre grevé d'une sentence ou appoinctement rendu, ou de quelque exploict de justice, est tenu, s'il est present, d'appeller sur le champ: & s'il est absent, endedans sept jours & sept nuicts ensuivans ou incontinent qu'il en a la cognoissance, & relever ladite appellation. Asçavoir s'elle est interjectée des sieges de nostredite Gouvernance ou Bailliage dudict Lille, endedans trois mois ensuivans ledit appel, & se elle est interjectée des cours y sortissans, endedans quarante jours, à peril de soixante sols d'amende, & l'appellation est de soy mesme deserte. Pendant lequel temps de relever, la partie peut faire anticiper ledit appellant, & iceluy temps de relever expiré, l'on peut faire adjourner ledict appellant en cas de desertion, & soy voir condamner en ladite amende.

II. Appellation n'a lieu en matiere criminelle.

CHAPITRE XXVII.

Des Bonnages & Cerquemanages.

I. PAr la coustume, pour vaillablement planter & asseoir bonnes, est requis ce faire present justice, par parteurs & mesureurs sermentez, à ce evocquez les seignerts, Baillifs ou Lieutenant, & ceux à qui ce peut toucher.

II. Anciens fosses & blanches espines sont reputez assens entre heritages circonvoisins.

III. L'heritier de fief, maison, ou heritage ne s'enclot s'il ne veut, contre son circonvoisin.

CHAPITRE XXVIII.

Des Cessions.

I. PAr la coustume, l'on n'est receu à cession pour deniers à nous deubz ou à nos fermiers, reparation & amende de sang, ne injures inferées à la personne, ne pour les despens des procès sur ce ensuivis.

II. Par l'usage, une cession se decrete au premier jour suivant si personne ne s'y oppose: & s'il y à opposition, l'impetrant tient prison pendant le litige, à tels despens que de raison.

III. Si un crediteur trouve aucuns biens appartenans au cessionnaire par dessus la provision à luy accordée, il peut en vertu de l'extraict de ladite cession & commission executoire faire saisir & vendre lesdits biens par voye d'execution, quand ores ladite cession seroit surannée.

CHAPITRE XXIX.

Des Tailles & Aides.

I. PAr la Coustume, une personne noble vivant noblement, n'est asseable aux tailles, aides & subsides. Et si elle se mesle de marchandise ou autre negociation derogant à noblesse, est, durant ce temps, asseable & contribuable.

II. Telle personne peut tenir en ferme dismes, sans pour ce deroger à l'estat de noblesse.

CHAPITRE XXX.

De Remises Sus.

I. PAr la Coustume, quand aucun ayant blessé autruy, a judiciairement par un Medecin & Chirurgiens sermentez fait visiter le blessé, & par telle visitation ledit blessé est remis sus & trouvé hors peril de mort, tel est deschargé de la mort dudit blessé, combien qu'après il termine vie par mort.

II. Pour deuement remettre sus un blessé, est requis de par le facteur faire judiciairement visiter ledit blessé par un Medecin & Chirurgiens sermentez. Et si par leur rapport ils affirment iceluy blessé estre hors de peril de mort, tel facteur fait à descharger de la mort, s'après il fine ses jours.

CHAPITRE XXXI.

Des Recepveurs.

I. UN Recepveur peut bailler en censse ou louage, les fiefs, maisons & heritages de son maistre, & par son dernier compte bailler (en renseigne & payement) les arrierages deuz des rentes seigneuriaux pour les trois dernieres années, pourveu que pour lesdits arrierages il ait intenté poursuite judiciaire non interrupte, auquel cas ses gages sont à diminuer à l'advenant d'icelle renseigne.

CHAPITRE XXXII.

Des Ladres.

I. PAr la Coustume, les manans & habitans de la paroisse là où une personne entachée de lepre, a esté née & baptisée, sont tenus, si ledit entaché le requiert, luy delivrer en ladite paroisse, maison pour sa demeure, un chalit, lict, manteau, esclave, table, plateau & autres menues utensiles de bois & terre. Et peut tel malade demander les aumosnes des bonnes gens.

II. Et deffendons à tous nos Justiciers, Officiers, subjets, Conseillers, Advocats, Procureurs & Practiciens de nostredite Gouvernance, Bailliage & Chastellenie de Lille, d'introduire, poser, articuler ou verifier en temps advenir autres Coustumes ou Usages generaux ou particuliers d'icelle Chastellenie & Gouvernance, que celles cy-dessus specifiées, sur peine de fourfaire trois carolus d'or d'amende à nostre profit, à chascune fois que le cas escherra.

DECLARATION DES COUSTUMES LOCALES & particulieres, de plusieurs Lieux gisans en nostredite Chastellenie de LILLE, ressortissans à nostre Gouvernance illec.

COUSTUMES LOCALES
DE LA VILLE ET ESCHEVINAGE DE SECLIN.

I. PAR la Coustume de ladite ville, les maisons & heritages tenus dudit Eschevinage, sont reputez pour meubles, & se partissent esgalement entre les masles & femelles en pareil degré, chascun à compte de testes, aussi bien en ligne collaterale que directe.

II. Quand deux conjoincts par mariage, bourgeois de ladite ville, ont eu enfant ou enfans durant ledit mariage, ravestissement de sang entrevient entre lesdits conjoincts, par lequel tous les biens meubles, catheux & heritages tenus dudit Eschevinage, & autres reputez pour meubles, competent & appartiennent au survivant, s'il n'y a devise expresse au contraire.

III. Bourgeois constant leur mariage, non ayans enfans legitimes, peuvent pardevant les Eschevins de ladite ville ravestir l'un l'autre par lettres. Par lequel tous les biens meubles catheux, & heritages reputez pour meubles, & où qu'ils soient situez & gisans, competent & appartiennent au survivant à la charge de payer les debtes, exeques & funerailles du premier morant; n'est qu'il y ait aussi devise expresse au contraire.

IV. Les Mayeurs & Eschevins de ladite ville, à la semonce du Bailly ou son Lieutenant indifferemment ont cognoissance & judicature, tant sur les manans & habitans de ladite ville & eschevinage, que ceux residens sur les dix-sept fiefs y enclavez, & heritages tenus & mouvans d'iceux, & d'autres fiefs, sauf ceux residens sur les seignouries dependans de Raimboucourt & du Tournesis. Et aussi, qu'aux seigneurs desdits dix-sept fiefs & autres fiefs, compete & appartient la Justice fonciere.

V. Lesdits Mayeur & Eschevins, Bailly, Lieutenant & autres officiers de ladite ville, ont cognoissance des bans, d'assens & Justice politique en ladite ville & eschevinage.

VI. L'on peut vendre par decret & execution de Justice, le fonds & proprietez des maisons & heritages tenus dudit eschevinage. Et pour y deuement proceder est requis de les exposer en vente, par le Bailly, son Lieutenant ou sergent dudit eschevinage, par jour de Dimanche, en l'Eglise parochiale dudit Seclin à l'heure de grand' Messe, & à la bretesque de ladite ville, par jour de Samedy ensuivant à heure de marché. Ce fait, les mises à pris se doivent faire ès mains dudit Bailly, Lieutenant ou sergent en la presence de deux Eschevins. Et doit l'on crier & subhaster ladite vente par trois jours de Dimanche, & le quart d'abondant à heure de grand' Messe, en ladite Eglise sans interruption : Et par trois jours de Samedy & le quart d'abondant à ladite bretesque à heure de marché; & se peuvent rencherir tels marchez d'un ou plusieurs deniers à Dieu jusques au pouce de la chandelle gardé, & tels decrets adjugez.

VII. On peut rattraire à tiltre de proximité de lignage; les maisons & heritages vendus non procedans d'acqueste, tenus dudit eschevinage, endedans quarante jours ensuivans les desheritemens & adheritemens faits de telles maisons & heritages, en faisant les devoirs & solemnitez requises & accoustumées. Et n'est l'on après lesdits quarante jours, recevable faire telles reprinses.

VIII. Pour heritages tenus dudit eschevinage, droict seigneurial n'est deu à la vente don ou transport, ny relief par le trespas des heritiers.

IX. En ladite ville & eschevinage, y a arrest de corps par les Bailly, Lieutenant ou sergent d'icelle ville, à la requeste de partie sur les non bourgeois. Et si l'arresté denie le pretendu de sa partie, il doit estre constitué prisonnier. N'est qu'il namptisse en deniers, vaisselle ou biens non perissables, ou baille caution subjecte pardevant deux Eschevins. Et s'il confesse le deu, lesdits Eschevins le doivent condamner audit deu, & n'y aura main-levée ny eslargissement de sa personne, sans avoir payé ou contenté le faisant arrester.

X. L'on ne peut clamer & faire saisir ou empescher par clam les biens d'un bourgeois ou enfans d'un bourgeois d'icelle ville.

XI. Toutes personnes, pour avoir payement de leurs deubz, peuvent clamer pardevant le Bailly, son Lieutenant ou sergent, & quatre Eschevins, & faire par lesdits Bailly, son Lieutenant ou sergent, en la presence de deux desdits Eschevins, saisir les biens, maisons, terres ou deniers de leurs debiteurs non bourgeois trouvez ou gisans audit eschevinage. Lesquels clams & saisines créent hypotheque sur la chose saisie, dès l'instant de ladite saisine. Et pour deuement par ledit clamant attendre son pretendu, est requis au cas qu'il n'y ait opposition, de garder par luy ou son procureur les six sepmaines, à compter le jour dudit clam pardevant lesdits Bailly ou Lieutenant, & quatre Eschevins. A peril que si lesdits sepmaines n'estoient gardées, tels clam & saisine seroient de nulle valeur. Et n'est requis faire l'adjournement aux personnes ausquelles l'on entend lesdits biens saisis appartenir. Ains suffist faire lesdits adjournemens & signification au prochain lieu de ladite saisine.

XII. Pour en vertu de tel clam pouvoir faire vendre aucuns biens, maisons ou heritages, ou lever aucuns deniers, est requis que le clamant après lesdits six sepmaines gardées, se face mettre aux biens, par ledit Bailly, son Lieutenant ou Sergent, à l'enseignement de quatre Eschevins. Et ce fait, doit estre procedé à la delivrance des deniers ou vente de tels biens, maisons & heritages, & après les deniers en procedant, sont à delivrer audit clamant en baillant caution subjecte de refusion, au cas qu'autruy y demandast & obtinst plus grand droict en temps advenir.

XIII. Quand deux clamans font saisir les biens d'autruy, le premier ayant fait saisir, fait à preferer en hypoteque sur lesdits biens, ou deniers en procedans: supposé que l'autre eust premier clamé.

XIV. Droict d'escas est deu à ladite ville pour biens meubles, catheux & heritages reputez pour meubles, succedans de Bourgeois à non Bourgeois, ou qu'ils sont données par tel Bourgeois en avancement de mariage ou autrement à non Bourgeois.

XV. Un fils marié est tenu, s'il veut jouyr & proficer du privilege de Bourgage, relever ledit Bourgage presens Bailly, ou Lieutenant & Eschevins, endedans l'an ensuivant la consommation de son mariage; & après ledit an, il vient à tard pour relever ledit Bourgage, & sont ses biens meubles, & reputez pour meubles escassables.

XVI. Quand aucuns Bourgeois d'icelle ville achatent à non Bourgeois, maisons ou heritages tenus dudit Eschevinage, tels Bourgeois sont tenus de payer ledit droict d'escas, tel que du dixiesme denier du pris des achapts: & si tel Bourgeois vendent ausdits Bourgeois ou non Bourgeois, leurs maisons & heritages, ledit droict d'escas n est deu.

COUSTUMES LOCALES
OBSERVÉES EN L'ESCHEVINAGE
D'ANAPES.

I. Par la coustume, quiconques blesse ou navre autruy à sang, forfaict l'amende de soixante livres, & qui frappe de sombre coups, ou tire glaive ou coustel nud, dix livres.

II. En succession de pere ou mere ès heritages tenus dudit Eschevinage, les sœurs succedent également contre leurs freres.

III. Quand l'un de deux conjoincts par mariage ayans d'iceluy eu un ou plusieurs enfans, qui finent leurs jours paravant le trespas de leur pere ou mere, par le trespas du premier morant desdits conjoincts, au survivant compete & appartient la moictié ès heritages tenus dudit Eschevinage, desquels ils estoient jouyssans & possessans au jour du trespas dudit premier morant, & l'autre moitié aux prochains hoirs d'iceluy terminé, duquel lez & costé que lesdits heritages viennent & procedent: soit du costé dudit survivant ou dudit terminé; en laquelle moictié, les femelles en pareil degré y succedent esgalement à compte de teste contre les masles.

IV. Si deux conjoincts par mariage n'ont d'iceluy eu enfans ou enfant, après le trespas du premier mourant, s'il termine heritier d'aucuns heritages tenus dudit Eschevinage, venant de son lez & costé, ou qu'aucuns ayent esté acquis constant ledit mariage, tous lesdits heritages venans de sondit costé, avec la moictié desdits heritages acquestez succedent aux hoirs de tel trespassé: & si le survivant a aucuns desdits heritages venans de son lez & costé, ils luy competent avec l'autre moitié d'iceux heritages acquestez.

V. Le mary ne peut vaillablement vendre, charger, n'aliener les heritages venans du lez & costé de sa femme, sans exprès consentement d'icelle.

VI. Pere & mere, & autres ascendans, sont hoirs de leurs enfans, ou autres descendans terminez sans enfans ou hoirs descendans, des maisons & heritages tenus dudit Eschevinage, de quelque costé qu'ils procedent.

COUSTUME LOCALE
DES BANCQS
DE L'EPINE L'APPOSTELE,

Membre de l'Eschevinage de Wepes, à nous appartenant comme Comte de Flandres.

I. Par la coustume, pour rattraire à tiltre de proximité de lignage aucuns heritages patrimoniaux vendus, est requis que le proisme voulant rattraire, soit parent du vendeur, du lez & costé dont l'heritage procede, & qu'il intempte sa poursuite de rattraicte endedans quarante jours après l'adheritement baillé.

COUSTUMES LOCALES
DE LA PREVOSTÉ ET ESCHEVINAGE
D'ESQUERMES.

I. Par la coustume de ladite prevosté & Eschevinage d'Esquermes, pour heritages tenus d'icelle prevosté, droict de relief n'est deu à la mort des heritiers, ne droict seignenrial à la vente, don ou transport; mais est seulement deu par le vendeur, quatre deniers d'issue, & par l'acheteur en prenant l'adheritement, aussi quatre deniers au prevost ou son lieutenant.

II. Reprinse à tiltre de proximité de lignage a lieu seulement, endedans quarante jours après les desheritement & adheritement faicts & baillez.

III. Filles succedent en heritages tenus de ladite Prevosté egalement, & à compte de teste contre leurs freres. Jaçoit que tels heritages fussent venus au deffunct de succession, & reputez patrimoniaux.

COUSTUME LOCALE
DE LA PARIE
D'ESREUX.

I. MAisons & heritages tenus de la Parie d'Esreux à nous appartenans, gisans en notre ville de Lille, que hors icelles, sont reputez pour meubles, pour lesquelles n'est deu droict Seignourial à la vente, don ou transport, ny par le trespas de l'heritier relief, & y a seulement quarante jours de reprinse à tiltre de proximité de lignage, ensuivant l'adheritement faict & baillé: & si est ladite Parie exempte de la jurisdiction des Mayeur & Eschevins de notredite ville de Lille.

COUTUME LOCALE
DE FRANCS-ALLEUDZ.

I. PAr la coustume, tous heritages tenus de nous en Francs Alleudz à cause de notre Sale de Lille, sont reputez pour meubles.

COUSTUME LOCALE
DU FIEF DU CHASTELAIN
DE LILLE.

Court & Halle de PHALEMPIN.

I. PAr la coustume, pour heritages cottiers patrimoniaux tenus de ladite Court & Halle de Phalempin, & des fiefs en dependans, retraicte à tiltre de proximité a lieu seulement endedans quarante jours après les desheritemens & adheritemens faicts & baillez.

COUSTUMES LOCALES
DE LA COMTÉ
DE HERLIES,

Membre du gros dudit fief du Chastelain de LILLE, Court & Halle de PHALEMPIN.

I. PAr la coustume, tous les heritages tenus d'icelle Comté, ne doivent relief par le trespas des heritiers, ny droict Seigneurial à la vente, don & transport, fors aux desheritemens & adheritemens quatre deniers d'issue & autant d'entrée; sortissent nature & sont reputez pour meubles, & peut vendre, charger & aliener un mary tels heritages venans du lez & costé de sa femme, sans le gré & consentement de sadite femme: tiennent & vaillent telles rentes, charges & alienations.

II. Retraicte à tiltre de proximité de lignage a lieu pour heritages non acquis par le vendeur, ou venderesse endedans quarante jours ensuivans, telles venditions, desheritemens & adheritemens faits & baillez par un parent au vendeur, ou venderesse du lez & costé dont lesdits heritages procedent.

COUSTUMES
DE LA VILLE ET ESCHEVINAGE DE LA BASSEE [a].

I. PAr la couſtume de ladite ville & Eſchevinage, les Bourgeois d'icelle ville ſont tenus chacun an le jour des Rois après la cloche du Vuigneron ſonné, bailler & delivrer, ou faire bailler & delivrer au Reward de ladite ville, ou ſon commis pour le droict de Bourgeoiſie quatre deniers; à peril qu'en faute de ce, pour ledit an ils ſont privez de l'exemption des tonlieux & debtes deues au Seigneur ou Dame d'icelle ville.

II. Si un Bourgeois termine vie par mort, delaiſſant au jour de ſon treſpas un ou pluſieurs fils nez en Bourgeoiſie aagez voulans jouyr des droicts, privileges, exemptions & libertez de ladicte Bourgeoiſie, ſont tenus de endedans l'an enſuyvant ledit treſpas, payer audit Rewart, ou ſondit commis, chacun quatre deniers; à peril que s'ils ſont en faute de ce faire, ledit an revolu, ils ſont privez & forclos de ladite Bourgeoiſie, & reputez pour non Bourgeois. Et ſi leſdicts fils eſtoyent en minorité d'aage, ſont tenus payer leſdits quatre deniers endedans l'an après avoir attainct leurdit aage.

III. Pour ventes, dons, ou tranſports qui ſe realiſent, faicts par non Bourgeois à Bourgeois, ou non Bourgeois, des maiſons & heritages eſtans en ladite ville & Eſchevinage, tenus dudit Eſchevinage, droict Seigneurial eſt deu, tel que du dixieſme denier du pris de la vente ou de la valeur, ou eſtimation deſdites maiſons & heritages, au profit de ladite ville. Mais pour ventes, dons, & tranſports faicts par Bourgeois, de telles maiſons & heritages à Bourgeois ou non Bourgeois, droict Seigneurial n'eſt deu.

IV. Quand un non Bourgeois ſuccede aux biens meubles, catheux, maiſons & heritages eſtans en ladite ville, & tenus dudit Eſchevinage delaiſſez par un Bourgeois, droict d'eſcas, tel que le dixieſme denier de l'eſtimation & valeur deſdits biens, eſt deu au profit de ladite ville.

V. Si un Bourgeois allie ſa fille par mariage à un non Bourgeois, le dixieſme denier de l'eſtimation du pertinent de ladite fille eſt deu à ladite ville, auſſi avant que ce ſont deniers comptans, biens reputez pour meubles, maiſons ou heritages, tenus dudit Eſchevinage.

VI. Maiſons & heritages tenus dudit Eſchevinage, ſont reputez & ſortiſſent nature de meuble.

VII. Par le treſpas l'un de deux conjoincts delaiſſant biens meubles, maiſons & heritages reputez pour meubles, giſans & tenus dudit Eſchevinage, ſoit qu'ils, ou l'un d'eux ayent enfans ou enfant dudit mariage, d'autre precedent ou non: au ſurvivant competent & appartiennent tous & quelſconques leſdicts biens meubles, maiſons & heritages delaiſſez par ledit deffunct, jacoit qu'ils viennent & procedent du lez & coſté dudit deffunct, à la charge de payer ſes debtes, exeques & funerailles: & peut tel ſurvivant uſer & diſpoſer deſdites biens meubles, maiſons & heritages à ſon plaiſir & volonté; Mais s'il ſe remarie, il eſt tenu faire partage aux enfans ou heritiers dudit premier mourant, tel que de la moitié deſdits biens, maiſons & heritages à la charge de payer la moitié des debtes, & ſi tel ſurvivant ne ſe remarie, après ſon treſpas tous leſdits biens meubles, maiſons & heritages ſe doivent partir entre les enfans ou enfant dudit premier mourant, ou ſes heritiers: & les enfans ou heritiers dudit mourant chaſcun par moitié, à la charge de payer chaſcune moitié des debtes.

VIII. Les enfans ou heritiers d'une femme finée heritiere d'aucunes maiſons ou heritages tenus dudit Eſchevinage, en eux portans heritiers, ſont tenus de relever & droicturer leſdites maiſons & heritages, & payer au receveur dudit Seigneur ou Dame, ou leur Bailly, chaſcun quatre deniers d'entrée, & quatre deniers d'iſſue, endedans quarante jours enſuivant ledit treſpas. Mais pour la ſucceſſion maſculine, relief ne droictures ne ſont deubz.

IX. Si une perſonne vend une maiſon & heritage tenu dudit Eſchevinage, venante de ſon lez & coſté, le parent peut rattraire à tiltre de proximité telle maiſon & heritage endedans quarante jours enſuivans le desheritement, en namptiſſant les principaux deniers du marché, & loyaux couſtemens, dont les vendeurs & acheteurs ſont tenus faire declaration par ſerment s'ils en ſont requis. Mais ſi le mary vend la maiſon & heritage venant du lez & coſté de ſa femme, le parent de ſadicte femme à droict de demander & pourſuivre la retraicte audit tiltre, & non celuy dudit vendeur.

X. Tous contracts & obligations faits & paſſez pardevant les Eſchevins d'icelle ville, ſont executoires en ladite ville & Eſchevinage.

XI. Les deniers procedans des fermes appartenans au Seigneur ou Dame de ladite ville, & au corps d'icelle, ſont en ladite ville & Eſchevinage executoires: & n'eſt l'on receu à oppoſition ſans prealablement namptir le pretendu.

XII. Les deniers deubz des louages de maiſons, jardins & heritages eſtans en ladite ville, ſont auſſi executoires.

XIII. Deux conjoinctz Bourgeois de ladite ville, non ayans enfans, peuvent pardevant les Eſchevins d'icelle, reveſtir l'un l'autre de tous leurs biens meubles, catheux & heritages, reputez pour meubles, où qu'ils ſoient ſituez & giſans, qu'ils ont & ſeront delaiſſez au jour du treſpas du premier morant, pour en jouyr, uſer & poſſeſſer par le ſurvivant à ſon plaiſir & volonté, n'eſt que par ledit raveſtiſſement ſoit autrement deviſé & conditionné.

---

[a] De la Basse'e. La ville de la Baſſée s'eſt autrefois ſervie de la Loy de Vervin. Lalouette en ſon Hiſtoire de Coucy, *Liv. 3. chap. 2.* J. B.

COUSTUMES LOCALES
DE L'ESCHEVINAGE
D'OSTRINCOURT.

I. PAr la coustume, observée audit Eschevinage pour venditions des heritages non amasez, ou anciens metz tenus dudit Eschevinage, chargez du droict de terrage, quand telles venditions ou donations sont realisées par dessaisine & saisine, est deu droict Seigneurial seulement à l'advenant de quatre deniers de la livre : & si est deu de relief chacun manoir amasé & metz non amasé, soient grands ou petis, de chacune rasiere de terre, soit qu'elles soient à dixiesme terrage ou autre usage, un viez gros vaillable de dix deniers Flandres.

II. Sur ledit Eschevinage & autres heritages cottiers gisans en ladite paroisse, ressortissans en notre gouvernance de Lille, l'on peut pour debtes faire arrester les forains non residens en ladicte paroisse, par les Bailly, Lieutenant ou Sergent dudit Eschevinage; desquels arrestez les Eschevins dudit lieu ont la cognoissance.

III. Les manans & habitans sur ledit Eschevinage, ne peuvent faire clam, n'arrest sur les corps ne biens des autres manans audit Eschevinage, hoirs iceluy, ne dedans, sur peine d'encourir par chacune fois en l'amende de soixante solz : & de faire à leurs despens mettre au neant tels clams & arrestez.

IV. Retraite à tiltre de proximité lignagiere a lieu pour heritages patrimoniaux, tenuz dudit Eschevinage vendus, quand le proisme après la vendition faite de tels heritages les requiert avoir audit tiltre, paravant ou constant les trois criées, au jour ensuivant ou endedans le jour de l'adheritement, en remboursant les deniers principaux & loyaux coustemens. Et se font lesdites criées par trois Dimanches continuels ou autres festes, pourveu qu'il y ait un jour ouvrier entre lesdits Dimanche & feste, en l'Eglise parochiale dudit Ostrincourt, après la grande Messe chantée, par lesquelles criées l'on publie le teneur de ladite vente.

V. Tous carpentages & edifices adherans au fonds, sortissent nature d'heritage.

VI. Es heritages patrimoniaux gisans audit Eschevinage tant en ligne directe que collaterale, les femelles en pareil degré succedent esgalement à compte de teste contre les masles.

VII. Si une femme survit son mary, ayant un ou plusieurs enfans procedans dudit mary, à elle appartient la jouyssance durant sa viduité de tous & quelsconques les heritages gisans audit Eschevinage, soient acquestez ou patrimoniaux delaissez par sondit feu mary, avec tous les biens meubles, en payant par elle toutes debtes, exeques, funerailles & testament; pourveu que ladite vefve sera tenue nourrir & entretenir ses enfans.

VIII. Si une vefve se remarie, elle est submise & tenue faire partage à ses enfans, s'aucuns en a vivans de sondit mariage, ou aux prochains heritiers de sondit feu mary, des biens meubles, qu'elle a lors : & depuis ledit mariage en avant elle pert la totale jouyssance desdits heritages patrimoniaux venans & procedans de sondit feu mary, ensemble la moitié desdits heritages acquestez constant ledit mariage. Mais si tel mary avoit au jour de son trespas un ou plusieurs enfans d'autre mariage, à tel enfant ou enfans est deu partage, à l'encontre desdits vefve & enfant ou enfans en tous lesdits heritages patrimoniaux, & en la moitié d'iceux acquestez, & la moitié desdits biens meubles, en payant leur portion desdites debtes, exeques & testament. Neantmoins ladite vefve jouyst contre sesdits enfans ou enfant, tant qu'elle demeure à marier, de ce que leur est succedé par le trespas de leurdit feu pere, à la charge de nourrir & entretenir sesdits enfans.

IX. Si telle vefve fine ses jours sans soy remarier, non delaissant enfans ou enfant dudit mariage, combien qu'elle eust enfant d'autre mariage precedent, les prochains parens de son feu dernier mary succedent esdits heritages patrimoniaux, & moictié desdits heritages acquestez ; & ont se bon leur semble la moictié des biens meubles qu'elle delaisseroit, alencontre desdits enfans ou enfant d'autre mariage ou de ses heritiers, payant moictié des debtes.

X. Un mary ne peut vendre ne donner constant son mariage, la totalité de ses heritages acquestez durant iceluy, sans le consentement de sadite femme, fait pardevant lesdits Bailly, ou son Lieutenant & Eschevins; & convient que sadite femme se desherite avec sondit mary de tels heritages, mais peut seulement vendre ou donner tel mary la moitié desdits heritages acquestez, sans ledit consentement, & soy en desheriter vaillablement; & si peut vendre ou donner tous ses heritages patrimoniaux, ou portion d'iceux, sans iceluy consentement.

XI. Si tel mary, ayant vendu ou donné sa moitié desdits heritages acquestez, fine ses jours paravant sadite femme, laquelle renonce aux biens & debtes d'iceluy, en ce cas l'autre moictié desdits heritages acquestez est subjecte & poursuivable avec les autres biens & heritages delaissez d'iceluy mary pour ses debtes; & si telle femme termine paravant sondit mary, ses enfans ou heritiers, apprehendans ladite moitié, sont submis & tenus à la moitié desdites debtes.

COUSTUMES LOCALES ET PARTICULIERES
DE L'ESCHEVINAGE
DE NEUFVILLE,
Paroisse de PHALEMPIN.

I. PAr la coustume, tous heritages tenus dudit Eschevinage sont reputez pour meubles, & y succedent les femelles en pareil degré, tant en ligne collaterale que directe; & si sont peres & meres heritiers de leurs enfans terminez sans enfans ou hoirs descendans, esdits heritages.

II. Et

II. Le mary est Seigneur & maistre des heritages appartenans à sa femme, & les peut se bon luy semble, vendre, charger & aliener, sans le gré & consentement de sadite femme.

III. Relief n'est deu pour heritages par le trespas des heritiers ny droict Seigneurial à la vente, don ou transport.

IV. Arrest de corps a lieu pour debtes & actions personnelles des personnes foraines, non residens sur ledit Eschevinage, & si a lieu sur les habitans audit Eschevinage par plaincte & enseignement de loy en faute des biens meubles & heritages.

V. Reprinse à tiltre de proximité de lignage a lieu endedans quarante jours ensuivans, les venditions, desheritement & adheritement des heritages tenus dudit Eschevinage.

VI. Au survivant de deux conjoincts par mariage, ayant enfans d'iceluy, competent & appartiennent tous les biens meubles & heritages tenus dudit Eschevinage, desquels il peut user & disposer à son plaisir & volonté, & n'est submis à faire partage, jusques à ce qu'il se remarie, à condition de nourrir & entretenir les enfans.

VII. Et quand ils n'ont enfans, la jouyssance desdits heritages, compete & appartient audit survivant, tant qu'il demeure à marier, à la charge de payer les debtes du trespassé; & après son trespas, se partissent par moitié, entre ses heritiers & les heritiers du premier trespassé.

COUSTUMES LOCALES
DE LA VILLE ET PREVOSTE
DE CHISOING.

I. PAr la coustume de ladite Prevosté, le Prevost ou son Lieutenant, & le Sergent des Eschevins, ont auctorité & puissance d'arrester au corps, gens passans & forains ou leurs biens à la requeste de partie pour debtes, & aussi les manans dudit Chisoing non Bourgeois.

II. Et au regard du Bourgeois dudit Chisoing, est requis de le sommer par le Reward de ladite Prevosté present deux Eschevins, à sept jours & sept nuicts de delay: & si ledit Bourgeois confesse le deu & n'ait fait le content de son creancier endedans lesdits sept jours & sept nuicts ensuivans, en ce cas après iceux sept jours & sept nuict ses corps & biens sont abandonnez: & peut l'on pour tel deu proceder par arrest de corps, ou saisine de sesdits biens; & s'il ne confesse ledit deu, après lesdits sept jours & sept nuicts, ledit Reward presens deux desdits Eschevins luy fait derechef sommation d'avoir fait le content dudit creancier, endedans trois jours ensuivans; & s'il confesse & ne l'ait fait, sesdits corps & biens sont abandonnez; & s'il ne confesse, iterative sommation se fait par iceluy Reward presens deux desdits Eschevins, d'endedans autres trois jours ensuivans, avoir fait iceluy content, & lesdits trois jours passez & revolus, sesdits corps & biens sont poursuivables comme dessus.

III. Maisons & heritages gisans & tenus de ladite Prevosté se partissent & succedent en pareil degré, aussi bien aux femelles que masles à compte de teste; & à la vente de telles maisons & heritages, est deu droict Seigneurial tel que du dixiesme denier, que ledit Reward rechoit & est tenu en rendre compte au proffit de ladite ville, & si est deu par chacun heritage pour relief quatre deniers flandres au proffit du Baron de Chisoing.

COUSTUMES LOCALES
DE LA VILLE ET ESCHEVINAGE
DE COMMINES.

I. PAr la coustume, l'on tient siege soubz la Halle d'icelle ville trois jours en chascune sepmaine, & à l'heure accoustumée; si comme les Lundy, Jeudy, & Samedy, où sont deux Eschevins de ladite ville ou plus: & quiconques veut pour quelque deu attraire Bourgeois, Bourgeoise ou manant d'icelle ville, luy est besoing les faire adjourner ou mander par le Messager des Eschevins, lequel a pour ce son sallaire ordinaire, à comparoir audit siege, & ce sur l'un desdits trois jours & à heure accoustumée. Car sur autres jours ne sont selon l'usance des Eschevins tenus y estre: n'est que le demandeur fust estranger & demourant hors des cris de l'Eglise dudit Commines: que lors à toute heure on administre à iceux estrangers justice, à tels jours qu'ils le requierent, & le plus brief qu'on peut.

II. Quand tel Bourgeois, Bourgeoise ou manant d'icelle ville est mandé ou adjourné devant lesdits Eschevins à la requeste de partie, une fois, autre fois & tierce fois, & au tiers jour ne compare, il est pour icelle inobedience, entant qu'il touche celle mesme poursieulte, tenu pour estranger, en telle maniere que s'il demeure en ladite ville de Commines, on le peut pour icelle poursieulte faire plainctir ou prendre au corps dedans icelle ville comme un estranger; & en cas qu'il soit Bourgeois ou Bourgeoise demourant hors ladite ville, lesdits Eschevins donnent audit demandeur congé de pouvoir ledict Bourgeois ou Bourgeoise, entant qu'il touche ladite poursieulte, faire plainctir, où qu'ils le trouvent comme estranger, soit en ladite ville de Commines ou dehors; & se ledit desobeissant Bourgeois ou Bourgeoise est plaincti en ladite ville pour ladite poursieulte, ou pour la mesme cause, luy convient donner seureté comme estranger se partie le requiert.

III. Se ledit Bourgeois ou Bourgeoise, ou manant adjourné comme dessus, compare devant les Eschevins en deniant le deu, lesdits Eschevins ordonnent audit demandeur de poursuyvir son deu par plaincte à loy sur la Halle d'icelle ville. Mais il ne peut faire

faire ladite plainĉte sur le mesme jour, & faut neantmoins que ladite plainĉte soit fait trois jours avant le jour des plaids.

IV. Quand un Bourgeois, Bourgeoise ou manant adjourné comme dessus, compare devant les Eschevins confessant le deu, il luy est ordonné de payer endedans sept jours & sept nuićts, ou aller en la maison de despens, que l'on dit vulgairement, Thuys van costen; & s'il n'a fourny à ladite ordonnance, & partie se plainde, l'on adjourne ledit Bourgeois, Bourgeoise, ou manant pour la quatriesme fois d'habondant, pour sçavoir s'il a fourny à ladiĉte ordonnance: Et en cas qu'il compare, & qu'il ne sçache monstrer payement ou attermination, lesdits Eschevins luy font commandement de payer endedans sept jours ensuivans, ou aller en ladite maison de despens, & en cas de desobeissance, ou faulte dudit payement, lesdits sept jours passez, ledit Bailly ou son Lieutenant, à la requeste de partie, est tenu à l'enseignement desdits Eschevins saisir ses biens meubles dedans ladite ville ou dehors ès limites de sa jurisdiction pour autant que le deu confessé, & despens judiciaires peuvent porter & faire priser par les priseurs jurez de ladite ville lesdits biens saisis, & les vendre à sept jours & sept nuićts de rachat: & en cas que tel debiteur ne compare audit quatriesme adjournement, en ce cas ledit Bailly ou son Lieutenant peut à l'enseignement d'iceux Eschevins promptement faire ladite saisine, & faire faire la priserie desdits biens comme dessus.

V. Se un bourgeois, bourgeoise ou manant, obligé pardevant lesdits Eschevins en nombre de loy est adjourné à requeste de partie complaindante pardevant lesdits Eschevins pour oyr la demande de ladite partie, & en cas de confession, où se il ne scet montrer payement ou quićtance, luy est ordonné de payer promptement, ou aller en ladite maison de despens. Et s'il est en faulte de ce faire, est procedé comme dessus: mesmes en cas de insuffisance desdits biens meubles, à la saisine & vendition de ses heritages aussi avant qu'ils sont gisans en la jurisdiction desdits Eschevins.

VI. Deniers procedans & appartenans au domaine d'icelle ville, soit d'afforage, malletote, assis ou autres sont privilegez & executoires.

VII. S'un bourgeois, bourgeoise ou manant, par ordonnance desdits Eschevins est entré en ladite maison de despens, & de son auctorité privée se departe d'icelle, avant avoir satisfaict ou contenté son creancier, en ce cas il fourfaićt vers le seigneur dudit Commines, l'amende de soixante sols. Et peut l'on proceder pour ledit deu comme dessus, prestement ledit partement.

VIII. Le debiteur peut choisir ladite maison de despens, abordant & confrontant au marché d'icelle ville, ou au plus loing de la distance de 40 pieds.

IX. L'on ne peut un bourgeois, bourgeoise ou manant, constitué prisonnier en prison fermée, ou en ladite maison de despens pour debte, rencherger pour autre debte.

X. Celuy qui succombe & dechet du procès qu'il a pendant pardevant lesdits Eschevins après litiscontestation en cause, fourfaićt & encourt en l'amende de soixante sols. Desquels iceux Eschevins ont le tiers, & le seigneur le surplus.

XI. Une personne peut faire arrester son debiteur non bourgeois ou bourgeoise, habandonné desdits Eschevins, par ledit Bailly ou son Lieutenant, pour actions personnelles.

XII. Pour rente ou soub-rente, hypothequée sur maison ou heritage en ladite ville & eschevinage, en faulte de payement, l'on peut faire plainĉte pardevant ledit Bailly ou son Lieutenant, & deux Eschevins du moings, & ensuivant ce faire adjourner la partie en especial, & tous autres en general, à comparoir sur la halle d'icelle ville au premier jour de plais ensuivant, sur le premier cry ou son d'un baston.

XIII. Auquel jour se partie ne compare, on le doit r'adjourner pour comparoir au prochain jour de plais ensuivant sur son deuxiesme cry & son, & s'il ne compare, on le r'adjourne par cry à la fenestre d'icelle halle sur son troisiesme son.

XIV. Se au troisiesme jour, cry & son de baston à ladite fenestre personne ne compare, pour soy opposer à ladite plainte, & deffendre l'hypotheque, ledit hypotheque est par loy mis à an & jour, pour cependant, l'heritier de la maison ou heritage hypothequée, payer audit demandeur ses arrerages, despens de Justice & refećtion, en cas qu'aucuns ayent par le demandeur esté faićts.

XV. Se ledit heritier pendant ce temps, est en faute de payer, ledit an passé, on le r'adjourne à ladite fenestre, comme dessus une fois pour tout, pour montrer quićtance ou respit de ce que dićt est. Et s'il est de ce faire en faute, ou par contumace debouté, l'on met par loy ledit demandeur de ladite rente ou soubs-rente ce requerant, en possession dudit hypotheque, pour en jouir perpetuellement, & en demeurent les heritiers perpetuellement deboutez. Sauf ceux qui sont hors du pays. Lesquels peuvent ravoir leurs heritages ou maisons, au boult de l'an qu'ils sont retournez, en payant neantmoins comme dessus. Ensemble enfans non aagez de aage de liberté, lesquels pareillement retournent à leurs maisons & heritages, au bout de l'an qu'ils sont hors de tutelle, & mis en leurs biens, en payant aussi comme dićt est.

XVI. Maisons & heritages tenus dudit eschevinage, sont reputez pour meubles, neantmoins est deu droićt seigneurial tel que du dixiesme denier à la vente ou transport desdites maisons & heritages au prouffićt de ladite ville. Sauf & reservé des bourgeois d'icelle ville, n'est qu'ils vendent leur derniere maison ou heritage tenu dudit eschevinage. Ouquel cas ledit droit est deu tel que dessus.

XVII. Quand l'un de deux conjoinćts par mariage termine vie par mort, delaissant enfans ou enfant procreez dudit mariage, au survivant competent & appartiennent tous les biens meubles & reputez pour meubles, dont ils sont joyssans, à la charge de faire partage à sesdits enfans ou enfant s'il se remarie.

XVIII. Quand deux conjoinćts par mariage, bourgeois de ladite ville, ont eu enfans ou enfant, & qu'iceux terminent vie par mort avant pere ou mere, tous leursdits biens meubles, & reputez pour meubles, competent & appartiennent au survivant desdits conjoinćts, à la charge de payer toutes les debtes, exeques & funerailles.

XIX. Representation a lieu en ligne direćte, ès biens, maisons & heritages reputez pour meubles, delaissez par bourgeois d'icelle ville.

XX. Deux conjoints par mariage, bourgeois non ayans enfans legitimes, peuvent, pardevant lesdits Eschevins radvestir l'un l'autre, de tous leurs biens meubles, catheux & heritages reputez pour meubles, qu'ils ont & pourront acquerir; & au survivant competent & appartiennent tous lesdits biens, à la charge de payer toutes les debtes, exeques & funerailles, s'il n'y a devise & condition expresse au contraire.

XXI. Ratraićte à tiltre de proximité lignagiere, a lieu pour maisons & heritages tenus dudit eschevinage venans & procedans du lez & costé des vendeurs, endedans quarante jours ensuivans les desheritemens & adheritemens.

XXII. Un heritier de portion de maison, ou heritages frareux & non separez de bonnes ou assens suffisans, peut endedans quarante jours ensuivans les venditions & desheritement d'autre portion frareuse le reprendre à tiltre de fraeuseté. Jaçoit que telle portion vendue procede d'acqueste.

COUSTUMES
DE LA VILLE ET ESCHEVINAGE D'ARMENTIERES.

I. PAr la Coustume, toutes maisons & heritages gisans en ladite ville & eschevinage d'icelle, sortissent nature de meubles, & ne paye l'on à la vente ou transport quelque droict seigneurial, ne relief à la mort des heritiers ou heritier.

II. Ratraicte à tiltre de proximité de lignage a lieu pour lesdits maisons & heritages non acquestez endedans quarante jours après les desheritemens & adheritemens faits & baillez, & non pour ceux acquis, mais se peuvent lesdits maisons & heritages, tant acquis que non acquis, reprendre à tiltre de frareuseté ou escleche, endedans lesdits quarante jours, en remboursant l'acheteur ou acheteurs des deniers principaux & leaux coustemens endedans sept jours & sept nuits ensuivans les recognoissances judiciaires ou adjudications.

III. En matiere de reprinse desdites maisons & heritages, frareuseté fait à preferer à proximité, & escleche à frareuseté.

IV. En matiere de frareuseté ou escleche, celuy qui previent seclud autre en semblable titre, & au regard de ladite proximité en pareil degré.

V. Deux conjoincts par mariage, bourgeois de ladite ville non ayans enfans ou enfant legitimé, peuvent radvestir l'un l'autre pardevant lesdits Eschevins, de tous leurs biens meubles, cateulx & heritages reputez pour meubles qu'ils ont & acquerir pourront constant leurdit mariage, & y apposer telles devises & conditions que bon leur semble, lesquelles sont à entretenir. Mais se lesdits conjoincts après ledit radvestissement avoient au jour du trespas du premier mourant enfant ou enfans legitimes, tel radvestissement n'a lieu, & ne sortit effect.

VI. Representation a lieu tant en ligne directe que collaterale, en faict de succession de biens meubles, maisons & heritages reputez pour meubles.

VII. L'on ne peut proceder par voye d'arrest de corps en ladite ville & eschevinage pour debtes & actions personnelles contre les bourgeois ou bourgeoises de ladite ville par jour de Samedy depuis midy, ne les jours de Dimenche & Lundy, & quant audit jour de Samedy devant le midy & les jours de Mardy, Mercredy, Jeudy & Vendredy, ils sont arrestables seulement hors des maisons & pourpris d'icelles, n'est que se fussent hostelleries, tavernes ou cabarets, & les non bourgeois sont arrestables hors desdites maisons & pourpris par chascun jour.

VIII. Tous biens trouvez ès maisons occupées par louage appartenans aux louagiers sont affectez pour le louage de l'année courante. Laquelle est privilegée & faict à preferer sur lesdits biens à tous autres hypothecques, & en cas qu'iceux biens soient insouffisans pour le payement de ladite année courante, & que l'on trouvast aucunes hostilles ou vaisseaux de foullons appartenans à autruy, icelles hostilles ou vaisseaux pour le parfaict dudit payement, sont affectez pour iceluy payement.

IX. L'on peut vendre par decret & execution de la Justice, le fonds & proprieté des maisons & heritages en ladite ville & eschevinage, en vertu de lettres obligatoires passées pardevant eulx contenans consentement exprès à ces fins, ou autrement les prouffits & revenuz de cent ans & un jour, en faisant les criées en l'Eglise parochialle de ladite ville, par trois jours de Dimenches continuels à heure de grand' Messe ensuivant les mises à prix.

AUTRES COUSTUMES LOCALES ET PARTICULIERES,

Des Parties dudit ARMENTIERES, Seigneuries de SAINT SIMON, & RAISSE, & Cours en deppendans.

I. PAr la Coustume, en faict de succession representation a lieu, tant en ligne directe que collaterale, ès maisons & heritages cottiers & renteulx & biens reputez pour meubles, & esdits heritages cottiers & renteulx soient patrimonieulx ou acquestez succedent les femelles en pareil degré comme les masles.

II. Droict de maisneté est deu sur les lieux & heritages patrimonieulx au maisné enfant, soit fils ou fille, supposé qu'il y eust fils & fille maisnée.

III. Esdits heritages patrimonieulx en matiere de retraicte à titre de proximité de lignage, se le vendeur avant le desheritement, declare qu'il offre l'heritage vendu, aux proismes pardevant les Bailly ou Lieutenant & Eschevins, en nombre de loy en mettant main au baston, & qu'aux deux quinzaines ensuivans l'acheteur ou autre de par ledit vendeur à ce commis face semblable offre ; la premiere, pardevant ledict Bailly ou son Lieutenant, & deux Eschevins ; & la seconde, pardevant ledit Bailly ou son Lieutenant, & quatre Eschevins, de ce jour en quinze jours, en ce cas après ladite seconde offre faicte, se personne ne compare endedans heure d'estoilles du jour d'icelle derniere offre, l'heritage ainsi vendu demeure audit acheteur, sans ce que après on luy puisse audit titre de proximité vallablement reprendre. Toutesfois se ledit acheteur ou commis eft en faulte de faire les deuxiesme & troisiesme offres ausdites quinzaines, il peut icelles faire & continuer quand bon luy semble endedans l'an revolu, du jour de l'adheritement de tels heritages.

IV. Pour relever les fiefs, est usé que celuy qui doit ledit relief, ou autre en son nom, soit adherité de tels fiefs par le seigneur, son Bailly ou Lieutenant, presens les hommes de fiefs d'icelles seigneuries, en nombre de loy, en payant les droicts accoustumez. Et semblablement se faict ès reliefs des fiefs, & terres renteuzes tenues ou deppendans desdites seigneuries.

V. En faict de vente par decret & execution de

Justice desdicts fiefs & heritages, les criées se font comme dessus, seulement ès Eglises parochiales du lieu où ils sont gisans. A sçavoir l'exposition en vente & trois criées après la mise à prix faicte, par jour de Dimenche à heure de la grand' Messe.

COUSTUMES DE LA VILLE DE LANNOY.

I. PAr la Coustume, maisons & heritages situez & gisans en ladite ville, succedent en ligne directe, aussi-bien aux femelles que aux masles, en pareil degré. Et en est deu double rente de relief, à la mort de l'heritier, & le dixiesme denier à la vente ou transport quand le cas y eschiet.

II. L'on peut par la loy d'icelle ville, à la requeste d'un clamant, après avoir fait sommierement apparoir de sa debte, faire vendre, crier & subhaster par execution de Justice, le fonds & proprieté des maisons & heritages situez en ladite ville, aprés avoir par un jour de Dimenche en l'Eglise dudit Lannoy, à heure de grand' Messe, & par un jour de marché à la bretesque de ladite ville les exposé à vente, & ladite vente faicte, faire trois criées en ladite Eglise, par trois jours de Dimenche continuels, & le quart d'abondant à heure de la grand' Messe; & par quatre jours à heure marché à ladite bretesque, en assignant jour & heure de la demeure en la halle de ladite ville, au poulce de chandelle, pour recevoir par les Prevost ou son Lieutenant & Eschevins d'icelle ville en nombre de loy, toutes renchieres.

III. Et après ledit poulce de chandelle gardé, tel marché demeure ferme & stable, au plus offrant & dernier rencherisseur, auquel l'on baille l'adheritement, en fournissant preallablement les deniers principaux dudit marché, lesquels se distribuent par l'ordonnance desdits Eschevins, en baillant caution subjecte à refusion, se mestier est, par ceux recevans lesdits deniers.

IV. Deniers deubz pour louages de maisons, sont executoires comme privilegez.

V. En ladite ville & eschevinage, aussi avant que ledit eschevinage a à durer, lequel se comprend & extend aussi-bien dehors que dedans icelle, à la requeste de partie ledit Prevost ou son Lieutenant & sergent de ladite ville, pour debtes & actions personnelles, peuvent arrester au corps toutes personnes, pourveu que telles personnes arrestées ne soient heritieres residentes sur ledit eschevinage : & se elles y sont demourantes, ledit arrest n'a lieu. Et se l'arresté confesse la demande pardevant ledit Prevost, son Lieutenant ou sergent, & deux Eschevins, il tient prison jusques au plein fournissement. Et s'il denie n'aura son corps a delivré ; n'est qu'il baille caution subjecte à ladite loy pour ledit pretendu, ensemble pour les despens du procès, s'aucun en sourdoit. Et se ledit arresté requiert avoir caution de despens de sa partie, n'est qu'il soit heritier en ladite ville & eschevinage, il est aussi tenu la bailler, ou en faute de ce, la main de Justice se leve dudit arresté.

VI. Les deniers deubz à ladite ville pour assis, maltotes & autres, pour le propre & domaine d'icelle, sont privilegez & executoires, & precedent toutes debtes personnelles particulieres en payement.

COUSTUMES DE LA SEIGNEURIE DE ERQUINGHEHEM, Sur le Lys.

I. PAr la Coustume, ès heritages renteux en matiere de rattraicte à titre de proximité de lignage, se le vendeur, avant le desheritement faict de l'heritage vendu pardevant les Bailly ou son Lieutenant & Eschevins en nombre de loy, en mettant main au baston, declare qu'il offre tel heritage aux proismes, & que aux deux quinzaines ensuivans, l'acheteur ou autre de par ledit vendeur à ce commis, face semblable offre; la premiere, pardevant ledict Bailly ou son Lieutenant & deux Eschevins; & la seconde de ce jour en quinze jours, pardevant lesdits Bailly, Lieutenant & quatre Eschevins. Et en cas que ladite seconde offre faicte, proisme ne compare endedans heure d'estoilles, de ce jour en quinze jours, l'heritage ainsi vendu demeure audit acheteur, sans ce que après l'on le puist audit titre de proximité vallablement reprendre. Toutesfois, se ledit acheteur ou ledit commis estoit en faute de faire les seconde & troisiesme offres ausdites quinzaines, il peut icelles faire & continuer quand bon luy semble, endedans l'an revolu, du jour de l'adheritement de tel marché.

II. Pour relever les fiefs tenus de ladite terre & seigneurie d'Erquinghehem est usé, que celuy qui doit relief ou autre en son nom, soit adherité de tels fiefs par le seigneur, son Bailly ou Lieutenant, presens les hommes de fiefs d'icelle seigneurie, en nombre de loy, en payant les droits accoustumez.

III. Et semblablement se fait ès reliefs des terres renteuses tenues de ladite seigneurie d'Erquinghehem, & aussi ès reliefs des fiefs & terres renteuses tenus ou dependans des fiefs ou seigneuries mouvantes de ladite seigneurie d'Erquinghehem, en payant aussi les droicts accoustumez.

IV. L'on peut vendre par decret & execution de Justice, le fonds & proprieté des heritages tenus de ladite seigneurie, en vertu de lettres passées pardevant eux, contenant obligation & consentement exprès à ces fins, ou les profits & revenus de cent ans & un jour, en faisant quatre criées ès Eglises paroichiales, là où tels heritages sont gisans à l'issue de la grand' Messe, par jour de Dimenches : A sçavoir, la premiere pour les exposer en vente, & les autres par trois jours de Dimenches continuels après la mise à prix.

COUSTUME
DE LA SEIGNEURIE
DE TOURCOING.

I. PAr la Coustume, ratraicte fonciere d'heritage au gros du fief du seigneur par faute de rente non payée n'a lieu; trop bien le receveur ou autre officier ou commis dudit seigneur, se peut plaindre à loy de telle deffaulte, & requerir luy estre adjugée, qui luy fait à adjuger avecq trois sols de loix pour chacun terme escheu & non payé. Et pour le terme de sainct Jean-Baptiste double rente. Et peut ledict receveur ou commis requerir l'execution, laquelle luy faict aussi incontinent à adjuger sur les meubles estans sur les heritages chargez de ladite rente, dont il est tenu faire veue & ostension. Lesquels meubles se doivent vendre à sept jours & sept nuits de rachat, ou en faute de meubles l'on peut vendre portion desdits heritages jusques au plein payement & fournissement desdites rentes, loix & despens.

COUSTUMES
DE LA SEIGNEURIE
DE MOUVAULX.

I. PAr la Coustume, pour les fiefs & heritages tenus ou deppendans d'icelle seigneurie, gisans audit Mouvaulx, proximité a lieu quand ils ont tenu coste & ligne endedans l'an des adheritemens, n'est que les acheteurs ayent par trois Dimenches ensuivans qu'ils en soient adheritez à heure de la grand' Messe, en l'Eglise dudit lieu, faict publier les venditions, desheritemens & adheritemens faits & baillez. Auquel cas se les proismes ne font leurs devoirs de reprendre audit titre, tels marchez endedans les quarante jours ensuivans lesdits adheritemens, ils viennent à tard faire telles reprinses.

II. Par le trespas d'une femme mariée, vefve ou fille à marier, relief n'est deu des heritages qu'elle a au jour de son trespas tenus ou deppendans de ladite seigneurie. Mais se une femme mariée survit son mary estant heritiere d'aucuns heritages venans de son propre lez & costé ou acquests, elle est tenue payer relief desdits heritages tel que la double rente. Et si est deu aussi par le trespas dudit mary relief des heritages qui succedent aux enfans ou heritiers de tel mary.

COUTUMES
DES PREVOST, DOYEN ET CHAPITRE
DE S. PIAT DE SECLIN.

I. PAr la coustume, tous heritages tenus de l'eschevinage de l'Eglise dudit sainct Piat, sont reputez mobiliaires, & se partissent tant en succession directe que collaterale, autant aux femelles que aux masles en pareil degré.

II. Droict seigneurial est deu à la vente, tel que du dixiesme denier, & aussi à donation & transport quand les donataires judiciairement en sont adheritez, ou que les donations sont realisées de la valeur & extimation desdits heritages.

III. Quand le mary fine ses jours, delaissant sa femme vivante & aucuns heritages venans du lez & costé d'elle, tenus dudit eschevinage, droict de relief tel que double est deu ausdits de sainct Piat, par le trespas dudit mary, pour la premiere fois que telle femme escherroit vefve. Et par le trespas de telle vefve, des heritages qu'elle delaisse au jour de son trespas, tenus dudit eschevinage, droict de relief n'est deu par les heritiers.

IV. Se telle femme mariée fine ses jours, paravant son mary, par son trespas n'est deu quelque relief, mais est tenu en suspens, jusques au trespas de tel mary, que lors il est deu par les heritiers d'iceluy mary & femme finée, aussi avant qu'ils apprehendent les heritages.

V. Par le trespas des filles non ayant esté mariées, delaissans aucuns heritages, droict de relief est deu tel que dessus.

VI. Audit eschevinage, & ès seigneuries particulieres, iceux seigneurs peuvent poursuivir leurs rentes pour toutes années & termes qui en peuvent estre deuz, & doivent estre payez de tous arrerages, jaçoit qu'ils excedent trois années.

VII. En la seigneurie de la Prevosté dudit sainct Piat, gisant ès paroisses d'Englos & Halennes, tous heritages tenus de ladite Prevosté doivent relief par la mort des heritiers, au mercy du Prevost de ladite Eglise, qu'est de trois année l'une, au choix dudit Prevost ou de ses officiers.

VIII. Aux prebendez du salut de ladite Eglise, compete & appartient en leur seigneurie relief à merci des heritages appellez les francqs-mez, tenus desdits prebendez à la mort des heritiers. Lequel relief est tel que de trois années l'une, aux choix desdicts prebendez.

IX. Lesdits doyen & chapitre sont ruyers & leur appartiennent les chemins, rejects, frondz & flegards abordans aux heritages tenus dudit eschevinage ; & desdicts prevosté, six prebendez & autres prebendes particulieres de ladite Eglise, sans ce que lesdicts

Prevoſt, ſix prebendez & autres particulierement prebendez ayent Cour, ne cognoiſſance des delicts qui ſe y commettent, ne droict ès plantins y eſtans & croiſſans. Ains appartient la cognoiſſance deſdits delicts aux Bailly & Eſchevins de ladite Egliſe, & le droict deſdicts plantins, auſdicts Doyen & Chappitre.

X. Leſdictes ſeigneuries particulieres dudict Prevoſt deſdicts ſix francs prebendez, & des autres particulierement prebendez de ladite Egliſe, combien que les heritages en dependans ſortiſſent nature d'heritage, & que l'on s'y reigle en leur Juſtice vicomtiere en autre cas ſelon la Couſtume generale de noſtre Chaſtellenie de Lille, ſortiſſent neantmoins par appel en premiere inſtance, pardevant leſdicts Bailly & Eſchevins de ladicte Egliſe, comme Seigneurs ſuperieurs, & ont leſdicts Bailly & Eſchevins la cognoiſſance de la haulte-Juſtice ſur leſdicts prebendez comme vicomtiers dependans de ladicte Egliſe.

XI. Quand maiſons ou heritages tenus dudit eſchevinage, ſont vendus par deux conjoincts par mariage, ou l'un d'eux, ſoit qu'ils procedent d'acqueſte ou autrement, ratraicte à tiltre de proximité a lieu, tant pour les parens du mary que de ſa femme, & le premier redemandant endedans quarante jours enſuivans leſdites venditions, desheritemens & adheritemens, ſoit du lez & coſté dudit mary ou de ladite femme en pareil degré, fait à preferer, & ſe quelque particulier fait telle vendition, ladicte proximité eſt auſſi bien deue à ſon proiſme maternel que paternel, en pareil degré.

XII. Es ſeigneuries des Prevoſt, ſix prebendez de ladite Egliſe, & ſeigneurs vicomtiers deppendans d'icelle, dont l'on tient les plais en la maiſon eſchevinalle deſdits du Chappitre, ratraicte à titre de proximité, a lieu ſeulement pour maiſons & heritages tenus deſdits Prevoſt, prebendez & ſeigneurs vicomtiers ayans tenu coite & ligne, au proiſme venant du lez & coſté dont ils procedent. Laquelle ratraicte ſe doibt faire & intempter endedans quarante jours enſuivans leſdites venditions, desheritemens & adheritemens, faiſans au ſurplus les devoirs en tel cas requis & accouſtumez.

COUSTUMES
DE LA SEIGNEURIE
Des Religieux, Abbé & Convent de S. QUENTIN D'ISLE.

I. Par la Couſtume, tous heritages cottiers tenus deſdits Religieux, ſuccedent tant en ligne directe que collaterale, auſſi-bien aux femelles que maſles en pareil degré.

II. Pour reprendre vallablement à titre de proximité les maiſons, fiefs & heritages cottiers, eſt requis à peril de forcluſion, faire les devoirs endedans quarante jours enſuivans les desheritemens & adheritemens faits & baillez aux acheteurs.

COUSTUME
DES HAMEAUX
DE MILLEFONSSE ET BOUSIGNIES,
Situez en la Paroiſſe de HASNON, endeçà la riviere de l'ESCAULT.

I. Par la Couſtume obſervée eſdits hameaux, ès heritages tenus des Religieux, Abbé & Convent dudit Haſnon, les femelles en pareil degré ſuccedent tant en ligne directe que collaterale, egalement contre les maſles. Et ſi n'eſt deu droit de relief à la mort de l'heritier en ladite ligne directe.

COUSTUMES
DE LA SEIGNEURIE
DE BOVINNES.
Appartenant aux Religieux, Abbé & Convent de ſainct AMAND en PEUELE.

I. Par la Couſtume de ladite ſeigneurie de Bovinnes, en fait de ſucceſſion, tant en ligne directe que collaterale, ès heritages cottiers patrimonieux ou acqueſtez, les femelles y ſuccedent egalement avec les maſles en pareil degré.

II. Reprinſe à titre de proximité de maiſons & heritages cottiers tenus de ladite ſeigneurie, ſe doit faire endedans quarante jours des desheritemens & adheritemens faicts & baillez à peril qu'après leſdits quarante jours l'on n'eſt recevable de demander audict titre leſdites maiſons & heritages.

III. Qui frappe autruy par ire à playe ouverte & ſang courant, ſur l'eſchevinage de ladite ſeigneurie, il forfait vers leſdits Religieux, Abbé & Convent, 60 livres loniſiennes, qui vaillent vingt livres pariſis monnoye de Flandres, & deſpens de prinſe & information.

IV. Celuy qui frappe autruy de sombre coup sans sang sur ledit eschevinage, il forfaict l'amende de dix livres lonisiennes, qui vallent soixante-six sols huict deniers parisis monnoye de Flandres.

V. Quiconques tire un coustel à fer esmoulu, ou une espée, par mal talent, pour vouloir frapper autruy sur ledit eschevinage, il fourfait pareille amende de dix livres lonisiennes.

VI. Tous heritiers & occupeurs des heritages chargez de droict de terrage vers lesdits Religieux, à cause de ladicte seigneurie, sont tenus, avant qu'il puissent emporter les advestures & ablais venans à meutrisson de tels heritages, preallablement appeller ou faire appeller lesdits seigneurs, censier ou commis, pour voir faire le compte ; & en sa presence prendre la dixiesme garbe & tourner la unziesme pour la laisser à disme, & puis recommencer par tant de fois que le cas y eschet, & à ses despens mener ou faire mener ledit droict de terrage en la grange desdits seigneurs, ès mettes de leurdite seigneurie dont ledit droict leur appartient, & qui fait le contraire, il encourt en soixante sols lonisiens d'amende, pour chascun camp & au restablissement de tous interests.

VII. Ausdits Religieux, Abbé & Convent, compete & appartient droict d'afforage, du vin qui se debite sur ladite seigneurie. A sçavoir un lot de chascun fond, & aux hommes de fiefs ou Eschevins faisans ledit afforage, un lot de chascune piece, six deniers de pain, & une taille de fromage.

COUSTUMES LOCALES
DES SEIGNEURIES

De les Religieux, Abbé & Convent d'Ancin, sainct Calixte de Chisoing & de Loz, Doyen & Chapitre de l'Eglise Cathedrale de Tournay, les Religieuses, Abbesse & Convent de Flines, & des l'Abbaye des Pretz en Douay, & les Chapelains des Chapelles de Nostre-Dame, S. Jean & S. Nicaise, fondées en l'Eglise de Templeuve en Peuele, ensemble des autres fiefs & seigneuries gisans audit Templeuve.

I. PAr la Coustume observée ès seigneuries dessusdites, desquelles l'on tient les plais ordinaires chacun respectivement en ladite paroisse de Templeuve, nonobstant que desdites seigneuries ou d'aucunes d'icelles y ait heritages tenus & gisans en la paroisse de la Chapelle en Peuele, & autres à l'environ, en fait de succession, les femelles succedent en pareil degré comme les masles egalement en tous lesdits heritages.

II. Les rentes foncieres & seigneuriales, deues en espece de bled & avaine, pour les heritages tenus desdites seigneuries & autres gisans esdictes paroisses de Templeuve, & la Chapelle en Peuele, aussi avant que iceux heritages sont situez & gisans en icelles paroisses, les heritiers d'iceux sont quittes en payant lesdicts bleds & avaines deuement appoinctez, telles que les terres portent, ou la valeur desdicts grains, sans estre submis & tenus payer lesdicts grains à la priserie du prince, du pays, ou d'autre seigneur.

III. Toutes amendes fourfaictes sur lesdites seigneuries, gisans esdites paroisses de Templeuve, & la Chapelle, de soixante sols & endessous, le sol se reduit à la monnoye douysienne, & vaut seulement le sol douysien quatre deniers Flandres, & les soixante sols vingt sols d'icelle monnoye.

COUSTUMES LOCALES
DE LA SEIGNEURIE ET QUIND
DE SALOMMEZ,
Lez la ville de LA BASSE'E.

I. PAr la Coustume de ladite seigneurie & quind de Salommez, ès heritages cottiers & renteux tenus de ladite seigneurie & quind, les femelles succedent avec les masles, en pareil degré egalement, à compte de testes ; desquels heritages à la vente, don ou transport est deu le dixiesme denier.

II. Par le trespas d'une femme ou fille heritiere d'aucuns desdits heritages, n'est deu droit de relief, mais est deu ledit relief, qu'est double rente par le trespas d'homme ou fils heritier. Et si une femme mariée heritiere d'aucuns desdits heritages eschet vefve, elle est tenue de payer ledit relief pour la premiere fois qu'elle eschet vefve, & par son trespas n'est deu ledit relief par ses enfans ou heritiers, mais est deu par le trespas de son mary.

III. Es heritages non acquestez, vendus & werpis, proximité de lignage a seulement lieu endedans quarante jours ensuivans l'adheritement faict & baillé.

COUSTUMES
DE LA VILLE ET ESCHEVINAGE
DU PONT A WENDIN.

I. PAr la Coustume, en ladite ville qu'est privilegée, y a seel autentique & arrest de corps en action personnelle en icelle ville & eschevinage.

II. Quand l'un de deux conjoincts par mariage, termine vie par mort, heritiers d'aucunes maisons ou heritages tenus dudit eschevinage venans de son patrimoine ou acqueste, constant ledit mariage, sans avoir eu enfant d'iceluy ou apparent à naistre, lesdites maisons & heritages patrimonieux, & la moitié desdites acquestes succedent à ses plus prochains parens, aussi-bien aux femelles que masles en pareil degré, à compte de testes.

III. Pere & mère sont heritiers de leurs enfans terminez sans enfans ou hoirs descendans des maisons & heritages par eux delaissez tenus dudit eschevinage.

IV. Après le trespas de l'un de deux conjoints par mariage, ayans d'iceluy eu un ou plusieurs enfans les maisons ou heritages tenus d'iceluy eschevinage, dont ils estoient jouissans au jour dudit trespas, competent & appartiennent au survivant, & en peut user & disposer à son plaisir & volonté. A la charge s'il se remarie, de faire partage de la moité à ses enfans ou enfant. Et s'il fine ses jours sans delaisser enfant vivant, lesdites maisons & heritages dont il seroit jouissant, au jour de sondit trespas, competent & appartiennent à ses plus prochains heritiers, aussi-bien femelles que masles en pareil degré à compte de teste.

V. A la vente, don ou transport de maisons & heritages tenus d'iceluy eschevinage, droit seigneurial n'est deu.

VI. Quand une personne a vendu quelque maison ou heritage tenu dudit eschevinage, le rapporté & werpy ès mains des Bailly ou son Lieutenant & Eschevins dudit lieu, pour en adheriter l'acheteur, avant bailler l'adheritement, un sergent de ladite ville publie ladite vente en l'Eglise parochiale, le Dimenche ensuivant à heure de grand' Messe, affin que se quelque parent du vendeur ou venderesse, du lez & costé dont ladite maison ou heritage procede, le veut reprendre à titre de proximité, qu'il vienne endedans sept jours & sept nuits ensuivans pour faire ladite reprinse, & rembourser l'acheteur des deniers principaulx & loyaux coustemens, ou consigner lesdits deniers soubs la main de Justice, & lesdits sept jours & sept nuits passez, rattraicte de proximité n'a lieu.

VII. Deux conjoincts par mariage, non ayans enfans de mariage precedent, heritiers de maisons & heritages tenus dudit eschevinage, peuvent radvestir l'un l'autre par lettres pardevant lesdits Bailly ou son Lieutenant & Eschevins en nombre de loy desdits maisons & heritages; ensemble de ceux qu'acquerir pourront tenus dudit eschevinage, pour en jouir par le survivant jusques à son trespas. A la charge de payer les debtes, testament, exeques & funerailles du trespassé. Et après le decez dudit survivant lesdites maisons & heritages tiennent la coste & ligne dont ils sont procedez. Et les maisons & heritages acquestez se partissent moitié, sans ce que ledit survivant puist au prejudice des heritiers dudit premier mourant les vendre, charger, n'aliener.

COUSTUMES LOCALES
DE LA SEIGNEURIE
DE LE BOUTILLERIE,
La Paroisse de FLEURBAIX, & en aucuns Villages voisins.

I. PAr la Coustume, en succession directe & collaterale, les femelles en pareil degré succedent à compte de testes contre les masles, ès heritages renteux tenus de ladite seigneurie.

II. A la vente & transport des heritages tenus d'icelle seigneurie, droict seigneurial est deu seulement du quatorziesme denier, & semblable droit pour donations realisées, & à la vente des fiefs le dixiesme denier, & n'est l'on tenu payer quelque droict d'affranchissement.

III. Est deu seulement de relief à la mort de l'heritier desdits heritages renteux une année de rente, courant au jour du trespas de l'heritier.

IV. Après le trespas de pere ou mere delaissans aucuns desdits heritages non procedans d'acqueste, & que division est faite entre leurs enfans, le maisné, soit fils ou fille, a le choix se bon luy semble.

V. Droit de proximité est deu au proisme du lez & costé dont procede l'heritage vendu non acquis par le vendeur, pourveu qu'il face ses devoirs endedans quarante jours ensuivans l'adheritement baillé à l'acheteur.

COUSTUMES LOCALES ET PARTICULIERES DE LA TERRE ET SEIGNEURIE D'ENNETIERES EN WEPES,

Appartenant aux Religieux, Abbé & Convent de Sainct PIERRE, lez-GAND.

I. PAr la Coustume, lesdits seigneurs ont le dixiesme denier de droict seigneurial à la vente, don ou transport des heritages tenus d'eux. Comme aussi a le mayeur heritier, pour les heritages tenus de sa mairie, & à deux gros de relief à l'advenant du bonnier.

II. Les femelles en pareil degré tant en ligne directe que collaterale, succedent esdits heritages à compte de teste contre les masles.

III. Arrest de corps en action personnelle, a lieu en ladite seigneurie contre les non residens en icelle, seulement, pourveu qu'il se face par le Bailly, son Lieutenant ou Sergent desdits Religieux, ou par le Mayeur, son Bailly ou Lieutenant.

IV. Quand l'un de deux conjoincts par mariage ayans enfans d'iceluy se remarie, il est tenu faire partage à sesdits enfans.

V. Representation a lieu esdits heritages tant patrimoniaux qu'acquestez en la succession de pere ou de mere.

VI. Le mary ne peut vendre, charger n'aliener les heritages appartenans à sa femme, sans le gré & exprès consentement d'icelle.

VII. Es heritages acquis, n'y a reprinse à tiltre de proximité, mais seulement ès heritages patrimonieulx par le proisme venant du costé & ligne, endedans quarante jours ensuivans l'adheritement faict & baillé.

COUSTUMES LOCALES ET PARTICULIERES DE LA SEIGNEURIE DE CAMPHIN,

Appartenant ausdits Religieux de sainct PIERRE, lez-GAND.

I. PAr la Coustume, pour vente, don ou transport d'aucuns heritages tenus de ladite seigneurie, droict seigneurial n'est deu à la vente, don ou transport, fors une piece d'argent, & aussi une piece d'argent pour le relief à la mort de l'heritier.

II. Les masles & femelles en pareil degré succedent egalement à compte de teste, ès heritages tenus de ladite seigneurie.

III. Quand l'un de deux conjoincts par mariage fine ses jours sans delaisser enfans de mariage precedent ayans eu enfans constant leur mariage, qui soient terminez au jour du decez dudit premier mourant, au survivant, s'il n'a enfant d'autre mariage, competent & appartiennent tous les heritages tenus de ladite seigneurie, & biens meubles delaissez par le premier mourant, à la charge de fournir son testament & payer ses debtes, exeques & funerailles. Et peut tel survivant desdits heritages & biens meubles, user & disposer à son plaisir & volonté.

IV. Si l'un de deux conjoincts terminé heritier d'aucuns heritages tenus d'icelle seigneurie, delaissant dudit mariage enfans, au survivant appartiennent tous lesdits heritages & biens meubles, à la charge, s'il se remarie, de faire partage ausdits enfans. Et n'est submis le pere survivant jusques audit mariage faire partage desdits heritages & biens meubles.

V. Par le trespas du premier mourant de deux conjoincts, non ayans eu dudit mariage enfant ou enfans, les heritages tenus de ladite Seigneurie, par luy portez en mariage, ou qui luy seroient succedez constant iceluy, & la moitié des heritages acquestez, & biens meubles, competent & appartiennent à ses prochains heritiers en pareil degré, aussi-bien femelles que masles, à compte de teste; à la charge de payer moitié des debtes, & le surplus appartient au survivant.

VI. Un pere ou mere est heritier de son enfant terminé sans enfant ou hoir descendant ès heritages tenus de ladite seigneurie. Et en faute de pere ou mere, le grand-pere ou grand-mere.

VII. Le mary ne peut vendre des heritages tenus d'icelle seigneurie appartenans à sa femme, comme aussi ne fait-il les heritages par luy acquestez constant leur mariage, n'est du gré & consentement de sadite femme.

VIII. Reprinse à tire de proximité de lignage a lieu pour heritages non procedans d'acqueste vendus, pourveu qu'après le desheritement faict pardevant les Bailly, son Lieutenant & Eschevins en nombre competent, endedans quinze jours ensuivans la criée qui se faict par ledit Bailly, son Lieutenant ou sergent, en l'Eglise paroissiale, par jour de Dimenche ou autre jour solemnel, à heure de grande Messe; par laquelle criée, exposition est faite desdites vente & desheritement, le proisme face ses devoirs, & lesdits quinze jours revoluz & passez, ladite proximité n'a lieu.

IX. Il n'est requis pour parvenir à ladite proximité que le demandant audit titre, soit parent du lez & costé dont ledit heritage procede, mais souffit qu'il soit le plus prochain.

X. Arrest de corps a lieu pour debtes & actions personnelles contre les forains & non heritiers de ladite seigneurie. Et se tel forain non heritier intempre action & poursieulte par plainte à loy contre un heritier, il est tenu bailler caution de despens, s'il est requis ce faire.

COUSTUMES LOCALES ET PARTICULIERES DE LA SEIGNEURIE ET ESCHEVINAGE DE WAHAIGNIES.

I. PAr la Coustume, en ligne directe & collaterale, les femelles succedent à compte de teste contre les masles en pareil degré, ès heritages tenus dudit eschevinage.

II. Le mary ne peut vallablement vendre les heritages acquis constant son mariage, sans le consentement de sa femme.

III. A la vente, don ou transport des heritages chargez de terrage, est deu seulement à l'advenant de quatre gros du bonnier, & le semblable de relief. Et des heritages chargez de disme, est deu seulement double rente, tant en vendition que don & transport.

IV. Reprinse à titre de proximité de lignage, a lieu pour lesdits heritages venans de coste & ligne, endedans sept jours & sept nuits ensuivans les vendition, adheritement & criée faite par jour de Dimenche, ou jour de feste à heure de grand' Messe, en l'Eglise dudit Wahaignies.

V. Pour debtes & actions personnelles, arrest de corps a lieu (*a*) audit eschevinage par plainte & enseignement de loy.

COUSTUMES LOCALES

Observées ès Terres & Seigneuries des Prevost, Doyen & Chapitre de l'Eglise Collegiale de Sainct PIERRE de LILLE.

I. PAr la Coustume, pour deuement & vallablement rattraire à titre de proximité de lignage, aucuns heritages renteux tenus desdits Prevost, Doyen & Chapitre, est requis ce faire endedans quarante jours ensuivans les desheritemens & adheritemens desdicts heritages, à peril d'estre fourclos & debouté de ladite proximité après lesdicts quarante jours passez & revolus.

II. Es Terres & Seigneuries desdicts Prevost, Doyen & Chapitre, louages de maisons & heritages en tenus & mouvans, sont executoires par la Justice desdicts Seigneurs, respectivement, si avant que telles maisons & heritages sont gisans & enclavez ès termes & banlieue de nostre ville de Lille.

III. Que deniers procedans des ventes de bestes à pied fourchu achetées au marché de nostredicte ville de Lille, sont executoires, sur ceulx qui les ont achetez demourans sur la seigneurie desdits seigneurs, ès termes de ladite banlieue.

IV. Lesdits Prevost, Doyen & Chapitre, ne sont tenus pour leurs rentes seigneuriales avant les pouvoir poursuivir pour en avoir payement, faire publier, ne tenir aucuns sieges sur les villages, hameaux & autres lieux où les heritages tenus d'eux & chargez desdites rentes sont gisans.

TOus lesquels poincts & articles, & chascun d'iceux, & nuls autres, nous voulons & ordonnons pour l'advenir estre gardez, entretenuz & observez pour Loy perpetuelle & Coustumes generales, particulieres & locales de nostredite Salle, Bailliage & Chastellenie de Lille. Et comme telles se pourront alleguer & mettre en avant en jugement & dehors. Et que pour l'advenir ne sera besoing verifier lesdites Coustumes que par extraict signé du Greffier de la Gouvernance de Lille. Lequel extraict pourra produire en jugement, celuy qui se voudra aider d'aucun article desdites Coustumes, en payant seulement pour chacun article deux gros de nostre monnoye de Flandres. Lesquels articles ou article feront pleine preuve sans autre adminicule de tesmoings, ne observer autre solemnité. Et outre voulons & ordonnons que ce qui ne sera comprins en ces presentes Coustumes demeurera à la disposition du droict commun. Et que si quelqu'un, soit Partie, Procureur, Advocat ou autre, pose ou allegue aucune Coustume au contraire non contenue ne declarée, cy-dessus, icelle ne sera admise, ains rejectée ; & sera celuy qui la posera ou alleguera, condamné en l'amende de trois carolus d'or, que s'appliquera à nostre prouffit & de noz successeurs. Reservant à nous & nosdits successeurs Comtes & Comtesses de Flandres, l'interpretation, changement, alteration, ampliation, restriction de nostre presente Declaration, Ordonnance, Statut & Decret, selon que verrons convenir au bien de la chose publique, de nos Pays & Subjects. Si donnons en mandement à nostre Gouverneur de Lille ou son Lieutenant, que ceste nostre presente Declaration, Ordonnance, Statut & Decret, il publie ou face publier au Consistoire & Audience, tant de nostredicte Gouvernance que Bailliage, & face enregistrer illec, afin que nul n'en puist pretendre ignorance. Et ce fait, il, & tous nos Baillifs, Mayeurs, Gens de Loy & tous autres nos Justiciers, Officiers & Subjects, & ceux de noz vassaux & seigneurs,

a WAHAIGNIES. ART. 5. arrest de corps a lieu. *Vide* sur Bretagne, art. 702. & Reims, art. 407. *ubi dixi*. J. B.

de nostredicte Salle, Bailliage & Chastellenie, les entretiennent & facent entretenir de poinct en poinct, selon leur forme & teneur. Et pource que de cesdites presentes, l'on pourra avoir à faire en plusieurs & divers lieux, nous voulons qu'à la copie collationnée & signée par le Greffier de nostredite Gouvernance de Lille, pleine foy soit adjoustée comme au present original. Car ainsi nous plaist-il. En tesmoin de ce, nous avons faict appendre nostre grand seel à ces presentes. Donné en nostre ville de Bruxelles, le premier jour du mois de Juin, l'an de grace mil cinq cens soixante-cinq, de nos regnes, à sçavoir des Espagnes & Secille le dixiesme, & de Naples le douziesme : ainsi soubscript, par le Roy en son Conseil : & signé de Secretaire, Bourgeois. *Et plus bas estoit escript.* Ces presentes ont esté lues & publiées en la Salle à Lille, le Jeudy vingt-septiesme jour de Novembre quinze cens soixante sept, en la presence de Baulde Cuvillon, Escuyer, Licencié ès droicts, Seigneur du Molinet, Lieutenant premier de haut & noble, Monsieur le Baron de Rassenghien, Gouverneur de Lille, Douay, Orchies, ès plais tenus par ledit Lieutenant en ladite Salle de Lille, lieu plaidoyable des Sieges de la Gouvernance & Bailliage dudit Lille, à ce presens les Conseillers & Officiers fiscaux de ladite Gouvernance, maistre Jean le Fel, Licencié ès Loix, Lieutenant de Monsieur le Bailly de Lille, plusieurs hommes de fiefs dudit Bailliage, & de grand nombre d'Advocats, Procureurs & autres Practiciens, par moy Greffier de ladite Gouvernance & soubsigné, J. PARMENTIER.

Collation faicte desdites Coustumes & Usages, au cayer original reposant au Siege de la Gouvernance de Lille, par nous Maistre Robert du Bus, Licencié ès Droicts, Conseiller, Assesseur audit Siege, & J. de Parmentier, Greffier d'iceluy Siege : Auquel les avons trouvé concorder : tesmoings nos seings manuels cy-mis, le vingt-septieme de Janvier mil cinq cens quatre vingt-quatre. Signé, F. DU BUS.

J. PARMENTIER.

COUSTUMES DE HAUBOURDIN ET AMMERIN,

Extraites du Registre au Conseil & affaires de la Chastellenie de LILLE, Cour & Halle de PHALEMPIN, & Seigneurie de HAUBOURDIN & AMMERIN.

DU dix-huit du mois de May mil cinq cens nonante neuf, pardevant Bauduin de Croix Escuyer, seigneur de Wayembourg, grand Bailly; Maistre Hippolyte Petitpas Escuyer, seigneur de Walle, Advocat; Jean Cuvillon Procureur, & Simon Cuvillon Greffier.

Ledit jour ledit Procureur a rapporté à ce Conseil la declaration des Coustumes & Usages des Terres & Seigneuries de Haubourdin & Ammerin, derogeantes à celles de la Chastellenie de Lille, à luy mise en mains par Monseigneur de Minecamp, à l'effet de les faire enregistrer au Registre de ce Conseil. Lesquelles Coustumes ont, suivant ce, esté ordonnées de les enregistrer audit Registre de ce Conseil, desquelles la teneur s'ensuit.

I. EN ladite terre & seigneurie de Haubourdin, laquelle est terre tenue de Dieu & de l'espée, & aussi en celle d'Ammerin dependant dudit Haubourdin, y a toutes voyes de poursuites tant par plainte à Loy, saisie, mise de fait, purges, complainte, partie formée, arrest de corps & actions personnelles.

II. Esdites Seigneuries est droit de maisneté & de quint, conformément à la Coustume de la Chastellenie de Lille.

III. Esdites Seigneuries & des Cours en ressortissans, tous heritages y seans & qui en sont tenus, soit acquest ou autrement, ressortissent & sont reputez comme patrimoniaux.

IV. Comme aussi sont reputez pour patrimoniaux tous edifices & bois montans & croissans, adherans au fonds.

V. Esquels heritages, edifices & bois croissans, les masles excluent les femelles, & à faute de masles, les femelles partissent esgalement, excluant les neveux & niepces.

VI. Pour parvenir par lesdites femelles, neveux ou nieces à succeder & partir esdits heritages, edifices & bois montans, est requis que peres & meres; ou grands-peres & meres en disposent, par partage, donation ou autrement, & qu'iceux soient passez, ou du moins recognus pardevant la Justice desdites seigneuries de Haubourdin & Ammerin, ou des seigneuries dont lesdits heritages sont tenus & mouvans.

VII. Une personne ayant vendu un lieu manoir, ou heritage venant de patrimoine ou acquest, retraite a lieu; mais est requis que la demande se fasse sur le champ du desheritement ou adheritement fait & baillé, ou le mesme jour endedans soleil couchant, à peril que ladite demande ou retraite n'a lieu.

VIII. De tous les heritages vendus, droit seigneurial est deu tel que le cinquiesme denier, comme aussi est à donation ou transport, quand le cas y escher.

IX. Si quelque personne a vendu un lieu manoir ou heritage, & si l'acheteur, tant moins au denier de son marché, retient & s'oblige en quelque somme en cours de rente heritiere, & que pour seureté d'icelle rente heritiere, auroit rapporté ledit heritage vendu, ladite rente tient la mesme nature, & les masles excludent les femelles.

X. De toutes sentences definitives ou interlocutoires rendües par Mayeur & Eschevins, on en peut rappeller pardevant Bailly & Hommes de fief de Haubourdin; & pour relever leurdit appel, on a le temps de six semaines, & se peuvent icelles sentences definitives ou interlocutoires, ny lettres de taxe des despens, mettre en execution durant le litige dudit appel.

XI. Toutes sentences interlocutoires & lettres de taxe rendues par Bailly & Hommes de fiefs, se mettent en execution, & ne doivent avoir appellation ny ressort ailleurs.

XII. Plaintes, saisies, mises de fait decretées, & sentences rendues, faites sur aucuns biens & heritages créent hypotheque & non autres.

XIII. Si deux personnes foraines traitent l'un l'autre pardevant la Justice desdites seigneuries de Haubourdin & Ammerin, sont tenus respectivement, s'ils en sont arguez, bailler caution des despens, & élection de domicile, resseant sur lesdites seigneuries, nonobstant qu'icelles parties ayent heritages & biens à eux appartenans sur la jurisdiction desdites parties.

XIV. Une personne estant caution pour autruy, sur procès qui seroit meu pour avoir par le debiteur main levée de son bien saisi, ou eslargissement de sa personne estant arresté, & que sentence fut rendue par Mayeur & Eschevins au prejudice dudit debiteur, & qu'il y eust appellation pardevant Bailly & hommes de fiefs, ladite caution ne se peut despetrer du principal; fors s'il estoit aussi caution pour les despens du procez en premiere instance, se peut debouter de ladite caution, pour la seconde instance sur appel, & sont les appellans ou inthimez tenus bailler nouvelle caution de despens, & élection de domicile, s'ils en sont arguez.

XV. Pour transport d'heritages, ou biens meubles valider, est requis qu'il soit passé & livré effectivement pardevant la Justice, & pour transport de lettres de rentes, combien qu'elles soient hypothequées sur heritage, & tenus desdites seigneuries, n'est requis qu'iceluy soit passé ny reconnu pardevant Justice, ains suffit de Notaire public.

XVI. A une veuve, droit de douaire, & de veuve coustumier de meubles par mesnage, est deu, combien que son traité de mariage ne soit passé ny reconnu pardevant Justice, mais ne crée hypotheque sur les biens du terminé, ou *decedé*.

XVII. Representation de neveux ou nieces sur un traité de mariage ou par disposition pour venir representer le chef & corps de pere ou mere terminé, en la succession & hoirie des biens hereditaires gisans esdites seigneuries & en mouvans n'a lieu; ne soit que lesdits traité ou dispositions soient passées ou reconnues pardevant Justice; fors que pour biens meubles.

XVIII. Pere & mere ne sont heritiers des heritages delaissez par leurs enfans terminez sans hoir legitime, ains iceux heritages succedent aux freres excluant les femelles; & à faute de frere aux sœurs par egale portion, ne soit par disposition faite & passée, ou reconnue comme dessus; & sont lesdits pere & mere heritiers mobiliaires de leurs enfans.

XIX. Pour plainte & saisie faire sur aucuns heritages, biens meubles ou deniers n'est requis que les devoirs de signification soient faits à la personne dont *à qui* lesdits biens appartiennent endedans sept jours & sept nuits, ains suffit certain temps aprés, sans y avoir limitation.

XX. L'on ne peut commettre gardes ou maneurs aux biens d'un manant desdites seigneuries estans heritiers des lieux, ne soit par le rendre insolvable, ou du moins l'attirant; & audit cas, peut commettre gardes & maneurs, ou faire sequestrer le bien en luy sauf.

XXI. Pour un arresté au corps est requis que celuy ayant fait faire ledit arrest, obtienne en deux tiers de sa demande, à peril de decheoir de l'instance & estre condamné ès depens d'icelle.

XXII. Pour une donation de somme de deniers ou biens mouvables faite par testament ou autrement, de derniere volonté, est requis qu'icelle soit passée ou reconnüe pardevant Justice; ne soit que ladite somme ou meubles soient delivrez au donataire auparavant le trespas du donateur advenu, ou autrement ladite donation n'a lieu.

TABLE DES CHAPITRES DES COUTUMES DU BAILLIAGE ET CHASTELLENIE DE LILLE.

LES COUSTUMES

1533.

ET USAGES DE LA VILLE, TAILLE, BANLIEU[a] ET ESCHEVINAGE DE LILLE[b];

Premierement veuz, examinez, corrigez & interpretez, & en aprés confirmez & approuvez par l'Empereur nostre Sire, par ses lettres patentes en date du premier jour de Decembre, an mil cinq cens & trente-trois. Par lesquelles il a voulu & veut que lesdites Coustumes & Usages ainsi qu'ils sont cy-aprés declarez, soient tenus reputez pour l'advenir, comme Loix, Coustumes & Usages par escrit en ladite ville & Eschevinage de Lille: en telle maniere que ès causes & matieres qui seront encommencées, & desquelles la demande [c] sera formée en jugement depuis la publication d'iceux, ne soit besoing les verifier ou prouver par tesmoings, ains seulement les alleguer & produire par extraict soubs le sing du Greffier de ladite ville. En abolissant toutes autres Coustumes & Usages cy-dessoubs non specifiez, sans en pouvoir alleguer ou practiquer autres. Et delaissant tous cas & matieres non comprinses, ou qui ne peuvent estre expressement comprinses & decidées par lesdites Coustumes ou Usages, à la disposition du droit escrit.

CHAPITRE PREMIER.

Des Successions.

ARTICLE PREMIER.

PAR la Coustume de la ville & eschevinage de Lille, le mort saisit le vif, son plus prochain heritier habile à luy succeder.

II. Il n'est (*d*) nuls hoirs necessaires.

III. Quand le heritier apparent de un trespassé se declare, & fait aucun acte comme hoir d'iceluy, ou qu'il prent ou apprehende aucuns de ses biens de son auctorité, il est reputé hoir dudit trespassé, & partant est tenu au payement & fournissement de ses debtes, charges, obligations, dons & legats valable-

a BANLIEU. Taille & banlieu se prennent icy pour la banlieue & territoire de la ville, comme aussi l'eschevinage pour l'étendue, distraict & jurisdiction des Eschevins qui sont comme Prevosts & Juges ordinaires.

b DE LILLE. *Has clarissimus vir do. Joannes Rana juris utriusque doctor è Bruxellis ad me misit* C. M.

AUTEURS qui ont commenté cette Coutume

Maistre Jean le BOUCK, Jurisconsulte Lillois, a commenté le premier titre de cette Coutume.

Autre Commentaire de la même Coutume par Monsieur le DONCK.

c la demande. *Atque inspiciendum erat tempus negocii gesti non libelli dati. cap. pe. extra de constitutio. l. leges. C. de legib. Tum in dubio consuetudo hic scripta praesumitur antiqua. Sed hac indeliberata clausula non praecidit, nec jus facit.* C. M.

d CHAP. 1. ART. 2. Il n'est. *Graeca prasi, sed Gallica* ils ne sont C. M.

ment faits & contractez.

IV. Quand il y a plusieurs heritiers d'un trespassé, chacun est poursuivable pour le tout (*a*) pour les debtes & obligations dudit trespassé, sauf son recouvrir sur ses coheritiers pour leur part & contingent.

V. Un pere ou mere est hoir mobiliaire de son enfant, terminé sans hoir procréé de sa chair en leal mariage, à la charge de payer les debtes.

VI. Toutes maisons & heritages gisans en la ville & eschevinage de Lille, sont reputez pour meuble, & aussi estre tenus dudit eschevinage, s'il ne appert du contraire.

VII. Les biens meubles de un trespassé sievent (*b*) le corps, & se partissent selon la Coustume du lieu de la maison mortuaire (*c*).

VIII. On ne peut estre aumousnier & parchonnier (*d*); A sçavoir (*e*), que on ne peut prendre portion d'hoirie & don de testament, codicille ou de autre derniere volonté, & en apprehendant l'un, l'on se prive de l'autre.

IX. Biens meubles ne tiennent coste ne ligne.

X. En ligne collaterale, les biens meubles, ou reputez pour meubles, de un trespassé, succedent aux plus prochains dudit trespassé, soit du costé paternel ou maternel, & n'y a nuls demys licts (*f*), que l'on appelle demys freres ou demys sœurs.

XI. Pour deuement debouter un hoir apparant d'une hoirie, est requis qu'il soit adjourné par quatre fois, pardevant eschevins, & contumacé par quatre deffauts sur ce ensievis (*g*).

XII. Religieux & religieuses professes, sont reputez mort civilement, & ne peuvent succeder ès biens de leurs parens, ne le monastere pour eux.

XIII. Un bastard ne peut succeder, posé qu'il soit legitimé (*h*).

XIV. Les enfans ou enfant de un bastard ou bastarde, nez & procréez en leal mariage, succedent à leurs pere & mere, jaçoit qu'iceux leurs pere & mere ne soient legitimes.

XV. Tant que la ligne directe dure, soit en ascendant ou en descendant, ligne collaterale ne a lieu. Et aussi ne a lieu directe en ascendant tant qu'il y ait ligne directe en descendant.

XVI. Representation a lieu en ligne directe tant seulement.

XVII. Si nepveux ou niepces enfans de freres ou sœurs, venoient à la hoirie de leurs grand-pere ou mere, ils succederont à compte de testes, que l'on dit *in capita*, & non par branche, que l'on dit *in stirpes*; en sorte, que si un enfant terminé, ne y avoit que un enfant, & de un autre plusieurs, ledit enfant qui est nepveu seul, ne feroit avec les autres cousins & cousines germaines que une seule teste, & ne auroient en ladite escheance non plus l'un que l'autre. Mais si tels nepveux ou niepces succedoient contre leurs oncles & tantes en l'hoirie de leursdicts grands pere ou mere, & ainsi par voye de representation, en ce cas, chascune branche feroit une teste.

XVIII. Les enfans mariez de un trespassé, où les enfans ou enfans de leurs enfans predecedez, pour venir en partage des biens de tel trespassé avec leurs freres & sœurs, ou les enfans d'iceux, ou leurs oncles & tantes, sont tenus faire rapport & mettre en mont commun leurs dons de mariage à eux faits par ledit trespassé; n'est que à ce il soit derogué par les traictez de leurs mariages.

XIX. Dons de mariage ne se rapportent contre pere ou mere, quand ils font partage à leurs enfans.

XX. Donations de entre-vifs ne se rapportent en succession (*i*).

XXI. Dons de mariage faits par parens collateraux ne se rapportent en la succession du donateur.

XXII. Quand un de deux conjoints par mariage va de vie à trespas, delaissant un ou plusieurs enfans, au survivant competent & appartiennent tous les biens meubles & actions mobiliaires, à la charge de faire partage à sesdits enfans, lorsqu'il se remarie, de la moitié des biens meules & reputez pour meubles qu'il auroit au jour dudit partage.

XXIII. Quand de deux conjoints par mariage, l'un termine ses jours sans delaisser enfant, au survivant appartient la moitié des biens meubles & reputez pour meubles, dont ils sont jouissans & possessans, à la charge de la moitié des debtes; Et l'autre moitié succede aux plus prochains heritiers du trespassé, à la charge de payer l'autre moitié desdites debtes.

XXIV. Reparation d'homicide doit competer & appartenir, si comme en cas que l'homicidé fust marié, la moitié à sa vefve, soit qu'elle demeure aux biens & debtes d'icelluy, ou y renonce (*k*); & l'autre moitié aux enfans, se aucuns il en delaisse; & en faute desdits enfans, ladite autre moitié appartiendra aux plus prochains parens habiles à succeder ès meubles d'icelluy. Et si ledit homicidé n'estoit marié, ladite reparation appartient ausdits plus prochains parens habiles à succeder esdits meubles, le tout sans charge de debtes, & ayant regard aux parens tels qu'y seroient vivans au jour de l'homicide commis.

XXV. Quant à confiscation, ladite ville & la communauté d'icelle demeurent en telles Coustumes, Usances, Loix & franchises, qu'ils en ont esté jusques à present (*l*).

---

a ART. 4. est poursuivable pour le tout. *Idem Ambiani & certis locis Belgarum.* C. M.

b ART. 7. *sievent*, faut *suivent*.

c de la maison mortuaire. *Id est, domicilii ejus de cujus successione agitur, quod est generale in Galliis.* C. M.

d ART. 8. *aumousnier & parchonnier*; c'est-à-dire, *legataire & heritier.*

e A sçavoir. *Clausula sequens restringit ad concursum legati & hæreditatis: sed non ad concursum donationis inter vivos, qui permittitur in collaterali successione: sed in directa conferendum esset, nisi constet quod sit absoluta nec legitimam lædens, ut infrà*, §. 19. C. M.

f ART. 10. *& n'y a nuls demys licts*; Comme freres & sœurs uterins ou consanguins, & non germains.

g ART. 11. *sur ce ensievis*, faut *ensuivis*.

h ART. 13. posé qu'il soit legitimé. *Sed non est incapax donationis vel legati particularis, non in fraudem.* C. M.

i ART. 20. en succession. *Nisi in directa ad supplendam aliorum legitimam. Sed justius esset restringere ad collaterales.* C. M.

k ART. 24. ou y renonce. *Idem*, si elle est separée de biens, par les Arrests que j'ay remarquez sur M. Louet, *litt. D. num.* 1. J. B.

Quia etiam si non esset socia bonorum: tamen hoc habet: facit. l. 3. *ff. de sepulchro viola.* C. M.

l ART. 25. jusques à present. *Scilicet juxta authen. bona damnatorum. C. de bo. damnato. & reliquas consuetudines Belgii, ut non sit confiscatio nisi in primo capite majestatis.* C. M.

Et ainsi se doivent entendre toutes les Coutumes qui n'admettent point la confiscation. J. M. R.

Imò elle n'a lieu en la Chastellenie de Lille, même en cas de crime de leze-majesté. *Le Bouck sur cet article.* J. B.

CHAPITRE II.

CHAPITRE II.

Des Testamens, Dispositions dernieres, & executions d'icelles.

I. PAr la Coustume de ladite ville & eschevinage de Lille, toutes personnes de franche condition, peuvent par testament ou codicille, disposer de leurs biens meubles ou portion d'iceux à qui que bon leur semble, & y apposer telles conditions que leur plaist, tiennent & valent telles donations, sans y pouvoir par leurs hoirs vallablement contrevenir (*a*).

II. Toutes personnes de franche condition, peuvent faire leurs testamens & codicilles soubs leurs sings manuels, ou pardevant Justice ayant pouvoir de recevoir contrats, ou pardevant le curé ou son lieutenant & deux tesmoings, ou notaire & deux tesmoings.

III. Un legataire universel des biens meubles & reputez pour meubles, est submis & tenu aux charges, debtes & obligations de celuy dont il est legataire (*b*).

IV. Un testateur ou testatresse, peut disposer par testament & ordonnance de derniere volonté, de ses fiefs & heritages à tiltre de mortgaige (*c*) & sans descompt (*d*), en ligne directe en descendant seulement.

V. Un bastard non legitimé ne peut tester (*e*).

VI. Une femme liée de mary, sans l'auctorité de sondit mary, ne peut faire testament.

VII. Executeurs de testamens, deuement mis aux biens par la loy de ladite ville, doivent avoir, si bon leur semble, sur les biens meubles du testateur en leurs mains le terme de un an, à compter depuis son trespas; pour, pendant ledit an, fournir à ladite execution, si avant que possible leur est; à la charge de rendre compte en fin dudit an, se requis en sont. Et ne sont lesdits executeurs poursuivables, plus avant que lesdits biens meubles du testateur se peuvent extendre.

VIII. Executeurs de testamens mis aux biens par la loy de ladite ville, peuvent vendre & adenierer (*f*) pour fournir à leur execution, les biens reputez pour meubles delaissez du testateur.

IX. Tous dons & legats faits par l'un de deux conjoincts par mariage, se prennent sur les biens communs, ensemble ses obseques & funerailles.

CHAPITRE III.

Des Partages de Pere ou Mere entre leurs Enfans.

I. PAr la Coustume de la ville & eschevinage de Lille, pour deuement faire partage à enfans mineurs d'ans, est requis que tuteurs soient commis ausdits enfans, en nombre competent de chascun costé de leurs parens & amis, pardevant quatre eschevins du moins, si avant toutesvoyes que lesdits parens & amis seroient residens en ladite ville & eschevinage d'icelle. Lesquels eschevins, après qu'il leur est apparu tel partage estre raisonnable & juste, le reçoivent, passent & acceptent. Toutesfois lesdits eschevins, pour cause, peuvent pourvoir ausdits mineurs d'ans de tuteurs, & autres que leurs parens & amis.

II. Quand partage est deu, il se doit faire en tel estat que les biens sont lorsqu'il est demandé (*g*).

III. Quand le survivant de deux conjoints par mariage se remarie, sans avoir fait partage à son enfant ou enfans, & que après ledit partage est demandé par lesdits enfans ou leurs tuteurs; en ce cas, se doivent partir tous les biens meubles & reputez pour meubles, desquels seroient jouissans les mariez, en trois monts (*h*), desquels l'un appartient ausdits enfans, à la charge de payer le tiers de toutes les debtes desdits conjoints; & les autres deux monts doivent demourer ausdits conjoints, à la charge de payer les deux autres tiers desdites debtes.

IV. Quand par partage entre enfans sont assignées aucunes maisons ou heritages reputez pour meubles, iceux enfans en sont reputez saisis (*i*).

V. Un grand-pere ou grand'-mere, qui se remarie, est tenu faire partage à ses nepveux & niepces en ligne directe, comme pere ou mere à ses enfans.

---

a CHAP. II. ART. 1. vallablement contrevenir. *Salva tamen legitima filiorum, ut in simili dixi in consuetud. Parisis. §. 93.* C. M.

b ART. 3. & obligations de celuy dont il est legataire. *Et hoc justum, quia per omnes ferè consuetudines Galliæ, debita debent primum solvi de mobilibus (in quibus actiones ad mobile continentur) si sufficiunt.* C. M.

c ART. 4. *à titre de mortgaige.* Ce qui a lieu en mariage de fille & en appanage ou partage d'enfans, & ailleurs c'est usure. *Voyez* Loiseau, liv. 1. du Deguerpissement, chap. 7. nombre 13. J. B.

d *& sans descompt*; c'est-à-dire, sans precompter & deduire les fruits de la chose laissée par testament. *Voyez* Ragueau, en la diction, *Gage*.

e ART. 5. ne peut tester. *Nisi habeat filios vel descendentes legitimos per. §. 13. cap. 1. Sed crebrius in Galliis testari potest quamvis aliud servent in peregrino.* C. M. M. Louet, *litt. D. num. 37. ubi dixi*, Haynault, chap. 85. art. 1. J. B.

f ART. 8. *vendre & adenierer.* Adenierer ou adenerer, c'est faire argent de la vente des meubles.

g CHAP. III. ART. 2. lorsqu'il est demandé. *Scilicet si reus non putabat se habere cohæredem, adhuc tenetur, quatenus locupletior. l. sed & si lege. §. consuluit. ff. de peti. hæredit. Sed si sciebat se habere cohæredem, tenetur de levi culpa* C. M.

h ART. 3. *en trois monts.* Monts se prennent pour lots & portions de biens.

i ART. 4. sont reputez saisis. *Quandoquidem*, ils étoient ja saisis de leur part par indivis *à die mortis. suprà* §. 1. Et par le partage ils sont saisis des parts de leurs compartissans & cedans qui cedent proprieté & possession. *l. celsus. l. cum solus. ff. de usucap. quod trahitur ad diem mortis. l. hoc quoque. ff. de acquir. vel omitt. hæredi.* C. M.

Voyez M. Louet, *litt. H. num. 11. ubi dixi.* J. B.

CHAPITRE IV.

Des Tuteurs & Curateurs.

I. PAr la Coustume de la ville & eschevinage de Lille, tous enfans masles sont reputez eagez à dix-huit ans, & les femelles à quinze ans (*a*).

II. Enfans mineurs d'ans, après le decès de leur pere ou mere, demeurent & sont en la tutelle legitime de leur pere ou mere survivant, tant qu'ils sont eagiez. Et si le pere estoit survivant, tels enfans sont avecq (*b*) en la puissance de leurdit pere tant qu'ils soient mariez, ou deuement emancipez, ou ayent prins estat honorable, & ne peuvent contracter durant ce temps, de quelque eage qu'ils soient.

III. Enfans en tutelle ne peuvent ester à droit, ne contracter.

IV. Enfans en tutelle y demeure tousjours, tant que judiciairement ils en soient deschargiez & mis au leur, ou qu'ils soient parvenus à estat de mariage (*c*), où qu'ils ayent atteint l'eage de vingt-cinq ans, demourans les eschevins dudit Lille entiers de pourveoir de curateurs à tels deschargiez par eage, comme ils pourroient faire en les deschargeant judiciairement.

V. Un tuteur ou curateur, peut seul agir ou deffendre & ester en jugement au nom de son pupile, combien qu'il ait contuteurs ou concurateurs.

VI. Un tuteur ou curateur est poursuivable seul & pour le tout, de l'administration, gouvernement & entremise des biens de son pupille, sauf son recouvrier sur ses contuteurs ou concurateurs.

VII. Eschevins sont tenus de descharger les tuteurs d'aucuns enfans eagez, puis que lesdits tuteurs ou enfans le requierent.

VIII. Les tuteurs de aucuns enfans mineurs ne peuvent vendre ne aliener les maisons, rentes & heritages d'iceux mineurs, n'est (*d*) pour leur evidente utilité, & en vertu de lettres patentes obtenues du prince en forme d'auctorisation deuement interinées.

IX. Pour deuement mettre en curatelle un bourgeois ou manant de ladite ville & taille, y estant en sa franchise & liberté, lequel seroit devenu prodigue, est requis qu'il face ce par vertu des lettres patentes obtenues à ceste fin du prince; & qu'elles soient deuement interinées, appellez ledit prodigue, ses parens & amis, & autres qui sont à appeller, en y procedant selon la teneur desdites lettres patentes; & pourvoyant, pendant le litige sur l'interdiction des biens dudit prodigue, selon que les Juges trouveront sommierement la matiere y estre disposée. Et se par ledit prodigue estoit reclamé ou appellé, devra ladite interdiction sortir effect, tant que, parties oyes, en sera autrement ordonné par le Juge souverain.

CHAPITRE V.

Des Donations & Venditions.

I. PAr la Coustume de ladite ville & eschevinage de Lille, toutes personnes de franche condition, peuvent vendre, donner, chergier, aliener ou autrement disposer de leurs biens, fiefs & heritages à qui que bon leur semble, & y apposer telles divises, conditions & modifications que leur plaist; tiennent & vallent telles ventes, donations, alienations, dispositions, modifications, divises & conditions, sans ce que les heritiers de tels donateurs, ne autres, y puissent valablement contrevenir.

II. Toutes donations faictes aux enfans estans en puissance de pere & non emancipez, appartiennent au pere, si apprehender les veut.

III. Tous donataires peuvent, à leurs despens, & toutesfois que bon leur semble, soit du vivant du donateur ou après, apprehender par mise de fait les donnes (*e*) à eux faictes, ou autrement se y faire realiser. Et ne peuvent les heritiers des donateurs retenir les donnes, en payant l'extimation d'icelles, combien que par le trespas des donateurs ils en ayent esté saisis.

IV. Deux conjoints par mariage, ne peuvent, directement ou indirectement, advanchier l'un l'autre.

V. Un mary est seigneur & maistre des biens meubles, cateux & heritages reputez pour meubles, droits & actions mobiliaires, venans tant de son costé, que du costé de sa femme, & en peut user & disposer à son plaisir & volonté, sans le gré d'icelle.

VI. Une personne ayant vendu sa maison & heritage verbalement seulement, n'est tenu soy en desheriter, si bon ne luy semble; Ains est quitte, en rendant les deniers à Dieu, carité (*f*), & ce qu'elle auroit receu des deniers principaux du marché, sans estre tenue à aucuns interests. Mais l'acheteur en est tenu prendre l'adheritement (*g*) s'il plaist au vendeur, endedans quarante jours, à compter du jour de la vente en avant; pourveu que endedans ce temps le vendeur s'en soit desherité (*h*) & l'ait fait signifier à l'acheteur ou à son domicile. Et lesdits quarante jours passez, ledit acheteur n'est tenu prendre ledit marché, si bon ne luy semble.

VII. Pour quelque vente verbale que une personne face de sa maison ou heritage, elle en est & demeure tousjours vraye heritiere & proprietaire, jusques qu'elle en soit judiciairement desheritée & l'acheteur adherité, ou que tel acheteur y soit tenu & deument decreté par mise de fait.

VIII. Par l'usage observé en ladite ville & eschevinage de Lille, un donateur ayant promis conduire & garandir la donne par luy faite (quand de ce en appert par lettres) est tenu, si avant qu'il est subject à la loy de ladite ville & eschevinage, respondre peremptoirement aux fins & conclusions du donataire, prinses à cause de garand.

a CHAP. IV. ART. 1. à quinze ans. *Salva in integrum restitutione notabilis læsionis & alienatione vel hypothecqua immobili in l. 2. C. de his qui veni. ætat. impetr. Hac consuetudo à jure communi exorbitans non debet intelligi efficacior beneficio. Principis.* C. M.

b ART. 2. *sont avecq*, c'est-à-dire, *sont outre ce.*

c ART. 4. à estat de mariage. *Intellige seorsum habitantes & habentes proprium separatum domicilium, aliàs nupta vel uxorati in familia, manent in potestate, ut dixi in consuetud. Parisi. §. 127.* C. M.

d ART. 8. *n'est*, aliàs, *si ce n'est*, ou *si n'est.*

e CHAP. V. ART. 3. *apprehender par mise de fait les donnes*; c'est-à-dire, les choses à eux données.

f ART. 6 *les deniers à Dieu, carité*, sont les arrhes & vin du marché.

g *prendre l'adheritement*; c'est-à-dire, se faire vestir & saisir de la chose vendue; comme desheriter, c'est dessaisir & dévestir.

h *s'en soit desherité*; c'est-à-dire, exproprié & quitté la possession. J. B.

IX. Par ledit usage, l'acheteur de une maison & heritage, ayant retenu à sa charge aucunes hypotheques de rente, est tenu au payement des termes entamez depuis le jour du werp (*a*) en avant. Et aussi appartiennent à tel acheteur, les louages des maisons & heritages qui escherroient depuis le werp en avant.

X. Une personne ne peut donner ses biens ne heritages au prejudice de ses creanchiers : Et se donné les avoit, lesdits creanchiers peuvent faire revocquier les donations, jusques au fournissement de leur deu.

XI. Une femme liée de mary, ne peut agir, donner, ne contracter, sans sur ce estre deuement auctorisée & licenciée de sondit mary.

XII. Une femme liée de mary, tenant bouticle au veu & sceu de son mary, est tenue & poursuivable, sans l'auctorité de sondit mary, de ce qu'elle auroit, à cause dudit bouticle, fait & contracté. Mais elle ne peut pour ce agir sans ladite auctorité, n'est que elle soit passée marchande publicque.

XIII. Pour quelque donation que on face de maisons & heritages en ladite ville & tenus de l'eschevinage d'icelle, le donataire en est tenu & reputé heritier, tant qu'il s'en soit suffisamment desherité, & le donataire adherité; ou que ledit donataire y soit decreté par mise de fait. Sauf toutesvoyes que se lesdites maisons & heritages estoient disposez par testament, codicille ou ordonnance de derniere volonté, le donataire ou legataire en sera tenu saisi par le trespas du testateur, sans autre apprehension.

XIV. Deux conjoincts par mariage, bourgeois de ladite ville (*b*) non ayans eu enfant l'un de l'autre en bourgage, peuvent radvestir l'un l'autre (*c*), par lettres (*d*) de tous leurs biens meubles, cateux & heritages reputez pour meubles (*e*), qu'ils auroient & acquerre pourroient ensemble, où que lesdits biens soient situez, en y apposant telles divises & conditions que bon leur semble.

XV. Radvestissement de sang ou par lettres ne a lieu, & ne se peut faire quand il y a enfant, de quelque costé que ce soit, d'autre mariage.

XVI. Radvestissement de sang ou par lettres sortist, nonobstant divise ou condition de mariage, se il n'y est especialement deroguié.

XVII. Si deux conjoincts par mariage, bourgeois de ladite ville, avoient eu enfant durant ledit mariage, radvestissement de sang entrevient entre lesdicts conjoincts, par lequel tous les biens meubles, cateux & heritages qu'ils auroient & acquierre pourroient, reputez pour meubles, où qu'ils soient, demeurent & appartiennent au survivant.

XVIII. Nonobstant radvestissement de sang ou par lettres, entrevenu entre deux conjoincts par mariage bourgeois de ladite ville, le mary demeure seigneur & maistre des biens meubles de luy & de sa femme, & en peut disposer à son plaisir & volonté, sans le gré d'icelle.

XIX. Qui entend proffiter de aucun marché à aghais, est requis, à sçavoir de par le vendeur, consigner sous la main de Justice, & presens deux eschevins pour le moins, la desrée (*f*) & marchandise par luy vendue, & par l'acheteur, les deniers du marché, avant le temps desdits aghais (*g*) expiré, & ce faire signifier par Justice à sa partie, afin qu'elle livre ou licoipve la chose vendue, ou les deniers consignez. Et au cas que à ce n'y ait opposition, est requis que le consignant garde ses sept jours & sept nuicts, à compter du jour de ladite consignation, pardevant deux eschevins du moins, à peril, que si ainsi n'estoit faict, le tout seroit reputé pour nul. Et se sur telle signification y a opposition, le sergent est tenu assigner jour aux parties pardevant eschevins, pour pardevant eux en estre faict ce que de raison.

XX. Toutes personnes de franche condition, peuvent vendre & constituer rentes heritieres & viageres sur eux & leurs biens : à sçavoir, les rentes heritieres (*h*) au denier seize & en dessus; & les rentes viageres à deux ou trois vies, au denier dix & en dessus, & à une seule vie, au denier six, sept ou huict & endessus (*i*); & ce pardevant deux auditeurs sous le seel du souverain Bailliage, ou pardevant deux eschevins, sous le seel aux congnoissances de ladite ville, ou autre Justice competente.

XXI. L'on ne peut constituer rentes heritieres sans rachat, moyennant prix d'argent.

XXII. Pour venditions, droit de couletaige (*k*) n'est deu.

XXIII. Les sergens de la Prevosté de ladite ville sont tenus faire les deniers bons, de toutes les vendues qui se font par lesdits sergens. Pourquoy faire, ils doivent avoir pour leur cache (*l*) quatre deniers de la livre.

---

a ART. 9. *depuis le jour du vverp*; Semble que c'est depuis l'ensaisinement & tradition; car *vverpire*, c'est *tradere*.

b ART. 14. *bourgeois de ladite ville*. La Coutume demandant seulement que les conjoints soient bourgeois, pour se pouvoir ravestir l'un l'autre; on ne doit point examiner s'ils étoient bourgeois au temps de leur mariage, la femme étrangere devient bourgeoise en épousant un bourgeois, & dès là elle se trouve avoir la qualité requise par la Coutume, pour la validité du ravestissement. C. B. R.

c peuvent radvestir l'un l'autre. *Et sic tantum per mutuam hanc & reciprocam donationem, non aliàs, ut suprà, §. 4. eod. qui per hunc limitatur.* C. M.

d *par lettres*. Jugé par Arrests du Parlement de Flandres, des 17. Juillet 1693. & 9. Aoust 1696. rapportez par Pollet, dans ses Arrests du Parlement de Flandres, *part. 2. tit. 2.* que l'inegalité de biens & d'âge entre les conjoints par mariage n'empêchoit point que le ravestissement par lettres n'eut son effet plein & entier: & que la Jurisprudence introduite dans le Royaume, en matiere de don mutuel entre mary & femme, ne peuvent s'appliquer au ravestissement par lettres, lequel avoit une parfaite conformité avec le ravestissement de sang, & se regloit sur les principes reçûs dans celuy-cy. C. B. R.

e *& heritages reputez pour meubles*. Si la Coutume les repute meubles, ce n'est que pour certains effets qui luy sont particuliers, & non pour les assujettir à une Coutume étrangere; de sorte, qu'encore que les meubles doivent communément se regler par la Coutume du domicile, il n'en sera pas de même des *reputez meubles*, qui se partageront & se regleront suivant la Coutume de leur situation. Arrest du Parlement de Flandres, du 3. Decembre 1700. *Des Jaunaux, tome II. n. 293.* C. B. R.

Les deniers provenans de la vente des propres de l'un des conjoints, faite pendant le mariage, ne sont point sujets au ravestissement, & le survivant est tenu d'en faire la restitution aux heritiers du predecedé. Arrest du Parlement de Flandres, du 19. Avril 1703. *Pollet, part. 2. tit. 3.* C. B. R.

f ART. 19. *la desrée*, aliàs *denrée*.

g *avant le temps desdits aghais*. C'est une vente faite à terme de payement & de livraison, de laquelle celuy qui desire profiter doit *aghaister*, c'est-à-dire, *guetter*, *guester*, *aguester*, *observer* le jour du terme, & ne le laisser pas écouler, sans avoir preallablement livré ou payé; & au refus de sa paction, consigné en Justice & fait signifier. Galland, au traité du Franc-aleu, chap. 6. p. 80. & 81. où il dit l'avoir appris des experimentez du pays. Menage, en ses origines de la Langue Françoise, *verbo* Aghais. J. B.

h ART. 20. *& constituer rentes heritieres & viageres*; c'est à dire, perpetuelles ou à vie.

i & en dessus. *Ad hoc quæ dixi in tract. commercio. redituum & usura. q. 63. cum quinque sequentibus.* C. M.

k ART. 22. *droit de couletaige*. C'est une collecte d'un denier ou obole, qui se prend sur toute marchandise que l'on vend ou achette.

Couletage & couletier ou coultier à Lille, est ce que nous appellons *courtage* & *courtier*; donc *couletage* est le salaire deu au *couletier* pour son entremise, *sivè proxeneticum*. Galland, au traité du Franc-aleu, ch. 6. p. 80. J. B.

l ART. 23. *pour leur cache*. Cache ou gage se prend pour le salaire du sergent.

CHAPITRE VI.

De Prescription & Possession.

I. PAr la Coustume de ladite ville & eschevinage de Lille, quiconques jouist & possesse paisiblement d'aucune chose ou droit corporel ou incorporel, ou en demeure quitte & paisible, à tiltre ou sans tiltre, le terme & espace de trente ans continuels, entre presens & habiles, tel possesseur ou tenu quitte, acquiert droit en la chose par luy possessée, en telle maniere que lesdits trente ans revolus, l'on ne le peult en ce valablement inquieter.

II. Pour acquerir droit par prescription contre l'Eglise, il convient que la possession soit de quarante ans continuels.

III. On ne peut prescrire contre absens du pays, mineurs d'ans, ne ceux constituez en tutelle ou curatelle, durant leur absence, minorité, ou le temps qui seroient en tutelle ou curatelle; ains dort ladite prescription pendant ce temps. Mais cessans lesdites absences, minorité, tutelle ou curatelle, ladite prescription, si paravant elle estoit commencée, se continue & peut parfaire.

IV. Prescription n'a lieu entre freres & sœurs, pour biens venans de pere ou de mere, n'est qu'il y ait partage, ou autre tiltre valable.

V. Quiconques est trouvé possesseur d'an & jour d'aucune chose mise en litige, il en doit avoir la jouissance durant iceluy litige, s'il le requiert.

VI. La faculté de racheter une rente constituée à rachat, ne autres facultez ne actions procedans d'icelles, ne se peuvent prescrire (*a*).

VII. L'on ne peut prescrire la totalité de rente seigneuriale, mais seulement portion d'icelle, ou forme de payement.

VIII. Prescription n'a lieu pour emprinse d'heritages circonvoisins contiguz & joindans l'un l'autre, pour quelque longue jouissance; n'est qu'entre lesdits heritages y eust bonnes (*b*), assens, ou separations notables.

IX. Possession & prescription n'ont lieu pour cours d'eauwes (*c*), veues, ou autre servitude, entre circonvoisins, s'il n'en appert par lettres ou autrement deuement.

X. Par ledit usage, vice ou erreur de compte ne se peut prescrire, ains se purge en tout temps.

XI. Tous marcqs (*d*) de rente se peuvent prescrire par le terme de neuf ans.

CHAPITRE VII.

Des Reprinses d'Heritages ou Maisons à tiltre de Proximité, Frareuseté, & Escleche.

I. PAr la Coustume de ladite ville & eschevinage de Lille, pour reprendre aucune maison ou heritage tenu de l'eschevinage de ladite ville de Lille, procedant d'acqueste ou autrement, ou portion d'iceluy, vendue amiablement ou judiciairement, est requis proceder par l'une des trois voyes; A sçavoir, proximité de lignage, de frareuseté ou escleche. Et precede le tiltre de l'escleche le tiltre de frareuseté, en ce qui seroit escleché; & frareuseté, en ce qui seroit frareux, le tiltre de proximité de lignage.

II. Pour faire reprinse à tiltre de proximité, frareuseté ou escleche, est requis que le reprendant compare endedans quarante jours, à compter du jour du werp, pardevant le Prevost ou son Lieutenant, & quatre eschevins du moins, & illec requiert ravoir l'heritage vendu au tiltre qu'il pretend, & face ostention d'or & argent, pour rembourser l'acheteur de ses deniers à Dieu, carité, principaux deniers & tous leaux coustemens. Et sur ce ledit Prevost ou son Lieutenant, doit mettre le requerant en la chose par luy requise, par rain & baston (*e*), sauf tous droits; A condition que la reprinse soit signifiée par un sergent de ladite Prevosté à l'acheteur, afin qu'il vienne recognoistre ladite reprinse, endedans sept jours & sept nuicts ensievans (*f*), n'est qu'à ce il se vueille opposer; & en cas d'opposition, ledit sergent est tenu de luy assigner jour competent, à comparoir en la halle de ladite ville pardevant les eschevins d'icelle, pour y estre fait & procedé comme de raison. Et si endedans lesdits sept jours & sept nuicts, ledict acheteur ne vient recognoistre ou soy opposer à ladite reprinse, le requerant doit estre mis finamment (*g*) en l'heritage & maison par luy demandée & requise.

III. Après telle reprinse adjugée ou recognue, le requerant doit endedans sept jours & sept nuicts ensuivans ladite adjudication ou recognoissance, rembourser l'acheteur, ou consigner ès mains de Justice les deniers à Dieu, carité, principaux deniers, & tous leaux coustemens du marché, si avant qu'il en a peu avoir cognoissance par les lettres du marché, ou l'affirmation des vendeur, de l'acheteur ou des Juges. Mais s'il y avoit quelque prix ou chose qui ne fussent certains & liquides, il est tenu de bailler caution de le fournir au dit des Juges, liquidation faicte; pour par l'acheteur en estre remboursé, & icelle consignation & caution si elle est baillée, faire signifier audit acheteur s'il se peut recouvrer, sinon à son domicile. A peril que se ainsi n'estoit fait, la reprinse seroit nulle.

IV. Le plus diligent en pareil degré à tiltre de proximité, ou en pareil droit à tiltre de frareuseté, ou escleche faict à preferer.

V. Le plus prochain de lignage, de quelque lez ou costé qu'il soit, ou celuy ayant le plus grand droict à tiltre de frareuseté ou escleche, faict à preferer en reprinse de proximité, frareuseté ou escleche.

VI. Qui veut valablement requerre à tiltre de frareuseté, de quelque portion de maison ou heritage vendue, il est tenu requerre & demander audit tiltre, toute ladite maison ou heritage vendu, com-

---

a Chap. VI. Art. 6. ne se peuvent prescrire. *Latè probavi in tract. redituum & usurarum. q. 17. cum sequen.* C. M.

b Art. 8. *heritages y eust bonnes.* Bonnes & assens, se prennent pour bournes, *& pro limitibus & terminis agrorum.*

c Art. 9. *pour cours d'eauves*, aliàs *d'eaux.*

d Art. 11. *tous marcqs*; c'est-à dire, arrerages.

e Chap. VII. Art. 2. par rain & baston. *Id est, ramo & cespite*, Ce que j'ay expliqué sur la Coutume de Paris, article 51. J. B.

f *& sept nuits ensievans*, aliàs, *ensuivans.*

g *doit estre mis finamment*, aliàs, *finalement.*

bien qu'il n'y en eust que portion frateuse.

VII. Est requis que cestuy qui requiert heritage à tiltre d'escleche, redemande tout l'heritage esclech.

VIII. En matiere d'escleche, est requis que le demandeur après l'escleche cognue ou adjugée, face faire priserie de ce que seroit esclechié, par gens en ce cognoissans, & icelle faicte, fournisse ou consigne sous la main de Justice ladite priserie, endedans sept jours & sept nuicts, & face signifier à l'acheteur pour prendre & recevoir les deniers de ladite priserie.

IX. On peut reprendre maisons & heritages aux tiltres de proximité, fraeuseté ou escleche, soit que ils soient acquis ou venans de succession; & peut le mary, en ladite qualité, faire reprinse de proximité de maison ou heritage venans de costé de sa femme, sans ce qu'il soit requis la presence ou consentement d'icelle.

X. Un procureur especialement fondé par procuration, peut faire telles reprinses, ou nom de cestuy de qui il est procureur.

XI. Un proisme & lignager, ayant acheté une maison ou heritage de son parent, & esté d'icelle adherité, perd son droict de proximité, & peut autre parent faire la reprinse, en faisant les devoirs tels que dessus.

XII. La chose demandée aux tiltres que dessus, ou l'un d'iceux se adjuge au retrayant, en tel estat que telle chose est trouvée au jour de la demande & saisine. Et si luy doivent estre adjugez les fruicts & profits escheuz durant le litige; en cas toutesvoyes qu'il ait nanty les deniers du marché, au jour de ladicte demande & saisine, ou durant le temps dudit litige, à compter depuis le jour dudit nampttissement en avant.

XIII. Reprinse de proximité, frateuseté ou escleche n'a lieu, sinon en cas de rente.

XIV. Le reprendant d'aucune maison & heritage aux tiltres que dessus, ou l'un d'iceux après la chose reprinse à luy recognue, adjugiée & demourée, est subrogué au lieu de l'acheteur; & partant tenu & obligié au contenu du marché, & l'acheteur du tout en deschergié. Au cas toutesvoyes, que le retrayant face les devoirs que dessus, touchant le remboursement des deniers à Dieu, carité, principaux deniers & leaux coustemens, endedans le temps cy-devant limité. Et en faute de ce faire, demeure ledit acheteur en son marché, comme il estoit paravant ladite retraicte requise.

CHAPITRE VIII.

Des Hypotheques, Clains & Saisines.

I. PAr la Coustume de ladite ville & eschevinage de Lille, tous contracts, recognoissances & obligations faictes & passées pardevant eschevins, sous le seel aux cognoissances de ladite ville, creent hypotheque dès l'instant d'icelles, sur les biens meubles, cateux, & heritages de l'obligé ou recognoissant venus & advenir, & sur ceux de ses hoirs situez en la ville, taille, banlieuwe, eschevinage, seigneuries & paries (a) y enclavées, si avant que eschevins dudit Lille, ont à juger sans ce qu'il soit besoing par tels hoirs en faire recognoissance.

II. Combien que ledit seel aux cognoissances de ladite ville, crée & engendre hypotheque sur tous les biens des obligez estans en la ville & eschevinage dudit Lille, neantmoins telle hypotheque ne peut empescher l'alienation, donation ou vente amiable, que pourroit faire tel obligé, de ses biens meubles mouvables & portatifs, avant qu'ils soient empeschez & saisis par Justice.

III. Quand aucun achete aucune maison pardevant eschevins sous ledit seel aux cognoissances, & qu'il retient à sa charge aucunes rentes tant moins aux deniers de son marché, tous ses biens & heritages situez sous la jurisdiction desdits eschevins, y sont hypothequez dès l'instant de l'adheritement; combien que telles rentes fussent passées pardevant auditeurs, ou autres Justices competentes.

IV. Quand un mary prend à mariage une femme obligée en rente ou obligation passée sous ledit seel aux cognoissances, tous les biens & heritages de tel mary, presens & advenir, & ceux de ses hoirs situez & gisans en ladite ville & eschevinage, y sont hypothequez. Et si est tenu & poursuivable pour toutes autres debtes & obligations deues par sadite femme.

V. Pour soy faire judiciairement, & par voye d'execution, payer du contenu ès lettres passées pardevant eschevins sous ledit seel aux cognoissances, est requis faire recorder telles lettres pardevant deux eschevins, à la semonce de l'un des sergens de la Prevosté, & iceluy recors faire escrire & signer par l'un des clercs de ladite ville, sur le dos desdites lettres.

VI. Toutes personnes, pour avoir payement de leurs deuz, peuvent clamer & faire saisir, par la loy de ladite ville, les biens ou deniers de leurs debteurs non bourgeois, trouvez en icelle ville de Lille & eschevinage, lesquels clains & saisine créent hypotheque sur la chose clamée & saisie, dès l'instant de ladite saisie.

VII. Pour deuement avoir attainct un clain, est requis, ou cas qu'il n'y ait opposition par celuy ou ceux que le clamant pretend estre ses debteurs ou debteur, de garder les six sepmaines, à compter depuis le jour dudit clain pardevant deux eschevins, ledit clamant à ce present ou procureur pour luy, à peril que ledit clain cherroit vague & seroit nul.

VIII. Il n'est requis en matiere de clain, faire aucunes significations ne adjournemens en especial; mais suffist les faire en general.

IX. Pour en vertu d'un clain pouvoir faire vendre à aucuns biens, maisons ou heritages, ou lever aucuns deniers, est requis que le clamant, après avoir gardé les six sepmaines, se face mettre ès biens ou deniers clamez par le Prevost, son Lieutenant, ou l'un des sergens de la Prevosté, à l'enseignement de quatre eschevins à ce presens. Et ce faict, doit faire proceder à la vente de tels biens, maisons & heritages; & après, lever les deniers en procedans, ou autres saisis, en baillant caution de les ressondre, au cas que autruy demandast & obtinst plus grand droit en maniere accoustumée.

X. L'on est receu à opposition sur lesdits clains, jusques à ce que les deniers soient levez & receuz par le clamant. Et après lesdits deniers levez, se aucun disoit lesdits deniers à luy appartenir, ou y avoit plus grand droit que cestuy qui les auroit levé, il seroit receu à les repeter sur ledit clamant ou sa caution.

XI. Pour par un clamant, ayant gardé ses jours de six sepmaines, & esté mis aux biens, jouir de l'effect de son clain; est besoing qu'il face mettre sondit clain à execution, endedans l'an dudict clain faict, à peril que ledit clain cherroit vague, & seroit de nul effect.

a CHAP. VIII. ART. I. *seigneuries & paries*, faut *pairies*.

XII. Quand deux personnages font clamer & saisir les biens d'autruy, si le dernier clamant faict premier saisir les biens sur lesquels on a faict clain, il faict à preferer en hypotheque sur lesdits biens ou deniers en procedans, avant ledict premier clamant ayant dernier fait saisir lesdits biens.

XIII. Un clain fait sur aucuns biens sans faire saisine d'iceux, n'est de quelque valeur.

XIV. On ne peut saisir n'empescher par clain, les biens d'un bourgeois ou enfans desdits bourgeois d'icelle ville, si premierement eux & leursdits biens ne sont demenez de forain, & abandonnez par la loy de ladite ville.

XV. L'on ne peut faire clain par procureur, ne fust que tel procureur eust procuration especiale à ces fins, ou qu'il fust recepveur suffisamment commis, pour faire ledit clain.

XVI. Une sentence diffinitive ou interlocutoire, crée & engendre hypotheque sur les biens d'un condemné, dès l'instant qu'elle est rendue, quand ores il en seroit appellé.

XVII. Les obseques & funerailles d'un deffunct, sont à preferer avant toutes debtes & hypotheques de quelque nature qu'elles soient au taux d'eschevins.

XVIII. L'année courant d'un louage est privilegié, & fait à preferer à toutes autres hypoteques, sur les biens trouvez en la maison louée ou portion d'icelle, ayans occupé ledit louage.

XIX. Les advestures & despouilles procedans d'un heritage baillé à cense ou louage, sont hypothequez pour le rendage de l'année courant.

XX. Louages de maisons sont executoires, pour termes escheuz, sur tous les biens des louagiers; soit que tels biens soient esdites maisons louées, ou ailleurs en la jurisdiction desdits eschevins.

XXI. Loyer & salaire de varlets ou meschines pour l'année courant, sont privilegiez & font à preferer avant toute hypotheque après l'année courant des louages.

XXII. Despens d'hostellerie livrez par hostes aux passans, ou leurs bestiaux, sont privilegiez & font à preferer devant toutes autres debtes, sur les biens ou bestes estans en l'hostellerie, & les peuvent lesdicts hostes retenir jusques au payement & solution de leur deu.

XXIII. Une personne ayant quelque chose en gaige pour quelque deu, a hypotheque sur ledit gaige, paravant autre pour ledit deu; & en faisant par luy signifier par Justice à son debteur, de redimer ladite chose, & de satisfaire ce qu'il doit, si ledit debteur ne fait ledit payement endedans sept jours & sept nuicts, ladite personne ainsi ayant hypotheque peut faire vendre ladite chose judiciairement, pour estre satisfaicte de sondit deu.

XXIV. Si quelque personne a en ses mains aucuns biens de son debteur sans tiltre de gaige, elle les peut mettre hors de sesdites mains, & lors clamer sur iceux biens, & les faire saisir pour son deu, en la forme & maniere dessus declarée. Et peut retenir lesdits biens en sa garde, au cas que par le sergent ils luy soient recreuz.

XXV. Une personne trouvant sa chose en la main d'autruy, la peut faire revendicquer, en la faisant saisir par un sergent de la Prevosté, & assigner jour en cas d'opposition.

CHAPITRE IX.

Des Arrests de Corps.

I. PAr l'usage de la ville & eschevinage de Lille, une personne peut faire arrester au corps son debteur non bourgeois, pour quelque deu que ce soit; jaçoit que le deu soit hypothequé sur les biens du debteur arresté ou non.

II. Si un arresté denie le deu, il doit estre constitué prisonnier, & ne peut avoir main-levée, n'est en nantissant deniers, vaisselle ou biens non perissables, ou baillant caution de fournir le jugé (a).

III. Se l'arresté confesse le deu, les deux eschevins pardevant lesquels il est remonstré, le doivent condemner audit deu; & ne peut estre mis au delivre, sans avoir payé ou contenté le demandeur.

IV. L'on ne peut arrester par procureur, mais bien par receveur ou autre ayant droit & action en la chose.

V. Appellation ne peut empescher arrest ne demainement de forain, soit qu'elle soit interjectée devant ou après ledit arrest ou demainement.

VI. En matiere d'arrest & demainement de forain equipollé à arrest de corps, il convient à un demandeur obtenir ès deux tiers de sa demande, à peril de decheoir de l'instance, & estre condemné ès despens si le deffendeur le requiert. Et doit ledit demainement aux despens de celuy qui le fait faire.

VII. Un demandeur en matiere d'arrest ou clain, se peut au jour du ramené à fait de la demande, restraindre de la somme par luy demandée, & delaisser & prendre telle qualité que bon luy semble, sans ce qu'on soit adstrainct prendre ladite qualité en faisant l'arrest ou clain. Mais se en soy restraindant de ladite somme demandée, la somme à quoy il se restraindra, n'emporte du moins, les deux tiers d'icelle somme premiere demandée, en ce cas le demandeur doit estre condemné ès despens, dommages & interests de l'arresté, jusques au jour de ladite restrinction.

VIII. L'on ne peut valablement faire arrester un bourgeois, n'est qu'il soit demené de forain & abandonné par la loy de ladite ville. Auquel cas, & les devoirs faits en tels cas pertinens, on le peut arrester comme un non bourgeois, en la maniere que dessus. Mais après estre abandonné, il peut venir mettre pied à loy : à quoy il doit estre receu en baillant caution.

IX. L'on peut faire arrester pour dommages & interests, en declarant la somme.

X. Si au premier jour servant ou autre ensuivant, avant deffenses proposées, le arresté deffaut de comparoir ou procureur pour luy, le demandeur doit obtenir en sa demande comme par jour gardé, si iceluy demandeur ou son procureur le requiert : Et si le demandeur ne compare, ou procureur pour luy, endedans lesdites deffenses proposées, le deffendeur faict à declarer quitte, aussi comme par jour gardé.

XI. En matiere d'arrest de corps, avant escritures servies, ou estre les parties ordonnées sur intendit, memoires ou avertissemens à preuve, les parties sont

a CHAP. IX. ART. 2. *de fournir le jugé.* La caution de fournir le jugé ne s'étend pas aux dommages & interests ausquels l'arresté se trouvera condamné, par l'évenement du procès, non plus qu'aux dépens du procès. Les observations des Praticiens du pays sur cet article, portent qu'il a toûjours été ainsi jugé; ils citent un Arrest du Grand Conseil de Malines, de l'an 1613. Et il s'en trouve dans le Recueil de Poller, *part. 2. tit. 5.* un du 18. May 1707. & dans les Arrests du President des Jaunaux, *tome 1. n. 92.* un du 3. Fevrier 1696. C. B. R.

tenus faire serment calomniel, qui est tel, qu'ils entendent avoir bonne cause en la matiere. A peril que si l'une des parties deffaut ce faire, sa partie doit obtenir en sa demande ou conclusions.

XII. Il est requis en matiere d'arrest de corps ou demainement de forain, de proceder à toutes fins.

XIII. Un tuteur peut seul faire arrester autruy, pource qu'on pourroit devoir à son pupille.

CHAPITRE X.

Des Actions, Poursieutes [a] *& Adjournemens Personnels.*

I. PAr l'usage de ladite ville & eschevinage de Lille, pour assigner jour competent, faut qu'il y ait huict jours francs, entre le jour de l'adjournement & le jour servant, pour gens nobles, & cinq jours pour non nobles, à peril que le deffendeur doit avoir congé de court & despens, s'il le requiert.

II. Eschevins ou le mayeur seul, peuvent donner congé au demandeur, de faire lesdits adjournemens à briefs jours, s'ils voyent que la matiere soit à ce disposée.

III. Qui deffaut de qualité ou narre sa demande de faulse cause, il doit decheoir de l'instance, & estre condemné ès despens.

IV. Un demandeur ne peut, après conclusions par luy prinses, & la cause contestée, augmenter, muer ou changier icelles, mais bien restraindre.

V. Un deffendeur peut proposer deffenses & exceptions, afin de non recevoir de folle poursieulte, non cause, & d'estre declaré quitte par ensemble.

VI. Reconvention ne compensation n'a lieu, n'est en matieres d'injures, refections de maisons, & interest pour departement de louage.

VII. Il ne chet aucunes causes vagues ou interruptes, sauf qu'après *comparuit* prins en cause, après le trespas de l'une des parties colitigantes, celuy qui en veut profiter, est tenu endedans l'an avoir faict adjourner sa partie pour reprendre ou delaisser les erremens, & proceder en la cause, selon les retroactes, à peril que la cause chet vague & interrupte.

VIII. Quand un demandeur, en faisant sa demande, traicte du droit d'autruy à tiltre particulier, il convient qu'il face apparoir dudit droit par lettres, tiltres, enseignemens ou autrement deuement sur le champ, ou endedans tel jour que eschevins verront au cas appartenir, & les despens en cas qu'il en soit sommé, à peril de congé de court & despens. Sauf que si ledit demandeur declaroit qu'il n'en eust lettres & ne s'en voulust aider, ains prouver par tesmoings la qualité, en ce cas passera iceluy demandeur par ladite response, & sera tenu le deffendeur proceder outre.

IX. Un demandeur doit faire sa demande si declarative, que sa partie y puisse respondre, à peril que si luy sur ce sommé il estoit en deffaute, il feroit à debouter de l'instance, & à condemner ès despens.

X. Un debteur de plusieurs parties, peut employer en paye à son creancier, le payement par luy & autruy fait en son nom, sur telles desdites parties que luy semble, s'il n'y a eu devise au contraire.

XI. Quiconques entend avoir recouvrier sur autruy d'aucune chose, il est tenu soy laissier poursuir judiciairement, & sur ce requerir & faire convenir en garand celuy sur qui il entend avoir ledit recouvrir, à peril que s'il payoit (b) sans avoir faict ledit devoir, il ne seroit recevable intenter poursieute pour ledit recouvrir.

XII. Quand un deffendeur a deffendu & conclut en cause, ou requis avoir autruy en garand, il est privé de toutes exceptions declinatoires.

XIII. Un creancier peut, pour avoir payement de son deu, poursievit son debteur ou plesge d'iceluy, lequel que bon luy semble, sans paravant rendre le principal debteur insolvent. Et s'il y avoit plusieurs plesges, qui ne fussent obligez chascun pour le tout, ils ne seroient poursuivables que chascun pour sa part.

XIV. Quand un personnage convenu en matiere de garand, est tenu audit garand par lettres cognues ou autres lettres, ou instrumens en cas de denegation sommierement verifiez, il est tenu garandir realement & de faict le demandeur de la poursieute. Et en cas de deffaute, il y doit estre condemné, & s'il n'apperre par lettres telles que dessus, qu'il soit tenu audit garand, en ce cas l'adjourné peut passer sans emprendre le faiz de la cause, & peut faire le demandeur en garand ses sommations & protestations pertinentes, pour luy valoir en temps & en lieu ce que de raison, sans estre tenu plus avant soustenir en la principale poursieute, si bon ne luy semble, sans que de ce il en puist estre argué par ledit adjourné en garand, lorsque sera agy contre luy pour l'indemnité du condemné. Neantmoins où ledit adjourné garand, voudroit administrer moyens valables audict demandeur en garand, & se joindre avec luy en la principale poursieute, iceluy demandeur ne s'en pourroit desister, ains seroit tenu de demourer en cause.

CHAPITRE XI.

Matieres Possessoires en cas de Saisine & de Nouvelleté.

I. PAr la Coustume de ladite ville & eschevinage de Lille, pour obtenir complainćte en cas de saisine & de nouvelleté, est requis que le complaignant soit en possession d'an & jour, de la chose dont il se complaint, qu'il soit troublé en sa possession, & intempte sadite complainćte contre celuy l'ayant troublé, endedans l'an & jour dudit trouble.

II. Le sergent executeur d'une complainte en cas de nouvelleté, est tenu d'adjourner le turbateur en parlant à sa personne ou à son domicile, à comparoir sur le lieu contemptieux, en luy donnant pour le moins un jour franc, entre le jour de l'adjournement & le jour servant. Et si audit jour ledit adjourné ne compare, ou soit deffaillant d'obeir aux commandemens à luy faits, sera contre luy donné deffaut, & le demandeur maintenu & gardé. Et pour ledit deffaut voir confirmer, il sera radjourné en vertu de la mesme commission.

f CHAP. X. Rubrique. *poursieutes*, aliàs, *poursuites*.

g ART. II. *à peril que s'il payoit.* Cette fin de non recevoir s'observe rigoureusement & à la lettre, de sorte que si l'acquereur inquieté a negligé d'appeller son vendeur en garantie, il est absolument exclus de tout recours contre luy. Jugé par Arrest du Parlement de Flandres, du 6. Aoust 1693. *Pollet, part. 2. tit. 6.* C. B. R.

III. Si au jour servant, la cause appellée en jugement, le deffendeur ne compare ou procureur pour luy, le complaignant peut obtenir deffaut, à tel profit qu'il sera maintenu & gardé. Ledit deffendeur condemné reparer le trouble, & la chose contemptieuse levée au profit de l'impetrant, & iceluy deffendeur condemné ès despens. Neantmoins en cas qu'il fust question d'aucuns interests non liquidez, ledit complaignant doit sur iceux estre ordonné à preuve.

IV. En matiere de complainte, si le deffendeur ou opposant vouloit dire non avoir esté sommé par le demandeur, ou autruy en son nom; de restablir avant l'execution de ladite complainte, il s'en doit aider & le alleguer avant l'execution de ladite complainte, pour eviter despens.

V. En matiere de complainte, les parties doivent proceder & conclure à toutes fins, si comme sur les restablissemens, sequestres, & recredences, qui sont instances provisionales à brief jour, & sur le principal possessoire, à jour ordinaire, & leur sera fait droict par ordre.

VI. La recreance se doit adjuger à celle des parties qui a le plus cler, evident & apparent droit.

CHAPITRE XII.

De Matiere de Mise de Faict.

I. PAr la Coustume de ladite ville & eschevinage de Lille, on peut apprehender par mise de fait toutes successions, soient biens meubles portatifs ou autres (*a*), sans ce qu'il soit requis faire apparoir du tiltre, mais suffist de l'alleguer.

II. Qui veut apprehender par mise de faict aucune chose à tiltre particulier, est requis faire preallablement apparoir dudit tiltre par lettres, instrumens ou tesmoings; & doit estre ladite verification communicquée au deffendeur, & la copie luy accordée à ses despens, s'il le requiert, avant proposer deffenses.

III. Un louagier se peut faire mettre de faict en la maison louée pour seureté de son louage; combien que l'heritier ne luy ait ce expressement consenty, en faisant apparoir de son tiltre par lettres, instrumens ou tesmoings.

IV. Mises de faict deuement faictes & decretées pour seureté d'aucunes choses, engendrent & creent hypotheque dès l'instant de la main-mise.

V. Une mise de faict se doit signifier en especial au Prevost de Lille, ou son Lieutenant (*b*), & autres à qui ce peut toucher; & ne peut prejudicier à ceux qui à ce ne seroient signifiez, & adjournez en especial.

VI. Mise de faict se decrete au premier jour contre les deffaillans, sans plus faire d'evocation ne adjournement.

VII. Mise de faict deuement decretée, s'equipolle à desheritement & adheritement (*c*), & emporte force de sentence, passée & vallée (*d*) en vigueur de chose jugée, n'est qu'il y ait appellation interjectée dudit decretement.

CHAPITRE XIII.

Des Purges [e] *& de Decrets.*

I. PAr la Coustume de la ville & eschevinage de Lille, l'acheteur d'une maison ou heritage gisant en ladite ville & eschevinage de Lille, peut, toutes les fois que bon luy semble, faire purgier à ses despens ladite maison & heritage, & les deniers en procedans. Et pour ce deuement faire, est requis qu'il soit adherité de telle maison ou heritage, & après nantir les deniers du marché, si avant qu'ils se payent content, faire mettre un billet en grosse lettre à telle maison ou heritage, & un billet au beau regard, tant qu'il plaira à l'Empereur, ou autre lieu eminent (en ensuivans les ordonnanances puis n'agueres faictes). Contenant qu'elle est à purge, & ce faict, après avoir levé billet du greffe contenant le marché, le faire publier par un sergent de la Prevosté, par quatre jours de Dimenche, ès quatre anciennes paroisses de ladite ville, à l'heure de grand' Messe, & par quatre jours de Merquedis à la bretesque d'icelle ville, à l'heure de marché, le tout de quinze jours en quinze jours, & par bon entretenement, en adjournant en general & en especial tous ceux & celles qui droict voudroient pretendre & demander en ladite maison ou heritage, ou esdits deniers, à comparoir pardevant eschevins au prochain jour de plaids ensuivant lesdites criées; & si personne ne compare, obtenir deffaut, premier, second, tiers & quart, de quinzaine en quinzaine par bon entretenement. Et se au jour dudit quart deffaut, ou autre precedent, personne ne s'oppose, la purge se doit decreter, tant pour le fons, que pour les deniers, seurtez & hypotheques, en telle maniere que personne n'y peut après valablement contrevenir.

II. Pour deuement purgier maison ou heritage, n'est requis signifier une purge en especial autrement que dessus.

III. Si la maison ou heritage que l'on pretend purgier, est gisant hors des quatre anciennes paroisses endedans la ville & taille de Lille, à sçavoir ès paroisses de saincte Catherine, sainct Andrieu, la Magdelaine, Five & Wazemmes, est requis faire publier la purge, pardessus lesdites anciennes paroisses, en l'Eglise de la paroisse où la maison & heritage est situé & assis.

IV. Pour deuement proceder par decret & execution de Justice à la vente de maison ou heritage gisant en ladite ville & eschevinage, est requis faire prisier telle maison & heritage, par les ouvriers à ce commis, presens deux eschevins, de laquelle priserie le sergent doit estre adverty, afin que selon icelle il puist recevoir denier à Dieu, par l'adveu des esche-vins,

a CHAP. XII. ART. 1. *portatifs ou autres.* La mise de fait exploitée en la maison du debiteur sur tous ses biens meubles & effets, livres, noms, raisons & actions, n'affecte point les dettes actives. Jugé au Parlement de Flandres, le 14. Aoust 1700. *Pollet, part. 2. tit. 7.* C. B. R.

b ART. 5. *ou son Lieutenant.* La mise de fait qui n'a point été signifiée eau Prevost ou à son Lieutenant, ne produit point d'hypotheque. Arrest non daté, dont est fait mention par Pollet, *part. 2. tit. 8.* C. B. R.

c ART. 7. & adheritement. *Exheredatus, aliquando, est privatus rebus suis, ut hic & suprà.* J. B.

d *passée & vallée*; c'est-à-dire, tournée en force de chose jugée.

e CHAP. XIII. Rubrique. *Des purges.* Purges sont quand par proclamations & affiches, on fait sçavoir qu'on veut faire purger & decreter un heritage, afin qu'il soit purgé & déchargé de toutes charges & empêchemens.

vins, & non autrement. Et ce faict, doit exposer en vente telle maison ou heritage, par un jour de Dimenche esdites quatre anciennes paroisses de ladite ville, & à la bretesque d'icelle (a) par jour de Merquedis à l'heure de marché. Et après vendra ledict sergent ladite maison ou heritage, presens eschevins & le clerc de ladite ville, à l'adveu desdits eschevins, en y apposant denier à Dieu, carité, renchieres, devises & conditions, comme le cas le requiert. De laquelle vente se doit lever billet par escrit du greffier, & la notifier en tableau au-devant de la maison que l'on dit le beau regard, tant qu'il plaira à l'Empereur, ou autre lieu eminent, selon certaines ordonnances faictes n'aguieres par lesdits eschevins, & icelle signifier par quatre Dimenches aux quatre anciennes paroisses de la ville, & par quatre Merquedis à la bretesque de ladite ville, en declarant le jour & lieu que ledit marché doit demourer au pauch de la chandeille au plus offrant; Auquel jour & lieu, ledit pauch se doit garder par ledit sergent, presens deux eschevins & ledit clerc. Et ledit pauch (b) de chandeille estainct, ledit marché demeure au plus offrant & dernier rencherisseur. Et ce faict, ledict sergent doit adjourner en especial le Prevost de Lille ou son Lieutenant, l'heritier ou ses hoirs, ensemble le dernier rencherisseur & tous autres en general qui audit decret opposer se voudroient, à comparoir au prochain jour de plaids ensuivant, pardevant eschevins, pour ledit decret veoir adjugier ou y contredire. Et par ledit acheteur & dernier rencherisseur vuider ses mains des deniers dudit marché, en prenant lettres de decret, possession & saisine dudit marché, si bon luy semble. Et si audit jour assigné personne ne compare, deffaut doit estre donné contre les deffaillans, sans plus faire d'adjournement, à tel profit que ledit decret doit estre adjugé, & ledict acheteur condemné vuidier ses mains desdits deniers, comme dessus.

V. Si la maison ou heritage que l'on pretend decreter, est situé hors des quatre anciennes paroisses endedans la ville & taille de Lille; à sçavoir, ès paroisses de saincte Catherine, sainct Andrieu, la Magdaleine, Five, Wazemmes, est requis faire les publications, comme il est requis pour purger.

VI. Pour vendre par decret & execution de Justice, lettres de rentes, debtes, noms & actions, estat de bouchiers, ou autres choses semblables, est requis observer les devoirs dessusdits; sauf que l'on n'y doit faire que deux criées.

VII. Se cestuy à qui la chose vendue par Justice appartient, s'oppose au decret, il n'est à ce receu, n'est que premier il nantisse ce pourquoy la vente se faict; sauf que quand il se faict par clain il n'est tenu faire ledit nantissement.

VIII. Nonobstant le pauch de chandeille gardé, l'on peut rencherir le marché ès mains d'Eschevins, jusques au decret adjugé.

IX. Toutes rencheres faictes avant la premiere criée en l'une desdites Eglises, ou à la bretesque, ne sont reputées que mises à prix, & ne peut-on profiter d'aucune palmée (c), que ladite premiere criée ne soit faicte, & que le decret s'adjuge.

X. Un decret adjugé, est equipollé à desheritement.

XI. Ceux pretendans droict ès deniers des purges ou decrets, sont tenus eux opposer au jour du decretement desdites purges ou adjudication de decret, en baillant leurs lettres d'hypotheques & enseignemens, ou du moins avant les ordonnances desdits deniers prononchiez, par lesquelles ordonnances, l'on leur baille ordre selon les dates de leurs hypotheques, & sont payez de leurs rentes, jusques au jour de ladite ordonnance, à rapt (d) de temps. Et après telles ordonnances prononchies, lesdits pretendans droict esdits deniers, ne sont recevables à eux y opposer.

XII. Ceux qui reçoivent deniers en vertu d'hypotheques, sont tenus de bailler caution pardevant eschevins ès mains du Prevost ou son Lieutenant, de les refondre, au cas qu'après aucun vienne, qui demande & obtienne plus grand droict, ou d'emprendre pour les poursuis l'adveu, garand & deffence, & les acquitter & depescher; & à ces fins sont tenus laisser leurs lettres & enseignemens à Cour, qui se gardent saines & entieres, pour les rendre en cas de refusion; toutesfois ou la repente (e) ou les deniers deuz ne seroient du tout acquittez, & qu'il resteroit aucune chose ou à payer, en ce cas seroit escrit sur le doz desdites lettres pour combien l'obligation demoureroit en force, & l'escriture signée du greffier de la ville, & ce fait les lettres rendues à cestuy à qui elles appartiennent.

XIII. Les ayans ordre par telles ordonnances, sont receuz à opposition, s'ils entendent par icelles estre grevez, que rien ne soit delivré qu'ils ne soient oys, & sont tenus faire evoquer ceux contre lesquels ils entendent extendre leurs oppositions, à la huictaine ensuivant.

XIV. Après que maisons & heritages sont deuement purgez & decretez par adjudication de decret, icelles maisons & heritages sont & demeurent deschargez de toutes charges, hypotheques & empeschemens quelconques, autres que celles traictées entre les parties, & declarées esdits purges & decrets.

CHAPITRE XIV.

Des Benefices d'Inventoire.

I. PAr l'usage de la ville & eschevinage de Lille, quand un heritier apparent d'un trespassé doute l'hoirie & succession à luy devolue, estre trop onereuse, il se peut fonder & porter heritier de son predecesseur par benefice d'inventoire, & à ce tiltre prendre & apprehender les biens par luy delaissez.

II. Avant qu'une personne se puist fonder hoir d'un trespassé par benefice d'inventoire, est requis d'obtenir lettres patentes en forme deue, par lesquelles il soit auctorisé de ce faire, autrement il ne le peut ne doit faire. Et si audit tiltre de benefice il prenoit les biens du defunct, sans ladite impetration deuement interinée, il seroit tenu & reputé hoir simple d'iceluy feu, & en ceste qualité tenu poursuivable pour ses debtes & obligations.

III. Est requis que l'impetrant de lettres de bene-

a Art. 4. *& à la bretesque d'icelle.* Bretesque, breteque ou bretesche, c'est le lieu public où l'on fait les cris, les publications & proclamations de Justice, *infrà*, art. 9. & ch. 14. art. 11. Artois nouvelle, art. 57. Ragueau en son Indice sous le mot, *Bretesque*. Charondas en ses annotations sur l'Auteur du grand Coustumier, liv. 3. chap. 5. p. 332. Ce mot se trouve en la mesme signification dans Bouteiller en sa Somme Rural, liv. 1. tit. 3. de jurisdictions, p. 11. & 12. & *voyez* le mesme Charondas, p. 18. & 19. J. B.

b *Et ledit pauch*; c'est un petit bout de chandelle qu'on allume, & en peu de temps il est éteint.

c Art. 9. *d'aucune palmée.* Palmée se prend pour enchere.

d Art. 11. *à rapt*, faut, *au* pro rata.

e *ou la repente*, j'estime qu'il fault lire rente.

fice d'inventoire obtienne commission & attache des Juges, & qu'en vertu d'icelles il face inventorier & priser tous les biens meubles, cateux, & heritages delaissez du defunct.

IV. Est requis que le sergent executeur de ladite commission, face faire lesdits inventoire & priserie par gens en ce cognoissans en nombre competant, desquels il doit à ces fins recevoir le serment. Lequel sergent doit rediger, ou faire mettre par escrit iceux inventoire & priserie, les clorre de son seel, les attacher aux exploits, & exhiber à Cour au jour servant.

V. Est requis publier & signifier ledit inventoire, priserie & exploits au Prevost de Lille ou son Lieutenant, & aux hoirs apparens du defunct. Et audit jour sur ce servant, après la cause presentée & appellée, fault contendre à l'interinement desdites lettres, & qu'ensievant lesdits biens comprins audit inventoire & priserie, luy soient adjugez, moyennant caution qu'il doit bailler & offrir de payer les debtes du trespassé, jusques à la somme que porte ladite priserie. Et si personne ne se presente & oppose, lesdites lettres doivent estre en vertu dudit default, interinées, & lesdits biens adjugez à l'impetrant, en baillant ladite caution.

VI. Un heritier par benefice d'inventoire, n'est tenu payer les debtes de son predecesseur, plus avant que ladite priserie porte, & peut iceluy heritier retenir les maisons & heritages à luy adjugez, en fournissant la priserie aux creanciers, selon l'ordre de leurs hypotheques.

VII. Un heritier par benefice d'inventoire ne peut à ce tiltre avoir ne apprehender autres biens que ceux comprins audit inventoire & priserie, & s'il en apprehende d'autres, il est reputé hoir simple, & tenu aux debtes du defunct.

VIII. Les despens de l'impetration, interinement & coust dudit benefice, se doivent preallablement, au taux de la Cour, prendre sur les biens apprehendez, & doivent estre comptez & deduits pour debte payée, sur la somme de la priserie.

IX. Combien que celuy qui apprehende l'hoirie audit tiltre de benefice d'inventoire, soit le plus prochain hoir habile de succeder esdits biens. Toutesfois un autre parent du trespassé, qui ne seroit si prochain & habile de succeder, nonobstant ladite impetration, se peut porter heritier simple du defunct, & y doit estre receu en payant les debtes. Et audit cas, ledit heritier par benefice d'inventoire se peut deporter de sadite impetration, & soy porter hoir simple endedans le temps qui luy sera judiciairement ordonné. Et en ce cas, comme plus prochain doit avoir lesdits biens, à la charge desdites debtes.

X. Un plus prochain parent est receu à soy fonder hoir par benefice d'inventoire, nonostant qu'un autre moins prochain desja y soit fondé, en luy refondant ses despens; n'estoit que ledit plus prochain parent eust esté evocqué en especial sur le benefice obtenu par le parent plus loingtain, ayant paravant faict ses devoirs.

XI. Un heritier par benefice d'inventoire, est au bout de demy an ensuivant l'interinement dudit benefice, tenu de rendre son compte pardevant eschevins dudit Lille, à ce appellez en especial les creanciers du defunct, si avant qu'il en aura cognoissance, & tous autres en general par cry publicque à bretesque de ladite ville, par jour & heure de marché. Et s'il y a bon, lesdits creanciers, si avant qu'ils compareront & feront apparoir de leurs deuz, seront pour debtes simples payez au marc la livre, & les hypothequaires selon l'ordre de leurs hypotheques; pendant lequel temps de demy an, ledit heritier ne sera poursuivable en Justice, pour payer les debtes deues par ledit defunct. Toutesfois si avant ledit temps expiré, il vendoit aucune maison ou heritage comprins audit benefice, & fust purgé, lesdits hypothequaires se pourront opposer à ladite purge, pour avoir payement de leurs deuz, selon l'ordre de leurs hypotheques.

CHAPITRE XV.

Des Louages des Censes & Maisons.

I. PAr la Coustume de la ville & eschevinage de Lille, un louagier de maison ou heritage, ne le peut bailler en avant-louage, sans le consentement de l'heritier. Et au cas qu'il le baille, l'heritier a option de le reprendre en sa main, sans pour ce estre tenu à aucun interest. Toutesfois, si ledit heritier, pour ce requis, n'y vouloit consentir, ledit louagier le pourra bailler en avant-louage, sans peril de ladite reprinse; pourveu que ce soit à personne non deteriorant la maison plus que luy.

II. Un usufructuaire ou viager d'aucune maison ou heritage, le peult bailler en louage, (comme si elle est seant en l'enclos de ladite ville) le terme de trois ans ou audessous, moyennant que ledit louage ne se face qu'un an paravant le vieil louage expiré. Et si telle maison estoit hors de ladite ville, & y eust appendant aucuns jardins, prez ou heritages à labeur, le terme de neuf ans, ou aussi audessous, moyennant que ledit louage ne se face que deux ans paravant ledit vieil louage expiré,

III. Les louages de maisons & heritages par de-là les quatre ponts, se payent à quatre termes en l'an; si comme sainct Remy, Noël, Pasques, sainct Pierre & sainct Paul, & endedans lesdits quatre ponts, à deux termes, si comme Noël, & sainct Pierre & sainct Paul.

IV. L'heritier d'aucune maison ou heritage par luy loué, le peut reprendre en sa main, pour sa demeure & occupation tant seulement, & sans fraude, toutesfois que bon luy semble, en payant interests tels que de raison.

V. Si un louagier a fait aucuns ouvrages necessaires en la maison louée, après avoir sur ce sommé l'heritier ou usufructuaire, & qu'il a esté en faute de les faire, il peut deffalquer lesdits ouvrages sur son louage.

VI. Si un louagier fait aucuns ouvrages à son plaisir en la maison louée, n'estoit que l'heritier les voulusse retenir pour tel prix qu'ils seroient prisez à porter en voye, tels louagiers les peuvent emporter à leur departement de ladite maison, en remettant icelle maison à son premier estat.

VII. L'heritier d'une maison peut contraindre son louagier, de mettre biens meubles suffisans en telle maison, pour l'année courant du louage.

VIII. Quand une maison appartient à plusieurs personnes, & que l'une d'icelles veut partir & diviser ladite maison, telle maison se doit partir, si elle est partable.

IX. Quand un censier a labouré & assemencé les heritages seans en la taille & eschevinage de ladite ville après sa cense expirée, il doit jouir de tels heritages, & des autres conjoinctement baillez avec iceux, à semblable tiltre de cense, trois ans ensievans & continuels, en payant ladite cense comme auparavant, n'estoit que l'heritier luy eust signifié ou fait signifier de vuider, avant qu'il eust labouré & assemencé; ou que, endedans le jour de la Chandeleur ensuivant, il luy eust fait ou fait faire semblable signification, en offrant audit censier fers (a) & semences tels que de raison.

X. Un louagier d'une maison après son louage passé, ayant paisiblement resîdé par forme d'entamement de nouveau louage, en ladite maison par le terme d'un mois, il est tenu de parfaire ledit louage, au mesme prix que paravant, pour une année; & si ne le peut l'heritier contraindre à vuider, n'estoit pour sa demeure & occupation, en payant interests comme dessus.

XI. L'occupeur d'une maison ou heritage est poursuivable pour le deu du louage, durant son occupation, comme le propre louagier : mais quand un heritier a un louagier, & treuve autruy occupant le louage, il a faculté poursievir ledit occupeur, comme il pourroit faire ledit louagier.

XII. Quand l'on veut faire partir & vuider un louagier d'une maison & heritage, pour l'occupation de l'heritier, si tel louagier est realizé par mise de faict, ou ayant hypotheque par lettres sous le seel ou cognoissance de ladite ville, tel louagier n'est tenu partir de sondit louage, n'estoit qu'il soit premier discuté & satisfaict des interests qu'il pretend, à cause de son partement.

XIII. Quand deux louagiers pretendent jouir par louage d'une maison ou heritage, l'un par louage verbal, & l'autre par realité, celuy ayant bail de priore date, supposé qu'il ne soit realizé, doit obtenir avant le subsequent, ayant obtenu realité.

CHAPITRE XVI.

Des Appellations.

I. PAr ladite Coustume, qui entend estre grevé d'une sentence ou appoinctement rendu par eschevins, est tenu, s'il est present, d'appeller sur le champ; & s'il est absent, endedans sept jours & sept nuits ensievans ladite sentence ou appoinctement rendu, ou quand il en aura la cognoissance, & après relever son appellation endedans trois mois ensievans le jour de son appel, à peril de soixante sols d'amende. Et sortissent lesdits eschevins, en premiere instance, immediatement en la Chambre du Conseil en Flandres, par la voye d'appel, sans estre submis à reformation.

II. Toutes sentences rendues par les Reuwart (b), Paiseurs, Maieur de la Perse, trippiers de velours, commis à la vingtaine, & autres Collieges subalternes à eschevins, sortissent par appel pardevant lesdits eschevins, & se doivent les appellations relever endedans quarante jours ensuivans icelles interjectées, à peril d'amende accoustumée.

III. Sur sentences rendues par le Reuwart, les condamnez sur l'execution d'icelles sont & doivent estre receuz, s'ils le requierent à opposition, en nantissant; & sont oys en leurs defenses & exceptions, fins & conclusions, pardevant eschevins.

IV. Appellation n'a point de lieu en matiere criminelle.

CHAPITRE XVII.

De Droict de Veufve.

I. PAr la Coustume de la ville & eschevinage de Lille, une femme peut renoncer aux biens & debtes de son mary, & soy tenir à son assenné (c) conventionnel. Et audit cas, n'est tenue à aucunes debtes, n'estoit que par exprès elle y fust obligée; Auquel cas, elle seroit obligée, sauf son recouvrier sur les heritiers de son mary.

II. A une femme vefve, ayant renoncé aux biens & debtes de son mary, appartient, sans charge de debte, droict de vefve coustumier, ès biens meubles demourez de sondit mary; à sçavoir de chascune piece de mesnage, une à son choix; & avec ce, d'estre habillée honnestement pour une fois selon son estat, & sans fraude. Et est ledit droict de vefve si privilegié, que ladite vefve le doit avoir & emporter, nonobstant quelque saisine ou empeschement que l'on luy pourroit bailler.

III. A une femme vefve demourée ès biens & debtes de son feu mary, appartient droict de vefve coustumier, tel que dessus, hors part, au cas qu'elle le demande.

IV. Quand une femme vefve ayant renoncé aux biens & debtes de son feu mary, veut avoir son droit de vefve tel que dessus, il est requis de avant luy delivrer judiciairement, qu'elle compare pardevant le Prevost ou son Lieutenant, & quatre eschevins pour le moins; & se face mettre verbalement aux biens, sur lesquels elle pretend avoir son droict de vefve, par ledit Prevost ou son Lieutenant, à l'enseignement desdits eschevins.

V. Pour par une femme vefve estre reputée avoir renoncé aux biens & debtes de son mary, est requis qu'elle abandonne & delaisse les biens delaissez d'iceluy son mary, en vuidant & soy partant de la maison mortuaire, sans y pouvoir rentrer après le corps defunct porté hors de ladite maison.

VI. Assenné de droict conventionnel n'est reputé hypothequaire; n'estoit que par fait especial il fust recongneu & realizé, & que hypotheque réelle fust à ces fins créée par Juge competant, ou passée sous ledit seel aux cognoissances de ladite ville de Lille.

VII. Quand une femme veuve apprehende de son auctorité privée aucuns biens delaissez de son mary, elle se immiscue ès biens & debtes de sondit feu mary, & pour telle faict à compter & tenir, & comme telle est tenue & coupable des debtes & actions d'iceluy.

VIII. A une femme vefve immiscuée ou demourée ès biens & debtes de son mary, & ayant enfans ou enfant d'iceluy, appartiennent tous les biens meubles, cateux & heritages reputez pour meubles, delaissez de sondit mary, à la charge de payer toutes debtes, & d'en faire partage à sondit enfant, s'elle se remarie.

IX. A une femme vefve non ayant enfant de son defunct mary, & soy ayant esmiscuée ès biens & debtes d'iceluy, appartient la moictié de tous les biens

a *audit censier fers*; c'est-à-dire, les frais des labeurs, & les semences.

d ART. 2. *par les Revvart*, ce sont officiers inferieurs aux échevins.

e CHAP. XVII. ART. 1. *& soy tenir à son assenné.* Assené, c'est assignat & douaire convenancé.

meubles, cateux, & heritages reputez pour meubles, delaissez de sondit mary, à l'encontre des hoirs d'iceluy, à la charge de payer moictié des debtes.

X. Une femme vefve, après le trespas de son mary, a option, si bon luy semble, de renoncer aux biens & debtes d'iceluy son feu mary, & soy tenir à son droict coventionnel, ou de demourer ès biens & debtes, n'est que par pact elle en soit privée. Et en prenant l'un, elle se prive de l'autre.

CHAPITRE XVIII.

Des Executions.

I. PAr la Coustume de la ville & eschevinage de Lille, on ne peut valablement faire executer une personne, si elle n'estoit condamnée par Juge competant ou obligé par obligation, portant vigueur d'execution passée; à sçavoir pardevant monsieur le Gouverneur de Lille, ou son Lieutenant, Auditeurs du souverain Bailliage, ou pardevant eschevins, & sous le seel aux cognoissances dudit Lille, ou autres Justices ayans seaux privilegiez, & emportant vigueur d'execution.

II. Quiconque fait executer autruy pour plus que deu n'est, l'execution fait à revoquer, & le faisant executer à condamner ès despens : Mais pour les fermes du Prince & de la ville, les fermiers peuvent faire executer les redevables pour somme arrestée, & pour autant que l'executeur affermera avoir forfaict à cause desdites fermes. Et a lieu ladite execution pour autant qu'il affermera, nonobstant qu'il eust esté executé pour plus. Et au regard des louages des maisons, le proprietaire peut faire executer l'occupeur pour le louage deu, en offrant deduire ce qu'il auroit deboursé pour refections necessaires.

III. Pour valablement faire une execution, est requis premier addresser sur les biens meubles mouvables; & en faute d'iceux, sur les maisons & heritages; ou en faute de tels biens, par prinse de corps à l'ordonnance d'Eschevins.

IV. Un executé ne peut estre receu à opposition, sans nantir le deu en deniers, vaisselle d'argent ou joyaux, lesquels nantissemens se doivent apporter & mettre par les sergens, ès mains du depositaire de la Cour, endedans le jour servant; Auquel jour servant, lesdits sergens sont tenus faire apparoir d'avoir ce faict, par billet du depositaire, lequel depositaire ne se pourra tenir pour nanty. Et sur la requeste que pourra faire audit jour servant, afin d'avoir sur le nantissement son pretendu à caution, les eschevins le pourvoiront sommairement parties ouyes, comme ils verront au cas appartenir, sans neantmoins pour ce retarder le principal de la matiere.

V. Quand un executé s'oppse à l'execution, & qu'au jour servant il ne compare, ne personne pour luy, sans plus faire d'execution, deffault doit estre contre luy donné, à tel profit que l'execution se doit parfaire, & l'opposant estre condamné ès despens.

VI. Sur sentence rendue par eschevins, le condamné n'est receu à opposition.

VII. Pour les fermes du Prince du pays, ou de la ville, les fermiers doivent avoir les deniers nantiz à caution, comme privilegiez, durant le litige; & pareillement se lievent à caution, durant ledit litige, deniers nantiz sur executions pour louages de maisons : & si le nantissement est vaisselle ou joyaux, iceux se peuvent & doivent vendre.

VIII. L'on peut faire execution pour marcs de rente, ou rente fonciere. Et pour y proceder, le sergent doit faire dependre l'huys de la maison chargée desdites rentes, & ledit huys laisser en tel estat, sans que personne le puisse remettre, sans autre closture ou estoupement, jusques à ce que le payement soit fait, sur peine d'enfraindre la main de Justice, & de soixante sols d'amende, & de reparer le lieu : Mais en cas d'opposition, on est à ce receu, en nantissant, & lors on peut rependre ledit huys.

IX. Une sentence n'a vigueur d'execution que l'espace d'un an ensuivant le jour de la date d'icelle. Et est requis, l'an expiré, pour l'avoir de rechef executoire; de faire adjourner le condamné, pour veoir prononcer executoire; & n'est receu ledit condamné à proposer deffenses sans nantir, n'estoit en soy rapportant au serment du demandeur, d'un faict portant decision ocause (a).

X. Quand aucun a procedé par execution, & il s'en deporte ou en decher, ne pourra par après proceder pour la mesme chose par execution, ains par simple action evocatoire.

CHAPITRE XIX.

Des Matieres de Recognoissance.

I. PAr l'usage de la ville & eschevinage de Lille, quand une personne veut estre payée par son debteur, ayant cedulle signée de la main de sondit debteur ou de notaire, il peut faire convenir sondit debteur, pour cognoistre ou nier ladite cedulle, respondre au contenu d'icelle, & le voir & oyr contre luy & ses biens prononcer & declarer executoire selon sa teneur; au cas toutesfois, qu'au jour de l'adjournement il ait quelque chose escheu, ou que le debteur ait promis faire ladite recognoissance. Et ne peut l'adjourné rien dire contre la cedulle, sans premier nantir ce qu'il seroit escheu, ou qu'il se rapporte au serment du demandeur, d'un faict portant decision de la cause. Et se peut faire le semblable, pour lettres seellées de seaux de Justice non portant vigueur d'execution.

II. Sur l'execution d'une cedulle prononcée executoire, lon est receu à opposition en nantissant.

III. Quand sur poursieultes de recognoissance de cedulles ou instrumens, le deffendeur a fait nantissement, telle poursieulte est equipollée à execution, & en ensuivant doit le demandeur prendre conclusions.

a CHAP. XVIII. ART. 9. *decision ocause*, il faut, *de la cause*, comme en l'article premier du chapitre 19. *infrà*.

CHAPITRE XX.

Des Cessions.

I. PAr la Coustume de la ville & eschevinage de Lille, l'on ne peut estre receu à cession, pour deniers deuz au Prince ne à ses fermiers, ne pour reparation de sang, & les despens du procès.

II. L'on ne peut faire cession, pour matiere de delict, injures verbales, despens du procès, ne aussi pour despens de touraige (a) de prison.

III. Une cession se decrete au premier jour servant, si personne ne s'y oppose.

IV. Si à une cession y a opposition, le pretendant parvenir audit benefice, doit tenir prison pendant le litige.

V. Si un crediteur treuve aucuns biens appartenans à cestuy ayant fait cession contre luy, outre la provision à luy accordée, tel crediteur en vertu de l'extraict de ladite cession, peut faire saisir & vendre lesdits biens par voye d'execution.

CHAPITRE XXI.

Des Bonnages, Cerquemanages, & Visitations de Maisons.

I. PAr la Coustume de la ville & eschevinage de Lille, pour deuement mettre bonnes & assens entre deux confins de maisons & heritages, est requis faire evoquer & adjourner sur le lieu le Prevost de Lille ou son Lieutenant, quatre eschevins du moins, & les heritiers circonvoisins. Et illec par ouvriers sermentez, & autres à ce cognoissans, si mestier est, presens les dessus-nommez eschevins, à la semonce dudit Prevost ou son Lieutenant, faire asseoir & mettre lesdites bonnes & assens. En faisant par ledit Prevost ou son Lieutenant, deffenses de non toucher à telles bonnes & assens, ne fouir à un pied près d'icelles, à peril de soixante sols d'amende de loy, & punition d'eschevins.

II. Quand un heritier entend son voisin heritier avoir emprins sur son heritage, & qu'il edifie autrement qu'il n'appartient, il peut requerir cerquemanage, ou visitation estre faicte des deux heritages. Et pour ce faire, doit faire convenir pardevant eschevins en halle, & à brief jour, sa partie pour consentir ou dissentir ledit cerquemanage ou visitation, & que lors on ordonne sommairement que tel cerquemanage ou visitation se fera à tels despens qu'il appartiendra. Et ensievant ce, le Prevost ou son Lieutenant, les deux eschevins à ce commis, avec le clerc de ladite ville, se transportent sur le lieu, & illec les parties peuvent exhiber telles lettres, tiltres & enseignemens que bon leur semble, & par les ouvriers de la ville se fait ledit cerquemanage ou visitation, qui se met par escrit par ledit clerc, & se rapporte en halle à certain jour ensievant, en n'y adjournant que les parties pour le voir prononcer. Et lors s'il n'y a opposition, est ordonné que tel cerquemanage ou visitation doit sortir, & se decrete, en ordonnant que les emprises d'un costé & d'autre se retrencheront. Et là où ne seroit trouvé qu'il y eust emprinse, les despens dudit cerquemanage, doivent estre aux despens du requerant.

III. Sur complainte intentée en la gouvernance de Lille, après icelle executée & restablissement faict, l'on peut retourner à cerquemanage pardevant eschevins; Auquel cas, l'on ne procederoit plus avant en ladite complaincte.

IV. Un heritier peut edifier sur son heritage tel edifice que bon luy semble, par empescher les veues de son voisin ou autrement, si autrement deuement il n'appert du contraire.

V. Par ledit usage, l'heritier d'une maison ou heritage, ne s'enclost point, s'il ne veut, contre son circonvoisin.

TOUTES lesquelles Coustumes & Usages, arrestez & confirmez comme dessus, ont esté publiées aux plaids de ladite ville de Lille, en la presence de la Loy, Practiciens & plusieurs manans d'icelle, le treiziesme jour de Janvier, l'an mil cinq cens trente-trois.

a CHAP. XX. ART. 2. *de touraige*; c'est-à-dire, de geollage.

TABLE DES CHAPITRES DES COUTUMES DE LILLE.

LES COUSTUMES, 1552.

STILS ET USAGES, DE L'ESCHEVINAGE DE LA VILLE ET CITÉ DE TOURNAY, POUVOIR ET BANLIEUE D'ICELLE.

CHARLES par la divine clemence, Empereur des Romains, tousjours Auguste, Roy de Germanie, de Castille, de Leon, de Grenade, d'Arragon, de Navarre, de Naples, de Secille, de Majorque, de Sardaine, des Isles, Indes & terre ferme de la Mer Occeane, Archiduc d'Austriche, Duc de Bourgongne, de Lothring, de Brabant, de Lembourg, de Luxembourg, & Gueldres; Comte de Flandre, d'Artois, de Bourgongne, Palatin de Haynault, de Hollande, de Zeelande, de Ferrete, de Haquenau, de Namur & de Zutphen, Prince de Zuawe, Marquis du S. Empire; Seigneur de Frise, de Salins, de Malines, des Cité, Villes & Pays d'Utrecht, d'Overissel & Groeninghe, & Dominateur en Asie & Afrique. A tous ceux qui ces presentes Lettres verront, Salut. Comme pour pourvoir & remedier aux abus, inconveniens & desordres dont l'on use journellement au fait de l'exercice & administration de la Justice en nos Pays & Seigneuries de pardeçà, procedans de la diversité & contrarieté des Coustumes & Usages d'iceux Pays, aussi pour eviter la grande despensé qu'il convient faire, à noz subjects & autres parties litigans pour verifier lesdites Coustumes, dont sourdent plusieurs & divers inconveniens à la grand' charge & interest de nosdicts subjects, & de la chose publique, nous eussions en l'an quinze cens quarante, conformément à noz autres Ordonnances de l'an quinze cens trente-un, statué & decreté que toutes lesdites Coustumes & Usages seroient mis & redigez par escrit par les Officiers & Gens des Loix, des villes de noz Pays, & à nous rapportez & presentez, ou à nostre très-chiere & très-aimée sœur, la Royne douaigiere de Hongrie, de Boheme, Regente de nostredit Pays, pour les visiter & examiner, ainsi qu'il appartiendroit par raison. Et il soit que nos bien-aimez les Prevosts, Jurez, Mayeurs & Eschevins de nostre ville & Cité de Tournay, voulans effectuer & satisfaire à nostredite Ordonnance, ont fait recueillir & rediger par escrit, les Coustumes, Stils & Usages, de ladite ville & Cité de Tournay, pouvoir & banlieue d'icelle, en y evocquant nos Officiers ou Bailliage dudit Tournay & Tournesiz, les Officiers de l'Evesque & Chapitre illec, & autres qui y pourroient avoir interest, tellement que en leur presence & & des quatre Chiefs & Conseil, Doyens & soubz Doyens, avec aucuns des plus notables de ladite ville, & de l'adveu & consentement desdits appellez, a estez faict un Recueil, volume & registre desdites Coustumes, Stils & Usages, moyennant aucunes reservations y comprinses, lesquels ils ont envoyé par leurs deputez, à nos aimez & feaulx, les President & Gens de nostre Grand Conseil à Malines, poursuivant nostre precedente Ordonnance, les visiter & dresser en bonne forme, & le tout nous renvoyer, & après que lesdits de nostre Grand Conseil, par aucuns d'entre eulx, ont de rechief faict visiter lesdites Coustumes, & en ce besongné, avec les deputez de nostredite ville de Tournay, selon qu'ils ont trouvé le plus expedient & convenable, & ce fait, & oy le rapport desdits commis, lesdites Coustumes sont encores d'abondant esté visitées & arrestées par lesdits de nostre Grand Conseil, lesquels ont renvoyé le cahier ainsi par eux conclu & arresté, à nostredite sœur, laquelle les a aussi fait bien & diligemment examiner, par nos très-chiers & feaux, les President, & Gens de nostre Privé Conseil, & finablement ont esté resoluz & moderez, en la forme & maniere que s'ensuit.

CHAPITRE PREMIER.

Des Mises de Faict.

ARTICLE PREMIER.

PAR coustume mise de faict ne depossesse personne, mais nonobstant icelle & son execution, les possesseurs des biens en litige demeurent pendant iceluy en la possession desdits biens comme ils estoient paravant; sauf que si ce sont biens meubles l'inventoire & prisée se faict, nonobstant quelque opposition, ou autre contredict pour la conservation du droict des parties.

II. Que au jour servant, si la partie adjournée ne compare se adjuge premier deffaut pour le proufit duquel, partie est deboutée de declinatoire, & par autre adjournement, second deffault, en vertu desquels deux deffaux, le deffaillant est debouté de toutes exceptions dilatoires, & peremptoires, & l'impetrant, receu à verifier son mis avant, & ce fait, partie deffaillante, sera adjournée pour servir de reproches, que si lors elle faict deffaut, de servir de reproches, elle est deboutée d'icelles reproches, & le procès tenu pour conclu, en droict.

CHAPITRE II.

Des Arrests.

I. QUand une personne estrangiere est arrestée en ladite ville, à la requeste de partie, elle doit estre sur le champ amenée, pardevant l'un des Prevosts de ladite ville, avec sa partie, avant que le mener prisonnier, & illec l'arrestant doit dire les causes de son arrest, & l'arresté y respondre, & ce faict si ledit Prevost ne les peut sommierement accorder, faut que l'arresté baille caution de la demande, & des despens, autrement est constitué prisonnier, aux despens de celuy d'eux deux, qui sera trouvé avoir tort, desquels l'arrestant doit faire le prest.

II. Que les biens temporels des gens d'Eglise estrangiers non beneficiez audit Tournay, seront arrestables, mais non leurs personnes.

III. *Item*, En matiere d'arrest, l'arrestant est tenu faire assigner jour à l'arresté pardevant lesdits Prevosts, & Jurez à leurs plaids ordinaires endedans tiers-jours dudit arrest, si l'on tient jour de plaids, ou sinon endedans le premier jour plaidoyable, & audit jour faire sa demande où l'arresté pourra comparoir par procureur si bon luy semble.

IV. *Item*, Un manant de ladite ville ne peut user d'arrest contre un autre manant d'icelle en corps ne en biens, soit en icelle ville ou ailleurs, à peine d'estre constitué prisonnier, jusques à la revocation de tel arrest.

CHAPITRE III.

Des Interruptions.

I. ITEM, Tous procès pendans pardevant Prevosts & Jurez Eschevins ou autres Justices de ladite ville de Tournay cheent en interruption par les non appeller au tour du rolle par l'espace d'un an, en sorte que la partie poursuivie n'est tenu aller avant en cause, n'est que partie voulant proceder air obtenu de nous lettres de relief d'icelle interruption.

CHAPITRE IV.

Des Sentences passées en force de chose jugée.

I. QUe toutes sentences sont executoires sans surannement contre les condamnez : mais après leur trespas soient surannées ou non est besoin les faire declarer executoires contre leurs heritiers, qui se fera sommairement sans cognoissance des merites d'icelles sentences, ne fust que l'execution fust commencée du vivant des condemnez, auquel cas se parfera l'execution, sans les declarer executoires.

II. L'on ne pourra user d'execution contre les heritiers d'un feu obligé, n'est que eux à ce adjournez & ouyz les lettres obligatoires soient declarées executoires contre eux.

CHAPITRE V.

Des Prisonniers pour Debtes.

I. QUand aucun est constitué prisonnier pour debte, soit par vertu de condemnation ou autrement, & soy sentant non puissant payer, veut faire habandonnement & cession de ses biens, faire le pourra, en forme requise de droit, moyennant laquelle cession il sera mis à pleine delivrance.

CHAPITRE VI.

Des Debiteurs fugitifs pour leurs debtes.

I. QUand un homme ou femme manant de ladite ville, se rend fugitif pour ses debtes habandonnant ses biens que l'on dit tomber en desconfiture, les eschevins mettent incontinent la main sur iceux biens, comme vaccans, y commettant curateurs & appellant par edict & autrement, tous les crediteurs dudit fugitif, lesquels font telle poursuite que bon leur semble, afin d'obtenir sentence de leur deu, après laquelle poursuite decidée tous lesdits creanciers sont payez de leur entier deu sur lesdits biens, si à ce fournir ils sont suffisans, ou si non, sont fournis au marcq la livre, & à rate de leursdits deus.

II. Que tous lesdits creanciers sont par la Coustume, tenuz faire leursdites poursuites à l'encontre desdits curateurs commis ausdits biens vaccans endedans l'an de ladite curation commise, autrement après ledit an ne seroient à ce faire recevables, pourveu toutesfois que lesdits creanciers soient demeurans souz la jurisdiction & banlieue de Tournay, ou que ne soient personnes privilegées de droict.

III. Quand un manant de ladite ville meurt chargé de tant de debtes, que personne ne se veut fonder son heritier, les eschevins commettent curateur ou curateurs ausdits biens comme vaccans, à l'encontre desquels curateurs les creanciers font leurs poursuites, obtiennent condemnation & sont payez desdits biens au marcq la livre, ou autrement comme dessus est dit du debiteur fugitif.

IV. Si par quelque contract l'on veut estre faict seigneur, heritier & proprietaire d'aucun heritage, ou de chose pour telle reputée, seant & gisant ès termes desdites eschevinages, il est necessaire que tel contract, sauf si c'estoit traicté de mariage, soit faict & passé pardevant lesdits eschevins, ou deux d'iceux du moins.

V. Et si vente, eschangement, domination, transport, partage, ou division de quelque heritage, ou de chose reputée pour telle, ou autre contract semblable, se passoit pardevant Tabellions Imperiaux; Auditeurs, Notaires ou autrement que pardevant les eschevins de l'eschevinage, ne s'en acquerroit droict de proprieté, ains en demeuroient les alienateurs seigneurs & proprietaires: mais seulement s'engendroit par tel contract action pour parvenir à tradition la chose alienée ou à interest.

VI. Decret de Juge pour heritage, emporte desheritance seulement, & en vertu de committimus contenu en la fin dudit decret, addressant au premier sergent de faire commandement aux Majeur & eschevins de mettre en possession de l'heritage l'acheteur, lesdits Majeur & eschevins mettent ledit acheteur en la possession dudit heritage, en payant leurs droicts, laquelle mise en possession vaut adheritance.

CHAPITRE VII.

Des Venditions d'heritages necessaires, & alienations volontaires.

I. QUe toutes venditions d'heritages necessaires en la ville & pouvoir d'icelles, seront publiées, & criées par trois Dimenches, de quinzaine en quinzaine entre chacune publication & criées, affigeant à chacune criée billetz contenans cottation d'icelles criées; à sçavoir, premiere, seconde, & tierce, tant aux portaux des Eglises parochiales, comme maison de la ville, & se feront icelles criées au devant desdites Eglises parochiales, lesquelles criées ainsi faites, seront de telle force & vertu, que sans debat, elles purgeront lesdits heritages de toutes obligations & hypotheques faites par main-assise, rapport d'heritaige & autres charges superficielles, non concernans le fons & proprieté d'iceux, de sorte que si ceux ayans droict desdictes hypotheques, obligations, main-assises, rapport d'heritage ou autres dessusdits estoient en deffaut de debattre lesdictes criées, ou les deniers procedans desdictes ventes, durant le temps d'icelles, ou au plustard endans Samedy au soir, après la derniere desdites criées, endedans la cloche de vespre sonnée, au Bellefroit. Tels defaillans de faire lesdicts debats perdent leursdites hypotheques, si avant que touche lesdits heritages venduz, qui demeureront purgez & deschargez desdites hypotheques, sans ce que les ayans droicts d'icelles puissent jamais revenir sur lesdicts heritages ainsi venduz.

II. Mais ès alienations volontaires, les heritages pourront estre purgez en vertu de lettres patentes contenantes clauses d'auctorisation, & par trois edicts & criées comme dessus, signifiant icelles aux creanciers cogneuz, & s'addressera le committimus d'icelles lettres de purge, aux eschevins & autres Juges, pardevant lesquels les ventes desdicts heritages seroient faictes & passées, & les deniers d'iceux heritages venduz, se devront consigner souz le depositaire d'iceux eschevins ou autres Juges, pardevant lesquels icelles ventes seroient passées. Et en chacun cas desdites venditions & alienations, demeureront les actions personnelles saulves aux crediteurs, si aucuns en y a, & les réelles aux mineurs absens.

CHAPITRE VIII.

Des Debats & Oppositions interjectez aux ventes, & autres alienations d'Heritages.

I. QUe nul n'est recevable debattre ventes données ou eschangemens d'heritages, en ladite ville, pouvoir & banlieue d'icelle, s'il n'a droict foncier proprietaire, hypothequaire ou de louage, lequel louage soit recogneu pardevant les eschevins de ladite ville, & tel se pourra opposer, afin que les heritages se vendent, donnent ou eschangent, à la charge de son droict pretendu : mais le crediteur personnel, pour son deu pourra seulement proceder sur les deniers venans d'icelles ventes, ne fust qu'il voulsist debattre ladite vente, & soustenir icelle estre faite en fraude, & en dessouz le juste prix.

II. Et quand aucuns debattent lesdites ventes, donations ou eschangement endedans lesdites criées, oudit cas le changeur ou acheteur doit faire adjourner les debatans pardevant lesdits eschevins, pour dire les causes de leur debat, où eux ouyz, est fait & administré justice.

CHAPITRE IX.

Des Rentes Foncieres, Saisines, Tenures & Retraictes d'Heritages.

I. QUe ceux qui ont rentes foncieres, sur les heritages situez en la jurisdiction, lesdits eschevins peuvent par faute de leur payer trois années ou moins, faire saisir les heritages chargez desdites rentes par justice desdits eschevins en la presence de deux d'iceux, si c'est dedans les vieils murs de ladite justice, ou hors d'iceux vieils murs, par celuy qui a l'estat de ladite Justice, present un sergent dudit eschevinage, lesquelles saisines se doivent signifier par ladite justice, au proprietaire desdits heritages saisis, s'il est resident en ladite ville, & s'il reside hors, au locataire ou occupeur d'iceux.

II. Et en faute de le recouvrer, se doit faire aux voisins prochains desdites maisons saisies, & ce faict se doivent, à la relation de ladite justice, lesdites saisines & significations enregistrer ès registres desdicts eschevins endedans le tiers jour ensuivant, à peine de revocation d'icelles saisines, si faute y avoit.

III. Que lesdits rentiers ne peuvent faire lesdites saisines & poursuites, pour plus de trois années dernieres, de leursdites rentes, à peine de perdre leur saisine & despens : mais toutesfois, si les proprietaires desdits heritages avoient promis au rentier, ou son receveur payer lesdits vieils arrerages, audit cas en vertu de leurs promesses, ils en seroient poursuivables par action personnelle, & non autrement.

IV. Semblablement, si lesdicts rentiers ou leurs receveurs font saisir les heritages chargez de leurs rentes, pour plus de termes des arrerages d'icelles qui n'en seroient deux, ils se pourront restraindre à la somme deue, en payant les despens jusques au jour de ladite restrinction.

V. Que si les proprietaires des heritages chargez de rente, & saisis pour les arrerages d'icelles, veulent empescher la retraicte de leurdit heritage, & contredire ladite saisine, sans prealable fournissement des années, pour lesquelles ladite saisine seroit faite, ils sont par la Coustume tenuz de endedans quinze jours, après icelle saisine, du moins avant iceluy heritage, estre mis en tenure, faire adjourner ledit saisissant, afin de dire les causes de ladite saisine.

VI. Et avant que le pouvoir contraindre aller avant, & oudit cas de l'adjournement avant ulterieure procedure, faut que l'adjournant face apparoir qu'il est heritier de l'heritage saisi si avant que le saisissant le requiert, autrement ne seroit recevable de contredire ladite saisine. Et seroit en ce cas le rentier receu à proceder à la tenure & retraite dudit heritage saisi.

VII. Que après un heritage mis en saisine & tenure, si le saisissant veut contraindre l'occupeur de partir la maison, il doit comparoir avec la justice dudit eschevinage, pardevant les eschevins, & soy fonder en premiere, seconde, tierce & quatriesme plaintes, denotant par icelles que l'heritier ou occupeur dudit heritage le tient & occupe contre sa volonté, lesquelles plaintes se doivent faire, de tiers jours à autre, si bon semble audit saisissant; & à chacune d'icelles, la justice conclud en loix qui luy sont adjugées, sçavoir une grosse ou petite loix à l'arbitrage des Juges.

VIII. Que si lesdits proprietaires après lesdites saisines sont en faute de faire lesdits adjournemens, le rentier saisissant après lesdits quinze jours de sadite saisine passez, se peut faire mettre en la tenure & possession dudit heritage saisi, & s'il est loué, faire les fruicts d'iceluy siens en payement, & jusques à concurrence de ses arrerages, despens & leaux coustemens; & si le proprietaire y demeure, peut le rentier faire plaincte ou clam pardevant lesdits eschevins, narrer ladite saisine & tenure, & à sa requeste sera mis en possession & jouissance de l'heritage, pour sur les fruicts & revenus d'iceluy, estre satisfait de ses arrerages.

IX. Que après un heritier mis en saisine & tenure, si l'heritier se veut opposer à icelles saisine & tenure, n'est recevable à son opposition, n'est en payant prealablement les années contenues en la saisine avec tous despens pour ce engendrez jusques au jour.

X. Que après les saisines & tenures faites des heritages chargez de rentes passées sans adjournement ou contredit de la partie des proprietaires d'iceux, le rentier doit par luy ou son procureur garder trois jours de plaids, appeller les plaids du bourg qui se tiennent trois fois l'an, & continuer trois journées, & le quart d'abondant.

XI. Après lesquels passez, s'il y a contredit ou debat; doit le rentier faire adjourner lesdits contredisans, & debatans pardevant lesdits eschevins à l'ordinaire pour dire les causes de leur debat ou contredit, où les parties ouyes, soit que lesdits debats se facent par autres rentiers ou le proprietaire desdits heritages, leur est faite & administrée justice.

XII. Tellement que si plusieurs rentiers sont debatans, & continuent leur debat jusques à ce que l'ordre de l'antiquité des rentes deues par ledit heritage saisi, soit declaré, est loisible au rentier dernier declaré en ordre à la poursuite du premier declaré audit ordre, requerir estre mis au poinct du saisissant, à la charge de payer les rentes precedens la sienne avec les despens, à quoy faire, doit estre receu : Et en faute d'iceluy, sa rente est declarée estaincte, & peuvent les autres derniers rentiers faire le semblable, tousjours commençant au dernier.

XIII. Pareillement ceux ayans hypotheques sur lesdits heritages saisis, peuvent debatre lesdictes retraictes, & en payant toutes les rentes foncieres, & despens, doivent estre receuz & mis au point du saisissant ou lieu de sondit hypotheque, à la charge de toutes les rentes deues par ledit heritage, & de payer tous arrerages & despens, comme dit est.

XIV. Et si lesdits quatre jours desdits plaids du bourg, gardées par le rentier, n'y a aucun contredit, ledit heritage saisi est adjugé audit rentier, ou lieu de sadite rente, & s'en font lettres en ample forme, contenant les diligences & solennitez dessusdits.

XV. Que après lesdites lettres faites, lesdits eschevins jusques au nombre de quatre, avec leur sergent & ladite justice, se transportent au devant de l'heritage saisi, & retraict comme dit est, & illec après lesdits escrits en deux parties leüz en haut & en public, fait par trois fois haut & cler publier ladicte retraicte, pour sçavoir si en icelle n'y viendra contredit valable.

XVI. Après lesquelles lecture & proclamation, si le proprietaire vient contredire, il y est receu en payant les arrerages deüz par sondit heritage, avec tous despens faits à raison desdites saisines, tenures, procedures & autres choses dessusdits, & non autrement.

XVII. Et si ausdites proclamations, n'y a contredit, ou que ledit proprietaire ou autre rentier contredisant ne paye promptement lesdites rentes & despens; Les eschevins adheritent ledict rentier saisissant ou autre mis au point d'iceluy dudit heritage saisi, & luy en baille la proprieté ou lieu de sadite rente, pour par luy & ses ayans cause en jouir à tousjours, comme de sa propre chose, & bon droit, sans ce que depuis lesdites solennitez gardées, personne soit plus recevable y bailler aucun contredit ou empeschement; sauf que si l'heritage fourgaingné vaut mieux, que ce pourquoy le fourgaingnement se faict la mieux vaille sera rendue au debiteur, & se moins y a, demeurera le crediteur en son entier, pour le recouvrer sur les autres biens du debiteur, si aucuns en a.

CHAPITRE X.

De ceux qui sont tenus pour aagez.

I. PAr ancien usage, quand aucunes jeunes personnes, soient fils ou filles, non mariez, non ayans encores attainct l'aage de majorité requis de droict, se conduisent honnestement, & requierent estre mis hors de tutelle, & estre tenuz pour aagez; en ce cas si les prochains parens desdits mineurs, d'un costé & d'autre, les presentent aux eschevins de ladite ville, leur remonstrant ces choses, & interrogez par lesdits eschevins, afferment que lesdits mineurs sont prudens & sçavans assez pour conduire leurs biens, & qu'il soit plus expedient pour leur profit, les tenir pour aagez que non: lesdits eschevins après que par sommiere information leur est appatu que lesdicts mineurs sont aagez de vingt ans pour le moins, & qu'ils sont suffisans pour gouverner leursdits biens avec l'affirmation desdits parens & amis; pourront mettre iceux mineurs hors de tutelle & curatelle; & leur bailler l'entier gouvernement de leurs biens, tellement que ce faict, lesdits mineurs peuvent faire exercer marchandises, contracts & tous autres actes, comme si actuellement ils estoient majeurs d'aage.

II. Par le mesme usage, les mineurs d'aage contractant mariage, sont *ipso facto*, emancipez, à sçavoir, mis hors du pain de leur pere, de sorte que incontinent leur mariage consumé & parfaict, ils sont tenus pour majeurs & aagez, & par la Coustume peuvent contracter & disposer de leurs biens & marchandises comme faire ils pourroient, s'ils avoient actuellement l'aage de majorité requis de droit, bien entendu toutesfois, qu'ils ne pourront aliener leurs heritages, s'ils n'ont vingt ans complets.

CHAPITRE XI.

Des Fiefs.

I. PAr la Coustume tous fiefs sont indivisibles, & ne se partissent entre les heritiers du deffunct, soit par succession de ligne directe ou collaterale; mais après le trespas de l'heritier, seigneur & proprietaire, le fief succede & eschet au plus prochain & aisné lignager, & en faute de masle à la femelle en pareil degré, sans representation en ligne directe ne collaterale, pourveu que tel plus prochain lignager descende de l'estoc dont procede le fief, autrement non.

II. Car par la Coustume tous fiefs suivent costé & ligne.

III. Et s'il advenoit que le pere ou la mere decedant, delaissast plusieurs enfans masles, & deux ou plusieurs fiefs tenuz du Prevost de la commune, en ce cas n'eschet d'iceux fiefs au fils aisné, fors l'un à son choix, n'estoit qu'il y eust plus de fiefs delaissez que de fils, auquel cas après pareil choix fait par les fils maisnez, l'un après l'autre selon la prerogative de leur aage, ledit fils aisné viendroit arriere choisir au demeurant, & lesdits freres après luy, s'il y avoit encores fief ou fiefs à choisir, & aussi se feroit & observeroit entre filles au cas qu'il n'y eust masle.

IV. Mais au cas que ne fust delaissé que un fils, à luy doivent succeder tous fiefs tenuz dudit seigneur Prevost, sans que ses sœurs, si aucunes en avoit, puissent en aucun succeder.

V. Et s'il advient que les seigneurs de fiefs delaissent filles seulement, icelles se regleront en la succession des fiefs de leur pere & mere, ainsi que dit est des masles.

VI. *Item*, Si le pere ou mere delaissent plusieurs fiefs tenus de divers seigneurs, & plusieurs enfans en tous iceux fiefs, doit succeder le fils ou fille aisnez, sans que en ce cas ladite option ait lieu.

VII. Mais en ligne collaterale, ne se observe ladite option & choix, ains succedent tous fiefs au plus prochain lignager de l'estoc dont ils viennent, les masles tousjours & en tous cas de succession feodale, precedans le sexe feminin en égal degré, & le plus aagé les puisnez.

VIII. En succession de fiefs, representation n'a lieu; mais par le trespas du fieffé y succede le plus prochain masle, posé ores que plusieurs y ait en égal degré, & en faute de masle y herite l'aisnée femelle, comme dit est des masles.

IX. Freres & sœurs puisnez du succedant en fiefs, peuvent à leur frere ou sœur demander droict de quint, qui est la cinquiesme partie, lequel quint se doit esclicher & mettre hors de la totalité, ou en recevoir l'estimation, si bon semble aux quintians, à diviser entre eux egalement en chacun cas, & audit cas d'esclichement, peuvent les quintians tenir leurs parts esclichées du seigneur dont tel fief quintié est tenu & mouvant, ou du mesme fief, duquel ledit quint seroit esclichée.

X. *Item*, Mais par la Coustume, si ledit quint ou aucuns des maisnez decedent ou entrent en religion professe, sans avoir demandé leur part dudit quint, il se estainct au proffit de l'aisné.

XI. Et n'est aucun fief plustost quintiable, que de quarante ans en quarante ans.

XII. Aussi a ledit droict de quint lieu, entre freres & sœurs seulement, sans representations, & n'est deu aucun quint en succession collaterale.

XIII. Que après le trespas de l'aisné, ses freres & sœurs, s'il en y a maisnez, tant qu'ils soient vivans peuvent demander ledit quint, à l'encontre de l'enfant ou heritier dudit aisné, n'estoit que iceluy aisné fust mort, delaissant plusieurs enfans, & que les maisnez d'icelles eussent demandé ledit droit de quint, à l'encontre de leurdit frere aisné, avant que les freres & sœurs maisnez de leur pere ou mere en eussent fait demande.

XIV. Auquel cas, iceux freres & sœurs maisnez, de leur pere ou mere viendroient à tard, & en seroient fourclos par la demande dudit quint juridiquement faite par leurs nepveux & niepces.

XV. Que celuy qui succede en aucun fief, soit par ligne directe ou collaterale, est tenu endedans quarante jours après le trespas d'iceluy auquel il a succedé, offrir au seigneur de relever & droicturer ledit fief, & iceux relief & hommage faire, presens du moins quatre hommes de fiefs, de la commune avec ledit seigneur Prevost, ensemble prester serment de fidelité, s'il est majeur de quatorze ans, & s'il est de moindre aage, se peut differer jusques à l'aage de puberté, sans que les tuteurs soient tenus prester ledit serment pour leurs mineurs, si bon ne leur semble.

XVI. Que le droict ordinaire dudit relief, est de payer audit Prevost de la commune, soixante sols louisiens, vaillables soixante trois sols neuf deniers Flandres, sans toucher aux droits que l'on paye encores à iceluy Prevost, & aux hommes de fiefs, pour avoir esté presens ausdits reliefs, & serment, iceux droits portans cinq sols louisiens, à chacun homme de fief, & le double au Prevost, pareillement au greffier cinq sols louisiens, & au premier sergent à verge, aussi cinq sols louisiens, pour son droict de chambrelage.

XVII. Que après lesdits reliefs faits, & serment de fidelité presté, est enjoinct au relevant de endedans quarante jours lors ensuivans, rapporter audit Prevost par escrit souz son seel le denombrement, & declaration du contenement, & des droits de sondit fief, duquel luy sera baillé par ledit Prevost recepissé aussi souz son seel, moyennant dix sols louisiens tels que dessus.

XVIII. Et si l'heritier ayant succedé en aucun fief estoit en faute, & demeure de endedans lesdits quarante jours offrir & faire le devoir de relief dessusdit, le seigneur peut apposer la main à son fief, & presens hommes de fiefs par plaincte le faire saisir, pour par ledit seigneur en jouir, & faire les fruicts siens, jusques ledit relief fait, & en faute de rapport & denombrement, peut tendre demnation de soixante sols louisiens d'amende, & des despens de Justice, & ainsi de quarante jours en quarante jours, jusques tous devoirs desdits denombrement & rapport faits.

XIX. Toutesfois le seigneur souz ombre de telle jouissance de fiefs que dessus, ne peut prescrire, ne pour la deffaute pretendre droict de commise, mais après presentation à luy faite des devoirs dessusdits, est tenu remettre tel fief ès mains de celuy qui en a le droit, & soy deporter de ulterieure jouissance d'icelle.

XX. Neantmoins si l'heritier ou possesseur d'aucun fief detient ou occupe iceluy fief sans avoir fait ledit devoir de relief, posé ores que ledit Prevost n'ait fait diligence de saisir iceluy fief, neantmoins il aura droict d'en jouir, posseder & faire les fruicts siens autant de temps que le feodal en auroit possedé depuis qu'il auroit esté deffaillant d'avoir fait ledict devoir de relief.

XXI. Que par Coustume, toutes personnes majeurs, soient hommes ou femmes ayans enfans ou non, heritiers & possesseurs de fiefs patrimoniaux, peuvent iceux franchement vendre, donner ou autrement aliener & transporter, sans requerir le consentement dudit Prevost de la commune, n'y d'autre personne quelconque; pourveu que les contracts soient recognuz & passez pardevant lesdits Prevosts & hommes de fief; tellement que œuvre de loy par desheritance respectivement en soit deuement faite.

XXII. De ce excepté la femme liée de mary, laquelle le mariage constant, ne peut faire aucune alienation ou transport de fiefs sans l'exprès accord, & consentement de sondit mary, ce que faire elle peut toutesfois, estant en estat de viduité, voires quand elle auroit enfant : Autrement les ventes, donations ou alienations sont nulles.

XXIII. Que audit cas de alienation ledit Prevost a droit du dixiesme denier, à prendre & avoir sur les deniers en cas de vente, don ou transport, & s'il n'y a deniers, les fiefs seront par lesdits Prevost & hommes de fiefs estimez, pour de l'estimation & prisie avoir le dixiesme denier, de ceux qui en seront adheritez, autrement ne devront d'iceux fiefs jouir, ains le seigneur jusques le fournissement dudit dixiesme.

XXIV. Et au regard des fiefs non patrimoniaux, ains acquis coustant le mariage de deux conjoincts, si le mary en est adherité, il peut librement & sans le gré de sa femme iceux fiefs aliener, mais si la femme en estoit investie & adheritée, elle ne pourroit constant le mariage, faire d'iceux fiefs, alienation sans licence, auctorisation, & exprès consentement de son mary, comme aussi faire ne pourroit le mary, sans le libre consentement de sa femme.

XXV. *Item*, Par Coustume, quand deux conjoincts constant le mariage, acquiere aucun sfiefs, & celuy qui en est adherité, termine vie par trespas son enfant, son heritier plus prochain succede esdits fiefs en totalité, le survivant retenant l'usufruict ou jouissance sa vie durant, & après le trespas d'iceluy survivant à ses heritiers compete action, à l'encontre du successeur desdits fiefs, pour recouvrer la moitié du prix, que iceux auroient esté achetez, ou la moitié de la valeur d'iceux au choix du dernier possesseur.

XXVI. *Item*, Audit cas de alienation des fiefs, le droict du dixiesme se paye ordinairement par le vendeur, ou autre alienant.

XXVII. Mais si le vendeur du fief avoit faict la vente argent franc, l'acheteur seroit tenu payer audit Prevost le dixiesme, & avec ce l'affranchissement des deniers, qui porte le dixiesme du dixiesme. Outre lequel droict de dixiesme, les Prevost & hommes de fiefs, pour avoir esté presens aux desheritances & adheritance, ont droit de prendre quatre deniers de la livre, du prix du fief vendu, à la charge de l'acheteur, outre le salaire ordinaire, pourtant pour chacune acte, cinq sols louisiens, à chacun homme de fief, & au Prevost le double.

XXVIII. Toutesfois par Coustume est permis, aux pere & mere chacun en son regard, de donner au fils aisné, & en deffaute de fils à leur fille aisnée, & non autres de leurs enfans, leurs fiefs, comparant pour ce pardevant lesdits Prevost, & hommes en eux faignans morts, & consentans leurdit fils ou fille relever, &c. droicturer tel fief, lequel devoir faict; l'enfant peut presenter relief, auquel il doit estre admis, en payant pour droict d'iceluy relief, deux fois soixante sols louisiens; & aux Prevost & hommes de fiefs, double salaire seulement.

XXIX. Que en vertu de telles donations, le fils ou fille ayant relevé, si que dit est, deslors-enavant est vray seigneur, proprietaire & possesseur de tel fief, pour d'iceluy pouvoir faire & user ainsi que permis est à tous feodaux.

XXX. *Item*, Quand le vassal vend son fief, le prochain lignager, du costé dont vient ledit fief, le peut demander & reprendre par proximité, depuis la vente, jusques l'an de l'adheritance passé, en rendant à l'acheteur ses principaux deniers, avec tous leaux coustemens pour ce par luy tirez & frayez.

XXXI. Que ledit lignager pour reprendre ledit fief par proximité, est tenu faire plaincte à ceste fin, endedans le temps, à compter comme dessus, pardevant ledit Prevost & les hommes de fiefs, conclure à ce qu'il soit recogneu pour lignager habile à faire laditte reprinse, requerir que sa plainte soit signifiée à l'acheteur, pour à certain jour ensuivant venir recognoistre sadite proximité, & ce faisant doit ledit lignager namptir realement le prix principal de ladite vente avec or & argent pour tous loyaux coustemens, offrant le tout faire valoir.

XXXII. Que si le vassal veut vendre son fief, est tenu comparoir pardevant ledit Prevost, & en passer la vente pardevant luy & ses hommes de fiefs en nombre de quatre pour le moins, autrement n'en seroit l'acheteur, seigneur & proprietaire.

XXXIII. Que en permutation de fief faite à autre heritage ou donation d'iceluy pure & simple, n'y chiet retraict lignager; mais esdits cas l'on peut prendre le serment des permutans ou donnans, sur la legalité desdicts permutations ou donations, à sçavoir, si elles sont faites purement, simplement, sans prix d'argent ou aucune simulation ou fraude.

XXXIV. Que le seigneur d'un fief peut iceluy donner par testament, donation d'entre-vifs, parchon, ou autrement à ses enfans ou enfant maisnez à part de redimer, que l'on appelle mortgaige; en passant ladite donne pardevant ledit Prevost & hommes, ou pardevant tabellions, pour en posseder par le donateur, jusques à ce que le fils ou fille aisnée dudit donateur ayent, ou leurs hoirs, racheté ledict mortgaige, en payant pour iceluy telle somme, au donataire ou à ses hoirs, que ledit donateur y auroit mis pour ladite donation.

XXXV. Que ledit droict de rachat ne se peut prescrire, mais demeure perpetuel à la volonté dudit aisné, ou de ses heritiers à tousjours.

XXXVI. Que les fruicts de tel fief donné à mortgaige, demeurent au profit dudit donataire, ses hoirs ou ayans cause, sans aucun descompt, ne pour raison d'iceux pouvoir diminuer, ou amenrir le prix apposé audit rachat par le donateur.

XXXVII. Que le fief advenu du pere à l'enfant par donation ou autrement, ne remonte par la mort du fils, à sondit pere, mais y herite le prochain lignager collateral dudit fils en faute d'heritier descendant, sauf toutesfois que si le fils avoit acquis ledict fief, & decedast sans enfans legitimes, audit cas ledit fief escherroit à son pere, & ne seroit reputé remonter.

XXXVIII. Par la Coustume, tous vassaux peuvent augmenter leurs fiefs creans, ou nouveaux fieffez, lesquels arriere-fiefs seront tenuz du mesme seigneur, dont le principal fief est mouvant, & autrement, faire le plus grand profit de leurs fiefs, sans le sceu de leurs seigneurs: mais ne leur est permis pouvoir diminuer leursdits fiefs, ou d'iceux distraire quelque profit ou droit quelconque, n'est du gré & consentement du seigneur duquel tel fief seroit tenu.

XXXIX. Quant au service de plaids, le fieffé ne peut en son lieu pardevant le Bailly & hommes de fiefs du seigneur feodal, requerir mettre en son lieu responsible de bonne qualité, pour en son absence vacquer aux affaires de la Justice, que luy-mesme faire pourroit, si present y estoit: car quand à ce tel responsible est reputé homme de fief.

CHAPITRE XII.

Des Crimes & Delicts.

I. PRemiers, par la Coustume & Usage de ladicte ville & cité de Tournay, observez au consistoire desdits Prevosts & Jurez, les hauts-justiciers de tous crimes publiques ou privez; esquels de droit, coustume, edict de Prince ou autre ordonnance ou statut est indicté ou statuée peine de mort, perdition de membre, fustigation, & autre peine corporelle, les procès se font extraordinairement à l'encontre des malfaicteurs apprehendez sur les informations tenues des cas par les procureurs d'icelle ville, ou autres que l'on depute ès cas griefs & d'importance, par interrogatoire, confrontations, tortures, si besoing est, & autres procedures au secret jusques en diffinitive inclusivement, sans en publique proposer accusations, ny de la part du malfaicteur defenses.

II. *Item*, Mais en autres delicts non deservans peine corporelle, les procès se demainent ordinairement par accusation, ou callenge precedente instituée & proposée de vive voix par le Procureur general de ladite ville, defenses de partie accusée, repliques, dupliques & autres consequentes procedures jusques conclusion en cause, n'est que les parties se rapportent aux informations & ordonnances des Prevosts & Jurez, lesquels les procès veuz, ordonnent de la punition, s'elle y chiet, & si est leur sentence prononcée en jugement, & après publiée aux bretesques de ladite ville, lieu accoustumé à faire cris & publications.

III. *Item*, En icelle ville & cité, toutes sentences & condemnations criminelles soient à mort ou autres, se executent prestement, nonobstant appel ou privilege de simple tonsure, proposé après la sentence rendue.

IV. Mais si le prisonnier avant la prononciation de telle sentence ou condemnation venoit alleguer & verifier, ou autre pour luy qu'il est clerc tonsuré, requerant estre rendu au Juge Ecclesiastique, en ce cas il seroit renvoyé ensuivant la requisition, n'estoit qu'il eust commis cas enorme, execrable & vilain, & tel que pour iceluy il ne deust selon droict, jouir du privilege de clericature.

V. *Item*, Quand il est venu à la cognoissance de l'un desdits Prevosts, ou du Procureur general de ladite ville, par le rapport des chirurgiens ou autrement aucun estre navré ou blessé en icelle ville & banlieue, l'un d'iceux Prevosts avec deux Jurez, & le premier greffier ou son clerc, si avant qu'il y ait quelque peril eminent, se transportent incontinent vers le blessé, duquel il prent serment par trois fois,

& s'enquiert de luy qui l'a navré ou blessé, & si ledit blessé ainsi adjuré denomme le facteur, son affirmation fait foy en ce que concerne l'interest de Justice seulement.

VI. Après tel serment presté, les chirurgiens ayans veu les playes ou blessures de tel navré, afferment & declairent le peril ou il est constitué, soit de mort, desfiguration, affolure ou autre debilitation, lesquels serment & declaration sont redigez par escrit, & en vulgaire est appellé conjuration, laquelle se rapporte, & se lit ou college desdits Prevosts & Jurez pour la confirmer, ou ordonner autre visitation estre faite, si l'on doubte de la leauté & experience desdicts chirurgiens, autrement est enregistré ès registres criminels de ladite ville.

VII. Que telle conjuration ainsi faite & confirmée outre ce que l'on y adjouste foy, comme dit est, dessus, est de tel effect que si tel navré ou blessé denomme ou designe celuy qui luy auroit inferé ladite navrure ou blessure mortelle, une ou plusieurs par lesdits chirurgiens tenu en peril de mort, terminast vie par trespas, l'on presume iceluy estre decedé à cause de telles navrures ou blessures, & est le facteur denommé pugny comme homicide, n'estoit que par bonnes & amples probations il feist apparoir le blessé avoir esté du tout sane, ou par autre accident ou maladie survenue estre decedé, ou par loy estre mis hors dudict peril de mort.

VIII. *Item*, Ceux qui ont constitué aucun desdits perils de mort, defiguration, desmembration ou affolure, ne peuvent jouir d'habitation de ladite ville, n'est que le navré ou blessé soit mis par loy hors desdits perils, & que les delinquans ayant contenté leur partie.

IX. Et si ledit navré ou blessé trouve sa partie ès mettes de ladite ville, ou du pouvoir & banlieue d'icelle, il la peut faire constituer prisonnier, & illec la detenir jusques à ce qu'il soit hors desdits perils, & contenté de ses injures, navrures & blessures.

X. *Item*, Si lesdits delinquans ne pouvoient estre prins ne apprehendez par Justice, ils seront adjournez à l'encontre du Procureur de ladite ville, & partie injuriée à quatre briefs jours, à sçavoir de tiers jour en tiers jour, pardevant Prevosts & Jurez, pour à eux respondre sur lesdits cas, les ouyr en leurs deffenses, & proceder comme il appartiendra à fin de pugnition & amende; & s'ils ne viennent ausdits jours, ils seront bannis de ladite ville à tel peril que au cas appartiendra, & ne pourront ravoir ladite ville, s'ils n'ont fait paix à partie.

XI. Mais pour autres injures ou blessures hors desdits perils, les ayans inferé, peuvent jouir de l'habitation d'icelle ville & cité, en payant les amendes après qu'elles sont adjugées demeurant partie blessée en son entier, de pouvoir par action traicter, celuy ou ceux qui auroient fait lesdites navrures ou blessures.

XII. D'abondant si en un debat sont plusieurs personnes conflictans, & que le navré ou blessé conjure comme dit est, n'eschet dénommer celuy qui l'a blessé ou navré, audit cas l'on publie aux bretesques, que celuy qui a fait les navrures ou blessures le vienne declarer à justice, endedans tiers jour, à peine que en faute de ce sera procedé contre tous lesdits conflictans, comme il appartiendra par raison.

XIII. Quant ausdits blessez ou navrez en peril de mort, démembration, affolure ou defiguration, il est accoustumé les faire comparoir pardevant lesdits Prevosts & jurez, en la presence desquels ils sont par les chirurgiens sermentés, visitez, & si avant que les chirurgiens afferment qu'ils leur semblent estre hors desdits perils, ils sont tenuz par loy hors d'iceux perils, & permect l'on entant qu'il touche la ville, que le facteur ou facteurs, jouyssent de l'habitation d'icelle, & si sont quictes, & seurs de non estre tenuz, *de occiso*, si par après tels blessez à mort, terminoient comment que ce fust vie par trespas.

XIV. *Item*, Si aucun desdits blessez, ne veut comparoir pour estre visité, & d'estre tenu hors desdits perils se faire se doit, en ce cas le facteur le fait à ces fins adjourner, à comparoir pardevant lesdits Prevosts & jurez, & quatre deffaux pris en quatre jours plaidoyables contre luy obtenuz sur la relation des chirurgiens est mis hors desdits perils, en sorte que lesdits devoirs faits, les facteurs & complices peuvent jouyr de l'habitation de ladite ville.

XV. Bien entendu, que si aucun navré, desmembré ou blessé estoit jugé, & tenu pour affolé, desmembré ou defiguré, audit cas celuy qui auroit fait ladite blessure, affolure, desmembration ou defiguration ne pourroit jouyr de ladite habitation, s'il ne l'avoit amendé envers le blessé, & le contente de son injure, & interest, en maniere que à la doleance dudit blessé il devra estre constitué prisonnier.

XVI. *Item*, Si a commettre aucun homicide plusieurs sont combatans, aydans, & confortans, & en ce cas le blessé par conjuration ne denomme le facteur, ou prevenu de mort n'a esté conjuré, & qu'il ne puist apparoir qui a inferé le coup mortel, audit cas tant ayans inferé les playes mortelles, que autres ayans aydé, assisté, & conforté audit homicide commettre, chargez par information, sont tous tenuz, & punissables comme homicides de peine de mort, s'ils peuvent estre apprehendez, & s'ils se absentent, est contre eux à cette cause procedé à bannissement criminel, & perpetuel de ladite ville, pouvoir, & banlieue d'icelle, ensemble des bailliages de Tournesis, pays & Comté de Flandres, à peine de mort si tenuz y estoient, & à confiscation de tous leurs biens, au proffit de ladite ville.

XVII. Mais si par conjuration ou par mandement du cas fait par celuy ayant commis l'homicide ou autrement appert du facteur, en ce cas iceluy facteur est seul banny criminellement, & lesdits complices aydans, & confortans mulctés à l'arbitrage des juges.

XVIII. Toutesfois fait à entendre quant par visitation du corps mort, ou conjuration le blessé auroit esté rapporté & tenu en peril de mort, car par la Coustume de ladite ville, si aucun blessé ou navré par conjuration n'est tenu en peril de mort, & neantmoins avant estre du tout sane, termine de vie par trespas, les facteurs ou facteur, lesdits complices aydans, & confortans ne sont reputez homicides: mais seulement punis comme ayans navré ou blessé.

XIX. Quiconques en ladite ville constitue quelqu'un ès dessusdits perils, il est de usage le cacher à son de cloche, combien que aucune n'en soit sonnée, pour lequel il doit à la ville un son de cloche vaillable cinq francs, estimez à huict livres dix sols flandres, sans lequel son de cloche avoir payé ou finé, comme dit est, il ne peut jouyr de l'habitation de ladite ville.

XX. Outre laquelle somme les ayans delinqué en la maniere dicte, sont adjournez à la poursuitte du procureur general de ladite ville, & calengés, & après condemnez, à sçavoir ceux ayans constitué aucuns en peril de mort, en l'amende de douze carolus & trois quars, vaillables vingt-cinq livres dix sols, & les ayans constitué en peril d'affolure, desmembration, ou defiguration, en huict carolus & demy d'or vaillables dix-sept livres Flandres.

XXI. Si toutesfois aucuns desdits adjournez, & calengez compare avant le tiers deffaut contre luy obtenu, & soy presentant se dit estre Clerc tonsuré, alleguant & prouvant par ses lettres de tonsure ou autrement, en soy rapportant, comme Clerc à l'ordonnance desdits Prevost & jurez, audit cas n'est condemné esdites amendes: mais en certains voyages qu'il peut faire en personne, pattant endedans quinze jours après les condemnations, ou iceux racheter à l'ancien taux duquel il peut finer.

XXII. Mais si les constituez esdits perils d'affolure, desfiguration ou desmembration, estoient au rapport des chirurgiens, jugez affolez, desfigurez ou desmembrez, esdits cas les delinquans sont quittes, en payant promptement cinquante sols parisis, seulement vaillables cinq livres six sols trois deniers Flandres pardessus ledict son de cloche, à fin que partie puist mieux estre reparée.

XXIII. Et au regard des navrures ou blessures, que l'on feroit à aucuns en ladite ville à sang courant, concussions, tumefactions, ou autre maniere sans les susdits perils, les ayans inferez sont condemnables en l'amende de deux carolus d'or vaillables quatre livres Flandres, ou en voyages s'ils sont Clercs sans payer son de cloche.

XXIV. Bien entendu que si en commettant lesdites navrures & blessures, y avoit qualité agravant icelle se pourroit purger à l'arbitrage desdits Prevosts & jurez.

XXV. *Item*, Par la Coustume de ladite ville, quiconques par conjuration ou information seroit chargé d'avoir inferé coup mortel, peut en trois cas soy purger, à sçavoir en prenant *Alibi*, que autre que le chargé eust inferé la blessure mortelle, ou monstrant corps deffendant, & à chacune de ces fins se doit rendre le chargé prisonnier ausdits Prevost & jurez, & d'eux obtenir commission de purge, *in forma*.

XXVI. Le semblable se peut practiquer en cas d'affolure de desfiguration, desmembration ou autre simple navrure, blessure ou autres crimes ou delicts.

CHAPITRE XIII.

Des Asseurances & paix de la ville.

I. Quand aucun craint estre injurié ou outragé de son ennemy, soit qu'il y ait eu menaces precedentes ou non, est accoustumé de faire adjourner sommairement pardevant lesdits Prevosts & jurez, personnellement, celuy duquel il a doubte ou crainte, ou aucun de ses parens lignagers ou affins, & pardevant eux, requerir qu'il jure asseurance pour luy & ses parens lignagers, affins, bastards ou legitimes, de non battre, outrager, injurier ou faire desplaisir de fait en quelque maniere que ce soit à sa partie ou aux siens, à peine de mort, bannissement ou autre peine arbitraire, si par le jurant ou autres dessusdits estoit contrevenu en quelque lieu que ce fust, lesquelles asseurances l'adjourné est tenu de prestement accorder, & jurer comme est sa partie reciproquement tenue de faire, en sorte que en cas de reffuz, ils y sont contraincts par detention de leurs personnes en prison fermée à leurs despens, & en ce cas que lesdites asseurances soient accordées, & jurées, icelles se enregistrent au livre & registre de ladite ville, & se publient aux bretesques d'icelle, afin de venir à notice d'un chacun pour soy garder de y contrevenir.

II. Toutesfois si durant le temps desdites asseurances, noise ou debat advenoit, entre les parens affins ou lignagers des parties ayans juré lesdites asseurances de chaude collere pour autre, & toute diverse cause & motif que celle pour laquelle lesdictes asseurances auroient esté prinses sans y presumer dol ou mauvaise couleur, en ce cas ne seroient les delinquans punissables, comme infracteurs desdites asseurances, ains à la discretion desdits Prevosts & jurez.

III. Que plus est, lesdits Prevosts & jurez *ex officio*, peuvent & ont accoustumé mander les manans qu'ils sçavent nourir haine & malveillance les uns aux autres, & à iceux donner la paix de la ville, leur deffendant la voye de fait, sur peine de mort, bannissement ou autre peine arbitraire, laquelle en cas de contravention se doit executer: mais audit cas sont compris seulement les parties, & non autres pourquoy ladite paix se enregistre seulement sans en faire quelque publication.

IV. Et au cas que les parties soient absens, lesdits Prevosts & jurez, quand il y a grand apparence de combat sont accoustumez après icelles parties appellées, prononcer de leur office seur estat, & asseurance entre elles, & tous leurs parens, amis, aliez, aydans, complices, & adherens, bastards & autres, tant d'un costé comme d'autre, leur defendant la voye de fait sur confiscation de corps & de biens.

V. Lesquelles asseurances durent tant du vivant de ceux qui les ont accordées, & jurées que de leurs lignagers vivans au jour qu'elles auroient esté données, & la paix dure les vies de ceux ausquels les defenses auroient esté faites: mais il est en la faculté des parties de les mettre jus, & faire tracher des registres quand bon leur semble, par commun consentement & après ce recogneu & consenti pardevant lesdits Prevosts & jurez, chacun est tenu descharger.

VI. Et est à sçavoir que ladite paix de la ville se baille, & accorde aux parties par l'un des Prevosts seul, & n'a l'effect d'icelle lieu hors des limites de ladite ville, & du pouvoir d'icelle: mais quant ausdites asseurances elles ont lieu par tout.

VII. Lesquels seurs estats, & paix de la ville, en quelsconques manieres qu'ils ayent esté donnez, & accordez se mettent aussi à neant du mutuel consentement des parties principales, comme dit est des asseurances.

CHAPITRE XIV.

De ceux qui sont tenuz pour manans de la ville de Tournay.

I. Par la Coustume de Tournay, toutes personnes venans demeurer, tenans mesnage & residence en ladicte ville, ou pouvoir & banlieue d'icelle, sont reputez & faits manans d'icelle, comme autres anciens inhabitans.

II. En maniere que tels nouveaux manans sont tenuz d'eux mettre en guet, & souz l'une des bannieres des stils de cette ville, faisant le serment à nous comme Comte de Flandres, & seigneur dudit Tournay, & Tournesis tant en la main de l'un des Prevosts que du Doyen de la banniere dudit stil, souz lequel il se voudra mettre, & de la venue se doit faire enregistrement au livre à ce ordonné.

CHAPITRE XV.

Des Auctoritez & Droicts des gens mariez, tant durant leurs mariages que durant leur viduité; & après des enfans de plusieurs licts.

I. DEux conjoincts par mariage, sont par la Coustume communs en tous biens meubles & heritages non feodaux, situez en ladite ville, & ou pouvoir d'icelle par eux possedez, ou à eux appartenans durant leur conjonction, soit que lesdits biens procedent de leur patrimoine ou acquests.

II. Que la femme durant son mariage est en la puissance de son mary, posé qu'elle ait pere vivant, & ne peut contracter, soy obliger, ne comparoir en jugement sans l'auctorité, & consentement de son mary, sauf en matiere d'injures, excez ou delicts, esquels elle seroit sujecte comparoir, & estre en jugement sans le gré de son mary, & si pourra semblablement agir en pareil cas d'injure, sans & contre le gré de sondit mary.

III. Et sauf aussi que si ladite femme estoit marchande publique, & faisoit train de marchandise en la veue, & science de sondit mary, elle pourroit ès cas de sadite marchandise, & non autres, contracter, soy obliger, vendre, acheter & soy faire debitresse vers les vendeurs, & seroit poursuivable & constringnable, au payement desdites debtes, par la vente des biens de sondit mary, & d'elle.

IV. *Item*, Et à ce propos est ordinairement accoustumé, que quand on fait adjourner la femme mariée pour debte par elle deue, ou pour autre cause, l'on fait du mesme train adjourner son mary, si defendre la veut; & ce fait, soit que ledit mary compare ou non, se parfait ladite poursuite contre ladite femme.

V. Que l'homme durant son mariage, ayant enfant (*a*), est & demeure seigneur & maistre de tous biens meubles, & heritages non feodaux situez en ladite ville, & ou pouvoir & banlieue d'icelle, soient patrimoniaux, ou acquis, possedez en commun par luy & sa femme, & d'iceux sans le gré & consentement d'icelle, peut faire user & disposer à son plaisir & volonté, n'estoit que par leur traicté de mariage ou autre contract, y eust lyen ou condition au contraire, auquel cas seroit derogué à ladite Coustume, & se faudroit reigler selon lesdits contracts & conditions couchez en iceux.

VI. Quant à la femme mariée, durant sa conjonction, elle ne peut aliener ne faire aucune disposition des biens communs, ne de partie d'iceux, sans l'exprès accord & consentement de son mary.

VII. Sauf toutesfois que si icelle femme mariée, n'avoit enfant d'iceluy son mary, en ce cas elle pourroit par testament ou codicille faire disposition vaillable de sa part, des biens communs ou de portion d'icelle, sans que pour ce le gré accord & consentement de sondit mary, fust ou soit requis intervenir.

VIII. Que deux conjoints par mariage ne peuvent par don d'entre vifs testament, ou autrement, aucunement advançer l'un l'autre, de leurs biens communs, n'estoit par donation mutuelle, appellée ravestissement, laquelle a seulement lieu, entre conjoincts non ayans enfant.

IX. Que pour proceder deuement par deux conjoincts, à faire ledit ravestissement, faut par la Coustume qu'ils comparent ensemble, pardevant les Majeur & Eschevins de ladite ville, tenans leurs plains plaids generaux, appellez les plaids du bourg, qui se tiennent trois fois par chacun an, ou publiquement ils peuvent ravestir l'un l'autre, & par ledit ravestissement donner au survivant d'eux deux, tous leurs meubles pour luy & ses hoirs, & la possession de leurs heritages non feodaux, situez en leur Eschevinage sa vie durant, à la charge de payer leurs debtes, pour après le trespas du dernier vivant d'iceux conjoincts, iceux heritages retourner où ils doivent aller par loy, à sçavoir la moitié aux hoirs du premier decedé, & l'autre moitié aux hoirs du dernier trespassé.

X. En faisant lesdits ravestissemens, ou dons mutuels par deux conjoincts, ils se privent de pouvoir disposer de leurs biens sans le consentement l'un de l'autre, n'estoit que la disposition se fist de ou sur la part du disposant, pour prendre après le trespas du dernier vivant desdits ravestissemens.

XI. Et ne se peuvent lesdits ravestissemens revoquer sans le mutuel consentement desdits ravestissans.

XII. Que chacun desdits ravestissans est accoustumé reserver à soy quelque somme, pour en disposer par testament, laquelle si n'en est disposé, demeure au dernier vivant d'iceux.

XIII. Et afin de monstrer publiquement par lesdicts ravestissans qu'ils font lesdicts ravestissemens de leurs franches & libres volontez, & sans aucune constrainte, sont iceux ravestissans accoustumez de après lesdits ravestissemens faits & passez, baiser publiquement l'un l'autre en presence desdits Eschevins, & autres personnes illec estans.

XIV. Quand de deux conjoincts par mariage, l'un va de vie à trespas devant l'autre, delaissant un ou plusieurs enfans dudit mariage, le survivant demeurera seigneur & proprietaire de tous les meubles de la maison mortuaire, quels qu'ils soient, ou nombre desquels sont comprinses rentes viageres & heritables rachetables par leur constitution, & en pourra disposer à son plaisir, ensemble de la moitié par indivis de tous les immeubles & heritages non feodaux, & l'autre moitié aussi par indivis se devoluera en proprieté sur lesdits enfans, retenant neantmoins par le survivant l'usufruict en icelle moitié desdits enfans, moyennant lesquels meubles & usufruict il sera tenu payer toutes les debtes, de nourrir, eslever & entretenir lesdits enfans selon leur estat & vocation sans diminution de leur partage.

XV. De laquelle sa moitié des immeubles & heritages susdits par indivis, ledit survivant pourra disposer à sa volonté & aussi charger de rentes, sans toutesfois pouvoir charger ou diminuer la moitié desdits enfans en quelque maniere que ce soit.

XVI. Et ne sera tenu ledit survivant s'il ne veut, faire autre partage à sesdits enfans si longuement qu'il ne se remarie, n'est que pour aucune cause il trouvist estre besoing de vendre quelque piece desdits biens communs, auquel cas il le pourra remonstrer à ceux de la loy, lesquels lors feront entre ledit survivant, & ses enfans partage de tous lesdits biens immeubles & heritages, assignant ausdits enfans par bonne specification leur part & portion, & au survivant la sienne, pour par ledit survivant pouvoir charger ou aliener ce que sera trouvé en son partage tant seulement.

---

a CHAP. XV. ART. 5. *Ayant enfant.* L'usage a decidé, qu'encore qu'il n'y ait point d'enfans du mariage, le mary peut disposer des meubles selon son plaisir & volonté, mais je vois que l'on est partagé sur la question de sçavoir s'il aura la même puissance sur les autres biens de la communauté. *Pollet, part. 2. chap. 52.* C. B. R.

XVII.

XVII. Mais en cas de second ou ulterieur mariage dudit survivant ayans enfans, il sera tenu faire partage par la loy à iceux ses enfans, tant des meubles & biens pour tels reputez que immeubles, & heritages dessusdits, leur assignant la vraye moitié d'iceux immeubles & heritages, par bonne specification, & l'estimation de la moitié des meubles, ou pour tels reputez, les debtes prealablement deduites, laquelle moitié toutesfois ledit survivant pourra retenir vers luy, en baillant caution suffisante de la rendre quand il plaira à la loy tenant, aussi son usufruict en ladite moitié desdits immeubles & heritages desdits enfans, le tout à la charge de nourrir, eslever & entretenir sesdits enfans selon leur estat, sans diminution dudit partage comme dessus.

XVIII. Et si le survivant, soit homme ou femme second, ou autrefois remarié, avoit enfans ou enfans de ses second, tiers ou autres remariage; en ce cas il crée nouveaux heritiers en la moitié des biens & heritages à luy appartenans en proprieté, tellement que incontinent son trespas advenu, lesdits premiers enfans prendront leur moitié desdits heritages, ensemble leur moitié des meubles & biens pour tels reputez, ou l'estimation d'iceux selon le partage que dessus, comme heritiers de leur pere ou mere trespassé, & l'autre moitié desdits biens immeubles, nonobstant le contenu ou premier article de ce chapitre, se partira entre tous les enfans legitimes de ladite personne remariée, procedans des premieres, secondes ou autres nopces, autant à l'un comme à l'autre, pour en jouir prestement au regard des portions hereditaires devolues aux enfans des precedens mariages; mais au regard de la portion des enfans procreez au dernier mariage, le survivant retiendra son usufruict, comme dessus est dit.

XIX. Et quant aux meubles, ou pour tels reputez, la juste moitié en appartiendra au survivant, & l'autre se partira egalement entre tous les enfans du predecedé, à la charge par iceux enfans pour la moitié, & celuy desdits remariez survivant pour l'autre moitié, payer & fournir ausdits enfans des nopces precedentes respectivement leur partage des meubles ou de l'estimation d'iceux, si avant qu'il soit encores à payer ou fournir, & à la charge aussi de payer par ledit survivant la moitié, & par lesdits enfans de toutes nopces l'autre moitié de toutes debtes, tant realisées par main assise ou rapport d'heritages, comme autres quelconques de la maison mortuaire.

XX. Mais si les enfans legitimes du mariage precedent, de la personne seconde ou autrefois remariée, ne se vouloient fonder heritiers de leurs pere ou mere, ains se contentassent de leurs parts des immeubles & heritages susdits leur appartenans par le trespas de leur pere ou mere premiers decedez, & de leur part des meubles ou pour tels reputez ou cas que partage, par estimation ou autrement leur en ait esté ou deu estre fait, tels enfans ne seront tenus aux debtes deues par leurdict pere ou mere; mais auront leursdits heritages, & audit cas leur appert des meubles estimez, ou autrement à eux assignez franchement & librement, sans charge d'aucunes debtes, sauf & reservé que si leurdit pere ou mere devoit aucunes debtes créées durant son precedent mariage pour seureté desquelles lesdits heritages fussent hypothequez par main assise ou rapport d'heritage fait constant ledit precedent mariage, en ce cas si leurdit pere ou mere chargé desdites debtes, n'avoit dequoy fournir icelles, lesdicts premiers enfans en demeureroient chargez; & pourroient les creancier desdites debtes hypothequées par main assise ou rapport d'heritage, eux retirer par execution sur lesdits heritages obligez, ou sur lesdits enfans de mariage ou mariages precedens comme possesseurs d'iceux, sauf à iceux enfans leur recours contre lesdits autres enfans de leurdit pere ou mere decedé, ou autres apprehendans les biens d'iceluy leur pere ou mere dernier decedé.

XXI. Si l'homme ou femme ayant enfans, acquiert aucuns heritages non feodaux durant leur viduité ou second mariage, ou que durant ce temps leur en eschéent aucuns, ou à l'un d'eux, ils sont & demeurent seigneurs d'iceux, & se font communs entre les conjoincts remariez.

XXII. Et ainsi au regard des heritages acquis ou escheuz constant autre viduité ou remariage.

XXIII. L'homme ou femme mariez ayant enfant, ou l'un d'iceux, après le trespas de sa partie, peuvent des biens à eux appartenans, & desquels ils sont seigneurs & proprietaires, selon ce que dit est cidessus, disposer, soit ensemble, ou chacun à part entre leurs enfans, soit par partage, testament ou autrement, & leur donner ou assigner à l'un plus, à l'autre moins, ainsi que bon leur semble, sans ce qu'ils soient tenuz ou contraincts les faire égaux en leurs biens, de sorte que lesdits enfans moins avancez ne seront recevables y contredire ou donner empeschement, n'estoit que par icelles données ou dispositions ils fussent du tout privez, preterits ou exheredez sans cause, ou que leur fust moins laissé que leur portion legitime deue de droit de nature ne porte, auquel cas ils se pourroient redresser, & eux ayder du remede de droict.

CHAPITRE XVI.

Des Douaires.

I. LES traictez de mariage se peuvent mettre telles devises & conditions, & tels liens de retour & libertez, soit au profit du premier ou dernier vivant ou mourant des marians, ou autrement ainsi que bon semble aux contrahans.

II. Donations de mariage faites d'aucuns heritages non feodaux à l'homme ou à la femme en traictant iceluy adheritent le donataire ou contrahant, sans qu'il leur soit besoing eux faire adheriter autrement d'iceux heritages donnez.

III. Par lesdits traictez de mariage, l'on peut accorder douaire conventionnel à la femme, soit que elle ait enfans ou non, tel qu'il plaist aux contrahans, combien que communement & ordinairement douaire n'est accordé à la femme, en cas que elle ait enfant du mariage pour lequel se fait le traicté.

IV. Le douaire conventionel accordé à la femme est si privilegé, qu'il est preferé sur les biens de son mary (*a*), à toutes obligations faites par le mary, soit devant ou après leur mariage, non ayant hypotheque expresse, par rapport d'heritage ou main assise, ou autres créées depuis leurdit mariage, ne fust que ladite femme eust espousé marchand, laquelle se reiglera selon les ordonnances de par nous faites, en l'an quinze cens quarante, en datte du quatriesme d'Octobre.

a CHAP. XVI. ART. 4. *qu'il est preferé sur les biens de son mary.* Le douaire conventionnel n'est cependant pas preferé à ce qui est deu aux Apotiquaires & aux Medecins pour la derniere maladie du mary. Arrest du Parlement de Flandres, du 14. Aoust 1694. *Pollet, part. 2. chap. 37.* C. B. R.

V. Nonobstant le douaire conventionnel accordé à la femme par son traicté de mariage, il est loisible à icelle, si bon luy semble, de après le trespas de son mary, renoncer à iceluy son douaire conventionnel, & choisir le douaire coustumier consistant en la moitié de tous les biens, meubles & heritages non feodaux situez en ladite ville, pouvoir & banlieue d'icelle à eux appartenans, & par eux possessez en commun, à la charge de payer la moitié de leurs debtes.

VI. Davantage à ladite femme avec ce que dessus pour droict de son douaire coustumier appartient la jouissance sa vie durant de la moitié des fiefs appartenans à sondict mary, soient patrimoniaux ou par luy acquis, desquels ledit mary seroit mort heritier.

VII. Si ladite femme veufve se veut tenir à son douaire conventionnel elle doit tost après le decès de son mary se faire mettre de fait par justice ès biens demeurez d'iceluy, les faire saisir, inventorier & parties y ayans interest appellées, se faire tenir & decreter de droict en iceux biens pour y avoir le fournissement de son amendement avec ses rapportemens conventionnels : sans de son auctorité privée, soy pouvoir immiscer esdits biens à peine de perdre sondit amendement du mariage.

VIII. Bien entendu toutesfois que icelle veufve après lesdits biens inventoriez, en vertu de sadite mise de fait peut demeurer en la maison mortuaire, jusques à ce que iceux biens soient venduz ou qu'elle soit fournie ou asseurée de sesdits portemens & douaire.

IX. Que une veufve ne peut jouyr de deux douaires, à sçavoir conventionnel & du coustumier par ensemble, ains en apprehendant l'un, elle se prive de l'autre.

CHAPITRE XVII.

Des Hypotheques.

I. NUlles obligations où qu'elles soient passées, n'engendrent hypoteque expresse sur les biens de l'obligé : mais faut pour créer ladite hypotheque, passer lesdites obligations par rapport d'heritage, ou que pour seureté d'icelles notre main soit assise sur les biens & heritages dudict obligé (a).

II. Les rentes à rachat realisées par main assise, ou par rapport d'heritage sont reputées pour meubles.

CHAPITRE XVIII.

Des Heritages & de leurs franchises, & libertez d'iceux.

I. TOus heritages non feodaux estans en ladite ville, & ou pouvoir & banlieue d'icelle sont de leur nature libres & francs de toutes servitudes rentes & autres charges, & pour tels sont reputez jusques à ce qu'il appere du contraire.

II. Toutes murailles faisans separation de deux maisons ou heritages qui n'ont retaux d'un costé ne d'autre ou qui en ont de chacun costé, & aussi celles qui ont beddes de chacun costé faites avec lesdites murailles, non passant le milieu d'icelles, sont par la Coustume tenuz & reputez pour moicturiers.

III. Quand esdites murailles y a retaux de l'un des costez seulement, elles appartiennent à celuy du lès duquel n'est ledit retaux, & n'y à celuy au lès duquel est iceluy seul retaux aucun droict.

IV. Quand en un mur sont entées cheminées ou autres buses construictes avec ledit mur de l'un des costez seulement : tel mur est tenu & reputé appartenir à celuy du lès & du costé duquel lesdites buses & cheminées sont entées & edifiées. Et si en iceluy mur y avoit buses ou cheminées construictes, comme dit est de chacun costé d'iceluy mur, tel mur seroit tenu & reputé moicturier, n'estoit que esdits cas par autres plus evidens enseignemens, ou par lettriaiges il apparust du contraire.

V. Par la coustume n'est loisible à personne faire edifier retraits ou fossez d'averesses à trois pieds près l'heritage de son voisin, à peine de les faire remplir ou tellement reparer qu'elles ne portent dommage, ne aucun interest audit voisin, ny à son heritage.

VI. Quand en un mur appartenant à l'un des heritages ny a, ou sont de l'autre costé assis corbeaux à l'endroit des planchers d'iceluy, ce signifie que celuy auquel appartient l'heritage tenant ledit mur du lès desdits corbeaux, a seulement droict de herbergue audit mur, & peut sur lesdits corbeaux asseoir planchers murailles ou autres edifices, sans toutesfois les enter dedans ledit mur.

VII. Moyennant ledit droit de herbergue, celuy auquel iceluy droict appartient, est sujet recevoir les eaues de sondit voisin auquel appartient ledit mur, si son heritage est à ce apte & disposé.

VIII. Tous edifices, maisons, granges & autres choses adherentes, au fons tenant à fer, chevilles ou ciment, ensemble tous arbres croissans sur aucun heritage, sont tenuz & reputez pour partie dudit heritage.

a CHAP. XVII. ART. I. *dudict obligé*. Les cas où l'hypotheque tacite a lieu comme celle des mineurs sur les biens de leurs tuteurs, des ouvriers pour les maisons qu'ils ont basties ou reparées, n'est point reputé abrogé ou exclus par cette disposition de coutume, qui ne doit, ainsi que toutes les autres coutumes des Pays-Bas, lesquelles ont semblable disposition, regarder que l'hypotheque conventionnelle. Il a esté ainsi jugé par Arrest du Parlement de Flandres le 12. Mars 1695. le 18. Juillet 1696. & le 27. Octobre 1707. pour l'hypotheque tacite des mineurs sur les biens de leurs tuteurs. Et par Arrest du 21. May 1706. pour l'hypotheque tacite des ouvriers qui ont esté employez à bastir ou rétablir une maison. *Pollet, partie 2. chapitre 59.* C. B. R.

CHAPITRE XIX.

Des Heritages partables ou non.

I. QUand plusieurs personnes mineurs ou autres sont ensemble seigneurs d'aucune maison ou autre heritage, & l'un d'iceux non voulant posseſſer d'iceluy par indivis en veut avoir sa part, il peut faire adjourner ses coheritiers en iceluy heritage pardevant les Eschevins de ladite ville, souz lesquels ledit heritage est assis, & à l'encontre d'eux conclure à division dudit heritage si faire se peut, & s'il n'est partable à ce qu'il soit vendu tout en un corps, pour ès deniers qui en procederont avoir sa part & cotte.

II. Lesquels Eschevins après lesdits coheritiers adjournez, & iceux sommairement ouys sur ladite querimonie, ordonnent aux Maires sermentez, commis aux heritages sur un billet d'envoy expedié par leur greffier, aller faire visitation d'iceluy heritage dont est question, & en faire rapport auſdits Eschevins, pour après ledit rapport par eux veu, en estre ordonné comme de raison.

III. Que ledit rapport fait & estant trouvé par iceluy; que ledit heritage est impartable, lesdits Eschevins les font vendre tout en corps par haulche & renchiere de paulmées aux despens communs, & ladite vente faite, se partiſſent les deniers en procedans à chacun des coheritiers d'iceluy heritage sa cotte & portion telle qu'il avoit audit heritage.

CHAPITRE XX.

Des Contracts d'emption & vendition, & d'eschangement.

I. QUand aucunes personnes vendent ou achetent, en ladite ville ou pouvoir d'icelle, maisons, heritages, marchandises grains, ou autres biens ou denrées, le vendeur n'est par la Coustume tenu livrer son marché s'il ne veut: mais en declarant qu'il ne veut livrer, est quitte en payant à sa partie achetereſſe tels interests que par accord ensemble, ou ordonnance de justice eux oys se treuve apppartenir.

II. Après un contract de vente ou eschangement fait ou conclu entre aucuns personnages de leur heritage ou autre bien, celuy qui veut livrer le marché avant que pouvoir intenter poursuitte pour raison d'iceluy, est par la Coustume tenu de endedans le jour mis & accordé entre eux, pour le fourniſſement dudit marché mettre en main de justice par nombre, poix ou mesure, la chose par luy vendue ou eschangée se faire se peut, ou sinon comme ou cas que ce fust heritage ou chose non consignable, offrir la livrer promptement, & s'il estoit acheté à pris d'argent, faut que en dedans ledit jour il consigne les deniers que auroit porté ledit marché, si ayant que ledict pris seroit à payer promptement & le faire signifier à sa partie auſſi en dedans iceluy jour, autrement ledit jour paſſé sans avoir fait lesdits devoirs, ladicte partie deffaillant, ne seroit recevable d'en faire poursuite, ne pouvoir demander aucuns interests par faute du fourniſſement dudict marché.

III. Quand aucun manant ou autre fait achat de quelque marchandise soit de grains ou d'autres choses partables & divisibles pour revendre, tous bourgeois presens en faisant ledit marché y peuvent prendre part si bon leur semble, & faut que l'acheteur leur communique leur marché en payant leur cotte & part d'iceluy.

IV. Et s'il advenoit que un manant achetast en jour de marché quelque notable quantité de grains ou autre denrée, & que en icelle autres manans voulſiſſent avoir part, l'acheteur aura les deux premieres rasieres, & ainsi consequemment jusques à ce que chacun desdits manans requerans soit pourveu ou cas que tant en y ait: & si plus en y avoit, l'acheteur recommanceroit comme deſſus est dit.

CHAPITRE XXI.

Des Louages.

I. TOus louages de maisons ou autres heritages situez en ladite ville & banlieue d'icelle faits & paſſez pardevant Eschevins tiennent, & vaillent tellement que durant iceux il n'est en la puiſſance du seigneur desdites maisons & heritages louez, soit par vente ou autre contract, faire partir ou vuider les louagers de leur louage, s'il ne leur plaist.

II. Si ledit proprietaire d'aucune maison ou heritage loué pardevant lesdits Eschevins vendoit iceluy, sans charge dudit louage, le louager est tenu par la Coustume, debattre ladite vente faite sans la charge de sondit louage durant les criées, autrement & en faute de faire ledit debat, il est privé de sondit louage par lesdites criées non debatues, & faut qu'il se departe d'iceluy son louage, si avant que ce luy soit signifié six sepmaines auparavant la sainct Jehan, ou le Noel ensuivant ladite signification, sans en pouvoir aucune chose demander à l'acheteur dudit heritage: mais auroit seulement action d'interest à l'encontre de sondit locateur, vendeur dudit heritage.

III. Mais si le locataire ou conducteur, debat durant les criées, la vente de l'heritage à luy loué pardevant Eschevins, vendu sans la charge de sondit louage, ondict cas se met ladite vente au neant.

IV. Si un heritage loué simplement par les parties, ou pardevant notaire, tesmoings ou autrement sans avoir esté paſſé & recogneu pardevant Eschevins, se vendoit pardevant lesdits Eschevins, le seigneur & proprietaire peut vendre ledit heritage sans la charge dudit louage, & n'est en ce cas le louager recevable à debattre ladite vente.

V. Mais si l'acheteur veut, seroit le louager tenu partir d'iceluy heritage au premier terme de sainct Jehan ou Noel ensuivant la vente, pourveu que on luy eust signifié six sepmaines devant ledit terme, en payant seulement action de interest à l'encontre du seigneur dudit heritage qui luy auroit loué: mais si ladite maison estoit louée par années, ne seroit tenu partir au bout du premier terme, ains demeureroit en icelle le parfaict de l'année.

VI. Que si durant ledit louage d'une maison non recogneu, ne passé pardevant Eschevins, le seigneur d'icelle y vouloir aller demeurer, ou le louager en une autre maison faire le peut durant ledit louage, & nonobstant iceluy en le signifiant par le seigneur ou conducteur respectivement six sepmaines avant le terme à escheoir, sauf au louager & seigneur telle action d'interest, que à l'encontre de sa partie causant la rumpture dudit louage, il peut avoir & intenter (*a*).

VII. Quand le louage d'un heritage fait pour un an ou plus, est finy, le louager s'il luy plaist, peut vuider dudit heritage loué, incontinent son louage finy sans estre tenu le signifier au seigneur dudit heritage.

VIII. Semblablement peut iceluy seigneur louer sondit heritage à autre pour y entrer incontinent ledit louage finy sans en advertir le premier louager si bon ne luy semble.

IX. Le louager tenant aucun louage ne peut bailler iceluy en arrierre louage, sans le congé du seigneur dudit heritage, ainçois nonobstant l'arriere leuwier, ledit seigneur peut prendre son heritage en sa main pour en faire son profit comme bon luy semble.

X. Tous louages & bails de cens de maisons & heritages, sont executoires en dedans la quinzaine après le terme d'iceluy escheu, aux despens du louager debiteur, à cause de sa faute de payer.

XI. Mais lesdits louages après lesdits quinze jours passés depuis lesdits termes escheus, ne sont plus executoires, ains gisent en simple action personnelle, n'estoit qu'ils fussent passez & recogneuz, & les parties obligées pardevant Eschevins, Tabellions ou Prevosts & Jurez, auquel cas en vertu desdites obligations, les seigneurs pourront pour leursdits louages escheuz, faire executer leurs debiteurs quand bon leur semble.

XII. Les seigneurs de quelque heritage loué, se peuvent faire asseurer de leursdits louages à leurs despens toutes & quantesfois que bon leur semble, en faisant faire mettre la main de justice sur les biens estans en & sur lesdits heritages louez pour la seureté & conservation de leursdits louages.

XIII. Et si après ladite seureté & main-mise par justice sur les biens dudit louager l'on faisoit aucun transport d'iceux, lesdits Eschevins pour conservation de leur justice peuvent & doivent aller requerir lesdits biens, si recouvrer on les peut, & contraindre le louager ou ceux ès mains desquels sont lesdits biens, de rapporter iceux & en restablir la main de justice, & pour l'infraction d'icelle faicte par lesdits transports, sont lesdits transportans punissables ès loix à ce pertinentes à la discretion desdits Eschevins.

XIV. Aussi le louager ou censier d'aucunes terres ne peut vendre les despouilles estans & croissans sur icelles en verd, ne autrement sans la charge de la cense ou louage deu à raison desdites terres.

XV. Tous biens apportez & estans trouvez en une maison louée appartenans au louager sont affectez au louage d'icelle.

CHAPITRE XXII.

Des Prescriptions.

I. Par quelque laps de temps que ce soit ores fust-il immemorial, personne aucune ne peut ensaisiner l'heritage d'autruy, ne sur iceluy acquerre droit de servitude, & ne luy donne sa possession aucun droit sur iceluy, s'il n'est fondé de juste tiltre, dont il est tenu faire apparoir deuement par lettres passées pardevant lesdits Eschevins, ou autrement suffisamment.

II. Quiconque a jouy & possedé à tiltres, ou sans tiltre de rentes fonsieres l'espace de trente ans continuels paisiblement ne pourra après ledit temps expiré, estre inquieté en la jouyssance & perception d'icelles rentes, mais pour icelles rentes ne pourront estre demandez arrerages que de trois ans & au dessous.

CHAPITRE XXIII.

Des Testamens.

I. Qu'un testateur faisant son testament n'est tenu garder les solemnitez requises de droit, mais suffit qu'il appere de sa volonté derniere, par escriture signée de sa main, & recogneue pardevant deux tesmoins, ou que le testament soit passé pardevant deux de la loy, ou pardevant Notaire ou autre personne publique, & deux tesmoins.

II. Que toutes personnes libres & de franche condition non ayans enfans legitimes peuvent par testament ou autrement faire & disposer de leurs biens, tant meubles qu'heritages non feodaux à leur plaisir & volonté, & les donner, legater, ou autrement disposer d'iceux en tout ou en partie à telles personnes qui leur plaist, & ausdits dons, ou legats, apposer telles charges & tels liens & conditions que bon leur semble.

III. Que la personne faisant son testament n'est en icelle tenu user d'institution d'hoir ne mesmes faire disposition du restat de ses biens s'il ne luy plaist, mais peut legater & donner telle portion ou partie de ses biens que bon luy semble, en soy taisant du surplus d'iceux, & nonobstant ladicte obmission vallent lesdits testamens aussi bien que si en iceux y avoit institution d'hoir, & audit cas eschet & vient ledit restat de ses biens après sondit testament accomply à ses plus prochains heritiers, *ab intestat*, soit qu'ils soyent legataires ou non, tellement que ladite taciturnité vaut institution pour lesdits prochains parens.

IV. Et par ainsi une mesme personne peut estre aumosnier & parchonnier, legataire & heritier.

V. Qu'incontinent le trespas advenu d'un manant de ladite ville, non delaissant sa vefve & enfans ou delaissant enfans mineurs sans mere ou autres heritiers, lesdits Eschevins font par un leur sergent seeller les biens & coffres estans en la maison mortuaire, & demeurent lesdits biens sous leurs mains pour la conservation du droit de celuy ou ceux qui y peuvent avoir interest, jusques à ce qu'il soit apparu ausdits Eschevins, ledit defunct avoir faict testament ou que ses enfans, ou heritiers soyent tous majeurs

a CHAP. XXI. ART. 6. *& intenter.* Jugé que cet article ne devoit estre entendu que des maisons, & non des baux à ferme des heritages de la campagne. Arrest du 13. Aoust 1699. *Pollet, part. 2. ch. 60.* C. B. R.

d'aage, esquels cas se leve ladite main-mise desdits biens au profit des executeurs, enfans ou heritiers si aucuns en y a.

VI. Que tous testamens codicilles ou autres ordonnances de derniere volonté se doivent apporter & presenter ausdits Eschevins, en dedans le premier jour de leurs requestes ensuivant le trespas du testateur, en quoy faisant l'on paye seulement au greffier desdits Eschevins pour la lecture & approbation dudict testament la somme de quatre sols six deniers Flandres, mais si l'on estoit en faute d'apporter ledit testament en dedans ledit premier jour desdites requestes, audit cas lesdits Mayeur & Eschevins ont accoustumé prendre & avoir sallaire pour leurs journées & vacations de l'audition & approbation desdits testamens, lesquels ils sont accoustumés taxer selon leur discretion.

VII. Que lesdits Eschevins après avoir receu lesdits testamens codicilles ou autres ordonnances de derniere volonté, & ouy la lecture d'iceux sur la verification de leur teneur font examiner par serment les Notaires ou tesmoins ayans esté presens quand lesdits testamens furent faits & passez.

VIII. Lesquels devoirs faits, & l'affirmation desdits Notaires ou tesmoins ensuyvie, ils sont accoustumez tenir iceux testamens pour approuvez, ensemble recevoir les executeurs y denommez à serment de les mettre à execution deue, & d'icelle rendre compte pardevant eux, en dedans l'an de l'approbation, ou plustost se faire se peut.

IX. Que si esdits testamens n'y avoit aucuns executeurs denommez, ou le cas advenant que les executeurs denommez ou aucuns d'iceux, fussent decedez de ce monde, audit cas lesdits Eschevins commettent de leur office autres executeurs au lieu desdits decedez ou obmis y denommer par le deffunct testateur, ausquels ils font faire serment d'executer lesdits testamens, & en rendre compte com... dit est dessus.

X. Que si aucuns se veulent opposer ausdits testamens codicilles ou autres ordonnances de derniere volonté, faire le peuvent pardevant lesdits Eschevins, en dedans l'an du jour de la presentation d'iceux, à eux faite & non après, auquel cas d'oppositions lesdits Eschevins ne different approuver lesdits testamens codicilles, dispositions & ordonnances, mais en l'acte d'icelle approbation se met clause de non prejudicier à ladite opposition, & se differe l'execution d'iceux testamens, codicilles & autres ordonnances, quant aux clauses venans en debat par ladite opposition, jusques à ce que sur icelle en soit autrement ordonné.

XI. Que tous testamens, codicilles ou autres ordonnances de derniere volonté, soient nuncupatifs ou autres approuvez pardevant lesdits Eschevins des eschevinages, ou les heritages donnez ou legatez sont gisans & non autres, ont vertu d'adheritance au profit des donataires, legataires & heritiers denommez en iceux, tellement que ceux ausquels sont par lesdits testamens, codicilles & autres ordonnances de derniere volonté, donnez ou legatez aucuns heritages non feodaux, situez en ladite ville, pouvoir & banlieue d'icelle, subjects & justiciables ausdits eschevinages, sont tenus & reputez pour heritiers desdits heritages ainsi à eux donnez ou legatez par lesdits testamens, codicilles & autres ordonnances de derniere volonté, & d'iceux sans autre solemnité faire, peuvent jouyr, posseder & disposer à leur discretion, n'estoit que par les données d'iceux heritages y eust lien ou condition contraire.

CHAPITRE XXIV.

Des Bastars.

I. Que les bastars peuvent par la coustume disposer de leurs biens soit par testament ou autrement, comme bon leur semble.

II. Que si le bastard non ayant enfans legitimes decede intestat, les biens d'iceluy eschéent à la ville, & demeurent au proffit d'icelle, en payant ses debtes.

III. Que le bastard n'herite à son pere ny à sa mere, ny au contraire le pere ou la mere à son enfant bastard.

CHAPITRE XXV.

Des Successions.

I. Par la coustume le mort saisist le vif ou plus prochain heritier habille à luy succeder, *ab intestat*, sans autre apprehention.

II. Representation a lieu en ligne directe, excepté ès fiefs, mais non point en ligne collaterale.

III. Que les enfans ou autres heritiers d'un deffunct ayant apprehendé les biens non feodaux, diceluy, situez en ladite ville ou pouvoir & banlieue d'icelle, ne sont tenus faire aucun relief à raison d'iceux heritages vers les seigneurs ou justices dont ils sont tenus, mais les prennent de plain droit sans ladite charge de relief ne autre que de payer les rentes & charges deues par lesdits heritages si aucuns en devoyent.

IV. En succession de ligne directe, descendante collation de biens a lieu.

V. Retraicte par proximité n'a lieu ès biens & heritages non feodaux, situez en ladite ville & banlieue.

VI. Par autre coustume observée en ladite ville & au pouvoir & banlieue d'icelle, n'y a nuls demis freres ou demies sœurs, en sorte qu'en la succession & hoirie d'un frere, ou demie sœur succedent egalement les demy freres & demies sœurs, avec les freres & sœurs germains.

VII. Le pere ou mere survivant est seul heritier de son enfant predecedé sans heritier descendant.

CHAPITRE XXVI.

Des Appellations.

I. DEs sentences interlocutoires des Mayeurs & Eschevins de ladite ville, & desdits eschevinages de sainct Brixe & du Bruille, & pareillement des sentences diffinitives données à leurs requestes, comme aussi de celles rendues par l'un ou l'autre seul desdits Prevost, ou Mayeurs ou par les Doyens & sous Doyens, quelles que icelles sentences soyent pour ce qu'elles ne se rendent par advis & resolution desdits Prevosts & Jurez, l'on ressortist immediatement par appel pardevant iceux Prevost & jurez, & d'illec en notre chambre du conseil en Flandres.

II. Mais au regard des sentences diffinitives desdits Mayeurs & Eschevins de quelque eschevinage que ce soit, pour ce qu'elles se rendent par lesdits advis & resolution des Prevosts & jurez, l'on en appelle pardevant nozamez & feaux les President & gens de nostredit Conseil en Flandres.

III. Quiconque veut appeller de quelque sentence ou appointement desdits Prevosts, Mayeurs, Eschevins ou Doyens & sous Doyens, il est tenu ce faire endedans sept jours & sept nuicts, à compter du jour de la sentence ou de l'appoinctement rendu iceluy jour inclus & son appellation relever & faire executer le relief endedans autres sept jours & sept nuicts, n'estoit que l'appellant eust appellé *illico*, auquel cas il auroit quatorze jours à compter comme dessus, pour relever sondit appel & le faire executer.

IV. Par laquelle execution doit estre jour assigné aux appellez & inthimez, à comparoir pardevant lesdits Prevosts & Jurez aux premieres assises du mois & plais prochainement ensuivant, à peine que par faute de ce l'appel seroit declaré desert.

V. L'appellant de quelque sentence ou appoinctement interlocutoire donné sans l'advis & resolution desdits Prevosts & Jurez, peut renoncer à son appellation endedans les sept jours & sept nuicts, à compter du jour d'icelle appellation inclus, employant l'amende qui est à entendre en payant la moitié de l'amende du fol appel, portant ladite amende soixante sols tournois, vallant cinq livres deux sols Flandres.

VI. Mais si l'appellant ou procureur pour luy, venoit renoncer à son appel durant les plais esquels ladite sentence ou ledit appoinctement auroit esté rendu contre luy, & dont il auroit appellé, en ce cas il ne seroit tenu à quelque amende.

VII. Au jour assigné aux appellez & inthimez ou autre entretenu par continuation, si le procès de la sentence duquel est appellé, est par escrit, se doit iceluy par la Coustume conclurre, comme en procès par escrit, à fin qu'il soit cogneu *ex eisdem actis an bene vel male fuerit judicatum*, sans pouvoir plaidoyer aucune chose de nouveau, n'estoit par provision de relief venant du souverain.

VIII. Et si ledit procès n'est suffisamment fondé ou instruict pour estre tenu & reputé procès par escrit, audit cas l'appellant doit de vive voix par Advocat de la Cour, faire proposer ses causes d'appel & griefs, ausquels sur le champ les appellez & inthimez doivent respondre, l'appellant replicquer, & lesdits appellez & inthimez duplicquer, litiscontestant la cause.

IX. Toutes sentences diffinitives données par les Prevosts & Jurez, ou par Mayeurs & Eschevins desdits deux eschevinages, par l'advis & resolution d'iceux Prevosts & Jurez, & non autres sont executoires, sous bonne & suffisante caution, nonobstant l'appel si avant qu'icelles sentences soient reparables en diffinitive & non autrement.

CHAPITRE XXVII.

Des Stils.

I. ES Cours layes de ladite ville, reconvention n'a lieu, ny aussi compensation.

II. Il est loisible aux parties litigantes augmenter ou diminuer, alterer & changer leurs demandes, deffenses & conclusions, demourant neantmoins l'action intentée en sa nature, jusques à ce que la cause soit litiscontestée.

III. Aussi l'on ne peut par positifs, escritures, memoires, intendicts, additions, superadditions ou responses, ne par autres pieces articuler aucuns faits non proposez ne plaidoyez, en effect ou substance, avant litiscontestation en cause, neantmoins si avant que partie ayant couché tels faits en ses escritures originelles affermeroit iceux faits, avoir esté plaidoyez en effect ou substance, ils seroient tenus pour litiscontestez.

IV. Pareillement l'on ne peut respondre aux duplicques de partie, n'est qu'en icelles y soient faits nouveaux.

V. Semblablement les parties litigantes ne peuvent par leurs reproches & salvations, articuler faits concernans le principal de la matiere, à peine de rejection d'iceux.

VI. Qu'ès poursuites qui se font pardevant l'un des Prevosts de ladite ville, est par les parties sans procureur ou autre conseil, procedé de vive voix, sommairement & de plain en maniere qu'après l'adjournement fait & relation due du sergent, d'avoir adjourné partie parlant à sa personne, à la requeste du demandeur est accordé deffaut à tel profit, que tel adjourné pour le faire obeir est executé par degagement de la somme de cinq livres deux sols Flandres, qui se doit faire endedans tiers jour, mais si ainsi degagé compare à autre jour, est ouy nonobstant ledit degagement, en refondant despens pour sa contumace, & si après par deux autres fois estre adjourné ne compare, deffaut est contre luy accordé, à tel effect qu'il est debouté de toutes deffenses, & & sa partie receue à preuve, laquelle preuve faicte se rend sentence par le Juge qui a cogneu de la cause.

VII. Mais en cas de compartition des parties au premier adjournement ou autre, icelles sont ouyes à proposer de vive voix, & dire ce qui peut servir à leur cause sommairement de plain & sans figure de procès ou autre ordre de droict garder, sur leur allégué receus à preuve, si besoin est, laquelle se fait au mesme instant, ou autre jour publiquement, prenant par le Juge le serment des tesmoins, & iceux examinez, partie presente ou autrement, le procès sommier instruict par autres especes de probation, rend sa sentence ainsi qu'il cognoist estre de droict & raison.

VIII. Que les recognoissances & obligations passées pardevant chacun desdits Prevosts sont de tel effect par usage de ladite ville, qu'elles portent execution, & ne sont les obligez receus à opposition, que premier ils n'ayent nampty le contenu en la commission executoire levée par vertu d'icelle obligation, mais après la main de Justice garnie, aux opposans est assigné jour pardevant lesdits Prevosts & Jurez, pour declarer les causes d'icelle opposition, & en outre proceder comme il appartiendra de raison.

IX. *Item*, Par le stil & usage des Cours desdits Prevosts, Jurez & Eschevins, si aucun adjourné est poursuivy par action personnelle, en vertu de cedulle que le demandeur maintient estre souscrite, soussignée ou marquée de la main de l'adjourné, sur conclusion prinse par tel demandeur à confession ou denegation de telle cedulle que l'on met en Cour, iceluy adjourné est tenu & contraint avant pouvoir aucunes exceptions ou deffenses proposer, confesser ou nier son escriture, souscription, signature ou sa marque, & s'il la confesse, au cas que partie le requiert, luy est par les Juges ordonné de namptir, quand la cedulle est pure, simple & nullement conditionnée, avant à quoy fournir n'est recevable à proposer aucunes exceptions ou deffenses; & s'il la nie, partie est prestement receue à prouver ladite souscription, signature ou marque, & ce verifié, s'ensuit condamnation, mais si tel adjourné ne la veut confesser ou nier en sa deffaute & contumace, la cedulle est tenue pour confessée, si avant qu'elle soit pure, simple & nullement conditionnée, & convient à l'adjourné namptir avant ulterieure procedure, en faute dequoy iceluy adjourné y est contrainct par execution, sauf si partie adjournée allegue payement, & que promptement & sur le champ ou avant le siege levé le verifie, doit estre receu sans namptissement.

X. Quand l'une des parties collitigantes se rapporte de ses faits ou d'aucuns d'iceux au serment de sa contre-partie, telle contre-partie doit purement & simplement iceux faits affermer ou nier si avant qu'ils soient de son fait, & en faute de ce tels faits se doivent referer au serment de la partie adverse, si avant qu'ils soient referables, sinon doivent lesdits faits estre tenus pour verifiez.

SÇAVOIR FAISONS, que nous desirans pourvoir aux abus dont dessus, au bien, avancement & abbreviation de la Justice, par la deliberation de nostredite Sœur, & desdits President & Gens de nostredit privé Conseil, avons de nostre certaine science, auctorité & pleine puissance, approuvé, loué, auctorisé & decreté, approuvons, louons, auctorisons & decretons par ces presentes, toutes & chacunes les Coustumes, Poincts & Articles cy-dessus declarez, ainsi & par la forme & maniere cy-devant redigée par escrit, voulons & ordonnons que tous lesdits Poincts & Articles soient d'oresenavant reputez & tenus comme par cesdites presentes, les tenons & reputons pour Loix en nostredite Ville & Cité de Tournay, Pouvoir & Banlieue d'icelle, tant en jugement que dehors, & que pour l'advenir ne sera besoin les verifier que par extraict soussigné du Greffier de nostredite ville, en payant seulement pour chacun article de Coustume six deniers tournois, abolissans & mettant au neant toutes autres Coustumes generales ou particulieres que l'on voudroit alleguer ès lieux dessusdits, deffendans à tous bourgeois, manans & habitans de ladite ville, & autres de quelque auctorité ou condition qu'ils soient, Advocats & Procureurs des parties, d'introduire en temps advenir, alleguer ou poser autres Coustumes generales ou particulieres de ladite Ville, Cité & Banlieue, que celles dessus specifiées, sauf celles qui pourront encores par nous ou nos Successeurs estre confermées & approuvées endedans un an après la datte de ceste, à la requeste desdits supplians, lequel terme leur avons de grace assigné & assignons; deffendans neantmoins ausdits supplians & à tous autres, de pendant ledit terme recevoir ou alleguer autre Coustume & Usage que dessus; ordonnans en outre qu'en tous cas & matieres non comprins en ceste nostre presente Ordonnance, l'on procedera & se reglera conforme & selon la disposition du droict escrit, sauf en tout nos droits & hauteur, & reservant à nous & nos Successeurs, Comtes & Comtesses de Flandres, Seigneurs & Dames dudit Tournay, la declaration, interpretation, changement, alteration, ampliation ou restrinction de nostre presente declaration, Ordonnance & decret, toutes & quantesfois que nous ou eux verrons convenir au bien de la chose publicque, d'icelle nostre Ville & Cité; le tout toutesfois sans prejudice des Coustumes generales & locales de nostre Bailliage dudit Tournay & Tournesis, & Seigneuries particulieres d'iceluy, ensemble des Coustumes & Usages concernans la Jurisdiction qu'à nous comme Comte de Flandres, à l'Evesque & ceux du Chapitre, & ausdits Prevost & Jurez, Mayeurs & Eschevins, Doyens & sous Doyens peuvent competer en ladite ville & pouvoir d'icelle, lesquels Usages & Coustumes des Jurisdictions, demoureront en leur entier & en pourront chacun en son regard cy-après jouir & user comme ils ont accoustumé faire auparavant. Si donnons en mandement à nos Bailly de Tournay & Tournesis, Prevosts, Jurez, Mayeurs & Eschevins de nostredite ville & Cité de Tournay, que ceste nostre presente declaration, ordonnance & decret, ils & chacun d'eux, en droit soy gardent, observent & entretiennent, & facent garder, observer & entretenir selon leur forme & teneur, sans faire ne souffrir faire aucune chose au contraire; mandons en outre ausdits Prevosts, Jurez, Mayeurs & Eschevins de Tournay, qu'incontinent ils publient ou facent publier en leur consistoire ladite ordonnance, & illec les facent enregistrer par le Greffier de ladite ville, à fin que nul n'en puist pretendre cause d'ignorance, & pource que de cesdites presentes l'on pourra avoir affaire en plusieurs & divers lieux, nous voulons qu'au *vidimus* ou copie autentique d'icelle, collationnée & signée par l'un de nos Secretaires, pleine & entiere foy soit adjoustée, comme à ce present original, car ainsi nous plaist-il, en tesmoin de ce nous avons faict mettre nostre seel à cesdites presentes. Donné en nostre ville de Bruxelles, le second jour d'Aoust, l'an de grace mil cinq cens cinquante-deux, de nostre Empire le trente-troisiesme, & de nos regnes de Castille & autres, le trente-septiesme. *Ainsi soubscrit en bas, collation faite par l'Empereur en son Conseil, & signé du Secretaire,* DE ZOETE.

1553. # INTERPRETATION ET AMPLIATION DE LA COUSTUME DE TOURNAY.

CHARLES par la divine clemence, Empereur des Romains, tousjours Auguste, Roy de Germanie, de Castille, de Leon, de Grenade, d'Arragon, de Navarre, de Naples, de Secille, de Maillorque, de Sardaine, des Isles, Indes & terre ferme de la Mer Occeane, Archiduc d'Austriche, Duc de Bourgongne, de Lothier, de Brabant, de Lembourg, de Luxembourg, & de Geldres, Comte de Flandre, d'Artois, de Bourgongne, Palatin de Haynault, de Hollande, de Zelande, de Ferrete, de Hagenault, de Namur & Zutphen, Prince de Zuawe, Marquis du Sainct Empire, Seigneur de Frise, de Salins, de Malines, des Cité, Villes & Pays d'Utrecht, d'Overissel & Groeninghen, & Dominateur en Asie & en Afrique. A tous ceux qui ces presentes Lettres verront, Salut. De la part de noz bien amez les Prevosts, Jurez, Mayeurs & Eschevins de nostre Ville & Cité de Tournay, nous a esté exposé, comme par autres nos lettres patentes en datte du second jour d'Aoust, quinze cens cinquante-deux, en decretant & approuvant les Coustumes, Stils & Usages de nostredite Ville & Cité, Pouvoir & Banlieue d'icelle, nous ayons entre autres deffendu aux Bourgeois, Advocats & Procureurs des parties de ladite Ville, & à tous autres d'introduire, alleguer ou poser autres Coustumes generales ou particulieres d'icelle Ville & Cité, & Banlieue, que celle au long comprinses & declarées en nosdites autres lettres, sauf les Coustumes qui par nous pourroient estre confermées & decretées endedans un an après la datte desdites lettres, lequel terme avons de grace assigné ausdits supplians, pour endedans iceluy faire & nous presenter tel recueil d'autres Coustumes, Stils & Usages, qu'ils pourroient avoir trouvé nouvellement venues à leur cognoissance, obmises à rapporter avec le cayer desdites Coustumes precedentes par nous decretées, pour les semblablement confermer, & il soit que lesdits supplians pour effectuer & satisfaire à nostredite Ordonnance, ayent fait tenir plusieurs journées & convocations avec les Practiciens & Coustumiers au Halle du Conseil de ladite Ville, & finablement illec rediger & mettre par escrit en un cayer autres Coustumes, Stils & Usages obmises & nouvellement venues à leur cognoissance, lesquelles il nous ont faict presenter par leurs deputez, endedans ledit terme d'un an, affermans estre vrayes Coustumes sous Stils & Usages de ladite ville, de toute ancienneté y observées, en nous suppliant en toute humilité qu'il nous plaise les confermer & reputer par Coustumes & Usages de ladite Ville & Cité, comme sont les precedentes par nous decretées; & après que ledit cayer ou volume par nostre Ordonnance a esté visité & diligemment examiné par nos très-chers & feaux les President & Gens de nostre Privé Conseil, il les ont resolu & moderé en la forme & maniere qui s'ensuit.

PREMIEREMENT, Que par la Coustume de ladite ville, les manans d'icelle ne sont subjects à caution de despens, ne fust pour causes pregnante mouvant le Juge au contraire. Que par ladite Coustume, tous estrangers ayant cause tant en demandant qu'en deffendant, seront tenus bailler caution; à sçavoir, le demandeur pour les despens, & le deffendeur d'ester à droict & fournir le jugé, & avec ce establir & eslire domicile en icelle ville, chacun d'eux en leur regard. Que par coustume toute personne estrangere venant en ladite ville pour le faict de Justice, ou cause pendant sans fraude, ne peut estre arresté, mais doit avoir son aller & venir franche.

II. Que par ladite Coustume, l'on ne peut rechargeer un arresté de nouvel arrest.

III. Que par usance quelque faute de payement qu'il y ait de rente fonciere, la chose subjecte à icelle rente ne se pert & ne tombe en commise, ains convient pour la reprendre de proceder par saisine, tenure, plais garder & retraicte, endedans laquelle l'on vient tousjours à temps à purger sa demeure, en payant les années d'arrerages & despens faits à raison desdites saisines, tenures & autres devoirs.

IV. Que par Coustume, par vendre & livrer de main à autre sans le consentement du seigneur direct, la chose emphiteotecaire ou arrentée, icelle chose ne tombe en commise, & ne pert son droict le seigneur utile.

V. Que par Coustume, tout ce qui tient à clou, fer ou ciment en quelque heritage, est tenu & reputé du fons, en ce reservé les chaudieres & autres vaisseaux

vaisseaux & utensils, instrumens & autres hostieux quelsconques appropriez & servans à quelque cuisine que ce soit, qui y autoient esté mis par le proprietaire ou louager. Lesquels vaisseaux & autres utensilles par coustume qui seroient faits & appropriez esdits heritages aux despens des louagers, se peuvent par lesdits louagers emporter à leur partement desdits heritages, en reparant le lieu desemparé, sauf que le proprietaire & heritier de tel heritage, les peut retenir en payant la valeur par priserie.

VI. Que par usance, toutes obligations passées & recognues pardevant l'un des Prevosts, l'un des Mayeurs, Jurez ou Eschevins, sont executoires contre les obligez, & ne sont les obligez receus à opposition n'est en namptissant le contenu en la commission. Par le stil, publication d'enqueste n'a lieu ès cours layes de ladite ville.

VII. Que par stil, veue de lieu sur different & litige d'heritages se peut requerre une fois par le deffendeur & oppositeur avant la cause litiscontestée & non après, si n'estoit pour cause raisonnable, qui pourroit mouvoir le Juge de l'accorder après icelle litiscontestation.

VIII. Que par stil, un deffendeur après deffenses proposées, peut requerre congé de cour, à l'encontre de sa partie demanderesse en deffaut de repliquer, & lequel congé de cour avec condemnation de despens, doit estre en ladite defaulte accordée par le Juge; les parties litigantes par stil mesmement un deffendeur est tenu de peremptoirement & à toutes fins respondre à la demande d'un demandeur, & aussi ledit demandeur sur chacun poinct des deffenses du deffendeur, sauf en ce l'exception declinatoire.

IX. Que par stil, une cause principale qui seroit intentée pour fonds d'heritage d'entre le pretendant droict en iceluy, & l'occupeur & possesseur doit surceoir durant la cause de jonction & evocation de garand, si avant que cestuy auquel appartiendroit & auroit requis le garand, feroit son devoir de poursuivre iceluy son garand à chacun jour de plaids servans, qui est de huictaine à autre, sans y accorder autres delais, que les delais ordinaires par les ordonnances sur ce pieça faictes, & en defaut de ce faire sera contraignable de respondre à la matiere principale.

X. Que par stil, un appellant est tenu faire apparoir de la sentence, de laquelle il est appellant, & les appellez & inthimez du procès.

XI. Que par le stil, toutes causes de prisonniers arrestez se doivent traicter de tiers jours en tiers jours plaidoyables.

XII. Que toutes causes en matieres réelles & foncieres se doivent plaidoyer de huictaine en huictaine.

XIII. Que par le stil, quand en vertu de quelque commission ou autre provision de Justice, l'on faict commandement ou deffenses à quelque personne, icelle personne ne peut entrer en cause. N'est que premiers il se rende formel opposant.

XIV. Par le stil des Cours layes, quand quelque personne faict demande de quelque somme de deniers à cause de quelconque sorte de marchandise que ce soit livrée sur taille, que le demandeur faisant sa demande, fait exhibition de sa taille, requerant que l'adjourné exhibe sa contre-taille; en ce cas le rée est adjourné, si avant qu'il ait la contre-taille de celle exhibée, est tenu à en faire exhibition, à deffaut dequoy faire, la taille par le demandeur exhibée, est tenue pour verifié, & ce fait tel demandeur est par après seulement tenu à verifier le prix.

XV. Que par le stil, quand quelque heritage se vend ès eschevinages de ladite ville, & que durant les criées du vendage les creanciers du vendeur un ou plusieurs pour recouvrer payement de leur deu par obligation hypothequaire, rappòrt d'heritage ou autre, debattent les deniers de la vente, l'acheteur est tenu & contraignable à namptir le prix de son achat sous le change & depositaire desdits eschevinages, s'il en est poursuivy, & autrement ne s'en peut vallablement acquitter, n'est qu'il ait faict le content des debatans.

XVI. Que par le stil, quand aucuns biens meubles sont saisis par Justice, & sur iceux commis garde & mangeurs, si tel garde se depart desdits biens du consentement ou adveu de celuy qui les y avoit fait mettre, & soient trouvez sans garde par autre creancier, & qu'il y ait fait mettre la main & garde par auctorité de Justice, il fait à preferer à tous autres creanciers.

XVII. Que par le stil, quand l'une des parties collitigantes est condamné de namptir la somme à luy demandée par cedulle, en faute de faire ledit namptissement, pourra à ce estre contrainct realement & de faict, ou sera à la poursuite du demandeur procedé en la matiere principale, sommairement & de plein sans train ordinaire de procès, pour venir à la condamnation du principal.

Sçavoir faisons, que nous desirans sur toutes choses le bien, advancement & abbreviation de la Justice & Police. Par la deliberation de nostre très-chere & très-aimée sœur la Royne douairiere de Hongrie Regente, &c. & desdits President & Gens de nostre Privé Conseil, avons de nostre certaine science, auctorité & pleine puissance, approuvé, loué, auctorisé & decreté, approuvons, louons, auctorisons & decretons par ces presentes, toutes & chacunes les Coustumes, Poincts & Articles cy-dessus declarez, ainsi & par la forme & maniere cy-dessus redigée par escrit, voulans & ordonnans que tous lesdits Poincts & Articles soient d'oresenavant reputez & tenus, comme par cesdites presentes les tenons & reputons pour Loix en nostredite Ville & Cité & Banlieue de Tournay, tant en jugement que dehors, comme sont les Coustumes precedentes par nous decretées, comme dit est, & que pour l'advenir ne sera besoin les verifier que par extraict soussigné du Greffier de nostredite Ville, en payant seulement pour chacun article de Coustume, six deniers tournois, sauf en tout nos droicts & haulteur, & reservant à nous & nos successeurs Comtes & Comtesses de Flandres, Seigneurs & Dames dudit Tournay, la declaration, interpretation, changement, alteration, ampliation ou restrinction de nostre presente Declaration, Ordonnance & Decret, toutes & quantesfois que nous ou eux verrons convenir au bien de la chose publique, d'icelle nostredite Ville & Cité, & au surplus sous toutes les autres conditions & reservations contenues en nosdites autres lettres de decretement des Coustumes de nostredite Ville, Cité & Banlieue de Tournay dont dessus.

Si donnons en mandement à nos Bailly de Tournay & Tournesis, Prevosts, Jurez, Mayeurs & Eschevins de nostredite Ville & Cité de Tournay, que ceste nostre presente Declaration, Ordonnance & Decret, ils & chacun d'eux en droit soy gardent, obſervent & entretiennent, & facent garder, obſerver & entretenir, ſelon leur forme & teneur, ſans faire ne ſouffrir faire aucune choſe au contraire.

MANDONS en outre auſdits Prevoſts, Jurez, Mayeurs & Eſchevins de Tournay, que incontinent ils publient ou facent publier en leur conſiſtoire ladite Ordonnance, & illec facent enregiſtrer par le Greffier de ladite Ville, afin que nul ne puiſſe pretendre cauſe d'ignorance, & pource que de ceſdites preſentes l'on pourra avoir affaire en plusieurs & divers lieux, nous voulons qu'au *vidimus* ou copie authentique d'icelles collationnée & ſignée par l'un de nos Secretaires, pleine & entiere foy ſoit adjouſtée, comme au preſent original, car ainſi nous plaiſt il.

EN TESMOIN de ce nous avons faict mettre noſtre ſeel à ces preſentes. Donné en noſtre Ville de Bruxelles, le cinquieſme jour de Septembre, l'an de grace mil cinq cens cinquante-trois, de noſtre Empire le trente quatrieſme Et de nos regnes de Caſtille & autres, le trente huictieſme. *Et en bas eſtoit eſcrit, collation faicte, & ſur le remploy des lettres eſtoit eſcrit, par l'Empereur en ſon Conſeil, & ſigné du Secretaire.*

Signé, DE BEAUMONT.

TABLE DES CHAPITRES DES COUTUMES DE TOURNAY.

COUSTUMES GENERALES DE LA GOUVERNANCE, BAILLIAGE ET CHASTELLENIE DE DOUAY, ORCHIES, ET DES APPARTENANCES.

Coustumes concernant le fait, hauteur & puissance de fiefs des seigneurs vicomtiers, tenant des villes, chasteaux, chastellenies de Douay & Orchies, & de leurs appartenances.

ARTICLE PREMIER.

AUX Hauts-Justiciers compete & appartient de par leurs Justices, faire visiter & lever corps morts noyez, desesperez ou occis, sur le champ, à peril de commettre abus, & pour iceluy satisfaire l'amende de soixante livres au profit desdits seigneurs hauts-justiciers.

II. Ausdits hauts-justiciers & vicomtiers appartient l'amende de soixante sols pour le sang, & autres amendes pour orbes-coups, lesquelles amendes ils poursuivent par prinses de corps des delinquans en present meffait, ou information precedente & provision sur icelle baillées par leur Justice.

III. Ausdits hauts-justiciers & vicomtiers compete & appartient de faire publier les bans de Mars & Aoust, après que lesdits bans à leur requeste ou de leurs Bailly ou Lieutenant ont esté adjugez par leur justice, & prendra & aura après lesdits bans publiez ès lieux ordinaires & accoustumez, les amendes de soixante sols & au dessous.

IV. Par la Coustume, quiconque pesche ès eaux viviers, estangs, fossez desdits seigneurs hauts justiciers, vicomtiers ou d'autruy en leurs seigneuries, forfait vers lesdits seigneurs de jour, l'amende de soixante sols, & de nuit fait à punir cas de larron.

V. Pour toutes fourfaictures, entreprinses faictes sur les seigneuries desdits hauts-justiciers & vicomtiers, sans leur gré, congé ou licence, compete & appartient à iceux amende telle que de soixante sols, & aux seigneurs fonciers pour enfrainte de leur justice soixante sols, en tous autres cas n'y eschet.

VI. Qu'il est loisible à tous heritiers proprietaires de planter sur les flegards, à cinq pieds près & à l'endroit de leurs heritages, pourveu qu'en ce faisant ne soit donné empeschement au prejudice du chemin, & prendre à leur profit les despouilles des arbres par eux ainsi plantez.

VII. Semblablement compete ausdits hauts-justiciers & vicomtiers, amende de soixante sols de folle appellation, & protestées de leur justice, & aussi de fol jugé fait par les justices de leurs vassaux par eux reformé.

VIII. Un cabaretier, hoste ou autres vendans boire à debit, ne peut avoir pot en sa maison & cabaret qui ne soient de gauge & grandeur suffisante, à peril d'encourir au profit desdits seigneurs ayant haute-justice ou vicomtiers, l'amende de soixante sols pour chacun pot, & avoir lesdits pots cassez & rompus; & s'il y avoit plusieurs pots prins pour une fois, y chiet seulement salaires de reprinse des droits de renvoy, si requis est.

IX. Ausdits hauts-justiciers & vicomtiers, leur compete & appartient, s'il n'appert du contraire, tous les chesnes, troncs, flesgards, flects, rejects & autres plantins sur iceux, estans & abordans contre & à l'endroit de leurs fiefs & seigneuries, & des heritages tenus de leursdites seigneuries; & s'ils marcissent & abordent à deux & divers seigneuries, ils competent & appartiennent à tel seigneur chacun par moitié, aussi avant qu'ils sont abordant à leursdites seigneuries & heritages tenus d'icelles, & si ne peut enfouir sur iceux ny sur le gros des fiefs desdites seigneuries, couper, abbattre ou espincher lesdits arbres plantins, sans congé & licence desdits seigneurs, leurs baillifs ou lieutenans, sur peine de fourfaire l'amende de soixante sols, reparer le sien & dommages, en ce non compris les chemins royaux qui appartiennent au Comte de Flandres.

X. Lesdits hauts-justiciers ou vicomtiers, leurs baillifs, lieutenants ou sergents, ne peuvent proceder à l'impruf des delinquans, n'est par l'une des trois voyes; à sçavoir, pressait, messait, information precedente & provision sur icelle, ou partie formée.

XI. Lesdits hauts-justiciers ou vicomtiers, leurs baillifs ou lieutenants, compete & appartient la cognoissance des francs veritez.

XII. Un seigneur haut-justicier ou vicomtier ayant tous les heritages ou la pluspart d'iceux, abordans au cimetiere de l'Eglise paroissiale estant en son gros de fiefs, est tenu & representé seigneur & fondateur temporel de ladite Eglise, s'il n'appert du contraire, auquel seigneur, son bailly ou son lieutenant, appartient de par l'advis du curé ou vice-curé, paroissien, créer & instituer clercq paroissial, ministre, marguilliers & charitables des pauvres, les deporter & instituer autres, ouir les comptes qu'ils rendent de leur administration, les signer, aller à la procession portant blancs vergues, par sondit bailly ou son lieutenant enjoigne de brief de faire maintenir la dedicace d'icelle Eglise & paroisse, y faire danser & menestrander, donner espinettes, rose ou joyaux, & a toute auctorité & preéminence corporelle en icelle, mesme d'estre son bailly, lieutenant, present à l'assiette & regallement des aydes accordez à la majesté de l'Empereur.

XIII. Un seigneur ayant justice de vicomte, commandement d'hommes, en peut creer heritables ou viagerement autres en tel nombre que bon luy semblera sous son seel, & donner en accroissement d'hommes ou de rente, & tenir de luy jusques au tiers de son fiefs, tant au gros de rentes seigneuriales, que les rejects, flegards & chesnes ou plantins y croissans estans de sondit fief, & eriger terres renteuses en fiefs; & s'il n'a commandement d'hommes, peut donner jusques au tiers à tenir de luy en rente seulement.

XIV. Les Eglises, monasteres, hospitaux, communautez & autres colleges, pour les fiefs & heritages cottiers à eux appartenans, au seigneur desquels lesdits fiefs & heritages sont mouvans, sont tenus de livrer homme vivant & mourant, par le trespas duquel le relief est deu, & poursuivable comme dessus, & de bailler responsibles pour servir en court, le tout s'il n'appert d'exemption contraire, s'ils n'ont commis responsibles; lesquels responsibles seroient requis judiciairement, escheant en cas de deffaut en pareille amende de soixante sols.

XV. Les bailly & lieutenant ayant relevé tel rapport & denombrement, sont tenus en dedans quarante jours ensuivans, les debattre & contredire, & bailler lettre de recepissé si requis en sont.

XVI. Tous heritiers feodaux & rentiers sont tenus de servir en cours de leur seigneur, avec leurs pairs & compagnons, quand judiciairement sommez & requis en sont, à peril d'amende de soixante sols s'ils n'ont commis responsibles, lesquels responsibles sommez & requis judiciairement, escheent en cas de deffaut en pareille amende de soixante sols, laquelle le sieur bailly ou lieutenant peut poursuivre par plainte de saisine desdits fiefs & heritages cottiers, proufits & revenus en procedans, & y observant les debvoirs judiciaires.

XVII. Toutes rentes heritieres à rachapt, créées sur fiefs & main-fermes, sont reputées pour meubles; mais rentes heritieres sans rachapt hypothecquées comme dessus, sont reputées immeubles, sortissant nature & condition d'heritage.

XVIII. Pour apprehension de droit de douaire coustumier sur fiefs, & droit de vivenotte sur heritage patrimoniaux, n'est deu droit seigneurial.

XIX. Un fief ne se peut reincorporer & retenir au gros du fief dont il est tenu, sans le consentement du seigneur duquel le principal fief est tenu.

XX. Les biens estans & gisans en ladite chastellenie de Douay, soient fiefs meubles, fiefs ou heritages, n'escheent en commise ou confiscation, pour quelconques delicts, felonnies, fourfaictures au cas de crimes que ce soit, posé que ce fust crime de leze-majesté, heresie ou autre.

XXI. En ladite chastellenie, n'y a nulle franche garenne, four ne moulins bannaux, *ad finem consuet.*

XXII. Aussi un seigneur ayant haute-justice ou de vicomte, ne peut avoir amende excedante soixante sols; ny faire edit ny statut, & à la conservation d'iceux imposer amendes ou peines corporelles, s'il n'a en cette fin privilege, ou soit en possession immemoriale.

XXIII. Un seigneur ne peut prescrire contre son vassal, ne le vassal contre son seigneur, en tant qu'il touche sa jurisdiction & seigneurie; mais au regard des rentes & payement des reliefs, un vassal peut prescrire contre son seigneur.

XXIV. Que tous proprietaires & seigneurs tenans fiefs & seigneuries desdites ville, chasteau & chastellenie, ayant en iceux leurs fiefs, du moins seigneurs vicomtiers, compete & appartient la cour & recognoissance de tous mesus, delict & forfaict, navre commis & advenus en leur seigneurie, & jusques à soixante sols d'amende; ensemble d'executer larron par la corde jusques à la mort inclusivement, inferer autres corrections en dessous, soit par fustigation, exoreillier ou bannissement, neantmoins ne peut torturer sans evocquer les juges & officiers practiciens, ou leurs commis pour ce fait.

XXV. Que toutes & quantesfois que les vassaux & tenans desdites seigneuries vicomtieres, vendent donnent ou chargent à rente viagere ou heritiere, ou transportent de main en autre ses heritages deubs tenus & mouvans en fief, est deu & appartient ausdits seigneurs vicomtiers, le dixiesme denier des capitaux deniers de ladite rente ou charge, ou de l'estimation & priserie des fiefs donnez ou transportez, qui s'en fait par loy de justice; & au regard des cottiers de main ferme & autres, pour autant que aucun seigneur ait voulu maintenir lesdits droicts de dixiesme denier leur estre deub sur icelle main ferme & cottiers, & au contraire soustenu par les parties, de sorte que se sont sourds plusieurs procès & differends indecis, l'on s'en attend de ce aux Coustumes locales & droicts des seigneurs particuliers, & à l'ordonnance & bon plaisir que messieurs du grand-Conseil de l'Empereur voudront sur ce decretter.

XXVI. Que l'heritier & proprietaire d'anciennes terres & heritages tenus en fief d'un seigneur vicomtier, termine vie à trespas, les heritiers d'iceluy sont tenus pour y succeder, les relever & droiturer audit seigneur, endedans le terme de quarante jours dudit trespas, & les autres terres cottiers & de main ferme, endedans quarante jours d'iceluy trespas, & pour ce payer le droict de relief à luy deub.

XXVII. Que tous heritiers relevant leurs fiefs, terres & heritages desdits seigneurs vicomtiers, sont tenus leur faire rapport, declaration & denombrement de la comprehention desdits leurs fiefs, terres & heritages en dedans quarante jours ensuivans, à peine de saisissement qui se pourra faire en la maniere declarée en l'article subsequent.

XXVIII. Qu'il est loisible à tous seigneurs vicomtiers par faute d'heritiers, fonder rapport & denombrement non baillez endedans le jour que dessus, ou autres devoirs non faits, de saisir ou faire saisir les fiefs, terres & heritages tenus & mouvans d'eux en faisant signifier ladite saisine aux occupeurs des fiefs, terres & heritages saisis, & jusques à ce que lesdits debvoirs soient faits, regir & gouverner les fruits de ce procedant, pour en rendre compte & restitution à l'heritier ayant fait lesdits debvoirs & obtenu main-levée; lequel heritier pour sa negligence & defaut, eschera au profit dudit seigneur vicomtier en l'amende de soixante sols; & si sera tenu de purger & payer tous droits & frais de mise de justice pour ce supportez.

XXIX. Qu'il est permis ausdits seigneurs vicomtiers par faut de reliefs non payez jusques à dixneuf années d'arrerages inclusivement, faire saisir lesdits heritages d'eux tenus en faisant les debvoirs & solemnité requise par la coustume locale des lieux, & autrement obtenir de M. le gouverneur ou son lieutenant, commission des complaintes en cas de saisine & de nouvelleté, au cas que l'on ne devolut, ou autrement commission de simple saisine & commandement, pour avoir payement desdits arrerages.

XXX. Que lesdits seigneurs vicomtiers ont puissance & faculté, en forme de proesme, ratraire, reunir & reconsolider au gros de leurs fiefs, & seigneurie en rendant & remboursant à l'achepteur les deniers principaux, les deniers à Dieu, carité ou tous autres frais & loyaux coustemens; & lesdits heritages ainsi ratraits & reconsolidez, sont par après tenus & compris du gros de leurs fiefs & seigneurie, sans que pour ce ils soient tenus payer aucuns droits seigneuriaux ou reliefs ausdits seigneurs dont ils tiennent leurs fiefs & hommages, les parens d'iceluy vendeur neantmoins habiles à ratraire sur lesdits seigneurs, l'heritage vendu, au cas qu'il fust venu & procedé audit vendeur de la succession de ses predecesseurs, & pourveu ledit proesme & parent fasse ladite ratraite en dedans l'an du jour de la saisine baillée audit seigneur; à laquelle saisine iceluy proesme sera preferé audit seigneur; auquel estat est tenu rendre & rembourser les principaux deniers de tous frais & loyaux coustemens.

XXXI. Qu'il est loisible à tous seigneurs vicomtiers, par puissance de fiefs & accroissement de seigneurie, de bailler à rentes & par arrenement feodal, heritier & perpetuer partie de leurs fiefs & jusques au tiers à le tenir d'eux, & de leur seigneurie en icelle nature, à telle charge & servitude, ou redevance que bon leur semble, & en bailler lettres sur leur seel seulement, qui sont en ce regard vallables, & en prendre droit reel au profit des arrenteurs, sans pour ce payer droit seigneurial aux seigneurs dont ils tiendront leurdit fief & seigneurie, & fortiffe la rente ou redevance la mesme nature que fait le gros & fonds de ladite seigneurie comme compris en icelle.

XXXII. Que à tous seigneurs vicomtiers compete & appartient le droit d'espaves d'estrayere, & avoir de bastards trouvez, & estans ès mets de leurs terres & seigneuries, ensemble les heritages d'eux tenus & mouvans, & les peuvent réunir & incorporer au gros de leurs fiefs & seigneuries.

XXXIII. Que il loist à tous seigneurs vicomtiers, par puissance de fiefs & seigneuries, de faire construire & edifier moulin à vent en leurs terres & seigneuries, soit un ou plusieurs, & de percevoir & recevoir le droit de moulture ordinaire & accoustumé, sans pour ce obtenir demande ne estre requis avoir la grace ne faire aucune autre reconnoissance de redevance ne aultrement envers le seigneur souverain dont ils tiendront leurs fiefs & seigneuries & d'eux seigneurs superieurs; & neantmoins ne peuvent iceux seigneurs vicomtiers astraindre ne constraindre leurs vassaux & manans aller mouldre à leur moulin par edit ou deffense; en sorte que ce soit ou puist estre commis, sont tous les manans desdites villes, bailliages & chastellenies francs & exempts de telles servitudes, & peuvent aller & porter mouldre leurs grains par tout & tel moulin que bon leur semble, sans pour ce encourir aucunes peines ou amendes envers lesdits seigneurs.

Coustumes generales, concernant le fait de succession directe & collateralle ab intestat.

I. QUe tous heritages patrimoniaux suivent & retournent à la cotte ligne dont ils viennent & procedent.

II. Que le mort saisit le vif son plus prochain lignagier heritier habile à luy succeder, en faisant apprehension reelle & actuelle des heritages à luy succedez & escheus, soit par reliefs aux seigneurs dont ils seroient tenus & mouvans par mise de fait & decret de droit du Juge souverain, à ce lesdits seigneurs signifiez & evocquez.

III. Que tout fief indifferamment en ligne directe eschet & appartient par le trespas de pere ou de mere à l'aisné fils, & à l'aisnée fille en faut de masle, à la charge du droit de quint au profit des enfans puisnez se avoir & apprehender le veullent.

IV. Que pour par lesdits enfans puisnez d'eux pouvoir avoir aucunement appliquer & percevoir le fruit de levé, & profit, de droit de quint ils sont tenus & submis à faire reliefs & autre apprehension judiciaire.

V. Que lesdits puisnez & chacun d'eux peuvent & ont faculté & choix de apprehender & relever leur droit de quint, partie ou portion de quint, de leur frere aisné ou leur sœur aisnée par faut de masle, sieur ou dame de quatre part, si au gros du fief il y a seigneur vicomtier, en payant ledit droit de relief, qui sont tenus faire & payer, & à tel hommage que les autres hommes de fief d'icelle seigneurie, ou apprehender & relever du seigneur duquel tant ledit fief seroit tenu & mouvant, à tel droit de relief, foy & hommage que doit le seigneur de quatre parts d'iceluy fief, & est tenu le frere ou sœur aisné seigneur des quatre parts, leur consentir partage, esclissement & separation de leur droit de quint, part & portion de quint apprehendé & relevé aux despens desdits puisnez, & sans ses frais en sorte aucune.

VI. Que si lesdits puisnez ou aucun d'eux terminent vie par trespas sans avoir apprehendé, droituré & relevé leur part audit droit de quint, leur part ou parts escheent au profit de l'aisné, & se reunient aux quatre parts & gros du fief, sans que en après leurs enfans heritiers y puissent plus avoir, & n'y ont aucun droit.

VII. Que le droit de quint des fiefs eschet seulement en ligne directe descendant du pere & de la mere aux enfans, & non en aultres ne plus lointain degré.

VIII. Que fiefs ne se quintent & ne se peuvent quinter de plain en plain, & ne sont tenus pour quint par recompense d'autre heritage ne par aultre voye, & convient necessairement pour quinter, profiter du laps de temps de plus que effectuelles & reelles, le droit de quint ait esté divisé & eclipsé & separé des quatre parts du fief venu en succession.

IX. Que tous fiefs & noble tenement indifferemment en ligne collaterale succedent, appartiennent & écheent à l'aisné masle, à pareil degré, ou sinon à faut de masle à l'aisnée femelle aussi à pareil degré, sans que ladite charge ou droit de quint aux consanguins & lignagiers en pareil degré.

X. Que toutes les terres, villes, cottiers ou de main-ferme, ou d'autre nature, maison & heritage en succession directe ou collaterale appartiennent également à tous heritiers en pareil degré estans du lez & costé dont ils viennent & procedent, autant à un comme à l'autre, & les biens meubles à tous les heritiers en pareil degré; desquelles lez & costé qu'ils soient parens & lignagiers au trespassé, & à partir autant à l'un comme l'autre, & à compte de teste.

XI. Que tous fiefs acquis, suivent écheent, sortissent, tiennent la coste & ligne de l'achepteur ou achepteurs.

XII. Que touts les acquests non feodaux faits pendant & constant le mariage de deux conjoints, après le trespas du premier mourant, se partissent & appartient la juste moitié au survivant, & l'autre moitié aux heritiers du premier mourant, pour par chacun d'eux survivant & heritiers dudit premier mourant en jouyr & posseder chacun de sa partie heritable & à tousjours.

XIII. Ladite Coustume est telle, que en acquests & conquests des biens meubles, enfans uterins succedent avec les autres enfans consanguins, chacun par égale portion.

XIV. Que l'heritier du fief a faculté, puissance & option de reprendre & retenir à soy toute chose reputée pour meuble, & partable entre les coheritiers estans en aage ou croissans sur son gros de fief, par payant à sesdits coheritiers, la valeur & estimation des choses mises en mont, & à emporter non mises en œuvre non creusant ou delaisser; le tout demolir, abattre & emporter si bon luy semble, & dont il en a le choix.

XV. Que representation n'a lieu en succession de ligne directe ne collaterale, en telle sorte que les enfans en ligne directe, & les freres en ligne collaterale excluent les nepveux, & ainsi des autres ensuivans; neantmoins au regard de l'équité de cette coustume l'on s'en refere à la tres-pourveue discussion de l'Empereur, & de mesdits Seigneurs du Grand-Conseil.

XVI. Les enfans heritiers pour parvenir à succession de pere ou de mere, s'ils sont mariez, ne sont tenus de faire rapport de leur don, partement, avanchement de mariage, & vient aussi avant à succeder que les autres enfans non mariez, sans faire aucune deduction de leur part de succession d'iceux leur partement de mariaige.

XVII. Qu'un parent lignagier habile à succeder à un trespassé, peut estre legataire particulier & heritier de tel trespassé, & de proufiter de son legat au dehors & pardessus son droit & partie de succession, & si sera premierement fourny sondit legat des biens dudit trespassé, & en après viendra à succession aussi avant & comme les autres ses coheritiers.

XVIII. Que le pere ou la mere est heritier de son enfant legitime qui seroit terminé vie par trespas sans estre marié en tous & chacuns ses biens meubles, acquests & conquests, & exclud les autres ses enfans frere & sœur de tel trespassé.

XIX. Que religieux profés ne peuvent succeder aux biens & heritages de leur parent.

XX. Que bastards, enfans naturels & illegitimes ne succedent & ne peuvent succeder aux biens de pere & mere, ne pareillement les pere ou mere à leurs enfans illegitimes & bastards.

XXI. Que quiconque apprehende ou soy emiscue ès biens d'un trespassé, soit ès biens meubles ou heritages à tiltre d'heritier ou de legat universel, il se submet au payement des debtes, & si est tenu & submis au furnissement & entretenement des dons, promesses, obligations & contracts deus, faits, promis & contractez par tel trespassé; & en telle qualité est poursuivable & capable de toutes debtes, contracts, promesses & obligations de tel trespassé; sauf neantmoins à l'heritier immobiliaire son recouvrier sur l'heritier mobiliaire.

XXII. Que les heritiers proprietaires & immobiliaires ayant apprehendé les heritages d'un trespassé, combien qu'ils se seroient abstenus, sont aussi avant tenus & submis au payement des debtes, fournissement & entretenement des dons, promesses, contracts & obligations d'un tel trespassé, comme & si avant que les heritiers mobiliaires, & autant l'un comme l'autre, sans que la condition de l'un soit moindre ou meilleure en charge ou descharge que l'autre; ains sont egaux à compte de testes, mais heritier mobiliaire ainsi traicté par les crediteurs, son action pour evocquer à garand l'heritier mobiliaire qui est submis le deffendre, acquiter & garandir.

XXIII. Qu'il est loisible à chacun crediteur avant & voulant intempter poursuitte de saisir ou agir contre tel coheritier d'un tel trespassé, soit heritier propre ou mobiliaire, & pour le tout comme bon luy semble, & est son action & poursuitte valables, sans qu'il soit requis soy addresser contre tous les heritiers; ains suffit en prendre & soy addresser contre l'un: le tout & tel traicté est libre d'evocquer les coheritiers pour le garandir & contribuer à son indemnité, pour chacun leur part.

XXIV. Par ladite mesme coustume generale est aussi loisible à l'un des coheritiers d'un trespassé, & pour le tout, & s'il est habile & recevable à intempter toute action & poursuitte allencontre & sur les biens des debiteurs & redevanchiers de tel trespassé, & le payement fait à l'un des heritiers est valable pour les autres, sans que jamais on puisse aucunement inquieter ne poursuivre lesdits debiteurs & redevanciers en sorte ou maniere que ce soit ou puisse estre.

XXV. Par ladite coustume generale il n'est nul heritier necessaire.

XXVI. Fiefs & heritages cottiers sont reputez heritages patrimoniaux, s'il n'appert du contraire.

XXVII. Biens meubles sont reputez pour meubles, ne tiennent ny cotte ny ligne.

XXVIII. Biens meubles sont reputez pour meubles, suivent le corps & se partissent selon la coustume du lieu de la maison mortuaire.

XXIX. Quand le parent d'un trespassé se declare & part hoiries d'iceluy, ou qu'il prend & apprehende aucuns biens de luy delaissez, ou releve heritage demeuré de tel defunt, il est censé & reputé hoir d'iceluy.

XXX. Relief n'attribue droit à iceluy, qu'il n'est capable de succeder en la partie par luy relevée.

XXXI. Une personne n'est privée de se pouvoir fonder en l'hoirie mobiliaire ou hereditaire à elle escheue, n'est qu'elle ait judiciairement renonché ou esté debouté par sentence ou fourclos par prescription.

XXXII. Fiefs acquestez durant la conjonction de mariage tiennent la cotte-ligne du mary, sans que sa femme ou les heritiers d'icelle y ayent droict sauf à ladite femme droict de douaire ; & si fiefs estoient donnez à icelle femme ils tiennent la cotte-ligne d'elle.

XXXIII. Fiefs retraits à tiltre de proximité tiennent la cotte-ligne des rattrayans du lez & costé dont lesdits fiefs procedent tant en ligne directe que collaterale.

XXXIV. Tous heritages cottiers baillez à mortgages ou faculté de rachat par les vrais heritiers sont à luy reputez patrimoniaux, & tiennent en succession cotte-ligne du lez dont ils procedent.

XXXV. Une femme vefve demeurée ou tenue pour immiscée ès biens & debtes de son feu mary est poursuivable pour avoir payement & fournissement des debtes, contracts, obligations valables, faits & contractez par son feu mary, sauf son recouvrier sur les hoirs mobiliaires d'iceluy, pour telle portion qu'il appartiendra.

XXXVI. Quand une femme veuve apprehende de son authorité privée aucuns biens delaissez de son feu mary elle se émiscue ès biens & debtes d'iceluy, & est tenue & submise aux debtes, charges & obligations de son feu mary ; & avec ce est privée de son droict conventionnel de mariage, nonobstant quelque renonciation qu'elle ait faite ou voudroit faire au contraire.

XXXVII. Biens meubles ou reputez pour meubles succedent par le trespas de pere ou de mere à tous leurs enfans également, & à faute d'iceluy à leurs neveux & nieces à compte de teste.

XXXVIII. Le pere & hoir mobiliaire de son enfant futur sans hoirs decendant en ligne directe, & en faute de pere & mere le grand pere, & en faute d'iceluy la grande mere ; & s'il y avoit grand pere d'un costé & grand pere un de l'autre, ils succedent chacun par moitié.

XXXIX. Pere & mere ou l'un d'eux peuvent de leurs biens, fiefs & heritages, faire partage, division à leurs enfans ainsi que bon leur semble, & en ce faisant avancher plus l'un que l'autre, lequel partage lesdits enfans sont tenus entretenir, & si peuvent grand pere & grande mere faire pareil partage à leurs nepveux & niepces, & par le trespas d'iceux lesdits enfans ou nepveux sont saisis des parties à eux assignées en les relevant sans autre œuvre de loy ou lization.

XL. Partages & divisions se peuvent faire entre coheritiers des biens à eux écheus & devolus par succession & entre-changer le droict de meubles & immeubles, & immeubles à meubles ; lequel partage fait à entretenir en faisant neantmoins apprehension.

XLI. Enfans legitimes de bastard ou bastarde succedent à leur pere & mere.

Droict de Quint.

XLII. L'Heritier d'un quint ou portion separé d'un fief non ayant justice de vicomte le doit tenir du seigneur duquel le principal est tenu & à semblable relief, & si audit fief principal y a justice de vicomte au dessoubs il a obtion tenir ledit quint ou portion à tel relief que dessus ou autres pour lequel il peut contenir dudit fief, obtenir quint.

XLIII. Quint n'est deu sur fief possedé & apprehendé à tiltre particulier, mais seulement sur fief apprehendé & possessé à titre universel.

Coustumes concernantes le fait de Douaire Coustumier appartenant aux Femmes Veuves.

XLIV. Quand une femme vefve après avoir apprehendé son droict de douaire, ou luy a esté consenty par l'heritier veut prendre & recevoir par sa main ou ses commis les proufits & revenus de sondit douaire, elle peut audit cas faire faire partage judiciaire à ses despens des fiefs & seigneuries sur lesquelles elle a ledit douaire, en commettant semblablement receveur, sans y pouvoir commettre bailly ou autre officier pour sondit douaire.

XLV. Que une femme survivant son mary, à laquelle par son traicté de mariage seroit ordonné amendement & droit conventionnel at obtion soy tenir à son droit de douaire coustumier en renonchant au conventionnel si bon luy semble, supposé que telle faculté ne luy seroit attribué par son traicté de mariage ; cette coustume se doit entendre ors de la femme n'eust rien porté avec son mary.

XLVI. Que si par traicté de mariage est à une femme ordonné amendement de mariage & droit conventionnel, & luy soit aussi donné puissance soy tenir à son droit coustumier, dont après le trespas de son mary elle en auroit le choix & obtion telle femme vefve pour prendre élire ou soy tenir à l'un de ses droits de douaire soit coustumier ou conventionnel, at le terme & indice de quarante jours du jour du trespas de son mary, durant lesquels elle peut demeurer en la maison mortuaire & lieu de residence de sondit feu mary, & vivre des biens & provisions estans ou necessaires sans quelque soin ou charge de debtes.

XLVII. Que si tel femme vefve durant lesdits quarante jours choisit & veut prendre avoir & soy tenir à son droit de douaire coustumier, à elle compete & appartient ; doit competer & appartenir pour iceluy son droit coustumier, soit qu'il y ait enfans ou non ; à sçavoir le fief la moitié juste des fruits, proufits, rentes & revenus de chacun d'iceux, & ès heritages cottiers & main-ferme situez en ladite gouvernance, bailliage, chastellenie de Lille, Douay & Orchies, & dont sondit mary seroit terminé heritier le tiers avec sa demeure & residence en une maison manable, si plusieurs en y a, excepté la meilleure & seigneuriale, pour de ladite moitié de revenu de sadite demeure ou residence la retenance de seigneur comme à viagier appartient en jouir sa vie durant seulement, & avec luy compete & appartient la juste moitié de tous acquests non feodaux, constant leur mariage ; ensemble la moitié de tous & chacuns les biens meubles delaissez & trouvez au jour du trespas de sondit mary, pour par elle en jouir, user & posseder heritable & à tousjours comme de sa propre chose, payant par elle la moitié des debtes de sondit mary.

XLVIII. Auparavant qu'une femme vefve puisse proufiter de sondit droit de douaire coustumier, il est requis que telle vefve fasse apprehension judiciaire d'iceluy son droit de douaire coustumier à ses despens, par action de mise de fait, & decret de droit des juges competans ou autrement, & doivent les heritiers ou heritier proprietaire pour ce suffisamment estre evocqué & appellé avec le seigneur duquel les fiefs, maisons, terres & heritages sont tenus & mouvans.

XLIX. Que sur fiefs heritage situé en ladite gouvernance peuvent escheoir, prendre & lever un ou plusieurs droits de douaire coustumier, la premiere douagiere emportant la juste moitié des fruits & proufits; la seconde douagiere de quart & de tierch la moitié du quart; & par le trespas de la premiere douagiere, la seconde vient à la jouissance de la premiere douagiere; & ainsi se augmente & peut augmenter la jouissance du droit coustumier.

Des Meubles ou Immeubles.

L. Les advestures & fruits croissans & pendans sortissent pareille nature que l'heritage, tant qu'ils soient couppez & cueillis, que lors sont à meubles.

LI. Censes deues pour la depouille de l'année en laquelle le possesseur si le pied est couppé au jour de son trespas sont reputées pour meubles, jaçoit que les termes de payement ne fussent escheus au jour du trespas de l'heritier sont reputez pour meubles.

Benefice d'Inventaire.

LII. Que un heritier d'un trespassé dont l'hoirie d'iceluy est onereuse, il se peut fonder & porter heritier par benefice d'inventaire, en vertu de lettre patente deubment interinée, & à ce titre apprehender les biens par luy delaissez, en faisant toutesfois les solemnitez de droit & stile à ce requis & introduit, & n'est tenu payer fors jusques à concurrence des biens delaissez par ledit trespas.

LIII. Tel heritier ne peut avoir audit titre & apprehender autres biens que ceux compris en l'inventaire & priserie; & s'il en apprehende d'autre, il est reputé hoir simple, & tenu aux debtes du defunt.

LIV. Un parent de tel heritier trespassé qui ne seroit si prochain & habile à succeder à l'impetration audit benefice, se peut avant l'enterinement dudit benefice, porter heritier simple, à quoy il fait recevoir en payant les debtes; & en ce cas ledit impetrant se peut departir de ladite impetration, & se porter hoir simple en dedans le temps que l'un sera judiciairement ordonné & deliberé.

LV. Le plus prochain parent est recepvable soy fonder par benefice d'inventaire, nonobstant qu'un autre plus lointain y soit fondé, en luy refondant ses despens raisonnables, n'est que audit premier impetrant les lettres soient enterinées à ce en especial ledit plus prochain parent.

LVI. Les debtes d'un trespassé doivent estre payées avant le legat par luy fait.

LVII. Executeurs du testament peuvent avoir les biens delaissez par les testateurs sous leurs mains, l'espace d'un an à compter depuis le jour du trespas dudit testateur, pour pendant ledit an fournir à l'execution si avant que possible leur est, à la charge de rendre compte en fin dudit an, si requis en sont, & ne sont lesdits executeurs poursuivables plus avant que les biens meubles des testateurs se peuvent extendre.

LVIII. Lesdits executeurs peuvent vendre & adenierer, pour fournir à l'execution, les biens meubles & reputez pour meubles delaissez du testateur.

Coustumes concernantes le fait d'alienation d'heritage par vente, don, charge & hypotheque, disposition testamentaire, & autrement.

I. Que toutes personnes de franche & libre volonté & condition, peuvent vendre leurs fiefs, seigneuries, terres & heritages, de quelle nature qu'ils soient en ladite gouvernance, bailliage & chastellenie de Douay & Orchies, pour tel prix & somme, & y apposer telles charges, conditions, faculté de rachapt, & modification que bon leur semble, sans que soit requis avoir presence ou consentement de leurs femmes & heritiers apparans en servant les seigneurs de ses droicts seigneuriaux, tels que deus luy sont.

II. Que si l'heritier ayant vendu pré, fiefs & seigneurie ou l'heritage, sans faculté de rachapt, vient à les rachepter, & rembourser des deniers par luy receus, il retourne & revient à la possession, droict & seigneurie directe, sans pour ce payer aucun droict à son seigneur dont sont fiefs, terres & seigneuries & heritages tenus & mouvans.

III. Que il est loisible à telle personne de franche & libre condition, donner son fief, terre & seigneurie & heritage à son fils aisné ou fille aisnée, si fils n'y a, ou autre son heritier apparant en avanchement d'hoirie de succession, & peut entrer l'heritier apparant à la fidelité, saisine, possession & droit reel & de proprieté, de ce que audit titre luy sera donné, servant le seigneur de tant tel relief, & un droict de cambellage seulement.

IV. Que il est aussi loisible à telle personne de franche & libre disposition, donner à titre de mort-gage à ses enfans puisnez en la ligne directe, tous les fiefs, seigneuries & heritages, pour en jouir & posseder sans descompte, jusques au payement & rachapt de telle somme de denier que leur proufit leur seroit ordonné, que faire payer & satisfaire leur pourroit le fils aisné leur frere ou les heritiers en ligne directe, en pourroient lesdits puisnez tenir en la possession reelle, fonsiere & proprietaire de leur don, par payant & servant le seigneur de double relief seulement, sans droict de cambellage, & pourront faire jouir, user & posseder dudit fief & seigneurie, proprietaire & autrement, tout ainsi que pourroit faire & user dudit fief leur frere aisné, en retenant dès le toute comme à seigneurie & heritage, sans neantmoins le pouvoir aucunement charger, hypothequer à quelque charge.

V. Que si le fils & frere aisné ou ses heritiers en ligne directe & non autre, viennent à purger, remplir & rachepter ledit mort-gage, ils peuvent reprendre tout ledit fief & seigneurie, donner à titre à tel estat & valeur que sera trouvé sans estre tenu remplir plit c qui seroient fait & recorporé par les possesseurs audit titre de mort gage, pourroient avoir esté fait, créé & hypothequé sur icelle, & pourront & peuvent en leur droit, seigneurie & possession directe & naturelle, en payant & servant le simple relief & droit de cambellage seulement.

VI. Que à telle personne de franche & libre condition, est aussi loisible donner ses fiefs, terres & seigneuries, biens & heritages par don d'entre-vifs, & irrevocable à tel personne que bon luy semble, sans pour ce avoir la presence ou consentement de sa femme ou heritiers apparens, en payant & servant par les donataires le seigneur de son droict seigneurial.

VII. Qu'il est aussi loisible à telle personne charger, submettre & rapporter ses fiefs, terres & heritages pour rentes perpetuelles & à rachapt, en servant le seigneur de son droit seigneurial.

VIII. Que un chacun peut charger son heritage de sommes de deniers pour une fois, de seureté de douaire conventionnel, garandissement de rente, & les bailler à recousse & ferme jusques à vingt-huit ans, sans pour ce bailler ou payer droit seigneurial.

IX. Que il est loisible à toutes personnes de franche & libre condition par testament, disposition & ordonnance de derniere volonté, & deuement passé pardevant loy & gens publics, en la presence de deux tesmoings du moins, dessous le seing & escripture du testateur amenée à cognoissance, user disposer, ordonner de leurs biens, fiefs, terres, seigneuries, heritages & meubles à qui bon leur semble, & à leur plaisir & volonté, & y apposer telles clauses, devises, charges, conditions & modifications que bon leur semble, & par iceluy leur testament, eslire, denommer, instituer tel heritier & legataire universel, un ou plusieurs aussi à leur plaisir & volonté, & sans pour ce avoir la presence ne le consentement de leurs femmes ou heritiers apparans, de quel lez & costé que fiefs, biens, terres & heritages ou meubles procedent.

X. Que le mary constant son mariage peut vendre, donner, charger ou disposer des biens & heritages venus du partement lez & costé de sa femme, ainsi que bon luy semble, sans qu'il soit requis avoir leur consentement, ny à ce appeller ny evoquer leurdite femme ny aultres ses parens & amis, soient patrimoniaux, feodaux ou aultres.

XI. Que deux vassaux & tenans peuvent eschanger l'un à l'autre, leurs tenans & heritage tenu d'un mesme seigneur, sans pour ce payer aucun droict seigneurial, & neantmoins où l'un auroit fait de deniers au pardessus l'heritage eschangé, seroit & est deu de ladite faute & non plus.

XII. Que vente & don d'heritage se doivent amener à la cognoissance des seigneurs, dont ils sont tenus & mouvans en dedans l'an & de leur payer droict seigneurial.

XIII. Que si aucuns dons d'entre-vifs & irrevocable d'heritages sont faits à enfans ou heritiers apparans, iceux ont faculté de non apprehender prendre la possession & saisine réelle jusques le trespas advenu du donateur, mais en dedans l'an advenu du trespas, sont tenus & ont action les apprehender à titre de succession, sans pour ce payer autre ne plus grands droicts que les reliefs & droictures accoustumez, ou sinon les apprehender à tiltre de don particulier, en servant & payant le seigneur de droict seigneurial.

XIV. Par ladite Coustume, les legataires particuliers ou universel, sont tenus endedans l'an du trespas du testateur amener à cognoissance, & apprehender les legats d'heritage per action de mise de fait & aultrement, & de servir & payer le seigneur de droict seigneurial deu.

XV. Par ladite Coustume, l'homme peut avancher sa femme de ses biens, heritages, meubles ou immeubles, & la femme son mary, pour ce auctorisée de sondit mary.

Des Donations & Venditions.

I. TOus donataires peuvent à leurs despens, quand bon leur semble, soit du vivant des donateurs ou après, apprehender par auctorité de Justice les donations à eux faites.

II. Une personne ayant vendu & donné verballement ses maisons, fiefs ou heritages, en est & demeure vray heritier proprietaire jusques qu'elle en soit desheritée, ou que la donation ou achepteurs y sont tenus & decreté par mise de fait ou aultre apprehension judiciaire.

III. Vente ou donation realisée fait à preferer à aultre vendition ou donation precedente verballement faite seulement.

IV. Pour quelque vente verballe que heritiers face de maisons, fiefs & heritages, n'est tenus en desheriter, si bon ne luy semble, est quitte en rendant le denier à Dieu & ce qu'il en a receu, sans estre submis à quelque interest; mais l'achepteur en est tenu prendre adheritance, s'il plaist au vendeur, en cas que en dedans quarante jours ensuivans ladite vente ledit vendeur en soit desherité, & le fait signifier audit achepteur ou à son domicile; & lesdits quarante jours passez, sans avoir fait par iceluy vendeur les devoirs que dessus, l'achepteur n'est tenu prendre le marché, se bon ne luy semble.

V. Vente & achapt de heritages, maisons & aultres choses faites verballement, ne se fournissent ou acheptent par les vendeurs ou acheteurs, ains passent iceux par interest de restitutions de deniers à Dieu, vin, carité & principaux deniers, après devoirs, & sommations faits par l'entreteneur.

VI. L'on ne peut donner ses maisons, fiefs & heritages au prejudice de ses creanciers, & sont telles donations à revocquer jusques au fournissement de leur deu.

VII. Par l'usage, qui veut prouffiter d'aucuns marchez & agais, est requis à sçavoir de par le vendeur, consigner sous la main de Justice la denrée & marchandise par luy vendu par l'acheteur les deniers du marché, ayant le temps desdits agais expiré, & ce faire signifier par Justice à sa partie, afin qu'elle livre ou reçoive la chose vendue, ou les deniers consignez; & en cas d'opposition est requis de par le consignant du jour assigné par le sergeant en ramenant & fait conclure pertinemment; & si lors le temps desdits agais est expiré, ledit consignant peut contendre à interest seulement, en delaissant la livraison ou reception de la denrée, marchandise; neantmoins si durant le temps desdits agais ledit vendeur auroit renonché à livrer ou l'achepteur à payer, n'est requis pour le surplus faire les consignations & significations dessusdites.

VIII. Et ne peut-on constituer rentes heritieres sans rachapt, sans numeration des deniers.

Des Rattraicts Lignagiers.

I. QUand une personne a vendu fiefs, maisons ou heritages patrimoniaux, ou qu'ils soient vendus par decret, son parent du lez & costé dont lesdits fiefs, maisons & heritages procedent, les peuvent reprendre & rattraire à titre de proximité lignagier, en dedans l'an ou desheritement fait & baillé, & n'at ladite rattraicte lieu pour fiefs maisons & heritages acquestez par tel vendeur, ne pour biens meubles & catheux, n'est qu'ils adherent & soient vendus avec les fonds desdits fiefs ou heritages patrimoniaux.

II. Quand un mary ayant reprins à titre de proximité aucuns fiefs & heritages cottiers, les vend, reprinse & rattraict lignagier a lieu.

III. Après telle proximité adjugée ou reconnue, le ratrayant est tenu rembourser l'achepteur des deniers principaux & leaux coustemens, ou consigner ès mains de ladite Justice deniers suffisans pour faire ledit remboursement; & si par la vente y a chose non lignagiere, est receu en baillant caution pour fournir à l'ordonnance d'icelle Justice, ladite liquidation faite de la consignation de caution, si elle est baillée, faire signifier audit achepteur ou à son domicile.

IV. Fiefs, maisons & heritages demandez audit titre de proximité, se font adjuger au ratrayant en tel estat qu'ils sont trouvez à l'heure de la saisine réelle, ensemble les fruicts, prouffits eschus durant la litige, en cas qu'il eust nampty les clers deniers du marché, & pour le surplus bailler caution au jour de ladite saisine ou durant le temps du litige, à compter depuis le jour dudit namptissement en avant, & non aultrement.

V. Pour obtenir telle rattraite sans titre de proximité, n'est requis que la poursuite se fasse par le plus prochain parent du vendeur, du lez dont l'heritage procede; neantmoins s'il y a plusieurs seigneurs faisans ladite rattraite du dernier degré, le plus prochain fait à preferer à ladite proximité, combien que adjudication eut esté faite à plus loingtain parent, & s'il y en at plusieurs en pareil degré, le plus diligent ayant fait faire la saisine, soit masle ou femelle fait à preferer à ladite proximité.

VI. Une personne ayant achepté fiefs, maisons ou heritages patrimoniaux de son parent, est d'iceluy adherité, pert son droit de proximité, & peut aultre parent faire la reprinse, en faisant les debvoirs tel que dessus.

VII. Le rattrayant après l'heritage à luy adjugé ou recognu ou remboursé fait, est comme subrogé ou lieu de l'acheteur, tenu & obligé au contenu du marché, & iceluy acheteur du tout en deschargé.

Des Droicts & actions concernans Gens Mariez.

I. LA femme est en la puissance de son mary, jaçoit qu'elle ait pere vivant, & ne peut sans autorité de son mary faire testament & ordonnance de derniere volonté, donner, quitter ou contracter ne ester en jugement en cas de delict ou injure.

II. Le mary seul sans procuration de sa femme, peut en qualité de mary & bail, poursuir, conduire & deffendre toutes actions, tant réelle que personnelle, procedans à cause de sadite femme.

III. Le mary est tenu & poursuivable pour les debtes, charges & obligations deues & vallablement contractées par sa femme paravant son mariage.

De Puissance de Pere & de Mere, comme elle se peut dissoudre, & de minorité d'eage.

I. ENfans procréez en leal mariage, sont & demeurent en la puissance de leur pere tant qu'ils soient emancipez pardevant Justice competente, qu'ils soient mariez ou ayent prins estat honorable, & estans ainsi en ladite puissance, ne peut estre en jugement pour & au nom d'eux pourchassant & deffendant leurs biens, droits & actions.

II. Fils ou filles ne peuvent contracter ny estre en jugement sans le consentement de son pere, excepté en cas de delicts & injures.

III. Enfans sont reputez aagez, à sçavoir le masle à l'eage de quatorze ans attendant les quinze, & la femelle à l'aage de onze ans complets attendant la douziesme, jusques auquel eage ils sont reputez en minorité & ne sont habiles de contracter ne autrement disposer de leurs biens.

De Bail & Gouvernement.

I. ENfans mineurs d'ans après le decès de leur pere ou mere, demeurent & sont en tutelle legitime de leur pere ou mere survivant, tant qu'ils soient aagez ou pourveus suffisamment de tuteurs.

II. Enfans mineurs d'ans estans en tutelle de personne, & en curatelle ne peuvent contracter ne ester en jugement sans auctorité de leurs tuteurs & curateurs.

III. Quand aucuns parens sont adjournez afin d'accepter la tutelle d'aucuns mineurs, ils peuvent estre submis sommairement en leurs excuses, & s'il leur est ordonné d'emprendre & faire serment pertinent au cas de refus ou delai, ils seront contraints par emprisonnement de leurs personnes, & si aucuns à ces fins adjournez sont deffaillans, ils seront readjournez, main-mise ou autrement contraints par voye de Justice, & le tout à leurs despens, nonobstant appel & sans prejudice à iceluy.

IV. Tuteurs des mineurs ou curateurs ne peuvent vendre, charger ou alienor les maisons, fiefs & heritages d'iceux mineurs ou ceux estans en curatelle, n'est en vertu de lettres patentes en forme d'auctorisation deuement intervenue pour leur utilité, proufit & causes raisonnables.

V. Enfans judiciairement constituez en tutelle, ils demeurent tant que judiciairement ils en soient dechargez, qu'ils soient mariez ou parvenus en estat honorable.

VI. Et combien que tels enfans eussent attaint leur

eage, & que ils ou leurs tuteurs requiſſent eſtre deſchargez de la tutelle de Juſtice, n'eſt tenu de faire s'elle trouve cauſe raiſonnable ou contraire.

VII. Un tuteur & curateur eſt tenu & pourſuivable ſeul & pour le tout, de l'adminiſtration, entremiſe & charges de ladite tutelle & curatelle, jaçoit que les aultres ſoient ſolvents ou ayent en maniance des biens de leurs pupils ou ceux mis en curatelle, ſauf ſon recouvrier ſur les curateurs, comme il appartiendra par raiſon.

VIII. Pour deubment mettre en curatelle une perſonne eſtant en ſa franchiſe & liberté, pour prodigalité, debilitation de ſens ou aultres ſuffiſans, eſt requis d'obtenir lettres patentes en forme deue, & icelles faire interiner par le gouverneur de Douay ou ſon lieutenant, en appellant ladite perſonne s'elle n'eſt debilitée de ſens, & pourvoyant pendant le litige ſur interdiction de non aliener les biens par ladite perſonne ſelon qu'il ſera trouvé ſommierement la matiere y eſtre diſpoſée; & ſi par telle perſonne eſt appellée ladite interdiction ſortiſt effet tant que parties ouyes en ſoit aultrement ordonné, comme auſſi l'on ne differe faire ladite interdiction pour appellation interjettée de la ceſſion deſdites lettres ou autre appellation faite ou à faire, & ſans prejudice d'icelle, & ne ſont les curateurs commis, tenus bailler caution ne faire inventaire des biens, & ſuffit faire le ſerment en tel cas pertinent.

IX. Si tel pourveu de curateur ſe porte pour appellant de l'interinement deſdites lettres, ladite curatelle tient & a lieu juſques à ce que aultrement en ſoit ordonné.

X. Toutes perſonnes conſtituées en curatelle, ne peuvent eſtre dechargées d'icelle par mariage ou aultrement, n'eſt par lettres patentes en forme de rehabilitation, & deubment interiné par ledit gouverneur ou ſondit lieutenant, à ce evoqué leſdits curateurs ou aultres, ſi meſtier eſt.

Des Cenſe & Louage.

I. L'Uſufructuaire & louagier de maiſon, fiefs & heritages, les peut bailler en louage ou cenſe, ſi à telles maiſons appendent prez, paſtures ou terres à labeurs, le terme de neuf ans, ou en deffaut moyennant que ledit louage ne ſe faſſe de deux ans paravant le vieil bail expiré, & ſe en telles maiſons n'appendent aucuns prez, paſtures ou terres à labeurs, l'eſpace de trois ans ou en deſſous, moyennant qu'il ne faſſe en un an auparavant le precedent louagier expiré.

II. Les cenſiers & louagiers ne ſont tenus eux departir de l'occupation & jouiſſance de leurs cenſes & louages, ains en peuvent & doivent poſſeſſer le parfait d'iceux, nonobſtant que les proprietaires y volſiſſent aller reſider, pourveu que ledit louagier ſoit encommencé.

III. Quand un louagier ou cenſier a fait faire aucuns edifices ſur le lieu & heritages qu'il tient en cenſe ou louage, l'heritier peut retenir leſdits edifices, en payant les deniers à quoy ils ſeront priſez, à porter en voye par dict de gens en ce cognoiſſans, & ſi l'heritier ne les veut retenir, les cenſier ou louagier les peut emporter.

IV. L'on ne peut fraiſſer ne deſvoyer terres à labeurs, ſans le conſentement de l'heritier, à peril de payer demy cenſe de telle fraiſſure & devoyement pardeſſus le vendage.

De Preſcription.

I. QUiconque jouit & poſſeſſe paiſiblement ou continuellement à tiltre ou ſans tiltre d'aucun droit réel ou perſonnel, corporel ou incorporel, mixte ou deſpens de realité ou demeure paiſible ou exempt par l'eſpace de vingt ans continuels, & enſuivans l'un l'autre entre parties preſentes eagées & non privilegées, contre abſens trente ans, contre gens d'Egliſe privilegez quarante ans, il acquiert le droit de la choſe par luy poſſedée, & celuy qui en ſeroit demeuré paiſible en acquiert quittance d'exemption, & ledit temps paſſé, perſonne ne le peut en ce inquieter du moins vallablement.

II. En preſcription faut deduire le temps de minorité, tutelle ou curatelle advenue pour debilité d'entendement. Faculté de rachapter rentes à rachapt ne ſe peut preſcrire.

III. Vices, erreurs de comptes, ne ſe peuvent preſcrire & ſe purger en tout temps.

De Matieres Poſſeſſoires, Complaintes & Maintenues.

I. POur intempter vallablement complainte en cas de ſaiſine & de nouvelleté, eſt requis que le complaiguant ſoit en poſſeſſion d'an & jour de la choſe dont il ſe complaint, que l'on trouble actuellement & le face executer contre les turbateurs, en dedans l'an dudit trouble, & en appartient la cognoiſſance au gouverneur dudit Douay ou ſon lieutenant.

II. Quiconque eſt trouvé poſſeſſeur d'an & jour d'aucunes choſes litigieuſes, il eſt demeuré recevable de demander la jouiſſance avoir durant ledit litige.

III. Au gouverneur de Douay ou ſon lieutenant, compete & appartient la cognoiſſance en matiere de poſſeſſoire de benefice, eſtant en la ville dudit Douay.

De Miſe de Fait.

I. PAr ladite Couſtume, miſe de fait decretée equipolle à desheritement, & emporte vigueur de ſentence au regard des ſignifiez & adjournez en eſpecial, & ne peut prejudicier à celuy non ayant eſté adjourné.

II. Telle miſe de fait ne poſſeſſe perſonne, & n'attribue droit à l'impetrant, juſques qu'elle ſoit decreté, & après ledit decretement elle ſe retraict de ladite main miſe de fait, après le treſpas dudit contractant que de ſon vivant, ſans recognoiſſance eſtre preallablement faicte par les heritiers de tel treſpaſſé.

De Main-Assise.

I. POur en vertu de commission de main-assise, qui se decerne seulement dudit gouverneur de Douay ou son lieutenant, créer seureté & hypotheque pour en ladite rente heritiere ou viagere sur fiefs, maisons & heritages, sur biens adherans au fonds, situé ès mets desdites gouvernance & Bailliage, est requis en telle main-assise le fait accordé par lettres obligatoires passées & recognues pardevant iceluy gouverneur de Douay ou son lieutenant ou auditeurs audit Douay, sous le seel du souverain Bailliage, & ne se peut faire sur aucuns biens meubles ou reputez pour biens meubles, ny après le trespas des obligez ou recognoissans, que preallablement les lettres ne soient recognues ou prononchées executoires, & se decrettent sur un deffaut, ad ce adjourné le sieur Bailly ou lieutenant, de qui lesdits fiefs, terres & heritages ou maisons sont tenus, & s'il y at l'un d'eux resident en ladite ville, chastellenie & gouvernance de Douay, le sieur superieur, son bailly ou lieutenant, ensemble les obligez & recognoissans parlant à leurs personnes ou domicile esleu, à faute de laquelle signification aussi fait deubment & legitimement, telle hypoteque & asseurance faites par ladite voye de main-assise seroit nulle & destituée.

II. Main-assise decretée se rattraict & crée seureté d'hypotheque dès l'instant de la main-assise, & ne peuvent les obligez ou recognoissans deteriorer ou faire choses au prejudice de ladite hypotheque.

Des Hypotheques & Rapport d'Heritages.

I. RApport d'heritage fait pardevant la Justice du lieu, engendre hypotheque & la seureté de ce pourquoy ils sont faits, quand aucun est judiciairement realisé en fiefs, maisons & heritages, sont affectez pour telles charges.

II. Labeur & semenches sont à preferer en payement sur les advestures, en procedans avant droit de cense & autres debtes ou hypotheques telles qu'elles soient.

III. Les advestures & depouilles procedans de fiefs & heritages baillez en censes sont hypothequez pour le vendage de l'année courante desdites depouilles, & sont à preferer à aultre hypotheque, sauf desdits labeur ou semenche.

IV. L'année courante de louage d'une maison, fait à preferer à toutes aultres hypotheques sur les biens trouvez en ladite maison ou portion d'icelle, ayant occupé les louages à qui soient appartenans.

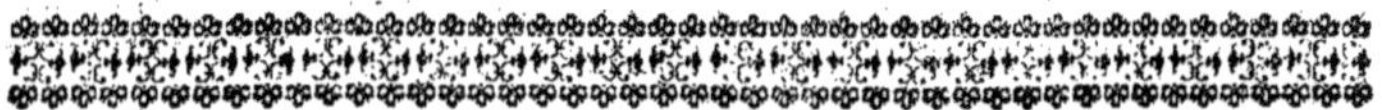

CERTIFICAT
EN FORME
D'ACTE DE NOTORIETÉ,
DES OFFICIERS DE LA GOUVERNANCE DE DOUAY,
Sur quelques Articles de la Coustume du Bailliage & Chastellenie de DOUAY.

NOus Claude Hustin, Conseiller du Roy, Lieutenant de la Gouvernance de Douay & Orchies, & François Remy aussi Conseiller du Roy & son Procureur à ladite Gouvernance, certifions & attestons à tous ceux qu'il appartiendra, que les Articles cinq & sept de la Coustume de ladite Gouvernance du tiltre concernant le fait d'alienation d'heritage, par vente, don, charge, hypoteque, disposition testamentaire & autrement, sont observez & en usage à ce Siege, conformément ausquels nous jugeons, au regard dudit article cinq, Que toutes personnes de franche & libre condition peut donner ses fiefs, terres & seigneuries, biens & heritages par don d'entre-vif & irrevocable à telle personne que bon luy semble, sans pour ce avoir la presence ou le consentement de sa femme ou de son heritier apparent.

QU'IL est pareillement permis suivant ledit Article sept, à toutes personnes de disposer des mesmes biens, par testament & ordonnance de derniere volonté, & qu'enfin tous les biens situez sous le ressort de cette Gouvernance sont absolument disposibles, tant par entre-vif que par testament; ce que nous tenons pour regle à ladite Gouvernance, laquelle est tellement en usage que personne ne la revocque en doute; lequel usage lesdits Lieutenant & Procureur du Roy suivent dans leurs jugemens:

& ce avec d'autant plus de sujet, que lesdits Articles ont esté verifiez depuis peu, par une preuve turbierre au Parlement de Tournay, en conformité desquels la Cour dudit Parlement a jugé diverses fois, & particulierement pour la Baronnie de Lomdas, ce que d'ailleurs un chacun sçait, pour voir jouïr sans contredit diverses personnes des terres & seigneuries qui leur ont esté laissées par dispositions testamentaires & autrement. En foy dequoy nous avons signé le present acte, & y apposé nostre seel ordinaire. Fait & donné à Douay, le treize Octobre mil six cens quatre-vingts-onze.

Signé, C. HUSTIN, F. REMY.

ESchevins de la ville de Doüay, Salut. Sçavoir faisons & certifions à tous qu'il appartiendra, que les sieurs Claude Hustin ayant signé l'Acte cy-devant transcript, est Conseiller du Roy, Lieutenant de la Gouvernance des villes de Douay & Orchies; & François Remy l'ayant pareillement signé, est aussi Conseiller du Roy, & son Procureur à ladite Gouvernance, & qu'aux actes par eux faicts & signez, en telle qualité l'on adjouste foy & credence, tant en jugement que dehors; en tesmoing de verité nous avons fait signer ces Presentes de nostre Greffier Civil, & y fait apposer le cachet ordinaire de ladite ville, qui furent faites & données audit Douay, le vingt-quatre de Novembre mil six cent nonante deux.

Signé, A. POOTE. 1692.

TABLE DES SOMMAIRES DES COUTUMES DE DOUAY, ET ORCHIES.

COUSTUMES 1627.

DE LA VILLE ET ESCHEVINAGE DE DOUAY.

Confirmées & decretées par le Roy nostre Sire, Comte de Flandres, &c.

HILIPPE, par la grace de Dieu Roy de Castille, de Leon, d'Arragon, des deux Sicilles, de Hierusalem, de Portugal, de Navarre, de Grenade, de Tolede, de Valence, de Galice, des Maillorcques, de Seville, de Sardaine, de Cordube, de Corsicque, de Murcie, de Jean, des Algarbes, d'Alger, de Gilbaltar, des Isles de Canarie, & des Indes tant Orientales qu'Occidentales : des Isles & terre ferme de la mer Oceane, Archiducq d'Austrice, Ducq de Bourgoigne, de Lothier, de Brabant, de Lembourg, de Luxembourg, de Gueldres, & de Milan, Comte de Hasbourg, de Flandres, d'Arthois, de Bourgoigne, Palatin, de Tirol, & de Haynnau, de Hollande, de Zelande, de Namur & de Zutphen, Prince de Zwave, Marquis du Saint Empire de Rome, Seigneur de Frize, de Salins, de Malines, des Cité, Villes & Pays d'Utrecht, d'Overissel, & de Groeninghe, & Dominateur en Asie & en Afrique. SÇAVOIR FAISONS à tous presens & à venir, que comme pour bonnes & pregnantes raisons feu le Serenissime Archiducq Albert nostre très cher & très amé bon Oncle (que Dieu ait en gloire) avoit ordonné par Edict perpetuel du douziesme de Juillet mil six cent & onze, pour la meilleure direction des affaires de Justice, à tous Officiers & Magistrats des Pays, Villes & Chastellenies de pardeça, qui dès l'an quinze cens quarante, estoient demeurez en faute, d'obtenir decretement & emologation de leurs coustumes, & usances, (selon que ja auparavant leur avoit esté enchargé, par feu l'Empereur Charles V. nostre très-honoré Seigneur & Bisayeul de glorieuse memoire) d'envoyer au Conseil de leur Province le Quayer de leursdictes Coustumes, afin d'estre, par les President & Gens d'iceluy, examinées, & consideré s'il ne fust requis d'y faire aucun changement, dont en cas de difficulté ils deussent avertir ceux de nostre Conseil Privé, envoyant joinctement ledit Quayer, avec leur advis, pour estre decreté en la forme que seroit trouvé mieux convenir, au bien de nos sujects, & par mesme moyen rendre chacun certain de la loy de son quartier, & obvier aux grands despens que l'on souffre à l'occasion des preuves desdites coustumes & usances, que bien souvent l'on a trouvé se contrarier en divers poincts. En suite de quoy, ayans nos chers & bien amez les Eschevins de nostre Ville de Douay conclud & arrestez soubs nostre bon plaisir & adveu les coustumes & usances de ladite Ville, ils ont tres-humblement supplié qu'il nous pleust les decreter en la forme suivante.

CHAPITRE PREMIER.

Concernant le faict de Succession ab intestat, *& des Entraveſtiſſemens.*

ARTICLE PREMIER.

LA couſtume de la ville & Eſchevinage de Douay eſt telle que le mort ſaiſit le vif, ſon plus prochain heritier, habile à luy ſucceder, ſans qu'il ſoit requis, faire aucune actuelle apprehenſion par relief, miſe de faict ny autrement des heritages ſituez ès metes de ladite ville & Eſchevinage, ſi avant que heritier fonder ſe vueille.

II. Heritages patrimoniaux ſituez audit Eſchevinage ne tiennent ny coſté, ny ligne (*a*), & ſuivent en ſucceſſion nature de meubles.

III. Toutes perſonnes conjoinctes par mariage, non ayant eu enfant peuvent par lettres entraveſtir l'un l'autre en tous leurs biens meubles, catheux, & heritages qu'ils ont & acquerir pourront, conſtant ledit mariage ès metes dudit Eſchevinage, pour en jouyr & eſtre poſſedez par le ſurvivant deſdits conjoincts, & y ſucceder tant en uſufruict que proprieté; ainſi que ci-après ſera declaré, pourveu (entant que touche leſdites maiſons & heritages) que tels entraveſtiſſemens ſoient faicts & recognus pardevant Eſchevins de ladite Ville en nombre de deux du moins, à peine de nullité, & que la femme ſoit autoriſée de ſon mary quant à ce.

IV. Quand deux conjoincts par mariage ont entraveſty l'un l'autre de ſang (ce qui advient quand il y a eu enfant dudit mariage) ou par lettres, au ſurvivant d'iceux deux conjoincts, competent & appartiennent tous & chacuns les meubles, catheux & heritages ſituez audit Eſchevinage, qui leur appartenoient, & dont chacun d'eux eſtoit jouiſſant au jour du treſpas du premier mourant, pour par ledit ſurvivant en jouyr, uſer & poſſeder heritablement comme de ſa choſe propre, ſans que les enfans procedans dudit mariage, ou en faute d'enfans, les parens du premier mourant y puiſſent avoir aucun droict. Bien entendu que ſi ledit ſurvivant ayant enfant ou enfans, vint à ſe remarier, en tel cas & non autrement, les terres, heritages, catheux, maiſons & rentes tant viageres que heritieres, portez en mariage par le premier decedé, & qui luy ſeront ſuccedez ou donnez, demeureront affectez auſdits enfans, pour en jouyr après le treſpas dudit ſurvivant.

V. Quand deux conjoincts par mariage n'ont entraveſty l'un l'autre de ſang ny par lettres, & que l'un d'iceux termine vie par mort, au ſurvivant compete & appartient la juſte moitié des biens meubles, catheux & heritages ſituez comme deſſus, dont ils jouyſſoient, & eſtoient proprietaires au jour du treſpas du premier mourant, & l'autre moitié aux heritiers dudit premier decedant, de quel lez & coſté qu'ils viennent & procedent, en payant moitié des debtes, obſeques & funerailles à l'encontre du ſurvivant.

VI. Que ſi un ſurvivant de deux conjoincts par mariage jouyſſans & poſſedans pluſieurs biens meubles, catheux & heritages ſituez en ladite ville & Eſchevinage de Douay, termine vie par treſpas, delaiſſant pluſieurs enfans, à iceux enfans competent & appartiennent tous leſdits biens & heritages, à partir à compte de teſtes, & autant à l'un comme à l'autre, en faiſant rapport ſeulement des deniers clers, rentes & heritages portez en mariage, & advancez par pere & mere ou autres aſcendans, ne fut qu'autrement en ſeroit diſpoſé.

VII. Repreſentation aura doreſenavant lieu en ſucceſſion de ligne directe ſeulement.

VIII. Tant que la ligne directe deſcendante ou aſcendante, ſoit en eſtre & vigueur, la ligne collateralle ne peut avoir lieu, & tant que la ligne deſcendante ait cours, l'aſcendante n'a lieu.

IX. Quiconque s'immiſce, ou apprehende à tiltre d'heritier les biens d'un treſpaſſé, il ſe ſubmet aux debtes, & à l'entretenement des dons, promeſſes & obligations, faicts & contractez par ledit treſpaſſé.

X. Freres & ſœurs, ores que de divers licts ſuccedent égallement l'un à l'autre ès biens & heritages par eux delaiſſez, ſituez audit Eſchevinage.

XI. Les religieux ou religieuſes profès ne peuvent ſucceder aux biens & heritages de leurs parens, eſtans ſituez en ladite ville & Eſchevinage, ny les Monaſteres pour eux.

XII. Les baſtards enfans naturels & illegitimes ne ſuccedent & ne peuvent ſucceder ès biens de pere ny de mere, ny pareillement les pere ou mere à leurs enfans illegitimes & baſtards.

XIII. Le pere & la mere ſont heritiers de leur enfant terminé vie par treſpas ſans enfans, en tous & chacuns ſes biens & heritages ſituez en ladite ville & Eſchevinage de Douay, & ce avant que les freres & ſœurs de tel treſpaſſé y puiſſent avoir aucun droict.

XIV. Les heritiers proprietaires & immobiliaires ayans apprehendé les heritages d'un treſpaſſé, combien qu'ils ſe ſoient abſtenus d'apprehender les biens meubles, ſont tenus & ſubmis au payement des debtes, furniſſement & accompliſſement des dons, promeſſes, contracts & obligations d'un treſpaſſé, comme & auſſi avant que les heritiers mobiliaires, & autant l'un comme l'autre, ſans que la condition de l'un ſoit moindre ou meilleure, en charge & deſcharge que l'autre, ains ſont égaux à compte de teſtes.

XV. Il eſt loiſible à un crediteur, ou autre veuillant intenter pourſuite, de ſaiſir & agir contre tel heritier d'un treſpaſſé ſoit mobiliaire & pour le tout comme bon luy ſemble, & eſt ſon action & pourſuite vaillable, ſans qu'il ſoit requis s'adreſſer contre tous les heritiers, ains ſuffit emprendre & s'adreſſer contre l'un pour le tout, & tel traicté eſt libre d'evocquer ſes coheritiers pour le guarantir & contribuer à ſon indemnité, chacun pour ſa part.

XVI. Par ladite couſtume eſt auſſi loiſible à l'un des coheritiers d'un treſpaſſé, & pour le tout intenter toutes actions & pourſuites contre les debiteurs de tel treſpaſſé, & leurs biens, & le payement faict à l'un des coheritiers eſt vaillable pour les autres, ſans que jamais ils en puiſſent aucunement inquieter, ny pourſuivre leſdits debiteurs, en ſorte ou maniere que ce ſoit.

XVII. En matiere de ſucceſſion, les meubles ſuivent le corps, & ſon principal domicile.

a CHAP. I. ART. 2. *Heritages patrimoniaux ne tiennent ni coſté ni ligne.* Cette Coutume à l'imitation du Droit Romain, ne connoît point la regle *paterna paternis.* Et defere la ſucceſſion même des propres au plus proche parent habile à ſucceder. C. B. R.

XVIII. Biens meubles & reputez pour meubles ne tiennent ny costé ny ligne,& ne peut-on sur iceux créer ny acquerir hypothecque.

XIX. Reparation d'homicide tant honorable que profitable, compete & appartient à la vefve demeurée ès biens, & debtes de son feu mary, & au cas qu'elle fut terminée, à ses enfans. Et où il n'y auroit enfans aux plus proches parens & amis de sondit feu mary : mais si telle vefve renonçoit ou avoit renoncé aux biens & debtes d'iceluy, & il y eut enfant, ou enfans vivans, la moitié de ladite reparation compete & appartient à ladite vefve, & l'autre moitié aux enfans, & au cas qu'il n'y eut enfant ou enfans, à icelle vefve seule competera & appartiendra la totalité d'icelle reparation.

CHAPITRE II.

Concernant Dispositions Testamentaires.

I. TOutes personnes de franche & libre condition, peuvent & leur est licite par testament & disposition de derniere volonté, disposer, donner, legater, & ordonner de leurs biens meubles, catheux, & heritages situez en la ville & Eschevinage, à qui & ainsi que bon leur semble.

II. Tous bastards enfans naturels, & autres illegitimes peuvent aussi tester, & par testament disposer de leurs biens meubles & heritages, situez en ladite ville & Eschevinage, ainsi & comme les autres bourgeois, manans ou forains.

III. Auparavant qu'un testament puisse sortir effect,& qu'autruy en puisse profiter,ou en vertu d'iceluy acquerir aucun droict ès biens & heritages du testateur situez en ladite ville & Eschevinage de Douay, il convient & est necessairement requis que pardevant Eschevins tel testament soit juré, emprins & promis entretenir, furnir & accomplir par les executeurs, vefve, heritiers ou legataires universels du testateur.

IV. Un legataire universel, est submis & tenu aux charges, debtes & obligations de celui dont il est legataire.

V. Une femme mariée ne peut faire testament sans l'autorité de son mary.

VI. Lesdicts executeurs testamentaires peuvent vendre & adenierer par authorité de Loy, pour furnir à leur execution, les biens meubles & reputez pour meubles, delaissez par le testateur.

CHAPITRE III.

Des Dons, Alienations, & Venditions.

I. TOutes personnes de franche & libre condition, peuvent user & disposer de leurs biens meubles, & heritages situez en ladite ville & Eschevinage, à qui & soubs telles conditions, charges & modifications que bon leur semble.

II. Toutes ventes & dons entre vif d'heritages situez en ladite ville & Eschevinage, passez & recognus pardevant Eschevins de ladite ville, en nombre de deux du moins, soit qu'icelles ventes ou dons soient purs, absolus ou conditionnels, engendrent dès l'instant desdites ventes ou dons advenus effectuellement, saisine & droict reel, & de proprieté en possession fonsiere desdits heritages vendus, ou donnez, au profit des acheteurs ou donataires, à charge de purger les conditions, charges & modifications y declarées, sans estre requis faire autres solemnitez ou devoir de justice par rame ou baston, ny autrement, sans aussi que les vendeurs ou donateurs y puissent contrevenir.

III. Le mary constant son mariage, peut vendre & charger les biens & heritages venans du lez & costé de sa femme, situez en ladite ville & Eschevinage, & en disposer ainsi que bon luy semble, sans le consentement de sa femme, & sans qu'il soit besoin à ce evocquer & appeller sadite femme, ou autres ses parens & amis.

IV. Ratraicte n'a lieu audit Eschevinage, des heritages, en cas de vente ou alienation.

V. Un vendeur ou locateur des heritages situez en ladite ville, & Eschevinage de Douay, n'est tenu si bon luy semble, livrer, ny se desaisir de son marché, ny semblablement le recognoistre pardevant Eschevins, mais peut & doit passer parmy payant interests à l'achepteur ou conducteur à l'arbitrage desdits Eschevins.

VI. Par ladite coustume l'acheteur ou conducteur, n'est aussi tenu, si bon luy semble, prendre l'heritage par luy acheptè, ny accepter le louage d'aucuns heritages, mais peut & doit passer parmy payant interest au vendeur ou locateur, à l'arbitrage que dessus.

VII. Par l'usage de ladite ville & Eschevinage, qui veut profiter d'aucun marché à aghais, est requis, à sçavoir de par le vendeur consigner soubs la main de Justice la denrée & marchandise par luy vendue, & par l'achepteur, les deniers du marché avant le temps desdits aghais expiré, & à faire signifier par Justice à sa partie, afin qu'elle delivre ou reçoive la chose vendue, ou les deniers consignez. Et en cas d'opposition, est requis par le consignant au jour assigné par le Sergeant, en ramenant à faict, conclure au cas pertinent, & si lors le temps desdits aghais est expiré, ledit consignant peut contendre à l'interest seulement, en delaissant la livraison, ou reception de la denrée & marchandise. Neantmoins si durant le temps desdits aghais, ledit vendeur avoit commencé à livrer, ou l'acheteur à payer, n'est requis pour le surplus faire les consignations & significations susdites, ains seront tenus au parfurnissement du marché, comme entamé, & n'estant plus entier, & à sa faute de faire les devoirs susdits pardedans lesdits aghais, tel marché tombe en nullité.

VIII. Tous donataires peuvent à leurs despens, & toutes les fois que bon leur semble, soit du vivant du donateur, ou aprés, apprehender par mise de faict, les dons à eux faicts, qui ne seroient passez ny recognus pardevant Eschevins, ou autrement s'y faire realiser, & ne peuvent les heritiers retenir les dons, en payant l'estimation d'iceux, combien que par le trespas des donateurs ils en ayent esté saisis.

IX. L'acheteur d'une maison ou heritage, ayant retenu à sa charge aucunes hypotecques de rente, est tenu au payement des termes entamez, depuis le jour du Werp en avant, & aussi appartiennent à tel acheteur les louages des maisons & heritages qui escheroient depuis le Werp en avant.

X. Une personne ne peut donner ses biens ny heritages au prejudice de ses creanciers, & si donné les avoit, lesdits creanciers peuvent faire revocquer lesdonations, jusques au furnissement de leur deu.

XI. Femme mariée ne peut agir, donner, ny contracter, sans sur ce estre deuement authorisée & licentiée de son mary.

XII. Le mary ayant sa femme marchandant, & tenant huissine & boutique ouverte publiquement, au veu & sçeu de son mary, est tenue & poursuivable pour ce qu'elle auroit à cause de sadite negotiation, ou boutique faict ou contracté, & peut agir pour les debtes actives procedantes de sadite negotiation & marchandise, sans l'auctorité de son mary.

XIII. Le mary & la femme constant leur mariage, peuvent (ladite femme authorisée de son mary) advancer par testament, ou autrement l'un l'autre en tous leurs biens meubles, maisons, & heritages situez audit Eschevinage, de tout ou de partie; & ce faisant apposer telles charges, conditions & modifications que bon leur semble.

XIV. Le mary est tenu & poursuivable pour les debtes, charges & obligations deues & vaillablement contractées par sa femme paravant leur mariage.

CHAPITRE IV.

Des Censes & Louages.

I. SI un louager a faict aucuns ouvrages necessaires en la maison louée, après avoir sur ce sommé le proprietaire ou usufructuaire, & qu'iceluy a esté en faute de les faire, il les peut defalquer sur son louage.

II. Si un louager a fait aucuns autres ouvrages en la maison louée, n'est que le proprietaire, ou usufructuaire les veuille retenir pour tel pris qu'ils seroient estimez à emporter, tel louager les peut lever à son departement de ladite maison, en remettant icelle maison en premier estat.

III. Quand une maison appartient à plusieurs, & que l'un la veut partir & diviser, le partage s'en doit faire, si icelle maison est partable.

IV. L'occupeur d'une maison & heritage est poursuivable pour le deu du louage durant son occupation, comme le propre louager, au chois du proprietaire, ou usufructuaire d'icelle maison.

V. Le conducteur ayant prins à ferme & louage maison & heritage, seant en ceste ville & Eschevinage, pour en jouyr l'espace de trois, six, ou neuf ans, suivant la coustume de ladite ville, a faculté & puissance de renoncer à ladite ferme & louage, moyennant qu'il le face signifier au locateur un demy an paravant l'expiration desdits trois, ou six ans. Et en ce cas ledit locateur est tenu reprendre sadite maison & heritage au bout desdits trois ou six ans. Et si le proprietaire s'est retenu la faculté de reprendre la maison & heritage qu'il a baillé à louage, il pourra semblablement ce faire, le faisant sçavoir & signifier trois mois auparavant à son conducteur.

VI. Le conducteur veuillant bailler en arriereferme la maison & heritage qu'il tient en louage, le doit faire signifier à son locateur, lequel peut reprendre à soy ladite maison & heritage en preference, & à l'exclusion de tous autres arriere fermiers, ou louagers.

CHAPITRE V.

D'acquerir Droict reel, & Hypotecque sur Heritages situez en ladite Ville & Eschevinage de Douay.

I. PAr ladite coustume il est permis à tous heritiers charger, obliger & hypotecquer les maisons & heritages à eux appartenans ès metes de cet Eschevinage de Douay, au cours des rentes viageres & heritieres, en passant icelles charges, hypotecques ou obligations pardevant Eschevins en nombre de deux du moins, & en payant les droicts pour ce deus.

II. Ladite coustume est telle, que toutes charges, soient rentes viageres ou autres bail, ou louage de maison, promesses & obligations, & generalement tous contracts faicts, passez & recognus pardevant les Eschevins en nombre de deux du moins, engendrent hypotecque, sur tous & chacuns les heritages des obligez, & contractans, qu'ils avoient au jour du contract à eux appartenans, situez en ladite ville & Eschevinage, à la seureté des parties, & au furnissement & entretenement des charges, promesses, obligations & contracts, sans qu'il soit requis faire autre solemnité & devoir de Justice.

III. Tous testamens, codicils, & autres dispositions de derniere volonté d'un trespassé, passez, recognus, & deuement amenez à cognoissance par emprinse pardevant lesdits Eschevins en nombre de deux du moins, engendrent au faict des legats d'heritages, saisine & droict reel incontinent après le trespas advenu au profit des legataires & seureté, à l'entier furnissement & accomplissement du contenu esdits testamens & dispositions de derniere volonté, sans qu'il soit requis faire autre devoir de Justice.

IV. Pour vaillablement acquerir droict de servitude sur heritage situé en ladite ville & Eschevinage de Douay, soit de veue, portement d'eaues, passage, ou autre espece de servitude. Il est requis que ledit droict de servitude soit suffisamment consenty, accordé, recognu, & passé pardevant Eschevins de ladite ville, en nombre de deux du moins, entre parties, ausquelles ce touche, & que de ce en soient faites levées, & monstrées lettres, données desdits Eschevins.

V. Labeurs & semences sont à preferer en payement sur les advestures en procedant, avant droict de cense & autres debtes & hypotecques, quelles qu'elles soient.

VI. Les advestures & despouilles procedantes d'heritages baillé en cense, sont hypotecquées pour le rendage de l'année courante desdites despouilles, & sont à preferer à toutes hypotecques, sauf de labeurs & semences.

VII. La demie année courante du louage d'une maison faict à preferer à toutes autres hypotecques ou asseurances sur les biens trouvez en ladite maison ou portion d'icelle, & pour ladite demie année, se peuvent lesdits biens executer, pardedans les jours à ce limitez, tels que les veilles de Saint Jean Baptiste & Noel par tout le jour, sans y employer lesdits jours de saint Jean & Noel, comme l'on a fait du passé.

VIII. Une personne ayant quelque gage pour prest, ou deu, est à preferer à autres crediteurs pretendans payement sur iceluy, & le peut faire vendre à sept jours & sept nuicts de rachapt, après l'avoir fait signifier à son debiteur pour estre payé dudit prest, ou deu.

IX. Loyers & salaires de valets & meschines, de mareschaux & carliers pour l'année courante, sont privilegez, & sont à preferer avant toute hypotecque, après la demie année courante des louages des maisons.

X. Despens d'hostellerie livrez par hoste aux passans, ou leurs bestiaux, sont privilegez, & sont à preferer devant toutes autres debtes sur les biens, ou bestes estans en l'hostellerie, & les peuvent lesdits hostes retenir, jusques au payement & solution de leur deu.

XI. Une personne trouvant sa chose en la main d'autruy, la peut faire revendicquer, en la faisant saisir, ou par ordonnance & commandement d'en faire restitution, en assignant jour au cas d'opposition.

CHAPITRE VI.

Des Douaires Coustumiers, & conventionnels appartenans aux Femmes Vefves.

I. PAr ladite coustume la vefve après le trespas de son mary, a le chois & option de prendre, eslire, & se tenir à l'un des droicts de douaire, soit coustumier ou conventionnel, & pour deliberer & accepter iceluy droict, elle a terme de quarante jours, à compter du jour du trespas de sondit mary, durant lesquels elle peut demeurer en la maison mortuaire, & vivre des biens & provisions y estans, sans quelque soing ou charge de debtes.

II. Si telle vefve accepte & se vueille tenir au droict & douaire coustumier, delaissant son droict conventionnel, elle est tenue de comparoir pardevant les Eschevins de ladite ville, & emprendre le testament de feu son mary, si aucun y en a, & promettre de payer & furnir toutes debtes; & où il n'y auroit testament, elle doit pour vaillablement s'immiscer, comparoir pardevant lesdits Eschevins, endedans lesdits quarante jours, & y promettre de payer les debtes de sondit mary, & furnir au testament qu'il pourroit avoir faict, au cas qu'il fut trouvé par après qu'il eust faict testament, ou autre disposition de derniere volonté.

III. Si ladite vefve durant lesdits quarante jours s'advance de recevoir aucunes debtes deues à son feu mary, applique à son singulier profit aucuns meubles estans en la maison mortuaire, soit or, argent, vaisselles, bagues, joyaux, ou autres, ou se depart & change de demeure sans l'authorité de Justice, elle ce faisant se rend submise au droict coustumier, & se prive de son droict conventionnel, & comme vefve de soy-mesme immiscée ès biens de son feu mary, se submet au payement des debtes d'iceluy, & se peuvent contre elle intenter toutes actions & poursuites.

IV. Si ladite vefve durant lesdits quarante jours veut renoncer aux biens & debtes de son mary, & au droict de son douaire coustumier, & accepter son droict conventionnel, elle est tenue se presenter pardevant Eschevins de ladite ville en nombre de deux du moins, & leur faire remonstrance & declaration de ladite renonciation, & acceptation de sondit droict conventionnel, d'affirmer & dire par serment qu'elle n'a prins ny recelé aucuns biens de sondit feu mary, en rendant les clefs de la maison mortuaire, ensemble ouvrir sa bourse en demonstrant qu'il n'y a or ny argent; Et ces devoirs ainsi faits, elle est tenue se departir de ladite maison mortuaire, sans estre submise aux debtes de sondit feu mary.

V. La femme à laquelle par son traicté de mariage outre son droict conventionnel, est accordée une chambre estoffée ayant survescu son mary, doit avoir pour sadite chambre estoffée les parties de meubles à elle accordées par le reglement en estant à la Justice de la Prevosté, si avant que lesdites parties se trouvent en la maison mortuaire, le tout selon son estat & qualité.

VI. Assenne & droict conventionnel n'engendre hypotecque expresse, n'estoit que par fait especial, il fut recogneu, ou realisé, ou passé pardevant Eschevins de ladite ville.

CHAPITRE VII.

Concernant le faict d'Enfans Mineurs d'ans, Tutelles & Curatelles.

I. LEs enfans masles eagez de vingt ans, & les filles de dix-huict ans ans complets, delaissez par le trespas de pere & mere, sont tenus pour eagez, usans de leurs droicts, & habiles à contracter, sans qu'il soit besoin de leur donner curateur.

II. Vivant le pere, ses enfans demeurent en sa puissance, & ne peuvent contracter sans son consentement, de quel eage qu'ils soient, tant qu'ils soient deuement emantipez ou mariez, ou qu'ils ayent prins estat de Prestrise, ou autre honorable.

III. Enfans masles mineurs de vingt ans, & femelles mineures de dix-huict ans, au jour du trespas du dernier vivant de leurs pere & mere, se commettent Tuteurs & Curateurs les plus proches parens, tant du costé paternel que maternel, ou autres à la discretion de la loy, & ne sont iceux enfans habiles à contracter, ny estre en jugement, sans l'authorité de leurs Tuteurs ou Curateurs, n'est qu'ils soient deuement deschargez par la loy de ladite Tutelle ou Curatelle, ou parvenus à estat de mariage, Prestrise, ou autre honorable, ou qu'ils ayent attaint les vingt-cinq ans, tant masles que femelles.

IV. La mere par le trespas de son mary, en faute de Tuteurs commis par sondit mary à ses enfans, est tenue mere & tutrice legitime ayant l'administration & gouvernement des biens & actions de sesdits enfans, jusques à ce qu'ils soient parvenus audit eage de vingt-cinq ans, à la charge de rendre compte; & audit tiltre de mere & tutrice legitime peut & luy est loisible, faire & intenter toutes les actions & poursuites servantes aux droicts desdits mineurs ses enfans: Lesquels parvenus audit eage ou estat, sont deschargez de ladite Tutelle legitime.

V. Quand aucuns parens sont adjournez pour accepter la tutelle de mineurs, ils doivent estre ouys sommairement en leur excuse, & s'il leur est ordonné de l'emprendre & faire serment pertinent: au cas de refus ou delai ils pourront estre contraincts par emprisonnement de leurs personnes. Et si aucuns à ces fins adjournez, sont defaillans, ils seront readjournez par main-mise, ou autrement contraincts l'emprendre par voye de Justice, le tout à leurs despens, nonobstant appel, & sans prejudice d'iceluy.

VI. Tuteurs de mineurs d'ans, ou Curateurs ne peuvent vendre, charger ou aliener les maisons & heritages d'iceux, ne soit en vertu des lettres patentes en forme d'authorisation deuement interinées pour leur evidente utilité, profit, & cause raisonnable.

VII. Un tuteur ou curateur peut seul agir & deffendre, ou ester en jugement au nom de son pupille, combien qu'il ait contuteurs, & concurateurs.

VIII. L'un des Tuteurs & Curateurs est tenu & poursuivable seul & pour le tout, pour l'administration, gouvernement, & entremise des biens de ceux qui sont en leur tutelle ou curatelle, sauf son recouvrer sur ses contuteurs & concurateurs.

IX. Pour deuement mettre en curatelle une personne estant en franchise & liberté, pour prodigalité debilitation de sens ou autre cause suffisante: il est requis d'obtenir lettres patentes en forme, & icelles faire interiner pardevant Eschevins, en y appellant ladite personne, si elle n'est debilitée de sens, & pourvoyant pendant le litige sur l'interdiction de non aliener ses biens par ladite personne selon que sera trouvé sommairement la matiere y estre disposée: Et si par telle personne est appellé, ladicte interdiction sortit effect, tant que parties ouyes, en soit autrement ordonné, comme aussi l'on ne differe faire ladite interdiction pour appellation faite, ou à faire, & sans prejudice d'icelle: Et ne sont les Curateurs tenus bailler caution: seront neantmoins submis de faire inventaire des biens de ladite curatelle, & prester le serment en tel cas pertinent.

X. Si tel pourveu de curateur se porte pour appellant de l'interinement desdites lettres, ladite curatelle tient, & a lieu jusques à ce qu'autrement en soit ordonné.

XI. La personne constituée par ladite voye en curatelle, ne peut estre deschargée d'icelle par mariage ou autrement, n'est par lettres patentes en forme de Rehabilitation, deuement interinées par lesdits Eschevins, à ce evoquez lesdits Curateurs, & autres si mestier est.

CHAPITRE VIII.

Des Biens vacans.

I. QUand après le trespas d'aucun, delaissant biens, estans en la ville & Eschevinage de Douay, personne ne se fonde heritier d'iceluy, & n'emprend son testament pardevant les Eschevins, tels biens sont tenus pour vacans, & lesdits Eschevins commettent d'office curateurs pour les regir, contre lesquels toutes actions & poursuites se peuvent intenter, & faire par les crediteurs de tel trespassé, & sont iceux curateurs tenus de rendre compte de leur administration pardevant la Loy.

II. Et au cas que par après aucun se fonde heritier, en demonstrant degré d'hoirie, iceux curateurs seront tenus de luy laisser suivre lesdits biens & rendre compte & reliqua de leur entremise pardevant la Loy, comme dessus.

III. Les bestes ou autres biens delaissez, abandonnez & trouvez en ladite ville & Eschevinage de Douay, se doivent faire publier au parvis d'icelle ville, & celuy qui voudroit maintenir & verifier iceux luy appartenir, les pourra reclamer endedans un mois quant aux bestes & biens perissables; & au regard d'autres biens dedans un an, du jour de la dite publication, & à faute de les reclamer endedans iceux termes, lesdites bestes & biens seront declarez espaves & vendus au plus haut offrant, sans que par après les proprietaires y pourront plus pretendre aucun droit, ny au prix en provenu, sauf que ledit prix sera restitué à celuy qui endedans ledit an reclamera & verifiera luy avoir appartenu lesdites bestes, ou autres biens perissables, appartenant le droit dudit espave pour la moitié au Prevost hereditaire de ladite ville, ou au sieur de saint Albin, à sçavoir, à celuy d'eux soubs la seigneurie duquel tels biens seront trouvez, & pour l'autre moitié à ladite ville.

CHAPITRE IX.

Concernant le faict de Prescription.

I. QUiconque jouyt & possede paisiblement & continuellement, à tiltre ou sans tiltre d'aucun droit réel ou personnel, ou en demeure paisible & exempt par l'espace de vingt ans continuels & ensuivans l'un l'autre entre parties presentes, eagées & non privilegiées; contre absens trente ans, & contre gens d'Eglise & privilegiez, quarante ans, il acquiert le droict de la chose par luy possedée, & celuy qui en seroit demeuré paisible en acquiert quittance & exemption: Et ledit temps passé, personne ne le peut en ce inquieter.

II. Par ladite Coustume, prescription, (sauf immemorialle) n'a lieu en matiere de portement d'eaues veue, passage, ou autre servitude, cerquemanage, bornage & de sevrage, ne fut qu'il en apparut par lettres passées & données par les Eschevins de ladite ville.

CHAPITRE X.

Concernant le faict de Confiscation.

I. QUant à la confiscation, ladite ville & la communauté d'icelle demeurent en telles Coustumes, Usances, loix & franchises qu'ils en ont esté jusques à present.

CHAPITRE XI.

Des lieux sortissans nature d'Heritages ou Meubles.

I. TOus edifices indifferemment construits sur heritages situez en ladite ville & Eschevinage, sont tenus & reputez pour heritages, sortissans la mesme nature des fonds, sur lesquels ils sont erigez & construicts.

II. Toutes œuvres de hugeries ou autres estans en quelque maison ou edifice, tenans à chaux, ciment, cloux ou chevilles, ou faisant closture, & qui oster ne se peuvent sans difformité ou vilaine rupture, fracture ou decloture, sont aussi reputez & tenus pour heritage sortissans la mesme nature de l'edifice principal.

III. Toutes hugeries ou autres œuvres qui sont appropriées en quelque edifice, soit maison ou autre & qui se peuvent mouvoir & oster sans faire dommage, vilaine rupture ou desclot ure au principal edifice, sont tenues & reputées pour meubles.

IV. Les advestures & fruits croissans & pendans, sortissent pareille nature que l'heritage, jusques à ce qu'ils soient couppez & cueillis, que lors sont meubles.

V. Censes deues pour la despouille de l'année en laquelle le possesseur meurt, si le pied est couppé au jour de son trespas, sont reputées meubles, jaçoit que les termes de payement ne fussent escheus.

VI. Les arrierages de rentes seigneuriales & soubsrentes, escheues au jour du trespas du proprietaire, ou usufructuaire, sont reputez pour meubles.

VII. Tous arbres & bois montans, & toutes autres choses croissants sur l'heritage à racine, sont reputez pour heritages.

VIII. Toutes rentes viageres & heritieres, constituées par numeration de deniers ou autrement à rachapt, soit que pour icelles il y ait hypothecque sur heritage ou non, sont reputées pour meubles entre les heritiers.

CHAPITRE XII.

Concernant le droict de Servitude, & entretenir Edifices, comme au Viager & Proprietaire appartient.

I. SI un proprietaire veut en sa maison faire eriger quelque fenestre, fente ou bahotte en quelque muraille pour recouvrer veue sur l'heritage de son voisin, tel proprietaire en ce faisant est tenu d'eriger & eslever lesdites fenestres & veues sept pieds de hauteur du pavement ou plancher, du lieu où se font lesdites fenestres, & icelles fenestres & veues garnir de treilles de fer, & vitres dormantes, en sorte que par icelles il puist seulement profiter de ladite veue, sans autre dommage de sondit voisin.

II. Il est licite à un proprietaire edifier, eriger & eslever les combles & edifices de son heritage, de telle hauteur que bon luy semble, contre l'heritage de son voisin, sans que ledit voisin puisse audit proprietaire donner empeschement pour causes des veues & portemens d'eaues dont sondit voisin auroit jouy sur l'heritage d'iceluy proprietaire, n'estoit que ledit voisin eut lettres au contraire.

III. Il n'est permis à personne edifier ou construire aucuns edifices sur flegard & warecais de ladite ville, à luy arrenté, accordé ou donné en prejudice des veues, regards & commodité des proprietaires voisins y ayans anciens heritages, n'est de leur consentement & accord.

IV. Si sur ledit flegard & warecais, tels edifices sont construits & erigez sans consentement desdits proprietaires voisins, il est permis aux Eschevins de ladite ville, de sommairement & de plein, à la simple doleance & remonstrance desdits heritiers voisins, ou du Procureur de ladite ville faire promptement & sans delay, demolir lesdits edifices, & le tout remettre au premier estat deu; parties toutesfois à ce appellées & ouyes en leurs deffenses.

V. Par ladite Coustume, un proprietaire ayant le droict d'issue d'eaues, procedantes tant du ciel comme de son heritage par embas, en l'heritage de son voisin, n'est tenu recevoir lesdites eaues en & parmy sondit heritage, n'estoit qu'icelles eaues passent par un gril de fer, qui soit de raisonnable ouverture, en bougeons de fer, si comme de l'espesseur de trois pieces de pattars d'argent ensemble ou de platine à troux, en sorte que lesdites eaues puissent passer sans quelque ordure ou immondices, lequel gril de fer ou platine est tenu faire celuy ayant droict d'issue d'eaues sur l'heritage de son voisin, à ses despens.

VI. En cas de debat de refection d'heritages pour la retenue d'iceux entre les proprietaires, ou viageres quand œuvre y eschiet, l'heritier & proprietaire est tenu livrer à ses despens, feuilles, esteaux & gros potteaux, entretoises, tous gitaires, pennes, colomnes, poutres & braccons, baux montans, ventrieres, surchevirons, limons de montées, pannes, combles, baux, festes, nocqueres, façon de puits, tous estanchons pour rejoindre & rebouter pierres, & tous gros fers; c'est à sçavoir, les estriers, bendes & grosses chevilles, & toutes icelles etoffes livrer sur le lieu, aux despens desdits heritiers & proprietaires.

VII. Quant aux reparations & ouvrages qui se font entre deux heritages voisins & contigus l'un l'autre, si le parois separant & faisant la closture ausdits heritages, est situé sur l'un d'iceux, le proprietaire d'iceluy heritage doit à ses despens payer & mettre en œuvre les feuilles, pannes, esteaux & loyens, que l'on dit gros membres; mais tout ce que touche les potteaux, paillotages, vollnges, pel, lattes, placquage, cloux, & autres choses, que l'on dit closture, se paye par les proprietaires desdits deux heritages contigus, moitié par moitié aussi avant que le parois fait closture au proprietaire voisin.

VIII. Si sur l'heritage & charpentage de la maison d'aucune personne située audit Eschevinage est mise & assise une nocquere, portante les eaues du comble de la maison de son voisin, telle personne n'est tenue ce souffrir, si bon ne luy semble, & où qu'il le veuille souffrir, iceluy voisin ce requerant, est tenu de payer les deux tiers de la coustance, & retenue d'icelle nocquere, & de tout labeur à ce servant en quoy que ce soit, s'il n'y a lettres ou fait especial au contraire; mais si telle nocquere estoit mise sur l'heritage tant de l'un que de l'autre, & que les combles de l'heritage de chacun soient pareils & egaux aussi grand l'un que l'autre, ladite coustance se feroit par moitié, & si l'un des combles est plus grand que l'autre, & qu'il y ait à porter plus d'eau, & avoir plus grand cours & issue par icelle nocquere, que n'ait l'autre partie, son voisin, les maistres desseureurs & cerquemaneurs sermentez des heritages de la ville y adviseront & modereront, & en ordonneront comme ils trouveront convenir.

CHAPITRE XIII.

Concernant le faict & exploit de Saisies & Executions, Criées & Subhastations des Biens & Heritages situez en ladite Ville & Eschevinage.

I. ON ne peut saisir les biens & heritages appartenans aux bourgeois, & manans de ladite ville, pour quelque cause que ce fust, si à ce ils ne sont obligez, ou condamnez.

II. Il est loisible à un chacun pour quelque cause que ce soit faire saisir les maisons & heritages situez en ladite ville & Eschevinage appartenans à gens d'Eglise, soit qu'ils demeurent en ladite ville & Eschevinage ou non, & qu'ils soient obligez ou condamnez ou non.

III. Ladite coustume est telle, qu'en fait d'execution de sentence & condamnation, l'executeur est tenu en premier lieu s'addresser aux biens meubles du condamné, par après par faute de biens meubles, aux heritages, & d'en faire vente par decret, & execution de justice, & en faute des biens meubles & heritages non trouvez, s'addresser au corps du condamné.

IV. Pour vaillablement proceder à la vente par decret d'un heritage situé en ladite ville, & Eschevinage de Douay, soit pour arrierages de rentes viageres, heritieres ou autres, ou pour somme de deniers pour une fois, il convient & est requis, que la justice & l'executeur saisisse l'heritage, & signifie la saisine au condamné ou obligé, & en après doit recevoir metteur à pris, & iceluy heritage mis à pris, doit estre publié au parvis de la Halle, & de l'Eglise de la Paroisse, où l'heritage saisi est situé, au prochain Dimanche ensuivant ladite mise à pris à l'issue de la grande Messe, laquelle publication se doit aussi rafreschir aux plaids, par trois jours divers de plaids subsequens; & ce faict, & les oppositions purgées, doit estre prins autre jour de plaids pour le passement dudit decret; qui se notifiera par attache aux lieux accoustumez, & ledit decret passé & adjugé, en doit estre baillé la possession & saisine reelle, fonsiere & proprietaire au dernier encherisseur, par rame & baston, par la justice de la Prevosté, ou de Saint Albin, si l'heritage y est situé, en presence desdits Eschevins en nombre de sept pour le moins.

V. Quiconque entend avoir droict en heritage mis en decret & subhastation, soit en proprieté, seureté & hypotecque, ou autrement il se doit opposer au decret avant l'adjudication & distribution des deniers de la demeurée d'iceluy, & après ladite adjudication & distribution n'est recevable; & en demeure paisible l'acheteur plus offrant & dernier encherisseur & son heritage deschargé.

VI. Toutes personnes ayans rentes fonsieres sur les heritages assis ès metes de l'Eschevinage de la ville de Douay peuvent faire saisir iceux heritages pour estre payez des arrierages de leurs rentes, en tel temps, & pour telles années & termes que leur seront deuz, en faisant les devoirs à ce requis, & telle saisine decretée, & ainsi adjugée, la faire mettre à execution, soit par vente d'iceux heritages ou autrement, en faisant neantmoins prealablement les demandes desdites rentes, & sommations à ce requises.

CHAPITRE XIV.

Concernant les Droicts & Prerogatives des Bourgeois & Manans de ladite Ville.

I. UN bourgeois ne perd point, ains retient les droicts & franchises de sa bourgeoisie, ores qu'il se retire de la ville, & tienne sa residence pour quelque temps hors l'Eschevinage, avec ses femme & enfans, moyennant qu'il retourne à sa demeure audit Eschevinage endedans l'an de sadicte retraicte.

II. Aux bourgeois & manans se faisans publier pour aller demeurer hors ladite ville, avec offre de faire raison aux Crediteurs endedans le temps à ce ordonné, au cas qu'aucuns desdits Crediteurs créent sur ce opposition, ne s'accordera point passe-port, ny main-levée de leurs biens meubles, sans donner caution pour le payement de leurs debtes.

III. Et tel bourgeois qui s'est faict publier, & a prins sa demeure hors de ladite ville & Eschevinage, y revenant par après avec son mesnage, & y tenant sa residence continuelle, jouyt des droicts & franchises de ladite bourgeoisie depuis son retour & residence nouvelle en ladite ville, comme il en pouvoit & devoit jouyr avant son partement.

IV. Un bourgeois qui par bannissement, ou ordonnance de la loy se doit absenter de ladite ville, ne perd point les droicts de bourgeoisie, ores que sa femme vendit publiquement ses meubles, ou partie d'iceux.

CHAPITRE XV.

Concernant les droicts d'Escarts & Boute-hors appartenans proprietairement à ladite Ville.

I. TOus biens meubles & catheux, qui viennent & eschéent de bourgeois, ou bourgeoise, en la main de personne foraine non bourgeois, ou non bourgeoise, pour fait & cause de don d'hoirie, succession, ou par autre maniere quelconque : Tel forain non bourgeois, ou non bourgeoise, doit payer pour le droict d'Escars au profit de ladite ville, de chacun cent livres, que pourroit porter la valeur desdits biens meubles & catheux, dix livres.

II. Si aucune personne foraine non bourgeois, ou non bourgeoise de ladite ville, ayant heritage à luy appartenant y situé, le veuille vendre & ameublir à autruy, il doit au profit de la ville pour le droict d'Escars & boute-hors le dixiesme denier de ce que porteroient les principaux deniers d'icelle vente.

III. Femme ou fille bourgeoise se mariant à homme forain & non bourgeois, doit pour raison dudit droict d'Escars à ladite ville dix livres du cent, de tout ce qu'elle portera de vaillant audit mariage, en meubles & catheux seulement, de quelle part que ce luy sera venu, en deduisant la valeur d'un lict estoffé, & les estoffemens de sa chambre, & tous ses draps, fourures, chaprons, & autres habillemens cousus & taillez pour son corps, & faicts sans fraude avant le traicté de mariage, & la valeur d'une ceinture, la meilleure qu'elle aura lors.

CHAPITRE XVI.

Concernant les Appellations interjettées des Sentences des Eschevins de la Ville de Douay.

I. TOus ceux interjettans appellations des Sentences rendues par les Eschevins de la ville de Douay, après les avoir relevé & que par les Juges pardevant lesquels la matiere d'appel se demeine, la sentence ainsi rendue par lesdits Eschevins fut confirmée, tel appellant ou appellans escheent en l'amende de quatorze francs pour le fol appel, à appliquer au profit des sept Eschevins, ayans esté à la Sentence rendue, qui seront à chacun desdits Eschevins deux francs, & si plus y avoit d'Eschevins, plus payeroit d'amende.

II. Toutes appellations se doivent faire par partie, ou Procureur suffisamment fondé, endedans sept jours, du jour de la sentence, & relever en dedans quarante jours, à peine d'estre declarées desertes & peries ; & en ce cas doit l'appellant telle amende que dessus.

III. Appellation n'a lieu en matiere criminelle.

CHAPITRE XVII.

Des Cessions de Biens.

I. CEssion de biens se decrete au premier jour servant, si personne ne s'y oppose.

II. En cas d'opposition, celuy qui pretend ladite cession doit tenir prison pendant le litige.

III. Un crediteur trouvant biens de son debiteur, qui en son regard a obtenu decret de cession, peut après deduction de la provision alimentaire, faire saisir & vendre iceux biens par voye d'execution.

CHAPITRE XVIII.

Stil & Usage observé en la Ville & Eschevinage de Douay en matiere d'Arrest.

I. TOus arrests se font par les justices de la Prevosté & de Saint Albin, chacune en ses termes & limites.

II. L'on ne peut arrester en ladite ville & Eschevinage, les jours du sainct Dimanche, Festes, & Vendredy-sainct.

III. L'on ne peut faire arrester personne estant en garde, ou en conduicte solemnelle, si comme de service & enterremens, pompes de nopces, confrairies, compagnie notable d'honneur, & de serment.

IV. L'on ne peut proceder par arrest contre un bourgeois ou manant en ladite ville & Eschevinage, en vertu de procure speciale, quelle specialité elle contienne, ne soit que telles procures soient passées par personnes privilegiées, si comme Chevaliers, Evesques, Prelats, Corps & Communautez, ou autres de telle qualité qu'ils seroient à tenir pour privilegiez.

V. Tous Tuteurs & Curateurs, Executeurs de testamens, Receveurs, Baillys, Lieutenans, Mayeurs, Eschevins & autres de pareille qualité, ne sont arrestables en leurs personnes pour choses concernantes leur office, ains sont seulement tenus à renditions de leurs comptes : Pourveu neantmoins qu'il n'y aye promesse au contraire en leur nom privé.

VI. Filles ou femmes ne sont arrestables en ladite ville & Eschevinage, pour debtes civiles.

VII. Les maisons des bourgeois, & manans dudit Douay sont tellement franches & privilegées, que toutes personnes bourgeoises, y estans, sont en icelles affranchies, & exemptées d'arrest, &

apprehension de leurs personnes pour choses civiles (*a*).

VIII. Les forains ne sont pareillement arrestables ès maisons desdits bourgeois & manans, si ce n'est aux bouticques des marchands endeça les monstres, ou ès tavernes, cabarets & autres lieux communs, pourquoy est requise l'assistance de deux Eschevins.

IX. Un bourgeois ou manant, qui a cause servante, où sa presence & comparation est requise, n'est arrestable en sa personne, allant comparoir & retournant en sa maison, ny aussi un forain tandis qu'il est en la poursuite de telle cause.

X. L'on peut audit Eschevinage faire lesdits arrests pour toutes demandes liquides, ou non liquides, en fondant & remonstrant iceux pardevant deux Eschevins, si partie ne se contente d'un seul, pardevant lesquels le demandeur proposera, & fera telles pretentions & demandes qu'il luy plaira, sans qu'après ledit clain fondé, l'on ait regard aux denegations absolues, ou autres deffences du deffendeur, ny aux propositions prejudiciables à icelles, ains seront les parties reglées, comme sera ci-après declaré.

XI. Tous arrestans, fondans leurs clains & arrests, sont tenus s'ils en sont requis, faire apparoir sommairement du tiltre en vertu duquel ils traictent, soit en qualité de Procureur, ou ayant droict par transport ou autre, sur lequel ils fondent leur demande ; & à faute de ce, sera au defendeur ce requerant, adjugée absolution d'instance avec despens.

XII. Toutes personnes arrestées confessantes lors que l'on fonde le clain, & arrest purement & simplement, le pretendu de la partie demanderesse, sont à condamner promptement par les Eschevins, ou Eschevin, Commissaires à ce presens.

XIII. La partie demanderesse doit servir de son intendit & resomption de sa demande endedans trois jours ensuivant le jour dudit arrest, & ne peut augmenter, ny autrement changer sa demande, & pretension faite, en fondant ledit arrest, sauf en la restraindant, & doit aussi cotter par sondit intendit les jour, mois & an, qu'elle a fondé sondit arrest, & denommer les Eschevins ayans esté presens à iceluy, ensemble la justice qui l'auroit faict, & en outre declarer les noms, & surnoms des tesmoins & & exhiber les tiltres par lesquels elle entend verifier sa pretention, & faire ouyr ses tesmoins dedans quinze jours, à commencer du jour dudit arrest, le tout à peine de nullité d'iceluy.

XIV. L'arresté doit servir de ses defenses, & exceptions ès mains de l'un des Eschevins ayant esté present à fonder ledit arrest, achever la preuve qu'il entend faire sur icelles, endedans quinze jours, à compter du tiers jour après que ledit arrest aura esté fondé, à peine que droict sera faict sur l'intendit, & preuve de l'arrestant, n'estoit qu'iceluy arrestant eut par ledit intendit fait rapport & delation de serment, & que ledit defendeur n'eut juré endedans ledit temps, auquel cas ledit arrestant obtiendra serment referé. Pourront neantmoins lesdits Eschevins accorder audit arresté autre terme peremptoire de huict, ou quinze jours, à l'effect que dessus.

XV. Et ledit arrestant sera tenu de servir de replique, si faire le veut, & administrer sa preuve sur icelles, tant de tesmoins que de tiltres, endedans autres quinze jours ensuivans, & l'arresté de duplique & faire sa preuve endedans autres quinze jours ensuivans, le tout à peine de forclusion.

XVI. L'on est tenu de proceder au siege dudit Eschevinage en ladite matiere d'arrest, à toute fin, & proposer par ensemble les exceptions peremptoires avec les autres, sans prejudice d'icelles.

XVII. Il n'est permis de recommander, ou rencharger une personne arrestée, sans que preallablement elle soit deschargée du premier arrest, à peril de par iceluy faisant faire le second arrest & rencharge, estre declaré non recevable en sa poursuite, & au defendeur, le requerant, adjugé congé de Cour avec despens.

XVIII. Quiconque fait arrester autruy en ladite ville & Eschevinage pour plus que luy est deu, il faict à declarer non recevable en son arrest, & condamner ès despens de l'instance.

XIX. Toutes personnes arrestées, en namptissant le pretendu du demandeur, ou baillant caution pour iceluy, à l'appaisement de la justice de la Prevosté, sont à eslargir de prison.

XX. Quiconque dechéet d'arrest par sentence, encourre amende de cinquante livres Douysiennes, ne soit qu'il se soit attendu au serment du defendeur, & que sur l'affirmation d'iceluy il ait esté declaré non recevable, auquel cas il n'y a amende.

POUR CE EST-IL, Qu'ayant lesdites coustumes & usances esté meurement visitées par nos très-chers & feaux, les Chef President & gens de nostre Conseil Privé, sur prealable advis de nos chers & feaux les President & gens de nostre Conseil en Flandres, inclinans favorablement à la supplication & requeste desdits Eschevins de nostre ville de Douay, Les avons de nostre certaine science, authorité, & pleine puissance, pour nous, nos hoirs & Successeurs, Comtes & Comtesses de Flandres, confirmé & decreté, confirmons & decretons par ces presentes, pour d'oresenavant servir à ladite Ville de Loy, & Coustume generale, sans prejudice de nos droicts & authoritez, & sauf à nous, nos hoirs & Successeurs, de changer, corriger & interpréter lesdites Coustumes, selon & ainsi que pour nostre service & le plus grand bien de nostredicte Ville, trouverons convenir. SI DONNONS EN MANDEMENT & à nos très-chers & feaux les Chef-President & Gens de nos Privé & Grand Consaux President & Gens de nostredit Conseil en Flandres, Eschevins de nostredite Ville de Douay, & à tous autres nos Justiciers, Officiers & sujects, qui ce peut ou pourra toucher & regarder, qu'ils observent & entretiennent pleinement, & perpetuellement lesdites Ordonnances, Coustumes & usances en tous & chacun leurs points & articles, en la forme ci-dessus escrite, sans y contrevenir, ny souffrir estre contrevenu en matiere que ce soit. Et afin que lesdites Ordonnances, Coustumes & Usances soient tant plus notoires à tous. Nous avons permis & consenty, permettons &

a CHAP. XVIII. ART. 7. *pour choses civiles*. Le privilege accordé par cet article aux Manans de Douay doit être limité, aux saisies & simples arrests ; mais il n'empêche point les executions des Arrests & Sentences. Jugé par Arrest du Parlement de Flandres du 8. May 1708. *Pollet, part. 2. ch 42.* C. B. R.

consentons

consentons par ces presentes ausdits Eschevins de Douay, qu'ils les pourront faire imprimer par tel Libraire juré d'icelle ville, qu'ils voudront à ce choisir, à l'exclusion de tous autres, durant le terme de dix ans prochains, & qu'aux copies ou extraicts des mesmes Coustumes deuement collationnez & signez par le Greffier de ladite ville, soit adjoustée la mesme foy & creance qu'à l'original. CAR AINSI NOUS PLAIST-IL. Et afin que ce soit chose ferme & stable à tousjours, nous avons fait mettre nostre seel à cesdites presentes, sauf en autre chose nostre droict, & l'autruy en toutes. Données en nostre ville de Bruxelles, le seiziesme jour du mois de Septembre, l'an de grace mil six cens vingt-sept, & de nos regnes le septiesme. Ma. Vt.

Plus bas estoit escript par le Roy en son Conseil, signé PRATS, avec son paraphe, & seellées du grand seel de sa Majesté, en cire vermeille pendant à double queue de soye escarlatte meslée d'or & d'argent.

Publié en Halle à Douay, presens Eschevins, six Hommes & Conseil, & plusieurs Bourgeois à ce appellez, le troisiesme jour de Janvier l'an mil six cens vingt-huict.

Signé, A. D'APVRIL.

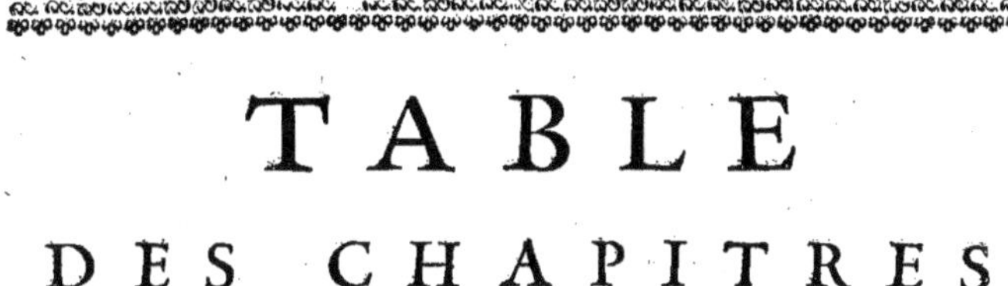

TABLE
DES CHAPITRES DES COUTUMES DE DOUAY.

COUSTUMES DE LA VILLE ET ESCHEVINAGE D'ORCHIES.

1618.

Omologuées par leurs Altesses Serenissimes, Archiducs d'Austriche, Comtes de Flandres, &c.

ALBERT & ELIZABET-CLAIRE EUGENIE, Infante d'Espagne, par la grace de Dieu, Archiducs d'Austriche, Duc de Bourgogne, de Lothier, de Brabant, de Lembourg, de Luxembourg & de Gueldres, Comtes de Habsbourg, de Flandres, d'Arthois, de Bourgogne, de Thirol, Palatins de Haynault, de Hollande, de Zelande, de Namur & de Zutphen, Marquis du Saint Empire de Rome, Seigneur & Dame de Frise, de Salains, de Malines, des Citez, Villes & Pays d'Utrecht, d'Overissel & de Groeninge.

A TOUS PRESENTS ET A VENIR, SALUT. Comme par nostre Edit perpetuel du douziesme de Juillet mil six cens onze, nous avons entre autres choses ordonné que toutes les Villes & Chastellenies de nos Pays de par deça, qui depuis l'an quinze cens quarante, avoient negligé d'obtenir decret & l'omologation de leurs Coustumes & Usances, selon qu'avoit lors esté ordonné par feu Sa Majesté Imperiale de très-haute memoire nostre Pere grand, eussent à envoyer au Conseil de leur Province le quayer de leursdites Coustumes, dont elles auroient usé jusques alors, en dedans six mois après la publication d'iceluy Edict, pour estre par après envoyés par lesdits Conseils, avec leur advis, respectivement à Nous, ou à nos très-chers & feaux les Chef-President & Gens de nostre Conseil Privé, afin d'estre decretées en la forme que trouverions convenir pour le bien de nostre Conseil Privé, afin d'estre decretées en la forme que trouverions convenir pour le bien de nostre peuple, & par ce moyen rendre chacun certain de la Loy de son quartier, & obvier aux grands depens que l'on souffre à l'occasion de la preuve desdites Coustumes & Usances, souvent accompagnée d'incertitude & contrarietez, & que suivant ce nos chers & bien-amez les Eschevins de nostre Ville d'Orchies ayent envoyez à nos chers & feaux les President & Gens de nostre Conseil en Flandres, les Coustumes & Usances ayants esté gardées & observées en ladite Ville & Eschevinage d'Orchies, lesquels de nostre Conseil en Flandres après avoir veu lesdites Coustumes, les ayent aussi envoyées avec leur advis ausdits de nostre Conseil Privé, lesquels après avoir esté esclaircies d'aucunes difficultez y rencontrées, avoient redigé par escrit lesdites Coustumes, en la forme suivante.

CHAPITRE PREMIER.

Des Successions ab intestato.

ARTICLE PREMIER.

LA Coustume de la ville & Eschevinage d'Orchies est telle, que le mort saisit le vif, son plus prochain heritier habile à luy succeder, sans qu'il soit requis de faire aucune actuelle apprehension par relief, mise de fait, ny autrement, des heritages situez ès mettes de ladite ville & Eschevinage.

II. Quand l'un des deux conjoints par mariage termine vie à trepas, au survivant d'iceux competent & appartiennent tous les biens meubles, catheux & heritages delaissez par le premier mourant, & desquels il estoit heritier au jour de son trepas, pour par ledit survivant en jouir, user & posseder heritablement & à tousjours comme de sa propre chose, sans que les enfans procedants dudit mariage, ou en faute d'enfants, les parents dudit premier mourant y puissent avoir aucun droit, en sorte & maniere que ce soit; bien entendu que si ledit survivant ayant enfant ou enfants, se remarie, l'on suivra en tel cas le vingt-huitiesme article de nostre Edit perpetuel de l'an mil six cens onze.

III. Heritages ores que patrimoniaux situez audit Eschevinage, ne tiennent costé ny ligne.

IV. Si un survivant de deux conjoints par mariage jouissant & possedant plusieurs biens meubles, catheux & heritages, situez en ladite ville & Eschevinage d'Orchies, termine vie par trepas, delaissant un ou plusieurs enfants, ausdits enfants ou enfant competent & appartiennent tous lesdits biens & heritages, à partir à compte de testes, autant l'un que l'autre, en faisant rapport seulement des deniers clairs, rentes & heritages à luy donnez en mariage par pere & mere, ne fut qu'autrement en seroit disposé.

V. Quand un proprietaire non marié, ayant plusieurs biens meubles, catheux & heritages situez en ladite ville & Eschevinage d'Orchies, termine vie par mort, à ses plus prochains parents, de quel lez & costé ils soient, succedent, competent & appartiennent tous lesdits meubles, catheux & heritages.

VI. Representation a lieu en ligne directe, en quelque degré que ce soit; mais non en ligne collaterale.

VII. Tant que la ligne ascendante ou descendante dure, la ligne collaterale n'a & ne peut avoir lieu; & tant que la ligne descendante se continue, l'ascendante n'a aussi lieu.

VIII. Quiconque s'immisce ou apprehende à titre d'heritier les biens d'un trespassé, il se soumet aux dettes, & si est tenu & soumis à l'entretenement des dons, promesses & obligations valablement faites, promises & contractées par ledit trepassé.

IX. Religieux profez ne peuvent succeder aux biens ou heritages de leurs parents estants situez en ladite ville & Eschevinage.

X. Enfants naturels & illegitimes ne succedent aux biens de pere ou mere, ny pareillement les pere ou mere à leurs enfants illegitimes ou bastards.

XI. Freres ou sœurs uterins & d'autre mariage, ainsi & aussi avant que feroient & succeder pourroient les propres freres & sœurs de mesme lict & mariage, & ce à compte de testes s'ils sont plusieurs, & les biens & heritages par eux delaissez se partissent autant à l'un comme à l'autre.

XII. Le pere ou la mere est heritiere de son enfant, qui termine vie par trepas sans estre marié, ou estant marié, ne laissant enfans ou enfant, en tous & quelconques ses biens & heritages situez en ladite ville & Eschevinage d'Orchies, avant que les freres ou sœurs, ou autre prochain parent de tel trepassé y puissent avoir aucun droit.

CHAPITRE II.

Des Dispositions Testamentaires.

I. TOutes personnes de franche & libre condition peuvent & leur est permis de par testament ou autre derniere volonté, disposer, donner, legater & ordonner de leurs heritages situez en icelle ville & Eschevinage à qui & ainsi que bon leur semble, sauf aux enfans la legitime selon droit.

II. Pour valablement par les bourgeois, manants & habitans de ladite ville, disposer par testament de leurs heritages situez en icelle ville & Eschevinage, il est requis que tel testament soit par eux passé & reconnu pardevant Eschevins de ladite ville en nombre de deux, pour le moins, autrement tels testaments, au regard des dons & legats desdits heritages, ne peuvent sortir effet & sont nuls & de nulle valeur.

III. Mais les forains ou non residents en ladite ville, peuvent disposer par testament de leurs heritages situez en icelle ville & Eschevinage, & passer leur testament pardevant tel Juge ou personne publique que bon leur semblera, pourveu que les legataires, ou ceux ausquels tels heritages sont legatez, amenent à connoissance lesdits legats pardevant lesdits Eschevins en nombre de deux, endedans six semaines, après que la mort du testateur & lesdits testaments & legats seront venus à leur cognoissance au plus tard, & qu'ils payent les droits pour ce deus; autrement & aussi longtemps que lesdits devoirs ne seront faits, tels legataires ne pourront jouir de leursdits legats.

IV. Toutes personnes, soit bourgeois, manants ou forains, non residens en ladite ville & Eschevinage, peuvent disposer & ordonner de leurs biens meubles estant en ladite ville & Eschevinage pardevant tels Juges, Justices, ou personnes publiques, ainsi & à qui bon leur semble.

V. Tous bastards ou enfants naturels & illegitimes, peuvent aussi tester, & par testament disposer de leurs biens meubles & heritages situez en ladite ville & Eschevinage, ainsi & comme autres bourgeois, manants ou forains; en observant les voyes & reconnoissances que dessus.

CHAPITRE III.

Concernant le fait d'Entravestissement par Lettres, d'Alienation, Vente, Don, Echange d'Heritages situez en ladite Ville & Eschevinage.

I. TOutes personnes de franche & libre condition peuvent user & disposer par don d'entre-vifs & autrement de leurs biens meubles & heritages situez en ladite ville & Eschevinage, à qui, & sous telles conditions, charges & modifications que bon leur semblera.

II. Il est permis à tous heritiers ou proprietaires de charger, obliger & hypothequer les maisons & heritages à eux appartenants ès metes dudit Eschevinage d'Orchies, de rentes heritieres ou viageres à rachat, en passant icelles charges, hypotheques ou obligations pour les valider pardevant Eschevins, du moins en nombre de deux, en payant leurs droits pour ce deus, & en rapportant par rain & baston lesdits heritages en la main du Chastelain ou son Commis, pour la seureté & fournissement desdites charges & hypotheques.

III. Le mary constant son mariage peut vendre, charger & disposer des biens & heritages venants du lez & costé de sadite femme, situez en ladite ville & Eschevinage, ainsi que bon luy semble, sans qu'il soit requis d'avoir le consentement, ny à ce appeller ou evoquer sadite femme, ny autres ses parents & amis.

IV. Mary & femme peuvent constant & durant leur mariage, (ladite femme auctorisée de son mary) avancer par testament ou autrement l'un l'autre en tous leurs biens, meubles maisons & heritages situez en ladite ville & Eschevinage, en tout ou en partie, & y apposer telles charges, conditions & modifications que bon leur semble.

V. Peuvent aussi entravestir l'un l'autre par lettres en tous leurs biens meubles, catheux & heritages qu'ils ont & acquerir pourront constant leurdit mariage ès mettes dudit Eschevinage, pour en jouir & posseder par le survivant heritablement & à tousjours, & y apposer telles autres charges & conditions que bon leur semble, pourveu (en tant qu'il touche lesdites maisons & heritages) que tels entravestissemens soient faits & reconnus pardevant Eschevins de ladite ville, du moins en nombre de deux à peine de nullité, & que la femme soit auctorisée de sondit mary quant à ce.

VI. Un vendeur ou locateur des heritages situez en ladite ville & Eschevinage d'Orchies, n'est tenu, si bon ne luy semble, livrer ou se deslaisir de son marché, ny semblablement le reconnoistre pardevant Eschevins, mais peut & doit passer, en payant interest à l'acheteur ou conducteur, à l'arbitrage desdits Eschevins.

VII. L'acheteur ou conducteur par ladite Coustume, n'est aussi tenu, si bon luy semble, prendre l'heritage par luy acheté, ny accepter le louage d'aucun heritage; mais peut & doit passer, payant interest au vendeur ou locateur, à l'arbitrage que dessus.

CHAPITRE IV.

D'acquerir Droict réel, de Seureté & Hypotheque sur Heritages situez en ladite Ville & Eschevinage d'Orchies.

I. TOutes donations d'entre-vifs d'heritages situez en ladite ville & Eschevinage, passées & reconnues pardevant Eschevins en ladite ville & Eschevinage, en nombre de deux du moins, soit que telles donations soient pures & absolues, ou conditionnelles, après les conditions purifiées & advenues, engendrent saisine & droit réel, & de proprieté & possession fonciere desdits heritages donnez au profit des donataires; mais en cas de vente desdits heritages, il est requis par dessus telle reconnoissance, de payer les droits pour ce deus (qui doivent estre acquittez par le vendeur, si autrement n'est convenu,) & que le vendeur se desherite par rain & baston, en la main du Chastelain de ladite ville ou de son Commis, & qu'iceluy en baille la saisine & possession, aussi par rain & baston à l'acheteur.

II. Si après que le vendeur est dessaisi de l'heritage par luy vendu, se presente pardevant les Eschevins assistans audit werp, quelque lignager audit vendeur, auparavant la saisine & adheritance baillée à l'acheteur, ledit lignager doit avoir la saisine & adheritance dudit heritage, s'il la requiert pour les mesmes deniers qu'il a esté vendu, avec tous leaux coustements & salaires, & non autrement.

III. Toutes obligations, soit de rentes heritieres ou viageres, bails de cense, louages & tous autres contracts faits, passez & reconnus pardevant lesdits Eschevins en nombre de deux du moins, engendrent hypotheque sur tous & chacuns les heritages que les obligez & contractants denommez ès lettres & contracts ont en ladite ville & Eschevinage d'Orchies, à la seureté des parties, & au fournissement & entretenement desdites charges, promesses & obligations, en observant les solemnitez de Justice par rain & baston en la main du Chastelain ou de son Commis.

IV. Tous testamens, codiciles & autres dispositions de derniere volonté d'un trespassé, passées, reconnues & amenées à connoissance pardevant lesdits Eschevins en nombre de deux du moins, engendrent au fait des legats d'heritage, saisine & droit réel au profit des legataires, & seureté de l'entier fournissement & accomplissement du contenu esdits testaments & dispositions de derniere volonté, sans qu'il soit requis faire autre devoir ou solemnité de Justice.

V. Tous contracts & dons d'heritages faits & traitez entre parties, en avancement de mariage, passez pardevant deux Eschevins, engendrent hypotheque & doivent sortir (ensemble les conditions y apposées) leur plein & entier effect, sans qu'il soit requis faire autre devoir ou solemnité de Justice.

VI. Auparavant qu'un testament puisse sortir son effet, & quelqu'un en profiter, & en vertu d'iceluy acquerir droit réel ou autrement, il convient & est necessairement requis, que par lesdits Eschevins tel testament soit juré empris & promis entretenir, fournir & accomplir par les executeurs, veuve ou legataire universel de tel trespassé.

VII. Sur biens meubles l'on ne peut acquerir hypotheque, pour quelque cause, ny en quelque sorte que ce soit.

VIII. Pour valablement acquerir droit de servitude sur heritages situez en ladite ville & Eschevinage d'Orchies, soit de veues, portements d'eaux, passages ou autres servitudes semblables, il est requis que ledit droit de servitude soit suffisamment consenty, accordé, reconnu par les parties, & passé pardevant Eschevins de ladite ville, en nombre de deux du moins, & que de ce soient faites, levées & monstrées lettres données desdits Eschevins, sans que l'on puisse acquerir ledit droit de servitude par quelque longue jouissance & possession que ce soit, si elle n'est immemoriale.

CHAPITRE V.

Touchant Douaires Coustumiers & Conventionnels, & le choix d'iceux.

I. LA veuve après le trespas de son mary, a le choix & option de prendre, eslire & se tenir à l'un desdits droits de douaire, soit coustumier ou conventionnel, & pour deliberer ou accepter iceluy droit, elle a terme de quarante jours, après le trespas de sondit mary, durant lesquels elle peut demeurer en la maison mortuaire, & vivre dans les biens & provisions y estans, sans quelque charge ou soin de debtes.

II. Si telle veuve accepte & se veut tenir au droit de douaire coustumier, delaissant son droit conventionnel, elle est tenue de comparoistre en Halle pardevant Eschevins de ladite Ville, & d'emprendre le testament de son feu mary, si aucun y a, & de payer & fournir toutes debtes.

III. Si ladite veuve durant lesdits quarante jours, s'avance de recevoir aucunes debtes deues à son feu mary, & applique à son singulier profit aucuns biens meubles estant en la maison mortuaire, soit or, argent, vaisselles, bagues, joyaux ou autres biens meubles, ou se departe & vuide (sans auctorité de Justice) de ladite maison, & y retourne, telle veuve se rend soumise au droit coustumier, & se prive de son droit conventionnel, & comme veuve immiscée ès biens de son feu mary, peut estre poursuivie pour les debtes de son feu mary, & contre elle se peuvent intenter toutes actions & poursuites personnelles & autres.

IV. Si ladite veuve durant lesdits quarante jours veut renoncer aux biens & debtes de son feu mary, & à son droit de douaire coustumier, & accepter son droit conventionnel, elle est tenue de se presenter pardevant Eschevins de ladite ville en nombre de deux du moins, & leur faire remonstrance & declaration de ladite renonciation & acceptation de sondit droit conventionnel, & affirmer & dire par serment qu'elle n'a pris ny recelé aucuns biens de sondit mary, rendre les clefs de la maison mortuaire, & ouvrir sa bourse, en demonstrant qu'il n'y a or ny argent, & ces devoirs faits, elle est tenue de se departir de la maison mortuaire, sans estre sousmise aux debtes de sondit feu mary.

V. Si à la femme ayant survescu son mary, est par son traité de mariage, & pour son droit conventionnel consenty & accordé une chambre estoffée, elle doit avoir & aura pour sadite chambre estoffée les parties de meubles qui seront trouvées en la maison mortuaire, selon son estat & qualité, & selon les ordonnances des Eschevins.

CHAPITRE VI.

Des Enfans Mineurs d'Ans.

I. LEs enfants masles qui sont au trespas de leur pere agez de vingt ans, & les filles de dix-huit ans complets, sont tenus pour agez, usans de leurs droits, & habiles à contracter, sans qu'il soit besoin de leur donner curateur.

II. Si le pere n'a pourveu ses enfans de tuteurs, leur mere survivante est leur tutrice legitime, & a l'administration & gouvernement de leurs biens & actions, jusques à ce qu'ils soient venus à l'age dessusdit, à la charge de rendre compte; & audit titre de mere & tutrice legitime peut intenter toutes actions, & faire toutes poursuites servantes au droit desdits mineurs ses enfants; ne soit qu'elle convolast à secondes noces; auquel cas elle perd son droit de tutelle; & ausdits enfans doivent estre donnez par le Magistrat, tuteurs ou curateurs de leurs plus prochains parents, jusques à ce qu'ils soient parvenus audit age, à sçavoir les fils de vingt ans, & les filles de dix-huit.

III. Du vivant du pere les enfants sont en sa gouvernance, & jaçoit qu'ils soient agez, ne peuvent aucunement contracter sans le consentement & emancipation judiciaire de leur pere, ou qu'ils soient parvenus à l'estat de mariage ou de prestrise; auquel cas ils sont tenus pour emancipez.

IV. Aux enfants masles mineurs de vingt ans & aux femelles mineurs de dix-huit, n'ayant pere, mere, ny Tuteurs par eux donnez, doivent par la loy estre commis, tuteurs & curateurs de leurs plus proches parents & amis, tant du costé paternel que maternel, outre à discretion de ladite loy, & ne sont habiles à contracter si de ladite tutelle & curatelle ils ne sont deschargez deuement par ladite loy, ou s'ils n'ont pris estat de mariage, de prestrise ou de religion, ou qu'ils ayent attaint, à sçavoir, les masles les vingt-cinq ans, & les femelles vingt.

CHAPITRE VII.

Des Biens Vacants.

I. SI une personne termine vie par trepas, delaissant aucuns biens meubles, catheux & heritages situez en ladite ville & Eschevinage, & personne ne se fonde son heritier, & n'emprende ou accepte son testament pardevant Eschevins, iceux biens sont tenus pour vacants, & pour les regir, lesdits Eschevins doivent commettre curateurs, à l'encontre desquels toutes actions & poursuites se peuvent faire & intenter par les crediteurs de tel trespassé.

II. Les bestes ou autres biens delaissez & abandonnez, trouvez espaves en ladite ville & Eschevinage d'Orchies se doivent faire publier au pied de la Halle, par le sergent à verge, pour sçavoir s'il n'y a personne qui veuille maintenir & verifier qu'ils luy appartiennent; & afin qu'il vienne les reclamer endedans l'an, ou autrement, en faute de les poursuivre & reclamer, iceux biens seront par Eschevins, aprés ledit an expiré, declarez espaves, dont le droit appartient au Prince.

CHAPITRE VIII.

Des Prescriptions.

I. QUiconque jouit & possede paisiblement & continuellement à titre ou sans titre aucun droit réel ou personnel, ou en demeure paisible & exempt l'espace de vingt ans continuels & ensuivants l'un l'autre entre parties presentes agées & non privilegiées, contre absents trente ans, & contre gens d'Eglise & privilegiez, quarante ans, il acquiert le droit de la chose par luy possedée, & celuy qui en seroit demeuré paisible, en acquiert quittance & exemption, & ledit temps passé, personne ne le peut en ce inquieter.

II. Prescription ou longue possession n'a lieu en matiere de droit de servitude, de portement d'eaux, veues, passages, ny autre servitude, cerquemanage, bornage, desseurage, s'il n'en appert par lettres passées & données des Eschevins de ladite ville, sauf la possession immemoriale.

CHAPITRE IX.

Des Meubles & Immeubles sortissants nature d'Heritages.

I. TOus & quelconques edifices construits sur heritages situez en ladite ville & Eschevinage d'Orchies, sont tenus & reputez pour heritages sortissants la mesme nature du fonds sur lequel ils sont erigez & construits.

II. Toutes œuvres & hugeries estant en quelque edifice, soit maison ou autre œuvre tenant à ciment, cloux ou chevilles, ou faisant closture, & qui oster ne se peuvent sans difformité, rupture ou fracture; sont aussi tenus & reputez pour heritages sortissants la mesme nature de l'edifice principal.

III. Toutes hugeries ou autres œuvres appropriées à quelque edifice, soit maison ou autre, & qui se peuvent mouvoir & oster sans faire dommage vilain, rupture, fracture ou descloture au principal edifice, sont tenus & reputez pour meubles.

CHAPITRE X.

Des Droits de Servitude, & d'entretenir Edifices, comme à Heritier proprietaire & viager appartient.

I. SI un heritier ou proprietaire veut en sa maison faire eriger quelque fenestre, fente ou bahotte en quelque muraille pour recouvrer veue sur l'heritage de son voisin, tel heritier ou proprietaire en ce faisant est tenu d'eslever & eriger lesdites fenestres & veues sept pieds de hauteur plus haut que le pavement ou plancher du lieu est, & icelles fenestres & veues garnir de treilles de fer, & vitre dormant, en sorte que par icelles fenestres il puisse seulement profiter desdites veues, sans causer autre dommage à sondit voisin.

II. Il est licite à un heritier ou proprietaire d'edifier, eriger & eslever les combles & edifices de son heritage, de telle hauteur que bon luy semble, contre l'heritage de son voisin, sans que sondit voisin puisse audit heritier ou proprietaire en ce vallablement donner empeschement pour causes des veues & portemens d'eaues dont sondit voisin auroit jouy sur l'heritage d'iceluy heritier, n'estoit que ledit voisin eût lettres au contraire.

III. Il n'est permis à personne edifier ou construire aucuns edifices sur flegard & waresquais de ladite ville, à luy arrenté, accordé ou ordonné par nous ou par Eschevins de ladite ville, en prejudice des veues, regards & commodité de l'heritier ou proprietaire voisin ayant anciens heritages, ne fust de leur consentement & accord.

IV. Si sur ledit flegard ou waresquais tels edifices sont construits & erigez sans nostre consentement ou desdits Eschevins, & desdits proprietaires voisins; il est permis de sommairement & de plein, à la simple doleance & remonstrance desdits proprietaires voisins, ou d'autres interessez, faire promptement & sans delay, demolir lesdits edifices, & le tout remettre au premier estat; parties toutesfois à ce appellées; & icelles ouyes sommairement en leurs deffenses; pour sur ce estre ordonné comme de raison.

V. Si un proprietaire a le droict d'issue d'eaue;

procedant du ciel comme de son heritage par embas, en l'heritage de son voisin, iceluy voisin n'est tenu de recevoir lesdites eaues en & parmy sondit heritage, ne soit qu'icelles eaues passent par un trou & gril de fer, qui soit de raisonnable ouverture, contre les bougeons de fer, si comme de l'espesseur de trois grains de froment, en sorte que lesdites eaues puissent passer sans aucune ordure & immondice.

VI. En cas de debat de refections d'heritages pour la retenue d'iceux entre l'heritier & viager, au cas qu'il fust necessaire y ouvrer, l'heritier est tenu livrer à ses despens, feuilles, estaux & gros poteaux, entretoises, tous gitages, pierres & coulombes, poutres & braçons, limons de montées, pavement, combles, baux montans, venteries, sur-cheverons, festes, nocqueres, tronçon de ponds, estançons pour resoudre, remuer pierres, tous gros fers; à sçavoir, les estriers, bandes & grosses chevilles, & toutes icelles etoffes livrer sur le lieu, à ses propres despens.

CHAPITRE XI.

Des Exploicts, Saisies, Executions, Criées & Subhastations.

I. L'On ne peut saisir les biens & heritages appartenants aux bourgeois ou manans de ladite ville pour quelle cause que ce soit, si à ce ils ne sont obligez par obligation passée pardevant Eschevins de ladite ville, ou condamnez par condamnation émanée d'eux.

II. Il est loisible à chascun pour dette bonne & leale à luy deue, faire saisir les biens & heritages, estant & situez en ladite ville & Eschevinage, appartenants aux gens d'Eglise, soit qu'ils demeurent en ladite ville ou ailleurs, encore qu'il n'ait obligation ni condamnation.

III. En fait d'executions de sentences & condamnations, l'executeur est tenu en premier lieu de s'adresser aux biens meubles du condamné, en après, à faute de biens meubles, aux heritages, & d'iceux faire vente par decret & execution de Justice; & en faute de biens meubles, & heritages non recouvrez, s'adresser au corps dudit condamné.

IV. Pour valablement proceder à la vente & decret d'un heritage situé en ladite ville & Eschevinage d'Orchies, soit pour arrerages de rentes foncieres, heritieres ou viageres, ou pour autre somme de deniers pour une fois, convient & est requis que la basse Justice & executeur saisisse ledit heritage, & signifie la saisie au condamné, & en après adjugé par la Loy, doit recevoir, mettre à prix, & estant mis à prix, doit estre formée par le Greffier de ladite ville, criée pertinente, & par le premier Sergent à verge requis la publier au pied du cimetiere de l'Eglise de ladite ville au prochain Dimanche ensuivant à l'issue de la grand'-Messe chantée, & deux autres Dimanches ensuivant, faire semblables criées & publications, pendant lesquelles, si marchand vient, voulant rencherir ledit heritage doit comparoistre pardevant deux Eschevins, & au Greffe faire registrer ladite renchere; & après lesdites trois criées achevées, jour doit estre assigné audit condamné, dernier rencherisseur & opposant, à comparoistre aux prochains plaids ensuivants, pour voir adjuger le decret dudit heritage au plus offrant & dernier rencherisseur, & par les opposants dire & declarer les causes de leurs oppositions; & lesdites oppositions purgées, se font autres publications en plein plaids, à la discretion & autant de fois qu'il plaist aux Eschevins de ladite ville, pour faire le plus grand profit du condamné; & ledit decret adjugé, la possession, saisine, adheritance fonciere & proprieté se donne audit dernier rencherisseur par rain de baston, par le Chastelain de ladite ville ou son Commis, pardevant quatre Eschevins du moins, & luy sont de ce depeschées lettres de decret en forme deue, à ses frais & depens.

V. Quiconque entend avoir droit aux heritages mis en decret & subhastation, soit de proprieté, seureté ou hypotheque, il convient & est requis de s'opposer audit decret avant l'adjudication d'iceluy; & après l'adjudication faite, n'est recevable, & en demeure paisible l'achetteur plus offrant & dernier rencherisseur, & son heritage dechargé.

CHAPITRE XII.

Des Prérogatives des Bourgeois & Manans de ladite Ville & Eschevinage d'Orchies.

I. SI un bourgeois, sa femme ou leur enfant part hors de la ville pour demeurer en sa maison, place ou heritage qu'il a hors l'Eschevinage ou ailleurs, pour cause de ses affaires, & delaisse en ladite ville & Eschevinage son domicile & mesnage, tel bourgeois n'est point privé & forclos de franchise de bourgeoisie, mais est tenu bourgeois, comme s'il fut demeurant en icelle ville, moyennant qu'il revienne à residence avec son menage en dedans l'an.

II. Si un bourgeois, manant ou habitant de ladite ville va demeurer hors de ladite ville, faisant mener ou charier tous ses biens meubles & catheux, & est obligé pour dettes, tel bourgeois manant ou habitant peut à la requeste de ses creanciers estre arresté au corps, & aussi ses biens meubles & catheux, jusques au plein fournissement de son deu *ou de ses dettes*, ensemble pour les despens comme personne foraine.

CHAPITRE XIII.

Des Droicts d'Escarts & Boute-hors appartenants proprietairement à ladite Ville.

I. QUand biens meubles, catheux & rentes heritieres ou viageres viennent & escheent de bourgeois ou bourgeoise, manans & habitants de ladite ville & Eschevinage, en la main de personne foraine, par don d'hoirie, succession, ou par autre maniere quelconque telle qu'elle soit, tel forain doit payer pour le droit d'escarts au profit de la ville, de chacun cent de livres, de la valeur desdits biens meubles, huit livres.

II. Quand aucune personne foraine de ladite ville, ayant heritage à luy appartenant, situé en ladite ville & Eschevinage, le vend ou aliene, il est deu au profit de ladite ville pour le droit d'escarts & boute-hors de chacun cent livres, à quoy portent les principaux deniers de ladite vente, huit livres, lequel se doit payer par le vendeur; si autrement il n'est conditionné entre le vendeur & l'acheteur.

III. Si un bourgeois, manant ou habitans de ladite ville va demeurer hors icelle, il doit de toute l'estimation de tous ses biens meubles, rentes heritieres ou viageres, droit d'escarts & boute-hors, tel que de cent livres, huit livres de Flandre, au profit de la susdite ville.

IV. Si un bourgeois ou manant vend tous ses heritages à une fois, soit à autre bourgeois ou forain, il doit pour lesdits droits d'escarts à ladite ville, de chacun cent de livres, huit livres; mais s'il les vend par pieces à diverses fois, il doit seulement ledit droit d'escarts à la derniere piece, tel dit est cy-dessus.

V. Pareil droit d'escarts est deu à ladite ville de la valeur des meubles, rentes viageres ou heritieres, que pere ou mere bourgeois, manant ou habitant de ladite ville, donnent à mariage à leurs enfants, s'ils vont demeurer hors ladite ville, & semblablement des meubles & rentes qu'homme ou femme veuve porte en mariage, se remariant avec personne qui reside ou va resider hors dudit Eschevinage.

CHAPITRE XIV.

Des Delicts qui se commettent en cette Ville & Eschevinage.

I. POur proceder à la prise & capture d'un delinquant au districit dudit Eschevinage, soit bourgeois, manant, habitant ou forain, il est requis d'observer l'une des trois voyes, à sçavoir que le delinquant soit trouvé en present mesfait, ou qu'il y ait ordonnance de la Loy ou partie formée.

II. Par ladite Coustume, il appartient aux Eschevins de ladite ville, pour exercice de leur office, & pour Justice, en nombre competant avec leur Greffier ou commis, de tenir ou faire tenir les informations des crimes & delicts commis au districit dudit Eschevinage, sans que le Bailly ou son Lieutenant puisse estre present ausdites informations, bien à la production des temoins, & lorsque l'on les prend à serment.

III. S'il appert ausdits Eschevins desdits crimes & delicts, ils ordonnent & baillent audit Bailly enseignement, ou à son Lieutenant de prendre aux corps les delinquants, ou les faire adjourner à comparoistre en personne ou autrement, tellement que au jour servant, ledit Bailly prend conclusion pour le cas tel que par lesdits Eschevins luy est enseigné, & le delinquant estant oüy en ses excuses & defenses, lesdits Eschevins baillent & rendent leur sentence telle qu'ils trouvent par lesdites informations se devoir faire; & si pour la contrarieté des parties, le procès n'est à ce disposé, ils ordonnent lesdites informations estre recollées.

IV. Ausdits Eschevins appartient de connoistre de la contravention aux Edits qui se publient d'an en an, & de condamner les contrevenants ès amendes statuées par les mesmes Edits ou autrement, selon l'exigence du cas.

V. Si aucuns bourgeois, manants ou forains, sont par relation des Esgards & Officiers de chacun office de ladite ville, de bourgeois & autres trouvez en faute, & contrevenants aux statuts & ordonnances de leur office, soit de stil ou autrement, tel contrevenant est tenu de sommairement repondre, en reconnoissance ou en niant; & sur la relation desdits Esgards, Commis & officiers, lesdits Eschevins donnent leur sentence sur la conclusion dudit Bailly, selon le rapport, ou qu'ils voyent au cas appartenir; aussi sur toutes relations & affirmations des Sergents pour prise de bestes, ou rapport de nuit, les accusez sont tenus de repondre, en connoissant ou niant sommairement; après sur lesdites affirmations & relations, lesdits Eschevins rendent leur sentence, telle qu'ils trouvent appartenir par raison.

CHAPITRE XV.

Pour proceder en matiere de Saisie & Arrests, en l'Eschevinage de ladite Ville.

I. LE corps d'un bourgeois de ladite ville ne gist en arrest; & nuls corps de femmes peuvent estre arrestez.

II. Pour arrester un manant ou habitant de ladite ville, non bourgeois, ou homme forain, il est besoin que le Maire ou basse Justice de ladite ville, nostre fermier ou son Substitut en son absence, le fasse, ou qu'il soit à ce commis par Eschevins.

III. Si un manant ou forain de ladite ville est arresté à la requeste d'un bourgeois d'icelle, ou d'autre forain, il doit estre remonstré ausdits Eschevins; si le demandeur se rapporte à son serment, il est tenu de jurer sommairement; à faute dequoy le serment fait à referer au demandeur, & après information par luy faite, ledit defendeur fait à condamner avec depens aussi sommairement, & à tenir prison jusques au total fournissement.

IV. Si ledit arresté denie le pretendu & s'oppose audit arrest, lesdits Eschevins ordonnent aux parties de donner caution, ou à faute d'icelle, tenir prison ; & ladite basse Justice leur assigne tel jour que leur est limité, faisant sçavoir au demandeur qu'il ait à servir de son intendit endedans le tiers jour dudit arrest fait, à faute dequoy il doit estre renvoyé de son arrest.

V. Après que la cause a esté ramenée à fait pardevant lesdits Eschevins audit jour limité, icelle se renvoye sur le rolle, pour y estre procedé à l'ordinaire, qui est de huitaine en huitaine, jusques à sentence definitive.

CHAPITRE XVI.

Pour proceder en matiere de Saisie en l'Eschevinage dudit Orchies.

I. IL est permis à tous bourgeois, manants & habitants ou forains d'icelle ville, de faire saisir par la Justice & Maire de ladite ville, endedans le destroit dudit Eschevinage, en la presence de deux Eschevins du moins, les biens appartenants à la personne foraine, pour estre payez & satisfaits de leur deu.

II. Laquelle saisie il convient, en vertu de commission requisitoire & donnée desdits Eschevins, faire signifier par ledit Maire & basse Justice, ayant fait ladite saisie, à celuy à qui lesdits biens saisis appartiennent, & ce endedans la quinzaine ensuivant, à compter du jour de ladite saisie, pendant lequel temps ledit demandeur & saisisseur doit ramener la cause à fait.

III. Et si ledit debiteur estant signifié ne s'oppose à ladite saisie, icelle saisie se decrete sur les biens, heritages ou autres saisis au jour de la presentation de la cause, pour par le demandeur obtenir payement de son pretendu & despens, & en après l'on procede à la vente de la chose saisie.

IV. Et au contraire si le defendeur signifié s'oppose à ladite saisie, jour competent luy est assigné par ladite basse Justice, à comparoistre pardevant lesdits Eschevins en vertu & commission requisitoire ; & au jour servant, la cause estant appellée à tour de rolle, à faute de la comparution dudit signifié, l'on donne defaut contre luy, avec ordonnance qu'il soit readjourné en vertu de commission requisitoire, par le premier Sergent à verge desdits Eschevins, & renvoyant la cause à l'ordinaire pour estre plaidée de huitaine en huitaine, jusques à sentence definitive.

CHAPITRE XVII.

Sur le faict d'Appel.

I. SI quelqu'un se porte appellant de sentence rendue par lesdits Eschevins, qui par après est confirmée, tel appellant eschet en l'amende de huit florins dix patars, applicable pour la moitié à nostre profit, ou de nostre Bailly, & pour l'autre à ladite ville d'Orchies, & vers les sept Eschevins en quatorze francs, qui est, pour chacun, deux francs.

II. Et de sentences rendues en causes & matieres criminelles n'eschet appel.

III. Toutes sentences en cas & matieres civiles, soient interlocutoires ou definitives, non excedantes la somme de cinquante florins, une fois, sont mises à execution, tant pour le principal, que pour les despens, nonobstant opposition ou appellation, & sans prejudice d'icelle.

SÇAVOIR FAISONS, que nous, les choses susdites considerées, avons de nostre certaine science, autorité & pleine puissance, pour nous, nos hoirs & successeurs, Comtes & Comtesses de Flandres, Seigneurs & Dames dudit Orchies, aggreé, confirmé & decreté, aggreons, confirmons & decretons par cesdites presentes, les susdites Coustumes & Usages, & chacune d'icelles en la forme & maniere comme elles sont escrites cy-dessus ; Voulons & ordonnons qu'elles soient d'oresnavant tenues, reputées & gardées pour Loy & Coustume de ladite Ville d'Orchies, & que lesdits Points & Articles pourront estre alleguez & mis en avant pour tels en Jugement, & dehors, sans qu'il soit d'ors-en-avant besoin de les verifier autrement, que par extraict signé du Greffier de ladite Ville, estant aussi nostre volonté & intention, qu'ès cas non declarez par la presente Coustume, l'on se regle selon celles de nos Gouvernances de Douay & d'Orchies, & ès cas non exprimez par ladite Coustume, selon nos Edicts & Placcarts, & le Droit escrit commun, pour autant qu'iceluy est receu en usage, le tout sans prejudice à nos droits & autoritez, ausquels nous n'entendons estre fait aucun prejudice par le decretement de cette presente Coustume ; ainsi que nosdits droits nous demeureront saufs & entiers, ainsi & comme ils estoient auparavant si avons en outre reservé à nous & à nos successeurs Comtes & Comtesses de Flandres, Seigneurs & Dames dudit Orchies, l'interpretation, changement, ampliation ou restriction desdits Points & Articles, toutes & quantes fois que nous le trouverons convenir, au bien & utilité de ladite Ville d'Orchies, & des inhabitants en icelle. Si donnons en mandement ausdits de nos Privé & Grands Conseils, & de nostredit Conseil en Flandres, Lieutenant & autres Officiers de nostre Gouvernance de Douay & Orchies, Eschevins d'icelle Ville d'Orchies, & à tous autres à qui ce peut ou pourra toucher & regarder, leurs Lieutenants & chacun d'eux endroit soy, & si comme à luy appartiendra, que nostre presente ordonnance, & tous & chacuns les Points & Articles dessus declarez & specifiez, ils gardent & observent inviolablement selon leur forme & teneur, sans faire ne souffrir que soit fait à l'encontre en aucune maniere. Et afin que chacun puisse avoir tant meilleure connoissance desdites Coustumes & Usages, & s'en servir où que besoin luy sera, avons permis & consenty, permettons & consentons ausdits de nostre Ville d'Orchies, que (après deuë publication & enregistrature d'icelles où il appartiendra) ils les puissent faire imprimer par quelque Imprimeur Juré de nos Pays de par deça; & qu'aux copies & extraits desdites Coustumes, deuement collationnez par quelqu'un de nos Secretaires ou Greffiers, ou bien par le Greffier de ladite Ville d'Orchies, pleine & entiere foy soit adjoustée, car ainsi nous plaist-il; & afin que cecy soit chose ferme & stable à tousjours, nous avons fait mettre nostre seel à cesdites presentes. Données en nostre Ville de Bruxelles, le dernier d'Aoust, l'an de grace mil six cent & dix-sept. Ma. Vt. souscrit par les Archiducs en leur Conseil, Plus bas signées, GOTTIGNIES. Et encore plus bas.

Ces Coustumes sont enregistrées en la Chambre des Comptes à Lille au Registre de parties y tenues, commençant en May seize cens dix-sept, fol. 139. verso & autres suivants, du consentement de Messeigneurs d'icelle, le vingt-neuf de Janvier seize cens dix-huit. Signé, DU BOIS.

Et en après publiées à la Bretesche de ladite Ville d'Orchies, en la presence de Gabriel de Bassecourt, Escuyer, Seigneur de la Herbieren, Bailly de ladite Ville; Hierosme Martin, Pierre de le Haye l'aisné, Martin Rogier, Michel Landas, Robert de la Mere, Michel Tonbily, & Toussaint Monnart, Eschevins d'icelle, par moy Greffier soussigné le vingtieme Fevrier audit an. BECQUET.

TABLE DES CHAPITRES DES COUTUMES D'ORCHIES.

LES COUSTUMES 1627.

LOCALES ET PARTICULIERES DE LA VILLE ET BOURGEOISIE DE LA GORGUE, ET DE LA LOY D'ARRAS.

PHILIPPES par la grace de Dieu, Roy de Castille, de Leon, d'Arragon, des deux Siciles, de Jerusalem, de Portugal, de Navarre, de Grenade, de Tolede, de Valence, de Galice, de Majorque, de Seville, de Sardaigne, de Cordoue, de Corsique, de Murcie, de Jean, des Algarbes, d'Alger, de Gibraltar, des Isles de Canarie, & des Indes, tant Orientales qu'Occidentales, des Isles & Terre ferme de la Mer Occeane, Archiduc d'Autriche, Duc de Bourgogne, de Lothier, de Brabant, de Limbourg, de Luxembourg, de Gueldre & de Milan, Comte de Habsbourg, de Flandres, d'Artois, de Bourgogne, Palatin de Tirol & de Haynaut, de Hollande, de Zelande, de Namur & de Zutphen, Prince de Suave, Marquis du S. Empire de Rome, Seigneur de Frise, de Salins, de Malines, des Citez, Villes & Pays d'Utrecht, d'Overissel & de Groeningue, & Dominateur en Asie & en Afrique. A tous presens & à venir, SALUT. Comme par l'Edit perpetuel du douzieme de Juillet mil six cens onze de feu de bonne memoire, l'Archiduc ALBERT & de Madame ISABELLA, Infante d'Espagne, nos très-honorez Oncle & Tante, il a, entre autres choses, esté ordonné que toutes les Villes & Chastellenies de nos Pays de par deça, qui depuis l'an mil cinq cens quarante, avoient negligé d'obtenir le decretement & l'omologation de leurs Coustumes & Usages, selon qu'il avoit lors esté ordonné par feue Sa Majesté Imperiale de très-haute memoire nostre Bisayeul, eussent à envoyer au Conseil de leur Province, le Cayer de leursdites Coustumes dont elles auroient usé jusques alors, endedans six mois après la publication d'iceluy Edit, pour estre par après envoyées par lesdits Conseils avec leur avis respectivement à nos très-chers & feaux les Chef, President & Gens de nostre Conseil Privé, afin d'estre decretées en la forme qu'il seroit trouvé convenir pour le bien public, & par ce moyen, rendre chacun certain de la Loy & Coustume de son quartier, & obvier aux grands despens que l'on souffre à l'occasion de la preuve desdites Coustumes & Usages, souvent accompagnée d'incertitude & contrarietez; & suivant ce, nos chers & bien-aimez les Advoué & Eschevins de la Ville & Bourgeoisie de la Gorgue & Loy d'Arras, s'estendant partie en la Paroisse dudit Gorgue, partie en celle de Lestrem, & faisant par ensemble l'Eschevinage d'icelle Ville, auroient envoyé le Cayer des Coustumes & Usages de ladite Ville & Bourgeoisie de la Gorgue & Loy d'Arras, à nos chers & feaux le President & Gens de nostre Conseil en Flandres, lesquels après les avoir veues & examinées, les ont aussi envoyées avec leur avis auſdits de noſtre Conſeil Privé, qui après avoir eſté eſclaircis d'aucuns doutes & difficultez y rencontrées, ont trouvé convenir d'arreſter & rediger par eſcript leſdites Couſtumes en la forme ſuivante.

RUBRIQUE PREMIERE.

De la Juriſdiction.

ARTICLE PREMIER.

LA ville & Eſchevinage de la Gorgue (qui conſiſte en deux ſeigneuries, ſçavoir, d'icelle ville & bourgeoiſie, & de la Loy d'Arras) appartiennent en proprieté à nous comme Comte de Flandre, & y avons Gouverneur, Bailly, Prevoſt & Advoué, & ſix Eſchevins, Greffier & autres Officiers, dont les trois Eſchevins avec iceluy Advoué ſe choiſiſſent de ladite ville & Bourgeoiſie, & les autres trois de ladite Loy d'Arras.

II. Leſquels Advoué & Eſchevins ont la connoiſſance de toute Juſtice, haute, moyenne & baſſe, tant en matiere criminelle que civile.

III. Et peuvent avec ledit Gouverneur, ou en ſon abſence, avec ledit Bailly faire tous Statuts & Ordonnances concernant le regime & la Police de la ville & Loy ſuſdite; & iceux faits, changer, annuller & renouveller toutes les fois que bon leur ſemblera, pour le plus grand bien d'icelle ville & Loy.

IV. Leur compete auſſi la Surintendance & adminiſtration des biens de la ville, & enſemble de l'Egliſe & des Pauvres.

RUBRIQUE II.

Du Droit de Bourgeoiſie.

V. LA bourgeoiſie s'acquiert par mariage avec bourgeois ou bourgeoiſe, en la relevant en dedans ſix ſemaines après le mariage, & en payant quatorze patars pour les droits du regiſtre & connoiſſance de la Loy.

VI. L'on devient bourgeois par naiſſance, mais tel bourgeois venant à ſe marier, doit relever endedans ſix ſemaines, & payer comme deſſus, ou à faute de ce, il perd ſa bourgeoiſie, à laquelle neanmoins il pourra revenir en payant l'amende de trois livres pariſis, au profit de ladite ville, & quatorze patars pour ledit droit de relief.

VII. L'on acquiert auſſi la bourgeoiſie du conſentement des Gouverneur, Advoué & Eſchevins, en payant quelque reconnoiſſance au profit de la ville à leur taxation, ſans qu'il ſoit beſoin y avoir reſidé auparavant, ny auſſi renoncer à autre bourgeoiſie.

VIII. Et jouiſſent tous bourgeois, tant naturels que par acquiſition egalement des droits & privileges de la ville & bourgeoiſie, ſans diſtinction, s'ils demeurent endedans ou au dehors d'icelle.

IX. Quand un non bourgeois ſuccede à un bourgeois, il doit payer pour droit d'iſſue le treizieme denier de la valeur des biens du trepaſſé eſtant en ladite ville; à laquelle ville compete auſſi droit d'iſſue ſur tous biens meubles & immeubles trouvez en icelle d'un non bourgeois y trepaſſant *ou decedé.*

X. L'on ſe peut librement defaire de ſa bourgeoiſie, en payant quatorze patars pour l'acte du deport & la connoiſſance des Eſchevins.

XI. Il eſt loiſible aux non bourgeois d'acheter maiſons & heritages en la ville, ſans payer aucun droit d'eſcars, pourveu que le vendeur ſoit bourgeois, & qu'il y ait encore autres maiſons ou fonds d'heritages, du moins juſques à la valeur de cinq ſols pariſis par an de rente fonciere, qu'il pourra, faiſant ladite vente, reſerver.

XII. Et où l'achat ſe feroit du dernier fonds d'heritage d'un bourgeois ſans ladite reſervation, ou bien que la rente reſervée ſe vint à vendre, ſeroit deu par le vendeur à la ville le treizieme denier du prix de la vente, ne ſoit que par le contract fut dit que le marché eſt fait à franc denier; auquel cas ſeroit ledit droit deu par l'acheteur.

XIII. Mais ſi un non bourgeois vend maiſons ou fonds d'heritages, iceluy vendeur doit le treizieme denier du prix de ladite vente, ores *ou à moins* qu'il eut autres heritages ſituez en ladite ville, & qu'icelle vente fut faite à un bourgeois; peuvent neanmoins leſdits Gouverneur, Advoué & Eſchevins, moderer ladite iſſue pour cauſes juſtes & raiſonnables.

RUBRIQUE III.

Des Arreſts, Sentences & Executions.

XIV. L'On peut en ladite ville & Eſchevinage faire arreſter pour dette par le Prevoſt, ou en ſon abſence par le Bailly ou un Sergent, corps & biens des forains non bourgeois, & n'a l'arreſté main levée qu'en baillant caution, ou en nantiſſant.

XV. Mais l'arreſtant non bourgeois, ou bien bourgeois non reſident, eſt tenu, (en eſtant requis) de donner caution pour l'arreſt; ou à faute de ce, ſera ledit arreſt relaxé *ou levé* avec condemnation des depens, dommages & intereſts.

XVI. Si ne peut l'un bourgeois ou manant faire arreſter l'autre, ny ſes biens, non plus en ladite ville & Eſchevinage qu'au dehors, à peine de nullité, dommage & intereſt, & de l'amende de trois livres pariſis; & n'eſt auſſi un bourgeois ny manant arreſtable non plus en corps que biens en icelle ville & Eſchevinage, ne fut en cas d'apparente fuite, & par congé de la Loy.

XVII. L'ajourné en temoignage ou autrement appellé en perſonne par la Loy, eſt franc d'arreſt allant & venant.

XVIII. Comme aussi tous allans & venans à la franche foire, & leurs biens sont affranchis d'arrests pour causes civiles; sauf pour deniers du Prince, ou dettes faites d'icelle foire durant.

XIX. L'officier qui au deçu *à l'insçu*, ou sans satisfaction de partie, relache la personne ou biens arrestez, sans la mener en prison, ou en faire garde convenable, est tenu dès le lendemain payer au requerant d'arrest la dette, pour laquelle iceluy estoit fait, sans attendre les jours de plaids, sauf toutesfois son recours sur ledit arresté; & *sur ses* biens.

XX. Comme il est aussi obligé de rapporter au mesme jour, ou du moins le lendemain au bureau des Eschevins les deniers nantis en ses mains, pour en estre fait acte pertinent, à la conservation du droit des parties; à peine d'y estre contraint par la Loy, par emprisonnement de sa personne, ou vendition de ses biens réellement & de fait, sans aucun delay.

XXI. Qui commet infraction d'arrest, aliene ou transporte bien arresté, sans consentement de la Justice ou *de la* partie, outre l'amende de soixante livres parisis qu'il forfait, il est tenu de reintegrer la main de Justice, & à faute de ce, condamnable en la dette de *ou pourquoy* l'arrest *est fait*.

XXII. Arrest engendre oppignoration, & donne preference contre tous autres crediteurs non privilegiez; *s'il* n'est qu'au temps d'iceluy arrest le debiteur soit insolvable & en deconfiture, auquel cas lesdits crediteurs viendront au marc la livre sur les biens arrestez.

XXIII. Pour la seureté des avant-arrests, l'Officier est tenu de rapporter les arrests au registre, par bonne declaration, à sçavoir, à la requeste de qui, sous qui, pour quelle somme, à quel jour & heure, & sur quel bien il les aura fait, & les parties qui veulent profiter desdits arrests, seront tenues de les poursuivre jusqu'au decret.

XXIV. On ne peut faire arrest ny autre exploit civil avant soleil levé, ny après soleil couché.

XXV. En matiere d'arrest, on procede sommairement & *de plano*, & doit l'arrestant, en estant requis, promptement declarer la cause de son arrest, & à faute de ce, ou de comparition au jour assigné pardevant la Loy, sera à la requeste de l'arresté, l'arrest declaré nul, & l'arresté condamné ès depens, dommages & interests.

XXVI. Qui se constitue pleige pour la relaxation de l'arresté, est principal, & peut estre executé pour le jugé, sans discussion precedente; comme aussi la sentence donnée contre le pleige sera executoire contre l'arresté & ses biens.

XXVII. Les Sentences & Ordonnances des Advoué & Eschevins, seront executées par le Prevost, & à son defaut, à la requeste de partie & consentement desdits Advoué & Eschevins, par le Bailly, à la charge d'iceluy Prevost ou ses cautions, & aussi de partie condamnée.

XXVIII. Sentence ou Ordonnance surannée, ou à charge d'un condamné trepassé dont *il* n'y a sommation, doit estre jugée executoire.

XXIX. On peut proceder à l'execution d'une sentence par emprisonnement de la personne ou vente des biens du condamné, ou par *les* deux voyes conjointement.

XXX. Les appellations & oppositions contre les executions, n'empeschent les progrès *ou poursuites* d'icelles, ne soit en nantissant, ou que le Juge superieur, ou lesdits Advoué & Eschevins *en* eussent autrement ordonné.

XXXI. Sentence donnée contre la partie originaire, est aussi executoire contre celuy qui aura empris la garantie; ores *quoy* qu'il n'y fut interjetté aucun protest d'option & execution.

RUBRIQUE IV.

Des Contracts de Mariage, & Droicts appartenans à Gens mariez.

XXXII. Avant promesse ou lien de mariage, l'on peut faire tels traitez que l'on veut; bien entendu que pour avoir adheritance ou autre droit réel, est besoin de passer iceux traitez devant la Loy, lesquels ainsi passez, donnent realité en tous biens assis sous icelle Loy.

XXXIII. Et tels traitez obligent les parties contractantes & leurs heritiers; mais ne peuvent nuire à leurs crediteurs.

XXXIV. Chambre estoffée doit par le contract estre taxée à certaine somme ou valeur, à peine de nullité.

XXXV. Homme & femme conjoints par mariage sont communs en tous biens, meubles, actions & credits mobiliaires par tout où ils soient, & ès heritages situez en ladite ville & Eschevinage; & après le trepas de l'un d'iceux conjoints, lesdits biens se divisent en telle maniere, que l'une moitié appartient au survivant, & l'autre moitié aux heritiers du trepassé.

XXXVI. Et est la femme en la puissance de son mary, tellement qu'elle ne peut faire aucun contract sans l'autorité & consentement exprès de sondit mary, si elle n'est marchande publique, & en fait de sa marchandise seulement.

XXXVII. Le mary est seigneur des meubles & conquests immeubles faits durant le mariage, tellement qu'il en peut disposer à sa volonté sans le consentement de sa femme, à personne capable & sans fraude, comme aussi des biens venus de son costé; & combien qu'au mary compete le gouvernement & administration des biens de sa femme, toutesfois il ne peut aliener, vendre ou charger les fiefs, terres cottieres, heritages ou maisons venans du lez ou costé de sa femme sans son gré & consentement exprès.

XXXVIII. En action d'injure, femme mariée peut sans son mary agir & deffendre en jugement, & estant condamnée est executable; peut neanmoins le mary entreprendre la cause pour elle, en demandant ou défendant si bon luy semble.

XXXIX. Qui des deux conjoints aura donné cause de divorce, soit par adultere ou autrement, perdra tout avantage de mariage, tant coustumier que conventionnel.

XL. Conjoints par mariage ne peuvent avantager l'un l'autre, non plus par disposition de derniere volonté que d'entre-vifs, ny autrement, directement ou indirectement, en quelque maniere que ce soit, mesme point par donations mutuelles, ores *quoy* que confirmées par serment; sinon par forme de ravestissement passé à Loy d'une seule maison, heritage & jardinage y tenant, gisant en la ville ou Eschevinage, à eux appartenant, & pour en jouir par le survivant durant sa viduité, sans entrer en Religion.

XLI. La femme veuve, renonçant aux biens & dettes de la maison mortuaire de son mary, endedans les quarante jours de la connoissance de son trepas, ensemble à ceux venant de son costé, & en sortant en habit ordinaire, sans aucune fraude, n'est tenue ny poursuivable pour dettes d'icelle maison mortuaire, sans que l'homme veuf puisse user de semblable renonciation, mais demeure tousjours obligé au payement de toutes dettes de la maison mortuaire.

RUBRIQUE V.

De Prescription.

XLII. QUi aura joui & possedé maison ou heritage avec titre, & de bonne foy, tant par luy que ses predecesseurs, continuellement & paisiblement par dix ans entre presens, & vingt ans entre absens aagez & non privilegiez, il acquiert droit de prescription.

XLIII. Toutes rentes, actions & droits corporels & incorporels, personnels & réels, servitudes urbaines & rurales, se prescrivent entre aagez & non privilegiez, supposé qu'on ne fasse apparoir de titre, par l'espace de trente ans continuellement & paisiblement.

XLIV. Celuy est reputé possesseur de bonne foy, qui a acquis avec titre; ores *quoy* que le vendeur fut de mauvaise foy; mais en vente nulle de droit, la seule prescription de trente n'a lieu; ne fut que la chose vendue vint en main tierce, que lors on pourra prescrire endedans dix ou vingt ans, en vertu du nouveau titre.

XLV. Pour acquerir droit par prescription, contre Eglises, *il* faut que la possession soit de quarante ans continuels.

XLVI. Combien que contre absens ou mineurs d'ans prescription ne court, toutesfois à la prescription encommencée contre leurs predecesseurs, celle qui courera après leur majorité ou recour, sera combinée pour faire pleine prescription.

XLVII. Entre pere & mere & leurs enfans, entre le tuteur & les orphelins, si longtems qu'ils sont en bas aage, entre le proprietaire viager & censier, ny aussi entre le procureur ou administrateur *ad negotia*, & le maistre n'échet prescription.

XLVIII. Qui differe d'agir en action personnelle à la charge d'une maison mortuaire de dix ans après que le trepas du debiteur sera venu en sa connoissance, ne sera recevable.

RUBRIQUE VI.

Des Servitudes.

XLIX. CHacun peut bastir sur le sien aussi haut que bon luy semble, sans avoir egard aux veues ou lumieres de son voisin, s'il n'y a titre au contraire.

L. Personne ne peut faire gouttiere, issues d'eaues, piscines ou ressorts tombans ou courans sur, parmy, ou *au* travers *de* l'heritage de son voisin, ny faire aucuns toits, par lesquels l'eau peut tomber au grief de son voisin; le tout ne fut en vertu de contrat ou consentement.

LI. Entre les heritages de deux voisins où il y a murs & glends, iceux seront reparez & entretenus selon le renseing de piliers, pilots, pierres & autres signes y trouvez, & ce si avant qu'ils enseigneront du costé de chacun heritage; ne fut que par contract, obligation ou autre enseignement fut trouvé le contraire.

LII. Où entre heritages & jardinages de voisins n'y a aucun stouppement *ou closture*, ny affranchissement, ils seront tenus à depens communs, les estoupper *ou clorre* & affranchir de murs, glends, ou du moins de hayes vives, ou d'épines, quand l'un ou l'autre le requiert, & les reparer & entretenir en commun.

LIII. Et où lesdits murs, glends ou hayes appartiennent à l'un ou l'autre des voisins, seront iceux tenus les entretenir & reparer à leurs depens seuls, ne fut aussi obligation à ce contraire.

LIV. En pignons ou murs communs, pourra chacun rompre & percher pour y massonner ou ancrer sommiers, gistes & autres bois ou pierres, à la commodité de sa maison, à ses depens, en reparant tout ce qu'il y pourra avoir rompu. Sauf qu'il ne pourra mettre ouvrage de bois contre ou dedans la cheminée, ny autre part par où il y auroit peril de feu.

LV. Bien entendu que le mur soit fort assez pour supporter l'ouvrage nouveau, sans interest de son voisin. Autrement celuy qui voudra ouvrer devra faire asseurer de son costé ledit mur, depuis la fondation jusques en haut, pour suporter ledit ouvrage.

LVI. Où il y a pignon ou mur penchant en danger apparent de cheoir & faire dommage, le proprietaire sera contraint par la Loy, ou à la plainte du voisin, de faire reparer ou redresser ledit mur.

LVII. Qui veut bastir de nouveau, ne peut poser son mur ou parois plus près de celuy de son voisin, que de vingt & deux poulces, tellement que chacun a onze poulces pour sa gouttiere, quant aux toits de tuilles, & au double de ceux de paille.

LVIII. Mais s'il fait un mur ou parois droit, ou qu'il mette une nocquiere sans degouttiere, le pourra faire à onze poulces près du mur, ou parois de son voisin.

LIX. Nul ne peut faire four à cuire, ou fournaise contre le mur de son voisin, qu'en massonnant une bricque d'epaisseur, & contre parois de terres, ou aisselles, de deux bricques d'epaisseur.

LX. Où se trouveront fours faits ou construits en apparent grief de feu, le Magistrat de la Ville les fera oster ou asseurer par ouvriers, aux depens de ceux qu'il appartiendra.

LXI. L'un voisin doit accommoder l'autre, pour la refection necessaire de maison, moyennant toutesfois reparation de ce que pour cela sera rompu, avec tous depens, dommages & interests.

LXII. Qui a fenestre ou veues sur l'heritage d'autruy, sera tenu de garnir lesdites fenestres de barreaux de fer & verrieres, sans les pouvoir ouvrir que de son costé, s'il n'y a titre au contraire.

LXIII. Qui de nouveau veut prendre veue sur l'heritage d'autruy, sera tenu faire les fenestres de sept pieds de haut de la terre, ou plus, le tout à verrieres & barres de fer comme dessus, sans toutesfois par ce acquerir droit de servitude.

RUBRIQUE VII.

De Vente de Maisons & Heritages.

LXIV. TOutes ventes, alienations, donations & transports de maisons & heritages situez en la ville & Eschevinage, & toutes hypoteques de rentes, doivent estre reconnues pardevant le Prevost & deux Eschevins du moins, à peine de nullité.

LXV. De tous marchez & contracts faits en taverne, chacun se pourra repentir & y renoncer endedans les vingt-quatre heures, après qu'ils seront partis l'un de l'autre; en payant pendant ledit temps l'escot, & en faisant deuement la declaration à sa partie ou à son domicile, & où il seroit forain, en presence de deux tesmoins.

LXVI. Toute maison ou heritage après l'adheritance, est au peril & fortune de l'acheteur, & non auparavant.

LXVII. Tout ce qui est approprié à la maison ou heritage, tenant à clou, cheville, ciment ou racine, suivra icelle maison ou heritage; ne soit que par le contract fut autrement dit.

LXVIII. Qui vend ou charge maison ou heritage, doit à bonne foy declarer toutes charges & servitudes, à peine de correction arbitraire & de nullité du contract & adheritance, ou de tous dommages & interests, au choix de l'acheteur.

LXIX. En tous contracts judiciaires, ou extrajudiciaires, esquels intervient prix d'argent, sera dors-en-avant declarée la juste somme payée, à peine de nullité.

RUBRIQUE VIII.

De Retraict.

LXX. EN vente de maison ou heritage, soit patrimoine ou acquest, retrait lignager a lieu endedans le tiers jour de l'adheritance, y compris le jour d'icelle; en remboursant par le retrayant à l'acheteur, incontinent la retraite reconnue ou adjugée, ses deniers principaux, & tous loyaux coustemens, à peine de forclusion.

LXXI. Et est tousjours *le* plus proche parent du vendeur preferé; bien entendu qu'en cas de deux ou plusieurs ratrayans en pareil degré, la retraite se divisera entr'eux egalement. Mais ou l'acheteur seroit au mesme degré du ratrayant, icelle n'aura lieu.

LXXII. Le susdit tiers jour escheant en Feste ou Dimanche, sera continué au premier jour ouvrier ensuivant.

LXXIII. Tous vendeurs & acheteurs sont tenus (en estant requis) d'affirmer par serment, le vray prix & conditions de leur contract, comme aussi le retrayant, que la retraite est faite pour soy, & non pour autruy, & le tout sans fraudes.

LXXIV. A defaut de retaite lignagere, celuy qui a part & portion par indivis en maison ou heritage, dont partie se vend, a droit de retraite, & y est preferé celuy qui a plus grande part, comme aussi est preferé l'acheteur ayant part egale.

LXXV. Retraite n'a lieu en permutation ou eschange, sinon qu'il y eut argent baillé ou meubles excedant le tiers de la valeur de la chose eschangée, auquel cas retraite a lieu, en remboursant ledit argent ou meubles, à l'estimation de gens à ce cognoissans, & aura le ratrayant la chose eschangée sur semblable estimation & prisée.

LXXVI. Quand en une vente il y a diverses parties de biens, ou que plusieurs parts d'une partie sont vendues, sera le ratrayant tenu d'accepter l'achat de toutes les parties ou parts, si l'acheteur le veut.

LXXVII. Le louager, acheteur de maison ou heritage, ne perd son bail ou ferme, par retraite sur luy faite.

RUBRIQUE IX.

Des Louages & Fermes.

LXXVIII. LOuage est preferé à vente ou achat.

LXXIX. Nul ne peut donner le bien par luy loué, en arriere-ferme, en tout ny en partie, sans le consentement du proprietaire, à peine que le proprietaire pourra le tout reprendre à soy; & où il ne voudroit ce faire, *il* aura le choix de recouvrer son louage, & ce qui en depend, ou sur le principal fermier, arriere-fermier, ou sur le bien qu'il y trouvera.

LXXX. Quand il y aura reparation necessaire à faire, le louager sera tenu d'en avertir son maistre, & s'il est en demeure de la faire, la pourra montrer à deux maistres ouvriers, & selon leur avis la faire en diminution de son rendage.

LXXXI. Le proprietaire de maison ou heritage, sera preferé pour tout son deu de louage, sur les meubles, catheux, bestiaux, & tout ce qui y sera trouvé ou transporté en autre lieu par fraude.

LXXXII. Lequel deu de louage gist en execution & preference sur tout ce que dessus, contre tous autres crediteurs non privilegiez.

LXXXIII. Si après l'expiration de la ferme, le fermier demeure en possession, sans auparavant, ou à l'escheance de ladite expiration, luy avoir esté fait commandement de sortir, il continuera l'année encommencée seulement aux prix & conditions de la ferme precedente.

RUBRIQUE X.

Des Pleiges.

LXXXIV. Pleige simple ne doit estre traduit en Justice, ny executable avant discussion du principal, sinon qu'il fut bourgeois & pleige pour un estranger.

LXXXV. Le pleige condamné en vertu de la clause (l'un pour l'autre, & chacun pour le tout) peut recouvrer sur le coobligé son contingent, par telle voye d'action ou execution, qu'il a esté contraint auparavant.

LXXXVI. Le pleige après dix ans d'obligation, ou estant actionné ou condamné de payer la dette, ou en cas d'absence ou apparente insolvabilité du principal, peut agir afin d'estre dechargé, ou d'avoir contre-pleige; mais où il auroit nanty ou payé la dette, il sera fondé d'en demander le remboursement avec tous depens, dommages & interests.

LXXXVII. La femme ne peut estre pleige en jugement ny dehors, qu'en renonçant au droit du velleien, & d'iceluy bien informée.

RUBRIQUE XI.

Des Donations d'entre-vifs.

LXXXVIII. Toute personne aagée de vingt-cinq ans accomplis & de sain entendement, peut donner par disposition faite entre-vifs, à personne capable, tous ses meubles, deux parts de ses acquests immeubles, & un tiers des immeubles patrimoniaux, en faisant la delivrance & adheritance comme il appartient, excepté des fiefs qui se regleront selon la Cour feodale; demeurans les cas d'ingratitude & naissance d'enfans, selon la disposition du droit ecrit.

LXXXIX. Et sont reputez pour meubles en fait de donations, tous meubles mouvans, rentes non hypothequées, cedulles & dettes actives, mais maisons, rentes hypothequées, ensemble arbres croissans, sortissent nature de fonds.

XC. Donner ny retenir ne vaut; neanmoins le donateur peut reserver à soy l'usufruit sa vie durant, & ajouter telle clause de retour que bon luy semble, & aussi de pouvoir, en cas de necessité charger les biens donnez, à quelque somme raisonnable.

RUBRIQUE XII.

Des Testamens & executions d'iceux.

XCI. Pour reputer un testament solemnel & valide, est requis qu'il soit passé pardevant deux Eschevins, ou pardevant un Notaire & deux tesmoins, ou pardevant le Curé ou son Vicaire & deux temoins, & qu'il soit, en outre, signé du testateur, en cas qu'il sçache & puisse escrire; en cas que non, que declaration s'en fasse audit testament.

XCII. Toutes personnes saines d'entendement, aagées & usans de leurs droits, peuvent disposer par testament & ordonnance de derniere volonté, au profit de personne capable, d'un tiers de leurs biens patrimoniaux, de deux tiers des conquests, & de tous leurs biens meubles excedans les dettes, & point plus avant, encore que ce fut pour cause pieuse; lesquelles dettes se payeront premierement des meubles, & après des conquests, & finalement des biens patrimoniaux. Et où la disposition excedera, elle sera reduite à l'advenant.

XCIII. Aucun ne peut estre heritier & legataire d'un defunt ensemble, non plus en ligne directe que collaterale.

XCIV. Peut toutesfois entre-vifs estre donataire, & heritier en ligne collaterale.

XCV. Homme & femme conjoints en mariage, ne peuvent par testament & ordonnance de derniere volonté, ny par autres donations, prejudicier l'un à l'autre, en la moitié des biens qui leur peut appartenir, en vertu de la Coustume.

XCVI. Les executeurs testamentaires sont saisis durant l'an & jour du trepas du defunt, des biens meubles, qu'ils pourront vendre pour l'accomplissement du testament; mais point plus avant; & où ils suffiroient, s'addresseront aux heritages, qu'ils pourront aussi vendre ou charger, au moindre grief par permission de la Loy, l'heritier à ce preallablement evocqué; & parmy rendant compte au bout de l'an, en estant requis.

XCVII. Tous testamens & funerailles des bourgeois & bourgeoises ou autres manans, sont & demeurent à la charge des heritiers, mais le banquet du jour du service, est aux depens communs du survivant & des heritiers.

RUBRIQUE XIII.

Des Successions.

XCVIII. Le mort saisit le vif, son plus proche apparent hoir, capable pour succeder, tant en ligne directe que collaterale, & la possession du trepassé se continue en l'heritier.

XCIX. Ne sera neanmoins aucun reputé pour hoir, que celuy qui se fonde par declaration ou apprehension de biens.

C. Les heritiers & le survivant de deux conjoints, & chacun d'eux sont tenus, & endedans l'an & jour, poursuivables chacun pour le tout, au payement de la dette entiere du defunt, eschue, & où elle ne seroit escheue, au jour de son trepas, endedans l'an & jour de l'echeance d'icelle; sauf leur recours sur ledit survivant, ou autres leurs coheritiers, chacun selon son contingent; mais l'an expiré dudit trepas, sera chacun desdits hoirs, seulement poursuivable à proportion d'hoirie.

CI. Le survivant de deux conjoints, demeurera en la possession de tout le bien de la maison mortuaire, repondant des dettes & charges, jusques à tant qu'estat soit fait, lequel estat il sera tenu fidellement faire faire endedans quarante jours après le trepas, & l'affirmer par serment, en estant requis; comme aussi le doivent affirmer les heritiers estant à ce sommez.

CII. Et ne pourra aucun desdits heritiers, endedans lesdits quarante jours, prendre la maniance *ou maniement* des biens; à peine de correction à l'arbitrage des Eschevins, & d'estre ce nonobstant tenu comme hoir, & traitable pour toutes les dettes & charges de la maison mortuaire.

CIII. Qui prend partage en la maison mortuaire d'un bourgeois ou manant, est tenu, si de ce il est requis, d'auparavant aucune levée, donner caution de payer sa part & portion, ès dettes & charges de ladite maison mortuaire, icelle caution durant an & jour seulement; mais le principal demeure tousjours obligé de payer sa part & portion esdites dettes & charges.

CIV. Quand on craint en une maison mortuaire courteresse *ou deffaut* de biens *suffisans*, l'heritier apparent, par permission de la Loy, *peut* faire ses obseques & funerailles, selon sa qualité, sans pour ce estre reputé heritier; demeurant neanmoins entier & fondé d'en pretendre remboursement par preference, sur les plus apparens biens d'iceluy defunt.

CV. Qui a qualité ou degré d'heritier, peut avant se declarer tel, requerir estat de la maison mortuaire au survivant des deux conjoints, qui est obligé de le luy bailler, au plus tard endedans les quarante jours, comme dit est.

CVI. Si le survivant en l'estat par luy affirmé a recelé de mauvaise foy, quelque bien perissable ou dettes passives, il perd iceluy bien, & le droit qu'il y avoit, au profit des heritiers; & demeurent icelles dettes passives à sa charge seule, & outre ce, est punissable à l'arbitrage du Juge.

CVII. Le survivant peut emporter, d'avant part, un honneste accoustrement, pour porter le deuil, sans fraude & selon sa qualité. Aussi peut la veuve en outre retenir son anneau d'epousailles.

CVIII. Douaires conventionnels & autres avantages accordez par contract de mariage, seront pris hors du bien commun, ne soit qu'il fut autrement convenu.

CIX. La femme survivante peut vivre du bien commun de la maison mortuaire, l'espace de quarante jours, sans plus, & raisonnablement comme elle faisoit auparavant le trepas; mais point les hoirs; sans que ladite femme soit pour ce tenue estre immiscée ès dettes.

CX. Pere ou mere ont la jouissance du bien de leurs enfans mineurs, succedez de pere, mere, frere ou sœur, sous caution suffisante, & à la charge de nourrir, alimenter & entretenir lesdits enfans aux écoles, ou autrement leur faire apprendre mestier selon leur qualité; aussi d'entretenir leur bien de toutes reparations, & de payer toutes rentes & charges.

CXI. Laquelle jouissance a lieu, pendant la minorité des enfans, ou bien jusques à ce que par estat de mariage, Prestrise, Religion, ou autrement ils soient emancipez.

CXII. De tous autre biens succedez ausdits enfans, d'ailleurs que de pere, mere, frere ou sœur, qu'on appelle vraemgoet *biens étrangers*, peres ou meres n'en jouiront, ne fut par congé de la Loy.

CXIII. Lequel congé on est accoustumé d'accorder, quand les biens desdits enfans ne sont bastans *suffisans* pour leur entretenement, & que ceux de nouveau succedez ne sont excessifs, ce qui demeure à la discretion de ladite Loy.

CXIV. Pere ou mere se remariant, ne perd la jouissance du bien de ses enfans.

CXV. Pere & mere survivant, leurs enfans ne delaissant point d'hoirs de leurs corps, succedent à iceux en tous biens par eux delaissez, à l'exclusion de tous autres parens, soit en ligne ascendante ou collaterale.

CXVI. Pere ou mere ne succede à ses enfans trepassez, ayans freres ou sœurs du mesme lit, ès biens venans de la part de pere ou mere defunt, ains y succedent lesdits freres ou sœurs, mais bien aux acquests faits par l'enfant defunt, desquels le pere ou mere survivant aura la moitié, & lesdits freres ou sœurs, l'autre.

CXVII. Mais quand l'enfant trespassé ne delaisse frere ny sœur, ains seulement pere ou mere, le pere ou mere survivant aura la moitié des biens, dudit enfant, & l'autre moitié appartiendra aux parens des pere ou mere trepassez.

CXVIII. Representation a lieu, tant en ligne directe que collaterale *in infinitum*, & se partit le bien tousjours *in stirpes*, & non *in capita*.

CXIX. Bastards succedent aux biens de leur mere, & des autres parens du costé maternel.

CXX. La mere succede en la moitié du bien de son enfant bastard, decedant sans hoir legitime; & au cas qu'elle fut decedée, succederont en icelle moitié, les plus proches parens du costé maternel, appartenant l'autre moité, *ab intestat*, à nous.

CXXI. Sauf que bastards procréez par homme ou femme marié, ou de personnes Religieuses, ou estansen degré de consanguinité ou affinité defendu, ne succederont à la mere, ny parens maternels, comme aussi ne succederoit ladite mere ou parens à iceux.

CXXII. Quand il y a enfans de deux lits, & qu'un enfant de l'entier lit, après le decès de pere & mere, où de l'un d'eux vient à mourir, ses freres & sœurs dudit entier lit, auront la moitié du bien par luy delaissé, & partiront l'autre moitié egalement avec leurs freres & sœurs de demy lit.

CXXIII. Les enfans venans à la succession de pere ou mere, doivent rapporter tout ce qui leur a esté donné, en quelle maniere que ce soit, sçavoir, l'une moitié à la premiere mort, & l'autre moitié à l'autre mort, ou avec ce, demeurer hors de partage, sauf toutesfois que le banquet nuptial n'est sujet à rapport; ne fut qu'il y eut rewid au profit des nouveaux mariez, auquel cas ils doivent rapporter les despens dudit banquet, où la portée du rewid à leur choix.

CXXIV. Rapport a lieu entre les hoirs par ensemble, & point entre pere & mere, & leurs enfans; ne soit que par contrat autrement ne soit dit.

CXXV. Depens de table promis par contract de mariage, devront estre rapportez selon la qualité & nombre des personnes, ensemble les rewids faits par pere ou mere excedans les quatre livres de gros.

CXXVI. Religieux & Religieuses profez ne succedent, ny le monastere pour eux.

CXXVII. Exhederation n'a lieu sans cause legitime, expressée, *enoncée*, & dont puisse apparoir à la Loy.

CXXVIII. L'homme ou femme adherité en fief acquis durant leur mariage, retient seul la proprieté, en rapportant par luy, ou son hoir à la premiere mort le prix ou *coopschat* dudit fief, qui se partira comme autres biens meubles de maison mortuaire.

CXXIX. Mais où ils ne voudroient faire ledit

rapport, ils seront tenus laisser le fief en partage, & à ce contraignables par action personnelle, nonobstant coustume de Cour feodale à ce contraire.

CXXX. Et le survivant profitant de la moitié dudit coopschat *prix*, n'aura aucun droit de douaire sur l'autre moitié.

CXXXI. Fiefs & terres cottieres chargées de douaire vers le survivant, retournent après la mort d'iceluy, à ceux de la cotte & ligne du predecedé.

CXXXII. A faute d'heritiers, les crediteurs obtiennent curateurs de la Loy; les apparens heritiers preallablement appellez & ouis.

CXXXIII. Lequel curateur est soumis faire inventaire pertinemment de tous les biens & dettes de la maison mortuaire, en presence d'un Eschevin, & de donner caution de son administration; & luy est loisible de vendre les biens meubles publiquement par le Clerc de la Loy, & les immeubles, rentes & actions en la Halle de la ville, après trois cris d'Eglise, & fournira les deniers en procedant à l'ordonnance de la Loy, & rendra compte de tout, en estant requis.

RUBRIQUE XIV.

Des Tutelles & Curatelles.

CXXXIV. Le pere ou *la* mere survivant est tenu endedans les quarante jours du decès du trepassé faire pourvoir ses enfans mineurs, de tuteurs, soit qu'ils ayent succedé en aucuns biens ou point; à peine de trois livres parisis, & sous semblable amende, pour autant de quarante jours qu'il demeurera en cette faute, & qu'il ne sera pourveu à la tutelle, le tout cessant excuse legitime.

CXXXV. A defaut de pere ou mere, les deux plus proches parens, l'un du costé paternel, & l'autre du costé maternel seront soumis à semblable devoir, endedans le mesme terme & sous la peine que dessus.

CXXXVI. Lesdits pere, mere, ou plus proches parens feront choix de deux tuteurs qu'ils rapporteront à l'Advoué, avec declaration de leurs noms, qualitez & capacitez, afin d'estre creez & mis à serment, ou à cette fin ajournez.

CXXXVII. A choisir lesdits tuteurs ne se prendra tant d'egard à leur plus proche parentage qu'au plus grand profit des mineurs, & capacité desdits tuteurs.

CXXXVIII. Le tuteur créé sera tenu de jurer de bien & fidellement regir & administrer la personne & biens de ses pupilles, de bailler bonne & seure caution, & endedans quarante jours rapporter pertinent estat & inventaire desdits biens, à peine de dix livres parisis d'amende, sauf excuse legitime comme dessus, ce qu'aura aussi lieu au regard de pere ou mere constitué tuteur.

CXXXIX. Pere ou mere de mineurs ne pourra se remarier, avant avoir exhibé ledit estat & presté caution, à peine de quarante livres parisis d'amende, l'une moitié au profit du Prince, & l'autre de la ville; & s'il en demeure en faute après lesdits quarante jours, soit qu'il se remarie, ou point, les biens de la maison mortuaire demeureront communs, ensemble les acquests que le survivant fera, au profit des heritiers, si bon leur semble; & en cas de diminution desdits biens, sera icelle seule à la charge du defaillant.

CXL. Peres, meres ou tuteurs ne pourront charger, vendre ny aliener maisons, fiefs ou heritages d'enfans mineurs, ny rentes hypothequées ou non hypothequées, ou catheux non manans, ne fut par necessité de dettes, ou pour evidente utilité desdits mineurs, dont ils feront prealablement foy, & obtiendront de la Loy lettres d'octroy & autorisation en forme deue, le tout à peine de nullité.

CXLI. Et s'ils reçoivent aucun rachat de rente, ou payement de quelque dette notable, ils seront tenus d'en aviser incontinent la Loy, & d'en faire le remploy suivant l'ordre d'icelle.

CXLII. Et si avant qu'en aucun employ de deniers de leurs pupilles ils ont obmis par nonchalance, ou commencé de prendre suffisante asseurance ou hypothecque, ou qu'autrement ils ne s'acquittent deuement de leur charge, ou sont suspectez de malverser en leur administration, ils pourront estre demis par la Loy, qui pourvoyera lesdits pupilles d'autres tuteurs, lesquels seront tenus d'actionner les tuteurs deportez, pour tout ce en quoy lesdits pupilles, se trouveront endommagez ou interessez par leur faute ou coulpe.

CXLIII. Pleigeries, prests, finances & semblables avancemens faits par & à enfans mineurs, sont de nulle valeur, ne fut que lesdits mineurs fussent deuement autorisez, à faire quelque negociation *negoce*, & au fait d'icelle negociation seulement; ou bien que les avancemens eussent esté profitables ausdits mineurs, dont la connoissance appartiendra à la Loy.

CXLIV. Enfans constituez en tutelle y demeurent jusques à ce que judiciairement ils en soient dechargez ou mariez, ou parvenus à estat honorable ou à l'aage de vingt-cinq ans.

CXLV. Le pere, la mere ou le tuteur de pupille qui se met en estat de mariage, ou de Religion, en devra faire tenir note au livre endedans six semaines après le mariage ou entrée de Religion; & si nul d'eux n'estoit vivant, le marié sera tenu mesme audit devoir, à peine de six livres parisis d'amende.

CXLVI. Quand on veut mettre une personne en curatelle pour cause de prodigalité, ou autre suffisante, il la faut premierement appeller, & icelle ouye, interdire toute alienation de biens.

CXLVII. Laquelle curatelle sera proclamée en Halle, & ès lieux où telle personne frequente le plus, avertissant chacun de ne luy accroire, prester ou contracter, avec luy en aucune maniere, sans l'intervention de son curateur, à peine de nullité, & que pour telle dette ne competera action.

CXLVIII. Tous tuteurs & curateurs sont tenus rendre compte chaque *tous les* deux ans de leur administration, pardevant la Loy, à peine de six livres parisis d'amende.

CXLIX. Et si à la closture dudit compte il y a excressence *excedant* & avantage notable au profit desdits pupilles, seront les tuteurs tenus de l'employer en achat d'heritage ou de rente heritiere hypothequée ou autrement, suivant l'ordre de la Loy, comme dit est cy-dessus.

COUSTUMES PARTICULIERES DE LA LOY D'ARRAS.

I. L'On use en ladite Loy de ravestissement de sang, & par lettres; de sang quand deux conjoints par mariage ont ensemble un ou plusieurs enfans, & par lettres quand deux conjoints n'ayans enfant ent'ravestissent l'un l'autre de tous biens pardevant lesdits Advoué & Eschevins.

II. Estant ladite Coustume d'entravestissement de sang telle, qu'au survivant appartiennent tous les biens meubles & catheux trouvez au jour du trepas du premier mourant, lequel survivant en peut disposer à sa volonté, sans que les enfans puissent y avoir ny pretendre aucun droit; si longtemps qu'iceluy survivant ne se remarie, à charge de payer toutes dettes passives, entretenir, alimenter & faire apprendre lesdits enfans selon leur qualité & moyen.

III. Mais se remariant, les enfans lors vivans du premier mariage auront la moitié desdits biens meubles & catheux qui seront lors trouvez, dont se fera inventaire, & retiendra neanmoins le survivant la jouissance d'icelle moitié sa vie durant, en baillant caution ou hypotheque suffisante de la restituer après son trepas ausdits enfans, ou bien la valeur d'icelle.

IV. Les heritages & biens immeubles, apportez en mariage, ou autrement venus par succession ou donation, suivent costé & ligne, sauf au survivant l'entiere jouissance d'iceux sa vie durant, & les acquests sont partageables, dont neanmoins l'usufruit entier demeure au survivant de la moitié desdits enfans.

V. Ent'ravestissement par lettres se fait par deux conjoints en mariage n'ayans enfant, par contract mutuel, & reconnoissance passée pardevant deux Eschevins d'icelle ville ou seigneurie, soit en premier ou autre mariage subsequent, pourveu qu'ils n'ayent aucun enfant vivant.

VI. En vertu duquel ent'ravestissement par lettres, appartiennent au survivant en proprieté tous catheux, verds & secs, & aussi la jouissance viagere de tous les heritages delaissez par le premier mourant seans ès mettes d'icelle seigneurie, à charge de dettes comme dessus, lesquels heritages après le trepas dudit survivant, retournent à la coste & ligne d'où ils sont procedez.

VII. Sous le nom desdits catheux, sont compris toutes sortes de bois montans, de tous edifices, reservez seulement les grez qui sortissent nature de fonds, lequel fonds le survivant ne pourra rompre, ny desacquier, ny aussi abbatre les arbres fruitiers fors ceux qui sont secs, & à charge d'en remplacer d'autres.

VIII. Au partage entre enfans des heritages delaissez par pere & mere, les lots dressez le plus egalement que faire se peut, le maisné fils, ou en defaut de fils, la maisnée fille a droit de prendre à son choix l'une des parts, sans pour ce donner aucune recompense à ses autres freres ou sœurs, ce qui s'entend pour terre & heritage, situé en icelle seigneurie ou Loy seulement.

IX. Quand fonds & heritages sont vendus, donnez, transportez ou chargez, à nous est deu le treizieme denier du prix ou valeur du prix ou valeur de la charge, sans prejudice de la defalcation de la prisée des catheux y estans esdits cas de vente, don ou transport, au regard dequoy, attendu que nos Officiers fiscaux ont en quelques lieux soutenu icelle defalcation ne se devoir faire, chacun demeurera en ses droits, lorsque le cas echera.

X. Le proëme *ou parent* peut retraire les fonds patrimoniaux, ou acquests vendus, endedans l'an & jour de l'adheritance.

XI. Et au surplus se regle ladite Loy d'Arras en conformité des susdites Coustumes de la ville.

Sçavoir faisons, Que nous les choses dessusdites considerées, avons de nostre certaine science, autorité & pleiniere puissance pour nous, nos hoirs & successeurs Comtes & Comtesses de Flandres, & Seigneurs de la Gorgue, agréé, confirmé & decreté, agreons, confirmons & decretons par cesdites presentes, les susdites Coustumes & Usages, & chacune d'icelles en la forme & maniere comme elles sont écrites cy-dessus; Voulans & ordonnans qu'elles soient dors-en-avant tenues, reputées & gardées pour Loix & Coustumes de ladite Ville & Bourgeoisie de la Gorgue, & Loy d'Arras; & que tous & chacuns lesdits Points & Articles pourront estre alleguez pour tels en Jugement & dehors, sans qu'il soit dors-en-avant besoin de les verifier autrement que par extrait signé du Greffier de ladite Ville & Eschevinage. Estant aussi nostre volonté & intention qu'ès cas non decidez par la presente Coustume, l'on se regle selon nos Edits & Placars, & le Droit écrit, pour autant qu'il est en usage, le tout sauf nos droits & autorité, ausquels n'entendons estre fait aucun prejudice par le decretement de cette presente Coustume, ains que nosdits droits nous demeureront entiers, ainsi & comme ils estoient auparavant. Si avons en outre reservé à nous & nos successeurs Comtes & Comtesses de Flandres, Seigneurs de la Gorgue, l'interpretation, changement, ampliation ou restriction desdits Points & Articles, toutes & quantesfois que nous le trouverons convenir au bien & utilité de ladite Ville & Eschevinage de la Gorgue, & des Inhabitans. Si donnons en mandement ausdits Chef-Presidens & gens de nos Privez & Grands-Conseils, President & Gens de nostredit Conseil en Flandres, & à tous autres nos Justiciers & Officiers, ausquels ce peut & pourra toucher & regarder, leurs Lieutenans & chacun d'eux en droit soy, & si comme à luy appartiendra, que nostre presente Ordonnance & tous & chacuns les Points & Articles dessus declarez & specifiez, ils gardent & observent inviolablement selon leur forme & teneur, sans faire ny souffrir qu'il soit fait à l'encontre en aucune maniere; & afin que chacun puisse avoir tant meilleure connoissance desdites Coustumes & Usages, & s'en servir où besoin luy sera. Nous avons permis & consenty, permettons & consentons ausdits Advoué & Eschevins de la ville & Bourgeoisie de la Gorgue, & de la Loy d'Arras, qu'après en avoir fait deue publication & enregistrature où il appartiendra, ils les puissent faire imprimer par quelque Imprimeur Juré de nos Pays de par deça, & qu'aux Copies & Extraits desdites Coustumes deuement collationnées par quelqu'un de nos Secretaires ou Greffiers, ou par le Greffier de ladite Ville & Eschevinage de la Gorgue, pleine & entiere foy soit adjoustée, Car ainsi nous plaist-il. Et afin que cecy soit ferme & stable à tousjours, nous avons fait mettre nostre grand Scel à cesdites presentes. Données en nostre Ville de Bruxelles, le quatorzieme jour du mois de May, l'an de grace mil six cens vingt-six, & de nos regnes le sixieme. Paraphé, Ma. Vt. Souscript par le Roy en son Conseil. Soussigné, DE GOTTIGNIES. Scellez en las de rouge, jaune & blanche soye du grand Scel de Sa Majesté en cire vermeille. Et en fin desdites Coustumes estoit escrit ce qui s'ensuit : Ces presentes ont esté publiées à la Bretesche de la Halle de ladite Ville de la Gorgue, après avertence au son de la Cloche, en la presence de noble homme Antoine du Bus, Escuyer Seigneur de Maignicourt, Langebilck, &c. Gouverneur de ladite Ville & du Pays de Lalleue, Jean le Fort, Bailly & Lieutenant du Prevost hereditaire, Jacques du Verbois Advoué, André le Bel, George Dassonneville, Philippe Wanthier, Eschevins de ladite Ville, Chrestien le Secq, Jacques Pouplier, Jean Henniart, Eschevins de la Loy d'Arras, Jurisdiction de ladite Ville à ces fins assemblez, & plusieurs autres, le Mardy jour des Plaids, seizieme de Fevrier mil six cens vingt sept, par Jean Richebé, Bachelier ès Droits, Greffier d'icelle Ville soussigné. *Ainsi signé*, J. RICHEBE'.

Collation faite à l'Original, & trouvé concorder par nostre Greffier de ladite Ville & Jurisdiction, soussigné le premier de Fevrier mil six cens vingt-neuf.

J. RICHEBE'.

TABLE DES RUBRIQUES DES COUTUMES DE LA GORGUE.

ANCIENNES COUTUMES DU BAILLIAGE DE BAR.

E sont les Coustumes du Bailliage de Bar, de tout temps tenües notoires, notoirement pratiquées & gardées oudict Bailliage, redigées par escript en la ville de Bar, en la forme qui s'ensuit, par nous Didier Dupuis, Greffier dudit Bailliage, J. Fouret, Jean Pariset, Jurez & Notaires au Tabellionnage dudit Bar, par l'ordonnance des Gens des trois Estats, Gens d'Eglise, Nobles & commun dudit Bailliage de Bar, assemblez pour ce faire, pour le bien, profit & utilité des subjects dudit Bailliage. C'est à sçavoir : ANCIENNES COUTUMES.

Reverend pere frere André de Contrisson, Abbé de l'Abbaye de Nostre-Dame de Jendeures, aagé d'environ quarante ans.

Venerable personne Messire Demenge Thierryet, Prestre, Doyen de l'Eglise collegiate sainct Maxe dudit Bar, aagé de soixante-huict ans ou environ.

Messire François Brussé, Prestre, Doyen de l'Eglise collegiate sainct Pierre dudict Bar, aagé de cinquante ans ou environ.

Messire Louys Guyot, Prestre, Chanoine des Eglises dudit Bar, aagé de quarante-quatre ans ou environ.

Messire Estienne Guelot, Prestre, Chanoine de ladite Eglise sainct Pierre, aagé de cinquante-cinq ans ou environ.

Messire Didier Besselot, Prestre, Chanoine de ladite Eglise, aagé de cinquante ans ou environ.

Messire Demenge Bouviolles, Prestre, Chanoine de ladite Eglise sainct Maxe, agé de soixante-quatre ans ou environ.

Maistre Louys Mairesse, Prestre, Chanoine en ladite Eglise, aagé de quarante-cinq ans ou environ.

Messire Pierre Lasseron, Prestre, Chanoine en ladite Eglise, aagé de soixante ans ou environ.

Messire Nicol Charpentier, Chanoine en icelle, aagé de soixante ans ou environ.

Messire Guillaume Hugot, Prestre, demeurant à Leymont, aagé de soixante-dix ans ou environ.

Messire Martin Mourot, Prestre, demeurant à Longueville, aagé de cinquante-cinq ans ou environ.

Venerable personne Messire Didier Vivien, Prestre, Curé d'Erize la Bruslée, demeurant audit Bar, aagé de soixante ans ou environ.

Messire Jean Jacquemin, Prestre, Chapelain en l'Eglise parochiale nostre-Dame de Bar, agé de quarante ans ou environ.

Messire Jean Chardon, Prestre, Curé de Villers le Secq, aagé de soixante ans ou environ.

Noble seigneur Louys de Stainville, seigneur audit lieu, & Seneschal de Barroys, aagé de trente-huict ans ou environ.

Messire Jacques Blandin, Chevalier, seigneur de Renesson, aagé de cinquante-six ans ou environ.

Messire Philebert du Chastellet, Chevalier, seigneur de sainct Amand, aagé de quarante-cinq ans ou environ.

Hardy Tillon, Escuyer, seigneur de Souilliers, aagé de cinquante-cinq ans ou environ.

Nicolas de Vaubecourt, Escuyer, seigneur dudit lieu, aagé de cinquante-quatre ans ou environ.

Louys de Neuf-Chastel, seigneur de Guerpont, aagé de cinquante ans ou environ.

Jean de Sampigny, Escuyer, seigneur dudit Guorpont, aagé de cinquante-cinq ans ou environ.

Humbert de Stainville, Escuyer, seigneur de Belrain, aagé de soixante-trois ans ou environ.

Thevenin de la Grand-maison, Escuyer, seigneur de Mesnulz sur Saux, aagé de cinquante-huict ans ou environ.

François de Savigny, Escuyer, seigneur de Villotte, aagé de quarante ans ou environ.

Maistre Louys Merlin, general des Finances des Duchez de Barrois & Lorraine, aagé de soixante-deux ans ou environ.

Thierry de la Mothe, demeurant audit Bar, aagé de soixante-quatre ans ou environ.

Maistre Jean Bodinays, Licencié en Loix, demeurant à Bar, aagé de quarante ans ou environ.

Maistre Aubry Errard, Licencié en Loix, demeurant audit Bar, aagé de trente-sept ans ou environ.

ANCIENNES COUTUMES.

Maistre Jean Venredy, Licencié en Loix, demeurant audit Bar, aagé de quarante ans ou environ.
Maistre Maxe Cousion, Licencié en Loix, demeurant audit Bar, aagé de trente-six ans ou environ.
Maistre Alexandre Guyot, Licencié en Loix, aagé de trente-six ans ou environ.
Maistre Maxe de Genicourt, Licencié en Loix, aagé de trente-cinq ans ou environ.
Maistre Robert de la Mothe, Licencié en Loix, demeurant audit Bar, aagé de trente ans ou environ.
Maistre Pierre Merlin, demeurant audit Bar, aagé de trente-six ans ou environ.
Waultrin Ferry, demeurant audit Bar, aagé de cinquante-six ans ou environ.
Jean Doctine, demeurant à Ville-sur-Saux, aagé de soixante ans ou environ.
Jean de Sauciere, demeurant à Bazaincourt, aagé de soixante-quatre ans ou environ.
Anthoine de Florainville, Escuyer, demeurant audit Bar, aagé de quarante ans ou environ.
François Direy, demeurant audit Bar, aagé de soixante-quatre ans ou environ.
François Bouchart, demeurant audit Bar, aagé de trente-deux ans ou environ.
Claude Drouyn, demeurant audit Bar, aagé de cinquante-six ans ou environ.
Jean Mancervel, demeurant audit Bar, aagé de quarante-six ans ou environ.
Nicolas Bravillié, Mayeur de Bar, aagé de trente-six ans ou environ.
François de Combles, demeurant à Ancerville, aagé de soixante-dix ans ou environ.
Pierrot Vincent, demeurant à Villers le Secq, aagé de soixante-quinze ans ou environ.
Jacques Wautier, demeurant à Loisey, aagé de soixante-quatre ans ou environ.
Louys Pierresson, demeurant audit lieu, aagé de soixante ans ou environ.
Raux de Boymont, demeurant audit Ancerville, aagé de soixante-quatre ans ou environ.
François Barbier, demeurant à Louppy le Chastel, aagé de soixante-quatre ans ou environ.
Christofle Lietart, demeurant audit Bar, aagé de soixante ans ou environ.
Jean Peruy, demeurant à Louppy le Chastel, aagé de trente ans ou environ.
Jean de Combles, demeurant à Sauldru, aagé de trente-deux ans ou environ.
Colot Galloys, demeurant à Nayves, aagé de soixante ans ou environ.
Jean Jacquot, demeurant à Louppy le Chastel, aagé de cinquante ans ou environ.
Andreu Maistre, demeurant à Bar, aagé de soixante ans ou environ.
Guillaume Drouyn, demeurant audict lieu, aagé de cinquante ans ou environ.
Jean Preud'homme, demeurant audit lieu, aagé de trente-cinq ans ou environ.
Et Jennin Villotte, demeurant audit lieu, aagé de soixante ans ou environ.

PREMIEREMENT, Coustume est telle, que tous les fiefs tenus du Duc de Bar, en son Bailliage dudit Bar, sont fiefs de danger, rendables à luy à grande & petite force, sur peine de commise; & se gouvernent & reglent selon les Loix & Coustumes Imperiales, ès cas où il n'y a Coustumes particulieres contraires audit Bailliage.

II. *Item*, Que les Comtez tenus en fief dudit Duc de Bar, sont individuz, & doivent appartenir au fils aisné, qui en emporte le nom & tiltre, & les autres enfans puisnés ont partage en autre terre (s'il en y a) & s'il n'y a autre terre que tel Comté, ils auront portion contingente, qu'ils tiendront en fief dudit aisné en subjection de retour, demeurant le nom & tiltre audit aisné.

III. *Item*, Que les vassaux dudit Bailliage sont tenus, (quand ils en sont requis,) aller & servir en armes leur seigneur Duc, ès guerres qu'il pourroit avoir contre les ennemis de son pays, aux despens dudit seigneur Duc. Restitution de prinse de corps, chevaux, harnois & interests.

IV. *Item*, Quand un vassal dudit seigneur Duc vend son fief, il est requis en avoir consentement & confirmation dudit seigneur Duc. Et peut ledit seigneur le reprendre pour les deniers, & le joindre avec son domaine pour tels deniers qu'il auroit esté vendu avant la confirmation, ou confermer le vendage, si bon luy semble.

V. *Item*, Que le vassal qui vend ou aliene son fief à un homme noble capable à le tenir, tel achepteur ou qui par alienation y pretend droict, ne se peut bouter, intruire ne prendre possession dudit fief avant la confirmation & consentement dudit seigneur feodal sur peine de commise.

VI. *Item*, Quand un vassal decede sans hoirs de son corps, & delaisse aucuns ses lignagiers en ligne collaterale, le seigneur feodal par le trespas de sondit vassal se peut ensaisir & mettre en possession de tel fief & le tenir en sa main & exploicter, sans qu'il se doive departir de ladite possession & jouissance; mais s'en peut dire possesseur jusques à ce qu'il luy appert que tel lignagier soit capable & habile à succeder audit fief. Et tiendra sadite saisine & possession jusques ad ce qu'il soit congneu & decidé, si tel lignagier est habile & capable d'y succeder. Et par ladite Coustume n'est loisible à tel lignagier voulant pretendre droict oudit fief soy intruire ou bouter en iceluy depuis la saisine dudit seigneur feodal, sans son congé & licence, ne le troubler en sa possession, sur peine de commise & perdre le droict qu'il pretend oudit fief.

VII. *Item*, Le seigneur feodal peut faire saisir le fief de son vassal par faute de denombrement non baillé après les quarante jours ordonnez audit vassal de le bailler en faisant son devoir de reprinse.

VIII. *Item*, Quand le vassal confisque son fief pour quelque crime que ce soit ou autrement, dont le vassal soit convaincu, ledit fief retourne au seigneur feodal immediat, duquel il est tenu, qui en est saisi de ce mesme faict, & le peut bouter dedans ledit fief, l'exploicter & en faire les fruicts siens, & rejoindre à son domaine.

IX. *Item*, Si un vassal donne par testament ou autrement à l'Eglise son fief, ou partie d'iceluy, telles Eglises ne le peuvent tenir plus d'un an sans avoir admortissement ou permission, mais sont tenues les mettre hors de leur main à un homme capable de le tenir. Autrement le seigneur feodal le peut saisir après l'an, & en lever les profits. Laquelle Coustume a lieu & s'observe en rentes & heritage de pote & roturieres pareillement.

X. *Item*, Que le seigneur feodal n'est tenu recevoir son vassal en foy & hommage par procureur, s'il ne se presente en personne. Si doncques n'estoit que le fief appartint à un enfant mineur d'ans. Ouquel cas le tuteur en peut faire le devoir dedans le temps deu.

XI. *Item*, Que un vassal ne peut prescrire contre son seigneur feodal, les droits & devoirs qu'il est tenu luy faire à cause dudit fief, ny le seigneur contre le vassal.

XII. *Item*, Si le vassal donne liberalement son fief par donation entre les vifs ou par testament, ou qu'il eschange iceluy fief contre un autre sans soutes, les parens dudit vassal ne peuvent venir à la retraire dudit fief. Et pareillement se garde la Coustume en terre de pote.

XIII. *Item*, Que un homme noble peut hypothequer

thequer ou engager son heritage de fief à homme Noble ou de pote, pourveu qu'il y ait rachapt: mais il ne le peut vendre fors à homme noble. Et fera le ferment ledit vassal de l'heritage par luy hypothequé ou obligé. Et ne le peut en tout ou partie bailler à cens ou à rente sans permission du seigneur feodal.

XIV. *Item*, Que le Duc de Bar a retenue de ses hommes & femmes demeurans oudit Bailliage, posé qu'ils vossent demeurer soubs ses vassaux hauts Justiciers. Et pareillement les vassaux dudit Bailliage ont retenue de leurs hommes & femmes qui vont demeuret ès villes & villages appartenans audit seigneur Duc, & où il est haut-Justicier. Et pareillement les vassaux les uns sur les autres, excepté en aucuns lieux qui sont chartrez & privilegiez au contraire.

XV. *Item*, Quand un vassal va de vie à trespas & il delaisse plusieurs enfans masles & femelles, ou un enfant masle & plusieurs filles, l'aisné fils a droit de prendre & choisir pour luy avant parçon laquelle forte place qu'il luy plaira prendre pour son droit d'aisnesse, qu'il emporte avecques ses appartenances de murailles & fossez seulement, à charge de douaire s'il y eschet. Et au residu des autres heritages de fief il prend sa part comme l'un des autres fils.

XVI. *Item*, Que si un vassal va de vie à trespas, & il delaisse de son premier mariage un enfant, ou plusieurs soient fils ou filles, & du second pareillement un ou plusieurs, celuy ou ceux qui sont du premier mariage, a ou ont autant en heritage de fief, que tous les autres enfans du second mariage à cause du lit brisé, *& è contra*. Et pareillement a lieu ladite Coustume en succession maternelle en heritage de fief.

XVII. *Item*, Que en successions collaterales le droit d'aisnesse n'a point de lieu.

XVIII. *Item*, Que en succession de terre de fief en ligne directe, un enfant masle a & emporte autant seul que deux filles: mais en terre de pote ils succedent egalement.

XIX. *Item*, En droite ligne representation a lieu *usque in infinitum*, tant en heritage de fief que de pote.

XX. *Item*, Que les acquests faicts en terres de fiefs par gens nobles constant leur mariage sont communs entre l'homme & la femme; & y a la femme la , supposé que son marit en faisant les lettres dudit acquest ne l'ait denommée acquesteresse avec luy, mais entre gens roturiers & de pote, la femme ne prend aucune chose ès acquests faits par son marit, si elle n'est expressement denommée acquesteresse esdites lettres d'acquest.

XXI. *Item*, Quand un homme ou femme de corps du seigneur, ou d'aucuns de ses vassaux se depart & va demourer hors du Duché de Bar, & ait contracté seigneurie en aucun lieu où ledit seigneur n'ait la retenue de ses hommes, le seigneur Duc de Bar, ou le vassal haut-Justicier prend & emporte tous les heritages & biens delaissez estans soubs eux. Et si aucun desdits homme & femme de corps estoit demeurant au Bailliage de Bar, & avoit coheritiers demeurans hors dudit Bailliage, qui eust contracté seigneurie, le seigneur representeroit l'absent & auroit telle part qui luy devroit escheoir, reservé que au Bailliage du Vermandois, ceux dudit Bailliage succedent au Bailliage de Bar; & ceux dudit Bailliage de Bar au Bailliage de Vermandois.

XXII. *Item*, Que la Coustume est telle audit Bailliage de Bar, que le survivant de deux conjoints emporte les meubles, s'il n'y a disposition testamentaire. Et en peut le marit disposer à son plaisir: mais la femme ne peut disposer sans le congé de son marit au dessus de cinq sols desdits meubles.

XXIII. *Item*, Que si un homme acqueste aucun heritage en la ligne de sa femme, & elle va de vie à trespas ledit heritage est & retourne aux hoirs de ladite femme, & n'y a l'homme aucune chose. Toutesfois durant le mariage ledit homme peut revendre ledit heritage acquesté, sans le consentement de sa femme. Et pareillement les heritages acquestez par le marit en sa ligne demeurent aux heritiers de son costé & ligne, & n'y prenne rien la femme ou ses heritiers, posé que la femme fust denommée acquesteresse, fors son douaire.

XXIV. *Item*, Que un homme ou femme estant au lit mortel ne peut disposer de son heritage de ligne, ne en frustrer ses heritiers; si ce n'est pour legats pieux, comme pour faire dire Messes ou autres biens pour le salut de son ame, dont il peut disposer jusques au tiers seulement: mais quant à ses meubles & acquests, il les peut donner à son plaisir à personne toute estrange & autrement.

XXV. *Item*, Que une personne ne peut faire en sa derniere volonté l'un de ses enfans meilleur que l'autre, & convient tout rapporter après le trespas du pere ou de la mere avant parçon. Mais si c'estoit personne qui n'eust nuls enfans procréez de son corps, & qu'il eust freres ou sœurs ou plus loingtains, il pourroit donner à l'un plus qu'à l'autre, mesmement quant à ses acquests.

XXVI. *Item*, Que un homme par son testament peut donner tous ses meubles & acquests à sa femme, ou partie d'iceux telle qu'il luy plaist, mais la femme ne peut rien donner à son marit.

XXVII. *Item*, Quand une personne va de vie à trespas sans hoirs de son corps, & il delaisse aucuns heritiers d'un costé seulement comme de par son pere, & il a aucuns heritages de par sa mere, sans avoir nuls heritiers de par icelle sa mere, ses heritiers de par son pere n'auront rien en heritages qu'il auroit de par sa mere, mais les emportera le seigneur par faute d'hoirs, car par ladite Coustume on regarde les lignes & d'où les heritages sont procedans.

XXVIII. *Item*, Que si une personne non mariée va de vie à trespas sans hoirs de son corps, ses pere & mere (s'ils sont vivans, ou l'un d'eux) a & emporte tous les meubles par luy delaissez, & les acquests ou dons, s'aucuns en y a; & n'y ont rien les freres & sœurs du trespassé.

XXIX. *Item*, Que la femme survivant son marit prend son douaire sur la moitié de tous les heritages que son marit delaisse; & s'ils avoient fait aucun acquest constant leur mariage, & que la femme fust acquesteresse, elle n'auroit aucun douaire sur la portion du marit, mais auroit seulement la portion dont elle seroit acquesteresse.

XXX. *Item*, Que un homme marié ayant biens meubles en plusieurs & divers lieux va de vie à trespas, & il ne dispose de sesdits meubles, iceux obviennent à la femme ou heritiers selon la Coustume du lieu où ledit homme marié fait sa residence & demeure oudit Bailliage.

XXXI. *Item*, Que un homme & femme conjoint ensemble par mariage, soit qu'ils ayent des enfans ou non, peuvent faire don mutuel entre eux de l'usufruit des heritages de ligne & d'acquests; & mesme se peuvent donner les acquests en proprieté avec l'usufruit desdits heritages de ligne, sans qu'il soit requis avoir le consentement des enfans, parens & amis. Mais desdits heritages de ligne ne se peuvent faire don de la proprieté, sans le consentement desdits parens, les conditions ad ce accoustumées y gardées, qu'ils soient egaux ou prochains en aages & en biens, & qu'il n'y ait en l'un plus que en l'autre conjecture de maladie.

XXXII. *Item*, Que si en traitant aucun mariage

ANCIENNES COUTUMES.

le pere ou autre prochain parent de la femme donne & delivre au mari une somme de deniers pour employer en acquest d'heritage pour ladite femme & ses heritiers, & s'il advient que retour de mariage ait lieu, en ce cas le mari ou ses heritiers sont tenus rendre aux heritiers de ladite femme les heritages qui auroient esté acquestez des deniers dudit mariage, ou les deniers s'ils n'avoient esté employez.

XXXIII. *Item*, Quand une fille est mariée, & elle va de vie à trespas avant l'an & jour de son mariage, les biens donnez à ladite fille par ses pere & mere leur retournent, si donc n'est qu'il y ait enfant ou qu'il ne l'ait relevé de maladie.

XXXIV. *Item*, Que l'homme noble marié à une femme non noble anoblit sadite femme constant leur mariage; & après le trespas de son mari ladite femme estant vefve jouit de pareil privilege de noblesse comme elle faisoit constant ledit mariage. Mais si elle se remarie à un homme de pote, elle pert ledit privilege de noblesse.

XXXV. *Item*, Que une femme vefve est privilegée de prendre le bail & gouvernement de ses enfans mineurs d'ans de son feu mari, & elle, si bon luy semble. Lequel gouvernement elle aura tandis qu'elle sera vefve, mais si elle se remarie, la Justice ordinaire pourvoira de tuteur ausdits enfans mineurs.

XXXVI. *Item*, Une vefve femme qui a son douaire en la moitié des heritages de son feu mari, est tenue retenir les heritages qu'elle tient en douaire de couverture, pels & torche, & non de vilain fondoir, si doncques n'est qu'il appert que par sa faute ledit fondoir fust venu.

XXXVII. *Item*, Que le mari est administrateur des heritages de sa femme constant leur mariage, prend & leve les fruits, & en dispose à son plaisir. Et s'il y a Justice ou seigneurie, elle est exercée sous le nom dudit mari, tant que le mariage dure; mais la femme demeure tousjours possesseresse.

XXXVIII. *Item*, Que toutes venditions à rachapt & gaigieres d'heritages sortissent nature de meubles, & appartiennent au survivant meublier & sont tels rachats imprescriptibles, s'ils sont donnez à tous bons poincts; ou toutes & quantesfois qu'il plaira au vendeur & ses ayans cause de racheter.

XXXIX. *Item*, La Coustume est telle oudit Bailliage, que donner & retenir franchement ne vaut.

XL. *Item*, Est Coustume telle en iceluy Bailliage notoirement observée, que le mort saisit le vif, son plus prochain heritier habile à succeder.

XLI. *Item*, Oudit Bailliage y a des Coustumes particulieres en aucuns lieux qui se reglent selon la Loy de Belmont, le droit de saincte Croix, de Maulru & droit de Mets, ausquels faut recourir les cas advenans qui ont lieu entre personnes & choses roturieres.

TOUTES lesquelles dessus escriptes accordées, veues, visitées bien au long & amplement declarées par les gens desdits trois Estats dudit Bailliage cy-devant nommez, assemblez pour cette cause audict Bar comme dessus, qui ont affermé icelles estre veritables, selon & par la forme & maniere qu'il est contenu en chacun des articles exprimez esdites Coustumes. Et ont veu de leur souvenant tousjours user & jouir toutes & quantesfois que les cas en sont advenus audit Bailliage; & ouy dire & maintenir à leurs predecesseurs & anciens qu'ils tenoient & maintenoient lesdites Coustumes estre telles, & ainsi en usoient, en avoient veu user tout notoirement; mais quant à present ne sont recors d'autres Coustumes ayans lieu audit Bailliage. Fait en presence de nous Greffier Juré & Notaire dessusnommez soubscripts, B. signé par ordonnance desdits Estats; c'est à sçavoir, pour l'Estat de l'Eglise, par lesdits Reverend Pere frere André de Contrisson, Abbé de Jendeures. Messire Demenge Thierriet, Doyen de ladite Eglise sainct Maxe. Pour l'Estat des Nobles, par Noble seigneur Louys de Stainville seigneur dudit lieu, Messire Philebert du Chastelet, Chevalier, seigneur de sainct Amand. Et pour le tiers Estat, par ledit François de Combles & Louys Pierresson, les vingt-huictiesme, vingt-neufiesme & dernier jours de Septembre, premier, second & tiers jours d'Octobre ensuivans l'an mil cinq cens & six. Signé, *A. de Contrisson, D. Thierrieti, L. de Stainville, P. du Chastelet, D. Dupuis, J. Fouret, F. de Combles, L. Poiresson, & J. Pariset.*

COUSTUMES DU BAILLIAGE DE BAR[a]. 1579.

TITRE PREMIER.

Des Fiefs & Droicts d'iceux.

ARTICLE PREMIER.

Fiefs tenus du Duc de Bar, sont fiefs de danger.

PREMIEREMENT, la Coustume est telle, que tous les fiefs tenus du Duc de Bar, en son Bailliage dudit Bar, sont fiefs de danger (*b*), rendables à luy à grande & petite force (*c*), sur peine de commise ; & se gouvernent & reiglent selon les Loix & Coustumes Imperiales (*d*), ès cas où il n'y a Coustumes particulieres contraires audit Bailliage.

Les Comtez tenus du même Duc sont impartables.

II. Les Comtez tenus en fiefs dudit Duc de Bar sont individus, & doivent appartenir au fils aisné, qui en emporte le nom & tiltre, & les autres puisnez ont partage en autre terre s'il en y a, & s'il n'y a autre terre que tel Comté, ils auront portion contingente qu'ils tiendront en fief dudit aisné en

---

a DE BAR. Ces Coutumes du Bailliage de Bar rédigées par écrit le 14. Octobre 1579. & registrées au Parlement le 4. Decembre 1581. ont esté formées sur celles de Sens, qui régissoient autrefois le Barrois, & avec lesquelles elles ont conservé une grande conformité.

Nous apprenons de la notte de Me Charles du Molin sur le Procès Verbal des Coutumes de Sens, à l'endroit de la comparution du Duc de Lorraine & de Bar, que lors de la derniere réformation en 1555. *ceux de Bar avoient des Coutumes locales qu'ils vouloient presenter pour faire accorder, mais que ceux de Guise les empêcherent, disans qu'ils n'y devoient comparoir & n'y étoient sujets ; il fut dit qu'ils y comparoîtroient*, & ils demeurerent sujets aux Coutumes generales de Sens.

Ces anciennes Coutumes avoient été redigées par écrit les Etats du Bailliage de Bar assemblez en la ville de Bar, aux mois de Septembre & Octobre 1506.

Mais depuis le Concordat passé entre Charles IX. & Charles Duc de Lorraine, en 1571, confirmé par une Declaration de Henry III. du 8. Aoust 1575. nos Rois ayant accordé au Duc de Lorraine le pouvoir de faire dans le Duché de Bar des Ordonnances, Coustumes & Styls de Justice, à la charge de l'appel & de la mouvance ; il y eut de l'autorité de ce Prince, des Coutumes de Bar rédigées en 1579. publiées au Siege du Bailliage de Bar, & registrées au Parlement le 4. Decembre 1581.

Nonobstant cette omologation M. de la Nauve, Conseiller en la Grand'-Chambre, s'étant transporté à Bar en vertu d'une Commission du Roy, le 30. Septembre 1634. avoit, le Siege du Bailliage tenant, ordonné que la Coutume de Sens y seroit suivie, avec défenses aux Avocats & Procureurs d'alleguer celle de Bar, & aux Juges & Officiers de la suivre. Cet ordre commençoit à s'executer, & la Coutume de Sens y reprenoit vigueur ; mais M. de Barillon de Morangis, Maistre des Requestes, & Intendant dans les Duchez de Lorraine & Barrois, tenant l'audience du Bailliage le Mercredy 6. Juin 1635. déclara qu'il avoit ordre du Roy d'assurer que nonobstant l'ordonnance de M. de la Nauve, l'intention de Sa Majesté étoit que l'on suivit la Coutume, Usances & Reglemens du Bailliage de Bar ; il n'en donna cependant point d'acte par écrit, mais les Officiers du Siege après son départ, dresserent un acte de Notorieté de la déclaration qu'il avoit faite, & depuis cette époque on n'a plus allegué la Coutume de Sens dans le Barrois, mais celle de Bar y a seule été suivie. C. B. R.

Voyez l'apostille de Me Charles du Molin sur le Procès Verbal de la Coutume de Sens, sur la Coutume de Vitry, art. 78. & sur celle de Chaumont, art. 56. avec l'Arrest de la Cour du 4. Decembre 1581. *& not. mea* sur le Procès Verbal de la Coutume de Sens, & sur l'article 63. de la Coustume de Paris, annot. 35 où j'ai fait voir amplement comme le Duc de Lorraine doit l'hommage lige au Roy, à cause du Duché de Bar. J. B.

M. Charles du Molin en sa note sur le Procès Verbal de la Coustume de Sens, remarque qu'Antoine Duc de Lorraine, vint faire la foy & hommage au Roy à Paris de tout le Duché de Bar. *Vide* Molin, sur la Coutume de Chaumont, article 56.

La Coutume de Bar s'observe presentement dans le Pays, ce qui est autorisé par le Parlement pour les causes qui y sont portées, nonobstant ce qu'a voulu dire Maistre Charles du Molin. J. M. R.

CES COUTUMES ont été commentées par M. le Paige, & ce Commentateur fait mention des notes de Maistre Antoine Fleury, ancien Avocat au Bailliage de Bar, sur cette même Coutume.

b ART. 1. sont fiefs de danger. *Dixi in consuet. Paris.* art. 23. *verbo* fief vendu. *Molin.* sur Chaumont, art. 56. A Bar le Duc les fiefs sont fiefs de danger. J. B.

c *à grande & petite force.* Ces mots sont expliquez par Antoine Dominicy, *De prærogativa allodiorum, cap. 16. num.* 8. J. B.

d & Coustumes Imperiales. *Imò*, suivant les Loix, Ordonnances & Usages du Royaume de France, cette Coustume, qui a esté rédigée sans l'autorité du Roy, ne pouvant pas prejudicier aux droits de ressort & d'hommage, que Sa Majesté a tousjours eu sur le Duché de Bar, aux sujets duquel il est seul fondé de donner des Loix & des Coustumes, comme estant un acte de souveraineté, & d'empescher qu'ils n'usent, soit en matieres feodales ou autres, des Loix & Coustumes Imperiales, & autres Loix estrangeres, & les Usages & Livres des fiefs ne tiennent lieu de Loy, & ne sont point observez en France, comme j'ay montré sur la Coustume de Paris en la Preface, *verbo* Fiefs. J. B.

subjection de retour, demeurant le nom & tiltre audit aisné.

Les vassaux du Bailliage doivent service en armes.

III. Les vassaux dudit Bailliage sont tenus, quand ils sont requis, aller & servir en armes ledit Seigneur Duc, ès guerres qu'il pourroit avoir contre les ennemis de son pays, aux despens dudit Seigneur Duc, restitution de prinse de corps, chevaux, harnois, & interests.

De vente de fief & consentement du seigneur, & retrait feodal.

IV. Quand le vassal vend son fief, il est requis en avoir consentement & confirmation du Seigneur feodal, & peut ledit Seigneur le reprendre pour les deniers, & le joindre avec son domaine pour tels deniers qu'il auroit esté vendu avant la confirmation, dedans l'an & jour de la demande de ladite confirmation, ou confirmer le vendage si bon luy semble.

Idem, pour eschange.

V. Semblablement quand le vassal eschange son fief, est requis en avoir consentement & confirmation dudit Seigneur.

VI. Quand le vassal vend, ou aliene son fief à un homme noble capable à le tenir, tel acheteur, ou qui par alienation y pretend droict, ne se peut bouter, intruire, ny prendre possession dudit fief, que premier il n'ait la confirmation ou consentement dudit Seigneur feodal, sur peine de commise: & la demande faite sera hors de danger de ladite commise.

Le vassal decedant sans hoirs, le seigneur entre en possession du fief jusqu'à ce qu'il paroisse un collateral habile à succeder.

VII. Quand un vassal decede sans hoirs de son corps, & delaisse aucuns ses lignagers en ligne collaterale, le Seigneur feodal, par le trespas de sondit vassal, se peut ensaisir & mettre en possession de tel fief & le tenir en sa main, & exploicter sans qu'il se doive departir de ladite possession & jouyssance, mais s'en peut dire possesseur, jusques à ce qu'il luy appert que tel lignager soit capable & habile à succeder audit fief: & tiendra sadite saisine & possession jusques à ce qu'il sera cogneu & decidé si tel lignager est habile & capable d'y succeder. Et par ladite Coustume n'est loisible à tel lignager voulant pretendre droict audit fief, soy intruire ou bouter en iceluy depuis la saisine dudit Seigneur feodal sans son congé & licence, ne le troubler en sa possession, sur peine de commise & perdre le droict qu'il pretend audit fief. Neantmoins aura l'heritier (tel cogneu) restitution des fruicts depuis la presentation qu'il aura faict de ses devoirs.

Saisie faute de denombrement.

VIII. Le Seigneur feodal peut faire saisir le fief de son vassal par faute de denombrement non baillé après les quarante jours ordonnez audit vassal de le bailler en faisant son devoir de reprinse.

En cas de crime emportant confiscation, le fief retourne au seigneur, excepté ès cas de leze-Majesté.

IX. Quand le vassal confisque son fief pour quelque crime que ce soit, ou autrement dont le vassal soit convaincu, ledit fief retourne au Seigneur feodal immediat duquel il est tenu, qui en est saisi de ce mesme faict, & se peut bouter dedans ledit fief, l'exploicter, faire les fruicts siens, & rejoindre à son domaine, excepté ès cas de crime de leze-Majesté, esquels lesdits fiefs doivent appartenir audit Seigneur Duc.

Gens de main-morte acquerans fiefs ou heritages roturiers, doivent prendre amortissement, sinon mettre hors de leurs mains.

X. Si un vassal vend, ou donne par testament, ou autrement aliene son fief, ou partie d'iceluy à gens d'Eglise, ou autres de main-morte, telles personnes ne le peuvent tenir plus d'un an, sans avoir admortissement ou permission: mais sont tenus le mettre hors de leurs mains à un homme capable de le tenir, autrement le Seigneur feodal hault justicier le peut saisir après l'an, & en peut lever les proficts. Laquelle coustume a lieu, & s'observe en rentes & heritages de pote & roturiers pareillement, sinon qu'il y eust jouyssance paisible de trente ans, auquel cas seront seulement tenus d'indemnité envers le seigneur hault justicier, & de bailler homme vivant & confisquant.

Et dans quel delay.

XI. La saisie faicte le Seigneur peut par sa justice faire commandement ausdits gens d'Eglise, & autres susdits, que dedans dix-huict mois après ils ayent à mettre hors de leurs mains lesdits fiefs ou heritages, à peine de les appliquer à son domaine, ce qu'il pourra faire, si dedans ledit temps ils n'y ont obey, après qu'ils auront esté sur ce appellez & ouys.

XII. Que si lesdits commandemens ne se font dedans lesdits dix-huict mois, le Seigneur ne pourra demander que son indemnité, qui est la sixiesme partie du juste prix de la valeur dudit fief en heritage de pote, & avec ce faire bailler homme vivant & mourant, à peine de privation.

Au Duc appartient de donner amortissement.

XIII. Audit Seigneur Duc seul appartient de donner admortissement des choses acquises par gens d'Eglise ou de main-morte, chapitres, colleges, & communautez.

La foy & hommage doit estre faite en personne.

XIV. Que le Seigneur feodal n'est tenu recevoir son vassal en foy & hommage par procureur, s'il n'y a excuse legitime, ou n'estoit que le fief appartint à un enfant mineur d'ans; auquel cas le tuteur en peut faire le devoir dedans le temps deu.

Souffrance vaut foy.

XV. Souffrance equipolle à foy tant qu'elle dure.

Prescription du vassal contre le seigneur, & vice versa.

XVI. Le vassal ne peut prescrire contre son Seigneur feodal les droicts & devoirs qu'il est tenu luy faire à cause dudit fief, ne le Seigneur contre le vassal: mais quant aux arrerages, lots, ventes & autres profits, ils se peuvent prescrire par trente ans.

En donation n'y a retrait.

XVII. Si le vassal donne liberalement son fief, par donation entre les vifs ou par testament, ou qu'il eschange iceluy fief contre un autre sans soulte, les parens dudit vassal ne peuvent venir à la retraicte dudit fief. Et pareillement se garde la coustume en terre de pote.

De l'engagement & vente du fief.

XVIII. L'homme noble peut hypothecquer ou engager son heritage de fief à l'homme noble, ou de pote, pourveu qu'il y ait rachapt: mais il ne le peut vendre fors à l'homme noble, & fera le service ledit vassal de l'heritage par luy hypothecqué ou obligé. Et ne peut en tout, ou partie bailler à cens ou à rente, sans permission du Seigneur feodal.

Retenue des hommes & femmes qui voudroient aller se domicilier ailleurs.

XIX. Le Duc de Bar a retenue de ses hommes & femmes demeurans audit Bailliage, posé qu'ils voisent demeurer souz ses vassaux haults justiciers. Et pareillement les vassaux dudit Bailliage ont retenue de leurs hommes & femmes, qui vont demeurer ès villes & villages appartenans audit seigneur Duc, & où il est hault justicier. Et pareillement les vassaux les uns sur les autres, excepté en aucuns lieux qui sont chartrez & privilegez au contraire.

Deny emporte commise.

XX. Si le cheval desnie son fief, ou en reprend d'autres que de son Seigneur feodal, il commet sondict fief.

Partage de fief ne prejudicie au seigneur.

XXI. Partage de fief, entre coheritiers ou autres ne peut prejudicier au Seigneur feodal, & demeure chacun pour sa part vassal audit Seigneur, & ne souffrira ledit Seigneur (si bon ne luy semble) faire de son plain fief un arriere fief.

Tant que le vassal dort le seigneur veille.

XXII. Quand le vassal dort le Seigneur veille, & quand le Seigneur dort le vassal veille, qui est à dire, que le Seigneur feodal faict les fruicts siens après la saisie, jusques à ce qu'il ait homme & vassal, auparavant laquelle saisie ledit Seigneur feodal n'acquiert, & ne peut avoir fruicts.

De rente perpetuelle constituée sur fief.

XXIII. Le vassal peut constituer rente perpetuelle sur son fief, sans le consentement de son Seigneur feodal au prejudice de ses heritiers ou ayans cause, & non de sondit seigneur feodal, qui peut infeoder ladite rente.

Du droit du seigneur sur les arrierefiefs, au cas de saisie du plein fief.

XXIV. Le Seigneur feodal empeschant la terre tenue de luy en plain fief, peut consequemment empescher les arrieres fiefs dependans dudit plain fief. Mais il ne peut empescher lesdits arrieres-fiefs sans avoir premierement empesché ledit plain fief. Et si les arrieres-vassaux avoient auparavant faict les devoirs envers leurs Seigneurs feodaux & immediats, le Seigneur du plain fief ne leur peut demander, sinon tel devoir qu'avoit le Seigneur feodal immediat.

XXV. Si un vassal tient un fief du Seigneur Duc,

& dudit fief en soit tenu un autre que ledit vassal acquiert, il faut qu'il tienne ledit arriere-fief dudit Seigneur Duc, & qu'il le baille à son adveu comme plain fief, ou qu'il le mette hors de sa main pour avoir homme ainsi qu'il avoit auparavant ledit acquest.

XXVI. Si le vassal est empesché à son fief, par faute d'homme & devoirs non faits par autre Seigneur feodal que le Seigneur Duc, & il s'oppose affirmant n'avoir cognoissance par lettres ou autrement de quel Seigneur son fief est tenu, il aura main-levée sans danger de commise, si le feodal ne l'informe & faict appatoir qu'il est son Seigneur. Mais pour le regard dudit Seigneur Duc, sans attendre ladite information, il faut que ledit vassal reprenne de luy, ou luy nie la mouvance, autrement il y a commise.

Denombrement en toutes mutations. XXVII. Soit qu'il y ait mutation du Seigneur feodal, ou de vassal, foy, hommage & denombrement sont requis.

TITRE II.

Des Droicts & Exploicts de Justice.

Cas dont connoissent les hauts justiciers XXVIII. Les hauts justiciers ont cognoissance des cas requerans mort, mutilation de membres, fustigations, pillorissemens, bannissemens perpetuels, ou à temps ou autres peines corporelles.

Qui confisque le corps il confisque les biens. XXIX. Qui confisque le corps par sentence de mort, ou bannissement perpetuel, il confisque les biens.

La confiscation auxhauts justiciers. Le mary ne confisque les droits de sa femme. XXX. Les biens confisquez appartiennent aux hauts justiciers des lieux où lesdits biens sont assis : toutesfois, où les condamnez seroient mariez, ils ne confisquent les biens & droicts qui appartiennent à leurs femmes par traitté de mariage, ou par coustume dudit Bailliage.

La femme confisque ses propres. XXXI. Femme mariée confisque par son forfaict ses propres heritages seulement.

Espaves appartiennent aux hauts justiciers XXXII. Les espaves appartiennent aux hauts justiciers, & se doivent publier ès lieux accoustumez à faire cris & proclamations, & par trois huictaines : pendant lesquelles s'il se presente aucun qui prouve la chose luy appartenir, il luy sera rendue, en payant les frais de justice avec la garde & nourriture, s'il y escher. Toutesfois si l'espave est de petite valeur, & qu'elle ne puisse payer les gardes & nourritures, le Seigneur la peut après la premiere huictaine, & deux criées, faire vendre & garder l'argent au profit de qui il appartiendra.

Marques de haute justice. XXXIII. Les hauts Justiciers ont signe patibulaire, piloris, carcans & choses semblables, pour faire les executions selon les cas. Toutesfois il y a aucuns hauts Justiciers qui n'ont l'execution de mort, ny signe patibulaire, mais s'en fait l'execution en la justice de la ville de Bar.

Amende pour espave recelée. XXXIV. Celuy qui trouve espave, & la recele sans la signifier à la justice dedans vingt-quatre heures, il est amendable à l'arbitrage de justice.

Dans quels temps signe patibulaire peut être relevé sans permission, & quand est requise. XXXV. Les hauts Justiciers peuvent faire redresser les signes de haute justice cheus dedans l'an & jour de la cheute & ruine d'iceux, sans demander licence de ce faire audit Seigneur Duc : mais après ledit an & jour ne le peuvent faire sans demander ladite licence, à peine de l'amende qui est de soixante francs Barrois, & de le demolir pour par après le redresser par permission.

Cris de fête, aux hauts justiciers. XXXVI. Les cris des festes appartiennent aux hauts Justiciers : & quand notredit Seigneur est haut Justicier avec autres hauts Justiciers, le sergent dudit Seigneur Duc en fait les criées, & se nomme ledit Seigneur Duc le premier, & les autres après luy. Et neantmoins si la Seigneurie est indivisée se fera le cry par le sergent ordinaire d'icelle, lequel nommera Monseigneur le premier, & les autres sieurs après; le tout sans prejudicier à ceux qui ont tiltre vallable ou possession immemoriale.

Desherence au haut justicier sous quelles charges. XXXVII. Si aucun va de vie à trespas audit Bailliage, sans aucun heritier habile à luy succeder, le haut Justicier prend & emporte les biens delaissez en sa haute justice, à la charge de payer les debtes, & accomplir le testament, si aucun en y a, jusques à la concurrence desdits biens, & non plus avant.

Hauts justiciers donnent assurement. Ce que c'est qu'assurement. XXXVIII. Hauts Justiciers peuvent bailler asseurement aux personnes qui le requierent contre leurs subjects, après que la personne requerante aura affirmé par serment qu'il a juste cause de le requerir : & est ouy sans autres preuves : & deffendra le Juge aux subjects de n'offencer le requerant, a peine d'amende arbitraire.

L'assurement est reciproque. XXXIX. L'asseurement demandé est reciproque que tant à celuy qui l'a demandé qu'à celuy contre lequel il est demandé.

Sauvegardes se donnent par le Bailly de Bar & il connoit des infractions. XL. Les sauvegardes se baillent par le Bailly de Bar, ou son Lieutenant avec apposition de pannonceaux armoyez des armes dudit Seigneur Duc, si besoin est.

XLI. La cognoissance desdites sauvegardes enfrainctes, complainctes en matiere de saisine & de nouvelleté, appartiennent audit Bailly de Bar ou son Lieutenant, & non à autres, fors à ceux qui ont tiltres & possessions au contraire.

Connoissance des cas privilegiez au Bailly de Bar. XLII. La cognoissance, judicature & coercion de tous cas privilegez appartiennent audit Bailly de Bar ou son Lieutenant, & non à autres, reservé ceux qui ont tiltres & possessions au contraire.

Bailly de Bar Juge des nobles. XLIII. Le Bailly de Bar est Juge en premiere instance de toutes personnes nobles, & ne sont tenus ressortir pardevant autres ny en autres lieux, si les Seigneurs desdits lieux ne sont tiltrez, ou en possession d'en cognoistre.

Tresor trouvé. XLIV. Thresor trouvé en lieu public appartient pour la moitié au haut Justicier du lieu où il est trouvé, & l'autre moitié à celuy qui l'a trouvé, lequel est tenu incontinent le manifester audit haut Justicier, & s'il ne le faict, il est amendable : & s'il trouve le thresor au fonds d'un particulier, il en aura un tiers, le proprietaire un tiers, & le seigneur haut Justicier l'autre tiers : & s'il le trouve en son fonds, il en aura les deux tiers, & le Seigneur haut Justicier l'autre tiers.

Des exploits de haute justice. XLV. Creer tuteurs & curateurs, faire main-mise, inventaire, subhastations d'heritages, interposer decrets, emanciper, donner & ajuster mesures, sont exploicts de haute justice : toutesfois en d'aucuns lieux dudit Bailliage le moyen Justicier fait l'adjustement des mesures.

Nulle assemblée ny collecte sans la permission du haut justicier. XLVI. Subjects ne se peuvent assembler ny faire gects, collectes, ny passer procurations, sans la permission de leur Seigneur haut Justicier : & à son refus peuvent recourir au Bailly de Bar ou son Lieutenant.

Des colombiers sur pied. XLVII. Aucun ne peut faire de nouveau colombier sur pied, sans le congé du Seigneur haut Justicier.

TITRE III.

De Moyenne Justice.

Dequoi connoit le moyen justicier.

XLVIII. LEs moyens Justiciers ont cognoissance de toutes actions personnelles intentées contre leurs subjects, avec la cognoissance des amendes de soixante sols vallans trois francs Barrois, & au dessous. Et pour l'exercice de leurdite justice auront sieges, Mayeurs, Greffiers & Sergens.

TITRE IV.

De Justice Basse, & Fonciere.

Dequoy connoit le bas justicier.

XLIX. LE Seigneur bas & foncier a la cognoissance des abornemens des heritages de partie à autre du finage de sa fonciere.

L. Et peut creer messiers & mettre en embanie à requeste des habitans aucune portion de prez ou terres pour bestes trayantes : & imposer amendes aux infracteurs jusques à cinq sols tant seulement valans trois gros Barrois, s'il n'y a tiltre valable, ou possession immemoriale de prendre plus grande amende.

LI. Il peut saisir & brandonner (a) à requeste de parties terre subjecte à censive, & le faire signifier à partie detenteresse, & en retenir la cognoissance.

Des lots & ventes, & qu'ils ne sont dûs sans titre.

LII. Les lots & ventes d'heritages ne peuvent exceder un gros pour un franc, & ne sont deuz sans tiltre & stipulation expresse, ou possession valable.

Amende faute de lots & ventes non payez.

LIII. L'amende à faute desdits lots & ventes non payez, est de cinq sols seulement valans trois gros barrois ; & de soixante sols valans trois francs barrois pour vente recelée & non notifiée aux sieurs desdits lots & ventes, dedans quarante jours après l'acquisition.

Pour quels contrats sont dûs.

LIV. Lots & ventes sont deuz à cause de cense seulement, s'il n'y a tiltre ou possession au contraire.

LV. En heritages donnez ne sont deuz lots & ventes, ny semblablement en eschanges d'heritages faicts but à but sans fraude : mais s'il y a soulte lesdicts lots & ventes sont deubz pour ladicte soulte.

Basse justice est fonciere.

LVI. La coustume ne faict difference entre justice basse & fonciere

TITRE V.

Des Censives, Rentes viageres, & Hypotheques.

Cens ne se divise.

LVII. LE seigneur du cens n'est tenu de diviser iceluy, tellement que s'il y a plusieurs detenteurs de l'heritage affecté, il se peut addresser auquel d'iceux que bon luy semblera : parce que hypotheque est individue ; sauf audit detenteur son recours contre ses comparsonniers.

Saisie pour cens non payé.

LVIII. Pour cens non payez par trois ans & au dessouz, le seigneur peut faire saisir & brandonner l'heritage affecté audit cens. Et n'y a amende, sinon qu'il en appert par contract, ou possession suffisante & demeurera la main garnie pour la derniere année, si le seigneur est en possession de lever ladite rente, ou qu'il appert des lettres de bail, jaçoy qu'il n'y ait declaration d'hypothecque contre le detenteur sur les biens duquel l'execution pourra estre faicte, s'il est obligé personnellement, & y aura main garnie pour les arrerages de trois ans.

Rentes d'heritages & constituées sont immeubles.

LIX. Rentes d'heritages rachetables, & autres rentes volantes sortiront nature d'immeubles, jusques après le rachat (b). Et n'est la rente volante executoire contre un tiers detenteur, s'il n'a esté condamné, ou qu'il n'ait passé declaration d'hypothecque.

Meubles n'ont suite.

LX. Meubles n'ont point de suitte ny par hypotheque ny par execution contre un tiers, si sans fraude, ils sont trouvez hors de la puissance du debteur.

Detenteurs d'heritages chargez de rente doivent subir hypotheque.

LXI. Les detenteurs & proprietaires d'heritages, charges de rentes ou autres hypothecques, ne peuvent empescher que lesdits heritages soient declarez affectez ausdites charges & arrerages d'icelles, tellement qu'ils sont tenus recevoir condamnation de ladite hypothecque, & passer tiltres nouveaux, s'ils en sont poursuivis.

LXII. Si l'heritage de rente fonciere, jaçoy qu'elle soit racherable, est propre à l'un des conjoincts, ladite rente luy demeure propre & à ses hoirs, si elle n'est rachetée durant le mariage, parce que telles rentes sortissent nature de l'heritage durant le temps qu'elles ne seront rachetées.

LXIII. Le seigneur de la rente fonciere se peut empossessionner & saisir de l'heritage affecté à ladicte rente, s'il se trouve sans detenteur. Et où celuy qui estoit detenteur y voudra rentrer, ne sera tenu de rendre que le surplus de ladite rente, si surplus y a, & qu'il l'ait receu.

Seel de Cour Ecclesiastique, n'emporte hypotheque.

LXIV. Les obligations ou autres contracts passez souz le seel de la Cour Ecclesiastique, ou de quelque chapitre, ne portent hypothecque.

a ART. 51. & brandonner. Sens art. 120. & 125. ubi dixi. J.B.

b ART. 59. jusques après le rachapt. Voyez l'article 62. infrà.

TITRE VI.

De l'Estat, Droicts & Conditions des Personnes.

Homme anoblit sa femme pendant le mariage.

LXV. L'Homme noble marié à une femme non noble anoblit sa femme, constant leur mariage. Et après le trespas de son mary, ladicte femme jouyst du privilege de noblesse, comme elle faisoit constant ledit mariage : mais si elle se remarie à un roturier, elle perd son privilege.

Garde noble.

LXVI. Pere ou mere noble est privilegé de prendre le bail & garde noble de ses enfans mineurs d'ans, tant & si longuement qu'il demeure en viduité : mais s'il convole en autres nopces, dès le jour qu'il contracte le mariage, le juge ordinaire peut prouvoir de tuteur ausdits mineurs, pour la conservation de leurs droicts & biens : & en defaut des pere ou mere, l'ayeul ou ayeule auroit semblable privilege.

Comment s'accepte.

LXVII. Celuy des pere, mere, ayeul ou ayeule qui prend la garde noble, est tenu de le declarer pardevant le juge ordinaire dedans quinze jours après le decès du pere ou mere premourant, venu à sa cognoissance. Et neantmoins prenant la garde noble, luy sera donné un curateur pour seulement assister à la faction de l'inventaire, qu'il sera tenu faire par authorité de justice ; & partage des biens des mineurs.

Emolumens & charges de la garde.

LXVIII. A celuy qui prend la garde noble appartiennent les meubles & fruicts des heritages des mineurs, durant le temps qu'il aura le gouvernement : à la charge de les gouverner selon leur maison & qualité, & payer les debtes tant personnelles que reelles, & de tenir les heritages, terres & seigneuries en bon & suffisant estat.

Gardien qui se remarie, & à quel âge finit la garde.

LXIX. Si le gardien se remarie, il sera tenu rendre compte des meubles, & non des fruicts ; lesquels il fera siens, à cause de la nourriture & entretenement de ses enfans, jusques à l'aage de seize ans pour les fils, & quatorze pour les filles, ausquels aages la garde noble finira.

Femme mariée est en la puissance de mary. Exception.

LXX. La femme mariée est en la puissance de son mary, jaçoit qu'elle ait pere ou ayeul : de maniere qu'elle ne peut ester en jugement ny contracter sans l'authorité de sondit mary. Toutesfois si elle est marchande publicque, elle peut contracter pour le faict de sadite marchandise seulement.

De l'état des enfans dont le pere étoit noble, & de celuy des enfans dont le pere étoit roturier & la mere noble.

LXXI. Si le pere est noble, vivant noblement, & la mere roturiere, les enfans procréez d'eux seront nobles, & suivront la condition du pere : mais si le pere est roturier & la mere noble, les enfans procréez dudit mariage suivront l'estat & condition de la mere, si bon leur semble, en renonçant à la tierce partie des biens de la succession paternelle, au profit dudit seigneur Duc. Toutesfois si après la succession paternelle à eux escheue, ils continuoyent la roture d'iceluy, ne seroyent receuz à l'estat de noblesse, sinon en renonçant à la totalle succession paternelle, & obtenant reabilitation dudict seigneur, qui ne leur octroyera, si bon ne luy semble.

Le fruit suit le ventre entre roturiers, ce que cela signifie.

LXXII. Entre gens roturiers le fruict suit le ventre : qu'est à dire, que les enfans sont au seigneur, à qui la mere appartient, & est femme de corps (a), s'il n'y a tiltre, prescription ou privilege au contraire.

Bâtard peut disposer, mais ne peut succeder.

LXXIII. Bastard peut disposer de ses biens, tant par contracts faits entre vifs, que par disposition testamentaire. Mais il ne peut succeder à ses parens ny autres, s'il n'est legitimé par mariage subsequent.

Enfans non nobles sont en la puissance de tuteurs & curateurs jusqu'à vingt cinq ans, ou au mariage.

LXXIV. Enfans non nobles demeurent, & leurs biens en la puissance de leurs tuteurs & curateurs, jusques à ce qu'ils soyent majeurs de vingt-cinq ans, ou mariez, & sont lesdits tuteurs & curateurs tenus de prendre par inventaire les biens desdits mineurs, & leur rendre compte, & payer le reliqua, la tutelle finie.

Mariage émancipe.

LXXV. L'homme & la femme sont reputez aagez & à leurs droicts, quand ils sont mariez quelque aage qu'ils ayent, & dès lors l'homme demeure à ses droicts, & la femme en la puissance de son mary, comme dit est, pour faire les actes que peuvent faire majeurs : excepté l'alienation & hypotheque de leurs biens, jusques à vingt-cinq ans complets.

TITRE VII.

Des Droicts & appartenances à gens mariez.

Acquests faits pendant le mariage sont communs ; mais le mary en est maistre pendant la communauté.

LXXVI. Les acquests faits par gens nobles, ou roturiers constant leur mariage, soit qu'ils ayent enfans dudit mariage ou non, seront communs entre eux, jaçoit que le mary par les lettres dudit acquest n'ait denommé sa femme acquesteresse, ou que l'acquest soit sur la ligne de l'un ou de l'autre, toutesfois pourra ledit mary aliener lesdits acquests par disposition entre vifs, sans que pour ce faire il soit besoin avoir le consentement de sadite femme, & par testament la moitié seulement.

Idem, des meubles de sa femme, mais non de ses propres.

LXXVII. Le mary constant le mariage est seigneur & maistre des meubles de luy & de sa femme, & en peut disposer comme des conquests : ensemble des fruicts provenans des heritages & douaire de sadite femme, & pour ce intenter toutes actions sans avoir consentement ny procuration d'icelle. Mais de la proprieté, des heritages de sa femme, acquests par elle faits auparavant le mariage, & de son douaire, il n'en peut disposer sans le vouloir exprès & consentement d'icelle.

Les meubles vont au survivant s'il n'y a enfans, mais s'il y en a, les partageront par par moitié avec eux.

LXXVIII. Le survivant des deux conjoincts gaignera les meubles, s'il n'y a heritiers d'eux ou de l'un d'eux en droicte ligne, en payant les debtes passives & frais funeraux du predecedé. Mais s'il y a enfant ou enfans de l'un d'eux, lesdits meubles se partiront par moitié, entre le survivant & lesdits enfans, & se payeront les debtes passives par moitié.

Femme survivante peut renoncer. Effet de sa renonciation.

LXXIX. La femme survivant son mary soit noble ou roturiere, pourra (si bon luy semble) renoncer aux meubles, & à sa part des acquests faits constant leur mariage : en quoy faisant sera deschargée des debtes passives contractées par sondit mary constant leur mariage, ou auparavant iceluy & execution testamentaire : si doncques elle ne se trouve obligée avec sondit mary au payement desdites debtes. Et sera tenue faire sa renonciation pardevant son Juge ordi-

a ART. 72. & est femme de corps. *Explicat hunc articulum Desid. Heraldus, rerum & quæst. Juris quotid. cap. 8. n. 3. & seq. & cap. 10. num. 9. & 13.* J. B.

naire, dedans quarante jours après le trespas de son mary venu à sa cognoissance. Ne demeurera toutesfois quitte des debtes par elle faites auparavant ledit mariage.

LXXX. La femme renonçant à la communauté, pourra emporter les habillemens seulement qu'elle portoit communément les jours des festes, & non ses bagues & joyaux.

Femme tenue entretenir le bail.

LXXXI. Si le mary a baillé sans fraude à ferme l'heritage de sa femme, elle pourra estre contraincte après le decès de son mary à l'entretenement du bail.

Conjoints ne se peuvent avantager.

LXXXII. Deux conjoincts par mariage ne se peuvent avantager l'un l'autre directement, ou indirectement, par donation entre vifs, ny par testament ou autrement.

Remploy n'a lieu s'il n'est stipulé.

LXXXIII. Deniers provenans de vente d'heritage, propre à l'un des conjoincts, sont reputez meubles, & les acquests faits d'iceux, communs entre eux, s'il n'y a traicté de mariage au contraire, ou protestation expresse par la premiere vendition, que les deniers seront remployez en autres acquests, qui seront de pareille nature que la chose vendue, ou que l'autre des conjoincts le consente sans fraude.

Restablissement fait par le mary à sa femme, quand valable.

LXXXIV. Restablissement fait par le mary à sa femme ne vaudra, si la promesse de restablir pour pareille somme seulement, n'est faicte par le contract de mariage, ou auparavant la vendition des heritages de ladite femme, ou en passant icelle vendition, ou dans un mois après (a).

Fruits des propres suivent l'heritage en payant les labeurs jusqu'à quelle proportion.

LXXXV. Les fruicts des propres heritages pendans par les racines au jour du trespas de l'un des deux conjoincts, sont de pareille nature que lesdits heritages, en payant au survivant les labeurs & autres impenses, pour telle part qu'il prendra aux meubles.

De la rente dûe sur l'heritage de l'un des conjoints amortie pendant le mariage.

LXXXVI. Si l'un des conjoincts par mariage a aucun heritage propre, chargé de rente, laquelle ils acquerent, elle est confuse tant que le mariage dure: mais après la dissolution d'iceluy, le proprietaire de l'heritage ou ses heritiers pourront racheter ladite rente, en remboursant le survivant ou les heritiers de la moitié de l'argent, & des arrerages escheuz depuis la mort de l'un desdits conjoincts.

Continuation de communauté, à défaut d'inventaire.

LXXXVII. Les meubles & acquests demeurent communs entre le survivant & les enfans du premourant jusques à l'inventaire fait, partage, ou autre acte derogeant à communauté. Et si ledit survivant s'est remarié sans ce faire, il prendra seulement un tiers desdits biens, son consort l'autre, & les enfans du predecedé l'autre. Que s'il y a enfans des deux costez, l'homme & la femme auront deux quarts, & les enfans des deux autres costez, les deux autres quarts, demeurant neantmoins l'option ausdits enfans de demander la portion de leur predecesseur, comme elle estoit au jour de son trespas selon la commune estimation.

De ceux qui sont, ou ne sont point reputez communs, hors mariage.

LXXXVIII. Aucun ne peut pretendre societé demeurant avec pere, mere, ou autre qui le nourrit, ou entretient par amour, affection, pitié ou service par quelque temps qu'il y demeure, s'il n'y a convention sur ce faite entre eux. Mais s'ils usent de leurs droicts & vivent par an & jour, à commun pot & despense, ils sont reputez communs en tous meubles & conquests, depuis la societé contractée, s'il n'appert du contraire.

Douaire coustumier, caution pour en jouir par la femme dans quels cas.

LXXXIX. La femme après le decès de son mary pour son droict de douaire coustumier, a la moitié en usufruict de tous les heritages qu'il avoit au jour qu'il l'espousa, & de ceux qui luy sont depuis obvenus en ligne directe, & non en ligne collaterale: à charge de par elle entretenir lesdits heritages, & payer moitié des charges d'iceux. Et au cas qu'il n'y ait enfans dudit mariage, ou qu'elle convole en secondes nopces, donnera de ce caution.

Douaire coustumier ou conventionnel saisit.

XC. Douaire coustumier ou conventionnel saisit de sorte que la femme douairiere peut agir possessoirement contre les turbateurs du douaire, ou partie d'iceluy.

Option de l'un ou l'autre douaire, & dans quel delay.

XCI. Le cas de douaire advenant, la femme pourra renoncer au prefix & accepter le coustumier, si bon luy semble: si donc l'option ne luy est ostée par traité de mariage. Et se fera l'option dedans quarante jours après le decès de son mary venu à sa cognoissance.

Femme qui a recelé déchue du privilege de renonciation.

XCII. Si après le decès du mary il se trouve que la femme ait substraict ou recelé des biens de son mary & d'elle, ne jouyra du privilege de la renonciation qu'elle aura faict des biens de la communauté.

Veuves de bastards & aubains ne perdent leur douaire.

XCIII. Les vefves des bastards & aulbains ne perdent leur douaire, ne autre chose que la Coustume donne aux vefves.

TITRE VIII.

Des Testamens & Codicils.

Age pour tester, solemnitez des testamens.

XCIV. Testament, codicil & ordonnance de derniere volonté faits par personne capable, saine d'entendement, & aagée de vingt ans ou plus, sont bons & valables, quand ils sont faits & passez par le testateur en presence de deux Notaires, ou un notaire & trois tesmoins, ou du curé, ou vicaire du lieu, & trois tesmoins, ou quand ils sont escripts & signez de la main du testateur. Et n'y a difference entre testament & codicil.

XCV. Faut que le testament s'il n'est escript & signé de la main du testateur, soit par luy dicté, leu & releu audict testateur, dont il sera fait mention expresse au testament, à peine de nullité d'iceluy.

XCVI. Aucun ne pourra servir de tesmoin au mesme testament, où il sera legataire.

XCVII. Les tesmoins signeront le testament s'ils sçavent signer: sinon en sera faite mention expresse.

Dequoy est permis de disposer par testament.

XCVIII. Personne franche (b) peut par testament disposer de son heritage de ligne, jusques à la sixiesme partie, ensemble de tous ses meubles & acquests, lesquels il peut donner à qui bon luy semble. Neantmoins où il n'y auroit que meubles & acquests n'en pourroit disposer que de la quatre partie, au prejudice de ses enfans.

On ne peut estre heritier & legataire.

XCIX. L'on ne peut estre heritier & legataire ensemble.

Rapport en directe, & non en collaterale: où l'on peut donner à l'un plus qu'à l'autre.

C. Une personne ne peut avantager l'un de ses enfans plus que l'autre, & convient tout rapporter après le trespas du pere, ou de la mere avant partage faire. Mais si c'estoit par personne qui n'eust aucuns legitimes procrées de son corps, & qu'il eust frere ou sœur, ou parens plus loingtains, il pourroit donner à l'un plus qu'à l'autre.

Legs sujets à delivrance.

CI. Le legataire n'est saisi des choses à luy leguées, ains les doit prendre des mains de l'heritier du defunct, ou de l'executeur testamentaire, l'heritier ou heritiers presens ou deuement appellez.

Institution d'heritier ne vaut que comme legs.

CII. On ne peut instituer ou substituer heritiers au prejudice des plus prochains parens habiles à succeder. Vaudra neantmoins telle institution comme un

(a) ART. 84. *ou dans un mois après.* Vide Sens, art. 286. Bourbonnois art. 238. *ubi dixi.* J. B.

(b) ART. 98. *Personne franche.* Secùs de la personne de main-morte. *Vide infrà,* art. 118. J. B.

legs

leg testamentaire, moyennant qu'il n'excede ce dequoy la coustume permet au testateur de disposer en derniere volonté.

Executeur saisi.

CIII. L'executeur du testament après l'inventaire deuement fait l'heritier present ou deuement appellé est saisi durant l'an & jour de tous les meubles du defunct, ores que l'heritier offre accomplir le testament & bailler caution pour ce faire. Si est ce que ledit executeur dedans l'an & jour ne sera dessaisi desdits meubles, mais en consignant par l'heritier deniers à suffisance entre les mains de l'executeur du testament, pour ce qu'il sera liquide par ledit testament, il en aura main-levée.

CIV. Que s'il n'y a meubles suffisans en la succession du defunct, ledit executeur peut vendre par permission de justice des heritages dudit defunct moins dommageables, jusques à la concurrence de ce qui est liquide par le testament, pourveu que prealablement l'heritier aît esté sommé & soit refusant ou dilayant de fournir autres biens pour l'accomplissement dudit testament.

Après l'an tenu de rendre compte.

CV. Après l'an & jour du decès du testateur l'executeur sera tenu rendre compte à l'heritier de son execution testamentaire.

Pouvoir & charges de l'executeur.

CVI. L'executeur durant l'an & jour peut recevoir toutes debtes actives, & payer les passives du testateur deuement cogneues avec l'heritier à charge d'en rendre compte.

CVII. Si l'heritier est absent, l'executeur du testament pour faire proceder à l'inventaire, fera appeller les gens dudit seigneur Duc, ou le Procureur du haut Justicier. Et pour le regard des creanciers qui pendant l'an voudront estre payez par l'executeur, pourront faire bailler assignation à l'heritier au domicile où ledit defunct est decedé.

Femme ne peut tester sans l'autorité de son mary. Exception.

CVIII. Femme mariée ne peut tester sans l'auctorité de son mary, sinon pour chose pieuse, auquel cas elle peut par testament disposer de la tierce partie en la moitié des meubles & acquests de la communauté.

CIX. Legs testamentaires & frais funeraux se prennent sur le bien du testateur, & non sur la part du survivant.

Ecclesiastiques peuvent disposer par testament.

CX. Toutes personnes Ecclesiastiques non Religieuses professes, peuvent disposer de leurs biens par testament, ou autrement, ainsi que les personnes laiz, ores que lesdits biens procedent de leurs benefices ou d'ailleurs.

TITRE IX.

Des Successions & Rapports en partage.

Preciput de l'aîné noble.

CXI. En succession directe entre gens nobles, à l'aisné fils appartiendront par preciput les armes plaines, le cry, & tiltre de Seigneur.

CXII. Quand un vassal va de vie à trespas & delaisse plusieurs enfans masles & femelles, ou un enfant masle & plusieurs filles, le fils a droict de prendre & choisir en terre de fief avant & hors partage, laquelle sorte place, chastel, ou maison qu'il luy plaira prendre pour son droict d'aisnesse, avec ce qui est enclos ès murailles & fossez esdits chastel, ou maison forte, basse-court dependante & destinée à ladite maison, & un journel de terre mesure de Bar, à l'entour de ladite maison joignant desdites murailles & fossez, ou au plus proche d'iceux à son choix, le tout chargé de douaire s'il y eschet. Et au residu des autres partages de fief, il prend sa part comme l'un de ses autres coheritiers.

Dequoy l'aîné qui prend le preciput doit recompenser ses puînez.

CXIII. S'il y a jardin hors, & joignant ce que dessus, appartiendra audit fils aisné, en donnant toutesfois par luy recompense en heritages à ses coheritiers qui luy ressortiront nature de propre.

CXIV. Et s'il y a moulin, four, pressoir ou autres choses au dedans dudit arpent, ou basse-court, qui ne soit destiné pour la seule commodité de ladite maison, telle chose demeurera audit aisné, en recompensant ses coheritiers comme dessus. Et pareillement où il y auroit bastiment au dedans dudit journel, si ledit aisné veut avoir ledit journel, il sera tenu en recompenser sesdits coheritiers de la valeur dudit bastiment. Et s'il ne veut avoir lesdits journel & bastiment, sesdits coheritiers seront tenus luy donner la juste valeur & estimation dudit journel, sans en ce y comprendre lesdits bastimens.

En succession de pere & de mere, un seul preciput.

CXV. Le fils aisné n'aura en succession de pere & de mere à son choix audit Bailliage qu'un droict d'aisnesse.

Entre filles n'y a droict d'aînesse.

CXVI. Entre filles droict d'aisnesse n'a point de lieu, en quelque succession que ce soit.

Ny en collaterale.

CXVII. En succession collaterale le droict d'aisnesse n'a point de lieu. Et s'il y a plusieurs hoirs masles, en pareil degré ils partiront les fiefs & autres heritages à eux escheuz, chacun par teste, sans que l'aisné ait autre avantage que le cry, & les plaines armes.

Portion d'aîné en fiefs, & en terre de pote.

CXVIII. En succession de terre de fief en ligne directe, un fils a & emporte autant seul que deux filles: mais en terre de pote, ils succedent esgalement.

Representation.

CXIX. Representation en ligne directe a lieu *in infinitum*, & en ligne collaterale jusques aux enfans des freres & sœurs germains du decedé inclusivement, selon le droict civil.

En fiefs en collaterale, le mâle forclost la femelle.

CXX. Le masle exclud la femelle en pareil degré, en succession collaterale des terres de fief seulement.

La succession mobiliaire va aux ascendans, s'il n'y a enfans.

CXXI. Si une personne non mariée va de vie à trespas sans hoirs de son corps, ses pere, & mere (*a*), s'ils sont vivans, ou l'un d'eux, a & emporte tous les meubles & acquests par luy faits & delaissez, en payant les debtes & frais funeraux: & n'y ont rien les freres & sœurs du defunct, sinon en defaut des ascendans.

Meubles suivent la Coutume du domicile.

CXXII. Si un homme ou femme ayans biens meubles en divers Bailliages, va de vie à trespas & il ne dispose de sesdits meubles, ils obviennent au survivant ou heritiers selon la coustume du Bailliage, où il fait sa residence.

Le mort saisit le vif.

CXXIII. Le mort saisit le vif son plus prochain heritier habil à luy succeder.

Du benefice d'inventaire.

CXXIV. Si aucun se veut porter heritier par benefice d'inventaire, il est tenu pour ce faire, obtenir lettres du Prince, & bailler caution suffisante, pour les meubles contenus en l'inventaire & fruicts levez, & à lever.

Religieux ne succedent.

CXXV. Religieux ou Religieuse qui ont fait profession, ne succedent à leurs parens, ny le monastere pour eux.

Descendans d'un bâtard luy succedent, & au defaut le haut justicier.

CXXVI. Les descendans d'un bastard en ligne directe & loyal mariage luy succedent: & en defaut d'enfans, le Seigneur haut Justicier: pourveu

a ART. 121. ses pere & mere. *Nihil dicit* des ayeul & ayeule en defaut de pere, mais ils sont compris sous ce mot *ascendans*, mis en fin du present article, & excluent quant aux meubles & acquests les freres & sœurs du defunt, comme plus proches; ce qui a lieu bien qu'ils soient remariez. *Voyez* l'art. 84. de la Coutume de Sens. J. B.

que ledit bastard ait esté né, vivant & mouvant au dedans de leur haute justice : autrement appartiennent lesdites successions audict Seigneur Duc.

Heritier simple exclud le beneficiaire.

CXXVII. Qui se porte heritier simplement, il forclost celuy qui se porte heritier par benefice d'inventaire, declarant judiciairement par ledit heritier simple dedans six mois après la signification faite des lettres du dit pretendu heritier par benefice d'inventaire.

Hors le cas de representation on succede par tête en collateral.

CXXVIII. Cessant representation en ligne directe, freres, sœurs & autres parens en ligne collaterale habiles à succeder estans en pareil degré, succedent par teste esgalement, & non par estocage.

Double lien a lieu en meubles & acquests en collaterale.

CXXIX. Les freres & sœurs germains, excluent les non germains en meubles & acquests de leurs freres, ou sœurs defuncts.

Hors le cas de representation les meubles & acquests vont au plus proche.

CXXX. Cessant representation en ligne collaterale, le plus prochain habile à succeder emporte les meubles & acquests du defunct, ores qu'il ne soit que d'un costé parent dudit defunct.

Les dettes personnelles suivent les meubles.

CXXXI. Les debtes personnelles du defunct se payeront par l'heritier mobiliaire. Pourra neantmoins le creancier s'addresser à l'immobiliaire, ou autre son debteur, sauf audit immobiliaire son recours contre le mobiliaire.

De reprise de la dot.

CXXXII. Si en traittant aucun mariage le pere, ou mere, prochain parent de la femme donne & delivre au mary une somme de deniers, pour employer en acquest d'heritage sortissant nature de propre à la femme & ses heritiers, & il advient que retour de mariage ait lieu, en ce cas le mary ou les heritiers sont tenus rendre aux heritiers de ladite femme les heritages qui auroyent esté acquestés des deniers dudit mariage, ou les deniers s'ils n'avoyent esté employez, lesquels deniers se prendront sur la masse de la communauté avant partage faire.

Nul rapport de ce qui est donné en collaterale.

CXXXIII. Si une fille est mariée de deniers d'oncle, tante ou autres ses prochains parens en ligne collaterale, elle n'est tenue de rapporter en partage des successions de pere, mere, ny desdits oncles, tantes ou autres ses parens, ce qu'elle a eu en mariage en tout ne en partie, s'il n'a esté expressement dit au traitté dudit mariage, que ladite fille sera tenue de rapporter : & le semblable sera observé aux fils.

Rapport en directe, & à quelle succession.

CXXXIV. Enfans mariez de deniers communs ou de conquests de pere, ou de mere, doivent rapporter en la succession de leur pere, la moitié de ce qu'ils auront reçeu, & l'autre moitié en la succession de leur mere : & s'ils sont mariez de l'heritage propre de leursdits pere, ou mere, ils seront tenus de le rapporter entierement en la succession de celuy qui leur avoit donné.

Du rapport d'heritage prisé par contrat de mariage.

CXXXV. Si l'heritage baillé en mariage à fils, ou à fille est prisé, ledit fils ou fille, n'est tenue de rapporter (si bon ne luy semble) que ladite prisée faite au temps de la donation. Et si c'est argent pour une fois, & il ait esté multiplié en marchandise par le donataire, ou autrement, ne sera tenu de rapporter sinon ledit argent pour une fois, pourveu que ladite prisée soit faite justement & sans fraude.

En quelle valeur & estat doivent estre rapportez les heritages donnez.

CXXXVI. Heritage donné à charge de rapport sans estimation, doit estre rapporté en aussi bonne valeur qu'il estoit au temps & heure qu'il fut donné : & si le donataire y a faict quelques impenses, il ne les recouvrera, si elles ne sont utiles & necessaires.

Rapport de l'heritage non prisé ny estimé.

CXXXVII. Que si l'heritage non estimé est vendu, ou autrement aliené, se rapportera la juste valeur d'iceluy selon l'estimation qui en sera faicte, ayant esgard audit jour de la donation ou de la succession escheue au choix & option des coheritiers.

En se tenant au don, on est dispensé du rapport, mais il faut payer sa part des dettes.

CXXXVIII. Celuy ou celle à qui est faict don par mariage, ou autrement par pere, mere, ou ascendans à la charge de rapport, peut (si bon luy semble) se tenir à ce qui luy a esté donné, sans venir à la succession du donateur, & ce faisant demeurera quitte dudit rapport : pourveu qu'il n'excede sa part hereditaire, & sera tenu payer sa part des debtes du defunct. Et n'y a difference si le don est fait de propre, ne d'acquests.

Habits & meubles se rapportent, mais non frais de noces.

CXXXIX. Enfans mariez venans en partage sont tenus rapporter la valeur & estimation des habits nuptiaux, bagues, joyaux & autres meubles qui leur ont esté donnez en mariage par leurs pere & mere. Mais quant aux frais de leurs nopces, banquests, & estraines, ils n'en seront aucunement tenus.

Fruits dotaux ne se rapportent.

CXL. Fruicts dotaux ne se rapportent. Qu'est à dire, que la fille venant en partage doit rapporter la dot qu'elle a receu, & non les fruicts & pensions receues en attendant le payement de sadite dot.

Prêtres seculiers succedent, & vice versa.

CXLI. Prestres seculiers succedent à leurs parens en quelque part qu'ils demeurent. Et pareillement leurs parens à eux, soit par intestat ou autrement. Et ne peut l'Evesque pretendre aucun droict esdites successions.

Du delay pour deliberer.

CXLII. L'heritier aura quarante jours après le decès du defunct venu à sa cognoissance, pour deliberer s'il se veut porter heritier dudit defunct, & sera tenu en faire declaration pardevant les Juges des lieux où ladite succession sera assise. Et à faute de faire ladite declaration, sera tenu & reputé pour heritier s'il en fait aucun acte.

Les habitans de Bar & de Lorraine succedent reciproquement dans ces deux payis.

CXLIII. Les residens au Bailliage de Bar pourront succeder par tout le Duché de Lorraine & autres pays dudit seigneur Duc, comme en semblable les demeurans esdits pays, terres & seigneuries dudict seigneur Duc, pourront succeder à leur parens decedez audit Bailliage.

TITRE X.

De Retraict Lignager.

Retrait a lieu en vente & adjudication par decret dans l'an & jour.

CXLIV. Si un homme, ou femme vend son heritage de ligne à une personne estrange ou qu'il soit adjugé par decret de Juge, le lignager du vendeur, ou debteur qui luy attaint du costé d'où meut ledit heritage, peut faire adjourner l'acquesteur dedans l'an & jour de la prinse de possession, & datte de l'interposition du decret, & les retirer de luy en rendant les deniers du vray sort principal, frais, & loyaux cousts.

Et en vente sous faculté.

CXLV. En vente sous faculté de rachat, y a retraict durant l'an & jour de la vendition seulement.

En vente de rente & cens, & en bail à cens & rente.

CXLVI. Retraict lignager a lieu en vendition de rente & cens, & aussi si un homme baille son heritage de ligne à cens ou à rente annuelle ou perpetuelle, en payant les charges qui y seront.

Du retrait feodal, & qu'il n'a lieu en vente d'un lignager à l'autre, jusqu'au troisiéme degré.

CXLVII. En terre de fief le seigneur feodal peut retirer dedans l'an & jour par puissance de fief, le fief vendu : n'estoit donc que la vendition en fust faite du lignager à autres jusques au troisiesme degré inclusivement.

En donation & échange n'y a retrait, sinon jusqu'à concurrence de la soulte.

CXLVIII. En donation, eschange & permutation d'heritage fait but à but n'y a retraict. Et s'il y a soulte en deniers, le retraict aura lieu pour le regard desdits deniers, & au feur d'iceux.

Y a retrait en échange d'heritage contre meubles.

CXLIX. Pareillement y a retraict en eschange d'heritage de ligne contre biens meubles.

CL. Si aucun soy disant lignager fait adjourner l'acquesteur, & que dedans l'an & jour ledit acque-

De celuy qui n'est lignager & qui s'est dit, qui se rend depuis le retrait, & du lignager qui survient dans l'an.

steur luy consente le retraict, & a revendu l'heritage par luy acquis à personne estrange, le vray lignager qui viendra après dedans l'an & jour sera receu, & l'adjourné tenu de luy rendre l'heritage : du moins d'appeller celuy auquel il aura cedé ledit heritage pour souffrir le retraict. Et supposé que depuis ladite premiere vente l'heritage eust esté vendu plus grande somme, si ne sera tenu le retrayeur de payer sinon la premiere somme & loyaux cousts, à cause des abus qui s'y peuvent commettre, sauf au dernier acquesteur son recours contre son vendeur. Et pourra, le retrayeur, s'addresser contre le detenteur ou acquesteur.

De l'écheance de l'assignation en retrait, & où l'adjournement doit être donné.

CLI. L'assignation qui sera donnée après l'an & jour n'excedera ledit an de plus de quinze jours, & faudra que l'adjournement en cas de retraict soit fait à personne, ou à domicile de l'acquesteur s'il est demeurant audit Bailliage ; & s'il n'y a domicile, suffira que ledit adjournement soit fait publiquement & par affiches, au lieu où l'heritage est assis, ès lieux accoustumez à faire cris & publications.

Le vendeur & l'acheteur tenus de se purger par serment au sujet du prix.

CLII. Semblablement le vendeur & acquesteur seront tenus se purger par serment du prix convenu, & ledit acquesteur de monstrer les lettres d'acquisition, pour sçavoir s'il y a termes portez par icelles, desquels en ce le retrayeur jouira, en donnant bonne & suffisante caution à l'achepteur, pour payer & l'acquiter ausdits termes.

Retrait en vente par l'executeur d'un heritage de ligne.

CLIII. Si quelque heritage de ligne est vendu par l'executeur du testament, y aura retraict, comme en semblable s'il est baillé pour payement ou recompense de quelque deniers.

Le plus diligent lignager est preferé : s'ils concourent, quid ?

CLIV. Ne doit estre plus privilegé au retraict un qui sera plus prochain que l'autre, mais sera preferé celuy qui aura prevenu & premier fait ses diligences, & s'ils sont plusieurs concurrens & en pareil degré, le retraict leur sera adjugé esgalement, en satisfaisant aux choses que dessus ; mais s'ils sont en divers degrez, le plus prochain l'emportera.

Des offres & consignation.

CLV. Au jour de la premiere assignation en plaidant la cause, le retrayant sera tenu offrir deniers à descouvert, & à parfaire le sort principal, frais & loyaux cousts dedans l'octave ensuivant, à peine d'estre privé du droit de retrait, si l'acquesteur accepte l'offre, & en ce cas de refus le retrayant faisant lesdites offres & consignations de deniers au greffe, ou entre les mains de personnes dont les parties conviendront, aura les fruits depuis ladite consignation. Que si l'acquesteur a ceuilly les fruits prematurement, il sera tenu à l'estimation d'iceux, dommages & interests du retrayant.

Après le prix affermé, peut le retrayant le debattre de fraude. Et de l'évenement de ce débat.

CLVI. Toutesfois si après que ledit achepteur a fait serment du prix & monstré son contract, le retrayant veut soustenir qu'il y a fraude au prix, & que ce n'est le vray prix, il y sera receu à en faire preuve ; & cependant l'octave du remboursement ne courra contre luy ; mais s'il ne preuve, ledit terme aura cours, & sera débouté du retraict, & s'il preuve la fraude, l'acquesteur perdra les deniers du sort principal qui seront adjugez, sçavoir un tiers au haut justicier, un tiers aux pauvres, & l'autre tiers au retrayant, avec l'heritage qui luy sera aussi adjugé, en payant les despens & sans autres cousts.

Du retrait de my-denier.

CLVII. Celuy des deux conjoints ou ses heritiers de la ligne, duquel ne sera l'heritage qui aura esté retiré ou accepté durant leur mariage, devra (s'il en est requis) rendre dedans l'an & jour de la dissolution du mariage, la moitié dudit heritage, en payant par le lignager ou ses heritiers la moitié des deniers du sort principal, frais & loyaux cousts, bastiments & meliorations qui y pourroient avoir esté faictes.

L'an & jour court contre tous.

CLVIII. L'an & jour de retraict lignager court contre majeurs & mineurs presens ou absens, sçachans ou ignorans.

Retrayant n'est reçû que jusqu'au septiéme degré.

CLIX. Le retraict n'a lieu si le retrayant est hors du septiesme degré.

CLX. Retraict a lieu en heritages vendus par le bastard legitimé qui luy est advenu par succession ou de propre, depuis sa legitimation.

On ne peut prêter son nom en retrait.

CLXI. On ne peut retirer en son nom heritage au profit d'un autre, & pour le bailler à autruy, dequoy les retrayans sont tenus jurer, s'ils en sont requis par les achepteurs ; & s'il est prouvé, le retraict sera nul, & demeurera l'heritage à l'acquesteur, s'il le veut avoir.

En quel cas retrait a lieu en coupe de bois de haute-fustaye.

CLXII. N'y a retraict en vente de couppe de bois de haute fustaye, taillis ou arbres, n'estoit que telle couppe appartient pour une fois à aucun, & le fond à un autre ; auquel cas, si la couppe est vendue, celuy à qui appartient le fond & non autre, peut retirer ladite couppe ; encores qu'il ne soit lignager, en remboursant le prix, frais & loyaux cousts.

TITRE XI.

De Donations.

Du don mutuel & ce qu'il comprend.

CLXIII. HOmme & femme conjoincts par mariage (*a*), estans en santé esgaux, ou prochains d'aages & de biens, & n'ayans aucuns enfans de quelque mariage que ce soit, peuvent faire don mutuel entre eux de l'usufruict des heritages de ligne & acquests, sans qu'il soit requis avoir le consentement de leurs parens, en baillant neantmoins caution de bien entretenir lesdits heritages, & les laisser en bon & suffisant estat, & à charge de payer toutes debtes & frais funeraux, & accomplir le testament pour le regard des choses mobiliaires.

Il saisit le survivant.

CLXIV. Telle donation mutuelle saisit le survivant donataire, & peut intenter & deffendre possessoirement contre tous autres.

Pere & mere ne peuvent avantager un de leurs enfans.

CLXV. Pere & mere ne peuvent par donation faire entre-vifs, ou autrement advantager leurs enfans l'un plus que l'autre.

Permis aux enfans de se tenir à la donation à eux faite, en renonçant à la succession.

CLXVI. Toutesfois si le pere ou mere font aucune donation à leurs enfans en faveur de mariage, telle donation vaut, pourveu qu'elle n'excede sa part & portion hereditaire. Et pourront les enfans donataires retourner à leur succession, en rapportant ce qui leur aura esté donné, s'ils ne s'y veulent tenir & renoncer aux biens de leursdits pere & mere, comme dit est cy-dessus.

Donner & retenir ne vaut sinon en mariage.

CLXVII. Donner & retenir (fors en faveur de mariage (*b*) ne vaut ; qu'est à dire, que quand aucun donne son heritage ou autre chose à autruy, & en jouist jusques à son trespas, telle donation ne vaut, mais si en faisant ladite donation, le donnant se dessaisit de la chose par luy donnée par la tradition réelle, par retention d'usufruict constitut, precaire, ou autre clause translative de possession, telle donation vaut, & n'est en ce faisant donner & retenir.

a ART. 163. Homme & femme conjoints par mariage. *Vidi turbam*, que par la Coustume de Bar près Lorraine, *licet marito legare uxori, sed non licet uxori legare marito. Molin. in ant. consuet. Parif. art. 156. num. 2.* J. M R.

b ART. 167. fors en faveur de mariage. *Dixi* sur Bourbonnois, art. 212. & Auvergne, chap. 14. art. 25. J. B.

Liberté de disposer à personnes capables, entre-vifs.

CLXVIII. Toutes personnes franches (a) peuvent par donation entre-vifs disposer de tous leurs biens à gens habiles & capables.

Il faut quarante jours de survie, sinon la disposition est reputée testamentaire.

CLXIX. Toutesfois si le donateur au temps de la donation estoit malade & decedoit dedans quarante jours aprés, telle donation sera reputée testamentaire, & comme telle vaudra, soit qu'il decede de ladite maladie ou d'autre.

Femme mariée ne peut donner sans le consentement de son mary.

CLXX. Femme mariée ne peut faire donation sans le consentement de son mary, & ne doit tenir au prejudice de sondit mary ny d'elle.

TITRE XII.

Des Servitudes Reelles.

Nuls égouts ou vûes sans titre.

CLXXI. VEues & esgousts ne se peuvent acquerir sur l'heritage d'autruy par prescription ou longue jouissance quelle qu'elle soit, s'il n'y a tiltre.

Permis de rehausser le mur mitoyen.

CLXXII. Voisin peut hausser à ses despens le mur ou parroy moitoyen entre luy & son voisin, si haut que bon luy semble, sans le consentement de sondit voisin. Et si ledit voisin y avoit quelque chevron, ou autre chose empeschante, pourra estre contraint de les retirer.

Est pareillement libre d'y percer. Aliud s'il n'est mitoyen.

CLXXIII. En mur moitoyen & commun, chacune des parties y peut percer tout outre ledit mur, pour y mettre & asseoir ses poultres, saumiers & autres bois, en rebouchant les pertuis, sauf à l'endroict des cheminées où on ne peut mettre aucuns bois; mais si le mur n'est moitoyen, on ne peut asseoir lesdites poutres & saumiers.

CLXXIV. En mur moitoyen, le premier qui assiet ses cheminées, l'autre ne luy peut faire oster & reculer, en faisant la moitié dudit mur, & une chantille pour contre-feu. Mais quant aux lanciers & jambages de cheminées, & simaizes ou aboutée, il peut percer ledit mur tout outre, pour les asseoir à fleur dudit mur; pourveu qu'elles ne soient à l'endroit des jambages ou simaizes du premier bastisseur.

Toutes clôtures communes.

CLXXV. Toutes clostures sont communes entre voisins, s'il n'y a tiltres ou marque au contraire. Et s'il faut reparer lesdites clostures, ce sera aux despens communs des parties.

Du mur edifié en terre où il n'y a maison ni muraille.

CLXXVI. Quand en terre commune à deux, ou plusieurs, où il n'y a maison ny muraille, l'un des voisins edifie mur, le premier bastisseur pourra esgalement & raisonnablement prendre terre sur luy & son voisin, pour le faire en commun, si l'autre voisin s'en veut aider pour edifier ou autrement, faire le pourra en payant les frais de l'autre moitié au *pro rata* de ce dont il se voudra servir, & sera loisible à celuy qui l'aura edifié d'empescher l'autre, jusqu'à ce qu'il en sera remboursé.

Des vûes sur heritage voisin.

CLXXVII. Aucun ne peut avoir ny tenir en son mur ou parroy veues ny fenestres ouvrantes contre & sur l'heritage de son voisin, sinon qu'elles soient de huict pieds de haut à rez de terre, ou de plancher par bas estage, & de sept pieds par haut estage, avec verres dormans & barreaux de fer. Et n'y a prescription de telles servitudes par quelque laps de temps ou jouissance que ce soit, s'il n'y a tiltre au contraire.

Des vûes en mur mitoyen.

CLXXVIII. On ne peut prendre jour au mur ou parroy moitoyen, sans le consentement des comparsonniers.

Tolerances de vûe, égout ou échelage n'acquiert jouissance sans titre, s'il n'y a eu contradiction.

CLXXIX. Tolerance d'aucun qui a souffert à autruy avoir veue, esgout ou eschellage en son heritage, ne peut acquerir jouissance contre luy sans tiltre, comme dit est, sinon qu'il l'eust voulu empescher ou contredire, & que nonobstant son empeschement ou contradiction, celuy qui avoit eu auparavant lesdites veues, esgout ou eschellage en eust jouy depuis paisiblement au veu & sceu du voisin; car en ce cas il pourroit prescrire lesdites servitudes par trente ans aprés ledit empeschement ou contradiction.

Des clôtures entre voisins.

CLXXX. Chacun est tenu clore de clostures convenables contre voisin en lieu où est accoustumé d'avoir closture, selon qu'elle y estoit d'ancienneté.

CLXXXI. En closture moitoyenne chacun sera tenu d'y contribuer pour sa part.

Entreprises n'acquierent droit.

CLXXXII. Demolition de muraille & autre œuvre faire clandestinement par l'un des voisins au desceu de l'autre, n'attribue par quelque laps de temps droict de possession à celuy qui aura fait lesdites entreprises.

De la construction des puits, privez & fosses.

CLXXXIII. Aucun ne peut faire chambres coyes, fours, puis, privez & fosses de cuisine pour tenir eau de maison auprés du mur moitoyen, qu'on ne laisse franc ledit mur, & avec ce doit estre faite muraille aux dangers & despens de celuy qui bastir, d'espesseur de deux pieds ou autre suffisante.

Reparations de murs & clôtures.

CLXXXIV. Murs ou closture pendans & qui menacent ruine, se doivent redresser & faire aux despens de ceux à qui ils appartiennent, ou de ceux par la faute desquels le dommage est advenu; & à ce le peuvent contraindre les voisins, & seront l'un & l'autre tenus contribuer à la reparation desdits murs & clostures, ou à renoncer à la communauté d'iceux: en quoy faisant demeurera propre à celuy qui l'aura basty, faute d'avoir contribué & remboursé.

De n'avoir égoûts qui endommagent les puits, &c. du voisin.

CLXXXV. On ne peut avoir ny tenir esgouts, au moyen desquels les immondices puissent choir, ou prendre conduit au puis à eaues, citerne, cave ou autre lieu du voisin auparavant edifié.

De ne point creuser sous le voisin.

CLXXXVI. Le voisin ne pourra caver sous l'heritage de son voisin.

Cas où l'égoût en terre vaine doit être ôté.

CLXXXVII. Celuy qui a esgout seant sur l'heritage d'autruy en terre vaine, peut estre contraint l'oster, s'il porte dommage notable, ou que le proprietaire vueille bastir sur ledit heritage.

Marques de mur mitoyen.

CLXXXVIII. Fenestres coyes & à demy mur mises d'ancienneté en faisant la muraille, & penetrans le tiers de l'espesseur d'icelle aux corbeaux, demonstrent la muraille estre moitoyenne.

---

a ART. 168. Toutes personnes franches. *Secus*, de la personne de main-morte, qui ne peut tester ny donner entre-vifs. *Vide Desid. Heraldum rerum & quaest. Juris quotid. cap. 10. n. 13. & sequent. in textu, & in adjectis.* J. B.

TITRE XIII.

De Prescriptions.

Prescription de dix, vingt & trente ans.

CLXXXIX. Toutes choses prescriptibles se prescrivent par celuy qui a tiltre & bonne foy par dix ans, entre presens vingt ans, entre absens aagez & non privilegez & sans tiltres, par trente ans.

La prescription ne court contre ceux qui n'ont pû agir.

CXC. Si pere ou mere, ou autre parent avoit fait contre la coustume à l'un de ses enfans ou heritiers quelque don, transport, ou autre contract au prejudice des autres coheritiers, ores que l'heritier en eust jouist la vie durante desdits pere, mere ou parent, si est-ce qu'il ne pourroient prescrire contre ses coheritiers, ains commenceroit seulement la prescription après le decès de celuy qui auroit fait ledit transport.

Après dix ans de possession entre coheritiers, on ne peut plus demander autre partage.

CXCI. Si aucuns heritiers divisent ensemble l'heredité à eux escheue de leurs parens sans en rien passer par escrit, & chacun tient son lot à part & divis par dix ans continuels, on ne peut après demander nouveau partage.

Arrerages de rentes constituées se prescrivent par cinq ans.

CXCII. Arrerages de rentes constituées à pris d'argent ne se peuvent demander plus de cinq années, s'il n'y a compte, sentence, convention ou interpellation judiciaire au contraire.

Instance de retrait se prescrit par an & jour.

CXCIII. S'il y a interruption d'an & jour entre les parties qui plaident sur matiere de retraict, le defendeur qui a comparu & obey prescrira le droict du retraict contre sa partie adverse, & tous autres, sans esperance de relief de ladite interruption.

Prescription annale pour salaires & nourritures.

CXIV. Deniers deuz pour ouvrages, salaires de serviteurs & mercenaires, nourritures & instructions d'enfans, & marchandise vendue en detail se prescrivent par an & jour, s'il n'y a cedule, obligation, recognoissance, ou action intentée judiciairement durant ledit an & jour.

TITRE XIV.

De Convenances & autres Contracts.

Du locataire qui a fait des reparations.

CXCV. Si le conducteur a fait des reparations necessaires, il les pourra deduire sur les louages, pourveu que le locateur ait refusé de les faire.

Saisie pour loyers.

CXCVI. Pourra le locateur par authorité de justice faire saisir & transporter les biens du conducteur trouvées en la maison louée, soit clerc ou lay, pour les loyers qui luy sont deuz.

Vin vendu ne se gard. que quinze jours.

CXCVII. Vendeur de vin ne sera tenu le garder plus de quinze jours (a), & perd l'acheteur ses arres, s'il ne le prend dedans ledit temps, soit que ledit vin soit revendu ou non, s'il n'y a convention ou sommation en justice au contraire.

Achat rompt louage. Exception.

CXCVIII. Acheteur n'est tenu ester au louage de son predecesseur s'il n'y a speciale hypotheque.

De la contrainte pour loyers.

CXCIX. Locataire de maison, terres & autres heritages n'est tenu de bailler caution ou gages pour son marché, s'il n'a ainsi esté convenu : mais en defaut de payer la premiere année, le locateur le pourra contraindre de ce faire, après qu'il en aura esté sommé.

En vente d'heritages y a lieu à rescision pour deception d'autre moitié de juste prix, & non en meubles.

CC. Deception d'outre moitié de juste pris ne se propose en chose mobiliaire, ains en vente d'heritage ou autres immeubles, pour la garandie desquels chascun doit laisser son Juge, & aller garantir devant celuy, pardevant lequel il est procès dudit immeuble. Et qui le refuse est tenu de tous dommages.

Delivrance argue payement.

CCI. Delivrance de marchandise mobiliaire argue payement, qui ne monstre la creance ou promesse au contraire.

Condition de celui qui jouit par tacite reconduction.

CCII. Conducteur de maison à une ou plusieurs années, si le temps de son louage passé, ne s'en deporte, ains la tient sans nouvel marché, il doit payer le pris du louage à raison du bail precedent ; pour le temps qu'il en sera detenteur : & ne sera tenu d'en vuider si le locateur ne luy denonce trois mois auparavant. Et où le conducteur voudra sortir, sera aussi tenu de le denoncer au locateur trois mois auparavant, autrement payera le prochain terme suivant.

Creances privilegiées, pour lesquelles le repit n'a lieu.

CCIII. Respit ne se peut demander pour chose deposée, pour debtes actives d'enfans mineurs, louage de maison, bail d'heritage à moison ou ferme, cens ou rente fonciere, marchandise prise en plain marché, debte procedant de delict ou de chose adjugée par sentence donnée en jugement contradictoire & du consentement des parties.

En ventes de chevaux quels vices est tenu garentir le vendeur.

CCIV. Vendeur de chevaux n'est tenu d'autre vice que de morve, pousse & courbature, n'estoit qu'il les eust vendu sains & nets, auquel cas il est tenu de tous vices apparens & non apparens, & ce dedans quarante jours seulement après la vendition & delivrance.

TITRE XV.

Des Bois, Pasquis, Pasturage, Riviere & Usages.

De ne mener bêtes au rejet des bois taillis avant qu'ils soient deffensables.

CCV. On ne peut mener bestes qui peuvent porter dommage au reject & bois taillis, soit qu'ils appartiennent à communauté, ou qu'elle y ait droict d'usage, s'ils ne sont deffensables. Et parce qu'il y en a qui sont de meilleure recrue les uns que les autres, s'il en vient difficulté, le Juge ordinaire du lieu par l'advis de deux ou trois non suspects, déclarera par sentence, quand ledit bois sera de deffense.

Vaine pâture de clocher à autre.

CCVI. Le vain pasturage & lieu de vaine pasture est permis de clocher à autre à l'escarre.

Tems où la vaine pature n'a lieu en bois.

CCVII. Vaine pasture en bois & forests doit cesser dès le jour de feste sainct Remy inclus, jusques au premier jour de Fevrier aussi inclus.

a ART. 197. *plus de quinze jours*, d'autres Coustumes disent vingt jours, Auxerre, art. 141. Vermandois, 178. Sens, 156. *ubi dixi.* J. B.

Vaine pâture en prez, quel en est la saisie, & pour quel bestail.

CCVIII. En prez non clos de hayes, paliz ou autrement l'on peut faire vain pasturer tout bestail, fors les porcs, depuis que lesdits prez sont entierement fauchez, & le foin amené, jusques au premier jour de Mars.

Du rapport du messier & garde.

CCIX. Un messier & garde du finage est creu sans recors jusques à dix sols valans six gros.

Du témoignage de ceux qui levent la disme.

CCX. Les trayeurs & porteurs de paux pour lever dixmes, après qu'ils auront faict serment solennel, feront ou l'un d'eux avec un tesmoing creuz en tesmoignage contre debteurs de dixmes.

Vefve tenant bois taillis peut exceder les ventes.

CCXI. Vefve qui tient bois tailliz en douaire, ne peut exceder les ventes anciennes & accoustumées, sans l'exprès consentement de l'heritier proprietaire.

De celui qui perd partie de son heritage par le cour de riviere.

CCXII. Celuy qui perd son heritage ou partie d'icelui par le moyen du cours de la riviere, en peut reprendre autant de l'autre costé, moyennant que le voisin ou voisins dudit costé ayent ce que leur appartient.

TITRE XVI.

Des Criées & Subhastations d'Heritages.

Formalitez des criées & ventes par decret.

CCXIII. LEs criées & ventes d'heritages se feront ci-après comme s'ensuit. Sçavoir que les commandemens se feront par le sergent au domicile du debteur, s'il est demeurant au dedans du Bailliage : sinon au detenteur de l'heritage, ou à cry public au lieu où sont assis les heritages.

CCXIV. En defaut de payement le sergent saisira les heritages affectez, sur lesquels il se transportera, y establira commissaire, baillera declaration desdits heritages par tenans & aboutissans, avec affiches & apposition de pannonceaux & armoiries aux manoirs s'il y en a, sinon au lieu public, avec assignation au commissaire pour prester le serment, & à la partie pour veoir ce faire, & les defenses en tel cas accoustumées, & si baillera copie ausdites parties & commissaire de ladite assignation.

Des trois quinzaines.

CCXV. Se feront & continueront les criées publiquement par trois quinzaines, à jour de Dimanche & le mois suivant, qui est le quatriesme Dimanche à l'issue de Messe ou Vespres parochiales, ès lieux où les heritages sont assis, qui seront signifiés au debteur, comme dit est, & dès la premiere criée laissera le sergent declaration par le menu de tous les heritages mis en vente, qu'il affichera à la principale porte de l'Eglise parrochiale dudit lieu, où lesdits heritages seront assis, ou aux manoirs s'il en y a.

Des encherisseurs & opposans.

CCXVI. Tous encherisseurs seront receuz par le sergent, en faisant les criées : ensemble tous opposans, & neantmoins ne leur baillera assignation, sinon à la fin des criées ; lesquels opposans & encherisseurs seront tenus d'eslire domicile entre les mains du sergent.

CCXVII. Aux deux quinzaines d'après le sergent retournera sur les lieux où il fera pareille publication, & laissera affiches sans autre declaration par le menu des heritages. Et à chacun des trois quinzaines, ledit sergent fera pareille publication au devant de l'auditoire ou lieu public où se fera la poursuitte des criées, & y laissera affiches.

CCXVIII. Le mois escheu, le sergent retournera au lieu & signifiera que les criées s'expirent le jour mesme, & lors baillera assignation au debteur dernier encherisseur, & opposans (si aucuns en y a) pour veoir proceder à l'adjudication des heritages mis en criées, & laissera copie de tout le besongné ausdits debteurs & opposans, si fera mention en ses exploicts qu'il s'est retiré au greffe, afin de sçavoir s'il y auroit eu quelque opposant.

Ne peuvent être les jours de criées ordinaires accelerez,

CCXIX. Le sergent ne pourra accelerer les jours ordinaires des criées, & s'il erre en cest endroit ou autre faudra recommencer en ce seulement où il se trouvera faute. Et est tenu de prendre deux records à chacune desdites criées.

Mais peuvent être prorogez d'un mois.

CCXX. La prorogation des criées faictes par le sergent ne pourra adnuller lesdites criées, moyennant qu'elle n'excede de plus d'un mois les dilais ordinaires.

De l'adjudication & remboursement des frais de criées.

CCXXI. Tous heritages criez seront adjugez aux charges des fraiz des criées & des charges reelles & foncieres, qui seront contenus ès jugemens de discussion.

CCXXII. Mais si celuy qui fait faire les criées, les avoit avancé, & que l'enchere n'eust esté faicte à la charge d'iceux, il en sera premier payé & remboursé sur les deniers de l'enchere, ores qu'il soit le dernier creancier.

De la declaration d'hypotheque contre le curateur lorsqu'il n'y a detempteur de l'heritage.

CCXXIII. Quand il n'y a detenteur de l'heritage chargé de la rente, le seigneur de la rente peut faire creer curateur audit heritage, & contre luy obtenir declaration d'hypothecque, faire saisir ledit heritage & subhaster en la forme prescripte ci-dessus.

De la certification des criées.

CCXXIV. Les criées parfaictes doivent estre certifiées à jour de plaid pardevant les Juges des lieux par la plus grande & saine partie des advocats, procureurs & practiciens desdits lieux, jusques au nombre de sept pour le moins.

Temps & forme de l'adjudication.

CCXXV. L'adjudication ne se fera que toutes oppositions (afin de distraction) ne soient vuidées.

CCXXVI. Sera la sentence d'adjudication prononcée en jugement, & copie d'icelle attachée à la porte du siege pour y demeurer après ladicte prononciation un mois, durant lequel tous encherisseurs cogneuz & solvables seront receuz en le faisant signifier au dernier encherisseur ou son procureur.

Du decret, & après quel delai sera delivré.

CCXXVII. Le mois expiré qui sera de quatre octaves à compter du jour de la sentence, le decret sera delivré à celuy qui se trouvera le dernier encherisseur, lequel sera tenu de consigner les deniers de son enchere au greffe de la justice d'où proviendra ledit decret, nommera son procureur, & eslira domicile. Ce que sera signifié au debteur ou son procureur, afin qu'il n'en pretende cause d'ignorance.

Saisie réelle de fiefs.

CCXXVIII. Ès seigneuries, fiefs & droicts seigneuriaux suffira saisir le principal manoir, appartenances & dependances, sans le specifier autrement.

Devoir des commissaires aux saisies réelles.

CCXXIX. Les Commissaires establis aux heritages mis en criées seront tenus admodier lesdits heritages à qui plus, en baillant bonne & suffisante caution reseante audit Bailliage, & feront le serment pardevant le Juge qui devra cognoistre des criées.

Saisie réelle doit être precedée d'ajournement.

CCXXX. Avant proceder aux saisies & criées, faut adjourner le tiers detenteur en matiere d'hypothecque, & luy demander le payement du debte, ou rente que l'on pretend.

Saisie du seigneur pour trois années de ses redevances.

CCXXXI. Le seigneur justicier peut pour ses redevances ordinaires, & droicts seigneuriaux faire proceder par execution en vertu du roolle signé de luy, de son procureur ou receveur, pour les trois dernieres années seulement.

PROCÉS VERBAL.

L'AN de grace notre Seigneur mil cinq cens soixante & dix-neuf, le treiziesme jour du mois de Septembre, A nous messire René de Florainville, chevalier seigneur de Cousance, Fains, Hargeville, &c. gentilhomme de la chambre de notre souverain Seigneur, Monseigneur le Duc, &c. capitaine de ses gardes, son bailly & capitaine de Bar, furent presentées par maistre Martin le Marlorat docteur ès droicts, Procureur general audit Bailliage, certaines Lettres Patentes de nottedit souverain Seigneur, en datte du douziesme jour dudit mois, dont la teneur s'ensuit.

CHARLES par la grace de Dieu, Duc de Calabre, Lorraine, Bar, Gueldres, Marchis, Marquis du Pont-à Mousson, Comte de Vaudemont, Blamont, Zutphen, &c. A notre tres-cher & feal le Bailly de Bar, SALUT. Comme dès l'an mil cinq cens septante un, nous ayons decerné commission pour faire convocquer les Estats de cestuy Bailliage de Bar, aux fins de proceder à la redaction des Coustumes d'iceluy, suivant laquelle ils auroient esté deslors appellez & assemblez en ce lieu, pour adviser ce qui seroit bon d'adjouster ou diminuer, corriger ou interpreter sur le vieil & ancien cayer des Coustumes qui leur a esté presenté. Ce qu'ayant esté fait, & veu l'advis desdicts Estats, aurions trouvé expedient de reformer aucuns articles du nouveau cayer par eux redigé, pour nous sembler iceux estre par trop contraires à l'ancienne & louable observance portée audit vieil cayer: Et soit ainsi que pour le bien & repos de nos subjects; & afin que la justice leur soit tant mieux & plus certainement administrée, notre volonté & intention ait tousjours esté & soit encores presentement establir lesdites coustumes doresnavant pour loix inviolables. Pour ce est-il qu'ayant remis le tout en deliberation des gens de notre Conseil: Avons trouvé bon & expedient avant que passer plus oultre, de faire assembler & convenir de rechef les trois Estats dudit Bailliage, pour veoir & entendre par eux les justes & raisonnables occasions qui nous auroient meuz de reformer les susdits articles. A l'effect de quoy, nous mandons & à chacun de vous ordonnons, que cestes par vous receues, vous faictes convocquer les gens d'Eglise, vassaux & gens de la Noblesse, & ceux du tiers Estat, pour estre & comparoir, ou procureurs suffisamment fondez pour eux dedans le premier jour d'Octobre prochain en ceste notre ville, afin que leur advis sur le tout bien & deuement consideré, il soit en après passé outre à l'homologation desdites coustumes, comme verrons estre à faire par raison pour le bien & repos public. De ce faire vous avons donné & donnons pouvoir, commission & mandement exprès & special: car ainsi nous plaist.

EN tesmoing de quoy nous avons à cesdites presentes signées de notre main, faict mettre & appendre notre grand seel. Données en notredite ville de Bar, le douziesme jour du mois de Septembre mil cinq cens septante neuf. Ainsi signé CHARLES: *& sur le reply*, Par Monseigneur le Duc, &c. Les sieurs de *Panges* chef des finances, & *Voué de Conde* Maistre des Requestes ordinaire presens. Signé *C. Guerin*, & au bout dudit reply est escrit: *Registrata idem pro M. Henry*, & seellées de cire rouge sur double queue de parchemin pendant.

POUR l'execution desquelles Patentes, aurions decerné nos Lettres de commission en ceste forme.

RENÉ de Florainville, chevalier seigneur de Cousance, Fains, &c. gentilhomme de la chambre de notre souverain Seigneur, Capitaine de ses gardes, & son Bailly & Capitaine de Bar: Au premier sergent dudit Bailliage sur ce requis, SALUT. Sçavoir faisons, que veues les Lettres Patentes de notre souverain Seigneur à nous addressées en la datte du douziesme jour de Septembre mil cinq cens soixante dix-neuf, par lesquelles nous est mandé faire convocquer les gens des trois Estats dudit Bailliage en ladite ville de Bar, pour entendre les occasions qui auroient meu son Altesse de reformer aucuns des articles du cayer des Coustumes dressez par les deputez desdits Estats, en l'année mil cinq cens septante & un, pour leur advis & remonstrance sur ce bien & deuement considerez, estre passé outre à l'homologation desdites coustumes, comme il appartiendra selon raison. A ces causes, nous vous mandons & commettons par ces Presentes, qu'à la requeste du Procureur general en ce Bailliage, vous ayez à assigner en ladite ville de Bar les gens desdits trois Estats, à comparoir, ou par procureurs suffisamment fondez, au premier jour d'Octobre prochainement venant en la ville & chasteau dudit Bar, pardevant ceux qui à cest effect seront deputez, pour entendre les occasions qui ont meu sadite Altesse à la reformation desdits articles, pour leur advis sur iceux entendus & considerez, estre procedé à l'homologation desdites coustumes comme il appartiendra; avec intimation, que s'ils ne comparent, il sera passé outre en leur absence & sans plus rappeller. De ce faire vous donnons pouvoir. Mandons en ce faisant estre obey. Donné sous le seel dudit Bailliage, l'an mil cinq cens soixante & dix-neuf, le treiziesme de Septembre. Ainsi signé, C. POUPPART, & seellé de cire rouge en placart.

ET le premier jour d'Octobre audit an mil cinq cens soixante & dix-neuf, nous sommes transportez au Chasteau dudit Bar en la salle des Assises, lieu preparé pour l'effect & execution desdites Patentes.

AUQUEL lieu, après lecture faite d'icelles par maistre Claude Pouppart notre Greffier ordinaire, ledit Procureur assisté de maistre Claude Wyart licencié ès Loix, Advocat de notredit Seigneur, nous a remonstré, que suivant nosdites Lettres de commission il avoit fait assigner à cedit jour en ladite ville de Bar, & & lieu susdit les gens des trois Estats dudit Bailliage, nous requerant qu'ils fussent appellez: ce qu'aurions ordonné estre fait par ledit Pouppart. Et ont comparus & se sont presentez pour l'estat Ecclesiastique ceux ci après nommez.

L'ESTAT DE L'EGLISE.

LES venerables Religieux, Abbé & convent de l'Abbaye de Trois-fontaines, pour les terres qu'ils tiennent audit Bailliage, par maistre Jean Bouvet Advocat audit Bailliage. Les venerables Religieux, Abbé & convent de Notre-Dame de l'Isle en Barrois, par reverend pere en Dieu frere Didier de Florainville, Abbé d'icelle Abbaye. Les venerables Religieux & convent de Notre Dame d'Escuré, pour les terres qu'ils tiennent audit Bailliage, par maistre Jean Sancey Procureur audit Bailliage. Les venerables Abbé & convent de Janvillers, par reverend pere en Dieu frere Pierre Mathis Abbé d'icelle Abbaye. Les venerables Abbé & convent de Jendevres, par reverend pere en Dieu frere Didier Cousin Abbé de ladite Abbaye. Les venerables Religieux, Abbé & convent de Notre-Dame de Beaulieu en Argonne, pour les terres & biens qu'ils ont audit Bailliage, par Michel Gervaise le Fevre fondé de procuration, du vingt-septiesme dudit mois de Septembre. Noble & scientifique personne maistre Jean de Roncy Prieur de Rux aux Nonnains en personne. Maistre Gerard de Goursy Prieur de Dame-Marie, par Nicolas Collesson fondé de lettres de procuration. Frere Christofle Husson Prieur du Prieuré de sainct Hilaire, par maistre Nicolas Camus Procureur audit Bailliage. Maistre Jean de Bruneval Prieur d'Auzeicourt, par Jean Souyn, Louis de Mandelot chevalier de l'ordre sainct Jean de Hierusalem Commandeur de Ruel, pour les terres qu'il a audit Bailliage, par maistre Michel Haussonville Procureur audit Bailliage. Religieuse personne frere Jean Peron, Commandeur de la Commanderie de Braux, pour les terres qu'il tient audit Bailliage en personne. Les venerables Doyen, Chanoines & Chapitre de sainct Maxe de Bar, par noble & scientifique personne, maistre Gilles de Tresves Doyen, maistres Jean Bazin, Humbert Gallet, & Gerard Garnier Chanoines en ladite Eglise. Les venerables Doyen, Chanoines & Chapitre de sainct Pierre de Bar, par ledit sieur de Roucy Doyen, maistre Jacques Drouyn, & Humbert Gallet Chanoines en ladite Eglise, assistez de maistre Toussainct Allié, Procureur audit Bailliage. Les venerables Prieur & Chappellains de Notre Dame de Bar, par domp François Delmel Prieur & Administrateur dudit Prieuré. Les Commandeur & Religieux de sainct Anthoine de Bar, par frere Jean Colot Procureur de la maison dudit sainct Anthoine audit Bar. Noble & scientifique personne maistre Jacques Drouyn, Official audit lieu de Bar en personne. Les venerables Doyen, Chanoines & Chapitre de Notre-Dame de Ligny en Barrois, par maistre Claude Cordier Chanoine en ladite Eglise. Les freres Augustins de Bar, pour les biens qu'ils possedent audit Bailliage, par ledit Allié. Noble & scientifique personne maistre Nicol Lietart, Curé de Bar en personne. Lesdits venerables de sainct Maxe comme Curez de Behonne, par ledit de Tresves en personne, & maistre Nicol Morison. Messire Jean Pasquet Curé de Nayves & Vavincourt, par ledit Bouvet. Messire Nicol Regnault Curé de Hargeville en personne. Messire Demenge Bauldot Curé du petit Louppy en personne. Messire Jean Bauldinet Curé de Chaulmont, Erize la grande & Erize la petite, par messire Jean Bauldin. Le Curé de Courcelles, par ledit Bauldin. Messire Jean Hilaire Curé de Gerry en personne. Messire Didier Hubert Curé d'Issoncourt, Mondrecourt, & Rignaulcourt, par Bouvet. Messire Guerin Chaillon Curé de Ramblusin, par Jean d'Olivier Prevost de Souilliers. Messire Nicol Colart Curé de Deux-nouds, Seraulcourt, & Hainblaincourt en personne. Maistre Jean Gerbillon Curé de sainct André, par Bouvet. Messire Didier l'Allemant Curé d'Osche, par Bouvet. Messire Nicol Mahaulx Curé de Souilliers, par Bouvet. Messire Jean Hussenot Curé de Senoncourt, par ledit d'Olivier. Messire Jean Baron Curé de Dugny & l'Andrecourt, par Bouvet. Messire Nicolas Maulin Curé d'Ancemont & Mahairon, par ledit d'Olivier. Messire Jean Humbert Curé de Heippes en personne. Messire Guernel Permentier Curé de Pierrefiche & Nicey, par maistre François Hurbal Advocat en ce Bailliage. Messire Nicol Bichebois Curé de Rux lez sainct Michel, par ledit Hurbal. Messire George le Clerc Curé de Ville devant Belrains, par maistre François Berdin, fondé de procuration. Les venerables de la Magdelaine de Verdun au nom, & comme Curez primitifs d'Erize la bruslée, par Pierre Colin & Nicolas l'Archier dudit lieu. Messire Jean Biguenet Curé de Rumont, par Bouvet. Messire Jean Clausse Curé d'Erize sainct Dizier en personne. Messire Nicol Colleur Curé de Loisey, Gery & Culey en personne. Messire Didier Blondelot Curé de Varney & Rambercourt sur Orne en personne. Messire Toussaint l'Anglois Curé de Mussey, par Donnot Procureur audit Bailliage. Frere Jean l'Anglois Curé de Vassincourt en personne. Frere Pierre Platel Curé de Contrisson & Andernay en personne. Messire Jean Pasd'argent Curé de Revigny en personne. Messire Rouain Pageot Curé de Remenecourt, par Hassonville. Messire Jacques Bienne Curé de Noyers & Sommeilles en personne. Messire Claude Phelizot Curé d'Auzeicourt & Leheicourt en personne. Maistre Gaulchier l'Escossois Curé de Villiers-aux-Vents, par maistre Nicol Petit son Vicaire. Maistre Jean Bazin Curé de Louppy & Villotte en personne. Messire Nicol l'Evesque Curé de Savonnieres devant Bar, en personne. Les venerables de l'Iverdun Curez de Longeville & Tannoy, par messire Adrian d'Arzilliers vicaire de ladite Cure. Messire Estienne Boivin Curé de Guerpont, en personne. Messire Didier le Clerc Curé de Loxeville, par Allyé. Messire André le Page Curé de Triconville & Cousance aux bois, par Allié. Messire Didier Richer Curé de Lenoncourt en personne. Le Curé de la Valée de Bussy, par maistre Claude Cordier Chanoine en ladite Eglise de Ligny. Ledit maistre Claude Cordier Curé de Sallemanne en personne. Messire Claude Parguх Curé de Bazaincourt & Montplonne en personne. Messire Pierre François Curé d'Aulnoy en personne. Frere Claude Muel Curé de Savonnieres en Perthois, par frere Pierre Mathis Abbé de Jauvillers. Messire Claude Bardel Curé de Cousance en personne. Frere Claude Hurbal Curé d'Ancerville, par ledit maistre François Hurbal. Messire Nicol Barrisien Curé de Sauldrus en personne. Messire Edme André Curé de Rux aux Nonnains en personne. Messire François Jacquet Curé de Veel, par Camus. Frere Martin Bourlier Docteur en Theologie Curé de Combles en personne, Messire François Masson Curé de Mongneville en personne. Messire Jacques Godart Curé de Quevonges en personne. Le Curé de Ligny en Barroys, par lesdits venerables de notre dame de Ligny comparans par ledit maistre Claude Cordier. Messire Claude Bon-hoste Curé de Domp-Remy & Ernecourt, par Allyé. Le Curé de Vaux la petite & Chenevieres, par ledit Cordier, qui a promis de se faire advouer. Le Curé de Vaux la grande, par ledit Cordier. Messire Jean Bauldrion Curé de Delouze en personne. Messire Nicol Jacquot Curé de Reffroy, par ledit Sancey. Messire Jean Petit-Jean Curé de Nantoy en personne. Frere Didier Menginet Curé de Juvigny en personne. Messire Gerard Contenot Curé de Marson & Bonviolles, par ledit maistre Claude Cordier. Messire Jean Vincent Curé de Villers le secq, par maistre Dominique Dordelu Advocat audit Bailliage. Maistre Symon Fleury Curé de Givrauval, par ledit Cordier. Frere Jean Raguet Curé de sainct Amand, en personne. Messire Alexandre Mourot Curé de Dame Marie, par ledit Hurbal. Messire Pierre Bertin Curé de Biencourt, par ledit Hurbal. Messire Didier Roussel Curé de Couverpuis, par ledit Cordier. Maistre Anthoine Bailly Curé de Nant le grand & Nant le petit, par ledit Cordier. Messire Cæsar Roton Curé de Moulan, par ledit Cordier. Messire Anthoine Huraut Curé de Morlaincourt & Oey, par ledit Cordier. Maistre Dominique Fabry Curé du petit Nançoy & Velaine, par ledit Cordier. Messire Nicol Demotha Curé de Resson & Rosieres, par ledit Haussonville. Messire Nicol Jennesson Curé de Fains en personne. Messire Claude Richer Curé de Triconville en personne. Maistre Nicol la Morte Chappellain des deux chappelles de Stainville & de la chappelle de la maison

maison forte de Sommellonne, par Nicolas la Morre receveur dudict Stainville. Messire Nicol Husson Curé du grand Nançoy en personne. Messire Nicol Clerjon Curé de Villotte devant Belrains en personne.

En procedant ausquelles comparitions ledit maistre Claude Cordier pour les Doyen, Chanoines & chapitre de ladite Eglise nostre Dame de Ligny, a remonstré qu'ils sont Curez primitifs des Eglises de Revigny, Raucourt, Neufville & Mussey, Bussy la Coste, Dagonville & Lignieres, Oey & Mollaincourt, Biencovat, Montplonne, Maulan & d'autres Eglises assises audit Bailliage, pour lesquelles il se presente, souz protestation que leurs vicaires perpetuels qui se sont presentez en qualité de Curez ne puissent prejudicier à leurs droicts, dont & dequoy il nous a requis acte que luy avons octroyé.

Et pour le regard du seigneur, Evesque & Comte de Toul. Les venerables Abbé, Prieur & Convent de Monstier en Argonne. Les venerables Abbé & convent de sainct Vincent de Metz. Les venerables de sainct Leon de Toul assignez audict jour, pour les terres & biens qu'ils ont audit Bailliage. Les Prieur & convent de Dieu-en souvienne. Le Prieur de Silmont. Le Prieur de Naz & Menaulcourt. Messire Jean Hugo, Curé de Maraz la grande & la petite. Messire Nicol Broyard, Curé de Belrains & Rosne son annexe. Messire Didier Simon Curé de Seigneulles. Messire Nicol Boucquet Curé de Raucourt. Messire Claude Gerard Curé de Leymont & Fontenoy. Dom Jean Deston Curé de Bussy la coste. Messire Nicol Canard Curé de Vaubecourt. Messire Nicol Richer curé de Dagonville. Les Curez de Tremont & Burey. Messire Sebastien Demengin Curé de Stainville & Lavinecourt. Le Curé de Mesnuls sur Saulx. Messire Claude Pailly Curé de Hayronville. Messire Guillaume Boucquet Curé de Robert-Espagne. Messire André le Page Curé de Triconville. Le Curé de Saulx. Messire Artus de Savigny Curé de Meligny le Petit. Messire Mansuy Chemin Curé de Monstier sur Saulx. Et messire Berthelemy Poiret Curé de Morley, pareillement adjournez & non comparans, ledit Procureur general nous a requis & demandé defaut, par vertu duquel il soit passé outre à l'execution desdites patentes en leur absence, comme en leur presence, & sans plus les appeller : lequel defaut avons octroyé audit Procureur contre lesdits non comparans avec tel profict qu'il sera passé outre au faict de l'execution d'icelles patentes, sans qu'il soit besoin les radjourner, sauf toutesfois que s'ils comparent pendant la seance & non autrement, ils seront ouys & receuz.

POUR l'estat de la Noblesse sont comparus haut & puissant Prince Monseigneur le Duc de Guise, pour ses terres & Baronnies d'Ancerville, Monstier sur Saulx, & autres qu'il tient audit Bailliage de Bar, par maistre Nicol Hurbal son procureur audit Ancerville & Monstier sur Saux, assisté de noble & prudent homme maistre Jean Roze Bailly desdites terres. Haulte & puissante Princesse madame Anthoinette de Bourbon Duchesse douairiere de Guise, dame de Monstier sur Saulx, Juvigny & autres terres qu'elle tient audit Bailliage, par ledit maistre Nicol Hurbal, assisté dudict Roze. Haulte & puissante Princesse dame Marguerite de Savoye Comtesse douairiere de Ligny, pour les terres qu'elle tient audit Bailliage, par maistre Jean de Naz Procureur fiscal audict Comté de Ligny. Le seigneur de Cousance, Fains, Hargeville &c. par ledit Bouvet Haute & puissante dame, dame Loyse de Stainville, dame de Mesnuls sur Saulx & Montplonne, par Nicolas la Morre son Procureur esdites terres. Haulte & puissante dame, dame Gabrielle de Stainville, dame de Sommellonne, Belrains & Ville, par ledit la Morre. Honoré Seigneur Philebert du Chastellet Seigneur dudit lieu, pour son fief de Salmanne, par Dordelu. Honoré Seigneur Christien de Savigny, pour sa seigneurie de Ronne & autres qu'il tient audit Bailliage, par honoré Seigneur Warin de Savigny. Honoré seigneur Warin de Savigny, pour ses terres de Leymont, Fontenoy, Neufville sur Orne, & autres qu'il tient audict Bailliage en personne. Honoré Seigneur Charles de Stainville, Seigneur de Quevonges en personne. Honoré Seigneur Robert de Stainville seigneur de Robert-Espagne en personne. Honoré Seigneur Emond de Thomesson, seigneur de Remenecourt en personne. Haute & puissante dame, dame Françoise de Lenoncourt douairiere de Tremont, par Claude Chenu son Procureur audit lieu, assisté de maistre François Hurbal. Honoré Seigneur François le Poulcre, & Damoiselle Phelippe de Ludre son espouse, dame douairiere en partie de la terre & seigneurie de Pierrefitte, par Didier de Ruz, assisté dudit Hurbal. Honorez Seigneurs Anthoine & Baptiste du Chastellet, seigneurs en partie dudit Pierrefitte, par ledit de Ruz, assisté dudit Hurbal. Honoré Seigneur Nicolas d'Issoncourt seigneur de Tillombois, pour les terres & seigneuries qu'il tient audit Bailliage en personne. Honoré Seigneur Gabriel d'Issoncourt, par ledit Seigneur Nicolas d'Issoncourt. Damoiselle Marguerite des Armoises, vefve de feu honoré Seigneur Jean de Roussi dame de Vassincourt, par Pierre Millart son Procureur, assisté d'Allié. Honoré Seigneur Lucion de Frenels, pour les terres qu'il tient audit Bailliage en personne. Anthoine de Neuf-chatel Escuyer, seigneur en partie de Guerpont & Silmont, par ledit Hurbal. Estienne de Rosieres Escuyer, pour son fief de Combles en personne. Didier de Cardon Escuyer, seigneur de Vidampierre, pour son fief de Heippes, par Nicolas Damblin. Claude de Longueville Escuyer, seigneur de l'Isle en Rigault en personne. Noble homme maistre Martin le Marlorat, seigneur en partie desdits Guerpont & Silmont en personne. Alexandre d'Aurillot Escuyer, pour son fief de l'Isle en Rigault en personne. Claude & Simon de Bousi Escuyers, seigneurs en partie de Montplonne, par Jean Rouyer dudit Montplonne, assisté dudit Allié, qui ont promis de se faire advouer. Melchior de Dainville Escuyer, demeurant au petit Louppy, par Nicolas Platel Procureur audit Bailliage. Damoiselle Hilaire Pied-de-fer, dame en partie de Mesnuls sur Saux, par Allié. Nicolas de Saulcieres Escuyer, seigneur en partie dudit Mesnuls, par Thevenin Finotte assisté de Sansey. Pierresson Gillon Escuyer, seigneur en partie d'Osches, pour son fief d'Osches en personne. Claude l'Escarnelot seigneur de Noyers en partie, par Claude Camus. Pierre de Bievre Escuyer, demeurant à Ruz en personne. Pierre de la Roche Escuyer demeurant à Courcelles, par Sansey. Martin Briel Escuyer, pour son fief qu'il tient à Longeville, par Maillart. Nicolas Damblin seigneur en partie de Mehairon le grand en personne. Herbin Damblin Escuyer, seigneur en partie de Mehairon le petit en personne. Anthoine Decosson Escuyer, demeurant à Quevonges en personne. Noble homme François Psaulme demeurant à Courcelles, par Allié. Noble homme Jean d'Olivier, Prevost de Souillers en personne. Noble homme Jean Fourault, à cause de son fief de Haironville en personne. Geoffroy de Tannoy Escuyer demeurant à Bazaincourt, par maistre Nicol Hurbal. Jean Raulin de sainct Eulien Escuyer, demeurant à Rux aux Nonnains, par Camus. François de Vaux Escuyer demeurant à Robert-Espagne en personne. Louys Thomas & Jean Dourches Escuyers, seigneurs en partie de Delouze, par Allié. Nobles hommes Pierre, Claude & Didier les Raulot demeurans à Longeville, par Maillart. Jean Barisien, Louys Gilbert Prevost d'Ancerville, Vergil d'Alban Gruyer, Nicolas Hurbal Procureur, Jean Hurbal Lieutenant, Jean Barisien le jeune, Charles Barisien, Estienne Pernet, Guillaume Barisien & Jacques Tatin nobles, demeurans audit Ancerville, comparans par lesdits maistres Nicol Hurbal & ledit Tatin en personnes.

ETAT DE NOBLESSE.

Si a ledit Procureur remonstré avoir pareillement fait assigner à cedit jour le Seigneur Comte de Ligny, le seigneur de Mougneville, honoré Seigneur George de Netancourt seigneur de Vaubecourt, honoré Seigneur Joachim de Stainville, le seigneur de Neufville, des Armoises, honoré Seigneur Jean de Fresneau seigneur proprietaire de Tremont. Les Seigneurs & Dame de Nicey, Hercules & Charles de Neuf-chastel Escuyers, Jean de Busignecourt Escuyer, Nicolas de Domballe Escuyer, Damoiselle Mengeon Thieryon dame en partie dudit Mesnuls, & Damoiselle Claudon d'Escarnelot pour les terres, seigneuries, & fiefs qu'ils ont audit Bailliage : & d'autant qu'ils ne comparoissoient & avoient esté suffisamment attendus & appellez, nous auroit requis defaut portant tel profit que le precedent. Ce que luy aurions octroyé, sauf toutesfois que s'ils comparent pendant la seance, ils seront receuz & ouys.

Le Tiers Estat.

Et pour le tiers Estat sont pareillement comparuz Philippes Merlin Escuyer, Conseiller de notre souverain Seigneur, & Lieutenant general au Bailliage de Bar en personne. Noble homme maistre François de la Planche, sieur de Rayne-la-bruslée, Conseiller de notre souverain Seigneur & Lieutenant particulier audit Bailliage en personne. Estienne de Rosiers Escuyer, Conseiller de notre souverain Seigneur, Prevost de Bar en personne. Noble homme maistre Claude Wiart licencié ès loix, Advocat audit Bailliage pour notre souverain Seigneur en personne. Noble homme maistre Martin le Marlorat Procureur general audit Bailliage en personne. Jean de l'Eglise Escuyer, conseiller de notre souverain Seigneur, Lieutenant general au Prevosté de Bar en personne. Prudent homme maistre Dominique Dordelu licencié ès Loix, Lieutenant particulier audit Prevosté de Bar en personne. Henry Daucy Escuyer Gruyer de Bar, par Hurbal. Noble homme maistre François Hurbal licencié ès Loix, Lieutenant en ladite Gruyerie. Prudent homme maistre Claude Vendieres. Noble homme maistre Jean Bouvet. Noble homme maistre Jean Derval. Noble homme maistre François Maucervel. Maistre Nicolas Oulryot licencié ès Loix, Advocat audit Bailliage en personne. Maistre Jean Sancey, & François Maillart substituez dudit Procureur. Maistre Claude Bazin. Sebastien Gravel. Pierre Mousin. Toussainct Allié, François Maillart, Michel Haussonville, Noble homme Nicolas Platel, Nicolas Camus, Didier Donnot, & Noble homme Jean Maucervel Procureurs audit Bailliage en personnes. Jean d'Olivier Prevost Capitaine & Receveur de Souilliers en personne. Honorable homme Jean Durant Lieutenant en la Prevosté dudit Souilliers, par ledit d'Olivier. Estienne de Rosieres Escuyer Prevost, Capitaine, Gruyer & Receveur de Morley en personne. Honorable homme François Gillot Controolleur audit Morley, par Allié. Noble homme Jean Gaulme Mayeur de Louppy le Chastel en personne. Noble homme Jaques Gaulme Clerc-juré dudit Louppy en personne, assisté dudit Dordelu. Noble homme Maistre François Hurbal Prevost de Pierrefiëte en personne. François Wast Receveur & Gruyer de Pierrefiëte en personne. Prudent homme Maistre Claude Vendieres & Didier de Ruz Procureurs en ladite Seigneurie en personnes. Les Officiers de Ligny, par Maistre Jean de Naz Procureur fiscal au comté dudict Ligny. Les Officiers d'Ancerville & Monstier sur Saux, par Maistre Nicol Hurbal, assisté dudit Roze. Les manans & habitans de la Ville & Faubourgs de Bar, par Noble homme François de Mussey Mayeur. Nicolas Boudot son Controolleur, & Noble homme Maistre Jean Bouvet Procureur Sindicq de ladite ville. Les manans & habitans de Fains, par Jean Toussain & Didier petit Collot Mayeurs dudit lieu. Les manans & habitans de Rambercourt sur Orne, par Jean Jacquot Mayeur, assisté de Sancey. Les habitans de Varney, par Didier Bertrand Mayeur. Les manans & habitans de Mussey, par Bouvet. Les habitans de Vassincourt, par Nicolas Pescheur & Collot Thiebaut Mayeurs audit lieu. Les habitans de Contrisson, par Bouvet. Les habitans d'Andernay, par ledit Bouvet. Les habitans de Rancourt, par Bouvet. Les habitans de Remenecourt, par François Maxe Mayeur, & Jean Maillart son Lieutenant. Les habitans de Brabant Ban le Comte, par Bouvet. Les habitans de Sommeilles, par Didier Friant Mayeur. Les habitans de Leheicourt, par Nicolas Mathieu Mayeur. Les habitans de Nouyers, par Martin Vaux Mayeur dudit lieu. Les habitans d'Auzeicourt, par Bouvet. Les habitans de Villers-aux-vents, par ledit Bouvet. Les habitans de Leymont & Fontenoy, par Jean Parent Mayeur dudit lieu. Les habitans de Chardongne, par Pierre Regnard Mayeur dudit lieu. Les habitans du petit Louppy, par Jean Hurbin Mayeur dudit lieu. Les habitans de Villotte devant Louppy, par Noble homme Jean Gaulme Mayeur de Louppy le Chastel. Les habitans de Silmont, par Jean Herbin Mayeur dudit lieu. Les habitans de Longeville, par Oudet de Portille Mayeur dudit lieu, assisté de Bouvet. Les habitans de Savonnieres devant Bar, par Didier Tannier Mayeur dudit lieu. Les manans & habitans de Tannoy, par Warin Morison Mayeur dudit lieu. Les manans & habitans de Loxeville, par Claude Richier Mayeur dudit lieu. Les habitans de Triconville, par Didier Rigabo Mayeur dudit lieu. Les manans & habitans de Dagonville, par Vendieres. Les habitans de Linieres, par François Jean-thieryon Mayeur dudit lieu, assisté de Mousin. Les manans & habitans de Levoncour, par Jean du Moulin Mayeur dudit lieu. Les habitans de la Vallée de Bussy, par Jean Geoffroy Mayeur dudit lieu. Les habitans de Salmanne, par Bertrand Simon & Didier le Clerc Mayeurs dudit lieu, Claude Bertrand & Hubert Mau-jean. Les habitans de Behonne, par Hurbal. Les manans & habitans de Vavincourt, par Bouvet. Les manans & habitans de Hargeville, par Didier Blaise & Simon Pinon Mayeurs audit lieu. Les habitans de Genicourt, par Jacquemin Baudot Mayeur dudit lieu. Les manans & habitans de Condey, par Michel Menusier. Les manans & habitans de Maras la grande & Maras la petite, par Jaques Chartier Mayeur, & Hubert Didier Eschevin dudit lieu. Les manans & habitans de Ronne, par Guillaume Mareschal Mayeur, & Nicolas Geoffroy Eschevin dudit lieu. Les habitans de Chaumont sur Eyre, par Bouvet. Les habitans de Courcelles, par ledit Bouvet. Les manans & habitans d'Erize la grande, par ledit Bouvet, & Wyon Vyon Lieutenant du Mayeur dudit lieu. Les habitans d'Erize la petite, par Gilles Bazin Lieutenant du Mayeur dudit lieu, assisté de Bouvet. Les manans & habitans de Deuxnouds, par Bouvet. Les manans & habitans de Heippes, par Jean de la Basse Mayeur, assisté de Bouvet. Les manans & habitans de Souilliers, par Didier Corpé Mayeur dudit lieu. Les manans & habitans d'Issoncourt, par Jean Halbaudel Mayeur dudit lieu. Les manans & habitans de Rignaucourt, Mondrecourt & Ramblusin, par Bouvet. Les manans & habitans d'Osche, par ledit Bouvet. Les habitans de Landrecourt, par Bouvet. Les manans & habitans de Dugny, par Claude Bernard Lieutenant du Mayeur dudit lieu, par Valentin le Gererd. Les habitans d'Ancemont, par Bouvet. Les habitans de Senoncourt, par Ysaac Guillaume. Les habitans de sainct André, par Charles Mangurat Mayeur dudit lieu. Les manans & habitans du grand Mehairon, par Pierre de Fer Mayeur dudit lieu. Les manans & habitans du petit Mehairon, par ledit Pierre de Fer. Les manans & habitans de Pierrefiëte, par François Chastel dudit lieu. Les manans & habitans de Rosieres, par Jean Fabert Mayeur dudit lieu, assisté de Hurbal. Les habitans d'Erize sainct Dizier, par Hurbal; Jean Mathiot, & Mansuy Colot Mayeurs dudit lieu. Les manans &

habitans de Culey, par Didier Mairel mayeur dudit lieu, & Gerard Florentin, assisté de Hurbal. Les manans & habitans de Loizey, par Didier de Ruz mayeur dudit lieu, Didier Mourot par ledit Hurbal. Les habitans de Gerry, par Bouvet. Les manans & habitans d'Erize-la-bruslee, par Jean Hochedel mayeur, & Nicolas Bagot eschevin dudit lieu. Les manans & habitans de Nayves, par Roch Forlot mayeur dudit lieu, assisté dudit Hurbal. Les manans & habitans de Belrains, par Nicolas la Morre & ledit Bouvet. Les manans & habitans de Rumont, par ledit Hurbal & Jean Rouyer mayeur dudit lieu. Les manans & habitans de Bazaincourt, par ledit Hurbal. Les manans & habitans de Lavinecourt, par Bastien Colot mayeur dudit lieu. Les manans & habitans de Stainville, par Nicolas la Morre procureur & receveur dudit lieu. Les manans & habitans de Cousancelles, par Pierre Cratigny mayeur dudit lieu. Les habitans de Cousance, par Bouvet. Les manans & habitans de Haironville, par Demenge la Cornette mayeur dudit lieu. Les manans & habitans de Rux aux Nonnains, par François Mouchablon mayeur audit lieu, Philebert Piteux, & Nicolas Taillefer eschevins. Les manans & habitans de Brillon, par Jean Toussain mayeur, & Henry le Bœuf eschevin dudit lieu, assisté de Hurbal. Les manans & habitans de Saudrux, par Jean Oudinot mayeur, Louys le Clerc & Pierre Mainot eschevins dudit lieu, & ledit Hurbal. Les manans & habitans de Ville sur Saux, par Claude Demengeot mayeur dudit lieu, & ledit Sancey. Les manans & habitans de l'Isle en Rigaut, par ledit Demengeot & ledit Sancey. Les manans & habitans d'Ancerville, par Jacques Tatin eschevin dudit lieu, par maistre Nicol Hurbal. Les manans & habitans de Tremont, par Nicolas Varnier & Simon d'Allichamps, par maistre François Hurbal. Les manans & habitans de Combles, par Nicolas Camus l'aisné, assisté de Camus. Les manans & habitans de Veel, par Claude Robert mayeur dudit lieu, assisté dudit Camus. Les manans & habitans de Mougneville, par Jacquot Sauvage lieutenant en la Justice dudit lieu. Les manans & habitans de Quevonges, par Claude Saucier mayeur dudit lieu. Les manans & habitans de Burey, par Allié. Les manans & habitans de Tronville, par Pierre Matthieu mayeur dudit lieu. Les manans & habitans de Vaux la petite, par Julian Mareschal mayeur. Les manans & habitans de Meligny le petit, par Didier le Juste. Les manans & habitans de Givrauval, par Sancey. Les manans & habitans de la ville de Ligny en Barrois, par Didier Migay mayeur dudit lieu. Les manans & habitans de Delouze, par Cugny Paulus dudit lieu. Les manans & habitans de Longeaue, par Marcoulphe Husson mayeur dudit lieu. Les manans & habitans de Mesnuls sur Saux, par Thevenin Finotte mayeur dudit lieu, & Donnet. Les habitans de Morley, par Allié. Les habitans de Juvigny, par Gerard Claude mayeur, & Claude Thierriet eschevin dudit lieu. Les manans & habitans de Monstier-sur Saux, par maistre Nicol Hurbal procureur dudit lieu, assisté de F. Hurbal, Les manans & habitans de Savonnieres en Pertois, par Gerard Thierrion mayeur dudit lieu, Thierry Martin & Maillart. Les manans & habitans d'Aunoy, par Didier Pierresson mayeur. Les manans & habitans de Fouchieres, par Eloy Wiard dudit lieu. Les manans & habitans de Biencourt, par Claude Gombert, mayeur dudit lieu. Les manans & habitans de Nant le petit, Nant le grand & Maulant, par René Caudebecq mayeur, & Ambroise Gerardin eschevin esdits lieux. Les manans & habitans de Morlaincour, Oey & Chenevieres, par Mengin Foliou mayeur dudit lieu. Les manans & habitans de Menaucourt, par Didier le Juste mayeur dudit lieu. Les manans & habitans de Resson, par Didier Husson mayeur, Michel Pierrat, & Estienne Wauthier dudit lieu, assisté de Donnot. Les manans & habitans de Guerpont, par François Varinot & Jean Boivin mayeurs dudit lieu, Les manans & habitans de Louppy le Chastel & Villotte, par Jean Gaulme mayeur, & Nicolas Petiot eschevin. Les manans & habitans de Sommelonne, par Jean Bertrand mayeur, & Nicolas Musnier eschevin dudit lieu. Les manans & habitans de Rux lez sainct Mihiel, par Hurbal. Les manans & habitans de Montplonne, par Claude Colot mayeur, Jean Rouyer, Jean Perignon & Jean Mourot le jeune eschevins dudit lieu. Les manans & habitans de Villotte, Gimecourt & Baudremont, par Christofle Thiesse mayeur dudit lieu.

Ledit Procureur general a remonstré, assignation avoir esté donnée à ce mesme jour & lieu aux manans & habitans de Bussy la coste, de Revigny, de Neufville sur Orne, de Vaubecourt, de Seigneulles, de Seraucourt, de Ville devant Belrains, de Nicey, de Robert-Espagne, d'Ernecourt, Domp-Remy, de Saulx, de Vaulx la grande, de Reffroy, de Naz, de Villers le sec, de sainct Amand de Marson, de Bouviolles, de Couyer-puis, de Dame-Marie, du Bouchon, de Nançoy, de Vellaines, du grand Nançoy, de Willeroncort & du petit Nançoy qui sont tous villeges du Bailliage de Bar & du ressort d'iceluy, contre lesquels & chacun d'eux il a requis pareil defaut comme il a faict contre les autres non comparans ci-dessus. Ce que pareillement luy avons octroyé avec tel profit qu'il sera passé outre à l'execution desdites Patentes, sans qu'il soit de besoing de les readjourner; sauf toutesfois que si pendant la seance, & non autrement ils vouloient comparoir ou aucun d'eux, ils seroient reçeuz & ouys. Et au surplus ce requerant ledit Procureur, a esté ordonné que tous les Advocats, Procureurs & autres qui se sont presentez pour les assignez & adjournez se feront advouer, dedans le Lundy cinquiesme du present mois, & apporteront & mettront au Greffe procuration speciale au cas, à peine de defaut portant profit comme dessus.

Si nous a ledit Procureur general remonstré comme dès l'an mil cinq cens septante & un son Altesse auroit decerné commission à feu Claude de Florainville, quand il vivoit, Chevalier Seigneur de Cousance, Conseiller & Chambellan de notre souverain Seigneur, & son Bailly & Capitaine dudit Bar, pour faire convoquer & assembler en ceste ville de Bar les trois Estats de ce Bailliage, pour leur estre representé le vieil & ancien cayer des Coustumes d'iceluy Bailliage, & y adjouster, diminuer, declarer & interpreter de ce qu'ils verroient estre à faire pour le bien & repos publique, & le tout fidellement rediger par escript, avecques leurs advis, pour le tout renvoyé à son Altesse, estre en après procedé à la verification & approbation d'icelles Coustumes, comme il verroit estre à faire par raison. Ce que deslors auroit esté faict. Et neantmoins ayant esté le tout veu par son Altesse en son Conseil, auroit trouvé bon de reformer aucuns articles dudit nouveau cayer, pour estre iceux par trop contraires à l'ancienne Coustume contenue au susdit ancien cayer, & à cest effet de rechef & d'abondant faire convoquer lesdits trois Estats, pour veoir & leur faire entendre les occasions qui l'auroient meu de faire ladicte reformation, pour puis après avec leurs advis & consentement proceder à l'homologation desdites Coustumes pour le bien & soulagement de ses subjects, ainsi qu'ils verroient estre à faire par raison. A ceste cause, & afin que à l'advenir les subjets dudit Bailliage & anciens ressorts d'iceluy en fussent soulagez, & la justice tant plus sincerement observée & administrée, requeroit que ledit cayer fust suivant la volonté & intention de son Altesse representé ausdits Estats, & lecture leur en estre faicte pour y bailler advis, s'en accorder ou dire ce que bon leur semblera faisant droict. Sur laquelle requeste avons ordonné que lecture seroit faicte dudit cayer, après laquelle sera en la liberté desdits gens des trois Estats d'accorder ou discorder, adjouster ou diminuer tels articles qu'ils verroient estre à faire, & pour à icelle proceder avons continué notre seance au lendemain deuxiesme dudit mois d'Octobre heure de sept du matin.

Auquel jour & à ladite heure nous sommes de rechef transportez en ladite Salle, où en presence desdits Estats (ce requerant ledit Procureur) a esté & de notre ordonnance procedé hautement & intelligiblement par ledit Greffier à la lecture dudit cayer, laquelle lecture par eux entendue, nous ont requis avoir plus ample communication d'iceluy cayer & de l'ancien, afin d'en adviser plus murément: & que pour obvier à plus grande charge de despense, & à confusion il leur fust permis d'eslire de chacun ordre trois personnes, afin de, pour eux & en leur nom tant en general que particulier, y bailler advis, en accorder, conclure, & y faire selon qu'ils verroient estre expedient pour le bien desdits trois Estats, & qu'à cest effet le tout fût communiqué à ceux qui seroient par eux esleuz & deputez, ce que leur aurions permis & accordé; & suivant notre permission ont tous ensemble, & d'un commun accord esleu pour l'ordre Ecclesiastique, reverend Pere en Dieu frere Pierre Mathis Abbé de ladite Abbaye de Janvillers, noble & scientifique personne maistre Jean de Roucy Prieur de Ruz aux Nonnains, & Doyen de l'Eglise sainct Pierre de Bar, & maistre Claude Cordier chanoine en ladite Eglise de Notre-Dame de Ligny. Pour l'ordre de la Noblesse, honorez seigneur Charles de Stainville seigneur de Quevonges, Emon de Thomesson seigneur de Remenecourt, & Nicolas d'Issoncourt seigneur de Tillombois. Et du costé du tiers Estat, noble & prudent maistre François Hurbal Prevost de Pierrefícte, & Advocat audit Bailliage, prudent homme & sage maistre Dominique Dordelu Licencié ès Loix, Lieutenant particulier en la Prevosté de Bar, & honorable homme maistre Sebastien Gravel Procureur audit Bailliage presens, qui en ont pris & accepté la charge. Et pour proceder à la reception de leur serment, avons continué la seance au lendemain troisiesme dudit mois d'Octobre heure de sept en attendant les huict du matin.

Auquel jour & heure lesdits Estats comparans, ensemble lesdits deputez, d'autant que ledit Procureur nous auroit remonstré, que ceux qui avoient eu charge d'assigner lesdits Estats, avoient donné quelques assignations audit jour de Lundy cinquiesme jour dudit mois d'Octobre, avons de rechef continué ladite seance audit jour de Lundy, pour recevoir les comparitions de ceux qui estoient assignez audit jour & lieu, faire entendre ce qui auroit este faict les jours precedens, la nomination & pouvoir desdits deputez pour ce faict, & eux sur le tout ouys estre procedé à la reception de leur serment, ou autrement proceder & leur faire droict comme de raison.

Et ledit jour de Lundy cinquiesme jour dudit mois d'Octobre, sont en outre comparus reverend Pere en Dieu Domp René Merlin Abbé, & les religieux & convent de sainct Michel à sainct Mihiel, pour les terres qu'ils tiennent audit Bailliage, par Domp François Delmel religieux de ladite Abbaye, prieur & administrateur du prieuré Notre-Dame dudit Bar, fondé de lettres de procuration. Les venerables Abbé & convent de sainct Arig de Verdun, pour les terres & seigneuries qu'ils ont à Rignaulcour, & autres lieux de ce Bailliage, par maistre Hierosme Joly leur admodiateur, assisté de Derval. Les venerables Abbé, religieux & convent de sainct Paul de Verdun, pour les droits qu'ils ont à Erize la grande, Erize la petite & Chaumont, par Allié. Les venerandes Abbesse & convent de sainct Maur de Verdun, pour ce qu'elles possedent audit Bailliage, par Guyon Boyleaue & ledit Sancey. Les venerandes Dames Abbesse & convent de saincte Haould, par Bouvet. Les venerables Abbé & convent de Vaux en Ornois, par maistre Simon Colot advocat audit Bailliage, fondé de procuration. Les venerables Abbé & convent de Notre-Dame de Wiron, pour ce qu'ils ont audit Bailliage, par Allié. Les venerables doyen, chanoines & chapitre de sainct Estienne de Toul, pour ce qu'ils tiennent audit Bailliage, par Allié. Les venerables chanoines & chapitre de sainct Germain de Mont-faucon, pour les droits qu'ils ont à Mehairon, Ancemont & autres lieux de ce Bailliage, par Pierre de Mehairon & Maillart. Les venerables doyen, chanoines & chapitre de l'Iverdun, pour ce qu'ils possedent audit Bailliage, par frere Adrian l'Arzilliers & Sancey. Les venerables de la Magdeleine de Verdun, par Nicolas Larchier, assisté de Bouvet. Les venerables de sainct Epure de Toul, par Haussonville. Les venerables chanoines & chapitre de sainct Nicolas de Commercy, pour ce qu'ils tiennent audit Bailliage, par Allié. Les venerables doyen, chanoines & chapitre de Brissey, pour ce qu'ils ont audit Bailliage, par Sancey. Les venerandes de l'Annunciate lez-Ligny, par Sancey. Honoré seigneur Jacques de Ligneville commandeur de la commanderie de Marbotte, pour les droits qu'il a à Tremont, Vaulx la grande & Vaulx la petite en personne. Domp Jean de Reims prieur du prieuré de Flaba, par Camus. Charles de la Chague prieur de Silmont, par maistre Nicol Gervais son procureur, chanoine en l'Eglise sainct Pierre à Bar, qui a esté relevé du defaut. Les venerables prieur & convent du prieuré des Hermites lez-Wassy, pour ce qu'ils ont audit Bailliage, par Claude Demengeot leur fermier. Le prieur de sainct Laurent de Rynel, pour ce qu'il tient en ce Bailliage, par noble homme Jean Vincent, assisté de Derval. Les venerables prieur & convent de Belchamps lez-Clermont, par Maillart. Noble & scientifique personne maistre François de Rozieres grand Archidiacre de Toul, pour ce qu'il tient en ce Bailliage à cause de sa Chappelle de Sallemanne, par Hurbal. Messires Richard Perignon, & Vautrin Seroul prestres chappellains de la chappelle Notre-Dame, fondée en l'Eglise de sainct Maxe de Bar, par Bouvet. Maistre Claude Demengeot prestre hospitalier de l'hospital de Revigny, par Bouvet. Messire Nicol Jennon prestre chappellain en l'Eglise parrochiale Notre-Dame de Bar, pour les dixmes qu'il tient audit Nayves en personne. Messire Didier Ancel, pour les dixmes qu'il tient audit Nayves en personne. Domp Didier de Mets aumosnier de l'Abbaye de sainct Michel à sainct Mihiel, pour ce qu'il possede au lieu de Rux lez sainct Mihiel. Maistre Nicol Herauldel administrateur de l'hostel-Dieu de Ligny, par ledit maistre Claude Cordier. Maistre Jean de la Cour curé de Villeroncourt en personne. Messire Claude Hongrie chappellain de la chapelle fondée en l'Eglise de Mougneville en personne.

Et encores pour la Noblesse ès terres de fiefs, le seigneur de Cherizy, pour ce qu'il tient audit Bailliage, par ledit maistre Claude Cordier. Jean & Guillaume d'Aunoy escuyers sieurs de Challette, pour ce qu'ils tiennent audit Bailliage, par Sancey. Jean de Rozieres escuyer demeurant à Bar, pour ses fiefs de Ville sur Sauls, Contrisson, Neufville, Longeville & autres. Le sieur Voué de Condé conseiller au privé Conseil, & Maistre des Requestes de l'Hostel de son Altesse, pour ses fiefs de Contrisson, Erize la-bruflée, Erize fainct Dizier & autres fiefs qu'il tient audit Bailliage, par maiftre Pierre Boudot. Les heritiers de feu Jean Laudinot, quand il vivoit, efcuyer prevoft de fainct Mihiel, pour leur fief du petit Mehairon, par Bouvet. Errard Perin efcuyer controlleur ordinaire des guerres, pour fon fief de Longeaue en perfonne. Hubert de Moictrey efcuyer fieur de Cuftine, pour fon fief de Contriffon, par Donnot. François du Puys efcuyer confeiller de notredit Seigneur, pour fes fiefs de Dagonville, Loifey & autres qu'il a audit Bailliage en perfonne. Louys du Puys efcuyer, pour fes fiefs de Loifey & Guerry en perfonne. Louys d'Ourches, Thomas d'Ourches, Jean d'Ourches, Jacques d'Aufigny & Pierre de Bonnaire feigneurs en partie de Delouze, par Allié. Nicolas & Pierre de Chaftel Sainct-Nazard efcuyers demeurans à Morley, par Camus. Robert de Chafteau-Regnaut efcuyer demeurant à Ancemont, par Pierre de Mehairon. Noble & fcientifique perfonne maiftre Gilles de Trefves doyen de fainct Maxe à Bar, pour fon fief de Ville fur Saulx en perfonne. Maiftre Dominicque Dordelu, pour fon fief de Morlaincourt en perfonne. François de Sainctcignon, Blaife de Sainctcignon, & Jean de Balaines efcuyers demeurans à Tannoy en perfonnes. Damoifelle Catherine de Trefves, pour les droits qu'elle a au lieu d'Erize, par Allié. Anthoine Raulin efcuyer, pour le droit qu'il a à Salmanne en perfonne. Maulbert Huraut & Didiere veufve de feu Hubert Portier demeurans à Ligny, pour ce qu'ils ont à Marfon & Bouviolles, par Sancey. Jacques Geoffroy & Thomas les Richards, Hubert & Fremy les Durant, pour leur fief du petit Mehairon, par Pierre de Mehairon, fondé de procuration.

Pour le tiers Eftat, eft comparu en perfonne Bernard Huffenot prevoft de Saulx, pour la prevofté dudit Saulx, & les habitans de fainct Aubin.

Eftoient auffi adjournez le feigneur Evefque & Comte de Verdun, pour ce qu'il tient ès villages d'Iffoncourt, Ramblufin, Mondrecourt & autres lieux dudit Bailliage. Les venerables Abbé & convent de fainct Benoift, pour ce qu'ils tiennent à Rumont. Les venerables de fainct Urbain pour ce qu'ils ont audit Bailliage. Les venerandes Abbeffe & convent de Benoifte-vaux, pour ce qu'elles ont audit Bailliage. Les venerables Abbé & convent de Cheminon, pour ce qu'ils ont audit Bailliage. Le Prieur de Breuille lez-Commercy, pour ce qu'il tient au petit Nançoy. Haulte & puiffante dame Guillemette de la Marche Comteffe douairiere de Brienne, au nom & comme ayant la garde-noble de hault & puiffant Prince Charles de Luxembourg Comte de Ligny. Les fieurs de Roche-fort & de la Roche-guyon feigneurs en partie de Commercy, pour ce qu'ils ont audit Bailliage. Honoré feigneur Bernard de la Tour feigneur en partie de Loizey. Nicolas de Rarecourt efcuyer feigneur de fainct André. Symon d'Ernecourt, pour fon fief de Vaulx-la-petite & Meligny-le-petit. Damoifelle Nicole de Conftant & Chriftofle Preud'homme efcuyer, pour leur fief du petit Mehairon. Le fieur de Ruez, pour fes fiefs de la Vallée & de Levoncourt. Les fieurs Darmeville, fieur de Brandon confeiller du Roy en fa Court de Parlement à Paris, pour fon fief de Contriffon. Henry de Scarnevelle efcuyer fieur de Tailly, pour fon fief de Gerry. Jean Preudhomme efcuyer, pour fon fief de Montplonne. René de Ficquemont pour les fiefs qu'il tient audit Bailliage. Et Jean le Page efcuyer fieur de Magnicourt pour fon fief de Braulx.

Contre tous lefquels non comparans, ce requerant ledit Procureur, avons octroyé defaut, par vertu duquel il fera paffé outre à la redaction defdictes couftumes fans plus les appeller; fauf toutesfois que s'ils comparent pendant la feance, & non autrement, ils feront receuz & ouys, & leur fera faict droict comme il appartiendra.

En procedant aufquelles comparitions maiftre Touffaint Allié Procureur audit Bailliage, nous a dit & remonftré que haut & puiffant feigneur meffire Jacques Damboife avoit la garde-noble de Meffieurs fes enfans feigneurs de Mougneville, qu'il eftoit abfent & à plus de cent cinquante lieues de ce pays, tellement qu'il n'avoit peu eftre adverty des affignations à luy données : & à ce moyen requeroit le rabat du defaut contre luy octroyé avec delay pour l'advertir, dont il a requis acte, que luy avons octroyé : & neantmoins ordonné que ledit fieur de Buffy feroit receu à comparoir pendant ladicte feance, & non autrement.

Les Commandeurs de Ruels, Marbotte & Braulx comparans comme deffus, ont protefté que lefdites Couftumes ne leur puiffent prejudicier & deroger aux ftatuts & privileges de l'ordre de fainct Jean de Hierufalem, foubs lefquelles proteftations ils confentent à l'homologation d'icelles, requerans acte de leur declaration qui leur a efté octroyé.

Et fi avons, ce requerant ledit Procureur, ordonné que pendant la huictaine, ceux qui ont comparu pour les affignez à huy, fe feront (fi faict n'a efté) advouer, apporteront & mettront au greffe leurs procurations à peine du defaut portant tel profit que les precedens.

Eft auffi de rechef comparu ladicte dame Marguerite de Savoye Comteffe douairiere de Ligny, par maiftre Jean de Naz fon procureur fondé de lettres de procuration fpeciale, en date du troifiefme dudit mois, fuivant lefquelles il a offert de proceder, & felon le pouvoir à luy donné. Laquelle procuration veue par nous, a efté permis audit de Naz de comparoir au lieu defigné, pour l'affemblée où l'on traictera defdites Couftumes, pour par lefdits deputez avoir communication defdits cayers, y bailler advis & y confentir, & faire telles remonftrances qu'il appartiendra pour la confervation des droicts dudit Comté de Ligny & fubjets d'icelle Dame.

Et fi avons adverty lefdits trois Etats des perfonnes fusnommez eflues & deputées en la feance du deuxiefme du prefent mois d'Octobre, & le pouvoir qui leur avoit efté baillé pour la redaction defdites Couftumes, & iceux admonefté que s'ils avoient fufpicion à l'encontre d'eux, & ils les vouloient alleguer & deduire, ils y feroient ouys, & feroit fur leurs remonftrances ordonné par raifon. Les advertiffant au furplus que pendant ladite feance & l'affemblée defdits deputez, chacun feroit reçeu à fe trouver en ladite Salle, lieu defigné où l'on traictera defdites Couftumes, pour icelles accorder ou debattre, ou faire telles remonftrances que de raifon. Et après qu'aucun ne s'eft trouvé qui ait contredit à ladite eflection, ou propofé caufe de fufpicion contre lefdits efleuz & deputez, & qu'ils les ont aggrée, & en tant qu'à eux touche efleu, leur avons du confentement defdits Eftats, & iceux Eftats ce requerans, fait faire le ferment que bien fincerement & en leur confcience ils diront la verité fur les faits de Couftume dudit Bailliage : & que ceffans toutes affections ils feront ce qu'ils fçavent bon, utile & profitable pour le bien & utilité dudit Bailliage, & de ceux qui fe doivent regir & gouverner felon les us & Couftumes d'iceluy : & advertiront du dommage, rigueur & incommodité defdites Couftumes, ce qu'ils ont juré & promis. Pourquoy faire le lendemain fixiefme dudit mois eftans affemblez en ladite Salle, leur avons delivré & mis ès mains lefdits cayers.

Et le Lundy suivant douziesme jour dudit mois, est comparue haulte & puissante Princesse dame Guillemette de la Marche Comtesse douairiere des Comtez de Ligny & de Brienne vefve de feu hault & puissant Prince messire Jean de Luxembourg, quand il vivoit, chevalier de l'ordre du Roy, capitaine de cinquante hommes d'armes de ses ordonnances desdites Comtez, au nom & comme ayant la garde-noble de hault & puissant Prince Charles de Luxembourg Comte d'icelles Comtez de Ligny & Brienne, fils dudit defunct & d'elle, & premier vassal du Duché de Bar, par Nicolas de Marisy escuyer seigneur de Pressy-Notre-Dame, son maistre d'hostel, fondé de procuration speciale du dixiesme dudit mois d'Octobre, assisté de conseil, lequel a requis le rabat des defaults octroyez contre elle, & ledit sieur Comte de Ligny son fils durant ladite seance. Et neantmoins que la qualité dudit sieur Comte, sçavoir de premier vassal du Duché de Bar soit adjoustée en la qualité, sur laquelle ont esté donnez lesdits defaults, pour puis après faire ce qu'il appartiendra.

Surquoy hault & puissant Prince Henry de Lorraine, Duc de Guise, Prince de Joinville, Baron d'Ancerville & Monstier sur Saulx, comparant par maistre François Hurbal, a protesté que la qualité & nomination de premier vassal, que prend ladite dame pour ledit sieur Comte son fils, ne puisse prejudicier au droict de preseance & nomination, que ledit seigneur Duc de Guise a pour les terres qu'il tient en ce Bailliage, delaissant à deduire les moyens, causes & raisons dudit droit en temps & lieu, & dont il a requis acte. Et par ladite dame a esté protesté au contraire & persisté à ce que dessus.

Sur ce avons lesdits defaults relevez & rabatus du consentement dudit Procureur general, & au surplus ordonné que sans prejudice du droict des parties, la qualité de premier vassal prise par ladite dame demeurera en la presente comparition, & que lesdites parties auront acte de leurs protestations.

Ce fait ledit de Marisy pour ladite dame audit nom, assisté comme dessus, a dit & declaré avoir eu communication des cayers des Coustumes dudit Bailliage, & que après avoir meurement consideré le contenu en celuy qui a esté de nouveau corrigé, advisé, diminué & augmenté par lesdits deputez, il ne trouve chose qui ne soit raisonnable. Signamment pour la nature des fiefs & l'ancienne forme & nature d'iceux, declarant qu'il trouve bon que ledit Comté de Ligny & les subjets d'iceluy soient regis & gouvernez selon la Coustume dudit nouveau cayer. De laquelle en tant que besoing est ou seroit, il, audit nom, consent l'homologation, soubs le bon plaisir de nostre souverain Seigneur. Et a ledit de Marisy mis sadite procuration au greffe.

Et le Mardy treiziesme jour dudit mois lesdits deputez nous ont rapporté en avoir à divers jours conjoinctement communiqué, & avoir satisfait à leur charge, & conclu des Coustumes dudit Bailliage, telles qu'ils les avoient trouvées bonnes, utiles & profitables pour le bien & utilité des subjects dudit Bailliage, & de ceux qui se doivent regir & gouverner selon les us & Coustumes d'iceluy, & dont ils avoient fait dresser & rediger par escript un cayer à part, qu'ils nous ont delivré, signé de leurs seings pour le presenter à son Altesse, afin que son bon plaisir fust de proceder à l'homologation, verification & approbation d'iceluy.

Sur ce ledit Procureur nous a remonstré y avoir Coustume audit Bailliage telle, que le seigneur hault-justicier represente l'heritier absent & demeurant hors des pays de notredit Seigneur, & que ledit hault-justicier succede en son lieu pour telle part & portion qu'il auroit, s'il n'estoit absent, dequoy notredit Seigneur estoit en bonne possession, & de telle & si longtemps qu'il n'estoit memoire du commencement ny du contraire. A ceste cause requeroit instamment qu'il en fust fait & dressé un article.

A quoy par lesdits deputez a esté respondu, qu'ils ne pouvoient convenir de ladite pretendue Coustume, & encores qu'elle fust telle, ils supplioient qu'icelle ne fust inserée audit cayer, pour estre par trop prejudiciable à la liberté publique. Persisté au contraire par ledit Procureur pour estre ladite Coustume par trop notoire. Avons renvoyé lesdits Estats vers son Altesse pour s'y prouveoir; octroyans neantmoins aux parties acte de leur dire, & de ce que ledit Procureur a protesté de se maintenir cependant en ladite possession.

Toutes lesquelles choses ayans esté faites ainsi que dessus, avons presenté à son Altesse ledit cayer dressé par lesdits deputez, signé de leurs seings, & lesquels presents luy en ont requis ladite homologation.

Et le Jeudy quinziesme jour dudit mois d'Octobre, suivant les Lettres Patentes de notredit souverain Seigneur, en datte du quatorziesme dudit mois, le cayer & articles desdites Coustumes ont (ce requerant ledit Procureur & de notre ordonnance) esté leues & publiées haultement en l'auditoire & siege ordinaire dudit Bailliage, en presence desdits deputez & plusieurs des Avocats, Procureurs, Praticiens & autres: & par nous ordonné icelles estre enregistrées ès registres du Greffe dudit Bailliage, afin que à l'advenir nul n'en puisse pretendre cause d'ignorance. Fait audit Bar les jour & an que dessus.

Ainsi signé, RENE' DE FLORAINVILLE & C. POUPART.

Ensuit la teneur desdictes Lettres.

CHARLES par la grace de Dieu Duc de Calabre, Lorraine, Bar, Gueldres, Marchis, Marquis du Pont-amousson, Comte de Vaudemont, Blamont, Zutphen, &c. Comme dès le temps qu'il a pleu à Dieu nous appeller au regime & gouvernement de nos pays, terres & seigneuries de notre obéissance, nous ayons tousjours eu desir & affection singuliere de tenir la main à ce que bonne & droicturiere justice fust administrée à nos subjects; & à ceste fin estably Loix & Coustumes, suivant lesquels ils se peussent regler & obvier aux involutions de procès qui journellement s'engendrent entre eux à leur grande perte & diminution de leurs biens & facultez: signamment quand il est question de la verification des Coustumes & Loix du pays, lesquelles leur convient prouver par tourbes avec despens & frais excessifs, nous eussions dès le treiziesme jour du mois d'Aoust mil cinq cens soixante & onze, par l'advis des gens de notre conseil donné commission & mandement special à feu notre tres-cher & feal conseiller Claude de Florainville sieur de Cousance, Bailly de Bar, de signifier ou faire signifier aux gens d'Eglise, vassaux & gens de la Noblesse & à ceux du tiers Estat de notre Bailliage dudit Bar, qu'ils advisassent entre eux de commettre & deputer deux ou trois personnages des plus notables d'entre eux d'un chacun desdits Estats, pour se trouver en ceste notre ville de Bar dedans le vingt-troisiesme jour du mois d'Octobre lors suivant, & adviser par ensemble, ouys sur ce les gens de notre Conseil, Procureurs & Advocats sur l'ancien cayer & articles des Coustumes dudit Bailliage, qui leur seroit proposé & mis en avant par notredit Bailly ou son Lieutenant, & à iceluy adjouster, diminuer, declarer & interpreter ce qu'ils verroient estre raisonnable pour le bien & repos publicque & soulagement de nosdits subjects ; & le tout fidellement rediger par escript, avec leurs advis signez desdits deputez, pour après nous le renvoyer feablement clos & seellé, afin d'estre par nous procedé à la verification desdites Coustumes, ainsi que trouverions à faire par raison. Et par autres nos Lettres Patentes addressées à notredit Bailly du dernier jour du mois d'Octobre audit an mil cinq cens soixante & onze, advoué la remise & continuation de ladite assignation au quatriesme jour de Novembre suivant, pour les causes portées esdites Lettres, à laquelle assignation lesdits trois Estats deuement convocquez auroient comparu, receu l'ancien cayer & articles desdites Coustumes, iceux veu & communiqué par ensemble, & d'un commun accord & consentement esleu, commis & deputé trois personnages de chacun desdits trois Estats : sçavoir pour l'Estat Ecclesiastique, Domp Jean Jallant Abbé de Notre-Dame de l'Isle en Barrois, noble & scientifique personne maistre Jean de Roucy doyen de l'Eglise collegiale sainct Pierre de Bar, maistre Nicol Lietard chanoine en ladicte Eglise & curé dudit Bar. Pour l'Estat de la Noblesse, honoré seigneur René de Florainville seigneur de Fains, gentilhomme de notre chambre & capitaine de nos gardes, Georges de Netancourt seigneur de Vaubecourt chambellan des nostres, Charles de Stainville seigneur de Quevonges, gentilhomme de notre maison. Pour le tiers Estat noble homme maistre Jean Roze licencié ès droicts, Bailly d'Ancerville, Jean Bouvet licencié en droicts Advocat ès sieges de Bar, & Jean Morison prevost de Pierrefiche, pour recevoir à loisir & diligemment examiner lesdits cayers & articles. A quoy ils auroient vacqué par plusieurs jours continuels & subsecutifs, & adjousté, diminué, declaré & interpreté ce qu'ils auroient cogneu estre utile & necessaire pour le bien & repos publicque, & nous renvoyer le tout signé de leurs mains pour le reveoir en notre Conseil, l'approuver & auctoriser, ou autrement en ordonner ce que bon nous sembleroit. A quoy pour lors n'y aurions peu bonnement entendre & vacquer selon notre desir, obstants plusieurs empeschemens à nous survenus par les troubles des guerres & malignité de temps. Et d'autant que cependant aucuns desdits deputez seroient allez de vie à trespas avant la verification desdites Coustumes, & que nous aurions trouvé expedient & tres-utile pour le bien de nos vassaux & subjects, reformer aucuns desdits articles, afin d'y proceder plus legalement & par l'advis & consentement desdits Estats, aurions par autres nos troisiesmes & dernieres Lettres Patentes du douziesme de Septembre dernier passé, mandé & ordonné à notre tres-cher & feal conseiller René de Florainville seigneur de Fains, gentilhomme de notre chambre, capitaine de nos gardes & notre bailly dudit Bar, ou son lieutenant de faire assembler de rechef les trois Estats dudit Bailliage, pour veoir & entendre par eux les justes & raisonnables occasions qui nous auroient meuz de reformer aucuns desdits articles. Lesquels trois Estats comparans en ceste notre ville de Bar le premier jour du present mois d'Octobre & autres jours ensuivans, auroient receu & communicqué par ensemble lesdits cayers, articles & reformations, commis & deputé de rechef trois d'entre eux de chacun Estat : sçavoir pour l'Estat Ecclesiastique, reverend pere en Dieu frere Pierre Mathis Abbé de Jauvillers : noble & scientifique personne maistre Jean de Roucy prieur de Rux aux Nonnains, & doyen de sainct Pierre à Bar : maistre Claude Cordier chanoine en l'Eglise Notre-Dame de Ligny. Pour l'Estat de la Noblesse, honoré seigneur Charles de Stainville seigneur de Quevonges : Emond de Thomesson seigneur de Remenecourt : Nicolas d'Issoncourt seigneur de Tillombois. Pour le tiers Estats, noble & prudent homme maistre François Hurbal licencié ès loix, prevost de Pierrefiche & advocat audit Bailliage de Bar : Prudent homme & sage maistre Dominicque Dordelu licencié ès loix, lieutenant particulier en la prevosté de Bar : maistre Sebastian Gravel procureur audit Bailliage, pour plus meurement & à loisir les considerer & examiner. Ce qu'ils auroient faict, & nous fait rapporter le tout accordé entre eux, & signé de leurs mains, & nous en requis humblement la verification pour estre ci-après entretenues & gardées inviolablement pour loix par tout notredit Bailliage de Bar & ressort d'iceluy. Sçavoir faisons que veues en notre Conseil nosdites Lettres de commission, cayers & articles desdites Coustumes traictées & accordées par lesdits trois Estats, & signées de leursdits commis & deputez, & ouys sur ce nos Procureur & Advocat audit Bailliage, nous par l'advis des gens de notre Conseil avons homologué, verifié, confirmé & auctorisé, homologons, verifions, confirmons & auctorisons lesdits cayers & articles desdites Coustumes : ordonné & ordonnons que d'oresenavant elles seront entretenues, gardées & observées pour loix & Coustumes certaines & inviolables : Condamné & condamnons tous & chacuns ceux dudit Bailliage & ressort d'iceluy presens & advenir à les recevoir & observer de point en point : leur faisons inhibition & defense de poser, articuler ny escrire d'oresenavant & pour l'advenir autres Coustumes : & à noz Baillys, Prevosts, Mayeurs & leurs Lieutenans generaux & particuliers & tous autres Justiciers & Officiers dudit Bailliage, qu'ils n'ayent à recevoir les parties qui plaideront pardevant eux, à poser, deduire & articuler autres Coustumes, ny les recevoir à informer sur icelles par tourbes ny autrement que par extrait. Faisons aussi inhibition & defense à tous chacuns les Advocats, Procureurs & autres gens de Conseil, de poser, articuler en jugement ny ailleurs par leurs plaidoyers & escritures ny autrement, autres Coustumes que les dessusdites accordées par lesdits trois Estats, à peine d'estre punis comme infracteurs de nos loix, ordonnances & editz. SI DONNONS EN MANDEMENT à notredit Bailly ou son Lieutenant, que les susditz cayers & articles ainsi accordez, & par nous homologuez, verifiez, confirmez, & auctorisez il face lire, publier hautement en l'auditoire & siege ordinaire dudit Bailliage & en tous lieux accoustumez à faire telles publications, & les enregistrer ès registres dudit Bailliage, afin que nul n'en puisse pretendre cause d'ignorance. Car ainsi nous plaist. En tesmoing dequoy nous avons à cesdites Presentes signées de notre main, fait mettre & appendre notre grand seel. DONNÉ'ES en notredite ville de Bar le quatorziesme jour d'Octobre mil cinq cens septante neuf. *Signé*, CHARLES. Et sur le reply est escript par Monseigneur le Duc &c. Les sieurs Baron de Haussonville Mareschal de Barrois, de Neuflote, Voué de Condé & Bournon maistres des requestes ordinaires, Hennezon & l'Escuyer presens. Signé, *C. Guerin* pour secretaire. Et au bout dudit reply est escript : *Registrata idem pro* M. Henry. Et seellé du grand & petit seel en cire rouge sur double queue de parchemin pendant.

CONCORDAT ENTRE LE ROY ET SON ALTESSE

A Tous ceux qui ces presentes Lettres verront, Antoine du Prat, chevalier de l'Ordre du Roy, seigneur de Nantoilhet, Precy, Rozoy, & de Fournieres, Baron de Thiert, Thoury & de Vitteaux conseiller de Sa Majesté, son chambellan ordinaire, & garde de sa prevosté de Paris, SALUT. Sçavoir faisons, sur ce que tres-hault & tres-puissant Prince Charles Duc de Calabre, Lorraine, Bar & Gueldres, Marchis, Marquis du Pont-amousson Comte de Vaudemont, disoit & maintenoit qu'à luy & à ses predecesseurs Ducs de Bar appartenoient les droits de Regalle & de Souveraineté à cause du Duché de Bar, ès terres ci-après declarées, dont tant luy que sesdits predecesseurs avoient joüy de tout temps & ancienneté paisiblement & sans contredit suivant leurs anciens titres, chartres, panchartes; toutesfois le Procureur general du Roy & ses substituts ès sieges ordinaires de Sens & de Chaumont en Bassigny luy auroient voulu revoquer en doute lesdits droits, qui auroit fait mouvoir entre ses sujets plusieurs procès & differends tant civils que criminels en la pluspart desquels il auroit esté contraint se rendre partie, tant pour le soustenement de ses droits, que support de ses pauvres sujets, ausquels differends ledit Sieur Duc desirant trouver quelque reglement & accord, il auroit par plusieurs fois interpellé deffunt, de bonne memoire le Roy Henry (que Dieu absolve) de luy en faire raison, ce qu'il luy auroit volontairement accordé, donnant charge à ses Advocats & Procureur generaux d'y entendre & s'en instruire tant par conferences verballes que communications de Lettres, titres & enseignemens, ce qu'ayant esté commencé dès lors n'auroit peu recevoir sa perfection au moyen des mutations & affaires respectivement survenues, tellement que les choses seroient demeurées en estat jusques en ce temps, auquel voyant les choses restablies & une pacification generale, il se seroit presenté au Roy, suppliant tres-humblement Sa Majesté que son bon plaisir fust acheminer tous ses differends à quelque fin & asseurance, tant pour luy que pour sa posterité, chose que ledit Seigneur Roy auroit eu pour agreable, & pour cette cause auroit ordonné que toutes les pieces concernant lesdits differends fussent derechef respectivement communiquées tant à son Procureur general, qu'aux gens & Conseil dudit Sieur Duc, ce qu'auroit esté amplement fait d'une part & d'autre; & sur la communication desdites pieces, auroit ledit Seigneur Roy par une & deux fois ouy ant ledit Procureur & ses Advocats generaux, que le Conseil dudit Sieur Duc, en presence de la Royne sa mere, Messieurs les Ducs d'Anjou & d'Alençon ses freres, Messieurs les Cardinal de Bourbon, Duc de Montpensier, Prince Dauphin & de Nevers, les Sieurs de Morvillier, de Limoges & autres plusieurs Seigneurs de son Conseil privé, avec lesquels ayant amplement conferé des perplexitez & molestes resultantes desdits differends, & ouy mesmement audit Conseil ledit Procureur general assisté de deux Advocats dudit Seigneur Roy, lequel luy en auroit fait fidel rapport sur toutes lesdites pieces, finablement le tout veu & meurement pesé, se seroit ledit Seigneur Roy condescendu à faire le present contrat en la forme & maniere que s'ensuit. Pour ce est-il que ce jourd'huy datte de ces presentes personnellement estably pardevant Martin Roussel & Claude Boreau Notaires dudit Seigneur Roy en son Chastelet de Paris, tres-chrestien, tres-haut, tres-puissant & tres-excellent Prince Charles IX. par la grace de Dieu Roy de France, en la presence & assisté de la Reine sa mere, Monseigneur le Duc d'Anjou frere du Roy, Monseigneur le Cardinal de Lorraine, Messeigneurs les Ducs de Nemours, de Nevers, de Montmorency, Ducs. Messieurs de Morvillier, de Limoges, de Valence, de Biragues, de Lanscat, de Frix, & plusieurs autres Seigneurs de son Conseil privé, d'une part: Et tres haut & tres-puissant Prince, Charles Duc de Calabre, Lorraine, Bar, d'autre. Lesquelles parties ont reconnu & confessé avoir fait le Traité que s'ensuit: C'est à sçavoir que pour pacifier & mettre fin à tous procès & differends tant meuz qu'à mouvoir à raison desdits droits de Regalle & Souveraineté, ledit Seigneur Roy a accordé & octroyé, accorde & octroye pour luy & ses successeurs Rois de France audit Sieur Duc de Lorraine & de Bar son beau-frere: Que tant luy que tous ses descendans qui tiendront les pieces ci-après declarées, soient masles ou femelles puissent jouir & user librement & paisiblement de tous droits de Regalles & de Souveraineté ès terres du Bailliage de Bar, Prevostez de la Marche, Chastillon, Conflans, & Gondecourt, tenus & mouvans dudit Seigneur Roy, & dont ledit Seigneur Duc luy en a fait foy & hommage lige; fors toutesfois & excepté que pour le regard des Sentences & Jugemens donnez par le Bailly de Bar, ou par le Bailly du Bassigny esdites terres mouvantes dudit Seigneur Roy, les appellations ressortiront immediatement en la Cour du Parlement de Paris, sinon que pour les petites causes n'excedans la somme dont les Juges Presidiaux ont accoustumé de connoistre, desquelles appellations soit dudit Bailly de Bar ou dudit Bailly du Bassigny en ce qui est mouvant dudit Seigneur Roy, ressortiront au Bailliage & siege Presidial de Sens, nonobstant que celles qui provenoient ci devant de sa prevosté de Gondrecourt ressortissent auparavant au Bailliage de Chaumont, dont la connoissance luy est ostée & attribuée au cas susdit ausdits Juges de Sens, sinon que ausdites appellations le Seigneur Duc ou son procureur d'office fust en qualité & instance, auquel cas ledit Seigneur Roy accorde que lesdites appellations ressortissent immediatement en la Cour de Parlement, nonobstant que lesdites oppositions fussent disposées à estre terminées & jugées audit Sens: Promettant ledit Seigneur Roy faire decerner audit Sieur Duc ses patentes en forme de Chartres, & icelles faire homologuer en sa Cour de Parlement; & moyennant les choses susdites sont tous lesdits procès & differends meuz & à mouvoir, demeurez & demeureront terminez & assoupis, & à l'entretenement de ce present contract, se sont lesdits Seigneur Roy & Duc volontairement condescendus & promis iceluy entretenir selon sa forme & teneur, pour eux & leurs successeurs, lesquels presens traicté & accord & choses susdites, lesdits Seigneur Roy & Duc promirent; Sçavoir ledit Seigneur Roy en parole de Roy, & ledit Seigneur Duc en parole de Prince, avoir pour bien agreable, ferme & stable à tousjours, sans jamais aller ne venir au contraire, ains rendre & payer tous cousts, frais, mises, depens, dommages & interests, qui faits ou soufferts, soustenus & encourus seroient par l'un d'eux par le fait & coulpe de l'autre par defaut des choses susdites, ou d'aucunes d'icelles non faites

faites & accomplies par la forme & maniere que dit est, sous l'obligation, sçavoir est de la part dudit Seigneur Roy, de tous & chacuns les biens de la Couronne; & ledit Seigneur Duc de tous & chacuns ses biens & ceux de ses hoirs, meubles & immeubles, presens & à venir, qu'ils & chacun d'eux d'une part & d'autre, & chacun d'eux en droit soy en ont soumis & soumettent pour ce du tout à la Justice, Jurisdiction & contrainte de ladite Prevosté de Paris, & de tous autres Justiciers & Jurisdictions où sçûs & trouvez seront: Renonçans par eux à toutes choses generalement quelconques à cesdites presentes Lettres contraires, leur effect contenu & execution, & au droit disant generale renonciation non valoir. En tesmoing de ce Nous à la relation desdits Notaires, avons fait mettre le seel de ladite Prevosté à cesdites presentes Lettres qui furent faites & passées au Chasteau de Boulloigne lez-Paris, l'an mil cinq cens soixante & unze, le Jeudy vingt-cinquiesme jour de Janvier; & ont lesdits Seigneurs Roy & Duc signé la minute sur laquelle ces presentes ont esté grossoyées. Signé *Roussel* & *Boreau*, & seellées de cire verte en lacs de soye bleue; *& à costé est escrit:* Leu, publié & enregistré, ouy sur ce le Procureur general du Roy. A Paris en Parlement, le Roy y seant, le douziesme jour de Mars l'an mil cinq cens soixante & unze. Signé Du Tillet. *Et de l'autre costé est aussi escrit*: Leu, publié & enregistré en la Chambre des Comptes, ouy le Procureur general du Roy selon & ensuivant la publication d'iceluy faite en la Cour de Parlement, le vingt-septiesme jour de Mars l'an mil cinq cens soixante & unze. Signé, Daves. *Et sur le milieu du reply est aussi escrit:* Leu, publié & enregistré en la Cour des Aydes, ouy sur ce le procureur general du Roy le sixiesme jour d'Avril mil cinq cens soixante & unze. Signé, Le Sueur.

ORDONNANCE DU ROY,

POUR L'ECLAIRCISSEMENT DU CONCORDAT intervenu entre SA MAJESTE' & SON ALTESSE.

HENRY par la grace de Dieu Roy de France & de Poulongne. A tous ceux qui ces presentes Lettres verront, Salut. Notre tres-cher & tres-amé frere le Duc de Lorraine & de Bar, nous a fait remonstrer, que combien que traité & accord ait esté fait entre notre tres-honoré Sieur & frere le feu Roy Charles que Dieu absolve, & luy, leu, publié & enregistré en notre Cour de Parlement à Paris le 12. Mars 1571. & ailleurs où besoin a esté, touchant le fait de Souveraineté, droit de Regale, & Jurisdictions au Bailliage de Bar, Prevosté de la Marche, Chastillon, Conflang & Gondrecourt mouvans de nous en fief; neanmoins depuis iceluy traité se sont de nouveau suscité plusieurs difficultez & differends par nos Officiers, empeschans notredit frere & ses sujets en ladite jouissance, pour ce peut-estre que ledit traitté est conçû en termes generaux, & qu'il n'y a ample declaration desdits droits de Regale & droit de Jurisdiction, à quoy notredit frere nous auroit tres-humblement fait supplier pourvoir. Sçavoir faisons, que Nous desirans iceluy traité & accord sortir son plein & entier effet, & oster toutes causes & occasions de difficultez, debats & contentions, afin qu'il n'y ait plus à l'avenir cause ou raison d'en douter, après avoir de rechef & abondant entendu en notre Conseil privé les droits, raisons & moyens respectivement alleguez tant par notre Procureur general, que les gens de notredit frere, & veu tant lesdits traitez que Lettres de declaration octroyées sur iceluy par notredit feu Sieur & frere; le tout attaché sous le contreseel de notre Chancellerie: Avons par bonne & meure deliberation des gens de notredit Conseil, dit & declaré, disons & declarons; que n'avons entendu & n'entendons sous la reservation de fief & ressort porté, & à nous reservé par le susdit traité; Nous pretendre autres droits que feodalité & connoissance des causes d'appel tant seulement & non autres choses, sans aucunement entreprendre sur les droits, us, stil & Coustumes desdits Bailliages de Bar, & de la mouvance dont les jugemens seront emanez, estant au pardessus de notre volonté & intention, que notredit frere, ses successeurs, descendans de luy, sesdits Officiers, vassaux & sujets qui sont de la mouvance & ressort de notredite Cour de Parlement soient conservez en leur liberté, franchise & immunité; & que moyennant le susdit traité & accord, il jouisse sur ses sujets de tous droits de Regales & Souveraineté, & luy soit loisible de faire en sondit Bailliage & terres susdites toutes Loix, Ordonnonces & Constitutions, pour lier & obliger ses sujets à les garder & entretenir; d'establir Coustumes generales, locales & particulieres & us, & stile judiciaire, suivant lesquelles les procès & causes de luy & de ses sujets seront jugez & terminez, à peine de nullité; qu'il puisse faire donner reglemens à ses Officiers, Justices & Jurisdictions, convoquer Estats, & imposer toutes tailles & subsides, conceder aussi & octroyer à sesdits sujets toutes sortes de Lettres de relief d'*Illicò*, des appellations interjettées des Prevost ou Bailly de Bar, benefice d'aage, & rescision de contract, restitutions en entier, toutes graces, pardons, remissions, annoblissement, amortissement, & tous autres reliefs & provisions de Justice; & qu'à icelles par luy decernées l'on aura egard en jugeant les procès & causes d'appel, & ne seront les procès & instances de luy & de ses sujets sous pretexte des appellations interjettées par l'une ou l'autre des parties sur quelques incidens evoquez au principal en notre Cour de Parlement, & au Bailliage de Sens, sinon en cas de droit & que notredite Cour connoisse qu'il y ait cause necessaire. Pourra aussi notredit frere faire forger monnoye & y donner cours en sondit Bailliage de Bar & terres de la mouvance, de telles sortes & especes, prix & valeur que bon luy semblera, & contraindre tous les sujets dudit Bailliage de Bar & susdites terres de la mouvance, à se fournir de sel en ses salines, en les faisant punir & corriger s'ils faisoient au contraire, sans que Nous ou nosdits successeurs les en puissions empescher: Que lesdits Juges puissent connoistre en premiere instance de tous cas privilegiez, de toutes complaintes & possessoires des Benefices & de toutes matieres quelconques; & que suivant ce qui a esté de tout temps observé, sondit Bailly de Bar soit reformateur de toutes les sentences données par les Prevosts, Juges & Officiers de ses vassaux, tant en matieres civiles que criminelles, & que ses sujets ne puissent estre distraits hors de leurs Jurisdictions ordinaires, par committimus, mandement de scholarité, gardes gardiennes, & autres privileges quelconques, pour estre attirez en premiere instance, tant aux Requestes du Palais, Siege de la Pierre de Marbre, aux Eaux & Forest qu'ailleurs, & que nos sergens ne pourront exploiter ny executer aucunes commissions sans pareatis, si ce n'est en cas de ressort, & generalement qu'il luy laisse jouyr de toutes Aves, Regales de droit de Souveraineté, en confirmant par Nous en tous points les autres Lettres de Declaration ja sur ce accordées & octroyées par feu notredit Sieur & frere, dès le 18. de Novembre 1572. & le 13. Février 1573. SI DONNONS EN MANDEMENT à nos amez & feaux les gens tenans notredite Cour de Parlement à Paris, Chambre des Comptes, Cour des Aydes, & Requestes du Palais, Bailly de Sens & Vitry & de Chaumont, & à tous autres Officiers & Justiciers qu'il appartiendra que nos presentes Lettres de declaration, vouloir & intention ils fassent lire, publier & enregistrer, & du contenu en icelles laissent en jouyr & user notredit frere & ses successeurs, pleinement & paisiblement, & à notre Procureur general d'en consentir la publication & verification à notredite Cour de Parlement: CAR tel est notre plaisir. En tesmoing de quoy nous avons signé les presentes de notre propre main, & à icelles fait mettre & apposer notre seel. Donné à Paris le huitiesme jour d'Aoust l'an de grace 1575. & de notre regne le deuxiesme. *Signé*, HENRY. *Et sur le reply*, Par le Roy estant en son Conseil, BOULLART. Et seellé de cire jaune sur double queue. *Et à costé est escrit:* Leues, publiées & enregistrées, ouy sur ce le Procureur general du Roy. A Paris en Parlement, le Roy y seant, le 27. Aoust 1575.

Et sur le milieu dudit reply est aussi escrit: Leues, publiées & enregistrées, ouy le Procureur du Roy en la Chambre des Comptes, en consequence de la publication faite en la Cour de Parlement. Signé, LA FONTAINE. *Et de l'autre costé est aussi escrit;* Leues, publiées & enregistrées en la Cour des Aydes de Paris, ouy le Procureur general du Roy en consequence de la verification d'icelle. Fait en la Cour des Aydes, le Roy y seant, le troisiesme jour de Fevrier 1576. Signé, LE SUEUR.

ARREST DE LA COUR DE PARLEMENT,

Sur la Redaction & Homologation des Coustumes de Bar.

Extrait des Registres de Parlement.

ENtre le Procureur general du Roy, appellant de la redaction des Coustumes faites & redigées par escrit au Bailliage de Bar-le-Duc par l'ordonnance & commandement du Duc de Lorraine & de Bar, en ce qui est du ressort ancien du Bailliage de Sens, d'une part: Et ledit Duc de Lorraine & de Bar intimé, d'autre part. Après que de Thou pour le Procureur general du Roy, & Pasquier pour le Duc de Lorraine ont esté ouys: LA COUR quant à l'appel interjetté par le Procureur general du Roy, de l'homologation des Coustumes du Bailliage de Bar, a mis & met les parties hors de Cour & de procès; & après que les Advocat & Procureur dudit Duc de Lorraine ont offert mettre lesdites Coustumes du Bailliage de Bar au greffe d'icelle Cour, present le Procureur general du Roy, pour y estre registrées; & à cette fin ils les ont presentées: La Cour a ordonné & ordonne que lesdites Coustumes dudit Bailliage de Bar seront receues & mises au Greffe d'icelle, present ledit Procureur general du Roy, ainsi que l'on a accoustumé de faire recevoir & mettre au greffe les Coustumes qui sont arrestées par l'ordonnance & sous l'autorité du Roy. Fait en Parlement le quatriesme jour de Decembre mil cinq cens quatre-vingt-un. *Signé*, DU TILLET.

Leu, publié & registré au Greffe du Bailliage de Bar, ce requerant le Procureur general de ce Bailliage, le premier jour de May mil cinq cens quatre-vingt-deux.

ARREST DU CONSEIL D'ESTAT DU ROY,

Servant de Reglement entre les Sujets du Roy, & ceux de M. le Duc de Lorraine.

Du 15. May 1604.

Extrait des Registres du Conseil d'Estat.

SUr la Requeste presentée au Roy en son Conseil, par M. le Duc de Lorraine & de Bar, tendante à ce qu'en attendant le Jugement dudit Conseil de l'instance évoquée en iceluy, entre les habitans de la paroisse d'Esvre, élection particuliere de Sainte-Manehould, & un nommé Jean Lollier, sujet dudit Sieur Duc, du village de Nubécourt, au Bailliage de Clermont en Lorraine, pour raison de ce que les Eslus de ladite élection de Sainte Manehould auroient voulu comprendre ledit Lollier aux impositions de leurs Tailles: la décision de laquelle servira de reglement pour tous les autres sujets dudit Sieur Duc, inquietez à cause desdites Tailles & impositions, par les Officiers de Sa Majesté, des élections de Reims, de Chaalons, & autres de la frontiere de Champagne, du costé des pays dudit Sieur Duc, qui les veulent comprendre ausdites Tailles & Impositions, & cependant faire inhibitions expresses & deffenses ausdits Esleus, & à tous autres que besoin sera, d'en connoistre & de passer outre aux contraintes & levée desdites Tailles, Subsides & Impositions, de quelque nature ce soit & puisse estre, à peine de nullité & de restitution des deniers, depens, dommages & interests, & de les repeter sur eux en leur propre & privé nom : & neanmoins maintenir les sujets dudit Sieur Duc, en la jouïssance du droit d'entrecours en vaine pasture, qu'ils ont de toute ancienneté sur les bans & finages des villages de France leurs voisins, & faire deffenses à tous qu'il appartiendra de les y troubler par saisies de leurs bestiaux ny autrement, en quelque maniere que ce soit; requerant aussi ledit Sieur Duc, qu'il plaise à Sa Majesté lui accorder Lettres de confirmations sur celles à lui octroyées par les feus Rois derniers decedez, mesme par le feu Roy Henry III. des mois de Janvier 1576. d'Aoust 1577. & de l'année 1580. & ce en consequence de celles du Roy Henry & François II. des années 1553. & 1559. & du Roy Charles IX. des années 1569. & 1573. deuement verifiées où besoin a esté, d'autant qu'au prejudice d'iceux privileges les gardes & fermiers des Impositions, & autres Officiers des bureaux des Traites-Foraines ne cessent ordinairement d'inquieter & molester les sujets dudit Sieur Duc, les empeschant en la jouïssance des droits & privileges contenus esdites Lettres, sous pretexte d'une nouvelle Imposition mise sur les grains & vins sortans hors le Royaume, les contraignans indifferemment à payer plusieurs charges & acquits, desquels ils sont declarez exempts par lesdites Lettres Patentes, articles & reglemens, encore que les libertez & immunitez y contenues soient reciproques aux sujets de Sadite Majesté, qui en jouïssent respectivement ès pays dudit Sieur Duc; afin que par le moyen de ladite confirmation, les sujets dudit Sieur Duc puissent ci-après jouir pleinement & paisiblement de leursdits privileges, sur les peines qu'il plaira à Sa Majesté arbitrer, en cas qu'il y soit contrevenu; & ce nonobstant l'Ordonnance faite sur ladite nouvelle imposition, & toutes autres qui se feront à l'avenir par Sa Majesté, en declarant qu'elle n'a entendu & n'entend par ladite Ordonnance faire aucun prejudice aux droits, franchises, libertez & exemptions mentionnées esdites Lettres, declarations, articles & reglemens qu'il plaira à Sadite Majesté ordonner estre entretenus & observez selon leur forme & teneur, attendu le consentement à ce donné par le Sieur de Limbourg fermier general des Traites & Impositions Foraines & autres droits d'entrées de grosses denrées & marchandises de ce Royaume, & par le Procureur de Sa Majesté, & aussi par le Receveur en la Province de Champagne, ausquels lesdites Lettres & declarations ont esté communiquées; Suppliant encore ledit Sieur Duc, qu'il plaise à Sa Majesté luy faire expedier ses Lettres Patentes, portantes permission à tous les sujets dudit Sieur Duc de pouvoir transporter franchement & quittement tous & chacuns les deniers qui leur appartiendront, & proviendront de leurs revenus, trafic & commerce, en quelque quantité & espece d'or & d'argent qui se puisse, soit en monnoye de ce Royaume, des pays dudit Sieur Duc ou d'ailleurs, seulement de Lorraine en Barrois, & de l'un à l'autre traverser par les lieux qui sont de la France entre lesdits pays, sans qu'en ce faisant ils puissent estre molestez ny leurs deniers saisis & arrestez par les Gardes & Officiers des frontieres, à la charge de n'abuser de cette grace, à peine d'en estre dechus, & les dispenser par lesdites Lettres de prendre certifications des Juges des lieux dont auroient esté tirez lesdits deniers, pourveu que ce ne soit dans le Royaume, ains seulement des pays dudit Sieur Duc, & de rapporter acquit, ny de fournir caution pour le transport desdits deniers, de l'un desdits pays en l'autre; à sçavoir de Barrois en Lorraine, & de Lorraine en Barrois; & ce pour éviter les accidens qui pourroient arriver quand on seroit, par ce moyen desdits acquits & certifications, averti des sommes de deniers dont l'on seroit chargé.

Veu ladite requeste, le renvoy fait d'icelle aux Tresoriers de France en Champagne, pour sur le contenu en donner & envoyer leurs advis audit Conseil. Procès verbal & informations faites par l'un desdits Tresoriers de France. Cahier de plusieurs Lettres & Declarations, contenant les privileges & affranchissemens octroyez par les feus Rois aux sujets dudit Sieur Duc, Signé *Gratian*. L'avis desdits Tresoriers de France de Champagne, par eux donné sur le contenu en ladite Requeste, suivant le renvoy à eux fait d'icelle.

Le Roy en son Conseil, conformément audit avis, & pour retrancher, assoupir & terminer les procès & differends qui naissent journellement, & qui ont deja pris quelque commencement entre les sujets de Sa Majesté & ceux dudit Sieur Duc de Lorraine, pour estre les finages contigus joignans & enclavez les uns aux autres; a declaré & declare que *les Laboureurs & tous autres* de quelle qualité & condition qu'ils soient, tant de France que desdits pays de Lorraine & Barrois, ayans terres & prez, vignes & bois esdits finages à eux appartenans en proprieté; sçavoir ceux de France qui en auront en Lorraine ou Barrois, & ceux de Lorraine ou Barrois qui en auront aussi en France contigus & adjacens, *puissent* & leur soit loisible de labourer, *cultiver & ensemencer* leurs heritages, & enlever leurs grains en gerbes, les foins en meules, les raisins en grappes, & les autres fruits provenans desdits heritages, & iceux faire *transporter ès lieux de leurs demeurances*, sans que pour ce ils soient tenus payer aucune taille, emprunt, gabelle ny subside, pourveu qu'ils ne labourent ou fassent labourer chacun plus de dix journaux de terre en chacune roye & saison, & qu'ils ne possedent chacun plus de quatre arpens de pré, & deux arpens de vignes; desquels terres, prez & vignes ils seront tenus de bailler de trois ans en trois ans, declaration au vray aux Officiers des lieux où lesdits heritages sont assis, à peine de confiscation des fruits, & où lesdits sujets se trouveroient en tenir & posseder esdits finages voisins plus grande quantité, les proprietaires & detenteurs desdits heritages seront taxez & imposez pour le surplus par les Asseeurs des Tailles des villes, villages & paroisses où ils sont situez le plus justement que faire se pourra, suivant la valeur & le profit qui s'en pourra tirer, & contraints de payer ce à quoy ils seront taxez, tant & si longtemps qu'ils les tiendront, ou feront cultiver & façonner par autres que par ceux qui seront demeurans ès finages & terres où lesdits heritages seront assis, sans prejudice des droits d'acquisitions, successions à l'un & l'autre desdits sujets ès lieux où le droit & la Coustume le permettent.

Et quant aux *vaines pastures & entrecours* que les sujets de Sa Majesté & ceux dudit Sieur Duc, en pourront jouir comme ils ont fait par ci-devant, suivant la Coustume des Bailliages & jusqu'aux esquiers des clochers des Paroisses, sans qu'ils puissent s'empescher ny troubler les uns & les autres ès lieux où les finages & terroirs sont égaux & de pareille quantité, ou jusqu'à un quart près; & où il y auroit de l'inegalité excedant ledit quart, ne pourront les habitans des paroisses, où il y en auroit de moins, envoyer leur betail sur lesdites vaines pastures de leurs voisins, qu'à raison & à proportion de ce que leurs finages s'étendront, comme si le finage d'un village de France contient trois cens arpens, & celuy de Lorraine en Barrois n'en contient que deux cens, les habitans de la France & ceux du pays dudit Sieur Duc ne pourront mener leur bétail sur le vain pasturage, qu'au nombre & à la proportion de l'étendue de leurs finages; comme aussi ceux, le finage desquels se trouvera exceder ledit quart de finage voisin, ne pourront conduire ni faire mener sur celuy qui contiendra moins qu'au *pro rata* du troupeau, que ceux du finage de moindre estendue fera mener sur le finage voisin, & ce suivant les reglemens qui en seront donnez par celuy ou ceux qui seront pour ce commis & deputez.

Et pour ce qui touche le *transport du creu & concreu*, ouvrages & manufactures des sujets dudit Sieur Duc desdits pays de Lorraine en Barrois, & de Barrois en Lorraine, en traversant & passant par le détroit de la frontiere de Champagne, & semblablement par ce que les Sujets de Sa Majesté voudront faire transporter, en traversant & passant par le détroit desdits pays de Lorraine & Barrois, respectivement pour leurs defrais, usage & commodité particuliere, pourront de part & d'autre jouyr & user des mesmes privileges, franchises, libertez & exemptions qu'ils ont fait du passé, suivant & conformément aux Lettres Patentes & Declarations des feus Rois, & celles de l'année 1576. confirmées par autres subsequentes des années 1577. & 1580. Et que les sujets dudit Sieur Duc pourront aussi passer par le détroit de la province de Champagne, & ceux de France par le détroit desdits pays de Lorraine & Barrois, leurs deniers provenans de leurs biens rentes, revenus, en apportant certification des Juges des lieux, où lesdits deniers auront esté pris ainsi qu'ils ont fait par ci-devant & non autrement sans en abuser, sur peine de confiscation & d'amende arbitraire. Fait au Conseil d'Etat tenu à Fontainebleau le quinziesme jour de May mil six cens quatre. *Signé*, BAUDOUIN.

Registré ès Registres de Messieurs les Tresoriers de France en Champagne, le septiesme jour de Septembre mil six cens quatre. Signé, PAILLOT.

TABLE DES TITRES
DES COUSTUMES DE BAR.

ANCIENNES COUTUMES DU BAILLIAGE DE SAINT MIHIEL.

REMIEREMENT, Coustume est telle, que tous les fiefz tenus du Duc de Bar, en son Bailliage de sainct-Mihiel, sont fiefz de danger, rendables à luy à grande & petite force, sur peine de commise, & se gouvernent & reglent selon les Loix & Coustumes Imperiales, en cas où il n'y a Coustumes particulieres contraires audit Bailliage.

II. *Item*, Que les Comtez tenus en fief dudit Duc de Bar, sont individus, doivent appartenir au filz aisné, qui en emporte le nom & tiltre; & les autres enfans puisnez ont partage en autre terre, s'il en y a; & s'il n'y a autre terre que tel Comté, ils auront portion contingente, qu'ils tiendront en fief dudit aisné, en subjection de retour, demeurant le nom & tiltre audit aisné.

III. *Item*, Que les vassaux dudit Bailliage sont tenus, quand ils sont requis, aller & servir en armes leur seigneur Duc, en guerre qu'il pourroit avoir, contre les ennemis de son pays, aux despens dudit Seigneur Duc: restitution de prinse de corps, chevaux, harnois & interests.

IV. *Item*, Quand un vassal dudit Seigneur Duc vend son fief, il est requis en avoir consentement & confirmation dudit Seigneur: Et peut ledit Sieur le reprendre & le joindre avec son domaine, pour tels deniers qu'il auroit esté vendu, avant la confirmation, ou confirmer le vendage, si bon luy semble. Comme semblablement l'arriere-vassal vendant l'arriere-fief, doit avoir confirmation du Sieur feodal immediat, lequel le peut reprendre pour les deniers, & le joindre à son domaine.

V. *Item*, Que le vassal qui vend ou aliene son fief à un homme noble, capable à le tenir, tel acheteur, ou qui par alienation y pretend droit, ne se peut bouter, intruire, ne prendre possession dudit fief avant la confirmation & consentement dudit Seigneur feodal, sur peine de commise.

VI. *Item*, Quand un vassal decede sans hoirs de son corps, & delaisse aucuns ses lignagers en ligne collaterale, le Sieur feodal, par le trespas de sondit vassal; se peut ensaisir & mettre en possession de tel fief, & le tenir en sa main & exploicter, sans qu'il se doivent departir de ladite possession & jouissance: Mais s'en peut dire possesseur, jusques à ce qu'il luy appert, que tel heritier soit capable & habile à succeder audit fief, & tiendra sadite saisine & possession, jusques à ce qu'il soit congnu & decidé, si tel lignager est habile & capable d'y succeder. Et par ladite Coustume n'est loisible à tel lignager, voulant pretendre droit audit fief, soy intruire ou bouter en iceluy depuis la saisine dudit Sieur feodal, sans son congé & licence, ne le troubler en sa possession, sur peine de commise, & perdre le droit qu'il pretend audit fief. ANCIENNES COUTUMES.

VII. *Item*, Le seigneur feodal peut faire saisir le fief de son vassal par faute de denombrement non baillé après les quarante jours ordonnez audit vassal, de le bailler, en faisant son devoir de reprinse, pendant laquelle saisie, jusques au denombrement baillé, ledit seigneur feodal fait les fruits siens.

VIII. *Item*, Quand le vassal confisque son fief, pour quelque crime que ce soit, ou autrement, dont le vassal soit convaincu, ledit fief retourne au Sieur feodal immediat, duquel il est tenu, qui en est saisi de ce mesme faict: Et se peut bouter dedans ledit fief, l'exploicter, & en faire les fruicts siens, & rejoindre à son domaine.

IX. *Item*, Si un vassal donne par testament ou autrement à l'Eglise, son fief ou partie d'iceluy, telles Eglises ne le peuvent tenir plus d'un an, sans avoir admortissement ou permission, mais sont tenues le mettre hors de leurs mains, à un homme capable de le tenir, autrement le Sieur feodal le peut faire saisir après l'an, & en lever les prouffits: Laquelle Coustume a lieu, & s'observe en rentes & heritages de pote & roturiers pareillement, au prouffit du Sieur haut-Justicier.

X. *Item*, Que le Sieur feodal n'est tenu recevoir son vassal en foy & hommage par procureur, s'il ne se presente en personne; Si doncques n'estoit, que le fief appartint à un enfant mineur d'ans, auquel cas, le tuteur en peut faire le devoir dedans le temps deu.

XI. *Item*, Qu'un vassal ne peut prescrire contre son Sieur feodal, les droicts & devoirs qu'il est tenu luy faire à cause dudit fief, ny le Sieur contre le vassal.

XII. *Item*, Si le vassal donne librement son fief par donation entre les vifs ou par testament, ou qu'il eschange iceluy fief contre un autre sans soulte, les parens dudit vassal ne peuvent venir à la retraicte dudit fief, & pareillement se garde la Coustume en terre de pote.

XIII. *Item*, Que par ladite Coustume, le parent & lignager peut retirer à luy par rachapt, dedans l'an & jour, les biens de ligne alienez, & vendus à estranger, en restituant & remboursant l'acheteur estranger dedans l'an du vendage, des deniers par luy debourfez pour l'achapt, avec les loyaux cousts : Et est receu le premier lignager se presentant à ladicte retraicte, sans avoir esgard à la proximité de parenté, & lignage.

XIV. *Item*, Qu'un homme noble peut hypothequer ou engager son heritage de fief à homme noble, ou de pote, pourveu qu'il y ait rachapt : mais il ne le peut vendre, fors à homme noble, & fera le service ledit vassal de l'heritage par luy hypothecqué ou obligé, & ne le peut en tout ou partie, bailler à cens ou à rente, sans permission du Sieur feodal, ny desmembrer son fief en façon que ce soit, & n'est le roturier capable à tenir fief.

XV. *Item*, Que le Duc de Bar a retenue de ses hommes & femmes demeurans audit Bailliage, posé qu'ils voisent demeurer sous ses vassaux hauts Justiciers, & pareillement les vassaux dudit Bailliage ont retenue de leurs hommes & femmes, qui vont demeurer ès villes & villages appartenans audit Sieur Duc, & où il est haut-Justicier, & pareillement les vassaux les uns sur les autres, excepté en aucuns lieux, qui sont chartrez & privilegiez au contraire.

XVI. *Item*, Quand un vassal va de vie à trespas, & il delaisse plusieurs enfans masles & femelles, ou un enfant masle & plusieurs filles, l'aisné fils a droict de prendre & choisir pour luy avant parson, laquelle sorte place qu'il luy plaira prendre pour son droict d'aisneesse, qu'il emporte avec ses appartenances de murailles & fossez seulement, à la charge de douaire s'il y escheoit, & au residu des autres heritages de fiefs il prend sa part comme un des autres fils.

XVII. *Item*, Que si un vassal va de vie à trespas, & il delaisse de son premier mariage un enfant ou plusieurs, soient fils ou filles, & du second pareillement un ou plusieurs. Celuy ou ceux qui sont du premier mariage a, ou ont, autant en heritage de fief, que tous les autres enfans du second mariage, à cause du lit brisé : *& è contrà* ; & pareillement a lieu ladite Coustume en succession maternelle en heritage de fief.

XVIII. *Item*, Qu'en successions collaterales le droit d'aisnesse n'a point de lieu.

XIX. *Item*, Qu'en succession de terre de fief en ligne directe, un enfant masle a & emporte autant seul que deux filles ; mais en terre de pote, ils succedent egalement.

XX. *Item*, En droite ligne representation a lieu *usque in infinitum*, tant en heritage de fief de pote, comme d'acquests & meubles.

XXI. *Item*, En succession collaterale en heritage de ligne terre de pote, representation a lieu, *in infinitum* : mais en terre feodale acquests hors ligne, meubles, meubles & gagieres, representation n'a lieu ; ains le plus proche exclud le plus remot.

XXII. *Item*, En succession feodale, collaterale, tant de ligne que d'acquests, le masle exclud la femelle en pareil degré.

XXIII. *Item*, Que les acquests faits en terre de fief, par gens nobles, constant leur mariage, sont communs entre l'homme & la femme, & y a la femme la moitié, supposé que son mary en faisant les lettres dudit acquest ne l'ait denommée acquesteresse avec luy. Mais entre gens roturiers & de pote, la femme ne prend aucune chose ès acquests faicts par son mary, si elle n'est expressément denommée acquesteresse ès lettres d'acquests ou en contractant.

XXIV. *Item*, Quand un homme ou femme de corps dudit Seigneur Duc de Bar, d'aucuns de ses vassaux, se depart & va demeurer hors du Duché de Bar, & a contracté seigneurie en aucun lieu ou ledit Seigneur n'ait la retenue de ses hommes. Ledit Seigneur Duc de Bar, ou le vassal haut-Justicier, prend & emporte tous les heritages & biens delaissez estans sous eux. Et si aucuns desdits hommes & femmes de corps estoient demeurans au Bailliage de sainct-Mihiel, & avoient coheritiers demeurans hors dudit Bailliage, qui eussent contracté seigneurie, le seigneur representeroit l'absent, & auroit telle part qui luy devroit escheoir.

XXV. *Item*, Que la Coustume est telle audit Bailliage de sainct Mihiel, que le survivant de deux conjoincts emporte les meubles, debtes & gagieres, en payant les debtes & frais funeraux, excepté les debtes deues pour acquests d'heritages, lesquelles se doivent payer par celuy ou ceux qui auront lesdits acquests, s'il n'y a disposition testamentaire, & en peut le mary disposer à son plaisir. Mais la femme ne peut disposer sans le congé de son mary au dessus de cinq sols.

XXVI. *Item*, Que si un homme acqueste aucun heritage en la ligne de la femme, & elle va de vie à trespas, ledit heritage est & retourne aux heritiers de ladite femme, & n'y a l'homme aucune chose. Toutesfois durant ledit mariage, ledit homme peut revendre ledit heritage acquesté, sans le consentement de sa femme, & pareillement les heritages acquestez par ledit mary, en sa ligne demeurent aux heritiers de son costé & ligne, & n'y prend rien la femme, fors son douaire, ny ses heritiers, posé qu'elle fust denommée acquesteresse.

XXVII. *Item*, Qu'un homme ou femme estans au lit mortel, ne peut disposer de son heritage de ligne, pour en frustrer ses heritiers, soit par contract entre-vifs ou à cause de mort, si ce n'est pour legats pieux, comme pour dire Messe, & autres biens, pour le salut de son ame, ou bien pour sa necessité urgente, & soulagement de sa personne pendant sa maladie, dont il peut disposer jusques au tiers seulement. Mais quant à ses meubles & acquests, il les peut donner à son plaisir à personne toute estrange, ou autrement.

XXVIII. *Item*, Qu'une personne ne peut advantager l'un de ses enfans plus que l'autre ; ains convient tout rapporter après le trespas du pere ou de la mere avant parson. Auquel rapport ne sont compris les fruicts procedans des choses données en avancement : mais si c'estoit personne qui n'eust enfans procreez de son corps, & qu'il eust freres ou sœurs, ou plus loingtains, il pourra donner à l'un plus qu'à l'autre de ses acquests hors ligne, meubles, debtes & gagieres.

XXIX. *Item*, Qu'un homme par son testament peut donner tous ses meubles & acquests à sa femme, ou partie d'iceux, telle qu'il luy plaira. Mais la femme ne peut rien donner à son mary.

XXX. *Item*, Quand une personne va de vie à trespas sans hoirs de son corps, & elle delaisse aucuns heritiers d'un costé seulement, comme de par son pere, & elle a aucuns heritages de par sa mere, sans avoir nuls heritiers de par icelle sa mere, les heritiers de par son pere n'auront rien ès heritages qu'il auroit de par sa mere ; mais les emportera le Seigneur par faute d'hoirs. Car par la Coustume on regarde les lignes d'où les heritages sont procedans.

XXXI. *Item*, Que si une personne non mariée, va de vie à trespas sans hoirs de son corps, ses pere & mere, s'ils sont vivans, ou l'un d'eux, a & emporte tous les meubles par luy delaissez, & les acquests ou dons, s'aucuns en y a, & n'y ont rien les freres ou sœurs du trespassé, ou autres parens plus remots.

XXXII. *Item*, Que la femme survivant son mary, prend son douaire sur la moitié de tous les heritages que son mary delaisse, & s'ils avoient faict aucun acquest constant leur mariage, & que la femme fust acquesteresse, elle n'auroit aucun douaire sur la portion du mary, mais auroit seulement la portion dont elle seroit acquesteresse.

XXXIII. *Item*, Qu'un homme marié ayant biens

meubles en plusieurs & divers lieux, va de vie à trespas, & il ne dispose de fesdits meubles, iceux obviennent à la femme ou aux heritiers selon la Coustume du lieu, où ledit homme marié faict sa residence & demeure audit Bailliage.

XXXIV. *Item*, Que ledit douaire coustumier est tant favorable, que nonobstant que par traicté de mariage, douaire prefix soit assigné, il loist à la femme quicter le prefix & s'arrester au coustumier, duquel elle est saisie par le trespas de son mary.

XXXV. *Item*, Qu'un homme ou femme conjoints ensemble par mariage, soit qu'ils ayent enfans ou non, peuvent faire don mutuel entre eux de l'usufruict des heritages de ligne & d'acquests, & mesme se peuvent donner les acquests en proprieté avec l'usufruict desdits heritages de ligne, sans qu'il soit requis avoir le consentement des enfans, parents & amis. Mais desdits heritages de ligne ne se peuvent faire dons de la proprieté, sans le consentement desdits parents. Les conditions à ce accoustumées y gardées, qu'ils soient esgaux ou prochains en aage & en biens, & qu'il n'y ait en l'un plus qu'en l'autre conjecture de maladie.

XXXVI. *Item*, Que si en traictant aucun mariage, le pere, ou autre prochain parent de la femme, donne & delivre au mary une somme de deniers pour employer en acquests d'heritage pour ladicte femme, & ses heritiers, & il advient que retour de mariage ait lieu; en ce cas le mary ou ses heritiers sont tenus rendre aux heritiers de ladicte femme, les heritages qui auroient esté acquestez des deniers dudit mariage, ou les deniers, s'ils n'avoient esté employez.

XXXVII. *Item*, Quand une fille est mariée, & elle va de vie à trespas avant l'an & jour de son mariage, les biens donnez à ladite fille par ses pere & mere, leur retourneroient, si doncques n'est qu'il y ait enfans, ou qu'il l'ait relevée de maladie, ou gesine.

XXXVIII. *Item*, Que l'homme noble marié à une femme non noble, annoblit sadite femme constant leur mariage, & après le trespas de son mary, ladicte femme estant vefve, jouist de pareil privilege de noblesse, comme elle faisoit constant ledict mariage, mais si elle se remarie à un homme de pote elle pert ledit privilege de noblesse.

XXXIX. *Item*, Qu'une femme vefve est privilegiée de prendre le bail & gouvernement de ses enfans mineurs d'ans de son feu mary & elle, si bon luy semble. Lequel gouvernement elle aura, tandis que elle sera vefve, mais si elle se remarie, la justice ordinaire pourvoyera de tuteurs ausdits enfans mineurs.

XL. *Item*, Une vefve femme qui a son douaire en la moitié des heritages de son feu mary, est tenu retenir ès heritages qu'elle tient en douaire de couverture, pel & torche, & non de vilain fondoir, si doncques n'est qu'il appert que par sa faute ledit fondoir fust venu. Es mains de laquelle douairiere les heritiers doivent mettre en bon estat, ce qui depend de son douaire.

XLI. *Item*, Que le mary est administrateur des heritages de sa femme, constant leur mariage, prend & leve les fruicts, & en dispose à son plaisir, & s'il y a justice ou Seigneurie, elle est exercée sous le nom dudit mary, tant que le mariage dure, mais la femme demeure tousjours possesseresse.

XLII. *Item*, Que toutes rentes vendues à rachapt & gagieres d'heritages sortissent nature de meubles, & appartiennent au survivant meublier, & sont tels rachapts imprescriptibles, s'ils sont donnez à tous bons points, ou toutes & quantesfois qu'il plaira au vendeur & ses ayans cause, de racheter.

XLIII. *Item*, La Coustume est telle audit Bailliage, que donner & retenir ne vaut.

XLIV. *Item*, Est Coustume telle en iceluy Bailliage notoirement observée, que le mort saisit le vif, son plus prochain heritier habile à luy succeder.

XLV. *Item*, Audit Bailliage y a des Coustumes particulieres en aucuns lieux, qui se reglent selon la loy de Belmont, le droict de Saincte Croix, Sainct Gergonne, Saincte Glossine de Metz, & des Chevaliers & Escuyers. Ausquels l'on a eu recours le cas advenant entre personnes & choses roturieres, & non en matiere feodale & de personnes nobles.

XLVI. *Item*, Que toutes prescriptions sont par ladite Coustume reduites à trente ans.

XLVII. *Item*, Coustume est audit Bailliage, que celuy qui confisque le corps, confisque les biens.

XLVIII. *Item*, Que les arbres sauvages fruitiers percrus en terres arables où prairies non tenus en cloison, sont par ladite Coustume, censez communs, & ne loist à aucun particulier les coupper, sans aurité & permission du Seigneur, jaçoit que ledit arbre sauvage soit percreu & nourry en son fond, & ne peut ledit Seigneur du fond s'attribuer le fruict dudit arbre.

XLIX. *Item*, Que les heritages tenans ou aboutissans sur chemins herdales, pasquis ou autres aisances de ville, sont subjects à cloison depuis la Sainct George jusques après que les chatez sont levez.

L. *Item*, Que les bourgeois & autres habitans audit Bailliage de Sainct-Mihiel, sont tenus en prohibition de faire troupeaux à part, pour tenir en vaine pasture, sur le ban où ils font residence, ny autre, s'ils n'ont privilege de ce faire, ou qu'ils soient hauts Justiciers.

LI. *Item*, Que les habitans & communauté d'un village, ont droict de percours en vaine pasture, sur les bans joignans aux leurs, jusques aux esquarres des clochers, si clochers y a, sinon jusques au milieu du village ou cense, n'est qu'il y ait bois ou riviere, moyens, ou qu'il y ait paction & convenance entre les communautez au contraire.

LII. *Item*, Que nonobstant le droict de percours dessus declaré, chacune communauté a faculté d'embannir & faire eschermie pour l'aliment de leurs bestes trayans sans fraude, & sans empescher l'entrée sur leurs bans, & jouissance du doict de percours en vaine pasture sur le reste dudit ban.

LIII. *Item*, Que par ladicte Coustume le temps de paisson & greniers des forests, dure depuis l'emmy Septembre jusques à l'emmy May, & le reste de l'année est censé herbage.

LIV. *Item*, Que jaçoit que les rentes constituées à prix de deniers à faculté de rachapt & gagieres d'heritages soient censées meubles, ce neantmoins quand elles escheent de pere ou mere aux enfans, elles sont par après censées nature de ligne.

1598. COUSTUMES DU BAILLIAGE DE SAINT MIHIEL.

TITRE PREMIER.

De l'Estat & condition des Personnes.

ARTICLE PREMIER.

LES personnes residantes audict Bailliage, sont nobles ou non nobles.

II. Les nobles sont celles qui sont procrées de pere & mere nobles, ou de pere noble & de mere roturiere, ou qui ont obtenu de nostre souverain Seigneur, Monseigneur le Duc, lettres & privilege de noblesse, ou celles qui sont issües & extraictes de pere non noble, & d'une mere noble, ayants renoncé & quicté à la succession paternelle.

III. Laquelle renonciation se doit faire par celuy qui est majeur de vingt-cinq ans, dedans quarante jours après le decès de son pere, ou de la notice d'iceluy. Et par le mineur dedans quarante jours après qu'il aura attainct l'aage de majorité. Et ce pour & au profit de nostredit Souverain Seigneur, & pardevant M. le Bailly de Sainct-Mihiel ou son Lieutenant : le Procureur general de Barrois present ou appellé pour l'acte qui en sera fait & expedié, estre puis après par celuy qui aura faict ladicte renonciation representé à nostredict Seigneur, à ce d'obtenir la jouissance du privilege de noblesse. Quoy nonobstant les heritages de la succession paternelle, à laquelle il aura ainsi renoncé, demeureront affectez aux rentes & autres charges réelles dont ils estoient chargez auparavant envers ceux à qui elles sont deues.

IV. L'homme noble annoblit sa femme, de sorte que la femme non noble & roturiere qui a esté mariée à un homme noble, pendant sa viduité, jouist du droict & privilege de noblesse, tant & si longtemps qu'elle ne se remarie avec un roturier.

V. Pareillement la vefve d'un qui estoit à cause de son estat, charge ou office, ou autrement franc, immun & exempt de tailles & autres redevances & prestations personnelles, jouit du privilege & franchise que son mary avoit lors de son decès, pendant le temps qu'elle demeure en viduité.

VI. Pendant qu'une femme noble est joincte par mariage avec un roturier sa noblesse dort. Mais incontinent qu'elle est vefve, elle jouist du droit & privilege de noblesse, & neantmoins pendant son mariage avec le roturier, elle peut tenir & posseder les fiefs à elle escheuz ou à escheoir par succession, legats ou autres tiltres lucratifs.

VII. Le noble perd son privilege de noblesse, en exerçant estat de marchandise, ou art mechanicque, lequel privilege il ne peut recouvrer, sinon qu'il soit rehabilité par nostredict Souverain Seigneur.

VIII. Les gens non nobles sont appellez communément gens roturiers ou gens de pote, & sont de deux sortes & manieres. Car aucuns sont franches personnes, & les autres de serves conditions.

IX. Les franches personnes sont celles qui peuvent librement disposer de leurs biens, aller en demeurance où bon leur plaist, ès pays de la jurisdiction & obeissance de nostredit souverain Seigneur, se marier librement, & faire tous actes legitimes, comme personnes franches & libres.

X. Et au regard des personnes de serves conditions, il y en a de plusieurs sortes, selon la nature des terres & Seigneuries, à cause desquelles elles sont serves.

XI. Car les unes sont taillables envers leurs Seigneurs à volonté, les autres à tailles abornées, les autres sont main-mortables en meubles seulement, & les autres en heritage seulement, aucunes sont de poursuite de corps, quelques parts qu'elles se transportent, autres sont de forfuyance, & autres de formariages.

XII. Et sont les peines contre les forfuyans, formariez & gens de poursuite diverses, selon la diversité des terres & seigneuries, esquellles elles sont serves.

XIII. Neantmoins toutes personnes dudit Bailliage sont censées franches & libres, s'il n'appert du contraire.

XIV. Quand aucun, de quelque qualité & condition soit il, va en demeurance & contracte domicile eile hors les pays de la jurisdiction & obeissance de nostredict Souverain Seigneur, les biens de roture qu'il a & tient au dedans du Bailliage de sainct-Mihiel sont acquis à nostredict Seigneur, ou aux Seigneurs hauts-Justiciers sous la jurisdiction desquels ils sont situez & assis. Comme semblablement nostredict Seigneur, ou les hauts-Justiciers ès lieux de leurs hautes-Justices, representent les heritiers absens desdits pays, exceptez toutesfois ceux qui ont privilege au contraire par chartres ou droict d'entrecourt.

XV. Les curez & vicaires residants, sont censez habitans des villes ou villages où ils resident & desservent leurs benefices, & par consequent ont droict de jouir des bois d'usages, pasquis & autres droicts communaux, comme un autre habitant du lieu de leur residence. Et encores qu'il y ait un four bannal audit lieu, neantmoins en peuvent avoir un particulier en la maison de la Cure, & ce pour leur desfruit tant seulement.

XVI. Les enfans sont sous la puissance de leur pere, n'est qu'ils soient emancipez de luy.

XVII. Et peut le pere emanciper ses enfans toutes & quantesfois que bon luy semble, pardevant son Juge ordinaire & domiciliaire, & en ce cas est prouveu de tuteur & curateur aux emancipez, s'ils sont mineurs, & le cas le requiert.

XVIII. Neantmoins les enfans mariez, encore qu'ils soient mineurs de vingt-cinq ans, sont reputez emancipez & mis hors de la puissance paternelle, jouissants de leurs droicts, & ayans pouvoir de sister en jugement, contracter ou faire tous actes legitimes, sans que l'autorité de leur pere soit requise, ou toutesfois ne peuvent valablement aliener ou engager leurs biens immeubles, jusques à ce qu'ils seront majeurs de vingt-cinq ans.

XIX. Aussi les enfans non mariez, ayants pere après qu'ils sont aagez de vingt-cinq ans, tenans feu & lieu en leur chef, & separement de leur pere, sont tenus & reputez emancipez, & hors de la puissance de leurdit pere.

XX. *Item*, Les clercs constituez ès Ordres sacrez sont censez emancipez & mis hors de la puissance paternelle, en quelque aage ils soient, comme semblablement les beneficiers, pour l'esgard des choses & affaires concernans leurs benefices.

XXI. La femme mariée après la benediction nuptiale, est par ladite Coustume en la puissance de sondict mary, jaçoit qu'elle ait pere, ayeul ou autres ascendants paternels, en telle maniere, qu'elle ne peut sister en jugement, donner, quitter ou faire aucuns contracts & obligations, sans l'autorité de son mary.

XXII. Si doncques n'est qu'elle soit marchande publicque ou proposée à aucune negociation par sondit mary, ausquels cas elle peut contracter & s'obliger pour le faict de sa marchandise & negociation tant seulement, & est son mary tenu desdits contracts & obligations.

XXIII. Le pere, soit noble ou roturier, est legitime tuteur & administrateur des corps & biens de ses enfans, & fait les fruicts siens des biens à eux obtenus par succession, tant & si longtemps qu'il demeure en viduité, à charge d'entretenir, nourrir & alimenter lesdicts ses enfans selon leur estat & qualité. Et est tenu de rendre compte & reliqua de ce qu'il aura receu depuis le second mariage, sauf à luy deduire & defalquer les frais qu'il aura faict pendant sondit second mariage, pour l'entretenement de sesdicts enfans, & de leurs biens.

XXIV. La femme vefve est tutrice de ses enfans, tant & si longtemps qu'elle demeure en viduité. Et de laquelle tutelle elle est tenue de rendre compte & reliqua ladite tutelle finie, & à cest effect devra dresser inventaire des biens de sesdicts enfans, dedans quarante jours après le decès de son mary. Toutesfois, si bon luy semble, elle peut se decharger de ladite tutelle, & faire prouveoir de tuteur à sesdicts enfans par le Juge ordinaire.

XXV. Mais si le pere avoit prouveu de tuteur & curateur à ses enfans par son testament & ordonnance de derniere volonté, en ce cas lesdicts tuteur & curateur seroient preferez à la mere.

TITRE II.

Des Juges, Justices & Jurisdictions, & droicts d'icelles.

I. MOnsieur le Bailly de sainct-Mihiel ou son Lieutenant, est le Juge superieur & reformateur immediat des Prevosts, Mayeurs, & autres Juges & Justices inferieures dudit Bailliage. Et pardevant luy ressortissent immediatement toutes appellations desdicts Juges inferieurs, & se relevent à ses assises ordinaires.

II. Pardevant ledict Sieur Bailly sont judiciables en premieres instances, en toutes actions personnelles, civiles ou criminelles, les personnes nobles.

III. Ledict Sieur Bailly a congnoissance en premiere instance privativement, contre tous autres Juges inferieurs des fiefs & arriere-fiefs situez audict Bailliage, des cas de saisine, & de nouvelleté, & de simple saisine.

IV. Ledit Sieur Bailly a droict de decerner mandement de *Debitis*, octroyer lettres de sauvegarde, congnoistre de sauvegarde enfraincte, & des oppositions formées aux executions desdicts mandements de *Debitis*, & lettres de sauvegarde.

V. Ledict Sieur Bailly ou son Lieutenant a la creation des tuteurs & curateurs, emancipations & adoptions de personnes nobles, privativement contre tous autres Justiciers inferieurs; mais quant aux tutelles & curatelles, emancipations & adoptions des personnes roturieres, le Prevost ou l'officier du Sieur haut-Justicier, ou leurs Lieutenants, en ont la creation & congnoissance, n'est doncques que ledit Sieur Bailly ou son Lieutenant y ait prouveu, & soit premier saisi de la congnoissance d'icelles.

VI. Les causes contre les Communautez se peuvent intenter & poursuivre pardevant ledict Sieur Bailly, ou son Lieutenant, ou bien pardevant les Prevosts, ou officiers des hauts-Justiciers d'icelles, au choix du demandeur ou demandeurs.

VII. Ledict Sieur Bailly ou son Lieutenant, a privativement contre tous autres Juges inferieurs la congnoissance des enterinements & verification des lettres patentes, octroyées par nostredict souverain Seigneur, comme de noblesse, privilege, graces, pardons & autres semblables.

VIII. Encore ledict Sieur Bailly ou son Lieutenant, a congnoissance privativement contre les Seigneurs hauts Justiciers dudit Bailliage, de crime de leze-Majesté humaine.

IX. Les Prevosts dudict Bailliage establis par nostre dit Seigneur, ont congnoissance de toutes actions & matieres, tant personnelles que réelles, civiles & criminelles de leurs Prevostez, entre & contre personnes roturieres, hormis des cas reservez audit Sieur Bailly, & n'est qu'en leurs Prevostez y ait Seigneur ou Justiciers qui ait privilege au contraire.

X. Des hauts-Justiciers dudit Bailliage, aucuns ont outre l'emolument de la haute-Justice, l'exercice, congnoissance, judicature & execution d'icelle; les autres ont la congnoissance & l'emolument tant seulement, & non l'execution de leurs sentences criminelles, où escheoit peine de mort & dernier supplice : lesquels ont droit d'establir officiers, Mayeurs, Eschevins, Greffiers, Sergens ou Doyens, pour l'exercice de leur justice : & par leursdits officiers ont congnoissance de toutes actions civiles & criminelles, entre & contre leurs subjets, & mesmement contre les vagabonds & passants, excepté en cas reservé audit sieur Bailly.

XI. Peut le seigneur haut justicier, qui a l'execution de sa haute justice, tenir & avoir fourches & signe patibulaire à deux pilliers, carcant, cep, & prisons ès destroits de sa haute justice, pour marque & execution d'icelle : neantmoins s'il n'y avoit eu au paravant aucun signe patibulaire, ou carcant en sadicte haute justice, il n'en pourroit faire eriger sans la permission de notredit souverain Seigneur; & s'il advenoit que ledit signe patibulaire fust tombé, ledit sieur haut justicier le pourroit faire redresser dedans l'an de la cheute, & non après, sans la permission de notredit souverain Seigneur.

XII. Et ceux qui n'ont l'execution des sentences de mort, peuvent avoir & tenir prisons, cep & carcant, ès destroits de leur haute justice, & non signe patibulaire.

XIII. Les autres n'ont que l'émolument de la haute justice tant seulement, & tels ne peuvent avoir officiers pour l'exercice de la haute justice, fourches, carcants, ny prisons, ains seulement pour faire la recepte de leursdits emolumens.

XIV. Peut & a droit le seigneur haut justicier, par sesdits officiers, faire crier la feste du village où il est haut justicier; & s'il est comparsonnier avec notredit souverain Seigneur, ladicte feste se doit crier, tant de par notredit souverain Seigneur, comme de par le seigneur haut justicier.

XV. Au seigneur haut justicier appartiennent toutes confiscations, espaves, biens vacans, & terres desertes, & en fraitis, qui de memoire d'hommes n'ont esté labourées, ou qui ne seront reclamées par autruy, par lettres ou autrement, successions des bastards decedez sans hoirs legitimes de leurs corps, estans en sa haute justice, encore que la confiscation soit adjugée par autres juges que le sien, horsmis que si un homme d'autre seigneurie & retenue, gisant & demeurant neantmoins en ladicte haute justice, confisquoit ses biens, ledit haut justicier ne prendroit ses meubles, ains le seigneur de l'homme; parce que par la mesme coustume les meubles suivent la personne : mais quant aux meubles, dont le passant & vagabond condamné, se trouveroit saisi lors de la prinse, & qui lui appartiendroient, demeureroient au seigneur haut justicier, excepté aussi que si aucuns seigneurs, colleges, ou autres, avoient droict & privilege de prendre & avoir lesdites terres, espaves, & desertes, en ce cas ledit seigneur haut justicier ne pourra pretendre icelles terres espaves & desertes.

XVI. Que comme pour crime de leze-Majesté humaine, la congnoissance en premiere instance en appartient à notre souverain seigneur, ou à ses officiers, privativement à tous autres : aussi s'il y a confiscation adjugée contre celuy qui sera convaincu dudit crime, elle appartiendra à notredit souverain Seigneur, privativement à ses vassaux, seigneurs hauts justiciers : excepté que si entre les biens confisquez, y avoit arrierefief, il appartiendroit & retourneroit au seigneur direct & feodal, duquel il seroit mouvant immediatement, ainsi que sera dit ci-après en l'article dernier, du tiltre des fiefz.

XVII. Les seigneurs hauts justiciers, ou leurs officiers, avant que d'adjuger aucuns espaves meubles, sont tenus faire publier par quatre Dimanches subsecutifs, s'il y a aucun qui les reclame, & s'il se presente quelqu'un dedans ledit temps, qui prouve lesdits meubles luy appartenir, il luy sera recreu, en payant par luy les despens raisonnables; & celuy qui a recelé une espave plus de vingt-quatre heures, est amendable de soixante solz.

XVIII. Tresor trouvé casuellement en lieu public, appartient pour la moitié au seigneur haut justicier, & pour l'autre moitié à celuy qui l'a trouvé; & s'il est trouvé en fond d'autruy, il appartient pour un tiers au seigneur haut justicier, un au maistre du fond, & l'autre tiers à celuy qui l'aura trouvé; & si ledit inventeur ne le declare, & qu'il soit par après cognu, il perd son droit.

XIX. Qui confisque le corps, confisque les biens, toutesfois le mary confisquant son bien, ne confisque la part des meubles & conquestz immeubles de sa femme, ny au contraire.

XX. Et a droit le haut justicier de prendre & avoir les amendes arbitraires, & autres adjugées par ses officiers, n'est doncques qu'en sa haute justice y ait seigneurs moyens, ou bas justiciers, qu'ayent droit par privilege, tiltre ou usance de prendre part ausdictes amendes, ou aucunes d'icelles.

XXI. Peut encor le seigneur haut justicier, congnoistre des oppositions interjectées, des mandemens & executions faictes de l'ordonnance de ses officiers, faire colombier au lieu où il est haut justicier, & tenir troupeau à part, s'il y a maison, mesnage & famille : ce qui n'est permis à autres, soient moyens ou bas justiciers, n'est doncques qu'ils ayent privilege, ou possession prescripte au contraire.

XXII. Le moyen justicier a droit d'adjuster poix, & mesure, & d'imposer & lever les amendes de soixante sols, & au dessous, contre les delinquants.

XXIII. A aussi congnoissance des reprinses à garde faicte, ou de nuict, & luy en appartiennent les amendes.

XXIV. Peut ledit seigneur moyen justicier, mettre en ban les fruicts & chaptels, & defendre qu'ils ne soient coupez ou enlevez, devant le temps par luy ordonné, & imposer amende jusques à soixante sols, & a congnoissance & luy appartient l'amende indite.

XXV. Le bas justicier ou foncier, peut avoir & creer Mayeur & justice, qui a congnoissance des abornements des heritages des particuliers, des actions reelles, & du fond & de la roye; peut faire saisir & crier heritages, à cause des cens non payé, & faire embannies des terres & prez, qui sont situez en sa jurisdiction, & imposer peine & amende de cinq sols, & au dessous tant seulement. Et si a congnoissance des simples reprinses, esquelles n'escheoit amende que de cinq sols, s'il n'y a privilege au contraire.

XXVI. Les forestiers & messiers, trouvants personnes, ou bestes en mesus, peuvent reprendre & gager icelles, & sont creuz de leurs exploits. Comme semblablement les porteurs de paux des dismes & terrages, sont creuz de leurs rapports, pourveu qu'ils ayent esté jurez & sermentez solemnellement en la maniere accoustumée.

XXVII. Le seigneur haut justicier, moyen ou bas, peut faire proceder de plain saut par execution & gagiere, à l'encontre de ses sujets, ou portertiens, pour le payement de ses droits & devoirs seigneuriaux, pourveu que l'executeur ait billet, & mandement de ce, par escript signé du chastelain, receveur ou officier dudit seigneur.

XXVIII. Par ladicte Coustume, meuble n'a point de suite; c'est-à-dire qu'estant saisi par authorité de justice, un tiers ne peut pretendre droict d'hypothecque audict meuble, pour dire son obligation estre antidattée à celle, en vertu de laquelle le meuble est saisi, & est preferé audit meuble celuy qui premier l'aura fait saisir, jaçoit que son obligation soit posterieure en datte, à une autre.

XXIX. Le seigneur haut justicier, moyen ou bas, peut faire moulins à eau & à vent, fours & pressoirs en sa seigneurie sur fond, & eau à luy appartenants.

XXX. L'amende du ban brisé, c'est à dire quand aucuns sujets d'autre terre & seigneurie s'entrebattent sur la seigneurie & territoire d'autre seigneur haut justicier appartient au haut-Justicier du lieu où le debat a esté faict.

XXXI. Le seigneur haut justicier, moyen ou bas ayant maison & famille, en un village & communauté à part, doit jouyr des fruits & usages communs de ladicte communauté, comme l'un des autres habitans, & est le haut justicier le premier habitant.

XXXII. Par ladicte coustume, les peines portées par les compromis, lauds & rapports arbitriels, se divisent en trois tiers : l'un pour notre souverain seigneur, ou le seigneur haut justicier : un autre tiers pour les arbitres : & l'autre tiers pour la partie acquiescente : si doncques les parties par le compromis, n'en ont autrement traicté & convenu, comme elles peuvent faire, & leur est loisible.

TITRE III.

Des Fiefs.

I. TOus les fiefz qui sont audict Bailliage, sont fiefz de danger, & de telle nature que le vassal ne se peut ou doit mettre, ny intruire en iceux, sans la permission & licence du seigneur feodal & direct : si doncques n'est que le fief soit escheu au vassal par succession directe ou collaterale, auquel cas ledit vassal se pourra mettre en la possession d'iceluy fief sans danger, à charge toutesfois d'en faire foy & hommage, quand requis en sera.

II. Et neantmoins s'il n'estoit notoire à qui ledit fief devroit appartenir, & qu'il fut pretendu par diverses personnes, le seigneur direct & feodal, se pourroit ensaisiner d'iceluy, le tenir par ses mains, & exploicter, sans se departir de la possession dudit fief delaissé par le trespas de son vassal, jusques à ce qu'il sera congnu par justice, à qui ledit fief doit appartenir, ou que les parties se seroient appoinctées par ensemble ; & n'est loisible à celuy ou ceux qui pretendent droit audit fief, s'intruire ou mettre en iceluy, depuis la saisine du seigneur feodal, sans son congé & licence, ny le troubler en sa possession, à peine de perdre le droit qu'il pretend audit fief, avec l'amende de saisie enfrainte.

III. Toutesfois ledit seigneur feodal ne faict les fruicts siens pendant ladicte saisie, ains seront à celuy à qui la succession sera adjugée, en payant les frais raisonnables de ladicte saisie.

IV. Quand le vassal vend, ou autrement aliene à quelque tiltre particulier que ce soit son fief à un homme noble & capable à le tenir, tel acquesteur ne se peut intruire, ny mettre en possession dudit fief avant la confirmation du seigneur feodal ; autrement seroit acquis audit seigneur direct & feodal. Et peut le seigneur feodal immediat, duquel le fief vendu est mouvant, avant la confirmation du vendage, le reprendre pour tels deniers qu'il est vendu, & le joindre à son domaine, ores mesmement que l'acquesteur fut parent & lignagier au vendeur, ou bien confirmer ledit vendage si bon luy semble.

V. Et sont tous les chasteaux, maisons, forteresses, & autres fiefz dudit Bailliage, rendables au seigneur feodal, à grande & petite force, pour la seureté de sa personne, deffence de ses pays, & pour la manutention, execution, & main-forte de sa justice, en telle maniere que le vassal commettroit son fief, s'il estoit refusant, ou dilayant de ce faire.

VI. Lesdits fiefz sont de telle nature, qu'ils ne peuvent estre tenus ny possedez, que par personnes nobles.

VII. Si un vassal donne par testament ou autrement son fief, ou partie d'iceluy aux Eglises, telles Eglises ne le peuvent tenir plus d'un an, sans admortissement ou permission ; mais sont tenues le mettre hors de leurs mains, à un homme capable de le tenir, & ce sur peine de commise, & perdre ledit fief au proffit dudit seigneur feodal : laquelle coustume a lieu, & s'observe en rentes & heritages de pote, & roturiers, pareillement au prouffit du seigneur haut justicier.

VIII. Toutes & quantes fois que le seigneur feodal somme & interpelle le vassal de reprendre & luy faire foy & hommage, iceluy vassal est tenu de ce faire, & à faute de ce, ledit seigneur peut saisir ledit fief, & faire les fruicts siens, jusques à ce que ledit vassal aura faict devoir.

IX. L'hommage que doit ledit vassal est de main & de bouche seulement, sans payer relief ou rachapt de fief.

X. Le seigneur feodal n'est tenu de recevoir son vassal en foy & hommage par procureur, s'il ne se presente en personne, n'estoit doncques que ledit vassal fut detenu de maladie ; de sorte qu'il ne peust en personne faire son devoir d'hommage & fidelité, ou qu'il eust autre excuse suffisante, pour le tenir excusé, n'estoit aussi que le fief appartinst à une femme non mariée, ou à un mineur de vingt cinq ans ; auquel cas ladicte femme pourroit par un procureur noble, & capable, & ledit mineur par son tuteur où curateur noble, ou par procureur noble, & capable, constitué par le tuteur ou curateur, faire le devoir, ou bien obtenir lettres de souffrance.

XI. Le vassal qui a esté receu en foy & hommage par son seigneur, est tenu bailler son adveu & denombrement dedans quarante jours, à compter du jour qu'il a esté receu en foy & hommage par son seigneur.

XII. Et si ledit vassal ne baille son denombrement dedans lesdits quarante jours, le seigneur feodal peut saisir & mettre en ses mains ledit fief, le tenir saisi, jusques à ce que ledit denombrement & adveu soit baillé, pendant laquelle saisie ledit seigneur faict les fruicts siens.

XIII. Le vassal est tenu de servir en armes noftredit souverain Seigneur ès guerres qu'il pourra avoir contre les ennemis, de luy & de ses pays, & quand de luy en sera requis, aux despens de notredit Seigneur, restitution de prinse de corps, chevaux, harnois, & interests de la personne du vassal, & envers luy tant seulement.

XIV. Le vassal ne peut sans la permission du seigneur feodal & direct, bailler à cens ou à rente perpetuelle son fief, ny partie d'iceluy, ny le demembrer en façon que ce soit. Comme aussi il ne peut vendre ny autrement aliener, fors à personnes nobles, & encores en ce cas, faut obtenir dudit seigneur feodal la confirmation d'iceluy vendage, où alienation.

XV. Ne peut aussi le vassal faire arriere-fief de son fief, sans le consentement du seigneur feodal ; parce que led. seigneur n'est tenu souffrir faire de son plain-fief arriere-fief, si bon ne luy semble.

XVI. Toutesfois entre coheritiers le fief se peut

partager, sans le consentement du seigneur feodal, & sont tenus lesdits coheritiers reprendre chacun de leur part, quand requis en sont.

XVII. Le vassal commettant felonnie, ou desavouant son seigneur feodal, commet son fief.

XVIII. Quand le vassal confisque son fief, pour quelque crime que ce soit, dont il soit convaincu par sentence, ledit fief retourne au seigneur feodal immediat, duquel il est tenu, qui en est saisi par ladicte sentence, & se peut mettre dedans ledit fief, l'exploicter, & en faire les fruits siens, mesmes ceux qui ont esté levez & perceuz depuis ledit crime commis.

TITRE IV.

Des Testamens & Ordonnance de derniere volonté.

I. UN testateur soit noble ou non noble, peut par testament & ordonnance de derniere volonte, disposer entierement de tous ses biens, meubles, detes, gagieres, acquests & conquests immeubles, ou partie d'iceux à son bon plaisir, voire au prouffit de personne toute estrange.

II. Et pour la validité de son testament & ordonnance de derniere volonté, quant à la forme suffit, que ledit testament soit escrit & signé de sa main, ou qu'il soit attesté de deux notaires, ou d'un avec deux tesmoings, ou du curé ou vicaire, avec deux tesmoins.

III. Un homme ou femme estant au lict mortel, ne peut disposer de son heritage de ligne pour en frustrer ses heritiers, soit par contract entre vifs, ou à cause de mort, si ce n'est pour legats pieux, comme pour dire Messe, ou autres biens pour le salut de son ame, ou bien pour sa necessité urgente, & soulagement de sa personne pendant sa maladie, dont il peut disposer jusques au tiers seulement: Mais quant à ses meubles & acquests, il les peut donner à son plaisir à personne toute estrange, ou autrement.

IV. Aussi une personne ne peut avantager un de ses enfans plus que l'autre, soit de son vivant ou par testament, ains convient le tout rapporter après le decès du pere ou de la mere avant parson, auquel rapport ne sont comprins les fruits des choses données en avancement, ny semblablement les frais de la nourriture, entretenement & instruction des enfans, soit à la guerre, aux estudes, ou autrement, ny aussi les frais des festins des noces; mais si c'estoit une personne qui n'eust enfans procreez de son corps, & qu'il eut freres, ou sœurs, neveux, ou plus loingtains, il pourroit donner à l'un plus qu'à l'autre de ses meubles & acquests, encor qu'ils fussent heritiers en autres biens.

V. Peut toutesfois un pere, ou une mere, bailler à l'un de ses enfans quelque chose de son bien, pour cause remuneratoire, & de recompense, en faisant apparoir par le donataire d'icelle cause.

VI. Aussi un pere ou mere peut exhereder un de ses enfans, & le priver de sa succession, pour les causes exprimées en droit escrit, ou pour l'une d'icelles, & selon que l'exheredation y est permise.

VII. L'executeur ou executeurs testamentaires, sont tenus faire inventaire des biens delaissez par le decès de celuy qui les a nommé executeurs, l'heritier, ou heritiers d'iceluy appellez.

VIII. Et devant la confection d'iceluy inventaire, il ne se peut dire saisi des biens delaissez par ledit defunct; mais ledit inventaire faict & parfaict, il est saisi un an & jour, depuis le decès dudit defunct, supposé mesme que l'heritier offre d'accomplir le testament, & de ce bailler caution; toutesfois si l'heritier offroit reellement & de faict, de laisser ès mains de l'executeur autant que monte, ou pourroit monter l'execution dudit testament, ledit executeur ne seroit saisi du surplus de ladite succession.

IX. Si en ladicte succession il n'y avoit meubles suffisans, pour satisfaire à l'ordonnance & volonté derniere du testateur, en ce cas il est permis à l'executeur testamentaire, d'engager ou hypothecquer du bien immeuble dudit defunct, jusques à la concurrence des deniers, requis pour ladicte execution, ou bien de vendre quelque piece d'heritage, au plus grand prouffit de l'heritier, & sans charger l'un plus que l'autre, à faculté de rachapt si faire se peut, sinon purement & simplement; & l'an finy seront lesdits executeurs tenus rendre compte à l'heritier de leur charge & administration.

TITRE V.

Des Successions.

I. LE mort saisit le vif, son plus proche parent & heritier habile à luy succeder.

II. En ligne directe, representation a lieu *in infinitum*, en toutes sortes de biens.

III. Les Comtez tenus en fief de notre souverain seigneur sont *individus*, & doivent appartenir au fils aisné, qui en porte le nom & tiltre, & les autres enfans puisnez ont partage en autres terres s'il y en a; & s'il n'y a autres terres, ils auront portion contingente, qu'ils tiendront en fief dudit aisné, en subjection de retour.

IV. Laquelle portion contingente est interpretée, au cas qu'il n'y ait que deux enfans, l'aisné aura par preciput le chasteau avec ses forteresses, basse-court, jardins & aisances joignans, & contigus dudit chasteau, & les trois quarts du revenu dudit Comté, l'autre quart demeurant au puisné: Et s'il y a plus de deux enfans, l'aisné ne prendra que la moitié du revenu dudit Comté, l'autre moitié demeurant aux autres enfans, pour estre partagée entre eux, comme il sera dit ci-après des fiefz, & lesquels tiendront en fief dudit aisné leur part contingente.

V. Aussi tous les arriere-fiefz dependans dudit Comté, seront & appartiendront audit aisné privativement contre ses coheritiers, avec les guet & garde, deuz par les sujets dudit comté, & autres servitudes, pour l'entretenement, refection & reparation dudit chasteau.

VI. Les Baronnies qui sont audit Bailliage sont divisibles, comme les autres fiefz non qualifiez: en sorte toutes fois, que les arriere-fiefz desdictes Baronnies, & les servitudes deues par les sujets, pour l'entretenement & reparation de la maison, guet & garde, demeureront à celuy qui emportera la maison principale d'icelle Baronnie, soit par droit d'aisneage, ou autrement.

VII. En succession de fiefz en ligne directe, entre plusieurs enfans, le fils aisné a droit de choisir &

prendre pour son droit d'aisneage, en la succession de son pere ou de sa mere, laquelle maison de fief il luy plaira, avec ses appartenances de murailles & fossez s'aucuns y a, la basse-court, jardins, & meix joignans, les arriere-fiefz mouvans de ladicte maison, le droit de patronnage de la chapelle castrale d'icelle maison qu'il aura choisie, ensemble les guets, gardes, & autres servitudes deues pour les reparations & entretenemens de ladicte maison, en recompensant toutesfois ses freres puisnez, & sœurs, pour leur portion contingente esdictes basse-court, meix & jardins, au dit & rapport de deux de leurs parents, ou d'autres gens à ce congnoissans. Mais s'il y avoit en ladicte basse-cour, four, moulin ou pressoirs bannaux, ledit aisné seroit tenu de bailler à sesdits freres & sœurs, recompense en pied de terre, & au residu des autres heritages de fiefz, prendre comme un des autres fils; & le tout neantmoins à charge de douaire, s'il y escheoit, & où en ladicte succession, il y auroit diverses maisons de fief audit Bailliage, dont l'une seulement seroit maison forte, & les autres plattes, ledit fils aisné sera tenu de prendre pour son droit d'aisneage ladicte maison forte, avec ses appartenances, comme ci-dessus est specifié, & n'aura en ce cas le choix de prendre une maison platte & laisser la forte; & si en ladicte succession y avoit plusieurs maisons de fief, aussi assises audit Bailliage, après le chois faict par l'aisné, les autres maisons se partageront entre les autres enfans, en recompensant l'aisné pour sa portion contingente en icelles.

VIII. Aussi entre filles n'y a droit ny prerogative d'aisnesse, & ne doit l'aisnée prendre plus que ses autres sœurs, soit en heritage de fief, ou de pote.

IX. Semblablement en ligne collaterale n'y a point de droit d'aisnesse.

X. En succession de terre de fief en ligne directe, un enfant masle a, & emporte autant seul, que deux filles : Mais en terre de pote & meubles, ils succedent egalement.

XI. Si une personne va de vie à trespas, sans laisser hoirs procreez de son corps, ses pere & mere, ou l'un d'eux, ou autres ascendans en deffaut d'eux, a & emporte tous les meubles, acquests, & dons faicts hors ligne, & n'y ont rien les freres & sœurs du trespassé, ny autres parents plus remots. Mais quant aux biens de ligne, & acquests faicts en ligne, ils appartiennent aux plus proches parents dudit defunct, du costé & estocage, dont les biens meuvent & viennent.

XII. Quand une personne va de vie à trespas, sans hoirs procreez de son corps, & il delaisse aucuns heritiers d'un costé seulement, comme de par son pere, & il y a aucuns heritages de par sa mere, sans avoir nuls parents de par icelle, ses parents de par son pere n'auroient rien aux heritaiges qu'il auroit de par sa mere, mais les emporteroit le sieur haut justicier par faute d'hoirs : car par ladicte coustume on regarde les lignes, dont les heritages sont procedants. Que si lesdits heritages estoient de fief, ils retourneroient & appartiendroient en ce cas au seigneur feodal & direct, duquel ils seroient mouvants immediatement.

XIII. En succession feodale collateralle, tant de ligne que d'acquests, le masle exclud la femelle en pareil degré

XIV. En succession collateralle, en heritage de ligne, terre de pote, representation a lieu, *in infinitum* : mais en terre feodale representation n'a lieu, ains le plus prochain exclud le plus remot.

XV. En succession collateralle de meubles, debtes, gagieres, acquests & conquests faicts hors ligne, en terre de pote, representation n'a lieu, ains appartiennent au plus prochain parent, *ab intestat*. Si doncques n'est qu'il y ait disposition testamentaire au contraire.

XVI. En succession collaterale les neveux, ou petits neveux succedans à leurs oncles, ou tantes de leurs chefs, & comme plus proches parents, succedent par testes, & non par estocage.

XVII. Le germain exclud le non germain ès meubles & acquests faicts hors ligne.

XVIII. Si un homme va de vie à trespas, ayant biens meubles en plusieurs & divers lieux, & les meubles suivent la personne, & seront reglez selon la coustume du lieu, où le deffunct faisoit sa residence.

XIX. Et s'il advenoit qu'une personne eut divers domiciles, la coustume du lieu où il faisoit la pluspart sa residence, sera gardée & observée.

XX. Les francs alleufs nobles, qui sont au dedans du Bailliage, se partagent & divisent comme les fiefz.

XXI. Les chevaliers de l'ordre sainct Jean de Jerusalem, & ceux de l'ordre Theuthonique, & les Religieux profès, ne peuvent succeder à pere & mere, & autres parents, en quelque sorte de biens que ce soit, s'il n'y a privilege au contraire. Mais du bien qui leur est escheu auant leur profession, ils en peuvent disposer à leur plaisir : & en cas qu'ils n'en auroient disposé appartiennent à leurs parents & heritiers.

TITRE VI.

Des Droicts appartenans à gens mariez.

I. Les conjoinctz par mariage, pendant & constant iceluy, sont communs en tous meubles, acquestz & conquestz immeubles, tant de terre de fief que de pote. Et soit que lesdicts acquestz soient faictz en la ligne desdicts conjoinctz, ou hors ligne, supposé mesme qu'en lettres d'acquestz, ou en faisant le contract, la femme ne soit denommée acquesteresse.

II. Toutesfois le mary, durant & constant le mariage, peut seul sans la femme disposer, & ordonner par contract entre vifz de tous les meubles : Aussi peut revendre, eschanger ou engager lesdictz acquestz, sans le consentement de sadicte femme.

III. Le survivant de deux conjoinctz, a & emporte les meubles & choses sortissantes nature de meubles, si le premourant ne laisse enfans, en payant les debtes & frais funeraux, hormis les debtes qui seroient deues pour acquestz d'heritages, qui se payeront par ceux ausquelz lesdicts heritages appartiendront. Mais où il y auroit enfans dudit premourant, lesdits meubles se partageront par moitié entre le survivant, & les enfans du premourant, en payant par eux les debtes passives par moitié; le tout neantmoins s'il n'y a traicté de mariage au contraire.

IV. Aussi la femme survivant son mary, a droict & luy loist de quicter, & renoncer à la communauté des biens meubles, & acquestz, qui luy est baillée par ladicte coustume, en faisant ladicte renonciation quinze jours après le decès de sondict mary, s'elle y est presente : Et si elle estoit absente devra dedans quarante jours, après qu'elle sera advertie de la mort d'iceluy, faire ladite renonciation, pardevant le juge ordinaire dudit son mary. Et ce avant que d'avoir apprehendé aucune chose desdicts biens, excepté sa vesture ordinaire, ny en detourné ou caché, & dont elle sera tenue se purger par serment, autrement par après elle ne seroit receue à faire telle renonciation : Nonobstant laquelle, elle ne laissera de jouyr de son douaire, soit coustumier ou prefix. Et moyennant telle renonciation faicte ainsi dedans ledit temps, & sans fraude, ladite vefve demeurera quicte, & deschargée des debtes passives personnelles de ladicte communauté, sans prejudice neantmoins à l'action & poursuite des creanciers, envers lesquels elle se trouvera expressément obligée, soit pour les debtes personnelles contractées constant ledict mariage, soit pour celles qu'auroient esté contractées auparavant, & dont elle se trouveroit tenue, & sauf à elle son recours pour son indemnité envers les heritiers de sondict mary, s'il y escheoit.

V. Le mary a le gouvernement & administration des heritages & possessions de sa femme, le mariage durant ; de sorte que sans procuration il peut ester en jugement, en demandant & deffendant ès droicts possessoires des biens de sadicte femme, poursuivre en jugement & dehors les fruicts, prouffits & revenus à elle appartenants, & d'iceux disposer à son plaisir, comme des autres meubles.

VI. Et s'il y a justice & seigneurie, elle est exercée sous le nom dudit mary, tant que ledit mariage dure, toutesfois la femme demeure possesseresse.

VII. Mais le mary ne peut vendre, aliener, engager, ou hypothecquer les heritages & biens de ligne de sa femme, ny les acquests qu'elle auroit faicts avant le mariage, sans le libre vouloir & consentement exprès d'icelle.

VIII. Si en traictant aucun mariage, le pere ou autre prochain parent de la femme, donne & delivre au mary une somme de deniers, pour employer en acquests d'heritages pour ladicte femme, & ses heritiers, & il advient que retour de mariage ait lieu, en ce cas le mary, ou ses hoirs, sont tenus rendre à ladicte femme ou ses heritiers, les heritages qui auroient esté acquestez desdicts deniers, ou iceux deniers s'ils n'avoient esté employez, si autrement n'est accordé par ledit traicté de mariage.

TITRE VII.

Du Droict de Douaire.

I. LA femme qui survit son mary, soit noble ou roturiere, a droict d'avoir la moitié par douaire en usufruict, sa vie durant, des heritages & biens immeubles, dont son mary estoit seigneur possesseur & jouissant reellement à l'heure de son trespas, & decès, & d'iceux comme douairiere & usufructiere, en prendre, percevoir & lever par ses mains, si bon luy semble, les fruits, prouffits & emoluments sa vie durant seulement, hors-mis des heritages, lesquels ont esté acquestez par feu son mary & elle, constant leur mariage, esquels elle ne prend aucun douaire, parce qu'elle ne peut estre acquesteresse & douairiere d'une mesme chose.

II. Duquel douaire elle est saisie par le decès & trespas de son mary : Toutesfois elle est tenue de bailler declaration & estat des maisons, bastiments, usuines & heritages qu'elle tient en usufruict & douaire, avec caution de restituer le tout, en bon & suffisant estat.

III. Aussi elle est tenue d'entretenir & maintenir lesdits bastiments & usuines de menues reparations, & de telles, dont l'usufruictier est tenu de droict : toutesfois elle n'est tenue de vilain fondoir, si doncques n'est qu'il appert, que par sa faute ledit fondoir soit advenu : ès mains de laquelle douairiere, les heritiers du mary doivent mettre en bon estat ce qui despend de son douaire.

IV. Ladicte douairiere est tenue de payer durant le temps dudit douaire les cens, rentes & charges foncieres ou autres, que doivent lesdits heritages non seulement d'ancienneté, mais aussi les rentes constituées par sondit mary, tant devant comme depuis ledit mariage, sur les heritages qu'elle tient en douaire.

V. Et est encores ladite douairiere tenue de payer & fournir aux frais des procès qui seroient meuz & à mouvoir, pendant le temps de son douaire, pour la conservation des droits, rentes, privileges & prerogatives des heritages par elle tenus en douaire.

VI. La femme tenant en douaire aucuns bois & forests de haute fustaye, ne peut prendre bois en iceux, hors-mis pour les reparations & entretenemens des maisons & usuines qu'elle tient en douaire : Comme semblablement elle ne peut vendre les bois & forests qui ne sont en couppe ordinaire, ains en prendre seulement pour l'affouage de sa maison, comme bonne mere de famille : Mais si lesdits bois sont en couppe ordinaire, ou que l'on ait accoustumé en vendre, elle en pourra vendre au temps qu'ils seront en couppe, & selon que l'on a accoustumé d'en vendre.

VII. Et si est ledit douaire coustumier tant favorable, que nonobstant que par traicté de mariage soit assigné douaire prefix à la femme, si est ce qu'il luy est permis quicter ledit prefix, & s'arrester au coustumier, pourveu que ce soit dedans quarante jours après qu'elle sera advertie de la mort de son mary, & qu'elle n'ait renoncé expressément, en traictant ledit mariage, audit douaire coustumier, & se soit contentée du prefix.

VIII. Lequel douaire prefix ne saisit la douairiere, ains doit estre demandé de l'heritier ou heritiers : n'est doncques qu'il soit assigné & abbouté specialement sur certaines pieces. Et où ledit douaire prefix ne seroit assigné sur une certaine piece, ains generalement sur tous les biens du mary, les heritiers d'iceluy seront tenus assigner à ladicte douairiere, une piece ou plusieurs, commodes & suffisantes pour ledit douaire : Et sera tenue ladicte douairiere, d'accepter ledit assignal, & deslors en avant, sera saisie dudit douaire.

IX. La douairiere qui est convaincue d'impudicité & paillardise, commise depuis la mort de son mary, perd le droict de douaire, qu'elle a sur le bien de son mary.

TITRE VIII.

Des Donations.

I. Homme & femme conjoincts par mariage, n'ayans aucuns enfans de quelque lict, ou mariage que ce soit, se peuvent par don mutuel donner l'un à l'autre, tous & chacuns leurs biens meubles & acquests en proprieté, & l'usufruict de leur bien de ligne : pourveu que lesdits conjoincts soient egaux ou proches en biens & aage, & qu'il n'y ait en l'un non plus qu'en l'autre, conjecture de maladie.

II. L'homme marié n'ayant aucuns enfans, peut par testament ou autre disposition, & ordonnance de derniere volonté, donner à sa femme tous ses meubles & acquests en proprieté : mais s'il avoit enfans, ne pourroit faire telle donation à sadicte femme, sinon que pour en jouyr par elle, tant & si longuement qu'elle se contiendroit en viduité, & à charge, que convolant à autre mariage, elle seroit tenue de rendre aux enfans de sondit mary, lesdits meubles ou l'estimation d'iceux, & de se departir à leur prouffit, de la jouyssance desdits acquests à elle donnez : & quant à la femme, s'elle n'a aucuns enfans, elle peut par testament ou autre disposition, & ordonnance de volonté derniere, donner en proprieté à son mary, ses meubles & acquests faicts constant leur mariage ; moyennant qu'elle n'y soit forcée & contraincte. Mais ayant enfans, elle ne peut faire donation quelconque à sondit mary.

III. Les donataires de meubles universels, sont tenus des debtes passives & frais funeraux du donnant. Car par la coustume les debtes suivent les meubles pour la part que l'on prend aux meubles.

IV. Peuvent deux conjoints par mariage, se donner l'un à l'autre entre vifs recompense & re-assignal du bien de ligne, vendu de l'un desdits conjoints constant leur mariage.

V. Donner & retenir ne vaut : c'est-à-dire, qu'une personne ayant donné entre vifs son bien, ou partie d'iceluy, & elle retient la chose donnée sans en faire tradition & delivrance, telle donation ne vaut : mais s'elle en retient par exprès l'usufruict, ou se constitue le tenir au nom du donataire, & par precaire, telle chose vaut delivrance, & sortira son effect ladite donation, & sera le donataire saisi de la chose donnée.

TITRE IX.

Des Retraicts Lignagers.

I. Par la Coustume dudit Bailliage, si aucun vend ou donne en payement son heritage de ligne, ou bien si tel heritage est vendu & adjugé par decret & authorité de justice, à personne estrange de ladicte ligne, le parent & lignager du vendeur, ou de celuy sur qui ledit heritage aura esté saisi & decreté, du costé & estoc d'où meut & procede ledit heritage, peut dedans l'an & jour de la publication dudit vendage, le retirer par retraict lignager, en remboursant l'achepteur ou l'adjudicataire du pris dudit vendage, & des frais & loyaux cousts : A l'effet dequoy l'achepteur ou adjudicataire, sera tenu de faire publier par 3 Dimanches subsequents à issue de Messe parrochiale, au devant de l'Eglise du lieu, où ledit heritage sera assis l'acquest par luy faict : Et ne courra le temps de la retraicte, sinon du jour de la derniere desdites trois publications ; & est à ladicte retraicte receu le lignager, qui se presente le premier, sans avoir esgard s'il est le plus proche ou non. Mesmement si ledict heritage est vendu sous grace & faculté de rachapt, il sera loisible audit lignager de le retirer dedans l'an & jour de ladicte derniere publication, avec la mesme charge neantmoins de ladicte faculté de rachapt. Comme aussi ladicte faculté expirée par vendage ou autrement, il pourra dedans l'an & jour de l'expiration d'icelle, venir à la retraicte.

II. Et faut que celuy qui se presente audit retraict, offre à l'achepteur de rembourcer les deniers par luy debourcez pour le pris de la chose, & de satisfaire au payement dudit pris, après qu'il en sera deuement certioré : Et en cas que l'acheteur acceptera de reprendre ses deniers, ledit retrayant sera tenu luy devrer promptement, s'il les a offerts en jugement, sinon luy sera prefigé l'octave pour ce faire ; & à faute de ce, ne sera par après receu à la retraicte, & faut faire offre de rembourcer ledit achepteur des loyaulx cousts, après la liquidation d'iceux ; & à ceste fin bailler caution, ou obliger tous & chacuns ses biens ; & si ledit achepteur refuse lesdits deniers, le retrayant les doit consigner en justice, à peine d'estre debouté de ses fins de retraicte, & obtenant aux fins d'icelle ; il gaignera les fruicts de la chose qu'il pretend retirer, depuis le jour de ladicte consignation.

III. En donation ny eschange, retraict lignager n'a lieu, & neantmoins s'il y a soulte en eschange, excedant la juste estimation de la chose baillée avec ladicte soulte en eschange, retraict lignager aura lieu, comme semblablement, si le contreschange estoit donné en meubles.

IV. L'achepteur est tenu se purger par serment du pris, & d'exhiber les lettres de l'acquest ; comme pareillement est tenu le retrayant d'affirmer par serment, si c'est pour luy, de ses deniers, sans dol, fraude ou paction de le rendre à autruy qu'il fait la retraicte, & si est encore le vendeur tenu se purger par serment dudit pris, si le retrayant le requiert.

V. Et si le retrayant, pour protoger le temps de retrait, & afin de faire devoir dedans l'an, faisoit adjourner l'achepteur, il ne pourroit faire donner l'assignation à plus longtemps que de quinze jours après ledit an & jour : Et encores en ce cas, faudroit-il que l'adjournement fust faict dedans l'an & jour, avec consignation en justice, du pris que le retrayant estimeroit avoir esté actuellement desbourcé par l'acheteur, & offres de satisfaire au surplus dudit pris, & aux frais & loyaux cousts, après que ledict retrayant en seroit deuement certioré, mesmement au cas que la chose seroit vendue à credit, & les payemens du pris remis à certains termes, ledit retrayant seroit tenu de bailler audit achepteur asseurance suffisante de l'en acquitter & descharger envers le vendeur. Le semblable aussi devant estre observé, encores que l'assignation soit dedans l'an & jour du vendage publié.

VI. Le lignager est tenu de rembourcer l'achepteur des impenses, & mises faictes aux reparations, & labourages necessaires de l'heritage ; pourveu qu'il en conste : mais ne doit autrement ledit acquesteur, durant le temps du retraict (si ce n'est par authorité de justice expresse, à certaine occasion occurrente) changer, ou alterer la nature & qualité de l'heritage vendu, ou y faire bastimens & refections non necessaires, autrement se met au hazard d'en demeurer sans restitution, voire ne peut faire recolte ou levée des fruits, en autres temps qu'il n'est accoustumé, soit par pesche d'estangs, abbatis, & couppe d'arbres, bois ou autrement : Et s'il le faict, & l'heritage retraict se trouve à tel moyen avoir esté deterioré, ou amoindry, soit en fond, soit en prouffit ou revenu, il se rend non seulement sujet à la restitution de ce qu'il aura ainsi hors temps, prins & levé, mais aux dommages & interests du retrayant.

TITRE X.

Des Prescriptions.

I. Toutes prescriptions pour acquerir bien d'autruy, ou conserver le sien, sont par ladicte coustume reduictes à trente ans continuels & accomplis; excepté que contre l'Eglise est requis, l'espace de quarante ans, encore à commencer du jour du trespas de celuy qui aura aliené le bien de l'Eglise, que l'on pretendra estre prescrit.

II. Neantmoins ne court la prescription contre mineurs, pendant leurs minoritez, ny autres personnes qui ne peuvent agir & poursuivre leurs droits en jugement; & n'a lieu ladicte coustume ès actions & poursuittes qui se doivent intenter & faire dedans trois ans, ou au dessous.

III. Le vassal ne peut prescrire contre son seigneur feodal les droits & devoirs qu'il est tenu luy faire à cause dudit fief, ny le seigneur contre le vassal.

IV. En place vuide, & heritage non clos, ne se peut acquerir droit de servitude sans tiltre, par quelque laps de temps que ce soit, & partant si les esgouts & eaux d'une maison avoient cheu par trente ou quarante ans, ou autre plus longtems en place vuide, joignant ladicte maison, ou que l'on ait prins jour sur icelle, ou que l'on ait passé & repassé par un heritage non clos ny cultivé, pour cela l'on n'auroit sur ladicte place, champ ou heritage, acquis droit de servitude.

V. On ne peut acquerir servitude discontinue sur fond d'autruy, si l'on n'a tiltre ou possession par temps immemorial.

VI. Servitude de jour ne se peut prescrire par quelque laps de temps que ce soit; n'est doncques qu'il y ait en la fenestre, battes, & assiettes de ventillons ou grilles, & araignées du dehors de ladicte fenestre, qui sont signes & marques de servitude de jour, ou bien qu'il y ait titre & constitution.

VII. Aussi droit de tailles, courvées, charrois & autres redevances & prestations personnelles, comme semblablement droit de cens, & rente annuelle, ne se peuvent acquerir sans tiltre, sinon par temps immemorial.

VIII. Et d'autre part, lesdits droits ne se peuvent prescrire par les sujets ou debteurs, contre les seigneurs ou creanciers, sinon par mesme espace de temps immemorial, ou bien par l'espace de trente ans, après la contradiction par eux faicte, de satisfaire ausdites prestations.

IX. En l'action de retraict lignager, le temps introduit par la coustume court contre toutes personnes, soient mineurs, absents ou autres, sans esperance de relief.

X. Les rachapts des rentes, & gagieres accordées à tous bons points, & toutes & quantesfois sont imprescriptibles, & se peuvent faire toutes & quantesfois que bon semble au vendeur, ou engageur, leurs heritiers ou ayans cause, encores que par la constitution d'icelle, il soit dit que les rentes sont perpetuelles & à tousjours-mais.

XI. Arrerages de cens, rentes constituées à pris d'argent, & d'autres droictures annuelles, ne peuvent estre demandez de plus, que de cinq années dernieres.

XII. Les marchans vendans en detail, ne sont recevables entre presents, à faire demande & poursuitte, pour le payement du pris des marchandises par eux vendues & distribuées en detail; sinon que leur action & poursuitte ait esté intentée en jugement, dedans l'an de la vendition & delivrance desdites marchandises.

XIII. Aussi deniers deus pour nourriture & instruction d'enfans, ouvrages d'artisans & mercenaires, loyers & services de serviteurs & chambrieres estans sortis du service de leurs maistres, ou maistresses, se prescrivent par le laps de deux ans, si la poursuitte n'en est intentée & commencée en jugement, dedans lesdits deux ans.

XIV. Le tout que dessus tant pour lesdits arrerages de cens, rentes & droictures annuelles, que pour lesdites marchandises vendues & distribuées en detail, nourriture, & instruction d'enfans, salaires d'ouvriers, & mercenaires, services de valets & chambrieres, est entendu avoir lieu; pourveu que sur iceux, n'y ait interpellation judiciaire, arrest de compte, recongnoissance, cedule, ou obligation expresse; auquel cas l'action ne se prescriroit que par le laps de trente ans.

TITRE XI.

Des Cens & Rentes.

I. Le seigneur du cens n'est tenu de diviser iceluy, tellement que s'il y a plusieurs detenteurs de l'heritage affecté audit cens, il se peut addresser auquel d'iceux, que bon luy semblera; sauf à luy son recours, contre ses comparçonniers.

II. A faute de payer le cens foncier, l'heritage affecté audit cens peut estre crié & subhasté, & adjugé au seigneur du cens; en sorte que le seigneur du cens après avoir demandé ledit cens au detenteur de l'heritage affecté, pour faire crier ledit heritage par trois Dimanches subsecutifs, & le quart d'abondant à l'issue de la Messe parrochiale, & en signifiant lesdictes criées parfaictes audit detenteur, & luy enjoignant d'en advertir le proprietaire, à peine d'en estre tenu envers ledit proprietaire, & lesdites criées parfaictes, faire donner assignation ausdits detenteurs, pour veoir adjuger ledit heritage au sieur du cens, à cause de cens non payé; & en cas qu'il y aura opposition, donner assignation aux opposans pour dire les causes de leurs oppositions pardevant juge competant; & s'il n'y a opposition, le juge ayant veu le rapport du sergent ou doyen qui auroit faict lesdictes criées, adjugera les heritages au sieur dudit cens non payé; neantmoins si le debteur du cens vient dedans l'an, l'an, & offre payer le cens, il y sera receu en payant les frais de Justice.

III. Toutes rentes vendues à rachapt sortissent nature de meubles, se divisent, partagent & reglent entre les conjoints par mariage, ou leurs heritiers, comme autres meubles; neantmoins quand elles eschoient & obviennent par succession, elles sont par après censées nature de ligne.

TITRE XII.

Des Servitudes Reelles.

I. UN voisin peut hausser une muraille moitienne & commune, si haut que bon luy semble, à ses despens, sans le consentement de son voisin, pourveu que ladicte muraille soit assez forte & suffisante pour porter la charge, en reparant les ruines qu'il pourroit avoir fait en bastissant; mais si le voisin se veut par après servir de ce que son voisin aura rehaussé, il sera tenu luy rendre la moitié de l'estimation de la muraille rehaussée.

II. Le voisin & comparçonnier peut percer tout outre la muraille commune, pour asseoir ses sommiers & autres bois & pierre, en rebouchant les pertuis, & les remettant en estre, tel qu'ils estoient au paravant; neantmoins il ne peut asseoir les bouts desdits sommiers tout outre ladicte muraille: ains doit laisser espace pour faire une dente de massonnerie, du costé du voisin.

III. *Item*, L'on peut en muraille moitienne faire armoires, arcades & cheminées au dedans de ladicte muraille, jusques au tiers tant seulement, toutesfois pour asseoir les boutas, lansiere & jambage desdictes cheminées, arcades & armoires, l'on peut percer ladicte muraille d'outre en outre.

IV. La muraille commune se congnoit, en ce que les bois & sommiers des deux voisins sont & reposent en icelle, ou qu'il y a fenestre coye au dedans de ladicte muraille mise d'ancienneté, n'est doncques que l'un des voisins ait eu permission de celuy auquel la muraille appartient d'appuyer & mettre les bois, & dont apparoisse par tiltre ou autrement deuement.

V. Nul ne peut faire latrines, & retraicts, cloaques, fours, puis, & esgouts d'eau sur son heritage, contre l'heritage d'autruy, sinon que la muraille moyenne demeure entiere & sans estre escorchée.

VI. Tous les heritages assis sur chemin herdale, pasquis & aisances de ville, sont tenus de cloison depuis la sainct George, jusques après que les fruits & chaptez sont levez sous l'amende, comme pareillement toutes vignes sont tenües de cloison, encores qu'elles ne soient sur chemin, ains joignantes à autres heritages.

TITRE XIII.

Des Pasturages, Bois, & Usages.

I. LEs habitans de deux villes ou villages qui ont leurs bans joignans & contiguz l'un de l'autre sans moyen, peuvent & leur loist mener, & envoyer en vaine pasture, leurs bestes grosses & menues, les uns sur le ban des autres, jusques à l'endroit des esquarres des clochers desdicts villages; & en defaut de clocher, jusques au milieu du village.

II. Mais s'il y a riviere, ou bois de seigneurs entre lesdictes villes ou villages, ou qu'il y ait paction & convenance entre les communautez, ou bien lieu limité & aborné, faisant separation de leur vain pasturage, ladicte Coustume n'a lieu.

III. La vaine pasture est entendue par ladicte Coustume sur les terres en friche, en sommartz, & versaines & non ensemencées, & en bruires, hayes, buissons, & prez après la faux.

IV. *Item*, Les fruicts sauvages tombez naturellement sous les arbres, ou par violence des ventz, & sans le fait de l'homme, sont de vaine pasture.

V. Neantmoins lesdictes communautez, & chacunes d'icelles ont droict d'embannir & mettre en escharmie, & espargne une partie de leur ban, soit en terres labourables, prez fauchables, bois ou autres heritages: laquelle embannie, ils sont tenus faire signifier aux habitans des villages voisins, qui ont droict de vain pasturage sur eux, & depuis ladicte signification il n'est loisible ausdictes communautez d'envoyer leur bestail en vaine pasture esdits lieux embannis, sur peine de l'amende indite. Mais incontinent que ladicte embannie sera rompue, & que les habitans qui auront fait ladite embannie envoyeront leurs troupeaux esdits lieux, il sera permis aux habitans des villages voisins d'y envoyer les leurs par mesme moyen.

VI. Et se doit ladicte embannie faire en sorte, que par icelle le passage ne soit fermé aux habitans des villages voisins, pour passer & repasser leurs troupeaux allans & revenans de pasture des autres endroicts dudit finage, & le tout sans dol ny fraude.

VII. Et si les habitans envoyoient pasturer leur bestail outre lesdits esquarres & limites, & ils estoient reprins & gagez, ils seroient amendables de soixante solz d'amende, pour chacune proye y trouvée, sous une garde ou baston, avec restitution de dommage.

VIII. Les grasses pastures sont & appartiennent aux habitans des villes & villages où elles sont assises, n'estoit que leurs voisins eussent tiltre au contraire, ou fussent en possession de temps immemorial d'en jouyr & user.

IX. Les habitans des villes & villages ès finages desquels y a bois ou forests appartenans à notre souverain Seigneur, ou autre seigneur, ne peuvent avoir usage en iceux bois, sinon en payant quelque redevance, ou bien qu'ils ayent tiltres ou possession immemoriale au contraire.

X. Quand aucuns habitans ont droit de pasturage en un bois, soit en vaine ou grasse pasture, tels usagers ne peuvent envoyer leurs bestes en pasturage ès nouveaux tailliz desdits bois, sinon de sept ans après la couppe ès lieux de montagne, & moins fertils.

XI. Les bourgeois & autres habitans dudit Bailliage sont tenus en prohibition & deffense, & ne leur loist de faire troupeau à part, pour tenir en vaine pasture sur le ban des villes ou villages où ils font leur residence, n'est doncques qu'ils soient hauts justiciers, ou qu'ilz ayent privilege au contraire, comme dit est ci dessus, ou qu'ils resident en une cense, & gagnage loing de ville ou villages.

XII. Il n'est loisible en quelque temps que ce soit, de mener aucunes bestes aux vignes pour pasturer ny porcs aux prez, à peine d'amende & de dommage & interests.

XIII. Pendant le temps que les terres sont emblavées, il est prohibé mener bestes pasturer aux champs, tenants & continguz aux heritages empouillez & emblavez avant le poinct du jour, & de les y tenir après le soleil couché. Mesmement quand lesdictes bestes y peuvent faire dommage irreparable.

XIV. Quand oyes ou cannes sont trouvées en dommage, il loist au seigneur ou detenteur de l'heritage en tuer une ou deux, & les laisser sur le lieu. ou les jecter devant ledit heritage sans autrement les transporter, ou en faire autre prouffit; & s'il ne les veut tuer, il les peut faire reprendre par les messiers, pour avoir reparation de ses dommages & interests.

XV. Les arbres sauvages fruictiers percrus ès terres arables, ou prairies non tenues en cloison, sont par ladicte Coustume censez communs, & ne loist à aucun particulier les coupper sans authorité & permission du seigneur haut justicier, ou du gruyer du lieu, jaçoit que lesdits arbres sauvages soient percrus, & nourris en son fond; & ne peut ledit seigneur du fond s'attribuer le fruict desdits arbres, s'il n'y a usage au contraire.

XVI. Le temps de paisson & grenier des forestz & bois de haute fustaye, dure depuis la Notre-Dame en Septembre, jusques à la Purification Notre-Dame, & le recours dure depuis ladicte Purification jusques à la mi-May, & depuis la mi-May jusques audit jour de Notre-Dame en Septembre, est l'herbage.

XVII. Et sont reputez hautz bois, & de haute fustaye, bois qui sont bons à maisonner & edifier, portans glands, & paissons & qui sont en lieu, où il n'est memoire d'avoir veu labourage, esquels durant le temps de grenier, l'on ne peut mener porcs, ny autres bestes, sans le consentement du sieur ou de son fermier; & si aucunes bestes y sont trouvées, les maistres d'icelles sont amendables, suivant l'ordonnance de notre souverain Seigneur, sur le fait de la gruerie.

Signé, JEAN, Comte de Salm, Mareschal de Lorraine, Gouverneur de Nancy, &c. Theodore de Lenoncourt, Conseiller d'Estat de son ALTESSE, Bailly de Sainct-Mihiel, &c. Antoine de Lenoncourt, Conseiller d'Estat de son ALTESSE, Prieur de Lay, &c. Jean de Pourcelets Maillane, Bailly de l'Evesché de Metz. Jaques Bournon, President en la cour des Grands-Jours de Sainct-Mihiel. Maimbourg Maistre aux Requestes. M. Bouvet, President de Nancy. Boucher, Secretaire ordinaire. Gondrecourt, Conseiller des Grands-Jours. Jean Bourgeois, Procureur general de Barrois. P. Gallois, Lieutenant particulier au Bailliage de Sainct-Mihiel.

PROCÉS VERBAL

FAIT SUR LA CONVOCATION ET ASSEMBLÉE des trois Estats du Bailliage de Sainct-Mihiel, & l'élection & nomination des Deputez, pour la Redaction par escrit des Coustumes dudit Bailliage.

COMME dès le cinquiesme jour de Septembre dernier passé, pendant l'extreme & mortelle maladie de feu Perin de Watronville, en son vivant sieur dudit lieu, Maizey, &c. Conseiller & Chambellan de notre souverain Seigneur, & son Bailly de Sainct Mihiel, Blaise l'Escuyer Licentié ès Droicts, Lieutenant general audict Bailliage, eut receu les Lettres Patentes de notredict Seigneur, adressées ausdicts sieurs de Watronville ou son Lieutenant: & qu'à l'effect d'icelles Lettres Patentes, ledit Lieutenant eut le sixiesme dudict mois decerné au nom dudict sieur de Watronville, Lettres de Commission contenantes lesdictes Lettres Patentes, dont la teneur s'ensuit.

PERIN DE WATRONVILLE, sieur de Maizey sur Meuze, Ranzieres, &c. Conseiller, Chambellan de notre souverain Seigneur, Monseigneur le Duc de Calabre, Lorraine, Bar, Gueldres, &c. Et Bailly de Sainct-Mihiel: Au premier Sergent dudict Bailliage qui sur ce sera requis, SALUT. Receues avons les Lettres Patentes de notredit souverain Seigneur, dont la teneur s'ensuit.

CHARLES par la grace de Dieu, Duc de Calabre, Lorraine, Bar, Gueldres, Marchis, Marquis du Pont-à-Mousson, Comte de Provence, Vaudemont, Blamont, Zutphen, &c. A notre tres-cher & feal Conseiller & Bailly de Sainct-Mihiel, le sieur de Watronville, ou son Lieutenant, SALUT. Comme pour l'acquit du devoir & charge, qu'il a pleu à Dieu nous donner, par le regime & administration qu'il nous a commis des sujetz estans en noz pays, terres & seigneuries, nous soyons principalement obligez de leur faire soigneusement rendre & administrer justice, establissans loix certaines, selon lesquelles ils se puissent regler & conduire, afin d'eviter les longueurs & grandes involutions de procès, par lesquels s'engendrent inimitiez entre eux, avec ruine & consommation de leurs biens & substances, & soit ainsi que pour plusieurs troubles meuz & suscitez par ci-devant, tant par les guerres qui ont longuement regné, que par autres empeschemens à nous survenus, nous n'ayons peu jusques à ceste heure adviser ce que seroit necessaire & expedient d'ordonner sur les coustumes, tant generales, que municipales de nosdits pays; lesquelles à ce moyen seroient demeurées confuses; & pour l'incertitude d'icelles, les parties plaidantes, ont les unes esté contrainctes de suivre les façons de faire d'autres provinces, ou bien de prouver par tourbes les faictz de Coustumes, par eux posez & articulez, d'où est procedé, que souventes-fois par faute de preuve, les parties ont succombé de leur bon droict: A quoy maintenant, puis que par la bonté divine, tous tels troubles sont appaisez, nous a semblé ne pouvoir plus convenablement ordonner & prouvoir, qu'en faisant rediger par escrit les Coustumes d'un chacun Bailliage de nosdits pays, en corrigeant & amendant par l'advis des Estatz, ce qui seroit à corriger & amender, & aussi en adjoustant ou diminuant ce qui seroit à adjouster, ou diminuer : afin de rendre toutes choses plus certaines, & establir lesdictes Coustumes doresenavant par loix inviolables ; pour ce est-il, que nous ayans tenus le tout en deliberation des gens de notre Conseil, & eu sur ce leur advis, vous mandons & à chacun de vous ordonnons, que ceste par vous receue, vous signifiez & faciez signifier aux gens d'Eglise, vassaux, & gens de la noblesse, & à ceux du tiers Estat, qu'ils advisent entre eux de commettre & deputer jusques à deux ou trois personnages des plus notables d'entre eux, & d'un chacun desdits Estatz, pour se trouver audit Sainct-Mihiel, suffisamment fondez de procuration, dedans le vingt-troisiesme du mois d'Octobre prochain, & adviser par ensemble, ouys sur ce les gens de notre Conseil, Procureurs & Advocats, sur le cayer & article qui leur sera par vous proposé & mis en avant, & à iceluy adjouster & diminuer, declarer & interpreter ce qu'ils verront estre à faire, pour le bien & repos public ; & le tout fidellement rediger par escrit, avec leur advis signé desdits deputez, pour après nous le renvoyer fealement clos & seelé, & estre par nous procedé à la verification & approbation desdictes Coustumes, ainsi que trouverons estre à faire par raison, pour plus grande authorité & efficace desdictes Coustumes. De ce faire vous avons donné & donnons pouvoir, mandement & commission speciale, voulans à vous en ce faisant estre obey, & entendu diligemment, par tous qu'il appartiendra : CAR ainsi nous plaist. En tesmoing de quoy nous avons signé ces Presentes de notre main propre, & à icelles fait mettre & appendre notre grand seel, Que furent faictes & données en notre ville de Bar, le treiziesme jour du mois d'Aoust, l'an mil cinq cens soixante & unze. *Ainsi signé*, CHARLES : *Et sur le dos y a escrit*, Par Monseigneur le Duc, &c. Les Sieurs Evesque & Comte de Toul chef du Conseil, de Melay grand maistre chef des finances, Gouverneur de la Mothe, maistre des Requestes ordinaire, & de Neuflotte presens. Pour secretaire soubsigné M. BOUVET *Registrata idem pro* M. HENRY, ledict BOUVET, & seelées du grand seel de notredict Seigneur en cire vermeille.

A l'effect desquelles Lettres vous mandons adjourner à cris publics faits en jour de marché de chacune prevosté d'iceluy bailliage, si marché y a, sinon aux auditoires & sieges ordinaires desdictes prevostez ; pendant les jours de plaidoiries, & audiances des causes, Les gens d'Eglise, vassaux & gens de la noblesse, ceux du tiers Estat, & tous officiers de notredict Seigneur, & de ses vassaux residans audict bailliage, à estre & comparoistre en personnes, ou par procureurs suffisamment fondez de procurations, pardevant nous, ou le Lieutenant general dudit bailliage, à l'auditoire des causes d'iceluy bailliage, au vingt-troisiesme jour d'Octobre prochainement venant : ou qu'ils commettent & deputent jusques à deux ou trois personnages des plus notables d'entre eux, & d'un chacun desdits Estatz, fondez de procurations suffisantes ; pour adviser par ensemble sur les cayers & articles de Coustumes, qui leur seront par nous ou ledict Lieutenant proposez, & mis en avant, à icelles adjouster & diminuer, declairer, esclaircir, & interpreter ce qu'ils verront estre à faire, pour le bien & repos public ; & le tout fidellement rediger par escrit, avec leur advis signé desdits deputez, & par après estre renvoyez fidelement clos, & seelez à notredit Seigneur, afin de proceder à la verification & approbation desdictes Coustumes ; avec intimation que viennent ou non, sera par nous procedé à l'execution desdites Lettres patentes, & afin que nul n'en puisse pretendre cause d'ignorance, vous afficherez en chacun lieu desdictes criées, copie signée de votre main des presentes & de vos exploits : Et ordonnerez à chacun Prevost & Chastelain de cedit bailliage, d'en faire tenir copie, aux frais de qui il appartiendra, à chacun mayeur des ressorts de son office, pour estre particulierement notifiez & publiez, un jour de Dimanche, à l'issue de la Messe devant le grand portail de l'Eglise parrochiale de sa mairie, & de vos exploits nous ferez fidel rapport ; de ce faire vous donnons pouvoir, & donnons en mandement à tous vassaux, subjets, & autres dudit bailliage, à vous en ce faisant estre obey, & entendu diligemment. Donné audict Sainct-Mihiel, sous notre seel, le sixiesme jour du mois de Septembre, l'an mil cinq cens soixante & unze, *Signé*, VALLON commis, & seellé en cire verte du seel dudict sieur Bailly.

EN vertu desquelles seroient esté appellez & convoquez audict Sainct-Mihiel, en personnes, ou par trois des plus notables d'entre chacun desdits Estatz, choisis, commis & deputez, suffisamment fondez de lettres de procuration, dedans le vingt-troisiesme jour du mois d'Octobre suivant, & adviser par ensemble, les Procureur & Advocat de notredit Seigneur ouys sur le cayer, & articles qui leur seroient proposez & mis en avant par ledit Bailly ou Lieutenant, & à iceluy adjouster & diminuer, declairer & interpreter ce qu'ilz verront à faire pour le bien & repos public, & le tout fidellement rediger par escrit, avec leurs advis signez desdits deputez, & par après le renvoyer à notredit Seigneur, fidellement clos & seelé. Avant lequel vingt-troisiesme jour d'Octobre ledit sieur de Warronville seroit decedé ; & nous Jean de Lenoncourt sieur de Serre, la Neufville au bois, &c. serions esté prouveu de nostredit Seigneur, de l'estat de Bailly dudit Sainct Mihiel, & aurions receu mandement exprès nous transporter audit Sainct-Mihiel ledit vingt-troisiesme Octobre, pour executer ses ordonnances & commandemens sur lesdits faits de Coustume, obtemperant ausquelles ordonnances & commandemens, serions party de sa ville de Nancy, & arrivé audit Sainct Mihiel le vingt-deuxiesme dudit mois d'Octobre au giste.

ET le lendemain vingt-troisiesme, environ les sept heures du matin, assisté dudit Blaise Lescuyer, nous serions transporté à l'auditoire des causes dudit bailliage, où nous seroit esté remonstré par maistres Antoine de Rosieres Advocat, & Jean le Pougnant Procureur general de notredit Seigneur au Duché de Bar, lesdits trois Estatz estre appellez comme dit est, & ainsi qu'il nous pouvoit paroistre par les rapports des Sergens executeurs desdites Lettres de Commission, Nous requerans deffaut contre les non comparans ayans jour, & que nonobstant leur absence, soit par nous procedé à l'execution desdictes Lettres Patentes, en ce que nous touche.

SATISFAISANT ausquelles requestes, avons fait appeller lesdits Estatz, par Didier Barrois Greffier audit Bailliage ; & premier, celuy du Clergé, qui s'est presenté par les personnes qui s'ensuivent : Sçavoir, reverend pere en Dieu, messire Pierre du Chastelet, Evesque & Comte de Toul, Abbé commendataire de l'Abbaye sainct Martin, transportée d'auprès de Metz à Nancy, à cause des terres & seigneuries qu'il tient audit bailliage, mouvantes de ladite Abbaye, par Antoine de Fontenoy, escuyer sieur de Sorcy en partie. Reverend pere Domp-René Merlin Abbé dudit Sainct-Mihiel. Domp-Estienne Maillet, prieur claustral de ladicte Abbaye, tant au nom des religieux & couvent, que comme prieur de sainct Blaise, & comme procureur de messire Raulin Fresme, prieur de Viel-monstier lez-Sainct-Mihiel, fondé de procuration. Reverend pere Jean d'Aulnoy, Abbé de sainct Benoist en Woipure, tant en son nom que de ses religieux & couvent. Reverend pere Nicolas François, Abbé de S. Piermont, tant en son nom que de ses religieux & couvent ; encores au nom de reverend Pere Loys Coquerey, Abbé de Justemont, & de ses religieux. Les Abbé ETAT DE L'EGLISE.

& religieux d'Ornac, à raison de ce qu'ilz tiennent audit bailliage, par Domp Ponce leur procureur. Reverend pere Nicolas Vivenet, Abbé de Rangeval, pour luy & ses religieux. Venerable & religieuse personne maistre Jean Ulric, commandeur de sainct Antoine du Pont-à-Mousson. Religieuse personne N. prieur de Cons, par messire Didier Bertier. Venerable personne maistre Didier Raullet, prieur commandataire du Mont sainct Martin, lez-Longwy, par maistre Jean Bosmard advocat audit bailliage. Les venerables doyen, chanoines & chapitre de Verdun, par maistre Nicol Bosmard chanoine en ladite Eglise, & archidiacre. Les venerables doyen, chanoine & chapitre de l'Eglise collegiatte de la Magdelaine audit Verdun, par ledit Bosmard. Les venerables prevost & chanoines de l'Eglise collegiatte saincte Croix audit Pont, par venerable personne messire Jean Vigneron, prevost en ladicte Eglise. Domp Olivier de Liege, prieur de Sancy. Le prieur d'Amelle par Clesse Jacob. Le prieur de Vivier. Le prieur de Dun, par Jean Vicaire. Les venerables prevost & chanoines de l'Eglise collegiatte de sainct George à Briey, par maistre Jean Henry, chanoine en ladicte Eglise. Les venerables doyen & chanoine de l'Eglise saincte Agathe à Longuyon, par maistre Nicol Genin, chanoine en ladicte Eglise. Venerable personne maistre Jacques de la Roche, chancelier en l'Eglise de Verdun, à cause de sa seigneurie de Mouaville, par ledit maistre Jean Bosmard. Reverende dame Françoise de Failly, Abbesse de Juvigny, par ledit Bosmard. Les curez dudit Sainct-Mihiel. Refroicourt, Banoncourt, la Croix sur Meuze, Ambly, Troyon, Fraisne au mont, Somedieue, Mousson, Dompierre aux bois, Courouvre, Mescringnes, Wadonville, sainct Julien, le vicaire de Fremereville, Lonchamp, Hanonville sous les costes, Hanonville au passage, la Chaucée, Thiaucourt, Beney, Pannes, Labeufville, Dompmartin les montaignes, Genauville, sainct Privé, Juf, Ville sur Yron, Lubey, Saincttail, Abbeville, Bouvigny, Alliers, Bouiville, Jarny, Labrie, Dompierre en Woipure, Brainville, Moustier, Imonville, Sancy, Anderny, Rechicourt, Houdelaincourt, Beuville, Espity, Villotte, Serauville, Malavillers, Boulenges, Grimilly, Ranque vaux, Moyeuvre, Rombas, Rochelange, Victy, Mance, Pierrevillers, Lommeranges, Malancourt, Ammeville, Nourroy devant Metz, Neuchief, Trieux, Puix, Joudreville, Mandres aux quatre Tours, Ansauville, Essey en Woipure, Xivrey, Brousséy, Vertuzey, Nonsarr, Secheprey, Gironville, sainct Baussam, Laheville, Aulnoy, Vertusey, Bouconville, Estain, Rouvre, Amelle, Goraincourt, Senon, Spincourt, Maizerey, Chastillon sous les costes, sainct Maurize lez Estain, Belchamps, Parey, Harville, Molainville la haute, Marcheville, Villers en hey, Lesse, Madieres, Bernecourt, saincte Croix en rue, Gesainville, sainct Laurent du Pont, Lironville, Avrainville, Louvigny, Sertieres, Gisoncourt, Clemery, Mousson, Elton, Nostre-Dame du Pont, Domepure, Manonville, Nouviant aux Prez, les chanoines de Liverdun, comme curez de Rozieres, le curé de Sognes, Trougnon, Buxieres, Buxerulles, Winville, Brullés, Rupes, Charmes, sainct Mansuid, Bouch, Chauloy, Dompjeu, Durup, Germiny, Ley, Dandilliers, Les chanoines de Nancy comme curez d'Acraignes, Letricourt, Marly, Joy, Corny, Saulny, Sorcy, sainct Martin, Medonville, Lesaicourt, Bouffroimont, Dun, Milly, Murvaur, Doucon, Montigny, Villosne, Mont Cunel, Sathenay, Mousay, Nevaut, la Neufville lez-Sathenay, Baillon, Brouaine, Vivier, Flabeville, Ost le petit, Xuroy, Cosne, & Gondrecourt en Woipure, comparans en personnes, & les autres par procureurs; & deffaut a esté octroyé contre les princiers & chanoines de Metz, doyen & chanoines de Treves & Toul, Abbé de sainct Mansued, & autres personnes ecclesiastiques ayans jour.

L'ESTAT DE NOBLESSE.

CONSEQUEMMENT l'Estat de Noblesse s'est presenté: A sçavoir, haut, puissant & redouté Prince, Monseigneur le Duc de Mercure, à cause de sa seigneurie de Keures, & autres qu'il a audit bailliage, s'est presenté par maistre Antoine de Rosieres, licencié ès droits, lieutenant au bailliage d'Aspremont, & son procureur en ladicte terre des Keures. Reverend pere en Dieu messire Pierre du Chastelet Evesque & Comte de Toul, comme sieur de Sorcy, par le sieur de Ferron. Hauts & puissants seigneurs, Jean, Claude, & Paul Comtes de Salm, à cause des baronnies de Vivier, seigneuries du Ruppe, Louppy, Clemery, & autres terres qu'ils ont audit bailliage, par Jean Barnel leur procureur. Hauts & puissans seigneurs Jean Federic de Madruche, Comte d'Anie, & Joseph de Tournielles, Comte dudit Tournielles, à cause de leur baronnie de Boffroimont, par maistre Claude Sarrazin licencié ès droits, procureur au bailliage d'Aspremont. Messire Bernardin de Lenoncourt chevalier de l'ordre du Roy, sieur de Gondrecourt &c. tant en son nom comme au nom de Charles de Lenoncourt son frere. Messire African de Haussonville, baron & sieur dudit lieu, Tichemont, &c. Claude de Beauvaux, sieur de Manonville, Nouveant au Prez en personne. Messire Didier de Landres, chevalier sieur dudit lieu, Marville, Avillers, capitaine de Briey. Messire Gerard le Boutillier, chevalier sieur de Bouvigny, Boulanges, &c. seneschal de Lorraine, & capitaine de Preney, par Jean le Lombart. Antoine de Fontenoy, Philippe de Naives, René de sainct Vincent, sieur de Sorcy & sainct Martin. Les sieurs de Gibommeix, par maistre Nicol Huret licencié ès droits, advocat audit bailliage. Les sieurs & dames de Chambley, à cause de leur seigneurie de Germigny, Louppy, la Tour en Woipure, & autres terres qu'ils tiennent audit bailliage, par Loys Pierlot. Le sieur de Dompmartin, & autres sieurs dudit Germiny, par Jean Guyot. Les sieurs d'Acraignes, par Nicolas Cuisinier. Les sieurs de Bouch, par ledit Philippe de Naives. Les sieurs de Crehanges, à cause des Seigneuries de Baucourt, & Chastel-brehain, par maistre Jean Henezon docteur ès droicts, advocat audit bailliage. Le sieur Adam Bayer de Baupart, à cause de ses seigneuries de Chasteau brehain, La Tour devant Verton, & autres terres qu'il tient audit bailliage, par Nicolas de Tilpont. Loys de Lucy, sieur dudit lieu, Taizey, Sorcy & sainct Martin en partie, par Jacques Gaiger. Messire Nicolas de Gournay, chevalier sieur de Secourt, Ginecourt, &c. par maistre Didier Mengin. Lucion de Fresnel, à cause de ses seigneuries de Nouveant des trois villes, & Sampigny, par Nicolas Noel. Les sieurs de Lesse, par Nicolas Vignongnier & Claude la Garde. Claude Riviere, & ses consorts sieurs de Letricourt, par ledit Henezon. Les sieurs de Cherisey par ledit sieur de Frontenoy leur tuteur. Les sieurs de Lemend & Sogne, par Pierre Busselot. Les sieurs d'Aussey, par ledit Busselot. Philippe Philippet, capitaine hereditaire de Mousson en personne. Les vefve & enfans de feu Jacques de Clemery, sieur & dame en partie dudit lieu, par Claude Antoine leur chastelain. Les sieurs d'Andilliers, par Claude Vigneulle & Philippe de Naives sieurs dudit Andillers en partie. Les sieurs de Rogeville & Villers en Hey, par ledit Henezon. Madame de Dueilly, à cause des seigneuries de Fremery, & autres que ses enfans possedent audit bailliage, par Pierre Busselot. Adam de la Tour, sieur de Puix, Jandelize, Brainville en partie, capitaine de Conflans. François de Gossey, sieur en partie de Ville sur Yron, Lieutenant de Bouconville. Nicolas Doncourt & Nicolas Gerard, par Jenin Petit-Jean. Gilles, & Nicolas les Gouverneurs par ledit Bosmard. Pierre Clement, sieur de Vinneville en personnes. Pierre Clement, Clerc-juré dudit Conflans, Bastien Didier, & Jean les Collignons & François la Waraude, par ledit Jenin Petit-Jean. Perin Bertrand, prevost de Nourroy. Jean le Lombard sieur d'Obenges. Mengin de Vicranges, capitaine de Sancy, sieur en partie de Brainville, Savonnieres. Les sieurs & dame de Ballontpierre, par Pierre de Haut. Les sieurs & dame de Boulenges, par ledit Lombard fondé de procuration. Loys de Failly sieur dudit lieu. Les sieurs & dame de Villotte, par Thiebaut de Custine. Les sieurs Despiey, par Ferry de Failly. Les sieurs de Besonvault, par Philippes de Champlon. Les sieurs de Malavillers, par Philippes de Naives. Philippe de la Haye, sieur en partie de Couer, par maistre Jacob Busselot, licencé ès loix, advocat audit bailliage. Jean de Mercy sieur de Clermarat, par messire Didier de Landres son beau-pere. Samson Dantel, sieur de Tiercelet, par Henry Damerfort son chastelain. Selrin Delrz sieur d'Ottanges, par ledit Henezon. Dame Elizabet de Merode, comme tutrice du fils feu Bernard, baron de Malberg & elle, sieur Dandeu, par ledit Bosmard. Les sieurs de Gorcy, par Arnoud Jean, & Girard de Grocy sieurs dudit lieu. Didier de Circourt, sieur de Villers la Chevre, tant en son nom que de ses consors, sieurs dudit Villers. Pierre de Champ; Claude Bernard & Jean de Lucy, sieurs de Pill wteux, par ledit Henezon. Pierre & Guillaumme Detz, sieurs de Humont & Rehon, par ledit Arnoud de Grocy. Guillaume de Tige sieur de Pourux, par ledit Ferry de Failly. Claude de Custine sieur de Failly, par Thiebaut de Custine son frere. Claude de Landres sieur de Tichemont, par le sieurs d'Avillers son beau-pere. Wary de Sainct Baussomme, par François de Circourt. Les sieurs & dame d'Affleville, par Claude Gilles. Les sieurs & dames d'Anderny, par René de Ficquemont & Philippes de Naives. Les sieurs de Mouaville, par lesdits de Ficquemont & Arnoud de Gorcy. Les sieurs de Saulny, par Claude de Beauveau sieur dudit Saulny en partie. Humbert Moittey, sieur d'Affleville en partie. Guillaume des Ancherins, sieur de Jondreville. François & Robert du Mont. Les sieurs de Colmey, par Gaspard Branche Clerc juré de Longuyon. Nicolas de Custine sieur de Viviers, par Thiebaut de Custine son fils. Jean de Humont, sieur dudit lieu. Antoine de la Vaux sieur de Belle-fontaine, par Gratian son fils. Henry de Lucy & Jean le Peuch sieurs de Gomery, par ledit Branche. Philippes le Brun & consors sieurs de Xinoy, & Marvisin, par ledit Jacob Busselot. Jean de Fresneau sieur de Trougnon & des Trois-Villes, par ledit Henezon. Madame de Sampigny, par Aubin Marchand son procureur. Les sieurs & dames de Ranzieres, par Jean Landinot. Les sieurs & dames de sainct Julien, par ledit Landinot. Les sieurs de Bonchamp, par maistre Jean Busselot licencié ès droitz, advocat audit bailliage. Christofle de Mercy sieur de Friauville en partie, par Jacob Busselot. Christofle des Armoises, sieur de Rambercourt. Les sieurs de Villosne, par Gratian de la Vaulx, & maistre Nicol Police licencié ès droitz, advocat audit bailliage. Robert de Gratinot capitaine de Dun, sieur du grand Clery en partie, tant en son nom qu'au nom des sieurs de Mongnon. Les sieurs de la Neufville devant Sathenay, par Robert la Lance & ledit Police. Aubertin, & Jean de Pouilly sieurs d'Inor, par ledit Hennezon. Les sieurs de Louppy, à cause du Chasteau-bas, par ledit Police. Les sieurs de Villers devant Orvaut, par lesdits Bosmard & Police. Les sieurs de la Charmoye, par ledit Police. Henry de Goher sieur de Brouaine, par Nicolas Haquebutier son chastelain. Marc de Faltan sieur en partie de Rouvre, par Robert la Lance son prevost. Jean de Xonot sieur de Maiserey, tant en son nom que de ses consorts, sieurs dudit Maiserey. Les sieurs fonciers de Moranville, par Gerard Blanzey & François Constant. Les sieurs de sainct Maurice lez-Estain, par Robert la Lance leur tuteur, & Robert du Mont, mary de la douairiere. Jean Landinot, sieur de Boncourt & prevost de Sainct-Mihiel. Maistre Claude de Seraucourt, lieutenant en l'Evesché de Verdun. Et deffaut a esté octroyé audit procureur contre les autres vassaux & personnes nobles, non comparans, & ayans jour.

Et le tiers Estat se seroit presenté par les personnes qui s'ensuivent, & premier. Les habitans & communauté dudit Sainct Mihiel, par maistre Nicol Police, Honnot le Haslé, Claude Cordier, & Florentin le Vué, gouverneurs de ladite communauté. Toussainct Groullot clerc-juré, & controlleur dudit Sainct-Mihiel. Les habitans de la Mairie de Girauvelin, par Vaultrin Philippes, Marc Picard, Jean Richard, & Parisot Raulin. Ransieres, par Gerard Liegeois, Jean Symonin & Didier Mengin. Ambly, par Maurice Liegeois & Martin le Mayeur. Troyon, par Colin le Roussel, Collot Dougnon & Martin Pecourt. La Mairie de Fraisne, par Jean du Bois, Nicolas Robinot & Didier Humbert. Domp-Severin, par Cuny Fouillot. Mescringnes, par Jean Davyon le viel & Gobert Chobart. Courouvre, par Jean de Moulin & Didier Salzar. Longchamp, par Didier Finot & Nicolas Psaulmé. Vaulx & Palameix, par Mengin la Hiere & Jacques Jacquemot. Banoncourt, par Jean Poirresson le viel, Churlin, Charles & Didier Josselin. La Croix sur Meuze, par Colin Collot & Fiacre le Mordant. Dompierre, par Fiacre Perot & Guillaume Maillart. Moussot, par Mengin le Bouchier & Colignon Thomas. Savonnieres, par Claude Collot & Blaise Collot, Simon Dymond lieutenant, & Jacques Martin clerc-juré & substitut en la prevosté d'Estain. Les habitans dudit Estain, par Raulin Guyot. Et les communautez de Chastillon, Moranville, Moulainville, Goraincourt, Spincourt, Eston, Belchamp, Gussainville, Maisery, Baroncourt & Marcheville, par ledit Jacques Martin, fondé de procuration. Les habitans de Rouvre, par Humbert Herbel. Ceux d'Amelle & Senon, par Aubin Pierresson & Toussainct Dieudonné. Les habitans du ban de Parey & Villers, par Nicolas Michot, Colin Baucaire & George Damien. Gigout la Trompette, lieutenant en la prevosté de Briey, & Jean Thomassin pour la communauté dudit Briey. Jean Payemal mayeur de la Montagne, & Nicolas Fouraire pour toutes les communautez de ladite Mairie. La Mairie de Moyeuvre, par Didier Petelot. La communauté de Nourroy devant Metz, par François le Braconnier. Ledit Gigout la Trompette pour les habitans & communauté de Morlanges, Ranquevaux. Les habitans d'Avillers, & d'outre les bois, par Jean Thiebaut & Jean de Vaux. Aix, par Didier Chopine & Jean Loys. Gondrecourt, par Alar Compere. Affleville, par Henry Joannes & Didier Rolet. Joudreville, par Jean Berthelemin & Didier Bondis. Fleville, par Claude Gilles, Antoine Jacquemin le Hoccart. Moineville, par Didier Huart mayeur, & Perin Broccart. Immonville, par Nicolas Poincignon. Saulny, par Jean Ravau & Gabriel Peltre. Avillers, par Jacquemin Jambert & Jean Colas. Landres, par Jean Colas & Colin Paulin. Puix, par Jenin Petit-Jean. Peuvillers, par Jennesson Bertau & Jenin Menot. Les habitans de Longuyon & Cosmey, par Guillaume Chaudiere. Les habitans de Flabeville, Noel, Othe, Cosne, Xorbey, Petit Xivry, par Arnoud de Gorcy & Gaspar Branch, prevost & clerc-juré de Longuyon. Vivier, par Jean de Humont. Les communautez de la prevosté de Nourroy le Sec, comparans: Celle dudit Nourroy, par Laurent Joannes. Amermont, par Jacquemin Moyse. Pienne & Bertraumeix, par Fremy Bertemeu. Domp-Remy & Dompmarie, par Lienard Lalouette. Bouvigny, par Pierre Jennesson. Adrian Perceval, receveur & gruyer de Dun, s'est presenté en son nom, & de Jean Bertignon prevost dudit Dun. Et les communautez de ladite prevosté: sçavoir celle dudit Dun, par Nicolas de la Lattre & Henry Millet. Celle de Milly, par Jacques Guyot. Mont, par

Le tiers Etat.

Pierresson Jacquesson & Guyot Hardy. Lyon, par Jean Godet le jeune. Du grand Clery, par Jean Brisevin & Jean Richard. Doucon, par Henry Challon. Murvaut, par Jean Thiebaut. Villolne, par Jean Terna. Cunel & Cessey, par ledit Adrian Perseval. Les habitans de Sathenay, Baalon, Charmois, Moulin, Brouaine, Nevant, Lusy, Martincourt & Inor, par Jean Thiery & Claude Noel, fondez de procuration. Villers devant Orvaut, par ledit Thiery & Jean Gillet. Mousay, par Guillaume George. Wiseppe, par Jean Haurion. Quincey, par François Rossignol. Juvigny, par Jean Berthemée. Remoiville, par Collignon Thierion. Irey, par Pierre Brion. Louppy aux deux Chasteaux, par François Collemey. Pouilly, par Jean Lambert. La Neufville, par François Philippes. Jacques Bertignon receveur, & François de Mouzay clerc-juré, controolleur & substitut de Sathenay, par ledit Jean Thiery. Les habitans de Longwy, par Perignon Potier. Les communautez de Ville, Houldremont, Bucy, la Ville, Leix & Ballieux lez Redenges, Rechicourt, Michevillers, Meix, Chastillon, Halenzy, Breham, Battaincour, Aix sur la Cloye, Baransy, Tressanges, Attus, Sognes, Glabas, Piedmont, Le mont sainct Martin, Haucourt, Burez. Pour la part de notre souverain Seigneur, Cosne, Almas, Aroville, Hussigny, Charaise, Godebrange, Morfontaine, Villers, la Montagne, Tilles, Obenges, Cuttay. Pour la part de notre Seigneur, Rodanges-la-Montagne, Cons, Ugny, Villers la Chevre & Hanieres, par Didier de Circourt. Les habitans d'Otenges, Burez, Nongueil, par Christofle Xandrin. Ceux du petit Failly, par Jamin Baudet. Rehon, Tiexellet, sainct Pancrey & Taillencourt, par Jean Gerard. Les communautez de Signeux, sainct Remy, Gorcy & Ruelte, par Arnould de Gorcy. Les habitans d'Andeu le Tiexe, Cussigny, Redanges, Russanges, Villereux & Cambon, par Nicquel Vuerselt. Les habitans & communauté de Sancy, par Jean de Ranquevault. Ceux de Mary, par Dominique Maras & Mathis Aubertin. Les habitans de Neufchief, Prothin, Houdelaincourt & Rechicour, par ledit Aubertin. Les habitans du Sart de Trieux, Perpone, Bejuville & Han, par Jean Prin. Doncourt, par Mengin Martin. Grimilly, par Blaise Faulcheur. Seroville, par Richier Jan Jan. Besonvaut, par Colin Gerard. Boulenges & Bonvillers, par Christofle Xandrin. Bassompierre, par Jean de Ranquevault. Les habitans de Malavillers & Murville, par Damien Sodel. Villette, Espey, par Ferry Lumbel. Bouvigny, par Martin Mengeot. Dommairie, par le Grand Mengeot. Les habitans de Conflans, Dompierre en Woipure, Jandelize, Ville-sur-Yron & la Ville au Prey, par Jenin Petit-Jean. Ceux de Jarny, par Jean Ancel. Bruville, par Didier Gerard & Humbert Darrier. Les habitans de la Chaulcée, Pusieux, Xames, Beney, Hauldonville, Jonville, Hannonville au passage, La Tour en Woipure, Thiaucourt & Bouillonville, par Barbelin Arnould & Nicolas de Domp-Remy, lieutenant & clerc-juré en la prevosté de la Chaulcée. Haumont, par Gaspard Laurent. Hannonville sous les costes, & Thillot, par Fremion le Gasin. Domp Martin la Montagne, par Humbert Pasquier. Domp-Martin lez la Chaukée, par Jean Warin. Doncourt aux Templiers, par Thierry le Lorrain. Les habitans de Trougnon, par Nicolas Cadier & Gerard Bonne mere. Loupmont, par Marcolet Maistre & Jean Christofle. Busieres, par Jean Ligier, Jacquemin le Boulenger & Mengin Meusnier. Chaillon, par Nicolas Hachinet & Pierrot Contant. La Mairie des Trois-Villes, par Jacquemin Blanchotte, Nicolas Didelot, Jean Dise, Jean Mourot & Claude le Frouant. Richecourt, par Jean Petit-maire & Jean Gros-Jean. Laheville, par Mengin Richard, Mengin Fauchin & Mengeot le Galennier, Remy Heron lieutenant, & Nicolas Thevenin clerc-juré en la prevosté de Bouconville. Les habitans de Bouconville, par Jean Symonet. Secheprey, par Mengin le Danseur & Claudin Jean Pierre. Nonsatt, par Jean de Has le viel & Jean Regnauldin. Gironville, par Jean Laurent. Sainct Bausfomme, par Jean Waultier & Nicolas Brady. Ansauville, par Mengin Fagart & Antoine Ferry. Sambiefmont, par Nicolas Saubert & Humbert François. Les manans & habitans de Mandres aux quatre Tours, par Claudin Jannon & Jean Senesson. Rembieucourt & Ressoncourt, par Claude Noel, Mengin George & Guillaume Willarmot. Broussey & Raulecourt, par Nicolas Thierion & Colin Mourot. Aulnoy & Vertuzey, par Jacques Mansuy, Mengeot Pierre & Bastien le Dos. Essey & Maizey, par Nicolas Thibault mayeur, & Nicolas Bertrand. Xivrey & Marvisin, par Nicolas Watot, Claudin Xambaut, Richier la Tarte & Didier Aubertin. Joy sous les costes, au regard du ressort de Mandres, par Gerard Colin, Thiebaut de Puligny, prevost, Aubin marchand, clerc-juré en la prevosté de Sampigny. Les habitans dudit lieu, par Didier Barotte & Jean Maire. Wadonville, au regard de la mouvance dudit Sampigny, par Humbert Picard. Grimaucourt, par Michel Guttin & Claude Regnaud. Le Menel, par Thiery du Moulin & Jacques Guillaume. La Mairie de Barrois dependante de ladite prevosté, par Claude Henry & Claude Houillon. Courcelles, pour la part dudit Sampigny, par Pasquin Maide & Grand Mengin, Bertrand l'Hoste mayeur des Keures. La petite Keure, par Dider Chapouiller & Didier de France. Keure la grande, par Didier le Marchal & Didier Pieron. Courselle, par Didier Mengin. Baudremont, par Didier Hauy. Han sur Meuze, par ledit Bertrand l'Hoste. Brasleitte, par Pierron Prevost & Jean le Haut-Vallet. Alliers, par Jean Manois. Biley & Pichommeix, par ledit Bertrand l'Hoste. Les officiers, manans & habitans de Foug, par Nicolas Noirel prevost, Simon Raguet clerc-juré, Claudin Pierrot, & Wautrin Domenge maistre eschevin, & eschevin dudit lieu. Les habitans de sainct Mansuid, par Didier Mareschal, Thevenin Warin & Caudin Pattin. Sorcy, par Antoine le Monde & Claudin François. Bouffroimont, Gendreville, Vruille, Medonville & Malaincourt, par Denis Milot, Jean Regnard, Girard Maire, Claude Jentot, Colas Marchant, Thomassin Gohier, Jean Perin, Jean Thiery, François Perin & Pierrot Gohier. Les habitans de Domp-Germain, par Jean Chastelain mayeur & Pierrot Didier. Sainct Germain, par Nicolas le Clerc & Jean Cordier. Joy, par Maurice le Clerc, Marcould Cabau & Didier Baudin. Cornieville, par Jacques Gaget, Jean Mengeot & Claudin le Clerc. Bouch, par Antoine Royne, Jean Marchal & Bertin Barrois. Pargney, par Simon Raguet. Acraigne, par Jean Moine, Martin Thomas, Jean Saulserotte & Colin Rouyer. Gibommeix, par Mengin Boula & Claudin Bernel. Les officiers & habitans du Pont, par Philippes de Naives prevost, François Maul-jean maistre eschevin dudit Pont, Pierre Fleurot & Jean de Gombervaut. Les habitans de Sognes, par Mengin Curillon mayeur, & Claude Denis eschevin. Les habitans d'Ancey, par Mengin Berthelemin & Didier Melet. Secourt, par Jacques Didier & Mengin Oulriot. Oriocourt, pour la part de Barrois, par Bastien Waultrin & Jean Chardot. Le Bourg de Mousson, par Claudin Vanner, Guillaume Pierrot & Remy Gogot. Madieres & Montauville, par ledit de Naives, Thevenin Gros-Jean, Toussainct Estienne & Didier Humbert. Chastel-brehain & Ville, par Jacob Bussclot. Ville & Lixiers, par Pierre Oudin François Raulin, Pierson Didelon & Urbain Piart. Les habitans de Serieres, par Pierresson, Jean Pierresson & Claudin Pierresson. Marly, par Jacquemin Gursault & Colignon Lié. Corny, par Didier Michel, Jean Gradi & Collignon le Clerc. Joy aux Arches, par Mengin Cagnart & Jean le Colon. Louvigny, par Jacquemin Roussel, Jean Georgin & Jean Barrois. Villers en Hey, par Noel Perin & Denis le Prince.

Rogeville, par Didier Bildet, Jacques le Brun & Didier Colas. Sailly, par Drouin Taire & Claudin Thomas. Lemée, par Pierre Bussfelot. Cherisy, par George le Bouchier & Didier Flocquet. Les mayeurs & habitans de Grisecourt, Gisoncourt, Andillers & Morville, par ledit de Naives. Manonville & Tremblecourt, par Nicolas Richier. Nouveant au Prey, par Jean Harpneot & Jean Husson. Baucourt, par Nicolas Bouchier & Vincent Bauldrey. Losse, par Amant Bailly & Jean Mahon. Les habitans de Felin, par Nicolas Masson & Mengin François. Fremery, par Mengin Trabraise & Jean Caluret. Gesainville, Eston, Blenod, les Mesnilz, Minorville, Sainct Gigout, Grosrouvre, Lironville, Serre, Avrainville, Watronville, Roziere en Hey, Bernecourt, par ledit Philippes de Naives. Les habitans de Foisse, par Jean Meusnier. Les habitans du ban de Vivier, Prevostcourt, Dompteu, la Neufville & Fonteux, par Colin Sarde, Didier Vosgien & Steph Stecler. Armaucourt, par Christofle Colin & Christofle Chehery. Letricourt, par Jean de Laune & Oulrion Viat. Taisey, par Antoine de Faux & Mengin Claude. Venemont, par Didier le Lorrain mayeur, & Thieriot Galloy. Clemery, par Jean Bragart & Toussainct Gillot.

En presence desquelz Estatz nous avons faict lire par ledit Barrois greffier, les roolles & articles des anciennes Coustumes observées audit bailliage, & ordonnez à tous lesdits Estatz & chacun d'eux, d'eslire trois des plus notables, pour recevoir lesdits articles aux fins desdictes Lettres Patentes, à trois heures de relevée du mesme jour. A laquelle heure aurions continué l'audience audit auditoire, & à ladicte heure, les dessus nommez se sont representez devant nous, & ledit l'Escuyer lieutenant, & en presence des gens de notredit souverain Seigneur. Le Clergé esleut, choisit & nomma reverend pere Domp René Merlin, Abbé de l'Abbaye Monsieur S. Michel. Venerables personnes maistre Nicol Bosmard chanoine & archidiacre en l'Eglise de Verdun, & Jean Vigneron prevost en l'Eglise collegiatte sainct Croix du Pont-à-Mousson. L'Estat de Noblesse esleut & nomma honorez seigneurs, messire Bernardin de Lenoncourt, chevalier sieur de Gondrecourt, Montigny, &c. Martin de Custine, baron & sieur de Cons. Et Jean de Fresneau, sieur de Pierrefort & Trougnon, &c. Et le tiers Estat esleut & nomma maistre Jacob Busselot, Claude Sarrazin licenciez ès droitz, advocatz au siege dudit bailliage, & Toussainct Groullot, clerc-juré & controolleur ès prevosté, recepte & gruerie dudit Sainct-Mihiel. Lesquelz ditz trois Estatz, respectivement commirent, deputerent & leur donnerent charge de recevoir lesdits cayers & articles, pour les recongnoistre, esclaircir, retrencher ou augmenter, comme ils trouveroient au bien & repos public appartenir: sous le plaisir & bonne volonté de notredit Seigneur: promettans avoir & tenir pour agreable tout ce que par lesdits neuf deputez, ou six, seroit sur ce fait negocié & arresté, sous ledit bon plaisir de notredit Seigneur. Laquelle charge lesdits Merlin, Bosmard, Vigneron, Lenoncourt, Busselot, Sarrazin & Groullot, accepterent promptement, & convindrent de s'assembler en ce lieu de Sainct Mihiel, lesdits de Custine & Fresneau absens, rappellez au dix-huictiesme de Novembre, pour le dix-neufiesme entrer en negoces; à ceste occasion decernasmes commission, pour à requeste desdits Estatz & des gens de notredit souverain Seigneur, bailler assignation ausdits sieurs de Custine & Fresneau esleuz, nommez & deputez en leur absence, pour comparoir audit dix-neufiesme Novembre. En vertu dequoy tous lesdits deputez se seroient representez audit Sainct-Mihiel, au jour dessus declaré, excepté ledit sieur de Fresneau, qui obstant son infirmité, n'auroit peu comparoistre. Et par ce seroit exoiné, & en son absence les autres huit deputez auroient procedé; sauf à luy communiquer par après: ès mains desquelz lesdits articles furent delivrez ledit dix-neufiesme Novembre. Et les auroient retenu & examiné, jusques au Mecredy douziesme Decembre, qu'ils nous rapporterent lesdits articles, avec leur besongne. Lesquels articles anciens & nouveaux, dressez par lesdits deputez, nous mismes ès mains des advocat & procureur fiscaux de notredit seigneur, pour sur le tout revenir au lendemain treiziesme jour dudit mois, & y dire ce que bon leur sembleroit, en presence desdits deputez, ausquels nous assignasmes jour à ces fins. A laquelle assignation, lesdits advocat & procureur se presentans, protesterent, que par l'homologation des Coustumes ne seroit fait prejudice aux ordonnances & Edits de notredit Seigneur, qui pourroit quand bon luy sembleroit, abroger lesdictes Coustumes, ou parties d'icelles, les interpreter & esclaircir à son bon plaisir, comme Prince souverain. La puissance & authorité duquel ils n'entendoient estre restraincte ny limitée, ains demeurer en son entier: Nous requerans acte de leursdictes protestations. Et lesdits deputez declarerent avoir recueilly les Coustumes observées audit bailliage, outre celles contenues au cayer à eux par nous delivré. Lesquelles conferences nous certifions avoir esté faictes, comme dessus. Et renvoyons le tout à notredit souverain Seigneur, pour y ordonner son bon plaisir. Faict audit Sainct-Mihiel, les jours dessus declarez, en l'an mil cinq cens soixante & unze. *Ainsi signé*, J. DE LENONCOURT, B. L'ESCUYER, & D. BARROIS.

LE vingtiesme jour de May, mil cinq cens nonante-huit: Nous Theodore de Lenoncourt, baron de Neuvron, seigneur de Gondrecourt en Woipure, Rechicourt, Olley, la Neufville aux bois, Letricourt, Clouange, Dommepure en partie, &c. conseiller d'estat de l'Alteze notre souverain Seigneur, & son bailly de Sainct-Mihiel, estant en la ville dudit Sainct Mihiel, où nous nous serions transporté exprès, pour l'execution des mandemens à nous addressez par sadicte Alteze, le treiziesme d'Aoust mil cinq cens nonante-six, & vingt-deuziesme d'Octobre mil cinq cens nonante sept: par lesquels nous estoit mandé de reveoir & examiner avec le procureur general de Barrois, & autres advocats & practiciens, comme aussi avec quelques uns de messieurs de la Cour des Grands Jours, les cayers des Coustumes dudit Bailliage, qui par ci-devant auroient esté dressez par les deputez des trois Estats d'iceluy bailliage, n'ayant depuis la reception desdits mandements peu vacquer plustost à l'execution d'iceux, tant à l'occasion de la contagion de peste, dont il auroit pleu à Dieu ès deux années dernieres visiter ladicte ville, que pour estre empesché & distraict par autres affaires importans pour le service de sadicte Alteze, Avons en vertu desdits mandements convocqué les sieurs President & Conseillers de ladicte Cour, ledit procureur general de Barrois, noz lieutenants general & particulier, & les advocats & practiciens de notre siege audit bailliage. Et après leur avoir communiqué lesdits mandements, avons ordonné au greffier dudit bailliage, de nous representer les volumes & cayers desdictes Coustumes, qui dès l'an mil cinq cens soixante & unze auroient esté par ordonnance de sadicte Alteze redigées par escrit, par lesdits deputez aux vision, lecture & examen desquels, comme aussi du cayer des anciennes Coustumes, nous aurions vacqué ensemblement les vingt, vingtdeux & vingt-troisiesme jours dudit mois de May, & depuis aurions eu commandement de sadicte Alteze de nous transporter à Nancy, avec nobles personnes Jacques Bournon, conseiller d'estat de sadicte Alteze, & President en sa Cour des Grands Jours: Warin Gondrecourt, aussi Conseiller d'estat, & en ladicte Cour: Jean Bourgeois, procureur general de Barrois, & Pierre Gallois notre lieutenant particulier audit bailliage, pour representer lesdits cayers avec la besongne qui auroit esté faicte en ladicte ensemblée. Auquel lieu de Nancy estants arrivez le vingt-sixiesme jour du mois de Juillet suivant, aurions eu commandement de communiquer lesdits cayers & besongne à Messieurs du Conseil de sadicte Alteze, pour estre de rechef veus & examinez par eux avec nous, ce qui auroit esté faict, & lesdits cayers & besongne diligemment & exactement reveus & examinez à divers jours, par haut & puissant seigneur Jean Comte de Salm, Baron & de Vivier, Brandebourg, Fenestrange, seigneur de Rupes, Pargny sur Meuze, Domp Remy la Pucelle, &c. mareschal de Lorraine, gouverneur dudit Nancy. Honorez seigneurs Jean des Pourcelets, seigneur de Maillane, Walhey, &c. bailly de l'Evesché de Metz. Antoine de Lenoncourt, prieur & seigneur de Lay, & grand chancelier de Remiremont. Nicolas de Ragecourt, seigneur de Bremoncourt, Corny, &c. maistre d'hostel de sadicte Alteze, bailly & capitaine d'Espinal. Ledit sieur Bournon. Les sieurs Maimbourg maistre aux Requestes. Bouvet President des comptes de Lorraine, Boucher Champenois lieutenant general au bailliage dudit Nancy & Gondrecourt, tous Conseillers d'Estat de sadicte Alteze, & lesdits Bourgeois & Gallois : En laquelle assemblée, aussi se seroient trouvez & auroient assisté honorez seigneurs Charles Dure, seigneur de Thessiers, Commercy, &c. Chambelan de son Alteze, Nicolas des Pourcelets, seigneur de Walhey, &c. Claude Housse, seigneur de Warronville, Maizey, &c. gouverneur de Jametz & Jean de Pouilly, seigneur d'Inor. Et depuis lesdits cayers & besongne auroient esté presentez à son Alteze, & estant de rechef veus & examinez en son conseil, les articles desdites Coustumes auroient esté concluz & arrestez, selon qu'ils se trouvent redigez par escrit, au cayer cy joinct, signé par lesdits seigneurs Comte de Salm, sieurs de Maillane, de Lay & autres susdits, & par nous; & sadicte Alteze suppliée tres humblement de proceder à l'homologation desdictes Coustumes, laquelle avant ce faire nous auroit ordonné de faire rediger par escrit, articles d'ordonnances, pour le style & reglement de la justice, au siege dudit bailliage, & ès inferieurs y ressortissants, ce qui auroit esté faict par lesdits bourgeois & Gallois, avec l'advis dudit sieur Bournon President, & des sieurs de Rozieres, Le Pougnant & Gondrecourt Conseilers d'Estat, & en ladicte Cour des Grands Jours : & le neufiesme jour du mois de Novembre suivant, nous sommes de rechef, par commandement de sadicte Alteze, transporté audit Nancy, comme aussi lesdits sieurs de Rozieres, Le Pougnant, Gondrecourt, Bourgeois & Galloys, & après que lesdits articles d'ordonnance sur le style & reglement de la justice, signez par nous & lesdits Bourgeois & Galloys, veus & examinez par mondit Seigneur, le Comte de Salm, & autres Conseillers d'Estat de sadicte Alteze, luy ont esté presentez en son conseil, Elle a aussi esté suppliée tres-humblement de vouloir proceder à l'homologation d'iceux, avec lesdictes Coustumes. Ce qu'elle auroit faict le douziesme jour dudit mois de Novembre, par l'advis de Messieurs de son Conseil.

Jean Comte de Salm, Mareschal de Lorraine, gouverneur de Nancy, &c. Theodore de Lenoncourt, conseiller d'estat de son Alteze, bailly de sainct Mihiel, &c. Jean des Pourcelets Maillane, bailly de l'Evesché de Metz. Antoine de Lenoncourt, conseiller d'estat de son Alteze, prieur de Lay, &c. Jacques Bournon, President en la Cour des Grands Jours de Sainct Mihiel. Maimbourg, maistre aux requestes. M. Bouvet, President de Nancy. Boucher. Gondrecourt, conseillier des Grands Jours. Jean Bourgeois, procureur general du Barrois. P. Galloys, lieutenant particulier au bailliage de Sainct-Mihiel.

Et le quatriesme jour de Decembre audit an 1598. Nous Theodore de Lenoncourt bailly susdit, ayant receu les Lettres Patentes de sadicte Alteze, données à Nancy sous son grand seel, ledit jour douziesme de Novembre contenantes l'homologation, approbation & confirmation, tant desdictes Coustumes que du style & reglement de la justice, & par lesquelles Patentes nous estoit mandé de faire lire & publier les cayers desdictes Coustumes, & styles ès auditoires & sieges ordinaires dudit bailliage, aurions pour l'execution d'icelle requeste dudit procureur general de Barrois, decerné noz Lettres de commission sous ceste teneur.

Theodore de Lenoncourt, conseiller d'estat de son Alteze, bailly de Sainct-Mihiel, &c. Au premier sergent dudit bailliage sur ce requis, salut. Nous a esté remonstré de la part du sieur procureur general de Barrois, que son Alteze avoit dès le douziesme jour du mois de Novembre dernier passé homologué les Coustumes generales dudit bailliage, & les ordonnances sur le style, tant dudit bailliage que des Cours y ressortissantes, & que par ses Patentes dudit jour portantes ladicte homologation, il nous est mandé de les faire publier, afin que nul n'y pretende cause d'ignorance, & que chacun ait à les suivre, garder & observer. A cest effect ledit procureur nous requeroit de faire signifier à tous Prelats, gens d'Eglise, vassaux & gentilshommes, officiers, roturiers, & tous & un chacun subjet du bailliage, qu'au jeudy de noz journées prochaines d'après la saincte Lucie, il sera procedé à la lecture & publication desdictes Coustumes, ordonnance & style, & qu'ils ayent à s'y trouver si bon leur semble, & soit qu'ils y comparent ou non, sera passé outre à ladicte lecture & publication, & qu'elle sera de telle force & vertu contre les absents, que contre les presents, & tous tenus de les garder & observer, comme si ladite publication avoit esté faicte en leur presence, ou qu'elle leur auroit esté signifiée à chacun d'eux. Et d'autant que telle signification ne se peut faire facilement au domicile de chacun en particulier, requeroit qu'elle fust faicte à jours de marché à son du tambour, & à cry public & par affiches, & en tous autres lieux, où on a accoustumé de publier les ordonnances & edits de son Alteze. Partant nous vous mandons & commettons qu'à requeste dudit procureur, incontinent ceste receue, vous ayez à signifier à cry public, & au son du tambour à jour de marché, & en tous autres lieux & temps accoustumez à faire publication des ordonnances de son Alteze, que tous Prelats, gens d'Eglise, gentilshommes, vassaux & autres residens audit bailliage de quelle qualité & condition ils soient, ayent à se trouver si bon leur semble ledit Jeudy de noz journées prochaines d'après la saincte Lucie, pour veoir judiciairement lire & publier lesdictes Coustumes & ordonnances : desquelles ils tireront ci après copie, pour les faire publier à leurs sieges, à jours de plaidz, les faire enregistrer aux registres de leurs prevostez & hautes justices, pour y avoir recours à toutes occurrences & quand besoing sera. Laquelle publication susdicte obligera les absents comme les presents. De ce faire vous donnons pouvoir & mandement, & nous certifierez de voz exploits que nous envoyerez pour ledit jour. Donné sous notre nom à Estain, le quatriesme jour de Decembre mil cinq cens quatre-vingt & dix-huit. *Ainsi signé*, T. de Lenoncourt, bailly de sainct Mihiel. Et aurions addressé lesdictes Lettres de commission à noz sergens, qui au contenu d'icelles, auroient faict les significations y portées par toutes les prevostez & chastellenies du ressort dudit bailliage, comme il nous est apparu par leurs exploits, lesquels veus, nous seans en jugement en l'auditoire des causes audit Sainct-Mihiel, le jeudy des journées ordinaires dudit bailliage d'après la saincte Lucie dix-septiesme jour dudit mois de Decembre, avons ledit procureur general de de Barrois present & ce requerant fait faire lecture hautement & intelligiblement, tant desdictes Coustumes que dudit style & reglement de la justice, ensemble desdictes Patentes, en presence du peuple assemblé à l'auditoire susdit, de nos lieutenants general & particulier, & des advocats, procureurs & praticiens dudit siege. Ausquelz, comme à toutes autres personnes qu'il appartiendra, nous avons en conformité de la volonté de sadite Alteze, portée par sesdites Patentes enjoinct & ordonné, de tenir, garder & observer à l'advenir lesdites Coustumes, style & reglement, comme loix, statuts & ordonnances inviolables, notoires, congneues & approuvées, & bien & deuement constituées, leur inhibant & defendant d'alleguer, poser, articuler, ny faire escrire doresenavant & pour l'advenir, & à nosdits lieutenants, leurs successeurs esdits Estats, & à tous autres juges dudit bailliage de recevoir les parties, leurs advocats & procureurs, à alleguer, articuler ou prouver autres Coustumes & style au contraire de ce qui en est escrit & porté par lesdits cayers receus, approuvez & homologuez par sadite Alteze. Et afin que nul en pretende ignorance, nous avons ordonné à Blaise Coyel greffier ordinaire dudit bailliage, d'enregistrer ès registres du greffe d'iceluy bailliage, lesdits cayers de Coustumes, style & reglement, & pareillement lesdites Lettres Patentes. En foy & tesmoignage dequoy nous avons signé de notre main le present procès verbal, & le faict signer par ledit greffier. *Signé*, THEODORE DE LENONCOURT, bailly de Sainct-Mihiel.

BLAISE COYEL.

Ensuit la teneur desdictes Lettres Patentes.

CHARLES par la grace de Dieu Duc de Calabre, Lorraine, Bar, Gueldres, Marchis, Marquis du Pont-à-Mousson, Comte de Provence, Vaudemont, Blamont, Zutphen, &c. A notre tres-cher & feal conseiller d'estat, chambellan & bailly de Sainct-Mihiel, le sieur Theodore de Lenoncourt, & à tous presents & advenir, SALUT. Le devoir principal des Princes temporels consistant à prendre & avoir soing que la justice, qui du ciel leur a esté envoyée en terre, & mise comme en depost en leurs mains, pour la faire distribuer à leurs sujets, le soit bien & legitimement, & au plus grand soulagement & moindres frais de ceux qui en requierent le fruict, que faire se peut, nous a ci-devant induit, que si tost qu'ayant entré au gouvernement des Duchez, Principautez, terres & seigneuries, que Dieu nous a mis & donné en gouvernement, nous en aurions recongnu l'estat & les affaires, aussi-tost aurions nous prouveu (autant qu'en nous a esté) que la justice (ferme & principale estançon, & pilotier des Principautez & Monarchies) fust sur tout bien & deuement administrée ès nostres, & chacun particulierement informé des loix, statuts, formes & manieres, sous & avec lesquelles elle leur sera distribuée, la requerans par occurrence, afin que l'incertitude ne donnast aux querelleux & plaideurs ahurtez argument ou pretexte de couverture à leur poursuittes plaines de frais & despens, s'il advenoit qu'ils les entreprissent, & en continuassent le fil jusques à la derniere periode contre le prescrit de ce qu'ils ne pourroient (du moins ne devroient) ignorer, leur en estant le tout manifesté, representé & determiné en escrit. C'est ce motif, qui dès l'an mil cinq cens soixante & unze, nous auroit occasionné d'addresser noz Lettres de commissions aux predecesseurs en office de vous bailly, à ce de faire appeller & convoquer les trois Estats de votre bailliage, pour adviser ce qu'ils trouveroient avoir esté des Coustumes d'iceluy, y corriger, adjouster, & en diminuer ce qu'ils verroient estre propre & convenable à raison & au bien de la justice, & du tout dresser articles clairs & certains, pour nous estant le tout representé, les establir pour loix doresenavant certaines & inviolables. Mais ayant esté le cours de ceste notre intention interrompu par les moyens semblables des guerres, qui ja du paravant en avoient faict differer le commencement & le progrès; & de ceste cause ayant deslors le tout demeuré suspendu (comme c'est un des principaux effects de la guerre, que d'endormir & faire cesser ceux de la justice) incontinent, que Dieu par sa bonté nous a envoyé la paix, mieux à elle s'accordante, apprivoisée & plus familiere, reprenant ses arrements premiers, nous avons voulu qu'avec ceux de la Cour des Grands Jours dudit Sainct-Mihiel & autres juges, & plus fameux advocats & praticiens de votre bailliage, vous revissiez ce qui avoit esté faict & dressé par lesdits des Estats, ou leurs commis, afin que nous estant representé, nous y missions la derniere main. SÇAVOIR FAISONS, que le cayer des articles qu'ainsi ils auroient faict & dressé de rechef avec vous, veu & examiné par les gens de notre conseil, & aucuns de ladicte Cour, vassaux de votredit bailliage qui auroient voulu s'y trouver, procureur general de Barrois, votre lieutenant particulier, & autres denommez en votre procès verbal du huictiesme de May dernier, Nous le tout entendu, l'avons par bon advis & conseil aggréé & approuvé, confirmé, homologué & authorisé, approuvons, confirmons, homologuons & authorisons, voulons & nous plaist, que tant pour ce qui est desdictes Coustumes, que du style & reglement de ladicte justice, soit doresenavant suivy, observé & entretenu, tant par les juges dudit bailliage, prevostez, chastellenies, & tous autres lieux generalement & ressortissants que parties, comme loix, statuts & ordonnances inviolables, notoires, congneues & approuvées, & bien & deuement constituées. Leur defendant & inhibant, & à tous advocats, procureurs ou autres, d'alleguer, poser, articuler, ny faire escrire doresenavant & pour l'advenir, soit en jugement ou dehors autres Coustumes & style, que ce qui en est escrit par lesdits articles. Et à vous, vos lieutenans, prevosts, mayeurs, ou leurs lieutenants, & autres officiers de justice dudit bailliage de recevoir lesdictes parties, advocats & procureurs, & en alleguer ny articuler d'autres, ny les recevoir à en informer. Si vous mandons, que le susdit cayer de Coustumes & style, par nous presentement homologuez, verifiez, confirmez & authorisez, vous faciez lire & publier hautement ès auditoires & sieges ordinaires dudit bailliage, & en tous lieux accoustumez à faire telle publication; le tout faire enregistrer ès registres dudit Bailliage; afin que nul en puisse pretendre cause d'ignorance; car ainsi nous plaist. En tesmoignage de quoy Nous avons à cestes signées de notre propre main, faict mettre & appendre notre grand seel. Qui furent faictes & données en notre ville de Nancy, le douziesme jour de Novembre mil cinq cens quatre-vingt & dix-huit. *Ainsi signé*, CHARLES, & seellées du grand seel de son Alteze en cire vermeille, sur double queue de parchemin pendante. *Et sur le reply est écrit*, Par son Alteze. Les sieurs Comte de Salm, mareschal de Lorraine, gouverneur de Nancy. De Lenoncourt, bailly de Sainct-Mihiel. De Mondreville. Maimbourg & Bardin, maistres aux Requestes. De Rozieres, Le Pougnant & Gondrecourt, Conseillers en la Cour des Grands Jours de Sainct-Mihiel presents. *Signé*, M. BOUVET. *Registrata idem pro* C. BOUVET.

PROCÉS VERBAL
DES ARTICLES ADJOUSTEZ AUX COUTUMES DU BAILLIAGE DE SAINT MIHIEL,
Reveus & homologuez par Son Altesse M. le Duc de Lorraine.

LE cinquiesme jour du mois de Septembre mil six cens & sept: Comme nous Theodore de Lenoncourt, baron de Neufvron, seigneur de Gondrecourt en Woipure, Olley, la Neufville aux Bois, &c. Conseiller d'Estat de S. A. & Bailly de Sainct Mihiel, estions au lieu de Nancy, aurions receu mandement de son Altesse, en datte dudit jour, duquel la teneur s'ensuit.

CHARLES par la grace de Dieu, Duc de Calabre, Lorraine, Bar, Gueldres, Marchis, Marquis du Pont-à Mousson, Comte de Provence, Vaudemont, Blamont, Zutphen, &c. A notre tres-cher & feal le sieur de Lenoncourt, conseiller d'estat des nostres, & bailly de Sainct Mihiel, ou son lieutenant, SALUT. Les gens des trois Estats du bailliage de Sainct Mihiel, depuis quelque temps en ça, & nommément en l'assemblée derniere de nos Estats generaux tenus en ce lieu de Nancy, au mois de Mars de l'année presente mil six cens & sept, Nous ont instamment requis & supplié de vouloir les faire particulierement convoquer & appeller, tant pour reconnoistre quelques articles du cayer écrit mis sous la presse, & homologué de nous des Coustumes dudit bailliage, que pour autres requestes qu'ils avoient à nous representer: Et desirant de notre part en ce les gratifier de tant plus singulierement qu'il y va du fait de la Justice, avancement d'icelle, & de suite de bien & de la tranquillité publique: Nous vous mandons, & à chacun de vous ordonnons, qu'au plustost cette receue, vous faites à cris publics de trompettes ou de tambours, publier en tous les lieux principaux en chacune prevosté de votredit bailliage, par jour de marché, si marché y a, sinon aux auditoires ou sieges ordinaires d'icelles ès jours des plaidoyeries, audiences ou tenues de causes que nous avons proposé, & esperons (Dieu le permettant) nous trouver au lieu de Sainct-Mihiel le vingtcinquiesme jour de ce mois, pour dès le lendemain vingt-sixiesme entendre & ouyr quelles sont les requestes & supplications que lesdits des Estats dudit bailliage pretendent nous y faire: Et qu'à ces fins les gens d'Eglise, Vassaux & de la Noblesse, & ceux du tiers Estat ayent à comparoir, pour lesdites requestes ouyes y estre par nous procedé. Fait & ordonné ainsi que par raison appartiendra; car ainsi nous plaist. En temoin dequoy nous avons signé ces Presentes de notre main, & à icelles faire mettre & apposer en placart notre seel secret. Donnés en notre ville de Nancy le cinquiesme jour de Septembre mil six cens & sept. *Signé*, CHARLES. *Et plus bas est escrit*, Par son Altesse, Les sieurs de Gournay chef du Conseil & bailly de Nancy, de Maillanne mareschal de Barrois, de Lenoncourt bailly de Sainct Mihiel, de Lenoncourt abbé de Beaupré, de Thessieres, de Ragecourt gouverneur de Bitche, Mainbourg & Bardin, maistres aux requestes ordinaires: Le Pougnant, Pistor & Ballivy presents. Et contresigné pour secretaire B. D'ABOUCEY, & scellé en placart sur cire vermeille.

POur l'execution duquel sommes le mesme jour party dudit Nancy, & arrivé le lendemain audit Sainct-Mihiel, où nous aurions dressé commissions, & d'icelles envoyé à nos sergens en chacune prevosté dudit bailliage, avec copie dudit mandement soussigné de nous: & leur avons mandé & ordonné de le publier à haute & intelligible voix, après en avoir donné l'avertissement à son de trompette ou de tambour, ès lieux accoustumez à faire semblables cris & publications esdites prevostez: & d'iceluy laisser coppie par affiches signées d'eux, afin que personne n'en pust pretendre cause d'ignorance, & d'aller trouver les Prelats, gentilshommes & vassaux residents audit bailliage, & leur faire ostension, tant de la coppie dudit mandement que de nosdites Lettres de commission, & renvoyer leur besongné au greffe dudit bailliage, jours après autres, ce qu'ils auroient fait.

ET n'ayant son Altesse pour empeschemens qu'elle avoit, peu arriver audit Sainct Mihiel que le vingt-sixiesme dudit mois au giste: l'assemblée desdits Estats n'auroit pust estre faite, sinon qu'au lendemain vingt-septiesme dudit mois. Auquel jour vingt-septiesme estans lesdits Estats assemblez en l'Auditoire des causes dudit Sainct-Mihiel, Nous aurions fait appeller hautement par notre greffier, les Prelats & autres personnes Ecclesiastiques, gentilshommes, vassaux & autres personnes nobles: Comme aussi les communautez des villes & villages dudit bailliage, lesquels seroient comparus. Sçavoir pour l'estat Ecclesiastique, illustrissime & reverendissime Prince Monseigneur Erric de Lorraine, Evesque & Comte de Verdun, Prince du saint Empire, Abbé de saint Vannes audit Verdun, pour les terres, seigneuries & autres biens qu'il a audit bailliage, à cause de sesdits Evesché & Abbaye, par noble Goeury Marionnel son avocat ès Cours dudit Sainct-Mihiel. Les sieurs primats, doyen, chanoines & chapitre de l'insigne Eglise de Notre-Dame de Nancy, primatiale de Lorraine, ayante l'Abbaye de S. Mar-

L'ESTAT DE L'EGLISE.

tin annexée, pour leur seigneurie d'Ancy lez Sogne & autres terres & biens qu'ils ont audit bailliage, par messire Antoine de Lenoncourt Abbé de Beaupré, & doyen de ladite Eglise, conseiller d'estat de son Altesse. Les venerables Abbé & convent de l'Abbaye de Sainct-Mihiel, par Dom Claude François Prieur, & Dom Pierre Rozette, prestre & religieux en icelle. Noble & religieuse personne Dom René Merlin prieur commendataire de Hateville, & prevost en ladite Abbaye en personne. Les venerables Abbé & convent de saint Piermont, par messire Jean Francquin religieux en icelle. Les venerables Abbé, religieux & convent de Notre-Dame de Rangevaux, par maistre Christophe Drappier avocat ès Cours dudit Sainct-Mihiel. Les venerables Abbé, religieux & convent de sainct Hubert en Ardennes, à cause de leur seigneurie de Moulin, & autres biens qu'ils ont audit bailliage, par Bon Thomas leur receveur audit Moulin. Reverende & honorée dame Catherine de Lenoncourt, Abbesse & dame de Juvigny, par Pierre Garlache son officier audit lieu. Les venerables doyen, chanoines & chapitre de l'Eglise collegiate sainte Agathe de Longuion, par ledit Marionnel. Les venerables prevost, chanoines & chapitre de l'Eglise collegiate sainte Croix du Pont-à-Mousson, par messire François Laigney bachelier formé en sainte theologie, & chanoine en icelle. Les venerables prieur & religieux des prieurez de Cons & de Sancy, par ledit Bon Thomas. Les venerables prieur, religieux & convent des Girouets, par maistre Christophe l'Hoste avocat ès Cours dudit sainct Mihiel. Venerables personnes messire Henry Godier, prestre curé de Dun & de Milly. Messire Charles Tavergùin, prestre curé des grands & petits Clerys, & de Doulcon. Messire Nicole Pognon curé de Montigny. Messire Jean Mouart curé de Mont & Sassey; & messire Claude Raux curé de Murvault, par Drouet Geoffroy, praticien demeurant audit Dun. Les sieurs Curez de Louppy aux deux Chasteaux, & de Juvigny, par Jean Briart officier audit Louppy. Messire Christophe Arnould curé de Vivier, par ledit Marionnel. Messire Demenge Jenin curé de saint Germain, sieur foncier dudit lieu en personne. Messire Nicolas Connel, prestre curé de Domp-Germain, par ledit Drappier. Messire Jacques de Fer curé de Winville en personne.

ETAT DE NOBLESSE.

ET pour l'estat de la Noblesse, sont comparus haut & puissant Prince Monseigneur François de Lorraine, comte de Vaudemont & de Salm, baron de Vivier, &c. à cause de ladite baronnie de Vivier, & autres terres & seigneuries qu'il a audit bailliage, par ledit Marionnel son procureur. Illustrissime & reverendissime Prince mondit seigneur Erric de Lorraine Evesque & Comte de Verdun, tant en son nom comme seigneur de Kevres, que comme tuteur de Messeigneurs les comtes de Chaligny ses neveux, aussi seigneurs desdites Kevres, par maistre Christophe l'Hoste avocat ès Cours dudit Sainct-Mihiel, & leur procureur d'office ès prevosté, terre & seigneuries desdites Kevres. Haut & puissant seigneur messire Ferdinand Gabriel de Madruche comte d'Avy, baron de Baufroymont, à cause de sadite baronnie, par Nicolas Robert son receveur en icelle. Haute & puissante dame Chrestienne Daguerre comtesse de Saulx, baronne de Vienne-le-Chastel, dame de Sampigny, à cause de sa seigneurie dudit Sampigny, par maistre Collignon Joly avocat esdites Cours, & son prevost audit Sampigny. Honoré seigneur Jean des Pourcelets baron du saint-Empire, conseiller d'Estat de son Altesse, mareschal de Barrois, seigneur de Maillanne, Gesainville, Gesaincourt, Troyon, la Croix sur Meuse en partie, &c. en personne. Honorez seigneurs Jean du Chastelet baron des Thons, conseiller d'Estat de sadite Altesse, mareschal de Lorraine, & chef des finances de Lorraine & de Barrois, & Christophe Baron de Crehanges, aussi conseiller d'Estat de sadite Altesse, bailly d'Allemagne, seigneur d'Andeu, Valleroy, &c. par ledit seigneur des Thons, & honorée dame Catherine baronne de Malberg, aussi dame desdits Andeu & Valleroy, par noble maistre Charles Barrois avocat esdites Cours de Sainct-Mihiel. Honoré seigneur Regnaud de Gournay seigneur de Villiers, Marcheville, Ginecourt, &c. conseiller d'Estat & chambellan de son Altesse, chef de son Conseil, bailly de Nancy. Reverends & honorez seigneurs messire Antoine de Lenoncourt Abbé de Beaupré, conseiller d'Estat de sadite Altesse, seigneur de Rechicourt, à cause de sadite seigneurie de Rechicourt en personne. Messire Jean des Porcelets protonotaire du saint Siege apostolique, seigneur de Gussainville, à cause de sadite seigneurie de Gussainville, par noble homme Jean Jobal. Honorez seigneurs Louys de Custine baron de Cons, seigneur de Villy, conseiller d'Estat de sadite Altesse, capitaine de Longwy. Simon de Pouilly sieur d'Esne, Louppy aux deux Chasteaux, aussi conseiller d'Estat & chambellan de sadite Altesse, gouverneur des ville & citadelle de Sathenay. Charles le Bouteiller seigneur de Bouvigny, Moussy, Boulanges, &c. aussi conseiller d'Estat de sadite Altesse, & capitaine de Preney. Charles de Roussy sieur de Chastel, Sivry en Woipure, Marvesin, Broussey, Raulecour en partie, aussi conseiller d'Estat de son Altesse tous en personnes. Honoré seigneur André des Porcelets baron du saint-Empire, aussi conseiller d'Estat de son Altesse, bailly de l'Evesché de Mets, seigneur de Ville-au-val, sainte Marie & Lixieres, par ledit Jobal. Honorez seigneurs Hans Graffe de Millandouelz baron de Pesche, seigneur de Brouaines, à cause de sadite seigneurie de Brouaines. Peter Ernelt de Mercy sieur de Mandres lez-Chastillon. Jonatas du Haultoy seigneur de Vaudoncourt, la Follie & Goraincourt en partie. Henry de Beauvau baron & seigneur dudit lieu, Manonville, Domepvre, &c. Gaspard de la Haye baron de Cons, seigneur de Belle-Fontaine. André de Landres baron de Fontoy, seigneur de Ficquelmont, &c. Louys de Lisseras seigneur de Basserville, Anderny en partie, &c. Robert de Ficquelmont seigneur dudit lieu, Moustier, Melatour, &c. chambellan de son Altesse. Baltazar de Mouzay sieur de Luzy en partie. Jacques de Mouzay sieur de Boulain & la Neufville en partie. Nicolas de Gourcy sieur dudit lieu. Bernard de la Tour sieur de Jandelize, Puxe, &c. René de Stainville sieur de Sorcy & saint Martin en partie. René de saint Vincent seigneur d'Aulnoy & Vertuzey. Claude de Fuligny sieur dudit lieu. Bouch en partie. Claude de saint Baussam sieur dudit lieu. Nicolas de Gennes sieur de Felin & chastel en partie. Robert du Mayer sieur de Mougon. François de Dombasle sieur d'Inor en partie, Blaise du Mont sieur de Sart de Trieux. Antoine de Goussy sieur de Charrey, aussi tous en personnes. Honorez seigneurs Jean Frederic du Haultoy sieur de Clemery, par le sieur de Nubecourt son pere. Adam de Custine sieur de Guermanges, Villemont, &c. à cause de sadite seigneurie de Villemont, & Jean Hartzard d'Antel sieur de Tiercelet, &c. par ledit sieur de Villy. Louys de Vigneulle sieur de Mesnil-la-Tour, & Dompgermain en partie, par Jean Feron. Claude de saint Vincent sieur de Sorcy, & saint Martin en partie, par le sieur Philbert de saint Vincent son fils. Paul des Armoises seigneur de Harnoncelles, & Rambercourt sur Mads, &c. par le sieur Nicolas des Armoises. Guillaume de Tige sieur de Pouru, & des grand & petit Faillys, par Nicolas de Tige son fils. Jean & Pierre de la Fontaine, & Gaspard de Lescamoussier seigneur de Sorbey, par ledit Pierre de la Fontaine seigneur de Choppey. Nicolas de Housse sieur de Fermont, par ledit sieur de Choppey. Les seigneurs & dame de Bassompierre, par Perin de la Haussé escuyer, leur officier audit lieu. Honorée dame Claude de Fresneau, veuve de defunt honoré seigneur Louis-Jean de Lenoncourt, vivant seigneur de Serre, dame de Pierefort, Trougnon, &c. par Mengeot Colas son procureur d'office ee la prevosté dudit Trougnon. Honorées dames Anne & Blanche de Landres, dames d'Avillers & Haucourt, &c. par ledit sieur Jonatas du Haultoy. Charles de saint Baussam sieur dudit lieu, demeurant à Essey en Woipure, par ledit sieur Claude de saint Baussam son pere. Jean-Henry de Crisinich sieur de Lesse, par noble Gilles Thevenin avocat esdites Cours. Nicolas de la Cour sieur de la Briere. Damoiselle Beatrix de Gratinot veuve de feu Claude de Craisne, vivant sieur de Jupille. Nicolas du Moulx sieur d'Artaise & du Vivier. Bernardin de saint Baussam sieur d'Imonville. Henry de Mouzay sieur de Cunel & du grand Clery en partie, par ledit sieur de Mougon. Pierre d'Orey sieur de la Neufville & Pouilly en partie. Jean & Ferry de Herbemont sieur de Charmoy en partie, par noble Nicolas de Gondrecourt avocat ès Cours dudit Sainct-Mihiel. Albert d'Orey sieur d'Inor en partie, par ledit Barrois. Philippe de Mouzay sieur de la Madelaine, par Nicolas du Moulin. Jean & François de Gorcy sieurs dudit lieu, Vachemont & Colmey en partie. Claude de Custine sieur du Vivier en partie. François du Mont sieur de la Bar, par noble Jean Marais avocat esdites Cours. Jean Michel sieur haut-Justicier, moyen & bas de Flabeville. Jean de Vaubecourt escuyer, sieur d'Ourche en partie, & du Muty. Medard de Voyseul sieur dudit lieu, Saulme & Burguigueville, à cause d'une maison qu'il tient à Pargny, derriere Barine, nommée dudit nom de Voyseul. David du Puix, escuyer sieur de Bouch en partie. Noel l'Hoste sieur du Jard. Adrian de Sarencier, escuyer sieur de Longbuisson, mareschal des logis de son Altesse. René de Mircourt escuyer, demeurant à Essey en Woipure. Jean de Lucy sieur de Pilleniteu, & Gommery en partie en personnes. André de Lucy chevalier, sieur de Woipure & desdits Pilleniteu & Gommery en partie, par ledit Jean de Lucy. Jean Christophe de Brissey, & Frederic de Brissey sieurs de Gibommey en partie, par Claude Guillaume leur procureur d'office audit lieu. Christophe de la Cour sieur de Ville-sur-Yon & de la Ville-aux-Preys en partie, par Arnould de la Cour son neueu. Michel de Billard sieur de Salin, capitaine de Conflans. Jean Bertignon escuyer, prevost de Dun, & noble homme Nicolas Willermin prevost de Foug, en personnes. Louys Ligier escuyer, gruyer & receveur de Dun, par ledit sieur de Mougon. Richer Boucard prevost, gruyer & receveur de Longuion, & Fery Boucard escuyer, sieur de Colmey en partie, par ledit Marionnel. Et noble homme Nicolas Humbert prevost de Kevres, par ledit maistre Christophe l'Hoste.

LE TIERS ESTAT.

Et pour la part du tiers Estat, ont comparu, Sçavoir, les habitans & communauté de la ville de sainct-Mihiel, par Federic de la Reauté escuyer, l'un des syndics & gouverneurs de ladite ville. Les habitans & communauté de la ville & cité du Pont-à-Mousson, par noble Nicolas Mauljean maistre eschevin, & Abraham Mareschal, l'un des sept Jurez en la Justice dudit lieu. Les habitans & communauté de la ville d'Estain, par Jean Braconnier lieutenant de mayeur, Jacquemin Henzelin eschevin & Didier Perin greffier en la justice dudit lieu. Les habitans & communauté de la ville de Sathenay & du village de Mouzay, par Pierre Hazard mayeur dudit Sathenay. Les habitans & communauté de la ville de Dun & des villages de Doulcon, le petit Clery, Mout, Sassey, Murvault, Lyon & Milly, par Drouot Geoffroy. Les habitans & communauté de Longuion, du Ban de Vivier & des villages d'Espiey, du petit Sivery, Colmez & Othe, par ledit Marionnel. Les habitans & communauté de la ville de Briey, par Jean Bajeron lieutenant en la prevosté dudit lieu. Les habitans & communauté de Sancy, par noble Jean Gillet avocat esdites Cours. Les habitans & communauté de la ville de Longwy, par Pierre de Landres. Les habitans & communauté de la ville de Foug & des villages de Pargny, Cholloy, Lay, & Neufville, par ledit Willemin prevost dudit Foug. Les habitans & communautez de Baufroymont, Gendreville, Medonville, Malaincourt & Urville, par Nicolas Robert & Antoine Ferry. Les habitans d'Acraignes, par Jean Baudouin. Les habitans de Germiny, par Thierry Hanus. Les habitans & communauté de Sorcy & saint Martin, par Estienne Pasquet. Les habitans de Joy sous les costes, pour la part de son Altesse, par Jean Caillot mayeur, & Didier Rollet greffier audit lieu, pour la part du sieur de S. Vincent, par Jean Garnier, & pour la part du sieur Richard, par Michel Claudin. Les habitans de saint Germain, par Claude Florentin mayeur. Ceux d'Aulnoy & Vertuzey, par Didier Roussel & Christophe Parisos. Ceux de Bouch, par Didier Laurent & Antoine Bouche. Ceux de Corgneville, par Girard Moreau mayeur dudit lieu. Ceux de Gibommeix, par Michel Colin aussi mayeur dudit lieu. Les manans & habitans de Jupille, par ledit sieur de Mougon. Ceux de Cunel, par noble Jacob Royer avocat esdites Cours. Ceux d'Esne, par Morel Pillemant. Ceux de Villesne, par Berthelemin le Marchal. Ceux de Montigny, par Christophe Pasquier. Ceux de Moulin, par Bon Thomas. Ceux de Charny, par ledit Gondrecourt. Les habitans & communauté des villages de Brouaines, de Chasteau-Brehain & de saint Mansuid, par ledit Thevenin. Les habitans de Juvigny & de Han, par Pierre Garlache & Jean Briart officiers desdits lieux. Ceux de Louppy aux deux Chasteaux, de Quincy & de Remoaville, par ledit Briart officier audit Louppy. Ceux d'Iry le sec, par ledit Garlache. Ceux de Visseppe, par Simon Briart. Les habitans de Givry, par ledit sieur Robert de Ficquelmont. Les habitans de Cons, du grand Failli & de Cosne, par ledit seigneur du Villy, baron dudit Cons, & seigneur desdits lieux en partie. Les habitans de Sorbé, par ledit sieur de Choppey. Ceux de Flabeville, par ledit sieur Jean Michel seigneur dudit lieu. Les habitans & communauté des villages de la mairie de la Montagne, par Jacques le Canart leur mayeur. Les habitans & communauté de Rombas, par Antoine Arnould mayeur pour son Altesse esdits lieux. Les habitans des Barroches devant Briey, par Jean Bertrand. Les habitans & communautez de Mary, Arnoux, Ticquequeux, Mansieulle, Bonvillers & Amelz, par Dominique Piercel. Les habitans de Rechicourt, par Martin le Seigneur. Ceux de Villers la Montagne & de Martin-Fontaine, par Gillet Maul-jean. Ceux de Circourt & de Dommery, par Nicolas Laurent mayeur desdits lieux. Les habitans de Xivry le franc, par Gueury Mielet mayeur. Ceux de Ville-sur-Yon, par Nicolas le Beau. Ceux de Jandelize, par maistre Jacques Manchette avocat esdites Cours. Ceux de Gesainville, par ledit Jobal. Ceux de Rogeville & Villers en Hey, par maistre Arpoule Maul-jean. Ceux de Grifcourt, par François Lagnei. Ceux de Manonville & de Dompierre, par Didier Thomas. Les habitans & communauté d'Essey en Woipure, par George Joly mayeur dudit lieu. Ceux de Winville, par François le petit Collot. Ceux de Buxerulles & Warneville, par Dider le Rouyer. Les habitans & communauté des Kevres, Billy & Courcelles aux Bois, par ledit maistre Christophe l'Hoste. Ceux de Han sur Meuse & Brasseittes, par Noel Chaligot. Ceux d'Alliez, par Jean Ferry. Les habitans & communauté de Mescrisnes, par Dieudonné Davion & Didier Rollin. Ceux de Lonchamps, par Jean Mouzin mayeur pour son Altesse audit lieu. Ceux de Courouvre & de la Heymeix, par ledit Royer. Et ceux de la Croix sur Meuze, par Forain Collignon.

CE fait après que le Procureur general de Barrois a remontré & fait entendre hautement les causes, occasions & sujet de la convocation & assemblée desdits Estats, Nous avons iceluy ce requerant, octroyé defaut contre les non comparans, pour le profit duquel, nous avons dit & ordonné qu'il feroit, nonobstant leur absence, passé outre à la reveue des articles des Coustumes dudit bailliage. A l'effet & pour l'execution du mandement susdit de son Altesse, du cinquiesme dudit mois de Septembre, pour y estre ajousté ou diminué, ou y donner par elle telle interpretation qu'il luy plairoit : Après qu'elle aura entendu les propositions & requestes desdits Estats. Ayant neantmoins ledit Procureur protesté de nullité contre tout ce que seroit proposé au prejudice des droits de sadite Altesse, & de ses Edits & Ordonnances. A quoy ledit seigneur de Maillane mareschal de Barrois, a repondu pour & au nom desdits Estats, qu'ils n'entendoient en rien prejudicier aux Edits & Ordonnances de sadite Altesse, ny rien proposer contre ses droits & authoritez, ny pareillement resoudre, conclurre & arrester aucune chose sur le fait des Coustumes dudit bailliage, ou reglement de la justice, que par le bon plaisir de sadite Altesse, & de son authorité, après que le tout luy aura esté representé en son Conseil, & qu'elle y aura ordonné.

CE fait les gens de l'estat Ecclesiastique & de celuy de la Noblesse, pour obvier à une confusion ont choisi : Sçavoir, Pour l'estat Ecclesiastique, lesdits Dom René Merlin prieur de Hareville, & prevost en ladite Abbaye de Sainct-Mihiel. Messire François Lagny bachelier formé en sainte Theologie, & chanoine en l'Eglise collegiale de sainte Croix du Pont-à-Mousson. Et messire Jean Francquin religieux en l'Abbaye de saint Pierre-mont.

Et pour l'estat de la Noblesse, lesdits sieur Louis de Custine baron de Cons, seigneur de Villy, conseiller d'Estat de sadite Altesse, & capitaine de Longwy. Charles le Bouteiller seigneur de Bouvigny, Moussy, Bolanges, &c. conseiller d'Estat de sadite Altesse, & capitaine de Preny : Et Pierre de la Fontaine seigneur de Choppey, Sorbé, &c. pour recevoir les articles qui seroient presentez de la part de l'estat Ecclesiastique, & de celuy de la Noblesse, les voir & examiner, & les rapporter le lendemain à l'assemblée.

Et les gens du tiers Estat ont choisi & nommé nobles Jean Maras, Nicolas Goudrecourt, & Federic de la Reauté, avocats ès Cours dudit Sainct-Mihiel, pour seulement recevoir les articles qui seroient proposez par l'estat Ecclesiastique, & celuy de la Noblesse, sans toutesfois qu'ils pussent & leur fust loisible resoudre aucune chose sur iceux, que premierement ils ne fussent communiquez aux Deputez des villes & communautez qui s'estoient presentez en ladite assemblée.

Declarans lesdits du tiers Estat, qu'ils n'avoient rien à proposer contre les Coustumes dudit bailliage, & les Ordonnances faites sur le stil & reglement de la justice, homologuées par son Altesse. Neanmoins, s'il plaist à sadite Altesse y ajouster, diminuer ou changer quelque chose, ils n'y trouvoient à redire.

ET le vingt-neufiesme dudit mois de Septembre, lesdits Estats estans de rechef assemblez audit Auditoire, lesdits sieurs de Villy, de Bouvigny, & de Choppey, ont rapporté les articles qui leur avoient esté mis ès mains, & par eux examinez, dont lecture auroit esté faite hautement : Et sur ce auroit esté conclud qu'ils seroient par eux presentez à son Altesse (avec supplications tres-humbles) qu'il luy pleust les recevoir, & declarer sur iceux sa volonté.

ET les premier & troisiesme jour du mois d'Octobre suivant, ès assemblées desdits Estats faites esdits jours en l'Auditoire susdit : lesdits sieurs de Villy, de Bouvigny & de Choppey, deputez de l'estat de la Noblesse, ont rapporté les réponses que son Altesse avoit fait par écrit sur lesdits articles qu'ils leur avoient presenté, contenantes icelles réponses ce que s'ensuit.

ARTICLES ADJOUTEZ AUX COUSTUMES du Bailliage de Sainct-Mihiel, selon qu'ils ont esté resous & accordez par de tres-heureuse memoire Son Altesse defunte, de l'aveu & consentement des Estats Generaux, convoquez & tenus en ladite Ville, l'an mil six cens & sept : Et depuis reveus & homologuez par Son Altesse regnante, en son Conseil le vingt-troisiesme Juillet mil six cens & neuf.

HENRY par la grace de Dieu, Duc de Lorraine, Marchis, Duc de Calabre, Bar, Gueldres, Marquis du Pont-à-Mousson, Comte de Provence, Vaudemont, Blamont, Zutphen, &c. A tous presens & à venir, SALUT. Sur diverses remontrances, requestes & supplications des gens des trois Estats de notre bailliage de Sainct-Mihiel, à ce qu'il pleust à l'Altesse de feu notre tres-honoré seigneur & pere, (que Dieu absolve) les ouyr en plusieurs faits qu'ils avoient à luy representer, pour l'eclaircissement de quelques articles du cayer des Coustumes, tant anciennes que pretendues nouvelles, depuis quelques années en ça, redigées par écrit de sa permission & authorité, depuis homologuées & mises sous la presse, & y ordonner ce qu'il verroit estre juste & raisonnable, pour la conservation des droits d'un chacun, & advancement de la justice : Lequel ayant à ces fins fait assembler audit lieu dudit Sainct-Mihiel lesdits trois Estats, & s'y trouver à la giste au vingt-sixiesme jour du mois de Septembre mil six cens & sept. Après avoir veu les remontrances, requestes & supplications qu'à divers jours & reprises luy auroient esté faites & representées par les commis desdits estats, il auroit édict, statué & ordonné, par ampliation & interpretation ce que s'ensuit.

Des Tuteurs & Curateurs.

I. QUe les seigneurs hauts justiciers, ou officiers en hautes justices, ne pourront d'oresnavant estre prevenus par le bailly ou son lieutenant en la creation des tutelles & curatelles des sujets de leursdites hautes justices, qu'après la huitaine de l'écheance d'icelles, celle des personnes nobles en tout cas demeurant à la connoissance dudit bailly & de sondit lieutenant.

Des Denombremens.

II. Que les denombremens une fois deuement verifiez, le Procureur general de Barrois & les sujets ou autres y ayans interests, appellez & ouys en ce qui les touchera, feront preuve contre ceux avec qui ils auront esté verifiez ; sauf la prescription à ceux qui pourroient l'avoir depuis acquis.

Des Jects & Collectes.

III. Qu'en ce que par un article desdites Coustumes, est interdit aux sujets de s'assembler, faire jects, collectes, ny passer procurations sans la permission de leurs seigneurs : Entendons cette interdiction devoir cesser, si les affaires (pour lesquelles lesdits sujets voudront s'assembler) sont contre lesdits seigneurs ou leursdits officiers : Auquel cas voulons le choix demeurer ausdits sujets de s'addresser audit bailly ou à sondit Lieutenant.

Des Sentences & Jugemens.

IV. Que les prevosts & mayeurs, tant de ladite Altesse, que des hauts justiciers, ayans jugé, leurs sentences & jugemens seront executoires par nantissement des sommes adjugées, n'excedantes vingt-cinq francs, moyennant caution suffisante de la restitution d'icelles aux condamnez s'il y echet ; & ce nonobstantes opposition ou appellation, & sans prejudice d'icelles, & sous ces limitations : Est octroyé & accordé que l'article quarante-quatriesme des Ordonnances faites sur le stil & reglement de la justice, audit bailliage sera observé de point en point.

Des Preuves.

V. Que les parties admises à prouver, ne seront ouyes par serment, comme sur faits pertinens à requeste l'une de l'autre.

Des Appellations.

VI. Que s'il y a appel des officiers des seigneurs hauts justiciers, & que par après l'appellant obtienne decret de son Altesse, portant commutation de l'appel en opposition : le bailly ou son lieutenant ne pourra retenir la connoissance de ladite opposition, ains sera tenu de revoyer les parties pardevant les officiers desdits seigneurs hauts justiciers, pour proceder sur ladite opposition, soit que le renvoy soit demandé ou non.

Des Enquestes.

VII. Qu'il sera permis en fait d'enquestes aux parties appointées à prouver, d'articuler les circonstances des faits posez ès écritures, afin d'en faciliter au Juge les interrogats qu'il devra & pourra faire aux témoins.

Des Instructions de Procès.

VIII. Que les instructions des procès, & declarations de dépens ne se feront plus par les greffiers, s'ils n'en sont requis expressément par les parties, à la liberté desquelles demeurera d'employer à faire lesdites declarations de dépens, leurs avocats ou le greffier.

Des Assises.

IX. Et en outre declaré & ordonné, que les assises deues par ceux qui ont charrues pour les bestes trayantes esdites charrues, sont redevables ès prestations réelles, & non personnelles.

Des passations des Contracts.

X. Declaré aussi que par son Ordonnance du premier jour de Mars mil six cens & cinq, touchant le fait de la passation des contracts, elle n'avoit entendu & n'entendoit avoir derogé au droit de ceux qui ont arches, ou tabellionage particuliers.

Des communications d'Enqueste.

XI. Qu'il y aura communication d'enquestes ès sieges des bailliages, & autres inferieurs seulement, après les reproches & salvations fournies.

ET pource qu'auparavant notredit tres-honoré seigneur & pere, ait fait expedier ces Lettres Patentes & authentiques à ce convenables, il auroit pleu à Dieu l'appeller à soy, demeurant icelles non signées de luy : Nous son successeur à la Couronne Ducale, ayans esté present & assistant à la passation, resolution & octroy d'iceux articles, les avons (ainsi qu'ils sont écrits ci-dessus) pour nous & nos successeurs Ducs de Bar, loué, confirmé & approuvé, louons, confirmons & approuvons : Voulons & nous plaist tout le contenu en iceux sortir en son plein & entier effet. MANDONS & ordonnons à nos tres-chers & feaux les president & gens tenans la Cour souveraine des Grands Jours dudit Sainct-Mihiel, bailly, prevost dudit lieu, procureur general de Barrois, mayeurs au bailliage dudit Sainct-Mihiel, leurs lieutenans, substituts, & autres nos officiers qu'il appartiendra, faire chacun à leur endroit, effectuer & entretenir lesdits articles, selon leur contenu, forme & teneur, sans permettre y estre fait aucun empeschement au contraire : Car ainsi nous plaist. En témoin de quoy, nous avons à ces Presentes signées de notre main, & contresignées par l'un de nos Secretaires d'Etat, commandemens & finances, fait mettre & appendre notre grand seel : Que furent faites & données en notre ville de Nancy le vingt-troisiéme jour du mois de Juillet mil six cens neuf.

Signé, HENRY.

Et sur le reply, Par son Altesse les sieurs de Maillanne Mareschal de Barrois, de Lenoncourt, Bailly de Sainct-Mihiel, de Haraucourt, de Magnieres Capitaine de l'artillerie, Bardin & Malvoisin Maistres aux Requestes ordinaires. J. Baillivy, Pistor, & autres presens.

Signé, M. BOUVET. *Registrata idem pro* C. BOUVET.

CE fait & après que le mesme jour quatriesme d'Octobre, tous les articles ci-dessus ont esté leus hautement par le greffier en ladite assemblée : l'Etat a esté conclud & arresté, avec charge ausdits sieurs Deputez de remercier tres-humblement sadite Altesse, de ce qu'il luy avoit pleu accorder lesdits articles, Et a ledit Procureur general protesté que les qualitez prises en cet Etat, tant au present procès verbal, qu'aux presentations faites par plusieurs seigneurs & gentilhommes, ne pourront prejudicier à sadite Altesse. En foy & témoignagnage de tout ce que dessus: Nous Bailly susdit, avons avec notre greffier soubsigné le present procès verbal. Fait les jours & an que dessus.

ET le cinquiesme jour de Novembre mil six cens neuf, la Cour souveraine & Parlement de Sainct-Mihiel, seante en jugement à l'audience des causes ordinaires d'icelle : Le Procureur general de Barrois comparant par maistre Ferry d'Acourt son substitut, a presenté les Lettres Patentes de son Altesse notre souverain seigneur, données audit Nancy le vingt-troisiesme jour du mois de Juillet mil six cens neuf d'autre part écrites, touchant l'interpretation & ampliation d'aucuns articles du cayer des Coustumes dudit bailliage de Sainct-Mihiel : & d'icelles requis la publication, insinuation & enregistrement aux registres ordinaires des causes de ladite Cour. Surquoy ladite Cour octroyant audit Procureur ses requestes, a fait publier lesdites Lettres, & ordonné qu'elles seront insinuées & enregistrées fidellement aux registres des causes ordinaires d'icelle, pour y avoir recours si & quand mestier fera.

Par la Cour,

N. GALLIOT.

TABLE DES TITRES DES COUTUMES DE SAINT MIHIEL.

COUSTUMES

COUSTUMES GENERALES DE LA TERRE ET SEIGNEURIE DE GORZE;

1624.

REDIGÉES ET MISES PAR ESCRIT du Commandement de Monseigneur CHARLES DE LORRAINE, par la divine Providence & du Saint Siege Apostolique, Abbé & Seigneur Souverain de la terre de Gorze, &c.

Par Mathieu Regnauld, Gorzien, Docteur ès Droits Seigneuriaux, Lieutenant general au Gouvernement de la Terre & Seigneurie de Gorze, & grand Gruyer en icelle.

MANDEMENT DE MONSEIGNEUR.

Touchant les Coustumes generales de sa Terre & Seigneurie de Gorze.

De par l'Abbé & Seigneur Souverain de la Terre de Gorze.

A NOS tres-chers & feaux les Sieurs de Gastinois, Gouverneur & sur-Intendant en notre terre & seigneurie de Gorze, & Blaise Mahus notre Procureur general en icelle, SALUT. Ayant depuis notre advenement en ceste Abbaye, recognu l'interest & incommodité que nos sujets reçoivent par la diversité des Coustumes & formalitez à l'instruction des procès des subjects de notredite terre, & forains y plaidans : A quoy desirant pourvoir à l'advenir par une plus prompte administration de justice, Nous aurions ci-devant ordonné à notre tres-cher & feal Mathieu Regnauld, Lieutenant general en notredite terre, de dresser & rediger par escrit les Coustumes que voulons estre doresnavant observées. Au sujet de quoy, Nous vous mandons qu'ayez à communiquer ce qu'il en a escrit à nos Mayeurs, Justiciers & Officiers, & deputer quelques-uns d'entre eux; comme aussi des anciens de nos subjects, pour examiner & recognoistre lesdites Coustumes, y adjouster, diminuer, ou changer ce qui sembleroit prejudicier à l'ancien usage; & sur le tout dire ce qu'il vous semblera estre pour le bien public, & soulagement de nosdits subjects: Pour votre rapport veu, avec advis, le communiquer aux gens de notre Conseil, avant l'homologation desdites Coustumes: De quoy faire vous avons donné & donnons plein pouvoir, commission & mandement special, voulans en ce faisans vous estre obey & diligemment entendu : Car telle est notre intention. DONNÉ à Gorze le vingt-sixiesme Janvier mil six cens vingt quatre. *Signé*, CHARLES : *Et plus bas*, Pour Secretaire, C. FOURNIER.

TITRE PREMIER.

Des Qualitez, Droits, Estats & Condition des Personnes.

ARTICLE PREMIER.

EN la ville, terre & seigneurie de Gorze, laquelle d'ancienneté est souveraine, la coustume est vulgairement appellée LE DROICT SAINT GORGONNE.

II. En aucuns lieux dependans pour le tout ou en partie de ladite terre, il y en a en outre certains autres droicts municipaux, & coustumes particulieres.

III. Qui se reglent selon la loy de Belmont, ou le droit des Chevaliers & Escuyers, la coustume de l'Evesché de Metz, des Bailliages de Sainct-Mihiel & Aspremont, le droit de sainte Glossine de Metz, de sainte Croix de Verdun, & autres.

IV. En ladite terre & seigneurie de Gorze, il y a clercs & laïques jouissans respectivement de leurs droits & immunitez, en se comportans neantmoins comme ils doivent chacun selon sa qualité.

V. Et tous indifferemment sont tenus pour personnes franches, libres & exemptes de condition servile.

VI. Des Clercs, les uns sont constituez en ordres sacrez, en dignitez ou benefices Ecclesiastiques ; & ceux-ci usent de leur droit & puissance pour ce qui les regarde & concerne leurs benefices.

VII. D'autres simplement tonsurez ; & de ceux-ci les uns sont mariez, les aucuns non mariez.

VIII. Et jouissent tous proportionnement des privileges de clericature, tant & si longtemps qu'ils portent la tonsure & habit clerical, ou servent actuellement à quelque lieu pieux.

IX. Des laïques, les uns sont en leur puissance, usans de leurs droits, les autres sont en la puissance d'autruy.

X. En leur puissance sont les hommes mariez, peres, vefves, & autres au dessus de vingt ans complets, ayant deslors acquis le droit d'émancipation.

XI. Laquelle se doit faire de la permission du seigneur, pardevant juge competent, le procureur general ou son substitut ouy.

XII. En la puissance d'autruy, sont celles qui ne peuvent user de leurs droits, sans licence, permission ou adveu.

XIII. Comme la femme mariée est en la puissance de son mary, l'enfant de famille non marié en celle de son pere ou mere vefve ; le pupil, mineur, prodigue, interdit ou furieux, en celle de ses tuteur, curateur, gardien ou mainbourg.

XIV. La personne qui est en sa puissance, usante de ses droits, peut valablement contracter, disposer du sien, selon que le droit luy permet, ester en jugement, soit en demandant ou defendant.

XV. Bref, font telle personne, & tous autres semblables, actes legitimes, comme estant libre & à soy.

XVI. La personne qui est sous la puissance d'autruy, nullement ; ains est requise l'authorité de celuy en la puissance duquel elle est, à peine de nullité de tout ce qu'autrement s'en seroit ensuivy.

XVII. Sinon en cas d'injures, crimes, delits, & excès esquels telle personne, sans d'ailleurs estre authorisée, peut convenir ou estre convenue en jugement.

XVIII. Femme mariée, encore qu'elle ait pere, mere, ou aucuns ascendans, la benediction nuptiale receue est, & demeure en la puissance de son mary.

XIX. De sorte qu'elle ne peut s'obliger, donner ou quitter chose quelconque, ny ester en jugement, sans l'adveu ou permission d'iceluy.

XX. Le mary au contraire peut sans procuration poursuivre & defendre, soit en jugement ou autrement, les droits, noms, raisons, & actions de sa femme.

XXI. S'il est question, de vendre, engager, obliger, eschanger, ou autrement aliener son bien, tenant nature de fond, la femme mariée ne le peut, ores que licenciée & authorisée de son mary.

XXII. Sinon par l'exprès consentement de quatre de ses parens, par nombre égal des costez paternel & maternel ou d'autres, à faute d'iceux, les assistans comme amis.

XXIII. Où toutesfois la femme se seroit obligée pour son mary, & de la licence d'iceluy elle seroit tenue d'en respondre, & pourroit estre contrainte par execution de ses biens quels qu'ils soient ; ores que quatre parens alliez ou amis n'y eussent aggreé.

XXIV. Femme mariée exerceante marchandise publiquement, peut à raison d'icelle, comparoistre en jugement, & en disposer sans le consentement de son mary, parens, alliez ou amis.

XXV. Et peut ladite marchandise estre saisie pour l'accomplissement des promesses & contracts qu'elle aura fait en trafiquant sur icelle, ou l'execution des jugemens contre elle rendus à ce sujet.

XXVI. A la femme pareillement mesme liberté de disposer du sien, quand par ordonnance de justice, elle est en effet separée de bien d'avec son mary.

XXVII. Enfans procréez en loyal mariage sont & demeurent en la puissance de leur pere, mere, ou tuteur, jusques à leur mariage ou émancipation.

XXVIII. Ou bien qu'ils soient pourveus d'estat ou grade honorable, estans les masles au dessus de vingt ans complets, & les filles de dix-huit ans passez.

XXIX. Ne peuvent avant ces aages legitimement se marier sans l'exprès consentement de ceux en la puissance desquels ils sont.

XXX. Ny sister en jugement pour chose civile, ny disposer de leurs meubles, acquests ou actions mobiliaires.

XXXI. Et quant à l'immeuble à eux escheu en ligne directe ou collaterale, tenant nature de fond, ils ne le peuvent vendre, ny autrement obliger & aliener qu'ils n'ayent vingt-cinq ans complets, ayant lors atteint pleine majorité d'aage.

XXXII. Si ce n'est par permission du seigneur ou de justice, & avec connoissance de cause du consentement du procureur general ou substitut, & adveu de quelques parents du costé d'où le bien meut.

XXXIII. Pere & mere n'ont aucun droit en ce que l'enfant de famille, par son travail ou industrie s'est acquis hors la maison paternelle.

XXXIV. Comme faisant profession des armes ou des lettres, ou de quelque art liberal ou mechanique, soit qu'il rende service à quelqu'un ou autrement.

XXXV. Ains demeure telle chose ainsi acquise, à la disposition libre dudit enfant émancipé ou non.

XXXVI. Bastard peut disposer de ses biens, tant par contracts faicts entre-vifs, que par disposition testamentaire, ou autrement deuement.

XXXVII. Mais il ne peut succeder à ses pere & mere, ou autres parents en quelle ligne ce soit, directe ou collaterale, s'il n'est legitimé par mariage subsequent.

TITRE II.

Des Droits Souverains & Seigneuriaux, du Domaine, Fiefs, Voueries & Franchises.

I. LE seigneur Abbé seculier de Gorze, tient le domaine de son Abbaye, terres & seigneuries en dependantes à tiltre de souveraineté, comme aussi les droits reguliers & seigneuriaux d'icelle, en haute, moyenne & basse ou fonciere justice.

II. Fors & excepté qu'en certains lieux de ladite terre & seigneurie, il les a partagez, ou par indivis avec d'autres seigneurs.

III. Lesquels seigneurs en aucuns desdits lieux, y ont leurs hommes & sujets de retenue, après élection du seigneur dans l'an & jour, faite par le forain, qui venu y habiter, estoit paravant neutre; c'est-à-dire non sujet à l'un ny à l'autre des seigneurs comparsonniers lors de la reception & admission à bourgeoisie.

IV. *Alias*, le choix n'a lieu, ains l'habitant nouveau venu demeure à celuy desdits seigneurs comparsonniers qui y a droit. Est à noter, que le fruit suit le ventre; qu'est à dire que les enfans sont au seigneur à qui la mere appartient, & est femme de corps; ce qui s'observe encore avec advelet & advelette, à comparaison de leur ayeule ou mere grande.

V. Ledit seigneur Abbé, par l'authorité & puissance qu'il a en degré souverain en sa terre & seigneurie de Gorze, peut faire publier, homologuer & observer loix, coustumes, édits, mandements, & ordonnances.

VI. Et ce tant pour le bien & manutention de son service, conservation de ses droits, profit & utilité de ses vassaux & sujets, que pour reglement & police entre eux; soit officiers, justiciers, ou autres: à quoy tous doivent l'obeissance en choses justes, honnestes & legitimes.

VII. C'est à luy d'interpreter les loix municipales ou autres ambigues, obscures & doubteuses, temperer la rigueur & diversité d'icelles, commuer ou d'abolir les peines indictes par sentence de justice.

VIII. Donner grace, remission ou pardon, remettre les pardonnez en leur bonne fame & renommée, & pristins honneurs, accorder benefices d'aage, restitution en entier; & en certains cas reliefs, retraicts & rescision de contractz par voyes de nullitez notoires.

IX. A luy compete pareillement la creation, institution & destitution d'officiers & justiciers en sadite terre & seigneurie.

X. Comme aussi toutes permissions de levées extraordinaires de deniers & cottisemens que ses sujets, ou porteriens auroient gratuitement accordez, quand & où la necessité urgente & occasion le requerra.

XI. Ledit seigneur Abbé a aussi pouvoir de specialement affranchir, voire annoblir quelques siens sujets & habitans en sadite seigneurie, soit pour cause d'estat, office, service rendu, ou autres semblables bonnes considerations.

XII. Eriger maisons & terres franches & en fiefs; bref, faire tous autres actes legitimes de souverain; pourveu toutesfois qu'ils ne prejudicient & n'importent autrement à la franchise, droits, privileges & liberté commune de ses autres sujets & porteriens.

XIII. Un vassal ayant fief en la terre de Gorze, doit foy & hommage de main & de bouche audit Abbé seigneur feodal; reprendre de luy après y avoir esté receu par ledit seigneur.

XIV. Bailler son adveu & denombrement de toutes les terres & heritages mouvants de son fief, à peine de commise; & ce dans quarante jours après que le vassal aura esté sommé & interpellé de ce faire.

XV. A faute de quoy le seigneur Abbé peut faire saisir ledit fief, & faire les fruits siens, jusqu'à ce que le vassal aura fait devoir: lequel ne peut faire arriere-fief de son fief.

XVI. Jurisdiction & fief n'ont rien de commun, en ce que tel peut avoir fief qui n'y aura jurisdiction quelconque, & au contraire jurisdiction qui n'aura fief; peut toutesfois un mesme seigneur avoir l'un & l'autre ensemblement.

XVII. Les voueries en la terre & seigneurie de Gorze, dependent pour la pluspart des accords, traitez & conventions faites de temps immemorial, entre l'Abbé seigneur direct, & le voué; demeurant chacun maintenu en ce qui luy est acquis par titre, usage ou possession legitime.

XVIII. Où les seigneurs vouez ont quelques droits, part & portion aux amendes, espaves & confiscations, ils sont tenus & obligez de prester la main-forte pour les executions des justices criminelles des lieux où ils sont vouez, toutes & quantesfois qu'il y eschet, à peine de perdre leursdits droits.

XIX. Tant les bourgeois de la ville de Gorze, qu'autres habitans des villes, bourgs & villages dependans de ladite terre & seigneurie, estoient appellez jadis *Francs hommes de S. Gorgonne.*

XX. Et les Gorziens ont d'ancienneté cette franchise, liberté & exemption, que de n'estre assujettis à forfeyance tailles, jects, cottisations, imposts, peages, gabelles, maltotes, rançons, subsides extraordinaires, & telles autres semblables servitudes, sinon à volonté & de leur bon gré.

XXI. Ne sont contraindables de servir en guerre de leurs corps ny de leurs biens, pour quelque affaire que puisse entrevenir, si ce n'est pour la manutention des droits de ladite seigneurie & des leurs, rendans neantmoins ce qu'ils doivent à leur seigneur.

TITRE III.

Des Juges, Jurisdictions & Justice, haute, moyenne, basse ou fonciere, & des droicts d'icelles.

I. EN la terre & seigneurie de Gorze, comme ailleurs, il y a diversité de jurisdiction Ecclesiastique & seculiere, ordinaire & extraordinaire.

II. Et toute telle jurisdiction depend de la souveraine, qui est en la personne du seigneur Abbé; lequel la communique proportionnement, & par degré à divers juges, justiciers, & officiers ou deleguez.

III. Comme la jurisdiction ecclesiastique canoniale de sa collegiate, au doyen & chapitre d'icelle, sur les personnes dependantes du corps d'iceluy chapitre, en action personnelle ou mixte.

IV. De ses Eglises parochiales; aux curez pasteurs ou vicaires & eschevins d'icelles, spirituels ou sinodaux, pour ce qui concerne les droits & police d'icelles.

V. La jurisdiction du domaine, choses & affaires en dependantes, est de la connoissance du sur-intendant, gouverneur & lieutenant general au gouvernement de la terre & seigneurie de Gorze.

VI. A eux semblablement appartient la tenue des plaids, annaux, jurents des officiers & justiciers y receus, comme aussi la connoissance de toutes causes y intentées, s'ils se veulent la retenir.

VII. Comme des actions & differends de fiefs & maisons franches, habitans en icelles, nobles ou autres de justice à justice, communauté à communauté, & communauté à justice.

VIII. Et où le procureur general ou substitut est partie contre lesdits de justice ou communauté, ou contre un particulier touchant ce qui concerne le fisque; & quand lesdits de justice & communauté se rendent partie contre un ou plusieurs particulieres, & au contraire.

IX. Mesme en differend de particulier à particulier, après deue submission de part & d'autre, soubs peine & goison; ou contestation en cause, de laquelle on aura redemandé le renvoy, ou proposé fins declinatoires.

X. Et quand il y aura matiere suffisante de recusation, de plaider pardevant les justices ordinaires audit gouvernement, au lieutenant appartiendra d'en connoistre, comme pareillement des oppositions qui se formeront contre les ordonnances de justice ou commandement de maires; ensemble des infractions de sauvegarde.

XI. La jurisdiction de gruerie est attribuée au grand gruyer, maistres des eaux & forest en icelle seigneurie, qui peut comme bon luy semblera prendre le controlleur de gruerie pour assesseur & conseil.

XII. Et au grand gruyer appartient de connoistre, decider & terminer diffinitivement de tous delits, degasts & forfaitures, rapporter commises en eaux, pesches, forests, hayes, taillis, buissons, chasses & coupes d'arbres fruitiers sauvages de ladite terre & seigneurie de Gorze.

XIII. La jurisdiction seculiere, ordinaire appartient au maire, maistre eschevin & eschevins des justices temporelles.

XIV. Et tant la ville de Gorze que chacun village de ladite terre & seigneurie a sa justice ordinaire, composée de certain nombre d'eschevins.

XV. Qui soubs l'authorité du maire au districtde leur jurisdiction, connoissent en premiere instance de toutes actions personnelles, civile ou criminelle, mixte ou reelle de particulier à particulier.

XVI. Chacune justice sur les bourgeois, manans & habitans de son lieu, ban & finage d'iceluy; & d'ailleurs sur personnes y prises en flagrant delit ou autrement, non repetée par ses juges.

XVII. N'y a appel ny reforme des sentences & jugemens desdites justices, qu'aux entre-cours d'Ars ou la Chaussée, l'un desquels pourront choisir les parties pretendues grevées par lesdits jugemens.

XVIII. Et c'est en ceci que lesdites justices se reputent souveraines, comme independantes les unes des autres, & non reformables qu'aux entre-cours.

XIX. Quoique d'ancienneté celles des villages de ladite seigneurie venoient prendre conseil & advis à la justice de Gorze, comme à leur mere Cour.

XX. Outre toutes telles jurisdictions que dessus, il y en a une autre comme extraordinaire, quand sur differends d'ecclesiastiques ou seculiers, justices, communautez ou autres, il plaist au souverain par bonnes considerations s'en retenir & reserver à soy & à son conseil la connoissance.

XXI. Ou bien quand il delegue, commet ou depute un ou plusieurs juges en certains cas speciaux, suivant les decrets & renvois faits sur les plaintes, remontrances ou requestes à luy presentées.

XXII. La justice se divise ordinairement en haute, moyenne & basse, ou fonciere; desquelles ont ordinairement connoissance les eschevins temporels juges ordinaires des lieux.

XXIII. Et ce en & au district de leur jurisdiction, tant à Gorze qu'ès villages, bans & lieux en dependans, où le seigneur Abbé seculier est seul haut justicier, moyen & bas, sans part d'autruy.

XXIV. Mais parce qu'en certains endroits il y a quelque difference, les droits respectives desdites justices, haute, moyenne & basse, ou fonciere, sont separées & distinguées, comme s'ensuit.

XXV. Le seigneur haut justicier a jurisdiction, puissance & authorité sur les corps & vies des criminels, delinquants, atteints & deuement convaincus, dont connoissent les exerceans ladite haute justice.

XXVI. A laquelle partant compete la connoissance des cas pour lesquels il y va de la mort, mutilation de membres, pilorement, fustigation, bannissement, & autres semblables peines corporelles.

XXVII. Peut le seigneur haut justicier avoir en sadite haute justice & seigneurie, prisons, ceps, voyes, marques, piloris, carquans, poteaux, gibets, arbres penderetz; & autres signes patibulaires, indices de haute justice.

XXVIII. Qui confisque le corps, confisque les biens, lesquels declarez confisquez appartiennent au haut justicier des lieux où ils sont situez, & se trouvent lors de la confiscation adjugez.

XXIX. Tresor casuellement trouvé en lieu public, appartient pour une moitié au seigneur haut justicier, & pour l'autre à qui l'aura trouvé: si en fond d'un particulier le seigneur y a un tiers, le proprietaire un, & l'autre tiers à qui l'aura trouvé; que si c'est le proprietaire mesme il aura les deux tiers.

XXX. Mais si l'inventeur ne le declare, comme il y est obligé, dans vingt-quatre heures après la treuve, & par après il soit decouvert l'avoir celé, il perdra son droit, qui sera devolu au seigneur.

XXXI. Biens vaccans en & de quelque sorte que ce soit, sont droits de haulte justice, appartenant au seigneur d'icelle, comme terres en friches ou fraëtis non cultivées de memoire d'homme, ny advouées ou reclamées d'aucuns.

XXXII. Pareillement espaves, aubeines, successions de personnes decedées sans hoirs legitimes procreez de leurs corps, ny autres habiles à leur succeder;

XXXIII. Et qui n'en ont disposé avant mourir par donation, demission ou testament. Sont aussi droits de haulte justice, creer tuteur & curateur, émanciper, lever corps morts, faire main-mise & inventaire, croisement, subhastations d'heritages, interposer decrets.

XXXIV. Publier & crier festes, permettre les jeux en icelles, decreter prise de corps & arrests personnels, imposer amendes de cinq francs, & au dessus, sont droits de haulte justice.

XXXV. Les exerceans la justice moyenne, ont l'authorité & pouvoir de connoistre, juger & decider entre les sujets des actions civiles & personnelles, d'injures simples, & autres excès legers, avec puissance de correction importante peine pecuniaire au dessous de cinq francs.

XXXVI. Ont aussi la connoissance des reprises à garde faite, ou de nuit; peuvent mettre en ban les fruits & chastels, & deffendre sur l'amende qu'ils ne soient cueillis, couppez ou enlevez devant le temps indict, le ban brisé & rompu.

XXXVII. Appartient encore au moyen justicier connoistre du fait de police, taxer vivre, denrées & marchandises, adjoulter & heurer poids & mesures.

XXXVIII. Au seigneur foncier qui a la basse justice appartient la connoissance des abornements d'heritages de partie de la seigneurie fonciere, connoistre des actions réelles, touchant le fond & la roye, au petitoire & possessoire.

XXXIX. C'est aux exerceans la basse ou fonciere justice, croiser, saisir & embanir les heritages, faire jeux, mettre en criées par leur doyen ou sergent, faute de cens payez; voire mesme les declarer acquis & confisquez à qui il appartient.

XL. Faire signifier lesdits croisemens, saisies, criées & declarations aux tenanciers, possesseurs, tenementiers, ou detenteurs d'iceux, se reservant la connoissance.

XLI. Peuvent les bas justiciers faire embanie, creer forestiers, ban, Wards, messiers & porteurs de paux; connoistre de leurs rapports, imposer peines pecuniaires au dessous d'un franc barrois; juger des arrests, & liquider les dommages faits en leur fonciere justice.

XLII. Qui a la haulte justice est presumé avoir la moyenne & la basse; jouyr de la fonciere, s'il n'appert qu'autrement soit par tiltre ou usage contraire.

TITRE IV.

Des Entrecours.

I. LEs habitans & sujets, tant de la ville de Gorze, que de plusieurs villages en dependants, suivant & en conformité de leurs chartes, tiltres, privileges, usages & franchises anciennes, ont droit de prendre entrecours.

II. Et ce soubs l'authorité, ou d'un Evesque de Metz en sa mairie d'Entrecours, de la Croix d'Ars sur Mozelle, ou d'un Duc de Bar en sa mairie d'Entrecours de la Chaussée & bailliage de sainct Mihiel, à leur choix & option.

III. Lesquels seigneurs Evesque ou Duc, sont en possession paisible d'y recevoir lesdits habitans, & ouyr sur les jugemens & sentences contre eux rendus & prononcez par leur justice ordinaire; soubs toutesfois les conditions & modifications suivantes; sçavoir que,

IV. Nul desdits sujets ne doit estre receu à la prise d'entrecours, quand il s'agit d'information, preparation, & autres besoings provisionnels; ains faut attendre sentence diffinitive ou interlocutoire, irreparable en diffinitive.

V. Et se doit prendre entrecours dans sept jours & sept nuits, immediatement après le prononcé de telle sentence, à peine de n'y estre plus receu par après.

VI. N'est aussi loisible de prendre entrecours, sinon sur chose excedante la valeur de dix francs barrois; ou bien en cas d'injures, ou sur sentence portant infliction de peine corporelle, comme application à la question, ou autre sentence en matiere criminelle, qui par après ne puisse estre reparée.

VII. Ne sera pareillement receu aucun desdits habitans à icelle prise d'entrecours, qui sur sentence rendue, obligation ou cedule reconnue, auroit abandonné ou amnité ses gages; qu'est à dire promis de payer dans trois sepmaines après ledit amnitement de gages.

VIII. Lequel se doit faire ès mains de la justice du lieu, ou d'un des juges ordinaires d'icelle; ou à faute d'en trouver ès mains de leur doyen ou sergent, qui en fera rapport verbal, ou par escript à ladite justice en temps & lieu.

IX. Ne jouiront aussi des droits d'entrecours les vagabons & passans estrangers pris en flagrant delict, accusez & convaincus de crime; ains les sentences contre eux rendues s'executeront promptement.

X. Fors & excepté contre les sujets desdits Evesque en son Evesché de Metz, & Duc en ses Duchez, pays, terres & seigneuries de son obeissance.

XI. Nul ne doit semblablement estre admis à la prise d'entrecours, que premier & avant il n'ait reellement & de fait consigné au greffe desdits entrecours vingt-cinq francs barrois pour chacune prise d'entrecours, dont une moitié appartient à celuy des deux seigneurs, soubs lequel se prendra ledit entrecours, & l'autre moitié au seigneur Abbé de Gorze.

XII. Sans toutesfois qu'en consequence de telle moitié lesdits seigneurs Evesque ou Duc, ny leur successeurs ausdits Evesché & Duché, puissent prendre ny pretendre aucune part & portion des confiscations, amendes, & autres deniers casuels provenans des sujets de ladite terre & seigneurie de Gorze, à cause d'icelle prise d'entrecours.

XIII. Où toutesfois le condamné pretendu grevé, n'auroit moyen de fournir ladite somme de vingt-cinq francs, il ne laissera pourtant d'estre receu à prendre ledit entrecourt, soubs lequel des deux susdits seigneurs il voudra, en jurant pauvreté.

XIV. Mais arrivant qu'il se trouve mal fondé en iceluy, il devra estre chastié par peine corporelle ou autrement, selon l'arbitrage des juges & l'exigence des cas.

XV. Lesdits vingt-cinq francs consignez ou le serment de pauvreté admis & receu pour obtenir lettres d'entrecours, il faut delivrer au maire d'entrecours treize gros quatre deniers barrois.

XVI. Moyennant quoy ledit maire escript une missive, l'envoye par son sergent dans les sept jours & seps nuicts, après le prononcé de la sentence dont est plainte à ceux qui l'ont rendu, qu'est le terme prefix & limité pour en faire surseoir l'execution.

XVII. La creation desquels maire d'entrecours & sergent porteur de lettres en la mettairie de la Croix d'Ars sur Mozelle, appartient au seul seigneur Evesque de Metz, & celle de la Chaussée au seul Duc de Bar.

XVIII. Doit la partie plaignante fournir ses plaintes & moyens de griefs dans le mois après la datte d'icelle missive, pour y estre dans le mois suivant respondu par l'intimé: lesquels deux termes sont peremptoires, & portent forclusion.

XIX. Les sieurs juges d'entrecours sont respectivement nommez & deputez par lesdits Evesque ou Duc & Abbé, à la tenue & decision des causes d'entrecours.

XX. Et ont leurs greffiers aussi respectivement establis par les seigneurs Evesque ou Duc & Abbé susdits, ès lieux d'Ars, la Chaussée & Gorze, pour tenir registre desdites causes, recevoir les conseings & tenir compte, & prononcer les sentences, arrests & jugemens d'entrecours.

XXI. Sçavoir de la Croix d'Ars, sous le village de Dornot, entre les finages desdits Dornot & Dancy sur Mozelle, ou bien à Gorze ou Ars, selon la commodité des Juges.

XXII. Et ceux de la Chaussée alternativement à la Chaussée & à Gorze, ou bien comme jadis au hault des Estaults, entre ladite Chaussée & Hagueville.

XXIII. Il y a aussi un sergent d'entrecours autre que celuy qui porte les lettres de la prise d'iceluy; lequel est resident à Gorze, & s'establit par lesdits Evesque, Duc & Abbé conjointement.

XXIV. Et c'est à iceluy sergent qu'appartient faire tous adjournemens & exploits resultans de ladite prise d'entrecours, autres que le port & signification de ladite lettre de prise d'entrecours, lequel se fait par le sergent du maire, & reside à Ars ou à la Chaussée.

XXV. Un de ces entrecours une fois pris & choisi, il s'y fault tenir, en attendre la decision & arrest souverain, duquel n'y a relief aucun, ny revision de procès par quelque requeste civile que ce puisse estre.

XXVI. Et sans que par après pour le mesme sujet il soit loisible au condamné de recourir à l'autre, ny se pourvoir ailleurs.

XXVII. Les procès d'entrecours se vuident, decident, & terminent par juges de Marche souverains respectivement, deputez, commis & deleguez de la part desdits seigneurs Evesque ou Duc & Abbé.

XXVIII. Lesquels jugeants conjointement connoissent en dernier ressort du bien ou mal jugé des justices ordinaires, & juges *à quibus*, & n'y a de leurs jugemens & arrests souverainement donnez, plainte, appel, ny autre reformation quelconque.

XXIX. Doivent lesdits juges tenir leurs assises à journées de marché, & estaux d'entrecours alternativement ausdits Ars ou la Chaussée, & à Gorze deux fois l'an, ès mois d'Avril & d'Octobre, les jours dont ils s'accorderont par ensemble.

XXX. Et en outre autant de fois qu'ils trouveront l'affluence des causes, & l'occurrence des affaires le requerir, voire à autres jours extraordinaires, quand les parties ou l'une d'icelles en font instance & poursuite, & sur procès criminels.

XXXI. Ils jugent souverainement, & de plain, sur les procès pendants pardevant eux, après les avoir meurement veus, considerez & examinez ensemblement les moyens des griefs & plaintes de l'appellant, & responses à iceux de l'intimé.

XXXII. Le tout suivant les coustumes & style de la terre de Gorze; & à deffaut & d'icelles non exprimées, ou autres certains droits municipaux & particuliers, receus, practiquez & usitez en quelques lieux d'icelle terre & seigneurie, après que ensemblement ils en auront informé, jugeront selon le droit escript, la raison, équité & jugement naturel en leurs consciences.

XXXIII. Lesdits juges trouvans quelque tort ou griefs à celuy qui aura pris l'entrecours, reformeront le jugement dont a esté faite plainte, par bien appellé mal jugé.

XXXIV. Sans neantmoins qu'ils puissent condamner à l'amende celuy intimé qui aura obtenu sentence à son profit des juges inferieurs.

XXXV. Feront mettre leur sentence en execution par leur sergent d'entrecours, y gardant les uz & solemnitez requises, si elle est diffinitive; que si elle n'est qu'interlocutoire, la cause leur demeurera jusqu'en diffinitif inclusivement.

XXXVI. Et s'ils trouvent avoir esté bien jugé, mal appellé, confirmant la sentence dont a esté plainte, la renvoiront aux juges de premiere instance qui l'ont donnée, pour faire mettre leurdite sentence confirmée par arrest d'entrecours en deue execution par leur sergent ou doyen; le condamné à l'amende de son fol appel.

XXXVII. Les parties litigantes ausdits entrecours, plaideront à fins de depens, dommages & interests qui s'adjugeront à la partie qui aura obtenu gain de cause; sinon qu'il se trouve lesdits depens devoir estre compensez, & pour cause.

XXXVIII. Cas arrivant, qu'entrecours se prenne sur execution ou condamnation de payer rente, cens ou deniers privilegiez deus au seigneur Abbé, & tous autres droits à luy appartenans, à cause de son domaine & choses en dependantes en sadite terre de Gorze ou ailleurs, il sera passé outre contre le condamné & debiteur, au nantissement & execution pour lesdits droits, nonobstant la prise d'entrecours, & sans prejudice d'iceluy.

XXXIX. Comme aussi quand se prend entrecours sur edicts, mandemens & ordonnances concernant la police, reglements & statuts, lesdites ordonnances, mandemens & edits seront provisionnellement suivis & effectuez, nonobstant icelle prise d'entrecours, & sans prejudice d'en connoistre par après par lesdits sieurs Juges d'entrecours superieurs.

TITRE V.

Des Droits appartenans à gens mariez, & aucunes Communautez.

I. TRaité de mariage corrompt la coustume, & où il y en a il le faut suivre, en tout ce qu'il porte expressément, moyennant que ce ne soit contre les bonnes mœurs.

II. Encore qu'il contienne chose directement derogeante à ladite coustume, qui autrement auroit lieu entre les conjoints.

III. Mais où il n'y a tel contract & traité par escript les personnes mariées en la terre & seigneurie de Gorze, se rangeront à la coustume qui est telle que s'ensuit.

IV. Le mary & la femme de leur jour nopcier sont communs en meubles, debtes personnelles, mobiliaires, actives & passives faites avant leur mariage, & qui se pourront contracter pendant iceluy.

V. Mais en acquest d'immeubles que le mary fait constant ledit mariage nullement; ains seulement il acquest pour luy ses hoirs & ayans cause privativement de sa femme.

VI. Si donc il ne l'a espousé jeune fille, ou qu'elle soit expressément denommée ès lettres d'acquests, passées pardevant justice, tabellion ou notaire.

VII. Le mary, constant le mariage, peut librement disposer à son bon plaisir des biens meubles de la communauté, sans le consentement de sa femme, comme en estant le seul maistre & seigneur.

VIII. Et mesme de ses acquests, autre que ceux où sa femme a part, estant denommée acquestieresse ou autrement.

IX. Il a en outre le gouvernement & administration des heritages & possessions de sa femme, le mariage durant, & est maistre des fruits, rentes, revenus & émolumens d'iceux.

X. Et comme tel en peut disposer à sa volonté sans le consentement d'elle mesme, sans sa procuration, poursuivre en jugement & dehors ses droits noms, raisons & actions.

XI. Mais quant à aliener, vendre, eschanger, obliger ou engager la proprieté & fond d'heritages en possession d'immeubles à elle appartenans d'ancienne lignée ou de son douaire prefix s'il y en a, le mary n'en peut disposer.

XII. Si ce n'est par le vouloir exprès, & libre consentement de sa femme, assistée de quatre siens parens ou alliez hommes & femmes, par nombre esgal des costez paternel & maternel, ou d'autant amis à faulte d'iceux.

XIII. Non plus des acquests par elle faits avant leur mariage, le mary n'en peut disposer, si ladite femme n'y preste son consentement, lequel en ce cas suffit, sans attendre celuy de quatre de sesdits parens, alliez ou amis.

XIV. Le mariage dissoult par le decès de la femme, le mary survivant, soit qu'il ait enfans ou non de sa femme deffuncte, a & emporte les meubles & choses sortissantes nature de meubles.

XV. Et ce à charge des debtes personnelles & mobiliaires; ensemble des frais funeraux, legs pieux & autres, donations testamentaires, ou codiciliaries de ladite femme predecedée.

XVI. De mesme en est-il, si la femme survit, & qu'il n'y ait enfans delaissez par feu son mary premourant, soit de leur lict ou autre mariage precedent; car elle emporte la totalité desdits meubles, à la mesme charge de debtes, frais & donations dudit feu son mary.

XVII. Que s'il y a enfans, les biens de la communauté se partageront par egale portion entr'elle, & lesdits enfans de son mary, ne prenant icelle qu'autant qu'un d'eux.

XVIII. A charge neantmoins à ladite survivante & enfans comparsonniers de payer les debtes, & satisfaire ausdits legs & donations ensemblement, à proportion chacun de sa contingente.

XIX. Toutesfois la femme a ce droict & privilege, que dans quarante jours après le decès de son mary venu à sa notice, elle peut renoncer à la communauté, & quitter aux meubles.

XX. En jettant elle mesme les clefs sur la fosse, si elle est presente, les heritiers du deffunct appellez; si absente, par personne specialement fondée de procuration, quant à ce faire; ou bien declarante sa renonciation en justice dans le mesme temps dont acte luy sera baillé pour s'en servir.

XXI. Quoy fait, pourveu qu'elle n'ait distraict, pris, caché, ou recelé par elle, ou par autre, aucuns biens de ladite communauté, du vivant de son mary ou depuis son trespas, en fraude des heritiers ou creanciers de la succession, dont elle devra judiciairement se purger par serment, en estant requise & interpellée, icelle demeurera bien quitte & deschargée desdites debtes.

XXII. N'estoit qu'elle s'en feroit expressément obligée avec sondit mary; auquel cas elle pourroit estre convenue pour la contingente de son obligation, discution faite au prealable des biens d'icelle communauté; & sauf par après son recours contre les heritiers de son feu mary pour son indemnité.

XXIII. Lesquels hoirs se portans heritiers par benefice d'inventaire, ne courent la risque de ceste indemnité, non plus que de payer les debtes, si le bien ne suffit, n'est que par après renonceants audit benefice, ils se portassent heritiers purs & simples.

XXIV. La femme ayant faite telle renonciation ne peut rien pretendre ès meubles, acquests & conquests faits durant le mariage, ny douaire coustumier, mais bien le prefix, si par le traité il luy en est assigné un, pour raison duquel elle viendra en ordre avec les autres creanciers, sur les biens de ladite communauté.

XXV. Elle emporte aussi ses habits, bagues & joyaux, qu'elle a coustume de porter d'ordinaire, pourveu qu'ils soient tels qu'elle puisse les porter à une seule fois sur elle, & sans fraude.

XXVI. Pendant le temps de quarante jours à elle prefigé, pour deliberer, elle peut demeurer en la maison mortuaire de feu son mary, user des biens de ladite communauté pour son vivre & entretien tant seulement, sans qu'elle puisse en rien transporter, cacher ou aliener, & detourner ailleurs.

XXVII. Les conjoincts par mariage ne se peuvent advantager l'un l'autre directement ou indirectement par donation entre-vifs, testamentaire ou autrement, en fraude de leurs heritiers.

XXVIII. Sinon de l'usufruict de moitié de leurs biens au plus vivant; & ce à charge de retour à leursdits heritiers, iceluy estant decedé.

XXIX. Restablissement fait par le mary à sa femme vault, si la promesse de restablir pour pareille somme est faite par traité de mariage, ou avant la vendition des heritages de sadite femme, ou passant telle vendition.

XXX. Autrement les deniers provenans de telle vendition ne sont subjets à remploy, si le mary ne veut.

XXXI. Si l'un des conjoints par mariage fait bastir sur son propre fond & heritage, ou reparer quelques siens bastimens des deniers communs; le tout luy cede & demeure sur sondit fond ou edifice de patrimoine ou d'acquest.

XXXII. Sauf toutesfois que sera evalué ledit edifice ou reparation par gens experts & à ce cognoissans, pour estre la moitié des impenses rendue à l'autre desdits conjoincts ou à ses hoirs.

XXXIII. Le mary qui convole en secondes ou subsequentes nopces, & a enfans de sa premiere ou seconde, ou suivante femme, selon la diversité des lits, venant à deceder, saisit ses enfans ou leurs descendans, sçavoir.

XXXIV. Ceux de son premier lict, tant de son bien ancien & de ligne, que de tous les acquests par luy faits constant son premier mariage & viduité suivante.

XXXV. Ceux du second lict, de tout ce entierement qu'il aura acquesté pendant son second mariage, & depuis jusques un troisiesme privativement de ceux du premier ou subsequent lict; ainsi des autres suivans, si de chacun mariage il y a enfans.

XXXVI. Autre chose est de la femme convolante en secondes ou subsequentes nopces, & y a enfans de plusieurs maris successifs; car aux biens anciens de ligne & patrimoniaux d'icelle, tous lesdits enfans freres ou sœurs uterins germains & non germains, succedent également; d'autant que le ventre ne fait distinction en matiere de telles successions.

XXXVII. Mais où ladite femme seroit repartie d'acquests, les enfans du mary acquesteur & d'elle succederont ausdits acquests privativement des autres uterins; n'est que par traité exprès ils soient faits germains pour les egaler de la succession.

XXXVIII. Quand quelques personnes usans de leurs droits, & estant en leur puissance, vivant ensemble à commun pot, & depense par an & jour, ores que non liez, par mariage, consanguinité ou affinité, ils sont censez communs en biens meubles & conquests faits depuis societé contractée, s'il n'appert du contraire.

XXXIX. Enfans de famille, quoiqu'emancipez ou majeurs de vingt-cinq ans, demeurans avec leur pere & mere, alliez, parents, serviteurs & autres personnes nourries & entretenues par amour, affection, pieté ou service, ne peuvent acquerir droict de communauté avec pere & mere, ny autres personnes qui les nourrissent par quelque laps de temps qu'ils y demeurent, s'il n'y a convention expresse sur ce faicte.

XL. Si l'un de deux ou plusieurs vivans en commun par ensemble, & comme on dit à pot & escuelle, ayant chose commune, s'en sert particulierement, il n'est tenu en faire part, profit, ny émolument à l'autre, ou aux autres, si donc il n'est interpellé d'en faire le partage & profit entr'eux, comme il aura esté ensemblement convenu auparavant.

TITRE VI.

Des Douaires.

I. En la terre & seigneurie de Gorze, ainsi qu'ailleurs, les douaires sont de deux sortes, sçavoir coustumier prefix, & conventionnel.

II. Le prefix & limité à la femme, ainsi que par traité de mariage il en a esté convenu, duquel elle n'est si tost saisie qu'elle est vefve de son mary decedé; ains elle en doit demander la delivrance aux heritiers d'iceluy, & peut recourir au coustumier, ores que le choix ne luy en soit expressement reservé.

III. En quel cas dans quarante jours après le decès de son mary venu à sa connoissance, elle declarera son option pardevant les heritiers de sondit mary, ou la justice du lieu, faute de quoi elle se tiendra & demeurera au douaire prefix.

IV. La femme espousée au chapeau, c'est à-dire, jeune fille, son mary decedé sans hoirs, a & emporte par douaire coustumier en usufruit tous les revenus des immeubles & acquests dont jouissoit sondit mary à l'heure de son trespas & paravant.

V. Les tient sa vie durante, pourveu toutesfois qu'elle demeure en viduité; que si elle se remarie, elle en dechet des deux tiers, soit qu'il y ait enfans ou non.

VI. La femme ne peut empescher la paye des debtes de son mary faite pendant leur mariage, ny s'opposer à la vente des heritages affectez à icelles, sous couleur & pretexte de son douaire coustumier.

VII. Que si elle a douaire prefix, consistant en deniers ou jouissance de certains heritages, elle sera preferée à tous creanciers posterieurs en datte de son contract de mariage posterieurement.

VIII. Et ne les peut sondit mary, hypothequer, engager, changer, obliger, moins distraire, vendre ou aliener au prejudice dudit douaire prefix.

IX. L'homme veuf ayant enfans d'autres mariages, espousant une jeune fille ou vefve, elle sera douée seulement des immeubles qu'il pourra acquester pendant leur mariage, & dont il sera jouissant au jour de son decès.

X. Mais s'il n'a enfans, elle sera douée de l'usufruit de tous les meubles qu'il laissera, soit qu'ils luy soient venus d'acquests, soit de succession directe ou collaterale.

XI. Quand l'homme a enfans d'un mariage precedent, & vient à se remarier, il ne peut doüer une seconde ou autre femme subsequente sur son bien ancien, non pas mesme l'obliger pour asseurance dudit douaire.

XII. Peut neantmoins ladite seconde & subsequente femme tenir en douaire l'immeuble escheu à son mary, par le decès d'un sien enfant de mariage precedent.

XIII. Biens anciens, & bien acquis en matiere de douaire sont differents; l'ancien est entendu celuy qui estoit en la puissance du mary avant son mariage, à quel droit ou titre que ce fust, ou qui luy est escheu pendant son mariage, par succession directe.

XIV. Bien acquis est l'immeuble acquesté pendant ledit mariage, ou qui eschoit au mary pendant iceluy par droict de succession collaterale, ou luy vient & à sa femme par donation & autre titre lucratif.

XV. Vefve acceptant le douaire coustumier jouit des heritages & fruicts d'iceux en l'estat qu'ils sont lors du douaire escheu, comme des foins prests à faucher ou fener, bleds ou autres grains & legumes à couper & recueillir, raisins à vendanger, & autres telles cuëilles de quelle nature ils soient, voire mesme de la houille des bois pour son affouage, selon les coupes ordinaires.

XVI. Et tels retournent lesdits heritages & fruits d'iceux aux heritiers, la douairiere morte, sans qu'ils soient tenus à aucune depense faite precedemment, au sujet de la culture d'iceux.

XVII.

XVII. Et ainsi elle continue sa vie durant à la jouissance de sesdits immeubles, sinon qu'ils soient acquestez par feu son mary & elle constant ledit mariage, esquels en ce cas elle ne prend douaire, d'autant qu'elle ne peut estre acquestéresse & douairiere d'une mesme chose.

XVIII. La douairiere saisie de son douaire est tenue de bailler declaration & estat des maisons, bastimens, usuines & heritages qu'elle tient en usufruit, avec caution bonne & suffisante de restituer le tout en tel & meilleur estat qu'il luy aura esté laissé.

XIX. Elle est de plus obligée d'acquitter & payer toutes les charges réelles & foncieres, cens & rentes annuelles, ou autres deues à cause d'iceux.

XX. Comme aussi d'entretenir les bastimens susdits des moyennes, menues & autres reparations, hormis vilains fondoirs non arrivez par sa faute.

XXI. Faire cultiver lesdits heritages sans les laisser empirer, deteriorer ou demolir, à peine d'estre privée de ce dont elle seroit trouvée abuser, & de satisfaction aux interests des proprietaires en temps & lieu.

XXII. Douairiere ayant enfans, si elle vient à se remarier, perd les deux tiers de son douaire coustumier qui retournent aux enfans de feu son mary, l'autre tiers luy demeure; que si elle n'a enfans elle n'en perd rien ores qu'elle se remarie.

XXIII. Le douaire n'empesche l'heritier & proprietaire du fonds affecté à iceluy, d'en disposer par vente ou autrement, à la charge dudit douaire, tant & si longtemps que la douairiere vivra.

XXIV. Laquelle peut aussi vendre, ceder & aliener le droit de sondit douaire aux mesmes charges & conditions qu'elle le pouvoit tenir jusqu'à son decès.

XXV. Vefve convaincue d'impudicité & paillardise durant sa viduité, perd son douaire au profit des heritiers de son mary.

XXVI. Pour crime ou meffait du mary, la femme ne perd son douaire, ores que les biens d'iceluy soient confisquez.

XXVII. Mais le douaire esteint par le decès de la douairiere, tels biens retournent au seigneur à qui appartient la confiscation d'iceux.

TITRE VII.

Des Contracts, Marchez & autres Conventions des payemens de debtes, baux à fermes, lais, admodiations, locations, grosses, obligations, codicilles & promesses.

I. Conventions, marchez & contracts, en la terre de Gorze, sont irrevocablement necessaires à tenir, d'autant que comme on parle vulgairement, marché fait loué doit estre.

II. Le contract, marché & convention est entendue parfaite, si-tost que les parties contrahantes y ont mutuellement consenty.

III. Et le consentement se doit faire par icelles usantes de leurs droits & puissances, ou ayans permission des personnes de qui elles dependent.

IV. Soit par signe d'adveu mutuel ou donnant la parole, ou touchant en main, que le commun appelle bailler la paulmée; ores que la convention ne soit passée pardevant justice, notaire ou tabellion.

V. De sorte qu'à l'une & à l'autre desdites parties compete action pour faire suivre & effectuer ce dont elles auront donné ledit mutuel consentement sur la chose commencée.

VI. Faut connoistre & confesser pardevant tabellion la personne qui voudroit resilier, & la contraindre par voye deue & raisonnable d'en passer le contract en forme probante & authentique.

VII. Le contract ainsi passé, deux ou plusieurs tesmoins presens, ou pardevant deux tabellions ou notaires sans tesmoins, & grossoyé sous le scel du tabellionnage de la terre & seigneurie; la tradition de ce dont a esté convenu est estimé faite, les droits d'investiture payez à qui il appartient, si que l'acquesteur en est fait possesseur sans aucune apprehension.

VIII. Et comme tel peut agir au possessoire, & se maintenir en sa possession, ce qu'il ne pouvoit pas, ou seulement il y auroit simple convention faite mesme sous la paulmée.

IX. Retraict lignager, rescision de contract, soit pour lezion de moitié de juste prix, ny autres moyens de reliefs ou benefice de restitution en entier, quels qu'ils soient, n'ont communement lieu en la terre & seigneurie de Gorze.

X. Mais bien y sont receues les voyes & moyens de nullité, s'il conste que les contracts soient faits illegitimement contre les Us, solemnitez & Coustumes de ladite terre & seigneurie, ou autrement.

XI. Dont il faudra faire apparoistre avant qu'estre receu à proposer lesdites voyes & moyens de nullité, s'addressant au souverain ou à qui il aura donné tel pouvoir en son absence à cet effet.

XII. Marchez & contracts faits en taverne ou ailleurs en banquetant, & comme on dit sur le vin excessivement pris, sont censez nuls & de nulle valeur, si les contrahants ou l'un d'eux estoient par trop hebestez & empeschez de la fonction de leurs sens & jugement naturel par excès ou autrement.

XIII. Pourront toutesfois les contracts ainsi faits estre validez, si par après lesdits contrahans estans en sens rassis, avoient iceux approuvé ratifiez & confirmez par escrit ou verbalement en presence de tesmoins idoines & non suspects.

XIV. Une personne manquant de satisfaire à sa promesse, ne peut valablement s'obliger à prise de corps, arrests & emprisonnement en la terre de Gorze.

XV. Contrahans par ventes, eschanges ou autres alienations de leur fonds, doivent declarer les rentes, charges, servitudes & hypotheques speciales d'iceux.

XVI. Que s'ils le disent franc & quitte, & que par après il se trouve chargé, lesdits contrahans seront tenus d'eviction & de garendie pardevant tout tel juge où icelle charge & servitude se plaidera.

XVII. Vendeur de chevaux n'est tenu des vices, excepté de pousse, morve ou corbature, si donc il ne les a vendu sains & nets.

XVIII. Auquel cas le courtier, vendeur ou maquignon sont tenus jusques à huit jours après la tradition, de tous vices calent & apparent.

XIX. Pendant lequel temps, s'il s'en decouvre aucun, le vendeur sera obligé de reprendre son cheval vitié, rendre & restituer le prix qu'il en aura touché.

XX. Delivrance de marchandise mobiliaire argue payement, n'est donc que l'acheteur eut fait cedule, promesse ou obligation au contraire, ou que d'ailleurs le vendeur fasse paroistre de sa creance par son papier journal, livre de compte & rational ou autrement.

XXI. Si la marchandise est perissable, le vendeur n'est tenu la garder à son peril & danger, s'il n'est expressement convenu du temps entre l'acheteur & luy.

XXII. Vendeur de vin n'est tenu le garder plus de quinze jours s'il ne veut, ou qu'il ne soit explicitement dit ; & si l'achepteur ne le vient enlever dans ledit temps, & que les quinze jours expirez il se trouve un autre marchant, le vin luy pourra estre vendu, & perdra l'achepteur les arrhes qu'il aura donné.

XXIII. Mais s'il n'est revendu, & que le premier achepteur le vienne querir, il luy devra estre delivré en payant.

XXIV. Ce qu'on dit en la terre de Gorze qu'une debte ne retient l'autre, veut signifier & donner à entendre que renonciation n'y a point de lieu, c'est à sçavoir procedant de diverses causes.

XXV. Que s'il sagissoit de chose provenante de mesme acte, faict, ou cause pourquoy le debiteur seroit convenu, iceluy debiteur pourroit exiger reconvention.

XXVI. Pour paye & satisfaction de toute sorte de debtes de deniers non privilegiez : Il y a en la terre de Gorze respit & delay par ammiétement de gages entre les mains de la Justice, ou l'un des Juges ordinaires des lieux, ou du sergent ou doyen, à faulte de trouver un ou plusieurs desdits Juges.

XXVII. Et ne peut un debiteur quel il soit ayant ainsi ammiété sesdits gages estre contraint à payer la somme deue qu'après trois fois sept jours & sept nuict expirés, c'est-à-dire qu'il a delay de trois semaines, pour satisfaire à son creancier quel qu'il soit.

XXVIII. Pendant le quel temps on ne peut l'executer en aucuns de ses biens ; mais iceluy escoulé, sans avoir payé ils pourront estre vendus, criez, & subhastez à qui plus offrant & dernier encherisseur sans opposition ny autre moyen d'entre-cour.

XXIX. Et feront les meubles discutez avant que l'on puisse proceder à la vente de l'immeuble : peut toutesfois le debiteur encore retirer & racheter sesdits biens dans sept jours & sept nuict argent comptant.

XXX. A quoy s'il manque ledit temps expiré, il n'y pourra plus revenir, & seront perdus pour luy, si les achepteurs ne luy font grace de rachapt.

XXXI. Detenteur d'immeubles par emphyteoses ou longues années, ou en ascensement perpetuel, est tenu de deventer, dessouir & payer la pension, canon ou cens annuel autrement escheus, bien qu'il n'en soit autrement interpellé.

XXXII. Et s'il y manque par trois années consecutives, il est privable du bien ainsi tenu, lequel retourne au seigneur d'où il meut, s'il n'a exoine ou excuse legitime comme d'estre nouveau successeur ou revenentier ignorant son bien estre ainsi tenu & affecté au canon de telle rente cens ou pension.

XXXIII. Baux à ferme, lais & admodiation solemnellement faits & passez soit par le seigneur ou proprietaire du bien affermé ou admodié, soit par procureur de luy suffisamment fondé, ne peuvent estre revoquez au prejudice du preneur fermier & admodiateur qui les aura accepté.

XXXIV. En s'acquittant neantmoins en temps & lieu envers son maistre de ce qu'il devra au subject de ce qu'il tient par tels fermes, laiz ou admodiation, les termes de payer venans à escheoir.

XXXV. A quoy si lesdits preneurs manquent à satisfaire, pour lors telle deffaillance le rendra expulsable de son bail, si de grace il n'est continué en son admodiation.

XXXVI. L'heritier successeur ou acquesteur de tel bien ainsi laissé n'est obligé de s'arrester au bail de son devancier qu'il peut revoquer si bon luy semble.

XXXVII. Ne plus ne moins que l'homme ou la femme ne sont tenus s'arrester à ce qu'avoit esté fait avant leur mariage par eux ou ceux en la puissance desquels ils estoient pour lors.

XXXVIII. Et c'est ce qu'on dit vulgairement vendage, mort & mariage dissout tout louage, ou leage.

XXXIX. Ce que touchant lais & admodiation, se doit entendre des laisseurs, & non pas des preneurs ou leurs hoirs & successeurs.

XL. Lesquels demeurent tenus & obligez de suivre, effectuer & entretenir l'acquest porté par les baux à eux faits durant leurs années & jusques à l'expiration d'icelles, s'il plait au successeur du laisseur d'agréer & ratifier ce que son devancier aura faict.

XLI. En cas de resiliment, rupture, & cassation de ferme ou admodiation, si outre la rente annuelle convenue le preneur a baillé ou advancé pour un coup quelque argent comme pour franc vins, il les luy faudra rendre.

XLII. En les restituant au *pro rata* des années restantes dudit bail rompu, & de plus le repartir de ce qu'il auroit moins receu pendant la jouyssance de son admodiation.

XLIII. Laisseur d'heritage est premier en hypotheque, & preferable à tous autres creanciers du preneur, quoy qu'à eux posterieur en datte pour ce qui luy est deu à cause de ses heritages laissez.

XLIV. Et les fruits en jour promis, pendans encore par racine, & n'en sont specialement affectez à la paye du livré ou trescens de l'année deue & arrierages de la precedente.

XLV. De mesme un locateur de maison est aussi premier en hypotheque, & preferable aux autres creanciers du locataire quoy qu'à eux posterieur en datte pour ce qui luy est deu à cause du louage de sa maison.

XLVI. Et sont les meubles portez par le locataire ou les siens en la maison louée affectez nommement à la parpaye & entier satisfaction dudict louage, n'a ce subjet peuvent iceux estre detenus & arrestez, nonobstant toutes saisies executions, ou saisies au contraire.

XLVII. Si le locataire au refus ou negligence du locateur a fait faire quelque reparation en la maison louée, ce sera le premier deduit sur le prix du logis convenu entre le locateur & luy.

XLVIII. Si la location est à nombre d'années, & icelles expirées le locataire continue sa residence actuelle, y demeurant encore, il est estimé continuer aux charges & conditions qu'il la tenoit, ou du bail qu'il en avoit jusques à ce qu'il s'en fasse un autre.

XLIX. Et ne doit estre le locataire receu à faire renonciation de sondit bail pour l'année en laquelle il aura entré ; comme aussi n'en peut-il estre expulsé par le locateur que trois mois auparavant il n'en soit adverti pour se pouvoir ailleurs.

L. De mesme en est-il d'un fermier ou mestayer, & tenancier de quelque lais, gagnage, ou heritage que ce soit, le tout neantmoins en payant aux termes, ce de quoy aura esté convenu.

LI. Lettre grossoyée sous le sceau du tabellionnage de la terre & seigneurie de Gorze, fait bien foy authentique ; mais ne porte de soy execution parée.

LII. Si donc elle n'est declarée executoire par les Juges ordinaires des lieux, ou par le Juge du domaine : lors notamment qu'en ladite lettre, il y a submission expresse sous la verge du haut sergent.

LIII. Grosse expediée sous le scéel estranger ne fait foy authentique, moins porte elle execution parée en la dite terre, que reconnue elle ne soit declarée executoire en icelle par le gouverneur ou lieutenant, auquel ce droit appartient privativement des Justices ordinaires des lieux.

LIV. Cedulles, promesses signées, ou autres semblables escritures privées, ne font foy pleniere

& authentique, sinon depuis le temps qu'elles sont recognues en jugement ou d'ailleurs suffisamment verifiées.

LV. Et ne portent hypotheque que du jour de telle recognoissance ou verification judiciaire.

LVI. Quand, & où plusieurs crediteurs sont concurrens, le premier en datte est premier en hypotheque.

LVII. Que si l'un deux ou plusieurs ont obligation authentiquement passée pardevant tabellion ou notaire, en ce cas celuy qui en est muni le premier doit estre preferé aux autres, quoy que posterieur, creancier.

LVIII. Et où il y a concurrence d'obligations celles qui sont stipulées sous le sceau du tabellionnage de Gorze, sont preferables à toutes autres passées sous sceaux estrangers quelconques.

LIX. Mais quand il n'y a que d'une sorte d'obligations, c'est à dire qu'elles sont toutes passées en la jurisdiction & sous le sceau du tabellionnage de Gorze ou toutes ailleurs, elles vont lors comme à droit de collocation suivant leurs dattes.

LX. De mesme est-il pour les droits d'hypotheque quand il n'y a que simple cedulle, & promesses & autres escritures privées.

TITRE VIII.

Des Donations simples ou mutuelles, entre-vifs ou à cause de mort.

I. En la terre de Gorze, toutes personnes qui sont en leurs puissances usantes de leurs droits, peuvent donner entre-vifs leurs biens meubles, & immeubles par donation simple ou pour cause remuneratoire.

II. Quoy faisant telles personnes se doivent dessaisir de la chose donnée, & en investir & empossessioner actuellement le donataire; parce que donner, comme on parle, & retenir ne vaut.

III. Donation toutefois est estimée valable encor que delivrance n'en soit réellement faite si le donateur se reserve par exprez l'usufruict de la chose donnée, ou declare la tenir au nom du donataire par clause de constitut ou precaire.

IV. Et est l'acceptation requise; car la donation ne peut rien operer au profit du donataire, s'il ne l'accepte: donner & accepter estans correlatifs.

V. La personne qui n'a enfans procréez de son corps ou descendans d'iceux, peut se demettre de ses biens indifferemment entre les mains de qui & sous telles conditions, neantmoins licites, honnestes & legitimes qu'elle voudra.

VI. Et telle demission est valable, encore que les heritiers presomptifs n'y eussent agréez, qui ne peuvent debattre telle demission ainsi faite, ladite personne decedée.

VII. Donations doivent estre insinuées à peine de nullité: les mutuelles faites entre conjoints mariez ne vallent en ce qu'iceux ne peuvent s'avantager l'un l'autre de leurs biens tenans nature de fond, ny de l'usufruit d'iceux que leurs heritiers n'y eussent consenti.

VIII. Mais quant aux meubles & acquests ils le peuvent, & pour estre valable telles donations mutuellement faites, il est requis que les conjoints soient en bonne santé, peu près esgaux d'aage, sans force ny contrainte ou violences, & n'ayans enfans.

IX. Dons mutuels faits & passez authentiquement ne se peuvent revoquer par l'une des parties sans le consentement de l'autre, s'il n'en a donné pretexte & occasion legitime.

X. Donation de meubles faite à l'un des deux conjoints par ses pere, ayeul, ou autres parens qui pouvoient luy escheoir par hoirie ou succession luy tourne en nature de fond & bien ancien ou de ligne.

XI. Que si telle donation se faisoit par personne de qui le donataire ne pouvoit attendre telle succession *ab intestat*, elle sera reputée acquests.

XII. Pere & mere ne peuvent par donation faite entre-vifs ou autrement, advantager les uns plus que les autres de leurs enfans, si ce n'est pour cause remuneratoire, recompense de service & minorité d'aage.

XIII. Et si quelque donation telle est autrement faite, elle doit estre censée inofficieuse, & par consequent ce qui en aura esté de plus donné à l'un qu'à l'autre des enfans subjet à rapport.

XIV. Auquel rapport ne sont compris les fruicts des choses données en advancement si semblablement les frais de la nourriture, entretenement, instruction des enfans soit à la guerre, aux estudes, ou autrement, ny aussi le festin des nopces.

XV. La femme ne peut entre-vifs donner, ou autrement disposer de ses habits, bagues, joyaux sans la licence de son mary.

XVI. Mais par testament & ordonnance de dernier volonté, elle en peut librement disposer sans ladite licence, & suffit que telle donation soit verifiée par temoignage ou par escriture.

XVII. Les donataires des meubles universels sont tenus des debtes passives & frais funeraux du donateur, d'autant que les debtes suivent les meubles, lesdits frais preallablement pris.

XVIII. Si le donateur, au temps de la donation estoit malade, & decedoit dans quarante jours après icelle, telle donation sera reputée testamentaire, & à cause de mort.

XIX. Et comme telle vaudra; n'a lieu toutesfois, & n'est receue pour les heritages du fond, & bien ancien ou de ligne.

XX. Et est à noter, que toute declaration peut estre rescindée & revoquée pour ingratitude notoire & apparente du donataire, ou autre juste subjet & cause legitime.

TITRE IX.

Des Testaments, Codiciles, & Ordonnances de derniere volonté.

I. Toute personne qui est en puissance, & use de ses droits, saine d'entendement, ores que malade & indisposée du corps, peut faire testament ou codiciles, ou ordonnances de derniere volonté.

II. Et par ce moyen disposer de son meuble au profit & advantage de qui bon luy semblera; mais ne peut disposer de l'immeuble & tres-fond, ny le changer ou engager, si ce n'est pour cause pieuse ou recompense de service, qu'il faudra exprimer.

III. Personne ecclesiastique, non religieuse & professe, peut disposer de ses biens par testament ou autrement, ainsi que les laïques; ores que lesdits biens procedassent de leurs benefices, comme d'ailleurs.

IV. Ne laisse de valoir le testament ou codicile, encore qu'il ne contienne institution d'heritier, icelle n'estant necessaire; en ce cas l'heritier, *ab intestat*, succede à la charge des legats & donations testamentaires, ou codicillaires.

V. Testament ou codicile vault, s'il est escrit ou signé de la main du testateur, avec apposition de la datte de l'heure, jour, mois & an qu'il l'aura fait, pourveu qu'il l'ait fait contre-signer au blanc d'autre part par deux tesmoins idoines.

VI. Est aussi reputé valable & solemnel, s'il est escript & receu par un notaire ou tabellion, en presence de deux tesmoins, au dessus de vingt ans, capables & non legataires.

VII. Ou si lesdits testateurs n'y pouvant ou n'y sçachant escrire, le fait escrire ou signer en sa presence, avec attestation de trois tesmoins, de la capacité & qualité susdite.

VIII. A condition que luy ayant esté leu & releu sondit testament par l'escrivain d'iceluy ou autre, il declare telle estre sa volonté; laquelle declaration devra estre quand & quand apposé au bout dudit testament.

IX. Et est aussi vallable, si le testateur le met fermé, clos & cacheté, quoique non signé ès mains d'un notaire ou tabellion, pour en presence de deux témoins capables, le signer & attester sur le dos.

X. Ou bien si verbalement le testateur declare sa volonté audit notaire ou tabellion, en presence de trois témoins non suspects, & tels qu'il a esté cidevant predeclaré.

XI. Peuvent aussi les testaments & codiciles estre faits en presence des maire & gens de justice des lieux, ou du maire & d'un eschevin, avec deux témoins, ou bien au curé ou vicaire, avec témoins.

XII. Le tout en y observant les formalitez requises en testamens receus par notaires ou tabellions, & demeurera la minute du testament devers le testateur, si donc il ne veut se contenter d'une copie d'iceluy, deuement collationnée.

XIII. Ordonnance de derniere volonté faite par une personne pestiferée, en temps de contagion, & declarée par devant le curé ou autre confesseur, vault en legat pieux sans autres témoins, hormis pour ce qui le concerneroit & viendroit à son profit.

XIV. Dernier testament, casse, revoque & annulle les precedents, si par iceluy il n'est expressement dit au contraire: car les premiers sont tenus pour revoquez par les posterieurs, ores qu'il n'en soit faite mention expresse.

XV. N'est loisible aux tabellions, notaires ou autres personnes capables de recevoir testamens ou codiciles, d'inserer en iceux aucuns legs ou donations à leur profit, celuy de leurs femmes ou enfans, sur peine de nullité de telles donations.

XVI. Et faut que le donataire survive le testateur pour faire passer à ses hoirs, heritiers, successeurs & ayans cause, l'effect de la donation testamentaire.

XVII. Si donc il n'est inseré audit testament, que telle donation à cause de mort est faite par le donateur au donataire pour luy & les siens: autrement en legs ou donations testamentaires, representation n'a point de lieu.

XVIII. Le mary ne peut par testament ou ordonnance de derniere volonté, disposer que de la moitié des meubles & acquests communs entre luy & sa femme, en vertu de leur traité de mariage, & de la moitié des acquests, où elle est denommée acquesteresse.

XIX. Mais où il n'y a tel traité & contract de mariage, ou bien que la femme n'est denommée acquesteresse, le mary en peut disposer de tous lesdits meubles, debtes actives & acquests, à sa volonté. Reservé de la chevance; c'est-à-dire, des bagues, habits & joyaux de sa femme.

XX. Pere & mere peuvent disposer en faveur de telle personne que bon leur semblera, fust-elle estrangere, de tous leurs biens meubles, debtes & gagieres, pourveu qu'ils laissent à chacun de leurs enfans (s'ils en ont) un gros de Metz, d'ancienne & forte monnoye.

XXI. Mais de l'immeuble ancien ou acquest, pere & mere n'en peuvent ainsi disposer, ny en priver leurs enfans, sinon pour les causes d'exhederation exprimées en droit escrit.

XXII. Legs testamentaire ne saisit point le legataire, ains faut qu'il en demande la delivrance à l'heritier du testateur, ou à l'executeur testamentaire.

XXIII. N'estoit que ledit legataire fust saisi de la chose à luy donnée & leguée avant le decès du testateur leguant.

XXIV. On ne peut estre heritier & legataire ensemble; demeure toutesfois libre à celuy qui peut estre heritier, d'accepter comme estranger les legs à luy faits, pourveu que la legitime soit gardée aux autres heritiers, iceluy renonçant à l'heredité dedans quarante jours après le decès du testateur.

XXV. Executeurs testamentaires après inventaire fait devant justice, les heritiers presents ou deuement appellez, sont saisis durant l'an & jour du trespas du deffunct, de tous les meubles, titres & obligations actives par luy delaissées lors de sa mort.

XXVI. Et peuvent les executeurs recevoir toutes les debtes deues à la succession, voire sans le sceu & consentement des heritiers, jusqu'à la concurrence des donations & charges portées au testament, & pour y satisfaire.

XXVII. Ne sont iceux tenus se dessaisir desdits meubles & tiltres dans ledit temps, si ce n'est que lesdits heritiers leur fournissent somme de deniers suffisante pour satisfaire ausdites charges & donations, ou leur trouver bonne & suffisante caution à cet effect.

XXVIII. Que si toutesfois les meubles ne suffisoient pour l'execution du testament, partie de l'immeuble pourra estre hypothequée, engagée & vendue pour y satisfaire.

XXIX. Mais l'execution testamentaire finie & accomplie, les executeurs seront attenus & obligez de rendre bon & fidel compte de leur charge, & administration aux heritiers, ou leur tuteur & curateur, le procureur general ou substitut present.

XXX. Executeurs choisis & nommez par testament ne sont tenus de prendre cette charge s'ils ne veulent, la pouvant refuser, s'en excusant.

XXXI. Et alors doivent en advertir les Juges ordinaires des lieux, pour en substituer d'autres, ou recevoir caution des heritiers, ou l'un d'eux s'ils se veulent charger de l'execution: ou autrement y pourvoir d'office par l'advis & consentement du procureur general ou substitut.

XXXII. Par codicile, le testateur peut augmenter ou diminuer la substance de la disposition testamentaire; mais il ne peut oster ou donner par iceluy toute une succession entiere.

XXXIII. Entre testament & codicile n'y a difference, touchant ce qui concerne les formalitez, ains tant seulement en la substance des dispositions testamentaires & codicillaires.

XXXIV. Substitution se peut faire par testament, contract de mariage ou autrement, de tout ce qui est en la disposition ou puissance du substituant.

XXXV. Mais ladite substitution ne peut s'estendre ny avoir lieu, outre le troisiesme degré inclusivement.

TITRE X.

Des Successions & partages des Biens, Meubles & Immeubles, & difference d'iceux.

I. EN la terre de Gorze le mort saisit son hoir vif, son plus prochain habile à luy succeder, soit de son chef ou par representation.

II. Et sans apprehension de fait ledit hoir comme successeur est saisi des biens delaissez par le defunct dès l'heure de son trespas.

III. En ligne directe representation a lieu *in infinitum*, en quelque degré que ce soit, & en toute sorte de bien.

IV. En ligne collaterale elle a seulement lieu jusqu'aux enfans des freres & sœurs germains du decedé inclusivement, outre lequel degré le plus proche exclud le plus remot.

V. Il n'y a prerogative, difference ny distinction quelconque, de fils aux filles, d'aisnez aux puisnez, de mesme lit, ains tous succedent egalement & en droits pareils.

VI. Mais bien en diversité de lits brisez & pluralité de mariages desquels enfans sont sortis, fait difference en matiere de succession.

VII. Car tant l'ancien du pere escheu & à escheoir, avec les acquests par luy faits jusqu'à son second mariage, appartient aux enfans de son premier lit, privativement des autres.

VIII. Et n'ont ceux-cy rien que les acquests faits constant le mariage duquel ils sont issus, & la viduité suivante, ausquels acquests les enfans du premier ou subsequent lit ne prennent rien du tout.

IX. Les successions sont directes ou collaterales, les heritiers desquelles sont nommez droits hoirs *ab intestat*, & legitimes ou bien testamentaires.

X. Lesquels sont preferez aux legitimes en tout, & dont le testateur a peu librement & vallablement tester par ordonnance de derniere volonté.

XI. Laisné ou son representant, fait les lots & partages en succession directe à frais communs; mais le choix est à ses puisnez, à commencer du cadet ou dernier enfant subordinement & par ordre de posteriorité jusques à luy.

XII. Et c'est ce que l'on dit quelque part, que l'aisné lottit & le puisné choisit, sans attendre la naissance du postume, si la femme vefve demeure enceinte, pour faire les partages.

XIII. Que s'il arrivoit que les billets desdits lots & partages se donnassent par sort, l'aisné sera partagé le premier, & ainsi par ordre de priorité, jusques au dernier des enfans; se doivent les coheritiers garentir les uns aux autres.

XIV. Ne se porte heritier qui ne veut, toutesfois l'heritier presumptif est tenu pour heritier pur & simple, si dans quarante jours après le decès du defunct venu à sa notice & connoissance, il n'a declaré en Justice qu'il renonçoit à la succession d'iceluy.

XV. Ou bien se porter heritier par benefice d'inventaire, lequel temps de quarante jours expiré, il peut encore estre receu heritier du defunct, en faisant paroistre d'exoine & excuse legitime.

XVI. Qui veut jouir du benefice d'inventaire, doit dans quarante jours après que la succession sera ouverte, faire inventoriser les biens du defunct par personne publique sous autorité de Justice.

XVII. Et en l'inventaire à ce sujet escrit, sera faite mention de tout ce qu'il sçaura dependre de ladite succession, dont il se purgera par serment.

XVIII. L'heritier mobiliaire mettant les mains aux meubles du defunct sans inventaire, est tenu des debtes passives, faits, promesses & cautionnement d'iceluy; ores qu'elles surpassent la valeur de la succession.

XIX. Et ne peut l'heritier immobiliaire estre astrainct d'y contribuer pour en descharger & indemniser le mobiliaire tant qu'iceluy aura dequoy y satisfaire.

XX. Le benefice d'inventaire est tel, de tel privilege & passe-droit, que qui aura apprehendé une succession sous iceluy, il ne pourra estre recherché ny contraint au payement des debtes, promesses ou pleigement du defunct, outre le contenu & denombré audit inventaire.

XXI. Le bien ainsi inventorisé, sera tout vendu & subhasté pour l'acquit des debtes, promesses & descharges desdits cautionnemens, le meuble premierement & puis après l'immeuble.

XXII. Que si tout ledit bien n'estoit bastant, les creanciers non satisfaits n'auront plus de recours ailleurs, non pas mesme contre lesdits heritiers.

XXIII. L'heritier immobiliaire poursuivi pour arrerages de rentes assignées sur le fond, peut actionner & mettre en cause la mobiliaire, de l'acquitter & descharger des arrerages deus avant l'ouverture de la succession, mais non pas du depuis.

XXIV. Enfans de plusieurs mariages ont & emportent à la representation de leur pere auquel ils succedent, tous les acquests de tresfond faits pendant le mariage, dont ils sont saisis.

XXV. Et durant le vefvage suivant à l'exclusion les uns des autres, quand la mere n'y est denommée acquestteresse, ou n'est commune en biens par contract de mariage.

XXVI. Que si elle est acquesteresse ou commune en biens, lesdits enfans auront seulement la moitié d'iceux, & l'autre moitié demeurera à la mere survivante.

XXVII. Laquelle decedée, icelle moitié, comme aussi le surplus de la succession maternelle, se partagera par teste & egale portion entre ses enfans ou leurs representans, ores qu'iceux enfans soient de divers licts; car le ventre ne fait distinction en matiere de succession.

XXVIII. Acquests de tresfond escheus de par pere à ses enfans d'un second ou subsequent mariage, retournent après ledit decès (sans enfans) à leurs freres & sœurs consanguins du premier mariage, à l'exclusion d'autres issus d'un mesme pere en mariage suivant.

XXIX. Biens escheus par successions collaterales à pere ou mere pendant un premier ou subsequent mariage, se divisera & partagera par teste & egale portion entre enfans issus du mesme ou divers lits, soient lesdits biens, meubles ou immeubles escheus avant ou après le decès de leur pere ou mere susdits.

XXX. Nepveux advelets ou petits fils d'un premier lit, à la representation de leur pere ou mere decedez, ont & emportent les heritages anciens & de tresfond de leursdits pere ou mere par le decès de leurdit ayeul ou ayeule paternelle, ou qu'ils ayent freres ou sœurs consanguins, & que telle succession soit escheue devant un second ou suivant mariage.

XXXI. Les meubles & acquests delaissez par le pere trespassé, se divisent & partagent par egale portion entre leurs enfans & leur mere ou belle-mere survivante, si elle est repartie desdits biens.

XXXII. Si elle est acquesterelle, elle en emporte

seule la moitié, & prend encore sa contingente de l'autre moitié avec lesdits enfans comme l'un d'iceux.

XXXIII. Peres, meres (ou eux decedez) ayeul ou ayeule, ou autres ascendants, succedent generalement aux meubles, acquests & conquests de leurs enfans decedez sans hoirs legitimes procréez de leurs corps, à l'exclusion des autres freres ou sœurs germains & non germains.

XXXIV. Mais pour le bien ancien & de ligne, ils en sont generalement exclus par freres & sœurs germains & non germains, en ce qui meut & provient de leur costé & ligne de laquelle ils sont extraicts.

XXXV. Pour le surplus mouvant d'autres estocage les pere ou mere, ou leurs ascendants sont preferez au non germains.

XXXVI. En succession collaterale (qui de quelque part qu'elle vienne se partage par lots) freres & sœurs germains, ou leurs descendants excluans les non germains; mais faute de germains, les non germains heritent sans distinction d'où puisse mouvoir & descendre le bien.

XXXVII. Les nepveux en succession collaterale representant leurs pere ou mere succedent avec leurs oncles & tantes par tocqz ou branches & non par teste à leurs ayeul ou ayeule, oncles ou tantes morts sans hoirs.

XXXVIII. Mais quand il n'y a que des arriere-nepveux & au dessoubs representation lors cessante, ils partagent lors par testes, & le plus prochain exclud le plus esloigné & remot.

XXXIX. Où il n'y a pere ny mere, ayeul ou ayeule, ou autres ascendants, frere ny sœur, oncle ny tante, cousin ny cousine ou descendants d'iceux, il faut revestir les lignes & alors le plus prochain de chacune ligne est le plus habile à succeder.

XL. Et où ils ne se tiennent parents que de l'une desdits lignes, ceux cy emporteroient tout le bien de la succession à l'exclusion du seigneur haut justicier lequel seigneur faute de tous tels heritiers succede comme à bien vacquant.

XLI. Qui meurt sans hoirs procréez de son corps & leurs descendants & n'a aucuns ascendents, & laisse seulement freres ou sœurs non germains tant du costé paternel que maternel, suivant la regle *paterna paternis, materna maternis*, il saisit par son decès les paternels de ce qui vient du costé paternel & les maternels de leurs ligne & estocq.

XLII. Mais pour les biens meubles & acquests, ils se partageront entre freres & sœurs, paternels & maternels par teste & esgales portions.

XLIII. Biens paternels sont reputez ceux-là qui sont escheus ou procedent de la succession du pere deffunct ou de l'un des parents lignager d'iceluy du costé de sondit pere.

XLIV. Les maternels sont ceux-là qui proviennent de la succession de la mere ou des parents maternels du deffunct.

XLV. Et pour les faire juger tels, il ne faut enquerir plus anciennes lignes, que de celuy auquel lesdits biens ont fait souche ou tronc, & luy sont donnez ou escheus de succession.

XLVI. Ecclesiastiques seculiers succedent à leurs parents & reciproquement les parents aux Ecclesiastiques, ne plus ne moins que personnes purement laïques en ligne directe ascendante ou collaterale.

XLVII. Les reguliers religieux ou religieuses profès ne succedent à leurs parents, ny le monastere pour eux, non plus qu'à eux ne succedent lesdits parents.

XLVIII. Du bien toutesfois qui leur seroit escheu avant leur profession, ils en peuvent disposer à leur discretion, volonté & plaisir, & en cas qu'ils n'en auroient disposé ils appartiennent à leursdits parents.

XLIX. Bastards ne succedent à leurs pere ou mere ny aux parents lignagers de leursdits pere ou mere de quelque ligne ou costé que ce soit.

L. Si le bastard decedant sans hoirs legitimement procréez de son corps laisse quelques biens, la mere comme plus certaine exclud de la succession d'iceux le pere putatif.

LI. En division de succession & qu'entre heritiers ne peut estre commodement partagé doit à la requeste & petition d'un ou de plusieurs des heritiers estre vendu au plus offrant & dernier encherisseur, afin que ce qui est entier ne soit demembré.

LII. En matiere de succession il faut garder la Coustume où les biens sont situez, & s'il arrivoit qu'une personne eust plusieurs domiciles, la Coustume du lieu où il faisoit la pluspart sa residence sera gardée & observée.

LIII. Tous biens sont ou meubles ou immeubles, noms, debtes & actions, pour raison de choses mobiliaires, arrerages de cens & rentes sont censez meubles, si lesdites rentes ne sont à perpetuité, & pour tousjours-mais; auquel cas ce sont immeubles.

LIV. Comme aussi pareillement sont reputez immeubles, les constitutions de rentes perpetuelles au denier douze, ou huict francs quatre gros pour cent francs de principal & au dessous, jusqu'à ce que de la volonté des debiteurs lesdites rentes soient racheptées icelles constitutions cassées.

LV. Deniers deus pour vente de bois faite à plusieurs couppes & divers payemens, non encore escheus, sont reputez immeubles jusques aux termes desdits payemens.

LVI. De mesme aussi les grains procedants de trescens, moistresses ou gaignages tiennent nature d'immeubles, encore qu'ils soient separez de leurs creus, jusques à terme de payements escheus.

LVII. Tiendra toutesfois nature de meuble lesdits grains, si le proprietaire tenoit son heritage par ses mains, ou le faisant cultiver à ses depens, les a fait coupper, ou s'il se trouve saisi de la recolte.

LVIII. Comme aussi ce sont meubles tous fruits, bois, herbes coupées & separées du fonds, bien qu'ils soient encore sur le champ, sol ou terre où ils ont creu.

LIX. Mais toutes telles choses pendans encore par racines sont reputées immeubles, tant & si longtemps qu'elles y adherent.

LX. Tout ce qui se peut transporter de lieu en autre sans fraction ou deterioration, rupture d'huis, murailles, parois, planches, portes ou fenestres, & autres ouvertures des lieux où il est, est reputé meuble.

LXI. Mais ce qui tient à fer, cloux ou chevilles, ne pouvant estre arraché ou transporté sans incommodité & deterioration, est tenu pour immeuble.

LXII. Pareillement immeuble est reputé, ce qui est mis en certain lieu pour usage particulier d'une maison, comme tacques ancrées & cramponnées ès cheminées, caves, pressoirs, moulins, & choses semblables.

LXIII. De telle qualité sont aussi les jettes d'une cave, & l'enclume d'une forge, qui ne se pourroit transporter par un homme seul.

LXIV. L'édifice est de mesme nature que l'heritage sur lequel il est basty.

LXV. Tous immeubles sont reputez tenir de la nature du fond.

LXVI. Meubles n'ont point de suitte, ny par hypotheque, ny par execution contre un tiers, si sans fraude, dol ou collusion ils sont trouvez hors de la puissance du debiteur.

TITRE XI.

Des Tutelles & Curatelles.

I. LE pupile mineur, heritier legitime ou testamentaire, demeure en tutelle & curatelle pendant sa minorité, jusques à ce qu'il soit parvenu à majorité d'aage, ou aye obtenu de qui il appartient émancipation pleniere.

II. A cet effet tuteurs & curateurs sont ordonnez ou par testament, ou creez par le souverain Seigneur, son Conseil, ou par les officiers & Juges de son domaine, pour pupiles, mineurs issus de nobles ou de roture, le procureur general ou son substitut ouy.

III. Ou bien par les Juges & justices ordinaires des lieux, pour pupiles, mineurs sur les personnes & biens desquels s'estend leur jurisdiction en premiere instance.

IV. Et ce à la nomination des plus proches parents, voisins ou amis desdits pupiles legitimement assemblez à ce subjet, ledit procureur general ou substitut ouy.

V. Tutelle testamentaire valable est preferée à toute autre, faute de laquelle la legitime aura lieu, & successivement après la dative; toutes lesquelles doivent estre confirmées par les Juges susdits.

VI. Le pere est tuteur & administrateur legitime des corps & biens de ses enfans orphelins de mere, soit qu'il demeure en viduité, ou qu'il se remarie.

VII. Mais il ne fait les fruicts desdits biens siens; ains est receu de rendre compte à sesdits enfans, en temps & lieu des levées d'iceux, aussi n'est-il obligé de nourrir & entretenir sesdits enfans, sinon pour la moitié.

VIII. Pouvant repeter les frais & despences employées à leur nourriture & entretenement pour l'autre moitié, comme aussi toutes autres missions necessaires faites à leurs acquists, poursuites de leurs droits, noms & actions, à la conservation & descharge de leurs biens.

IX. N'est donc que ledit pere, comme tuteur, il les ait pris sur les revenus d'iceux; ce que debvra luy estre deduit & descompté à la redition de compte qu'il fera, la tutelle finie & accomplie, ou auparavant.

X. La femme ne peut, sans licence, permission ou authorité de son mary, donner tuteur à ses enfans; peut toutesfois par luy estre establie tutrice d'iceux.

XI. Et où elle ne le feroit, & que le mary n'eust ordonné du contraire, elle sera tousjours tutrice legitime de sesdits enfans, tandis qu'elle se contiendra en viduité.

XII. Pendant lequel temps elle demeure en communauté de biens avec sesdits enfans, sans qu'elle soit comptable des levées de leurs parts & portions, à charge de leur nourriture & entretenemens selon leurs qualitez & facultez de leurs moyens.

XIII. Que si elle vient à se remarier, elle sera tenue de leur donner partage & faire pourvoir d'autre tuteur avec elle, à peine d'estre expulsée de la tutelle, qui en ce cas seroit deferée au plus proche parent paternel desdits enfans.

XIV. Où n'y a pere ou mere, les ayeuls, ayeules ou autres ascendans capables leur succedent en la tutelle legitime, à charge de rendre compte.

XV. Que si pupiles mineurs ne sont pourveus de tuteurs testamentaires ou legitimes, leur seront donnez tuteurs & curateurs, tels que les Juges recognoistront plus propres, idoines, & capables de l'advis de leurs parens, le procureur general ou substitut ouy.

XVI. Tuteurs residens, hors la jurisdiction, terre & seigneurie de Gorze ne seront receus à l'administration des biens pupillaires qu'ils n'ayent baillé bonne & suffisante caution, resseante en icelle.

XVII. Et ce tant pour ladite administration & redition de compte, toutes & quantesfois qu'il en sera deuement interpellé, que payement du reliqua de la tutelle finie, s'il est trouvé reliquataire.

XVIII. Tous tuteurs & curateurs sans en point excepter, sont tenus de prester serment de bien & fidellement regir, gouverner, gerer, administrer & conserver au plus grand profit que faire se pourra les biens & personnes de leurs mineurs.

XIX. Sont quant & quant obligez de passer soubmission & asseurance authentique d'en rendre bon, fidel & loyal compte, toutes & quantesfois que deuement requis & interpellez ils en seront.

XX. Si-tost que les tuteurs auront accepté la charge de tutelle à eux donnée par testament, justice ou autrement, leur debvoir sera de faire dresser par personne publique, le procureur general ou substitut present, & à l'assistance de quelque proche parent des mineurs, un bon & loyal inventaire de tous leurs biens, lettres, tiltres, cedulles, obligations & autres enseignemens à eux appartenans.

XXI. Affirmer & faire clore ledit inventaire fait & parfait dans quarante jours après la tutelle finie, ou pendant icelle s'il est de besoing, & tenir bon & fidel compte pardevant qui il appartiendra, en presence du procureur general ou substitut, & de quelques parens assistans.

XXII. L'inventaire ainsi fait, clos, fermé & cacheté, copie d'iceluy deuement collationnée, retenue, les tuteurs sont obligez de faire vendre par authorité de justice du consentement & à l'assistance que dessus; premierement les meubles perissables de leurs mineurs.

XXIII. Et en après les autres meubles, n'est qu'il y ait juste cause d'en reserver quelques-uns à l'usage & commodité desdits mineurs; & les deniers provenans de telles ventes avec autres, s'il y en a, seront mis à rente & profit.

XXIV. Pour, la tutelle expirée & accomplie, en estre par lesdits tuteurs rendu bon & fidel compte; ensemble des interests d'iceux pardevant qui il appartiendra en presence du procureur ou substitut susdit, & l'assistance de quelques parens, lesdits interests à raison du denier vingt, ou cinq pour cent.

XXV. Biens immeubles de mineurs ne peuvent estre par eux ny leurs tuteurs & curateurs vendus, eschangez ou autrement alienez, à peine de nullité de telles ventes, alienations & contracts sur ce faits & passez.

XXVI. Si ce n'est par authorité de justice du consentement du procureur general ou substitut, & advis de quelques-uns de leurs plus proches; & que ce soit pour le plus grand proffit desdits mineurs.

XXVII. Et touchant les deniers provenans de telles ventes non authorisées, touchez par lesdits mineurs, ils ne seront tenus de les rendre & restituer, sinon en cas qu'ils s'en trouveroient encore saisis, ou seroit deuement verifié iceux deniers avoir esté convertis & employez à leur plus grand proffit, utilité & advancement.

XXVIII. Tuteurs & curateurs demeureront en leurs charges, ou l'un d'iceux à l'absence de l'autre, ou advenant la mort d'iceluy, jusques à ce que ceux qu'ils ont en charge soient aagez suffisamment, mariez, émancipez ou dispensez, pour avoir le regime & gouvernement de leurs biens.

XXIX. Sauf neantmoins à subroger tuteur ou curateur, si mestier fait, au lieu de celuy qui sera prevenu de mort, le survivant ne pouvant ou ne voulant seul administrer les deux fonctions de tutelle & curatelle.

XXX. Tuteur ne peut espouser sa pupille, ny procurer par sollicitation, promesse induction ou autrement suader & promouvoir le mariage de ses enfans avec ses mineurs pendant leur minorité.

XXXI. Et tant luy que ceux qui se trouveront avoir adheré à telles menées & pratiques secrettes & occultes appertement verifiées, seront mulctez de punition arbitraire, comme de chose abusive & pernicieuse selon l'exigence du cas.

XXXII. Toutesfois le tuteur pourra ce faire après qu'il aura legitimement rendu compte de son administration, & actuellement acquitté le reliqua d'iceluy sans collusion, fraude ou simulation quelconque.

XXXIII. Et ce par autorité judiciaire, consentement & advis du Procureur general ou Substitut, que des plus proches parens desdits mineurs.

XXXIV. Quand plusieurs tuteurs sont instituez par justice, celuy d'entre eux qui voudra pleiger valablement donnant bonne & suffisante caution de rendre compte aux mineurs en temps & lieu, acquiter & descharger ses cotuteurs de la tutelle, il administrera seul.

XXXV. Les autres refusant de bailler telle caution seront dechargez, mais si tous cautionnent, ils administreront egalement; alors toutesfois l'un d'iceux pourra poursuivre en jugement ou dehors les affaires des mineurs.

XXXVI. Sans que l'absence des autres puisse apporter aux parties contre lesquelles se feront les poursuites, aucun juste pretexte de non proceder ou satisfaire; à charge neantmoins de faire advouer & ratifier lesdites poursuites par leurs cotuteurs, s'ils en sont sommez & interpellez par lesdites parties, ou autrement leur est ordonné par Justice.

XXXVII. Et sont les biens des tuteurs hypothequez & solidairement obligez pour la redition & reliqua du compte des biens pupillaires dès le jour de la tutelle par eux acceptée.

XXXVIII. Sont aussi lesdits mineurs preferables à tous autres creanciers posterieurs en datte à ladite acceptation sur lesdits biens de leurs tuteurs.

XXXIX. Lesquels establis par justice, sont obligez de rendre compte de leur tutelle de trois ans à autres, devant qui il appartiendra, & comme il est dit cy-dessus.

XL. Personne ne doit d'autorité privée, s'ingerer intrure & entremettre au regime & gouvernement des biens pupillaires, sur & à peine d'amende arbitraire, ou de chastois & punition corporelle faute de moyens, à la discretion des Juges, & de rendre très-exacte & fidele compte desdits biens dès le temps de cette intrusion & entremise, demeurans affectez lesdits intrus & leurs moyens à la paye & satisfaction.

XLI. La tutelle finit quand celuy qui estoit en tutelle est aagé de vingt ans complets, ou dès auparavant s'il est marié ou emancipé, & dispensé d'aage par benefice du souverain seigneur & pour cause.

XLII. Peut en ces cas, celuy qui estoit mineur, demander compte en justice de l'administration de ses biens, avec l'adjonction du Procureur general ou Substitut, si bon luy semble.

XLIII. Et n'a ja pour cela puissance absolue de disposer desdits biens à sa volonté, estant encore en curatelle jusques à pleine majorité.

XLIV. Curateurs se donnent pour les corps & personnes; tuteurs pour les biens des mineurs pupiles, encores que coustumierement les uns soient quasi intendans & assistans les autres.

XLV. *Aliàs*, curateurs sont proprement entendus & nommez ceux-là qui pour causes extraordinaires sont donnez aux emancipez & majeurs, furieux, idiots ou prodigues, ausquels est interdite l'administration de leurs biens, & autres de qualitez semblables.

XLVI. Tous lesquels estans par ordonnance de Justice sous la main & conduite de curateur en sa garde & main bournie, ne peuvent disposer de leurs biens, ny s'obliger valablement sans l'advis, gré & consentement d'iceluy.

XLVII. Et ne sortent telles personnes de curatelle sans ordonnance de justice & avec cognoissance de cause au prealable.

XLVIII. Est à noter que le curateur est subject à pareilles ou semblables obligations que le tuteur.

TITRE XII.

Des Cens, Rentes ou Chaptels.

I. Cens foncier est un revenu annuel deu au seigneur censier à certain terme prefix & limité sur heritages acensez.

II. Ou plustost un tribut tiré & produit de la rente provenante annuellement des immeubles possedez à tiltre d'acensement, mouvans d'une directe seigneurie fonciere; soit le cens en argent, bled, vin, chapons, ou autres especes.

III. Tout cens se doit payer selon & suivant la convenance qui en a esté faite ou à faute d'en apparoistre selon ce que de longtemps on a accoustumé de payer annuellement.

IV. Peut le tenancier possesseur ou proprietaire des immeubles censables estre contraint de bailler roolles & declaration des cens, rentes & chaptels qu'ils doivent.

V. Si le cens ou rente est deu en espece de bled, vin, huile, ou autres choses qui se prisent, nombrent, mesurent ou changent de prix, il la faudra payer esdits especes.

VI. Si donc estimation ou taxe ne s'en fait par ordonnance de Justice ou du consentement reciproque & mutuel des parties qui doivent & ausquelles est deu ledit cens ou rente.

VII. Et se doit faire telle taxe ou estimation raisonnablement à prix mitoien ny plus bas ny plus haut.

VIII. Le seigneur censier n'est pas tenu de diviser le cens affecté sur une ou plusieurs pieces d'heritages ou autres immeubles censables que plusieurs tenanciers possedent.

IX. Ains les peut faire totalement saisir faute de paye entiere ou de partie d'icelle, ou s'addresser à qui bon luy semblera des detenteurs, parce que l'hypotheque est individue, sauf à luy son recours contre ses comparsonniers.

X. Si le proprietaire ou detenteur d'un immeuble censable fait refus ou delay de le desrenter, & payer le cens au terme par l'espace de trois ans & au dessous, peut le seigneur censier ou la Justice faire publier par trois Dimanches consecutifs, & d'octave à autres, au prosne ou à l'issue de la Messe parrochiale qu'on ait à payer lesdits cens.

XI. Autrement qu'il en fera terre neuve & nouveau bail à d'autres ou se le retiendra, & sera perdu pour

pour le defaillant s'il laisse couler la huitaine après la derniere publication, estant dès lors la piece censable reunie au domaine seigneurial, de quoy bailler declaration appartient au Juge domanial.

XII. En tout cas le detenteur de l'immeuble censable par emphiteose ascensement ou admodiation à longues années comme de cent un an moins & au dessous, ayant delaissé & manqué par trois ans, ou moins de payer le cens, canon ou pension, de ce fait il est privable.

XIII. Nommement si interpellé deuement par le seigneur direct censier, ses officiers ou justiciers de sa part, il refuse de satisfaire, l'immeuble ainsi paravant tenu est commis & devolu audit seigneur censier qui le fait sien.

XIV. Si toutefois le debiteur venoit dans l'an, offroit de payer ledit cens, il y pouroit estre receu en payant les frais de Justice s'il plaisoit au seigneur foncier de la rente.

XV. Lequel seigneur trouvant par ses officiers ou autres un heritage affecté à telle rente vuide & sans tenancier il s'en peut empossessionner & saisir.

XVI. Et où celuy qui estoit detenteur y voudra rentrer, il le pourra; mais ce seigneur ne sera tenu de leur rendre le surplus de ladite rente si surplus y a, & qu'il l'aye receue.

XVII. Un fond donné en emphiteose ne peut estre osté par le seigneur direct à l'emphiteose, & ne l'en peut desaisir ny ses heritiers contre leur volonté.

XVIII. Sinon que ledit emphiteose ou ses successeurs demeurassent pendant trois ans entiers sans payer la rente ou pension deue sur ledit fond, auquel cas le seigneur peut agir pour la relaxation du fond, afin d'en estre resaisi.

XIX. Detenteur & proprietaire d'heritages chargez de rentes ou autres hypotheques ne peuvent empescher que lesdits heritages soient declarez affectez ausdites charges & arrerages d'icelles selon le pied de terre.

XX. Tellement qu'ils sont tenus & obligez de recevoir condemnation de ladite hypotheque & passer tiltres nouveaux s'ils en sont poursuivis par le seigneur censier ou ses officiers mesme d'en donner pour l'ascensement lettres reversalles & obligatoires.

XXI. Layée à cens pour tousjours-mais, ou par layée pour nonante neuf ans & au dessous faites & passées par gens d'Eglise devant justice, notaire ou tabellions sont bonnes & vallables, & pourront les parties estre respectivement contraintes à l'accomplissement des clauses portées par icelles.

XXII. Qui laisse heritages à cens n'est tenu de recevoir la rente d'autre main que du preneur & detenteur d'iceluy ou ses successeurs, si donc il ne veut accepter desportant quittes.

XXIII. Tous cens sont racheptables au denier vingt, ou cinq pour cent, s'il n'appert du contract par tiltre.

XXIV. Consignation judicielle du principal d'un cens rachetable pour l'amortissement d'iceluy deuement signifié à partie, fait cesser le cours de la rente dudit cens du jour de la presentation ou consignation notifiée comme il fault.

XXV. Quiconque pretend un cens ou rente sur autruy encore qu'il ait lettres d'ascensement ou de constitution d'icelle rente, doit neantmoins verifier qu'elle luy a esté payée depuis trente ans en ça.

XXVI. Autrement si le tiltre est plus ancien que ce terme, la rente est tenue pour prescripte au profit du debteur pretendu d'icelle.

XXVII. Heritage laissé à tiltre d'ascensement peut estre renoncé pour le cens en payant les arrerages escheus si le reteneur ne s'est obligé par lettres reversalles que la piece acensée.

XXVIII. Mais si par lesdites lettres il y a adjousté contre about, ou s'est obligé & generalement tous ses biens à payer ledit cens & entretenir la chose ascensée il n'y sera receu si bon ne semble au laisseur & ascenseur.

XXIX. N'est que par fortune de guerre, foudre, orage, ravine d'eaux, ou autrement l'heritage ou autre immeuble ascensé, soit du tout ruiné, ou grandement deterioré.

XXX. Tous cens & rentes foncieres sous lesquelles un heritage se trouve ascensé, soit à perpetuité, ou à faculté de rachapt, sont censez immeubles à celuy à qui ils sont deus, jusqu'à ce que ledit rachapt soit fait.

XXXI. Toutes autres rentes qu'on appelle volantes, vulgairement constituées à prix d'argent, avec faculté de rachapt sont appellées meubles, tant & si longtemps que ladite faculté de rachapt dure.

XXXII. Rentes constituées en deniers, non acquittées de plusieurs années ne se payeront doresnavant que de trois années tant seulement, s'il ne conste qu'elles ayent esté demandées, ou par acte du refus pris ou autrement deuement.

XXXIII. Tous porteriens en la terre de Gorze doivent chaptels au seigneur; & chassels sont les menues rentes seigneuriales qui se levent par les justices des lieux, au jour de feste sainct Martin d'hiver ou envion.

XXXIV. Si celuy qui preste argent à interest au taxe du Prince pour un an, se contente l'an expiré de toucher seulement l'interest, laissant encore au debiteur le sort principal; c'est de là en avant constitution de rente.

XXXV. Laquelle est racheptable à la volonté & bonpoint du debiteur, en payant neantmoins l'interest au terme prefix, tant & si longtemps que le special about du sort principal demeurera pour asseurance.

XXXVI. Mais si le debiteur deuement interpellé refuse de payer ladite rente & interest audit terme, faute de moyens, ou que l'about donné pour asseurance vienne à deperir, faillit ou autrement le detenteur decline & panche en pauvreté, le creancier pourra le contraindre, afin que son deub ne courre risque d'estre perdu à luy payer le sort principal.

XXXVII. En la terre de Gorze les interests sont communement au denier douze, qu'on dit huict & un tiers pour cent, suivant l'ordonnance du seigneur Abbé, qui peut hausser ou abaisser lesdits interests.

TITRE XIII.

Des Servitudes Réelles.

I. UN proprietaire edifiant sur son fond peut hausser son bastiment tant qu'il luy plaist, ores qu'il est jusqu'à la veue de son voisin.

II. Peut aussi prendre veue sur soy; & n'y eust-il heritage plus que pour le tour & contour d'un ventillon entier ou brisé.

III. Mais aussi le voisin n'est pas empesché de contre bastir au prejudice de telle veue, pourveu que puisse tourner ledit ventillon.

IV. Si donc il n'y a droit acquis, tiltre ou servitude au contraire, parce que chacun peut faire sur le sien ce que bon luy semble.

V. Muraille commune parsonniere ou metoyenne entre deux ou plusieurs voisins se cognoist, en ce que les bois, poutres, tendons, consoles & sommiers d'iceux sont & reposent en icelle, ou qu'il y ait fenestre coye & à demy mur au dedans de ladite muraille mise d'ancienneté.

VI. N'est donc que l'un des voisins ait eu permission de celuy auquel la muraille appartient, & mettre les bois, dont apparoisse par tiltre ou autrement deuement.

VII. En muraille d'autruy, bien que contigue de voisin, nul ne peut appuyer sommiers, dresser cheminée, creuser pour contre-feu, arcade, armoire, esvier, esgout de cuisine, cloaque privé, latrine retrait, fossez à recevoir immondices, puits ou citerne, ny percer pour prendre jour quelconque.

VII. Bien peut le voisin à qui est ladite muraille estre contraint de la rendre commune, en luy payant comptant la juste moitié, & du fond & du mur, au dire de gens experts & à ce cognoissans.

IX. Estant le mur metoyen, il pourra alors estre percé pour y asseoir poutres, sommiers, cheumer, pennes, tendures ou consoles, & estagons, en rebouchant les trous & faisant reparer ce qui aura esté démoly.

X. Avant quoy faire ce sera de son debvoir d'en advertir son voisin, pour obvier au dommage qu'il en pourra percevoir.

XI. Car où le voisin n'en auroit esté preadverty, il pourroit recouvrer tous dommages & interests qu'il auroit receu à cette occasion, & seroit le contrevenant ou defaillant de ce faire amendable.

XII. Parois commun & metoyen peut estre creusé jusques au tiers de son espaisseur, pour y dresser tuyau de cheminée, armoire, arcade, ou autres commoditez, pourveu que le voisin n'ait paravant creusé au mesme endroit de son costé.

XIII. Mais l'un des voisins ne peut sans le vouloir & consentement de l'autre, faire fenestres ou autres ouvertures, si ce n'est à verre dormant, treilles, barres ou barreaux de fer; en sorte qu'on ne puisse passer ny endommager son voisin par des immondices ou autrement.

XIV. Et en ce qui touche la veue sur l'heritage d'autruy, elle doit estre de huit pieds de hauteur par bas estage, & de sept pieds par hault estage, avec fer & verre dormant ès fenestres, comme dessus, s'il n'y a tiltre au contraire.

XV. Murs separans cours ou jardins sont censez metoyens, s'il n'y a tiltre, marque ou enseigne, faisant au contraire comme fers à batte en dehors, angons, pieces de bois, & choses semblables.

XVI. Est loisible à un voisin de hausser à ses dépens la moitié d'un mur metoyen si haut que bon luy semblera, sans la permission de son voisin, s'il n'y a titre au contraire.

XVII. Et si ledit mur ne suffit pour porter le rehaussement, il pourra le fortifier sur le sien espaississant la muraille de son costé.

XVIII. Que si l'autre voisin veut en après se servir dudit rehaussement il le pourra, en payant la mise de moitié des frais d'iceluy rehaussement, fonds & fortification qu'aura fait le voisin à ce subjet.

XIX. Si parois, murs ou autres separations menacent ruine, les proprietaires comparsonniers pourront estre contraints à les refaire, & contribuer aux reparations pour leur part & contingente.

XX. N'est que telle ruine imminente soit advenue par le deffaut de l'un d'eux lequel en ce cas debvra y faire remedier à ses depens.

XXI. Un voisin ne peut contraindre son voisin de contribuer pour faire closture & separation de leurs maisons, cours & jardins, où auparavant il n'y en a point eu, peut neantmoins, si bon luy semble, se fermer sur le sien, & à ses frais.

XXII. Où la cheminée du voisin est caduque & ruineuse, & qu'à ce moyen elle peut apporter dommage à l'autre voisin, celuy à qui elle est pourra estre contraint par justice à la refection & restablissement en meilleur estat, par experts; de sorte qu'elle ne nuise audit voisin.

XXIII. Est permis à un parsonnier contraindre ou faire contraindre par voye de droit son comparsonnier, à faire refaire ou reparer le mur ou edifice commun, & de luy en faire payer telle part & portion qu'il a audit mur & edifice. Car en closture metoyenne chacun est tenu y contribuer pour sa cotte & portion contingente.

XXIV. Pour asseoir les boutans, lauzieres, jambages, simaises & aboutées de cheminée, armoires, arcades, esviers, fossez de cuisine & choses semblables en muraille commune, on la peut percer d'outre en outre.

XXV. En reparant neantmoins & rebouchant les trous & pertuis qu'on aura fait en icelle; laissant espace d'autre costé pour faire une dente de massonnerie de l'espaisseur d'un pied & la main.

XXVI. Generallement l'un des parsonniers ne peut en muraille metoyenne, non plus qu'en toutes autres choses communes faire œuvre aucun qui puisse causer deterioration notable de ladite chose commune, ou apporter prejudice, nuisance & dommage au comparsonnier ou voisin.

XXVII. Si sur le mur metoyen sont posez chenaulx, eschaulettes communes à recevoir les eaux des deux maisons joignantes, & il arrive que l'un des voisins veuille rehausser le mur, l'autre sera tenu de retirer la chaulette sur luy, pour le port des eaux du bastiment.

XXVIII. Que si par après il plaise à l'autre de rebastir & rehausser à l'esgard de son voisin, faire le pourra, en rapportant ladite chaulette sur le mur esgalement eslevé, qui sera commun comme paravant en payant sa part de la mise & frais de ladite rehausse.

XXIX. Si en mur metoyen & parsonnier il y a en quelques endroits fenestrage, prenant veue, jour & regard sur le voisin, & dont l'autre voisin ait jouy paisiblement par vingt ans, vingt jours, au veu & sceu de l'autre, sans instance & contredit, il jouyra à tousjours-mais de ladite veue.

XXX. Mais si n'aura-t-il pas pour tout cela droit indifferemment pour tous les endroits de ladite muraille, comme que bon luy semblera d'y faire ouverture; ains sera obligé d'y tenir les fenestrages qu'il a de la sorte, barrez de fer arresté à verre dormant.

XXXI. Peut le proprietaire creuser ou faire creuser dans son heritage au dessous sa maison, pour y faire fossé, cave, cellier, forge, fourneau, four, puits, cisterne, esgout & autres aisances nuisibles, arriere ou proche la borne, limite ou mur commun parsonnier ou metoyen.

XXXII. A condition toutesfois de n'endommager chose qui soit audit heritage du voisin à luy appartenant, & de faire un autre mur ou contremur entre deux, si bon & suffisant qu'il serve de défense, & que le mur metoyen ne reçoive dommage & deterioration, soit par feu, humidité, pourriture ou autrement.

XXXIII. Et où le voisin auroit dès auparavant creusé de son costé, le proprietaire d'autre costé ne pourroit contre-creuser pour semblables choses qu'il n'y ait pour le moins huict pieds de distance entre deux.

XXXIV. Et si doit en ce cas faire un contremur à chaux & à sable, ou avec conroye aussi bas que les fondemens desdits creux, pour obvier au dommage du voisin.

XXXV. Personne ne peut avoir ou tenir esgouts, au moyen desquels les immondices puissent cheoir ou prendre conduits aux puits, cisternes, caves & autres lieux fousterains paravant edifiez.

XXXVI. D'autant que nul n'est tenu de porter

les eaux d'autruy ; s'il n'en appert par tiltre ou possession suffisante, de vingt ans vingt jours.

XXXVII. Si une maison est divisée entre plusieurs y ayans droit, en telle maniere qu'un ait le bas & l'autre le dessus, celuy qui a le bas est obligé d'entretenir & soustenir les edifices qui sont au dessous du premier plancher.

XXXVIII. Et celuy qui a le dessus est tenu d'entretenir la couverture du bastiment & autres edifices d'enhaut ; ensemble le pavé, ciment ou plancher de sa demeure, s'il n'y a convention au contraire.

XXXIX. Et s'il arrive que l'un prenne jour sur l'heritage de l'autre par fenestres ou autres ouvertures sans battemens au dehors, il doit tenir ses fenestres ou autres ouvertures barrées de fer, ou verre dormant, afin qu'il ne puisse rien jetter par icelle sur l'heritage du voisin ; ains seulement prendre clairté, s'il n'y a tiltre au contraire.

XL. Si quelqu'un fait reparer ou edifier sur son heritage, les voisins de part & d'autre en estans prealablement advertis, sont obligez de tolerer l'incommodité, & prester patience de ce faire.

XLI. A charge toutesfois par celuy qui fait bastir de reparer & amender au plustost ce qu'il aura demoly ou deterioré des heritages voisins de part & d'autre.

XLII. Si par ledit communal ou police l'on ordonne quelques reparations, comme de pavez, biais ou fossez & ruz, & les proprietaires ou tenanciers deuement advertis & interpellez font refus de satisfaire à ce qu'ils doivent pour leur contingente, le magistrat ou justice du lieu peut faire vendre les fruits du fond, ou à faute qu'il y en ait l'engager pour y satisfaire.

XLIII. Ne sera doresenavant loisible à qui que ce soit de faire bastir nouvel edifice sur front de rue sans prendre alignement & permission des superieurs, à qui la cognoissance des bastimens des rues & carrefours appartient.

XLIV. Fossé est reputé commun, quand le jet de la terre d'iceluy est d'un costé & d'autre esgalement à peu près, ou n'y reste d'icelle terre aucun vestige, autrement est reputé appartenir à celuy qui a toute la terre de son costé, ou par laps de temps la terre la plus eslevée.

XLV. Heritages assis sur chemin herdal, pasquis & autres aisances de ville & commodité, sont tenus de cloison depuis la sainct George, jusques à ce que les fruits & chastels soient enlevez.

XLVI. Soubs l'amende au proprietaire ou tenancier qui refuseroit ladite cloison ; mais en autre tems les herdes & troupeaux y ont leur hault & vain pasturage.

XLVII. S'il y a arbre fruitier aux confins d'heritages appartenans à deux voisins, bien qu'iceluy arbre soit enclos dans & au fond de l'un, si est-ce qu'à l'autre compete & appartient le droit de prendre des fruits en provenans.

XLVIII. Et les fruits de tel arbre tombans sur l'heritage du voisin, ou ne se pouvant cueillir sans appuyer sur iceluy, en quelque sorte que ce soit, les fruits ainsi cueillis ou tombez se doivent partager par moitié esgalement entre lesdits deux voisins.

XLIX. Ou en plus de part si l'arbre est en plusieurs confins à proportion ; que si l'arbre est justement entre les deux heritages autant d'une part que d'autre, se partageront les fruits esgalement, & ainsi de plusieurs confinages ou limites à proportion.

L. Il est permis de prendre passage par l'heritage du voisin, au plus proche du chemin ou au lieu moins dommageable pour cultiver & depouiller les heritages enclavez au dedans de ceux d'autruy, si autrement on n'y peut aller, sans pour ce requerir saisine, à charge neanmoins de reparer le dommage s'il en advient.

TITRE XIV.

Des Prescriptions & Possessions.

I. EN la terre & seigneurie de Gorze ce qui est prescriptible se prescrit entre seculiers par l'espace de vingt ans vingt jours.

II. Partant, si quelqu'un a possedé de bonne-foy par luy, ses autheurs, predecesseurs ou autres qu'il represente, ou desquels il a le droit, rentes, heritages ou autres immeubles de l'espace de temps paisiblement & sans trouble, entre presens ou absens, aagez & non privilegiez, au veu & sceu de tous, il acquiert prescription.

III. Et par ce moyen celuy-là est fait maistre & seigneur de la chose ainsi possedée, & fait les fruits & autres emolumens siens.

IV. Doit estre maintenu en telle possession, de laquelle il ne peut ny ne doit estre dejetté, s'il n'y a de la mauvaise foy ; car le possesseur de mal-foy ne prescript jamais.

V. Contre Ecclesiastiques seculiers ou reguliers, pour fait de bien d'Eglise, on ne peut prescrire que par quarante ans & quarante jours, encores à compter du jour du trespas de celuy qui aura alienè le bien d'Eglise que l'on pretendra estre prescript.

VI. Toutesfois en nouveaux acquests faits par gens d'Eglise contre seculiers, ils ne sont non plus privilegiez que les laïques.

VII. Dixmes se prescrivent contre personnes laïques pour paisible jouissance de vingt ans vingt jours.

VIII. Touchant l'ancien domaine de l'Abbaye de Gorze, benefice en dependans ou mouvans, appellez vulgairement le patrimoine saint Gorgonne, il est estimé d'ancienneté à l'instar du patrimoine sainct Pierre ou domaine Papal.

IX. Contre lequel prescription ne court que de cent ans & jour, à compter du jour du decès d'iceluy Abbé ou beneficier, de la crosse abbatiale de Gorze, qui auroit distrait & alienè le bien dependant d'icelle Abbaye ou benefice en mouvant.

X. Prescription ne court contre pupils mineurs pendant leur minorité ny autres quelconques personnes qui ne peuvent agir & poursuivre ledit droit en jugement, & qui sont en tutelle, curatelle ou puissance d'autruy.

XI. En sont relevez aussi-tost qu'ils le requierent y estans mesme recevables dans les dix premiers ans & jour de leur majorité ; par après nullement.

XII. Tiltre sans possession ne vaut, & au contraire valable est la possession sans tiltre.

XIII. Laquelle estant continuée pacifiquement sans trouble, destourbier ou empeschement par vingt ans vingt jours, acquiert la proprieté de la chose ainsi possedée.

XIV. Y doit estre maintenu le possesseur, bien qu'il n'ait autre tiltre que par prescription, laquelle acquiert droit de tenure ou possession de bonne foy, qui neanmoins s'interrompt par adjournement & interpellation judiciaire.

XV. Le vassal ne prescript contre son seigneur, ny le seigneur contre son vassal pour prestations feodales & redevances seigneurialles.

XVI. Non plus que les droictures seigneurialles, droits de tailles, courvées, charrois, cens, rentes, chaptels & telles autres redevances & prestations réelles ou personnelles ne se prescrivent par les sujets porteriens ou redevables d'icelles au prejudice du seigneur.

XVII. Que par discontinuation de payement par temps immemorial ne plus ne moins, que tels & semblables droits ne se peuvent acquerir sans tiltre.

XVIII. Mais quant aux arrerages de telles rentes, redevances, prestations & droitures seigneurialles ils ne se pourront demander que de trois ans, si donc il n'y a eu poursuite ou sommation judiciaire faite par le seigneur ou ses officiers & justiciers.

XIX. Encore que les sujets porteriens ou autres auroient esté moudre, cuire, ou pressurer aux usines seigneurialles ou autres de moulins, fours, ou pressoirs par l'espace de vingt ans & vingt jours, ja pour cela ne seroit contre eux acquis le droit de bannalité.

XX. Ains faut que les seigneurs, possesseurs ou proprietaires de telles ou semblables usines soient fondez en tiltre vallable & authentique.

XXI. Si toutesfois le seigneur Abbé interpellant ou faisant interpeller par ses officiers sesdits sujets porteriens ou autres par voyes legitimes de venir moudre, cuire, ou pressurer en ses moulins, fours & pressoirs & ils s'y seroient soubmis volontairement & de gré à gré continuez par vingt ans vingt jours sans reclamer former plaintes, oppositions ou protestations au contraire pour empescher l'effect de la prescription, à donc le droit de bannalité aura lieu.

XXII. Durant le mariage, tant que la femme est & demeure sous la puissance de son mary, prescription ne court contre elle touchant l'alienation de ses biens dotaux & paraphernaux si elle n'a esté faite par sondit mary du libre & non forcé consentement d'elle assistée de quatre ses parents alliez ou amis.

XXIII. Entre freres & sœurs vivans ou representans aucuns d'iceux, nulle longue tenue ne nuit quant au fait de leurs partages.

XXIV. Lors qu'aucunes choses sont tenues en commun & par indivis l'un ne peut prescrire le droit de l'autre soit en possessoire ou petitoire.

XXV. Et entre comparsonniers indifferemment biens possedez par indivis ne peuvent estre acquis par prescription à l'un d'iceux, au prejudice des autres.

XXVI. Si donc luy seul n'a jouy des parts de ses coheritiers paisiblement sans contrastе à leur veu & sceu par vingt ans vingt jours entiers & non interrompus.

XXVII. Droit de cens & rente annuelle ne se peut acquerir sans tiltre que par un temps immemorial.

XXVIII. Estant tel droit acquis comment que ce soit, ne se peut aussi prescrire par leurs sujets ou debiteurs contre leur seigneur ou creanciers, sinon par mesme laps de temps immemorial.

XXIX. Ou bien par l'espace de vingt ans vingt jours après le refus ou contradiction par eux faite de satisfaire à telles prestations & redevances.

XXX. Toutesfois les arrerages de cens & rentes constituées à prix d'argent & autres droitures annuelles ne se peuvent demander que de trois années dernieres s'il n'y a eu poursuitte ou sommation judiciaire faite auparavant.

XXXI. Toutes actions réelles personnelles ou mixtes s'esteignent & prescrivent par vingt ans vingt jours s'il n'y a poursuite suffisante pour interrompre la prescription.

XXXII. De mesme sont prescriptes les charges & redevances dont le payement auroit esté discontinué pareil espace de temps.

XXXIII. Rentes constituées sont tousjours racheptables aux bons points des debiteurs d'icelles, s'il n'appert par tiltre icelles estre perpetuelles pour tousjours mais & sans reachapt.

XXXIV. Faculté de retirer dans certain temps l'heritage engagé ou vendu à grace de reachapt, ne peut estre estendue outre le terme convenu, au prejudice de celuy qui l'a accordé, si ce n'est de son consentement volontier & spontané.

XXXV. Admodiateurs, fermiers, locataires, moitriers, usufruitiers, douairieres, leurs successeurs ou representans ne commencent à prescrire la proprieté de ce qu'ils possedent à tels tiltres qu'après vingt ans & vingt jours expirez après la tenue finie & esteinte de leur admodiation, ferme, location, gaignage, usufruit & douaire.

XXXVI. Et ne peut la negligence de l'usufruitier ou douairiere porter prejudice aux proprietaires d'un cens deu sur l'heritage tenu en douaire ou usufruit.

XXXVII. Entreprises qui se font dessus & dessous rue, quarts-forts ou places publiques ne se prescrivent jamais.

XXXVIII. Droit de servitude sans tiltre par quelque laps de temps que ce soit, ne se peut acquerir en place vuide ou heritage non clos.

XXXIX. Partant si les gouttieres, eaux & esgouts d'une maison avoient cheu par vingt ans vingt jours ou plus longtemps en place vuide contigue à ladite maison, ou que l'on ait pris jour & veue sur icelle, ou bien que l'on ait passé & repassé sur un heritage non clos ny cultivé, ja pour cela sur telle place champ ou heritage, l'on n'auroit pas acquis droit de servitude par prescription, car veue & esgouts n'acquierent point de prescription sans tiltre.

XL. Droit de servitude discontinue sur le fond d'autruy ne s'acquiert s'il n'y a tiltre ou possession de temps immemorial.

XLI. Servitude de prendre jour sur l'heritage d'autruy ne se prescript non plus par quelque laps de temps que ce soit.

XLII. S'il n'y a de fenestres ou autres ouvertures, barres, gonds, battes, assiettes, grilles ou armoires en dehors, qui sont indices & marques de telles servitudes & droit de prendre jour, ou bien qu'il y ait tiltre suffisant.

XLIII. Hostellains, taverniers & cabaretiers ou autres semblables n'ont action quelconque contre enfans de famille, ny autres personnes constituées en la puissance d'autruy pour vin, vivres & autres choses à eux vendues & delivrées à l'insceu & sans le consentement de ceux qui les ont en charge.

XLIV. Iceux toutefois faits majeurs, émancipez & constituez en leur puissance par mariage, ordre sacré ou autrement, pourront à ce subjet estre actionnez par leurs creanciers dans vingt ans vingt jours de leur majorité, après non; car iceluy temps passé & expiré toute telle action est alors prescripte & perimée.

XLV. Deniers deubs pour nourriture & instruction d'enfans, apprentissage de mestier, salaires de mercenaires, loyers de serviteurs & servantes, se prescrivent en trois ans & trois jours, s'il n'y a cedulle, obligation, promesse, arrest de compte, submission ou recognoissance faite touchant le deu aux subjects que dessus.

XLVI. Comme aussi les manœuvres, artisans & marchands vendans leurs denrées par le menu & en destail, ne peuvent entre presens intenter action pour ouvrages, besoignes ou marchandises par eux faites, vendues ou distribuées après trois ans trois jours s'il n'en conste par escripture privée en livre rational, journal ou autrement.

XLVII. Ou bien que pour les choses devant dites pendant ledit temps, demande, sommation & interpellation judiciaire seroit esté faite à ce subject.

XLVIII. Car alors telle action judiciairement intentée venant à estre delaissée ne se prescriroit que par le laps de vingt ans vingt jours escoulez sans interruption.

XLIX. Action d'injure réelle, verballe ou par escript est perie à l'offensé ou injurié, si dans sept jours & sept nuicts après l'injure receue, à luy ditte, escrite ou sceue & cogneue par le rapport d'autruy ou autrement il n'en fait le plaintif.

L. Et si par après qu'il aura delivré sa plainte, il n'en fait instance & poursuite en justice dans l'an & jour, sera pareillement telle action perie, perimée & prescripte.

LI. Possession de bonne foy est de telle valeur qu'elle s'acquiert par an & jour sans empeschement.

LII. Et qui y seroit troublé pourroit agir & se pourvoir par complainte de nouvelleté, ou user d'autre remede possessoir dans l'an & jour du trouble à luy fait, autrement luy sera telle action prescripte.

LIII. Est à noter que cessation, contradiction & opposition vallent trouble de faict.

LIV. Si possession d'an & jour vaut, à plus forte raison vaudra la possession pacifique triennale, non seulement en matiere de biens temporels d'Eglise; mais encor en d'autres.

LV. Sequestre, garde, nantissement & main de justice ne dessaisit, & ne prejudicie à personne.

LVI. En cas de saisine & sequestre, le possesseur est regulierement de meilleure condition, & s'il a le droit le plus apparent, la recreance luy sera adjugée.

LVII. Mais si par après il vient à perdre la maintenue, il sera tenu & obligé de rendre & restituer les fruits perceus ou l'équivalence d'iceux à l'arbitrage des Juges, & dire de gens à ce cognoissans.

TITRE XV.

Des Arrests, Saisies, Executions, Gagemens, Annuictemens de gages & vendages par Justice.

I. EN la terre & seigneurie de Gorze pour action civile & ordinaire, on ne peut estre contraint par corps de satisfaire ou accomplir chose deue ou promise, d'autant que pour debtes civiles, arrests personnels n'y ont lieu.

II. Si ce n'est pour deniers princiers & privilegiez, tels que sont les domaniaux & en dependans, ou bien qu'un le pouvant faire s'y soit volontairement & expressement obligé.

III. Il y a quelques endroits & villages de ladite terre où les habitans sont fondez en chartres, ou bien par usance de temps immemorial se sont acquis sans contradiction le droit d'arrest personnel.

IV. Et pour ce fait ou debte civile, indemnité de cautionnement, garendie de chose vendue, reparation d'injures verbales ou actuelles, & despens de bouche, esquels deux cas derniers, l'arrest se doit à l'instant requerir, & sur le champ de l'injure ou despence faite.

V. Despens d'hostellages delivrez à passans estrangers ou à leurs chevaux sont privilegiez, sont les hostelains privilegiez à tous autres creanciers sur les biens & chevaux hostellez.

VI. Ont droit de retention sur iceux pour payement des despens faits cette fois là; mais non pour autres precedens, si aucuns en doivent d'auparavant.

VII. Si où & quand un debteur est soupçonné de fuitte, & presumé d'evasion, probablement il peut ce requerant ses creanciers, estre arresté.

VIII. Voire mesme s'il y a presomption apparente, que frauduleusement il cache ou recele ses deniers ou autres meubles, & ne fait pour l'arrest debvoir de payer, il pourra à la mesme requeste & instance desdits creanciers estre constitué prisonnier.

IX. Si-tost neantmoins qu'iceluy aura mis ou fait mettre en evidence biens executables, en concurrence de ce qui luy est demandé & qu'il doibt, il debvra estre eslargi de son arrest; parce que le bien rachepte le corps.

X. Si un debteur est suspect de distraire, transporter & distribuer ses deniers, meubles ou fruits de ses heritages, après en avoir fait la cueillette recolte ou levée en faveur de ses creanciers, pleiges ou cautions, il leur sera loisible de requerir saisie desdits fruits, meubles ou deniers.

XI. Et principalement si le debteur est forain, ses creanciers habituez en la terre de Gorze ou autres, pourront faire proceder par voye d'arrest sur les biens trouvez en icelle seigneurie à luy appartenans.

XII. Infraction d'arrest personnel est amendable & punissable de prison, à l'arbitrage du Juge, & selon l'exigence du cas.

XIII. Pour faire exploicter par execution sur le bien d'autruy, faut avoir permission de justice, maire juge, ou officier superieur; ores qu'on soit fondé en obligation, cedule recognue, ou sentence portant condamnation, si la clause n'y est apposée.

XIV. Telles choses n'estantes executoires de prime & plain sault, si elles ne sont declarées telles, par qui il appartient, ou ne portent d'elles mesmes execution parée.

XV. Que si le debteur se voyant sur le point d'estre executé en ses biens, gagé reellement & de faict, il peut annuicter ses gages ès mains de celuy ou ceux qui auront permis l'execution, ou du sergent ou doyen, à faulte d'eux.

XVI. Et pour tel annuictement, le debteur susdit aura respit de trois fois sept jours & sept nuicts, immediatement consecutifs pour satisfaire pendant iceux.

XVII. Mais s'il manque de paye & satisfaction dans ledit terme de delay, les trois semaines expirées, l'execution encommencée se poursuivra estant reellement & de faict abandonnée, sans benefice quelconque d'entrecour, ou autre remede dilatoire.

XVIII. Sergens ou doyens de justice ne peuvent estre gardez, ny achepteurs de gages par eux pris par execution directement ou autrement.

XIX. Si ce n'est qu'un gage leur soit mis en main, & fait bon par celuy qu'ils executent, usant de son droict d'annuictement; alors il le peut & doit prendre comme depositaire jusques à trois semaines immediates expirées.

XX. *Alias*, execution sur chose mobiliaire desire enlevement & transport; car si le meuble n'est deplacé, une seconde ou posterieure execution sera preferée à la premiere ou autre precedente.

XXI. Creancier faisant premier saisir les meubles de son debiteur par authorité de justice, n'est pour cela preferable à d'autres creanciers opposans à la distribution des deniers en provenans, s'ils le precedent en datte.

XXII. *Alias*, qui premier fait valablement saisir meubles, doit estre preferé & premier payé, signamment entre creanciers non privilegiez, où la cause de celuy qui occupe & qui premier fait sa diligence est à preferer.

XXIII. Creancier saisi d'un meuble à luy donné en gage pour asseurance de son prest n'en pourra estre dessaisi à requeste d'autre creancier quelconque, que preallablement luy ne soit satisfait, tant au principal qu'interest.

XXIV. Meubles pris par execution, voire après l'annuictement expiré, ne peuvent estre vendus qu'après sept jours & sept nuicts ensuivans telle saisie, execution ou annuictement de gage.

XXV. Et fault de plus encore signifier la vente au debteur avant le jour d'icelle, sur peine de nullité d'icelle, despens, dommages & interests de la partie.

XXVI. Telle vente ainsi faite à l'encan, par esfault, & à qui plus, le debteur a encores sept nuicts pour racheter ses meubles ainsi subrogez, si donc ils ne sont vendus, pris & payez, perdus au plus offrant & dernier encherisseur par criées en lieu public & à ce destiné.

XXVII. Quant aux immeubles ils se vendent à l'esteinte de la chandelle, au jour que l'adjudication s'en fait, après trois proclamations d'octaves à autres consecutives, & le quart d'abondant; ledit jour d'adjudication deuement publié & signifié aux parties qu'il appartiendra.

XXVIII. Execution deuement commencée pour choses jugées ou cogneues contre le debiteur decedé, peut estre valablement continuée contre son heritier.

XXIX. Sans qu'il soit besoing d'appeller de nouveau ledit heritier en justice, ny le faire condamner au payement des debtes deues par celuy qu'il represente, & duquel il est heritier & successeur, legataire ou donataire.

XXX. Execution parée emporte quant & soy garnison & nantissement ès mains de justice, nonobstant plainte ou opposition, & sans prejudice, soit par commission de juge superieur, soit par ordonnance ou authorité de justice inferieure.

XXXI. S'il n'y a provision de recreance soubs bonne & suffisante caution, delivrée à l'impetration de lettres de recreance susdite émanée du Souverain.

XXXII. Depositaire de biens de justice, comme aussi l'achepteur de gages est contraindable par corps, à la restitution des meubles deposez, au payement des gages acheptez sous l'authorité de justice, ou verge du sergent.

XXXIII. Argent provenant de la vente de meubles ou heritages vendus par authorité de justice, les frais d'icelle pris au preallable, se distribue aux creanciers selon l'ordre de l'hypotheque requis par obligation ou cedule recognue, à droit de collocation.

XXXIV. Que si les deniers ne suffisent, comme en cas de deconfiture, chacun creancier par contribution viendra à estre payé au gros le franc, à proportion de leur deub; s'il n'y a ordre de priorité ou fondement sur simple promesse, ou cedulle, n'ayant aucun droit d'hypotheque.

XXXV. En saisie & execution de meubles, on ne doibt prendre bestes de charrues & de labeur, ny instrumens de labourage, utils d'artisans ordinaires & necessaires pour travailler de son mestier.

XXXVI. Ny les vestemens à l'usage quotidien du debiteur, ny le lit où il repose, ny son pain, ny sa paste, ny les atours de femme accouchée, & en gesine, tant & si longtemps qu'il se trouvera d'autres meubles exploictables en la possession du debteur.

XXXVII. Et s'il ne s'en trouve après une exacte & diligente recherche, il faudra executer sur toutes sortes de meubles, jusques aux cendres du feu, avant qu'en venir aux immeubles, qui ne s'executent que les meubles ne soient discutez au preallable.

XXXVIII. Car en obligation generale de meubles & immeubles, après que discution a esté faite de tous les meubles trouvez appartenir au debteur, s'ils ne sont suffisans à payer, doibt l'impetrant de l'execution la continuer sur les immeubles, quand il n'est d'ailleurs satisfait.

XXXIX. Et s'il y a hypotheque speciale, se doit faire discution des biens specialement obligez, premier que passer aux autres biens generalement hypothequez. N'est donc que par contract le choix & option luy en soit expressement laissé & reservé.

XL. Ventes d'un domaine & fruits d'un heritage peuvent estre saisis & arrestez au mandement ou requeste & petition du seigneur ou proprietaire, pour les cens, rentes foncieres, fermes & louages; ores qu'il n'y aye obligation expresse par escript.

XLI. Que s'ils estoient transportez & deplacez, le seigneur les peut poursuivre & faire rapporter, qui sera preferé à tous autres creanciers; & en cas d'opposition, l'exploit tiendra.

XLII. Mercenaires, ouvriers, manœuvres & autres qui ont employé leurs labeurs, arts, ou industrie à culture de terre, cueillette de fruits, voiture de marchandise, ou autres besongnes pour autruy, peuvent faire saisir les chastels, fruits & marchandises, ou ce qui est revenu ou a esté conservé par leur moyen, pour estre payez de leurs salaires.

XLIII. Et tient la saisie jusques à plein payement, & en outre ont action contre ceux qui les ont mis en besogne, n'estans pleinement satisfaits.

XLIV. Les encherisseurs pour tout delay, sont tenus satisfaire au prix de l'enchere par eux faite dans la quinzaine pour l'encheute du meuble, & dans le mois pour l'adjudication des immeubles.

XLV. Si autre terme ne leur est prefigé, & à faute de consignation au greffe ou ailleurs, comme sera dit, pourront les pieces à eux encheutes ou adjugées paravant, estre recriées à leurs perils & fortunes, à peine d'en estre à la folle enchere.

XLVI. Vendeur d'heritage n'estant satisfait, est preferé aux autres creanciers premiers en datte sur le prix en provenant, quand il est fondé en obligation passée pardevant notaire ou tabellion, ou promesse recogneue en justice, faisant foy que la debte provient des heritages vendus.

XLVII. Chose derobée, & par après vendue en public ou plein marché, n'est subjecte à restitution, sinon en rendant les deniers que l'achepteur en aura deboursé.

XLVIII. Mais estans vendus sous main, clandestinement & en cachette, la restitution s'en doit faire par l'achepteur à perte de deniers, sauf son recours contre le vendeur pour son indemnité s'il se peut recouvrer & s'il a dequoy.

XLIX. Le tout à charge au maistre legitime de telle chose vendue de prester serment, ou autrement verifier suffisamment qu'elle luy appartient, & que elle luy a esté desrobée.

L. Quiconque s'est constitué pleige, fidejusseur & caution pour un autre, ne peut estre executé que subsidiairement, au deffaut d'estre le debteur principal solvable, discution sur iceluy prealablement faite.

LI. Sinon que ledit pleige ne soit constitué debiteur & principal payeur, auquel cas il pourra estre le premier convenu au choix & option du creancier.

LII. Que si plusieurs se sont obligez pour mesme debte, chacun d'eux seul pour le tout, ou si l'un ou plusieurs pleiges se sont constituez principaux payeurs chacun d'eux pour le tout, ils sont executables directement.

LIII. Sans qu'ils se puissent aider de division ny de discution, jaçoit qu'ils n'y ayent renoncé expressement, sauf leurs recours contre les coppleiges.

TITRE XVI.

Des Pasturages, Rivieres, & Usages en iceux.

I. Les bourgeois, habitans & manans des villes: bourgs & villages de la terre de Gorze; les bans desquels sont sans moyen, joignans & contigus les uns aux autres, peuvent envoyer ou faire mener leur bestail ès lieux de vaine pasture.

II. Et regulierement par droit de parcourir, y faire champayer, prosmer & pasturer leurs bestes les unes sur les bans des autres, jusques aux esquarts des clochers, ou à leurs defauts, jusqu'aux endroits du milieu des villes, bourgades & villages susdits.

III. En aucuns lieux toutesfois il y a de titre ou d'usage particulier, autres limites, bornes, fins, termes & arrests qu'il n'est loisible outrepasser ny exceder.

IV. Il n'est aucunement permis de transfiner en quelque saison que ce soit sur l'amende ou autre peine plus griefve, si donc il n'y a usage approuvé au contraire, ou traité special entre les communautez voisines.

V. Lesdits bourgeois, manans & habitans ont neantmoins droit d'embanir, qu'est à dire de mettre en epharnie ou epargne certaine partie, canton, endroit ou contrée de leur bien, soit en terre arable ou heritages d'autre nature.

VI. Pendant lequel embannissement n'est loisible à leurs voisins deuement signifiez, non plus qu'à eux mesmes, d'envoyer leurs bestiaux vain-pasturer en tels lieux que l'embanie ne soit rompue, à peine de l'amende contre les infractaires.

VII. L'embanie se devra faire, ensorte que par icelle le passage ne soit fermé, clos ou bouché au bestail des voisins, pour passer & repasser allant & revenant de paistre en autres endroits du ban, sans dommage faire, dol, fraude ny deception quelconque.

VIII. Ne peuvent lesdites communautez ou particuliers d'icelles, vendre ou louer telles embannies ou autrement en user que pour l'usage propre à la nourriture de leur bestail, ou de celuy qu'ils tiennent à lais, autrement dit à hoste.

IX. Le nombre duquel bestail devra estre par police reglé sur telle peine d'amende ou confiscation qu'il sera trouvé raisonnable.

X. Vaine pasture s'entend & s'extend ès chemins publics, charrieres, voyes & sentiers communaux, brayes, landes, hayes, tapailles, treixes & buissons.

XI. Semblablement terres en friches, versaines, soumarts ou fratis, comme heritages non ensemencez ouverts & non clos, prairies depouillées après la premiere faulx ou seconde, s'il y a droit de regain.

XII. Sont aussi subjets à vain pasturage les bois deffensables après la quatriesme ou cinquieme feuille, selon le terroir & bonne recreue d'iceux bois, auparavant non.

XIII. Les fruicts sauvages ès lieux non fermez naturellement cheus sous les arbres, ou par violence de vents, & sans le fait de l'homme, sont de vaine pasture.

XIV. Pour envoyer, mener ou conduire bestail vain pasturer en terre d'autruy pendant le temps que les heritages ne sont de garde & defense, on n'acquiert deja pour cela droit de vain pasturage au prejudice du proprietaire.

XV. S'il n'y a titre au contraire ou prescription avec payement de redevance à ce sujet, ou possession paisible de temps immemorial.

XVI. Rues & chemins dediez à l'usage & utilité du public, ne peuvent changer sans la permission du seigneur, suivie du consentement des habitans des lieux.

XVII. Personne ne peut anticiper sur hauts chemins, charnieres communes, voyes, ruelles ou venelles de ville, sentiers, aysances & places publiques; ny autrement se les usurper, sur peine d'amende arbitraire, ou de reparation desdits lieux communaux, selon la qualité de l'entreprise & usurpation attestée.

XVIII. Vignobles sont de tout temps deffensables de vain pasturage, champs & terres arables depuis qu'elles sont labourées & ensemencées jusques aux estoules, les chastels enlevez.

XIX. Les hauts prez depuis la Notre Dame de Mars, les bas & qui sont sur les rivieres de puis la sainct George jusques à ce que le poil en soit dehors & en tout temps pour les porcques à peyne d'amende indicte.

XX. Heritages empouillés aboutissans sur chemins publiques aux issues des villes & villages sont tenus de cloison depuis la sainct Marc, vignes depuis l'Assomption Notre Dame emmie-Aoust.

XXI. A la quelle cloison sont contraindables les proprietaires ou tenanciers dès ledit temps, jusques à ce que les chastels soient enlevés, sur l'amende; autrement ny eschet reprise par eschapée, mais bien à garde faite.

XXII. Durant le temps des messines ou moissons que les bleds ou autres grains sont sur terre couppez & non encores serrez, il est deffendu de mener bestes ès grands chemins, ou heritages joignans lesdits terres avant soleil levé, ny les y tenir après jour failly sur l'amende.

XXIII. N'est aussi loisible de moissonner ou glaner entre javeulx & gerbes, jusques à tant qu'elles soient enlevées hors du champ ou entassées.

XXIV. Une personne trouvée mesusante de jour en maix, jardins, vergers, vignes ou autres heritages clos & fermez, est amendable d'un franc barrois pour la premiere fois, du double pour la seconde, arbitrairement pour la troisiesme ou suivantes, & outre l'interest à la partie civile.

XXV. Et à l'esgard des mesuz faits par abbatis de murs ou parrois, ruptures de hayes, palis, palissades, ou nuitament, telle personne est amendable de cinq frans, du double en cas de recidive avec restitution des dommages qui s'adjugeront à la partie civile avec ses interests.

XXVI. N'est permis aux habitans ou portteriens de la terre & seigneurie de Gorze, d'avoir & tenir troupeau à part soit de bestes rouges ou blanches sur les bans des lieux ou ils sont leur residence ny lieux circonvoisins.

XXVII. Si donc ils ne sont fondez au contraire par titre commissions expresses deuement notifiées, & qui y pretendent interrest ou possession paisible de temps suffisant à prescrire.

XXVIII. Et ceux qui ont tel droit d'y en pouvoir tenir & avoir à part, ne peuvent vendre leur vain pasturage pour y mettre d'autres herdes ou troupeaux que les leurs propres ou de leurs sousfermiers & admodiateurs, ayant reservé ce droit par traité special.

XXIX. Les communautez encore moins, les particuliers d'icelles ne peuvent vendre, donner, eschanger, engager distraire ou autrement aliener leurs biens communeaux, ny les faire changer de nature.

XXX. Sans l'adveu, permission & consentement exprès du seigneur, & pour quelque urgente necessité, sur peine de nullité des contracts faits à cette occasion & d'amende, avec contrainte de retirer leursdits biens ou à faute de ce d'estre reunis au domaine.

XXXI. Fruits sauvages sont communs à tous les habitans d'un finage indifferemment, mais le ban y estant mis, ils ne doivent estre cueillis, secouez ou abatus qu'estans meurs iceluy ban brisé & rompu.

XXXII. Arbres fruictiers, sauvages percreus en heritages ou terres de quelque nature qu'elles soient non clos ou fermez sont communs, & ne peut mesme le proprietaire du fond où il y en a en couper ou faire abbarre aucun.

XXXIII. Sans la permission du seigneur ou de son grand gruyer, sur peine de dix frans d'amende pour chacun arbre : & c'est ce qu'on dit coustumiement, que le fruit sauvage est au bon homme ou paysan & l'arbre fruitier au seigneur.

XXXIV. Gruyers, sergens forestiers, verdiers, bauwards, barrées, messiers, dixmeurs & porteurs de paulx jurez sont crus en leurs rapports, ores qu'ils ne soient saisis de gages, pourveu qu'ils soustiennent par serment d'avoir veu & trouvé les delinquants par eux rapportez & s'estre mis en devoir de leurs oster gages.

XXXV. Pour recousse, effort ou violence faut estre suivi d'un records ; comme aussi à ce qu'un soit condamné à l'amende de faux dixme, il est requis que le denonciateur ou rapporteur soit suivi d'un record ou plusieurs temoins, ou qu'autrement il fasse paroistre deuement.

XXXVI. Celuy qui voyant & trouvant mesuser sur le sien & ne pouvant recouvrer forestier ou garde jurée y gageroit, il devroit estre creu en soustenant son rapport par serment.

XXXVII. Es lieux de vive ou grasse pasture, qui consiste en glandée pasnage & fenesse, nul ne doit envoyer son bestail pasturer s'il n'y a droit particulier & special de ce faire.

XXXVIII. Car regulierement telle pasture appartient au seigneur, maistre & proprietaire où elle est crue, s'il n'y a tiltre usage ou possession immemoriale faisant au contraire.

XXXIX. Ceux qui ont droit de mettre porqs en la grasse pasture d'aucuns bois n'y en peuvent mettre en temps de garde que pour leur deffruict, provision de leur maison & famille ou nouriture de leur menage tant seulement, à peine d'amende & confiscation du surplus, s'ils n'ont tiltre, possession pacifique & usage au contraire d'y en pouvoir mettre & tenir à discretion indifferemment.

XL. Les bois & forests de la terre & seigneurie de Gorze sont ou de garenne ou de gros bois ou bois de haute fustaye ou bois taillis & de coupe.

XLI. Ceux de garenne sont deffensables en tout temps & saisons de l'année, non seulement pour la chasse, mais aussi pour le pasturage des bestes.

XLII. Bois de haute fustaye, sont ceux esquels n'y a memoire de culture, ny qu'ils ayent esté coupez & sont bons à bastir, edifier & maisonner, faire bois mariens propres à douilles de cuves & tonneaux, ou portent paisson, glandée & pasnage.

XLIII. Ils sont de garde depuis la saincte Croix en septembre jour de la foire à Gorze jusqu'à Noel, & le recours depuis Noel jusqu'à la sainct George.

XLIV. Usagers qui en forests & bois de haute fustaye ont droit de prendre bois marien ou de mainage pour fonds & douilles de cuves & tonneaux, ou autres bois pour leurs bastiments, en doivent user en bons economes, mesnagers & peres de familles.

XLV. Le doivent prendre par assignal selon le reglement qui leur sera fait & donné par le seigneur ou son grand gruyer non tout en un lieu ou complume de bois ; mais comme il leur sera marqué du marteau de gruerye & contterolle ou communal en certains endroits, par cy par là où le bois sera trouvé plus espais & couvert.

XLVI. Choisiront notamment lesdits usagers les pieces de bois, qui commencent à seicher par les cimes ou houprieres, si il y en a de propres, avec le moins d'incommodité & dommage que faire se pourra.

XLVII. Bois taillis & de coupe sont en deffence pour le pasturage, jusqu'après la quatriesme feuille à peine de cinq frans d'amende, que le herdier, garde ou conducteur du troupeau sera tenu payer & pour eschapée.

XLVIII. Et pour garde faite de jour, dix frans, nuitament du double, outre l'interest civil, restitution du dommage à qui il appartiendra.

XLIX. Les trouvez esdits bois mesusants, si c'est de jour avec serpes, haches ou merlin en coupant, chargeant ou emmenant bois sont mulctables de cinq frans d'amende sans l'interest civil.

L. Si nuitamment du double avec confiscation de chevaux, chars & charrette pour la coupe de chacun arbre chesne laissé pour estalon ou autre plus gros de cinq frans.

LI. Usagers esdits bois de coupe ou taillis, qui y ont leurs affouage, chauffage, journage & droit d'y prendre eschalats ou paxels, liens, ramées & autres telles commoditez, quand la recreutte sera suffisante, en useront comme bons mesnagers.

LII. Et par reglement tel qu'en tous autres, ils prendront bois mort ou mort-bois non à leurs choix indifferemment ça & là ; mais par heziers qui se marqueront par pelées, tranchées & portions à front de taille.

LIII. Laisseront en chacun arpent tel nombre d'estallons outre les ballivaux & plus grosses pieces de bois, & tous arbres fruitiers sauvages qu'il sera jugé expedient au dire de gruyer, arpenteur ou mesureur juré & autres à ce connoissants.

LIV. Ne sera permis ausdits usagers de vendre leursdits droits, d'affouage, chauffage, fournage & autres en bois de couppe & taillis à aucuns forains & estrangers.

LV. Bois mort est le bois cheu & abatu ou qui est secque, soit debout soit gisant, qui ne peut servir qu'à brusler.

LVI. Mort-bois est bois non portant fruits, quoy que vif, autrement du blanc bois, tel qu'est le bois de saulx, morsaulx, espines, suranne, ronces, aliers, abourieres, genetz, genevre & semblables.

LVII. En quelques lieux mort-bois est reputé toute sorte de bois, hormis le chesne & le foug.

LVIII. Generalement tous usagers ne doivent abuser de leurs usages, comme par couppes extrordinaires, ventes d'icelles & degradations.

LIX. Et ne peuvent se servir du bois, sinon au lieu pour lequel ils sont usagers ny vendre leur droit à personne qui en deust employer & user plus largement qu'eux.

LX. Ny pareillement vendre, ceder ou donner bois, herbes, fruits ou autres choses quelconques croissants esdits bois, ny souffrir bestail estranger n'y ayant droit de vain pasturage avec les leurs.

LXI. Ains sont obligez d'en user en tout & par tout pour leur seul usage & profit, comme bons peres de familles & diligens économes.

LXII. Sinon & à faute de ce, ils sont sujets aux reglement & jurisdiction de gruerie.

LXIII. L'ordre de laquelle defend la coupe des bois feuillés, depuis la my-May, jusqu'à la fin d'Aoust suivant.

LXIV. Chacun peut faire estang, vivier, reservoir, mare ou fontaine en son heritage, si le lieu le permet, sans prejudice du droit du seigneur d'autruy.

LXV. Où nul ne doit pescher à quelque engin & en quelque temps que ce soit, fors le maistre ou proprietaire du fond, ou ceux qui ont droit de luy.

LXVI. En riviere ou ruisseau d'autruy, ne doit pescher qui n'y a droit ou usage prescript au contraire, sans la permission du seigneur, maistre ou proprietaire, à qui le droit de pesche appartient.

LXVII. Et ceux qui sont privilegiez d'y pescher ne le doivent faire qu'à la ligne, sans plomb, à la charpagne, à la petite trouille, nasse & au supplot ou xepet, en la maniere accoustumée, sans malangin, hormis le temps de fraye & autre deffendu.

LXVIII. Et pour leur deffruict tant seulement, à peine de l'interest à qui il appartiendra, & telle amende qui sera indicte par le seigneur ou son grand gruyer, & maistre des eaux & forests.

LXIX. Droit de pescher ès rivieres d'autruy, ruz ou ruisseau, marque jurisdiction pour ceux à qui il compete d'usage, ancienneté, possession ou privilege, si d'ailleurs ils ne sont en pleine & paisible jouissance d'icelle.

LXX. Les articles coustumiers ci-dessus rapportez, peuvent selon l'occurrence & diversité des tems & mœurs, se changer & alterer; mais à la requeste & petition des sujets de la terre de Gorze & de leur consentement, authorisé par le vouloir & commandement de leur Seigneur souverain.

LXXI. Et faut noter, que ce qui ne se trouvera exprimé en tous les tiltres & articles ci-dessus, s'il en arrive quelque difficulté, controverse ou litige, qu'elle se terminera & decidera par le droit escript, conformément à la raison, jugement naturel, & équité droituriere.

TABLE DES TITRES DES COUTUMES DE GORZE.

COUSTUMES GENERALES DES TROIS BAILLIAGES DE LORRAINE[a], NANCY, VOSGES ET ALLEMAGNE.

TITRE PREMIER.

Des Droicts, Estat & Condition des Personnes.

ARTICLE PREMIER.

AU Duché de Lorraine, y a Clercs & Laics.

II. Entre les Clercs, aucuns sont mariez, aucuns non; les mariez jouyssent de leurs privileges si longuement qu'ils portent la tonsure & l'habit Clerical, & servent à une Eglise, Hospital ou Seminaire : & à faute de ce ils les perdent.

III. Les non mariez portans la tonsure & l'habit clerical, en jouyssent aussi. Si toutesfois ils defaillent à l'un ou à l'autre, & premonestez de l'Evesque, demeurent contumaces, ils en sont privables.

IV. Entre les laics y en a de trois sortes, gentils-hommes anoblis & roturiers.

V. Des gentils-hommes, les uns sont de l'ancienne chevalerie du Duché de Lorraine, & les autres non. Ceux de l'ancienne chevalerie jugent souverainement sans plainte, appel, ny revision de procès, avec les fiefvez leurs pairs, de toutes causes qui s'intentent ès assises du Bailliage de Nancy; comme aussi des appellations qui y ressortissent de celles des Bailliages de Vosges & d'Allemagne : Ensemble de toutes autres qui s'interjectent du change & sieges subalternes, à l'hostel de Monseigneur le Duc. Jugeants aussi souverainement & en dernier ressort ès sueurs-assises du Bailliage de Vosges, & faicts possessoires au Bailliage d'Allemagne.

VI. Les anoblis sont privables de prerogatives de noblesse, s'ils ne vivent noblement.

VII. Entre les roturiers y en a quelques-uns de francs, les uns de privileges & immunitez immemoriales, autres par leurs estats & offices, & les autres à cause des lieux de leurs demeurances.

VIII. Les non-francs demeurent subjectz & attenus envers leurs seigneurs, aux charges, prestations & servitudes accoustumées, tant reelles que personnelles, selon l'ancienne condition de leurs personnes, nature & qualité des biens par eux tenus & possedez, lieux de leurs naissance ou demeurances.

IX. Tous sont juridiciables ès actions civiles & personnelles, devant leur justice domiciliaire.

X. Generalement le fruict suit la condition du pere, bien qu'entre gentils-hommes le fruit soit habilité de la condition de sa mere à prendre & avoir sieges ès assises, si elle ne s'est mes-aliée.

XI. Aussi suivent les femmes mariées, de quelle qualité elles soient, les conditions, privileges, immunitez & servitudes de leurs maris pendant leurs mariages, & durant leur viduité.

XII. Les bastards advouez des gentils-hommes seront de la condition des gens anoblis, pourveu qu'ils suivent l'estat de noblesse, & porteront tel nom & titre que le pere leur voudra donner : mais ils barreront leurs surnoms en leurs signatures, & porteront les armes de leur pere, barrées de barres traversantes entierement l'escusson de gauche à droict, & ne leur sera loisible, ny à leurs descendans d'oster les barres.

XIII. Les bastards de gens anoblis, prendront la condition des roturiers.

XIV. Desdites personnes, les unes sont en leur puissance, les autres soubs celle d'autruy.

---

a DE LORRAINE. Remarques d'Abraham Fabert sur ces Coustumes.

XV. Celles qui sont en leur puissance, sont les peres, les femmes vefves, les fils mariez soient mineurs ou majeurs de vingt ans (a), & autres estans en âge de vingt ans complets.

XVI. Les femmes mariées, sont en la puissance de leurs maris; les enfans de famille, en celle de leur pere; & les mineurs, ou autres reputez tels, en la tutelle de leurs gardiens, tuteurs ou curateurs.

XVII. Ceux qui mariez ou majeurs sont neantmoins reputez mineurs, sont les furieux ou autrement alterez de leurs esprits, & les prodigues: ausquels pour leur prodigalité, a esté interdite l'administration de leurs biens, ainsi que faire se peut à requeste des parens, ou autrement à cognoissance de cause legitime.

XVIII. Enfans de famille ne doivent, sans le gré, vouloir & consentement de leurs peres & meres, contracter mariage: autrement peuvent pour ceste ingratitude estre exheredez: mesmes demeurent incapables de tous profits, advantages & donnations à cause de nopces & autrement, que par les contraux de tels mariages, ou par la coustume, leur pourroient appartenir. Et ceux qui sont trouvez avoir esté premiers autheurs & pratiqueurs de tels mariages, ou y avoir assisté sciemment contre l'intention desdits peres & meres, entre gentils-hommes, sont punissables corporellement; entre anoblis & roturiers sont envers leurs seigneurs hauts-justiciers amendables d'une amendable arbitraire, à la concurrence du tiers de leur bien.

XIX. Si toutesfois lesditz filz & filles âgez de vingt ans complets, ont requis le consentement & advis de leursditz peres & meres, & leur estant iceluy denié, passent outre à contracter mariage, ils sont eux & ceux qui leur auront en ce adheré, exemptz d'encourir lesdites peines. De mesme s'il advient que les meres passent en secondes nopces, suffit de leur avoir demandé avis & conseil, sans necessité d'attendre leur consentement.

XX. Les enfans mineurs, & qui sont soubz la tutelle d'autruy, ne peuvent aussi avant l'âge de vingt ans legitimement contracter mariage, sans l'exprès consentement de leurs tuteurs ou de leurs parens bien proches au nombre de trois ou quatre, autrement ils & ceux qui les auront à ce induit & assisté, seront punissables de chastoy corporel, entre gentils-hommes, & entre anoblis & roturiers, de peine arbitraire.

XXI. Femme mariée ne peut disposer de ses biens, soit par contract entre les vifs, ou ordonnance de derniere volonté, ny ester en jugement, contracter ou s'obliger valablement sans l'auctorisation de son mary, si elle n'exerce marchandise publicque, au veu & sceu d'iceluy, & pour le faict de ladicte marchandise seulement; auquel cas, peut estre convenue & deffendre sans intervention de son mary, & neantmoins le jugement rendu contre elle sera executoire sur les biens de leur communauté, & au défaut d'iceux, sur ses biens propres; voire par supplément, & subsidiairement sur ceux de son mary.

XXII. Et generalement entre gentils-hommes, anoblis & roturiers, ne peut le mary auctoriser sa femme, de contracter ou autrement disposer pour l'advantager, directement ou indirectement.

XXIII. Peut toutesfois poursuivre & deffendre en jugement, & dehors, les droicts, noms & actions de sa femme sans sa procuration.

XXIV. Es matieres civiles d'injures verbales ou reelles, communement dictes de delictz, les peres & maris appellez en jugement aux noms de leurs filz, ou femmes, les desavouans, ne peuvent estre eux vivans, executez en leurs biens pour satisfaction de l'adjugé; ains se doivent prendre les amendes & interests sur les biens propres des condamnez ausdites injures & excès (si aucuns en ont) sinon pource que touche la femme, sur les biens de la communauté; mais aussi ne court aucune prescription contre celuy qui aura obtenu, sinon après le decès des peres. Et au cas de telz desadveuz, peuvent les fils de famille, & femmes estre poursuivies sans l'auctorité de leurs maris: de mesme ès criminelles.

TITRE II.

De communauté de biens entre gens mariez, & leurs enfans.

I. ENtre gens mariez, les meubles & choses reputées meubles, demeurent au survivant (b), à la charge des debtes personnelles contractées, tant auparavant, que pendant le mariage, des frais funeraux, legs & donations testamentaires non assignées sur immeubles, si doncques il n'y a contract de mariage par lequel soit traicté au contraire: auquel cas le survivant, & les heritiers du prémourant, payent desdites debtes & charges, chacun pour telle quotte, & à proportion de ce qu'ils doivent emporter.

II. Peut aussi communauté desdits meubles estre accordée par traicté de mariage, & en ce cas sont lesdites debtes & charges, sus-exprimée, communs au survivant & aux heritiers du premier mourant.

III. Mais est loisible à la femme, de renoncer ausdits droits, & par ce moyen se descharger de debtes & charges personnelles, en faisant telle renonciation par ject de clefs sur la fosse par elle mesme ou procureur de sa part specialement fondé, dedans quarante jours, après qu'elle aura esté advertie du decès de son mary, si elle est gentil-femme ou anoblie; si roturiere, au jour de l'enterrement, si elle est presente, sinon dedans vingt jours après qu'elle en aura eu cognoissance: pourveu que les unes & les autres auparavant, ni depuis le temps de leur science, ne se soient aucunement entremises à ladite communauté, par prinse, distraction, recellement desdits meubles ou autrement, dont elles se purgeront par serment, si l'heritier ne veut faire preuve du contraire: & au cas de ladite renonciation, leur demeurera seulement pour toutes choses, l'habillement ordinaire, sans aucunes bagues, joyaux, ni orphevries d'or ou d'argent.

IV. Et ne seront les femmes, pour telle renonciation, exclues des meubles seulement; mais aussi des acquests & conquests faicts constants leurs mariages, leur demeurant neantmoins le douaire sauf, soit préfix ou coustumier.

V. Ne leur sera toutesfois de necessité, avant ledit temps, vuider de la maison mortuaire; ni imputé a act d'heritier ou successeresse, d'avoir usé des provisions y delaissées pour leur vivre, & de la famille, sauf qu'advenante ladite renonciation ce qu'elles en auront prins, leur sera prisé, & elles tenues a en

---

a ART. 15. *ou majeurs de vingt ans.* Infrà tit. 4. art. 12. *ubi dixi.* J. B.

b TIT. II. ART. 1. *demeurent au survivant.* Cet article n'a lieu contre ceux qui sont fondez en droit contraire de main-morte, ou autre semblable servitude sur aucuns de leurs sujets, suivant les Lettres Patentes de Charles Duc de Lorraine, du dernier Mars 1599. *Infrà.* J. B.

vendre le pris de l'estimation, dont elles devront, comme du surplus, se purger par serment.

VI. Gens mariez entrent dez la solemnisation du mariage en communauté d'acquests, & conquests immeubles qu'ils font constant iceluy, soit que les femmes (a) soient denommées ès contraux d'iceux ou non.

VII. Et soit que pour les meubles y ait communauté accordée telle qu'elle est ès acquests ou non, si est-ce que & des uns & des autres, indifferemment le mary est constant le mariage maistre, & seigneur, & en a la libre disposition sans le consentement de sa femme, soit par contraux entre vifs, ou ordonnance de volonté derniere.

VIII. Le mary à l'administration des biens de sa femme de quel costé ils luy soient obvenus, & en faict les fruicts siens; mais ne les peut eschanger, partager, hypotecquer, vendre, charger ou autrement aliener, qu'avec libre consentement d'icelle, de luy pource deuement auctorisée.

IX. Où il y a communauté desdits meubles & acquests, le survivant doit faire faire inventaire, incontinent après le decès s'il y a enfans mineurs, autrement leur est loisible de demander communauté desdits biens meubles & acquests, jusques au temps que ledit inventaire aura esté deuement faict, soit que ledit survivant passe à autres nopces ou non: & si ladite communauté se trouvoit de moindre faculté qu'elle n'estoit au temps dudit decès, est en la liberté desdits mineurs, de repeter lesdits meubles selon leur value & estimation, au temps de ladite communauté dissoulte, & non telle qu'elle pourra estre au temps de ladite repetition, si elle se trouve diminuée.

X. Si le mary vend ou constitue pendant le mariage, quelque rente sur tous ses biens & heritages, après son decès, la femme meubliairesse en demeure pour le tout obligée, soit qu'elle y ait consenti ou non: & s'il y a communauté de meubles de la moitié, contre les heritiers du trespassé pour l'autre. Si elle est specialement constituée sur aucuns heritages dudit mary, les heritiers en sont tenus, & en demeure la femme dechargée, sauf qu'elle doit les arrerages escheus au jour du decès d'iceluy, selon qu'elle emporte desdits meubles.

XI. De mesme, si elle a esté constituée sur biens propres de la femme par son consentement, le mary est tenu des arrerages escheus au jour du decès d'icelle en tout ou pour la moitié selon qu'il prend des meubles, & les heritiers succedans à l'heritage affecté, du sort & des rentes à escheoir: si c'est sur acquests, le meubliaire doit seul acquiter les arrerages escheus; & de là demeure cette charge commune à luy, & aux heritiers du deffunct, tant au sort qu'en la rente: & ne peut l'acheteur de telle rente se prendre à la generalité des biens, sinon après la discussion de la chose specialement hypothecquée, faute de pouvoir sur icelle recouvrer ce que luy est deu.

XII. Au temps du decès de l'un ou l'autre des conjoincts, les fruicts, ensemencez ès heritages propres du decedé, ou ès acquests de la communauté pendans encor par la racine, appartiennent aux heritiers de celuy à qui appartenoient lesdits heritages. S'ils sont separez du fond, sont ameublis, & appartiennent aux successeurs meubliaires.

XIII. Deniers donnez à filles de gentils-hommes en mariage, sont reputez fond & patrimoine à la femme, subjects à retour ou employ en heritages, à son profit. Entre anoblis & roturiers, tels deniers sont censez meubles, demeurans aux survivans, s'il n'y a traité de mariage au contraire.

XIV. Si pour l'assurance de tels deniers, ou de douaires ou autres advantages faicts à la femme par traicté de son mariage, un tiers à faict donnation de biens, sur lesquels soient ces choses assignées, ou se soit autrement obligé, & depuis par quictance ou autre fait du mary, ledit tiers se treuve dechargé de telles fidejussions, promesses ou donnations, telles descharges sont nulles pour l'esgard de ce qui touche l'interrest de la femme, en l'asseurance ou assignal de sa dot, & autres tels advantages & donnations à cause de nopces.

XV. Si le mary ou la femme durant & constant leur mariage, font quelques bastimens, edifices ou reparations sur le fond de l'un ou de l'autre, le tout cede & demeure à celuy d'eux auquel appartenoit le fond basti ou reparé, soit de patrimoine ou d'acquest fait auparavant la solemnisation du mariage.

XVI. Les deniers clers provenans du bien de l'un ou l'autre de conjoincts, vendu pendant leur mariage & ja receus, sont censez meubles & propres au survivant, & n'est tenu le mary employer en acquests les deniers venus de la vente du fond du patrimoine de sa femme, ains s'il en a fait quelque acquisition, ou mesmes des deniers de la vendition de son propre & naissant, tels acquests leur sont communs, & à leurs heritiers immeubliaires.

XVII. Si de bois de haute fustaye, tailles ou autres revenus des biens du mary, vendus à un coup pour plusieurs années, & dont la couppe ou la levée eschet successivement à divers temps, les deniers ont esté payez du vivant du mary, encor qu'ils soient en bourse non despensez, si appartiennent-ils à l'heritier ou au successeur meubliaire: s'ils sont attermoyez, & ils sont deus de couppes & levée ja faictes du vivant du mary, ils appartiennent comme dessus au successeur immeubliaire, ou si de couppe & levée à advenir & non encore faictes, les deniers doivent estre payez à celuy ou ceux ausquels les biens dont les couppes ou levées sont à escheoir appartiennent en proprieté, douaire ou usufruict.

XVIII. Si telles venditions se trouvent faictes sur les biens de la femme avec son consentement, les deniers en provenans doivent estre reglés comme dessus: si sans son consentement & lors de la dissolution du mariage sont deus quelque deniers par les achepteurs, le tout luy en appartient, & ne tiendra telle vendition pour les années à escheoir, si bon ne luy semble.

XIX. Tout ce que dessus est entendu au cas qu'il n'y ait convenance du traicté de mariage faisant au contraire: que si aucune s'en trouve, doit estre generalement suivie selon l'accord & traicté des parties en iceluy, nonobstant toutes coustumes contraires.

TITRE III.

Des Douaires.

I. IL y a deux especes de douaire, l'un coustumier, l'autre prefix.

II. Le coustumier est tel: que la femme survivant le mary, a & emporte, pour douaire, la moitié du bien propre d'iceluy, & duquel elle est saisie aussitost que l'ouverture en est faicte, tellement que si

a ART. 6. *soit que les femmes.* Voyez les Lettres Patentes du 16. Septembre 1594. *infrà*, où il est reglé quand les femmes sont participantes d'acquests. J. B.

elle y est troublée par les heritiers du mary ou autre, elle peut en intenter complainte de nouvelleté; & ores qu'à traicté de leur mariage n'en feroit faicte mention, si ne laisse-elle pource d'ainsi l'avoir, & en jouyr.

III. Le prefix, est celuy qui a esté convenu & limité à la femme par le traicté de mariage, duquel la vefve n'est saisie comme du coustumier : mais advenant qu'elle y soit empeschée peut agir du contract, à ce que les heritiers de son mary ayent à les luy delivrer & l'en faire jouyr selon qu'il luy a esté assigné : & si le procès a apparence de prendre trait, luy doit estre ce pendant sur ce dont elle fait instance, (veu le traicté) provision adjugée à l'arbitrage du Juge.

IV. Et encor que douaire prefix soit assigné à la femme par traicté, sans reserve précise de pouvoir opter le Coustumier, si ne laisse-elle pour ce d'en avoir le choix & option; pourveu toutesfois, entre gentils-hommes & anoblis, qu'après avoir eu certitude du decès de son mary par quelqu'un des heritiers ou autrement, elle en face declaration dans quarante jours ausdits heritiers, ou à son Juge domiciliaire; & entre roturiers dans vingt jours, à faute de ce est obligée de s'arrester au prefix.

V. La femme ayant par son traicté de mariage douaire prefix & limité, ne peut le mary au prejudice d'iceluy, charger, vendre, obliger, ni hypothecquer valablement les heritages y affectez, que l'usufruict ne demeure tousjours sauf à la douairiere; si doncques il ne luy assigne douaire en autre lieu, & tant qu'il sera possible esgal au limité en value, & commodité, à l'arbitrage de deux des parens de la femme, tels qu'elles les optera & appellera.

VI. La femme qui a douaire, est en tous cas tenue d'entretenir les édifices & heritages qu'elle tient en douaire, de refections & toutes autres entretenemens necessaires, sauf le vilain fondoir, & grosses reparations : A l'effect dequoy doivent les proprietaires interpellez de la Douairiere faire incontinent visiter, à frais communs, lesdits édifices & heritages par la Justice, à ce de cognoistre l'estat d'iceux à la conservation de leurs droicts: Et pour en semblable qu'ils seront trouvez ou mis par les proprietaires, estre par la douairiere entretenus & rendus par ses heritiers après la consolidation de l'usufruict à la proprieté, s'il n'y a esté satisfaict de son vivant.

VII. Et pour à ce satisfaire plus commodement, la douairiere peut (ledit proprietaire appellé, ou la Justice à son defaut & absence) prendre bois de maronage ès bois du lieu ou de la seigneurie où elle est douairée, autant qu'il en sera besoin pour lesdites reparations, non autrement, ni à autre usage.

VIII. Quant ès lieux & terres ou la femme jouit de douaire coustumier, sont bois destinez à couppe, & vente ordinaire, la douairiere a la moitié du profit des ventes desdits bois, selon qu'elles ont esté destinées & accoustumées auparavant ledit douaire escheu. Mais si aucunes ventes ne s'en trouvent avoir esté accoustumées elle n'en doit jouyr, sinon y prendre & avoir pour son chauffage bois mort, & mort bois & autres necessaires à subvenir aux charges & reparations, selon qu'il a esté dit ci devant, & du tout user en bonne mere de famille.

IX. Si des bois de haute fustaye, la douairiere a douaire sur les glands ou fruicts venans d'iceux bois le proprietaire ne laissera de pouvoir vendre desdits bois; mais il sera tenu de reassigner rente convenable pareille à celle que pouvoit recevoir le douairiere.

X. Et aussi la douariere tenue, le temps de son douaire durant, acquiter les rentes, censes & autres charges foncieres deues à cause des heritages par elle tenus à ce tiltre: Si par sa negligence & à faute d'entretenement ils sont veus se preparer à ruyne ou autrement se deteriorer, peuvent les proprietaires la faire sommer par justice, de satisfaire, sans plus longue demeure, aux reparations necessaires dont elle est attenue, pour obvier à telles ruynes & deteriorations; à quoy elle sera tenue de satisfaire, à peine d'estre les fruicts, & levées saisies soubs la main de Justice, jusques au parachevement desdites reparations & dédommagement desdits proprietaires.

XI. La douairiere peut vendre & ceder le droict de son douaire à qui bon luy semble, sans toutesfois pouvoir empescher le proprietaire de venir à la retraite, & à charge & condition, aux achepteurs, d'entretenir les heritages comme douairieres sont attenues.

XII. Es lieux où les marys ont accoustumé de prendre & avoir douaire sur les biens de leurs femmes, sont à cest esgard, tenus à pareils entretenemens, charges & conditions que les femmes.

XIII. Advenant que la femme mariée absente la compagnie de son mary sans cause, pour suivre un autre, ou qu'elle en soit separée par adultere, & que depuis elle ne soit retirée, ni reconciliée à à luy, elle est, de ces faicts, privable de son douaire.

XIV. Le mary chassant sa femme pour retenir une concubine, se rend privable de son douaire.

XV. Pour le mesfait du mary, ne perd la femme sa part des acquests faicts constant leur mariage, ni son douaire, lequel estainct, retourne au seigneur auquel la confiscation en appartient.

XVI. Pour le mesfait de la femme ne perd le mary son douaire aux mesmes conditions que dessus, ny les meubles, & acquestz desquels il est tousjours seigneur & maistre pendant qu'il est vivant.

XVII. Mais s'il meurre sans en avoir disposé, la part des meubles & acquests, qui seroient affectez aux heritiers de la femme, retourneroient au seigneur à qui est deu la confiscation.

TITRE IV.

Des Tutelles, & Curatelles, & Emancipations.

I. ENtre gentils-hommes & anoblis, la garde noble, & entre roturiers, la tutelle de leurs enfans mineurs, appartient legitimement aux peres & meres, & à leur defaut aux ayeuls ou ayeules & autres ascendans s'il n'y a cause legitime y empeschante : Et tant & si longuement que les peres & meres, en demeurent gardiens nobles, ils font les fruicts leurs, & des biens qui ja sont obvenus ausdits mineurs & de ceux qui leur pourront advenir (a) le temps de leur minorité durante, sans estre obligez d'en rendre compte : A la charge toutesfois de l'entretenement, bonne nourriture & élevement, tant

a Tit. IV. Art. 1. *qui leur pourront advenir.* Voyez les Lettres Patentes du 16. Septembre 1524. *infrà*, où il est dit que cela s'entend de ce qui advindra aux mineurs *ab intestat* : car si celuy de qui le bien provviendra, nomme par testament ou ordonnance de derniere volonté un autre que le pere ou la mere pour gouverner le bien qui doit escheoir aux mineurs & à leur profit, rendre compte des fruits levez & apport d'iceux pardevant le Juge qu'il ordonnera, sa volonté en ce doit estre suivie. *Argum. auth. excipitur cod. de bonis qua liberis.* J. B.

des personnes de leursdits enfans, selon leur estat & condition, que conservation de leurs biens, acquit & decharge des cens & redevances annuelles, dont les heritages peuvent estre chargez, & de la poursuite de leurs causes & actions, sans aucuns despens aux mineurs.

II. Toutesfois s'il y a communauté de meubles contractée entre les peres & meres desdits enfans le survivant ou lesdits ascendans entrans à la garde noble ou tutelle d'iceux, sont tenus faire de la part desdits mineurs fidel inventaire & solemnel: Le mesme indistinctement de ceux qui pendant lesdites gardes ou tutelles leur peuvent avenir d'ailleurs en ligne directe ou collaterale & d'iceux, & du profit qu'ils en auront faict, rendre bon & fidel compte, lesdites gardes & tutelles finies.

III. Et sont icelles continuées aux peres ou ayeuls, jusques à la majorité desdits enfans, ores qu'ils se remarient, & aux meres ou ayeulles, tant & si longuement qu'elles demeurent en viduité.

IV. Finies ou defaillantes lesquelles gardes nobles, tutelles legitimes ou testamentaires, entre gentils-hommes on doit choisir un ou deux tuteurs en assemblée de parens en assises ou hors assises, & l'election faicte, les tuteurs ainsi esleus, & choisis doivent estre confirmez par son Altesse, & après la confirmation, faire dresser au plustost, & deument inventaire des biens desdits mineurs : pour ladite tutelle expirée, ou (s'il eschet) pendant icelle, en remonstrer, avec le surplus de leur administration, compte entier & complet.

V. Pour anoblis, advenant le cas desdites tutelles, est de l'office des procureurs generaux d'y prouvoir & à ces fins les parens des mineurs appellez & ouys, en leurs advis, instituer tel d'entre eux qu'ils cognoissent à ce plus propre & capable.

VI. Entre roturiers, est aussi ausdits procureurs d'y prouvoir pour les mineurs des subjets, de son Altesse, en ses hautes Justices & aux procureurs d'office, en celles des Ecclesiastiques & Vassaux; les parens desdits mineurs par tout prealablement appellez & ouys.

VII. Generalement tous tuteurs, sans acception de personnes, sont tenus de prester serment de bien & fidelement regir & administrer les biens de leurs mineurs, & faire les submissions d'en rendre compte en tel cas requis, & les testamentaires d'abondant tenus de faire paroistre par ostention; de l'article du testament où ils sont denommés tuteurs, ou autrement que tels ils sont esleus & choisis par les defunts.

VIII. Tous ceux generalement, qui d'auctorité privée s'entremettent & ingerent à l'administration de biens des pupils, sont mulctables d'amende arbitraire & obligez d'en rendre compte tres-exact & fidel, leurs biens dès le temps de cette entremise, demeurans affectez à la satisfaction, & à faute de moyens, subjects à chastoi corporel à l'arbitrage du Juge.

IX. Tutelles données par testament du pere ou de la mere mourant en vefvage, sont preferables à toutes autres : toutesfois toutes subjectes à confirmation & autres charges ci-dessus declarées, ès quatriesme & septiesme article.

X. Tous tuteurs qui sont instituez residans hors le duché de Lorraine, sont obligez de bailler dedans le pays caution solvable de l'administration, & reddition des comptes de leur tutelle, & pour la satisfaction de ce de quoy ils seront trouvez redevables par iceux.

XI. Tuteurs donnez à mineurs, sont aussi curateurs ayans l'administration des personnes, & biens de leurs mineurs, jusques à leur majorité. Curateurs proprement sont appellez ceux qui pour cause extraordinaire sont donnez aux emancipez, à majeurs furieux, idiots ou prodigues : ausquels par cognoissance de cause, est interdite l'administration de leurs biens & autres de qualité semblable ; & sont lesdits curateurs ordonnez ainsi, & en la forme qu'a esté dite des tuteurs.

XII. Mineurs fils ou filles, parvenus en aage de vingt ans complets (a), ou mariez (ores qu'au dessoubs) sont tenus pour majeurs pouvans legitimement contracter sans intervention de leurs tuteurs. Les émancipez & majeurs mis en curatelle, sont censez hors d'icelle lors que l'act, ou la cause pour laquelle ils ont esté émancipés ou mis en curatelle, à prins sa fin.

XIII. Mineurs avant leur majorité ne peuvent valablement estre en jugement, sans intervention de leurs tuteurs, eux ni lesdits tuteurs ou curateurs aux majeurs, ou émancipés, contracter par alienations de biens de leurs mineurs, eschanges, obligations ou autres especes de contraux, d'où leur condition puisse estre faicte moindre, sans l'autorisation & consentement des procureurs generaux, entre gentils-hommes & anoblis, & pour les roturiers, ce qui est des hautes Justices de son Altesse en leurs offices & des procureurs d'office : ou autres officiers à ce establis, des prelats & vassaux hauts Justiciers en leurs hautes Justices; ouy sur ce l'advis, & ayans l'assistance d'aucuns des parens des mineurs : & sont tous contraux faits autrement par lesdits mineurs ou autres personnes estans sous puissance d'autruy leurs tuteurs, gardiens ou curateurs, du tout nulz & de nul effet & valeur, sans aucune obligation aux mineurs de la restitution des deniers par eux receuz, sinon en tant qu'il soit verifié iceux avoir esté convertis & employez à leur profit.

XIV. Le pere peut pour cause émanciper son enfant present ou absent, en quel aage de minorité il soit & sont lesdites émancipations & cognoissance de cause, de l'office & charge desdits procureurs generaux ou d'office, en pareil qu'il a esté dit des tutelles.

XV. Sont tenus tous tuteurs & curateurs, ainsi instituez, confirmez ou donnez, de bien & fidelement regir & gouverner tant les personnes, que biens de leurs mineurs, chercher leur profits & advantage & eviter leurs dommages au possible, faire loyal inventaire en presence de procureurs generaux, ou d'office ou leurs substituts, & par leur advis prouvoir à la vente des meubles perissables, pour obvier à leur deterioration & depetissement selon la qualité d'iceux, & convertir les deniers qui en proviennent en achat d'heritages ou autres profits pour leurs mineurs, à leur commodité plus grande; & du tout en fin rendre bon compte, & payer les reliqua, à peine d'execution en leurs biens telle que pour chose jugée.

XVI. Si un mineur a plusieurs tuteurs, l'un d'iceux peut estre receu seul à agir, deffendre ou poursuivre en jugement, ou dehors, les droits & actions de son mineur, sans ce que l'absence des autres puisse apporter aux parties contre lesquelles se font lesdites poursuites, aucun juste argument de non proceder ou satisfaire, à la charge toutesfois de faire advouer lesdites poursuites par leurs cotuteurs s'ils en sont interpellés par parties, ou autrement leur est ordonné par Justice.

XVII. Quitances promises, faictes & passées à

---

a ART. 12. parvenus en âge de vingt ans complets. *Adde suprà, tit. 1. art. 15.* Cette minorité coutumiere de vingt ans, ne produit que l'effet de l'emancipation; ensorte que la lesion se rencontrant aux actes & contracts passez par mineurs de vingt-cinq ans, masles ou femelles, mariez ou non, le benefice de restitution a lieu, comme il a esté jugé sur l'interpretation de cet article, par les Arrests du Parlement de Metz, rapportez par M. Fremyn en ses Decisions dudit Parlement, liv. 1. decis. 6. & 15. *Dixi suprà*, Maine, art. 455. & sur M. Louet, *Litt. E. num. 30.* J. B.

tuteurs, pour pratiquer par tel moyen le mariage de leurs mineurs, & y parvenir, sont nulles : mesmes n'est foy adjoustée à ce que le mineur marié, ou le mary de la fille en aura recogneu, soit par lesdites quictances ou contraux de leur mariage, s'il ne conste que le tuteur ait legitimement rendu compte de son administration, & actuellement acquité le reliqua d'iceluy sans aucune collusion, fraude ou simulation : & où il en sera convaincu, soit à la plainte ou declation des mineurs ou autrement, sera le tout non seulement declaré nul & sans effet, ains luy & ceux (hors lesdits mineurs) qui se trouveront avoir adheré à telles menées & pratiques secretes vraiement verifiées, multez de punitions arbitraires, comme de chose abusive & pernicieuse.

TITRE V.

Des Fiefs & Francs Alœuds.

I. LEs fiefs sont generalement de telle nature & qualité que les fils & filles sont capables d'y succeder comme à biens patrimoniaux : toutesfois, entre gentils-hommes, les freres excluent leurs sœurs & ne sont capables de succeder tant qu'il y a freres & leurs descendans, soient fils ou filles : à faute desquels elles y heritent.

II. Roturiers ne sont capables de tenir fiefs en propre; & si à droit d'hoirie ou successions, aucuns leur en obviennent, sont tenus dedans l'an & jour, les remettre en mains de gentils-hommes, ou anoblis, capables à les retenir & posseder, à faute dequoy sont commis.

III. Si aucuns fiefs sont leguez à gens d'Eglise, communautez, colleges, prieurez, hospitaux, cures, chapelles & confrairies (*a*), ou s'ils en acquierent, sont tenus dedans l'an & jour en rechercher amortissement : & en cas qu'ils ne l'obtiennent demeurent contraints à la charge du fief selon la qualité d'iceluy.

IV. Tous vassaux, sont tenus faire foy, hommage & serment de fidelité, à Monseigneur le Duc notre souverain seigneur ou à leurs autres seigneurs feodaux, pour raison des fiefs qu'ils tiennent, & leur en faire service selon le nombre, investiture & qualité d'iceux.

V. Si interpellez de reprendre, ils en sont refusans ou delayans par trois mois estans au pays, ou si dehors en pays estranger par an & jour, ledit temps passé peut son Altesse, saisir le fief & tiendra la saisie jusques à ce que lesdits interpellez auront satisfait à ladite interpellation.

VI. Lesdites reprinses faites, sont données lettres de la part de son Altesse, tesmoingnantes le devoir des vassaux, qui reciprocquement doivent donner reversales de ce dequoy ils auront reprins, & s'ils ont reprins d'une ou plusieurs seigneuries distinctes & separées, doivent en faire declaration expresse : non toutesfois des dependances sinon en general, & sans estre tenus en donner autre denombrement par le menu si bon ne leur semble.

VII. Si le fief pour lequel le vassal sera appellé, est pretendu par un autre estre de son seigneuriage direct comparant le vassal, & le declairant dedans le temps ci-dessus limité ou bien se purgeant par serment qu'il ne l'estime estre fief, ains qu'il le tient francs alœuds il ne le commet, encor que par après il se trouvast estre fief; & ne doit estre passé à la saisie dedans autres trois mois, pendant lesquels il fera son devoir de faire juger cette difficulté par les Pairs ès Assizes extraordinairement sans fuites & formalitez.

VIII. Tant & si longuement que choses feodales demeurent indivisées & non partagées entre freres, l'aisné peut faire d'icelles pour tous les foy, hommage & serment de fidelité.

IX. Si les fiefs eschéent à femmes ou mineurs, les marys ou tuteurs en peuvent faire les reprinses en leurs noms, prester les foy, hommage & serment de fidelité, s'ils n'en obtiennent souffrance.

X. Toutesfois que le fief change de main, soit par muance du seigneur ou changement du vassal, à quel tiltre que ce soit, le fief demeure obligé aux reprinses, foy, hommage & serment de fidelité.

XI. Droit de foy & hommage au seigneur direct, par son vassal, ne se peut prescrire.

XII. Les fiefs se peuvent librement vendre, eschanger ou autrement aliener, & peut on entrer en la possession d'iceluy réelle & de faict sans danger de saisie ni commise (*b*).

XIII. Si entre plusieurs sur les droits de la chose feodale, diversement pretendue, y a contention, & debat, son Altesse ou autres, ayans fiefs sous eux, les peuvent tous recevoir, ou bien tel d'eux que bon leur semblera, sauf leur droit & l'autruy, & sans que telle reception leur puisse apporter prejudice, non plus qu'advantage ou desadvantage aux contendans.

XIV. Les fiefs & francs alœuds, enclavez en Lorraine, tant ès droicts possessoires que petitoires, sont regis & reglez, selon les Coustumes generales de Lorraine.

XV. Celuy qui tient & possede seigneurie, en franc alœud, est exempt, à cause d'icelle de foy, hommage, service & autres devoirs : mesme les subjects y demeurans, francs & immunies des aydes generaux : sont neanmoins les seigneurs, & subjects de francs alœuds, enclavez en Lorraine, tenus subir cour aux bailliages voisins, y estans convenus pour droits seigneuriaux ou de communauté, & de fournir aux prestations, & charges communes, pour passages de gens de guerre & autres commoditez publiques.

a TIT. V. ART. 3. *& Confrairies.* Sens, article 5. *ubi dixi.* J. B.

b ART. 12. sans danger de saisie ny commise. *Secus* aux Coustumes de Bar, du Bassigny, & de saint Mihiel, où les fiefs sont de danger, comme j'ay monstré sur la Coutume de Paris, art. 23. *verbo*, Fief. J. B.

TITRE VI.

Des Justices, Droits, Profits & Emolumens d'icelles.

I. IL y a trois sortes de justice, la haute, la moyenne & la basse.

II. La haute justice proprement est celle qui donne au seigneur ou ses justiciers, la puissance de la coertion & reprimande des delinquans, par mort, mutilation de membres, fouet, bannissement, marques, piloris, eschelles & autres peines corporelles semblables : Et sont les gibets ou arbres pendrets, signes & marques de haute justice ; advenant la cheute desquels gibets ou arbres pendrets, peuvent estre relevez ou choisis par les hauts-justiciers, dedans an & jour, lequel ecoulé sont tenus deslors en prendre la permission de son Alteze, de mesme que pour de nouveau les eriger & choisir : Ceux toutesfois qui ont usage de choisir tel arbre pendret, & en tout temps qu'ils veuillent, ils jouissent de leur usage.

III. L'apprehension seule des criminels, ceps à les detenir par quelque temps, de mesme la detention d'iceux à la charge de les rendre ailleurs, & droit de main-morte, ne sont seuls concluans à droit de haute-justice, non plus que creation de Maire & de Justice, s'ils n'ont auctorité de la congnoissance des crimes, confection & jugement de procès des criminels.

IV. Plusieurs neantmoins ayans la cognoissance des crimes, confection de procès des criminels, & le jugement d'iceux, n'ont gibetz, ny l'execution des criminels, ains appartient icelle au Prince ou aux seigneurs vouez. Ne delaissent pour ce toutesfois d'estre hauts-justiciers, joussans au reste des profits & emolumens de haute-justice, sinon en tant qu'à l'occasion desdites executions ou autrement, le Prince ou lesdits vouez ont droit y participer en aucuns lieux plus, en autres moins.

V. La creation de Maire & Justice, pour cognoistre des crimes, creation de tuteurs & curateurs, les confiscations, espaves meubliaires & immeubiliaires, comme attrahieres, accreues & acquests d'eaue, biens vacans & terres hermes & vagues, en quelques endroits de communauté, en autres sauvages, hautes amendes arbitraires au dessus de soixante sols, l'auctorité de crier les festes parochiales, permettre les danses & les jeux ès jours d'icelles, lever corps morts, eriger coulombiers sur pilliers, & droits de bannalitez de fours, molins & pressoirs, appartiennent regulierement aux hauts-justiciers, si par usage ou droicts particuliers il n'appert du contraire.

VI. Tandis que l'Alteze de Monseigneur, est comparsonnier en haute-justice, avec aucun ou aucuns de ses vassaux, il est le premier denommé ès cris des festes, & les autres comparsonniers après : Et si leurs officiers de Justice & subjects sont divisez, le cri se fait par le seul sergent de son Alteze, s'ils sont indivisez par le sergent commun.

VII. D'espave trouvée sous la haute-justice d'un seigneur haut-justicier, par aucuns de ses sujets, ou autres y residans, doit, sous peine de l'amende arbitraire, advertissement estre faict aux officiers d'iceluy dedans vingt-quatre heures, qui, ce faict, la doivent garder par six sepmaines, & icelles cependant faire publier & annoncer au prosne de l'Eglise parochiale du lieu, & si en la paroisse il y a annexe en la mere Eglise : laquelle publication faite, si aucun ne se presente, qui fasse paroistre la chose trouvée estre sienne, elle est acquise audit seigneur. Si toutesfois elle est de chose perissable, pourra, avant ledit temps estre vendue, pourveu que ce soit solemnellement, mais toujours à charge d'estre publiée comme dessus, & que les deniers en provenans soient au lieu de la chose, delivrez à celuy à qui elle se trouvera appartenir, se presentant dedans lesdites six sepmaines, les frais de nourriture (si l'espave est pasturante) & de justice precomptez.

VIII. Treuve de tresor caché de si longtemps, que vray semblablement l'on n'aye cognoissance à qui il puisse appartenir, si elle est faicte fortuitement par aucuns faisans œuvres en lieu public, appartient pour la moitié au haut-justicier, & pour l'autre à celuy qui a fait la treuve : si elle est faite en lieu privé, & par le maistre de l'heritage, le tiers en appartient au seigneur haut-justicier, les deux autres tiers audit proprietaire & treuvant ; & si un autre en a fait la treuve, un tiers doit luy en appartenir, un tiers au maistre de l'heritage, & un tiers au haut-justicier, pourveu qu'en tous cas la treuve luy soit, ou à son officier, notifiée dedans vingt-quatre heures par celuy qui l'aura faict, ou de sa part, & qu'elle ne soit faite autrement d'invention deliberée par mauvais artifices ; Auquel cas, ou dudit recellement, demeure le tout acquis au haut-justicier, & ceux qui s'en treuvent convaincus punissables encore d'amende arbitraire, selon la qualité de leur mesfait.

IX. Si en haute justice d'un seigneur, aucun meurt *intestat*, sans hoirs de son corps, ou autres habiles à luy succeder, le seigneur se peut saisir des biens, meubles & immeubles delaissez par le deffunct soubs la seigneurie, en satisfaisant aux debtes, frais funebres, legs & dispositions du decedé, si aucunes en y a : Que si le decedé est mort, au cas que les lignes doivent estre revestues, laissant heritier en quelqu'une de ses lignes, en autre non. Le seigneur represente l'heritier de celle qui se treuve vacante, & la remplit, & les autres heritiers, emportent ce que meut de l'estocage, de la ligne ou lignes desquelles ils se monstrent heritiers, satisfaisant chacun aux charges hereditaires, selon que les biens qu'ils succedent s'en treuvent chargez, & pour telle quotte & part qu'ils prennent en iceux.

X. Si quelqu'un ayant delinqué sous la haute-justice d'autruy, y est arresté en delict flagrant de ce faict, & quand le delict n'est disposé à peine corporelle ou à bannissement, il y est rendu juridiciable, encore qu'autrement il n'y soit subjet ny domicilié ; mais si le delict est subject, ou à peine corporelle ou à bannissement, en ce cas est le delinquant advoué & recognu homme d'autre justice, & requesté par le seigneur d'icelle, il luy doit estre rendu chargé de ses charges, pour en faire faire la justice, en satisfaisant prealablement aux despens, tant de la detention du prevenu, que confection de son procès auparavant le requestement.

XI. Qui confisque le corps d'annoblis ou rotturiers, confisque les biens, & telles confiscations appartiennent à ceux qui ont tels emolumens, ou aux hauts Justiciers, selon que les biens soit meubles ou immeubles, se treuvent assis en leur haute justice.

XII. Et combien que l'on tienne regulierement les meubles suivre la personne ; Si est-ce qu'en cas de confiscation & de succession vacante, le seigneur haut-justicier (*a*), ou celuy qui est en possession d'en

a TIT. VI. ART. 12. *le seigneur haut-justicier*. Du Molin en son Commentaire manuscrit sur la Coustume de Paris, rapporte un Arrest du 16. Juin 1550. par lequel il fut jugé pour Clermont en Argonne, que quand un homme & bout-

prendre les emolumens, ne peut pretendre autres meubles que ceux qui lors de la confiscation adjugée ou desdites successions escheantes, se treuvent assis sous la seigneurie; aussi n'est il tenu des charges personnelles ou réelles, sinon à la concurrence de ce qu'il prend des biens confisquez ou vacans.

XIII. Entre anoblis & roturiers, l'homme marié par son forfait confisque les meubles & la moitié des acquests de la communauté d'entre luy & sa femme, avec ses biens propres; sur iceux toutesfois reservé le douaire de la femme, ou ce qui est des deniers de son mariage subject à employ & retour.

XIV. La femme mariée confisque ses heritages anciens seulement.

XV. Si l'un ou l'autre des deux conjoints, commet acte important peine d'amende pecuniaire, telle amende peut estre prinse sur les biens de la communauté.

XVI. Biens tenus en fief à cens perpetuel, à longues années, ou à condition de main-morte, assis sous la haute-justice d'un seigneur, & tenus par un qui confisque le corps & biens, ne sont par ce acquis au seigneur haut-justicier; ains retornent à celuy à qui appartient la main-morte, ou au seigneur censier ou feodal de la chose.

XVII. Le seigneur haut-justicier peut aussi deffendre à ses subjets de n'offenser les personnes qui se craindront ou douteront, en affirmant qu'ils ont juste occasion de requerir telle deffense, à peine de desobeissance, & sera la deffense reciproque & sous mesme peine. Quant aux sauve-gardes, elles appartiennent à son Alteze, & se decernent par les Baillis privativement de tous autres.

XVIII. Les subjects du seigneur haut-justicier, ne peuvent s'assembler en communauté sans le signifier au Maire ou principal officier du lieu, lesquels s'y trouveront s'ils veulent, pour les assister en ce qu'ils ne seront parties.

TITRE VII.

De Moyenne Justice.

I. LA moyenne Justice est celle qui donne auctorité & puissance au seigneur d'icelle de coertion n'importante mutilation de membres, fouet, bannissement, ou pecuniaire excedante amende de soixante sols, de pouvoir créer Maire & Justice, pour cognoistre des actions personnelles, d'injures & de delicts simples, qui s'intentent entre ses subjects, & ne sont de qualité telle qu'ils doivent exceder ladite amende.

II. Donne puissance aussi, d'avoir ceps, & y detenir les delinquans vingt-quatre heures, pour de-là estre mis ès mains du seigneur haut-justicier, ou du voué.

TITRE VIII.

De Basse-Justice.

I. BAsse Justice, est celle qui attribue au seigneur le pouvoir de cognoistre par sa Justice, des actions desquelles les amendes ne peuvent exceder dix sols, des réelles petitoires, & mixtes concernantes les immeubles, des gageres & reprinses faictes sur heritages par leurs messiers, desquels les amendes ne sont plus hautes que ladite somme de dix sols, dommages faicts ès fruicts & chastels des champs, abornemens & autres actions, ou actes semblables concernans les immeubles & le reglement d'iceux.

II. Un seigneur bas justicier toutesfois, mesme un proprietaire de bois, n'ayant autrement jurisdiction au lieu, peut recevoir l'amende de cinq francs, pour mesus commis en ses bois, s'il est capable d'amende, ou fondé de titre suffisant.

III. Le seigneur bas justicier peut creer messiers & banwars, ayans puissance de reprendre le bestail trouvé en mesus, soit en temps de haut poil ou autrement, par eschappée ou garde faicte, & sont lesdits messiers & banwars, de mesme que les sergens des hauts, moyens & bas justiciers indistinctement creuz de leurs rapports & exploicts; sauf de ce d'où leur peut revenir profit ou interest en leur particulier, & les amendes ordinaires desdites reprinses, desquelles sont lesdits seigneurs bas justiciers capables sont de cinq sols pour chacune beste, s'il n'y a chartres, de plus haute ou moindre amende.

IV. Peut ledit seigneur bas justicier saisir & mettre la main sur heritages qui luy sont censables faute de cens non payé, comme aussi à requeste des parties, pour terres qui leur sont subjectes à censive, faire signifier lesdites saisies, & cognoistre de la civilité ou non des mains-levées requises sur icellles: Aussi peut à requestes des communautez, mettre ban & prescrire temps certain, pour la recolte des fruits pendans sur terre, & embannir certaines contrées de leurs prez ou heritages, sous peine aux contrevenans de l'amende de cinq sols, cinq gros, ou dix sols, selon qu'il est d'usage ès lieux de les prendre & avoir ordinairement.

V. Le seigneur foncier est capable de droict de creation de porteur de paux, à recevoir dismes, & des droits d'attouchement de bois & de fourage, rouage, xomage & adjustement de poids & mesures, mesme de pouvoir eriger pressoir & molins à son usage sous sa seigneurie; ne peut toutesfois les rendre bannaux au prejudice du seigneur haut-Justicier.

VI. N'ont toutesfois tous seigneurs fonciers indistinctement lesdits droits: bien sont-ils capables d'en jouir, & les avoir s'il n'y a contre eux possession contraire.

VII. Celuy qui a la haute justice est presumtivement fondé de la moyenne & de la basse; qui a la moyenne, est fondé semblablement de la basse, s'il ne conste de titre, jouissance ou prescription au contraire.

---

geois du Duc de Lorraine, demeurant en la terre d'un seigneur haut Justicier, est condamné & ses biens confisquez, il n'y a que les immeubles qui appartiennent au seigneur, & tous les meubles en quelque lieu qu'ils soient sont adjugez au Duc. *Vide quæ dixi in consuetudinem Parisiensem, art.* 183. J. B.

TITRE IX.

Des successions directes & collaterales, raports, collations, partages & divisions.

I. EN toutes successions directes ou collaterales, les heritiers du defunct plus capables & habiles à luy succeder, *ab intestat* soit de leur chef ou par representation, sont saisis des biens par luy delaissez au jour de son decez, qu'est ce qu'on dit, *le mort saisir le vif.*

II. Pour ce que touche la forme & la difference de succeder entre freres & sœurs, fils & filles de gentils-hommes, aux biens & hoiries, tant directes de leurs peres & meres, que autres collaterales, en sera donné reiglement au cahier des Coustumes nouvelles.

III. Entre anoblis, les freres & sœurs, fils ou filles, sans distinction du sexe, succedent égallement aux biens meubles & immeubles de fiefs, & de retour à eux obtenus par succession de lignes directes ou collaterales, & en ce y a difference de leur forme de succeder à celle des gentils hommes: en tous autres points & articles, n'y a aucune diversité.

IV. Entre roturiers n'y a difference, distinction, ny prerogative aucune des fils aux filles, ains succedent tous également & en droits pareils.

V. Une personne de quel sexe & qualité qu'elle soit, decedant sans delaisser hoirs de son corps, ny freres ou sœurs, legitimes germains, ses freres & sœurs non germains, sont pour le tout saisis de la succession de ses meubles & acquests, & de ce d'anciens qu'elle aura delaissé, en ligne de laquelle il luy sont freres ou sœurs: les parens de ses autres lignes, de ce desdits anciens, qui se trouve mouvoir des troncs, & estoquages d'où ils prennent leur descente: Et si elle n'a delaissé aucuns freres ny sœurs germains ou non germains, ny representans d'iceux, ses Cousins legitimes ou leurs representans de la ligne paternelle, succedent pour la moitié en ses meubles & acquests, & ceux de la maternelle pour l'autre, sans recherche, ny consideration de la mouvance desdits meubles, ny des deniers desquels lesdits acquests, pourront avoir esté faicts d'ailleurs, que du chef de celuy qui en a faict l'encheute, encor qu'il fust notoire iceux luy estre obvenus, par succession de l'une de ses lignes seulement. Et quant aux heritages anciens, par ce qu'ils doivent suivre le tronc & souche, d'où ils sont descendus, fourchoient, retournans aux parens de l'estoquage des lignes d'où ils sont mouvans & descendans, selon que chacun s'y trouve capable de son chef ou par representation, sans aucune consideration de la proximité des uns en degré, plus que des autres; parce que representation, tant en ligne collaterale que directe, a lieu infiniment, & sont telles formes de successions communement dites & appellées, *revestemens de lignes.*

VI. Freres succedent entre eux par cottes & portions égales, aux successions de leurs peres & meres & à autres qui peuvent leur advenir en ligne directe ou collaterale, sauf que s'il y a de l'un d'iceux, ou d'aucuns plusieurs representans, succedent lesdits representans par branche, c'est à dire autant que le representé s'il fut vivant, non par teste.

VII. Deniers donnez par forme de solte en partage, sortissent nature d'immeubles à celuy à qui ils sont appartagez.

VIII. Acquest fait par un prestre seculier en son nom privé, & profit particulier, est à ses heritiers *ab intestat*, si autrement il n'en a disposé: & peut prendre & avoir les successions de ses parens, de mesme que ses parens luy succedent.

IX. Chose eschangée, prend & retient la nature & qualité d'ancien ou d'acquest, telle que l'avoit la chose à laquelle elle a esté contre-eschangée: & quant aux reglemens des successions, advenant que l'eschange soit faict avec solte & retour d'argent, pour mieux value, si elle est de si peu, qu'elle ne revienne de beaucoup à la moitié de la value de la chose donnée ou eschangée, lors elle cede au principal, & demeure le tout de la chose receue en contr'eschange, à l'heritier de celuy à qui appartenoit ledite chose eschangée, en restituant la moitié de ladite solte, aux heritiers y pretendans part en vertu d'icelle: mais si l'argent excede la moitié de la value de la chose eschangée y revient ou l'approche, lors peuvent lesdits heritiers si bon leur semble, prendre part audit contr'eschange à proportion & concurrence de ladite solte.

X. Si d'heritage propre à l'un ou à l'autre des deux conjoints, engagé auparavant leur mariage, le rachapt est faict constant iceluy, il retient sa nature de propre, au profit de celuy à qui il est propre où de la ligne duquel il est mouvant, & fust-ce des deniers de la communauté, que ledit rachapt se trouve avoir esté fait.

TITRE X.

De donations entre-vifs, simples, mutuelles & à cause de nopces.

I. TOutes personnes qui sont en leurs droits & puissance, peuvent par donation simple entre-vifs, disposer librement de tous leurs biens anciens & patrimoniaux au profit de toutes personnes, voire de leurs enfans, pourveu que l'un desdits enfans ne soit plus advantagé que l'autre, hors-mis des maisons fortes s'il y en a, comme sera dit expressement au cayer des Coustumes nouvelles.

II. Mais en telles donations simples de pure liberalité, si ce n'est en traité de mariage, donner l'ancien en fond & retenir l'usufruict, ne vaut, ains faut que le donataire soit réellement & de faict, jouissant de la chose donnée à peine de nullité de la donation: toutesfois en donation simple de meubles & acquests, donner & retenir vaut, & pour operer telle tradition suffisent les clauses de constitut precaire & retention d'usufruict.

III. Toute donation peut estre rescindée pour une ingratitude bien verifiée, ou autre cause legitime.

IV. Entre conjoints, les donations mutuelles n'ont lieu: toutesfois le mary peut valablement donner ses meubles & acquests à sa femme (*a*), comme sera dit

a TIT. X. ART. 4. & acquests à sa femme. *Non è converso*, la femme au mary. *Infrà* au cahier des Coustumes nouvelles, chap. *Des Donations.*

au cayer des Coustumes nouvelles, & la recompenser sur son propre, & naissant du bien qu'il luy auroit vendu, ores qu'il ne fust obligé par traicté de mariage.

V. Donation d'immeubles faicte à l'un de deux conjoints par le pere ou ayeuls, ou autre parent que pouvoit luy advenir par hoirie & succession *ab intestat*, luy tourne en nature de fond & bien ancien.

VI. Si donation d'immeubles se faict par personnes de qui le donataire ne pouvoit attendre telle succession *ab intestat*, cette donation est reputée acquest, communicable à l'un & l'autre des deux conjoints, s'il n'estoit dit expressement par la donation qu'elle doit demeurer propre au donataire.

TITRE XI.

Des Testaments, Ordonnances de volonté derniere, & Executions d'icelles.

I. TOutes personnes qui sont en leur puissance hors la tutelle & curatelle d'autruy, usans de leurs droits, sains d'entendement, & en estat de pouvoir par parolles distinctement ou par escrit, declairer ou tesmoigner leur conception & volonté, peuvent faire testament, codicille & ordonnance de volonté derniere, aux formes & reglement ci-dessous particulierement declarez, & selon qu'il le sera au premier article des coustumes nouvelles.

II. Prestres seculiers de mesme que Laïcs, sont capables de pouvoir faire testamens, & par iceux disposer de leurs biens temporels.

III. Hommes anoblis & roturiers, peuvent sur leurs biens anciens, leguer somme de deniers, jusques à la concurrence de la value d'un quart seulement, au profit d'autres toutesfois que de leurs enfans ou de leurs femmes s'il n'ont enfans.

IV. Le mary peut sur ses biens anciens, pour le tout ou en partie, leguer usufruict, à sa femme, ores qu'il ait enfans issus de leur mariage: A charge toutesfois de les entretenir selon la decence de leur estat, conserver les maisons, usines, droits & authorité des seigneurs & biens, acquiter les charges, poursuivre les procès & en soustenir les frais, & en tout user comme bonne mere de famille, & garder la viduité: car où elle passeroit à autres nopces, deslors elle perdroit l'usufruit. Mais où le mary auroit enfans d'un mariage precedent, il ne pourra leguer ledit usufruict.

V. Si d'une personne après son decès, se trouvent plusieurs testamens, les premiers sont censez estre revoquez par le dernier, s'il n'est dit par exprès qu'ils doivent demeurer en leur force.

VI. Testament passé par gentil homme, en presence de trois ou quatre gentils-hommes, ses parens ou amis, signé ou seellé du seau desdits tesmoings est valable.

VII. Entre tous generalement, testament passé pardevant un tabellion juré, & deux tesmoins, seellé de seau authentique & sur chacun article duquel escrit & releu au testateur il ait tesmoigné sa volonté, ou bien escrit & signé de la main du testateur, ou n'estant escrit de sa main, signé d'icelle, ou cacheté avec deux tesmoings (*a*), qui l'ayent veu signer ou cacheter, ou s'il n'y a tesmoings, signé du testateur & d'un tabellion, fait foy & vaut, s'il n'y a defectuosité d'ailleurs.

VIII. Une personne n'ayant moyen de recouvrer facilement un tabellion, pour pardevant luy declarer sa volonté derniere, si elle est escrite & soubsignée du curé, vaut quant aux choses pieuses, sinon en ce que s'y trouve particulierement legué au profit du curé, n'estoit qu'il y eut tesmoing, verifians tel laig luy avoir esté faict de la pleine volonté du testateur, non à ce induit & admonesté. S'il ne s'en trouve rien par escrit, pour avoir esté seulement faicte & declarée verbalement, faute de moyens à recouvrir personne pour l'escrire ou autre occasion, & elle est tesmoignée par trois tesmoings sans reproches, & hors de toutes objections valables, elle vaut. Si c'est de personne pestiferée & elle soit affirmée par le curé ou vicaire, elle vaudra quant aux choses pieuses, & en tout, si par luy & un tesmoing ou par deux tesmoings hors de reproches.

IX. Testament faict à la guerre, s'il est soubsigné du testateur, ou si autrement il conste suffisamment de sa volonté, vaut, nonobstant qu'autre formalité plus exacte ne s'y trouve observée.

X. Tabellion ou autre ayant escrit le testament, & en iceluy inseré quelque laig à son profit n'est recevable à le demander ny avoir, s'il n'est tesmoigné par trois tesmoings dignes de foy autres que legataires, qu'il luy ait esté faict de la volonté du testateur, non curieusement solicité.

XI. L'on peut estre en succession collaterale, heritier & legataire en un mesme testament, & en ligne directe pour les meubles & acquests seulement.

XII. Les enfans peuvent estre exheredez par le pere ou la mere, pour cause d'ingratitude (*b*) notable commise envers eux deuement verifiée.

XIII. Entre anoblis & roturiers, le testateur doit laisser à ses enfans, les trois quarts de son ancien francs & deschargez de tous laigs quels ils soient.

XIV. Clause trouvée vicieuse en testament, ne rend pour ce le surplus, legitimement ordonné, vicieux; si ce n'est que tel vice provienne de defectuosité de forme ou solemnité essentiellement y requise & necessaire, d'où le tout puisse estre rendu nul & vicieux.

XV. Testament ne saisit les legataires, ains sont tenus prendre leurs laigs des mains de l'heritier ou des executeurs du testament, les heritiers sur ce prealablement ouys & deuement appellez si ce n'est qu'au temps du decez du testateur, que le testament a prins sa force, le legataire fust gardien, ou autrement saisi de la chose leguée, ou qu'estant debteur au testateur, de quelque chose la quittance luy en ait esté leguée.

XVI. Executeurs de testament après le decez du testateur, sont saisis des meubles & acquests par luy delaissez, & de ce de l'ancien qu'il a peu leguer ou en faveur de sa famille ou en legats pieux, & doivent executer la volonté du defunct: mais aussi sont tenus prendre lesdits biens sous inventaire, l'heritier present ou appellé, & s'il est absent ou ne veut comparoir, par auctorité de Justice, les procureurs du Prince, ou des hauts Justiciers en leurs hautes Justices presens.

XVII. Ne peuvent toutesfois les executeurs estre saisis des titres delaissés par le testateur, sinon du testament ou autres que le testateur aura declaré vouloir leur estre mis en mains.

a TIT. XI. ART. 7. *ou cacheté avec deux tesmoings.* Sur l'explication de cet article il a esté jugé par Arrest donné en l'audience du Parlement de Metz, du 8. Juillet 1659. qu'un testament attesté d'un Religieux Capucin & deux femmes estoit nul, dans les decisions de M. Fremyn, *liv. 3. Decision premiere.* J. B.

b ART. 12. pour cause d'ingratitude. *Vide not.* sur l'article 271. de la Coustume d'Anjou. J. B.

XVIII. Si le testament en tout est impugné & debatu de nullité, pendant le procès d'entre l'heritier & le legataire, l'heritier demeure saisi des biens de l'hoirie en donnant bonne & suffisante caution, de satisfaire aux laigs & charges du testament, & ne court l'an de l'execution d'iceluy, que dès le jour de la difficulté definie, demeurant tousjours l'executeur en sa charge jusques après l'an & jour de ladite definition.

XIX. S'il n'est querelé qu'en quelque clause, peuvent les executeurs passer outre à l'execution de ce qui est liquide: que si les meubles ne suffisent pour satisfaire aux charges, pourront par auctorité de Justice (si l'heritier est refusant y consentir & satisfaire) passer au vendage de l'immeuble, à la concurrence de ce que restera de ladite execution, qu'ils doivent au par dessus accomplir dedans l'an & jour du decez ou du testament approuvé; & iceluy fini, rendre compte de leur administration à l'heritier & payer le reliqua, autrement y peuvent estre contraints par Justice comme de chose jugée.

XX. Executeurs choisis & nommez par testament ne sont tenus prendre cette charge, si bon ne leur semble, toutesfois la refusans, doivent en advertir le Juge un chacun selon sa qualité, pour recevoir caution de l'heritier s'il s'en veut charger, sinon autrement y pourvoir d'office.

XXI. Par la coustume il n'y a difference pour les solemnitez entre les testamens & codiciles.

TITRE XII.

Des Conventions & Marchez.

I. Conventions & marchez peuvent estre valablement faits & passez entre personnes estantes en leurs droits ou par paroles & simplement, ou par escrit, pourveu qu'il conste du consentement mutuel des contrahans la chose convenancée.

II. S'ils sont passez pardevant tabellion, en presence de deux tesmoings & mis en grosse sous le seau authentique du Prince, ils ont force d'execution parée contre le contrevenant ou ses heritiers: & sont par telles escritures, suffisamment tesmoignez.

III. Si pardevant tabellion de terres & seigneuries particuliers, esquels y a seau estably de tout temps, les grosses en sont expediées sous le seau d'icelles, elles font semblablement foy, & font force d'execution parée contre les subjets desdites seigneuries & pour choses y assises.

IV. Si entre gentils-hommes ils sont passez sous leurs seaux & signatures, telles escritures font aussi foy pour agir ou defendre en vertu d'icelles, mais ne portent execution parée.

V. Si autrement par sedules ou autres escritures privées, ne font lesdites escritures foy pleniere, n'est doncques qu'elles soient recogneues en jugement, d'ailleurs suffisamment verifiées.

VI. Femmes en tels & autres semblables acts publiques, receus par tabellion ou personnes publiques, ne doivent estre appellées ny admises pour tesmoings: peuvent autrement toutesfois en jugement rendre & porter tesmoignages des conventions verbalement faites & traictées où elles auront esté presentes.

VII. Recisions de contracts par lesion de moitié de juste pris ny autres moyens de reliefs & benefices de restitutions en entier quels ils soient, n'ont lieu: bien sont receus les voyes de nullité, lors que les choses se trouvent faites & traictées illegitimement & contre les lois & coustumes du pays.

VIII. Pour faire acquisitions qui ayent lieu ou soient valables entre gentils-hommes & anoblis, suffit, outre l'accord de la convention, prendre possession actuelle & réelle de la chose acquise.

IX. Qui estant condamné à garantir n'a moyens ne puissance de garentir précisement au corps de la chose sur laquelle il a esté appellé à garant, est receu à garentie de droict par restitution du pris convenu au marché principal, & de ce que la partie se trouvera avoir interest, au moyen de l'eviction & contrainte à laquelle elle est reduite se desister de la chose.

X. Si par autres moyens que restitution dudit pris & garantie à droit, il est en sa puissance de garentir, est tenu precisement de ce faire, & n'est receu à ladite garantie de droit.

XI. Promesse de garantie indistinctement faicte en contract de vendition ou d'autre alienation, n'oblige le vendeur ou autrement alienateur, à la garantie du retraict lignagier.

XII. Les peres ou meres ne peuvent vendre, aliener ou engager le bien escheu à leurs enfans, sans l'auctorisation & assistance des Procureurs generaux, entre gentils-hommes & anoblis; & pour les rotturiers en ce qu'est ès hautes Justices de son Altesse, en leurs offices & des Procureurs d'offices ou autres officiers à ce establis des Prelats & Vassaux, en leurs hautes Justices & consentement d'aucuns de leurs parens, avec tesmoignage que telle alienation se fait pour la melioration & augmentation des biens de leurs enfans, à peine de nullité de tous tels contracts pour l'une & l'autre partie.

XIII. Tous heritiers ayans apprehendé une succession, sont obligez de garantir jusqu'à droit, les faits & promesses de ceux de qui ils sont heritiers.

XIV. Marchandise & denrée meubliaire delivrée, est censée par la delivrance avoir esté payée, si le manchand ou vendeur ne fait preuve du credit ou s'en raporte au serment de celuy qu'il pretend luy estre demeuré debteur.

XV. Pour debtes procedantes de diverses causes, reconvention n'a point de lieu, qu'est ce qu'on dit, *une debte ne retenir l'autre.*

XVI. Si toutesfois s'agissoit de chose procedante de mesme act ou cause, que celle pour laquelle le debteur est convenu, peut ladite reconvention avoir lieu par exception, comme si par le Procureur, le tuteur & autres personnes de qualité semblable, sont convenus de payer ce qu'ils doivent de leurs administrations, ils peuvent proposer reconvention de ce qu'à mesme cause leur peut estre deu. Le locataire poursuivi de payer le louage, peut reconvenir le locateur pour les reparations necessaires faictes en la maison & avec son sceu & consentement ou avec advis de la Justice, & les luy deduire & rabatre par ses mains, & ainsi d'autres semblables, & du liquide au liquide.

XVII. Les meubles estans en une maison tenue a louage, sont censez expressément affectez au locateur d'icelle & peuvent estre tellement exploitez pour le pris du louage que s'il eschet concurrence de crediteurs, sera iceluy preferable à tous autres, si ce n'est qu'auparavant à son sceu, & sans son contredit, ils y ayent esté exploitez & saisis: que s'ils se trouvoient autrement transportez dehors par le locataire ou autres, ils peuvent estre contraints par Justice les rapporter ou par privilege estre arrestez en quelque autre lieu où ils soient trouvez.

XVIII. De mesme sont les fruicts provenus d'un

gaignage ou autre heritage champestre laissé à ferme, reputez specialement obligez au pris de la location, soient encore pendans par la racine ou ameublis, & à la concurrence d'iceluy exploitables avant tous autres crediteurs du fermier, pour l'année de l'exploit & une d'arrerages, jaçoit qu'il n'y ait obligation par escrit.

XIX. En louage de maison le locataire a quinze jours pour vuider, passez lesquels n'est receu à proposer prolongation de louage luy avoir esté accordée, si ce n'est par escrit ou autrement il en face promptement apparoir, autrement le premier commandement à luy fait, la quinzaine expirée peut le locateur vingt-quatre heures après, par voye de Justice, faire mettre les meubles d'iceluy dehors sur les carreaux.

XX. Si un conducteur ayant receu quelque bien à ferme pour certaine quantité d'années, le temps d'icelles expiré continue de le tenir, est censé le tenir en mesme charge, pris & condition qu'il l'auroit tenu les années dernieres, encor qu'autre bail ne luy en ait esté de nouveau passé, & n'est recevable pour l'année qu'il y aura entré d'en sortir ou faire renonciat on si ce n'est du consentement du locateur : aussi y ayant entré & fait quelque labeur sans contre lit dudit locateur, n'en peut pour l'année estre dejecté & advenant que l'un ou l'autre pretende pour cause, resilir de cette location, celuy qui le pretend est tenu en advertir l'autre trois mois auparavant, autrement tiendra la ferme contre le defaillant.

XXI. Un conducteur soit de maison ou autres heritages, ne peut loüer la maison ou heritage, à autre qui soit prejudiciable ou dommageable au seigneur ou à la chose, plus que le conducteur principal, si ce n'est du consentement du proprietaire.

XXII. En tous baux à ferme de censes & metairies, usuines, droits seigneuriaux & autres choses semblables, faits à outrée ou enchere publique, il y a regulierement tiercement, moitiement & croissement, qui doivent estre faits dedans quarante jours à prendre du jour de l'outrée premiere & principale, passez lesquels demeure lad. enchere escheue, n'estant plus personne receu à y mettre.

XXIII. Ce qu'aura lieu aussi en baux à ferme de fruict pendans par la racine & dismages, sinon qu'il est besoin prendre le jour de la premiere outrée, pour le moins quarante jours avant que les fruits soient commencez de coupper.

XXIV. Et se prend ledit tiercement sur la somme premiere & principale de l'enchere, le moitiement sur l'une & l'autre joints ensemble, le croissement & de chacun dix, un, (comme pour exemple) si la mise de l'enchere est de vingt frans le tiercement sera de dix, le moitiement, de trente, & le croissement de six, que font en somme une totale soixante six.

XXV. Baux admodiations ou lais, quels ils soient solemnellement faits & passés par Procureurs suffisamment fondez, ne peuvent estre revoquez par le constituant au prejudice des preneurs.

XXVI. Les admodiations ou baux à ferme, faits à peu d'années, sont censez estre de nature de meubles aux admodiateurs, & obligent les heritiers meubliaires des conducteurs defunts de les tenir, & y persister.

XXVII. Un acquesteur regulierement, n'est tenu ester à louage fait par son vendeur, un jenne fils à celuy qu'en son nom aura esté fait ou luy mesme aura fait avant son mariage, non plus que le mary à celuy que sa femme avant leur mariage aura faict estant icelle vefve, ou si jeune fille constituée sous tutelle aura esté faicte en son nom, & l'heritier à celuy qu'aura esté fait par son predecesseur, qu'est ce qu'on dit communement, *mariage, mort & vendage, desfaire tout louage*.

XXVIII. Ce que toutesfois s'entendent pour l'esgard des laisseurs, non des reteneurs & pourveu que lesdits louages ne soient faits à plus de douze années; autrement s'ils se trouvent avoir esté faits à plus longues années, que de douze, sont les successeurs tenus de les continuer selon qu'ils sont faits par leurs predecesseurs, si d'ailleurs ils n'ont cause de ne les approuver & y consentir.

XXIX. Aussi si à l'entrée avoit esté donnée, outre la pension convenue, une somme certaine pour un coup, advenant le resilement du successeur, seroit tenu restituer icelle à la proportion & au *pro rata*, des années restantes.

XXX. Depositaires sommez de rendre la chose par eux receue en depost, ne doivent avoir aucun delay ny respit, ains s'ils sont refusans de la rendre en dont la cause estre sommairement traictée & à jour extraordinaire sans appel, si ce n'est en definitive ou d'incident non reparable en icelle; de mesme doivent estre traictez grattiers & autres personnes commises pour vendre marchandises ou autres meubles pour la restitution d'iceux ou du pris, & à ce defaut y estre contraints par emprisonnement de leurs personnes, si autrement ils sont de convention difficile, ou de peu de moyens à les recouvrer sur eux.

XXXI. Celuy qui tient biens à titre d'emphiteose, soit d'Eglise ou du seigneur temporel, est tenu de payer la pension annuelle qu'il en doit, encore qu'il n'en soit autrement interpellé par le seigneur direct, & s'il cesse par trois ans continuels de satisfaire, il est privable de la chose, si ce n'est qu'estant nouveau successeur, il ait cause d'ignorance probable, ou autrement ait autre excuse & exoine legitime, auquel cas n'en sera privable, que prealablement interpellé il n'ait continué sa demeure, ou celle de son predecesseur

XXXII. Si ce n'est à titre d'emphiteose, dont il conste, ains d'acensement ou de lais à longues années, encore est le censier, ou tenementier, obligé à la satisfaction du cens ou de la pension, ou si ayant cessé par trois ans, & depuis interpellé y satisfaire, il en est refusant, de ce fait, il se rend privable de la chose ascensée; soit que par exprès il soit porté au contract censuel, en celuy du lais ou non.

TITRE XIII.

Des Retraits Lignagiers & Conventionnels.

I. SI une personne vend ou donne en payement son bien foncier de ligne, ou luy est vendu à droict de ville, par auctorité de justice, son lignagier du costé dont meut ledit heritage, est recevable à le retirer dedans l'an & jour du vendage passé, ou du parachevement dudit droit de ville, & adjudication d'iceluy, lorsqu'il y a contredits ou oppositions, en rendant à l'acquesteur adjudicataire ou encherisseur, les deniers vrayement debousez, frais & loyaux cousts, & peut le retrayant s'addresser à l'achepteur ou au possesseur de l'heritage qu'il pretend retraire.

II. Si telle vendition a esté faicte d'acquests auparavant faits par le vendeur, les lignagiers d'un costé & d'autre, sont receus à la retraite; & au defaut, que ceux de l'une de ses lignes ne s'y presentent, ceux de l'autre y sont recevables pour le tout.

III. De mesme s'il y a du vendeur plusieurs lignagiers en pareil degré, ou droit presumptif de luy pouvoir succeder, (le cas en advenant) ils y sont tous egalement recevables, pourveu qu'ils viennent dedans l'an & jour: Que si aucun d'iceux ayant devancé les autres, avoit ja receu le creant de ladite retraite, est tenu en repartir ses colignagiers, chacun pour sa cotte en se remboursant des deniers par luy fournis au *pro rata*: Et au defaut que tels plus habiles ne viennent à ladite retraite, ils font lieu & place aux autres plus eslongnez & moins habiles; toutesfois, si aucuns d'iceux, estant ja le creant de la retraite passée par l'acquesteur, autre des premiers capables se presente avant ledit temps inclus & passé, il peut le retraire des mains dudit premier retrayant, comme il l'eut peu faire de l'acquesteur premier, & s'addresser pour ce auquel que mieux luy plaira.

IV. Et non seulement des biens proprement immeubles, qui sont alienez par pur vendage, y a il retraite; mais s'ils sont laissez à pension ou ascensez à cens ou rente annuelle, soit rachetable ou non, perpetuelle ou à rachapt, les lignagiers peuvent dedans ledit temps les avoir par retraite, en satisfaisant à la rente & aux autres charges & conditions, desquelles le preneur originaire estoit chargé, mesme aux impenses des meliorations necessaires faites par iceluy, si aucunes il en a fait.

V. Encore, si une rente d'argent, grains, vins ou autre espece semblable, est vendue à perpetuité, & non racheptable, est le lignagier recevable de la retraite, & rendant à l'acquesteur le prix de son achapt, & les loyaux cousts.

VI. Toutesfois n'a le retrait lieu sur heritage donné par pure & vraye donation, ou eschangé par eschange fait but à but & sans soulte, ou avec soulte en revenant à la concurrence de la moitié la value de la chose donnée, mais si telle solte est excedante la moitié de ladite value, lors y aura retraite pour le tout, & est tenu celuy qui a donné à la solte, recevoir l'estimation de la chose par luy donnée en contre eschange avec ladite solte, si celuy qui l'aura receue, ne veut s'en departir en luy rendant ladicte estimation.

VII. Et combien qu'en eschange fait purement & franchement, il n'y ait retraite, si toutesfois rachat fait de l'eschange dedans l'an & jour, si qu'il y ait apparence de fraude, icelle verifiée, soit par le serment des contrahans (qui sont tenus en jurer) ou autrement, il ne laisse d'y avoir retraite, non plus qu'en eschange faits d'immeubles contre meubles.

VIII. Si le vendage a esté fait au vendeur sous la faculté de rachapt, il n'est loisible aux lignagiers de venir au retrait avant l'an & jour, depuis le rachapt expiré, pourveu que la faculté de rachapt n'excede le terme de vingt ans, car en ce cas, le lignager pourra venir à retraite dedans l'an & jour du vendage, ou au bout desdits vingt ans, à la charge neantmoins dudit rachapt, les années de la faculté d'iceluy durantes.

IX. Que si avant lesdits vingt ans expirez, & retraite non encore faicte, le vendeur y renonçoit au profit du premier achepteur ou autre; en ce cas sera le cessionnaire obligé faire incontinent publier la possession qu'il en aura prins par le sergent du lieu, à l'issue de la Messe parochiale de la Mere Eglise, ou des lieux où y a annexe, par trois Dimanches subsequens. Et en tous cas avant l'an & jour expiré de la possession, ne se peut perdre le droit du retraict lignagier.

X. Si par un mesme contract se treuvent plusieurs pieces vendues aucunes desquelles soient de l'ancien du vendeur, autres de son acquest, ou toutes de l'ancien, & partie de l'une de ses lignes, partie de l'autre, le lignagier de chacune ligne venant à retraite ce que meut de la sienne, y est recevable en remboursant au *pro rata* les prix & loyaux cousts, distribution d'iceux faire à l'arbitrage du Juge sur chacun apportionnement à ce qu'il emportera desdites pieces. S'il ne s'en presente que d'une, si est iceluy recevable au tout en offrant le remboursement du prix entier, & comme il y est recevable, aussi ne peut-il separement pretendre ce que meut de sa ligne, & laisser le surplus, ou faire le retrait divisement d'une partie, & non de l'autre, si ce n'est du gré de l'acheteur, des mains duquel se fait la retraite.

XI. Le lignager est tenu de rembourser l'achepteur, des impenses, & mises faites aux reparations & labourages necessaires de l'heritage, pourveu qu'il en conste, mais ne doit autrement ledit acquesteur durant le temps du retraict (si ce n'est par auctorité de Justice expresse à certaine occasion occurrente) changer ou alterer la nature & qualité de l'heritage vendu, ou y faire bastimens & refections non necessaires, autrement se met au hazard d'en demeurer sans restitution, voire ne peut faire recolte ou levée des fruicts en autre temps qu'il n'est accoustumé, soit par pesches d'estangs, abatis & couppe d'arbres, bois ou autrement: Et s'il le fait & l'heritage retrait se trouve à tel moyen avoir esté deterioré ou amoindri, soit en fond, soit en profit ou revenu, il se rend non seulement subject à la restitution de ce qu'il aura ainsi hors temps prins & levé, mais aux dommages & interest du retrayant.

XII. Si l'achepteur auquel auront esté offerts les pris & loyaux cousts de son achapt par le retrayant, en fait refus & convenu perd sa cause, il est tenu à la restitution des fruits, apports & profits de l'heritage acquesté du jour de la consignation actuellement faicte, & laissée ès mains de Justice; les impenses de la semence, culture & labourage d'iceluy prealablement deduites à l'arbitrage du Juge: mais fait ledit achepteur les fruits siens indistinctement du temps escoulé auparavant ladite consignation au *pro rata* d'iceluy.

XIII. Encor que l'heritage soit vendu à un des lignagiers du vendeur & en la ligne estoquage d'où meut ledit heritage: si toutesfois il ne luy est parent de qualité telle, qu'advenant son decez *ab intestat*, il peut luy succeder audit bien vendu, les autres parens capables à y succeder soient plus proches en degré ou plus remots par representation, sont recevables contre ledit achepteur, de retraire de luy la chose vendue.

XIV. Encor que l'acquesteur soit parent au vendeur du costé d'où l'heritage vendu est party & capable d'y succeder, toutesfois est tenu de recevoir les autres de pareil degré au retrait, & leur repartir son acquest selon leur contingente.

XV. Lignagier ne peut vendre son droit de retraite, ny la poursuivre en intention de remettre l'heritage en mains d'autre, encor qu'à ce moyen il face sa condition meilleure, ains est tenu (en estant requis) se purger par serment, que ce soit pour luy & sans fraude.

XVI. Si l'heritage retrait depuis la retraite est vendu par le retrayant dans l'an & jour, les lignagiers d'iceluy du costé d'où meut originairement ledit heritage sont recevables à le retirer, encore qu'il soit advenu au vendeur par retrait.

XVII. L'achepteur ny le vendeur ne peuvent dedans l'an & jour du retrait, faire choses par ensemble, ny autrement, qui puisse apporter prejudice au droit du lignagier en la retraite & qu'il ne puisse retraire l'heritage vendu pour le mesme pris qu'il a esté vendu la premiere fois, encore qu'il se trouve depuis vendu ou autrement aliené à pris plus haut, n'estoit qu'avant la possession & jouyssance réelle de l'acquesteur en la chose vendue, le contract fut entre eux, sans fraude resolu.

XVIII. Le lignagier pretendant venir à retraite, est tenu d'offrir à l'achepteur, deniers au decouvert ou à sa femme (s'ils se trouvent au domicil) sinon requerir & prendre act du debvoir faict par ledit retrayant de s'estre à cette fin, transporté au domicil dudit achapteur, puis à leur refus ou absence, compter & nombrer lesdits deniers en presence de tabellion & de deux tesmoins, les consigner en mains de Justice & faire adjourner ledit acquesteur dedans l'an & jour à sondit domicil, & s'il est absent n'ayant aucun domicil ès bailliages de Nancy, Vosges & Allemagne, en la personne du detenteur de l'heritage retrayable ou entremetteur de ses affaires, à peine de descheance de son droit, n'estoit que par exoine de force grande ou autre legitime, les moyens & accez de ce faire dedans ledit temps, luy fussent ostez; n'est toutesfois necessaire, que le jour de l'assignation eschée dedans l'an & jour, suffit que l'adjournement y soit fait.

XIX. Si par un seul & mesme contract, il y a plusieurs pieces & biens vendus, qui soient situez sous divers bailliages de ceux de Nancy, Vosges & Allemagne, le retrayant devra faire ses offres de deniers conseing, adjournement & poursuites pour le tout en celuy où l'achapteur sera resident, selon les Us, Styls & Usages d'iceluy, sinon & il est demeurant en autre Province hors l'un & l'autre, en celuy sous lequel la pluspart des biens vendus où la piece principale sera assize, en obtenant pour l'execution du jugement, pareatis pour les biens situez sous les autres.

XX. Si lesdits biens sont assis sous un mesme bailliage, neantmoins en divers lieux & sous Justice appartenantes à divers seigneurs, pardevant le siege du bailliage en premiere instance,& de là, par ressort au droict de l'hostel; mais s'ils ne sont assis que sous une mesme seigneurie, la retraicte doit en estre poursuivie par devant la Justice du lieu.

XXI. Lan & jour court indistinctement contre personnes privilegiées & non privilegiées, sçachans ou ignorans, mineurs, absens, furieux & tous autres; & s'entend en telle sorte qu'estant la possession prinse le premier jour du mois, les offres de deniers, conseing & adjournement, doivent estre faits dedans le mesme jour du mois de l'an revolu de ladicte possession prinse par tout iceluy jusques au soleil couché.

XXII. Et pource qu'il advient souvent, que pour faire fraude aux lignagiers, les contrahans passent leurs marchez si secrettement, qu'il est mal-aisé decouvrir certainement les pris, charges & conditions d'iceux: en ce cas offrant le lignagier somme vraysemblablement équivalante ou approchante à la juste estimation de la chose, avec representation d'accomplir & parfaire celle pour laquelle le vendage aura esté fait: si pour plus a esté fait & de satisfaire aux frais & loyaux cousts, & d'affermer en Justice, qu'il ne luy a esté autrement possible de sçavoir le pris & charge de la vendition ou en retirer, si elle excede est hors de danger de mesprendre.

XXIII. Si en fraude du lignagier, les achapteurs ou vendeurs, ont au contract de vendition fait escrire ou autrement maintiennent le marché avoir esté faict pour somme de deniers plus grande, que vrayement ledit acheteur n'en a payé & desboursé, n'est le retrayeur tenu de satisfaire plus avant que le prix convenu sans feinte, dont lesdits contrahans sont tenus se purger par serment.

XXIV. Heritage retiré à droits de retraits lignagers, prend & sortit nature d'acquisition au retrayant si c'est droit de retrait conventionnel de chose purement engagée, ou par vertu de faculté de rachapt accordée aux vendeurs, il retient sa qualité & nature premiere.

XXV. Du bien vendu au nom d'autruy sous charge de promesse de ratification l'an & jour ne court au prejudice du lignagier, sinon du jour de la prinse de possession.

XXVI. En vente de meubles, & chose de cette qualité, n'y eschet retrait lignagier.

XXVII. Si pendant l'an du retrait lignagier, celuy qui a vendu ou autrement aliené vient à decedder, le lignagier luy succedant n'est par ce empesché de pouvoir retraire la chose vendue sous pretexte qu'il soit tenu des faicts, promesses & obligations dudit vendeur.

XXVIII. En seigneuries & terres de fiefs (entre gentils-hommes) tant qu'il y a masles qui veulent retraire, les femelles n'y sont receues en pareil degré: mais au defaut d'iceux ou qu'ils ne se mettent en devoir pour suivre la retraite, elles y peuvent venir.

XXIX. Si de plusieurs lignagiers tous esgalement capables à retraire la chose vendue, les aucun ou aucuns ont mené le procès contre l'acquesteur refusant, & iceluy finy, les autres dedans le mesme an & jour du retraict en requierent estre repartis à leur cotte, n'y seront recevables, qu'ils n'ayent desdommagé leur collignagier par remboursement des frais exposez à leur poursuite ou autrement.

XXX. Si entre plusieurs lignagiers y a concurrence des uns contre les autres, & debat sur la preference par eux diversement pretendue au retraict, ne sera l'achapteur (si bon ne luy semble) tenu de proceder contre aucuns d'iceux separement, jusques après diffinition de cette cause.

XXXI. Si toutesfois l'achapteur procede de volonté, & obtient gain contre aucun des lignagiers, qui en telle concurrence & debat de preference viendroient à descheoir du droit pretendu contre leur lignagier, le gain de cause ne luy pourra servir au prejudice de lignagiers recogneus & admis au retrait.

XXXII. En toutes venditions, gagieres & autres alienations quelles elles soient, pour lesquelles ès lettres du mesme contract, ou par autre à part, & separé, a esté donné faculté de rachapter au vendeur ou alienant, à toutesfois que bon luy semblera, telle faculté de rachapt ne se prescrit jamais, & dure perpetuellement.

XXXIII. Rente d'argent, grains, vins ou autres semblables especes constituées & vendues à prix d'argent, sous obligation ou hypotheque d'immeubles, soient generales ou speciales; ores qu'elles soient faites & constituées simplement & indefiniment, sans aucune reserve expresse de rachapt, ny limitation de temps certain, sont de soy neantmoins rachaptables à tousjours.

TITRE XIV.

De Servitudes.

I. IL est en la faculté d'un chacun, de pouvoir dresser veue en sa maison, pourveu que le regard soit sur soy, & n'y eut-il heritage plus que pour le tour du ventillon entier ou brisé; mais aussi n'est par ce le voisin empesché de pouvoir bastir sur son heritage au prejudice de telle veue, laissant la place dudict tour libre; si ce n'est que le proprietaire du fond sur lequel elle est bastie face preuve avoir droit contre son voisin qu'il ne puisse empescher à telle veue.

II. Droict

II. Droict de veue sur la maison du voisin au dessous du toict, se prescrit par trente ans; si elle est au dessus, ne peut empescher, qu'au voisin ne soit loisible hausser au prejudice d'icelle & y fust elle de tant de temps qu'il ne fut memoire du commencement, n'estoit que par tiltre ou autrement il apparut suffisance qu'elle y fust par droit de servitude.

III. Si en un mur moictoyen & parsonnier, y a en quelques endroicts, fenestrages prenans veue & regard sur le voisin & dont l'autre voisin ait jouy par trente ans, il jouyra en cet endroit de ladite veue. Mais ja pource n'aura-il ce droit indistinctement par tous tels endroicts de ladite muraille que bon luy semblera, ains sera obligé de tenir les fenestres qu'il a barrées de fers dormans & arrestez.

IV. Esgouts ny autres servitudes par actes occultes & latens non cogneuz au voisin, ne se peuvent prescrire par quel laps de temps que ce soit : si les actes & la jouyssance luy en sont patens & cogneuz peuvent estre prescripts par trente ans, en la forme dont son voisin se trouvera en avoir jouy.

V. Si de plusieurs voisins l'un veut bastir pour mieux ou plus commodement se loger, il luy est loisible de contraindre par Justice ses voisins de contribuer aux fraiz de la reparation de murs communs qui se trouvent pendans & corrompus à telle hauteur qu'ils sont pour lors selon que par visitation d'experts convenus & adjurez par Justice, ils se trouvent pendans & corrompus : mais s'il veut les rehausser plus qu'à leur hauteur premiere, faire le doit à ses fraiz, en y faisant faire pour tesmoignage de ce fenestres de maçonnerie de la hauteur de cinq quarts de pied & de large un tiers en la partie de son voisin, & de son costé selon que bon luy semble, pour monstrer que c'est pour luy & à son œuvre qu'elles y sont mises, & luy servent de tesmoings : est toutesfois par après tenu les estoupper, si le voisin voulant se servir de ladite rehausse, offre contribuer aux fraiz.

VI. Et s'il advient qu'au refus ou demeure de ses voisins & parsonniers, il face reparer lesdits murs à ses fraiz, ils luy demeurent tellement propres, que lesdits parsonniers ne peuvent y mettre ny appuier ou autrement s'en servir, qu'ils ne restituent chacun à leur advenant, les frais de la reparation que l'on dit en terme commun, *payer la mise* : Si toutesfois lesdits murs en l'estat qu'ils sont, se trouvent suffisans (n'estoit la charge nouvelle du bastiment neuf) ne sont en ce cas lesdits parsonniers tenus y contribuer & ne delaisseront pource lesdits murs, de leur demeurer communs en telle hauteur & extendue, qu'ils estoient auparavant.

VII. Peuvent aussi les voisins parsonniers de tel mur moitoien, iceluy percer tout outre & y faire trous pour y asseoir somiers, chevrons & escoinssons de pierres & autres materiaux servans à leurs edifices, en rebouchant les trous. Voire quand aucun fait edifier ou reparer son heritage, son voisin est tenu luy souffrir patience à ce faire, en faisant incontinent reparer par celuy qui a basti, ce qu'il aura demoly audit voisin & le faisant advertir avant aucune chose demolir, pour obvier qu'il n'en reçoive dommage à peine de soixante sols pour amende & de dommage & interests : n'est toutesfois permis aucunement de mettre bois ni faire armaires en tel mur moitoien à l'endroit des fours ou cheminées.

VIII. Est loisible neantmoins y dresser cheminées & creuser pour le contre feu d'icelle jusque au tier du mur, mesme appuier les regots d'icelle, d'oultre en oultre, non toutesfois les somiers & autres charges de bois, qui ne doivent oultre passer la moitié de ladite muraille.

IX. L'un des parsonniers generalement n'y peut non plus qu'en toutes autres choses communes, faire œuvre aucun qui puisse causer deterioration de la chose commune ou apporter prejudice au co-Seigneur d'icelle.

X. Si le voisin fait sur son heritage propre, privez, ordes fosses, fours, fumiers & égouts, doit faire entre iceux & leur mur moitoien, un autre mur si bon & suffisant que par tels edifices, la chose commune ne puisse recevoir deterioration soit de feu, pourriture ou autrement : Et s'il y fait puys ou citerne doit laisser ledit mur franc & entier.

XI. De mesme celuy que pour avoir sa maison en assiette plus haute que celle de son voisin, a de la terrasse contre la muraille separative de l'un ou de l'autre des deux maisons, doit y faire contremur ou autre telle defence, que par la fraicheur de ladite terrasse, la muraille moitoienne ne vienne à recevoir deterioration.

XII. On ne doit faire ny dresser privez, esgouts d'eaue de cuisine & autres semblables immondices proche le puys de son voisin qu'il n'y ait huict pieds de distance entre deux, & y soit fait contre mur de chaulx & de sable, avec conroy aussi bas que les fondemens des fossez & esgouts.

XIII. Fosse fait entre deux heritages est censé estre à celuy du costé duquel est le ject de la terre vuidée, commun s'il se trouve de part & d'autre, ou n'y a apparence de couvrir de quel costé en a esté faict le ject : Et s'il y a haye assise sur ledit fossé, & ledit fossé & la haye, sont à celuy du costé duquel est le ject de la terre.

XIV. Sont aussi tous murs, hayes & clostures entre voisins, censées communes, s'il n'y a tiltre, bornes, marques ou enseignemens tesmoignans par art de maçonnerie ou usage, le contraire ; & est chacun voisin pour sa cotte, tenu de clore contre son voisin de closture convenable & semblable à l'ancienne si ce n'est que tous deux soient d'accord de changement.

XV. Il est à la liberté d'un chacun edifier sur sa place si hault que bon luy semble ; & si en ou sur le mur ou toicture de son voisin, y a quelques somiers, chevrons ou autres choses advanceantes ou pendantes sur ladite place de son voisin qui empesche telle rehausse est ledit voisin subject de les retirer à l'alignement & plomb du pied de son mur, quel espace de temps y ayent lesdites choses demeurées pendantes ou advanceantes ; n'estoit que cela se verifie autresfois avoir esté ainsi accordé par convention & droit de servitude expresse.

XVI. Si murs parois ou autres separations communes menacent ruine, peuvent estre les proprietaires d'icelles à l'interpellation des voisins, contraints la refaire à leur despens, si ce n'est que cette ruine soit advenue par la faute de l'un d'iceux, auquel cas y sera seul tenu & aux dommages des voisins.

XVII. Si par polices publiques, quelques reparations ont esté ordonnées en public ou particulier, & celuy ou ceux qui à cause de leurs maisons ou heritages en seront chargés, ne satisfont après deue interpellation de ce faire, les loyers desdites maisons ou fruicts des heritages, peuvent estre arrestez & employez ausdites reparations.

XVIII. De mesme si en choses communes eschéent reparations necessaires, icelles cognues & ordonnées par auctorité de Justice, après visitation faite à requeste d'un des parsonniers, aucuns des autres se trouvent refusans y contribuer à leur cotte, peuvent les loyers de la chose ou fruicts en dependans, estre arrestez, saisis & employez ausdites reparations.

XIX. Si une personne ayant edifié un mur sur son fond, son voisin veut par après edifier & se servir dudit mur, faire le peut, en payant promptement & avant s'en servir la moitié & du fond & du mur n'estoit qu'interpellé au prealable par le voisin de fournir de son fond, il se trouvera en avoir esté refusant : ne sera toutesfois le premier bastisseur, tenu retirer ses cheminées ny mariens.

XX. Si sur mur moitoien ou parsonnier, sont posez eschenets & chanlettres communes à recevoir les eaues de deux maisons joingnantes, & il advient que l'un des voisins vueille hausser le mur, sera l'autre tenu de retirer la chanlette sur luy pour le port des eaues de son bastiment : Si toutesfois par après bon luy semble rebastir à l'égard de son voisin, faire le pourra & la raporter ladite chanlette sur le mur qui sera commun comme auparavant, en payant la despense de ladite rehausse.

XXI. Celuy à qui appartient un mur sans moien joingnant à l'heritage d'autruy ne peut de nouveau en façon que soit, (non plus qu'en un commun) y poser fenestres prenantes jour ou aspect sur l'heritage de son voisin : Bien peut il y en mettre des borgnes & aveuglés avec battes pour tesmoignages que le mur luy est propre.

XXII. Qui batissant contre un voisin, fait caver de nouveau ou profonder plus bas qu'auparavant, il doit faire à ses frais retenir le bastiment de son voisin & faire les fondemens ou rempietremens si suffisans qu'il n'en reçoive aucuns inconveniens, à peine de tous dommages & interests.

XXIII. Aucun pour aller, venir, passer, repasser ou mener son bestail vain pasturer en l'heritage d'autruy lors qu'il n'est en garde ou defence, n'aquiert droit ny possession de servitude de passage ou vain pasturage, & n'empesche que leur Seigneur ce nonobstant, n'en puisse faire profit, si ce n'est qu'il conste de tiltre, ou que depuis la contradiction du seigneur, il y eut prescription de trente ans.

XXIV. Par quel temps un heritage joingnant à cours, jardins & autres heritages fermez, ait demeuré ouvert au vain pasturage du bestail, en temps non defendu, si ce n'est par ce le seigneur du fond empesché de le fermer pour son bien plusgrand quand bon luy semblera.

XXV. Si quelqu'un ou plusieurs ayans en la ville ou village maison reduite en masure ou menaceante ruyne evidente, au prejudice des comparsonniers ou voisins, reçoivent interpellation d'iceux, de rebastir, seront tenus de les rebastir ou faire abatre ou autrement remetre est estat tel que les voisins, ou comparsonniers n'en puissent recevoir prejudice.

TITRE XV.

Des Bois, Forests, Rivieres, Pasturages, Pasquis & autres Usages communaulx, prinse de bestes en mesus par eschappées & à gardes faites.

I. D'Usage commun, les habitans en divers villages, desquels les bans & finages sont joingnans, soient de mesme, ou diverse Justice, peuvent par droit de parcours regulierement envoyer les troupeaux de leurs bestes pasturer & champoyer ès lieux de vaine pasture; à l'escarre de clochier à autre, s'il y a Eglise, & s'il n'y en a jusque à l'escarre du milieu des villages, si ce n'est qu'en aucuns lieux il y ait de tiltres ou d'usage particulier autres bornes ou arrests, que lesdits clochiers & milieu du village.

II. Mais ne peuvent aller ou envoyer en lieu, ou pour aller ou envoyer il soit de necessité au bestail passer du lieu de sa giste, sur un ban ou finage moyen au leur, & à celuy auquel ils pretendent passer, que l'on dit en terme commun, *transfinér*, à peine de cinq sols pour chacune beste y trouvée de jour, soit à garde faite ou eschappée; Si nuictammment & par eschapée de cinq sols; si à garde faite, de confiscation, & ce en quel temps & saison que ce soit, s'il n'y a usage approuvé au contraire.

III. Vaine pasture s'entend en chemins, prairies despouillées, après la premiere ou seconde faulx, terres en friches, bois & autres heritages non ensemencez & ouverts, excepté en temps que par l'usage & coustume des lieux ils sont en deffence, & que (en quel temps & saison que ce soit) on ne doit faire vain pasturer les porcs esdites prairies; ny ès lieux ou il n'y a vaine pasture d'ancienneté.

IV. En vignes indistinctement n'y a & n'eschet usage de pasture, ains en tout temps sont toutes bestes y reprinses amendables de cinq sols pour chacune beste, outre la satisfaction de l'interest.

V. Les prez sont en deffence depuis la Nostre-Dame en Mars, jusques après la faulx, & bestail y mesusant de jour est gageable à cinq sols d'amende pour teste, & restitution du dommage, prins nuitamment de garde faite, est confisqué.

VI. Le temps de paxons & de grainer ès forests, bois de haute-fustaye & tailly, dure depuis la feste Nostre-Dame de Septembre jusques au jour de sainct André, & le recours depuis la sainct André jusques à la sainct George.

VII. Le bois tailly est en deffense jusques à ce que le reject soit de cinq feuilles, s'il n'y a chartres, reglement ou usage approuvé au contraire, ou que par la fertilité ou sterilité des lieux, il soit plustost ou plus tard deffensable contre les bestes, à l'arbitrage de justice, si dispute en escher.

VIII. Toutesfois doivent estre les couppes desdits bois taillis tellement faites & reglées, qu'aux usagiers y ayant la vaine pasture, ne soit par icelles indirectement l'accès osté au surplus de ce qu'est de recreu deffensable.

IX. Durant lesquels temps de grainer & de recours, on ne doit mener porcs ny autres bestail en bois de paxons, sans le consentement des seigneurs ou fermiers de la glandée, & si aucuns y sont trouvez au contraire, sont confiscables.

X. On peut mettre ban aux fruicts des arbres assis en lieux ou champs ouverts; mais le ban rompu, les fruicts sauvages sont communs à tous les habitans du ban indifferemment.

XI. Messiers & banwards jurez, à la garde des fruicts d'arbres ou ensemencez & pendans sur terre, sont creus des reprinses faites par eux de jour ou de nuict, par eschappée ou de garde faite, & est l'amende desdites reprinses & eschappées, de cinq sols pour chacune beste, outre le dommage selon qu'il sera rapporté par Justice, & peut un chacun valablement faire telles reprinses sur le sien, dans la saison des fruits, en les soustenant par serment solemnel; mesme tous autres pendant ledit temps y sont receus; pourveu qu'incontinent ils representent la personne ou le bestail trouvé mesusant en Justice, & que deuement il en conste, ou par serment de partie à autre, ou d'un tesmoing digne de foy.

XII. Et pource qu'il advient souvent que ceux qui sont en dommage decouvrans qu'ils sont apperceus prennent la fuite, s'ils sont suivis promptement ou rencontrez, le repreneur est semblablement creu de sa suite ou rencontre, & en vault le rapport comme si la reprinse avoit esté exploictée réellement & de faict.

XIII. De mesme que lesdits messiers sont les porteurs de paulx ès dismes creus, sauf pour la peine extraordinaire de faux dismage, à laquelle est besoin le rapport du porteur de paulx estre accompagné du tesmoignage d'un tiers avec luy, ou autre preuve plus grande que de son seul rapport.

XIV. Si durant ledit temps des fruicts & chaptels sur terre, aucuns est reprins en mesus, doit outre l'amende, le dommage qui se trouve avoir esté fait ès fruicts de l'heritage auquel il aura esté reprins, sans estre recevable à exciper que cela n'ait esté faict par son bestail, mais par autre non y reprins, ou rapportez auparavant ou depuis; sauf à luy d'en faire separement la poursuite & la preuve.

XV. En quelle saison que ce soit, on ne doit charroyer par prez à peine de soixante sols d'amende, au temps qu'ils sont en garde & deffense, & de cinq sols hors ledit temps pour chacun char ou charette.

XVI. Si quelqu'un est trouvé avoir labouré, planté paulx, hayes, pierres ou autrement usurpé sur hauts chemins, est amendable arbitrairement selon la qualité de l'entreprise & usurpation, outre la confiscation des choses y ensemencez mises ou plantées; si sur chemins de villes, sentiers ou autres communs, de soixante sols, & pour chacun paulx, tronc ou pierre qu'il y aura mis ou planté, de cinq sols, outre semblable confiscation que dessus.

XVII. Usagiers ayans droits de prendre bois de maronage pour leurs bastimens, ou bois pour leur affouages ou fornages doivent user de ce droit en bons peres de famille, & le prendre par assignal, selon le reglement (a) que leur en sera donné par le seigneur haut-justicier entre ses subjects, ou le seigneur foncier, entre ceux qui tiennent bois en usage de luy par ascensement, redevance ou recognoissance suffisante, ou qui a droit de prendre ès bois les amendes & confiscations.

XVIII. Et sera le reglement tel, que l'usagier usera des bois mort ou mort-bois avant tous autres.

XIX. Bois mort est bois sec debout ou gisant, & l'usagier d'iceluy le peut indifferemment prendre par tout où il sera trouvé, tellement qu'il n'y eschet autre reglement, sinon de prohiber audit usagier d'en vendre ou distribuer hors le lieu dudit usage.

XX. Le mort-bois est comme aulnes, genets, espines & autres bois ne portans fruicts, autrement dit, *Blanc-Bois*, & se doit regler tellement que l'usagier ne le prenne à son choix indifferemment par tout, ains par lisiers, qui se marqueront, & esquelles (après qu'elles seront abatues) on ne poura coupper qu'après certaine quantité d'années propres à la recreue du bois selon la fertilité ou sterilité du lieu.

XXI. Lequel reglement s'observera semblablement ès usages des bois taillis, soit pour chauffage de fours ou affouages des maisons particulieres, soit pour eschalats, liens, ramées & autres telles commoditez, à ce que la recreue en soit ordinaire de douze ans ès lieux fertils, & ès sterils de dix-huict.

XXII. Il y a aussi reglement au bois de maronage, sçavoir que celuy qui a droict d'en prendre pour bastir n'en pourra coupper & abbatre qu'il ne luy soit marqué & assigné.

XXIII. Generalement ne peuvent les usagiers vendre ou distribuer du bois de leurs usages ni autrement en user, que pour leur propre non plus que des herbes, fruicts ou autres choses quelconques croissantes esdits bois.

XXIV. La peine des mesusans en ce reglement est telle qu'elle a esté ordonnée ès Gruyeries de son Altesse, voire contre ceux qui pour le droict de leur usage, sont fondez non seulement en jouissance & prescription mais en titres ou chartres; n'est doncques que l'amende soit declarée expressement autre que ladite ordonnance, moindre ou plus grande.

XXV. Aussi estant par l'usagier ou de sa part l'assignal demandé pour bois de maronage, en est tenu le bailler dans vingt-quatre heures, à faute dequoy pourra ledit usagier en aller coupper ou faire coupper sans reprinse.

XXVI. Generalement la peine de tous reprins mesusans ès bois nuictamment avec char & chevaulx, est de la confiscation d'iceux: & ceux qui sont en possession de jouyr du mesme droit de confiscation contre les forains ou subjects mesusans de jour, y seront maintenus: l'interest reservé au seigneur du fond: s'il n'a part en la confiscation.

XXVII. Regulierement usagiers ayans faculté de mettre nombre de porcs à la vaine pasture d'aucuns bois, n'y en peuvent mettre d'autres, que pour la nourriture de leurs maisons à peine d'amende, & de confiscation de ceux qui se trouveront n'estre pour leur nourriture au profit du seigneur justicier, & de dommages & interests au proprietaire desdits bois, s'il n'y a autre peine à ce particulierement establie ou que lesdits usagiers ayent titres, possessions, jouyssance ou usages valables au contraire d'y en pouvoir mettre indiferemment.

XXVIII. Communautez ayans bois, pasquis, terres & autres choses communiales à eux appartenans, ne peuvent le vendre, donner, eschanger ou autrement aliener ny changer leur nature, sans l'adveu & consentement du seigneur haut justicier, à peine de nullité de telles alienations, d'amende arbitraire, & de confiscation des choses alienées ou changées & s'ils sont cogneues mesuser d'icelles ou en user autrement que bons peres de famille, peut ledit Seigneur y donner ou faire donner reglement convenable, sauf ausdits communautés de se pourvoir par Justice, si elles s'y sentent interessées.

XXIX. Les communautez ny les particuliers d'icelles, ne peuvent vendre ou louer leurs embannies: ni autrement en user, que pour leur propre usage à la nourriture de leur bestail & de celuy qu'ils tiennent à lais, *communement dit ahoste*, & non d'autre que frauduleusement par pretexte d'achapt ou louage simulé, ils pourroient (toutesfois au profit d'autruy) prendre & loger sous cette suppo ition, & ce sous peine de confiscation dudit bestail, leur estant notifié cet article six sepmaines auparavant.

XXX. Ceux qui ont droit de tenir troupeau à part, ne peuvent vendre leur vain pasturage pour y mettre autre troupeau que le leur propre, le tout à peine de confiscation du bestail au seigneur, & de la satisfaction de l'interest aux communautez.

XXXI. Le seigneur ayant droit de tenir troupeau, le peut admodier avec sa terre, mais il ne peut vendre le vain pasturage pour y mettre autre troupeau que le sien propre, ou celuy de son admodiateur, soubs peine de satisfaction de l'interest aux communautez.

XXXII. Arbres sauvages fruictiers, en ban & lieu non fermé, ne peuvent estre couppez sans la permission du seigneur haut-justicier, à peine de l'amende de cinq francs.

XXXIII. En riviere d'autruy nul ne peut pescher (s'il n'a droit ou usage prescrit au contraire) sans la permission du seigneur à qui appartient le droict de pesche, à peine de l'amende à celuy, s'il a jurisdiction au lieu, où est en usage de la percevoir, sinon au seigneur justicier dudit lieu, dommages & interests du seigneur proprietaire de ladite pesche.

XXXIV. Les habitans des villes ou villages privilegez de pescher en rivieres d'autruy, ne peuvent y pescher qu'à la ligne sans plomb, à la charpagne, à la petite trouille, & au fuplot, & pour leur defruit seulement.

XXXV. Droict de pescher en rivieres ou ruisseaux, n'argue jurisdiction pour celuy à qui il appartient, si d'ailleurs il n'a droit ou est en jouissance d'icelle.

a TIT. XV. ART. 17. *selon le reglement.* Voyez *infra* les Lettres Patentes du dernier Mars 1599. I. B.

TITRE XVI.

Des Cens, Rentes foncieres, Perpetuelles ou à rachapt, Hypothecques, choses censées meubles & immeubles.

I. LE seigneur censier, trouvant l'heritage à luy censable vuide sans tenementier, peut s'y faire conduire, le detenir & en lever les fruits & emolumens, & les faire siens jusques à ce que l'heritier ou successeur capable se presente à le tenir.

II. Si plusieurs sont possesseurs d'un heritage ou tenement affecté de cens, le seigneur d'iceluy n'est tenu le diverser, ains peut pour le tout contraindre celuy des tenanciers que bon luy semblera, & à ce defaut saisir ou faire saisir la piece y affectée, & la tenir jusques à satisfaction.

III. Quand il advient que faute de cens non payé, le seigneur d'iceluy fait saisir l'heritage censable, si le possesseur deuement signifié, n'en obtient provision de justice convenable dans la quinzaine, est le seigneur subordinement mis en possession dudit heritage, & si dedans la quinzaine suivant qu'elle aura esté notifiée au proprietaire dudit heritage, il n'acquitte le cens, ou s'en prouvoit par voye de justice, il demeure acquis audit seigneur censier.

IV. En tous cas, si le detenteur de l'heritage censable par emphiteose, ascensement ou admodiation à longues années, ayant laissé par trois ans de payer le canon, le cens ou la pension, & deuement interpellé par le seigneur direct, censier ou de sa part, en est refusant, de ce faict il est privable de la chose tenue, laquelle est commise au seigneur censier.

V. N'y a toutesfois amende ordinaire ou peine de commise faute de cens non payé au terme, s'il ne conste ou par lettres de l'ascensement ou autrement deuement.

VI. Et si par l'usage y a amende, ou par le contract, certaine peine establie, ne peut estre demandée que d'une année (*a*), ores que le cens soit deu de plusieurs, n'estoit que le debteur d'iceluy fust tombé en telle contumace, que d'en avoir contesté par procès.

VII. Où y auroit eu negligence, de demander le cens ou rente fonciere deue de plusieurs années, à l'interpellation se payera d'autant d'années qu'il se trouvera estre deu.

VIII. Mais rente constituée en deniers, non acquitée de plusieurs années, ne se payera doresnavant, que de trois années seulement, s'il ne conste qu'elle ait esté demandée ou par act prins du refus ou autrement deuement.

IX. Les relevemens & revestemens seront suivis ès lieux où ils sont deus & ont eu lieu par cy devant.

X. Es lieux où les tailles sont réelles, elles se payeront à proportion & mesure des heritages sur, & à raison desquels elles sont deues, & où elles sont personnelles par distribution & consideration du fort au foible.

XI. Tous cens & rentes fonciers, sous lesquels un heritage se trouve ascensé, soit à perpetuité ou reachapt, est censé immeuble à celuy à qui il est deu, jusques à ce que le reachapt soit fait.

XII. Toutes autres rentes constituées à pris d'argent, *communement dites volantes*, soit par contract d'emption ou vendition d'immeubles à reachapt, gagiere ou constitution de rente expresse sur hypotheque aussi à reachapt, sont reputées meubles, tant & si longuement que la faculté de reachapt dure, voire ne sont telles venditions & emptions d'immeubles à reachapt pour lesquelles les vendeurs ou autres en leurs noms retenans les heritages vendus constituent aux acquereurs rente ou pension, pendant la faculté, censées & tenues que pour simples hypotheques, ladicte faculté durante.

XIII. Quiconque pretend aucun cens ou rente sur autruy, encor qu'il ait lettre d'ascensement, ou de constitution d'icelle, doit verifier neantmoins qu'elle luy a esté payée depuis trente ans, autrement, si le tiltre est de temps excedant celuy desdits trente ans, est tenue pour prescrite au profit du debteur pretendu d'icelle.

XIV. Heritage laissé à tiltre d'ascensement, peut estre renoncé pour le cens, en payant les arrerages escheus, si le reteneur ne s'est obligé, que de la piece ascensée; mais s'il y a adjousté contre-about, ou s'est obligé & ses biens à payer ledit cens & entretenir la chose ascensée, n'y sera receu si bon ne semble au laisseur ou ascenseur.

XV. Le seigneur censier (*b*) n'a droit d'avoir par preference l'heritage aliené mouvant de luy en cens, s'il n'est en ce expressement fondé par le lais & convention de l'ascensement.

XVI. Si toutesfois le cens ou la rente, est deue en espece de bled, vin, huile & autres choses qui se pesent, mesurent ou changent de pris, & les choses viennent à ce point qu'estimation en soit, ou consentie par les parties, ou ordonnée par le Juge, elle doit estre faite des années & arrerages escheuz avant contestation en cause, à leur value plus commune esdites années & au plus haut pour celles qui depuis ladite contestation auront couru jusques à pleine satisfaction.

XVII. Meubles n'ont suites par hypotheque, s'ils se trouvent en mains d'un tiers sans fraude, dol ou collusion, si ce n'est (comme a esté dit cy-devant) au profit du locateur contre son conducteur, ou d'un marchand requerant delivrance de la marchandise par luy vendue faute de payement (*c*), avant qu'icelle ou lesdits meubles soient vendus à requeste d'autre crediteur, ou qu'ayans esté lesdicts meubles arrestez une fois, prins & executez, lesdits arrests & execution fussent discontinuez, & les gages prins depuis vendus.

XVIII. Celuy qui possede un heritage hypothequé à aucune rente annuelle ou debte à une fois, est tenu hypothequairement acquiter la charge dont il se trouve chargé, autrement peut le crediteur iceluy faire crier & vendre par decret & droit de ville, tant pour le sort qu'arrerages.

XIX. Si toutesfois ledit possesseur ayant sommé

---

a TIT. XVI. ART. 6. *ne peut estre demandée que d'une année* Vide Loëtium, litt. A. num. 8. ubi dixi, & ad art. 85. consuet. Paris. J. B.

b ART. 15. *Le seigneur censier.* C'est le droit commun & general de la France, que le retrait censuel n'a point de lieu qu'aux Coustumes qui le decident expressement, ou si le seigneur n'est fondé en titre, comme j'ay traité amplement sur la Coustume de Paris, art. 20. *verbo* Feodal. J. B.

c ART. 17. *faute de payement.* Cette suite & revendication entre les mains d'un tiers possesseur de bonne-foy n'a lieu, sinon lorsque les marchandises ou meubles sont vendus purement & sans jour & terme; *& non quando fides habita est de pretio, & res abiit in creditum*, qui est la distinction des articles 176. & 177. de la Coustume de Paris, confirmée par les Arrests intervenus en autres Coustumes, que j'ay cottez en mon Commentaire. J. B.

ſon garand ne peut eſtre garenti de luy & à ce defaut il quicte & abandonne l'heritage audit crediteur y renonceant, ne peut eſtre pourſuivi davantage, non meſme des arrerages eſcheuz depuis le temps de ſon acqueſt, en ſe purgeant par ſerment n'en avoir eu cognoiſſance auparavant la pourſuite, & pourveu qu'autrement il ne ſoit heritier du debteur originaire, auquel cas en ſeroit tenu plus avant pour telle cote qu'il luy eſt heritier.

XX. S'il y a un debteur, au profit de ſon creancier, obligation d'hypotheque ſpeciale, une ou pluſieurs, après laquelle ſuit la generale de tous les biens, le crediteur ne peut commencer ſa pourſuite ſoit par execution ou autrement que ſur ſa choſe, ou choſes hypothequées & pardevant le Juge du lieu de leur ſcituation & aſſiette: meſme n'eſt recevable d'agir en vertu de la generale, que en ſupplement ou default de la ſpeciale, ſi ce n'eſt que le choix luy en ſoit laiſſé par les lettres de l'obligation. Et s'il y a pluſieurs pieces hypothequées ſpecialement, ſoit qu'elles ſoient aſſiſes en un ou divers lieux des bailliages, peut à toutes ou auſquelles que bon luy ſemblera s'adreſſer.

XXI. Si ſur un fond ou heritage y a diverſes rentes hypothequairement conſtituées, autrement toutesfois que par tiltres d'emptions ou venditions, encor que l'un des creanciers ait jouy de la ſienne, l'autre non, ſi eſt ce que le premier au profit duquel ſe trouvera avoir eſté ledit heritage hypothequé, ſera pour le ſort & temps à l'advenir de la rente preferé par priorité de date à l'autre, qui par quelque temps aura jouy de la ſienne.

XXII. Schedule ou autre promeſſe par eſcriture privée ne porte aucune execution parée, ſinon du jour de la recognoiſſance en jugement.

XXIII. En maiſon & chaſteau de gentils-hommes, artillerie, piece de fonte & harquebuze à croc & de guerre, & toutes autres armes pour deffence de maiſon, ſont tenues pour immeubles.

XXIV. Par tout, moulins, preſſoirs & autres meubles de bois clouez ou tellement appropriez que ſans deterioration ou evidente incommodité de la choſe, ne puiſſent eſtre tranſportez, ſont cenſez immeubles.

XXV. Deniers de mariage à gentil-femmes, fruits pendans par racine ſur heritages & deniers d'admodiation pour choſe de laquelle les fruits & profits n'ont encor eſté recueillis, ny moiſonnez par le fermier, ſont cenſez immeubles deus à l'heritier immeubliaire: ſeparez du fond ou recueilliz par le fermier, ſont ameublis & appartiennent au meubliaire.

TITRE XVII.

Des Arreſts, Saiſies, Gagieres, Executions, Vendages à droict de villes, Main-levées & Recreances.

I. ON ne peut ny doit-on proceder par arreſts, ſaiſies, gagieres ny autre voye d'execution, que ce ne ſoit pour choſe jugée, droict ſeigneurial ordinaire, ou en vertu d'obligation paſſée ſous ſeau authentique pardevant tabellion, recognoiſſance ou ſubmiſſion en Juſtice.

II. Executions faites par commiſſion de Bailly ou ſon Lieutenant, ſur choſe jugée, obligation autentique ou autres acts portans execution parée, doivent eſtre faits neantmoins avec garniſon & nantiſſement de biens en mains de Juſtice, ores qu'il y ait oppoſition formée & ſans prejudice d'icelle en autre maniere.

III. De meſme pour gagieres faites par ordonnance ou auctorité de Juge inferieur; mais s'il y a proviſion de recreance à Bailly & la recreance n'en eſt fait par celuy qui a impetré la gagiere ſous la caution delivrée à l'impetration des lettres de recreance, il y eſt pourveu par le Juge (parties ſur ce ſommairement ouyes) ou (au deffaut de la non comparition de l'adjourné) à la premiere aſſignation en donnant ladite caution bonne & reſſeante, ſi celle qui aura eſté livrée à l'impetration des lettres d'adjournement eſt contredicte & trouvée non ſuffiſante. Si toutesfois il apert à ladicte aſſignation la gagiere avoir eſté faite pour droict ſeigneurial bien recogneu ou choſe jugée & ſans excez ne devra eſtre telle recreance proviſionnellement ordonnée, ains tiendra la gagiere pendant le procez.

IV. Sentence en action perſonnelle donnée contre celuy qui pour autre a prins la garendie & cauſe d'autruy en deffenſe, eſt executoire contre le garantigié, auſſi-bien que contre le condamné, s'il ſe trouve non ſolvable ou de convention plus difficile que le garantigié, ſauf audit garantigié ſa pourſuite d'indemnité contre ſondit pretendu garend.

V. Sentences doivent eſtre executées dedans l'an & jour de la prononciation d'icelles, autrement ſi elles ſe trouvent ſurannées n'engendrent à celuy en faveur de qui elles ont eſté données qu'une nouvelle action contre le condamné, ſes heritiers ou ayans cauſe, pour veoir declarer la ſentence executoriale, ou dire les cauſes pourquoy elle ne le doive eſtre; mais n'y a appellation en cette nouvelle action, ores que la precedente y auroit eſté ſubjecte, pour ce que c'eſt ſur choſe jà jugée.

VI. Aucun en action civile & ordinaire, ne peut eſtre contraint par corps de ſatisfaire choſe par luy deue ou promiſe, s'il ne s'y eſt obligé par exprès ou ſi ce n'eſt pour deniers Princiers.

VII. D'obligation ou ſchedule, ſous promeſſe de payer ſans expreſſion de terme certain, ne peut le debteur tirer argument de ne payer qu'à ſa volonté, au contraire eſt cenſé s'eſtre ſubmis à celle du crediteur, & de payer toutesfois qu'il en ſera par luy interpellé.

VIII. Obligation paſſée ſous ſeau autentique, acte de juſtice, ou autre ſemblable portant execution parée, eſt executoire de plein ſault contre l'heritier de l'obligé ayant refuſé de payer au ſemblable qu'elle l'eut eſté contre le debteur, de meſme peut le ceſſionnaire faire executer l'obligation à luy cedée, en juſtifiant le tranſport.

IX. Debte deue par un tiers à celuy qui eſt debteur à autruy peut eſtre ſaiſie ou arreſté à requeſte de ſon creancier, en faiſant par luy notifier l'arreſt audit tiers debteur, qui moyennant ce depuis n'en doit faire delivrance à ſon crediteur principal, que la main ne luy en ſoit levée par juſtice, à peine de la payer encore à celuy à requeſte de qui elle aura eſté arreſtée, s'il ne ſe trouve autrement devoir eſtre faict par Juſtice; meſme peut ledit tiers eſtre contraint ſe purger par ſerment de ce dont lors deſdits arreſts ou ſaiſie il pouvoit ſans fraude eſtre attenu audit debteur.

X. Quiconques s'eſt conſtitué plege & fidejuſſeur, ne peut eſtre executé que ſubſidiairement, au defaut d'eſtre le debteur principal non ſolvable (diſcuſſion ſur luy prealablement faite) ſinon que le plege & fidejuſſeur ſe ſoit conſtitué debteur & payeur principal, auquel cas peut eſtre le premier convenu au choix du creancier. Et ſi pluſieurs debteurs un ſeul neantmoins pour le tout, luy sont obligez pour une seule & mesme debte, peut à tel ou tels que bon luy semble s'adresser pour toute la somme; s'ils ne sont obligez un seul pour le tout, ou n'ayent renoncé au benefice de division, lors est tenu diviser la somme, & la requerir à chacun pour sa cotte.

XI. Si un crediteur ayant fait exploicter les biens meubles de son debteur, se treuve un tiers opposant qui maintienne lesdits biens ou partie luy appartenir, & il declare faits & moyens concluans à son intention, sera receu à les soustenir & verifier par son serment, & celuy du debteur, & qu'il n'y ait entre eux fraude, intelligence ou collusion aucune par ensemble, si ce n'est que le crediteur veuille verifier le contraire, & qu'ils ne soient tous deux ou ledit opposant recevables à porter tesmoignage, & avoir creue en jugement.

XII. Personnes appellées en jugement, soit pour y defendre, porter tesmoignage, ou autre chose faire pour l'expedition de leurs causes, ne doivent estre arrestées ny detenues en corps ny en biens pour debte ou matiere civile quelle elle soit.

XIII. De mesme, & particulierement gentils-hommes de l'ancienne Chevalerie venans aux assises & y sejournans tant pendant icelles, que jugement des appellations, & retournans ne peuvent estre ce pendant leurs meubles, chevaux ou autres biens saisis ny arrestez pour debtes ou autres obligations civiles.

XIV. L'hostellier peut legitimement arrester les meubles de ceux qui ont beu & mangé en son logis, pour le payement des despens qu'ils y ont fait, lors de tel arrest, non toutesfois pour autres precedents si aucuns en devoient du paravant, & est ledit hostellier preferable à tous autres crediteurs de ses hostes, d'avoir & retenir les despens faits par iceux au temps de la saisie, sur les biens & chevaux hostelez (a).

XV. En obligation generale de meubles & immeubles, après que discussion a esté faite des meubles, doit l'impetrant de l'execution la continuer sur les biens qui sont encore en la possession de son debteur avant que s'addresser subsidiairement à autres qu'il auroit aliené depuis la creation de la debte.

XVI. De mesme s'il a hypotheque speciale, doit faire discussion d'icelle premier que passer aux autres biens generalement obligez, si ce n'est que le choix par le contract luy en soit laissé.

XVII. Biens vendus par auctorité de justice, soient meubles ou immeubles, peuvent (après le vendage à droit de ville & delivrance faite des meubles, ou mise en possession de l'acquesteur ès immeubles) estre racheptez par le debteur dedans la quinzaine, plustost que laquelle expirée ne commence à courir l'an de retraict lignagier.

XVIII. Ne s'apprecieront doresenavant les biens exploictez à requeste des creanciers, pour leur estre delivrez en paye au prix & estimation faite par justice, ains se subhasteront à requeste desdits creanciers, ou au lieu où ils auront esté exploictez, ou en autre prochain à ce plus propre & commode, & s'encherront aux plus offrans & derniers encherisseurs, qui pourront les ceder & transporter par après auldits creanciers, s'ils en conviennent.

XIX. Et pour tout delay, sont lesdits encherisseurs tenus par corps satisfaire au prix de leurs encheries dedans la quinzaine pour les meubles, & le mois pour les immeubles.

XX. En prinse & execution de meubles, ne doivent estre prins gages pasturans, sur tous les chevaux ou bœufs tirans à la charrue, ny les outils d'un ouvrier desquels il se sert ordinairement à travailler de son mestier, tant & si longuement qu'ils s'en trouve d'autres, n'estoit en reprinses de mesus ès fruits des champs, que le bestail y trouvé mesusant doit, s'il est prins, estre mené à justice ou aux lieux accoustumez à les mener & detenir, & y demeurer jusques à ce qu'il soit plegé par celuy à qui il appartient.

TITRE XVIII.

Des Prescriptions & haultes Possessions.

I. Quiconque sans interruption, contredit, ny empeschement, a possedé de bonne-foy heritage, soit de fief, franc-alœud ou de roture par l'espace de trente ans, il a acquis la proprieté & seigneurie dudit heritage, & en est fait en ce moyen maistre & seigneur, sans distinction ni recherche aucune, si telle possession a commencé ou a esté continuée avec titre ou sans titre, entre absens ou presens, contre le Prince ou le vassal, & tout autre quel il soit, pourveu qu'elle n'ait esté commencée & continuée à telle voye de force ou violence, que contre icelle il n'y ait eu moyen aucun se prouvoir par Justice, le temps de la prescription durant.

II. De mesme sont toutes actions, charges, redevances, rentes & prestations personnelles ou réelles prescriptibles par trente ans, & toutes prescriptions par lesquelles on peut acquerir plein droit en la chose soit meubliaire ou immeubliaire uniformement reduites à ce temps.

III. Toutesfois droicts de pure faculté, foy & hommage du vassal envers son seigneur, & choses tenues entre parsonniers par indivis & droicts seigneuriaux sur les subjects, sont de soy imprescriptibles, si ce n'est du temps de la contradiction ès droicts de ladite faculté, & que le comparsonnier ait fait ou exercé, quelque act de jurisdiction ou autrement possedé particulierement quelque chose en la communité privativement de son comparsonnier, verifiant par titre ou autrement deuement l'avoir fait de son droit, prerogative ou autre droit particulier hors ladite communité.

IV. Aussi sur bien propre de la femme, vendu par le mary, sans son consentement ne court prescription contre icelle le temps du mariage durant, qu'elle est & demeure sous la puissance de son mary.

V. Possession s'acquiert par an & jour, & quiconque y est troublé, doit agir & se prouvoir par complainte de nouvelleté, ou autre remede possessoire contre le troublé, dedans l'an & jour d'iceluy, autrement luy est cette action prescripte.

VI. Action d'injure est perie à l'injurié, si dedans l'huictaine de l'injure à luy dite ou sceue par le raport d'autruy, il n'en fait le plaintif & le poursuit dedans l'an & jour, de mesme est l'action du delict prescripte, si dedans l'huictaine qu'il a esté inferé, n'en est fait le plaintif, & la poursuite dedans ledit temps d'an & jour.

VII. Adjournement requis en assises ou ailleurs pour commencer un action petitoire, s'il se trouve delaissé de sorte qu'il soit demeuré en ces termes, sans production de demande de la part du requerant, advenant que depuis cette discontinuation il

a TIT. XVII. ART. 14. *& chevaux hostelez.* Coustume de Paris, art. 175. *ubi dixi.* J. B.

se trouve par autres nouveaux adjournemens, avoir dressé action en laquelle partie defenderesse excipe de jouyssance prescript à temps de haute possession & veuille le requerant à ce opposer interruption du moyen desdits adjournements premiers n'y est recevable, si ce n'est que la demande sur laquelle sera ladite exception proposée, ait esté produite sur les mesmes adjournemens desquels il argue ladite interruption; auquel cas se prent ladite interruption dès le temps du premier desdits adjournemens requis avant lequel lors est de necessité au deffendeur, verifier le temps de sa pretendue haute possession, non seulement de celuy de la production de la demande.

VIII. Tous articles accordez par son Altesse aux Estats demeurent en la force & vigueur des loix & coustumes escrites.

IX. Si par succession de temps, on recognoissoit quelque coustume cy-dessus escrite, porter prejudice aux authoritez, prerogatives ou privileges de quelqu'un des Estats, telle coustume se pourra changer par un Estat suivant.

En l'Estat General convoqué à Nancy au premier jour de Mars, mil cinq cens quatre-vingt & quatorze, ont esté leues & releues les Coustumes cy-devant escrites & communiquées à son Altesse & en a on fait extrait de celles qui ont semblé nouvelles, lesquelles on a prié treshumblement à son Altesse de vouloir homologuer: Les autres ont esté tenues pour anciennes, & par cy-devant pratiquées, & que doresnavant l'on doit suivre & observer, Presens à ce, pour l'Estat Ecclesiastique les RR. PP. & Seigneurs Anthoine de Haraucourt Prieur de Flavigny, Anthoine de Lenoncourt, Prieur de Lay, les Abbez de Chaulmosey, de Senone, de Belchamp, d'Estivay, de Luneville Prieur de Breul, Jean de Monsson Prevost de sainct George de Nancy, Jean Gerardin Chanoine & Chancellier d'office en l'Eglise de Remiremont.

Et pour l'Estat de Noblesse, de hauts, puissans & honorez seigneurs, Jean Comte de Salm, Mareschal de Lorraine & Gouverneur de Nancy, Affricam de Haussonville, Baron d'Orne, Mareschal de Barrois & Gouverneur de Verdun, Christophe de Bassompierre Sieur dudit lieu, & de Haroué grand maistre d'hostel & chef des finances de son Altesse, Charles de Lenoncourt, Baron d'Ormes Seneschal de Lorraine, Friderich Comte Sauvage du Rhin & de Salme grand Escuyer de Lorraine, Otho Comte Sauvage du Rhin, Sieur de Mothanges, George de Savigny, Sieur dudit lieu & Chevalier de l'ordre de France, Peter Ernst Baron de Crehange, Cristoph Baron de Crehange, Regnauld de Gournay Sieur de Viller Bailly de Nancy, René de Florainvil Bailly de Bar, Jean de Haussonville Bailly de Vosges, Philippe de Ragecourt Sieur d'Ancerville Bailly d'Allemagne, René d'Anglures Sieur de Melay Gouverneur de la Mothe, Philibert du Chastelet Bailly du Bassigny, Jean de Pourcelets Sieur de Mailhaine Gouverneur de Toul & Bailly de l'Evesché de Metz, Theodore de Lenoncourt Sieur de Gondrecourt Gouverneur de Marsal, George Baier Baron de Bopart, Anthoine de Haraucourt Sieur de Parroy & de Gircourt Capitaine de l'Artillerie, Jean de Beauvau Sieur d'Aviller, Louys de Beauvau Sieur de Tremblecourt, Louys de Liceras Sieur de Boufferville Bailly de Chastel, Jean de Custine Bailly du Comté de Vaudemont, Nicolas de Haulcoy Sieur de Receicourt, Jean de Marcossay Sieur de Going, Valter de Lutzelbourg Capitaine de Sarbourg, Jacques du Val Sieur de Mondreville, Jean de Hautois Sieur de Nubecourt, Jacques de Ragecourt, Charles de Lignenville Sieur de Tantonville, Gaspar de Ligneville Sieur de Tumejus, François Henry de Haraucourt Sieur de Magnieres, Jacob de Haraucourt Sieur de Baion, Jean du Buchet Sieur d'Aioncourt, Charles le Boutellier Sieur de Bouvigny, Humbert de Bildstein Sieur de Magnieres Gouverneur de Bitsch, Jean de Bildstein son fils, Nicolas de Bildstein Sieur de Frouille, Hartor de Palant, Jacques de Ligneville Sieur de Vannes, Robert de Stainville Sieur d'Outrancourt, Christophe de Seraucourt Sieur de Romain, Louys de Custine Sieur de Villy, Adam de Custine Sieur de Guermanches, Claude de Sarnay Sieur dudit lieu & de Frouart, Olry d'Ouches Sieur de Cercueur, Samuel de Gournay Priauville, Jean Blaise de Mauleon Bailly de l'Evesché de Toul, Louys de Mauleon son fils, Henry de Ludres Sieur de Richarmesnil, André de Landres Sieur de Fontoy, le Sieur de Tavigny, Jean de Pouilly Sieur de Hugne, Simon de Pouilly Sieur d'Esne, le Sieur de Vasprich, Jean de Buffegnecourt, le Sieur de Belrup, Louys des Fours Sieur de Mont, Nicolas d'Ainville Sieur de Guebelanges, Jean de Crevé dit d'Horville.

Et pour le tiers Estat, les deputez des Villes des Duchez de Lorraine & de Bar.

LETTRES PATENTES DE SON ALTESSE

Du 16. Septembre 1594.

Portant interpretation de deux Articles des Coustumes anciennes de Lorraine.

CHARLES par la grace de Dieu Duc de Calabre, Lorraine, Bar, Gueldres, Marchis, Marquis du Pont à Mousson, Comte de Vaudemont, Blamont, Zutphen, &c. A tous qui verront ces presentes. Salut: Bonne & grande partie des Ecclesiastiques & Vassaulx de Lorraine & Barrois, & notamment des Bailliages de Nancy, Vosges & Allemagne, convoquez en ce lieu à notre mandement au douziesme de ce mois, y ayans à divers jours conferez de plusieurs affaires, concernans le bien & l'utilité du publicq & de la Justice, mesmes la continuation de l'ayde des deux francs par conduit pour les trois mois d'Octobre, Novembre & Decembre prochain, Nous ont fait remonstrer qu'au Cayer des vieilles Coustumes dont en l'assemblée derniere des Estats generaulx ils auroient faict recueil, & pour memoire les mis & redigé en escrit, ayans remarqué que celle où est parlé, de la communauté des acquests & conquests, immeubles entre gens mariez, *Soit que les femmes soient denommées ès contracts d'iceulx ou non*, ayant esté dressée en termes generaulx & indefinis en pourroient cy-après naistre plusieurs Art. 6. tit. 2. difficultez si elle n'estoit autrement plus particulierement interpretée, ils avoient advisé, que comme on tient ou Bailliage d'Allemagne de coustume ancienne, les femmes n'avoir esté participantes d'acquests, si elles n'estoient denommées ès contracts d'iceulx, ainsi s'il en y sourdoit difficulté entre partie, elles ne soient par ce obligées à ladite coustume, selon qu'elle est escripte audit cayer; ains ad ce qu'en ce faict elles prouveroient avoir esté pratiquée cy devant: & d'abondant qu'en tous lesdits Bailliages, ladite communauté ne puisse avoir lieu ès acquests faicts par le mary de succession immeubliaire, que pouvoit luy advenir par hoirie & succession *ab intestat*, (lors principalement que le pris ne respondroit à la valeur des choses acquestées) n'estoit doncques que la femme fut expressement denommée au contract; sauf que si le mary avoit aliené du bien propre de la femme pour satisfaire à l'acquisition, en ce cas les biens d'icelle, ou partie luy demeureront obligez à la concurrence & à proportion desdits deniers, jusques à la restitution d'iceux. Encor pource que touche la garde noble des enfans aux peres & meres, Art. 1. tit. 4. où il est dict (*Quils feront les fruicts leurs, tant de ce qu'obvenu seroit ausdits mineurs, que de ce qu'obvenir leur pourroit le temps de leur minorité durant*) que cela s'entende de ce que leur adviendra *ab intestat*, Car advenant, que celuy de qui le bien proviendra, faict par testament, où autre ordonnance nomme un autre que le pere ou la mere, pour gouverner le bien qui doit eschoir aux mineurs & à leur proffit rendre compte des fruicts, levées & apports d'iceux pardevant le Juge qu'il ordonnera, sa volonté en ce soit suivie: Nous ayans lesdicts Ecclesiastiques & Vassaux faict supplier très-humblement, vouloir avoir ces modifications, intelligences & interpretations pour agreables, & les approuver & confirmer de notre auctorité souveraine, inclinans à quoy, pour les avoir jugé raisonnables & equitables, Sçavoir faisons que par advis des gens de notre Conseil, Nous avons le tout de ce que dessus confirmé, approuvé & agréé, declaré & declarons lesdictes Coustumes anciennes estre telles, & ainsi devoir estre modifiées, entendues, interpretées & tenues qu'il y est dit & declaré par tout, en Jugement & dehors, sans difficulté aucune: Mandons à tous Juges de nosdits pays & à tous autres de nos Officiers hommes & subjects qu'il appartiendra ainsi en juger & s'y conformer aux occurrences. Et pource que plusieurs pourront avoir afaire d'enseignement de cette Notre declaration, voulons qu'au vidimus des presentes deuement collationné, soit foy adjousté comme à l'Original, Car telle est notre volonté. En tesmoin dequoy, Nous avons signé ces presentes de notre propre main, & à icelles faict mettre & appendre notre grand seel. Donné en notre ville de Nancy le seiziesme jour du mois de Septembre, mil cinq cens quatre-vingt-quatorze.

Ainsi signé, Charles.

Et plus bas, Par Monseigneur le Duc, &c. Les Sieurs Comte de Salm Mareschal de Lorraine & Gouverneur de Nancy, d'Haussonville, Mareschal de Barrois & Gouverneur de Verdun, d'Ancerville Bailly d'Allemagne, de Melay, Gouverneur de la Mothe & Monteclair, & de Mailjhanne, Gouverneur de Toul, de Mondreville, du Bucher Chambellan, Maimbourg, Maistre aux requestes ordinaire, Remy Procureur General de Lorraine, & G. de Chastenoy presens.

M. Bouvé.

Registrata L. Henry, & seellées de cire rouge du grand seel de son Altesse.

AUTRES LETTRES PATENTES DE SON ALTESSE

Du dernier Mars 1599.

Touchant l'interpretation de quatre articles des Coustumes anciennes de Lorraine, faicte à la postulation des Estats, tenus à Nancy, le quinziesme de Mars, dicte année, & de son ordonnance imprimée & adjoincte au volume escrit desdictes Coustumes & formalitez.

CHARLES par la grace de Dieu Duc de Calabre, Lorraine, Bar, Gueldres, Marchis, Marquis du Pont-à-Monsson, Comte de Vaudemont, Blamont, Zutphen, &c. A tous qui ces presentes verront. Salut: En l'assemblée des Etats generaulx de nos pays, convoquez en ce lieu, au quinziesme de ce mois, entre autres remonstrances à nous y faictes, ceux du Duché de Lorraine, ès Bailliage de Nancy, Vosges & Allemagne, Nous ont faict entendre, que pour couper chemin à plusieurs difficultez qui pourroient naistre de l'interpretation diverse que chacun à son intention, œuvre & profit & contre la vraye notre, & leur s'estudieroit donner aux articles premier du tiltre *de Communaulté de biens, entre gens mariez & leurs enfans*, deuxiesme en nombre du cahyer des Coustumes, Styl & Formalitez escrites desdits Bailliages, en ce que sous la generalité de la clause y attribuant les meubles & choses reputées meubles au survivant, ceux qui sont de subjection mainmortable ou autre pareille condition servile, pourroient au prejudice des seigneurs fondez esdits droits la tirer à l'exemption de leur servitude. Au dixseptiesme du tiltre quinziesme, *des Bois, Forests, Rivieres, &c.* En ce que le reglement des bois y estant attribué seulement au hault Justicier, entre ses subjects, plusieurs qui ont desvouez ou autres comparçonniers esdits bois, soit en amendes, en confiscations y escheantes ou autrement, sans part toutesfois en ladite haute Justice, pourroient de là prendre argument de donner seuls les reglemens, lesdits comparsonniers non y appellez & peut estre, à leur dommage & prejudice. *Au premier du tiltre des Plainctes esdits Formalitez*, où il estoit que le choix sera au plaingnant de former sa plaincte, ou pardevant le Seigneur hault justicier des Juges qui l'auront grevé, ou pardevant le Bailly & ceux de la Noblesse, en ce que quelques uns de nos Vassaulx ayans le droict & l'authorité de vuider en leurs buffets les appellations

lations des sentences rendues par leurs Justices, on pourroit de là pretendre qu'ils en fussent reformables
par l'un ou l'autre desdits deux moyens, au prejudice de leursdits droicts & authoritez, n'ayant jamais ainsi esté faict ny pratiqué. Encor au premier du tiltre, *des Prescriptions*, au cayer des *Coustumes
nouvelles*, où estant dit, qu'on ne peut prescrire contre l'Eglise, à moins de quarante ans, plusieurs de
ceux qui ayment à plaider pourroient en arguer, que doncques le droict de disiner par ledit temps de quarante ans, se pourroit prescrire contre la disposition des Saincts Decretz & Canons: Il estoit requis & expedient y prouveoir & donner esclaircissement, & à ces fins, y ayans en cette assemblée advisé, avoient
trouvé expedient, que lesdits articles soient interpretez & esclarcis en cette sorte : çavoir, ledit premier
article, *Du tiltre de Communauté de biens entre gens mariez*, Qu'il n'a esté entendu, pouvoir, ny devoit Art. 1. tit. 2.
estre par iceluy prejudicié, à ceux qui contre l'attribution des meubles, au survivant des deux conjoints,
sont fondez en droict contraire de main-morte, ou autre telle semblable servitude sur aucuns de leurs
subjects. Celuy qui tousche au *Reglement desdicts Bois*, N'avoir aussi esté entendu, qu'il puisse estre preju- Art. 17. tit. 15.
dicié à ceux qu'avec le hault Justicier, se trouveroient avoir droict de jurisdiction ou de simple proprieté, profits & émoluments ès bois à regler sur les simples usages: & entant que besoing soit, en y
adjoustant a esté arresté: Que lesdits ayans les droicts susdits de Jurisdiction ou simple proprieté, profits & émoluments devront estre pour leurs interests appellez à faire donner ledit reglement. Semblablement n'avoir esté entendu par ledit *Article premier des Plainctes*, la cognoissance en avoir esté aus- Art. 1. tit.
dits Sieurs de la Noblesse attribuée sur autres plus-avant, que sur ceux desquels ils ont mediatement,
ou immediatement, la cognoissance des appellations au droict de notre Hostel; demeurantes les choses
comme auparavant pource que touche celles qui se vuident esdits buffets. Et que par ledict article desdites *Coustumes nouvelles*, touchant lesdites *Prescriptions contre les Ecclesiastiques*, il n'a aussi esté entendu, Art. 1. tit. 6.
iceluy devoir estre extendu plusavant que sur les choses qui sont de droict prescriptibles, non sur le
droict de dismer qui est imprescriptible ny autrement. Sçavoir faisons, que le tout de leursdites remonstrances consideré, & eu sur ce l'advis des gens de notre Conseil, Nous avons leursdites declarations, interpretations, adjonctions & esclaircissement loué, approuvé, louons & approuvons, voulons & nous plaist,
qu'à l'occurrence des faits y rapportez elles soient suivies tant en Jugement que dehors, & suivant icelles, lesdits articles estre pratiquées, entendues & interpretées, tant par les Juges desdits Bailliages superieurs ou inferieurs, que tous autres qu'il eschetra. Si mandons à tous nos Baillis, Prevosts, Maires
ou leur Lieutenans & à tous autres Juges de nos Pays esdicts Bailliages de Nancy, Vosges & Allemagne, qu'escheante difficulté sur aucunes des choses avant dites ou autrement souffrant occurrence de
les mettre en pratique, ils suivent cette notre presente Declaration & esdits cas, se conforment en tout &
par tout conformement à icelle par raison. Et pource qu'à plusieurs pourra estre de besoing en avoir
enseignement un ou plusieurs, voulons qu'au vidimus des presentes soit foy adjoustée comme à l'original,
& ainsi nous plaist. En tesmoing dequoy, Nous avons signé cettes de notre main, & à icelles faict mettre
& apendre notre grand seel. DONNÉES à notre ville de Nancy, le dernier jour de Mars, mil cinq cens
quatre-vingts dix neuf.

Ainsi signé, CHARLES.

Et plus bas, PAR SON ALTESSE. Les Sieurs Comte de Salm, Mareschal de Lorraine, Gouverneur de Nancy, de Villers Bailly dudit Nancy, de Mailhaine Bailly & sur-intendant de l'Evesché de Metz, de Lenoncourt, Prieur de Lay, de Mondreville, Maimbourg & Bardin, Maistres des Requestes ordinaires presens. Et pour Secrétaire

M. BOUVET.

LES COUSTUMES GENERALES NOUVELLES, DES BAILLIAGES DE NANCY, VOSGES ET ALLEMAGNE.

TITRE PREMIER.

Entre Gens Mariez.

ARTICLE PREMIER.

SI de biens propres à l'un de deux conjoincts vendus constant le mariage, le prix en tout ou partie, est deu au temps de la dissolution dudit mariage, ce qu'en est ainsi deu, & se trouvera n'avoir encore esté payé est censé de mesme nature que la chose vendue, & doit appartenir aux heritiers immeubliaires de celuy à qui elle estoit propre.

TITRE II.

Des Successions.

I. EN successions directes de gentils hommes, tant qu'il y a fils ou descendans d'iceux, ils excluent les filles. En collaterales, si avant qu'il y a freres ou descendans d'iceux, leurs sœurs ne succedent aucunement, ains pour toutes successions, soit meubliaire ou immeubliaire, ont indistinctement somme de deniers, selon l'ordonnance du pere, s'il en a precisement ordonné, & s'il n'en a ainsi ordonné, telle que les qualitez, moyens & facultez de leurs maisons, le peuvent donner, outre & pardessus les habillemens convenables à la decence de leurs estats, & frais du festin de nopces, le tout à l'arbitrage des parens; & où ils n'en tomberoient d'accord, ou en sourdroient difficultez entre les parties, à ce qu'en sera arbitré ou jugé ès Assises.

II. Les enfans de divers licts, entre tous, gentilshommes, annoblis & roturiers partageront par testes egalement les successions de leurs peres & meres sans distinction aucune des licts & nopces d'où ils sont issus, si doncques par convention de mariage il n'y a traicté au contraire; & en ce cas de licts brisez, & mariages divers, entre gentils-hommes, les fils aussi exclueront les filles des successions de leurs peres ou meres communs, en apportionnant icelles de ce que leur doit estre donné pour leur dot & sans avoir egard à l'ancienne Coustume, par laquelle elles faisoient licts à part, partageoient contre les fils, & selon leur lict prenoient leurs contingentes esdites successions.

III. Si toutesfois en ce mesme cas de pluralité de licts, les fils après avoir ainsi herité les biens & hoiries de leurs peres & meres, viennent à deceder sans hoirs de leurs corps delaissans sœurs germains de leur lict, & freres consanguins ou uterins d'un autre, elles par revestement de lignes, & privativement desdits non germains, consanguins ou uterins succederont ès biens que leursdits germains delaisseront provenans de l'estocage du pere ou de la mere desquels lesdits non germains ne seront issus. Aussi quand les filles ou leurs representans demeurent sans aucuns freres ny descendans d'iceux, elles sont en ce cas capables de succeder en toutes sortes & especes de fief & biens delaissez par leurs peres, meres, freres, sœurs, & tous autres leurs parents.

IV. Le frere aisné ou son representant en ligne directe prendra par preciput & sans obligation d'aucune recompense le chasteau ou maison-forte, basse-court, parc fermé de murailles, jardins & pourpris contigus, avec le droit de guet, de bois de maronage pour la refection de la maison, patronage & collation de chapelle castrale, & de la cure du village où il a la maison, s'il a droit de collation : où toutesfois il y auroit dedans le clos du chasteau, du parc ou de la basse-court, des moulins, pressoirs ou fours bannaux, & où y auroit en la maison droit d'affouage, le frere aisné sera obligé d'en donner recompense à ses freres.

V. Si en une succession se retreuvent plusieurs chasteaux ou maisons fortes en plusieurs Bailliages ou provinces, dedans le pays de son Altesse, où la Coustume avantage le frere aisné d'avoir une maison par preciput, privativement de ses freres, & le nombre des freres est tel que quelqu'un d'eux par ce moyen ne puisse avoir maison, l'aisné sera obligé de se contenter d'en avoir une à son choix & option, & ainsi de freres en freres, tant que chacun d'eux puisse avoir maison si faire se peut, & icelle non divisée.

VI. Les parents & heritiers presumptifs du decedé seront receus à se porter heritiers par benefice d'inventaire, & ce dedans dix sepmaines, s'ils sont au pays, & quatre mois s'ils sont absens ou mineurs.

VII. Ceux qui decedent sans hoirs procreez de leurs corps, font encheute de leurs meubles & acquests à leurs freres germains, & aux descendans d'iceux; & à faute desdits germains aux non germains: & s'ils n'ont aucuns freres ou sœurs, lesdits meubles escherront en tout aux peres ou meres, ayeuls ou ayeules les survivant. Que s'ils decedent au cas qu'ils ayent herité la succession de leurs peres ou meres, ayeuls ou ayeules, lesdits biens heritez retourneront à ceux de la ligne d'où ils seront procedez.

VIII. Si par donation ou autrement ayans receu quelques biens de leursdits peres ou meres, ayeuls ou ayeules, ils decedent laissans iceux à eux survivans, lesdits biens provenans desdites donations ou autres advancemens, retourneront ausdits leurs ascendans de la ligne ou estocage desquels ils seront provenus & mouvans.

IX. Au defaut desdits peres & meres, ayeuls ou ayeules, les cousins sont preferables aux oncles en ce que sera des meubles & acquests, les oncles aux cousins, en ce qui se trouvera de l'ancien.

X. En succession directe de pere & mere (non plus avant) l'aisné de plusieurs freres est tenu, mais à frais communs, faire & dresser les partages, & ont les puisnez la prerogative de choisir subordinément, à commencer au plus jeune, sous l'obligation toutesfois à eux ou leurs tuteurs, de faire le choix dedans six sepmaines, que deslors desdits partages leur seront mis en main, à peine d'estre ce droict referé à ceux qui les suivent en ordre, s'il n'y a cause d'exoine & excuse legitime de leur retardement. Si pendant le temps de la deliberation, les crediteurs pressent, se fera vente des meubles par auctorité de justice à l'enquant public, pour estre faite distribution des deniers en provenans selon qu'il sera trouvé raisonnable.

TITRE III.

Des Donations.

I. PAr donation entre-vifs, on peut disposer de ses meubles & acquests à sa femme (*a*), à l'un ou plusieurs de ses enfans par preciput ou par partage, à la volonté du pere ou mere estant en ses droits puissance, ou à tous autres generalement.

TITRE IV.

Des Testamens.

I. TOutes personnes qui sont en leur puissance, hors la tutelle & curatelle d'autruy usans de leurs droits, saines d'entendement, & en estat de pouvoir par parole distinctement ou par escrit declarer ou tesmoigner leur conception & volonté, peuvent faire testament, codicile & ordonnance de volonté derniere, & par icelle disposer de leurs meubles & acquests au profit de leurs femmes, d'un ou plusieurs de leurs enfans, par partage ou preciput, ou à qui bon leur semble.

II. La Femme n'ayant enfant de mariage precedent, pourra au profit de son mary, (si bon luy semble) disposer par testament ou autrement, de sa part des meubles & acquests faits constant son mariage, mais par usufruit seulement, & pour ce faire est auctorisée par la Coustume, moyennant qu'elle n'y soit forcée ny contrainte.

III. On peut entre gentils-hommes par donation entre-vifs ou par testament, disposer & substituer valablement par une des maisons anciennes, & un quart de bien ancien en corps & fonds, entre les enfans ou autres de la famille du testateur portans le nom & les armes, & à leur defaut on pourra faire ladite substitution à un parent issu de la famille, à charge de prendre le nom & les armes.

IV. Peres & meres peuvent faire le partage entre leurs enfans, tant de leur naissant qu'acquest, & si audit partage quelque inegalité se trouvoit au bien naissant, laquelle inegalité seroit toutesfois recompensée par les acquests, celuy qui aura cette recompense d'acquest, ne pourra repeter quelque chose sur le bien ancien.

V. Fils de famille suivans la guerre, ou bien par autres moyens ayans acquis quelque bien de leur industrie, pourront valablement disposer d'iceluy par testament, encore qu'ils soient autrement sous la puissance paternelle, & au dessous de majorité complete.

VI. Testament fait de tant de legs qu'ils excedent la juste value ou quote de ce que le testateur a peu leguer valablement, vaut neantmoins à la concurrence de ce dont il aura peu legitimement disposer & doit estre faite la reduction à chacun legataire, à proportion & mesure de ce que luy a esté legué, sinon qu'en tout cas le leg du quart de l'ancien en faveur de famille, doit demeurer entier au legataire, non subject à ladite reduction.

VII. Les recompenses faictes aux serviteurs pour tous services censez legats pieux, & en legats pieux on peut ordonner & leguer jusques à un quart de l'ancien pardessus les meubles & acquests non comprins le quart, duquel on peut disposer en faveur de famille.

a *Des Donations.* ART. I. *& acquests à sa femme.* Non la Femme au mary; jugé par Arrest en cette Coustume, rapporté *lib. 9 Arrest. pag. 226. 227.* où j'ay remarqué un Arrest donné en l'an 1608. en cette Coustume, en la seconde Chambre des Enquestes, les autres Chambres consultées, qui l'a ainsi jugé. Du Molin en son Commentaire manuscrit sur la Coustume de Paris, §. 156. n. 2. rapporte une turbe faite de son temps, par laquelle cela fut prouvé en cette Coustume. J. B.

TITRE V.

Des Conventions & Marchez.

I. ACquisition de biens immeubles faicte à faculté de rachapt, soit que le temps du rachapt dure ou soit expiré, est censée acquest, & affectée aux heritiers immeubliaires.

II. Entre roturiers, outre la prise de possession réelle & de fait qu'est necessaire, faut de plus publier ladite possession à l'Eglise de la paroisse du lieu où la chose vendue est assise, par trois Dimanches subsequens.

III. Indistinctement successeurs Ecclesiastiques ne sont tenus au remboursement de deniers advancez d'entrée, ny à continuer les admodiations faictes par leurs predecesseurs à plus longues années que de neuf ans, & ne sont obligez du fait de leurs predecesseurs, n'estoit que les choses se trouvent converties au profit evident de l'Eglise par bonne & preallable cognoissance de cause, & avec le consentement des chapitres & superieurs.

TITRE VI.

Des Prescriptions.

I. ON ne peut prescrire contre l'Eglise à moins que quarante ans (*a*).

II. D'oresenavant en toutes causes, actions & procès commencez ès assises, tant de Nancy, Vosges, qu'Allemagne, & ès sieges superieurs des Bailliages il sera loisible aux parties faire enqueste de tesmoings & examen à futur, parties appellées, & autres ceremonies en tel cas requises & observées : Et vaudront les depositions des tesmoins tout ainsi que si les enquestes estoient faictes, le procès estant en terme & estat d'enquester, devront neantmoins lors lesdits tesmoins estre recolez en leurs depositions, s'ils sont encore vivans. Et lesdites enquestes & examen, demeurer clos & fermez jusqu'à ce qu'il les conviendra employer.

ORDONNANCE DE SON ALTESSE

Sur l'omologation des Coustumes generales nouvelles des Bailliages de Nancy, Vosges & Allemagne.

CHARLES par la grace de Dieu, Duc de Calabre, Lorraine, Bar, Gueldres, Marchis, Marquis du Pont à Mousson, Comte de Vaudemont, Blamont, Zutphen, &c. A tous presens & à venir: SALUT, comme nous ayans convoqué les Estats generaux de nos pays en ce lieu de Nancy, au premier jour de ce mois, & les Estats des bailliages de Nancy, Vosges & Allemagne, Nous ayent remonstré qu'ils estimoient estre de besoin d'establir des Coustumes nouvelles, que par ensemble ils avoient advisé estre grandement necessaires pour le soulagement & bien public de tous les Estats desdits Bailliages, & les auroient redigées en vingt-quatre articles, en la forme qu'elles sont cy-devant escrites: Nous supplians très humblement de les vouloir aggréer, approuver & omologuer.

SÇAVOIR faisons, qu'inclinans à leurs prieres très humbles, & ayans veu & examiné lesdites articles, n'y trouvans que choses justes & equitables, & pour le plus grand bien de nos Ecclesiastiques, Vassaux & subjects desdits Bailliages, les aggreons, approuvons & omologons de notre puissance & auctorité souveraine. Et voulons que d'oresenavant, comme generales en chacun desdits Bailliages, & nonobstant toutes autres generales ou particulieres que sur ce on pourroit pretendre avoir esté tenues & observées ou y estre du contraire, elles soient suivies & observées, comme celles que de tout temps sont recognues pour anciennes Coustumes & hors de difficulté, sans qu'il soit loisible aux parties sur les faits & cas y articulez d'en proposer, deduire ny articuler d'autres contraires: CAR ainsi Nous plaist. En tesmoing dequoy, Nous avons signé ces presentes de notre propre main, & à icelles fait mettre & appendre notre grand seel. DONNÉES en notre ville de Nancy, le dix-septiesme jour du mois de Mars, mil cinq cens quatre-vingt & quatorze.

Ainsi signé, CHARLES.

Et plus bas, Par Monseigneur LE DUC, &c. Les Sieurs Comte de Salm, Mareschal de Lorraine, Gouverneur de Nancy; de Haussonville, Mareschal de Barrois, Gouverneur de Verdun; de Bassompiere, grand maistre de l'Hostel, chef des Finances; de Lenoncourt, Seneschal de Lorraine; de Meloy, Gouverneur de la Mothe; de Mailhanne, Gouverneur de Toul; de Lenoncourt, Prieur de Lay; Maimbourg, Maistre aux Requestes ordinaire; Remy Procureur General de Lorraine; & Bardin aussi Maistre aux Requestes, presens.

M. BOUVET.

Registrata L. Henry, escrites sur panchemin velin, en trois fueillets, scellées du grand seel de son Altesse, sur cire rouge à las de soye noir & jaulne pendans.

a *Des Prescriptions.* ART. I. *à moins de quarante ans.* Ce qui s'entend des choses qui de droit sont prescriptibles, non le droit de dixmes qui est imprescriptible, suivant les Lettres Patentes de Charles Duc de Lorraine, du dernier Mars 1599. *suprà.* C'est la decision des Arrests par moy cotrez sur le recueil de M. Louet, *litt. D. num. 9. fine.* J. B.

TABLE DES TITRES DES COUTUMES DE LORRAINE.

COUSTUMES DU BAILLIAGE D'ESPINAL.

TITRE PREMIER.

Des Droicts, Auctoritez & Preéminences des Personnes de la Ville & dudict Bailliage, de leurs Magistrats, Droicts & Jurisdictions.

ARTICLE PREMIER.

AU Bailliage d'Espinal, il y a Clercs & Laics, les Clercs jouyssans du privilege de Clericature, sont jurisdiciables en action pure personnelle, pardevant les Juges Ecclesiastiques, les Laics pardevant leurs Justices ordinaires & domiciliaires.

II. Les gens d'Eglise natifs dudit Espinal, & autres y ayans benefices qui les desservent actuellement & les Curés & leurs Vicaires residents en leurs benefices ès villages jouyssent des mesmes droicts & usages communaux, qu'autres habitans dudit Bailliage.

III. Les habitans dudit Bailliage, jouyssent des droicts, privileges, franchises & de toutes autres libertez portées ès chartres de son Altesse de feu Messeigneurs, ses predecesseurs, qui demeurent & demeureront en leurs forces.

IV. Sont aussi francs de toutes servitudes, de main-morte, poursuite, fourtuyance, formariage & autres semblables, peuvent trafiquer, vendre & distribuer toutes sortes de marchandises, sans estre subjects à aucun droict de hant.

V. La plus haulte amende pecuniaire, est de soixante souls vallant quatre frans monnoye de Lorraine, n'est doncques qu'il s'agisse de forfaict, duquel l'amende & peine pecuniaire soit statué par édit de son Altesse ou par le present cayer, auquel cas devront les Juges s'y conformer; ou que les injures verbales ou réelles, delicts & exces se trouvent circonstanciés de telle atrocité, indignité & qualité, qu'arbitrairement ils doivent estre outre ladite amende de soixante souls, punis & reprimés d'autre plus grande peine extraordinaire.

VI. Les habitans de la ville, faulbourgs & prevosté dudict Espinal, ne sont subjects à confiscation d'immeubles, ains de meubles seulement sauf ès crimes de leze-Majesté: & si la femme pour son mefaict non connivé, consenti ny approuvé par le mary, ne commet aucune confiscation.

VII. Si toutesfois en quelques seigneuries particulieres se trouve par usage, les seigneurs du lieu estre en droict & jouyssance contraire; n'est entendu par ce leur y estre prejudicié.

VIII. Les musniers dudit Bailliage sont reputez habitans ès lieux & ressorts où les moulins sont assis, en payants traits, tailles & debits de ville comme autres desdits habitans.

IX. Les bourgeois de la ville & des faulbourgs dudit Espinal & chacun d'eulx ont droicts de tenir poids en leurs logis, pour y poser toutes sortes de marchandises, jusques à cent livres & au dessous, & sont exempts de bannalité de fours & de moulins.

Seront aussi les mayeurs & subjects dudit Bailliage (& par grace speciale de son Altesse, qui leur en a esté faicte à leur requeste & suplication) exempts de bannalité desdits fours, en pareil que lesdits de la ville & des faulbourgs & celle des moulins à leur esgard, demeurante au bon plaisir de son Altesse.

X. Audit Bailliage y a un seigneur Bailly créé par son Altesse, qui a l'authorité & préeminence par dessus tous autres officiers dudit Bailliage.

XI. Et en la ville dudit Espinal y a un conseil composé de quarante personnes assermentées par ledit sieur Bailly, entre lesquels sont comprins les quatre gouverneurs, qui sortans de leurs charges, font deux billets d'election de chacun quatre conseilliers, qu'ils envoient & donnent audit sieur Bailly, lequel en doit choisir l'un; & ceux qui sont denommées en iceluy, sont tenus en accepter & exercer la charge pour l'année suivante, qui consiste au gouvernement de la police, regime & administration des affaires & biens de ladite ville.

XII. D'oresnavant le substitut de procureur general de Lorraine audit Espinal, (pourveu qu'il y soit bourgeois demeurant & habitué) aura entrée audit conseil, pour les affaires tant de la police que de la justice, & autres y representées, donnera sa voix & suffrage comme un des autres dudit conseil, c'est à-dire en pareille force & authorité (non autre ny plus grande) qu'un des autres conseilliers, tant en ce qu'il verra estre du bien de la ville & du public, que pour y remonstrer en sa charge les droits de son Altesse. Et pource que sera de ceux de ladite ville, police ou bien d'icelle, il prestera à sa premiere entrée & reception particulierement serment semblable à celuy que prestent les autres conseilliers ès mains dudit Bailly, qui ce fait luy assignera tel siege & place qu'il verra bon estre & sans que de là toutesfois, ledit substitut puisse se prevaloir de quelque authorité plus grande audit conseil, que l'un des autres conseilliers. Et s'il advient en la vuidange des appellations, qu'il a en qualité d'office ou pour son particulier se trouve partie, devra sortir au poinct de la resolution & decision d'icelles, comme feroit un autre particulier dudit conseil & deffaillant ledit substitut à son debvoir d'assister audit conseil sera subject aux peines telles & semblables que les autres conseilliers; sauf toutesfois exoine legitime. Aura aussi ledit procureur general (estant audit Espinal) entrée audit conseil, quand il verra bon estre sans aucune obligation d'autre serment, que celuy qu'il ha à son Altesse.

XIII. Et advenant que tel nombre ne soit complet, soit par decès d'aucun d'entre eux ou autrement, lesdits gouverneurs & gens du conseil font élection d'autres de la bourgeoisie qu'ils presentent audit Bailly, pour les y recevoir & adjurer du serment accoustumé.

XIV. Et bien qu'il soit pretendu du passé n'avoir esté d'usage ny de coustume, que les appellations interjectées des jugements des Juges inferieurs dudit Bailliage, aux Prevost, Eschevin & Clerc-Juré dudit Espinal, ayent par droict de ressort ordinaire ressorti plus avant; si est ce que son Altesse pour le bien de la Justice à la remonstrance & postulation des trois Estats desdites ville & Bailliage accorde, veut & statue, que d'oresnavant lesdites appellations pourront ressortir (si bon semble aux parties) en ressort dernier ordinaire pardevant lesdits Bailly, Gouverneurs & gens dudit conseil, que qui pource & ad ce elle establit desmaintenant juges à la charge d'en prester particulierement le serment ès mains dudit Bailly, qu'à ces fins elle commet par exprès, & que (comme il s'est faict jusque icy) sera loisible à ceux qui se sentiront grevés de leurs jugements rendus sur ceux desdits Prevost, Eschevin & Clerc-Juré, soit en premier instance ou par ressort, s'en prouveoir par plainte à sadite Altesse. Et neantmoins affin de retenir lesdites parties d'appeller frivolement, plus pour accrocher le procès, que pour griefs qu'elles ayent en la sentence dont elles appellent, ordonne, que l'appellant desdicts jugemens sera tenu en relevant son appellation fournir & consigner pour amende contre la partie condamnée six frans, sauf à recouvrer s'il obtient.

XV. Lesdits Gouverneurs ont aussi cette authorité, que quand quelque bourgeois faict des insolences ou autrement contrevient à ce qui est de la police de ladite ville, de leur donner chastoy de prison bourgeoise, par tant de temps qu'ils jugent le meffaict de sa qualité le demeriter (lesdictes prisons dites bourgeoises pource qu'autres que lesdits bourgeois ne doivent y estré mis) de deffense des portes ou aultrement qu'ils trouvent le cas y disposé & en commettent l'execution à leur Clerc qui leur sert de Greffier.

XVI. Ne s'extendra neantmoins d'oresnavant cette forme de peine de la deffense des portes, sur, ni contre les officiers de son Altesse; ains s'il est contre eux pretendu qu'ils facent chose mal à propos, ou denient de faire ce qu'on pretendra estre de leur devoir & obligation envers la ville ou autre, en devra estre faite plainte ou remonstrance à son Altesse, qui y donnera la provision.

XVII. Si tels bourgeois font refus suivre ledit Clerc & entrer en prison, lesdits Gouverneurs s'adressent au Prevost dudit Espinal, luy requierent la force & de faire apprehender & mettre ledit bourgeois en prison criminelle, ce qu'il doibt faire sans refus, & neantmoins leur rendre ledit bourgeois, quand ils luy demandent & qu'ils jugent avoir assez souffert le chastoy de la prison; & paye ledit prisonnier au grand Doyen, pour droit de son entrée & sortie, cinq gros, le tout sans note d'infamie.

XVIII. Et s'il arrive que tel bourgeois insolent, s'absente de ladite ville, par crainte d'estre apprehendé par ledit Prevost, pour estre mis en prison; à son retour & lors qu'il pense r'entrer en icelle, lesdits Gouverneurs luy font deffendre l'entrée des portes, & le tiennent banny d'icelles, jusques ad ce qu'ils jugent son insolence & absence, estre suffisamment reparée, s'il est si outrecuidé, que d'entrer en ladite ville sans leur permission, il est par eux rapporté de portes enfraintes, au receveur du domaine de sadite Altesse audit Espinal, si en paye une amende de soixante souls, vallans quatre frans au profit seul de sadite Altesse, sans pource toutesfois encourir note d'infamie; ne delaissent neantmoins pource lesdits Gouverneurs le punir par prison bourgeoise (comme dit est) à cause de ladite rebellion.

XIX. Peuvent aussi lesdits Gouverneurs, par l'advis desdits du conseil, recevoir au nombre de leurs co-bourgeois tous forains, que bon leur semble, après qu'ils leur auront faict paroistre de leur preud' hommie.

XX. Ont l'authorité à toutes occasions que bon leur semble, de faire visiter les pains des boulengers, pour recognoistre si lesdits boulengers ont observé l'ordre & la reigle par eux y establye, tant à bien & fidellement pestrir ledit pain, qu'à tenir l'ordre & pris y ordonné, selon celuy de la vente du bled, par chacun marché; & si aucuns de ces deffaults se trouvent esdits pains, le boulenger est multable pour chacun pain trouvé mal pestry, ou legere, de quatre gros envers son Altesse, & de la confiscation du pain aux pauvres.

XXI. Le sceau qui souloit estre en un coffre posé en l'Eglise sainct Gœry dudit Espinal, sera (jusques au bon plaisir de son Altesse) mis en quelque lieu propre de la maison de ville, pour par les Bailly & Gouverneurs y veoir & recognoistre les lettres grossoyées portées au seau, de la fermeté duquel pource ledit Bailly ou son lieutenant aura une clef, lesdits Gouverneurs une autre & le fermier du droict dudit seau la troiziesme, lequel Bailly ou sondit lieutenant recevra pour la veue desdites lettres, deux deniers, & lesdits Gouverneurs autant.

XXII. Lesdits Gouverneurs ont un autre seau, où les armoiries de ladite ville sont emprainctes, avec un cachet de mesme, desquels ils se servent, tant à séeller & cacheter attestations, que actes semblables, qui concernent leur estat par occurrences.

XXIII. Ont droict de collation de plusieurs Chappelles & Recommandises erigées, tant en l'Eglise monsieur sainct Gœry dudit Espinal, que dehors en conformité de l'intention des fondateurs d'icelles, & en donnent lettres sous le seau de ladite ville.

XXIV. Et generalement ont lesdicts Gouverneurs la charge de la police, le regime & administration de ladite ville & des biens d'icelles, pour y prouvoir à toutes occurrens, dont ils doivent rendre compte à l'issue & fin de leur charge.

XXV. Appartiennent neantmoins aux gens de la Justice,

Justice, l'adjustement des poids, mesures & aulnes, mesme la visitation des pains, quand ils en sont requis de la part desdits Gouverneurs ; & en leurs presences.

XXVI. Oultre ce en la ditte ville y a neuf anciennes compagnies de mestiers : sçavoir, de drappiers, courdonniers, mareschaulx, boulangiers, bouchiers, pelletiers, massons, charpentiers, cousturiers & papelliers, la plus grande partie des bourgeois & habitans de ladite ville, estants du nombre desdites compagnies, & s'assemblent chacunes d'icelles separément & en divers endroicts qu'elles ont accoustumé, tant pour faicts qui dependent de leurs compagnies & des statuts qu'ils y establissent, que pour faict de communaulté, lors qu'ils en sont requis desdits Gouverneurs, ausquels ils obeissent promptement, & leur donnent responce de ce que par eux a esté deliberé sur lesdits faits, ou pour autrement assister & satisfaire à ce que par iceux Gouverneurs leur est ordonné.

XXVII. Les majeurs souverains, c'est à dire de son Altesse, auront d'oresnavant Clercs Jurés en leurs jurisdictions, soient tabellions ou autres, qui seront à cette charge crées & assermentés, particulierement par ledit Bailly, & tiendront registres des causes, qui se traicteront esdites Justices, pour chacun an rapporter au receveur de son Altesse, roolle attesté des amendes & autres casualités escheantes ausdits offices.

XXVIII. Les informations preparatoires ne sont receues audit Bailliage, que sur faicts notoirement criminels & qu'il n'y ait partie formelle, civile ou requise du fiscq, ou tous deux ensemble, & lorsque le fiscq seul se mouvera, sera tenu declairer le denunciateur, à la premiere interpellation que luy en sera faite, pour s'il y eschet avoir recours contre iceluy de reparation, despens, dommages & interests.

XXIX. Les seigneurs fiefvés dudit Bailliage, jouyront de leurs droits & jurisdictions, selon que des droicts d'icelles ils ont jouy du passé.

TITRE II.

Des Traictez de Mariage & Droicts entre gens Mariez.

I. GEns mariés entrent dès la solemnisation de leurs nopces en communauté de meubles & choses de pareille nature, desquels neantmoins le mary est seigneur & maistre constant le mariage, & en a la libre disposition, & arrivant la dissolution dudit mariage le survivant des deux conjoincts, emporte tous les meubles de ladite communauté en payant les debtes contractées tant auparavant que pendant icelle, s'il n'y a traicté de mariage, auquel se trouve autrement avoir esté convenancé entre les parties.

II. Neantmoins la femme survivante son mary pourra si bon luy semble renoncer aux meubles & à sa part des acquests & conquests faits constant ledit mariage, & enquoy faisant sera deschargée des debtes passives contractées durant iceluy, & auparavant par sondit mary, comme aussi des frais funeraux & de ceux de l'execution testamentaire, si doncques n'estoit qu'elle fut specialement obligée avec sondit mary, au payement desdites debtes, auquel cas elle y seroit tenue pour la moitié, & devra faire la renunciation le jour de l'enterrement de sondit mary, par ject des clefs sur la fosse, s'il est mort au lieu, sinon dans quinze jours après l'advertissement certain qu'elle aura de son decès, laquelle en ce cas emportera pour tout son habillement ordinaire, sans bagues ny joyaux, & ne pourra distraire aucuns autres meuble, à peine de nullité de ladite renunciation, & dont sera tenue de se purger par serment, si l'heritier ou creancier ne veult faire preuve du contraire ; auquel cas de renuntiation elle est exclue du douaire que luy pourroit avoir esté assigné par traité de mariage.

III. Peuvent aussi les enfans renoncer aux successions de leurs pere & mere ou à celle de l'un d'iceux & à toutes autres, à charge d'en faire declaration pardevant le Juge du lieu, dans quinze jours, de ne s'entremettre à l'hoirie du deffunct & ne faire act d'heritier, à peine de nullité de ladite renunciation.

IV. Est neantmoins loisible ausdits enfans ou autres parents du deffunct, se porter heritiers par benefice d'inventaire, dans la quarantaine du decès d'iceluy, s'ils sont au lieu ; si absens dans trois mois, & en faisant faire par la Justice des lieux inventaire des biens de telles successions, desquels ils ne pourront estre saisis, qu'à caution, pour à la concurrence & estimation d'iceux satisfaire aux debtes & charges de ladite succession. Si toutesfois quelqu'un ou quelques uns des parens de la ligne du deffunct se presentent pour heritiers simples, ils seront preferés ausdits qui voudront seulement l'estre par benefice d'inventaire, pourveu neantmoins, qu'ils soient recognus pour solvables de satisfaire aux charges de l'hoirie ou en cas de doute, qu'ils donnent caution pour ce faire.

V. Gens mariez entrent dès la solemnisation de leur mariage en communauté d'acquests & conquests d'immeubles qu'ils font constant iceluy, soit que les femmes soient denommées ès lettres d'acquises ou non.

VI. Peut neantmoins le mary, durant ledit mariage, vendre & disposer de sesdits acquests, sans le consentement de sa femme, pourveu qu'elle ne soit denommée ez lettres d'acquests, car si elle y est denommée, son consentement est requis à telle alienation pour sa moitié.

VII. Peut aussi le mary acquester pour faire sa bonne volonté à vie & à mort, & ès contracts de tels acquests, y denommer sa femme, & ayant acquesté en cette forme, il a liberté & puissance, après la dissolution de la communauté d'en disposer comme durante icelle : & si la femme s'y trouve denommée & elle survit, elle a pareille puissance d'en disposer après le decès de son mary s'il n'y est derogé par traité de mariage ; & n'en estant faite telle disposition, la chose se partage conjoinctement, entre les heritiers des deux conjoints, après le decès dudit survivant.

VIII. Que s'il acqueste pour luy & sa femme au plus vivant d'eux deux, & après pour leurs hoirs & ayans cause, le survivant possede tels acquests, peut vendre & disposer de la moitié d'iceux, & de son droict de survivance en l'autre moitié ; mais icelle esteinte les heritiers du premier mourant & du dernier decedé, entrent en la jouyssance desdits acquests, par moitié ; & si ledit survivant ou l'acquesteur de l'usufruict de la survivance, sont tenus de la deterioration de la part tenue en usufruict, si tant est qu'iceluy extainct & fini la chose se trouve deteriorée, soit par le vendeur ou bien par son acquesteur, & s'en pourra le proprietaire addresser (à son choix) ou à l'acquesteur dudit usufruict ou au vendeur d'iceluy ou à leurs heritiers.

IX. Par traicté de mariage l'homme & la femme, se peuvent donner l'un l'autre, leurs heritages tant anciens qu'acquests, les charger de quelques sommes de deniers ou de survivance, sans l'adveu & consentement de leurs enfans ou heritiers, & deslors n'y peuvent deroger, ny prejudicier, que par le consentement de ceux qui leur y pourroient succeder.

X. L'homme ne peut vendre, obliger, engager ny autrement aliener l'immeuble propre de sa femme, sans l'exprès consentement d'icelle, bien en a il l'administration & disposition, quant aux fruits & revenus, & les faict siens, d'où soient iceux biens obvenus à sadite femme.

XI. Aussi ne peut l'homme vendre, donner, ny autrement aliener son ancien, au profit de ses enfans ny des enfans de ses enfans, par preciput des uns aux autres; mais il peut bien user envers eux ou aucuns d'eux, du droit vulgairement appellé de morte-main, qui s'entend de les apportioner de quelque piece de son ancien pour en disposer à leur volonté, à la charge de rapporter par celuy ou ceux qui auront heu cet advantaige chacun selon sa quotte, le pris de la vente à l'ouverture de la succession de leur Pere, ou autrement le deduire sur sa portion; & si elle n'est vendue, elle sera rapportée en partage, les fruicts neantmoins demeurants aux donataires.

XII. La femme mariée ne peult disposer de ses biens soit par contract de donation entre vif, ou ordonnance de derniere volonté, ny ester en jugement, contracter ou s'obliger valablement, sans l'authorisation de son mary, si elle n'exerce marchandise publicquement, au veu & sceu d'iceluy, & pour le fait de ladite marchandise seulement, auquel cas peut estre convenue & deffendue, sans l'intervention de sondit mary, & neantmoins le jugement rendu contre elle sera executoire sur les biens de leur communauté, & au deffaut d'iceux, sur ses biens propres, veoire par supplément & subsidiairement sur ceux de sondit mary.

XIII. Si le mary & la femme, durant & constant leur mariage, font quelque bastiment ou reparation sur le treffond de l'un ou l'autre, le tout cede & demeure à celuy d'eux, auquel appartient l'heritage basti ou reparé, soit de patrimoine ou d'acquests avant la solemnisation du mariage, & consequemment à ses heritiers.

XIV. Audit Bailliage n'y a aucun douaire coustumier, vray est que par traicté de mariage on peut convenir d'un prefix & limité, auquel cas ne peut le mary charger, vendre, ny aliener les heritages y affectés, sans l'exprès consentement de sa femme & qu'il ne luy soit reassigné ailleurs sur pieces equivallentes & de mesme consentement.

XV. Et est la douairiere tenue d'entretenir les biens & heritages sur lesquels ledit douaire est affecté de toutes charges, censes, rentes & refections necessaires, sauf de vilain fondoir; à l'effect de quoy, les proprietaires ou douairieres, doivent faire visiter lesdits heritages par Justice, à ce de cognoistre l'estat d'iceux, à la conservation de leur droict, pour en semblable qu'ils seront trouvés ou mis par les proprietaires, estre par la douairiere entretenus & rendus par ses heritiers après sa mort.

XVI. Laquelle douairiere peut vendre son droict de douaire à qui bon luy semble, à charge que l'aquesteur sera tenu d'entretenir les heritages comme la douairiere l'estoit.

TITRE III.

Des Tutelles & Curatelles.

I. LA tutelle des enfans appartient legitimement aux peres ou meres & à leur deffault aux ayeulx ou ayeulles, si long-temps que lesdites meres ou ayeulles demeurent en viduité, s'il n'y a causes legitimes faisantes au contraire, & tant & si longuement qu'ils en demeurent gardiens: ils font les fruits leurs, des biens que ja sont obvenus ausdits enfans & de ceux qui leur pourront advenir, le temps de leur minorité durant, sans estre obligés d'en rendre compte à charge toutesfois de l'entretenement, bonne nourriture & eslevement, tant des personnes de leursdits enfans, selon leur estat & condition, que conservation de leurs biens, acquict & descharge des cens redevances annuelles, & de la poursuite de leurs causes & actions, sans aucune despense ausdits mineurs.

II. Toutesfois s'il y a communauté de meubles contractée entre les peres & meres desdits enfans, le survivant ou lesdits ascendans entrans en la tutelle d'iceux, sont tenus faire de la part desdits mineurs, fidel inventaire & solemnel; le mesme indistinctement de ceux qui pendant ladite tutelle, leur peuvent advenir d'ailleurs en ligne directe ou collaterale; & d'iceux, & du profit qu'ils en auront fait, rendre bon & fidel compte, ladite tutelle finie.

III. Ladite tutelle est continuée aux peres ou ayeulx jusques à la majorité desdits enfans, ores qu'ils se remarient; & aux meres ou ayeulles, tant & si longuement qu'elles demeurent en viduité.

IV. La creation des tuteurs, en ce qu'est de la ville, appartiennent aux gens de la Justice dudit Espinal, & la poursuite aux parents des mineurs & pupils, le Procureur General ou son substitut present, ou appellé; voire peut ledit Procureur ou son substitut requerir ladite creation au deffaut que lesdits parents n'en feroient debvoir, & aux Justices des villages, pour ceux qui sont de leurs offices. Et tant en la ville, qu'ès villages, la mere ou l'ayeulle, qui pendant sa viduité à heu la tutelle de ses enfans ou avelets, est tenue, se remariante, leur faire pourveoir d'autre tuteur, à peine de touts despens, dommages & interests envers les mineurs.

V. Et la reddition desdits comptes, tant en ladicte ville, qu'ès villages, se doit faire pardevant ledit Procureur General ou son substitut audit Bailliage, en presence de deux ou trois des plus proches parents desdits mineurs & autres, qu'il ou sondit substitut jugeront expedient y assister.

VI. La tutelle des ascendans cessante, ou par leur decès (durante encore la minorité des personnes constituées sous leur tutelle) ou par le remariage des meres ou ayeulles, ayans pendante leur viduité, geré cette charge, ou pource qu'à l'occurrence desdites tutelles, les pupils n'ont aucun pere, mere, ayeul ou ayeulle vivants, sont à cette charge appellés les collateraux, plus prochains ou capables, selon que les parents tant paternels que maternels, sur ce appellés & le Procureur ou sondit substitut ouys, il est jugé plus util & expedient aux mineurs.

VII. Tous tuteurs sont tenus de prester serment, de bien & fidellement regir & administrer les biens de leurs mineurs, & faire les submissions d'en rendre compte en tel cas requis: & les testamentaires tenus d'abondant de faire paroistre par ostention de l'article du testament où ils sont denommés tuteurs ou autrement, que tels ils sont esleus & choisis par les deffuncts

VIII. Tous ceux qui d'autorité privée s'entremettent & ingerent à l'administration des biens des pupils, sont mulctables d'amendes, & obligez rendre compte très-exact & fidel: leurs biens, dès le temps de cette entremise demeurans affectez à la satisfaction de leur reliqua, & à faute de moyens, subjects à chatoy corporel, à l'arbitrage du juge.

IX. Mineurs, fils & filles, aagez de vingt-un ans complets ou mariez, ores qu'au dessous, sont tenus pour majeurs & peuvent legitimement contracter, sans l'intervention de leurs tuteurs.

X. Les mineurs avant leur majorité, ne peuvent valablement ester en jugement, sans l'intervention de leurs tuteurs, s'obliger, vendre ny engager leurs biens, ny aultrement contracter, dont leur condition puisse estre faite moindre, aultrement sont tous tels contracts nuls, sans aucune obligation ausdits mineurs de la restitution des deniers par eux receus, si ils ne sont tournez à leur profit apparent.

XI. Aussi ne peuvent les tuteurs vendre le bien de leurs mineurs sans necessité & utilité apparente, assistance dudit Procureur ou de son Substitut, & son consentement, les examen & inquisitions sur ce requises, par luy prealablement faites.

XII. Le pere peut, pour cause, faire emanciper son enfant, present ou absent, en quel aage de minorité il soit, & sont lesdites emancipations faites pardevant lesdits de justice, ledit Procureur ou sondit Substitut ouy.

XIII. Sont tenus tous tuteurs ou curateurs ainsi instituez, confirmez ou donnez, de bien & fidelement regir & gouverner, tant les personnes, que biens de leurs mineurs, chercher leurs profits & advantages, & eviter leurs dommages à leur possible, faire loyal inventaire, en presence dudit Procureur General ou sondit Substitut, & par leur advis, pourveoir à la vente des meubles perissables, pour prevenir à leur deterioration & deperissement, selon la nature d'iceulx, & convertir les deniers qui en proviendront en achapt d'heritages, ou autres profits pour leurs mineurs à leur plus grande utilité, & du tout, enfin, rendre bon compte, & payer les reliquaux, à peine d'execution en leurs biens, telle que pour chose jugée.

XIV. Si un mineur a plusieurs tuteurs, l'un d'iceulx peut estre receu seul à agir, deffendre ou poursuivre en jugement & dehors, les droicts & actions de son mineur, sans que l'absence des aultres puisse apporter aux parties (contre lesquelles se font telles poursuites) aucun juste argument de non proceder ou de satisfaire à ce pourquoy ils sont appellez & poursuivis, à la charge toutesfois de faire advouer lesdites poursuites par leurs cotuteurs, s'ils en sont interpellez par parties, ou autrement leur est ordonné par justice.

XV. Quictance promise, faicte & passée à tuteurs pour pratiquer par tel moyen le mariage de leurs mineurs & y parvenir, sont nulles, mesme n'est foy adjoustée à ce que le mineur marié ou le mary de la fille en aura recognu, soit par lesdictes quictances ou contracts de leur mariage; s'il ne conste que le tuteur ait legitimement rendu compte de son administration, & actuellement acquicté le reliqua d'iceluy, sans aucune collusion, fraude ou simulation, & où il en sera convaincu, soit à la plainte ou delation des mineurs ou autrement, sera le tout non-seulement declairé nul & sans effect, ains celuy ou ceulx (hors mis lesdits mineurs) qui se trouveront avoir adheré à telles menées & pratiques secretes vrayement verifiées, mulctez d'amendes de soixante sols, & à tous despens, dommages & interests, comme de chose abusive & pernicieuse.

XVI. Les femmes mariées sont en la puissance de leurs maris, les enfans de famille en celle de leurs peres, & les mineurs ou autres reputez tels, en la tutelle de leurs gardiens, tuteurs ou curateurs.

XVII. Les enfans de famille ne peuvent contracter mariage, sans le vouloir & consentement de leurs peres & meres, à peine d'estre valablement exheredez de cette cause (si ainsi semble bon ausdits peres & meres) les mineurs, sans celuy de leurs tuteurs ou de leurs plus proches parents au nombre de trois, aux peines sur ce indictes & portées en l'ordonnance de son Altesse.

TITRE IV.

Des Successions.

I. Le mort saisit le vif, son plus proche parent & habile à le succeder.

II. En ligne directe & collaterale, representation a lieu infiniment en toutes sortes de biens.

III. Les fils & filles, freres & sœurs germains succedent par esgalles portions aux biens meubles & immeubles de leurs peres & meres.

IV. De mesme, les enfans de divers licts succedent esgalement & par teste (sans aucune distinction des licts) aux biens de leurs peres ou meres, d'où ils sont tous sortis.

V. Celuy qui decede sans hoirs de son corps faict encheoitte de ses immeubles à ses freres & sœurs germains, privativement des non germains, & à faute de germains ou representants aux non germains. Et quant aux meubles, à ses pere ou mere, ayeul ou ayeule vivans, & à leur deffault ausdits germains ou non germains.

VI. Si toutesfois celuy qui decede sans hoirs de son corps, ne delaisse aussi frere ou sœur germains, consanguin ou uterin, sa succession immeubliaire universelle est devolue, & en fait enchoitte à celuy de ses pere ou mere qui survit, & à faulte d'iceulx, à ses ayeul ou ayeule ou à l'un d'iceux; & à faulte desdits ascendans, les deux lignes du decedé sont revestues egalement, sans aucune preference du plus prochain au plus remot representant, ny distinction de celle d'où les biens delaissez sont mouvans, plus de l'une que de l'autre.

VII. Le survivant de deux conjoincts, emportant les meubles de la communauté à la charge des debtes, comme il est dict en l'article premier du tiltre second, prend les fruicts & revenus pendans par racines des heritages du defunct, tant d'ancien que d'acquests, moyennant qu'ils se puissent lever en maturité dans quarante jours du decès du premourant.

VIII. Prestres seculiers succedent à leurs parents, & leurs parents reciproquement à eulx.

IX. En succession directe de pere & mere, & non plus avant, l'enfant aisné de plusieurs freres ou sœurs est tenu (mais à frais communs) faire & dresser les partages dans dix sepmaines, & ont les puisnez la prerogative de choisir subordinement, (à commencer aux plus jeune) soubs l'obligation toutesfois à eulx ou à leurs tuteurs, de faire le choix dans quinze jours après que les lots desdits partages leur seront mis en mains, à peine d'estre ce droit referé à ceulx qui les suivent en ordre, s'il n'y a cause d'exoine & excuse legitime de leur retardement; si pendant le temps de la deliberation, les crediteurs pressent, se fera vente des meubles par autorité de justice, à l'enquant publique, pour estre faicte distribution des deniers en provenans, selon qu'il sera trouvé raisonnable.

X. Les bastards ne succedent en aucune façon, s'ils ne sont legitimez par son Altesse, si neantmoins ils sont mariez & ils ont enfans, lesdits enfans succedent aux biens delaissez par leurs peres & meres.

XI. En toutes maisons & autres edifices, verrieres, ventillons & autres meubles de bois y clouez ou tellement appropriez, que sans deteriorations ou evidente incommodité de la chose ne puissent estre transportez, sont censez immeubles.

XII. Les deniers deubs pour ventes d'immeubles, soit d'acquest ou d'ancien, sont reputez meubles, & appartiennent à celuy ou ceux qui ont droict de succeder les meubles.

TITRE V.

Des Testaments & Donations.

I. IL est permis à toutes personnes qui sont en leur puissance, hors la tutelle & curatelle d'autruy, de disposer de leurs meubles & acquests (comme il a esté dict cy-devant) au profit de qui bon leur semble, soit par testament, donation entre-vifs, ou autrement.

II. Le mary ne peut licencier ny authoriser sa femme, pour l'advantager directement ou indirectement sans l'adveu & consentement exprès des parens d'elle, qu'aultrement luy pourroient succeder ès choses données.

III. La femme ne peult tester ny faire donation aucune, sans l'authorité & licence de son mary, si doncques il ne luy est permis par traicté de mariage.

IV. Aussi n'est-il loisible au pere advantager aucuns de ses enfans sur son ancien, si ce n'est à charge de rapporter la piece donnée; ou l'estimation, si elle est vendue, (ainsi qu'il est cy-devant dict au chapitre des successions) sans aucune restitution des fruicts.

V. Prestres seculiers peuvent de mesme que les Laics, disposer de leurs meubles & acquests.

VI. Une personne n'ayant moyen de recouvrer un tabellion pour passer testament ou disposition de sa derniere volonté, ledit testament vault (en choses pieuses) quand il est signé du curé du lieu, de son vicaire, ou d'autre Prestre, sinon en ce que luy est legué, s'il n'est prouvé par deux ou trois tesmoins, & s'il ne se trouve rien par escrit de la volonté pretendue du deffunct, pour avoir esté declairée verbalement seulement, ou faulte de moyen à recouvrer personne pour escrire ou aultrement, estant tesmoigné par deux ou trois tesmoins non reprochables; cette disposition est valable: si c'est de personne pestiferée, & il est affirmé par le curé ou vicaire, il vauldra en choses pieuses, & en toutes autres, si par luy, & un tesmoing, ou sans luy par deux hors de reproches, il est verifié.

VII. Testament faict à la guerre, s'il est soubsigné du testateur, ou si autrement il conste suffisamment de sa volonté, vault nonobstant qu'aultres formalitez plus exactes ne s'y trouvent observées.

VIII. Tabellion ou aultre ayant escrit le testament en iceluy, & inseré quelque laig à son profit, n'est recevable à le demander ny recevoir, s'il n'est tesmoigné par trois tesmoins dignes de foy, autres que legataires, qu'il luy ait esté faict de la volonté du testateur non à ce sollicité.

IX. Les enfans peuvent estre exheredez par le pere ou la mere, pour cause d'ingratitude notable commise envers eulx, deuement verifiée, ou autres causes du droict.

X. Clause trouvée vicieuse en testament, ne rend pour ce le surplus legitimement ordonné vicieux, si ce n'est que tel vice provienne de defectuosité de forme, ou solempnité essentiellement requise & necessaire au lieu du testament passé & receu, d'où le tout puisse estre rendu nul & vicieux.

XI. Testament ne saisit les legataires, ains sont tenus prendre leurs laigs des mains de l'heritier ou des executeurs du testament, lesdits heritiers en ce cas dernier, sur ce prealablement ouïs ou deuement appellez, si ce n'est qu'au temps du decès du testateur que le testament a prins sa force, le legataire fut gardien, ou autrement saisi de la chose leguée, ou qu'estant debteur au testateur de quelque chose, la quictance luy en ait esté faicte.

XII. Executeurs de testament après le decès du testateur, sont saisis des meubles & immeubles, & doibvent executer la volonté du deffunct dans l'an & jour, à peine de despens, dommages & interests, si le testament n'est impugné, mais sont tenus prendre lesdits biens soubs inventaire, l'heritier present ou appellé, & s'il est absent ou mineur, le Procureur general ou son Substitut present.

XIII. Si le testament est en tout impugné & debatu de nullité, pendant le procès d'entre les heritiers & les legataires, lesdicts heritiers demeurent saisis des biens de l'hoirie, en donnant bonne & suffisante caution à la poursuite & requeste des executeurs ou desdits legataires, ou aultres y pretendans interests, de satisfaire aux laigs & charges du testament, & ne court l'an de l'execution d'iceluy, que dès le jour de la difficulté definie, demeurant tousjours l'executeur en sa charge.

XIV. Executeurs choisis & nommez par testament, ne sont tenus prendre cette charge si bon ne leur semble, toutesfois la refusants, doibvent en advertir le juge, pour recevoir caution de l'heritier, s'il s'en veut charger, sinon, y pourveoir aultrement.

XV. Testament fait par gens Laics (ores que suranné d'une ou plusieurs années) est valable, si par exprès il n'est revocqué; & ne se prescript que par l'espace de vingt-un ans, après le decès du testateur.

TITRE VI.

Des Conventions & Marchez.

I. CONventions & marchez peuvent estre valablement faicts & passez entre personnes estantes en leurs droicts, ou par paroles simples ou par escrit, pourveu qu'il conste du consentement mutuel des contrahans, sur la chose convenancée.

II. S'ils sont passez pardevant tabellion en presence de deux tesmoins, & mis en grosse soubs le seau authentique du Prince, ils ont force d'execution parée contre le contrevenant ou ses heritiers, & sont par telles escritures suffisamment tesmoignez.

III. Si aultrement par schedules ou aultres escritures privées, ne font lesdites escritures foy plenieres, n'est doncques qu'elles soient recognues en jugement ou d'ailleurs suffisamment verifiées.

IV. Femmes en tels ou autres semblables acts publiques receus par tabellion ou personnes publiques, ne doivent estre appellées ny admises pour tesmoins: peuvent aultrement toutesfois en jugement, rendre & porter tesmoignage des conventions verbalement faictes & traictez où elles auront esté presentes.

V. Celuy qui estant condampné à garandir n'a moyen ne puissance de ce faire précisement au corps de la chose sur laquelle il a esté appellé à garand, est receu à garandie de droict par restitution du pris convenu au marché principal, & de ce que la partie se trouvera avoir d'interest, au moyen de l'eviction & contrainte à laquelle elle est reduite se desister de la chose evincée.

VI. Si par autres moyens que restitution du pris & garandie à droit, il est en sa puissance de garandir, est tenu precisement de ce faire, & n'est receu à ladite garandie de droit.

VII. Tous heritiers simples voulans apprehender une cession, sont obligez de garandir jusques au droit, les faits & promesses de ceux de qui ils sont heritiers.

VIII. Pour debtes procedantes de diverses causes, reconvention n'a point de lieu; qu'est ce que l'on dit, *une debte ne retient l'autre.*

IX. Si toutesfois il s'agissoit de chose procedante de mesme act ou cause, pour laquelle le debteur est convenu, peut ladite reconvention avoir lieu par exception, comme si le Procureur, le tuteur, le receveur ou autres personnes de qualité semblable, sont convenus de payer ce qu'ils doivent de leur administration, ils peuvent proposer reconvention de ce qu'à mesme cause leur peut estre deu. Le locataire poursuivi de payer le louage, peut reconvenir le locateur pour les reparations necessaires faictes en la maison & avec son sceu & consentement ou avec l'advis de la Justice, & les luy deduire & rabatre par ses mains, & ainsi d'autres semblables, & du liquide au liquide.

X. Les meubles estans en une maison tenue à louage, sont censez expressement affectez au locateur d'icelle & peuvent estre tellement exploitez pour le pris du louage, que s'il eschet concurrence de crediteurs, sera iceluy preferable à tous autres, si ce n'est qu'auparavant à son sceu, & sans son contredit, ils y ayent esté exploitez & saisis: que s'ils se trouvoient autrement transportez dehors par le locataire ou autres, ils peuvent estre contraints par Justice à les rapporter ou par privilege estre arrestez en quelque autre lieu où ils soient trouvez.

XI. De mesme sont les fruicts provenants d'un gaignage ou autres heritages champestres laissez à ferme, reputez specialement obligez au pris de la location, soient encore pendans par les racines ou ameublis, & à la concurrence d'iceluy exploitables avant tous autres crediteurs du fermier, pour l'année de l'exploit & une d'arrierages, ores qu'il n'y eust obligation passée.

XII. En louage de maison le locataire a quinze jours (en payant) pour vuider, passez lesquels n'est receu à proposer prolongation de louage luy avoir esté accordée, si ce n'est que par escrit ou autrement il en face promptement paroistre, autrement le premier commandement à luy fait, la quinzaine expirée, peut le locateur vingt-quatre heures après, à voye de Justice, faire mettre les meubles dehors sur les carreaux.

XIII. Si une personne ayant receu quelque bien à ferme pour certaine quantité d'années, continue de le tenir, le temps d'icelle expiré, est censé le tenir à mesme charge, pris & condition qu'il l'avoit tenu les années precedentes, encore qu'autre bail ne luy en ait esté fait, & n'est recevable pour l'année qu'il y aura entré, d'en sortir ou faire renonciation, aussi y ayant entré & fait quelque labeur sans contredit du locateur, n'en peut pour l'année estre dejecté.

XIV. Un conducteur, soit de maison ou autres heritages ne peut louer la chose qu'il tient de louage à autre qui soit prejudiciable ou dommageable au proprietaire, si ce n'est de son consentement.

XV. En baux & fermes de fruicts pendans par les racines: de dismages, paxonnages & choses semblables, faites à oultrées & encheres publicques, y a tiercement, moitiement & croisement de quinzaine à autre, pourveu qu'ils soient faits bien deuement & sans intelligence frauduleuse, avec les laisseurs.

XVI. Baux, admodiations ou lais, quels ils soient solemnellement faits & passez par procureurs suffisamment fondez, ne peuvent estre revocquez par le constituant, au prejudice des preneurs.

XVII. Un acquesteur regulierement n'est tenu tenir le louage fait par son vendeur, un jeune fils, celuy qu'en son nom aura esté fait, ou luy mesme aura fait en sa minorité avant son mariage, non plus que le mary celuy que sa femme avant le mariage aura fait, estant icelle vefve, ou si jeune fille constituée sous tutelle celuy qu'aura esté fait en son nom, & l'heritier celuy qu'aura esté fait par son predecesseur, qui est ce que l'on dit coustumierement, mort, mariage & vendage deffaire tous louages; ce que toutesfois s'entend pour les laisseurs, & non pour les preneurs qui sont tenus les continuer, selon qu'ils sont faits par leurs predecesseurs, si donc ils n'ont cause de ne les approuver, & y consentir.

XVIII. Les Ecclesiastiques sont tenus de continuer les admodiations non finies qui ont esté faites par leurs predecesseurs pour trois années seulement, si par resignation ou permutation du laisseur pour toutes, jusques au nombre de neuf & non plus, si bon ne leur semble, n'est donc que pour la vilité du prix ou autres causes semblables, il se trouve lesdites admodiations estre subjettes à rescision, & principalement pour les Curez, si ce n'est que les fermiers & preneurs veulent suppléer au juste prix.

XIX. Aussi, si à l'entrée (outre le prix convenu) avoit esté donné une somme certaine pour un coup, advenant le resilement du successeur, & qu'il s'y trouva recevable, seroit-il tenu restituer icelle à la proportion & au *pro rata* des années restantes.

XX. Depositaires sommez de rendre la chose tenue en depost, ne doivent avoir delay ny respit; ains s'ils sont refusans de la rendre, en doit la cause estre sommairement traitée & à jours extraordinaires sans appel, de mesme doivent estre traitez coratiers, & autres personnes commises à vendre marchandises ou autres meubles, pour la restitution d'iceux, ou du prix; & à ce défaut y estre contraints par detention de leurs personnes en la maison du grand doyen, si autrement ils sont de convention difficile, ou de peu de moyen à recouvrer sur eux la chose deposée.

XXI. Celuy qui tient bien d'emphiteose, soit de l'Eglise ou d'un seigneur temporel, est tenu de payer la pension annuelle qu'il en doibt dedans trois ans, encore qu'il n'en soit autrement interpellé par le proprietaire directe; & s'il cesse par trois ans continuels d'y satisfaire, il est privé de la chose, si ce n'est qu'estant nouveau successeur il ait cause d'ignorance probable, ou autrement ait excuse & exoine legitime; auquel cas n'en sera privable que prealablement appellé, il n'ait continué sa demeure ou celle de son predecesseur, ou qu'autrement ne soit stipulé par les parties.

XXII. Chose eschangée prend & tient telle nature & qualité d'ancien ou d'acquest que l'avoit la chose à laquelle elle a esté eschangée; que si audit eschange il y a solte qui surpasse le quart, telle solte tient nature d'acquest.

XXIII. Audit Bailliage y aura doresnavant retraict lignagier des vendages dedans quarante jours, en faisant par les retrayans lignagiers de l'estocage d'où le bien vendu sera naissant, les presentation & consignation en tel cas requises : Si toutesfois en quelques lieux particuliers dudit Bailliage, retraite de plus long temps se trouve avoir esté receue par usage sur ce observé, pour certaines terres pretendeues d'autres qualitez que les communes du finage, sera ledit usage suivy.

XXIV. Néantmoins si en un vendage de plusieurs pieces d'heritages il s'en y trouvoit une ou plusieurs de ladite qualité particuliere, le retrait lignagier n'aura lieu pour toutes les piéces dudit vendage, ains seulement pour celles de ladite qualité, & ce dans quarante jours immediatement suivant ledit vendage, ainsi que du passé ; à raison de quoy le prix d'icelles devra estre fait à part, sinon le retrayeur le pourra faire priser par les gens de la justice, en la jurisdiction desquels lesdites pieces seront assises, & ne pourront estre les censes desdites terres particulieres changées ny transferées sur autres.

XXV. Audit Bailliage, reliefs ny rescision de contractz n'ont lieu que pour lesion de moitié de juste prix en vente d'immeubles, encore le lesé maieur, non absent des pays, n'y est plus receu après l'an & jour de la vendition.

XXVI. Ceulx qui ont droict de relevage y seront continuez selon le droict & l'usage dont ils feront paroistre par occurrence.

TITRE VII.

Des Cens & Rentes Foncieres.

I. LE seigneur du cens n'est tenu le diviser, tellement que s'il y a plusieurs detenteurs de l'heritage affecté audit cens, il se peut addresser auquel d'eux que bon luy semble pour le tout ; sauf à luy en après son recours contre les parsonniers, si faire le veult.

II. Aussi ne peut le detenteur de la piece affectée audit cens, le transferer sur un autre, sans l'exprès consentement du seigneur censier, à peine de privation de la chose ascencée, ne doit aussi vendre ladite piece affectée franche, & deschargée, à peine de soixante sols d'amende à son Altesse & despens, dommages & interests.

III. Les debteurs dudit cens, leurs successeurs ou ayans cause, sont tenus les porter au logis du seigneur censier ou de son commis, au terme qu'il est deu, autrement sont amendables de quatre gros envers ledit seigneur censier, & contraints à luy payer ledit cens, & les frais de la poursuite comme de gage vendu & achapté : & s'ils delaissent à payer par trois années subsecutifves, deument interpellez & refusans, pourra ledit seigneur faire mettre en cris l'heritage affecté audit cens, tant pour les années deues, l'amende de quatre gros pour chacune d'icelles, que pour les frais de poursuitte, si mieux il n'aime se faire payer dudit cens, par vente des meubles, du ou des debteurs d'iceluy, ou de l'un pour tous les autres, sauf leur recours.

IV. Ce que s'entend, au cas qu'il n'y ait peine plus grande ou plus petite ès lettres de constitution dudit cens, soit pour la reversion de l'heritage censable à certain temps, ou autre submission, parce qu'en tous cas la teneur desdites lettres sera suivie.

V. Ceux qui possedans heritages, specialement affectez à tels cens, seront trouvez les avoir vendus francs & libres, & que pendant le temps de prescription, auront, pour les affranchir, payé ledit cens soub-main, seront amendables de soixante sols envers son Altesse, & contraints au rachapt dudit cens, nonobstant toute prescription.

VI. Pareillement celuy qui poursuit le payement d'un cens rachepté de luy, est aussi amendable de soixante sols envers sadite Altesse, si donc il ne fait paroistre d'une probable cause d'ignorance, & de laquelle il sera creu par son serment.

VII. Toutes rentes constituées à prix d'argent, communement dites volantes, soit par contrats d'emption ou vendition d'immeubles à reachapt, gagiere, constitution de rente sur hypotecque expresse aussi à reachapt sont reputées meubles tant & si longuement que la faculté dudit reachapt dure.

VIII. Heritage laissé à tiltre d'ascencement, peut estre renoncé pour le cens en payant les arrierages escheus, si le retenenr ne s'est obligé que de la piece ascencée, mais s'il y a adjousté contr'about, ou s'est obligé & ses biens, à payer ledit cens & entretenir la chose ascencée n'y sera receu si bon semble au laisseur ou ascenseur.

IX. Toutes rentes deues à gens d'Eglise, sont reacheptables conformement aux chartres de la ville, n'est que par lettres de constitution il soit convenu au contraire.

X. Quant aux rentes foncieres, soit de quartier ou autres en grains, chappons, argent, ou telles autres especes, elles ne sont reacheptables.

TITRE VIII.

Des Bois, Forests, Pasturages, & autres Usages communaux, reprinses & gagieres en mesus ès fruicts des Champs.

I. AUdit Bailliage tous les bois, tant pour les amendes, usages d'iceux, qu'autrement ne se reglent pas d'une mesme façon, & aussi seront regis en chacun lieu de leur scituation, selon l'usage y accoustumé ; sauf aux seigneurs qu'il appartiendra d'y donner ordre & reglement en cas d'abus.

II. D'usage commun, les habitans en divers villages desquels les bans & finages sont joignans, soient de mesme ou diverses justices, peuvent par droict de parcours, envoyer les troupeaux de leurs bestes, pasturer & champoyer ès lieux de vaine pasture, jusques à l'équarre des clochers, ou milieu des villes & villages, n'estoit qu'il y eust autres separations particulieres, suffisamment apparues par ceux qui les pretendroient au contraire.

III. Les prez sont en défence dès le jour d'Annonciation Notre-Dame en Mars, jusques au jour de la Magdelaine, n'estoit que pour l'injure du temps, on ne puisse achever la faux.

IV. Il n'est permis de charroyer parmi les prez pendant qu'ils sont en ban, ny en tout autre temps de l'année, si ce n'est au temps de fenaisons & moissons, pour engranger les biens champestres, & pour fumerer & labourer les heritages, à peine de cinq sols applicables à son Altesse, ou aux seigneurs qu'il appartient, outre la restitution du dommage au proprietaire.

V. Aussi ne peut-on y envoyer vain-pasturer les

porcs en quelle saison de l'année que ce soit, à peine de deux sols par teste, applicables comme dessus, & de la restitution du dommage.

VI. Le temps de paxon, & de grainer ès bois dudit Bailliage, commence au jour de la Notre-Dame en Septembre, & continue jusques par tout le jour sainct André, & le recours depuis ledit jour sainct André, jusques à la sainct George; sauf pour ceux qui ont tiltre au contraire.

VII. Tout bestail trouvé esdits bois audit temps de granier, par eschappée doit cinq sols d'amende par teste; si de garde faite, y a confiscation.

VIII. Messiers & banvards jurez à la garde des fruits d'arbres ou ensemencez & pendans sur terre, sont creus des reprinses faictes par eux, de jour ou de nuict, comme aussi du refus des gagés ou reptins, & de la recousse simple de leurs gagez, non toutes-fois de bature, ou excès fait à leurs personnes, ou d'autres excès & delits, desquels la peine pourroit estre extraordinaire, si leur rapport n'est accompagné d'autre témoignage que le leur, & en doivent promptement advertir la justice & le proprietaire de l'heritage où la reprinse a esté faite, à peine de despens, dommages & interests.

IX. Si de jour & par eschappée, l'amende est de cinq sols pour chacune beste, outre l'interest au proprietaire, en laquelle celuy qui a fait la reprinse a douze deniers; si de garde faite a jour, vingt sols pour chacune beste; si de nuict, soixante sols: esquelles amendes aura le banvard pour les gardes faites de jour un gros, pour celles de nuict deux gros.

X. Et peut un chacun valablement faire telles reprinses sur le sien pendant la saison des fruits, en les soustenant par serment solemnel, mesme tous autres pendant ledit temps, y seront receus, pourveu qu'incontinent ils representent le bestail trouvé mesusant, ou la personne qui le garde, ou bien gage tenant à la justice.

XI. Et pource qu'il advient souvent, que ceux qui sont en dommage, descouvrans qu'ils sont apperceus prennent la fuitte, s'ils sont suivis promptement ou rencontrez, le repreneur est semblablement creu de la fuitte ou rencontre, & en vaut le rapport comme si la reprinse avoit esté faite reellement & de fait.

XII. De mesme que lesdits messiers, aussi sont les porteurs de paulx des dismes, creus; sauf pour la peine extraordinaire de faux dismages, à laquelle est besoin le rapport du porteur de paulx estre accompagné du témoignage de deux personnes non suspectes, avec luy ou autre preuve plus grande que de son seul rapport, qui doit estre fait dans quinzaine.

TITRE IX.

Des Arrests, Gagieres, Saisies, Main-levées, Recreances, & autres voyes d'execution.

I. Audit Bailliage il n'y a arrest personnel sur forains, si ce n'est en cas de crime, ou pour deniers princiers, ou qu'autrement on ne s'y soit expressement & solemnellement obligé.

II. Aussi ne peut-on arrester ni saisir les biens meubles des forains, que ce ne soit pour chose par eux y contractée verbalement, ou par escrit, ou pour injures y proferées; auquel cas les bourgeois dudit Espinal peuvent d'eux-mesme & sans autre permission ny commission du juge, faire lesdits arrests & saisies, par les sergents de prevost, ou à leur défaut par le premier bourgeois qu'ils requierent. Le mesme s'observe par tous les villages dudit bailliage.

III. En concurrence de plusieurs arrests & saisies sur mesme meuble, celuy est preferable qui aura premier fait signifier l'arrest à celuy à qui la chose appartient si faire se peut, sinon à son domicile, & ainsi des autres signifians consecutivement chacun à son ordre. Que si le bourgeois requiert & fait faire tel arrest, sur ce qu'il presume son debteur avoir quelque meuble ès lieux esquels il fait faire lesdits arrests, & neantmoins il ne s'en y treuve, il n'y aura aucune amende pour cest égard, encore que l'arrest ait esté signifié; aussi s'il y a plusieurs arrests & en divers lieux sur les meubles d'une mesme personne, il n'y a que quatre gros au Prevost ou Maieur, de droicture; & si main-levée en est requise, autre quatre gros à son Altesse pour l'amende.

IV. Si dans quarante jours, après telle signification, celuy à qui la chose saisie appartient ne s'en prouveoit par main-levée, il est passé outre à l'execution de tel arrest, par la subhastation des biens arrestez, & la distribution des deniers faite comme dessus.

V. Le forain y peut aussi faire arrester les meubles d'un autre forain, moyennant caution y resseant, & pourveu que ce soit pour chose par eux traitée audit Bailliage, injure y dicte, ou submission & obligation d'arrest de biens en tous lieux.

VI. Aussi ceux en la maison desquels lesdits biens arrestez se trouvent, & qui sont à leur garde, peuvent en requerir l'appreciation, pour s'il arrivoit faute d'iceux, ou que par subtil moyen ils en fussent transportez, ils ne puissent estre subjects qu'à la restitution du prix de l'appreciation.

VII. Ceux qui ne sont des pays de son Altesse peuvent aussi faire s'entre-arrester, & saisir les meubles qu'ils y ont, & à ce moyen s'y rendent pour cet égard, jurisdiciables.

VIII. L'hostellier peut legitimement saisir les meubles des forains, qui ont fait despens en son logis, jusques au payement d'iceux: & est en ce preferable à tous autres creanciers.

IX. Que si lesdits meubles sont saisis à requeste d'un tiers, & à son sceu ou coulpe, le transport s'en trouve fait, est en amende de soixante sols, & subjet au payement du prix.

X. Et pour ce qu'est des habitans du Bailliage, leur peult ledit hostellier deffendre la sortie de sa maison, jusques à ce qu'il soit payé, & sortans sans ce faire, luy est loisible de les rapporter le lendemain après les huict heures du matin d'escot porté, & moyennant ce obtient execution pour le payement de sa despense, le rapporté demeurant à l'amende de quatre gros envers son Altesse.

XI. Quiconque s'est constitué caution pour autruy, ne peut estre contrainct qu'en subside & supplement du principal, sinon en tant qu'il se soit rendu principal payeur au choix du creancier, lequel en ce cas se peut addresser auquel d'eux que bon luy semble, & s'addressans au principal, la caution ne sera pour ce deschargée, que la debte ne soit entierement acquictée.

XII. Et s'il y a plusieurs cautions qui se soient solidairement obligées, l'une peut estre contraincte pour le tout, sauf son recours contre les autres, mais si la submission n'est solidaire, chacun sera poursuivy pour sa ratte & contigence, de ce à quoy il sera obligé.

XIII. Meubles n'ont point de suite, ny priorité d'hypotheque quand ils sont desplacez, ains appartiennent au premier exploictant & saisissant, quand bien il seroit posterieur en obligation ou en promesse & escritures privées, ce que s'entend de ceulx qui se peuvent facilement mouvoir & deplacer, & pour les autres meubles, comme tassels de grains, foings, pailles, fumiers & semblables, suffit qu'ils soient saisis, pour estre à commodité battus & desplacez.

XIV. Si quelqu'un s'est submis par contract, submission ou recognoissance en justice à peine de gage vendu & achapté, en est rapporté au Prevost dudit Espinal, en la ville & ès villages, aux Maieurs du souverain, doibt estre réellement & de fait executé en ses meubles, & iceulx vendus dans vingt-quatre heures, ou au premier & prochain marché, n'est doncque, pour toute opposition, qu'il assigne paye, mais qui simplement s'est submis à gage vendu peut s'opposer dans quinze jours, à charge de nantir la main de justice, ou donner achapteur solvable, & ne sont ses gages vendus qu'après decision de cause.

XV. Celuy qui s'aura constitué caution pour mainlevée de l'arrest des meubles des forains, doibt les faire apprecier, & en ce faisant, n'est obligé plus avant qu'à les representer, ou le pris de l'appreciation, mais deffaillant à ladite appreciation, sera tenu pour caution de la somme pour laquelle ledit arrest aura esté faict.

XVI. Obligation authentique sous le seau de son Altesse, sentences, submissions en justice non surannées & recognoissances, tant de schedules, qu'obligations sous aultres seaux, judicairement faites, & aultres acts equivalents, portent execution parée, laquelle se doibt commencer sur les meubles, avant que de venir aux immeubles, si doncques il n'y a hypothecque speciale premiere sur lesdicts immeubles.

XVII. S'il y a neantmoins d'un debteur, au profict de son creancier, obligation d'hypothecque speciale, une ou plusieurs, après laquelle suit la generale de tous ses biens, le crediteur ne peut commencer sa poursuite par execution & criées de justice, que sur la chose ou choses hypothequées, mesme n'est recevable d'agir en vertu de la generale, qu'en supplement du deffault de la speciale, si ce n'est que le choix en soit laissé au crediteur par les lettres de l'obligation; & s'il y a plusieurs pieces hypothequées specialement, soit qu'elles soient assises en un ou divers lieux du Bailliage, peut à toutes, ou ausquelles que bon luy semblera, s'addresser.

XVIII. En gagiere, arrest, saisie ou autres exploicts faicts sur biens meubles d'un debteur, celuy peut estre receu opposant, qui verifie lesdicts meubles luy appartenir sans dol, fraude, intelligence ou collusion, soit par tesmoing ou son serment, sera neantmoins le creancier preferable à faire preuve du contraire.

XIX. Tous marchands & trafiqueurs sont tenus payer promptement & comptant, les marchandises & denrées par eux achaptées aux jours de foires ou marchez publicques, à peine d'execution parée, si doncques ils ne font paroistre du credit par escritures, tesmoins ou aultrement.

TITRE X.

Des Servitudes.

I. IL est en la faculté d'un chacun de pouvoir dresser veue en sa maison, pourveu que le regard soit sur soy, & n'y eut-il heritage plus que pour le tour du ventillon, entier ou brisé; mais aussi n'est par ce le voisin empesché de pouvoir bastir sur son heritage au prejudice de telle veue, laissant la place dudit tour libre, si ce n'est que le proprietaire du fond sur lequel elle est bastie, face preuve avoir droict contre son voisin, qu'il ne puisse empescher telle veue.

II. Il n'est permis à qui que ce soit, d'advancer de nouveau son bastiment ou partie sur rue, sans avoir prealablement appellé & fait voir le lieu au Procureur general ou son Substitut audit Espinal & gens de justice, les Gouverneurs presens pour y dire de chacune part, ce qu'ils penseront debvoir estre dit pour le bien & l'interest publicque, & si la chose est de peu de consequence, le permettre & consentir, mais advenante que la chose fut de plus grande importance & consequence, ou qu'il s'agit de percer les murailles de la ville, appuyer ou poser sur icelles en doibt estre la permission donnée & elargie par son Altesse, lesdicts Gouverneurs & officiers ouys.

III. Que si en un bastiment il y a quelques toictures, galleries ou aultre advance sur rue, & veuille le proprietaire les ruiner & demolir pour les refaire à neuf & rebaitir, faire ne le doibt, qu'il n'en ait prealablement adverty lesdicts Gouverneurs & officiers, pour par lesdicts de justice prendre les eschantillons de telles advances, afin de les remettre en mesme estat; & à faute de ce, les proprietaires bastissans sont privez de telles advances: & ont lesdits de justice dix blancs pour chacun eschantillon, lequel le grand Doyen est tenu garder.

IV. Droict de veue sur la maison du voisin au dessous du toict, se prescript par vingt-un ans; si elle est au dessus, ne peut empescher qu'au voisin ne soit loisible hausser au prejudice d'icelle, & y fut-elle de tant de temps qu'il ne fut memoire du commencement, n'estoit que par tiltre ou aultrement, il apparut à suffisance qu'elle y fust par droict de servitude.

V. Si en un mur moitoyen & parsonnier, y a quelques endroicts ou fenestrages prenans veue & regard sur le voisin, & dont l'autre voisin ait jouy par vingt-un ans, il jouira en cet endroit de ladite veue, mais ja pour ce n'aura-il ce droit indistinctement par tous les endroicts de ladicte muraille que bon luy semblera, ains sera obligé de tenir les fenestres qu'il y a barrées de fers dormans ou arrestez.

VI. Esgousts ny autres servitudes par acts occults & latents, non cognus au voisin, ne se peuvent prescrire par quel laps de temps que ce soit: si les acts de la jouissance luy en sont patents & cogneus, peuvent estre prescripts par vingt-un ans, en la forme dont son voisin se trouvera en avoir jouy.

VII. Si de plusieurs voisins, l'un veult bastir pour mieux ou plus commodement se loger, il luy est loisible de contraindre par justice ses voisins, de contribuer aux frais de la reparation des murs communs qui se trouvent penchans & corrompus à telle hauteur qu'ils sont pour lors, selon que par visitation d'experts convenus & adjurez par justice, ils se trouvent penchans & corrompus, mais s'il veult les rehausser plus qu'à leur haulteur premiere, faire le doibt à ses frais, en y faisant faire pour tesmoignage de ce, fenestres de maçonnerie de la hauteur de cinq quarts de pieds, & de largeur d'un tiers, en la partie de son voisin, & de son costé selon que bon luy semblera, pour monstrer que c'est pour luy & à son œuvre qu'elles y sont mises, & luy servent de tesmoings; est toutesfois par après tenu les estoupper, si le voisin voulant se servir de ladite rehausse offre contribuer aux frais.

VIII. Et s'il advient qu'au refus ou demeure de ses voisins & parsonniers, il face reparer lesdicts murs à ses frais, ils luy demeurent tellement propres, que lesdicts parsonniers ne peuvent y mettre, y appuyer, ou aultrement s'en servir qu'ils ne reti-

tuent

tuent chacun à leur advenant, les frais de la reparation, que l'on dit en terme commun, *payer la mise*, si toutesfois lesdits murs, en l'estat qu'ils sont, se treuvent suffisans (n'estoit la charge nouvelle du bastiment neuf) ne sont en cé cas lesdicts parsonniers tenus y contribuer, & ne delaissent pour ce lesdicts murs de leur demeurer communs en telle hauteur & extendue qu'ils estoient auparavant.

IX. Peuvent aussi les voisins & parsonniers de tels murs moitoyens, iceluy percer tout outre, & y faire trous, pour y asseoir sommiers, chevrons, égouts, écoinssons de pierres, & autres materiaux servans à leurs édifices, en rebouchant les trous: voire quand aucun fait édifier ou reparer son heritage, son voisin est tenu luy souffrir patience à ce faire, en faisant incontinent reparer par celuy qui a basti ce qu'il aura demoly audit voisin, & le faisant advertir avant aucune chose demolir, pour obvier qu'il n'en reçoive dommage, à peine de soixante sols d'amende, & de dommages & interests; n'est toutesfois permis aucunement de mettre bois ny faire armoires en tel mur moitoyen à l'endroit des fours, ou cheminées.

X. Est loisible neantmoins y dresser cheminées, & creuser pour le contrefeu d'icelles jusques au tiers du mur, mesme appuyer les regots d'icelle d'outre en outre, non toutesfois les sommiers & autres charges de bois, qui ne doivent outrepasser la moitié de ladite muraille.

XI. L'un des parsonniers generalement ne peut, non plus qu'en toutes autres choses communes, faire œuvre aucun qui puisse causer deterioration de la chose commune, ou apporter prejudice au coseigneur d'icelle.

XII. Si le voisin fait sur son heritage propre, privez, ordes fosses, fours, fumiers & égouts, doit faire entre iceux & le mur moitoyen, un autre mur si bon & suffisant, que par tels édifices, la chose commune ne puisse recevoir deterioration, soit de feu, pourriture ou autrement; & s'il y fait puits ou citerne, doit laisser ledit mur franc & entier.

XIII. De mesme, celuy qui pour avoir sa maison en assiette plus haute que celle de son voisin a de la terrasse contre la muraille separative de l'une ou de l'autre des deux maisons, doit y faire contremur, ou autre telle défence, que par la fraicheur de ladite terrasse la muraille moitoyenne ne vienne à recevoir deterioration.

XIV. On ne doit faire ny dresser privez, égouts d'eau de cuisine, & autres semblables immondices, proche le puits de son voisin, qu'il n'y ait huit pieds de distance entre deux, & y soit fait contremur de chaux & sable, avec conroy aussi bas que les fondemens des fossez & égouts.

XV. Fossé fait entre deux heritages, est censé estre à celuy du costé duquel est le ject de la terre vuidée & commun, s'il se trouve de part & d'autre; s'il n'y a apparence de decouvrir de quel costé en a esté fait le ject; & s'il y a haye assise sur ledit fossé, & ledit fossé & la haye sont à celuy du costé duquel est le ject de la terre, s'il n'apparoit du contraire par témoignage de borne, ou autre valable.

XVI. Sont aussi tous murs, hayes & clostures entre voisin censées communes, s'il n'y a titre, bornes, marques ou enseignemens témoignans, par art de maçonnerie ou usage, le contraire; & est chacun voisin pour sa cotte, tenu de clore contre son voisin de closture convenable & semblable à l'ancienne, si ce n'est que tous deux soient d'accord de changement.

XVII. Il est à la liberté d'un chacun édifier sur sa place, si haut que bon luy semble, & si en ou sur le mur, ou toicture de son voisin, y a quelques sommiers, chevrons, ou autres choses advanceantes ou pendantes sur ladite place de son voisin, qui empesche telle rehausse, est ledit voisin sujet de les retirer à l'alignement & plomb du pied de son mur, quelle espace de temps y ayent lesdites choses demeurées pendantes ou advanceantes; n'estoit que cela se verifie autrefois avoir esté ainsi accordé par convention, & droit de servitude expresse.

XVIII. Si murs, parois ou autres separations communes menacent ruine, peuvent estre les proprietaires d'icelles à l'interpellation des voisins contraints la refaire à leurs dépens, si ce n'est que cette ruine ne soit advenue par la faute de l'un d'iceux; auquel cas y sera seul tenu, & aux dommages des voisins.

XIX. Si par police, quelques reparations ont esté ordonnées en public ou particulier, & celuy ou ceux qui à cause de leurs maisons ou heritages en sont chargez, ne satisfont après deue interpellation de ce faire, les loyers desdites maisons ou fruits des heritages, peuvent estre arrestez & employez ausdites reparations.

XX. De mesme, si en chose commune escheent reparations necessaires, & icelles cognues ou ordonnées par autorité de justice, après visitation faite à requeste d'un des parsonniers, aucuns des autres se trouvent refusans y contribuer à leur cotte, peuvent les loyers de la chose ou fruits en despendans, estre arrestez, saisis & employez ausdites reparations.

XXI. Si une personne ayant édifié un mur sur son fond, son voisin veut après édifier & se servir dudit mur, faire le peut, en payant promptement, & avant s'en servir la moitié, & du fond & du mur; n'estoit qu'interpellé au prealable par le voisin de fournir de son fond, il se trouve en avoir esté refusant. Ne sera toutesfois le premier bastisseur tenu retirer ses cheminées ni mariens.

XXII. Si sur mur moitoyen ou parsonnier sont posez eschenets, & chanlettes communes à recevoir les eaues des deux maisons joignantes, & il advient que l'un des voisins veuille hausser le mur, l'autre est tenu de retirer la chanlette sur luy, pour le port des eaues de son bastiment; si toutesfois, par après bon luy semble, rebastir à l'égal de son voisin faire le pourra, & là rapporter ladite chanlette sur le mur qui sera commun, comme auparavant, en payant la dépense de la rehausse.

XXIII. Celuy à qui appartient un mur sans moyen, joignant à l'heritage d'aultruy, ne peut de nouveau en façon que soit, (non plus qu'en un commun) y poser fenestres prenantes jour, ou aspect, sur l'heritage de son voisin, bien peut-il y en mettre des borgnes & aveugles, avec battes, pour témoignage que le mur luy est propre.

XXIV. Celuy qui battissant contre un voisin, fait caver de nouveau, ou profonder plus bas qu'auparavant, il doit faire à ses frais retenir le bastiment de son voisin, & faire les fondemens ou rempietremens si suffisans qu'il n'en reçoive aucuns inconveniens, à peine de tous dommages & interests.

XXV. Aucun pour aller, venir & passer, repasser ou mener vain pasturer son bestail en l'heritage d'autruy, lors qu'il n'est en garde ou deffence, n'acquiert droicts ny possession de servitude, passage ou vain-pasturage; & n'empesche que le seigneur ce nonobstant n'en puisse faire profit, si ce n'est qu'il conste de titre, ou que depuis la contradiction du seigneur, il y eust prescription de vingt-un ans.

XXVI. Par quel temps un heritage joignant à cours, jardins, & autres heritages fermes, ait demeuré ouvert au vain-pasturage du bestail en temps non défendu, si n'est par ce le seigneur du fond empesché de le fermer, pour son bien plus grand, quand bon luy semblera.

XXVII. Si quelqu'un ou plusieurs ayans en la ville ou village, maison reduite en mazure, ou menaçante ruine evidente au prejudice des comparſonniers ou voiſins, reçoivent interpellation d'iceux de rebaſtir, feront tenus de les rebaſtir ou faire abattre, ou autrement remettre en eſtat tel que les voiſins ou comparſonniers n'en puiſſent recevoir prejudice, à peine de tous deſpens, dommages & intereſts.

TITRE XI.

Des Poſſeſſions & Preſcriptions.

I. AUdit Bailliage il y a deux ſortes de poſſeſſion; à ſçavoir celle d'an & jour, pour le ſimple poſſeſſoire & la haute qu'eſt de vingt un ans, pour le plain droit au petitoire.

II. Et bien que juſques ici, par le temps de vingt-un ans toutes choſes, droits & actions ayent eſté diſtinctement preſcriptes, tant contre l'Egliſe, que contre les laics; neantmoins afin de conſerver à l'Egliſe ſes privileges, ſera d'oreſenavant la haute poſſeſſion pour preſcrire les droits, rentes & revenus d'icelle, de quarante ans complets.

III. Laquelle comme au ſemblable ladite de vingt & un ans, aura telle force, que quiconque aura poſſedé paiſiblement & de bonne foy heritage, ſoit de fief, de roture ou d'Egliſe, tant en maiſons, prez, terres arrables, qu'autrement, par leſdits temps, ſans interruption ou contredit, il en aura acquis la proprieté, encore qu'il n'en ait titre; & ſeront d'oreſenavant toutes actions tant réelles que perſonnelles indiſtinctement, preſcriptes par ledit temps de vingt-un ans, nonobſtant tous autres uſages ci-devant pretendus au contraire; ſauf pour les droits de l'Egliſe, comme il eſt dit ci-deſſus.

IV. Ne court neantmoins ladite preſcription contre les mineurs, durant leur minorité, ny autres perſonnes qui ſont incapables d'agir de leurs chefs, non plus qu'en choſe commune & indiviſée, & en ce qu'eſt tenu à titre de gagiere, lais à temps de cent années ou autres.

V. Auſſi ne court-elle ſur le bien propre de la femme vendu par le mary, ſans le conſentement d'elle, ſinon depuis la diſſolution de leur mariage.

VI. De meſme, les droits de pure & mere faculté, ſinon du jour de la contradiction, & ceux de repriſe, foy & hommage de vaſſaux envers ſon Alteſſe, ſont du tout impreſcriptibles.

VII. L'autre poſſeſſion, pour le ſimple poſſeſſoire, s'acquiert par an & jour; & a telle force, que quiconque eſt poſſeſſeur d'an & jour d'une piece d'heritage, ou autre immeuble, il y doit eſtre maintenu, & n'en peut eſtre dejecté que par voye d'action, pardevant le juge du lieu où la piece eſt aſſiſe.

VIII. Tous plaintifs d'injures doivent eſtre formez dans huictaine de l'injure dite à la perſonne ſi elle eſt preſente, ou du jour du rapport à elle en fait, ſi elle eſt abſente: Sçavoir en la ville au Prevoſt, & ès villages aux Mayeurs ſouverains, leſquels en auront la cognoiſſance en premiere inſtance, chacun en leur juriſdiction; & pourra la partie grevée de leurs jugemens appeller de reſſort à autres, & à faute de former les plaintifs dans ledit temps, & de continuer la pourſuitte dans l'an, elle ſera perie & preſcripte.

IX. Le meſme ſera ſuivy ès ſimples excès, delits reels & perſonnels qui ne ſont de qualité telle que la peine en puiſſe eſtre corporelle.

X. De meſme auſſi toutes actions poſſeſſoires doivent eſtre pourſuivies dedans l'an & jour autrement ſont preſcriptes.

XI. Generalement ſi un défendeur appellé en jugement recognoiſſant l'incompetence du juge, ou des juges pardevant leſquels il eſt appellé, ou que la demande contre luy dreſſée ne ſoit certaine, bien libellée & declarative de la choſe que le demandeur requiert par icelle, ou qu'autrement elle ſoit defectueuſe en aucune de ſes parties, y ait pour icelle litiſpendence entre le demandeur & luy, ou bien de quelque autre moyen propoſé, fins declinatoires ou dilatoires de non reſpondre ou proceder, & il obtient à ſes fins, le demandeur ne dechet pour ce de ſon droit ny de ſon action, ains ſeulement de l'inſtance, & luy eſt loiſible d'intenter de nouveau ſon action, mais pour une fois ſeulement, & en refondant au prealable à partie les deſpens de ladite inſtance premiere.

XII. Celuy qui aura formé plaintif ſur injure rapportée, debvra y denommer par nom & ſurnom celuy que luy en aura fait le rapport. A peine de nullité; pour preuve de laquelle injure dite & rapportée, il faudra trois témoins non ſuſpects avec le rapporteur, & ſi tel rapport ne ſe trouvoit veritable, le rapporteur en demeure à l'amende de ſoixante ſols, & aux deſpens du procès, dommages & intereſts des parties; & à ce ſubjet avant conteſtation en cauſe, & à la premiere aſſignation, ledit rapporteur ſera appellé pour advouer ou deſadvouer ledit rapport.

XIII. Les amendes deſdits plaintifs d'injures ſeront de ſoixante ſols pour injures attroces & qualifiées, & pour excès, & ſont nées dès auſſi-toſt que le plaintif eſt fait au greffe.

XIV. Si toutesfois l'adjourné en cas d'injure perſonnelle declaire avant conteſtation en cauſe qu'il ne veut ſouſtenir l'injure par luy dite au demandeur, & dont eſt plaintif, ains le tient homme de bien, il doit eſtre renvoyé ſans amende: s'il conteſte, puis en tranſige pendant le procès, ladite amende qui eſt de ſoixante ſols, vallans quatre francs, eſt deue par ledit demandeur, ſi doncque il n'eſt convenu qu'elle ſe payera par ledit défendeur: s'il eſt paſſé outre au jugement, & ledit défendeur ſe trouve par iceluy condanné, ladite amende luy importera infamie comme du paſſé; toutesfois ſans aucune autre reparation plus expreſſe, n'eſtoit que l'injure fut telle que pour ſa grandeur ou qualité de la perſonne injuriée elle meritaſt d'eſtre reparée plus ſolemnellement, ou bien qu'autrement ledit défendeur par ſa perſeverance en icelle, avec offre de la verifier, ſans neantmoins y ſatisfaire, comme auſſi ſi après en avoir eſté condamné il luy advenoit de recidiver & injurier de rechef ledit demandeur.

XV. On plaidoyera d'oreſnavant aux fins de deſpens, dommages & intereſts.

XVI. Si par ſucceſſion de temps il ſe recognoiſt qu'il y ait un ou pluſieurs articles grevables au preſent cayer, pourra y eſtre advisé pour y donner & apporter ampliation, diminution & correction, & en faire remonſtrance à ſon Alteſſe, pour y donner le remede convenable.

XVII. Que toutes autres couſtumes particulieres ci-devant obſervées en ladite ville, & ès villages du Bailliage non deſcriptes au preſent cayer, ſont tenues pour abrogées. Et advenant que quelque cas qui pourroit eſcheoir, ne ſe treuve neantmoins icy rapporté, ſera decidé; ou par les droits & couſtumes generales des Bailliages de Nancy, Voſges & Allemagne, ou ſelon que la raiſon (qui eſt l'ame de toutes loix) le dictera, & cognoiſtront les juges devoir eſtre fait par raiſon.

XVIII. Par les articles du preſent cayer on n'entend prejudicier aux formes, ſtatuts, couſtumes &

usages particuliers differents de Mesdames les Abbesse, Doyenne & Dames du Chapitre d'Espinal en leur Eglise, & en ce qui touche leurs personnes, ny aux droits de Monseigneur le reverendissime Evesque de Toul sur les gens d'Eglise de son Evesché.

XIX. Aussi n'est entendu de deroger ny en aucune maniere que ce soit prejudicier aux Chartres, privileges, franchises, usages, droits & immunitez de la ville & des villages du Bailliage dudit Espinal, tant au fait de la police d'icelle ville qu'autrement, en ce qu'il n'y sera expressément derogé ou statué au contraire par le present cayer, & celuy du stil judiciaire ; ains y seront les habitans desdites villes & villages maintenus sans difficulté ny empeschement quelconque : comme aussi ils se contiendront ès termes d'iceux, & en l'usage qu'ils en ont eu du passé, sans les exceder & outrepasser en maniere que ce soit.

TABLE DES TITRES DES COUTUMES D'ESPINAL.

COUSTUMES GENERALES DU BAILLIAGE DU BASSIGNY;

Redigées par les trois Estats d'iceluy, convocquez à cest effect, par Ordonnance de Serenissime Prince CHARLES *par la grace de Dieu, Duc de Calabre, Lorraine, Bar, Gueldres, &c. & homologuées par son* ALTESSE *au mois de Novembre 1580.*

TITRE PREMIER.

Des Droicts de Haute-Justice.

ARTICLE PREMIER.

E seigneur haut-justicier a cognoissance & jurisdiction des delits requerans peine de mort & dernier supplice, mutilation & incision de membres, fustiguer, marquer, escheller, pilorier; releguer, bannir hors sa terre; cognoistre des sortileges & simples sacrileges, & de toutes peines corporelles & autres portans notes d'infamie, pourveu qu'il ne soit question des cas privilegiez, qui sont les crimes de leze-majesté; la cognoissance desquels doit appartenir & appartient au Bailly dudict Bassigny.

II. Qui confisque le corps, il confisque les biens, & appartiennent les biens aux hauts-justiciers des lieux où lesdicts biens sont assis; mais le mary executé à mort, il ne confisque que ses propres, & la moitié des meubles & conquests, & non ce qui appartient à sa femme, par convention & paction matrimoniales ou coustume.

III. Tous bannis à perpetuité confisquent leurs biens.

IV. La femme mariée, par son forfaict, ne confisque que son propre seulement.

V. Le signe patibulaire estant tombé, pourra estre relevé dedans l'an & jour, par le seigneur haut-justicier; & après l'an & jour, convient en avoir permission de mondict seigneur le Duc, comme au semblable pour les pilloris & carquans.

VI. Appartient aux hauts-justiciers la creation de tutelle & curatelle, main-mise, subhastation, interposition de decrets.

VII. Aux hauts-justiciers appartient donner asseurement à ceux qui le poursuivent en la justice, si les personnes afferment avoir occasion juste de le requerir; & est ledict asseurement commun & reciproque aux parties, la cognoissance de l'infraction duquel appartient à leurs officiers.

VIII. L'espave appartient aux seigneurs hauts-justiciers, & sera icelle signifiée aux jours de Dimanches à l'issue de la Messe parochiale, & ce par trois publications, chacune de quinzaine à autre, laquelle espave, si elle n'est recognue par son seigneur & maistre, appartiendra au haut-justicier; Que si toutesfois ladicte espave consiste en chose qui se puisse consumer par usage en gardant, n'y aura que huit jours, le temps toutesfois reservé à la discretion de la justice, suivant la valeur de ladicte espave: toutesfois si elle est recognue dedans quarante jours, & que pendant iceux, elle ait esté vendue, seront les deniers rendus au maistre d'icelle, en payant les despens tels que de raison.

IX. Le receleur de ladicte espave, sera condamné en amende arbitraire, s'il ne la signifie à justice dedans vingt-quatre heures suivant la qualité de l'espave.

X. Biens vacquans sont au seigneurs hauts-justiciers.

XI. Si tresor caché & mussé d'ancienneté est fortuitement trouvé, appartient le tiers au seigneur haut-justicier, le tiers au seigneur de l'heritage où il est trouvé, & l'autre tiers à celuy qui l'a trouvé.

XII. Les messeliers & forestiers seront creus de leurs rapports par leurs sermens, tant ès bois de gruyeries, communautez, qu'ailleurs, si doncques l'on ne vouloit faire apparoir au contraire & par tesmoins sommairement, à quoy l'on pourra estre receu, sans estre tenu de faire aucune inscription de faux, & laquelle Coustume aura seulement lieu pour le regard des prinses & mesus, pour raison desquels eschet amende de cinq francs & au dessous, & non autrement.

XIII. L'amende de recousse est arbitraire.

XIV. Les contracts usuraires & reprouvez de droict, n'emporteront aucun nantissement, & seront punis les contrahans avec les notaires, suivant l'ordonnance de Monseigneur le Duc; & à la passation des contracts, les parties signeront, si elles sçavent signer, sinon en sera faict mention expresse.

XV. Tous seigneurs hauts-justiciers, pour leurs droicts seigneuriaux, peuvent par sergens proceder par execution, & seront tenus les executez au nantissement réel, sans prejudice de leurs deffenses & causes d'oppositions, si aucunes en ont, moyennant que les sergens executeurs ayent roolle signé du seigneur, ou de son procureur ou receveur.

XVI. Les cris de festes appartiennent aux seigneurs hauts-justiciers, si doncques nostredict seigneur n'est haut-justicier avec eux: auquel cas le sergent de nostredict seigneur le Duc en fera les cris, nommant iceluy le premier, & les autres seigneurs après, si doncques la seigneurie n'est indivisée, & lors se feront lesdicts cris par le sergent ordinaire commun d'icelle, lequel nommera mondit seigneur le Duc le premier, & les autres après.

XVII. Ne pourront les subjects des seigneurs hauts-justiciers, vendre, transporter ou autrement aliener à gens d'Eglise, communautez & autres de main-morte, aucuns heritages en la terre desdicts hauts-justiciers, pour d'iceux heritages le mettre en saisine & possession, que premierement lesdicts gens d'Eglise, communautez & de main-morte, n'ayent obtenu amortissement de mondict seigneur le Duc, quand l'acquest est au nom de l'Eglise, communauté & main-morte, sinon & à faute de ce faire, lesdicts seigneurs pourront dans l'an & jour après qu'il leur sera enjoinct, en vuider leurs mains, leur faire commandement par justice dedans deux ans, après les ans & jour expiré, de mettre hors de leur puissance lesdicts heritages, à peine de les appliquer à leur domaine, laquelle peine sera declaée, iceux appellez & ouys.

XVIII. Monseigneur le Duc a droit de cognoistre de toutes matieres d'execution sur sentences rendues par les mayeurs & officiers audit Bailliage, l'an & jour après la date d'icelles.

XIX. Appartient aussi à mondict seigneur le Duc, la cognoissance des executions faictes par vertu des lettres authentiques passées sous son seel, & lequel luy est attributif de jurisdiction ès executions personnelles.

XX. Nuls habitans ne pourront faire assemblées, sans la permission du sieur Bailly du Bassigny ou son Lieutenant, ne faire levées ne cueillettes de deniers, que le Procureur general ou son Substitut, ne soit ouy, si doncques n'est pour la police, affaires & reglement de leur communauté tant seulement, avec permission des officiers des lieux, pardevant lesquels ils rendront compte de ladicte cueillette.

TITRE II.

Des Droits de Moyenne-Justice.

XXI. Les moyens justiciers ont droict d'adjuster poids & mesures, d'imposer & lever amendes de soixante sols & au dessous sur les delinquans, & si ils ont cognoissance de toutes actions personnelles & civiles sur leurs subjects, jusques à la somme de dix francs & au dessous.

TITRE III.

Des Droicts de Basse-Justice & Fonciere.

XXII. Le seigneur bas justicier & foncier, peut créer mayeur & justice qui a cognoissance des abornemens des heritages de parties à autres de sa fonciere, & des actions réelles du fond & de la roye.

XXIII. Peut faire saisir & subhaster heritages, à cause de cente non payée, faire embanir les terres & prez qui sont situez en sa jurisdiction fonciere, & imposer peines & amendes de cinq sols & au dessous tant seulemement; & si a cognoissance des simples reprinses, esquelles ne eschet amende que de cinq sols, si doncques il n'y a tiltres valables ou possessions immemoriales de prendre plus haute amende.

XXIV. A droict de créer forestiers & messiers pour faire les reprinses contre les mesusans esdictes terres & prez, & bestes trouvées en degasts.

TITRE IV.

Des Fiefs, Droicts d'iceux, & Profits Feodaux.

XXV. Premierement, Coustume est telle, que tous les fiefs tenus de mondict seigneur le Duc en sondict Bailliage du Bassigny, sont fiefs de danger, rendables à luy à grande force; c'est-à dire que les vassaux sont tenus de luy rendre leurs maisons pour la seureté de sa personne, & deffense de ses pays, à peine de commise.

XXVI. Seront aussi rendables à petite force, fut & à peine que l'on procedera par saisie des fiefs, de ceux qui seront desobeissans & refusans à justice, & perte des fruicts, jusques à ce qu'ils auront obey à Justice.

XXVII. Plus, nulles personnes capables à tenir fief, en ayant acquesté quelqu'un de nouveau, se pourra bouter ne intruire en la possession d'iceluy, sans en avoir premierement demandé confirmation au seigneur feodal, à peine de commise : Neantmoins après que tel nouveau acquereur se sera presenté, & demandé ladicte confirmation à sondict seigneur feodal, le danger de commise cessera. Et n'y a autre danger de fief audict Bailliage, que ces deux articles ci-dessus, qui sont de grande force & confirmation.

XXVIII. Les comtez tenues en fief de mondict Seigneur le Duc, sont individues, & doivent appartenir au fils aisné qui en porte le nom & tiltre : & les autres enfans puis nez, ont partages en autres terres s'il y en a ; & s'il n'y a autres terres que telles Comtez, ils auront portion contingente qu'ils tiendront en fief dudict aisné, en sujection de retour, demeurant le nom & tiltre audit aisné.

XXIX. Les vassaux dudict Bailliage, sont tenus quand ils sont requis, aller & servir mondict Seigneur le Duc, ès guerres qu'il pourroit avoir contre les ennemis de son pays à ses despens, restitution des prinses de corps, chevaux, harnois, & interests.

XXX. Quand un vassal de mondict Seigneur le Duc, vend son fief, il est requis en avoir sa confirmation, & peut mondict Seigneur le Duc le reprendre pour les deniers, & le joindre avec son domaine, pour tels deniers qu'il aura esté vendu avant la confirmation, ou bien confirmer le vendage si bon semble, sans prejudice du droict de retraict lignager.

XXXI. Le seigneur feodal, peut faire saisir le fief de son vassal par faute de denombrement non donné après les quarante jours ordonnez audit vassal de le bailler en faisant son devoir de reprinse.

XXXII. Le seigneur feodal n'est tenu recevoir son vassal en foy & hommage par procureur, s'il ne se presente en personne, si doncques il n'y a cause legitime, ou que le fief appartienne à un enfant mineur d'ans : Auquel cas le tuteur en peut faire faire le devoir dedans le temps deu.

XXXIII. Un vassal ne peut prescrire contre son seigneur feodal, les droicts & devoirs qu'il est tenu luy faire, à cause dudict fief, ny le seigneur contre le vassal.

XXXIV. Si le vassal donne liberalement son fief par donation entre les vifs, ou par testament, ou qu'il eschange iceluy fief contre un autre, sans solte, les parens dudict vassal ne peuvent venir à la retraicte dudict fief, & pareillement se garde la coustume en terre de pote.

XXXV. Quand un vassal va de vie à trespas & il delaisse plusieurs enfans masles & femelles, ou un enfant masle, & plusieurs filles, l'aisné fils a droict de prendre & choisir pour luy avant son partage, laquelle forte place qu'il luy plaira prendre pour son droict d'aisnesse, qu'il emporte avec ses appartenances de murailles & fossez seulement : A charge du douaire, s'il y eschet : & au residu des autres heritages de fief, il prend sa part comme l'un des autres fils, & y aura un fils autant que deux filles.

XXXVI. En succession collaterale de la terre de fief, le masle exclud la femelle, estant en pareil degré.

TITRE V.

De l'Estat & Condition des Personnes.

XXXVII. AU Bailliage du Bassigny, y a diverses sortes & conditions de personnes, les uns sont nobles, & les autres non nobles.

XXXVIII. Ceux sont reputez nobles qui sont issus en mariage de pere & mere nobles, ou de pere noble, & mere non noble d'origine, d'autant qu'audict Bailliage le mary noble annoblit sa femme, tellement qu'elle jouyt des privileges de noblesse, tant constant le mariage, qu'après le decès de son mary, si elle ne convole en secondes nopces avec un roturier, s'ils n'ont titres ou possessions au contraire.

XXXIX. Quant aux non nobles ils sont de deux manieres, dont aucuns sont franches personnes, qui ne sont de main morte, formariage, ou d'autre condition servile.

XL. Les autres sont serfs de mainmorte, formariage, taillables à volonté & de poursuite, quelque part qu'ils se transportent, & subjects à autres servitudes, selon la nature des terres & seigneuries, à cause desquelles ils sont hommes, dont il y ait titres ou haute possession.

XLI. La femme mariée est en la puissance de son mary, combien qu'elle ait pere ou ayeule, de façon qu'elle ne peut ester en jugement, ou contracter sans l'auctorité & puissance de sondit mary, si doncques elle n'estoit marchande publique : Auquel cas elle pourroit contracter & ester en jugement, tant en demandant qu'en défendant, pour raison des choses concernans sa marchandise seulement, sans l'auctorité de sondit mary.

XLII. Fils de familles mariez, ou prestres, sont reputez émancipez & majeurs, tant pour ester en jugement, que contracter sans l'auctorité de leurs peres & meres, ayeuls ou autres, & faire actes que peuvent faire majeurs, sans y comprendre l'alienation & hypotheques de leurs biens immeubles.

XLIII. Le mary sans procuration de sa femme, peut ester en jugement, tant en demandant qu'en defendant, pour droicts possessoires & actions personnelles : Ne pourra toutesfois vendre le bien propre de sadite femme sans son exprès commandement.

XLIV. Si un homme ou femme du corps de mondit seigneur le Duc, demeurant en son Bailliage du Bassigny, va demeurer hors de son Duché de Bar, ou en iceluy, hors de son domaine, ledit seigneur Duc prendroit & emporteroit tous les heritages qu'il auroit & pourroit avoir sous luy : mesmes si aucuns desdits hommes ou femmes estoient residans audit Bailliage sous mondit seigneur le Duc, & ils alloient de vie à trespas, ayans heritiers absens & hors du Duché ou domaine dudit seigneur Duc, il representeroit lesdits absens : n'est doncques qu'aucunes Prevostez, seigneuries ou villages audit Bailliage, ayent tiltres ou possessions vallables au contraire.

TITRE VI.

Des Droits appartenans à Gens Mariez, & autres Communautez & Societez.

XLV. LE mary & la femme sont communs en tous biens meubles, debtes personnels faicts & à faire, & conquests immeubles, qui se feront constant leur mariage, tellement qu'après le decez de l'un desdits mariez, le survivant doit avoir la moitié desdits meubles & conquests immeubles, & les heritiers l'autre, lesquels en sont saisis & en possession, s'il n'est autrement convenu & accordé en contractant ledit mariage, soit qu'il y ait enfans ou non, reservé qu'entre gens nobles, le survivant emporte les meubles s'il n'y a enfans, soit dudit mariage ou autre.

XLVI. Si l'un desdits mariez vend son heritage & des deniers d'icelle vente achepte autre heritage, ledit heritage ainsi acheptè, sera tenu & reputé conquest, s'il n'est expressément dit & protesté en faisant la premiere vendition, que les deniers seront employez en autre heritage qui sortira pareillement la nature & condition que ledit heritage vendu, ou que l'autre desdits mariez n'y consente sans fraude.

XLVII. Restablissement fait par le mary à sa femme, ne vaudra, si la promesse de restablir pour pareille somme seulement n'est faite par contract de mariage, ou auparavant la vendition des heritages de ladite femme, ou en passant icelle vendition dans un mois après.

XLVIII. Si le mary ou la femme ou l'un d'eux avoient vendu leurs propres heritages ou patrimoines auparavant leur mariage, & durant iceluy, dont fut deue aucune somme de deniers au temps du decez de l'un d'eux, les deniers qui en seront deus au temps du decez reviennent & eschéent pour le tout à iceluy d'eux, ou ses hoirs, duquel l'heritage a esté vendu & sont reputez propres heritages & patrimoine du vendeur, nonobstant la communauté d'entre le mary & la femme.

XLIX. Si constant le mariage, l'un des conjoincts vend ou hypotheque son propre heritage, & que durant iceluy il le rachepte, tel heritage n'est reputé conquest, s'il n'estoit autrement convenu par traicté de mariage.

L. Si l'un des deux conjoincts par mariage, fait bastir des deniers communs sur son propre heritage, l'edifice demeurera propre à celuy auquel le fond appartient : toutesfois sera ledit edifice evalué par gens experts, & à ce cognoissans, pour estre la moitié des impenses rendue à l'autre desdits conjoints ou ses hoirs.

LI. Si le mary, acqueste aucuns heritages, soit en sa ligne ou en celle de sa femme ou autre part, & icelle femme va de vie à trespas, les heritiers d'elle auront & emporteront la moitié dudit acquest, & l'autre demeurera audict mary ; lequel toutesfois pourra constant & durant ledit mariage revendre ledit heritage acquesté ou autrement en disposer à son bon plaisir, sans le consentement de sa femme.

LII. Si deniers de mariage, qui doivent sortir nature d'heritages, ne sont employez avant le trespas de l'un des conjoincts, ils se devront prendre sur les meubles, & au cas qu'ils ne seroient suffisans sur lesdits conquests. Que si les meubles & conquests ne suffisent, se prendront sur les propres heritages : & au defaut de payement, après les protestations & sommations deuement faites pardevant Juges competans, seront les heritiers tenus aux dommages & interests, à prendre depuis lesdites sommations & protestations, si autrement n'est accordé par traité de mariage.

LIII. Si l'un des conjoincts par mariage, a aucuns heritages propres chagez de rentes, ou censes qui soient racheptez pendant & constant iceluy, appartiendront lesdites rentes ou censes à celuy à qui l'heritage est propre, en rendant à l'autre desdits conjoincts ou ses heritiers, la moitié des deniers de l'acquisition desdites rentes ou censes, si mieux les proprietaires dudit heritage n'aiment laisser à l'autre desdictes conjoincts, ou ses heritiers, la moitié desdites rentes ou censes, & dequoy ils jouyront jusques à la restitution de la moitié desdits deniers.

LIV. La femme après le trespas de son mary, peut renoncer à la communauté qu'elle avoit avec son feu mary, & neantmoins avoir & retenir son heritage & douaire, & ne sera tenue d'aucunes debtes procedantes de ladite communauté : & se doit faire ladite renonciation judiciairement pardevant les officiers de la Justice des lieux, dedans quarante jours après qu'elle aura sceu le trespas de sondit mary, appellez pour ce faire les heritiers apparens du trespassé, s'ils sont demeurans audit Bailliage, sinon & à faute desdicts heritiers, pourra appeller le Procureur d'office du lieu où le trespassé estoit domicilié. Pourra ladite femme nonobstant ladite renonciation prendre & emporter l'une de ses robbes & habillement qui ne sera ny le meilleur ny le pire, mais le moyen, quand il y en a plusieurs, & s'il n'y a qu'un habillement il appartient à ladite femme : Et s'il se trouve qu'elle ait substraict aucuns desdits biens communs d'entre elle, & sondit mary, elle est tenue de payer la moitié desdites debtes, nonobstant ladite renonciation, & neantmoins sera tenue à restitution, dommages & interests : Et si dedans quarante jours elle n'a fait ladite renonciation, elle est tenue & reputée parsonniere, sans qu'il soit besoin le requerir ou faire declaration, ny qu'elle ait declaré, nonobstant qu'il eut esté convenu de faire ladite renonciation dans plus long temps que lesdits quarante jours au contract de mariage ou autrement, pourveu que la femme ne soit obligée, auquel cas elle sera tenue des debtes suivant la nature de l'obligation.

LV. Si l'un des conjoincts par mariage, tient & posséde les biens de ses enfans ou heritiers du defunct par an & jour après le decez dudit mourant sans faire inventaire, partage, division ou chose equipolente, les enfans peuvent demander communauté de tous biens meubles & conquests faits constant le second mariage, & depuis le temps qu'il a tenu lesdits biens sans inventaire, partage & division, desquels la division sera faite en cette forme : sçavoir, que d'iceux seront faites trois parties, dont le remarié aura l'une les enfans heritiers du premier lict l'autre, & la seconde femme ou ses hoirs l'autre tierce partie. Et au cas qu'il y ait enfans des deux licts, sera la succession divisée en quatre parties, de sorte que chacune maniere d'enfans emporte un quart, & le pere & la mere chacun un autre quart, supposé que l'un ou l'autre y ait assez ou peu apporté ; excepté ès nobles qui tiennent leurs enfans en garde, demeurans toutesfois à l'election desdicts enfans ou heritiers de demander la portion de leurs predecesseurs ou la quantité & valeur d'icelle par commune estimation, eu esgard, & selon les facultez dudit trespassé, à l'heure de son decez.

LVI. Les fruits des heritages propres, pendans par les racines au trespas de l'un des conjoincts par mariage, sont tenus & reputez propre à celuy auquel appartient ou advient ledit heritage ; à la charge de payer la moitié des impenses ; & où le mary auroit baillé à ferme sans fraude l'heritage de sa femme, & il decede, sadite femme pourra estre contrainte à l'entretenement du bail.

LVII. La femme qui est parsonniere avec son mary, en meubles & conquests, est tenue après le decez de sondit mary, payer les debtes de ladite communauté pour telle part & portion qu'elle prend ès meubles & conquests de la communauté, & ne sont les frais funeraux reputez debtes ; mais sont lesdits frais funeraux à la charge & se payent par lesdits heritiers du trespassé, & semblablement, le mary est tenu de payer la moitié des debtes de sa femme deuement contractées.

LVIII. Et se peuvent les creanciers eux addresser contre les heritiers du defunct pour le tout, si iceluy defunct est obligé seulement, ou s'addresser contre la femme par moitié, & contre lesdits heritiers pour l'autre moitié, au choix des creanciers.

LIX. Et si les creanciers s'addressent pour le tout contre les heritiers du trespassé, lesdits heritiers auront recours pour le remboursement & interests de la moitié des debtes contre le survivant ou ses heritiers : & quand lesdits mariez sont obligez ensemble, les creanciers se peuvent addresser selon la forme de leur obligation.

LX. Quand lesdits creanciers se sont addressez contre les heritiers de l'un des mariez obligez, & lesdits heritiers ne sont trouvez solvables, iceux creanciers se peuvent addresser subsidiairement, & avoir leurs recours contre le survivant ou les heritiers, pour leur part & portion.

LXI. Le mary a le gouvernement & administration des heritages & possessions de sa femme le mariage durant, & est seigneur des biens meubles, fruicts, revenus & émolumens appartenans à sa femme, & de ses debtes mobiliaires, & les peut demander en jugement & dehors en son nom sans sadite femme.

LXII. Le mary peut donner, vendre & aliener à sa volonté, les meubles & les acquests faits par lesdits mariez, ou l'un d'eux constant le mariage, par contract fait entre vifs ; mais non par contract ayant traict à mort.

LXIII. A la femme après le decez du mary, appartient par douaire coustumier, la moitié des heritages de sondit mary, desquels il estoit seigneur lors qu'il l'espousa ensemble de ceux qui luy sont escheus par ligne directe ascendante pendant ledit mariage, & duquel douaire jouyra la femme sa vie durant comme douairiere & usufructiere, pour en prendre les fruicts, & en disposer ainsi que bon luy semblera, lequel sera nul si ladite femme va de vie à trespas avant sondit mary : à charge toutesfois d'entretenir lesdits heritages de reparations telles qu'une usufructiere est tenue de droict, & dont elle donnera caution au cas qu'il n'y ait enfans dudit mariage ou qu'elle convole en secondes nopces.

LXIV. Femme qui tient heritages en douaire, est tenue de payer tant qu'il a lieu, les rentes, censes & autres charges que doivent lesdits heritages, & non rentes volages, constituées par le mary pendant leur mariage, s'il ne se trouve que pour le regard d'icelles, la femme ne soit obligé, quand à quand avec le mary.

LXV. Deux conjoincts par mariage ne se peuvent advantager l'un l'autre, directement ou indirectement, soit par donation d'entre vifs, disposition testamentaire ou autrement.

LXVI. Femme douée de douaire prefix ou conventionnel, peut après le decez de son mary, choisir & eslire le douaire prefix ou coustumier, supposé qu'en son traité de mariage ne soit faite une seule mention de douaire coustumier, mais si ladite femme veut avoir ledit douaire prefix, elle le doit declarer dans quarante jours après le decez de sondit mary, sauf que si ledit mary avoit plusieurs maisons, l'heritier aura le choix de prendre celle qu'il luy plaira, sinon qu'autrement fut convenu, duquel douaire elle est tellement saisie qu'elle peut agir possessoirement contre les turbateurs d'iceluy.

LXVII. Si après le decès du mary, la femme recelle ou soubstraict les biens de son mary & d'elle, elle ne jouyra du benefice & privilege de la renonciation qu'elle aura faicte à ladicte communauté.

LXVIII. Si l'homme ou la femme conjoincts par mariage, ou autres estans en communauté de biens, ou en son testament & ordonnance de derniere volonté, font aucuns legs, ils seront payez de ses biens, & ne sera diminuée la portion du survivant, s'il n'apert de convention faite au contraire.

LXIX. Quand aucunes personnes usantes de leurs droicts, vivent ensemble à commun pot & despence par an & jour, ils sont reputez uns & communs en tous biens meubles & conquests faits depuis la societé contractée, s'il n'appert du contraire.

LXX. Les enfans de famille demeurans avec leurs pere & mere, parens, serviteurs & autres personnes nourries & entretenues par amour, affection, pieté ou service, ne peuvent acquerir droict de communauté avec pere, mere ou autres personnes qui les nourrissent par quelques laps de temps qu'ils y demeurent, s'il n'y a expresses conventions sur ce faites.

LXXI. Si l'un des deux ayant aucune chose commune, s'en sert, il n'est tenu d'en faire proffit ne émolument à l'autre, s'il n'est interpellé d'en faire partage & proffit.

TITRE VII.

Des Tutelles & Curatelles.

LXXII. Le pere est administrateur legitime des biens de ses enfans & de la personne d'iceux, & fera les fruicts siens, s'il est noble, jusques à ce qu'iceux en personnes soient aagez suffisamment, ou qu'ils seront mariez ; & sera tenu en ce faisant payer les debtes personnels, les nourrir, alimenter & entretenir, & à la fin de ladite administration rendre lesdits heritages en bon estat : & est tenu le pere, de faire inventaire desdits biens, & les rendre à sesdits enfans l'usufruict finy. Pourra neantmoins renoncer à ladite tutelle, si bon luy semble.

LXXIII. Le semblable sera observé à la femme noble.

LXXIV. Le pere roturier, sera aussi tuteur si bon luy semble, de ses enfans, & en ce cas, fera inventaire incessamment de leurs biens, & en rendra compte en temps & lieu, & toutesfois ne fera les fruits siens desdits biens.

LXXV. Le semblable s'observe en la femme roturiere, estante en viduité & jusques à ce qu'elle convolle en secondes nopces, auquel cas sera pourveu d'autre tuteur, si mestier fait.

LXXVI. Tutelles testamentaires sont vallables & preferées à toutes autres, & à faute d'icelles, la legitime aura lieu & successivement après la dative, laquelle dative doit estre confirmée par le Juge : comme

comme au semblable la legitime & testamentaire.

LXXVII. Tuteurs sont tenus faire inventaire incontinent, & avant que de s'entremettre à l'administration des biens des mineurs, sur les peines de droict; & se doit faire l'inventaire aux moindres frais que faire se pourra, & estre rapporté faict & parfait dans quarante jours.

LXXVIII. Tuteurs sont contraincts de vendre les biens perissables des mineurs, par auctorité de Justice & rendront compte des deniers en provenans.

LXXIX. Les tuteurs & curateurs, demeureront en leurs charges, ou l'un d'iceux en l'absence de l'autre, ou advenant la mort d'iceluy, jusques à ce que ceux qu'ils ont en charge seront aagez suffisamment, ou mariez, ou bien dispensez pour avoir le gouvernement de leurs biens, sauf toutesfois à subroger tuteur & curateur, au lieu de celuy qui sera prevenu, si mestier faict.

TITRE VIII.

Des choses reputées meubles.

LXXX. Noms, debtes & actions pour raison des choses mobiliaires, arrerages de censes & rentes, sont reputez meubles, si doncques lesdites censes & rentes ne sont à perpetuité.

LXXXI. Artillerie & autres armes desquelles l'usage ne peut servir que pour la tuition d'une maison, chastel, ou forteresse, ne sont reputées meubles; mais demeurent à celuy auquel ladite place, maison & chastel appartient.

LXXXII. Tout ce qui se trouve ès maisons, tenant à cloux & à chevilles, ne sont reputez meubles.

LXXXIII. Meubles n'ont point de suite par hypotheque, s'ils ne sont mis dehors de la puissance du debteur par fraude.

LXXXIV. Les fruits pendans par les racines, sont reputez immeubles, jusques à ce qu'ils soient couppez ou separez du fond.

TITRE IX.

Des Convenances, Ventes, Achapts, Louages & autres Contracts.

LXXXV. Tous contracts seront receus par deux notaires avant que d'estre mis en forme authenticque, & ne suffira de les passer sous un notaire avec deux tesmoins.

LXXXVI. Toutes obligations passées sous le seel de mondit seigneur le Duc, sont authenticqués audit Bailliage du Bassigny, & ont execution parée; de sorte que elles peuvent estre executées, nonobstant oppositions ou appellations quelconques, & sans prejudice d'icelles : mesmes les cedules recognues, auront hypotecque du jour de la recognoissance, & garnison de main; comme pareillement les contracts seellez des seaux des tabellionnages particuliers des hauts Justiciers, seront executoires ès terres & seigneuries qui auront privilege de tabellionnage & ailleurs, pourveu qu'ils soient recognus & declarez executoires.

LXXXVII. Obligations passées sous le seel Ecclesiasticque, n'emporteront execution, nantissement ou hypotheque, n'estoit qu'elles fussent recognues & declarées executorialles pardevant les Juges temporels.

LXXXVIII. Tous contrahans, declareront les rentes, charges & hypotheques speciales, & servitudes estans sur les heritages & choses immeubles par eux vendues & eschangées ou allienées à tiltres onereux, à peine d'amende arbitraire, & que s'ils les vendent franchement, & elles sont trouvées chargées par leur faict ou d'autres, & que des charges ils soient deuement advertis, ils seront punis comme faux vendeurs.

LXXXIX. Seront aussi punissables comme faux vendeurs, ceux qui vendent, ou autrement allienent chose, à autre par eux auparavant vendue, ou allienée.

XC. Recision de contract d'outre moitié de juste pris pour chose mobiliaire n'aura lieu.

XCI. Un vendeur de chevaux n'est tenu de vices, excepté de morve, espousse, corbe, corbature, sinon qu'il les ait vendus sains & nets, auquel cas il est tenu de tous vices, lattans & appatens huict jours après la tradition.

XCII. Il est permis au locateur, soit de maisons ou heritages par luy baillez à tiltre de louage, faire proceder par voye d'execution, pour les loyers à luy deus par les conducteurs, comme ayant taisible hypotheque sur les meubles & fruicts estans esdictes maisons ou heritages, pourveu que ledict locateur ait contract ou obligation par escrit.

XCIII. Le seigneur & le proprietaire d'une maison, est le premier & prieur en hypotheque contre tous autres, jaçoit qu'il soit posterieur en date, comme pareillement le seigneur de l'heritage pour raison des fruicts.

XCIV. Le locataire ne peut laisser à tiltre de lais, la maison à luy louée, à autres, la condition desquels puisse apporter ruine ou dommage à ladicte maison.

XCV. Si celuy qui a prins à tiltre de lais une maison pour quelque année, ne declare avant la derniere expirée, qu'il se deporte, ains la tient sans nouveau marché, payera le prix pour une année seulement, pour laquelle ledict louage sera censé estre continué.

XCVI. Delivrance de marchandise argue payement, si les deniers ne sont demandez dedans un an, si doncques il n'y a cedule ou promesse de payer au contraire, ou que l'on ne fasse paroistre de la creance.

XCVII. Achepteur n'est tenu à l'entretenement du louage de ses predecesseurs, s'il n'y a speciale hypotheque, & où il n'y aura speciale hypotheque, ne pourra ledict achepteur mettre hors le locataire qu'un mois après le jour de l'advertissement.

XCVIII. Respit ne se peut demander pour chose deposée, debtes actives d'enfans mineurs, louages de maisons, bail d'heritages à moison ou ferme, censes, rentes foncieres, marchandise prinse en plein marché, debtes procedantes de delicts ou de chose adjugée par sentence donnée en jugement contradictoire, ou du consentement des parties.

XCIX. Pour porter garandie, chacun doit laisser son juge, & aller porter garandie devant le juge, pardevant lequel il est plaid de la chose, & qui le refuse, est tenu de tous despens, dommages & interests.

C. Peines de corps de manouvriers & gens de bras, ne peuvent estre demandées après trois mois passez, s'ils ne prennent creance ou promesse au contraire.

CI. Le vendeur de vin n'est tenu le garder outre quinze jours, s'il ne luy plaist, & si l'achepteur ne le leve dans ledict temps, il perd ses arres, si aucuns en a baillé, & peut ledit vendeur revendre ledict vin à autre: mais s'il ne la revendu, il sera tenu le delivrer au premier acheteur, s'il le requiert en payant.

TITRE X.

Des Censes, Rentes, Lods & Ventes.

CII. Rentes ou censes ne sont executoires contre un tiers detenteur, s'il n'a esté condamné ou qu'il n'ait consenty declaration d'hypotheque.

CIII. En eschange de chose censive subjecte à lots & ventes, faict but à but, n'en sont deux aucuns lots, s'il n'y a soulte, & lors pour rate & raison de ladicte soulte, & suivant icelle, sont deus lods & ventes.

CIV. Si un heritage est donné par aumosne & affection de douaire, il n'y a lods & ventes.

CV. Qui transporte ou baille son heritage à rente & à reachapt, le seigneur censier avant le temps de reachapt, prendra, si bon luy semble, les lods & ventes de la somme promise & accordée par ledict reachapt; mais du reachapt d'icelle rente, il n'y aura lods & ventes.

CVI. Si le vendeur & achepteur d'un heritage chargé de censive, après que la vendition est consentie, se deporte de son consentement de marché avant que de partir du lieu, il n'y aura lods, ventes ny amendes, pourveu que les lettres de la vente n'ayent esté passées.

TITRE XI.

De Retraict Lignager.

CVII. Si aucune personne vend ses propres heritages, & à luy escheus & descendus par droict de succession, à autres personnes estranges & d'autre lignage ou branchage que celuy du costé & ligne duquel sont advenus iceux, le lignager dudict vendeur, & qui luy appartient du costé d'où proviennent lesdicts heritages, pourra dans l'an & jour de la prinse de possession, faire adjourner l'achepteur, & retirer de luy lesdicts heritages, en rendant les deniers du sort principal, frais & loyaux cousts, & s'entendra la prinse de possession du jour que ledict achepteur en aura prins acte pardevant deux notaires, ou autrement solemnellement, s'il est de roture; & s'il est tenu en fief, commencera ledict an & jour, du jour que ledict achepteur aura esté receu en foy & hommage, ou du jour de la souffrance.

CVIII. Et suffira que le retrayant soit parent dudict vendeur, & du costé d'où provient ledict heritage, sans que le plus remot puisse estre exclud par le plus prochain, n'estoit qu'il fust concurrent.

CIX. En eschange d'heritage, n'y gist aucun retraict, s'il est faict but à but, mais l'heritage eschangé sortir la nature dudict heritage baillé en contre-eschange; & s'il y a soulte, le retraict aura lieu pour l'egard & portion desdictes soultes.

CX. En vente d'heritage faicte à faculté de reachapt, y a retraict après l'an & jour de ladicte faculté expirée, comme pareillement en vendition de rentes, & censes en heritages de ligne delaissez à rente annuelle ou perpetuelle, en payant par le retrayant, les charges qui y sont, ce qu'aussi on pourra faire pendant ledict temps.

CXI. On ne peut empirer l'heritage subject à retraict, durant ledict an & jour, comme par pesches d'estangs, couppes de bois & autrement; que si l'achepteur le faict, & l'heritage se retraict, il est tenu à la restitution des dommages & interests procedans de son faict, lesquels seront rabatus sur le pur sort, liquidation d'iceux prealablement faicte.

CXII. Il faut & suffit à la premiere journée, audition & expedition de la cause, faire offre d'or & d'argent à descouvert, & à parfaire le remboursement du pur sort, frais & loyaux cousts.

CXIII. En matiere de retraict, l'on n'est tenu rendre le prix en mesmes especes que l'achepteur l'aura desboursé, & aura ledict retraict lieu en eschange d'heritages de ligne, contre biens meubles, en payant par le retrayant la juste estimation desdicts meubles.

CXIV. Entre loyaux cousts, sont comprins les frais des lettres & contracts de vendition, acte de prinse de possession & reception de foy & hommage, avec les impenses necessaires, lods & ventes, si aucuns en estoient deuz, & avoient esté deuz par l'achepteur.

CXV. Si aucun se disant lignager, faict adjourner l'acquesteur, & que dedans l'an & jour ledict acquesteur consente le retraict, & a revendu l'heritage par luy acquis à personne estrange, le vray lignager qui viendra après dans l'an & jour sera receu, & l'adjourné tenu de luy rendre l'heritage, du moins appeller celuy auquel il aura cedé ledit heritage pour souffrir le retraict: & supposé que depuis ladite premiere vente, l'heritage eut esté vendu plus grande somme, si ne sera tenu le retrayant de payer sinon la premiere somme, & loyaux cousts, à cause des abus qui se peuvent commettre, sauf au dernier acquesteur son recours contre son vendeur, & pourra le retrayant s'addresser contre le detenteur ou acquesteur.

CXVI. Aucun n'est recevable à vouloir retraire partie des choses vendues & à delaisser l'autre, & sera le retrayant contrainct de retirer la totalité de l'acquest, si bon semble à l'acquesteur, ou seulement ce qui se trouvera du costé, duquel le retrayant est parent des choses vendues; le tout à l'option dudit acquesteur, de laquelle action de retraict, sont competans autant le Juge de domicile, que celuy des lieux où sont les heritages assis, si les personnes n'ont privileges au contraire.

CXVII. Qui n'est habile à succeder, il ne vient à retraict, & s'il n'est parent dedans le septiesme degré.

CXVIII. Si aucun achepte heritages propres, d'autruy, à payer à certains termes, le retrayeur aura lesdits termes, mais il doit donner bonne seureté à l'achepteur de payer & l'acquiter ausdits termes, car le vendeur ne changera son debteur, s'il ne luy plait; & si le retrayeur ainsi ne le fait, il ne sera receu au retraict, s'il ne baille argent comtant ou gages à l'achepteur ou vendeur.

CXIX. Lignagers en pareil degrés'ils sont concurrens en leur action, auront si bon semble, l'heritage subject à retraict ensemblement, & exclura celuy qui aura prevenu en diligence, l'autre moins diligent.

CXX. En vente de couppe de bois de haute fustaye, & autres taillis, n'y a retraict, n'estoit que telle couppe appartienne quelquesfois à aucun, & le fond à un autre : auquel cas le maistre & seigneur dudict fond, peut retirer ladite couppe vendue, encores qu'il ne soit lignager du vendeur, en remboursant ledit pris, frais & loyaux cousts.

CXXI. Le retraict accordé, doit le retrayant, dedans trois jours après, payer entierement le sort & pris de l'acquisition, & donner caution pour les frais & loyaux cousts, si iceux ne sont liquidez; & au cas qu'ils seroient liquidez, les doit payer comtant, à peine d'estre decheu du droict de retraict.

CXXII. L'heritage propre, donné en payement ou recompense d'aucune chose, est subject à retraict, la juste estimation des choses données preallablement faite.

CXXIII. L'assignation qui sera donnée après l'an & jour, n'excedera ledit an de plus de quinze jours, & faudra que l'adjournement en cas de retraict, soit faict à personne, ou au domicile de l'acquesteur, s'il est demeurant audit Bailliage, & s'il n'y a domicile, suffira que ledit adjournement soit fait publicquement & par affiche au lieu où l'heritage est assis ès lieux accoustumez à faire cris & publications.

CXXIV. Semblablement les vendeur & acquesteur sont tenus se purger par serment du pris convenu, & ledit acquesteur de monstrer lettres d'acquisition, pour sçavoir s'il y a termes portez par icelles, desquels en ce le retrayeur jouyra en donnant bonne & suffisante caution à l'achepteur pour payer & l'acquiter ausdits termes; & si l'achepteur afferme de plus grande somme que n'est celle par luy desbourcée, estant le parjure averé, ledit achepteur perdra ses deniers, qui seront applicquez aux Seigneurs des lieux où les heritages sont assis, & iceux heritages adjugez au retrayeur, sans payer aucuns frais & loyaux cousts avec despens.

CXXV. L'an & jour de retraict court contre majeurs ou mineurs presens ou absens, soient qu'ils ayent esté advertis de l'allienation desdits heritages ou qu'ils l'ayent ignorez.

CXXVI. Action de retraict ne peut estre cedée ou transportée, au proffit d'autruy non lignager.

TITRE XII.

Des Bois, Pasquis & Pasturages.

CXXVII. En bois de couppe & de vendue, l'on ne doit pasturer, quelques usages que l'on y ait, jusques après l'huictiesme feuille, sur peine de trois frans barrois & restitution des dommages & interests.

CXXVIII. Le temps de grainer, est des le jour sainct Michel inclus, jusques au premier de Mars exclud : après lequel temps escheu, les porcs trouvez esdits bois & appartenans à autres qu'aux usagiers, sont acquis & confisquez, s'ils sont trouvez & prins, sans le consentement du seigneur desdits bois, s'il n'y a chartres ou tiltres au contraire.

CXXIX. Les habitans des villes & villages, ont droit de vain pasturer, les uns sur les autres, de clochers à autres, s'il n'y a tiltres ou possessions à ce contraires, laquelle vaine pasture aura lieu depuis la despouille, jusques à saison plaine : & au regard des prez, jusques au premier jour de Mars.

CXXX. En quelque temps que ce soit, on ne peut mener ou mettre porcs ès prez, vignes, jardins, chenevieres, à peine de trois frans barrois, & de restituer les interests aux particuliers desdits heritages.

CXXXI. Un messier & commis a la garde des finages, est creu sans recours jusques à un franc barrois.

CXXXII. Les porteurs de paulx & commis pour le regard des dixmes, après qu'ils auront presté & faict le serment solemnel, seront avec un tesmoing, creus en tesmoignage, contre les debteurs d'iceux, moyennent qu'ils ne soient fermiers desdits dixmes ou associez.

CXXXIII. Est dit, garde faicte, quand celuy qui est commis à la garde du bestail, est trouvée gardant iceluy en l'heritage auquel le dommage est fait ou que le gardien est près dudit bestail, de sorte qu'il le peut voir, & ne fait diligence de le mettre hors, ou qu'il meine & conduict ledit bestail audit heritage qu'il a declos & debouché, de maniere que ledit bestail y puisse entrer, après laquelle ouverture, & au moyen d'icelle y est ledit bestail entré.

CXXXIV. Si aucun heritage n'est suffisamment clos & bouché pour empescher l'entrée du bestail des circonvoisins, lesdits circonvoisins peuvent denoncer au seigneur, de le clorre dans quatre jours & à faute de ce faire, ils peuvent de leur auctorité clorre ledit heritage, aux despens desdits circonvoisins, pourveu que lesdits heritages doivent closture.

CXXXV. En la saison que les bleds & autres grains sont plantez, & non cueillis, il est prohibé y mener les bestes pasturer, ès chemins & voyes publicques, prochains desdits fruits & bleds avant le poinct du jour, & les y tenir après le Soleil couché, sur peine d'amende arbitraire.

TITRE XIII.

Des Successions & Testaments.

CXXXVI. Le mort saisit le vif, son plus prochain heritier habile à luy succeder *ab intestat*, sans apprehension de faict.

CXXXVII. Homme ou femme soit noble ou roturier, qui entre en aucune religion, après qu'il a fait profession dès lors, il est exclud de toutes successions escheues & à escheoir, & viendront à ses propres parens (ainsi comme s'ils estoient decedez) & ne sont aucunement dediez ses biens à ladite religion, sinon qu'il y eut dedication expresse.

CXXXVIII. Homme d'Eglise seculier, peut disposer de tous ses biens, ainsi que l'homme laic, jaçoit que lesdits biens luy soient venus de ses benefices ou d'ailleurs.

CXXXIX. Succession de pere ou mere, ayeul ou ayeulle, sera divisée par teste & non par licts, s'ils sont en pareil degré, sinon les enfans des enfans representeront par lignées, avec leurs oncles ou tantes, en la succession des ayeuls ou ayeulles, leur pere ou mere.

CXL. Renonciation faite par filles en contract de mariage, s'entend estre faite au profit des freres & sœurs ensemblement.

CXLI. Toutes donations faites par pere, mere ou autres ascendans ou descendans en precipuité & contract de mariage & faveur d'iceluy, seront subjectes à collation & rapport, si doncques n'est qu'elles soient données en faveur des deux conjoincts: auquel cas la moitié sera subjecte à rapport seulement, & sauf au donnateur, s'il est vivant, de recompenser ses autres heritiers, d'autant qu'il auroit donné à l'un desdits conjoincts, pourveu que la legitime soit gardée ausdits enfans.

CXLII. Collation & rapport, se doivent faire en ligne directe & non collateralle.

CXLIII. Quand aucun va de vie à trespas sans hoirs procreez de son corps, sans pere & mere, ayeuls ou ayeules, les plus prochains du costé & estoc paternel, succedent pour la moictié des meubles & conquests, & les plus prochains du costé maternel, ont l'autre moictié. Et aux autres heritages, succedent les plus prochains lignagers des estocs d'où ils sont venus.

CLXIV. Les vefves des bastards estrangers & n'estans dudict Bailliage, jouiront du douaire à elles assigné, ensemble des droicts de communautez.

CLXV. Les representations auront lieu, tant en lignes directes que collaterales, & en ensuivant tousjours la regle *Paterna paternis*, *materna maternis*, en ligne directe descendant *in infinitum*, & en ligne collaterale, jusques aux enfans des freres, tant pour le regard des gens d'Eglise seculiers, que laics inclusivement.

CLXVI. Quand aucun habile à succeder *ab intestat*, paye creanciers, legats, ou faict autres acts d'heritiers, il est tenu & reputé heritier, & ne peut après repudier ladicte succession, quelque protestation qu'il puisse faire au contraire, s'il n'est mineur.

CLXVII. Lignager qui se porte heritier simple, est à preferer à ceux qui se portent heritiers par benefice d'inventaire, combien qu'il ne soit si prochain du defunct, que celuy qui requiert estre admis par ledit benefice d'inventaire, & ce tant en ligne directe que collaterale, pourveu qu'il soit solvable & donne caution.

CXLVIII. Le testateur pourra exhereder son heritier ou heritiers, pour les causes exprimées de droict, & non autrement.

CXLIX. En division de meubles, entre le survivant de deux conjoincts par mariage, & les heritiers du decedé, le survivant aura par advantage ses vestemens de tous les jours; & si le survivant veut avoir le surplus de ses vestemens, il les pourra retenir, en payant la moictié desdicts vestemens, telle qu'elle sera estimée par les appreciateurs.

CL. Succession roturiere qui advient à gens nobles, se depart roturierement, ensemble les choses roturieres de nouveau acquises, & quant aux choses nobles, elles se partiront noblement.

CLI. Entre le fils emancipé & non emancipé, n'y a aucune difference en matieres de succession.

CLII. Enfans mariez des deniers d'oncles, tantes & autres leurs parens en ligne collaterale, ne seront tenus de rapporter aux successions de peres ou meres, ny desdicts oncles, tantes & autres leurs parens, ce qu'ils ont eu en mariage, en tout ny en partie, s'il n'est expressement dict au traicté de mariage.

CLIII. Ne sont subjects aussi à rapport, les banquets faicts aux fiançailles & mariages, par peres ou meres à aucuns de leurs enfans, ny au semblable les habits ordinaires d'iceux, ains seulement ceux qui auront esté faicts pour ledict mariage, avec les bagues & joyaux pour iceluy.

CLIV. Celuy ou celle à qui est faict don par mariage ou autrement, à charge de rapport, peut, si bon luy semble, se tenir à ce que luy est donné, sans venir à la succession à laquelle autrement il devroit rapporter, pourveu toutesfois que la portion deue soit gardée à un chacun desdicts heritiers.

CLV. Le testament est reputé valable faict en presence de deux notaires, ou en leur absence par le curé ou vicaire, en presence de trois tesmoins non legataires, ou qu'il soit escrit & signé de la main du testateur sans tesmoins, & en tous cas qu'il soit signé du testateur & des tesmoins, s'ils sçavent signer, sinon faire mention qu'ils declarent ne pouvoir signer, & qu'il soit leu & releu au testateur, & la minute du testament demeurera au testateur, sans que les notaires, curez ou vicaires en puissent retenir aucun enseignement.

CLVI. Aucun ne peut estre heritier & legataire ensemble; toutesfois il est permis à celuy qui peut estre heritier, accepter ou prendre, comme personne estrange, les legs à luy faicts, en delaissant l'heredité dudict defunct, & renonçant à icelle dans quarante jours, pourveu que les heritiers ne soient grevez indeuement, & que la legitime leur soit gardée.

CLVII. Le legataire de son auctorité ne peut prendre les choses à luy leguées, ny s'en dire saisi, mais faut qu'elles luy soient baillées & delivrées par les executeurs du testament ou heritiers du decedé, s'il n'estoit que le donataire fut saisi de la chose donnée avant le decès du testateur; toutefois la delivrance actuelle des legs immeubles, ne peut estre faicte par les executeurs du testament, sans appeller l'heritier.

CLVIII. Executeurs de testament, après le decès du testateur, demeurent saisis des meubles & conquests immeubles d'iceluy defunct durant l'an & jour de l'execution : Et en faute d'iceux, demeurent aussi saisis des biens anciens du testateur, jusques à la concurrence de leur execution; toutesfois ils doivent prendre lesdicts biens par justice & par inventaire, l'heritier present, ou deuement appellé, si doncques n'est que l'heritier offre réellement & de faict deniers suffisamment pour ladicte execution testamentaire.

CLIX. Et après l'an du decès du testateur passé, seront les executeurs contraincts de rendre compte pardevant leurs juges laics & ordinaires.

CLX. Peuvent lesdicts executeurs recevoir les debtes dudict defunct, sans le sceu & consentement de l'heritier dont les obligations & cedules leur auront esté baillées par inventaire, & non autrement.

CLXI. Sont tenus de payer les debtes du testateur clairs & cognus durant l'an & jour de l'execution, l'heritier sommé refusant de prendre la cause pour eux, ou leur administrer deffense & preuve pour empescher ledict payement.

CLXII. N'y a aucun different, entre testament & codicile.

CLXIII. Substitution d'heritier, faicte en testament ou autre disposition, ne vaut aucunement, soit par forme de legat ou autrement.

CLXIV. Pere, mere, ou à leur defaut, ayeul ou ayeule, succedent à leurs enfans decedez sans hoirs legitimes procreez de leurs corps en tous meubles & acquests en payant les debtes.

TITRE XIV.

Des Donations.

CLXV. DOnner & retenir ne vaut, & faut que celuy qui donne se dessaisisse de la chose donnée, & ce actuellement ou par clause translative de possession, comme constitut, retention d'usufruict, precaire ou autre, soit que la donation soit faicte en faveur de mariage ou autrement.

CLXVI. Un homme & femme conjoincts ensemble par mariage, estans en bonne santé, peuvent par donation mutuelle pareille & esgale faicte entre-vifs, donner l'un à l'autre, & au survivant d'eux, sans le consentement de leurs parens, tous leurs biens meubles & conquests immeubles du premier mourant, pour jouir par le survivant en usufruict seulement, au cas qu'il n'y ait enfans, soit dudict mariage ou autre; & sera le survivant saisi des choses à luy données pour intenter actions possessoires contre ceux qui voudroient troubler, soit contre les hoirs du decedé ou autres; Ce neantmoins est tenu faire inventaire, & donner caution de rendre les choses en bon estat l'usufruict finy; Et où le survivant sera en demeure de faire inventaire, & donner caution, les hoirs du predecedé pourront requerir pardevant le juge, la surceance de l'usufruict, & le sequestre des choses données, lesquelles leur seront faictes & adjugées.

CLXVII. Donation faite par pere ou mere, à un ou plusieurs de leurs enfans, soit de la totalité ou plus grande partie de ses biens, est reputée inofficieuse, sans qu'elle ait lieu, au prejudice des autres enfans, encores qu'elle ait esté faite à charge de nourrir lesdits pere & mere, pourveu que lesdits enfans au prejudice desquels est faite ladite donation, n'ayent esté refusans de contribuer à la nourriture de leurs parens.

CLXVIII. Donation mutuelle, ne pourra estre revocquée par l'une des parties, sans le consentement de l'autre, & seront toutes donations faites entre vifs, subjectes à insinuation.

CLXIX. Femme mariée ne peut faire donation sans le consentement de son mary.

CLXX. Donation d'heritages, faite par peres ou meres à leurs enfans en accroissement & faveur de mariage, sortit nature de propre; & neantmoins, si celuy ou celle à qui ladite donation a esté faicte va de vie à trespas sans hoirs procréez de son corps, ledit heritage retourne ausdits peres & meres qui l'auront donné: toutesfois, si ladicte donation estoit faite par exprès aux deux conjoints, il n'en demeureroit qu'une moitié propre.

TITRE XV.

Des Prescriptions.

CLXXI. TOutes choses subjectes à prescrire, se prescrivent par le possesseur, par l'espace de dix ans, avec tiltres & bonne foy entre presens, & entre absens aagez & non privilegez par l'espace de vingt ans, & sans tiltres par l'espace de trente ans, & contre l'Eglise par quarante ans.

CLXXII. Arrerages de rentes constituées à pris d'argent, se prescrivent par cinq ans, & les arrerages des censes par dix ans, s'il n'y a compte, sentence, promesse ou interpellation judiciaire au contraire.

CLXXIII. Faculté de rachepter toutesfois & quantes, est prescriptible par le temps & espace de trente ans.

CLXXIV. Prescription ne court durant le mariage, contre la femme de ses biens dotaux ou parafernaux, si l'alienation en faicte par son mary, n'a esté de son consentement.

CLXXV. S'il y a interruption d'an & jour, entre parties qui plaident sur matieres de retraict, le defendeur qui a comparu & obey, prescrira le droict de retraict contre sa partie adverse & tous autres, sans esperance de relief de ladite interruption.

TITRE XVI.

Des Servitudes.

CLXXVI. EN mur commun, on ne peut faire veue, sans le consentement du comparsonnier.

CLXXVII. Si en terre commune, l'un des communs edifie mur, & l'autre commun s'en veuille aider pour edifier ou autre chose faire, il le pourra faire en payant la moitié pour rate de ce que joinct son heritage, & le pourra empescher celuy qui l'aura edifié, jusques à ce qu'il soit payé de ladite moitié.

CLXXVIII. En mur commun, chacune des parties peut percer outre le mur pour asseoir poultres & somiers & autres bois, en refermant les pertuis, sauf à l'endroict des cheminées, où l'on ne peut mettre aucun bois.

CLXXIX. Si le mur est moitoyen entre voisins, celuy qui n'y a aucun droict n'y peut mettre ny asseoir aucune chose.

CLXXX. On ne peut pretendre droict de veue ou d'egout, sur l'heritage d'autruy par quelque temps qu'il l'ait tenu, & n'emporte aucun droict de saisine; & ne se peut acquerir tel droit, sans tiltres exprès.

CLXXXI. Il est loisible eslever son edifice sur sa place, à plomb & à ligne si haut que l'on veut, & contraindre son voisin de retirer chevrons & toutes autres choses estans sur la place, encores qu'ils y ayent esté mis dès cent ans & plus, moyennant que ce soit pour son advantage, & sans prejudice d'autruy.

CLXXXII. Courbeaux mis d'ancienneté, ou fenestres à demy mur, font demonstrance que le mur est moitoyen entre deux voisins, si par tiltres il n'appert du contraire.

CLXXXIII. Qui fait édifier doit faire ses veues qui regardent sur l'heritage d'autruy, de huict pieds de hauteur par bas estage, & de sept pieds par haut estage, & mettre ès fenestres vertes dormans, avec barres & barreaux de fer, en maniere que l'on ne puisse passer ny endommager son voisin.

CLXXXIV. On ne peut faire retraicts & aisances contre mur commun, sans y faire contremur de pierres, de chaulx & sable d'un pied d'epesseur, pour eviter que l'ordure ne pourrisse ledit mur s'il n'y a tiltres au contraire.

CLXXXV. Si une maison est divisée entre plusieurs y ayans droit, en telle maniere qu'un ait le bas & l'autre le dessus: celuy qui a le bas est tenu d'entretenir & soustenir les édifices qui sont au dessous du premier plancher.

CLXXXVI. Et celuy qui a le dessus, est tenu d'entretenir & soustenir la couverture & autres édifices, ensemble le pavé ou plancher de sa demeure, s'il n'y a convention au contraire.

CLXXXVII. On ne peut avoir ny tenir esgousts, au moyen desquels les immondices puissent cheoir ou prendre conduits aux puits, citernes, caves ou autres lieux auparavant édifiez.

CLXXXVIII. En closture moitoyenne, chacun sera tenu y contribuer pour sa part.

CLXXXIX. Toutes murailles & cloisons estans dedans les villes fermées, par ladite coustume, seront communes aux voisins d'icelles; en payant toutesfois par ceux qui ne les auront faites ny bastis, ny aydé à faire ou bastir, à celuy qui les aura fait faire, ou à ses ayans causes, la moitié de la façon & frais de ladite muraille ou cloison, & la moitié du fond d'icelles quand ils s'en voudront ayder, pourveu que lesdictes murailles & cloisons soient suffisantes pour porter & soustenir ledit bastiment.

CXC. A rapports de Jurez, deuement faits, & par auctorité de Justice, parties presentes, ou appellées, de ce qui gist en leur art & industrie, foy doit estre adjoustée.

CXCI. Quand aucun fait édifice, & repare son heritage, son voisin luy est tenu donner & prester patience à ce faire, en reparant & amendant deuement ce qu'il aura rompu, demoly & gasté à sondict voisin.

CXCII. Il est loisible à un voisin, contraindre ou faire contraindre par Justice, son comparsonnier à refaire mur ou édifice commun, & de luy en faire payer telle part & portion qu'il a audict mur & édifice.

CXCIII. Quand il y a arbres fruictiers au confinage de l'heritage de deux voisins, encores que ledit arbre soit enclos au fond de l'un, si est ce que la moitié des fruits qui tombent sur l'heritage de sondict voisin, se partagent en deux parts, dont l'une demeure à celuy sur le fond duquel les fruits tombent, & l'autre moitié à celuy sur le fond duquel est assis ledit arbre, & d'où proviennent les fruits, & si ledit arbre est entre les deux heritages, autant d'une part que d'autre, se partagent les fruits.

TITRE XVII.

Des Bastards.

CXCIV. Le bastard, soit qu'il soit issu de gens d'Eglise ou laics, peut acquerir tous biens meubles & immeubles, & d'iceux disposer par contracts d'entre vifs & dispositions testamentaire.

CXCV. Ne succedent toutesfois *ab intestat* ou par testament à leurs parens lignagers, de quelques estats qu'ils soient.

PROCÉS VERBAL.

L'AN mil cinq cens quatre-vingt, le huictieme jour du mois d'Octobre, A nous messire Philibert du Chastelet, seigneur dudit lieu, Sorcy, Doncourt, Gironcourt, &c. Conseiller de nostre Souverain Seigneur Monseigneur le Duc, &c. Bailly du Bassigny, furent presentées certaines Lettres Patentes, par maistre Claude Villiers, Procureur general audit Bailliage, emanées de nostredit Souverain Seigneur, en date du premier dudit mois, par lesquelles nous estoit commandé convocquer les Estats dudit Bailliage pour le fait de la redaction des Coustumes d'iceluy, desquelles Lettres Patentes la teneur s'ensuit.

CHARLES par la grace de Dieu, Duc de Calabre, Lorraine, Bar, Gueldres, Marchis, Marquis du Pont-à-Mousson, &c. A nostre très-cher & feal Conseiller & Bailly du Bassigny, Philibert du Chastelet ou son Lieutenant general, Salut. Comme au mois d'Aoust mil cinq cens septante & un, nous vous eussions decerné commission pour faire convocquer en nostre ville de Bourmont, les trois Estats de nostre Bailliage du Bassigny, pour la redaction des Coustumes d'iceluy, & deslors benignement ouy & receu leurs remonstrances redigées & presentées par escrit; ausquelles toutesfois nous ne peusmes entendre ny pourvoir de remede convenable au soulagement de nos subjets, pour avoir nostre bonne intention esté retardée, tant par la malice & injure du temps, que pour avoir veu & cognu plusieurs articles proposez deslors par lesdits Estats, estre contraires à l'ancienne & louable observance, portée par le viel cayer des Coustumes, qui deslors leur fut presenté. Ce qu'ayant mis en deliberation des gens de nostre Conseil, aurions trouvé bon & expedient, pour le bien de la Justice, de les reformer en aucuns points; mais parce que nostre droituriere intention a esté de pourvoir au bien commun de nosdits subjets, & ordonner sur les Coustumes, tant generales que municipales de nos pays, par l'advis & consentement desdits Estats avons trouvé raisonnable, de faire de rechef iceux assembler, pour veoir & entendre les justes & pertinentes occasions qui nous auroient meu de reformer lesdits articles, afin de rendre tant plus certaines à l'advenir lesdites Coustumes, & icelles establir pour loix inviolables. Pour ce est-il, Que nous vous mandons,

& à chacun de vous ordonnons, que cestes par vous receues, vous signifiez & faictes signifier aux gens d'Eglise, vassaux & gens de la noblesse, & à ceux du tiers Estat de vostredit Bailliage, pour estre & comparoir (ou procureurs suffisamment fondez pour eux) dedans le septiesme jour du mois de Novembre prochainement venant, en nostre ville de la Mothe, pour leurs advis & remonstrances sur ce bien & deuement considerez (ouy sur ce nostre Procureur general dudit Bailliage) estre par nous en après passé outre à l'homologation desdites Coustumes, comme nous verrons à faire par raison pour plus grande auctorité & approbation d'icelle. De ce faire vous avons donné & donnons pouvoir, mandement & commission speciale: Voulans à vous en ce faisant, estre obey & entendu diligemment par tous qu'il appartiendra. Car ainsi nous plaist: En temoin dequoy nous avons à cesdites presentes, signées de nostre main, fait mettre & appendre nostre grand seel. Donné en nostre Chasteau de Louppy, le premier jour d'Octobre mil cinq cens quatre-vingt. *Ainsi signé*, CHARLES. Et sur le reply est escrit. Par Monseigneur LE DUC, &c. Les seigneurs de saint Balmont Bailly de Vosges, de Ligneville, Capitaine de la Mothe, Voué de Condé, & Bournon Maistre des Requestes ordinaires, presens, & contresigné pour Secretaire *C. Guerin*, & *Registrata idem pro M. Henry*. Et seellé de cire rouge à double queue de parchemin pendant.

POUR executer lesquelles Lettres Patentes, aurions decerné nos Lettres de Commission, & fait donner assignation aux gens des trois Estats dudit Bailliage, pour comparoir pardevant nous en la ville de la Mothe, le septiesme jour du mois de Novembre prochain, desquelles Lettres de Commission la teneur s'ensuit.

PHILIBERT DU CHASTELET, Chevalier, seigneur dudit lieu, Sorcy, Doncourt, Gironcourt, Bizé; Conseiller & Chambellan de Monseigneur, Bailly du Bassigny, au premier sergent dudit Bailliage sur ce requis, Salut. Sçavoir faisons, que veu les Lettres Patentes de nostre Souverain Seigneur, en date du premier des presens mois & an, & à nous addressées, par lesquelles il nous est mandé faire signifier icelles aux gens d'Eglise, vassaux & gens de la Noblesse & du tiers-Estat dudit Bailliage, à ce, d'estre & comparoir ou Procureurs pour eux especialement fondez, dans le septiesme du mois de Novembre prochainement venant, en la ville de la Mothe, afin d'entendre à la reduction des Coustumes dudit Bailliage, & sçavoir de son Altesse, les causes & occasions pour lesquelles elle trouve expedient corriger & reformer certains articles proposez en l'an mil cinq cens septante & un, par les deputez desdits Estats, comme contraires à l'ancien cayer & usage notoire de tout temps audit Bailliage, pour le tout bien & deuement consideré estre passé outre à l'omologation desdites Coustumes, ainsi qu'il se trouvera estre à faire par raison. A ces causes, nous vous mandons & commettons, que à la requeste du Procureur General audit Bailliage, vous ayez à assigner en ladite ville de la Mothe, les gens desdits Estats, à estre & comparoir, ou Procureur pour eux suffisamment fondez, au septiesme jour du mois de Novembre prochainement venant, pour entendre par les deputez de sadite Altesse, les causes & occasions qui meuvant icelle, de reformer iceux articles, pour, eux sur ce entendus & le tout consideré, estre procedé à l'omologation desdites Coustumes, comme il appartiendra: avec inthimation que s'ils ne comparent audit jour, il sera passé outre en leur absence, sans qu'il soit de besoin d'autres assignations: Et en outre signifier aux Communautez des villes, bourgs & villages dudit Bailliage, que leur avons permis s'assembler en fait de Communauté, pour passer Procuration par eux pardevant la Justice des lieux pour le fait de ladite convocation, contenante leurs remonstrances & consentement qu'ils entendent faire, sans qu'ausdites assemblées, ils puissent traicter & adviser d'autres choses. De ce faire, vous donnons pouvoir, mandons en ce faisant, estre obey, en certifiant de vostre exploict. Donné sous notre seel, le douziesme jour du mois d'Octobre mil cinq cens quatre-vingt. *Ainsi signé*, BLANCHEVOYE, & seellé en placart de cire verde.

ET le septiesme jour dudit mois de Novembre mil cinq cens quatre-vingt, estans en ladite ville de la Mothe, Nous nous serions transporté en l'hostel de Dame Catherine de Sandrecourt, vefve de defunct Messire Christophe de Ligneville, en son vivant Chevallier de l'ordre du Roy, Seigneur dudit Ligneville, Tumejus, Houecourt, &c. Conseiller de nostredit Souverain Seigneur & Capitaine de l'Artillerie de Lorraine & Barrois: où avions faict preparer une salle pour la seance desdits Estats, & y estans, ordonné que les comparans feroient leurs presentations au Greffe, & par dessus continué les assignations au lendemain huictiesme dudit mois.

AUQUEL jour & lieu, aurions fait faire lecture desdites lettres patentes, par noble homme Jean Blanchevoye Greffier ordinaire audit Bailliage. Après laquelle, ledit Procureur nous auroit remonstré, que suivant nosdites lettres de commission, assignation estoit donnée audit jour en la ville de la Mothe aux gens des trois Estats dudit Bailliage, requerant qu'ils fussent appellez, ce qu'aurions ordonné estre fait par ledit Blanchevoye.

ET PREMIER (a), pour l'estat Ecclesiastique des Seneschaulcées de la Mothe & Bourmont, en ce qui ressortit à la Cour Souveraine des grands jours de sainct Mihiel.

L'ESTAT DE L'EGLISE.

Le Reverendissime Cardinal de Granvelle, pour sa seigneurie de Vaudecourt & autres & seigneuries qu'il a esdites Seneschaulcées & ressort, par Jean Donnevalle assisté de J. Thomas: Reverend Pere en Dieu Anne du Chastellet, Abbé commendataire de Flabemont, pour ses seigneuries de Bulgneville, Crain-villiers & autres qu'il tient esdites Seneschaulcées & ressort en personne: Reverend Pere en Dieu Gabriel de sainct Belin, Abbé de Morimond & les Religieux & convent dudit lieu, pour les terres & seigneuries de Levecourt, Frocourt & autres qu'ils ont esdites Seneschaulcées & ressort, par ledit Sieur Abbé: Reverend Pere en Dieu Jacques de Tavagny, Abbé de S. Epvre, les Religieux & convent dudit lieu, pour ce qu'ils tiennent à Sauville & autres lieux desdictes Seneschaulcées & ressort par M. Aubertin, fondé de procuration: Noble & Religieuse personne Frere Jean d'Anglure, Chevalier de l'ordre sainct Jean de Jerusalem, commandeur de Robecourt, pour ses seigneuries dudit lieu, Blevaincourt & autres terres & droits qu'il tient esdites Seneschaulcées & ressort en personne: Noble & Religieuse personne Damp René Merlin, Abbé de l'Abbaye de saint Michel de sainct Mihiel, les Religieux & convent dudit lieu, pource qu'ils ont & tiennent à Jainvillotte & autres lieux desdites Seneschaulcées & ressort, par N. Oudin, fondé de procuration: Noble & Religieuse personne Frere Claude de Nogent, Prieur du bourg saincte Marie, pource qu'il tient à Brainville, & autres lieux desdites Seneschaulcées & ressort en personne: les venerables Prevost Chanoines & Chapitre de l'Eglise

(a) *Et premier*. Ces comparutions ne se trouvent point dans l'exemplaire déposé au Greffe du Parlement.

Collegiatte Notre-Dame de ladite Mothe, pour ce qu'ils tiennent audit lieu, Bourmont, Parey & autres desdites Seneschaulcées & ressort, par M. Nicol Levain, Chanoine en ladite Eglise, assisté de maistre Nicolas Guillaume, Procureur audit Bailliage: les venerables Chappellains de sainct Florentin & sainct Nicolas de Bourmont, pource qu'ils y tiennent à Brouvennes, Brainville & autres lieux desdites Seneschaulcées & ressort, par Messires Jean Plumeret, Noel Vigneron & Nicolas Nulmel Chappellains: les venerables Ministres & Religieux de la Trinité de la Marche, pource qu'ils tiennent à Villotte & autres lieux desdites Seneschaulcées & ressort, par Frere Pierre Maulgran, Ministre, assisté de maistre Regnauld Goret advocat: messire Bertaire Tixerand, Prieur de Marey, pour ce qu'il y tient, & autres lieux desdites Seneschaulcées & ressort, par ledit sieur de Flabelmont, assisté d'Olivier de Hasterel procureur audit Bailliage: les venerables, Doyen, Chanoines & Chapitre de Notre-Dame de Ligny, pource qu'ils tiennent ès lieux de Graffigny, Malaincourt & autres desdites Seneschaulcées & ressort par ledit Blanchevoye: messire Toussainct Mongin Prestre Curé de Bulgneville, Vaudoncourt & son annexe en personne: maistre Robert Ranconnel, Prestre Curé d'Aingeville, par messire Jean Vocquel son Vicaire: Frere Jean Drappier, Vicaire perpetuel de Robecourt en personne: messire Simon Rollin, Prestre Curé de Sauville en personne: messire Jean Pumyot, Prestre Curé de Jainvillotte en personne: messire Simon Haulvenant, Prestre Curé de Parez en personne: messire Nicolas Maistry, Prestre Chappellain de la chappelle dudit lieu en personne: messire Jean Forestier, Curé de Marey, par ledit Aubertin, fondé de Procuration: messire Demenge Marot, Curé de Gigneville en personne: messire Denis Picard, Curé de Soulaucourt en personne: messire Antoine Pelletier, Curé de Morville, annexe de Hagneville en personne; messire Jean Guillemy, Vicaire perpetuel de Bourmont & Gounaincourt son annexe, par maistre Claude Guillemy: Noble & Scientificque personne maistre Guillaume Roze, Docteur en Theologie, Curé de Levecourt, par messire Henry de Bras son Vicaire, assisté de maistre Nicol Mombelet, advocat audit Bailliage: ledit messire Jean Plumeret, Curé de Nijon & Vauldrecourt son annexe en personne: Frere Pierre Gennel, Vicaire perpetuel de Chaulmont la ville, par ledit sieur Commandeur de Robecourt: messire Antoine Morel, Prestre Curé de Dambellain & Germainvilliers son annexe en personne: messire Nicolas Seneschal, Curé de Champigneulles en personne: messire Didier Hominis, Curé de Graffigny, Chemin & Malaincourt ses annexes en personne: messire Jean Herbelet, Curé de Haccourt en personne: messire François Hannus, Curé de Dancourt en personne: messire Girard Menichard, Curé de Brainville, par ledit Messire Jean Plumeret fondé de Procuration: maistre Nicol Roussel, Curé de Surianville en personne: messire Nicol Levain, Curé de Brouvennes en personne: messire Curé de Columbey, par ledit sieur Abbé de Morimond: ledit Procureur a remonstré avoir fait donner assignation aux venerables Chanoines & Chapitre de Lengres, pour les biens qu'ils tiennent audit Columbey, aux Curez des lieux du Charmois, Sainctouain, la Vacheresse, la Rouillie & Crainvilliers, contre lesquels, non comparans, ny Procureurs pour eux, il a requis deffaut, & que pour le proffit d'iceluy il soit dict qu'il sera passé outre à la redaction desdictes Coustumes dudit Bailliage & execution des Patentes de son Altesse en leur absence & sans qu'il soit besoing les readjourner, ce que luy avons octroyé, sauf toutesfois, que s'ils comparent pendant la seance, seront receus & non autrement.

L'ESTAT DE NOBLESSE.

ET POUR L'ESTAT DE LA NOBLESSE, en ce qu'est desdites Seneschaulcées de la Mothe & Bourmont, audit ressort de sainct Mihiel, ont comparu: sçavoir, messire Jean Federic de Madruche Comte Daive & de Challant & Joseph Comte de Torniel, Barons de Boffroimont, à cause de leur Seigneurie qu'ils ont audit Aingeville, par Maistre Humbert du Molinet, advocat audit Bailliage & Jean Thiery leurs Procureurs: messire Jean du Chastellet Chevalier de l'ordre du Roy de France, Gouverneur de Lengres, Lieutenant de cent hommes d'armes, sous la charge de sadite Altesse, tant en son nom à cause de sa Seigneurie de Champigneulles & autres terres qu'il a esdictes Seneschaulcées & ressort, qu'aussi comme ayant la garde noble d'honoré Seigneur Claude du Chastellet son Nepveu, Seigneur de Deuilly, Bulgneville, en partie, &c. pour sa Seigneurie dudit Bulgneville & autres terres & Seigneuries qu'il a esdictes Seneschaulcées & ressort en personne: messire René d'Anglure, Chevalier Conseiller de sadite Altesse, soubs-Lieutenant de sa compagnie, Capitaine de ladite Mothe, Seigneur de Ligneville, Melay, &c. en personne: messire Christophle de Choiseul, Chevalier dudit ordre, Gouverneur de Coiffy, Baron de Chamerende, sieur de Verecourt en partie, pour les terres qu'il a ès lieux de Bourmont, Gouvaincourt, Brainville & autres Fiefs qu'il tient esdites Seneschaulcées & ressort en personne: messire Jacques de Luz, Chevalier dudit ordre, Seigneur de Neufville en Verdunois, Bazoilles en partie, &c. pour ce qu'il tient audit Bazoilles, au deça de la Riviere de Meuze, & autres lieux desdites Seneschaulcées & ressort en personne: honoré seigneur Jean du Pourcelet, sieur de Maillane, Voitelle, Bezonville, Chambelan de Monseigneur, Enseigne de cinquante hommes d'armes, sous la charge de Monseigneur le Marquis du Pont, au nom & comme Curateur crée par Justice à Philippe du Chastellet, sieur dudit Bulgneville en partie, &c. pour ses Seigneuries dudit Bulgneville, Marey, Gigneville & autres qu'il tient esdites Seneschaulcées & ressort en personne: Noble & Religieuse personne Jacques Philippe de Ligneuville, chevalier de l'ordre de sainct Jean de Jerusalem, Commandeur de Marbotte, Chambelan de Monseigneur, comme Tuteur des enfans dudit feu messire Christophle de Ligneville en son vivant Seigneur dudit lieu, Tumejus, &c. Chevalier dudit ordre & Conseiller de notre souverain seigneur, pour les Fiefs qu'ils ont ès lieux de Soulaucourt, Malaincourt, & autres desdites Seneschaulcées & ressort en personne: honorée Dame, Dame Françoise de Lenoncourt, vefve de feu Philibert du Chastellet, Dame de Bulgneville en partie, &c. par Jacques de Ligneville, Seigneur de Vannes, &c. fondé de procuration, à cause de ses Seigneuries dudit Bulgneville, Marey, Gigneville & autres, qu'elle, comme tutrice de Messieurs ses enfans, tient esdites Seneschaulcées & ressort: honoré seigneur Louys des Armoises, sieur d'Aultrey, Bazoilles en partie, &c. pource qu'il tient audit Bazoilles, au deça de la Riviere de Meuze, & autres lieux desdites Seneschaulcées & ressort, par le sieur de Dompmartin, fondé de Procuration: honorée Dame, Dame Catherine de Sandrecourt, vefve dudit feu sieur de Tumejus, pour les biens qu'elle a esdites Seneschaulcées & ressort, par Claudin Lallouette son Procureur, assisté de Maistre François Genin advocat audit Bailliage, qui a protesté que la presentation & comparition dudit sieur Commandeur de Marbotte en ladicte qualité de tuteur ne luy puisse prejudicier, d'autant qu'elle maintient que les enfans dudit feu sieur de Tumejus & d'elle n'ont aucuns biens esdictes Seneschaulcées & ressort, ny mesme au present Bailliage, soit par le decez de leurdit feu pere ou autrement, & qu'elle est tutrice legitime, testamentaire & naturelle desdits mineurs ses enfans & non ledit sieur commandeur, dont & desquelles protestations, elle a demandé act pour s'en servir

servir & valloir en temps & lieu, comme de raison que luy a esté octroyé : honoré Seigneur Antoine du Chasteller, seigneur de Pierrefitte pour son Fief de Sainctouain & autres qu'il a esdites Seneschaulcées & ressort en personne : honoré Seigneur Jean de la Vaux, Chambelan de son Altesse, Seigneur de Vereycourt en partie, &c. pour les terres qu'il tient ès lieux de la Mothe, Bourmont, Brainville, Vauldrecourt & autres desdites Seneschaulcées & ressort en personne : honoré Seigneur Christophle de Serocourt, Seigneur de Belmont & Mandres en Barrois, pour son Fief dudit Mandres, par Charles de Serocourt son fils : honorée Dame Charlette de Clermont, Dame de Montigny sur Aulbe & de Dambellain en la petite Seigneurie, pour son Fief dudit Dambellain, par Remy Pricquel : honorez Seigneurs Marc des Salines & Christophle de Berthelevile, ès noms de Damoiselles Antoinette & Magdelaine leurs femmes, pour les terres & seigneuries qu'ils tiennent au lieu de Chaulmont-la-ville, & autres lieux desdites Seneschaulcées & ressort : honoré Seigneur Antoine de Tavaghy, Gouverneur pour son Altesse au Comté de Bitche, & Damoiselle Catherine de Sainct Belin sa femme, relicte de feu Philippe de Serocourt, Seigneur de Romain sur Meuze, Illoud, &c. quand il vivoit, au nom & comme ayant la garde noble des enfans dudit feu sieur de Romain & d'elle, pour ce qu'ils tiennent au lieu de Haccourt & autres lieux desdites Seneschaulcées & ressort : honoré Seigneur Charles de Gallot, seigneur de sainct Jean, Gentilhomme ordinaire de la maison de son Altesse, comme heritier de feu honoré Seigneur : Louys de Sainct Loup, à cause de Damoiselle de Sainct Loup sa femme, pour ce qu'il tient au lieu de Jainvillotte & autres villages desdites Seneschaulcées & ressort en personne : Baltazard de Suzemont, sieur de la forte maison de Brainville, pour le Fief qu'il tient audit Brainville à cause de ladite forte maison en personne : Elophe de Joisel, Escuyer pour les terres qu'il tient au village de Soulaucourt & autres lieux desdites Seneschaulcées & ressort, en personne : Henry Daulcy, Escuyer, Gruyer de Bar, en personne : Louys de la Dixmerie, sieur de la Loge, pour son Fief du Charmoy les Bains en personne : maistre Antoine Bouvot, Escuyer, Conseiller du Roy de France, President en l'eslection de Lengres, pour ce qu'il tient de Fiefs, & terres ès lieux de Sauville, Haccourt & autres desdites Seneschaulcées & ressort, à cause de Damoiselle Marguerite Levain sa femme, comme ayant la charge & administration des corps & biens d'Abraham & Jean de Bar, enfans de feu Dominicque de Bar, en son vivant, Escuyer, Seneschal de la Mothe & Bourmont en personne : Guillaume & Claude les Devaillés, Escuyers, sieurs de Sainctouain en partie, pource qu'ils tiennent audit Sainctouain & autres lieux esdites Seneschaulcées & ressort en personnes : Robert de Chastenois sieur de Mandres en partie, pour les Fiefs qu'il tient audit Mandres & autres lieux desdites Seneschaulcées & ressort, par ledit Guillaume, fondé de Procuration : Noble homme Nicolas Heraudel, sieur dudit Mandres en partie, pour les Fiefs & terres qu'il a audit Mandres & autres lieux desdites Seneschaulcées & ressort en personne : Noble homme & sage maistre Claude Sarazin, Licentié ès droicts, Procureur general au Bailliage d'Aspremont & advocat en la Cour de Parlement à sainct Mihiel, pour ce qu'il tient esdictes Seneschaulcées & ressort, par noble homme Jean de Hondreville : Hector de l'Espine, sieur de Martigny en partie, pour ce qu'il tient esdictes Seneschaulcées & ressort en personne : Robert & Christophle d'Orgain, Escuyers, pour ce qu'ils tiennent esdites Seneschaulcées & ressort en personnes : ledit Jean de Hondreville, recepveur au Neuf-Chastel, pour ce qu'il tient esdites Seneschaulcées & ressort en personne : Noble homme François Simonin, sieur de Germainvilliers en partie, pour ce qu'il tient audit Germainvilliers en personne : Noble homme Urbain Domptaille, pour ce qu'il tient esdites Seneschaulcées & ressort en personne : Claude & Pierre les Voiriotz, dicts de Bouzey, pour ce qu'ils tiennent au village de Dambellain en personnes : Sur quoy nous a esté remonstré par les sieurs de Ligneville & de la Vaux presens, & les sieurs de Romain par ledit Aubertin, & Jacques de Bouzey par ledit Collin, que lesdits Pierre & Claude les Voiriotz s'estoient qualifiez du nom de Bouzey, à quoy lesdits sieurs remonstrans s'opposoient, declarans telle qualité n'appartenir ausdits Voiriotz, & ausquels il n'est loisible porter ny le nom, ny les armes de la maison de Bouzey, requerans à ce moyen, ladite qualité estre rayée, lesquels Voiriotz dicts de Bouzey, ont dit estre issus de la maison de ceux de Bouzey, du costé de leur mere, & avoir permission de son Altesse d'en porter le nom & les armes, & pourquoy empeschoient ladite radiation. Surquoy avons le tout renvoyé à sadite Altesse, pour y ordonner ce qu'il luy plaira.

Ledit Procureur a dict avoir fait assigner pardevant nous les sieurs de Renepont, & Des Frenel, pour les terres & seigneuries qu'ils possedent esdites Seneschaulcées & ressort. Mesme ès lieux de Brouvennes, Graffigny & autres, contre lesquels non comparans, il a requis deffaut pur & simple, & pour le proffit qu'il soit dict qu'il sera passé outre à la redaction desdites Coustumes, sans qu'il soit besoing de les rappeller de nouveau, sauf s'ils se presentent pendant la seance des presens Estats, pendant laquelle ils y seront receus & ouys : ce qu'a esté octroyé.

ET POUR LE TIERS ESTAT desdictes Seneschaulcées & ressort, se sont presentez : Noble & prudent homme maistre Jean de Lisle, Licentié ès loix, Lieutenant general audit Bailliage en personne : sage & prudent homme Claude de Villiers, Escuyer, Licentié ès loix, Conseiller de Monseigneur, Auditeur en la Chambre des comptes de Barrois & son Procureur general audit Bailliage en personne : maistre Nicol Mombelet, Licentié ès loix, Lieutenant particulier audit Bailliage en personne : maistre Antoine Robert, Licentié ès loix, Seneschal, Gruyer & Recepveur ès Seneschaulcées de la Mothe & Bourmont en personne : maistre François Genin, Licentié ès droits, Advocat audit Bailliage, & Substitut dudit Procureur en la Seneschaulcée de Bourmont en personne : maistre Mammes Collin, Licentié ès droits, Advocat audit Bailliage en personne : maistre Nicolas Guillaume, Substitut dudit Procureur, au lieu de la Mothe en personne : honoré Remy, Commis au Greffe dudit Bailliage en personne : maistre Claude Guillemy, Commis au Greffe de la Seneschaulcée en personne : Jean Rouyer l'aisné, Garde des Seaulx desdites Seneschaulcées en personne : honneste homme Jean Thabourer, Lieutenant de Capitaine à Bourmont en personne : maistre Valentin Morel, Procureur esdites Seneschaulcées en personne : Roland Brochard, Praticien & Sergent audit Bailliage en personne : Claude Millot, Didier Rollin, Jean Rouyer le jeune, Humbert Regnault, Nicolas la Barre, Jean Millot, Claude Mahuet, François Truillier, François Cuisenier, George Olivier, aussi tous Sergens audit Bailliage en personnes : les bourgeois, manans & habitans de ladite ville de la Mothe, par Jean Daulvin Mayeur & ledit maistre Mammes Collin, fondé de procuration speciale : les bourgeois, manans & habitans de la ville de Bourmont, par Jean Lasnier l'aisné, & Jean Lasnier le jeune, fondez de procuration : les habitans de Bulgneuille, par Claude Fromont, Antoine Jacquenel & François Clerc, fondez de procuration : les habitans d'Aingeville, par Pierre Huguet Mayeur & Remy Malloy, fondez de procuration : les habitans de Robecourt, par Jean Bresson Mayeur,

LE TIERS ESTAT.

& Nicolas Antoine, Eschevin, fondez de procuration : les habitans de Sauville, par Mongeot Seneschal & Brissot Viard, fondez de procuration : les habitans de Vauldrecourt, par Noel Husson & Nicolas Regnault, fondez de procuration : les habitans de Jainvillotte, par Jean Tassart, fondé de procuration : les habitans de Vaudoncourt, par Didier Poiresson Mayeur, Claude Thomas & Claude Haulvenant, fondez de procuration, assistez dudit Collin : les habitans de Parey, par Pierre Maistry & Nicolas Jacquet, fondez de procuration : les habitans de Marey, par Jean Didelot & Bressou George, fondez de procuration, assisté dudit Aubertin : les habitans de Gigneville, par Gerard Mareschal, assisté de maistre Jean Vernisson, Prevost de Chastillon, fondé de procuration : les habitans de Mandres sur Voire, en ce qui est du Barrois, par Mongin Masson, Florentin & Estienne Noel, fondez de procuration : les habitans d'Oultremescourt, par pierre Bailly, Mayeur, fondé de procuration, assisté dudit Collin : les habitans de Soulaucourt, par Pierre Gruyer, Mayeur, & Mammes Didier, fondez de procuration : les habitans de Morville, par Demenge & Denis les Thiebault, fondez de procuration, assistez dudit Collin : les habitans de Hareyville, en ce qui est au deça de la Riviere de Meuze, par ledit Mastre Nicolas Guillaume : les habitans du Charmois les bains, par ledit Collin, fondé de procuration : les habitans de Blevaincourt, en ce qui est de la Seigneurie de Robecourt, par Nicolas Jacquot & Jean Jacquin : les habitans de Graffigny & Chemin, par Claude Collin & Nicolas Breton, fondez de procuration, assistez dudit V. Morel : les habitans de Chaumont la ville, par Antoine Genin, & Jean Parisot, fondez de procuration, assistez dudit maistre François Genin : les habitans de Dambellain, par François Godard, Nicolas Guichard, Nicolas Collin & Remy Pricquel, fondez de procuration, assistez dudit Morel : les habitans de Sainctouain, par Jean Bezançon, Eloy Macquaire & Maurice Sarey, fondez de procuration : les habitans de Crainvilliers, par Nicolas Clerc, Antoine Petit-Jean & Jean Girardin, fondez de procuration : les habitans de Villotte, par Guillaume Thieriot, fondé de procuration : les habitans de Champigneulle, par François Camus & Denis Husson, fondé de procuration : les habitans de Germainvilliers, par Jean Chauderon, François Thiellier, Jean Breton & Jean Picard, fondez de procuration : les habitans de la Grange de Vaudainvilliers, par Simon Michel, fondé de procuration, assisté dudit Mombelet : les Gaigneurs des Gouttes hault & bas, par Jean Drouot, Mayeur audit lieu, assisté dudit Mombelet : les habitans de la Grange de Frocourt, par Jean Cherey, Mayeur audit lieu, assisté de N. Mombelet : les habitans de Nijon, par Jacquot Roche & Jean Husson, fondez de procuration : les habitans de Haccourt, par Jean Espaulart, Mayeur, & Julien Didier, assistez de V. Morel : les habitans de Levecourt, par Pierre Grevain & Jean Mesnageau, fondé de procuration : les habitans de Concourt, par Gand Drouot & Mongeot Gaultier, fondez de procuration : les habitans de Malaincourt, par Nicolas Chauchard & Jean Masselin, fondez de procuration, assistez dudit Morel : les manans & habitans de Brainville, par Nicolas la Barre, Claude Mahuet & Pierre le Signe, fondez de procuration : les habitans de Surianville, par Jean Marchaudot, Vincent Gros-Jean & Demenge Guichard, fondez de procuration : les habitans de Brouvennes, par Bastien Bernard, Nicolas de Villotte & Nicolas Bricard, fondez de procuration : les manans & habitans de la Vacheresse & Rovillie, par Nicolas Ferry & François de Villotte, fondez de procuration : les manans & habitans de Columbey, par Jean Pricquel & Claude Hazard, fondez de procuration : les habitans de Gouvaincourt, par Pierre Garosse, & Pierre Gillot, fondez de procuration.

Et ceux qui ont comparuz, qui sont dudit Bailliage au ressort du Parlement de Paris (a), sçavoir : des Prevostez de la Marche, Gondrecourt, Chastillon, Conflans en Bassigny & des Seneschaulcées de la Mothe & Bourmont, siege de sainct Thiebault.

ETAT DE L'EGLISE.

Premier pour l'Estat Ecclesiastique le Reverendissime Cardinal de Granvelle, pour sa Seigneurie de Senaide, Prevosté de ladite Marche & autres terres qu'il tient esdites Prevostez, de Chatillon & Conflans par ledit Donneval assisté de J. Thomas : Reverend Pere en Dieu, Anne du Chastellet, Abbé commendataire de Flabemont & les Religieux & convent dudit Flabemont, pour les terres & biens qu'ils tiennent ès susdites Prevostez, par ledit sieur Abbé : Reverend Pere en Dieu, messire Philippe de Choiseul, Conseiller & Aulmosnier du Roy, Abbé de Mureau, comparant en personne, tant en son nom que pour les Religieux, Prieur & Convent dudit Mureau, pour les terres & biens qu'ils ont audit Bailliage du Bassigny ressort de la Cour de Parlement : Reverend Pere en Dieu, Gabriel de Sainct Belin, Abbé de Morimond, pour les terres, seigneurie & biens qu'il a audit Bailliage du Bassigny, en ce qui est du ressort de la Cour de Parlement en personne : Reverend Pere en Dieu, Jacques de Tavagny, Abbé de S. Epvre, & les Religieux & convent dudit lieu, pour ce qu'ils tiennent en ladite Prevosté de la Marche, par M. Aubertin : Noble & Religieuse personne Frere Jean d'Anglure, Chevalier de l'ordre de S. Jean de Hierusalem commandeur de Robescourt, pour les biens qu'il a en ladite Prevosté de la Marche en personne : Damp René Merlin, Abbé de l'Abbaye de sainct Michel de sainct Mihiel, & les Religieux & convent dudit lieu, pour le Prieuré dudit sainct Thiebault, & autres biens qu'ils ont esdites Senechaulcées, siege dudit sainct Thiebault, par N. Oudin : Reverend Pere en Dieu, Frere Thiebault Poncet, Abbé de Clerefontaine & les Religieux & convent dudit lieu, pource qu'ils tiennent en ladite Prevosté de Conflans, par ledit sieur Gabriel de Sainct Belin, Abbé de Morimond : Noble & Religieuse personne, Frere Claude de Nogent, Prieur du Bourg saincte Marie, pour ce qu'il tient au lieu de Romain sur Meuze, audit Bailliage du Bassigny en ce qui est du ressort de la Cour de Parlement en personne : les venerables Prevost, Chanoines & Chapitre de l'Eglise Collegiate Notre-Dame de ladite Mothe, par maistre Nicol Lenain, Chanoine en ladite Eglise, assisté de maistre Nicolas Guillaume, Procureur audit Bailliage, pource qu'ils tiennent à Liffol le grand, Goncourt & autres desdits siege & prevostez : les venerables Chappellains, des Chappelles de sainct Florentin & sainct Nicolas de Bourmont, pour ce qu'ils tiennent audit sainct Thiebault & autres lieux dudit siege, par messires Jean Plumerel, Noel Vigneron & Nicolas Bullemel Chappellains : les venerables de la Trinité de la Marche, par Frere Pierre Moulgras, Ministre, assisté de maistre Regnault Gorret, Advocat, pour ce qu'ils tiennent à ladite Marche & Prevosté d'illec : messire Berthaire Tixerand, pour ce qu'il tient au lieu de Bleureville & autres lieux desdites Prevostez, par ledit sieur de Flabemont, assisté de maistre Olivier de Hasterel, Procureur audit Bailliage : messire Nicolas Mengin, Prieur de Fouchecourt, pour son Prieuré dudit lieu, par Maistre Jean Palas : le Prieur de Gondrecourt, par mai-

---

a *au ressort du Parlement de Paris*, Ces comparutions, ainsi que le texte des Coutumes, ont esté collationnées sur l'exemplaire déposé au Greffe du Parlement.

stre Paris Huart, soubs-Prieur : discrette personne René de Joisel, Chappellain de sainct Blaise de Gondrecourt, par Elophe de Joisel Escuyer son frere : le Prieur de Chastenois pour les biens qu'il a audit Liffol le grand par Nicolas Floriot Marchand, son fermier audit lieu : Noble & scientificque personne maistre Guillaume Rose, Docteur en Saincte Theologie, Curé de Hevillecourt, annexe de Levecourt, par messire Henry de Bras, Vicaire, assisté de maistre Nicol Mombelet, Advocat audit Bailliage; messire Antoine Vosgien, Curé dudit sainct Thiebault en personne : ledit maistre Nicol Levain, Curé de Goncourt en personne : messire Guillaume Gaulchier, Curé de Veroncourt en personne : messire Florentin Mourot, Curé d'Ouzieres, par maistre Valentin Morel, Procureur audit Bailliage, fondez de procuration : messire Jean Humbelot, Curé de Bazoilles en personne, assisté de maistre Mammes Collin, Advocat audit Bailliage : messire Elophe Morel, Curé de Liffol le grand en personne : Frere Claude Ferry, Vicaire de Villorcel, par le sieur Abbé de Mureau : messire François Bandelaire, Curé de Hareyville, par ledit Guillaume Procureur : messire Simon Jorien, Curé de Romain sur Meuze, pour ce qu'il tient audedans dudit Bailliage ressort de la Cour de Parlement, en personne, assisté dudit Collin : messire Jean Bullemel, Curé d'Illoud en personne : Frere Jean Drappier, Curé de Blevaincourt en personne : messire Nicol Jolibois, Curé de Rozieres lez les Blevaincourt en personne : messire Noel Louys, Curé de Tollaincourt en personne : messire Nicolas Guerre, Curé de Martigny en personne : messire Demenge Melay, Curé dudit Martigny, au petit ban dict de Dompierre en personne : messire Blaise Maillot, Curé d'Ainvelle en personne, assisté de maistre Jean Vermisson, Advocat audit Bailliage : Frere Pierre Huet, Vicaire en la Cure de Seroncourt en personne : Frere Jacques Jacquet, Vicaire en la Cure de sainct Julian, par ledit sieur de Flabelmont : messire Didier François, Curé de Provenchieres en personne : messire Simon Monginot, Curé de Bleureville en personne : messire Simon Sontreul, Curé de Lironcourt, pour ce qu'il tient en ladite Prevosté de la Marche en personne : messire Mansuy Thomas, Curé d'Iche, par ledit de Hasterel, fondé de procuration, *pour idem* : messire Mammes Quamquery, Curé de Sereycourt, par ledit sieur de Flabelmont : Frere Claude Jobelin, Vicaire perpetuel de la Cure de Verecourt, par messire Claude Mareschal, son Vicaire : Noble & Religieuse personne maistre Jean de Palas, Curé de Senaide en personne : messire Epvre Deschault, Curé de Malleroy, par François Billard, fondé de procuration, assisté de maistre Humbert du Moulinet, Advocat audit Bailliage : messire Geoffroy Nicolas, Curé de Romain aux bois en personne : venerable & discrette personne, maistre Pierre de Sandrecourt, Curé dudit Chastillon & Grignoncourt, pour ce qu'il tient en la Prevosté de Chastillon en personne : messire Hugues Richardot, Curé de Blondefontaine, par ledit Vermisson, fondé de procuration : messire Antoine de Poisson, Curé de Melay en personne : ledit messire Paris Huart, Doyen de la Chrestienté dudit Gondrecourt & Curé dudit lieu en personne : messire Elophre Pariset, Curé de Goussaincourt, par ledit Huart, fondé de procuration, pour ce qu'il tient en la Prevosté de Gondrecourt : messire Didier Brutier, Curé de Giranvilliers, & Badonvilliers son annexe, *pour idem*, par ledit Huart, fondé de procuration : messire Elophre Charpentier, Curé d'Espiey, par ledit Huart, fondé de procuration : messire Jean Grand-Jean, Curé de Domp Remy, par Nicolas Noblesse, fondé de procuration : messire Guillaume Mongeot, Curé de Rozieres, Prevosté de Gondrecourt, par ledit Huart, fondé de procuration : messire François Poirel, Curé d'Eu-Ruffe, par ledit Huart, fondé de procuration : messire Jean Bayard, Curé de Maxey sur Voize, par ledit Huart, fondé de procuration : messire Demenge Hareville, Curé d'Abiéville, par ledit Huart, fondé de procuration : messire Didier Broutier, Vicaire perpetuel de la Cure de Houdelaincourt & Baudignecourt son annexe, par ledit Huart, fondé de procuration : messire Jean du Bois, Curé de Mauvage, pour ce qu'il tient en la Prevosté dudit Gondrecourt, par ledit Huart, fondé de procuration : Damp François Olry, Curé de Demenge aux eaues, par ledit Huart, fondé de procuration : messire Estienne des Champs, Curé de Nayve en Blois, *pour idem*, par ledit Huart, fondé de procuration : messire Estienne Henry, Curé de Vothon hault & Vothon bas, par ledit Huart, fondé de procuration : messire Didier Matelot, Curé de Dehorville, par ledit Huart, fondé de procuration : messire Claude la Hiere, Curé de Dainville, *pour idem*, par ledit Huart, fondé de procuration : messire Martin Martin, Curé de Clerey, par Messire Girard de Mory son Vicaire audit lieu.

Ledit Procureur a remonstré avoir fait donner assignation aux Prieurs de sainct Belin, *pour idem*, comme aussi aux Prieurs de Bleureville & Deuilly : & aux Curez de Clinchamps, Frain, Thons, Fouchecourt, Tignecourt, Morisecourt, Saulxures, Becharmois, Corres, Bousseraucourt, Vosgecourt, Amenvelle, Oriville, Conflans, Dampierre, Girefontaine, Haultevelle, sainct Loup, Francalmont, Allevilliers, Jasney, Planiemont, Corbenay, Laveure, Bolligny, Burey en vaulx, Amanty, Pargney sur Meuze, Brouxey en Blois & Lezeville, contre lesquels non comparans, ny Procureurs pour eux, il a requis deffault & que pour le proffit d'iceluy, il soit dict qu'il sera passé outre à la redaction des Coustumes dudit Bassigny, & execution des Patentes de son Altesse, en leur absence, sans qu'il soit besoing de les rappeller. Ce que luy avons octroyé, sauf toutesfois s'ils comparent pendant la seance, ils seront receuz & non autrement.

En procedant ausquelles comparitions, & à l'appel dessusnommez, a ledit sieur Abbé de Morimond protesté que les presentations desdits sieurs Abbé de Flabemont & Mureau premieres que la sienne, comme aussi leur seance ne luy puissent prejudicier, maintenant qu'il doit preceder, d'autant que ladite Abbaye de Flabemont est fille dudit Morimond, & que lesdits sieurs de Flabemont & Mureau sont Abbez commendataires, & non portans l'habit de l'ordre comme ledit de Morimond & par ledit sieur de Flabemont a esté fait protestation contraire, soustenant que ses presentations & seance à l'assemblée desdits Estats doivent estre premieres que celles dudit sieur de Morimond, tant pour la qualité de sa maison & le lieu qu'elle tient au pays de Lorraine, que pour estre ladite Abbaye de Flabemont seulle assize en ce Bailliage du Bassigny. Sur quoy leur avons respectivement octroyé acte de leurs protestations, & dict que sans prejudice des prerogatives par eux pretendues, les presentations demeureront selon qu'elles ont esté enregistrées.

Estat de Noblesse.

Et pour l'Estat de la Noblesse, ont comparus hault & puissant Prince Charles Philippe de Croüy, Marquis de Haurey, Baron de Fontenoy, Fenestrange & Bayon, pour les Fiefs & Seigneuries qu'il tient esdites Prevostez : par le sieur de Myon son maistre d'hostel, assisté dudit Thomas Advocat : hault & puissant seigneur, Jean Comte de Salm, Chevalier Baron de Vivier, Fenestrange, Brandembourg, seigneur de Ruppes, Domp Remy la Pucelle, Pargney sur Meuze, Daimville, Bertheleville & Greu, Mareschal de Lorraine & Gouverneur de Nancy : pour les Fiefs qu'il tient en ladite Prevosté de Gondrecourt, par Noble homme Jean Barnet, Conseiller & Secretaire de Monseigneur, auditeur des comptes de Lorraine, Procureur, specialement fondé dudit seigneur Comte : haults & puissans seigneurs Jean Federich de Madruche, Comte d'Auye & de Challant, & Joseph de Torniel, Comte dudit Challant, Barons de Boffroymont, pour les terres & seigneuries de Blevaincourt, Rozieres & autres qu'ils tiennent en ladite Prevosté de la Marche, par ledit du Molinet & Jean Thiery leurs Procureurs : hault & puissant seigneur messire Jean du Chastellet, Chevalier de l'ordre du Roy, Gouverneur de Lengres, Lieutenant de cent hommes d'armes, sous la charge de sadite Altesse, tant à cause des Seigneuries des Thons & autres qu'il a en ladite Prevosté de la Marche, que comme ayant la garde Noble, d'honoré seigneur Claude du Chastellet son Nepveu, seigneur de Deuilly, Sereycourt, Tygnecourt, pour les Fiefs qu'il tient en ladite Prevosté de la Marche en personne : hault & puissant seigneur messire René d'Anglure, Chevalier, Conseiller de sadite Altesse, soub-Lieutenant de sa compagnie, Capitaine de ladite Mothe, seigneur de Ligneville, Melay, &c. pour son Fief dudit Melay & autres qu'il tient en ladite Prevosté de la Marche en personne : hault & puissant seigneur messire Antoine de Choiseul, Chevalier, Seigneur, Baron de Clefmont, pour son Fief de Heuillecourt & autres qu'il a esdites Seneschaucées, siege dudit sainct Thiebault, par ledit Mombelet, fondé de procuration : hault & puissant seigneur messire Christophle de Choiseul, Chevalier de l'ordre du Roy, Gouverneur de Coeffy, Baron de Chamerende, sieur de Verecourt en partie, pour son Fief dudit Verecourt & autres qu'il tient en ladite Prevosté de la Marche en personne : hault & puissant seigneur messire Elophe de Beauvau, Chevalier, Baron de Rotey & Merigny, pour les terres & seigneuries qu'il tient en ladite Prevosté de Gondrecourt, par maistre Jean Gourdot, Procureur audit Bailliage : hault & puissant seigneur messire François de Mailly, Chevalier de l'ordre du Roy, Baron d'Escot, Seigneur de Clinchamps, pour son Fief dudit Clinchamps & autres terres qu'il a esdites Seneschaucées dudit sainct Thiebault en personne : hault & puissant seigneur messire Jacques de Luz, Chevalier dudit ordre, Seigneur de Neufville en Verdunois, Bazoilles, &c. pour ce qu'il tient esdicts Sieges & Prevostez, en personne : hault & puissant seigneur messire Christophle le Loup, Chevalier dudit ordre, Menetoul, seigneur desdits Sereycourt, Tignecourt, pour les terres & seigneuries qu'il tient esdites Prevostez, par ledit de Hasterel : hault & puissant seigneur messire Jacques de sainct Blaise, Chevalier, Baron de Tressy, seigneur de Changy & de Domp Remy en partie, pour ce qu'il tient esdites Prevostez, par Nicolas Noblesse, son procureur : hault & puissant seigneur messire François d'Anglure, Seigneur & Baron de sainct Loup, Coublanc, &c. pour ce qu'il tient esdits Sieges & Prevostez, par Simon Thomassin, fondé de procuration : messire Jean de Pourcelet, Seigneur de Maillane, Voitel, Buzonville, &c. Chambelan de Monseigneur, Enseigne de cinquante hommes d'armes, sous la charge de Monseigneur le Marquis du Pont, au nom & comme Curateur crée par Justice de Philippe du Chastellet, seigneur de Bulgneville en partie, pour ce qu'il tient esdits Sieges & Prevostez en personne : Noble & Religieuse personne, Jacques Philippe de Ligneville, Chevalier de l'ordre de sainct Jean de Jerusalem, Commandeur de Marbotte, Chambelan de Monseigneur, comme Tuteur des enfans de feu messire Christophle de Ligneville, en son vivant seigneur dudit lieu, Tumejus, &c. Chevalier de l'ordre du Roy, Conseiller de nostredit souverain Seigneur, pour les Fefs qu'il tient esdits Sieges & Prevostez en personne : honorée Dame, Dame Catherine de Sandrecourt, vefve dudict feu sieur de Tumejus, pour les biens qu'elle a esdits Sieges & Prevostez, par Claudin l'Allouette, son Procureur, assisté de maistre François Genin, Advocat audit Bailliage, qui a protesté que la presentation & comparition dudit sieur de Marbotte, en ladite qualité de Tuteur ne luy puisse prejudicier, d'autant qu'elle maintient que les enfans dudit sieur de Tumejus & d'elle, n'ont aucuns biens esdits Sieges & Prevostez, soit par le decez de leur feu Pere, ou autrement, & qu'elle est Turrice legitime, testamentaire & naturelle desdits mineurs ses enfans & non ledit sieur Commandeur, dont & desquelles protestations elle a demandé act pour s'en servir & valloir en temps & lieu, comme de raison, que luy a esté octroyé à mesme fin qu'au procez verbal de la presentation, soub le ressort de sainct Mihiel : honoré seigneur Louys des Armoises, sieur d'Aultrey, Bazoilles en partie, &c. pour les terres qu'il tient esdits Sieges & Prevostez, par le sieur de Dompmartin, fondé de procuration : hault & puissant seigneur messire Jean d'Esguilly, Chevalier de l'ordre du Roy, Seigneur dudit lieu, pour son Fief de Saulxures, Prevosté de la Marche, par honorable homme Jean Dauldenet, marchant demeurant à Lengres, fondé de procuration : honoré seigneur Jean de la Vaulx, Chambelan de son Altesse, seigneur de Verecourt en partie, &c. pour son Fief dudit lieu & autres qu'il a esdits Sieges & Prevostez en personne : honoré seigneur Antoine de Choiseul, seigneur d'Iche en partie, pour son Fief dudit lieu en personne : honoré seigneur Gabriel de Chaumirey, seigneur dudit Iche en partie, pour son fief dudit lieu, aussi en personne : honoré seigneur Antoine de Tavagny, Gouverneur au Comté de Bitche & Damoiselle Catherine de sainct Belin sa femme, relicte de feu Phillippe de Serocourt quand vivoit, seigneur de Romain sur Meuze, Illoud, &c. au nom & comme ayant la garde noble des enfans dudit feu sieur de Romain & d'elle, par ledit Aubertin, fondé de procuration, pour lesdites seigneuries de Romain, Illoud & autres qu'ils tiennent esdicts Sieges & Prevostez : honoré seigneur Marc des Salines & Christophle de Bertheleville, tant en leurs noms que de Damoiselle Antoinette & Magdelaine leurs femmes, pour les Terres & Fiefs qu'ils tiennent esdits Sieges & Prevostez, par ledit Christophle & maistre Pierre de Sandrecourt, fondez de procuration, pour ledit sieur de Sallines : honoré seigneur Baltazard de Suzemont, sieur de la maison forte de Brainville, pour ce qu'il tient audit Siege de sainct Thiebault en personne : honoré seigneur Pierre de Bertheleville, seigneur de Senaide en partie, Gentilhomme de la maison du Roy de France, pour son Fief dudit Senaide en personne : honoré seigneur Jacques de Merlet, seigneur de Dampremont, Maxey sur Voise, pour les Fiefs qu'il tient esdits Sieges & Prevostez, par le sieur d'Amanty : honoré seigneur Claude des Verrieres, sieur d'Amanty, pour les terres qu'il tient esdits Sieges & Prevosté en personne : honoré seigneur Jean de Mont, seigneur de Demenge aux Eaues en partie, pour sa seigneurie dudit lieu & autres qu'il tient esdits Siege & Prevosté, par François de Bilistin, sieur de Julvecourt : honoré seigneur Jean de Baugy, seigneur dudit Demenge en partie, pour sa Seigneurie dudit lieu, & autres terres qu'il a esdits siege & Prevosté, par Bastien Husson, fondé de procuration : ledit François de Bilistin, sieur de Julvecourt, pour son Fief d'Abieville en personne : les sieurs de Malabarbe & de Haudresson, pour ce qu'ils tiennent esdictes Prevostez, par ledit sieur d'Amanty : honoré seigneur Gaspard du Pont, sieur dudit lieu, Malleroy, &c. pour les Fiefs qu'il tient esdits Siege & Prevosté, par François Billard, fondé de procuration, assisté dudit du Molinet : honoré seigneur Guillaume d'Aulney, sieur de Belcharmoy, pour les terres qu'il tient esdits siege & Prevosté, par Jacques Remy : maistre Jean Quilly, Escuyer, Conseiller de son Altesse, par maistre Charles Quilly, aussi Escuyer son fils : Claude de Joisel l'aisné, seigneur de Montavaulx, par ledit maistre Charles Quilly, fondé de procuration : Elophe de Joisel, Escuyer pour les terres qu'il tient en ladite Prevosté de Gondrecourt en personne : Claune de Joisel le jeune, Escuyer, par ledit Charles Quilly : Henry d'Aulcy, Escuyer, Gruyer de Bar en personne : Henry de Ragecourt, Escuyer, sieur dudit lieu, par ledit Aubertin, fondé de procuration : Guillaume du Haulroy, sieur de Blondefontaine, par ledit Blanchevoye : Alexandre de Vauldrey, seigneur dudit lieu en personne, assisté dudit Vermisson : Thomas de Cachedenier, sieur dudit Blondefontaine en partie, par ledit Vermisson, fondé de procuration : Simon de Myon sieur de Saulx, pour les Fiefs qu'il tient esdits Siege & Prevosté en personne : Pierre Berget l'aisné, Escuyer, pour ce qu'il tient esdits Siege & Prevostez en personne : Pierre Berget le jeune, aussi Escuyer son fils, sieur de Rocourt en partie, pour son Fief dudit Rocourt en personne : Jean de Marcheville, sieur de Seraumont, Escuyer, pour ce qu'il tient esdits Siege & Prevostez, par ledit Quilly, fondé de procuration : Jean le Toudeur, sieur de Dainville en partie, pour ce qu'il tient esdits siege & prevostez, par ledit Quilly, fondé de procuration : maistre Antoine Bouvot, Escuyer, Conseiller du Roy, President en l'Eslection de Lengres, pour ce qu'il tient audit siege de sainct Thiebault, tant à cause de Damoiselle Marguerite Levain sa femme, que comme ayant la charge & administration des corps & biens d'Abraham & Jean de Bar, enfans de feu Dominicque de Bar, Escuyer, en son vivant Seneschal de la Mothe & Bourmont en personne : maistre Gilles Rose, Conseiller du Roy au siege presidial de Chaulmont, par Jean Nicolas, fondé de procuration : Noble homme Nicolas Heraudel, sieur de Mandres en partie, pour ce qu'il tient de Fief, au lieu d'Ouzieres en personne : noble homme François Simonin, pour ce qu'il tient de fief, en la Prevosté de Gondrecourt en personne : Alexandre Quilly, sieur de Romenas, par ledit Charles Quilly : Martin des Jobarts, sieur Deshalles, de Gondrecourt en partie, pour ce qu'il tient en la Prevosté dudit lieu, parledit Quilly, fondé de procuration : Philippe Hurault, Mongin Hurault, Escuyers, & Claude Hurault, sieurs de Maisoncelle en partie, par ledit Jean Nicolas, fondé de procuration : Nobles hommes Robert de Sevouges, Jean Philippy & Jean Chevry demeurans à Gondrecourt, par ledit Jean Nicolas, fondé de procuration : Noble homme Michel Cohervault demeurant à Abieville en personne : Humbert, Claude, Bertrand, Nicolas, Matthieu & Claude du Houlx Escuyers, par ledit Humbert assisté dudit Aubertin : Damoiselle Anne le Bœuf, pour ce qu'elle tient esdites Prevostez, par ledit Collin, fondé de procuration : les heritiers messire Luc Challot, en son vivant Conseiller en la Cour de Parlement de Dole, pour les terres & Fiefs qu'ils tiennent esdites Prevostez, par Antoine Gerard Procureur de François Thiery, Tuteur des enfans dudit feu Challot.

Ledit Procureur a dict avoir fait assigner, pardevant Nous les sieurs de Haraucourt, d'Anserville, Gournay, Bassompierre, Gouhecourt, sieur des Vothons en partie, Noirefontaine, Pierre des Jobarts & Jean de Bar, Escuyers, demeurans à Andelincourt & à Abieville, & Noble homme Charles de Rup, pour les terres qu'ils tiennent esdites Prevostez, contre lesquels non comparans, il a requis deffault pur & simple, & pour le proffit, qu'il soit dict qu'il sera passé outre à la redaction desdites Coustumes, sans qu'il soit besoing les appeller de nouveau, sauf s'ils comparent pendant la seance des presens Estats, ils y seront receus & ouys, ce qu'a esté ordonné.

Et davantage a remonstré, qu'il n'est duement informé des qualitez des comparans, ignore s'aucunes sont usurpées ou non, proteste qu'elles ne puissent prejudicier à son Altesse, requiert acte de ses protestations, que luy avons octroyé, & ordonné qu'elles seront inserées au present procès verbal.

Nous a remonstré honoré seigneur François de Dompmartin, chevalier seigneur dudit lieu, Germiny, &c. qu'à l'appel de hault & puissant Prince, Charles Philippe de Crouy, Marquis de Havrey, l'on l'auroit qualifié sieur de Clairez la coste, assize en ce Bailliage du Bassigny, ressort dudit Gondrecourt, duquel lieu pareillement il remonstrant s'en dict estre seigneur en partie. Occasion qu'il requiert estre joinct avec ledit sieur Marquis & mis au roolle des comparitions, protestant que les presentations dudit sieur Marquis faites par ledit sieur de Myon, assisté de J. Thomas, ès noms qu'ils se sont presentez, ne luy puissent prejudicier : lequel sieur de Myon en son nom a faict protestation contraire, & dict avoir le droict pretendu par ledit sieur de Dompmartin par acquisition, surquoy avons aux parties respectivement octroyé acte de leurs protestations.

Les gens d'Eglise, Vassaulx, de la Noblesse, & du tiers Estat, de la terre & Prevosté de Gondrecourt, comparans par lesdits Huart sieur d'Amanty & Gourdot, ont declaré qu'ils comparent suivant le mandement de Monseigneur, pour entendre à la redaction des Coustumes du Bailliage du Bassigny seulement, & remonstrent que de tous temps la Justice leur a esté administrée par les sieurs Bailly du Bassigny ou leurs Lieutenans, au siege dudit Gondrecourt, en cas desquels la cognoissance leur a appartenu. Supplient très-humblement à sadite Altesse, les vouloir maintenir en leurs anciens droits, franchises & libertez, ainsi qu'ils ont esté conservez du passé, requerans que leurs remonstrances & supplications soient inserées au present procez verbal, ce qu'a esté ordonné, & au pardessus dit qu'ils se pourvoiront comme ils trouveront estre à faire par raison.

Et pour le Tiers Estat dudit Siege de sainct Thiebault & Prevostez, ont comparuz ledit maistre Jean de l'Isle, Licentié en loix, Lieutenant general audit Bailliage en personne : ledit de Villiers, Procureur en personne : ledit Mombolet, Lieutenant particulier en personne : maistre Jean Thiery, Licentié ès loix, notre Lieutenant au siege dudit Gondrecourt en personne : maistre Antoine Robert, Licentié ès loix, Seneschal, Gruyer & Recepveur esdites Seneschaulcées audit siege de sainct Thiebault en personne : maistre Jean Thomas, Licentié ès loix, Prevost, Gruyer & Recepveur de ladite Marche en personne : Nobles hommes Guillaume Berenger, Prevost, Gruyer & Recepveur, & Didier Des-hazards, Controolleur de la terre & Prevosté de Gondrecourt, par ledit Gourdot : maistre Jean Vermisson, Licentié ès loix, Prevost de Chastillon sur Saone en personne : maistre François Genin, Licentié ès droits, Advocat audit Bailliage & Substitut dudit Procureur au siege de sainct Thiebault, en ce qu'est de la Seneschaulcée dudit Bourmont en personne : maistre Nicolas Guillaume, Substitut dudit Procureur general au siege de sainct Thiebault, en ce qui est de ladite Seneschaulcée de la Mothe en personne : maistre Nicol Petit, Substitut dudit Procureur, à ladite Marche en personne : maistre Jean Gourdot, Substitut dudit Procureur en la terre & Prevosté dudit Gondrecourt en personne : maistre Pierre Savarin, Substitut dudit Procureur, en la terre & Prevosté dudit Chastillon, par ledit Vermisson : maistre Julien Meurtel, Substitut dudit Procureur general, en la terre & Prevosté de Conflans en personne : Jean Michel, Substitut dudit Procureur, à Liffol le grand en personne : honoré Remy, Commis au Greffe dudit Bailliage, pour lesdits sieges, & Prevostez en personne : maistre Charles Quilly, Escuyer : maistre Regnault Gorret : maistre Matthieu Aubertin : maistre Mammes Collin, Licentié ès loix, Advocat audit Bailliage en personne : maistre Pierre Jacquin, Lieutenant en la Prevosté de ladite Marche, par ledit Thomas : maistre Pierre Jacquinet Clerc-Juré & Controolleur en ladite Prevosté de la Marche en personne : maistre Louys Varry, Commis du Greffier audit

Le Tiers Estat.

Bailliage, siege de ladite Marche en personne : Jean Gaignot aussi Commis du Greffier audit siege de sainct Thiebault en personne : maistre Olivier de Hasterel, Procureur audit Bailliage en personne : maistre Valentin Morel aussi Procureur audit Bailliage en personne : Pierre Savarin, Praticien demeurant à Chastillon en personne : Sulpin Vermisson, Praticien audit lieu en personne : Guillaume Mardiot, Bastien Thomas Gaudet, Robert Barbel & Gerard Martin, Sergens audit Bailliage en personnes : les manans & habitans dudit sainct Thiebault, par ledit Jean Gaignot & Jean Finot, fondez de procuration : les manans & habitans de Hevillecourt, par Estienne Daudenet l'aisné & Estienne Thiebault, fondez de procuration : les manans & habitans de Goncourt, par Jean Regnard l'aisné, Claude Sebillotte & Jean Bourdot, fondez de procuration : les habitans de Veroncourt, par Jean Martin & Simon Subtil, fondez de procuration : les habitans d'Ouzieres, par Jean Monginot & Mongeot Saulcy, fondez de procuration : les manans & habitans de Bazoilles, par Regnier Mareschal, Martin, Matthieu & Claude Gillot, fondez de procuration, assistez dudit Guillaume : les manans & habitans de Liffol le grand, par Nicolas Floriot, Jean Michel, Claude Philebert & Bastien Perrin, fondez de procuration : les habitans de Villorcel, par Henry Didier & Gerard Deschault, fondez de procuration : les habitans de Romain sur Meuze, pour ce qui appartient à mon dict Seigneur le Duc à cause de sa Chastellenie dudit Gondrecourt, par Martin Gennel & Gerard de Velle, fondez de procuration : les habitans d'Illoud, par Simon la Barre, fondé de procuration : les habitans de Hareyville en ce qu'est dudit siege de sainct Thiebault, par ledit Guillaume : les bourgeois, manans & habitans de la ville & fauxbourg de la Marche & Oreliemaison, par lesdits maistres Matthieu Aubertin, Faultier & Regnault Gorret, fondez de procuration : les manans & habitans de Blevaincourt, en ce qu'est de ladite Prevosté de la Marche, par Jean de poisson, Didier Bricard, Nicolas Jacquot & Jean Jacquin, fondez de procuration, assistez dudict du Molinet : les habitans de Rozieres, par François Vomchelin, & Roch Patillot, fondez de procuration, assistez dudit du Molinet : les habitans de Thollaincourt, par Gerard Martin, fondé de procuration : les habitans de Rocourt, par Liegier Roussel & Nicolas Barret, fondez de procuration : les habitans de Martigny, en ce qu'est de la Prevosté de la Marche, par Jean & Nicolas Berthemin, fondez de procuration : les habitans d'Ainvelle, par Nicolas Bertier & Jean Barbier, assistez dudit Aubertin : les habitans de Serocourt, par Nicolas Thomassin & Pierre Girardot, fondez de procuration : les habitans de Frain, par Jean Morise & Jacquot de l'Esguille, fondez de procuration : les habitans de sainct Julien, par Blaise Mongin & Jean Pernot, fondez de procuration : les habitans de Provenchieres, par Jean Humbert, Mayeur, & Aubert Huot, fondez de procuration : les habitans des Thons, par maistre Jean Menestrey, & Piere Febvre, fondez de Procuration : les habitans de Fouchecourt, par Masselin de Frain & Jean Clerc, fondez de procuration : les manans & habitans de Bleureville, par Nicolas Humbert & Jean Levillot, fondez de procuration : les manans & habitans de Lironcourt, par Pierre Jacquet, fondé de procuration : les habitans d'Iche, pour ce qui appartient à mondit Seigneur le Duc, à cause de sa Chastellenie & Prevosté de la Marche, par Pierre Genin, Jean Byot & Nicolas Florent, fondez de procuration : les habitans de Tignecourt, par Jean Arnould, fondé de procuration : les habitans de Morisecourt, par Jean Courtinet & Valentin Richard, fondez de procuration, assistez dudit Aubertin : les habitans de Serecourt, par ledit Halterelle, fondé de procuration : les habitans de Saulxures, par Jacques Girardot & Jean Fromont, fondez de procuration : les habitans de Senaide, par Claude Roussel & Henry Mongin, fondez de procuration, assistez dudit Vermisson : les habitans d'Amenvelle, par ledit Vermisson, fondé de procuration : les habitans d'Orivelle, par ledit Vermisson, fondé de procuration : les habitans de Malleroy, par François Billard, assisté dudit du Molinet, fondé de procuration : les manans & habitans de Romain aux Bois, par François Girard, fondé de procuration : les manans de Bechatmoy, par Jacques Remy, fondé de procuration : les manans & habitans de la ville & fauxbourg dudit Gondrecourt le Chastel, par ledit Gourdot, Nicolas le Roy & Jean Nicolas, fondez de procuration : les habitans de Goussaincourt, pour ce qui est à Monseigneur le Duc, à cause de sa Prevosté de Gondrecourt, par Jean..... fondé de procuration : les habitans de Baudainvilliers, *pour idem*, par Jean Thiebault, fondé de procuration : les habitans d'Espie, par Robert Barbel, fondé de procuration : les habitans de Domp Remy, par Nicolas Noblesse, fondé de procuration : les habitans d'Eruffe, par Claudin Thomas, fondé de procuration : les habitans de Burey en Val, *pour idem*, par ledit Robert Barbel, fondé de procuration : les habitans de Rozieres, par ledit Barbel, en vertu de procuration : les habitans d'Amanty, par le Sieur dudit lieu, fondé de procuration : les habitans de Pargney sur Meuze, *pour idem*, par George Brocard, en vertu de procuration : les habitans de Maxey sur Voize, par ledit Gourdot, par procuration : les habitans d'Abieville, par Matthieu Nivet, fondé de procuration : les habitans de Houdelaincourt, par Claude Petit, Mayeur, fondé de procuration : les habitans de Baudignecourt, par Demengeot Brochard, fondé de procuration : les habitans de Demenge aux eaues, par Gerard Sebille & Bastien Husson, fondez de procuration : les habitans de Mauvage, *pour idem*, par ledit Gourdot, par procuration : les habitans de Nesve en Blois, *pour idem*, par ledit Gourdot, fondé de procuration : les habitans de Brexey en Blois, par ledit Gourdot, fondé de procuration : les habitans de Vothon-hault, par Jean Maistresse, fondé de procuration : les habitans de Vothon-bas, par ledit Maistresse, par procuration : les habitans de Lezeville, *pour idem*, par ledit Gourdot, par procuration : les habitans de Dehorville, par ledit Gourdot, fondé de procuration : les habitans de Dainville, *pour idem*, par ledit Gourdot, fondé de procuration : les habitans de Clerey, par maistre Jean Thomas, fondé de procuration : les manans & habitans de la ville & fauxbourg de Chastillon sur Saone, par ledit Vermisson, fondé de procuration : les manans & habitans de Corre, par ledit Vermisson, fondé de procuration : les habitans de Blondefontaine, par ledit Vermisson, fondé de procuration : les habitans de Grignoncourt, pour ce qui appartient à mondit Seigneur le Duc à cause de sa Prevosté de Chastillon, par ledit Vermisson, en vertu de procuration : les habitans de Bosserancourt, par ledit Vermisson, fondé de procuration : les habitans de Melay, par Jean Jarain, fondez de procuration : les bourgeois, manans & habitans de Conflans, par ledit Meurtel, fondé de procuration : les habitans & communaulté de Haultevelle, par ledit Meurtel, fondé de procuration : les habitans & communaulté de Dampierre, par ledit Meurtel, fondé de procuration.

Et après que ledit Procureur a remonstré avoir fait donner assignation aux manans, habitans, & communaulté de Girefontaine, sainct Loup, Janey, Plainemont, Bolligny, Corbenay, Aillevilliers, Laveure & Francalmont, villages de la terre, Prevosté & ressort dudit Conflans, comme apparoissoit par les exploits de François Barbier & François Clerget, Sergens audit Conflans. Avons audit Procureur ce requerant contre les dessusnommez, non comparans, ny autres pour eux octroyé deffault, & dict qu'il sera passé outre, tant en leur absence que presence ; à la presente redaction, sans qu'il soit besoing de nouveau les appeller, sauf s'ils comparent pendant la seance, qu'ils seront receus & ouys.

Auquel Procureur ce requerant a esté pareillement octroyé deffault contre les manans & habitans de Vogecourt & de Clinchamps non comparans, avec tel proffit que dessus.

LEdit Procureur general a remonstré, que comme dès l'an mil cinq cens septante & un, nostredit souverain Seigneur nous eut decerné commission, afin de convocquer & assembler en la ville de Bourmont, les gens des trois Estats dudit Bailliage, pour proceder à la redaction des Coustumes d'iceluy : ausquels furent presentez les vieux & anciens cayers d'icelles : sur lesquels ils auroient adjousté & diminué : mesme interpreté ce que bon leur auroit semblé, & en fin presenté à son Altesse un cayet nouveau, contenant les articles qui leur sembloit estre par cy-après observez, lesquels, veus par icelle, elle auroit trouvé expedient reformer aucuns d'iceux, comme du tout contraires à l'ancien usage. Occasion que de rechef aurions eu commandement d'assembler lesdits Estats en ce lieu de la Mothe, pour leur declarer les causes qui l'auroient meu à faire ladite reformation, pour ce fait & avec leur advis & consentement, omologuer lesdites Coustumes, pour le bien, repos & soulagement des subjects dudit Bailliage. Et pour mieux instruire lesdits des Estats, de l'intention de sadite Altesse, auroit ledit Procureur requis lecture estre faite dudit ancien cayer, ensemble de celuy contenant lesdites reformations, lesquels deux cayers, à cette fin il a representé, pour sur le tout donner advis, s'en accorder ou dire ce que bon leur semblera. Surquoy faisans droict, avons ordonné, que lecture sera faite desdits cayers, pour après icelle, estre libre & permis ausdits de trois Estats, adjouster à iceux articles, diminuer, interpreter, s'en accorder ou discorder comme ils verront estre à faire. Ce qu'a esté fait par ledit Blanchevoye hautement & intelligiblement. Et après ce, avons continué notre seance au dixieme dudit mois, aux sept heures du matin, en attendant les huict.

Auquel jour à ladite heure, nous nous sommes transportez en ladite salle, où lesdits des Estats nous ont requis avoir ample communication dudit ancien cayer, ensemble de celuy contenant les reformations faites par sadite Altesse, afin de plus meurement donner advis à icelle ; davantage, pour eviter aux despens & frais excessifs, & ne tomber en confusion, qu'il leur fut permis de choisir de chacun Estat, quelques personnages d'entre eux jusques au nombre de cinq, pour par iceux, au nom de tous les assistans, accorder & conclure sur le faict de ladite redaction, & y faire ce qu'ils trouveroient y estre expedient, & ausquels à cette fin, seront lesdits cayers communiquez. Ce que leur avons permis, suivant laquelle permission, ont tous d'un accord & consentement esleus & choisis.

Sçavoir pour l'Estat Ecclesiastique, Reverends Peres en Dieu, Anne du Chastellet, Abbé de Flabemont : Philippes de Choiseul, Abbé de Mureau : Gabriel de sainct Belin, Abbé de Morimont : Maistres Nicol Levain Doyen de la Chrestienté de Bourmont & Chanoine de la Mothe : & Paris Huart Doyen de la Chrestienté de Gondrecourt & Curé dudit lieu.

Pour l'Estat de la Noblesse, haults & puissans Seigneurs, Jean du Chastellet Seigneurs de Thons, Chevalier de l'ordre du Roy, Lieutenant de cent hommes d'armes soubz son Altesse, Gouverneur de Langres : René d'Anglure Seigneur de Ligneville & Melay, Conseiller de mondit Seigneur le Duc, Gouverneur & Capitaine de la Mothe : Christophle de Choiseul, Chevalier de l'ordre du Roy, Gentil homme de sa Chambre, Seigneur de Chamerende & Verecourt en partie : Jacques de Luz, Chevalier dudit ordre, Seigneur de Bazoilles en partie, Neufville en Verdunois : & honoré Seigneur Claude des Verrieres, Chambelan de sadicte Altesse & Seigneur d'Amanty.

Pour le tiers Estat, maistes Mammes Collin : Matthieu Aulbertin & Regnauld Gorret, Advocats : Jean Gourdot & Olivier de Halterel, Procureurs audit Bailliage.

Ce fait, nous a ledit Procureur remonstré avoir fait donner certaines assignations au lendemain onzieme dudit mois, auquel jour partant, avons continué ladite seance à huict heures du matin en attendant les neuf, pour recevoir les comparitions des assignez, ausquels ferions entendre ce qu'avoit esté fait ès jours precedens, signamment l'election & pouvoir desdits deputez, pour eux ouys, estre ordonné ce que de raison.

Et ledit jour de Vendredy, à ladicte heure de huict du matin, ont comparus en la salle desdits Estats, les manans & habitans, ville & communauté de Conflans, Haulte-ville & Dampierre par Jean Meurtel fondé de procuration, qui ont requis le rabat du defaut contre eux octroyé, lesquels ensemble tous les autres des trois Estats, avons adverti de l'election & pouvoir desdits deputez & iceux admonesté, que s'ils avoient aucune cause de suspicion contre aucun d'iceux, & ils les vouloient alleguer, ils y seroient receus : surquoy & après qu'il ne s'est trouvé aucun qui ait resisté à ladite election, ou proposé aucune cause de suspicion, avons icelle election confirmé & confirmons. Et ont lesdits deputez & esleus promis de sincerement & en leur conscience dire la verité sur le faict desdites Coustumes & anciennes observances d'icelles, & que postposans toutes affections & passions particulieres, ils proposeront & mettront en avant, tout ce qu'ils sçauront estre utile & profitable au public & pour le repos & soulagement des subjects dudit Bailliage ; ès mains desquels, avons mis lesdits Cayers, pour incessamment & jours après autres, estre advisé sur les interpretations, accord ou discord des articles y contenus.

Et le Samedy dixneufiesme jour dudit mois, iceux deputez ont comparu & declaré avoir par plusieurs & divers jours commmuniqué & advisé sur l'accord & discord des articles du cayer contenant lesdites reformations faites par son Altesse, sur celuy que les deputez des Estats de Bourmont avoient presenté en l'année mil cinq cens septante & un, & que satisfaisans à leur charge, ils auroient conclud sur les Coustumes dudit Bailliage, selon qu'ils les auroient trouvé bonnes, utiles & proffitables pour le repos des subjects d'iceluy, & suivant lesquelles, par cy-après ils devront estre regis & gouvernez : desquelles ils auroient fait dresser un cayer à part, qu'ils ont exhibé, signé de leurs mains & iceluy fait presenter à sadite Altesse par ledit Seigneur de Flabemont, requerans tres-humblement icelle qu'il luy pleut proceder à l'omologation & verification d'iceluy.

Ce fait le vingt & uniesme du mesme mois de Novembre, suivant les lettres patentes de notredit souverain seigneur, en date du jour precedent, le cayer desdites Coustumes, de notre ordonnance, à la requeste dudit Procureur general a esté publié hautement par ledit Blanchevoye en la salle desdits Estats, & ordonné qu'elles seront leues, publiées & registrées, ès Registres de chacun siege dudit Bailliage, afin que par cy-après, l'on n'en puisse pretendre cause d'ignorance, & que lesdites patentes d'omologation seront inserées à la fin desdites Coutumes. Fait en ladite ville de la Mothe, les an & jours que dessus.

S'ensuit la Teneur desdites Lettres d'omologation.

CHARLES par la grace de Dieu, Duc de Calabre, Lorraine, Bar, Gueldres, Marquis du Pont-à-Mousson, &c. A tous presens & à venir : SALUT, Comme dès le temps qu'il pleut à Dieu nous apppeller au regime & gouvernement de nos pays, terres & seigneuries de notre obeissance, nous ayons toujours une droicturiere intention d'adviser à ce qui concerne le repos, bien & soulagement de nos subjets, & oster toutes occasions de division, continuations & procez entre iceux : & mesmes retrancher celles qui journellement s'engendrent, faute d'avoir Loix & Coustumes certaines pour les regler. A cette occasion & desirans de les redimer de telles vexations, & remettre la Justice en son ancienne integrité & splendeur, nous aurions des l'an mil cinq cens septante & un, decerné commission à notre tres cher & feal Conseiller Philibert du Chastellet, sieur dudit lieu, Doncourt, Gironcourt, Bailly du Bassigny, pour faire convocquer les Estats dudit Bailliage, afin d'adviser de commettre & deputer entre eux, d'un chacun desdits Estats, quelques personnages, pour estre par eux (ouys sur ce les gens de notre Conseil, & Procureur general audit Bailliage) procedé à la redaction d'iceluy sur le viel & ancien cayer qui leur seroit proposé & mis en avant, ausquels ils pourroient adjouster ou diminuer ; mesme declarer & interpreter ce qu'ils verroient estre necessaire & expedient pour le repos & contentement de nosdits subjects. Occasion que lesdits trois Estats (suivant l'assignation à eux donnée) auroient deslors comparus en notre ville de Bourmont, & d'un commun accord & consentement, deputez de chascun desdits Estats certains personnages d'entre eux, qui auroient par plusieurs jours vacquez au fait de ladite redaction, & enfin nous renvoyé certains cayers clos & fermez, contenans les declarations & interpretations qui leur auroient semblé estre utiles & necessaires d'estre adjoustées à l'ancien, nous supplians approuver & auctoriser icelles, ou autrement en ordonner : A quoy pour lors n'y auroit eu moyen d'entendre pour plusieurs occasions & empeschemens à nous survenus. Et d'autant que depuis ledit temps, aucuns desdits deputez auroient allé de vie à trespas, & avant la verification desdites Coustumes, aurions par autre commission datée du premier d'Octobre dernier passé, ordonné à notredit Bailly, faire de rechef assembler les trois Estats dudit Bailliage, en notre ville de la Mothe, pour le septiesme du present mois de Novembre, pour entendre de nous les causes pour lesquelles nous aurions esté justement meu de reformer aucuns desdits articles du cayer proposé audit Bourmont, pour estre iceux contre l'ancienne observance & usage dudit Bailliage ; lesquels trois Estats conparans, auroient receu ledit ancien cayer, & par ensemble communiqué sur la reformation d'iceluy, & à cette fin deputez d'entre eux de chacun Estat, cinq personnages, sçavoir pour l'Estat Ecclesiastique, Reverends Peres en Dieu Anne du Chastellet Abbé de Flabemont, Philippes de Choiseul Abbé de Mureau, Gabriel de sainct Belin Abbé de Morimont, maistre Nicol Levain Doyen de la Chrestienté de Bourmont, Chanoine de la Mothe, & maistre Paris Huart Doyen de la Chrestienté de Gondrecourt & Curé dudit lieu. Pour l'Estat de la Noblesse, les sieurs Jean du Chastellet, Chevallier de l'ordre du Roy, Seigneur de Thons, Gouverneur de Langres, René d'Anglure, Chevallier, Seigneur de Ligneville & Melay, Gouverneur & Capitaine de la Mothe, Christophle de Choiseul, Chevallier de l'ordre du Roy, Capitaine de Coiffy, sieur de Verecourt, Jacques de Luz, Seigneur de Bazoilles & Claude des Verrieres, Seigneur d'Amanty. Pour le tiers Estat, maistres Mammes Collin, Regnauld Gorret, Matthieu Aulbertin, Jean Gourdot & Olivier de Hasterel, Advocats & Procureurs audit Bailliage, lesquels après avoir recognu ledit ancien cayer, & conferé entre eux sur les anciens usages & observances dudit Bailliage, auroient tombé d'accord de certain cayer qu'ils nous auroient presenté, signé de leurs mains, & nous ont supplié tres humblement qu'il nous pleut iceluy auctoriser & omologuer, pour estre les Coustumes y contenues, par cy-après gardées inviolablement pour Loix par tout ledit Bailliage & ressort d'iceluy. Sçavoir faisons, que le tout veu en notre Conseil, signamment ledit cayer signé par lesdits deputez, & ouy sur ce notredit Procureur general audit Bailliage, Nous par l'advis des gens de notredit Conseil, avons omologné, confirmé & auctorisé, omologons, confirmons & auctorisons ledit cayer & articles desdites Coustumes. Ordonné & ordonnons, que d'oresenavant elles seront entretenues gardées & observées pour Loix, Coustumes certaines & inviolables. Condamné & condamnons, tous & chacuns ceux dudit Bailliage & ressort d'iceluy, presens & à venir, à les recevoir & observer de poinct en poinct : leur faisons inhibitions & deffence de poser, articuler, ny faire escrire d'oresenavant & pour l'advenir, autres Coustumes. Et à nos Baillis, Prevosts, Mayeurs, leurs Lieutenans & autres nos Officiers dudit Bailliage, qu'ils ne reçoivent les parties qui plaideront pardevant eux, à poser, deduire, articuler autres Coustumes, ny les recevoir à informer sur icelles par turbes ny autrement, que par extraict. Faisons aussi inhibitions & deffences, à tous Advocats, Procureurs & autres, de poser, articuler en jugement ny ailleurs, par leurs plaidoyez, escritures ny autrement autres Coustumes que les susdites accordées par lesdits trois Estats. Si donnons en mandement, à notredit Bailly ou son Lieutenant, que le susdit cayer contenant les articles accordez & par nous presentement omologuez, verifiez, confirmez & auctorisez, il face lire, publier hautement ès auditoires & sieges ordinaires dudit Bailliage, & en tous lieux à faire telles publications, le tout enregistrer ès Registres dudit Bailliage, afin que nul n'en pretende cause d'ignorance. CAR ainsi Nous plait. En tesmoing dequoy, nous avons à cesdites presentes, signées de notre main, fait mettre notre grand seel. Que furent faites & données en notre ville de la Mothe, le vingtiesme jour du mois de Novembre, mil cinq cens quatre-vingt. *Ainsi signé*, CHARLES. Et sur le reply est escrit, Par Monseigneur le Duc, &c. Les Sieurs Baron de Haussonville, Mareschal de Barrois, de sainct Balmont Bailly de Vosges, Commandeur de Robecourt, de Neuflotte, Voué de Condé, Bournon Maistres des Requestes ordinaires, Hannezon & l'Escuyer, presens, & contresigné pour Secretaire M. Bouvet, & plus bas, *Registrata idem pro* M. Henry & scellé du grand seel de cire rouge à double queue de parchemin pendant.

La presente copie des Coustumes du Bailliage du Bassigny, procès verbal & lettres d'omologation d'icelles lues & publiées audit Bailliage, siege de la Marche, sainct Thiebault & Gondrecourt, & registrées ès Registres desdits sieges les vingt-deux, vingt-six & vingt-huictiesme de Novembre, mil cinq cens quatre vingt. Signées en fin, PHILIBERT DU CHASTELLET & J. BLANCHEVOYE, avec paraphes, *a esté par moy soubsigné*

soubsigné Greffier audit Bailliage extraicte desdits Registres ce deuxiesme jour du mois de Fevrier, mil cinq cens quatre-vingt-un. Signé, BLANCHEVOYE.

Mises au Greffe, ouy le Procureur general du Roy, suivant l'arrest de ce jour, Fait en Parlement le vingtiesme jour de Mars, l'an mil cinq cens quatre-vingt-cinq.

TABLE DES TITRES DES COUTUMES DU BASSIGNY.

COUSTUMES DE LA VILLE ET PREVOSTÉ DE MARSAL,

Qu'il a plu à Son Altesse agréer, homologuer & confirmer aux Bourgeois & Habitans des Ville & Prevosté de Marsal.

CHARLES par la grace de Dieu, Duc de Lorraine, Marquis, Duc de Calabre, Bar, Gueldres, Marquis du Pont-à Mousson & de Nommeny, Comte de Provence, Vaudemont, Blamont, Zutphen, &c. A tous qu'il appartiendra, Salut. Veu en nostre Conseil les Articles cy-aprés, presentez par nos chers & bien amez les Bourgeois & Habitans de nostre Ville & Prevosté de Marsal, à feus nos très-honorez Seigneurs, Ayeuls & Beau-Pere, que Dieu ait en gloire, & rapportez par feus nos très-chers & feaux Conseillers d'Estat, & Maistres aux Requestes ordinaires en nostre Hostel, G. Maimbourg, & N. Pistor, sur l'examen prealablement fait par nos aussi très-chers & feaux les Presidens, Conseillers & Auditeurs des Comptes de Lorraine, à qui ils auroient esté renvoyez, le besogné de feu nostre aussi très-cher & feal Conseiller d'Estat, & Auditeur desdits Comptes, Balthazar Royer, commis de leur part, & l'avis desdits Sieurs des Comptes du quatriéme Aoust mil six cens & vingt. Et ouy nostre très-cher & feal Conseiller d'Estat, & Maistre desdites Requestes, Claude Balligny, en son rapport, Nous desireux d'apporter & establir un bon reglement, tant à la distribution de la Justice, qu'à la Police, esdites Ville & Prevosté dudit Marsal, au soulagement des Bourgeois & Habitans d'icelles, avons de nostre puissance & authorité Souveraine, & par l'advis des gens de nostredit Conseil, à la supplication très-humble que lesdits Bourgeois & Habitans nous en ont fait, agréé, homologué & confirmé, agreons, homologuons & confirmons par cettes, jusques à nostre bon plaisir, & qu'autrement il en soit par nous ordonné, lesdits Articles en nombre de quatre-vingt-cinq, contenus au present Volume. Voulons iceux estre suivis, & desormais observez de point en point, comme Loix & Coustumes municipales, tant en jugement que dehors, sans qu'il soit loisible à aucuns d'en proposer, deduire ny articuler autres au contraire, ny aux Juges d'y contrevenir par jugement, Sentence ou autrement en sorte quelconque, & sont lesdits Articles tels que s'ensuivent :

ET PREMIER.

LE Corps de la Justice dudit Marsal est composé d'un Prevost, Maistre-Eschevin, six Eschevins, un Clerc-Juré & un Doyen, qui sont francs & exempts, comme aussi le Bannerot ou Porte-Enseigne, de toutes rançons, aydes, subsides, prestations & de corvées ordinaires & extraordinaires, logemens & fournitures de soldats, gardes des portes & murailles, sauf toutesfois des aydes & contributions extraordinaires, dont ils payent leurs cottes, & desdits logemens, fournitures & gardes ès occurrences des urgentes necessitez extraordinaires, pour l'assurance de la place.

II. Ledit Prevost n'a que deux Sergens, qui ne sont francs, sinon des aydes ordinaires & corvées.

III. Ledit Prevost, Maistre-Eschevin & Eschevins, jugent de toutes causes civiles, personnelles, réelles & mixtes, ordinaires & extraordinaires, escheantes, entre & contre les Bourgeois dudit Marsal, ou entre Forains, pour choses y assises, après le recueil des voix & suffrages, fait à ces fins par ledit Maistre-Eschevin: & sont les jugemens & Sentences conceues en mesme forme que du passé: preside ledit Prevost en Justice, rapportant & resumant le fait dont il faut juger, & ce à la pluralité des voix; forment & instruisent tous procez criminels ou delits, qualifiés importans, peine de diminution d'Estat, mutilation de membres ou autre corporelle, & en jugent sans appel, & la voix dudit Prevost, auquel demeure la charge de l'execution.

IV. Desdites Jugemens, ainsi rendus esdites causes Civiles, la partie qui se sent grevée peut appeller à la Chambre des Comptes de Lorraine, dedans la huitaine du jour de la prononciation d'iceux, en sa présence ou de son Procureur, fondé par les Actes, ou si elle est absente, du jour de la signification qui luy en sera faite.

V. L'appel ainsi interjetté se doit relever dedans l'autre huitaine suivante, & premiere Audiance, par consignation ès mains dudit Prevost de cinq francs quatre gros.

VI. Et se ferme ledit appel, parties presentes ou appellées, & lesdits cinq francs quatre gros s'y enferment, cinq francs qui sont pour ladite Chambre, les autres quatre gros demeurans audit Prevost, & se porte promptement ledit procez, & s'envoye en l'estat qu'il aura esté jugé sans griefs audit Greffier de ladite Chambre aux dépens de l'appellant, sauf à repeter, s'il eschet; qui pour ce avance trois francs, à peine de desertion, & rapporte le Messager recepicé dudit Greffier.

VII. Peuvent neanmoins lesdits de Justice ès causes pures personnelles de dettes & deniers, grains, vins & choses semblables, juger deffinitivement, & sans moyen d'appel, jusques à la concurrence, valeur & estimation de cinquante francs & au dessous.

VIII. Et combien qu'en toutes causes surpassantes la valeur desdits cinquante francs y puisse avoir appel, comme dit est, si est-ce qu'en celles d'executions en vertu de choses jugées, ou obligations portantes executions parées, afin de tant plus retrancher le moyen des appellations frivoles, la partie condamnée doit, nonobstant son appel, & sans prejudice d'iceluy, nantir la chose de laquelle elle est condamnée, en donnant par l'intimé bonne & suffisante caution de la rendre, s'il est trouvé que faire se doive: & en toutes lesquelles causes il est plaidé aux frais du tort, tant en premiere instance, que d'appel.

IX. Lesdits de Justice ont la police sur le taux & reglement des vivres, denrées, & autres telles affaires concernantes le bien commun des sujets de ladite Prevosté; ont la creation des tuteurs & curateurs, audition de leurs comptes & fermetures d'iceux; l'administration de biens de pupils, leurs juridiciables & authorisations de la vente d'iceux; & y a un Maistre des Merciers & un Maistre des Bouchers qui prestent serment entre les mains dudit Prevost.

X. En tous lesquels cas de creations de tuteurs & curateurs, auditions desdits comptes, nostre Procureur general de Lorraine, ou son Substitut audit lieu, sera appellé & ouy, & donnera son avis sur les alienations qui viendront à faire pour payer leurs dettes ou autrement pour leurs plus grands profits, à l'esteinte de la chandelle, au plus offrant & dernier encherisseur, les plus proches parens prealablement appellés & ouys.

XI. Les amendes ordinaires sont de six francs, & les arbitraires se jugent & taxent par lesdits de Justice, après que ledit Substitut y a donné ses conclusions.

XII. Toutes personnes de Marsal & de ladite Prevosté, franches à cause de leurs personnes ou de leurs demeurances, seront juridiciables à la Justice ordinaire, excepté les Nobles, les Prevost, Receveur, & les Gouverneur, Tailleur, Trilleur & Boutavant des Sallines dudit lieu.

XIII. Le Prevost est estably absolument par sadite Altesse, & le Maistre-Eschevin se choisit par le reste du Corps de la Justice, entre les Eschevins: & choisi, est presenté à sadite Altesse, qui le pourvoit: & avenant le deceds d'aucuns desdits Eschevins, les autres survivans nomment trois Bourgeois capables à exercer l'Estat, & envoyent Requeste à sadite Altesse, avec leur avis, & sadite Altesse choisit & institue lequel des trois il luy plait.

XIV. Ne sont lesdits Habitans dudit Marsal tenus en sorte quelconque, aux refections ny entretenement des murailles, ponts, ravelins, boullevards, retranchemens, ny autres choses semblables concernantes la Forteresse.

XV. Les commerces sont libres comme d'ancienneté, & ne peuvent les Gouverneurs empescher les Vignerons & Laboureurs de vendre leur vin, & grains hors de la Ville, afin qu'ils puissent vivre de leurs labeurs.

XVI. Les Sujets de ladite Prevosté dudit Marsal, feront les charrois par chacun an, de cent cordes de bois seulement, tant pour le chauffage du Gouverneur, que des Corps de Gardes dudit Marsal, & ne seront surchargés autrement, ny plus avant, du surplus que son Altesse fera charroyer par autre moyen.

XVII. Il n'est loisible à personne audit Marsal, de quelle qualité & condition qu'il soit, de tenir trouppeaux à part, sinon à ceux qui en ont privilegé special de son Altesse.

XVIII. Arrests personnels ont lieu pour indemnité de cautionnement, garandie de choses vendues, reparations d'injures verballes ou actuelles, despens de bouche, pourveu qu'ès deux derniers cas l'Arrest se requiert sur le champ de l'injure, & despens faits.

XIX. Le requerant d'Arrest personnel, ou saisie sur chevaux ou autres bestiaux, marchandises, dettes & argent, & autres denrées, doit préalablement que l'obtenir, fournir caution Bourgeoise, s'il n'est de la Jurisdiction de ladite Prevosté; & l'Arrest signifié, s'en peut obtenir mainlevée, moyennant caution, & de la plaider à l'ordinaire, sur l'Arrest ou saisie, bien ou mal requise, ou sur le champ à l'extraordinaire, aux frais du tort, si l'arresté, ou celuy sur qui est saisi quelque chose, ne peut ou ne veut fournir de caution.

XX. Tous ceux qui veulent aller demeurer hors dudit Marsal, ou des Villages de ladite Prevosté, sont tenus de fournir caution annale, pour tout ce qu'on leur peut demander dedans l'an, autrement peuvent estre leurs meubles arrestés, jusques à ce qu'ils ayent satisfait; l'an passé leur caution est déchargée.

XXI. Detteur suspect de fuite, peut estre arresté à requeste de ses creanciers, voire constitué prisonnier, où pour l'arrest il ne fait devoir de payer, & y a apparente presomption que frauduleusement il cache & recelle deniers, ou autres meubles: mais sitost qu'il met en evidence bien executable à la concurrence de ce qu'il doit, il est élargy.

XXII. Si le detteur est suspect de distraire, ou distribuer en fraude de ses creanciers, les deniers offerts de son heritage, avant ou aprés qu'il en aura fait la recolte, il est loisible ausdits creanciers de requerir saisie desdits fruits & deniers. Infracteur d'Arrest est punissable de prisons, & à l'arbitrage du Juge, & gage un chacun sur le sien, en soutenant son rapport par serment.

XXIII. A chacun des Villages de Jevelize, sainct Medard & Haracourt, y a un Maire servant de Sergent sous ledit Prevost, lesquels font les exploits dont ils sont requis, ayant un blanc pour salaire de chacun d'iceux; & partant est defendu aux Sergens dudit Marsal de faire aucun exploit esdits lieux, n'est qu'ils se contentent de pareil salaire, sinon en cas qu'il s'agiroit d'obligation, avec commission dudit Prevost, auront iceux six gros pour salaire.

XXIV. Femme appellée en matiere d'injures, évite reparation, si son mary declare la desavouer, ou soutient judiciairement par serment l'avoir battue, declarant sadite femme avoir eu tort de prononcer telle injure, à charge neanmoins de l'amende du plaintif & des despens.

XXV. Le Meusnier dudit Marsal doit moudre les grains de Manouvriers des Villages, si-tost qu'ils arrivent, & sans attendre leur tour, afin que lesdits Manouvriers ne soient contraints de sejourner & perdre leurs journées, & que les femmes qui laissent des enfans de laict s'en puissent retourner pour les allaiter.

XXVI. Il n'est loisible audit Prevost d'emprisonner aucun Bourgeois, si ce n'est en cas de crimes ou de delit flagrant, ains doit prendre caution de ceux qui sont pretendus avoir commis quelques offenses, jusqu'à ce qu'information soit faite, & jugé ce qu'ils auront merité.

XXVII. Le profit de contumace est, que le demandeur obtient gain de cause en jurant, si c'est de son fait, que ce qu'il demande luy est bonnement & loyalement deu, qu'il ne calomnie point, ains estime avoir bon droit, & n'y entend dol ny fraude.

XXVIII. Ceux qui sont rapportés & convaincus d'avoir blasphemé le sainct nom de Dieu, payent dix francs d'amende, un tiers à son Altesse, un tiers aux pauvres & l'autre tiers au rapporteur, pour la premiere fois; le double pour la seconde; le triple pour la troisiéme; & pour la quatriéme, porte la peine de bannissement & confiscation de biens.

XXIX. Les Jeux de cartes, dez & autres de hazards, sont deffendus, à peine de six francs d'amende, avec défense aux Hostelliers d'en soutenir aucun, à peine de pareille amende.

XXX. Contracts faits en taverne ou ailleurs en banquetant, & comme l'on dit, faits sur le vin, sont nuls & de nulle valeur; & y a six francs d'amende contre le vendeur, & autant contre l'acheteur.

XXXI. Il n'est loisible à personne de vendre ou acheter bled en herbe, ny autres grains, à cause des abus qui s'y commettent, & signamment par les Moitriers, qui vendent leur bled en herbes, & à la sainct Martin ils n'ont dequoy payer leurs Maistres; & n'est aussi loisible d'acheter bled au marché pour en faire greniers, ny autres grains, jusqu'à ce que le marché soit passé.

XXXII. S'il s'agit de spoliation, Arrest personnel, gagere de gages pasturant, fruits, chastels, meubles perissables, ou autres choses qui requierent celerité & provision, il est procedé extraordinairement, & aux frais du tort.

XXXIII. Entre gens mariez, s'il y a traité de mariage, il le faut suivre, pourveu que ce ne soit contre les bonnes mœurs, jaçoit qu'il contienne chose directement derogeantes aux Coustumes, qui autrement auront lieu entre lesdits mariez; mais où il n'y a pact ou traité de mariage, l'on se doit ranger à la Coustume, qui est, que le mary & la femme sont du jour des espousailles, communs en tous biens meubles, dettes personnelles & mobiliaires, actifs & passifs, contractées durant leur mariage & auparavant: toutefois durant & constant iceluy mariage, le mary en est le Maistre & Seigneur, & en peut disposer seul à son bon plaisir, sans le consentement de sa femme: avenant le deceds de laquelle, sans enfans, ou avec enfans, il emporte la totalité desdits meubles, à la charge des dettes mobiliaires & personnelles; ensemble des frais funeraux de sadite femme; comme aussi fait la femme survivante, au cas qu'il n'y ait enfans delaissé par son mary, soit de leur mariage ou autre precedent.

XXXIV. Que s'il y a enfans, elle ne peut rien pretendre esdits meubles, qu'autant que l'un d'iceux, hormis par preciput sa chevesse, c'est à dire, ses habits, bagues & joyaux, & un lit garny, ny le pire, ny le meilleur; aussi n'est elle tenue aux dettes mobiliaires & personnelles, plus avant que sa contingente, sans que sadite chevesse luy vienne en accroissement de charge.

XXXV. Et peut dans vingt-quatre heures aprés la science du trespas de sondit mary, renoncer ausdits meubles, en jettant les clefs sur la fosse, par elle mesme; si elle est au lieu de l'enterrement; ou par Procureur, specialement fondé, si elle est absente, & faisant declaration de sa renonciation au Juge du lieu où elle se retrouvera dedans le mesme temps de la science; & en ce faisant, pourveu qu'elle n'ait point recelé ou distrait aucuns biens de la Communauté du vivant de son mary ou depuis son trespas, dequoy estant requise, elle se doit purger par serment, elle demeure quitte & déchargée des dettes, si ce n'est qu'elle s'en soit expressément obligée, auquel cas elle en peut estre convenue, pour la contingente de son obligation, sauf son recours contre l'heritier pour son indemnité.

XXXVI. Ainsi faisant ladite renonciation, elle ne peut rien pretendre ès acquests faits constant le mariage, ny douaire prefix, ny Coustumes, ains seulement ses habits, bagues & joyaux, qu'elle a accoustumé porter d'ordinaire, pourveu qu'ils soient tels qu'elle puisse les porter à une seule fois & sans fraude.

XXXVII. Rentes constituées à prix d'argent & racherables, immeubles engagez ou vendus à faculté de rachat, dedans le temps dudit rachat, amodiations, & prises à ferme au dessous de vingt ans sont censées meubles.

XXXVIII. La femme n'a aucun droit ès acquests faits par son mary, constant le mariage, si dont n'est qu'elle se trouve denommée ès lettres d'iceux; toutesfois, la femme espousée au chapeau, c'est-à-dire, jeune fille, survivant son mary, emporte pour son droit esdits acquests, la moitié d'iceux en usufruit.

XXXIX. Où elle n'est repartie desdits acquests que par la seule volonté de sondit mary, qui l'a voulu denommer ès lettres d'acquests, il peut tellement acquester, que du vivant & aprés la mort d'icelle, puisse vendre & aliener la totalité de son acquest, sans qu'en ce il puisse estre valablement empesché, ou par elle, ou bien aprés son deceds par ses parens ou heritiers; pourveu qu'ès lettres d'acquests il se soit expressément reservé d'en pouvoir ainsi disposer; mais où elle en auroit esté repartie par traité de mariage, il ne peut nonobstant ladite reserve en disposer, que du vivant de sadite femme.

XL. Peut aussi le mary acquester pour luy, sa femme & hoirs procréez d'eux, privativement de tous enfans qu'ils pourroient avoir d'autres premiers ou subsequens mariages; de maniere, qu'encore que le ventre ne fasse distinction en matiere de succession, si est ce qu'il n'y aura enfans qui succedent à la mere en iceux acquests, que ceux dudit mary acquesteur; & où ladite femme est acquesteresse par la seule volonté du mary, qui l'a voulu dénommer ès lettres, le seul consentement d'icelle suffit, pour pouvoir estre valablement disposé de sa part par sondit mary, tous autres siens immeubles ne pouvant estre vendus, hypothequez, ny autrement alienez par leditmary, sans le consentement d'icelle, aagée de vingt ans, de quatre parens avec elle, deux du costé paternel, & deux du costé maternel; & au defaut d'iceux, de quatre amis, à peine de nullité de contracts.

XLI. Femme espousée en premiere nopces, jeune fille, où il n'y a enfans de son mary predecedé, emporte pour douaire Coustumier, l'usufruit de tous les immeubles delaissés par son mary, & en jouit sa vie durant, soit qu'elle demeure en viduité ou convole en seconde nopces.

XLII. Mais où il y a enfans, elle n'emporte pour douaire, que ses anciens ou acquests à son choix, qu'elle doit déclarer dedans quarante jours aprés qu'elle aura sceu le deceds de son mary; faute dequoy, le choix est tenu pour réferé à l'heritier, de la totalité desquels anciens ou acquests, elle jouit tant & si long-temps qu'elle demeure en viduité; mais convolante en secondes nopces, elle en met bas les deux tiers en faveur des enfans de son feu mary, si lors de ses secondes nopces il y en a, attendu que femme remariée n'a aucun droit de douaire sur les biens de son second ou subsequent mary, soit qu'il y ait enfans ou non.

XLIII. En douaire, le bien est entendu ancien qui estoit en la puissance du mary avant son mariage, à quel droit ou titre que ce fut ou qui luy est escheu constant son mariage, par droit de succession directe; acquests sont les immeubles acquestés pendant le mariage, ou qui eschéent au mary constant iceluy, par succession collaterale ou bien luy viennent ou à sa femme, par donation ou autres titres lucratifs.

XLIV. Femme ayant douaire prefix par traité de mariage, s'en doit contenter, & ne luy est loisible de recourir au Coustumier, si le choix ne luy en est par exprès reservé; auquel cas elle doit dans quarante jours du deceds de son mary connu, declarer son option pardevant l'heritier plus apparent de sondit mary ou gens de la Justice du lieu; faute dequoy, elle est entendue s'arrester au prefix.

XLV. Femme qui tient immeubles en douaire Coustumier ou prefix, est tenue payer & acquitter les rentes & charges réelles & foncieres deues à cause d'iceux, entretenir les bastimens de basses, menues & moyennes reparations, & du tout user en bonne mere de famille & usufruitiere, sans en rien alterer ou empirer, à peine de privation de ce dont elle seroit trouvée abuser & de satisfaire aux interests du proprietaire.

XLVI. Mere qui est Tutrice de ses enfans, demeure en communauté de biens avec iceux, si bon luy semble; auquel cas elle n'est obligée leur rendre ny tenir compte des fruits, mais aussi la tutelle finie, ils entrent contre elle en partage des profits & acquests qu'elle peut avoir fait pendant la tutelle & administration, & se voulant remarier, elle est obligée en demander tuteur à sesdits enfans, & leur livrer partage; faute dequoy elle est amendable envers son Altesse de cent francs; fils & filles demeurans en tutelle & curatelle jusques à l'âge de vingt ans.

XLVII. L'heritier ou acquesteur, n'est obligé de s'arrester aux baux faits par ceux desquels il a le droit par succession ou achat, n'y l'homme marié à ceux qu'il a fait ou sa femme, ou bien ont esté faits par leurs tuteurs avant leur mariage; qui est ce que l'on dit, mort & mariage corrompe tout louage, ce que toutefois s'entend pour l'égard des laisseurs, & non des preneurs, qui demeurent obligez de les suivre, s'il plaist aussi ausdits laisseurs ou heritiers.

XLVIII. Meubles portés par locataires en maisons louées, & grains percrus sur les terres d'un gagnage laissées à ferme, sont tacitement obligez à la paye de la pension de l'année, & arrerages de la precedente, & est le locataire ou laisseur en iceux, preferable à tous autres creanciers, nonobstant saisies ou executions, pourveu qu'il n'y ait transport.

XLIX. Vendeurs concurrens avec autres creanciers, en l'execution de choses par eux vendues, sont preferables pour la paye de ce qui leur est deu du prix, si tant est que par contract elle leur soit hypothequée.

L. Donations mutuelles faites entre conjoints, n'ont lieu, la personne qui est en sa puissance & use de ses droits, peut donner par donation simple, ou remuneratoire entre-vifs, ce qu'il luy plaist, soit meubles ou immeubles, pourveu qu'il se dessaisisse de la chose donnée, & en mette en possession actuelle le donataire; car autrement, donner & retenir ne vaut: & peut donation de choses notables, estre revoquée par l'ingratitude dudit donataire.

LI. Toutes personnes qui sont en leur puissance, saines d'entendement, n'ayans enfans, peuvent disposer par testament & volonté derniere, de leurs meubles & acquest, à qui bon leur semblera, s'il n'y a traité de mariage faisant au contraire, & s'il y a enfans, ne pourront disposer que de leurs meubles seulement.

LII. Testament est reputé solemnel, s'il est escrit & receu par un Tabellion, en presence de deux tesmoins; si le testateur l'ayant écrit & signé, le fait aussi signer au blanc & au dos par deux tesmoins; s'il l'a fait escrire, & l'a signé, avec attestation de trois tesmoins.

LIII. Testament est valable, bien qu'il ne contienne institution d'heritier, & en ce cas l'heritier *ab intestat*, demeure chargé des legats pieux & donations testamentaires. Testament dernier casse & revoque les precedens, si par iceluy il n'est expressément dit au contraire.

LIV. Executeurs testamentaires, après l'inventaire fait, l'heritier present, ou deuement appellé, sont saisis du jour & point du deceds du defunct, & durant l'année, de tous les meubles delaissés, jusques à la concurrence des charges & donations du testament.

LV. En successions directes, fils & filles, & leurs representans infiniment, succedent entre eux à leur pere & mere en toutes sortes de biens meubles & immeubles, anciens & acquests, par égales portions sans distinction de la diversité de lits.

LVI. Deniers & autres choses données en mariage, sont sujettes à rapport par ceux qui veulent entrer en partage, si donc il n'apparoist clairement le donateur en avoir autrement disposé.

LVII. Pere & mere & à leur defaut ayeuls ou ayeules, & autres ascendans, succedent generalement aux meubles, acquests & conquests de leurs fils & filles decedez sans enfans, & en excluent freres & sœurs, germains ou non germains; mais pour l'ancien, ils en sont generalement exclus par freres ou sœurs germains, pour ce qui meut du costé & ligne duquel ils estoient freres ou sœurs au decedé; sont toutefois lesdits pere & mere preferables pour le surplus, mouvant d'autres estocages ausdits non germains; mais ceux qui decedent sans hoirs de leurs corps, freres ny sœurs, germains ny non germains, lors pere & mere, & à leur defaut ayeuls ou ayeules & autres ascendans, succedent indifferemment à tous leurs meubles & immeubles, de quelle nature ils soient.

LVIII. En succession collaterale, freres & sœurs, germains & leurs descendans, excluent generalement les non germains; mais faute de germains, les non germains heritent universellement, & tout ainsi que feroit le germain, sans distinction d'où puisse mouvoir & dépendre le bien.

LIX. En ligne directe, representation a lieu infiniment, en quel degré que ce soit.

LX. Et en ligne collaterale, quand les nepveux & niepces viennent à la succession de leurs oncles, avec ou sans les freres ou sœurs du decedé audit cas de representation, les representans succedent par ligne & non par testes.

LXI. Mais où il n'y a freres ny sœurs, ny descendans d'iceux, oncles ny tantes, faut revestir les lignes selon que chacun se trouve capable de son chef ou par representation; & faute d'heritier d'une ligne ou d'autre, le haut Justicier succede.

LXII. En succession directe, partage d'immeubles, se fait par l'aisné des enfans ou de son representant, à frais communs, & en doit laisser le choix à ses puisnez, à commencer par ordre du plus jeune jusques à luy.

LXIII. Les partages ainsi faits, chacun des heritiers doit opter dedans quarante jours, autrement le defaillant ouvre & transmet son droit à celuy qui le suit en ordre immediatement.

LXIV. Le mort saisit le vif, son plus proche & habile à luy succeder, & si aucun se veut porter pour heritier par benefice d'inventaire, il est tenu pour ce faire, obtenir Lettres de son Altesse & bailler caution suffisante.

LXV. Succession collaterale & mobiliaire, de quelque part elle vienne se partage par lots.

LXVI. Qui bastit sur son fond, peut élever son bastiment autant qu'il luy plaist, encore qu'il nuise à la lumiere du voisin, si donc il n'y a titre ou servitude au contraire: Peut aussi prendre veue sur soy & n'y eust-il heritage plus que pour le tour d'un ventillon entier ou brisé; mais aussi n'est pour ce le voisin empesché de bastir perpendiculairement & à la ligne sur son fond, au prejudice de telle veue, s'il n'y a droit au contraire.

LXVII. Nul ne peut appuyer sommiers, dresser cheminées & creuser pour contrefeu en la muraille d'autruy, encore qu'elle luy soit voisine; mais bien peut contraindre le voisin de la rendre moitoyenne en luy payant promptement la moitié & du fond & du mur: & peut mur mitoyen & commun entre deux voisins, estre par l'un percé, pour y asseoir poultres, sommiers, chevrons & écoinçons, en rebouchant les trous, & faisant reparer ce qu'il y aura démoly.

LXVIII. Et avant que ce faire, il doit avertir le voisin, pour obvier au dommage qu'il en pourroit recevoir, autrement il est attenu à tous dépens, dommages & interests.

LXIX. Si sur muraille moitoyenne le voisin avance son toit pour la couvrir, il est tenu porter l'eau hors le fond de son voisin, & oster l'avance, au cas que ledit voisin y veuille relever ladite muraille.

LXX. On peut en mur commun creuser jusques au tiers d'iceluy, pour y dresser cheminées, moyennant que le voisin n'ait precedemment creusé d'autre part de mesme endroit; & si le mur mitoyen est ruineux, le voisin comparsonnier peut contraindre l'autre de contribuer pour sa cotte à la reparation.

LXXI. Mais arrivant que l'un des voisins veille hausser ledit mur pour sa commodité, l'autre ne sera obligé y contribuer, & se fera la rehausse aux frais de celuy qui veut bastir, qui peut poser marques & tesmoins pour monstrer qu'elle luy appartient, mesme où le mur est trouvé en bon estat, demeurera en la mesme hauteur qu'il est: & foible toutefois pour porter la nouvelle charge ou rehausse, celuy qui a fait bastir le doit fortifier à ses frais & despens, & pour ce le voisin ne laisse d'y avoir part.

LXXII. Celuy qui fait sur le sien esgousts, fossez, puits, cisternes ou privez proche le mur commun, doit faire entre iceux & ledit mur, un autre mur, si bon & suffisant, qu'il serve de deffense, & que le mitoyen ne reçoive dommage & deterioration, soit par feu, humidité, pourriture & autrement.

LXXIII. On ne peut aussi creuser sur le sien pour y faire puits, privez & esgousts d'eau, au cas que le voisin auroit déja un puits, qu'il n'y ait huit pieds pour le moins de distance entre deux; & si doit encore faire un contre-mur de chaux & sable, avec corroy, aussi bas que les fondemens desdits esgousts, puits & fossez, pour obvier aux dommages du voisin.

LXXIV. Où la cheminée du voisin est caduque & ruineuse, & qu'à ce moyen elle peut apporter dommage au voisin, il peut estre contraint la refectionner & restablir en bon estat.

LXXV. Si par Edit communale ou police, l'on ordonne quelques reparations, comme de ponts, bieds, fossez & choses semblables, & les proprietaires en estans deuement avertis & interpellés, font refus de satisfaire à ce qu'ils doivent pour leur contingence, la Justice peut vendre le fond pour y satisfaire.

LXXVI. Messiers & Bangards peuvent dedans vingt-quatre heures poursuivre les mesus, & sont creus en leur rapport, encore qu'ils ne soient saisis de gages, pourveu qu'ils soutiennent par serment s'estre mis en devoir de gager les rapportés; & est l'amende de recousse de six francs pour son Altesse, les autres amendes & gageres simples par eschappées de trois gros par teste pour ledit Prevost.

LXXVII. Dismeurs ou porteurs de paux, sont creus par serment; toutefois à ce que quelqu'un puisse estre condamné sur leur rapport à l'amende de faux dismeurs, est necessaire qu'ils soient suivis d'un ou plusieurs tesmoins.

LXXVIII. Si aucun a possedé de bonne foy, par luy ou ses predecesseurs, desquels il a le droit & cause, d'heritage ou autres choses prescriptibles entre presents ou absents, par vingt ans, il acquiert prescription & en est fait à ce moyen maistre & seigneur; toutefois l'on ne peut prescrire contre l'Eglise, que par quarante ans.

LXXIX. Prescription ne court contre mineurs pendant leur minorité, ny autres personnes qui ne peuvent agir & poursuivre leur droit en jugement.

LXXX. Droit de pure faculté, & choses tenue en commun & par indivis, ne se prescrivent.

LXXXI. Droit de servitude discontinue sur le fond d'autruy, ne se peut acquerir, s'il n'y a titres ou possession de temps immemorial.

LXXXII. Servitude de prendre jour sur l'heritage d'autruy, ne peut aussi se prescrire, par quelque laps de temps que ce soit, s'il n'y a en la fenestre pattes & assiettes de ventillons ou grilles ou arragnées du dehors, qui sont marques de ladite servitude, ou bien qu'il y ait titres de constitution.

LXXXIII. Droit de cens ne se prescrit par le detenteur de l'heritage contre le Seigneur censier, que par temps immemorial; mais bien les arrerages, lesquels delaissés de payer, ne peuvent se demander que de trois ans, s'il n'y a interpellation.

LXXXIV. Marchands & autres vendeurs de denrées & marchandises en détail, ne sont receues après deux ans à faire demande & poursuite pour le payement du prix des marchandises & denrées par eux vendues & distribuées en détail.

LXXXV. Deniers deus pour nourriture & instruction d'enfans, apprentissages de mestiers, loyers de serviteurs & servantes, estant sortis des services de leurs Maistres, se prescrivent en trois ans, sauf s'il y avoit pour les choses susdites arrests de compte, sommation & interpellation judiciaires & soumissions, cedule ou obligation; ausquels cas elles ne se prescrivent que par vingt ans, & s'interrompt la prescription par ajournement ou interpellation judiciaire.

Si donnons en mandement à tous nos Maréchaux, Séneschaux, Presidents & gens desdits Comptes de Lorraine, Procureur general de Lorraine, son Substitud, Prevost, Officier & gens de Justice dudit Marsal, & generalement à tous autres qu'il appartiendra; que lesdits articles leus & enregistrés ès Greffes de leur Jurisdiction, ils les fassent observer exactement, sans permettre qu'il y soit contrevenu directement ou indirectement, soit en jugement ou dehors, ny en autres manieres que ce puisse estre, jusques à autres ordonnances ou mandement de nous. CAR ainsi nous plaist, en tesmoignage dequoy Nous avons aux presentes, signées de nostre main, fait mettre & appendre nostre grand seel: DONNE' en nostre ville de Nancy, le treziéme Mars mil six cens vingt-sept.

Ainsi signé, CHARLES.

Et plus bas est escrit par son Altesse, les sieurs de Chathelet, Maréchal de Lorraine, Comte de Tournielle, Grand Maistre en l'Hostel & Surintendant des Finances. De Removille, Grand Escuyer de Lorraine & Bailly de Vosge; de Stainville, Doyen de la Primatialle; de Tumejus; de Bonnecourt, Bailliny, Maistre des Requestes ordinaire en l'Hostel, Maimbourg, Collignon, Philbert, Goedricy, Rouyer, F. Perin & autres presens, signé pour Secretaire, C. VAILLOT, avec paraphe. Et plus bas est escrit COURCOL, aussi avec paraphe, ledit grand seel à double ruban de soye rose seiche y pendant en cire rouge.

Collationné par Nous François Darthois, Maistre-Eschevin en la Justice de Marsal, & Tabellion General en Lorraine, & Nicolas Grimon, Notaire & Procureur demeurant audit lieu, sur son Original en parchemin, sain & entier, seellé du grand Seel en cire vermeille, à Marsal le vingt-troiziéme Septembre, mil six cens soixante dix-sept.

Signé, DARTHOIS, & N. GRIMON.

COUSTUMES

COUSTUMES GENERALES DU PAYS ET DUCHÉ DE BOURGONGNE[a],

1459.

Ensemble la réformation d'icelles.

PHILIPPE (b), par la grace de Dieu, Duc de Bourgongne, de Lothier, de Brabant & de Lembourg, Comte de Flandres, d'Artois, de Bourgongne, Palatin de Haynaut, de Hollande, de Zelande & de Namur, Marquis du sainct Empire, Seigneur de Frize, de Salins & de Malines. Sçavoir faisons à tous présens & advenir: Nous avoir receue la supplication de nos très-chers & bien amez, les gens des trois Estats de nostredit Duché de Bourgongne, contenant comme puis n'a gueres après ce que par lesdits des trois Estats nous eussent esté remonstrés les grands inconveniens, & involutions de procès, qui survenoient journellement, entre nos subjets, de nostredit Duché & Comté de Charroloys, à l'occasion de ce que les Coustumes Generales & locales, de nostredit pays n'estoient redigées par escrit: Nous eussions (à la requeste d'iceux des trois Estats) ordonné que six de nos Conseillers s'informeroient desdites Coustumes, & le tout mettroient ou feroient mettre par escrit & declaration: Et ce fait, envoyeroient icelles reformations à nos amés & feaux Maistre Girard de Plaine chef de nostre Conseil, & President de nos Parlemens de Bourgongne, & les autres gens de nostre Conseil, residans en nostre ville de Dijon. Lesquels President & gens de nostredit Conseil. Veues par eux lesdites informations, en escriroient leur advis à nous, & aux gens de nostre grand Conseil estans lès-nous, pour le tout veu, y faire & ordonner ainsi qu'il appartiendroit. Pour lesquelles choses mettre à execution & faire lesdites informations sur lesdites Coustumes generales, nous eussions commis à la nomination de ceux desdits trois Estats, ausquels avons octroyé de les nommer.

A SÇAVOIR, pour chascun Estat un, nos amez & feaux Conseillers, Messire Ferry de Clugny docteur ès loix & en decret, Chanoine & Official d'Ostun, & maistre des Requestes de nostre Hostel, pour les gens d'Eglise: Messire Jean de Beffremont Chevalier, seigneur de Mirebeau, nostre Chambellan pour les Nobles: Et pour les Bour-

a DE BOURGONGNE. Redigées & accordées par les trois Estats dudit pays, sous l'autorité de Philippe, dit le *Bon Duc*, en Aoust 1459 lequel avoit trois Parlemens, celuy de la Duché à Dijon, celuy de la Franche-Comté à Dole, & le tiers à saint Laurens. Et à l'exemple de Charles VII. Roy de France, qui premier, l'an 1453. ordonna que les Coustumes de son Royaume seroient redigées par escrit, ledit Duc trois ans après feit & executa le pareil en sa Duché de Bourgongne: & ce fait environ trois mois après, audit an 1459. il feit le pareil en sa Franche-Comté de Bourgongne. C. M.

Scripsit in has consuetudines ampla commentaria Bartholomeus Chassanaeus. Item, *Claudius de Rubys, anno 1570. & Hugo Descousu, Catalaunus, anno, 1513.* en Latin, (*Dissutus.*) M. Job Bouvot, Advocat à Dijon, en l'an 1632. J. B. AUTEURS qui ont commenté cette Coustume.

Les autres Commentateurs de cette Coustume, sont les sieurs Begat, Despringles, de Villiers, Guillaume & Taisand.

b *Philippe.* Voyez Fevret, ch. 6. n. 6. liv. 1. J. M. R.

geois & habitans de nos bonnes villes, Maistre Jean George, licentié ès loix, & maistre des Requestes de nostre Hostel, à eschange d'autres: ou cas que par mort, maladie ou autres empeschemens, eux ou aucuns d'eux n'y pourroyent vaquer, n'entendre: avec nos amés & feaux aussi Conseillers, Guillaume seigneur de Sercey nostre premier escuyer d'escurie & Bailly de Chalon: Maistre Pierre Brandin licentié ès loix & maistre des Requestes de nostre Hostel. Et maistre Pierre Baudot licentié ès loix, aussi à eschange d'autres. Ausquels nos six Conseillers dessus nommés, furent adressées nos lettres patentes de commission: depuis lesquelles nos lettres de commission, expediées en forme deue, pour faire lesdites informations, comme tout ce peut plus à plain aparoir, par icelles nos lettres de commission, eussent esté commis pour besongner en ce que dit est. A sçavoir, ou lieu, en l'absence & à eschange dudit Guillaume de Sercey, nommé & esleu par nous, pour vaquer en ladite commission: nostre amé & feal Chevalier, Conseiller, Chambellan & Bailly d'Auxois Messire Geofroy de Thoisi: Et en absence, & ou lieu & eschange dudit Messire Ferry de Clugny, nostre amé & feal Conseiller maistre Jean de Vandenesse licentié ès loix & Doyen de Vergy, esleu du costé desdits trois Estats. Lesquels six nos Conseillers & Commissaires ainsi par nous ordonnés en ensuivant le contenu en nosdites lettres de commission, & pour accomplir l'effect d'icelles se soyent informés bien & diligemment desdites Coustumes generales & notoires, de nostredit Duché de Bourgongne. Et pour ce faire ayant fait venir & assembler en nostre ville de Dijon plusieurs notables Prelats & gens d'Eglise, Chevaliers, Escuyers, Advocats, Conseillers, Procureurs & autres notables Practiciens en Cour laye, en tres-grand nombre, demourans & residens en plusieurs & diverses villes de nostredit Duché de Bourgongne, Comté de Charroloys, & ressort de sainct Laurent: Lesquels ils ont examinés & interrogés, sur le fait desdites Coustumes generales, notoires; Et par les depositions d'iceux, tant en commun, qu'en particulier; Et veuz par eux les anciens & nouveaux registres & papiers des Coustumes desdits pays, ayent trouvées icelles Coustumes estre & devoir estre telles que cy après sont escrites & declarées; Et combien qu'en aucunes d'icelles Coustumes ayent esté trouvées aucunes contrarietés & difficultés entre lesdits Coustumiers, Practiciens; Toutesfois tous les dessusdits ainsi examinés, & ceux desdits trois Estats, qui semblablement ont esté en grand nombre à ladite assemblée: Après toutes altercations se sont resoluz esdites Coustumes, en la forme & maniere qu'elles sont cy-après escrites: Et icelles ont tenues pour veritables, pour le bien & utilité desdits pays & ressorts, & les ont fait mettre & rediger par escrit bien au long, selon l'information sur ce par eux faite, & par l'advis & consentement desdits devant nommés, en la maniere qui s'ensuit.

CHAPITRE PREMIER.

Des Justices & droits d'icelles.

ARTICLE PREMIER.

Des espaves apartenans au seigneur haut justicier.

TOutes Espaves advenues & trouvées ou territoire d'un Seigneur, sont & appartiennent au seigneur, haut Justicier dudit territoire.

Comme doit avoir le seigneur espaves trouvées en sa justice.

II. Le seigneur haut Justicier, qui a droit d'avoir & prendre Espaves, prent celles qui adviennent en sa justice & seigneurie, & les garde par l'espace de quarante jours, durant lesquels quarante jours il doit faire crier par trois Edits huictaves (*a*), lesdites Espaves au marché du lieu (s'il y a marché) où au plus prochain lieu d'illec où il y aura marché, ou ès lieux accoustumez, ou ès Eglises voisines, à la Messe parochiale: & si durant lesdits quarante jours, celuy à qui est ladite Espave vient, & la prouve estre sienne, elle luy est rendue, en payant les despens que ladite Espave a faits, si c'est beste paturant: Et si dedans ledit terme de quarante jours il ne vient, le seigneur l'applique à son profit après lesdits quarante jours passés. Et ne la pourra ledit Justicier appliquer à soy jusques à ce que lesdites solemnités seront acomplies.

Amende de retenir espave.

III. Celuy qui trouve Espave, & la retient sans la signifier dedans vingt & quatre heures, à la Justice, ou aux Officiers du seigneur haut justicier, ou territoire duquel ladite Espave est trouvée, est amendable de soixante sols envers ledit seigneur haut Justicier, avec restitution de ladite Espave.

Quatre cas pour imposer.

IV. Le droit d'indire, imposer, & lever aydes en quatre cas, c'est à sçavoir, pour voyage d'outre Mer (*b*), nouvelle Chevalerie, Mariage d'une Fille tant seulement, & pour la rançon du seigneur, appartient au seigneur haut Justicier, & sur les hommes subjets en haute Justice.

Des larrecins.

V. S'aucun commet simple larrecin (qui n'excede dix livres tournois) pour la premiere fois, il sera puni selon l'arbitrage du juge, sans mort naturelle, ou mutilation de membres: Et s'il commet plus grand.

---

a CHAP. I. ART. 2. *huictaves*, c'est-à-dire, *de huitaine.*

b ART. 4. pour voyage d'outre mer. *Idem* Bourbonnois, art. 342. *ubi dixi.* Bourgongne Comté, art. 54. Ce qui est fondé sur les grandes & extraordinaires despenses ausquelles les quatre choses exprimées en cet article, obligent le seigneur haut-justicier, & sur tout la nouvelle Chevalerie, dit Chasseneuz en ce lieu. Sainton sur la Coustume de Tours, tiltre *Des loyaux Aydes*, art. 5. Loyseau, *Traité des Ordres & simples Dignitez*, chap. 6. art. 28.

Donc je ne voudrois pas estendre ce droit aux simples Chevaleries honoraires, comme celle de l'Ordre sainct Michel qui se donne facilement à toutes sortes de personnes roturieres & autres qui ne font profession des armes, & pour laquelle on n'est obligé à aucune despense. J. B.

larrecin que de dix livres, pour ladite premiere fois, il sera puni corporellement, selon l'exigence & qualité du cas, & à l'arbitrage du juge. Et s'il renchet & commet autre larrecin, il en perdra la vie, s'il n'a grace du Prince.

Serment de messiers & sergens.

VI. Messiers & Sergens, sont creuz par leurs sermens de leurs raports en mesusage, jusques à sept sols tournois, & au dessous.

Preuve de la simple rescousse.

VII. L'amende de simple rescousse de gages prins aux sergens, messiers, ou forestiers, quand ladite recousse est sufisamment prouvée, par autres que lesdits sergens, messiers, ou forestiers, ausquels est faite ladite rescousse : est de soixante & cinq solz tournois : Et entend l'on estre sufisamment prouvée par deux tesmoins sufisans, autres que lesdits sergens.

Temps de relever le signe de la haute justice.

VIII. Quand le signe de haute justice est cheu à terre, le seigneur haut justicier le peut faire redresser dedans l'an & jour, après ce qu'il est cheu, sans ce qu'il luy soit besoin d'en avoir congé, ou licence de Monseigneur le Duc : mais l'an, & le jour passés, il ne le peut faire, sans congé & licence de mondit seigneur.

CHAPITRE II.

Des Confiscations.

Des confiscations.

I. QUi confisque le corps, il confisque les biens, & appartient la confiscation au seigneur haut justicier sous lequel sont les biens.

II. Et est à entendre que l'homme qui confisque corps & biens, il confisque tant seulement ses biens, sans pour ce confisquer les biens & droits de sa femme, qui apartiennent à icelle sadite femme, par traité de mariage, ou par Coustume (*a*).

III. Si l'homme qui confisque corps & biens, a heritage taillables, ou de mainmorte, en justice d'autruy, lesdits heritages sont au seigneur de qui ils sont taillables, ou mainmortables, & non au seigneur de la haute justice (*b*).

CHAPITRE III.

Des Fieds.

Main-mise du seigneur feodal, après le decés du vassal.

I. LE seigneur du fied peut mettre sa main à la chose mouvant de son fied, après le decez de son vassal, pour cause de devoir de fied non fait, dedans l'an, & le jour (*c*) après ledit decès, ou après ledit an (*d*), quand bon luy semble. Et doit sadite main-mise & ledit an & jour passés après ledit decés, faire les fruits siens à l'encontre de ceux qui sont hors de pupillarité : jusques à ce que les heritiers successeurs en la chose feodale, ayent fait ou deuement presenté de faire leur devoir de fied à la personne du seigneur, s'il est au Pays : Et s'il en est absent, au lieu & maison, dont ledit fied sera mouvant ou à la personne de son principal Officier.

Tuteurs sont tenus à recognoissance feodale.

II. Et en tant que touche les pupilles, leurs tuteurs seront tenus de faire recognoissance de la chose feodale au seigneur du fied, dedans le terme d'un an, sans estre tenus de faire hommage & serment de feauté : autrement ledit an passé le seigneur du fied pourra mettre en sa main la chose de son fied, & faire les fruits siens pour faute de ladite recognoissance. Et quand lesdits pupilles seront hors de tutelle, ils seront tenus de faire hommage & serment de feauté audit seigneur, dedans un an après ladite tutelle finie : Et s'ils ne le font, ledit seigneur du fied pourra asseoir & mettre en sa main la chose de son fied, & faire les fruits siens jusques à ce que devoir de fied luy soit fait, comme dit est.

Le seigneur n'a droit de commise par faute de fied non fait à luy.

III. Le seigneur du fied pour cause de fied & hommage à luy non fait, & pour denombrement non baillé ne peut pretendre droit de commise (*e*).

Temps au vassal de donner denombrement.

IV. Le vassal est tenu après ce qu'il a fait hommage à son seigneur de la chose qu'il tient en fied, de bailler audit seigneur dedans quarante jours après ledit hommage fait, son denombrement, & declaration de la chose qu'il tient de fied : Et en defaut dudit denombrement non baillé dedans ledit terme, ledit seigneur peut mettre en sa main ladite chose, & sous icelle la tenir, sans faire les fruits siens.

Heritiers ab intestat ne sont tenus reprendre de fied.

V. En choses feodales & mouvant de fied, les heritiers *ab intestat* (*f*) peuvent succeder comme en autre chose, & prendre la possession desdites choses feodales, sans consentement des seigneurs dudit fied, & sans danger de commise : excepté les religieux (*g*), au regard desquels la chose demeure à la disposition de droit escrit.

Le mesme en partage de chose feodale.

VI. En partage & division de chose feodale, n'est point de necessité aux parties de prendre consentement des seigneurs du fied, pour prendre la possession de ce que par lesdits partages leur advient (*h*).

Partage des choses feodales ne prejudicie au seigneur du fied.

VII. Partage, ou division des choses feodales, ne prejudicie point au seigneur du fied, ains demourra chacun homme feodal & vassal dudit seigneur, pour sa part & portion, & en sera tenu un chacun de faire son devoir de fied envers ledit seigneur du fied, & selon la nature d'iceluy.

Prise de possession sans com

VIII. En alienation & transport de chose feodale com-

---

a CHAP. II. ART. 2. *Vide not.* sur Auxerre, art. 26. T. C. ou par Coustume. *Scilicet etiam* la moitié de la communauté ; *& quamvis aliter practicaretur Parisiis. Tamen morem illum corrigi feci & contra fiscales etiam per arrestum judicari, anno 1532.* C. M.

M. Louet, *litt. C. n. 35. 52. & litt. D. n. 31. ubi dixi :* & sur Vermandois, art. 12. J. B.

b ART. 3. *la haute justice.* Arrest 1 Fevrier 1353. Ragueau. Berry, tit. 2. art. 2. T. C.

c CHAP. III. ART. 1. & le jour. *Vide* Bourgongne Comté, art. 2. Cambray, chap. 1. art. 53. J. B.

d après ledit an. *Sive ante, sive post, non refert. Sed non facit fructus suos nisi post annum, & idem ab obitu vassalli, & post prehensionem. Idem consuet. Comitatus Burgund. art. 20.* C. M.

e ART. 3. *droit de commise,* qui vaut autant à dire que confiscation.

f ART. 5. *les heritiers* ab intestat. *Nota,* qu'en Bourgongne il n'y a droit d'aisneesse, & se partagent les fiefs egalement tant en directe que collaterale. J. B.

g excepté les religieux. *Istud infertur ad principium scilicet quod non succedunt, non autem quod habent novum jus commissi.* C. M.

Vide eundem Molin. infrà ad consuetud. Comitat. Burg. art. 7. & 17. J. B.

h ART. 6. leur advient. *Qui contractus dependent à successione eandem habent immunitatem in fi. §. pracedentis, Sed adhuc hic. §. longius porrigitur & debet extendi etiam si plures ex legato vel emptione sunt domini feudi & satisfacti de nova acquisitione, postea dividunt inter se, quia nulla nova jura debentur, nec est periculum commissi.* C. M.

Sentement du seigneur donne commise. mise n'a point de lieu, si l'acheteur ou celuy qui a acquise ladite chose feodale n'en prent la possession réelle (*a*) sans consentement du seigneur dudit fied.

CHAPITRE IV.

Des droits & appartenances à gens mariés, & de la communion d'iceux.

La femme ne peut contracter sans le consentement de son mary.

I. FEmme soit qu'elle ait ou pere, ou ave paternel, ou non, après la consommation du mariage, demeure en la puissance de son mary, tellement qu'elle ne peut faire contracts entre les vifs, n'estre en Jugement, n'aussi par testament (*b*), n'ordonnance de derniere volonté disposer de ses biens, sans la licence, & auctorité de son mary, s'elle n'est marchande publique: ou quel cas pour fait de marchandise tant seulement elle peut faire tous contracts & obligations pour le fait de sadite marchandise, & esdits contracts est tenu & obligé sondit mary.

Gens mariés sont communs en meubles & acquests.

II. Femme mariée ou Duché de Bourgogne (selon la generale Coustume dudit Duché) est participante avec son mari, pour la moitié de tous meubles & acquests faits constant le mariage (*c*) de sondit mary & d'elle.

Le mary peut disposer des meubles & acquests.

III. Le mary constant le mariage peut disposer & ordonner par donation, vendage, permutation & autres contracts faits entre les vifs, des meubles estans communs, & des heritages acquis constant ledit mariage: soit que lesdits acquests soient faits par luy & sadite femme conjoinctement, ou par l'un d'eux.

Par testament ou ordonnance derniere femme ne peut estre grevée.

IV. Le mary ne peut grever sa femme ès biens meubles & acquests par testament, n'ordonnance de derniere volonté, n'aussi semblablement ou droit de son douaire.

En quoy procure de femme n'est requise au mary.

V. Le mary sans procuration de sa femme, peut estre en Jugement, en demandant & en defendant ès droits possessoires de sa femme, & en actions personnelles (*d*).

Quel douaire prend la femme le mary mort.

VI. Femme mariée (selon la generale Coustume du Duché de Bourgongne) est douée après le trespas de son mary, sur la moitié des heritages anciens de sondit mary, dont il est mort vestu & saisi, pour en jouit sa vie durant, & suporter la moitié de toutes charges reelles à cause de sondit douaire, & sera tenue de maintenir en bon & convenable estat les biens de sondit douaire.

Quand se peuvent faire donations gens mariés.

VII. Le mary & la femme ne peuvent faire traicté, donation (*e*), confession (*f*), n'autres contracts, constant leur mariage, par testament n'ordonnance de derniere volonté, n'autrement, au profit l'un de l'autre, si ce n'est du consentement des plus prochains parents vivans (*g*), qui devroient succeder au mary, ou la femme, qui feroient lesdits traictés, donations, ou contracts: supposé que lesdits contracts ayent esté vallés (*h*) par serment, s'autrement par traicté de mariage (*i*) il n'estoit entre eux convenu (*k*).

Reduction du douaire divis au coustumier.

VIII. Si constitution de douaire divis (*l*) est faite par traicté de mariage à la femme plus grande & excedant le douaire coustumier, ladite constitution dudit douaire divis sera ramenée & reduitte au douaire coustumier (*m*). Et si douaire divis est constitué moindre du coustumier: la femme ne peut avoir, prendre, ne demander autre douaire.

Debts que doit payer la veufve.

IX. La femme qui est participant pour la moitié des biens, meubles, & acquests communs entre son mary & elle, est tenue après le trespas du mary, de

---

a ART. 7. la possession réelle. *Hunc articulum explicat Molineus in consuet. Paris.* §. 56. *num.* 26. De sainct Julien, en ses Meslanges Historiques, livre 4. chap. 4. *Dixi art.* 18. *consuet. Comitatus Burgundiæ.* Par Arrest du Parlement de Dijon, du 9. Fevrier 1599. donné entre les sieurs de Pucenay & de Nully, remarqué par le sieur de Boissieu en son Traité *Du plait seigneurial & de son usage en Dauphiné*, chap. 9. pag. 102. il a esté jugé sur l'interpretation de cet article, que l'achepteur d'un fief à faculté de reméré, en peut prendre la possession réelle pendant le temps de la grace, *irrequisitio domino*, sans danger de la commise.

Maistre Job Bouvot, Advocat au Parlement de Bourgongne, a fait un Commentaire particulier sur ce tiltre *des fiefs*, en 1623, imprimé avec ses Arrests. Depuis il a fait imprimer des Commentaires sur toute la Coustume en 1632. J. B.

Vide Molin. in hunc art. §. 82. *G.* 1. *num.* 20. *& seqq. ad* 32. *Paris. consuet.* J. M. R.

b CHAP. IV. ART. 1. n'aussi par testament. *An hac consuetudo justa, vide Boër.* Berry, tit. 1. art. 4. & *Chassan. Rub.* 4. *art.* 1. T. C.

Quid? si la femme veut tester au profit de son mary aux termes de l'article 7. de ce chapitre sur la fin, *cum non possit esse author in rem suam?* Il ne doit point autoriser sa femme pour faire son testament, mais elle se doit faire autoriser par le juge à son refus. *Dixi infrà*, Nivernois, chap. 23. art. 1. & Chartres, art. 91. ou si le mary l'autorise, se doit estre par un acte separé, ne pouvant estre present au testament. J. B.

c ART. 2. *constant le mariage.* En cette Coustume il n'y a point de continuation de communauté faute de faire inventaire, comme à Paris & ailleurs, ainsi que j'ay appris par plusieurs actes de notorieté des Advocats du Parlement de Dijon & des officiers des lieux: & neantmoins sur cette question il y a eu Arrest à informer par turbes, donné en la Chambre de l'Edit le Vendredy matin 20. Juillet 1646. M. de Longueil de Maisons presidant, plaidans Hilaire & Boilleau, conformément aux conclusions de M. l'Advocat general Talon. J. B.

d ART. 5. actions personnelles. *Potest tamen uxor intervenire etiam invito marito authorata à judice in propriis suis, ne colludatur, ut dixi in consuet. Parisi.* §. 113. C. M

e ART. 7. *ne peuvent faire traité, donation.* Ils peuvent se donner entre-vifs par donation mutuelle, mais non par testament. *Chass. Consil.* 2. T. C.

f confession. *Qui enim non potest donare certæ personæ non potest in ejus commodum confiteri nisi aliunde de debito constet, confessio enim debiti esset in fraudem consuetudinis facta, l. qui testamentum* 27. *l. ult. de probat. l. cum quis excedens* 37. §. *Titia de leg.* 13. *l. Aurelio* 20. §. *ult. de liberat. leg. Valer. Maxi. lib.* 8. *cap.* 2. *de privatis judiciis exemplo* 2. J. B.

g des plus prochains parens vivans. *Et qui semel consenserunt non possunt amplius pœnitere. Vide Molin.* Montargis, ch. 15. art. 8. Orleans, 249. T. C.

h esté vallés, *aliàs*, validés.

i *par traité de mariage.* Laquelle convention & reserve de donner, comprend non-seulement la donation simple, mais aussi la mutuelle, comme il a esté jugé en cette Coustume par Arrest de ce Parlement, du Jeudy 12. Decembre 1645. M. le premier President Molé seant, conformément aux conclusions de M. l'Advocat general Talon, plaidans Hilaire & P. l'Hoste, le Gourd & de Pontoux parties plaidantes. La difficulté procedoit de ce que la donation mutuelle n'est point permise en cette Coustume, & de ce que l'on disoit que la femme *quod potuit non fecit, & quod fecit non potuit.* Mais l'on repondoit que dans la reserve generale portée par le contract de mariage de se pouvoir donner entre conjoincts l'un à l'autre, la donation mutuelle y estoit comprise, & qui peut le plus peut le moins, & n'eut la Cour aucun esgard aux particularitez du fait qu'il n'y avoit point d'égalité & de reciprocité dans les biens, & que la femme estoit malade & moribonde lors de la donation, estant decedée le lendemain. J. B.

k entre eux convenu. *Quod est valde captiosum ad recludendam dispositionem juris communis & consuetudinis. Et certè licentiosa hæc conventio non debet passim admiti.* C. M.

l ART. 8. *de douaire divis.* Douaire divis est le douaire prefix ou convenancé.

m au douaire coustumier. *Nec possunt pacta etiam dotalia futuri matrimonii huic consuetudini derogare, ergo nec donationem majorem facere, aliàs fieret fraus de contractu ad contractum: sed codicelli non prohibentur per ultimam voluntatem.* C. M.

Encores cette reserve ne s'estendroit, sinon aux donations à cause de mort. *Chass. Consil.* 2. T. C.

payer la moitié de tous debts deuz par fondit mary ou par elle : Et ne sont point legats & frais funeraux reputés debt (*a*).

Le semblable du mary veuf.

X. Et semblablement est tenu le mary de payer la moitié de tous les debts deuz par sa femme.

Action des creanciers du defunct.

XI. Et peuvent les creanciers agir contre les heritiers du defunct debteur, pour le tout, s'iceluy defunct est obligé seulement : ou agir contre la femme pour la moitié de la debte, si bon leur semble.

Garantie des heritiers contre la veufve.

XII. Et si les creanciers agissent pour le tout contre les heritiers du mary trespassé, lesdits heritiers auront leurs recours pour leurs interests, & pour la moitié du debt à ladite femme.

Le creancier peut agir selon la forme de l'obligation.

XIII. Et si lesdits mariés sont obligés ensemble, lesdits creanciers pourront agir selon la forme de leurs obligations.

La veufve a la moitié des meubles & acquests.

XIV. La femme mariée (selon la generale Coustume, du Duché de Bourgongne) après le trespas de son mary, est vestue & saisie de la moitié des biens meubles, & acquests demeurés du decès de sondit feu mary.

Douaire coustumier.

XV. La femme douée selon ladite generale coustume est vestue & saisie de son douaire coustumier.

Comme peut la femme se devestir de son douaire.

XVI. La femme ne peut mettre hors de ses mains, ne bailler à autruy son douaire coustumier, sans le consentement des heritiers de son mary, auquel elle est tenue de le presenter & bailler, si avoir le veulent pour le pris qu'elle en treuve d'un autre : & en leur refuz de le prendre, elle peut faire son proufit des fruits, sa vie durant seulement (*b*).

Comme se prend l'assignal particulier du dot.

XVII. La femme après le trespas de son mary, est saisie des assignaux à elle faits en particulier par son mary pour les deniers de son dot & mariage, & semblablement en sont vestuz & saisiz ses heritiers : & fait ladite femme après le trespas de sondit mary, les fruits desdits assignaux siens, sans les compter au sort. Et au regard des heritiers de laditte femme, ils comptent les fruits en sort, s'autrement n'est convenu par traité de mariage, ou d'assignal.

Assignal se peut tousjours racheter.

XVIII. Le mary ou ses heritiers peuvent avoir & recouvrer toutes & quantesfois que bon leur semble, nonobstant quelque laps de temps, l'assignal des deniers du mariage de la femme, en rendant les deniers assignez pour ledit mariage.

Forme de la renonciation que la veufve noble peut faire de la communion d'entre son feu mary & elle.

XIX. Entre gens nobles, la femme qui voudra demeurer quitte de payer la moitié des debts par son mary & elle deuz, au jour du trespas de sondit mary : Et qui ne se voudra entre mettre ès biens de sondit mary, après le trespas d'iceluy son mary, sera tenue (s'elle est au lieu où son mary sera trespassé) de faire la renonciation ausdits biens de sondit mary, en presence du juge, ou de notaire & de tesmoins : ou en presence du curé, ou du vicaire du lieu, & de tesmoins, en defaut dudit juge & de notaire, avant qu'on tire le corps du trespassé hors l'hostel, & s'elle n'est audit lieu, elle sera tenue de le faire dedans vingt & quatre heures après ce que le trespas de sondit mary sera venu à sa congnoissance : Et en ce faisant elle sera quite des debts par son mary & elle deuz. Et avec ce ne prendra aucun douaire coustumier ou divis (*c*), sur les biens de sondit mary.

Le mesme entre autres femmes.

XX. Entre toutes autres gens, se la femme veut demourer quitte & dechargée de payer la moitié desdits debts de son mary & d'elle & qu'elle ne se veuille entremettre ès biens de sondit mary, elle sera tenue de soy desceindre, & laisser sa ceinture (*d*) sur la fosse de sondit mary, incontinent après l'enterrement d'iceluy, s'elle est au lieu où il sera trespassé, & s'elle n'y est, ou qu'elle ait empeschement legitime & notoire, tellement qu'elle ne puisse venir au lieu où son mary est inhumé, dedans vingt & quatre heures, elle sera tenue de soy desceindre, & faire renonciation ausdits biens de son mary, ou lieu auquel elle sera, en la presence du juge du lieu, ou du notaire, & de tesmoins, du curé ou du vicaire dudit lieu, & de tesmoins, dedans vingt & quatre heures après ce que le trespas de sondit mary sera venu à sa cognoissance : & en ce faisant, elle sera quitte de debts deuz par sondit mary & elle, & avec ce ne prendra aucun douaire coustumier ou divis, sur les biens de sondit mary.

Peine desdites veufves ayant soubstraict ou recelé.

XXI. Et s'il est trouvé que lesdites femmes (soient nobles, ou autres) aient soubstraict, ou recelé aucuns des biens communs entre leurs maris trespassés & elles ; en ce cas elles seront tenues de payer la moitié desdits debts, nonobstant ladite renonciation : Et n'entend on point que par ce ladite femme demeure quitte des debts par elle deuz, avant le mariage de son mary trespassé & d'elle (*e*).

Assignal & douaire ne se prennent ensemble.

XXII. La femme ne prend point de douaire, là où elle prend assignal.

Arrerages de deniers assignés

XXIII. Deniers de mariage assignés, ou promis d'assigner, & qui ne sont payés emportent arrerage, c'est à sçavoir, dix pour cent, dès le terme passé qu'il sont promis de payer : & s'il n'y a terme declaré, dès lors que le debteur desdits deniers sera sufisamment interpellé.

Nature des deniers assignés.

XXIV. Deniers de mariage qui ne sont ameublis & qui sont assignés, ou promis d'assigner sont heritages pour la femme, & pour ses heritiers (*f*).

L'homme ni la femme ne participe aux heritages acquis par reachat par l'un ou l'autre.

XXV. La femme ne participe point ès heritages qui sont rachetés par son mary constant leur mariage, lesquels heritages auroient esté venduz, ou baillés à reachat, ou qui se peuvent racheter par sondit mary, ou ses predecesseurs à reachat : & ne peut ladite femme après le decès de son mary, n'aussi les heritiers d'icelle femme, aucune chose quereller, ou demander ès deniers du pris desdits reachats : ne semblablement ès rentes, ou censes, ou autres charges réelles ; dont l'heritage de sondit mary seroit dechargé, & pareillement sera fait des heritages, censes, ou rentes de ladite femme rachettés par sondit mary, ou elle.

Droict de la femme aux retraicts lignagers de son mary.

XXVI. Et s'il advient que le mary retraie par proximité de lignage aucun heritage, ou rente ancienne vendue par aucuns de ses parens, la femme dudit mary, iceluy mary trespassé, sera remboursée de la moitié des deniers payés pour ledit retraict, sur les biens des heritiers d'iceluy mary, ou elle tiendra la moitié dudit heritage retraict, jusques à ce qu'elle soit remboursée de ladite moitié desdits deniers payés pour ledit retraict : Et pareillement sera fait si l'heritage, rentes ou censes venduz par aucuns des parens de la femme, sont retraicts.

---

a ART. 9. reputez debts. *Quia spectant ad heredem ut debita contracta in obitu vel post obitum defuncti.* C. M

b ART. 16. sa vie durant seulement. *Scilicet alienando : sed bene* en baillant à ferme, laquelle les heritiers ne peuvent prendre. C. M.

c ART. 19. *douaire coustumier ou divis.* Sinon qu'il y ait expresse convention ou traité & derogation à la Coustume, ainsi qu'il a esté jugé au Parlement de Bourgongne, contre damoiselle Gabrielle de Vaudray, veuve de Gaspard d'Epignac, contre sa fille & les creanciers dudit sieur son mary, par deux Arrests des 14. Aoust 1596. & 4. Decembre 1597. T. C.

d ART. 20. & laisser sa ceinture. *Dixi* sur Vitry, art. 91. Meaux, art. 52. Vermandois, 26. Chalons, 30. J. B.

e ART. 21. & d'elle. *Vel etiam eo constante si ipsa quoque contraxit.* C. M.

f ART. 24. & pour ses heritiers. *Limita in heredibus. sup. §. 16. Et nihilominus potest sors exigi, ut dixi in tract. commercio. & usura.* C. M.

CHAPITRE V.

Des Rentes vendues à reachat & executions.

I. Rentes vendues & achetées à reachat sortiront nature de meubles (*a*), durant le temps du reachat.

Rentes volantes sont censées immeubles.

II. Les rentes constituées & acquises à pris d'argent seront perpetuellement rachetables, & neantmoins reputées immeubles. (*b*).

C'est au chois du creancier de poursuivre ou le pleige ou l'obligé.

III. Le creancier peut poursuir son principal obligé, ou son pleige (*c*), pour tout son debt, lequel qu'il veut choisir (*d*).

Hypotheque ne sert sur meubles deplacés.

IV. Meubles n'ont point de suitte en hypotheque, quand ils sont mis hors de la puissance du debteur à qui estoient lesdits meubles, sinon entant qu'ils seroient de plus grand valeur que le debt du creancier qui les auroit fait prendre, nonobstant priorité ou posteriorité d'hypotheque.

CHAPITRE VI.

Des Enfans de plusieurs licts.

Douaire de la femme se prend sur les enfans de son mary & d'elle.

I. Si l'homme a enfans de plusieurs licts, la derniere femme survivant iceluy son mary, elle demeure douée sur la portion de l'hoyrie de sondit mary, apartenant aux enfans qu'elle a euz de luy seulement, & non mie sur la portion des enfans des autres licts, soit en douaire diviz, ou coustumier.

La femme du fils demourant avec son beau pere ne participe ès biens de sondit pere.

II. La femme du fils qui vient demourer avec le pere & la mere dudit fils, ou avec le pere tant seulement, ne participe point ès biens dudit pere: mais luy demeure sauf ce qu'elle y apporte, pour le recouvrer, & l'emporter: ou l'extimation, au proufit d'elle & de ses heritiers.

Tacite emancipation.

III. Le fils, ou fille estant hors d'aage de pupillarité, tenant feu & lieu, en leurs chefs ou separément de son pere, est reputé emancipé de sondit pere.

La veufve noble se peut dire Baliste en baillant caution.

IV. Entre gens nobles, la femme après le trespas de son mary, se peut (se bon luy semble) dire Baliste (*e*) de ses enfans, du consentement des parens & amis prochains paternels de ses enfans: si par le pere n'y est autrement pourveu, & a à son profit tous les meubles: Et fait ladite femme tous les fruicts siens des heritages de sesdits enfans, jusques à ce que lesdits enfans soyent en aage suffisant: c'est à sçavoir, le fils de quatorze ans, & la fille de douze ans: parmy ce qu'elle est tenue d'acquitter sesdits enfans de tous debts & frais funeraux, alimenter sesdits enfans, les vestir & habiller, maintenir leurs heritages bien & suffisamment: & les rendre ausdits enfans en bon & suffisant estat: & iceux enfans vestus & habillés, francs & quittes de tous debts: Et de ce faire baillera caution suffisante ladite femme.

Le mary veuf peut le semblable.

V. Et aussi entre gens nobles, si le pere des enfans survit sa femme leur mere: il demeure baliste & legitime administrateur des corps & biens de sesdits enfans: & prent tous les meubles à son profit, & fait les fruits des heritages desdits enfans siens, jusques à ce que sesdits enfans soient en aage suffisant, & separés de leur pere: parmy ce qu'il supporte les charges semblables que fait la mere, declarés en l'article precedent.

A quelle condition la veufve entre autres gens se peut nommer tutrix.

VI. Entre Bourgeois, Marchans, & autres gens non nobles, la femme après le trespas de son mary est tutrix (si bon luy semble) & prent la tutelle par authorité de justice, par laquelle justice luy sont baillés lesdits biens par inventoire: en baillant caution suffisante, d'en rendre compte & *reliqua*, ausdits enfans, ou à leurs hoirs, quand ils seront en aage suffisant, tel que dessus: si par le pere n'y est autrement proveu.

Idem du mary.

VII. Et aussi le pere est legitime administrateur des corps & biens de ses enfans: Et après le trespas de sa femme prent les biens de sesdits enfans par inventoire, & demeure obligé de rendre les meubles & heritages à sesdits enfans, quand ils seront en aage suffisant, & separés de leurdit pere: en faisant les fruits siens, & maintenant lesdits heritages en convenable estat, & en alimentant sesdits enfans.

La veufve se remariant ne perd la Balisterie ou tutelle.

VIII. La femme qui est baliste administraterese, ou tutrix de ses enfans: quand elle se marie, après le trespas de son mary, ne perd point ladite balisterie, administration, ou tutelle de ses enfans à elle demeurés de son mary trespassé.

Veufve noble convolant à secondes nopces, perd la balisterie & rend compte.

IX. Sera tenue la femme, faire mettre par inventaire par notaire Royal, ou officiers des lieux, deux desdits parens plus prochains appellés, tous les biens meubles & immeubles desdits enfans, sans en rien receller, & dont elle se purgera par serment: Lesquels meubles, ensemble les fruits desdits immeubles, seront subjets à restitution, ou cas qu'elle convole en secondes nopces; ou quel cas elle perdra la Balisterie & administration, & sera tenue faire prouvoir d'autre tuteur & administrateur, à sesdits enfans, & rendre compte de son administration, avant que se marier: Et de tout ce que dessus, sera tenue bailler caution suffisante, prenant ladite Balisterie. Et ou dit cas de secondes nopces, ou ayant satisfait à ce que dessus, demeurera seulement chargée de sa portion des debts, & aura ses droits, suyvant ladite coustume, & son traicté de mariage. Et a esté derogé à tous articles escrits en ladite Coustume contraires à ce.

---

a CHAP. V. ART. I. *sortiront nature de meubles.* L'heritier des meubles condamné d'acquitter les rentes immobiliaires. Arrest de Dijon du 23. Fevrier 1583. entre les sieurs de Montinoraux & d'Orgemont. T. C.

b ART. 2. *reputées immeubles.* Nonobstant cet article, l'usage de la Province justifié par un acte de notorieté du Parlement de Bourgongne, du 10. Juillet 1643. que j'ay veu, est que les rentes constituées à prix d'argent peuvent estre cedées & transportées comme meubles sans suite d'hypotheque, pourveu qu'elles ne soient point saisies auparavant par les creanciers de ceux ausquels elles appartiennent. J. B.

c ART. 3. *ou son pleige.* Sans estre obligé à la discussion qui n'a lieu en cette Coustume, non-seulement à l'egard des fidejusseurs, mais mesme des tiers detenteurs. *Chassan. hic. num. 18. & seq.* Ce qui a ainsi esté jugé par Arrest que j'ay remarqué sur M. Louet, *litt. F. num. 23.* J. B.

d qu'il veut choisir. *Id est, beneficium discutionis vel ordinis sublatum, etiam si de hoc nihil dictum sit in instrumento, jure subditos hujus consuetudinis.* C. M.

e CHAP. VI. ART. 4. *dire baliste.* C'est autant que bail & garde noble.

CHAPITRE VII.

Des Successions.

Le mort saisit le vif.

I. **L**E mort saisit le vif, son plus prochain heritier habile à luy succeder.

L'on ne peut exhereder aucun, sans luy laisser sa legitime.

II. L'on ne peut exhereder ses vrais heritiers, que l'on ne leur delaisse leur legitime, qu'est par coustume reputée la tierce partie des biens (*a*) du trespassé: sans charge de legats, fraiz funeraux & des donations faites en derniere volonté: Sinon pour aucunes des causes d'exheredation declarées en droit (*b*)

Le testament est nul, si on ne laisse la legitime à ses heritiers.

III. Un chacun habile à faire testament & ordonnance de derniere volonté, est tenu de delaisser à ses vrais heritiers, ladite legitime, c'est à sçavoir, la tierce partie de tous ses biens: par droit d'institution, ou autrement ledit testament, & ordonnance est nul (*c*).

Le testateur ne peut donner que les deux tiers de ses biens

IV. Si le testateur dispose des deux parts de ses biens, en autres personnes qu'en ceux que par droit & par coustume luy peuvent & doivent succeder, faire le peut: & en sont saisiz ceux qu'il aura instituez heritiers, par son testament vallablement fait, & selon raison, esdites deux parts (*d*).

L'on ne peut par testament avantager l'un de ses heritiers plus que l'autre.

V. Le testateur par testament n'ordonnance de derniere volonté (*e*) ne peut faire l'un de ses vrais heritiers legitimes, & qui *ab intestat* luy doivent succeder, meilleur de l'autre.

Les pere & mere peuvent disposer de leur bien entre leurs enfans vingt jours avant leur decez.

VI. Entre gens nobles, le pere, & la mere, deuement auctorisée, ou la mere (*f*) après le trespas de son mary, peuvent partir & diviser tous & chacuns leurs biens, meubles & immeubles, entre leurs enfans emancipez ou en puissance. Et vaut ladite disposition & partage, sans que lesdits enfans puissent aller au contraire: Pourveu, que icelle disposition & partage, soient faits vingt jours avant le trespas (*g*) desdits pere ou mere: Autrement ne vaudront, & demeurera la succession *ab intestat*.

Si la legitime n'est laissée entiere aux enfans, elle sera supléée.

VII. Au cas que par ladite disposition ou partage, fust moins laissé aux enfans, que la legitime, qui par droit escrit leur appartient: C'est à sçavoir le tiers de ce que chacun d'eux eust receu *ab intestat*, s'il y a quatre enfans ou moins; ou la moitié, s'il y a plus grand nombre, ladite legitime sera supléée par les autres, chacun pour sa contingente part & portion, & par ratte (*h*). Ledit partage neantmoins demourant en sa force & vertu. Et seront lesdits enfans saisiz & vestus des choses à eux delaissées, par iceluy partage: sans qu'ils puissent autre chose demander, oultre ladite legitime & suplément, qui seront faits & donnez. C'est à sçavoir, aux masles, en chevances, & corps hereditaires: Et aux filles (si bon semble aux disposans) en deniers, lesdites legitimes deschargées de legs, fraiz funeraux & disposition de derniere volonté.

Forme & solemnité du partage, que peut faire le pere entre ses enfans.

VIII. Ledit partage se peut faire, presens ou absens lesdits enfans, en jugement ou dehors, ou pardevant deux notaires Royaux, ou pardevant un notaire & deux tesmoins (*i*), qui signeront suyvant l'ordonnance, ou bien souz l'escriture, & signature du disposant: Ou quel cas, il sera tenu appeller un notaire Royal, & deux tesmoins: Et declarer en leur presence, Que le contenu en ladite escriture, est la disposition, & partage de ses biens, qu'il entend avoir lieu entre ses enfans: Sans que ledit disposant soit tenu lire, ou faire entendre le contenu en ladite disposition audits notaire & tesmoins, afin qu'elle demeure secrete (*k*). Et sera ladite declaration escrite & signée, tant par ledit notaire, que tesmoins au pied, ou au doz de ladite escriture (*l*). Et est ledit

---

a CHAP. VII. ART. 2. des biens. *Quia utitur verbo quota & verbo, bona, certum est quod prius omne as alienum de tota massa deduci debet, & triens residui erit legitima.* C. M.

Vide Egnin. Baro. ad instit. de exheredat. lib. J. B.

b declarées en droit. *Aut ex similibus aut gravioribus causis. Dixi* Anjou, art. 271. J. B.

c ART. 3. & ordonnance est nul. *Habet locum sive in filiis sive liberis, sed si supersint quinque naturales & legitimi vel plures, tamen valet testamentum, sed ipso jure suppletur legitima usque ad semissem. l. omni mod. C. de inoffic. testam. non enim loquitur consuetudo quando est tantus numerus filiorum nec est intelligenda ut diminuat legitimam filiorum jure natura debitam. Et quod hic §. tantum loquatur de descendentibus, nec possit congruere collationibus qui non reddunt testamentum nullum, late probavi in Consil. 46. Tom. 1. contra Chassaneum hic.* C. M.

Hunc art. explicat ex professo Molin. Consil. 46. J. B.

Si cet article s'entend des peres & meres aussi bien que des enfans, & s'il a lieu à l'egard d'un testament passé par un fils hors le detroit de la Coustume, dans un lieu qui ne requiert pareilles solemnitez, *Voyez mon Recueil d'Arrests, liv. 4. Ar. 14. du 22. Aoust 1656.* J. M. R.

d ART. 4. esdites deux parts. *Verum est in collateralibus, & etiam in filiis quando non sunt ultra quatuor, alias filii satisfiti sunt de semisse, quia legitima ipso jure testamentum rescindit. l. quoniam in prioribus. C. de inoffic. testa.* C. M.

e ART. 5. de derniere volonté. *Secus inter vivos de quo late dixi in consil. 59. lib. 1.* C. M.

f ART. 6. *ou la mere.* Femme mariée ne peut indistinctement tester, si elle n'est autorisée de son mary. *Supra art. 1.* du titre *Des Droits appartenans à gens mariez.* J. M. R.

g avant le trespas. La Coustume de Normandie, art. 422. *ubi dixi*, requiert trois mois, lequel intervale de temps est de la formalité & solemnité du testament, donc elle n'a lieu quand il est passé en une Coustume qui ne requiert point cette formalité, bien que par iceluy on dispose de biens situez en Bourgogne, par les raisons remarquées au Recueil de M. Louet, *litt. C. num. 42.* J. B.

h ART. 7. & par ratte, *Hoc est*, pro rata.

i ART. 8. *& deux tesmoins.* S'il appelle deux notaires sans tesmoins, l'acte est nul. Arrest du Parlement de Paris, après enquestes par turbes, du 15. Juin 1602. donné en la Grand'-Chambre au rapport de M. Gillot. Choppin, *lib. 2. de Morib. Paris. tit. 4. num. 3.* Pareil Arrest du Parlement de Dijon, du 18. Avril 1617. qui declare le testament secret de Jacques de Simon, & la declaration par luy faite pardevant deux notaires sans temoins nulle & de nul effet & valeur, & reduit la succession *ab intestat*. Claude de Ragot, Claude de Vesvre, Catherine Simon, Jacques de Poncet & Marie de Pontoux parties plaidantes, M. Lhuillier rapporteur. J. B.

Au rapport de M. Molé, le 17. ou 19. Aoust 1599. ordonné qu'il seroit fait deux turbes à Dijon, sçavoir si la declaration signée de deux notaires vaudra, la Coustume desirant un notaire & deux temoins. Les turbes ont esté faites de vingt quatre, dont par une turbe de douze sont requis les deux temoins, & des douze autres deux disent que deux notaires suffisent. Arrest au rapport de M. Gillon, par lequel le testament a esté declaré nul le 15. Juin 1601. T. C.

k afin qu'elle demeure secrette. Il ne faut pas induire de-là qu'en Bourgongne le testament doit estre clos, fermé & cacheté, & non patent & ouvert, sur peine de nullité suivant la disposition de droit. J. B.

l au dos de ladite escriture. Donc si elle est en une feuille separée, comme est une enclose, c'est une nullité; *Exterior enim scriptura fidem exteriori servat. Paul. lib. 5. Sentent. tit. 25. ad l. Cornel. testamentariam §. 3. Dixi infra*, Berry, tit. 18. *Des testamens*, art. 10. num. 2. Et en ce que la Coustume dit *au dos de l'escriture*, il semble qu'il faut necessairement que la declaration soit au mesme feuillet où le testament est escrit en tout ou partie, & non au feuillet où il n'y a rien d'escrit; & qui peut estre osté sans blesser le corps du testament. Et par les termes de cet article, le testament contenant partage entre enfans, quoique holographe, est nul sans temoins *Vide lib. 17. Arrest. pag. 151. & sequenti.* Pareil Arrest du mesme Parlement, donné à Semeur le premier Avril 1594. qui declare nul le testament de M. Jean de saint Liger, Baron de Rully, auquel deux notaires avoient esté appellez sans tesmoins, lequel Arrest a esté imprimé à Paris, en 1595. avec le Plaidoyer de M. Jean-Baptiste Richard, Advocat au Parlement de Bourgongne, qui avoit plaidé la cause dans lequel Plaidoyer sont rapportez d'autres Arrests du mesme Parlement qui avoient jugé la mesme chose. *Vide not. inf.* Anjou, art. 276. n. 2. & Montargis. J B.

partage revocable jusques au trespas du disposant.

L'on n'est pas tenu de laisser legitime aux collateraux.

IX. Et quant aux collateraux, ils pourront librement disposer, soit entre vifs, ou à cause de mort, de tous & chacuns leurs biens, sans laisser aucune legitime, selon la forme du droit escrit : Et neantmoins vaudra la disposition qui sera faite par eux, pardevant deux notaires, ou pardevant un notaire & deux tesmoins, ou bien, souz l'escriture & signature du disposant : Et faisant par luy la declaration susdite, encore qu'il ne survive les vingt jours dessusdits. Et sera telle disposition revocable, jusques au trespas du disposant.

Ecclesiastiques auront le même pouvoir.

X. Gens Ecclesiastiques, useront (si bon leur semble) de ladite puissance & auctorité : Et pourront faire lesdites dispositions, ou partages, entre leurs plus prochains heritiers, par la forme dessusdite : ou bien, disposeront librement, tant entre vifs, que à cause de mort, de tous & chacuns leurs biens selon que dit est pour le regard des nobles.

Qui n'usera de la nouvelle coustume sera reiglé selon l'ancienne.

XI. Et à faute de disposer, comme dessus, tant par les nobles, que gens d'Eglise, seront reglées leurs successions, suivant l'ancienne Coustume.

Payement des debts hereditaires.

XII. Debts hereditaires seront payez sur toute la masse hereditaire.

La correction de la Coustume aura lieu entre les trois Estats.

XIII. Tous lesquels articles corrigez & adjoustez, auront lieu, entre gens du tiers Estat, comme entre nobles & Ecclesiastiques, sans distinction.

Comme se partage la succession du fils entre le pere, mere, freres & sœurs.

XIV. Succession en ligne directe ne monte point : c'est à sçavoir que le pere ou la mere ne succedent point à son fils ou fille, n'aux enfans de son fils ou fille, quant aux heritages anciens paternels ou maternels (*a*) ; mais le pere succedera seul & pour le tout ès biens que ses enfans auront euz de luy : Et pareillement y succedera la mere comme le pere, ès biens venans d'elle. Et au regard des autres biens, meubles & acquests, faits par lesdits enfans, leur pere & mere y succederont avec leurs freres & sœurs (*b*), & les enfans desdits freres & sœurs & non autres, & selon forme de droit, & en ce cas lesdits pere & mere demoureront vestuz & saisiz desdits biens esquels ils succederont à leursdits enfans.

L'article cy-dessus est confirmé, nonobstant l'Edit de sainct Maur.

XV. Les successions des descendans aux ascendans, seront reglées selon l'article de la Coustume, laquelle pour ce regard, demourera en sa force & vigueur : nonobstant l'Edit donné à sainct Maur au moys de May, mil cinq cens soixante sept, pour le fait du Reglement de la succession des meres à leurs enfans : Auquel Edit a esté derogé pour le regard dudit pays de Bourgongne, subject à ladite Coustume.

Freres de divers licts succedens par teste.

XVI. Quand l'homme ou la femme va de vie à trespas delaissant enfans de plusieurs licts & mariages, lesdits enfans y succederont par testes, selon la disposition de droit escrit.

Les heritages anciens retournent à leur tronc.

XVII. Les heritages ensuivent en succession la ligne du tronc de laquelle ils sont issus : c'est à sçavoir que les heritages procedans du costé & ligne paternel retournent aux heritiers du defunct du costé paternel : Et ceux procedans du costé & ligne maternel, retournent aux heritiers du defunct du costé maternel, soit en prochain ou en lointain degré (*c*).

Succession collaterale se partage par ligne.

XVIII. S'ils sont plusieurs enfans de plusieurs *licts*, freres ou sœurs (*d*), qui viennent à la succession de leurs oncles ou tantes, ou autres en ligne collaterale, ils succederont par ligne, non pas par teste.

Representation a lieu ès successions.

XIX. En toutes successions representation a lieu, quand la personne representée est en pareil degré, avec celuy de la ligne & branche (*e*), avec lequel il succede, & autrement non. Et c'est ce que l'on dit en Bourgongne, que ce qui eschet au pere, eschet au fils.

En succession double ligne a lieu.

XX. Double ligne a lieu entre freres & sœurs germains, au regard de tous leurs biens, & aussi a lieu entre les enfans desdits freres & sœurs germains : sauf le droit des heritiers maternels desdits enfans & non plus avant.

Forme de mariage divis.

XXI. Femme mariée de pere & de mere, par mariage divis, vivans ses pere & mere, & à laquelle est constitué dot & mariage divis, par sesdits pere & mere, ou par ledit pere seulement, vivant ladite mere, ne retourne point à succession de sesdits pere & mere, ne les descendans d'elle, tant (*f*) qu'il y ait fils, ou enfans masles descendans dudit fils (*g*), s'il ne luy est expressément reservé par ledit traicté : Et n'entend l'on point par ce priver la femme de succession collaterale, ne d'autre donation que ses pere ou mere, luy vouldroient faire sans tiltre d'hoirie.

Heritiers par benefice d'inventaire.

XXII. S'aucuns se veulent porter heritiers par benefice d'inventoire, ils sont tenus de l'impetrer du Prince (*h*).

Succession des religieux est indecise.

XXIII. Au regard des gens de religion profez qui pretendent venir à succession de pere & de mere & autres collateraux : la chose demeure en telle usance qu'elle a peu estre par cy-devant. Et pour ce que l'on veut dire que par ordonnance & Coustume du Royaume de France, gens de religion profez ne peuvent succeder à pere ne à mere, ne à autres collateraux (*i*), & que les religieux de l'ordre de Cisteaux, dient avoir privilege & usance au contraire : l'on s'en informera, pour, veue l'information, en estre ordonné par mondit Seigneur ainsi qu'il appartiendra.

---

a ART. 14. ou maternels. *Respectivè est : mater non est inhabilis in maternis vel avitis maternis, & §. sequens habet locum etiam in matre.* C. M.

b freres & sœurs germains. *Nov. 118. de hæredit. ab intest. venientib. §. consequens & §. seq. Dixi ad Loëtium, litt. M. n. 22. & ad consuet. Borbon. art. 314.* J. B.

c ART. 17. ou en lointain degré. *An per hæc verba excludantur fratres uterini quo ad hæreditagia paterna per agnatos existentes in remotiori gradu, Vide Chass. Consil. 32.* J. B.

Salvo quod testator potest dare vel legare messem alii non succedenti ut suprà, §. 3. salvo semisse filiorum, quando sunt ultra quatuor, ut ibi dixi. C. M.

d ART. 18. ou sœurs. *Id est, aliquis ex fratre vel sorore prædefunctis, alii ex alio fratre vel sorore prædefuncti : hæc erat opinio Accursii, quæ etiam de jure vera est, quicquid Zasius scripserit. Ideo expunxi verbum*, Licts, *quod erroneè in omnibus exemplaribus adusque extabat.* C. M.

e ART. 19. & branche. *Per hæc verba sæpe consului quòd hic §. loquitur tantùm de hærediis, & non corrigit jus commune nisi in hærediis in quibus repræsentationem statuit in infinitum.* C. M.

f ART. 21. tant. *Quidam magni nominis putant hanc consuetudinem intelligi suspensivè, non autem exclusivè : sed errant, ad futuras ergo successiones desinet hæc filia esse inhabilis postquam defecerint masculi, sed non ad præteritas.* C. M.

g descendans dudit fils. *Explicat hunc articulum Chassan. Consil. 3. & 55.* J. B.

h ART. 22. du Prince. *Sed in patria juris scripti nulla opus est impetratione sed descriptione solenni.* C. M.

Jugé neantmoins que l'heritier par benefice d'inventaire, en pays de droit écrit, estoit tenu de bailler caution. Arrests 15. Fevrier & 21. Novembre 1620. entre Prix Soufflet demandeur, & Claude Ruffart defendeur. M. Horman, Grand'-Chambre. T. C.

i ART. 23. collateraux. *Hæc sententia vicit rejecto ubique prætenso privilegio Cistersiensium.* C. M.

Voyez Fevret, liv. 4. chap. 6. n. 11. J. M. R.

CHAPITRE VIII.

CHAPITRE VIII.

Des Successions des Bastards.

Le Duc succede aux bastards decedez sans hoirs legitimes.

I. SI un bastard ou bastarde va de vie à trespas sans hoirs legitimes de son corps, monseigneur le Duc luy succede en tous ses biens, quelque part qu'ils soyent assis, soyent en lieu de main morte, ou autrement, en payant & supportant par mondit seigneur les charges réelles des heritages, & payant les debtes, & en demeure saisy mondit seigneur, lequel est tenu de mettre hors de ses mains les heritages de la main-morte, dedans l'an & jour après le trespas dudit bastard ou bastarde.

Ledit seigneur succede aussi aux enfans desdits bastards, ès biens provenans d'iceux.

II. Si les enfans legitimes du bastard, ou les enfans d'iceux enfans ou autres descendans du bastard, vont de vie à trespas, sans hoirs legitimes de leurs corps: mondit seigneur aura seulement les heritages procedans du tronc du pere bastard, ou grand pere bastard, ou de la mere, ou grand mere bastarde, & les autres heritiers collateraux, auront le surplus des biens.

Le bastard ne succede.

III. Le bastard ou bastarde (a) ne vient point *ab intestat* à la succession de pere ne de mere.

Le seigneur haut justicier prend les biens confisquez du bastard.

IV. Si un bastard forfait corps & biens par crime par luy commis: ses biens sont au seigneur haut justicier, souz lequel ils sont assis.

A qui appartient la succession du prestre bastard.

V. Quand le prestre bastard va de vie à trespas, monseigneur le Duc prend les heritages dudit prestre bastard, & au regard des biens meubles ils sont & demeurent à leurs Prelats ou Ordinaires qui les ont accoustumé d'avoir.

CHAPITRE IX.

Des Main-Mortes.

Nul serf de corps.

I. AU Duché de Bourgongne n'a nuls hommes, serfs de corps.

Franchise ne se peut prescrire.

II. L'homme de main morte ne peut prescrire franchise & liberté contre son seigneur, par quelque laps de temps qu'il face demourance & residance hors du lieu de main-morte, quelque part que ce soit.

L'enfant suit la condition du pere.

III. En lieu & condition de main-morte, l'enfant ensuit la condition du pere & non pas de la mere.

Meix assis entre meix de main-morte, est reputé main-mortable.

IV. Un meix (b) assis en lieu de main-morte, & entre meix main-mortables, est reputé de semblable condition que sont les autres meix main-mortables dudit lieu, s'il n'y a tiltre ou usance au contraire.

Comme l'homme franc devint mainmortable.

V. L'homme franc qui va demourer en lieu de main-morte, & y prent meix, & devient par convention homme de ladite condition, il demeure incontinent homme main-mortable pour luy & sa posterité à naistre.

De mesme.

VI. L'homme franc qui va demourer en lieu de main-morte, & tient feu & lieu par an & jour continuellement, & paye en son chef au seigneur dudit lieu, les devoirs tels que font les autres hommes dudit lieu, demeure pour luy, & sa posterité à naistre, de la condition dudit lieu de main morte.

La femme suit la condition du mary.

VII. La femme de main-morte qui se marie à homme franc, est franche.

De mesme, & comme la femme asservie se peut de rechef affranchir.

VIII. Et si une femme franche se marie à un homme serf & de main-morte, vivant son mary, elle est tenue & reputée de main-morte. Et après le decez de son mary elle se peut departir du lieu de main-morte, & aller demourer en lieu franc s'elle veut: & demeure franche comme elle estoit par avant ce qu'elle vint demourer audit lieu de main morte. En delaissant dedans l'an & jour après le trespas de son mary, le meix & tous les heritages de son mary estans audit lieu de main-morte.

Comme le main-mortable se peut affranchir.

IX. L'homme de main-morte peut desavouer son seigneur, & soy avouer homme franc de mondit seigneur le Duc. Et se doit faire ledit desaveu par l'homme de main-morte en sa personne, à la personne de son seigneur, s'il le peut apprehender, en quelque lieu que trouver le pourra: Et si trouver & apprehender ne peut sondit seigneur à sa personne, il le fera au domicile de son seigneur ou à la personne du Chastellain, ou juge du seigneur du lieu, d'où il est main-mortable. Et doit avoir ledit homme avec luy un sergent de mondit seigneur le Duc, garny de mandement de desaveu du Bailly ou du Bailliage, auquel est assis ledit lieu main-mortable, duquel ledit homme est extraict. Et en faisant ledit desaveu, ledit homme doit renoncer à son meix & autres biens meubles & heritages qu'il a souz ledit seigneur, au lieu de main-morte: lesquels en ce cas sont & demeurent au seigneur de la main-morte.

L'homme franc n'acquiert en lieu de main-morte sans consentement du seigneur.

X. L'homme de main-morte peut vendre & aliener son heritage assis au lieu de main morte, aux gens de la seigneurie & condition d'où il est: & ne le peut vendre à homme de franche, condition ne d'autre seigneurie, si ce n'est du consentement du seigneur de la main-morte: Et n'entend-on point prejudicier à ceux qui ont ès lieux particuliers parcours ou usance.

L'on ne peut tester sans le consentement du seigneur.

XI. L'homme de main-morte ne peut disposer de ses biens meubles & heritages, par testament n'ordonnance de derniere volonté, sans le consentement de son seigneur.

De la separation des communs en biens.

XII. Gens de main-morte estans communs en biens, s'ils se separent & divisent, ils ne se peuvent reunir ne remettre ensemble, sans consentement du seigneur du lieu de la main-morte, & s'entend separation entre gens de main-morte, quand ils ont party & divisé leurs biens meubles & heritages: & qu'ils sont separez d'un feu & d'un pain, & font demourance separée chacun en son chef.

a CHAP. VIII ART. 3. *Le bastard ou bastarde*, quoique legitimez par lettres du Prince, suivant les Arrests que j'ay remarquez au Recueil de M. Louet, *litt. L. num. 7. Secùs*, si estans nez de personnes libres & so'uts, ils sont legitimez par le subsequent mariage. Mais soit que tels bastards ayent esté legitimez ou non, ils sont capables de toutes donations entre-vifs ou testamentaires, en faveur de mariage ou autrement, mesme d'institution d'heritier universel, pourveu qu'il n'y ait point d'enfans legitimes, mais seulement des heritiers collateraux; & tel est l'usage constant de toute la France, comme j'ay traité amplement au mesme Recueil, *litt. D. num. primo.* J. B.

b CHAP. IX. ART. 4. *Un mex.* C'est le tenement & heritage des personnes de servile condition.

Le commun en biens, succede seulement.

XIII. Gens de main-morte ne peuvent succeder l'un à l'autre, sinon eux demourans ensemble, & estans en communion de biens (*a*).

Le seigneur succede à son homme.

XIV. Le seigneur demeure saisy des biens de son homme main-mortable, quand le cas de la main-morte advient.

En quoy le seigneur succede.

XV. Le seigneur quand escheute & succession de main-morte a lieu, prend les heritages estans en sa seigneurie main-mortable, sans pour raison d'iceux payer les debtes de son homme main-mortable trespassé. Et s'il prend les meubles estans en ladite main-morte & dehors, & les heritages estans en lieu franc demourez de ladite escheute: il est tenu de payer sur iceux les frais funeraux de sondit homme: Et après ce, se payera de ce que sondit homme luy devoit au temps de son trespas, & au surplus payera les autres debtes de sondit homme, tant & si avant que lesdits meubles estans au lieu de ladite main morte & dehors, & les heritages estans en lieu franc se pourront estendre ou les abandonnera aux creanciers.

Chascque seigneur de diverses main-mortes succede aux biens assis sonz leurs seigneuries.

XVI. L'une des seigneuries de main-morte n'acquiert point sur l'autre: qu'est à entendre que si un homme ou une femme de main-morte va demourer en autruy lieu main-mortable, que de son seigneur & la main-morte a lieu, chacun seigneur prend & a ce qu'est en sa seigneurie main-mortable, tant en meubles, comme en heritages: & ce qui est en franc lieu, tant en meubles comme en heritages, est au seigneur de qui seigneurie main-mortable il est homme ou femme originellement.

Parens de la communion rapellent les autres à la succession.

XVII. Quand gens de main-morte vont de vie à trespas, survivant l'un de leurs parens prochains, qui leur doit succeder, demourant avec eux en communion (*b*): les autres qui semblablement pour raison doivent estre leurs hoirs, & leur doivent succeder, viennent à leur succession, avec celuy qui demeure avec eux & par le moyen d'iceluy.

Subjects de main morte ne témoignent pour leur seigneur.

XVIII. Gens de condition main-mortable, taillables haut & bas, courvoables à volonté, justiciables en toutes Justices, ne sont point receuz en tesmoignage pour le seigneur duquel ils sont hommes & subjects, des dessusdites conditions, ou des trois ou des deux d'icelles.

Le seigneur de main morte se doit dessaisir des biens acquis par leurs hommes en lieu franc.

XIX. Le seigneur de la main-morte qui a prins les biens de son homme de main-morte, redevable ou censable à autruy, qu'il avoit en lieu franc, à son vivant, est tenu de les mettre hors de ses mains dedans l'an & jour après le trespas de sondit homme de main morte.

Ledit seigneur succede au prestre.

XX. Le seigneur prend la succession du prestre de main-morte en meubles & heritages: s'il n'y a parens qui luy doivent succeder demourans en communion avec luy.

Comme se paye le feur mariage.

XXI. Es lieux ou l'on a accoustumé de prendre feur mariage (*c*), le seigneur de la main morte prend pour le feur mariage de la femme main-mortable, les heritages qu'elle a souz luy: & ou lieu de sa main-morte ou autant vaillant qu'elle emporte en mariage, au choix de ladite femme.

Le main-mortable absent peut dedans dix ans retourner à ses biens.

XXII. Gens de main-morte qui s'absentent de la seigneurie de main-morte, peuvent retourner à leurs heritages & les recouvrer dedans dix ans; durant lequel temps de dix ans, le seigneur peut mettre desserveurs (*d*) esdits heritages, & faire les fruits siens; & iceux dix ans passez lesdits heritages demourront audit seigneur pour en disposer dès lors en avant, ainsi que bon luy semblera.

CHAPITRE X.

De Retraict.

Le lignager peut retirer dedans l'an & jour l'heritage vendu.

I. QUand l'homme ou femme a vendu son heritage (*e*) ancien: le plus prochain du lignage, du costé d'où meut l'heritage, le peut racheter dedans l'an & le jour après, en rendant le pris & les frais raisonnables.

Le plus proche est preferé.

II. Si un autre du lignage d'où procede l'heritage vendu & qui ne soit point le plus prochain, a racheté ou veut racheter ledit heritage vendu dedans l'an & jour, le plus prochain dudit lignage, peut retraire & racheter de luy ou de l'acheteur, dedans le premier an & jour.

De mesme, ores que la vendage soit fait entre parens.

III. Si l'heritage est vendu à un du lignage, qui ne soit du costé d'où il est mouvant, ou qu'il soit vendu à l'un du lignage, & du costé mesme d'où il est party, s'il y a plus prochain parent de l'acheteur, & du costé d'où est mouvant ledit heritage: Il le peut racheter dedans le premier an & jour, en rendant le pris & les fraiz raisonnables.

Tout parent est admis au retraict.

IV. Si l'heritage vendu, n'est retraict par parent du lignage d'où il est mouvant, l'un des parens de quelque costé qu'il soit (*f*), le peut retraire dedans l'an & jour, se ledit heritage est vendu à homme qui ne soit du lignage.

Comme se doit compter l'an & jour du retraict.

V. Ledit an & jour, est à compter dès le jour du vendage de l'heritage vendu, sans avoir esgard à quelque reachat qui soit donné par l'acheteur.

Droict de retraict ne se vend, sinon à ceux du lignage.

VI. Le parent ne peut vendre n'aliener à autruy le droit de retraict de l'heritage vendu, s'il n'est du lignage.

Heritage rachetable & vendu, se peut toujours racheter par un des lignagers.

VII. Si le parent qui rachete l'heritage vendu, vend l'heritage racheté par proximité, à autre qui ne soit du lignage; le plus prochain ou autres parens successivement, (comme dessus) le peuvent rachetter, en la maniere dessusdite.

Retraict a lieu ès rentes & censes.

VIII. Semblablement retraicte a lieu en vendition de rentes & censes, & aussi si un homme baille son heritage ancien à cense ou rente annuelle & perpetuelle, en payant les rentes & censes, & autres prix & charges tels qu'ils seront.

Le mesme, se fait aux heritages vendus par decret.

IX. En vendition d'heritage ancien, vendu par decret, retraction a lieu, comme en autre vendition, en la maniere dessusdite, dedans l'an & jour, à compter du jour de l'interposition du decret (*g*).

Le lignager est preferé au seigneur.

X. Au reachat & retraction d'heritages, soient

---

a ART. 13. en communion de biens. *Infrà art. 17. ὁμ ὁσιποι* qui vivent d'un mesme pain, *compenuarii*, *compains*, *compagnons*. *Aristot. lib. 1. Politic. cap. 1.* Ce que j'ay traité plus amplement, *infrà* la Marche, art. 153. & sur M. Louet, *litt. R. num. 17.* J. B.

b ART. 17. demourant avec eux en communion. *Suprà art. 13.* J. B.

c ART. 21. *feur mariage.* Feur mariage & formariage est mesme chose, quand le sujet se marie sans le congé de son seigneur.

d ART. 22. *desserveurs*, Sont gens qui desservent & regissent l'heritage, comme sont commissaires.

e CHAP. X. ART. 1. *a vendu son heritage.* C'est-à-dire propre, escheu par succession directe ou collaterale: donc en cette Coustume le retrait lignager n'a lieu en acquests, ce qui s'induit de tous les articles de ce chapitre. J. B.

f ART. 4. de quelque costé qu'il soit. *Iniqua consuetudo. Vide not. mea ad art. 141. consuetudinis Paris. verbo* encores que le retrayant. J. B.

Et sic multo fortius excludit fiscum in prædiis antiquis alterius lineæ. C. M.

g ART. 9. *de l'interposition du decret.* Bien qu'il y ait appel du decret, auquel cas le retrayant comme subrogé aux droits de l'adjudicataire, sera tenu de defendre à l'appel. J. B.

censables ou feodaux, venduz, le lignager sera préferé au seigneur feodal (*a*) ou censier.

La convention du vendeur & de l'acheteur ne prejudicie au lignager.

X I. Toutes & quantes fois que l'un des lignagers a faict diligence d'avoir la retraicte de l'heritage vendu, le vendeur & l'acheteur ne peuvent faire convention ensemble, pour empescher ladite retraite au prejudice du lignager.

Contre qui doit agir le lignager.

X I I. Le lignager qui veut faire la retraicte dudit heritage vendu, peut agir contre l'acheteur ou detempteur dudit heritage.

En eschange retrait n'a lieu s'il n'y a fraude.

X I I I. Pource que souvent advient, que aucuns pour frauder le parent & le lignager, de son droit de retraction, de la chose transportée par son parent, font eschange, & aprés rachetent l'eschange : si la fraude est trouvée par preuve suffisante ou par le serment des contrahans, qui seront tenuz à en jurer, si la partie s'en veut rapporter à leurs sermens, ledit parent ou lignager, aura la retraction s'il la veut avoir selon la Coustume.

CHAPITRE XI.

Des Censes [b].

L'usage des divers lieux regle les censes.

I. AU regard des censes que l'on dit porter lots, seigneurie, retenue & amende, l'on ne declare point estre de Coustume generale, pour la diversité des usages qui sont en divers lieux, esquels plusieurs seigneurs & autres ont censes : lesquels useront desdites censes, & desdits lots, seigneurie, retenue & amende, ainsi qu'ils ont par cy-devant usé.

De mesme en celles de bled & vin.

I I. Et semblablement se fera au regard des Coustumes, des bleds, vins & autres choses (*c*).

Cense sur cense ne prejudicie au seigneur.

I I I. L'on ne peut mettre cense sur cense, au prejudice du premier seigneur censier, & s'il advient qu'on y vende rente, le seigneur censier, a la retenue de ladite rente, si avoir la veut, en rendant le prix du vendage de ladite rente, & les fraiz raisonnables, dedans l'an & jour, aprés ce que l'achat de ladite rente sera denoncé par l'acheteur de ladite rente, au cas que le seigneur censier n'aura consenty à ladite rente.

Le seigneur censier a droict de retenue, & peut acquitter les rentes constituées sur son heritage.

I V. Et si l'on met rentes sur l'heritage qu'est censable, & aprés on vende ledit heritage, le seigneur censier a la retenue (si bon luy semble) dudit heritage vendu : en rendant le prix du vendage dudit heritage vendu, dedans quarante jours, aprés ce que ledit vendage luy sera denoncé par l'acheteur : Et se fait se peut acquitter de ladite rente, dedans l'an, aprés ladite retenue : parmy rendant pour chacun franc de rente (s'il est assis en bonne ville) vingt francs, & en plain pays quinze francs : au cas que ledit seigneur censier n'auroit consentu (*d*) à ladite rente.

Comment & dedans quel temps le seigneur peut recourir à l'heritage mouvant de luy.

V. Le seigneur censier peut recourir aux heritages mouvans de sa cense (*e*), pour faute de tenementier (*f*), & de cense à luy non payée, & d'iceux lever les fruits, profits, & émolumens & les appliquer à son profit, jusques à ce qu'il soit payé de sa cense & des arrerages d'icelle : & se dedans dix ans celuy qui tenoit paravant lesdits heritages à cense vient, & qu'il demande lesdits heritages censaux, ledit seigneur censier sera tenu de les luy remettre & delivrer, s'il a esté satisfait des arrerages, par la reception des fruicts, ou sinon, parmy ce qu'avant toute œuvre il sera satisfait desdits arrerages. Et lesdits dix ans passez, lesdits heritages demeureront audit seigneur censier, & les pourra bailler & acenser à tel qu'il luy plaira, sans plus estre tenu de les remettre ou bailler à celuy qui les tenoit à cense de luy paravant, s'il ne luy plaist.

Le seigneur a chois de convenir le tenementier ou l'assignal.

V I. Le seigneur censier ou rentier d'aucune chose, peut adresser & a son action pour les arrerages à luy deuz de la cense ou rente, contre l'assignal, & contre le tenementier d'iceluy, sans ce qu'il soit tenu de discuter l'action personnelle contre le principal obligé ou ses hoirs, s'il ne luy plaist.

On ne prent lots en eschange s'il n'y a soulte.

V I I. En eschange de la chose censive, portant lots simplement faits & sans soulte, n'a point de lots : & s'il y a soulte, il y a lots selon ladite soulte.

CHAPITRE XII.

Des Adveux.

L'adveu emporte le criminel.

I. L'Adveu (*g*) emporte l'homme, quand il est detenu pour cas criminel, pour lequel punition corporelle se doit ensuir, & qu'il est prouvé suffisamment qu'il soit homme justiciable de celuy à qui il est advoüé homme.

---

a ART. 10. au seigneur feodal. *Vide Molin in consuet. Paris. §. 55. Glossa 1. num. 147. ubi citat. hunc articulum, & num. 168.* J. B.

b CHAP. XI. *Rubrique.* Des censes. *Explicat hanc rubricam Molin in consuet. Paris. §. 55. glossa 1. num. 168. & 169.*

Les censes emphiteotiques & les rentes qui n'ont aucun fief ny marque de Justice, sont prescriptibles par trente ans contre les seigneurs Laicques, & par quarante ans contre les Ecclesiastiques. Jugé par Arrest du Parlement de Dijon, du 14. Aoust 1592. contre messire Pierre Thevenot, Chapelain de l'une des chapelles saint Claude, fondée en l'Eglise sainct Pierre de Beaune.

In Ducatu & Comitatu Burgundiæ domini censuales non sunt fundati de consuetudine, nec aliquo jure publico aut consuetudinario in perceptione laudimiorum, sed solum in jure privato & titulo particulari. Molin. in consuet. Paris. §. 53. num. 7. Idem, en la Coustume de Chaulmont, art. 57.

Les cens portans lods, seigneurie & Justice, se prescrivent par cent ans. Arrest du Parlement de Dijon, du 8. Janvier 1615. au profit d'Emée du Frelnay, veufve d'Emile de la Porte, contre François de Surgeres, sieur de Pommeray & de la Boutiere, appellant d'une sentence rendue par le Lieutenant en la Chancellerie d'Authun, le 24. May 1612. J. B.

c ART. 2. & autres choses. *Ergo vi tituli particularis, & non vi consuetudinis, ut* des reliefs à cher prix, *Bless. Dixi in consuetud. Paris. §. 66. & per arrestum obtinui.* C. M.

d ART. 4. consentu, *alias*, consenty.

e ART. 5. de sa cense. *Intransitivè, id est*, censuels. C. M.

f tenementier, *id est*, tenancier & possesseur.

g CHAP. XII. ART. 1. L'adveu. *Id est, instantiam par* renvoy, *etiam rei carcerati : dummodo dominus ad quem habeat debitum exercitium jurisdictionis, & tutos carceres; alias judex regius debet, & potest remissionem denegare & lege agere per ea quæ dixi in consuetu. Paris. §. 2. glo. 4.* C. M.

CHAPITRE XIII.

Des Forests, Pasturages & Rivieres.

Bois bannal acquiert le plain & comment.

I. LE bois acquiert le plain ; c'est à entendre en forest bannal, & en haute Justice de celuy à qui appartient ladite haute forest, s'il n'y a separation entre ladite forest & le plain, par foussez, bonnes, murs & autres enseignes : & après ce que ledit plain est demeuré sans labeur & sans essart l'espace de trente ans.

En bois ou riviere bannale on ne peut acquerir droict sans tiltre.

II. L'on ne peut avoir usage en bois & riviere bannal d'autruy, ne droict petitoire ou possessoire par quelque laps de temps qu'on en ait jouy, sans en avoir tiltre ou payer redevance.

Quand on peut pasturer ès bois.

III. En bois de coupiz & de vendue, l'on ne doit pasturer, quelque usage qui y soit, jusques après la quarte feuille.

Le temps de vive pasture.

IV. Vive pasture en bois de haute forest, est entendu dez la sainct Michel jusques à la sainct André incluz, & durant ledit temps tous usagers, vains pasturiers, doivent cesser d'y faire pasturer.

L'on ne peut pretendre vain pasturage sur autruy, sinon par tiltre ou parcours.

V. Les habitans d'une ville ou village ne peuvent pretendre avoir vain pasturage sur aucune autre ville ou village d'autre seigneurie & parocheage ; ne pretendre droict petitoire ou possessoire, sinon par parcours (a), ou qu'ils en ayent tiltre ou payant redevance au seigneur.

Comment se doivent assembler gens de poete.

VI. Gens de poete (b) ne se peuvent assembler, ne faire gets, ne collecte sur eux, ne faire ou passer procuration, sans l'auctorité & licence de leur seigneur haut Justicier, & en son refuz & delay, doivent recourir au Prince ou à ses officiers (c).

Les ordonnances sur le fait de la Gruierie seront entretenues.

VII. Au regard du fait de la Gruyrie & de la chasse, l'on s'en remet aux ordonnances sur ce faits & à faire, par messeigneurs les Ducs de Bourgongne, & par monseigneur le Duc qui est à present (d).

CHAPITRE XIV.

De Prescription.

Toutes prescriptions reduites à trente ans.

I. DE toutes les choses prescriptibles, toutes prescriptions sont uniformes (e), & reduictes à trente ans.

CHAPITRE XV.

De Colombier en Pied.

I. ON ne peut faire colombier en pied, de nouveau, en justice d'autruy, sans licence du seigneur.

APPROBATION.

ET il soit ainsi qu'après ce que lesdites Coustumes ayent esté mises & redigées par escrit, en la maniere dessus declarée, & rapportées par nosdicts Conseillers & Commissaires, pardevers maistre Girard de Plaine, nostre President, & autres Gens de nostre Conseil à Dijon, & que par eux tous ensemble elles ayent esté debatues & accordées, lesdicts des trois Estats se soient de rechef tirez pardevers eux, & leur ayent fait requeste, que de par eux il nous voulsissent très-humblement supplier, que pour le bien & utilité de nosdits sujects & pour la chose publique de nostredit pays, nous voulsissions lesdites Coustumes cy-dessus declarées, auctoriser & les faire tenir pour Loix en nostredit Duché de Bourgongne & Comté de Charrolois, & aussi en nos Terres d'oultre Sone & ressort de nostre Parlement de sainct Laurent, où on n'use point de Droict escrit : Et ordonner qu'il ne soit nul besoing aux parties qui en auront à faire de les prouver, ains qu'elles soient tenues pour Loix en nosdits pays : Et avec ce d'abolir toutes autres Coustumes qu'on voudroit dire Coustumes, excepté celles dont cy-dessus est faite mention, & qu'au surplus tout ce que adviendra esdits Duché, Comté & Terre d'oultre-Sone, au dehors desdites Coustumes, soit determiné & reigié selon Droict escrit.

LAQUELLE requeste nostredit President & autres Gens de nostredit Conseil ont volontiers ouye & receue ; & pour icelle entretenir & accomplir, nous ayent envoyé par nos amez & feaux, maistre Esme Boufeaulx, Licencié ès Loix, Chanoine & Tre-

---

a CHAP. XIII. ART. 5. *parcours* ; c'est-à-dire, *usage*.

b ART. 6. *Gens de poete.* De poete ou pôte, qui sont roturiers, *in potestate constituti*.

c ou à ses officiers. *Id est, ad judicem Regium ordinarium superiorem dicti domini. Ad hoc Jo. Fab. §. universitatis. Instit. de rer. divis.* C. M.

d ART. 7. *qui est à present.* Car il ne ressortissoit au Roy ny au Parlement de Paris, il ne devoit que hommage au Roy à cause du Duché. C. M.

e CHAP. XIV. *sont uniformes. Etiam* le droict d'hypotheque. *Molin.* Bourbonnois, art. 23. *Chop. Paris. lib. 2. tit. 8. num. 3.* T. C.

sorier de l'Eglise de Chalon, & messire Guy Poinceot, Chevalier, Seigneur d'Esquilly, nostre Chambellan, & ledit maistre Jean George, tous nos Conseillers deputez & commis par lesdits des trois Estats lesdites Coustumes, & bien au long escrit de ceste matiere, & de la maniere de proceder, & leur advis sur icelles, & avec ce nous ayent par iceux nos Conseillers, fait supplier & requerir de par lesdits des trois Estats, que veues par nous lesdites Coustumes ainsi redigées par escrit, nous voulsissions icelles confirmer, ratifier & auctoriser, & sur ce octroyer ausdits des trois Estats, nos Lettres Patentes en forme deue.

POUR CE EST-IL, que nous les choses dessusdites considerées, & veu sur icelles l'advis dudit maistre Girard de Plaine, nostre President, & autres Gens de nostredit Conseil à Dijon, contenant en effect que ferions le bien & utilité de nosdits pays & sujects, d'accorder ausdits des trois Estats leurdite requeste & supplication, sous les conditions declarées en leurdit advis; & sur le tout eue grande & meure deliberation en nostre Conseil estans lez Nous, pour ce assemblez en grand & notable nombre, toutes & chacunes les Coustumes cy-dessus declarées, ainsi & par la forme & maniere que elles sont cy-devant redigées par escrit.

AVONS pour Nous, nos Hoirs & Successeurs Ducs & Duchesses de Bourgongne, Comtes & Comtesses de Charrolois, & Seigneurs & Dames des Terres d'oultre-Sone, & lesdits ressorts; de nostre certaine science, auctorité & grace especiale, grées, louées, approuvées, confirmées & auctorisées, greons, louons, approuvons & auctorisons par ces presentes, & voulons & ordonnons qu'elles soient d'oresenavant reputées & tenues; & nous-mesmes par cesdites Presentes les reputons & tenons pour Loix en nosdits Duché de Bourgongne, Comté de Charrolois, Terres d'oultre-Sone & ressort de sainct Laurent, ès lieux où on n'use pas de Droit escrit, comme dit est, en telle maniere qu'il ne soit nul besoin aux parties qu'en auront à faire en toutes causes, querelles, procès & poursuites à mouvoir & commencer, & après la promulgation & publication de cestes, de les prouver.

ET avons ordonné & ordonnons par l'advis & du consentement que dessus, que nulles parties plaidoyans pardevant quelque Juge que ce soit, de nosdits Duché de Bourgongne, Comté de Charrolois, Terre d'oultre-Sone & ressort de saint Laurent, auquel lieu on n'use point de Droit escrit, comme dessus est dit, ne soient receues à proposer ne mettre avant aucunes autres Coustumes, soient generales, particulieres ou locales, sinon celles dont cy-dessus est faite mention.

ET oultre-plus, de nostre certaine science, voulons & desirons nosdits pays estre reiglez & gouvernez par une mesme Loy & Police.

ET pour ce avons aboly & abolissons par ces mesmes Presentes, toutes autres Coustumes generales, particulieres & locales, qu'on voudroit ou pourroit dire & alleguer estre Coustumes ès pays & lieux dessusdits; & si aucuns cas advenoient qui ne fussent comprins esdites Coustumes par nous approuvées, comme dit est, ou que par icelles ne se puissent decider: Nous voulons & ordonnons qu'on y procede & qu'on y face selon disposition de Droict escrit, tant en nosdits Duché de Bourgongne, Comté de Charrolois, comme en nosdites Terres d'oultre-Sone, & ressort de sainct Laurent.

ET avec ce voulons & ordonnons, que lesdites Coustumes ainsi par nous auctorisées, ne soient interpretées par aucuns faits n'usages qu'on pourroit proposer & alleguer sur icelles, & qu'à iceux faits ou usages alleguez pour l'interpretation d'icelles, les parties ne soient aucunement receues, mais soient deboutées (a) par fin de non recevoir, & qu'icelles Coustumes ainsi par nous auctorisées soient declarées & interpretées selon Droit escrit, & non autrement,

ET au surplus avons reservé & reservons à nous & à nosdits successeurs de pouvoir corriger, amender & reformer lesdites Coustumes, toutes & quantesfois qu'il nous plaira, & qu'il sera trouvé par nous & les Gens de nostre Conseil estre expedient & necessaire, de faire appeller lesdits des trois Estats pour le bien de nosdits pays & sujects.

ET avec ce declarons que nous n'entendons point sous umbre desdites Coustumes, aucunement desroguer ne prejudicier en autres choses à nos droits, n'aussi au droit de nos sujets, qu'ont (b) & peuvent avoir par privilege de nous ou de nos predecesseurs, & desquels ils seront en possession & jouissance.

ET entendons que lesdites Coustumes cy-dessus declarées & escrites, auront lieu tant seulement au regard des procès, querelles & poursuites qui sont à advenir, & qui seront commencées après la publication & promulgation d'icelles, comme dit est (c).

ET au regard des procès qui sont commencez avant la date de cestes, & sur les-

a soient deboutées, *alias*, reboutées.
b qu'ont, *alias*, qu'ils ont.

c comme dit est. *Leges enim dant formam futuris negotiis, non præteritis.*

quels la demande sera faite & formée en jugement, ils seront jugez selon les usances & Coustumes qu'avoient cours esdits pays avant la publication & promulgation desdites Coustumes.

Si donnons en mandement à nos amez & feaux Chancelier & Gens de nostre Conseil, estans lez Nous, au Chef de nostredit Conseil & Presidens de nos Parlemens de Bourgongne, à nos Baillifs de Dijon, Chalon, Ostun, Auxois, la Montaigne & de Charrolois, & à tous nos autres Justiciers & Officiers quelconques de nosdits Duché de Bourgongne, Comté de Charrolois, Terre d'oultre-Sone & ressort de saint Laurent, & à tous autres à qui se peut & pourra toucher & regarder, leurs Lieutenans presens & advenir, & à chacun d'eux si comme à luy appartiendra, que les dessusdites Coustumes, & toutes & chacunes les choses cy-devant touchées, ils gardent, entretiennent & observent, facent garder, entretenir & observer ès termes de leurs Offices de point en point pour Loix generales desdits pays & ressort, selon leur forme & teneur, & sans faire aller, ne souffrir faire aller aucunement au contraire.

Et afin que nul quel qu'il soit ne puisse pretendre ignorance des Coustumes avant dites, par nous auctorisées, & de tout le contenu en cesdites Presentes ; Nous voulons que cesdites mesmes Presentes soient publiées en chacun de nos Bailliages de nosdits Duché de Bourgongne, Comté de Charrolois, Terre d'oultre-Sone, & ressort de saint Laurent, ès lieux dessusdits où on a accoustumé de faire cris & publications.

Et pour ce aussi qu'il est vray-semblable que desdites Coustumes on pourra avoir à faire en plusieurs & divers lieux : Nous voulons qu'au vidimus de cesdites Presentes fait sous seel authentique, signé d'aucuns de nos Secretaires ou Greffiers, soit foy adjoustée comme au present original.

Et à fin que ce soit chose ferme & stable à tousjours, nous avons fait mettre nostre seel à ces presentes. Donné en nostre ville de Bruxelles, le vingt-sixiesme d'Aoust, l'an de grace mil quatre cens cinquante & neuf.

Ainsi signé,

Par Monseigneur LE DUC, en son Conseil, auquel l'Evesque de TOUL, le Sire de CROY, Comte de Porcien ; le Comte de CHARNY ; messire JEAN JOUARD, Juge de Besançon ; maistre JEAN JACQUELIN, Gouverneur de la Chancellerie de Bourgongne, & plusieurs autres y estoient.

Signé, DE REIREST.

PROCÉS VERBAL

FIACRE HUGON DE LA REYNIE, sieur dudit lieu & de Barjon, Conseiller du Roy & President en sa Cour de Parlement de Dijon : Jacques des Contes de Vintemille, & Jean Begat, Conseillers en ladite Cour. Sçavoir faisons : Que le premier jour de May, mil cinq cens soixante & dix : maistres Pierre Sayve, Abbé de sainte Marguerite & doyen de la sainte Chapelle du Roy audit Dijon : Charles de Malain, Chevalier de l'ordre : sieur de Missery & Hugues Tisserant, Viconte, Majeur de la ville de Dijon, esleuz des trois Estats du Pays & Duché de Bourgongne : Nous ont presenté certaines lettres patentes, données à Paris, le douziesme jour d'Avril dernier, dont la teneur ensuit.

CHARLES par la grace de Dieu, Roy de France, à nostre amé & feal Conseiller & President en nostre Parlement de Dijon : M. Fiacre Hugon de la Reynie : Salut & dilection. Nos tres-chers & bien amez les gens des trois Estats de nostre Duché de Bourgongne, pour faire corriger, amplier & interpreter les Coustumes generales dudit pays, afin d'eviter les incommoditez & differens, que l'obscurité, depravation & peu d'intelligence estant en beaucoup de points & articles d'icelles, apportent à nos sujets, auroient ès années mil cinq cens soixante-deux & soixante-sept obtenu lettres patentes de nous, desquelles les vidimus sont attachez à ces presentes, souz le contreseel de nostre Chancellerie, en vertu desquelles nostre amé & feal Conseiller & premier President en nostre Cour de Parlement de Dijon (a), appellé avec luy quelques Conseillers de nostredite Cour : Et le conseil & Greffier desdits Estats, auroient procedé à l'ampliation & interpretation desdites Coustumes. Ce que lesdits Estats assemblez au mois de Fevrier dernier, auroient deliberé estre parachevé : pareillement de faire corriger en icelles Coustume certains articles y contenuz ; Mais à l'occasion de ce que ledit de la Guesle a esté prouveu de l'office de nostre Conseiller &

a *President au Parlement de Dijon*, M. Jean de la Guesle.

Procureur general à Paris, lesdites corrections & interpretations, ont esté discontinuées, surquoy lesdits Estats, nous ont très-humblement requis les prouveoir.

Pour ce est-il, que nous desirans lesdits gens des trois Estats, estre relevez des procès & incommoditez, que l'obscurité desdictes Coustumes leur apportent: Et afin de parachever une œuvre tant utile & necessaire, aussi en consideration que ledit de la Guesle, de present exerceant ledit estat de Procureur general, ne pourroit delaisser ladite charge: Vous avons commis & subdelegué, commettons & subdeleguons, par ces presentes, pour en son lieu & place proceder au parachevement des corrections, modifications, ampliations & interpretations desdites Coustumes, selon & ensuivant nosdictes premieres lettres, & les deliberations d'iceux Estats: vous donnant de ce faire, circonstance & dependance, tel & semblable pouvoir & commission, que avoit iceluy de la Guesle, premier President, par nosdictes premieres lettres: Pour le tout mis & redigé par escrit, estre apporté pardevers nous en nostre privé Conseil ou en nostredicte Cour de Parlement, afin d'y estre auctorité, homologué & approuvé, ainsi que le contiennent nosdictes lettres. Car tel est nostre plaisir. Donné à Paris le douziesme jour d'Avril, l'an de grace mil cinq cens soixante & dix: Et de nostre regne le dixiesme. *Signé*, par le ROY, en son Conseil estably à Paris près Monseigneur le Duc. Morin. Seellees à cire jaulne à simple queue de parchemin.

Suivant lesquelles lettres patentes, ils nous ont requis proceder au parachevement des corrections, modifications, ampliations & interpretations des Coustumes dudit pays, selon les lettres patentes cy-devant expediées par le Roy, les sixiesme de Juin, mil cinq cens soixante-deux, & vingt-sixiesme Mars, mil cinq cens soixante-sept. Et ensuivant les deliberations desdits Estats, des vingtiesme de May, mil cinq cens soixante, troisiesme May, mil cinq cens soixante trois, vingtiesme Avril, mil cinq cens soixante-six, & cinquiesme Fevrier, mil cinq cens soixante & dix: Desquelles ils nous ont fait apparoir, Et icelles veues par nous, Commissaires susdits, en presence de maistre Claude Bretaigne, Conseiller du Roy en ladite Cour: Avons declaré, que procederons suyvant la volonté du Roy.

Et le lendemain deuxiesme dudit moys, furent assemblez en la chambre desdits Esleuz, lesdits Sayve, de Malain & Tisserant, esleuz dudit pays: maistres Odinet Godran & Joseph Gaultier, docteurs ès droicts & Chanoines de la saincte Chapelle du Roy, audit Dijon, deputez pour l'Eglise: Pierre de Corcelles, Chevalier de l'ordre, sieur & Baron d'Auvillars & Jean de Bouton, sieur de Bonjouan & de Corberon, pour la noblesse: maistres Claude Grosser & Guillaume Royhier, advocats en ladite Cour de Parlement, pour le tiers Estat, du Bailliage dudit Dijon. Maistre André Ferrand, Chanoine d'Ostun, pour l'Eglise: messire Jean de la Fin, Chevalier de l'ordre, Chambellan ordinaire du Roy, sieur de la Nocle, pour la noblesse: & maistre Claude Berthault, Eschevin dudit Ostun, pour le tiers Estat, du Bailliage d'Ostun. Maistre Pierre Naturel, Docteur ès droicts, chantre & official, & François Philippes, Chanoine & Tresorier de Chalon, pour l'Eglise: messire Nicole de Baufremont, Chevalier de l'ordre, Baron de Seneçey, & Bailly dudit Chalon, & Petrarque du Bled, sieur de Cormatin, pour la noblesse: maistres Anthoine Faton & Jean Gantheron, Eschevins dudit Chalon, pour le tiers Estat dudict Bailliage de Chalon. Maistre Lazare Tixier, Doyen de Saulieu, pour l'Eglise: messire Marceau de Choiseul, sieur de Chevigny & Jean de Malain, sieur de Montigny, pour la noblesse: & maistre François Bretaigne, lieutenant general au Bailliage d'Auxois, pour le tiers Estat dudit Bailliage. Maistres Nicolas de Damas, Doyen de Vergy & Hambert Simon, Chanoine de la Chapelle aux Riches, pour l'Eglise: messire Jean de Martigny, Chevalier, sieur de la Ville neufve & Claude de la Toux de Pradines, sieur de Poinsson, pour la noblesse: & maistre Esme Remond, advocat à Chastillon, pour le tiers Estat du Bailliage de la Montaigne. Maistres Pierre Gayant, Prieur de la Magdelaine de Charrolles: Jean de Lusy, Docteur ès droits, Vicaire à Paroy, & Jean Guerault, Official de Thoulon: & Hugues Dagonneau, Curé de Charrolles, pour l'Eglise: messire George de la Guiche, Chevalier de l'ordre, sieur de Chevignon & Anthoine de Thenarre, sieur de Soubzterrain, pour la noblesse: maistre Guillaume Bermot, Notaire Royal demeurant à Paroy, pour le tiers Estat du Bailliage de Charrolois. Charles de Montconys, sieur de Montcoys: maistres Estienne Ginet & Jean Regnard, Greffier des Estats d'Auxonne & plusieurs autres. Lesquels en ensuivant les resolutions des Estats generaux, cy dessus mentionnées, mirent en deliberation les articles y designez, pour sur iceux prendre une conclusion finale, en presence de maistres Marc Fyot, Conseil desdits Estats, Guillaume de Montholon & Bernard des Barres, Advocats en ladite Cour, par eux appellez pour Conseil. — Comparutions des trois Estats.

Et le neufiesme dudit mois, estans en ladite Chambre, où assistoient lesdits Esleuz & deputez, Nous fust remonstré par ledit Sayve, que les Estats dudit pays avoient resolu, ès convocations des années, mil cinq cens soixante-trois, soixante-six & soixante-dix: Qu'il seroit procedé à la reformation & interpretation de ladite Coustume, par les deputez qui sont denommez ès deliberations, ou en deffaut d'aucuns par les presens, nonobstant oppositions ou appellations quelconques. Que combien qu'ils eussent dès long temps procuré l'execution desdites deliberations, toutesfois aucune chose n'en estoit succedé, à cause des guerres civiles & autres empeschemens, jusques en l'an mil cinq cens soixante & neuf, que lesdits sieurs de la Guesle, de Vintemille, Begat & Bretaigne, auroient dressé certains cayers, contenans interpretation & declaration des articles plus obscurs, & ambiguz de ladite Coustume: Sur lesquels lesdits Estats, en l'assemblée generale, qui fut au mois de Fevrier audit an, mil cinq cens soixante & dix, resolurent, que lesdits cayers, ensemble certains articles proposez par la noblesse, & respondus par les gens d'Eglise, seroient envoyez aux deputez de chacun Bailliage, pour estre faicte conference, & que lesdits deputez se retrouveroient en la presente ville, le premier jour du moys de May: Pour sur lesdites conferences & procès verbaux, qui par eux seroient apportez, prendre une resolution finale du tout. Suivant laquelle resolution, lesdits cayers & articles, auroient esté envoyez par tous lesdicts Bailliages, dont la pluspart n'avoient dressé ou envoyé aucuns procès verbaux; mais au jour assigné, auroient comparu, reservé deux ou trois: Nonobstant l'absence desquels, avoit esté passé outre. Et pour le regard des presens, les deputez de l'Eglise d'Ostun & du tiers Estat, tant dudit Ostun, que de Chalon, Auxois & de la Montaigne, s'estoient opposez; le Viconte, Majeur & Eschevins de ladite ville de Dijon, ensemble les Officiers du Roy, au Bailliage dudict Dijon, avoient interjecté certaines appellations à la Cour: nonobstant lesquelles, lesdits esleuz & deputez, auroient passé outre, suivant les deliberations des Estats generaux. Et après avoir longuement conferé ensemble: Les Ecclesiastiques, ceux de la noblesse, & aucuns du tiers Estat, seroient demeurez d'accord de certains articles, qu'ils nous presenterent. Et quant aux conferences desdits Bailliages & cayers, mis par escrit, par lesdits sieurs de la Guesle, Vintemille, Begat & Bretaigne, avoient deliberé, que la resolution fust remise à l'assemblée generale desdits Estats. Nous requerans vouloir auctoriser lesdits articles à nous presentez,

& iceux homologuer suivant nostredicte commission. Surquoy lecture faicte desdits articles, en ladicte assemblée : & les oppinions particulierement ouyes & receues de chacun desdits esleuz & deputez : Avons octroyé acte au procureur desdicts Estats, du consentement d'iceux esleuz & deputez, tant d'Eglise & Noblesse, que dudict Tisserant, Viconte Majeur dudict Dijon, esleu du tiers Estat : Grostet & Royhier, deputez du tiers Estat, pour le Bailliage dudit Dijon : Estienne Ginet & Jean Regnard, & Claude David, deputez du tiers Estat, pour le Viconté d'Auxonne : Guillaume Brenot, deputé du tiers Estat, pour le Charrolois : & Guy Parisot, deputé du tiers Estat, pour Bourbon Lancys.

Tous lesquels ont loué, approuvé & consenty le contenu esdits articles, & requis qu'ils eussent lieu entre toutes personnes ; & avons ordonné, que le tout seroit mis en nos mains, pour au lendemain, semblable heure & lieu, estre pourveu comme il appartiendroit. Auquel jour lieu & heure, estans en ladite Chambre, où lesdits esleuz & deputez, & autres personnes, estoient assemblez, en grand nombre : Leur fismes entendre sur chacun desdits articles, quelle estoit la consequence de ce qu'ils vouloient adjouster & corriger, qu'ils regardassent ne changer aysément, une Loy tant inveterée, qui estoit comme un bien tout certain, pour en prendre une nouvelle, dont la commodité estoit incertaine : Les exhortant d'y adviser meurement, & ne se precipiter en ce qu'il falloit establir pour une fois. Surquoy lesdits articles par eux repris & mis de rechef en deliberation : Le lendemain, unziesme dudit mois, nous representerent autres articles, lesquels ils requirent estre auctorisez & homologuez, suivant nosdites lettres de commission.

Et le premier jour de Juin audit an, après avoir veu lesdits articles & deliberations desdits Estats, ordonnasmes, iceux & copie des lettres patentes, contenans nostredicte commission, estre envoyez en chacun Bailliage dudit ressort, pour par les Baillifs ou leurs Lieutenans, appellez & convoquez les gens dudict tiers Estat, ou ceux qui par eux seroient deputez, chacun en son Bailliage & ressort, veoir lesdits articles, iceux conferer ensemblement, & nous envoyer dedans le quinziesme jour de Juillet suivant, pour toutes prefixions & delaiz, les deliberations & conclusions, qui par eux seroient prises, sur le fait desdits articles : & s'ils entendoient estre compris, & s'ayder du contenu en iceux. Autrement & à faute de ce faire, & ledit temps passé, seroit par nous procedé, suivant nostredite commission, ainsi que verrons estre à faire.

Et le quinziesme dudit mois de Juillet, ledit Procureur Syndic des Estats, se presenta pardevant nous, & remonstra, que suivant nostre precedent appointement, il avoit envoyé par tous lesdits Bailliages copies desdits articles & de nostredite Commission, comme apparoissoit par les exploits qu'il avoit en main ; requerant, attendu les deliberations desdits Estats, injonctions & commandemens, tant de fois reiterez ausdits Baillifs & leurs lieutenans, qui n'avoient aucunement satisfait, fors & reservé celuy de Chalon, qui avoit envoyé & mis en nos mains un procès verbal, du cinquiesme dudit mois : Il nous pleust passer outre & donner resolution sur lesdits articles, nonobstant l'absence & contumace dudit tiers Estat : Principalement pour le fait des Nobles & gens d'Eglise, qui avoient consenty, agrée & approuvé. Nous avons partant que besoin seroit, donné defaut contre les non comparans : & pour le profit d'iceluy, ayant esgard aux requisitions dudit Procureur Syndic, consentemens & requisitions faites pardevant nous, par lesdits esleuz & deputez. Et après avoir veu les commissions par nous decernées, le premier jour de Juin dernier, exploits & significations d'icelles, actes contenans les oppositions & appellations formées, tant par lesdicts Maire, Eschevins & Officiers du Bailliage de Dijon, que par les deputez de l'Eglise & tiers Estat d'Ostun, & deleguez du tiers Estat desdits Bailliage de Chalon, Auxois & la Montagne, Conclusions prinses par lesdits Estats, qu'il seroit passé outre, nonobstant lesdites oppositions & appellations, & sans prejudice d'icelles, defaux donnez le deuxiesme jour de May dernier, consentement & requisitions dudit Tisserant, Viconte Mayeur dudit Dijon, esleu du tiers Estat dudit pays : Grostet & Royhier, deputez du tiers Estat, dudit Bailliage de Dijon, & deputez du Vicomté d'Auxonne, Bailliage de Charrolois & Bourbon Lancys : & tout consideré, avons octroyé acte audit procureur des Estats, desdits consentemens & requisitions faites par ledit Tisserant, & deputez du tiers Estat, desdits Bailliages de Dijon, Charrolois, Bourbon Lancys & Vicecomté d'Auxonne : Et neantmoins, auparavant faire droit sur l'auctorisation & homologation desdits articles : En ce que concerne ledit tiers Estat, Les parties se pourvoyront sur lesdites oppositions & appellations, ainsi qu'elles verront estre à faire : Pour lesdites oppositions & appellations jugées, estre ordonné ce qu'il appartiendra.

Et entant que touche les Ecclesiastiques & gens Nobles dudit pays, de leurs consentemens, avons ordonné & ordonnons, que les articles de l'ancienne Coustume dudit Pays, contenans les dispositions faites, tant par derniere volonté, que entre vifs, & les successions, seront corrigez, restraints, ampliez & modifiez : & à cest effect adjoustez les articles qui ensuivent.

Articles deliberez & conclus, par les Commissaires, deputez par le Roy, Esleuz & deputez des gens des trois Estats du Duché de Bourgongne, Comté de Charrolois & Vicecomté d'Auxonne, pour estre adjoustez aux Coustumes generales dudit pays, afin d'estre homologuez, observez & tenus pour Loy : suivant ce qu'il a pleu à sa Majesté l'ordonner, sur la requisition desdits Estats.

Entre gens nobles le pere ou la mere, &c. (a).

En tesmoins de ce, Nous avons signé & fait signer par maistre Barthelemy Joly, Commis Greffier desdits Estats cesdites presentes.

Donnez & prononcez à Dijon audit Procureur Syndic, le vingtiesme jour de Juillet, mil cinq cens soixante & dix.

Signée, LA REYNIE. J. DE VINTEMILLE. C. BRETAIGNE.

B. Joly.

---

a *Entre gens nobles le pere ou la mere, &c.* Voyez ces articles à la page suivante. Ils sont inserez chacun à leur place dans le texte de la Coustume cy-devant.

ARREST

ARREST DE LA COUR
SUR L'HOMOLOGATION
DES ARTICLES CORRIGEZ ET REFORMEZ.

VEU la Requeste du Procureur Syndic des trois Estats, du pays & Duché de Bourgongne, A ce qu'il fust procedé à la verification & publication des lettres patentes, en forme d'Edict, données à Paris au mois de Septembre dernier, par lesquelles le Roy auroit auctorisé les articles y contenus, pour Coustume & loy Municipale audit pays: Procès verbal des commissaires, deputez à la reformation de ladite Coustume, du vingtiesme de Juillet mil cinq cens soixante-dix. Autres procez verbaux, des quinze, seize, dix-sept & dix-huictiesme de May, & vingt-cinquiesme d'Aoust dernier, contenans l'acceptation faite desdits articles, tant par les Ecclesiastiques & Nobles, en la convocation generalle desdits Estats, que par le tiers Estat: Après plusieurs particulieres assemblées d'iceux, en chacun Bailliage: Conclusions du Procureur general, & tout consideré, la Cour, les Chambres assemblées, a ordonné & ordonne, que lesdites lettres seront leues, publiées & registrées: & ensuivant icelles, lesdits articles à l'advenir gardez & observez pour Coustume & loy Municipale, entre toutes personnes, tant Ecclesiastiques, Nobles, que du tiers Estat dudit pays subjets à ladite Coustume: & à cest effect mis & adjoustez au livre d'icelle, selon qu'ils seront cy-après declarez: A sçavoir, au tiltre *Des successions* les articles suivans, après le cinquiesme article commençant, *Le testateur par testament*.

Articles Corrigez & Reformez.

PRemier, Entre gens nobles, le pere & la mere deuement auctorisée ou la mere après le trespas de son mary, peuvent partir & diviser tous & chacuns leurs biens, meubles & immeubles, entre leurs enfans, emancipez ou en puissance; & vaut ladite disposition & partage, sans que lesdits enfans puissent aller au contraire: pourveu que icelle disposition & partage, soient faits vingt jours avant le trespas desdits pere ou mere, autrement ne vaudront & demeurera la succession *ab intestat*.

Deuxiesme, Au cas que par ladite disposition ou partage, fust moins delaissé aux enfans, que la legitime, qui par droit escrit leur appartient: C'est à sçavoir, le tiers de ce que chacun d'eux eust receu *ab intestat*, s'il a quatre enfans ou moins, ou la moitié; s'il y a plus grand nombre, ladite ligitime sera supplée, par les autres, chacun pour sa contingente part & portion & par ratte: ledit partage neantmoins demourant en sa force & vertu. Et seront lesdits enfans saisis & vestus de choses à eux delaissées, par iceluy partage, sans qu'ils puissent autre chose demander, outre ladite legitime & supplément, qui seront faits & donnez: C'est à sçavoir, aux masles, en chevances & corps hereditaires: & aux filles, (si bon semble aux disposans) en deniers, lesdites legitimes deschargées de legs, fraiz funeraux & disposition de derniere volonté.

Troisiesme, Ledit partage se peut faire presens ou absens lesdits enfans, en jugement, ou dehors ou pardevant deux notaires Royaux, ou pardevant un notaire & deux tesmoins, qui signeront suivant l'ordonnance ou bien souz l'escriture & signature du disposant: auquel cas, il sera tenu appeller un notaire Royal & deux tesmoings, & declarer en leur presence, que le contenu en ladite escriture, est la disposition & partage de ses biens, qu'il entend avoir lieu entre ses enfans: Sans que ledit disposant soit tenu lire ou faire entendre le contenu en ladite disposition ausdits notaire & tesmoings, afin qu'elle demeure secrette. Et sera ladite declaration escrite & signée, tant par ledit notaire, que tesmoings, au pied ou au doz de ladite escriture: & est ledit partage revocable jusques au trespas du disposant.

Quatriesme, Et quant aux collateraux, ils pourront librement disposer, soit entre-vifs ou à cause de mort de tous & chacuns leurs biens, sans laisser aucune legitime, selon la forme du droit escrit: Et neantmoins vaudra la disposition, qui sera faite par eux, pardevant deux notaires ou pardevant un notaire & deux tesmoings, ou bien souz l'escriture & signature du disposant: en faisant par luy la declaration susdite, encores qu'il ne survive les vingt jours dessusdicts: Et sera telle disposition revocable, jusques au trespas du disposant.

Cinquiesme, Gens Ecclesiastiques useront (si bon leur semble) de ladicte puissance & auctorité: & pourront faire lesdites dispositions ou partage, entre leurs plus prochains heritiers, par la forme dessusdite: ou bien disposeront librement, tant entre-vifs, que à cause de mort, de tous & chacuns leurs biens, selon que dit est, pour le regard des Nobles.

Sixiesme, Et à faute de disposer, comme dessus, tant par les Nobles, que gens d'Eglise: seront reglées leurs successions, suivant l'ancienne Coustume.

Septiesme, Debtes hereditaires seront payées sur toute la masse hereditaire.

Huictiesme, Tous lesquels articles corrigez & adjoustez, auront lieu entre gens du tiers Estat, comme entre Nobles & Ecclesiastiques sans distinction.

Et après le sixiesme article dudit tiltre *Des successions*, commençant, *Succession en ligne directe ne monte point*, sera mis l'article suivant.

Neufiesme, Les successions des descendans aux ascendans seront reglées selon l'article de la Coustume, laquelle pour ce regard, demourera en sa force & vigueur: nonobstant l'Edict donné à sainct Maur, au mois de May, mil cinq cens soixante-sept, pour le fait du reglement de la succession des meres à leurs enfans: auquel Edict a esté derogé pour le regard dudict pays de Bourgongne subject à ladite Coustume.

Et soubs le tiltre des enfans de plusieurs licts, après l'article final, commençant, La Femme qui est Bailliste ou administratrice, sera inseré l'article ensuivant

Dixiesme, Sera tenue la femme, faire mettre par inventaire par notaire Royal ou officiers des lieux, deux desdits parens plus prochains appellez, tous les biens meubles & immeubles desdits enfans, sans en rien receller, & dont elle se purgera par serment : Lesquels meubles, ensemble les fruicts desdits immeubles seront subjets à restitution, au cas qu'elle convolle en secondes nopces : Auquel cas elle perdra la Balistrie & administration; & sera tenue faire pourvoir d'autre tuteur & administrateur à sesdits enfans & rendre compte de son administration avant que se marier. Et de tout ce que dessus, sera tenue bailler caution suffisante, prenant ladite Balisterie. Et audit cas de secondes nopces, ou ayant satisfait à ce que dessus, demeurera seulement chargée de sa portion des debtes, & aura ses droits, suivant ladite Coustume & son traicté de mariage. Et a esté dérogé à tous articles escrits en ladite Coustume contraires à ce.

Et soubs l'article des Rentes vendues à rachat, après le premier article, commençant, Rentes vendues, sera mis l'article qui s'ensuit.

Onziesme, Les rentes constituées & acquises à prix d'argent, seront perpetuellement rachetables, & neantmoins reputées immeubles.

Fait à Dijon en Parlement, le quinziesme jour du mois de Decembre, mil cinq cens soixante & quinze. Et ledit jour lesdites lettres ont esté leues, publiées & verifiées audit Parlement, le Syndic dudit pays ce requerant, par maistre Pierre Morin, Conseil desdits Estats, & le Procureur general du Roy ouy.

Signé, B. JOLY.

*J'AY inseré à la fin des Coustumes l'Assiette ancienne de Bourgongne, extraicte de la Chambre des Comptes, par laquelle l'on pourra congnoistre à quel prix l'on peut acheter ou vendre terres seigneuriales : Et parce qu'il y a plusieurs redevances qui sont à present en plus grande estimation & valeur qu'elles n'estoient au temps passé : Après en avoir communiqué avec les œconomes ayans congnoissance de tel fait, j'ay marqué (par leur advis) en tel signe * ce qu'est observé de ladite Assiette par les vigilans peres de famille encores pour le jourd'huy, en achetant ou vendant, & le surplus non marqué n'est plus en usage, pour raison de la mutation de la valeur & estimation.*

FORME DE FAIRE ASSIETTE DE TERRE au Duché de BOURGONGNE.

LA Justice haute, moyenne & basse, se prise le dixiesme de ce que le revenu de toute la terre vaut par an.

* La taille d'un homme taillable haute & basse, se taxe la dixiesme partie de ce qu'il a payé en dix années.

* Forteresse estant en suffisant estat, doit estre prisée la dixiesme partie de ce que le revenu de la terre vaut par an; & s'il y a autres maisons, vergiers ou courtils, ils seront prisez la dixiesme partie de ce qu'ils auront valu en dix années.

* La Justice qui n'est pas en haute Justice, ains basse & moyenne, sera prisée la vingtiesme partie du revenu par an, de ce qui est sous ladite basse & moyenne Justice.

* Et s'aucunes choses sont tenues en fief de celuy qui baille & delivre l'assiette, ledit fief sera taxé la dixiesme partie de la valeur & revenu de la chose feodale; & les riere-fiefs la vingtiesme partie. Et pour la Justice haute, moyenne & basse, l'on prend le dixiesme du revenu du fief; & du riere fief le vingtiesme.

* *Item*, Main-mortes se mettent en assiette pour la dixiesme partie de ce que se tient en main-morte.

* Censives portans lots, ventes & amende, si la partie n'est de cinq sols, elle se double; & s'elle monte cinq sols ou plus, elle ne se double pas.

* Franchises qui sont deues à jour certain où il y a amende pour default de paye, qui ne monte cinq sols, se doublent; & si elles montent cinq sols ou plus, elle ne se doublent pas.

* Rentes en deniers qui ne croissent ne decroissent, seront mises à prisées de ce qu'elles vallent par an.

* Au regard des menues rentes, elles ne se doublent point.

* Rentes muables, comme fours, moulins & autres qui se baillent par admodiation, qui croissent & descroissent seront taxées la dixiesme partie de ce qu'elles auront valu en dix ans.

* Fours & moulins bannaux sont prisez la dixiesme partie de ce qu'ils auront valu en dix ans, desduite la mission qu'ils auront cousté à maintenir.

* Un colombier se prise la dixiesme partie de ce qu'il a valu en dix ans, desduit ce que l'on donne aux colombs, ou pour chacun pertuits dudit colombier fourny de colombs un denier tournois, & le pertuis non fourny, une obole par an; & s'il n'y a nuls colombs, soixante sols tournois.

* *Item*, Qui seroit tenu de bailler en assiette aucunes rentes ou choses de franc aleu, & l'on la baille en chose feodale, ledit franc-aleu vaut plus le dixiesme.

* Une soiture de pré se doit mettre en assiette, selon le lieu où elle est assise, pour le dixiesme de ce qu'elle a valu en dix ans.

* Rivieres bannales se doivent mettre en prisée semblable comme le pré.

Saulciz situez en vignoble, chacune teste sera prisée deux deniers fors, & sera rabatu le repos de deux années, pour ce que l'on ne le tond que de trois ans en trois ans; ainsi montera le tiers desdits deux deniers pour teste, deux tiers de denier par an.

* Un arpent de bois revenant, se doit priser la dixiesme partie de ce qu'il vaut en dix ans, s'il chet en couppe, ou selon le temps qu'il chet en couppe.

* *Item*, En grosses & hautes forests, l'on doibt regarder & sçavoir par informations ou autrement deuement, combien le gland & la vente des bois d'icelles forests ont peu valoir en dix ans; & sera mise & prisée la dixiesme partie desdits dix ans.

* Et si lesdites forests, ou aucunes d'icelles, ne portent glands ou autres fruicts, il sera regardé quel prix l'on pourroit avoir pour vendre d'icelles par arpent, & sera prisée & mise en assiette la dixiesme partie.

Pour le tresfond de chacun arpent de bois, l'on met aucunes prisées de douze deniers, ou selon le lieu où ils seront quand ils ne sont de revenue.

L'arpent d'eaue d'estang, d'agot sera mise en prisée pour vingt sols tournois; & sera rabatue la mission qu'il faudra mettre en chaussées & reparations convenables.

L'arpent d'eaue de fontaine, pour vingt-cinq sols tournois.

L'arpent d'estang de riviere ou de ruisseau, quinze sols tournois.

Le gaignage d'une charrue en valée, contenant six-vingts journaux, sera mise en prisée pour dix livres tournois par an.

Le gaignage d'une charrue en montagne, pour six livres tournois par an.

Rentes de bleds, soit de gaignages, moulins, dismes tierces, comme autres quelconques, l'on doit esvaluer les mesures à la mesure de Dijon, laquelle est telle que l'emine contient deux chevaux chargez de bled. Et sera prisée l'esmine de froment vingt-cinq sols fors, que vaillent quarante sols tournois.

L'esmine de tourte sera prisée (mesure de Dijon) trente sols tournois.

L'esmine de seigle, d'orge, & d'aveyne, dite mesure de Dijon, chacune esmine pour vingt-cinq sols tournois.

Le bichot de pois, de febves & de millet, à la mesure de Dijon, & contient ledit bichot huict quarteranches, pour chacun bichot treize sols quatre deniers tournois, qu'est au feur de vingt deniers tournois pour chacune quarteranche.

* Et se taxent les autres mesures en Bourgongne, au regard de la mesure de Dijon.

Un journal de terre en bon lieu, que l'on fait à moitié, sera prisé dix sols tournois.

Un autre journal que l'on fait au tiers, sera prisé six sols tournois.

Un autre que l'on fait au quart, quatre sols tournois: & s'il est en toppe pour default de labourer, dix deniers tournois.

Un journal de vigne en bon lieu de vignoble, lequel journal contient huict ouvrées, l'ouvrée cinq sols tournois, vault le journal à ce prix quarante sols tournois.

Un autre journal de vigne en autre lieu, sera prisé au regard de la partie precedente, selon le lieu où il sera assis.

Un muid de vin en vignoble, sera prisé quarante sols tournois; & en autre lieu trente sols tournois.

La corvée de bras d'un homme faite en Mars, fenoisson & moisson, vaut vingt deniers tournois, par jour.

La corvée d'une femme, faite comme dessus, douze deniers tournois.

La corvée d'une charrue, trois sols quatre deniers tournois.

La corvée d'un faucheur, deux sols six deniers tournois.

La geline, dix deniers tournois.

Le chappon, quinze deniers.

L'oyson, quinze deniers.

La livre de cire, trois sols quatre deniers.

La pinte d'huyle, deux sols un denier tournois.

Un mouton gras avec la laine, treize sols quatre deniers tournois.

Un mouton commun, huict sols quatre deniers tournois.

La brebis avec la laine, cinq sols tournois.

L'aignel, vingt deniers tournois.

Le bœuf tirant, soixante sols tournois.

La vache portant laict, trente sols tournois.

Le porc gras, vingt sols tournois.

Le porc commun de deux ans sans graisse, dix sols tournois.

Item, La place ou le saut d'un moulin desert, est prisée cinq sols tournois.

NOTA, Que douze deniers obole Dijonnois font pour le gros, (dont les cinq vaillent huict deniers tournois) on les peut ramener à la monnoye de vingt deniers tournois pour gros: tellement que vingt-cinq sols monnoye fort courant au Duché de Bourgongne, vallent quarante sols tournois.

Le sols monnoye fort, revient à dix-neuf deniers & un cinquiesme de denier tournois.

Item, Le gros de ladite monnoye fort, vaut en nicquets de Dijon (dont les trois vallent cinq deniers tournois) dix-neuf nicquets & un cinquiesme de nicquet de Dijon.

Les mesures des grains ès Chastellenies du Duché de BOURGONGNE.

DIJON.

EN l'esmine des grains mesure d'ilec a deux bichots, ou bichot deux quartaults, & ou quartault quatre quarteranches, & se mesure au rez, tant bled comme aveine: & les deux quarteranches, à quoy l'on mesure le froment, sont la quarteranche d'aveine à mesurer au rez.

Et est aussi à sçavoir, que treize pintes & demie de la grande mesure de Dijon, font la quarteranche froment : Par ainsi a vingt-sept pintes en la quarteranche d'aveine.

Aussi en l'esmine d'orge mesure dudit Dijon a vingt-huict boisseaux, & le boisseau fait la quarteranche de Dijon.

Talant.

Pareille à la mesure de Dijon.

Lanthenay & Fleurey.

La mesure est semblable à celle de Dijon, quant au bled : & de l'aveine, les quatre esmines de Dijon font cinq esmines de Lanthenay & de toute la Chastellenie.

Vergy.

L'esmine de grains dudit lieu (qui est la plus grand mesure) est pareille à celle de Nuys, ou à deux bichots, ou bichot deux quartaux, & ou quartault six boisseaux.

Item, Treize esmines huict boisseaux (mesure de Vergy) font douze esmines de Dijon.

NOTA, Que l'esmine de Dijon où il y a seize quarteranches font vingt boisseaux rez froment, mesure de Vergy & de Nuys : ainsi les quatre quarteranches de Dijon, font cinq boisseaux de Vergy froment.

Et quant à l'aveine, quarante boisseaux rez de Nuys & de Vergy, font l'esmine aveine de Dijon.

Ainsi les cinq boisseaux font trois quarteranches, mesure dudit Dijon.

Argilly.

En l'esmine de grains a deux bichots, ou bichot, deux quartaux, ou quartault cinq boisseaux, & font les vingt boisseaux l'esmine de Dijon.

Sainct Romain.

Ou bichot de grains mesure de Pomard, Sainct Romain & Beaulne (où est la plus grand mesure) a six boisseaux, ou boisseau a deux quarteranches : & font dix boisseaux & demy l'esmine de Dijon froment.

Aussi les vingt & un boisseaux aveine de Beaulne, font l'esmine aveine de Dijon.

Auxonne & Sainct Jean de Loosne.

La mesure quant à froment & aveyne, est semblable à celle de Brasey, laquelle est plus grande que celle de Dijon d'un dix-septiesme. Et de l'aveine il y a seize boisseaux en l'esmine que l'on mesure au comble, & chauche l'on une fois, & font trente deux boisseaux rez dudit Sainct Jean de Loosne dix-sept quarteranches de Dijon.

Pontaillier.

En l'esmine de grain mesure d'ilec (qu'est la plus grande) a deux bichots, ou bichot à deux quartaux, ou quartault a trois esminottes, en l'esminotte deux boisseaux, & au boisseau deux coppes.

Sainct Seigne sur Vingenne.

Est semblable que celle de Pontaillier, quant au nombre des mesures, combien, que celle de Pontaillier soit plus grande que celle dudit sainct Seigne, de huict boisseaux & demy, quant au froment.

Rouvre.

L'esmine froment de grenier, contenant dix-sept quarteranches, fait treize quarteranches, mesure de Dijon : de l'aveine les seize quarteranches dudit grenier font neuf quarteranches & un quart d'aveyne de Dijon.

Touchant la mesure du marché de Rouvre, elle est semblable à celle de Dijon, tant froment qu'aveyne.

Il a esté trouvé que les seize quarteranches aveyne mesure sainct Louys, font neuf quarteranches & un quart aveine mesure de Dijon : & pour ce est ainsi corrigé.

Fraigne Sainct Mammez.

Ou bichot de grain (qu'est la plus grande mesure) a douze penaux, ou penault deux quartes.

Brasey.

En l'esmine a deux bichots, ou bichot deux quartaux, ou quartault quatre quarteranches ou quatre boisseaux.

NOTA, Que l'esmine de froment, torte & seigle, mesure de Brasey, est plus grande que celle de Dijon du dix-septiesme.

Et quant a l'aveyne, il convient pour une esmine mesure de Dijon, trente deux boisseaux rez de Brasey, auquel lieu a seize boisseaux combles pour l'esmine dudit Brasey, & font lesdits trente-deux boisseaux rez dix-sept quarteranches de Dijon.

La Perriere.

En l'esmine de grain a deux bichots, ou bichot deux quartaux ou deux esminaux, ou il y a quatre boisseaux.

Longeau, Sainct Aulbin & Chaucin.

Ou bichot de grain de Chaucin (qui est la plus grande mesure) a six esmines ou six quartaux, en l'esmine a deux boisseaux, ou boisseau deux quarteranches ou mesures.

Nota, Que ladite quarteranche de Chaucin est plus grande que celle de Dijon du huictiesme, quant au froment. Et font les huict quarteranches froment de Chaucin, neuf de Dijon. Par ainsi faut vingt-sept quarteranches dudit Dijon pour le bichot de Chaucin.

Et quant à l'aveine, la quarteranche de Dijon est plus grande que celle de Chaucin d'une huictiesme partie. Donc l'esmine aveine de Dijon, fait dix-huict quarteranches de Chaucin.

Aussi vingt six bichots du marché, font vingt quatre du grenier.

BAILLIAGE DE LA MONTAGNE.

Salives.

OU muid de grain mesure de Salives (qui est la plus grande mesure) a douze stiers, ou stier quatre quarteaux, ou quartault deux moitons, ou moiton deux mesures ou trois boisseaux, en la mesure, boisseau & demy, quant au froment. Et quant à l'aveyne & orge, il n'y a que seize mesures au stier.

Saulmaize.

Le muid de grain contient douze stiers ou esmines, le stier quatre quartaux, le quartault deux bichots, le bichot deux quarteranches, la quarteranche un boisseau & demy.

Et vaut un stier de Saulmaize où il y a vingt-quatre boisseaux, un stier & demy mesure de Flavigny, quant à grains qui se reçoivent, auquel stier de Flavigny a seize boisseaux.

Quant à l'aveine, le stier de Saulmaize vaut deux stiers à ladite mesure de Flavigny, pour ce qu'il se mesure à comble, & celuy de Flavigny à rez.

Une esmine aveine mesure de Dijon, vault un stier six boisseaux mesure de Saulmaize.

Flavigny.

Ou muid de grain (qui est la plus grande mesure) a douze stiers, ou stier quatre quartaux, ou quartault deux bichots, ou deux moitons, & ou bichot ou moiton a deux boisseaux.

Aignay.

Le muid de grain contient douze stiers, le stier deux esmines, l'esmine deux quartaux, le quartault deux moitons, le moiton deux mesures ou trois boisseaux, la mesure trois coppes.

Et le muid de grain, mesure d'Aignay, fait treize stiers & demy, mesure de Chastillon.

Par ainsi le stier contenant seize mesures d'Aignay, font l'esmine de Dijon, quant au froment.

Duesme.

La mesure est semblable à celle d'Aignay.

Saux.

En l'esmine de grains (qui est la plus grande mesure) a deux bichots, ou bichot deux quartaux, & ou quartault six boisseaux.

Aizey.

Ou muyd de grain d'Aizey & Villers (qui est toute une, & un peu plus grande que celle de Chastillon) a douze stiers, ou stier quatre bichots, ou bichot deux moitons, ou moiton trois boisseaux ou deux mesures.

Dampierre.

Pareille à la mesure de Flavigny.

Villaines.

Ou muyd de Villaines & de Dacy, y a douze stiers, ou stier deux esmines, en l'esmine deux bichots, ou bichot deux moitons, ou moiton deux boisseaux ou deux mesures, la mesure est semblable à celle de Chastillon.

Chanceaux.

Le stier de Chanceaux fait l'esmine de Dijon, & ledit stier contient vingt-quatre boisseaux, mesure d'ilec.

Baigneux.

Le stier & demy dudit Baigneux fait l'esmine de Dijon.

Cosne.

Ou stier a seize mesures, & fait l'esmine de Dijon.

BAILLIAGE D'AUXOIS.

Mantreal.

OU muyd de grain (mesure de Chastelgirard) a douze stiers, ou stier quatre bichots, ou bichot a deux moitons, ou moiton deux boisseaux ou trois mesures. Et font les deux stiers quinze quarteranches & neufiesme de quarteranche de Dijon.

Courcelles, Montigny & Semur.

Ou muyd de grain (mesure desdits lieux) a douze stiers, ou stier quatre bichots, ou bichot deux moitons, ou moiton deux boisseaux.

Et est assavoir que esdits lieux a pareille mesure que celle de Rouvray, quant au froment & seigle ; mais de l'aveine, celle de Rouvray est plus grande, & font huict stiers de Rouvray, neuf stiers de Semur & Courcelles.

Montbart.

Le muid de grain contient douze stiers, le stier quatre bichots, le bichot deux moitons, le moiton deux boisseaux. Et est pareille à celle d'Avalon, quant à l'aveine : & du froment & seigle le moiton d'Avalon avec le quatriesme d'une escuelle, de l'esminage dudit Avalon (dont les six font un moiton, & les trois escuelles un boisseau dudit Avalon) fait le moiton de Montbart.

Avalon.

Pareille mesure que celle de Montbart.

Rougemont.

Les dix bichots de Rougemont, font une esmine de Dijon.

Viel Chastel.

Sont pareilles mesures ou muyd de Rouvray ès grains desdits lieux a douze stiers, ou stier quatre bichots, ou bichot douze moitons, & ou moiton deux boisseaux.

Saulmaize.

Le muid contient douze stiers, le stier huict moitons, & le moiton trois boisseaux.

Grignon.

Ou muid de grain mesure d'ilec (qui est semblable à celle de Flavigny) a douze stiers, ou stier quatre bichots, ou bichot deux moitons, ou moiton deux boisseaux ou deux mesures.

Pouilly.

Le muyd a douze stiers, & aussi en celuy de Bellenot, ou stier a quatre bichots, ou bichot trois boisseaux ; & font les onze boisseaux de Pouilly quinze quarteranches de Dijon.

Arnay.

Semblable mesure que celle de Pouilly.

Viteaux.

Les six stiers six moitons, font trois esmines six quarteranches de Dijon.

Sombernon.

Les vingt quatre mesures font l'esmine de Dijon.

Noyers.

Ou muyd a douze stiers, ou stier huict bichots, & fait le bichot une quarteranche & demie froment ; mesure de Dijon.

BAILLIAGE D'OSTUN ET DE MONCENIS.

Rossillon.

LE stier de grain mesure de Rossillon & Glaine (qui est la plus grande mesure) contient deux esmines, l'esmine deux bichots, le bichot quatre quartes ou trois boisseaux.

BAILLIAGE DE CHALON.

Cusery.

OU bichot (qui est la plus grande mesure) a deux mettres, ou mettre deux quartes, en la quarte deux boisseaux, & au boisseau une coppe & demie.

Gevry près Chalon.

Le bichot contient huict boisseaux, & est mesure semblable à celle de Chalon : & font les deux bichots demie esmine de Dijon.

Saigey.

Ou quartault d'ilec (qui est la plus grande mesure) a huict quarts, & n'y a autres mesures.

Verdun.

Le bichot (qui est la plus grande mesure) contient quatre quartes, la quarte deux boisseaux.

Et vaillent les six bichots deux esmines & demie de Dijon. Ainsi vaut le bichot de Verdun six quarteranches deux tiers, mesure de Dijon.

NOTA, Que les cinq quarteranches de Dijon vallent six boisseaux de Verdun.

Montagu.

Ou bichot (qu'est la plus grande mesure) a quatre quartes, & a la quarte deux boisseaux.

Brancion.

Le bichot (qui est semblable mesure que celle de Tournus) contient quatre quartes, la quarte deux boisseau, le boisseau une coppe & demie, ou deux quarteranches.

Douze bichots froment mesure de Tournus font six esmines mesure de Dijon.

La Colomne.

Semblable mesure à celle de Beaulmont & Brancion.

Et faut sçavoir, que quatre bichots, froment ou seigle, mesure de Tournus, font cinq bichots, mesure de Chalon, ouquel bichot de Chalon a quatre quartes, en la quarte deux boisseaux, & trois boisseaux avoine de Tournus font quatre bichots de Chalon.

Courtevais & Fontenay.

Ou bichot d'ilec (qui est la plus grande mesure) a six esmines, & en l'esmine quatre quartes.

Reduction des mesures de grains designés cy-après, à la mesure de Dijon.

OStun, les onze bichots & demy, font l'esmine de Dijon.

Chalon, deux bichots & demy, font une esmine de Dijon.

Chastillon sur Seine, un stier & deux mesures, dont les seize mesures font le stier, le stier fait une esmine de Dijon, quant au froment ; & de l'aveine, l'esmine de Dijon fait deux stiers trois mesures de Chastillon, & y a ou stier seize mesures.

Beaune, les dix boisseaux & demy font une esmine de Dijon, & les six boisseaux un bichot.

Auxonne, semblable mesure que celle de Dijon.

Semur en l'Auxois, le stier fait neuf quarteranches de Dijon, un boisseau & deux escuelles & demie de Semur, dont les seize escuelles font le boisseau, & les seize boisseaux le stier. Ainsi vaillent les quatorze boisseaux treize escuelles & demye, les neuf quarteranches de Dijon.

Rouvre, les seize quarteranches (mesure sainct Louys) font treize de Dijon, quant au bled : & de l'aveine, les seize quarteranches, ditte mesure, font neuf quarteranches un quart de Dijon.

Nuys & Argilly, les vingt boisseaux font l'esmine de Dijon ; mais veu le compte du Chastellain, les vingt-quatre de Nuys, font l'esmine de Dijon.

Chanceaux, le stier fait l'esmine de Dijon.

Saulx, Pourchanges, pareille mesure que celle de Dijon.

Saulmaize, comme dessus.

Salives, Aigny, le stier d'ilec, fait dix-sept quarteranches mesure de Dijon.

Pontaillier, l'esmine fait dix-huict quarteranches de Dijon.

Chaucin, le bichot fait quatorze quarteranches de Dijon.

Montreal, les deux stiers font à Chastillon & à Chastelgirard dix-sept mesures, dont les seize font le stier de Chastillon, & les dix-huict, l'esmine de Dijon.

Montbart, les deux stiers font l'esmine de Dijon, & les deux moitons dudit lieu, font la quarteranche de Dijon.

Flavigny, le stier fait dix quarteranches de Dijon, & le stier huict bichots, ou seize boisseaux, dont les vingt-cinq boisseaux & demy avec un dixiesme, font l'esmine de Dijon.

Pouilly en l'Auxois, le stier de froment d'ilec a douze boisseaux, qui vaillent huict quarteranches, mesure de Dijon : & quant à l'aveine il y a ou stier douze boisseaux, dont il en faut trente deux pour l'esmine de Dijon.

Villaines en Duesmois, pareille à celle de Chastillon sur Seine.

Verdun sur Soone, les deux bichots aveine vaillent une esmine de Dijon.

Seurre, les deux bichots aveine font l'esmine de Dijon.

Paris, le stier fait six quarteranches & demie de Dijon, & ou stier de froment de Paris, a douze boisseaux, mesure de Paris.

Troies, Bar-sur-aube & Sezenne, le stier desdits lieux fait onze quarteranches & un quart, dont les seize font l'esmine de Dijon.

Sens, le stier fait six quarteranches trois quartes de Dijon.

Moret en Gastinois, le stier fait la demie esmine de Dijon.

Mesure du Vin.

LA queue de vin, mesure & jaulge de Dijon, contient deux muids ou poissons, le muid deux fillettes, la fillette neuf stiers, le stier huict pintes: Par ainsi la queue contient deux cens quatre-vingt huict pintes.

Mesure du Sel.

LE muid de sel contient douze stiers, le stier quatre minots, le minot trente quatre pintes en Esté, & en Hiver trente-cinq pintes mesure de Dijon. Et n'y a par tous les greniers du Duché de Bourgongne autres mesures pour mesurer sel que celles cy-dessus.

Mesure du Journal.

LE Journal de Terre, Vigne & Prey ou Duché de Bourgongne, contient chacun trois cens soixante perches. La perche est de neuf pieds & demy: & pource les trois cens soixante perches quarrées, vaillent cinq cens soixante & dix-sept toises, & trois cinquiesmes de toise prinses au quarré. La toise est de sept pieds & demy: qui sont en pied quarré (pour ledit Journal) trente deux mil quatre cens quatre-vingts & dix pieds.

Mesure de l'Arpent.

L'Arpent de bois, contient quatre cens quarante perches: icelle perche est de neuf pieds & demy, parquoy lesdites quatre cens quarante perches estans en l'arpent quarré, reviennent à toises quarrées, sept cens cinq toises, huict neufiesmes & un quinziesme de toise quarrée, qui sont en une denomination un quarante-trois de quarante cinquiesme: revenans à une toise, moins deux quarante cinquiesme.

Mesure de la Lieue.

LA Lieue de Bourgongne contient cinquante portées de longueur. La portée douze cordes. La corde douze aulnes de Provins. L'aulne deux pieds & demy. Le pied douze poulces. Les douze cordes (qui font la portée) contiennent sept-vingts-quatre aulnes de Provins de longueur. Et lesdites cinquante portées qui font la Lieue complette, sept mil deux cens aulnes de Provins. Ainsi contient ladite Lieue de longueur dix-huict mil pieds, ou deux cens seize mil poulces.

Mesure des Chemins.

OU Duché de Bourgongne, il y a Sentier commun, Chemin finerot & grand Chemin.

Le Sentier, contient un pas & demy de large, qui revient à quatre pieds & demy.

Le Chemin finerot, contient six pas de large, revenant à dix-huict pieds.

Le grand Chemin, contient dix pas de large, revenant à trente pieds.

Le pas doit contenir trois pieds, & le pied douze poulces, le poulce douze lignes,

Des Aulnages.

L'Aulne de Paris contient trois pieds huict poulces quatre lignes.

Et partie en treize, les neuf treiziesmes, font l'aulne de Dijon, tellement que si l'aulne de Paris couste treize livres, celle de Dijon ne doit valloir que neuf livres.

NOTA, Que ladite aulne de Dijon est semblable à celle de Provins, contenant deux pieds & demy, & faut trois aulnes de Dijon pour une toyse.

TABLE DES CHAPITRES DES COUTUMES DU DUCHÉ DE BOURGONGNE.

COUSTUMES GENERALES DU COMTÉ DE BOURGONGNE [a]. 1459.

PHILIPPE par la grace de Dieu, Duc de Bourgongne, de Lothier, de Brabant & de Lembourg, Comte de Flandres, d'Arthois, de Bourgongne, Palatin de Haynault, de Hollande, de Zelande & de Namur, Marquis du sainct Empire, Seigneur de Frise, de Salins & de Malines, à tous presens & advenir, SALUT. Comme par plusieurs fois de la part de nos très-chers & amez les Gens des trois Estats de nostre Comté de Bourgongne, nous ait esté exposé & remonstré, que à l'occasion de ce que les Coustumes (desquelles l'on a usé en nostre Comté de Bourgongne) ont esté souventesfois proposées & prouvées en diverse & contraire maniere; & que par ce diverses sentences & jugemens ont esté rendus, dont plusieurs grands & somptueux procès sont advenus & adviennent journellement. Nos sujets d'iceluy nostre Comté ont souffert & soustenu grands interests & dommages; & à quoy se pourroit bien pourveoir, si lesdites Coustumes (desquelles l'on doit user en nostredit Comté estoit redigées par escrit, & par nous auctorisées, en rejettant tous autres Usages que l'on voudroit ou pourroit proposer, alleguer ou mettre en fait par Coustume generale, & soy reigler au surplus & en tous autres cas selon raison escrite, & la disposition du Droit Civil, en nous requerant sur ce estre pourveu de remede convenable. Parquoy nous leur ayans octroyé nos Lettres Patentes données en nostre Ville de Bruges le unziesme jours de Mars, l'an mil quatre cens cinquante-sept, par lesquelles avons ordonné que par six de nos Conseillers, Gens notables, dont les trois seroient de nos Conseillers tels qu'ils nous plairoit, & les autres seroient nommez par les Gens desdits trois Estats, à sçavoir un de chacun estat, information seroit faite desdites Coustumes & de la maniere comme l'on en avoit jouy, & pour les mettre & rediger par escrit, & les renvoyer à nos amez & feaux nos Presidens de Parlement & Gens de nostre Conseil residans à Dijon, pour les veoir & le tout renvoyer avec leur advis pardevant nous & les Gens de nostre Grand-Conseil estans lez-Nous, pour y faire & ordonner au surplus ce qu'il appartiendroit. Et en ensuivant ce que dit est, après ce qu'avons esté acertenez de ceux qui ont esté nommez par lesdits des trois Estats, c'est assavoir maistre Guillaume Gautier, Chanoine & Archediacre de Favernay en l'Eglise de Bezanson, messire Jean de Beaufort, seigneur de Saniènges, & Loïs Morel chevalier,

a DE BOURGONGNE, Accordées par les trois Estats de ladite Franche-Comté, & redigées par écrit sous l'autorité du bon Duc Philippes, Comte de Bourgongne, en Decembre 1459. *In quas commentaria scribere etiam à primoribus Senatus dum ibi profiterer, anxiè rogatus fueram & cœperam: sed à rege Philippo delatoribus & invidis infœlices aures præbente, pulsus, & aliis negotiis occurentibus, desistere coactus fui.* C. M.

Petremont a écrit sur cette Coustume; sur laquelle il y a des notes de Henry Boquet: & un manuscrit d'observations de M. Boivin President à Bezançou.

& maistre Jacques de Chaffey ; par nos autres Lettres Patentes données en nostre ville de Bruxelles le seiziesme jour de Juing après ensuivant, ayons commis, ordonnez & deputez les dessusdits avec nos amez & feaux Conseillers messire Gerard Vurry Docteur en Loix, Maistre des Requestes de nostre Hostel, & maistre Jean Carondelet, Licencié ès Loix, pour faire lesdites informations, & pour faire mettre & rediger lesdites Coustumes par escrit, appellé avec eux pour scribe nostre amé & feal Secretaire & Greffier de nostre Parlement de Dole, maistre Guillaume de Bercy, pour au surplus en estre fait comme dessus est dit. Par vertu desquelles nos Lettres & Commission, iceux Commissaires après les informations par eux faites, ont mis & redigé par escrit lesdites Coustumes ; & le tout ont renvoyé à nosdits Presidens & Gens de nostre Conseil à Dijon. Lesquels nos Presidens & Gens de nostre Conseil (après qu'ils ont tout veu & visité) nous ont renvoyé lesdites informations, & ce que fait en a esté par lesdits Commissaires. Et pour ceste cause & afin que vueillons sur ce ordonner à nostre bon plaisir, lesdits des trois Estats ont envoyé devers nous certains leurs deputez ; c'est assavoir, nos amez & feaux messire Jean de Neufchastel, seigneur de Montagu, nostre cousin ; Reverend Pere en Dieu l'Abbé de Mont-Benoist ; maistre Jacques de Chaffey, Jean de Salignes & Guillaume de Bercy, à la supplication & poursuite desquels, desirans en ceste partie pourveoir ausdits inconveniens, debats & dommages, & relever nosdits sujets des frais, despens & somptueux procès qu'ils soustenoient. A ceste cause ainsi qu'ils dient, après ce que avons le tout fait veoir & visiter par nos amez & feaux les Gens de nostre Grand-Conseil estans lez Nous, lesquels pour ce ont esté assemblez en grand & notable nombre ; Assavoir faisons, que par l'advis & deliberation de nostredit Grand-Conseil, de nostre certaine science & pleniere puissance, avons ordonné & statué, ordonnons & statuons par Loy & Edict perpetuel, que lesdites Coustumes generales d'iceluy nostre Comté, sont & seront gardées & observées d'oresenavant en la forme & maniere, & de l'effect & substance qu'elles sont cy-après dictées & declarées, sans pouvoir ou devoir estre alleguées, proposées ou escrites ès auditoires & jugemens d'iceluy nostre Comté en autres termes ou substance, que ainsi qu'il est contenu ès Articles qui s'ensuivent.

CHAPITRE PREMIER.

Des Fiefs.

ARTICLE PREMIER.

LE seigneur feodal peut asseoir, & mettre sa main à la chose mouvant de son fief pour deffaut d'hommage non fait (*a*) & fera les fruits siens pendant ladite main-mise : & jusques à ce que ledit hommage luy soit fait, ou deuement presenté, sans toutesfois (à cause dudit hommage non fait) pouvoir prétendre droit de commise contre le vassal.

II. Et si ledit vassal va de vie à trespas, delaissans hoirs succedans audit fief : supposé que ledit seigneur y peut asseoir sa main pour cause dicte (*b*) & sous icelle gouverner ledit fief : Toutesfois il ne fera pas les fruits siens jusques après l'an & jour (*c*) du trespas dudit vassal.

III. *Item*, sera tenu le vassal & son successeur de faire le devoir de hommage à la personne de son seigneur, s'il est au comté de Bourgongne. Et s'il est absent dudit Comté, & qu'il ait demouré dehors quarante jours continuels depuis la main-mise, ledit vassal pourra offrir & presenter ledit hommage en la place & maison dudit seigneur, & dont ledit fief sera mouvant : ou à la personne de son principal officier qui sera lors audit Comté de Bourgongne : Et moyennant laquelle offre ledit seigneur ou son officier en son absence sera tenu de lui bailler jouissance de sa terre.

IV. Le vassal est tenu, après qu'il a fait l'hommage à son seigneur de la chose qu'il tient en fief de luy, de bailler audit seigneur dedans quarante jours après ledit hommage fait, son denombrement & declaration de la chose qu'il tient de fief en forme deue, s'il est audit Comté. Et s'il est absent d'iceluy Comté, à la personne de son principal officier qui sera audit Comté. Et au deffaut dudit denombrement non baillé dedans ledit terme, ledit seigneur peut mettre en sa main ladite chose : & sous icelle la tenir sans faire les fruits siens.

V. Le seigneur du fief, pour cause de foy & hommage à luy non fait, & pour dénombrement non baillé ne peut prendre droit de commise.

VI. Si le vassal par testament, donation à cause de mort, ou par autre ordonnance de derniere volonté fait, dispose, ou ordonne en forme deue des choses qu'il tient en fief, celui ou ceux au profit desquels ledit vassal en aura disposé ou ordonné (comme dit est) (*d*) ne seront tenus de requerir au seigneur feodal son consentement pour en prendre possession. Et s'ils la prennent, ledit seigneur à

a ART. 1. d'hommage non fait. *Non dicit*, droits & devoits, *quia hujusmodi pecuniaria jura ibi sunt in feudis jure publico consuetudinis.* C. M.

Si le vassal étoit reçu en foy, le seigneur ne pourroit saisir faute de payement de droits & devoirs. *Molin. Parisi. art. 1. Glossa 2.* T. C.

b ART. 2. pour cause dicte. *Id est, ex causa prædicta vulgò* faute d'homme. *Et verba* delaissant hoirs, *stant ampliativè, etiamsi supersint vel appareant heredes sive descendentes sive collaterales, aut qualescunque : Idem fortius, si feudum vacat.* C. M.

c après l'an & jour. *Vide* Cambray, chap. 1. *Des Fiefs*, art. 53. *ubi dixi, & ad art. 7. consuet. Paris.* J. B.

d ART. 6. comme dit est. *Scilicet per viam ultimæ voluntatis, etiamsi hic qualiscunque successor possessionem capiat vivo vassallo, dum modo ex titulo ambulatorio, Et non sit penitus incapax, ut §. seq. in fi.* C. M.

cette cause n'y pourra prétendre aucun droit de commise.

VII. En choses feodales & mouvans de fief, les heritiers ab intestat peuvent succeder comme en autres choses, & prendre la possession desdites choses feodales, sans consentement des seigneurs du fief, & sans danger de commise excepté les religieux (*a*).

VIII. Les pere & mere & autres parens peuvent par traité de mariage donner à leurs enfans, freres, neveux, cousins, ou autres parens, les choses qu'ils tiennent de fief : & en peuvent les donataires prendre la possession sans consentement des seigneurs du Fief, & sans danger de commise (*b*).

IX. En partage & division des choses feodales venans par succession de hoirie, n'est point de necessité aux parties, de prendre consentement des seigneurs du fief : pour prendre la possession de ce que par ledit partage leur advient.

X. Le vassal peut assigner à sa femme, les deniers de son mariage, & de son douaire sur choses feodales & en peut la femme ou ses heritiers prendre la possession après le trespas du mary, sans consentement des seigneurs du fief, & sans danger de commise. Et aussi peuvent les vassaux assigner à leurs enfans ou parens, & lignagers (*c*) ce que leur est donné en mariage sur choses feodales : & iceux donataires en prendre la possession, sans consentement desdits seigneurs de fief sans danger de commise.

XI. *Item*, Si lesdits assignaux sont par la femme ou par les enfans, parents ou lignagers, ausquels sont faits lesdits assignaux, ou par leurs hoirs vendus, ou transportez à autres qui ne les peuvent par droit de hoirie racheter (*d*), en ce cas ceux à qui sera fait ledit transport, ne pourront prendre possession sans le consentement du seigneur : & s'ils le font, en cherront en danger de commise.

XII. *Item*, Et si lesdits assignaux faits (comme dit est) sont rachetez par les heritiers des deffunts, qui avoient le droit de les racheter : ils en pourront prendre la possession, sans le consentement du seigneur du fief, & sans danger de commise.

XIII. Le vassal peut (sans fraude, & diminution du fief) bailler ou delaisser à rente, ou cense perpetuelle les heritages qu'il a en ses mains : & que autrefois depuis trente ans (*e*) ont été acensez ou arrentez par lui, ou ses predecesseurs, & ceux à qui il les acensera ou arrentera en pourront prendre possession sans le consentement du seigneur du fief, & sans danger de commise.

XIV. *Item*, Le vassal peut (sans fraude, & diminution du fief) bailler à cense ou rente perpetuelle, les heritages qu'il a à cause de sondit fief, si lesdits heritages sont en ruine, ou inutiles, ou de telle valeur que ce seroit profit au seigneur du fief, s'ils étoient baillez à cense : & ceux à qui il les baillera en pourront prendre la possession sans le consentement du seigneur du fief, & sans danger de commise : supposé que lesdits heritages n'ayent autresfois été baillez à cense, ou rente perpetuelle.

XV. *Item*, Si le vassal (sans fraude, & diminution du fief) baille à ferme ou rente les heritages qu'il tient en fief au temps & terme de vingt & neuf ans & au dessous, celuy ou ceux à qui il les baillera en pourront prendre la possession sans le consentement dudit seigneur, & sans danger de commise.

XVI. Et en autre cas d'alienation, transport ou vendage de chose de fief, commise n'a point de lieu si possession reale n'en est prinse sans consentement du seigneur du fief. Et si ladite possession reale (*f*) en est prinse sans ledit consentement, commise a lieu au profit du seigneur dudit fief (*g*).

XVII. Femmes nobles peuvent acquerir, & succeder en choses feodales aussi bien que les hommes qui sont nobles, excepté les religieuses (*h*).

XVIII. Si le vassal (qui delaisse plusieurs enfans ses heritiers) ordonne en son vivant que apres son decès les maisnez de sesdits enfans reprendront & tiendront en fief leur partage de l'aisné : ou si apres le trespas dudit vassal lesdits enfans en faisant leur partage accordent d'ainsi le faire : supposé que lesdits maisnez esdits cas (*i*) doivent faire ledit hommage à leurdit aisné. Toutesfois ne sera par ce prejudicié au premier seigneur du fief, duquel ledit partage estoit tenu, qu'il ne puisse asseoir sa main ausdits partages desdits maisnez, si ledit aisné ne fait le devoir dudit hommage : ou s'il ne baille son denombrement dedans quarante jours après l'hommage fait : & ne fera point ledit seigneur les fruits siens au prejudice desdits maisnez, au cas qu'ils auront fait leur devoir dudit fief à leur aisné. *Des maisnez, ou puisnez qui reprennent le fief de leur aisné.*

XIX. *Item*, Que pour les dommages & interests que lesdits maisnez ou leurs hoirs auront soustenu, à cause & pour raison de ce que l'aisné, ou ses hoirs n'auront fait leur devoir, de faire envers leur premier seigneur hommage, & baillé le denombrement de leursdits partages, dont ils auront fait devoir, iceux maisnez, ou leurs hoirs, auront leurs recours à l'encontre desdits aisnez ou de leursdits hoirs.

XX. *Item*, Que par ledit fief de partage ne sera point prejudicié audit premier seigneur en ce que ledit fief ne peut cheoir en cas d'ouverture à son profit par felonnie que lesdits maisnez ou leurs hoirs pourroient faire ou commettre à l'encontre de luy, tant en sa personne comme ès autres personnes à luy conjointes exprimées en droit (*k*).

XXI. *Item*, Et semblablement que si lesdits maisnez enfans ou leurs hoirs vassaux de leursdits aisnez ou de leurs hoirs, à cause de partage (comme dit est) commettent felonnie à l'encontre d'eux soit en leurs personnes ou autres personnes conjointes exprimées en droit, le droit de l'ouverture dudit fief sera à iceux aisnez seigneurs.

---

a ART 7. excepté les religieux. *Qui quia incapaces feudorum non gaudent hac immunitate, de qua in hoc §. Scio tamen quod quidam etiam ex ordine togato Sequanorum dicunt quod monachi hic excipiuntur ut possint exercere ius commissi indistinctè etiam in cives munificos a quibus opulentas has fundationes acceperunt, & ideo legunt*, excepté des religieux, *ut vidi in quodam solemni transsumpto. Sed hoc est durum & iniquum & etiam contra. c. ex parte, extra de censib. Ideo puto retinendum communem literam & intelligendum ut dixi.* C. M.

Les articles sept & huit, & autres suivans de ce titre, sont expliquez par du Molin sur Paris, art. 56. n. 20. & 21. J. B.

b ART. 8. danger de commise. *In has consuet. vide Molin. Consil. 3. num. 1.* J. B.

c ART. 10. & lignagers. *Non solùm lateris unae procedunt hæredia, sed etiam ex diverso latere, quia possunt in defectum aliorum de linea succedere : nec etiam hic text. requirit quod sint proximiores in successione qua etiam sunt habiles ad retractum proximitatis per hanc consuetudinem, & expressè per consuetudinem Ducatus, §. 4. dicti tituli, & commissum est odiosum, & multo odiosius dicto retractu.* C. M.

d ART. 11. de hoirie racheter. *Id est, jure retractus cognationis retrahere, & sic sunt penitus extranei & inhabiles ad succedendum etiam omnibus aliis abstinentibus.* C. M.

e ART. 13. depuis trente ans. *Secùs ergo si per triginta annos fuerunt in domanio, & sic desierunt solere concedi.* C. M.

f ART. 16. possession reale. *Secùs de civili ut ex constituto. Sufficiit etiam tacitus consensus patroni, quia dictio.* Sans, *omnem speciem consensus negat. Si ergo dominus fuerit fidejussor vel mandator alienantis vel acquirentis cessat pœna. Adde quæ de interpret. hujus consuet. dixi in consuet. Paris. §. 56. num 28. cum seq.* C. M.

g seigneur dudit fief. *Ista pœna non habet locum in rebus censualibus sed etiam ubi locus est laudimiis, non in feudis* C. M.

h ART. 17. excepté les religieuses. *Cùm ergo sint prohibitæ acquirere, multò facilius cadunt in commissum, Domino etiam neglecto, & sic confirmatur hic interpretatio mea. sup. §. 7.* C. M.

i lesdits maisnez esdits cas. *Vide consuet. Ducatus Burgundiæ. tit. de feudis art. ult. & ibi not. Dixi in consuet. Paris. art. 23. verbo* fief est vendu, *& art. 82. in principio.* J. B.

k ART. 20. exprimées en droit. *Scilicet in usibus feudorum seu consuetudinibus Insubriæ, quas isti putant esse de corpore juris, quem injustum errorem correxi in consuet. Parisi. in Rubtit. 1. ad finem.* C. M.

XXII. *Item*, Que le droit de commise venant à cause de reale possession prinse de la chose feodale de partage, sans avoir de ce consentement, & aussi le droit de retenue appartenant au seigneur feodal, seront & appartiendront audit aisné, comme seigneur immediat dudit fief.

XXIII. *Item*, Par le partage que peut faire en son vivant le vassal entre ses enfans, ou qu'iceux enfans après le trespas de leur pere peuvent faire entre eux (comme dit est dessus) des choses tenues en fief, à cause desquels ledit vassal a aucuns hommages: iceluy vassal ou sesdits enfans peuvent delaisser à l'un des enfans tous lesdits hommages: supposé ores qu'à iceux enfans qui auront lesdits hommages, n'advienne aucune autre chose de ladite chose feodale (*a*), dont dependront iceux hommages.

CHAPITRE II.

Des Gens Mariez.

XXIV. LA femme mariée (soit qu'elle ait pere ou ayeul paternel, ou non) après la consommation du mariage, demeure en la puissance de son mary; tellement qu'elle ne peut faire contrats entre les vifs (*b*); n'estre en jugement sans licence & auctorité de son mary; mais elle peut tester & disposer par testament, derniere volonté ou donation à cause de mort, sans l'auctorité de sesdits ayeul, pere & mary.

XXV. Nobles gens, mariez ensemble, sont communs en biens meubles & en acquests d'heritages, qui sont faits constant le mariage; jaçoit que si le mary survit à la femme, ledit mary demeure seigneur des meubles (*c*).

XXVI. Femme mariée par la Coustume generale du Comté de Bourgongne, gardée entre les nobles, est douée (*d*) à la moitié des anciens heritages de son mary, à vie. Et si elle est mariée à la Coustume generale, gardée entre les bourgeois, elle est douée à la tierce partie de son dot (*e*) & mariage, aussi à vie.

XXVII. Femme mariée par la Coustume generale dudit Comté, gardée entre les bourgeois, est participante avec son mary en acquests de biens immeubles tant seulement faits (*f*) constant le mariage.

XXVIII. Nobles femmes & autres qui seront de franche condition, de quelque estat qu'elles soient survivans à leurs maris, demeureront saisies de la part & portion des biens meubles & acquests, que à elles par Coustume ou par traité de mariage pourra & devra appartenir après le trespas de leursdits maris.

XXIX. La femme de quelque estat qu'elle soit, qu'après le trespas de son mary participe ès meubles ou acquests faits constant le mariage d'elle & de sondit mary, est tenue de payer la moitié des debtes de sondit mary. Et si elle ne prend rien esdits meubles ou acquests, lesdites debtes seront payées par les heritiers du mary.

XXX. En cas que la femme par la participation de meubles ou acquests de son mary, est tenue de payer la moitié des debtes de sondit mary; les creanciers peuvent diriger leur action contre elle pour la portion qu'elle est participante ès biens meubles ou acquests.

XXXI. Deniers de mariage assignez ou promis d'assigner (*g*), & qui payez ne seront, portent arrerages; c'est à sçavoir entre nobles à dix pour cent, & entre autres à cinq pour cent, & commenceront à courir lesdits arrerages depuis le jour que ledit payement sera promis de faire; ou (si terme n'y est mis) depuis le jour de l'interpellation deuement faite.

XXXII. Deniers de mariage donnez & constituez à la femme assignez ou non assignez, sont tenus & reputez pour heritage d'icelle femme & de ses hoirs, s'ils ne sont par convenance ameublez (*h*).

XXXIII. Le mary (constant le mariage) peut disposer & ordonner par donations, vendages, permutations & autres contrats faits entre les vifs des heritages acquis constant ledit mariage, soit que lesdits acquests, soient faits par luy & sa femme conjoinctement ou separement, ou par l'un d'eux.

XXXIV. Le mary (constant le mariage) fait les fruits siens des biens dotaux de sa femme, & de tous autres qui adviendront à icelle par quelque tiltre ou moyen que ce soit. Et pour la poursuite d'iceux, en matiere possessoire, peut ester & comparoir en jugement sans procuration de sa femme. *Le mary peut disposer entre vifs des biens de la communauté.*

XXXV. Si le mary (constant le mariage de luy & de sa femme) retrait ou rachete heritages, censes ou rentes venans de son costé, ou s'il les acquitte de charges ou d'hypotheques, la femme ou ses hoirs ne pourront pretendre aucun droit d'acquest sur lesdits heritages, rentes ou revenues, retraites rachetées ou acquittées, comme dit est, n'aussi partie du prix que ledit mary aura pour ce payé. Et si ledit mary retrait ou rachette aucuns heritages, rentes ou revenues venans du costé de sa femme; ou si (constant ledit mariage) il les acquitte d'aucunes charges ou hypotheques, il ou ses hoirs ne pourront pretendre aucun droit d'acquest esdits heritages, rentes ou revenues, fors que sur iceux prendre & avoir la moitié du prix qu'il en aura payé, si ledit prix n'avoit esté des propres deniers de sadite femme.

XXXVI. L'heritage du mary par luy vendu (constant son mariage) à rachat, sera debt (*i*) durant le temps dudit rachat; & semblablement sera debt l'heritage de la femme ainsi vendu à rachat durant le temps d'iceluy rachat.

XXXVII. Rentes & heritages achetées à rachat, sortissent nature de meubles durant le temps de rachat.

---

a ART. 23. ladite chose feodale. *Hoc valde insulsum & corrigendum per ea quæ scripsi in consuet. Paris.* §. 1. *gl.* 3. §. 35. §. 41. C. M.

b ART. 24. entre les vifs. *Nisi sit publica mercatrix, in eam negociationem compellentibus contractibus ut ibi etiam in judiciis observari vidi: quamvis consuetudo hoc expressè non excipiat.* C. M.

c ART. 25. seigneur des meubles. *Sed non è contra; nec mulier paris est conditionis, ut inf.* §. 35. *in fin.* C. M.

d ART. 26. est douée. *Ita veteres libri etiam Lugduni impressi pro quo recentiores male habent*, donnée. C. M.

e de son dot. *Id est, de tanta summa, quanta tertia pars dotis viro datur, ostendit.* C. M.

f ART. 27. seulement faits. *Hæc duo referuntur post verbum*, faits: *nec excludunt mobilia undecunque venientia, sed tantum præteritos acquestus, ut* §. *seq. ubi vi consuet. habet partem in mobilibus simpliciter, & sic undecunque &* §. 29. 36. C. M.

g ART. 31. ou promis d'assigner. *Et sic*, ja payez, *marito non ut caderet in mobile vel communionem, sed ut reddi debeant: sed quando est mora dotis per dotantem solvendæ recipitur apud Sequanos ut ibi vidi inter nobiles pacisci de septem in centum annuatim quæ est fere duplex centesima: de usuris autem dotalibus dixi in tract. commer. & usur. num.* 525. 538. C. M.

h ART. 32. ameublez, *aliàs*, ameublis.

Ut semper de aliqua modica parte facere solent ut ibi vidi. C. M.

i ART. 36. sera debt. *Id est, etiam si soluto matrimonio fiat redemptio, debet superstes vel ejus hæres mediam partem precii solvere quasi abiisset in creditum, ita etiam intelligitur* §. *seq.* C. M.

XXXVIII. La femme peut faire les fruits siens des assignaux de son mariage, & après le trespas d'elle les heritiers ou ayans cause, sans rien rabatre du sort, jusques à ce que ledit mariage leur soit rendu & restitué.

XXXIX. La femme après le trespas de son mary, demeure saisie de son assignal particulier à elle fait de son dot & mariage par sondit mary; & aussi demeure saisie de son douaire coustumier ou divis.

XL. Le mary mort qui laisse enfans de plusieurs licts, sa femme qui le survit prendra son douaire à la charge des enfans d'elle & de sondit feu mary (*a*); & si elle n'a enfans de sondit feu mary, elle prendra son douaire à la charge des autres enfans d'iceluy mary.

XLI. La femme de quelque estat qu'elle soit, qui se voudra acquitter de payer la moitié des debtes par son mary & elle, deuz au jour du trespas de sondit mary, & qui ne se voudra entremettre ès biens de sondit mary, après le trespas d'iceluy, sera tenue (si elle est au lieu où sondit mary sera trespassé) de faire la renonciation ausdits biens (*b*) de sondit mary en presence du juge ou du notaire, & de tesmoins; ou en presence du curé ou du vicaire du lieu, & de tesmoins au défaut du juge, & de notaire avant que l'on tire le corps du trespassé hors de l'hostel. Et si elle n'est audit lieu, sera tenue de la faire dedans vingt-quatre heures après ce que le trespas de sondit mary sera venu à sa cognoissance) & en ce faisant elle sera quitte des debtes de sondit mary & elle deux, esquelles debtes ne seroit expressément obligée.

XLII. Et s'il est trouvé que lesdictes femmes, soient nobles ou autres, ayent soubstrait & recelé aucuns des biens communs entre leurs maris trespassez & elles; en ce cas elles seront tenues de payer la moitié desdites debtes, nonobstant ladite renonciation. Et n'entend l'on point que par ce ladite femme demoure quitte des debtes par elle faites avant le mariage de son mary trespassé & elle.

CHAPITRE III.

De Successions.

XLIII. Le mort saisist le vif son heritier testamentaire institué (*c*) en testament solennel, ou nuncupatif. Et aussi le mort saisist le vif son plus prochain heritier habile à luy succeder *ab intestat*.

XLIV. Succession *ab intestat* ne monte point en ligne directe, si ce n'est au regard des meubles, acquests & donations faites par les pere & mere, ou par l'un d'eux à leurs enfans. Et succession collaterale aura lieu selon la disposition de droit commun.

Du partage des biens de celuy qui decede intestat, quand il y a enfans de plusieurs lits.

XLV. Quand la personne decede *ab intestat*, ou sans faire ordonnance de ses biens entre ses enfans, & il y a enfans de plusieurs mariages, que la Coustume nomme & appelle de plusieurs licts, la succession du trespassé se part & divise entre lesdits enfans par licts & non par teste (*d*).

XLVI. Les biens ensuivent la ligne dont ils sont mouvans en succession *ab intestat*, c'est assavoir les anciens biens & heritages procedans du costé paternel, escheent aux parens de la ligne paternelle, & les procedans du costé maternel, aux parens de la ligne maternelle, soit en prochain ou en loingtain degré, sauf aux heritiers qui seront prochains au defunct en double ligne, les prerogatives dessusdites; Enquoy sera gardé le droit escrit (*e*).

XLVII. S'il y a enfans de plusieurs freres ou sœurs, ils succedent à leurs grans peres & meres, & aux freres & sœurs (*f*) d'iceux leurs grans peres & meres par lignes & non par testes.

XLVIII. Fille mariée de pere & de mere ensemble, & qui a renoncé aux biens & successions de sesdits pere, & mere: & fait ou promis quittance d'iceux, moyennant son mariage divis à elle par eux constitué, ne peut revenir à leurdite succession ne d'aucun d'eux, tandis qu'il y aura enfans masles, ou autres enfans masles descendans d'eux legitimes (*g*), si par sesdits pere ou mere elle n'y est rappellée.

XLIX. Et si ladite fille est mariée par l'un seul de sesdits pere & mere par mariage divis, & moyennant lequel mariage elle aura (comme dessus) renoncé à ses biens & succession, fait ou promis faire quittance d'iceux, elle ne pourra revenir à ladite succession, tandis (comme dit est) il y aura enfans masles ou autres enfans masles legitimes descendans d'eux, si par celuy de sesdits pere & mere par qui elle aura aussi esté mariée, n'y elle est aussi rappellée.

L. Et n'entend l'on pas parce qui est contenu en ce present article, & au prochain precedent, priver ladite fille des successions collaterales, ne d'autres donations (*h*) que ses pere & mere, ou l'un d'eux luy voudroit faire.

CHAPITRE IV.

De Prescription.

De la prescription de trente ans.

LI. Toutes prescriptions d'heritages, ou debtes du temps & terme de trente ans, & au dessus sont reduites à iceluy temps, & terme de trente ans, & les prescriptions au dessus desdits trente ans,

a Art. 40. sondit feu mary. *Scilicet si etiam si ultimi filii succedunt patri, & si non succedunt, capit super parte hæreditatis quam illi habuissent, & si hi soli succedunt capit super tota hæreditate ut dixi in consiliis meis Dolanis.* C. M.

b Art. 41. ausdits biens. *Quæ capit ratione matrimonii, secus de his quæ capit ex pacto contractus matrimonii; vel etiam quæ capit ex legato mariti in quo est tanquam extranea.* C. M.

La femme renonçant à la Communauté reprend son preciput. Arrest du 9. Aoust 1567. T. C.

c Art. 4.. testamentaire institué. *Scilicet in quota vel asse: Secus si in re tertia nisi esset filius.* C. M.

d Art. 45. & non par teste. *Nisi respectu legitimæ, quæ semper in capita: ut dixi in consiliis Dolanis.* C. M.

e Art. 46. le droit escrit. *Et sic duplex vinculum non excedet fratres & filios fratrum.* C. M.

f Art. 47. & aux freres & sœurs. *Et sic non solum in directa: sed etiam in collaterali: quod est pro opinione Accursii & communi, contra Azo. & Zasium.* C. M.

g Art. 48. descendans d'eux legitimes. *Secus de legitimatis: quia non possunt legitimari in præjudicium hujus exclusionis limitatæ sive consuetudinariæ, sive conventæ. Adde quæ scripsi in consuet. Paris. §. 8. gl. 1. q. 8.* C. M.

h Art. 50. ne d'autres donations. *Inter vivos; multominus à testamentariis.* C. M.

& usucapions de chose meuble demourent selon l'ordonnance & disposition de droit escrit.

LII. L'instance des causes commencées en jugement, ne sera point perie par interruption de temps jusques après trente ans (*a*).

CHAPITRE V.

Du signe Patibulaire.

Des fourches patibulaires tombées.

LIII. LE signe patibulaire de haute Justice cheu par terre, se peut relever & refaire dedans l'an & le jour, après ce qu'il est cheu à terre, sans le congé & licence de monseigneur : Mais l'an & le jour passé, il ne se peut refaire, sans avoir congé & licence de mondit seigneur.

CHAPITRE VI.

D'imposer Aide.

De l'aide en quatre cas.

LIV. LE droit d'induire & imposer & lever aides ès quatre cas accoustumez de faire aide en la Comté de Bourgongne : à sçavoir pour voyage d'outre mer (*b*), nouvelle chevalerie, pour le mariage d'une fille, & pour la prison du seigneur appartient au haut Justicier.

CHAPITRE VII.

Des Sects [c].

LV. AVoir sects & adjouster (*d*) mesures à bled & à vin, sont par la Coustume declarez especes de moyenne jurisdiction, sans prejudicier au droit ou jouissance qu'aucuns particuliers peuvent avoir.

CHAPITRE VIII.

Des Messiers.

LVI. LEs commis à la garde des fruits de terre (que l'on nomme en aucuns lieux messiers, & ès autres bannars) en leurs jurisdictions & territoires, sont creuz par serment de trois sols & au dessous, & non plus haut.

CHAPITRE IX.

Des Bois.

LVII. LE bois acquiert le plain (*e*) en forests bannaux, appartenant aux seigneurs haut-Justiciers ès lieux joignans ausdits bois, qui sont de la haute Justice desdits seigneurs : s'ils n'y a separation de bornes, fossez ou autres enseignes apparentes faisans ladite separation : après ce que par vingt ans continuels ceux à qui seront les terres, y auront laissé croistre le bois.

CHAPITRE X.

Rescousse.

De l'amende de simple rescousse.

LVIII. L'Amende de simple rescousse faite contre Officiers, Sergens Messiers, ou Forestiers, est de soixante sols. Et sera ladite rescousse prouvée par deux tesmoins, outre que celuy à qui ladite rescousse aura esté faite, ou par la confession de celuy qui sera chargé de l'avoir faite, lequel sera tenu d'en dire la verité par son serment, si requis en est.

a ART. 52. après trente ans. *Adde quæ super hoc 5. dixi Consil. 25. num. 10. 11. To. 1.* C. M.

b ART. 54. d'outre-mer. *Suprà* Bourgongne Duché, ch. 1. art. 4. Bourbonnois, art. 344. *ubi dixi.* J. B.

c *Rubrique.* Des Sects. *Vincula sunt lignea quibus pedes & manus includi solent.* C. M.

d ART. 55. & adjouster. *Id est, æquas facere, & consequenter iniquas rumpere, nisi quatenus non dolo, sed usu & intertrimento minores facta sunt, & reduci possunt* C. M.

e ART. 57. *Le bois acquiert le plain.* Le bois acquiert le plain, quand la terre est demeurée sans labeur l'espace de vingt ou trente ans, qui est proche & joignant la forest du seigneur.

CHAPITRE XI.

Espaves.

A qui appartiennent les espaves.

LIX. TOutes espaves advennes & trouvées au territoire d'un seigneur, sont & appartiennent au seigneur haut Justicier dudit territoire quarante jours passez.

LX. Le seigneur haut Justicier, qui a droit d'avoir & prendre espaves, prend celles qui adviennent en sa Justice & seigneurie, & les garde par quarante jours, & durant ledit temps de quarante jours, doit faire crier par trois edicts huictavez (*a*) lesdits espaves. Et se feront lesdits cris & publications ès lieux où l'on a accoustumé de faire cris & publications en la terre du seigneur où lesdites espaves seront trouvées. Et si ledit seigneur n'a lieu accoustumé de faire cris, l'on les signifiera en l'Eglise parochiale: Et si durant lesdite quarante jours celuy à qui est ladite espave vient: & la preuve estre sienne, elle luy est rendue en payant les despens & tous frais de Justice.

Amende contre celuy qui retient l'espave.

LXI. Celuy qui trouve espave, & la retient, sans dedans vingt-quatre heures la signifier à la Justice, ou aux officiers dudit seigneur haut Justicier, au territoire duquel ladite espave est trouvée est amendable de soixante sols envers ledit seigneur haut Justicier, avec restitution dudit espave.

CHAPITRE XII.

Censes.

LXII. CEnses deues porteront pour les seigneurs censables, lots, directe seigneurie, droit de retenue, ou amende selon que lesdits seigneurs auront constitué lesdites censes, ou qu'ils en auront usé.

LXIII. Le seigneur ayant cense sur l'heritage portant lots n'a point le droit desdits lots, si ledit heritage est baillé & transporté par eschange simplement fait & sans soulte d'argent.

Dans quel temps il faut denoncer au seigneur la vente de l'heritage censier.

LXIV. *Item*, Et en ensuivant certain edict autrefois publié audit Comté de Bourgongne, si heritages affets de censes portans lots, sont vendus & alienez, celuy ou ceux qui les auront vendus, seront tenus de denoncer & denonceront la vendue ou transport desdits heritages dedans quarante jours après ladite vendition faite au seigneur censier ou à ses principaux Officiers du lieu dont la cense sera tenue & mouvant, sur peine de soixante sols d'amende à applicquer audit seigneur. Lesquels Officiers enregistreront ou par le clerc & libellance du Bailliage, ou de la Justice de ladite seigneurie, seront sans frais & charges des vendeurs & acheteurs desdits heritages, enregistrer & escrire en leurs papiers & registres le jour de ladite denonciation. Et seront tenus les acheteurs ou acheteur desdits heritages censables ou autres, qui selon la Coustume du lieu, doivent payer les lots du vendage, de les payer, & les payeront au seigneur auquel lesdits lots appartiendront; aussi endedans quarante jours, & sur semblable peine & amende de soixante sols, au cas que ledit seigneur n'aura accepté ou acceptera la retenue du vendage pour le pris de la vendition, & bailler l'argent du pris d'icelle à l'acheteur, endedans lesdits quarante jours.

Amende contre ceux qui eschangent heritages en fraude.

LXV. *Item*, Et pource que par Coustume cy-devant escrite en eschanges (*b*) faits d'heritages censables, n'a point de lots, s'il n'y a soulte d'argent, & que plusieurs fraudes se commettent esdits eschanges, & aussi ès transports que l'on en fait au prejudice des seigneurs censables: ordonné est, que si lesdits vendeurs ou acheteurs font telles frandes de feindre ou de changer ou donner l'heritage chargé de cense, qu'ils vendront veritablement, qu'ils escherront en peine de commise dudit heritage, & le confisqueront au seigneur censier, ou en l'amende de soixante sols au profit d'iceluy seigneur censier, au choix dudit seigneur, après ce que ladite fraude sera prouvée & declarée: sauf avec ce que dit est, lesdits autres droits appartenans ausdits seigneurs censiers, pour en jouir ainsi qu'ils ont accoustumé selon la nature & Coustume des lieux.

LXVI. Et aura lieu ladite Coustume & Ordonnance, touchant lesdites choses constituées, tant au regard de monseigneur, & de ses Barons & Nobles de son Comté de Bourgongne, comme au regard de gens d'Eglise & autres quelconques dudit Comté, ayans cense en iceluy portans lots.

CHAPITRE XIII.

Rachats.

Du retrait lignager.

LXVII. LE parent peut retraire par droit de proximité la chose vendue par son parent (parmy rendant le pris & les fraiz raisonnables) dedans l'an & jour. Et se comprent ledit an & jour, dès le jour de la possession royalle (*c*), prinse par l'acheteur.

LXVIII. Semblablement a lieu ledit retrait en rentes & censes vendues, & assignées sur heritages, & est compté l'an & jour dès le premier payement fait desdites rentes & censes en presence du juge; dont il apperra par acte de Cour ou en presence de tesmoins dont il apperra par instrument.

LXIX. Si plusieurs parens d'iceluy qui aura vendu son ancien heritage, viennent ensemble à la retraite dedans l'an & jour dessus declaré, le plus prochain des requerans de ladite retraite sera preferé aux autres. Et si un desdits parens seul requiert ladite retraite (supposé qu'il ne soit point le plus

a ART. 60. *huictavez*; c'est-à-dire, *par trois huictaines.*

b ART. 65. en eschanges. *Et multominus in donationibus ut inf. sequitur.* C. M.

c ART. 67. royalle, *alias*, réelle. *Continuè & non clandestinè: ut satis infrà, §. seq. ff. §. 70.* C. M.

prochain) il aura ; mais le plus prochain le pourra recouvrer & retraire de celuy qui aura eue ladite retraite dedans quarante jours, à compter du jour que ledit premier retrayant aura prinse la royalle possession de ladite chose retraite en la maniere dessus declarée : pourveu que ce soit pendant l'an & jour du retraict Coustumier.

LXX. L'an & jour que le parent a faculté de retraire l'heritage, la rente ou cense vendus par son parent : auquel vendeur sera par l'acheteur donné rachat, est compté dès le jour de la possession royalle prinse par l'acheteur de l'heritage. Et au regard de la rente ou cense, dès le premier payement fait d'icelle rente ou cense, en presence de juges ou tesmoins comme cy dessus a esté dit. Et les tiendra ledit retrayant à la charge dudit rachat.

LXXI. En retraite d'heritages, chargez de cense portant lots & retenue, le prochain parent du vendeur ne sera point preferé au seigneur censier qui voudra user de droit de retenue (*a*).

LXXII. Retrait Coustumier a lieu pour le prochain parent de celuy, qui baille son ancien heritage à cense, ou rente perpetuelle, & qui en prend pris pour l'entrage (*b*), si ledit pris excede (*c*) la valeur de la cense ou rente, moyennant ce que ledit retrayant demourra chargé de ladite rente ou cense, & rendra le pris & les frais ainsi que dessus est declaré.

LXXIII. Retrait n'a point de lieu, quand l'heritage ancien est vendu au prochain parent du vendeur, qui luy pourroit succeder *ab intestat*, audit heritage.

LXXIV. Retrait n'a point de lieu pour heritages acquestez & vendus par celuy qui les a acquis.

LXXV. Le parent de celuy qui a vendu plusieurs heritages anciens, ensemble les appartenances, sera receu à la retraite de l'un desdits heritages & de sesdites appartenances, sans retraire les autres heritages vendus si bon luy semble.

Le droict de retrait ne peut estre transporté à autruy.

LXXVI. Le parent ne peut transporter le droit de retraction, qu'il a par vertu de la Coustume dessus declarée en la chose vendue par son parent à autre qu'à homme du lignage du vendeur.

LXXVII. Retraite a lieu pour les parens de celuy qui vend heritage ancien, rentes ou censes anciennes, que paravant il a retrait par proximité, & selon ladite Coustume.

LXXVIII. En choses vendues & delivrées par execution & decret de Justice, n'a point lieu retraction pour les parens & lignagers ; mais si le seigneur censier de cense, portant lots & retenue les veut retenir, il le peut faire en rendant le pris, & les frais de l'execution, ou prendre ses lots. Et semblablement a le seigneur du fief la retenue des choses feodales vendues par decret.

LXXIX. Le parent pour avoir la chose vendue, où retraitte a lieu, peut intenter son action alencontre de celuy qui possede la chose vendue : supposé que ledit possesseur ne l'ait point acquise du premier vendeur tout ainsi que contre le premier acheteur. En eschange d'heritage (*d*), rentes ou censes anciennes n'a point de lieu de retraitte s'il n'y a fraude. Et est entendue la fraude (si tantost après l'eschange fait l'une des parties rachete son eschange. Et se pourra a[illegible] par autre maniere pouver ladite fraude, & ceux [illegible] auront fait ledit eschange, seront tenus à la requeste du retrayant d'en respondre par serment & dire la verité.

LXXX. Heritages chargez de rentes ou censes & desquelles aura esté fait une fois payement, seront & demoureront tellement affectez & obligez, que pour les arrerages deuz, ceux à qui appartiendront lesdites rentes & censes, auront leurs recours ausdits heritages, & leurs actions contre les tenementiers (*e*) d'iceux, ou contre les principaux obligez qui ont constitué lesdites rentes & censes si bon leur semble.

LXXXI. L'on ne peut mettre cense, ne rente sur cense au prejudice du premier seigneur censier, & mesmement au regard du droit des lots appartenans audit seigneur en telle maniere que si l'heritage censable portant lots est vendu, l'on prisera les rentes, & censes qui auront esté mises sur ledit heritage, sans le consentement dudit seigneur censable : Et sera jointe ladite estimation avec ledit pris, & de tout sera payé le droit de lots.

LXXXII. L'adveu emporte l'homme, quand il est detenu prisonnier pour cas criminel : dont punition corporelle se doit ensuivre : & doit estre rendu au seigneur à qui il s'advoue, si avoir le veut, s'il a puissance de cognoistre & juger dudit cas. *De l'adveu d'un criminel par le seigneur.*

CHAPITRE XIV.

De la Main-morte.

LXXXIII. L'Homme de main-morte (*f*) ne peut prescrire, n'acquerir franchise ne liberté contre son seigneur (fors qu'au cas cy-après declaré) & sans avoir tiltre valable, & laps de temps ne luy peut profiter quelque part qu'il voise demourer, supposé qu'il voise demourer hors du lieu de la main-morte.

LXXXIV. L'homme franc, qui va demourer en lieu de main-morte, il (*g*) y prend meix, ou devient par convenance homme de ladite condition, il demoure homme main-mortable pour luy & sa posterité à naistre.

LXXXV. L'homme franc qui se marie à femme de main-morte, & va demourer sur le meix de sa femme de ladite condition de main-morte, s'en peut aller & partir quand bon luy semble, vivant sa femme ou après le trespas d'icelle dedans l'an & jour, en delaissant au seigneur de la main-morte les meix, heritages & biens estans en ladite main-morte, & demoure franc. Et s'il meurt demourant en ladicte main-morte, il est reputé homme main-mortable & sa posterité.

L'homme de main-morte peut delaisser son seigneur.

LXXXVI. L'homme de main-morte pour luy, & sa posterité à naistre, & pour ses enfans nais estans en communion avec luy tant seulement, peut delaisser & abandonner son seigneur, en renonçant audit seigneur

a ART. 71. droit de retenue. *Hoc justum quando constat du bail fait à la charge de retenue, alias potior est contraria consuetudo Ducatus.* C. M.

Idem in consuet. Paris. art. 55. Gloss. 1. num. 147. Dixi in eandem, art. 20. verbo Feodal. J. B.

b ART. 72. *l'entrage.* Entrage est quand celuy auquel a esté fait un bail à rente, cens ou autre charges, doit payer au bailleur quelque deniers d'entrée.

c si ledit prix excede. *Ad hoc l. Aristot. ff. de donat. vide Andr. Tiraq. in tract. de retract. proxi. §. 33.* C. M.

d ART. 79. *En eschange d'heritage.* Cecy semble devoir estre mis en article à part.

e ART. 80. les tenementiers, *c'est-à-dire*, tenanciers & detenteurs.

f ART. 83. L'homme de main morte. *Multa hac in re edidi consilia Mont-belgardi & Dola, quorum duo extant in primo tom. Consil. 16. 17.* C. M.

g ART. 84. il y prend. *Vetera exemplaria habent, &* il y prend, *quod melius quadrat.* C. M.

seigneur ses meix & heritages main-mortables (& la tierce partie de ses meubles tant seulement, si c'est au tort dudit seigneur; & si ce n'est au tort dudit seigneur, sera ledit homme tenu de delaisser avec lesdits meix & heritages, les deux parts de sesdicts meubles quelque part qu'ils soient; & par ceste maniere acquerra ledit homme franchise & liberté pour luy & sa posterité dessus declarée.

LXXXVII. L'homme franc affranchit sa femme main mortable au regard seulement des acquests & biens meubles faits en lieu franc, & des biens qui luy adviendront en lieu de franchise. Et si elle trespasse sans hoirs de son corps demourans en communion avec elle, sans avoir esté separez, le seigneur de la main-morte (dont elle est née) emporte le dot & mariage qu'elle a apporté, & les troussel & biens meubles, ou ce qui sera en nature desdits troussel (*a*) & biens meubles qu'elle en a apportez.

LXXXVIII. Le seigneur demoure saisi des biens de son homme main-mortable, quand le cas de la main-morte advient (*b*).

LXXXIX. Le seigneur prend les meubles, immeubles biens quelsconques de la succession des prestres & clercs, ses hommes de condition main-mortable, de quelque estat qu'ils soient; s'ils n'ont parens communs & demourans avec eux (*c*) qui leur doivent succeder selon la nature de main morte.

XC. En lieu de main-morte la fille mariée en son partage peut retourner, pour avoir & recouvrer son partage ou provision de biens de pere ou de mere, pourveu qu'elle retourne gesir la premiere nuit de ses nopces en son meix & heritages.

XCI. Si une franche personne se marie en (*d*) un homme de main-morte (vivant son mary) elle est tenue & reputée de main-morte; & après le decès de sondit mary, elle se peut departir du lieu de la main-morte, & aller demourer en lieu franc si elle veut, & demeurer franche comme elle estoit auparavant ce qu'elle vint demourer audit lieu de main-morte, en delaissant dedans l'an & jour après le trespas de sondit mary, ledit lieu de la main-morte & le meix, & tous les heritages d'iceluy son mary estant audit lieu de main-morte. Et si ladite femme y demoure plus d'an & jour, elle sera de la condition dudit meix main-mortable.

XCII. En lieu & condition de main-morte, l'enfant ensuit la condition du pere.

XCIII. Gens de main morte, qui n'ont abandonné leurs meix ou heritages main-mortables en la maniere dessus declarée, mais tant seulement s'en sont absentez, & dedans dix ans retournent pour avoir leursdits meix & heritages, ils y seront receuz par leurs seigneurs, en payant & rendant tous frais & missions (*e*) pour reparations necessaires faites pendant ledit temps esdits meix & heritages; & seront les fruits & profits desdits meix & heritages escheus durant lesdits ans audit seigneur. Et si lesdites gens de main-morte ne les requierent dedans ledit terme de dix ans lesdits seigneurs en pourront faire leur plaisir & profit.

XCIV. L'une des seigneuries de main-morte, n'acquiert point sur l'autre. Qui est à entendre, que si un homme de main-morte, va demourer en autre lieu main mortable que de son seigneur, & la main-morte a lieu, chacun seigneur prend & a, ce qui est en sa seigneurie main-mortable, tant en meubles comme heritages; & ce qui est en franc lieu, tant meubles qu'heritages, est au seigneur de qui seigneurie (*f*) main-mortable il est originellement; & demoure chacun desdits seigneurs saisi de la portion desdits biens.

XCV. L'homme de main-morte ne peut vendre, aliener n'hypothecquer l'heritage de main-morte sans le consentement du seigneur; & s'il est aliené & la possession royale (*g*) prinse, sans ledit consentement, il est commis audit seigneur.

XCVI. L'homme de main morte ne peut disposer de ses biens meubles n'heritages, quelque part qu'ils soient, par ordonnance de derniere volonté, ne par donation à cause de mort; reservé au profit de ceux estans en biens communs avec luy, qui par droict coustumier, luy pourroient & devroient succeder.

XCVII. Gens de main-morte communs en biens qui se divisent & separent de ladite communion, ne peuvent jamais estre reputez communs en biens, après ladite separation, sans le consentement de leur seigneur.

XCVIII. Gens de main-morte ne peuvent succeder les uns aux autres, sinon tandis qu'ils sont demourans en commun.

XCIX. La coustume par laquelle l'on dit que le feu & le pain portent l'homme de morte-main, est entendue quand gens de main morte sont leurs despens chacun à sa charge, & separement l'un de l'autre; supposé qu'ils demourent en une maison.

C. Le seigneur (quand escheute & succession de main-morte a lieu) prend les heritages estans en sa seigneurie main mortable, sans pour raison d'iceux, payer les debtes de son homme trespassé, si lesdits heritages du consentement dudit seigneur n'estoient pour ce obligez & hypothequez: Et s'il prend les meubles estans en ladite main-morte & dehors, & des heritages estans en lieu franc, demourez de ladite escheute, il est tenu de payer sur iceux les frais funeraux de sondit homme, & après se payera avant toute œuvre de ce que sondit homme luy devoit au jour de son trespas. Et au surplus payera les autres debtes de sondit homme, tant que lesdits biens se pourront estendre, ou les abandonnera aux creanciers. *Ce qui prend le seigneur en succession de main morte.*

CI. Gens de condition main-mortable, taillables haut & bas (*h*) & justiciables en toute justice, ou qui seront des deux des conditions dessusdites, s'ils sont produits en tesmoignage en la cause de leurs seigneurs, ils pourront estre reprochez valablement par partie adverse, & n'y sera adjoustée foy; si (veue & considerée la chose (*i*), dont ils deposeront) il ne semble au juge qu'en bonne equité foy y doive estre adjoustée.

---

a ART. 87. *desdits troussel.* Troussel ou trousseau, s'entend des meubles que le pere & mere & parens donnent à une fille lorsqu'on la marie.

b ART. 88. la main-morte advient. *Ut sup.* §. 87. *infrà*, §. 89 96. 98. *Hac ergo qualitas si negetur, probanda prius erit.* C. M.

c ART. 89 & demourans avec eux *Scilicet in communione, non enim sufficit quòd sub eodem tecto quòd non attenditur. Sed bonorum communio* §. 96. 97. 98 99. C. M.

d ART. 91. se marie en, *alias*, avec.

e ART. 93. *& missions.* Missions se prend pour *mises*.

f ART. 94. *de qui seigneurie* C'est à dire, de la seigneurie main-mortable duquel; car ainsi se prend ce mot *qui*, comme en Italien, ce mot *Cui, la cui sapienza*, la sagesse duquel.

g ART. 95. royale, *alias*, réelle.

h ART. 101. *taillables haut & bas.* Taillables haut & bas, c'est-à dire au plaisir & à la volonté du seigneur.

i. & considerée la chose. *Ergo multò magis qualitate personæ testis.* C. M.

CHAPITRE XV.

De ceux qui ne peuvent faire procuration.

CII. Gens de poete ne peuvent pour fait de leur communauté, eux assembler, ne passer procuration sans le congé & licence de leur seigneur haut-justicier: sans toutesfois prejudicier à aucuns moyens aux bas justiciers, que l'on dit avoir droict par tiltre, qu'ils en ont, ou par ancienne usance de pouvoir bailler ladite licence. Et sont tenus lesdits gens de poete (en demandant ledit congé) de declarer audit seigneur les causes pourquoy ils le requierent & demandent. Et au refus dudit seigneur de bailler ledit congé, le seigneur immediat & haut justicier aura auctorité de donner ladite licence.

CHAPITRE XVI.

Pasturages.

CIII. Sur ce qu'aucuns ont voulu pretendre par Coustume generale pouvoir usager, de vain pasturage de clochier à autre, s'il n'y a empeschement de rivieres grandes, forest ou montagnes, ladite Coustume, & parcous n'est point tenue ne reputée generale, & n'entend l'on pource aucunement prejudicier aux parcours (a) qu'aucuns particuliers dudit Comté de Bourgongne ont accoustumé avoir, les uns sur les territoires des autres.

CHAPITRE XVII.

Meubles n'ont point de suite.

Des meubles qui sont hors la puissance des debteurs.

CIV. Meubles prins sur debteurs par Justice à la requeste des creanciers, & qui sont mis hors de la puissance d'iceux debteurs, ou qui sont baillez en gage par iceux debteurs ausdits creanciers sans fraude, n'ont point de suite, & n'a l'on esdits cas aucun egard à la priorité ou posteriorité de temps.

CHAPITRE XVIII.

De la Chasse.

CV. La beste mute de la chasse d'aucun ayant droit & pouvoir de faire chasser, se peut poursuivir en autre Justice ou seigneurie: & si elle y est prinse & abbatue, elle doit estre rendue au premier de qui chasse elle est mute, si elle est poursuivie par les chasseurs ou par les chiens, dedans vingt-quatre heures après ce qu'elle sera abbatue: & doit estre gardée ladite beste sans desmembrer, lesdites vingt-quatre heures durant.

Roturiers ne peuvent chasser à bestes rousses ou noires.

CVI. Gens de poete ne pourront chasser ne hayer à bestes rousses ou noires, sans le congé du seigneur sous qui ils chasseront, ou s'ils n'en ont privilege special dont ils facent apparoir.

CVII. Des bestes chassées par communes gens en aucune seigneurie, où ils auront congé ou privilege de ce faire, qui seront prinses & abbatues en autre seigneurie, sera baillé au seigneur de la haute Justice du lieu où elle sera abbatue, le droit & treu (b) accoustumé, si ladite chasse n'est faite par seigneur ou noble homme qui soit en icelle chasse en personne, ou aucuns de ses serviteurs de son hostel. Et sera porté ledit droit audit seigneur, s'il est au lieu ou à ses officiers.

CVIII. Le seigneur du fief & le seigneur censier de cense portant lots & retenue, peuvent faire contraindre les gens d'Eglise, Colleges & Communautez à mettre hors de leurs mains dedans an & jour, la chose qui leur adviendra par transport ou autrement mouvant de fief, ou censable de telle cense, que dit est après ce qu'ils en seront interpellez sur peine de commise.

Et voulons et Ordonnons, que dès le jour de la publication & promulgation de cesdites presentes en avant elles soient par nos sujets de nostre Comté de Bourgongne à tousjours-mais perpetuellement receues, tenues & reputées pour loy & droit Coustumier d'iceluy nostre Comté: Et que l'on ne puisse ou doive astraindre les parties qui les proposeront ou escriront en leurs causes & procès, à les prouver, ainçois qu'elles soient par les Juges tenues, pour suffisamment justifiées pour la vision de cesdites presentes par le vidimus d'icelles, ou par l'extrait des articles cy-dessus contenus, qui seront faits & escrits sous le seel de nostredit Parlement de Dole, & expediez par le greffier d'iceluy. Ausquels vidimus & extraits ainsi faits voulons estre foy adjoustée

l Art. 103. *aux parcours.* C'est autant à dire que *Usages.*

m Art. 107. *le droit & treu.* Treu est le droit dû au seigneur haut-justicier du lieu, où la beste a esté abbatue, & *treu* se prend ailleurs pour impost ou peage, qu'on dit *Truage.*

comme à ce present original. Aussi voulons & ordonnons que les advocats ne soient receuz d'oresenavant, & dès le jour de ladite publication de cestes, de proposer, alleguer, ne mettre avant aucunes autres Coustumes que celles cy devant escrites. Ordonnons outre qu'en autre cas (qu'ès cas cy dessus declarez, esquels on usera des Coustumes dessusdites) l'on juge & appointe d'oresenavant les causes, questions & procès qui surviendront en nostredit Comté, selon l'ordonnance & disposition du droit civil. Et en rejettant toutes autres Coustumes, lesquelles de nostredite certaine science, auctorité & planiere puissance, Nous avons aboly & mis à neant: abolissons & mettons à neant par la teneur de cestes. En outre voulons, ordonnons & declarons que les dessusdites Coustumes cy dessus escrites, soient entendues & pratiquées selon leur droit sens & entendement: Et que les advocats postulans ne soient receuz à proposer autres faits, n'usages pour vouloir deroguer, interpreter ou declarer lesdites Coustumes autrement qu'elles sont escrites: mais que de ce soient les parties, & lesdits advocats deboutez. Et pour plus grande provision, voulons & ordonnons que quand lesdites Coustumes seront alleguées, que celuy qui les proposera soit tenu de bailler promptement & par escrit l'article de la Coustume, de laquelle il se voudra aider. Et si la partie ou son advocat qui aura baillé par escrit ladite Coustume, la baille en autres termes & substance, qu'en la maniere qu'elle sera trouvée ès articles precedens, en ce cas ladite partie ou sondit advocat s'il persiste ou qu'il vueille par interloquutoire prendre droit sur ladite Coustume par luy alleguée, ou baillée par escrit s'il en dechet, sera declaré par le Juge amendable de l'amende de cent sols estevenans, qui sera appliqué au seigneur, en la jurisdiction duquel sera procedé & plaidoyé par les parties; en reservant toutesfois par cesdites presentes à nous & à nosdits successeurs Comtes & Comtesses de pouvoir corriger, amender, reformer, declarer & interpreter lesdites Coustumes toutes & quantesfois qu'il nous plaira & que besoin sera. Aussi declarons que les dessusdites Coustumes auront lieu, effect & vertu tant seulement au regard des causes & procès qui seront à mouvoir: Et aussi en ceux qui desja sont meuz, & esquels n'est encores faite litiscontestation. Et seront jugez tous autres procès pendans en nostredite Comté: esquels ont esté posées & alleguées Coustumes generales ou locales comme de raison appartiendra: Si donnons en mandement à nos amez & feaux, nos Chancellier & gens de nostredit grand Conseil estans lez nous, aux president & gens qui tiendront nosdits Parlemens de Bourgongne, à nos Baillis d'Amont, d'Aval (a) & de Dole, & à tous autres Justiciers, Officiers & Sujets de nostredit Comté de Bourgongne, & autres quelconques qui ce peut & pourra toucher & regarder: ores & (pour le temps advenir) leurs lieutenans & à chacun d'eux, que le contenu de cesdites presentes lettres, ils & chacun d'eux (si comme à luy appartiendra) gardent, observent & entretiennent selon leur forme & teneur de poinct en poinct, chacun ès termes de son office: sans aller, faire, ne souffrir aller au contraire en quelque maniere que ce soit. Mandons en outre à nosdits baillifs ou à leurs lieutenans, qu'ils facent publier cesdites presentes au lieu & siege principal de leurs Bailliages: Car ainsi nous plaist estre fait. Et affin que ce soit chose ferme & stable à tousjours, Nous avons fait mettre nostre seel à ces presentes: sauf en autres choses nostre droit & l'autruy en toutes. Données en nostre ville de Brusselles, le vingt-huictiesme jour de Decembre, l'an de grace mil quatre cens cinquante neuf.

Amende contre les advocats qui auront mal pris la coustume en quelque article.

Ainsi signé,

PAR Monseigneur LE DUC, en son Conseil: auquel l'Evesque & Comte de TOUL, le Seigneur de NEUFCHASTEL, Mareschal de Bourgongne: le Seigneur de GOUX, Messire JEAN JOUART, Juge de Besançon: Messire FERRY DE CLUGNY: Messire GERARD BURRY: Maistre ANTHOINE GERARD, & plusieurs autres estoient.

Signé, G. DAMESSANT.

Collation est faite.

G. DE BERCY.

---

a *à nos Baillis d'Amont, d'Aval.* C'est à-dire aux Baillis de la Comté de Bourgongne, située vers l'Orient & l'Occident.

TABLE DES CHAPITRES DES COUSTUMES DU COMTÉ DE BOURGONGNE.

STATUTA[a] PROVINCIÆ FORCALQUERIIQUE COMITATUUM

1366.

Quod appelletur ad Regem, non ad Barones, & alios. Nemo in propria causa judex. Privilegium de appellationibus datum civibus Niciæ sublevatum.

JOANNA Dei gratia, Regina Hierusalem & Siciliæ, Ducatuum Apuliæ & principatus Capuæ, & Provinciæ Forcalquerii, ac Pedemontis Comitissa: tenore præsentis edicti notum facimus universis ejus seriem inspecturis tam præsentibus quàm futuris: quod deducto ad majestatis nostræ notitiam, ex querela frequenter in auditorio nostro proposita: quod nonnulli Prælati, Barones & nobiles Comitatuum nostrorum Provinciæ & Forcalquerii, prætendentes se habere ex conventione inita cum prædecessoribus nostris illustribus, ad eos appellationes interponendas per eorum subditos & vassallos, per comminationes, & metum, pariter & terrorem molestant, & diversis gravaminibus opprimunt, ne ad nostram curiam, ad quam ratione majoris dominii cognitio hujusmodi appellationum rationabiliter pertinet, & spectat, nisi ad eos in dictis casibus suis appellent, in gravamen non modicum eorundem, & nostræ per consequens parvipendium majestatis: nos hæc tollerare ulteriùs nequientes, cùm talis conventio non vindicet aliquatenus sibi locum ex eò, quòd per hoc honos noster læditur, & illi pariter derogatur, præsenti edicto nostro perscribimus, ac intendimus, volumus & jubemus. quod nullus cujuscunque conditionis, & status dictorum Prælatorum, Baronum & Nobilium subditorum, vel vassallorum audeat, vel præsumat de cætero appellare ad ipsos Prælatos, Barones & Nobiles, nisi ad majestatem nostram, seu curiam nostram, prout ad illam spectat majoris ipsius dominii ratione: quo casu appellationes ipsæ nullam firmitatem obtineant neque effectum aliquem sortiantur, nisi prædicti sponte ad judicem ipsorum dominorum, vel ad eosdem dominos vellent, seu eligerent appellare. Et quia de jure communi cavetur expressè, pariterque prohibetur, quòd nullus in causa propria ordinarius judex esse debeat, vel existat nisi Papa, vel Imperator, vel Rex, vel alius habens jurisdictionem supremam: idcirco statuimus & expressè pariter prohibemus, quod nullus Prælatus, Baro & Nobilis in causa ordinaria, vel appellationis, quæ propriè spectat ad eos, vel in qua ipsi partem faciant, possit de causa ipsa cognoscere, seu judex existere in eadem, seu judicem forsan dare ad cognitionem illius pro libito eorundem. insuper intellecto ex serie informationis nobis exhibitæ, quòd homines civitatis Niciæ habent ex speciali privilegio per excellentiam nostram indulto, quòd à judice ipsius civitatis Niciæ suis vicibus appelletur ad vicarium ejusdem civitatis, in derogationem nostri nominis & honoris. Nos considerantes, dictum privilegium à nobis per inadvertentiam processisse: & pensantes, quòd indecens censetur, & absonum, quòd de perito ad imperitum causæ hujusmodi devolvantur, jamdictum privilegium veluti in damnum curiæ nostræ procedens, de certa nostra scientia, præsentis edicti nostri tenore revocamus, ac nullum, & inane penitus reputamus; ac statuimus, prohibemus & expressè declaramus pariter, quod in causa appellationis hujusmodi appellationes ipsæ per homines ipsius civitatis Niciæ non nisi ad judicem appellationum ipsorum comitatuum (prout consuetum extitit tempore claræ memoriæ domini Regis Roberti) suis vicibus devolvatur: & per ipsos homines ad eundem judicem de causis quibuslibet, prout ordo juris exigit, & non ad judicem, seu vicarium appelletur, cùm juris ordo hoc exigat, & nos idem pro nostra decentia specialiter intendamus. Ut autem præsens ordinatio nostra ad notitiam deveniat singulorum: volumus, quòd præsens edictum, sive ordinatio nostra portis Regalis Palatii nostri dictæ civitatis Aquensis, ubi curia Seneschali regitur, affigi debeat, & appendi: cùm non sit verisimile, universos latere notitiam, quod tam patenter in oculis omnium divulgatur, & etiam Seneschallo nostro & judicibus appellationum ipsorum comitatuum

a STATUTA. *Ad hæc Statuta Glossas scripsit P. Massins 1557.* réimprimées en 1598. *cum notis ad marginem F. Fortii.* Le tout a esté traduit de Latin en François, & augmenté d'annotations par M. J. de Bomy, en l'an 1620. commentez par M. Jacques Morgues Advocat au Parlement de Provence, en l'an 1642. I. B.

præsentibus, & futuris damus vigore præsentium expressius in mandatis, ut præsentem ordinationem nostram (prout expedire viderint) divulgent ex more, ac illam faciant, prout ad nos pertinet, inviolabiliter observare: nec patiantur, appellationes hujusmodi devolvi ad judicem alium, vel personam, nisi ad nostram curiam, seu ad vos prædictos judices, prout consuetum est, & postulat ordo juris: quodque procedant adversus inobedientes quoslibet, seu contrarium præsumentes ad pœnas quaslibet, eis forsitan imponendas: in cujus rei testimonium edictum ipsum fieri, & pendenti majestatis nostræ sigillo jussimus communiri. Datum Niciæ per magnificum virum Neapoleonem de filiis ursi comitem manupelli logothetam, & protonotarium Regni Siciliæ, collateralem, consiliarium & fidelem nostrum dilectum, anno domini millesimo trecentesimo sexagesimo sexto, die quinta Junii, quarta indictionis, Regnorum nostrorum anno quarto decimo.

Judex Vicariæ non potest esse judex Baronis in dicta Vicaria jurisdictionem habentis.

ITem, *Statuimus & ordinamus, quod quicunque à cætero in aliqua nostra vicaria, seu Bajulia erit judex, vel officialis, quod eodem tempore non possit esse judex, vel officialis, alicujus Baronis in dicta vicaria, seu Bajulia terram, & jurisdictionem habentis, ne idem in eadem causa sit superior & inferior, neque possit duobus commodè, seu honestè servire.*

Ordinaria jurisdiction aura luec tant premiera que secundaria de l'appellation.

REQUESTA.

ITem, Supplican lous dichs seignours dals tres estats sus lou fach de la justicia, que plassa à la dicha majestat dal Rey seignour nostre, que toutas las causas, que occurreran en acquest pays, tant civils que criminals à causa de la justicia si deion pertractar, & determinar par lous ordinaris daquella: & que daqui non sician estrachas directament ou indirectament, tant ens la courts premiera que secundaria de las appellations, segond la disposition del drech comun, & lou contengut das statuts provensals soubre aco fachs coma era de coustuma.

RESPONSIO.

Placet igitur, sine tamen quocunque præjudicio judicis criminum quoad causas criminales & jurisdictionem concessam, & attributam sibi quam Regia majestas vult, & jubet apud eum integrè remanere.

Extractum ex regesto *Potentia*, fol. 354. 327.

Officiarii esse possunt solùm, qui subjiciuntur foro seculari.

I*N primis ut officiariorum nostrorum annalium crimina, & delicta (si quando posthac deprehendantur) per nos, seu Senescha lum nostrum debitè coerceantur, sublato quocunque velamine indebito alterius fori, ut illa facinora non remaneant impunita, & subditis nostris gravatis debitè provideatur, renovantes instituta ex antiquo à prædecessoribus nostris memoria recolendæ, Edicimus & ordinamus, quod foro & temporali jurisdictioni protinus subjecti seu submissi solum, & duntaxat ad officia annua, etiam ad officia vassallorum nostrorum patriæ hujus ad causam feudorum, & temporalitatis illorum quæ tenent à nobis admittantur, & collatio de aliis foro temporali non subjectis facta non teneat, & tales ab officiis hujusmodi protinus appellantur, & pro officialibus non habeantur in posterum.*

De eodem.

REQUESTA.

ITem, Que nengun home de gleisa non ause principalament, ni per luec tenent tenir offici temporal qual que sia, ni qual que non, coma ni deu juxta lous statuts provensals.

RESPONSIO.

Placet regi, salvis privilegiis expressis, & de quibus privilegiati sunt in possessione.

Extractum ex regesto *Potentia* fol. 198.

Officiers devon jurar devant que intron à lur offici.

REQUESTA.

ITem, Que tous officiers majours & minors, davant que intron à lurs officis, sian tenguts, & deian promettre & jurar, tenir, servar & gardar durant lou tens de lurs officis tous privileges, libertas, franquesas, gracias, conventions, immunitat, capitouls de pas, statuts, edits, uses & bonas coustumas del dich pays en general & particulier, & endeguna maniera non contravenir. Et si per aventure scientament ou ignorantament, si estauvava que fassessan lou contrari, & requises non ou revocavan & tournavan au premier istat, tals ansins contra fasens per non officiers sian, & de fach sensa autra declaration sician per revocats de lurs offices, & a ellous non si puescan, ni deian obesir, & jamais non puescan esser admesses à officis en lou dich pays, & de greuges interesses, damages & despensas, que ausins donat aurian, sian tenguts, & deian istar à raison a partida.

RESPONSIO.

Placet de privilegiis, & statutis justis, & rationabilibus, de quibus sunt in possessione, vel quasi; & si judices contra faciant, dominus providebit, si & quando requiretur. Concessus, 1437.

Extractum è registro *Potentia*, fol. 257.

Judicaturas non son vendudas, & par qui son gouvernadas.

REQUESTA.

ITEM, Supplican à la dicha majesta real que lous officis avens jurisdiction ordinaria non deion point vendre ni exercir sinon per gens perits, & que fassan residentia personala & continuala.

RESPONSIO.

Placet quia justissimum, & signanter quoad judicaturas, quia judices illi jurisdictionem habent, & justitiæ expeditionem. Et ulterius illa non dentur nisi peritis, & alias idoneis & illi, qui instituuntur officiarii in officiis teneantur in eisdem residentiam facere personalem, etiam sub pœna suorum gagiorum.

Extractum è regesto *Potentiæ*, fol. 456.

Mercantiarum seu mercium causæ ex non scripto terminantur consilio mercatorum.

ITEM, *Quia ubi de bona fide agitur, non ibo venit de apicibus juris disputare: statuimus quod de causis mercantiarum, officiales, vocatis mercatoribus expertis, causas ipsas ex non scripto terminent & decidant, consilium ipsorum mercatorum sequendo.*

Juramentum potest deferre judex usque ad centum solidos.

STatuimus quod judex possit deferre jusjurandum usque ad centum solidos inspecta qualitate personæ, rei & actoris, & etiam testium & aliarum præsumptionum si quæ in causa fuerint.

Juramentum in vilissimis causis defertur.

ITEM, *Quantum ad expeditionem vilissimarum causarum civilium attinet, quæ sunt à floreno uno infra, & de quibus in prædictis edictis paternis mentio facta est, ut sine ulterioris temporis expectatione, si quando querela introducatur, in instanti causa ipsa finem habeat, adjungendo & declarando apertius, dicimus, volumus & ordinamus, quod aditu judex nedum possit, aut valeat, sed & debeat, delato juramento alteri ex contendentibus (quod ejus arbitrio duximus reservandum) reclamationem talem inconvenienti terminare, & quod à decisione, & reali executione statim facienda non licet appellare.*

Mercedis & alimentorum causæ ex non scripto terminantur deferendo juramentum: neque à sententia appellatur.

CAeterum cùm summè appetamus lites extirpare & in eis brevem exitum dare, ne partes laboribus, & expensis fatigentur, & hac de causa domos proprias & negociationes sequendo curias, deserere cogantur, & hac de causa ad egestatem deducantur: hac lege nostra perpetuò valitura statuimus, & ordinamus, quod in causis mercedis & omnium aliarum causarum, quæ non ascendunt ultra duos florenos: ac in causis alimentorum quæ ex officio judicis petuntur & debentur, quod in eis procedatur ex non scripto: & quod per juramentum deferendum illi cui judici videbitur, ubi alia probationes non sunt, decidantur, & à sententia in causis pro tunc per judicem ferenda nullatenus appelletur, aut appellari possit, neque nullitas allegari, nisi esset personarum, aut jurisdictionis.

Procuradour non entreven despuis dous florins en bas.

REQUESTA.

ITEM, Supplican à la dicha Real majestat, que las constitutions fachas, tant par la dicha majesta Real, quant par lou illustrissime dich monsur de Callabria son fils de bona memoria sus la reformation & modification de Justicia & scrituras de notaris: adjoustant que de dous florins en bas non deia entrevenir procuradour: & si peraventura y intervenia son patrocin, & trabalh non si deia point taxar en despensa de procès, si deian observar inconcusse sus pena formidabla.

RESPONSIO.

Placet quod Regiæ constitutiones suprà & retro factæ imposterum observentur. Et ulterius pro favore subditorum litigantium, fiat & observetur prout petitur, & sub pœna decem marcharum argenti fini.

Cession non se deu far à officiers de causa litigiosa.

REQUESTA.

ITEM, Supplican que li plassa ordonar, que aquellous dal conselh real, ni denguns autres officiers majours & minours, commissaris de la cambra, ou d'autras cours cayna que sia dal dich pays, non aufon, ni puescan prendre denguna cession de deute, ni donation, ni de biens autres mouables ou immouables, das quals es ou esser espera litigi entre partidas: ni de denguna causa autra litigiosa; & si ou faisian ou avian fach talla cessio sia nulla, & aquel que la prendra sia tengut à partida de tout interesse.

RESPONSIO.

Placet Regi.

Extractum è regesto *Potentiæ*, fol. 260.

Que dengun non puesca estre trach fora dal pays.

REQUESTA.

ENcaras mais supplican à la dicha majestat real, per relevation de sous subjects & utilitat dal dich pays, que nenguna persona non sia tracha defora de son pays de Provensa ou de Forcalquier, par vigour denguna obligansa con la Justicia, que es al pays, sia sufficienta de administrar Justicia à un chascun, sinon que tals fousan obligas à courts fora de pays.

RESPONSIO.

Fiat.
Extractum è regesto *Potentiæ*, fol. 278.

De eodem.

SUpplican semblablament à la dicha majestat, que li plassa de ordenar, coumandar & instituir, que nengun proces tant civil que criminal si traga, ni puesca estre trach fora del dich pays de Provensa & de Forcalquier per via d'appellation, de requesta ou supplication, ou en autra maniera cayne que sia daissi avant, mais denfra lou dich pays deia esser terminat & si determine.

RESPONSIO.

Placet.
Extractum ex eodem regesto, fol. 280.

De eodem.

REQUESTA.

ITEM, Plus supplican à la dicha majestat humblament, & devotament, que li plassa, que denguna persona des contas de Provensa & de Forcalquiera, ni habitans en aquellas, non puescan, par la rason de conservatorio, trayre dengun, ni compellir devant conservatour, cayn que sia, fora dals contas soubre dich & sus pena formidabla.

RESPONSIO.

Placet.
Extractum ex eodem regesto, fol. 215.

Que lous Notaris à la fin de leur offici layßon à lurs successours las escrituras par benefici d'inventari.

REQUESTA.

ITEM, Supplican à la dicha majestat, que li plassa de ordenar & coumandar, que tous Notaris de las cours reals ou autras, à la fin de lur offici, sian tengus & deian, sus bona pena leissar à lurs successours, par benefici d'inventarii toutas las escrituras & notas, que auran pres, ni pendrian par rason de lur offici en qualqua maniera que las agessan resaupudas.

RESPONSIO.

Placet.
Extractum è regesto *Potentiæ*, fol. 245.

Recours non es parmes, ni appel apres lou premier recours, si non passa des florins.

REQUESTA.

ITEM, Supplican à la dicha real majestat, que las causas que se coumeton als estimadours, dals luecs soubre daumages ou autrament sian conegudas present, ou appellada la partida per lous dichs estimadours: & de lur cognoyssensa per aucunas de las partidas foussa recouregut: la causa de tal recours lou juge ordinari dal luec, ambe lous autres estimadours aion à revefer: & da la cognoissensa, & de lur ordonensa non si puescan recourre ou appellar, sinon que tal causa excedissa la souma de des florins: exceptat en lous luecs que an privileges en contrari ou statuts municipals.

RESPONSIO.

Placet ut petitur.
Extractum ex regesto *Potentiæ*, fol. 356.

De tutelis & tutelarum liberatione & de multis aliis capitibus.

RENATUS Dei gratia Hierusalem & Siciliæ Rex: Andegaviæ & Barri Dux: Comitatuumque Provinciæ, Forcalquerii & Pedemontis Comes: Seneschallo nostro dictorum nostrorum Provinciæ & Forcalquerii Comitatuum, gentibusque nostri sibi assistentis consilii, nec non vicario & judici curiæ nostræ ordinariæ civitatis Aquensis, cæterisque nostris officialibus nostris tam majoribus, quàm minoribus ubilibet infra eosdem nostros comitatus constitutis ad quos spectat & præsentes pervenerint, & cuilibet, vel eorum locum tenentibus præsentibus, & futuris fidelibus nostris dilectis gratiam & bonam voluntatem. Inter curas multiplices, quæ nostro resident in animo, est quantum possumus, ut ea illa omnia, & singula, quæ ad opus favorem, tutelam rerum, & protectionem jurium pupillorum & aliorum minorum utriusque sexus ditionis nostræ, quæ jam retro à divis nostris prædecessoribus concessa, decreta & statuta fuere laudabiliter illibata nostris temporibus serventur ad unguem. Inter quæ

quæ signanter accepimus relatione veridica, nonnulla statuta, seu capitula cathena dictæ nostræ curiæ ordinariæ descripta, olim condita extitisse, omni rationi & æquitati congrua, quorum tenores subsequuntur in hac verba.

I. Item, *Quòd judex Aquensis, vel alius, ad quem pertinebit, nullum dare possit, & valeat ab inde in antea tutorem, tutricem, vel curatorem pupillis & minoribus civibus, vel habitatoribus Aquensibus, nisi præsentibus attinentibus talium minorum & vocatis tribus scyndicis, qui pro tempore fuerint, & consentientibus: vel duobus ex ipsis qui de moribus & conditionibus tutorum vel curatorum dandorum ipsum valeant informare. Et si aliter ad dationem processum fuerit, talis datio non teneat ipso jure, & judex dans superioris arbitrio puniatur. Hoc tamen non intelligatur de tutoribus, vel curatoribus in testamento datis per patrem & avum paternum.*

II. Item, *Quòd quotiescunque continget aliquas mulieres, habentes tutelas liberorum suorum, velle ad secundas nuptias convolare, hoc facere nullo modo possint, nisi secundum juris dispositionem: videlicet prius reddita ratione & fecerint dictis liberis, si impuberes fuerint, de tutore idoneo vel curatore, si fuerint adulti, juxta formam præcedentem, provideri: hoc specialiter adjecto, quòd maritus futurus dictæ talis mulieris, ac pater, frater & filius mariti à tutela, vel cura suorum privignorum, seu filiatorum totaliter sint exclusi.*

III. *Si verò contigerit aliquem tutorem, vel curatorem velle contrahere cum matre sui pupilli, vel adulti, hoc facere non possit, nisi prius deposita tutela, vel cura & reddita ratione. Et si quis fecerit contra formam hujus capituli, dando vel accipiendo tutelam vel curam, judex sit ipso facto tali pupillo, vel adulto obligatus in libris centum coronatorum: pro qua quantitate fidejussores, quos dederit pro officio, teneantur: & ille qui tutelam vel curam receperit, in centum libris sit etiam talibus minoribus obligatus. Si verò mulier contra hujusmodi dispositionem nupserit, post ejus mortem bona sua omnia sint in solidum liberorum primi viri absque detractione quacumque.*

IV. Item, *Quòd nullus qui fuerit tutor vel curator alicujus minoris vel furiosi, aut alterius personæ, cui tutor detur, possit se facere quittari seu liberari per ipsum minorem, cujus curam vel tutelam gessit, nisi prius tali minori fecerit provideri de tutore, si fuerit impubes, vel curatore si sit adultus, & rationem reddiderit coram auditoribus computorum seu rationum, qui annis singulis ordinantur per concilium civitatis Aquensis. Qua quidem ratione reddita, & satisfactione secuta de iis quæ deberentur, vel obligatione solenni de solvendo recepta juxta voluntatem auditorum fiat quittatio & liberatio in præsentia judicis ordinarii & ipsorum auditorum, vocatis consanguineis ipsorum minorum. Si verò aliquis tutor, vel curator contra formam hujus capituli se fecerit liberari, liberatio ipso jure non teneat, etiam si juramentum intervenisset, & talis tutor vel curator ipso facto reputetur fraudulentus & dolosus & arbitrio judicis puniatur: & nihilominus vigore hujus capituli sit efficaciter obligatus illi, cujus curam vel tutelam gessit perinde ac si nullam rationem reddidisset. Notarius verò qui tale instrumentum confecerit, ab ipso officio sit ipso facto per spatium unius anni suspensus: infra quod si instrumenta confecerit, tanquam falsarius puniatur. Cæterum verò ad contrahentes ignorantes teneant instrumenta.*

V. Item, *Ad tollendum pressuras damnorum & interesse quæ pupilli imminentissimè subeunt, quando ipsorum matres existentes eorum tutrices ad secundas nuptias convolare intendunt in solvendo computorum auditoribus eorum salarium, judici dationis decretum tutelæ, & notariis instrumenta tutelæ inventarii & actoriæ, super his indemnitati pupillorum adhibendo antidotum, providemus & instituimus, quòd nulla mater possit esse liberorum suorum tutrix, quæ intendat convolare ad secundas nuptias, nisi de bonis suis propriis solvat & solvere adstricta expensas, quas tales pupilli subire improvidenter consueverunt in superius prædistinctis.*

VI. Item, *Quia notarii qui inventarium de bonis pupillorum faciunt, plerunque inventarium recipiunt, prout per tutorem vel tutores datur ipsi notario in quadam cedula papiri: unde tali modo pupilli in pluribus damnosè defraudantur: ideo in his providemus, quòd nullus notarius inventarium taliter factum recipiat, nisi oculata fide declarando bonorum mobilium sufficientiam, vel debilitatem. Qui si secus faciat, à suo officio notariatus per annum unum suspendatur & pœna falsi puniatur.*

VII. *Verum quia intelligimus sæpiùs in jacturam, seu veriùs destructionem hujusmodi minorum per Seneschallos nostros dictorum Comitatuum Provinciæ & Forcalquerii suis temporibus, seu dictum nostrum consilium importunitate petentium, asserentium, rem se in minorum favorem prosequi, aliàs non petituros, hactenus fuisse dispensatum in infractionem statutorum prædictorum, non sine grandi interesse hujusmodi minorum; etiam & personæ periculo, considerata ratione legis prohibentis privignos apud vitricos educari, ac gubernari. Nos igitur in hac parte ex incumbentia celsitudinis nostræ regalis indemnitati minorum hujusmodi providere totis viribus intendentes, viamque despensationum hujusmodi ita facilem præcludere volentes, de certa nostra scientia, & cum nostri nobis assistentis consilii deliberatione, edicimus prout & constituimus, ac ordinamus per præsentes, videlicet quòd statuta & capitula supra inserta in suis singulis capitulis illæsa perpetuò observentur: quodque super eorum rigoribus nullus alius, quàm nos in propria persona, posthac possit dispensare. Et si contra mentem hujusmodi nostræ constitutionis, sive ex æquitate, sive ex aliqua causa quantumcunque justa videretur, contingeret dispensari, talem dispensationem irritam ex nunc decernimus & declaramus de certa scientia, & cum deliberatione prædicta. Et nihilominus de incursu pœnarum in præinsertis capitulis adjectarum inquiri volumus & jubemus, ac si nulla dispensatio processisset.*

VIII. *Propterea ad tollendum aviditatem vitricorum, etiam præsepius inconsultam affectionem matrum minorum hujusmodi, qui persæpe colludentes suggestu & medio consanguineorum, seu affinium dictorum minorum, forte sine causa minus justa in hac parte adhærentium, aut aliis exquisitis coloribus procurant, dispensationes (de quibus supra) fieri, & ipsis vitricis tutelas, curasque & administrationes personarum & bonorum ipsorum minorum conferri contra mentem capitulorum: hac nostra constitutione perpetua, de nostra certa scientia, & cum deliberatione (qua supra) edicimus, sicuti & ordinamus per easdem, ut quotiescunque contigerit tutelam, curamve, & administrationem personarum, seu bonorum talium minorum vitricis eorum conferri contra mentem capitulorum præinsertorum & nostræ constitutionis præsentis, quòd eò tunc, si matris talium minorum legitimè probari valeat collusio, aut intercessio, seu consensus, dos ejusdem matris eisdem liberis ipso facto pertineat pleno jure. Vitricus verò, qui contra mentem capitulorum prædictorum & nostræ constitutionis, hujusmodi onus tutelæ, seu curæ hujusmodi assumere, & exercere præsumpserit, in totidem eisdem minoribus ipso jure teneatur. Contra quos matrem & vitricum talium minorum ex non scripto, parte petente, seclusa quacumque præscriptione, etiam longissimâ, executionem fieri volumus cum effectus: & contra tales matres & vitricos procedi, omni appellatione remota. Et præterea, cuilibet consanguineorum & affinium dictorum minorum, qui jam dictis matribus & vitricis talium minorum apparuerint contra mentem dictorum capitulorum, & nostræ constitutionis hujusmodi adhæsisse, eisdem minoribus teneantur in centum libris coronatorum: pro quibus ipso facto, prout suprà, fiat executio, ad utilitatem ipsorum minorum, parte petente, appellatione & præscriptione quibuscunque rejectis.*

IX. *Cæterum etiam de nostra certa scientia, & cum deliberatione jam dicta ducimus statuendum, & edicimus prout & statuimus per easdem: videlicet, quod omnia & singula sive de præterito, sive de futuro, contra dicta capitula & statuta, nostramque præsentem constitutionem facta & fienda, habeantur pro non factis: quæ & nos hab nostræ constitutioni tollimus & irritamus : volentes & statuentes de dicta nostra certa scientia, & cum deliberatione jam dicta, ut si vitricus aliquorum minorum, cui tutela, seu cura minorum hujusmodi decreta jam sit, vel pro tempore fuerit, primam requisitionem per syndicos universitatis nostræ prædictæ civitatis Aquensis à tali administratione desistere noluerit, aut quindecim dies, postquam requisitus fuerit per syndicos, desistere distulerit; ipso facto eisdem minoribus talis vitricus in centum libris coronatorum teneatur: pro quibus usque ulteriori declaratione, contra eundem vitricum fiat executio indilatè ad utilitatem ipsorum minorum, parte petente, appellatione, & præscriptione quibuscumque rejectis, etiam more fiscalium debitorum.*

X. *Et nihilominus, quia longa dilatio conficiendi inventaria de bonis minorum posset esse eisdem minoribus damnosa nimium, & præjudiciabilis iniquè, quia res mobiles, scripturæ & cætera pretiosa de facili transportanda occultari possent. Hujusmodi minorum incommodis igitur obviare volentes statuimus, & ordinamus de certa nostra scientia & cum deliberatione prædicta: videlicet, quod à cætero matres & alii, & quibus tutela, sive cura minorum hujusmodi legitimè debita fuerit, si tamen tempore obitus ejusdem, de cujus hæreditate tunc agetur, in dicta civitate præsentes fuerint, illa eadem die obitus prædicti, singula, quæ faciliter transportari possent, in tuto reduci, capsasque sigillari facere per manum dictæ curiæ ordinariæ procurent: de quibusquam citius poterit fieri, etiam juris communis dilatione postposita, descriptionem debitam fieri faciant cum effectu ad salvum jus minorum hujusmodi. Quod si ita facere postposuerint, eisdem minoribus in centum libris coronatorum ipso facto teneantur: pro quibus fiet executio realiter, prout suprà, præscriptione & appellatione rejectis.*

XI. *Et ut constitutiones nostræ hujusmodi ad singulorum notitiam deducantur, nec quisquam possit illarum ignorantiam prætendere vel allegare edicimus, prout suprà, easdem de verbo ad verbum publicè per solita loca dictæ civitatis nostræ divulgari: pariter & in dicto libro cathenæ describi & regestrari: ad quarum observantiam volumus per officiales nostros dictæ curiæ ordinariæ præsentes & futuros, ad primam dictorum syndicorum requisitionem, juramenta consueta præstari sub pœna privationis suorum officiorum. Quocirca volumus & vobis tenore præsentium, de nostra certa scientia, & cum deliberatione prædicta expressè præcipiendo mandamus, quatenus forma statutorum, & capitulorum prædictorum, nostrarumque hujusmodi constitutionum, & edictorum in singulis suis capitibus diligenter attenta & efficaciter observata, illas & illa observetis, & exequamini: ab aliis exequi, & observari faciatis realiter, & cum effectu, nec præsumatis in aliquo contraire, quantum indignationis nostræ formidatis incursum, & gratiam nostram vobis charam cupitis conservare, quoniam ita fieri volumus & jubemus per præsentes, vim nostræ secundæ jussionis habituras, quas in fidem præmissorum, vestramque certitudinem fieri & sigillo quo utimur, jussimus debitè communiri: post earum executionem debitam & singulas inspectiones in archivo domus dictæ universitatis pro cautela minorum prædictorum remansuras. Datum Aquis per manum domini nostri Regis Renati: die undecima mensis Junii. Anno Domini millesimo quadringentesimo quadragesimo tertio. Per Regem Episcopo Massiliensi, dominis de Misono & de Riperiis, & Cancellario Provinciæ præsentibus Tornaville registrata. Trossemanes.*

Extraict du livre rouge des privileges de la cité d'Aix.

Que lous officiers non prendran ren par lou decret de las tutelas.

REQUESTA.

ITem, Car lous juges de las courts ordinarias moutas voultas par lous decrets de tutelas, & d'autras causas, exigisson dals pupils & autres grants somas d'argent : supplican à la dicha majestat, que d'aissi en avant nengun juge non deia ren prendre per dou decret de nenguna tutela ni autres, attendu que an gages de la court.

REPOSTA.

Plas al Rey, sinon que l'officier per aquo anessa deffora del luec; & adoncas aio huech gros lou jour par caval.

Extractum ex regesto Potentiæ, *fol.* 329.

Officiers non pendran ren tant per decret que autrament.

ITem, Con lo fia causa, que lous officiers tant bayles, viguiers : quant juges abusant de l'estatut provensal, que non deian ren prendre outre leurs gages ordenaris, els vueilhan aver & exegir tant par non de decrets, quant autrament par vias indirectas argent outra rason & dever dels subjets; supplican & requeren, que eytals officiers non deian ni puescan ren exegir souta formidabla pena, mes deian tenir & observar lous statuts provensals sus eyso ordonats.

RESPONSIO.

Placet quod observentur statuta.
Ex regesto *Potentiæ*, fol. 245. & 329.

De donationibus insinuandis.

ITem, *Quia relatione multorum jampridem facta nobis, didicimus ad causam & occasionem donationum inter vivos factarum plerumque inconsultè sine causa, & intempestativè, & aliquando ad suasum callidum, & machinatum quærentium habere indirectè, quæ sua non sunt, repromittentium etiam multa obsequia se facturos pro futuro donatoribus: quæ tamen post firmatas donationes observare prætermittunt, ex quo querelæ eorum, qui donarunt, non immeritò pullulare solent, & pro eo lites agitari. Ad execrationem igitur fraudis in ea parte, & jurgiorum hujusmodi amputationem inhiantes, quantum possumus & valemus regia curia commissa nobis à Deo, nedum ad opus & auxilium minorum annis viginti quinque & mulierum, in quibus apprehenditur ætatis, & sexus fragilitas, senum etiam utriusque sexus: sed aliorum quorumcunque, sese circunventos & læsos vario modo arguentium, avido animo providere volentes, hoc edicto in posterum valituro volumus & ordinamus; quod ad donationes simplices inter vivos faciendas in futurum in ditione nostra patria hujus, & terris adjacentibus, etiam si legalem summam non excedant, ad robur & effectum illarum pro modo, & firma solemnitatis excludentis dolum malum præsumptum, interveniat, seu intervenire debeat, & sit necessarium alterum ex sequentibus: videlicet, viguerii seu bajuli, & judicis ordinarii loci, in quo fiet donatio, conscientia & approbatio, postquam agnoverit causam honestam faciendi, & in eo fraudem cessare: aut conjunctorum, seu propinquorum, vel affinium donatoris & saltem duorum cum uno ex syndicis, seu procuratoribus loci præsentia & conscientia, aut (illis conjunctis, propinquis, vel affinibus non extantibus, vel absentibus à loco syndicorum, seu consulum & procuratorum loci illius, qui pro tempore fuerint, una cum bajulo, vel ejus locum tenente: ita quòd clandestinitas, quæ est fraudis nota, præsentia prædictorum alternatim) prout suprà intervenientium secuta legum doctrina verisimiliter excludatur, decernentes electionem in his ad donatorem de cujus præjudicio agitur principaliter pertinere: hac ipsa constitutione nostra declarantes, quòd aliàs, & aliter facta donatio hujusmodi simplex, & inter vivos de bonis videlicet immobilibus, seu nominibus debitorum (sic tamen, quòd in valore bonorum donatorum summam florenorum decem excedat) non teneat, sed subjaceat vitio nullitatis; & ita à seneschallo nostro, & ab aliis officialibus nostris majoribus & minoribus, & etiam vassallorum nostrorum ad causam feudorum, & temporalitatis quam tenent à nobis, jubemus post hac immutabiliter observari. Facta & lecta Aquis in magna Regia audientia, ipso domino rege in suo solio sedente, anno Domini 1472. & die 28. mensis Octobr.*

Extractum è regesto *Pelicani*, fol. 117.

Quod appellare non liceat sine causa, & de multis aliis capitibus.

I. *Quia scriptum est quod temerè, ac passim omnibus facultas provocandi, seu appellandi sine pœna non conceditur, sed qui malam litem fuerit prosecutus, mediocriter pœnam per competentem judicem infligendam sustinere debeat, Statuimus propterea, ut quoties quis ante sententiam appellaverit sine causa rationabili, fisco curiæ nostræ solvat pœnam librarum coronatorum quadraginta, computata qualibet. Causam autem rationabilem intelligimus, ubicunque judex gravat contra jus scriptum civile, vel canonicum, vel denegat juris beneficium. Item, Pœnam supradictam incurrat appellans, quotiens appellat in casibus, in quibus tam de jure canonico, quàm civili copulativè interdicta est appellatio ante sententiam: sive de jure canonico, aut civili post sententiam disjunctivè.*

II. *Præterea ad aures nostras persæpe crebris querelis delatum est: quòd licet in causis sententiæ ferantur, quæ per appellationem non suspenduntur; tamen earum executio propter diffugia procuratorum obtineri non valet: imo lites ex litibus oriuntur, quod omni rationi est contrarium. Igitur quia non sufficit sententias proferre, nisi reali executioni demandentur, decretaque prætorum non debeant esse illusoria, Statuimus ut postquam sententia transiverit in rem judicatam, & non erit appellatione suspensa, & erit lata partibus vocatis, & auditis, seu per contumaciam absentibus: nisi nullitas allegaretur, quæ per alias nostras constitutiones dumtaxat admittitur, sententia ipsa, nulla oppositione obstante, realiter executioni demandetur.*

III. *Ubi verò tres conformes sententiæ essent, tunc quacunque nullitate, aut oppositione non obstantibus, sententia ipsa realiter executioni demandentur, nisi essent nullitates jurisdictionis aut personarum.*

IV. *Si verò contra præmissa aliquid attentari contingat, pars attentans in pœnam æstimationis litis ipso facto incidat, & ipsam fisco nostro sine misericordia, & gratia solvat.*

V. *Sententiis vero executis, si pars adversus sententias ipsas executas causas rationabiles, & justas secundùm justitiam, & ordinationes nostras admittendas habeat, judex super his competens partibus justitiam faciat, & ministret infra spatium trium mensium, quibus elapsis pars ipsa ulterius non audiatur. Et quia multotiens in executione ipsarum sententiarum sæpius contingit per aliquam ex ipsis partibus ad differendam ipsam executionem appellari, Statuimus, quod ubi judex ritè decreverit executionem, & nuncius malè exequitur, seu malè refert, una ex partibus de hoc conquerente, seu reclamante, judex ipse executionem ritè fieri faciat: malè gesta per nuncium reparando, & sine metu expensarum, per aliquam ex partibus solvendarum executionem ipsam adimpleat quacunque appellatione propterea interposita, aut interponenda non obstante.*

VI. *Si verò contingat, quod pars, contra quam fit executio prætendat gravamen, eò quia res capta & distracta pro judicato plus valent, quam fuerint distracta & liberata, Statuimus, quòd, si parti actrici, ad cujus instantiam fit executio, res ipsæ distracta fuerint liberata, quòd pars ipsa hac de causa appellans offerendo integrè judicatum, cum expensis moderatis res ipsas sic distractas recuperare possit & valeat infra unius anni spacium, & non ultra.*

VII. *Si vero res ipsæ fuerint distracta tertio, & liberata ita quod non ipsi parti vincenti ad cujus instantiam fit executio, tunc si de enormi læsione, seu minus legitimo pretio constet offerendo pretium cum moderatis expensis, res ipsas recuperare possit & valeat, omni contradictione cessante.*

VIII. *Et quia non est justum, neque rationi congruum, quod claudatur os bovis triturantis, sed qui laborat manducet: quia etiam omnis mercenarius dignus est mercede, nec deceat officium esse damnosum, cùm omnis labor optet premium, Constituimus & ordinamus, quòd à cætero, omnium condemnationum causarum criminalium, quæ per appellationem devolvuntur ad nostram curiam primarum appellationum provinciæ, sive sententiæ condemnatoriæ confirmentur, sive appellationibus ab ipsis sententiis interpositis renuncietur expressè, aut tacitè per desertionem, aut aliàs: sive mitigentur præfatæ sententiæ, sive augmententur, medietas harum condemnationum applicetur curiæ primarum appellationum, alia verò medietas officialibus, à quibus appellatum fuerit exolvatur.*

Extractum è regesto *Tauri*, fol. 70.

Quanto tempore veniatur contra alienationes necessarias sub hasta factas, & quando fructus computentur in sortem.

RENATUS Dei gratia Hierusalem, utriusque Siciliæ, Aragonum, Valentiæ, Majoricarum, Sardiniæ, & Corsicæ Rex. Andegaviæ Barri, &c. Comitatuumque Provinciæ & Forcalquerii, ac Pedemontis comes. Et si à Cæsaribus nostris, & legum retroconditoribus ample non minus, quam divinitus occurrentibus humanis casibus provisum extiterit. Contingunt tamen ex temporis varietate, aut locorum diversitate casus, quibus declarationes, limitationes, sive exceptiones ipsarum legum editarum fieri necessariò oporteat per alias leges novas, aut edicta. Ea igitur de re, cùm ex distractionibus necessariis per hastam fiendis in executionibus judicatorum, sive per stylum curiæ cameræ, quæ executivè procedit, sæpius contingit læsio, & ad illius executionis enervationem infra tempus juris, quod longum nimis est, debitores ad talem annullationem executionum prosiliunt, & emptores, putantes se tempore tutos, iterum inquietant, & litibus involvunt pluribus, volentes & intendentes huic morbo convenientem adhibere medelam, Constituimus, edicimus præsenti lege in perpetuum valitura decernimus & ordinamus, quod ab inde tali juri, & facultati veniendi contra similes alienationes necessarias sub hasta factas per quemcunque judicem, etiam per curiam cameræ, præscribatur omnino spacio decem annorum, ita quòd lapso ipso tempore, nullus amplius audiatur: nisi tamen casibus inferius exceptis. Juri verò & facultati petendi fructus talium alienatarum rerum necessariò venditarum deduci de sorte, seu exolvi cognita enormi læsione, præscribatur tempore quinque annorum: ita quod lapso quinquennio, nulli amplius liceat, sive competat similes fructus petere computari in sortem, aut verò deduci, sed tantum remaneat jus ad rem ipsam, minus justo pretio alienatam, infra alios quinque annos, ut supra est dictum. Tempora vero præmissa, & præscriptionem determinatam non intelligimus currere contra pupillos, neque contra captivos, aut absentes, seu alios probabiliter ignorantes, quandiu absunt & ignorant, captivi sunt, aut verò pupilli existunt. Præterea ad futura, præsentiaque & præterita volumus hanc legem nostram extendi, & tempus hujusmodi currere à die publicationis præsentis, & non ante: videlicet decem annorum tempus ad rem ipsam minus justo pretio alienatam, & tempus quinque annorum ad rem, & fructus rei juxta præmissam declarationem. Datum publicatum in nostro Aquensi Palatio die nona Junii, anno domini millesimo quadringentesimo octuagesimo. Per Regem ad sui consilii deliberationem, spectabiles & magnifici Domini magnus Seneschallus Cancellarius. Honoratus Gagoni magister rationalis præsidens cameræ judex criminum advocatus fiscalis & pauperum. Pugeti magister requestarum, & alii quamplures Regii consiliari interrerant R. Levesque.

Extractum è regesto *Tauri*, fol. 265.

Detrayre se deu la quinta part, &c.

REQUESTA.

ITem, Supplican à la dicha real majestat, que en las executions que se auram à far daisi avant civils, quand gajarias si auran o prendre de nengun debitour en execution de judicat ou autramant, que tals gajarias si prenan à estima de dous, ou de tres homes non suspechoses, detrahent la quinta part dels bens immobles à utilitat del creditour, quand tal sera en luec que non habitara lou creditour. Et facha la liberation & expedition dals bens mouables ou immission de possession de immouables segond lordre de justicia, que lou debitour, non sia puis, sive en opres ausit.

RESPONSIO.

Placet ut petitur, & quòd salubris provisio hac in curia cameræ & à capitibus vicariarum, seu bajuliarum publicetur: & ad memoriam in carthulario dicto majorum seriosè describatur: ut ità in execrationem litium servetur perpetuo in futurum.

Extractum è regesto *Potentiæ*, fol. 355.

En quant non se paga en alienations voluntarias.

REQUESTA.

ITem, Supplican à la dicha majestat, que li plassa de consentir, & autreiar, que quant lo si estauvara, que lous bens dels enfans pupils ou d'autras persones si vendran à l'enquant en las plassas, ou autres luecs accoustumas, que par la vendition de tels bens, que si fa voluntaria, non se deio pagar drech d'encant.

RESPOSTA.

Plas al Rei, entant que serian alienations simplament voluntarias, & non point deiscendents d'executions de judicar.

Extractum ex regesto Potentiæ, *fol. 332.*

Que lous plus prochans en affinitat, & parentela puescan retenir lous bens vendus.

REQUESTA.

ITem, Supplican lous dichs segnours dals tres estat à la dicha excellentia, que ly plassa de statuir, & ordenar: que toutas & quantas vagadas se esdevendra en lous dichs contas de Provensa & de Forcalquier, & terras à ellas adjacents, que si vendra aucuna possession cayna que sia, que las personas plus prochanas en affinitat, & parentela de tal vendent, en tal luec demourant, sian preferidas enfra un mes, & puescan aver talla possession per lou pres, que sera venduda: ou autrament en cayna maniera que sia, sensa nenguna contradiction: pagant lou pres d'aquela, en la maniere de tal compradour, sensa prejudici dal segnour diret.

RESPONSIO.

Quanquam jus repugnare videatur requisitioni: tamen quia ex bono & æquo, & in pluribus locis patriæ observato, procedit, fiat ut petitur, semper sine præjudicio majoris domini.

Concessum. 1472.

Extractum è regesto *Potentiæ*, fol. 344.

Que ceux qui sont hors du lieu puissent retenir par le statut precedent: & quand commence courir le mois pour retenir.

REQUESTE.

ITem, Plaise audit Seigneur, auctroyer & permettre la declaration par les estats faicte sur le statut, par lequel est dit: que quand aucuns biens seront vendus: les plus prochains en affinité, & aguation soient preferez, soit du lieu où seroit faicte ladite alienation, ou hors d'iceluy lieu : & ne puisse tomber en defaut, si ce n'est après qu'il sera parvenu à sa notice & sçavoir.

RESPONCE.

Pource que le present article est raisonnable Monsieur ordonne, qu'il soit entretenu & gardé.
Concessum. 1510.
Extractum è regesto *Potentia*, fol. 381.

Jus retinendi jure prælationis, & laudandi cædi potest.

ITEM, *Et persæpè inter subditos paternos sæpius oritur dubitatio : an jus directi domini, respectu prælationis, & laudimiorum perceptionis, ac retentionis per dominum directum cædi alteri possit : super qua, attenta generali consuetudine patriæ, quæ observat, dictum jus cædi posse, ipsum cædendo & in alium transferendo dietim : & etiam curia regia in ipsis comitatibus, & terris adjacentibus observat, jus prælationis & retentionis sæpius in alios transferendo, & cædendo jus ipsum retinendi prælationis jure, & laudimia recipiendi. Propter quod, si dictum jus esset incæssibile, seu inalienabile, & à domino directo inseparabile, factum est propter talem usum, & tales actus, cæssibile & alienabile : propterea declaramus, & statuimus dictum jus prælationis, & retentionis, ac laudimiorum perceptionis cædi, & in alium alienari posse : dictasque cæssiones, & alienationes efficaces existere & effectum habere, & habere debere.*
Concessum a Joanne filio regis & locum tenente 1456.
Extractum è regesto *Tauri*, fol. 75.

Que Nobles & Gentil-hommes sian tenguts de compromettre.

REQUESTA.

ITEM, Supplican, con la sia causa, que entre lous Nobles & Gentil hommes del pays de Provensa & Forcalquier ayan agut per lou tens passat, & ayan encaras & douton d'aver al tens esdevendedour diverses plays, litigis & questions à causa de lurs segnorias, jurisdictions & autres bens : per la cal lousdichs nobles en agut entre ellous grand inimicitias & malvolensas, & an souppourtat, & supporton grands despensas, & interesses à las persequir & defendre, & per obviar à tous inconveniens & damages, & nuirir pas, accord & amour entre ellous, couma rason vol, supplican & requeron que sia fach commandemen sus pena formidabla à tous nobles que de tous plays, & differentias mogus, & movedours entre ellous, agent & defendent en calqua court que sia, que tenguts, de elegir dous homes nobles, que entierament & à plen aian à cognoysser lurs differensias & debats.

RESPONSIO.

Licet jura scripta suaderi laudent, indulgeri quod petitur : non tamen jubent nolentes arctari invitos, nisi casibus expressis. Quia tamen hic articulus ex voto nobilium procedit, qui in honestate fundatur, quon am viros bonos, & graves præsertim nobiles decet lites execrari : pro tanto, quoad futuras altercationes, fiat ut petitur etiam sub pœna centum marcarum argenti, ubi disceptabitur de valore mille florenorum & supra : ubi verò infra, quinquaginta mercarum regiæ majori curiæ pro media, & altera medietate parti applicanda. Quod verò ad pendentes altercationes, ad idem servetur concurrente tamen consensu utriusque partis, & sine quocumque præjudicio curiæ, in qua fundatum apparet judicium, & ubi non esset instructa causa ad effectum judicandi : ubi verò instructa esset ferendæ sententiæ, proferatur peritia & gravitate judicantis. Et quia superiori casu electi, seu eligendi circa casus determinationem possent facilè discordare, in eum casum vult, & mandat ipse dominus, quod pariter eligant sibi tertium : & si in electione differentes essent, præses provinciæ, qui pro tempore fuerit electionen faciat, ita quod duorum stetur judicio.
Concessum 1469. die 27. Januarii.
Extractum è regesto *Potentia*, fol. 291. & 334.

Compromettront les seigneurs, & leurs hommes & subjects ; universitez & particuliers ; parens, affins & conjoincts.

REQUESTE.

ITEM, Pour plus grand bien universel du pays, & restraindre la desordonnée habitude de plaiderie : dont procedent inimitiez, & despences de plusieurs volontaires plaideurs, plaise au Roy, que le chapitre faict autresfois des differends, que sont & pourroient estre entre les nobles du pays, se devoir compromettre, & par amiable cognoissance determiner, s'estende & aye lieu pareillement aux differends & debats, que sont entre les seigneurs dudit pays, & leurs hommes & subjets : & pareillement en aucunes universitez, & particuliers d'icelles : semblablement de toutes, & quelconques se vueille personnes dudit pays parentes, affines & conjoinctes.

RESPONCE.

Nonobstant que cest article soit repugnant à la disposition de droit, toutesfois pour ce que la requeste procede de bien & equité, & pour le bien & utilité du pays, en ensuivant le statut, dont dessus est faicte mention, soit mandé à tous officiers le garder & observer.
Concessum 1491.
Extractum ex libro *Potentia*, fol. 372.

Appellare licet à sententià judicis aditi ut bonus vir, confirmantis laudum, & ab arbitratorum sententia.

Superest & alia dubitabilis in judiciis, & ardua, & quotidiana quæstio: an à sententia judicis aditi, ut bonus vir, super sententiis latis per arbitratores possit appellari. Super qua præsentis nostræ declarationis vigore edicimus, statuimus & declaramus, quòd dum & quotiens sententia arbitratorum, & boni viri, sive judicis aditi, ut bonus vir, erunt conformes, à dicta sententia boni viri, sive judicis aditi appellare nequaquam cui ipsarum partium liceat: omnem appellationem, sive reclamationem, provocationem, seu querimoniam tollendo, & interdicendo. Ubi verò sententia boni viri, seu judicis aditi (qui judex ordinarius dicitur & esse debet) per ipsum bonum virum lata, non erit conformis cum sententia arbitratorum, sed contraria, aut penitus diversa: tunc eo casu, à sententia dicti boni viri, seu judicis aditi, per partem quæ pretendet se gravatam per talem sententiam, possit appellari: ita quòd à sententia lata per judicem in causa appellationis interjecta, à dicta sententia boni viri, qui contrariam, aut diversam sententiam à sententia arbitratorum, protulit per aliqua ex ipsis partibus appellari non possit, sed ipsa sententia, per prædictum judicem appellationis lata, irrevocabiliter ipsi toti negocio & disceptationi totali finem imponat. Et expressè declarando, & statuendo, quòd à sententia arbitratorum si contingat ab ea per aliquam ex dictis partibus ad arbitrum boni viri recurrere, quòd talis recursus ad arbitrium boni viri, à tempore tamen sententiæ, & notitiæ sententiæ arbitratorum, recurri debeat infra tempus decem dierum: quibus lapsis, recurrere non liceat: sed lapsis ipsis decem diebus, sententia ipsa arbitratorum per judicem executioni reali mandetur, & tradatur, nulla exceptione obstante, nisi esset exceptio personarum, aut potestatis arbitratorum.

Constitutum fuit à Joanne filio Regis, & locum tenente 1456.

Ex regesto *Tauri*, fol. 7.

Substitutio compendiosa per verbum commune substituo, cum verbo quandocunque, quando fit à pagano sine præfinitione temporis matre existente in medio.

Præterea equidem etiam inter juristas præcipuè legum, alia in judiciis est magna opinionum varietas super substitutione compendiosa, à pagano sine specificatione temporis per verbum commune substituo, cum verbo quandocunque filius meus decesserit, talem substituo, quia verbum substituo, est verbum commune, quod adaptari potest ad directam, & fideicommissariam substitutionem. Et propterea est concertatio magna, magna existente in medio, an omni tempore sit substitutio fideicommissaria, an verò infra tempora ætatis pupillaris, valeat jure directo, post pupillarem verò ætatem, jure fideicommissi. Nos autem considerantes, quod mater certat de hæreditate filii luctuosa, per præsentem nostram declarationem, quam vim legis, & edicti perpetui habere volumus: edicimus & statuimus, quòd ubi & quotiens substitutio facta fuerit, prout supradictum est, & mater erit in medio superstes ipsi filio mortuo, quòd dicta substitutio omni tempore tam in pupillari ætate, quàm post, favore matrum valeat jure fideicommissi & fideicommissaria judicetur: nisi ipsi filio instituto, substituti forent filii, fratres ipsius filii mortui: aut testator dixisset, quod nolebat, quod mater de bonis suis haberet unum obolum, aut aliud æquipolens: aut si mater erat incapax hæreditatis, quia non petierat, filio provideri de tutore, aut si erat testatoris inimica: aut si testator matri legando, & à substituto ipsum legatum relinquendo dixit, quod etiam legato contenta esset, & ultra aliquid petere non posset, vel quia mater ad secunda vota transivit: vel quia mater testatoris erat substituta ipsi filio mortuo. Si verò tempore mortis filii mater non esset in medio, sed foret mortua, tunc supra dicta substitutio, infra tempora pupillaris ætatis, valeat jure directo, post verò pupillarem ætatem, ut fideicommissaria.

Concessum 1456. die 14. Decembris.

Extractum è regesto *Tauri*, fol. 73.

Per non confectionem inventarii ab hærede non perditur Trebellianica: & quòd testator possit prohibere illius, & Falcidiæ detractionem.

Est & alia magna concertatio in judiciis & inter judicantes hæsitatio: videlicet an si hæres institutus per testatorem nullum faciat inventarium: an per non confectionem inventarii perdat, aut perdere debeat quartam Trebellianicam. Item pariter est dubitatio, an testatores possint prohibere, ne hæres quartam Trebellianicam detrahat. Super quibus ut supra, cum plena deliberatione edicimus & statuimus, edictoque perpetuo declaramus, quòd hæres propter non confectionem inventarii non perdat, aut perdere debeat quartam Trebellianicam: imo non obstante quòd non fecerit inventarium, quòd dictam quartam Trebellianicam detrahat, & detrahere possit, & debeat hac præsenti ordinatione declaramus. Decernentes pariter per modum edicti perpetui: quod testatores expressim Trebellianicam, & Falcidiam prohibere possint: & videtur testator satis expressim prohibere, dum dicit, suam hæreditatem debere restitui, seu legata præstari sine aliqua detractione. Præfatis declarationibus adjungendo, quòd in relictis ad pias causas cesset tam quarta Trebellianica, quàm quarta Falcidia.

Concessum 1416. die 14. Decembris.

Extractum è regesto *Tauri*, fol. 74.

Quant y a d'enfans mascles las filhas non succedisson.

REQUESTA.

ITEM, Supplican à la dicha majestat, que daissi en avant per conservation las maisons tant noblas, quant autras, las filhas ou filhas dals filhs ja morts, que si trobaran esser dotadas per lur payre & mayre, ou avis; & après la fin de tals payre & mayre, sive avis morents sens testament, estants filhs ou filhs dals fils voudran cumular lur dota, & venir à division & succession de la hereditat ambe lous autres heres mascles, que non sian tals filhas ou filhas dals filhs ja morts en aquo ausidas, ni admessas, mes sian contentas soulament de lur dota. Et si non si troubavan doutadas, que deian esser doutadas à l'estima dels plus prochans parents & amics de la partidas juxta la facultat dels bens, & qualitat de las dichas persōnas; nonobstant una ley *pactum*, *C. de colla.* & tout autre drech fasent en contrari sobre lou qual plassa à la dicha real majestat dispensar benignament.

RESPOSTA.

Plas al Rey en succession venent sens testament, estans heres mascles deiscendent : sauvada tout-jour la legitima, & suppliment de aquella.

Concessum 1472. die 3. Augusti.

Extractum è regesto *Potentiæ*, fol. 325.

Statut per modificar, & clarificar lou precedent.

REQUESTA.

ITEM, Supplicam à la dicha real majestat lousdichs segnours del conseil del tres Estats, que aucun capitoul autrasses consentir à la requesta del conseil dels tres Estats, redierament tengut en Aix, à causa de la succession dels filhs exclusent las filhas doutadas, que plassa à la dicha real majestat, de modificar & clarificar lou dich statut & capitoul, so es, que quant lous mascles venon à succession de lurs parens *ab intestato*, exclusent toutas femellas doutadas, & dotadoyras vendrian à mourir, & trespas daquest monde sens heres ou enfans de son propri corps & legitime mariage, que la hereditat de tal frayre, & semblant filhas sian del premier ou autre mariage, la dicha hereditat deu venir & parvenir à tals sorres, & mayre, si mayre y a, par eigal portion.

RESPONSIO.

Quoniam hic articulus ex varietate facti recipere potest varietatem juris, signanter, si filius decedat, & pubes factus (quo tempore potest testari) aut impubes (quia testari non potest) propterea mandat per gentes sui consilii hunc articulum bene videri, & prout justum, bonum & æquum erit etiam considerato & consecuto, voto statuum condecenter provideri, & auctoritate Regia statui legem in futurum. Et demum placuit Regiæ majestati ex deliberatione sui consilii ordinare, quòd filiis masculis, de quibus in præcedenti capitulo fit mentio, decedentibus in pupillari ætate, vel aliàs quandocunque sine liberis masculis ex legitimo matrimonio procreatis ab intestato; *quod sorores talis filii, quæ exclusæ fuerant successione patris ab intestato defuncti, vigore statuti concessi in ultimo concilio trium statuum, tento in civitate Aquensi, debeant habere præcipuam eam quotam, & portionem, quæ eis competebat ex successione dicti patris, ex qua exclusæ fuerunt prætextu dicti statuti. Declarando etiam, quòd eo casu adveniente, non intendit Regia majestas ipsas filias excludere à successione dicti fratris : servata tamen dispositione auth. defuncto, C. ad Tertul.*

Concessum Massiliæ 1473. die 9. Novembr.

Extractum è regesto *Potentiæ*, fol. 358.

Edict & Loy perpetuelle sur les Articles faicts par les Gens des trois Estats au pays de Provence, concernant restitution de bestail pour raison de la liquidation du fruict, croissement, & tout profit provenant d'iceluy. Et combien on sera tenu payer tous les ans pour beste. Et des legitimes & supplement d'icelles à raison de cinq pour cent : ensemble de l'entretenement & observance d'un statut faict sur la conduite de l'eau des Moulins. Publié au Parlement dudit pays le vingtiesme jour d'Octobre mil cinq cens quarante-sept.

HENRY par la grace de Dieu Roy de France, Comte de Provence, Forcalquier, & terres adjacentes, à tous ceux, qui ces presentes lettres verront, Salut. Comme le Syndic & delegué des gens trois Estats de nos pays & Comté dudit Provence eust dez le dix-septiesme de Janvier, mil cinq cens quarante-quatre, presenté à nostre tres-cher, & tres-honoré Seigneur, & Pere le Roy François dernier decedé, que Dieu absolve, & aux gens de son conseil privé, certains articles tendans à fin : que pour obvier à l'advenir aux grands & immortels Procès, qui se sont meuz par le passé entre les subjects dudit pays, à tres-grands & incroyables fraiz, travaux & despences, quand il a esté question de restitution de bestail, pour raison de la liquidation du fruict, croissement, & tout autre profit provenant d'iceluy; son bon plaisir fut pour le bien dudit pays, ordonner sur ce telle, & si certaine reigle & provision, que la chose ne tombast plus en controverse & differend. Et semblablement sur les legitimes & supplement d'icelles, pour estre payable en bien ou en argent comptant à l'election du debte.

Et aussi sur l'entretenement de l'ordonnance faicte audict pays par feu René de Cecille, pour le conduit des eaues des Moulins. Et que ladite ordonnance n'aye lieu seulement ès fossez desdits Moulins; mais aussi ès escluses & levées d'iceux, ainsi que le contiennent plus amplement lesdits articles. Sur lesquels auroit feu nostredit Seigneur, & pere en sondit conseil privé, ordonné, qu'iceux articles seroient renvoyez aux gens de la Cour de Parlement dudit Provence, pour iceux voir & entendre, nostre Procureur general en ladicte Cour appellé & ouy. Et faict bailler, & envoyer leur advis afin d'en estre après ordonné ainsi que de raison: ce que les gens de nostredicte Cour avoient faict. Et nostredit Procureur general ouy, baillé leur advis dez le dixiesme Juin mil cinq cens quarante-cinq. Depuis lequel temps ledit Syndic pour les autres grands & importans affaires qu'il a eu à poursuivre, sollicitér & demesler pour le bien dudit pays, n'a peu vaquer à la poursuite dudit affaire jusques à present, qu'il s'est retiré pardevers nous. Et nous a supplié & requis vouloir faire voir lesdits articles & advis cy-attachez soubs le contreseel de nostre Chancellerie, par les gens de nostre Conseil privé, pour après ordonner sur ce telle provision que verront raisonnable & necessaire, pour la pacification desdits differends, & repos de nos subjects.

Sçavoir faisons, qu'après avoir faict voir lesdits articles, & advis par les gens de nostredit Conseil privé, & que les choses bien & meurement entendues & digerées, le contenu en l'advis des gens de nostredicte Cour s'est trouvé grandement utile, commode & profitable pour le bien dudit pays, repos & utilité des manans & habitans d'iceluy. Avons par la deliberation des gens de nostredit Conseil privé, & suivant l'advis des gens de nostredicte Cour, dit, statué & ordonné: disons, statuons & ordonnons par edict, statut & ordonnance irrevocable, ce que s'ensuit.

Combien on sera tenu payer pour chacune beste, toutes les années.

Premier Chef.

C'Est assavoir que quant au premier chef, qui touche & concerne la restitution dudit bestail, & liquidation du fruict, croissement & tout autre profit d'iceluy, ceux qui seront d'oresnavant condamnez à la restitution desdits fruicts, croissement & autres profits susdits, seront tenus pour chacune année de ladicte restitution.

Pour chacun cheval & jument de troupeau, & foulant bleds l'un portant l'autre, vingt-quatre sols tourn.

Pour chacun bœuf & vache de troupeau, dix-huict sols tournois.

Pour chacun asne & asnesse de troupeau, ou suivant iceluy, neuf sols tournois.

Pour chacun pourceau, tant masle que femelle, cinq sols tournois.

Pour chacune brebis & mouton, deux sols tournois.

Pour chacune beste chevreume, tant femelle que masle, deux sols tournois.

Et tout ce que dessus quant au bestail gros de troupeau, & pourceaux de deux ans en sus & du bestail menu d'un an en sus: & quant au bestail menu estant d'un an, & au dessoubs, hors toutesfois du laict, & mamelle de la mere, à compter à raison de trois bestes pour deux: & estans à ladicte mamelle compter avec la mere sans aucun profit. Le capital toutesfois desdits mere, & petits venant à restitution. Et quant au gros bestail susdit de troupeau, & pourceaux estans de deux ans & au dessoubs jusques à un an, à compter quatre pour trois: & d'un an au dessoubs jusques à six mois, trois pour deux. Et de six mois au dessoubs comptés avec la mere sans rendre aucun profit. Le capital desdits mere & petits venant à restitution. Et quant au profit des jumens, chevaux, mullets & mulles, asnes & asnesses à basts: & bœuf, & vaches de labourage, & bestes de selle desdiez à louage, à raison de huict pour cent, ayant esgard à la valeur & prix de la beste. Et pour chacune maison de mouche à miel, un sol tournois par an. Et là où seroit question de violente interception, dol & fraude, ou male-foy, nous voulons que les debteurs soient tenus payer au double de ce que dessus, respectivement quant audit profit, fruict & croissement, & le capital simplement: & sans prejudice d'autre amende ou punition corporelle ou pecuniaire, ainsi que le cas le requerra.

Visum fuit addere hic ad faciliorem usurarum taxationem, duos indices (vulgus Tariffes *appellat) alterum quincuncium usurarum, quem non ita pridem cum aliis duobus bessium & semessium, quidam divulgavit ex meo, alterum verò annuorum redditunm computationem, continentem, ques Gallicè expressimus ut omnibus consuleremus.*

Tariffe de cinq pour cent.

Sort principal,	*Un an.*	*Un mois,*	*Un jour.*
10 den.	obolle		
20 den.	1 denier		
2 sols, 6 den.	1 den. ob.		
5 sols,	3 den.		
10 sols,	6 den.		
15 sols,	9 den.		
20 sols,	1 sol,	1 denier,	
30 sols,	1 sol 6 den.	1 denier ob.	
40 sols,	2 sols 2 den.	2 den.	
50 sols,	2 sols 6 den.	2 den. ob.	
1 écu,	3 sols,	3 den.	
2 écus,	6 sols,	6 den.	
3 écus,	9 sols,	9 den.	
4 écus,	12 sols,	1 sol,	
5 écus,	15 sols,	1 sol 3 den.	
6 écus,	18 sols,	1 sol 6 den.	
7 écus,	21 sols,	1 sol 9 den.	
8 écus,	24 sols,	2 sols,	
9 écus,	27 sols,	2 sols 3 den.	
10 écus,	30 sols,	2 sols 6 den.	1 denier.
15 écus,	45 sols,	3 sols 6 den.	1 denier ob.
20 écus,	1 écu,	5 sols,	2 deniers.
30 écus,	1 écu 30 sols,	7 sols 6 den.	3 deniers.
40 écus,	2 écus,	10 sols,	4 deniers.
50 écus,	2 écus 30 sols,	12 sols 6 den.	5 deniers.
60 écus,	3 écus,	15 sols,	6 deniers.
70 écus,	3 écus 30 sols,	17 sols 6 den.	7 deniers,
80 écus,	4 écus,	20 sols,	8 deniers.
90 écus,	4 écus 30 sols,	22 sols 6 den.	9 deniers.
100 écus,	5 écus,	25 sols,	10 deniers.
150 écus,	9 écus 30 sols,	37 sols 6 den.	1 sol 3 deniers,

200 écus,

Sort principal,	*Un an,*	*Un mois,*	*Un jour.*
200 écus,	10 écus,	50 sols,	1 sol 8 d.
300 écus,	15 écus,	1 écu 15 sols,	2 sols 6 d.
400 écus,	20 écus,	1 écu 40 sols,	3 sols 4 d.
500 écus,	25 écus,	2 écus 5 sols,	4 sols 2 d.
600 écus,	30 écus,	2 écus 30 sols,	5 sols.
700 écus,	35 écus,	2 écus 55 sols,	6 sols 8 d.
800 écus,	40 écus,	3 écus 20 sols,	6 sols 3 d.
900 écus,	45 écus,	3 écus 45 sols,	7 sols 6 d.
1000 écus,	50 écus,	4 écus 10 sols,	8 sols 4 d.
1200 écus,	60 écus,	5 écus,	10 sols.
1500 écus,	75 écus,	6 écus 15 sols,	12 sols 6 d.
2000 écus,	100 écus,	8 écus 20 sols,	16 sols 8 d.
2500 écus,	125 écus,	10 écus 25 sols,	20 sols 10 d.
3000 écus,	150 écus,	12 écus 30 sols,	25 sols.
4000 écus,	200 écus,	16 écus 40 sols,	33 sols 4 d.
5000 écus,	250 écus,	20 écus 50 sols,	41 sols 8 d.
6000 écus,	300 écus,	25 écus,	50 sols.
7000 écus,	350 écus,	29 écus,	58 sols 4 d.
8000 écus,	400 écus,	33 écus 20 sols,	1 écu 6 sols 8 d.
9000 écus,	450 écus,	37 écus 30 sols,	1 écu 15 sols.
10000 écus,	500 écus,	41 écus 40 sols,	1 écu 23 sols 4 d.

Tariffe de Revenus.

L'An,	*Le Mois,*	*Le Jour.*
2000 écus, de rente,	166 écus 40 sols,	5 écus 33 sols 4. d.
1500 écus,	125 écus,	4 écus 10 sols.
1200 écus,	100 écus,	3 écus 20 sols.
1000 écus,	83 écus 20 sols,	2 écus 46 sols 8 d.
900 écus,	75 écus,	2 écus 30 sols.
800 écus,	66 écus 40 sols,	2 écus 13 sols 4 d.
700 écus,	68 écus 20 sols,	1 écu 56 sols 8 d.
600 écus,	50 écus,	1 écu 40 sols.
500 écus,	41 écus 40 sols,	1 écu 23 sols 4 d.
400 écus,	33 écus 20 sols,	1 écu 6 sols 8 d.
300 écus,	25 écus,	50 sols.
200 écus,	16 écus 40 sols,	33 sols 4 d.
100 écus,	8 écus 20 sols,	16 sols 8 d.
80 écus,	6 écus 40 sols,	13 sols 4 d.
60 écus,	5 écus,	10 sols.
50 écus,	4 écus 10 sols,	sols 4 d.
40 écus,	3 écus 20 sols,	6 sols 8 d.
30 écus,	2 écus 30 sols,	5 sols.
25 écus,	2 écus 5 sols,	4 sols 2 d.
20 écus,	1 écu 40 sols,	3 sols 4 d.
15 écus,	1 écu 15 sols,	2 sols 6 d.
10 écus,	50 sols,	1 sol 8 d.
9 écus,	45 sols,	1 sol 6 d.
8 écus,	40 sols,	1 sol 4 d.
7 écus,	35 sols,	1 sol 2 d.
6 écus,	30 sols,	1 sol.
5 écus,	25 sols,	10 d.
4 écus,	20 sols,	8 d.
3 écus,	15 sols,	6 d.
2 écus,	10 sols,	4 d.
1 écu,	5 sols,	2 d.

FORTIUS, J. C.

Que les legitimes & supplement d'icelles se pourront payer en biens ou en argent comptant, à l'election du debiteur.

DEUXIESME CHEF.

ET quant au second chef, concernant le payement du droict de legitime, & supplement d'icelle, avons semblablement dict, statué & ordonné : disons, statuons & ordonnons, que en tout ou sera deue ladite legitime ou supplement d'icelle, indifferemment sera à loption & election du debteur & heritier de la payer en biens ou en argent sinon que le pere ou autre testateur en ait autrement disposé quant à la qualité dudict payement : & là où ledit payement sera faict en argent, sera le debteur tenu payer les fruicts d'icelle legitime ou supplement, respectivement à raison de cinq pour cent ayant esgard au capital dudit argent deu pour icelle. Et depuis le temps du decès & trespas de celuy des biens & successions duquel sera question.

Que le statut faict audit pays sur la conduite de l'eau des moulins aura lieu.

TROISIESME CHEF.

ET au regard du tiers & dernier chef, touchant ladite conduite d'eau, sera permis à un chacun ayant droict & faculté de moulins & engins, de conduire lesdites eaux, faire foussez, levées & recloses par les proprietez de ses voisins & où sera convenable, en payant toutesfois l'interest des parties, ès fonds & proprietez desquelles se feront lesdites levées & foussez. Et ce non seulement ès moulins à blé, mais aussi en tous autres engins.

Si donnons en mandement, par ces mesmes presentes à nos amez, & feaux, les gens tenans nostre Cour de Parlement de, que cestuy nostre present edit, statut & ordonnance, ils facent lire, publier & enregistrer ès registres de nostredite Cour, & iceluy entretiennent gardent & observent & facent entretenir, garder & observer inviolablement, sans aller ne souffrir qu'il soit allée au contraire, en quelque maniere que ce soit. Car tel est nostre Plaisir, nonobstant quelconques ordonnances, us, mandemens ou deffenses à ce contraires. En tesmoing dequoy nous avons à ces presentes fait mettre nostre seel. Donné à S. Germain en Laye le vingtiesme jour de May, l'an de grace mil cinq cens quarante-sept. Et de nostre regne le premier. Par le ROY, Comte de Provence. De L'aubespine. Leues & publiées & enregistrées, l'Advocat general du Roy en absence du Procureur present, & n'empeschant. A Aix en Parlement le vingtiesme d'Octobre, mil cinq cens quarante & sept.

FABRY.

Articles & advis de la Cour mentionnez ès precedentes lettres mandez au Roy.

Extraict des registres du Parlement.

VEu par la Cour la requeste à elle presentée par les Procureurs du present pays de Provence, tendant à la fin de bailler advis sur certaine autre requeste, articles & remonstrances faictes par les deleguez des gens des trois Estats dudit pays, presentées au Roy pour en avoir l'authorisation : affin de pourveoir sur les questions & procès qui se peuvent mouvoir en cas de restitution de bestail, pour raison de la liquidation du fruit, croissement & tout profict provenant dudit bestail. Et aussi que les legitimes & supplement d'icelles se puissent payer en biens ou en argent comptant à l'election du debteur. Et pareillement que le statut & ordonnance faicte audit pays sur la conduite des eaux des moulins, aye lieu non seulement ès foussez des moulins, ains aussi ès recluses & levées d'iceux. Veu aussi l'appoinctement faict par ledit seigneur au pied desditz articles & requeste, contenant renvoy à ladite Cour pour y donner advis, appellé le Procureur general dudict seigneur. La responce & conclusion dudit Procureur general, le dire des Procureurs dudict pays faict pardevant les commissaires sur ce deputez sur la declaration & interpretation desdits articles, & ouy le rapport desdits commissaires. Ladite Cour est d'advis, que quant au premier Chef concernant la liquidation dudict fruit, croissement & tout proffit dudict bestail le Roy (si tel est son bon plaisir) doit ordonner, que toutes les années les condamnez d'oresnavant à la restitution desdits fruits, croissements & tous proffícts seront tenus payer pour chacun cheval, & jument de trouppeau, & foullans bleds l'un portant l'autre, vingt-quatre sols tournois.

Pour chacun bœuf & vache de trouppeau, dix & huict sols tournois.

Pour chacun asne & asnesse de trouppeau ou suivant iceluy, neuf sols tournois.

Pour chacun pourceau tant masle que femelle, cinq sols tournois.

Pour chacune brebis & mouton, deux sols tournois.

Pour chacune beste chevreune tant femelle que masle, deux sols tournois.

Et le tout ce que dessus, quant au bestail gros du trouppeau, & pourceaux de deux ans en sus, & du bestail menu d'un an sus. Et quant au bestail menu estant d'un an & dessoubz, hors toutesfois de laict & mammelle de la mere, à compter à raison de trois bestes pour deux. Et estans à ladicte mammelle, comptes avec la mere sans aucun profit, le capital toutesfois desdites mere & petitz venant à restitution. Et quant au gros bestail susdit de trouppeau, & pourceaux estans de deux ans & au dessoubz jusques à un an, à compter quatre pour trois, & d'un an au dessoubz jusques à six mois trois pour deux. Et de six mois au dessoubz comptez avec la mere sans rendre aucun profit. Le capital desdits mere & petits venant en restitution. Et quant au profit des jumens, chevaux, mullets & mulles, asnes & asnesses à bastz, & bœufs & vaches de labourage, & bestes de selle desdiez à louage, à raison de huict pour cent, ayant esgard à la valeur & prix de la beste. Et pour chacune maison de mouche à miel, un sol tournois par an. Et là où il seroit question de violente interception, dol & fraude ou male-foy, les debteurs seront tenus payer au double de ce que dessus respectivement quant audit profit, fruict & croissement, & le capital simplement, & sans prejudice d'autre amende ou punition corporelle ou pecuniaire, ainsi que le cas le requerra. Quant au second chef concernant le payement du droict de legitime & supplement d'icelle, est d'advis ladicte Cour, que en tout cas où sera deue ladite legitime, ou supplement d'icelle, indifferemment doit estre à l'election du debteur & heritier d'icelle payer en biens ou en argent ; si n'est que le pere ou autre testateur en ayent autrement disposé quant à la qualité du payement. Et que là où le payement seroit fait en argent soit ledit debteur tenu payer les fruicts d'icelle legitime, ou supplement respectivement à raison de cinq pour cent ; ayant esgard au capital dudit argent deu pour icelle, & depuis le temps du decès d'iceluy, des biens & succession duquel est question. Et quant au tiers & dernier chef, est ladite Cour d'avis qu'il soit permis à un chacun ayant droit ou faculté de moulins & engins, de conduire lesdites eaux, faire foussez, levées & recluses par les proprietez des voisins, & sera convenable ; en payant toutesfois l'interest des parties ès fonds & proprietez desquelles se feront lesdites levées & foussez. Et ce non seulement ès moulins à bled, ains en tous autres engins. Faict à Aix en Parlement, le deuxiesme jour de Juin, l'an mil cinq cens quarante-cinq. Collation est faicte. *Signé*, BOISSONI.

Declaratio L. Dos à patre. C. Solut. matri.

Ulterius quia inter doctores magna est altercatio, circa legem dos à patre profecta. Codice soluto matrimonio, an in casu, ubi pater, vel avus dando dotem filiæ, vel nepti, in casu dissoluti matrimonii per mortem: filiæ superstitibus liberis ex ipso matrimonio, cui dos debeat applicari, an patri, seu avo dotanti, an ipsis liberis; præsentis nostra declarationis edicto perpetuo valituro declaramus, edicimusque & in paternis comitatibus Provinciæ, & Forcalquerii, ac terris illis adjacentibus vim legis habere volumus; & declaramus quod liberi ipsi dotem ipsam maternam habeant, & in ipsa succedant, habereque & succedere debeant, tanquam hæredes eorum matris, & in dote ipsa tanquam hæredes eorum matris, & ex persona matris succedant, & de ea liberè disponere valeant; & ab intestato ad hæredes suos transmittant: ipsam dotem, succedendo patri, aut avo materno in legitimam computent & computare debeant: quodque præfatis liberis sit salvum jus agendi & supplementum legitimæ in bonis patris, aut avi eis debitæ, si dicta dos legitimam non ascendit, nisi renunciatum fuisset cum juramento. Præmissa locum habere dicimus, volumus, & declaramus in casu, in quo pater aut avus dotem ipsam non fuerunt expressè sibi restitui stipulati: quoniam eo casu (videlicet sibi ipsi restitui stipulantibus) quia tunc ipsis, & non liberis ipsa dos debet applicari. Et quod dictum est suprà in dote ipsa respectu patris, aut avi locum habere volumus, & censemus in casu, quo per mortem filiæ in matrimonio defunctæ, ex pacto, consuetudine, vel statuto, dos ipsa marito applicari debet; quoniam tunc liberi, ut & tanquam hæredes patris, in dota ipsa veniunt, & venire debeant; & in in eorum legitima eis debita in bonis patris, aut avi paterni in legitimam computabunt.

Concessum à Joanne filio Regis, & locum tenente 1456. die 14. Decembris.

Extractum è regesto *Tauri*, fol. 77.

Civis quando quis dicendus

REQUESTA.

ITEM, Que degun non se puesca dire ni reputar cieutadin, ou habitadour, ou incola en las cieutas, luecs, villas del dich pays, si non que y aia istat l'espaci de des ans, juxta la forma dal drech, possessor & possessista bens estables & mouables; & ainsi se entenda per causa de esser admesses d'aissi avant als offices reals.

RESPONSIO.

Si declaret animum suum commorandi, & majorem partem fortunarum suarum ibidem habeat, statim habeatur pro vero cive: aliàs autem in dubio decennium expectetur: & utrobique intelligatur, fraude cessante.

Concessum à Rege Renato. 1437.

Extractum ex regesto *Potentiæ*, fol. 279.

Informationes debent præcedere incarcerationem.

Dicimus, declaramus & jubemus auctoritate, quâ suprà, quòd per officiales temporales quoslibet in Comitatibus Provinciæ & Forcalquerii, nullus compatriota, & justiciabilis de cujus fuga verisimiliter non dubitatur, delatus de crimine incarceretur, nisi præcedant debitæ informationes quæ secundum Deum, & veram justitiam ad id sufficere possint, & ad hoc sub pœna centum librarum coronatorum, quam officiarius contra faciens incurrat, ipso facto.

Incarceratus quando examinandus, & relaxandus.

ITem, *Quod reus delatus incarceratus post examinationem debitam ipsa die captionis, aut saltem sequenti faciendam, sine mora relaxetur & relaxari debeat, & liberet, data tamen, seu oblata idonea recredentia, seu fidejussoria cautione in forma curiæ consueta: nisi tamen crimen tale esset, quod sanguinis pœnam exigeret de consuetudine, vel de jure, ita quod recredentiæ locus non esset & hoc sub pœna prædicta per officialem denegantem, seu indebitè differentem, vice qualibet committenda.*

Concessum die 14. Decembris. 1456.

Extractum è regesto *Tauri*, fol. 73.

Relaxandus incarceratus data pecunia, si reperiri non possit cautio.

ITem, *Quod si quando extranei incarcerati pro crimine non exigente sanguinis pœnam, non valentes reperire fidejussores (quia hoc sæpe facilè non est) ex more curiarum in hac patria, daturi erunt loco cautionis aliquam pecuniæ quantitatem, quod tunc, & eo casu illam recipiat, seu recipiet clavarius curiæ, seu ejus locumtenens: ita quod non vicarius, seu bajulus, & judex: & hoc vocato & præsente notario curiæ, & non aliter; qui notarius hoc describat in actis seu processu curiæ inquirentis: & hoc sub pœna prædicta ipso facto per contra facentem vice qualibet committenda.*

Extractum ex regesto *Tauri*, fol. 73.

Relaxar se deu un delat dourvant fermansas, si lou cas non a merita punition corporalla.

REQUESTA.

ITEM, Car souven si estauva que lous officiers tant majours que minours, de las Cours Reals dal dich pays, & aussi dalz segnours Ecclesiastics & nobles, quant an un delat en lurs cours, lou tenon, incarcerat & intrus par lonc temps; mays afin de extourquir argent, & que condeyllenda à lur voluntat, que per autra causa & aquel non voulon en denguna maniera relaxat ia sia ayssò que presente fermansas sufficentz; en grand prejudice de tals. Et car tals causas venon contra touta forma de drech, supplican à la dicha real majestat, que li plassa de y provesir, & provesent mandar & commendar à tous officiers, & sus formidal la pena, que tout delar, lou qual en lur court detendrian par rason de crims, que donadas fermansas deguedeas & sufficientas, aian relaxar, sinon que lou crim ou delict comez requeriguessa effusion de sang, mutilation de membre, ou autra punition corporalla.

RESPONSIO.

Fiat.
Concessum à Rege Renato de mense Novembris 1442.
Extractum ex regesto *Potentiæ*, fol. 282.

Caution non es donada en un crin leugier.

REQUESTA.

ITEM, Car louz officiers de la cour ordinaria souven vouloun aver fermansa dels delatz, dounant luts dilations, ben que sian de crins per paraulas, & de petitz fachz : nonobstant que aytalz delatz sian sufficiens largament, quant ez alz crins, de que son incriminatz ; & aquo per occasion de far louz toumbar en laz dichaz penaz, coma souven toumban lous condanatz per laz dichaz penaz ; laz qualz condanations souven montan mayz, que non fan laz entraz dalz crins principalz ; perso supplican à la dicha majestat, que li plassa de consentir, & mandar que daitalz dalatz sufficiens lous dichs officiers presentz, & avenadours non deian, ni puescan demandar, ni aver aucuna fermansa : & si lou contrari se fasia, que la pena en contrari messa foussa, & sia nulla ; ni per aquella lou delat impenat non puesca esser molestat, ni condanat, ben qu'en la dicha pena non foussa obezit.

RESPONSIO.

Ad quod capitulum respondemus, & volumus, quod prohibeatur officialibus præsentibus & futuris, quod delatos pro levibus criminibus, qui apparebunt solvendo, non arctent ad satisdationem per pœnarum appositionem & declarationem, vel aliter : sed contenti sint juratoria cautione.

De incarceratis sine culpa.

Qui sine culpa captus fuerit, pro jure carceris nihil solvat, ne injustè gravato & afflicto gravamen addatur.
Extractum è regesto *Leonis*, fol. 266. verso.

Pœna talionis in criminalibus.

REQUESTA.

ITEM, Supplicam à la dicha real majestat que touta persona, que si vendra querelar aisa majestat ou son Seneschal, d'aucun cas criminal, que si non justifica la causa, de que se recourera, sia punit *pœna talionis*, en pagant despensas & interesse de partida.

RESPONSIO.

Placet observata in his juris forma, & ulterius pro favore & expeditione justitiæ pro qua sententia rei delati velut innocentes absolvuntur, illa eadem, & statim calumniosè differentes crimina, condemnentur.
E regesto *Potentiæ*, fol. 359.

Attestations pressas an toujour valour, inquara que lous testimonis sian morts, sensa esser recensas, &c.

REQUESTA.

ITEM, Car aucunas vegadas diverses processes si fan, que puis si pronuncian nuls & en la Court de l'appellation ou autras Cours, on te feran agudas garentias, & attestations pressas : las quals garentias paraventura moron, ou las attestations pressas si perdon & ainsins non si podon recensar, ni reire ausir : Supplican à la dicha majestat, que aytals attestations, davant la pronunciation de la nullitat pressas, après & toutjour aian valour & fermesa en tal maniera, que non si tournon reire examinar, & coma aurian si legitimament se tornessau ausir : si non que lous testimonis non aguessan jurat present la partida.

RESPONSIO.

Placet regi, quòd si testes mortui sint, dum tamen primo juraverint parte vocata præsente, vel contumaciter absente, licet processus aliter sit nullus, & nullitas uniformiter respiciat processum, in favorem probationum, & ne jura partium pereant, detur fides dictis attestationibus.
Concessum 1437.
Extractum è regesto *Potentiæ*, fol. 267.

Lenones non sint in Provincia.

ANtiquis & novis legibus valdè odibile visum est, in republica lenones existere : agnovimus enim ipsos illicitè vivere, & nefanda lucra invenire : & loca plurima, ac provincias circuire : & miserandas juvenculas decipere, promittentes eisdem donaria, & deinceps eas volentibus ad luxuriam tradere : & omnem quæstum miserabilem ex corporibus earum provenientem ipsos accipere, ab eis quandoque cautionem exigendo, quia usque ad tempus, quod eis placebit, dictam inopiam & miserabilem vitam observabunt : in tantum, quòd nec volentibus juvenculis à dicto damnato crimine desistere, & ad legitimum pervenire matrimonium facere hoc sinunt, & in tantum hoc facinus excrevit, ut in omnibus penè harum partium partibus sit perductum, ita ut primum quidem in ultimis partibus aliquarum civitatum esset, nunc autem tota patria horum malorum est plena. Dudum siquidem contra ipsos lenones sic impiè & illicitè agentes pœnæ inflictæ sunt, & quod diu est, omissum est : per hanc nostram constitutionem renovare intendentes, ordinamus, omnes lenones, qui dictam artem exercent & in dicto exercitio permanent, ab omnibus terris comitatum nostrorum Provinciæ & Forcalquerii, & terrarum eis adjacentium fore expellendos & tenore præsentis nostræ ordinationis expellimus : & dictam artem eis, ac exercitium interdicimus. Qui si post dies decem à die publicationis præsentium in dictis comitatibus & terris eis adjacentibus inventi fuerint & à dicta arte, seu exercitione ipsa in veritate non destiterint, ultra pœnas legum, quas in eos infligimus, omnia eorum bona fisco nostro adjudicamus. Ulteriusque si arma prohibita deferentes putà arcus, lanceas, tela, balistas, venabula & alia armorum genera inventi fuerint portare, cum ipsis armis à quibuscunque impunè capi possint & ad carceres propinquiores adduci & arma capi, & quòd de eis debeat justitia fieri, etiam si cum mulieribus ipsis, aut sine inventi fuerint. Pariter statuentes, ut nullus noster subvicarius aut officialis quicunque in domibus propriis, in quibus habitant, prostibula, seu mulieres fulbitas tenere audeat sub pœna privationis officii & centum librarum coronatorum quam ipso facto incurrat & sine gratia fisco nostro solvat, si contrarium fecerit, cum ex his multa scandala & pericula eveniant.

Ludi noxii prohibentur.

Ludi noxii, sicut est ludus taxillorum, vitandi sunt : indigni enim sunt & pessimi, quia eorum effectus injuriæ est. Quis enim ludos appellat, unde crimina oriuntur ? hac enim cum taxillis ludendo crimina fiunt, ecclesiæ spretus, usuraque, sive rapina, scandala & nugæ, blasphemia, seu faciendi furti doctrina, violentia, crimina falsi, & mortis causa, deceptio, perditioque temporis & desidium, corruptio : junges istis prædictis adulatio vitaque temporis. Novimus enim, & plusquam notorium est, in ludis blasphemia verba de Deo, virgineque gloriosa & sanctis Dei proferri : & Deum, virginem Mariam sanctos, & sanctas turpissimè abnegari, & vituperari : ad iracundiam Deum creatorem nostrum ex his provocantes : qui enim Deum blasphemat, dignus est supplicia sustinere, ex hoc enim Deus irascitur, fames & pestilentiæ fiunt : & ne contemptu talium inveniatur respublica & civitates per hos impios actus lædi, Statuimus quòd ab inde in antea nullus nostrorum officialium ludos taxillorum ad asardum, bonos mores corrumpentes, in quibus blasphemia verba de Deo, virgine Maria, & aliis sanctis proferuntur ab inde antea tenere audeat, seu in domibus propriis aut alienis tolerare, sed penitus prohibere : quod si permiserit, seu verius commiserit & in domibus in quibus talia committentur, deprehensus fuerit, perpetuò ab omini honore & officio privetur, quem ex nunc privatum decernimus ipso facto ; & nihilominus bona omnia in tali domo reperta curiæ nostræ applicamus : dominus autem talis domus, si sciverit tales ludos fieri & teneri in sua domo, nec prohibuerit, vel committentes expulerit ab eadem, in pœnam centum librarum coronatorum ipso facto incidat, & absque gratia solvat. Quorum quidem emolumentorum tam lenonum, quam ludorum, capienti lenones, seu denuncianti eos & ludos, tertiam partem pertinere decernimus, reliquis duabus partibus curiæ nostræ remanentibus. Et idem in ludo ad trinquetum esse, & servari, volumus & intelligimus & ordinamus.

Extractum è regesto *Tauri*, fol. 71.

GLOSSA.

Hic locus videtur corruptus : ita tamen legitur in suo originali archetypo.

Juecs à lei such defendus, & Ruffians non auson habitar au pays.

REQUESTA.

ITEM, Car jugadours a ley such als das, ou à las cartas, ou autres jougadours de das commeton de grans mals & destructions de bens, & aussi que communament en tout juec de das ou de cartas a leisuch si fan de grans renegaments, & blasphemaments de Dieu & de la Vierge Maria, & dels Sants & Santas de Paradis, par las cals causas Dieu aucunement es courrousat, & nous punis per mortalitas ou autras afflictions : per so supplican à la dich majestat, que daissi en avant nengun Viguier, Baile, Subviguier, ni autre officier non cause tenir en son hostal, ou en autra partinec public ou occult sus pena formidabla : & aussi que nengun ruffian non ause habitar en aquest pays sur pena del foet.

RESPOSTA.

Ja a estat fach, & encaras plas al Rey que si fassa sur grand pena.

De Bannis.

SI quis sine licentia domini, vel dominæ, vel liberorum ejus, vel hortulani, alienam vineam, vel hortum, seu aliud prædium quodcunque, die intraverit & uvas, agrestas vel alios fructus inde collegerit, vel comederit, pro banno fracto solvat nomine pœnæ duos solidos : si verò exportaverit, vel portari fecerit uvas, vel agrestas vel mala granata, det pro singulis quatuor denarios ; pro singulis autem aliis fructibus, duos denarios, ultra prædictam pœnam : & damnum passo in omnibus prædictis in duplum restituat, antequam bannum, habita fide sacramento damnum passo, taxatione judicis præcedente ; & omnia prædicta de nocte duplicentur. Si autem aliquis pœnam & bannum solvere, & restitutionem bannum passo facere nequiverit, ponetur in Postello, & à pudibundis superius nudus, vel nuda : & istud bannum duret post vindemias in omnibus prædiis in quibus erunt arbores cum fructibus : & bestiæ non intrent in vineis etiam vindemiatis causa pascendi. Item statuimus, quòd bannum fructuum duret usque ad festum omnium sanctorum cum omnibus pœnis suprà dictis : accusator autem in omnibus sequentibus capitulis de banno habeat quartam partem pœnæ exactæ nisi sit bannerius, qui contentus sit eo, quod percipit in banno, vel pro banno ratione officii sui.

De banno fracto, in bladis, pratis, nemoribus, ac defensis.

ITem, Statuimus quòd si quis fregerit bannum in bladis, leguminibus, à pleno pugno ad fascem, solvat duos solidos pro banno: pro quolibet fasce hominis, quinque solidos: pro quolibet fasce bestiæ, decem solidos. In leguminibus autem à pleno pugno inferius quantumcunque fuerit, solvat pro banno duodecim denarios. Si verò fregerit bannum in pratis, nemoribus, defendutis, à pleno pugno usque ad fascem, solvat decem octo denarios: pro quolibet fasce hominis tres solidos: pro quolibet fasce bestiæ sex solidos: & in omnibus prædictis restituatur duplum damnum passo, antè quam bannum solvatur: bannerius autem teneatur per sacramentum ipsa die, vel crastina die hoc curiæ & damnum passo nunciare, cujus sacramento & domini prædii, si dominus in suo prædio frangentem bannum invenerit, taxatione judicis præcedente, credatur: curia autem ipsa die, vel crastina teneatur accipere pignora pro banno fracto & damno dato. In hoc intelligimus tam in hoc statuto, quam in omnibus aliis loquentibus de banno. Hæc autem omnia de nocte duplicentur. Et si aliquis prædicta solvere nequiverit, ponatur in Postello nudus, vel nuda à pudibundis superius.

De banno arborum destructarum.

STatuimus quòd si quis plantationes, vel alias arbores non fructiferas de die erradicaverit, vel insciderit, vel excorcicaverit: vel erradicari, vel inscidi, vel excorcicari fecerit, solvat pro banno pro qualibet arbore tres solidos; si arbor fructifera, solvat pro qualibet decem solidos & damnum passo in duplum restituat, antè quàm bannum solvatur: & bannerius per sacramentum teneatur hoc curiæ & damnum passo revelare, & credatur sacramento damnum passi, & cum taxatione judicis: de nocte hæc omnia duplicentur: quod si solvere nequiverit, ad arbitrium curiæ pœnam sustineat corporalem: & intelligamus ligna, trabes, plantas, latas, redortas & amarinas, & alia, quæ ex nemoribus colliguntur.

De banno dato in vineis erradicatis, & quòd nemo possit esse bannerius duos annos continuè.

ITem, Statuimus quòd si quis vineam de die talhaverit & erradicaverit, seu erradicari fecerit, pro singulis corgonibus talhatis, vel erradicatis solvat nomine pœnæ tres solidos, & damnum passo in duplum restituat, antequam bannum solvatur. Et bannerius teneatur ipsa die, vel crastina hoc curiæ & damnum passo per sacramentum revelare; cujus sacramento, cum taxatione judicis credatur: hæc omnia de nocte duplicentur, qui fecerit hoc de nocte, etiam in majori summa puniatur secundum qualitatem facti, prout visum fuerit. Quòd si solvere nequiverit damnum & bannum, ad arbitrium judicis, pœnam sustineat corporalem. Si verò aliquis maleolos absque voluntate domini in vinea alicujus collegerit, pro singulis garbis in decem solidos puniatur & pro rata si plus, vel minus collegerit & damnum passo in duplum restituat: cujus sacramento cum taxatione judicis credatur. Item statuimus quod aliquis non possit esse bannerius ultra annum continuè.

De banno bestiarum.

ITem, Statuimus quòd si aliqua bestiæ infra scriptæ inveniantur de die in alienis bladis, vel pratis, vel vineis, vel defendutis, vel in hortis, sive nemoribus, pro qualibet bestia cabanila dentur duodecim denarii pro banno, pro bove vel vacca, octo denarii: pro porco, vel trueia, pro hirco, vel capra, pro multone, vel ove, quatuor denarii: in stipulata autem & defensis, & aliis prædiis incultis (exceptis bladis, vineis & talhatis) statuimus pro banno, pro hirco, vel capra, pro multone, vel ove unum denarium tantum: & damnum passo restituatur in duplum, antequàm bannum solvatur. Et bannerius ipsa die vel crastina teneatur hoc curiæ, & damnum passo per sacramentum revelare: cujus sacramento cum taxatione judicis credatur. Hæc autem omnia de nocte quadruplicentur. Bestiæ verò in banno inventæ, vel aliquæ ex eis sufficientes pro banno captæ tandiu teneantur in curia, donec damnum & bannum fuerit resarcitum. De vineis verò vindemiatis, quæ defenduntur & terris gastis, in quibus fuerint defenduta detur medietas banni superius statuti: damno verò in duplum damnum passo restituto, prout superius est expressum. Iterum statuimus, quod ultra pœnas prædictas custos prædictarum bestiarum sit dominus, vel mercenarius solvat quinquaginta solidos de nocte: si inveniatur de nocte in hermo, solvat viginti solidos tantum.

Ex regesto Leonis, fol. 202.

De bannis ovium.

ITem, Statuit & ordinavit, quòd si in defenso intraverint oves à triginta suprà, dent quinque solidos pro banno, vel pignus quinque solidorum.

Item, Si in messibus sive pratis bannum fregerint, à trentenario supra dent tres solidos: & hoc de die intelligitur: & ubi pastores damnum non darent ex industria, restituant damnum & solvant. Si verò de nocte oves damnum darent in defensis, vel pratis à triginta suprà: si in defensis quinque solidos, si in messibus, sive pratis, duos solidos; & hoc si non fieret ex industria pastorum.

De bannis armentorum.

ITem, Statuit & ordinavit, quòd equæ bannum frangentes in messibus, pratis & defensis: si in messibus, seu pratis, dent pro qualibet bestia duos denarios: si in defensis, duos denarios: de vaccis verò, vel bestiis bovinis duos denarios de quolibet: & hoc de die, vel de nocte: & hoc non intelligitur de bestiis equinis, vel bovinis unius anni vel infra, sequentibus matres suas damnum restituant.

De pascuis, & defendutis.

ITem, Statuit & ordinavit, quòd domini castellorum non exigant, vel capiant ab hominibus, quibus territoria sua ad pascua locaverunt, nisi ea quæ pacti sunt de loquerio. Item statuit & ordinavit, quòd domini castellorum, vel homines, qui locaverunt terram suam civibus & averi, non possint facere defendutas, nisi habeant

proprios boves : & tunc non possint defendere nisi unum campum tantùm, ut dictum est supra. Item statuit, & ordinavit, quòd avere, quod fuerit ad loquerium in vuernalha, possit stare in terris locatis, si voluerit, per unum mensem post pascha & illud avere possit stare in estivalibus usque ad festum S. Michaelis.
Ex eodem regesto *Leonis*, fol. 266.

Possessions dessensablas se podun defendre tout l'an.

REQUESTA.

ITEM, Car toutas possessions proprias de particuliers devon esser a leur propria comoditat, & non d'autra persona : supplican perso, que tous pras, vignas, devendudas & autras possessions qual que sian defensablas, que si defendan & puescan defendre tout l'an, sus pena formidabla non obstant touta coustuma en contrari en lous luecs reals.

RESPONSIO.

Quia justum & æquum est, unumquemque dispositorem & ordinatorem esse rei suæ, fiat ut petitur.
Extractum è regesto *Potentiæ*, fol. 301. 377.

Marchans faron libre de rason, & y boutaran so que balhan & se que recebon.

REQUESTA.

ITEM, Supplican parelhament per ben, & utilitat de la causa publica, de ordenar & comandar sus bona pena, que tous marchants & autras personas que tengan libre de raison, que deian escrieure, ou far escrieure en tal libre de raison lous deutes de aquelos, que lur devon donar, & pareillement lous pagaments dels deutes; en tal fasson & maniera, que quant on veira la on tes escrich lou deute, on puesca veser la paga sive lous pagaments, coma fan, ou devon far bons marchans. Et si tals marchans fan lou contrari, que deian perdre tals deutes; & à tals deutes, & tals libres non sia donada fe, per obviar a la malissa d'aucuns marchans, que fan un libre dals deute apart, & un autre libre de las quittansas, sive de so que recebrant; & par aquel abus si pagan lous deutes douas vegadas.

RESPONSIO.

Quia articulus in veritate & honestate fundatur, fiat ut petitur, juris tamen beneficio semper salvo.
Extractum è regesto *Potentiæ*, fol. 342.

Magister non dimittat mercenarium ante tempus, nec mercenarius ab eo discedat.

ITem, *Nullus mercenarius, vel mercenaria audeat, seu præsumat ante tempus finitum dimittere magistrum suum cum quo pepigerit manere : nec ipse magister dictum mercenarium, vel mercenariam dimittere ante tempus : nisi casus accidentalis interveniret, sub pœna viginti quinque librarum pro quolibet, & vice qualibet, & & amissionis salarii.*
Extractum è regesto *Leonis*, fol. 266.

Servitours demandaran lur salari un an apres que seran sortis de lur mestre.

REQUESTA.

ITEM, parelhament supplican, que per utilitat de la causa publica nengun vaylet demourant dentra losdichs contats de Provensa & de Forcalquier, & las terras adjacens : ou que auria demourat ou demouraria per tens advenir passat sieis meses apres, que auria servit son terme, non puescan demandar son salari en tout, ni en partida, considerant que tals mercenaris si pagan manudierament, sensa nenguna appodissa, ni presentia de testimonis ni autras cautelas.

RESPONSIO.

Licet jus commune requisitioni assistere non videatur, videtur tolerandum, quod lapso anno à die finiti servitii servitor à petitione servitii excludatur, nisi de illo constaret publico instrumento.
Extractum è regesto *Potentiæ*, fol. 345.

Que arnes, buons & autras bestias darayre, non sian pressas en gageria sinon que per faute d'autres bens.

REQUESTA.

ITEM, Que per inquisition, au autra causa, nenguna persona de Provensa ou de Forcalquier non deia essea gaiada en arnes, cavals, buous ou autras bestias darayre, sinon en defalhiment d'autres bens juxta le statut provensal en forma de drech.

RESPONSIO.

Placet Regi.

Charavils non si fassan, & pelotas non se pagan.

REQUESTA.

ITEM, Par toulre aucun abus & soualas costumas que se fan en loudich pays, don nen venon pronda malenconias & domages als subjets sobre lou fach de las pelotas: supplican que sia ordenat, & prohibit, que dayssi en avant en lo dich pays non si fassan nenguns charavils, ni si demande ren per lou dich abus, que on appella la pelota, quand una fema va en mariage d'un luec en autre.

RESPONSIO.

Placet, quia equum & justum est.

De antrevenanis, quæ fiunt supra, sive ante domos.

STatuimus quòd si quis faciat antrevanum supra, sive ante domum suam supra viam publicam & rectam sit spacium quatuordecim palmorum à solo viæ publicæ usque ad dictum antrevanum, vel unius canæ, & dimidiæ ad minus.

Lous dons dal Rei se exegißan sens ren prendre de las comunas, si non que y falha tournar mandar

REQUESTA.

ITEM, Considerada la pauretat daquest present pays de Provensa & de Forcalquier, & aussi l'abus què si fa en exigir lous dons, que lo pays al Rey sobeiran segnour nostre dona: car lous comissaris, que la segnoria manda per lous exegir, si fan pagar par cascun jourt, que vacan, entant que aucunes fes monta mais la despensa, que non fa la rata dal don, que las vilas & lous castels donan: Supplican humblement à la dicha segnoria, que ly plasse ordenar & comandar que eytals dons si deian exegir als despens de la Court, & si peraventura si mandavam comissaris per aquo far, que talz comissaris per lou premier viage, non auson ni devon pendre dals luecs, que non aurian pagat denguna causa par lur salari aver. Et si paraventura tals personas & luecs deva non podia pagar al terme, què lur auria donat, & era necessari de y mandar tals comissaris non auson, ni puescan pendre dals dichs luecs, sinon à rason de cinq gros per jourt.

RESPONSIO.

Æquum & conveniens videtur: & placet pro primo viagio ab universitatibus commissarii nihil exigant: ubi verò essent morosi & remissi, & oporteret secundo mandare, quod tales commissarii habeant, & exigant duntaxat pro quolibet die, si eques equites incedant, grossos septem, si pedes pedites, grossos tres, habita consideratione ad alia loca, in quibus facta essent executiones per commissarium: & ita mitius quàm fieri poterit, regii subditi graventur expensis.

Extractum è regesto *Potentiæ*, fol. 306.

Lous commißaris, quæ exegisson lous dons dal Rey, non se faran pagar, si non dal derrier luec ount aura ista fache l'execution derriera.

REQUESTA.

ITEM, Lous comissaris, que si mandan par lou pays, per exegir lous dons sobredichs, van de luec en luec, & chacun si fa pagar las journadas, que poyrian vaccar contant de la cieutat d'Aix en fora, & si esdeven, que deuant quellous sian al darier luec, à qui lur comission si dirigis, monta una grand souma d'argent toutjours aven regard de cascun luec à la dicha cieutat d'Aix: perso supplican hublament à la dicha segnoria, que lous dichs comissaris de tous luecs, ount van, non si fassan pagar sinon dal darier luec, ont aura facha la dariera execution, & ainsins de luec en luec.

RESPONSIO.

Pro favore reipublicæ ad indemnitatem subditorum, quia justum videtur, fiat ut petitur.

Extractum è regesto *Potentiæ*, fol. 307.

Appodissa se fa sensa argent per lous commissaris, que exigißon las talhas.

REQUESTA.

ITEM, Supplican à la dicha majestat, que li plassa de benignament consentir, que lous comissaris, què van par lou pays à l'instancia de la Court par exegir las talhas ou deutes fiscals, non prengan ren per lur appodissa, que son pagas de lur salari.

RESPOSTA.

Plas al Rey, & sus pena.

Extractum è regesto Potentiæ.

Letrat

Letras se meton en execution par officiers dal luec.

REQUESTA.

ITEM, Supplican à la dicha majestat, de ordenar, que nenguna comission, ou letra de la cambra, ni d'autra Court, non se deia mettre en execution par cayn comissari qua sia, si non premierament sia presentada als officiers de la court, del luec, ont si deu far l'execution.

RESPOSTA.

Plas al Rey, si non que lou juge mandant agessa suspicion, quelou debitour non foussa fugitieu: ou dubitessa de l'affection dels officiers, & en aquel cas incontinent la man messa, ou facha la execution, sia mostrada als officiers: autrament sia tenguda la execution per non facha.
Ex regesto Potentiæ, *fol.* 332.

Estrangers pagan talhas aqui ount an bon inquara que non y habiton.

REQUESTA.

ITEM, Car y a prou de sujets dal Rey segnour nostre provensals, que an bens en diverses luecs tant mouvables, que immouvables, que per contribuir en las car gas occurrens, & que occurreran en tals luecs, si rendon difficils: Perso supplican à la dicha segnouria, que tals bens contribuissan: & sian talhables en lous luecs, en que son tals bens situas, si non que y aia privilege en contrari.

RESPONSIO.

Quia requisitio conformitatem habet cum statuto Provinciali & communi observantia in hac patria Provinciæ, fiat ut petitur.

De eodem.

REQUESTA.

A La dicha majestat supplican couma dessus, que li plassa ordenar & consentir, que touta persona ount que iste, deia contribuir an lous luecs, ount aura bens, juxta la volour daquellous, ansins couma aquellos que istan en lous dichs luecs per lous bens, que y auran.

RESPONSIO.

Placet juxta formam juris & consuetudinem observatam, ac statuta approbata & observata.
Extractum è regesto *Potentiæ*, fol. 203.

De eodem.

Et quod etiam contribuant Prælati, Ecclesiastici & nobiles, nisi habeant jure suo. *Textus.*

ANno domini millesimo quatercentesimo septuagesimo primo, dicti domini commissarii, & focagiorum recursores volentes & intendentes obviare litigiis, & quæstionibus, quæ in præsenti patria Provinciæ super contributione onerum dietim oriuntur, declararunt, quod in oneribus, quæ imponuntur personis pro rebus, insequendo dispositionem juris communis, & tenorem statuti provincialis super hoc editi, quod ab inde in antea unusquisque contribuat pro quibuscunque bonis talliabilibus pro modo facultatum in loco, ubi possidet, vel in futurum possidebit, nisi alias expresso privilegio, vel ex Regia dispositione aliter esset provisum. Declarando ulterius, quod omnes Prælati & alii Ecclesiastici, ac nobiles dictæ patriæ Provinciæ & Forcalquerii ab inde in antea debeant contribuere pro omnibus bonis tailliabilibus, quæ acquisiverunt, vel acquirent in supradictis omnibus cum aliis plebeis, modo & forma superius declaratis: nisi talia bona ad eos devenerint, vel devenient jure suo, quod declaramus, si jure prælationis, commissi, vel desemparationis: pro quibus minime contribuere teneantur.
Extractum ex regesto, seu libro recursus focagiorum.

Marchans & nuyriguiers devon mettre tout lur capital en talha.

REQUESTA.

ITEM, Con lo sia causa, que en mouts luecs, villas & cieutas dal dich pays, aucuns marchans, & nuyriguiers havents plusours & diversas mercandarias, & avers grosses & menuts aucunament recuson aquelas mettre en lieura: & quant ez cas d'aquellas allieurar, non en manifestan la mitat: & en ainsins non contribuisson juxta lurs facultas, en oppression, & interesse de la paure gent, & dals autres avens heritages & possessoris grans, que non si puodon occultar, supplican à la dicha majestat, que li plassa ordenar & comandar, que eitalz marchans, & nuyriguiers sian tengus de mettre en lieura tout lur capital, & aquel manifestar tout à plen, & contribuir juxta la forma, & maniera que si acostuma, ou si ordenaria en luec, dont tal marchant ou nuyriguiers seria, & ayssó sus formidabla pena.

RESPONSIO.

Fiat.
Ex regesto *Potentiæ*, fol. 277.

Vectigalia nova non imponuntur nisi à principe.

REQUESTA.

ITEM, Parelhament supplican à la dicha segnoria, que ly plassa ordenar & commandar, que daissi en avant nenguna persona de cayna condition, ni estat que sia, non ause ni presumissa en lous dichs, far, ni levar nenguns peages, ni vectigals, ou autras mals usages novels: & si nengun ero fach, aquellous far revoucar.

RESPONSIO.

Quia jure scripto & ratione, novorum vectigalium institutio, & exactio signanter ab alio quolibet procedens, quàm à Principe superiorem non recognoscente, prohibetur; fiat ut petitur.
Extractum è regesto *Potentiæ*, fol. 306.

Vectigal non es degut de so que se porta per us propri. Avers dessendens & montans non pagan que passage, non peage.

REQUESTA.

ITEM, Supplican à la dicha majestat, con rasonablament de touta causa que se porte, ou transferisca d'un luec à autre per us propri, & non per vendre, ni per mercandaria far, non sia degut dengun vectigal. Empero aucuns d'avers, que s'aduson en Provensa per vuernar, & en montagna per estivar & non per vendre, pourtans vievres, & causas necessitousas sont compelitz à pagar passages: que plassa à la dicha majesta, que daissi avant pagant passage sian quittes de peage.

RESPONSIO.

Placet Regi, dum tamen confiteantur Publicanis: alias serventur pœnæ statuta.
Extractum ex regesto *Potentiæ.*

Que les subjects iront moudre leurs bledz, graignons & olives aux moulins de leur superieur, & cuire leur pain aux fours selon l'ancienne coustume.

REQUESTA.

ITEM, Plaise audit seigneur, vouloir faire maintenir, observer & garder inviolablement noz anciennes coustumes, usage & façon de vivre tant à l'encontre de ceux, qui ont accoustumé de long temps moudre leurs bledz & grains ès moulins de leurs superieurs, & leurs graignons: & pareillement leurs olives; & cuyre leur pain aux fours d'iceux: nonobstant toutes rigueurs de droit moyennant lesquelles, les Advocats & Procureurs ont subverti & veulent confondre toutes les anciennes coustumes, usage & façon de vivre, non sans grandes & insupportables despenses: en maniere que le service du Roy au besoin en seroit amoindri, & cela aye lieu non seulement ez causes qui se pourront mouvoir pour l'advenir, qu'il s'extende ès causes pendentes, & non decidées en matiere principalle.

RESPONSE.

Monsieur octroye le contenu audit article à ceux, que de long temps ont jouy paisiblement desdits fours & moulins, pourveu qu'ils pourvoiront & entretiendront à leurs subjectz lesdits fours & moulins à suffisance.
Concessum 1520.
Extractum ex regesto *Potentiæ*, fol. 391. & 401.

Sequuntur nonnulla statuta pertinentia ad curiam cameræ, seu submissionis.

Obligation generalla ez sufficienta à la Court de la cambra.

ITEM, Car souven si esdeuen en la dicha Court de la cambra, que per obligansas generals, sensa specification de la dicha Court, monsur lo president consentis letras juxta lous statuts & rigour de la dicha Court: la qual causa repugna al drech, & non vol admettre las exceptions, allegations, & defensas, que en las Cours ordinarias se admetrian, las quals el devria admettre: supplican que en generals obligations la dicha Court de la cambra non sia compressa: & que sia commandat als notaris sus pena formidabla de la dicha cambra presents, & esdevenedours, que nenguna letra per vigour de tals obligansas fachas generalament (sinon que la Court de la cambra ly sia expressada) letras de la dicha Court non auson far.

RESPONSIO.

Contentatur acquiescere requisitioni quoad obligationes generales recitatas per instrumenta facta extra Provinciam tantùm: ita quod non intra, & hoc nisi in illis instrumentis, seu obligationibus esset facta expressio alicujus curiæ domini vicegerentis, cameræ apostolicæ & parvi sigilli Montispessulani, Cabeoli & similium.
Concessum 1469. die 27. Januarii.
Extractum è regesto *Potentiæ*, fol. 293.

De eodem.

REQUESTA.

ITEM, Car lou fobre dich monfeignour lou prefident aia acoftumat de confentir, & autreiar letras de la cambra per rafon de generalla obligation, non obftant que la Court de la cambra non y fia expreffada: Supplican à la dicha majeftat, que ly plaffa de far inhibir al dich monfegnour lou prefident, que deiffi en avant non confenta nengunas letras captionals ou autras, finon que lous debitours fian expreffament obligas à la dicha Court de la cambra, non obftant tout ftatut ou refferich confentir, ou confentidour en contrari.

RESPOSTA.

Perfo car l'eftil es ancian al contrari, entredouch en favour dels creditours, femble ne fi dever confentir, fi non que la Court de cambra foffa expreffament exceptada.

Conceffum 1472. die 3. Augufti.

Extractum ex regefto *Potentia*, fol. 303.

Letras de clama non fi balhan fenfa vefer l'obliganfa.

REQUESTA.

ITEM, Supplican à la dicha fegnoria, que en la dicha Court de la cambra non fi confenta caption nenguna tant en la prefenta cieutat d'Aix, coma defora en lafdichas contas de Provenfa & Forcalquier, fi non que premier fia facha exhibition real de l'inftrument ou appodiffa, las quals fian defignas coma de couftuma fuffifamment juxta le tenour d'als ftatuts: anfins parelhament fia fach en las Cours ordinarias.

RESPONSIO.

Fiat, ut petitur.

De eodem.

REQUESTE.

ITEM, Car bien fouvent advient qu'à la feule, & fimple affertion d'aucuns commiffaires ou autres, les notaires de la Court de la chambre font *Capiatur*, ou autres compulfoires: à caufe dequoy font plufieurs telles fois vexez, que ne le feroient; voire que le crediteur n'aura donné charge. Afin d'eviter tels abus, vexations & dommages, plaife au Roy ordonner par maniere de prohibition, que d'icy en avant nuls notaires de ladicte Court n'ofent, ny doivent ni faire, ni bailler à quel fe vueille perfonne commiffaire ou autre, *Capiatur*, ny lettre aucune compulfoire, fi ne luy appert du contract obligatoire realement exhibé par inftrument, lettre teftimoniale ou billet figné de la main du notaire, qui aura faict telle obligation.

RESPONSE.

L'article eft raifonnable, & foit mandé au Prefident de la Chambre le faire obferver.

Clamour expanfada d'un florint en una Court, fi en una autra Court fe expaufara.

REQUESTA.

ITEM, Car plufours vegadas lous creditours, que fon fort afpres, per mays grevar lous debitours fan en una Court clamour d'un florin fau lou drech de plus, & puis d'aquel mateifme deute en una autra Court fan autra clamour de quatre ou de cinq florins, per far plufours proceffes, & damages als debitours & fubjets del pays, perfo per obviar à tals oppreffions dals fubjets, Supplican à la dicha fegnoria, que li plaffa de ordenar, que facha petition d'un florin, ou de mays en la dicha Cour de la cambra ou en autra Court, que per aquel deute en l'inftrument, ou obligation contengut, per lou cal la dicha clamour fera facha, non obftant touta renunciation, tal creditour non puefca, ni aufe en autra Court autra clamour, ni procès far: mais aqui ont aura la clamour accommenfada a qui fon drec perfeguiffa.

RESPONSIO.

Fiat refpectu quantitatis petita in uno judicio, quod videlicet pro illa quantitate non fiat clamor in alia: ficut jura volunt.

Extractum ex regefto *Potentia*.

Caption perfonala non deu eftre confentida par lou President de la cambra per vigour d'une apodiffa, ou autra efcritura, que non fia reconeguda legitimament.

REQUESTA.

ITEM, Supplican à la dicha real majeftat, que fia commandat à monfur lou prefident de la cambra, que non deia confentir denguna caption perfonalla per vigour de appodiffa ou autre efcritura: finon que talla efcritura fia premierament reconeguda legitimament.

RESPONSIO.

Placet quia justum.
Extractum ex regesto *Potentiæ*, fol. 359.

Ordinatio & declaratio magnificorum dominorum Cameræ computorum Provinciæ de latis pro injuriis.

Magnifici domini dicunt & declarant, latam de petitionibus pro injuriis oblatis, esse exigendam ad rationem summæ taxandæ per judicem in sententia diffinitiva à victo, qui non appellavit, in solidum: si autem appellavit, per medium, exigatur: & dicta exactio fiat in omnibus causis per appellationem pendentibus. Et ubi dictæ petitiones non deciderentur diffinitivè, sed partium conventione extinguerentur, dicunt latam esse exigendam, ad rationem summæ in petitione deductæ per medium ab utraque parte. Et si contingeret negligentia, aut dissimulatione partium expeditionem dictarum injuriarum, & illarum decisionem differri ultra annum, dicto anno elapso, equidem exigatur lata per mediam ad rationem summæ petitæ. Et ita dicunt esse fiendum in omnibus curiis regiis hujus patriæ Provinciæ & Forcalquerii, ac terris adjacentibus. Et describatur in libro memorialium ad perpetuam rei memoriam. Actum in Camera die decima octava Novembris, millesimo quingentesimo tricesimo secundo. R. Borilli.
Extractum ex libro memorialium, fol. 48.

Latas ni patrocins non si demandan après cinq ans. Quittansa de las latas, & patrocin se fa sensa pendre argent das debitours.

REQUESTA.

ITEM, Car lous comissaris, que exegisson las latas, & lous patrocins, commeton de grans desalhimens, quant van par lou pays per exegir las dichas latas, & patrocins: & si fan pagar lou patrocins pourtans casarnets, que non son segnas ni decretas: & donnon à entendre à las pauras gens, que las cancellan, & non ou fan, ni en fan rason al clavari de la cambra, ni as dichs percuradours: & si estauva, que lous balhan pois à un autre, lou qual semblablement lous vol exegir: & ainsins ni a pron que si pagan douas voustas ou plus, en grand interesse & dan dals subjets dal Rey: & per tant per toulre tout abus, & mala coustuma, supplican à la dicha majestat, que li plassa, de far ordenar & coumandar, que tals latas, & patrocins si deion exegir, & levar denfre dous ans dals temps, que son fachas: ou autrament non puescan exegir ni levar. Et non remens que tals coumissaris, sian tengus de far podissas à aquellous, que las lur demandaran sensa ren pendre, attendu que son pagas de lur trabalh.

RESPOSTA.

Plas al Rey, que non si pescan demandar passat cinq ans entant que touquara lous subjets d'aquest pays, incolas & habitans daquel: & que lous collecteurs sian tengus d'en far quittansa en aquellous, que las demandaran senso ren pendre à causa d'aquellas.
Extractum ex regesto Potentiæ, *fol.* 331.

Nengun non deu estre pres au cors à sa maison, ou autra, per deute civil.

REQUESTA.

ITEM, Supplican, que per nengun deute civil de qualqua Court que sia, ou si que fous privilegiada, directament ou indirectament nenguna persona denfra losdichs contats de Provensa, & de Forcalquier, non deia esser pressa de la persona, ni autrament empenada danfra sa propria maison, ni en autre hostal, ben que tal persona fossa de la persona obligada, per evitar diverses inconveniens que poiran venir, à causa de voler tirar per forsa cauque homme de ben de son hostal propri ou d'autre.

RESPONSIO.

Justum & æquum videtur, quod de domo propria, vel conducta, vel gratis concessa ullo tempore: aut de diversorio ad hospitandum destinato, durante decem dierum spacio à die ingressus computando, aliquis debitor, licet personaliter obligatus, non extrahatur invitus, nisi hoc esset occasione delicti, seu criminis incidentis. Et placet, quòd respectu extractionis fiendæ à domibus hujusmodi abstineatur, à quibuscunque præceptis pœnalibus, & pœnarum declaratione, & hoc quantum ad subditos tantum præsentis patriæ.
Concessum 1469. die 27. Januarii.
Extractum è regesto *Potentiæ*, fol. 346.

Debitours non seran presses de la persona en temps de fiera.

REQUESTA.

ITEM, Car tenent las fieras dal pays dal dichs contats de Provensa & de Forqualquier, diverses abuses se commeton, empachant aquellas par letras de la cambra, ou autras contra lous debitours, fasent aquellous pendre de la persona: perrant lous luecs en soufferton grand daumage, Supplican que tres jours davant, & tres jours apres, las dichas fieras sia prohibida touta execution, tan personal, coma autra per deutes & autras causas civils.

RESPONSIO.

Contentatur dominus, quòd fiat, ut petitur per duos dies, unum ante nundinas, & alium post illas: & hoc pro veniendo ad nundinas ipsas, non aliter.

Concessum 1469. die 27. Januarii.

Extractum ex regesto *Potentie*.

Præscriptio quæ est de jure communi, currit inter cives Aquenses curia cameræ. Mulier pro debito civili non incarceratur.

ITem, *Quòd in camera rationum inter Aquenses super præscriptione debitorum, quoruncunque jus observetur commune, statuto dicta camera non obstante: ita quod exceptio præscriptionis per cives, & habitatores Aquenses in eadem curia possit opponi: cæteris statutis, & stylo dicta curia in suo robore durantibus. Et quod aliqua mulier prætextu cujusvis obligationis personalis facta, & fienda super causa civili, non obstante statuto cameræ prædicta, vel alio, non incarceretur, seu arrestetur quovismodo.*

Habetur in capitulo pacis.

Prescription a lieu à la Court de la Chambre comme de droict.

FRANÇOIS par la grace de Dieu Roy de France, Comte de Provence, Forcalquier & terres adjacentes, à nos treschers & bien aimez les Commissaires, qui seront commis & deleguez à tenir les prochains estats en nosdicts pays & comtez, Salut & dilection. Comme sur certains articles, & requestes à nous presentées par nos chers & bien aimez Anthoine d'Auraison Escuyer, Seigneur dudict lieu: Maistre Anthoine Donat, Licentié ès droicts: & Jean Fabre Consul de la ville de Draguignan envoyez pardevers nous de par nosdits pays, & pour les affaires d'iceux, ait esté par nous ordonné, & pourveu selon & ainsi qu'il est contenu après chacun d'iceux articles & requestes: & qu'il est plus à plein contenu en iceux, cy attachés soubs le contreseel de nostre Chancellerie. Nous pour ces causes vous mandons, commandons & enjoignons, que le contenu en nosdictes ordonnances estans à la fin de chacun desdits articles: vous mettiez en execution, en ce qu'il vous est mandé de ce faire; & qu'ils sont à vous addressans, selon leur forme & teneur: Car ainsi nous plait-il estre faict: De ce faire vous donnons, entant que besoin seroit, plein pouvoir, puissance, auctorité, & mandement special par ces dites presentes. Donné à Paris le dix neufiesme jour de May, l'an de grace mil cinq cens dix-sept & de nostre regne le troisiesme. Par le Roy Comte de Provence.

Signé, ROBERTET.

Sequens articulus est nonus aliis omissis.

REQUESTE.

ITEM, Que attendu que ledit pays se gouverne, & regist par droit escript, & que toutes actions sont prescriptes, par faute de poursuite dedans le temps ordonné de droit. Plaise au Roy ordonner, ladicte prescription avoir lieu, mesmement contre gens, contre lesquels, icelle prescription doit de droict avoir lieu sans ce que les parties ayent acquis ladite prescription par eux ou leurs predecesseurs en puissent, ni doivent estre privez, sinon toutesfois en cas de droict, & dont les parties seroient par ledit Seigneur relevées, avec cognoissance de cause, & par ses lettres patentes à bonne justice, & raisonnables causes, & ès cas de droict, comme dit est: & sans ce que autrement les parties, qui auroient aquis ladite prescription deuement, en puissent estre privées, soit par puissance absolue, ne autrement: nonobstant les statuts & rigueurs de la chambre d'Aix.

RESPONSE.

Les Commissaires desdicts estats s'informeront sur le contenu audict article, & y pourvoiront, comme ils verront estre de raison.

Ordonnance des Commissaires.

SUr le neufiesme & dernier article faisant mention des prescriptions, ledit article a esté communiqué & mis en advis, & conseil de Messieurs tenans la Cour de Parlement en Provence, lesquels ont esté tous d'un advis, que le contenu audit article soit octroyé & accordé aux gens des trois Estats dudit pays; à sçavoir, que l'exception de prescription cy après, & pour l'avenir ait lieu selon la forme & disposition cy-après, & pour l'avenir ait lieu selon la forme, & disposition du droit escrit, selon lequel, ledit pays est regi & gouverné. Et nous Commissaires ainsi l'avons accordé & ordonné, en ensuivant la commission, & pouvoir à nous donné par ledit seigneur, & sans prejudice du passé & des causes, & procès pendans tant seulement.

Ainsi signé,

DE MARS, Lieutenant: DE BEAUMONT, President: BOYER, General: BALTHESAR GERENTE, President des Comptes: FRANÇOIS DU PRÉ.

Extractum ex archivis è regesto Magdalenes, *folio* 206.

Sequuntur non nulla statuta pertinentia ad solos cives Aquenses.

LUDOVICUS & JOANNA *Dei gratia, Rex & Regina Hierusalem, & Siciliæ, Ducatus Apuliæ & Principatus Capuæ, Provinciæ & Forcalquerii, ac Pedemontis Comites, Seneschallis comitatuum nostrorum Provinciæ & Forcalquerii, necnon officialibus comitatuum eorundem quocunque titulo censeantur præsentibus & futuris fidelibus nostris gratiam, & bonam voluntatem. Philippus Peirerii de Aquis miles Chambellanus familiaris, & fidelis noster dilectus ambassiator, & nuncius universitatis hominum dictæ nostræ civitatis Aquensis nostram præsentiam adiens, inter alia capitula per eum nostræ majestati oblata, noviter capitula obtulit infra scripta, quæ præsentibus de verbo ad verbum inseri jussimus: erantque per omnia continentiæ subsequentis.*

Victualia & Merces.

ITEM, *Quod per Seneschallum vestrum dictorum comitatuum, seu alios officiales quoscunque de victualibus quibuscunque, & mercibus ad civitatem Aquensem exportandis, solutis tamen juribus quibuscunque curiæ vestræ debitis & cuicunque alii domino, cui jus aliquod debetur à modò prædicta victualia & merces, ad dictam civitatem liberè valeant apportari: vino duntaxat excepto.*

Item, *Quod non teneatur, neque possint remitti ratione delicti vel contractus ad loca, ad quæ remitti delinquentes, vel contrahentes consueverunt.*

Item, *Quod cùm venduntur aliqui census & servitia in locis vestri domanii: quod ipsi, qui dictos census & servitia faciunt, possint illo pretio, quo venduntur aliis, emere & habere: dum tamen intra mensem à die facti contractus, vel saltem à die suæ scientiæ pretium solvant emptori, vel ipsum deponant.*

Quæ quidem capitula per majestatem nostram recepta inspici, & examinari jussimus per sapientes nostri consilii & relatione per eos majestati nostræ particulariter inde facta, capitulis ipsis, modo quo sequitur, duximus respondendum.

Videlicet ad primum volumus, & mandamus, quòd, solutis juribus quibuscunque curiam nostram tangentibus & quibuscunque aliis debitis, prædicta victualia, & merces ad dictam nostram civitatem Aquensem quilibet valeat apportare.

Ad secundum, cupientes cives ipsos Aquenses fideles à gravaminibus, quantum bono modo possumus, relevare, volumus, quòd delinquentes & contrahentes ad loca delictorum, vel contractuum, in quibus non consueverunt remitti, minimè remittantur.

Ad tertium, acceptamus, atque concedimus contenta in eodem capitulo: censibus eorum, qui tenentur à curia nostra, ad id minimè intellectis. Idcirco fidelitati vestræ, de certa nostra scientia præsentium tenore expressè jubemus, quatenus tam vos præsentes, quam vos successivè futuri Seneschalli, vel officiales alii supradicti, officiorum vestrorum temporibus, præfatis hominibus civitatis prædictæ, ipsorumque cuilibet propriè in præmissis tangi videritis successivè, prædictas nostras concessionem, & acceptationem per majestatem nostram, ut prædicitur, in capitulis ipsis factis, observetis tenaciter, & faciatis ab aliis observari juxta continentiam eorundem: præsentibus post opportunam inspectionem earum remittentibus præsentanti. Datum Neapoli per Ser dominum Ursonis de Neapoli militem juris civilis professorem, magnæ nostræ curiæ magistrum rationalem, ac viceprotonotarium, regni Siciliæ consiliarium, & fidelem nostrum dilectum, anno domini 1352. die 3. Novembris, sextæ indictionis, Regnorum verò nostrorum prædicti regis anno quinto, nostræ Reginæ anno decimo.

Extractum à Regiis provinciæ archivis, & à Regio libro privilegiorum civitatis Aquensis fol. 58.

Vinum exterorum non immitatur intra civitatem Aquensem, nisi metreta vini ascendat ad duos francos.

LUDOVICUS SECUNDUS *Dei gratia Rex Hierusalem, & Siciliæ, ducatus Apuliæ, dux Andegaviæ comitatuum Provinciæ & Forcalquerii, Cœnomaniæ, ac Pedemontis comes, vicario, judici, cæterisque officialibus nostræ civitatis Aquensis præsentibus & futuris cuilibet, & locum tenentibus eorundem, gratiam, & bonam voluntatem. Pro parte Syndicorum concilii, & totius universitatis civitatis nostræ Aquensis nobis fuit expositum, quòd quanquam ex consuetudine per curriculum, seu lapsum antiquissimum temporis approbata, de quo hominum memoria in contrarium non existit, vinum exterorum immitti infra prædictam civitatem per quenquam non debeat, nisi metreta vini ad duos francos ascendat: nihilominus nonnulli officiales nostri tam majores, quam minores intra dictam civitatem manentes, contra bonum ritum, & consuetudinem hujusmodi vinum exterorum annis singulis infra dictam civitatem immittunt, ex quo toti reipublicæ civitatis ipsius magnum præjudicium, & destructio generatur: cum propter immissionem dicti vini exteri, vinorum civium venditio retrahatur, in quibus vinis consistit potior utilitas civium eorundem: devotam supplicationem subjunxerunt, ut pro communi dictæ civitatis utilitate, nos antiquum ritum, seu consuetudinem prædictam observari mandare dignaremur. Quocirca vobis, vestrumque cuilibet præcipiendo mandamus, quatenus si ita est, ut pro parte ipsorum asseritur, pro conservatione, & incremento vitæ, utilitatis publicæ prædictæ nostræ civitatis Aquensis in approbatione dictæ perpetuatæ per antiquitatem consuetudinis, immissionem vinorum exterorum hujusmodi ex parte nostra prohiberi in æternum faciatis: quam etiam, præmissis veris existentibus, tenore præsentium inhibemus, nullique in eo casu licere decernimus, quibuscunque literis concessis, seu concedentibus in contrarium nullatenus obstaturis. Datum in castro nostro Andegavensi sub sigillo nostro secreto per circunspectum virum Nicolaum Perrigaud licenciatum in decretis, consiliarium nostrum fidelem dilectum die prima mensis Aprilis, decima indictione, anno domini 1316. Regnorum vero nostrorum anno 34. Per Regem in suo consilio. Michaelis.*

Cives Aquenses ligneirant, & pastorgant circum circa civitatem Aquensem.

ITEM, *Quod cives & habitatores Aquenses, juxta eorum antiquam consuetudinem & approbatam, & in contradictorio judicio sæpius obtentam, & privilegia realia confirmatam, possint & valeant ligna scindere, & pecora pascere, & ligneirare, & pastorgare per se, & per pastores suos, undecunque in locis campestribus non cultivitatis, in silvis, ac nemoribus per quinque leucas, circum circa civitatem Aquensem, prout facere consueverunt.*

Lata hîc non solvitur à civibus Aquensibus. 4

ITEM, *Quòd de quibuscunque clamoribus, & petitionibus pecuniarum, vel aliarum rerum, quæ fient in camera rationum, vel in curia ordinaria, vel aliis curiis quibuscunque in civitate Aquensi, inquantum cives, vel habitatores Aquenses tanguntur de confessatis, vel de quibus ad litis contestationem non procedetur, nulla lata solvatur: & propterea nil curiæ, seu fisco debeatur.*

Item, *Quòd de processibus, & petitionibus præsentibus, & futuris, quæ fiunt & fient, in curia cameræ rationum, vel alia quacunque, in civitate Aquensi, pro discussionibus, bonorum, ubi procedetur de prioritate, & posterioritate creditorum, inquantum cives, & habitatores tanguntur, nulla lata debeatur, nec exigatur.*

Extractum ex libro rubeo.

Pedagium, lesdam, vectigal, revam, & alia onera non solvunt Aquenses. 5

ITEM, *Quòd homines habitatores, & incolæ civitatis Aquensis præsentes & futuri, sint & esse debeant perpetuo in futurum liberi, & immunes, & omni tempore in omnibus terris & locis, quæ & quas habet, tenet & possidet, aut habebit in futurum dictus illustris Rex Ludovicus, Provinciæ comes gnatus noster, & sui in posterum successores infra comitatus Provinciæ & Forcalquerii, ut alibi ubicunque sint extra comitatus prædictos acquisitis, & acquirendis, à quacunque solutione, & præstatione pedagii, lesdæ, vectigalis, revæ, daciæ, & impositionis constitutorum & constituendarum, ac debitorum & debendarum, pro quibuscunque mercatoribus, & rebus eos emendo, aut vendendo, portando, mandando, vel transeundo per loca prædicta, per mare, vel per terram, aut pequas: & specialiter pro prætenso jure cathenæ, insulæ sancti Genesii, ita cum in dicto loco nihil solvatur per cives, vel habitatores Aquenses & custodes cathenæ apperire teneantur dictam cathenam absque aliquid exigendo: ita quod ad ipsorum solutionem minimè pro rebus, & mercaturis ipsis teneantur, seu compellantur Aquenses quovismodo.*

Privilegia sua defendunt cives Aquenses propria auctoritate, &c. 6

ITEM, *Quòd possint ipsi Aquenses juxta consuetudinem prælibatam repignerare, & recapere cum armis, vel sine armis, per se vel alios ad hoc conductos eorum propria auctoritate, superioris licentia requisita, omnes & quoscumque illos compatriotas, vel alienigenas, qui contra eorum privilegia, usus & consuetudines approbatas, ipsos pignerarent, vel caperent directè, vel per obliquum, & alias contra usus, & libertates eorum cives ipsos vexarent, seu molestarent tam in civitate Aquensi, quam extra.*

Habetur in capitulis pacis.

Officiales Aquenses tam majores quam minores, contribuant in oneribus. 7

ITEM, *Quod omnes officiales tam majores, quam minores civitatis Aquensis præsentes, & futuri pro bonis habitis quibuscunque, & habendis in dicta civitate, & ejus territorio in oneribus dictæ civitatis contribuant sicut alii cives ejusdem.*

Continetur in capitulis pacis.

De banno in civitate Aquensi. 8

ITEM, *Si extra dictos terminos infra territorium dictæ civitatis Aquensis reperiantur aliqua animalia, vel averia in alicujus vineis, bladis, pratis & devendutis solvat, & solvere teneatur custos dicti averis pro banno, & vice qualibet solidos quinque, & dominus illius averis solvat pro banno, solvat pro quolibet animali bannum committente denarios sex: cujus banni medietas sit & esse debeat accusanti.*

Accusare quilibet potest in banno tam suo quàm alieno. 9

ITEM, *Quòd omnis persona fide digna possit petere & accusare bannum tam de suo, quam de alieno & sibi credatur suo juramento, & habeat medietatem banni, quod accusabit.*

STATUTS ET ANCIENNES COUSTUMES DE LA COMTÉ ET BARONNIE DE BUEIL.

LE COMTE DE BUEIL. Estant la Justice, le principal subject au moyen duquel les Empereurs commandent, les Rois regnent, les Seigneurs gouvernent, & les peuples & subjects sont conservez & maintenus en paix, union & concorde. A ceste cause celuy qui a charge, gouvernement & administration de peuple, doit soigneusement procurer & attendre d'establir & constituer l'exercice d'icelle, par voye de Loix, Constitutions, Statuts & Coustumes bien ordonnées, & en telle maniere que chascun en aye claire intelligence; & au moyen de ce conduire ses actions au bien de son service particulier, du benefice commun & du prochain: Et par ainsi considerant nous qu'en noz terres & lieux, & entre noz subjects, y a des Usages & Coustumes qui s'observent comme des Loix; lesquelles ne se treuvent redigées en escriptures authentiques, d'où s'ensuit qu'en proviennent plusieurs procès & differends dispendieux lorsqu'il les faut verifier par voye de tesmoings. Mesmes aucuns ou pour n'en estre bien informez, ou pour ne les pouvoir au besoing verifier, perdent bien souvent leur cause & bon droict: Pour ce qu'il advient quelquefois que nos Juges par nous establis en nosdites Terres, ignorants telles Coustumes, jugent contre la disposition d'icelles, & cela advient par deffaut qu'elles ne sont, comme dit est, redigées en escript ne compilées, moins desduictes ne alleguées devant eux par les parties plaidoyantes. Desirant Nous procurer le bien & tranquillité de nosdicts subjects, au moyen d'une bien reiglée administration de la Justice & de l'establissement & observance des anciennes Coustumes & Statuts observez entre eux, & des nouveaux ordres qu'en consequence & declaration d'iceux, avons proposé faire pour les conserver en bonne paix: & de mesmes leur oster tout subject & occasions de se ruiner & confondre en despenses, suivies bien souvent de la perte de leurs droicts. Avons pensé & nous a semblé bon de rediger telles Usances & Coustumes en escript, & de mesmes faire establir les ordres & constitutions cy-après suivants, lesquels voulons & entendons estre publiez & observez de poinct en poinct par noz Juges & subjects, tant aux causes civilles que criminelles, soit en les instruisant que decidant que seront intemptées, & que se ventileront en nosdites Terres devant nosdits Juges & Officiers, sur peine de nullité de tous actes & procedures que seront faictes au contraire, & contre la forme de nosdites precedentes Ordonnances & Constitutions, & des peines qu'en chacun chef d'icelles seront indictes, & autre à nous arbitraire suivant l'exigence du cas.

CHAPITRE

CHAPITRE PREMIER.

Et premierement des causes criminelles, & comme on doit proceder en icelles.

ARTICLE PREMIER.

PUISQU'IL est necessaire pour le service & bien du public, que les delinquans & malfaicteurs soient poursuivis, inquis, condamnez & chastiez suivant leurs demerites, pour la conservation des bons, & encores afin que sur l'exemple de telle punition on se garde de mal faire. Nous ordonnons que soit procedé contre tels delinquants & malfaicteurs, sur les querelles, denonciations ou accusations que contre d'eux seront faictes par les interessez, & encores sur les insinuations de nos procureurs d'office ; & pour former telle inquisition, suffira la preuve de la mauvaise renommée de l'inquis, & sera procedé à la prinse des informations contre tels accusez & insinuez, & apparoissant cependant qu'ils soient suspects de fuite, ou autrement convaincus de ce dequoy se treuveront accusez, sera faicte d'iceux saisie & detemption personnelle là où se traictera de delict exigeant punition corporelle ou autre grand peine ; auquel cas seront emprisonnez & seurement detenus selon que le delict pour lequel seront inquis le requerra : Et d'autant que la detemption en la prison est une espece de tourment, Nous mandons à nos Juges qui auront concedé lesdicts emprisonnements d'examiner & repeter les detenus, & leur former leurprocès le plutost que leur sera possible, & que tous procès criminels de quelque qualité & sorte de delict qu'ils soient, soient instruicts & formez, mesmes ceux des detenus aux prisons dans quarante jours ; en assignant & admettant cependant tousjours lesdicts inquis à faire leurs deffenses. Pour le dilay desquelles nous leur octroyons dix jours avec un competant prolong d'iceux, si le besoin y eschoit, & ausquels sera loisible se deffendre par voye de Procureurs & Advocats à leur eslection, publié que soit le procès, duquel leur sera baillé coppie aux fins de faire lesdites deffenses, & deduire de leur innocence, mesmes encore que les inquis eussent declaré n'en vouloir point faire & eussent renoncé à icelle. Et voulons que sans avoir esgard à telle renonciation à faire deffenses, le procès de l'inquis soit remis entre mains d'un Advocat & d'un Procureur qui seront commandez d'office par ledit Juge pour desduire desdites deffenses, sur peine à nosdicts Juges & à chascun d'iceux contrevenants à ce que dessus, de deux cens escus & autre arbitraire ; Et faictes que soient les deffenses de l'inquis, sera nostre Procureur fiscal tenu de faire ses conclusions pour instruire le procès, lequel estant instruict & couché à droict, sera procedé à Sentence par nos Juges, devant lesquels sera esté formé, lesquels seront tenus prononcer la sentence dix jours après la distribution d'iceluy. Ce que faict, le Juge qui aura donné ladicte sentence & le fiscal de l'instance, seront tenus la faire signifier & inthimer audit inquis & à son procureur, afin que si bon leur semble ils puissent appeller d'icelle. Inhibons & deffendons à nosdits Juges ordinaires de faire mettre en execution aucune de leurs sentences, s'agissant de crime meritant punition corporelle ou autre de grande importance, voire encore que fussent absolutoires, sans au prealable avoir avec nostre fiscal mandé le procès entier avec sa sentence à nostre Juge d'appeaux : auquel mandons & ordonnons de les voir diligemment confirmer, moderer ou reparer lesdites sentences, ainsi qu'il verra estre à faire par les termes de la justice, & comme sera raisonnable ; & ce faict de renvoyer ledict procès & sentence au Juge qui l'aura donnée, avec l'ordre qu'il doit tenir pour l'execution d'icelle. Mais avant que faire ledit renvoy, nous chargeons ledit Juge d'appeaux nous faire relation & rapport de ce que resulte dudict procès, & de la nature de la cause, ensemble de la confirmation ou reformation de telle sentence. Afin que nous puissions si sera de besoing faire voir ledit procès avec sa sentence ainsi confirmée ou refformée, à tel nombre de docteurs que nous semblera estre raisonnable & necessaire, à celle fin qu'en tant qu'il nous sera possible nous puissions empescher que tels inquis condamnez ne reçoivent tort ou quelque grief. Et s'il advenoit que lesdits inquis se treuvant condemnez en peine corporelle ou afflictive du corps, ou en quelque autre grande & considerable qui portast infamie avec elle, ou de quelque notable somme de deniers, ne voulcissent appeller desdites sentences & qu'ils renonçassent à toute appellation. Seront neanmoins tenus nosdits Juges & Fiscal, nonobstant telle renonciation sur la susdite peine, mander ledit procès & sentence comme dessus à nostredit Juge d'appellation dans dix jours après la publication de ladicte sentence aux fins susdictes. Inhibons & deffendons en tous cas l'execution de telle sentence jusques à ce qu'elle soit esté reveue, confirmée ou reparée par ledit Juge d'appeaux, & qu'il n'aye avec nostre participation mandé l'ordre, suivant lequel on la doive mettre en execution par les termes de justice plus opportuns & raisonnables.

II. Ne sera loisible à nosdits Juges faire appliquer aucun inquis ne prevenu à la question & torture, ny en aucune sorte de tourment personnel sans precedente cognoissance de cause ; & qu'en premier lieu, comme cy-dessus a esté ordonné, ils n'ayent faict deuement former le procès contre l'accusé, iceluy admis à faire ses deffenses par la voye de l'advocat ou procureur qu'il se choisira, & qu'en deffaut de ce luy seront proveuz d'office par lesdits Juges, afin de proposer les causes de son innocence s'il y sera.

III. Ne pourront de mesmes ordonner la torture ou autres tourments corporels contre aucun sans bons & suffisants indices precedents suivant la disposition de la Loy & droict commun, là où sera requis d'en venir en ces termes pour tirer la verité du delict de la bouche de l'accusé & descouvrir ses complices, & non autrement & pour delicts tant seulement, pour la preuve desquels la Loy dispose d'en venir à la question : Et prononcée que soit la sentence de torture, elle sera inthimée à l'inquis & à son procureur qui est intervenu pour iceluy au procès, aux fins qu'il luy soit loisible & puisse en recourir & appeller à nostredit Juge d'appellation, & à nous encores. Et encore que l'un & l'autre feissent declaration de n'en vouloir appeller : Deffendons neantmoins toute execution de telle sentence qu'au prealable le procès d'où elle dependra avec icelle ne soient esté reveuz par nostredict Juge d'appellation, pour estre proveu & procedé comme au susdit precedent article se treuve declaré. Et faisants au contraire nous voulons que lesdits Juges & Fiscaux contraventeurs encourent la peine de privation de leurs offices & autre portée par les Loix & droict commun.

IV. Et d'autant que sommes informez que tant nosdits Juges ordinaires que d'appellation, avoient introduict en usage & consequence de prendre pour les sportulles de leurs sentences sur les inquis & condamnez à raison de dix pour cent. Et semblablement nos Clavaires & Fiscaux, cinq pour cent pour leurs vacations & instances, que chacun deux font en poursuivant lesdites causes criminelles, ce que nous semble déraisonnable d'estre tolleré. Ce que par nous considéré, par le desir que nous avons de remedier à cest abus pour le bien de nos subjects, ne treuvant telle exaction des sportulles & vacations fondée sur la raison, par bons & dignes respects & justes causes à ce nous mouvans. Par ces presentes nous avons deffendu & deffendons à nosdits Juges d'appellation & ordinaires, ensemble à nos Clavaires & Fiscaux & à chacun d'iceux respectivement, de par cy-après ne prendre ne exiger lesdites sportulles & vacations de dix & cinq pour cent, comme est dit cy-dessus d'aucun desdicts condamnez pour lesdites sentences criminelles, sur peine de deux cens escus pour chacun & pour chacune fois qu'ils contreviendront à ceste nostre Ordonnance, & encore de la privation des offices & charges de chacun d'iceux. Voulons neantmoins qu'au lieu & place desdites espices, sportulles & vacations, qu'ils se contentent des gages & salaires que par nous seront establis & constituez à part à chacun d'iceux. Mais pour regard de nostre Procureur fiscal, à celle fin & pour luy donner subject d'exercer sa charge avec la diligence que se convient, & ainsi que le deub d'icelle le requiert. Nous outre & pardessus les gages que par nous & nos successeurs luy seront establis pour le support de son exercice, luy avons assigné & assignons par cesdites presentes la somme de trois pour cent de chacune des esmendes & condamnations que par les sentences de nosdicts Juges seront faictes & données contre tous inquis en noz terres & seigneuries à l'instance & poursuite dudict fiscal; lesquelles esmendes seront exigées par nostre Clavaire, lequel sera tenu, comme ainsi le luy ordonnons & commandons, payer des deniers d'icelles lesdicts trois pour cent audict fiscal, auquel deffendons d'en faire l'exaction sur lesdicts condamnez; ains voulons qu'il le reçoive comme dit est, de la main de nostredit Clavaire, sur peine de cent livres en cas de contravention pour chacune fois, & autre à nous arbitraire.

CHAPITRE II.

Des formalitez que seront observées à l'instruction & poursuite des causes & procès civils.

I. Estant plus que notoire que la longueur & dillayement de la vuidange des procès traine avec elle de grands despens, cause de notables interests, & bien souvent la ruine de nos subjects, ainsi que plusieurs à nostre grand regret l'ont experimenté. Et pour ce nous desirans d'y apporter le remede à nous possible, & pourvoir que lesdicts procès puissent estre formez, poursuivis & deffinis avec la briefveté necessaire. Nous ordonnons que les matieres & causes qui n'excederont en valeur la somme de vingt cinq florins, soient & doivent estre sommairement decidées & vuidées par nos Juges sans longueur de plaiderie dispendieuse ne formalité de procès, & sans escripture, sauf que pour regard de la sentence que sur ce conviendra, si ainsi les parties plaidoyantes ou une d'icelles le requerront & non autrement, sur peine de nullité de telle procedure, & autre arbitraire.

II. Et pour regard des causes qui surpassent la valeur desdicts vingt-cinq florins, en seront faicts & formez procès civils qui seront redigez en escript avec toute la briefveté que sera possible, sans *redittes* ne escriptures superflues, & sera procedé au jugement d'icelles par nos Juges ordinaires & d'appellation sommairement, ayant esgard à la seule verité du faict. Iceux chargeant de tascher de tout leur pouvoir d'abreger & diffinir lesdicts procès, reduire nos subjects en appoinctement, paix & concorde, pour leur oster l'occasion de s'entreruiner en despens & perte de temps. Et faisant lesdicts Juges ordinaires au contraire, nous voulons que la premiere cognoissance desdites causes & procès leur soit ostée des mains, & qu'elle soit devolue & evoquée devant nostre Juge d'appellation & nous. Voulons encore que nosdicts officiers qui n'observeront ceste nostre presente ordonnance encourent la peine de la privation de leur office, & autre à nous arbitraire : declarent neantmoins que nous entendons que la cognoissance de toutes les causes civiles appartienne en premiere instance à nosdits Juges ordinaires, sauf en cas d'evocation par les raisons susdites ou autres legitimes à ce nous mouvans. Et sera loisible & permis aux parties grevées des sentences desdicts ordinaires d'en appeller à nostre Juge-Majeur d'appellation & de toutes autres procedures desdits ordinaires comme sera declaré à la suivante ordonnance.

CHAPITRE III.

Des Sentences des causes civiles

I. Il est necessaire pour terminer & decider les causes & procès, que s'en ensuivent les sentences decisives d'iceux. Et par ainsi nous voulons & ordonnons que les sentences que seront rendues par nosdicts Juges ordinaires & Majeur d'appellation soient prononcées & publiées eux seants en leur tribunal & lieu accoustumé, lesquels seront tenus les soubz-signer de leur main, & cotter au bas d'icelles les sportulles que pour ce faict se tauxeront. Lequel taux sera pour regard de l'Ordinaire, à raison d'un pour chaque cent du principal & interests par icelles adjugez. Et pour regard du Juge Majeur, à raison de deux pour cent; & en cas de contravention à ce taux & qu'ils se fassent payer plus grandes sportulles, nous voulons qu'ils en fassent restitution à la partie payante, & que outre ce ils ne puissent prendre aucunes sportulles de telle sentence sur laquelle ils auront exigé par dessus & contre la forme de ce nostre taux, & que encores ils encourent la peine de cent escus, & privation de leur office, & autre à nous arbitraire. Leur sera toutes-fois loisible là où les causes & procès qu'ils jugeront ne fussent de grande somme, & cependant le procès de grand voulume, & la vision d'iceluy de grand travail & vacation, de pouvoir taxer & prendre leurdites sportulles à la correspondance de leur labeur, sans toutes-fois excessivité aucune.

II. Et si voulons que les parties que se treuveront grevées de telles sentences de nosdits Juges, puissent & leur soit permis d'appeller d'icelles, sçavoir des

Bailes & Juges ordinaires à nostre Juge-Majeur d'appeaux, & des sentences d'iceluy à nous. Ordonnant toutesfois que les sentences de nostredit Juge Majeur puissent estre mises à deue & entiere execution contre la partie condamnée, baillée au prealable en faveur d'icelle par le demandeur caution suffisante à la forme de l'authentique, *Quæ supplicatio C. de precib. Imp. offer.*

CHAPITRE IV.

Des Executions des Sentences civiles, & de la forme qu'on doit tenir en icelles.

I. SE faisant execution au pourchas des creanciers sur les biens de leurs debteurs condamnez, soit en vertu de sentence ou de judicat, elle sera commencée par un commandement de satisfaire dans dix jours à telle sentence, & de payer le creancier (sera toutesfois à l'arbitrage du Juge, abreger ou amplier ledict dillay) lequel expiré on pourra venir à la prinse & saisie des biens plus exploictables de la partie condamnée, laquelle où telle gagerie sera faicte en meubles sera assignée & commise de les rachepter dans cinq jours après, & si sera en immeubles dans dix, & ne faisant tel rachapt, feront telles gageries & biens saisis exposez à l'inquant public, inquantez & delivrez, sçavoir les meubles le mesme jour desdits inquants subhastations; & les stables & immeubles seront inquantez durant trois jours de Dimanche ou Feste, suivant la Coustume; lesquels trois inquants ainsi faits & accomplis, sera telle gagerie delivrée au plus offrant & dernier encherisseur. Sera toutesfois loisible & permis au debteur contre & en haine duquel lesdites gageries seront esté faictes, inquantées & delivrées, de les pouvoir rachepter dans six mois après ladite delivrance, à compter du jour d'icelle. Et cependant sera celuy à qui tel livrement aura esté faict, mis & maintenu en la possession réelle, actuelle & corporelle desdits biens. Et en cas de rachept d'iceux dans le susdict temps, sera le debteur non-seulement tenu de payer au creancier la somme principale pour laquelle ladite saisie avoit esté faicte, mais aussi les legitimes interests d'icelle & les despens suivant leur tauxe, & encore le treizain que celuy à qui tel delivrement avoit esté faict en avoit payé; autrement ne pourra estre ouy, receu, ny admis à faire ledict rachept. Toutesfois le faisant soubs lesdites qualitez & conditions luy seront entrez les fruits perceus ausdits biens à tant moins du principal, interests & despens par celuy qui avoit retenu la gagerie, detraict le droict du Colomne si y sera.

II. Et pour couper la voye à toutes controverses & differends que pourroyent sur ce subjet survenir pour regard du tiers de plus que les creanciers pretendent lever & jouir sur les gageries qu'ils font prendre en fonds à leurs debteurs, & en haine d'iceux outre & pardessus leur somme principale, laquelle difference est frequente. Nous declarons par ces presentes que ne sera loisible à nos subjects de prendre ledit tiers de plus, n'en jouir contre leurs debteurs. Toutesfois au lieu & place dudit tiers, ordonnons que sera faicte estime des biens saisis & deslivrez par les estimateurs jurez du lieu, & en deffaut d'iceux par ceux qui seront nommez par les parties ou prins d'office par le Juge, sur laquelle estime se levera & adjugera pour le creancier la somme de vingt-cinq escus pour chaque cent outre & pardessus ce que se treuvera monter la somme principale; desquels vingt-cinq escus pour cent de plus, le creancier en jouira aussi-bien que de ce que sera esté levé pour sondict principal. Deffendant que par cy-après nul ne puisse demander ou pretendre pour ledit pretendu tiers de plus, outre & pardessus les susdicts vingt-cinq pour cent du prix que resultera que tels biens seront esté delivrez & extimez & ainsi ordonnons & commandons estre inviolablement observé à l'advenir.

CHAPITRE V.

Quand ne sera loisible aux creanciers anterieurs d'agir contre tiers possesseurs.

I. ESTant venu à nostre notice que plusieurs creanciers & autres tendent de frustrer autres creanciers d'un mesme debteur, lorsqu'il convient recourir & se payer sur les biens d'iceluy, encore qu'ils soient presents ou sçaichent très bien lors, que quelque tiers ignorant leurs debtes & hypothecques, entre en pasche & marché d'achepter du fonds de tel debteur, ou d'en prendre en payement de quelque sien debte, taisants d'estre anterieurs creanciers soubs esperance au moyen de leur anteriorité de recourir sur les biens ainsi acheptez ou saisis par ledit tiers ou posterieur creancier, iceux achepter ou prendre en payement, notamment lorsque les debteurs originaires sont morts, & qu'il convient traicter avec les hoirs d'iceluy le plus souvent pupilles, ou avec leurs tuteurs qui n'ont notice desdicts anterieurs creanciers, ny des escritures & documents necessaires à la deffense de leurs demandes. Et peu après que ledict tiers ou achepteur a esbourcé ses deniers ou que par quelque autre sienne pretention s'est colloqué sur quelque piece, ils se mettent en campaigne avec leurs actions & hypothecques anterieures & luy suscitent procès, trouble & molesté sur lesdits biens; à ceste cause voulans nous ainsi que desirons remedier de tout nostre pouvoir à l'advenir aux abus que sur ce se peuvent commettre. Declarons que tous crediteurs & autres ayans droict ou action en quelque sorte que ce soit sur le bien de nosdicts subjects, doivent & soient tenus dans l'espace de trente ans, à compter du jour de leur obligation ou tiltre, d'en faire & avoir faict judicielle demande ou interpellation à leurs debteurs, ou à celuy ou ceux contre desquels pretendront avoir leur action, & après eux à leurs successeurs, autrement & à faute d'avoir faict telle demande & interpellation dans ledict temps, ne seront plus ouïs ne receuz à demander ne se faire payer leurs credits & pretentions, encores que feussent treuvées dependantes d'actes & instruments jurez. Moins pourront sans la susdicte demande & interpellation procedans pretendre ne demander aucuns interests. Et advenant que tels creanciers fussent presents lorsque leur debteur feroit vente de ses biens ou de partie d'iceux, ou autrement les transportast par insolutumdation ou quelque autre voye que ce soit à quelque tiers, ou que cela parvint à leur notice en quelque maniere, ne manifestans sur ce poinct les actions & hypotheques qu'ils ont sur iceux, mesmes encore sur les saisies, inquants & livrements qu'en pourroient estre faicts par quelqu'un autre par la voye de la Justice, & n'y formants leur opposition, & taisant leurs pretentions sur la confiance, comme dit est, de l'anteriorité d'hypothecque qu'ils ont sur tels biens ; Nous declarons, ordonnons & voulons qu'ils soient privez à tousjours de pouvoir agir pour leurs credicts & hypothecques contre lesdicts tiers possesseurs ainsi colloquez à leur veu, sceu & notice notoires, & suffira la notice de naissance, quoique accompagnée de taciturnité pour exclurre tels creanciers de l'anteriorité de leurs hypothecques sur lesdits biens.

CHAPITRE VI.

Des successions & des pretentions du droict de legitime & supplement d'icelle.

I. AYant la Loy de nature ordonné la legitime aux enfans legitimes & naturels, & aux ascendants d'iceux, lorsqu'il advient que respectivement l'un succede à l'autre. Nous à l'affectueuse instance, requeste & prieres de nos subjects, avons ordonné & ordonnons que ledict droict de legitime & supplement d'icelle soit deub. A adjugé ausdicts descendants & ascendants, (encore que par testament ou autre disposition finalle tel droict ne leur feust esté entierement laissé :) Ce que voulons leur estre payé & satisfaict sans procès ne difficulté aucune. Et pour regard des filles ausquelles sera esté constitué dot par leurs peres, meres ou freres, ou bien par voye de l'arbitrage de leurs plus proches parents : Ne voulons après qu'elles auront accepté ladicte constitution de dot, encore qu'elle ne fust competante à ladite legitime, puissent aucune chose demander pour le supplement d'icelle, ainsi que moyennant ladite constitution faicte comme dessus, elles demeurent tacites & contentes, encore qu'elles n'eussent renoncé audict droict de legitime & supplement d'icelle, & à l'incompetence de leur dot. Laquelle renonciation sera pour faicte & entendue pour l'advenir, encore qu'elle ne se treuvast couchée & apposée dans les contracts de ladicte constitution & acceptation de dot, sauf qu'en cas que du temps de ladite acceptation elles se treuvassent mineurs de vingt ans, auquel cas pourront venir par la voye de restitution en entier, & poursuivre l'action dudict supplement de legitime & congrue competante de leurdit dot, suivant la disposition de la Loy & du droict commun. Declarans en outre que venans à deceder leurs ascendants pere & mere, ayeul & ayeule *ab intestat*, que aussi-bien lesdites filles à elles sauvé ladite constitution ne pourront pretendre de succeder *ab intestat* à iceux, ny encore à aucuns de leurs freres ou sœurs, sauf toutesfois qu'ils decedassent sans laisser aucun frere ou autre plus prochain que lesdites sœurs, lesquelles en deffaut de tel plus prochain pourront en tel cas succeder. Et où le pere & la mere viendroient à deceder *ab intestat*, sans avoir faict aucune constitution de dot à leursdites filles, ayant eux des enfans masles seront lesdicts enfans tenus de les dotter competamment. Declarant nous que la competance dudit dot doit estre correspondante à l'equivalent de la legitime que par la Loy de nature est deue aux enfans & filles sur les biens & heritages de leurs peres & meres ; & moyennant que les enfans facent la constitution dudict dot à ladite ratte ausdites filles, elles ne pourront succeder *ab intestat* à leurdits peres & meres, ains seront & s'entendront ce moyennant privées & excluses de la succession paternelle & maternelle, laquelle pour la conservation des maisons & familles appartiendra entierement aux enfans masles, mais en deffaut d'iceux les filles succedent entierement.

CHAPITRE VII.

De la succession des enfans qui laissent après eux survivants leurs peres & meres.

I. LEs peres & meres qui auront eu d'enfans legitimes & naturels de leur premier mariage, & seront convolez à secondes nopces, ne pourront (comme ainsi le declarons) succeder *ab intestat*, à leursdits enfans venans à deceder, non pas mesmes au droict de legitime, quand tel mourant decedera *ab intestat*, laissant à luy survivants freres ou sœurs, ausquels la succession du frere ou sœur predecedé appartiendra entierement ; & mourant sans freres ou sœurs, audit cas telle succession appartiendra ausdits peres & meres, encore que soient parvenus en second mariage & nopces.

CHAPITRE VIII.

Comme les enfans naturels doivent succeder ab intestat.

I. LEs enfans naturels qui ne sont conceus de legitime mariage, & qui sont esté par nos antecesseurs & nous legitimez, ou qui par nous & nos successeurs le seront à l'advenir. Nous ordonnons & voulons qu'ils soient admis & receuz à la succession de leurs peres & meres, tout ainsi que s'ils estoient descendus de legitime mariage. Et où ils ne se treuveront ainsi legitimez, & s'y treuvant d'enfans legitimes & naturels & de legitime mariage procréez, lesdicts naturels seront exclus de ladicte succession, & la disposition du droict commun sera suivie touchant ce faict.

CHAPITRE IX.

Des adoptions & emancipations des enfans.

I. A Celle fin que par cy-après les adoptions & emancipations des enfans que se feront dans les terres de nostre jurisdiction, soient faictes avec la consideration que se convient, & que sur icelles soit suivie la volonté de ceux qui les feront, & observée la disposition de la Loy & droict commun. Nous ordonnons que telles adoptions & emancipations seront d'oresenavant faictes & passées devant nostre Juge-Majeur d'appellation & non ailleurs, sur peine de la nullité d'icelles, & estant faictes au contraire, les declarons dès maintenant comme pour lors nulles, invalables, & de nul effect & valeur.

CHAPITRE X.

Des Doires & biens dotaux des Femmes.

I. D'Autant que sommes informez qu'ordinairement à occasion des doires & biens dotaux des femmes, naissent parmy nos subjects plusieurs procès & altercations, ensemble pour raison des alienations qu'elles font de leursdits droicts, en presence & du consentement de leurs maris. Desirant nous coupper l'occasion desdits procès à nosdits subjects, avons ordonné & ordonnons que le fonds, terres & proprietez que sans extime ny advaluation expecifiez, seront baillez en lieu & pour cause de dot, ne pourront estre en façon quelconque distraicts ny alienez, encore que la femme mesme à qui ils appartiennent eust presté son consentement à telle alienation, & ce sans au preallable qu'on aye rapporté de nous deue permission & licence de ladicte allienation signée de nostre propre main, ou en nostre absence de nostre Juge-Majeur d'appellations, & qu'elle se fasse pour cause necessaire & non autrement, afin que ce faict, soit proveu à l'indemnité des femmes. Et entre autres causes sera permise l'alienation du bien d'icelles, quoique dotaux. A sçavoir, pour marier leurs filles, rachepter de captivité & prison leurs maris, & par autres cas portez par la disposition de la Loy. Declarant lesdites alienations que seront faictes contre la forme sus-specifiée *ipso jure*, nulle, invallable & de nul effect, & tout ainsi que si faicte n'avoit esté, sans qu'il soit necessaire en rapporter autre cognoissance judicielle. Et ayant esté baillé en dot, biens & fonds soubs extime & prix certains, Nous declarons que le mary les pourra vendre & aliener, mesmes encore sans le consentement de sa femme, pourveu qu'il aye d'autres biens suffisans pour l'asseurance du prix de ladite extime en faveur de la femme, sur lesquels siens biens dotaux ainsi alienez en cas de la restitution ou repetition de sondit dot elle ne pourra recourir qu'au preallable elle n'aye fait deue discretion des autres biens de son mary; & n'en pouvant treuver aucuns, luy sera loisible de recourir sur les mesmes biens à elle baillez en payement de son dot, sauf toutesfois s'ils se treuvoient alienez avec nostre permission, ou en nostre absence, de nostre Juge-Majeur d'appellations avec permission & interposition de decret, & avec le consentement de la femme à qui ils appartenoient. Ne pourront de mesmes agir pour la repetition de leurdit dot sur les biens à elles specialement hypothequez; & despuis leur hypothecque alienez, sans avoir prealablement faict la sudicte discussion cy-dessus ordonnée des autres biens non alienez de leur mary, & que se treuveront en estre au nom d'iceluy, lesquels seront tenus prendre en payement suivant leur valeur. Et n'en treuvant point s'addresseront sur les biens à elles particulierement affectez & hypothequez, & autres occupez par les tiers possesseurs des biens de leur mary : Declarant que les contracts & alienations que les femmes feront après la mort de leurs maris, & par dissolution de leurs mariages par mort ou autrement, de leurs biens & droicts dotaux ou paraphernaux, seront vallables pourveu qu'elles ayent leur pere en vie du temps desdits contracts, & l'y facent intervenir & prester son consentement; ce que ne faisant nous leur prohibons lesdites alienations. Et où par cy-après seront faicts contracts d'alienation desdits dots entre le mary & la femme, ou autres tierces personnes au prejudice des femmes mariées, sans en avoir de ce obtenu nostre licence, où en nostre absence de nostre Juge-Majeur d'appellation, avec deue permission & approbation de telle allienation vallidée par interposition de nos authoritez & decret judiciel, ou de nostredict Juge, nous les declarons nuls & de nul effect. Et advenant ensuite de ce plusieurs disputes & procès touchant le trosseau ou fardeau de robbes & autres menus meubles qu'on promet aux filles & femmes, lorsqu'on les colloque en mariage, sans que dans le contract d'iceluy on y specifie leur valeur; Pour obvier à telles controverses, nous ordonnons qu'à l'advenir soit faicte extime & advaluation dudit fardeau & meubles par les parties lors dudit contract, & couchée dans iceluy ou autre part, à celle fin qu'on puisse sçavoir quelle somme on en peut demander sur les biens du mary, en cas de la restitution du dot. Et pour regard des trosseaux ou fardeaux que par le passé & avant ceste nostre presente ordonnance sont esté promis & accordez sans aucune esvaluation ny extime, si les mariez ont demeuré ensemble conjoincts audict mariage durant l'espace de vingt ans, il est à presumer que tel fardeau & meubles sont esté par si long usage de temps consumez au benefice de la femme. Et par ainsi nous declarons n'estre loisible à icelle ny à ses successeurs de les repeter ny en poursuivre la restitution. Et pour regard de ceux qui n'auront passé les vingt ans, sera en ce suivie la disposition du droict commun. Ensemble les jugemens & decimes qu'en semblables matieres sont esté faicts & ensuivis pour ce regard & sur ce subject.

II. Il advient souventesfois que naissent plusieurs controverses & procès entre nos subjects à cause des pasches qu'on est en coustume d'apposer & stippuler aux contracts de mariage & autres deppendants d'iceux de ne pouvoir demander les payes du dot accordé une sur l'autre, encore que le terme d'icelles feust escheu sans precedente & interpellation judiciel. Nous declarons que l'exaction des payes & solutions dudict dot, ne pourra estre faicte que conforme ausdites conventions & pasches sur ce faictes & stipulées entre partie, sauf que feust passé l'espace de trente ans après le terme d'icelles, & despuis le temps qu'elles estoient deues. Et touchant la restitution desdicts droicts dotaux, la femme se les pourra faire restituer entierement & en une seule paye; encore que dans le mesme contract de mariage ou autre acte feust esté convenu que la restitution s'en feroit en mesmes solutions que tel dot seroit esté recouvré, lequel pasche la femme vefve ny ses hoirs, encore que feust esté juré, ne seront tenus observer ne tenir, à celle fin que par ce moyen leur condition ne soit faicte deterieure. Et telle restitution sera faicte, comme dict est, en un seul payement & dans le temps permis & ordonné par le droict, à sçavoir estant le dot en deniers, un an après le decès du mary, à condition que pendant l'an du deuil & jusques à ce que ladite restitution soit faicte, les heritiers d'iceluy seront tenus prouvoir à la vefve les aliments & vestements necessaires, eu esgard à la qualité d'icelle & de sondit dot. Lequel consistant en biens stables & immeubles sera restitué à ladicte vefve incontinent après le decès du mary d'icelle.

CHAPITRE XI.

Des Trezeins.

I. D'Autant que surviennent plusieurs differends entre nos subjects à occasion des lods & treizeins que nous sont deubs pour cause des alienations des terres & biens que se font dans nos terres & seigneuries, il nous a semblé bon d'y prouvoir pour couper la voye ausdits differends. Par ces presentes nous ordonnons que payement sera faict desdicts lods & treizeins des alienations que seront faictes avec translation de domaine, moyennant prix d'argent ou autre chose equivalente, & encore sera payé lods ou treizein pour regard des eschanges & permutations que se feront dans nos terres & jurisdiction, suivant la Coustume & sans alteration d'icelle.

II. En outre avons ordonné & ordonnons que dix jours après que telles alienations, translation de domaine & permutations seront esté faictes de personne en autre, par lesquelles ledit lod est deub; Les achepteurs & ceux qui feront lesdicts acquests par les voyes & titres dont cy-dessus, seront tenus & obligez iceux relever & notifier à nostre Baile du lieu lequel sera tenu noter & descrire telle notification dans le livre Trezenier qu'on est en coustume faire, sur peine en deffaut de telle notification & revelation de caducité & commis des proprietez vendues & alienez, sans que pour l'effect de ladicte caducité & commis soit besoin faire aucun procès ny autre declaration, ains se fera l'execution & reduction desdictes proprietez ainsi tombées en commis entre nos mains & en nostre patrimoine. Ordonnons semblablement que semblable revelation & notification que dessus sera faicte dans le susdict temps pour regard des biens que seront baillez en insolutumdation & payement du dot que sera constitué aux femmes, & encores pour la restitution d'iceux où ils seront appreciez & extimez, laquelle declaration se fera comme cy-dessus se treuve declaré & ordonné.

III. Et pour ce que souvent il advient que les creanciers font saisies & prinses de gageries des biens stables de leurs debteurs qu'ils se font despuis deslivrer par voye d'inquants ou d'extime, & après telle deslivrance par voye d'accord ou autres moyens se despartent desdits biens sans payer ce qu'ils doivent pour les lods & treizeins commettans en ce plusieurs abus en nostre prejudice & interests de nostre service. Pour à quoy obvier nous ordonnons que faite que soit la deslivrance desdits biens par voye d'inquants ou d'extime ainsi prins & saisis par titre de gagerie que le lods & treizein d'iceux soit payé au temps accoustumé par ceux en faveur desquels telle deslivrance aura esté faicte. Et d'autant qu'il advient souvent que plusieurs notifient à nos Bailes de noter & escrire les lods & treizeins des acquisitions qu'ils font tant par voye d'achepts, insolutumdations, accords & conventions, & se despartans despuis desdites notifications par eux faictes à nosdits Bailes reffusent payer les lods & treizein. Desirant nous couper toute difficulté & abus touchant ce poinct: Nous ordonnons que ceux qui auront faict lesdictes notifications riere nosdicts Bailes, & auront faict noter dans leurs livres lesdicts lods & treizeins de leursdites acquisitions par eux faites par les voyes susdictes, seront tenus de payer au temps sur ce estably & accoustumé lesdicts lods & treizeins pour les avoir eux notifiez & denoncez; sauf qu'en cas que telles venditions fussent avec les solemnitez du droict declarées nulles, ou que par nous ou nostre Juge-Majeur feust declaré qu'ils ne fussent deubs.

IV. En outre declarons qu'on sera tenu payer lods pour raison des eschanges & permutations selon l'extime que sera faicte d'une des pieces eschangées: sauf toutesfois si par convention, transaction ou privilege de nous ou nos antecesseurs fust esté autrement convenu ou concedé à aucunes de nos terres & subjects, auquel cas nous ordonnons que lesdictes conventions, concessions & privileges soient observez.

V. Plus que pour regard des biens qui seront donnez par voye & titre de donation simple & gratuite, & encores pour cause de nopces ne sera deu ne payé aucun lods. Mais advenant que donations soient faites d'aucuns biens pour cause de donation, renonciation ou en recompense de service ou autres benefices receus par le donateur du donataire: Que de telles donations remuneratoires consistans en biens stables, seront payez les treizeins par le donataire suivant leur valeur & extime, qu'à ces fins ordonnons en estre faicte en son lieu.

VI. Et si avons inhibé & inhibons de transporter ne aliener aucuns biens, pour lesquels nous est deub trezein & lods en personne de main-morte ou autres prohibées par la Loy sans nostre expresse licence & consentement sur peine de caducité & commis de tels biens.

VII. Declarons en outre que pour regard des alienations que seront faictes avec la faculté de rachept que l'achepteur sera tenu avant que d'en prendre la possession reveler & notifier le treizein, lequel nonobstant ledict pasche de rachept, il sera tenu payer. Et où le vendeur en vertu de tel pasche les vouloit rachepter dix ans après le jour de telle vente; il sera semblablement tenu nous payer le lods & treizein pour le recouvrement & retraict desdits biens.

VIII. Et s'il advenoit que quelque tiers possesseur estant troublé & molesté par voye de procès meu ou à mouvoir sur les biens & proprietez ausquelles autres pourroient pretendre droict, & que pour achepter paix, se sortir de procès, asseurer & confirmer de tant plus sa possession & titre, il vienne à faire accord & promette quelque somme de deniers à celuy qui luy a meu ou pretend avoir droict sur les biens pour lesquels il l'a appellé ou pourroit faire appeller en jugement & le tirer en procès; Nous declarons que pour tel acccord ou soit riscat, ainsi qu'on le nomme vulgairement, ou somme promise ou payée pour ce regard, que ne sera deu aucun treizein ne lods: sauf toutesfois si pour se garentir de tel procès intempté ou à intempter, feust payé ou promis payer somme excedant la moitié du juste prix & valeur des proprietez d'où sera question, & s'asseurer par telle voye de trouble de ladite importance, auquel cas sera tenu ledit tiers possesseur que fera l'accord & payement pour ledit rachept, reveler & payer le treizein de la somme pour ce regard convenue ou payée, sur peine de caducité & commis de telle proprieté.

CHAPITRE XII.

Des alienations des biens des mineurs de vingt ans.

I. S'Estans plusieurs de nos subjects plaincts de ce que n'ayans point de reglement ne ordre qu'ils puissent suivre touchant les formalitez qu'on doit garder sur les alienations des biens des mineurs & pupiles, en provient plusieurs differends & dispendieux à leur grand dommage & interests. A cause dequoy ils ont requis d'y estre proveu, & de mesmes d'estre par nous estably l'ordre & la forme, soubs lesquels par cy-après ils puissent proceder en faisant lesdites alienations, afin qu'au moyen de ce toute occasion de procès puisse cesser entre eux. Et pour ce nous ordonnons que lorsque les mineurs de vingt ans voudront faire aucune alienation de leurs biens, ils seront tenus pour la forme & validité des contracts d'icelle comparoir & se presenter pardevant un de nos Juges, auquel notifieront & exposeront le subjet & causes pour lesquels ils procurent & veulent faire telles alienations & en obtenir la permission, & ce à assistance & presence de deux de leurs plus proches parents; lesquels seront tenus moyennant leur serment attester & declarer devant ledict Juge si l'alienation que tel mineur demande & veut faire luy est utile & necessaire, ou non. Et apparoissant au moyen de telle attestation audit Juge que l'alienation que tel mineur ou mineurs demandent leur soit utile, necessaire & profitable, admettra icelle, leur en octroyant sur ce d'une permission & licence, & interposera sur icelle son authorité & decret judiciel. Et procedant en ceste sorte & maniere, nous voulons & declarons que telle alienation soit reputée & entendue pour bien & legitimement faite, & qu'elle ne puisse estre cassée ne revoquée, ains qu'elle aye le mesme efficace & validité que si avoit esté passée & faicte par un majeur de vingt ans. Et n'estans là solemnité & forme dont cy-dessus observées, Nous deffendons à nos Juges d'octroyer ladite permission d'alienation, moins d'interposer sur icelle leur authorité & decret, & à nos notaires d'en recevoir ne publier le contract à peine de cent escus pour chascun d'iceux que à ce contreviendront, & autre arbitraire. Declarons en outre tous contracts que seront faicts contre la forme susdite nuls & invalables, & desquels nous deffendons à tous achepteurs se prevaloir ne servir sur peine de la confiscation & perte du prix de tels biens alienez, lequel sera appliqué au benefice de nostre fisc.

CHAPITRE XIII.

Des alienations des biens des pupilles.

I. Estans les pupilles soubs l'administration & charge de leurs tuteurs qui bien souvent n'ont guieres de solicitude de procurer & chercher leur utilité lors qu'il est question de venir aux ventes & alienations des biens d'iceux, ce que despuis revient au grand dommage & interests desdicts pupilles. A quoy estant necessaire de prouvoir pour l'indemnité d'iceux, Nous deffendons d'oresnavant l'alienation des biens desdits pupilles, soit soubs pretexte du payement de leurs debtes, restitutions de doires ou autres charges sans cognoissance de cause precedente, & que soit cogneu & ordonné par un de nos Juges que telle vente se doive faire pour causes legitimes & necessaires, faisant audict cas mettre & exposer lesdicts biens à l'inquant public: Sçavoir les meubles & par soy mouvants, en deux diverses fois & inquants & en deux divers jours: & les stables & immeubles en trois jours de Dimanche & Festes, & despuis seront livrez au plus offrant & dernier encherisseur. Sur laquelle deslivrance & vente que s'en ensuivra seront interposez authorité & decret judiciaires par le Juge du lieu, en cas que le tout se treuve avoir esté faict & passé soubs la forme & solemnitez, dont cy-dessus, & pour causes necessaires aux pupilles tant seulement & non autrement: & en ceste maniere seront & demeureront telles alienations bonnes & vallables sans qu'en aucun temps elles puissent estre revoquées ne rescindées: Et au contraire là où sur icelles ne seront esté gardées ne observées la forme & solemnitez dont cy-dessus, declarons nul & invallable tout ce que faict aura esté au contraire desdites formalitez, & seront audit cas tenus les achepteurs de tels biens à la restitution d'iceux sans avoir esgard qu'ils en eussent ja esbourcé & payé le prix, lequel toutesfois leur sera restitué sans aucuns interests, & où ils feroyent difficulté ou reffus de faire la restitution desdits biens allienez contre la forme de ceste nostre presente Ordonnance & Reglement, ils encouriront peine de la perte & confiscation du prix d'iceux.

CHAPITRE XIV.

Des Tutelles.

I. LA tutelle des enfans pupilles sera baillée & conferée à la mere d'iceux laquelle sera en ce preferée à l'ayeulle paternelle: laquelle sera tenue d'icelle accepter & de l'administrer soubs l'authorité de la Justice & non autrement, sur peine de privation de la charge & de celles que sont sur ce indictes par les Loix. Et ne pourra telle Tuteresse s'ingerer ny entremettre en l'exercice de ladite administration tutellaire qu'au prealable n'aye receu telle charge de l'auctorité du Juge & sans faire deub & loyal inventaire de tous les biens de ses pupilles passer sur ce toutes promesses, obligations, & hypoteques necessaires, & de rendre compte & prester le reliquat de telle administration en temps & lieu. A quoy satisfaire sera de mesmes tenu & obligé tout autre tuteur que pourroit estre sur ce proveu, toutesfois & quantes que de ce faire il en sera requis & interpellé, & qu'ainsi se treuvera ordonné : Et où le Juge auquel appartiendra de prouvoir, desferer & confirmer telles tutelles & administrations tutellaires, pour l'indemnité & utilité des pupilles n'y prouvoira à la maniere susdite & à temps deub. Nous voulons qu'en son propre il soit tenu de tel interest, & que pour iceluy on en puisse agir contre de luy selon la disposition des Loix & droict commun.

II. Et convolant telle mere en secondes nopces elle doit estre deboutée de ladite charge tutellaire, sauf que si pour cause necessaire ou legitime & benefice de ses pupilles elle en avoit obtenu nostre permission ou de nostre Juge Majeur d'appellations.

III. La mere que sera mineure de vingt ans ne doit estre receue à l'administration tutellaire de ses enfans sans qu'elle donne caution & que luy soit deputé un adjoinct contuteur; afin que tous deux ensemble puissent avoir le soing & cure que se convient de ladite administration, pour le bien & utilité de leurs pupilles.

IV. Seront tenus tous tuteurs & administrateurs de biens pupillaires rendre compte avec prestation de reliquat lors qu'ils se deschargeront de leur tutelle, & finy que soit le temps d'icelle, toutesfois & quantes que de ce ils seront requis, ou que par nos Officiers leur sera ainsi ordonné. Voulons & ordonnons que les tuteurs & tuteresses qui retarderont de rendre leurdict compte & faire ladite prestation de reliquat despuis que leur sera esté ordonné le faire, qu'ils soyent tenus payer les interests de tel reliquat à leursdicts pupilles à raison de sept pour cent & pour an.

V. Que les pupilles mineurs ne pourront à l'advenir faire ne conceder à leurs tuteurs & curateurs respectivement quittance ne descharge de leur administration sans l'assistance & consentement de deux de leurs plus proches parens lesquels interviendront aux comptes de leurdicte administration pour l'indemnité desdits pupilles & mineurs. Et estant faict & procedé autrement ne seront telles quittances receues ne admises, ains seront censées & reputées nulles & invalables. Et pourront lesdits pupilles & mineurs, nonobstant icelles, demander compte de l'administration de leursdits biens à leursdits tuteurs & curateurs, inhibant aux Notaires recevoir ne publier par cy-après telles quittances sans l'intervention des susdits deux proches parents en icelles, & en cas que lesdits pupilles & mineurs n'eussent aucuns parents pour intervenir ausdites quittances le Baile du lieu ou bien nos Juges (devant desquels on procedera à l'effect que dessus) seront tenus depputer & commettre deux hommes de bien & des plus experts qu'ils pourront treuver au lieu pour assister pour lesdits mineurs ausdicts comptes & quittances : lesquelles se treuvant faicts à la maniere cy-dessus specifiée declarons vallables, & contre desquelles ne sera loisible ausdicts mineurs contrevenir, impugner ne opposer à tout jamais.

VI. Les parents des pupilles & autres qui seront parvenus en l'age de soixante-cinq ans seront exempts & excusez de toute charge de tutelle & curatelle, & encor de toute autre charge & offices publiques : desquels par ces presentes les delivrons & deschargeons, deffendant à nos Magistrats & Officiers de les constraindre d'exercer aucune desdites charges ne offices par cy-après à peine de cent livres pour chascun.

CHAPITRE XV.

Des Contracts & Actes Usuraires ou soit des Usures.

I. PUis que l'usure est prohibée de toutes les loix, tant Divines, Canoniques que humaines, on ne doit tollerer l'exercice d'icelles, soit au negoce ou autrement pour les maux notoires ou evidents qui en naissent au grand interest & ruyne non seulement des particuliers; mais encores du public. Voulans nous par ce remedier que parmy nos subjects l'usure n'y soit exercée, Declarons n'estre loisible ne permis à l'advenir à nosdits subjects faire entre eux pasches ne conventions, concernants promesse de payer usure ne interests certains & specifiez, sauf aux cas permis par la disposition du droit commun. Moins pourront vendre grains, bleds ne marsenez à credit, sauf à la maniere & suivant le prix que par nous annuellement seront establis & ordonnez sur la vente de nos grains. Et pour ce voulons que les mesures desdits grains soyent dans les terres de nostre authorité & Jurisdiction faictes & rendues toutes esgalles suivant l'ordre & provision que par nous sur ce seront faicts pour l'execution de ladite equalité, & ce sur peine de deux cens escus contre chacun contrevenant & de la confiscation desdits grains, bleds & marsenez. Moins sera loisible à aucun faire achept anticipé desdits grains estans comme se dit communement en herbe, & avant la perception de la recolte, sur ladite peine, laquelle sera encourue, & encore celle de faux par les Notaires qui recevront tels contracts prohibez. Et d'autant que aucuns n'ont la commodité de treuver argent à credit, & qu'au moyen de ceste nostre precise prohibition ils pourroyent patir prejudice & interests en leurs affaires & negoces, Nous declarons que sera loisible à ceux qui bailleront leurs deniers à credit de les faire asseurer aux debteurs sur les grains, vins & fruicts d'iceux encor que ne soient encor parvenus en maturité & ce soubs le prix que se vendront au commun cours du temps de la recolte & non autrement sur la peine que dessus, & confiscation desdits grains, vins & fruicts.

II. Les interests ne pourront estre tauxez ne exigez à plus haut que de huict jusques à dix pour cent & par an sur la peine dont cy-dessus. Inhibant à nos Juges de faire aucune liquidation desdits interests que à la ratte que dessus. Et se treuvant par cy-après que par voye de convention ou autrement qu'ils soyent esté accordez ou tauxez à plus grand somme, Nous ordonnons que tels contraventeurs soyent processez, inquis, punis & condamnez comme usuriers selon la qualité du faict & conforme à la disposition du Droict.

III. Ne voulons que les interests non exigez puissent par leur taux & liquidation exceder la somme principalle d'iceux, sauf qu'en fussent esté faicts legitime interpellation & demande judicielle, auquel cas

cas pourront exceder le principal & estre taxez & liquidez à plus grand somme.

IV. Les fruicts des biens & fonds seront liquidez à raison de cinq pour cent, & les interests des doires à raison de sept pour cent. Ne se dourront bestail, brebis, bœufs, vaches ny autre sorte d'animaux à rente seiche sauf capital, si ce n'est que ceux qui les bailleront se contentent de courir le risque & peril de la perte dudit bestail ou autrement, suivant la disposition du Droict.

V. Sera loisible à nos subjects d'achepter censes & pensions selon la Bulle des Bulles des Saincts Pontifes, lesquelles mandons estre observées aux contracts desdites acquisitions de censes & pensions sur peine de la nullité d'icelles & confiscation desdits acquets.

VI. Ne se pourra demander ny exiger en aucune maniere interests des interests, sauf si tels interests qui doivent porter les subsequents fussent esté liquidez par voye judicielle & le debteur assigné & condamné à les payer, auquel cas sera loisible exiger interest de tels interests de ceux qui seront esté auparavant liquidez par la voye de la Justice & non autrement.

VII. Et pour regard des interests du dommage emergent seront taxez & liquidez suivant la disposition du Droict commun & par voye judicielle ou autrement.

CHAPITRE XVI.

De la Jurisdiction & cognoissance des meres regalles & autres concernants nostre patrimoine.

I. POur regard des causes concernants les meres regalles à nous concedées, deues & appartenants qui sont de grande importance pour la conservation de nostre estat & patrimoine & afin que nous les puissions conserver & en user conforme à la concession d'icelles par les termes de la Justice & raison, Nous ordonnons que la cognoissance d'icelles & leurs deppendences & toutes autres causes appartenantes à nostre estat & patrimoine, où il adviendroit necessité d'en disputer & traicter pour nostre service par voye de procès ou autrement, appartienne à nostre Majeur des appellations. Lequel à ces fins nous declarons Juge competant de la cognoissance & Jurisdiction d'icelles pour icelles decider & terminer par les voyes & moyens permis par le Droict & la Justice. Inhibant & deffendant à tous nos autres Officiers de s'ingerer en façon quelconque à la cognoissance desdites meres regales deppendences d'icelles & causes de nosdits estat & patrimoine (desquelles & de la cognoissance d'icelles nous les declarons Juges incompetans) sur peine de nullité & encore de cent escus & autre à nous arbitraire, sauf toutesfois qu'en cas que leur feust par nous permis ou que de ce leur en eussions faicte expecialle & particuliere dellegation.

CHAPITRE XVII.

Des Officiers.

I. AYant nous receu plusieurs plainctes & doleances de nos subjects qui se disent grevez par nos Officiers touchant le payement des vacations qu'ils font tant aux causes civilles que criminelles, Nous desirons de prouvoir sur ce subject ainsi que se convient pour couper à l'advenir l'occasion de toute plaincte. Et par ainsi ordonnons que nosdits Officiers & Juges tant ordinaires que Majeur des appellations ne puissent par cy-après se faire payer aucunes sportulles pour leurs jugements sauf des Sentences qu'ils dourront publieront & redigeront en escript. Et pour regard des Ordonnances & Declarations qu'ils feront sans escripture n'en recevront ne demanderont aucun payement, sauf que si les parties de leur gré & liberalité mesmes vouleissent recognoistre leurs peines & travaux de quelque chose, auquel leur sera loisible prendre ce que pour regard on leur presentera proveu que n'excede deux florins pour regard du Juge ordinaire, & quatre florins pour le Juge Majeur: Declarons aussi qu'ils ne pourront demander ne exiger pour leurs sportulles des causes civiles, sçavoir le Juge ordinaire seulement un pour chasque cent, & nostre Juge d'appellations deux pour cent ainsi que ja a esté par nous cy-dessus ordonné au titre des Sentences. Et contrevenans à ceste nostre presente Ordonnance, nous voulons qu'ils encourent la peine de cent escus & privation de leurs Offices. Ordonnons que nostre Juge ordinaire ne puisse demander ne exiger pour les lettres de Justice que seront par luy concedées par dessus deux gros, & autant en sera payé à son greffier. Et pour celles que seront concedées par nostre Juge Majeur luy en sera payé quatre gros & deux à son Secretaire.

II. Plus que pour les interpositions de decret que seront faictes par nos Juges ordinaire & d'appellation, tant en la dation des Tutelles qu'aux contracts des mineurs & autres ou sera besoin que telles interpositions de decret soyent faictes n'en pourront demander ny exiger, sçavoir le Juge ordinaire sauf qu'un florin, & le Juge Majeur deux florins. Declarant toutesfois qu'estans requis de consulter ou faire minutes de contracts judiciels entre nos subjects que leur sera loisible & permis de se pouvoir faire payer leursdites consultations & minuttes selon qu'ils cognoistront leur estre deub, toutesfois en toute modestie & sans excès.

III. Semblablement ordonnons qu'à l'advenir les matricullles criminelles de nos lieux de Bueil, de Peonne, de Roure & de Robion se doivent decider & expedier ainsi qu'on souloit faire auparavant par les antecedants Juges ordinaires au susdit lieu de Bueil au temps de Nostre Dame de Septembre. Et les autres matricullles des lieux d'Illonse, Prilas, Rigaud, Lieuche, Thier, Toet, Bairols & autres lieux de la Baronnie de la Val de Massoins seront expediées & decidées au lieu du Villar, en tout meilleur moyen plus expedient de raison & Justice. Inhibons à nosdits Juges ordinaires presents & advenir, & semblablement à nos Procureurs fiscaux de n'aller faire visite pour la decision desdites matricullles aux susdicts autres lieux sauf que leur feust par nous commis & ordonné pour le benefice & service du public.

IV. En outre deffendons à nosdits Officiers sur la peine dont cy-dessus, que allant eux par les terres & lieux de nostre Jurisdiction à leurs offices soubsmis, de demander ne se faire payer aucuns despens, non pas mesme cibaires aux Communautez, sauf en cas qu'ils fussent requis & employez de s'y transporter par aucune d'icelles ou que sur quelque occurrence ils eussent commission de nous sur chose concernant la Justice & importante & non autrement.

V. Ordonnons encores que nos Secretaires tant du Juge ordinaire que Majeur ne pourront demander ne se faire payer pour leurs actes judiciels & procès, ny aussi les Notaires qui recevront contracts, testaments ou autres actes publics sauf que conforme & suivant la Tariffe qu'avons faicte & ordonnée touchant l'emolument & payement du salaire des escriptures judicielles, extrajudicielles & publiques sur peine de vingt-cinq livres pour chescun & pour chescune fois que se treuvera qu'ils ayent exigé de plus que n'est porté & tauxé par ladite Tariffe.

VI. Deffendons à nosdits subjects & à tous autres qu'il appartiendra d'estipuler ne faire recevoir dans nos terres aucuns contracts, testaments ou autres actes publics à personnes Ecclesiastiques sur peine de vingt cinq escus & de la nullité de tels contracts, testaments & autres contracts, sauf que si par nous ou nos antecesseurs leur feust esté concedé faculté & licence en escript de le pouvoir faire; de laquelle ne se pourront servir qu'ils n'en ayent faict presentation & nouvelle exhibition à nostre Juge d'appellation lequel cognoistra de la vallidité de telles licences, ensemble de la suffisance & literature de ceux à qui seront esté concedées.

VII. Que toutes donnations faictes par nos subjects à nos Officiers & ministres de Justice seront de nulle valeur & efficace, mesme seront censées pour nulles si ne seront par nous appreuvées & confirmées : ains nous les prohibons & deffendons expressement, notamment se treuvant faictes ausdits Officiers par personnes crimineuses que soyent ou puissent estre criminellement inquises : reservant en tout cas & exceptant de ceste prohibition les contracts des ventes ou autres par lesquels nous est deub lods & trezein, lesquels ne sera loisible à autre qu'à nostre Clavaire les recevoir soit personne seculiere ou Ecclesiastique.

CHAPITRE XVIII.

Des Notaires.

I. ORdonnons que tous les Notaires que par nous seront créez & constituez soubs nostre authorité & Judisdiction, seront tout premier examinez par nostre Juge Majeur & d'appeaux sur la suffisance & literature d'iceux, entre les mains duquel ils jureront de bien deuement & fidellement faire l'exercice de Notaire & tout ce que pour le devoir & exercice de telle charge se convient faire sur peine de privation d'icelle & de faux suivant la disposition du Droict commun. Ordonnant à nostredict Juge Majeur de ne les recevoir point à ladite charge, moins leur bailler pour icelle aucun serment, si après les avoir examinez il ne les treuve suffisants & capables pour l'exercice d'icelle,& ce sur peine de cent escus & autre arbitraire contre ledit Juge.

II. Nous ordonnons & voulons que les prothocoles & extensoires des Notaires de nos terres & Jurisdictions soudain advenue la mort & decès d'iceux seront respectivement retirez par les Bayles des lieux de nostredicte Jurisdiction, desquels voulons que soit faict par nostre Clavaire inventaire contenant la discription des instruments que se retreuveront dans lesdits prothocoles & extensoires. Lesquels inventaires voulons estre remis dans nos Archifs à celle fin qu'on y puisse avoir tousjours recours. Et seront despuis tels prothocolles & extensoires restituez & remis aux hoirs & successeurs des Notaires deffuncts moyennant deue submission & obligation qu'au prealable seront tenus passer de ne les esgarer, ains deuement les conserver pour le service & benefice du public.

III. Et pour obvier à plusieurs abus qui se commettent par aucuns qui se disent estre Notaires & cependant ne le sont pas. Moins ont obtenu de nous aucunes lettres de constitutions. Nous inhibons que aucun de nos subjects puisse par cy-après exercer l'estat de Notaire dans nostre Jurisdiction si premierement il n'aura faict exhibition des lettres de sa constitution & authorité devant nostre Juge Majeur d'appellations pour s'informer de leur suffisance, si ainsi luy semblera estre necessaire, sur peine de nullité des contracts qu'ils recevront & de cent livres : & outre ce voulons qu'ils soyent punis de faux.

CHAPITRE XIX.

Que ne seront faictes compositions par nos Officiers.

I. AYant nous ordonné que nos Juges & Ministres de Justice se puissent tauxer & faire payer leurs sportules suivant la forme par nous cydessus establie, dequoy pour leurs travaux & peines ils se doivent contenter. Il nous a semblé bon pour l'indemnité de nos subjects & benefice public d'inhiber comme inhibons à nosdicts Juges fiscaux & autres Officiers de Justice de demander ne recevoir de nos subjects aucuns deniers, encore que par iceux leur fussent donnez & presentez en don, & ce en contemplation de l'expedition de leurs causes, ou pour recevoir d'iceux compliment de Justice tant pour causes civiles que criminelles. Moins faire aucune sorte de compositions pour quelque pretexte où cause que ce soit, encore que fust pour nostre service sur peine de la privation de leurs charges & de cent escus pour chascun contraventeur & autre arbitraire.

Confirmation faicte par nous Anibal de Grimaud, Comte de BUEIL, *&c. des Ordres & Statuts suivants & infracripts, faits & observez par nos Antecesseurs aux terres & Seigneuries de nostre Authorité & Jurisdiction.*

EN PREMIER LIEU, nous faisons inhibitions & deffenses, que nulle personne n'ose ne presume blaspheme ne jurer le nom du Seigneur Dieu, ny de la glorieuse Vierge Marie, sur peine de payer cinq livres de cire pour chasque fois, applicables à l'Eglise du lieu où tel blaspheme & jurement seront esté proferez, & autre arbitraire & plus severe en cas de la continuation d'iceux.

EST commandé & enjoinct à toute personne de quel degré, qualité & condition que soit de sanctifier & observer les Dimanches & Festes, mesme celles de la glorieuse Vierge Marie, des Saincts Apostres & autres commandées par nostre Mere saincte Eglise, sur la peine que dessus & autre arbitraire.

PLUS, est deffendu à toute personne de jouer en aucune sorte de jeux, & aux Hostes & Taverniers de vendre ne bailler pain ny vin à aucun, sauf aux passants estrangers, pendant qu'on dira & celebrera le Divin Office les jours de Dimanches & Festes commandées, sur peine de vingt-cinq livres de coronat pour un chacun.

EN outre est enjoinct à toute personne qui aura acheptè ou acheptera terres & possessions qui soient soubmises à nostre Maieur & direct Domaine, qu'il les aye à reveler au Baile du lieu auquel telles acquisitions sont esté faictes ou que se feront dans dix jours après icelles conforme à noz precedentes Ordonnances, pour en prendre l'investiture de nostre Clavaire à la premiere venue qu'il fera au lieu desdites acquisitions, sur peine de cent livres de coronat, & de la confiscation des terres & propriez par eux acheptées.

PLUS, est commandé à toute personne qu'aura riere elle & en son pouvoir d'averages estrangers ou qui sçaura qui les detient, de les reveller & notifier à l'advenir au Baile du lieu où sont esté treuvez, sur peine de cent livres de coronat.

PLUS, que aucun n'aye à s'ingerer ny entremettre aux biens des enfans pupiles sans permission & licence de noz Officiers de Justice, & qu'en premier lieu n'en soit esté faict le deub & accoustumé inventaire, ainsi que la raison le commande, sur peine de cent livres de coronat & autre arbitraire.

PLUS, que nul puisse occuper en façon quelconque les chemins publics, sur peine de cent livres de coronat & autre arbitraire.

INHIBONS encores à toute personne de mettre ne jetter par les rues des terres de nostre Jurisdiction aucunes villenies, fumiers, ne immondices, sur peine de vingt-cinq livres de coronat.

PLUS, que toute personne aye à reveler, payer & expedier chasque année bien & deuement la decime de ses fruicts & recoltes, suivant la Coustume sur ce establie & observée, sur peine de cinquante livres de coronat.

PLUS, est deffendu & inhibé à toute personne d'achepter aucune chose des enfans de famille, moings faire contracts, paches ne conventions avec eux, sans la licence & consentement de leurs peres, sauf toutesfois qu'ils fussent emancipez & deslivrez de la puissance paternelle, sur peine de la restitution des choses par telle voye acheptées ou acquises, & de cent livres de coronat.

EST aussi inhibé & deffendu à toute personne de faire recevoir ne publier instruments d'achapts, contracts ny actes que soient appartenants à nostre maison & concernants les affaires d'icelles, comme sont achapts, lods, inventaires & eschanges à autres personne qu'à nostre Clavaire, sur peine de cent livres de coronat, laquelle peine encourira tant celuy qui les recevra comme ceux qui les feront faire, outre la nullité de tels contracts, applicable ladite peine la moitié à nostre fisc, & l'autre moitié à l'accusant.

ET finalement nous mandons & ordonnons à tous noz Ministres & Officiers de faire observer les susdites nostres presentes Ordonnances & Constitutions à tous noz subjects, & proceder sur icelles, conforme à raison & Justice, sur peine à nosdicts Officiers de la privation de leurs offices & autre arbitraire, lesquelles voulons estre publiées aux Parlemens & autres lieux accoustumez des terres de nostre Jurisdiction.

TABLE
DES CHAPITRES
DES COUSTUMES
DE BUEIL.

Fin du deuxiéme Tome.

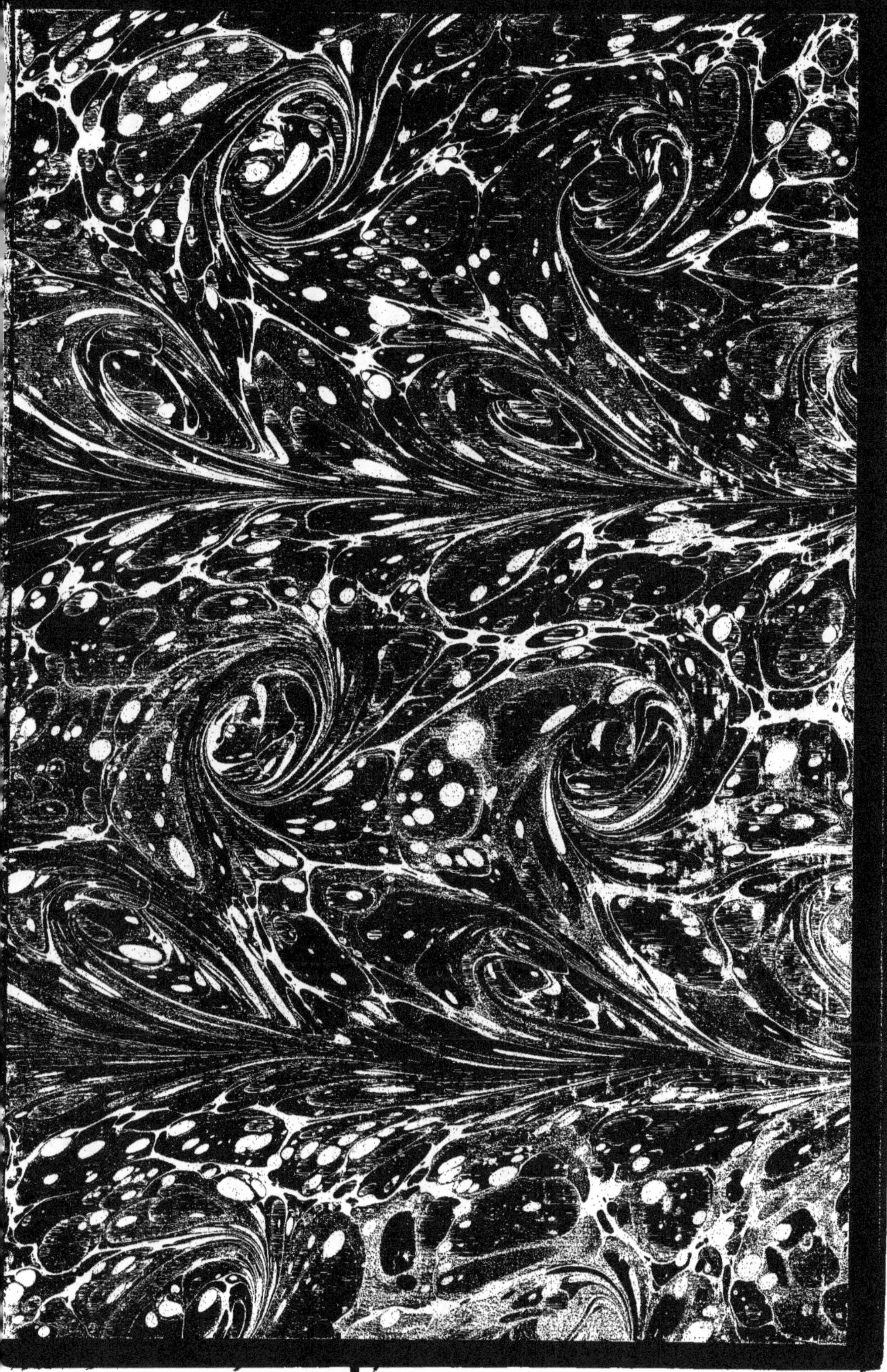

www.ingramcontent.com/pod-product-compliance
Lightning Source LLC
Chambersburg PA
CBHW031446210326
41599CB00016B/2128

* 9 7 8 2 0 1 3 7 0 5 8 4 4 *